Curso de DIREITO CONSTITUCIONAL CONTEMPORÂNEO

LUÍS ROBERTO BARROSO

Curso de DIREITO CONSTITUCIONAL CONTEMPORÂNEO

Os conceitos fundamentais
e a construção do novo modelo

13ª edição
2025

Atualizada com a colaboração de Patrícia Perrone Campos Mello

- O autor deste livro e a editora empenharam seus melhores esforços para assegurar que as informações e os procedimentos apresentados no texto estejam em acordo com os padrões aceitos à época da publicação, *e todos os dados foram atualizados até a data de fechamento do livro*. Entretanto, tendo em conta a evolução das ciências, as atualizações legislativas, as mudanças regulamentares governamentais e o constante fluxo de novas informações sobre os temas que constam do livro, recomendamos enfaticamente que os leitores consultem sempre outras fontes fidedignas, de modo a se certificarem de que as informações contidas no texto estão corretas e de que não houve alterações nas recomendações ou na legislação regulamentadora.

- Data do fechamento do livro: 05/02/2025

- Os autores e a editora se empenharam para citar adequadamente e dar o devido crédito a todos os detentores de direitos autorais de qualquer material utilizado neste livro, dispondo-se a possíveis acertos posteriores caso, inadvertida e involuntariamente, a identificação de algum deles tenha sido omitida.

- Direitos exclusivos para a língua portuguesa
  Copyright ©2025 by
  Saraiva Jur, um selo da SRV Editora Ltda.
  Uma editora integrante do GEN | Grupo Editorial Nacional
  Travessa do Ouvidor, 11
  Rio de Janeiro – RJ – 20040-040

- **Atendimento ao cliente: https://www.editoradodireito.com.br/contato**

- Reservados todos os direitos. É proibida a duplicação ou reprodução deste volume, no todo ou em parte, em quaisquer formas ou por quaisquer meios (eletrônico, mecânico, gravação, fotocópia, distribuição pela Internet ou outros), sem permissão, por escrito, da **SRV Editora Ltda.**

- Capa: Lais Soriano
  Diagramação: SBNigri Artes e Textos Ltda.

- **DADOS INTERNACIONAIS DE CATALOGAÇÃO NA PUBLICAÇÃO (CIP)
  VAGNER RODOLFO DA SILVA – CRB-8/9410**

B277c   Barroso, Luís Roberto
Curso de direito constitucional contemporâneo / Luís Roberto Barroso. – 13. ed. – São
     Paulo: Saraiva Jur, 2025.

696 p.
ISBN: 978-85-5362-685-4 (Impresso)

1. Direito. 2. Direito constitucional. I. Título.

	CDD 342
2025-368	CDU 342

Índices para catálogo sistemático:
1.   Direito constitucional   342
2.   Direito constitucional   342

Aos que sonharam com a revolução
que não veio.
Aos que não perderam o ideal.

ABREVIATURAS E PERIÓDICOS UTILIZADOS

ACO | Ação Cível Originária

ADC | Ação Direta de Constitucionalidade

ADIn | Ação Direta de Inconstitucionalidade

ADPF | Arguição de Descumprimento de Preceito Fundamental

ADV | *Informativo Semanal Advocacia Dinâmica*

Ag | Agravo

AgRg | Agravo Regimental

AI | Agravo de Instrumento

AO | Ação Originária

AP | Ação Penal

AR | Ação Rescisória

BVerfGE | *Bundesverfassungsgerichts* – Tribunal Constitucional Federal Alemão

BVerfGG | *Bundesverfassungsgericht* – Lei do Tribunal Constitucional Federal Alemão

DJE | *Diário de Justiça Eletrônico*

DJU | *Diário de Justiça da União*

DORJ | *Diário Oficial do Estado do Rio de Janeiro*

EC | Emenda Constitucional

ED | Embargos de Declaração

EDiv | Embargos de Divergência

EI | Embargos Infringentes

Extr. | Extradição

FA | *Fórum Administrativo*

HC | *Habeas Corpus*

IF | Intervenção Federal

Inf. STF | *Informativo do Supremo Tribunal Federal*

Inq. | Inquérito

IP | Revista *Interesse Público*

LN | Revista *Lua Nova*

MC | Medida Cautelar

MI | Mandado de Injunção

MS | Mandado de Segurança

Pet. | Petição

QO | Questão de Ordem

Rcl | Reclamação

RDA | *Revista de Direito Administrativo*

RDAPNERJ | *Revista de Direito da Associação dos Procuradores do Novo Estado do Rio de Janeiro*

RDC | *Revista de Direito Civil*

RDCI | *Revista de Direito Constitucional e Internacional*

RDCLB | *Revista de Direito Comparado Luso-brasileiro*

RDDT | *Revista Dialética de Direito Tributário*

RDE | *Revista de Direito do Estado*

RDP | *Revista de Direito Público*

RDPGERJ | *Revista de Direito da Procuradoria-Geral do Estado do Rio de Janeiro*

RDRJ | *Revista Del Rey Jurídica*

RE | Recurso Extraordinário

REC | *Revista de Estudos Criminais*

Rep | Representação

REsp | Recurso Especial

RF | *Revista Forense*

RFDUFMG | *Revista da Faculdade de Direito da Universidade Federal de Minas Gerais*

RFDUFRGS | *Revista da Faculdade de Direito da Universidade Federal do Rio Grande do Sul*

RFDUNL | *Themis – Revista da Faculdade de Direito da Universidade Nacional de Lisboa*

RI | Representação de Inconstitucionalidade

RIHJ | *Revista do Instituto de Hermenêutica Jurídica*

RILSF | *Revista de Informação Legislativa do Senado Federal*

RMS | Recurso em Mandado de Segurança

RP | *Revista de Processo*

RPGERJ | *Revista da Procuradoria-Geral do Estado do Rio de Janeiro*

RPGR | *Revista da Procuradoria-Geral da República*

RSTJ | *Revista do Superior Tribunal de Justiça*

RT | *Revista dos Tribunais*

RT-CDCCP | *Revista dos Tribunais – Cadernos de Direito Constitucional e Ciência Política*

RT-CDTFP | *Revista dos Tribunais – Cadernos de Direito Tributário e Finanças Públicas*

RTDP | *Revista Trimestral de Direito Público*

RTJ | *Revista Trimestral de Jurisprudência*

STF | Supremo Tribunal Federal

STJ | Superior Tribunal de Justiça

TJRJ | Tribunal de Justiça do Rio de Janeiro

TJRS | Tribunal de Justiça do Rio Grande do Sul

TRF | Tribunal Regional Federal

ÍNDICE GERAL

Abreviaturas e periódicos utilizados VII
Introdução XXVII
Nota à 13ª edição XXXI

PARTE I TEORIA DA CONSTITUIÇÃO: OS CONCEITOS FUNDAMENTAIS E A EVOLUÇÃO DAS IDEIAS

CAPÍTULO I CONSTITUCIONALISMO

I O SURGIMENTO DO IDEAL CONSTITUCIONAL E SEU DESENCONTRO HISTÓRICO 3

1 Generalidades 3
2 Da Antiguidade Clássica ao início da Idade Moderna............................ 5

II O CONSTITUCIONALISMO MODERNO E CONTEMPORÂNEO 7

1 Experiências precursoras do constitucionalismo liberal e seu estágio atual 7
   1.1 Reino Unido.. 7
   1.2 Estados Unidos da América 10
   1.3 França... 15
2 Um caso de sucesso da segunda metade do século XX: a Alemanha 21
3 O constitucionalismo no início do século XXI 25

CAPÍTULO II DIREITO CONSTITUCIONAL

I O DIREITO CONSTITUCIONAL NO UNIVERSO JURÍDICO...................... 27

1 Generalidades 27
2 Conceito... 29
   2.1 A ciência do direito constitucional 30
   2.2 O direito constitucional positivo... 30
   2.3 O direito constitucional como direito subjetivo....................... 31
3 Objeto 32

II O DIREITO CONSTITUCIONAL COMO DIREITO PÚBLICO 33

1 Direito público e direito privado.. 33
2 Regime jurídico de direito público e de direito privado......................... 34

III A EXPANSÃO DO DIREITO PÚBLICO E DA CONSTITUIÇÃO SOBRE O DIREITO PRIVADO 36

IV ESPAÇO PÚBLICO E ESPAÇO PRIVADO. EVOLUÇÃO DA DICOTOMIA. UM DRAMA BRASILEIRO 37

1 Origens da distinção 37
2 O desaparecimento do espaço público: Império Romano e sistema feudal 39

IX

3	A reinvenção do público: do Estado patrimonial ao Estado liberal	40
4	A volta do pêndulo: do Estado social ao neoliberalismo	40
5	O público e o privado na experiência brasileira	41

V A SUBSISTÊNCIA DO PRINCÍPIO DA SUPREMACIA DO INTERESSE PÚBLICO ... 42

1 O Estado ainda é protagonista ... 42

2 Sentido e alcance da noção de interesse público no direito contemporâneo ... 43

CAPÍTULO III   CONSTITUIÇÃO

I NOÇÕES FUNDAMENTAIS ... 45

II REFERÊNCIA HISTÓRICA ... 46

III CONCEPÇÕES E TEORIAS ACERCA DA CONSTITUIÇÃO ... 48

IV TIPOLOGIA DAS CONSTITUIÇÕES ... 49

V CONTEÚDO E SUPREMACIA DAS NORMAS CONSTITUCIONAIS ... 50

VI A CONSTITUIÇÃO NO DIREITO CONSTITUCIONAL CONTEMPORÂNEO ... 51

VII CONSTITUIÇÃO, CONSTITUCIONALISMO E DEMOCRACIA ... 53

VIII ALGUMAS CORRENTES DA FILOSOFIA CONSTITUCIONAL E DA FILOSOFIA POLÍTICA CONTEMPORÂNEAS ... 56

1 Substancialismo e procedimentalismo ... 56

2 Liberalismo e comunitarismo ... 58

   2.1 Liberalismo igualitário ... 58

   2.2 A crítica comunitarista ... 60

3 Outras correntes ... 61

CAPÍTULO IV   PODER CONSTITUINTE

I CONCEITO, ORIGENS E GENERALIDADES ... 65

II PROCESSOS CONSTITUINTES E MODELOS CONSTITUCIONAIS ... 67

III TITULARIDADE E LEGITIMIDADE DO PODER CONSTITUINTE ... 70

IV NATUREZA E LIMITES DO PODER CONSTITUINTE ... 73

1 Condicionamentos pré-constituintes ... 74

2 Condicionamentos pós-constituintes ... 76

V PROCEDIMENTO ... 78

VI PODER CONSTITUINTE E LEGITIMIDADE DEMOCRÁTICA ... 79

CAPÍTULO V MUTAÇÃO CONSTITUCIONAL

I CONCEITO E GENERALIDADES 81

II FUNDAMENTO E LIMITES 83

III MECANISMOS DE ATUAÇÃO 84
1 A interpretação como instrumento da mutação constitucional 85
2 Mutação constitucional pela atuação do legislador 87
3 Mutação constitucional por via de costume 88

IV MUDANÇA NA PERCEPÇÃO DO DIREITO E MUDANÇA NA REALIDADE
DE FATO 90

CAPÍTULO VI REFORMA E REVISÃO CONSTITUCIONAL

I GENERALIDADES 93

II A QUESTÃO TERMINOLÓGICA: PODER CONSTITUINTE DERIVADO,
REFORMA, REVISÃO E EMENDA. PODER CONSTITUINTE DECORRENTE... 96

III NATUREZA JURÍDICA E LIMITES 97

IV LIMITES TEMPORAIS E CIRCUNSTANCIAIS 98

V LIMITES FORMAIS 100

VI LIMITES MATERIAIS 105
1 Noção e antecedentes 105
2 Fundamento de legitimidade 106
3 A questão da dupla revisão 107
4 Os limites materiais implícitos 108
5 Cláusulas pétreas e hierarquia 109
6 Os limites materiais na experiência brasileira e na Constituição de 1988 110
   6.1 A forma federativa do Estado 112
   6.2 O voto direto, secreto, universal e periódico 113
   6.3 A separação de Poderes 114
   6.4 Os direitos e garantias individuais 115
      6.4.1 A questão do direito adquirido 119

CAPÍTULO VII NORMAS CONSTITUCIONAIS

I NORMAS JURÍDICAS 123
1 Generalidades 123
2 Algumas classificações 124
3 Dispositivo, enunciado normativo e norma 126

II NORMAS CONSTITUCIONAIS 128

1 A Constituição como norma jurídica	128
2 Características das normas constitucionais	128
3 Conteúdo material das normas constitucionais	130
4 Princípios e regras: as diferentes funções das normas constitucionais	132
5 A eficácia das normas constitucionais	137

III A CONQUISTA DA EFETIVIDADE DAS NORMAS CONSTITUCIONAIS NO DIREITO BRASILEIRO ... 140

1 Antecedentes históricos	140
2 Normatividade e realidade fática: possibilidades e limites do direito constitucional	141
3 Conceito de efetividade	142
4 Os direitos subjetivos constitucionais e suas garantias jurídicas	142
5 A inconstitucionalidade por omissão	143
6 Consagração da doutrina da efetividade e novos desenvolvimentos teóricos	144

PARTE **II**   O NOVO DIREITO CONSTITUCIONAL BRASILEIRO: MUDANÇAS DE PARADIGMAS E A CONSTRUÇÃO DO MODELO CONTEMPORÂNEO

CAPÍTULO I   ANTECEDENTES TEÓRICOS E FILOSÓFICOS

I A TEORIA JURÍDICA TRADICIONAL ... 149

II A TEORIA CRÍTICA DO DIREITO ... 150

III ASCENSÃO E DECADÊNCIA DO JUSNATURALISMO ... 152

IV ASCENSÃO E DECADÊNCIA DO POSITIVISMO JURÍDICO ... 154

CAPÍTULO II   TRANSFORMAÇÕES DO DIREITO CONSTITUCIONAL CONTEMPORÂNEO

I A FORMAÇÃO DO ESTADO CONSTITUCIONAL DE DIREITO ... 157

II MARCO HISTÓRICO: PÓS-GUERRA E REDEMOCRATIZAÇÃO ... 158

III MARCO FILOSÓFICO: A CONSTRUÇÃO DO PÓS-POSITIVISMO ... 159

1 O princípio da dignidade da pessoa humana	161
1.1 A dignidade humana tem natureza jurídica de princípio constitucional	162
1.2 O conteúdo jurídico da dignidade humana	162
2 O princípio da razoabilidade ou da proporcionalidade	164

IV MARCO TEÓRICO: TRÊS MUDANÇAS DE PARADIGMA ... 168

1 A força normativa da Constituição	168
2 A expansão da jurisdição constitucional	169
3 A reelaboração doutrinária da interpretação constitucional	171
4 Um novo modelo	171

CAPÍTULO III   A INTERPRETAÇÃO CONSTITUCIONAL

I GENERALIDADES 173

1 Introdução 173

2 Terminologia: hermenêutica, interpretação, aplicação e construção 174

3 Especificidade da interpretação constitucional 175

II OS DIFERENTES PLANOS DE ANÁLISE DA INTERPRETAÇÃO
CONSTITUCIONAL 176

1 O plano jurídico ou dogmático 176

2 O plano teórico ou metodológico 177

   2.1 As escolas de pensamento jurídico 177

   2.2 As teorias da interpretação constitucional 179

      2.2.1 Alguns métodos da teoria constitucional alemã 179

      2.2.2 O debate na teoria constitucional americana 181

3 O plano da justificação política ou da legitimação democrática 183

4 A interpretação constitucional como concretização construtiva 185

III A INTERPRETAÇÃO CONSTITUCIONAL SOB PERSPECTIVA TRADICIONAL

1 Algumas regras de hermenêutica 186

2 Elementos tradicionais de interpretação jurídica 188

   2.1 Interpretação gramatical, literal ou semântica 189

   2.2 Interpretação histórica 189

   2.3 Interpretação sistemática 191

   2.4 Interpretação teleológica 191

3 A metodologia da interpretação constitucional tradicional 192

4 Princípios instrumentais de interpretação constitucional 193

   4.1 Princípio da supremacia da Constituição 194

   4.2 Princípio da presunção de constitucionalidade das leis e atos normativos 194

   4.3 Princípio da interpretação conforme a Constituição 195

   4.4 Princípio da unidade da Constituição 196

   4.5 Princípio da razoabilidade ou da proporcionalidade 197

   4.6 Princípio da efetividade 197

CAPÍTULO IV   NOVOS PARADIGMAS E CATEGORIAS DA INTERPRETAÇÃO CONSTITUCIONAL

I PREMISSAS METODOLÓGICAS DA NOVA INTERPRETAÇÃO
CONSTITUCIONAL 199

1 A norma, o problema e o intérprete 200

2 Três mudanças de paradigma que abalaram a interpretação constitucional
tradicional 201

   2.1 Superação do formalismo jurídico 201

   2.2 Advento de uma cultura jurídica pós-positivista 201

   2.3 Ascensão do direito público e centralidade da Constituição 201

3 Nova interpretação e casos difíceis 202

4 Algumas categorias jurídicas utilizadas pela nova interpretação constitucional 203

II OS CONCEITOS JURÍDICOS INDETERMINADOS 204

III A NORMATIVIDADE DOS PRINCÍPIOS 207

1 Recapitulando os conceitos fundamentais.. 207

2 Modalidades de eficácia dos princípios constitucionais 208

   2.1 Eficácia direta 208

   2.2 Eficácia interpretativa 209

   2.3 Eficácia negativa 209

3 Algumas aplicações concretas dos princípios... 210

IV A COLISÃO DE NORMAS CONSTITUCIONAIS 216

V A TÉCNICA DA PONDERAÇÃO... 219

VI A ARGUMENTAÇÃO JURÍDICA 222

1 Algumas anotações teóricas.. 222

2 Alguns aspectos práticos 224

CAPÍTULO V   A CONSTITUCIONALIZAÇÃO DO DIREITO

I GENERALIDADES... 231

II ORIGEM E EVOLUÇÃO DO FENÔMENO.. 232

III A CONSTITUCIONALIZAÇÃO DO DIREITO NO BRASIL 236

1 O direito infraconstitucional na Constituição.. 236

2 A constitucionalização do direito infraconstitucional............................. 237

3 A constitucionalização do Direito e seus mecanismos de atuação prática 238

IV ALGUNS ASPECTOS DA CONSTITUCIONALIZAÇÃO DO DIREITO 240

1 Direito civil 240

2 Direito administrativo.. 244

3 Direito penal.. 247

V CONSTITUCIONALIZAÇÃO E JUDICIALIZAÇÃO DAS RELAÇÕES SOCIAIS .. 251

VI CONTROLANDO OS RISCOS DA CONSTITUCIONALIZAÇÃO EXCESSIVA 256

PARTE **III**   A CONSTITUIÇÃO DE 1988, JURISDIÇÃO
CONSTITUCIONAL E PAPÉIS DAS SUPREMAS CORTES

CAPÍTULO I   A CONSTITUIÇÃO BRASILEIRA DE 1988: HISTÓRICO,
DESEMPENHO DAS INSTITUIÇÕES E TRANSFORMAÇÕES
NO DIREITO E NA REALIDADE

INTRODUÇÃO   DA VINDA DA FAMÍLIA REAL À CONSTITUIÇÃO DE 1988.... 261

I REVIVENDO O PASSADO: ANTECEDENTES HISTÓRICOS DA CONSTITUIÇÃO 262

1 Do golpe de 64 ao Ato Institucional n. 5/68 262

2 Dos anos de chumbo à abertura política 264

3 Do ocaso do regime militar à convocação da Assembleia Constituinte 265

II SONHANDO COM O FUTURO: AS MUDANÇAS TRAZIDAS PELA CONSTITUIÇÃO 265

1 "Carta cidadã" e "Constituição chapa-branca" 265

2 A separação de Poderes 266

    2.1 Poder Executivo 266

    2.2 Poder Legislativo 267

    2.3 Poder Judiciário 268

3 As transformações da teoria constitucional 269

    3.1 A doutrina brasileira da efetividade 270

    3.2 Neoconstitucionalismo ou direito constitucional contemporâneo 270

    3.3 A constitucionalização do Direito 271

III ENFRENTANDO A REALIDADE: O DESEMPENHO DA CONSTITUIÇÃO 271

1 Os diferentes governos 271

    1.1 Os governos Sarney, Collor e Itamar Franco 271

    1.2 O governo Fernando Henrique Cardoso 273

    1.3 O governo Luiz Inácio Lula da Silva 273

    1.4 O governo Dilma Rousseff 273

    1.5 O governo Michel Temer 274

    1.6 O governo Jair Bolsonaro 274

    1.7 O início do terceiro mandato de Luiz Inácio Lula da Silva 275

2 As principais emendas à Constituição 275

    2.1 Mudanças na Constituição econômica 275

    2.2 Possibilidade de reeleição dos chefes do Executivo 276

    2.3 A criação do Ministério da Defesa 276

    2.4 Reformas da Previdência 277

    2.5 Outras reformas 278

3 Os momentos críticos 278

    3.1 Dois *impeachments* 278

    3.2 Mensalão e Operação Lava Jato 279

    3.3 Populismo autoritário 279

    CONCLUSÃO — TOCANDO EM FRENTE 280

I UMA AGENDA PARA O BRASIL 280

II ENCERRAMENTO 282

XV

CAPÍTULO II   JURISDIÇÃO CONSTITUCIONAL: A TÊNUE FRONTEIRA ENTRE O DIREITO E A POLÍTICA

I INTRODUÇÃO 283

II A ASCENSÃO INSTITUCIONAL DO JUDICIÁRIO 284

1 A jurisdição constitucional 284

2 A judicialização da política e das relações sociais 285

3 O ativismo judicial.. 287

4 Críticas à expansão da intervenção judicial na vida brasileira................... 288

    4.1 Crítica político-ideológica 289

    4.2 Crítica quanto à capacidade institucional 289

    4.3 Crítica quanto à limitação do debate 290

5 Importância e limites da jurisdição constitucional nas democracias contemporâneas 290

III DIREITO E POLÍTICA: A CONCEPÇÃO TRADICIONAL................................ 291

1 Notas sobre a distinção entre Direito e política 291

2 Constituição e poderes constituídos 292

3 A pretensão de autonomia do Judiciário e do Direito em relação à política 293

    3.1 Independência do Judiciário... 293

    3.2 Vinculação ao Direito posto e à dogmática jurídica 294

    3.3 Limites da separação entre Direito e política 295

IV DIREITO E POLÍTICA: O MODELO REAL 295

1 Os laços inevitáveis: a lei e sua interpretação como atos de vontade......... 295

2 A interpretação jurídica e suas complexidades: o encontro não marcado entre o Direito e a política.. 296

    2.1 A linguagem aberta dos textos jurídicos.. 296

    2.2 Os desacordos morais razoáveis... 296

    2.3 As colisões de normas constitucionais 297

    2.4 A interpretação constitucional e seus métodos 297

3 O juiz e suas circunstâncias: influências políticas em um julgamento 298

    3.1 Valores e ideologia do juiz 299

    3.2 Interação com outros atores políticos e institucionais....................... 301

        3.2.1 Preservação ou expansão do poder da Corte............................ 301

        3.2.2 Relações com outros Poderes, órgãos e entidades estatais 303

    3.3 Perspectiva de cumprimento efetivo da decisão 304

    3.4 Circunstâncias internas dos órgãos colegiados 305

    3.5 A opinião pública... 306

4 A autonomia relativa do Direito em relação à política e a fatores extrajudiciais....... 307

V O SUPREMO TRIBUNAL FEDERAL: CONTRAMAJORITÁRIO E REPRESENTATIVO... 308

CAPÍTULO III OS PAPÉIS DAS SUPREMAS CORTES E TRIBUNAIS CONSTITUCIONAIS NAS DEMOCRACIAS CONTEMPORÂNEAS

I O ESTADO DA ARTE DO DIREITO CONSTITUCIONAL CONTEMPORÂNEO 313

II OS PAPÉIS DESEMPENHADOS PELAS SUPREMAS CORTES E TRIBUNAIS CONSTITUCIONAIS 315

1 O papel contramajoritário 316

2 O papel representativo 318

3 O papel iluminista 321

PARTE IV PRINCÍPIOS CONSTITUCIONAIS E DIREITOS FUNDAMENTAIS

CAPÍTULO I PRINCÍPIOS ESTRUTURANTES DO ESTADO BRASILEIRO

I. OS PRINCÍPIOS ESTRUTURANTES 331

II. ESTADO DEMOCRÁTICO DE DIREITO 332

1 Generalidades 332

2 Estado de direito 332

3 Democracia 333

4 A democracia constitucional como ideologia vitoriosa do século XX 335

5 A democracia constitucional brasileira 336

   5.1 Liberalismo político e democracia 336

   5.2 Três dimensões da democracia 336

      5.2.1 Democracia representativa 336

      5.2.2 Democracia constitucional 337

      5.2.3 Democracia deliberativa 340

6 Democracia, princípio majoritário e jurisdição constitucional 341

7 A democracia em crise 342

   7.1 A recessão democrática 342

   7.2 Três fenômenos distintos 343

   7.3 Algumas causas do populismo extremista e autoritário 344

8 O futuro da democracia 345

   8.1 Três inimigos da democracia 345

      8.1.2 Apropriação do Estado por elites extrativistas 345

      8.1.3 Pobreza extrema e desigualdades injustas 345

      8.1.4 Sentimento de pertencimento 345

III REPÚBLICA 346

1 Generalidades 346

2 República como forma de governo 348

3 República como conceito substantivo 349

4 A República brasileira 350

4.1 Breve notícia histórica 350

4.2 A república na Constituição de 1988 352

IV FEDERAÇÃO 356

1 Generalidades 356

2 Antecedentes históricos: da Antiguidade à Constituição dos Estados Unidos 357

3 A experiência constitucional brasileira com o federalismo 358

4 Características do modelo federalista 360

5 Soberania e valores constitucionais 361

6 A jurisprudência do Supremo Tribunal Federal em matéria de Federação 363

CAPÍTULO II   TEORIA GERAL DOS DIREITOS FUNDAMENTAIS

I GENERALIDADES 365

II ORIGEM, EVOLUÇÃO E CONCEITO 366

1 Os direitos humanos 366

2 A dignidade humana 366

3 Os direitos fundamentais 367

III CLASSIFICAÇÃO DOS DIREITOS FUNDAMENTAIS 369

1 Direitos individuais, políticos, sociais e difusos 369

    1.1 Direitos individuais 369

    1.2 Direitos políticos 370

    1.3 Direitos sociais 371

    1.4 Direitos difusos 372

2 Outras classificações 373

IV REGIME JURÍDICO DIFERENCIADO DOS DIREITOS FUNDAMENTAIS 374

1 Oponibilidade dos direitos fundamentais às maiorias políticas 374

2 Aplicabilidade direta e imediata dos direitos fundamentais 375

3 A abertura do catálogo de direitos fundamentais previstos na Constituição 376

V ESTRUTURA, CONTEÚDO E LIMITES IMANENTES DOS DIREITOS
FUNDAMENTAIS 378

1 Direitos fundamentais como regras e princípios 378

2 Aspectos intrínsecos e limites imanentes 379

VI RESTRIÇÕES A DIREITOS FUNDAMENTAIS 379

1 A existência de limites externos 379

2 As teorias interna e externa 380

VII LIMITES ÀS RESTRIÇÕES A DIREITOS FUNDAMENTAIS 380

1 A ponderação 381

2 Razoabilidade e proporcionalidade 382

3 Núcleo essencial do direito 383

VIII DIMENSÃO SUBJETIVA, OBJETIVA E PRIVADA DOS DIREITOS
FUNDAMENTAIS 384

1   A dimensão subjetiva dos direitos fundamentais 385
2   A dimensão objetiva dos direitos fundamentais 385
3   A eficácia privada dos direitos fundamentais 386

CAPÍTULO III   MATRIZES DOS DIREITOS FUNDAMENTAIS

I   DIREITO À VIDA 389

1   Generalidades 389
2   O direito à vida no ordenamento jurídico brasileiro 390
3   Pena de morte 392
4   Interrupção de gestação 394
5   Pesquisas com células-tronco embrionárias 396
6   A morte com intervenção: eutanásia, suicídio assistido e ortotanásia 397

II   LIBERDADE, LEGALIDADE E AUTONOMIA DA VONTADE 398

1   Liberdade 398
  1.1   O conceito de liberdade 398
  1.2   Três grandes movimentos históricos 399
  1.3   Direito geral de liberdade 400
2   Legalidade 401
  2.1   A lei como tradição e como positivação 401
  2.2   Dimensão privada e pública da legalidade 402
  2.3   Preferência da lei e reserva da lei 402
  2.4   Delegação legislativa, poder regulamentar e juridicidade 403
  2.5   O papel da jurisprudência no direito brasileiro contemporâneo 405
3   Autonomia da vontade 405

III IGUALDADE 408

1   Generalidades 408
2   Três dimensões da igualdade 409
3   Igualdade formal 409
4   Igualdade material 410
5   Igualdade como reconhecimento 411

IV SEGURANÇA 415

1   Generalidades 415
2   Segurança individual 417
3   Segurança jurídica 417
4   Segurança pública 419
5   Segurança social 424
6   Segurança nacional 425
7   Segurança humana 426

XIX

V DIREITO DE PROPRIEDADE 427

1 Generalidades 427

2 A propriedade na Constituição brasileira 429

3 Alguns tópicos específicos do direito de propriedade 431

    3.1 Direito de herança 431

    3.2 Direitos autorais.. 432

    3.3 Propriedade intelectual... 432

    3.4 Bens públicos.. 433

4 Interferências estatais no direito de propriedade...................................... 433

    4.1 Limitações ao direito de propriedade... 433

    4.2 Desapropriação 435

5 Direitos originários de indígenas e quilombolas....................................... 436

CAPÍTULO IV   ALGUNS DIREITOS E GARANTIAS FUNDAMENTAIS EM ESPÉCIE

I LIBERDADE DE EXPRESSÃO.. 439

1 Generalidades 440

    1.1 A comunicação humana.. 440

    1.2 A liberdade de expressão no Brasil: o passado condena 440

2 Liberdade de expressão na Constituição de 1988...................................... 441

3 Liberdade de expressão na jurisprudência do Supremo Tribunal Federal 443

    3.1 Liberdade de imprensa 443

    3.2 Discursos de ódio 444

    3.3 Liberdade de expressão artística e intelectual.................................. 445

    3.4 Direito ao esquecimento... 446

    3.5 Manifestação do pensamento 446

    3.6 Ataque às instituições democráticas 447

4 Notas sobre o direito comparado: liberdade de expressão nos EUA e na Alemanha ... 447

5 Revolução digital, internet e mídias sociais 448

II LIBERDADE RELIGIOSA... 450

1 Generalidades 450

    1.1 O sentimento religioso.. 451

    1.2 Breve notícia histórica 451

    1.3 A persistência do fenômeno religioso... 453

2 A liberdade religiosa na Constituição de 1988 454

3 Liberdade religiosa na jurisprudência do Supremo Tribunal Federal 455

    3.1 Vedação temporária de cultos e missas presenciais durante a pandemia da Covid-19 (ADPF 811). 455

    3.2 Inconstitucionalidade da exigência de bíblias em escolas e bibliotecas públicas (ADI n. 5.258 e Ag. Reg. em RE n. 1.014.615) 455

    3.3 Ensino religioso confessional em escolas públicas (ADI n. 4439). 456

    3.4 Sacrifício de animais em cultos religiosos (RE n. 494.601). 456

    3.5 *Homeschooling* (ensino domiciliar) (RE n. 888.815). 456

3.6 Realização de etapa de concurso público em data ou horário alternativo, por motivo religioso (RE 611.874). 456

3.7 Acomodação da jornada de trabalho de professora da rede pública, em razão de crença religiosa (ARE 1.099.099). 457

3.8 Vedação a pregação religiosa no interior de transporte público (Ag.Reg. 1.315.221) 457

3.9 Ilegitimidade da recusa dos pais de ministrarem vacinação obrigatória aos filhos por motivos de convicção filosófica. 457

3.10 Inconstitucionalidade da normal legal que veda o proselitismo, inclusive de natureza religiosa, em rádios comunitárias (ADI 2.566). 457

III LIBERDADE DE REUNIÃO 458

1 Generalidades 458

2 O direito de reunião na Constituição de 1988 460

3 O direito de reunião na jurisprudência do Supremo Tribunal Federal 462

IV AÇÕES CONSTITUCIONAIS 464

1 *Habeas corpus* 464

2 Mandado de segurança 464

    2.1 Mandado de segurança individual 465

    2.2 Mandado de segurança coletivo 466

3 Mandado de injunção 468

    3.1 Mandado de injunção individual 469

    3.2 Mandado de injunção coletivo 471

4 *Habeas data* 471

5 Ação popular 473

6 Ação civil pública 474

CAPÍTULO V   O PODER PUNITIVO DO ESTADO: DIREITOS E GARANTIAS PENAIS E PROCESSUAIS

I GENERALIDADES 477

1 O direito penal deve ser moderado, sério e igualitário 477

2 Entre o abuso e a proteção deficiente 477

3 Não se muda o mundo com direito penal 478

4 "Pune-se muito e mal" 479

5 A corrupção como problema crônico 480

II DIREITOS E GARANTIAS PENAIS NA CONSTITUIÇÃO DE 1988 E NA JURISPRUDÊNCIA DO SUPREMO TRIBUNAL FEDERAL 481

1 Legalidade penal 481

2 Irretroatividade da lei penal 482

3 Pessoalidade da pena 484

4 Individualização da pena 485

5 Prisão e direito dos presos 487

    5.1 Modalidades de prisão anteriormente ao julgamento 488

5.2 Prisão após o julgamento 489

5.3 Audiência de custódia e juiz de garantias 490

6 Direito à não autoincriminação 490

7 Presunção de inocência 493

8 Liberdade de locomoção e *habeas corpus* 495

9 Algumas vedações expressas 496

10 Alguns direitos expressos.. 497

11 Mandados de criminalização 498

III ALGUMAS NORMAS PROCESSUAIS.. 500

1 Princípio do juiz natural 500

2 Devido processo legal, contraditório e ampla defesa 501

3 Publicidade dos julgamentos 501

4 Competência do Tribunal do Júri 502

IV ALGUMAS OBSERVAÇÕES FINAIS ACERCA DO SISTEMA PUNITIVO
BRASILEIRO.. 503

PARTE **V** SEPARAÇÃO DE PODERES E PODERES DA REPÚBLICA

CAPÍTULO I   A SEPARAÇÃO DE PODERES

I INTRODUÇÃO 507

II ANTECEDENTES HISTÓRICOS E FILOSÓFICOS 507

III AS CONTRIBUIÇÕES DE JOHN LOCKE 510

IV MONTESQUIEU E A DIVISÃO TRIPARTITE DE PODERES 511

V A CONSTITUIÇÃO NORTE-AMERICANA DE 1787 E O SISTEMA DE FREIOS
E CONTRAPESOS (*CHECKS AND BALANCES*) 512

VI A CONSTITUIÇÃO BRASILEIRA DE 1824 E O PODER MODERADOR........ 513

VII O PRINCÍPIO DA SEPARAÇÃO DE PODERES NO DIREITO
CONSTITUCIONAL CONTEMPORÂNEO 514

CAPÍTULO II   PODER LEGISLATIVO

I GENERALIDADES.. 517

II ESTRUTURA DO PODER LEGISLATIVO FEDERAL................................. 518

1 Congresso Nacional 518

   1.1 Competências exclusivas e não exclusivas do Congresso Nacional 519

   1.2 Competências normativas com e sem participação do Poder Executivo 520

   1.3 Competências fiscalizatórias e de controle.. 520

2 Câmara dos Deputados 521

3 Senado Federal 523

XXII

III REGIME JURÍDICO DOS DEPUTADOS E SENADORES 524

1 Prerrogativas... 524

2 Vedações 525

3 Perda do Mandato 526

IV REUNIÕES.. 526

V COMISSÕES 527

1 Comissões Parlamentares de Inquérito (CPI) 528

VI PROCESSO LEGISLATIVO FEDERAL.. 529

1 Procedimento Legislativo Comum Ordinário 530

    1.1 Iniciativa 530

    1.2 Discussão e Votação 531

    1.3 Sanção e Veto 533

    1.4 Promulgação e Publicação 534

2 Espécies Legislativas 535

    2.1 Emendas à Constituição 535

    2.2 Leis Complementares e Ordinárias.. 535

    2.3 Leis Delegadas.. 536

    2.4 Medidas Provisórias 537

    2.5 Decretos Legislativos e Resoluções 539

VII FISCALIZAÇÃO CONTÁBIL, FINANCEIRA E ORÇAMENTÁRIA:
O TRIBUNAL DE CONTAS DA UNIÃO.. 539

CAPÍTULO III   PODER EXECUTIVO

I GENERALIDADES... 541

II PRESIDENTE DA REPÚBLICA: ELEIÇÃO, POSSE, REELEIÇÃO, MANDATO,
SUBSTITUIÇÃO E SUCESSÃO 544

III ATRIBUIÇÕES DO PRESIDENTE DA REPÚBLICA 547

1 Atribuições atinentes à direção da administração federal...................................... 548

2 Atribuições normativas... 549

3 Atribuições ligadas ao plano internacional... 553

4 Atribuições para a preservação da ordem pública, da paz social, do pacto
federativo e da integridade nacional.. 553

5 Atribuição de nomeação de autoridades de outros Poderes e órgãos autônomos..... 555

6 Atribuições perante o Poder Legislativo 555

7 Outras atribuições.. 556

IV RESPONSABILIDADE DO PRESIDENTE DA REPÚBLICA 558

1 Processo de *impeachment* do Presidente da República por crime de
responsabilidade 558

2 Processo contra o Presidente da República por crime comum 561

XXIII

V MINISTROS DE ESTADO 562

VI CONSELHO DA REPÚBLICA E CONSELHO DE DEFESA NACIONAL 563

CAPÍTULO IV   PODER JUDICIÁRIO

I INTRODUÇÃO 565

II O EXERCÍCIO DA JURISDIÇÃO 566

1 Características da jurisdição 566

2 Princípios constitucionais aplicáveis ao exercício da jurisdição 566

    2.1 Princípio da inafastabilidade do controle judicial 567

    2.2 Princípio da imparcialidade 567

    2.3 Princípio do devido processo legal 567

    2.4 Princípio do contraditório e da ampla defesa 568

    2.5 Vedação ao uso de provas ilícitas 568

    2.6 Princípio da publicidade 569

    2.7 Princípio da motivação das decisões judiciais 569

    2.8 Princípio da razoável duração do processo 569

III NORMAS GERAIS SOBRE A ORGANIZAÇÃO E O FUNCIONAMENTO DO
PODER JUDICIÁRIO 570

1 Princípios de organização e funcionamento do Poder Judiciário 570

    1.1 Princípio da autonomia da jurisdição: autonomia financeira, administrativa
e funcional 570

    1.2 Princípios da legalidade, impessoalidade, moralidade, publicidade e
eficiência 570

2 Garantias institucionais da magistratura 571

3 Regime jurídico aplicável aos magistrados 571

IV PRECATÓRIOS 572

V ESTRUTURA, COMPOSIÇÃO E COMPETÊNCIAS DOS ÓRGÃOS JUDICIAIS . 573

1 Supremo Tribunal Federal 574

    1.1 Composição. 574

    1.2 Competência. 574

2 Superior Tribunal de Justiça 577

    2.1 Composição 577

    2.2 Competência 578

3 Justiça Federal 579

    3.1 Composição 579

    3.2 Competência 579

4 Justiça do Trabalho 580

    4.1 Composição 581

    4.2 Competência 581

5 Justiça Eleitoral 581

5.1 Composição		581
5.2 Competência		582
6 Justiça Militar		582
6.1 Composição		582
6.2 Competência		583
7 Justiça Estadual		583
7.1 Composição		583
7.2 Competência		583
8 Conselho Nacional de Justiça		584
8.1 Composição		584
8.2 Competência		584

PARTE **VI** ORDEM ECONÔMICA

CAPÍTULO **I** A ORDEM ECONÔMICA NA CONSTITUIÇÃO BRASILEIRA

I GENERALIDADES		589
1 Geração e distribuição de riquezas		589
2 Breves antecedentes históricos: do Absolutismo à Constituição de Weimar		590
3 A ordem econômica no constitucionalismo brasileiro		591
II FUNDAMENTOS, OBJETIVOS, PRINCÍPIOS E REGRAS DA ATIVIDADE ECONÔMICA DO ESTADO NA CONSTITUIÇÃO DE 1988		592
1 Fundamentos: valorização do trabalho e livre iniciativa		592
2 Fins da ordem econômica		595
3 Princípios da Ordem Econômica		596
III ALGUMAS DISFUNÇÕES DA FORMAÇÃO SOCIAL BRASILEIRA		598
IV A TRADIÇÃO INTERVENCIONISTA DO ESTADO NA ECONOMIA		599
V MODALIDADES DE INTERVENÇÃO DO ESTADO NO DOMÍNIO ECONÔMICO		600
1 Prestação de serviços públicos		601
2 Exploração da atividade econômica		601
VI ALGUNS SETORES DE TRATAMENTO ESPECÍFICO		602
1 Mineração		602
2 Petróleo		603
VII POLÍTICA URBANA E AGRÁRIA		604
1 Política urbana		604
2 Política agrícola, fundiária e de reforma agrária		604
CONCLUSÃO		607
I SÍNTESE SUMÁRIA DE ALGUMAS IDEIAS		607
II ENCERRAMENTO		612
BIBLIOGRAFIA		613

INTRODUÇÃO

TODO O SENTIMENTO

"Pretendo descobrir
No último momento
Um tempo que refaz o que desfez.
Que recolhe todo o sentimento
E bota no corpo uma outra vez."

Chico Buarque e Cristóvão Bastos

O direito constitucional e a teoria da Constituição passaram por uma revolução profunda e silenciosa nas últimas décadas. Disso resultou um conjunto amplo de transformações, que afetaram o modo como se pensa e se pratica o Direito no mundo contemporâneo. Este *Curso* procura expô-las didaticamente e refletir acerca de seu sentido e alcance. O presente volume contém a tentativa de elaboração de uma *Parte Geral* do direito constitucional, sistematizando e consolidando ideias desenvolvidas de maneira esparsa ao longo dos anos. Aproveito essa nota introdutória para lançar rapidamente o olhar para trás e fazer algumas coisas importantes, que a pressa da vida vai sempre deixando para depois: recordar alguns episódios, compartilhar realizações, registrar afetos e agradecer. Um breve depoimento, na primeira pessoa.

I A HISTÓRIA RECENTE

Descobri o Brasil não oficial em 1975, com a morte do jornalista Vladimir Herzog. Em 1976, ingressei na Faculdade de Direito da UERJ e, pouco à frente, apaixonei-me pelo direito constitucional. Não fui correspondido. Logo no início, em 1977, o General Ernesto Geisel fechou o Congresso, com base no Ato Institucional n. 5/68, e outorgou duas emendas, conhecidas como *Pacote de Abril*. Um mau começo. Em 1978, iniciei uma militância intensa no movimento estudantil, tendo participado, com um grupo de colegas, da recriação do Centro Acadêmico Luiz Carpenter – Livre. Já não eram os anos de chumbo, mas ainda era um tempo difícil. Em 1979, com a aprovação da Lei da Anistia, constatei que a história, por vezes, anda rápido. E que o impossível de ontem é o insuficiente de hoje.

Conclui o curso de Direito em 1980. Foi o ano da explosão da bomba na OAB, seguida do atentado do Riocentro, em 1981. Dois alertas de que o jogo político nem sempre é limpo. Em 1982, comecei minha vida acadêmica. Um veto dos órgãos de segurança empurrou-me do direito constitucional para o direito internacional privado. Foi boa a experiência. Em 1984, com a rejeição da emenda pelas *Diretas já*, aprendi que há vida depois da derrota. A morte de Tancredo Neves e a posse de José Sarney, em 1986, revelaram-me o papel do acaso e do fortuito na história. Em 1987, voltei a ensinar direito constitucional. Em 1988, quando foi promulgada a Constituição, eu já sabia que a vida é feita das circunstâncias e do possível, não do ideal.

II ASCENSÃO E TRIUNFO DO DIREITO CONSTITUCIONAL

Antes de me tornar professor, fui um militante do direito constitucional. E isso num tempo em que o direito constitucional não dava prestígio para ninguém. O Brasil era um país no qual antes se valorizava a lei ordinária, o regulamento, a portaria, o aviso ministerial. Em épocas mais obscuras, bastava um telefonema. Quando alguém queria minimizar uma questão, dizia com desdém: "Esse é um problema constitucional". Gosto de contar a *boutade* de que meu pai, no início da minha vida profissional, disse-me com voz grave: "Meu filho, você precisa parar com esse

XXVII

negócio de fumar, ser Flamengo, e o direito constitucional também não vai levá-lo a parte alguma. Estuda processo civil!". A verdade, no entanto, é que quem resistiu, venceu. E hoje já não há mais nada de verdadeiramente importante que se possa pensar ou fazer em termos de Direito no Brasil que não passe pela capacidade de trabalhar com as categorias do direito constitucional. Passamos da desimportância ao apogeu em menos de uma geração.

Este livro é, para mim, a celebração do triunfo do direito constitucional[1]. Não me refiro à consolidação de uma Constituição específica, mas à vitória do constitucionalismo, do sentimento constitucional, que até prescinde de um texto concreto. Trata-se de uma atitude diante da vida: o poder deve ser legítimo e limitado; quem não pensa igual a mim não é meu inimigo, mas meu parceiro na construção de uma sociedade plural; as oportunidades devem ser iguais para todos; quem se perdeu pelo caminho precisa de ajuda, e não de desprezo; toda vida fracassada é uma perda para a humanidade. Por isso mesmo, o Estado, a sociedade e o Direito devem funcionar de modo a permitir que cada um seja o melhor que possa ser. Em um mundo que assistiu ao colapso das ideologias de emancipação e redenção, este é um bom projeto político. Ou, no mínimo, uma boa opção existencial.

III   INSTITUIÇÕES, COMPANHEIROS E AMIGOS

Sou grato à Universidade do Estado do Rio de Janeiro – UERJ, que me proporcionou o ambiente acadêmico onde vivi a maior parte da minha vida. E homenageio a instituição na pessoa de dois Reitores: Antônio Celso Alves Pereira, um encantador de almas, e Nival Nunes de Almeida, um homem de palavra. Na Faculdade de Direito, sou perenemente grato a dois grandes mestres que iluminaram o meu caminho: José Carlos Barbosa Moreira, exemplo de seriedade científica e de integridade pessoal; e Jacob Dolinger, com seu contagiante entusiasmo pelo Brasil – Pátria que o acolheu – e imensa generosidade com seus discípulos.

Compartilho este livro com companheiros queridos que participam comigo, há muitos anos, do projeto de oferecer ensino público de qualidade. No Programa de pós-graduação em direito público, Ricardo Lobo Torres e Paulo Braga Galvão foram os melhores parceiros que alguém poderia desejar. Juntos criamos um ambiente em que as pessoas se gostam, se admiram e se ajudam. Na graduação, são amigos queridos, desde o começo, os Professores Carmen Tiburcio, Paulo Cezar Pinheiro Carneiro e Gustavo Tepedino (a ordem é de chegada). E dentre meus ex-alunos de graduação e de pós-graduação, que hoje são docentes da Casa e brilham na vida acadêmica, celebro as afinidades intelectuais e o afeto que me unem a Daniel Sarmento, Gustavo Binenbojm e Ana Paula de Barcellos (também em ordem de chegada).

A Faculdade de Direito da Universidade de Yale, nos Estados Unidos, onde fiz minha pós-graduação, proporcionou-me uma experiência de vida e de estudos extraordinária, além do convívio com Professores notáveis, como Bruce Ackerman e Harold Koh. Mais recentemente, Robert Post tem sido um interlocutor inestimável, a quem devo preciosas sugestões de leitura. Ao longo dos anos, inclusive na elaboração deste livro, passei temporadas dedicadas à pesquisa e à redação do texto na Universidade de Miami (sou grato à acolhida do Professor Keith Rosenn), na Academia de Direito Internacional da Haia, na Universidade de São Francisco (sou grato a Jack Garvey por uma estada maravilhosa), na Universidade de Georgetown e na Universidade George Washington (sou grato a Bob Cottrol pela ajuda e por ter me cedido sua sala na biblioteca). Na globalização do bem, o convívio, ainda que breve ou eventual, com pessoas como Eduardo García de Enterría, Lorenzo Martin-Retortillo, Antônio Avelãs Nunes, Jorge Miranda e Ronald Dworkin, dentre outros, trouxe-me prazer pessoal, motivação e inspiração.

Na minha atuação profissional no direito constitucional e no direito público em geral, inúmeras pessoas emprestam-me, há muitos anos, seu talento, energia e dedicação. Dentre elas, Carmen Tiburcio (de novo), Karin Basílio Khalili, Viviane Perez, Rafael Fonteles e, mais recentemente,

---

1   Para essa história de sucesso, foi decisiva a contribuição de dois professores notáveis, que mantiveram acesa a chama, contribuindo para o desenvolvimento teórico e para a difusão do direito constitucional no Brasil: Paulo Bonavides e José Afonso da Silva (a ordem é cronológica).

Felipe Monnerat, Cláudio Pereira de Souza Neto e Helen Lima. Os melhores que há. Eduardo Mendonça, por sua vez, prestou-me valiosa ajuda na preparação deste livro. Na juventude dos vinte e poucos anos, tornou-se um acadêmico de primeira linha e um interlocutor de grande qualidade. Registro, ainda, dois parceiros que já vêm de bem longe, dois presentes que a vida me deu. Nelson Nascimento Diz, com seu senso de humor desconcertante e inteligência luminosa, obriga a todos que o cercam a se tornarem melhores. Há quase vinte e cinco anos me beneficio de sua amizade, de suas ideias e de suas dicas sobre arte. A coordenação geral de tudo, como sabem os mais próximos, é de Ana Paula de Barcellos, uma paixão intelectual, síntese das virtudes que fazem de alguém uma grande pessoa e uma grande jurista. Não há palavras capazes de expressar, de modo preciso, o afeto fraterno e a transcendente parceria que celebramos já vai fazer quinze anos.

Por fim, um registro de carinho aos muitos amigos que habitam o lado não jurídico da minha vida e que, nos feriados e fins de semana, frequentam a Villa Luna, em Itaipava. O pessoal que come, bebe e se diverte enquanto eu dou um duro danado (mas à noite eu me junto a todos). Vovô Beto (e vovó Judith, *in memoriam*). Vovó Detta. Miriam e Cesar. Paulo e Sandra. Hélio e Mercedes. Tininha e Fábio. E os eventuais: Glória e Gustavo. Ankie e Marcos. Lima e Nádia. E, vez por outra, para alegria geral, o José Paulo, que vem sem o Sepúlveda Pertence. E, por fim, meus parceiros maiores, doces cúmplices de uma vida boa, dura e corrida: Tereza, Luna e Bernardo, um mundo à parte, de amor, alegria e paz. O livro, ainda dessa vez sem gravuras, é para eles. Fico devendo.

Brasília, 21 de junho de 2008.

Luís Roberto Barroso

NOTA À 13ª EDIÇÃO

EVITANDO O RETROCESSO

I AS INOVAÇÕES DESTA EDIÇÃO

Para minha alegria e surpresa, este *Curso de Direito Constitucional Contemporâneo* chega a mais uma edição. Sou grato à acolhida do público e, também, aos meus alunos de diferentes partes do Brasil, que me inspiram e motivam a continuar a estudar, escrever e difundir o constitucionalismo democrático. Esta nova edição traz uma Parte VI, dedicada à ordem econômica na Constituição brasileira.

II A CRISE DA DEMOCRACIA NO BRASIL E NO MUNDO

Como aponto em diversas passagens do livro, a democracia constitucional foi a ideologia vitoriosa do século XX, tendo derrotado todas as alternativas que se apresentaram – o comunismo, o fascismo, o nazismo, os regimes militares e os fundamentalismos religiosos. No entanto, têm-se acumulado no mundo os precedentes de retrocesso democrático: Hungria, Polônia, Rússia, Geórgia, Ucrânia, Filipinas, Venezuela, Nicarágua e El Salvador, entre outros. Nesses países, deu-se a superposição de fenômenos diversos e perigosos, como o populismo, o extremismo e o autoritarismo. Nenhum país está imune aos riscos dessa escalada e o Brasil não é exceção, como tampouco o foram os Estados Unidos. Em todos os exemplos citados, o esvaziamento das instituições democráticas se deu, não por golpes de Estado, mas por líderes eleitos pelo voto popular. Para qualificar essa nova realidade, a teoria constitucional e a ciência política criaram expressões como democracias iliberais, constitucionalismo abusivo e legalismo autoritário, entre outras.

Essa fragilização da democracia, nos países apontados, se dá "por dentro" de suas estruturas, por mecanismos diversos de concentração de poderes, esvaziamento das instituições e supressão de direitos. A presente edição abre um tópico específico para tratar da crise da democracia. A resistência a esse processo histórico depende da sociedade civil, dos órgãos de representação popular e das cortes supremas. A nota positiva é que o constitucionalismo liberal, na maior parte do mundo democrático, tem conseguido resistir ao avanço autoritário, inclusive expelindo os seus representantes em eleições imediatamente subsequentes. Mas o direito constitucional, nos dias de hoje, tem por tarefa não apenas fazer avançar o processo civilizatório, como também proteger o que já foi conquistado.

No Brasil, ao longo de 2021 e 2022, a resiliência das instituições foi testada até o limite, diante de ataques vindos de origens variadas. Em primeiro lugar, e mais preocupante, o próprio Presidente da República deu declarações desmerecedoras das instituições democráticas, estimulou manifestações que pediam o fechamento do Congresso e do Supremo Tribunal Federal, requereu o *impeachment* de um Ministro do Supremo Tribunal Federal, ameaçou descumprir decisões judiciais e "jogar fora das quatro linhas". O retrocesso e as ameaças institucionais trouxeram preocupações que se imaginavam terem ficado em um passado mais distante. Velhas assombrações de golpe de Estado e quebra da legalidade voltaram a assustar a sociedade brasileira. Apesar de tudo, as instituições resistiram aos ataques, mas os precedentes de desrespeito aos valores democráticos e civilizatórios deixarão marcas duradouras.

As democracias também se veem ameaçadas por uma onda de campanhas de desinformação, ódio e teorias conspiratórias que inundam as redes sociais. A internet trouxe a democratização do acesso à informação e ao espaço público, mas suprimiu, em ampla medida, a intermediação do jornalismo profissional, que fora a marca do último século. Com ela vieram, também, a invasão de privacidade, a difusão da mentira deliberada e de notícias falsas, condutas utilizadas como estratégia de chegada ao poder e de desmoralização das instituições democráticas. Todos esses são

XXXI

problemas do nosso tempo, para os quais o constitucionalismo e os constitucionalistas precisam estar atentos. Em todo o mundo se veem preocupações acerca da melhor forma de se regulamentar a atuação das empresas de tecnologia e de dados, bem como de libertar as mídias sociais de comportamentos criminosos ou gravemente antissociais, sem comprometer a liberdade de expressão.

Ao longo de 2024, o país tomou conhecimento de uma articulação ampla para um golpe de Estado, em desrespeito ao resultado das eleições presidenciais de 2022, envolvendo lideranças militares e civis. Estivemos mais perto do que imaginávamos do inimaginável. Não deixa de ser estarrecedor que em pleno século XXI ainda prevaleça esse tipo de mentalidade, incapaz de superar os ciclos do atraso na vida nacional. Felizmente, tanto na sociedade civil como nas Forças Armadas, prevaleceu o sentimento democrático que tem animado o país desde o fim do regime militar e que se materializa no espírito iluminista da Constituição de 1988.

III   AGRADECIMENTOS

Da primeira edição deste livro para cá, muitas coisas aconteceram no mundo, no Brasil e na minha vida. No que diz respeito a mim, tornei-me Ministro do Supremo Tribunal Federal, passando a acompanhar o direito constitucional e sua aplicação a partir de novos pontos de observação. Mesmos valores, novas perspectivas. Na minha vida acadêmica, continuei a ser professor na graduação, mestrado e doutorado na Universidade do Estado do Rio de Janeiro, mas passei a lecionar, também, no Centro Universitário de Brasília, cidade onde fixei residência, sem abandonar o Rio. Também passei a ter uma afiliação com o Carr Center for Human Rights Policy, da Harvard Kennedy School, onde passo boa parte dos períodos de recesso do STF estudando, escrevendo e convivendo com professores e estudantes. Sou particularmente grato a Sushma Raman, sua diretora-executiva, pela acolhida, interlocução e carinhosa amizade.

Ao longo dos anos, pessoas e juristas notáveis me ajudaram na minha atividade acadêmica e no Supremo Tribunal Federal. Eduardo Mendonça, com sacrifício pessoal, abandonou o escritório para me ajudar no primeiro ano no Tribunal, pelo que lhe sou perenemente grato. Renata Saraiva, por 6 anos, igualmente se afastou da advocacia para coordenar, com grande competência e inteligência emocional, todo o time do gabinete. Essa tarefa é hoje desempenhada pela Procuradora do Município do Rio de Janeiro, Fernanda de Paula, com igual brilho e dedicação. A professora Patrícia Perrone Campos Mello, que me auxiliou imensamente na atualização de outras edições deste Curso, tornou-se uma pessoa indispensável na minha vida funcional e acadêmica, com incansável empenho e superior capacidade intelectual. E André Araújo me ajudou a navegar pelos labirintos do direito penal brasileiro, enfrentando a seletividade, ineficiência e injustiça do sistema punitivo. No Tribunal Superior Eleitoral, que presidi entre maio de 2020 e fevereiro de 2022, contei com a impecável coordenação geral de Aline Osório e a dedicação qualificada de Leila Mascarenhas. Não há como citar, nominalmente, todas as pessoas que fazem imensa diferença na minha vida, mas minha gratidão a todas elas não cabe em palavras.

Em tempos difíceis da vida brasileira reitero aqui minha convicção mais profunda, minha fé racional: a de que a história é uma marcha contínua na direção do bem, da justiça e do avanço civilizatório. Mas nem sempre ela é linear. Por isso mesmo é preciso interpretar, sem amargura, seus avanços e recuos. Porém, mesmo quando não se percebe da superfície, ela flui como um rio subterrâneo na direção que deve seguir. E o nosso papel, como intelectuais, trabalhadores, estudantes e cidadãos é empurrar a história na direção certa. Mesmo diante de momentos de desalento com as fraquezas humanas e com os desvios de rota, procuro manter uma visão construtiva da vida e dos acontecimentos. E compartilho com todos o meu *slogan* pessoal, que tem me ajudado ao longo do caminho: não importa o que esteja acontecendo à sua volta: faça o melhor papel que puder. E seja bom e correto, mesmo quando ninguém estiver olhando.

Brasília, 6 de novembro de 2024.

Luís Roberto Barroso

PARTE I

TEORIA DA CONSTITUIÇÃO: OS CONCEITOS
FUNDAMENTAIS E A EVOLUÇÃO DAS IDEIAS

CAPÍTULO I CONSTITUCIONALISMO

Sumário: I – O surgimento do ideal constitucional e seu desencontro histórico. 1. Generalidades. 2. Da Antiguidade Clássica ao início da Idade Moderna. II – O constitucionalismo moderno e contemporâneo. 1. Experiências precursoras do constitucionalismo liberal e seu estágio atual. 1.1. Reino Unido. 1.2. Estados Unidos da América. 1.3. França. 2. Um caso de sucesso da segunda metade do século XX: a Alemanha. 3. O constitucionalismo no início do século XXI.

I   O SURGIMENTO DO IDEAL CONSTITUCIONAL E SEU DESENCONTRO HISTÓRICO[1]

1   Generalidades

No princípio era a força. Cada um por si. Depois vieram a família, as tribos, a sociedade primitiva. Os mitos e os deuses – múltiplos, ameaçadores, vingativos. Os líderes religiosos tornam-se chefes absolutos. Antiguidade profunda, pré-bíblica, época de sacrifícios humanos, guerras, perseguições, escravidão. Na noite dos tempos, acendem-se as primeiras luzes: surgem as *leis*, inicialmente morais, depois jurídicas. Regras de conduta que reprimem os instintos, a barbárie, disciplinam as relações interpessoais e, claro, protegem a propriedade. Tem início o processo civilizatório. Uma aventura errante, longa, inacabada. Uma história sem fim.

Formam-se as primeiras civilizações. Egito[2], Babilônia[3], Pérsia[4]. Com os hebreus consagra-se o monoteísmo e a lei assume sua dimensão simbólica, ainda como ato divino, o pacto de Deus com o povo escolhido[5].

---

1   J. C. Smith e David N. Weisstub, *The western idea of law*, 1983; J. M. Kelly, *A short history of western legal history*, 1992; Roland de Vaux, *Ancient Israel*, 1965; Aristóteles, *Constitution of Athens and related texts*, 1950; Gordon Scott, *Controlling the State*, 1999; Raphael Sealey, *The Athenian republic*, 1987; George Willis Botsford, *The development of the Athenian Constitution*, 1965; André Bonnard, *Greek civilization from the Antigone to Socrates*, 1959; George Sabine, *História das teorias políticas*, 1964; Hermes Lima, *Introdução à ciência do Direito*, 2000; Fábio Konder Comparato, *Ética:* Direito, moral e religião no mundo moderno, 2006; Argemiro Cardoso Moreira Martins, O direito romano e seu ressurgimento no final da Idade Média, in Antonio Carlos Wolkmer (org.), *Fundamentos de história do direito*, 1996; R. C. van Caenegem, *An historical introduction to western constitutional law*, 1995; Julius H. Wolff, *Roman law:* an historical introduction, 1951; Fritz Schulz, *History of roman legal science*, 1953; *The Encyclopedia Americana*, v. 14, 1998; *Encyclopedia Britannica*, v. V, 1975; *The Columbia Encyclopedia*, 1993; Jorge Miranda, *Teoria do Estado e da Constituição*, 2002; J. J. Gomes Canotilho, *Direito constitucional e teoria da Constituição*, 2003.

2   Os primeiros escritos de que se tem notícia remontam ao Velho Reinado do Egito, de aproximadamente 2600 a.C. Nada obstante, não há qualquer registro da existência de um corpo de leis, que só chegaria com Dario, um conquistador estrangeiro. V. Roland de Vaux, *Ancient Israel*, 1961, p. 142 e s.

3   Na Babilônia, ao contrário do Egito, inúmeras coleções de leis foram encontradas, anteriores ao próprio Código de Hamurábi, de 1700 a.C., que era, no entanto, o mais completo. Nele se previam penas de mutilação (o filho que agredisse o pai tinha a mão cortada; o escravo que agredisse o filho de um homem livre tinha a orelha cortada), retaliação (quem ferisse ou quebrasse o olho, o osso ou o dente de um homem livre teria o seu próprio ferido ou quebrado) e multas (se um homem livre agredisse um plebeu ou um escravo sujeitava-se a penas pecuniárias).

4   A Pérsia, segundo os gregos, ou Irã, de acordo com seus próprios habitantes, constituiu um império poderoso no século VI a.C., sob a dinastia Achaemenid. Uma de suas maiores realizações, que permitiu dois séculos de estabilidade no poder, foi a implementação de uma lei secular – a *Lei dos Reis* – e o incentivo à codificação das leis locais e religiosas. Sob Ciro, o Grande, que governou de 543 a 530 a.C., o império conquistou a Babilônia e libertou os judeus, permitindo que voltassem à sua terra. Cambyses, filho de Ciro, invadiu o Egito (525 a.C.). Foi sucedido por Dario, que deu início às guerras persas contra os gregos, até ser derrotado em 490 a.C. O império persa sucumbiu ao exército da Macedônia, de Alexandre, o Grande, em 334 a.C.

5   Hebreus foram os ancestrais dos judeus e israelitas, designações cuja origem é diversa, mas que passaram a ser utilizadas indistintamente a partir da Era Cristã. Para os judeus, a *Torah*, a Lei Escrita, compreende os cinco primeiros livros do Velho Testamento, o *Pentateuco*, que contém as instruções de Deus para seu povo, as regras morais, sociais e religiosas que deveriam ser observadas. Há uma segunda fonte autorizada de Direito judaico: o *Talmud*, cujo livro principal denomina-se *Mishna*, que consiste em uma ampla compilação da Lei Oral, das tradições imemoriais transmitidas de geração para geração, desde séculos antes de Cristo.

3

A força política da lei religiosa prosseguiria com o cristianismo[6], dando origem à tradição milenar batizada como *judaico-cristã*. Só por grave injustiça não consta da certidão que é também *helênica*: foram os gregos os inventores da ideia ocidental de razão, do conhecimento científico fundado em princípios e regras de valor universal. Por séculos depois, tornaram-se os romanos depositários desses valores racionalistas, aos quais agregaram a criação e desenvolvimento da ciência do Direito, tal como é ainda hoje compreendida. Em síntese sumária: a cultura ocidental, em geral, e a jurídica, em particular, têm sua matriz ético-religiosa na teologia judaico-cristã e seu fundamento racional-legal na cultura greco-romana.

O termo *constitucionalismo*[7] é de uso relativamente recente no vocabulário político e jurídico do mundo ocidental. Data de pouco mais de duzentos anos, sendo associado aos processos revolucionários francês e americano. Nada obstante, as ideias centrais abrigadas em seu conteúdo remontam à Antiguidade Clássica, mais notadamente ao ambiente da *Polis* grega, por volta do século V a.C. As instituições políticas ali desenvolvidas e o luminoso pensamento filosófico de homens como Sócrates (470-399 a.C.), Platão (427-347 a.C.) e Aristóteles (384-322 a.C.) atravessaram os séculos e ainda são reverenciados dois milênios e meio depois.

Constitucionalismo significa, em essência, limitação do poder e supremacia da lei (Estado de direito, *rule of law, Rechtsstaat*). O nome sugere, de modo explícito, a existência de uma Constituição, mas a associação nem sempre é necessária ou verdadeira. Há pelo menos um caso notório em que o ideal constitucionalista está presente independentemente de Constituição escrita – o do Reino Unido – e outros, muito mais numerosos, em que ele passa longe, apesar da vigência formal e solene de Cartas escritas. Exemplo inequívoco é o fornecido pelas múltiplas ditaduras latino-americanas que prevaleceram, intermitentemente, até a transição democrática dos anos 90 do século passado. Não basta, portanto, a existência de uma ordem jurídica qualquer. É preciso que ela seja dotada de determinados atributos e que tenha *legitimidade*, a adesão voluntária e espontânea de seus destinatários[8].

Em um Estado constitucional existem três ordens de limitação do poder. Em primeiro lugar, as limitações *materiais*: há valores básicos e direitos fundamentais que hão de ser sempre preservados, como a dignidade da pessoa humana, a justiça, a solidariedade e os direitos à liberdade de religião, de expressão, de associação. Em segundo lugar, há uma específica estrutura *orgânica* exigível: as funções de legislar, administrar e julgar devem ser atribuídas a órgãos distintos e independentes, mas que, ao mesmo tempo, se controlem reciprocamente (*checks and balances*)[9]. Por fim, há as limitações *processuais*: os órgãos do poder devem agir não apenas com fundamento na lei, mas também observando o devido processo legal, que congrega regras tanto de caráter procedimental (contraditório, ampla defesa, inviolabilidade do domicílio, vedação de provas obtidas por meios ilícitos) como de natureza substantiva (racionalidade, razoabilidade-proporcionalidade, inteligibilidade). Na maior parte dos Estados ocidentais instituíram-se, ainda, mecanismos de controle de constitucionalidade das leis e dos atos do Poder Público.

A seguir, breve narrativa do acidentado percurso que conduziu a civilização do império da força ao Estado de direito. É fundamental ressalvar que o ponto de observação é o da cultura ocidental e dos valores nela cultivados e desenvolvidos. Deve-se ter em conta, também, que nem todos os Estados percorreram os mesmos caminhos ou se encontram no mesmo estágio institucional. Aliás, bem ao contrário, em muitas partes do mundo – talvez na maior parte – o ideal constitucional e a luta pela liberdade ainda são uma aventura em curso.

---

6 Para um interessante estudo acerca da identificação entre Direito, tradição e religião nas sociedades pré-modernas, v. Dieter Grimm, *Constituição e política*, 2006, p. 3 e s.

7 Daniel P. Franklin e Michael J. Baun (editores), *Political culture and constitutionalism:* a comparative approach, 1995; Richard Bellamy (editor), *Constitutionalism, democracy and sovereignty:* American and European perspectives, 1996; Ian Loveland (editor), *Constitutional law*, 2000; J. Roland Pennock e John W. Chapman (editores), *Constitutionalism*, 1979; Larry Alexander (editor), *Constitutionalism. Philosophical foundations*, 1998; Louis Henkin, Elements of constitutionalism, *The Review*, v. 60, Special Issue (*The evolving African constitutionalism*), 1998; Carlos Santiago Nino, *The constitution of deliberative democracy*, 1996.

8 Constitucionalismo e democracia são conceitos que se aproximam, frequentemente se superpõem, mas que não se confundem. Eventualmente, pode haver até mesmo tensão entre eles. Constitucionalismo traduz, como visto, limitação do poder e Estado de direito. Democracia identifica, de modo simplista, soberania popular e governo da maioria. Pois bem: a Constituição se impõe, muitas vezes, como instrumento de preservação de determinados valores e de proteção das minorias, inclusive, e sobretudo, em face das maiorias e do seu poder de manipulação do processo político.

9 Já na Declaração de Direitos do Homem e do Cidadão, de 1789, previa-se: "Art. 16. Toda sociedade, na qual a garantia dos direitos não é assegurada nem a separação dos poderes determinada, não tem constituição".

2 Da Antiguidade Clássica ao início da Idade Moderna

Atenas é historicamente identificada como o primeiro grande precedente de limitação do poder político – *governo de leis, e não de homens* – e de participação dos cidadãos nos assuntos públicos. Embora tivesse sido uma potência territorial e militar de alguma expressão, seu legado perene é de natureza intelectual, como berço do ideal constitucionalista e democrático. Ali se conceberam e praticaram ideias e institutos que ainda hoje se conservam atuais, como a divisão das funções estatais por órgãos diversos, a separação entre o poder secular e a religião, a existência de um sistema judicial e, sobretudo, a supremacia da *lei*, criada por um processo formal adequado e válida para todos[10].

O centro da vida política ateniense era a *Assembleia*, onde se reuniam e deliberavam os cidadãos[11]. O principal órgão de poder, todavia, era o *Conselho*, composto de quinhentos membros, dentre os quais eram escolhidos os que conduziriam o dia a dia da administração. Por fim, havia as *Cortes*, com seus grandes júris populares, cujo papel político era mais amplo do que o dos órgãos judiciais modernos. Como tudo o mais na ciência, nas humanidades e na vida em geral, Atenas precisa ser estudada em perspectiva histórica[12]. Mas, a despeito de os séculos haverem criado uma aura romântica para esse período, é inegável o florescimento de uma sociedade singularmente avançada, cenário de notável efervescência política e cultural[13]. Atenas foi uma *pólis* estável e segura, a ponto de tolerar e incentivar o surgimento de filósofos, historiadores e autores teatrais, que mereceram o respeito dos seus contemporâneos e as homenagens da posteridade, que ainda hoje os lê e encena[14].

O ideal constitucionalista de limitação do poder foi compartilhado por Roma, onde a República se implantou em 529 a.C., ao fim da monarquia etrusca, com a Lei das Doze Tábuas[15]. O poder militar e político romano estendeu-se por quase todo o Mediterrâneo, mas sua estrutura jurídica e instituições políticas seguiram sendo as de uma cidade-Estado, com as decisões concentradas em um número limitado de órgãos e pessoas. Tais instituições incluíam a Assembleia (que, a rigor, eram diversas, e encarnavam o poder de elaborar leis), os Cônsules (que eram os principais agentes executivos) e outros altos funcionários (pretores, questores, tribunos da plebe), além do Senado, cujo caráter formal de mero órgão consultivo encobria seu papel de fonte material e efetiva de poder. A participação dos cidadãos era reduzida[16].

A despeito de seu caráter aristocrático, o poder na República era repartido por instituições que se controlavam e temiam reciprocamente[17]. Nada obstante, um conjunto de causas conduziram ao ocaso

---

10 As primeiras leis escritas remontam a Draco (620-621 a.C.), mas o início do período democrático é associado às reformas de Sólon (594 a.C.) ou, para outros, às de Clístenes (508 a.C.) ou, ainda, às de Ephialtes. A época de ouro da cidade é conhecida como a "era de Péricles", em razão do grande líder político e orador (443 a 429 a.C.). O fim da democracia ateniense tem data inequívoca: a derrota militar para a Macedônia, em 338 a.C.

11 A Assembleia reunia-se próximo à *Ágora*, que era a praça pública. As discussões ali eram monopolizadas, aparentemente com consentimento geral, por um pequeno número de cidadãos proeminentes, denominados *demagogos*, termo que não tinha, na sua origem, a conotação negativa que parece ter rapidamente adquirido. V. Scott Gordon, *Controlling the State*, 1999, p. 68.

12 A denominada *democracia* ateniense mais se aproxima de uma *república aristocrática*. Pelos padrões atuais, tratava-se de uma organização política excludente: um terço da população era escrava e os estrangeiros, mesmo que livres, bem como as mulheres, não tinham o direito de participação. De uma população estimada em 300 mil pessoas, cerca de 40 mil tinham *status* de cidadão, como tal compreendidos os maiores de 20 anos nascidos de pais atenienses. Esses números parecem remeter antes ao folclore do que à realidade histórica a crença de que as políticas públicas e as decisões administrativas e de caráter militar fossem tomadas em praça pública ou qualquer outro fórum aberto a todos.

13 Scott Gordon, *Controlling the State*, 1999, p. 62: "Quando acrescentamos a estes elementos políticos as características mais gerais da *mentalidade* moderna que se encontravam nos filósofos e historiadores gregos dos séculos V e IV A.C. – secularismo, racionalismo e empirismo – fica evidente que os fundamentos da civilização ocidental são inadequadamente referidos como 'judaico-cristãos', sem se fazer menção ao 'helenismo'".

14 Além dos grandes filósofos, inúmeros outros nomes tornaram-se familiares ao pensamento ocidental: historiadores como Heródoto e Thucídides e autores teatrais como Ésquilo, Sófocles e Eurípedes.

15 Somente alguns fragmentos dessa Lei ficaram conhecidos. Em um deles lê-se: *"salus populi suprema lex esto"* (o bem-estar do povo é o bem supremo). A história da civilização romana compreende um período aproximado de doze séculos e é normalmente dividida pelos historiadores em três fases: (i) a *realeza*, que vai da fundação de Roma, em 753 a.C., até a deposição do rei etrusco Tarquínio; (ii) a *república*, que começa em 529 a.C., com a eleição dos dois cônsules; e (iii) o *império*, iniciado com a sagração de Otávio Augusto como imperador, em 27 a.C., até 476 da nossa era.

16 A estimativa é de que houvesse cerca de 400 mil cidadãos, dos quais provavelmente nem 10% jamais participaram de uma reunião de assembleia. Além do desinteresse, resultante do pouco peso de tal participação, à vista da estrutura vigorante, a população era dispersa por vasta região geográfica. Roma não conheceu a representação política.

17 Dois autores contemporâneos da República romana – Polibius e Cícero –, ambos próximos da aristocracia do poder, escreveram textos historicamente importantes acerca do período. Em seu clássico *Da República*, Cícero, endos-

do modelo republicano, dentre as quais o sistema de privilégios da aristocracia patrícia e a insatisfação das tropas, do povo e das outras aristocracias excluídas dos cargos consulares e do Senado. Do ponto de vista institucional, o fim veio pela via previsível, que destruiu inúmeros outros sistemas pluralistas ao longo da história: os comandantes militares tornaram-se excessivamente poderosos e escaparam ao controle efetivo dos órgãos políticos. Quando a República ruiu e deu-se a coroação do imperador, não foi o fim de Roma, cujo domínio duraria ainda mais meio milênio. O que terminou, na véspera do início da Era Cristã, foram a experiência e o ideal constitucionalistas, que vinham dos gregos e haviam sido retomados pelos romanos. A partir dali, o constitucionalismo desapareceria do mundo ocidental por bem mais de mil anos, até o final da Idade Média.

Nos séculos imediatamente posteriores à queda do Império Romano, em 476, a Antiguidade Clássica defrontou-se com três sucessores: o Império Bizantino, continuação reduzida do Império Romano, com imperador e direito romanos; as tribos germânicas invasoras, que se impuseram sobre a cristandade latina; e o mundo árabe do Islã, que se expandia a partir da Ásia, via África do Norte[18]. Pelo milênio seguinte à derrota de Roma, os povos da Europa integraram uma grande multiplicidade de principados locais autônomos. Os únicos poderes que invocavam autoridade mais ampla eram a Igreja Católica e, a partir do século X, o *Sagrado Império Romano-germânico*[19]. A atomização do mando político marcou o período feudal, no qual as relações de poder se estabeleciam entre o dono da terra e seus vassalos, restando autoridade mínima para o rei, duques e condes. Já pela alta Idade Média e por conta de fatores diversos – que incluem a reação à anarquia da pluralidade de poderes e a revitalização do comércio –, começa a esboçar-se o processo de concentração do poder que levaria à formação dos Estados nacionais como organização política superadora dos modelos muito amplos e difusos (papado, império) e dos muito reduzidos e paroquiais (tribos, feudos).

O Estado moderno surge no início do século XVI, ao final da Idade Média, sobre as ruínas do feudalismo[20]. Nasce absolutista, por circunstância e necessidade, com seus monarcas ungidos por direito divino. O poder secular liberta-se progressivamente do poder religioso, mas sem lhe desprezar o potencial de legitimação. *Soberania* é o conceito da hora, concebida como *absoluta* e *indivisível*, atributo essencial do poder político estatal. Dela derivam as ideias de supremacia interna e independência externa, essenciais à afirmação do Estado nacional sobre os senhores feudais, no plano doméstico, e sobre a Igreja e o Império (romano-germânico)[21], no plano internacional. Com Jean Bodin[22] e Hobbes[23], a soberania tem seu centro de gravidade no monarca. Com Locke[24] e a Revolução Inglesa, ela se transfere para o

---

sando Polibius, sustentou que a República romana era um sistema misto, no qual estavam presentes elementos das três formas puras de governo reconhecidas então, por influência dos escritos de Aristóteles: os cônsules eram o elemento *monárquico*, o Senado, o *aristocrático*, e as assembleias, o *democrático* (Livro I).

18   V. R. C. van Caenegem, *An historical introduction to western constitutional law*, 1995, p. 34.

19   O Sagrado Império Romano-Germânico constituiu um esboço de concentração de poder político, embora ainda sem os atributos e a intensidade que viriam a identificar os Estados nacionais. A tentativa de reviver a tradição do Império Romano vinha expressa na própria denominação. O Sacro Império desenvolveu-se a partir da linha franca do chamado Império do Ocidente, de Carlos Magno, após a dissolução deste em 843. Embora abarcasse vastas regiões, incluindo pedaços das atuais França e Itália, o Império era conduzido pelos principados germânicos, que instalaram na região uma monarquia eletiva em que os duques da Saxônia, Francônia, Suábia e Baviera elegiam um entre si para ocupar o trono. Oto I foi eleito em 936 e, devido às suas conquistas militares, passou a desfrutar de grande prestígio e influência, tanto em relação aos nobres quanto em relação à Igreja Católica, tendo sido sagrado Imperador pelo Papa João XII no ano de 962.

20   Com a acepção moderna, o termo "Estado" foi empregado pela primeira vez por Maquiavel, em *O príncipe*, escrito em 1513, que se inicia com as seguintes palavras: "Todos os Estados, todos os governos que tiveram e têm autoridade sobre os homens, foram e são ou repúblicas ou principados" (*O príncipe*, 1976, p. 5). Sobre o tema, v. Dalmo Dallari, *Elementos de teoria geral do Estado*, 1989, p. 43 e 190.

21   O Império Romano do Oriente já nem existia a essa altura, tendo sucumbido em 1453, com a queda de Constantinopla para os turcos.

22   Jean Bodin (1530-1596) foi o autor da primeira obra teórica a desenvolver o conceito de soberania: *Les six livres de la Republique*, publicado em 1576, no qual a qualificou como "absoluta, indivisível e permanente".

23   Thomas Hobbes (1588-1679) foi um dos teóricos do absolutismo inglês e precursor da teoria contratual de origem do Estado. Seu livro *Leviathan*, publicado em 1651, tem o mesmo argumento básico desenvolvido por Bodin quanto à defesa da soberania absoluta.

24   John Locke (1632-1704) foi um dos precursores do pensamento liberal. Suas ideias repercutiram não apenas na Inglaterra, mas também na França e nos Estados Unidos, tendo sido um dos esteios intelectuais do processo revolucionário em ambos os países. Suas obras principais foram *Dois tratados sobre o governo civil*, 1689-1690, e *Ensaio sobre o entendimento humano*, 1690.

Parlamento. Com Rousseau[25] e as Revoluções Francesa e Americana, o poder soberano passa nominalmente para o povo, uma abstração aristocrático-burguesa que, com o tempo, iria democratizar-se.

II O CONSTITUCIONALISMO MODERNO E CONTEMPORÂNEO

1 Experiências precursoras do constitucionalismo liberal e seu estágio atual

1.1 Reino Unido[26]

Em meados do século X, os diversos reinos anglo-saxões dispersos pelas ilhas britânicas já estavam unificados sob o reino da Inglaterra. Com a invasão normanda, em 1066, foram introduzidas as instituições feudais, cujo desenvolvimento consolidou a força política dos barões, que impuseram ao rei João Sem-Terra, em 1215, a *Magna Charta*[27]. Pouco à frente, ainda no século XIII, começou a ganhar forma o Parlamento, convocado e controlado pelo rei, integrado por aristocratas e clérigos, bem como por representantes da baixa aristocracia e da burguesia urbana[28]. Ao final do século XVI, a Inglaterra já havia se firmado como uma monarquia estável, um Estado protestante[29] e uma potência naval. Ali seriam lançadas, ao longo do século XVII, as bases do constitucionalismo moderno, em meio à turbulência institucional resultante da disputa de poder entre a monarquia absolutista e a aristocracia parlamentar.

Os conflitos entre o rei e o Parlamento começaram com James I, em 1603, e exacerbaram-se após a subida de Charles I ao trono, em 1625. O absolutismo inglês era frágil, comparado ao dos países do continente (França, Espanha, Portugal), não contando com exército permanente, burocracia organizada e sustentação financeira própria. Em 1628, o Parlamento submeteu ao rei a *Petition of Rights*[30], com substanciais limitações ao seu poder. Tem início um longo período de tensão política e religiosa (entre anglicanos e católicos, puritanos moderados e radicais), que vai desaguar na guerra civil (1642-1648), na execução de Charles I (1649) e na implantação da República (1649-1658), sob o comando de Cromwell. A República não sobreviveu à morte de seu fundador, dando-se a restauração monárquica com Charles II, em 1660. Seu filho e sucessor, James II, pretendeu retomar práticas absolutistas e reverter a Inglaterra à Igreja Católica, tendo sido derrubado em 1688, na denominada Revolução Gloriosa.

---

25 Jean-Jacques Rousseau (1712-1778), nascido em Genebra, foi um dos mais célebres pensadores do século XVIII, autor do *Discurso sobre a desigualdade* (1753) e do *Contrato social* (1762), sua obra mais famosa. Algumas das premissas teóricas que estabeleceu, apesar de polêmicas, tiveram curso universal: os homens nascem bons e a sociedade os perverte, a ideia da existência de uma *vontade geral* e a defesa da soberania popular, fundamento da democracia direta, com a consequente condenação da democracia representativa. Morreu pouco antes da Revolução Francesa, para cuja eclosão seu pensamento teve influência destacada.

26 Gordon Scott, *Controlling the State*, 1999; R. C. van Caenegem, *An historical introduction to western constitutional law*, 1995; William Stubbs, *The constitutional history of England*, 1979; Charles Howard McIlwain, *Constitutionalism, ancient and modern*, 1947; Daniel Coquillette, *The anglo-american heritage*, 1999; Rudolph Gneist, *The history of the English Constitution*, 1980; Eric Barendt, *An introduction to constitutional law*, 1998; J. C. Holt, *Magna Carta*, 1992; Henry Hallam, *The constitutional history of England*, 1978; J. C. Smith e David N. Weisstub, *The western idea of law*, 1983; J. M. Kelly, *A short history of western legal history*, 1992; George Sabine, *História das teorias políticas*, 1964; Marcelo Caetano, *Direito constitucional*, v. 1, 1977; Luis Sanches Agesta, *Curso de derecho constitucional comparado*, 1988; Maurice Duverger, *Os grandes sistemas políticos*, 1985; Eric Barendt, *An introduction to constitutional law*, 1998; Marcelo Cerqueira, *A Constituição na história*, 2006.

27 Um dos marcos simbólicos da história constitucional, a *Magna Charta* foi, originariamente, um documento que resguardava os direitos feudais dos barões, relativamente à propriedade, à tributação e às liberdades, inclusive religiosa. A amplitude de seus termos, todavia, permitiu que, ao longo do tempo, assumisse o caráter de uma carta geral de liberdades públicas.

28 Scott Gordon, *Controlling the State*, 1999, p. 232: "O Grande Conselho, convocado por Edward I em 1295, ficou consagrado na história como o primeiro parlamento inglês. [...] Desde aquele tempo, o parlamento tem sido composto por dois grupos: os que o integram em virtude de seu *status* aristocrático e os que o fazem na qualidade de representantes de outras classes".

29 Em 1534, Henrique VIII rompeu com a Igreja Católica, após a rejeição pelo Papa Clemente VII do pedido de anulação de seu casamento com Catarina de Aragão. O rei desafiou a decisão, casou-se com Anne Boleyn e foi excomungado. Henrique VIII cria, então, a Igreja Anglicana e torna-se seu chefe, promovendo a união entre Igreja e Estado.

30 A *Petição de Direitos* protestava contra o lançamento de tributos sem aprovação do Parlamento, as prisões arbitrárias, o uso da lei marcial em tempos de paz e a ocupação de casas particulares por soldados.

Guilherme (William) de Orange, invasor vindo da Holanda, casado com Mary, irmã do rei deposto, torna-se o novo monarca, já sob um regime de supremacia do Parlamento, com seus poderes limitados pela *Bill of Rights* (1689)[31].

Fruto de longo amadurecimento histórico, o modelo institucional inglês estabeleceu-se sobre raízes tão profundas que pôde prescindir até mesmo de uma Constituição escrita, sem embargo da existência de documentos relevantes de natureza constitucional[32]. Embora a Revolução Inglesa não tenha tido o tom épico e a ambição de propósitos da Revolução Francesa, o modelo inglês projetou sua influência sobre diferentes partes do mundo, diretamente ou indiretamente (através dos Estados Unidos).

Na quadra atual, início do século XXI, a estrutura de poder no Reino Unido[33] funda-se em três grandes instituições: o Parlamento[34], a Coroa[35] e o Governo[36]. A supremacia do Parlamento é o princípio constitucional maior, e não a supremacia da Constituição, como ocorre nos países que admitem o controle de constitucionalidade dos atos legislativos. Na típica equação de poder dos sistemas parlamentares, o Parlamento tem competência para indicar e destituir o Primeiro-Ministro, que, por sua vez, pode dissolver o Parlamento e convocar eleições. Além disso, o Poder Judiciário, cujo órgão de cúpula, até 2005, era formalmente inserido na Câmara dos Lordes (*Lords of Appeal in Ordinary* ou *Law Lords*), é dotado de independência e garantias. A organização judicial, todavia, sofreu profundas transformações, vigentes a partir de 2008, que serão objeto de referência logo adiante.

A Constituição inglesa, portanto, é produto de longo desenvolvimento histórico, tendo lastro nas (i) convenções e nas (ii) leis constitucionais[37]. As *convenções* são práticas consolidadas ao longo dos séculos no exercício do poder político, incluindo sua organização e a repartição de competências. Os papéis desempenhados pelo Primeiro-Ministro, pelo Gabinete e pelo Monarca, por exemplo, são fruto de convenções[38]. Já as *leis constitucionais* são atos do Parlamento e têm natureza constitucional não em razão da forma de votação, mas do seu conteúdo, por lidarem com matérias afetas ao poder político e aos direitos fundamentais. Já se fez menção às mais conhecidas delas – a *Magna Charta*, a *Petição de Direitos*

---

31 A *Declaração de Direitos* previa a convocação regular do Parlamento, de cujo consentimento dependiam medidas como a criação de leis, a instituição de tributos e a manutenção de exército permanente em tempos de paz. Assegurava, ademais, imunidade aos parlamentares por suas manifestações no Parlamento e impedia a aplicação de penas sem prévio julgamento. Em 1701, o Parlamento votou o *Act of Settlement*, estabelecendo que somente um príncipe de religião anglicana poderia ascender ao trono e impondo novas limitações ao poder real em relação ao Parlamento e às cortes de justiça.

32 Dentre eles destacam-se alguns já mencionados: a *Magna Charta* (1215), a *Petition of Rights* (1628), a *Bill of Rights* (1689) e o *Act of Settlement* (1701). Em 1988 foi aprovado o *Human Rights Act*.

33 O Reino Unido da Grã-Bretanha e Irlanda do Norte é constituído pela Inglaterra, País de Gales, Escócia e Irlanda do Norte. A Irlanda do Sul tornou-se independente em 1937.

34 O *Parlamento* é composto pela Câmara dos Lordes, cujos poderes foram sendo progressiva e substancialmente reduzidos desde 1822 e, especialmente, após o *Parliament Act*, de 1911; e a Câmara dos Comuns, principal casa legislativa e política. Os principais partidos políticos são o Trabalhista e o Conservador.

35 A *Coroa*, embora integre formalmente o Governo, desempenha na atualidade funções predominantemente cerimoniais e simbólicas. A própria nomeação do Primeiro-Ministro e do Governo por ele constituído, que nominalmente cabe ao Monarca, constitui mera chancela ao líder do partido majoritário na Câmara dos Comuns.

36 O *Governo*, composto pelo Primeiro-Ministro e seu Gabinete, desempenha as funções políticas e administrativas. No comentário agudo de Marcelo Caetano: "Na Constituição inglesa, a supremacia no exercício do poder pertence ao Parlamento; no Parlamento, a autoridade efetiva é a da Câmara dos Comuns; na Câmara dos Comuns manda o partido da maioria; e o partido da maioria obedece ao Primeiro-Ministro, chefe do governo e do gabinete" (*Direito constitucional*, 1977, v. 1, p. 84).

37 As anotações deste parágrafo e dos que lhe seguem dentro deste tópico beneficiaram-se da pesquisa e do trabalho desenvolvido por André Rodrigues Cyrino, em *paper* apresentado no âmbito do Programa de Pós-Graduação em Direito Público da UERJ, intitulado *Revolução na Inglaterra? Direitos humanos, corte constitucional e declaração de incompatibilidade das leis. Novel espécie de "judicial review"?*, mimeografado, 2006. Sobre os aspectos do direito inglês e as inovações dos últimos anos, v. Ivor Jennings, *Governo de gabinete*, 1979; Ian Loveland, *Constitutional law: a critical introduction*, 1996; Jorge Miranda, *Teoria do Estado e da Constituição*, 2002; Peter Fitzgerald, *Constitutional crisis over the proposed supreme court for the United Kingdom*, 2004, p. 233, disponível no sítio: www.law.stetson.edu/fitz/fitzstuff/UK%20Supreme%20Court.pdf, acesso em: 13.8.2006; Lord Woolf, *The rule of law and a change in the Constitution*, Cambridge, Squire Centenary Lecture, 2004, p. 5, disponível no sítio: www.law.cam.ac.uk/docs/view.php?doc=1415, acesso em: 22.2.2006.

38 Outros exemplos de convenções: o cargo de Primeiro-Ministro, que existe desde o século XVIII, só veio a ser objeto de referência legal em 1937; o não exercício do poder de veto pelo Monarca: desde 1707, nenhum rei exerceu tal competência, que caiu em desuso. A convenção, portanto, é o não uso do veto.

e a *Declaração de Direitos*. Nas últimas décadas intensificou-se a produção legislativa do Parlamento, em um progressivo processo de transformação do direito constitucional inglês em direito legislado[39].

Precisamente por não se materializar em um texto escrito, a Constituição inglesa tem natureza *flexível*, podendo ser modificada por ato do Parlamento. Tal flexibilidade decorre, como já registrado, do princípio da supremacia parlamentar, conceito-base da denominada *democracia de Westminster*[40]. A doutrina da supremacia, desenvolvida analiticamente em obra de A. V. Dicey, no final do século XIX, apresenta uma dimensão positiva – o Parlamento pode criar e revogar qualquer lei – e outra negativa – nenhuma lei votada pelo Parlamento pode ser afastada ou invalidada por outro órgão. Vale dizer: não há uma lei superior à vontade do Parlamento e, consequentemente, não existe controle de constitucionalidade[41].

É bem de ver, no entanto, que na virada do século XX para o XXI, duas mudanças substantivas e de largo alcance prenunciaram uma possível revolução no direito inglês. Trata-se da aprovação, pelo Parlamento, de duas leis constitucionais: (i) o *Human Rights Act*, de 1998, que incorporou ao direito inglês os direitos previstos na Convenção Europeia de Direitos Humanos; e (ii) o *Constitutional Reform Act*, de 2005, que reorganizou o Poder Judiciário inglês, dando-lhe autonomia em relação ao Parlamento e criando uma Suprema Corte.

A aprovação do *Human Rights Act*, de 1998, é consequência direta da participação do Reino Unido na União Europeia e reflexo da importância assumida pelo direito comunitário e suas instituições. É justo reconhecer, no entanto, que esta lei foi, em ampla medida, a codificação de princípios já observados no *common law*. A grande inovação do *HRA* foi permitir a *declaração de incompatibilidade*, no caso concreto, entre uma lei e os direitos fundamentais previstos no novo Estatuto. Tal declaração, é certo, não acarreta a nulidade da lei nem vincula as partes do processo; mas produz o efeito político de revelar ao Parlamento que seu ato é contrário aos direitos humanos. Caberá ao Parlamento, assim, a decisão de modificá-lo ou não. Há precedente em que, após a declaração de incompatibilidade, o Parlamento reviu a legislação questionada[42].

O *Constitutional Reform Act*, de 2005, também foi editado por injunções da comunidade europeia, que recomendou formalmente a implementação de mudanças no Poder Judiciário inglês[43]. Embora o sistema britânico fosse tido como imparcial e justo, inexistia separação orgânica em relação ao Parlamento. A nova lei produziu duas transformações formais radicais: (i) criou uma Suprema Corte fora do Parlamento e independente em relação a ele; e (ii) esvaziou as funções judiciais da Câmara dos Lordes e do Lorde Chanceler. Como já assinalado, os Lordes Judiciais (*Judicial Lords* ou *Law Lords*) desempenhavam, tradicionalmente, a função jurisdicional máxima. A nova Corte Constitucional foi instalada em outubro de 2008, tendo os 12 (doze) *Law Lords* como os primeiros membros do tribunal.

Já agora, porém, em referendo popular realizado em junho de 2016, foi vencedora a campanha pela saída do Reino Unido da União Europeia (*Brexit*). Na consulta popular, 51,9% dos eleitores se manifestaram nesse sentido. Embora a Suprema Corte tenha decidido, em 24 de janeiro de 2017, que a decisão final cabia ao Parlamento[44], logo em seguida se deu essa manifestação, em 1º de fevereiro de 2017. Na sequência, em notificação oficial datada de 21 de março de 2017, o Governo comunicou

---

39   Alguns exemplos: *Succession to the Crown Act 2013, Fixed-term Parliaments Act 2011, Constitutional Reform and Governance Act 2010, Compensation Act 2006, Electoral Administration Act 2006, Criminal Defence Service Act 2006, Inquiries Act 2005, Constitutional Reform Act 2005, Mental Capacity Act 2005, Gender Recognition Act 2004, European Parliamentary and Local Elections (Pilots) Act 2004, Courts Act 2003, European Parliament (Representation) Act 2003, Elections Acts, Commonhold – Commencement of Part 1 of the Commonhold and Leasehold Reform Act 2002, The Commonhold and Leasehold Reform Act 2002, Land Registration Act 2002, Freedom of Information Act 2000, Access to Justice Act 1999, Data Protection Act 1998, Human Rights Act 1998.*

40   A expressão designa o modelo de democracia parlamentar inglesa, em razão de a sede do Parlamento ser o Palácio de Westminster, em Londres.

41   A. V. Dicey, *An introduction to the study of the law of the Constitution*, 8. ed., 1914, integralmente disponível na internet, no sítio: www.constitution.org/cmt/avd/law_con.htm, acesso em: 10.8.2006. Assim doutrinou o constitucionalista inglês, professor da Universidade de Oxford: "*The principle, therefore, of parliamentary sovereignty means neither more nor less than this, namely that 'Parliament' has 'the right to make or unmake any law whatever; and further, that no person or body is recognised by the law of England as having a right to override or set aside the legislation of Parliament'*".

42   V. *A. v. Secretary of State for the Home Department*, julgado em 16.12.2004, disponível no sítio: www.publications. parliament.uk/pa/ld200405/ldjudgmt/jd041216/a&oth-1.htm, acesso em: 22.2.2007. O *Appellate Commitee* da Câmara dos Lordes declarou incompatível com o *HRA* o tratamento dado pelo *Anti-terrorism, Crime and Security Act*, de 2001, à prisão cautelar de estrangeiros suspeitos da prática de terrorismo. O caso envolvia nove muçulmanos presos em prisão de alta segurança (Belmarsh) por prazo indeterminado. Menos de um ano depois da decisão, por iniciativa do Parlamento, foi aprovada uma nova lei (*Prevention of Terrorism Act*, de 11.3.2005). É certo que também esta nova lei veio a ser objeto de declaração de incompatibilidade, conforme noticia André Rodrigues Cyrino (ob. cit.), e pode-se confirmar nos sítios: http://news.bbc.co.uk/1/hi/uk/5125668.stm e http://en.wikipedia.org/wiki/Prevention_of_Terrorism_Act_2005, acesso em: 2.10.2006.

43   V. Resolução n. 1.342, de 2003, da Assembleia Parlamentar do Conselho Europeu, acessível no sítio: http://assembly.coe.int/nw/xml/XRef/Xref-XML2HTML-en.asp?fileid=17140&lang=en, acesso em: 19.9.2016.

44   *R (Miller) v Secretary of State for Exiting the European Union* [2017] UKSC 5.

formalmente à União Europeia o seu desejo de deixar de integrá-la. Em 31 de janeiro de 2020, após anos de debate em torno das condições de retirada, o Reino Unido desligou-se da União Europeia.

1.2 Estados Unidos da América[45]

A partir do século XVII, a costa leste da América do Norte começou a ser povoada por colonos ingleses, que migraram para o novo continente por motivos variados[46]. Até meados do século XVIII, quando tiveram início os conflitos, as colônias eram leais à Coroa britânica e gozavam de razoável autonomia. Ao lado disso, beneficiavam-se da tradição inglesa do poder contido e institucionalizado[47]: o governador era designado por Londres, mas havia um corpo legislativo eleito pelos cidadãos locais (que preenchessem os requisitos de propriedade), bem como um Judiciário independente. Todavia, imposições tributárias e restrições às atividades econômicas e ao comércio romperam a harmonia com a metrópole. As relações tornaram-se tensas ao longo da década de 1760, agravando-se drasticamente após episódios como o *Stamp Act*[48], de 1765, o Massacre de Boston, em 1770[49], e o *Boston Tea Party*, em 1773[50].

As sanções inglesas contra Massachusetts e a transferência das terras ao norte do rio Ohio para o Canadá – medidas que ficaram conhecidas como *atos intoleráveis* – motivaram a convocação do Primeiro Congresso Continental, em 1774, que marcou o início da reação organizada das colônias à Coroa britânica. No ano seguinte, já em estado de guerra, reuniu-se o Segundo Congresso Continental, que funcionou de 1775 a 1788 e foi palco das principais decisões que selariam o futuro da revolução americana. Ali deliberou-se a constituição de um exército organizado, cujo comando foi entregue a George Washington; as ex-colônias foram estimuladas a adotar constituições escritas; e designou-se uma comissão para elaborar a *Declaração de Independência*, cujo principal redator foi Thomas Jefferson. Assinada em 4 de julho de 1776 pelos membros do Congresso, esse documento é considerado um marco na história das ideias políticas, passando a simbolizar a independência das treze colônias americanas, ainda como Estados distintos[51].

---

45 Gordon Wood, *The creation of the American republic*, 1972; Bruce Ackerman, *We the people:* foundations, 1995; Gordon Scott, *Controlling the State*, 1999; R. C. van Caenegem, *An historical introduction to western constitutional law*, 1995; John A. Garraty e Peter Gay (editores), *The Columbia history of the world*, 1988; Lockard e Murphy, *Basic cases in constitutional law*, 1992; Nowak e Rotunda, *Constitutional law*, 2000; Laurence Tribe, *American constitutional law*, 2000; Stone, Seidman, Sunstein e Tushnet, *Constitutional law*, 1996; Gerald Gunther, *Constitutional law*, 1989; Erwin Chemerinsky, *Constitutional law:* principles and policies, 1997; Kermit L. Hall, *The Oxford guide to United States Supreme Court decisions*, 1999; Edward Conrad Smith (editor), *The Constitution of the United States with case summaries*; Paul C. Bartholomew e Joseph Menez, *Summaries on leading cases on the Constitution*, 1983; Marcelo Caetano, *Direito constitucional*, 1977, v. 1; Luis Sanches Agesta, *Curso de derecho constitucional comparado*, 1988; Maurice Duverger, *Os grandes sistemas políticos*, 1985.

46 A primeira colônia foi Virgínia, fundada em 1606, por uma companhia de comércio internacional. Massachusets foi colonizada pelos *puritanos*, que vieram no navio *Mayflower* e desejavam criar uma comunidade regida por seus valores religiosos. Para Maryland foram os *católicos*, então perseguidos na Inglaterra, e na Pennsylvania estabeleceram-se os *quakers*. Na Geórgia instalaram-se súditos ingleses endividados, que vieram recomeçar a vida no novo mundo.

47 Diferentemente do que ocorria com as colônias dos demais países europeus, que exportavam suas próprias vicissitudes: absolutismo, centralismo burocrático e intolerância religiosa.

48 Após a vitória sobre a França, na Guerra dos Sete Anos, concluída em 1763, a Coroa britânica instituiu um imposto do selo, incidente sobre jornais, documentos e diversos outros itens, sob o fundamento de que as colônias deveriam contribuir para sua própria defesa. Houve forte reação e desobediência, fundadas em que as colônias não haviam sido ouvidas nem participavam do Parlamento, surgindo um dos *slogans* da revolução que estava por vir: *"No taxation without representantion"*.

49 Revogado o *Stamp Act*, foram em seguida aprovados pelo Parlamento os denominados *Townshend Acts*, impondo tarifas sobre as importações das colônias. Houve reação violenta em Boston, onde, em 1770, um destacamento militar inglês disparou contra a multidão, matando cinco pessoas e acirrando a determinação anticolonialista.

50 O *Tea Act*, de 1773, permitiu que a Companhia das Índias Ocidentais distribuísse seus estoques de chá no mercado americano, causando grande prejuízo aos comerciantes locais. Em retaliação, parte desse chá barato foi atirada ao mar, na baía de Boston. Os ingleses enviaram tropas para restaurar a ordem. A evolução dos eventos levou ao primeiro confronto entre tropas inglesas e americanos insurgentes, em Lexington, 1775.

51 A Declaração foi inspirada por ideias de John Locke, especialmente pelo *Second treatise on civil government*. O texto, de forte teor retórico, procura enunciar as causas que levaram à decisão extrema. Logo, ao início, sua profissão de fé jusnaturalista: "Consideramos estas verdades como evidentes por si mesmas, que todos os homens foram criados iguais, foram dotados pelo Criador de certos direitos inalienáveis, que entre estes estão a vida, a liberdade e a busca da felicidade". E, ao final, o rompimento com a monarquia inglesa: "Nós, por conseguinte, representantes dos Estados Unidos da América, reunidos em Congresso Geral, apelando para o Juiz Supremo do mundo pela retidão de nossas intenções, em nome e por autoridade do bom povo destas colônias, publicamos e declaramos solenemente: que estas colônias unidas são e de direito têm de ser Estados livres e independentes; que estão desoneradas de qualquer vassalagem para com a Coroa britânica, e que todo vínculo político entre elas e a Grã-Bretanha está e deve ficar totalmente dissolvido".

A guerra revolucionária prolongou-se até 1781. Nesse mesmo ano foram finalmente ratificados os *Articles of Confederation*, que haviam sido aprovados em 1778, fazendo surgir uma confederação entre as treze colônias. Essa união mostrou-se frágil e incapaz de enfrentar os desafios da consolidação das novas nações independentes e de impedir a competição predatória entre elas. Não se previu a criação de um Executivo central nem de um Judiciário federal. Além disso, o Congresso não tinha poderes para instituir tributos nem regular o comércio entre os Estados. A insatisfatoriedade da fórmula adotada era patente e justamente para revê-la foi convocada uma convenção, que se reuniu na Filadélfia a partir de 14 de maio de 1787.

Os delegados de doze dos Estados (Rhode Island não enviou representantes) iniciaram os trabalhos e logo abandonaram o projeto de revisão dos *Artigos da Confederação*, convertendo-se em Convenção Constitucional[52]. Dentre seus membros, algumas lideranças destacadas, como George Washington, Benjamin Franklin, Alexander Hamilton e James Madison, um dos mais influentes autores do documento, que viria a tornar-se o quarto Presidente dos Estados Unidos (1809-1817). Em 17 de setembro de 1787 o texto foi aprovado pela Convenção e estava pronto para ser submetido à ratificação dos Estados. A primeira Constituição escrita do mundo moderno passou a ser o marco simbólico da conclusão da Revolução Americana em seu tríplice conteúdo: a) independência das colônias; b) superação do modelo monárquico; c) implantação de um governo constitucional, fundado na separação de Poderes, na igualdade[53] e na supremacia da lei (*rule of law*). Para acomodar a necessidade de criação de um governo central com o desejo de autonomia dos Estados – que conservaram os seus próprios Poderes e amplas competências – concebeu-se uma nova forma de organização do Estado, a Federação, que permitiu a convivência dos dois níveis de poder, federal e estadual.

A batalha política pela ratificação foi árdua, especialmente nos Estados mais decisivos. Em Massachusetts, por exemplo, foi necessária uma pragmática composição política[54]. Em N. York, o debate acirrado deu ensejo à publicação pela imprensa de um conjunto de artigos que se tornariam célebres: os *Federalist Papers*[55]. Em junho de 1788, dez Estados haviam ratificado a Constituição, um a mais do que exigido pelo art. VII[56]. Em sua versão original, a Constituição não possuía uma declaração de direitos, que só foi introduzida em 1791, com as primeiras dez emendas, conhecidas como *Bill of Rights*. Nelas se consagravam direitos que já constavam das constituições de diversos Estados e que incluíam as liberdades de expressão, religião, reunião e os direitos ao devido processo legal e a um julgamento justo. Consolidada a independência e a unidade sob a Constituição, os Estados Unidos expandiram amplamente o seu território ao longo do século XIX, pela compra de áreas de outros países, em guerras de conquista ou mediante ocupação de terras indígenas. Entre 1861 e 1865, desencadeou-se a Guerra Civil, um sangrento embate entre os Estados do norte e do sul em torno da questão escravagista, que deixou mais de 600 mil mortos[57].

---

52 Do ponto de vista formal, a Convenção de Filadélfia incidiu em um conjunto notável de ilegalidades: afastou-se do objetivo que justificou a sua convocação; previu, para a ratificação da Constituição que elaborou, processo de ratificação diverso do que era estabelecido nos *Artigos*; modificou até mesmo o próprio órgão ao qual caberia a ratificação, substituindo assembleias legislativas estaduais por convenções constitucionais especiais; deixou de exigir a unanimidade dos Estados para aprovação das modificações introduzidas, estabelecendo que bastariam nove votos favoráveis. Sobre o tema, v. Bruce Ackerman, *We the people:* Foundations, 1995, p. 41.

53 Esta afirmação, naturalmente, precisa ser confrontada com o fato de que a Constituição mantinha o regime de escravidão, que só veio a ser abolido setenta e seis anos depois, após sangrenta guerra civil, com a aprovação da 13ª Emenda.

54 Nesse Estado, onde o governador e a maioria dos delegados eram antifederalistas (designação dada à corrente contrária à ratificação da Constituição), os federalistas celebraram um acordo para virar o resultado: não se oporiam à reeleição do governador e iriam propor o seu nome para a vice-presidência. Por força desse expediente, pelo qual se barganhou o apoio do chefe do Executivo, Massachusets ratificou a Constituição por estreita margem.

55 Esses textos foram escritos e publicados ao longo de sete meses, a partir de outubro de 1787, com o propósito de demonstrar a importância da Constituição e a necessidade de sua ratificação. Seus autores foram John Jay, James Madison e Alexander Hamilton. Em 1788, esses ensaios foram reunidos em um volume único – denominado *The Federalist Papers* ou, também, *O Federalista* –, tendo se tornado, desde então, um clássico da literatura política. A influência que esses artigos doutrinários exerceram sobre o processo de ratificação em si foi limitada, mas a obra logo tornou-se uma referência maior, por sua exposição sistemática acerca da Constituição e suas instituições, sendo considerada o "maior trabalho de ciência política jamais escrito nos Estados Unidos". Clinton Rossiter (editor), *The Federalist Papers*, 1961. V. tb. Roy P. Fairfield (editor), *The Federalist Papers*, 1981.

56 Artigo VII: "A ratificação, por parte das convenções de nove Estados, será suficiente para a adoção desta Constituição nos Estados que a tiverem ratificado".

57 Em 1860, Abraham Lincoln, um abolicionista, foi eleito Presidente dos Estados Unidos. Os Estados do sul, cuja economia agrícola era amplamente dependente da mão de obra escrava, decidiram separar-se da União, dando início à guerra da secessão. A Guerra Civil terminou com a vitória dos Estados do norte. A escravidão foi abolida com a Emenda 13, mas o ressentimento dos Estados do sul prolongou-se ainda por mais de um século. A questão racial nos Estados Unidos, já iniciado o século XXI, ainda é tema fundamental na agenda política.

Mais de duzentos anos após sua entrada em vigor, a Constituição americana ainda conserva sete artigos apenas[58], tendo sofrido o número reduzido de vinte e sete emendas ao longo desse período[59]. Nela institucionalizou-se, de forma pioneira e duradoura, um modelo de separação nítida entre Executivo, Legislativo e Judiciário, em um Estado republicano e sob o sistema presidencialista. É certo que o sistema jurídico americano, fundado na tradição do *common law*, dá aos tribunais um amplo poder de criação e adaptação do Direito e que, por isso mesmo, a Constituição tem hoje um sentido e um alcance que se distanciam de sua concepção original. Em diversas matérias é possível afirmar que o direito constitucional mudou substancialmente, sem que para isso se operasse uma alteração no texto originário. Mas não se deve minimizar a circunstância de que a Constituição teve a plasticidade necessária para se adaptar a novas realidades. A seguir, breve comentário acerca do papel e da configuração atual de três das principais instituições norte-americanas: o Presidente, o Congresso e a Suprema Corte.

O Presidente da República, principal liderança política e chefe da Administração Pública, é eleito para um mandato de quatro anos, admitida uma reeleição[60]. Formalmente, sua escolha se dá por via indireta, mediante voto de delegados partidários designados por cada um dos Estados, de acordo com o voto popular ali manifestado[61]. O Presidente é o chefe supremo das Forças Armadas e, com a aprovação do Senado, nomeia os principais agentes públicos do país. Dentre eles, os Juízes Federais e os Ministros da Suprema Corte, inclusive designando seu Presidente (o *Chief Justice*). Além de suas competências administrativas ordinárias, exerce também poderes normativos (*rules, regulations* e *Executive orders*) e participa do processo legislativo, através do envio de projetos e do exercício do poder de veto à legislação aprovada pelo Legislativo. Deve prestar, periodicamente, informações ao Congresso acerca do *estado da União* e sujeita-se à destituição mediante *impeachment*, em casos de traição, suborno ou outros crimes graves[62].

O Poder Legislativo é exercido pelo Congresso, em sistema bicameral, compreendendo a Câmara dos Representantes e o Senado. A Câmara é composta de 435 membros, sendo a representação de cada Estado proporcional ao número de seus habitantes. Os representantes são eleitos para um mandato de dois anos, pelo sistema majoritário distrital. O Senado é o órgão de representação dos Estados, cada um elegendo dois senadores, perfazendo um total de cem, com mandato de seis anos. Cabe ao Senado, que é presidido pelo

---

58　Alguns dos artigos, no entanto, são longos, desdobrados em inúmeras seções e incisos. O art. 1º é dedicado ao Poder Legislativo; o art. 2º, ao Executivo; o art. 3º, ao Judiciário; o art. 4º, a aspectos das relações entre os Estados da Federação; o art. 5º, às emendas à Constituição; o art. 6º prevê a supremacia da Constituição e das leis; e o art. 7º cuida da ratificação da Constituição pelos Estados.

59　A maior parte das emendas constituem *aditamentos* ao texto original. Exceção digna de nota foi a Emenda 21, de 1933, que revogou a Emenda 18, de 1919, que proibia a fabricação, importação e exportação de bebidas alcoólicas (a denominada *lei seca*). A Emenda 27 – que prevê que a variação da remuneração de senadores e deputados só poderá entrar em vigor após nova eleição, isto é, na legislatura seguinte – tem uma história singular: foi apresentada por James Madison, em 1789, tendo sido aprovada pelo Senado juntamente com as dez primeiras emendas e enviada aos Estados para ratificação, como exigido pelo art. 5º da Constituição. Como não se prevê prazo de validade, ao longo de mais de dois séculos ela foi sendo ratificada por um ou outro Estado, sem merecer maior atenção. Até que, em 1992, o Estado de Michigan tornou-se o 38º Estado a ratificá-la, inteirando os três quartos exigidos, e fazendo com que passasse a viger. V. Erwin Chemerinsky, *Constitutional law*: principles and policies, 1997.

60　A Emenda 22 veda que o Presidente seja eleito mais de duas vezes, isto é, admite apenas uma reeleição. Aprovada em 1951, essa Emenda restaurou uma limitação de natureza costumeira, que vinha desde o término do segundo mandato de George Washington, mas não foi seguida por Franklin Roosevelt, que se reelegeu para um terceiro e para um quarto mandatos.

61　A eleição do Presidente é feita por um colégio eleitoral, composto por 538 integrantes, cuja composição obedece ao seguinte critério: cada Estado, por regras estabelecidas na sua própria legislação, indica um número de delegados correspondente à soma de Senadores e Deputados daquele Estado (Constituição, art. 2º). Há, todavia, uma singularidade: à exceção dos Estados de Maine e Nebraska, o candidato que obtiver mais votos populares em um Estado recebe todos os votos dos delegados daquele Estado. Esse critério já fez com que, por três vezes, o candidato vencedor no voto popular perdesse na colégio eleitoral. Tal anomalia ocorreu pela última vez na eleição de outubro de 2000, quando o candidato eleito George W. Bush teve menos votos populares do que seu oponente, Al Gore. Sobre o tema, v. James W. Ceaser, *Presidential selection*: theory and development, 1980; e Samuel Issacharoff, Pamela S. Karlan e Richard H. Pildes, *When elections go bad*: the law of democracy and the presidential election of 2000, 2001.

62　O *impeachment*, isto é, o processo por crime de responsabilidade, é julgado pelo Senado, desde que admitida a acusação pela Câmara dos Representantes. Três Presidentes americanos enfrentaram processos de *impeachment*. Andrew Johnson, em 1867, teve a acusação admitida pela Câmara, mas venceu no Senado por um voto. Nixon, em 1974, renunciou antes do julgamento da admissibilidade da acusação pelo plenário da Câmara. Bill Clinton sofreu igualmente processo de *impeachment*, no desdobramento de um escândalo sexual amplamente explorado, mas foi absolvido pelo Senado em fevereiro de 1999.

Vice-Presidente da República, a deliberação final acerca dos tratados firmados pelo Poder Executivo. Os projetos de lei aprovados em uma casa legislativa são submetidos à outra. As competências legislativas da União são limitadas e se encontram expressas na Constituição. Os Estados exercem os poderes remanescentes, o que faz com que, nos Estados Unidos, seja estadual a maior parte da legislação que rege o dia a dia das pessoas, como as normas de direito penal, comercial, contratos, responsabilidade civil, sucessões etc. O Congresso desempenha, também, amplas competências de investigação e fiscalização.

A história do direito constitucional americano é contada pelas decisões da Suprema Corte, órgão supremo do Poder Judiciário, composto por nove membros (*Justices*). Desde que avocou a condição de intérprete maior da Constituição[63], sua trajetória é marcada por avanços e recuos, prudências e ousadias, ativismo e autocontenção. A brevidade do texto constitucional e suas cláusulas gerais e abertas deram à Suprema Corte um papel privilegiado na interpretação e definição das instituições e dos valores da sociedade americana. Ao longo de mais de dois séculos, coube-lhe, dentre outras tarefas, (i) definir as competências e prerrogativas do próprio Judiciário[64], do Legislativo[65] e do Executivo[66]; (ii) demarcar os poderes da União e dos Estados dentro do sistema federativo[67]; (iii) estabelecer o sentido e alcance de princípios fluidos, como devido processo legal (procedimental e substantivo)[68] e igualdade perante a lei[69]; (iv) assegurar liberdades fundamentais, como a liberdade de expressão[70], o direito de privacidade[71]

---

63 Em *Marbury v. Madison* (1803), a Suprema Corte estabeleceu o princípio da supremacia da Constituição, bem como a autoridade do Judiciário para zelar por ela, inclusive invalidando os atos emanados do Executivo e do Legislativo que a contrariem.

64 Em casos como *Luther v. Borden* (1849), *Baker v. Carr* (1962) e *Powell v. McCormack* (1969), a Suprema Corte desenvolveu a denominada *political question doctrine*, procurando definir as situações que, por sua natureza política, deveriam ser consideradas inadequadas para decisão pelo Judiciário, devendo a manifestação dos outros dois Poderes ser considerada final.

65 Em *McCulloch v. Maryland* (1819), a Suprema Corte construiu a *doutrina dos poderes implícitos*. Embora a Constituição não desse competência expressa ao Congresso para a criação de um banco nacional, tal atribuição poderia ser inferida como "necessária e própria" para o desempenho de outras competências inequívocas da União, como arrecadação de tributos e realização de empréstimos.

66 Em *United States v. Nixon* (1974), a Corte assentou que a imunidade do Executivo não era um valor absoluto e que, nas circunstâncias, deveria ser ponderada com a necessidade de produção de prova em um processo penal em curso. Determinou, assim, que o Presidente entregasse ao Judiciário fitas que o incriminavam. O desdobramento do caso – que ficou mundialmente conhecido como *Watergate* – conduziu ao *impeachment* de Nixon.

67 A tendência ao longo dos anos tem sido a ampliação da atividade legislativa federal, com base na competência do Congresso para legislar sobre comércio entre os Estados (*commerce clause*, art. 1º, seção 8) e, também, por força da doutrina denominada *preemption*, derivada da supremacia do direito federal, que faz com que ele prevaleça na hipótese de atuação concorrente do Congresso e do Legislativo estadual (*supremacy clause*, art. 6º).

68 A cláusula do devido processo legal, constante das Emendas 5 e 14, surgiu como uma garantia de natureza *processual*, compreendendo direitos à citação, ao contraditório, à assistência por advogado, a um juiz imparcial, dentre outros (v. *Vitek v. Jones*, 1980). Com o tempo, todavia, desenvolveu-se a ideia de devido processo legal *substantivo*, critério pelo qual a Suprema Corte passou a exercer um controle sobre a discricionariedade dos atos governamentais – legislativos e administrativos –, admitindo a possibilidade de invalidá-los por falta de racionalidade ou de razoabilidade.

69 Em *Plessy v. Ferguson* (1896), a Suprema Corte considerou válida lei estadual da Louisiana que impedia negros e brancos de viajarem no mesmo vagão de trem. Era a doutrina dos *iguais, mas separados*. Somente em *Brown v. Board of Education* (1954) essa doutrina veio a ser condenada, na histórica decisão que determinou que crianças brancas e negras frequentassem as mesmas escolas públicas, provocando imensa reação e resistências que duraram mais de uma década. Outro julgamento histórico em matéria de devido processo legal substantivo e igualdade perante a lei foi o que assegurou o casamento entre pessoas do mesmo sexo (*Obergefell v. Hodges*, 2015).

70 Sem embargo de decisões que admitiram restrições e punições pela participação em *atividades comunistas – Abrams v. United States* (1951); *Dennis v. United States* (1951) –, a Suprema Corte desenvolveu uma reputação liberal em matéria de liberdade de expressão, em casos nos quais restringiu a possibilidade de indenização por ofensa à honra (*New York Times Co. v. Sullivan*, 1964) e rejeitou a censura prévia (*New York Times Co. v. United States*, 1971). Em um caso mais recente (*United States v. Eichman*, 1990), a Corte, por maioria apertada de 5 a 4, considerou inconstitucional lei federal que punia como crime a queima ou qualquer outra forma de dessacralização da bandeira americana.

71 Embora não expresso na Constituição, a Suprema Corte reconheceu a existência de um *direito de privacidade*, ao considerar inconstitucional lei estadual que vedava a prescrição e o uso de meios anticoncepcionais (*Griswold v. Connecticut*, 1965). Em *Roe v. Wade* (1973), o direito de privacidade foi estendido a ponto de incluir a decisão de uma mulher de realizar aborto, pelo menos até o terceiro mês de gravidez. Para uma instigante e sofisticada discussão sobre este último caso, v. o artigo de Robert Post e Reva Siegel, Roe rage: democratic constitutionalism and backlash, *Yale Law School Research Paper n. 131*, 2007, disponível em: http://papers.ssrn.com/sol3/papers.cfm?abstract_id=990968, acesso em: 19.9.2016.

e o respeito aos direitos dos acusados em matéria penal[72]; (v) traçar os limites entre a atuação do Poder Público e da iniciativa privada em matéria econômica[73]; (vi) fixar *standards* para o controle de constitucionalidade, levando em conta o conteúdo das leis apreciadas[74], garantir o direito de casais do mesmo sexo se casarem[75]. A despeito de seu prestígio e sucesso, a Suprema Corte viveu momentos de dificuldades políticas[76], teve algumas linhas jurisprudenciais revertidas por via de emenda constitucional[77] e proferiu decisões que mereceram crítica severa[78].

A extraordinária experiência constitucional americana deve ser vista como um caso especial, e não como um modelo universal ou um paradigma[79]. Os Estados Unidos emergiram da Segunda Grande Guerra como a principal potência ocidental. Após o fim da *Guerra Fria*, com o colapso da União Soviética, em 1989, assumiram a hegemonia de uma ordem mundial marcada pela injustiça social, pela desigualdade entre as nações e pela ausência de democracia em boa parte dos países. Em 11 de setembro de 2001, atentados terroristas desfechados por fundamentalistas islâmicos a Nova York e Washington desconcertaram a humanidade, exibiram conflitos culturais e ressentimentos históricos, dando início a uma era de desconfianças e incertezas.

---

72 Em *Gideon v. Wainright* (1963), a Corte assegurou o direito de qualquer réu em processo penal ter um advogado. Em *Miranda v. Arizona* (1966), estabeleceu a invalidade da confissão de qualquer acusado se não tiver sido informado do seu direito de ter um advogado, de permanecer calado e do fato de que tudo o que disser poderá ser usado contra ele em juízo.

73 A decisão proferida em *Lochner v. New York* (1905) deu início ao período conhecido como "era Lochner", no qual a Suprema Corte considerava inconstitucionais, por violarem a liberdade de contratar, normas que interferissem nas relações de trabalho, estabelecendo direitos sociais, como jornada máxima de trabalho ou salário mínimo. Em *West Coast Hotel v. Parrish* (1937), a Corte mudou a orientação anterior e passou a admitir como legítima lei que fixava aqueles direitos.

74 A partir da famosa nota de rodapé n. 4 da decisão proferida no caso *United States v. Carolene Products* (1938), a Corte veio a criar parâmetros ou níveis de escrutínio judicial na análise do controle de constitucionalidade das leis: um primeiro é marcado pela autocontenção judicial e utilizado para leis que tratem de atividades econômicas (*rational basis test*); um segundo parâmetro, intermediário, recai sobre leis que utilizem critérios relacionados ao gênero (*intermediate scrutiny*); e, por fim, um terceiro *standard*, mais duro e que praticamente inverte a presunção de constitucionalidade (*strict scrutiny*), refere-se a leis que utilizam critérios de discriminação suspeitos, como religião, origem nacional e etnia, em prejuízo de "minorias discretas e insulares" (*discrete and insular minorities*). Sobre o tema, v. Bruce Ackerman, Beyond Carolene Products, *Harvard Law Review*, vol. 98, n. 4, 1985, p. 713-746.

75 *Obergefell v. Hodges*, 576 U.S. (2015).

76 Sem embargo de sua indisputada relevância histórica, *Marbury v. Madison* (1803) foi uma decisão pragmática de sobrevivência política da Suprema Corte. Ao considerar inconstitucional a lei que lhe dava competência para julgar o caso, evitou o confronto com o Presidente Thomas Jefferson. Não é desimportante assinalar que Jefferson obtivera do Congresso, onde detinha a maioria, a suspensão do funcionamento da Suprema Corte no ano de 1802, bem como ameaçava com *impeachment* os juízes que votassem contra ele. Em 1936, em meio a intensa disputa com o Presidente Franklin Roosevelt, o Executivo enviou ao Congresso o denominado *court packing plan*, pelo qual seria aumentado o número de juízes da Suprema Corte, com o intuito de atenuar sua oposição às políticas do *New Deal*. A inovação não foi aprovada, mas a Corte recuou na sua jurisprudência restritiva às leis de proteção do trabalho, como visto na nota anterior.

77 Por quatro vezes o Congresso editou emendas à Constituição para o fim de alterar a interpretação estabelecida pela Suprema Corte: a) a Emenda 11, dando imunidade de jurisdição aos Estados; b) a criação de uma cidadania nacional pela Emenda 14; c) a admissão de um imposto federal sobre a renda, advindo com a Emenda 16; e d) a extensão do direito de voto em eleições estaduais e nacionais a todos que contassem 18 anos, introduzida pela Emenda 26.

78 Em *Dred Scott v. Sandford* (1857), a Suprema Corte entendeu que negros não eram cidadãos, na acepção constitucional do termo. Em *Korematsu vs. United States* (1944), considerou legítima a internação de todas as pessoas descendentes de japoneses em campos através dos Estados Unidos (o que, diga-se de passagem, não ocorreu com alemães e italianos). Em *United States v. Alvarez-Machain* (1992), reformou a decisão dos tribunais inferiores e aceitou exercer jurisdição sobre pessoa de nacionalidade mexicana que havia sido sequestrada em seu país de origem por agentes do governo americano.

79 Bruce Ackerman, The rise of world constitutionalism, *Yale Law School Occasional Papers*, Second Series, n. 3, 1997: "Nós devemos aprender a olhar para a experiência americana como um caso especial, e não como um caso paradigmático" (*"We must learn to look upon the American experience as a special case, not as the paradigmatic case"*). Comentando a ideia recorrente de se adotar no Brasil um modelo constitucional análogo, fundado em um texto sintético a ser desenvolvido pelos tribunais, escrevi em meu texto "Doze anos da Constituição brasileira de 1988", in *Temas de direito constitucional*, 2001, p. 41-42: "A ideia é ótima, e não é nova: tem mais de 210 anos, se tomarmos como marco a Convenção de Filadélfia de 1787. Sua importação para o Brasil é uma tentação contínua. Naturalmente, para que pudesse dar certo, precisaríamos também importar os puritanos ingleses que colonizaram os Estados Unidos, assim como a tradição do *common law* e a declaração de Virgínia. Ajudaria, também, se permutássemos D. Pedro I por George Washington e José Bonifácio por James Madison. Ruy Barbosa ficaria. Ah, sim: sem uma guerra civil sangrenta e quinhentos mil mortos, a importação também seria um fiasco".

1.3 França[80]

Os gauleses, oriundos da Escandinávia, dominaram o que hoje corresponde ao território da França a partir do século VI a.C. Júlio César incorporou-o ao Império Romano ao final das guerras Gálias, em 58 a.C. O cristianismo penetrou na região desde o século I, tendo seu desenvolvimento se acelerado após o Édito de Milão (313)[81]. Com as invasões bárbaras formaram-se, em princípios do século V, três reinos germânicos: o dos visigodos, o dos burgúndios e, o mais importante deles, o dos *francos*, que terminou por se impor sobre os outros dois. O grande iniciador da dinastia franca foi Clóvis (481-511), cuja conversão ao catolicismo deu início ao que viria a ser um Estado unificado sob uma fé comum[82]. Alguns séculos mais tarde, no ano 800, Carlos Magno, outro franco, foi coroado, pelo Papa Leão III, Imperador do Ocidente, liderando a primeira grande organização política surgida no mundo ocidental após a queda do Império Romano[83]. Em 846, o Império do Ocidente foi dissolvido, dando origem a três linhas sucessoras, incluindo aquela que viria desembocar no Reino da França, após um longo e intrincado processo de concentração e acomodação de poder.

Entre 1337 e 1453, França e Inglaterra envolveram-se em uma disputa territorial que ficou conhecida como a *Guerra dos Cem Anos*. O século XVI foi marcado pelos efeitos da Reforma e pela recepção das ideias de Lutero e Calvino, tornando-se cenário de um longo e violento período de conflitos entre católicos e protestantes[84]. A ascensão de Henrique IV ao trono francês, em 1594, após sua conversão ao catolicismo, deu início a uma fase de tolerância religiosa[85]. Seu governo foi decisivo na afirmação do poder real, no enfraquecimento dos senhores feudais e na consolidação de um Estado nacional, havendo

---

80   François Furet e Mona Ozouf, *Dictionnaire critique de la Révolution Française*, 1988; Emmanuel Sieyès, *Qu'est-ce que le Tiers État* (*A constituinte burguesa*, 1986); Debbasch, Pontier, Bourdon e Ricci, *Droit constitutionnel et institutions politiques*, 1990; Bernard Chantebout, *Droit constitutionnel e science politique*, 1991; Pierre Pactet, *Institutions politiques:* droit constitutionnel, 1994; François Luchaire, *Le Conseil Constitutionnel*, 1997, 3 v.; Long, Weil, Braibant, Delvolvé e Genevois, *Les grands arrêts de la jurisprudence administrative*, 1996; Gaudement, Stirn, Farra e Rolin, *Les grands avis du Conseil d'État*, 1997; John Bell, *French constitutional law*, 1992; R. C. van Caenegem, *An historical introduction to western constitutional law*, 1995; J. M. Kelly, *A short history of western legal culture*, 1992; Maurice Duverger, *Os grandes sistemas políticos*, 1985; Hannah Arendt, *On revolution*, 1987; Marcelo Caetano, *Direito constitucional*, 1977, v. 1; Dalmo de Abreu Dallari, *Elementos de teoria geral do Estado*, 1989; Paul Johnson, *A história do cristianismo*, 2001; John A. Garraty e Peter Gay (editores), *The Columbia history of the world*, 1988; *The Encyclopedia Americana*, 1998, v. 12; *Encyclopedia Britannica*, 1975, v. 9; *The Columbia Encyclopedia*, 1993; Marcelo Cerqueira, *A Constituição na história*, 2006.

81   Constantino, Imperador romano que se converteu ao cristianismo e mudou a capital de Roma para Constantinopla, promulgou, em conjunto com Licínio, o Édito de Milão, que garantiu a tolerância ao cristianismo em todo o Império. Esse fato é considerado por escritores autorizados como "um dos acontecimentos decisivos da história da humanidade" (Paul Johnson, *História do cristianismo*, 2001, p. 83).

82   Evitando um desvio de rota prolongado, é oportuna, todavia, uma breve nota acerca do papel desempenhado pela religião nessa quadra da história da humanidade. Após a queda do Império Romano do Ocidente, o mundo viveu um longo período de estagnação intelectual, no qual a Igreja Católica constituía exceção única. Passou, assim, a exercer o monopólio do conhecimento e desenvolveu uma filosofia própria, a Escolástica, baseada em Aristóteles, mas apropriada pela ortodoxia dogmática da teologia cristã. A Igreja foi a principal instituição da Idade Média, e sua significação para o indivíduo, em uma época na qual não existia o Estado tal como concebido hoje, era maior do que os vínculos que ele mantinha com a sociedade política que integrava. A partir do século XI, quando o Papa Gregório VII depôs o Imperador germânico Henrique IV, teve início a longa disputa pelo poder político (temporal, e não espiritual) entre o Papa e o Imperador, que marcaria os últimos séculos da Idade Média e só terminaria com o advento do Estado moderno e a soberania dos monarcas absolutos.

83   Sob Carlos Magno, um dos principais personagens da Idade Média, responsável pelo renascimento da cultura clássica no Ocidente, o reino franco tornou-se um vasto domínio, que incluía a maior parte dos territórios atuais da França, Bélgica, Holanda, Alemanha, Suíça, Áustria e Itália.

84   Ao lado do Renascimento e do descobrimento da América, a Reforma Protestante é considerada um dos principais marcos de transição para a Idade Moderna, na primeira metade do século XVI. A unidade institucional da Igreja e do cristianismo foi rompida com a divisão entre católicos e protestantes, designação genérica que passou a identificar os seguidores de doutrinas diversas, cujo traço comum originário, no entanto, era a insubmissão à autoridade papal e a condenação de práticas desvirtuadas da Igreja, como a venda de indulgências para angariar recursos. O protestantismo disseminou-se por diversos países da Europa: Inglaterra, Alemanha, Escandinávia, Suíça e parte dos Países Baixos. Na França, deu lugar a uma longa e intermitente guerra civil.

85   Herdeiro do trono francês, Henrique de Navarro, o primeiro monarca da dinastia Bourbon, enfrentou resistências diversas, tanto internas como da Espanha, para sagrar-se rei da França. Protestante que sobrevivera a mais de um massacre, renegou seu credo e converteu-se ao catolicismo para ser aceito pela maioria do povo francês. Ao tomar esta decisão, teria pronunciado frase que se tornaria célebre metáfora: "Paris vale uma missa". Em 1598, promulgou o Édito de Nantes, que deu aos protestantes igualdade de direitos políticos.

lançado as bases do *Ancien Régime*, fundado no poder absoluto do monarca. O absolutismo se consolida no período de influência do cardeal Richelieu, durante o reinado de Luís XIII, vindo a ter sua expressão simbólica mais marcante em Luís XIV (1643-1715), a quem se atribui a frase-síntese dessa era: *"L'État c'est moi"*. Seu sucessor, Luís XV (1723-1774), foi contemporâneo do Iluminismo[86] e do início da superação histórica da teoria do direito divino dos reis.

Mais do que um evento histórico com seu próprio enredo, a Revolução Francesa desempenhou um papel simbólico arrebatador no imaginário dos povos da Europa e do mundo que vivia sob sua influência, no final do século XVIII. Coube a ela – e não à Revolução Inglesa ou à Americana – dar o sentido moderno do termo "revolução", significando um novo curso para a história e dividindo-a em antes e depois[87]. Olhada a distância, depurada do aparente fracasso e de sua circularidade[88], foi a Revolução Francesa, com seu caráter universal, que incendiou o mundo e mudou a face do Estado – convertido de absolutista em liberal – e da sociedade, não mais feudal e aristocrática, mas burguesa. Mais que isso: em meio aos acontecimentos, o povo torna-se, tardiamente, agente de sua própria história. Não ainda como protagonista, já que a hora era da burguesia. Mas quando, na noite de 14 de julho de 1789, a multidão sem controle marchou pelas ruas de Paris, então capital do mundo civilizado, e derrubou a Bastilha, os pobres e deserdados saíram pela primeira vez da escuridão dos tempos. Daí para frente, passariam cada vez mais a desafiar a crença de que a miséria é destino e não consequência da exploração e dos privilégios das classes dominantes[89].

A crise financeira do Estado francês, agravada por seu apoio à guerra de independência americana, foi a causa direta dos eventos que culminaram com a Revolução. A recusa da nobreza proprietária em admitir a redução de seus privilégios fiscais levou à convocação dos Estados Gerais, antiga assembleia parlamentar que não se reunia desde 1614, integrada por representantes da nobreza, do clero e do terceiro estado, que compreendia as camadas remanescentes da população[90]. Embora a regra fosse a votação por estado – o que asseguraria sempre a vitória da aliança nobreza/clero –, o terceiro estado rebelou-se contra esse critério e autoproclamou-se, inicialmente, Assembleia Nacional e, logo em seguida,

---

86 *Iluminismo* designa a revolução intelectual que se operou na Europa, especialmente na França, no século XVIII. O movimento representou o ápice das transformações iniciadas no século XIV, com o Renascimento. O antropocentrismo e o individualismo renascentistas, ao incentivarem a investigação científica, levaram à gradativa separação entre o campo da fé (religião) e o da razão (ciência), determinando profundas transformações no modo de pensar e de agir do homem. Para os iluministas, somente através da razão o homem poderia alcançar o conhecimento, a convivência harmoniosa em sociedade, a liberdade individual e a felicidade. Ao propor a reorganização da sociedade com uma política centrada no homem, sobretudo no sentido de garantir-lhe a liberdade, a filosofia iluminista defendia a causa burguesa contra o Antigo Regime. Alguns nomes que merecem destaque na filosofia e na ciência política: Descartes, Locke, Montesquieu, Voltaire e Rousseau.

87 Em seu magnífico estudo *On revolution*, 1987 (1ª edição em 1963), Hannah Arendt comenta o fato intrigante de que foi a Revolução Francesa, e não a Inglesa ou a Americana, que correu mundo e simbolizou a divisão da história da humanidade em duas fases. Escreveu ela: "A 'Revolução Gloriosa', evento pelo qual o termo (revolução), paradoxalmente, encontrou seu lugar definitivo na linguagem política e histórica, não foi vista como uma revolução, mas como uma restauração do poder monárquico aos seus direitos pretéritos e à sua glória. [...] Foi a Revolução Francesa e não a Americana que colocou fogo no mundo. [...] A triste verdade na matéria é que a Revolução Francesa, que terminou em desastre, entrou para a história do mundo, enquanto a Revolução Americana, com seu triunfante sucesso, permaneceu como um evento de importância pouco mais que local" (p. 43, 55-56).

88 Marcelo Caetano, *Direito constitucional*, 1977, p. 127-135: "Se percorrermos a história do período revolucionário, desde 1789 a 1804, verificaremos [...] que sucedem-se a Monarquia absoluta, a Monarquia limitada, a República democrática, a República autoritária ou ditadura e por fim, novamente, a Monarquia absoluta".

89 Hannah Arendt, *On revolution*, 1987, p. 48: "E essa multidão, aparecendo pela primeira vez na larga luz do dia, era na verdade a multidão dos pobres e oprimidos, que nos séculos anteriores estivera escondida na escuridão e na vergonha".

90 Na típica estratificação social feudal, baseada em ordens ou estamentos, o terceiro estado era composto pelos camponeses (pequenos proprietários, arrendatários, assalariados rurais), a burguesia (banqueiros, comerciantes, profissionais liberais e proprietários) e trabalhadores urbanos, conhecidos como *sans culottes* (pequenos lojistas, artesãos e assalariados em geral).

Assembleia Constituinte[91]. Em suas causas mais profundas, o processo era impulsionado pela busca do poder pela burguesia[92] e pela opressão que o sistema feudal impunha aos camponeses[93].

A Revolução não foi contra a monarquia, que, de início, manteve-se inquestionada, mas contra o absolutismo, os privilégios da nobreza, do clero e as relações feudais no campo. Sob o lema *liberdade, igualdade e fraternidade*, promoveu-se um conjunto amplo de reformas antiaristocráticas, que incluíram: a) a abolição do sistema feudal; b) a promulgação da Declaração dos Direitos do Homem e do Cidadão (1789); c) a elaboração de uma nova Constituição, concluída em 1791; d) a denominada constituição civil do clero. Essa primeira fase da revolução, que foi de 1789 a 1792, consumou o fim do Antigo Regime e pretendeu criar uma monarquia constitucional e parlamentar, em que o rei deixava de ser soberano por direito próprio e passava a ser delegado da nação.

A Revolução passaria ainda por fases diversas[94], marcadas pelo radicalismo das facções políticas, no plano interno, e pela hostilidade das monarquias europeias, que estiveram em guerra com a França entre 1792 e 1800. A instabilidade política e institucional levou à execução do rei, acusado de traição, e à instauração da República, dando início ao período conhecido como o do governo da *Convenção* (1792-1795)[95]. Após a derrocada do *Terror* e de Robespierre, sobreveio o período historicamente conhecido como o do *Diretório* (1795-1799)[96], no qual se procurou, sem sucesso, edificar um republicanismo moderado. A fragilidade política desse governo colegiado e o sucesso militar nas campanhas externas deram ensejo à ascensão do exército e de seus generais. Coube a um deles, Napoleão Bonaparte, deflagrar, em novembro de 1799, o golpe de Estado conhecido como 18 Brumário, marco inicial de uma fase decisiva da história francesa e europeia – a era napoleônica –, na qual ele exerceu o poder como cônsul, ditador e imperador, sucessivamente, até que a sorte viesse a faltar-lhe no campo de batalha, em 1814, levando à sua abdicação[97].

---

91 Em 17 de junho de 1789, por proposta de Emmanuel Joseph Sieyès (um padre promovido a abade pela imprecisa tradução do francês *abbé*), o terceiro estado se declarou Assembleia Nacional e, em 9 de julho de 1789, sob o impacto já da insurreição popular, transformou-se em Assembleia Constituinte. Sieyès foi o autor de importante manifesto, publicado às vésperas da Revolução, em fevereiro de 1789, intitulado *Qu'est-ce que le tiers État?*, no qual defendeu os interesses do terceiro estado, cujos representantes eram "os verdadeiros depositários da vontade nacional". Credita-se a Sieyès, igualmente, a distinção fundamental entre poder constituinte e poder constituído, que será objeto de estudo mais adiante.

92 Os burgos designavam os centros comerciais e financeiros que se formaram na Europa, a partir dos séculos XII e XIII. Essas aglomerações, que se situavam em domínios senhoriais, compravam sua própria independência e passavam a ter influência política autônoma. A expansão do comércio ao longo dos séculos, tanto dentro da Europa como com o Oriente, a produção excedente resultante de novas técnicas, o surgimento de pequenas indústrias e a relevância assumida pela atividade financeira fizeram surgir uma classe cuja força econômica era baseada no dinheiro, e não mais na propriedade da terra. Tem início a longa transição que levará do feudalismo ao capitalismo. Na França da segunda metade do século XVIII, essa nova classe, a *burguesia*, tornara-se a mais rica e instruída, e o absolutismo, com seu modelo feudal-aristocrático, representava um obstáculo à sua ascensão ao poder.

93 A estrutura socioeconômica da França pré-revolucionária era agrária e feudal. Mais de 80% da população era composta de camponeses que, por não possuírem terras próprias, trabalhavam nas terras dos grandes senhores, como arrendatários ou foreiros, pagando a estes direitos feudais.

94 São comumente identificadas quatro fases: (i) a instauração de uma monarquia constitucional e parlamentar; (ii) a Convenção; (iii) o Diretório; (iv) a era napoleônica. Até mesmo um calendário revolucionário foi instituído, tendo como início do ano I o dia seguinte à Proclamação da República (22.9.1792). Os meses foram rebatizados com nomes como *Brumaire* (névoa), *Fructidor* (frutas) e *Thermidor* (calor).

95 Em meio à insurreição popular de agosto de 1792, a Assembleia Nacional foi dissolvida, tendo sido eleita, por sufrágio amplo, uma Convenção, que viria a elaborar a Constituição de 1793 (Constituição do ano I). No plano político, os jacobinos venceram a disputa contra os girondinos e, sob a liderança de Robespierre, implantaram o *reino do terror*, que resultou na prisão e execução de milhares de pessoas acusadas de serem adversárias da Revolução. A crise política e a guerra externa impediram que a Constituição de 1793 tivesse vigência.

96 Membros da Convenção, temendo que Robespierre se voltasse contra eles, destituíram-no e levaram-no à guilhotina, em julho de 1794, no que se denominou Reação Thermidoriana. A Convenção elaborou uma nova Constituição, a de 1795 (Constituição do ano III), instituindo um governo colegiado com cinco membros, o Diretório. Essa fórmula duraria quatro anos, sob a ameaça da volta dos jacobinos, de um lado, e dos realistas, de outro, e uma sucessão de golpes de Estado. O desgaste do Diretório e a exaustão da população com a interminável crise política e econômica prepararam o cenário para o último ato do período revolucionário: a ascensão de Napoleão.

97 A Constituição de 1799 (Constituição do ano VIII) deu forma jurídica ao regime de Consulado, que encobria a realidade do mando pessoal de Napoleão. Em maio de 1802, um plebiscito conferiu-lhe o título de cônsul vitalício. Em 1804, por decisão nominal do Senado confirmada em consulta popular, Napoleão é sagrado imperador, tendo lugar o célebre episódio da autocoroação na Catedral de *Notre-Dame*. Restabeleceu-se, inclusive, a hereditariedade do poder. A Revolução, aparentemente, encerrava-se onde começara: com uma monarquia absoluta e hereditária. As

A Restauração monárquica de 1814-1815 parecia encarnar o fim do processo revolucionário francês. Mas só na aparência. A Revolução, na verdade, vencera[98]. A França, a Europa e o mundo já não eram os mesmos e jamais voltariam a ser. O Antigo Regime estava morto: não havia mais absolutismo real, nobreza, estamentos privilegiados, corporativismo ou o poder incontestável da Igreja Católica. A Revolução e, sobretudo, a era napoleônica mudaram os sentimentos e a geografia da Europa, contribuindo indiretamente para a unificação da Itália e da Alemanha. A exacerbação dos diversos nacionalismos foi o prenúncio do drama bélico que seria encenado ao longo dos séculos XIX e XX. Quanto às instituições políticas e ao constitucionalismo, consolidaram-se valores como o sufrágio universal, a soberania popular, a separação de Poderes, a proteção dos direitos individuais, com ênfase nas liberdades públicas, na igualdade formal e na propriedade privada. Consumava-se a conquista do Estado pela burguesia, que conduzira o processo revolucionário do primeiro ao último ato, salvo durante o breve intervalo jacobino. Com o Estado liberal burguês, o poder econômico e o poder político celebravam sua aliança definitiva, até aqui inabalada.

A estabilidade institucional jamais seria a marca do constitucionalismo francês. Com a restauração monárquica e a ascensão de Luís XVIII, tem início um novo ciclo constitucional, que incluirá a Carta de 1814 e sua reforma em 1830; a Segunda República, iniciada em 1848; e a ascensão de Luís Bonaparte, em 1852, com a sagração, por via plebiscitária, do Segundo Império. Em 1871, um novo ciclo se inicia, com a queda do Império, após a derrota na guerra franco-prussiana. A Assembleia Nacional, de maioria favorável à monarquia, não pôde instaurá-la, à vista da disputa irresolvida entre os pretendentes ao trono: de um lado, os Bourbon, de outro, os Orleans. Sobreveio, assim, a Constituição de 1875, instituidora da Terceira República, que deveria ter sido provisória, mas durou mais de setenta anos, até a ocupação da França pelos alemães, em 1940. Finda a guerra, foi aprovada, após a rejeição de projeto anterior, a Constituição de 1946, que criou a Quarta República, um modelo parlamentar no qual o Presidente, eleito indiretamente, não detinha poderes efetivos.

A instabilidade dos governos e a grave crise na Argélia, então colônia francesa, levaram ao desprestígio da Constituição de 1946. O general Charles de Gaulle, herói da Segunda Guerra Mundial, liderou o movimento que resultou na elaboração e aprovação, por maioria expressiva, de uma nova Constituição, a de 1958, que ampliava os poderes presidenciais. Tinha início a Quinta República, ainda em curso, que institucionalizou um sistema de governo *semipresidencialista*[99], fundado na soberania popular, na separação dos Poderes e nos direitos individuais, tal como inscritos na Declaração de 1789 e complementados pelo Preâmbulo da Constituição de 1946. Após a aprovação do Tratado de Maastricht, em 7 de fevereiro de 1992, a Constituição foi emendada para disciplinar o ingresso da França na União Europeia. Até a virada do século, haviam sido aprovadas treze emendas ao texto original.

Sob a Constituição de 1958, o Poder Executivo é compartilhado entre o Presidente da República e o Primeiro-Ministro. O Presidente é o chefe de Estado, sendo eleito para um mandato de sete anos, por sufrágio direto e universal[100], exigida maioria absoluta. Titulariza um elenco expressivo de competências, que incluem a nomeação do Primeiro-Ministro, a presidência do Conselho de Ministros, a possibilidade de dissolução da Assembleia Nacional, o comando das Forças Armadas e a negociação de tratados. Já o Primeiro-Ministro é o chefe do governo e da administração, sendo responsável perante o Parlamento e detendo, dentre outras atribuições, competência para formular a política nacional, propor projetos de lei, dar cumprimento às leis, exercer o poder regulamentar e nomear agentes públicos civis e militares.

---

guerras e conquistas de Napoleão mudariam o curso da história política da Europa. Após a retirada da Rússia, em 1812, e derrotas sucessivas para a coalizão formada por Inglaterra, Áustria, Prússia e Rússia, em 1813, Napoleão é levado à abdicação e ao exílio na Ilha de Elba, em 1814. Em março de 1815, ainda tentaria voltar ao poder, fugindo de Elba e recebendo aclamação popular. A derrota final viria cem dias depois, em Waterloo, na Bélgica, seguida do exílio definitivo na Ilha de S. Helena, no Atlântico Sul.

98 José Guilherme Merquior, em seu *O repensamento da Revolução*, ensaio que antecede a versão brasileira do *Dicionário crítico da Revolução Francesa*, 1989, p. LVII, assinalou: "O colapso da sociedade hierárquica era um fato; a cultura da igualdade vencera".

99 Sobre o tema, v., dentre muitos outros, Maurice Duverger, *Les regimes semi-presidentiels*, 1986, autor que cunhou a designação; Rafael Mart'nez Martinez, *Semi-presidentialism:* a comparative study, 1999, p. 10; e Manoel Gonçalves Ferreira Filho, *O parlamentarismo*, 1993, p. 21. Para uma análise detalhada do modelo francês, v. Luís Roberto Barroso, *Uma proposta de reforma política para o Brasil*, *Revista de Direito do Estado*, 3:287, 2006, p. 303 e s.

100 A eleição direta foi introduzida por emenda, em 1962 (Lei Constitucional n. 62-1292, de 6.11.1962). No texto original, o Presidente era eleito indiretamente, por um colégio eleitoral integrado pelos membros do Parlamento e de conselhos gerais e municipais.

O sistema enseja uma preponderância do Presidente da República, como ocorreu com De Gaulle, Pompidou e Giscard d'Estaing. Sob a presidência de François Mitterrand (1981-1995), no entanto, o partido do Presidente, que era o socialista, em mais de uma ocasião deixou de ter maioria no Parlamento, o que deu causa à nomeação de um Primeiro-Ministro de partido de oposição a ele. Essa convivência de governantes de partidos opostos, que voltou a ocorrer sob a presidência de Jacques Chirac, eleito em 1995, recebe o nome de *cohabitation*.

O Poder Legislativo é atribuído pela Constituição ao Parlamento, composto de duas câmaras, a Assembleia Nacional e o Senado. Os deputados da Assembleia Nacional, em número de 577, são eleitos por voto direto, para um mandato de cinco anos, salvo a hipótese de dissolução. O Senado, cuja principal função é a representação das coletividades territoriais, é composto de 521 membros, eleitos indiretamente[101], para um mandato de nove anos. Os parlamentares têm imunidade material e processual. Cabe ao Parlamento votar as leis[102], cuja iniciativa pertence concorrentemente a seus membros e ao Primeiro--Ministro. Embora os projetos de lei sejam submetidos a cada uma das Casas, sucessivamente, é nítida a preponderância da Assembleia Nacional, que detém a última palavra no processo legislativo e é o órgão perante o qual se promove a responsabilização política do governo. Quando ela adotar uma moção de censura ou quando desaprovar o programa ou uma declaração de política geral, o Primeiro-Ministro deverá apresentar a demissão do governo ao Presidente da República.

O Judiciário recebe pouco destaque na Constituição francesa, que se refere a *l'autorité judiciaire* mais como um departamento especializado do que como um verdadeiro Poder[103]. Ali se estabelece, singularmente, que cabe ao Presidente da República garantir "a independência da autoridade judicial", com aparente indiferença ao fato de que é a própria supremacia presidencial que pode ensejar a ingerência indevida[104]. Na França, desde a Revolução, levou-se às últimas consequências a ideia de separação dos Poderes no tocante ao Judiciário, objeto de desconfianças históricas[105]. A ele sempre foi vedado apreciar atos do Parlamento ou do governo. Foram criadas, assim, duas ordens de jurisdição totalmente distintas: a) a jurisdição judicial, em cuja cúpula está a Corte de Cassação; e b) a jurisdição administrativa, em cujo topo está o Conselho de Estado, com atribuição de julgar, em última instância, os litígios entre os particulares e o Estado ou qualquer outra pessoa pública[106].

Antes de concluir, cumpre fazer referência a duas instituições típicas do constitucionalismo francês: o Conselho de Estado e o Conselho Constitucional. O *Conselho de Estado* existe desde a Constituição do ano VIII (1799) e desempenha, sob a Constituição de 1958, um duplo papel: a) é a mais alta instância

---

101 O colégio eleitoral do Senado compõe-se de deputados, de conselheiros regionais e gerais e, sobretudo, em uma proporção de 96%, de delegados dos conselhos municipais. V. Bernard Chantebout, *Droit constitutionnel e science politique*, 1991, p. 525.

102 O art. 34 enumera as matérias reservadas à lei. As demais matérias, fora do domínio da lei, serão providas por regulamentos (art. 37), que terão, portanto, caráter de regulamento autônomo. As matérias reservadas à lei poderão ser tratadas por *ordonnances* (ato normativo análogo às medidas provisórias do direito brasileiro), mediante autorização do Parlamento conferida por prazo determinado.

103 Dedica-se ao tema o Título VIII da Constituição, composto por três artigos (arts. 64 a 66). Neles se prevê a existência de uma lei orgânica criando o estatuto dos magistrados; de um Conselho Superior da Magistratura, órgão responsável pela disciplina e promoção dos magistrados, presidido pelo Presidente da República; assegura-se a inamovibilidade dos juízes de carreira; e proclama-se que a autoridade judicial é a guardiã da liberdade individual.

104 V. Pierre Pactet, *Institutions politiques:* droit constitutionnel, 1994, p. 487.

105 Essa desconfiança cultivada na França em relação ao Judiciário pode ser exemplificada por uma das leis aprovadas no contexto da Revolução Francesa, a Lei 16-24, de agosto de 1790, de acordo com a qual apenas o Poder Legislativo poderia explicitar o sentido das suas próprias prescrições. O art. 10 do referido diploma assim dispunha: "Os tribunais não poderão, direta ou indiretamente, tomar parte no exercício do poder legislativo, nem prevenir ou suspender a execução dos decretos do corpo legislativo, sancionados pelo rei, sob pena de abuso de autoridade" (tradução livre do autor; no original: "*Les tribunaux ne pourront prendre directement ou indirectement part à l'exercice du pouvoir législatif, ni empêcher ou suspendre l'exécution des décrets du corps législatif, sanctionnés par le roi, à peine de forfaiture*"). Até recentemente, esse tipo de prescrição ainda constava de alguns ordenamentos jurídicos, como no Código Civil Chileno, cujo art. 3º dispõe que "solo toca al legislador explicar o interpretar la ley de un modo general y obligatorio".

106 A Constituição prevê, ainda, a existência de uma Alta Corte de Justiça (art. 67), cuja competência específica é julgar o Presidente da República em caso de alta traição; e também de uma Corte de Justiça da República (criada pela Lei Constitucional n. 93-952, de 27.7.1993), que julga o Primeiro-Ministro e membros do governo por atos praticados no exercício da função e qualificados como crimes.

da jurisdição administrativa[107], como já referido; b) é o mais alto órgão consultivo do governo[108]. No desempenho de sua atividade de órgão do contencioso administrativo, cabe ao Conselho julgar a conformidade dos regulamentos à lei, aos princípios gerais do direito e à Constituição. Em sua atividade consultiva – que é a única prevista constitucionalmente –, cabe ao Conselho manifestar-se previamente acerca de projetos de lei, medidas provisórias (*ordonnances*) e decretos regulamentares que interfiram com textos de caráter legislativo[109]. Os pareceres do Conselho de Estado não são vinculantes, mas gozam de elevada respeitabilidade. Quanto ao *Conselho Constitucional*, deve-se fazer uma observação prévia. Na França, jamais se admitiu o controle de constitucionalidade das leis nos moldes norte-americano ou continental europeu. Sob a Constituição de 1958, todavia, passou a existir um procedimento específico, prévio e preventivo, de verificação da conformidade dos atos legislativos com a Constituição, levado a efeito perante o Conselho Constitucional[110].

O Conselho Constitucional exerce competências de órgão eleitoral e de juiz constitucional (*juge constitutionnel*), ao qual devem obrigatoriamente ser submetidas as leis orgânicas e os regimentos das assembleias parlamentares[111]. As demais leis *podem*, igualmente, ser submetidas ao Conselho, antes de sua promulgação, mediante requerimento das pessoas legitimadas[112]. Uma disposição declarada inconstitucional não poderá vigorar. Originariamente, o papel do Conselho Constitucional era impedir desvios no sistema parlamentar e, de fato, em uma primeira fase, sua atuação principal foi demarcar competências, especialmente entre a lei, ato do Parlamento, e o regulamento, ato de governo. Com o tempo, o papel do Conselho Constitucional, cujas decisões são observadas pelo Conselho de Estado e pela Corte de Cassação, tornou-se mais relevante, sobretudo após uma decisão[113] e uma reforma legislativa[114]

---

107 Para uma coletânea das principais decisões proferidas pelo Conselho de Estado como órgão supremo do contencioso administrativo, v. Long, Weil, Braibant, Delvolvé e Genevois, *Les grands arrêts de la jurisprudence administrative*, 1996.

108 Os principais pareceres proferidos na condição de órgão consultivo do governo podem ser lidos em Gaudement, Stirn, Farra e Rolin, *Les grands avis du Conseil d'État*, 1997.

109 Tais competências consultivas vêm previstas nos arts. 37, 38 e 39 da Constituição. O Conselho de Estado é composto por cerca de duzentos membros, divididos em cinco seções administrativas e uma de contencioso.

110 O Título VIII da Constituição (arts. 56 a 63) é dedicado ao *Conseil Constitutionnel*, cuja composição é a seguinte: a) nove membros, nomeados pelo Presidente da República, pelo Presidente da Assembleia Nacional e pelo Presidente do Senado, à razão de três cada um; b) os antigos Presidentes da República.

111 Art. 61. "As leis orgânicas, antes de sua promulgação, e os regimentos das assembleias parlamentares, antes de sua aplicação, devem ser submetidos ao Conselho Constitucional, que se pronunciará sobre sua conformidade com a Constituição".

112 Lei Constitucional n. 74.904, de 29.10.1974 (art. 61): "Para os mesmos fins, as leis podem ser apresentadas ao Conselho Constitucional, antes de sua promulgação, pelo Presidente da República, o Presidente da Assembleia Nacional, o Presidente do Senado ou sessenta deputados ou sessenta senadores".

113 Objetivamente, a Decisão n. 71-44 DC, de 16.7.1971 (disponível em: www.conseil-constitutionnel.fr/decision/1971/7144dc.htm, acesso em: 26.7.2005), considerou que a exigência de autorização prévia, administrativa ou judicial, para a constituição de uma associação violava a liberdade de associação. Sua importância, todavia, foi o reconhecimento de que os direitos fundamentais previstos na Declaração de Direitos do Homem e do Cidadão, de 1789, e no preâmbulo da Constituição de 1946, incorporavam-se à Constituição de 1958, por força de referência constante do preâmbulo desta, figurando, portanto, como parâmetro para o controle de constitucionalidade das leis. Essa decisão reforçou o prestígio do Conselho Constitucional, que passou a desempenhar o papel de protetor dos direitos e liberdades fundamentais. Além disso, consagrou o "valor positivo e constitucional" do preâmbulo da Constituição e firmou a ideia de "bloco de constitucionalidade". Essa expressão significa que a Constituição não se limita às normas que integram ou se extraem do seu texto, mas inclui outros textos normativos, que no caso eram a Declaração de Direitos do Homem e do Cidadão, de 1789, e o Preâmbulo da Constituição de 1946, bem como os princípios fundamentais das leis da República ali referidos. Sobre a importância dessa decisão, v. Léo Hamon, *Contrôle de constitutionnalité et protection des droits individuels*, 1974, p. 83-90; G. Haimbowgh, Was it France's Marbury v. Madison?, *Ohio State Law Journal*, 35:910, 1974; J. E. Beardsley, The Constitutional Council and Constitutional liberties in France, *American Journal of Comparative Law*, 1972, p. 431-452. Para um comentário detalhado da decisão, v. L. Favoreu e L. Philip, *Les grands décisions du Conseil Constitutionnel*, 2003. Especificamente sobre bloco de constitucionalidade, v. Michel de Villiers, *Dictionaire du droit constitutionnel*, 2001; e Olivier Duhamel e Yves Mény, *Dictionnaire constitutionnel*, 1992.

114 Trata-se da Reforma de 29.10.1974. A partir daí, o direito de provocar a atuação do Conselho Constitucional, que antes recaía apenas sobre o Presidente da República, o Primeiro-Ministro, o Presidente da Assembleia Nacional e o Presidente do Senado, estendeu-se, também, a 60 Deputados ou 60 Senadores. Dessa forma, o controle de constitucionalidade tornou-se um importante instrumento de atuação da oposição parlamentar. Entre 1959 e 1974, foram proferidas apenas 9 (nove) decisões acerca de leis ordinárias (por iniciativa do Primeiro-Ministro e do Presidente do Senado) e 20 (vinte) acerca de leis orgânicas (pronunciamento obrigatório). De 1974 até 1998 houve 328 provocações (*saisine*) ao Conselho Constitucional. Os dados constam de Louis Favoreu, *La place du Conseil Constitutionnel dans la Constitution de 1958*, disponível em: www.conseil-constitutionnel.fr, acesso em: 26.7.2005.

paradigmáticas, ambas ocorridas na década de 70. Seus pronunciamentos passaram a estender-se a questões envolvendo direitos fundamentais[115] e, por força de modificação constitucional, pode ser solicitado a manifestar-se acerca da compatibilidade de acordos internacionais com a Constituição[116].

Reforma constitucional promovida pela Lei Constitucional n. 2008-724, de 23 de julho de 2008 (Lei de Modernização das Instituições da V República) inovou no controle de constitucionalidade exercido pelo Conselho Constitucional. De fato, foi introduzida uma modalidade de fiscalização de constitucionalidade *a posteriori* – isto é, após a promulgação e vigência da lei –, em molde mais próximo ao dos tribunais constitucionais europeus. Nessa linha, o novo art. 61.1 da Constituição passou a permitir que o Conselho de Estado ou a Corte de Cassação submetam ao Conselho Constitucional a discussão acerca da constitucionalidade de uma lei que, alegadamente, atente contra direitos e liberdades garantidos pelo texto constitucional. A reforma, que trouxe outras modificações em relação ao Presidente e ao Parlamento, dependia, no tocante à nova atribuição do Conselho Constitucional, da edição de lei orgânica[117].

2 Um caso de sucesso da segunda metade do século XX: a Alemanha[118 e 119]

Em 1648, a *Paz de Westfalia* pôs fim à Guerra dos Trinta Anos e redesenhou a geografia e a política da Europa[120]. Com a dissolução do Sacro Império Romano-Germânico, as comunidades germânicas espalharam-se por mais de trezentos principados autônomos, com destaque para a Prússia e a Áustria. Tal situação permaneceu inalterada até o final das guerras napoleônicas, em 1815, quando os principados foram fundidos em cerca de trinta unidades maiores, formando a Confederação Germânica. Em 1866, com a vitória da Prússia na guerra contra a Áustria, formou-se a Confederação Germânica do Norte, cuja Constituição foi promulgada em 1867. No entanto, a unificação alemã só veio a ser formalmente concluída cerca de quatro anos mais tarde, com a vitória sobre a França. Em 16 de abril de 1871 foi promulgada a Constituição do Império[121], tendo Bismarck como chanceler, cargo que ocuparia até 1890.

Esta Carta só seria superada pela Constituição de Weimar, de 11 de agosto de 1919, promulgada após o fim da Primeira Guerra Mundial[122]. Elaborada em um contexto de intensa turbulência política, tornou-se um dos documentos constitucionais mais influentes da história, apesar de sua curta vigência, encerrada, de fato, em 1933. A Constituição é resultado de influências ideológicas diversas[123]. O SPD, Partido

---

115 Há decisões do Conselho em temas de liberdade individual, de associação, de comunicação, de educação, direitos sindicais, direito de propriedade e igualdade jurídica, dentre outros. V. L. Favoreu e L. Philip, *Les grands arrêts du Conseil Constitutionnel*, 2003. O repertório de jurisprudência do Conselho é o *Recueil des décisions du Conseil Constitutionnel*, publicado anualmente.

116 Lei Constitucional n. 92.554, de 25.6.1992 (art. 54): "Se o Conselho Constitucional encarregado pelo Presidente da República, pelo Primeiro-Ministro, pelo Presidente de uma das Assembleias ou por sessenta deputados ou sessenta senadores declarar que um acordo internacional comporta uma cláusula contrária à Constituição, a autorização para ratificá-lo ou aprová-lo somente poderá ocorrer após a revisão da Constituição".

117 V. Lei Constitucional n. 2008-724, cujo art. 29 introduziu, na Constituição francesa, o art. 61.1, com a seguinte redação: "Quando, na tramitação de um processo perante uma jurisdição, for sustentado que uma disposição legislativa atenta contra direitos e liberdades que a Constituição garante, o Conselho Constitucional pode ser provocado a se manifestar sobre tal questão, mediante envio pelo Conselho de Estado ou pela Corte de Cassação, devendo se pronunciar dentro de um prazo determinado".

118 Este tópico beneficiou-se amplamente de pesquisa realizada por Eduardo Mendonça, no âmbito do Grupo de Pesquisa Institucional por mim coordenado no Programa de Pós-Graduação em Direito Público da UERJ, no ano de 2005, sob o título "Experiências Constitucionais Contemporâneas". As traduções do alemão para o português, constantes das notas de rodapé, são de sua autoria.

119 V. Reinhold Zippelius, *Kleine deutsche Verfassungsgeschichte – von frühen Mittelalter bis zur Gegenwart*, 1994; Konrad Hesse, *Elementos de direito constitucional da República Federal da Alemanha*, 1998; Gilmar Mendes, *Jurisdição constitucional*, 1999; Jürgen Schwabe, *Cincuenta años del Tribunal Constitucional Federal alemán*, 2003; Klaus Stern, *Das Staatsrecht der Bundesrepublik Deutschland*, 2000; Vogel, Maihofer e Benda, *Handbuch des Verfassungsrechts der Bundesrepublik Deutschland*, 1994; Battis e Gusy, *Einführung in das Staatsrecht*, 1991.

120 A Guerra dos Trinta Anos terminou com a vitória dos príncipes alemães protestantes sobre o Imperador Ferdinando II, que pretendia impor novamente a religião católica a todo o império. O Tratado de Westfalia é apontado por diversos autores como o marco inicial do Estado moderno.

121 "Lei relativa à Constituição do império alemão" *(Gesetz betreffend die Verfassung desdeutschen Reiches)*.

122 A rendição alemã foi assinada em 20.10.1918. Dias depois, em 28.10.1918, a Constituição foi alterada para retirar, na prática, os poderes do imperador. Em 7.11.1918, o imperador foi obrigado a fugir e sua dinastia foi declarada destituída.

123 Gilberto Bercovici, *Constituição e estado de exceção permanente*: atualidade de Weimar, 2004.

Social-Democrata, possuía maioria na assembleia, mas não maioria absoluta, sofrendo a pressão dos partidos mais radicais e da mobilização das ruas. Nesse cenário, a Constituição procurou conciliar tendências políticas contrapostas e estruturou-se em duas grandes partes: na Parte I, organizava o Estado alemão, disciplinando a relação entre os entes federativos (Capítulo I) e entre os Poderes (Capítulos II-VII); na Parte II, estabelecia o catálogo de direitos fundamentais, do qual constavam tanto direitos individuais, de origem liberal, quanto direitos sociais, aí incluídos a proteção do trabalhador e o direito à educação[124].

Considerada um marco do constitucionalismo social, essa Carta jamais logrou verdadeira efetivação. Sua vigência se deu sob condições econômicas precárias, resultado da política de reparações de guerra imposta pelo Tratado de Versailles[125]. Tais obrigações e a própria atribuição de culpa exclusiva pela guerra à Alemanha criaram o caldo de cultura adequado para a ascensão do regime nazista[126]. Com a chegada de Adolf Hitler ao poder, deu-se a superação da Constituição de Weimar pela realidade política. Em março de 1933, foi publicada a "lei de autorização" *(Ermächtigungsgesetz)*, que permitia a edição de leis diretamente pelo governo imperial – na prática, pelo Chanceler Adolf Hitler –, ainda quando divergissem do texto constitucional[127].

Após a derrota na Segunda Guerra e os julgamentos do Tribunal de Nuremberg, foi promulgada a Lei Fundamental da República Federal da Alemanha, em 23 de maio de 1949, marcada pela reafirmação dos valores democráticos. A Constituição enuncia os *direitos fundamentais* logo em sua abertura, com foco nos tradicionais direitos de liberdade, como a inviolabilidade corporal, a liberdade de locomoção, de expressão e de consciência, dentre outros. O art. 1º diz respeito à proteção da dignidade da pessoa humana, considerada inviolável. Não há previsão clara de direitos sociais, mas a sua existência tem sido reconhecida, sobretudo com base na cláusula do Estado Social[128], aliada à eficácia irradiante dos direitos fundamentais e à teoria dos deveres de proteção[129]. Em certas áreas, como educação, existe a previsão da atuação do Estado, reputando-se a atividade privada como claramente subsidiária e dependente de aprovação e supervisão estatal[130].

---

124   A Constituição de Weimar, por um lado, positivava a igualdade perante a lei (art. 109), a liberdade de locomoção (art. 111), o direito das minorias linguísticas (art. 113), a garantia da legalidade (art. 114), a inviolabilidade do domicílio (art. 115), a irretroatividade da lei penal (art. 116), a inviolabilidade da correspondência e das comunicações telegráficas e telefônicas (art. 117) e a liberdade de expressão (art. 118). Por outro lado, a Constituição positivava também a proteção à família e à maternidade (art. 119), a liberdade de reunião (art. 123), o acesso gratuito à arte, à ciência e à educação (art. 142), a prestação de educação pública para os jovens (art. 143), a obrigatoriedade da educação básica (art. 145). Além disso, determinava que a economia deveria ser "organizada sobre os princípios da justiça", com o propósito de realizar a "dignidade para todos" (art. 151); instituía a função social da propriedade, utilizando a famosa expressão "a propriedade obriga" (art. 153); e estabelecia direitos trabalhistas (arts. 157-165) e previdenciários (art. 161).

125   Ilustrativamente, v. Henry Kissinger, *Diplomacia*, 1999, p. 275: "Só em 1921 – dois anos após a assinatura do Tratado de Versailles – chegou-se a um número para as reparações. E era absurdamente alto: 132 bilhões de goldmarks (cerca de 40 bilhões de dólares, o que representa 323 bilhões, em valores de 1994), importância que exigiria pagamentos alemães pelo resto do século. Como era de se prever, a Alemanha alegou insolvência; mesmo se o sistema financeiro internacional pudesse acomodar uma transferência de recursos tão grande como esta, nenhum governo democrático alemão sobreviveria se concordasse com ela".

126   A culpa exclusiva da Alemanha foi formalmente consignada no art. 231 do Tratado de Versailles, que causou revolta na Alemanha e veio a ser utilizado por Hitler para mobilização popular: "Os aliados e os governos a eles associados esclarecem, e a Alemanha reconhece, que a Alemanha e seus aliados são responsáveis como autores por todas as perdas e danos sofridos pelos aliados, pelos governos associados e pelos cidadãos dos mesmos em razão da guerra a que foram forçados pela agressão da Alemanha e de seus aliados".

127   Art. 2º: "As leis imperiais aprovadas pelo governo imperial podem divergir da Constituição imperial, desde que não tenham por objeto a instituição do parlamento e do conselho imperiais. Os direitos do Presidente do Império permanecem intocados". Como se sabe, tais limitações foram posteriormente superadas na prática. Ainda em 1933 os nazistas provocam o incêndio do Parlamento, atribuído a comunistas, como pretexto para fechá-lo. Em 1934, com a morte de Hindemburg, Hitler unifica a chancelaria e a presidência, autointitulando-se *Führer* (líder/guia).

128   Nesse sentido, reconhecendo que o constituinte alemão conscientemente deixou de prever direitos a prestações positivas do Estado – à exceção do direito das mães à proteção e amparo da sociedade – mas consagrou diversos elementos objetivos que abrem espaço para uma interpretação voltada à garantia de um patamar mínimo de igualdade fática, v. Robert Alexy, *Teoría de los derechos fundamentales*, 1997, p. 420-421.

129   Sobre as origens e fundamentos da teoria do dever de proteção na Alemanha, v. Dieter Grimm, A função protetiva do Estado, in Cláudio Pereira de Souza Neto e Daniel Sarmento (coords.), *A constitucionalização do Direito* – fundamentos teóricos e aplicações específicas, 2006, p. 149-165.

130   Desde então, a Constituição sofreu mudanças significativas, porém pontuais, sobretudo para se adaptar à reunificação alemã (emendas de agosto e setembro de 1990) e ao desenvolvimento do processo de integração europeia (*e.g.*, a emenda de 1993 permitiu a extradição de nacionais para países membros da União Europeia ou tribunais in-

A Lei Fundamental adotou a *forma de Estado* federal. Embora, do ponto de vista formal, esse modelo vigorasse desde a unificação, em 1871, jamais funcionara adequadamente, dado o centralismo do período da chancelaria de Bismarck, a turbulência que arrastou a Constituição de Weimar e a concentração de poder que caracterizou o nazismo. A Lei Fundamental de 1949 reputou a opção pela forma federativa como um dos pilares da ordem instituída e protegeu-a com o *status* de cláusula pétrea[131]. Atualmente, o país é dividido em quinze Estados, sendo duas Cidades-Estado (Berlim e Hamburgo). A repartição de competências entre Governo Federal e Estados prevê a existência de atribuições privativas e concorrentes, modelo que veio a influenciar o constituinte brasileiro de 1988.

A *forma* e o *sistema de governo* são os da República Parlamentar, organizada sob o princípio da supremacia da Constituição. A Constituição estabelece um modelo de separação de Poderes, com as superposições próprias do parlamentarismo, dividindo o exercício do poder político nas três funções clássicas. O *Poder Legislativo* organiza-se em duas câmaras, a saber:

a) o Parlamento Federal (*Bundestag*), órgão da representação popular, é a principal casa legislativa; seus membros são eleitos pelo voto direto e o número de cadeiras pode sofrer ligeira alteração de eleição para eleição, girando em torno de 600 deputados;

b) o Conselho Federal (*Bundesrat*) é o órgão de representação dos Estados; seus membros são nomeados (e destituíveis) pelos governos estaduais, em número proporcional à população[132].

O sistema eleitoral é o distrital misto, no qual o eleitor tem dois votos simultâneos: o primeiro é dado a um candidato que concorre no distrito, em uma eleição pelo sistema majoritário, realizada no âmbito de cada circunscrição eleitoral; e o segundo dado a um partido, em lista fechada, em uma eleição proporcional[133]. O processo legislativo ordinário normalmente envolve a aprovação de um projeto pelo Parlamento Federal e a revisão pelo Conselho Federal, embora não seja incomum o surgimento de tensões nas relações entre ambos. O processo de emenda à Lei Fundamental exige maioria de 2/3 (dois terços) em ambas as Casas. São cláusulas pétreas a divisão da Federação em Estados, a participação dos mesmos na produção legislativa federal e o elenco de direitos fundamentais constante dos arts. 1 e 20 (LF, art. 79, 2 e 3). O sistema é multipartidário, com proeminência de duas agremiações: o SPD (*Sozialdemokratische Partei Deutschlands*) e a CDU/CSU (*Christlich Demokratische Union/Christlich Soziale Union*, esta última restrita à Baviera). Normalmente, nenhum deles obtém maioria suficiente para governar sozinho, impondo-se a necessidade de formarem coalizões.

O *Poder Executivo* na Alemanha é dual, como é próprio dos sistemas parlamentaristas. A separação entre o Executivo e o Poder Legislativo é mais tênue do que a existente nos sistemas presidenciais, já que a chefia de governo é exercida pela facção majoritária no Parlamento. O Poder Executivo na Alemanha divide-se:

a) o Presidente da República ou Federal (*Bundespresident*), eleito para um mandato de cinco anos, indiretamente, pela Assembleia Nacional (*Bundesversammlung*), que se reúne unicamente para esse fim e é composta por todos os membros do *Bundestag* e por igual número de representantes escolhidos pelos Estados. O Presidente exerce as funções típicas de Chefe de Estado, como representar o país nas relações externas, acreditar diplomatas, nomear juízes e outras autoridades;

---

ternacionais). Trata-se de Constituição analítica, mas não casuística, que contém 146 artigos, distribuídos em 14 (quatorze) partes: I – Os direitos fundamentais; II – A União e os Estados; III – O Parlamento Federal (*Bundestag*); IV – O Conselho Federal (*Bundesrat*); IV-A – O Comitê Conjunto (*Gemeinsamer Ausschuss*); V – O Presidente Federal; VI – O Governo Federal; VII – A legislação federal; VIII – A execução das leis e administração federal; VIII-A – Tarefas coletivas; IX – A jurisdição; X – Finanças; X-A – Estado de defesa; e XI – Disposições transitórias e finais. Emenda de 24.6.1968 acrescentou as partes X-A, relativa à decretação de Estado de Defesa em razão de agressão ou iminência de agressão externa, e IV-A, sobre o funcionamento de um Comitê Conjunto para acompanhar a execução do Estado de Defesa. Tal órgão é composto por membros provenientes do Parlamento Federal e do Conselho Federal, na proporção de dois terços e um terço, respectivamente. Emenda de 12.5.1969 acrescentou o título VIII-A, intitulado "Tarefas Coletivas", nas quais se prevê um regime especial de cooperação entre o ente central e todos os entes locais para a consecução das tarefas de interesse geral que enumera.

131 Lei Fundamental, art. 79.

132 Lei Fundamental, art. 51, 2: "Cada Estado tem pelo menos três votos, os Estados que possuem mais de dois milhões de habitantes têm quatro, os que contam com mais de seis milhões de habitantes têm cinco, aqueles com mais de sete milhões de habitantes têm seis".

133 Esse segundo voto servirá para calcular a proporção em que as cadeiras serão distribuídas entre os partidos que houverem ultrapassado a cláusula de barreira, fixada em 5% dos votos válidos. Os candidatos eleitos com o primeiro voto, majoritário, têm direito ao mandato ainda que seus partidos não tenham obtido número suficiente de cadeiras. Isso faz com que o número de parlamentares seja variável.

b)   o Governo Federal *(Bundesregierung),* composto pelo Primeiro-Ministro ou Chanceler *(Bundes-kanzler)* e pelos ministros do seu gabinete, nomeados e destituídos pelo Presidente mediante proposta do Chanceler. O Primeiro-Ministro é eleito pelo Parlamento, por proposta do Presidente. O governo federal conduz a política interna, exercendo todas as competências atribuídas ao ente central. Tanto o Chanceler quanto os ministros são responsáveis politicamente diante do Parlamento.

Quanto ao Poder Judiciário, a Constituição assegura a independência dos juízes, submetidos apenas ao Direito (LF, art. 97), embora a supervisão administrativa do Poder Judiciário seja exercida primariamente pelo Ministério da Justiça, no plano federal e nos Estados. A regra geral, extraída da Constituição e reproduzida em lei federal, é a competência estadual, quer na chamada jurisdição comum, quer nas Justiças especializadas (Administrativa, Financeira, Trabalhista, Social). No entanto, a própria Constituição estrutura cinco tribunais federais superiores, encarregados da uniformização das decisões em cada uma das áreas em que se divide a jurisdição. São eles:

– o Tribunal Federal *(Bundesgerichtshof);*
– o Tribunal Federal Administrativo *(Bundesverwaltungsgericht);*
– o Tribunal Federal Financeiro *(Bundesfinanzhof);*
– o Tribunal Federal Trabalhista *(Bundesarbeitsgericht);*
– o Tribunal Federal Social *(Bundessozialgericht).*

O controle de constitucionalidade é exercido de forma concentrada. No plano federal, pelo Tribunal Constitucional Federal *(Bundesverfassungsgericht),* cujos membros são eleitos, em igual proporção, pelo Parlamento e pelo Conselho Federal; nos Estados, pelos Tribunais ou Cortes Constitucionais estaduais *(Landesverfassungsgerichte).* A existência do Tribunal Constitucional Federal é prevista expressamente na Lei Fundamental (art. 92), que institui algumas de suas competências (art. 93) e disciplina sua composição (art. 94). Sua estrutura, no entanto, é detalhada pela Lei federal de 12 de março de 1951, que constitui a Lei Orgânica do Tribunal *(BVerfGG)*[134]. Lei federal pode atribuir outras competências para a Corte, além das que figuram na Lei Fundamental, sendo que as regras procedimentais de atuação junto a ela foram estabelecidas por lei datada de 15 de dezembro de 1986. O tribunal não funciona como corte de cassação ou revisão das decisões dos tribunais inferiores. Sua atuação se restringe à jurisdição constitucional, não lhe cabendo a interpretação ou aplicação do direito infraconstitucional aos casos concretos[135].

O Tribunal Constitucional é dividido em duas "Seções" *(Senate)*[136], compostas, cada uma, por oito juízes. Tais Seções dividem as matérias de competência do Tribunal Constitucional, nos termos da sua Lei Orgânica *(BVerfGG).* Quando houver divergência de entendimento entre as Seções, a decisão deverá ser proferida pelo Plenário (§ 16 do *BVerfGG).* Há certa flexibilidade quanto à possibilidade de modificação das competências, em razão de eventual excesso de processos em alguma das duas Seções, o que se fará por meio de decisão do Plenário (§ 14 do *BVerfGG).* Cada Seção ainda deliberará sobre a formação de Câmaras *(Kammern),* compostas por três juízes (§ 15a.1 do *BVerfGG).* Uma de suas atribuições é fazer o exame de admissibilidade da remessa ao Tribunal Constitucional das *questões constitucionais* e das *queixas constitucionais.* A subdivisão em Câmaras é um importante mecanismo de "barragem" dessas vias de acesso ao Tribunal, em que se concentra grande parte do seu trabalho[137].

As principais competências do Tribunal Constitucional Federal alemão incluem:

a)   *o controle abstrato de constitucionalidade,* que tem por objeto a discussão em tese de norma federal ou estadual impugnada em face da Lei Fundamental. A legitimação para suscitar essa modalidade de controle é extremamente restrita, limitando-se ao Governo Federal, aos Governos

---

134   A Lei Fundamental prevê que os membros do Tribunal Constitucional Federal *(BVerfGE)* são eleitos, metade pelo Parlamento Federal, metade pelo Conselho Federal. Já a Lei Orgânica prevê que serão dezesseis os juízes e que terão um mandato de doze anos.

135   V. Gilmar Ferreira Mendes, *Jurisdição constitucional,* 1999, p. 14; Jutta Limbach, Función y significado del recurso constitucional en Alemania, *Cuestiones Constitucionales,* 3:67, 2000, p. 75; Peter Häberle, El recurso de amparo en el sistema germano-federal de jurisdicción constitucional, in Domingo Garcia Belaunde e Francisco Fernández Segado, *La jurisdicción constitucional en iberoamérica,* 1997, p. 251-252; Leonardo Martins, Introdução à jurisprudência do Tribunal Constitucional Federal alemão, in Jürgen Schwabe, *Cincuenta años de jurisprudencia del Tribunal Constitucional Federal Alemán* (vários tradutores), 2005, p. 36.

136   A tradução literal de *Senat* é Senado. Contudo, como a palavra "Senado", na língua portuguesa, assume significado completamente diverso, preferiu-se aqui adotar como sinônimo o termo "seção", em analogia à estrutura do Superior Tribunal de Justiça brasileiro.

137   V. Peter Häberle, El recurso de amparo en el sistema germano-federal de jurisdicción constitucional, in Domingo Garcia Belaunde e Francisco Fernández Segado, *La jurisdicción constitucional en iberoamérica,* 1997, p. 265.

estaduais e a pelo menos 1/3 (um terço) dos membros do Parlamento. O controle abstrato tem sido utilizado com parcimônia na prática constitucional alemã;

b) o *controle concentrado de constitucionalidade*. Na Alemanha, ao contrário do que ocorre no Brasil, o controle de constitucionalidade em relação à Lei Fundamental é concentrado em uma corte constitucional. Assim, caso qualquer juízo ou tribunal, no exame de um caso concreto, admita a arguição de inconstitucionalidade de uma lei federal, deverá suspender o processo e encaminhar a questão constitucional para ser decidida pelo Tribunal Constitucional Federal;

c) o *julgamento da queixa constitucional* (*Verfassungsbeschwerde*), notadamente nas questões envolvendo violação de direitos fundamentais por autoridade pública. Podem ser impugnados por essa via decisões judiciais, administrativas e até atos legislativos. A maior parte dos pedidos é apresentada contra decisões de tribunais. A queixa constitucional responde pela grande maioria dos casos apreciados pelo Tribunal Constitucional Federal alemão.

Nos últimos anos, com a retração da Suprema Corte americana, fruto de uma postura mais conservadora e de autocontenção, o Tribunal Constitucional Federal alemão aumentou sua visibilidade e passou a influenciar o pensamento e a prática jurisprudencial de diferentes países do mundo. Muitas de suas técnicas de decisão passaram a ser utilizadas por outros tribunais, inclusive pelo Supremo Tribunal Federal brasileiro[138]. Ao longo do presente volume, diversas decisões do Tribunal Constitucional Federal serão referidas e comentadas, dentre as quais o caso *Lüth*, o caso *Lebach*, o caso *Mephisto* e o caso do *Crucifixo*[139].

3 O constitucionalismo no início do século XXI

Como se constata da narrativa empreendida neste capítulo, o Estado moderno se consolida, ao longo do século XIX, sob a forma de *Estado de direito*. Na maior parte dos países europeus, a fórmula adotada foi a monarquia constitucional. O núcleo essencial das primeiras constituições escritas é composto por normas de repartição e limitação do poder, aí abrangida a proteção dos direitos individuais em face do Estado. A noção de *democracia* somente viria a desenvolver-se e aprofundar mais adiante, quando se incorporam à discussão ideias como fonte legítima do poder e representação política. Apenas quando já se avançava no século XX é que seriam completados os termos da complexa equação que traz como resultado o Estado democrático de direito: *quem* decide (fonte do poder), *como* decide (procedimento adequado) e *o que* pode e não pode ser decidido (conteúdo das obrigações negativas e positivas dos órgãos de poder).

A construção do Estado constitucional de direito ou Estado constitucional democrático, no curso do século XX, envolveu debates teóricos e filosóficos intensos acerca da dimensão formal e substantiva dos dois conceitos centrais envolvidos: Estado de direito e democracia. Quanto ao Estado de direito, é certo que, em sentido formal, é possível afirmar sua vigência pela simples existência de algum tipo de ordem legal cujos preceitos materiais sejam observados tanto pelos órgãos de poder quanto pelos particulares. Este sentido mais fraco do conceito corresponde, segundo a doutrina, à noção alemã de *Rechtsstaat*, flexível o suficiente para abrigar Estados autoritários e mesmo totalitários que estabeleçam e sigam algum tipo de legalidade[140]. Todavia, em uma visão substantiva do fenômeno, não é possível ignorar a *origem* e o *conteúdo* da legalidade em questão, isto é, sua legitimidade e sua justiça. Esta perspectiva é que se encontra subjacente ao conceito anglo-saxão de *rule of law* e que se procurou incorporar à ideia latina contemporânea de Estado de direito, *État de droit*, *Stato di diritto*, *Estado de derecho*.

Já no tocante à democracia, é possível considerá-la em uma dimensão predominantemente formal, que inclui a ideia de governo da maioria e de respeito aos direitos individuais, frequentemente referidos como liberdades públicas – como as liberdades de expressão, de associação e de locomoção –, realizáveis mediante abstenção ou cumprimento de deveres negativos pelo Estado. A democracia em sentido

---

138 Como, por exemplo, a interpretação conforme a Constituição, a declaração de nulidade sem redução de texto, a declaração de inconstitucionalidade sem pronúncia de nulidade e o apelo ao legislador.

139 Para uma exposição sistemática das principais decisões do Tribunal Constitucional Federal alemão, v. Donald P. Kommers, *The constitucional jurisprudence of the Federal Republic of Germany*, 1997, e Jürgen Schwabe (org.), *Cincuenta años de jurisprudencia del Tribunal Constitucional Federal Alemán* (vários tradutores), 2005.

140 Luigi Ferrajoli, *Derecho y razón*, 2000, p. 856 e 860: "[A] transformação do estado absoluto em estado de direito acontece juntamente com a transformação do súdito em *cidadão*, é dizer, em sujeito titular de direitos já não apenas 'naturais' mas 'constitucionais' em face do estado, que a eles fica vinculado. O chamado contrato social, uma vez traduzido em pacto constitucional, deixa de ser uma hipótese filosófico-política para converter-se em um conjunto de normas positivas que obrigam entre si ao estado e ao cidadão, fazendo deles sujeitos com soberania reciprocamente limitada".

material, contudo, que dá alma ao Estado constitucional de direito, é, mais do que o governo da *maioria*, o governo para *todos*. Isso inclui não apenas as minorias – raciais, religiosas, culturais –, mas também os grupos de menor expressão política, ainda que não minoritários, como as mulheres e, em muitos países, os pobres em geral. Para a realização da democracia nessa dimensão mais profunda, impõe-se ao Estado não apenas o respeito aos direitos individuais, mas igualmente a promoção de outros direitos fundamentais, de conteúdo social, necessários ao estabelecimento de patamares mínimos de igualdade material, sem a qual não existe vida digna nem é possível o desfrute efetivo da liberdade.

O constitucionalismo democrático, em meados da segunda década do século XXI, ainda se debate com as complexidades da conciliação entre soberania popular e direitos fundamentais. Entre governo da maioria e vida digna e em liberdade para todos, em um ambiente de justiça, pluralismo e diversidade. Este continua a ser, ainda, um bom projeto para o milênio. A tal desafio se acresce, mais recentemente, a tentativa de captura do direito constitucional para a construção de projetos autoritários, fenômeno que vem sendo denominado constitucionalismo abusivo[141].

---

141 Constitucionalismo abusivo é a denominação atribuída à estratégia, geralmente utilizada por lideranças autoritárias, de promover alterações constitucionais que reduzem direitos, alteram as regras de funcionamento do processo democrático e os limites ao exercício do poder político, com o propósito de assegurar a sua permanência no poder. As expressões *legalismo autocrático* e *autoritarismo competitivo* designam fenômenos semelhantes de alteração da ordem jurídica com impactos negativos sobre direitos e regimes democráticos, mas com a manutenção de eleições. V. David Landau, Abusive constitutionalism, *UC Davis Law Review*, 47, 2013; Kim Schepelle, Autocratic legalism, *The University of Chicago Law Review*, *85*:545, 2018; Fareed Zakaria, The rise of illiberal democracies, *Foreign Affairs*, 76:22, 1997; Steven Levitsky e Daniel Ziblatt, *Como as democracias morrem*, 2018; Steven Levitsky e Lucan A. Way, The rise of competitive authoritarianism: elections without democracy, *Journal of Democracy*, *13*:51, 2002. Na literatura nacional: Luís Roberto Barroso e Patrícia Perrone Campos Mello, *Democracias iliberais e direitos humanos*: o papel dos tribunais internacionais, no prelo, 2021.

CAPÍTULO II   DIREITO CONSTITUCIONAL

Sumário: I – O direito constitucional no universo jurídico. 1. Generalidades. 2. Conceito. 2.1. A ciência do direito constitucional. 2.2. O direito constitucional positivo. 2.3. O direito constitucional como direito subjetivo. 3. Objeto. II – O direito constitucional como direito público. 1. Direito público e direito privado. 2. Regime jurídico de direito público e de direito privado. III – A expansão do direito público e da Constituição sobre o direito privado. IV – Espaço público e espaço privado. Evolução da dicotomia. Um drama brasileiro. 1. Origens da distinção. 2. O desaparecimento do espaço público: Império Romano e sistema feudal. 3. A reinvenção do público: do Estado patrimonial ao Estado liberal. 4. A volta do pêndulo: do Estado social ao neoliberalismo. 5. O público e o privado na experiência brasileira. V – A subsistência do princípio da supremacia do interesse público. 1. O Estado ainda é protagonista. 2. Sentido e alcance da noção de interesse público no direito contemporâneo.

I   O DIREITO CONSTITUCIONAL NO UNIVERSO JURÍDICO[1]

1   Generalidades

Com a queda da República em Roma, às vésperas do início da Era Cristã, o constitucionalismo, como ideia e como prática política, desapareceria do mundo ocidental. O monumento jurídico representado pelo direito romano[2], que atravessou os séculos, foi a matriz imperecível do direito civil, não do direito constitucional. Ao final da Idade Média, já avançando no século XVI, consolida-se a forma política

---

1 Luis Sánchez Agesta, *Curso de derecho constitucional comparado*, 1974; Benda, Maihofer, Vogel, Hesse e Heyde, *Manual de derecho constitucional*, 1996; Paulo Bonavides, *Curso de direito constitucional*, 1996; Burdeau, Hamon e Troper, *Manuel de droit constitutionnel*, 1993; Francisco Balaguer Callejón (coord.), Villar, Aguilar, Gueso, Callejón e Rodríguez, *Derecho constitucional*, 2004, v. 1; J. J. Gomes Canotilho, *Direito constitucional e teoria da Constituição*, 2003; Afonso Arinos de Melo Franco, *Curso de direito constitucional brasileiro*, 1968, v. 1; Jorge Miranda, *Manual de direito constitucional*, 2000; Paulo Biscaretti di Ruffia, *Derecho constitucional*, 1987; Rosah Russomano, *Curso de direito constitucional*, 1984; José Afonso da Silva, *Curso de direito constitucional positivo*, 2001; Georges Vedel, *Manuel élémentaire de droit constitutionnel*, 1949; Pablo Lucas Verdú, *Curso de derecho constitucional*, 1989; v. 1; René David, *Os grandes sistemas do Direito contemporâneo*, 1978; Daniel R. Coquillette, *The anglo-american legal heritage*, s. d.; Manuel Atienza, *El sentido del derecho*, 2001; Hermes Lima, *Introdução à ciência do Direito*, 2000; Jean-Bernard Auby e Mark Freedland (org.), *La distinction du droit public e du droit prevé:* regards français et britanique – the public law/private law divide: une entente assez cordiale?, 2004; *Curso de direito constitucional*, José Horácio Meirelles Teixeira (organizado e atualizado por Maria Garcia), 2011; *Manual de ciência política e direito constitucional*, Marcello Caetano (revista e ampliada por Miguel Galvão Teles), 2003.

2 O direito romano compreende o conjunto de normas que regeram a sociedade romana em suas diferentes fases, desde as origens (Roma foi fundada em 754 a.C.) até o ano 565 d.C., com a morte de Justiniano. Engloba, portanto, um período que vem de antes da Lei das Doze Tábuas (449 a.C.) e vai até os trabalhos de compilação que viriam a ser denominados *Corpus Juris Civilis*. Como noticia Antônio Manuel Hespanha, entre os séculos I a.C. e III d.C., o Império Romano estendeu-se por toda a Europa meridional, tendo ainda atingido algumas zonas mais ao norte, como parte da Gália (hoje França) e o sul da Inglaterra. No oriente europeu, o Império Romano expandiu-se pelos Bálcãs e pela Grécia e prolongou-se, depois, pela Ásia Menor. Como assinalado no capítulo anterior, a história da civilização romana dividiu-se em três fases: a realeza, a república e o império. Já a história interna do direito romano, isto é, a evolução de suas instituições, atravessou três fases: o período arcaico (da fundação de Roma até o século II), o período clássico (até o século III) e o período pós-clássico (até o século VI d.C). Por essa razão, influenciou de maneira profunda todo o direito europeu continental e, em menor escala, o direito inglês.

Em meados do século VI, Justiniano promoveu a compilação de textos jurídicos da tradição romana, compreendendo o *Digesto* (533 d.C.), que reunia as obras dos juristas clássicos, o *Código* (529 d.C.), que abrangia a legislação imperial de seus antecessores, e as *Instituições* (530 d.C.), que constituía um manual introdutório. Houve ainda uma compilação póstuma, as *Novelas* (565 d.C.), com os atos do próprio Justiniano. Esse conjunto de livros recebeu, a partir do século XVI, o nome de *Corpus Juris Civilis*, passando a constituir a memória medieval e moderna do direito romano. Sobre o tema, vejam-se: em meio a muitos outros: José Carlos Moreira Alves, *Direito romano*, 1987, p. 1-3; Antônio Manuel Hespanha, *Cultura jurídica europeia:* síntese de um milênio, 2005, p. 123-131; Sir William S. Holdsworth, *Essays in law and history*, 1995, p. 188.

superadora das cidades antigas (*pólis* grega e *civitas* romana) e do modelo feudal (com principados e feudos subordinados a um Império): o Estado moderno, soberano e absolutista. O Iluminismo, as teorias contratualistas[3] e a reação ao absolutismo fazem renascer o ideal constitucionalista, fundado na razão, na contenção do poder e no respeito ao indivíduo. Com as revoluções liberais surgem, nos Estados Unidos (1787) e na França (1791), as primeiras constituições modernas, materializadas em documentos escritos, aprovados mediante um procedimento formal e solene.

A precedência histórica da Constituição norte-americana não assegurou aos seus comentadores pioneirismo doutrinário no desenvolvimento do direito constitucional. Por força da herança inglesa do *common law*[4], fundada em precedentes judiciais e na solução pragmática de problemas concretos, a evolução do direito constitucional nos Estados Unidos se deu menos pela atividade teórica dos tratadistas e mais pela atuação dos tribunais, notadamente da Suprema Corte[5]. Na França, ao revés, uma sólida produção doutrinária precedeu a Revolução e sua primeira Constituição[6]. Interessantemente, as primeiras cátedras de direito constitucional foram criadas em universidades italianas (Ferrara, Pavia e Bolonha), embora por influência francesa resultante da expansão napoleônica. Apenas em 1834 a disciplina é introduzida na Universidade de Paris[7]. De todo modo, o direito constitucional somente se desenvolve na Europa como disciplina autônoma nas últimas décadas do século XIX, quando regimes constitucionais finalmente se impõem sobre as monarquias absolutas e os governos oligárquico-aristocráticos[8].

Com a Revolução Francesa, o direito civil ganha o Código Napoleônico (1804), que pretendeu ser sua sistematização definitiva, ao passo que o direito constitucional passa a ter o seu próprio objeto, a Constituição, cujos estudos se desenvolveriam a partir do século seguinte. Como se constata singelamente da breve exposição até aqui empreendida, o direito civil dá continuidade a uma tradição milenar, iniciada com o direito romano. Já o direito constitucional é de formação muito mais recente, contando com pouco mais de dois séculos de elaboração teórica. Essa juventude científica, aliada às circunstâncias históricas e políticas que o condicionam, singulariza o direito constitucional atual, envolvido em grande efervescência teórica e complexidades práticas na sua realização[9].

---

3 Para o contratualismo, a Constituição é a forma jurídica do contrato social, tal como concebido no século XVIII. Consiste no pacto por meio do qual os indivíduos, anteriormente livres no estado de natureza, renunciam a parte de sua liberdade em favor de uma organização política, que em contrapartida irá promover a ordem e o respeito aos direitos.

4 Na atualidade, o direito ocidental é dividido em duas grandes famílias, dois grandes sistemas: (i) o da tradição romano-germânica, também referido como *civil law*, baseado, sobretudo, em normas escritas, no direito legislado; e (ii) o *common law* ou direito costumeiro, originário do direito inglês, que sofreu menor influência do direito romano, e desenvolveu um sistema baseado nas decisões de juízes e tribunais, consistindo o direito vigente no conjunto de precedentes judiciais. Nas últimas décadas, verificou-se a ascensão do papel da lei escrita nos países do *common law* e, do mesmo passo, a valorização da jurisprudência – isto é, dos precedentes judiciais – no mundo romano-germânico, inclusive no Brasil. Sobre as características de cada uma dessas famílias jurídicas, v. René David, *Os grandes sistemas do direito contemporâneo*, 1978; e Daniel R. Coquillette, *The anglo-american legal heritage*, s.d.; John Henry Merryman, *The civil law tradition*, 1985; Guido Fernando Silva Soares, *Common law*: introdução ao Direito dos EUA, 1999.

5 Sem embargo, merecem referência expressa os escritos reunidos em *The Federalist Papers*, de Hamilton, Madison e Jay, datados de 1787-1788, e a obra clássica de Joseph Story, *Commentaries on the Constitution of the United States*, de 1833.

6 A rigor, de Aristóteles a Montesquieu, autores de origens diversas voltaram sua atenção para a constituição do Estado, embora sob perspectiva política, e não jurídica. Mas, no século XVIII, a França se tornara o centro cultural do mundo e o próprio Iluminismo foi um movimento intelectual predominantemente francês. Atribui-se a Sieyès a primeira elaboração teórica que identificou a existência de um *poder constituinte* como força política superior, distinta do poder constituído, tema que será retomado no capítulo IV (v. Emmanuel Joseph Sieyès, *Qu'est-ce que le Tiers État?*, escrito em 1789. Há uma versão em português, intitulada *A constituinte burguesa*, 1986).

7 A iniciativa coube a Guizot, quando ministro da instrução pública, sob a monarquia liberal de Luís Felipe, que se implantara com a Revolução de 1830. Em seu relatório encaminhado ao monarca, escreveu: "Quanto ao seu objeto e à sua forma, acham-se expressos no título mesmo: é a exposição da Carta e das garantias individuais, como das instituições políticas que ela consagra. Não se trata mais, para nós, de um simples sistema filosófico entregue à disputa dos homens: é uma lei escrita, reconhecida, que pode e deve ser explicada e comentada, tanto quanto a lei civil, ou qualquer outra parte da nossa legislação". V. Afonso Arinos de Melo Franco, *Curso de direito constitucional brasileiro*, 1968, v. 1, p. 31-32.

8 Para um resumido painel acerca do ensino do direito constitucional em diferentes países do mundo, v. J. J. Gomes Canotilho, *Direito constitucional e teoria da Constituição*, 2003, p. 21-30.

9 Sobre o tema, v. Norberto Bobbio, *Estado, governo e sociedade*, 1987, p. 21-22 (texto ligeiramente editado): "O primado do direito privado se afirma através da difusão e da recepção do direito romano no Ocidente: o direito assim chamado das *Pandette* é em grande parte direito privado, cujos institutos principais são a família, a propriedade, o contrato e os testamentos. Durante séculos o direito privado foi o direito por excelência. O direito público como corpo sistemático de

A Constituição é um instrumento do processo civilizatório. Ela tem por finalidade *conservar* as conquistas incorporadas ao patrimônio da humanidade e *avançar* na direção de valores e bens jurídicos socialmente desejáveis e ainda não alcançados. Como qualquer ramo do Direito, o direito constitucional tem possibilidades e limites. Mais do que em outros domínios, nele se expressa a tensão entre norma e realidade social. No particular, é preciso resistir a duas disfunções: (i) a da Constituição que se limita a reproduzir a realidade subjacente, isto é, as relações de poder e riqueza vigentes na sociedade, assim chancelando o *status quo*; e (ii) a do otimismo juridicizante, prisioneiro da ficção de que a norma pode tudo e da ambição de salvar o mundo com papel e tinta. O erro na determinação desse ponto de equilíbrio pode gerar um direito constitucional vazio de normatividade ou desprendido da vida real[10].

Em sua história curta, mas intensa, o direito constitucional conservou a marca da origem liberal: organização do Estado fundada na separação dos Poderes e definição dos direitos individuais. Um contínuo processo evolutivo, todavia, agregou-lhe outras funções. O conteúdo dos direitos ampliou-se para além da mera proteção contra o abuso estatal, transformando-se na categoria mais abrangente dos direitos fundamentais. Novos princípios foram desenvolvidos e princípios clássicos foram redefinidos. O Poder Público continuou a pautar-se pelo princípio da legalidade, mas passou a qualificar-se, igualmente, pela legitimidade de sua atuação. A fundamentalidade da Constituição já não reside apenas nas decisões que traz em si, mas também nos procedimentos que institui para que elas sejam adequadamente tomadas pelos órgãos competentes, em bases democráticas. Progressivamente, o direito constitucional foi deixando de ser um instrumento de proteção da sociedade em face do Estado para se tornar um meio de atuação da sociedade e de conformação do poder político aos seus desígnios. Supera-se, assim, a função puramente conservadora do Direito, que passa a ser, também, mecanismo de transformação social. O direito constitucional já não é apenas o Direito que está por trás da realidade social, cristalizando-a, mas o que tem a pretensão de ir à frente da realidade, prefigurando-a na conformidade dos impulsos democráticos[11].

Em seu estágio atual, o direito constitucional assumiu, na Europa e no Brasil, uma dimensão claramente *normativa*. Nos Estados Unidos, desde sempre, esta fora sua característica essencial. Em outras partes do mundo, no entanto, inclusive entre nós, o direito constitucional demorou a libertar-se das amarras de outras ciências sociais, como a história, a sociologia, a filosofia, bem como do próprio varejo da política. Desempenhou, assim, por décadas, mais um papel programático e de convocação à atuação dos órgãos públicos do que o de um conjunto de normas imperativas de conduta. Esse quadro reverteu-se. O direito constitucional moderno, investido de força normativa, ordena e conforma a realidade social e política, impondo deveres e assegurando direitos. A juridicização do direito constitucional e a atuação profícua dos tribunais constitucionais ou das cortes a eles equiparáveis deram especial destaque à *jurisprudência constitucional*, característica marcante do novo direito constitucional[12]. No Brasil de hoje, a ampliação da jurisdição constitucional, a importância das decisões judiciais e uma crescente produção doutrinária de qualidade proporcionaram ao direito constitucional um momento de venturosa ascensão científica e política.

2 Conceito

O vocábulo *Direito* presta-se a acepções amplas e variadas, designando um conjunto heterogêneo de situações e possibilidades. Para os fins aqui visados, é de proveito demarcar três sentidos que, embora diversos, integram-se para produzir um conjunto harmonioso. Direito, assim, pode significar:

---

normas nasce muito tarde com respeito ao direito privado: apenas na época da formação do Estado moderno. Por outro lado, enquanto as obras de direito privado são tratados exclusivamente jurídicos, os grandes tratados sobre o Estado continuam por séculos, mesmo quando escritos por juristas, a ser obras não exclusivamente jurídicas".

10 A expressão "otimismo juridicizante" está em Pablo Lucas Verdú, *Curso de derecho político*, 1976, v. 1, p. 28. Vejam-se sobre essa temática, Konrad Hesse, La fuerza normativa de la Constitución, in *Escritos de derecho constitucional*, 1983, e Ana Paula de Barcellos, *A eficácia jurídica dos princípios:* o princípio da dignidade da pessoa humana, 2001, p. 235, onde averbou: "A realidade é, por natural, um elemento indissociável do pensamento jurídico, embora não caiba a este reproduzi-la, pois se o Direito se limitasse a repetir a realidade, seria totalmente desnecessário. [...], porém, existe uma distância máxima que há de mediar entre o dever ser normativo e o ser do mundo dos fatos, para que continue a existir comunicação entre os dois mundos e a realidade mantenha, assim, um movimento progressivo de aproximação do dever ser. Ultrapassado esse limite, e rompido esse equilíbrio, o direito perde a capacidade de se comunicar com os fatos".

11 V. Callejón (coord.), Villar, Aguilar, Bueso, Callejón e Rodríguez, *Derecho constitucional*, 2004, v. 1, p. 34.

12 J. J. Gomes Canotilho, *Direito constitucional e teoria da Constituição*, 2003, p. 26, faz referência à *"viragem jurisprudencial"*, observando: "As decisões dos tribunais constitucionais passaram a considerar-se como um novo modo de praticar o direito constitucional – daí o nome de *moderno direito constitucional"*.

(i) um domínio científico, isto é, o conjunto ordenado de conhecimentos acerca de determinado objeto: a *ciência do Direito*; (ii) as normas jurídicas vigentes em determinado momento e lugar: o *direito positivo*; (iii) as posições jurídicas individuais ou coletivas instituídas pelo ordenamento e a exigibilidade de sua proteção: os *direitos subjetivos*. O direito constitucional se amolda sem embaraços a essa classificação conceitual[13].

2.1 A ciência do direito constitucional

Como domínio científico, o direito constitucional procura ordenar elementos e saberes diversos, relacionados a aspectos normativos do poder político e dos direitos fundamentais, que incluem: as reflexões advindas da filosofia jurídica, política e moral – *filosofia constitucional* e *teoria da Constituição*; a produção doutrinária acerca das normas e dos institutos jurídicos – *dogmática jurídica*; e a atividade de juízes e tribunais na aplicação prática do Direito – *jurisprudência*. Embora o conceito de ciência, quando aplicado às ciências sociais, e em particular ao Direito, exija qualificações e delimitações de sentido, a ciência do direito constitucional desempenha papel análogo ao das ciências em geral. Nele se inclui a identificação ou elaboração de determinados princípios específicos, a consolidação e sistematização dos conhecimentos acumulados e, muito importante, o oferecimento de material teórico que permita a formulação de novas hipóteses, a especulação criativa e o desenvolvimento de ideias e categorias conceituais inovadoras que serão testadas na vida prática.

A singularidade da ciência do Direito é que ela não pode servir-se, em escala relevante, da ambição de *objetividade* que caracteriza as ciências exatas ou as ciências naturais. Nesses domínios, as principais matérias-primas intelectuais são a observação, a experimentação e a comprovação, todas elas passíveis de acompanhamento e confirmação *objetiva* por parte dos demais cientistas e da comunidade em geral. O Direito, todavia, não lida com fenômenos que se ordenem independentemente da atividade do intérprete, de sua subjetividade, de sua ideologia. Ao contrário, por exemplo, do astrônomo, que observa e revela algo que lá já está[14], o jurista *cria* ele próprio o objeto da sua ciência. O Direito, a norma jurídica, não é um *dado* da realidade, mas uma *criação* do agente do conhecimento.

As implicações filosóficas e ideológicas decorrentes dessas constatações são objeto de vasta produção acadêmica. Nessa instância, é prudente passar ao largo do tema, para evitar o desvio prolongado. Volta-se o foco, assim, para a conceituação do direito constitucional na perspectiva de um domínio científico. Trata-se do conjunto sistemático de conhecimentos teóricos e históricos – conceitos e categorias doutrinárias – que permitem a reflexão acerca da disciplina do poder no âmbito do Estado, sua organização, limites e finalidades, assim como da definição dos direitos fundamentais das pessoas sujeitas à sua incidência. Também se insere no seu campo de estudos a discussão sobre a realização de determinados fins públicos que são retirados da discricionariedade política e transformados em obrigações vinculadas do Poder Público.

2.2 O direito constitucional positivo

O direito constitucional positivo é composto do conjunto de normas jurídicas em vigor que têm o *status* de normas constitucionais, isto é, que são dotadas de máxima hierarquia dentro do sistema. A conquista de normatividade foi capítulo decisivo na ascensão científica e institucional do direito constitucional. Adiante serão estudadas as peculiaridades das normas constitucionais e os múltiplos critérios de classificação, que as dividem, por exemplo, em princípios e regras ou em normas de organização e de conduta, em meio a muitas outras categorias.

Do ponto de vista formal, todo dispositivo que integre o corpo da Constituição desfruta da posição especial referida acima. O direito constitucional positivo consiste, em primeiro lugar, nas normas que

---

13 Na língua inglesa, essa variedade de sentidos é expressa por termos diferentes: a ciência do Direito é identificada como *Jurisprudence*, domínio que compreende a teoria e a filosofia jurídicas; o conjunto de normas em vigor, como *Law*; e as posições jurídicas individuais, como *rights*.

14 Essa é a pretensão das ciências exatas ainda quando formulam conclusões a partir de outros elementos que não a observação empírica. Considerando as interações gravitacionais e valendo-se de cálculos matemáticos, os astrônomos conseguiram prever a existência de Netuno e Plutão antes mesmo que os telescópios tivessem capacidade de avistá-los. O que se destaca, portanto, é a pretensão de emitir juízos de fato – no caso, afirmar a existência concreta de um dado corpo celeste – a partir de elementos objetivamente comprováveis. As ciências humanas, por sua vez, não lidam com a certeza matemática, mas sim com a racionalidade prática, com a lógica do verossímil e do justificável. Sobre essa diferença de perspectiva e a possibilidade de uma razão prática fundada na argumentação, v. Chaïm Perelman e Lucie Olbrechts-Tyteca, *Tratado da argumentação*, 2000, p. 1-4.

30

compõem a Constituição. Dentre elas se incluem não apenas as que foram editadas com o texto originário, como também as que venham a ser acrescentadas por emendas constitucionais, quer figurem diretamente no texto, quer tenham uma existência autônoma, a ele justaposta. Mas o Direito não se esgota nas normas legisladas: nele se inclui, igualmente, o costume, proposição que é válida também no âmbito do direito constitucional, a despeito das sutilezas que comporta[15]. De parte isso, no contexto pós-positivista contemporâneo, o Direito já não cabe integralmente no relato da norma, sendo admissíveis construções que expandem o seu sentido e alcance, com fundamento nos valores compartilhados pela sociedade e respeitados os limites da legitimidade democrática da atuação judicial. Além desse papel renovado atribuído ao intérprete, o Direito contemporâneo, nos países romano-germânicos, inclusive e destacadamente no Brasil, vem atribuindo importância crescente à jurisprudência e, especialmente, à jurisprudência constitucional, que alguns autores já vêm reconhecendo como fonte formal do Direito[16].

2.3 O direito constitucional como direito subjetivo

Direito é, também, em uma terceira acepção, a possibilidade que o beneficiário de uma norma tem de fazê-la atuar em seu favor, inclusive por meio de recurso à coação estatal. Normas jurídicas e, *ipso facto*, normas constitucionais tutelam bens jurídicos socialmente relevantes e interesses individuais. Um direito subjetivo constitucional confere a seu titular a faculdade de invocar a norma da Constituição para assegurar o desfrute da situação jurídica nela contemplada. Consoante doutrina clássica, é o poder de ação, fundado na norma, para a tutela de bem ou interesse próprio.

Como regra, na vida social, as normas jurídicas são espontaneamente observadas e os direitos subjetivos delas decorrentes realizam-se por um processo natural e simples. As normas jurídicas têm, por si mesmas, uma eficácia racional ou intelectual, por tutelarem, usualmente, valores que têm ascendência no espírito dos homens. Quando, todavia, deixa de ocorrer a submissão da vontade individual ao comando normativo, a ordem jurídica aciona um mecanismo de sanção, promovendo, por via coercitiva, a obediência a seus postulados. Mas esta é a exceção. De fato, se não houvesse essa observância voluntária das normas e dos direitos subjetivos, se fosse necessário um policial atrás de cada indivíduo e, quem sabe, um segundo policial atrás do primeiro, a vida social seria impossível[17].

Portanto, na rotina da vida jurídica, o Estado não institui tributos sem que seja mediante lei, nem os cobra no mesmo exercício em que instituídos, porque estaria violando as normas constitucionais pertinentes e os direitos por ela assegurados (CF, art. 150, I e III, *b*); da mesma forma, não viola o sigilo da correspondência das pessoas (CF, art. 5º, XII) nem impede a sua livre locomoção (CF, art. 5º, XV). Mas, em caso de transgressão, sujeitar-se-á à resistência do titular dos direitos em questão e às eventuais sanções ditadas pelo ordenamento. Direitos subjetivos constitucionais investem os jurisdicionados no poder de exigir do Estado – ou de outro eventual destinatário da norma constitucional – prestações positivas ou negativas que proporcionem o desfrute dos bens e interesses jurídicos nela consagrados. Tais direitos incluem os individuais, políticos, sociais e coletivos.

---

15 Sobre costume constitucional, v. Luís Roberto Barroso, *Interpretação e aplicação da Constituição*, 2004, p. 143-145.

16 A observância dos precedentes liga-se a valores essenciais em um Estado democrático de direito, como a racionalidade e a legitimidade das decisões judiciais, a segurança jurídica e a isonomia. No Brasil dos últimos anos, o papel da jurisprudência teve tal expansão que alguns autores passaram a incluí-la no rol das fontes formais do direito (v. Maria Helena Diniz, *Curso de direito civil brasileiro*, 1º v. (Teoria geral do direito civil), 1999, p. 22; e tb. *Dicionário jurídico*, 1998, v. 2, verbete "Fonte formal estatal", p. 574). Independentemente de se aderir ou não a essa doutrina, é inegável o movimento no sentido de se valorizar o papel dos precedentes judiciais. Confiram-se alguns marcos nessa direção: (i) de longa data a divergência jurisprudencial tem sido fundamento para a interposição de recurso extraordinário (nos regimes constitucionais anteriores) e de recurso especial, no regime atual: CF, art. 105, III, *c*; (ii) o texto constitucional confere efeitos vinculantes a precedentes do STF em ação direta de inconstitucionalidade e em ação declaratória de constitucionalidade: CF, art. 102, § 2º; (iii) a decisão proferida pelo STF em arguição de descumprimento de preceito fundamental também é dotada de efeito vinculante, conforme determinação legal: Lei n. 9.882, de 3.12.1999: art. 10, § 3º; (iv) o texto constitucional, em inovação introduzida pela EC n. 45/2004, passou a prever a súmula vinculante: CF, art. 103-A; (v) o relator nos tribunais pode, monocraticamente, negar seguimento ou dar provimento a recurso, conforme a decisão impugnada haja observado ou esteja em confronto com súmula ou com jurisprudência dominante do respectivo tribunal, do STF ou de tribunal superior: CPC/2015, art. 932, IV e V; (vi) a sentença proferida contra a Fazenda Pública deve produzir seus efeitos, independentemente do duplo grau de jurisdição, se estiver fundada na jurisprudência do plenário do STF ou em súmula deste tribunal ou do tribunal superior competente: CPC, art. 496, § 4º. Para uma análise do tema no novo Código de Processo Civil, v. Patrícia Perrone Campos Mello e Luís Roberto Barroso, Trabalhando com uma nova lógica: a ascensão dos precedentes no direito brasileiro, *Revista da AGU*, 15:9, 2016.

17 Jean Gicquel e André Hauriou, *Droit constitutionnel et institutions politiques*, 1985, p. 24.

Em síntese conclusiva, a expressão "direito constitucional" pode significar o *domínio científico* que o estuda, o *direito positivo* que o ordena ou o *direito subjetivo* decorrente de normas constitucionais[18].

3 Objeto

O objeto do direito constitucional, em uma conjuntura histórica em que ele se qualifica como *normativo*, há de recair, naturalmente, sobre as normas constitucionais. Tais normas são dotadas de determinadas peculiaridades que as singularizam em relação às demais normas jurídicas e que serão estudadas mais adiante. A doutrina procura identificar no direito constitucional e em suas normas determinados conteúdos específicos, que poderiam ser qualificados propriamente como matéria constitucional: organização do poder político, definição dos direitos fundamentais e, em algumas constituições, determinação dos fins públicos a serem alcançados pela sociedade. Dois fenômenos corriqueiros merecem menção: há matérias de natureza tipicamente constitucional que não são tratadas por normas constitucionais[19]; e, mais comumente ainda, há na Constituição inúmeros dispositivos que não cuidam de nenhuma das matérias consideradas constitucionais[20].

O direito constitucional é não apenas um sistema em si, mas uma forma – na verdade, a forma adequada – de ler e interpretar as normas dos demais ramos do Direito, isto é, todas as normas infraconstitucionais. Além disso, no caso brasileiro, em que vige uma Constituição especialmente analítica, nela se encontram os grandes princípios dos diferentes domínios jurídicos. Do direito penal, por exemplo, colhe-se no art. 5º, XXXIX, o mandamento nuclear: não há crime sem lei anterior que o defina, nem pena sem prévia cominação legal; do direito administrativo, enuncia o art. 37: a administração obedecerá aos princípios da legalidade, impessoalidade, moralidade, publicidade e eficiência; do direito tributário, os princípios da reserva legal e da anterioridade (art. 150, I e III, *b*); do direito processual, o devido processo legal (art. 5º, LIV); do direito civil, a garantia da propriedade (art. 5º, XXII), a igualdade entre os cônjuges (art. 226, § 5º) e a proteção da criança e do adolescente (art. 227). Os exemplos se multiplicam.

Na verdade, a prática constitucional da maior parte dos países faz constar dos seus textos normas que não são materialmente constitucionais. Cada povo tem as suas circunstâncias políticas e históricas. O Reino Unido e Israel não têm Constituição escrita. A Constituição da Índia, por sua vez, tem 395 artigos. Na Suíça, o direito constitucional protege os pássaros. Na Bélgica, ele regula o uso das línguas. Diante da impossibilidade de adoção de um critério material rigoroso na determinação do objeto concreto do direito constitucional, é de valia recorrer, também, a um critério formal. Nessa linha, o direito constitucional se identifica com o conjunto de normas dotadas de superioridade hierárquica em relação às demais normas do sistema jurídico, às quais fornecem fundamento de validade[21], não estando elas próprias fundadas em qualquer outra norma.

II O DIREITO CONSTITUCIONAL COMO DIREITO PÚBLICO

---

18 Parte substancial da doutrina, ao debater o conteúdo científico do direito constitucional em bases metodológicas distintas das que foram aqui adotadas, faz referência a três grandes categorias: (a) o direito constitucional positivo ou particular, que estuda a Constituição concreta de um Estado determinado; (b) o direito constitucional comparado, que estabelece o contraste entre normas e instituições jurídicas de Estados diversos; (c) o direito constitucional geral, que tem por objeto os princípios, conceitos e categorias doutrinárias comuns a diversos sistemas constitucionais. Vejam-se, dentre os autores nacionais: José Afonso da Silva, *Curso de direito constitucional positivo*, 1997, p. 39-40; Paulo Bonavides, *Curso de direito constitucional*, 1996, p. 27-28; Afonso Arinos de Melo Franco, *Curso de direito constitucional brasileiro*, 1968, v. 1, p. 33-35; Rosah Russomano, *Curso de direito constitucional*, 1984, p. 21.

19 Como, por exemplo, disposições legais que versam questões de nacionalidade ou, no caso brasileiro, as disposições da Lei de Introdução às normas do Direito Brasileiro relativas à vigência e interpretação das leis.

20 A Constituição brasileira contém um vasto repertório de disposições que nada têm de materialmente constitucionais, por exemplo, as dedicadas à polícia ferroviária (art. 144, § 3º) ou ao Colégio Pedro II (art. 242, § 2º), em meio a muitas outras.

21 Hans Kelsen, *Teoria pura do direito*, 1979, p. 269: "Todas as normas cuja validade pode ser reconduzida a uma e mesma norma fundamental formam um sistema de normas, uma ordem normativa. A norma fundamental é a fonte comum da validade de todas as normas pertencentes a uma e mesma ordem normativa, o seu fundamento de validade comum. O fato de uma norma pertencer a uma determinada ordem normativa baseia-se em que o seu último fundamento de validade é a norma fundamental desta ordem. É a norma fundamental que constitui a unidade de uma pluralidade de normas enquanto representa o fundamento da validade de todas as normas pertencentes a essa ordem normativa".

1 Direito público e direito privado

O direito constitucional, conjunto de normas fundamentais instituidoras do Estado e regedoras da sociedade, situa-se no vértice da pirâmide jurídica[22] e é ramo do direito *público*. A distinção entre direito público e direito privado remonta ao direito romano clássico, que atribuía ao primeiro as coisas do Estado e ao segundo, os interesses individuais[23]. Essa divisão jamais significou quebra da unidade sistemática do Direito, tampouco a criação de dois domínios apartados e incomunicáveis. Formulada há muitos séculos, tem resistido às alterações profundas vividas pelo Estado, pela sociedade e pelo próprio Direito. Convém revisitar brevemente o tema, como antecedente para a discussão teórica que tem mobilizado mais intensamente o pensamento jurídico na quadra atual, referente às superposições entre *espaço* público e *espaço* privado.

A demarcação conceitual entre direito público e direito privado é mais típica dos sistemas fundados na tradição romano-germânica do que no *common law*[24]. E, sem embargo das resistências ideológicas, dificuldades teóricas e críticas diversas, tem base científica sustentável e é de utilidade didática. É possível formular a distinção levando em conta, fundamentalmente, três fatores verificáveis na relação jurídica: (i) os sujeitos; (ii) o objeto; (iii) a sua natureza. Nenhum deles é suficiente em si, exigindo complementação recíproca.

Tomando como critério os *sujeitos* da relação jurídica, tem-se que, caso ela se estabeleça entre particulares – indivíduos ou pessoas jurídicas de direito privado –, será naturalmente regida pelo direito privado. Vejam-se estes exemplos: (i) dois indivíduos firmam um contrato de compra e venda de um imóvel; (ii) uma pessoa física e uma empresa financeira celebram um contrato de mútuo, que é uma modalidade de empréstimo. Ambas as hipóteses se situam no âmbito do direito privado. Se, todavia, em um ou em ambos os polos da relação figurar o Estado ou qualquer outra pessoa jurídica de direito público[25], estar-se-á, como regra, diante de uma relação jurídica de direito público. Confiram-se estes outros exemplos: (i) o Estado desapropria imóvel de um particular para a construção de uma escola, propondo a ação judicial própria; (ii) o Estado institui um empréstimo compulsório, que é uma espécie de tributo, mediante lei regularmente aprovada; (iii) a União e um Município firmam convênio para a prestação de um serviço específico na área de saúde. Estas são tipicamente situações regidas pelo direito público.

No tocante ao *objeto* ou conteúdo da relação jurídica, deve-se levar em conta o interesse preponderante tutelado pela norma. Se ela visar, predominantemente, à proteção do bem coletivo, do interesse social, estará no âmbito do direito público. Quando o Estado, nos exemplos dados, desapropria um imóvel ou institui um tributo, atua para satisfazer o interesse público. Ao contrário, encontra-se no domínio do direito privado a disciplina das situações nas quais avulta o interesse particular, individual. Tal será o caso da aquisição de um imóvel para construção de uma residência ou para sede de uma empresa comercial, bem como a obtenção de empréstimo junto a instituição financeira para custear a construção.

Por fim, há a questão da *natureza* jurídica da relação ou, mais propriamente, da *posição* dos sujeitos em interação. O Estado, como regra, atua no exercício de seu poder soberano, de seu *imperium*,

---

22 Sobre a estrutura escalonada da ordem jurídica, na qual as normas hierarquicamente superiores subordinam e conferem fundamento de validade às inferiores, v. Hans Kelsen, *Teoria geral do Direito e do Estado*, 2000, p. 181 e s., e *Teoria pura do Direito*, 1979, p. 309 e s. Sobre o ponto, v. a pertinente observação de Cláudio Pereira de Souza Neto e Daniel Sarmento, *Direito constitucional*: teoria, história e métodos de trabalho, 2014, p. 23: "Mesmo que atualmente o Direito deva ser concebido em termos mais pluralistas e horizontais, verificando-se a crescente interação entre diferentes sistemas jurídicos, a analogia com a pirâmide oferece uma aproximação ainda parcialmente válida, servindo para descrever a dinâmica ordinária de validação hierarquizada das normas que integram o ordenamento jurídico".

23 *Digesto*, Livro I, Tít. I, § 2º. Ulpiano: *"Ius publicum est quod ad statum rei romanae spectat; privatum, quod ad singulorum utilitatem"*. E também nas *Institutas*, de Justiniano, Livro I, Tít. I ("Da Justiça e do Direito"), § 4º: "O estudo do direito é dividido em dois ramos, público e privado. Direito público é o que diz respeito ao governo do Império Romano; direito privado o que concerne aos interesses individuais".

24 V. Aeyal M. Gross, Globalization, human rights, and American public law scholarship – a comment on Robert Post, *Theoretical Inquiries in Law*, 2001, v. 337, p. 2: "O direito americano, seguindo o legado do realismo jurídico e diferentemente dos países que adotam o *civil law*, tende a não fazer uma distinção clara entre direito público e privado" (tradução livre do autor). (No original: "American law, following the legacy of legal realism and unlike civil law jurisdictions, does not tend to make a clear distinction between public and private law".)

25 Salvo onde assinalado, o termo "Estado" é empregado como gênero, compreendendo todas as entidades estatais contempladas no direito constitucional brasileiro, a saber: União, Estados-membros, Distrito Federal e Municípios. Têm, igualmente, personalidade jurídica de direito público as autarquias e as fundações públicas. As sociedades de economia mista e as empresas públicas, embora controladas pelo Poder Público, são pessoas jurídicas de direito privado.

estabelecendo uma relação de subordinação jurídica com o particular. O proprietário de um imóvel desapropriado ou o sujeito passivo de um tributo sujeitam-se a tais imposições independentemente de sua vontade (desde que elas sejam constitucionais e legais). Este é um traço comum das relações de direito público[26]. Já no direito privado, a regra é a igualdade jurídica entre as partes, sendo que as normas jurídicas desempenham um papel de coordenação. Se o proprietário de um bem não desejar vendê-lo ao pretendente à sua compra, ou se a instituição financeira recusar crédito a quem solicitou empréstimo, a relação jurídica simplesmente não se estabelece. No direito privado, como regra, exige-se consenso, sem que uma vontade possa impor-se à outra[27].

Numa visão esquemática, a distinção direito público e direito privado pode ser assim representada[28]:

1) Quanto aos sujeitos da relação jurídica:

a) se forem ambos particulares – indivíduos e sociedades civis ou comerciais: direito privado;

b) se um ou ambos forem o Estado ou outra pessoa jurídica de direito público: direito público.

2) Quanto ao objeto da relação jurídica:

a) se o interesse predominante for individual, particular: direito privado;

b) se o interesse predominante for de natureza geral, da sociedade como um todo: direito público.

3) Quanto à natureza da relação jurídica:

a) se a posição dos sujeitos se articular em termos de igualdade jurídica e coordenação: direito privado;

b) se a posição dos sujeitos se articular em termos de superioridade jurídica e subordinação: direito público.

2 Regime jurídico de direito público e de direito privado

O fato de que o Estado, por vezes, não atua investido de superioridade jurídica constitui uma hipótese particular, que não compromete os fundamentos da diferenciação. Da mesma forma, a circunstância de que o Direito é normalmente público na sua origem – porque emanado do Estado[29] – e visa, em última análise, ao bem-estar de cada pessoa individualmente considerada, identifica peculiaridades da ciência jurídica, sem infirmar a validade e utilidade da classificação em público e privado[30]. Por fim, a

---

26 Mas não invariavelmente presente. São de direito público determinadas relações de coordenação, como as que se estabelecem entre os Poderes do Estado ou entre diferentes entidades estatais, como a União e os Estados-membros ou entre estes e os Municípios. Nesses casos, a eventual prevalência da manifestação de um Poder ou de um ente federativo não decorre de uma relação de subordinação jurídica genérica, mas sim da divisão de atribuições estabelecida pela Constituição.

27 Excepcionalmente, o próprio Estado poderá ser parte de relações privadas, nas quais não age investido de supremacia jurídica. Será o caso, por exemplo, da aquisição de um veículo em uma concessionária, para integrar a frota oficial. Mesmo assim, embora a relação seja de direito privado, internamente o Estado se regerá por normas de direito público relativamente, por exemplo, à competência do agente, aos procedimentos orçamentários, à prestação de contas etc.

28 São classicamente considerados ramos do direito público: o direito constitucional, o direito administrativo, o direito financeiro e tributário, o direito processual e o direito penal. Há quem faça menção ao direito urbanístico, que, todavia, não tem autonomia científica plenamente reconhecida, assim como o direito previdenciário e o direito ambiental. No plano externo, há ainda o direito internacional público. No direito privado estão o direito civil, o direito comercial e o direito do trabalho. Este último constituiria, segundo alguns autores, um terceiro gênero: o direito social, tese que não se consolidou inteiramente. O denominado direito internacional privado é vítima de uma impropriedade terminológica: desempenha, na verdade, uma função pública, que é a de determinar a lei aplicável nos casos em que há conflitos entre leis originárias de ordenamentos diversos.

29 Não se fará aqui o desvio para a discussão da questão da necessária estatalidade do Direito e das possibilidades de sua criação a partir de outras fontes. Cabe, contudo, breve menção à circunstância de que o próprio Judiciário já tem reconhecido normas jurídicas cuja origem não é estatal. No Brasil, foi o caso, por exemplo, do direito de superfície, originariamente engendrado por práticas que tinham lugar em comunidades informais, como as favelas cariocas. V. Boaventura de Souza Santos, *O discurso e o poder:* ensaio sobre a sociologia da retórica jurídica, 1988.

30 A esse propósito, v. Afonso Arinos de Melo Franco, *Curso de direito constitucional brasileiro,* 1968, v. 1, p. 20: "Mesmo para o jurista a distinção é irrelevante, se ele se colocar na observação da gênese do Direito, porque provindo sempre, para ele, o direito do Estado, pouca diferença faz que se trate de Direito privado ou público, uma vez que, geneticamente, todo o Direito é estatal e, por isto, público. Por outro lado, [...] o Estado, como qualquer outra instituição social, e até a própria sociedade, existem, em última análise, para tornar possível o convívio humano e, por conseguinte, para atender [...] os interesses dos indivíduos. Assim considerado, todo o Direito seria privado".

crítica ideológica, marxista[31] ou não[32], ainda quando fundada em argumentos procedentes, questiona mais o papel do próprio Direito do que a cisão entre público e privado, cuja existência não é posta em discussão. Na verdade, é fora de dúvida que na vida das pessoas e na prática das instituições existe, claramente, um regime jurídico de direito público e outro de direito privado.

No regime jurídico de direito privado, vigoram princípios como os da livre-iniciativa e da autonomia da vontade. As pessoas podem desenvolver qualquer atividade ou adotar qualquer linha de conduta que não lhes seja vedada pela ordem jurídica. O particular tem liberdade de contratar, pautando-se por preferências pessoais. A propriedade privada investe seu titular no poder de usar, fruir e dispor do bem. As relações jurídicas dependem do consenso entre as partes. E a responsabilidade civil, como regra, é subjetiva[33]. Violado um direito na esfera privada, seu titular tem a faculdade de defendê-lo, e para tanto deverá ir a juízo requerer a atuação do Estado no desempenho de sua função jurisdicional.

Já o regime jurídico de direito público funda-se na soberania estatal, no princípio da legalidade e na supremacia do interesse público[34]. A autoridade pública só pode adotar, legitimamente, as condutas determinadas ou autorizadas pela ordem jurídica. Os bens públicos são, em linha de princípio, indisponíveis e, por essa razão, inalienáveis. A atuação do Estado na prática de atos de império independe da concordância do administrado, que apenas suportará as suas consequências, como ocorre na desapropriação[35]. Os entes públicos, como regra, somente poderão firmar contratos mediante licitação e admitir pessoal mediante concurso público. E a responsabilidade civil do Estado é objetiva[36]. Violada uma norma de direito público, o Estado tem o poder-dever – não a faculdade – de restabelecer a ordem jurídica vulnerada. Além disso, normalmente os atos do Poder Público são autoexecutáveis, independendo de

---

31 V. Michel Miaille, *Introdução crítica ao Direito*, 1989, p. 159-160: "A distinção entre direito público e direito privado não é, pois, 'natural': não é lógica em si, traduz uma certa racionalidade, a do Estado burguês. A classificação [...] está ligada à história de uma sociedade que conheceu gradualmente a dominação do modo de produção capitalista. [...] A separação entre direito público e direito privado é exterior ao indivíduo: ela separa-o em dois elementos distintos e mesmo opostos. O homem como indivíduo burguês e privado e o homem como cidadão do Estado não é afinal senão outra formulação da distinção entre direito privado e direito público".

32 Hans Kelsen, *Teoria pura do Direito*, 1979, p. 382: "A absolutização do contraste entre Direito público e privado cria também a impressão de que só o domínio do Direito público, ou seja, sobretudo, o Direito constitucional e administrativo, seria o sector de dominação política e que esta estaria excluída no domínio do Direito privado. [...] Por meio da distinção de princípio entre uma esfera pública, ou seja, política, e uma esfera privada, quer dizer, apolítica, pretende evitar-se o reconhecimento de que o Direito 'privado' (em cujo centro se encontra a instituição da chamada propriedade privada), criado pela via jurídica negocial do contrato, não é menos palco de actuação da dominação política do que o Direito público, criado pela legislação e pela administração".

33 Responsabilidade civil é o dever de reparar o dano causado a outrem. A responsabilidade subjetiva consiste em que o causador do dano somente responderá se tiver agido com culpa. Na dicção expressa do art. 927 do Código Civil: "Aquele que, por ato ilícito, causar dano a outrem, fica obrigado a repará-lo". E, por sua vez, o art. 186 do mesmo Código dispõe: "Aquele que, por ação ou omissão voluntária, negligência ou imprudência, violar direito e causar dano a outrem, ainda que exclusivamente moral, comete ato ilícito".

34 Como se verá mais adiante, o princípio da legalidade vem se transmudando em um princípio mais abrangente, referido como princípio da constitucionalidade ou, mais propriamente ainda, da *juridicidade* (v. *infra*, Parte II, cap. IV). V. Paulo Otero, *Legalidade e administração pública*: o sentido da vinculação administrativa à juridicidade, 2003, p. 15. Da mesma forma, o princípio da supremacia do interesse público encontra-se em uma fase de reavaliação crítica e redefinição (v. *infra*, nesse mesmo capítulo, tópico V).

35 O administrado, naturalmente, tem o direito a um devido processo legal, que, no caso da desapropriação, compreende o pagamento de indenização justa, prévia e em dinheiro (CF, art. 5º, XXIV). Mas à decisão de desapropriar, em si, ele não poderá opor-se, salvo se for hipótese de desvio de finalidade. A jurisprudência nesse sentido é pacífica: o Judiciário não pode aferir da conveniência e oportunidade da desapropriação. Mas constatando que foi feita por sentimento pessoal, e não por interesse público, pode anulá-la por desvio de finalidade (*e.g.*, STJ, *Revista de Direito Administrativo*, *179-80*:181, 1990, REsp 1.225/ES, Rel. Min. Geraldo Sobral).

36 Objetiva é a responsabilidade que independe de culpa, bastando que exista a conduta do agente, o dano e o nexo de causalidade entre uma e outro. A responsabilidade objetiva é extraída do art. 37, § 6º, da Constituição, onde se prevê: "As pessoas jurídicas de direito público e as de direito privado prestadoras de serviços públicos responderão pelos danos que seus agentes, nessa qualidade, causarem a terceiros, assegurado o direito de regresso contra o responsável nos casos de dolo ou culpa".

intervenção judicial[37]. Os atos públicos sujeitam-se a controles específicos, tanto por parte do próprio Poder[38] que o praticou como dos demais[39].

III A EXPANSÃO DO DIREITO PÚBLICO E DA CONSTITUIÇÃO SOBRE O DIREITO PRIVADO[40]

O direito privado, especialmente o direito civil, atravessou os tempos sob o signo da livre-iniciativa e da autonomia da vontade. As doutrinas individualista e voluntarista, consagradas pelo Código Napoleônico (1804) e incorporadas pelas codificações do século XIX, repercutiram sobre o Código Civil brasileiro de 1916[41]. A liberdade de contratar e o direito de propriedade fundiam-se para formar o centro de gravidade do sistema privado. Ao longo do século XX, todavia, esse quadro se alterou. A progressiva superação do liberalismo puro pelo intervencionismo estatal trouxe para o domínio do direito privado diversos princípios limitadores da liberdade individual e do primado da vontade, denominados *princípios de ordem pública*[42]. Em domínios como o direito de família – em que, desde sempre, vigoraram limitações decorrentes da religião e da moral –, de propriedade e do trabalho ainda subsiste a influência decisiva da vontade e do consenso na formação das relações jurídicas, mas seus efeitos são comumente determinados pela lei, e não pelas partes[43]. A proliferação de normas cogentes, indisponíveis pelos contratantes, assinala a denominada *publicização* do direito privado.

---

37 A autoexecutoriedade não se aplica aos atos de intervenção na liberdade e no direito de propriedade das pessoas. A decretação da prisão de um indivíduo, a desapropriação de um bem ou a cobrança coativa de um tributo são providências que dependem da intervenção do Poder Judiciário.

38 Dois enunciados da Súmula da jurisprudência predominante do STF informam o autocontrole ou a autotutela por parte da Administração Pública: "346 – A Administração Pública pode declarar a nulidade dos seus próprios atos"; e "473 – A administração pode anular seus próprios atos, quando eivados de vícios que os tornam ilegais, porque deles não se originam direitos; ou revogá-los, por motivo de conveniência ou oportunidade, respeitados os direitos adquiridos, e ressalvada, em todos os casos, a apreciação judicial". Sobre o tema, v. Patrícia Baptista, Os limites constitucionais à tutela administrativa, in Luís Roberto Barroso (org.), *A reconstrução democrática do direito público no Brasil*, 2007.

39 Além do controle interno referido na nota anterior, há controles externos, como o exercido pelos Tribunais de Contas sobre o emprego de verbas públicas pelos três Poderes (CF, arts. 70 e s.). Existem, ademais, ações judiciais específicas para impugnar atos emanados do Poder Público, por exemplo, o mandado de segurança e a ação popular (CF, art. 5º, LXIX e LXXIII).

40 Hans Kelsen, *Teoria pura do Direito*, 1979; Miguel Reale, *Lições preliminares de Direito*, 1999; Léon Duguit, *Traité de droit constitutionnel*, 1927; Hermes Lima, *Introdução à ciência do Direito*, 2000; Caio Mário da Silva Pereira, *Instituições de direito civil*, 1997, v. 1; Ricardo Lobo Torres, O espaço público e os intérpretes da Constituição, *Revista de Direito da Procuradoria Geral do Estado do Rio de Janeiro*, 50:92, 1997; Gustavo Tepedino, *Temas de direito civil*, 1999; Maria Helena Diniz, *Compêndio de introdução à ciência do Direito*, 1993; Francisco Amaral, *Direito civil*, 2000; Michel Miaille, *Introdução crítica ao direito*, 1989; Richard S. Kay, The state action doctrine, the public-private distinction, and the independence of constitutional law, *Constitutional Commentary*, v. 10, 1993; Harold L. Levinson, The public law/private law distinction in the courts, *George Washington Law Review*, v. 57, 1989; Aeyal M. Gross, Globalization, human rights, and american public law – a comment on Robert Post, *Theoretical Inquiries in Law*, v. 2, 2001; Jean-Bernard Auby e Mark Freedland (org.), *La distinction du droit public e du droit prevé: regards français et britanique – the public law/private law divide: une entente assez cordiale?*, 2004.

41 V. Gustavo Tepedino, *Temas de direito civil*, 1999, p. 2.

42 Caio Mário da Silva Pereira, *Instituições de direito civil*, 1997, v. 1, p. 13-14: "Os princípios de ordem pública não chegam a constituir direito público, por faltar a participação estatal direta na relação criada, que se estabelece toda entre particulares. São, pois, princípios de direito privado. Mas, tendo em vista a natureza especial da tutela jurídica e a finalidade social do interesse em jogo, compõem uma categoria de princípios que regem relações entre particulares, a que o Estado dá maior relevo em razão do interesse público em jogo. São, pois, princípios de direito privado que atuam na tutela do bem coletivo, [...] inderrogáveis pela vontade das partes, e cujos efeitos são insuscetíveis de renúncia".

43 Alguns exemplos. O casamento tem, como se sabe, natureza consensual – sua celebração depende da vontade das partes –, mas os deveres do casamento não são por elas determinados, decorrendo cogentemente da lei. Não é possível um pacto dispensando formalmente os cônjuges do dever de fidelidade ou da assistência aos filhos. O contrato de trabalho, do mesmo modo, é fruto de um acordo de vontades entre o empregador e o empregado, mas regras como salário mínimo, jornada máxima, fundo de garantia não podem ser afastadas por deliberação dos contratantes.

Já mais próximo da virada do século, esse processo se aprofunda, dando lugar a um novo desenvolvimento dogmático, referido pela doutrina como *constitucionalização do direito civil*[44]. Na primeira parte do século, afirmava-se que o Código Civil era a Constituição do direito privado[45]. De fato, a divisão era clara: de um lado, o *direito privado*, no qual os protagonistas eram o contratante e o proprietário, e a questão central, a autonomia da vontade; de outro, o *direito público*, em que os atores eram o Estado e o cidadão, e a questão central, o exercício do poder e os limites decorrentes dos direitos individuais. Ao longo do século, todavia, as novas demandas da sociedade tecnológica e a crescente consciência social em relação aos direitos fundamentais promoveram a superposição entre o público e o privado. No curso desse movimento, opera-se a *despatrimonialização*[46] do direito civil, ao qual se incorporam fenômenos como o dirigismo contratual e a relativização do direito de propriedade.

No quarto final do século, o Código Civil perde definitivamente o seu papel central no âmbito do próprio setor privado, cedendo passo para a crescente influência da Constituição. No caso brasileiro específico, a Carta de 1988 contém normas acerca da família[47], da criança e adolescente[48], da proteção do consumidor[49], da função social da propriedade[50]. Além disso, os princípios constitucionais passam a condicionar a própria leitura e interpretação dos institutos de direito privado. A dignidade da pessoa humana assume sua dimensão transcendental e normativa. A Constituição já não é apenas o documento maior do direito público, mas o centro de todo o sistema jurídico, irradiando seus valores e conferindo--lhe unidade. O tema será objeto de aprofundamento mais adiante.

IV ESPAÇO PÚBLICO E ESPAÇO PRIVADO. EVOLUÇÃO DA DICOTOMIA. UM DRAMA BRASILEIRO[51]

1 Origens da distinção

O debate jurídico e filosófico da atualidade deslocou-se da diferenciação formal entre direito público e direito privado para uma discussão mais ampla, complexa e sutil acerca das esferas *pública* e *privada* na vida dos povos e das instituições. A percepção da existência de um espaço privado e de um espaço público na vida do homem e da sociedade remonta à Antiguidade, no mínimo ao advento da *pólis* grega. Aristóteles já afirmava a diferença de natureza entre a cidade, esfera pública, e a família, esfera privada[52]. A demarcação desses dois domínios tem variado desde então, no tempo e no espaço, com momentos de

---

44 V. *infra*, Parte II, Capítulo V, Item IV.1, com ampla referência bibliográfica sobre a constitucionalização do direito civil. Adiantam-se, desde logo, alguns autores e obras: Pietro Perlingieri, *Perfis de direito civil*, 1997. Na literatura nacional, vejam-se: Gustavo Tepedino, *Temas de direito civil*, 1999, cujas ideias estão presentes neste parágrafo e no seguinte; Maria Celina Bodin de Moraes, A caminho de um direito civil constitucional, *Revista de Direito Civil*, 65:23, 1993; e Luiz Edson Fachin (coord.), *Repensando fundamentos do direito civil brasileiro contemporâneo*, 1998.

45 V. Michele Giorgianni, *Il diritto privato ed i suoi atuali confini*, 1961, na tradução de Maria Cristina De Cicco, O direito privado e os seus atuais confins, *Revista dos Tribunais*, 747:35, 1998.

46 V. Pietro Perlingieri, *Perfis do direito civil*, 1997, p. 33.

47 *E.g.*: Art. 226: "A família, base da sociedade, tem especial proteção do Estado. [...] § 6º O casamento civil pode ser dissolvido pelo divórcio".

48 *E.g.*: Art. 227, § 4º: "A lei punirá severamente o abuso, a violência e a exploração sexual da criança e do adolescente".

49 *E.g.*: Art. 5º, XXXII: "o Estado promoverá, na forma da lei, a defesa do consumidor".

50 *E.g.*: Art. 5º, XXIII: "a propriedade atenderá a sua função social".

51 Hannah Arendt, *The human condition*, 1989; Norberto Bobbio, *Estado, governo, sociedade:* por uma teoria geral da política, 1987; Max Weber, *Economy and society*, 1978; Raymundo Faoro, *Os donos do poder*, 1979; Marilena Chauí, Público, privado e despotismo, in Adauto Novaes (org.), *Ética*, 1992; John Rickman (editor), *A general selection from the works of Sigmund Freud*, 1989; Ricardo Lobo Torres, *A ideia de liberdade no Estado patrimonial e no Estado fiscal*, 1991; Michel Miaille, *Introdução crítica ao Direito*, 1989; Nelson Saldanha, *O jardim e a praça:* ensaio sobre o lado privado e o lado público da vida social e histórica, 1986; Ricardo Lobo Torres, O espaço público e os intérpretes da Constituição, *RDPGERJ*, 50:92, 1997; Maria Rita Kehl, *A mínima diferença*, 1996; Jürgen Habermas, The public sphere, in Robert E. Goodin and Philip Pettit (ed.), *Contemporary political philosophy*, 2006, p. 103 e s.

52 Aristóteles, *Política*, obra escrita em 350 a.C. Há uma versão em inglês acessível na *internet* no sítio <http://classics.mit.edu/Aristotle/politics.html>. V., sobre o ponto, Marilena Chauí, Público, privado e despotismo, in Adauto Novaes (org.), *Ética*, 1992, p. 358.

quase desaparecimento do espaço público e outros em que sua expansão opressiva praticamente suprimiu valores tradicionais da vida privada. As constituições modernas influenciam e sofrem a influência dessa dicotomia, que guarda, no entanto, algumas dimensões metajurídicas, isto é, fora do alcance do Direito. O tema merece uma reflexão interdisciplinar.

A vida humana tem início e se desenvolve em sua primeira fase dentro de um espaço estritamente privado[53]. Mesmo após tomar consciência de si mesmo, do outro e do mundo à sua volta, todo indivíduo conserva, pela vida afora, sua *intimidade personalíssima*: seus valores, sentimentos, desejos e frustrações. Este é um espaço inacessível da vida das pessoas e, normalmente, será indiferente ao Direito. Nele reina a psicologia, a psicanálise, a filosofia, a religião. Saindo de dentro de si, o homem conserva, ainda, um domínio reservado, o da sua *privacidade* ou vida privada: ali se estabelecem as relações de família (e outras, de afeto e de amizade), protegidas do mundo exterior pelo lar, pela casa, pelo domicílio. O Direito, é certo, já interfere nessas relações, mas com o intuito de fortalecê-las e preservá-las. A intimidade e a vida privada formam o núcleo do espaço privado.

Ainda em território privado, mas já na direção do espaço público, o homem amplia suas *relações sociais*, integrando uma comunidade, ingressando em associações formais e informais, adquirindo bens, celebrando contratos. E por fim, na linha de fronteira entre o público e o privado, situa-se uma categoria jurídica desenvolvida nas últimas décadas: a dos *interesses coletivos*. Sob esse rótulo genérico, desvelam-se os bens materiais e imateriais compartilhados por toda a sociedade ou por amplas parcelas nela integradas, como os bens de valor histórico, artístico e paisagístico; o meio ambiente; a segurança dos produtos de consumo de massa; a preservação da cultura nacional, em meio a muitos outros. As relações sociais e os interesses coletivos situam-se no espaço entre a vida exclusivamente privada e a vida pública.

O espaço público, por sua vez, é fruto da transição da sociedade civil para a sociedade política, da conversão do indivíduo em cidadão. Este é o domínio da opinião pública, dos meios de comunicação, do debate, dos processos informais e formais de deliberação e de participação política. Como assinalado, o marco histórico – talvez simbólico – de sua existência costuma ser identificado na experiência com a cidade-Estado grega, notadamente Atenas. A partir de então, todo cidadão passa a pertencer a duas ordens de existência: além de sua vida particular, privada, toma parte também na vida política, com o estabelecimento da distinção entre o que é seu próprio e o que diz respeito a todos[54]. O jardim e a praça, em uma imagem poética[55]. O espaço privado, pela tradição e pela lei, era o espaço do arbítrio: do marido, do pai, do senhor[56]. Foi na esfera pública que se iniciou a aventura humana em busca da liberdade, o embate inacabado entre o despotismo e a civilização.

Mais recentemente, aguçou-se a percepção de que o público não se confunde com o estatal. Tal constatação se manifesta em planos diversos[57]. No domínio político, a democracia contemporânea assumiu uma feição deliberativa, em que as decisões dos órgãos estatais são frequentemente produzidas em um ambiente de audiências e debates públicos, que incluem manifestações de diferentes segmentos sociais e ampla utilização dos meios de comunicação de massa. O jogo democrático já não é jogado

---

53 A condição humana, desde o nascimento e por muitos anos, é precária, individualista e autocentrada. Volta-se apenas para a realização de seus próprios instintos e desejos. Freud, em *O mal-estar na civilização* (1929-1930), reafirma que o sentido da vida é a busca do prazer. Textualmente: "Quem fixa os objetivos da vida é simplesmente o Princípio do Prazer, que rege as operações do aparelho psíquico desde a sua origem". Comentando o tema, escreveu Maria Rita Kehl (A mulher e a lei, in Adauto Novaes (org.), *Ética*, 1992, p. 262): "A civilização surge da necessidade de se imporem restrições à sofreguidão do Princípio do Prazer, no mínimo para que ele não destrua seus próprios objetos [...] A subjugação dos poderes individuais da força bruta pelo poder coletivo, simbolizado na forma da lei, é um passo importante na construção das civilizações".

54 Werner Jaeger, *Paideia:* a formação do homem grego, 1995, p. 106 e s.; Hannah Arendt, *The human condition,* 1989, p. 24.

55 Nelson Saldanha, *O jardim e a praça:* ensaio sobre o lado privado e o lado público da vida social e histórica, 1986, p. 12: "A ideia de *jardim* nos evoca a imagem de uma parte da casa particular. Enquanto isso a ideia de *praça* nos indica o espaço público, o espaço político, econômico, religioso ou militar. [...] Esta distinção essencial entre a vida consigo mesmo, e com a família ou com pessoas mais ligadas, e a vida com 'todos' e com 'os outros' em sentido amplo".

56 Marilena Chauí, Público, privado e despotismo, in Adauto Novaes (org.), *Ética*, 1992, p. 357 (texto ligeiramente editado): "O déspota é uma figura da sociedade e da política gregas; é o chefe da família, entendendo-se por família e casa três relações fundamentais: a do senhor e o escravo, a do marido e a mulher, e a do pai e os filhos. A principal característica do déspota encontra-se no fato de ser ele o autor único e exclusivo das normas e das regras que definem a vida familiar, isto é, o espaço privado. Seu poder, escreve Aristóteles, é *arbitrário*, pois decorre exclusivamente de sua vontade, de seu prazer e de suas necessidades".

57 Por exemplo: é corriqueira, nos dias que correm, a prestação de serviços públicos por empresas privadas em áreas como transporte, energia e telecomunicações. Foi nesse ambiente, aliás, que se desenvolveu a figura das agências reguladoras. V., por todos, Diogo de Figueiredo Moreira Neto, *Direito regulatório*, 2003.

apenas em uma data fixa – a dos pleitos eleitorais –, nem se limita à formação de uma vontade majoritária que reinará absoluta por prazo certo. Ao contrário, a legitimidade do poder depende da participação social permanente, produzindo uma esfera pública informal, na qual governantes e governados estabelecem um diálogo permanente acerca da condução dos negócios públicos. Assim, à organização dicotômica clássica "público-privado", agrega-se um novo e importante elemento: a esfera pública não estatal[58].

Em síntese: o espaço estritamente privado compreende o indivíduo consigo próprio, abrigado em sua consciência (intimidade) ou com sua família, protegido por seu domicílio (privacidade). O espaço privado, mas não reservado, é o do indivíduo em relação com a sociedade, na busca da realização de seus interesses privados, individuais e coletivos. E, por fim, o espaço público é o da relação dos indivíduos com o Estado, com o poder político, mediante o controle crítico, a deliberação pública e a participação política.

2   O desaparecimento do espaço público: Império Romano e sistema feudal

A *Ágora*, praça do mercado, centro espacial e social da *pólis*, atravessou os séculos como símbolo da presença dos cidadãos na ação política, a imagem do espaço público. Com a derrota dos gregos para a Macedônia, no fim do século IV a.C., desfez-se a democracia grega[59]. A ideia de poder limitado e da existência de um espaço de participação e deliberação política foi continuada por Roma, até o colapso da República e a consagração do Império Romano, às vésperas do início da Era Cristã. O despotismo se impôs a partir de então, com suas características inafastáveis: vontade arbitrária do governante, medo dos governados e apropriação privada do que é comum ou público[60]. A *res publica* deixa de ser propriedade dos romanos para tornar-se patrimônio do Imperador. Junto com o ideal constitucionalista de controle do poder, liberdade e participação, o espaço público desaparece da Europa e do mundo que gravitava à sua volta.

Com a queda do Império Romano, em 476, o poder se dispersa espacial e politicamente entre os proprietários de terras, o rei e seus duques, condes e barões. As relações sociais deixam de ser regidas por um Direito único, centralizado, ficando sujeitas aos particularismos locais, aos contratos e ao poder privado. Aliás, traço típico das sociedades feudais era, precisamente, a inexistência de fronteiras entre o público e o privado, com o absoluto predomínio das estruturas privadas. O senhor é simultaneamente o *dominus*, o dono da terra, e o titular do *imperium*, da autoridade máxima sobre aqueles que vivem em seus domínios. Forma-se uma rede de proteção (obrigação privada do senhor para com o súdito) e vassalagem (obrigação privada do súdito para com o senhor). A única instituição verdadeiramente pública ao longo desse período – que vai da queda do Império até o final da Idade Média – é a Igreja Católica (v. *supra*), cuja significação para o indivíduo era maior do que a da sociedade política na qual ele se integrava[61].

---

58   Sobre o ponto, v. Jürgen Habermas, Soberania popular como procedimento: um conceito normativo de espaço público, *Novos Estudos CEBRAP, 26,* 1990, p. 110: "As associações livres constituem os entrelaçamentos de uma rede de comunicação que surge do entroncamento de espaços públicos autônomos. Tais associações são especializadas na geração e programação de convicções práticas, ou seja, em descobrir temas de relevância para o conjunto da sociedade, em contribuir com possíveis soluções para os problemas, em interpretar valores, produzir bons fundamentos, desqualificar outros". V. tb. Seyla Benhabib, Models of public space: Hannah Arendt, the liberal tradition, and Jürgen Habermas, in Craig Calhoun (org.), *Habermas and the public sphere,*1992; e Nancy Fraser, Rethinking the public sphere: a contribution to the critique of actually existing democracy, in Craig Calhoun (org.), *Habermas and the public sphere,* Cambridge, 1992.

59   Nelson Saldanha, *O jardim e a praça:* ensaio sobre o lado privado e o lado público da vida social e histórica, 1986, p. 20.

60   Marilena Chauí, Público, privado e despotismo, in Adauto Novaes (org.), *Ética,* 1992, p. 357-360. A autora procura extremar a ideia de despotismo – que é a apropriação do poder, por usurpação, e seu exercício sobre o pressuposto privado da autoridade absoluta – da de ditadura e tirania, de acordo com a origem de cada uma. O *ditador* "é uma figura criada pela República romana": um homem ilustre, membro do patriciado, chamado pelo Senado, em momento de convulsão, para resolver um problema específico, por um tempo determinado. O *tirano,* por seu turno, "é uma figura política grega": homem de excepcionais virtudes, convocado pelo povo em um momento de crise – guerra, disputa de facções – para exercer um governo consentido, embora possa suspender as leis antigas e impor novas.

61   Michel Miaille, *Introdução crítica ao Direito,* 1989, p. 158; Hannah Arendt, *The human condition,* 1989; Paul Johnson, *História do cristianismo,* 2001, p. 166 e s.; Marilena Chauí, Público, privado e despotismo, in Adauto Novaes (org.), *Ética,* 1992, p. 367; Nelson Saldanha, *O jardim e a praça:* ensaio sobre o lado privado e o lado público da vida social e histórica, 1986, p. 18.

3 A reinvenção do público: do Estado patrimonial ao Estado liberal

Ao final da Idade Média começa a se formar o modelo institucional que resultaria no Estado moderno, unificado e soberano. O conhecimento convencional costuma associar o surgimento dessa nova forma política ao absolutismo, mas diversos autores chamam a atenção para uma fase intermediária – o Estado patrimonial[62] –, que, em alguns países, teria sucedido o feudalismo, na virada do século XVI, e antecedido a centralização total do poder. Nessa fórmula, também referida como Estado corporativo, de ordens ou estamental, ainda se confundem amplamente o público e o privado, *o imperium* (poder político) e o *dominium* (direitos decorrentes da propriedade), a fazenda do príncipe e a fazenda pública. O poder, inclusive o poder fiscal (relativo à arrecadação de receitas e realização de despesas), é compartilhado pelos estamentos dominantes – o príncipe ou rei, a Igreja e os senhores de terras –, recaindo unicamente sobre os pobres, uma vez que os ricos, *i.e.*, a nobreza e o clero, gozavam de imunidades e privilégios[63]. O Estado absolutista e o Estado de polícia[64] sucedem o Estado patrimonial. Neles se centraliza o poder do monarca, desaparecendo a fiscalidade periférica da Igreja e do senhorio. Finalmente, com o aprofundamento dos ideais iluministas e racionalistas, retoma-se a distinção entre público e privado, entre patrimônio do príncipe e do Estado, separação que irá consumar-se com o advento do Estado liberal.

A luta pela liberdade, a ampliação da participação política, a consagração econômica da livre-iniciativa, o surgimento da *opinião pública*, dentre outros fatores, fizeram do modelo liberal o cenário adequado para o renascimento do espaço público, sem comprometimento do espaço privado. De forma esquemática, a Constituição, de um lado, e o Código Civil Napoleônico, de outro, expressaram esse ideal de equilíbrio entre os espaços público e privado. Configurou-se a dualidade Estado/sociedade civil[65], sob cujo rótulo genérico se abrigaram a distinção entre as relações de poder, as relações individuais e os mecanismos de proteção dos indivíduos em face do Estado. No plano financeiro, surge o Estado fiscal. Além de deter o monopólio do uso legítimo da força, o Estado passa a ser o único titular do poder de tributar. O tributo passa a ser receita estritamente pública, derivada do trabalho e do patrimônio dos contribuintes, retirando o caráter privatístico das relações fiscais, antes representadas por ingressos originários do patrimônio do príncipe. Torna-se, assim, o tributo, paradoxalmente, o símbolo representativo da liberdade individual, embora seja também dotado do poder de destruí-la[66].

4 A volta do pêndulo: do Estado social ao neoliberalismo

Ao longo do século XIX, o liberalismo e o constitucionalismo se difundem e se consolidam na Europa. Já no século XX, no entanto, sobretudo a partir da Primeira Guerra, o Estado ocidental torna-se progressivamente intervencionista, sendo rebatizado de Estado social[67]. Dele já não se espera apenas

---

62 Pierangelo Schiera, Sociedade por categoria, in Bobbio, Matteucci e Pasquino (coord.), *Dicionário de política*, 1986, p. 1213; Max Weber, *Economy and society*, 1978, v. 2, p. 1013 e s.

63 Ricardo Lobo Torres, *A ideia de liberdade no Estado patrimonial e no Estado fiscal*, 1991, p. 13 e s. Muitas das ideias brevemente expostas neste parágrafo e nos dois que se lhe seguem foram extraídas do livro citado ou resultam de debates com o autor.

64 Sobre o Estado de polícia como uma manifestação particular do Estado absolutista, já influenciada pelos arautos do iluminismo, v. J. J. Gomes Canotilho, *Direito constitucional e teoria da Constituição*, 2003, p. 91.

65 A expressão *sociedade civil*, para identificar o conjunto de relações sociais externas às relações de poder e, portanto, fora do espaço público ou político, deve seu emprego a autores como Hegel e depois Marx. Sobre o tema, v. Norberto Bobbio, *Estado, governo e sociedade*: por uma teoria geral da política, 1987, p. 33 e s., onde se lê: "Por 'sociedade civil' entende-se a esfera das relações sociais não reguladas pelo Estado, entendido restritivamente e quase sempre também polemicamente como o conjunto dos aparatos que num sistema social organizado exercem o poder coativo".

66 Como consta de célebre decisão da Suprema Corte dos EUA, proferida no caso *McCulloch v. Maryland* (1819): "O poder de tributar envolve o poder de destruir" (tradução livre do autor; no original: "The power to tax involves the power to destroy"). V. ainda Ricardo Lobo Torres, *A ideia de liberdade no Estado patrimonial e no Estado fiscal*, 1991, p. 97-98, onde averbou: "O Estado fiscal, por conseguinte, abriu-se para a *publicidade* e dilargou as fronteiras da liberdade humana, permitindo o desenvolvimento das iniciativas individuais e o crescimento do comércio, da indústria e dos serviços. Constituído o *preço dessas liberdades*, por incidir sobre as vantagens auferidas pelo cidadão com base na livre-iniciativa, o tributo necessitava de sua *limitação* em nome dessa mesma liberdade e da preservação da propriedade privada, o que se fez pelo constitucionalismo e pelas declarações de direitos, antecipados ou complementados pelas novas diretrizes do pensamento ético e jurídico".

67 Surge o constitucionalismo social, consagrador de normas de proteção ao trabalhador, emblematicamente representado pelas Constituição mexicana, de 1917, e pela Constituição alemã de Weimar, de 1919. Nos Estados Unidos, essa modificação do papel do Estado veio com o *New Deal*, conjunto de políticas públicas intervencionistas e de proteção dos direitos sociais, implementado pelo Presidente Roosevelt ao longo da década de 30. No Brasil, a Constituição de 1934 foi a primeira a dedicar um capítulo à ordem econômica e social.

que se abstenha de interferir na esfera individual e privada das pessoas. Ao contrário, o Estado, ao menos idealmente, torna-se instrumento da sociedade para combater a injustiça social, conter o poder abusivo do capital e prestar serviços públicos para a população[68]. Como natural e previsível, o Estado social rompeu o equilíbrio que o modelo liberal estabelecera entre público e privado. De fato, com ele se ampliou significativamente o espaço público, tomado pela atividade econômica do Estado e pela intensificação de sua atuação legislativa e regulamentar, bem como pelo planejamento e fomento a segmentos considerados estratégicos.

Esse estado da busca do bem-estar social, o *welfare state*, chegou ao final do século amplamente questionado na sua eficiência, tanto para gerar e distribuir riquezas como para prestar serviços públicos. A partir do início da década de 80, em diversos países ocidentais, o discurso passou a ser o da volta ao modelo liberal, o Estado mínimo, o *neoliberalismo*[69]. Dentre seus dogmas, que com maior ou menor intensidade correram mundo, estão a desestatização e desregulamentação da economia, a redução das proteções sociais ao trabalho, a abertura de mercado e a inserção internacional dos países, sobretudo através do comércio. O neoliberalismo pretende ser a ideologia da pós-modernidade, um contra-ataque do privatismo em busca do espaço perdido pela expansão do papel do Estado.

5   O público e o privado na experiência brasileira

Em Portugal e, como consequência, também no Brasil, houve grande atraso na chegada do Estado liberal. Permaneceram, assim, indefinida e indelevelmente, os traços do patrimonialismo[70], para o que contribuiu a conservação do domínio territorial do rei, da Igreja e da nobreza. O colonialismo português, que, como o espanhol, foi produto de uma monarquia absolutista, legou-nos o ranço das relações políticas, econômicas e sociais de base patrimonialista, que predispõem à burocracia, ao paternalismo, à ineficiência e à corrupção. Os administradores designados ligavam-se ao monarca por laços de lealdade pessoal e por objetivos comuns de lucro, antes que por princípios de legitimidade e de dever funcional. A gestão da coisa pública tradicionalmente se deu em obediência a pressupostos privatistas e estamentais[71].

A triste verdade é que o Brasil jamais se libertou dessa herança patrimonialista. Tem vivido assim, por décadas a fio, sob o signo da má definição do público e do privado. Pior: sob a atávica apropriação do Estado e do espaço público pelo interesse privado dos segmentos sociais dominantes. Do descobrimento ao início do terceiro milênio, uma história feita de opressão, insensibilidade e miséria. A Constituição de 1824, primeiro esforço de institucionalização do novo país independente, pretendeu iniciar, apesar das vicissitudes que levaram à sua outorga, um Estado de direito, quiçá um protótipo de Estado liberal. Mas foi apenas o primeiro capítulo de uma instabilidade cíclica, que marcou, inclusive e sobretudo, a experiência republicana brasileira, jamais permitindo a consolidação do modelo liberal e tampouco de um Estado verdadeiramente social. De visível mesmo, a existência paralela e onipresente de um

---

68   Outro fator que impulsionou a redefinição do Estado ocidental foi a implantação, na União Soviética, do primeiro Estado de base filosófica marxista e modelo econômico socialista. Até quase a última década do século, esse modelo alternativo se irradiou por um terço da humanidade, cooptando corações e mentes nos dois hemisférios e dando lugar a uma disputa de espionagem, propaganda e busca de influência conhecida como *Guerra Fria*. O colapso do mundo socialista, a partir do final da década de 80, levou ao maior descompromisso social das economias capitalistas.

69   Os marcos desse processo podem ser considerados a posse da líder conservadora Margareth Thatcher como primeira-ministra britânica, em 1979, cargo no qual permaneceu até 1990, e a de Ronald Reagan na presidência dos Estados Unidos, onde cumpriu dois mandatos, entre 1980 e 1988.

70   O *Dicionário Houaiss da língua portuguesa*, de 2001, registra o termo *patrimonialismo*, mas não propriamente na acepção aqui empregada, embora esta seja de uso relativamente difundido. Em síntese, trata-se da apropriação da coisa pública como se fosse uma possessão privada, passível de uso em benefício próprio ou dos amigos, ou ainda em detrimento dos inimigos. O agente público que se vale da sua posição ou do patrimônio estatal para obter vantagens, praticar ou cobrar favores e prejudicar terceiros, de forma personalista, viola o princípio republicano. Sobre a gênese do conceito e sua penetração na *praxis* nacional, desde os tempos do Império, v. Luís Roberto Barroso, *O direito constitucional e a efetividade de suas normas*, 2006, p. 11.

71   V. Luís Roberto Barroso, *O direito constitucional e a efetividade de suas normas*, 2006, p. 11: "Por trás das idas e vindas, do avanço e do recuo, diafanamente encoberta, a herança maldita do patrimonialismo: o cargo público. O poder de nomear, de creditar-se favores, de cobrar do agente público antes o reconhecimento e a gratidão do que o dever funcional. A lealdade ao chefe, não ao Estado, muito menos ao povo. A autoridade, em vez de institucionalizar-se, personaliza-se. Em seguida, corrompe-se, nem sempre pelo dinheiro, mas pelo favor, devido ou buscado". Veja-se, sobre esta e outras disfunções nacionais, Keith S. Rosenn, Brazil's legal culture: the jeito revisited, *Florida International Law Journal*, v. I, n. 1, 1984. Esse estudo ganhou uma edição brasileira, revista e ampliada, publicada sob o título *O jeito na cultura jurídica brasileira*, 1998.

Estado corporativo, cartorial, financiador dos interesses da burguesia industrial, sucessora dos senhores de escravo e dos exportadores de café[72].

A Constituição de 1988, o mais bem-sucedido empreendimento institucional da história brasileira, demarcou, de forma nítida, alguns espaços privados merecedores de proteção especial. Estabeleceu, assim, a inviolabilidade da casa, o sigilo da correspondência e das comunicações, a livre-iniciativa, a garantia do direito de propriedade, além de prometer a proteção da família. Seu esforço mais notável, contudo, é o de procurar resguardar o espaço público da apropriação privada, o que faz mediante normas que exigem concurso para ingresso em cargo ou emprego público, licitação para a celebração de contratos com a Administração Pública, prestação de contas dos que administram dinheiro público, bem como sancionam a improbidade administrativa. Proibição emblemática, que em si abriga mais de cem anos de uma República desvirtuada, é a do art. 37, § 1º, que interdita autoridades e servidores de utilizarem verbas públicas para promoção pessoal.

Sob a Constituição de 1988 estabeleceu-se uma discussão rica e importante acerca do *princípio da supremacia do interesse público*. De fato, sobretudo nos últimos anos, parte da doutrina tem questionado vigorosamente essa premissa metodológica tradicionalmente observada pela doutrina e pela jurisprudência. A controvérsia se estabeleceu tanto em relação à própria existência e à natureza da suposta norma que prescreveria a supremacia do interesse público sobre o privado, como a respeito da sua legitimidade constitucional. O tema envolve complexidades e sutilezas, muitas das quais serão versadas em capítulos posteriores, referentes ao pós-positivismo, à constitucionalização do Direito e à centralidade dos direitos fundamentais. É importante, antes de encerrar o capítulo, noticiar e aprofundar esse debate.

V A SUBSISTÊNCIA DO PRINCÍPIO DA SUPREMACIA DO INTERESSE PÚBLICO[73]

1 O Estado ainda é protagonista

Na linha do que foi exposto, o Estado percorreu, ao longo do século XX, uma trajetória pendular. Começou *liberal*, com funções mínimas, em uma era de afirmação dos direitos políticos e individuais. Tornou-se *social* após o primeiro quarto, assumindo encargos na superação das desigualdades e na promoção dos direitos sociais. Na virada do século, estava *neoliberal*, concentrando-se na atividade de regulação, abdicando da intervenção econômica direta, em um movimento de desjuridicização de determinadas conquistas sociais. E assim chegou ao novo século e ao novo milênio.

O Estado contemporâneo tem o seu perfil redefinido pela formação de blocos políticos e econômicos, pela perda de densidade do conceito de soberania, pelo aparente esvaziamento do seu poder diante da globalização. Mas não há qualquer sintoma de que esteja em processo de extinção ou de que a ele será reservado um papel secundário. O Estado ainda é a grande instituição do mundo moderno. Mesmo

---

72 Esse passado que não quer passar vem de longe, e é estigmatizado por diferentes autores. Darcy Ribeiro, em um texto intitulado Sobre o óbvio, *Encontros com a Civilização Brasileira*, 1:9 (1978), fornece um exemplo alegórico do caráter excludente das elites dominantes no Brasil. Narra, assim, um pedido veemente feito pela Vila de Itapetininga, em São Paulo, ao Imperador Pedro II, para que lhes desse uma escola de alfabetização: "E a queria com fervor, porque ali – argumentava – havia vários homens bons, paulistas de quatro e até quarenta costados, e nenhum deles podia servir na Câmara Municipal, porque não sabiam assinar o nome. Queria uma escola de alfabetização para fazer vereador, não uma escola para ensinar todo o povo a ler, escrever e contar. (Queria) capacitar a sua classe dominante, sem nenhuma ideia de generalizar a educação". Ricardo Lobo Torres, em seu *A ideia de liberdade no Estado patrimonial e no Estado fiscal*, 1991, p. 99, assim expressa essa crônica disfunção: "O ranço do patrimonialismo é observado até os nossos dias nos privilégios fiscais de algumas classes, como militares, magistrados e deputados (só extinta com a Constituição de 1988), no descompromisso com a justiça e a liberdade, na concessão indiscriminada de subvenções e subsídios para a burguesia, no endividamento irresponsável, na proliferação de monopólios e empresas estatais, etc., características que se encontram também em outros países latino-americanos herdeiros do patrimonialismo ibérico".

73 O tema da supremacia do interesse público teve sua discussão reavivada na literatura jurídica nacional em trabalhos recentes, dentre os quais se destacam: Humberto Bergmann Ávila, Repensando o "princípio da supremacia do interesse público sobre o particular", *Revista Trimestral de Direito Público*, 24:159, 1998, e Fábio Medina Osório, Existe uma supremacia do interesse público sobre o privado no direito administrativo brasileiro?, *Revista dos Tribunais*, 770:53, 1999. V. tb. Daniel Sarmento (org.), *Interesses públicos "versus" interesses privados*: desconstruindo o princípio de supremacia do interesse público, 2005.

quando se fala em centralidade dos direitos fundamentais, o que está em questão são os deveres de abstenção ou de atuação promocional do Poder Público. Superados os preconceitos liberais, a doutrina publicista reconhece o papel indispensável do Estado na entrega de prestações positivas e na proteção diante da atuação abusiva dos particulares.

O Estado, portanto, ainda é protagonista na história da humanidade, seja no plano internacional, seja no plano doméstico. Sua presença em uma relação jurídica exigirá, como regra geral, um regime jurídico específico, identificado como de direito público. Os agentes do Estado não agem em nome próprio nem para seu autodesfrute. As condutas praticadas no exercício de competências públicas estão sujeitas a regras e princípios específicos, como o concurso, a licitação, a autorização orçamentária, o dever de prestar contas, a responsabilidade civil objetiva. No espaço público não reinam a livre-iniciativa e a autonomia da vontade, estrelas do regime jurídico de direito privado.

Ainda uma última observação: em um Estado democrático de direito, não subsiste a dualidade cunhada pelo liberalismo, contrapondo Estado e sociedade. O Estado é formado pela sociedade e deve perseguir os valores que ela aponta. Já não há uma linha divisória romântica e irreal separando culpas e virtudes.

2 Sentido e alcance da noção de interesse público no direito contemporâneo

O debate contemporâneo acerca da noção de interesse público impõe reavivar uma distinção fundamental e pouco explorada, que o divide em primário e secundário[74]. O interesse público *primário* é a razão de ser do Estado e sintetiza-se nos fins que cabe a ele promover: justiça, segurança e bem-estar social. Estes são os interesses de toda a sociedade. O interesse público *secundário* é o da pessoa jurídica de direito público que seja parte em determinada relação jurídica – quer se trate da União, quer se trate do Estado-membro, do Município ou das suas autarquias. Em ampla medida, pode ser identificado como o interesse do erário, que é o de maximizar a arrecadação e minimizar as despesas.

Embora não tenha sido objeto de elaboração doutrinária mais densa, conforme registrado acima, essa distinção não é estranha à ordem jurídica brasileira. É dela que decorre, por exemplo, a conformação constitucional das esferas de atuação do Ministério Público e da Advocacia Pública. Ao primeiro cabe a defesa do interesse público primário; à segunda, a do interesse público secundário. Aliás, a separação clara dessas duas esferas foi uma importante inovação da Constituição Federal de 1988. É essa diferença conceitual entre ambos que justifica, também, a existência da ação popular e da ação civil pública, que se prestam à tutela dos interesses gerais da sociedade, mesmo quando em conflito com interesses secundários do ente estatal ou até dos próprios governantes.

O interesse público secundário não é, obviamente, desimportante. Observe-se o exemplo do erário. Os recursos financeiros proveem os meios para a realização do interesse primário, e não é possível prescindir deles. Sem recursos adequados, o Estado não tem capacidade de promover investimentos sociais nem de prestar de maneira adequada os serviços públicos que lhe tocam. Mas, naturalmente, em nenhuma hipótese será legítimo sacrificar o interesse público primário com o objetivo de satisfazer o secundário. A inversão da prioridade seria patente, e nenhuma lógica razoável poderia sustentá-la.

Pois bem: em um Estado democrático de direito, assinalado pela centralidade e supremacia da Constituição, a realização do interesse público primário muitas vezes se consuma apenas pela satisfação de determinados interesses privados. Se tais interesses forem protegidos por uma cláusula de direito fundamental, não há de haver qualquer dúvida. Assegurar a integridade física de um detento, preservar a liberdade de expressão de um jornalista, prover a educação primária de uma criança são, inequivocamente, formas de realizar o interesse público, mesmo quando o beneficiário for uma única pessoa privada. Não é por outra razão que os direitos fundamentais, pelo menos na extensão de seu núcleo essencial, são indisponíveis, cabendo ao Estado a sua defesa, ainda que contra a vontade expressa de seus titulares imediatos.

Mesmo quando não esteja em jogo um direito fundamental, o interesse público pode estar em atender adequadamente a pretensão do particular. É o que ocorre, por exemplo, no pagamento de indenização pelos danos causados por viatura da polícia a outro veículo; ou, ainda, no conserto de um buraco de rua que traz desconforto para um único estabelecimento comercial. O interesse público se

---

[74] Essa classificação, de origem italiana, é pouco disseminada na doutrina e na jurisprudência brasileiras. V. Renato Alessi, *Sistema istituzionale del diritto amministrativo italiano*, 1960, p. 197, apud Celso Antônio Bandeira de Mello, *Curso de direito administrativo*, 2003, p. 57. Depois de Celso Antônio, outros autores utilizaram essa distinção. V. Diogo de Figueiredo Moreira Neto, *Curso de direito administrativo*, 1997, p. 429 e s.

realiza quando o Estado cumpre satisfatoriamente o seu papel, mesmo que em relação a um único cidadão.

À vista das ideias até aqui expostas, já é possível enunciar uma constatação. O interesse público secundário – *i.e.*, o da pessoa jurídica de direito público, o do erário – jamais desfrutará de supremacia *a priori* e abstrata em face do interesse particular[75]. Se ambos entrarem em rota de colisão, caberá ao intérprete proceder à ponderação adequada, à vista dos elementos normativos e fáticos relevantes para o caso concreto. Nesse ponto, adere-se à doutrina que sustenta a necessidade de se rediscutir e dessacralizar o chamado princípio da supremacia do interesse público. Mas há uma ponte na direção da posição tradicional.

O interesse público primário, consubstanciado em valores fundamentais como justiça e segurança, há de desfrutar de supremacia em um sistema constitucional e democrático. Deverá ele pautar todas as relações jurídicas e sociais – dos particulares entre si, deles com as pessoas de direito público e destas entre si. O interesse público primário desfruta de supremacia porque não é passível de ponderação; ele é o parâmetro da ponderação. Em suma: o interesse público primário consiste na melhor realização possível, à vista da situação concreta a ser apreciada, da vontade constitucional, dos valores fundamentais que ao intérprete cabe preservar ou promover.

O problema ganha em complexidade quando há confronto entre o interesse público primário consubstanciado em uma meta coletiva e o interesse público primário que se realiza mediante a garantia de um direito fundamental. A liberdade de expressão pode colidir com a manutenção de padrões mínimos de ordem pública; o direito de propriedade pode colidir com o objetivo de se constituir um sistema justo e solidário no campo; a propriedade industrial pode significar um óbice a uma eficiente proteção da saúde; a justiça pode colidir com a segurança etc. Na solução desse tipo de colisão, o intérprete deverá observar, sobretudo, dois parâmetros: a dignidade humana e a razão pública.

O uso da *razão pública* importa em afastar dogmas religiosos ou ideológicos – cuja validade é aceita apenas pelo grupo dos seus seguidores – e utilizar argumentos que sejam reconhecidos como legítimos por todos os grupos sociais dispostos a um debate franco, ainda que não concordem quanto ao resultado obtido em concreto. A razão pública consiste na busca de elementos constitucionais essenciais e em princípios consensuais de justiça, dentro de um ambiente de pluralismo político. Um interesse não pode ser considerado público e primário apenas por corresponder ao ideário dos grupos hegemônicos no momento. O interesse público primário não se identifica, por exemplo, nem com posições estatistas nem com posições antiestatistas. Tais concepções correspondem a doutrinas particulares, como o socialismo e o liberalismo econômico. Para que um direito fundamental seja restringido em favor da realização de uma meta coletiva, esta deve corresponder aos valores políticos que a Constituição consagra, e não apenas ao ideário que ocasionalmente agrega um número maior de adeptos[76].

O outro parâmetro fundamental para solucionar esse tipo de colisão é o princípio da dignidade humana[77]. Como se sabe, a dimensão mais nuclear desse princípio se sintetiza na máxima kantiana segundo a qual cada indivíduo deve ser tratado como um fim em si mesmo. Essa máxima, de corte antiutilitarista, pretende evitar que o ser humano seja reduzido à condição de meio para a realização de metas coletivas ou de outras metas individuais[78]. Assim, se determinada política representa a concretização de importante meta coletiva (como a garantia da segurança pública ou da saúde pública, por exemplo), mas implica a violação da dignidade humana de uma só pessoa, tal política deve ser preterida, como há muito reconhecem os publicistas comprometidos com o Estado de direito.

---

75 A esse propósito, relendo o texto de Celso Antônio Bandeira de Mello dedicado a esse tema, não me pareceu sustentasse ele, em nenhum momento, tese diversa. Pelo contrário. Confira-se em seu *Curso de direito administrativo*, 2003, p. 57: "(O) Estado, concebido que é para a realização de interesses públicos (situação, pois, inteiramente diversa da dos particulares), só poderá defender seus próprios interesses privados quando, sobre não se chocarem com os interesses públicos propriamente ditos, coincidam com a realização deles".

76 Sobre o tema, v. John Rawls, A ideia de razão pública revista, in *O direito dos povos*, 2001. Na literatura jurídica nacional, v. especialmente Cláudio Pereira de Souza Neto, *Teoria constitucional e democracia deliberativa:* um estudo sobre o papel do Direito na garantia das condições para a cooperação na deliberação democrática, 2006, p. 112 e s.

77 Sobre o tema, v. Ana Paula de Barcellos, *A eficácia jurídica dos princípios:* o princípio da dignidade da pessoa humana, 2002; e, da mesma autora, v., especialmente, sua tese de doutorado intitulada *Ponderação, racionalidade e atividade judicial*, 2005.

78 Em sentido aproximado, v. Ronald Dworkin, *Taking rights seriously*, 1997, p. 184 e s.

CAPÍTULO III CONSTITUIÇÃO[1]

Sumário: I – Noções fundamentais. II – Referência histórica. III – Concepções e teorias acerca da Constituição. IV – Tipologia das Constituições. V – Conteúdo e supremacia das normas constitucionais. VI – A Constituição no direito constitucional contemporâneo. VII – Constituição, constitucionalismo e democracia. VIII – Algumas correntes da filosofia constitucional e da filosofia política contemporâneas. 1. Substancialismo e procedimentalismo. 2. Liberalismo e comunitarismo. 2.1. Liberalismo igualitário. 2.2. A crítica comunitarista. 3. Outras correntes.

I NOÇÕES FUNDAMENTAIS

O constitucionalismo moderno, fruto das revoluções liberais, deu à ideia de Constituição sentido, forma e conteúdo específicos[2]. É certo, contudo, que tanto a noção como o termo *Constituição* já integravam a ciência política e o Direito de longa data, associados à configuração do poder em diferentes fases da evolução da humanidade, da Antiguidade clássica ao Estado moderno[3]. Nessa acepção mais ampla e menos técnica, é possível afirmar que todas as sociedades políticas ao longo dos séculos tiveram uma Constituição, correspondente à forma de organização e funcionamento de suas instituições essenciais. Assim, a Constituição *histórica* ou *institucional*[4] designa o modo de organização do poder político do Estado, sendo antes um dado da realidade que uma criação racional.

Na perspectiva moderna e liberal, porém, a Constituição não tem caráter meramente descritivo das instituições, mas sim a pretensão de influenciar sua ordenação, mediante um ato de vontade e de criação, usualmente materializado em um documento escrito[5]. Nascida em berço revolucionário, a Constituição consubstancia a superação da ordem jurídica anterior – a subordinação colonial, no caso dos Estados Unidos, e o *Ancien Régime*, na experiência francesa – e a reconstrução do Estado em novas bases. Em uma visão esquemática e simplificadora, é possível conceituar a Constituição:

---

1 Benda, Maihofer, Vogel, Hesse e Heyde, *Manual de derecho constitucional*, 1996; Dalmo de Abreu Dallari, *Elementos de teoria geral do Estado*, 1998; Eduardo García de Enterría, *La Constitución como norma y el Tribunal Constitucional*, 1991; Francisco Balaguer Callejón, *Derecho constitucional*, v. 1, 2004; J. J. Gomes Canotilho, *Direito constitucional e teoria da Constituição*, 2003; Jorge Miranda, *Teoria do Estado e da Constituição*, 2002; Paulo Bonavides, *Curso de direito constitucional*, 2001; José Afonso da Silva, *Curso de direito constitucional positivo*, 2001; Konrad Hesse, *Escritos de derecho constitucional*, 1983; Luís Roberto Barroso, *O direito constitucional e a efetividade de suas normas*, 2003, e *Temas de direito constitucional*, t. III, 2005; Miguel Carbonell (org.), *Neoconstitucionalismo*, 2003; Paulo Bonavides, *Curso de direito constitucional*, 2001; Robert A. Dahl, *How democratic is the American Constitution*, 2001; Vicky C. Jackson e Mark Tushnet, *Comparative constitutional law*, 1999.

2 Etimologicamente, o termo "constituição" deriva imediatamente do verbo "constituir" e tem como origem remota o vocábulo latino *"constitutionis"*, cuja carga semântica igualmente herdou. Assim, em sentido lato, constituição significa o modo de ser específico de determinada coisa, os elementos que a individualizam, ou ainda o ato de sua criação. V. Antônio Houaiss e Mauro de Salles Villar, *Dicionário Houaiss da língua portuguesa*, 2001, p. 813.

3 Em *A Constituição de Atenas*, obra escrita, provavelmente, entre 332 e 322 a.C., Aristóteles descreve as instituições políticas e sociais de Atenas desde as origens aristocráticas até o que veio a ser conhecido como a "democracia grega". Na segunda parte dessa obra, descreve detalhadamente o funcionamento do governo e das práticas políticas. Esse texto pode ser encontrado, em língua portuguesa, no sítio <http://www.consciencia.org/aristoteles_constituicao_de_atenas.shtml>, acesso em: 8.3.2007.

4 Diz-se Constituição em sentido institucional porque ligada à institucionalização do poder. Sobre o tema, v. Jorge Miranda, *Manual de direito constitucional*, 2000, t. II, p. 13: "Em qualquer Estado, em qualquer época e lugar, encontra-se sempre um conjunto de regras fundamentais, respeitando-se à sua estrutura, à sua organização e à sua atividade – escritas ou não escritas, em maior ou menor número, mais ou menos simples ou complexas. Encontra-se sempre uma Constituição como expressão jurídica do enlace entre poder e comunidade política ou entre sujeitos e destinatários do poder".

5 Os fundamentos teóricos do constitucionalismo moderno começaram a ser lançados após a Reforma Protestante, tendo como principais referências teóricas os autores que desenvolveram a ideia de contrato social, em especial os ingleses Thomas Hobbes e John Locke, no século XVII – v. Thomas Hobbes, *Leviathan*, 1651, e John Locke, *Second treatise of government*, 1690 – e o francês Jean-Jacques Rousseau, no século XVIII – v. Jean Jacques Rousseau, *Du contrat social*, 1762.

a) do ponto de vista *político*, como o conjunto de decisões do poder constituinte ao criar ou reconstruir o Estado, instituindo os órgãos de poder e disciplinando as relações que manterão entre si e com a sociedade;

b) do ponto de vista jurídico, é preciso distinguir duas dimensões:

(i) em sentido *material, i.e.,* quanto ao conteúdo de suas normas, a Constituição organiza o exercício do poder político, define os direitos fundamentais, consagra valores e indica fins públicos a serem realizados;

(ii) em sentido *formal, i.e.,* quanto à sua posição no sistema, a Constituição é a norma fundamental e superior, que regula o modo de produção das demais normas do ordenamento jurídico e limita o seu conteúdo.

A Constituição, portanto, cria ou reconstrói o Estado, organizando e limitando o poder político, dispondo acerca de direitos fundamentais, valores e fins públicos e disciplinando o modo de produção e os limites de conteúdo das normas que integrarão a ordem jurídica por ela instituída. Como regra geral, terá a forma de um documento escrito e sistemático, cabendo-lhe o papel, decisivo no mundo moderno, de transportar o fenômeno político para o mundo jurídico, convertendo o poder em Direito[6].

II REFERÊNCIA HISTÓRICA

Na acepção atual, Constituição e constitucionalismo são conceitos historicamente recentes, associados a eventos ocorridos nos últimos trezentos anos. Como se sabe, o Estado moderno surge, ao final da Idade Média, sobre as ruínas do feudalismo e associado ao absolutismo do poder real. A autoridade do monarca, tanto em face da Igreja quanto perante os senhores feudais, passa a fundar-se no direito divino e no conceito de soberania que então se delineava, elemento decisivo para a formação dos Estados nacionais. Três grandes revoluções abriram caminho para o Estado liberal, sucessor histórico do Estado absolutista e marco inicial do constitucionalismo: a inglesa (1688), a americana (1776) e a francesa (1789).

A *Revolução Inglesa* (v. *supra*) teve como ponto culminante a afirmação do Parlamento e a implantação de uma monarquia constitucional. Quando, em 1689, William III e Mary II ascendem ao trono, com poderes limitados pela *Bill of Rights* (Declaração de Direitos, 1688), já estavam lançadas as bases do modelo de organização política que inspiraria o ocidente pelos séculos afora. E com uma singularidade: fruto de uma longa gestação, que remonta à *Magna Charta* (1215), as instituições inglesas tiveram fundação tão sólida que puderam até mesmo prescindir de uma Constituição escrita[7].

A *Revolução Americana* (v. *supra*) teve significado duplo: a emancipação das colônias inglesas na América, anunciada na célebre Declaração de Independência, de 1776; e sua reunião em um Estado independente, delineado na Constituição de 1787. Primeira Constituição escrita e solenemente ratificada (a ratificação se deu em 1789; em 1791 foram acrescentadas as dez primeiras emendas, conhecidas como *Bill of Rights*), foi ela o marco inicial do longo sucesso institucional dos Estados Unidos da América, baseado na separação dos Poderes e em um modelo de texto sintético (a versão original tem apenas 7 artigos), republicano, federativo e presidencialista[8].

---

6 Isso não importa, naturalmente, em suprimir ou minimizar a importância e a dignidade da Política, que é indispensável para a *convivência entre os diferentes* (Hannah Arendt, *O que é política*, 1998). A Constituição provê apenas sobre uma quantidade limitada de matérias, tidas pelo constituinte como fundamentais ou de especial relevância. Tudo o mais sujeita-se à deliberação política, ao processo majoritário, ao Poder Legislativo. Aliás, a própria Constituição, salvo no tocante às cláusulas pétreas (v. *infra*), comporta modificação, por via de emenda constitucional, desde que observado o procedimento próprio e obtido o voto da maioria qualificada necessária. No caso brasileiro, exigem-se três quintos dos votos de cada Casa do Congresso Nacional (CF, art. 60, § 2º).

7 Tal particularidade do constitucionalismo inglês faz com que as normas constitucionais não sejam formalmente distintas da legislação ordinária. Inexiste, assim, no sistema inglês, a possibilidade de declaração de inconstitucionalidade de um ato legislativo, de modo que ali prevalece a supremacia do Parlamento, e não da Constituição, tal como interpretada por um órgão do Judiciário ou por um Tribunal Constitucional. Relembrem-se, todavia, as implicações do *Constitutional Reform Act*, de 2005, discutidas no capítulo anterior.

8 É curioso observar, no entanto, que o modelo americano, no seu conjunto, não foi seguido por qualquer das democracias maduras do mundo: nenhuma tem Constituição sintética, poucas adotam o sistema federativo, inúmeras são monarquias, quase todas são parlamentaristas, e só recentemente se vem implantando o controle de constitucionalidade das leis, mesmo assim em molde diverso. Sobre o tema, v. Bruce Ackerman, The rise of world constitutionalism, *Yale Law School Occasional Papers*, Second Series, n. 3, 1997: "Devemos aprender a olhar para a experiência americana como um caso especial, não como um paradigma"; e Robert A. Dahl, *How democratic is the American Constitution*, 2001, p. 41 e s. Este último autor faz um levantamento dos vinte e dois países que se mantiveram estavelmen-

A *Revolução Francesa* (v. *supra*), cuja deflagração é simbolizada pela queda da Bastilha, em 1789, foi um processo mais profundo, radical e tormentoso de transformação política e social. E, na visão de superfície, menos bem-sucedido, pela instabilidade, violência e circularidade dos acontecimentos. A verdade, contudo, é que foi a Revolução Francesa – e não a americana ou a inglesa – que se tornou o grande divisor histórico, o marco do advento do Estado liberal. Foi a Declaração dos Direitos do Homem e do Cidadão, de 1789, com seu caráter universal, que divulgou a nova ideologia, fundada na Constituição, na separação de Poderes e nos direitos individuais. Em 1791 foi promulgada a primeira Constituição francesa.

No plano das ideias e da filosofia, o constitucionalismo moderno é produto do iluminismo e do jusnaturalismo racionalista que o acompanhou, com o triunfo dos valores humanistas e da crença no poder da razão. Nesse ambiente, modifica-se a qualidade da relação entre o indivíduo e o poder, com o reconhecimento de direitos fundamentais inerentes à condição humana, cuja existência e validade independem de outorga por parte do Estado. No plano político, notadamente na Europa continental, a Constituição consagrou a vitória dos ideais burgueses sobre o absolutismo e a aristocracia. Foi, de certa forma, a certidão do casamento, de paixão e conveniência, entre o poder econômico – que já havia sido conquistado pela burguesia – e o poder político.

É oportuno, neste passo, um registro importante. Embora tenham sido fenômenos contemporâneos e tenham compartilhado fundamentos comuns, o constitucionalismo americano e o francês sofreram influências históricas, políticas e doutrinárias diversas. E, em ampla medida, deram origem a modelos constitucionais bem distintos, que só vieram a se aproximar na segunda metade do século XX. Nos Estados Unidos, desde a primeira hora, a Constituição teve o caráter de documento jurídico, normativo, passível de aplicação direta e imediata pelo Judiciário. No modelo francês, que se irradiou pela Europa, a Constituição tinha natureza essencialmente política e sua interpretação era obra do Parlamento, e não de juízes e tribunais.

De fato, a Constituição americana teve suas origens no contratualismo liberal de Locke – um pacto social de paz e liberdade entre os homens[9] – e na ideia de um Direito superior, uma *higher law*, fundado no direito natural medieval[10]. A força normativa e a supremacia da Constituição foram asseguradas desde o início pelo controle de constitucionalidade das leis (*judicial review*). Diferente foi a concepção de Constituição que emergiu da Revolução Francesa. Na França, o tema central do debate político que resultou na Constituição de 1791 foi a titularidade do poder constituinte. A ideia revolucionária de soberania nacional contrapunha-se à visão absolutista da soberania do Monarca. A Declaração dos Direitos do Homem e do Cidadão, de 1789, a despeito de sua importância simbólica, não tinha valor normativo, e, na prática, o que prevalecia eram os atos do Parlamento. Só em 1971, o Conselho Constitucional, já sob a Constituição de 1958, iria reconhecer à Declaração valor jurídico supralegal (v. *supra*). Essa neutralização de sua força normativa deu o tom da ideia de Constituição que prevaleceria na França e que se irradiaria pela Europa, bem diversa da que vigorou nos Estados Unidos[11].

---

te democráticos nos últimos cinquenta anos e que são: Alemanha, Áustria, Austrália, Bélgica, Canadá, Costa Rica, Dinamarca, Estados Unidos, Finlândia, França, Islândia, Irlanda, Israel, Holanda, Itália, Japão, Luxemburgo, Nova Zelândia, Noruega, Reino Unido, Suécia e Suíça. A Índia teve um hiato autoritário entre 1975 e 1977, sob o governo da primeira-ministra Indira Gandhi.

9 John Locke, *Second treatise of government*, 1980 (a 1ª edição é de 1690), cap. VIII, p. 52: "Sendo os homens, como já foi dito, por natureza, livres, iguais e independentes, ninguém pode ser retirado desse estado e colocado sob o poder político de outro sem o seu consentimento. A única maneira pela qual alguém pode ser privado de sua liberdade natural e submetido aos laços de uma sociedade civil é entrando em acordo com outros homens para se juntarem e unirem em uma comunidade para que possam viver entre si de maneira confortável, segura e pacífica, desfrutando de suas propriedades e de maior segurança em face dos que a ela não tenham aderido".

10 V. Edward S. Corwin's, *The Constitution and what it means today*, 1978, p. 221. Existe uma edição em português – *A Constituição norte-americana e seu significado atual*, 1986 –, de onde se colhe: "A fonte inicial do controle de constitucionalidade, no entanto, é muito mais antiga que a Constituição e do que qualquer dos Estados americanos. Ela pode ser encontrada no *common law*, onde se colhem princípios que foram desde cedo considerados "fundamentais" e que compreendem uma "lei ou Direito superior" (*higher law*) que nem mesmo o Parlamento poderia alterar. "E parece", escreveu o *Chief Justice* Coke, em 1610, em seu famoso *dictum* no caso Bonham, "que quando um ato do Parlamento é contra o direito e a razão comuns, o *common law* irá submetê-lo a controle e irá julgá-lo nulo". É interessante observar que este modelo seria adotado nos Estados Unidos, mas não prevaleceria no Reino Unido, onde se implantou a supremacia do Parlamento.

11 Sobre o tema, v. o primoroso texto de Eduardo García de Enterría, La Constitución española de 1978 como pacto social y como norma jurídica, *Revista de Direito do Estado*, 1:3, 2006, p. 10: "Esta falta de condición normativa de

III   CONCEPÇÕES E TEORIAS ACERCA DA CONSTITUIÇÃO

A doutrina, sobretudo europeia, especulou ao longo do tempo acerca da natureza, significação e papel da Constituição, produzindo elaborações diversas[12]. Não é o caso de investigá-las, em obra dessa natureza, salvo para breve referência a dois desenvolvimentos de maior repercussão: a concepção sociológica e a concepção jurídica ou positivista[13]. Na sequência será apresentada a concepção normativa, que, de certa forma, tenta produzir uma síntese entre as duas correntes anteriores.

O sociologismo constitucional ou o conceito sociológico de Constituição é associado ao alemão Ferdinand Lassalle. De acordo com sua formulação, a Constituição de um país é, em essência, a soma dos fatores reais do poder que regem a sociedade. Em outras palavras, o conjunto de forças políticas, econômicas e sociais, atuando dialeticamente, estabelece uma realidade, um sistema de poder: esta é a Constituição real, efetiva do Estado. A Constituição jurídica, mera "folha de papel", limita-se a converter esses fatores reais do poder em instituições jurídicas, em Direito[14]. Com ênfase nos aspectos ligados ao poder econômico e às relações que ele engendra, a concepção marxista também partilha e até aprofunda essa visão pessimista acerca do Direito e da Constituição, considerando que a ordem jurídica pode ser reduzida a um fator de dominação, agregando uma aura de legitimidade à estrutura de poder prevalente[15].

Na vertente oposta situa-se a concepção estritamente jurídica da Constituição, vista como lei suprema do Estado. Ligada ao positivismo normativista, essa corrente teve seu ponto culminante na elaboração teórica de Hans Kelsen, considerado um dos maiores juristas do século XX[16]. Em busca de um tratamento científico que conferisse "objetividade e exatidão" ao Direito, Kelsen desenvolveu sua *teoria pura*, na qual procurava depurar seu objeto de elementos de outras ciências (como a sociologia, a filosofia), bem como da política e, em certa medida, até da própria realidade. Direito é norma; o mundo normativo é o do *dever-ser*, e não o do *ser*. Nessa dissociação das outras ciências, da política e do mundo dos fatos, Kelsen concebeu a Constituição (e o próprio Direito) como uma estrutura formal, cuja nota era o caráter normativo, a prescrição de um *dever-ser*, independentemente da legitimidade ou justiça de seu conteúdo

---

la Constitución fue refrendada por toda la práctica judicial europea, que no admitió nunca que fuese invocada como norma de decisión de litigios y menos aún como paradigma de validez de las leyes, y acantonó así su significado al plano en que la situó originalmente la post-Revolución Francesa: titularidad de la soberanía y organización de los poderes".

12   Jorge Miranda, *Manual de direito constitucional*, 2000, t. II, p. 52 e s., tabulou-as em concepções: jusnaturalistas, positivistas, historicistas, sociológicas, marxistas, institucionalistas, decisionistas, axiológicas (decorrentes da filosofia dos valores) e estruturalistas.

13   Não se explora aqui, por motivos diversos, a concepção decisionista de Carl Schmitt, frequentemente associada a uma visão autoritária da Constituição e do poder, bem como ao antissemitismo e à ascensão do nazismo. V. Carl Schmitt, *Teoría de la Constitución*, 2001 (a 1ª edição alemã é de 1928). Para um estudo recente sobre a doutrina de Carl Schmitt, v. Marcelo Leonardo Tavares, *Medidas de exceção no Estado de direito:* limites à restrição da liberdade em situação de crise, 2007, mimeografado, tese de doutorado apresentada ao Programa de Pós-Graduação em Direito Público da Universidade do Estado do Rio de Janeiro – UERJ.

14   Essas ideias foram sistematizadas em célebre conferência proferida para intelectuais e sindicalistas alemães, em 1863, transformada em um opúsculo clássico – Ferdinand Lassalle, *A essência da Constituição* –, onde se lê: "Os problemas constitucionais não são problemas de direito, mas do poder; a *verdadeira* Constituição de um país somente tem por base os fatores reais e efetivos do poder que naquele país vigem e as Constituições escritas não têm valor nem são duráveis a não ser que exprimam fielmente os fatores reais do poder que imperam na realidade social".

15   Embora não se tenha em Marx uma teoria acabada do Direito (v. Michel Miaille, Reflexão crítica sobre o conhecimento jurídico. Possibilidades e limites, in *Crítica do Direito e do Estado*, 1984, p. 43), sua ênfase economicista remarca a tese de que o Direito é uma superestrutura que corresponde, no mundo das ideias, a uma base material, resultante das relações de produção. É a infraestrutura econômica que condiciona as instituições jurídicas. Embora o pensamento marxista ande fora de moda nesses tempos neoliberais, é de proveito reavivar passagem antológica, publicada no prefácio de sua *Contribuição à crítica da economia política*, escrito em 1859: "Na produção social de sua vida, os homens contraem determinadas relações necessárias e independentes de sua vontade, relações de produção que correspondem a uma determinada fase de desenvolvimento das suas forças produtivas materiais. O conjunto dessas relações de produção forma a estrutura econômica da sociedade, a base real sobre a qual se levanta a superestrutura jurídica e política e à qual correspondem determinadas formas de consciência social. O modo de produção da vida material condiciona o processo da vida social, política e espiritual em geral" (in *Obras escolhidas de Marx e Engels*, 1961, p. 301).

16   V. Hans Kelsen, *Teoria pura do Direito*, 1979 (a 1ª edição é de 1934 e a 2ª edição é de 1960); e *Teoría general del Estado*, 1965 (a 1ª edição é de 1925).

48

e da realidade política subjacente[17]. A ordem jurídica é um sistema escalonado de normas, em cujo topo está a Constituição, fundamento de validade de todas as demais normas que o integram[18].

Ambas as concepções expostas acima têm enorme valia doutrinária e, de certa forma, o pensamento constitucional contemporâneo expressa uma síntese dialética de tais formulações. Com elementos de uma e de outra, desenvolveu-se a ideia de Constituição *normativa*. A Constituição jurídica de um Estado é condicionada historicamente pela realidade de seu tempo. Essa é uma evidência que não se pode ignorar. Mas ela não se reduz à mera expressão das circunstâncias concretas de cada época. A Constituição tem uma existência própria, autônoma, embora relativa, que advém de sua força normativa, pela qual ordena e conforma o contexto social e político. Existe, assim, entre a norma e a realidade uma tensão permanente, da qual derivam as possibilidades e os limites do direito constitucional[19]. O tema será aprofundado mais à frente.

IV TIPOLOGIA DAS CONSTITUIÇÕES

A doutrina adota diversos critérios de classificação das Constituições, que levam em conta a forma, a origem, a estabilidade do texto e o seu conteúdo. Veja-se a exposição sumária de cada um desses tipos.

1) Quanto à forma

Tal classificação diz respeito à forma de veiculação das normas constitucionais. Sob esse critério, as Constituições podem ser:

a) *escritas* – quando sistematizadas em um texto único, de que é exemplo pioneiro a Constituição americana; ou

b) *não escritas* – quando contidas em textos esparsos e/ou em costumes e convenções sedimentados ao longo da história, como é o caso, praticamente isolado, da Constituição inglesa[20].

2) Quanto à origem

O poder constituinte originário é entendido como um poder político de fato, institucionalizado – juridicizado – pela Constituição. O objeto da referida classificação é a identificação da legitimidade democrática subjacente ao seu exercício. Quanto à origem, as Constituições podem ser:

a) *promulgadas* ou *democráticas* – quando contam com a participação popular na sua elaboração, normalmente por meio da eleição de representantes; ou

b) *outorgadas* – nos casos em que não há manifestação popular na sua feitura, sendo impostas pelo agente que detém o poder político de fato.

3) Quanto à estabilidade do texto

Essa classificação guarda relação com o procedimento adotado para a modificação do texto constitucional, comparando-o com o procedimento aplicável à legislação ordinária. No tocante à estabilidade do texto, as Constituições podem ser:

a) *rígidas* – quando o procedimento de modificação da Constituição é mais complexo do que aquele estipulado para a criação de legislação infraconstitucional;

---

17 As insuficiências metodológicas e o mau uso político dado ao positivismo jurídico, invocado como fundamento de legitimidade de ordens jurídicas iníquas, não o desmerecem como construção teórica, nem lhe retiram o mérito de haver dado ao Direito uma elaboração técnica e sistemática que possibilitou avanços importantes, inclusive o desenvolvimento do constitucionalismo normativo.

18 Hans Kelsen, *Teoria pura do Direito*, 1979, p. 310: "A ordem jurídica não é um sistema de normas jurídicas ordenadas no mesmo plano, situadas umas ao lado das outras, mas é uma construção escalonada de diferentes camadas ou níveis de normas jurídicas. A sua unidade é produto da conexão de dependência que resulta do fato de a validade de uma norma, que foi produzida de acordo com outra, se apoiar sobre essa outra norma, cuja produção, por seu turno, é determinada por outra; e assim por diante, até abicar finalmente na norma fundamental – pressuposta. A norma fundamental – hipotética, nestes termos – é, portanto, o fundamento de validade último que constitui a unidade desta interconexão criadora".

19 O tema encontra-se sistematizado, em páginas primorosas, no texto de Konrad Hesse, "La fuerza normativa de la Constitución", in *Escritos de derecho constitucional*, 1983. Sobre a mesma questão, v., também, Eduardo García de Enterría, *La Constitución como norma y el Tribunal Constitucional*, 2006 (a 1ª edição é de 1981); e Luís Roberto Barroso, *O direito constitucional e a efetividade de suas normas*, 2003.

20 Na mesma situação estão Israel e Nova Zelândia.

b) *flexíveis* – hipótese em que a Constituição pode ser modificada pela atuação do legislador ordinário seguindo o procedimento adotado para a edição de legislação infraconstitucional; ou

c) *semirrígidas* – quando parte da Constituição – geralmente as normas consideradas materialmente constitucionais – só pode ser alterada mediante um procedimento mais dificultoso, ao passo que o restante pode ser modificado pelo legislador, segundo o processo previsto para a edição de legislação infraconstitucional. Exemplo desta última fórmula foi a Constituição brasileira de 1824[21].

4) Quanto ao conteúdo

Essa classificação diz respeito ao grau de minúcia empregado no texto constitucional e à abrangência das matérias nele disciplinadas. Quanto ao conteúdo, as Constituições podem ser:

a) *sintéticas* – quando se limitam a traçar as diretrizes gerais da organização e funcionamento do Estado e de sua relação com os cidadãos, em geral com o uso de uma linguagem mais aberta, marcadamente principiológica. Esse formato tende a garantir-lhes maior estabilidade, na medida em que se abrem mais facilmente à evolução interpretativa, sem necessidade de modificações formais. Exemplo emblemático e praticamente único dessa categoria é a Constituição norte-americana; ou

b) *analíticas* – quando desenvolvem em maior extensão o conteúdo dos princípios que adotam, resultando em um aumento do seu texto e em uma redução do espaço de conformação dos Poderes constituídos. Exemplos desse formato são as Constituições da Espanha, de Portugal, da Índia. Também é o caso da Constituição brasileira, que, sem embargo de suas múltiplas virtudes reais e simbólicas, é – mais do que analítica – casuística no tratamento de diversos temas, regulando-os em pormenor.

V CONTEÚDO E SUPREMACIA DAS NORMAS CONSTITUCIONAIS

Expressão da ideologia liberal, o constitucionalismo surge como uma doutrina de limitação do poder do Estado. Como consequência, desde as suas origens, sempre foi da essência da Constituição a separação de Poderes e a garantia dos direitos[22]. Ao longo dos séculos, o elenco de direitos tidos como fundamentais ampliou-se significativamente, para incluir, além dos direitos políticos e individuais, também direitos sociais e coletivos. Ademais, as Constituições passaram a abrigar princípios fundamentais e fins públicos relevantes (programas de ação política)[23]. Assim, as normas constitucionais comportam classificação, quanto ao seu conteúdo, em três grandes categorias: as que organizam o poder político (normas constitucionais de organização), as que definem direitos fundamentais (normas constitucionais definidoras de direitos) e as que indicam valores e fins públicos (normas constitucionais de princípio ou programáticas).

No entanto, as circunstâncias políticas do momento histórico em que são elaboradas ou reformadas fazem com que as Constituições, invariavelmente, contenham normas que não correspondem exatamente ao conteúdo explicitado acima. Tal fato levou a doutrina a cunhar o conceito de *normas apenas formalmente constitucionais*, que têm essa natureza por integrarem o documento formal Constituição, mas não pela matéria de que tratam[24]. No caso da Constituição brasileira de 1988, são exemplos de tal situação, dentre muitos, os dispositivos que cuidam do regime jurídico dos serviços notariais (art. 236) ou do *status* federal

---

21 A Constituição Imperial, nos seus arts. 174 a 177, estabelecia um procedimento especial para a modificação dos dispositivos constitucionais. O art. 178 explicitava que tal procedimento diferenciado aplicava-se apenas aos dispositivos que tratassem de certas matérias, consideradas efetivamente *constitucionais*. Confira-se a redação do art. 178: "É só Constitucional o que diz respeito aos limites, e attribuições respectivas dos Poderes Politicos, e aos Direitos Politicos, e individuaes dos Cidadãos. Tudo, o que não é Constitucional, póde ser alterado sem as formalidades referidas, pelas Legislaturas ordinárias".

22 Assim dispôs a Declaração dos Direitos do Homem e do Cidadão, de 1789: "Art. 16. Toda sociedade na qual não está assegurada a garantia dos direitos nem determinada a separação dos poderes, não tem Constituição".

23 Exemplos de tarefas impostas pela Constituição ao Estado, no caso brasileiro: erradicar a pobreza e a marginalização (art. 3º, III); incentivar o desenvolvimento científico (art. 218); preservar e restaurar os processos ecológicos essenciais (art. 225, I).

24 Usualmente, a doutrina emprega a expressão "normas *materialmente constitucionais*" para designar as normas que tratam de questões fundamentais e integram a Constituição. A rigor, portanto, essas normas são formal e materialmente constitucionais. E emprega a expressão "normas *formalmente constitucionais*" para identificar as que integram a Constituição mas não têm o conteúdo típico, isto é, normas *apenas* formalmente constitucionais.

do Colégio Pedro II, localizado no Rio de Janeiro (art. 242). Embora o fenômeno seja menos comum, a doutrina também identifica *normas materialmente constitucionais que não figuram na Constituição*, geralmente dispondo sobre direito intertemporal ou regras de hermenêutica[25]. No Brasil, este seria o caso de diversas normas da Lei de Introdução às normas do Direito Brasileiro.

Já a *supremacia da Constituição* é o postulado sobre o qual se assenta o próprio direito constitucional contemporâneo, tendo sua origem na experiência americana[26]. Decorre ela de fundamentos históricos, lógicos e dogmáticos, que se extraem de diversos elementos, dentre os quais a posição de preeminência do poder constituinte sobre o poder constituído[27], a rigidez constitucional (v. *supra*), o conteúdo material das normas que contém e sua vocação de permanência[28]. A Constituição, portanto, é dotada de superioridade jurídica em relação a todas as normas do sistema e, como consequência, nenhum ato jurídico pode subsistir validamente se for com ela incompatível. Para assegurar essa supremacia, a ordem jurídica contempla um conjunto de mecanismos conhecidos como *jurisdição constitucional*, destinados a, pela via judicial, fazer prevalecer os comandos contidos na Constituição. Parte importante da jurisdição constitucional consiste no *controle de constitucionalidade*, cuja finalidade é declarar a invalidade e paralisar a eficácia dos atos normativos que sejam incompatíveis com a Constituição.

VI A CONSTITUIÇÃO NO DIREITO CONSTITUCIONAL CONTEMPORÂNEO

Das origens até os dias de hoje, a ideia de Constituição – e do papel que deve desempenhar – percorreu um longo e acidentado caminho. O constitucionalismo liberal, com sua ênfase nos aspectos de organização do Estado e na proteção de um elenco limitado de direitos de liberdade, cedeu espaço para o constitucionalismo social. Direitos ligados à promoção da igualdade material passaram a ter assento constitucional e ocorreu uma ampliação notável das tarefas a serem desempenhadas pelo Estado no plano econômico e social.

Em alguns países, essa tendência foi mais forte, dando lugar à noção de dirigismo constitucional ou de Constituição dirigente, com a pretensão de impor ao legislador e ao administrador certos deveres de

---

25 Essas normas são frequentemente referidas como normas de sobredireito. Não se destinam elas a reger diretamente as relações jurídicas, dirigindo-se antes ao intérprete, figurando como premissas conceituais ou metodológicas de aplicação de outras normas. Alguns exemplos: a) de regra de direito intertemporal: LINDB, art. 2º, § 1º: "A lei posterior revoga a anterior quando expressamente o declare, quando seja com ela incompatível ou quando regule inteiramente a matéria de que tratava a lei anterior"; b) de regra de hermenêutica: LINDB, art. 4º: "Quando a lei for omissa, o juiz decidirá o caso de acordo com a analogia, os costumes e os princípios gerais de direito". No direito francês se desenvolveu a ideia de *bloco de constitucionalidade*, que serve para identificar a existência de normas materialmente constitucionais fora da Constituição. Essa expressão significa que a Constituição não se limita às normas que integram ou se extraem do seu corpo, mas inclui outros textos normativos. No caso da Decisão n. 71.44 DC, de 16.7.1971, do Conselho Constitucional (disponível em: www.conseil--constitutionnel.fr/decision/1971/7144dc.htm, acesso em: 26.7.2005), considerou-se ter caráter constitucional a Declaração dos Direitos do Homem e do Cidadão, de 1789, e o Preâmbulo da Constituição de 1946. Em decisão monocrática proferida na ADIn 1.120/PA, *DJU*, 7 mar. 2002, o Ministro Celso de Mello tratou do tema nos seguintes termos: "É por tal motivo que os tratadistas – consoante observa Jorge Xifra Heras ('Curso de Derecho Constitucional', p. 43) –, em vez de formularem um conceito único de Constituição, costumam referir-se a uma pluralidade de acepções, dando ensejo à elaboração teórica do conceito de bloco de constitucionalidade (ou de parâmetro constitucional), cujo significado – revestido de maior ou de menor abrangência material – projeta-se, tal seja o sentido que se lhe dê, para além da totalidade das regras constitucionais meramente escritas e dos princípios contemplados, explícita ou implicitamente, no corpo normativo da própria Constituição formal, chegando, até mesmo, a compreender normas de caráter infraconstitucional, desde que vocacionadas a desenvolver, em toda a sua plenitude, a eficácia dos postulados e dos preceitos inscritos na Lei Fundamental, viabilizando, desse modo, e em função de perspectivas conceituais mais amplas, a concretização da ideia de ordem constitucional global".

26 V. Constituição americana, art. 6º, § 2º; o Federalista, n. 78 (sobre os escritos federalistas de Hamilton, Madison e Jay, v. *supra*); e a decisão proferida pela Suprema Corte em *Marbury v. Madison*, 1803. Em alguns poucos países, como o Reino Unido e, em alguma medida, a França, onde não há controle judicial de constitucionalidade, o princípio não tem aplicação plena, prevalecendo a doutrina da "supremacia do Parlamento".

27 Sobre a distinção entre poder constituinte e poder constituído, v. o clássico opúsculo de Emmanuel Joseph Sieyès, *Qu'est-ce le Tiers État*, editado em 1789, na antevéspera da Revolução Francesa. Há edição em português dessa obra, sob o título *A constituinte burguesa*: que é o terceiro Estado?, 1986.

28 V. Raul Machado Horta, Permanência e mudança na Constituição, in *Direito constitucional*, 2002, p. 97 e s.

atuação positiva, com a consequente redução do campo reservado à deliberação política majoritária[29]. Essa ampliação do espaço constitucional passou a ser amplamente questionada a partir do quarto final do século XX, na onda de uma intensa reação política pela redução do tamanho do Estado, pela desregulação e pela volta ao minimalismo constitucional do liberalismo[30].

Do ponto de vista dogmático, as últimas décadas assistiram a um movimento decisivo, que foi o reconhecimento e a consolidação da força normativa da Constituição. No constitucionalismo europeu – e na maior parte do mundo, que vivia sob sua influência – prevalecia o entendimento de que as normas constitucionais não seriam propriamente normas jurídicas, que comportassem tutela judicial quando descumpridas, mas sim diretivas políticas endereçadas sobretudo ao legislador. A superação dessa perspectiva ganhou impulso no segundo pós-guerra, com a perda de prestígio do positivismo jurídico e da própria lei e com a ascensão dos princípios constitucionais concebidos como uma reserva de justiça na relação entre o poder político e os indivíduos, especialmente as minorias. Essa mudança, uma verdadeira revolução silenciosa, tornou-se possível graças à disseminação da jurisdição constitucional, com a criação de inúmeros tribunais constitucionais pelo mundo afora.

Como já assinalado, o quadro descrito anteriormente encontrou exceção notável na experiência norte-americana, onde o constitucionalismo sempre foi marcado pela normatividade ampla e pela judicialização das questões constitucionais, na linha do precedente firmado com o julgamento do caso *Marbury v. Madison* pela Suprema Corte, em 1803. No Brasil, a força normativa e a conquista de efetividade pela Constituição são fenômenos recentes, supervenientes ao regime militar, e que somente se consolidaram após a redemocratização e a promulgação da Constituição de 1988.

Sedimentado o caráter normativo das normas constitucionais, o Direito contemporâneo é caracterizado pela passagem da Constituição para o centro do sistema jurídico[31], onde desfruta não apenas da supremacia formal que sempre teve, mas também de uma supremacia material, axiológica. Compreendida como uma ordem objetiva de valores[32] e como um sistema aberto de princípios e regras[33], a Constituição transforma-se no filtro através do qual se deve ler todo o direito infraconstitucional. Esse fenômeno tem sido designado como *constitucionalização do Direito*, uma verdadeira mudança de paradigma que deu novo sentido e alcance a ramos tradicionais e autônomos do Direito, como o civil, o administrativo, o penal e o processual (v. *infra*).

Essa constitucionalização do Direito, potencializada por algumas características associadas ao contexto filosófico do pós-positivismo – centralidade da ideia de dignidade humana e dos direitos

---

29 Sobre o tema, v. a célebre tese de J. J. Gomes Canotilho, *Constituição dirigente e vinculação do legislador*, 1982. Vejam-se também: Jacinto de Mirando Coutinho (org.), *Canotilho e a Constituição dirigente*, 2003; Gilberto Bercovici, A Constituição dirigente e a crise da teoria da Constituição, in Cláudio Pereira de Souza Neto, Gilberto Bercovici, José Filomeno de Moraes Filho e Martonio Mont'Alverne B. Lima, *Teoria da Constituição*: estudos sobre o lugar da política no direito constitucional, 2003; e Fábio de Oliveira, *Morte e vida da Constituição dirigente*: compreensão geral e brasileira, tese de doutorado apresentada no âmbito do Programa de Pós-Graduação em Direito Público da Universidade do Estado do Rio de Janeiro, mimeografado, 2006.

30 Na linha de resistência a este processo, v. Paulo Bonavides, *Do país constitucional ao país neocolonial*, 1999.

31 V., dentre muitos, Pietro Perlingieri, *Perfis de direito civil*, 1999; Daniel Sarmento, *Direitos fundamentais e relações privadas*, 2004; Ricardo Guastini, *Neoconstitucionalismo*, 2003.

32 A ideia da Constituição como ordem objetiva de valores, que condiciona a leitura e a interpretação de todos os ramos do Direito, foi fixada pelo Tribunal Constitucional Federal alemão, em 1958, no julgamento do célebre caso *Lüth*, no qual se assentou: "Los derechos fundamentales son ante todo derechos de defensa del ciudadano en contra del Estado; sin embargo, en las disposiciones de derechos fundamentales de la Ley Fundamental se incorpora también un orden de valores objetivo, que como decisión constitucional fundamental es válida para todas las esferas del derecho" (in Jürgen Schwabe, *Cincuenta años de jurisprudencia del Tribunal Constitucional Federal alemán*, 2003, Sentencia 7, 198). No caso concreto, o tribunal considerou que a conduta de um cidadão convocando ao boicote de determinado filme, dirigido por cineasta de passado ligado ao nazismo, não violava os bons costumes, por estar protegida pela liberdade de expressão. Por fim, vale mencionar que, a despeito da ampla aceitação de sua ideia central, a teoria da ordem objetiva de valores conta com críticos importantes, tais como o filósofo alemão Jürgen Habermas, que a acusa de funcionar como porta de entrada para um voluntarismo judicial fundado em juízos destituídos de legitimidade intersubjetiva. Nesse sentido, v. *Direito e democracia entre facticidade e validade*, 2003, v. I, p. 314 e s.

33 A ideia de *abertura* abriga dois conceitos: *incompletude* – a Constituição não tem a pretensão de disciplinar todos os temas e, mesmo em relação aos que disciplina, somente o faz instituindo os grandes princípios – e certa *indeterminação de sentido*, que permite a integração de suas normas pela atuação do legislador e do intérprete. V. Luís Roberto Barroso, Fundamentos teóricos e filosóficos do novo direito constitucional brasileiro, in *A nova interpretação constitucional*, 2003. Sobre a distinção entre princípios e regras, v. *infra* e, especialmente, Ronald Dworkin, *Taking rights seriously*, 1997, e Robert Alexy, *Teoría de los derechos fundamentales*, 1997. Para a ideia de *abertura* do sistema jurídico, v. Claus-Wilhelm Canaris, *Pensamento sistemático e conceito de sistema na ciência do Direito*, 1996. Para um tratamento sistemático dessas questões, v. também J. J. Gomes Canotilho, *Direito constitucional e teoria da Constituição*, 2003, p. 1159 e s.

fundamentais, desenvolvimento da nova hermenêutica, normatividade dos princípios, abertura do sistema, teoria da argumentação –, tem tornado o debate jurídico atual extremamente rico e instigante. Nele têm-se colocado temas que definirão o futuro da Constituição, dentre os quais: o papel do Estado e suas potencialidades como agente de transformação e de promoção dos direitos fundamentais; a legitimidade da jurisdição constitucional e da judicialização do debate acerca de determinadas políticas públicas; a natureza substantiva ou procedimental da democracia e o conteúdo das normas constitucionais que a concretizam, para citar apenas alguns exemplos.

A essas questões se soma, ainda, a crise da própria ideia tradicional de soberania estatal, num tempo em que é nítida a tendência para a formação de blocos políticos e econômicos de integração[34]. A tradicional percepção da Constituição como documento supremo, expressa na imagem do vértice de uma pirâmide, enfrenta o desafio doutrinário de um mundo onde convivem inúmeras fontes normativas superiores. Todas aspiram à primazia ou, no mínimo, à igualdade hierárquica, e dentre elas se incluem, além do próprio direito constitucional, também o direito internacional e o direito comunitário[35]. Nesse cenário, foi assinado, ao fim de 2004, o tratado que estabelece uma Constituição para a Europa[36]. Todavia, sua não aprovação em referendos realizados na França e na Holanda (Países Baixos), no primeiro semestre de 2005, lançou incertezas e adiou o início de sua vigência.

VII CONSTITUIÇÃO, CONSTITUCIONALISMO E DEMOCRACIA

A ideia de Estado democrático de direito, consagrada no art. 1º da Constituição brasileira, é a síntese histórica de dois conceitos que são próximos, mas não se confundem: os de constitucionalismo e de democracia. *Constitucionalismo* significa, em essência, limitação do poder e supremacia da lei (Estado de direito, *rule of law, Rechtsstaat*). *Democracia*, por sua vez, em aproximação sumária, traduz-se em soberania popular e governo da maioria. Entre constitucionalismo e democracia podem surgir, eventualmente, pontos de tensão: a vontade da maioria pode ter de estancar diante de determinados conteúdos materiais, orgânicos ou processuais da Constituição. Em princípio, cabe à jurisdição constitucional efetuar esse controle e garantir que a deliberação majoritária observe o procedimento prescrito e não vulnere os consensos mínimos estabelecidos na Constituição.

Não por acaso, portanto, é recorrente na doutrina o debate acerca do fundamento democrático da jurisdição constitucional, das origens até os dias de hoje[37]. A subsistência da polêmica e a busca constante

---

34 Alguns exemplos. O MERCOSUL – Mercado Comum do Sul foi criado pelo Tratado de Assunção, de 1991, e revisto pelo Protocolo de Ouro Preto, de 1994. Esse esforço de criação de uma área de livre comércio na América do Sul reuniu, originariamente, Argentina, Brasil, Paraguai e Uruguai. A Venezuela aderiu em julho de 2006. Ao longo da primeira década deste século, o MERCOSUL tem enfrentado dificuldades diversas, que incluíram a grave crise econômica da Argentina, em 2002, e seguidos conflitos de interesses. O NAFTA – Tratado Norte-Americano de Livre Comércio, firmado entre Canadá, México e Estados Unidos, está em vigor desde 1º.1.1994. Sobre a União Europeia, v. nota *infra*.

35 A esse propósito, v. J. J. Gomes Canotilho, *Direito constitucional e teoria da Constituição*, 2000, p. 675: "Em geral, dizia-se e ensinava-se que a Constituição representava o vértice de um sistema de normas construído sob a forma de *pirâmide jurídica* que, na sua globalidade, formava a *ordem jurídica*. Este modelo não tem hoje virtualidades suficientes para captar o relevo jurídico do direito internacional e do direito comunitário. Não há um vértice com uma norma superior; no estalão superior situam-se vários *ordenamentos superiores* – ordenamento constitucional, ordenamento internacional e ordenamento comunitário – cuja articulação oferece inequívocas dificuldades, sobretudo quando qualquer desses ordenamentos disputa a *supremacia normativa* ou, pelo menos, a *aplicação preferente* de suas normas e princípios".

36 O tratado criando a Constituição europeia foi assinado em Roma, em 22.10.2004, e publicado no Jornal Oficial da União Europeia em 16.12.2004. Nele se previa a entrada em vigor em 1º.11.2006, se tivessem sido depositados todos os instrumentos de ratificação, o que não aconteceu. Há outra previsão, no sentido de que entrará em vigor no primeiro dia do segundo mês seguinte ao do depósito do instrumento de ratificação do Estado signatário que proceder a esta formalidade em último lugar (art. 447). Sobre o tema, com um olhar latino-americano, v. Agustín Gordillo, The draft EU Constitution and the world order, *European Public Law Series*, v. LXIII. Na literatura brasileira, v. José Ribas Vieira (org.), *A Constituição europeia*, 2004.

37 O tema é objeto de volumosa literatura nos Estados Unidos. Vejam-se, exemplificativamente: Alexander M. Bickel, *The least dangerous branch*, 1986; John Hart Ely, *Democracy and distrust*, 1980; Charles Black Jr., *The people and the court*, 1960; Herbert Wechsler, Towards neutral principles of constitutional law, *Harvard Law Review*, 73:1, 1959; Robert Bork, Neutral principles and some first amendment problems, *Indiana Law Journal*, 47:1, 1971; Bruce Ackerman, Beyond Carolene Products, *Harvard Law Review*, 98:713, 1985; Ronald Dworkin, *Taking rights seriously*, 1997; Edwin Meese III, The law of the Constitution, *Tulane Law Review*, 61:979, 1987; Rebecca I. Brown, Accountability, liberty, and the Constitution, *Columbia Law Review*, 98:531, 1998. Na doutrina europeia, vejam-se: Robert Alexy, *Teoría de la argumentación*

de legitimação nas relações entre o constituinte e o legislador revelam um imperativo dos tempos modernos: o de harmonizar a existência de uma Constituição – e dos limites que ela impõe aos poderes ordinários[38] – com a liberdade necessária às deliberações majoritárias, próprias do regime democrático. As perguntas que desafiam a doutrina e a jurisprudência podem ser postas nos termos seguintes: por que um texto elaborado décadas ou séculos atrás (a Constituição) deveria limitar as maiorias atuais? E, na mesma linha, por que se deveria transferir ao Judiciário a competência para examinar a validade de decisões dos representantes do povo?

As respostas a essas indagações já se encontram amadurecidas na doutrina contemporânea[39] e podem ser resumidas como se faz a seguir. A Constituição de um Estado democrático tem duas funções principais. Em primeiro lugar, compete a ela veicular consensos mínimos, essenciais para a dignidade das pessoas e para o funcionamento do regime democrático, e que não devem poder ser afetados por maiorias políticas ocasionais[40]. Esses consensos elementares, embora possam variar em função das circunstâncias políticas, sociais e históricas de cada país[41], envolvem a garantia de direitos fundamentais, a separação e a organização dos Poderes constituídos[42] e a fixação de determinados fins de natureza política ou valorativa.

Em segundo lugar, cabe à Constituição garantir o espaço próprio do pluralismo político, assegurando o funcionamento adequado dos mecanismos democráticos. A participação popular, os meios de comunicação social, a opinião pública, as demandas dos grupos de pressão e dos movimentos sociais imprimem à política e à legislação uma dinâmica própria e exigem representatividade e legitimidade corrente do poder. Há um conjunto de decisões que não podem ser subtraídas dos órgãos eleitos pelo povo a cada momento histórico. A Constituição não pode, não deve nem tem a pretensão de suprimir a deliberação legislativa majoritária[43].

---

jurídica, 1997; Jürgen Habermas, *Direito e democracia*: entre faticidade e validade, 1997, 2 v.; Peter Häberle, *Hermenêutica constitucional*: a sociedade aberta dos intérpretes da Constituição, 1997; Eduardo García de Enterría, *La Constitución como norma y el tribunal constitucional*, 1991; Pierre Rosanvallon, *La légitimité démocratique:* impartialité, réflexivité, proximité, 2008. No Brasil, vejam-se, entre muitos outros: Willis Santiago Guerra Filho, Derechos fundamentales, proceso y principio de la proporcionalidad, Separata de *Ciência Tomista*, Salamanca, t. 124, n. 404, 1997; Oscar Vilhena Vieira, *A Constituição e sua reserva de justiça*, 1999; Cláudio Pereira de Souza Neto, *Jurisdição constitucional, democracia e racionalidade prática*, 2002; José Adércio Leite Sampaio, *A Constituição reinventada pela jurisdição constitucional*, 2002, p. 60 e s. ("Discurso de legitimidade da jurisdição constitucional e as mudanças legais do regime de constitucionalidade no Brasil"); Gustavo Binenbojm, *A nova jurisdição constitucional brasileira*, 2001; e Eduardo Mendonça, *A democracia das massas e a democracia das pessoas*: uma reflexão sobre a dificuldade contramajoritária, 2014 (tese de doutorado aprovada na Universidade do Estado do Rio de Janeiro – UERJ, mimeografada).

38 Norberto Bobbio, Nicola Matteucci e Gianfranco Pasquino, *Dicionário de política*, 1999, v. 1, p. 257. Sobre outros aspectos da relação entre constitucionalismo e democracia, como a noção de liberdade e os conceitos de povo, soberania e Estado, veja-se o mesmo livro, p. 256 e s.

39 Sobre o assunto, vejam-se: John H. Ely, *Democracy and distrust*: a theory of judicial review, 1980, caps. 5 e 6; Eduardo García de Enterría, *La Constitución como norma y el Tribunal Constitucional*, 2006, p. 167-251; Alexander M. Bickel, *The least dangerous branch*, 1986, p. 1-33; J. C. Vieira de Andrade, Legitimidade da justiça constitucional e princípio da maioria, in *Legitimidade e legitimação da justiça constitucional*: colóquio no 10º aniversário do Tribunal Constitucional, 1995, p. 80 e s.; e Francisco Lucas Pires, Legitimidade da justiça constitucional e princípio da maioria, in *Legitimidade e legitimação da justiça constitucional*: colóquio no 10º aniversário do Tribunal Constitucional, 1995, p. 167 e s.

40 Jon Elster, *Ulysses and the sirens*, 1979; Jon Elster, *Ulysses unbound*, 2000; Stephen Holmes, *Passions and constraint*: on the theory of liberal democracy, 1995; Landelino Lavilla, Constitucionalidad y legalidad. Jurisdicción constitucional y poder legislativo, in Antonio López Pina (org.), *División de poderes y interpretación*: hacia una teoría de la praxis constitucional, 1997, p. 58-72; Tomás de la Quadra, Antonio La Pergola, Antonio Hernández Gil, Jorge Rodríguez-Zapata, Gustavo Zagrebelsky, Francisco P. Bonifacio, Erhardo Denninger e Conrado Hesse, Métodos y criterios de interpretación de la Constitución, in Antonio López Pina (org.), *División de poderes y interpretación*: hacia una teoría de la praxis constitucional, 1997, p. 134; e Francisco Fernández Segado, La teoría jurídica de los derechos fundamentales en la Constitución Española de 1978 y en su interpretación por el Tribunal Constitucional, *Revista de Informação Legislativa do Senado Federal*, 121:77, 1994: "[...] los derechos son, simultáneamente, la conditio sine qua non del Estado constitucional democrático".

41 V. J. J. Gomes Canotilho, Rever ou romper com a Constituição dirigente? Defesa de um constitucionalismo moralmente reflexivo, *Revista dos Tribunais – Cadernos de Direito Constitucional e Ciência Política*, 15:7, 1996.

42 Declaração dos Direitos do Homem e do Cidadão, de 1789, art. 16: "Qualquer sociedade na qual a garantia dos direitos não está em segurança, nem a separação dos poderes determinada, não tem Constituição".

43 No sentido do texto, v. a tese de doutorado de Ana Paula de Barcellos, publicada em edição comercial sob o título *Ponderação, racionalidade e atividade jurisdicional*, 2005; e Luís Roberto Barroso, Disciplina legal dos direitos do acionista minoritário e do preferencialista. Constituição e espaços de atuação legítima do Legislativo e do Judiciário, in *Temas de direito constitucional*, 2005, t. III, p. 279 e s.

As noções expostas até aqui correspondem não apenas ao conhecimento convencional na matéria, sob a ótica da teoria constitucional e da teoria democrática, como também foram igualmente abrigadas no direito constitucional positivo brasileiro. De fato, na Constituição de 1988, determinadas decisões políticas fundamentais do constituinte originário são intangíveis (art. 60, § 4º) e nela se estabeleceu um procedimento legislativo especial para a aprovação de emendas constitucionais (art. 60). De outra parte, o texto faz expressa opção pelo princípio democrático e majoritário (art. 1º, *caput*, e parágrafo único), define como princípio fundamental o pluralismo político (art. 1º, V) e distribui competências pelos órgãos dos diferentes Poderes e estruturas constitucionais (Título IV, arts. 44 e s.). Há um claro equilíbrio entre constitucionalismo e democracia, que não pode nem deve ser rompido pelo intérprete constitucional.

Longe de serem conceitos antagônicos, portanto, constitucionalismo e democracia são fenômenos que se complementam e se apoiam mutuamente no Estado contemporâneo[44]. Ambos se destinam, em última análise, a prover justiça, segurança jurídica e bem-estar social. Por meio do equilíbrio entre Constituição e deliberação majoritária, as sociedades podem obter, ao mesmo tempo, estabilidade quanto às garantias e valores essenciais, que ficam preservados no texto constitucional, e agilidade para a solução das demandas do dia a dia, a cargo dos poderes políticos eleitos pelo povo. No mundo moderno, sem embargo dos múltiplos modelos constitucionais que podem ser adotados, os objetivos últimos da Constituição podem ser assim sistematizados:

a) institucionalizar um Estado democrático de direito, fundado na soberania popular e na limitação do poder;

b) assegurar o respeito aos direitos fundamentais, inclusive e especialmente os das minorias políticas;

c) contribuir para o desenvolvimento econômico e para a justiça social;

d) prover mecanismos que garantam a boa administração, com racionalidade e transparência nos processos de tomada de decisão, de modo a propiciar governos eficientes e probos.

Democracia, direitos fundamentais, desenvolvimento econômico, justiça social e boa administração são algumas das principais promessas da modernidade. Estes os fins maiores do constitucionalismo democrático, inspirado pela dignidade da pessoa humana, pela oferta de iguais oportunidades às pessoas, pelo respeito à diversidade e ao pluralismo[45], e pelo projeto civilizatório de fazer de cada um o melhor que possa ser.

Um último ponto sobre a relação entre constitucionalismo e democracia merece anotação. Recentemente, parte importante da academia tem se dedicado a tratar de experiências de retrocesso democrático vivenciadas em múltiplos países, que têm designadas de *constitucionalismo abusivo, legalismo autocrático* ou *autoritarismo competitivo*[46]. Sob tais denominações, alude-se a circunstâncias em que líderes autoritários, que ascenderam ao poder por meio do voto popular, buscam suprimir direitos e alterar o funcionamento democrático, inclusive por meio de normas constitucionais, a fim de assegurar a sua permanência no poder e seu exercício com o mínimo de controles possível ou sem eles. As eleições são mantidas, mas nem sempre são verdadeiramente livres, devido ao aparelhamento político das instituições, à perseguição a líderes de oposição e à censura ou captura da imprensa. Tal caricatura do modelo tradicional tem sido referida como *democracias iliberais*[47]. Adiante se voltará a esse tema (v. Parte IV, cap. III, 2).

---

44 Na teoria democrática e na filosofia constitucional contemporânea, essa conciliação vem sendo amplamente explorada. Sobre o tema, v. John Rawls, *A theory of justice*, 1999 (a 1ª edição é de 1971); Jürgen Habermas, *Direito e democracia*: entre facticidade e validade, 1989; Carlos Santiago Nino, *La Constitución de la democracia deliberativa*, 1997; Gisele Citadino, *Pluralismo, direito e justiça distributiva*, 1999; e a tese de doutorado de Cláudio Pereira de Souza Neto, *Teoria constitucional e democracia deliberativa*, publicada em edição comercial, sob o mesmo título, no ano de 2006.

45 Diversidade e pluralismo são conceitos próximos, mas não sinônimos. Na acepção aqui empregada, *respeito à diversidade* significa a aceitação do outro, o respeito à diferença, seja ela étnica, religiosa ou cultural. *Respeito ao pluralismo* significa reconhecer que existem diferentes concepções de mundo e de projetos de vida digna, que devem conviver e não devem ter pretensão de hegemonia.

46 De fato, os exemplos têm se acumulado ao longo dos anos: Hungria, Polônia, Turquia, Rússia, Geórgia, Ucrânia, Filipinas, Venezuela, Nicarágua. V. Luís Roberto Barroso e Patrícia Perrone Campos Mello, *Democracias iliberais e direitos humanos*: o papel dos tribunais internacionais, no prelo, 2021.

47 David Landau, Abusive constitutionalism, *UC Davis Law Review*, 47, 2013; Kim Schepelle, Autocratic legalism, *The University of Chicago Law Review*, 85:545, 2018; Fareed Zakaria, The rise of illiberal democracies, *Foreign Affairs*, 76:22, 1997; Steven Levitsky e Daniel Ziblatt, *Como as democracias morrem*, 2018; Steven Levitsky e Lucan A. Way, The rise of competitive authoritarianism: elections without democracy, *Journal of Democracy*, 13:51, 2002. Na literatura nacional: Luís Roberto Barroso e Patrícia Perrone Campos Mello, *Democracias iliberais e direitos humanos*: o papel dos tribunais internacionais, no prelo, 2021.

VIII ALGUMAS CORRENTES DA FILOSOFIA CONSTITUCIONAL E DA FILOSOFIA POLÍTICA CONTEMPORÂNEAS[48]

A filosofia política e a filosofia constitucional, sobretudo nas últimas décadas, passaram a comportar espaços relevantes de superposição. Como filosofia, ambas compartilham o ideal da busca por conhecimento, por reflexão crítica e pela definição de valores morais. Porém, também quanto ao seu objeto, são inúmeros os temas e preocupações comuns, como liberdade, igualdade, dignidade humana, direitos fundamentais, justiça, o espaço de atuação de cada um dos Poderes e os diferentes papéis desempenhados pelo Estado. A verdade é que o mundo do poder e o mundo do Direito tornaram-se indissociáveis. A interface entre eles tem como peça essencial a Constituição, que é o marco de uma fronteira tênue e movediça: a que procura separar os domínios da política e do Direito, da vontade e da razão, da legislação e da jurisdição constitucional. Em um mundo no qual o positivismo jurídico perdeu sua hegemonia – tanto na sua versão primitiva como na versão mais sofisticada do Segundo Pós-Guerra –, o Direito se tornou crescentemente permeável aos valores éticos, aos valores políticos e à realidade social.

Nos parágrafos seguintes, de forma comprimida e objetiva, cuido de algumas das principais linhas de pensamento que têm despertado atenção no debate político-constitucional contemporâneo. Não mais do que uma visão esquemática, um roteiro essencial que permita o aprofundamento por parte de quem se interessar.

1 Substancialismo e procedimentalismo

Os pontos de vista defendidos no tópico anterior – e neste livro de maneira geral – são de natureza claramente substancialista. Convém, por isso mesmo, explicitar a distinção em relação ao procedimentalismo. Substancialistas e procedimentalistas têm visões diferentes acerca do papel da Constituição e da jurisdição constitucional. No ambiente da democracia deliberativa[49], a Constituição deve conter – e juízes e tribunais devem implementar – direitos fundamentais, princípios e fins públicos que realizem os grandes valores de uma sociedade democrática: justiça, liberdade e igualdade. Os substancialistas manifestam sua adesão explícita a esses valores e admitem o controle de resultado das deliberações políticas que supostamente os contravenham. Já os procedimentalistas não concebem o papel do intérprete constitucional como o de um aplicador de princípios de justiça, mas como um fiscal do funcionamento adequado do processo político deliberativo.

De forma um pouco mais detalhada: um procedimentalista preconizará que estejam fora da Constituição os temas mais controvertidos do ponto de vista moral, econômico ou político. A decisão acerca de cada um deles deve ser tomada pelas maiorias políticas que se formam a cada tempo. Ainda pela mesma lógica, o procedimentalismo defende uma jurisdição constitucional mais modesta e autocontida, que não procura extrair da Constituição, mediante construção argumentativa, direitos ou pretensões que não resultem de clara decisão política do constituinte. Tudo o que não seja direta e inequivocamente extraível do texto constitucional deve ficar ao alvedrio do legislador ordinário. Os substancialistas, por

---

48 Will Kymlicka, *Filosofia política contemporânea*, 2006; Carla Faralli, *A filosofia contemporânea do Direito*: temas e desafios, 2006; Cláudio Pereira de Souza Neto, *Teoria constitucional e democracia deliberativa*: um estudo sobre o papel do direito na garantia das condições para a cooperação na deliberação democrática, 2006; Vicente de Paula Barreto (coord.), *Dicionário de filosofia do Direito*, 2006; Daniel Sarmento (coord.), *Filosofia e teoria constitucional contemporânea*, 2009; José Adércio Leite Sampaio, *Teoria da Constituição e dos direitos fundamentais*, 2013; Cláudio Pereira de Souza Neto e Daniel Sarmento, *Direito constitucional: teoria*, história e métodos de trabalho, 2012; Gonçalo de Almeida Ribeiro, *A philosophic history of liberal legalism*, 2012, mimeografado (tese de doutorado apresentada na Universidade de Harvard).

49 Na configuração moderna do Estado e da sociedade, a ideia de democracia já não se reduz à prerrogativa popular de eleger representantes, nem tampouco às manifestações das instâncias formais do processo majoritário. Na *democracia deliberativa*, o debate público amplo, realizado em contexto de livre circulação de ideias e de informações, e observado o respeito aos direitos fundamentais, desempenha uma função racionalizadora e legitimadora de determinadas decisões políticas. Sobre o tema, v. John Rawls, *A theory of justice*, 1999; Jürgen Habermas, *Direito e democracia*: entre facticidade e validade, 1989; Carlos Santiago Nino, *La Constitución de la democracia deliberativa*, 1997; Gisele Citadino, *Pluralismo, direito e justiça distributiva*, 1999. V. também a tese de doutoramento de Cláudio Pereira de Souza Neto, *Teoria constitucional e democracia deliberativa*, 2006, defendida no âmbito do Programa de Pós-Graduação em Direito Público da Universidade do Estado do Rio de Janeiro, na qual analisa dois modelos de democracia deliberativa inspirados nas obras de Rawls e de Habermas. Como assinalado pelo autor, à p. 11: "O primeiro concebe a deliberação como um processo de aplicação de princípios de justiça: fornece, com isso, uma versão substantiva de democracia deliberativa. O segundo compreende que a deliberação deve permanecer aberta quanto aos resultados, considerando, como únicas restrições defensáveis, as que dizem respeito a suas próprias condições procedimentais. O seu modelo é procedimental".

sua vez, defendem um papel mais proeminente para a Constituição e para a jurisdição constitucional. Essa a posição que tenho defendido de longa data, pelas razões que exponho a seguir.

Em um país como o Brasil, com suas circunstâncias políticas e sociais, se a Constituição não cuidar de definições importantes em temas como educação, saúde e proteção ambiental, ela se tornará um mero repositório de regras para a disputa do poder pela classe dominante[50]. Por igual, no plano da interpretação e da jurisdição constitucional, cabe ao intérprete e ao Supremo Tribunal Federal, à medida que o texto da Constituição e a realidade social permitam, promover os avanços sociais que, por motivos diversos, ficaram represados no processo político majoritário. Foi o que a Suprema Corte americana fez, por exemplo, ao julgar *Brown vs. Board of Education*[51], em 1954, pondo fim à segregação racial nas escolas públicas. Foi o que o Supremo Tribunal Federal fez, igualmente, ao acolher pedidos como a equiparação das uniões homoafetivas às uniões estáveis[52], ao autorizar a interrupção da gestação de fetos inviáveis[53], ao proibir o nepotismo nos três Poderes[54], ao assegurar a alteração do prenome e do gênero no registro civil de pessoas transgêneros[55] e, ao conferir tratamento penal à homofobia e à transfobia[56]. Em todos esses casos, agiu diante da inércia do legislador ordinário. Em certas situações excepcionais – com grande parcimônia e sem arrogância –, a jurisdição constitucional deve desempenhar um papel iluminista, ajudando a empurrar a história[57].

O procedimentalismo tem, como um dos seus principais articuladores teóricos, o jusfilósofo alemão Jürgen Habermas, cuja obra é objeto de importantes análises e reflexões na literatura jurídica brasileira[58]. Para ele, em um mundo assinalado pelo pluralismo e pela ausência de consensos materiais acerca das grandes questões, a legitimidade das decisões políticas deve se assentar no processo democrático de produção normativa. É certo que Habermas considera os direitos fundamentais como condição da democracia e, consequentemente, reconhece que devam ser protegidos pela jurisdição constitucional, para que não se desintegrem pela atividade legislativa das maiorias eventuais. Porém, rejeita a visão de que os direitos fundamentais sejam lidos em uma dimensão objetiva e que funcionem como uma "ordem de valores"[59] para a compreensão de todo o sistema jurídico e para a imposição ao Estado de certos deveres de atuação. Essa é, tipicamente, a visão dos substancialistas, que tinham como um dos seus principais militantes o saudoso Professor Ronald Dworkin, falecido em 2013. Em um de seus trabalhos memoráveis, Dworkin defendeu o que chamou de "leitura moral da Constituição"[60].

Não deve passar despercebido o fato de que a Constituição brasileira de 1988 é claramente substancialista[61], de modo que procurar minimizar o seu alcance, em nome de uma visão procedimentalista do Direito e da vida, incorrerá no risco sério de contrariar seu texto e espírito. Em suma: na busca do

---

50 É certo que a Constituição brasileira trata de temas demais, boa parte deles destituídos de fundamentalidade. Esse problema, todavia, nada tem a ver com uma postura substancialista. Ele decorre das circunstâncias históricas e políticas em que elaborada a Constituição.

51 347 U.S. 483.

52 *DJE*, 14.10.2011, ADPF 132 e ADI 142, Rel. Min. Carlos Ayres Britto.

53 ADPF 54, Rel. Min. Marco Aurélio, j. 12.4.2011.

54 *DJE*, 18.12.2009, ADC 12, Rel. Min. Carlos Ayres Britto e *DJE*, 20.10.2008, RE 579.951, Rel. Min. Ricardo Lewandowski.

55 ADI 4.275, Rel. Min. Edson Fachin, j. 1º.3.2018.

56 ADO 26, Rel. Min. Celso de Mello; MI 4733, Rel. Min. Edson Fachin, j. 13.3.2019. A decisão concluiu pela aplicação do tipo de racismo à homofobia e à transfobia. Embora paradigmática do ponto de vista dos direitos das pessoas LGBTI, suscitou debate importante quanto à vinculação do Supremo Tribunal Federal ao princípio da legalidade estrita em matéria penal.

57 Nesse sentido, v. Luís Roberto Barroso, A razão sem voto: o Supremo Tribunal Federal e o governo da maioria, *Revista Brasileira de Políticas Públicas*, 2015, p. 24-50. Disponível em: https://www.publicacoesacademicas.uniceub.br/ RBPP/article/view/3180/pdf. Acesso em: 3.1.2017. V. tb., Luís Roberto Barroso, Contramajoritário, representativo e iluminista: os papéis dos tribunais constitucionais nas democracias. *Revista Direito e Práxis*, Ahead of print, Rio de Janeiro, 2017.

58 V., *e.g.*, Álvaro Ricardo de Souza Cruz, *Jurisdição constitucional democrática*, 2004, e Cláudio Pereira de Souza Neto, *Teoria constitucional e democracia deliberativa*: um estudo sobre o papel do direito na garantia das condições para a cooperação na deliberação democrática, 2006.

59 Esta ideia foi uma construção do Tribunal Constitucional Federal alemão, na decisão do célebre caso Luth. *BverfGE*, 7, 198. A decisão é comentada no Capítulo 5, parte II.

60 Ronald Dworkin, *Freedom's law:* the moral reading of the American Constitution, 1996.

61 Cláudio Pereira de Souza Neto e Daniel Sarmento, *Direito constitucional*: teoria, história e métodos de trabalho, 2012, p. 226.

equilíbrio entre constitucionalismo e democracia, os substancialistas dão ênfase aos direitos fundamentais e os procedimentalistas ao princípio majoritário[62]. Deve-se reconhecer, no entanto, a existência de uma larga zona de interseção entre as duas concepções, mais expressiva do que suas diferenças[63].

2 Liberalismo e comunitarismo[64]

Do ponto de vista histórico, o liberalismo nasceu associado ao constitucionalismo, trazendo consigo a configuração de um novo modelo de Estado. Em momentos diferentes no tempo, derrotou adversários poderosos, como o absolutismo, a sociedade patriarcal, o fascismo e o comunismo. Progressivamente, o liberalismo aproximou-se da democracia, incorporando a participação popular abrangente ao arranjo institucional que se tornou dominante na maior parte do mundo ocidental. Tal arranjo inclui: Estado de direito, governo da maioria e respeito aos direitos fundamentais. E, também, uma ordem econômica fundada, predominantemente, na livre-iniciativa e no mercado. É comum, na literatura, a bipartição do liberalismo em político e econômico. O liberalismo político centra-se no poder limitado e nas liberdades públicas. O liberalismo econômico, na livre-iniciativa, na propriedade privada e na liberdade de contratar. A segunda metade do século XX foi contemporânea da ascensão de um modelo atenuado de liberalismo econômico, que foi a social-democracia. No terço final do século, um conjunto de ideias se articulou em torno do conceito de liberalismo igualitário. Essas ideias serão brevemente alinhavadas a seguir.

2.1 Liberalismo igualitário

O liberalismo igualitário é um dos principais marcos teóricos deste livro. *No plano político*, ele mantém o papel central da liberdade, valorizando a autonomia individual, a autodeterminação das pessoas e sua capacidade de fazer escolhas existenciais e morais. Entre essas liberdades, ditas básicas ou fundamentais, incluem-se os direitos políticos, as liberdades de expressão, de reunião, de consciência, o direito à propriedade individual e o de não ser preso arbitrariamente. Todavia, em algum grau de contraste com o liberalismo clássico, o liberalismo igualitário coloca maior ênfase na ideia de igualdade, ao defender que todos sejam tratados com *igual respeito e consideração*[65]. Essa expressão, que se tornou clássica, significa que cada pessoa tem o mesmo valor e merece que seus interesses e opiniões sejam levados em conta com seriedade.

No plano econômico-social, o modelo liberal igualitário endossa a livre-iniciativa e a economia de mercado, mas não considera toda e qualquer liberdade econômica fundamental e protegida. A intervenção do Estado se justifica quando necessária para propiciar uma distribuição igualitária de recursos e de oportunidades. Mais que isso, a dimensão igualitária de tal concepção reconhece o direito básico a um mínimo social[66] ou mínimo existencial[67]. A igualdade, em sentido material ou substantivo, e especialmente a autonomia

---

62 Esse debate é predominantemente – mas não exclusivamente – americano. Na vertente substancialista, vejam--se especialmente: John Rawls, *A theory of justice*, 1999; *Liberalismo político*, 2000; e também Ronald Dworkin, *Taking rights seriously*, 1997; *Freedom's law*: the moral reading of the American Constitution, 1999; *O império do Direito*, 1999. Na vertente procedimentalista, vejam-se especialmente: John Hart Ely, *Democracy and distrust*: a theory of judicial review, 1980; e também Jürgen Habermas, *Direito e democracia entre faticidade e validade*, 1997. Para um debate aprofundado da questão, em língua portuguesa, ver a obra referida acima de Cláudio Pereira de Souza Neto, *Teoria constitucional e democracia deliberativa*, 2006.

63 Nesse sentido, Ana Paula de Barcellos, Neoconstitucionalismo, direitos fundamentais e controle das políticas públicas, *Revista de Direito Administrativo 240*:83, 2005, p. 88: "É bem de ver que o conflito substancialismo *versus* procedimentalismo não opõe realmente duas ideias antagônicas ou totalmente inconciliáveis. O procedimentalismo, em suas diferentes vertentes, reconhece que o funcionamento do sistema de deliberação democrática exige a observância de determinadas condições, que podem ser descritas como opções materiais e se reconduzem a opções valorativas ou políticas. Com efeito, não haverá deliberação majoritária minimamente consciente e consistente sem respeito aos direitos fundamentais dos participantes do processo deliberativo, o que inclui a garantia das liberdades individuais e de determinadas condições materiais indispensáveis ao exercício da cidadania".

64 John Rawls, *Uma teoria da justiça*, 2008; John Rawls, *Political liberalism*, 2005; John Rawls, *Justice as fairness:* a restatement, 2003; Ronald Dworkin, *Sovereign virtue*, 2000.

65 Ronald Dworkin, *Taking rights seriously*, 1997 (1. ed. 1977), p. 181 e, do mesmo autor, *A matter of principle*, 2000 (1. ed. 1985), p. 144.

66 John Rawls, *Political Liberalism*, 2005, p. 228 e 229 ("... [U]m mínimo social para as necessidades básicas de todos os cidadãos é também essencial...").

67 Essa é a tradução literal da expressão utilizada por autores e cortes alemãs (Existenzminimum). V. Robert Alexy, *A Theory of Constitutional Rights*, 2004, p. 290 ("Dificilmente pode haver alguma dúvida de que o Tribunal Constitucional Federal pressupõe a existência de um direito constitucional ao mínimo existencial.").

58

(pública e privada) são ideias dependentes do fato de os indivíduos serem livres de privações, com a satisfação adequada de suas necessidades vitais essenciais. Para serem livres, iguais e capazes de exercer uma cidadania responsável, os indivíduos precisam estar além de limiares mínimos de bem-estar, sob pena de a autonomia se tornar uma mera ficção. Isso exige o acesso a algumas prestações essenciais – como educação básica e serviços de saúde –, assim como a satisfação de algumas necessidades elementares, como alimentação, água, vestuário e abrigo. O mínimo existencial, portanto, está no núcleo essencial dos direitos sociais e econômicos, cuja existência como direitos realmente fundamentais – e não como meras pretensões dependentes do processo político – é bastante controvertida em alguns países.

Por fim, *no plano institucional*, o liberalismo reconhece o que se denomina de *fato do pluralismo*[68]: as sociedades contemporâneas, democráticas e abertas, comportam múltiplas visões de mundo que são contraditórias entre si. Não existe um único ideal de vida boa. Como consequência, o Estado deve ser neutro em relação às variadas opções razoáveis em matéria econômica, religiosa ou ética, entre outras. O papel do Estado não é o de fazer escolhas pelos indivíduos, mas o de assegurar um ambiente de segurança e de respeito mútuo no qual cada um possa viver as suas crenças e as suas opções. O limite é o respeito à igual possibilidade por parte das demais pessoas. Nesse sentido, o liberalismo igualitário opõe-se ao paternalismo, ao utilitarismo e ao comunitarismo. No tocante ao exercício da jurisdição constitucional, defende uma ativa e vigorosa atuação do Judiciário e das supremas cortes na defesa dos direitos fundamentais, não apenas como forma de protegê-los contra as minorias, mas também para o avanço do processo social.

O liberalismo igualitário, tal como aqui exposto, teve suas bases teóricas lançadas na obra do autor norte-americano John Rawls, um dos mais influentes filósofos políticos do século XX[69]. Rawls retomou a ideia de contrato social, na linha de precursores como Locke, Rousseau e Kant, agregando a ela alguns *insights* luminosos. Entre eles, o do denominado *véu da ignorância*: em uma hipotética posição original na qual deveriam definir as normas básicas de sua associação política, as partes desconheceriam o seu lugar na sociedade, bem como os seus dotes naturais, sua inteligência ou sua força. Como consequência, ao definir os princípios fundamentais de justiça daquela comunidade política, ninguém agiria para favorecer a si próprio. Rawls segue adiante para formular os dois princípios que, a seu ver, devem reger uma sociedade justa, envolvendo a atribuição de direitos e deveres, de um lado, e a distribuição de vantagens sociais e econômicas, de outro. Em suas palavras:

> "Todos os valores sociais – liberdade e oportunidade, renda e riqueza, e as bases sociais do autorrespeito – devem ser distribuídos de forma igual, a não ser que uma distribuição desigual de um ou de todos esses valores seja vantajosa para todos"[70].

Rawls cunhou ou aprofundou outros conceitos que se tornaram referência na filosofia política, como o de doutrinas abrangentes ou consenso sobreposto[71]. Merece uma reflexão final a ideia de *razão pública*[72], por sua relevância para a temática da jurisdição constitucional. Trata-se de uma noção essencial na democracia liberal pluralista, na qual as pessoas são livres para aderir a diversas doutrinas abrangentes e razoáveis (em matéria de religião, de ideologia política ou de defesa de gênero, por exemplo). Pois bem: a razão pública é um tipo de argumentação que se vale de elementos racionais que podem ser compartilhados pelo conjunto de cidadãos livres e iguais, independentemente de serem católicos, socialistas ou feministas. Por essa razão, Rawls afirma que uma corte suprema é o caso exemplar de

---

68   John Rawls, *Justice as fairness*, 2003, p. 3.

69   A primeira articulação sistemática do seu pensamento se deu no livro *A theory of justice*, publicado em 1971, cujas ideias foram revisitadas e refinadas em trabalhos posteriores. V. John Rawls, *Uma teoria de justiça*, 2008 (1. ed. 1971); *Politica liberalism*, 1995 (1. ed. 1993); *O direito dos povos*, 2004 (1. ed. 1999); *Justice as fairness*, 2003 (1. ed. 2001).

70   V. John Rawls, *Uma teoria de justiça*, 2008, p. 75. Os dois princípios de justiça que seriam acordados na posição original foram assim enunciados pelo autor (p. 73): "Primeiro: cada pessoa deve ter um direito igual ao sistema mais extenso de iguais liberdades fundamentais que seja compatível com um sistema similar de liberdades para as outras pessoas. Segundo: as desigualdades sociais e econômicas devem estar dispostas de tal modo que tanto (a) se possa razoavelmente esperar que se estabeleçam em benefício de todos como (b) estejam vinculadas a cargos e posições acessíveis a todos".

71   Os conceitos de doutrinas abrangentes e consenso sobreposto relacionam-se à ideia de razão pública. Segundo Rawls, diferentes grupos de pessoas cultivam distintas *doutrinas abrangentes* razoáveis sobre questões religiosas, filosóficas e morais, ensejando um *pluralismo razoável* de visões de mundo. O consenso sobreposto é o acordo político que, sem negar tais doutrinas abrangentes ou impô-las, sustenta uma concepção autônoma de justiça. Ele é construído com base em *razões públicas*, aptas a serem acolhidas por pessoas razoáveis, independentemente das doutrinas abrangentes a que se vinculem. John Rawls, *Uma teoria de justiça*, 2011, p. 157-203.

72   Essa expressão foi utilizada pela primeira vez por Immanuel Kant, em *What is enlightenment*, 1784, mas coube a Rawls reavivá-la e ressituá-la no debate político e constitucional.

utilização da razão pública: cabe-lhe produzir a melhor interpretação possível da Constituição e justificá-la em termos de uma concepção pública de justiça, que não pode se confundir com a de qualquer grupo particular nem tampouco com a do próprio juiz ou ministro[73]. O papel da jurisdição constitucional em uma democracia constitucional, também na perspectiva do liberalismo igualitário, é explorado com maestria por outro jusfilósofo, Ronald Dworkin, em um conjunto de trabalhos particularmente influentes[74].

2.2 A crítica comunitarista[75]

O pensamento liberal igualitário sofre a crítica difusa de um conjunto de teorias e visões de mundo agrupadas sob o rótulo genérico de comunitarismo[76]. A contraposição entre comunitaristas e liberais mobilizou, de modo particular, a filosofia política anglo-saxã, mas muitas de suas implicações são universais. O debate gravita em torno do indivíduo, da comunidade, dos direitos individuais, dos valores morais e do papel do Estado. Em essência, o comunitarismo critica a centralidade do indivíduo e dos direitos individuais, procurando deslocar o eixo de suas preocupações para a comunidade e os deveres de lealdade em relação a ela. Para que exista um verdadeiro autogoverno de cidadãos, em lugar do individualismo, é imperativo fomentar os laços que unem o indivíduo à comunidade. Nessa linha, de acordo com os comunitaristas, a autonomia pública – *i.e.*, a participação na vida da comunidade e no processo político – está acima da autonomia privada, que se manifesta na autodeterminação individual e nas escolhas existenciais[77].

A esse propósito, o comunitarismo considera ilusória a crença liberal de que os indivíduos tomem suas decisões morais e escolham seus propósitos na vida em função dos seus próprios interesses e preferências. Justamente ao contrário, eles estão imersos em valores e tradições que condicionam sua existência e fornecem o substrato da sua identidade. Por isso mesmo, acreditam que o Estado não pode nem deve ser neutro em relação ao ideal do bem e da vida boa, cabendo-lhe preservar e promover os valores compartilhados pelo conjunto orgânico que é a comunidade. Questionam, assim, a precedência atribuída pelos liberais ao justo sobre o bem. No tocante ao pluralismo, os comunitaristas também o defendem, mas em uma versão diversa: não para proteger a diversidade de visões individuais de mundo, mas sim a variedade de identidades sociais, "específicas culturalmente e únicas do ponto de vista histórico"[78]. Há quem identifique em algumas concepções comunitaristas um viés conservador e moralista, quando não autoritário. Todavia, torna-se importante destacar que existe uma multiplicidade de visões no âmbito das correntes comunitaristas, inclusive de linhagem progressista, como o esforço de tornar o liberalismo mais inclusivo (Michael Walzer), e a defesa do direito ao reconhecimento e do multiculturalismo (Charles Taylor)[79].

---

73 V. John Rawls, *Political liberalism*, 1995, p. 231-240.

74 V., *e.g.*, Ronald Dworkin, *Taking rights seriously*, 1997 (1. ed. 1977); e *Law's empire*, 1986.

75 V. Alasdair MacIntyre, *After virtue*, 1981; Charles Taylor, *Sources of the self*, 1992; Michael Walzer, *Spheres of justice*, 1983; e Michael Sandel, *Liberalism and the limits of justice*, 1998; Rubén Benedicto Rodríguez, Liberalismo y comunitarismo: un debate inacabado. *Studium. Revista de Humanidades* 16:201-229; Gisele Cittadino, *Pluralismo, direito e justiça distributiva:* elementos da filosofia constitucional contemporânea, 1999.

76 Diversos autores demonstram desconforto com o rótulo. A esse propósito, v. Rubén Benedicto Rodríguez, Liberalismo y comunitarismo: un debate inacabado. *Studium. Revista de Humanidades* 16:201-229, p. 202, com referência expressa a Charles Taylor, Cross-purposes: the liberal-communitarian debate, in *Philosophical arguments*, 1997, p. 181 e s. Da mesma forma, Gisele Cittadino, *Pluralismo, direito e justiça distributiva:* elementos da filosofia constitucional contemporânea, 1999, p. 1, com remissão a Michael Walzer, *Conversación con Michael Walzer* (Chantal Mouffe entrevista Michael Walzer), in *Leviatán, Revista de Hechos e Ideas* 48, Verão de 1992.

77 Cláudio Pereira de Souza Neto e Daniel Sarmento citam dois exemplos interessantes em que, a seu ver, liberais e comunitaristas estariam em polos opostos quanto à validade da imposição de certas restrições, em prol de valores comunitários: (i) a proibição, pela província francófona de Quebec, no Canadá, de que as famílias matriculassem seus filhos em escolas de língua inglesa; e (ii) a proibição da *Axé Music*, no carnaval de Olinda, Pernambuco, para preservar o ritmo tradicional local, o frevo. Tais vedações, admitidas por comunitaristas, seriam incompatíveis com os valores liberais. V. *Direito constitucional:* teoria, história e métodos de trabalho, 2012, p. 214.

78 V. Gisele Cittadino, *Pluralismo, direito e justiça distributiva:* elementos da filosofia constitucional contemporânea, 1999, p. 1, com remissão a Charles Taylor e Michael Walzer.

79 Nada obstante, uma das mais influentes defesas do multiculturalismo, feita pelo cientista político canadense Will Kymlicka, baseia-se em valores liberais, como a autonomia e a igualdade. V., em português, Will Kymlicka, Multiculturalismo e direitos humanos, in Daniel Sarmento, Daniela Ikawa e Flávia Piovesan, *Igualdade, diferença e direitos humanos*, 2008, p. 217-243.

A Constituição brasileira de 1988, embora seja, essencialmente, uma Constituição de direitos, tem algum grau de abertura para valores tidos como comunitários. A proteção de direitos culturais e do patrimônio cultural (arts. 215 e 216), bem como dos índios e suas comunidades (art. 231) e assim, por igual, quilombos e quilombolas (art. 68 do ADCT) são alguns exemplos. Há autores nacionais que aproximam a ideia de comunitarismo ao constitucionalismo social, notadamente no que diz respeito à exigibilidade de prestações positivas do Estado – e a uma atuação proativa do Supremo Tribunal Federal[80] –, como também à tutela da diferença, aí incluídos mulheres, negros e homossexuais[81]. É certo, porém, que o liberalismo igualitário, com o seu mínimo social e a leitura moral dos direitos fundamentais, também endossa tais valores. Em síntese sumária e simplificada: os *liberais* valorizam a liberdade como autonomia privada (liberdade dos modernos), defendem o mercado como forma de administração da escassez e creem na existência de uma concepção de justiça de caráter universal, que pode ser compartilhada por todos[82]. Os *comunitaristas* rejeitam uma ideia de justiça que seja imparcial, dissociada das circunstâncias sociais e dos interesses dominantes na sociedade e valorizam a liberdade como autonomia pública, isto é, como participação política (liberdade dos antigos). Os comunitaristas dão menos ênfase aos direitos fundamentais como trunfos contra a deliberação majoritária e mais atenção às ideias de soberania popular e solidariedade, defendendo a necessidade de se proteger o conjunto de valores compartilhado historicamente por determinado grupo social[83].

3 Outras correntes

Inúmeras outras correntes da filosofia política, com repercussões sobre o modo como se pensa e se pratica o direito constitucional, estão presentes no debate teórico mundial. Faz-se, antes de encerrar este tópico, um registro breve e objetivo sobre três delas, apenas para conhecimento do leitor acerca da sua existência. São elas o libertarianismo, o pragmatismo jurídico e o constitucionalismo popular. O *libertarianismo* é uma variação radical do liberalismo clássico, de corte claramente conservador em matéria econômica e social[84]. Suas ideias centrais gravitam em torno de temas como livre mercado, direito de propriedade, ceticismo em relação ao Estado e ao governo em geral, bem como rejeição a práticas igualitárias, redistributivistas e intervenção em favor da justiça social. O libertarianismo é adepto, no plano econômico, de ideias como *laissez-faire* e Estado mínimo. A própria tributação, que teve papel decisivo na passagem do Estado patrimonial para o Estado liberal[85], é equiparada, depreciativamente, à apropriação indébita e ao trabalho forçado. O libertarianismo é incompatível com o modelo de Constituição adotado no Brasil e veria com estranheza uma jurisdição constitucional ativa na concretização dos direitos fundamentais sociais.

---

80 V. Gisele Cittadino, *Pluralismo, direito e justiça distributiva:* elementos da filosofia constitucional contemporânea, 1999, p. 64 e s.

81 Álvaro Ricardo de Souza Cruz, *Jurisdição constitucional democrática*, 2004; e, do mesmo autor, *Direito à diferença:* as ações afirmativas como mecanismo.

82 Sem embargo, o liberalismo político, tal qual sustentado contemporaneamente, não se confunde com o liberalismo econômico. O *laissez-faire* é hoje defendido por uma vertente do pensamento político que muitas vezes se apresenta como antagônica às teorias liberais da justiça: o libertarianismo, cujo propósito é justamente o de minimizar a intervenção estatal no domínio econômico. O tema é tratado no tópico seguinte.

83 José Adércio Leite Sampaio, em sua *Teoria da Constituição e dos direitos fundamentais*, 2013, p. 173-175, procura tabular algumas das distinções essenciais entre liberais e comunitaristas. Esquematicamente e em síntese apertada, elas seriam: a) os liberais professam uma ética procedimental, ao passo que os comunitaristas propõem uma ética substancial; b) o liberalismo defende a prevalência do justo sobre o bem, enquanto para os comunitaristas o bem precede o justo; c) os liberais propugnam a centralidade do indivíduo, sendo que para os comunitaristas a cultura e a tradição o precedem. Ademais, os comunitaristas criticam a visão contratualista de fundação da sociedade, sustentando que a relação existente é de pertencimento ético e não de um acordo de vontades.

84 Duas de suas principais referências teóricas são Friedrich Hayek, *The road to serfdom*, 1944 (há uma versão *online* disponível em: http://www.iea.org.uk/sites/default/files/publications/files/upldbook43pdf.pdf; e Robert Nozick, Anarquia, Estado e utopia, 1991 (1. ed. americana de 1974).

85 V. Ricardo Lobo Torres, *A ideia de liberdade no Estado patrimonial e no Estado fiscal*, 1991, p. 2.

Herdeiro distante do utilitarismo e descendente direto do pragmatismo filosófico, o *pragmatismo jurídico*[86] tem um papel mais relevante no Direito do que costumeiramente admitido[87]. Ainda quando pouco elaborado teoricamente entre nós, juízes e tribunais, de modo explícito ou não, são pragmáticos/pragmatistas em suas decisões[88]. Cumpre entender o que isso significa. Conforme uma sistematização de amplo curso, o pragmatismo filosófico apresenta três características essenciais[89]. A primeira é o *antifundacionalismo*, no sentido de não buscar um fundamento último, de ordem moral, para justificar uma decisão. A segunda é o *contextualismo*, a significar que a realidade concreta em que situada a questão a ser decidida tem peso destacado na determinação da solução adequada. E, por fim, e muito particularmente, o *consequencialismo*, na medida em que o resultado prático de uma decisão deve ser o elemento decisivo de sua prolação. Cabe ao juiz produzir a decisão que traga as melhores consequências possíveis para a sociedade como um todo. Existem, por certo, muitas complexidades e incontáveis sutilezas que não poderão ser exploradas aqui. A propósito das consequências de uma decisão, é imperativa a advertência de um dos principais expoentes do pragmatismo norte-americano, Richard Posner, no sentido de que devem ser considerados não apenas os efeitos imediatos da decisão, mas também os seus efeitos sistêmicos[90]. Embora o pragmatismo tenha um papel relevante na interpretação constitucional, ele é limitado pelas possibilidades e limites decorrentes das normas constitucionais e seu espaço só começa quando não estejam em questão princípios ou direitos fundamentais. Vale dizer: não estando em jogo aqueles valores fundamentais, frequentemente será legítimo que o intérprete construa como solução mais adequada a que produza as melhores consequências para a sociedade.

Por fim, cabe analisar o *constitucionalismo popular*[91], movimento que se apresentou como reação de parte da academia nos Estados Unidos ao protagonismo conservador que a Suprema Corte americana passou a desempenhar a partir de meados da década de 70 do século passado. Esse é um debate que remonta a *Marbury vs. Madison*[92], a célebre decisão da Suprema Corte, proferida em 1803, que assentou ser prerrogativa da Suprema Corte dar a palavra final na interpretação da Constituição. Isso significa, inclusive, a possibilidade de invalidar atos do Legislativo e do próprio Executivo. Essa competência não consta de maneira expressa da Constituição americana e, como consequência, foi contestada desde a primeira hora por lideranças diversas, inclusive o então Presidente da República, Thomas Jefferson. Ao longo do tempo, todavia, após um início relativamente irrelevante[93], a Suprema Corte foi progressivamente ocupando espaço de destaque no cenário institucional americano. Em uma primeira fase, sua intervenção se deu em favor do *status quo* e das ideias mais conservadoras, como ocorreu em decisões

---

86 V. Richard A. Posner, *Pragmatism and democracy*, 2003, e *How judges think*, 2008; Thamy Pogrebinschi, *Pragmatismo:* teoria social e política, 2005; Diego Werneck Arguelhes e Fernando Leal, Pragmatismo como (meta) teoria normativa da decisão judicial: caracterização, estratégias e implicações, in Daniel Sarmento, *Filosofia e teoria constitucional contemporânea*, 2009, p. 171-211.

87 Como importante exceção à regra, admitindo abertamente sua relevância, v. entrevista do Ministro Nelson Jobim, então Presidente do Supremo Tribunal Federal, dada ao Jornal *Valor Econômico*, em 13.12.2004, disponível em: http://www.stf.jus.br/arquivo/biblioteca/PastasMinistros/NelsonJobim/Entrevistas/2004_dez_13.pdf: "Quando só há uma interpretação possível, acabou a história. Mas quando há um leque de interpretações, por exemplo cinco, todas elas são justificáveis e são logicamente possíveis. Aí, deve haver outro critério para decidir. E esse outro critério é exatamente a consequência. Qual é a consequência, no meio social, da decisão A, B ou C? Você tem de avaliar, nesses casos muito pulverizados, as consequências. Você pode ter uma consequência no caso concreto eventualmente injusta, mas que no geral seja positiva. E é isso que eu chamo da responsabilidade do Judiciário das (pelas) consequências de suas decisões".

88 V., a esse propósito, pesquisa conduzida pela Professora Maria Tereza Sadek, "Magistratura, caracterização e opiniões", 2005. V., igualmente, comentário crítico a respeito de Diego Werneck Arguelhes, "Argumentos consequencialistas e Estado de Direito: subsídios para uma compatibilização", disponível em: http://www.conpedi.org.br/manaus/arquivos/anais/XIVCongresso/171.pdf.

89 Thamy Pogrebinschi, *Pragmatismo:* teoria social e política, 2005, p. 26-62.

90 Richard A. Posner, *Pragmatism and democracy*, 2003, p. 60-64.

91 V. Mark Tushnet, *Taking the Constitution away from the courts*, 1999; Larry D. Krammer, *The people themselves*; Jeremy Waldron, *Law and disagreement*, 1999; Katie Eyer, Lower court popular constitutionalism, *Yale Law Journal Online 123*:197 (2013); Bianca Stamato, "Constitucionalismo popular" – o povo contra a Suprema Corte? Uma abordagem crítica sobre o libelo acusatório ao *judicial review* americano, in Daniel Sarmento, *Filosofia e teoria constitucional contemporânea*, 2009, p. 55-77.

92 5 U.S. 137 (1803).

93 V. Linda Greenhouse, *The U.S. Supreme Court*: a very short introduction, 2012, p. 5-7: "No início, parecia uma perspectiva remota que a Corte viria a ter qualquer importância". A Suprema Corte somente se reuniu pela primeira vez em 1790, ano em que julgou apenas dois casos. Somente em 1935 ela veio a ter seu próprio prédio, em Capitol Hill, Washington, D.C.

como *Dred Scott vs. Sandford*[94] e, já no século XX, ao invalidar a legislação social editada no governo de Franklin Roosevelt. No entanto, no período iniciado em 1954, com a posse de Earl Warren no cargo de Presidente da Corte, e que se estendeu até 1973, já no início da Corte Burger, a Suprema Corte produziu um conjunto de decisões avançadas, em temas como direitos raciais, liberdade de expressão, direitos dos acusados em processo criminal, direitos da mulher e direito de privacidade, entre outros.

Essa postura de vanguarda da Suprema Corte conquistou a adesão de boa parte dos juristas progressistas, tendo, por outro lado, despertado a animosidade do pensamento conservador. A partir da presidência de Richard Nixon e, posteriormente, nos períodos Reagan e Bush, diversas nomeações para a Suprema Corte deram a ela um perfil bastante conservador, inclusive com a ameaça de reversão de precedentes importantes[95]. Diante desse novo quadro político-institucional, juristas situados mais à esquerda do espectro político passaram a criticar e contestar o papel da Suprema Corte no exercício da jurisdição constitucional. Autores relevantes, como Mark Tushnet e Larry Kramer, tornaram-se lideranças de um movimento batizado de constitucionalismo popular ou populista e passaram a enfatizar o que consideravam o caráter antidemocrático do controle de constitucionalidade. Defendiam, assim, um resgate da soberania popular e da atuação do Legislativo, combatendo o que consideravam uma ilegítima usurpação de poder por parte da Suprema Corte. Igualmente alinhado ao movimento está o Professor neozelandês, radicado nos Estados Unidos, Jeremy Waldron, autor de trabalhos críticos que se tornaram referenciais[96].

O constitucionalismo popular é extremamente contingente às circunstâncias americanas. Algumas de suas ideias, paradoxalmente, serviram de combustível para o pensamento conservador em outras partes do mundo, especialmente onde o Judiciário é, muitas vezes, a única alternativa possível para se promoverem certos avanços sociais. Há, porém, uma grande contribuição dada pelo movimento ao constitucionalismo democrático. Consiste ela no reconhecimento de que o tribunal constitucional supremo, embora tenha, formalmente, o papel de intérprete final da Constituição, deve atuar de maneira permeável e integrada ao sentimento popular, ao movimento social, às maiorias políticas, ao meio acadêmico, às classes trabalhadoras e empresariais, bem como a todos os segmentos que desfrutem de algum grau de representatividade. Sem descurar, todavia, de seus papéis essenciais, que incluem a defesa dos direitos fundamentais de todos (inclusive das minorias, que muitas vezes não têm outro espaço de mobilização) e proteção das regras do jogo democrático. Essa temática, que envolve a tênue fronteira entre o Direito e a política, será retomada ao final deste livro.

---

94 60 U.S. 393 (1857).

95 Para uma análise das diferentes fases da Suprema Corte americana, a partir da Corte Warren e incluindo as Cortes Burger, Rehnquist e Roberts, v. Luís Roberto Barroso, The americanization of constitutional law and its paradoxes: constitutional theory and constitutional jurisdiction in the contemporary world, *ILSA Journal of International and Comparative Law 16*:579 (2010). Para a versão em português, v. http://www.egov.ufsc.br/portal/conteudo/americanização-do-direito-constitucional-e-seus-paradoxos-teoria-da-jurisprudência-constitu.

96 *E.g.*, Jeremy Waldron, The core of the case against judicial review, *Yale Law Journal 115*:1346 (2006).

CAPÍTULO **IV** | PODER CONSTITUINTE[1]

Sumário: I – Conceito, origens e generalidades. II – Processos constituintes e modelos constitucionais. III – Titularidade e legitimidade do poder constituinte. IV – Natureza e limites do poder constituinte. 1. Condicionamentos pré-constituintes. 2. Condicionamentos pós-constituintes. V – Procedimento. VI – Poder constituinte e legitimidade democrática.

I   CONCEITO, ORIGENS E GENERALIDADES

Assim como é possível falar de uma Constituição *histórica*, cuja existência antecedeu à compreensão teórica do fenômeno constitucional, também o poder constituinte, como intuitivo, está presente desde as primeiras organizações políticas. Onde quer que exista um grupo social e poder político efetivo, haverá uma força ou energia inicial que funda esse poder, dando-lhe forma e substância, normas e instituições. A *teoria* do poder constituinte, envolvendo especulações acerca de sua natureza, titularidade e limites, é que só recebeu elaboração em época mais recente[2]. Seu desenvolvimento remonta ao advento do constitucionalismo moderno, em um ambiente dominado pelas aspirações de racionalidade do iluminismo, do jusnaturalismo e do contratualismo. As noções de poder constituinte, soberania e legitimidade política iniciam sua longa e acidentada convivência.

A primeira Constituição escrita do mundo moderno foi a americana, elaborada pela Convenção da Filadélfia, de 1787. Fora precedida por diversas constituições estaduais das antigas colônias inglesas na América do Norte[3]. E, antes delas, por inúmeras declarações de direitos[4]. Não houve, nos Estados Unidos, um debate prévio mais sofisticado acerca do tema do poder constituinte e suas implicações. A Constituição surgiu como um fato histórico, obra de estadistas e legisladores, não de filósofos[5]. É certo que, *a posteriori*, já durante o processo de ratificação, produziu-se um conjunto de escritos explicativos do documento aprovado, que viriam a tornar-se – reunidos em um volume – um clássico da ciência política[6].

A Constituição francesa de 1791 foi contemporânea da Constituição americana, mais por coincidência histórica do que por afinidades nas suas causas e consequências. Nos Estados Unidos, a Constituição foi

---

1 Antonio Negri, *O poder constituinte*, 2002; Bruce Ackerman, *We the people*: foundations, 1995; Carl Schmitt, *Teoría de la Constitución*, 2001; Carlos Ayres Britto, *Teoria da Constituição*, 2003; Celso Ribeiro Bastos, *Curso de direito constitucional*, 1999; Eduardo García de Enterría, *La Constitución española de 1978 como pacto social y como norma jurídica*, 2003; Emmanuel Joseph Sieyès, *A constituinte burguesa*: qu'est-ce que le Tiers État?, 1986; Emmanuel Sur, Le pouvoir constituant n'existe pás! Réflexions sur les voies de la souveraineté du peuple, in *Mélanges en l'honneur de Dmitri Georges Lavroff*: la Constitution et les valeurs, 2005; François Furet e Mona Ozouf, *Dicionário crítico da Revolução Francesa*, 1989; Herman Heller, *Teoría del Estado*, 1987; Ignácio de Otto, *Derecho constitucional*: sistema de fuentes, 1998; Jon Elster, *Ulysses unbound*, 2000, e Forces and mechanisms in the Constitution-making process, *Duke Law Journal*, 45:364, 1995; J. J. Gomes Canotilho, *Direito constitucional e teoria da Constituição*, 2003; José Adércio Leite Sampaio, *Quinze anos de Constituição*, 2004; José Afonso da Silva, *Poder constituinte e poder popular*, 2000; Klaus Stern, *Derecho del Estado de la República Federal Alemana*, 1987; Manoel Gonçalves Ferreira Filho, *O poder constituinte*, 1985; Michel Rosenfeld, The problem of "identity" in Constitution-making and constitutional reform, in *Social Science Research Network* (http://ssrn.com/abstract=870437), 2005; Norman Dorsen, Michel Rosenfeld, András Sajó e Susanne Baer, *Comparative constitutionalism*, 2003; Olivier Duhamel e Yves Mény, *Dictionnaire constitutionnel*, 1992; Oscar Vilhena Vieira, *A Constituição e sua reserva de justiça*, 1999; Paulo Bonavides, *Curso de direito constitucional*, 2003; Pedro de Vega, *La reforma constitucional y la problemática del poder constituyente*, 1999; Raymundo Faoro, *Assembleia constituinte*: a legitimidade recuperada, 1981; Raul Machado Horta, *Direito constitucional*, 2002; Vicki Jackson e Mark Tushnet, *Comparative constitutional law*, 1999.

2 V., por todos, Paulo Bonavides, *Curso de direito constitucional*, 2003, p. 141: "Cumpre todavia não confundir o poder constituinte com a sua teoria. Poder constituinte sempre houve em toda sociedade política".

3 Antes da Constituição norte-americana de 1787, diversas das colônias já haviam promulgado constituições, algumas mais de uma vez. Confira-se: Delaware (1776), Maryland (1776), New Hampshire (1776), New Jersey (1776), North Carolina (1776), Georgia (1776), Pennsylvania (1776), South Carolina (1776 e 1778), Virginia (1776), New York (1777), Vermont (1777 e 1786), Massachusetts (1780).

4 *E.g.*, a Declaração de Virginia é de 12 de junho de 1776.

5 Thomas L. Pangle, The philosophic understanding of human nature informing the Constitution, in Allan Bloom (ed.), *Confronting the Constitution*, 1990, p. 9. V. tb. Oscar Vilhena Vieira, *A Constituição e sua reserva de justiça*, 1999, p. 43.

6 Alexander Hamilton, James Madison e John Jay, *The Federalist*. V. edição com introdução e comentários históricos de J. R. Pole, 2005.

o momento de conclusão de um processo revolucionário – ou, mais propriamente, da emancipação da colônia em relação à metrópole. Na França, ao revés, o processo constituinte deflagrou o movimento revolucionário, que teve como marco inicial a convocação dos Estados-Gerais e sua conversão em assembleia nacional constituinte[7]. Foi nesse ambiente que Sieyès desenvolveu e divulgou a formulação teórica que o tornaria célebre[8].

Em opúsculo clássico, intitulado *Qu'est-ce que le Tiers État?*, escrito no curso do processo revolucionário francês[9], Emmanuel Joseph Sieyès[10] apresentou as reivindicações do Terceiro Estado (a rigor, da burguesia) em face dos estamentos privilegiados, sobretudo a aristocracia[11]. Após identificar o terceiro estado com a nação, formulou ele a distinção essencial entre poder constituinte e poder constituído. O poder constituinte, incondicionado e permanente, seria a vontade da nação, só encontrando limites no direito natural. O poder constituído, por sua vez, receberia sua existência e suas competências do primeiro, sendo por ele juridicamente limitado. Estavam assentadas as bases políticas da supremacia constitucional[12]. Para dar viabilidade prática à teoria e legitimar a Assembleia Nacional como poder constituinte, Sieyès afastou-se da doutrina rousseauniana da *vontade geral* e da necessidade de participação direta de cada indivíduo, substituindo-a pelo conceito de *representação política*[13]. A soberania popular rousseauniana foi substituída pela ideia de "soberania nacional"[14].

---

7   Relembre-se o quadro histórico. O Antigo Regime encontrava-se em declínio e uma grave crise econômica, política e social afetava a França. Os tributos que oneravam o Terceiro Estado não eram suficientes para custear as despesas, que incluíam a dispendiosa corte de Versalhes, um exército mercenário e as guerras frequentes na disputa pela hegemonia europeia. O clero e a nobreza resistiam às reformas fiscais pretendidas por Luís XVI e pressionaram pela convocação dos Estados-Gerais. "Com isso, não só o absolutismo seria liquidado, como também os privilégios da nobreza e do clero. Sem perceber, a aristocracia abriu sua própria cova". V. Luiz Koshiba e Denise Frayse Pereira, *História do Brasil*, 1993, p. 123; e François Furet e Mona Ozouf, *Dictionnaire critique de la Révolution Française*, 1988.V. tb. Débora Cagy da Silva, *O poder constituinte originário e sua limitação pelos direitos humanos*, 2003, mimeografado (monografia de final de curso escrita sob minha orientação).

8   Comemorando o seu próprio feito, afirmou Sieyès: "Uma ideia sã e proveitosa se estabeleceu em 1788: a divisão entre poder constituinte e poderes constituídos. Há de figurar como uma das descobertas que fizeram a Ciência dar um passo à frente e se deve aos franceses". Esta passagem se encontra em Carré de Malberg, *Contribution à la theorie générale de l'État*, 1922, p. 512, e também em H. Krüger, *Allgemeine Staatslehre*, 1966, p. 921, apud Klaus Stern, *Derecho, del Estado de la República Federal Alemana*, 1987, p. 315.

9   Há uma versão em português, sob o título de *A constituinte burguesa*, 1986, organizada por Aurélio Wander Bastos, que averbou na Introdução: "O livro não antecede à Revolução, nem ao menos lhe sucede: sua dinâmica é a dinâmica da própria Revolução".

10   À época simples cônego de Chartres, Sieyès tinha dificuldades em ascender na carreira eclesiástica além de um certo ponto, por não ter ascendência nobre. De modo que trazia em si esse ressentimento por ocasião da convocação dos Estados-Gerais, em 1788. Sua percepção do momento revolucionário e seus escritos sobre o tema tornaram-no o primeiro e mais profundo teórico da Revolução Francesa. Teve intensa participação política em diferentes fases do processo revolucionário, inclusive em um de seus últimos atos, que foi a transferência do poder a Napoleão Bonaparte. V. François Furet e Mona Ozouf, *Dicionário crítico da Revolução Francesa*, 1988, p. 328 e s.

11   O argumento do livro é construído em torno da resposta a três perguntas: 1ª) O que é o Terceiro Estado? Tudo. 2ª) O que tem sido ele, até agora, na ordem política? Nada. 3ª) O que é que ele pede? Ser alguma coisa. Na sequência, Sieyès formula os três pedidos ("petições") que superariam a servidão e a humilhação do povo: I – Que os representantes do Terceiro Estado sejam escolhidos apenas entre os cidadãos que realmente pertençam ao Terceiro Estado; II – Que seus deputados sejam em número igual ao da nobreza e do clero; III – Que os Estados-Gerais votem por cabeças e não por ordem.

12   Além de estabelecer a fundamentação política da supremacia constitucional, Sieyès é também um dos primeiros a propor a criação de um órgão responsável pela realização do controle de constitucionalidade das leis. Trata-se do chamado "Júri constitucional". Em seu pronunciamento na Convenção Nacional do 18 do Termidor do ano III da República, Sieyès defende que esse tribunal deveria ter como atribuições "1ª – vigiar e guardar com fidelidade o depósito constitucional; 2ª – atender, ao abrigo das paixões funestas, às ideias que possam servir para aperfeiçoar a Constituição; 3ª – oferecer à liberdade civil uma tutela de equidade natural naquelas ocasiões graves em que a Lei tenha esquecido sua justa garantia". V. Emmanuel Sieyès, Opinión de Sieyès sobre las atribuciones y organización del tribunal constitucional, pronunciada en la Convención nacional el 18 de Thermidor, año III de la República, in *De la revolución: estudio preliminar*, s.d., p. 277.

13   Sobre o tema, v., dentre muitos, Pedro de Vega, *La reforma constitucional y la problemática del poder constituyente*, 1999, p. 32; François Furet e Mona Ozouf, *Dicionário crítico da Revolução Francesa*, 1988, p. 328 e s.; Celso Ribeiro Bastos, *Curso de direito constitucional*, 1999, p. 21 e s.; e Paulo Bonavides, *Curso de direito constitucional*, 2003, p. 145: "Engenhosamente, trata pois Sieyès de inserir o poder constituinte na moldura do regime representativo, de modo que se atenuem assim as consequências extremas oriundas do sistema de soberania popular conforme o modelo de Rousseau. A fórmula é sabida: o poder constituinte, distinto dos poderes constituídos, é do povo, mas se exerce por representantes especiais (a Convenção)".

14   Para Sieyès, *A constituinte burguesa*, 1986, p. 69, a nação é "um corpo de associados que vivem sob uma lei comum e representados pela mesma legislatura". A preocupação de Sieyès era com a superação dos privilégios feudais. Uma

Essas, portanto, as origens históricas modernas do poder constituinte e de sua teoria. Em pouco mais de duzentos anos de existência, o conceito conservou seu núcleo essencial, mas sofreu variações significativas de conteúdo. Trata-se do poder de elaborar e impor a vigência de uma Constituição. Situa-se ele na confluência entre o Direito e a Política, e sua legitimidade repousa na soberania popular. Modernamente, a reaproximação entre o Direito e a Ética, assim como a centralidade da dignidade da pessoa humana e dos direitos fundamentais, inspiram a percepção da existência de limites ao poder constituinte, a despeito das dificuldades teóricas que o tema suscita e das complexidades de sua efetivação.

Na sequência do capítulo, faz-se o registro de alguns ciclos e experiências históricas que merecem destaque, bem como a análise de questões recorrentes na teoria do poder constituinte: *quem* o exerce (titularidade), *como* o exerce (procedimento), com qual *fundamento* (natureza) e dentro de que *condicionamentos* (limites).

II   PROCESSOS CONSTITUINTES E MODELOS CONSTITUCIONAIS

Desde o surgimento do Estado liberal, na segunda metade do século XVIII, o mundo viveu algumas ondas de constitucionalização, com a elaboração de constituições por diferentes Estados, dentro de determinado período e circunstâncias históricas. Um autor identificou sete ciclos diversos[15]:

1) entre 1780 e 1791, inúmeros Estados situados no continente americano, inclusive os Estados Unidos da América, assim como a Polônia e a França, elaboraram constituições escritas;

2) em 1848, um conjunto de revoluções ocorridas na Europa produziu constituições em mais de cinquenta países, levando em conta, para esse fim, os inúmeros pequenos Estados que viriam a constituir a Itália e a Alemanha;

3) após a Primeira Guerra Mundial, foram criados ou recriados Estados como a Polônia e a Tchecoslováquia, e na Alemanha entrou em vigor a Constituição de Weimar;

4) após a Segunda Guerra Mundial, as nações derrotadas adotaram novas Constituições, sob tutela mais ou menos estrita dos aliados;

5) com o fim dos impérios coloniais, uma nova onda se formou. Começou com Índia e Paquistão, na década de 40, e chegou ao seu ápice ao longo da década de 60, envolvendo países como Costa do Marfim, Gana e Nigéria;

6) com o fim das ditaduras no sul da Europa, nos anos 70, Portugal, Espanha e Grécia ganharam novas constituições democráticas;

7) e, por último, com o fim das ditaduras latino-americanas, na década de 80, e com a derrocada do comunismo na Europa oriental e central, na virada para a década de 90, inúmeros países adotaram novas constituições.

Do exame dos eventos históricos referidos, é possível determinar e sistematizar os cenários políticos em que mais comumente se dá a manifestação do poder constituinte, com a elaboração de novas constituições. São eles: a) uma revolução; b) a criação de um novo Estado (normalmente pela emancipação de uma colônia ou pela libertação de algum tipo de dominação); c) a derrota na guerra; d) uma transição política pacífica. O poder constituinte se diz *fundacional* ou *pós-fundacional*, conforme resulte na formação originária de um Estado ou apenas na reordenação de um Estado preexistente. Contemporaneamente, o mundo assiste ao processo de criação de uma Constituição pela via do tratado internacional, como se passa na União Europeia. Trata-se, todavia, de fenômeno ainda inacabado e que enfrenta momentos de incerteza[16].

---

nação de iguais poderia, portanto, ser representada pelos mesmos legisladores, não sendo necessária a participação direta do povo nem no momento de aprovação da constituição nem tampouco na atividade legislativa ordinária.

15   Jon Elster, Forces and mechanisms in the Constitution-making process, *Duke Law Journal*, 45:364, 1995, p. 368 e s. A identificação de ciclos não tem, naturalmente, a pretensão de incluir todos os eventos constituintes, mas apenas os momentos de especial significação.

16   Sobre o tema, vejam-se Michel Rosenfeld, The problem of "identity" in Constitution-making and constitutional reform, in *Social Science Research Network* (http://ssrn.com/abstract=870437), 2005, p. 17; e Norman Dorsen et al., *Comparative constitutional law*, 2003, p. 72. Em visão mais analítica dos diferentes cenários, assinalou Jon Elster, Forces and mechanisms in the Constitution-making process, *Duke Law Journal*, 45:364, 1995, p. 371: "Identifico um número variado de circunstâncias que induzem ao processo de elaboração de uma constituição. Primeiro, uma crise social ou econômica, como na elaboração da Constituição americana de 1787 ou da Constituição francesa de 1791. [...] Segundo, há a revolução, como na elaboração da Carta da França de 1830 ou das Constituições da França e da Alemanha de 1848. Terceiro, há o colapso do regime, como na elaboração de novas constituições no sul da Europa em meados

A *revolução* está na origem do constitucionalismo moderno[17]. A experiência inglesa, embora tenha tido a marca da "Revolução Gloriosa", não se ajusta bem às categorias aqui exploradas, haja vista a natureza histórica e evolutiva de sua Constituição, que não teve um *marco zero* consubstanciado em uma carta escrita. A Constituição americana, por sua vez, elaborada mais de dez anos após a Declaração de Independência, ajusta-se mais adequadamente ao segundo cenário – criação de um novo Estado, após a libertação do jugo colonial. Desse modo, das três experiências precursoras do constitucionalismo liberal, revolucionário mesmo foi o ambiente em que elaborada e aprovada a Constituição francesa de 1791. Na experiência constitucional recente, também teve origem revolucionária, embora menos dramática, a Constituição portuguesa de 1976. Para fins de sistematização, enquadram-se nesse cenário as constituições elaboradas após golpes de Estado, marca indelével do constitucionalismo latino-americano do século XX[18].

A *criação de um novo Estado*, normalmente pela emancipação em relação a um poder externo dominante, também constitui cenário típico. A partir da era dos descobrimentos, potências europeias se expandiram por diferentes partes do mundo, formando colônias inglesas, francesas, holandesas, espanholas e portuguesas. O processo de emancipação desses Estados coloniais levou a uma intensa produção constitucional, tendo por marco inicial os Estados Unidos, ainda no século XVIII. Ao longo do primeiro quarto do século XIX, a maior parte das colônias espanholas na América Latina se tornou independente, aprovando constituições. O Brasil libertou-se de Portugal em 1822, adotando sua primeira Constituição em 1824. Colonizados em um momento posterior, os países da Ásia e da África tornaram-se independentes após a Segunda Guerra Mundial e ao longo da segunda metade do século XX, iniciando-se com Índia e Paquistão, em 1947, e encerrando-se com Angola e Moçambique após a Revolução portuguesa de 1974. Na última década do século passado, inúmeros novos países se formaram, com a desintegração da Iugoslávia[19] e da União Soviética[20].

Ao longo do século XX, a *derrota na guerra* foi fator de reconstitucionalização de diversos países. Ao fim da Primeira Guerra Mundial, a Alemanha adotara a Constituição de Weimar, de 1919. A derrota na Segunda Guerra Mundial levou à elaboração de novas constituições nos três grandes derrotados: Alemanha, Japão e Itália. Na Alemanha, as potências aliadas vitoriosas impuseram a adoção de uma Constituição que satisfizesse condições mínimas relativas à forma federal de governo e à preservação dos direitos e liberdades individuais[21]. Em maio de 1949 foi promulgada a Lei Fundamental de Bonn. No Japão, houve interferência direta das forças de ocupação, especialmente dos Estados Unidos, induzindo à adoção de um modelo democrático, com a proteção de direitos individuais e a limitação dos poderes do imperador[22]. A Constituição do Japão entrou em vigor em maio de 1947. Na Itália, Mussolini havia sido deposto em 1943, tendo o governo do Marechal Badoglio firmado a paz com os aliados e declarado

---

dos anos 70 e na Europa oriental no início dos anos 90. Quarto, há o temor do colapso do regime, como na elaboração da Constituição francesa de 1958, que foi imposta por De Gaulle sob a sombra de uma rebelião militar. [...] Quinto, há a derrota na guerra, como na Alemanha após a 1ª e a 2ª Guerra, ou na Itália e no Japão após a 2ª. Sexto, há a reconstrução após a guerra, como na França em 1946. Sétimo, há a criação de um novo Estado, como na Polônia e na Tchecoslováquia após a 1ª Guerra Mundial. Oitavo e finalmente, há a liberação do regime colonial, como nos Estados Unidos em 1776 e em muitos países do terceiro mundo após 1945".

17 Sobre o conceito de revolução, v. Hannah Arendt, *On revolution*, 1986. V. tb. Ralph Dahrendorf, *Reflexões sobre a revolução na Europa*, 1993, p. 14.

18 No Brasil, por exemplo, as Constituições de 1934, 1946 e 1967 seguiram-se à deposição de governos. A atribuição de caráter revolucionário a golpe de Estado foi o fundamento inicial do regime militar implantado a partir de 1964, quando da edição do Ato Institucional n. 1: "A revolução vitoriosa se investe no exercício do poder constituinte. Esse se manifesta pela eleição popular ou pela revolução. Esta é a forma mais expressiva e mais radical do poder constituinte. Assim, a revolução vitoriosa, como poder constituinte, se legitima por si mesma". Para uma interessante análise comparativa entre o constitucionalismo americano e o latino-americano, com ênfase no contraste entre "*rule of law*" e "golpismo", v. Keith Rosenn, The success of constitutionalism in the United States and its failure in Latin America: an explanation, *Inter-American Law Review*, 22:1, 1990.

19 Após ser dividida em 1991, a antiga Iugoslávia deu origem às seguintes unidades territoriais: Croácia; Bósnia-Herzegovina, Eslovênia, Macedônia e Sérvia e Montenegro. Esta última se dividiu novamente em 2006, dando origem às Repúblicas da Sérvia e de Montenegro.

20 Após a dissolução da União Soviética, em 25 de dezembro de 1991, quinze novos Estados viriam ingressar ou reingressar na ordem internacional. São eles: Armênia, Azerbaijão, Bielorrússia, Cazaquistão, Estônia, Geórgia, Letônia, Lituânia, Moldávia, Quirguistão, Rússia, Turcomenistão, Tajiquistão, Ucrânia e Uzbequistão.

21 Muitos estudiosos concordam que essas "condições mínimas" impostas coincidiam com as ideias que já vinham sendo desenvolvidas pelos próprios alemães. V. Jackson e Tushnet, *Comparative constitutional law*, 1999, p. 258.

22 V. Norman Dorsen et al., *Comparative constitutionalism*, 2003, p. 72-73. V. tb. Jackson e Tushnet, *Comparative constitutional law*, 2003, p. 259: "O ante-projeto inicial do que veio a se tornar a Constituição foi preparado por um pequeno grupo de juristas americanos no gabinete do General Macarthur, Comandante Supremo das Potências Alia-

guerra à Alemanha. Após um plebiscito que decidiu pela implantação da República, a Constituição italiana entrou em vigor em janeiro de 1948.

O cenário de *transição política pacífica* dominou a elaboração constitucional no último quarto do século XX. A experiência da Espanha, após a morte de Franco, em 1975, é considerada o exemplo paradigmático de transição de um Estado autoritário para uma democracia constitucional. A Constituição espanhola em vigor é de dezembro de 1978. Na América Latina, o Brasil foi o modelo de transição bem-sucedida, numa travessia pacífica entre o ocaso do regime militar e a Constituição de 5 de outubro de 1988. Igualmente pacífica foi a transição política e a reconstitucionalização de inúmeros países da Europa oriental após o fim do comunismo, incluindo países como Polônia, Hungria, Romênia e Bulgária, que promulgaram novas constituições ou reformaram substancialmente as já existentes[23]. Na África do Sul, a transição do regime de *apartheid* para uma democracia multipartidária teve início em 1990 e culminou com a Constituição que entrou em vigor em fevereiro de 1997.

Por fim, uma menção ao cenário do tratado-constituição. Em 29 de outubro de 2004, foi assinado em Roma, por representantes de vinte e cinco Estados europeus[24], o "Tratado que estabelece uma Constituição para a Europa". Movido pela ambição de instituir algo próximo a um "Estado europeu", o propósito do tratado é criar uma nova União Europeia, que venha a suceder juridicamente a Comunidade Europeia, criada pelo Tratado de Roma, de 25 de março de 1957, e a União Europeia, criada pelo Tratado de Maastricht, de 7 de fevereiro de 1992[25]. A ideia de um tratado-constituição, suas relações com as Constituições de cada Estado-membro e a discussão sobre a existência ou não de uma identidade comum entre os diferentes povos que compõem a Europa suscitam um conjunto amplo de debates acerca das possibilidades e limites de um projeto dessa natureza[26]. Este não é o espaço para desenvolver tal reflexão. Além disso, o projeto de criação de uma Constituição europeia foi abalado por sua não ratificação, no ano de 2005, em referendos levados a efeito na França e na Holanda.

Em meio a muitas ondas constitucionais e cenários constituintes, alguns modelos de Constituição se destacaram, seja por sua importância em si para os Estados por elas organizados, seja pela influência que exerceram sobre as Cartas elaboradas por outros países. Em registro esquemático, são elas:

a) *Constituição inglesa.* O modelo inglês de Constituição não escrita, desenvolvida historicamente por um processo evolutivo – e não por ato constituinte –, ainda simboliza uma experiência de sucesso, apesar de não poder ser reproduzida com viabilidade por outros povos. A denominada "democracia de Westminster" tem como marca a supremacia do Parlamento e a ausência de controle de constitucionalidade das leis, apesar de alguns temperamentos recentes (v. *supra*). No mundo contemporâneo, praticamente todos os Estados possuem um documento escrito denominado Constituição, salvo as exceções sempre lembradas: Reino Unido, Israel e Nova Zelândia.

b) *Constituição francesa de 1958.* Elaborada em uma conjuntura de crise política e militar e submetida a um processo de ratificação popular, esta Carta merece destaque pelo papel que desempenhou e por suas singularidades, antes que por sua influência para além da própria França. Instituidora da 5ª República, criou um modelo semiparlamentarista (no qual o Presidente passou a ser eleito diretamente, sendo titular das competências políticas mais importantes) e previu uma forma peculiar de controle de constitucionalidade prévio, exercido por um Conselho Constitucional.

No início do século XXI, os dois modelos constitucionais mais influentes são:

c) *Constituição americana.* O primeiro sinal explícito de seu sucesso é a duração: o texto sintético, escrito com a linguagem aberta das cláusulas gerais e dos princípios, vigora desde sua ratificação, em 1791, tendo sofrido apenas vinte e sete emendas. Instituições inovadoras, como o fe-

---

das, sob ordens para estabelecer a proteção dos direitos humanos, manter o imperador mas submetê-lo a controle popular, renúncia às soluções bélicas e eliminação dos resíduos aristocráticos".

23 A Romênia e a Bulgária, por exemplo, promulgaram novas Constituições em 1991. A Hungria promoveu alterações substanciais ao texto já existente, de 1949. O mesmo ocorreu na Polônia, que adotou um Ato Constitucional, em 1992, destinado a vigorar em substituição à Constituição de 1957 e até a promulgação de uma nova Carta, o que veio a ocorrer em 1997. Sobre o tema, na literatura jurídica brasileira, v. Marcelo Cerqueira, *A constituição na História*, 2007.

24 Além dos vinte e cinco Estados que já integram a União Europeia, o documento foi assinado, também, por representantes da Bulgária, Romênia e Turquia.

25 V. Miguel Gorjão-Henriques, *Constituição europeia*, 2004, Prefácio.

26 Sobre o tema, v. Michel Rosenfeld, The problem of "identity" in Constitution-making and constitutional reform, in *Social Science Research Network* (http://ssrn.com/abstract=870437), 2005, p. 20-21.

deralismo, um modelo eficiente de separação de Poderes e o controle de constitucionalidade (*judicial review*), aliadas à supremacia econômica e militar que os Estados Unidos passaram a exercer após a Segunda Guerra, inspiraram inúmeras Cartas mundo afora, inclusive no Brasil, onde sua influência está presente desde a primeira Constituição republicana, de 1891.

d) *Constituição alemã*. A Lei Fundamental de Bonn desempenhou papel notável na superação do trauma do nazismo pelo povo alemão[27]. A atuação do Tribunal Constitucional Federal foi fonte de uma jurisprudência rica e protetiva da dignidade humana e dos direitos fundamentais, tornando-se referência para inúmeros Estados que se reconstitucionalizaram após a Segunda Guerra Mundial. Especialmente nos países herdeiros da tradição jurídica romano-germânica, como Portugal, Espanha e Brasil, o pensamento constitucional alemão desempenhou papel marcante na reconstrução teórica de um direito constitucional democrático.

III TITULARIDADE E LEGITIMIDADE DO PODER CONSTITUINTE

O poder constituinte, como qualquer poder efetivo, envolve a manifestação de vontade de quem o exerce e o consentimento ou a sujeição de quem a ele se submete. Dificilmente será possível falar na vigência de uma Constituição onde haja desobediência ampla e generalizada. Na sua essência, portanto, o poder constituinte consiste na capacidade de elaborar uma Constituição e de determinar sua observância[28]. Nessa acepção, consiste ele em uma situação de fato[29]. Todo exercício de autoridade, no entanto, precisa ser justificado, necessita de um fundamento que o legitime. Historicamente, essa justificação foi buscada em fatores diversos: a força bruta, o poder divino, o poder dos monarcas, a nação, o povo[30].

Portanto, o debate acerca da titularidade do poder constituinte, na teoria constitucional, não tem por objeto a descrição da força material que o exerce, mas a sua valoração ética. Trata-se de uma discussão acerca da legitimidade do poder, o que significa, em última análise, definir em quem repousa a soberania. Ao contrário dos atos infraconstitucionais e infralegais, que se sujeitam a um controle de validade em face da Constituição e das leis, a atuação do poder constituinte não é limitada pela ordem jurídica

---

27 A esse propósito, escreveu Bruce Ackerman, The rise of world constitutionalism, *Yale Law School Occasional Papers*, n. 3, p. 6, 1997: "É impossível compreender o notável sucesso do Tribunal Constitucional Federal – tanto em termos de sua jurisprudência como em termos de sua efetiva autoridade – sem reconhecer que a Lei Fundamental se tornou, para a sociedade em geral, um símbolo do rompimento da nação com o passado nazista. [...] Em lugar de ser um símbolo positivo de um novo começo, a Lei Fundamental poderia muito bem ter tido o mesmo destino do Tratado de Versalhes ou da Constituição de Weimar, tornando-se símbolo da desgraça nacional, a ser descartado na primeira oportunidade".

28 O caráter de decisão política com força impositiva é enfatizado por Carl Schmitt, *Teoría de la Constitución*, 2001, p. 93: "Poder constituinte é a vontade política cuja força ou autoridade é capaz de adotar a concreta decisão de conjunto sobre modo e forma da própria existência política, determinando assim a existência da unidade política como um todo. [...] Uma Constituição não se apoia em uma norma cuja justiça seja fundamento de sua validade. Se apoia em uma decisão política...". Veja-se, todavia, já em Herman Heller, *Teoría del Estado*, 1987, cuja 1ª edição é de 1934, referência à necessidade de aceitação e justificação desse poder: "A questão da legitimidade de uma Constituição não pode, naturalmente, contestar-se referindo-se a seu nascimento segundo quaisquer preceitos jurídicos positivos, válidos com anterioridade. Mas, por outro lado, uma Constituição precisa, para ser Constituição, é dizer, algo mais do que uma relação fática e instável de dominação, para valer como uma ordenação conforme ao direito, de uma justificação segundo princípios éticos de direito".

29 V., a propósito, J. J. Gomes Canotilho, *Direito constitucional e teoria da Constituição*, 2003, p. 65: "[N]o fundo, o poder constituinte se revela sempre como uma questão de 'poder', de 'força' ou de 'autoridade' política que está em condições de, numa determinada situação concreta, criar, garantir ou eliminar uma Constituição entendida como lei fundamental da comunidade política".

30 Exemplo interessante de exercício do poder constituinte como força material impositiva, cumulado com um esforço de justificação, é o já citado Ato Institucional n. 1, editado pouco após o movimento militar de 1964 pelo "Comando Supremo da Revolução", cuja redação é atribuída a Francisco Campos: "A revolução vitoriosa se investe no exercício do Poder Constituinte. Esta se manifesta pela eleição popular ou pela revolução. Esta é a forma mais expressiva e mais radical do Poder Constituinte. Assim, a revolução vitoriosa, como o Poder Constituinte, se legitima por si mesma. Ela destitui o governo anterior e tem a capacidade de constituir o novo governo. Nela se contém a força normativa, inerente ao Poder Constituinte. Ela edita normas jurídicas sem que nisto esteja limitada pela normatividade anterior à sua vitória. Os Chefes da revolução vitoriosa, graças à ação das Forças Armadas e ao apoio inequívoco da Nação, representam o Povo e em seu nome exercem o Poder Constituinte, de que o povo é o único titular".

preexistente. Diante disso, só é possível aferir se ele é legítimo ou não, vale dizer, se corresponde aos valores civilizatórios e às aspirações de justiça, segurança e bem-estar da coletividade política[31].

Em um estágio mais primitivo da história da humanidade, o poder se legitimava na *força bruta*. A capacidade de um indivíduo sobrepujar fisicamente os demais conferia-lhe ascendência sobre o grupo. A supremacia física dava-lhe, igualmente, capacidade de melhor proteger a coletividade contra as ameaças externas, fossem as da natureza, as dos animais ou as de outros grupos humanos. O processo civilizatório consiste em um esforço de transformação da força em Direito, da dominação em autoridade[32]. Essa conversão da força bruta em poder legítimo se dá, sobretudo, pela definição e observância dos valores supremos do grupo e pelos mecanismos de obtenção do consentimento e da adesão dos destinatários do poder. Nada obstante, a força e o poder, nem sempre acompanhados da justiça, são parceiros inseparáveis em todas as sociedades políticas[33].

O caráter *divino* do poder foi outro fundamento histórico de sua justificação[34]. Pelos séculos afora, a titularidade do poder máximo, do poder constituinte, recaía diretamente sobre Deus[35]. Essa a concepção que prevaleceu ao longo da Idade Média, sob o domínio da Igreja Católica e da filosofia aristotélico--tomista. O cristianismo, na sua expressão religiosa, filosófica e política, foi por muitos séculos a principal força material existente, e é impossível exagerar sua influência sobre a evolução histórica, a cultura e as instituições que se formaram nos últimos dois mil anos. Sobretudo após a conversão de Constantino, no século IV, dá-se curso à progressiva integração entre Igreja e Estado, até que ambos se tornassem inseparáveis[36]. Somente com os primeiros sinais da modernidade e o desenvolvimento do racionalismo filosófico tem início o processo de secularização do poder.

A afirmação da *soberania do monarca*, titular do poder supremo, deu-se progressivamente na fase final da Idade Média, também com fundamento divino. O príncipe, rei ou monarca exercia o poder por escolha e concessão de Deus. Como consequência, era dependente do reconhecimento da Igreja e da bênção do Papa. Nesse ambiente, começa a se delinear, paulatinamente, o conceito de soberania, que viria a ser o lastro do absolutismo monárquico[37]. Nele se contém a ideia de supremacia interna do *soberano* sobre os senhores feudais e outros poderes menores, bem como de sua independência em relação a poderes externos, especialmente a Igreja Católica[38]. Com o passar do tempo, o conflito entre esses dois poderes se

---

31   Na expressão feliz de Paulo Bonavides, *Curso de direito constitucional*, 2003, p. 160, trata-se de "uma reflexão que obrigatoriamente se inclina para o exame dos valores cuja presença justifica tanto o comando como a obediência. O poder constituinte deixa de ser visto como um fato, como o poder que é ou que foi, para ser visto como um fato acrescido de um valor".

32   Sobre os tipos de dominação e a legitimidade do poder, v. página clássica de Max Weber, *Economia e sociedade*, 2000, v. 1, p. 141: "Há três tipos puros de dominação legítima: 1. de caráter *racional*: baseada na crença na legitimidade das ordens estatuídas e do direito de mando daqueles que, em virtude dessas ordens, estão nomeados para exercer a dominação (dominação legal), ou 2. de caráter *tradicional*: baseada na crença cotidiana da santidade das tradições vigentes desde sempre e na legitimidade daqueles que, em virtude dessas tradições, representam a autoridade (dominação tradicional) ou, por fim, 3. de caráter *carismático*: baseada na veneração extraordinária da santidade, do poder heroico ou do caráter exemplar de uma pessoa e das ordens por esta reveladas ou criadas (dominação carismática)".

33   Em página inspirada, escreveu Pascal, *Pensamentos*, 1999, p. 111-112: "A justiça sem a força é impotente; a força sem a justiça é tirânica. A justiça sem a força será contestada, porque há sempre maus; a força sem a justiça será acusada. É preciso, pois, reunir a justiça e a força; e, dessa forma, fazer com que aquilo que é justo seja forte, e aquilo que é forte seja justo. [...] A justiça está sujeita a disputas: a força é bastante reconhecível, e sem disputa. Por isso não se pôde dar a força à justiça, porque a força contradisse a justiça, afirmando que esta era injusta, e que ela é que era justa; e, assim, não podendo fazer com que o que é justo fosse forte, fez-se com que o que é forte fosse justo".

34   Sobre o tema, v. Carlos Ayres Britto, *Teoria da Constituição*, 2003, p. 5 e s.

35   *Omnis potestas a Deo* ("Todo o poder vem de Deus"). Sobre o tema, v. Carl Schmitt, *Teoría de la Constitución*, 2001, p. 93.

36   V. Paul Johnson, *História do cristianismo*, 2001, p. 152-153: "O processo de integração entre Igreja e Estado, iniciado com Constantino, prosseguiu até que ambos se tornassem inseparáveis: o império bizantino tornou-se, na verdade, uma forma de teocracia, com o imperador desempenhando funções sacerdotais e semidivinas e a Igreja Ortodoxa constituindo um departamento de Estado encarregado de assuntos espirituais. Essa conjugação perdura por mil anos, até que os resquícios do império foram invadidos pelos turcos otomanos, em meados do século XV".

37   A primeira obra teórica sobre o conceito de soberania foi de Jean Bodin, *Os seis livros da República*, 1576. Sobre o tema, v., dentre muitos outros, Georg Jellinek, *Teoría general del Estado*, 1981, p. 327 e s.; Hermann Heller, *Teoría del Estado*, 1987, p. 261 e s.; e Dalmo de Abreu Dallari, *Elementos de teoria geral do Estado*, 1989.

38   Georg Jellinek, *Teoría general del Estado*, 1981, p. 331: "O Estado moderno se diferencia radicalmente do antigo pelo fato de haver sido combatido, desde o seu começo, por diferentes lados, e como consequência precisou afirmar sua existência em meio a fortes disputas. Três poderes combateram sua substância ao longo da Idade Média: primeiro a Igreja, que quis colocar o Estado a seu serviço; imediatamente depois, o Império Romano, que não quis conceder

tornaria inevitável: de um lado, o poder material (temporal, secular) do monarca; e, de outro, o poder espiritual (mas com pretensão a muito mais) do Papa. Essa disputa marcou o último ciclo da Idade Média e só terminou com a consolidação do Estado moderno e a afirmação do poder temporal[39].

O princípio monárquico em sua forma plena – isto é, o rei como titular da soberania e do poder constituinte – voltou a prevalecer na Europa em mais de um momento, mesmo depois da Revolução Francesa. Após a queda de Napoleão, teve lugar a *Restauração* na França (1815-1830); e, entre 1814 e 1815, o Congresso de Viena reuniu as principais casas reais europeias – inclusive o Czar da Rússia, o Imperador da Áustria e o Rei da Prússia –, procurando restabelecer a velha ordem e as prerrogativas das dinastias, mesmo as que haviam sido depostas. Nova reafirmação do princípio veio por ocasião das contrarrevoluções que se seguiram aos movimentos populares – alguns liberais, outros nacionalistas – que sacudiram a Europa em 1848 e 1849[40]. Em Portugal, o título de legitimação do poder constituinte alternou-se em sucessivas rupturas com a ordem vigente, referidas pela doutrina como descontinuidades materiais[41]. Todavia, o sentimento liberal que havia sido despertado pelas Revoluções Francesa e Americana iria prevalecer e dominar o final do século XIX.

A ideia de *soberania nacional*, pela qual o poder constituinte tem como titular a nação, foi sustentada por Sieyès e teve acolhida ampla na doutrina francesa. Com tal teoria, subtraía-se o poder constituinte tanto do monarca como dos poderes constituídos. Ao combinar poder constituinte com sistema representativo, Sieyès admitiu que a Constituição fosse elaborada não diretamente pelo povo (que via como uma entidade puramente numérica), mas por uma assembleia constituinte, órgão cujos representantes eram eleitos e que expressava a vontade da nação. Sendo soberana a assembleia, a Constituição por ela elaborada não precisava ser submetida à ratificação popular. Essa foi a fórmula que prevaleceu em relação

---

aos Estados particulares mais valor que o de meras províncias; finalmente, os grandes senhores e corporações, que se sentiam poderes independentes do Estado e acima dele".

39   V. Dalmo de Abreu Dallari, *Teoria geral do Estado*, 1989, p. 57. Dallari narra dois fatos ilustrativos de duas diferentes fases dessa disputa, que revelam o sentido em que evolui: "O primeiro fato se passa no século XI. Henrique IV, Imperador da Alemanha, nomeou feudalistas eclesiásticos para bispados alemães, sendo tais nomeações declaradas nulas pelo Papa Gregório VII. O Imperador, inconformado e ofendido, convocou uma reunião de todos os bispos alemães, visando à deposição do Sumo Pontífice. Este, inteirado daquela iniciativa, publicou um ato de excomunhão e determinou que nenhum Estado cristão reconhecesse mais Henrique IV como Imperador, no que foi obedecido. Impotente para reagir ou resistir, o Imperador não teve outra saída, e, no dia 27 de janeiro do ano de 1077, fez a famosa peregrinação a Canossa, nos Alpes italianos, vestido de buril e com os pés nus, esperando ajoelhado na neve que o Papa lhe concedesse o perdão.

O segundo fato se passa no século XIV. Reinando na França, Filipe, o Belo, teve diversas desavenças com o Papa Bonifácio VIII. De um lado, o rei era acusado de cobrar impostos excessivos sobre os bens da Igreja na França. Acerbamente criticado pelo Papa, Filipe, por sua vez, proibiu que saísse dinheiro da França para Roma e sofreu ameaça de excomunhão. As relações eram extremamente tensas quando, em 1301, um bispo francês foi acusado de conspirar a favor da Inglaterra, sendo preso. O Papa Bonifácio VIII, não acreditando na acusação, pretendeu que o bispo fosse enviado a Roma para julgamento, condenando publicamente o ato do monarca francês. Mas a situação já era, então, bem diversa daquela do século XI. Filipe retrucou violentamente, acusando o Papa de interferência em assuntos de ordem temporal e chegando mesmo a pretender que se realizasse um concílio para depô-lo. Depois de violentos ataques verbais recíprocos, publicando-se na França um édito em que Bonifácio VIII era acusado de dissolução e de haver tramado a renúncia de seu antecessor Celestino V, chegou-se à ação mais drástica. Em setembro de 1303, quando repousava no Castelo de Anagri, o Papa foi preso pelos soldados de Filipe, o Belo, comandados por Guilherme Nogaret, distribuindo-se à população do local todos os bens do castelo. Dizendo que se submetia à autoridade do Papa em matéria espiritual, mas que não admitia sua intromissão em matéria temporal, Filipe consentiu na liberação de Bonifácio VIII três dias depois. Regressando a Roma, humilhado e abatido, o Papa morreria no mês seguinte. Era a primeira grande vitória do absolutismo, assinalando de maneira violenta a presença de um novo Estado".

40   V. Klaus Stern, *Derecho del Estado de la República Federal Alemana*, 1987, p. 311 e s.: "O problema do poder constituinte aparece em primeiro plano no século XIX, no processo constituinte monárquico, antes e depois do Congresso de Viena, quando em contraposição a Sieyès se reconheceu o poder constituinte não na nação (povo), senão no monarca". Para um panorama histórico sintético do período aqui mencionado, v. John Garraty e Peter Gay, *The Columbia history of the world*, 1988, p. 787 e s.

41   V. J. J. Gomes Canotilho, *Direito constitucional e teoria da Constituição*, 2003, p. 197: "A Constituição de 1822 resulta do exercício do poder constituinte democrático (título de legitimação: a nação, o povo) materialmente distinto do poder constituinte monárquico. A Carta Constitucional de 1826 é, de novo, um momento de descontinuidade material porque ela reafirma o poder constituinte monárquico postergando o 'poder constituinte da nação' presente na Constituição de 1822. A Constituição republicana de 1911 consubstancia uma nova ruptura ou descontinuidade material ao apelar para o poder constituinte do povo com total rejeição do antigo poder constituinte monárquico. [...] Apesar das constituições de 1933 e 1976 surgirem formalmente como manifestação do poder constituinte democrático (sob a forma plebiscitária a primeira e sob a forma representativa a segunda) elas em nada se comparam quanto aos princípios estruturantes".

à Constituição de 1791, mas que foi posteriormente superada[42]. No Brasil, as Constituições de 1824 e 1891 invocam a soberania nacional[43].

A teoria da *soberania popular*, isto é, de que o poder constituinte é titularizado pelo povo, tornou-se historicamente vitoriosa. Foi esse o fundamento invocado desde a primeira hora pelo constitucionalismo americano. Com efeito, a tarefa de elaborar o texto constitucional foi outorgada a uma convenção, mas o produto do seu trabalho foi a seguir submetido à ratificação popular. O princípio da soberania popular é a locução inicial do preâmbulo da Constituição dos Estados Unidos – *"We the people"* –, estando inscrito, igualmente, no preâmbulo da Constituição alemã, de 1949, e na francesa, de 1958, em meio a inúmeras outras. Na Constituição brasileira de 1988, além da referência expressa na abertura do preâmbulo – "Nós, representantes do povo brasileiro" –, o princípio é reiterado como norma positiva no parágrafo único do art. 1º, onde se enuncia: "Todo o poder emana do povo, que o exerce por meio de representantes eleitos ou diretamente, nos termos desta Constituição".

A teoria democrática se fixou na concepção de que a soberania é do povo[44]. A Constituição, como regra, é elaborada por um órgão cujos membros são eleitos especificamente para esse fim. Em alguns países, a assembleia age diretamente em nome do povo e a Constituição será o produto de sua deliberação, como é a tradição brasileira. Em outros, após aprovado o texto pela assembleia ou convenção, deve ele ser submetido à ratificação popular, modelo iniciado com a Constituição americana. Uma vez concluída sua obra, o poder constituinte retorna ao seu estado de latência, cedendo lugar à norma por ele criada. A Constituição passa a ser a lei suprema e os poderes do Estado passam a ser poder constituído. Por esse mecanismo, a soberania popular se converte em supremacia da Constituição[45].

IV NATUREZA E LIMITES DO PODER CONSTITUINTE

A teoria original do poder constituinte foi desenvolvida por Sieyès dentro da moldura histórica e filosófica do jusnaturalismo. O poder constituinte da nação – consistente na capacidade de instituir, a qualquer tempo, uma nova ordem – encontra-se fora e acima do poder constituído, vale dizer, do sistema jurídico positivo, das instituições de poder existentes. Qualificava-se, assim, como inalienável, permanente e incondicionado, não se subordinando ao Direito preexistente. Seu fundamento de legitimidade e, consequentemente, seu limite de atuação, situava-se em um Direito superior, o direito natural, no qual se colheu justificação para a superação do *Velho Regime* e a afirmação das liberdades e direitos burgueses. Nessa perspectiva, o poder constituinte é um *poder de direito*, fundado não no ordenamento vigente, mas no direito natural, que existe antes da nação[46].

A essa visão contrapõe-se o positivismo jurídico, que, ao contrário do jusnaturalismo, não reconhece a possibilidade de um Direito preexistente ao Estado. Como o poder constituinte cria – ou refunda – o Estado, sendo anterior a ele, trata-se de um *poder de fato*, uma força política, situada fora do Direito (metajurídica, portanto) e insuscetível de integrar o seu objeto. Nesse particular, tanto o normativismo

---

42 Para ficar apenas nos exemplos mais recentes, as duas últimas Constituições francesas – a de 1946 e a de 1958 – foram levadas à ratificação popular.

43 A Constituição de 1824 assim dispunha: "Art. 12. Todos estes Poderes no Império do Brazil são delegações da Nação". Na prática, todavia, ela estava mais próxima da ideia de soberania *monárquica*, como se extrai do seu Preâmbulo, na qual faz menção o Imperador ao fato de súditos terem *requerido* que ele jurasse o Projeto de Constituição que ele lhes havia *oferecido*. Já a Constituição de 1891 estatuía: "Art. 15. São órgãos da soberania nacional o Poder Legislativo, o Executivo e o Judiciário, harmônicos e independentes entre si". As demais Constituições brasileiras, com maior ou menor autenticidade, reportavam-se à soberania popular.

44 Povo já não significa uma entidade mítica, mas um *complexo de forças políticas plurais*, como anotou J. J. Gomes Canotilho, *Direito constitucional e teoria da Constituição*, 2003, p. 75, fazendo remissão a Peter Häberle e E. W. Bockenford: "Poder constituinte significa, assim, *poder constituinte do povo*. O povo, nas democracias actuais, concebe-se como uma 'grandeza pluralística' (P. Häberle), ou seja, como uma pluralidade de forças culturais, sociais e políticas tais como partidos, grupos, igrejas, associações, personalidades, decisivamente influenciadoras da formação de 'opiniões', 'vontades', 'correntes' ou 'sensibilidades' políticas nos momentos preconstituintes e nos procedimentos constituintes". Para uma importante reflexão sobre este tema, v. Friedrich Müller, *Fragmento sobre o poder constituinte do povo*, 2004.

45 Pedro de Vega, *La reforma constitucional y la problemática del poder constituyente*, 1999, p. 34 e 40.

46 Emmanuel Joseph Sieyès, *A constituinte burguesa*: qu'est-ce que le Tiers État?, 1986, p. 117: "A nação existe antes de tudo, ela é a origem de tudo. Sua vontade é sempre legal, é a própria lei. Antes dela e acima dela só existe o direito *natural*". Sobre o ponto, v. tb. Celso Ribeiro Bastos, *Curso de direito constitucional*, 1999, p. 21-24.

kelseniano, com a tese da norma fundamental pressuposta[47], como o decisionismo de Carl Schmitt, pelo qual a Constituição é uma vontade política com força para se impor[48], conduzem ao mesmo resultado: o de que o poder constituinte é um fato pré-jurídico, externo ao Direito[49].

É fora de dúvida que o poder constituinte é um fato político, uma força material e social, que não está subordinado ao Direito positivo preexistente. Não se trata, porém, de um poder ilimitado ou incondicionado. Pelo contrário, seu exercício e sua obra são pautados tanto pela realidade fática como pelo Direito, âmbito no qual a dogmática pós-positivista situa os valores civilizatórios, os direitos humanos e a justiça. Contemporaneamente, é a observância de critérios básicos de justiça que diferencia o direito do "não direito"[50]. A força bruta não se legitima apenas pela circunstância de se travestir da forma constitucional. Deve-se enfatizar, ademais, que a separação radical entre fato e norma, entre faticidade e normatividade, já não encontra abrigo confortável na teoria jurídica contemporânea. O Direito passa a ser visto como o produto final de uma interação entre ambos.

1 Condicionamentos pré-constituintes

Os condicionamentos jurídicos estarão presentes desde o primeiro momento, envolvendo aspectos como o ato convocatório, o processo de escolha dos integrantes da assembleia ou convenção e, por vezes, até mesmo o procedimento de deliberação a ser adotado. Não é possível falar em soberania popular ou em democracia sem Direito, sem normas que disciplinem a participação de todos, em regime de liberdade e igualdade[51]. O equacionamento adequado de tais questões teve lugar nos diferentes cenários de elaboração constitucional, seja na França, seja nos Estados Unidos, na Alemanha, em Portugal ou na África do Sul[52]. No Brasil, a convocação da assembleia constituinte que elaborou a Constituição de 1988 se deu por via de emenda

---

47 Kelsen concebe o ordenamento jurídico como um sistema escalonado de normas, no qual as normas inferiores têm como fundamento de validade as superiores, numa cadeia que encontra seu ápice na Constituição. A teoria não explica, porém – e deliberadamente afirma que não pretende explicar –, o fundamento de validade da própria Constituição. Afirma, ao contrário, a existência de uma norma fundamental pressuposta, cujo comando seria algo como *devemos respeitar as ordens do autor da Constituição*. A ciência do Direito, tal como a formula Kelsen, não teria nada a dizer sobre o conteúdo da Constituição, dada a inexistência de um parâmetro jurídico objetivo que lhe seja anterior e superior. V. Hans Kelsen, *Teoria pura do Direito*, 1979, p. 269: "[A] norma que representa o fundamento de validade de outra norma é, em face desta, uma norma superior. Mas, a indagação do fundamento de validade de uma norma não pode, tal como a investigação da causa de um determinado efeito, perder-se no interminável. Tem de terminar numa norma que se pressupõe como a última e a mais elevada. Como norma mais elevada, ela tem de ser *pressuposta*, visto que não pode ser *posta* por uma autoridade, cuja competência teria de se fundar numa norma ainda mais elevada".

48 V. Carl Schmitt, *Teoría de la Constitución*, 2001, p. 93.

49 Na doutrina francesa, essa posição é defendida por Carré de Marlberg, *Contribution a la théorie générale de l'État*, 1962, p. 484-486. Entre nós, foi sustentada com veemência por Celso Antônio Bandeira de Mello, Poder constituinte, *Revista de Direito Constitucional*, 4:69, 1983:

"A primeira indagação que ocorreria é se o Poder Constituinte é um Poder Jurídico ou não. Se se trata de um dado interno ao mundo do direito ou se, pelo contrário, é algo que ocorre no plano das relações político-sociais, muito mais do que no plano da realidade do direito. E a minha resposta é que o chamado Poder Constituinte originário não se constitui num fato jurídico. Em rigor, as características, as notas que se apontam para o Poder Constituinte, o ser incondicionado, o ser ilimitado, de conseguinte, o não conhecer nenhuma espécie de restrição, já estão a indicar que ele não tem por referencial nenhuma espécie de norma jurídica, pelo contrário, é a partir dele que vai ser produzida a lei suprema, a norma jurídica suprema, o texto constitucional; tem-se de concluir que o Poder Constituinte é algo pré-jurídico, precede, na verdade, a formação do direito".

50 V. J. J. Gomes Canotilho, *Estado de direito*, 1999, p. 12. Conforme a conhecida fórmula de Radbruch, "a extrema injustiça não é direito". V. tb. Robert Alexy, *La institucionalización de la justicia*, 2005.

51 V. Ignacio de Otto, *Derecho constitucional*: sistema de fuentes, 1998, p. 56: "[A invocação de] um poder prévio ao direito desconhece que o próprio processo de manifestação de uma vontade democrática só é possível conforme as regras que assegurem a igualdade e a liberdade dos partícipes e a veracidade do resultado: não há democracia sem direito. Por isso a própria gestação da Constituição é um processo juridicamente regrado, não um simples fato". V., tb., sobre o tema dos condicionamentos (*constraints*), John Elster, Forces and mechanisms in the Constitution-making process, *Duke Law Journal*, 45:364, 1995, p. 373 e s.

52 Na França, foi o rei quem convocou os Estados-Gerais. Nos Estados Unidos, a decisão foi tomada pelo Congresso Continental. Na Alemanha, pelas potências aliadas. Em Portugal, a convocação constava do programa do Movimento das Forças Armadas, que conduziu a ação revolucionária. Na África do Sul, a convocação foi precedida de longas negociações, secretas e posteriormente oficiais, entre o *Partido Nacional*, condutor do *apartheid*, e o *Congresso Nacional Africano*, partido de Nelson Mandela, que fora banido e retornou à cena política do país em 1990. Após a adoção de uma *Constituição provisória*, em 1993, alinhavada por um fórum multipartidário, realizou-se, em 1994, a primeira eleição democrática do país para o fim de eleger os representantes da Assembleia Constituinte.

constitucional à Carta de 1967-1969. Com efeito, a Emenda Constitucional n. 26, de 27 de novembro de 1985, previu como seriam escolhidos os constituintes, quem instalaria a assembleia constituinte e em que data, chegando a dispor, até mesmo, acerca da forma e do quórum de deliberação a ser adotado[53].

Com efeito, além de ditar as regras de instalação da assembleia constituinte, não é incomum que o poder que a convocou procure influenciar os próprios trabalhos de elaboração constitucional, pela imposição de formas[54] e, por vezes, até de conteúdos. Na Itália, por exemplo, previu-se por decreto legislativo que, contemporaneamente à eleição para a assembleia constituinte, o povo seria chamado a decidir, mediante *referendum*, sobre a forma institucional do Estado (República ou Monarquia). Em consequência da deliberação popular, a forma de governo tornou-se republicana antes mesmo da elaboração da nova Constituição. Como se verifica, a decisão nessa matéria foi retirada da constituinte e atribuída diretamente ao povo[55].

Em Portugal, as constrições impostas à assembleia constituinte foram ainda mais extensas e profundas. Algumas decorreram de textos pré-constituintes, como as denominadas *Plataformas de Acordo Constitucional*; outras foram impostas pelo processo revolucionário, que se prolongou no tempo, gerando uma concorrência de poderes entre o Conselho da Revolução, o Conselho de Estado e a Assembleia Constituinte, de cuja soberania chegou-se a duvidar[56]. Situação singularíssima ocorreu na África do Sul. Em 1994, no curso do processo de transição do regime do *apartheid*, foi adotada uma Constituição interina. Nela se previu que o texto definitivo de Constituição elaborado pela Assembleia Constituinte deveria ser submetido ao Tribunal Constitucional, que "certificaria" sua compatibilidade com determinados "princípios constitucionais" ajustados pelos dois lados no processo de transição. Em 1996, o Tribunal Constitucional negou "certificação" à Constituição e determinou que alguns dispositivos fossem refeitos[57].

No Brasil, a Assembleia Constituinte que aprovou a Constituição de 1891 já encontrou a República proclamada e a Federação instituída pelo Governo Provisório[58]. Após a Revolução de 30, o Governo Provisório dela originário editou decreto estabelecendo que a nova Constituição – que só viria a ser promulgada em 1934 – teria de manter a República e a Federação, sendo-lhe vedado, ademais, restringir direitos dos Municípios e dos cidadãos[59]. Após a destituição de Getúlio Vargas, a Lei Constitucional n. 15, de 26 de novembro de 1945, impôs uma restrição aos poderes "ilimitados" outorgados ao Congresso

---

53 Assim dispôs a Emenda Constitucional n. 26/85, na parte aqui relevante: "Art. 1º Os Membros da Câmara dos Deputados e do Senado Federal reunir-se-ão, unicameralmente, em Assembleia Nacional Constituinte, livre e soberana, no dia 1º de fevereiro de 1987, na sede do Congresso Nacional".

54 Veja-se, sobre o tema, John Elster, Forces and mechanisms in the Constitution-making process, *Duke Law Journal*, 45:364, 1995, p. 373-374: "Assembleias constituintes raramente são autocriadas; ao contrário, elas têm um criador externo. Na verdade, elas têm normalmente dois criadores. De um lado, a instituição ou indivíduo que toma a decisão de convocar a assembleia constituinte. Nos Estados Unidos, em 1787, esta decisão foi tomada pelo Congresso Continental. Na França, em 1789, foi tomada pelo Rei. Na Alemanha, em 1949, foi tomada pelas potências ocidentais ocupantes. Por outro lado, há o mecanismo institucional que seleciona delegados para a assembleia constituinte. Nos Estados Unidos e na Alemanha, os delegados foram selecionados pelas assembleias legislativas estaduais. Na Alemanha, a seleção de delegados foi submetida a imposições das potências aliadas, especificamente no sentido de que a representação fosse proporcional à população dos Estados. Na França, em 1789, os delegados foram selecionados pelos três Estados, havendo o Rei decidido que o Terceiro Estado deveria ter delegados em número equivalente ao dos dois outros Estados [nobreza e clero] somados".

55 V. sobre o tema Raul Machado Horta, *Direito constitucional*, 2002, p. 33. Sobre o tema, v. tb. Constantino Mortati, *Istituzioni di diritto pubblico*, 1969, v. 1, p. 83.

56 Sobre o tema, v. a tese de doutoramento do Professor Jorge Miranda, *A Constituição de 1976*, 1978, p. 20-22. V. tb. Raul Machado Horta, *Direito constitucional*, 2002, p. 34.

57 Para a transcrição da decisão, v. Norman Dorsen, Michel Rosenfeld, András Sajó e Susanne Baer, *Comparative constitutionalism*, 2003, p. 84 e s.

58 Note-se que o Decreto n. 1, de 15.11.1989, editado pelo Marechal Deodoro da Fonseca, utilizou o advérbio "provisoriamente", em deferência à futura constituinte. Mas, naturalmente, a situação de fato era irreversível. Esta a ementa do Decreto n. 1: "Proclama provisoriamente e decreta como a forma de governo da Nação Brasileira a República Federativa, e estabelece as normas pelas quais se devem reger os Estados Federais".

59 Assim dispunha o Decreto n. 19.398, de 11.11.1930: "Art. 12. A nova Constituição manterá a forma republicana federativa e não poderá restringir os direitos dos municípios e dos cidadãos brasileiros e as garantias individuais constantes da Constituição de 24 de fevereiro de 1891".

Nacional para elaborar a nova Constituição: não poderia ele contestar a legitimidade da eleição presidencial que se realizaria em 2 de dezembro de 1945[60].

Em teoria pura, não haveria discussão de que uma assembleia constituinte, quando verdadeiramente soberana, poderia desconsiderar limitações formais e materiais que lhe tenham sido impostas de maneira heterônoma, *i.e.*, por uma força externa[61]. A verdade, contudo, é que não se deve, em rigor, falar em um *ato* constituinte, mas sim em um *processo* constituinte, composto de vários atos que se encadeiam no propósito de superação do *status quo* vigente. Esses atos incluem, por exemplo, a ruptura com a ordem anterior (ou a decisão de deflagrar uma transição), a convocação e eleição dos constituintes, os trabalhos desenvolvidos e a aprovação final. Se houver uma quebra de harmonia nessa sequência, a questão se transfere de volta para o plano da legitimidade, e o poder constituinte precisará renovar o seu título. A submissão do texto a ulterior deliberação popular poderá ser uma das formas de fazê-lo.

2   Condicionamentos pós-constituintes

O mais decisivo condicionamento pós-constituinte advém da necessidade de ratificação do texto aprovado pela assembleia ou convenção[62], circunstância que, por si só, já impõe aos delegados a preocupação de maior sintonia com o colégio eleitoral que será encarregado da deliberação final. O fato de a ratificação se dar, por exemplo, pelos Estados membros da Federação ou pelo conjunto da população, pode ter impacto importante nas decisões a serem tomadas pelos constituintes.

Como já assinalado, esse modelo de referendo popular da Constituição não foi abrigado na teoria do poder constituinte de Sieyès. Nela, a nação, entidade abstrata, manifestava sua vontade através de representantes, reunidos em assembleia, cabendo a esta a palavra final. Nos Estados Unidos, ao contrário, desde as experiências constitucionais estaduais, sempre foi tradição o exercício da soberania popular por via direta, submetendo-se à ratificação popular o projeto aprovado em convenção pelos representantes indicados[63]. A Constituição Federal, cujo texto foi elaborado na Filadélfia, em 1787, teve no processo de ratificação pelos Estados sua etapa decisiva[64].

Se a teoria democrática do poder constituinte se assenta na sua legitimidade, não há como imaginá-lo como um poder ilimitado. O poder constituinte estará sempre condicionado pelos valores sociais e políticos que levaram à sua deflagração e pela ideia de Direito que traz em si[65]. Não se trata de um poder exercido em um vácuo histórico, nem existe norma constitucional autônoma em relação à realidade[66]. O poder constituinte, portanto, é também um *poder de Direito*. Ele está fora e acima do Direito posto

---

60   Assim dispunha a Lei Constitucional n. 15/45: "Art. 1º Em sua função constituinte terá o Congresso Nacional, eleito a 2 de dezembro próximo, poderes ilimitados para elaborar e promulgar a Constituição do país, ressalvada a legitimidade da eleição do Presidente da República".

61   E, de fato, no caso americano, a Convenção de Filadélfia ignorou as instruções do Congresso Continental em três pontos de suprema importância: decidiu elaborar uma Constituição, em lugar de reformar os Artigos da Confederação; previu a ratificação por convenções estaduais especialmente convocadas, e não pelas assembleias legislativas; e previu a ratificação do texto aprovado por apenas nove Estados, em lugar da unanimidade prevista nos Artigos da Confederação. Sobre o tema, v. Bruce Ackerman, *We the people*: foundations, 1991, p. 41.

62   John Elster, Forces and mechanisms in the Constitution-making process, *Duke Law Journal*, 45:364, 1995, p. 374.

63   Sobre o tema, v. Pedro de Vega, *La reforma constitucional y la problemática del poder constituyente*, 1999.

64   O texto aprovado assim dispunha, na primeira parte do seu último artigo: "Art. 7. A ratificação, por parte das convenções de nove Estados será suficiente para a adoção desta Constituição nos Estados que a tiverem ratificado".

65   Em página primorosa, escreveu Georges Burdeau, *Manuel de droit constitutionnel et institutions politiques*, 1984, p. 86: "Em relação ao Estado, o poder constituinte originário é, portanto, um poder primário, incondicionado e perfeitamente senhor das formas nas quais entende deva ser exercido. Mas esta independência cessa à vista da ideia de direito porque, como todas as formas do Poder, o poder constituinte é tributário de uma ideia de direito que ele exprime e que o legitima. Não existe, assim, um poder constituinte abstrato, válido em qualquer que seja a sociedade considerada. Cada ideia de direito traz um poder constituinte que não vale senão que em relação a ela, e que cessa de ser eficaz quando ela mesma não seja mais a ideia dominante dentro do grupo".

66   V. J. J. Gomes Canotilho, *Direito constitucional e teoria da Constituição*, 2003, p. 66; Nelson Saldanha, *O poder constituinte*, 1986, p. 93; e tb. Konrad Hesse, *A força normativa da Constituição*, 1991, p. 14-15: "A norma constitucional não tem existência autônoma em face da realidade. A sua essência reside na sua vigência, ou seja, a situação por ela regulada pretende ser concretizada na realidade. Essa pretensão de eficácia (*Geltungsanspruch*) não pode ser separada das condições históricas de sua realização, que estão, de diferentes formas, numa relação de interdependência, criando regras próprias que não podem ser desconsideradas. Devem ser contempladas aqui as condições naturais, técnicas, econômicas e sociais. A pretensão de eficácia da norma jurídica somente será realizada se levar em conta essas condições. Há de ser, igualmente, contemplado o substrato espiritual que se consubstancia num determinado povo, isto é, as condições sociais concretas e o baldrame axiológico, que influenciam decisivamente a conformação, o entendimento e a autoridade das proposições normativas".

preexistente, mas é limitado pela cosmovisão da sociedade – suas concepções sobre ética, dignidade humana, justiça, igualdade, liberdade – e pelas instituições jurídicas necessárias à sua positivação. Fora daí pode haver dominação e outorga, mas não constitucionalismo democrático.

Uma última limitação que a doutrina passou a reconhecer de maneira praticamente unânime nos últimos tempos decorre dos princípios do direito internacional e, especialmente, dos direitos humanos. Ela diz respeito à valoração ética da Constituição elaborada. Após a Segunda Guerra Mundial, notadamente com a Declaração Universal dos Direitos Humanos, de 1948, passou-se a reconhecer aqueles direitos como um patamar mínimo a ser observado por todos os Estados na organização do poder e nas suas relações com seus cidadãos[67]. A face virtuosa da globalização é a difusão desses valores comuns, o desenvolvimento de uma ética universal. Uma das questões cruciais do Direito, na atualidade, é equacionar, de maneira equilibrada, a tensão entre o universalismo – isto é, o reconhecimento de que há um conjunto mínimo de direitos universais, que devem proteger as pessoas contra a violência e a opressão – e o multiculturalismo, que procura resguardar a diversidade dos povos e impedir a hegemonia das culturas que se tornaram mais poderosas em determinada quadra histórica.

Eis, portanto, uma tentativa de sistematização dos limites ao poder constituinte, com seus condicionamentos pré e pós-constituintes. A conclusão a que se chega é a de que o poder constituinte é um fato essencialmente político, mas condicionado por circunstâncias históricas, políticas e jurídicas. Tal constatação não imuniza a matéria de complexidades que lhe são inerentes. O reconhecimento de uma ordem de valores – internos e internacionais – que estabeleça a subordinação do poder soberano a um direito *suprapositivo* remete a questão para as fronteiras do direito natural. De parte isso, sempre existirão dificuldades relativas à efetividade de tais limites. De fato, embora a vinculação a normas fundamentais anteriores ao Direito escrito já tenha sido admitida, em tese, por importante corte constitucional[68], o conhecimento convencional é no sentido de que a obra do poder constituinte originário não comporta controle judicial[69]. Na prática, portanto, a concretização desses limites normalmente precisará ser afirmada no plano da legitimidade e não no da legalidade[70].

---

67 Nos últimos anos, no Brasil, teve lugar uma interessante discussão acerca da incorporação dos tratados internacionais de direitos humanos à ordem interna, com *status* constitucional, com base no que dispõe o art. 5º, § 2º, da Constituição Federal. Sobre o tema, v. Flávia Piovesan, *Direitos humanos e direito constitucional internacional*, 2000, p. 103; e Antônio Augusto Cançado Trindade, *Tratado de direito internacional dos direitos humanos*, 1999, v. II, p. 29-30. A matéria, todavia, foi superada pela aprovação da Emenda Constitucional n. 45, de 8.12.2004, que deu ao § 3º do art. 5º da Constituição Federal a seguinte redação: "§ 3º Os tratados e convenções internacionais sobre direitos humanos que forem aprovados, em cada Casa do Congresso Nacional, em dois turnos, por três quintos dos votos dos respectivos membros, serão equivalentes às emendas constitucionais".

68 Trata-se do Tribunal Constitucional Federal alemão, que, no ponto, referendou entendimento que já havia sido desenvolvido pelo Tribunal Constitucional do Estado da Baviera: A manifestação foi produzida em julgado de 1951 (Sentença 1, 14): "Dessa forma, essa Corte concorda com a afirmação da Corte Constitucional da Baviera: 'Não é conceitualmente impossível que um dispositivo constitucional individualizado seja inválido apenas por ser parte da Constituição. Existem princípios constitucionais que são tão fundamentais e que expressam tão intensamente um Direito que tem precedência até mesmo sobre a Constituição, que vinculam o próprio constituinte, e outras disposições constitucionais que não tenham tal *status* podem ser inválidas por contrariar tais princípios'. A partir dessa regra de interpretação, decorre que qualquer disposição constitucional deve ser interpretada de modo a ser compatível com aqueles princípios elementares e com as decisões fundamentais do constituinte" (tradução livre). É possível encontrar esse e outros excertos da decisão, bem como comentários sobre ela, em Donald P. Kommers, *The constitutional jurisprudence of the Federal Republic of Germany*, 1997, p. 62-69. Sobre o tema, v. ainda Otto Bachof, *Normas constitucionais inconstitucionais?*, 2008 (a 1ª edição, em alemão, é de 1951).

69 Nesse sentido já decidiu o Supremo Tribunal Federal brasileiro por mais de uma vez. O *leading case* foi a ADIn 815-3/DF, da qual foi relator o Ministro Moreira Alves (*DJU*, 10 maio 1996): "– A tese de que há hierarquia entre normas constitucionais originárias, dando azo à declaração de inconstitucionalidade de umas em face de outras é incompossível com o sistema de Constituição rígida. – Na atual Carta Magna 'compete ao Supremo Tribunal Federal, precipuamente, a guarda da Constituição' (artigo 102, 'caput'), o que implica dizer que essa jurisdição lhe é atribuída para impedir que se desrespeite a Constituição como um todo, e não para, com relação a ela, exercer o papel de fiscal do Poder Constituinte originário, a fim de verificar se este teria, ou não, violado os princípios de direito suprapositivo que ele próprio havia incluído no texto da mesma Constituição. – Por outro lado, as cláusulas pétreas não podem ser invocadas para sustentação da tese da inconstitucionalidade de normas constitucionais inferiores em face de normas constitucionais superiores, porquanto a Constituição as prevê apenas como limites ao Poder Constituinte derivado ao rever ou ao emendar a Constituição elaborada pelo Poder Constituinte originário, e não como abarcando normas cuja observância se impôs ao próprio Poder Constituinte originário com relação às outras que não sejam consideradas como cláusulas pétreas, e, portanto, possam ser emendadas. Ação não conhecida por impossibilidade jurídica do pedido". Na mesma linha, STF, *DJU*, 9 fev. 2006, ADInMC 3.300/DF, Rel. Min. Celso de Mello, enfatizando que "impossibilidade jurídica de se proceder à fiscalização normativa abstrata de normas constitucionais originárias".

70 Exceção interessante, já referida acima, foi a do processo constituinte da África do Sul, no qual o projeto aprovado pela assembleia foi submetido à análise e "certificação" do Tribunal Constitucional.

V PROCEDIMENTO

O processo constituinte terá como ato inaugural a liberação da energia transformadora apta a mudar as bases políticas e jurídicas de determinada situação estabelecida de poder. Como assinalado anteriormente, esse evento deflagrador poderá ser uma revolução, a criação de um novo Estado, a derrota na guerra ou uma transição política pacífica[71]. O procedimento constituinte normalmente percorrerá etapas como a convocação da assembleia ou convenção, a escolha dos delegados, os trabalhos de elaboração, a deliberação final e a entrada em vigor do texto aprovado. Três questões merecem comentário e reflexão nessa matéria: o caráter exclusivo ou não da assembleia constituinte; a existência de anteprojetos preliminares; e o *referendum* constitucional.

A Constituição americana foi elaborada por uma convenção reunida exclusivamente para o propósito de rever os Artigos da Confederação. Na assembleia constituinte francesa, os delegados seguiram a proposta de Robespierre que os tornava inelegíveis para a primeira legislatura ordinária[72]. Da separação clara entre poder constituinte e poder constituído deve resultar a consequência de que, assim como o Parlamento não deve exercer competências constituintes originárias, também não deve o constituinte desempenhar funções legislativas ordinárias. Essa separação, muito nítida no modelo americano, nem sempre foi seguida na experiência europeia[73]. E, por influência desta, tampouco no Brasil[74]. Aliás, esse foi um dos debates mais candentes no período que antecedeu a convocação da última constituinte[75]. Idealmente, a fórmula da constituinte exclusiva, sem poderes legislativos, a ser dissolvida após a conclusão do seu trabalho, afigura-se mais capaz de libertar a Constituição dos interesses da política ordinária[76] ou, quando menos, minimizar seu caráter imediatista.

A elaboração de anteprojetos de constituição ou documentos constitucionais prévios é relativamente recorrente na experiência brasileira[77]. Assim se passou com a primeira Constituição republicana, que teve anteprojeto elaborado por uma Comissão Especial[78] e revisto pelos Ministros do Governo Provisório,

---

71 No Brasil, a convocação de assembleias constituintes já se deu pelo imperador (Constituição de 1824) e por força de movimentos ou golpes políticos (Constituições de 1891, 1934, 1946 e 1969). A Constituição de 1967 foi convocada pelo Presidente da República, em meio a um processo que já se degenerava em uma ditadura. A constituinte que elaborou a Constituição de 1988 foi convocada pela Emenda Constitucional n. 26, de 27.11.1985, no curso de uma longa transição política que pôs fim ao regime militar.

72 A Constituição francesa de 1791 previa que os 249 membros eleitos para comporem a *Assembleia de Revisão* teriam os mandatos extintos após o encerramento de seu trabalho de revisão (Título VII, art. 8). V. Raul Machado Horta, *Direito constitucional*, 2002, p. 44.

73 Pedro Vega, *La reforma constitucional y la problemática del poder constituyente*, 1999, p. 36: "Frente a esta nítida separación entre funciones constituyentes y constituidas de la tradición americana, el constitucionalismo europeu, que segue os esquemas estabelecidos por Sieyès, introduziu doses de notável confusão. Ao trasladar-se para as Assembleias Constituintes representativas o exercício pleno da soberania, nada tem de particular que o poder constituinte soberano se projete, ou procure projetar-se, como poder legislativo ordinário, inclusive quando a Constituição é aprovada".

74 A Assembleia Constituinte e Legislativa convocada pelo imperador, em 3.6.1822, exerceu atividade legislativa cumulada com os trabalhos constituintes, até ser dissolvida em 12.11.1823. Com a Constituição de 1891, inaugurou-se a fórmula de se converter a Assembleia Constituinte em Poder Legislativo ordinário, dividido em Câmara dos Deputados e Senado Federal (Disposições Transitórias, art. 1º, § 4º). Tal modelo veio a se repetir em relação às Constituições de 1934, 1946 e 1988. A Constituição de 1967 foi aprovada pelo Congresso Nacional que já se encontrava em exercício. A de 1969 foi outorgada pelos ministros militares.

75 Sobre o tema, v. Flávio Bierrenbach, *Quem tem medo da constituinte*, 1986. V. tb. Luís Roberto Barroso, Doze anos da Constituição brasileira de 1988, in *Temas de direito constitucional*, 2002, t. I, p. 8: "Previu a Emenda Constitucional n. 26/85 que os membros da Câmara dos Deputados e do Senado Federal se reuniriam, unicameralmente, em Assembleia Nacional Constituinte, livre e soberana, no dia 1º de fevereiro de 1987. Não prevaleceu a ideia, que teve amplo curso na sociedade civil, de eleição de uma constituinte exclusiva, que se dissolveria quando da conclusão dos trabalhos".

76 No mesmo sentido a posição de Jon Elster, Forces and mechanisms in the Constitution-making process, *Duke Law Journal*, 45:364, 1995, p. 395: "[P]ara reduzir o âmbito de interesses institucionais, as constituições devem ser escritas por assembleias reunidas especialmente para esse fim e não por corpos que também servem como legislaturas ordinárias. Tampouco se deveria dar a estas legislaturas qualquer papel central no processo de ratificação".

77 Embora menos comum na experiência europeia. No caso da Constituição portuguesa, de 1976, e da espanhola, de 1978, houve projetos apresentados pelos diferentes partidos políticos, mas não um anteprojeto oficial.

78 A "Comissão dos Cinco" foi integrada por Américo Brasiliense, Magalhães Castro, Rangel Pestana, Saldanha Marinho e Santos Werneck. V. Raul Machado Horta, *Direito constitucional*, 2002, p. 35.

à frente Rui Barbosa[79]. O mesmo se passou com a Constituição de 1934[80]. A Carta de 1937, outorgada por Getúlio Vargas, foi elaborada por Francisco Campos, Ministro da Justiça nomeado poucos dias antes da instauração do novo governo, instituído pelo golpe do *Estado Novo*. A Constituição de 1946 não contou com anteprojeto. Para elaboração da Constituição de 1967, Castelo Branco constituiu uma Comissão[81], cujo trabalho foi desconsiderado em favor do projeto elaborado por Carlos Medeiros Silva, Ministro da Justiça. Antes mesmo da convocação da Assembleia Constituinte que viria a elaborar a Constituição de 1988, foi constituída uma Comissão de *notáveis*, conhecida como *Comissão Afonso Arinos*, que elaborou um anteprojeto de grande mérito. Razões associadas à conjuntura política levaram ao seu abandono pelo governo do Presidente José Sarney[82]. Como consequência, a constituinte trabalhou sem um projeto base, o que trouxe ao processo grandes dificuldades operacionais.

Não faz parte da tradição brasileira a submissão dos textos constitucionais aprovados à ulterior ratificação, por via de referendo popular. Entre nós, sempre prevaleceu a tese da representação, em que a assembleia constituinte é soberana e sua manifestação equipara-se à vontade final do povo. A exigência de ratificação deita suas origens no constitucionalismo americano e foi utilizada diversas vezes ao longo da acidentada experiência constitucional francesa[83]. A própria Constituição de 1958, em vigor na França, foi elaborada pelo governo do Presidente Charles de Gaulle e legitimada por referendo superveniente[84]. O modelo de ratificação do texto aprovado pela assembleia ou pela convenção é mais consentâneo com a teoria da soberania popular, mas não é imune à malversação. Por vezes, dá ensejo à manipulação das massas em favor de projetos autoritários, como no caso de Napoleão[85], ou pervertidos, como no de Hitler[86].

VI PODER CONSTITUINTE E LEGITIMIDADE DEMOCRÁTICA

O poder constituinte, titularizado pelo povo e exercido mediante um procedimento especial, elabora a Constituição. A Constituição institui os órgãos do poder constituído e impõe limites de forma e de

---

79 V. obra publicada pela Fundação Casa de Rui Barbosa, *Rui Barbosa e a Constituição*, 1985, na qual há um fac-símile de suas anotações manuscritas contendo as propostas de modificação do texto.

80 A "Comissão do Itamarati" compunha-se de 14 membros: Afrânio de Melo Franco, Antonio Carlos, Carlos Maximiliano, Artur Ribeiro, Assis Brasil, João Mangabeira, Agenor de Roure, Antunes Maciel, José Américo, Osvaldo Aranha, Oliveira Viana, Prudente de Morais Filho, Góis Monteiro e Themístocles Cavalcanti. V. Raul Machado Horta, *Direito constitucional*, 2002, p. 37.

81 A Comissão era composta por Orozimbo Nonato, Levi Carneiro, Miguel Seabra Fagundes e Themístocles Brandão Cavalcanti. V. Raul Machado Horta, *Direito constitucional*, 2002, p. 38. A Emenda Constitucional n. 1, de 1969, foi fruto do trabalho de uma comissão formada ainda no governo Costa e Silva, presidida pelo Vice-Presidente Pedro Aleixo, e composta por Gama e Silva (Ministro da Justiça), Carlos Medeiros Silva, Themístocles Cavalcanti, Miguel Reale, Rondon Pacheco e Hélio Beltrão. O texto elaborado sofreu modificações de carga mais autoritária, por iniciativa da Junta Militar que a outorgou, após o impedimento de Costa e Silva. V. Caetano Ernesto Pereira de Araújo e Eliane Cruxên Barroso Pereira de Araújo, *A comissão de alto nível*: história da Emenda Constitucional n. 1, de 1969, disponível em: http://jus.com.br/artigos/8779/a-comissao-de-alto-nivel/4.

82 Luís Roberto Barroso, Doze anos da Constituição brasileira de 1988, in *Temas de direito constitucional*, 2002, t. I, p. 9: "É de interesse assinalar que o próprio Poder Executivo havia instituído, em julho de 1985, uma Comissão Provisória de Estudos Constitucionais, conhecida, em razão do nome de seu Presidente, como Comissão Afonso Arinos, que veio a apresentar um anteprojeto. Tal texto, todavia, a despeito de suas virtudes, não foi encaminhado à constituinte pelo Presidente Sarney, inconformado, dentre outras coisas, com a opção parlamentarista nele veiculada".

83 A Constituição de 1793 foi submetida à aprovação do povo. São célebres os plebiscitos napoleônicos, pelos quais foram aprovadas sucessivas constituições (v. *infra*). O primeiro projeto constitucional de 1946 foi rejeitado, tendo o segundo sido aprovado. V. Celso Ribeiro Bastos, *Curso de direito constitucional*, 1999, p. 33.

84 Em meio a grave crise política, o Parlamento concedeu ao Governo, do qual Charles de Gaulle era Presidente do Conselho de Ministros, poderes para alterar a Constituição de 1946. Com a ajuda de uma Comissão Consultiva e do Conselho de Estado, De Gaulle elaborou uma nova Constituição, que foi aprovada em *referendum* popular e promulgada pelo Presidente da República em 4.10.1958.

85 Tornaram-se célebres os "plebiscitos" napoleônicos, por via dos quais o eleitorado francês aprovou as Constituições de 1799, 1802 e 1804, bem como o que aprovou, durante os "cem dias" de 1815, o Ato Adicional. V. Celso Ribeiro Bastos, *Curso de direito constitucional*, 1999, p. 33.

86 A ampliação dos poderes de Hitler se deu, em parte, por via de consultas populares. Sobre o tema, v. Pedro Vega, *La reforma constitucional y la problemática del poder constituyente*, 1999, p. 106: "No entanto, o uso que fizeram do referendo as ditaduras fascistas posteriores, emulando o cesarismo bonapartista, e buscando nos princípios da democracia direta rousseauniana uma legitimidade inalcançável por outros meios, determinou que a instituição fosse de novo contemplada com receio".

conteúdo à sua atuação. O poder constituinte, como intuitivo, é superior ao poder constituído, assim como a Constituição desfruta de supremacia em relação à legislação ordinária. Os valores permanentes inscritos na Constituição têm primazia sobre as circunstâncias da política ordinária. Embora tenha atravessado os séculos recebendo grande reconhecimento, a lógica da construção teórica aqui exposta é um pouco mais problemática do que se poderia supor à primeira vista.

Em primeiro lugar, porque tanto a política constitucional como a política cotidiana ou ordinária procuram reconduzir sua atuação, em última análise, para o povo. O argumento de que o povo exerce o poder constituinte e de que o Parlamento exerce o poder legislativo não resiste à constatação de que, em muitos casos, é o mesmo órgão, quando não as mesmas pessoas, que exerce ambos os poderes. Esta é, por exemplo, como já acentuado, a tradição brasileira na matéria, do que é ilustração inequívoca a Constituição de 1988. Sendo assim, o que justificaria a superioridade de um poder sobre o outro? Em segundo lugar, por qual razão o povo de ontem deve ter poder de ditar os destinos do povo de hoje? Por que uma geração deve ter o poder de submeter a vontade das gerações futuras? Não são questões singelas[87], mas as respostas têm sido procuradas pela filosofia constitucional contemporânea.

Duas teses desenvolvidas nas últimas décadas procuraram fornecer legitimação para a superioridade jurídica do poder constituinte. A primeira delas está na ideia de *pré-compromisso* ou autovinculação. O povo, ao elaborar a Constituição, impõe a si mesmo e ao seu poder soberano limitações que resguardem o processo político democrático dos perigos e tentações que possam abalá-lo no futuro[88]. Por esse motivo se protegem os direitos fundamentais e se impõem procedimentos destinados a impedir a opressão das minorias pelas maiorias. Outra tese de amplo curso é a da *democracia dualista*, que divide a atividade política em duas: a política constitucional – que se pratica em momentos cívicos específicos de ampla mobilização do povo – e a política ordinária, que fica a cargo da classe política e dos organismos do poder constituído. A vontade manifestada naqueles momentos especiais prevalece sobre a dos momentos rotineiros[89].

A legitimidade democrática do poder constituinte e de sua obra, que é a Constituição, recai, portanto, no caráter especial da vontade cívica manifestada em momento de grande mobilização popular. As limitações que impõe às maiorias políticas supervenientes destinam-se a preservar a razão republicana – que se expressa por meio de valores e virtudes – das turbulências das paixões e dos interesses da política cotidiana. A adaptação da Constituição às demandas dos novos tempos e das novas gerações dar-se-á por via da interpretação, da mutação e da reforma constitucionais. Esse esforço de atualização tende a funcionar como uma renovação permanente do pré-compromisso original, uma manifestação de reiterada aceitação da ordem constitucional e dos limites por ela impostos. Nas situações-limite, porém, o poder constituinte originário sairá do seu estado de latência e voltará à cena, rompendo com a ordem anterior que se tenha tornado indesejada e inaugurando uma nova.

---

87   Para uma importante reflexão sobre o tema, em língua portuguesa, além de Oscar Vilhena Vieira, *A Constituição e sua reserva de justiça*, 1999, já citado, v. tb. Daniel Sarmento, Ubiquidade constitucional: os dois lados da moeda, *Revista de Direito do Estado*, 2:83, 2006, p. 99, texto no qual considera questionável a premissa de que exista "um grande agente político – o verdadeiro sujeito da história – chamado 'povo'". E acrescenta: "[O]s componentes desta abstração chamada 'povo' não são os mesmos ao longo do tempo. No caso brasileiro, por exemplo, uma grande parte dos atuais eleitores não tinha direitos políticos – muitos não tinham nem nascido – quando foram eleitos os parlamentares que integraram a Assembleia Constituinte, ou quando a Carta foi promulgada. Portanto, o que está em debate não é propriamente saber se é democrático que o 'povo' limite o seu poder de deliberação futura através de um pré-compromisso, ou que imponha a sua vontade à classe política, mas sim examinar até que ponto é legítimo que uma determinada geração, num certo contexto histórico, adote decisões que irão vincular também outras gerações, em cenários muito diferentes". Na literatura estrangeira, v. Jeremy Waldron, Precommitment and disagreement, in Larry Alexander (ed.), *Constitutionalism:* philosophical foundations, 1998, p. 285; e Juan Carlos Bayón, Derechos, democracia y Constitución, in Francisco J. Laporta (ed.), *Constitución:* problemas filosóficos, 2003, p. 410.

88   Jon Elster, *Ulysses and the sirens*, 1979. As ideias desse livro clássico foram revistas em outra obra do mesmo autor, *Ulysses unbound*, 2000. V. tb. Stephen Holmes, *Passions and constraint*: on the theory of liberal democracy, 1995.

89   Sobre essa perspectiva, v. Bruce Ackerman, *We the people*: foundations, 1995.

CAPÍTULO **V** MUTAÇÃO CONSTITUCIONAL[1]

Sumário: I – Conceito e generalidades. II – Fundamento e limites. III – Mecanismos de atuação. 1. A interpretação como instrumento da mutação constitucional. 2. Mutação constitucional pela atuação do legislador. 3. Mutação constitucional por via de costume. IV – Mudança na percepção do Direito e mudança na realidade de fato.

I CONCEITO E GENERALIDADES

As Constituições têm vocação de permanência[2]. Idealmente, nelas têm abrigo as matérias que, por sua relevância e transcendência, devem ser preservadas da política ordinária. A constitucionalização retira determinadas decisões fundamentais do âmbito de disposição das maiorias eventuais. Nada obstante isso, as Constituições não são eternas nem podem ter a pretensão de ser imutáveis. Uma geração não pode submeter a outra aos seus desígnios[3]. Os mortos não podem governar os vivos[4]. Porque assim é, todas as Cartas Políticas preveem mecanismos institucionais para sua própria alteração e adaptação a novas realidades. Isso não quer dizer que essa seja a única hipótese de mudança do conteúdo das normas constitucionais.

Com efeito, a modificação da Constituição pode dar-se por via formal e por via informal. A via formal se manifesta por meio da *reforma constitucional*, procedimento previsto na própria Carta disciplinando o modo pelo qual se deve dar sua alteração. Tal procedimento, como regra geral, será mais complexo que o da edição da legislação ordinária. De tal circunstância resulta a *rigidez constitucional*. Já a alteração por via informal se dá pela denominada *mutação constitucional*, mecanismo que permite a transformação do sentido e do alcance de normas da Constituição, sem que se opere, no entanto, qualquer modificação do seu texto. A mutação está associada à *plasticidade* de que são dotadas inúmeras normas constitucionais.

Na Europa, a doutrina tradicional, originária da teoria constitucional francesa, só admitia modificações na Constituição por via do procedimento próprio de reforma do seu texto[5]. Coube à teoria

---

1 Adriana Zandonade, Mutação constitucional, *Revista de Direito Constitucional e Internacional* 35:194, 2001; Anna Cândida da Cunha Ferraz, *Processos informais de mudança da Constituição*, 1986; Bruce Ackerman, *We the people:* foundations, 1995, e *We the people*: transformations; Fernanda Duarte e José Ribas Vieira, *Teoria da mudança constitucional*, 2005; Georg Jellinek, *Reforma y mutación de la Constitución*, 1991; J. H. Meirelles Teixeira, *Curso de direito constitucional*, 1991, p. 141 e s.; Jorge Miranda, *Manual de direito constitucional*, 2000, t. II, p. 131 e s.; José Afonso da Silva, Mutações constitucionais, in *Poder constituinte e poder popular*: estudos sobre a Constituição, 2000; Karl Loewenstein, *Teoría de la Constitución*, 1986; Konrad Hesse, Limites de la mutación constitucional, in *Escritos de derecho constitucional*, 1983; Marcelo Borges de Mattos Medina, *Constituição e realidade:* a influência das transformações sociais na jurisdição constitucional, mimeografado; Marcus Vinicius Martins Antunes, *Mudança constitucional:* o Brasil pós-1988, 2003; Raul Machado Horta, Permanência e mudança na Constituição, in *Direito constitucional*, 2002; Uadi Lammêgo Bulos, *Mutação constitucional*, 1997.

2 Raul Machado Horta, Permanência e mudança na Constituição, in *Direito constitucional*, 2002, p. 97: "A permanência da Constituição é a ideia inspiradora do constitucionalismo moderno".

3 A Constituição francesa de 1791 instituía uma fórmula excessivamente rígida para sua alteração, tendo sido tragada pela dinâmica revolucionária. Já a Constituição de 1793 trazia, no seu art. 28, a seguinte proclamação: "Um povo tem sempre o direito de rever, reformar e mudar sua Constituição. Uma geração não pode submeter a suas leis as gerações futuras".

4 É conhecida a veemência com que Thomas Jefferson e Thomas Paine se opunham aos privilégios reivindicados por uma geração sobre a outra, pelo fato de haver elaborado uma Constituição. Escreveu Paine, em seu *The rights of man*, 1969 (a 1ª edição é de 1791): "A vaidade e a presunção de governar para além do túmulo é a mais ridícula e insolente das tiranias". V. Norman Dorsen, Michel Rosenfeld, András Sajó e Susanne Baer, *Comparative constitutionalism*, 2003, p. 82; Oscar Vilhena Vieira, *A Constituição e sua reserva de justiça*, 1999, p. 40-41; e Pedro de Vega, *La reforma constitucional y la problemática del poder constituyente*, 1999, p. 58.

5 Fernanda Duarte e José Ribas Vieira, *Teoria da mudança constitucional*, 2005, p. 3. Autores franceses contemporâneos, no entanto, reconhecem o papel do *coutume constitutionnelle* (costume constitucional), que pode ser mais importante que o das reformas formais. V. Bernard Chantebout, *Droit constitutionnel et science politique*, 1991, p. 45; e Jacques Cadart, *Institutions politiques et droit constitutionnel*, 1990, v. 1, p. 127.

constitucional alemã, em elaborações sucessivas[6], e à própria jurisprudência do Tribunal Constitucional Federal[7], o desenvolvimento e comprovação da tese da ocorrência de alterações na Constituição material de um Estado, sem qualquer mudança no texto formal. Essa admissão, é bem de ver, precisou superar a separação metodológica rígida entre o mundo do Direito (o *dever-ser*) e a realidade fática (o *ser*), imposta pelo positivismo jurídico[8]. O impacto da passagem do tempo e das transformações históricas, políticas e sociais levou ao reconhecimento dessa específica categoria teórica que é a mutação constitucional[9].

No direito norte-americano, o fenômeno da mudança não formal do texto constitucional é, a um só tempo, potencializado e diluído em razão de duas circunstâncias. A primeira está associada ao caráter sintético da Constituição, na qual estão presentes normas de textura aberta, como federalismo, devido processo legal, igualdade sob a lei, direitos não enumerados, poderes reservados. A segunda diz respeito ao próprio papel mais discricionário e criativo desempenhado por juízes e tribunais em países nos quais vigora o sistema do *common law*. Em consequência dessas peculiaridades, foram desenvolvidas jurisprudencialmente inúmeras teses que não tinham previsão expressa, como a teoria dos poderes implícitos, a imunidade tributária recíproca entre os entes da Federação, a doutrina das questões políticas, o direito de privacidade, dentre muitas outras.

Não obstante isso, a experiência americana tem casos marcantes de inequívoca mutação constitucional. Dois deles são referidos a seguir. A jurisprudência formada a partir do *New Deal* rompeu frontalmente com o entendimento constitucional vigorante ao longo da denominada era *Lochner*, passando a admitir como constitucionalmente válida a legislação trabalhista e social proposta por Roosevelt e aprovada pelo Congresso. Até então se havia entendido que tais leis violavam a liberdade de contrato assegurada pela Constituição[10]. Um segundo exemplo: a decisão proferida pela Suprema Corte no caso *Brown v. Board of Education*, julgado em 1954, que impôs a integração racial nas escolas públicas. Até então, prevalecia o entendimento constitucional, firmado em *Plessy v. Ferguson*, julgado em 1896, que legitimava a doutrina do "iguais mas separados" no tratamento entre brancos e negros. Nessas duas hipóteses, a Constituição material mudou substancialmente, sem que houvesse alteração de seu texto[11].

Em denso artigo publicado em 2007, Bruce Ackerman retornou ao tema das mutações constitucionais nos Estados Unidos. Nele voltou a reconhecer que, sobretudo ao longo do século XX, as principais

---

6   Georg Jellinek, *Reforma y mutación de la Constitución*, 1991 (a edição original em alemão é de 1906): "Por reforma de la Constitución entiendo la modificación de los textos constitucionales producida por acciones voluntarias e intencionadas. Y por mutación de la Constitución, entiendo la modificación que deja indemne su texto sin cambiarlo formalmente que se produce por hechos que no tienen que ir acompañados por la intención, o consciencia, de tal mutación". V. tb. Hsü Dau-Lin, *Mutación de la Constitución*, 1998 (a edição original em alemão é de 1932); e Konrad Hesse, Limites da mutação constitucional, in *Temas Fundamentais do Direito Constitucional*, 2009: "Tanto o Tribunal Constitucional Federal como a doutrina atual entendem que uma mutação constitucional modifica, de que maneira for, o conteúdo das normas constitucionais de modo que a norma, conservando o mesmo texto, recebe uma significação diferente".

7   BverfGE 2, 380 (401). V., tb., Konrad Hesse, Límites de la mutación constitucional, in *Escritos de derecho constitucional*, 1983, p. 88.

8   Nesse sentido, Konrad Hesse, Límites de la mutación constitucional, in *Escritos de derecho constitucional*, 1983, p. 97: "Una teoría jurídica de la mutación constitucional y de sus límites sólo hubiera sido posible mediante el sacrificio de uno de los presupuestos metódicos básicos del positivismo: la estricta separación entre 'Derecho' y 'realidad', así como lo que constituye su consecuencia, la inadmisión de cualesquiera consideraciones históricas, políticas y filosóficas del proceso de argumentación jurídica".

9   Na doutrina portuguesa, Jorge Miranda (*Manual de direito constitucional*, 2000, t. II, p. 131 e s.) utiliza a expressão *vicissitudes constitucionais*, que divide em expressas (*e.g.*, revisão constitucional) e tácitas. Na categoria das vicissitudes constitucionais tácitas, aloca o costume constitucional, a interpretação evolutiva e a revisão indireta (que identifica como sendo o reflexo sofrido por uma norma em razão da alteração formal de outra, por via de revisão direta). J. J. Gomes Canotilho (*Direito constitucional e teoria da Constituição*, 2003, p. 1228) emprega a locução *transição constitucional*, referindo-se "à revisão informal do compromisso político formalmente plasmado na Constituição sem alteração do texto constitucional. Em termos incisivos: muda o sentido sem mudar o texto".

10   Sobre o tema da mutação constitucional nos Estados Unidos e sobre o episódio do *New Deal*, especificamente, v. os trabalhos notáveis de Bruce Ackerman, *We the people:* foundations, 1991, e *We the people:* transformations, 1998. Ainda sobre a mesma temática, v. tb. Stephen Griffin, Constitutional theory transformed, *Yale Law Journal*, 108:2115, 1999; e Cass Sunstein, *The second Bill of Rights:* FDR's unfinished revolution and why we need it more than ever, 2004. Em língua portuguesa, v. Luís Roberto Barroso, *O direito constitucional e a efetividade de suas normas*, 2006, p. 52 e s.; Fernanda Duarte e José Ribas Vieira, *Teoria da mudança constitucional*, 2005, p. 10 e s.; e Letícia de Campos Velho Martel, *Devido processo legal substantivo:* razão abstrata, função e características de aplicabilidade, 2005, p. 178 e s.

11   Acerca da evolução da jurisprudência sobre a igualdade nos EUA, v. Joaquim Barbosa Gomes, *Ação afirmativa & princípio constitucional da igualdade*, 2001.

modificações constitucionais americanas não se deram por via de emenda formal, tal como disciplinada pelo art. 5º da Constituição. Relembrou, nesse contexto, os casos em que a Suprema Corte foi agente das transformações constitucionais, pelo estabelecimento de nova interpretação, superadora de entendimento anterior, como nos dois exemplos citados acima. Foi adiante, no entanto, para demonstrar o argumento de que uma das principais mudanças constitucionais experimentadas pelos Estados Unidos – a revolução em favor dos *direitos civis*, também conhecida como "Segunda Reconstrução"[12] – foi implementada por meio da aprovação de um conjunto de leis ordinárias ao longo da década de 60 do século passado, como o *Civil Rights Act*, de 1964, o *Voting Rights Act*, de 1965, e o *Fair Housing Act*, de 1968. Portanto, segundo ele, já não é o sistema formal de emendas que marca as grandes mudanças constitucionais dos últimos setenta e cinco anos, mas as decisões judiciais e a edição de leis[13].

À vista dos elementos expostos até aqui, é possível dizer que a mutação constitucional consiste em uma alteração do significado de determinada norma da Constituição, sem observância do mecanismo constitucionalmente previsto para as emendas e, além disso, sem que tenha havido qualquer modificação de seu texto. Esse novo sentido ou alcance do mandamento constitucional pode decorrer de uma mudança na realidade fática ou de uma nova percepção do Direito, uma releitura do que deve ser considerado ético ou justo. Para que seja legítima, a mutação precisa ter lastro democrático, isto é, deve corresponder a uma demanda social efetiva por parte da coletividade, estando respaldada, portanto, pela soberania popular.

II FUNDAMENTO E LIMITES

O tema da mutação constitucional tem o seu ambiente natural na fronteira em que o Direito interage com a realidade. Já ficou para trás, na teoria jurídica, a visão do positivismo normativista que apartava o Direito do mundo fático, assim como o dissociava, igualmente, da filosofia, da ética e de considerações em torno da ideia de justiça. A tensão entre normatividade e facticidade, assim como a incorporação dos valores à hermenêutica jurídica, produziram modificações profundas no modo como o Direito é pensado e praticado e redefiniram o papel da interpretação jurídica e do intérprete, especialmente em matéria constitucional.

O Direito não existe abstratamente, fora da realidade sobre a qual incide. Pelo contrário, em uma relação intensa e recíproca, em fricção que produz calor, mas nem sempre luz, o Direito influencia a realidade e sofre a influência desta. A norma tem a pretensão de conformar os fatos ao seu mandamento, mas não é imune às resistências que eles podem oferecer, nem aos fatores reais do poder. No caso das mutações constitucionais, é o conteúdo da norma que sofre o efeito da passagem do tempo e das alterações da realidade de fato. As teorias concretistas da interpretação constitucional enfrentaram e equacionaram esse condicionamento recíproco entre norma e realidade[14].

---

12 *Direitos civis*, na terminologia americana, diz respeito ao direito de igualdade – *equality* ou *equality under the law* –, sendo a expressão empregada, normalmente, em um contexto de reação à discriminação racial, especialmente em relação aos negros. A *Reconstrução* foi o período subsequente à Guerra de Secessão, que resultou no banimento do regime de escravidão e na aprovação das 13ª e 14ª Emendas. A *Segunda Reconstrução* é a expressão empregada para identificar a conquista de direitos civis pelos negros, por meio de movimentos sociais, políticos e atos legislativos que tiveram lugar na década de 60, tendo como uma de suas principais lideranças Martin Luther King. V. Kermit L. Hall, *The Oxford companion to American law*, 2002; v. tb. Owen Fiss, Between supremacy and exclusivity, in Richard W. Bauman e Tsvi Kahana (ed.), *The least examined branch:* the role of legislature in the constitutional state, 2006. Como se anotará mais à frente, Fiss não endossa a tese de Ackerman.

13 Bruce Ackerman, The living Constitution, *Harvard Law Review, 120*:1738, 2007, p. 1741-1742, 1760: "O sistema formal de emenda não mais marca as grandes mudanças no curso constitucional ratificadas pelo povo Americano nos últimos setenta e cinco anos. [...] É a revolução judicial, não emendas formais, que serve como um dos grandes caminhos para mudanças fundamentais destacadas pela *Living Constitution*. [...] Um Segundo grande caminho envolve a aprovação de leis de referência que expressam os princípios básicos do novo regime: a Lei da Seguridade Social, por exemplo, ou a Lei dos Direitos Civis de 1960." (No original: "[T]he formal system of amendment no longer marks the great changes in constitutional course ratified by the American people over the last seventy-five years. [...] It is judicial revolution, not formal amendment, that serves as one of the great pathways for fundamental change marked out by the living Constitution. [...] A second great pathway involves the enactment of landmark statutes that express the new regime's basic principles: the Social Security Act, for example, or the Civil Rights Acts of the 1960s").

14 Sobre o tema, v. o trabalho seminal de Konrad Hesse, A força normativa da Constituição, in *Escritos de derecho constitucional*, 1983. Um desenvolvimento específico dessa questão foi dado por Friedrich Müller, para quem a norma jurídica deve ser percebida como o produto da fusão entre o programa normativo e o âmbito normativo. O *programa normativo* corresponde ao sentido extraído do texto constitucional pela utilização dos critérios tradicionais de interpretação, que incluem o gramatical, o sistemático, o histórico e o teleológico. O *âmbito normativo*, por sua vez, identifica-se com a porção da realidade social sobre a qual incide o programa normativo, que tanto condiciona a capacida-

Feita a digressão, retoma-se a linha de raciocínio. A mutação constitucional se realiza por via da interpretação feita por órgãos estatais ou por meio dos costumes e práticas políticas socialmente aceitas. Sua legitimidade deve ser buscada no ponto de equilíbrio entre dois conceitos essenciais à teoria constitucional, mas que guardam tensão entre si: a rigidez da Constituição e a plasticidade de suas normas. A rigidez procura preservar a estabilidade da ordem constitucional e a segurança jurídica, ao passo que a plasticidade procura adaptá-la aos novos tempos e às novas demandas, sem que seja indispensável recorrer, a cada alteração da realidade, aos processos formais e dificultosos de reforma.

A conclusão a que se chega é a de que além do poder constituinte originário e do poder de reforma constitucional existe uma terceira modalidade de poder constituinte: o que se exerce em caráter permanente, por mecanismos informais, não expressamente previstos na Constituição, mas indubitavelmente por ela admitidos, como são a interpretação de suas normas e o desenvolvimento de costumes constitucionais. Essa terceira via já foi denominada por célebre publicista francês *poder constituinte difuso*[15], cuja titularidade remanesce no povo, mas que acaba sendo exercido por via representativa pelos órgãos do poder constituído, em sintonia com as demandas e sentimentos sociais, assim como em casos de necessidade de afirmação de certos direitos fundamentais.

Como intuitivo, a mutação constitucional tem limites, e se ultrapassá-los estará violando o poder constituinte e, em última análise, a soberania popular. É certo que as normas constitucionais, como as normas jurídicas em geral, libertam-se da vontade subjetiva que as criou. Passam a ter, assim, uma existência objetiva, que permite sua comunicação com os novos tempos e as novas realidades. Mas essa capacidade de adaptação não pode desvirtuar o espírito da Constituição. Por assim ser, a mutação constitucional há de estancar diante de dois limites: a) as possibilidades semânticas do relato da norma, vale dizer, os sentidos possíveis do texto que está sendo interpretado ou afetado; e b) a preservação dos princípios fundamentais que dão identidade àquela específica Constituição. Se o sentido novo que se quer dar não couber no texto, será necessária a convocação do poder constituinte reformador. E se não couber nos princípios fundamentais, será preciso tirar do estado de latência o poder constituinte originário.

As mutações que contrariem a Constituição podem certamente ocorrer, gerando mutações inconstitucionais. Em um cenário de normalidade institucional, deverão ser rejeitadas pelos Poderes competentes e pela sociedade. Se assim não ocorrer, cria-se uma situação anômala, em que o fato se sobrepõe ao Direito. A persistência de tal disfunção identificará a falta de normatividade da Constituição, uma usurpação de poder ou um quadro revolucionário. A inconstitucionalidade, tendencialmente, deverá resolver-se, seja por sua superação, seja por sua conversão em Direito vigente[16].

III MECANISMOS DE ATUAÇÃO

A adaptação da Constituição a novas realidades pode dar-se por ações estatais ou por comportamentos sociais. A *interpretação constitucional*, normalmente levada a efeito por órgãos e agentes públicos

---

de de a norma produzir efeitos como é o alvo de sua pretensão de efetividade. V. Friedrich Müller, *Métodos de trabalho do direito constitucional*, 2005. V. tb. Anabelle Macedo Silva, *Concretizando a Constituição*, 2005, trabalho que inclui uma exposição didática da chamada metódica estruturante desenvolvida por Friedrich Müller (v. p. 123 e s.). Sobre a relevância dos fatos para a interpretação constitucional, v. Jean-Jacques Pardini, *Le juge constitutionnel e le "fait" en Italie et en France*, 2001.

15 Georges Burdeau, *Traité de science politique*, 1969, v. 4, p. 246-247: "Se o poder constituinte é um poder que faz ou transforma as constituições, deve-se admitir que sua atuação não se limita às modalidades juridicamente disciplinadas de seu exercício. [...] Há um exercício quotidiano do poder constituinte que, embora não esteja previsto pelos mecanismos constitucionais ou pelos sismógrafos das revoluções, nem por isso é menos real. [...] Parece-me, de todo modo, que a ciência política deva mencionar a existência desse *poder constituinte difuso*, que não é consagrado em nenhum procedimento, mas sem o qual, no entanto, a constituição oficial e visível não teria outro sabor que o dos registros de arquivo" (tradução livre, destaque acrescentado). V. tb. Anna Cândida da Cunha Ferraz, *Processos informais de mudança da Constituição*, 1986, p. 10: "Tais alterações constitucionais, operadas fora das modalidades organizadas de exercício do poder constituinte instituído ou derivado, justificam-se e têm fundamento jurídico: são, em realidade, obra ou manifestação de uma espécie inorganizada do Poder Constituinte, o chamado *poder constituinte difuso*, na feliz expressão de Burdeau".

16 No limite, esse processo pode desaguar na substituição constitucional, em que a mudança constitucional é tão profunda que se equipara ao estabelecimento de uma nova Constituição. Sobre o ponto, v. Zachary Elkins, Tom Ginsburg e James Melton, *The Endurance of National Constitutions*, 2009, p. 56.

– embora não exclusivamente[17] –, é a via mais comum de atualização das normas constitucionais, sintonizando-as com as demandas de seu tempo. Em segundo lugar vem o *costume constitucional*, que consiste em práticas observadas por cidadãos e por agentes públicos, de maneira reiterada e socialmente aceita, criando um padrão de conduta que se passa a ter como válido ou até mesmo obrigatório.

A interpretação constitucional, como é corrente, é levada a efeito pelos três Poderes do Estado. Embora a interpretação judicial desfrute de primazia, devendo prevalecer em caso de controvérsia, é fora de dúvida que o legislador e o administrador também têm sua atuação fundada na Constituição, precisando interpretá-la na rotina de suas funções. De fato, é nela que deverão colher os princípios inspiradores de sua conduta e os fins a serem realizados com sua atividade. Há, todavia, um traço distintivo nítido no objeto de atuação de cada Poder: é que ao Legislativo incumbe a *criação* do direito positivo, ao passo que ao Judiciário e à Administração compete sua *aplicação*[18]. Embora já se reconheça que aplicar o Direito envolve sempre alguma dose de subjetividade e, em certos casos, de coparticipação do sujeito na criação da norma, convém ter em mente a diferença de grau existente entre as atividades de legislar originariamente e interpretar a partir de um texto existente. Devido às especificidades de cada instância, os mecanismos de mutação constitucional serão aqui sistematizados em: interpretação (judicial e administrativa), atuação do legislador e costumes.

1 A interpretação como instrumento da mutação constitucional

A interpretação constitucional consiste na determinação do sentido e alcance de uma norma constante da Constituição, com vistas à sua aplicação. Em qualquer operação de concretização do Direito haverá aplicação da Constituição, que se dará de maneira direta ou indireta. Será direta quando determinada pretensão se fundar em um dispositivo constitucional. Por exemplo: alguém vai a juízo em defesa de sua liberdade de expressão (CF, art. 5º, IX) ou na defesa do seu direito de privacidade (CF, art. 5º, X). E será indireta sempre que uma pretensão se basear em uma norma infraconstitucional. É que, nesse caso, a Constituição figurará como parâmetro de validade da norma a ser aplicada, além de pautar a determinação de seu significado, que deverá ser fixado em conformidade com ela.

Algumas características das normas constitucionais dão especificidade à sua interpretação. Notadamente, a presença de enunciados normativos de textura aberta, como *conceitos jurídicos indeterminados* – e.g., ordem pública, dano moral, interesse social, abuso de poder econômico, calamidade pública – e os *princípios* – e.g., dignidade da pessoa humana, igualdade, moralidade –, tornam o intérprete coparticipante do processo de criação do Direito. Sua função já não consistirá apenas em um papel de conhecimento técnico, voltado à revelação de soluções integralmente contidas no texto normativo. O enunciado normativo, por certo, fornece parâmetros, mas a plenitude de seu sentido dependerá da atuação integrativa do intérprete, a quem cabe fazer valorações e escolhas fundamentadas à luz dos elementos do caso concreto.

Essa função integrativa do sentido das normas pelo intérprete dá margem ao desempenho de uma atividade criativa, que se expressa em categorias como a interpretação construtiva e a interpretação evolutiva. A propósito, nenhuma delas se confunde com a mutação constitucional. A *interpretação construtiva* consiste na ampliação do sentido ou extensão do alcance da Constituição – seus valores, seus princípios – para o fim de criar uma nova figura ou uma nova hipótese de incidência não prevista originariamente, ao menos não de maneira expressa[19]. Já a *interpretação evolutiva* se traduz na aplicação da Constituição a situações que não foram contempladas quando de sua elaboração e promulgação, por não existirem nem terem sido antecipadas à época, mas que se enquadram claramente no espírito e nas

---

17 A propósito, v. Peter Häberle, *Hermenêutica constitucional. A sociedade aberta dos intérpretes da Constituição*: contribuição para a interpretação pluralista e procedimental da Constituição, 1977.

18 V. M. Seabra Fagundes, *O controle dos atos administrativos pelo Poder Judiciário*, 2005, atualizado por Gustavo Binenbojm, p. 3.

19 Por exemplo: da cláusula constitucional que assegura o dircito de o preso permanecer calado (CF, art. 5º, LXIII) extraiu-se, por construção jurisprudencial, o direito à não autoincriminação de qualquer acusado (e não apenas o preso), inclusive dos que prestam depoimento em Comissão Parlamentar de Inquérito, que não é sequer uma instância penal (STF, *Informativo n. 209*, HC 79.812, Rel. Min. Celso de Mello). Foi também por interpretação construtiva que se desenvolveram no Brasil as teses de proteção da concubina e do reconhecimento de efeitos jurídicos às relações homoafetivas estáveis. Sobre o tema, v. Luís Roberto Barroso, Diferentes, mas iguais: o reconhecimento jurídico das relações homoafetivas no Brasil, *Revista de Direito do Estado*, 5:167, 2007. No direito norte-americano, um dos mais importantes institutos do constitucionalismo moderno – o controle de constitucionalidade – foi criado por construção jurisprudencial da Suprema Corte, inexistindo qualquer previsão expressa no texto constitucional relativa ao desempenho dessa competência pelo Poder Judiciário. V. *Marbury v. Madison*, 5 U.S. (1 Cranch) 137 (1803).

possibilidades semânticas do texto constitucional[20]. A diferença essencial entre uma e outra está em que na interpretação construtiva a norma alcançará situação que poderia ter sido prevista, mas não foi; ao passo que na interpretação evolutiva, a situação em exame não poderia ter sido prevista, mas, se pudesse, deveria ter recebido o mesmo tratamento.

A mutação constitucional por via de interpretação, por sua vez, consiste na mudança de sentido da norma, em contraste com entendimento preexistente. Como só existe norma interpretada, a mutação constitucional ocorrerá quando se estiver diante da alteração de uma interpretação previamente dada. No caso da interpretação judicial, haverá mutação constitucional quando, por exemplo, o Supremo Tribunal Federal vier a atribuir a determinada norma constitucional sentido diverso do que fixara anteriormente, seja pela mudança da realidade social ou por uma nova percepção do Direito[21]. O mesmo se passará em relação à interpretação administrativa, cuja alteração, inclusive, tem referência expressa na legislação positiva[22].

Exemplo emblemático de mutação constitucional por interpretação judicial ocorreu em relação ao denominado foro por prerrogativa de função, critério de fixação de competência jurisdicional previsto constitucionalmente[23]. Por muitas décadas, inclusive sob a vigência da Constituição de 1988, o Supremo Tribunal Federal entendeu que o *foro privilegiado* subsistia mesmo após o agente público haver deixado o cargo ou função, tendo inclusive consolidado esse entendimento no enunciado n. 394 da Súmula da Jurisprudência Dominante[24]. Em 1999, todavia, a Corte alterou sua linha de entendimento e cancelou o verbete da Súmula, passando a afirmar que a competência especial somente vigoraria enquanto o agente estivesse na titularidade do cargo ou no exercício da função[25]. Nesse exemplo, como se constata singelamente, atribuiu-se ao mesmo dispositivo – o art. 102, I, *b*, da Constituição – sentidos diametralmente opostos ao longo do tempo, sem qualquer alteração de seu texto[26].

A interpretação do sentido e alcance do foro privilegiado voltou a sofrer nova mutação. A prática tem demonstrado que o Supremo Tribunal Federal, como corte suprema, não é um tribunal vocacionado para o processamento de ações penais originárias. De fato, a inadequação da Corte para atuar como jurisdição

---

20 Por exemplo: quando da elaboração da Constituição de 1988, não se cogitou do fenômeno que se tornou a rede mundial de computadores (a *internet*). Não obstante isso, as normas relativas à liberdade de expressão e ao sigilo da correspondência aplicam-se inequivocamente a esse novo meio tecnológico. Da mesma sorte, os princípios que regem a programação das emissoras de televisão que se utilizam da radiodifusão (CF, arts. 221 e 222) – único meio tecnológico de transmissão de sons e imagens contemplados no texto constitucional – aplicam-se à difusão de sons e imagens por outros meios tecnológicos, como o satélite ou o cabo.

21 É bem de ver que a mutação constitucional é um fenômeno mais profundo do que a simples mudança de jurisprudência, que pode dar-se por mera alteração do ponto de vista do julgador ou por mudança na composição do tribunal.

22 Lei n. 9.784/99 (lei do processo administrativo federal), art. 2º: "A Administração Pública obedecerá, dentre outros, aos princípios da legalidade, finalidade, motivação, razoabilidade, proporcionalidade, moralidade, ampla defesa, contraditório, segurança jurídica, interesse público e eficiência. Parágrafo único. Nos processos administrativos serão observados, entre outros, os critérios de: [...] XIII – interpretação da norma administrativa da forma que melhor garanta o atendimento do fim público a que se dirige, vedada aplicação retroativa de nova interpretação". V. tb. o Código Tributário Nacional, art. 146.

23 A Constituição de 1988, assim como faziam as Cartas anteriores, atribuiu a determinados Tribunais a competência originária para o conhecimento de ações penais ajuizadas contra certos agentes públicos. Ao tratar do Supremo Tribunal Federal, a Constituição prevê (art. 102, I, *b* e *c*) que a ele competirá conhecer de ações penais propostas em face, dentre outros, do Presidente da República, dos Ministros de Estado, dos Deputados Federais e dos Senadores. Essa figura, tradicional no direito constitucional brasileiro, é frequentemente denominada prerrogativa de foro ou de função.

24 Súmula 394: "Cometido o crime durante o exercício funcional, prevalece a competência especial por prerrogativa de função, ainda que o inquérito ou a ação penal sejam iniciados após a cessação daquele exercício".

25 STF, *DJU*, 9 nov. 2001, QO no Inq. 687/DF, Rel. Min. Sydney Sanches. Em comprovação da natureza controvertida da matéria, assinale-se que ficaram vencidos os Ministros Sepúlveda Pertence, Nelson Jobim, Néri da Silveira e Ilmar Galvão, que votaram no sentido de modificar a redação da súmula apenas para que ela refletisse mais fielmente o teor dos precedentes que lhe deram origem. A redação proposta era a seguinte: "Cometido o crime no exercício do cargo ou a pretexto de exercê-lo, prevalece a competência por prerrogativa de função, ainda que o inquérito ou a ação penal sejam iniciados após a cessação daquele exercício funcional".

26 De fato, durante longo período, a norma constitucional foi interpretada no sentido de que a competência do Supremo Tribunal Federal estava associada ao ato praticado pelo agente público, sendo indiferente que o réu houvesse deixado o cargo ou função após a sua prática. A partir da decisão no Inq. 687, a Corte passou a entender, justamente ao revés, que a competência está vinculada à circunstância de o agente público encontrar-se no exercício do cargo ou função. Note-se que a Constituição de 1988 nada diz de forma expressa sobre esse aspecto da questão, limitando-se a descrever a competência do STF sem maiores considerações, assim como também não o diziam as Cartas anteriores.

penal de 1º grau, associada ao relevante volume de processos em curso, tem resultado em uma demora excessiva na tramitação desses feitos, na prescrição das ações e, portanto, em impunidade, comprometendo a imagem do Tribunal. O julgamento de ações dessa natureza afasta a Corte, ainda, da sua missão primordial de guarda da Constituição e do equacionamento das grandes questões nacionais.

Por isso mesmo, em julgamento encerrado em 3 maio 2018, o Tribunal decidiu restringir o foro por prerrogativa de função apenas aos crimes cometidos durante o exercício do cargo e limitadamente a atos relacionados às funções desempenhadas por seus ocupantes. Decidiu, igualmente, que a competência para processar e julgar as ações penais não seja mais alterada, após o final da instrução processual, em razão de o agente público vir a ocupar outro cargo ou deixar o que ocupava[27].

No plano da interpretação administrativa, mutação constitucional igualmente emblemática materializou-se na Resolução n. 7, de 14 de novembro de 2005, do Conselho Nacional de Justiça. Nela se considerou ilegítima a investidura de parentes de magistrados, até o terceiro grau, em cargos em comissão e funções gratificadas da estrutura do Poder Judiciário. A Resolução, que veio a ser declarada constitucional pelo Supremo Tribunal Federal[28], determinou a exoneração dos ocupantes de tais cargos que incorressem nas vedações por ela estabelecidas. O nepotismo, na hipótese aqui descrita, constituía prática centenária, corriqueira e socialmente tolerada, que se viu proscrita, retroativamente, por uma clara mudança na valoração do significado dos princípios da impessoalidade e da moralidade.

Por outro lado, o Supremo Tribunal Federal rejeitou alegadas mutações constitucionais que conflitavam com a literalidade da Constituição. Nesse sentido, afastou interpretação que sustentava a possibilidade de reeleição dos membros da Mesa da Câmara dos Deputados e do Senado Federal – entre eles os Presidentes das respectivas Casas –, na mesma legislatura, à luz do que dispõe o art. 57, § 4º, da Constituição[29].

2 Mutação constitucional pela atuação do legislador

Uma das funções principais do Poder Legislativo é editar leis que atendam às demandas e necessidades sociais. Deverá fazê-lo sempre levando em conta os valores da Constituição e a realização dos fins públicos nela previstos. Normalmente, a aprovação de novas leis envolverá uma faculdade discricionária do legislador. Em certos casos, no entanto, ele atuará em situações expressamente determinadas pela Constituição, que requerem a edição de legislação integradora. Pois bem: num caso ou noutro, a mera edição de normas de desenvolvimento ou complementação do texto constitucional, ainda quando inovem de maneira substancial na ordem jurídica, não caracterizará, de ordinário, mutação constitucional[30]. Nesses casos, o próprio constituinte conferiu ao legislador a prerrogativa de desenvolver e concretizar a Constituição, fazendo uma escolha valorativa dentro dos limites impostos pelas possibilidades semânticas do enunciado constitucional.

Haverá mutação constitucional por via legislativa quando, por ato normativo primário, procurar-se modificar a interpretação que tenha sido dada a alguma norma constitucional. É possível conceber que, ensejando a referida norma mais de uma leitura possível, o legislador opte por uma delas, exercitando o papel que lhe é próprio, de realizar escolhas políticas. A mutação terá lugar se, vigendo um determinado entendimento, a lei vier a alterá-lo. Suponha-se, por exemplo, que o § 3º do art. 226 da Constituição – que reconhece a união estável entre *homem* e *mulher* como entidade familiar – viesse a ser interpretado no sentido de considerar vedada a união estável entre pessoas do *mesmo sexo*. Se a lei ordinária vier a disciplinar esta última possibilidade, chancelando as uniões homoafetivas, terá modificado o sentido que se vinha dando à norma constitucional[31]. Como intuitivo, essa lei estará

---

27 QO na AP 937, Rel. Min. Luís Roberto Barroso, j. 3 maio 2018.

28 STF, *DJU*, 1º nov. 2006, ADC-MC 12, Rel. Carlos Ayres Britto. V. tb. Luís Roberto Barroso, Petição inicial da ADC n. 12: constitucionalidade da Resolução n. 7, do Conselho Nacional de Justiça, *Revista de Direito do Estado, 1*:349, 2006.

29 STF, *DJE*, 4 abr. 2021, ADI 6.524, Rel. Min. Gilmar Mendes.

30 Suponha-se, por exemplo, que a jurisprudência entenda que da letra do art. 196 da Constituição – que provê acerca do direito à saúde – não se extrai a exigibilidade do fornecimento gratuito, pelo Estado, de medicamento para lidar com determinada doença. Imagine-se, no entanto, que uma lei ordinária, a propósito de desenvolver o conteúdo do direito à saúde, venha a impor a obrigatoriedade nesse caso. A hipótese não se situa no plano da mutação constitucional, e sim no âmbito do princípio da legalidade.

31 Aqui, na verdade, o entendimento de que as uniões homoafetivas devem ter o mesmo tratamento que as uniões estáveis convencionais veio a ser firmado em sede jurisprudencial, por decisão do Supremo Tribunal Federal (ADPF 132 e ADI 4.277, *DJU*, 13 out. 2011, Rel. Min. Carlos Ayres Britto).

sujeita a controle de constitucionalidade, no qual se irá determinar se esta era uma interpretação possível e legítima. A última palavra sobre a validade ou não de uma mutação constitucional será sempre do Supremo Tribunal Federal.

Tome-se o já mencionado exemplo da fixação de competência por prerrogativa de função. Após a decisão cancelando o verbete n. 394 da Súmula do STF, o Congresso Nacional aprovou, e o Presidente da República sancionou, a Lei n. 10.628, de 24 de dezembro de 2002, que, em última análise, restabelecia a tese jurídica anterior: a da subsistência da competência especial mesmo após a cessação do exercício da função pública que a determinou[32]. A lei, portanto, desfazia a mutação constitucional levada a efeito pelo Supremo Tribunal Federal. Contestada a constitucionalidade dessa lei, a Corte veio a entender, por maioria apertada, que ela era inconstitucional[33]. A posição majoritária, contudo, não é imune a crítica: se o dispositivo constitucional – art. 102, I, *b* – comportava mais de uma interpretação, como bem demonstrou a variação de posição do STF, é discutível que ao legislador não fosse facultada a escolha de uma delas[34].

Relembre-se, aqui, a tese de Bruce Ackerman de que, nos Estados Unidos, a conquista dos *direitos civis* pelos negros, na década de 60, materializou-se em legislação ordinária que operou verdadeira mutação constitucional na matéria. De fato, depois da decisão proferida em *Brown v. Board of Education*, em 1954, o Congresso aprovou diversas leis antidiscriminatórias, envolvendo o direito de voto, de acesso a lugares públicos e à moradia. O ponto de vista, todavia, não é pacífico. Owen Fiss sustenta, por exemplo, que, na clareira aberta por *Brown*, veio a se firmar o entendimento de que a posição da Suprema Corte significava um mínimo de proteção, o que não impedia o Congresso de expandir os direitos de igualdade[35].

3   Mutação constitucional por via de costume

A existência de costumes constitucionais em países de Constituição escrita e rígida, como é a regra no mundo contemporâneo, não é pacífica. A ideia do costume como fonte do direito positivo se assenta na adoção de uma prática reiterada, que tenha sido reconhecida como válida e, em certos casos, como obrigatória. O costume, muitas vezes, trará em si a interpretação informal da Constituição; de outras, terá um papel atualizador de seu texto, à vista de situações não previstas expressamente; em alguns casos, ainda, estará em contradição com a norma constitucional. Diante de tais possibilidades, a doutrina

---

32   A Lei n. 10.628, de 2002, alterava a redação do art. 84 do Código de Processo Penal, prevendo no § 1º o seguinte: "A competência especial por prerrogativa de função, relativa a atos administrativos do agente, prevalece ainda que o inquérito ou a ação judicial sejam iniciados após a cessação do exercício da função pública".

33   STF, *DJU*, 19 dez. 2006, p. 37, ADIn 2.797, Rel. Min. Sepúlveda Pertence: "Não pode a lei ordinária pretender impor, como seu objeto imediato, uma interpretação da Constituição: a questão é de inconstitucionalidade formal, ínsita a toda norma de gradação inferior que se proponha a ditar interpretação da norma de hierarquia superior. 4. Quando, ao vício de inconstitucionalidade formal, a lei interpretativa da Constituição acresça o de opor-se ao entendimento da jurisprudência constitucional do Supremo Tribunal – guarda da Constituição –, às razões dogmáticas acentuadas se impõem ao Tribunal razões de alta política institucional para repelir a usurpação pelo legislador de sua missão de intérprete final da Lei Fundamental: admitir pudesse a lei ordinária inverter a leitura pelo Supremo Tribunal da Constituição seria dizer que a interpretação constitucional da Corte estaria sujeita ao referendo do legislador, ou seja, que a Constituição – como entendida pelo órgão que ela própria erigiu em guarda da sua supremacia –, só constituiria o correto entendimento da Lei Suprema na medida da inteligência que lhe desse outro órgão constituído, o legislador ordinário, ao contrário, submetido aos seus ditames".

34   V. Luís Roberto Barroso, *Interpretação e aplicação da Constituição*, 2004, p. 177: "A declaração de inconstitucionalidade de uma norma, em qualquer caso, é atividade a ser exercida com autolimitação pelo Judiciário, devido à deferência e ao respeito que deve ter em relação aos demais Poderes. A atribuição institucional de dizer a última palavra sobre a interpretação de uma norma não o dispensa de considerar as possibilidades legítimas de interpretação pelos outros Poderes. No tocante ao controle de constitucionalidade por ação direta, a atuação do Judiciário deverá ser ainda mais contida. É que, nesse caso, além da excepcionalidade de rever atos de outros Poderes, o Judiciário desempenha função atípica, sem cunho jurisdicional, pelo que deve atuar parcimoniosamente".

35   V. Owen Fiss, Between supremacy and exclusivity, in Richard W. Bauman e Tsvi Kahana (ed.), *The least examined branch:* the role of legislature in the constitutional state, 2006, p. 453: "Ao criar esses direitos de estar livre de discriminação por parte de agentes privados, o Congresso não disputou a autoridade da Corte como o árbitro final da Constituição. Na verdade, o Congresso tomou a decisão da Corte acerca do escopo da igual proteção como um mínimo ou uma base e procurou construir sobre ela". (No original: "In creating these rights to be free from discrimination by private actors, Congress did not dispute the authority of the Court as the final arbiter of the Constitution. Rather, Congress viewed the Court's ruling on the scope of equal protection as a minimum or baseline and sought to build on it").

identifica três modalidades de costume: *secundum legem* ou interpretativo, *praeter legem* ou integrativo e *contra legem* ou derrogatório[36].

Exemplo de costume constitucional, no direito brasileiro, é o reconhecimento da possibilidade de o Chefe do Executivo negar aplicação à lei que fundadamente considere inconstitucional. Outro caso é o do voto de liderança nas Casas Legislativas sem submissão da matéria a Plenário. Algumas situações tangenciam a linha de fronteira com a inconstitucionalidade. Assim, por exemplo, a reedição de medidas provisórias, anteriormente à Emenda Constitucional n. 32, de 11 de setembro de 2001. Prática antiquíssima, mas intermitentemente questionada, diz respeito às delegações legislativas, notadamente as que envolvem a ampla e poderosa competência normativa do Banco Central do Brasil e do Conselho Monetário Nacional.

O costume contrário à Constituição (*contra legem* ou *contra constitutionem*), como intuitivo, não pode receber o batismo do Direito. Em final de 2005, um caso de costume inconstitucional foi rejeitado de modo expresso por ato administrativo, chancelado judicialmente. Tratava-se do chamado nepotismo no Poder Judiciário, conduta amplamente adotada de nomear parentes de juízes para cargos que independiam de concurso[37].

Há casos de outros costumes inconstitucionais ainda não superados, como a rotineira inobservância por Estados e Municípios das regras constitucionais relativas aos precatórios, em especial do dever de fazer a inclusão nos seus orçamentos de verba para o respectivo pagamento (CF, art. 100, § 1º); a consumação da desapropriação sem pagamento efetivo da indenização (CF, art. 5º, XXIV); ou o descumprimento de regras orçamentárias, como a que veda o remanejamento de verbas sem autorização legislativa (CF, art. 5º, VI).

Na jurisprudência do Supremo Tribunal Federal dos últimos anos, alguns costumes arraigados foram declarados inconstitucionais. O Tribunal, por exemplo, fulminou como ilegítima a prática de incluir, em projeto de conversão de Medida Provisória em lei, emenda com tema diverso do objeto originário da Medida Provisória, os chamados "jabutis"[38]. O Tribunal pronunciou a inconstitucionalidade, igualmente, do costume de se apreciarem os vetos presidenciais fora da ordem cronológica[39]. Também na tramitação de Medidas Provisórias, considerou-se incompatível com a Constituição a prática, chancelada em Resolução do Congresso, de se saltar a etapa de parecer prévio pela comissão mista, levando a matéria diretamente a Plenário[40]. Em todos os casos, modulou-se temporalmente da decisão, que só produziu efeitos prospectivos.

Um caso de mutação constitucional importante ocorrida na experiência histórica brasileira por força de costume foi a implantação do sistema parlamentarista durante o Segundo Reinado. À míngua de qualquer dispositivo constitucional que provesse nesse sentido, o Poder Executivo passou a ser compartilhado pelo Imperador com um Gabinete de Ministros. Há outro exemplo expressivo contemporâneo, relacionado com as Comissões Parlamentares de Inquérito (CPIs). Nos últimos anos, uma prática política persistente expandiu os poderes dessas comissões e redefiniu suas competências. Passou-se a admitir, pacificamente, a determinação de providências que antes eram rejeitadas pela doutrina[41] e pela jurisprudência[42], aí incluídas a quebra de sigilos bancários, telefônicos e fiscais[43].

---

36 Adriana Zandonade, Mutação constitucional, *Revista de Direito Constitucional e Internacional*, 35:194, 2001, p. 221; Uadi Lammêgo Bulos, *Mutação constitucional*, 1997, p. 175 e s.

37 Trata-se de Resolução n. 7, de 2005, do Conselho Nacional de Justiça, declarada constitucional pelo Supremo Tribunal Federal (ADC 12, *Revista de Direito do Estado*, 1:371, 2006, Rel. Min. Carlos Britto).

38 ADI 5.127, *DJU*, 10 maio 2016, Rel. p/ o acórdão Min. Luiz Edson Fachin.

39 MS 31.816, *DJU*, 10 maio 2013, Rel. Min. Teori Zavascki.

40 ADI 4.029, *DJU*, 26 jun. 2012, Rel. Min. Luiz Fux. Entretanto, durante a pandemia por Covid-19, excepcionou-se tal entendimento, admitindo-se a possibilidade de aprovação de medidas provisórias, sem prévia manifestação de comissão mista de Deputados e Senadores, com mero parecer de relator proferido diretamente em Plenário, em virtude de dificuldades operacionais de atuação da comissão mista. V. ADPF 661 MC-Ref, *DJE*, 8 abr. 2021, Rel. Min. Alexandre de Moraes.

41 Luís Roberto Barroso, Comissões Parlamentares de Inquérito: política, direito e devido processo legal, in *Temas de direito constitucional*, 2002.

42 STF, *DJU*, 12 maio 2000, p. 20, MS 23.452/DF, Rel. Min. Celso de Mello.

43 Todas essas medidas são hoje pacificamente admitidas. Para um levantamento das linhas jurisprudenciais firmadas pelo STF nessa matéria, v. Luís Roberto Barroso, *Constituição da República Federativa do Brasil anotada*, 2006, p. 503-510.

IV MUDANÇA NA PERCEPÇÃO DO DIREITO E MUDANÇA NA REALIDADE DE FATO

Encontra-se superada, de longa data, a crença de que os dispositivos normativos contêm, no seu relato abstrato, a solução preestabelecida e unívoca para os problemas que se destinam a resolver. Reconhece-se nos dias atuais, sem maior controvérsia, que tanto a visão do intérprete como a realidade subjacente são decisivas no processo interpretativo. Tais circunstâncias são potencializadas pela presença, no relato das normas constitucionais, de cláusulas gerais e enunciados de princípio cujo conteúdo precisará ser integrado no momento de aplicação do Direito. Conceitos como ordem pública, dignidade da pessoa humana ou igualdade poderão sofrer variação ao longo do tempo e produzir consequências jurídicas diversas.

A mutação constitucional em razão de uma nova percepção do Direito ocorrerá quando se alterarem os valores de determinada sociedade. A ideia do bem, do justo, do ético varia com o tempo. Um exemplo: a discriminação em razão da idade, que antes era tolerada, deixou de ser[44]. Na experiência brasileira, é sempre invocada a mutação que no primeiro quarto de século sofreu o instituto do *habeas corpus*, que se transmudou de um remédio processual penal em uma garantia geral dos direitos[45]. A posição jurídica da concubina sofreu, igualmente, transformação importante ao longo do tempo, inclusive com a reformulação conceitual para distinguir concubinato de companheirismo. Superados os preconceitos, passou-se da negativa radical ao reconhecimento de direitos previdenciários e patrimoniais[46]. Processos semelhantes ocorreram no tocante à responsabilidade civil, à igualdade entre os filhos e às relações entre pessoas do mesmo sexo. Em alguns casos foram editadas leis formais para ratificar as mutações.

A mutação constitucional dar-se-á, também, em razão do impacto de alterações da realidade sobre o sentido, o alcance ou a validade de uma norma. O que antes era legítimo pode deixar de ser. E vice-versa. Um exemplo: a ação afirmativa em favor de determinado grupo social poderá justificar-se em um momento histórico e perder o seu fundamento de validade em outro. Intervenções estatais a favor de mulheres, negros ou índios deixarão de ser legítimas se não houver mais qualquer situação objetivamente desfavorável que a justifique. Outro exemplo: uma lei limitadora da responsabilidade civil das empresas de certo setor econômico, por haver interesse social no seu desenvolvimento e consolidação, deixará de ser válida após ele se tornar hígido e autossustentável.

Em mais de uma situação, o Supremo Tribunal Federal reconheceu a influência da realidade na determinação da compatibilidade de uma norma infraconstitucional com a Constituição. E, *a contrario sensu*, admitiu que a mudança da situação de fato pode conduzir à inconstitucionalidade de norma anteriormente válida. Citam-se a seguir dois precedentes. A Corte entendeu que a regra legal que assegura aos defensores públicos a contagem em dobro dos prazos processuais deve ser considerada constitucional

---

44 Por muito tempo, por exemplo, entendia-se válida a vedação da inscrição em concursos públicos de pessoas com idade superior a 45 ou 50 anos.

45 Desenvolvida por Rui Barbosa, a denominada *doutrina brasileira do "habeas corpus"*, precursora do mandado de segurança, serviu para assegurar a posse de governadores e outros ocupantes de cargos públicos, assim como para garantir a liberdade de imprensa, a imunidade parlamentar, o direito de greve e as prerrogativas da magistratura. Sobre o tema, vejam-se: Paulo Roberto de Gouvêa Medina, *Direito processual constitucional*, 2003, p. 142-143; e Marcelo Borges de Mattos Medina, *Constituição e realidade*, 2004, mimeografado, p. 25.

46 Na vigência da Constituição de 1967, considerava-se que apenas através do casamento era possível ocorrer formação da família. Nenhuma outra forma de união era contemplada pelo texto, que dispunha: *"A família é constituída pelo casamento e terá direito à proteção dos Poderes Públicos"* (art. 167). Apesar da literalidade do dispositivo, a jurisprudência passou a reconhecer efeitos jurídicos às uniões livres, à medida que avançavam as concepções culturais e sociais. Verificou-se, ainda na vigência desse texto, uma verdadeira mutação constitucional do conceito de família, que seguiu as seguintes etapas principais: a) primeiramente, negava-se eficácia jurídica ao concubinato, estigmatizado pelo Código Civil de 1916 como relação insuscetível de qualquer proteção; b) em uma segunda etapa, parte dos dissídios começa a ser resolvida no plano do direito a um salário ou indenização por serviços domésticos prestados a seu par; c) em seguida, insere-se esse tipo de relação no direito obrigacional, de modo a impedir o enriquecimento injustificado de um dos concubinos em detrimento do outro. Reconhece-se, então, a existência de sociedade de fato; d) num momento posterior, passou-se a reconhecer verdadeira união de fato entre companheiros, prevendo-se efeitos jurídicos na esfera assistencial, previdenciária, locatícia etc.; e) por fim, a Constituição de 1988 recepciona e aprofunda essa evolução, prevendo expressamente a figura da união estável como entidade familiar e afastando qualquer resquício de hierarquização entre tais uniões e o casamento. No RE 878.694, Rel. Min. Luís Roberto Barroso, reconheceu-se a igualdade de direitos sucessórios entre cônjuges e companheiros.

90

até que as Defensorias Públicas dos Estados venham a alcançar o nível de organização do Ministério Público[47]. Em outra hipótese, o STF considerou que o art. 68 do Código de Processo Penal ainda era constitucional, admitindo que o Ministério Público advogasse em favor da parte necessitada para pleitear reparação civil por danos decorrentes de ato criminoso, até que a Defensoria Pública viesse a ser regularmente instalada em cada Estado[48].

O fenômeno da mutação constitucional por alterações da realidade tem implicações diversas, inclusive e notadamente no plano do controle de constitucionalidade. Ali se investigam categorias importantes, desenvolvidas sobretudo pela jurisprudência constitucional alemã, como a inconstitucionalidade superveniente, a norma ainda constitucional, a declaração de inconstitucionalidade sem a pronúncia de nulidade e o apelo ao legislador, por vezes invocadas pelo Supremo Tribunal Federal brasileiro[49].

---

47 STF, *DJU*, 27 jun. 1997, HC 70.514-6, Rel. Min. Sydney Sanches: "1. Não é de ser reconhecida a inconstitucionalidade do § 5º do art. 1º da Lei n. 1.060, de 5.02.1950, acrescentado pela Lei n. 7.781, de 8.11.1989, no ponto em que confere prazo em dobro, para recurso, às Defensorias Públicas, ao menos até que sua organização, nos Estados, alcance o nível de organização do respectivo Ministério Público, que é a parte adversa, como órgão da acusação, no processo de ação penal pública. 2. Deve ser anulado, pelo Supremo Tribunal Federal, acórdão de Tribunal que não conhece de apelação interposta por Defensor Público, por considerá-la intempestiva, sem levar em conta o prazo em dobro para recurso [...]". A tese de que uma norma pode tornar-se progressivamente inconstitucional já havia sido levantada pelo Ministro Sepúlveda Pertence no HC 67.390, Rel. Min. Moreira Alves (*DJU*, 6 abr. 1990). Para uma densa análise e reflexão da decisão cuja ementa foi acima transcrita, v. a dissertação de mestrado de Marcelo Borges de Mattos Medina, *Constituição e realidade*, 2004, mimeografado.

48 STF, *DJU*, 20 abr. 2001, RE 135.328-7, Rel. Min. Marco Aurélio: "INCONSTITUCIONALIDADE PROGRESSIVA – VIABILIZAÇÃO DO EXERCÍCIO DE DIREITO ASSEGURADO CONSTITUCIONALMENTE – ASSISTÊNCIA JURÍDICA E JUDICIÁRIA DOS NECESSITADOS – SUBSISTÊNCIA TEMPORÁRIA DA LEGITIMAÇÃO DO MINISTÉRIO PÚBLICO. Ao Estado, no que assegurado constitucionalmente certo direito, cumpre viabilizar o respectivo exercício. Enquanto não criada por lei, organizada – e, portanto, preenchidos os cargos próprios, na unidade da Federação – a Defensoria Pública, permanece em vigor o artigo 68 do Código de Processo Penal, estando o Ministério Público legitimado para a ação de ressarcimento nele prevista. Irrelevância de a assistência vir sendo prestada por órgão da Procuradoria-Geral do Estado, em face de não lhe competir, constitucionalmente, a defesa daqueles que não possam demandar, contratando diretamente profissional da advocacia, sem prejuízo do próprio sustento". O curso do julgamento foi modificado após o voto vista do Ministro Sepúlveda Pertence, no qual argumentou: "A alternativa radical da jurisdição constitucional ortodoxa, entre a constitucionalidade plena e a declaração de inconstitucionalidade ou revogação por inconstitucionalidade da lei com fulminante eficácia *ex tunc*, faz abstração da evidência de que a implementação de uma nova ordem constitucional não é um fato instantâneo, mas um processo, no qual a possibilidade de realização da norma da Constituição – ainda quando teoricamente não se cuide de um preceito de eficácia limitada – subordina-se muitas vezes a alterações da realidade fática que a viabilizem".

49 Sobre o tema, em língua portuguesa, vejam-se Luís Roberto Barroso, *O controle de constitucionalidade no Direito brasileiro*, 8. ed., 2019, p. 106-112; Gilmar Ferreira Mendes, *Jurisdição constitucional*, 2005, p. 296 e s. e 364 e s.; Teori Albino Zavascki, *Eficácia das sentenças na jurisdição constitucional*, 2001, p. 115-116; Lenio Luiz Streck, *Jurisdição constitucional e hermenêutica*, 2002, p. 468-469.

CAPÍTULO **VI** REFORMA E REVISÃO CONSTITUCIONAL[1]

Sumário: I – Generalidades. II – A questão terminológica: poder constituinte derivado, reforma, revisão e emenda. Poder constituinte decorrente. III – Natureza jurídica e limites. IV – Limites temporais e circunstanciais. V – Limites formais. VI – Limites materiais. 1. Noção e antecedentes. 2. Fundamento de legitimidade. 3. A questão da dupla revisão. 4. Os limites materiais implícitos. 5. Cláusulas pétreas e hierarquia. 6. Os limites materiais na experiência brasileira e na Constituição de 1988. 6.1. A forma federativa do Estado. 6.2. O voto direto, secreto, universal e periódico. 6.3. A separação de Poderes. 6.4. Os direitos e garantias individuais. 6.4.1. A questão do direito adquirido.

I GENERALIDADES

As Constituições não podem ser imutáveis. Os documentos constitucionais precisam ser dotados da capacidade de se adaptarem à evolução histórica, às mudanças da realidade e às novas demandas sociais. Quando não seja possível proceder a essa atualização pelos mecanismos informais descritos acima, será imperativa a modificação do texto constitucional. Se perder a sintonia com seu tempo, a Constituição já não poderá cumprir a sua função normativa e, fatalmente, cederá caminho para os fatores reais do poder. Estará condenada a ser uma Constituição meramente nominal, quando não semântica[2].

Por outro lado, as Constituições não podem ser volúveis. Os textos constitucionais não podem estar ao sabor das circunstâncias, fragilizados diante de qualquer reação à sua pretensão normativa e disponíveis para ser apropriados pelas maiorias ocasionais. Se isso ocorrer, já não terão condições de realizar seu papel de preservar direitos e valores fundamentais em face do poder político e das forças sociais. O estudo do poder de reforma da Constituição é pautado pela tensão permanente que se estabelece, em um Estado democrático de direito, entre permanência e mudança no direito constitucional. Exemplo

---

1 Bruce Ackerman, *We the people:* foundations, 1995, e *We the people:* transformations, 1998; Cármen Lúcia Antunes Rocha, Constituição e mudança constitucional: limites ao exercício do poder de reforma constitucional, *Revista de Informação Legislativa, 120*:159, 1993; Celso Bastos, *Curso de direito constitucional,* 1999; Daniel Sarmento, Direito adquirido, emenda constitucional, democracia e a reforma da previdência, in Marcelo Leonardo Tavares, *A reforma da previdência,* 2004; Gilmar Ferreira Mendes, Limites da revisão: cláusulas pétreas ou garantias de eternidade. Possibilidade jurídica de sua superação, *Ajuris, 60*:249, 1994; Ingo Wolfgang Sarlet, Algumas notas sobre o poder de reforma da Constituição e os seus limites materiais no Brasil, in Heleno Taveira Tôrres, *Direito e poder,* 2005; J. J. Gomes Canotilho, *Direito constitucional e teoria da Constituição,* 2003; Jon Elster, *Ulysses and the sirens,* 1979, e *Ulysses unbound,* 2000; Stephen Holmes, *Passions and constraint:* on the theory of liberal democracy, 1995; José Afonso da Silva, *Poder constituinte e poder popular,* 2000; José Alfredo de Oliveira Baracho, Teoria geral da revisão constitucional, *Revista da Faculdade de Direito da Universidade Federal de Minas Gerais, 34*:47, 1994; Karl Loewenstein, *Teoría de la Constitución,* 1986; Lino Torgal, Limites da revisão constitucional. Uma perspectiva luso-brasileira, *Themis – Revista da Faculdade de Direito da Universidade Nacional de Lisboa, 3*:201, 2001; Luís Virgílio Afonso da Silva, Ulisses, as sereias e o poder constituinte derivado, *Revista de Direito Administrativo, 226*:11, 2001; Manoel Gonçalves Ferreira Filho, Significação e alcance das "cláusulas pétreas", *Revista de Direito Administrativo, 202*:11, 1995; Michel Rosenfeld, *A identidade do sujeito constitucional,* 2003; Nelson de Souza Sampaio, *O poder de reforma constitucional,* 1995; Norman Dorsen, Michel Rosenfeld, András Sajó e Susanne Baer, *Comparative constitutionalism,* 2003; Olivier Duhamel e Yves Mény, *Dictionnaire constitutionnel,* 1992; Oscar Vilhena Vieira, *A Constituição e sua reserva de justiça,* 1999; Pedro de Vega, *La reforma constitucional y la problemática del poder constituyente,* 1999; Peter Häberle, *L'État constitutionnel,* 2004; Xenophon Contiades, Methodological principles of constitutional revision based on overlapping consensus, *Anuário Ibero-americano de Justicia Constitucional, 8*:85, 2004; Vicki Jackson e Mark Tushnet, *Comparative constitutional law,* 1999.

2 É célebre a classificação feita por Karl Loewenstein, em sua *Teoría de la Constitución,* 1986, p. 217-222. Tendo em conta a concordância entre as normas constitucionais e a realidade do processo político, classificou ele as Constituições em normativas, nominais e semânticas. A Constituição *normativa* é a que domina efetivamente o processo político, conformando-o a seus comandos. Nesse caso, a "Constituição é como uma roupa que se veste realmente e que assenta bem". A Constituição *nominal* é aquela que tem existência válida e legítima, mas a dinâmica do processo político não se submete às suas normas, fazendo com que ela careça de realidade existencial. Nesse caso, a Constituição é como "uma roupa que fica guardada no armário e será vestida quando o corpo nacional tenha crescido". Por fim, a Constituição *semântica* não é senão a formalização do poder de fato, que se exerce em benefício exclusivo de seus detentores. "A roupa não é em absoluto uma roupa, mas um disfarce".

clássico – e trágico – de Carta Constitucional arrebatada e devastada pelos casuísmos da política e pelo absolutismo das maiorias foi a Constituição alemã de Weimar, de 1919[3].

O equilíbrio entre essas demandas do constitucionalismo moderno – estabilidade e adaptabilidade – tem sido buscado desde a primeira Constituição escrita[4]. A fórmula adotada no texto norte-americano, que terminou por prevalecer mundo afora[5], envolve a combinação de dois elementos. O primeiro deles é a previsão expressa da possibilidade de emenda ao texto constitucional; o segundo é o estabelecimento de um procedimento específico para a emenda, mais complexo que o exigido para aprovação da legislação ordinária. Esse arranjo institucional é responsável pelo atributo que assinala a quase totalidade das Constituições contemporâneas: a *rigidez*[6]. A rigidez constitucional funda-se sobre a premissa de que a Constituição é uma lei superior, expressão de uma vontade que não se confunde com as deliberações ordinárias do Parlamento. É por seu intermédio que se procede à separação clara entre política constitucional e política legislativa[7].

---

3   Adolf Hitler chegou ao poder em 30 de janeiro de 1933, por via constitucional, ao tornar-se Primeiro-Ministro da Alemanha. Dois dias após esse evento, novas eleições são convocadas, ficando estabelecido o dia 5 de março para a realização do pleito. Em 27 de fevereiro do mesmo ano, os nazistas organizam secretamente o incêndio do edifício do *Reichstag* (Parlamento), acusando os comunistas a fim de legitimar a sua perseguição. No dia seguinte, o Presidente Hindenburg baixa um *decreto de emergência*, para a "proteção do povo e do Estado". Tal ato esvaziou os direitos fundamentais da Constituição de Weimar e deu a Hitler poder para perseguir seus opositores. Nas eleições de 5 de março, o partido nacional socialista de Hitler obtém 44% dos votos, conseguindo a maioria por meio de coligação formal com outro partido pouco expressivo. Em 24 de março, o Parlamento aprova a "Lei de Autorização", permitindo que o governo, isto é, o Chanceler Adolf Hitler, editasse leis ainda que contrárias à Constituição, exigindo apenas que a estrutura do Parlamento e do Conselho Federal (Senado) restassem inalteradas, assim como os poderes do Presidente. Na prática, porém, o Presidente Hindenburg tornava-se, cada vez mais, uma figura decorativa. Com a sua morte, em 1º de agosto de 1934, foi editada uma lei unificando os gabinetes do Presidente e do Primeiro-Ministro, propiciando a Hitler a total concentração do poder político. Esse ato veio a ser aprovado em plebiscito, pela maioria expressiva de 84% do eleitorado. Como se constata, a ascensão de Hitler e do nazismo se deu sob o amparo, ainda que formal, da Constituição de Weimar e com consistente apoio popular. Uma descrição mais pormenorizada da ascensão de Hitler e da estrutura institucional de seu governo ditatorial pode ser encontrada em Reinhold Zippelius, *Kleine deutsche Verfassungsgeschichte* (Pequena história constitucional alemã), 1994, p. 134-144. Para uma densa análise do tema em língua portuguesa, v. Oscar Vilhena Vieira, *A Constituição e sua reserva de justiça*, 1999, p. 98 e s.

4   A Constituição norte-americana de 1787 instituiu a possibilidade de emenda no seu art. 5º, cuja primeira parte assim dispõe: "Art. 5º O Congresso, sempre que dois terços das duas casas considerarem necessário, proporá emendas a esta Constituição, ou, mediante iniciativa das assembleias legislativas de dois terços dos estados, convocará uma convenção para a propositura de emendas, as quais, em ambos os casos, serão consideradas, para todos os fins, como parte dessa Constituição". A solução adotada foi defendida por James Madison no Federalista n. 43, onde averbou: "Ela se guarda igualmente contra uma facilidade exagerada, que tornaria a Constituição por demais mutável, e contra a dificuldade, também exagerada, que poderia perpetuar as falhas descobertas. Além disso, o governo-geral e os dos Estados ficam igualmente credenciados para terem a iniciativa de apresentar emendas visando a corrigir os erros que a experiência de qualquer deles tiver revelado". Na mesma linha a Constituição francesa de 1793 dispunha, como já registrado: "Art. 28. Um povo tem sempre o direito de rever, reformar e mudar sua Constituição. Uma geração não pode submeter a suas leis as gerações futuras".

5   Nos dias atuais, praticamente todas as Constituições do mundo proveem acerca de sua própria reforma. Na experiência francesa, diversas cartas eram omissas quanto a essa possibilidade – como as de 1799, 1802, 1804, 1814, 1815, 1830, 1852 – suscitando o debate acerca da admissibilidade ou não de emenda à Constituição em face do silêncio do texto. V. Olivier Duhamel e Yves Mény, *Dictionnaire constitutionnel*, 1992, p. 932-933.

6   Sobre o tema, v. Oswaldo Aranha Bandeira de Mello, *Teoria das constituições rígidas*, 1980. Tanto a ideia de supremacia da Constituição como a de rigidez constitucional só vieram a prevalecer na Europa ao longo do século XX. As Constituições europeias do século XIX, embora materializadas em documentos escritos, eram flexíveis em sua grande maioria. Sobre o tema, veja-se a síntese precisa de Oscar Vilhena Vieira, *A Constituição e sua reserva de justiça*, 1999, p. 87: "O constitucionalismo europeu, que vem estruturar a nova ordem que sucede ao antigo regime, em muito irá se diferenciar dos rumos assumidos pelo modelo americano. Apesar de uma origem revolucionária comum, que colocou o povo como detentor da soberania popular e a assembleia constituinte como órgão capaz e legitimado para estabelecer uma nova Constituição, as sucessivas crises políticas e a restauração monárquica, sob o signo de uma soberania partilhada, não permitem que estes novos documentos constitucionais, pelo menos durante o século XIX, assumam uma posição clara de lei superior, como ocorrido nos Estados Unidos". E tb.: Pedro de Vega, *La reforma constitucional y la problemática del poder constituyente*, 1999, adverte, no entanto, para os riscos da excessiva rigidez: "Una Constitución demasiado rígida conduce siempre a esta dramática alternativa: o a que la Constitución no se reforme en aquellos puntos en que resulte obligada su revisión, en cuyo caso quedaría convertida en letra muerta sin ninguna relevancia política, o a que la Constitución se reforme y se adapte a las necesidades reales por procedimientos ilegales y subrepticios, en cuyo supuesto lo que se haría sería vulnerar su normatividad".

7   Bruce Ackerman, *We the people*: foundations, 1995, p. 6: "Acima de tudo, uma Constituição dualista procura distinguir entre duas diferentes espécies de decisão que podem ser tomadas em uma democracia. A primeira é uma decisão do povo (americano); a segunda é do governo". Para um comentário objetivo sobre a posição de Ackerman,

Até aqui se assumiu, axiomaticamente, que as Constituições são dotadas de superioridade jurídica em relação às leis ordinárias. A ideia faz parte do conhecimento convencional da cultura constitucional. Mas, à luz da teoria democrática, ela é menos simples do que possa parecer à primeira vista. É que a Constituição, em diversas conjunturas, desempenha um papel contramajoritário, isto é, impede que prevaleça a vontade popular dominante em dado momento. Impõe-se, por isso mesmo, a justificação dessa supremacia, a exposição analítica do seu fundamento de legitimidade. A moderna dogmática constitucional já não se impressiona com o argumento de autoridade, nem se satisfaz com a visão positivista do fenômeno jurídico – vale porque está escrito na norma. É imperioso demonstrar os valores e os fins que são atendidos por determinada proposição.

O poder constituinte, titularizado pelo povo, elabora a Constituição. Concluído o trabalho, ele volta ao seu estado latente e a soberania popular se converte em supremacia da Constituição. É bem de ver, no entanto, que inserir determinada matéria no texto constitucional significa retirá-la do âmbito de atuação das maiorias futuras, a menos que estejam estas qualificadas por quórum expressivo (geralmente de 2/3 e, em alguns casos, de 3/5). O que autorizaria uma maioria reunida no passado – no caso americano, por exemplo, há mais de dois séculos – a impor restrições às maiorias futuras, integrantes de gerações que têm outras circunstâncias e outros problemas a equacionar e resolver? Há dois fundamentos para a aceitação histórica do postulado da supremacia constitucional: um subjetivo e outro objetivo.

Do ponto de vista *subjetivo*, uma Constituição é obra do povo. Normalmente, ela será elaborada em situações de ampla mobilização popular e de exercício consciente da cidadania. A superação do *status quo* anterior, decorrente da perda de legitimidade que sustentava a ordem jurídica preexistente, envolverá, como regra geral, eventos protagonizados pela massa da cidadania. Tome-se como exemplo a reconstitucionalização relativamente recente de países como Brasil, África do Sul, Hungria, Espanha e Portugal. Distantes geográfica e politicamente, todos eles tiveram como elemento comum a existência de movimentos cívicos, revolucionários ou não, que claramente não se integravam à rotina da política comum. Em cada um desses países, a Constituição, a nova ideia de Direito que se impôs, teve sua origem na sociedade, e não no Parlamento.

Portanto, na história dos Estados, há *momentos constitucionais* nos quais o povo, a cidadania, impulsiona de maneira transformadora o processo social. Institucionalizada a nova ordem, o poder constituinte cede o passo ao poder constituído, o povo dá a vez a seus representantes. Esse aspecto envolvendo a participação cívica constitui um elemento diferenciador fundamental porque, via de regra, os membros da assembleia constituinte e aqueles que vêm a integrar o Parlamento acabam sendo substancialmente os mesmos. Mas as condições históricas e políticas de sua atuação, em razão do grau de mobilização popular, são muito diferentes.

Do ponto de vista *objetivo*, a superioridade da Constituição se deve à transcendência dos bens jurídicos que ela tutela: a limitação do poder, os valores fundamentais da sociedade, a soberania popular e os procedimentos democráticos. O constitucionalismo democrático funciona como um mecanismo de autolimitação ou pré-compromisso, por meio do qual se retira do alcance das maiorias eventuais direitos que constituem condições para a própria realização da democracia[8]. A democracia não se resume ao princípio majoritário ou às regras procedimentais de participação política. No seu âmbito encontram-se

---

em língua portuguesa, v. Bianca Stamato, *Jurisdição constitucional*, 2005, p. 44 e s. De certa forma, a distinção aqui apontada reproduz as categorias tradicionais identificadas por Sieyès como sendo o poder constituinte e o poder constituído. O primeiro seria exercido por representantes da nação e o segundo, por membros do Parlamento. Na prática, todavia, essa distinção subjetiva pode não ser muito nítida, pois a assembleia constituinte e o Parlamento são integrados substancialmente pelas mesmas pessoas. Ackerman, por sua vez, desenvolve a ideia de "momentos constitucionais" para identificar aquelas situações diferenciadas, caracterizadas, dentre outros aspectos, por ampla mobilização da cidadania.

8 As ideias de *precommitment* e *self-binding* foram desenvolvidas por Jon Elster em um ensaio clássico intitulado *Ulysses and the sirens*, que deu título ao livro publicado originalmente em 1979 e que teve uma edição revista publicada em 1984. Em 2000, Jon Elster publicou o livro *Ulysses unbound*, registrando algumas mudanças na sua perspectiva de ser a Constituição um instrumento de pré-compromisso ou pré-cometimento. Ao fazê-lo, declinou a influência que teria sofrido de uma crítica ao seu trabalho anterior, formulada pelo historiador norueguês Jens Arup Seip, do seguinte teor: "Na política, as pessoas nunca tentam limitar-se a si próprias, mas apenas aos outros". Comentando essa declaração, observou Jon Elster: "Embora essa afirmação seja muito radical, eu a considero mais próxima da verdade do que a visão de que a autolimitação é da essência da Constituição". Para os fins aqui visados, a metáfora de Ulysses e as ideias de pré-cometimento e autolimitação continuam úteis. Para quem estava distraído nos últimos 2.800 anos, a história de Ulysses e as sereias está narrada no Canto XII da *Odisseia*, de Homero, onde se conta que na volta da Guerra de Troia, advertido para os perigos do canto divino das sereias, que atraía as embarcações para as pedras e para o naufrágio, Ulysses mandou colocar cera nos ouvidos dos remadores e se fez amarrar ao mastro de seu navio, escapando assim do perigo e da tentação, sem, contudo, privar-se do prazer de ouvir o canto das sereias.

abrigados, igualmente, valores substantivos e direitos fundamentais[9]. Nesse sentido, a supremacia constitucional acaba sendo uma forma de proteger as bases da democracia contra a volatilidade da política e das paixões partidarizadas.

II A QUESTÃO TERMINOLÓGICA: PODER CONSTITUINTE DERIVADO, REFORMA, REVISÃO E EMENDA. PODER CONSTITUINTE DECORRENTE

Coube a Sieyès, como visto anteriormente, a identificação conceitual do *poder constituinte*, em oposição à ideia de poder constituído. Mais à frente, a própria doutrina francesa desenvolveu a distinção entre poder constituinte originário e derivado. Poder constituinte *originário* é o poder constituinte propriamente dito, que foi estudado no capítulo anterior. Nele se concentra a energia inicial pela qual se cria ou se reconstrói um Estado, com a instituição de uma nova ordem jurídica, superadora da ideia de Direito preexistente. O poder constituinte *derivado*, por sua vez, expressa o poder, normalmente atribuído ao Parlamento, de reformar o texto constitucional. Trata-se de uma competência regulada pela Constituição.

A referência a poder constituinte, nessa segunda hipótese, justifica-se pela possibilidade efetiva de se alterar a Constituição pelo exercício de tal competência. Mas, no fundo, a terminologia empregada pode ser enganosa. É que, na verdade, o denominado poder constituinte derivado situa-se no âmbito do poder constituído ou instituído, estando juridicamente subordinado a diversas prescrições impostas no texto constitucional pelo constituinte originário. Embora seja consagrada pela doutrina e pela prática, tal designação é tecnicamente problemática[10]. Por essa razão, diversos autores se opõem ao uso da locução "poder constituinte derivado", ou instituído, quando se tratar do poder de reforma da Constituição[11].

Ainda no plano terminológico, a doutrina e as Constituições de diferentes Estados empregam, sem grande uniformidade, os vocábulos "reforma", "revisão" e "emenda"[12]. Diante da proximidade semântica desses termos e de seu uso indiscriminado nos variados sistemas, resta a solução de estabelecer, por convenção, o sentido em que serão utilizados, levando em conta a tradição dominante entre nós. *Reforma*, assim, identifica o gênero alterações no texto constitucional, compreendendo tanto as mudanças pontuais como as mudanças abrangentes[13]. *Emenda*, no direito constitucional brasileiro, designa modificações, supressões ou acréscimos feitos ao texto constitucional, mediante o procedimento específico disciplinado

---

9 Sobre o debate teórico entre procedimentalismo e substantivismo, v. *supra*.

10 Sobre o ponto, v. a reflexão do Ministro Sepúlveda Pertence, constante de seu voto na ADIn 830/DF, *DJU*, 16 set. 1994, Rel. Min. Moreira Alves: "Deva ou não ser chamado de poder constituinte, o certo é que o poder de reforma constitucional é um poder *constituído*. Daí, as variações nominais – constituinte instituído, constituinte derivado e assim por diante – a que a doutrina tem apelado, para fugir da aparente contradição dos adjetivos da fórmula 'poder constituinte constituído'. Por que constituído, esse poder de reforma não só é limitável, mas efetivamente limitado, em todas as Constituições, ao menos por força da sua disciplina processual, seja ela específica ou não das emendas constitucionais, conforme se trate de Constituições rígidas ou flexíveis".

11 Nesse sentido, v. J. J. Gomes Canotilho, *Direito constitucional e teoria da Constituição*, 1991, p. 99: "O *poder de revisão constitucional* é, consequentemente, um poder constituído tal como o poder legislativo. Verdadeiramente, o poder de revisão só em sentido impróprio se poderá considerar constituinte". V., tb., Celso Ribeiro Bastos, *Curso de direito constitucional*, 1999, p. 30: "Alguns autores, como Carl Schmitt e Luis Recaséns Siches, sustentam ponto de vista de que somente o originário é poder constituinte, pois somente ele tem caráter inicial e ilimitado, ao passo que o poder reformador retira sua força própria da Constituição, estando limitado pelo direito".

12 Lino Torgal, Limites da revisão constitucional. Uma perspectiva luso-brasileira, *Themis – Revista da Faculdade de Direito da Universidade Nacional de Lisboa*, 3:201, 2001, fez um detido levantamento acerca do emprego de tais termos para identificar as modificações do texto da Constituição. Fazem referência à *revisão*, entre outras, as Constituições francesa, de 1958 (art. 89), suíça, de 1874 (arts. 118 a 123), belga, de 1831 (art. 131) e italiana, de 1947 (art. 138). As Constituições americana, de 1787 (art. 5º), e brasileira, de 1988 (art. 60), fazem menção a *emenda*. Já nos países de língua castelhana é comum a utilização do vocábulo *reforma*, como ocorre na Constituição argentina, de 1853 (art. 30), mexicana, de 1917 (art. 135), e espanhola, de 1978 (arts. 168 e 169). No Brasil, as Constituições de 1824 e de 1891 utilizaram o termo "reforma". A de 1934 referiu-se a emenda – cujo objeto era limitado – e a revisão, cujo alcance era maior. Os textos constitucionais de 1946 e 1967-1969 utilizaram a denominação "emenda". A Constituição de 1988 voltou a utilizar "emenda" e "revisão". Para uma reflexão sobre essa terminologia no direito brasileiro, v. o voto do Ministro Néri da Silveira, proferido como relator na ADIn 981/PR, *DJU*, 5 ago. 1994.

13 No mesmo sentido, v. Paulo Bonavides, A revisão constitucional na Carta de 1988, in *A Constituição aberta*, 2004, p. 36: "A expressão *reforma* constitucional é, na tradição do direito positivo brasileiro de quatro Repúblicas constitu-

na Constituição. E *revisão* é a designação de reformas extensas ou profundas da Constituição. Vale dizer: pode ter dimensão quantitativa ou qualitativa[14]. Ilustra o conceito a revisão que foi prevista – mas não efetivamente concretizada – no art. 3º do Ato das Disposições Constitucionais Transitórias aprovado junto com a Constituição de 1988[15].

Cabe, por fim, uma menção ao "poder constituinte *decorrente*", expressão que na terminologia do direito constitucional brasileiro designa a competência dos Estados membros da Federação para elaborarem sua própria Constituição[16]. No regime da Constituição de 1988, competência semelhante é desempenhada pelo Distrito Federal e pelos Municípios ao editarem suas leis orgânicas. Essa capacidade de auto-organização é fruto da autonomia política das entidades federadas, que desfrutam de autodeterminação dentro dos limites prefixados pela Constituição Federal. Trata-se, como intuitivo, de uma competência constitucionalmente limitada, por se tratar, tal como o poder de reforma, de um poder constituinte derivado. Por essa razão, as Constituições estaduais – assim como as leis e atos normativos estaduais em geral – sujeitam-se a controle de constitucionalidade perante o Supremo Tribunal Federal[17]. Aliás, vale o registro, é em relação às normas constitucionais e infraconstitucionais *estaduais* que a Corte exerce com maior frequência sua atividade de fiscalização abstrata de constitucionalidade.

III   NATUREZA JURÍDICA E LIMITES

Como já registrado em diversas passagens, o poder constituinte originário é, na sua essência, um fato político que se impõe historicamente, não sofrendo qualquer limitação da ordem jurídica preexistente. Mesmo quando não tenha natureza revolucionária, ele envolverá sempre uma ruptura com o passado. Diversa é a situação do poder de reforma constitucional, que configura um poder de direito, regido pela Constituição e sujeito a limitações de naturezas diversas. Sua função é a de permitir a adaptação do texto constitucional a novos ambientes políticos e sociais, preservando-lhe a força normativa e impedindo que seja derrotado pela realidade. Ao fazê-lo, no entanto, deverá assegurar a continuidade e a identidade da Constituição.

Encontrando fundamento na Constituição e sendo por ela disciplinado, o poder reformador é, na verdade, uma competência juridicamente vinculada. Como consequência, afigura-se natural e lógico que esteja sujeito aos diferentes mecanismos de controle de constitucionalidade. No direito brasileiro, tal possibilidade é mais do que puramente teórica: o Supremo Tribunal Federal já admitiu inúmeras ações diretas de inconstitucionalidade contra emendas constitucionais, tendo acolhido diversas delas[18]. Essa situação, no entanto, é relativamente atípica no cenário internacional, pois mesmo em países nos quais esse tipo de controle é formalmente admitido – como na Alemanha, por exemplo –, não há

---

cionais, o gênero de que se inferem num momento mais adiantado de evolução técnica do nosso constitucionalismo as duas modalidades básicas de mudança, a saber, a *emenda* e a *revisão*...".

14   V. Francisco Fernandez Segado, *El sistema constitucional español*, 1992, p. 86: "Parece lógico pensar, como aponta com bom critério Pérez Royo, que na identificação de uma reforma como 'revisão' haverá que tomar em consideração tanto elementos quantitativos (número de artigos ou um título completo...) como qualitativos (que a reforma afete alguma instituição que possa ser definida como organismo imediatamente constitucional e singularmente relevante)".

15   Embora o processo de revisão tenha sido instaurado, deu origem apenas a seis Emendas Constitucionais de Revisão, que não alteraram aspectos substanciais do texto. As emendas foram promulgadas entre os dias 2 e 9 de março de 1994.

16   Manoel Gonçalves Ferreira Filho, *Curso de direito constitucional*, 1999, p. 28: "Duas são as espécies de Poder Constituinte derivado. Uma é o poder de revisão. Trata-se do poder, previsto pela Constituição, para alterá-la, adaptando-a a novos tempos e novas exigências. Outro é o Poder Constituinte dos Estados-membros de um Estado federal. O chamado Poder Constituinte decorrente. Este deriva também do originário, mas não se destina a rever sua obra e sim a institucionalizar coletividades, com caráter de estados, que a Constituição preveja".

17   Essa assertiva é válida também para as leis e atos normativos editados pelos Municípios, sem prejuízo de algumas limitações procedimentais. Sobre o tema, v. Luís Roberto Barroso, *O controle de constitucionalidade no direito brasileiro*, 2016.

18   Ao julgar a ADIn 830-7, *DJU*, 16 set. 1994, Rel. Min. Moreira Alves, reafirmou o Supremo Tribunal Federal, já então sob a vigência da Constituição de 1988, o entendimento tradicional: "Não há dúvida de que, em face do novo sistema constitucional, é o STF competente para, em controle difuso ou concentrado, examinar a constitucionalidade, ou não, de emenda constitucional – no caso a n. 2, de 25 de agosto de 1992 – impugnada por violadora de cláusulas pétreas explícitas ou implícitas". A partir daí o Tribunal conheceu diversas ações diretas de inconstitucionalidade contra emendas constitucionais, dentre as quais as de n. 2/92, 3/93, 10/96, 12/96, 15/96 16/97, 19/98, 20/98, 21/99, 27/2000, 29/2000, 30/2000, 37/2002, 41/2003, 45/2004, 52/2006. Foram acolhidos, em parte, os pedidos formulados em algumas dessas ações, como as que tiveram por objeto as emendas constitucionais n. 3/93, 20/98, 21/99, 41/2003 e 52/2006.

precedente de declaração de inconstitucionalidade de ato do poder reformador[19]. Em outros países, como a França, essa possibilidade não existe, tendo sido expressamente rejeitada pelo Conselho Constitucional em mais de uma ocasião[20]. Relembre-se, por fim, o caso singular da África do Sul, em que o Tribunal Constitucional exerceu controle sobre a própria Constituição originária (v. *supra*)[21].

Em síntese: o poder reformador, frequentemente referido como poder constituinte derivado, é um poder de direito, e não um poder soberano. Por via de consequência, somente poderá rever a obra materializada na Constituição originária observando as formas e parâmetros nela estabelecidos. Essa é a prova, aliás, de que o poder constituinte originário, mesmo na sua latência, continua a se fazer presente. Os limites impostos ao poder de emenda ou de revisão da Constituição costumam ser sistematizados pela doutrina em temporais, circunstanciais, formais e materiais.

IV LIMITES TEMPORAIS E CIRCUNSTANCIAIS

Limites *temporais* têm por objetivo conferir estabilidade ao texto constitucional por um período mínimo ou resguardar determinada situação jurídica por um prazo prefixado. Eles se destinam, normalmente, a conter reações imediatistas à nova configuração institucional e a permitir que a nova Carta possa ser testada na prática por um tempo razoável[22]. Na história do constitucionalismo, foram dessa natureza as primeiras disposições que restringiram de maneira explícita o poder de reforma. A Constituição americana, de 1787, impedia a aprovação de qualquer ato do Congresso abolindo a escravidão até o ano de 1808 (art. 1º, seção 9)[23]. A Constituição francesa de 1791 proibia qualquer tipo de reforma dentro de um período de quatro anos de sua aprovação (art. 3º). Na mesma linha, a Constituição espanhola de Cádiz, de 1812, estendia esse prazo para oito anos[24].

---

19 V. decisão do Tribunal Constitucional Federal no denominado *Caso Klass* (*30 BverfGE 1*, 1970). Estava em questão uma emenda constitucional que permitia quebra de privacidade da correspondência e das comunicações, em um ambiente envolvendo problemas sérios ligados à espionagem, em plena Guerra Fria. O pedido não foi acolhido, mas houve três votos dissidentes. A decisão afirmou que a Constituição dá suporte a uma "*democracia militante*, que não se submete ao abuso de direitos fundamentais ou ao ataque à ordem liberal do Estado". V. Donald P. Kommers, *The constitutional jurisprudence of the Federal Republic of Germany*, 1997. Nos Estados Unidos também não se desenvolveu uma cultura de controle de constitucionalidade de emendas constitucionais, a despeito das grandes polêmicas surgidas em torno da aprovação das Emendas XIV e XV. Nas únicas duas vezes em que conheceu de ações envolvendo a alegação de vício formal e substantivo – nos *National Prohibition cases*, 253 U.S. 350 (1919), tendo por objeto a denominada *Lei Seca*; e no caso *Lesser v. Garnett*, 258 U.S. 130 (1921) – a Suprema Corte rejeitou o pedido sem aprofundar o debate. A tendência, na doutrina, é a de ver o tema como uma questão predominantemente política. V. John E. Nowak e Ronald D. Rotunda, *Constitutional law*, 2000, p. 126-128. V. tb. Oscar Vilhena Vieira, *A Constituição e sua reserva de justiça*, 1999, p. 142 e s.

20 Na França, o Conselho Constitucional, por decisão de 5.11.1962 (Decisão 62-20 DC), ao apreciar uma modificação da Constituição introduzida por lei aprovada em referendo popular, declarou expressamente não ter competência para se pronunciar sobre a questão. Essa posição foi reiterada em decisões de 2.9.1992 e 26.3.2003. V. L. Favoreu e L. Philip, *Les grandes décision du Conseil Constitutionnel*, 2003, p. 171 e s. V. tb. *La Constitution et les valeurs:* mélanges en l'honneur de Dmitri Georges Lavroff, 2005, p. 587.

21 No processo de transição pelo qual se pretendia superar o *apartheid*, a Constituição interina, de 1994, previa que o Tribunal Constitucional iria rever o texto da Constituição a ser elaborada, para "certificar" sua compatibilidade com determinados princípios constitucionais previamente acordados. Em decisão de 1996, o Tribunal determinou que alguns pontos do texto fossem refeitos. Trechos desse julgado se encontram em Norman Dorsen, Michel Rosenfeld, András Sajó e Susanne Baer, *Comparative constitutionalism*, 2003, p. 84 e s.

22 V. José Antônio Pimenta Bueno, *Direito público brasileiro e análise da Constituição do Império*, 1958, p. 477: "Para evitar a mobilidade imprudente ou constante, a Constituição inibiu a reforma antes de passados quatro anos, e por isso mesmo julgamos que essa disposição não é transitória, e sim aplicável a qualquer alteração que tenha sido consumada". Sobre o tema, v. tb. Cármen Lúcia Antunes Rocha, Constituição e mudança constitucional: limites ao exercício do poder de reforma constitucional, *Revista de Informação Legislativa, 120*:159, 1993, p. 173-174: "É que as mudanças normativas de base introduzidas por uma Constituição podem sofrer insatisfações e até mesmo sobressaltos que, no calor da hora, podem facilitar manifestações de apoio à reforma, sem que isto indique que ela se produzirá em benefício de toda a sociedade. É preciso, então, que as normas constitucionais se apliquem, que os seus resultados sejam avaliados, para que somente então sobrevenha o seu aperfeiçoamento".

23 Constituição americana, art. 1º, seção 9: "1. a migração ou a admissão de indivíduos, que qualquer dos Estados ora existentes julgar conveniente permitir, não será proibida pelo Congresso antes de 1808; mas sobre essa admissão poder-se-á lançar um imposto ou direito não superior a dez dólares por pessoa".

24 "Art. 375. Até que decorram oito anos do momento em que a Constituição seja posta em prática, em todas as suas partes, não se poderá propor alteração, nem adição, nem reforma de nenhum dos seus artigos" (tradução livre).

A Constituição portuguesa, de 1976, previu que a primeira revisão de seu texto somente poderia dar-se na segunda legislatura (art. 286), sendo que cada legislatura tem duração de quatro anos (art. 174). Ademais, previu a possibilidade de revisões quinquenais do texto, com quórum de dois terços (art. 287, 1), ao lado da revisão que pode ser realizada a qualquer momento, mediante quórum de quatro quintos (art. 287, 2). Desde o início de vigência da Constituição portuguesa já foram aprovadas revisões em 1982, 1989, 1992, 1997, 2001, 2004 e 2005. No Brasil, a Constituição Imperial, de 1824, continha limitação temporal expressa em relação à sua reforma, que somente poderia ser feita depois de "passados quatro anos"[25]. Nas inúmeras Constituições brasileiras subsequentes não foi incluída disposição contendo restrição temporal dessa natureza. A maioria das Constituições do mundo pode ser reformada a qualquer tempo, sem a previsão de limites temporais[26].

Sob a vigência da Constituição de 1988 surgiu dúvida a propósito da legitimidade ou não da antecipação do plebiscito previsto no art. 2º do Ato das Disposições Constitucionais Transitórias, pelo qual se submeteria à deliberação direta do eleitorado a escolha da forma de governo (república ou monarquia constitucional) e o sistema de governo (parlamentarismo ou presidencialismo). Prevista no texto originário para 7 de setembro de 1993, a consulta popular teve sua data modificada para 25 de abril do mesmo ano, pela Emenda Constitucional n. 2, de 25 de agosto de 1992. Arguida a inconstitucionalidade da medida em ação direta proposta perante o Supremo Tribunal Federal, decidiu-se, por maioria, não se estar diante de uma limitação temporal[27].

Limitação temporal peremptória é a prevista no art. 60, § 5º, da Carta em vigor, pela qual "a matéria constante de proposta de emenda rejeitada ou havida por prejudicada não pode ser objeto de nova proposta na mesma sessão legislativa"[28]. Trata-se aqui, na verdade, de regra de racionalização do processo legislativo. Há outras limitações previstas na Constituição, que se aplicam, contudo, não à elaboração da emenda propriamente dita, mas aos seus efeitos temporais. Um exemplo é a impossibilidade de uma emenda constitucional que alterar o processo eleitoral ser aplicada às eleições que ocorram até um ano da data de sua entrada em vigor. Tal previsão consta do art. 16 da Constituição, e sua interpretação já foi objeto de pronunciamento específico do Supremo Tribunal Federal[29].

Os limites *circunstanciais* impedem a reforma da Constituição em momentos de anormalidade institucional, decorrentes de situações atípicas ou de crise. Assim, por exemplo, as Constituições da Bélgica, de 1831, e do Japão, de 1889, estabeleciam que nos períodos de regência não se poderia proceder a reforma constitucional. As Constituições francesas de 1946 e 1958 interditavam a revisão em caso de ataque contra a integridade do território nacional. No Brasil, desde 1934 se prevê como limitação formal ao poder de reforma a vigência do estado de sítio[30]. Na Constituição de 1988, três são as situações

---

25 Constituição de 1824: "Art. 174. Se passados quatro annos, depois de jurada a Constituição do Brazil, se conhecer, que algum dos seus artigos merece reforma, se fará a proposição por escripto, a qual deve ter origem na Camara dos Deputados, e ser apoiada pela terça parte delles".

26 Maurício Antonio Ribeiro Lopes, *Poder constituinte reformador*, 1993, p. 142-143.

27 STF, ADIn 830-7, *DJU*, 16 set. 1994, Rel. Min. Moreira Alves: "[H]á o problema de saber se, realmente, a data prevista para esse ato preparatório da revisão, a que alude o artigo 3º do ADCT, no tocante à forma e ao sistema de governo, é, ou não, uma limitação temporal a esse procedimento de reforma, o qual, assim, teria duas limitações temporais: a data de 7 de setembro de 1993, para o ato preparatório (a decisão plebiscitária); e os cinco anos a partir da promulgação da Constituição para o procedimento propriamente dito da revisão constitucional. A meu ver, a essa questão se impõe a resposta negativa. [...] Estando a revisão limitada temporalmente pelo artigo 3º, a limitação temporal que não pode ser modificada por emenda é esta e não a de fase preparatória para ela no tocante à forma e ao sistema de governo". Votaram vencidos, sustentando a inconstitucionalidade da antecipação do plebiscito, os Ministros Sepúlveda Pertence, Carlos Mário Velloso e Marco Aurélio.

28 A esse propósito, decidiu o STF que, tendo a Câmara rejeitado o substitutivo de determinado projeto, e não o projeto original que veio por mensagem do Poder Executivo, não se aplica esse dispositivo (STF, *DJU*, 6 jun. 1997, MS 22.503/DF, Rel. Min. Marco Aurélio).

29 ADIn 3.685/DF, *DJU*, 10 ago. 2006, Rel. Min. Ellen Gracie. O Tribunal declarou inaplicável às eleições que ocorreriam em 2006 a EC n. 52, aprovada no mesmo ano, que dispunha sobre a verticalização das coligações partidárias. Sobre o tema, v. Cláudio Pereira de Souza Neto, Verticalização, cláusula de barreira e pluralismo político: uma crítica consequencialista à decisão do STF na ADIn 3.685, *Interesse Público*, n. 37, 2006.

30 Constituição de 1934, art. 178, § 4º: "Não se procederá à reforma da Constituição na vigência do estado de sítio". Dispositivo análogo constou dos Textos Constitucionais de 1946 (art. 217, § 5º), 1967 (art. 50, § 2º) e 1969 (art. 47, § 2º). Sob a Constituição de 1891 admitiu-se a reforma constitucional na vigência do estado de sítio, como foi o caso da Revisão de 1926, segundo noticia Orlando Bitar, *A lei e a Constituição*, 1951, p. 82-83.

impeditivas, na dicção expressa do art. 60, § 1º: além do estado de sítio, foram incluídas as hipóteses de intervenção federal e estado de defesa[31].

V LIMITES FORMAIS

O constitucionalismo moderno, na sua matriz norte-americana, assim como na sua evolução europeia, funda-se em Constituições rígidas, e não em Constituições flexíveis[32 e 33]. Da rigidez constitucional resulta a existência de um procedimento específico para reforma do texto constitucional, que há de ser mais complexo do que o adotado para a aprovação da legislação ordinária. Esse procedimento envolverá, normalmente, regras diferenciadas em relação à iniciativa, ao quórum de votação das propostas de emenda e às instâncias de deliberação. Praticamente todas as Constituições contemporâneas seguem esse modelo. A inobservância dos limites formais impostos pela Constituição sujeita os atos emanados do poder de reforma a um juízo de inconstitucionalidade.

A doutrina costuma advertir para os riscos do excesso de rigidez, fato que leva a uma de duas situações: que o texto não seja reformado diante de necessidade imperiosa, convertendo-se a Constituição em letra morta, sem maior relevância política; ou que a Constituição se adapte às novas demandas sociais por mecanismos ilegais e sub-reptícios, em mutações constitucionais inconstitucionais (v. *supra*)[34]. Há inúmeros precedentes históricos de descumprimento de limites formais. Nos Estados Unidos, assim se passou com a própria elaboração da Constituição pela Convenção de Filadélfia, repetiu-se com as emendas de *reconstrução* e tornou a ocorrer, embora de maneira mais sutil, por ocasião do *New Deal*[35].

Na França, embora não tenha havido ruptura institucional com a Constituição de 1946, a elaboração da Constituição de 1958 deu-se sem observância das regras próprias em vigor[36]. Também a revisão de

---

31 Constituição de 1988, art. 60, § 1º: "A Constituição não poderá ser emendada na vigência de intervenção federal, de estado de defesa ou de estado de sítio".

32 Como já assinalado, a Constituição norte-americana de 1787 deu início à era das Constituições rígidas, prevendo um procedimento próprio para o exercício do poder de emenda (*amendment power*), disciplinado em seu art. 5º: "O Congresso, sempre que dois terços das duas casas considerarem necessário, proporá emendas a esta Constituição, ou, mediante iniciativa das assembleias legislativas de dois terços dos estados, convocará uma convenção para a propositura de emendas, as quais, em ambos os casos, serão consideradas, para todos os fins, como parte dessa Constituição".

33 É bem de ver que, nos seus primórdios, o constitucionalismo europeu serviu-se de Constituições flexíveis, que não eram dotadas de supremacia. Mais que isso: seu fundamento de legitimidade, como regra geral, não era a soberania popular, mas o poder monárquico, combinado com o poder do Parlamento. À exceção das Constituições francesas de 1848 e 1870-1875, as Cartas europeias foram *outorgadas*, do que são exemplos as Constituições espanhola (1812), francesa (1815, 1830 e 1852), belga (1831), italiana e austríaca (1848). As Constituições rígidas, todavia, impõem-se ao longo do século XX, embora o controle de constitucionalidade – estágio final do reconhecimento da supremacia da Constituição – só tenha se expandido e consolidado após a Segunda Guerra Mundial. Sobre o tema, vejam-se Pedro Vega, *La reforma constitucional y la problemática del poder constituyente*, 1999, p. 42 e s., e Oscar Vilhena Vieira, *A Constituição e sua reserva de justiça*, 1999, p. 87 e s.

34 Sobre o tema, v. Pedro Vega, *La reforma constitucional y la problemática del poder constituyente*, 1999, p. 89 e s.

35 A história registra a curiosidade de que, na sua elaboração, a Constituição norte-americana não observou os requisitos formais impostos pelos Artigos da Confederação, especialmente quanto à unanimidade exigida para sua ratificação. As emendas da *reconstrução*, que se seguiram ao fim da guerra civil e da escravidão – Emendas XIII, XIV e XV –, embora tenham observado formalmente o art. V, foram aprovadas sem a presença de representantes dos Estados Confederados no Congresso Nacional e foram ratificadas sob pressão militar e ameaça de não reintegração de tais Estados à União. No *New Deal*, a Suprema Corte, sob ameaça de uma proposta do Presidente Roosevelt que alterava sua composição, a sem que houvesse qualquer mudança formal na Constituição, alterou a jurisprudência que firmara durante a denominada *Era Lochner*, dando novo sentido à ideia de propriedade e liberdade de contratar e passando a admitir a legislação social protetora dos trabalhadores. Sobre o tema, v. Bruce Ackerman, *We the people*, v. 1 (1991) e 2 (1998). V. tb. Oscar Vilhena Vieira, *A Constituição e sua reserva de justiça*, 1999, p. 84: "[A] ameaça de ampliar o número de juízes da Corte, para obtenção de uma maioria simpática ao *New Deal*, pode ser comparada às ameaças de *impeachment* ao Presidente Andrew Jackson feitas pelos republicanos, para que ele apoiasse as emendas de reconstrução, após o assassinato de Lincoln, ou, ainda, às ameaças do Congresso aos Estados Confederados para que ratificassem as emendas de reconstrução".

36 Em 1958, em meio à crise política decorrente do conflito colonial na Argélia, Charles de Gaulle é eleito Presidente do Conselho, no último ato do modelo parlamentarista da IV República. Em seguida, três leis de exceção foram aprovadas, uma delas alterando o processo de revisão constitucional, delegando ao Governo o poder que o art. 90 atribuía ao Parlamento. O Projeto, que ampliava substancialmente os poderes do Presidente, foi submetido a um Conselho Consultivo parlamentar e ao Conselho de Estado, antes de ser referendado pelo povo francês, em 28 de setembro de 1958. Sobre o tema, v. Bernard Chantebout, *Droit constitutionnel et science politique*, p. 369-376; Debbasch,

100

1962, que instituiu eleições presidenciais diretas, refugiu à legalidade formal[37]. Em ambos os casos, é certo, houve posterior referendo popular. Esses exemplos apenas documentam a dificuldade de a Constituição conter integralmente o processo político, sobretudo em situações de crise. No Brasil, a Constituição de 1967, aprovada em um esforço de institucionalização do regime militar – e que, como consequência, padecia de insanável vício de origem –, foi atropelada pela Emenda Constitucional n. 1, de 17 de outubro de 1969, outorgada pelos Ministros da Marinha de Guerra, do Exército e da Aeronáutica Militar. A simples enunciação de quem exerceu, de fato, o poder reformador já denuncia a inobservância do procedimento prescrito na Constituição[38].

Como assinalado, a generalidade das Constituições contemporâneas é de natureza rígida. A técnica mais difundida de dificultar a reforma constitucional é a exigência de maiorias qualificadas para sua aprovação. Por essa via, exige-se consenso mais amplo e concede-se poder de veto às minorias. Uma segunda técnica, menos comum, é a previsão de aprovação da reforma por legislaturas diferentes. Vale dizer: o procedimento de reforma é mediado por uma eleição parlamentar e o texto aprovado deverá ser ratificado pelo novo parlamento[39]. Por fim, uma terceira técnica, essa mais frequentemente utilizada, é a realização de referendo popular.

Certas Constituições instituem disciplinas diversas para a revisão total e para a revisão parcial[40]. Outras preveem procedimentos distintos de reforma, em função de circunstâncias temporais ou materiais. No exemplo já citado de Portugal, o texto constitucional contempla a revisão *ordinária*, que pode ser realizada a intervalos de cinco anos, e a revisão *extraordinária*, que pode ser feita a qualquer tempo. No primeiro caso, o quórum será de dois terços e no segundo, de quatro quintos[41]. Na Espanha, a Constituição contempla duas possibilidades: a *reforma*, de natureza parcial, que exige quórum de três quintos e referendo facultativo; e a *revisão*, que envolve a mudança total ou de partes "protegidas" do texto (como o Título Preliminar, onde estão decisões políticas estruturantes do Estado, os direitos fundamentais e as regras sobre a Coroa). Nesse segundo caso, aprovada a revisão, o Parlamento ("as Cortes Gerais") se dissolve, elegendo-se um novo, que deverá ratificar a alteração. Em seguida, a reforma aprovada deve ser submetida a referendo[42].

Bourdon, Pontier e Ricci, *Droit constitutionnel et institutions politiques*, 1990, p. 495-510; e Jacques Cadart, *Institutions politiques e droit constitutionnel*, 1990, p. 904-907.

37 Em 1962, De Gaulle liderou nova ruptura ao propor a instituição do voto direto e universal na eleição para Presidente da República, sem observância do procedimento específico da revisão constitucional. A proposta foi aprovada por via de referendo popular e o Conselho Constitucional entendeu não ter competência para se pronunciar acerca da constitucionalidade ou não da revisão. *Decisão 62-20 DC*, transcrita e comentada em L. Favoreu e L. Philip, *Les grandes décisions du Conseil Constitutionnel*, 2003, p. 171 e s.

38 A Emenda Constitucional n. 1/69 consistiu em um golpe dentro do golpe. Com o impedimento do Presidente Costa e Silva, por motivo de doença, uma Junta Militar frustrou a posse do Vice-Presidente constitucional, Pedro Aleixo, e outorgou uma nova Carta, sob a designação formal de emenda. A rigor, não se tratou do exercício de um poder de reforma, mas de um poder constituinte originário usurpado da soberania popular. Na sequência, o Congresso Nacional, que havia sido fechado, foi convocado para *homologar* o nome do General Emílio Garrastazu Médici como Presidente da República. Esses episódios e os anos do governo Médici representaram o ápice do regime ditatorial militar no Brasil. Para um documentado relato desse período, v. Elio Gaspari, *A ditadura escancarada*, 2002.

39 É o caso, por exemplo, da Bélgica e da Grécia. A esse propósito, averbou Xenophon Contiades, Methodological principles of constitutional revision based on overlapping consensus, *Anuario Iberoamericano de Justicia Constitucional*, 8:85, 2004, p. 86: "Em certas constituições o processo de revisão requer a mediação de eleições ou a realização de referendo, de modo a aprofundar a legitimação democrática da revisão constitucional".

40 É o caso das Constituições da Suíça (arts. 118-123), da Áustria (art. 44) e da Espanha (art. 168), por exemplo.

41 Constituição da República Portuguesa: "Art. 284 – 1. A Assembleia da República pode rever a Constituição decorridos cinco anos sobre a data da publicação da última lei de revisão ordinária. 2. A Assembleia da República pode, contudo, assumir em qualquer momento poderes de revisão extraordinária por maioria de quatro quintos dos Deputados em efetividade de funções". O quórum de dois terços para a revisão ordinária está previsto no art. 286 – 1.

42 Constituição espanhola: "Art. 167. 1. Los proyectos de reforma constitucional deberán ser aprobados por una mayoría de tres quintos de cada una de las Cámaras. [...] 3. Aprobada la reforma por las Cortes Generales, será sometida a referéndum para su ratificación cuando así lo soliciten, dentro de los quince días siguientes a su aprobación, una décima parte de los miembros de cualquiera de las Cámaras". "Art. 168. 1. Cuando se propusiere la revisión total de la Constitución o una parcial que afecte al Título Preliminar, al Capítulo Segundo, Sección primera del Título I, o al Título II, se procederá a la aprobación del principio por mayoría de dos tercios de cada Cámara, y a la disolución inmediata de las Cortes. 2. Las Cámaras elegidas deberán ratificar la decisión y proceder al estudio del nuevo texto constitucional, que deberá ser aprobado por mayoría de dos tercios de ambas Cámaras. 3. Aprobada la reforma por las Cortes Generales, será sometida a referéndum para su ratificación".

No Brasil, a Carta Imperial de 1824, de caráter semirrígido[43], previa que a reforma de dispositivo constitucional seria mediada por uma eleição, cabendo à legislatura seguinte a ratificação da mudança ou adição[44]. A Constituição de 1891 instituiu o quórum de dois terços e disciplinou o procedimento em duas etapas: aprovada a proposta de reforma, ela deveria ser objeto de nova deliberação no ano seguinte[45]. A Constituição de 1934 contemplou duas possibilidades de reforma: a emenda e a revisão. A distinção se fez em razão das matérias a serem alteradas, com previsão de procedimento e de quórum diversos – dois terços no primeiro caso; maioria absoluta no segundo, com submissão à legislatura seguinte[46]. A natimorta Carta de 1937 previu que a deliberação seria por maioria simples, mas assegurou a supremacia do Chefe do Executivo também no procedimento de reforma constitucional[47].

---

43 A Constituição de 1824 admitia a possibilidade de partes de seu texto serem alteradas por via de procedimento ordinário: "Art. 178. É só constitucional o que diz respeito aos limites, e attribuições respectivas dos Poderes Políticos, e aos Direitos Políticos, e individuais dos Cidadãos. Tudo o que não é constitucional póde ser alterado sem as formalidades referidas, pelas Legislaturas ordinárias".

44 A Constituição de 1824 previa a possibilidade de emenda após quatro anos de sua vigência (art. 174), por iniciativa da Câmara dos Deputados, apoiada por um terço dos seus membros. O procedimento de aprovação da reforma deveria obedecer ao seguinte procedimento: "Art. 175. A proposição será lida por tres vezes com intervallos de seis dias de uma á outra leitura; e depois da terceira, deliberará a Camara dos Deputados, se poderá ser admittida á discussão, seguindo-se tudo o mais, que é preciso para formação de uma Lei. Art. 176. Admittida a discussão, e vencida a necessidade da reforma do Artigo Constitucional, se expedirá Lei, que será sanccionada, e promulgada pelo Imperador em fórma ordinaria; e na qual se ordenará aos Eleitores dos Deputados para a seguinte Legislatura, que nas Procurações lhes confiram especial faculdade para a pretendida alteração, ou reforma. Art. 177. Na seguinte Legislatura, e na primeira Sessão será a materia proposta, e discutida, e o que se vencer, prevalecerá para a mudança, ou addição á Lei fundamental; e juntando-se á Constituição será solemnemente promulgada".

45 A Constituição de 1891 previa que a Constituição poderia ser reformada por iniciativa do Congresso Nacional ou das Assembleias dos Estados (art. 90). O procedimento veio disciplinado em parágrafos do mesmo art. 90: "§ 1º Considerar-se-há proposta a reforma, quando sendo apresentada por uma quarta parte, pelo menos, dos membros de qualquer das Câmaras do Congresso Nacional, for aceita, em tres discussões, por dous terços dos votos numa e noutra câmara, ou quando for solicitada por dous terços dos Estados, no decurso de um anno, representado cada Estado pela maioria de votos de sua Assembleia. § 2º Essa proposta dar-se-há por approvada, si no anno seguinte o fôr, mediante tres discussões, por maioria de dous terços dos votos nas duas Câmaras do Congresso".

46 A Constituição de 1934 cuidou da matéria especialmente em seu art. 178, §§ 1º e 2º: "Art. 178. A Constituição poderá ser emendada, quando as alterações propostas não modificarem a estrutura política do Estado (arts. 1 a 14, 17 a 21); a organização ou a competência dos poderes da soberania (Capítulos II, III e IV, do Título I; o Capítulo V, do Título I; o Título II; o Título III; e os arts. 175, 177, 181, e este mesmo art. 178); e revista, no caso contrário. § 1º Na primeira hipótese, a proposta deverá ser formulada de modo preciso, com indicação dos dispositivos a emendar e será de iniciativa: *a*) de uma quarta parte, pelo menos, dos membros da Câmara dos Deputados ou do Senado Federal; *b*) de mais de metade dos Estados, no decurso de dois anos, manifestando-se cada uma das unidades federativas pela maioria da Assembleia respectiva. Dar-se-á por aprovada a emenda que for aceita, em duas discussões, pela maioria absoluta da Câmara dos Deputados e do Senado Federal, em dois anos consecutivos. Se a emenda obtiver o voto de dois terços dos membros componentes de um desses órgãos, deverá ser imediatamente submetida ao voto do outro, se estiver reunido, ou, em caso contrário, na primeira sessão legislativa, entendendo-se aprovada, se lograr a mesma maioria. § 2º Na segunda hipótese a proposta de revisão será apresentada na Câmara dos Deputados ou no Senado Federal, e apoiada, pelo menos, por dois quintos dos seus membros, ou submetida a qualquer desses órgãos por dois terços das Assembleias Legislativas, em virtude de deliberação da maioria absoluta de cada uma destas. Se ambos por maioria de votos aceitarem a revisão, proceder-se-á, pela forma que determinarem, à elaboração do anteprojeto. Este será submetido, na Legislatura seguinte, a três discussões e votações em duas sessões legislativas, numa e noutra casa".

47 A Constituição de 1937 previu que a iniciativa da emenda poderia ser do Presidente da República ou da Câmara dos Deputados (art. 174). O procedimento vinha disciplinado nos parágrafos do mesmo artigo, que tinham a seguinte dicção: "§ 1º O projeto de iniciativa do Presidente da República será votado em bloco por maioria ordinária de votos da Câmara dos Deputados e do Conselho Federal, sem modificações ou com as propostas pelo Presidente da República, ou que tiverem a sua aquiescência, se sugeridas por qualquer das Câmaras. § 2º O projeto de emenda, modificação ou reforma da Constituição de iniciativa da Câmara dos Deputados, exige para ser aprovado o voto da maioria dos membros de uma e outra Câmara. § 3º O projeto de emenda, modificação ou reforma da Constituição, quando de iniciativa da Câmara dos Deputados, uma vez aprovado mediante o voto da maioria dos membros de uma e outra Câmara, será enviado ao Presidente da República. Este, dentro do prazo de trinta dias, poderá devolver à Câmara dos Deputados o projeto, pedindo que o mesmo seja submetido a nova tramitação por ambas as Câmaras. A nova tramitação só poderá efetuar-se no curso da legislatura seguinte. § 4º No caso de ser rejeitado o projeto de iniciativa do Presidente da República, ou no caso em que o Parlamento aprove definitivamente, apesar da oposição daquele, o projeto de iniciativa da Câmara dos Deputados, o Presidente da República poderá, dentro em trinta dias, resolver que um ou outro projeto seja submetido ao plebiscito nacional. O plebiscito realizar-se-á noventa dias depois de publicada a resolução presidencial. O projeto só se transformará em lei constitucional se lhe for favorável o plebiscito".

Após a redemocratização, a Constituição de 1946 previu duas fórmulas de aprovação de emendas constitucionais: obtidos dois terços dos votos dos membros de cada Casa Legislativa, estava aceita e iria à promulgação; se obtivesse maioria absoluta da Câmara e do Senado, deveria ser levada a nova deliberação pela legislatura seguinte[48]. A Constituição de 1967 adotou o quórum de maioria absoluta dos votos dos membros das duas Casas[49]. A Carta de 1969 – fruto da EC n. 1, de 17.10.1969 – previu que a emenda constitucional seria aprovada se obtidos dois terços dos votos dos membros de cada uma das Casas Legislativas[50]. Esse dispositivo (art. 48) foi objeto de alteração pela EC n. 8, de 14.7.1977, que reduziu o quórum para maioria absoluta[51]. A inovação resultou de ato ditatorial, acompanhado do fechamento do Congresso Nacional[52]. Pela EC n. 22, de 29.6.1982, foi restabelecida a exigência de dois terços dos votos para aprovação de emenda.

Finalmente, sob a Constituição em vigor, promulgada em 5 de outubro de 1988, são os seguintes os requisitos formais de aprovação de emendas constitucionais:

a) *Iniciativa*: a reforma do texto constitucional depende da iniciativa: (i) de 1/3 (um terço) dos membros da Câmara dos Deputados ou do Senado Federal; (ii) do Presidente da República; ou (iii) de mais da metade das Assembleias Legislativas dos Estados[53];

b) *Quórum de aprovação*: 3/5 (três quintos) dos votos dos membros de cada Casa do Congresso;

c) *Procedimento*: discussão e votação em cada Casa, em dois turnos[54].

---

48 A Constituição de 1946 atribuía a iniciativa a um quarto dos membros da Câmara dos Deputados ou do Senado Federal, ou à metade das assembleias legislativas dos Estados (art. 217, § 1º). O procedimento vinha estabelecido nos parágrafos seguintes: "§ 2º Dar-se-á por aceita a emenda que fôr aprovada em duas discussões pela maioria absoluta da Câmara dos Deputados e do Senado Federal, em duas sessões legislativas ordinárias consecutivas. § 3º Se a emenda obtiver numa das câmaras, em duas discussões, o voto de dois terços dos seus membros, será logo submetida à outra; e, sendo nesta aprovada pelo mesmo trâmite e por igual maioria, dar-se-á por aceita".

49 A Constituição de 1967 faculta a iniciativa da proposta de emenda aos membros da Câmara dos Deputados e do Senado Federal, ao Presidente da República e às Assembleias Legislativas dos Estados (art. 50). O procedimento se encontrava no artigo seguinte: "Art. 51. Em qualquer dos casos do art. 50, itens I, II e III, a proposta será discutida e votada em reunião do Congresso Nacional, dentro de sessenta dias a contar do seu recebimento ou apresentação, em duas sessões, e considerada aprovada quando obtiver em ambas as votações a maioria absoluta dos votos dos membros das duas Casas do Congresso".

50 A Constituição de 1969 reconhecia o poder de iniciativa a um terço dos membros da Câmara dos Deputados ou do Senado Federal, assim como ao Presidente da República (art. 47 e § 3º). O artigo seguinte cuidava do procedimento: "Art. 48. Em qualquer dos casos do artigo anterior, a proposta será discutida e votada, em reunião do Congresso Nacional, em 2 (dois) turnos, dentro de 90 (noventa) dias a contar de seu recebimento, considerando-se aprovada, quando obtiver, em ambas as votações, maioria absoluta dos votos dos membros de cada uma das Casas".

51 A Emenda Constitucional n. 8/77 deu ao dispositivo a seguinte redação: "Art. 48. Em qualquer dos casos do artigo anterior, a proposta será discutida e votada em reunião do Congresso Nacional, em duas sessões, dentro de noventa dias a contar de seu recebimento, e havida por aprovada quando obtiver, em ambas as sessões, maioria absoluta dos votos do total de membros do Congresso Nacional".

52 O Congresso Nacional foi fechado pelo Ato Complementar n. 102, de 1º.4.1977, praticado com base no Ato Institucional n. 5, de 13.12.1968. A Emenda Constitucional n. 8 foi outorgada no dia seguinte à de n. 7, de 13.4.1977, num conjunto de medidas autoritárias conhecidas como "Pacote de Abril". As circunstâncias políticas do país inibiram a discussão relevante acerca da possibilidade ou não de se modificar, em ponto essencial, o procedimento de reforma instituído pelo constituinte. A redução do quórum de aprovação de emenda constitucional teve um efeito colateral imprevisto e, até certo ponto, indesejado pelo regime militar: pouco após a volta ao funcionamento do Congresso Nacional foi aprovada a Emenda Constitucional n. 9, de 28.6.1977, que pôs fim à regra da indissolubilidade do casamento, abrindo caminho para a introdução do divórcio no país, o que de fato aconteceu logo à frente, com a Lei n. 6.515, de 26.12.1977.

53 Constituição de 1988: "Art. 60. A Constituição poderá ser emendada mediante proposta: I – de um terço, no mínimo, dos membros da Câmara dos Deputados ou do Senado Federal; II – do Presidente da República; III – de mais da metade das Assembleias Legislativas das unidades da Federação, manifestando-se, cada uma delas, pela maioria relativa de seus membros".

54 CF 88, art. 60, § 2º: "A proposta será discutida e votada em cada Casa do Congresso Nacional, em dois turnos, considerando-se aprovada se obtiver, em ambos, três quintos dos votos dos respectivos membros".

Se a proposta de emenda vier a ser rejeitada ou a ser tida por prejudicada, a matéria dela constante não poderá ser objeto de nova proposta na mesma sessão legislativa, isto é, no mesmo ano daquela legislatura[55]. Se aprovada, a emenda será promulgada pelas mesas da Câmara dos Deputados e do Senado Federal[56]. Emenda constitucional não está sujeita à sanção do Presidente da República, cuja participação somente se dará no caso de ser dele a iniciativa do projeto. A esse propósito, há jurisprudência firme do Supremo Tribunal Federal no sentido de que o constituinte estadual não pode prover, nem originariamente nem por emenda, acerca de matérias que a Constituição reserva à iniciativa legislativa do Chefe do Poder Executivo[57].

Em mais de uma oportunidade, o Supremo Tribunal Federal já exerceu controle de constitucionalidade sobre a correção formal do procedimento de aprovação de emenda à Constituição. Primeiramente, assentou a Corte que a tramitação do projeto de emenda não envolve questão meramente regimental – *interna corporis* –, sendo tema de clara estatura constitucional[58]. Em outras decisões, pronunciou-se no sentido de que o início da tramitação da proposta de emenda pode dar-se tanto na Câmara dos Deputados quanto no Senado Federal, tendo em vista que a Constituição confere poder de iniciativa aos membros de ambas as Casas[59]. A propósito da necessidade de aprovação da proposta de emenda por ambas as Casas, a regra é a de que, havendo modificação do texto em uma delas, a proposta deve retornar à outra. Nada obstante, a Corte firmou entendimento no sentido de que o retorno à Casa de origem somente é imperativo quando a alteração seja substancial, e não na hipótese de mudanças redacionais, sem modificação de conteúdo[60].

---

55   CF 88, art. 60, § 5º: "A matéria constante de proposta de emenda rejeitada ou havida por prejudicada não pode ser objeto de nova proposta na mesma sessão legislativa". A esse propósito, decidiu o STF que tendo a Câmara rejeitado o substitutivo de determinado projeto, e não o projeto original que veio por mensagem do Poder Executivo, não se aplica esse dispositivo (STF, *DJU*, 6 jun. 1997, MS 22.503/DF, Rel. Min. Marco Aurélio).

56   CF 88, art. 60, § 3º: "A emenda à Constituição será promulgada pelas Mesas da Câmara dos Deputados e do Senado Federal, com o respectivo número de ordem".

57   V. *e.g.*, STF, *DJE*, 6 maio 2019, ADI 5.323, Rel. Min. Rosa Weber: "A promulgação de emenda à constituição estadual não constitui meio apto para contornar a cláusula de iniciativa reservada, que se impõe seja diante do texto original seja do resultante de emenda. A inobservância da regra constitucional de iniciativa legislativa reservada acarreta a inconstitucionalidade formal de norma resultante"; STF, *DJU*, 18 maio 2001, ADIn 227-9/RJ, Rel. Min. Maurício Corrêa: "A Constituição Federal, ao conferir aos Estados a capacidade de auto-organização e de autogoverno, impõe a obrigatória observância aos seus princípios, entre os quais o pertinente ao processo legislativo, de modo que o legislador constituinte estadual não pode validamente dispor sobre as matérias reservadas à iniciativa privativa do Chefe do Executivo. O princípio da iniciativa reservada implica limitação ao poder do Estado--membro de criar como ao de revisar sua Constituição e, quando no trato da reformulação constitucional local, o legislador não pode se investir da competência para matéria que a Carta da República tenha reservado à exclusiva iniciativa do Governador".

58   V., dentre outras decisões, STF, *DJU*, 6 dez. 2002, ADIn 2.666/DF, Rel. Min. Ellen Gracie: "Impertinência da preliminar suscitada pelo Advogado-Geral da União, de que a matéria controvertida tem caráter *interna corporis* do Congresso Nacional, por dizer respeito à interpretação de normas regimentais, matéria imune à crítica judiciária. Questão que diz respeito ao processo legislativo previsto na Constituição Federal, em especial às regras atinentes ao trâmite de emenda constitucional (art. 60), tendo clara estatura constitucional".

59   STF, *DJU*, 17 out. 2003, ADIn 2.031/DF, Rel. Min. Ellen Gracie: "Como reconhecido pelo Plenário no julgamento cautelar, o início da tramitação da proposta de emenda no Senado Federal está em harmonia com o disposto no art. 60, inciso I da Constituição Federal, que confere poder de iniciativa a ambas as Casas Legislativas. Observo que a ordem de prioridade contida no *caput* do art. 64, como salientado pelo eminente relator naquele julgamento, 'diz respeito a projetos de lei ordinária oriundos do Presidente da República e de Tribunais, o que não é, evidentemente, a hipótese dos autos'".

60   STF, ADI 2.135, Rel. Min. Cármen Lúcia, j. 3.9.2020. Na ocasião, a relatora reconheceu a inconstitucionalidade formal apenas do *caput* do art. 39 da Constituição da República, com a redação que lhe conferiu a Emenda Constitucional n. 19/1998, observando que as demais alterações de texto constituíam meros ajustes de redação, que não modificaram o teor das normas questionadas. Por essa razão, não haveria que se falar em nova submissão de seu texto à casa de origem. STF, *DJU*, 9 maio 2003, ADC 3/DF, Rel. Min. Nelson Jobim; *DJU*, 6 dez. 2002, ADIn 2.666/DF, Rel. Min. Ellen Gracie; e *DJU*, 17 out. 2003, ADIn 2.031/DF, Rel. Min. Ellen Gracie: "Proposta de emenda que, votada e aprovada no Senado Federal, sofreu alteração na Câmara dos Deputados, tendo sido promulgada sem que tivesse retornado à Casa iniciadora para nova votação quanto à parte objeto de modificação. Inexistência de ofensa ao art. 60, § 2º, no tocante à alteração implementada no § 1º do art. 75 do ADCT, que não importou em mudança substancial do sentido daquilo que foi aprovado no Senado Federal. Ofensa existente quanto ao § 3º do novo art. 75 do ADCT, tendo em vista que a expressão suprimida pela Câmara dos Deputados deveria ter dado azo ao retorno da proposta ao Senado Federal, para nova apreciação, visando ao cumprimento do disposto no § 2º do art. 60 da Carta Política".

VI LIMITES MATERIAIS

1 Noção e antecedentes

Como muitas vezes registrado, as Constituições não podem aspirar à perenidade do seu texto. Se não tiverem plasticidade diante de novas realidades e demandas sociais, sucumbirão ao tempo. Por essa razão, comportam mecanismos de mudança formal e informal, pressupostos de sua continuidade histórica. Nada obstante, para que haja sentido na sua preservação, uma Constituição deverá conservar a essência de sua identidade original, o núcleo de decisões políticas e de valores fundamentais que justificaram sua criação[61]. Essa identidade, também referida como o *espírito da Constituição*[62], é protegida pela existência de limites materiais ao poder de reforma, previstos de modo expresso em inúmeras Cartas. São as denominadas cláusulas de intangibilidade ou cláusulas pétreas, nas quais são inscritas as matérias que ficam fora do alcance do constituinte derivado[63].

Esse tipo de restrição à aprovação de emendas referentes a determinados objetos ou conteúdos vem desde a Constituição americana, de 1787, cujo art. 5º continha duas limitações materiais ao poder de reforma: não era possível proibir a importação de escravos antes de 1808 – comando que tangencia também as limitações temporais, referidas acima – e nenhum Estado poderia ser privado, sem seu consentimento, de sua igualdade de sufrágio no Senado[64]. Por sua vez, a Constituição francesa de 1884 vedava que a forma republicana de governo fosse objeto de revisão[65]. Sem embargo desses antecedentes, foi sobretudo após a Segunda Guerra Mundial, como reação aos modelos totalitários do nazismo e do fascismo, que a inclusão de limites materiais expressos nos textos constitucionais se difundiu[66].

Nessa linha, a Constituição italiana, de 1948, estabeleceu que a forma republicana de governo não poderia ser objeto de revisão[67]. Contudo, a grande referência para o constitucionalismo contemporâneo, em tema de limitação material ao poder de reforma, foi a Lei Fundamental de Bonn, de 1949. Nela se previu, no art. 79.3, a vedação às modificações constitucionais que afetassem a Federação, a cooperação dos Estados-membros na legislação, a proteção da dignidade do homem e o Estado democrático e social[68].

---

61 Sobre o tema, v. Carl Schmitt, *Teoría de la Constitución*, 2001, p. 118 e s., que adverte que o poder de reformar não é o destruir, pelo que devem ser garantidas "a identidade e a continuidade da Constituição como um todo". Sobre identidade constitucional, v. tb. Michel Rosenfeld, *A identidade do sujeito constitucional*, 2003.

62 Peter Häberle, *L'État constitutionnel*, 2004, p. 125.

63 Os limites materiais, cláusulas pétreas ou cláusulas de intangibilidade desempenham papel mais amplo do que o de balizar e conter o poder de reforma constitucional. Por condensarem as decisões políticas essenciais e os valores mais elevados de determinada ordem jurídica, funcionam também como princípios fundamentais que irão orientar a interpretação constitucional, dando unidade e harmonia ao sistema. Ademais, no caso brasileiro, servem de conteúdo ao conceito indeterminado de "preceito fundamental", para fins de cabimento da ação referida no art. 102, § 1º, da Constituição. Aqui, no entanto, eles serão analisados na sua função mais típica, que é a de impedir a deliberação de emendas constitucionais acerca de matérias predeterminadas pelo constituinte originário.

64 Constituição dos Estados Unidos da América: "Art. 5º [...] Nenhuma emenda poderá, antes do ano 1808, afetar de qualquer forma as cláusulas primeira e quarta da Seção 9 do Artigo I, e nenhum Estado poderá ser privado, sem seu consentimento, de sua igualdade de sufrágio no Senado". "Art. 1º, Seção 9: 1. A migração ou a admissão de indivíduos, que qualquer dos Estados ora existentes julgar conveniente permitir, não será proibida pelo Congresso antes de 1808; mas sobre essa admissão poder-se-á lançar um imposto ou direito não superior a dez dólares por pessoa".

65 A Lei Constitucional de 14 de agosto de 1884 dispunha no seu art. 2º: "A forma republicana de governo não pode ser objeto de proposta de revisão". Texto obtido em: http://mjp.univ-perp.fr/france/co1875r.htm#84, acesso em: 27 set. 2016.

66 Pedro de Vega, *La reforma constitucional y la problemática del poder constituyente*, 1999, p. 245-246. Apesar de amplamente disseminada, a fórmula não se tornou a regra geral, como bem observou Cármen Lúcia Antunes Rocha, Constituição e mudança constitucional: limites ao exercício do poder de reforma constitucional, *Revista de Informação Legislativa, 120*:159, 1993: "Constituem minoria as Constituições que estabelecem, expressamente, os limites materiais ao exercício do poder constituinte derivado de reforma. [...] Em 1980, de 142 constituições escritas vigentes no mundo, 38 (trinta e oito) faziam constar, expressamente, nos seus dispositivos, normas referentes aos limites materiais".

67 Constituição italiana: "Art. 139. A forma republicana de governo não pode ser objeto de revisão constitucional".

68 Constituição alemã: "Art. 79.3: Não é permitida qualquer modificação desta Lei Fundamental que afete a divisão da Federação em Estados, ou o princípio da cooperação dos Estados na legislação, ou os princípios consignados nos artigos 1 e 20". Assim estabelecem os dispositivos referidos: "Artigo 1 (*Proteção da dignidade do homem*). (1) A dignidade do homem é intangível. Respeitá-la e protegê-la é obrigação de todo o poder público. (2) O povo alemão reconhece, portanto, os direitos invioláveis e inalienáveis do homem como fundamentos de qualquer comunidade humana, da paz e da justiça no mundo. (3) Os direitos fundamentais a seguir discriminados constituem direito dire-

Apesar de a fórmula haver sido seguida por diferentes países, não é banal a justificação da imposição de uma restrição de caráter absoluto ao poder das maiorias políticas de reformarem a Constituição. A seguir uma breve reflexão sobre as duas linhas de legitimação das cláusulas de intangibilidade. A primeira delas é ligada à ideia de identidade constitucional; a segunda, à de defesa do Estado democrático.

2 Fundamento de legitimidade

As Constituições, como estudado anteriormente, são elaboradas em quatro grandes cenários: criação ou emancipação de um Estado, reestruturação do Estado após uma guerra, na sequência de movimento revolucionário ou culminando algum processo de transição política negociada. Em todas essas situações verifica-se uma ruptura com a ordem jurídica anterior e a instituição de outra ordem jurídica, fundada em novos valores e em nova ideia de Direito. A essência desses valores e desse Direito dá identidade à Constituição. Se eles não forem preservados, estar-se-á diante de uma nova Constituição, e não de uma mudança constitucional. Ora bem: para elaborar uma nova Constituição, impõe-se a convocação de uma assembleia constituinte, e não o exercício do poder reformador[69].

Por exemplo: não é possível, por mera reforma constitucional, passar de um Estado liberal capitalista para uma economia planificada, com apropriação coletiva dos meios de produção. Ou, em determinados países, voltar a um regime de Estado unitário, sem autonomia para os Estados-membros; ou restabelecer a monarquia, substituindo o voto periódico no Chefe de Estado pela sucessão hereditária. Em todos esses exemplos, o fundamento da ordem constitucional, seu espírito, sua identidade, estaria sendo objeto de transformação. É legítimo que o constituinte originário – isto é, o povo – estabeleça limites ao constituinte derivado – isto é, aos representantes do povo –, de modo que alterações profundas e radicais exijam nova manifestação do titular da soberania: o povo, o constituinte originário.

O segundo fundamento de legitimação das cláusulas pétreas é a defesa da democracia. No Estado constitucional de direito, diversos institutos se desenvolveram no exato ponto de interseção entre constitucionalismo e democracia, exibindo a tensão que por vezes surge entre ambos. São exemplos dessa situação a rigidez constitucional – que exige maioria qualificada para aprovação de emendas – e os limites materiais ao poder de reforma. E, também, o controle de constitucionalidade – que permite à corte constitucional invalidar deliberações legislativas da maioria. Relembre-se que o constitucionalismo se funda na limitação do poder e na preservação de valores e direitos fundamentais. A democracia, por sua vez, é um conceito construído a partir da soberania popular, em cujo âmbito se situa o princípio majoritário. Assim sendo, sempre que se impede a prevalência da vontade da maioria produz-se, automaticamente, uma tensão com o princípio democrático.

Essa tensão pode ser superada, no entanto, pela percepção de que a democracia não se esgota na afirmação simplista da vontade majoritária, mas tem outros aspectos substantivos e procedimentais de observância obrigatória. Os limites materiais têm por finalidade, precisamente, retirar do poder de disposição das maiorias parlamentares elementos tidos como pressupostos ou condições indispensáveis ao funcionamento do Estado constitucional democrático. As cláusulas pétreas ou de intangibilidade são a expressão mais radical de autovinculação ou pré-compromisso, por via do qual a soberania popular limita o seu poder no futuro para proteger a democracia contra o efeito destrutivo das paixões, dos interesses e das tentações. Funcionam, assim, como a reserva moral mínima de um sistema constitucional[70].

Feito o breve desvio teórico, é bem de ver que inúmeras Constituições consagram cláusulas de intangibilidade. Assim, nos mesmos termos da Constituição italiana, também a Constituição francesa, de 1958,

---

tamente aplicável para os Poderes Legislativo, Executivo e Judiciário". "Artigo 20 (*Princípios constitucionais – Direito de resistência*). (1) A República Federal da Alemanha é um Estado Federal, democrático e social. (2) Todo o poder estatal dimana do povo. É exercido pelo povo por meio de eleições e votações e através de órgãos especiais dos Poderes Legislativo, Executivo e Judiciário. (3) O Poder Legislativo está vinculado à ordem constitucional; os Poderes Executivo e Judiciário obedecem à lei e ao direito. (4) Não havendo outra alternativa, todos os alemães têm o direito de resistência contra quem tentar subverter esta ordem".

69 Para o aprofundamento da ideia de identidade constitucional, v. Michel Rosenfeld, *The problem of "identity" in constitutional making and constitutional reform*, 2003, mimeografado, colhido no sítio http://ssrn.com/abstract=870437. V., também, do mesmo autor, *A identidade do sujeito constitucional*, 2003.

70 Sobre as ideias de autovinculação ou pré-compromisso, v. *supra*, Capítulos IV e VI. A propósito do papel das cláusulas pétreas ou "supraconstitucionais", v. especialmente Oscar Vilhena Vieira, *A Constituição e sua reserva de justiça*, 1999, p. 230: "Os princípios a serem protegidos do poder constituinte reformador, por intermédio de cláusulas superconstitucionais, devem constituir a reserva básica de justiça constitucional de um sistema, um núcleo básico que organize os procedimentos democráticos, como mecanismo de realização da igualdade política e do qual possam ser derivadas as liberdades, garantias legais, inclusive institucionais, e os direitos às condições materiais básicas".

veda qualquer deliberação que tenha por objeto a revisão da forma republicana de governo[71]. A Constituição da Grécia, de 1975, exclui da possibilidade de revisão o fundamento e a forma de República parlamentar, assim como a proteção da pessoa humana e outros direitos fundamentais (como a igualdade, a liberdade pessoal, a liberdade de crença religiosa)[72]. A Constituição portuguesa, cujo texto original é de 1976, mas que foi objeto de inúmeras revisões, prevê um elenco analítico de cláusulas pétreas, dentre as quais a forma republicana de governo, a separação entre Igrejas e Estado, os direitos, liberdades e garantias dos cidadãos, o sufrágio universal, direto, secreto e periódico, em meio a outras[73].

3 A questão da dupla revisão

A propósito, sob a Constituição portuguesa colocou-se, concretamente, um importante e complexo debate envolvendo as cláusulas pétreas: a possibilidade ou não de sua modificação ou supressão por via de reforma constitucional. Sob a crítica de parte importante da doutrina, desenvolveu-se lá a figura da *dupla revisão*, por via da qual se admitiu a alteração ou a eliminação dos limites materiais, com a subsequente aprovação de reforma em matérias anteriormente protegidas. Dito de forma esquemática: no momento 1 é revista a cláusula de intangibilidade; no momento 2 reveem-se disposições antes intocáveis. Assim se passou em Portugal, em um ambiente no qual, por trás do debate doutrinário, encontrava-se o debate ideológico acerca da preservação ou não, no texto constitucional, do modelo socialista[74].

Em sede doutrinária, a tese da dupla revisão tem defensores[75] e críticos[76] de expressão. Na medida em que as cláusulas pétreas representem o núcleo de identidade e a reserva moral de uma dada ordem

---

71 Constituição francesa: "Art. 89. [...] A forma republicana de governo não poderá ser objeto de revisão".

72 Constituição grega: "Art. 110, 1. Serão susceptíveis de revisão os preceitos da Constituição, exceto aqueles que estabelecem o fundamento e a forma de República parlamentar, assim como as disposições do art. 2º, 1, art. 4º, 1, 4 e 7, art. 5º, 1 e 3, art. 13, 1, e do art. 264".

73 Constituição portuguesa: "Artigo 288º (Limites materiais da revisão). As leis de revisão constitucional terão de respeitar: a) A independência nacional e a unidade do Estado; b) A forma republicana de governo; c) A separação das Igrejas do Estado; d) Os direitos, liberdades e garantias dos cidadãos; e) Os direitos dos trabalhadores, das comissões de trabalhadores e das associações sindicais; f) A coexistência do sector público, do sector privado e do sector cooperativo e social de propriedade dos meios de produção; g) A existência de planos económicos no âmbito de uma economia mista; h) O sufrágio universal, directo, secreto e periódico na designação dos titulares electivos dos órgãos de soberania, das regiões autónomas e do poder local, bem como o sistema de representação proporcional; i) O pluralismo de expressão e organização política, incluindo partidos políticos, e o direito de oposição democrática; j) A separação e a interdependência dos órgãos de soberania; l) A fiscalização da constitucionalidade por acção ou por omissão de normas jurídicas; m) A independência dos tribunais; n) A autonomia das autarquias locais; o) A autonomia político-administrativa dos arquipélagos dos Açores e da Madeira".

74 Na segunda revisão à Constituição portuguesa de 1976, levada a efeito em 1989, procedeu-se à ampla reformulação do art. 290, que enunciava os limites materiais à revisão (que passaria a ser o art. 288), com aceitação da ideia de dupla revisão não simultânea. Nessa ocasião, suprimiram-se três dos limites que a redação original enunciava, constantes das alíneas *f*, *g* e *j*, que dispunham sobre: "a apropriação coletiva dos principais meios de produção e solos"; sobre "a planificação democrática da economia"; e sobre "a participação das organizações populares de base no exercício do poder local". Paralelamente, incluíram-se duas novas previsões, que se tornaram as alíneas *f* e *g*, transcritas acima.

75 Em Portugal, na defesa da modificabilidade dos limites materiais, v. Jorge Miranda, *Manual de direito constitucional*, 1987, t. II, p. 181: "As cláusulas de limites materiais são possíveis, é legítimo ao poder constituinte (originário) decretá-las e é forçoso que sejam cumpridas enquanto estiverem em vigor. Todavia, são normas constitucionais como quaisquer outras e podem elas próprias ser objecto de revisão, com as consequências inerentes". Em edição posterior, revendo parcialmente e esclarecendo melhor seu ponto de vista, voltou ao tema o mestre português, na edição de 2000 de seu festejado *Manual* (p. 200): "[As cláusulas de limite] não podem impedir futuras alterações que atinjam tais limites, porque o poder constituinte é, por definição, soberano. O que obrigam é a dois processos, em tempos sucessivos, um para eliminar o limite da revisão e o outro para substituir a norma constitucional de fundo garantida através dele; o que obrigam é a tornar patente, a darem-se as modificações que dificultam, que a Constituição em sentido material já não é a mesma". No Brasil, a tese da dupla revisão é abertamente defendida por Manoel Gonçalves Ferreira Filho, Significação e alcance das cláusulas pétreas, *Revista de Direito Administrativo, 202*:11, 1995, p. 14-15. Em seu texto, defende ele o seguinte ponto de vista: as matérias protegidas pelas cláusulas pétreas são imodificáveis enquanto elas vigorarem. Mas o dispositivo que institui os limites materiais (no caso da CF 1988, o art. 60, § 4º) não é, ele próprio, uma cláusula pétrea. Logo, pode ser emendado. Diante dessa constatação, a tese da intocabilidade das regras que disciplinam a alteração de norma constitucional constitui "afirmação gratuita, ou que só se fundamenta com o apelo a cláusulas implícitas, pois estas há para todos os gostos". Também em linha de defesa da possibilidade de se reformarem os limites materiais, v. Pontes de Miranda, *Comentários à Constituição de 1967 (com a Emenda n. 1 de 1969)*, 1987, t. III, p. 145.

76 Contra a possibilidade de dupla revisão, v., na doutrina portuguesa: Vital Moreira, *Constituição e revisão constitucional*, 1980, p. 106 e s.; e J. J. Gomes Canotilho, *Direito constitucional e teoria da Constituição*, 2003, p. 1067-1069.

constitucional, devem elas ser imunes à possibilidade de reforma. Se o poder constituinte derivado puder alterar as regras acerca do seu próprio exercício, ele se torna onipotente, convertendo-se indevidamente em originário. Alguns autores admitem a possibilidade de supressão das cláusulas pétreas desde que tal reforma seja levada à ratificação popular[77]. É bem de ver, no entanto, que o referendo, para equiparar-se ao poder constituinte originário, exige elementos subjetivos e objetivos (v. *supra*). Se eles estiverem presentes, a reforma será legítima, não como obra do poder reformador, mas pela chancela do constituinte originário[78].

4 Os limites materiais implícitos

Nesse ponto, o debate conduz ao tema dos limites materiais *implícitos*, também ditos tácitos ou imanentes. O reconhecimento da existência de tal categoria, embora não seja pacífico[79], afigura-se logicamente inafastável. É que se eles não existissem, as Constituições que não contivessem no seu texto cláusulas de intangibilidade não teriam como proteger sua identidade ou os pressupostos democráticos sobre os quais se assentam[80]. É claro que uma Constituição pode ser politicamente derrotada por um movimento popular ou por um golpe ditatorial. Mas, no primeiro caso, uma nova Constituição adviria como obra do constituinte originário. E, no segundo, estar-se-ia diante de uma situação de fato, de derrota eventual do Direito, e não de um procedimento válido[81].

Aliás, na medida em que os limites materiais expressem a identidade da Constituição e as salvaguardas democráticas, sua natureza é declaratória, e não constitutiva. Por essa razão, a presença de cláusulas pétreas no texto não exclui a possibilidade de se reconhecer a existência de limites implícitos.

Ainda na doutrina comparada, v. Pedro de Vega, *La reforma constitucional y la problemática del poder constituyente*, 1999, p. 265-266. Na doutrina brasileira, v. Ingo Wolfgang Sarlet, Algumas notas sobre o poder de reforma da Constituição e os seus limites materiais no Brasil, in *Direito e poder*, 2005, p. 291; e Luís Virgílio Afonso da Silva, Ulisses, as sereias e o poder constituinte derivado, *Revista de Direito Administrativo*, 226:11, 2001, p. 17: "O poder de reforma constitucional, outorgado ao legislador pelo art. 60 da Constituição, é um poder derivado, constituído pelo titular do poder constituinte originário. Ora, se um poder é outorgado por alguém, parece lógico que os limites desse poder só podem ser modificados pelo outorgante, nunca pelo próprio outorgado".

77 Nesse sentido, v. Cármen Lúcia Antunes Rocha, Constituição e mudança constitucional: limites ao exercício do poder de reforma constitucional, *Revista de Informação Legislativa*, 120:159, 1993, p. 181-182: "Penso – mudando opinião que anteriormente cheguei a externar – que as cláusulas constitucionais que contêm os limites materiais expressos não podem ser consideradas absolutamente imutáveis ou dotadas de natureza tal que impeçam totalmente o exercício do poder constituinte derivado de reforma. Pelo menos não em um ou outro ponto. [...] De outra parte, considero imprescindível que, num sistema democrático, a reforma deste ponto nodular central intangível, inicialmente, ao reformador dependerá, necessária e imprescindivelmente, da utilização de instrumentos concretos, sérios e eficazes de aferição da legitimidade da reforma, instrumentos estes da democracia direta, pois já então não se estará a cogitar da reforma regularmente feita segundo parâmetros normativos previamente fixados, mas de modificações de gravidade e consequências imediatas para um povo, que se insurge e decide alterar o que se preestabelecera como, em princípio, imodificável".

78 Há outros arranjos propostos na doutrina. A título ilustrativo, Richard Albert trata do "desmembramento constitucional" (*constitutional dismemberment*), a que alude como uma figura intermediária entre a promulgação de emendas constitucionais e uma nova constituição. O desmembramento constitucional é uma alteração que interfere sobre elementos essenciais ou sobre a estrutura original de uma constituição, expressando uma espécie de "desfazimento" do pacto original e de sua identidade. Não é, contudo, uma nova constituição porque é promovido sem quebra de continuidade normativa e, portanto, sem os riscos que a convocação de uma nova assembleia constituinte poderia implicar. O autor defende que o desmembramento constitucional pode ser reconhecido como legítimo, desde que observado o mesmo quórum necessário à aprovação da constituição original ("regra da mutualidade"), salvo mitigações em circunstâncias específicas. Em tais casos, o papel das cortes não seria o de obstruir a mudança, mas sim de provocar os autores envolvidos a verificarem se há um substancial apoio democrático que sirva de base à transformação. V. Richard Albert, Constitutional Amendment and Dismemberment, *The Yale Journal of International Law*, 43:1, 2018.

79 Em sentido oposto, como já registrado acima, a posição de Manoel Gonçalves Ferreira Filho, Significação e alcance das cláusulas pétreas, *Revista de Direito Administrativo*, 202:11, 1995, p. 14. Nelson de Souza Sampaio, *O poder de reforma constitucional*, 1995, p. 90, identifica diversos opositores das ideias, com remissão a obra de Linares Quintana. Dentre eles: Westel Willoughby, Arturo Enrique Sampay, Julio Cueto Rua e Tena Ramirez.

80 Sobre o ponto, v. J. J. Gomes Canotilho, *Direito constitucional e teoria da Constituição*, 2003, p. 1066: "As constituições que não previssem limites textuais expressos transformar-se-iam em meras *leis provisórias*, em *constituições em branco* (*Blanko-Verfassung*), totalmente subordinadas à discricionariedade do poder de revisão".

81 É precisamente essa incapacidade de se impor diante das conjunturas de crise política e institucional que leva alguns autores a se manifestarem contra a inclusão de cláusulas de intangibilidade nos textos constitucionais. Nesse sentido, v. Karl Loewenstein, *Teoría de la Constitución*, 1976, p. 192; e Jorge Reinaldo Vanossi, *Teoría constitucional*, 1975, p. 188-192. Para um tratamento mais analítico do tema, v. tb. Pedro de Vega, *La reforma constitucional y la problemática del poder constituyente*, 1999, p. 262-265.

É nesse sentido, por exemplo, que no contexto norte-americano alguns autores defendem, para além das enxutas garantias expressas de proteção do comércio de escravos até 1808 e da igual representação no senado contidas no artigo V, a existência de ao menos um outro limite implícito ao poder de reforma: a garantia de liberdade de expressão contida na 1ª emenda à Constituição americana, sob o argumento de que tal liberdade seria essencial ao próprio exercício da soberania popular e, portanto, indispensável à própria identidade do sistema constitucional[82].

Além das decisões políticas fundamentais tomadas pelo constituinte originário, há quatro categorias de normas que a doutrina, classicamente, situa fora do alcance do poder revisor, independentemente de previsão expressa. São elas as relativas[83]:

1ª) aos direitos fundamentais, que no caso brasileiro já se encontram, ao menos em parte, protegidos por disposição expressa (CF, art. 60, § 4º[84]);

2ª) ao titular do poder constituinte originário, haja vista que a soberania popular é pressuposto do regime constitucional democrático e, como tal, inderrogável;

3ª) ao titular do poder reformador, que não pode renunciar à sua competência nem, menos ainda, delegá-la, embora nesse particular existam precedentes históricos, alguns deles bastante problemáticos[85];

4ª) ao procedimento que disciplina o poder de reforma, pois este, como um poder delegado pelo constituinte originário, não pode alterar as condições da própria delegação[86].

5 Cláusulas pétreas e hierarquia

Antes de seguir adiante, para estudar o tema no âmbito do constitucionalismo brasileiro, cabe fazer uma reflexão teórica. Os limites materiais atribuem a determinados conteúdos da Constituição uma super--rigidez, impedindo sua supressão[87]. Diante disso, há quem sustente que as normas constitucionais protegidas por cláusulas pétreas têm hierarquia superior às demais[88]. É inegável que o reconhecimento de limites materiais faz surgir duas espécies de normas: as que podem ser revogadas pelo poder de reforma e as que não podem. As que são irrevogáveis tornam inválidas eventuais emendas que tenham essa pretensão, ao passo que as normas constitucionais revogáveis são substituídas pelas emendas que

---

82 V. Akhil Amar, The Consent of the Governed: Constitutional Amendment Outside Article V, *Columbia Law Review* 94:457, 1994, p. 505.

83 V. o texto clássico no direito brasileiro de Nelson de Souza Sampaio, *O poder de reforma constitucional*, 1995, p. 89 e s., no qual o autor expõe, de maneira sistemática e densa, a doutrina acerca da matéria, por ele referida como limitações materiais *inerentes* ou *naturais*. Sua pesquisa serviu de fio condutor para os tópicos abaixo.

84 O STF já entendeu, invocando o art. 5º, § 2º: "os direitos e garantias expressos nesta Constituição não excluem outros decorrentes do regime e dos princípios por ela adotados..." – que há direitos fundamentais protegidos com base em cláusula pétrea (CF, art. 60, § 4º) fora do elenco expresso contido no art. 5º. V. STF, *DJU*, 18 mar. 1994, ADIn 939/DF, Rel. Min. Sydney Sanches, no qual se declarou a inconstitucionalidade de dispositivo da EC n. 3, 17.3.1993, sob o fundamento de que a cobrança de determinado tributo no mesmo exercício (IPMF) violou "o princípio da anterioridade, que é garantia individual do contribuinte (art. 5º, § 2º, art. 60, § 4º, inciso IV, e art. 150, III, 'b' da Constituição".

85 Foi esse o caso, por exemplo, da Lei alemã de 24.3.1933, que concedeu plenos poderes a Hitler, cujo art. 2º previu que "as leis do *Reich* decretadas pelo governo poderão revogar as prescrições da Constituição do *Reich*". Também a Lei francesa de 10.7.1940 previu em seu artigo único: "A Assembleia Nacional dá todos os poderes ao Governo da República, sob a autoridade e a assinatura do Marechal Petain, a fim de promulgar, por um ou vários atos, uma nova Constituição do Estado francês. [...] Ela será ratificada pela nação, e aplicada pelas assembleias que ela criar". Em conjuntura diversa, o parlamento francês alterou, de certa forma, a titularidade do poder de revisão, permitindo a reforma da Constituição pelo governo, nos seguintes termos: "O governo da República estabelece, em conselho de ministros, após parecer do Conselho de Estado, um projeto de lei constitucional que será submetido a referendo". Na prática, no entanto, ali se exerceu o poder constituinte originário, que deu lugar ao surgimento da Constituição de 1958.

86 V. Emmanuel Joseph Sieyès, *O que é o terceiro Estado* (na edição brasileira, *A constituinte burguesa*, 1986), p. 115-116: "[N]ão é próprio ao corpo dos delegados, mudar os limites do poder que lhe foi confiado. Achamos que esta faculdade seria contraditória consigo mesma". Como já assinalado, há precedente no Brasil, ocorrido durante o regime militar, quando a EC n. 8, de 14.7.1977, reduziu o quórum de aprovação de emenda constitucional de dois terços para maioria absoluta. Relembre-se que a inovação foi introduzida com base na legislação ditatorial (Ato Institucional n. 5, de 13.12.1968) e não houve, como intuitivo, qualquer questionamento judicial.

87 V. Geraldo Ataliba, *República e Constituição*, 1985, p. 38.

88 Nesse sentido, vejam-se: Klaus Stern, *Derecho del Estado de la República Federal Alemana*, 1987, p. 265 e s.; Pedro de Vega, *La reforma constitucional y la problemática del poder constituyente*, 1999, p. 258; e Oscar Vilhena Vieira, *A Constituição e sua reserva de justiça*, 1999, p. 112 e 135. V. tb. Otto Bachof, *Normas constitucionais inconstitucionais?*, 2008 (a 1ª edição, em alemão, é de 1951).

venham a ser aprovadas com esse propósito. A questão, no entanto, envolve a função de cada uma dessas categorias de normas dentro do sistema, mas não a sua posição hierárquica.

Com efeito, hierarquia, em Direito, designa o fato de uma norma colher o seu fundamento de validade em outra, sendo inválida se contravier a norma matriz[89]. Ora bem: não é isso que se passa na situação aqui descrita. Pelo princípio da unidade da Constituição, inexiste hierarquia entre normas constitucionais originárias, que jamais poderão ser declaradas inconstitucionais umas em face das outras. A proteção especial dada às normas amparadas por cláusulas pétreas sobreleva seu *status* político ou sua carga valorativa, com importantes repercussões hermenêuticas, mas não lhes atribui superioridade jurídica. No direito brasileiro, há jurisprudência específica sobre o ponto[90].

6 Os limites materiais na experiência brasileira e na Constituição de 1988

A primeira Constituição brasileira a conter limitação material expressa ao poder de revisão foi a de 1891, que concedia proteção especial à república, à federação e à igualdade de representação dos Estados no Senado. À exceção da Carta de 1937, as Constituições subsequentes à primeira Constituição republicana – as de 1934, 1946, 1967 e 1969 – mantiveram a república e a federação como cláusulas pétreas. A igualdade no Senado não voltou a ser mencionada. Na Constituição de 1988, a matéria vem tratada no art. 60, § 4º, que não faz menção à república – a forma de governo veio a ser objeto de plebiscito previsto no art. 2º do ADCT. No entanto, diversos outros pontos foram acrescentados ao elenco tradicional, como se colhe na dicção expressa do texto constitucional:

> Art. 60. [...]
>
> § 4º Não será objeto de deliberação a proposta de emenda tendente a abolir:
>
> I – a forma federativa do Estado;
>
> II – o voto direto, secreto, universal e periódico;
>
> III – a separação dos Poderes;
>
> IV – os direitos e garantias individuais.

A locução *tendente a abolir* deve ser interpretada com equilíbrio. Por um lado, ela deve servir para que se impeça a erosão do conteúdo substantivo das cláusulas protegidas. De outra parte, não deve prestar-se a ser uma inútil muralha contra o vento da história, petrificando determinado *status quo*. A Constituição não pode abdicar da salvaguarda de sua própria identidade, assim como da preservação e promoção de valores e direitos fundamentais; mas não deve ter a pretensão de suprimir a deliberação majoritária legítima dos órgãos de representação popular, juridicizando além da conta o espaço próprio da política[91]. O juiz constitucional não deve ser prisioneiro do passado, mas militante do presente e passageiro do futuro.

---

89   Hans Kelsen, *Teoria pura do Direito*, 1979, p. 269: "[A] norma que representa o fundamento de validade de uma outra norma é, em face desta, uma norma superior".

90   Na ADIn 815/DF (*DJU*, 10 maio 1996), ajuizada pelo Governador do Rio Grande do Sul, sustentou-se a existência de normas constitucionais – como as cláusulas pétreas – superiores a outras normas, também constitucionais. No caso específico, alegou-se que as normas contidas nos §§ 1º e 2º do art. 45 da Constituição, que fixavam os números máximo e mínimo de deputados por Estado e por Território, violavam os princípios constitucionais "superiores" da igualdade, da igualdade de voto, do exercício pelo povo do poder e da cidadania. O relator da ação, Ministro Moreira Alves, após afirmar que a tese da hierarquia entre normas constitucionais originárias era "incompossível" com o sistema de Constituição rígida, discorreu sobre o ponto específico aqui versado: "Por outro lado, as cláusulas pétreas não podem ser invocadas para a sustentação da tese da inconstitucionalidade de normas constitucionais inferiores em face de normas constitucionais superiores, porquanto a Constituição as prevê apenas como limites ao Poder Constituinte derivado ao rever ou ao emendar a Constituição elaborada pelo Poder Constituinte originário, e não como abarcando normas cuja observância se imponha ao próprio Poder Constituinte originário com relação às outras que não sejam consideradas como cláusulas pétreas, e, portanto, possam ser emendadas".

91   No MS 32.262-MC, Rel. Min. Luís Roberto Barroso, um grupo de parlamentares pretendeu sustar o andamento de proposta de emenda constitucional que modificava o procedimento de demarcação das terras indígenas. No MS 34.448-MC, Rel. Min. Luís Roberto Barroso, outro grupo de parlamentares pretendeu impedir a tramitação da denominada "PEC do teto do gasto público". Em ambos os casos, em decisões monocráticas, ficou assentado que não deveria o STF paralisar o debate parlamentar sobre questões de relevante interesse público, interferindo, pela interpretação elástica de cláusulas pétreas, no processo legislativo. A recusa em realizar o controle preventivo de constitucionalidade não impede, naturalmente, que, uma vez aprovada a emenda constitucional, venha ela a ter a sua compatibilidade com a Constituição devidamente aferida.

Ao exercer o controle sobre a atuação do poder reformador, o intérprete constitucional deve pautar-se por mecanismos tradicionais de autocontenção judicial[92] e pelo princípio da presunção de constitucionalidade[93]. A cautela e deferência próprias da jurisdição constitucional acentuam-se aqui pelo fato de se tratar de uma emenda à Constituição, cuja aprovação tem o batismo da maioria qualificada de três quintos de cada Casa do Congresso Nacional. A declaração de inconstitucionalidade de uma emenda é possível, como se sabe, mas não fará parte da rotina da vida[94]. Há duas razões relevantes e complementares pelas quais a interpretação das cláusulas pétreas deve ser feita sem alargamento do seu sentido e alcance: a) para não sufocar o espaço de conformação reservado à deliberação democrática, exacerbando a atuação contramajoritária do Judiciário; e b) para não *engessar* o texto constitucional, o que obrigaria à convocação repetida e desestabilizadora do poder constituinte originário[95].

Há um último comentário pertinente, antes de se avançar no estudo de cada uma das cláusulas do § 4º do art. 60. A observação panorâmica das cláusulas pétreas abrigadas nas Constituições dos países democráticos revela que, em geral, elas veiculam princípios fundamentais e, menos frequentemente, regras que representem concretizações diretas desses princípios. Não é meramente casual que seja assim. Princípios, como se sabe, caracterizam-se pela relativa indeterminação de seu conteúdo. Trazem em si, porém, um núcleo de sentido, em cujo âmbito funcionam como regras, prescrevendo objetivamente determinadas condutas. Para além desse núcleo, existe um espaço de conformação, cujo preenchimento é atribuído prioritariamente aos órgãos de deliberação majoritária, por força do princípio democrático[96]. Aí não caberia mais ao Judiciário impor sua visão do que seria a concretização ideal de determinado princípio[97].

---

92 Não sendo evidente a inconstitucionalidade, havendo dúvida ou a possibilidade razoável de se considerar a norma como válida, deve o órgão competente abster-se da declaração de inconstitucionalidade. Além disso, havendo alguma interpretação possível que permita afirmar a compatibilidade da norma com a Constituição, em meio a outras que carreavam para ela um juízo de invalidade, deve o intérprete optar pela interpretação legitimadora, mantendo o preceito em vigor.

93 Para uma análise da doutrina e jurisprudência relativas ao princípio, v. Luís Roberto Barroso, *Interpretação e aplicação da Constituição*, 2004, onde se lavrou, na p. 177: "A declaração de inconstitucionalidade de uma norma, em qualquer caso, é atividade a ser exercida com autolimitação pelo Judiciário, devido à deferência e ao respeito que deve ter em relação aos demais Poderes. A atribuição institucional de dizer a última palavra sobre a interpretação de uma norma não o dispensa de considerar as possibilidades legítimas de interpretação pelos outros Poderes. No tocante ao controle de constitucionalidade por ação direta, a atuação do Judiciário deverá ser ainda mais contida. É que, nesse caso, além da excepcionalidade de rever atos de outros Poderes, o Judiciário desempenha função atípica, sem cunho jurisdicional, pelo que deve atuar parcimoniosamente".

94 A parcimônia é a tônica nessa matéria. Para um histórico da questão na jurisprudência norte-americana e alemã, v. Gilmar Ferreira Mendes, Plebiscito – EC 2/92, *Revista Trimestral de Direito Público*, 7:105, 1994. O autor demonstra que ambas as Cortes Constitucionais admitem, em tese, a possibilidade de controlar a constitucionalidade material de emendas à Constituição, mas que, na prática, a hipótese é excepcional. Sobre o mesmo tema, v. tb. Oscar Vilhena Vieira, *A Constituição e sua reserva de justiça*, 1999. No Brasil, como já assinalado, existe um conjunto limitado, mas significativo de precedentes.

95 Sobre o tema, v. o *obiter dictum* do Ministro Sepúlveda Pertence, no MS 23.047 (*DJU*, 14 nov. 2003, p. 14): "Convém não olvidar que, no ponto, uma interpretação radical e expansiva das normas de intangibilidade da Constituição, antes de assegurar a estabilidade institucional, é a que arrisca legitimar rupturas revolucionárias ou dar pretexto fácil à tentação dos golpes de Estado". V. tb. Gilmar Ferreira Mendes, Plebiscito – EC 2/92, *Revista Trimestral de Direito Público*, 7:105, 1994, p. 118: "Não só a formulação ampla dessas cláusulas, mas também a possibilidade de que por meio de uma interpretação compreensiva diferentes disposições constitucionais possam (ou devam) ser imantadas com a garantia da imutabilidade têm levado doutrina e jurisprudência a advertir contra o perigo de um congelamento do sistema constitucional, que, ao invés de contribuir para a continuidade da ordem constitucional, acabaria por antecipar sua ruptura".

96 Princípios têm sentido e alcance mínimos, um núcleo essencial, no qual se equiparam às regras. A partir de determinado ponto, no entanto, ingressa-se em um espaço de indeterminação, no qual a demarcação de seu conteúdo estará sujeita à concepção ideológica ou filosófica do intérprete. Essa característica dos princípios, aliás, é que permite que a norma se adapte, ao longo do tempo, a diferentes realidades, além de permitir a realização da vontade da maioria, inerente ao regime democrático. Há, portanto, um sentido mínimo, oponível a qualquer grupo que venha a exercer o poder, e também um espaço cujo conteúdo será preenchido pela deliberação democrática. Sobre o tema, v. Ana Paula de Barcellos, *A eficácia jurídica dos princípios constitucionais:* o princípio da dignidade da pessoa humana, 2001, p. 53.

97 Nesse mesmo sentido, confiram-se, exemplificativamente, J. J. Gomes Canotilho, *Direito constitucional e teoria da Constituição*, 2003, p. 1069: "De qualquer modo, a inaceitabilidade da dupla revisão não é um elemento impeditivo de alterações substanciais, constitucionalmente legítimas. Os limites materiais devem considerar-se como garantias de determinados princípios, independentemente da sua concreta expressão constitucional, e não como garantias de cada

Essa linha de entendimento tem encontrado acolhimento seguro na jurisprudência do Supremo Tribunal Federal na interpretação do sentido e alcance das cláusulas pétreas. Ainda sob a égide da Constituição de 1967-1969 foi seguida pela Corte, embora em conjuntura adversa às liberdades democráticas[98]. Sob a vigência da Constituição de 1988, o tema foi enfrentado em mais de uma ocasião. Nelas o STF reafirmou que os limites materiais ao poder constituinte de reforma não significam a intangibilidade literal da disciplina dada ao tema pela Constituição originária, mas apenas a proteção do núcleo essencial dos princípios e institutos protegidos pelas cláusulas pétreas[99]. O que se protege, enfatizou-se, são as decisões políticas fundamentais, e não qualquer tipo de metafísica ideológica[100]. Estabelecida essa premissa, confira-se cada uma das cláusulas pétreas em espécie.

6.1 A forma federativa do Estado

O Brasil é uma República Federativa, na dicção expressa do art. 1º da Constituição[101]. Federação significa a forma de Estado, o modo como se dá a distribuição espacial do poder político. Nesse tipo de organização, em lugar de existir um único centro de poder, existem dois: o central e o federado. A forma federativa de Estado procura conciliar o respeito à *diversidade* de cada entidade política com elementos de *unidade* indispensáveis à preservação da soberania e da integridade nacionais. Existe, assim, um poder nacional (que é a soma do poder federal com o federado), um poder federal (titularizado pela União,

---

principio na formulação concreta que tem na Constituição"; Oscar Vilhena Vieira, *A Constituição e sua reserva de justiça*, 1999, p. 247: "Interpretadas adequadamente, as cláusulas superconstitucionais não constituirão obstáculo à democracia, mas servirão como mecanismos que, num momento de reformulação da ordem constitucional, permitirão a continuidade e o aperfeiçoamento do sistema constitucional democrático, habilitando cada geração a escolher seu próprio destino sem, no entanto, estar constitucionalmente autorizada a furtar esse mesmo direito às gerações futuras"; e Ingo Wolfgang Sarlet, *A eficácia dos direitos fundamentais*, 2004, p. 389: "A garantia de determinados conteúdos da Constituição por meio da previsão das assim denominadas 'cláusulas pétreas' assume, desde logo, uma dúplice função, já que protege os conteúdos que compõem a identidade e estrutura essenciais da Constituição, proteção esta que, todavia, assegura estes conteúdos apenas na sua essência, não se opondo a desenvolvimentos ou modificações que preservem os princípios neles contidos".

98 Tratava-se de impugnação a emenda constitucional que prorrogava mandatos eletivos em pleno regime militar. A questão concreta subjacente, portanto, exibia as agruras políticas da época. Mas a tese jurídica era a de que o núcleo do princípio teria permanecido incólume. STF, *DJU*, 6 fev. 1981, MS 20.257/DF, Rel. originário Min. Cordeiro Guerra, Rel. p/ o acórdão Min. Moreira Alves: "A emenda constitucional, em causa, não viola, evidentemente, a república, que pressupõe a temporariedade dos mandatos eletivos. De feito, prorrogar mandato de dois para quatro anos, tendo em vista a conveniência da coincidência de mandatos nos vários níveis da federação, não implica introdução do princípio de que os mandatos não mais são temporários, nem envolve, indiretamente, sua adoção de fato, como sustentam os impetrantes, sob a alegação de que, a admitir-se qualquer prorrogação, ínfima que fosse, estar-se-ia a admitir prorrogação por vinte, trinta ou mais anos. Julga-se à vista do fato concreto, e não de suposição, que, se vier a concretizar-se, merecerá, então, julgamento para aferir-se da existência, ou não, de fraude à proibição constitucional". Se isso é seguro quanto aos limites materiais ao poder de reforma, o mesmo não se pode dizer sobre os limites ao poder constituinte derivado decorrente, que é exercido por Estados-membros. O STF tem entendido que o constituinte estadual está limitado não só pelo "princípio" da separação de poderes, mas também pelo "modelo" de separação de poderes instituído pelo constituinte originário. É o que a Corte tem denominado "princípio da simetria". V. Sérgio Ferrari, *Constituição estadual e federação*, 2003; e Thiago Magalhães Pires, *As competências legislativas na Constituição de 1988*, 2015.

99 STF, *DJU*, 14 nov. 2003, p. 14, MS 23.047/DF, Rel. Min. Sepúlveda Pertence: "Reitero de logo que a meu ver as limitações materiais ao poder constituinte de reforma, que o art. 60, § 4º, da Lei Fundamental enumera, não significam a intangibilidade literal da respectiva disciplina na Constituição originária, mas apenas a proteção do núcleo essencial dos princípios e institutos cuja preservação nelas se protege. Convém não olvidar que, no ponto, uma interpretação radical e expansiva das normas de intangibilidade da Constituição, antes de assegurar a estabilidade institucional, é a que arrisca legítimas rupturas revolucionárias ou dar pretexto fácil à tentação de golpes de Estado".

100 STF, *DJU*, 1º dez. 2000, ADInMC 2.024/DF, Rel. Min. Sepúlveda Pertence: "Não são tipos ideais de princípios e instituições que é lícito supor tenha a Constituição tido a pretensão de tornar imutáveis, mas sim as decisões políticas fundamentais, frequentemente compromissórias, que se materializaram no seu texto positivo. O resto é metafísica ideológica. [...] A afirmação então reiterada de que os limites materiais à reforma constitucional – as já populares 'cláusulas pétreas' – não são garantias de intangibilidade de literalidade de preceitos constitucionais específicos da Constituição originária – que, assim, se tornariam imutáveis – mas sim do seu conteúdo nuclear é da opinião comum dos doutores [...]".

101 Constituição de 1988: "Art. 1º A República Federativa do Brasil, formada pela união indissolúvel dos Estados e Municípios e do Distrito Federal...".

112

ente federativo central) e um poder federado (que no caso brasileiro é exercido por Estados-membros e, em ampla medida, também pelos Municípios)[102].

De forma sumária, a caracterização do Estado federal envolve a presença de três elementos: a) a *repartição de competências*, por via da qual cada entidade integrante da Federação receba competências políticas exercitáveis por direito próprio, frequentemente classificadas em político-administrativas, legislativas e tributárias; b) a *autonomia* de cada ente, descrita classicamente como o poder de autodeterminação exercido dentro de um círculo pré-traçado pela Constituição, que assegura a cada ente estatal poder de auto-organização, autogoverno e autoadministração; e c) a *participação* na formação da vontade do ente global, do poder nacional, o que tradicionalmente se dá pela composição paritária do Senado Federal, onde todos os Estados têm igual representação.

Portanto, para que seja inválida por vulneração do limite material ao poder de reforma, uma emenda precisará afetar o núcleo essencial do princípio federativo, esvaziando o ente estatal de competências substantivas, privando-o de autonomia ou impedindo sua participação na formação da vontade federal. O STF não considerou haver violação da autonomia estadual no caso de emenda constitucional que alterou aspectos do regime previdenciário de servidores públicos estaduais[103], mas declarou a inconstitucionalidade, por esse fundamento, de dispositivo de emenda constitucional que submeteu Estados e Municípios à obrigação de pagamento de um tributo federal[104]. Na mesma linha, invalidou emenda estadual que estabeleceu equiparação remuneratória entre militares estaduais e integrantes do Exército[105]. Por outro lado, entendeu que a criação do Conselho Nacional de Justiça, com jurisdição sobre os órgãos judiciários de todo o país, não viola a autonomia das Justiças estaduais por não se tratar ele de órgão da União, mas de órgão nacional[106].

Uma segunda linha de entendimentos ligados ao princípio federativo diz respeito à obrigatoriedade de Estados e Municípios observarem o modelo previsto na Constituição Federal em determinadas matérias, com base no princípio da simetria. Trata-se de princípio desenvolvido pela jurisprudência do STF e bastante consolidado nela, que implica alguma restrição da capacidade de auto-organização dos entes federativos, com o propósito de assegurar homogeneidade em temas que o Tribunal considera estruturantes da ordem constitucional. Com base nele, o STF declarou a inconstitucionalidade de emenda estadual que criou novas hipóteses de foro por prerrogativa de função[107] ou que atribuiu a autoridade diversa daquela prevista no modelo federal a nomeação de conselheiros do tribunal de contas[108].

6.2   O voto direto, secreto, universal e periódico

Esta é a única limitação material expressa que não é apresentada com o teor de uma cláusula geral principiológica, mas sim como uma regra, uma prescrição objetiva. É que, por circunstâncias históricas brasileiras, inclusive e notadamente em razão da mobilização política conhecida como "Diretas já"[109], o

---

102   A Constituição faz menção expressa aos Municípios como entes autônomos e integrantes da Federação: "Art. 18. A organização político-administrativa da República Federativa do Brasil compreende a União, os Estados, o Distrito Federal e os Municípios, todos autônomos, nos termos desta Constituição". Desfrutam eles, no entanto, de posição institucional mais limitada, por não terem Poder Judiciário nem representação federal.

103   A EC n. 20/98 modificou o regime de contribuição previdenciária dos servidores estaduais ocupantes exclusivamente de cargos em comissão ou de outro cargo temporário ou de emprego público, determinando que se submetessem ao regime geral da previdência social. V. STF, *DJU*, 1º dez. 2000, ADIn 2.024/DF, Rel. Min. Sepúlveda Pertence: "[À] vista do modelo ainda acentuadamente centralizado do federalismo adotado pela versão originária da Constituição de 1988 – o preceito questionado da EC 20/98 nem tende a *aboli-lo*, nem sequer a *afetá-lo*. [...] Mas, o tema é previdenciário e, por sua natureza, comporta norma geral de âmbito nacional de validade, que à União se facultava editar, sem prejuízo da legislação estadual suplementar ou plena, na falta da lei federal" (grifos no original).

104   A EC n. 3/93 instituiu o IPMF (imposto provisório sobre a movimentação ou a transmissão de valores e de créditos e direitos de natureza financeira) e previu a sua cobrança também dos Estados, do Distrito Federal e dos Municípios. V. STF, *DJU*, 18 mar. 1994, ADIn 939-7/DF, Rel. Min. Sydney Sanches, decisão na qual se reconheceu que tal previsão violava a imunidade recíproca das pessoas jurídicas de direito público, regra que integraria o núcleo essencial do princípio federativo.

105   STF, *DJE*, 9 set. 2019, ADI 4.944, Rel. Min. Luiz Fux.

106   STF, *DJU*, 25 abr. 2005, ADIn 3.367/DF, Rel. Min. Cezar Peluso.

107   STF, *DJE*, 26 maio 2021, ADI 3.294, Rel. Min. Dias Toffoli; *DJE*, 23 abr. 2021, ADI 4.870, Rel. Min. Dias Toffoli.

108   STF, *DJE*, 9 set. 2019, ADI 4.416, Rel. Min. Edson Fachin.

109   Movimento que congregou múltiplos setores da sociedade brasileira e levou milhões de pessoas às ruas ao longo do ano de 1984. A grande reivindicação mediata era o fim da ditadura militar, mas o objetivo imediato era a aprovação de uma emenda constitucional que restabelecia as eleições diretas. A proposta de emenda constitucional

voto direto passou a ser o símbolo essencial do regime democrático. Por metonímia, o que se deve ler é que os elementos essenciais do Estado democrático são intangíveis. Note-se que a referência ao voto *secreto* visa a proteger a liberdade de participação política, que deve estar imune a injunções externas indevidas. A qualificação *universal* abriga a ideia de igual participação de todos e o caráter *periódico* reverencia um dos aspectos do ideal democrático-republicano, que é o controle popular e a alternância do poder. De todos os incisos do § 4º do art. 60, esse é o menos suscetível de figurar como paradigma para fins de controle de constitucionalidade de emendas[110].

6.3 A separação de Poderes

O conteúdo nuclear e histórico do princípio da separação de Poderes pode ser descrito nos seguintes termos: as funções estatais devem ser divididas e atribuídas a órgãos diversos e devem existir mecanismos de controle recíproco entre eles, de modo a proteger os indivíduos contra o abuso potencial de um poder absoluto[111]. A separação de Poderes é um dos conceitos seminais do constitucionalismo moderno, estando na origem da liberdade individual e dos demais direitos fundamentais. Em interessante decisão, na qual examinava a possibilidade de controle judicial dos atos das Comissões Parlamentares de Inquérito, o Supremo Tribunal Federal identificou esse sentido básico da separação de Poderes com a vedação da existência, no âmbito do Estado, de *instâncias hegemônicas*, que não estejam sujeitas a controle[112].

Há, por certo, diversas formas de realizar essas duas concepções básicas – divisão de funções entre órgãos diversos e controles recíprocos –, e a experiência histórica dos diferentes países ilustra a tese. Na experiência brasileira, a doutrina mais autorizada extrai dessas ideias centrais dois corolários[113]: a especialização funcional e a necessidade de independência orgânica de cada um dos Poderes em face dos demais. A especialização funcional inclui a titularidade, por cada Poder, de determinadas competências privativas. A independência orgânica demanda, na conformação da experiência presidencialista brasileira atual, três requisitos: (i) uma mesma pessoa não poderá ser membro de mais de um Poder ao mesmo tempo, (ii) um Poder não pode destituir os integrantes de outro por força de decisão exclusivamente política[114]; e (iii) a cada Poder são atribuídas, além de suas funções típicas ou privativas, outras funções (chamadas normalmente de atípicas), como reforço de sua independência frente aos demais Poderes.

Pois bem. Na linha do que já se expôs acima, é evidente que a cláusula pétrea de que trata o art. 60, § 4º, III, não imobiliza os quase 100 (cem) artigos da Constituição que, direta ou indiretamente, delineiam determinada forma de relacionamento entre Executivo, Legislativo e Judiciário. Muito diversamente, apenas haverá violação à cláusula pétrea da separação de Poderes se o seu conteúdo nuclear de sentido tiver sido afetado. Isto é: em primeiro lugar, se a modificação provocar uma concentração de funções em um poder ou consagrar, na expressão do STF, uma "instância hegemônica de poder"; e,

---

foi rejeitada na Câmara dos Deputados, mas a mobilização abriu caminho para a eleição de Tancredo Neves, no ano seguinte, pelo Colégio Eleitoral. Ali se deu o epílogo do regime ditatorial no Brasil.

110 Não obstante, o Supremo Tribunal Federal julgou ação direta que questionava dispositivos da minirreforma eleitoral de 2015 (Lei n. 13.165), tendo como paradigma o inciso II do § 4º do art. 60 da Constituição. A Corte suspendeu dispositivo da lei que determinava que, na votação eletrônica, o registro de cada voto deveria ser impresso e depositado, de forma automática e sem contato manual do eleitor, em local previamente lacrado. A maioria dos ministros entendeu que a prática permitiria a identificação de quem votou e, portanto, a quebra do sigilo do voto. STF, *DJU*, 6 jun. 2018, ADIn 5.889/DF, Rel. p/ o acórdão Min. Alexandre de Moraes.

111 Nuno Piçarra, *A separação dos Poderes como doutrina e princípio constitucional:* um contributo para o estudo das suas origens e evolução, 1989, p. 26: "Na sua dimensão orgânico-funcional, o princípio da separação dos Poderes deve continuar a ser encarado como princípio de moderação, racionalização e limitação do poder político-estadual no interesse da liberdade. Tal constitui seguramente o seu núcleo intangível".

112 STF, *DJU*, 12 maio 2000, MS 23.452/RJ, Rel. Min. Celso de Mello: "O sistema constitucional brasileiro, ao consagrar o princípio da limitação de poderes, teve por objetivo instituir modelo destinado a impedir a formação de instâncias hegemônicas de poder no âmbito do Estado, em ordem a neutralizar, no plano político-jurídico, a possibilidade de dominação institucional de qualquer dos Poderes da República sobre os demais órgãos da soberania nacional".

113 Sobre o ponto, v. José Afonso da Silva, *Curso de direito constitucional positivo*, 2001, p. 113.

114 Note-se a propósito que a destituição do Chefe do Executivo por crime de responsabilidade é um processo de natureza político-administrativa pautado por regras constitucionais e legais, cuja observância é sindicável judicialmente. A Constituição trata diretamente do tema nos arts. 85 e 86. No plano infraconstitucional, a matéria vem disciplinada na Lei n. 1.079/50, aplicável ao Presidente da República e aos Governadores, bem como aos Ministros e Secretários de Estado, e no Decreto-lei n. 201/67, referente aos Prefeitos e Vereadores. Sobre o tema do *impeachment* e a recepção parcial da Lei n. 1.079/50 pela Constituição de 1988, v. ADPF 378, *DJU*, 7 mar. 2016, Rel. p/ o acórdão Min. Luís Roberto Barroso.

114

secundariamente, se a inovação introduzida no sistema esvaziar a independência orgânica dos Poderes ou suas competências típicas.

Em suma: o parâmetro de controle com o qual eventuais emendas constitucionais devem ser confrontadas não é composto, por natural, de toda a regulamentação existente na Constituição sobre a separação de Poderes, mas apenas dos elementos essenciais do princípio, na linha descrita acima[115]. Novas maiorias estão obrigadas a respeitar esse conteúdo nuclear da separação de Poderes, mas não estarão eternamente vinculadas às opções específicas e pontuais formuladas pelo constituinte originário na matéria[116]. O Supremo Tribunal Federal já declarou a inconstitucionalidade de dezenas de disposições de Constituições estaduais, por violação do princípio da separação de Poderes[117]. Mas não de emendas à Constituição Federal[118]. A questão, no entanto, já foi debatida em mais de uma ocasião, inclusive em ação direta movida contra a Reforma do Judiciário (EC n. 45/2004), na parte em que criou o Conselho Nacional de Justiça. A Corte entendeu inexistir violação ao princípio porque o CNJ integra a estrutura do Poder Judiciário e a presença, em sua composição, de um número minoritário de membros de fora do Judiciário – e não egressos diretamente da estrutura interna dos outros dois Poderes, ainda quando por eles indicados – não caracterizava ingerência de um Poder em outro[119].

6.4   Os direitos e garantias individuais

Considerada do ponto de vista subjetivo, a ideia de direito expressa o poder de ação, assente na ordem jurídica, destinado à satisfação de um interesse[120]. Direito é a possibilidade de exercer poderes ou de exigir condutas. Garantias são instituições, condições materiais ou procedimentos colocados à

---

115   Oscar Vilhena Vieira, *A Constituição e sua reserva de justiça*, 1999, p. 235: "Uma segunda tentação que deve ser evitada quando se controla a constitucionalidade de emendas à Constituição é buscar densificar os princípios abertos do texto exclusivamente a partir de dispositivos específicos da própria Constituição, que dão concretude constitucional aos princípios. Ainda que esse modelo de interpretação de princípios constitucionais – conforme os dispositivos mais concretos da Constituição – possa ser satisfatório para o processo de controle da constitucionalidade das leis, dificilmente o será para a atividade de controle de emendas à Constituição. Se as emendas servem para corrigir e melhorar o texto da Constituição, estas não podem ter como limite todas as letras desse mesmo texto".

116   Um exemplo recente da atuação do poder constituinte derivado nesse particular foi a EC n. 32/2001, que restringiu a competência do Chefe do Poder Executivo para editar medidas provisórias. O exemplo é interessante, pois a atividade legislativa do Poder Executivo integra o espaço de interseção entre os Poderes, afetando a função atribuída tipicamente a outro Poder, no caso, o Legislativo.

117   *E.g.*, viola o princípio da separação de Poderes norma da Constituição estadual que desrespeita reserva de iniciativa legislativa de outros Poderes e do Ministério Público (STF, *DJE*, 12 fev. 2020, ADI 5.117, Rel. Min. Luiz Fux), que impõe novas obrigações ao Executivo e ao Judiciário, quanto à convocação de audiências públicas (STF, *DJE*, 25 fev. 2019, ADI 1.606, Rel. Min. Luís Roberto Barroso) ou que sujeita à confiança de outros poderes a permanência de magistrados em seus cargos (STF, *DJE*, 6 ago. 2015, ADI 5.316 MC, Rel. Min. Luiz Fux). Pelo mesmo fundamento, no passado, o Tribunal declarou a inconstitucionalidade de norma que prevê a convocação do Governador do Estado pela Assembleia Legislativa, para o fim de prestar informações pessoalmente, sob pena de crime de responsabilidade (*DJU*, 24 nov. 1989, ADInMC 111/BA, Rel. Min. Carlos Madeira), ou que cria Conselho Estadual de Justiça, integrado por membros externos à magistratura e destinado à fiscalização dos órgãos do Poder Judiciário (*DJU*, 3 out. 1997, ADIn 1.056/DF, Rel. Min. Marco Aurélio).

118   A exceção seria a medida cautelar concedida nas ADIs 2.356 e 2.362, nas quais o Supremo votou para suspender a eficácia do art. 2º da Emenda Constitucional n. 30/2000, que introduziu o art. 78 no ADCT da Constituição de 1988. Tratava-se de dispositivo que permitia o parcelamento de precatórios em até dez anos, e que a Corte considerou violar o disposto no inciso III do § 4º do art. 60 da Constituição Federal: "Atentou ainda contra a independência do Poder Judiciário, cuja autoridade é insuscetível de ser negada, máxime no concernente ao exercício do poder de julgar os litígios que lhe são submetidos e fazer cumpridas as suas decisões, inclusive contra a Fazenda Pública, na forma prevista na Constituição e na lei" (STF, *DJU*, 19 mai. 2011, ADI 2.356 MC e ADI 2.362 MC, Rel. p/ o acórdão Min. Ayres Britto).

119   STF, *DJU*, 25 abr. 2005, ADIn 3.367/DF, Rel. Min. Cezar Peluso: "Sob o prisma constitucional brasileiro do sistema da separação dos Poderes, não se vê *a priori* como possa ofendê-lo a criação do Conselho Nacional de Justiça. À luz da estrutura que lhe deu a Emenda Constitucional n. 45/2004, trata-se de órgão próprio do Poder Judiciário (art. 92, I-A), composto, na maioria, por membros desse mesmo Poder (art. 103-B), nomeados sem interferência direta dos outros Poderes, dos quais o Legislativo apenas indica, fora de seus quadros e, pois, sem laivos de representação orgânica, dois dos quinze membros".

120   Singulariza o direito subjetivo, distinguindo-o de outras posições jurídicas, a presença das seguintes características: a) a ele corresponde sempre um dever jurídico; b) ele é violável, ou seja, existe a possibilidade de que a parte contrária deixe de cumprir o seu dever; c) a ordem jurídica coloca à disposição de seu titular um meio jurídico – que é a ação judicial – para exigir-lhe o cumprimento, deflagrando os mecanismos coercitivos e sancionatórios do Estado. V. Luís Roberto Barroso, *O direito constitucional e a efetividade de suas normas*, 2006, p. 99-100.

disposição dos titulares de direitos para promovê-los ou resguardá-los[121]. Os direitos individuais configuram uma espécie de direitos constitucionais. Tais direitos, talhados no individualismo liberal, protegem os valores ligados à vida, à liberdade, à igualdade jurídica, à segurança e à propriedade. Destinam-se prioritariamente a impor limitações ao poder político, traçando uma esfera de proteção das pessoas em face do Estado. Deles resultam, em essência, deveres de abstenção para a autoridade pública e, como consequência, a preservação da iniciativa e da autonomia privadas.

Dois debates teóricos têm trazido complexidade à interpretação dessa cláusula. O primeiro deles relaciona-se com o fato de que o art. 5º da Constituição abriga um longo elenco de direitos individuais, deduzidos em dezenas de incisos. A indagação que se põe consiste em saber se tais direitos se limitam aos que constam dessa enunciação expressa ou se podem ser encontrados também em outras partes do texto constitucional. A segunda questão, imersa em controvérsia ainda maior, refere-se à literalidade do inciso IV do § 4º do art. 60, que só faz menção a "direitos e garantias *individuais*". Cuida-se então de saber se, diante disso, os demais direitos tratados pela Constituição no Título II – dedicado aos direitos fundamentais – desfrutam ou não da mesma proteção.

A primeira questão já foi respondida pelo próprio Supremo Tribunal Federal. Em decisão que se tornou histórica, por ser o primeiro precedente de declaração de inconstitucionalidade de dispositivo de emenda constitucional, o Tribunal adotou posição ousada e louvada: a de que existem direitos protegidos pela cláusula do inciso IV do § 4º do art. 60 que não se encontram expressos no elenco do art. 5º, inclusive e notadamente por força do seu § 2º[122]. E, assim, considerou que o princípio da anterioridade da lei tributária era um direito intangível, imunizado contra o poder de reforma constitucional[123]. Na ocasião, pelo menos um Ministro sustentou em seu voto que todas as limitações ao poder de tributar, inscritas no art. 150 da Constituição, eram intangíveis pelo constituinte derivado[124].

A segunda controvérsia remete ao reconhecimento da existência de diferentes categorias de direitos constitucionais, que o conhecimento convencional costuma dividir em gerações ou dimensões de direitos fundamentais[125], todas elas consagradas pela Constituição brasileira. Na primeira geração encontram-se os direitos *individuais*, que traçam a esfera de proteção das pessoas contra o poder do Estado, e os direitos *políticos*, que expressam os direitos da nacionalidade e os de participação política, que se sintetizam no direito de votar e ser votado. Na segunda geração estão os direitos sociais, econômicos e culturais, referidos normalmente como direitos *sociais*, que incluem os direitos trabalhistas e os direitos a determinadas prestações positivas do Estado, em áreas como educação, saúde, seguridade social e outras. Na terceira geração estão os direitos *coletivos e difusos*, que abrigam o direito ao meio ambiente ecologicamente

---

121 Existem garantias *sociais* – ligadas à geração e à distribuição de riquezas –, *políticas* – associadas à separação de Poderes e a outros mecanismos essenciais à democracia e ao exercício da cidadania – e *jurídicas*, que consistem nos diferentes institutos e ações judiciais dedutíveis perante o Poder Judiciário. V. Luís Roberto Barroso, *O direito constitucional e a efetividade de suas normas*, 2006, p. 119 e s.

122 Constituição de 1988, art. 5º, § 2º: "Os direitos e garantias expressos nesta Constituição não excluem outros decorrentes do regime e dos princípios por ela adotados, ou dos tratados internacionais em que a República Federativa do Brasil seja parte".

123 STF, *DJU*, 18 mar. 1994, ADIn 939/DF, Rel. Min. Sydney Sanches: "12. Nem me parece que, além das exceções ao princípio da anterioridade, previstas expressamente no § 1º do art. 150, pela Constituição originária, outras pudessem ser estabelecidas por emenda constitucional, ou seja, pela Constituição derivada. 13. Se não se entender assim, o princípio e a garantia individual tributária, que ele encerra, ficariam esvaziados, mediante novas e sucessivas emendas constitucionais, alargando as exceções, seja para impostos previstos no texto originário, seja para os não previstos".

124 Voto do Ministro Carlos Mário Velloso na ADIn 939/DF, Rel. Min. Sydney Sanches: "No que tange ao princípio da anterioridade, deixei expresso o meu pensamento de que as garantias dos contribuintes, inscritas no art. 150 da Constituição, são intangíveis à mão do constituinte derivado, tendo em vista o disposto no art. 60, § 4º, IV, da Constituição. Coerentemente com tal afirmativa, reconheço que as imunidades inscritas no inciso VI do art. 150 são, também, garantias que o constituinte derivado não pode suprimir". Merece destaque a posição dissidente do Ministro Sepúlveda Pertence, no mesmo julgamento: "E não consigo, por mais que me esforce, ver, na regra da anterioridade, recortada de exceções no próprio Texto de 1988, a grandeza de cláusula perene, que se lhe quer atribuir, de modo a impedir ao órgão de reforma constitucional a instituição de um imposto provisório que a ela não se submeta". Na doutrina, assumiram posição igualmente crítica em relação ao acórdão Flávio Bauer Novelli, Norma constitucional inconstitucional. A propósito do art. 2º da EC n. 3/93, *Revista Forense*, 330:71, 1995, e Cláudio Pereira de Souza Neto, *Teoria constitucional e democracia deliberativa*, 2006, p. 237 e s.

125 Sobre o tema, v. Norberto Bobbio, *A era dos direitos*, 1992; Paulo Bonavides, *Curso de direito constitucional*, 2000, p. 514 e s.; Ingo Wolfgang Sarlet, *A eficácia dos direitos fundamentais*, 1998, p. 46 e s.

equilibrado e os direitos do consumidor. Já se fala em uma quarta geração, que compreenderia o direito à democracia e ao desenvolvimento[126].

Pois bem. Parte da doutrina sustenta que a cláusula constitucional somente faz menção aos direitos *individuais* e que, por se tratar de norma excepcional limitadora dos direitos da maioria política, deve ser interpretada de maneira estrita, e não extensiva[127]. O argumento não é desprezível. De outro lado, diversos autores sustentam que o constituinte empregou a espécie pelo gênero, de modo que a proteção deve recair sobre todos os direitos fundamentais, e não apenas sobre os individuais. Até porque, segundo concepção corrente no direito internacional dos direitos humanos, as categorias ou gerações desses direitos são *indivisíveis*, isto é, não podem ser adequadamente protegidas de forma isolada umas das outras[128]. E mais: que não se deve fazer distinção entre direitos fundamentais formais – *i.e.*, os que foram assim tratados pelo constituinte ao incluí-los no texto constitucional – e direitos fundamentais materiais, que seriam os que verdadeiramente tutelam valores merecedores de proteção especial[129].

A posição por nós defendida vem expressa a seguir e se socorre de um dos principais fundamentos do Estado constitucional brasileiro: a dignidade da pessoa humana (CF, art. 1º, III). Esse princípio integra a identidade política, ética e jurídica da Constituição e, como consequência, não pode ser objeto de emenda tendente à sua abolição, por estar protegido por uma limitação material implícita ao poder de reforma. Pois bem: é a partir do núcleo essencial do princípio da dignidade da pessoa humana que se irradiam todos os direitos materialmente fundamentais[130], que devem receber proteção máxima[131], independentemente de sua posição formal, da geração a que pertencem e do tipo de prestação a que dão ensejo[132].

Diante disso, a moderna doutrina constitucional, sem desprezar o aspecto didático da classificação tradicional em gerações ou dimensões de direitos, procura justificar a exigibilidade de determinadas prestações e a intangibilidade de determinados direitos pelo poder reformador *na sua essencialidade para assegurar uma vida digna*. Com base em tal premissa, não são apenas os direitos individuais que constituem cláusulas pétreas, mas também as demais categorias de direitos constitucionais, na medida em que sejam dotados de fundamentalidade material.

---

126 V. Paulo Bonavides, *Curso de direito constitucional*, 2007, p. 570-572; e Amartya Sen, *Desenvolvimento como liberdade*, 2000, p. 10: "O desenvolvimento consiste na eliminação de privações de liberdade que limitam as escolhas e as oportunidades das pessoas de exercer ponderadamente sua condição de agente".

127 Nesse sentido, v. Gilmar Ferreira Mendes, Os limites da revisão constitucional, *Revista dos Tribunais – Cadernos de Direito Constitucional e Ciência Política*, 21:69, 1997, p. 86: "Parece inquestionável, assim, que os direitos e garantias individuais a que se refere o art. 60, § 4º, IV, da Constituição são, fundamentalmente, aqueles analiticamente elencados no art. 5º". Veja-se que, mesmo em relação ao elenco do art. 5º, o autor apresenta ressalvas, anotando que parte dos incisos ali contidos não consagra verdadeiramente qualquer direito ou garantia. Seria o caso, *e.g.*, do inciso XLIII, que estabelece como inafiançáveis os crimes de tortura e tráfico ilícito de entorpecentes, bem como os hediondos.

128 Sobre o tema da indivisibilidade dos direitos humanos, v. Flávia Piovesan, *Direitos humanos e o direito constitucional internacional*, 2008, p. 136-143.

129 V. Ingo Wolfgang Sarlet, Algumas notas sobre o poder de reforma da Constituição e os seus limites materiais no Brasil, in Heleno Taveira Tôrres, *Direito e poder*, 2005, p. 311 e s., especialmente p. 319.

130 A fundamentalidade *formal* resulta do fato de a Constituição haver positivado determinado direito como fundamental, por exemplo, por sua inclusão em determinado catálogo ou título, como faz a Constituição brasileira de 1988. A fundamentalidade *material* diz respeito ao conteúdo do direito, à sua essencialidade para a realização da dignidade humana. Sobre o tema, v. Jorge Miranda, *Manual de direito constitucional*, 1993, t. IV, § 1; J. J. Gomes Canotilho, *Direito constitucional e teoria da Constituição*, 2003, p. 379; Cláudio Pereira de Souza Neto, *Teoria constitucional e democracia deliberativa*, 2006, p. 226; e Rodrigo Brandão Viveiros Pessanha, *Direitos fundamentais, rigidez constitucional e democracia:* um ensaio sobre os limites e possibilidades de proteção supraconstitucional dos direitos e garantias individuais, dissertação de mestrado, mimeografado, 2006.

131 V. José Carlos Vieira de Andrade, *Os direitos fundamentais na Constituição portuguesa de 1976*, 1998, p. 102: "[R]ealmente, o princípio da dignidade da pessoa humana está na base de todos os direitos constitucionalmente consagrados, quer dos direitos e liberdades tradicionais, quer dos direitos de participação política, quer dos direitos dos trabalhadores e direitos a prestações sociais". Na mesma linha, Ingo Wolfgang Sarlet, *Dignidade da pessoa humana e direitos fundamentais*, 2006, p. 84: "Em suma, o que se pretende sustentar de modo mais enfático é que a dignidade da pessoa humana, na condição de valor (e princípio normativo) fundamental que 'atrai o conteúdo de todos os direitos fundamentais' (José Afonso da Silva), exige e pressupõe o reconhecimento e proteção dos direitos fundamentais de todas as dimensões (ou gerações, se assim preferimos)".

132 A propósito desse último ponto, v. Cláudio Pereira de Souza Neto, *Teoria constitucional e democracia deliberativa*, 2006, p. 241: "[N]ão se pode estabelecer como critério para definir o que é e o que não é jusfundamental o fato de a norma em exame exigir, *prima facie*, uma prestação positiva do Estado ou apenas uma abstenção. A norma é materialmente fundamental em razão do seu conteúdo, e não dos meios que são necessários para efetivá-la".

Tome-se o exemplo dos *direitos sociais*. A doutrina contemporânea desenvolveu o conceito de *mínimo existencial*[133], que expressa o conjunto de condições materiais essenciais e elementares cuja presença é pressuposto da dignidade para qualquer pessoa. Se alguém viver abaixo daquele patamar, o mandamento constitucional estará sendo desrespeitado[134]. Ora bem: esses direitos sociais fundamentais são protegidos contra eventual pretensão de supressão pelo poder reformador. Também em relação aos *direitos políticos*, certas posições jurídicas ligadas à liberdade e à participação do indivíduo na esfera pública são imunes à ação do constituinte derivado. E mesmo os *direitos difusos*, como alguns aspectos da proteção ambiental, são fundamentais, por estarem direta e imediatamente ligados à preservação da vida[135].

Em suma: não apenas os direitos individuais, mas também os direitos fundamentais materiais como um todo estão protegidos em face do constituinte reformador ou de segundo grau. Alguns exemplos: o direito social à educação fundamental gratuita (CF, art. 208, I), o direito político à não alteração das regras do processo eleitoral a menos de um ano do pleito (CF, art. 16)[136] ou o direito difuso de acesso à água potável ou ao ar respirável (CF, art. 225).

Há outras linhas complementares ou paralelas de justificação da fundamentalidade material de determinados direitos que não recorrem ao princípio da dignidade da pessoa humana. Assim, por exemplo, existem autores que associam a ideia de mínimo existencial à de condições para o exercício da liberdade. Nessa perspectiva, os direitos sociais não são em si direitos fundamentais, salvo na medida em que indispensáveis para o desfrute do direito à liberdade, este sim de natureza fundamental[137]. Por essa vertente de pensamento, sendo a liberdade um direito individual, o fundamento jurídico da limitação ao poder de reforma é expresso, nos termos do art. 60, § 4º, IV. Outros autores, ligados à teoria da democracia deliberativa, sustentam serem materialmente fundamentais os direitos que configuram "condições para a cooperação na deliberação democrática", categoria que abarca diferentes aspectos e

---

133 Sobre o tema no direito brasileiro, v. Ricardo Lobo Torres, A jusfundamentalidade dos direitos sociais, *Revista de Direito da Associação dos Procuradores do Novo Estado do Rio de Janeiro*, v. XII, p. 356, 2003; e tb., do mesmo autor, A metamorfose dos direitos sociais em mínimo existencial, in Ingo Wolfgang Sarlet (org.), *Direitos fundamentais sociais:* estudos de direito constitucional, internacional e comparado, 2003.

134 V. Ana Paula de Barcellos, *A eficácia jurídica dos princípios constitucionais:* o princípio da dignidade da pessoa humana, 2002, p. 305: "Esse núcleo, no tocante aos elementos materiais da dignidade, é composto pelo mínimo existencial, que consiste em um conjunto de prestações mínimas sem as quais se poderá afirmar que o indivíduo se encontra em situação de indignidade. [...] Uma proposta de concretização do mínimo existencial, tendo em conta a ordem constitucional brasileira, deverá incluir os direitos à educação fundamental, à saúde básica, à assistência no caso de necessidade e ao acesso à justiça".

135 Nesse sentido, por exemplo, o Tribunal de Justiça do Rio Grande do Sul considerou inconstitucional a norma constante da EC n. 32/2002 à Constituição daquele Estado por permitir a realização de queimadas em áreas florestais. V. TJRS, ADIn 70005054010, Rel. Des. Vasco della Giustina, j. 16.12.2002.

136 STF, *DJU*, 10 ago. 2006, ADIn 3.685/DF, Rel. Min. Ellen Gracie: "A inovação trazida pela EC 52/06 conferiu *status* constitucional à matéria até então integralmente regulamentada por legislação ordinária federal, provocando, assim, a perda da validade de qualquer restrição à plena autonomia das coligações partidárias no plano federal, estadual, distrital e municipal. 3. Todavia, a utilização da nova regra às eleições gerais que se realizarão a menos de sete meses colide com o princípio da anterioridade eleitoral, disposto no art. 16 da CF, que busca evitar a utilização abusiva ou casuística do processo legislativo como instrumento de manipulação e de deformação do processo eleitoral (ADI 354, Rel. Min. Octavio Gallotti, DJ 12.02.93). 4. Enquanto o art. 150, III, *b*, da CF encerra garantia individual do contribuinte (ADI 939, Rel. Min. Sydney Sanches, DJ 18.03.94), o art. 16 representa garantia individual do cidadão-eleitor, detentor originário do poder exercido pelos representantes eleitos e 'a quem assiste o direito de receber, do Estado, o necessário grau de segurança e de certeza jurídicas contra alterações abruptas das regras inerentes à disputa eleitoral' (ADI 3.345, Rel. Min. Celso de Mello). 5. Além de o referido princípio conter, em si mesmo, elementos que o caracterizam como uma garantia fundamental oponível até mesmo à atividade do legislador constituinte derivado, nos termos dos arts. 5º, § 2º, e 60, § 4º, IV, a burla ao que contido no art. 16 ainda afronta os direitos individuais da segurança jurídica (CF, art. 5º, *caput*) e do devido processo legal (CF, art. 5º, LIV). [...] 7. Pedido que se julga procedente para dar interpretação conforme no sentido de que a inovação trazida no art. 1º da EC 52/06 somente seja aplicada após decorrido um ano da data de sua vigência".

137 V. Ricardo Lobo Torres, A metamorfose dos direitos sociais em mínimo existencial, in Ingo Wolfgang Sarlet (org.), *Direitos fundamentais sociais:* estudos de direito constitucional, internacional e comparado, 2003. V. tb. John Rawls, *Liberalismo político*, 1992, p. 32-33: "En especial, el primer principio, que abarca los derechos y libertades iguales para todos, bien puede ir precedido de un principio que anteceda a su formulación, el cual exija que las necesidades básicas de los ciudadanos sean satisfechas, cuando menos en la medida en que su satisfacción es necesaria para que los ciudadanos entiendan y pudan ejercer fructiferamente esos derechos y esas libertades. Ciertamente, tal principio precedente debe adotarse al aplicar el primer principio".

concretizações da liberdade e da igualdade[138]. Nesse caso, a limitação material ao constituinte derivado é implícita, decorrente do princípio do Estado democrático de direito (CF, art. 1º, *caput*).

No julgamento de ação direta de inconstitucionalidade contra a Emenda Constitucional n. 41, de 19 de dezembro de 2003, que introduziu nova Reforma da Previdência, esteve em questão o tema da redução ou oneração de determinados benefícios que já estavam sendo fruídos. Relembre-se que a previdência social figura como um direito social fundamental, mas o que se encontra protegido é o seu núcleo essencial, que consiste em assegurar uma vida digna na aposentadoria. O Supremo Tribunal Federal entendeu ser válida a criação de um tributo (contribuição previdenciária) sobre os proventos dos inativos excedentes de determinado valor. No mesmo acórdão, todavia, considerou inconstitucional, por violação ao princípio da isonomia, o tratamento discriminatório dado pela emenda a servidores e pensionistas da União, de um lado, e dos Estados, Distrito Federal e Municípios, de outro[139].

6.4.1 A questão do direito adquirido

Parte da discussão levada a efeito na decisão acima referida tangencia o último ponto do presente tópico: o regime constitucional dos *direitos adquiridos*. Como visto até aqui, a Constituição trata como cláusula pétrea os direitos e garantias individuais, categoria na qual se incluem os bens jurídicos protegidos pelo art. 5º, XXXVI: "a lei não prejudicará o direito adquirido, o ato jurídico perfeito e a coisa julgada". Ao contrário da maior parte dos países do mundo, a proteção do direito adquirido, no Brasil, tem *status* constitucional. Por essa razão encontra-se ele protegido tanto em face do legislador ordinário como do poder constituinte reformador[140]. No entanto, não se deve permitir que tal circunstância petrifique a Constituição, tornando-a infensa a mudanças imperiosas que precisem ser feitas ao longo do tempo. Por essa razão, a cláusula de proteção do direito adquirido deve ser interpretada com razoabilidade, de modo a preservar como intangível apenas o seu núcleo essencial. Empreende-se, a seguir, o esforço de apresentação do conteúdo básico da ideia de direito adquirido no Brasil.

Como visto, a Constituição estabelece que a lei – e, para esse fim, também a emenda constitucional – não pode retroagir para prejudicar o direito adquirido. Cabe, portanto, qualificar o que seja o efeito retroativo vedado. O tema é envolto em polêmica, mas há um ponto inicial de consenso: se a lei pretender modificar eventos que já ocorreram e se consumaram ou desfazer os efeitos já produzidos de atos praticados no passado, ela estará em confronto com a Constituição e será inválida nesse particular.

A controvérsia na matéria surge a propósito de outra situação: a do tratamento jurídico a ser dado aos efeitos de um ato praticado sob a vigência da lei anterior, que só venham a se produzir após a edição da

---

138 Cláudio Pereira de Souza Neto, *Teoria constitucional e democracia deliberativa*, 2006, p. 236-237: "A expressão 'direitos e garantias individuais', presente no art. 60, § 4º, IV, deve, portanto, ser interpretada como 'direitos e garantias fundamentais', e essa fundamentalidade deve ser perquirida observando-se o conteúdo material da norma. Assim, p. ex., os direitos sociais prestacionais, na medida em que possam ser considerados 'condições para a cooperação na deliberação democrática', i.e., no alcance de sua 'fundamentalidade material', devem gozar do *status* de cláusula pétrea. Obviamente, se, *a contrario sensu*, a norma não constitui uma condição para a cooperação na deliberação democrática' não há por que configurar um limite material ao poder de reforma".

139 STF, *DJU*, 18 fev. 2005, ADIn 3.105/DF, Rel. Min. Cezar Peluso. Em outra decisão, ainda no campo dos direitos sociais, o Supremo Tribunal Federal deu "interpretação conforme a Constituição" a dispositivo da Emenda Constitucional n. 20, de 15.12.1998, para excluir de sua incidência o salário da licença-gestante, que do contrário ficaria drasticamente afetado. V. STF, *DJU*, 16 maio 2003, ADIn 1.946/DF, Rel. Min. Sydney Sanches.

140 V. José Afonso da Silva, *Poder constituinte e poder popular*, 2000, p. 233: "A reforma ou emenda constitucional não pode ofender direito adquirido, pois está sujeita a limitações, especialmente limitações materiais expressas, entre as quais está precisamente a de que não pode pretender abolir os direitos e garantias individuais, e dentre estes está o direito adquirido". No mesmo sentido, v. Luís Roberto Barroso, Constitucionalidade e legitimidade da reforma da previdência, in *Temas de direito constitucional*, 2005, t. III, p. 191: "É bem de ver que a regra do art. 5º, XXXVI, dirige-se, primariamente, ao legislador e, reflexamente, aos órgãos judiciários e administrativos. Seu alcance atinge, também, o constituinte *derivado*, haja vista que a não retroação, nas hipóteses constitucionais, configura direito individual que, como tal, é protegido pelas limitações materiais do art. 60, § 4º, IV, da CF. Disso resulta que as emendas à Constituição, tanto quanto as leis infraconstitucionais, não podem malferir o direito adquirido, o ato jurídico perfeito e a coisa julgada. O princípio da não retroatividade só não condiciona o exercício do poder constituinte *originário*". Em sentido diverso, há uma antiga decisão do Supremo Tribunal Federal, anterior à Constituição de 1988: STF, *Revista Trimestral de Jurisprudência*, 114:237, RE 94.414/SP, Rel. Min. Moreira Alves: "Não há direito adquirido contra texto constitucional, resulte ele do poder constituinte originário, ou do poder constituinte derivado". Tal proposição não é feliz em relação ao entendimento amplamente dominante, como se confirma, dentre muitos outros, em: Carlos Mário Velloso, *Temas de direito público*, 1997, p. 457-474; Raul Machado Horta, Constituição e direito adquirido, in *Estudos de direito constitucional*, 1995, p. 265 e s.; Carlos Ayres Britto e Walmir Pontes Filho, Direito adquirido contra emenda constitucional, *Revista de Direito Administrativo*, 202:75, 1995.

lei nova. Foi precisamente em torno dessa questão que se dividiu a doutrina, contrapondo dois dos principais autores que se dedicaram ao tema: o italiano Gabba e o francês Paul Roubier[141]. Para Roubier, a lei nova aplicava-se desde logo a esses efeitos, circunstância que denominou *eficácia imediata* da lei, e não retroatividade. Gabba, por sua vez, defendia tese oposta: a de que os efeitos futuros deveriam continuar a ser regidos pela lei que disciplinou sua causa, isto é, a lei velha. Esta foi a linha de entendimento que prevaleceu no direito brasileiro e que tem a chancela da jurisprudência do Supremo Tribunal Federal[142].

O direito adquirido pode ser mais bem compreendido se extremado de duas outras categorias que lhe são vizinhas, a saber: a expectativa de direito e o direito consumado. Com base na sucessão de normas no tempo e na posição jurídica a ser desfrutada pelo indivíduo em face da lei nova, é possível ordenar esses conceitos em sequência cronológica: em primeiro lugar, tem-se a expectativa de direito, depois o direito adquirido e, por fim, o direito consumado.

A *expectativa de direito* identifica a situação em que o ciclo de eventos previstos para a aquisição do direito já foi iniciado, mas ainda não se completou no momento em que sobrevém uma nova norma alterando o tratamento jurídico da matéria. Nesse caso, não se produz o efeito previsto na norma anterior, pois seu fato gerador não se aperfeiçoou. Entende-se, sem maior discrepância, que a proteção constitucional não alcança essa hipótese, embora outros princípios, no desenvolvimento doutrinário mais recente (como o da boa-fé e o da confiança legítima), venham oferecendo algum tipo de proteção também ao titular da expectativa de direito. É possível cogitar, nessa ordem de ideias, de direito a uma transição razoável[143].

Na sequência dos eventos, direito adquirido traduz a situação em que o fato aquisitivo aconteceu por inteiro, mas por qualquer razão ainda não se operaram os efeitos dele resultantes. Nessa hipótese, a Constituição assegura a regular produção de seus efeitos, tal como previsto na norma que regeu sua formação, nada obstante a existência da lei nova. Por fim, o direito consumado descreve a última das situações possíveis – quando não se vislumbra mais qualquer conflito de leis no tempo –, que é aquela

---

141 V. Gabba, *Teoria della retroattività delle leggi*, 1868; e Paul Roubier, *Le droit transitoire (conflits des lois dans le temps)*, 1960. Caio Mário sintetiza com precisão a disputa: "Na solução do problema [*do conflito intertemporal de leis*], duas escolas se defrontam. Uma, 'subjetivista', representada precipuamente por Gabba, afirma que a lei nova não pode violar direitos precedentemente adquiridos, que ele define como consequências de um fato idôneo a produzi-lo em virtude da lei vigente ao tempo em que se efetuou, embora o seu exercício venha se apresentar sob o império da lei nova (Gabba, 'Teoria della retroattività delle leggi', vol. I, p. 182 e ss.). O que predomina é a distinção entre o 'direito adquirido' e a 'expectativa de direito'. Outra, 'objetivista', que eu considero representada por Paul Roubier, para o qual a solução dos problemas está na distinção entre 'efeito imediato' e 'efeito retroativo'. Se a lei nova pretende aplicar-se a fatos já ocorridos (*facta praeterita*) é retroativa; se se refere aos fatos futuros (*facta futura*) não o é. A teoria se diz objetiva, porque abandona a ideia de direito adquirido, para ter em vista as situações jurídicas, proclamando que a lei que governa os efeitos de uma situação jurídica não pode, sem retroatividade, atingir os efeitos já produzidos sob a lei anterior (Paul Roubier, ob. cit., vol. I, n. 41 e segs.)" (Caio Mário da Silva Pereira, Direito constitucional intertemporal, *Revista Forense*, 304:29, 1988, p. 31).

142 A retroatividade pode assumir três formas: máxima, média e mínima, todas inválidas. O STF bem sistematizou a matéria na ADIn 493/DF, Rel. Min. Moreira Alves, *Revista Trimestral de Jurisprudência*, 143:744-5, 1993, onde assentou o relator: "Quanto à graduação por intensidade, as espécies de retroatividade são três: a máxima, a média e a mínima. Matos Peixoto, em notável artigo – Limite Temporal da Lei – publicado na Revista Jurídica da antiga Faculdade Nacional de Direito da Universidade do Brasil (vol. IX, págs. 9 a 47), assim as caracteriza: 'Dá-se a retroatividade máxima (também chamada restitutória, porque em geral restitui as partes ao *statu quo ante*), quando a lei nova ataca a coisa julgada e os fatos consumados (transação, pagamento, prescrição). Tal é a decretal de Alexandre III que, em ódio à usura, mandou os credores restituírem os juros recebidos. À mesma categoria pertence a célebre lei francesa de 2 de novembro de 1793 (12 brumário do ano II), na parte em que anulou e mandou refazer as partilhas já julgadas, para os filhos naturais serem admitidos à herança dos pais, desde 14 de julho de 1789. A carta de 10 de novembro de 1937, artigo 95, parágrafo único, previa a aplicação da retroatividade máxima, porquanto dava ao Parlamento a atribuição de rever decisões judiciais, sem executar as passadas em julgado, que declarassem inconstitucional uma lei.

A retroatividade é média quando a lei nova atinge os efeitos pendentes de ato jurídico verificados antes dela, exemplo: uma lei que limitasse a taxa de juros e não se aplicasse aos vencidos e não pagos.

Enfim a retroatividade é mínima (também chamada temperada ou mitigada), quando a lei nova atinge apenas os efeitos dos atos anteriores produzidos após a data em que ela entra em vigor. Tal é, no direito romano, a lei de Justiniano (C. 4, 32, de usuris, 26, 2 e 27 pr.), que, corroborando disposições legislativas anteriores, reduziu a taxa de juros vencidos após a data da sua obrigatoriedade. Outro exemplo: o Decreto-Lei n. 22.626, de 7 de abril de 1933, que reduziu a taxa de juros e se aplicou, 'a partir da sua data, aos contratos existentes, inclusive aos ajuizados (art. 3º)' (págs. 22/23)'".

143 V. Luís Roberto Barroso, Constitucionalidade e legitimidade da Reforma da Previdência, in *Temas de direito constitucional*, 2005, t. III, p. 169: "O Estado, por certo, deve respeitar direitos adquiridos onde eles existam. Porém, mais que isso, não deve ser indiferente nem prepotente em relação às expectativas legítimas das pessoas. Como consequência, em nome da segurança jurídica e da boa-fé, deve promover um modelo de transição racional e razoável".

120

na qual tanto o fato aquisitivo como os efeitos já se produziram normalmente. Nessa hipótese, não é possível cogitar de retroação alguma[144].

De modo esquemático, é possível retratar a exposição desenvolvida na síntese abaixo:

a) expectativa de direito: o fato aquisitivo teve início, mas não se completou;

b) direito adquirido: o fato aquisitivo já se completou, mas o efeito previsto na norma ainda não se produziu;

c) direito consumado: o fato aquisitivo já se completou e o efeito previsto na norma já se produziu integralmente.

Um exemplo singelo ilustrará os conceitos. A Emenda Constitucional n. 20, de 15 de dezembro de 1998, instituiu a idade mínima de 60 anos para a aposentadoria dos servidores públicos do sexo masculino. Anteriormente, bastava o tempo de serviço de 35 anos. Ignorando as sutilezas do regime de transição, para simplificar o exemplo, confira-se a aplicação dos conceitos. O servidor público de 55 anos, que já tivesse se aposentado pelas regras anteriores, desfrutava de um direito consumado, isto é, não poderia ser "desaposentado". O servidor público que tivesse 55 anos de idade e 35 de serviço quando da promulgação da emenda, mas ainda não tivesse se aposentado, tinha direito adquirido a aposentar-se, pois já se haviam implementado as condições exigidas para a aquisição do direito, de acordo com as regras anteriormente vigentes. Porém, o servidor que tivesse 45 anos de idade e 25 de serviço, e que contava se aposentar daí a 10 anos, tinha mera expectativa de direito, não desfrutando de proteção constitucional plena.

Cumpre fazer uma nota final sobre o que se convencionou denominar regime jurídico. Nessa locução se traduz a ideia de que não há direito adquirido à permanência indefinida de uma mesma disciplina legal sobre determinada matéria. Por exemplo: ninguém poderá defender-se em uma ação de divórcio alegando que se casou em uma época em que o casamento era indissolúvel, pretendendo ter direito adquirido à permanência daquele regime jurídico. No direito constitucional e administrativo, o exemplo mais típico é o da relação entre o servidor e a entidade estatal à qual se vincula[145]. O fato de haver ingressado no serviço público sob a vigência de determinadas regras não assegura ao servidor o direito à sua imutabilidade[146]. Embora a jurisprudência seja casuística na matéria, é corrente a afirmação de que há regime jurídico – e, consequentemente, não há direito adquirido – quando determinada relação decorre da lei, e não de um ato de vontade das partes, a exemplo de um contrato[147].

Parte da doutrina tem procurado lidar com algumas dificuldades trazidas pelas questões afetas ao direito adquirido sustentando que ele não se encontra protegido contra a ação do poder constituinte reformador. Como consequência, a lei não poderia prejudicar o direito adquirido, mas a emenda constitucional, sim. Tal ponto de vista serve-se da literalidade do dispositivo para enfrentar o conhecimento convencional na matéria. Tradicionalmente minoritária na doutrina[148], e identificada com uma visão mais conservadora ou menos garantista, essa linha de entendimento recebeu algumas adesões significativas em período mais recente[149]. Nosso ponto de vista, no entanto, é o de que tal posição é

---

144 Reynaldo Porchat, *Da retroactividade das leis civis*, 1909, p. 32.

145 STF, *DJU*, 30 nov. 2010, AI 766.683 AgR, Rel. Min. Gilmar Mendes: "Servidor público: é da jurisprudência do Supremo Tribunal que não há direito adquirido a regime jurídico, no qual se inclui o nível hierárquico que o servidor ocupa na carreira". No mesmo sentido: STF, *DJU*, 23 set. 2014, RE 626.489, Rel. Min. Luís Roberto Barroso; STF, *DJU*, 5 abr. 2002, RE 177.072/SP, Rel. Min. Sepúlveda Pertence; e STF, *DJ*, 19 abr. 1996, RE 178.802/RS, Rel. Min. Maurício Corrêa, p. 12229.

146 O reconhecimento dessa tese, todavia, não afasta a possibilidade de aquisição de direitos mesmo na constância de relações disciplinadas por um regime jurídico, bastando para tanto que os fatos aquisitivos legalmente previstos já se tenham realizado na sua integralidade.

147 STF, *DJU*, 1 mar. 2018, ADPF 165, Rel. Min. Ricardo Lewandowski: "O FGTS, ao contrário do que sucede com as cadernetas de poupança, não tem natureza contratual, mas, sim, estatutária, por decorrer da lei e por ela ser disciplinado. Assim, é de aplicar-se a ele a firme jurisprudência desta Corte no sentido de que não há direito adquirido a regime jurídico".

148 V. Celso Ribeiro Bastos e Ives Gandra Martins, *Comentários à Constituição do Brasil*, 1988, v. 2, p. 191; e tb. Paulo Modesto, A reforma administrativa e o direito adquirido ao regime da função pública, *Revista Trimestral de Direito Público*, 1996, p. 237: "[O] direito adquirido não é garantia dirigida ao poder constituinte originário ou reformador. É garantia do cidadão frente ao legislador infraconstitucional, e utilizável apenas para conter a eficácia derrogatória da lei nova para situações constituídas no passado".

149 V. Daniel Sarmento, Direito adquirido, emenda constitucional, democracia e reforma da previdência, in Marcelo Leonardo Tavares (coord.), *A reforma da previdência social*, 2004, p. 42: "Portanto, entendemos, na contramão da doutrina amplamente dominante, que a palavra 'lei' empregada pelo constituinte na redação do art. 5º, inciso XXXVI, do texto fundamental, não abrange as emendas à Constituição". Em seu voto no MS 24.875-1, o Ministro Sepúlveda Pertence procurou delinear uma distinção entre direito adquirido com base em norma infraconstitucio-

ideologicamente sedutora, mas dogmaticamente problemática. Daí nossa preferência pela alternativa da interpretação tecnicamente adequada da cláusula do direito adquirido, de modo a proteger o seu núcleo essencial, mas não toda e qualquer manutenção do *status quo*.

---

nal e em norma constitucional. E, nessa linha, assentou: "[U]ma interpretação sistemática da Constituição, a partir dos 'objetivos fundamentais da República' (CF, art. 3º), não lhes pode antepor toda a sorte de direitos subjetivos advindos da aplicação de normas infraconstitucionais superadas por emendas constitucionais, que busquem realizá-los. Intuo, porém, que um tratamento mais obsequioso há de ser reservado, em linha de princípio, ao direito fundamental imediatamente derivado do texto originário da Constituição, quando posto em confronto com emendas constitucionais supervenientes: nesta hipótese, a vedação a reformas tendentes a aboli-lo – baseada no art. 60, § 4º, IV da Lei Fundamental – já não se fundará apenas na visão extremada – e, ao cabo, conservadora – do seu art. 5º, XXXVI, mas também na intangibilidade do núcleo essencial do preceito constitucional substantivo, que o consagrar" (texto ligeiramente editado).

CAPÍTULO VII | NORMAS CONSTITUCIONAIS[1]

Sumário: I – Normas jurídicas. 1. Generalidades. 2. Algumas classificações. 3. Dispositivo, enunciado normativo e norma. II – Normas constitucionais. 1. A Constituição como norma jurídica. 2. Características das normas constitucionais. 3. Conteúdo material das normas constitucionais. 4. Princípios e regras: as diferentes funções das normas constitucionais. 5. A eficácia das normas constitucionais. III – A conquista da efetividade das normas constitucionais no direito brasileiro. 1. Antecedentes históricos. 2. Normatividade e realidade fática: possibilidades e limites do direito constitucional. 3. Conceito de efetividade. 4. Os direitos subjetivos constitucionais e suas garantias jurídicas. 5. A inconstitucionalidade por omissão. 6. Consagração da doutrina da efetividade e novos desenvolvimentos teóricos.

I | NORMAS JURÍDICAS

1 Generalidades

As ciências da natureza – como a Física, a Biologia, a Astronomia – lidam com fenômenos que se ordenam independentemente da atuação do homem. As relações entre os seus diferentes elementos são regidas por leis *naturais*, que são *reveladas* pelos cientistas, mediante observação e experimentação. O papel do cientista natural é a *descrição* de sistemas *reais*, do modo de *ser* de determinado objeto[2]. O Direito não é uma ciência da natureza, mas uma ciência social. Mais que isso, é uma ciência normativa[3]. Isso significa que tem a pretensão de atuar sobre a realidade, conformando-a em função de certos valores e objetivos. O Direito visa a criar sistemas *ideais*: não se limita a descrever como um determinado objeto

---

1 Adrian Sgarbi, Norma, in Vicente de Paulo Barreto (coord.), *Dicionário de filosofia do direito*, 2006; Ana Paula de Barcellos, *A eficácia jurídica dos princípios constitucionais:* o princípio da dignidade da pessoa humana, 2002; André Ramos Tavares, *Curso de direito constitucional*, 2006; Arnaldo Vasconcelos, *Teoria da norma jurídica*, 1978; Caio Mário da Silva Pereira, *Instituições de direito civil*, 2004, v. I; Eros Roberto Grau, *Direito, conceitos e normas* jurídicas, 1988; Francisco Amaral, *Direito civil:* introdução, 2003; Giorgio del Vecchio, *Filosofía del Derecho*, 1991; Gustav Radbruch, *Filosofia do Direito*, 1997; Hans Kelsen, *Teoria pura do Direito*, 1979, e *Teoria geral das normas*, 1986; Karl Engisch, *Introdução ao pensamento jurídico*, 1996; Jorge Miranda, *Manual de direito constitucional*, 2000, t. II; Karl Larenz, *Metodologia da ciência do Direito*, 1991; J. J. Gomes Canotilho, *Direito constitucional e teoria da Constituição*, 2003; José Afonso da Silva, *Aplicabilidade das normas constitucionais*, 1998; Luís Roberto Barroso, *O direito constitucional e a efetividade de suas normas*, 2006; Maria Helena Diniz, *Norma constitucional e seus efeitos*, 1989, e *Curso de direito civil*, 1999; Miguel Reale, *Lições preliminares de Direito*, 2003; Norberto Bobbio, *Teoria do ordenamento jurídico*, 1990, e *Teoria da norma jurídica*, 2003; Paulo Bonavides, *Curso de direito constitucional*, 2001; Orlando Gomes, *Introdução ao direito civil*, 2000; Ricardo Guastini, *Das fontes às normas*, 2005; Tercio Sampaio Ferraz Júnior, *Introdução ao estudo do Direito:* técnica, decisão, dominação, 2001.

2 *Ciência* designa um conjunto organizado de conhecimentos sobre determinado objeto. Um critério amplamente aceito de classificar as ciências divide-as em: (i) *matemáticas* (como aritmética, geometria, lógica), (ii) *naturais* (como física, química, biologia, astronomia) e (iii) *humanas ou sociais* (psicologia, sociologia, história). Há quem identifique uma quarta categoria, que seria a das ciências *aplicadas*, reunindo expressões práticas das ciências anteriores, voltadas para a invenção de tecnologias destinadas a intervir na Natureza, na vida humana e nas sociedades. Este seria o caso do Direito, da Engenharia, da Medicina, da Informática, dentre muitas outras. Sobre o tema, v. Marilena Chauí, *Convite à filosofia*, 1999, p. 260.

3 As ciências sociais têm por objeto o próprio ser humano e sua conduta. Como intuitivo, trata-se de domínio no qual é frequentemente mais difícil a distinção entre sujeito e objeto do conhecimento. Mesmo assim, alguns ramos das ciências sociais têm caráter puramente descritivo de determinadas relações de causa e efeito, sem procurarem intervir (ao menos conscientemente) na sua constituição e funcionamento. É o que ocorre, por exemplo, com a história e a sociologia. Sob esse aspecto, portanto, não se diferenciam substantivamente das ciências naturais. A distinção somente se torna relevante em relação às ciências sociais que, em lugar de meramente exporem leis causais colhidas na natureza, estabelecem, por normas positivas, fruto da ação humana, como determinada conduta deve processar-se. São as ciências normativas, como a Ética e o Direito, cujo objeto é o estudo das normas que pretendem reger a conduta humana. Sobre o tema, v. Hans Kelsen, *Teoria pura do Direito*, 1979, p. 119: "Somente quando a sociedade é entendida como uma ordem normativa da conduta dos homens entre si é que ela pode ser concebida como um objeto diferente da ordem causal da natureza, só então é que a ciência social pode ser contraposta à ciência natural".

é, mas *prescreve* como ele *deve ser*. Suas leis são uma *criação* humana, e não a revelação de algo preexistente.

As normas jurídicas são o objeto do Direito, a forma pela qual ele se expressa. Normas jurídicas são prescrições, mandamentos, determinações que, idealmente, destinam-se a introduzir a ordem e a justiça na vida social[4]. Dentre suas características encontram-se a imperatividade e a garantia. A *imperatividade* traduz-se no caráter obrigatório da norma e no consequente dever jurídico, imposto a seus destinatários, de se submeterem a ela. A *garantia* importa na existência de mecanismos institucionais e jurídicos aptos a assegurar o cumprimento da norma ou a impor consequências em razão do seu descumprimento[5]. A criação do Direito – e, *ipso facto*, das normas jurídicas – pode dar-se por *repetição* ou por *decisão*. No primeiro caso estar-se-á diante do costume, da criação de uma norma em razão de uma prática reiterada. No segundo, haverá um ato de vontade, individual ou coletivo, inovando na ordem jurídica. A lei é o exemplo típico dessa hipótese. Situação intermediária entre a repetição e a decisão é a da criação do Direito pela jurisprudência[6].

2 Algumas classificações

O estudo das normas jurídicas ocupa um capítulo vasto e relevante da teoria geral do Direito, âmbito no qual são discutidos seu conteúdo, características e múltiplos outros aspectos. Não é o caso de se fazer aqui o desvio. Registre-se, no entanto, de passagem, que as normas jurídicas comportam inúmeras classificações, à luz dos mais variados critérios. A seguir encontram-se enunciadas, de maneira sumária, algumas delas, na medida em que guardem conexão mais direta com o estudo das normas constitucionais, a ser feito logo à frente.

1) Quanto à *hierarquia*: normas constitucionais e normas infraconstitucionais.

O ordenamento jurídico, como se sabe, é um sistema hierárquico de normas em cujo topo está a Constituição. *Normas constitucionais* são as criadas pelo poder constituinte originário ou reformador e, normalmente, estarão integradas em uma Constituição escrita e rígida. Esse critério leva em conta o aspecto formal de criação e inserção da norma no texto constitucional, sendo indiferente o seu conteúdo material. As normas que figuram na Constituição formal do Estado são dotadas de supremacia, desfrutando de superioridade jurídica em relação às demais normas do sistema[7]. Normas *infraconstitucionais* são todas as demais normas do ordenamento jurídico, editadas pelos poderes constituídos, e que não desfrutam de estatura constitucional. As normas infraconstitucionais se dizem *primárias* quando têm fundamento de validade diretamente na Constituição, possuindo aptidão para inovar na ordem

---

4 O Direito legítimo não é mero ato de autoridade, incluindo-se no seu objeto a justificação moral de determinada imposição. V. Karl Engisch, *Introdução ao pensamento jurídico*, 1996, p. 367: "A lei não é uma grandeza apoiada sobre si própria e absolutamente autônoma, algo que haja de ser passivamente aceito como mandamento divino [...]".

5 Embora a garantia seja externa à norma, ela é essencial para sua imperatividade. As garantias institucionais – como a existência do Poder Judiciário – ou jurídicas – como as ações judiciais – em muitos casos estarão meramente à disposição dos interessados, que terão a faculdade de utilizá-las ou não. O Estado, ao reservar para si, como regra geral, o monopólio do uso legítimo da força, assume o compromisso de colocá-la a serviço daquele cujo direito tenha sido violado. V. Luiz Guilherme Marinoni, *A antecipação da tutela na reforma do processo civil*, 1995, p. 17-18: "O Estado, ao proibir a autotutela privada, assumiu o compromisso de tutelar adequada e efetivamente os diversos casos conflitivos".

6 O Direito pode ser criado pela repetição de condutas, até dar lugar ao surgimento de uma norma, à qual a consciência jurídica atribui a força de obrigar. O *costume*, o direito costumeiro ou consuetudinário foi, até o advento da modernidade, a forma mais importante de produção do Direito. Mesmo após o surgimento do legislador e da elaboração de leis formais, seu papel era, principalmente, o de codificar normas já existentes em razão dos costumes. Nos países de tradição romano-germânica, a *lei* é a principal fonte do Direito, constituindo a positivação da vontade do órgão competente para criar direitos e deveres, assim como distribuir competências. A *jurisprudência* consiste na criação de normas jurídicas por via judicial, combinando um ato de vontade dos tribunais ao proceder a determinada interpretação com a repetição sucessiva do mesmo entendimento. O reconhecimento de que juízes e tribunais desempenham, em alguma medida, um papel criativo do Direito é uma das premissas da filosofia do Direito e da dogmática jurídica contemporâneas. Sobre o sistema de fontes do direito constitucional, v., especialmente, Ignacio de Otto, *Derecho constitucional*: sistema de fuentes, 1998, p. 20.

7 Alguns países editam leis constitucionais, que se situam fora do texto constitucional, mas têm o mesmo *status*. No Brasil, ao longo do regime militar, os *atos institucionais* expressavam uma legalidade paralela à Constituição, fundada em um suposto poder constituinte *revolucionário*, que era, em essência, o poder constituinte da ditadura. Pode ocorrer de uma emenda constitucional ou de alguns de seus dispositivos não ingressarem no texto constitucional, tendo existência autônoma. Exemplo disso é o da Emenda Constitucional n. 41, de 2003 (Reforma da Previdência), que, além de haver alterado diversos dispositivos do texto constitucional, trouxe no seu conteúdo normas de transição que não foram incorporadas ao corpo da Constituição.

jurídica[8]; e *secundárias* quando se destinam a regulamentar ou especificar aspectos da lei (em sentido lato, aí incluídas a própria Constituição e as normas primárias)[9].

2) Quanto ao *grau de imperatividade*: normas de ordem pública e normas de ordem privada.

A técnica legislativa gradua a imperatividade das normas em dois níveis. As normas jurídicas de *ordem privada* prescrevem condutas, instituem direitos e atribuem faculdades, mas admitem que a autonomia da vontade das partes possa afastar sua incidência. Por esse motivo, dizem-se, também, normas dispositivas ou supletivas[10]. Já as normas de *ordem pública* são instituídas em razão do interesse público ou social, inclusive o de proteger as pessoas que se encontrem no polo mais fraco de uma relação jurídica. Por assim ser, não estão sujeitas a afastamento por convenção das partes envolvidas. Dizem-se, por isso mesmo, normas cogentes ou mandatórias. A maior parte das normas de direito público, inclusive as normas constitucionais, tem essa natureza[11]. A expressão "normas de ordem pública", no entanto, foi desenvolvida e estudada principalmente no direito privado, para identificar aqueles preceitos que limitavam a liberdade de contratar, em domínios como o casamento, a locação, o direito do consumidor, o direito do trabalho, dentre outros.

3) Quanto à *natureza do comando*: normas preceptivas, normas proibitivas e normas permissivas.

As normas jurídicas contêm mandamentos de naturezas diversas, tendo em conta o efeito jurídico que desejam produzir na realidade. As normas *preceptivas* contêm comandos prescrevendo determinada ação positiva, um ato comissivo, um fazer. *E.g.*: o voto é obrigatório e, consequentemente, todos os cidadãos maiores de 18 anos devem alistar-se e votar em cada eleição (CF, art. 14, § 1º, I). As normas *proibitivas* são as que vedam determinada ação, interditam a conduta nela prevista, impondo um dever de abstenção, de não fazer alguma coisa. *E.g.*: é vedado ao Poder Público criar distinções entre brasileiros (CF, art. 19, III). Por fim, as normas *permissivas* atribuem direitos e faculdades aos particulares ou poderes e competências aos agentes públicos, sem a imposição de um dever de atuar. *E.g.*: os maiores de 16 anos e menores de 18 *podem* votar se assim desejarem (CF, art. 14, § 1º, *e*); o Presidente da República *pode* extinguir cargos públicos vagos (CF, art. 84, VI). Como não há obrigatoriedade de agir, a prática da conduta sujeitar-se-á à autonomia da vontade do particular ou à discricionariedade do agente público competente.

4) Quanto à *estrutura do enunciado normativo*: normas de conduta e normas de organização.

A maior porção do ordenamento jurídico é composta de normas *de conduta*, que são aquelas destinadas a reger, diretamente, as relações sociais e o comportamento das pessoas. Normas de conduta prescrevem um dever-ser, geralmente por meio de uma estrutura binária: preveem um fato e a ele atribuem um efeito jurídico. São concebidas na forma de um juízo hipotético: se ocorrer *F*, então *E*. Por exemplo: em se verificando o fato gerador, será devido o tributo; se o contrato for violado, a parte responsável deverá pagar uma indenização. Há normas, contudo, que também se destinam a reger a conduta de cidadãos e agentes públicos, mas que não apresentam essa estrutura binária explícita[12].

---

8 Essas normas se concentram nas espécies normativas identificadas no art. 59 da Constituição: leis complementares, leis ordinárias, leis delegadas, medidas provisórias, decretos legislativos e resoluções. Inovações trazidas por emendas constitucionais, como a que deu nova redação ao art. 84, VI (relativamente às competências do Presidente da República para organizar a administração pública e extinguir cargos), e a que instituiu o Conselho Nacional de Justiça e definiu suas competências (art. 103-B, § 4º), reavivaram o debate acerca da existência de normas regulamentares *autônomas* no direito brasileiro.

9 De que são exemplos o regulamento, a resolução, a portaria, os regimentos internos etc.

10 Por exemplo: o regime legal de bens no casamento é o da comunhão parcial, podendo os cônjuges, todavia, convencionar em sentido diverso, adotando a comunhão total ou a separação total (CC, art. 1.639); os pagamentos devem ser efetuados no domicílio do devedor, mas as partes podem contratar de maneira diversa (CC, art. 327); se os juros moratórios não forem convencionados, serão fixados segundo a taxa que estiver em vigor para a mora do pagamento de impostos devidos à Fazenda Nacional (CC, art. 406).

11 Por exemplo: o Poder Público tem o dever de celebrar contratos mediante prévio processo de licitação (CF, art. 37, XXI), de admitir servidores públicos mediante concurso (CF, art. 37, I) e de prestar contas (CF, art. 70, parágrafo único). Nenhuma vontade pode dispensá-lo de tal conduta, salvo, eventualmente, a mudança da própria norma, por via de emenda constitucional, ou, excepcionalmente, uma dispensa prevista em lei. Embora haja ampla superposição, é intuitivo que normas de ordem pública ou de ordem privada não se confundem com normas de direito público ou de direito privado.

12 É o caso de inúmeros princípios, como, *e.g.*, os da isonomia e da proteção à intimidade. Embora tais normas não tragam, em seu próprio relato, a consequência jurídica que pretendem deflagrar, é certo que a sua violação deverá ter como resultado a reparação do ilícito e, eventualmente, a imposição de sanções ao agressor.

As normas *de organização*, por sua vez, contêm uma prescrição objetiva, uma ordem para que alguma coisa seja feita de determinada maneira. Não contêm um juízo hipotético, mas um mandamento taxativo. Em lugar de disciplinarem condutas, as normas de organização, também chamadas de normas *de estrutura*[13], instituem órgãos, atribuem competências, definem procedimentos. Tais normas exercem a importante função de definir quem tem legitimidade para criar as normas de conduta e de que forma isso deve ser feito. Por exemplo: são Poderes da União o Legislativo, o Executivo e o Judiciário; o Poder Legislativo será exercido pelo Congresso Nacional, que se compõe da Câmara dos Deputados e do Senado Federal; o Supremo Tribunal Federal compõe-se de onze Ministros; compete privativamente à União legislar sobre direito civil. A interpretação de normas dessa natureza permite identificar quem tem legitimidade para dispor, *e.g.*, sobre contratos, direito de família ou contratação de servidores públicos, permitindo *reconhecer* quais são as normas válidas[14].

Normas jurídicas são, em suma, atos jurídicos emanados do Estado ou por ele reconhecidos, dotados de imperatividade e garantia, que prescrevem condutas e estados ideais ou estruturam órgãos e funções. São atos de caráter geral, abstrato e obrigatório, destinados a reger a vida coletiva. Se integrarem o documento formal e hierarquicamente superior que é a Constituição, serão normas jurídicas constitucionais.

3   Dispositivo, enunciado normativo e norma[15]

Dispositivo é um fragmento de legislação, uma parcela de um documento normativo. Pode ser o *caput* de um artigo, um inciso, um parágrafo. Por vezes, um dispositivo trará em si uma norma completa. Por exemplo: "Cada Estado e o Distrito Federal elegerão três Senadores, com mandato de oito anos" (CF, § 1º do art. 46). Em outras situações, ele precisará ser conjugado com um ou mais dispositivos para que venham a produzir uma norma. Veja-se o § 2º do art. 9º da Constituição: "Os abusos cometidos sujeitam os responsáveis às penas da lei". Só é possível compreender qual o tipo de abuso em questão indo-se ao *caput* do artigo, para verificar que ele trata do direito de greve. Há hipóteses, ainda, em que uma norma pode existir sem que haja qualquer dispositivo expresso que a institua. É o caso de diversos princípios constitucionais, como o da razoabilidade e o da proteção da confiança, que não são explicitados no texto da Constituição. Portanto, *dispositivo não é o mesmo que norma*.

O conhecimento convencional identifica como norma jurídica, conforme referido acima, determinada prescrição de conduta ou de organização, dotada de generalidade e abstração. Tais prescrições poderão, eventualmente, decorrer do costume ou de princípios não expressos em um ato normativo; todavia, nos países da tradição romano-germânica, elas constarão, como regra geral, de um texto escrito. Assim, na rotina da vida, quando um operador jurídico utiliza o termo "norma", está se referindo ao relato abstrato de um comando contido em alguma fonte do Direito, seja a Constituição, seja a lei ou ato infralegal. Nada obstante, a doutrina contemporânea tem retomado e enfatizado a distinção entre norma e enunciado normativo.

Nessa linha, *enunciado normativo* corresponde a uma proposição jurídica no papel, a uma expressão linguística, a um discurso prescritivo que se extrai de um ou mais dispositivos. Enunciado normativo é o texto ainda por interpretar[16]. Já a *norma* é o produto da incidência do enunciado normativo sobre os fatos da causa, fruto da interação entre texto e realidade. Da aplicação do enunciado normativo à situação da vida objeto de apreciação é que surge a norma, regra de direito que dará a solução do caso concreto. Por essa visão, não existe norma em tese, mas somente norma interpretada. Enunciados normativos são

---

13   V. Norberto Bobbio, *Teoria do ordenamento jurídico*, 1990, p. 33.

14   Por esta razão, Hart, *O conceito de Direito*, 1996, p. 111, caracteriza esse tipo de norma como "regra de reconhecimento".

15   Karl Larenz, *Metodologia da ciência do direito*, 1969, p. 270 e s.; Riccardo Guastini, *Das fontes às normas*, 2005, p. 23-43; Friedrich Müller, *Métodos de trabalho do direito constitucional*, 2005, p. 38-47; J. J. Gomes Canotilho, *Direito constitucional e teoria da Constituição*, 2003, p. 1218; Eros Roberto Grau, *Ensaio e discurso sobre a interpretação do Direito*, 2002, p. 17-18; Humberto Ávila, *Teoria dos princípios*: da definição à aplicação dos princípios jurídicos, 2003, p. 22-23; Ana Paula de Barcellos, *Ponderação, racionalidade e atividade jurisdicional*, 2005, p. 103-107; Robert Alexy, On the structure of legal principles, *Ratio Juris*, v. 13, n. 3, p. 297 e s., 2000.

16   A referência a "texto" e a proposição "no papel" trabalha com a fórmula usual, que é a da norma escrita. É certo, porém, como já observado, que há norma sem texto, como ocorre, *e.g.*, com os costumes e com os princípios implícitos. Na formulação de Karl Larenz, *Metodologia da ciência do direito*, 1997, p. 349: "Uma regra jurídica pode estar expressada numa lei, pode resultar do denominado Direito consuetudinário ou de consequências implícitas do Direito vigente, ou de concretizações dos princípios jurídicos, tal como estas são constantemente efectuadas pelos tribunais".

fontes do Direito, obra do legislador, no mais das vezes. Já as normas são produto da atuação judicial[17]. Portanto, *enunciado normativo não é o mesmo que norma*[18].

A demonstração do argumento se faz a partir da constatação de que de um mesmo enunciado se podem extrair diversas normas. Tome-se como ilustração, em primeiro lugar, o enunciado normativo do dispositivo materializado no inciso XI do art. 5º da Constituição: "a casa é asilo inviolável do indivíduo, ninguém podendo nela penetrar sem consentimento do morador, salvo em caso de flagrante delito ou desastre, ou para prestar socorro, ou, durante o dia, por determinação judicial". Da literalidade de tal proposição resulta, inequivocamente, o direito individual à inviolabilidade do domicílio, da moradia de qualquer pessoa, mesmo que seja um simples "barraco"[19]. Porém, a partir desse mesmo enunciado se construiu uma outra norma, com chancela do Supremo Tribunal Federal: a de que é inviolável, também, o local onde o indivíduo exerce sua profissão ou atividade, como o escritório e o consultório[20].

Outro exemplo. Do enunciado normativo que consagra a separação de Poderes[21] se extraem inúmeras normas, como as seguintes: existe um espaço de reserva de administração, insuscetível de ingerência por parte do Legislativo e do Judiciário[22]; a decretação da perda de mandato por quebra de decoro parlamentar é competência privativa da Casa Legislativa. As hipóteses se multiplicam por toda parte[23]. Justamente por ser possível, em muitos casos, extrair diversas normas de um mesmo dispositivo, admite-se a figura da declaração de inconstitucionalidade parcial sem redução de texto, utilizada com frequência pelo Supremo Tribunal Federal. A técnica consiste, precisamente, na pronúncia de invalidade de uma das normas que podia ser deduzida de determinado enunciado normativo, o qual permanece inalterado em sua textualidade[24].

---

17 V. Adrian Sgarbi, Norma, in Vicente Barreto (coord.), *Dicionário de filosofia do Direito*, 2006, p. 599: "Sendo assim, enquanto os textos normativos (materiais jurídicos escritos) são *produtos do legislador*, as normas são *adscrições dos intérpretes* e, em particular, dos juízes. Portanto, não se interpreta normas, mas se as aplica; demais de que não se aplicam textos, mas se os interpreta".

18 A esse propósito, v. Eros Roberto Grau, *Ensaio e discurso sobre a interpretação do Direito*, 2002, p. 17: "O que em verdade se interpreta são os textos normativos; da interpretação dos textos resultam as normas. Texto e norma não se identificam. A norma é a interpretação do texto normativo. A interpretação é, portanto, atividade que se presta a transformar textos – disposições, preceitos, enunciados – em normas". Na melhor doutrina estrangeira, o tema também foi exaustivamente analisado. No contexto do direito continental, Kelsen caracteriza a norma abstrata como uma "moldura", que comporta diversas interpretações diferentes (*Teoria pura do Direito*, 1998, p. 391). Já no contexto do *common law*, Hart enfatiza que tanto a linguagem ordinária quanto a linguagem jurídica possuem uma "textura aberta", de modo que os dispositivos legais comportam diversas interpretações (*The concept of law*, 1988, p. 121 e s.). Na mesma linha, Friedrich Müller concebe o conceito de "programa da norma". Este será extraído da interpretação do "texto da norma" e deverá balizar a atividade de concretização normativa (*Métodos de trabalho do direito constitucional*, 1999, p. 45 e s.).

19 STF, *Revista de Direito Administrativo*, 210:270, 1997, SS 1.203/DF, Rel. Min. Celso de Mello: "O conceito de domicílio compreende qualquer compartimento habitado. Não é lícito à autoridade pública invadir barracos, podendo apenas exercer o poder de polícia".

20 STF, *DJU*, 3 ago. 2000, RE 251.445/GO, Rel. Min. Celso de Mello.

21 CF/88, art. 2º: "São Poderes da União, independentes e harmônicos entre si, o Legislativo, o Executivo e o Judiciário".

22 Sobre este tema específico, v. Arícia Fernandes Correia, Reserva de administração e separação de Poderes, in Luís Roberto Barroso (org.), *A reconstrução democrática do direito público no Brasil*, 2007.

23 Veja-se uma mais. O inciso LXIII do art. 5º da Constituição assegura ao preso o direito ao silêncio: "o preso será informado de seus direitos, entre os quais o de permanecer calado...". A partir desse enunciado se construiu uma norma muito mais abrangente, que é a do "direito à não autoincriminação", que protege até mesmo o indivíduo convocado a prestar depoimento em CPI – que não é preso e, em rigor técnico, nem sequer é acusado –, que pode recorrer ao silêncio e deixar de prestar informação que considere poder incriminá-lo. STF, *DJU*, 16 fev. 2001, HC 79.812/SP, Rel. Min. Celso de Mello. V. Ana Paula de Barcellos, *Ponderação, racionalidade e atividade jurisdicional*, 2005, p. 104-106. Ainda outro exemplo: do enunciado normativo que veda a instituição ou aumento de tributo sem lei que o estabeleça se deduzem: o princípio da legalidade, da tipicidade, da proibição dos regulamentos independentes e a proibição de delegação normativa na matéria. V. Humberto Ávila, *Teoria dos princípios*: da definição à aplicação dos princípios jurídicos, 2003, p. 22.

24 V. Humberto Ávila, *Teoria dos princípios*: da definição à aplicação dos princípios jurídicos, 2003, p. 22. Sobre a figura da declaração parcial de inconstitucionalidade sem redução de texto, v. Luís Roberto Barroso, *O controle de constitucionalidade no Direito brasileiro*, 2006, p. 183. V. tb. Gilmar Mendes, Inocêncio Mártires Coelho e Paulo Gustavo Gonet Branco, *Curso de direito constitucional*, 2007, p. 1185 e s.

A distinção entre enunciado normativo e norma tem merecido atenção dos estudiosos de metodologia jurídica e é muito importante em alguns ambientes da interpretação constitucional. Por essa razão se fez o registro aqui. Todavia, a percepção do fenômeno acima descrito não foi capaz de suplantar o conceito tradicional, enraizado na linguagem jurídica. Diante disso, o termo *norma* será aqui também empregado no seu sentido tradicional, correspondendo, portanto, ao enunciado normativo, ao relato prescritivo que expressa o Direito a ser aplicado a determinada situação.

II NORMAS CONSTITUCIONAIS

1 A Constituição como norma jurídica[25]

Uma das grandes mudanças de paradigma ocorridas ao longo do século XX foi a atribuição à norma constitucional do *status* de norma jurídica. Superou-se, assim, o modelo adotado na Europa até meados do século passado, no qual a Constituição era vista como um documento essencialmente político, um convite à atuação dos Poderes Públicos[26]. Vigoravam a centralidade da lei e a supremacia do Parlamento, cujos atos eram insuscetíveis de controle judicial. Somente após a Segunda Guerra Mundial é que veio a se difundir – e, eventualmente, a prevalecer – o modelo americano de constitucionalismo, fundado na força normativa da Constituição, documento dotado de supremacia e protegido por mecanismos de controle de constitucionalidade.

Desse reconhecimento de caráter jurídico às normas constitucionais resultam consequências especialmente relevantes, dentre as quais se podem destacar:

a) a Constituição tem aplicabilidade direta e imediata às situações que contemplam, inclusive e notadamente, as referentes à proteção e promoção dos direitos fundamentais. Isso significa que as normas constitucionais passam a ter um papel decisivo na postulação de direitos e na fundamentação de decisões judiciais;

b) a Constituição funciona como parâmetro de validade de todas as demais normas jurídicas do sistema, que não deverão ser aplicadas quando forem com ela incompatíveis. A maior parte das democracias ocidentais possui supremas cortes ou tribunais constitucionais que exercem o poder de declarar leis e atos normativos inconstitucionais[27];

c) os valores e fins previstos na Constituição devem orientar o intérprete e o aplicador do Direito no momento de determinar o sentido e o alcance de todas as normas jurídicas infraconstitucionais, pautando a argumentação jurídica a ser desenvolvida.

2 Características das normas constitucionais

Como se registrou anteriormente, as normas constitucionais percorreram uma longa trajetória doutrinária e jurisprudencial até ver reconhecido o seu *status* de norma jurídica. Como consequência natural, as normas constitucionais hão de compartilhar das características das normas jurídicas em geral. Nada obstante isso, é inegável que as normas constitucionais não são normas jurídicas como quaisquer outras. Há um conjunto de elementos e de fatores que dão a elas singularidades dignas de

---

25 Sobre o tema, vejam-se Eduardo García de Enterría, *La Constitución como norma y el tribunal constitucional*, 2006, e *La Constitución española de 1978 como pacto social y como norma jurídica*, 2004; Konrad Hesse, La fuerza normativa de la Constitución, in *Escritos de derecho constitucional*, 1983; e Luís Roberto Barroso, *O direito constitucional e a efetividade de suas normas*, 2006.

26 Em palavras de Eduardo García de Enterría, *La Constitución española de 1978 como pacto social y como norma jurídica*, 2004, p. 19 e 21: "La constitución no es, pues, en ningún lugar de Europa antes de la última Guerra Mundial, una norma invocable ante los Tribunales. [...] Esta falta de condición de la Constitución fue refrendada por toda la práctica judicial europea, que no admitió nunca que fuese invocada como norma de decisión de litigios y menos aún como paradigma de validez de las leyes, y acantonó así su significado al plano en que la situó originalmente la post-Revolución Francesa: titularidad de la soberanía y organización de los poderes".

27 Sem prejuízo de juízes e tribunais também poderem fazê-lo, seja diretamente – pela não aplicação da norma inconstitucional, como acontece no Brasil e nos Estados Unidos –, seja pela possibilidade de identificar a controvérsia constitucional e enviá-la para decisão pela corte constitucional, como ocorre na Alemanha e na Itália.

registro, dentre os quais se podem assinalar: a) sua posição no sistema; b) a natureza da linguagem que utilizam; c) seu conteúdo específico; e d) sua dimensão política. A seguir uma breve anotação sobre cada um desses elementos.

A primeira característica distintiva das normas constitucionais é a sua posição no sistema: desfrutam elas de superioridade jurídica em relação a todas as demais normas. A *supremacia constitucional* é o postulado sobre o qual se assenta todo o constitucionalismo contemporâneo. Dele decorre que nenhuma lei, nenhum ato normativo, a rigor, nenhum ato jurídico, pode subsistir validamente se for incompatível com a Constituição. É para assegurar essa supremacia que se criou o controle de constitucionalidade das leis, consagrado desde o célebre caso *Marbury v. Madison*, julgado pela Suprema Corte norte-americana em 1803, sem prejuízo da existência de antecedentes remotos[28]. Também a interpretação conforme a Constituição, que subordina o sentido das normas infraconstitucionais aos princípios e regras constitucionais, presta reverência à supremacia[29]. A norma constitucional, portanto, é o parâmetro de validade e o vetor interpretativo de todas as normas do sistema jurídico.

A segunda característica é a natureza da linguagem, cuja nota singular é a *abertura*[30]. O texto constitucional se utiliza, com abundância maior do que outros documentos legislativos, de *cláusulas gerais*, que são categorias normativas pelas quais se transfere para o intérprete, com especial intensidade, parte do papel de criação do Direito, à luz do problema a ser resolvido. De fato, caberá a ele, tendo em conta os elementos do caso concreto, fazer valorações específicas e densificar conceitos indeterminados como interesse público e justa indenização, de um lado, ou princípios como dignidade da pessoa humana e igualdade, de outro. A abertura da linguagem constitucional possibilita a atualização de sentido da Constituição, pela incorporação de novos valores e de novas circunstâncias, permitindo uma interpretação vivificadora e evolutiva.

No tocante ao *conteúdo*, é bem de ver que muitas das normas constitucionais, em sentido material, têm estrutura, objeto e finalidade específicos (v. *infra*, no tópico seguinte). Em primeiro lugar, uma quantidade expressiva de mandamentos inscritos na Constituição não tem seu enunciado estruturado sob a forma de normas de conduta, mas sim de normas *de organização*. Como assinalado anteriormente, normas de organização não são juízos hipotéticos, mas determinações taxativas pelas quais, dentre outras coisas, instituem-se órgãos públicos e estabelecem-se suas competências. De parte isso, as normas constitucionais de conduta incluem preceitos que ora *definem direitos fundamentais* de diferentes graus, cuja aplicação envolve ponderações e sutilezas, ora se apresentam sob a forma de disposições *programáticas*, que abrigam particularidades diversas na determinação de seu sentido, alcance e eficácia. Relembre-se que a Constituição é um documento dialético, que incorpora valores éticos e políticos potencialmente contrapostos, cuja convivência harmoniosa requer técnicas especiais de interpretação.

Por fim, a *dimensão política* da Constituição não infirma seu caráter de norma jurídica, nem torna sua interpretação uma atividade menos técnica. Mas uma Constituição, rememore-se, faz a travessia entre o fato político e a ordem jurídica, entre o poder constituinte e o poder constituído, estando na interface entre dois mundos diversos, porém intercomunicantes. Conceitos e ideias como Estado democrático de direito, soberania popular e separação de Poderes sempre envolverão valorações políticas. Um tribunal constitucional deverá agir com ousadia e ativismo, nos casos em que o processo político majoritário não tenha atuado satisfatoriamente, e com prudência e autocontenção em outras situações, para não exacerbar aspectos do caráter contramajoritário dos órgãos judiciais, vulnerando o princípio democrático[31].

---

28 Nesse sentido, analisando algumas experiências anteriores que traziam o germe do controle de atos jurídicos ordinários à luz de um parâmetro superior de validade, v. Mauro Cappelletti, *O controle judicial de constitucionalidade das leis no Direito comparado*, 1999, p. 45 e s.

29 Sobre interpretação conforme a Constituição, v. Gilmar Ferreira Mendes, *Jurisdição constitucional*, 2005, p. 287-295 e 346-356, e Luís Roberto Barroso, *Interpretação e aplicação da Constituição*, 2004, p. 188-195.

30 Sobre a textura aberta da linguagem, v. Noel Struchiner, *Direito e linguagem*: uma análise da textura aberta da linguagem e sua aplicação ao Direito, 2002.

31 Vejam-se dois exemplos da ideia expressa no texto. O conjunto de medidas econômicas conhecidas como *Plano Collor* foi deflagrado em março de 1990, nos primeiros dias do mandato do Presidente, eleito com mais de 50 milhões de votos. As medidas provisórias que implantavam o plano poderiam ter sido rejeitadas liminarmente pelo Congresso Nacional, porém, justo ao contrário, foram saudadas com entusiasmo. Pesquisas de opinião, por outro lado, atribuíam índices expressivos de aprovação das providências propostas, que incluíam uma ampla retenção dos ativos que o público mantinha em instituições financeiras. Nesse cenário, o Supremo Tribunal Federal evitou pronunciar, em jurisdição concentrada e abstrata, a inconstitucionalidade das medidas. A deferência ao processo

3 Conteúdo material das normas constitucionais

A Constituição é o primeiro documento na vida jurídica do Estado, assim do ponto de vista lógico-cronológico como hierárquico[32]. Dotada de supremacia, suas normas devem ter aplicação preferencial, condicionando, ademais, a validade e o sentido de todos os atos normativos infraconstitucionais. Uma Constituição, ao instituir o Estado, (a) organiza o exercício do poder político, (b) define os direitos fundamentais dos indivíduos e (c) estabelece determinados princípios e traça fins públicos a serem alcançados. Por via de consequência, as normas materialmente constitucionais podem ser agrupadas nas seguintes categorias:

a) normas constitucionais de organização;

b) normas constitucionais definidoras de direitos;

c) normas constitucionais programáticas.

As *normas constitucionais de organização* têm por objeto estruturar e disciplinar o exercício do poder político. Elas se dirigem, na generalidade dos casos, aos próprios Poderes do Estado e a seus agentes. Incluem-se dentre as normas constitucionais de organização aquelas que:

(i) veiculam decisões políticas fundamentais, como a forma de governo, a forma de Estado e o regime político[33], a divisão orgânica do poder[34] ou o sistema de governo[35];

(ii) definem as competências dos órgãos constitucionais[36] e das entidades estatais[37];

(iii) criam órgãos públicos[38], autorizam sua criação[39], traçam regras à sua composição[40] e ao seu funcionamento[41]; e

---

majoritário afigurou-se perfeitamente compreensível naquela conjuntura. Um exemplo oposto: nos processos de perda de mandato instaurados na Câmara dos Deputados, ao longo de 2005 e 2006, o Supremo Tribunal Federal, em mais de uma oportunidade, determinou a observância do devido processo legal e o respeito à ampla defesa, invalidando decisões e impondo a repetição de certos atos. Mesmo diante do clamor público – ou, pelo menos, do clamor da imprensa –, a Corte fez prevalecer o respeito aos direitos fundamentais, que estavam sendo atropelados por deliberações majoritárias.

32 Cronologicamente, de fato, a Constituição é o *marco zero* das instituições. Essa afirmativa, todavia, notadamente em um país com a experiência constitucional brasileira, precisa ser confrontada com a circunstância de que, normalmente, já há uma ordem jurídica infraconstitucional preexistente. Por assim ser, criaram-se duas regras pragmáticas para disciplinar as relações entre uma nova Constituição e o Direito que a antecedia: 1ª) todas as normas incompatíveis com a Constituição ficam automaticamente revogadas; 2ª) todas as normas compatíveis com a Constituição são recepcionadas, passando a viger sob um novo fundamento de validade e, eventualmente, com nova interpretação. Sobre o ponto, v. M. Seabra Fagundes, *O controle dos atos administrativos pelo Poder Judiciário*, 1979, p. 3. Sobre o tema do direito constitucional intertemporal, v. Luís Roberto Barroso, *Interpretação e aplicação da Constituição*, 2004, p. 57 e s.

33 "Art. 1º A *República Federativa* do Brasil [...] constitui-se em *Estado Democrático de Direito* [...]." Todas as normas referidas e transcritas neste capítulo são meramente exemplificativas e, por evidente, não são exaustivas da categoria que representam.

34 "Art. 2º São Poderes da União, independentes e harmônicos, o Legislativo, o Executivo e o Judiciário".

35 "Art. 76. O Poder Executivo é exercido pelo Presidente da República, auxiliado pelos Ministros de Estado".

36 Art. 49: "É da competência exclusiva do Congresso Nacional: [...]"; art. 84: "Compete privativamente ao Presidente da República [...]:"; art. 96: "Compete privativamente: I – aos tribunais: [...]".

37 Art. 21: "Compete à União: [...]"; art. 25, § 1º: "São reservadas aos Estados as competências que não lhes sejam vedadas por esta Constituição"; Art. 30: "Compete aos Municípios: [...]".

38 Art. 44: "O Poder Legislativo é exercido pelo Congresso Nacional, que se compõe da Câmara dos Deputados e do Senado Federal"; art. 92: "São órgãos do Poder Judiciário: [...]".

39 Art. 125, § 3º: "A lei estadual poderá criar [...] a Justiça Militar estadual [...]".

40 Art. 101, parágrafo único: "Os Ministros do Supremo Tribunal Federal serão nomeados pelo Presidente da República, depois de aprovada a escolha pela maioria absoluta do Senado Federal".

41 Art. 44, parágrafo único: "Cada legislatura terá a duração de quatro anos"; art. 93, II, *a*: "É obrigatória a promoção do juiz que figure por três vezes consecutivas ou cinco alternadas em lista de merecimento".

(iv) estabelecem normas processuais ou procedimentais: de revisão da própria Constituição[42], de defesa da Constituição[43], de elaboração legislativa[44], de fiscalização[45].

As *normas constitucionais definidoras de direitos* são as que tipicamente geram direitos subjetivos, investindo o jurisdicionado no poder de exigir do Estado – ou de outro eventual destinatário da norma – prestações positivas ou negativas, que proporcionem o desfrute dos bens jurídicos nelas consagrados. Embora existam dissensões doutrinárias relevantes, sutilezas semânticas variadas e, por vezes, certa impropriedade na linguagem constitucional, é possível agrupar os direitos subjetivos constitucionais em quatro grandes categorias, compreendendo os:

(i) direitos individuais[46];

(ii) direitos políticos[47];

(iii) direitos sociais[48]; e

(iv) direitos difusos[49].

As *normas constitucionais programáticas* traçam fins sociais a serem alcançados pela atuação futura dos poderes públicos. Por sua natureza, não geram para os jurisdicionados a possibilidade de exigir comportamentos comissivos, mas investem-nos na faculdade de demandar dos órgãos estatais que se abstenham de quaisquer atos que contravenham as diretrizes traçadas. Vale dizer: não geram direitos subjetivos na sua versão positiva, mas geram-nos em sua feição negativa. São dessa categoria as regras que preconizam a redução das desigualdades regionais e sociais (art. 170, VII), o apoio à cultura (art. 215), o fomento às práticas desportivas (art. 217), o incentivo à pesquisa (art. 218), dentre outras. Modernamente, já se sustenta a operatividade positiva de tais normas, no caso de repercutirem sobre direitos materialmente fundamentais, como por exemplo os que se referem ao mínimo existencial[50].

---

42   Art. 60, § 4º: "Não será objeto de deliberação a proposta de emenda tendente a abolir: I – a forma federativa do Estado; [...]".

43   Art. 102: "Compete ao Supremo Tribunal Federal, precipuamente, a guarda da Constituição, cabendo-lhe: I – processar e julgar, originariamente: *a)* a ação direta de inconstitucionalidade de lei ou ato normativo federal ou estadual e a ação declaratória de constitucionalidade de lei ou ato normativo federal" [...]; art. 103: "Podem propor a ação direta de inconstitucionalidade e a ação declaratória de constitucionalidade: [...]".

44   Art. 47: "Salvo disposição constitucional em contrário, as deliberações de cada Casa e de suas Comissões serão tomadas por maioria dos votos, presente a maioria absoluta de seus membros"; art. 69: "As leis complementares serão aprovadas por maioria absoluta".

45   Art. 71: "O controle externo, a cargo do Congresso Nacional, será exercido com o auxílio do Tribunal de Contas da União, ao qual compete: [...] II – julgar as contas dos administradores e demais responsáveis por dinheiros, bens e valores públicos [...]"; art. 50: "A Câmara dos Deputados e o Senado Federal, ou qualquer de suas Comissões, poderão convocar Ministro de Estado ou quaisquer titulares de órgãos diretamente subordinados à Presidência da República para prestarem, pessoalmente, informações sobre assunto previamente determinado, importando crime de responsabilidade a ausência sem justificação adequada".

46   Os direitos individuais concentram-se, predominantemente, no art. 5º do texto constitucional, que contém 78 incisos, cujo *caput* tem a seguinte redação: "Todos são iguais perante a lei, sem distinção de qualquer natureza, garantindo-se aos brasileiros e aos estrangeiros residentes no País a inviolabilidade do direito à vida, à liberdade, à igualdade, à segurança e à propriedade, nos termos seguintes: [...]".

47   Os direitos políticos concentram-se nos arts. 12 a 17 da Constituição. O *caput* do art. 14 assim dispõe: "A soberania popular será exercida pelo sufrágio universal e pelo voto direto e secreto, com valor igual para todos, e, nos termos da lei, mediante: [...]".

48   Boa parte dos direitos sociais é referida no art. 6º da Constituição e disciplinada ao longo do texto: "São direitos sociais a educação, a saúde, a alimentação, o trabalho, a moradia, o transporte, o lazer, a segurança, a previdência social, a proteção à maternidade e à infância, a assistência aos desamparados, na forma desta Constituição".

49   A rigor técnico, é possível identificar um gênero *direitos coletivos*, que comporta duas espécies: os direitos coletivos propriamente ditos e os direitos difusos. Os *direitos coletivos propriamente ditos* não se diferenciam muito de um simples conjunto de direitos individuais: são aqueles titularizados por uma pluralidade determinada ou determinável de pessoas, como os membros de um clube ou as vítimas de um acidente. Já os *direitos difusos* são titularizados pela coletividade em geral ou por uma pluralidade indeterminada de pessoas. Exemplos de direitos difusos são a proteção do patrimônio cultural e do meio ambiente. Vejam-se os seguintes artigos da CF/88: "Art. 216. Constituem patrimônio cultural brasileiro os bens de natureza material ou imaterial, tomados individualmente ou em conjunto, portadores de referência à identidade, à ação, à memória dos diferentes grupos formadores da sociedade brasileira, nos quais se incluem: [...]"; "Art. 225. Todos têm direito ao meio ambiente ecologicamente equilibrado, bem de uso comum do povo e essencial à sadia qualidade de vida, impondo-se ao Poder Público e à coletividade o dever de defendê-lo e preservá-lo para as presentes e futuras gerações".

50   Sobre o tema, v. Ana Paula de Barcellos, *A eficácia jurídica dos princípios*: o princípio da dignidade da pessoa humana, 2002, p. 247 e s.

Como é de conhecimento geral, as Constituições contemporâneas, em razão de fatores diversos, fazem incluir em seus textos inúmeras normas que não têm conteúdo constitucional, vale dizer, não organizam o poder político, não definem direitos fundamentais, nem tampouco estabelecem princípios fundamentais ou fins públicos relevantes. Essas normas que aderem à Constituição sem tratar de matéria constitucional dizem-se normas apenas *formalmente* constitucionais. Esta é, de resto, uma das patologias da Constituição brasileira de 1988, na qual se constitucionalizaram inúmeras questões que deveriam ter sido relegadas à legislação infraconstitucional, isto é, ao processo político ordinário e majoritário. Tal fato traz em si inconveniências diversas, restringindo desnecessariamente as decisões majoritárias e atravancando providências indispensáveis à evolução social e normativa[51].

4 Princípios e regras: as diferentes funções das normas constitucionais

Após longo processo evolutivo, consolidou-se na teoria do Direito a ideia de que as normas jurídicas são um gênero que comporta, em meio a outras classificações, duas grandes espécies: as regras e os princípios[52]. Tal distinção tem especial relevância no tocante às normas constitucionais. O reconhecimento da distinção qualitativa entre essas duas categorias e a atribuição de normatividade aos princípios são elementos essenciais do pensamento jurídico contemporâneo. Os princípios – notadamente os princípios constitucionais – são a porta pela qual os valores passam do plano ético para o mundo jurídico[53]. Em sua trajetória ascendente, os princípios deixaram de ser fonte secundária e subsidiária do Direito[54] para serem alçados ao centro do sistema jurídico. De lá, irradiam-se por todo o ordenamento, influenciando a interpretação e aplicação das normas jurídicas em geral e permitindo a leitura moral do Direito[55].

Antes mesmo da formulação mais sofisticada da teoria dos princípios, diversos autores já haviam se dado conta da relevância do papel que a eles cabia desempenhar no sistema[56]. A percepção do fenômeno, todavia, não era suficiente, por si só, para tornar operacional e efetiva a distinção entre princípios e regras. Foi somente a partir dos escritos seminais de Ronald Dworkin, difundidos no Brasil a partir do final da década de 1980 e ao longo da década de 1990, que o tema teve um desenvolvimento dogmático mais apurado[57]. Na sequência histórica, Robert Alexy ordenou a teoria dos princípios em categorias mais próximas da perspectiva romano-germânica do Direito[58]. As duas obras precursoras desses autores

---

51 Assim, por exemplo, ao constitucionalizar os órgãos incumbidos da segurança pública, a Constituição atribui à polícia civil estadual a tarefa de realizar a investigação criminal e à polícia militar, a de cuidar do policiamento ostensivo. Tal constitucionalização tem impedido que propostas de reforma institucional, como a da unificação das polícias, possam prosperar, reduzindo o leque de possibilidades para a solução do problema da segurança pública no Brasil.

52 Para uma análise rica desse percurso, v. Paulo Bonavides, *Curso de direito constitucional*, 2004, p. 255-295, em capítulo intitulado "Dos princípios gerais de Direito aos princípios constitucionais".

53 Nesse sentido, v. Jacob Dolinger, Evolution of principles for resolving conflicts in the field of contracts and torts, in *Recueil des Cours*, 283:199, 2000, p. 229: "Todo sistema jurídico é construído sobre princípios que refletem suas concepções fundamentais e seus valores básicos" (No original: "*Every legal system is built upon principles that reflect its fundamental conceptions and its basic values*"). O estudo, que consubstancia o curso ministrado na Academia de Direito Internacional da Haia no ano de 2000, versa sobre o tema específico da utilização de princípios para resolução de disputas no plano internacional. Para os fins aqui visados, destaca-se o precioso capítulo inicial, no qual o autor analisa os princípios em sua feição geral, discorrendo sobre sua origem, sentido e papel na ordem jurídica.

54 Com efeito, este era o papel que a eles cabia, como se colhe da letra expressa da antiga Lei de Introdução ao Código Civil, rebatizada como Lei de Introdução às Normas do Direito Brasileiro, pela Lei n. 12.376/2010: "Art. 4º Quando a lei for omissa, o juiz decidirá o caso de acordo com a analogia, os costumes e os princípios gerais do direito". Os princípios, como se deduz singelamente, não eram considerados normas jurídicas, mas fonte integradora do Direito no caso de lacuna. E, mesmo nesse papel subsidiário, vinha em terceiro lugar, atrás da analogia e dos costumes.

55 V. Ronald Dworkin, *Freedom's law*, 1996, p. 2: "A leitura moral propõe que todos nós – juízes, advogados, cidadãos – interpretemos e apliquemos estas cláusulas abstratas (da Constituição) na compreensão de que elas invocam princípios de decência política e de justiça".

56 Entre nós vejam-se, especialmente, José Afonso da Silva, *Aplicabilidade das normas constitucionais*, 1968; Geraldo Ataliba, *República e Constituição*, 1985; e Celso Antônio Bandeira de Mello, *Eficácia das normas constitucionais sobre justiça social*, tese apresentada à 9ª Conferência Nacional da Ordem dos Advogados do Brasil, 1982. V. tb. Luís Roberto Barroso, Princípios constitucionais brasileiros ou de como o papel aceita tudo, *Revista Trimestral de Direito Público*, 1:168, 1993.

57 V. Ronald Dworkin, *Taking rights seriously*, 1997 (1ª edição: 1977), p. 22 e s. Na verdade, o texto seminal do autor foi The model of rules, *University of Chicago Law Review*, 35:14, 1967, que se encontra reproduzido em R. M. Dworkin (ed.), *The philosophy of law*, 1977, p. 38-65.

58 V. Robert Alexy, *Teoría de los derechos fundamentales*, p. 81 e s.

132

– *Levando os direitos a sério* e *Teoria dos direitos fundamentais* – deflagraram uma verdadeira explosão de estudos sobre o tema, no Brasil e alhures[59].

Tomem-se alguns exemplos de *regras* constitucionais. A idade mínima para alguém se candidatar a Presidente da República é de 35 anos (art. 14, § 3º, VI, *a*); ao completar 70 ou 75 anos[60], o servidor público será aposentado compulsoriamente (art. 40, § 1º, II); nenhum benefício da seguridade social poderá ser criado sem indicação da fonte de custeio (art. 195, § 5º). Tomem-se, agora, alguns exemplos de *princípios* constitucionais. Eles poderão ser explícitos, como os da dignidade da pessoa humana (art. 1º, III), da moralidade (art. 37, *caput*) ou da inafastabilidade da jurisdição (art. 5º, XXXV); ou implícitos, decorrentes do sistema ou de alguma norma específica, como os da razoabilidade, da proteção da confiança ou da solidariedade. Nenhum leitor atento deixará de ter a intuição de que as normas do primeiro grupo e as do segundo grupo são inequivocamente diferentes em muitos aspectos.

Diante disso, a doutrina costuma compilar uma enorme variedade de critérios para estabelecer a distinção entre princípios e regras[61]. Por simplificação, é possível reduzir esses critérios a apenas três, que levam em conta: a) o conteúdo; b) a estrutura normativa; e c) o modo de aplicação. O primeiro deles é de natureza material e os outros dois são formais. Essas diferentes categorias não são complementares, nem tampouco são excludentes: elas levam em conta a realidade da utilização do termo "princípio" no Direito de maneira geral. Nesse caso, como em outras situações da vida, afigura-se melhor lidar com a diversidade do que procurar estabelecer, por arbítrio ou convenção, um critério unívoco e reducionista.

No tocante ao *conteúdo*, o vocábulo "princípio" identifica as normas que expressam *decisões políticas fundamentais* – República, Estado democrático de direito, Federação –, *valores* a serem observados em razão de sua dimensão ética – dignidade humana, segurança jurídica, razoabilidade – ou *fins públicos* a serem realizados –, desenvolvimento nacional, erradicação da pobreza, busca do pleno emprego[62]. Como consequência de tais conteúdos, os princípios podem referir-se tanto a direitos individuais como a interesses coletivos[63]. De outras vezes, no entanto, o termo é utilizado, um tanto atecnicamente, para realçar a importância de determinadas prescrições que não são em rigor princípios, como ocorre nas referências a princípio do concurso público e da licitação (ambos decorrências específicas de princípios como os da moralidade, da impessoalidade, da isonomia) ou da irredutibilidade de vencimentos. As regras jurídicas, ao revés, são comandos objetivos, prescrições que expressam diretamente um preceito, uma proibição ou uma permissão. Elas não remetem a valores ou fins públicos porque são a concretização destes, de acordo com a vontade do constituinte ou do legislador, que não transferiram ao intérprete – como no caso dos princípios – a avaliação das condutas aptas a realizá-los.

Com relação à *estrutura normativa*, princípios normalmente apontam para estados ideais a serem buscados, sem que o relato da norma descreva de maneira objetiva a conduta a ser seguida. Há muitas formas de respeitar ou fomentar o respeito à dignidade humana, de exercer com razoabilidade o poder discricionário ou de promover o direito à saúde. Aliás, é nota de singularidade dos princípios a

---

59 Vejam-se, exemplificativamente, J. J. Gomes Canotilho, *Direito constitucional e teoria da Constituição*, 2003, p. 1253 e s.; Paulo Bonavides, *Curso de direito constitucional*, 2004, p. 243 e s.; Jacob Dolinger, Evolution of principles for resolving conflicts in the field of contracts and torts, in *Recueil des Cours, 283*:199, 2000; Eros Roberto Grau, *A ordem econômica na Constituição de 1988:* interpretação e crítica, 1996, p. 92 e s.; Luís Roberto Barroso, *Interpretação e aplicação da Constituição*, 2006; Ana Paula de Barcellos, *A eficácia jurídica dos princípios:* o princípio da dignidade da pessoa humana, 2002, p. 40 e s., e *Ponderação, racionalidade e atividade jurisdicional*, 2005, p. 166 e s.; Rodolfo L. Vigo, *Los principios jurídicos:* perspectiva jurisprudencial, 2000, p. 9-20; Luis Prieto Sanchis, *Sobre principios y normas:* problemas del razonamiento jurídico, 1992; Inocêncio Mártires Coelho, *Interpretação constitucional*, 1997, p. 79 e s.; Humberto Ávila, *Teoria dos princípios*: da definição à aplicação dos princípios jurídicos, 2003; Ruy Samuel Espíndola, *Conceito de princípios constitucionais*, 1999; Fábio Corrêa de Souza Oliveira, *Por uma teoria dos princípios*: o princípio constitucional da razoabilidade, 2003, p. 17 e s.; Walter Claudius Rothenburg, *Princípios constitucionais*, 1999; David Diniz Dantas, *Interpretação constitucional no pós-positivismo*, 2005, p. 41 e s.

60 V. Emenda Constitucional n. 88/2015.

61 Como observa Robert Alexy, *Teoría de los derechos fundamentales*, p. 83: "Existe uma desconcertante variedade de critérios de distinção". Vejam-se levantamentos de alguns deles em J. J. Gomes Canotilho, *Direito constitucional e teoria da Constituição*, 2003, p. 1160-1162; Rodolfo L. Vigo, *Los principios jurídicos:* perspectiva jurisprudencial, 2000, p. 9-20; Ana Paula de Barcellos, *A eficácia jurídica dos princípios:* o princípio da dignidade da pessoa humana, 2002, p. 47-51; e Humberto Ávila, *Teoria dos princípios*: da definição à aplicação dos princípios jurídicos, 2003, p. 26-31.

62 Em sua elaboração teórica, Ronald Dworkin reserva o termo *policies* para os fins públicos de natureza econômica, política ou social, e *principles* para as exigências de justiça, razoabilidade ou outra dimensão da moralidade (*Taking rights seriously*, 1997, p. 22).

63 Como observa Robert Alexy, *Teoría de los derechos fundamentales, e.g.*, p. 82, 109 e 115, é frequente a inclusão das normas definidoras de direitos fundamentais na categoria dos princípios.

133

indeterminação de sentido a partir de certo ponto, assim como a existência de diferentes meios para sua realização[64]. Tal abertura faz com que os princípios funcionem como uma *instância reflexiva*, permitindo que os diferentes argumentos e pontos de vista existentes na sociedade, acerca dos valores básicos subjacentes à Constituição, ingressem na ordem jurídica e sejam processados segundo a lógica do Direito[65]. Já com as regras se passa de modo diferente: são elas normas descritivas de comportamentos, havendo menor grau de ingerência do intérprete na atribuição de sentidos aos seus termos e na identificação de suas hipóteses de aplicação[66]. Em suma: princípios são normas predominantemente finalísticas, e regras são normas predominantemente descritivas[67].

É, todavia, no *modo de aplicação* que reside a principal distinção entre regra e princípio. A regra se aplica na modalidade *tudo-ou-nada*: ocorrendo o fato descrito em seu relato ela deverá incidir, produzindo o efeito previsto[68]. Exemplos: implementada a idade de 70 anos (ou 75, nos termos da EC n. 88/2015), o servidor público passa para a inatividade; adquirido o bem imóvel, o imposto de transmissão é devido. Se não for aplicada à sua hipótese de incidência, a norma estará sendo violada. Não há maior margem para elaboração teórica ou valoração por parte do intérprete, ao qual caberá aplicar a regra mediante *subsunção*: enquadra-se o fato na norma e deduz-se uma conclusão objetiva. Por isso se diz que as regras são *mandados ou comandos definitivos*[69]: uma regra somente deixará de ser aplicada se outra regra a excepcionar ou se for inválida[70]. Como consequência, os direitos nela fundados também serão definitivos[71].

---

64   Sobre o ponto, veja-se a formulação de Ana Paula de Barcellos, *A eficácia jurídica dos princípios:* o princípio da dignidade da pessoa humana, 2002, p. 52-54: "Duas diferenças podem ser apontadas desde logo (entre princípios e regras): (i) a relativa indeterminação dos efeitos e (ii) a multiplicidade de meios para atingi-los. (Quanto à primeira): os efeitos que um princípio pretende produzir irradiam-se a partir de um núcleo básico determinado, semelhante, nesse particular, às regras. A partir desse núcleo, todavia, esses efeitos vão se tornando indeterminados, seja porque variam em função de concepções políticas, ideológicas, religiosas, filosóficas, etc., seja porque há uma infinidade de situações não previstas, e a rigor indetermináveis, às quais seu efeito básico poderá se aplicar. Há ainda uma segunda distinção: ela consiste em que, muitas vezes, ainda que o efeito pretendido por uma norma seja determinado, os meios para atingir tal efeito são múltiplos. Essa é a fórmula usada, em geral, para descrever as chamadas normas programáticas que, nada obstante, estruturalmente consideradas, nada mais são do que espécies de princípios" (texto editado pelo autor).

65   Marcelo Neves, *Entre Hidra e Hércules* – Princípios e regras constitucionais como diferença paradoxal do sistema jurídico. Tese aprovada em Concurso para Professor Titular da UNB, 2010, especialmente p. 134-139.

66   Tal situação só é substancialmente afetada quando o relato da norma-regra contenha cláusulas gerais ou conceitos jurídicos indeterminados, como ordem pública, interesse público, justa indenização. Nesse caso, diante da necessidade de o intérprete atribuir sentido a tais expressões, à luz dos elementos do caso concreto, a aplicação da regra ocorrerá de maneira semelhante à dos princípios.

67   Embora tenha uma visão crítica de alguns dos elementos da teoria dos princípios aqui exposta, é pertinente, quanto ao ponto aqui abordado, a caracterização de Humberto Ávila, *Teoria dos princípios*: da definição à aplicação dos princípios jurídicos, 2003, p. 119: "As regras podem ser dissociadas dos princípios quanto ao modo como prescrevem o comportamento. As regras são normas imediatamente descritivas, na medida em que estabelecem obrigações, permissões e proibições mediante a descrição da conduta a ser cumprida. Os princípios são normas imediatamente finalísticas, já que estabelecem um estado de coisas cuja promoção gradual depende dos efeitos decorrentes da adoção de comportamentos a ela necessários. Os princípios são normas cuja qualidade frontal é, justamente, a determinação da realização de um fim juridicamente relevante, ao passo que característica dianteira das regras é a previsão do comportamento".

68   Ronald Dworkin, *Taking rights seriously*, 1997, p. 24: "Regras são aplicadas de modo tudo-ou-nada. Se os fatos que a regra estipular ocorrerem, então ou a regra é válida, caso em que a resposta que ela fornece deve ser aceita, ou não é, caso em que não contribuirá em nada para a decisão".

69   Robert Alexy, *Teoría de los derechos fundamentales*, 1997, p. 87-88: "[A]s regras são normas que só podem ser cumpridas ou não. Se uma regra é válida, então deve-se fazer exatamente o que ela exige, nem mais nem menos. Portanto, as regras contêm *determinações* no âmbito do que é fática e juridicamente possível. Isso significa que a diferença entre regras e princípios é qualitativa e não de grau. Toda norma é ou bem uma regra ou um princípio. [...] Um conflito entre regras só pode ser solucionado introduzindo uma cláusula de exceção que elimine o conflito ou declarando inválida, ao menos, uma das regras".

70   Exemplo de exceção: a lei penal não poderá retroagir, *salvo para beneficiar o réu*; exemplo de invalidade: a regra do edital que interdite a maiores de 45 anos a inscrição em determinado concurso público viola a norma constitucional que assegura a isonomia e não poderá prevalecer. São três os critérios tradicionais para superar os conflitos entre regras: o hierárquico – lei superior prevalece sobre lei inferior; o temporal – lei posterior prevalece sobre lei anterior; e o da especialização – lei especial prevalece sobre lei geral.

71   Expondo a teoria dos princípios de Alexy, averbou Luís Virgílio Afonso da Silva, *O conteúdo essencial dos direitos fundamentais e a eficácia das normas constitucionais*, 2005, p. 51, mimeografado: "O principal traço distintivo entre regras e princípios, segundo a teoria dos princípios, é a estrutura dos direitos que essas normas garantem. No caso das regras, garantem-se direitos (ou impõem-se deveres) definitivos, ao passo que, no caso dos princípios, são garantidos direitos (ou são impostos deveres) *prima facie*".

Já os princípios indicam uma direção, um valor, um fim. Ocorre que, em uma ordem jurídica pluralista, a Constituição abriga princípios que apontam em direções diversas, gerando tensões e eventuais colisões entre eles. Alguns exemplos: a livre-iniciativa por vezes se choca com a proteção do consumidor; o desenvolvimento nacional nem sempre se harmoniza com a preservação do meio ambiente; a liberdade de expressão frequentemente interfere com o direito de privacidade. Como todos esses princípios têm o mesmo valor jurídico, o mesmo *status* hierárquico, a prevalência de um sobre outro não pode ser determinada em abstrato; somente à luz dos elementos do caso concreto será possível atribuir maior importância a um do que a outro. Ao contrário das regras, portanto, princípios não são aplicados na modalidade tudo ou nada, mas de acordo com a *dimensão de peso* que assumem na situação específica[72]. Caberá ao intérprete proceder à *ponderação* dos princípios e fatos relevantes, e não a uma subsunção do fato a uma regra determinada. Por isso se diz que princípios são *mandados de otimização*: devem ser realizados na maior intensidade possível, à vista dos demais elementos jurídicos e fáticos presentes na hipótese[73]. Daí decorre que os direitos neles fundados são direitos *prima facie* – isto é, poderão ser exercidos em princípio e na medida do possível.

Estabelecidas algumas distinções relevantes entre regras e princípios, assim do ponto de vista material como formal, cabe assinalar, por fim, os diferentes papéis desempenhados por cada uma dessas espécies normativas no âmbito do sistema jurídico. O principal valor subjacente às regras é a segurança jurídica. Elas expressam decisões políticas tomadas pelo constituinte ou pelo legislador, que procederam às valorações e ponderações que consideraram cabíveis, fazendo com que os juízos por eles formulados se materializassem em uma determinação objetiva de conduta. Não transferiram, portanto, competência valorativa ou ponderativa ao intérprete, cuja atuação, embora não seja mecânica – porque nunca é –, não envolverá maior criatividade ou subjetividade. Regras, portanto, tornam o Direito mais objetivo, mais previsível e, consequentemente, realizam melhor o valor *segurança jurídica*.

Princípios, por sua vez, desempenham papel diverso, tanto do ponto de vista jurídico como político-institucional. No plano jurídico, eles funcionam como referencial geral para o intérprete, como um farol que ilumina os caminhos a serem percorridos. De fato, são os princípios que dão identidade ideológica e ética ao sistema jurídico, apontando objetivos e caminhos. Em razão desses mesmos atributos, dão unidade ao ordenamento, permitindo articular suas diferentes partes – por vezes, aparentemente contraditórias – em torno de valores e fins comuns. Ademais, seu conteúdo aberto permite a atuação integrativa e construtiva do intérprete, capacitando-o a produzir a melhor solução para o caso concreto, assim realizando o ideal de *justiça*.

Como o Direito gravita em torno desses dois grandes valores – justiça e segurança –, uma ordem jurídica democrática e eficiente deve trazer em si o equilíbrio necessário entre regras e princípios[74]. Um modelo exclusivo de regras supervalorizaria a segurança, impedindo, pela falta de abertura e flexibilidade, a comunicação do ordenamento com a realidade, frustrando, em muitas situações, a realização da justiça. Um modelo exclusivo de princípios aniquilaria a segurança jurídica, pela falta de objetividade e previsibilidade das condutas e, consequentemente, de uniformidade nas soluções interpretativas[75]. Como intuitivo, os dois extremos seriam ruins. A advertência é importante porque, no Brasil, a trajetória que

---

72 Ronald Dworkin, *Taking rights seriously*, 1997, p. 26-27: "Princípios têm uma dimensão que as normas não possuem – a dimensão de peso ou importância. Quando ocorre a interseção entre princípios (a proteção dos consumidores de automóveis em interseção com a liberdade de contratar, por exemplo), quem tiver de resolver este conflito terá de levar em conta o peso relativo de cada um. [...] É parte integrante do conceito de princípio que ele tem esta dimensão e, portanto, faz todo sentido perguntar qual importância ou peso ele tem".

73 Robert Alexy, *Teoría de los derechos fundamentales*, 1997, p. 86: "O ponto decisivo para a distinção entre regras e princípios é que os *princípios* são normas que ordenam que algo seja realizado na maior medida possível, dentro das possibilidades jurídicas e reais existentes. Portanto, os princípios são *mandados de otimização*, que estão caracterizados pelo fato de que podem ser cumpridos em diferentes graus e que a medida devida de seu cumprimento depende não apenas das possibilidades reais senão também das possibilidades jurídicas. O âmbito de possibilidades jurídicas é determinado pelos princípios e regras opostos".

74 J. J. Gomes Canotilho, *Direito constitucional e teoria da Constituição*, 2003, p. 1162-1163.

75 V. Ana Paula de Barcellos, *Ponderação, racionalidade e atividade jurisdicional*, 2005, p. 185 e 187: "Ora, se as regras respondem pela segurança e os princípios pela justiça, conclui-se que, quanto mais regras houver no sistema, mais seguro, isto é, mais previsível, mais estável ele será; porém, mais dificilmente ele será capaz de adaptar-se a situações novas. Por outro lado, quanto mais princípios existirem, maior será o seu grau de flexibilidade e sua capacidade de acomodar e solucionar situações imprevistas. No mesmo passo, porém, também crescerá a insegurança, em decorrência da imprevisibilidade das soluções aventadas, e a falta de uniformidade de tais soluções, com prejuízos evidentes para a isonomia".

levou à superação do positivismo jurídico – para o qual apenas as regras possuiriam *status* normativo – foi impulsionada por alguns exageros principialistas, na doutrina e na jurisprudência[76].

Por fim, a diferença de papéis entre as regras e os princípios, no plano político-ideológico, implica reavivar as duas grandes funções desempenhadas pela Constituição em um Estado democrático de direito: (i) proteger valores fundamentais e consensos básicos contra a ação predatória das maiorias e (ii) garantir o funcionamento adequado da democracia e do pluralismo político. A proteção dos consensos é feita por meio de regras – âmbito no qual se situa o núcleo essencial dos princípios[77] –, ficando limitada, em sua interpretação, quer a ação do legislador quer a de juízes e tribunais. Já o pluralismo político se manifestará na escolha, pelas maiorias de cada época, dos meios que serão empregados para a realização dos valores e fins constitucionais – *i.e.*, dos princípios – em tudo que diga respeito à sua parte não nuclear[78]. O ponto merece breve aprofundamento[79].

Como já dito e reiterado, regras são descritivas de conduta, ao passo que princípios são valorativos ou finalísticos. Essa característica dos princípios pode acarretar duas consequências. Por vezes, a abstração do estado ideal indicado pela norma dá ensejo a certa elasticidade ou indefinição do seu sentido. É o que acontece, *e.g.*, com a dignidade da pessoa humana, cuja definição varia, muitas vezes, em função das concepções políticas, filosóficas, ideológicas e religiosas do intérprete[80]. Em segundo lugar, ao empregar princípios para formular opções políticas, metas a serem alcançadas e valores a serem preservados e promovidos, a Constituição nem sempre escolhe os meios que devem ser empregados para proteger ou alcançar esses bens jurídicos. Mesmo porque, e esse é um ponto importante, frequentemente, meios variados podem ser adotados para alcançar o mesmo objetivo[81]. As regras, uma vez que descrevem condutas específicas desde logo, não ensejam essas particularidades.

Ora, a decisão do constituinte de empregar princípios ou regras em cada caso não é aleatória ou meramente caprichosa. Ela está associada, na verdade, às diferentes funções que essas duas espécies normativas podem desempenhar no texto constitucional, tendo em conta a intensidade de limitação que se deseja impor aos Poderes constituídos. Ao utilizar a estrutura das regras, o constituinte cria condutas específicas, obrigatórias, e, consequentemente, limites claros à atuação dos poderes políticos. Os princípios, diversamente, indicam um sentido geral e demarcam um espaço dentro do qual as maiorias políticas poderão legitimamente fazer suas escolhas[82].

Um exemplo ajudará a compreensão. A Constituição estabelece como fim público a redução das desigualdades regionais (arts. 3º, III, e 170, VII) e é possível conceber meios variados de tentar realizá-lo. Cada grupo político, por certo, terá a sua proposta nesse particular, e todas poderão ser legítimas do ponto de vista constitucional. Nada obstante, se uma política pública agravar, comprovadamente, a desigualdade das regiões do país, sem qualquer proveito para outros fins constitucionais, ela poderá ser impugnada por violar o fim estabelecido pelo princípio. Ou seja: o princípio constitucional demarca esse

---

76 Analisando esse excesso inicial e o que seria o começo de um movimento de retorno, v. Ana Paula de Barcellos, O direito constitucional em 2006, retrospectiva crítica publicada na *Revista de Direito do Estado*, 5:3, 2007.

77 Sobre o tema, v. Ana Paula de Barcellos, *Ponderação, racionalidade e atividade jurisdicional*, 2005, p. 178.

78 A ideia de núcleo essencial de princípios e de direitos fundamentais envolve, deixe-se assinalado desde logo, um conjunto de complexidades teóricas e práticas que não serão aqui investigadas. Sobre o tema, vejam-se Ana Paula de Barcellos, *Ponderação, racionalidade e atividade jurisdicional*, 2005, p. 139-146; Jane Reis Gonçalves Pereira, *Interpretação constitucional e direitos fundamentais*, 2006; e Luís Virgílio Afonso da Silva, *O conteúdo essencial dos direitos fundamentais e a eficácia das normas constitucionais*, 2005, mimeografado.

79 V. Luís Roberto Barroso, *Temas de direito constitucional*, t. III, 2005, p. 308-321. A questão é analisada com grande densidade teórica em Ana Paula de Barcellos, *Ponderação, racionalidade e atividade jurisdicional*, 2005, p. 166-192.

80 Para uma tentativa de dar conteúdo jurídico mínimo determinado ao princípio da dignidade humana, v. Luís Roberto Barroso, *A dignidade da pessoa humana no direito constitucional contemporâneo*: a construção de um conceito jurídico à luz da jurisprudência mundial, 2012. Na mesma linha, v. Daniel Sarmento, *Dignidade da pessoa humana*: conteúdo, trajetória e metodologia, 2016. V. tb. Ana Paula de Barcellos, *A eficácia jurídica dos princípios constitucionais*: o princípio da dignidade da pessoa humana, 2002, p. 103 e s.

81 Sobre o tema, v. Luís Roberto Barroso, *O direito constitucional e a efetividade de suas normas*, 2000, p. 116 e s.

82 Não se está dizendo que todas as escolhas políticas estão ou devam estar total ou parcialmente antecipadas na Constituição, sob a forma de princípios ou regras. Ao contrário, é natural que boa parte do espectro de decisões não seja tangenciada na Carta, que deveria estar circunscrita aos temas essenciais. Afirma-se apenas que, dentre as decisões veiculadas pelo constituinte, algumas o são já de modo específico – como regras –, ao passo que outras consistem apenas na demarcação de linhas gerais, reservando-se aos agentes políticos um papel de definição dentro da moldura preestabelecida. Sobre os riscos para a democracia decorrentes do "excesso de Constituição", pelos exageros do constituinte e, sobretudo, pela falta de contenção dos intérpretes, v. Daniel Sarmento, Ubiquidade constitucional: os dois lados da moeda, *Revista de Direito do Estado*, 2:83, 2006.

campo dentro do qual as maiorias podem formular suas opções; esse espaço é de fato amplo, mas não ilimitado.

Essa função diferenciada de princípios e regras tem importante repercussão prática, notadamente porque ajuda a demarcar os espaços de competência entre o intérprete constitucional – sobretudo o intérprete judicial – e o legislador. A abertura dos princípios constitucionais permite ao intérprete estendê-los a situações que não foram originariamente previstas, mas que se inserem logicamente no raio de alcance dos mandamentos constitucionais. Porém, onde o constituinte tenha reservado a atuação para o legislador ordinário não será legítimo pretender, por via de interpretação constitucional, subtrair do órgão de representação popular as decisões que irão realizar os fins constitucionais, aniquilando o espaço de deliberação democrática. É preciso distinguir, portanto, o que seja abertura constitucional do que seja silêncio eloquente[83].

5 A eficácia das normas constitucionais

Autores brasileiros, de longa data, dedicam atenção à temática da eficácia das normas constitucionais, isto é, à sua aptidão para produzir efeitos jurídicos. A questão envolve a identificação das situações nas quais a Constituição tem aplicabilidade direta e imediata e aquelas em que isso não ocorre. Nos primórdios da República, Ruy Barbosa reproduziu e adaptou a doutrina norte-americana na matéria, dividindo as normas constitucionais em autoaplicáveis (*self executing*) e não autoaplicáveis (*non self executing*)[84]. O tratamento era claramente insatisfatório[85], mas a problemática, a bem da verdade, jamais chegou a ser crucial nos Estados Unidos, à vista da tradição normativa e judicialista que desde a primeira hora marcou o constitucionalismo daquele país.

Na década de 50, refletindo as lições de Vezio Crisafulli[86], Meirelles Teixeira[87] apresentou sua crítica à doutrina de inspiração norte-americana, que não contemplava aspectos relevantes, dentre os quais: a ingerência do legislador no cumprimento de normas ditas autoexecutáveis, o reconhecimento de efeitos às normas ditas não autoexecutáveis e a existência de situações intermediárias entre um extremo e outro. Propôs, assim, a classificação das normas constitucionais em duas categorias distintas: a) normas de eficácia *plena* e; b) normas de eficácia *limitada* ou *reduzida*, dividindo estas últimas em normas *programáticas* e normas de *legislação*[88].

---

83 Um exemplo importante de silêncio eloquente na Constituição de 1988 é a não atribuição de competência ao legislador federal para criar monopólios públicos. No regime da Carta de 1967/69, o art. 163 previa expressamente: "São facultados a intervenção no domínio econômico e o monopólio de determinada indústria ou atividade, mediante *lei federal*, quando indispensável por motivo de segurança nacional ou para organizar setor que não possa ser desenvolvido com eficácia no regime de competição e de liberdade de iniciativa, assegurados os direitos e garantias individuais". Diante da não inclusão de dispositivo análogo, a doutrina é pacífica no sentido de não se poderem criar novos monopólios por lei, somente podendo existir os que foram contemplados diretamente no texto constitucional. V. Nelson Eizirik, Monopólio estatal do gás – participação de empresas privadas na sua execução, *Revista Trimestral de Direito Público, 10*:118, 1995; Carlos Eduardo Bulhões Pereira, Monopólio – gás, *Revista Trimestral de Direito Público, 7*:139, 1994; e Luís Roberto Barroso, Regime jurídico do serviço postal, in *Temas de direito constitucional*, t. II, 2003. Apesar disso, o STF entendeu válida a exclusividade da Empresa Brasileira de Correios e Telégrafos – EBCT na prestação do serviço postal (ADPF 46, *DJU*, 25 fev. 2010, Rel. p/ o acórdão Min. Eros Grau). Ou seja: em manifesto descompasso com a contemporaneidade, manteve o "monopólio postal" na era da internet.

84 V. Thomas M. Cooley, *Treatise on the constitutional limitations*, 1890; e Ruy Barbosa, *Comentários à Constituição Federal brasileira* (coligidos e ordenados por Homero Pires), 1933, t. II, p. 481 e s.

85 Fato que, de certa forma, era reconhecido pelo próprio Ruy Barbosa, *Comentários à Constituição Federal brasileira* (coligidos e ordenados por Homero Pires), 1933, t. II, p. 489, ao lavrar: "Não há, numa Constituição, cláusulas a que se deva atribuir meramente o valor de conselhos, avisos ou lições. Todas têm força imperativa de regras, ditadas pela soberania ou popular a seus órgãos".

86 *La Costituzione e le sue disposizioni di principio*, 1952.

87 J. H. Meirelles Teixeira, *Curso de direito constitucional*, 1991, texto revisto e atualizado por Maria Garcia. Este livro, como se tornou notório, resultou da compilação das anotações das aulas de Meirelles Teixeira na Pontifícia Universidade Católica de São Paulo, ao longo da década de 50. As ideias do velho professor, que Geraldo Ataliba equiparou, no prefácio da obra, aos grandes nomes da sua geração (Sampaio Dória, Victor Nunes Leal e M. Seabra Fagundes, dentre outros), somente chegaram ao conhecimento do grande público no início da década de 90, em razão do meritório esforço da professora Maria Garcia em publicá-las.

88 J. H. Meirelles Teixeira, *Curso de direito constitucional*, 1991, p. 317 e s. Escreveu ele que as normas de eficácia *plena* são aquelas "que produzem, desde o momento de sua promulgação, todos os seus efeitos essenciais, isto é, todos os objetivos especialmente visados pelo legislador constituinte, porque este criou, desde logo, uma normatividade para isso suficiente, incidindo direta e imediatamente sobre a matéria que lhes constitui objeto". As de eficácia *limitada* ou

No final da década de 60, José Afonso da Silva publicou a primeira edição de seu clássico *Aplicabilidade das normas constitucionais*, no qual aprofunda o tema a partir dos desenvolvimentos que lhe haviam dado os citados Vezio Crisafulli e Meirelles Teixeira. De acordo com José Afonso, as normas constitucionais, no tocante à sua eficácia e aplicabilidade, comportam uma classificação tricotômica, assim enunciada: a) normas constitucionais de eficácia plena e aplicabilidade imediata; b) normas constitucionais de eficácia contida e aplicabilidade imediata, mas passíveis de restrição; c) normas constitucionais de eficácia limitada ou reduzida, que compreendem as normas definidoras de princípio institutivo e as definidoras de princípio programático, em geral dependentes de integração infraconstitucional para operarem a plenitude de seus efeitos[89].

De acordo com essa formulação, normas de eficácia *plena* são as que receberam do constituinte normatividade suficiente à sua incidência imediata e independem de providência normativa ulterior para sua aplicação[90]. Normas de eficácia *contida* (melhor se diria *restringível*, como sugeriu Michel Temer[91]) são as que receberam, igualmente, normatividade suficiente para reger os interesses de que cogitam, mas preveem meios normativos (leis, conceitos genéricos etc.) que lhes podem reduzir a eficácia e aplicabilidade[92]. Por último, normas de eficácia *limitada* são as que não receberam do constituinte normatividade suficiente para sua aplicação, o qual deixou ao legislador ordinário a tarefa de completar a regulamentação das matérias nelas traçadas em princípio ou esquema[93]. Essas normas, contudo, ao contrário do que ocorria com as ditas não autoaplicáveis, não são completamente desprovidas de normatividade. Pelo contrário, são capazes de surtir uma série de efeitos, revogando as normas infraconstitucionais anteriores com elas incompatíveis, constituindo parâmetro para a declaração da

---

reduzida são as normas "que não produzem, logo ao serem promulgadas, todos os seus efeitos essenciais, porque não se estabeleceu, sobre a matéria, uma normatividade para isso suficiente, deixando total ou parcialmente essa tarefa ao legislador ordinário". E quanto às normas *programáticas* e *de legislação*: "As primeiras, versando sobre matéria eminentemente *ético-social*, constituem, verdadeiramente, programas de ação social (econômica, religiosa, cultural etc.), assinalados ao legislador ordinário. Já quanto às normas de 'legislação', seu conteúdo não apresenta essa natureza ético-social, mas inserem-se na parte de *organização da Constituição*, e, excepcionalmente, na relativa aos direitos e garantias (liberdades)".

89 José Afonso da Silva, *Aplicabilidade das normas constitucionais*, 1998, cita como exemplos.

90 O autor cita como exemplos de normas de eficácia plena "as hipóteses contempladas nos arts. 21(competência da União), 25 a 28 e 29 e 30 (competências dos Estados e Municípios), 145, 153, 155 e 156 (repartição de competências tributárias), e as normas que estatuem as atribuições dos órgãos dos Poderes Legislativo, Executivo e Judiciário (arts. 48 e 49, 51 e 52, 70 e 71, 84 e 101-122)". V. José Afonso da Silva, *Aplicabilidade das normas constitucionais*, 1998, p. 89.

91 Segundo Michel Temer, *Elementos de direito constitucional*, 1990, p. 27, normas constitucionais de eficácia contida "são aquelas que têm aplicabilidade imediata, integral, plena, mas que podem ter reduzido seu alcance pela atividade do legislador infraconstitucional. Por isso mesmo, aliás, preferimos denominá-las de *normas constitucionais de eficácia redutível ou restringível*".

92 Conforme José Afonso da Silva, *Aplicabilidade das normas constitucionais*, 1998, p. 105-106, são hipóteses de normas constitucionais de eficácia contida: (i) o art. 5º, VIII, pois "confirma-se, nesse inciso, a liberdade de crença assegurada no inciso VI do mesmo artigo e de convicção filosófica ou política, que encontram fundamento no inciso IV e no art. 220, § 2º, como formas de manifestação do pensamento. Nessa parte, a regra é plenamente eficaz e de aplicabilidade imediata, mas essa eficácia pode ser *contida (restringida)* em relação àquele que se eximir de obrigação legal imposta a todos e se recusar a cumprir a prestação alternativa, *fixada em lei*"; (ii) o art. 5º, XIII, pois, apesar da garantia da liberdade para escolha profissional, "o legislador ordinário, não obstante, pode estabelecer qualificações profissionais para tanto [...] a lei só pode interferir para exigir certa habilitação para o exercício de uma ou outra profissão ou ofício. Na ausência de lei, a liberdade é ampla, em sentido teórico".

93 Quanto às normas de eficácia limitada, José Afonso da Silva, *Aplicabilidade das normas constitucionais*, 1998, apresenta como exemplos: (i) o art. 32, § 4º ("Lei federal disporá sobre a utilização, pelo Governo do Distrito Federal, das polícias civil e militar e do corpo de bombeiros militar"); (ii) o art. 37, XI ("a lei fixará o limite máximo e a relação de valores entre a maior e menor remuneração dos servidores públicos [...]"; (iii) o art. 146 ("Cabe à lei complementar: I – dispor sobre conflitos de competência, em matéria tributária, entre a União, os Estados, o Distrito Federal e os Municípios; II – regular as limitações constitucionais ao poder de tributar; III – estabelecer normas gerais em matéria de legislação tributária, especialmente sobre: a) definição de tributos e de suas espécies, bem como, em relação aos impostos discriminados nesta Constituição, a dos respectivos fatos geradores, bases de cálculo e contribuintes; b) obrigação, lançamento, crédito, prescrição e decadência tributários; c) adequado tratamento tributário ao ato cooperativo praticado pelas sociedades cooperativas; d) definição de tratamento diferenciado e favorecido para as microempresas e para as empresas de pequeno porte, inclusive regimes especiais ou simplificados no caso do imposto previsto no art. 155, II, das contribuições previstas no art. 195, I e §§ 12 e 13, e da contribuição a que se refere o art. 239").

inconstitucionalidade por ação e por omissão, e fornecendo conteúdo material para a interpretação das demais normas que compõem o sistema constitucional[94].

Essa classificação recebeu críticas diversas[95]. Uma das mais consistentes foi formulada por Luís Virgílio Afonso da Silva. Em apertada síntese, sua tese é a seguinte: há impropriedade na referência a normas de eficácia plena, ao menos no campo dos direitos fundamentais, porque não há direitos absolutos. Sendo assim, todos estão sujeitos a restrições, sejam as decorrentes da atuação do legislador, sejam as que resultarão de sopesamentos feitos pelo intérprete. Ademais, se todos os direitos são restringíveis, a segunda espécie de normas – as de eficácia contida – não tem razão de existir como categoria autônoma. Por fim, reiterando ideia que se tornou corrente, reconhece o autor que todos os direitos dependem de atuações estatais, meios institucionais e condições fáticas e jurídicas para se realizarem. Assim sendo, tampouco se justifica a identificação de normas de eficácia limitada, porque todas o são[96].

O tema da eficácia e do próprio papel das normas constitucionais foi objeto de algumas outras reflexões importantes[97], tendo voltado ao centro do debate acadêmico pela pena do autor português J. J. Gomes Canotilho, com sua célebre tese de doutoramento, publicada em 1982, sob o título de *Constituição dirigente e vinculação do legislador*. Nesse trabalho, sobre o qual veio a formular, bem adiante, reflexão crítica severa[98], Canotilho difundiu a ideia da Constituição dirigente, "entendida como o bloco de normas constitucionais em que se definem fins e tarefas do Estado, se estabelecem diretivas e estatuem imposições"[99]. O estudo envolve a complexa ambição de constitucionalização da política, tendo como núcleo essencial do debate as relações entre o constituinte e o legislador ou, nas palavras do autor: "o que deve (e pode) uma constituição ordenar aos órgãos legiferantes e o que deve (como e quando deve) fazer o legislador para cumprir, de forma regular, adequada e oportuna, as imposições constitucionais"[100].

Os trabalhos notáveis acima identificados, em meio a outros, dedicaram-se, substancialmente, à *eficácia jurídica*, para concluir que todas as normas constitucionais a possuem, em maior ou menor intensidade, e que são aplicáveis nos limites de seu teor objetivo. Por opção metodológica ou por acreditar estar a matéria fora do plano jurídico[101], a doutrina não deu atenção especial a um problema diverso e vital: o de saber se os efeitos potenciais da norma se produzem de fato. O Direito existe para realizar-se

---

94   V. José Afonso da Silva, *Aplicabilidade das normas constitucionais*, 2001, p. 164: "Em conclusão, as normas programáticas têm eficácia jurídica imediata, direta e vinculante nos casos seguintes: I – estabelecem um dever para o legislador ordinário; II – condicionam a legislação futura, com a consequência de serem inconstitucionais as leis ou atos que as ferirem; III – informam a concepção do Estado e da sociedade e inspiram sua ordenação jurídica, mediante a atribuição de fins sociais, proteção dos valores da justiça social e revelação dos componentes do bem comum; IV – constituem sentido teleológico para a interpretação, integração e aplicação das normas jurídicas; V – condicionam a atividade discricionária da Administração e do Judiciário; VI – criam situações jurídicas subjetivas, de vantagem ou desvantagem, o que será visto no capítulo seguinte".

95   Manoel Gonçalves Ferreira Filho, *Curso de direito constitucional*, 2005, p. 389. V. tb. André Ramos Tavares, *Curso de direito constitucional*, 2006, p. 95-97.

96   Luís Virgílio Afonso da Silva, *O conteúdo essencial dos direitos fundamentais e a eficácia das normas constitucionais*, 2005, p. 326-327, mimeografado: "*[S]e tudo é restringível*, perde sentido qualquer distinção que dependa da aceitação ou rejeição de restrições a direitos – logo, não se pode distinguir entre normas de eficácia plena e normas de eficácia contida ou restringível; além disso, *se tudo é regulamentável* e, mais do que isso, *depende de regulamentação para produzir todos os seus* efeitos, perde sentido qualquer distinção que dependa da aceitação ou rejeição de regulamentações a direitos – logo, não se pode distinguir entre normas de eficácia plena e normas de eficácia limitada".

97   Celso Antônio Bandeira de Mello, Eficácia das normas constitucionais sobre justiça social, *RDP*, 57:233, 1981; Celso Ribeiro Bastos e Carlos Ayres de Britto, *Interpretação e aplicabilidade das normas constitucionais*, 1982; Maria Helena Diniz, *Norma constitucional e seus efeitos*, 1989.

98   V. J. J. Gomes Canotilho, Rever ou romper com a Constituição dirigente? Defesa de um constitucionalismo moralmente reflexivo, *Revista dos Tribunais – Cadernos de Direito Constitucional e Ciência Política*, 15:7, 1996. Esse texto foi incorporado a uma reflexão mais ampla, contida no prefácio da 2ª edição do *Constituição dirigente e vinculação do legislador*, 2001. V. tb. Jacinto de Miranda Coutinho (org.), *Canotilho e a Constituição dirigente*, 2003, especialmente o texto de Eros Roberto Grau, "Resenha do prefácio da 2ª edição". É bem de ver, no entanto, que a Constituição portuguesa de 1976 trazia em si uma ideologia, um projeto específico de poder, de inspiração socialista. Esse jamais foi o caso da Constituição brasileira de 1988, que desde a sua origem abrigou um modelo pluralista. Não se pode assim, a rigor, dar à expressão *Constituição dirigente* o mesmo sentido em Portugal e no Brasil.

99   J. J. Gomes Canotilho, *Constituição dirigente e vinculação do legislador*, 2001, p. 224.

100   J. J. Gomes Canotilho, *Constituição dirigente e vinculação do legislador*, 2001, p. 11. Sobre o tema, v. tb. Gilberto Bercovici, A problemática da constituição dirigente: algumas considerações sobre o caso brasileiro, *Revista de Informação Legislativa do Senado Federal*, 142:35, 1999.

101   Na 3ª edição de seu *Aplicabilidade das normas constitucionais*, 1998, p. 13, escreveu o professor José Afonso da Silva: "*Aplicabilidade* significa a qualidade do que é aplicável. No sentido jurídico, diz-se da norma que tem possibilidade de ser aplicada, isto é, da norma que tem capacidade de produzir efeitos jurídicos. Não se cogita de saber se ela

e a verificação do cumprimento ou não de sua função social não pode ser estranha ao seu objeto de interesse e de estudo.

A esse tema dediquei um texto escrito em 1985 – *A efetividade das normas constitucionais: por que não uma Constituição para valer?*[102] – e minha tese de livre-docência, escrita em 1988, intitulada *A força normativa da Constituição. Elementos para a efetividade das normas constitucionais*[103]. Esses dois trabalhos procuravam introduzir de forma radical a juridicidade no direito constitucional brasileiro e substituir a linguagem retórica por um discurso substantivo, objetivo, comprometido com a realização dos valores e dos direitos contemplados na Constituição. Essas ideias foram retomadas e aprofundadas em alguns estudos preciosos[104].

Passadas algumas décadas, ambos os objetivos que haviam movido a mim próprio e à minha geração – dar ao direito constitucional uma nova linguagem e um sentido normativo – realizaram-se amplamente. Decerto, a produção acadêmica terá tido o seu papel, mas não se deve ter a ingenuidade – ou, mais grave, a pretensão – de supor que a realidade se transforme drasticamente porque assim se escreveu ou desejou. Os processos históricos amadurecem e eclodem na sua hora. O dia amanhece, simultaneamente aos muitos cantos que o anunciam, mas por desígnio próprio[105].

III A CONQUISTA DA EFETIVIDADE DAS NORMAS CONSTITUCIONAIS NO DIREITO BRASILEIRO

1 Antecedentes históricos

A acidentada experiência constitucional brasileira produziu, desde a independência, em 1822, oito cartas políticas. Além da evidente instabilidade, o projeto institucional brasileiro, até a Constituição de 1988, foi marcado pela frustração de propósitos dos sucessivos textos que procuravam repercutir sobre a realidade política e social do país. Vivemos intensamente todos os ciclos do atraso: a escravidão, o coronelismo, o golpismo, a manipulação eleitoral, a hegemonia astuciosa de alguns Estados membros da Federação, o populismo, o anticomunismo legitimador de barbaridades diversas, uma ditadura civil e outra militar. Até a sorte nos faltou em dois momentos cruciais de retomada democrática: a morte de Tancredo Neves, em 1985, e o *impeachment* de Collor de Mello, em 1992.

Na antevéspera da convocação da constituinte de 1988, era possível identificar um dos fatores crônicos do fracasso na realização do Estado de direito no país: a falta de seriedade em relação à lei fundamental, a indiferença para com a distância entre o texto e a realidade, entre o ser e o dever-ser. Dois exemplos emblemáticos: a Carta de 1824 estabelecia que "a lei será igual para todos", dispositivo que conviveu, sem que se assinalassem perplexidade ou constrangimento, com os privilégios da nobreza, o voto censitário e o regime escravocrata. Outro: a Carta de 1969, outorgada pelos Ministros da Marinha de Guerra, do Exército e da Aeronáutica Militar, assegurava um amplo elenco de liberdades públicas inexistentes e prometia aos trabalhadores um pitoresco elenco de direitos sociais não desfrutáveis, que incluíam "colônias de férias e clínicas de repouso".

Além das complexidades e sutilezas inerentes à concretização de qualquer ordem jurídica, havia no país uma patologia persistente, representada pela insinceridade constitucional. A Constituição, nesse

---

produz *efetivamente* esses efeitos. Isso já seria uma perspectiva sociológica, e diz respeito à sua eficácia social, enquanto nosso tema se situa no campo da ciência jurídica, não da sociologia jurídica".

102 In *Anais do Congresso Nacional de Procuradores do Estado*, 1996.

103 Publicado em versão comercial sob o título *O direito constitucional e a efetividade de suas normas*, 1990, reeditado até a 9ª edição, em 2009, quando deixei de atualizá-lo. O trabalho é dividido em três partes: I – Raízes e causas do fracasso institucional brasileiro; II – Conceitos fundamentais para uma nova realidade constitucional; III – Meios para assegurar a efetividade das normas constitucionais.

104 Com orgulho, destaco alguns deles, escritos por jovens brilhantes, que foram meus alunos na graduação e na pós-graduação na Universidade do Estado do Rio de Janeiro: Ana Paula de Barcellos, *A eficácia jurídica dos princípios:* o princípio da dignidade da pessoa humana, 2002; Marcos Maselli Gouvêa, *O controle judicial das omissões administrativas*, 2003; José Carlos Vasconcellos dos Reis, *As normas constitucionais programáticas e o controle do Estado*, 2003; Anabelle Macedo Silva, *A concretização judicial das normas constitucionais*, 2004. Em linha filosófica diversa, mas com igual densidade teórica, v. Gustavo Amaral, *Direito, escassez e escolha*, 2001.

105 Luís Roberto Barroso, *O direito constitucional e a efetividade de suas normas*, 2006, Nota Prévia.

140

contexto, tornava-se uma mistificação, um instrumento de dominação ideológica[106], repleta de promessas que não seriam honradas. Nela se buscava não o caminho, mas o desvio; não a verdade, mas o disfarce. A disfunção mais grave do constitucionalismo brasileiro, naquele final de regime militar, encontrava-se na não aquiescência ao sentido mais profundo e consequente da lei maior por parte dos estamentos perenemente dominantes, que sempre construíram uma realidade própria de poder, refratária a uma real democratização da sociedade e do Estado.

A doutrina da efetividade consolidou-se no Brasil como um mecanismo eficiente de enfrentamento da insinceridade normativa e de superação da supremacia política exercida fora e acima da Constituição.

2 Normatividade e realidade fática: possibilidades e limites do direito constitucional

Como assinalado anteriormente, uma das grandes mudanças de paradigma ocorridas ao longo do século XX foi a atribuição à norma constitucional do *status* de norma jurídica. Superou-se, assim, o modelo que vigorou na Europa até meados do século passado, no qual a Constituição era vista como um documento essencialmente político, um convite à atuação dos Poderes Públicos. A concretização de suas propostas ficava invariavelmente condicionada à liberdade de conformação do legislador ou à discricionariedade do administrador. Ao Judiciário não se reconhecia qualquer papel relevante na realização do conteúdo da Constituição.

Uma vez investida na condição de norma jurídica, a norma constitucional passou a desfrutar dos atributos essenciais do gênero, dentre os quais a *imperatividade*. Não é próprio de uma norma jurídica sugerir, recomendar, aconselhar, alvitrar. Normas jurídicas e, *ipso facto*, normas constitucionais contêm comandos, mandamentos, ordens, dotados de força jurídica, e não apenas moral. Logo, sua inobservância há de deflagrar um mecanismo próprio de coação, de cumprimento forçado, apto a garantir-lhes a imperatividade, inclusive pelo estabelecimento das consequências da insubmissão. É bem de ver, nesse domínio, que as normas constitucionais são não apenas normas jurídicas, como têm também um caráter hierarquicamente superior, não obstante a paradoxal equivocidade que longamente campeou nessa matéria, nelas vislumbrando prescrições desprovidas de sanção, mero ideário sem eficácia jurídica.

Pois bem: nesse novo ambiente doutrinário, surgiram tensões inevitáveis entre as pretensões de normatividade do constituinte, as circunstâncias do universo de fato subjacente e, naturalmente, a inércia e a resistência do *status quo*. A aplicação da dogmática jurídica tradicional às categorias do direito constitucional, com sua complexa ambição de disciplinar os fatos políticos, gerou um conjunto vasto de dificuldades teóricas e práticas. Algumas delas são objeto das reflexões que se seguem.

A Constituição jurídica de um Estado é condicionada historicamente pela realidade de seu tempo. Esta é uma evidência que não se pode ignorar. Mas ela não se reduz à mera expressão das circunstâncias concretas de cada época. A Constituição tem uma existência própria, autônoma, embora relativa, que advém de sua força normativa, pela qual ordena e conforma o contexto social e político. Existe, assim, entre a norma e a realidade uma tensão permanente, de onde derivam as *possibilidades* e os *limites* do direito constitucional, como forma de atuação social[107].

O tema envolve inúmeras sutilezas. É costume afirmar, em sistemática repetição, que uma Constituição deve refletir as condições históricas, políticas e sociais de um povo. Conquanto sugira uma obviedade, essa crença merece reflexão. Indaga-se, ao primeiro relance: se uma sociedade, por circunstâncias diversas da sua formação, é marcadamente autoritária e tem um código opressivo de relações sociais, devem o constituinte e o legislador ordinário curvar-se a essa conjuntura e cristalizá-la nos textos normativos? Parece intuitivo que não. Logo, a ordem jurídica não é mero retrato instantâneo de uma dada situação de fato, nem o Direito uma ciência subalterna de passiva descrição da realidade[108].

---

106 Eros Roberto Grau, *A constituinte e a Constituição que teremos*, 1985, p. 44.

107 Konrad Hesse, La fuerza normativa de la Constitución, in *Escritos de derecho constitucional*, 1983, p. 75; Eduardo García de Enterría, *La Constitución como norma y el Tribunal Constitucional*, 1991. V. também Flavio Bauer Novelli, A relatividade do conceito de Constituição e a Constituição de 1967, *Revista de Direito Administrativo, 88*:3, 1967, p. 3 e 6.

108 Konrad Hesse, ex-Juiz do Tribunal Constitucional Federal alemão, em seu valioso ensaio já referido (La fuerza normativa de la Constitución, in *Escritos de derecho constitucional*, 1983, p. 63), assentou com propriedade: "Si las normas de la Constitución no son sino la expresión de relaciones de hecho en continuo cambio, la ciencia de la constitución jurídica tiene que volverse una disciplina jurídica sin Derecho a la que no le queda en último término otra tarea que la de constatar y comentar ininterrumpidamente los hechos producidos por la realidad política. La ciencia

Na outra face do mesmo problema, é de reconhecer que o Direito tem limites que lhe são próprios e que por isso não deve ter a pretensão de normatizar o inalcançável. Esse "otimismo juridicizante"[109] se alimenta da crença desenganada de que é possível salvar o mundo com papel e tinta. Diante de excessos irrealizáveis, a tendência do intérprete é negar o caráter vinculativo da norma, distorcendo, por esse raciocínio, a força normativa da Constituição. As ordens constitucionais devem ser cumpridas em toda a extensão possível. Ocorrendo a impossibilidade fática ou jurídica, deve o intérprete declarar tal situação, deixando de aplicar a norma por esse fundamento e não por falta de normatividade. Aí estarão em cena conceitos como reserva do possível, princípios orçamentários, separação de Poderes, dentre outros. Como já assinalado, certas normas podem ter sua aplicabilidade mitigada por outras normas ou pela realidade subjacente.

3 Conceito de efetividade

Tradicionalmente, a doutrina analisa os atos jurídicos em geral, e os atos normativos em particular, em três planos distintos: o da existência (ou vigência), o da validade e o da eficácia[110]. As anotações que se seguem têm por objeto um quarto plano, que por longo tempo fora negligenciado: o da efetividade ou eficácia social da norma. A ideia de efetividade expressa o cumprimento da norma, o fato real de ela ser aplicada e observada, de uma conduta humana se verificar na conformidade de seu conteúdo[111]. Efetividade, em suma, significa a realização do Direito, o desempenho concreto de sua função social. Ela representa a materialização, no mundo dos fatos, dos preceitos legais e simboliza a aproximação, tão íntima quanto possível, entre o *dever-ser* normativo e o *ser* da realidade social.

Foi longa a trajetória do direito constitucional em busca de efetividade, na Europa em geral e na América Latina em particular. No Brasil, notadamente, a influência do modelo francês deslocava a ênfase do estudo para a parte orgânica da Constituição, com o foco voltado para as instituições políticas. Consequentemente, negligenciava-se a sua parte dogmática (prescritiva, deontológica), a visualização da Constituição como *carta de direitos* e de instrumentalização de sua tutela. Contudo, a partir do início dos anos 80 do século passado, com grande proveito prático, boa parte do debate constitucional brasileiro afastou-se dos domínios da ciência política e aproximou-se do direito processual, produzindo uma *virada jurisprudencial* na matéria[112]. Ao longo da segunda metade da década de 90 e na passagem para o século XXI, com sua identidade própria consolidada, o direito constitucional, entre nós, iniciou sua reaproximação com a filosofia moral e com a filosofia política (v. *infra*).

A efetividade da Constituição há de assentar-se sobre alguns pressupostos indispensáveis. Como foi referido, é preciso que haja, da parte do constituinte, *senso de realidade*, para que não pretenda normatizar o inalcançável, o que seja materialmente impossível em dado momento e lugar. Ademais, deverá ele atuar com boa *técnica legislativa*, para que seja possível vislumbrar adequadamente as posições em que se investem os indivíduos, assim como os bens jurídicos protegidos e as condutas exigíveis. Em terceiro lugar, impõe-se ao Poder Público *vontade política*, a concreta determinação de tornar realidade os comandos constitucionais. E, por fim, é indispensável o consciente *exercício de cidadania*, mediante a exigência, por via de articulação política e de medidas judiciais, da realização dos valores objetivos e dos direitos subjetivos constitucionais.

4 Os direitos subjetivos constitucionais e suas garantias jurídicas

A análise do conteúdo e potencialidades das diferentes categorias de direitos constitucionais deve ser desenvolvida no âmbito do estudo dos direitos fundamentais. Por ora, cumpre consignar que a

---

del Derecho Político no es, entonces, servicio a un orden estatal justo que debe encontrar cumplimiento sino que recibe la penosa función, indigna de una ciencia, de justificar las relaciones de poder existentes".

109 A expressão está em Pablo Lucas Verdú, *Curso de derecho político*, 1976, v. I, p. 28.

110 V. Luís Roberto Barroso, *O direito constitucional e a efetividade de suas normas*, 2006, p. 78 e s. Especificamente sobre o conceito de *vigência*, v. J. H. Meirelles Teixeira, *Curso de direito constitucional*, 1991, p. 285 e s.

111 V. Miguel Reale, *Lições preliminares de Direito*, 1973, p. 135, e Hans Kelsen, *Teoria pura do Direito*, 1979, p. 29-30.

112 O fenômeno aqui descrito não importa em negar a contribuição da ciência política, assim como da história, da sociologia e da filosofia, para a compreensão do direito constitucional e de sua efetiva interação com as instâncias de poder político, social e econômico. Cuida-se apenas de afirmar que o estudo do direito constitucional sob perspectiva eminentemente jurídica, com ênfase na realização prática de suas prescrições, deu novo *status* à disciplina e elevou o patamar de funcionamento do Estado democrático de direito no Brasil. Não é preciso abrir mão disso para reconhecer a importância de se manterem canais de comunicação entre o Direito e os demais ramos das ciências sociais.

doutrina da efetividade importou e difundiu, no âmbito do direito constitucional, um conceito tradicionalmente apropriado pelo direito civil, mas que, na verdade, integra a teoria geral do direito: o de *direito subjetivo*. Por direito subjetivo, abreviando uma longa discussão, entende-se o poder de ação, assente no direito objetivo, e destinado à satisfação de um interesse. Mais relevante para os fins aqui visados é assinalar as características essenciais dos direitos subjetivos, a saber: a) a ele corresponde sempre um *dever jurídico* por parte de outrem; b) ele é *violável*, vale dizer, pode ocorrer que a parte que tem o dever jurídico, que deveria entregar determinada prestação, não o faça; c) violado o dever jurídico, nasce para o seu titular uma *pretensão*, podendo ele servir-se dos mecanismos coercitivos e sancionatórios do Estado, notadamente por via de uma ação judicial.

Em desenvolvimento do raciocínio, as normas constitucionais definidoras de direitos – isto é, de direitos subjetivos constitucionais – investem os seus beneficiários em situações jurídicas imediatamente desfrutáveis, a serem efetivadas por prestações positivas ou negativas, exigíveis do Estado ou de outro eventual destinatário da norma. Não cumprido espontaneamente o dever jurídico, o titular do direito lesado tem reconhecido constitucionalmente o direito de exigir do Estado que intervenha para assegurar o cumprimento da norma, com a entrega da prestação. Trata-se do direito de ação, previsto no art. 5º, XXXV, da Constituição, em dispositivo assim redigido: "a lei não excluirá da apreciação do Poder Judiciário lesão ou ameaça a direito".

O direito de ação – ele próprio um direito subjetivo, consistente na possibilidade de exigir do Estado que preste jurisdição – tem fundamento constitucional. Mas as ações judiciais, normalmente, são instituídas e disciplinadas pela legislação infraconstitucional. A Constituição brasileira, todavia, institui ela própria algumas ações. Tradicionalmente, desde a Constituição de 1934, três eram as ações constitucionais: o *habeas corpus* (que fora constitucionalizado desde 1891 – CF/88, art. 5º, LXVIII), o mandado de segurança (art. 5º, LXIX) e a ação popular (art. 5º, LXXIII). A Constituição de 1988 ampliou esse elenco, acrescentando o mandado de segurança coletivo (art. 5º, LXX), a ação civil pública (art. 129, III), o mandado de injunção (art. 5º, LXXI) e o *habeas data* (art. 5º, LXXII)[113]. O direito de ação e as ações constitucionais e infraconstitucionais constituem as garantias jurídicas dos direitos constitucionais e os principais mecanismos de efetivação das normas constitucionais quando não cumpridas espontaneamente.

Em uma proposição, a doutrina da efetividade pode ser assim resumida: todas as normas constitucionais são normas jurídicas dotadas de eficácia e veiculadoras de comandos imperativos. Nas hipóteses em que tenham criado direitos subjetivos – políticos, individuais, sociais ou difusos – são elas, como regra, direta e imediatamente exigíveis, do Poder Público ou do particular, por via das ações constitucionais e infraconstitucionais contempladas no ordenamento jurídico. O Poder Judiciário, como consequência, passa a ter papel ativo e decisivo na concretização da Constituição.

5 A inconstitucionalidade por omissão

A maior parte dos comandos constitucionais se materializa em normas cogentes, que não podem ter sua incidência afastada pela vontade das partes, ao contrário do que ocorre, no âmbito privado, com as normas dispositivas. As normas cogentes se apresentam nas versões proibitiva e preceptiva, vedando ou impondo determinados comportamentos, respectivamente. É possível, portanto, violar a Constituição praticando um ato que ela interditava ou deixando de praticar um ato que ela exigia. Porque assim é, a Constituição é suscetível de violação por via de *ação*, uma conduta positiva, ou por via de *omissão*, uma inércia ilegítima[114].

---

113 A jurisprudência do Supremo Tribunal Federal, a seu turno, cuidou ainda de desenvolver o mandado de injunção coletivo, posteriormente disciplinado pela Lei n. 13.300/2016, e, por fim, o *habeas corpus* coletivo. Sobre o último, v. STF, HC 143.641, Rel. Min. Ricardo Lewandowski, j. 20.2.2018.

114 V. STF, ADI 1.458 MC/DF, Rel. Min. Celso de Mello, *DJ*, 20.9.1996: "O desrespeito à Constituição tanto pode ocorrer mediante ação estatal quanto mediante inércia governamental. A situação de inconstitucionalidade pode derivar de um comportamento ativo do Poder Público, que age ou edita normas em desacordo com o que dispõe a Constituição, ofendendo-lhe, assim, os preceitos e os princípios que nela se acham consignados. Essa conduta estatal, que importa em um *facere* (atuação positiva), gera a inconstitucionalidade por ação. Se o Estado deixar de adotar as medidas necessárias à realização concreta dos preceitos da Constituição, em ordem a torná-los efetivos, operantes e exequíveis, abstendo-se, em consequência, de cumprir o dever de prestação que a Constituição lhe impôs, incidirá em violação negativa do texto constitucional. Desse *non facere* ou *non praestare*, resultará a inconstitucionalidade por omissão, que pode ser total, quando é nenhuma a providência adotada, ou parcial, quando é insuficiente a medida efetivada pelo Poder Público".

A inconstitucionalidade por omissão, como um fenômeno novo, que tem desafiado a criatividade da doutrina, da jurisprudência e dos legisladores, é a que se refere à inércia na elaboração de *atos normativos* necessários à realização dos comandos constitucionais. Como regra, legislar é uma faculdade do legislador. A decisão de criar ou não lei acerca de determinada matéria insere-se no âmbito de sua discricionariedade ou, mais propriamente, de sua *liberdade de conformação*. De ordinário, sua inércia ou sua decisão política de não agir não caracterizarão comportamento inconstitucional. Todavia, nos casos em que a Constituição impõe ao órgão legislativo o dever de editar norma reguladora da atuação de determinado preceito constitucional, sua abstenção será ilegítima e configurará caso de inconstitucionalidade por omissão.

O tema da inconstitucionalidade por omissão foi amplamente debatido nos anos que antecederam a convocação e os trabalhos da Assembleia Constituinte que resultaram na Constituição de 1988. A nova Carta concebeu dois remédios jurídicos diversos para enfrentar o problema: (i) o mandado de injunção (art. 5º, LXXI), para a tutela incidental e *in concreto* de direitos subjetivos constitucionais violados devido à ausência de norma reguladora; e (ii) a ação de inconstitucionalidade por omissão (art. 103, § 2º), para o controle por via principal e em tese das omissões normativas. No início da vigência da Constituição e por longos anos, nenhuma das duas fórmulas teve grande sucesso prático, à vista das vicissitudes da técnica legislativa empregada e das limitações que lhes foram impostas pela jurisprudência do Supremo Tribunal Federal, que resistiu a trazer para si a missão de suprir a omissão do legislador[115]. Entretanto, hoje, a resistência parece superada, tendo o Tribunal atuado, em diversas oportunidades, de modo a suprir as omissões do Poder Público e assegurar a máxima efetividade às normas constitucionais[116].

6 Consagração da doutrina da efetividade e novos desenvolvimentos teóricos

A doutrina da efetividade se desenvolveu e foi sistematizada no período que antecedeu a convocação da Assembleia Constituinte que viria a elaborar a Constituição de 1988. Partindo da constatação ideológica de que o constituinte é, como regra geral, mais progressista do que o legislador ordinário, forneceu substrato teórico para a consolidação e aprofundamento do processo de democratização do Estado e da sociedade no Brasil.

Para realizar esse objetivo, o movimento pela efetividade promoveu, com sucesso, três mudanças de paradigma na teoria e na prática do direito constitucional no país. No plano *jurídico*, atribuiu normatividade plena à Constituição, que passou a ter aplicabilidade direta e imediata, tornando-se fonte de direitos e obrigações. Do ponto de vista *científico* ou dogmático, reconheceu ao direito constitucional um objeto próprio e autônomo, estremando-o do discurso puramente político ou sociológico. E, por fim, sob o aspecto *institucional*, contribuiu para a ascensão do Poder Judiciário no Brasil, dando-lhe um papel mais destacado na concretização dos valores e dos direitos constitucionais.

Esse discurso normativo, científico e judicialista não constituiu, propriamente, uma preferência acadêmica, filosófica ou estética. Ele resultou de uma necessidade histórica. O *positivismo constitucional*, que deu impulso ao movimento, não importava em *reduzir* o direito à norma, mas sim em *elevá-lo* a esta condição, pois até então ele havia sido menos do que norma. A efetividade foi o rito de passagem do

---

115 V. Luís Roberto Barroso, *O controle de constitucionalidade no direito constitucional brasileiro*, 2019, p. 53-60, 185-208 e 325-352.

116 No segundo semestre de 2007, o STF deu novo impulso ao mandado de injunção, ao superar a jurisprudência restritiva que firmara anteriormente (a partir do *leading case* no MI 107-3-DF) e produzir uma espécie de "sentença aditiva" regulamentadora do art. 37, VII, relativo ao exercício do direito de greve no serviço público. A Corte deliberou que, até a superação da omissão pelo Congresso Nacional, aplicar-se-ia a Lei n. 7.783/89, que trata da matéria no setor privado. MI 670/ES, Rel. orig. Min. Maurício Corrêa, Rel. p/ o acórdão Min. Gilmar Mendes, 25.10.2007. Finalmente, o mandado de injunção veio a ser, ele próprio, regulamentado pela Lei n. 13.300/2016. Mais recentemente, o Tribunal julgou procedente, ainda, ação direta de inconstitucionalidade por omissão, em que reconheceu a inconstitucionalidade da inércia do legislador em implementar os mandados de criminalização das condutas de homofobia e transfobia (art. 5º, XLI, XLII), determinando, com base em interpretação conforme a constituição, o seu enquadramento no conceito racismo, previsto na Lei n. 7.716/1989, até que o Congresso Nacional disponha sobre o tema. A decisão indica que o STF passou a considerar possível a superação da omissão inconstitucional também por meio da ação direta de inconstitucionalidade por omissão. V. STF, ADO 26, Rel. Min. Celso de Mello, e MI 4733, Rel. Min. Edson Fachin, j. 13.6.2019. Por fim, vale mencionar que tramitam na corte outras importantes ações que tratam de omissões normativas e administrativas do Poder Público, a exemplo daquelas que versam sobre o Fundo Nacional sobre Mudança do Clima e do Fundo Amazônia. V., respectivamente, ADPF 708, Rel. Min. Luís Roberto Barroso, e ADO 59, Rel. Min. Rosa Weber.

velho para o novo direito constitucional, fazendo com que a Constituição deixasse de ser uma miragem, com as honras de uma falsa supremacia, que não se traduzia em proveito para a cidadania.

A preocupação com o cumprimento da Constituição, com a realização prática dos comandos nela contidos, enfim, com a sua *efetividade*, incorporou-se, de modo natural, à vivência jurídica brasileira pós-1988. Passou a fazer parte da pré-compreensão do tema, como se houvéssemos descoberto o óbvio após longa procura. As poucas situações em que o Supremo Tribunal Federal deixou de reconhecer aplicabilidade direta e imediata às normas constitucionais foram destacadas e comentadas em tom severo[117]. Em menos de uma geração, o direito constitucional brasileiro passou da desimportância ao apogeu, tornando-se o centro formal, material e axiológico do sistema jurídico.

A doutrina da efetividade serviu-se, como se deduz explicitamente da exposição até aqui desenvolvida, de uma metodologia *positivista*: direito constitucional é norma; e de um critério *formal* para estabelecer a exigibilidade de determinados direitos: se está na Constituição é para ser cumprido. O sucesso aqui celebrado não é infirmado pelo desenvolvimento de novas formulações doutrinárias, de base *pós-positivista* e voltadas para a fundamentalidade *material* da norma. Entre nós – talvez diferentemente do que se passou em outras partes –, foi a partir do novo patamar criado pelo constitucionalismo brasileiro da efetividade[118] que ganharam impulso os estudos acerca do neoconstitucionalismo e da teoria dos direitos fundamentais[119].

---

117 Dentre elas as referentes aos juros reais de 12% (art. 192, § 3º, já revogada pela EC n. 40, de 2003); ao direito de greve dos servidores públicos (art. 37, VII); e ao próprio objeto e alcance do mandado de injunção (art. 5º, LXXI).

118 A expressão foi empregada por Cláudio Pereira de Souza Neto, Fundamentação e normatividade dos direitos fundamentais: uma reconstrução teórica à luz do princípio democrático, in Luís Roberto Barroso (org.), *A nova interpretação constitucional:* ponderação, direitos fundamentais e relações privadas, 2003.

119 Marcos Maselli Gouvêa, *O controle judicial das omissões administrativas*, 2003, discorre acerca do postulado da efetividade como marco teórico relevante para a teoria dos direitos fundamentais no Brasil, notadamente quanto ao reconhecimento dos direitos prestacionais.

PARTE **II**

O NOVO DIREITO CONSTITUCIONAL BRASILEIRO:
MUDANÇAS DE PARADIGMAS E A CONSTRUÇÃO
DO MODELO CONTEMPORÂNEO

CAPÍTULO I | ANTECEDENTES TEÓRICOS E FILOSÓFICOS

Sumário: I – A teoria jurídica tradicional. II – A teoria crítica do Direito. III – Ascensão e decadência do jusnaturalismo. IV – Ascensão e decadência do positivismo jurídico.

I   A TEORIA JURÍDICA TRADICIONAL[1]

O Direito é uma invenção humana, um fenômeno histórico e cultural, concebido como técnica de solução de conflitos e instrumento de pacificação social. Onde quer que haja um agrupamento humano, normas de organização e conduta tendem a desenvolver-se, ainda que de forma tácita e precária. O Direito praticado em Roma – que vicejou em torno das relações privadas, com o direito civil no centro do sistema – espalha-se pelos vastos territórios conquistados, sobrevivendo como base jurídica comum mesmo após a decadência do Império. Desenvolvido em seus conceitos pelos comentadores, sobretudo pela chamada escola das *Pandectas*, de origem germânica, daria origem à família jurídica romano-germânica, dominante na Europa continental e posteriormente exportada para os domínios sob sua influência.

O Estado moderno surge no século XVI, ao final da Idade Média, sobre as ruínas do feudalismo e fundado no direito divino dos reis. Na prática jurídica, predomina a herança comum do direito romano, ainda não reunido em diplomas legislativos sistemáticos. Na passagem do Estado absolutista para o Estado liberal, o Direito incorpora o jusnaturalismo racionalista dos séculos XVII e XVIII, matéria-prima das revoluções francesa e americana. Começa a era das codificações, inaugurada pelo Código Napoleônico, de 1804, que espelha a pretensão racionalista da época. O Direito moderno, em suas categorias principais, consolida-se no século XIX, já arrebatado pela onda positivista, com *status* e ambição de ciência.

Surgem os mitos. A lei passa a ser vista como expressão superior da razão. A ciência do Direito – ou, também, teoria geral do Direito, dogmática jurídica – é o domínio asséptico da segurança e da justiça. O Estado é a fonte única do poder e do Direito. O sistema jurídico é completo e autossuficiente: lacunas eventuais são resolvidas internamente, pelo costume, pela analogia, pelos princípios gerais. Separada da filosofia do Direito por incisão profunda, a dogmática jurídica volta seu conhecimento apenas para a sua própria estrutura, para a lei e o ordenamento positivo, sem qualquer reflexão sobre seu próprio saber e seus fundamentos de legitimidade.

Na aplicação desse direito puro e idealizado, pontifica o Estado como árbitro imparcial. A interpretação jurídica é um processo silogístico de subsunção dos fatos à norma. O juiz – *la bouche qui prononce les paroles de la loi*[2] – é um revelador de verdades abrigadas no comando geral e abstrato da lei. Refém da separação de Poderes, não lhe cabe qualquer papel criativo. Em síntese simplificadora, estas são algumas das principais características do Direito na perspectiva clássica: a) caráter científico; b) emprego da lógica formal; c) pretensão de completude; d) pureza científica; e) racionalidade da lei e neutralidade do intérprete. Tudo regido por um ritual solene, que abandonou a peruca, mas conservou a tradição e o formalismo. Têmis, vendada, balança na mão, é o símbolo maior, musa de muitas gerações: o Direito produz ordem e justiça, com equilíbrio e igualdade.

Ou talvez não seja bem assim.

---

1   Hans Kelsen, *Teoria pura do Direito*, 1979; Norberto Bobbio, *Teoria do ordenamento jurídico*, 1990; Karl Engisch, *Introdução ao pensamento jurídico*, 1996; Karl Larenz, *Metodologia da ciência do Direito*, 1997; René David, *Os grandes sistemas jurídicos*, 1978; Miguel Reale, *Lições preliminares de Direito*, 1990; Claus-Wilhelm Canaris, *Pensamento sistemático e conceito de sistema na ciência do Direito*, 1996; Tercio Sampaio Ferraz Júnior, *Função social da dogmática jurídica*, 1998; José Reinaldo de Lima Lopes, *O Direito na história*, 2000; António Manuel Hespanha, *A cultura jurídica europeia*: síntese de um milênio, 2015; Mario G. Losano, *Os grandes sistemas jurídicos*, 2007; e José de Oliveira Ascensão, *O Direito*: introdução e teoria geral, 1993.

2   Montesquieu, *De l'esprit des lois*, livre XI, chap. 6, 1748. No texto em português (*O espírito das leis*, Saraiva, 1987, p. 176): "Mas os Juízes da Nação, como dissemos, são apenas a boca que pronuncia as palavras da lei; seres inanimados que não lhe podem moderar nem a força, nem o rigor".

II A TEORIA CRÍTICA DO DIREITO[3]

Sob a designação genérica de teoria crítica do direito, abriga-se um conjunto de movimentos e de ideias que questionam o saber jurídico tradicional na maior parte de suas premissas: cientificidade, objetividade, neutralidade, estatalidade, completude. Funda-se na constatação de que o Direito não lida com fenômenos que se ordenam independentemente da atuação do sujeito, seja ele o legislador, o juiz ou o jurista. Esse engajamento entre sujeito e objeto compromete a pretensão científica do Direito e, como consequência, seu ideal de objetividade, de um conhecimento que não seja contaminado por opiniões, preferências, interesses e preconceitos.

A teoria crítica, portanto, enfatiza o caráter ideológico do Direito, equiparando-o à política, a um discurso de legitimação do poder. O Direito surge, em todas as sociedades organizadas, como a institucionalização dos interesses dominantes, o acessório normativo da hegemonia de classe. Em nome da racionalidade, da ordem, da justiça, encobre-se a dominação, disfarçada por uma linguagem que a faz parecer natural e neutra. Contra isso, a teoria crítica preconiza a atuação concreta, a militância do operador jurídico, à vista da concepção de que o papel do conhecimento não é somente a interpretação do mundo, mas também a sua transformação[4].

Uma das teses fundamentais do pensamento crítico é a admissão de que o Direito possa não estar integralmente contido na lei, tendo condição de existir independentemente da bênção estatal, da positivação, do reconhecimento expresso pela estrutura de poder. O intérprete deve buscar a justiça, ainda quando não a encontre na lei. A teoria crítica resiste, também, à ideia de completude, de autossuficiência e de *pureza*, condenando a cisão do discurso jurídico, que dele afasta os outros conhecimentos teóricos. O estudo do sistema normativo (dogmática jurídica) não pode insular-se da realidade (sociologia do direito) e das bases de legitimidade que devem inspirá-lo e possibilitar a sua própria crítica (filosofia do direito)[5]. A interdisciplinaridade, que colhe elementos em outras áreas do saber – inclusive os menos óbvios, como a psicanálise ou a linguística – tem uma fecunda colaboração a prestar ao universo jurídico.

O pensamento crítico teve expressão na produção acadêmica de diversos países, notadamente nas décadas de 70 e 80. Na França, a *Critique du Droit*, influenciada por Althusser, procurou atribuir caráter científico ao Direito, mas propôs uma ciência de base marxista, que seria a única ciência verdadeira[6]. Nos Estados Unidos, os *Critical Legal Studies*, também sob influência marxista – embora menos explícita –, difundiram sua crença de que *law is politics*, convocando os operadores jurídicos a recompor a ordem legal e social com base em princípios humanísticos e comunitários[7]. Anteriormente, na Alemanha, a denominada Escola de Frankfurt lançara algumas das bases da teoria crítica, questionando o postulado

---

3   Marx e Engels, *Obras escolhidas*, 1961, 2 v.; Luiz Fernando Coelho, *Teoria crítica do Direito*, 1991; Óscar Correas, *Crítica da ideologia jurídica*, 1995; Michel Miaille, *Introdução crítica ao Direito*, 1989; Luis Alberto Warat, *Introdução geral ao Direito*, 1994-1995, 2 v.; Plauto Faraco de Azevedo, *Crítica à dogmática e hermenêutica jurídica*, 1989; Antonio Carlos Wolkmer, *Introdução ao pensamento crítico*, 1995; Luis Alberto Warat, O outro lado da dogmática jurídica, in Leonel Severo da Rocha (org.), *Teoria do Direito e do Estado*, 1994; Robert Hayman e Nancy Levit, *Jurisprudence:* contemporary readings, problems, and narratives, 1994; Enrique Marí et al., *Materiales para una teoría crítica del derecho*, 1991; Carlos María Cárcova, *A opacidade do Direito*, 1998; Óscar Correas, El neoliberalismo en el imaginario jurídico, in *Direito e neoliberalismo:* elementos para uma leitura interdisciplinar, 1996; Edmundo Lima de Arruda Jr., *Introdução à sociologia jurídica alternativa*, 1993, e *Direito, marxismo e liberalismo*, 2001; Clèmerson Merlin Clève, A teoria constitucional e o direito alternativo (para uma dogmática constitucional emancipatória), in *Direito alternativo:* seminário nacional sobre o uso alternativo do direito, Instituto dos Advogados Brasileiros, 1993; Luiz Edson Fachin, *Teoria crítica do direito civil*, 2000; Paulo Ricardo Schier, *Filtragem constitucional*, 1999; Leonel Severo Rocha, Da teoria do Direito à teoria da sociedade, in *Teoria do Direito e do Estado*, 1994; Ted Honderich (editor), *The Oxford companion to philosophy*, 1995; Marilena Chauí, *Convite à filosofia*, 1999; Marcus Vinicius Martins Antunes, Engels e o Direito, in *Fios de Ariadne:* ensaios de interpretação marxista, 1999; Boaventura de Souza Santos, *Para um novo senso comum:* a ciência, o Direito e a política na transição paradigmática, 2000.

4   Proposição inspirada por uma passagem de Marx, na XI Tese sobre Feuerbach: os filósofos apenas interpretaram de diversos modos o mundo; o que importa é transformá-lo.

5   Elías Díaz, *Ética contra política:* los intelectuales y el poder, 1990, p. 17-31; v. tb. Plauto Faraco de Azevedo, *Crítica à dogmática e hermenêutica jurídica*, 1989, p. 36.

6   Óscar Correas, *Crítica da ideologia jurídica*, 1995, p. 126-132. Michel Miaille, *Introdução crítica ao Direito*, 1989, p. 327: "Esta experiência crítica do direito abre campo a uma nova maneira de tratar o direito. [...] É o sentido profundo do marxismo, deslocar o terreno do conhecimento do real, oferecendo uma passagem libertadora: o trabalho teórico liberta e emancipa condições clássicas da investigação intelectual pelo fato decisivo de o pensamento marxista refletir, ao mesmo tempo, sobre as condições da sua existência e sobre as condições da sua interseção na vida social". De Louis Althusser, v., em português, *Aparelhos ideológicos de Estado*, 1998.

7   Robert L. Hayman e Nancy Levit, *Jurisprudence:* contemporary readings, problems, and narratives, 1994, p. 215. Uma das lideranças do movimento foi o professor de Harvard, de nacionalidade brasileira, Roberto Mangabeira Unger, que produziu um dos textos mais difundidos sobre esta corrente de pensamento: *The critical legal studies movement*,

positivista da separação entre ciência e ética, completando a elaboração de duas categorias nucleares – a ideologia e a práxis[8] –, bem como identificando a existência de duas modalidades de razão: a instrumental e a crítica[9]. A produção filosófica de pensadores como Horkheimer, Marcuse, Adorno e, mais recentemente, Jürgen Habermas, terá sido a principal influência pós-marxista da teoria crítica.

No Brasil, a teoria crítica do direito compartilhou dos mesmos fundamentos filosóficos que a inspiraram em sua matriz europeia, tendo se manifestado em diferentes vertentes de pensamento: epistemológico, sociológico, semiológico[10], psicanalítico[11] e da teoria crítica da sociedade[12]. Todos eles tinham como ponto comum a denúncia do Direito como instância de poder e instrumento de dominação de classe, enfatizando o papel da ideologia na ocultação e legitimação dessas relações. O pensamento crítico no país alçou voos de qualidade e prestou inestimável contribuição científica. Mas não foi um sucesso de público.

Nem poderia ter sido diferente. O embate para ampliar o grau de conscientização dos operadores jurídicos foi desigual. Além da hegemonia quase absoluta da dogmática convencional – beneficiária da tradição e da inércia –, a teoria crítica conviveu, também, com um inimigo poderoso: a ditadura militar e seu arsenal de violência institucional, censura e dissimulação. A atitude filosófica em relação à ordem jurídica era afetada pela existência de uma *legalidade paralela* – dos atos institucionais e da segurança nacional – que, frequentemente, desbordava para um Estado de fato. Não eram tempos amenos para o pensamento de esquerda e para o questionamento das estruturas de poder político e de opressão social.

Na visão de curto prazo, o trabalho de *desconstrução* desenvolvido pela teoria crítica, voltado para a desmistificação do conhecimento jurídico convencional, trouxe algumas *consequências problemáticas*[13], dentre as quais: a) o abandono do Direito como espaço de atuação das forças progressistas, menosprezado em seu papel transformador; b) o desperdício das potencialidades interpretativas das normas em vigor. Disso resultou que o mundo jurídico se tornou feudo do pensamento conservador ou, no mínimo, tradicional. E que não se exploraram as potencialidades da aplicação de normas de elevado cunho social, algumas inscritas na própria Constituição outorgada pelo regime militar. Sobre o ponto, averbei em outro estudo:

> "No início e em meados da década de 80, na América Latina, ainda sob o signo do autoritarismo militar e do anticomunismo truculento, o direito constitucional vagava errante entre dois extremos, ambos destituídos de normatividade. De um lado, plena de razões e em nome da causa da humanidade, a teoria crítica denunciava o direito como legitimador do *status quo*, instrumento puramente formal de dominação, incapaz de contribuir para o avanço do processo social e para a superação das estruturas de opressão e desigualdade. De outro lado, o pensamento constitucional convencional, mimetizado pela ditadura, acomodava-se a uma perspectiva historicista e puramente descritiva das instituições vigentes. Indiferente à ausência de uma verdadeira ordem jurídica e ao silêncio forçado das ruas, resignava-se a uma curricular desimportância. Cada uma dessas vertentes – a crítica e a convencional –, por motivos opostos, desprezava as potencialidades da Constituição como fonte de um verdadeiro direito"[14].

1986. Para uma história do movimento, v. Mark Tushnet, Critical legal studies: a political history, *Yale Law Journal*, *100*:1515, 1991. Para uma crítica da teoria crítica, v. Owen Fiss, The death of the law, *Cornell Law Review*, 72:1, 1986.

8 Luiz Fernando Coelho, *Teoria crítica do Direito*, 1991, p. 398: "As categorias críticas exsurgidas dessa dialética são a práxis, que se manifesta como teoria crítica, como atividade produtiva e como ação política, e a ideologia, vista como processo de substituição do real pelo imaginário e de legitimação da ordem social real em função do imaginário".

9 Marilena Chauí, *Convite à filosofia*, 1999: "Os filósofos da Teoria Crítica consideram que existem, na verdade, duas modalidades da razão: a *razão instrumental* ou razão técnico-científica, que está a serviço da exploração e da dominação, da opressão e da violência, e a *razão crítica* ou filosófica, que reflete sobre as contradições e os conflitos sociais e políticos e se apresenta como uma força libertadora".

10 Para um alentado estudo da interpretação jurídica sob essa perspectiva, v. Lenio Luiz Streck, *Hermenêutica jurídica em crise*, 1999.

11 Sobre essa temática, vejam-se dois trabalhos publicados na obra coletiva *Direito e neoliberalismo*: elementos para uma leitura interdisciplinar, 1996: Agustinho Ramalho, Subsídios para pensar a possibilidade de articular direito e psicanálise, e Jacinto de Miranda Coutinho, Jurisdição, psicanálise e o mundo neoliberal.

12 Luiz Fernando Coelho, *Teoria crítica do Direito*, 1991, p. 396-397.

13 Paulo Schier, *Filtragem constitucional*, 1999, p. 34: "Essas teorias, de certa forma, acabaram por desencadear algumas consequências problemáticas, dentre as quais [...]: (i) a impossibilidade de se vislumbrar a dogmática jurídica como instrumento de emancipação dos homens em sociedade e (ii) o esvaziamento da dignidade normativa da ordem jurídica".

14 Luís Roberto Barroso, *O direito constitucional e a efetividade de suas normas*, 2006 (1ª ed. 1990), Nota Prévia.

Porém, dentro de uma visão histórica mais ampla, é impossível desconsiderar a influência decisiva que a teoria crítica teve no surgimento de uma geração menos dogmática, mais permeável a outros conhecimentos teóricos e sem os mesmos compromissos com o *status quo*. A teoria crítica deve ser vista, nesse início de século, na mesma perspectiva que a teoria marxista: apesar de seu refluxo na quadra atual, sobretudo após os eventos desencadeados a partir de 1989 (queda do muro de Berlim e fim da União Soviética), conserva as honras de ter contestado, modificado e elevado o patamar do conhecimento convencional. Nesse início de milênio, ela vive os dilemas do pensamento de esquerda em geral[15].

A redemocratização no Brasil impulsionou uma volta ao Direito[16]. É certo que já não se alimenta a crença de que a lei seja "a expressão da vontade geral institucionalizada"[17] e se reconhece que, frequentemente, ela estará a serviço de interesses poderosos, e não da justiça ou da razão. Mas ainda assim ela significa um avanço histórico: fruto do debate político, a lei representa a despersonalização do poder e a institucionalização da vontade política. O tempo das negações absolutas passou. Não existe compromisso com o outro sem a lei[18]. É preciso, portanto, explorar as potencialidades positivas da dogmática jurídica, investir na interpretação principiológica, fundada em valores, na ética e na razão possível. A liberdade de que o pensamento intelectual desfruta hoje impõe compromissos tanto com a legalidade democrática como com a conscientização e a emancipação. Não há, no particular, nem incompatibilidade nem exclusão.

III   ASCENSÃO E DECADÊNCIA DO JUSNATURALISMO[19]

O termo "jusnaturalismo" identifica uma das principais correntes filosóficas que tem acompanhado o Direito ao longo dos séculos, fundada na existência de um *direito natural*. Sua ideia básica consiste no reconhecimento de que há, na sociedade, um conjunto de valores e de pretensões humanas legítimas que não decorrem de uma norma jurídica emanada do Estado, isto é, independem do direito positivo. Esse direito natural tem validade em si, legitimado por uma ética superior, e estabelece limites à própria norma estatal. Tal crença contrapõe-se a outra corrente filosófica de influência marcante, o positivismo jurídico, que será examinado mais à frente.

---

15   Confira-se, a propósito, a reflexão de Boaventura de Souza Santos, *Para um novo senso comum:* a ciência, o Direito e a política na transição paradigmática, 2002, p. 35, que, após assinalar a dicotomia *consenso/resignação*, fez sobre o ponto a seguinte análise: "A teoria crítica foi desenvolvida para lutar contra o consenso como forma de questionar a dominação e criar o impulso de lutar contra ela. Como proceder numa situação em que o consenso deixou de ser necessário e, portanto, a sua desmistificação deixou de ser a mola do inconformismo? É possível lutar contra a resignação com as mesmas armas teóricas, analíticas e políticas com que se lutou contra o consenso?".

16   Pessoalmente, fiz a travessia do pensamento crítico para a utilização construtiva da dogmática jurídica em um trabalho escrito em 1986 – *A efetividade das normas constitucionais (Por que não uma Constituição para valer?)*, apresentado no Congresso Nacional de Procuradores de Estado, Brasília, 1986 (in *Anais do Congresso Nacional de Procuradores de Estado*, 1986) e no VIII Congresso Brasileiro de Direito Constitucional, Porto Alegre, 1987. Esse texto foi a base de minha tese de livre-docência, concluída em 1988, e que se converteu no livro *O direito constitucional e a efetividade de suas normas* (1ª ed. 1990). Mais à frente, no *Interpretação e aplicação da Constituição*, 2006, p. 301 (1ª ed. 1995), expressei minha convicção sobre o ponto: "Sem abrir mão de uma perspectiva questionadora e crítica, é possível, com base nos princípios maiores da Constituição e nos valores do processo civilizatório, dar um passo à frente na dogmática constitucional. Cuida-se de produzir um conhecimento e uma prática asseguradores das grandes conquistas históricas, mas igualmente comprometidos com a transformação das estruturas vigentes. O esboço de uma dogmática autocrítica e progressista, que ajude a ordenar um país capaz de gerar riquezas e distribuí-las adequadamente".

17   Declaração dos Direitos do Homem e do Cidadão, 1789, art. 6º: "A lei é a expressão da vontade geral institucionalizada".

18   Luis Alberto Warat, O outro lado da dogmática jurídica, in Leonel Severo Rocha (org.), *Teoria do Direito e do Estado*, 1994, p. 83-85.

19   Sobre jusnaturalismo, v. Norberto Bobbio, *Locke e o direito natural*, 1998, e *Giusnaturalismo e positivismo giuridico*, 1965; Guido Fassò, Jusnaturalismo, in Norberto Bobbio, Nicola Matteucci e Gianfranco Pasquino, *Dicionário de política*, 1998; Hans Kelsen, *A justiça e o direito natural*, 1963; Ana Paula de Barcellos, As relações da filosofia do direito com a experiência jurídica. Uma visão dos séculos XVIII, XIX e XX. Algumas questões atuais, *Revista Forense*, 351:10, 2000; Viviane Nunes Araújo Lima, *A saga do zangão:* uma visão sobre o direito natural, 1999; Noel Struchiner, Algumas "proposições fulcrais" acerca do direito: o debate jusnaturalismo vs. juspositivismo, in Antônio Cavalcanti et al. (org.), *Perpectivas atuais da filosofia do direito*, 2005; George Christie e Patrick Martin, *Jurisprudence*: text and readings on the philosophy of law, 1995, p. 118-390.

O rótulo genérico do *jusnaturalismo* tem sido aplicado a fases históricas diversas e a conteúdos heterogêneos, que remontam à Antiguidade Clássica[20] e chegam aos dias de hoje, passando por densa e complexa elaboração ao longo da Idade Média[21]. A despeito das múltiplas variantes, o direito natural apresenta-se, fundamentalmente, em duas versões: a) a de uma lei estabelecida pela vontade de Deus; b) a de uma lei ditada pela razão. O direito natural moderno começa a formar-se a partir do século XVI, procurando superar o dogmatismo medieval e escapar do ambiente teológico em que se desenvolveu. A ênfase na natureza e na razão humanas, e não mais na origem divina, é um dos marcos da Idade Moderna e base de uma nova cultura laica, consolidada a partir do século XVII[22].

A modernidade, que se iniciara no século XVI, com a reforma protestante, a formação dos Estados nacionais e a chegada dos europeus à América, prospera em um ambiente cultural não mais integralmente submisso à teologia cristã. Desenvolvem-se os ideais de conhecimento e de liberdade, no início de seu confronto com o absolutismo. O jusnaturalismo passa a ser a filosofia natural do Direito e associa-se ao iluminismo[23] na crítica à tradição anterior, dando substrato jurídico-filosófico às duas grandes conquistas do mundo moderno: a tolerância religiosa e a limitação ao poder do Estado. A burguesia articula sua chegada ao poder.

A crença de que o homem possui *direitos naturais*, vale dizer, um espaço de integridade e de liberdade a ser obrigatoriamente preservado e respeitado pelo próprio Estado, foi o combustível das revoluções liberais e fundamento das doutrinas políticas de cunho individualista que enfrentaram a monarquia absoluta. A Revolução Francesa e sua Declaração dos Direitos do Homem e do Cidadão (1789)[24] e, anteriormente, a Declaração de Independência dos Estados Unidos (1776)[25] estão impregnadas de ideias jusnaturalistas, sob a influência marcante de John Locke[26], autor emblemático dessa corrente filosófica

---

20 O jusnaturalismo tem sua origem associada à cultura grega, na qual Platão já se referia a uma justiça inata, universal e necessária. Coube a Cícero sua divulgação em Roma, em passagem célebre de seu *Da república*, que teve forte influência no pensamento cristão e na doutrina medieval: "A razão reta, conforme à natureza, gravada em todos os corações, imutável, eterna, cuja voz ensina e prescreve o bem [...]. Essa lei não pode ser contestada, nem derrogada em parte, nem anulada; não podemos ser isentos de seu cumprimento pelo povo nem pelo senado [...]. Não é uma lei em Roma e outra em Atenas, – uma antes e outra depois, mas uma, sempiterna e imutável, entre todos os povos e em todos os tempos; uno será sempre o seu imperador e mestre, que é Deus, seu inventor, sancionador e publicador, não podendo o homem desconhecê-la sem renegar a si mesmo..." (Cícero, *Da república*, Ediouro, s.d., p. 100).

21 Santo Tomás de Aquino (1225-1274) desenvolveu o mais influente sistema filosófico e teológico da Idade Média, o tomismo, demarcando fronteiras entre a fé e a razão. Pregando ser a lei um ato de razão, e não de vontade, distinguiu quatro espécies de leis: uma lei eterna, uma lei natural, uma lei positiva humana e uma lei positiva divina. Sua principal obra foi a *Summa teologica*. Sobre o contexto histórico de Tomás de Aquino, v. José Reinaldo de Lima Lopes, *O direito na história*, 2000, p. 144 e s.

22 O surgimento do jusnaturalismo moderno é usualmente associado à doutrina de Hugo Grócio (1583-1645), exposta em sua obra clássica *De iure belli ac pacis*, de 1625, considerada, também, precursora do direito internacional. Ao difundir a ideia de direito natural como aquele que poderia ser reconhecido como válido por todos os povos, porque fundado na razão, Grócio desvincula-o *não só da vontade de Deus, como de sua própria existência*. Vejam-se: Bobbio, Matteucci e Pasquino, *Dicionário de política*, 1986, p. 657; e Ana Paula de Barcellos, As relações da filosofia do Direito com a experiência jurídica. Uma visão dos séculos XVIII, XIX e XX. Algumas questões atuais, *Revista Forense*, 351:3, 2000, p. 8-9.

23 *Iluminismo* designa a revolução intelectual que se operou na Europa, especialmente na França, no século XVIII. O movimento representou o ápice das transformações iniciadas no século XIV, com o Renascimento. O antropocentrismo e o individualismo renascentistas, ao incentivarem a investigação científica, levaram à gradativa separação entre o campo da fé (religião) e o da razão (ciência), determinando profundas transformações no modo de pensar e de agir do homem. Para os iluministas, somente através da razão o homem poderia alcançar o conhecimento, a convivência harmoniosa em sociedade, a liberdade individual e a felicidade. Ao propor a reorganização da sociedade com uma política centrada no homem, sobretudo no sentido de lhe garantir a liberdade, a filosofia iluminista defendia a causa burguesa contra o Antigo Regime. Alguns nomes que merecem destaque na filosofia e na ciência política: Descartes, Locke, Montesquieu, Voltaire e Rousseau.

24 O Preâmbulo da Declaração afirma que ela contém *os direitos naturais, inalienáveis e sagrados do Homem*, tendo o art. 2º a seguinte dicção: "Artigo 2º O fim de toda a associação política é a conservação dos direitos naturais e imprescindíveis do homem. Esses direitos são a liberdade, a propriedade, a segurança e a resistência à opressão".

25 Da Declaração, redigida por Thomas Jefferson, constam referências às *leis da natureza* e ao *Deus da natureza*, e a seguinte passagem: "Sustentamos que estas verdades são evidentes, que todos os homens foram criados iguais, que foram dotados por seu Criador de certos Direitos inalienáveis, que entre eles estão a Vida, a Liberdade e a Busca da Felicidade".

26 Autor dos *Dois tratados sobre o governo civil*, 1689-1690, e do *Ensaio sobre o entendimento humano*, 1690. Vejam-se John Locke, *Second treatise of government*, 1980, e *Ensaio acerca do entendimento humano*, 1990.

e do pensamento contratualista, no qual foi antecedido por Hobbes[27] e sucedido por Rousseau[28]. Sem embargo da precedência histórica dos ingleses, cuja *Revolução Gloriosa* foi concluída em 1689, o Estado liberal ficou associado a esses eventos e a essa fase da história da humanidade[29]. O constitucionalismo moderno inicia sua trajetória.

O jusnaturalismo racionalista esteve uma vez mais ao lado do iluminismo no movimento de codificação do Direito, no século XVIII, cuja maior realização foi o Código Civil francês – o Código Napoleônico –, que entrou em vigor em 1804. Em busca de clareza, unidade e simplificação, incorporou-se à tradição jurídica romano-germânica a elaboração de códigos, isto é, documentos legislativos que agrupam e organizam sistematicamente as normas em torno de determinado objeto. Completada a revolução burguesa, o direito natural viu-se "domesticado e ensinado dogmaticamente"[30]. A técnica de codificação tende a promover a identificação entre Direito e lei. A Escola da Exegese, por sua vez, irá impor o apego ao texto e à interpretação gramatical e histórica, cerceando a atuação criativa do juiz em nome de uma interpretação pretensamente objetiva e neutra[31].

O advento do Estado liberal, a consolidação dos ideais constitucionais em textos escritos e o êxito do movimento de codificação simbolizaram a vitória do direito natural, o seu apogeu. Paradoxalmente, representaram, também, a sua superação histórica[32]. No início do século XIX, os direitos naturais, cultivados e desenvolvidos ao longo de mais de dois milênios, haviam se incorporado de forma generalizada aos ordenamentos positivos[33]. Já não traziam a revolução, mas a conservação. Considerado metafísico e anticientífico, o direito natural é empurrado para a margem da história pela onipotência positivista do século XIX.

IV ASCENSÃO E DECADÊNCIA DO POSITIVISMO JURÍDICO[34]

O positivismo filosófico foi fruto de uma idealização do conhecimento científico, uma crença romântica e onipotente de que os múltiplos domínios da indagação e da atividade intelectual pudessem

---

27 Thomas Hobbes, *Leviathan*, 1985 (a 1ª edição da obra é de 1651).

28 Jean-Jacques Rousseau, *O contrato social*, s.d. (a 1ª edição de *Du contrat social* é de 1762).

29 Em seu magnífico estudo *On revolution*, 1987 (1ª ed. 1963), Hannah Arendt comenta o fato intrigante de que foi a Revolução Francesa, e não a Inglesa ou a Americana, que correu mundo e simbolizou a divisão da história da humanidade em antes e depois. Escreveu ela: "A 'Revolução Gloriosa', evento pelo qual o termo (revolução), paradoxalmente, encontrou seu lugar definitivo na linguagem política e histórica, não foi vista como uma revolução, mas como uma restauração do poder monárquico aos seus direitos pretéritos e à sua glória. [...] Foi a Revolução Francesa e não a Americana que colocou fogo no mundo. [...] A triste verdade na matéria é que a Revolução Francesa, que terminou em desastre, entrou para a história do mundo, enquanto a Revolução Americana, com seu triunfante sucesso, permaneceu como um evento de importância pouco mais que local" (p. 43, 55-56).

30 José Reinaldo de Lima Lopes, *O Direito na história*, 2000, p. 188.

31 Sobre codificação, Escola da Exegese e *fetichismo da lei*, vejam-se: Gustavo Tepedino, O Código Civil, os chamados microssistemas e a Constituição: premissas para uma reforma legislativa, in Gustavo Tepedino (org.), *Problemas de direito civil-constitucional*, 2000; Maria Celina Bodin de Moraes, Constituição e direito civil: tendências, in *Anais da XVII Conferência Nacional dos Advogados*, 1999.

32 Bobbio, Matteucci e Pasquino, *Dicionário de política*, 1986, p. 659: "Com a promulgação dos códigos, principalmente do napoleônico, o Jusnaturalismo exauria a sua função no momento mesmo em que celebrava o seu triunfo. Transposto o direito racional para o código, não se via nem admitia outro direito senão este. O recurso a princípios ou normas extrínsecos ao sistema do direito positivo foi considerado ilegítimo".

33 Ana Paula de Barcellos, As relações da filosofia do direito com a experiência jurídica. Uma visão dos séculos XVIII, XIX e XX. Algumas questões atuais, *Revista Forense*, 351:3, 2000, p. 10: "Em fins do século XVIII e início do século XIX, com a instalação do Estado Liberal e todo o seu aparato jurídico (constituição escrita, igualdade formal, princípio da legalidade etc.), o *direito natural* conheceria seu momento áureo na história moderna do direito. As ideias desenvolvidas no âmbito da filosofia ocidental haviam se incorporado de uma forma sem precedentes à realidade jurídica. Talvez por isso mesmo, tendo absorvido os elementos propostos pela reflexão filosófica, o direito haja presumido demais de si mesmo, considerando que podia agora prescindir dela. De fato, curiosamente, a sequência histórica reservaria para o pensamento jusfilosófico não apenas um novo nome – filosofia do direito – como também mais de um século de ostracismo".

34 Hans Kelsen, *Teoria pura do Direito*, 1979; H. L. A. Hart, *The concept of law*, 1988; George Christie e Patrick Martin, *Jurisprudence*: text and readings on the philosophy of law, 1995, p. 392-724; Norberto Bobbio, *O positivismo jurídico*, 1995; Bobbio, Matteucci e Pasquino, *Dicionário de política*, 1986; Nicola Abbagnano, *Dicionário de filosofia*, 1998; Giorgio del Vecchio, *Filosofía del Derecho*, 1991; José Reinaldo de Lima Lopes, *O Direito na história*, 2000; Antonio M. Hespanha, *Panorama histórico da cultura jurídica europeia*, 1977; Nelson Saldanha, *Filosofia do Direito*, 1998; Bertrand Russell, *História do pensamento ocidental*, 2001; Vladímir Tumánov, *O pensamento jurídico burguês contemporâneo*, 1984; Margarida Maria Lacombe Camargo, *Hermenêutica e argumentação*, 1999; Ana Paula de Barcellos, As relações da filosofia do direito com a experiência jurídica. Uma visão dos séculos XVIII, XIX e XX. Algumas questões atuais, *Revista Forense*, 351:3, 2000.

ser regidos por leis naturais, invariáveis, independentes da vontade e da ação humana. O homem chegara à sua maioridade racional e tudo passara a ser ciência: o único conhecimento válido, a única moral, até mesmo a única religião. O universo, conforme divulgado por Galileu, teria uma linguagem matemática, integrando-se a um sistema de leis a serem descobertas, e os métodos válidos nas ciências da natureza deviam ser estendidos às ciências sociais[35].

As teses fundamentais do positivismo filosófico, em síntese simplificadora, podem ser assim expressas:

(i) a ciência é o único conhecimento verdadeiro, depurado de indagações teológicas ou metafísicas, que especulam acerca de causas e princípios abstratos, insuscetíveis de demonstração;

(ii) o conhecimento científico é objetivo; funda-se na distinção entre sujeito e objeto e no método descritivo, para que seja preservado de opiniões, preferências ou preconceitos;

(iii) o método científico empregado nas ciências naturais, baseado na observação e na experimentação, deve ser estendido a todos os campos de conhecimento, inclusive às ciências sociais.

O positivismo jurídico aplica os fundamentos do positivismo filosófico no mundo do Direito, na pretensão de criar uma *ciência* jurídica, com características análogas às ciências exatas e naturais. A busca de objetividade científica, com ênfase na realidade observável e não na especulação filosófica, apartou o Direito da moral e dos valores transcendentes. Direito é norma, ato emanado do Estado com caráter imperativo e força coativa. A ciência do Direito, como todas as demais, deve fundar-se em juízos *de fato*, que visam ao conhecimento da realidade, e não em juízos *de valor*, que representam uma tomada de posição diante da realidade[36]. Não é no âmbito do Direito que se deve travar a discussão acerca de questões como legitimidade e justiça.

O positivismo comportou algumas variações[37] e, no mundo romano-germânico, teve seu ponto culminante no normativismo de Hans Kelsen[38]. Correndo o risco das simplificações redutoras, é possível apontar algumas características essenciais do positivismo jurídico em sua versão normativista:

(i)   a aproximação quase plena entre Direito e norma;

(ii)   a afirmação da estatalidade do Direito: a ordem jurídica é una e emana do Estado;

(iii) a completude do ordenamento jurídico, que contém conceitos e instrumentos suficientes e adequados para solução de qualquer caso, inexistindo lacunas que não possam ser supridas a partir de elementos do próprio sistema;

(iv)   o formalismo: a validade da norma decorre do procedimento seguido para a sua criação, independendo do conteúdo. Também aqui se insere o dogma da subsunção[39], herdado do formalismo alemão.

---

35 Em sentido amplo, o termo "positivismo" designa a crença ambiciosa na ciência e nos seus métodos. Em sentido estrito, identifica o pensamento de Auguste Comte, que em seu *Curso de filosofia positiva* (seis volumes escritos entre 1830 e 1842), desenvolveu a denominada *lei dos três estados*, segundo a qual o conhecimento humano havia atravessado três estágios históricos: o teológico, o metafísico e ingressara no estágio positivo ou científico.

36 Norberto Bobbio, *Positivismo jurídico*, 1995, p. 135, onde se acrescenta: "A ciência exclui do próprio âmbito os juízos de valor, porque ela deseja ser um conhecimento puramente *objetivo* da realidade, enquanto os juízos em questão são sempre *subjetivos* (ou pessoais) e consequentemente contrários à exigência da objetividade". Pouco mais à frente, o grande mestre italiano, defensor do que denominou "positivismo moderado", desenvolve a distinção, de matriz kelseniana, entre *validade* e *valor* do Direito.

37 Antonio M. Hespanha, *Panorama histórico da cultura jurídica europeia*, 1977, p. 174-175: "[...] As várias escolas entenderam de forma diversa o que fossem 'coisas positivas'. Para uns, positiva era apenas a lei (positivismo legalista). Para outros, positivo era o direito plasmado na vida, nas instituições ou num espírito do povo (positivismo histórico). Positivo era também o seu estudo de acordo com as regras das novas ciências da sociedade, surgidas na segunda metade do século XIX (positivismo sociológico, naturalismo). Finalmente, para outros, positivos eram os conceitos jurídicos genéricos e abstratos, rigorosamente construídos e concatenados, válidos independentemente da variabilidade da legislação positiva (positivismo conceitual)".

38 A obra-prima de Kelsen foi a *Teoria pura do Direito*, cuja primeira edição data de 1934 – embora seus primeiros trabalhos remontassem a 1911 –, havendo sido publicada uma segunda edição em 1960, incorporando alguns conceitos novos.

39 A aplicação do Direito consistiria em um processo lógico-dedutivo de submissão à lei (premissa maior) da relação de fato (premissa menor), produzindo uma conclusão natural e óbvia, meramente declarada pelo intérprete, que não desempenharia qualquer papel criativo. Como visto anteriormente, essa concepção não tem a adesão de Hans Kelsen. Ao contrário, Kelsen critica acidamente a posição de Carl Schmitt, que defende a subsunção como método legítimo de interpretação jurídica, justamente para negar legitimidade à jurisdição constitucional. Nesse sentido, v. Hans Kelsen, Quem deve ser o guardião da Constituição, texto originalmente publicado em 1930, em *Jurisdição constitucional*, 2003, p. 257-258: "Para não permitir que a jurisdição constitucional valha como *jurisdição*, para poder caracterizá-la como *legislação*, Schmitt apoia-se numa concepção da relação entre essas duas funções que acreditávamos até então

O positivismo tornou-se, nas primeiras décadas do século XX, a filosofia dos juristas. A teoria jurídica empenhava-se no desenvolvimento de ideias e de conceitos dogmáticos, em busca da cientificidade anunciada. O Direito reduzia-se ao conjunto de normas em vigor, considerava-se um sistema perfeito e, como todo dogma, não precisava de qualquer justificação além da própria existência[40]. Com o tempo, o positivismo sujeitou-se à crítica crescente e severa, vinda de diversas procedências, até sofrer dramática derrota histórica. A troca do ideal racionalista de justiça pela ambição positivista de certeza jurídica custou caro à humanidade.

Conceitualmente, jamais foi possível a transposição totalmente satisfatória dos métodos das ciências naturais para a área de humanidades. O Direito, ao contrário de outros domínios, não tem nem pode ter uma postura puramente descritiva da realidade, voltada para relatar o que existe. Cabe-lhe prescrever um *dever-ser* e fazê-lo valer nas situações concretas. O Direito tem a pretensão de atuar sobre a realidade, conformando-a e transformando-a. Ele não é um *dado*, mas uma *criação*. A relação entre o sujeito do conhecimento e seu objeto de estudo – isto é, entre o intérprete, a norma e a realidade – é tensa e intensa. O ideal positivista de objetividade e neutralidade é insuscetível de se realizar.

O positivismo pretendeu ser uma *teoria* do Direito, na qual o estudioso assumisse uma atitude cognoscitiva (de conhecimento), fundada em juízos de fato. Mas acabou se convertendo em uma *ideologia*, movida por juízos de valor, por ter-se tornado não apenas um modo de *entender* o Direito, mas também de *querer* o Direito[41]. Em diferentes partes do mundo, o fetiche da lei e o legalismo acrítico, subprodutos do positivismo jurídico, serviram de disfarce para autoritarismos de matizes variados. A ideia de que o debate acerca da justiça se encerrava quando da positivação da norma tinha um caráter legitimador da ordem estabelecida. Qualquer ordem.

Sem embargo da resistência filosófica de outros movimentos influentes nas primeiras décadas do século[42], a decadência do positivismo é emblematicamente associada à derrota do fascismo na Itália e do nazismo na Alemanha. Esses movimentos políticos e militares ascenderam ao poder dentro do quadro de legalidade vigente e promoveram a barbárie em nome da lei. Os principais acusados de Nuremberg invocaram o cumprimento da lei e a obediência a ordens emanadas da autoridade competente. Até mesmo a segregação da comunidade judaica, na Alemanha, teve início com as chamadas *leis raciais*, regularmente editadas e publicadas. Ao fim da Segunda Guerra Mundial, a ideia de um ordenamento jurídico indiferente a valores éticos e da lei como uma estrutura meramente formal, uma embalagem para qualquer produto, já não tinha aceitação no pensamento esclarecido.

A superação histórica do jusnaturalismo e o fracasso político do positivismo abriram caminho para um conjunto amplo e ainda inacabado de reflexões acerca do Direito, sua função social e sua interpretação. O *pós-positivismo* é a designação provisória e genérica de um ideário difuso, no qual se incluem algumas ideias de justiça além da lei e de igualdade material mínima, advindas da teoria crítica, ao lado da teoria dos direitos fundamentais[43] e da redefinição das relações entre valores, princípios e regras, aspectos da chamada *nova hermenêutica*. No capítulo seguinte abre-se um tópico para o estudo dessa nova filosofia do Direito, que tem influenciado de maneira decisiva a produção acadêmica e jurisprudencial dos últimos tempos.

---

poder considerar-se há muito obsoleta. Trata-se da concepção segundo a qual a decisão judicial já está contida pronta na lei, sendo apenas 'deduzida' desta através de uma operação lógica: a jurisdição como automatismo jurídico".

40 Vladímir Tumánov, *O pensamento jurídico burguês contemporâneo*, 1984, p. 141.

41 Norberto Bobbio, *O positivismo jurídico*, 1995, p. 223-224. V. também Michael Löwy, *Ideologias e ciência social:* elementos para uma análise marxista, 1996, p. 40: "O positivismo, que se apresenta como ciência livre de juízos de valor, neutra, rigorosamente científica, [...] acaba tendo uma função política e ideológica".

42 Como, por exemplo, a *jurisprudência dos interesses*, encabeçada por Ihering, e o *movimento pelo direito livre*, no qual se destacou Ehrlich.

43 Sobre o tema, vejam-se: Paulo Bonavides, *Curso de direito constitucional*, 2007, p. 573 e s.; Antônio Augusto Cançado Trindade, *A proteção internacional dos direitos humanos:* fundamentos jurídicos e instrumentos básicos, 1991; Ingo Wolfgang Sarlet, *A eficácia dos direitos fundamentais*, 1998; Flávia Piovesan, *Temas de direitos humanos*, 1998; Ricardo Lobo Torres (org.), *Teoria dos direitos fundamentais*, 1999; Willis Santiago Guerra Filho, *Processo constitucional e direitos fundamentais*, 1999; e Gilmar Ferreira Mendes, Inocêncio Mártires Coelho e Paulo Gustavo Gonet Branco, *Hermenêutica constitucional e direitos fundamentais*, 2000.

| CAPÍTULO II | TRANSFORMAÇÕES DO DIREITO CONSTITUCIONAL CONTEMPORÂNEO |

Sumário: I – A formação do Estado constitucional de direito. II – Marco histórico: pós-guerra e redemocratização. III – Marco filosófico: a construção do pós-positivismo. 1. O princípio da dignidade da pessoa humana. 1.1. A dignidade humana tem natureza jurídica de princípio constitucional. 1.2. O conteúdo jurídico da dignidade humana. 2. O princípio da razoabilidade ou da proporcionalidade. IV – Marco teórico: três mudanças de paradigma. 1. A força normativa da Constituição. 2. A expansão da jurisdição constitucional. 3. A reelaboração doutrinária da interpretação constitucional. 4. Um novo modelo.

I A FORMAÇÃO DO ESTADO CONSTITUCIONAL DE DIREITO

O Estado de direito se consolida na Europa ao longo do século XIX, com a adoção ampla do modelo tornado universal pela Revolução Francesa: separação de Poderes e proteção dos direitos individuais[1]. Na fase imediatamente anterior, prevalecia a configuração pré-moderna do Estado, fundada em premissas teóricas e em fatores reais diversos. E, na sequência histórica do Estado de direito tradicional, já na segunda metade do século XX, desenhou-se uma nova formatação estatal, sob o signo das Constituições normativas. É possível identificar, assim, ao longo dos últimos quinhentos anos, três modelos institucionais diversos: o Estado pré-moderno, o Estado legislativo de direito e o Estado constitucional de direito. Em cada um desses períodos, reservou-se para o Direito, para a ciência jurídica e para a jurisprudência um papel específico[2].

O *Estado pré-moderno*, anterior à consagração da legalidade, caracterizava-se pela pluralidade de fontes normativas, pela tradição romanística de produção jurídica e pela natureza jusnaturalista de sua fundamentação. Doutrina e jurisprudência desempenhavam um papel criativo do Direito e, como consequência, também normativo[3]. O *Estado legislativo de direito*, por sua vez, assentou-se sobre o monopólio estatal da produção jurídica e sobre o princípio da legalidade[4]. A norma legislada converte-se em fator

---

[1] Estado de direito expressa a ideia de supremacia da lei – "governo de leis e não de homens", na formulação clássica –, estando subentendido: a) a submissão da Administração (e dos particulares, naturalmente) à ordem jurídica; e b) a interpretação e aplicação do Direito por juízes independentes. Como assinala Zagrebelsky, a expressão "Estado de direito" traz em si um valor e uma direção. O valor é a eliminação da arbitrariedade na relação da Administração com os indivíduos; a direção é a inversão da relação entre poder e Direito, que deixa de ser, como no Estado absolutista e no Estado de polícia, o rei faz a lei – *rex facit legem* – e passa a ser *lex facit regem*. Na visualização histórica do autor italiano, até chegar ao Estado constitucional da atualidade, caracterizado pela subordinação da lei à Constituição, o Estado foi absolutista no século XVII, foi de polícia ou do despotismo esclarecido no século XVIII, e de direito no século XIX. V. Gustavo Zagrebelsky, *El derecho dúctil*: ley, derechos, justicia, 2005, p. 21-41.

[2] Sobre o tema, funcionando como fio condutor das ideias desse tópico, v. Luigi Ferrajoli, Pasado y futuro del Estado de derecho, in Miguel Carbonell (org.), *Neoconstitucionalismo(s)*, 2003. V. tb. Vital Moreira, O futuro da Constituição, in Eros Roberto Grau e Willis Santiago Guerra Filho, *Estudos em homenagem a Paulo Bonavides*, 2001; e Gustavo Zagrebelsky, *El derecho dúctil*: ley, derechos, justicia, 2005. Para uma valiosa análise da evolução do Estado sob a ótica fiscal, v. Ricardo Lobo Torres, *A ideia de liberdade no Estado patrimonial e no Estado fiscal*, 1991.

[3] No Estado pré-moderno, a formação do Direito não era legislativa, mas jurisprudencial e doutrinária. Não havia um sistema unitário e formal de fontes, mas uma multiplicidade de ordenamentos, provenientes de instituições concorrentes: o Império, a Igreja, o Príncipe, os feudos, os municípios e as corporações. O direito "comum" era assegurado pelo desenvolvimento e atualização da velha tradição romanística e tinha sua validade fundada na intrínseca racionalidade ou na justiça de seu conteúdo. *Veritas, non auctoritas facit legem* é a fórmula que expressa o fundamento *jusnaturalista* de validade do direito pré-moderno. V. Luigi Ferrajoli, Pasado y futuro del Estado de derecho, in Miguel Carbonell (org.), *Neoconstitucionalismo(s)*, 2003, p. 14-17.

[4] A lei é vista como a expressão da vontade geral, na formulação de Jean-Jacques Rousseau, acolhida no art. 6º da Declaração de Direitos do Homem e do Cidadão. O legislador, assim, é tido como infalível e sua atuação como insuscetível de controle. Na construção do "Estado legal" ou legislativo, é a lei que está no centro do ordenamento jurídico. "O 'legicentrismo' é a doutrina dominante até a segunda guerra mundial, não apenas na França, mas também na Europa" (no original: "*Le 'legicentrisme' est la doctrine dominante jusqu'après la seconde guerre mondiale, non seulement en France mais aussi en Europe*"), como anota Louis Favoreu, *La place du Conseil Constitutionnel dans la Constitution de 1958*, disponível em: www.conseil-constitutionnel.fr, acesso em: 26.7.2005.

de unidade e estabilidade do Direito, cuja justificação passa a ser de natureza positivista. A partir daí, a doutrina irá desempenhar um papel predominantemente descritivo das normas em vigor. E a jurisprudência se torna, antes e acima de tudo, uma função técnica de conhecimento, e não de produção do Direito[5].

O *Estado constitucional de direito* desenvolve-se a partir do término da Segunda Guerra Mundial e se aprofunda no último quarto do século XX, tendo por característica central a subordinação da legalidade a uma Constituição rígida. A validade das leis já não depende apenas da forma de sua produção, mas também da efetiva compatibilidade de seu conteúdo com as normas constitucionais, às quais se reconhece a imperatividade típica do Direito. Mais que isso: a Constituição não apenas impõe limites ao legislador e ao administrador, mas lhes determina, também, deveres de atuação. A ciência do Direito assume um papel crítico e indutivo da atuação dos Poderes Públicos, e a jurisprudência passa a desempenhar novas tarefas, dentre as quais se incluem a competência ampla para invalidar atos legislativos ou administrativos e para interpretar criativamente as normas jurídicas à luz da Constituição.

Nesse ambiente é que se verificaram as múltiplas transformações que serão aqui relatadas. Nos três tópicos que se seguem, empreende-se o esforço de reconstituir, de maneira objetiva, a trajetória percorrida pelo direito constitucional nas últimas décadas, na Europa e no Brasil, levando em conta três marcos fundamentais: o histórico, o filosófico e o teórico. Neles estão contidas as ideias e as mudanças de paradigma que mobilizaram a doutrina e a jurisprudência nesse período, criando uma nova percepção da Constituição e de seu papel na interpretação jurídica em geral, especialmente nos países que seguem a tradição romano-germânica.

II MARCO HISTÓRICO: PÓS-GUERRA E REDEMOCRATIZAÇÃO

O marco histórico do novo direito constitucional, na Europa continental, foi o constitucionalismo do pós-guerra, especialmente na Alemanha e na Itália. No Brasil, foi a Constituição de 1988 e o processo de redemocratização que ela ajudou a protagonizar. A seguir, breve exposição sobre cada um desses processos.

A reconstitucionalização da Europa, imediatamente após a Segunda Grande Guerra e ao longo da segunda metade do século XX, redefiniu o lugar da Constituição e a influência do direito constitucional sobre as instituições contemporâneas. A aproximação das ideias de constitucionalismo e de democracia produziu uma nova forma de organização política, que atende por nomes diversos: Estado democrático de direito, Estado constitucional de direito, Estado constitucional democrático. Seria mau investimento de tempo e energia especular sobre sutilezas semânticas na matéria[6].

A principal referência no desenvolvimento do novo direito constitucional na Europa foi a Lei Fundamental de Bonn (Constituição alemã[7]), de 1949, sobretudo após a instalação do Tribunal Constitucional Federal, ocorrida em 1951. A partir daí teve início uma fecunda produção teórica e jurisprudencial, responsável pela ascensão científica do direito constitucional no âmbito dos países de tradição romano-germânica. A segunda referência de destaque é a Constituição da Itália, de 1947, e a subsequente instalação da Corte Constitucional, em 1956. Ao longo da década de 70, a redemocratização e a reconstitucionalização de Portugal (1976) e da Espanha (1978) agregaram valor e volume ao debate sobre o novo direito

---

5 O Estado de direito moderno, assinala ainda Ferrajoli, nasce sob a forma de Estado legislativo de direito. Graças ao princípio da legalidade e às codificações que lhe deram realização, uma norma jurídica não é válida por ser justa, mas por haver sido "posta" por uma autoridade dotada de competência normativa. *Auctoritas, non veritas facit legem*: este é o princípio convencional do positivismo jurídico. Com a afirmação do princípio da legalidade como norma de reconhecimento do Direito existente, a ciência jurídica deixa de ser uma ciência imediatamente normativa para converter-se em uma disciplina cognoscitiva, explicativa do Direito positivo, autônomo e separado em relação a ela. A jurisdição, por sua vez, deixa de ser produção jurisprudencial do Direito e se submete à lei como única fonte de legitimação. V. Luigi Ferrajoli, Pasado y futuro del Estado de derecho, in Miguel Carbonell (org.), *Neoconstitucionalismo(s)*, 2003, p. 14-17. V. ainda: Pedro H. Villas Boas Castelo Branco, *Auctoritas non veritas facit legem*, in Antonio Cavalcanti Maia et al. (orgs.), *Perspectivas atuais da filosofia do Direito*, 2005.

6 Conceda-se ao lugar comum da citação de Shakespeare, *Romeu e Julieta*, 2º ato: "O que há em um nome? Aquilo que chamamos rosa, tivesse qualquer outro nome, teria o mesmo perfume" (tradução livre do original: "What's in a name? That which we call a rose, by any other name would smell as sweet").

7 A Constituição alemã, promulgada em 1949, tem a designação originária de "Lei Fundamental", que sublinhava seu caráter provisório, concebida que foi para uma fase de transição. A Constituição definitiva só deveria ser ratificada depois que o país recuperasse a unidade. Em 31 de agosto de 1990 foi assinado o Tratado de Unificação, que regulou a adesão da República Democrática Alemã (RDA) à República Federal da Alemanha (RFA). Após a unificação não foi promulgada nova Constituição. Desde o dia 3 de outubro de 1990 a Lei Fundamental vigora em toda a Alemanha.

constitucional. Esse novo constitucionalismo europeu caracterizou-se pelo reconhecimento de força normativa às normas constitucionais, rompendo com a tradição de se tomar a Constituição como documento antes político que jurídico, subordinado às circunstâncias do Parlamento e da Administração.

No caso brasileiro, o renascimento do direito constitucional se deu, igualmente, no ambiente de reconstitucionalização do país, por ocasião da discussão prévia, convocação, elaboração e promulgação da Constituição de 1988. Sem embargo de vicissitudes de maior ou menor gravidade no seu texto, e da compulsão com que tem sido emendada ao longo dos anos, a Constituição foi capaz de promover, de maneira bem-sucedida, a travessia de um regime autoritário, intolerante e, por vezes, violento para um Estado democrático de direito.

Mais do que isso, a Carta de 1988 tem propiciado o mais longo período de estabilidade institucional da história republicana do País. E não foram tempos banais. Ao longo de sua vigência, foram destituídos por *impeachment* dois Presidentes da República e multiplicaram-se escândalos de natureza diversa. Para relembrar alguns: o da Comissão de Orçamento da Câmara dos Deputados, o da compra de votos para a aprovação da emenda constitucional da reeleição, o do denominado *Mensalão* e o do *Petrolão*, para citar os mais notórios. A lista é grande. De positivo, merece registro o início do fim da impunidade desse tipo de criminalidade política e econômica lesiva ao erário e à moralidade administrativa.

De fato, nos últimos tempos, agentes públicos e privados vieram a ser condenados criminalmente, rompendo uma tradição de aceitação do inaceitável. Além disso, um Senador da República foi preso em pleno exercício do mandato, um Presidente da Câmara dos Deputados foi afastado do cargo e do mandato por decisão do STF, vindo a ser preso posteriormente, em meio a muitos outros episódios que revelam uma mudança de costumes. Em outros tempos, as instituições teriam entrado em colapso. Porém, em nenhum desses eventos cogitou-se de qualquer solução que não fosse o respeito à legalidade constitucional[8]. Nessa matéria, percorremos em pouco tempo todos os ciclos do atraso[9].

Sob a Constituição de 1988, o direito constitucional no Brasil passou da desimportância ao apogeu em menos de uma geração. Uma Constituição não é só técnica. Tem de haver, por trás dela, a capacidade de simbolizar conquistas e de mobilizar o imaginário das pessoas para novos avanços. O surgimento de um *sentimento constitucional* no país é algo que merece ser celebrado. Trata-se de um sentimento ainda tímido, mas real e sincero, de maior respeito pela Lei Maior, a despeito da volubilidade de seu texto. É um grande progresso. Superamos a crônica indiferença que, historicamente, se mantinha em relação à Constituição. E, para os que sabem, *é a indiferença, não o ódio, o contrário do amor*[10].

III   MARCO FILOSÓFICO: A CONSTRUÇÃO DO PÓS-POSITIVISMO

O marco filosófico do novo direito constitucional é o pós-positivismo. O debate acerca de sua caracterização situa-se na confluência das duas grandes correntes de pensamento que oferecem paradigmas opostos para o Direito: o jusnaturalismo e o positivismo. Opostos, mas, por vezes, singularmente complementares. A quadra atual é assinalada pela superação – ou, talvez, sublimação – dos modelos puros por um conjunto difuso e abrangente de ideias, agrupadas sob o rótulo genérico de pós-positivismo[11].

---

8   É preciso reconhecer, todavia, que os avanços não são lineares. Eventualmente sujeitam-se a resistências e atenuações. Nesse sentido, posteriormente, o STF reafirmaria sua competência para afastar cautelarmente parlamentares federais do exercício do mandato, mas atribuiu a última palavra na matéria à sua respectiva Casa Legislativa. V. STF, *DJE*, 7 ago. 2018, ADI 5.526, red. p/ acórdão Min. Alexandre de Moraes. Mais adiante, o mesmo entendimento se estendeu à competência dos tribunais estaduais para o afastamento cautelar de parlamentares estaduais. V. STF, *DJE*, 16 nov. 2020, ADIs 5.823, 5.824 e 5.825 MC, Rel. Min. Marco Aurélio.

9   V. Luís Roberto Barroso, Doze anos da Constituição brasileira de 1988: uma breve e acidentada história de sucesso, in *Temas de direito constitucional*, 2002, t. I.

10   Esta frase tornou-se de domínio público, sem autoria precisa. Ouvi-a, pela primeira vez, de Elie Wiesel, sobrevivente do Holocausto e vencedor do Prêmio Nobel da Paz, em discurso por ocasião do recebimento do título de Doutor *Honoris Causa* na Universidade do Estado do Rio de Janeiro – UERJ, em 1999. Sobre o papel das emoções na vida pública, v. Martha Nussbaum, *Political emotions*: why love matters for justice, 2013.

11   Autores pioneiros nesse debate foram: John Rawls, *A theory of justice*, 1971; Ronald Dworkin, *Taking rights seriously*, 1977; Robert Alexy, *Teoría de los derechos fundamentales*, 1997 (1ª ed. alemã 1986). Sobre o tema, vejam-se também: Luigi Ferrajoli, *Derecho y razón*, 2000 (1ª ed. 1995); Gustavo Zagrebelsky, *El derecho dúctil*: ley, derechos, justicia, 2005 (1ª ed. 1992); Ernesto Garzón Valdés e Francisco J. Laporta, *El derecho y la justicia*, 2000 (1ª ed. 1996). No Brasil, vejam-se: Paulo Bonavides, *Curso de direito constitucional*, 2004; Ricardo Lobo Torres, *Teoria dos direitos fundamentais*, 1999; Luís Roberto Barroso, Fundamentos teóricos e filosóficos do novo direito constitucional brasileiro: pós-modernidade, teoria crítica e pós-positivismo, *Revista Forense*, 358:91, 2001; Antonio Carlos Diniz e Antônio Carlos Cavalcanti Maia,

O jusnaturalismo moderno, desenvolvido a partir do século XVI, aproximou a lei da razão e transformou-se na filosofia natural do Direito. Fundado na crença em princípios de justiça universalmente válidos, foi o combustível das revoluções liberais e chegou ao apogeu com as Constituições escritas e as codificações. Considerado metafísico e anticientífico, o direito natural foi empurrado para a margem da história pela ascensão do positivismo jurídico, no final do século XIX. O positivismo, por sua vez, em busca de objetividade científica, equiparou o Direito à lei, afastou-o da filosofia e de discussões como legitimidade e justiça, e dominou o pensamento jurídico da primeira metade do século XX. Como já assinalado, sua decadência é emblematicamente associada à derrota do fascismo na Itália e do nazismo na Alemanha, regimes que promoveram a barbárie sob a proteção da legalidade. Ao fim da Segunda Guerra, a ética e os valores começam a retornar ao Direito, inicialmente na forma de um ensaio de retorno ao Direito natural, depois na roupagem mais sofisticada do pós-positivismo[12].

Como consequência, a partir da segunda metade do século XX, o Direito deixou de caber integralmente no positivismo jurídico. A aproximação quase absoluta entre Direito e norma e sua rígida separação da ética não correspondiam ao estágio do processo civilizatório e às ambições dos que patrocinavam a causa da humanidade. Por outro lado, o discurso científico impregnara o Direito. Seus operadores não desejavam o retorno puro e simples ao jusnaturalismo, aos fundamentos vagos, abstratos ou metafísicos de uma razão subjetiva. Nesse contexto, o pós-positivismo não surge com o ímpeto da desconstrução, mas como uma superação do conhecimento convencional. Ele inicia sua trajetória guardando deferência relativa ao ordenamento positivo, mas nele reintroduzindo as ideias de justiça e de legitimidade.

O pós-positivismo se apresenta, em certo sentido, como uma *terceira via* entre as concepções positivista e jusnaturalista: não trata com desimportância as demandas do Direito por clareza, certeza e objetividade, mas não o concebe desconectado de uma filosofia moral e de uma filosofia política. Contesta, assim, o postulado positivista de separação entre Direito, moral e política, não para negar a especificidade do objeto de cada um desses domínios, mas para reconhecer a impossibilidade de tratá-los como espaços totalmente segmentados, que não se influenciam mutuamente. Se é inegável a articulação complementar entre eles, a tese da separação, que é central ao positivismo e que dominou o pensamento jurídico por muitas décadas, rende tributo a uma hipocrisia[13].

A doutrina pós-positivista se inspira na revalorização da razão prática[14], na teoria da justiça e na legitimação democrática. Nesse contexto, busca ir além da legalidade estrita, mas não despreza o direito

---

Pós-positivismo, in Vicente Barreto (org.), *Dicionário de filosofia do Direito*, 2006; Thomas da Rosa Bustamante, Pós-positivismo: o argumento da injustiça além da fórmula de Radbruch, *Revista de Direito do Estado*, 4:1999, 2006. A propósito do sentido do termo, v. a pertinente observação de Albert Calsamiglia, Postpositivismo, *Doxa*, 21:209, 1998, p. 209: "En un cierto sentido la teoría jurídica actual se puede denominar postpositivista precisamente porque muchas de las enseñanzas del positivismo han sido aceptadas y hoy todos en un cierto sentido somos positivistas. [...] Denominaré postpositivistas a las teorías contemporáneas que ponen el acento en los problemas de la indeterminación del derecho y las relaciones entre el derecho, la moral y la política".

12 O chamado *retorno aos valores* apresenta como marco o final da Segunda Guerra Mundial e a percepção de que o formalismo da teoria positivista constituía um modelo insuficiente para a construção de uma ordem jurídica aceitável, prestando-se ao fornecimento de uma roupagem legal a regimes bárbaros. O ímpeto da reação inicial levou a uma reaproximação com o jusnaturalismo, defendido expressamente por Radbruch por ocasião de sua reintegração à vida acadêmica alemã, após a derrota do nazismo. A obra seminal de Rawls – *Uma teoria da justiça*, de 1971 – abre caminho para a ascensão do pós-positivismo, por meio da revalorização da razão prática e da inserção dos princípios de justiça no interior da ordem jurídica. Trata-se da chamada virada kantiana, marco da ascensão do pós-positivismo, comentado com mais detalhe na sequência.

13 Sobre a formatação teórica do pós-positivismo, v. Antonio Carlos Diniz e Antônio Carlos Cavalcanti Maia, Pós-positivismo, in Vicente Barreto (org.), *Dicionário de filosofia do Direito*, 2006, p. 650-651: "Suprimida a rígida clivagem entre direito e moral, baluarte do positivismo jurídico até a obra de Hart, caminhamos a passos largos rumo a uma Teoria do Direito normativa, fortemente conectada com a Filosofia política e a Filosofia moral". Para esses autores, cinco aspectos podem ser destacados no quadro teórico pós-positivista: a) o deslocamento de agenda (que passa a incluir temas como os princípios gerais do Direito, a argumentação jurídica e a reflexão sobre o papel da hermenêutica jurídica); b) a importância dos casos difíceis; c) o abrandamento da dicotomia descrição/prescrição; d) a busca de um lugar teórico para além do jusnaturalismo e do positivismo jurídico; e) o papel dos princípios na resolução dos casos difíceis. V. tb. Cláudio Pereira de Souza Neto, *Jurisdição constitucional, democracia e racionalidade prática*, 2002: "Assim é que o paradigma pós-positivista, 1) no campo da *teoria da norma constitucional*, enfatiza, de forma mais ou menos homogênea, a) a presença dos princípios no ordenamento constitucional, e não só das regras jurídicas, b) a estrutura aberta e fragmentada da constituição; 2) no campo da *teoria da decisão*, investe na a) reinserção da razão prática na metodologia jurídica, rejeitando a perspectiva positivista de que somente a observação pode ser racional, b) propõe uma racionalidade dialógica, centrada não no sujeito, mas no processo argumentativo, que c) vincula a correção das decisões judiciais ao teste do debate público".

14 O termo ficou indissociavelmente ligado à obra de Kant, notadamente à *Fundamentação da metafísica dos costumes*, de 1785, e à *Crítica da razão prática*, de 1788. De forma sumária e simplificadora, a razão prática cuida da fundamen-

posto; procura empreender uma leitura moral da Constituição e das leis, mas sem recorrer a categorias metafísicas. No conjunto de ideias ricas e heterogêneas que procuram abrigo nesse paradigma em construção, incluem-se a reentronização dos valores na interpretação jurídica, com o reconhecimento de normatividade aos princípios e de sua diferença qualitativa em relação às regras; a reabilitação da razão prática e da argumentação jurídica; a formação de uma nova hermenêutica; e o desenvolvimento de uma teoria dos direitos fundamentais edificada sobre a dignidade da pessoa humana. Nesse ambiente, promove-se uma reaproximação entre o Direito e a ética[15].

O novo direito constitucional ou neoconstitucionalismo é, em parte, produto desse reencontro entre a ciência jurídica e a filosofia do Direito. Para poderem beneficiar-se do amplo instrumental do Direito, migrando do plano ético para o mundo jurídico, os valores morais compartilhados por toda a comunidade, em dado momento e lugar, materializam-se em princípios, que passam a estar abrigados na Constituição, explícita ou implicitamente. Alguns nela já se inscreviam de longa data, como a liberdade e a igualdade, sem embargo da evolução constante de seus significados. Outros, conquanto clássicos, sofreram releituras e revelaram novas sutilezas, como a democracia, a República e a separação de Poderes. Houve, ainda, princípios cujas potencialidades só foram desenvolvidas mais recentemente, como o da dignidade da pessoa humana e o da razoabilidade. Por sua importância e alcance prático na atualidade jurídica, faz-se breve registro acerca de cada um deles.

1 O princípio da dignidade da pessoa humana[16]

O constitucionalismo democrático tem por fundamento e objetivo a dignidade da pessoa humana. Após a Segunda Grande Guerra, a dignidade tornou-se um dos grandes consensos éticos do mundo ocidental, materializado em declarações de direitos, convenções internacionais e constituições. Apesar do grande apelo moral e espiritual da expressão, sua grande vagueza tem feito com que ela funcione, em extensa medida, como um espelho: cada um projeta nela a sua própria imagem, os seus valores e convicções. Isso tem feito com que a ideia de dignidade seja frequentemente invocada pelos dois lados do litígio, quando estejam em disputa questões moralmente controvertidas. É o que tem se passado, por exemplo, em discussões sobre

---

tação racional – mas não matemática – de princípios de moralidade e justiça, opondo-se à razão cientificista, que enxerga nesse discurso a mera formulação de opiniões pessoais insuscetíveis de controle. De forma um pouco mais analítica: trata-se de um uso da razão voltado para o estabelecimento de padrões racionais para a ação humana. A razão prática é concebida em contraste com a razão teórica. Um uso teórico da razão caracteriza-se pelo conhecimento de objetos, não pela criação de normas. O positivismo só acreditava na possibilidade da razão teórica. Por isso, as teorias positivistas do Direito entendiam ser papel da ciência do Direito apenas descrever o Direito tal qual posto pelo Estado, não justificar normas, operação que não seria passível de racionalização metodológica. É por isso que, por exemplo, para Kelsen, não caberia à ciência do Direito dizer qual a melhor interpretação dentre as que são facultadas por determinado texto normativo. Tal atividade exibiria natureza eminentemente política, e sempre demandaria uma escolha não passível de justificação em termos racionais. O pós-positivismo, ao reabilitar o uso prático da razão na metodologia jurídica, propõe justamente a possibilidade de se definir racionalmente a norma do caso concreto através de artifícios racionais construtivos, que não se limitam à mera atividade de conhecer textos normativos. (N.A.: esta nota se beneficiou de aportes teóricos trazidos por Eduardo Mendonça e Cláudio Pereira de Souza Neto.)

15 V. Ricardo Lobo Torres, *Tratado de direito constitucional, financeiro e tributário*: valores e princípios constitucionais tributários, 2005, p. 41: "De uns trinta anos para cá assiste-se ao retorno aos valores como caminho para a superação dos positivismos. A partir do que se convencionou chamar de 'virada kantiana' (*kantische Wende*), isto é, a volta à influência da filosofia de Kant, deu-se a reaproximação entre ética e direito, com a fundamentação moral dos direitos humanos e com a busca da justiça fundada no imperativo categórico. O livro *A Theory of Justice* de John Rawls, publicado em 1971, constitui a certidão do renascimento dessas ideias".

16 Sobre o tema, v. Luís Roberto Barroso, *A dignidade da pessoa humana no direito constitucional contemporâneo*: a construção de um conceito jurídico à luz da jurisprudência mundial, 2012. Na literatura jurídica nacional, v. Ingo Wolfgang Sarlet, *Dignidade da pessoa humana e direitos fundamentais*, 2012; Maria Celina Bodin de Moraes, O conceito de dignidade humana: substrato axiológico e conteúdo normativo, in Ingo Wolfgang Sarlet (org.), *Constituição, direitos fundamentais e direito privado*, 2003, p. 139; Ana Paula de Barcellos, *A eficácia jurídica dos princípios*: o princípio da dignidade da pessoa humana, 2011; Daniel Sarmento, *Dignidade da pessoa humana*: conteúdo, trajetórias e metodologia, 2016; e Letícia de Campos Velho Martel, *Direitos fundamentais indisponíveis*: os limites e os padrões do consentimento para a autolimitação do direito fundamental à vida, 2010, disponível em: http://works.bepress.com/leticia_martel/5/. Merece destaque, também, o erudito painel da trajetória da dignidade humana e dos direitos humanos traçado por Fábio Konder Comparato, em *A afirmação histórica dos direitos humanos*, 2001. Na literatura estrangeira, v. Cristopher Mc-Grudden, Human dignity and judicial interpretation of human rights, *The European Journal of International Law*, 19:655, 2008, p. 664; Dominique Rousseau, *Les libertés individuelles et la dignité de la personne humaine*, 1998; Maxime D. Goodman, Human dignity in Supreme Court constitutional jurisprudence, *Nebraska Law Review*, 84:740, 2005-2006; e Luís Roberto Barroso, "Here, there, and everywhere": human dignity in contemporary law and in the transnational discourse, *Boston College International and Comparative Law Review*, 35:331, 2012.

aborto, suicídio assistido ou pesquisas com células-tronco embrionárias. Sem mencionar o uso indevido do conceito para a decisão de questões triviais, com inconveniente banalização do seu sentido. De conflitos de vizinhança à proibição de brigas de galo, a dignidade é utilizada como uma varinha de condão que resolve problemas, sem maior esforço argumentativo. Naturalmente, não é bom que seja assim. Por essa razão, torna-se necessário um esforço doutrinário para determinar a sua natureza jurídica e o seu conteúdo.

1.1 A dignidade humana tem natureza jurídica de princípio constitucional

A dignidade humana é um valor fundamental. Valores, sejam políticos ou morais, ingressam no mundo do Direito, assumindo, usualmente, a forma de princípios. A dignidade, portanto, é um princípio jurídico de *status* constitucional[17]. Como valor e como princípio, a dignidade humana funciona tanto como justificação moral quanto como fundamento normativo para os direitos fundamentais. Na verdade, ela constitui parte do conteúdo dos direitos fundamentais. Os princípios constitucionais desempenham diferentes papéis no sistema jurídico. Destacam-se aqui dois deles: a) o de fonte direta de direitos e deveres; e b) o interpretativo. Os princípios operam como fonte direta de direitos e deveres quando do seu núcleo essencial de sentido se extraem regras que incidirão sobre situações concretas. Por exemplo: o conteúdo essencial da dignidade humana implica a proibição da tortura, mesmo em um ordenamento jurídico no qual não exista regra expressa impedindo tal conduta. Já no seu papel interpretativo, o princípio da dignidade humana vai informar o sentido e o alcance dos direitos constitucionais. Além disso, nos casos envolvendo lacunas no ordenamento jurídico, ambiguidades no direito, colisões entre direitos fundamentais e tensões entre direitos e metas coletivas, a dignidade humana pode ser uma boa bússola na busca da melhor solução. Mais ainda, qualquer lei que viole a dignidade, seja em abstrato ou em concreto, será nula[18].

1.2 O conteúdo jurídico da dignidade humana

Para que possa funcionar como um conceito operacional do ponto de vista jurídico, é indispensável dotar a ideia de dignidade de um conteúdo mínimo, que dê unidade e objetividade à sua aplicação. A primeira tarefa que se impõe é afastá-la das doutrinas abrangentes, sejam elas religiosas ou ideológicas. As características de um conteúdo mínimo devem ser a *laicidade* – não pode ser uma visão judaica, católica ou muçulmana de dignidade –, a *neutralidade política* – isto é, que possa ser compartilhada por liberais, conservadores e socialistas – e a *universalidade* – isto é, que possa ser compartilhada por toda a família humana. Para levar a bom termo esse propósito, deve-se aceitar uma noção de dignidade humana aberta, plástica e plural. Em uma concepção minimalista, dignidade humana identifica (1) o valor intrínseco de todos os seres humanos, assim como (2) a autonomia de cada indivíduo, (3) limitada por algumas restrições legítimas impostas a ela em nome de valores sociais ou interesses estatais (valor comunitário). Portanto, os três elementos que integram o conteúdo mínimo da dignidade, na sistematização aqui proposta, são: valor intrínseco da pessoa humana, autonomia individual e valor comunitário.

O *valor intrínseco* é, no plano filosófico, o elemento ontológico da dignidade, ligado à natureza do ser. Trata-se da afirmação da posição especial da pessoa humana no mundo, que a distingue dos outros seres vivos e das coisas. As coisas têm preço, mas as pessoas têm dignidade, um valor que não tem preço[19]. A inteligência, a sensibilidade e a capacidade de comunicação (pela palavra, pela arte, por gestos, pelo olhar ou por expressões fisionômicas) são atributos únicos que servem para dar-lhes essa condição singular. Do valor intrínseco da pessoa humana decorre um postulado antiutilitarista e outro antiautoritário. O primeiro se manifesta no imperativo categórico kantiano do homem como um fim em si mesmo, e não como um meio para a realização de metas coletivas ou de projetos sociais de outros[20]; o segundo,

---

17 A dignidade humana é mais bem caracterizada como um princípio, e não como um direito fundamental, diferentemente do que se sustenta, por exemplo, na Alemanha. V. 27 *BVerfGE* 1 (caso Microcensus) e 30 *BVerfGE* 173 (1971) (caso Mephisto). Esta posição, aliás, tem sido pertinentemente questionada. V. Dieter Grimm, Die Würde des Menschen ist unantastbar, in *24 Kleine Reihe*, 2010, p. 5.

18 Uma lei é inconstitucional em abstrato quando é contrária à Constituição em tese, isto é, em qualquer circunstância, e por isso é nula. Uma lei é inconstitucional em concreto quando em tese é compatível com a Constituição, mas produz uma consequência inaceitável em uma circunstância particular.

19 Immanuel Kant, *Groundwork of the Metaphysics of Morals*, 1998, p. 42.

20 Rememore-se, ainda uma vez, Immanuel Kant, *Fundamentação da metafísica dos costumes*, 2004, p. 69: "Age de tal maneira que uses a humanidade, tanto na tua pessoa como na pessoa de qualquer outro, sempre e simultaneamente como fim e nunca simplesmente como meio".

na ideia de que é o Estado que existe para o indivíduo, e não o contrário[21]. No plano jurídico, o valor intrínseco está na origem de uma série de direitos fundamentais, que incluem:

a) *direito à vida:* todos os ordenamentos jurídicos protegem o direito à vida. Como consequência, o homicídio é tratado em todos eles como crime. A dignidade preenche, em quase toda sua extensão, o conteúdo desse direito. Não obstante isso, em torno do direito à vida se travam debates de grande complexidade moral e jurídica, como a pena de morte, o aborto e a eutanásia;

b) *direito à igualdade:* todas as pessoas têm o mesmo valor intrínseco e, portanto, merecem igual respeito e consideração, independentemente de raça, cor, sexo, religião, origem nacional ou social ou qualquer outra condição. Aqui se inclui a igualdade formal – o direito a não ser discriminado arbitrariamente na lei e perante a lei – assim como o respeito à diversidade e à identidade de grupos sociais minoritários – a igualdade como reconhecimento. É nesse domínio que se colocam temas controvertidos como ação afirmativa em favor de grupos sociais historicamente discriminados, reconhecimento das uniões homoafetivas, direitos dos deficientes e dos índios, dentre outros;

c) *direito à integridade física:* desse direito decorrem a proibição de tortura, do trabalho escravo ou forçado, as penas cruéis e o tráfico de pessoas. É aqui que se colocam debates complexos como os limites às técnicas de interrogatório, admissibilidade da prisão perpétua e regimes prisionais. E, também, do comércio de órgãos e das pesquisas clínicas;

d) *direito à integridade moral ou psíquica:* nesse domínio estão incluídas a privacidade, a honra e a imagem. Muitas questões intrincadas derivam desses direitos da personalidade, nas suas relações com outros direitos e situações constitucionalmente protegidas. Têm sido recorrentes e polêmicas as colisões entre a liberdade de expressão, de um lado, e os direitos à honra, à privacidade e à imagem, de outro.

A *autonomia* é, no plano filosófico, o elemento ético da dignidade, ligado à razão e ao exercício da vontade em conformidade com determinadas normas. A dignidade como autonomia envolve a capacidade de autodeterminação do indivíduo, de decidir os rumos da própria vida e de desenvolver livremente a sua personalidade. Significa o poder de fazer valorações morais e escolhas existenciais sem imposições externas indevidas. Decisões sobre religião, vida afetiva, trabalho e outras opções personalíssimas não podem ser subtraídas do indivíduo sem violar a sua dignidade. No plano jurídico, a autonomia envolve uma dimensão privada, outra pública e tem, ainda, como pressuposto necessário, a satisfação do mínimo existencial, examinados sumariamente na forma abaixo:

a) *autonomia privada:* está na origem dos direitos individuais, das liberdades públicas, que incluem, além das escolhas existenciais acima referidas, as liberdades de consciência, de expressão, de trabalho e de associação, dentre outras;

b) *autonomia pública:* está na origem dos direitos políticos, dos direitos de participação na condução da coisa pública. A democracia funda-se na soberania popular – todas as pessoas são livres e iguais e podem e devem participar das decisões que afetem sua vida –, constituindo uma parceria de todos em um projeto de autogoverno. A autonomia pública identifica aspectos nucleares do direito de cada um participar politicamente e de influenciar o processo de tomada de decisões, não apenas do ponto de vista eleitoral, mas também por meio do debate público e da organização social;

c) *mínimo existencial:* trata-se do pressuposto necessário ao exercício da autonomia, tanto pública quanto privada. Para poder ser livre, igual e capaz de exercer plenamente a sua cidadania, todo indivíduo precisa ter satisfeitas as necessidades indispensáveis à sua existência física e psíquica. O mínimo existencial corresponde ao núcleo essencial dos *direitos fundamentais sociais* e seu conteúdo equivale às pré-condições para o exercício dos direitos individuais e políticos, da autonomia privada e pública.

O *valor* comunitário constitui o elemento social da dignidade humana, o indivíduo em relação ao grupo. Aqui, a dignidade é moldada pelos valores compartilhados pela comunidade, seus padrões civilizatórios, seu ideal de *vida boa*. O que está em questão não são escolhas individuais, mas responsabilidades e deveres a elas associados. A autonomia individual desfruta de grande importância, mas não é ilimitada, devendo ceder em certas circunstâncias. A dignidade como valor comunitário destina-se a promover, sobretudo:

a) *a proteção dos direitos de terceiros:* a autonomia individual deve ser exercida com respeito à autonomia das demais pessoas, de seus iguais direitos e liberdades. Por essa razão, todos os ordenamentos jurídicos protegem a vida, criminalizando o homicídio; protegem a integridade física, criminalizando a lesão corporal; protegem a propriedade, criminalizando o furto, em meio a inúmeros outros bens jurídicos tutelados pelo direito penal e outros ramos do direito;

---

21 Vejam-se, por todos, Jorge Reis Novais, *Os princípios constitucionais estruturantes da República Portuguesa,* 2004, p. 52; e Ingo Wolfgang Sarlet, *Dignidade da pessoa humana e direitos fundamentais,* 2010, p. 76.

b) *a proteção do indivíduo contra si próprio*: em certas circunstâncias, o Estado tem o direito de proteger as pessoas contra atos autorreferentes, suscetíveis de lhes causar lesão. Assim, portanto, é possível impor o uso de cinto de segurança ou de capacete, estabelecer o dever de os pais matricularem os filhos menores em escolas[22] ou tornar a vacinação obrigatória[23]. Nesse domínio se inserem questões controvertidas, como eutanásia, sadomasoquismo e o célebre caso do arremesso de anão[24];

c) *a proteção de valores sociais*: toda sociedade, por mais liberais que sejam seus postulados, impõe coercitivamente um conjunto de valores que correspondem à moral social compartilhada. Proibição do incesto, da pedofilia, da incitação à violência constituem alguns consensos básicos. Mas, também aqui, existem temas divisivos, como a criminalização da prostituição ou a descriminalização das drogas leves[25]. A imposição coercitiva de valores sociais – em geral pelo legislador, eventualmente pelo juiz – exige fundamentação racional consistente e deve levar seriamente em conta: a) a existência ou não de um direito fundamental em questão; b) a existência de consenso social forte em relação ao tema; e c) a existência de risco efetivo para o direito de outras pessoas. É preciso evitar o paternalismo, o moralismo e a tirania das maiorias.

2 O princípio da razoabilidade ou da proporcionalidade[26]

O princípio da razoabilidade ou da proporcionalidade, no Brasil, tal como desenvolvido por parte da doutrina e, também, pela jurisprudência, inclusive do Supremo Tribunal Federal, é o produto da

---

22 Ou de prover por outro meio o ensino básico. A legitimidade constitucional da opção dos pais pelo ensino domiciliar (*homeschooling*) foi objeto de discussão no STF no RE 888.815, Rel. p/ o acórdão Min. Alexandre de Moraes. O Tribunal entendeu que tal modalidade de ensino não é incompatível com a Constituição, mas depende de disciplina prévia pelo legislador. Na ausência de lei, persiste a obrigatoriedade da matrícula em instituições de ensino.

23 STF, *DJE*, 8 abr. 2021, ARE 1.267.879, Rel. Min. Luís Roberto Barroso: "É legítimo impor o caráter compulsório de vacina que tenha registro em órgão de vigilância sanitária e em relação à qual exista consenso médico-científico. Diversos fundamentos justificam a medida, entre os quais: a) o Estado pode, em situações excepcionais, proteger as pessoas mesmo contra a sua vontade (dignidade como valor comunitário); b) a vacinação é importante para a proteção de toda a sociedade, não sendo legítimas escolhas individuais que afetem gravemente direitos de terceiros (necessidade de imunização coletiva); e c) o poder familiar não autoriza que os pais, invocando convicção filosófica, coloquem em risco a saúde dos filhos (CF/1988, arts. 196, 227 e 229) (melhor interesse da criança)". No mesmo sentido, v. *DJE*, 7 abr. 2021, ADIs 6.586 e 6.587, Rel. Min. Ricardo Lewandowski, em que se esclareceu que a vacinação compulsória não significa vacinação forçada, podendo "ser implementada por meio de medidas indiretas, as quais compreendem, dentre outras, a restrição ao exercício de certas atividades ou à frequência de determinados lugares, desde que previstas em lei".

24 O caso envolveu a proibição, por violar a ordem pública e a dignidade humana, a prática do evento "arremesso de anão", levado a efeito em algumas casas noturnas. Nela, um anão era arremessado pelos clientes do estabelecimento a maior distância possível, em disputa por um prêmio. V. *Conseil d'État*, Decisão 136727, 27 de outubro de 1985. Ver também Long *et al.*, *Les Grands Arrêts de la Jurisprudence Administrative*, 1996, p. 790 e s.

25 O tema da descriminalização do porte de drogas para consumo pessoal encontra-se em discussão no STF, no RE 635.659, no qual se discute a constitucionalidade do art. 28 da Lei n. 11.343/2006. O julgamento teve início em 10 set. 2015, tendo sido suspenso por pedido de vista do Min. Teori Zavascki. Votaram favoravelmente, até agora, os Ministros Gilmar Mendes, Luiz Edson Fachin e Luís Roberto Barroso. Com o falecimento do Ministro Teori Zavascki, assumiu sua cadeira o Ministro Alexandre de Moraes.

26 Para uma exposição analítica da matéria, v. Luís Roberto Barroso, *Interpretação e aplicação da Constituição*, 2004, p. 218 e s. No tocante à ideia de razoabilidade, o tema é versado em todos os tratados e livros de textos de direito constitucional americano. Vejam-se, por todos, Corwin, *The Constitution and what it means today*, 1978; Tribe, *American constitutional law*, 2000; Nowak, Rotunda e Young, *Constitutional law*, 2000; Gunther, *Constitutional law*, 1989; Stone, Seidman, Sunstein e Tushnet, *Constitutional law*, 1986; Brest e Levinson, *Processes of constitutional decision making*, 1983. De autores americanos, em tradução portuguesa, vejam-se Thomas Cooley, *Princípios gerais de direito constitucional dos Estados Unidos da América do Norte*, 1982; Bernard Schwartz, *Direito constitucional americano*, 1966. No tocante à ideia de proporcionalidade, o mais influente estudo existente vem da doutrina alemã, consubstanciado na obra de Robert Alexy, *Teoria dos direitos fundamentais*, 2008. Entre os autores nacionais, alguns dos primeiros a versarem o tema foram: San Tiago Dantas, Igualdade perante a lei e "due process of law" (contribuição ao estudo da limitação constitucional do Poder Legislativo), *Revista Forense*, 116:357, 1948; José Alfredo de Oliveira Baracho, *Processo e Constituição*: o devido processo legal, s.d.; Carlos Roberto de Siqueira Castro, *O devido processo legal e a razoabilidade das leis na nova Constituição do Brasil*, 1989; Ada Pellegrini Grinover, *As garantias constitucionais do direito de ação*, 1973; Raquel Denize Stumm, *Princípio da proporcionalidade no direito constitucional brasileiro*, 1995; Suzana Toledo de Barros, *O princípio da proporcionalidade e o controle de constitucionalidade das leis restritivas de direitos fundamentais*, 1996; também em língua portuguesa, em tradução de Ingo Wolfgang Sarlet, Heinrich Scholler, O princípio da proporcionalidade no direito constitucional e administrativo da Alemanha, *Interesse Público*, 2:93, 1999. Em 2012, Aharon Barak, ex-Ministro da Suprema Corte de Israel e professor visitante de Yale, lançou um estudo abrangente e universalista sobre o tema: Aharon Barak, *Proportionality*: constitutional rights and their limitations, 2012.

conjugação de ideias vindas de dois sistemas diversos: (i) da doutrina do devido processo legal substantivo do direito norte-americano, onde a matéria foi pioneiramente tratada; e (ii) do princípio da proporcionalidade do direito alemão. Na sequência se reproduz, objetivamente, a trajetória de cada um desses princípios, até a sua confluência no pensamento jurídico brasileiro.

O princípio da razoabilidade tem sua origem e desenvolvimento ligados à garantia do devido processo legal, instituto ancestral do direito anglo-saxão. De fato, sua matriz remonta à cláusula *law of the land*, inscrita na *Magna Charta*, de 1215, documento que é reconhecido como um dos grandes antecedentes do constitucionalismo. Modernamente, sua consagração em texto positivo deu-se através das Emendas 5ª e 14ª à Constituição norte-americana, a partir de onde se irradiou como um dos mais ricos fundamentos da jurisprudência da Suprema Corte. Não é o caso de se voltar a percorrer o longo e bem-sucedido itinerário do princípio no direito norte-americano, valendo o registro, no entanto, de que ele atravessou duas fases distintas, resumidas de modo sumário a seguir.

Na primeira fase, a cláusula teve caráter puramente processual (*procedural due process*), abrigando garantias voltadas, de início, para o processo penal e que incluíam os direitos a citação, ampla defesa, contraditório e recursos. Na segunda fase, o devido processo legal passou a ter um alcance substantivo (*substantive due process*), por via do qual o Judiciário passou a desempenhar determinados controles de mérito sobre o exercício de discricionariedade pelo legislador, tornando-se importante instrumento de defesa dos direitos fundamentais – especialmente da liberdade e da propriedade – em face do poder político. O fundamento de tais controles assentava-se na verificação da compatibilidade entre o meio empregado pelo legislador e os fins visados, bem como na aferição da legitimidade dos fins. Por intermédio da cláusula do devido processo legal passou-se a proceder ao exame de razoabilidade (*reasonableness*) e de racionalidade (*rationality*) das leis e dos atos normativos em geral no direito norte-americano[27].

Como visto, a razoabilidade surge, nos Estados Unidos, como um princípio constitucional que servia de parâmetro para o *judicial review* (controle de constitucionalidade). Na Alemanha, ao revés, o princípio da proporcionalidade desenvolveu-se no âmbito do direito administrativo, funcionando como limitação à discricionariedade administrativa. É natural que lá não tenha surgido como um princípio constitucional de controle da legislação. É que até a segunda metade do século XX, como visto, vigorava na Europa continental a ideia de que a soberania popular se exercia por via da supremacia do Parlamento, sendo o poder do legislador juridicamente ilimitado. Como consequência, não era possível conceber o princípio da proporcionalidade como fundamento de controle judicial da atuação do Parlamento, mas apenas dos atos administrativos. Somente após a Lei Fundamental de 1949 esse quadro se alterou[28].

A partir de então, a ideia de proporcionalidade passou a ter fundamento constitucional, colhido no princípio do Estado de direito, convertendo-se o princípio da reserva legal em princípio da reserva de lei proporcional. Na Alemanha, a exemplo dos Estados Unidos, subjacente ao princípio da proporcionalidade estava a ideia de uma relação racional entre os meios e os fins[29], tanto na sua aplicação à esfera legislativa quanto na administrativa. Naturalmente, o princípio impõe maiores restrições ao administrador, dispondo o legislador de uma liberdade de conformação mais ampla. Foi na jurisprudência alemã que se dividiu o conteúdo do princípio da proporcionalidade em três subprincípios: o da adequação, o da necessidade e o da proporcionalidade em sentido estrito, que serão comentados mais à frente[30]. Com o

---

27   V. Siqueira Castro, *O devido processo legal e a razoabilidade das leis na nova Constituição do Brasil*, 1989, p. 3.

28   V. Heinrich Scholler, O princípio da proporcionalidade no direito constitucional e administrativo da Alemanha, trad. Ingo Wolfgang Sarlet, *Interesse Público*, 2:93, 1999, p. 93-94.

29   V. Heinrich Scholler, O princípio da proporcionalidade no direito constitucional e administrativo da Alemanha, trad. Ingo Wolfgang Sarlet, *Interesse Público*, 2:93, 1999, p. 96 e 97: "O Tribunal Federal Constitucional, a partir da ideia de uma relação entre os fins e os meios..."; "No momento em que se reconheceu [...] o princípio da reserva da lei proporcional, passou a ser admitida a possibilidade de impugnação e eliminação [...] das leis ofensivas à relação entre os meios e os fins [...]".

30   V. por todos, Martin Borowski, *La estructura de los derechos fundamentales*, 2003. Para um apanhado da jurisprudência alemã na matéria, v. Jürgen Schwabe, *Cincuenta años de jurisprudencia del Tribunal Constitucional Federal alemán*, 2003. Em português, vejam-se: Luís Roberto Barroso, *Interpretação e aplicação da Constituição*, 2004, p. 218 e s. (1ª ed. 1995); Suzana de Toledo Barros, *O princípio da proporcionalidade e o controle de constitucionalidade das leis restritivas de direitos fundamentais*, 1996; Gilmar Ferreira Mendes, A proporcionalidade na jurisprudência do Supremo Tribunal Federal, in *Direitos fundamentais e controle de constitucionalidade*, 1998; Fábio Corrêa Souza de Oliveira, *Por uma teoria dos princípios*: o princípio constitucional da razoabilidade, 2003, p. 97 e s.; Jane Reis Gonçalves Pereira, *Interpretação constitucional e direitos fundamentais*, 2006, p. 324 e s.

desenvolvimento da teoria dos princípios e da teoria dos direitos fundamentais estabeleceu-se entre eles e a proporcionalidade uma relação que não *poderia ser mais estreita*[31].

Em suma: a ideia de razoabilidade remonta ao sistema jurídico anglo-saxão, tendo especial destaque no direito norte-americano, como desdobramento do conceito de devido processo legal substantivo. O princípio foi desenvolvido, como próprio do sistema do *common law*, através de precedentes sucessivos, sem maior preocupação com uma formulação doutrinária sistemática. Já a noção de proporcionalidade vem associada ao sistema jurídico alemão, cujas raízes romano-germânicas conduziram a um desenvolvimento dogmático mais analítico e ordenado. De parte isso, deve-se registrar que o princípio, nos Estados Unidos, foi antes de tudo um instrumento de direito constitucional, funcionando como um critério de aferição da constitucionalidade de determinadas leis. Já na Alemanha, o conceito evoluiu a partir do direito administrativo, como mecanismo de controle dos atos do Executivo. Sem embargo da origem e do desenvolvimento diversos, um e outro abrigam os mesmos valores subjacentes: racionalidade, justiça, medida adequada, senso comum, rejeição aos atos arbitrários ou caprichosos. Por essa razão, razoabilidade e proporcionalidade são conceitos próximos o suficiente para serem intercambiáveis, não havendo maior proveito metodológico ou prático na distinção[32]. Essa visão, todavia, não é pacífica[33].

Explore-se um pouco mais além o conteúdo jurídico do princípio da razoabilidade. Como delineado acima, consiste ele em um mecanismo para controlar a discricionariedade legislativa e administrativa. Trata-se de um parâmetro de avaliação dos atos do Poder Público para aferir se eles estão informados pelo valor superior inerente a todo ordenamento jurídico: a justiça. Mais fácil de ser sentido que conceituado, o princípio habitualmente se dilui num conjunto de proposições que não o libertam de uma dimensão bastante subjetiva. É *razoável* o que seja conforme à razão, supondo equilíbrio, moderação e

---

31 V. Robert Alexy, *Teoría de los derechos fundamentales*, 1997, p. 111: "Já se insinuou que entre a teoria dos princípios e a máxima da proporcionalidade existe uma conexão. Esta conexão não pode ser mais estreita: o caráter de princípio implica na máxima da proporcionalidade, e esta implica aquela". Não se investirá energia, nesse passo, na questão terminológica de ser a proporcionalidade um princípio (terminologia dominante, que é aqui adotada), uma máxima (terminologia adotada por Alexy), uma regra (seguida por Luís Virgílio Afonso da Silva, *Conteúdo essencial dos direitos fundamentais e a eficácia das normas constitucionais*, mimeografado, 2005, p. 219) ou postulado normativo aplicativo (Humberto Ávila, *Teoria dos princípios*, 2003, p. 104).

32 Esse é o ponto de vista que tenho sustentado desde a 1ª edição de meu *Interpretação e aplicação da Constituição*, que é de 1995. No sentido do texto, vejam-se: Suzana Toledo de Barros, *O princípio da proporcionalidade e o controle de constitucionalidade das leis restritivas de direitos fundamentais*, 1996, p. 54: "O princípio da proporcionalidade, [...] como uma construção dogmática dos alemães, corresponde a nada mais do que o princípio da razoabilidade dos norte-americanos, desenvolvido mais de meio século antes, sob o clima de maior liberdade dos juízes na criação do direito"; Caio Tácito, O princípio da razoabilidade das leis, in *Temas de direito público*, 1997, v. 1, p. 487-495; Fábio Corrêa Souza de Oliveira, *Por uma teoria dos princípios*: o princípio constitucional da razoabilidade, 2003, p. 81 e s. Sem aderir integralmente à tese, observa Jane Reis Gonçalves Pereira, *Interpretação constitucional e direitos fundamentais*, 2006, p. 314: "Na *doutrina brasileira*, observa-se uma forte tendência em conceber razoabilidade e proporcionalidade como categorias intercambiáveis. A produção jurisprudencial do Supremo Tribunal Federal, da mesma forma, não estabelece distinção entre os dois princípios". Na literatura internacional, Juan Cianciardo emprega os termos como sinônimos (Máxima de razonabilidad y respecto de los derechos fundamentales, *Persona y Derecho*, v. 1, n. 41, p. 45-55, 1999). A equiparação também é feita por Donald P. Kommers, *The constitutional jurisprudence of the Federal Republic of Germany*, 1997, p. 46: "[The principle] of proportionality plays a role similar to the American doctrine of due process of law. The Basic Law contains no explicit reference to proportionality, but the Constitutional Court regards it as an indispensable element of a state based on the rule of law. [...] In much of his work the court [applies] an ends-means test for determining whether a particular right has been overburdened in the light of a given set of facts. In fact, the German approach is not so different from the methodology often employed by the United States Supreme Court in fundamental rights cases".

33 A linguagem é uma convenção. E se nada impede que se atribuam significados diversos à mesma palavra, com muito mais razão será possível fazê-lo em relação a vocábulos distintos. Basta, para tanto, qualificar previamente a acepção com que se está empregando um determinado termo. É o que faz, por exemplo, Humberto Ávila (*Teoria dos princípios*, 2003, p. 94-103), que explicita conceitos diversos para proporcionalidade e razoabilidade. Para ele, a razoabilidade não faz referência a uma relação de causalidade entre um meio e um fim, como faz a proporcionalidade. Com isso, afasta o sentido de razoabilidade de sua origem norte-americana, onde a relação meio-fim (racionalidade) sempre esteve integrada à ideia de devido processo legal. Em seguida, atribui a ela três sentidos: razoabilidade como *equidade*, que consiste na exigência de harmonização da norma geral com o caso individual; razoabilidade como *congruência*, exigência de harmonização das normas com suas condições externas de aplicação; e razoabilidade como *equivalência* entre a medida adotada e o critério que a dimensiona. Também defendem a desequiparação de sentidos entre os termos, dentre outros, Willis Santiago Guerra Filho, *Dos direitos humanos aos direitos fundamentais*, 1997, p. 25-26; e Luís Virgílio Afonso da Silva (O proporcional e o razoável, *Revista dos Tribunais*, 798:23, 2002), que investe grande energia procurando demonstrar que os termos não são sinônimos e critica severamente a jurisprudência do STF na matéria.

166

harmonia; o que não seja arbitrário ou caprichoso; o que corresponda ao senso comum, aos valores vigentes em dado momento ou lugar. Há autores que recorrem até mesmo ao direito natural como fundamento para a aplicação da razoabilidade, embora possa ela radicar perfeitamente nos princípios gerais da hermenêutica.

Ao produzir normas jurídicas, o Estado normalmente atuará em face de circunstâncias concretas, e se destinará à realização de determinados fins a serem atingidos pelo emprego de dados meios. Assim, são fatores invariavelmente presentes em toda ação relevante para a criação do direito: *os motivos* (circunstâncias de fato), *os fins* e *os meios*. Além disto, hão de se levar também em conta os valores fundamentais da organização estatal, explícitos ou implícitos, como a ordem, a segurança, a paz, a solidariedade; em última análise, a justiça. A razoabilidade é, precisamente, a adequação de sentido que deve haver entre tais elementos.

Como foi mencionado, na tentativa de dar mais substância ao princípio, a doutrina alemã o decompôs em três subprincípios: adequação, necessidade e proporcionalidade em sentido estrito. Estes são os elementos da razoabilidade do ato, por vezes referida como *razoabilidade interna*, que diz respeito à existência de uma relação racional e proporcional entre os motivos, meios e fins a ele subjacentes. Inclui-se aí a razoabilidade técnica da medida[34]. Exemplo: diante do crescimento estatístico da AIDS (motivo), se o Poder Público veda o consumo de bebidas alcoólicas durante o carnaval (meio) para impedir a contaminação de cidadãos nacionais (fim), a medida será irrazoável, pois estará rompido o vínculo entre os motivos, os meios e os fins, já que inexiste qualquer relação direta entre o consumo de álcool e a contaminação.

Além da *adequação* entre o meio empregado e o fim perseguido – isto é, a idoneidade da medida para produzir o resultado visado –, a ideia de razoabilidade compõe-se ainda de mais dois elementos. De um lado, a *necessidade* ou *exigibilidade* da medida, que impõe verificar a inexistência de meio menos gravoso para a consecução dos fins visados. Sendo possível conter certo dano ambiental por meio da instalação de um filtro próprio numa fábrica, será ilegítimo, por irrazoável, interditar o estabelecimento e paralisar a produção, esvaziando a liberdade econômica do agente. Nesse caso, a razoabilidade se expressa através do princípio de vedação do excesso.

Por fim, a razoabilidade deve embutir, ainda, a ideia de *proporcionalidade em sentido estrito*, consistente na ponderação entre o ônus imposto e o benefício trazido, para constatar se a medida é legítima. Se o Poder Público, por exemplo, eletrificar certo monumento de modo a que um adolescente sofra uma descarga elétrica que o incapacite ou mate quando for pichá-lo, a absoluta falta de proporcionalidade entre o bem jurídico protegido – o patrimônio público – e o bem jurídico sacrificado – a vida – torna inválida a providência.

O princípio da proporcionalidade é utilizado, também, com frequência, como instrumento de ponderação entre valores constitucionais contrapostos, aí incluídas as colisões de direitos fundamentais e as colisões entre estes e interesses coletivos. Nos Estados Unidos, mesmo sem referência expressa ao termo "razoabilidade", é comum a realização de testes de constitucionalidade dos atos do Poder Público nos quais juízes e tribunais levam em conta os mesmos elementos aqui considerados: adequação, necessidade e proporcionalidade. Tais testes são identificados como sendo de: a) mera racionalidade; b) aferição severa; c) nível intermediário[35].

O teste de "mera racionalidade" (*mere rationality* ou *rational basis*) dos atos governamentais é o mais fácil de ser superado, bastando a demonstração de se tratar de um fim legítimo (*legitimate state objective*) e de um meio minimamente adequado (*rational relation*). Normalmente, se não houver um direito fundamental em questão, este será o teste utilizado pelo Judiciário, como ocorre em relação à impugnação de normas de caráter econômico, comercial ou que estabeleçam desequiparações entre pessoas, desde que a classificação não seja "suspeita" (como as baseadas em raça, por exemplo). Nos casos em que o teste envolva a mera racionalidade da medida, o ônus da demonstração da inconstitucionalidade é de

---

34 Alguns autores fazem uma distinção entre razoabilidade interna e externa (v. Humberto Quiroga Lavié, *Derecho constitucional*, 1984, p. 462). Nessa linha, a razoabilidade *externa* da norma consiste na sua compatibilidade com os meios e fins admitidos e preconizados pelo texto constitucional. Se a lei contravier valores expressos ou implícitos na Constituição, não será legítima nem razoável. Imagine-se que, sendo impossível conter a degradação acelerada da qualidade da vida urbana (motivo), a autoridade local proíba o ingresso, nos limites municipais, de qualquer não residente incapaz de provar estar apenas em trânsito (meio), com o que reduziria significativamente a demanda por habitações e equipamentos urbanos (fim). Uma tal norma poderia até ser internamente razoável, mas não passaria no teste de razoabilidade frente à Lei Maior, por desafiar princípios como o federativo, o da isonomia entre brasileiros etc.

35 A matéria é amplamente tratada nos principais livros de curso norte-americanos, como, *e.g.*, John E. Nowak e Ronald D. Rotunda, *Constitutional law*, 2000, p. 638 e s.; Stone, Seidman, Sunstein e Tushnet, *Constitutional law*, 1996, p. 561 e s. V. tb. Steven L. Emanuel, *Constitutional law*, 2006.

quem a alega, e os tribunais somente acolherão a tese em caso de manifesta arbitrariedade ou falta de racionalidade.

O teste de "aferição severa" (*strict scrutiny*) é o mais difícil de ser superado e, normalmente, sua aplicação conduz à inconstitucionalidade da norma. Para superar esse teste, é necessária a demonstração de se tratar de um fim imperioso (*compelling objective*) e de um meio necessário, inexistindo alternativa menos restritiva (*no less restrictive alternatives*). Utiliza-se a aferição severa quando a matéria em disputa envolva temas como a igualdade racial, o direito de privacidade e liberdades como a de expressão e religiosa. Nesses casos, a inconstitucionalidade se presume, cabendo ao Poder Público o ônus da demonstração da validade de sua conduta.

Por fim, o teste de "nível intermediário" (*intermediate scrutiny* ou *middle-level review*) situa-se, como o nome sugere, a meio caminho entre os dois primeiros. Sua utilização exige a demonstração de que o fim público invocado seja importante (*important objective*) – o que significa mais do que apenas legítimo e menos do que imperioso – e que o meio escolhido tenha uma relação substantiva com o fim – isto é, um meio-termo entre meramente racional e indispensável. Nesses casos, caberá, normalmente, ao Poder Público a prova da legitimidade de sua ação. Este critério é empregado em questões que envolvem gênero (*e.g.*, direitos das mulheres), legitimidade de filhos e restrições à liberdade de expressão, que não se baseiem no conteúdo, mas em outros elementos, como hora e lugar de seu exercício.

Em resumo, o princípio da razoabilidade ou da proporcionalidade permite ao Judiciário invalidar atos legislativos ou administrativos quando: (a) não haja adequação entre o fim perseguido e o instrumento empregado; (b) a medida não seja exigível ou necessária, havendo meio alternativo para chegar ao mesmo resultado com menor ônus a um direito individual (vedação do excesso); (c) não haja proporcionalidade em sentido estrito, ou seja, o que se perde com a medida é de maior relevo do que aquilo que se ganha. Nessa avaliação, o magistrado deve ter o cuidado de não invalidar escolhas administrativas situadas no espectro do aceitável, impondo seus próprios juízos de conveniência e oportunidade. Não cabe ao Judiciário impor a realização das *melhores* políticas, em sua própria visão, mas tão somente o bloqueio de opções que sejam manifestamente incompatíveis com a ordem constitucional. O princípio também funciona como um critério de ponderação entre proposições constitucionais que estabeleçam tensões entre si ou que entrem em rota de colisão.

IV MARCO TEÓRICO: TRÊS MUDANÇAS DE PARADIGMA

No plano teórico, três grandes transformações subverteram o conhecimento convencional relativamente à aplicação do direito constitucional: a) o reconhecimento de força normativa à Constituição; b) a expansão da jurisdição constitucional; c) o desenvolvimento de uma nova dogmática da interpretação constitucional. A seguir, a análise sucinta de cada uma delas.

1 A força normativa da Constituição

Uma das grandes mudanças de paradigma ocorridas ao longo do século XX foi a atribuição à norma constitucional do *status* de norma jurídica. Superou-se, assim, o modelo que vigorou na Europa até meados do século XIX, no qual a Constituição era vista como um documento essencialmente político, um convite à atuação dos Poderes Públicos. A concretização de suas propostas ficava invariavelmente condicionada à liberdade de conformação do legislador ou à discricionariedade do administrador. Ao Judiciário não se reconhecia qualquer papel relevante na realização do conteúdo da Constituição.

Com a reconstitucionalização que sobreveio à Segunda Guerra Mundial, esse quadro começou a ser alterado. Inicialmente na Alemanha[36] e, com maior retardo, na Itália[37]. E, bem mais à frente, em

---

36 Trabalho seminal nessa matéria é o de Konrad Hesse, La fuerza normativa de la Constitución, in *Escritos de derecho constitucional*, 1983. O texto, no original alemão, correspondente à sua aula inaugural na cátedra da Universidade de Freiburg, é de 1959. Há uma versão em língua portuguesa: *A força normativa da Constituição*, 1991, traduzida por Gilmar Ferreira Mendes.

37 Na Itália, em um primeiro momento, a jurisprudência negou caráter preceptivo às normas constitucionais garantidoras de direitos fundamentais, considerando-as insuscetíveis de aplicação sem a interposição do legislador. Sobre o tema, v. Therry Di Manno, Code Civil e Constitution en Italie, in Michel Verpeaux (org.), *Code Civil e Constitution(s)*, 2005. V., tb., Vezio Crisafulli, *La Costituzione e le sue disposizione di principio*, 1952.

Portugal[38] e na Espanha[39]. Atualmente, passou a ser premissa do estudo da Constituição o reconhecimento de sua força normativa, do caráter vinculativo e obrigatório de suas disposições. Vale dizer: as normas constitucionais são dotadas de imperatividade, que é atributo de todas as normas jurídicas, e sua inobservância há de deflagrar os mecanismos próprios de coação, de cumprimento forçado. A propósito, cabe registrar que o desenvolvimento doutrinário e jurisprudencial na matéria não eliminou as tensões inevitáveis que se formam entre as pretensões de normatividade do constituinte, de um lado, e, de outro lado, as circunstâncias da realidade fática e as eventuais resistências do *status quo*.

O debate acerca da força normativa da Constituição só chegou ao Brasil, de maneira consistente, ao longo da década de 80, tendo enfrentado as resistências previsíveis[40]. Além das complexidades inerentes à concretização de qualquer ordem jurídica, padecia o país de patologias crônicas, ligadas ao autoritarismo e à insinceridade constitucional. Não é surpresa, portanto, que as Constituições tivessem sido, até então, repositórios de promessas vagas e de exortações ao legislador infraconstitucional, sem aplicabilidade direta e imediata. Coube à Constituição de 1988, bem como à doutrina e à jurisprudência que se produziram a partir de sua promulgação, o mérito elevado de romper com a posição mais retrógrada (v. *supra*).

2   A expansão da jurisdição constitucional

Antes de 1945, vigorava na maior parte da Europa um modelo de supremacia do Poder Legislativo, na linha da doutrina inglesa de soberania do Parlamento e da concepção francesa da lei como expressão da vontade geral. A partir do final da década de 40, todavia, a onda constitucional trouxe não apenas novas constituições, mas também um novo modelo, inspirado na experiência americana: o da supremacia da Constituição[41]. A fórmula envolvia a constitucionalização dos direitos fundamentais, que ficavam imunizados contra a ação eventualmente danosa do processo político majoritário: sua proteção passava a caber ao Judiciário. Inúmeros países europeus vieram a adotar um modelo próprio de controle de constitucionalidade, associado à criação de tribunais constitucionais[42]. Assim se passou, inicialmente, na Alemanha (1951) e na Itália (1956), como assinalado. A partir daí, tribunais constitucionais foram criados em toda a Europa continental[43]. Atualmente, além do Reino Unido, somente Holanda e Luxemburgo

---

38   V. J. J. Gomes Canotilho e Vital Moreira, *Fundamentos da Constituição*, 1991, p. 43 e s.

39   Sobre a questão em perspectiva geral e sobre o caso específico espanhol, vejam-se, respectivamente, dois trabalhos preciosos de Eduardo García de Enterría: *La Constitución como norma y el Tribunal Constitucional*, 1991; e *La Constitución española de 1978 como pacto social y como norma jurídica*, 2003.

40   Luís Roberto Barroso, A efetividade das normas constitucionais: por que não uma Constituição para valer?, in *Anais do Congresso Nacional de Procuradores de Estado*, 1986; e tb. *A força normativa da Constituição*: elementos para a efetividade das normas constitucionais, 1987, tese de livre-docência apresentada na Universidade do Estado do Rio de Janeiro, publicada sob o título *O direito constitucional e a efetividade de suas normas*, 1990 (data da 1ª edição). Na década de 60, em outro contexto e movido por preocupações distintas, José Afonso da Silva escreveu sua célebre tese *Aplicabilidade das normas constitucionais*, 1968.

41   V. Stephen Gardbaum, The new commonwealth model of constitutionalism, *American Journal of Comparative Law*, 49:707, 2001, p. 714: "O fracasso óbvio e catastrófico do modelo de constitucionalismo baseado na supremacia do Legislativo para prevenir a tomada do poder por movimentos totalitários, e a enorme escala de violações aos direitos humanos antes e durante a II Guerra Mundial, significaram que, quase sem exceções, quando surgiu a oportunidade para um país começar do zero e editar uma nova Constituição, foram adotadas as estruturas básicas do modelo oposto, o americano. [...] Isso incluiu as três potências do Eixo, Alemanha (1949), Itália (1948) e Japão (1947)" (no original: "The obvious and catastrophic failure of the legislative supremacy model of constitutionalism to prevent totalitarian takeovers, and the sheer scale of human rights violations before and during World War II, meant that, almost without exceptions, when the occasion arose for a country to make a fresh start and enact a new constitution, the essentials of the polar opposite American model were adopted. [...] These included the three Axis powers, Germany (1949), Italy (1948), and Japan (1947))". Nesse texto, Gardbaum, professor da Universidade da Califórnia, estuda, precisamente, três experiências que, de acordo com sua análise, ficaram de fora da onda do *judicial review*: Reino Unido, Nova Zelândia e Canadá.

42   Hans Kelsen foi o introdutor do controle de constitucionalidade na Europa, na Constituição da Áustria, de 1920, aperfeiçoado com a reforma constitucional de 1929. Partindo de uma perspectiva doutrinária diversa da que prevaleceu nos Estados Unidos, concebeu ele o controle como uma função constitucional (de natureza legislativa-negativa) e não propriamente como uma atividade judicial. Para tanto, previu a criação de um órgão específico – o Tribunal Constitucional – encarregado de exercê-lo de maneira concentrada. V. Luís Roberto Barroso, *O controle de constitucionalidade no direito brasileiro*, 2004, p. 18.

43   A tendência prosseguiu com Chipre (1960) e Turquia (1961). No fluxo da democratização ocorrida na década de 70, foram instituídos tribunais constitucionais na Grécia (1975), na Espanha (1978) e em Portugal (1982). E também na Bélgica (1984). Nos últimos anos do século XX, foram criadas cortes constitucionais em países do leste europeu, como Polônia (1986), Hungria (1990), Rússia (1991), República Tcheca (1992), Romênia (1992), República Eslovaca

ainda mantêm o padrão de supremacia parlamentar, sem adoção de qualquer modalidade de *judicial review*. O caso francês é objeto de menção à parte.

No Brasil, o controle de constitucionalidade existe, em molde incidental, desde a primeira Constituição republicana, de 1891. Por outro lado, a denominada ação genérica (ou, atualmente, ação direta), destinada ao controle por via principal – abstrato e concentrado –, foi introduzida pela Emenda Constitucional n. 16, de 1965, que atribuía a legitimação para sua propositura exclusivamente ao Procurador-Geral da República. Nada obstante, a jurisdição constitucional expandiu-se, verdadeiramente, a partir da Constituição de 1988. A causa determinante foi a ampliação do direito de propositura no controle concentrado, fazendo com que este deixasse de ser mero instrumento de governo e passasse a estar disponível para as minorias políticas e mesmo para segmentos sociais representativos[44]. A esse fator somou-se a criação de novos mecanismos de controle concentrado, como a ação declaratória de constitucionalidade[45] e a arguição de descumprimento de preceito fundamental[46].

No sistema constitucional brasileiro, o Supremo Tribunal Federal pode exercer o controle de constitucionalidade (i) em ações de sua competência originária (CF, art. 102, I), (ii) por via de recurso ordinário (CF, art. 102, II) e, sobretudo, extraordinário (CF, art. 102, III), este último idealizado justamente para que o STF controle a aplicação da Constituição pelas instâncias inferiores, e (iii) em processos objetivos, nos quais se veiculam as ações diretas[47]. Para conter o número implausível de recursos extraordinários interpostos perante o Supremo Tribunal Federal[48], a Emenda Constitucional n. 45/2004, que procedeu a diversas modificações na disciplina do Poder Judiciário, criou a figura da *repercussão geral* da questão constitucional discutida, como novo requisito de admissibilidade do recurso[49]. Em virtude dela e, posteriormente, do que dispôs a Lei n. 13.105/2015, que aprovou o novo Código de Processo Civil (CPC/2015), tem-se reconhecido que o recurso extraordinário está passando por um processo de "objetivação" por meio do qual sua função central deixa de ser propriamente o controle da aplicação da

---

(1992) e Eslovênia (1993). O mesmo se passou em países africanos, como Argélia (1989), África do Sul (1996) e Moçambique (2003). Sobre o tema, v. Jorge Miranda, *Manual de direito constitucional*, 1996, t. 2, p. 383 e s.; Gustavo Binenbojm, *A nova jurisdição constitucional brasileira*, 2004, p. 39-40; Stephen Gardbaum, The new commonwealth model of constitutionalism, *American Journal of Comparative Law*, 49:707, 2001, p. 715-716; e Luís Roberto Barroso, *O controle de constitucionalidade no direito brasileiro*, 2004, p. 43.

44 Desde a sua criação até a configuração que lhe foi dada pela Constituição de 1969, o direito de propositura da "representação de inconstitucionalidade" era monopólio do Procurador-Geral da República. A Constituição de 1988 rompeu com essa hegemonia, prevendo um expressivo elenco de legitimados ativos no seu art. 103.

45 Introduzida pela Emenda Constitucional n. 3, de 1993. V., ainda, Lei n. 9.868, de 10.11.1999.

46 V. Lei n. 9.882, de 3.12.1999. Antes da lei, prevalecia o entendimento de que o mecanismo não era autoaplicável.

47 As ações diretas no direito constitucional brasileiro são a ação direta de inconstitucionalidade (art. 102, I, *a*), a ação declaratória de constitucionalidade (arts. 102, I, *a*, e 103, § 4º) e a ação direta de inconstitucionalidade por omissão (art. 103, § 2º). Há, ainda, duas hipóteses especiais de controle concentrado: a arguição de descumprimento de preceito fundamental (art. 102, § 1º) e a ação direta interventiva (art. 36, III). Sobre o tema do controle de constitucionalidade no Direito brasileiro, v. dentre muitos: Gilmar Ferreira Mendes, *Controle de constitucionalidade*, 1990, e *Jurisdição constitucional*, 2005; Clèmerson Merlin Clève, *A fiscalização abstrata de constitucionalidade no direito brasileiro*, 2000; Ronaldo Poletti, *Controle da constitucionalidade das leis*, 2001; Lenio Luiz Streck, *Jurisdição constitucional e hermenêutica*, 2002; Zeno Velloso, *Controle jurisdicional de constitucionalidade*, 2003; e Luís Roberto Barroso, *O controle de constitucionalidade no direito brasileiro*, 2019.

48 Segundo informações disponíveis na página eletrônica do STF, foram distribuídos à Corte 116.216 recursos de natureza extraordinária (REs e AIs) no ano de 2006, antes, portanto, da efetiva implementação da repercussão geral, ocorrida com a Emenda Regimental n. 21/2007. Esse foi o maior número da história posterior a 1988. Com a implementação da repercussão geral, esse número começou a cair, à medida que subiu o número de processos sobrestados nas instâncias de origem. Em 2011, foram distribuídos "apenas" 38.109 recursos de natureza extraordinária (REs, ARES e AIs) para a Corte. No entanto, o número voltou a subir a partir de 2012, chegando a 99.429 em 2017. E com um agravante: em setembro de 2018, havia mais de 1,5 milhão de processos sobrestados aguardando decisões a serem tomadas pelo STF em processos afetados ao regime de repercussão geral. Isso mostra que o filtro da repercussão geral não vem cumprindo a contento seu papel. Sobre o tema, v. Luís Roberto Barroso e Frederico Montedônio do Rego, Como salvar o sistema de repercussão geral: transparência, eficiência e realismo na escolha do que o Supremo Tribunal Federal vai julgar. *Revista Brasileira de Políticas Públicas* 7:696 (2017).

49 A EC n. 45/2004 introduziu o § 3º do art. 102, com a seguinte dicção: "§ 3º No recurso extraordinário o recorrente deverá demonstrar a repercussão geral das questões constitucionais discutidas no caso, nos termos da lei, a fim de que o Tribunal examine a admissão do recurso, somente podendo recusá-lo pela manifestação de dois terços de seus membros". A matéria foi inicialmente regulamentada pela Lei n. 11.418, de 19.12.2006, e hoje se encontra disciplinada no CPC/2015 (art. 1.035) e no Regimento Interno do STF (arts. 322 a 329).

constituição pelas demais instâncias e passa a ser a definição de entendimentos (teses) de observância obrigatória para todo o Judiciário acerca do significado da Constituição[50].

3 A reelaboração doutrinária da interpretação constitucional

A consolidação do constitucionalismo democrático e normativo, a expansão da jurisdição constitucional e o influxo decisivo do pós-positivismo provocaram um grande impacto sobre a hermenêutica jurídica de maneira geral e, especialmente, sobre a interpretação constitucional. Além disso, a complexidade da vida contemporânea, tanto no espaço público como no espaço privado; o pluralismo de visões, valores e interesses que marcam a sociedade atual; as demandas por justiça e pela preservação e promoção dos direitos fundamentais; as insuficiências e deficiências do processo político majoritário – que é feito de eleições e debate público; enfim, um conjunto vasto e heterogêneo de fatores influenciaram decisivamente o modo como o direito constitucional é pensado e praticado.

Foram afetadas premissas teóricas, filosóficas e ideológicas da interpretação tradicional, inclusive e notadamente quanto ao papel da *norma*, suas possibilidades e limites, e ao papel do *intérprete*, sua função e suas circunstâncias. Nesse ambiente, ao lado dos elementos tradicionais de interpretação jurídica e dos princípios específicos de interpretação constitucional delineados ao longo do tempo, foram descobertas novas perspectivas e desenvolvidas novas teorias. Nesse universo em movimento e em expansão, incluem-se categorias que foram criadas ou reelaboradas, como os modos de atribuição de sentido às cláusulas gerais, o reconhecimento de normatividade aos princípios, a percepção da ocorrência de colisões de normas constitucionais e de direitos fundamentais, a necessidade de utilização da ponderação como técnica de decisão e a reabilitação da razão prática como fundamento de legitimação das decisões judiciais. O próximo capítulo é dedicado ao tema.

4 Um novo modelo

O novo direito constitucional, fruto das transformações narradas neste capítulo, tem sido referido, por diversos autores, pela designação de *neoconstitucionalismo*[51]. O termo identifica, em linhas gerais, o constitucionalismo democrático do pós-guerra, desenvolvido em uma cultura filosófica pós-positivista, marcado pela força normativa da Constituição, pela expansão da jurisdição constitucional e por uma nova hermenêutica[52]. Dentro dessas balizas gerais, existem múltiplas vertentes neoconstitucionalistas[53]. Hoje em dia, no entanto, já nem mais se justifica o neologismo ou o prefixo "neo", pois este se tornou, simplesmente, o direito constitucional contemporâneo. Há quem questione a efetiva *novidade* dessas ideias[54], assim como seus postulados teóricos e ideológicos[55]. Mas a verdade é que, independentemente

---

50 CPC/2015, art. 988, § 4º e § 5º, II, e arts. 1.039 a 1041. Luís Roberto Barroso, *O controle de constitucionalidade no direito brasileiro*, 2019, p. 154-172. V., ainda, sobre o papel do STF como corte de precedentes: Luís Roberto Barroso e Patrícia Perrone Campos Mello, Trabalhando com uma nova lógica: a ascensão dos precedentes no Direito brasileiro, *Revista da AGU, 15:3*, p. 9, 2016.

51 Sobre o tema, teve grande difusão no Brasil duas coletâneas organizadas pelo professor mexicano Miguel Carbonell: *Neoconstitucionalismo(s)*, 2003, e *Teoría del neoconstitucionalismo*: ensayos escogidos, 2007. O termo é utilizado com frequência na doutrina espanhola e italiana, embora não seja empregado no debate alemão e norte-americano. Mas muitas das discussões subjacentes são as mesmas.

52 Para uma exposição das bases teóricas dessa concepção, no Brasil, v. Luís Roberto Barroso, Neoconstitucionalismo e constitucionalização do Direito, *Revista de Direito Administrativo 240:1*, 2005; Antônio Cavalcanti Maia, Nos vinte anos da Carta cidadã: do pós-positivismo ao neoconstitucionalismo, in Cláudio Pereira de Souza Neto, Daniel Sarmento e Gustavo Binenbojm (coord.), *Vinte anos da Constituição de 1988*, 2008, p. 117 e s.; e Eduardo Ribeiro Moreira, *Neoconstitucionalismo – A invasão da Constituição*, 2008.

53 Sobre o ponto, v. Daniel Sarmento, O neoconstitucionalismo no Brasil: riscos e possibilidades, in *Filosofia e teoria constitucional contemporânea*, 2009, p. 115, onde assinalou que entre os neconstitucionalistas existem positivistas e não positivistas, liberais, comunitaristas e procedimentalistas. Não por outra razão, Carbonell empregou, em sua primeira coletânea, a designação "neoconstitucionalismo(s)".

54 V., a propósito, o debate entre Luis Prieto Sanchis, Juan Antonio García Amado e Carlos Bernal Pulido em Miguel Carbonell (org.), *Teoría del neoconstitucionalismo*: ensayos escogidos, 2007, p. 213 e s. V. tb., na doutrina brasileira, Dimitri Dimoulis, Uma visão crítica do neoconstitucionalismo, in George Leite Salomão e Glauco Leite Salomão (coord.), *Constituição e efetividade constitucional*, 2008, p. 43 e s.; e Inocêncio Mártires Coelho, Poder normativo das cortes constitucionais: o caso brasileiro, *Revista Brasileira de Políticas Públicas*, v. 5, n. 3, jul.-dez. 2015, p. 16-27.

55 V. Humberto Ávila, Neoconstitucionalismo: entre a ciência do Direito e o Direito da ciência, in Cláudio Pereira de Souza Neto, Daniel Sarmento e Gustavo Binenbojm (coord.), *Vinte anos da Constituição Federal de 1988*, 2009, p. 187 e s. Para uma réplica oral a essas críticas, v. Neoconstitucionalismo e ativismo judicial no Brasil hoje, palestra no IX Congresso Brasileiro de Direito do Estado, em 17.04.2009, em https://www.youtube.com/watch?v=bYB1_4CkL2U&t=289s.

dos rótulos, não é possível ignorar a revolução profunda e silenciosa ocorrida no direito praticado na atualidade, que já não se assenta apenas em um modelo de regras e de subsunção, nem na tentativa de ocultar o papel criativo de juízes e tribunais[56]. Tão intenso foi o ímpeto das transformações que tem sido necessário reavivar as virtudes da moderação e da mediania, em busca de equilíbrio entre valores tradicionais e novas concepções[57].

---

56 Ao procurar identificar os grandes traços do neoconstitucionalismo, utilizando três planos distintos de análise – textos constitucionais, práticas jurisprudenciais e desenvolvimentos teóricos –, Carbonell faz referência à substantivização das Constituições, à existência de algum grau de ativismo judicial e ao papel criativo-prescritivo da ciência jurídica. V. Miguel Carbonell, Neoconstitucionalismo: elementos para una definición, in Eduardo Ribeiro Moreira e Marcio Pugliesi (coord.), *Vinte anos da Constituição brasileira*, 2009, p. 197 e s.

57 Para uma tentativa de demarcação dos espaços entre o Poder Legislativo e a deliberação democrática, de um lado, e o Poder Judiciário e a atuação criativa do juiz, de outro, v. Luís Roberto Barroso, *Temas de direito constitucional*, t. IV, p. 308-21, Sobre a contenção da "euforia dos princípios" e do voluntarismo judicial, v. Ana Paula de Barcellos, *Ponderação, racionalidade e atividade jurisdicional*, 2005. Para uma advertência sobre os riscos de "judiciocracia", "oba-oba constitucional" e "panconstitucionalização", v. Daniel Sarmento, O neoconstitucionalismo no Brasil: riscos e possibilidades, in *Filosofia e teoria constitucional contemporânea*, 2009, p. 132 e s.

CAPÍTULO III | A INTERPRETAÇÃO CONSTITUCIONAL[1]

Sumário: I – Generalidades. 1. Introdução. 2. Terminologia: hermenêutica, interpretação, aplicação e construção. 3. Especificidade da interpretação constitucional. II – Os diferentes planos de análise da interpretação constitucional. 1. O plano jurídico ou dogmático. 2. O plano teórico ou metodológico. 2.1. As escolas de pensamento jurídico. 2.2. As teorias da interpretação constitucional. 2.2.1. Alguns métodos da teoria constitucional alemã. 2.2.2. O debate na teoria constitucional americana. 3. O plano da justificação política ou da legitimação democrática. 4. A interpretação constitucional como concretização construtiva. III – A interpretação constitucional sob perspectiva tradicional. 1. Algumas regras de hermenêutica. 2. Elementos tradicionais de interpretação jurídica. 2.1. Interpretação gramatical, literal ou semântica. 2.2. Interpretação histórica. 2.3. Interpretação sistemática. 2.4. Interpretação teleológica. 3. A metodologia da interpretação constitucional tradicional. 4. Princípios instrumentais de interpretação constitucional. 4.1. Princípio da supremacia da Constituição. 4.2. Princípio da presunção de constitucionalidade das leis e atos normativos. 4.3. Princípio da interpretação conforme a Constituição. 4.4. Princípio da unidade da Constituição. 4.5. Princípio da razoabilidade ou da proporcionalidade. 4.6. Princípio da efetividade.

I GENERALIDADES[2]

1 Introdução

Garota de Ipanema é a composição brasileira mais executada no mundo. Seus autores são Antônio Carlos Jobim e Vinicius de Moraes, ambos já falecidos. Conta a lenda que a canção foi composta em um bar de Ipanema chamado Veloso, em homenagem a uma jovem colegial que passava regularmente em frente ao local, sob o olhar de admiração dos dois compositores, que se sentavam em mesas na calçada. Vinicius fez a letra e Jobim, a melodia. A canção, interpretada por ambos, consta de diferentes álbuns

---

1 Ronald Dworkin, *Freedom's law*: the moral reading of the American Constitution, 1996; Karl Larenz, *Metodologia da ciência do Direito*, 1997; Luigi Ferrajoli, *Derecho y razón*, 2000; Jane Reis, *Interpretação constitucional e direitos fundamentais*, 2006; Cass R. Sunstein e Adrain Vermeule, *Interpretation and institutions*, 2006, disponível em: http://www.law.uchicago.edu/academics/publiclaw/index.html (working paper n. 28); Oscar Vilhena Vieira, A moralidade da Constituição e os limites da empreitada interpretativa, ou entre Beethoven e Bernstein, in Virgílio Afonso da Silva (org.), *Interpretação constitucional*, 2005; Inocêncio Mártires Coelho, *Interpretação constitucional*, 2003; Aharon Barak, Constitutional interpretation, in Ferdinand Mélin-Soucramanien (org.), *L'interprétation constitutionnelle*, 2005; Frederick Schauer e Virginia J. Wise, *The distinctiveness of constitutional interpretation*, 2006, mimeografado; Vicente de Paulo Barreto (org.), *Dicionário de filosofia*, 2006, verbetes: "Escola da Exegese" (Nelson Saldanha); "Escola do Direito Livre" (Maria Lúcia de Paula Oliveira); "Hermenêutica jurídica" (Lenio Luiz Streck); "Interpretação" (Eros Roberto Grau); "Realismo jurídico" (Fernando Galvão de Andrea Ferreira); Rodolfo L. Vigo, *Interpretación jurídica*, 1999; Philip Bobbit, The modalities of constitutional argument, in *Constitutional interpretation*, 1991; Louis E. Wolcher, A philosophical investigation into methods of constitutional interpretation in the United States and the United Kingdom, *Virginia Journal of Social Policy & the Law*, 13:239, 2006; Michel Troper, L'interprétation constitutionnelle, in *L'interprétation constitutionnelle*, 2005; Marcelo Neves, A interpretação jurídica no Estado democrático de direito, in Eros Roberto Grau e Willis Santiago Guerra Filho (org.), *Direito constitucional*: estudos em homenagem ao Professor Paulo Bonavides, 2001; Carlos Maximiliano, *Hermenêutica e aplicação do Direito*, 1981; Richard H. Fallon Jr., How to choose a constitutional theory, *California Law Review*, 85:535, 1999; David Beatty, The forms and limits of constitutional intepretation, *American Journal of Comparative Law*, 49:79; George C. Christie e Patrick H. Martin, *Jurisprudence*: text and reading on the philosophy of law, 1999; Gerhardt, Rowe Jr., Brown & Spann, *Constitutional theory*: arguments and perspectives, 2000; Tercio Sampaio Ferraz Júnior, *Introdução ao estudo do Direito*: técnica, decisão, dominação, 2001.

2 Para uma exposição analítica acerca da interpretação constitucional, v. minha tese de titularidade na Universidade do Estado do Rio de Janeiro, defendida em 1995 e publicada em edição comercial revista e atualizada: Luís Roberto Barroso, *Interpretação e aplicação da Constituição*, 6. ed., 3. tir., 2006.

fonográficos. Há uma versão para o inglês, difundida em 1963, que tornou a música um sucesso mundial, e uma versão instrumental, feita para um filme homônimo, de 1967.

A letra e a melodia da canção permaneceram as mesmas, desde seu lançamento em 1962. Ao longo das décadas, inúmeros artistas apresentaram sua interpretação da obra. Todos trabalhavam, como intuitivo, sobre a criação original dos dois compositores. Algumas interpretações, no entanto, eram apenas instrumentais e procuravam captar os acordes sofisticados da bossa nova. Outras punham ênfase na poesia da letra, buscando recapturar um tempo mais romântico e ingênuo da vida no Rio de Janeiro. Muitos intérpretes, mundo afora, que apresentaram regravações belíssimas, nunca ouviram falar de bossa nova e não sabem exatamente onde fica Ipanema.

Garota de Ipanema, na voz ou nos instrumentos de seus múltiplos intérpretes, conserva sua essência, seus elementos de identidade, mas nunca é a mesma. A razão é que, entre a obra e o público, há uma intermediação necessária feita por quem vai executá-la. A interpretação, por certo, é desenvolvida com base na obra preexistente e nas convenções musicais. Mas estará sempre sujeita à percepção e à sensibilidade do intérprete. Por isso mesmo, uma versão nunca é exatamente igual à outra. Ainda assim, havendo fidelidade à melodia e à letra originais, não será possível dizer que uma seja certa e a outra, errada. São diferentes formas de ver a mesma criação. No entanto, há um limite a partir do qual já não será possível dizer que o intérprete esteja executando obra alheia, senão que criando a sua própria. Vale dizer: a interpretação jamais poderá romper os vínculos substantivos com o objeto interpretado.

A execução de uma peça musical – popular ou clássica – é uma boa imagem para compreender o fenômeno da interpretação nas hipóteses em que, entre a obra e o público, interpõe-se um intérprete, alguém com o poder de expressar a sua compreensão do trabalho do autor. Como é o caso do Direito, âmbito no qual sempre haverá, em meio a outros elementos, uma norma (obra alheia), um intérprete e um ou mais destinatários da interpretação. O intérprete não está legitimado a criar ou a inventar livremente o que melhor lhe aprouver; ao contrário, deve fidelidade à partitura preexistente, à obra original. Mas, por outro lado, não existe uma única maneira de expressá-la, e, portanto, o ambiente externo, a plateia e as contingências do intérprete sempre farão diferença.

2 Terminologia: hermenêutica, interpretação, aplicação e construção

A hermenêutica tem sua origem no estudo dos princípios gerais de interpretação bíblica. Para judeus e cristãos, seu objeto era descobrir as verdades e os valores contidos na Bíblia. Para a tradição judaico-cristã, como é corrente, a Bíblia tem um caráter sagrado, pela crença de que expressa a revelação divina. Desde os primórdios surgiram divergências acerca da maneira adequada de interpretá-la: se de modo literal, moral, alegórico ou místico[3]. Da religião o termo passou para a filosofia, daí para a ciência e depois para o Direito. A *hermenêutica jurídica* é um domínio teórico, especulativo, voltado para a identificação, desenvolvimento e sistematização dos princípios de interpretação do Direito[4].

A *interpretação jurídica* consiste na atividade de revelar ou atribuir sentido a textos ou outros elementos normativos (como princípios implícitos, costumes, precedentes), notadamente para o fim de solucionar problemas. Trata-se de uma atividade intelectual informada por métodos, técnicas e parâmetros que procuram dar-lhe legitimidade, racionalidade e controlabilidade. A *aplicação* de uma norma jurídica é o momento final do processo interpretativo, sua incidência sobre os fatos relevantes. Na aplicação se dá a conversão da disposição abstrata em uma regra concreta, com a pretensão de conformar a realidade ao Direito, o *ser* ao *dever-ser*. É nesse momento que a norma jurídica se transforma em norma de decisão[5].

---

3 V. *The new Encyclopaedia Britannica*, 2002, verbete "Biblical literature and its critical interpretation", subtítulo "Types of biblical hermeneutics", p. 999 e s.

4 O termo "hermenêutica" vem de *Hermes*, personagem da mitologia grega encarregado de transmitir a mensagem dos deuses aos homens. Como os homens não falavam diretamente com os deuses, sujeitavam-se à intermediação de Hermes, à sua capacidade de compreender e revelar.

5 V. Tercio Sampaio Ferraz Júnior, *Introdução ao estudo do Direito*, 2001, p. 305 e s. E tb. Eros Roberto Grau, Interpretação, in *Dicionário de filosofia do Direito*, 2006, p. 472: "A norma jurídica é produzida para ser aplicada a um caso concreto. Essa aplicação se dá mediante a formulação de uma decisão judicial, uma sentença, que expressa a norma de decisão. Aí a distinção entre as normas jurídicas e a norma de decisão. Esta é definida a partir daquelas. Todos os operadores do Direito o interpretam, mas apenas uma certa categoria deles realiza plenamente o processo de interpretação, até o seu ponto culminante, que se encontra no momento da definição da norma de decisão. Este, que está autorizado a ir além da interpretação tão somente como produção das normas jurídicas, para dela extrair a norma de decisão do caso, é aquele que Kelsen chama de *intérprete autêntico*, o juiz".

Até pouco tempo atrás, a interpretação era compreendida pela doutrina como uma atividade que lidava com os significados possíveis das normas em abstrato; e a aplicação, como a função de concretização daqueles significados. Na dogmática contemporânea, todavia, já não se enfatiza a dualidade interpretação/aplicação. A compreensão atual é a de que a atribuição de sentidos aos enunciados normativos – ou a outras fontes reconhecidas pelo sistema jurídico – faz-se em conexão com os fatos relevantes e a realidade subjacente. Daí a crescente utilização, pela doutrina, da terminologia *enunciado normativo* (texto em abstrato), *norma jurídica* (tese a ser aplicada ao caso concreto, fruto da interação texto/realidade) e *norma de decisão* (regra concreta que decide a questão). A singularidade de tal percepção é considerar a norma jurídica como o *produto* da interpretação, e não como seu *objeto*, este sendo o relato abstrato contido no texto normativo.

Outro conceito relevante, especialmente no âmbito da interpretação constitucional, é o de *construção*. Por sua natureza, uma Constituição se utiliza de termos vagos e de cláusulas gerais, como igualdade, justiça, segurança, interesse público, devido processo legal, moralidade ou dignidade humana. Isso se deve ao fato de que ela se destina a alcançar situações que não foram expressamente contempladas ou detalhadas no texto. A interpretação consiste na atribuição de sentido a textos ou a outros signos existentes, ao passo que a construção significa tirar conclusões que estão fora e além das expressões contidas no texto e dos fatores nele considerados. São conclusões que se colhem no espírito, embora não na letra da norma[6]. A interpretação é limitada à exploração do texto, ao passo que a construção vai além e pode recorrer a considerações extrínsecas[7].

3 Especificidade da interpretação constitucional

A interpretação constitucional é uma modalidade de interpretação jurídica. Essa premissa foi assentada, no direito americano, desde *Marbury v. Madison*, julgado em 1803. Na tradição europeia-continental, ela só veio a firmar-se após a Segunda Guerra Mundial, tendo se tornado conhecimento convencional nas últimas décadas, inclusive no Brasil. Por ser a Constituição uma norma jurídica, sua interpretação se socorre dos variados elementos, regras e princípios que orientam a interpretação jurídica em geral, cujo estudo remonta ao direito romano e, na cultura jurídica romano-germânica, passa por autores importantes como Savigny, Gény e Kelsen.

Nada obstante isso, a interpretação constitucional compreende um conjunto amplo de particularidades, que a singularizam no universo da interpretação jurídica. Assinale-se, logo de início, que o direito constitucional envolve um empreendimento complexo: o de levar o Direito às relações políticas, disciplinando a partilha e o exercício do poder, bem como impondo o respeito aos direitos da cidadania. Não é banal a missão de levar legalidade, justiça e segurança jurídica para um ambiente marcado pelo uso potencial da força, pelo exercício de competências discricionárias e por vínculos diretos com a soberania popular.

Pois bem: o direito constitucional positivo concentra-se na Constituição. As Constituições democráticas são documentos singulares na sua origem, no seu conteúdo e nas suas finalidades. De fato, fruto do poder constituinte originário, a Constituição é a expressão da vontade superior do povo, manifestada em um momento cívico especial. Promulgada a Constituição, a soberania popular se converte em supremacia constitucional. Nos propósitos da Lei Fundamental estão a autolimitação do poder e a institucionalização de um governo democrático. Daí resulta que o papel da Constituição é, simultaneamente: (i) o de limitar o governo da maioria, mediante a enunciação dos valores e direitos fundamentais a serem preservados, inclusive os das minorias; (ii) o de propiciar o governo da maioria, mediante procedimentos adequados, inclusive os que asseguram a participação igualitária de todos e a alternância do poder.

---

6   V. Luís Roberto Barroso e Patrícia Perrone Campos Mello, O papel criativo dos tribunais: técnicas de decisão em controle de constitucionalidade, *Revista da Ajuris 46*:295, 2019, p. 301, em que se observa que as decisões construtivas "atribuem aos dispositivos interpretados significados que não podem ser diretamente extraídos do programa normativo da lei, procurando ampliar ou modificar o seu conteúdo e alcance, a fim de compatibilizá-lo com a Constituição", hipótese em que "há uma maior atuação criativa da Corte, com adição ou substituição do sentido normativo atrelado ao texto". Em sentido semelhante, J. H. Meirelles Teixeira, citando a lição de Black, constante de seu *Handbook on the construction and interpretation of the laws*, transcreveu que *construção* é "a arte ou processo de descobrir e expor o sentido e a intenção dos autores da lei tendo em vista sua aplicação a um caso dado, onde essa intenção se apresente duvidosa, quer por motivo de aparente conflito entre dispositivos ou diretivas, quer em razão de que o caso concreto não se ache explicitamente previsto na lei" (*Curso de direito constitucional*, 1991, p. 269). V., também, Anna Candida da Cunha Ferraz, *Processos informais de mudança da Constituição*, 1986, p. 134 e s., e Thomas Cooley, *A treatise on the constitutional limitations*, 1890, p. 70.

7   Construction, in *Black's Law Dictionary*, 1979. V., também, José Alfredo de Oliveira Baracho, Hermenêutica constitucional, *Revista de Direito Público*, 59-60:46, p. 47.

Essas características do direito constitucional e da Constituição, por suposto, projetam-se nas normas constitucionais, dando a elas peculiaridades que podem ser assim assinaladas (v. *supra*):

a) Quanto ao seu *status* jurídico: as normas constitucionais desfrutam de superioridade jurídica em relação às demais normas do sistema, ditando o seu modo de produção e estabelecendo limites ao seu conteúdo.

b) Quanto à natureza da linguagem: as normas constitucionais se apresentam, com frequência, com a textura aberta e a vagueza dos princípios e dos conceitos jurídicos indeterminados, circunstância que permite sua comunicação com a realidade e a evolução do seu sentido.

c) Quanto ao seu objeto: as normas constitucionais, do ponto de vista material, destinam-se tipicamente a (i) organizar o poder político (normas constitucionais de organização), (ii) definir os direitos fundamentais (normas constitucionais definidoras de direitos) e (iii) indicar valores e fins públicos (normas constitucionais programáticas). Sua estrutura normativa, portanto, não é a das normas de conduta em geral, inclusive pelas peculiaridades que dominam a compreensão e aplicação dos direitos fundamentais das diferentes gerações.

d) Quanto ao seu caráter político: a Constituição é o documento que faz a travessia entre o poder constituinte originário – fato político – e a ordem instituída, que é um fenômeno jurídico. Cabe ao direito constitucional o enquadramento jurídico dos fatos políticos. Embora a interpretação constitucional não possa e não deva romper as suas amarras jurídicas, deve ela ser sensível à convivência harmônica entre os Poderes, aos efeitos simbólicos dos pronunciamentos do Supremo Tribunal Federal e aos limites e possibilidades da atuação judicial.

Intuitivamente, tais especificidades quanto à posição hierárquica, à linguagem, às matérias tratadas e ao alcance político fazem com que a interpretação constitucional extrapole os limites da argumentação puramente jurídica. De fato, além das fontes convencionais, como o texto da norma e os precedentes judiciais, o intérprete constitucional deverá ter em conta considerações relacionadas à separação dos Poderes, aos valores éticos da sociedade e à moralidade política. A moderna interpretação constitucional, sem desgarrar-se das categorias do Direito e das possibilidades e limites dos textos normativos, ultrapassa a dimensão puramente positivista da filosofia jurídica, para assimilar argumentos da filosofia moral e da filosofia política. Ideias como interpretação evolutiva, leitura moral da Constituição e interpretação pragmática inserem-se nessa ordem de considerações.

II OS DIFERENTES PLANOS DE ANÁLISE DA INTERPRETAÇÃO CONSTITUCIONAL

A interpretação constitucional, que é uma particularização da interpretação jurídica geral, é um fenômeno complexo, que pode ser analisado a partir de diferentes prismas, que estabelecem conexões entre si, mas apresentam relativa autonomia. Para os fins aqui visados, é possível destacar três deles: o plano essencialmente jurídico ou *dogmático*; o plano teórico ou *metodológico*; e o plano da justificação política ou da *legitimação democrática*. A identificação desses três planos distintos preenche, sobretudo, uma finalidade didática, por auxiliar a compreensão dos variados processos mentais envolvidos. No entanto, no mundo real da jurisdição constitucional, os três níveis se interpenetram e se sobrepõem, ainda que de maneira não explicitada. Não é incomum, todavia, que a argumentação jurídica procure encobrir o segundo e o terceiro planos, fazendo parecer que as questões constitucionais são resolvidas no plano estritamente dogmático.

1 O plano jurídico ou dogmático

O plano essencialmente jurídico ou dogmático envolve as categorias operacionais do Direito e da interpretação jurídica. Dentre elas estão: a) as *regras de hermenêutica*, que, no Brasil, estão previstas sobretudo na Lei de Introdução às normas do Direito Brasileiro[8], ou em certas proposições axiomáticas desenvolvidas pela doutrina e pela jurisprudência[9]; b) os *elementos de interpretação*, que incluem, na

---

8 Lei de Introdução às normas do Direito Brasileiro (Dec.-Lei n. 4.657, de 4.9.1942), arts. 3º, 4º e 5º.

9 O termo "axioma" é empregado aqui para expressar a ideia de que tais regras acabam assumindo um caráter autoevidente, sem prejuízo de poderem contar com densa fundamentação teórica. Seria o caso, *e.g.*, da proposição de que as normas restritivas de direitos devem ser interpretadas de forma estrita, sem ampliação de seu conteúdo literal. Sobre o tema, v. Luís Roberto Barroso, *Interpretação e aplicação da Constituição*, 2004, p. 121-124.

sistematização tradicional, o gramatical, o histórico, o sistemático e o teleológico, bem como figuras como os costumes, a interpretação extensiva ou a estrita; e c) os *princípios específicos de interpretação constitucional*, como os da supremacia da Constituição, da presunção de constitucionalidade, da interpretação conforme a Constituição, da unidade, da razoabilidade e da efetividade. A interpretação constitucional, sob perspectiva essencialmente jurídica, será a ênfase de tópicos apresentados pouco mais adiante. Nos dois itens que se seguem, a interpretação será analisada sob um enfoque metajurídico, normalmente negligenciado pelos juristas em geral.

2 O plano teórico ou metodológico

O plano teórico ou metodológico compreende a construção racional da decisão, o itinerário lógico percorrido entre a apresentação do problema e a formulação da solução. Nele se contém, em última análise, a definição do papel desempenhado pelo sistema normativo, pelos fatos e pelo intérprete no raciocínio empreendido. Não se trata da filosofia da interpretação, em sua reflexão sobre si mesma e sobre a essência das coisas[10], mas dos diferentes métodos – "caminhos para chegar a um fim" – que procuram demonstrar a racionalidade e a adequação da argumentação desenvolvida em relação às categorias e às práticas reconhecidas pelo Direito.

2.1 As escolas de pensamento jurídico

Ao longo dos últimos dois séculos, uma multiplicidade de teorias jurídicas foi concebida e propagada. Todas elas foram desenvolvidas, substancialmente, em torno do direito civil, que era o centro de irradiação do pensamento jurídico e o direito comum nos países de tradição romano-germânica. Essa situação durou até o segundo pós-guerra. Não é o caso de investigar em profundidade as diferentes escolas e movimentos que marcaram cada época. No entanto, por necessidade de encadeamento do raciocínio e por imperativo didático, percorre-se brevemente o tema, agrupando-se as diferentes teorias ou metodologias em quatro grandes categorias: (i) o formalismo, (ii) a reação antiformalista, (iii) o positivismo e (iv) a volta aos valores.

O *formalismo* jurídico tem como marca essencial uma concepção mecanicista do Direito, pela qual a interpretação jurídica seria uma atividade acrítica de subsunção dos fatos à norma. Nele se cultiva uma visão romântica e onipotente da lei, compreendida como expressão da razão e da vontade geral rousseauniana. O formalismo pregava o apego à literalidade do texto legal e à intenção do legislador, e via com desconfiança o Judiciário, ao qual não reconhecia a possibilidade de qualquer atuação criativa. Pretensamente neutros e objetivos, os juízes eram apenas "a boca que pronuncia as palavras da lei". Exemplos do formalismo jurídico foram a Escola da Exegese[11], na França, e a Jurisprudência dos Conceitos[12], na Alemanha.

A *reação antiformalista* desenvolveu-se em diversas partes do mundo. Uma das vozes de maior expressão foi o jurista alemão Rudolph von Ihering, que, em peça clássica, defendeu que o Direito deve

---

10 Para uma tentativa de diferenciação entre filosofia do Direito, teoria do Direito e dogmática jurídica, v. Arthur Kaufmann, *Introdução à filosofia do Direito e à teoria do Direito contemporâneas*, 2002, p. 25 e s.; e Miguel Reale, *O direito como experiência*: introdução à epistemologia jurídica, 1992, p. 75-92. Para um tratamento com foco na filosofia da interpretação, vejam-se Hans-Georg Gadamer, *Verdade e método*, 2004; Martin Heidegger, *Ser e tempo*, 1995; Antonio Castanheira Neves, *O actual problema da metodologia da interpretação jurídica*, 2003; Lenio Luiz Streck, *Hermenêutica jurídica e(m) crise*, 2004.

11 A Escola da Exegese desenvolve-se a partir de 1804, na sequência histórica do Código Civil napoleônico, e tem o seu apogeu entre 1830 e 1880, quando tem início sua decadência. Sobre o tema, v. a obra de um dos seus autores mais autorizados, Julien Bonnecase, *La pensée juridique française*: de 1804 à l'heure presente, 2 t., 1933. Em língua portuguesa, v. Nelson Saldanha, Escola da Exegese, in Vicente de Paulo Barreto (org.), *Dicionário de filosofia do Direito*, 2006, onde se averbou: "Foi um movimento tipicamente francês, não somente por sua origem vinculada ao advento do Código Civil francês (*Code Napoléon*), mas também pelo clima de ideias, de alguma sorte cartesianas, em que se formaram seus conceitos e suas tendências" (texto ligeiramente editado). V. tb. Margarida Maria Lacombe Camargo, *Hermenêutica e argumentação*, 2003, p. 65-68.

12 Karl Larenz, *Metodologia da ciência do Direito*, 1997, p. 23 e 28-29, atribui ao autor alemão Puchta o papel de fundador da Jurisprudência dos Conceitos, sobre quem escreveu: "PUCHTA abandonou pois a relação, acentuada por SAVIGNY, das 'regras jurídicas' com o 'instituto jurídico' que lhes é subjacente, em favor da construção conceptual abstrata, e colocou, no lugar de todos os outros métodos – e também no de uma interpretação e desenvolvimento do Direito orientados para o fim da lei e o nexo significativo dos institutos jurídicos –, o processo lógico-dedutivo da 'Jurisprudência dos conceitos', preparando o terreno ao 'formalismo' jurídico que viria a prevalecer durante mais de um século, sem que a contracorrente introduzida por JHERING conseguisse por longo tempo sobrepor-se-lhe".

servir aos fins sociais, antes que aos conceitos e às formas[13]. Sua influência pode ser sentida nas principais manifestações pela reforma do pensamento jurídico, como a defesa da "livre investigação científica" de François Gény[14], na França, o Movimento para o Direito Livre[15], na Alemanha, e o Realismo Jurídico[16], nos Estados Unidos e na Escandinávia. Características comuns dessas diferentes Escolas de pensamento eram: (i) a reação à crença de que o Direito poderia ser encontrado integralmente no texto da lei e nos precedentes judiciais; (ii) a rejeição da tese de que a função judicial seria meramente declaratória, para reconhecer, ao contrário, que em diversas situações o juiz desempenha um papel criativo; e (iii) a compreensão da importância dos fatos sociais, das ciências sociais e da necessidade de interpretar o Direito de acordo com a evolução da sociedade e visando à realização de suas finalidades.

O *positivismo jurídico* apresenta uma característica essencial, que une fases e autores bem diversos: a separação entre o Direito e a Moral, entre a lei humana e o direito natural, negando a existência de um direito natural que subordine a legislação. Na virada do século XIX para o XX, em sua pretensão de criar uma *ciência* do Direito objetiva e neutra, o positivismo compartilhou muitas das premissas teóricas do formalismo. Nada obstante, nas formulações mais sofisticadas desenvolvidas ao longo do século XX – como a *Teoria pura do Direito*, de Hans Kelsen, e *O conceito de Direito*, de H. L. A. Hart – afastou-se da perspectiva estritamente mecanicista. De fato, Kelsen reconheceu que a decisão judicial é um *ato político*

---

13 A tese central de Ihering, defendida em vários estudos desde a publicação de *O espírito do Direito romano*, é de que a substância do Direito repousa sobre a noção de *interesse* juridicamente protegido: a ordem jurídica como um todo, bem como suas normas particulares, sempre possui uma *finalidade*, serve à promoção de algum objetivo positivamente valorado. Para Ihering, a verdade subjacente aos conceitos jurídicos era relativa, pois o Direito, em grande parte, seria resultado do conflito de interesses. Mesmo na origem de um direito específico se encontraria um interesse que logrou ser tutelado. Trata-se, portanto, de teoria empírica do direito, afastada do formalismo que caracterizava a "jurisprudência dos conceitos". Observe-se, contudo, que a teoria de Ihering não é desprovida de conteúdo ético. No clássico *A luta pelo Direito*, afirma ser a paz o fim principal do Direito, nada obstante fosse a luta o meio para alcançá-lo. Cf. Rudolf von Ihering, *A luta pelo Direito*, 2002, *O espírito do Direito romano*, 1934, *A finalidade do Direito*, 2002. Esta nota e a seguinte beneficiaram-se da interlocução com Cláudio Pereira de Souza Neto.

14 A escola da "livre investigação científica", de François Gény, defende que, quando o intérprete não for capaz de encontrar no texto legal uma solução adequada para o caso concreto, está autorizado a buscá-la na analogia, no costume e na "livre investigação científica". Se a lei não dá conta das mudanças havidas no meio social após o início da sua vigência, o intérprete deve ser livre para elaborar uma interpretação mais adequada aos fins sociais que merecem amparo. Em tal atividade, a pesquisa deve ser livre, pois realizada além dos limites fixados nos textos legais, mas ao mesmo tempo científica, já que apoiada em elementos passíveis de aferição objetiva. Não se trata, portanto, de uma criação judicial do Direito marcada pela arbitrariedade. Se o intérprete não está circunscrito aos limites impostos pelos textos legais, deve sempre examinar com objetividade os elementos empíricos envolvidos e buscar a realização dos fins sociais do Direito. Cf. François Gény, *Méthodes d'interprétation et sources en droit privé positif*: essai critique, 1996 (edição fac-similar da edição de 1919).

15 O *Movimento para o Direito Livre* não chegou a ser propriamente uma Escola de pensamento, mas uma tendência que marcou o pensamento jurídico alemão na virada do século XIX para o século XX. Na onda da reação ao formalismo legalista e à jurisprudência dos conceitos, sustentou a tese de que o Direito não se esgota nas fontes estatais, brotando igualmente – e com maior legitimidade – da dinâmica social. Como consequência natural, o juiz desempenha o papel criativo de identificar e aplicar aos casos concretos esse Direito que não está nos livros. Um dos debates importantes trazidos pelo Movimento dizia respeito à possibilidade de o juiz deixar de aplicar a lei que considerasse injusta. O Movimento para o Direito Livre contribuiu para desmistificar a ideia da decisão judicial como dedução lógico-formal, de natureza subsuntiva, mas não pôde escapar da crítica severa à visão subjetivista e voluntarista que lançava sobre o fenômeno jurídico, descrente da racionalidade. Autores e trabalhos de referência sobre o Movimento são: Oskar Bülow, *Gesetz und Richteramt* (Lei e função judicial), 1885; Eugen Ehrlich, *Freie Rechtsfindung und Freie Rechtswissenschaft* (A livre procura do Direito e a livre ciência do Direito), 1903; e Herman Kantorowicz, *Der Kampf um die Rechtswissenschaft* (A luta pela ciência do Direito), 1906. Sobre o tema, v. Karl Larenz, *Metodologia da ciência do Direito*, 1997.

16 O *Realismo Jurídico* surge inicialmente nos Estados Unidos, na década de 20, e posteriormente na Europa, em particular na Escandinávia, como um desdobramento da jurisprudência sociológica de Ihering. O movimento trazia três críticas às teorias formalistas de justificação do processo de decisão judicial: lógica, psicológica e sociológica. A crítica *lógica* era a de que conceitos gerais não resolviam casos concretos e, menos ainda, produziam decisões unívocas, permitindo ao juiz a escolha dos resultados. A crítica *psicológica* afirmava que a decisão judicial, frequentemente, ocultava sua motivação real, funcionando como uma racionalização *a posteriori* da decisão tomada por outras razões. E a crítica *sociológica* fundava-se em que os fatos sociais por trás da decisão judicial é que forneciam sua verdadeira motivação. Alguns autores e trabalhos de referência desse movimento são: Jerome Frank, *Law and the modern mind*, 1930; Oliver Holmes, The path of the law, in *Collected legal papers*, 1920; Karl Llewellyn, *The bramble busch*: our law and its study, 1951. Sobre o tema, v. Kermit Hall (ed.), verbete "Legal realism", in *The Oxford companion to American law*, 2002, p. 501-503. Na literatura brasileira, v. Arnaldo Sampaio de Moraes Godoy, *Introdução ao realismo jurídico norte-americano*, 2013.

de escolha entre as possibilidades oferecidas pela moldura da norma[17]. E Hart proclamou que, além dos casos simples, solucionados com base no texto legal e nos precedentes, existem os "casos difíceis" *(hard cases)*, que envolvem o exercício de discricionariedade judicial[18].

A *volta aos valores* é a marca do pensamento jurídico que se desenvolve a partir da segunda metade do século XX[19]. Foi, em grande parte, consequência da crise moral do positivismo jurídico e da supremacia da lei, após o holocausto e a barbárie totalitária do fascismo e do nazismo. No plano internacional, no contexto da reconstrução da ordem mundial do pós-guerra, foi aprovada a Declaração Universal dos Direitos Humanos, de 1948, na qual se materializou o consenso entre os povos acerca dos direitos e liberdades básicas a serem assegurados a todos os seres humanos. No âmbito interno, diferentes países reconhecem a centralidade da dignidade da pessoa humana e dos direitos fundamentais, que passam a ser protegidos por tribunais constitucionais. Tanto no direito europeu como nos Estados Unidos, diversos desenvolvimentos teóricos marcam a nova época, aí incluídos estudos seminais sobre teoria da justiça, normatividade dos princípios, argumentação jurídica e racionalidade prática, dando lugar a uma reaproximação entre o Direito e a filosofia. A volta aos valores está no centro da discussão metodológica contemporânea e do pensamento pós-positivista[20].

2.2 As teorias da interpretação constitucional

Na teoria constitucional, os diferentes métodos de interpretação constitucional desenvolveram características e terminologia próprias. Sem embargo, também aqui o que está em questão é a demonstração e justificação do raciocínio desenvolvido e a explicitação das relações entre o sistema jurídico, o problema a ser resolvido e o papel do intérprete. A seguir se reproduz, de maneira sintética, o debate desenvolvido na doutrina alemã e na doutrina norte-americana, cujas formulações influenciaram a discussão do tema mundo afora.

2.2.1 Alguns métodos da teoria constitucional alemã[21]

Na doutrina e na jurisprudência alemãs reproduzem-se, de certa forma, algumas das discussões que permearam o desenvolvimento das diferentes Escolas jurídicas. Há propostas que concebem o raciocínio jurídico em termos lógico-formais, de modo que também as questões constitucionais se resolveriam pela aplicação de normas gerais aos casos concretos, mediante subsunção. Trata-se do *método clássico de interpretação constitucional*. Em outra linha está a concepção que valoriza o problema concreto levado à apreciação judicial. O fundamental seria produzir a solução mais razoável para o caso concreto, mesmo que tal desfecho não resultasse diretamente do texto constitucional. Este é o *método tópico-problemático*. Uma

---

17 Kelsen concedeu ao fato de que a aplicação do Direito não é apenas um ato de conhecimento – revelação do sentido de uma norma preexistente –, mas também um ato de vontade – escolha de uma possibilidade dentre as diversas que se apresentam. Confiram-se as transcrições seguintes, colhidas em Hans Kelsen, *Teoria pura do direito*, 1979, p. 466-469: "O Direito a aplicar forma, em todas estas hipóteses, uma moldura dentro da qual existem várias possibilidades de aplicação, pelo que é conforme ao Direito todo o acto que se mantenha dentro deste quadro ou moldura, que preencha esta moldura em qualquer sentido possível. [...] Sendo assim, a interpretação de uma lei não deve necessariamente conduzir a uma única solução como sendo a única correcta, mas possivelmente a várias soluções que – na medida em que apenas sejam aferidas pela lei a aplicar – têm igual valor, se bem que apenas uma delas se torne Direito positivo no acto do órgão aplicador do Direito. A questão de saber qual é, dentre as possibilidades que se apresentam nos quadros do Direito a aplicar, a 'correcta', não é sequer – segundo o próprio pressuposto de que se parte – uma questão de conhecimento dirigido ao Direito positivo, não é um problema da teoria do Direito, mas um problema da política do Direito".

18 H. L. A. Hart, *The concept of the law*, 1988 (a 1ª edição é de 1961). Resumindo o pensamento de Hart, averbou Oscar Vilhena Vieira, A moralidade da Constituição e os limites da empreitada interpretativa, ou entre Beethoven e Bernstein, in Virgílio Afonso da Silva (org.), *Interpretação constitucional*, 2005: "Neste sentido, os formalistas teriam razão na maioria dos casos, ou seja, naqueles casos simples, onde a lei é clara e onde a jurisprudência é pacífica e consolidada. Nos casos difíceis, onde a lei é omissa ou confusa e também não há uma jurisprudência sedimentada, aí, sim, a atividade de interpretação demandaria do juiz um certo grau de discricionariedade".

19 V. Karl Larenz, *Metodologia da ciência do Direito*, 1997, p. 171: "A passagem a uma jurisprudência de valoração, a crítica ao modelo de subsunção e, por último, a preponderância da justiça do caso, bem como do procedimento 'argumentativo', levaram a uma renovada discussão da possibilidade e utilidade da construção do sistema na ciência do Direito".

20 Merecem destaque, como emblemáticos do período corrente, os trabalhos de Karl Larenz, Konrad Hesse, John Rawls, Ronald Dworkin, Luigi Ferrajoli, Robert Alexy, em meio a muitos outros.

21 O presente tópico beneficiou-se da colaboração de Cláudio Pereira de Souza Neto.

terceira construção teórica procura conciliar elementos das duas formulações anteriores: pelo *método hermenêutico-concretizador* procura-se legitimar a construção da solução mais razoável para o problema, desde que circunscrita às possibilidades oferecidas pelo texto constitucional. A seguir, uma breve anotação sobre cada um.

O *método clássico de interpretação constitucional* concebe a interpretação como uma atividade puramente técnica de conhecimento do sentido do texto constitucional, a ser aplicado de modo mecânico, por via de um raciocínio silogístico. No seu âmbito, não se considera necessário ou legítimo que o juiz formule juízos de valor ou desempenhe atividade criativa, lançando mão de elementos axiológicos ou fáticos, com recurso à filosofia ou à realidade social. O método clássico é originário do direito privado e sofre a influência do formalismo que moldou a interpretação do Código Civil napoleônico. Nada obstante, é ainda amplamente utilizado, prestando-se à solução dos *casos fáceis*, cuja resposta pode ser encontrada pelo emprego das regras, princípios e elementos tradicionais de interpretação jurídica[22]. Não é suficiente, contudo, para a solução dos *casos difíceis*, que envolvem normas de textura aberta ou princípios antagônicos, que indicam respostas diferentes para o mesmo problema.

O *método tópico-problemático* surge na década de 50[23]. Ao contrário do método clássico, não está centrado na norma ou no sistema jurídico, mas no problema. Não se vincula à lógica formal – pela qual a atividade judicial se restringia ao estabelecimento da premissa maior do silogismo –, mas à lógica do razoável, sustentado por meio de argumentação consistente. O papel do juiz é construir a melhor solução para o problema, realizando a justiça do caso concreto. Para tanto, o intérprete pode recorrer aos termos expressos dos textos legais, mas também a argumentos baseados nos fatos relevantes, na realidade social, nos valores e nos princípios gerais do Direito. Embora não se negue a relevância do Direito legislado, não é dele a primazia. A tópica representa a expressão máxima da tese segundo a qual o raciocínio jurídico deve orientar-se pela solução do problema, e não pela busca de coerência interna para o sistema.

A *hermenêutica concretizadora* procura o equilíbrio necessário entre a criatividade do intérprete, o sistema jurídico e a realidade subjacente. Destaca, assim, a importância da pré-compreensão do agente da interpretação, seu ponto de observação e sua percepção dos fenômenos sociais, políticos e jurídicos. Igualmente significativa é a realidade objetiva existente, "os fatores reais do poder", na expressão clássica de Ferdinand Lassalle. E por fim, não menos relevante, é o sistema jurídico, "a força normativa da Constituição", com sua pretensão de conformar a realidade – o *ser* – ao *dever-ser* constitucional[24]. A Constituição não pode ser adequadamente apreendida observando-se apenas o texto normativo: também a realidade social subjacente deve ser integrada ao seu conceito. Por outro lado, a Constituição não é mero reflexo da realidade, por ser dotada de capacidade de influir sobre ela, de afetar o curso dos acontecimentos. O papel do intérprete é compreender esse condicionamento recíproco, produzindo a melhor solução possível para o caso concreto, dentro das possibilidades oferecidas pelo ordenamento.

Nessa vertente da interpretação como concretização situa-se, também, a denominada "metódica estruturante", de Friedrich Müller, cuja proposta consiste, igualmente, em conciliar a perspectiva normativa com a sociológica[25]. Müller parte da distinção entre texto (enunciado normativo) e norma, identificada esta como o ponto de chegada e não de partida do processo interpretativo. A norma jurídica resulta da conjugação do programa normativo com o âmbito normativo. O *programa normativo* consiste nas possibilidades de sentido do texto, estabelecidas de acordo com os recursos tradicionais da interpretação jurídica. Já o *âmbito normativo* se identifica com a parcela da realidade social dentro da qual se

---

22   Como ressalta Ernst-Wolfgang Böckenförde, Los métodos de la interpretación constitucional – inventario y crítica, in *Escritos sobre derechos fundamentales*, 1993, p. 15, o método clássico de interpretação constitucional se caracteriza pela incorporação dos elementos de interpretação de Savigny ao Direito público.

23   Theodor Viehweg, *Tópica e jurisprudência*, 1979 (a 1ª edição do original *Topik und Jurisprudenz* é de 1953), e *Tópica y filosofía del Derecho*, 1991. Sobre a tópica, v., tb., em língua portuguesa, Paulo Bonavides, *Curso de direito constitucional*, 2000, p. 446-454; Paulo Roberto Soares Mendonça, *A tópica e o Supremo Tribunal Federal*, 2003; e Claudia Rosane Roesler, *Theodor Viehweg e a ciência do direito*: tópica, discurso, racionalidade, 2013.

24   Os trabalhos seminais nessa matéria foram produzidos por Konrad Hesse, com destaque para: La interpretación constitucional e La fuerza normativa de la Constitución, ambos publicados em *Escritos de derecho constitucional*, 1983. As ideias de força normativa da Constituição e da interação profunda entre norma e realidade na interpretação constitucional foram exploradas e difundidas, no Brasil, em trabalho publicado por mim em 1986 – Por que não uma Constituição para valer?, in *Anais do Congresso Nacional de Procuradores de Estado*, Brasília, 1986 – e na minha tese de livre-docência *A força normativa da Constituição*: elementos para a efetividade das normas constitucionais, 1987, posteriormente publicada como *O direito constitucional e a efetividade de suas normas* (1ª ed. 1990).

25   Vejam-se, em português, Friedrich Müller, *Métodos de trabalho do direito constitucional*, 2005; e *Direito, linguagem, violência*, 1995.

180

coloca o problema a resolver, de onde o intérprete extrairá os componentes fáticos e axiológicos que irão influenciar sua decisão. Este é o espaço da argumentação tópica, da busca da melhor solução para o caso concreto, tendo como limite as possibilidades contidas no programa normativo. Esse modelo metodológico procura harmonizar o pensamento tópico-problemático com o primado da norma[26].

2.2.2 O debate na teoria constitucional americana

Nos Estados Unidos, é possível agrupar as principais teorias de interpretação constitucional sob dois grandes rótulos: interpretativismo e não interpretativismo. *Interpretativismo* é a corrente que nega legitimidade ao desempenho de qualquer atividade criativa por parte do juiz, que não estaria autorizado a impor seus próprios valores à coletividade. *Não interpretativismo* significa, ao contrário, que os intérpretes judiciais podem recorrer a elementos externos ao texto constitucional na atribuição de sentido à Constituição, como as mudanças na realidade ou os valores morais da coletividade.

Sob a designação geral de *interpretativismo* abrigam-se duas linhas de pensamento próximas: (i) o textualismo, segundo o qual as normas escritas da Constituição são a única fonte legítima em que se pode fundar a autoridade judicial[27]; e (ii) o originalismo, pelo qual a intenção dos autores da Constituição e dos que a ratificaram vinculam o sentido a ser atribuído às suas cláusulas[28]. Portanto, texto e história estão na base dessa formulação[29]. Subjacente ao interpretativismo está o ponto de vista de que juízes não são, como regra, agentes públicos eleitos e, em qualquer caso, não estão nem devem estar inseridos na dinâmica da política. Em razão disso, não deveriam ter o poder de extrair da Constituição consequências e direitos que não constem da literalidade de suas disposições ou da intenção manifesta de seus autores. Apesar da aparência pouco sofisticada dessas formulações, elas comportam nuances e sutilezas e são defendidas, sem prejuízo de atenuações pontuais, por figuras expressivas do pensamento jurídico conservador, tanto na academia, como Robert Bork[30], quanto na Suprema Corte, como Antonin Scalia[31].

O *não interpretativismo*, também referido como *construtivismo*, reúne as linhas de pensamento que se opõem ao textualismo e ao originalismo, notadamente pela ideia de que o intérprete não se limita a revelar o sentido contido na norma, mas, ao contrário, ajuda a construí-lo. Três modalidades de construtivismo são destacadas pela doutrina[32]:

a) a interpretação evolutiva;

b) a leitura moral da Constituição;

c) o pragmatismo jurídico.

A *interpretação evolutiva* é, possivelmente, a mais aceita forma de atuação criativa do Judiciário, e consiste em compreender a Constituição como um "documento vivo", devendo suas normas e precedentes ser adaptados ao longo do tempo às mudanças ocorridas na realidade social[33]. Assim, em lugar

---

26 V. Jane Reis Gonçalves Pereira, *Interpretação constitucional e direitos fundamentais*, 2006, p. 72-73. V. tb. Anabelle Macedo Silva, *A concretização judicial das normas constitucionais*, 2004.

27 V. Antonin Scalia, *A matter of interpretation*: Federal Courts and the law, 1997, p. 23-25 e 37-47. Ministro da Suprema Corte dos Estados Unidos, Scalia foi um eloquente defensor do textualismo enquanto método de interpretação das leis. No campo constitucional, entretanto, sua mais famosa contribuição foi, indubitavelmente, no campo do originalismo (v. referência na nota a seguir).

28 V. Antonin Scalia, Originalism: The Lesser Evil, *Cincinnati Law Review*, 1989. V. tb. Daniel A. Farber, The originalism debate: a guide for the perplexed, *Ohio State Law Journal*, 49:1085, 1989; Edwin Meese, Towards a jurisprudence of original intent, *Harvard Journal of Law & Public Policy*, n. 11, 1988; Laurence Tribe, *American constitutional law*, 2000, p. 47-70.

29 Gerhardt, Rowe Jr., Brown & Spann, *Constitutional theory*: arguments and perspectives, 2000, p. 99: "Naturalmente, o uso da história e a relevância atribuída à intenção dos constituintes (*framers*) não pode ser claramente separada das questões relativas à interpretação do texto [...]".

30 V. Robert Bork, *Coercing virtue*: the worldwide rule of judges, 2003; e, em português, O que pretendiam os fundadores – interpretação da Constituição, *Revista de Direito Público*, 93:6, 1990.

31 Para uma análise preciosa do tema, v. Robert Post e Reva Siegel, Originalism as a political practice: the right's living Constitution, *Fordham Law Review*, 75:545, 2006. Os autores demonstram que o originalismo não se sustenta como teoria jurídica, mas ganhou força e expressão como uma prática política que une os conservadores. E que os conservadores conseguiram uma bandeira jurídica e política, ao passo que os liberais estão apegados aos argumentos jurídicos.

32 V., especialmente, Louis E. Wolcher, A philosophical investigation into methods of constitutional interpretation in the United States and the United Kingdom, *Virginia Journal of Social Policy & the Law*, 13:239, 2006.

33 David A. Strauss, Common Law constitutional interpretation, *University of Chicago Law Review*, 63:877 e 879, 1996; A perspectiva central do método interpretativo evolutivo – e sua relação com o interpretativismo – é debatida por Jack Balkin em *Living Originalism*, 2011.

de conceber, em pleno século XX, a cláusula da *equal protection* em conformidade com o que pretendiam os autores da 14ª Emenda, datada de 1868, a interpretação evolutiva buscou legitimar a atualização histórica da Carta, dando subsídios para que a Suprema Corte, no caso *Brown vs. Board of Education*, proscrevesse a segregação racial.

A *leitura moral da Constituição*, proposta por Ronald Dworkin, preconiza que as cláusulas gerais do texto constitucional – como, por exemplo, punições cruéis, devido processo legal, igualdade sob a lei – devem ser interpretadas de acordo com os valores morais vigentes na sociedade[34]. Trata-se de uma perspectiva dinâmica, e não estática. Com efeito, os valores morais se submetem permanentemente à atualização histórica. O autor ilustra sua teoria com duas metáforas. A primeira é a do romance em cadeia. Cada decisão judicial é como se fosse um novo capítulo de um romance: pode inovar, desde que mantenha coerência com os capítulos escritos anteriormente, ou seja, com as decisões anteriores. A segunda metáfora explora a distinção entre conceito e concepção. Um pai diz ao filho: comporte-se, durante a sua vida, de acordo com a moral. O que o pai prescreve ao filho é que observe a concepção de moralidade que vigore ao tempo da ação, não a sua concepção de moralidade em vigor quando ele (pai) dá o seu conselho. Nesse raciocínio, o constituinte, ao positivar, por exemplo, o princípio da igualdade, estava prescrevendo às gerações futuras que observassem o conceito aberto de igualdade, não a concepção específica de igualdade predominante no momento constituinte[35].

Por fim, outra importante alternativa ao interpretativismo, formulada nos Estados Unidos, é o *pragmatismo judicial*. Trata-se de uma modalidade de interpretação constitucional que procura produzir resultados que sejam "bons" para o presente e para o futuro (com base em algum critério de determinação do que seja bom), sem dever o intérprete se vincular ao texto, aos precedentes ou à intenção original dos constituintes. A melhor decisão, para o pragmatismo, é a que gera melhores consequências práticas, não a que seja mais coerente com o texto constitucional ou com seus valores fundamentais. O pragmatismo é consequencialista e contextualista: o que importa são as consequências da decisão, e estas devem ser avaliadas no contexto em que a decisão se insere[36].

Outra forma de conceituar o pragmatismo é dizer que a decisão interpretativa é tomada de forma *prudencial*[37]. Nesse sentido, as circunstâncias concretas – em geral econômicas ou políticas – determinam a melhor decisão a ser tomada num cálculo de custos e necessidades, quando mais de uma resposta é constitucionalmente possível. Por isso, o pragmatismo também pode ser visto não como um método de interpretação em si, ou seja, como uma forma de dar sentido a um dispositivo constitucional, mas como um fator a ser levado em conta pelo juiz no seu processo decisório, independentemente do método interpretativo que esteja sendo adotado. Sob essa perspectiva, trata-se de uma análise que permeia a interpretação em geral e, eventualmente, pode superar considerações textuais, morais ou históricas[38].

Concomitantemente, o pragmatismo pode levar à formulação de proposições perigosas quanto à observância da dignidade da pessoa humana, ao autorizar decisões que se legitimam por beneficiar a maioria, mesmo que isso implique flexibilizar direitos individuais. Embora esse não seja um elemento essencial dos juízos pragmáticos, há o risco de que o indivíduo não seja tratado como um fim em si mesmo – como estabelece a fórmula kantiana – mas como um meio para a realização de metas coletivas[39].

Este, portanto, um breve levantamento das discussões de teoria ou metodologia constitucional na Alemanha e nos Estados Unidos. Apesar de estarem envolvidos alguns aspectos típicos desses dois países,

---

34 Ronald Dworkin, *Freedom's law:* the moral reading of the American Constitution, 1996.

35 Ronald Dworkin, *Taking rights seriously*, 1978, p. 134.

36 V. Richard A. Posner, Pragmatic adjudication, *Cardozo Law Review*, 18:1, 5, 1996. As posições de Posner, baseadas em uma análise econômica de custo-benefício, são controvertidas na doutrina americana. Uma perspectiva metodologicamente compatível, mas ideologicamente distinta, pode ser encontrada em Stephen Breyer, *Active Liberty*, 2006. Na literatura jurídica brasileira, v. Thamy Pogrebinschi e José Eisenberg, Pragmatismo, direito e política, *Novos Estudos CEBRAP*, n. 62, 2002; Cláudio Pereira de Souza Neto, Verticalização, cláusula de barreira e pluralismo político: uma crítica consequencialista à decisão do STF na ADIn 3.685, *Interesse Público*, n. 37, 2006; e Margarida Maria Lacombe Camargo, Fundamentos teóricos do pragmatismo jurídico, *Revista de Direito do Estado*, 6: 2007.

37 V. Philip Bobbitt, *Constitutional Fate: Theory of the Constitution*, 1984. Bobbitt categorizou os métodos de interpretação constitucional em diferentes modalidades, e chamou o pragmatismo de argumento prudencial: "Argumento prudencial é o argumento constitucional que é influenciado pelas circunstâncias políticas e econômicas que circundam a decisão" (No original: "Prudential argument is constitutional argument which is actuated by the political and economic circumstances sorrounding the decision").

38 Alexander Bickel, The Supreme Court 1960 Term: Foreword – Passive Virtues, *Harvard Law Review*, 1961.

39 Para uma crítica geral ao pragmatismo, v. Ronald Dworkin, *Justice in robes*, 2006, p. 36 e s.

inúmeras das questões levantadas fazem parte do debate mundial acerca da fundamentação da atividade judicial e, especialmente, da jurisdição constitucional.

3 O plano da justificação política ou da legitimação democrática

O plano da justificação política lida, substancialmente, com a questão da separação de Poderes e da legitimação democrática das decisões judiciais. É no seu âmbito que se procuram resolver as tensões que muitas vezes se desenvolvem entre o processo político majoritário – feito de eleições, debate público, Congresso, Chefes do Executivo – e a interpretação constitucional. Essa tensão se instaura tanto quando o Judiciário invalida atos dos outros dois Poderes – *e.g.*, na declaração de inconstitucionalidade – como quando atua na ausência de manifestação expressa do legislador, por via da construção jurídica, da mutação constitucional ou da integração das omissões constitucionais. É nesse ambiente que se colocam discussões como ativismo judicial e autocontenção, supremacia judicial, supremacia legislativa e populismo constitucional, dificuldade contramajoritária e soberania popular.

A ideia de *ativismo judicial* está associada a uma participação mais ampla e intensa do Judiciário na concretização dos valores e fins constitucionais, com maior interferência no espaço de atuação dos outros dois Poderes. A postura ativista se manifesta por meio de diferentes condutas, que incluem: (i) a aplicação direta da Constituição a situações não expressamente contempladas em seu texto e independentemente de manifestação do legislador ordinário[40]; (ii) a declaração de inconstitucionalidade de atos normativos emanados do legislador, com base em critérios menos rígidos que os de patente e ostensiva violação da Constituição[41]; (iii) a imposição de condutas ou de abstenções ao Poder Público, notadamente em matéria de políticas públicas[42].

---

40 No julgamento da ADC 12, em 16.2.2006, relatada pelo Ministro Carlos Ayres Britto, o STF declarou constitucional a Resolução n. 7, de 2005, do Conselho Nacional de Justiça, que vedava a prática do nepotismo – isto é, a contratação, para o exercício de cargos em comissão ou função gratificada, de parentes até o terceiro grau de membros do Poder Judiciário – independentemente da existência de lei específica nesse sentido. Sustentou-se que a vedação já decorreria diretamente de princípios expressos na Constituição, como o da moralidade e o da impessoalidade. No seu voto, averbou o Ministro Gilmar Mendes: "Assim, é certo que não apenas a lei em sentido formal, mas também a Constituição emite comandos normativos direcionados à atividade administrativa. Esses comandos normativos podem possuir estrutura de regras ou de princípios. No primeiro caso, a prescrição detalhada e fechada da conduta deontologicamente determinada estabelece uma estrita vinculação da Administração Pública. Por exemplo, a regra da anterioridade tributária descrita pelo enunciado normativo do art. 150, III, da Constituição. No caso dos princípios, a estrutura normativa aberta deixa certas margens de 'livre apreciação' (*freie Ermessen*) ao Poder Administrativo. Assim ocorre quando a Constituição, em seu art. 37, determina a obediência, pela Administração Pública, à moralidade e à impessoalidade". Outro exemplo: ao julgar a questão da infidelidade partidária, para fins de perda ou vacância do mandato, nos mandados de segurança n. 26.602/DF (Rel. Min. Eros Grau); 26.603/DF (Rel. Min. Celso de Mello); e 26.604/DF (Rel. Min. Cármen Lúcia), julgados conjuntamente nas sessões de 3 e 4.10.2007, decidiu o STF, chancelando entendimento do TSE, que os partidos políticos e as coligações partidárias têm o direito de preservar a vaga obtida pelo sistema eleitoral proporcional, se, não ocorrendo razão legítima que o justifique, registrar-se ou o cancelamento de filiação partidária ou a transferência para legenda diversa, do candidato eleito por outro partido. V. *Inf. STF* 482, de 11 out. 2007: "Asseverou-se que o direito reclamado pelos partidos políticos afetados pela infidelidade partidária não surgiria da resposta que o TSE dera à Consulta 1.398/DF, mas representaria emanação direta da própria Constituição que a esse direito conferiu realidade e deu suporte legitimador, notadamente em face dos fundamentos e dos princípios estruturantes em que se apoia o Estado Democrático de Direito (CF, art. 1º, I, II e V)".

41 Um exemplo da assertiva foi o julgamento do Supremo Tribunal Federal sobre o financiamento de campanhas eleitorais, em que se declarou a inconstitucionalidade parcial de dispositivos da Lei n. 9.096/1995, na parte em que autorizavam a doação por pessoas jurídicas (STF, *DJE*, 24 fev. 2016, ADI 4.650, Rel. Min. Luiz Fux). Sobre o ponto, afirmou-se: "A Constituição da República, a despeito de não ter estabelecido um modelo normativo pré-pronto e cerrado de financiamento de campanhas, forneceu uma moldura que traça limites à discricionariedade legislativa, com a positivação de normas fundamentais (*e.g.*, princípio democrático, o pluralismo político ou a isonomia política), que norteiam o processo político, e que, desse modo, reduzem, em alguma extensão, o espaço de liberdade do legislador ordinário na elaboração de critérios para as doações e contribuições a candidatos e partidos políticos". Outros exemplos foram a declaração de inconstitucionalidade do dispositivo da EC n. 52, de 8.3.2006, que impunha a aplicação imediata da nova regra sobre coligações partidárias eleitorais (extinção de *verticalização*) (STF, *DJU*, 10 ago. 2006, ADIn 3.685/DF, Rel. Min. Ellen Gracie); e a declaração de inconstitucionalidade das normas legais que estabeleciam cláusula de barreira, isto é, limitações ao funcionamento parlamentar de partidos políticos que não preenchessem requisitos mínimos de desempenho eleitoral (STF, *DJU*, 18 dez. 2006, ADIn 1.354/DF, Rel. Min. Marco Aurélio).

42 Um exemplo bastante marcante é a atuação do STF na ADPF 709 MC, em que se vêm determinando uma série de medidas necessárias à proteção da saúde e da vida dos povos indígenas durante a pandemia de Covid-19, entre as quais: a criação de barreiras sanitárias, a instituição de sala de situação para monitoramento da pandemia, a extensão do serviço especial de saúde indígena a povos indígenas situados em terras não homologadas ou sem acesso ao Sistema Único de Saúde, a elaboração de um plano geral de enfrentamento à pandemia para tais povos e o isolamento de

Quanto a esse último aspecto – intervenção judicial no domínio das políticas públicas –, um exemplo que se tornou corriqueiro é a condenação do Estado ao fornecimento de medicamentos ou aparelhos terapêuticos, ainda quando não estejam incluídos nas listagens do Sistema Único de Saúde. O STF chegou a realizar uma audiência pública sobre o tema, em maio de 2009, na qual se confirmou a complexidade das questões técnicas envolvidas e as possíveis implicações sistêmicas das decisões tomadas em casos individuais. Em decisão de 2010, o STF confirmou a orientação dominante na jurisprudência, no sentido de se atribuir a todos os entes federativos a responsabilidade solidária pelo fornecimento de medicamentos e terapias de eficácia reconhecida no país[43]. Foram excluídos apenas, em linha de princípio, os tratamentos em fase experimental[44]. A Corte destacou, ainda, a possibilidade de que o exame acerca da utilização da terapia seja feito caso a caso, sem prejuízo de assinalar a tendência de se privilegiar o juízo dos profissionais de saúde sobre a necessidade/utilidade dos tratamentos prescritos[45].

O tema da judicialização da saúde continuou recorrente perante o Supremo Tribunal Federal. Em maio de 2019, a Corte reafirmou a responsabilidade solidária dos entes federativos pelo fornecimento de tratamento médico adequado[46]. Na mesma ocasião, o Supremo decidiu que o Estado não pode ser obrigado a fornecer medicamentos sem registro na ANVISA, excepcionadas as hipóteses de mora irrazoável no processo de registro, em que o medicamento seja reconhecido em outros países e que não haja substituto terapêutico registrado[47]. Segue pendente de julgamento a questão referente à possibilidade de obrigar o Estado ao fornecimento de medicamentos de alto custo[48].

O oposto do ativismo é a *autocontenção judicial*, conduta pela qual o Judiciário procura reduzir ao mínimo sua interferência nas ações dos outros Poderes. Por essa linha, juízes e tribunais (i) evitam aplicar diretamente a Constituição a situações que não estejam no seu âmbito de incidência expressa, aguardando o pronunciamento do legislador ordinário; (ii) utilizam critérios rígidos e conservadores para a declaração de inconstitucionalidade de leis e atos normativos; e (iii) abstêm-se de interferir na definição das políticas públicas. Até o advento da Constituição de 1988, essa era a inequívoca linha de atuação de juízes e tribunais no Brasil.

A principal diferença metodológica entre as duas posições está em que, em princípio, o ativismo judicial procura extrair o máximo das potencialidades do texto constitucional, sem, contudo, invadir o campo da criação livre do Direito. A autocontenção, por sua vez, restringe o espaço de incidência da

---

invasores em terras indígenas, de modo a evitar o contágio (STF, *DJe*, 7 out. 2020, Rel. Min. Luís Roberto Barroso). Igualmente relevante foi a medida cautelar concedida na ADPF 347/DF, em que o STF reconheceu o estado de coisas inconstitucional do sistema carcerário brasileiro. Entre outras medidas, determinou a liberação de verbas do Fundo Penitenciário Nacional e declarou a obrigatoriedade da realização da audiência de custódia, para que o preso compareça perante a autoridade judiciária no prazo máximo de 24 horas, contado do momento da prisão (STF, *DJU*, 19 fev. 2016, Rel. Min. Marco Aurélio).

43 A título de exemplo, o STJ já havia pacificado tal entendimento em relação a inúmeras doenças específicas, como "desenvolvimento mental retardado" (STJ, *DJU*, 7 out. 2002, RMS 13.452/MG, Rel. Min. Garcia Vieira), "esclerose lateral amiotrófica" (STJ, *DJU*, 4 set. 2000, RMS 11.183/PR, Rel. Min. José Delgado), "mielomeningocele infantil" (STJ, *DJU*, 9 fev. 2004, MS 8.740/DF, Rel. Min. João Otávio Noronha), e "bócio difuso tóxico com hipertiroidismo" (STJ, *DJU*, 23 ago. 2004, REsp 625329/RJ, Rel. Min. Luiz Fux).

44 STF, *DJE*, 30 abr. 2010, AgRg na STA 175/CE, Rel. Min. Gilmar Mendes: "Suspensão de Segurança. Agravo Regimental. Saúde pública. Direitos fundamentais sociais. Art. 196 da Constituição. Audiência Pública. Sistema Único de Saúde – SUS. Políticas públicas. Judicialização do direito à saúde. Separação de poderes. Parâmetros para solução judicial dos casos concretos que envolvem direito à saúde. Responsabilidade solidária dos entes da Federação em matéria de saúde. Fornecimento de medicamento: Zavesca (miglustat). Fármaco registrado na ANVISA. Não comprovação de grave lesão à ordem, à economia, à saúde e à segurança públicas. Possibilidade de ocorrência de dano inverso. Agravo regimental a que se nega provimento".

45 Para uma visão crítica sobre o tema, com ampla referência à doutrina e à jurisprudência, *v.* Luís Roberto Barroso, Da falta de efetividade à judicialização excessiva: Direito à saúde, fornecimento gratuito de medicamentos e parâmetros para a atuação judicial, *Revista Interesse Público*, 46/31, 2007.

46 RE 855.178, Rel. Min. Luiz Fux, tese fixada em 23 de maio de 2019: "Os entes da federação, em decorrência da competência comum, são solidariamente responsáveis nas demandas prestacionais na área da saúde, e diante dos critérios constitucionais de descentralização e hierarquização, compete à autoridade judicial direcionar o cumprimento conforme as regras de repartição de competências e determinar o ressarcimento a quem suportou o ônus financeiro".

47 Decidiu-se, ainda, que as ações que demandem o fornecimento de medicamentos sem registro deverão ser propostas perante a União. RE 657.718, Rel. p/ o acórdão Min. Luís Roberto Barroso, tese fixada em 22 mai. 2019.

48 RE 566.471, Rel. Min. Marco Aurélio. O processo foi incluído em Plenário Virtual, já havendo votado o próprio relator, bem como o Min. Alexandre de Moraes e o Min. Luís Roberto Barroso. Entretanto, a votação foi suspensa por pedido de vista do Min. Gilmar Mendes (STF, Sessão Virtual de 21.8.2020 a 28.8.2020). Os três ministros reconheciam o caráter excepcional de tal fornecimento, mas estabeleciam requisitos distintos a serem observados em caso de cabimento.

Constituição em favor do legislador ordinário. Ativistas e não ativistas, todavia, não contestam o que se denomina supremacia judicial: o reconhecimento de que deve caber ao Judiciário a última palavra acerca da interpretação da Constituição e das leis[49]. Trata-se, portanto, de uma questão de calibragem da atuação de juízes e tribunais. Diversa é a tese defendida nos últimos anos por alguns teóricos constitucionais norte-americanos, denominada *constitucionalismo popular ou populista*, que defende uma ainda indefinida "retirada da Constituição dos tribunais"[50] e consequente revalorização dos espaços genuinamente políticos de deliberação pública.

Uma das grandes questões subjacentes à legitimação democrática do Poder Judiciário é a denominada *dificuldade contramajoritária*[51]. Os membros do Poder Legislativo e o Chefe do Poder Executivo são agentes públicos eleitos, investidos em seus cargos pelo batismo da vontade popular. O mesmo não se passa com os membros do Poder Judiciário, cuja investidura se dá, como regra geral, por critérios essencialmente técnicos, sem eleição popular. A atividade criativa do Judiciário e, sobretudo, sua competência para invalidar atos dos outros Poderes, devem ser confrontadas com o argumento da falta de justo título democrático.

Onde estaria o fundamento para o Judiciário sobrepor sua vontade à dos agentes eleitos dos outros Poderes? A resposta já está amadurecida na teoria constitucional: na confluência de ideias que produzem o constitucionalismo democrático[52]. Nesse modelo, a Constituição deve desempenhar dois grandes papéis. Um deles é assegurar as regras do jogo democrático, propiciando a participação política ampla e o governo da maioria. Mas a democracia não se resume ao princípio majoritário. Se houver oito católicos e dois muçulmanos em uma sala, não poderá o primeiro grupo deliberar jogar o segundo pela janela, pelo simples fato de estar em maior número. Aí está o segundo grande papel de uma Constituição: proteger valores e direitos fundamentais, mesmo que contra a vontade circunstancial de quem tem mais votos.

Ativismo e contenção judicial desenvolvem uma trajetória pendular nos diferentes países democráticos. Há situações em que o processo político majoritário fica emperrado pela obstrução de forças políticas minoritárias, mas influentes, ou por vicissitudes históricas da tramitação legislativa. De outras vezes, direitos fundamentais de um grupo politicamente menos expressivo podem ser sufocados. Nesses cenários, somente o Judiciário e, mais especificamente, o tribunal constitucional pode fazer avançar o processo político e social, ao menos com a urgência esperável. Ao revés, quando o processo político majoritário está funcionando com representatividade e legitimidade, com debate público amplo, juízes e tribunais deverão ser menos proativos. No próximo capítulo, voltar-se-á ao ponto.

4 A interpretação constitucional como concretização construtiva

Os métodos de atuação e de argumentação dos órgãos judiciais são essencialmente *jurídicos*, mas a natureza de sua função, notadamente quando envolva a jurisdição constitucional, é inegavelmente *política*. Isso se deve ao fato de que o intérprete desempenha uma atuação criativa – pela atribuição de sentido a cláusulas abertas e pela realização de escolhas entre soluções alternativas possíveis –, mas também em razão das consequências práticas de suas decisões, que afetam o equilíbrio entre os Poderes e os deveres que lhes são impostos. Melhor do que negar o aspecto político da jurisdição constitucional é explicitá-lo, para dar-lhe transparência e controlabilidade.

A interpretação constitucional pode envolver casos fáceis e casos difíceis. Os *casos fáceis* normalmente serão solucionáveis pelas regras e elementos tradicionais de hermenêutica e interpretação, envolvendo

---

49 Tem-se reconhecido, contudo, em atenuação à teoria da supremacia judicial, que a última palavra é proferida pelo Supremo Tribunal Federal "a cada rodada" de debates sobre determinada questão. Isso porque o Legislativo e o Executivo podem reeditar normas com conteúdo idêntico àquelas declaradas inconstitucionais, bem como buscar superar decisões judiciais por meio de emendas constitucionais (desde que respeitado o núcleo essencial de cláusulas pétreas). Por essa razão, o significado final da Constituição seria, em alguma medida, o produto da interação entre o Judiciário e os demais Poderes, em alguns casos, em mais de uma "rodada" de debate sobre o significado de determinado preceito, quando eventualmente os demais poderes viessem a insistir em entendimento divergente. A tese é sustentada pela Teoria dos Diálogos Institucionais. V. Rodrigo Brandão, *Supremacia judicial versus diálogos constitucionais*, 2017.

50 Nessa linha, v. Mark Tushnet, *Taking the Constitution away from the courts*, 2000; Larry Kramer, *The people themselves: popular constitutionalism and judicial review*, 2005. Em sentido oposto a este "constitucionalismo legislativo", v. Owen Fiss, Between supremacy and exclusivity, in *The least examined branch:* the role of legislatures in the constitutional state, 2006.

51 Alexander Bickel, *The least dangerous branch*, 1986 (edição original de 1962).

52 V. Robert Post e Reva Siegel, Democratic Constitutionalism, in *The Constitution in 2020*, 2009.

a aplicação de regras jurídicas, mediante subsunção. Nessas hipóteses, sua dimensão política é minimizada. Nos *casos difíceis*, todavia, a interpretação constitucional, sem deixar de ser uma atividade jurídica, sofrerá a influência da filosofia moral e da filosofia política.

À luz de tais premissas, o *sistema jurídico* (*i.e.*, os enunciados e demais elementos normativos) sempre desempenhará um papel decisivo. É que a interpretação constitucional estará limitada pelas possibilidades de sentido oferecidas pelas normas jurídicas e pelas diferentes categorias operacionais do Direito. Ao lado do sistema jurídico, no entanto, também o *intérprete* tem papel de destaque, pois sua pré-compreensão do mundo, do Direito e da realidade imediata irá afetar o modo como ele irá apreender os valores da comunidade. Por fim, também o *problema* a ser resolvido desempenha papel decisivo na interpretação constitucional. De fato, como já registrado, desenvolveu-se nos últimos tempos a percepção de que a norma jurídica não é o relato abstrato contido no texto legal, mas o produto da integração entre texto e realidade. Em muitas situações, não será possível determinar a vontade constitucional sem verificar as possibilidades de sentido decorrentes dos fatos subjacentes.

A integração de sentido dos conceitos jurídicos indeterminados e dos princípios deve ser feita, em primeiro lugar, com base nos valores éticos mais elevados da sociedade (leitura moral da Constituição). Observada essa premissa inarredável – porque assentada na ideia de justiça e na dignidade da pessoa humana –, deve o intérprete atualizar o sentido das normas constitucionais (interpretação evolutiva) e produzir o melhor resultado possível para a sociedade (interpretação pragmática). A interpretação constitucional, portanto, configura uma atividade *concretizadora* – *i.e.*, uma interação entre o sistema, o intérprete e o problema – e *construtiva*, porque envolve a atribuição de significados aos textos constitucionais que ultrapassam sua dicção expressa.

III A INTERPRETAÇÃO CONSTITUCIONAL SOB PERSPECTIVA TRADICIONAL

As normas constitucionais são normas jurídicas. Por essa razão, sua interpretação deve socorrer-se do conjunto teórico desenvolvido pela dogmática jurídica ao longo dos séculos, com sua origem ainda no direito romano. Nos tópicos seguintes serão estudados, objetivamente, algumas regras de hermenêutica, os elementos tradicionais de interpretação jurídica e os princípios específicos de interpretação constitucional.

1 Algumas regras de hermenêutica

Faz parte do conhecimento convencional a percepção de que o estabelecimento de regras e princípios de hermenêutica é atribuição da doutrina, e não do legislador[53]. Nada obstante isso, assim no Brasil como em outros países, não é incomum a positivação em lei de algumas normas a respeito. Entre nós, a Lei de Introdução às normas do Direito Brasileiro (LINDB), promulgada pelo Decreto-Lei n. 4.657, de 4 de setembro de 1942, traz em si quatro grandes conteúdos: (i) regras de direito intertemporal[54]; (ii) regras de hermenêutica; (iii) regras de direito internacional privado[55]; e (iv) regras de cooperação jurídica internacional[56]. Por seu caráter de sobredireito – *i.e.*, regras destinadas a orientar a atividade do intérprete, e não a solução direta dos problemas jurídicos –, há quem sustente o caráter materialmente

---

53 Sobre o ponto, v. Carlos Maximiliano, *Hermenêutica e aplicação do Direito*, 1981, p. 96 e s.

54 O direito intertemporal determina o momento de início e de vigência das leis, bem como soluciona os conflitos de leis no tempo. Duas regras tradicionais de direito intertemporal constantes da LINDB são: "A lei posterior revoga a anterior quando expressamente o declare, quando seja com ela incompatível ou quando regule inteiramente a matéria de que tratava a lei anterior" (art. 2º, § 1º); e "A lei em vigor terá efeito imediato e geral, respeitados o ato jurídico perfeito, o direito adquirido e a coisa julgada" (art. 6º).

55 O direito internacional privado tem por objeto a indicação da lei aplicável, quando determinada relação jurídica esteja sob a incidência potencial da lei de mais de um país. Assim, *e.g.*, de acordo com as normas da LINDB, a capacidade civil se rege pela lei do domicílio da pessoa (art. 7º), os bens são qualificados e regulados pela lei do país em que estiverem situados (art. 8º) e às obrigações se aplicam a lei do país em que se constituírem (art. 9º). Sobre o tema, v. Jacob Dolinger, *Direito internacional privado:* parte geral, 2005, p. 49 e s.

56 Exemplos de cooperação internacional são o cumprimento, pela autoridade judiciária brasileira, de diligências deprecadas por autoridade estrangeira competente (art. 12, § 2º) – o que se fará, normalmente, por via de carta rogatória – e a exequibilidade no Brasil de sentenças estrangeiras que preencham os requisitos para sua homologação (art. 15).

186

constitucional de tais disposições. As regras de hermenêutica contidas na LINDB dispõem especificamente sobre a obrigatoriedade da lei, sobre lacuna legal e sobre os fins do Direito, como se reproduz abaixo[57]:

"Art. 3º Ninguém se escusa de cumprir a lei, alegando que não a conhece.

Art. 4º Quando a lei for omissa, o juiz decidirá o caso de acordo com a analogia, os costumes e os princípios gerais do direito.

Art. 5º Na aplicação da lei, o juiz atenderá aos fins sociais a que ela se dirige e às exigências do bem comum".

Além dessas proposições gerais, há regras específicas de interpretação nos diferentes ramos do Direito[58], merecendo referência expressa o destaque dado pelo Código Civil de 2002 ao princípio da boa-fé objetiva[59]. Nele se contém o dever do comportamento ético, que a doutrina civilista tem procurado fundamentar na cláusula constitucional da dignidade da pessoa humana[60]. O princípio da boa-fé objetiva, na letra expressa do Código, deve pautar a interpretação dos negócios jurídicos em geral, sendo dever específico dos contratantes na execução dos contratos[61]. Uma das expressões concretas do princípio é a tutela da confiança legítima nas relações privadas[62], que veda o comportamento contraditório, referido em doutrina como *venire contra factum proprium*[63]. Também originárias do direito civil são as regras de hermenêutica expressas sob a forma de brocardos, extraídos da doutrina e da jurisprudência. Embora já não desfrutem de grande prestígio, podem ser úteis em certas circunstâncias[64].

Em importante inovação, a LINDB foi alterada pela Lei n. 13.655, de 25 de abril de 2018, para estabelecer normas voltadas à maior segurança jurídica na aplicação do direito público. Quanto a tais alterações, merecem destaque as previsões que determinaram que: (i) decisões firmadas em valores jurídicos abstratos ou, ainda, aquelas que invalidem atos, contratos, ajustes, processos ou normas devem ter em conta as suas consequências (arts. 20 e 21); (ii) a interpretação de normas sobre gestão pública deve

---

57 Vejam-se, a propósito, Oscar Tenório, *Lei de Introdução ao Código Civil brasileiro*, 1955; e Eduardo Espínola e Eduardo Espínola Filho, *A Lei de Introdução ao Código Civil brasileiro* (3 v.), 1999 (edições originais de 1943 e 1944).

58 *E.g.*, o Código Tributário Nacional dedica um capítulo ao tema (arts. 107 a 112).

59 A noção de boa-fé objetiva não se confunde com a boa-fé subjetiva, que encerra um elemento psíquico contraposto à má-fé. Nesse sentido, v. Bruno Lewicki, Panorama da boa-fé objetiva, in Gustavo Tepedino (coord.), *Problemas de direito civil constitucional*, 2000, p. 55. O conceito de boa-fé objetiva envolve um dever de conduta imposto às partes independentemente de seus estados mentais, ligado à relação contratual em todos os seus aspectos. Busca-se, através do princípio da boa-fé objetiva, que as partes atuem eticamente, em um regime de cooperação, preservando as expectativas legitimamente geradas. Sobre o tema, v. Teresa Negreiros, *Fundamento para uma interpretação constitucional do princípio da boa-fé*, 2002, p. 261; e Heloísa Carpena Vieira de Mello, A boa-fé como parâmetro da abusividade no direito contratual, in Gustavo Tepedino (coord.), *Problemas de direito civil constitucional*, 2000, p. 313.

60 Nesse sentido, v. Teresa Negreiros, *Fundamento para uma interpretação constitucional do princípio da boa-fé*, 2002, p. 252: "A fundamentação constitucional da boa-fé objetiva centra-se na ideia da dignidade da pessoa humana como princípio reorientador das relações patrimoniais".

61 CC: "Art. 113. Os negócios jurídicos devem ser interpretados conforme a boa-fé e os usos do lugar de sua celebração"; e "Art. 422. Os contratantes são obrigados a guardar, assim na conclusão do contrato, como em sua execução, os princípios de probidade e boa-fé".

62 No direito público, a proteção da confiança legítima é expressão do princípio da segurança jurídica. Vejam-se sobre o tema Almiro do Couto e Silva, Princípios da legalidade da Administração Pública e da segurança jurídica no Estado de direito contemporâneo, *Revista de Direito Público*, 84:46, 1987; e Patrícia Ferreira Batista, Segurança jurídica e proteção da confiança legítima no direito administrativo, mimeografado, 2006, tese de doutorado elaborada, apresentada e aprovada na Universidade de São Paulo (USP).

63 O conceito expressa a regra segundo a qual não é lícito a uma das partes criar expectativas, em razão de conduta seguramente indicativa de determinado comportamento, e praticar ato contrário ao previsto, em prejuízo da outra parte. Exige-se que as partes atuem com coerência. Sobre o tema, vejam-se Régis Fichtner Pereira, *A responsabilidade civil pré-contratual*, 2001, p. 84; e Anderson Schreiber, *A proibição de comportamento contraditório*: tutela da confiança e "venire contra factum proprium", 2005, p. 218.

64 Para um amplo levantamento desses brocardos, que na maioria dos casos eram expressos originariamente em latim, v. Carlos Maximiliano, *Hermenêutica e interpretação do Direito*, 1981, p. 239 e s. Vejam-se alguns exemplos: *ubi eadem ratio, ibi eadem legis dispositio*: onde existe a mesma razão fundamental, prevalece a mesma regra de Direito; *poenalia sunt restringenda*: interpretam-se estritamente as disposições cominadoras de pena; *quit sentit onus, sentire debet commodum, et contra*: quem suporta o ônus, deve gozar as vantagens respectivas e vice-versa; *verba cum effectu, sunt accipienda*: não se presumem, na lei, palavras inúteis; *ad impossibilia nemo tenetur*: ninguém está obrigado ao impossível. Um outro exemplo, este elaborado no âmbito do direito constitucional americano: quando a lei faculta, ou prescreve um fim, presumem-se autorizados os meios necessários para atingi-lo.

considerar as condições e dificuldades reais do gestor, que só poderá ser responsabilizado por dolo ou erro grosseiro (arts. 22 e 28)[65]; (iii) decisões que estabeleçam nova orientação, impondo novo dever ou condicionamento de direito, devem prever regime de transição, bem como levar em conta as orientações da época em que praticado o ato, quanto a ato, processo, ajuste, contrato ou norma cuja produção já se houver completado (arts. 23 e 24). Trata-se de preceitos que incorporam elementos da nova hermenêutica, tal como descrita acima, determinando que as consequências sejam tidas em conta e que a realidade concreta integre o processo de definição da norma, em linha com o pragmatismo jurídico, a hermenêutica concretizadora e a abordagem tópico-problemática.

2 Elementos tradicionais de interpretação jurídica

Os elementos de interpretação a seguir expostos são denominados, por muitos autores, métodos de interpretação. Porém, *elemento*, que significa parte integrante do todo, é termo mais preciso para designar as categorias interpretativas que serão a seguir estudadas. *Método*, em sua etimologia de origem grega, qualifica-se como "caminho para chegar a um fim"[66]. Como se verá logo adiante, os diferentes elementos de interpretação não se excluem, mas se combinam, ao passo que a ideia de método, nesse contexto, sugeriria que a escolha de um caminho afastaria os outros, o que não é o caso. Melhor reservar o termo "método" para as formulações teóricas mais abrangentes de justificação do processo interpretativo, como as analisadas no tópico anterior.

Os elementos tradicionais de interpretação jurídica, na sistematização adotada no Brasil e nos países de Direito codificado, remontam à contribuição de Savigny. Expoente da ciência jurídica do século XIX, fundador da Escola Histórica do Direito, distinguiu ele, em terminologia moderna, os componentes gramatical, histórico e sistemático na atribuição de sentido aos textos normativos[67]. Posteriormente, uma quarta perspectiva foi acrescentada, consistente na interpretação teleológica. Com pequena variação entre os autores, este é o catálogo dos elementos clássicos da interpretação jurídica: gramatical, histórica, sistemática e teleológica[68]. Nenhum desses elementos pode operar isoladamente, sendo a interpretação fruto da combinação e do controle recíproco entre eles[69]. A interpretação, portanto, deve levar em conta o texto da norma (interpretação gramatical), sua conexão com outras normas (interpretação sistemática), sua finalidade (interpretação teleológica) e aspectos do seu processo de criação (interpretação histórica)[70].

---

65 O art. 28 da Lei n. 13.655/2018 e, ainda, a Medida Provisória n. 966/2020, que estabelecia previsão semelhante no que respeita à gestão da pandemia de Covid-19, tiveram a sua constitucionalidade questionada perante o Supremo Tribunal Federal. Na ocasião, em sede cautelar, o STF limitou-se ao exame da medida provisória, dado que versava sobre a pandemia, e confirmou a constitucionalidade parcial da norma, conferindo-lhe interpretação conforme para explicitar que configura erro grosseiro: "o ato administrativo que ensejar violação ao direito à vida, à saúde, ao meio ambiente equilibrado ou impactos adversos à economia, por inobservância: (i) de normas e critérios científicos e técnicos; ou (ii) dos princípios constitucionais da precaução e da prevenção". A decisão, no caso específico, tinha por pano de fundo uma tendência ao negacionismo quanto à gravidade da crise sanitária e a soluções técnicas e científicas que ela demandava, mas sugere uma tendência à confirmação da validade do dispositivo da LINDB. STF, *DJE*, 12 nov. 2020, ADI 6.421 MC-Ref, Rel. Min. Luís Roberto Barroso.

66 V. Aurélio Buarque de Holanda Ferreira, *Novo Aurélio século XXI*: o dicionário da língua portuguesa, 1999, vocábulo "método".

67 V. Friedrich Carl von Savigny, *Sistema del diritto romano attuale*, 1886, v. 1, cap. 4, p. 225 e s. A edição original alemã, de 1840, tinha como título *Das System des heutigen römischen Rechts*.

68 Como assinalado, estes são os elementos tradicionais de interpretação reconhecidos pela doutrina e pela jurisprudência nos países de tradição romano-germânica. Por se aplicarem à interpretação jurídica em geral, aplicam-se também à interpretação constitucional. Nos Estados Unidos, tem amplo curso a sistematização de Philip Bobbitt, que identifica seis modalidades de argumentos constitucionais (The modalities of constitutional argument, in *Constitutional interpretation*, 1991): histórico, textual, estrutural, doutrinário (baseado nos precedentes), ético e prudencial (fundado em uma análise de custo-benefício). V. tb. Calvin Massey, *American constitutional law*: powers and liberties, 2005. Escrevendo sobre o tema, também no direito americano, observou o *Justice* Stephen Breyer, *Active liberty:* interpreting our democratic constitution, 2005, p. 7-8: "Todos os juízes utilizam ferramentas semelhantes ao desincumbirem-se da tarefa de interpretar as leis e a Constituição. [...] Todavia, o fato de a maioria deles concordar quanto aos elementos básicos – linguagem (texto), história, tradição, precedente, finalidade (*purpose*) e consequência – não significa que concordem sobre onde e quando empregar cada um deles. Alguns juízes dão ênfase à linguagem, à história ou à tradição. Outros, aos fins e às consequências" (texto ligeiramente editado).

69 Francesco Ferrara, *Interpretação e aplicação das leis*, 1987, p. 131.

70 Winfried Brugger, Legal interpretation, schools of jurisprudence, and anthropology: some remarks from a German point view, *The American Journal of Comparative Law*, 42:395, p. 395, 1994. V. tb. Raúl Canosa Usera, *Interpretación constitucional y fórmula política*, 1988, p. 135.

2.1 Interpretação gramatical, literal ou semântica

Nos países da tradição romano-germânica, a principal fonte do Direito são as normas jurídicas escritas, os enunciados normativos. Interpretar é, sobretudo, atribuir sentido a textos normativos, conectando-os com fatos específicos e com a realidade subjacente. A interpretação gramatical funda-se nos conceitos contidos na norma e nas possibilidades semânticas das palavras que integram o seu relato. Em muitas situações, a atividade interpretativa não envolverá complexidades que desbordem da aplicação textual dos enunciados normativos. É o que ocorre, por exemplo, com a norma que dispõe acerca do número de ministros do Supremo Tribunal Federal (CF, art. 101), ou a que atribui competência à União para instituir imposto de importação (CF, art. 153, I), ou ainda a que prevê a idade mínima de 35 anos para alguém se candidatar a Presidente da República. Porém, como regra geral, a atitude do intérprete jamais poderá ser a mera abordagem conceitual ou semântica do texto. Ao contrário, cabe-lhe perquirir o espírito da norma e as perspectivas de sentido oferecidas pela combinação com outros elementos de interpretação.

Além dos aspectos assinalados acima, deve-se remarcar que a Constituição frequentemente veicula normas de textura aberta, isto é, com linguagem vaga e conteúdo dotado de plasticidade. É o caso dos *princípios – e.g.*, dignidade da pessoa humana, moralidade, capacidade contributiva –, dos *conceitos jurídicos indeterminados – e.g.*, interesse local, repercussão geral, comoção grave – e dos *termos polissêmicos – e.g.*, tributos, servidores, meio ambiente. Vale dizer: a interpretação gramatical não poderá trabalhar com sentidos únicos a serem extraídos dos relatos normativos. Assentadas essas premissas, deve-se enfatizar sua contrapartida: os conceitos e possibilidades semânticas do texto figuram como ponto de partida e como limite máximo da interpretação. O intérprete não pode ignorar ou torcer o sentido das palavras, sob pena de sobrepor a retórica à legitimidade democrática, à lógica e à segurança jurídica. A cor cinza pode compreender uma variedade de tonalidades entre o preto e o branco, mas não é vermelha nem amarela.

Na literatura, existem passagens antológicas reveladoras dos usos e limitações da interpretação literal[71]. A jurisprudência, por sua vez, registra inúmeros precedentes apontando as insuficiências desse tipo de interpretação[72], mas reconhece as possibilidades de sentido do texto como limite à atuação criativa ou corretiva do intérprete[73].

2.2 Interpretação histórica

No elenco de elementos de interpretação, os de caráter *objetivo*, como o sistemático e o teleológico, têm preferência sobre os de índole *subjetiva*, como o histórico. A análise histórica desempenha um papel secundário, suplementar na revelação de sentido da norma. Apesar de desfrutar de certa reputação nos

---

71 Um bom exemplo se colhe na saga de *Tristão e Isolda*. Tristão e Isolda eram apaixonados entre si; mas, por injunções diversas da vida, Isolda casou-se com o rei, e não com Tristão. Algum tempo depois, a paixão deles se reacendeu e eles se encontravam furtivamente. Isolda foi denunciada por traição e levada a um tribunal eclesiástico, onde seria interrogada. A mentira a levaria à morte. Isolda pediu a Tristão que, no dia da audiência, esperasse por ela à porta do tribunal, vestido como um mendigo. Lá chegando em sua carruagem, dirigiu-se a ele e gritou: "Você aí, leve-me no colo até o local do julgamento. Não quero sujar minhas roupas na poeira desse caminho". Vestido como um maltrapilho, Tristão obedeceu. Iniciada a audiência, Isolda é interrogada se traía o rei. E respondeu: "Juro solenemente que jamais estive nos braços de outro homem que não os do meu marido e os desse mendigo que me trouxe até aqui".

72 *E.g.*, STF, *DJU*, 5 maio 2006, HC 87.425/PE, Rel. Min. Eros Grau: "A fuga, como causa justificadora da necessidade da prisão cautelar, deve ser analisada caso a caso, de modo que se deve afastar a *interpretação literal* do art. 317 do Código de Processo Penal"; STF, *DJU*, 17 jun. 1994, AO 191/PE, Rel. Min. Marco Aurélio: "[...] há de se desprezar a *interpretação* simplesmente *gramatical* do disposto no inciso I do art. 142 do Código Penal, entendendo-se albergadas pela imunidade situações reveladoras de defesa em processos que tramitam na fase administrativa".

73 Na jurisprudência do Tribunal Constitucional Federal alemão, v. *e.g.*: "Através da interpretação não se pode dar a uma lei inequívoca em seu texto e em seu sentido, um sentido oposto; não se pode determinar de novo, no fundamental, o conteúdo normativo da norma que há de ser interpretada; não se pode faltar ao objetivo do legislador em um ponto essencial". *BVerfGE*, 11, 126 (130). V. Klaus Stern, *Derecho del Estado de la República Federal alemana*, 1987, p. 283. Na jurisprudência do Supremo Tribunal Federal, v. *Revista dos Tribunais – Cadernos de Direito Constitucional e Ciência Política*, 1:314, Rep. 1.417/DF, Rel. Min. Moreira Alves: "Se a única interpretação possível para compatibilizar a norma com a Constituição contrariar o sentido inequívoco que o Poder Legislativo lhe pretendeu dar, não se pode aplicar o princípio da interpretação conforme a Constituição, que implicaria, em verdade, criação de norma jurídica, o que é privativo do legislador positivo".

países do *common law*[74], o fato é que na tradição romano-germânica os trabalhos legislativos e a intenção do legislador – conteúdos primários da interpretação histórica –, sem serem irrelevantes, não são, todavia, decisivos na fixação de sentido das normas jurídicas. À medida que a Constituição e as leis se distanciam no tempo da conjuntura histórica em que foram promulgadas, a vontade subjetiva do legislador (*mens legislatoris*) vai sendo substituída por um sentido autônomo e objetivo da norma (*mens legis*)[75], que dá lugar, inclusive, à construção jurídica e à interpretação evolutiva (v. *supra*).

A interpretação histórica, no entanto, pode assumir relevância maior em situações específicas. Este será o caso quando se pretenda dar a uma norma sentido que tenha sido expressamente rejeitado durante o processo legislativo. Foi o que se passou com a instituição, entre nós, de contribuição previdenciária sobre os proventos dos inativos. Durante a tramitação da Emenda Constitucional n. 20, de 15 de dezembro de 1998, a cláusula destinada a introduzir na Constituição a necessária autorização para tal cobrança foi expressamente suprimida, por decisão dos líderes partidários. Posteriormente, lei federal pretendeu criar o mesmo tributo, procurando dar à referida EC n. 20/98 interpretação que o respaldaria. O Supremo Tribunal Federal declarou a lei inconstitucional, tendo como um dos fundamentos a interpretação histórica[76]. Exemplo caricato de interpretação histórica não evolutiva foi dado pela Suprema Corte americana, ao considerar que interceptação telefônica não violava a 4ª Emenda (que veda provas ilegais e buscas e apreensões sem ordem judicial) porque, quando seu texto foi redigido, em 1791, não existia telefone[77].

Ainda em relação ao tema, um precedente de 2009 do Supremo Tribunal Federal merece especial destaque por ter se utilizado de maneira inusitada da interpretação histórica, ainda que de forma não ostensiva. Ao declarar a não recepção da Lei de Imprensa (Lei n. 5.260/1967), a maioria entendeu que o diploma não poderia ser dissociado do contexto histórico em que fora editado[78]. Com base nisso, decidiu-se que toda a lei deveria ser declarada não recepcionada, embora houvesse relativo consenso quanto à compatibilidade material de alguns de seus dispositivos específicos em relação à Carta de 1988[79]. A maioria entendeu que a hipótese era de incompatibilidade em bloco, sendo impossível destacar previsões isoladas do *conjunto orgânico* em que estavam inseridas. Sob essa perspectiva, a Lei de Imprensa traria a marca de uma determinada visão política acerca da liberdade de expressão nos meios jornalísticos, associada ao regime militar e suas práticas de censura. Isso tornaria impertinente a sobrevivência de passagens isoladas.

Não é nova na jurisprudência do STF a ideia de que não se deve analisar dispositivos isolados de uma determinada lei[80], nem tampouco a percepção de que devem ser levados em consideração os fins

---

74 Rememore-se que, dentre os métodos de interpretação debatidos na doutrina norte-americana, tem relevo o *originalismo*, que prega fidelidade à intenção original dos elaboradores da Constituição, cujo texto, como se sabe, remonta a 1787.

75 Sobre o ponto, v. na jurisprudência do STF, *e.g.*, *DJU*, 3 mar. 2005, AI 401.337/PE, decisão monocrática, Rel. Min. Celso de Mello: "Em suma: a lei vale por aquilo que nela se contém e que decorre, objetivamente, do discurso normativo nela consubstanciado, e não pelo que, no texto legal, pretendeu incluir o legislador, pois, em havendo divórcio entre o que estabelece o diploma legislativo ('mens legis') e o que neste buscava instituir o seu autor ('mens legislatoris'), deve prevalecer a vontade objetiva da lei, perdendo em relevo, sob tal perspectiva, a indagação histórica em torno da intenção pessoal do legislador".

76 STF, *DJU*, 12 abr. 2002, ADInMC 2.010/DF, Rel. Min. Celso de Mello: "Debates parlamentares e interpretação da Constituição. O argumento histórico, no processo de interpretação constitucional, não se reveste de caráter absoluto. Qualifica-se, no entanto, como expressivo elemento de útil indagação das circunstâncias que motivaram a elaboração de determinada norma inscrita na Constituição, permitindo o conhecimento das razões que levaram o constituinte a acolher ou a rejeitar as propostas que lhe foram submetidas". Alguns anos depois, a cobrança de contribuição previdenciária de inativos e pensionistas veio a ser determinada pela Emenda Constitucional n. 41, de 19.12.2003.

77 V. *Olmstead v. United States*, 277 U.S. 438, 1928.

78 STF, *DJE*, 6 nov. 2009, ADPF 130/DF, Rel. Min. Carlos Britto.

79 Essa convicção, aliás, levou os Ministros Gilmar Mendes, Joaquim Barbosa e Ellen Gracie a votar pela recepção de determinados dispositivos, como os que regulamentavam o direito de resposta ou mesmo os que previam tipos penais particulares a fim de tutelar os direitos da personalidade contra ofensas divulgadas no ambiente jornalístico.

80 A título de exemplo, v. STF, MC na ADIn 896/DF, *DJ* 16.2.1996, Rel. Min. Moreira Alves: "[A Corte] não pode declarar inconstitucionalidade parcial que mude o sentido e alcance da norma impugnada (quando isso ocorre, a declaração de inconstitucionalidade tem de alcançar todo o dispositivo), porquanto, se assim não fosse, a Corte se transformaria em legislador positivo, uma vez que, com a supressão da expressão atacada, estaria modificando o sentido e o alcance da norma impugnada. E o controle de constitucionalidade dos atos normativos pelo Poder Judiciário só lhe permite agir como legislador negativo". Vale observar, contudo, que, embora persista o entendimento de que as normas devem ser avaliadas em seu contexto (e não isoladamente), em alguma medida, tanto a impossibilidade de alteração do sentido original da norma como de atuação como legislador positivo vêm sendo objeto de progressivas atenuações pela jurisprudência do STF e por novas técnicas de interpretação que ela tem incorporado, como

visados pelo legislador. Nessa decisão, porém, a Corte levou esse conceito a suas últimas consequências, tendo optado por ignorar a possibilidade de subsistência autônoma de determinados dispositivos e produzir a rejeição integral da lei, como expressão de repúdio a determinada concepção autoritária. O enorme estigma da Lei de Imprensa certamente terá sido determinante para a adoção dessa linha atípica. Apesar disso, não se pode deixar de registrar a singularidade do raciocínio empregado, que pode, em tese, vir a ser invocado também em outros contextos.

2.3 Interpretação sistemática[81]

A ordem jurídica é um sistema e, como tal, deve ser dotada de unidade e harmonia[82]. A Constituição é responsável pela *unidade* do sistema, ao passo que a *harmonia* é proporcionada pela prevenção ou pela solução de conflitos normativos. Os diferentes ramos do Direito constituem subsistemas fundados em uma lógica interna e na compatibilidade externa com os demais subsistemas. A Constituição, além de ser um subsistema normativo em si, é também fator de unidade do sistema como um todo, ditando os valores e fins que devem ser observados e promovidos pelo conjunto do ordenamento[83]. Como se explorará em detalhe mais adiante, interpretam-se todas as normas conforme a Constituição. A interpretação sistemática disputa com a teleológica a primazia no processo de aplicação do Direito[84].

No tocante à harmonia, é certo que o Direito não tolera antinomias[85]. Quando uma nova Constituição entra em vigor, ela produz impacto sobre a ordem constitucional e sobre a ordem infraconstitucional preexistentes. Quanto às normas constitucionais anteriores, elas são inteiramente revogadas, de vez que há uma substituição de sistema. No que diz respeito ao direito infraconstitucional, as normas incompatíveis ficam automaticamente revogadas; já as que são compatíveis são revivificadas, passando a viger sob novo fundamento de validade e, consequentemente, sujeitas a novas dimensões de sentido. Os conflitos entre normas infraconstitucionais são resolvidos por três critérios tradicionais: hierárquico, cronológico e da especialização[86]. Mais recentemente, a doutrina e a jurisprudência passaram a reconhecer e a lidar com a possibilidade de colisões entre normas constitucionais, tendo desenvolvido categorias que serão referidas mais à frente, como a teoria dos limites imanentes e a ponderação.

2.4 Interpretação teleológica

O Direito não é um fim em si mesmo, e todas as formas devem ser instrumentais. Isso significa que o Direito existe para realizar determinados fins sociais, certos objetivos ligados à justiça, à segurança jurídica, à dignidade da pessoa humana e ao bem-estar social. No direito constitucional positivo brasileiro

---

as decisões manipulativas aditivas e substitutivas. V. Luís Roberto Barroso e Patrícia Perrone Campos Mello, O papel criativo dos tribunais: técnicas de decisão em controle de constitucionalidade, *Revista da Ajuris 46*:295, 2019, p. 301 e s.; Luís Roberto Barroso, *O controle de constitucionalidade no direito brasileiro*, 2019, p. 101-113.

81   Juarez Freitas, *A interpretação sistemática do Direito*, 2002.

82   V. Claus-Wilhelm Canaris, *Pensamento sistemático e conceito de sistema na ciência do Direito*, 1996, p. 12 e s.

83   V. Eros Roberto Grau, *Ensaio e discurso sobre a interpretação/aplicação do Direito*, 2002, p. 34: "Não se interpreta o direito em tiras, aos pedaços. A interpretação de qualquer texto de direito impõe ao intérprete, sempre, em qualquer circunstância, o caminhar pelo percurso que se projeta a partir dele – do texto – até a Constituição. Um texto de direito isolado, destacado, desprendido do sistema jurídico, não expressa significado algum".

84   STF, *DJU*, 21 set. 1973, Rep. 846/RJ, Rel. Min. Antônio Neder, *Representações por inconstitucionalidade*: dispositivos de Constituições estaduais, 1976, t. II, p. 107: "(A) interpretação sistemática (é) a mais racional e científica, e a que mais se harmoniza com o método do Direito Constitucional, exatamente a que aproxima da realidade o intérprete"; e tb. STF, *DJU*, 19 dez. 2002, RE 254.218/PR, Rel. Min. Sepúlveda Pertence: "A inadmissibilidade da medida provisória em matéria penal é extraída pela doutrina consensual da interpretação sistemática da Constituição" (texto ligeiramente editado).

85   Sobre o ponto, v. Norberto Bobbio, *Teoria do ordenamento jurídico*, 1990, p. 81 e s.

86   Pelo critério *hierárquico*, lei superior prevalece sobre a inferior. Assim, se o regulamento estiver em contrariedade com a lei, é a lei que será aplicada; se a lei contraviver a Constituição, vale a Constituição. Note-se que se a lei superior for subsequente à inferior, revoga-a; se for anterior a ela, torna-a inválida. Por exemplo: uma nova Constituição ou uma emenda constitucional revoga a lei anterior incompatível. Se a Constituição já estava em vigor quando da edição da lei incompatível, esta será inválida, por vício de inconstitucionalidade. Pelo critério *cronológico*, a lei posterior revoga a anterior, como consta da letra expressa do art. 2º da LINDB. O terceiro critério é o da *especialização*: como regra, a lei especial prevalece sobre a geral na situação específica para a qual foi criada, sem afetar, contudo, quer a validade, quer a vigência da lei geral. Podem conviver, assim, *e.g.*, uma lei geral para os servidores públicos com leis específicas para magistrados ou para militares.

existe norma expressa indicando as finalidades do Estado, cuja consecução deve figurar como vetor interpretativo de todo o sistema jurídico. De fato, colhe-se na letra expressa do art. 3º da Constituição:

"Constituem objetivos fundamentais da República Federativa do Brasil:

I – construir uma sociedade livre, justa e solidária;

II – garantir o desenvolvimento nacional;

III – erradicar a pobreza e a marginalização e reduzir as desigualdades sociais e regionais;

IV – promover o bem de todos, sem preconceitos de origem, raça, sexo, cor, idade e quaisquer outras formas de discriminação".

Como assinalado acima, não se devem sacrificar os fins às formas. Há autores, inclusive, que proclamam merecer o elemento teleológico preponderância na interpretação constitucional[87]. É bem de ver, no entanto, que a interpretação teleológica não pode servir para chancelar o utilitarismo, o pragmatismo e o consequencialismo quando isso importe em afronta aos direitos fundamentais protegidos constitucionalmente. Em uma ordem jurídica lastreada na ética, os fins devem reverenciar os valores. A interpretação teleológica é frequentemente invocada pelo Supremo Tribunal Federal e pelos Tribunais Superiores. A esse propósito, em um conjunto de decisões acerca do tema das inelegibilidades – CF, art. 14, §§ 6º, 7º e 9º – a jurisprudência, captando o fim último visado pela disciplina da matéria, assentou que: (i) quem não pode candidatar-se a titular do cargo, também não pode concorrer como vice[88]; (ii) havendo separação de fato reconhecida por sentença, deixa de existir o parentesco que gerava a inelegibilidade[89]; (iii) as partes de uma relação estável homossexual sujeitam-se à mesma inelegibilidade que se aplica à união estável entre homem e mulher e ao casamento[90].

3 A metodologia da interpretação constitucional tradicional

Um típico operador jurídico formado na tradição romano-germânica, como é o caso brasileiro, diante de um problema que lhe caiba resolver, adotará uma linha de raciocínio semelhante à que se descreve a seguir. Após examinar a situação de fato que lhe foi trazida, irá identificar no ordenamento positivo a norma que deverá reger aquela hipótese. Em seguida, procederá a um tipo de raciocínio lógico, de natureza silogística, no qual a norma será a premissa maior, os fatos serão a premissa menor e a conclusão será a consequência do enquadramento dos fatos à norma. Esse método tradicional de aplicação do Direito, pelo qual se realiza o enquadramento dos fatos na previsão da norma e pronuncia-se uma conclusão, denomina-se método *subsuntivo*.

Esse modo de raciocínio jurídico utiliza, como premissa de seu desenvolvimento, um tipo de norma jurídica que se identifica como regra. Regras são normas que especificam a conduta a ser seguida por seus destinatários. O papel do intérprete, ao aplicá-las, envolve uma operação relativamente simples de verificação da ocorrência do fato constante do seu relato e de declaração da consequência jurídica correspondente. Por exemplo: nos termos do art. 40, § 1º, II, da Constituição, a aposentadoria compulsória do servidor público se dá aos 70 anos (regra); José, serventuário da Justiça, completou 70 anos (fato); José passará automaticamente para a inatividade (conclusão). A interpretação jurídica tradicional, portanto, tem como principal instrumento de trabalho a figura normativa da *regra*.

A atividade de interpretação descrita acima utiliza-se de um conjunto tradicional de elementos de interpretação, que foram estudados nos itens anteriores. São eles instrumentos que vão permitir ao intérprete em geral, e ao juiz em particular, a revelação do conteúdo, sentido e alcance da norma. Sob essa perspectiva,

---

87   Nesse sentido, v. Carlos Maximiliano, *Hermenêutica e aplicação do Direito*, 1981, p. 314.

88   STF, *DJU*, 30 abr. 1993, RE 158.654/AL, Rel. Min. Celso de Mello: "A *interpretação teleológica* do art. 14, § 5º, da Constituição objetiva impedir que se consume qualquer comportamento fraudulento que, lesando o postulado da irreelegibilidade do Prefeito municipal, viabilize, ainda que por via indireta, o acesso do Chefe do Executivo local a um segundo mandato, cujo exercício, em período imediatamente sucessivo, lhe é categoricamente vedado pela norma constitucional".

89   STF, *DJU*, 9 set. 2005, RE 446.999/PE, Rel. Min. Ellen Gracie: "*Interpretação teleológica* da regra de inelegibilidade. [...] Havendo a sentença reconhecido a ocorrência de separação de fato em momento anterior ao início do mandato do ex-sogro do recorrente, não há falar em perenização no poder da mesma família".

90   TSE, publicado em sessão em 1º out. 2004, REE 24.564/PA, Rel. Min. Gilmar Mendes: "Candidata a cargo de Prefeito. Relação estável homossexual com a Prefeita reeleita do município. Inelegibilidade. [...] Os sujeitos de uma relação estável homossexual, à semelhança do que ocorre com os de relação estável, de concubinato e de casamento, submetem-se à regra de inelegibilidade prevista no art. 14, § 7º, da Constituição Federal".

o Direito – *i.e.*, a resposta para o problema – já vêm contido no texto da lei. Interpretar é descobrir essa solução previamente concebida pelo legislador. Mais ainda: o ordenamento traz em si *uma* solução adequada para a questão. O intérprete, como consequência, não faz escolhas próprias, mas revela a que já se contém na norma. O juiz desempenha uma função técnica de conhecimento, e não um papel de criação do Direito.

A interpretação jurídica tradicional, portanto, desenvolve-se pelo método subsuntivo, fundado em um modelo de regras que reserva ao intérprete um papel estritamente técnico de revelação do sentido de um Direito integralmente contido na norma legislada. O desenvolvimento de alguns princípios específicos de interpretação constitucional, estudados a seguir, apurou o processo de interpretação constitucional sem subverter, contudo, as premissas metodológicas aqui identificadas.

4 Princípios instrumentais de interpretação constitucional

As normas constitucionais são espécies de normas jurídicas. Aliás, a conquista desse *status* fez parte do processo histórico de ascensão científica e institucional da Constituição, libertando-a de uma dimensão estritamente política e da subordinação ao legislador infraconstitucional. A Constituição é dotada de força normativa e suas normas contêm o atributo típico das normas jurídicas em geral: a imperatividade. Como consequência, aplicam-se direta e imediatamente às situações nelas contempladas e sua inobservância deverá deflagrar os mecanismos próprios de sanção e de cumprimento coercitivo.

Por serem as normas constitucionais normas jurídicas, sua interpretação serve-se dos conceitos e elementos clássicos da interpretação em geral[91]. Todavia, conforme já estudado (v. *supra*), as normas constitucionais apresentam determinadas especificidades que as singularizam, dentre as quais é possível destacar: a) a superioridade jurídica; b) a natureza da linguagem; c) o conteúdo específico; d) o caráter político. Em razão disso, desenvolveram-se ou sistematizaram-se categorias doutrinárias próprias, identificadas como princípios específicos ou princípios instrumentais de interpretação constitucional.

Impõe-se, nesse passo, uma qualificação prévia. O emprego do termo *princípio*, nesse contexto, prende-se à proeminência e à precedência desses mandamentos dirigidos ao intérprete, e não propriamente ao seu conteúdo, à sua estrutura ou à sua aplicação mediante ponderação. Os *princípios instrumentais* de interpretação constitucional constituem premissas conceituais, metodológicas ou finalísticas que devem anteceder, no processo intelectual do intérprete, a solução concreta da questão posta. Nenhum deles encontra-se expresso no texto da Constituição, mas são reconhecidos pacificamente pela doutrina e pela jurisprudência.

O catálogo a seguir enunciado afigura-se como o mais adequado, sob uma perspectiva contemporânea brasileira. Como intuitivo, toda classificação tem um componente subjetivo e até mesmo arbitrário. Nada obstante, parece ter resistido ao teste do tempo a sistematização que identifica os seguintes princípios instrumentais de interpretação constitucional[92]:

a) princípio da supremacia da Constituição;

b) princípio da presunção de constitucionalidade das leis e atos do Poder Público;

c) princípio da interpretação conforme a Constituição;

d) princípio da unidade da Constituição;

e) princípio da razoabilidade ou da proporcionalidade;

f) princípio da efetividade.

A seguir, breve comentário objetivo acerca de cada um deles.

---

91 Além dos elementos clássicos, como o gramatical, histórico, sistemático e teleológico, estudados no tópico anterior, a interpretação constitucional vale-se das múltiplas categorias desenvolvidas pela hermenêutica, como a interpretação declarativa, restritiva e extensiva, a analogia, o costume, dentre muitas outras. Sobre o tema, v. Luís Roberto Barroso, *Interpretação e aplicação da Constituição*, 2004.

92 Essa foi a ordenação da matéria proposta em nosso *Interpretação e aplicação da Constituição*, cuja 1ª edição é de 1995. Autores alemães e portugueses de grande expressão adotam sistematizações diferentes, mas o elenco acima parece o de maior utilidade, dentro de uma perspectiva brasileira de concretização da Constituição. Na doutrina brasileira mais recente, embora de forte influência germânica, destaca-se o tratamento dado ao tema por Humberto Ávila, em seu *Teoria dos princípios*: da definição à aplicação dos princípios jurídicos, 2003. Propõe ele a superação do modelo dual de separação *regras-princípios* pela criação de uma terceira categoria normativa: a dos *postulados normativos aplicativos*. Seriam eles "instrumentos normativos metódicos" que imporiam "condições a serem observadas na aplicação das regras e dos princípios, com eles não se confundindo". Em alguma medida, tal categoria se aproxima daquilo que temos designado de *princípios instrumentais* de interpretação constitucional. Todavia, sua classificação é bem distinta, nela se identificando o que denomina *postulados inespecíficos* (ponderação, concordância prática e proibição de excesso) e *postulados específicos* (igualdade, razoabilidade e proporcionalidade).

4.1 Princípio da supremacia da Constituição

O poder constituinte cria ou refunda o Estado, por meio de uma Constituição. Com a promulgação da Constituição, a soberania popular se converte em supremacia constitucional. Do ponto de vista jurídico, este é o principal traço distintivo da Constituição: sua posição hierárquica superior às demais normas do sistema. A Constituição é dotada de supremacia e prevalece sobre o processo político majoritário – isto é, sobre a vontade do poder constituído e sobre as leis em geral – porque fruto de uma manifestação especial da vontade popular, em uma conjuntura própria, em um *momento constitucional* (v. *supra*). A supremacia da Constituição é um dos pilares do modelo constitucional contemporâneo, que se tornou dominante em relação ao modelo de supremacia do Parlamento, residualmente praticado em alguns Estados democráticos, como o Reino Unido e a Nova Zelândia. Note-se que o princípio não tem um conteúdo material próprio: ele apenas impõe a primazia da norma constitucional, qualquer que seja ela.

Como consequência do princípio da supremacia constitucional, nenhuma lei ou ato normativo – a rigor, nenhum ato jurídico – poderá subsistir validamente se for incompatível com a Constituição. Para assegurar essa superioridade, a ordem jurídica concebeu um conjunto de mecanismos destinados a invalidar e/ou paralisar a eficácia dos atos que contravenham a Constituição, conhecidos como *controle de constitucionalidade*. Assim, associado à superlegalidade da Carta Constitucional, existe um sistema de fiscalização *judicial* da validade das leis e atos normativos em geral. No Brasil, esse controle é desempenhado por meio de dois ritos diversos:

a) a via *incidental*, pela qual a inconstitucionalidade de uma norma pode ser suscitada em qualquer processo judicial, perante qualquer juízo ou tribunal, cabendo ao órgão judicial deixar de aplicar a norma indigitada ao caso concreto, se considerar fundada a arguição;

b) a via *principal*, pela qual algumas pessoas, órgãos ou entidades, constantes do art. 103 da Constituição Federal, podem propor uma ação direta perante o Supremo Tribunal Federal, na qual se discutirá a constitucionalidade ou inconstitucionalidade, em tese, de determinada lei ou ato normativo.

Em síntese: a especificidade da interpretação constitucional decorre, em primeiro lugar, da supremacia da Constituição, cujas normas condicionam a validade e o sentido de todo o ordenamento jurídico.

4.2 Princípio da presunção de constitucionalidade das leis e atos normativos

As leis e atos normativos, como os atos do Poder Público em geral, desfrutam de presunção de validade. Isso porque, idealmente, sua atuação se funda na legitimidade democrática dos agentes públicos eleitos, no dever de promoção do interesse público e no respeito aos princípios constitucionais, inclusive e sobretudo os que regem a Administração Pública (art. 37). Trata-se, naturalmente, de presunção *iuris tantum*, que admite prova em contrário. O ônus de tal demonstração, no entanto, recai sobre quem alega a invalidade ou, no caso, a inconstitucionalidade. Este, aliás, é o papel de uma *presunção* em Direito: determinar que o ônus da prova é da parte que pretende infirmá-la.

Pois bem. Em um Estado constitucional de direito, os três Poderes interpretam a Constituição. De fato, a atividade legislativa destina-se, em última análise, a assegurar os valores e a promover os fins constitucionais. A atividade administrativa, por sua vez, tanto normativa como concretizadora, igualmente se subordina à Constituição e destina-se a efetivá-la. O Poder Judiciário, portanto, não é o único intérprete da Constituição, embora o sistema lhe reserve a primazia de dar a palavra final. Por isso mesmo, deve ter uma atitude de deferência para com a interpretação levada a efeito pelos outros dois ramos do governo, em nome da independência e harmonia dos Poderes.

A presunção de constitucionalidade, portanto, é uma decorrência do princípio da separação de Poderes e funciona como fator de autolimitação da atuação judicial. Em razão disso, não devem juízes e tribunais, como regra, declarar a inconstitucionalidade de lei ou ato normativo quando:

a) a inconstitucionalidade não for patente e inequívoca, existindo tese jurídica razoável para preservação da norma[93];

---

93 Consoante jurisprudência firme do STF, a inconstitucionalidade nunca se presume. A violação há de ser manifesta (*Revista Trimestral de Jurisprudência*, 66:631, Rep 881/MG, Rel. Min. Djaci Falcão), militando a dúvida em favor da validade da lei.

b) seja possível decidir a questão por outro fundamento, evitando-se a invalidação de ato de outro Poder;

c) existir interpretação alternativa possível, que permita afirmar a compatibilidade da norma com a Constituição.

Esta última possibilidade, que envolve aspectos da interpretação conforme a Constituição, será examinada no próximo item.

4.3 Princípio da interpretação conforme a Constituição

A interpretação conforme a Constituição, categoria desenvolvida amplamente pela doutrina e pela jurisprudência alemãs, compreende sutilezas que se escondem por trás da designação truística do princípio. Destina-se ela à preservação da validade de determinadas normas, suspeitas de inconstitucionalidade, assim como à atribuição de sentido às normas infraconstitucionais, da forma que melhor realizem os mandamentos constitucionais. Como se depreende da assertiva precedente, o princípio abriga, simultaneamente, uma técnica de interpretação e um mecanismo de controle de constitucionalidade.

Como técnica de interpretação, o princípio impõe a juízes e tribunais que interpretem a legislação ordinária de modo a realizar, da maneira mais adequada, os valores e fins constitucionais. Vale dizer: entre interpretações possíveis, deve-se escolher a que tem mais afinidade com a Constituição. Um exemplo: depois de alguma hesitação, a jurisprudência vem reconhecendo direitos previdenciários a parceiros que vivem em união estável homoafetiva (*i.e.*, entre pessoas do mesmo sexo). Mesmo na ausência de norma expressa nesse sentido, essa é a inteligência que melhor realiza a vontade constitucional, por impedir a desequiparação de pessoas em razão de sua orientação sexual[94].

Como mecanismo de controle de constitucionalidade, a interpretação conforme a Constituição permite que o intérprete, sobretudo o tribunal constitucional, preserve a validade de uma lei que, na sua leitura mais óbvia, seria inconstitucional. Nessa hipótese, o tribunal, simultaneamente, *infirma* uma das interpretações possíveis, declarando-a inconstitucional, e *afirma* outra, que compatibiliza a norma com a Constituição. Trata-se de uma atuação "corretiva", que importa na declaração de inconstitucionalidade sem redução de texto[95]. Figura próxima, mas não equivalente, é a da interpretação conforme a Constituição para declarar que uma norma válida e em vigor não incide sobre determinada situação de fato[96]. Em qualquer caso, o princípio tem por limite as possibilidades semânticas do texto[97].

Em suma, a interpretação conforme a Constituição pode envolver a mera interpretação adequada dos valores e princípios constitucionais, ou a declaração de inconstitucionalidade de uma das interpretações possíveis de uma norma ou, ainda, a declaração de não incidência da norma a determinada situação de fato, por importar em violação da Constituição[98].

---

[94] V. STJ, *DJU*, 6 fev. 2006, REsp 395.904/RS, Rel. Min. Hélio Quaglia Barbosa; e STF, Pet. 1.984/RS, Rel. Min. Marco Aurélio, j. 10.2003; e ADIn 3.300/DF, Rel. Min. Celso de Mello, *DJU*, 9 fev. 2006 (*Inf. STF*, n. 414). Posteriormente, o STF entendeu que as uniões homoafetivas configuram entidade familiar equiparável às uniões estáveis convencionais (ADI 4.277 e ADPF 132, *DJU* 13 out. 2011, Rel. Min. Ayres Britto). O STF já reconheceu, também, o direito à pensão por morte para o parceiro homoafetivo supérstite (RE 477.554, *DJU*, 25 ago. 2011, Rel. Min. Celso de Mello). No julgamento do RE 646.721, *DJe*, 11 set. 2017, red. p/ ac. Min. Luís Roberto Barroso, ficou assentado ser inconstitucional distinguir, para fins de sucessão, entre cônjuges unidos pelo casamento e companheiros em união estável homoafetiva.

[95] STF, *Revista Trimestral de Jurisprudência, 144*:146, ADIn 581/DF, Rel. Min. Marco Aurélio, voto do Min. Celso de Mello: "A incidência desse postulado permite, desse modo, que, reconhecendo-se legitimidade constitucional a uma determinada proposta interpretativa, excluam-se as demais construções exegéticas propiciadas pelo conteúdo normativo do ato questionado".

[96] V. STF, ADIn 1.946-5/DF, *DJU*, 16 maio 2003, Rel. Min. Sydney Sanches. Nesse julgamento, o Supremo Tribunal Federal deu "interpretação conforme a Constituição" a dispositivo da Emenda Constitucional n. 20, de 15.12.1998, para excluir de sua incidência o salário da licença-gestante, que do contrário ficaria drasticamente afetado.

[97] Na jurisprudência do STF, veja-se novamente o seguinte acórdão: *Revista dos Tribunais – Cadernos de Direito Constitucional e Ciência Política, 1*:314, Rep. 1.417/DF, Rel. Min. Moreira Alves: "Se a única interpretação possível para compatibilizar a norma com a Constituição contrariar o sentido inequívoco que o Poder Legislativo lhe pretendeu dar, não se pode aplicar o princípio da interpretação conforme a Constituição, que implicaria, em verdade, criação de norma jurídica, o que é privativo do legislador positivo". Na doutrina, v. Gilmar Ferreira Mendes, *Jurisdição constitucional*, 1998, p. 268 e s.

[98] Sobre a relação entre o princípio da interpretação conforme a constituição e novas técnicas de interpretação constitucional, que procuram compatibilizar o sentido da norma com a Constituição, mantendo seu texto ao menos em parte, v. Luís Roberto Barroso e Patrícia Perrone Campos Mello, O papel criativo dos tribunais: técnicas de decisão em controle de constitucionalidade, *Revista da Ajuris 46*:295, 2019, p. 301 e s.; Luís Roberto Barroso, *O controle de constitucionalidade no direito brasileiro*, 2019, p. 101-113.

4.4 Princípio da unidade da Constituição

Já se consignou que a Constituição é o documento que dá unidade ao sistema jurídico, pela irradiação de seus princípios aos diferentes domínios infraconstitucionais. O princípio da unidade é uma especificação da interpretação sistemática, impondo ao intérprete o dever de harmonizar as tensões e contradições entre normas jurídicas. A superior hierarquia das normas constitucionais impõe-se na determinação de sentido de todas as normas do sistema.

O problema maior associado ao princípio da unidade não diz respeito aos conflitos que surgem entre as normas infraconstitucionais ou entre estas e a Constituição, mas sim às tensões que se estabelecem dentro da própria Constituição. De fato, a Constituição é um documento dialético, fruto do debate e da composição política. Como consequência, abriga no seu corpo valores e interesses contrapostos. A livre-iniciativa é um princípio que entra em rota de colisão, por exemplo, com a proteção do consumidor ou com restrições ao capital estrangeiro. Desenvolvimento pode confrontar-se com proteção do meio ambiente. Direitos fundamentais interferem entre si, por vezes em casos extremos, como ocorre no choque entre liberdade religiosa e direito à vida ou na hipótese de recusa de certos tratamentos médicos, como transfusões de sangue, sustentada pelos fiéis de determinas confissões. Nesses casos, como intuitivo, a solução das colisões entre normas não pode beneficiar-se, de maneira significativa, dos critérios tradicionais.

Em primeiro lugar, e acima de tudo, porque inexiste *hierarquia* entre normas constitucionais. Embora se possa cogitar de certa hierarquia axiológica, tendo em vista determinados valores que seriam, em tese, mais elevados – como a dignidade da pessoa humana ou o direito à vida – a Constituição contém previsões de privação de liberdade (art. 5º, XLVI, *a*) e até de pena de morte (art. 5º, XLVII, *a*). Não é possível, no entanto, afirmar a inconstitucionalidade dessas disposições, frutos da mesma vontade constituinte originária. Por essa razão, uma norma constitucional não pode ser inconstitucional em face de outra[99].

O critério *cronológico* é de valia apenas parcial. É que, naturalmente, as normas integrantes da Constituição originária são todas promulgadas na mesma data. Logo, em relação a elas, o parâmetro temporal é ineficaz. Restam apenas as hipóteses em que emendas constitucionais revoguem dispositivos suscetíveis de ser reformados, por não estarem protegidos por cláusula pétrea. Também o critério da *especialização* será insuficiente para resolver a maior parte dos conflitos porque, de ordinário, normas constitucionais contêm proposições gerais, e não regras específicas.

Portanto, na harmonização de sentido entre normas contrapostas, o intérprete deverá promover a *concordância prática*[100] entre os bens jurídicos tutelados, preservando o máximo possível de cada um. Em algumas situações, precisará recorrer a categorias como a teoria dos limites imanentes[101]: os direitos de uns têm de ser compatíveis com os direitos de outros. E em muitas situações, inexoravelmente, terá de fazer ponderações, com concessões recíprocas e escolhas. Adiante se voltará ao ponto.

---

99 A matéria é pacífica entre nós, como assinalado no capítulo dedicado ao poder constituinte (v. *supra*). Rememore-se a posição do STF a respeito: *DJU*, 10 maio 1996, ADIn 815-3/DF, Rel. Min. Moreira Alves: "A tese de que há hierarquia entre normas constitucionais originárias, dando azo à declaração de inconstitucionalidade de umas em face de outras é incompossível com o sistema de Constituição rígida. Na atual Carta Magna 'compete ao Supremo Tribunal Federal, precipuamente, a guarda da Constituição' (artigo 102, 'caput'), o que implica dizer que essa jurisdição lhe é atribuída para impedir que se desrespeite a Constituição como um todo, e não para, com relação a ela, exercer o papel de fiscal do Poder Constituinte originário, a fim de verificar se este teria, ou não, violado os princípios de direito supra-positivo que ele próprio havia incluído no texto da mesma Constituição. Por outro lado, as cláusulas pétreas não podem ser invocadas para sustentação da tese da inconstitucionalidade de normas constitucionais inferiores em face de normas constitucionais superiores, porquanto a Constituição as prevê apenas como limites ao Poder Constituinte derivado ao rever ou ao emendar a Constituição elaborada pelo Poder Constituinte originário, e não como abarcando normas cuja observância se impôs ao próprio Poder Constituinte originário com relação às outras que não sejam consideradas como cláusulas pétreas, e portanto, possam ser emendadas. Ação não conhecida por impossibilidade jurídica do pedido". Na mesma linha, STF, *DJU*, 9 fev. 2006, ADInMC 3.300/DF, Rel. Min. Celso de Mello, enfatizando a "impossibilidade jurídica de se proceder à fiscalização normativa abstrata de normas constitucionais originárias".

100 Sobre concordância prática, v. Konrad Hesse, La interpretación constitucional, in *Escritos de derecho constitucional*, 1983, p. 48; v. tb. Humberto Ávila, *Teoria dos princípios*: da definição à aplicação dos princípios jurídicos, 2003, p. 88.

101 Sobre a teoria dos direitos imanentes, em língua portuguesa, v. Jane Reis Gonçalves Pereira, *Interpretação constitucional e direitos fundamentais*, 2006, p. 182 e s.: "A doutrina da imanência busca justificar dogmaticamente o reconhecimento de limites não expressamente previstos no texto da Constituição, tendo sido elaborada com base em duas premissas genericamente aceitas no pensamento jurídico: i) a ideia de que os direitos fundamentais não são absolutos nem podem ser invocados em todas as situações; e ii) a noção de que os direitos das pessoas devem ser harmonizados entre si". V. tb. Luís Virgílio Afonso da Silva, *O conteúdo essencial dos direitos fundamentais e a eficácia das normas constitucionais*, mimeografado, 2005, p. 168 e s.

4.5 Princípio da razoabilidade ou da proporcionalidade

O princípio da razoabilidade ou da proporcionalidade já foi objeto de análise no tópico dedicado à construção do pós-positivismo (v. *supra*) e voltará a ser tratado mais à frente, no tópico dedicado à aplicação prática dos princípios. Sua recorrência no presente trabalho apenas revela a importância que tal princípio assumiu na dogmática jurídica contemporânea, tanto por sua dimensão instrumental quanto material. Apenas para que não se deixe de registrar sua importância como princípio específico de interpretação constitucional, faz-se a breve anotação abaixo.

O princípio da razoabilidade-proporcionalidade, termos aqui empregados de modo fungível[102], não está expresso na Constituição, mas tem seu fundamento nas ideias de devido processo legal substantivo e na de justiça. Trata-se de um valioso instrumento de proteção dos direitos fundamentais e do interesse público, por permitir o controle da discricionariedade dos atos do Poder Público e por funcionar como a medida com que uma norma deve ser interpretada no caso concreto para a melhor realização do fim constitucional nela embutido ou decorrente do sistema. Em resumo sumário, o princípio da razoabilidade permite ao Judiciário invalidar atos legislativos ou administrativos quando: a) não haja adequação entre o fim perseguido e o instrumento empregado (*adequação*); b) a medida não seja exigível ou necessária, havendo meio alternativo menos gravoso para chegar ao mesmo resultado (*necessidade/vedação do excesso*); c) os custos superem os benefícios, ou seja, o que se perde com a medida é de maior relevo do que aquilo que se ganha (*proporcionalidade em sentido estrito*). O princípio pode operar, também, no sentido de permitir que o juiz gradue o peso da norma, em determinada incidência, de modo a não permitir que ela produza um resultado indesejado pelo sistema, fazendo assim a justiça do caso concreto.

4.6 Princípio da efetividade

Por força de sua importância decisiva no constitucionalismo contemporâneo, e especialmente no brasileiro, o tema da efetividade das normas constitucionais mereceu um longo tópico em capítulo anterior (v. *supra*, Parte I, Cap. VII). Ali foram estudados o conceito de efetividade, os direitos subjetivos constitucionais e a inconstitucionalidade por omissão, temas centrais nessa matéria. A doutrina da efetividade sofreu, nos últimos anos, o influxo da teoria dos princípios e da sofisticada produção acadêmica acerca dos direitos fundamentais. Por simplificação, remete-se o leitor àquelas anotações prévias. Apenas para não cortar a linearidade da exposição, faz-se o registro a seguir.

Consoante doutrina clássica, os atos jurídicos em geral, inclusive as normas jurídicas, comportam análise em três planos distintos: os da sua existência, validade e eficácia. No período imediatamente anterior e ao longo da vigência da Constituição de 1988, consolidou-se um quarto plano fundamental de apreciação das normas constitucionais: o da sua efetividade. Efetividade significa a realização do Direito, a atuação prática da norma, fazendo prevalecer no mundo dos fatos os valores e interesses por ela tutelados. Simboliza, portanto, a aproximação, tão íntima quanto possível, entre o *dever-ser* normativo e o *ser* da realidade social[103]. O intérprete constitucional deve ter compromisso com a efetividade da Constituição: entre interpretações alternativas e plausíveis, deverá prestigiar aquela que permita a atuação da vontade constitucional, evitando, no limite do possível, soluções que se refugiem no argumento da não autoaplicabilidade da norma ou na ocorrência de omissão do legislador.

---

102 Como já assinalado previamente, a ideia de razoabilidade remonta ao sistema jurídico anglo-saxão, tendo especial destaque no direito norte-americano, como desdobramento do conceito de devido processo legal substantivo. O princípio foi desenvolvido, como próprio do sistema do *common law,* através de precedentes sucessivos, sem maior preocupação com uma formulação doutrinária sistemática. Já a noção de proporcionalidade vem associada ao sistema jurídico alemão, cujas raízes romano-germânicas conduziram a um desenvolvimento dogmático mais analítico e ordenado. De parte isto, deve-se registrar que o princípio, nos Estados Unidos, foi antes de tudo um instrumento de direito constitucional, funcionando como um critério de aferição da constitucionalidade de determinadas leis. Já na Alemanha, o conceito evoluiu a partir do direito administrativo, como mecanismo de controle dos atos do Executivo. Sem embargo da origem e do desenvolvimento diversos, um e outro abrigam os mesmos valores subjacentes: racionalidade, justiça, medida adequada, senso comum, rejeição aos atos arbitrários ou caprichosos. Por essa razão, razoabilidade e proporcionalidade são conceitos próximos o suficiente para serem intercambiáveis. Este é o ponto de vista que tenho sustentado desde a 1ª edição de meu *Interpretação e aplicação da Constituição,* que é de 1995. No sentido do texto, v. por todos Fábio Corrêa Souza de Oliveira, *Por uma teoria dos princípios*: o princípio constitucional da razoabilidade, 2003, p. 81 e s.

103 Luís Roberto Barroso, *O direito constitucional e a efetividade de suas normas,* 2006.

CAPÍTULO IV

NOVOS PARADIGMAS E CATEGORIAS DA INTERPRETAÇÃO CONSTITUCIONAL[1]

Sumário: I – Premissas metodológicas da nova interpretação constitucional. 1. A norma, o problema e o intérprete. 2. Três mudanças de paradigma que abalaram a interpretação constitucional tradicional. 2.1. Superação do formalismo jurídico. 2.2. Advento de uma cultura jurídica pós-positivista. 2.3. Ascensão do direito público e centralidade da Constituição. 3. Nova interpretação e casos difíceis. 4. Algumas categorias jurídicas utilizadas pela nova interpretação constitucional. II – Os conceitos jurídicos indeterminados. III – A normatividade dos princípios. 1. Recapitulando os conceitos fundamentais. 2. Modalidades de eficácia dos princípios constitucionais. 2.1. Eficácia direta. 2.2. Eficácia interpretativa. 2.3. Eficácia negativa. 3. Algumas aplicações concretas dos princípios. IV – A colisão de normas constitucionais. V – A técnica da ponderação. VI – A argumentação jurídica. 1. Algumas anotações teóricas. 2. Alguns aspectos práticos.

I PREMISSAS METODOLÓGICAS DA NOVA INTERPRETAÇÃO CONSTITUCIONAL

A ideia de uma nova interpretação constitucional liga-se ao desenvolvimento de algumas fórmulas originais de realização da vontade da Constituição. Não importa em desprezo ou abandono do método clássico – o *subsuntivo*, fundado na aplicação de *regras* – nem dos elementos tradicionais da hermenêutica: gramatical, histórico, sistemático e teleológico. Ao contrário, continuam eles a desempenhar um papel relevante na busca de sentido das normas e na solução de casos concretos. Relevante, mas nem sempre suficiente.

Mesmo no quadro da dogmática jurídica tradicional, já haviam sido sistematizados diversos princípios específicos de interpretação da Constituição, aptos a superar as limitações da interpretação jurídica convencional, concebida sobretudo em função da legislação infraconstitucional e, mais especialmente, do direito civil[2]. A grande virada na interpretação constitucional se deu a partir da difusão de uma constatação que, além de singela, nem sequer era original: não é verdadeira a crença de que as normas jurídicas em geral – e as constitucionais em particular – tragam sempre em si um sentido único, objetivo, válido para todas as situações sobre as quais incidem. E que, assim, caberia ao intérprete uma atividade

---

1 Ronald Dworkin, *Freedom's law*: the moral reading of the American Constitution, 1996; Karl Larenz, *Metodologia da ciência do Direito*, 1997; Luigi Ferrajoli, *Derecho y razón*, 2000; Jane Reis, *Interpretação constitucional e direitos fundamentais*, 2006; Cass R. Sunstein e Adrain Vermeule, *Interpretation and institutions*, 2006, disponível em: http://www.law.uchicago.edu/academics/publiclaw/index.html (working paper n. 28); Oscar Vilhena Vieira, A moralidade da Constituição e os limites da empreitada interpretativa, ou entre Beethoven e Bernstein, in Virgílio Afonso da Silva (org.), *Interpretação constitucional*, 2005; Inocêncio Mártires Coelho, *Interpretação constitucional*, 2003; Aharon Barak, Constitutional interpretation, in Ferdinand Mélin-Soucramanien (org.), *L'interprétation constitutionnelle*, 2005; Frederick Schauer e Virginia J. Wise, *The distinctiveness of constitutional interpretation*, 2006, mimeografado; Vicente de Paulo Barreto (org.), *Dicionário de filosofia*, 2006, verbetes: "Escola da Exegese" (Nelson Saldanha); "Escola do Direito Livre" (Maria Lúcia de Paula Oliveira); "Hermenêutica jurídica" (Lenio Streck); "Interpretação" (Eros Roberto Grau); "Realismo jurídico" (Fernando Galvão de Andrea Ferreira); Rodolfo L. Vigo, *Interpretación jurídica*, 1999; Philip Bobbit, The modalities of constitutional argument, in *Constitutional interpretation*, 1991; Louis E. Wolcher, A philosophical investigation into methods of constitutional interpretation in the United States and the United Kingdom, *Virginia Journal of Social Policy & the Law*, 13:239, 2006; Michel Troper, L'interprétation constitutionnelle, in *L'interprétation constitutionnelle*, 2005; Marcelo Neves, A interpretação jurídica no Estado democrático de direito, in Eros Roberto Grau e Willis Santiago Guerra Filho (org.), *Direito constitucional*: estudos em homenagem ao Professor Paulo Bonavides, 2001; Carlos Maximiliano, *Hermenêutica e aplicação do Direito*, 1981; Richard H. Fallon Jr., How to choose a constitutional theory, *California Law Review*, 85:535, 1999; David Beatty, The forms and limits of constitutional interpretation, *American Journal of Comparative Law*, 49:79; George C. Christie e Patrick H. Martin, *Jurisprudence*: text and reading on the philosophy of law, 1999; Gerhardt, Rowe Jr., Brown & Spann, *Constitutional theory*: arguments and perspectives, 2000.

2 Tais princípios instrumentais foram estudados no capítulo anterior e compreendem os da supremacia, da presunção de constitucionalidade, da interpretação conforme a Constituição, da unidade, da razoabilidade-proporcionalidade e da efetividade.

de mera revelação do conteúdo preexistente na norma, sem desempenhar qualquer papel criativo na sua concretização. No Direito contemporâneo, mudaram o papel do sistema normativo, do problema a ser resolvido e do intérprete.

1 A norma, o problema e o intérprete

A interpretação tradicional punha ênfase quase integral no sistema jurídico, na *norma* jurídica que deveria ser interpretada e aplicada ao caso concreto. Nela estaria contida, em caráter geral e abstrato, a prescrição que deveria reger a hipótese. O *problema*, por sua vez, deveria oferecer os elementos fáticos sobre os quais incidiria a norma, o material que nela se subsumiria. E o *intérprete*, por fim, desempenharia a função técnica de identificar a norma aplicável, de revelar o seu sentido e fazê-la incidir sobre os fatos do caso levado a sua apreciação. Nesse ambiente, que se pode identificar como liberal-positivista, acreditava-se piamente na objetividade da atividade interpretativa e na neutralidade do intérprete. Para bem e para mal, a vida não é assim.

Na interpretação constitucional contemporânea, a *norma* jurídica já não é percebida como antes. Em primeiro lugar porque, em múltiplas situações, ela fornece apenas um início de solução, não contendo, no seu relato abstrato, todos os elementos para determinação do seu sentido. É o que resulta da utilização, frequente nos textos constitucionais, da técnica legislativa que recorre a cláusulas gerais (v. *infra*). E, em segundo lugar, porque vem conquistando crescente adesão na ciência jurídica a tese de que a norma não se confunde com o enunciado normativo – que corresponde ao texto de um ou mais dispositivos –, sendo, na verdade, o produto da interação texto/realidade. Nessa visão, não existe norma em abstrato, mas somente norma concretizada.

Nesse cenário, o *problema* deixa de ser apenas o conjunto de fatos sobre o qual irá incidir a norma, para se transformar no fornecedor de parte dos elementos que irão produzir o Direito. Em múltiplas situações, não será possível construir qualquer solução jurídica sem nela integrar o problema a ser resolvido e testar os sentidos e resultados possíveis. Esse modo de lidar com o Direito é mais típico dos países da tradição do *common law*, onde o raciocínio jurídico é estruturado a partir dos fatos, indutivamente, e não a partir da norma, dedutivamente. No entanto, em países da família romano-germânica, essa perspectiva recebeu o impulso da Tópica, cuja aplicação ao Direito beneficiou-se da obra seminal de Theodor Viehweg, e de seu método de formulação da solução juridicamente adequada a partir do problema concreto[3] (v. *supra*). Embora não tenha sido vitoriosa como método autônomo, a Tópica contribuiu de maneira decisiva para a percepção de que fato e realidade são elementos decisivos para a atribuição de sentido à norma, mitigando o poder da norma abstrata e o apego exagerado a uma visão sistemática do Direito[4].

Por fim, a dogmática contemporânea já não aceita o modelo importado do positivismo científico de separação absoluta entre sujeito da interpretação e objeto a ser interpretado. O papel do *intérprete* não se reduz, invariavelmente, a uma função de conhecimento técnico, voltado para revelar a solução contida no enunciado normativo. Em variadas situações, o intérprete torna-se coparticipante do processo de criação do Direito, completando o trabalho do constituinte ou do legislador, ao fazer valorações de sentido

---

3 V. Claus-Wilhelm Canaris, *Pensamento sistemático e conceito de sistema na ciência do Direito*, 2002, p. 277. Embora o pensamento do autor seja, em princípio, infenso à tópica, reconhece ele que a positivação de normas de textura aberta dá espaço à utilização do referido método, sem perder de vista, contudo, a primazia das conexões sistemáticas que conferem legitimidade à interpretação jurídica. Textualmente: "Não há, assim, uma alternativa rígida entre o pensamento tópico e o sistemático, mas antes uma complementação mútua. Quão longe vai um ou outro determina-se, em termos decisivos, de acordo com a medida das valorações jurídico-positivas existentes – assim se explicando também o facto de a tópica jogar um papel bastante maior em setores fortemente marcados por cláusulas gerais como o Direito constitucional ou em áreas reguladas de modo muito lacunoso como o Direito internacional privado do que, por exemplo, no Direito imobiliário ou no Direito dos títulos de crédito". Sobre a tópica, especificamente, Theodor Viehweg, *Tópica e jurisprudência*, 1979 (a 1ª edição do original *Topik und Jurisprudenz* é de 1953).

4 Na doutrina nacional, v. Paulo Roberto Soares Mendonça, *A tópica e o Supremo Tribunal Federal*, 2003, que na conclusão de seu trabalho averbou (p. 387): "[O] imperativo de ordem sistemática, aplicado ao direito a partir da Era Moderna, pode ser harmonizado com raciocínios que levem em consideração o papel da casuística na construção do sistema jurídico. [...] A motivação das decisões judiciais é uma expressão da faceta argumentativa do direito, sendo inclusive um importante fator de legitimação dos tribunais superiores no Estado democrático de direito. Por um lado, a motivação traz fundamentos de ordem técnica para a decisão, dirigidos à comunidade jurídica; por outro, representa um discurso voltado a persuadir a sociedade como um todo da adequação da linha decisória adotada. Assim, ao fundamentar a sua decisão, o juiz faz uma costura entre o arcabouço conceitual e principiológico existente no sistema normativo e as peculiaridades do caso sob exame, o que traduz uma clara harmonização entre os pensamentos tópico e sistemático no direito".

para as cláusulas abertas e ao realizar escolhas entre soluções possíveis. Como consequência inevitável, sua pré-compreensão do mundo – seu ponto de observação, sua ideologia e seu inconsciente – irá influenciar o modo como apreende a realidade e os valores sociais que irão embasar suas decisões. Registre-se que juízes e tribunais são os intérpretes finais da Constituição e das leis, mas não são os únicos. Boa parte da interpretação e aplicação do Direito é feita, fora de situações contenciosas, por cidadãos ou por órgãos estatais[5].

2 Três mudanças de paradigma que abalaram a interpretação constitucional tradicional

O quarto final do século XX, no Brasil, foi o cenário da superação de algumas concepções do pensamento jurídico clássico, que haviam se consolidado no final do século XIX. Enunciam-se a seguir, esquematicamente, três delas.

2.1 Superação do formalismo jurídico

O pensamento jurídico clássico alimentava duas ficções que, na verdade, expressavam o interesse ideológico dos setores hegemônicos: a) a de que o Direito era a expressão da razão, de uma justiça imanente; e b) a de que o Direito se realizava, se interpretava, se concretizava mediante uma operação lógica e dedutiva, em que o juiz fazia a subsunção dos fatos à norma, meramente pronunciando a consequência jurídica que nela já se continha. Ao longo do século XX, consolidou-se a convicção de que: a) o Direito é, frequentemente, não a expressão de uma justiça imanente, mas de interesses que se tornam dominantes em um dado momento e lugar; e b) em uma grande quantidade de situações, a solução para os problemas jurídicos não se encontrará pré-pronta no ordenamento jurídico. Ela terá de ser construída argumentativamente pelo intérprete, com recurso a elementos externos ao sistema normativo. Ele terá de legitimar suas decisões em valores morais e em fins políticos legítimos.

2.2 Advento de uma cultura jurídica pós-positivista

Como já anteriormente assinalado, nesse ambiente em que a solução dos problemas jurídicos não se encontra integralmente na norma jurídica, surge uma cultura jurídica pós-positivista. De fato, se a resposta para os problemas não pode ser encontrada de maneira completa no comando que se encontra na legislação, é preciso procurá-la em outro lugar. E, assim, supera-se a separação profunda que o positivismo jurídico havia imposto entre o Direito e a Moral, entre o Direito e outros domínios do conhecimento. Para achar a resposta que a norma não fornece, o Direito precisa se aproximar da filosofia moral – em busca da justiça e de outros valores –, da filosofia política – em busca de legitimidade democrática e da realização de fins públicos que promovam o bem comum e, de certa forma, também das ciências sociais aplicadas, como economia, psicologia e sociologia. O pós-positivismo não retira a importância da lei, mas parte do pressuposto de que o Direito não cabe integralmente na norma jurídica e, mais do que isso, que a justiça pode estar além dela.

2.3 Ascensão do direito público e centralidade da Constituição

Por fim, o século XX assiste à ascensão do direito público. A teoria jurídica do século XIX havia sido construída, predominantemente, sobre as categorias do direito privado. O século XIX começa com o Código Civil francês, o Código Napoleão, de 1804, e termina com a promulgação do Código Civil alemão, de 1900. Os protagonistas do Direito eram o contratante e o proprietário. Ao longo do século XX assiste-se a uma progressiva publicização do Direito, com a proliferação de normas de ordem pública. Ao final do século XX, essa publicização do Direito resulta na centralidade da Constituição, como assinalado acima. Toda interpretação jurídica deve ser feita à luz da Constituição, dos seus valores e dos seus

---

5 Peter Häberle, *Hermenêutica constitucional. A sociedade aberta dos intérpretes da Constituição*: contribuição para a interpretação pluralista e procedimental da Constituição, 1997 (1ª edição do original *Die offene Gesellschaft der Verfassungsinterpreten. Ein Beitrag zur pluralistischen und "prozessualen" Verfassungsinterpretation*, 1975), p. 13: "Propõe-se, pois, a seguinte tese: no processo de interpretação constitucional estão potencialmente vinculados todos os órgãos estatais, todas as potências públicas, todos os cidadãos e grupos, não sendo possível estabelecer-se um elenco cerrado ou fixado com *numerus clausus* de intérpretes da Constituição".

princípios. Como consequência, reitera-se, toda interpretação jurídica é, direta ou indiretamente, interpretação constitucional.

3 Nova interpretação e casos difíceis

A nova interpretação constitucional surge para atender às demandas de uma sociedade que se tornou bem mais complexa e plural. Ela não derrota a interpretação tradicional, mas vem para atender às necessidades deficientemente supridas pelas fórmulas clássicas. Tome-se como exemplo o conceito constitucional de família. Até a Constituição de 1988, havia uma única forma de se constituir família legítima, que era pelo casamento. A partir da nova Carta, três modalidades de família são expressamente previstas no texto constitucional: a família que resulta do casamento, a que advém das uniões estáveis e as famílias monoparentais. Contudo, por decisão do Supremo Tribunal Federal, passou a existir uma nova espécie de família: a que decorre das uniões homoafetivas. Veja-se, então, que onde havia unidade passou a existir uma pluralidade.

A nova interpretação incorpora um conjunto de novas categorias, destinadas a lidar com as situações mais complexas e plurais referidas anteriormente. Dentre elas, a normatividade dos princípios (como dignidade da pessoa humana, solidariedade e segurança jurídica), as colisões de normas constitucionais, a ponderação e a argumentação jurídica. Nesse novo ambiente, mudam o papel da norma, dos fatos e do intérprete. A norma, muitas vezes, traz apenas um início de solução, inscrito em um conceito indeterminado ou em um princípio. Os fatos, por sua vez, passam a fazer parte da normatividade, na medida em que só é possível construir a solução constitucionalmente adequada a partir dos elementos do caso concreto. E o intérprete, que se encontra na contingência de construir adequadamente a solução, torna-se coparticipante do processo de criação do Direito.

Passa-se, por fim, à ideia de casos difíceis. *Casos fáceis* são aqueles para os quais existe uma solução pré-pronta no direito positivo. Por exemplo: a) a Constituição prevê que aos 70 anos o servidor público deve passar para a inatividade. Se um juiz, ao completar a idade limite, ajuizar uma ação pretendendo permanecer em atividade, a solução será dada de maneira relativamente singela: pela mera subsunção do fato relevante – implementação da idade – na norma expressa, que determina a aposentadoria; b) a Constituição estabelece que o Presidente da República somente pode se candidatar a uma reeleição. Se o então Presidente Lula, por exemplo, tivesse pretendido concorrer a um terceiro mandato, a Justiça Eleitoral teria indeferido o registro de sua candidatura, por simples e singela aplicação de uma norma expressa. A verdade, porém, é que, para bem e para mal, a vida nem sempre é fácil assim. Há muitas situações em que não existe uma solução pré-pronta no Direito. A solução terá de ser construída argumentativamente, à luz dos elementos do caso concreto, dos parâmetros fixados na norma e de elementos externos ao Direito. São os casos difíceis. Há três grandes situações geradoras de casos difíceis:

a) *Ambiguidade da linguagem*. Quando se vale de princípios ou de conceitos jurídicos indeterminados, o Direito utiliza termos e expressões que têm múltiplos significados possíveis e cujo sentido somente poderá ser estabelecido à luz dos elementos do caso concreto. Princípios, como eficiência, razoabilidade ou solidariedade; cláusulas abertas, como calamidade pública, repercussão geral ou impacto ambiental; e mesmo vocábulos plurissignificativos, como tributos, servidores públicos ou privacidade, envolvem, na sua concretização, uma dose maior ou menor de valoração subjetiva por parte do intérprete. A consequência natural é a existência de algum grau de variação e de incerteza na sua interpretação, com implicações inevitáveis sobre a segurança jurídica.

b) *Desacordos morais razoáveis*. No mundo contemporâneo, nas sociedades plurais e complexas em que nós vivemos, pessoas esclarecidas e bem-intencionadas pensam de maneira diferente acerca de temas moralmente controvertidos. Não é difícil comprovar e ilustrar o argumento com situações envolvendo (a) eutanásia e suicídio assistido, isto é, a existência ou não de um direito à morte digna; (b) a questão da recusa de transfusão de sangue por pessoas adeptas da religião Testemunhas de Jeová[6]; e (c) o debate sobre a descriminalização das drogas leves[7]. Também aqui a pré-compreensão do intérprete, seu ponto de observação, sua ideologia e visão

---

6 A questão é objeto do RE 1.212.272, Rel. Min. Gilmar Mendes, *DJE*, 23 abr. 2020, com repercussão geral reconhecida. V., sobre o debate, Luís Roberto Barroso, *Legitimidade da recusa de transfusão de sangue por Testemunhas de Jeová: dignidade humana, liberdade religiosa e escolhas existenciais*, disponível em: https://www.conjur.com.br/dl/testemunhas--jeova-sangue.pdf.

7 A questão está em exame no STF, RE 635.659, Rel. Min. Gilmar Mendes, com julgamento iniciado em 20.8.2015. Para uma reflexão sobre os distintos aspectos que envolvem a descriminalização das drogas, v. *Anotações para o voto*

de mundo acabam por ser, consciente ou inconscientemente, fator determinante na escolha da decisão que se afigura mais acertada.

c) *Colisões de normas constitucionais ou de direitos fundamentais.* A Constituição, por ser um documento dialético, abriga valores contrapostos que, por vezes, entram em tensão entre si, quando não colidem frontalmente. Não é difícil oferecer exemplos emblemáticos. O cantor Roberto Carlos foi a juízo para impedir a divulgação de uma biografia não autorizada, invocando os seus direitos constitucionais de imagem e de privacidade. O autor da obra defendeu-se fundado na sua liberdade de expressão e no direito de informação, igualmente protegidos constitucionalmente. Naturalmente, como os dois lados têm normas constitucionais a seu favor, não é possível resolver esse problema mediante subsunção dos fatos à norma aplicável, porque mais de uma postula incidência sobre a hipótese. Diante disso, a solução terá de ser construída argumentativamente mediante ponderação, isto é, a valoração de elementos do caso concreto com vistas à produção da solução que melhor atende à vontade constitucional. As duas soluções possíveis vão disputar a escolha pelo intérprete[8].

Portanto, casos difíceis são aqueles que, devido a razões diversas, não têm uma solução abstratamente prevista e pronta no ordenamento, que possa ser retirada de uma prateleira de produtos jurídicos. Eles exigem a construção artesanal da decisão, mediante uma argumentação mais elaborada, capaz de justificar e legitimar o papel criativo desempenhado pelo juiz na hipótese.

4 Algumas categorias jurídicas utilizadas pela nova interpretação constitucional

Esses novos papéis reconhecidos à norma, ao problema e ao intérprete decorrem de fatores diversos, dentre os quais se podem assinalar: (i) a melhor compreensão de fenômenos que sempre existiram, mas não eram adequadamente elaborados; (ii) a maior complexidade da vida moderna, assinalada pela pluralidade de projetos existenciais e de visões de mundo, que comprometem as sistematizações abrangentes e as soluções unívocas para os problemas. Em razão dessas circunstâncias, a nova interpretação precisou desenvolver, reavivar ou aprofundar categorias específicas de trabalho, que incluem a atribuição de sentido a conceitos jurídicos indeterminados, a normatividade dos princípios, as colisões de normas constitucionais, a ponderação e a argumentação.

Os denominados *conceitos jurídicos indeterminados*, por vezes referidos como cláusulas gerais[9], constituem manifestação de uma técnica legislativa que se utiliza de expressões de textura aberta, dotadas de plasticidade, que fornecem um início de significação a ser complementado pelo intérprete, levando em conta as circunstâncias do caso concreto. A norma em abstrato não contém integralmente os elementos de sua aplicação. Ao lidar com locuções como ordem pública, interesse social ou calamidade pública, dentre outras, o intérprete precisa fazer a valoração de fatores objetivos e subjetivos presentes na realidade fática, de modo a definir o sentido e o alcance da norma. Como a solução não se encontra integralmente no enunciado normativo, sua função não poderá limitar-se à revelação do que lá se contém; ele terá de ir além, integrando o comando normativo com a sua própria avaliação.

O reconhecimento de *normatividade aos princípios* e sua distinção qualitativa em relação às regras é um dos símbolos do pós-positivismo (v. *supra*). Princípios não são, como as regras, comandos

---

oral do Ministro *Luís Roberto Barroso* (RE 635.659), disponível em: https://www.conjur.com.br/dl/leia-anotacoes-ministro--barroso-voto.pdf. E, também, Luís Roberto Barroso, *A judicialização da vida.*

8   A esse propósito, o STF, ao julgar o tema da necessidade ou não de autorização prévia para a divulgação de biografias, deu interpretação conforme a Constituição aos arts. 20 e 21 do Código Civil, "para, em consonância com os direitos fundamentais à liberdade de pensamento e de expressão, de criação artística e de produção científica, declarar inexigível autorização de pessoa biografada relativamente a obras biográficas literárias ou audiovisuais, sendo também desnecessária autorização de pessoas retratadas como coadjuvantes (ou de seus familiares, em caso de pessoas falecidas ou ausentes)" (ADI 4.815, *DJU*, 29 jan. 2016, Rel. Min. Cármen Lúcia) (texto ligeiramente editado). Em sentido semelhante, o Tribunal concluiu que a decisão de censurar sátira, ainda que provida de conteúdo religioso ofensivo a determinado grupo, viola o direito à liberdade de expressão e à liberdade artística (*DJE*, 24 fev. 2021, Rcl 38.782, Rel. Min. Gilmar Mendes). Sobre o tema, v. Gustavo Binenbojm, *Liberdade igual*, 2020, p. 58 e s.

9   A rigor, a expressão *cláusula geral* designa o gênero, do qual são espécies os conceitos jurídicos indeterminados e os princípios. Conceito jurídico indeterminado identifica um signo semântico ou técnico, cujo sentido concreto será fixado no exame do problema específico levado ao intérprete ou aplicador do Direito. Princípio, por sua vez, traz em si uma ideia de valor, um conteúdo axiológico. Por essa razão, calamidade pública é um conceito jurídico indeterminado; solidariedade é um princípio.

imediatamente descritivos de condutas específicas, mas sim normas que consagram determinados valores ou indicam fins públicos a serem realizados por diferentes meios. A definição do conteúdo de cláusulas como dignidade da pessoa humana, solidariedade e eficiência também transfere para o intérprete uma dose importante de discricionariedade. Como se percebe claramente, a menor densidade jurídica de tais normas impede que delas se extraia, no seu relato abstrato, a solução completa das questões sobre as quais incidem. Também aqui, portanto, impõe-se a atuação do intérprete na definição concreta de seu sentido e alcance.

A existência de *colisões de normas constitucionais*, tanto as de princípios como as de direitos fundamentais[10], passou a ser percebida como um fenômeno natural – até porque inevitável – no constitucionalismo contemporâneo. As Constituições modernas são documentos dialéticos, que consagram bens jurídicos que se contrapõem. Há choques potenciais entre a promoção do desenvolvimento e a proteção ambiental, entre a livre-iniciativa e a proteção do consumidor, para citar dois exemplos bastante rotineiros. No plano dos direitos fundamentais, a liberdade religiosa de um indivíduo pode conflitar com a de outro, o direito de privacidade e a liberdade de expressão vivem em tensão contínua, a liberdade de reunião de alguns pode interferir com o direito de ir e vir dos demais. Quando duas normas de igual hierarquia colidem em abstrato, é intuitivo que não possam fornecer, pelo seu relato, a solução do problema. Nesses casos, a atuação do intérprete criará o Direito aplicável ao caso concreto, a partir das balizas contidas nos elementos normativos em jogo.

A existência de colisões de normas constitucionais leva à necessidade de *ponderação*. A subsunção, por óbvio, não é capaz de resolver o problema, por não ser possível enquadrar o mesmo fato em normas antagônicas. Tampouco podem ser úteis os critérios tradicionais de solução de conflitos normativos – hierárquico, cronológico e da especialização – quando a colisão se dá entre disposições da Constituição originária. Esses são os *casos difíceis*, assim chamados por comportarem, em tese, mais de uma solução possível e razoável. Nesse cenário, a ponderação de normas, bens ou valores (*v. infra*) é a técnica a ser utilizada pelo intérprete, por via da qual ele (i) fará *concessões recíprocas*, procurando preservar o máximo possível de cada um dos interesses em disputa ou, no limite, (ii) procederá à *escolha* do bem ou direito que irá prevalecer em concreto, por realizar mais adequadamente a vontade constitucional. Conceito-chave na matéria é o princípio instrumental da *razoabilidade*.

Chega-se, por fim, à *argumentação*, à razão prática, ao controle da racionalidade das decisões, especialmente as proferidas mediante ponderação. As decisões que envolvem a atividade criativa do juiz potencializam o dever de fundamentação, por não estarem inteiramente legitimadas pela lógica da separação de Poderes – por esta última, o juiz limitar-se-ia a aplicar, no caso concreto, a decisão abstrata tomada pelo legislador. Para assegurar a legitimidade e a racionalidade de sua interpretação nessas situações, o intérprete deverá, em meio a outras considerações: (i) reconduzi-la sempre ao sistema jurídico, a uma norma constitucional ou legal que lhe sirva de fundamento – a legitimidade de uma decisão judicial decorre de sua vinculação a uma deliberação majoritária, seja do constituinte, seja do legislador; (ii) utilizar-se de um fundamento jurídico que possa ser generalizado aos casos equiparáveis, que tenha pretensão de universalidade: decisões judiciais não devem ser casuísticas; (iii) levar em conta as consequências práticas que sua decisão produzirá no mundo dos fatos[11].

Cada uma dessas categorias é estudada de modo mais analítico nos tópicos seguintes.

II OS CONCEITOS JURÍDICOS INDETERMINADOS

A técnica de legislar por via de cláusulas gerais não constitui, a rigor, uma novidade do Direito contemporâneo, embora o seu uso tenha se expandido ao longo da segunda metade do século XX. O recurso a essa forma de enunciação das normas jurídicas não é privativo do direito constitucional, encontrando-se disseminado pelos diferentes ramos jurídicos. A característica essencial das cláusulas gerais é o emprego de linguagem intencionalmente aberta e vaga, de modo a transferir para o intérprete o

---

10 Note-se que os direitos fundamentais podem assumir a forma de princípios (liberdade, igualdade) ou de regras (irretroatividade da lei penal, anterioridade tributária). Ademais, há princípios que não correspondem a direitos fundamentais, embora possam promovê-los de forma indireta (livre-iniciativa).

11 Sobre o tema, v. Ana Paula de Barcellos, *Ponderação, racionalidade e atividade judicial*, 2005. V. tb. Neil MacCormick, *Legal reasoning and legal theory*, 1978, que sistematiza como requisitos justificadores de uma decisão: a) o requisito da universalidade; b) o requisito da coerência e da consistência; c) o requisito consequencialista, que diz respeito aos efeitos prejudiciais ou benéficos por ela produzidos no mundo. Sobre o princípio da coerência, v. Marina Gaensly, *O princípio da coerência*: reflexões de teoria geral do Direito contemporânea, 2005.

204

papel de completar o sentido da norma, à vista dos elementos do caso concreto[12]. Na categoria ampla das cláusulas gerais situam-se os conceitos jurídicos indeterminados e os princípios. Estes últimos se singularizam, dentre outros fatores, por sua carga axiológica e pela possibilidade de colisão. Aos princípios se dedicará o tópico seguinte.

Conceitos jurídicos indeterminados são expressões de sentido fluido, destinadas a lidar com situações nas quais o legislador não pôde ou não quis, no relato abstrato do enunciado normativo, especificar de forma detalhada suas hipóteses de incidência ou exaurir o comando a ser dele extraído. Por essa razão, socorre-se ele de locuções como as que constam da Constituição brasileira de 1988, a saber: pluralismo político, desenvolvimento nacional, segurança pública, interesse público, interesse social, relevância e urgência, propriedade produtiva, em meio a muitas outras. Como natural, o emprego dessa técnica abre para o intérprete um espaço considerável – mas não ilimitado ou arbitrário – de valoração subjetiva. O exemplo abaixo serve para ilustrar o argumento.

No final do ano de 2001, faleceu precocemente uma cantora popular de sucesso. Ela vivia com outra mulher uma relação homoafetiva estável de longa duração e possuía um filho de oito anos, cujo pai não era vivo. Com sua morte, disputaram a guarda do menino o avô materno, de um lado, e a companheira da cantora, de outro. Posta a questão em juízo, cumpria indagar qual o critério normativo apontado pelo ordenamento jurídico para a solução do litígio. A Constituição, o Estatuto da Criança e do Adolescente e a jurisprudência dos tribunais eram unívocos: a guarda deveria ser entregue ao postulante que satisfizesse o *melhor interesse do menor*. Indaga-se: isso significava deferir o pedido ao avô ou à companheira? Essa pergunta, como intuitivo, não comportava resposta em tese. A atribuição de sentido a essa cláusula aberta – melhor interesse do menor – só poderia ser feita à luz dos elementos da realidade, que revelariam com quem a criança tinha relação afetiva mais intensa e qual das partes tinha maiores condições pessoais de desincumbir-se da missão[13].

Não se deve confundir o poder de valoração concreta dos conceitos jurídicos indeterminados com poder discricionário. Ambos têm em comum a impossibilidade de o Direito, em múltiplas situações, antecipar todas as hipóteses de incidência da norma e disciplinar em detalhe a conduta a ser seguida. Daí a necessidade de delegar parte da competência de formulação da norma ao seu intérprete e aplicador. No entanto, o papel que este irá desempenhar varia significativamente conforme se trate de um ou outro caso. Atribuir sentido a um conceito jurídico indeterminado envolve uma atuação predominantemente técnica, baseada em regras de experiência, em precedentes ou, eventualmente, em elementos externos ao Direito. Já o exercício de competência discricionária compreende a formulação de juízos de conveniência e oportunidade, caracterizando uma liberdade de escolha dentro do círculo pré-traçado pela norma de delegação[14].

Em suporte da distinção, cabe rememorar aqui a estrutura binária típica de uma norma de conduta, que contém (i) a previsão de um fato e (ii) a atribuição a ele de uma consequência jurídica. Pois bem: os conceitos jurídicos indeterminados integram a descrição do fato, ao passo que os juízos discricionários se situam no

---

12 V. Judith Martins-Costa, O direito privado como um "sistema em construção": as cláusulas gerais no Projeto do Código Civil brasileiro, *Revista de Informação Legislativa, 135*:5, 1998, p. 8: "[A] cláusula geral constitui uma disposição normativa que utiliza, no seu enunciado, uma linguagem de tessitura intencionalmente 'aberta', 'fluida' ou 'vaga', caracterizando-se pela ampla extensão do seu campo semântico. Esta disposição é dirigida ao juiz de modo a conferir-lhe um mandato (ou competência) para que, à vista dos casos concretos, *crie, complemente ou desenvolva normas jurídicas, mediante o reenvio para elementos cuja concretização pode estar fora do sistema*" (grifos no original). Ainda sobre cláusulas gerais, especialmente em sua utilização pelo novo Código Civil, vejam-se: André Osório Gondinho, Codificação e cláusulas gerais, *Revista Trimestral de Direito Civil, 2*:4, 2000; Teresa Arruda Alvim Wambier, Uma reflexão sobre as "cláusulas gerais" do Código Civil de 2002 – a função social do contrato, *Revista dos Tribunais, 831*:59, 2005; Gustavo Tepedino, Crise de fontes normativas e técnica legislativa na parte geral do Código Civil de 2002, in *Temas de direito civil*, 2006, t. II.

13 A cantora era Cássia Eller e a ação tramitou perante a 2ª Vara de Órfãos e Sucessões da Comarca da Capital do Estado do Rio de Janeiro. As partes se compuseram, ficando a guarda e tutela com a companheira da cantora falecida.

14 Sobre o tema, v. Eduardo García de Enterría, *Democracia, jueces y control de la Administración*, 1998, p. 134 e s. V. tb. Eros Roberto Grau, *O Direito posto e o Direito pressuposto*, 2003, p. 203: "É certo, contudo, não se operar no campo da discricionariedade da Administração o preenchimento dos 'conceitos jurídicos indeterminados'. [...] São distintas as técnicas da *discricionariedade* e da *inserção*, nos *textos* das normas, de 'conceitos indeterminados'. [...] A discricionariedade é essencialmente uma liberdade de eleição entre alternativas igualmente justas ou entre indiferentes jurídicos – porque a decisão se fundamenta em critérios extrajurídicos (de oportunidade, econômicos etc.), não incluídos na lei e remetidos ao juízo subjetivo da Administração –, ao passo que a aplicação de conceitos indeterminados é um caso de aplicação da lei".

plano das consequências jurídicas[15 e 16]. A não distinção entre as duas situações tem levado alguns tribunais a considerar que conceitos constitucionais, como, *e.g.*, os de idoneidade moral e de reputação ilibada não são suscetíveis de controle judicial[17]. Na verdade, conceitos indeterminados têm áreas de certeza positiva, de certeza negativa e zonas de penumbra. Somente neste último caso é que o Judiciário deve abster-se de intervir. Feitos todos esses registros, deve-se reconhecer, no entanto, que em certas situações a diferenciação pode não ser tão simples e que pode haver superposição entre os dois conceitos[18].

A jurisprudência do Supremo Tribunal Federal não apenas admite a sindicabilidade judicial dos conceitos jurídicos indeterminados como, ademais, já se pronunciou incontáveis vezes acerca do sentido e alcance que deve ser dado a eles[19]. Nessa linha se inclui a aferição da presença da "relevância e urgência" para fins de edição de medida provisória (CF, art. 62)[20], a verificação da ocorrência de "excepcional interesse social" para negar efeito retroativo à declaração de inconstitucionalidade de lei (Lei n. 9.868/99, art. 27)[21] ou a fixação do sentido da expressão "crime político", para fins de determinação da

---

15 V. José Carlos Barbosa Moreira, Regras de experiência e conceitos juridicamente indeterminados, in *Temas de direito processual*, segunda série, 1988, p. 66, onde averbou: "Daí resulta que, no tratamento daqueles, a liberdade do aplicador se exaure na fixação da premissa: uma vez estabelecida, *in concreto*, a coincidência ou a não coincidência entre o acontecimento real e o modelo normativo, a solução estará, por assim dizer, predeterminada. Sucede o inverso, bem se compreende, quando a própria escolha da consequência é que fica entregue à decisão do aplicador".

16 Veja-se um exemplo. A Constituição prevê a possibilidade de desapropriação de uma propriedade rural improdutiva, para fins de reforma agrária (CF, arts. 184 e 185, II). Se a propriedade, por um critério razoável, for de fato improdutiva, o ato da União que vier a desapropriá-la não poderá ser impugnado judicialmente com sucesso. Por outro lado, mesmo a propriedade sendo improdutiva, o administrador público pode optar por não desapropriá-la, por ter outras prioridades para aqueles recursos. *Propriedade improdutiva* é um conceito jurídico indeterminado: uma vez presentes os requisitos para caracterizá-lo, os efeitos se produzem (no caso, a validade da desapropriação). *Desapropriação* é uma competência discricionária: mesmo presentes os requisitos para sua prática, o administrador pode optar por não efetivá-la.

17 *E.g.*, TJRJ, EI 1998.005.00011, j. 13 maio 1998, Rel. Des. Laerson Mauro: "Idoneidade moral e reputação ilibada, dois dos requisitos exigidos para a escolha e a nomeação do Conselheiro do Tribunal de Contas. Expressões de conceito indeterminado cuja valoração pertence exclusivamente ao legislativo, em relação ao preenchimento das vagas que lhe são constitucionalmente destinadas. Vale dizer, os critérios para aferição de idoneidade moral e reputação ilibada, 'in casu', são políticos e pertencem privativamente à Assembleia, apresentando conotação subjetiva. Trata-se de atuação 'interna corporis'. Logo, por serem critérios políticos, subjetivos e privativos da Assembleia, são, por lógica e técnica, conceitualmente discricionários, insuscetíveis, dessarte, ao controle do Poder Judiciário, pena de quebra daquele postulado insculpido no art. 3º da Carta da República. Inconcebível que o Judiciário substitua, na escolha, os critérios políticos do Legislativo pelos seus, sabidamente técnicos".

18 V. Andreas J. Krell, A recepção das teorias alemãs sobre "conceitos jurídicos indeterminados" e o controle da discricionariedade no Brasil, *Revista do Instituto de Hermenêutica Jurídica*, v. 1, n. 2, p. 33 e s., 2004. O autor procura demonstrar que a distinção rígida entre conceitos jurídicos indeterminados e poder discricionário, que se tornou dominante na doutrina alemã nos anos 50 do século XX, já não desfruta da mesma aceitação entre os autores alemães mais modernos.

19 STF, *DJU*, 1º jul. 2005, RMS 24.699/DF, Rel. Min. Eros Grau: "A autoridade administrativa está autorizada a praticar atos discricionários apenas quando norma jurídica válida expressamente a ela atribuir essa livre atuação. Os atos administrativos que envolvem a aplicação de 'conceitos indeterminados' estão sujeitos ao exame e controle do Poder Judiciário. O controle jurisdicional pode e deve incidir sobre os elementos do ato, à luz dos princípios que regem a atuação da Administração".

20 STF, *DJU*, 23 abr. 2004, ADInMC 2.213/DF, Rel. Min. Celso de Mello: "A edição de medidas provisórias, pelo Presidente da República, para legitimar-se juridicamente, depende, dentre outros requisitos, da estrita observância dos pressupostos constitucionais da urgência e da relevância (CF, art. 62, 'caput'). Os pressupostos da urgência e da relevância, embora conceitos jurídicos relativamente indeterminados e fluidos, mesmo expondo-se, inicialmente, à avaliação discricionária do Presidente da República, estão sujeitos, ainda que excepcionalmente, ao controle do Poder Judiciário, porque compõem a própria estrutura constitucional que disciplina as medidas provisórias, qualificando-se como requisitos legitimadores e juridicamente condicionantes do exercício, pelo Chefe do Poder Executivo, da competência normativa primária que lhe foi outorgada, extraordinariamente, pela Constituição da República".

21 STF, *DJU*, 15 abr. 2004, MC na AC 189/SP, Decisão monocrática, Rel. Min. Gilmar Mendes: "Nesses termos, resta evidente que a norma contida no art. 27 da Lei 9.868, de 1999, tem caráter fundamentalmente interpretativo, desde que se entenda que os conceitos jurídicos indeterminados utilizados – segurança jurídica e excepcional interesse social – se revestem de base constitucional. [...] [N]o caso em tela, observa-se que eventual declaração de inconstitucionalidade com efeito *ex tunc* ocasionaria repercussões em todo o sistema vigente, atingindo decisões que foram tomadas em momento anterior ao pleito que resultou na atual composição da Câmara Municipal: fixação do número de vereadores, fixação do número de candidatos, definição do quociente eleitoral. Igualmente, as decisões tomadas posteriormente ao pleito também seriam atingidas, tal como a validade da deliberação da Câmara Municipal nos diversos projetos de leis aprovados. Anoto que, a despeito do caráter de cláusula geral ou conceito jurídico indeterminado que marca o art. 282 (4), da Constituição portuguesa, a doutrina e jurisprudência entendem que a margem de escolha conferida ao Tribunal para a fixação dos efeitos da decisão de inconstitucionalidade não legitima a adoção de decisões arbitrárias, estando condicionada pelo princípio de proporcionalidade".

competência da Justiça Federal (CF, art. 109, IV)[22]. Tudo isso demonstra que a atividade de integração do sentido dessas cláusulas gerais é suscetível de controle judicial, que será mais forte nas áreas de certeza positiva e negativa e mais deferente nas zonas de penumbra.

III   A NORMATIVIDADE DOS PRINCÍPIOS[23]

1   Recapitulando os conceitos fundamentais

No Direito contemporâneo, a Constituição passou a ser compreendida como um sistema aberto de princípios e regras, permeável a valores jurídicos suprapositivos, no qual as ideias de justiça e de realização dos direitos fundamentais desempenham um papel central. Rememore-se que o modelo jurídico tradicional fora concebido apenas para a interpretação e aplicação de regras. Modernamente, no entanto, prevalece a concepção de que o sistema jurídico ideal se consubstancia em uma distribuição equilibrada de regras e princípios, nos quais as regras desempenham o papel referente à *segurança jurídica* – previsibilidade e objetividade das condutas – e os princípios, com sua flexibilidade, dão margem à realização da *justiça* do caso concreto[24].

Como já assinalado, os princípios jurídicos, especialmente os de natureza constitucional, viveram um vertiginoso processo de ascensão, que os levou de fonte subsidiária do Direito, nas hipóteses de lacuna legal, ao centro do sistema jurídico. No ambiente pós-positivista de reaproximação entre o Direito e a Ética, os princípios constitucionais se transformam na porta de entrada dos valores dentro do universo jurídico. Há consenso na dogmática jurídica contemporânea de que princípios e regras desfrutam igualmente do *status* de norma jurídica, distinguindo-se uns dos outros por critérios variados, dentre os quais foram destacados no presente estudo os seguintes (v. *supra*):

a)   quanto ao *conteúdo*: regras são relatos objetivos descritivos de condutas a serem seguidas; princípios expressam valores ou fins a serem alcançados[25];

---

22   STF, *DJU*, 22 set. 1995, RE 160.841/SP, Rel. Min. Sepúlveda Pertence: "Crime político: conceituação para o fim de verificar a competência da Justiça Federal, segundo a Constituição (art. 109, IV); dimensões constitucionais do tema. Quando, para a inteligência de uma norma constitucional, for necessário precisar um conceito indeterminado, a que ela mesma remeteu – como é o caso da noção de crime político, para a definição da competência dos juízes federais –, é imperativo admitir-se, no recurso extraordinário, indagar se, a pretexto de concretizá-lo, não terá, o legislador ou o juiz de mérito das instâncias ordinárias, ultrapassado as raias do âmbito possível de compreensão da noção, posto que relativamente imprecisa, de que se haja valido a Lei Fundamental".

23   Ronald Dworkin, *Taking rights seriously*, 1997; Robert Alexy, *Teoría de los derechos fundamentales*, 1997; Josef Esser, *Principio y norma en elaboración jurisprudencial del derecho privado*, 1961; J. J. Gomes Canotilho, *Direito constitucional e teoria da Constituição*, 2003, p. 1159 e s.; Paulo Bonavides, *Curso de direito constitucional*, 2004, p. 243 e s.; Karl Larenz, *Metodologia da ciência do Direito*, 1997; Eros Roberto Grau, *A ordem econômica na Constituição de 1988*: interpretação e crítica, 1996, p. 92 e s.; Luís Roberto Barroso, *Interpretação e aplicação da Constituição*, 2006; Ana Paula de Barcellos, *A eficácia jurídica dos princípios*: o princípio da dignidade da pessoa humana, 2002, p. 40 e s., e *Ponderação, racionalidade e atividade jurisdicional*, 2005, p. 166 e s.; Rodolfo L. Vigo, *Los principios jurídicos*: perspectiva jurisprudencial, 2000, p. 9-20; Luis Prieto Sanchis, *Sobre principios y normas*: problemas del razonamiento jurídico, 1992; Inocêncio Mártires Coelho, *Interpretação constitucional*, 1997, p. 79 e s.; Humberto Ávila, *Teoria dos princípios*: da definição à aplicação dos princípios jurídicos, 2003; Ruy Samuel Espíndola, *Conceito de princípios constitucionais*, 1999; Fábio Corrêa de Souza Oliveira, *Por uma teoria dos princípios*: o princípio constitucional da razoabilidade, 2003, p. 17 e s.; Walter Claudius Rothenburg, *Princípios constitucionais*, 1999; David Diniz Dantas, *Interpretação constitucional no pós-positivismo*, 2005, p. 41 e s.

24   V. Ana Paula de Barcellos, *Ponderação, racionalidade prática e atividade jurisdicional*, 2005, p. 186-187: "É possível identificar uma relação entre a segurança, a estabilidade e a previsibilidade e as regras jurídicas. Isso porque, na medida em que veiculam efeitos jurídicos determinados, pretendidos pelo legislador de forma específica, as regras contribuem para a maior previsibilidade do sistema jurídico. A justiça, por sua vez, depende em geral de normas mais flexíveis, à maneira dos princípios, que permitam uma adaptação mais livre às infinitas possibilidades do caso concreto e que sejam capazes de conferir ao intérprete liberdade de adaptar o sentido geral do efeito pretendido, muitas vezes impreciso e indeterminado, às peculiaridades da hipótese examinada. Nesse contexto, portanto, os princípios são espécies normativas que se ligam de modo mais direto à ideia de justiça. Assim, como esquema geral, é possível dizer que a estrutura das regras facilita a realização do valor *segurança*, ao passo que os princípios oferecem melhores condições para que a *justiça* possa ser alcançada". (texto ligeiramente editado)

25   Isonomia, moralidade, solidariedade são valores; justiça social, desenvolvimento nacional, redução das desigualdades são fins públicos. Princípios, portanto, são valorativos ou finalísticos, ao passo que regras são descritivas de conduta.

b) quanto à *estrutura normativa*: regras se estruturam, normalmente, no modelo tradicional das normas de conduta: previsão de um fato – atribuição de um efeito jurídico; princípios indicam estados ideais e comportam realização por meio de variadas condutas[26];

c) quanto ao *modo de aplicação*: regras operam por via do enquadramento do fato no relato normativo, com enunciação da consequência jurídica daí resultante, isto é, aplicam-se mediante *subsunção*; princípios podem entrar em rota de colisão com outros princípios ou encontrar resistência por parte da realidade fática, hipóteses em que serão aplicados mediante *ponderação*[27].

Do ponto de vista material, os princípios constitucionais podem ser classificados em fundamentais, gerais e setoriais. Os princípios constitucionais *fundamentais* expressam as decisões políticas mais importantes – Estado democrático de direito, dignidade da pessoa humana – e são os de maior grau de abstração. Os princípios constitucionais *gerais* são pressupostos ou especificações dessas decisões – isonomia, legalidade –, tendo maior densidade jurídica e aplicabilidade concreta. E, por fim, os princípios constitucionais *setoriais* regem determinados subsistemas abrigados na Constituição, consubstanciando normas como a livre concorrência ou a moralidade da Administração Pública[28].

2 Modalidades de eficácia dos princípios constitucionais

Toda norma destina-se à produção de algum efeito jurídico. Como consequência, a eficácia jurídica – isto é, a pretensão de atuar sobre a realidade – é atributo das normas de Direito. A consumação desses efeitos, a coincidência entre o dever-ser normativo e o ser da realidade, é identificada como *efetividade* da norma (v. *supra*). O descumprimento de uma norma jurídica, que equivale à não produção dos efeitos a que se destina, é passível de sanção judicial. O Poder Público, de maneira geral, e o particular, quando afetado em algum direito seu, podem exigir, judicialmente quando seja o caso, a observância das normas que tutelam seus interesses. Modernamente, já não é controvertida a tese de que não apenas as regras, mas também os princípios são dotados de eficácia jurídica.

Princípios constitucionais incidem sobre o mundo jurídico e sobre a realidade fática de diferentes maneiras. Por vezes, o princípio será fundamento direto de uma decisão. De outras vezes, sua incidência será indireta, condicionando a interpretação de determinada regra ou paralisando sua eficácia. Relembre-se que entre regras e princípios constitucionais não há hierarquia jurídica, como decorrência do princípio instrumental da unidade da Constituição, embora alguns autores se refiram a uma hierarquia axiológica[29], devido ao fato de os princípios condicionarem a compreensão das regras e até mesmo, em certas hipóteses, poderem afastar sua incidência. A seguir uma anotação sobre três modalidades de eficácia: direta, interpretativa e negativa.

2.1 Eficácia direta

Pela eficácia *direta*, já referida, também, como positiva ou simétrica[30], o princípio incide sobre a realidade à semelhança de uma regra, pelo enquadramento do fato relevante na proposição jurídica nele contida. Muito comumente, um princípio constitucional servirá de fundamento para a edição de uma regra legal. Por exemplo: com base no princípio da isonomia, uma lei institui e disciplina determinada modalidade de ação afirmativa. Porém, a hipótese que aqui interessa especialmente é a da incidência do princípio sem essa intermediação legislativa. Por ilustração: com base no princípio da isonomia, alguém

---

26 Normalmente, somente a conduta especificada resultará no cumprimento de uma regra. Já o princípio poderá ser realizado de diferentes maneiras, cabendo ao intérprete imediato – seja o particular seja a Administração Pública – a escolha de uma das condutas possíveis. Tais escolhas são passíveis de controle judicial.

27 Regras expressam comandos objetivos, definitivos, aplicáveis no que se convencionou denominar modalidade *tudo ou nada*: ocorrendo a sua hipótese de incidência, a norma deverá ser aplicada, a menos que inválida ou excepcionada por outra. Se não for aplicada, estará sendo descumprida. Já os princípios são mandados de otimização, devendo ser aplicados na maior intensidade possível, levando em conta os elementos fáticos e jurídicos presentes na hipótese.

28 Para uma exposição mais analítica acerca dessa classificação e dos princípios em espécie, v. Luís Roberto Barroso, *Interpretação e aplicação da Constituição*, 2004, p. 151 e s.

29 V. Diogo de Figueiredo Moreira Neto, A ordem econômica na Constituição de 1988, *Revista da Procuradoria Geral do Estado do Rio de Janeiro*, 42:57, 1990.

30 Ana Paula de Barcellos, *A eficácia jurídica dos princípios*: o princípio da dignidade da pessoa humana, 2002, p. 60; Luís Roberto Barroso e Ana Paula de Barcellos, O começo da história. A nova interpretação constitucional e o papel dos princípios no direito brasileiro, in *Temas de direito constitucional*, 2006, t. III, p. 42.

postula uma equiparação salarial ou remuneratória; ou alguém se exonera do pagamento de um tributo, sob o fundamento da inobservância do princípio da reserva legal. Portanto, e em primeiro lugar, um princípio opera no sentido de reger a situação da vida sobre a qual incide, servindo como fundamento para a tutela do bem jurídico abrigado em seu relato[31].

2.2 Eficácia interpretativa

A *eficácia interpretativa* consiste em que o sentido e alcance das normas jurídicas em geral devem ser fixados tendo em conta os valores e fins abrigados nos princípios constitucionais. Funcionam eles, assim, como vetores da atividade do intérprete, sobretudo na aplicação de normas jurídicas que comportam mais de uma possibilidade interpretativa. Entre duas soluções plausíveis, deve-se prestigiar a que mais adequadamente realize o princípio federativo, ou a que melhor promova igualdade ou a que resguarde mais intensamente a liberdade de expressão. Note-se que a eficácia interpretativa poderá operar dentro da própria Constituição: é que cabe aos princípios dar unidade e harmonia ao sistema, "costurando" as diferentes partes do texto constitucional[32]. Em suma: a eficácia dos princípios constitucionais, nessa acepção, consiste em orientar a interpretação das regras em geral (constitucionais e infraconstitucionais), para que o intérprete faça a opção, dentre as possíveis exegeses para o caso, por aquela que realiza melhor o efeito pretendido pelo princípio constitucional pertinente[33].

2.3 Eficácia negativa

A eficácia negativa implica a paralisação da aplicação de qualquer norma ou ato jurídico que esteja em contrariedade com o princípio constitucional em questão. Dela pode resultar a declaração de inconstitucionalidade de uma lei, seja em ação direta – com sua retirada do sistema –, seja em controle incidental de constitucionalidade – com sua não incidência no caso concreto. Também outros atos jurídicos, administrativos ou privados, estão sujeitos a tais efeitos negativos. Se, por exemplo, o edital de um concurso limitar a inscrição a candidatos com menos de 45 anos de idade, qualquer interessado legítimo poderá postular a superação do dispositivo, por violar o princípio da isonomia. Se uma empresa rural firma contrato de trabalho com seus empregados prevendo penas corporais ou de privação de alimentos, tais cláusulas serão inválidas por contrastar com o princípio da dignidade da pessoa humana[34 e 35].

---

31 Nesses casos de eficácia direta, o princípio atua no sentido de reconhecer àquele que seria beneficiado pela norma, ou simplesmente àquele que deveria ser atingido pela realização de seus efeitos, direito subjetivo a esses efeitos, de modo que seja possível obter a tutela específica da situação contemplada no texto legal. Ou seja: se os efeitos pretendidos pelo princípio constitucional não ocorreram – tenha a norma sido violada por ação ou por omissão –, a eficácia positiva ou simétrica pretende assegurar ao interessado a possibilidade de exigi-los diretamente, na via judicial se necessário.

32 Luís Roberto Barroso, *Interpretação e aplicação da Constituição*, 2004, p. 151 e s.; José Afonso da Silva, *Aplicabilidade das normas constitucionais*, 1998, p. 157 e s.

33 É o caso do exemplo, já citado, do regime jurídico das relações homoafetivas. À falta de lei específica, era possível considerar duas soluções: aplicação da teoria da sociedade de fato ou extensão das regras da união estável. Esta segunda hipótese realiza mais adequadamente o princípio da isonomia, ao evitar o tratamento desigual em razão da orientação sexual das pessoas, considerando-se que a desequiparação com base nesse elemento seja incompatível com o projeto constitucional de uma sociedade pluralista.

34 É claro que para identificar se uma norma ou ato viola ou contraria os efeitos pretendidos pelo princípio constitucional é preciso saber que efeitos são esses. Como já referido, os efeitos pretendidos pelos princípios podem ser relativamente indeterminados a partir de um certo núcleo; é a existência desse núcleo, entretanto, que torna plenamente viável a modalidade de eficácia jurídica negativa.

35 Alguns autores procuram radicar na eficácia negativa uma derivação específica, referida como *vedação do retrocesso*. V. Ana Paula de Barcellos, *A eficácia jurídica dos princípios*: o princípio da dignidade da pessoa humana, 2002, p. 68 e s. A questão é de grande importância e sujeita a controvérsias, não sendo possível sua investigação neste trabalho. Sobre o tema, v. Felipe Derbli, O princípio da proibição de retrocesso social na Constituição de 1988, 2006; Ingo Sarlet, Direitos fundamentais sociais e proibição de retrocesso: algumas notas sobre o desafio da sobrevivência dos direitos sociais num contexto de crise, *Revista do Instituto de Hermenêutica Jurídica*, 2:121, 2004; e José Vicente Santos de Mendonça, Vedação do retrocesso: o que é e como perder o medo, *Revista de Direito da Associação dos Procuradores do Novo Estado do Rio de Janeiro*, v. XII, 2000.

3 Algumas aplicações concretas dos princípios

Não é o caso, aqui, de se percorrerem as múltiplas incidências práticas dos princípios, seja nas hipóteses em que atuam diretamente com a aplicação do seu núcleo essencial – à feição de regras –, seja naquelas em que operam mediante ponderação. É ilustrativa, no entanto, a análise de alguns precedentes colhidos na jurisprudência do Supremo Tribunal Federal, a demonstrar a generalização do uso dos princípios fundamentais, gerais e setoriais na experiência jurídica contemporânea.

Os princípios fundamentais expressam, como visto, as decisões políticas mais importantes no âmbito do Estado, assim como seus valores mais elevados. Confiram-se alguns excertos jurisprudenciais acerca da República, da separação de Poderes e da dignidade da pessoa humana:

a) *Princípio republicano*. A jurisprudência extrai como corolário do princípio republicano a responsabilidade política, penal e administrativa dos governantes[36] e nele tem procurado fundamentar a interpretação restritiva das hipóteses de tratamento especial conferido a agentes públicos[37], inclusive e notadamente as relativas ao foro por prerrogativa de função[38].

b) *Separação de Poderes*. As decisões do STF têm procurado preservar o núcleo essencial do princípio, dispensando o chefe do Executivo[39] e o Presidente do Tribunal de Justiça[40] de terem de comparecer pessoalmente ao Legislativo para prestar informações; resguardar o espaço consti-

---

36 STF, *DJE*, 28 mar. 2019, ADI 5.540, Rel. Min. Edson Fachin: "A exigência de autorização prévia de Assembleia Estadual para o processamento e julgamento de Governador do Estado por crime comum perante o Superior Tribunal de Justiça ofende o princípio republicano". STF, *DJU*, 14 set. 2001, HC 80.511/MG, Rel. Min. Celso de Mello: "A consagração do princípio da responsabilidade do Chefe do Poder Executivo, além de refletir uma conquista do regime democrático, constitui consequência necessária da forma republicana de governo adotada pela Constituição Federal. O princípio republicano exprime, a partir da ideia central que lhe é subjacente, o dogma de que todos os agentes públicos – os Governadores de Estado e do Distrito Federal, em particular – são igualmente responsáveis perante a lei". No mesmo sentido, v. *Revista Trimestral de Jurisprudência, 162*:462, ADIn 978/PB, Rel. Min. Celso de Mello.

37 STF, *DJE*, 7 nov. 2018, ADI 4.169, Rel. Min. Luiz Fux. No caso, o Tribunal declarou a inconstitucionalidade da instituição de subsídio mensal vitalício em favor de ex-governadores e de suas viúvas, assentando: "O princípio republicano apresenta conteúdo contrário à prática do patrimonialismo na relação entre os agentes do Estado e a coisa pública, o que se verifica no caso sub examine".

38 Nesse sentido, o STF alterou entendimento anterior, para restringir o foro privilegiado aos crimes praticados no cargo e em razão do cargo, assinalando que "a prática atual não realiza adequadamente princípios constitucionais estruturantes, como igualdade e república, por impedir, em grande número de casos, a responsabilização de agentes públicos por crimes de naturezas diversas". STF, *DJE*, 11 dez. 2018, AP 937 QO, Rel. Min. Luís Roberto Barroso. Em decisão proferida em 2001, o STF cancelou a Súmula 394, que tinha a seguinte dicção: "Cometido o crime durante o exercício funcional, prevalece a competência especial por prerrogativa de função, ainda que o inquérito ou a ação penal sejam iniciados após a cessação daquele exercício". Em suas razões de decidir, o Tribunal registrou que, por força do *princípio republicano*, "as prerrogativas de foro, pelo privilégio que de certa forma conferem, não devem ser interpretadas ampliativamente, numa Constituição que pretende tratar igualmente os cidadãos comuns, como são, também, os ex-exercentes de tais cargos ou mandatos". O novo entendimento, assentado sobre tal premissa, passou a ser o de que o órgão competente para julgar a ação penal proposta contra ex-exercentes dos cargos e mandatos em questão é o juízo de primeiro grau. STF, *DJU*, 9 nov. 2001, QO no Inq. 687/SP, Rel. Min. Sydney Sanches.

39 STF, *Revista de Direito Administrativo, 178*:78, 1989, ADInMC 111/BA, Rel. Min. Carlos Madeira: "Dispositivo da Constituição do Estado da Bahia que prevê a convocação, pela Assembleia Legislativa, do Governador do Estado, para prestar pessoalmente informações sobre assunto determinado, importando em crime de responsabilidade a ausência sem justificação adequada, 'fumus boni iuris' que se demonstra com a afronta ao princípio de separação e harmonia dos Poderes, consagrado na Constituição Federal, 'periculum in mora' evidenciado no justo receio do conflito entre Poderes, em face de injunções políticas. Medida cautelar concedida".

40 STF, *DJU*, 2 fev. 2007, ADIn 2.911/ES, Rel. Min. Carlos Britto: "Os dispositivos impugnados contemplam a possibilidade de a Assembleia Legislativa capixaba convocar o Presidente do Tribunal de Justiça para prestar, pessoalmente, informações sobre assunto previamente determinado, importando crime de responsabilidade a ausência injustificada desse Chefe de Poder. Ao fazê-lo, porém, o art. 57 da Constituição capixaba não seguiu o paradigma da Constituição Federal, extrapolando as fronteiras do esquema de freios e contrapesos – cuja aplicabilidade é sempre estrita ou materialmente inelástica – e maculando o Princípio da Separação de Poderes. Ação julgada parcialmente procedente para declarar a inconstitucionalidade da expressão 'Presidente do Tribunal de Justiça', inserta no § 2º e no *caput* do art. 57 da Constituição do Estado do Espírito Santo".

tucionalmente reservado à lei[41] e assegurar a independência do Judiciário no desempenho de função materialmente jurisdicional[42]".

c) *Dignidade da pessoa humana*. Trata-se de um dos fundamentos do Estado democrático de direito, que deve iluminar a interpretação da lei ordinária[43]. O princípio da dignidade da pessoa humana tem servido de fundamento para decisões de alcance diverso, como a limitação à revista íntima de mulheres para ingresso em estabelecimento prisional[44], o fornecimento compulsório de medicamentos pelo Poder Público[45], o reconhecimento de uniões estáveis homoafetivas[46] ou o direito de transexuais modificarem prenome e sexo no registro civil[47], dentre muitas outras. Curiosamente, no tocante à sujeição do réu em ação de investigação de paternidade ao exame compulsório de DNA, há decisões em um sentido[48] e noutro[49], com invocação do

---

41   STF, *DJU*, 7 dez. 2006, MS 22.690/CE, Rel. Min. Celso de Mello: "Não cabe, ao Poder Judiciário, em tema regido pelo postulado constitucional da reserva de lei, atuar na anômala condição de legislador positivo (*RTJ* 126/48 – *RTJ* 143/57 – *RTJ* 146/461-462 – *RTJ* 153/765, *v.g.*), para, em assim agindo, proceder à imposição de seus próprios critérios, afastando, desse modo, os fatores que, no âmbito de nosso sistema constitucional, só podem ser legitimamente definidos pelo Parlamento." Nada obstante isso, o STF já entendeu, também, que, em caráter excepcional, pode o Judiciário determinar a implementação de políticas públicas definidas pela própria Constituição. Nessa linha, determinou, a título ilustrativo, em favor dos povos indígenas e no contexto da pandemia por Covid-19: a criação de barreiras sanitárias, a extensão de serviços de saúde, a elaboração de plano geral de enfrentamento à pandemia e o isolamento de invasores, de modo a evitar o contágio. A providência tinha o propósito de superar inércia do Executivo. *DJE*, 7 out. 2020, ADPF 709 MC, Rel. Min. Luís Roberto Barroso. Mais adiante, assegurou a tais povos, ainda, o direito à prioridade na vacinação. *DJE*, 17 mar. 2021, ADPF 709 MC, Rel. Min. Luís Roberto Barroso. Sobre a possibilidade de interferência judicial em política pública, o Tribunal já esclareceu: "Embora resida, primariamente, nos Poderes Legislativo e Executivo, a prerrogativa de formular e executar políticas públicas, revela-se possível, no entanto, ao Poder Judiciário, determinar, ainda que em bases excepcionais, especialmente nas hipóteses de políticas públicas definidas pela própria Constituição, sejam estas implementadas pelos órgãos estatais inadimplentes, cuja omissão – por importar em descumprimento dos encargos político-jurídicos que sobre eles incidem em caráter mandatório – mostra-se apta a comprometer a eficácia e a integridade de direitos sociais e culturais impregnados de estatura constitucional. A questão pertinente à 'reserva do possível'". V. *DJU*, 3 fev. 2006, RE 436.996-AgR, Rel. Min. Celso de Mello.

42   Comissão Parlamentar de Inquérito não tem o poder de convocar magistrado para depor, tendo por objeto a investigação de decisões judiciais por ele proferidas, e não atos administrativos (STF, *Inf. STF*, n. 172, p. 1, HC 79.441/ DF, Rel. Min. Octavio Gallotti). A criação do Conselho Nacional de Justiça é legítima, por ter ele natureza administrativa e não interferir com a função jurisdicional (STF, *DJU*, 22 set. 2006, ADIn 3.367/DF, Rel. Min. Cezar Peluso).

43   Para um levantamento do uso da dignidade humana pela jurisprudência brasileira, v. Luís Roberto Barroso, *A dignidade da pessoa humana no direito contemporâneo*: a construção de um conceito jurídico à luz da jurisprudência mundial, 2012, p. 115 e s.

44   A visita íntima para ingresso em estabelecimentos prisionais envolve práticas vexatórias tais como o desnudamento de visitantes e a inspeção de suas cavidades corporais. A decisão que reconheceu a repercussão geral do recurso assentou: "A presente controvérsia levada a desate, refere-se à ilicitude da prova obtida a partir da revista íntima de visitante para ingresso em estabelecimento prisional, por ofensa ao princípio da dignidade da pessoa humana e a proteção ao direito à intimidade, à honra e à imagem das pessoas" (STF, *DJE*, 15 jun. 2018, ARE 959.620 RG, Rel. Min. Edson Fachin). A questão teve seu julgamento iniciado em 28.10.2020, já havendo três votos pela inconstitucionalidade da prática e um voto por sua limitação e condicionamento.

45   STF, *DJU*, 25 out. 2013, RE 668.722 AgR, Rel. Min. Dias Toffoli; STF, *DJU*, 30 abr. 2010, STA 175 AgR, Rel. Min. Gilmar Mendes.

46   STF, *DJE*, 31 out. 2014, ADI 4.277 e ADPF 132, Rel. Min. Carlos Ayres.

47   STF, RE 670.422/RS, Rel. Min. Dias Toffoli, j. 15.08.2018.

48   STF, *DJU*, 10 nov. 1994, HC 71.373/RS, Rel. Min. Marco Aurélio: "Discrepa, a mais não poder, de garantias constitucionais implícitas e explícitas – preservação da dignidade humana, da intimidade, da intangibilidade do corpo humano, do império da lei e da inexecução específica e direta de obrigação de fazer – provimento judicial que, em ação civil de investigação de paternidade, implique determinação no sentido de o réu ser conduzido ao laboratório *debaixo de vara* para coleta do material indispensável à feitura do exame do DNA. A recusa resolve-se no plano jurídico-instrumental, consideradas a dogmática, a doutrina e a jurisprudência, no que voltadas ao deslinde das questões ligadas à prova dos fatos".

49   TJSP, AC 191.290-4/7-0, ADV 37-01/587, n. 98580, Rel. Des. A. Germano: "Caracterizar-se uma simples picada de agulha e retirada de uma pequena porção de sangue como ato invasivo, vexatório e humilhante constitui exagero tão manifesto que insinua as verdadeiras razões da recusa: o temor ou a certeza de que essa prova com certeza científica absoluta quase certamente confirmará a paternidade em questão". E, ainda, STF, *DJU*, 15 mai. 1998, HC 76.060, Rel. Min. Sepúlveda Pertence: "DNA: submissão compulsória ao fornecimento de sangue para a pesquisa do DNA: estado da questão no direito comparado: precedente do STF que libera do constrangimento o réu em ação de investigação de paternidade (HC 71.373) e o dissenso dos votos vencidos: deferimento, não obstante, do *habeas corpus* na espécie, em que se cuida de situação atípica na qual se pretende – de resto, apenas para obter prova de reforço – submeter ao exame o pai presumido, em processo que tem por objeto a pretensão de terceiro de ver-se decla-

princípio da dignidade humana[50]. No que respeita à vacinação compulsória, o STF reconheceu a sua constitucionalidade, por meio de medidas indiretas, como restrição de atividades e de frequência a determinados lugares, mas vedou a sua realização à força, em respeito ao princípio da dignidade humana[51].

Os princípios constitucionais gerais são especificações dos princípios fundamentais e, por seu menor grau de abstração, prestam-se mais facilmente à tutela direta e imediata das situações jurídicas que contemplam. A seguir, alguns registros sobre os princípios da isonomia, da segurança jurídica e do devido processo legal:

a) *Isonomia*. A Constituição aboliu inúmeras situações de tratamento discriminatório, *e.g.*, prevendo que homens e mulheres exerçam igualmente os direitos e deveres inerentes à sociedade conjugal, vedando o tratamento desigual entre filhos havidos no casamento e fora dele e reconhecendo a união estável como entidade familiar. Algumas aplicações específicas do princípio da isonomia têm sido objeto de pronunciamento do Supremo Tribunal Federal, como a constitucionalidade da adoção de cotas raciais em universidades[52] e concursos públicos[53] e a legitimidade da extensão do regime da união estável às uniões homoafetivas[54] e o direito de candidatas mulheres[55] e de candidatos ou candidatas negros[56] a financiamento eleitoral proporcional ao quantitativo de tais candidaturas.

b) *Segurança jurídica*[57]. Uma manifestação do princípio da segurança jurídica que se desenvolveu na doutrina e na jurisprudência recentes foi a proteção da confiança, destinada a tutelar ex-

---

rado o pai biológico da criança nascida na constância do casamento do paciente: hipótese na qual, à luz do princípio da proporcionalidade ou da razoabilidade, se impõe evitar a afronta à dignidade pessoal que, nas circunstâncias, a sua participação na perícia substantivaria".

50   O princípio foi invocado, ainda, para reconhecer a inconstitucionalidade da criminalização do aborto nos três primeiros meses de gestação, em respeito à autonomia e aos direitos sexuais e reprodutivos das mulheres (STF, *DJE*, 17 mar. 2017, 1ª Turma, HC 124.306, Re. p/ o acórdão Min. Luís Roberto Barroso); para afirmar o direito de estrangeiros residentes no país à assistência social (STF, *DJE*, 22 set. 2017, RE 587.970, Rel. Min. Marco Aurélio); para defender a possibilidade de alteração do registro civil de transexuais (STF, ADI 4.275, Rel. Min. Marco Aurélio, RE 670.422, Rel. Min. Dias Toffoli).

51   STF, *DJE*, 7 abr. 2021, ADI 6.586, Rel. Min. Ricardo Lewandowski: "A jurisprudência do Supremo Tribunal Federal também tem se revelado enfática na defesa da intangibilidade do corpo das pessoas, decorrente da dignidade com que devem ser tratados todos os seres humanos", razão pela qual "a obrigatoriedade a que se refere a legislação sanitária brasileira quanto a determinadas vacinas não pode contemplar quaisquer medidas invasivas, aflitivas ou coativas, em decorrência direta do direito à intangibilidade, inviolabilidade e integridade do corpo humano, bem como das demais garantias antes mencionadas". No mesmo sentido: STF, *DJE*, 8 abr. 2021, ARE 1.267.879, Rel. Min. Luís Roberto Barroso.

52   A constitucionalidade da adoção de cotas raciais nas universidades públicas foi declarada no julgamento da ADPF 186 (STF, *DJE*, 20 out. 2012, ADPF 186, Rel. Min. Ricardo Lewandowski).

53   A constitucionalidade da adoção de cotas raciais em concursos públicos foi declarada no julgamento da ADC 41 (STF, *DJE*, 17 out. 2017, ADC 41, Rel. Min. Luís Roberto Barroso).

54   ADI 4.277 e ADPF 132 (STF, *DJE*, 14 out. 2011, Rel. Min. Carlos Ayres Britto).

55   STF, *DJE*, 3 out. 2018, ADI 5.617, Rel. Min. Edson Fachin. O STF conferiu interpretação conforme a constituição ao art. 9º da Lei n. 13.165/2015, que alterou o Código Eleitoral, para: "(a) equiparar o patamar legal mínimo de candidaturas femininas (hoje o do art. 10, § 3º, da Lei 9.504/1997, isto é, ao menos 30% de cidadãs), ao mínimo de recursos do Fundo Partidário a lhes serem destinados, que deve ser interpretado como também de 30% do montante do fundo alocado a cada partido, para eleições majoritárias e proporcionais, e (b) fixar que, havendo percentual mais elevado de candidaturas femininas, o mínimo de recursos globais do partido destinados a campanhas lhes seja alocado na mesma proporção".

56   STF, *DJE*, 29 out. 2020, ADPF 738 M-Ref, Rel. Min. Ricardo Lewandowski. A cautelar determinou a imediata aplicação de julgamento proferido pelo Tribunal Superior Eleitoral (Consulta 600306-47, Rel. Min. Luís Roberto Barroso), assegurando distribuição proporcional dos recursos públicos do Fundo Partidário e do Fundo Especial de Financiamento de Campanha, assim como tempo de rádio e de TV, às candidaturas de mulheres e às candidaturas de pessoas negras, na exata proporção das candidaturas apresentadas pelas agremiações.

57   A ideia de segurança jurídica envolve três planos: o institucional, o objetivo e o subjetivo. Do ponto de vista *institucional*, a segurança refere-se à existência de instituições estatais dotadas de poder e de garantias, aptas a fazer funcionar o Estado de direito, impondo a supremacia da lei e sujeitando-se a ela. Do ponto de vista *objetivo*, a segurança refere-se à *anterioridade* das normas jurídicas em relação às situações às quais se dirigem, à *estabilidade* do Direito, que deve ter como traço geral a permanência e continuidade das normas e a *não retroatividade* das leis, que não deverão produzir efeitos retrospectivos para colher direitos subjetivos já constituídos. E, do ponto de vista subjetivo, a segurança jurídica refere-se à *proteção da confiança* do administrado, impondo à Administração o dever de agir com coerência, lealdade e respeitando as legítimas expectativas do administrado. Essa ideia, sobretudo no campo das re-

212

pectativas legítimas e a preservar efeitos de atos inválidos, presentes determinadas circunstâncias. Com base nela, o STF tem admitido não dar efeito retroativo à declaração de inconstitucionalidade, bem como tem preservado os efeitos de atos que, ainda quando inválidos, permaneceram em vigor por tempo suficiente para tornar irrazoável o seu desfazimento[58].

c) *Devido processo legal*. O princípio foi invocado para considerar inválido o oferecimento de denúncia por outro membro do Ministério Público, após anterior arquivamento do inquérito policial[59], entender ilegítima a anulação de processo administrativo que repercutia sobre interesses individuais sem observância do contraditório[60], reconhecer a ocorrência de constrangimento ilegal no uso de algemas quando as condições do réu não ofereciam perigo[61], negar extradição à vista da perspectiva de inobservância do devido processo legal no país requerente[62] e determinar fosse ouvida a parte contrária na hipótese de embargos de declaração opostos com pedido de efeitos modificativos, a despeito de não haver previsão nesse sentido na legislação[63]. Na mesma linha, serviu de base a decisões que declararam a nulidade da cassação da incorpo-

---

lações obrigacionais e contratuais, compreende também a boa-fé objetiva, a lisura do comportamento, a vedação do locupletamento. Sobre o tema, v. Almiro do Couto e Silva, O princípio da segurança jurídica (proteção à confiança) no direito público brasileiro e o direito da Administração Pública de anular seus próprios atos: o prazo decadencial do art. 54 da Lei do Processo Administrativo da União (Lei n. 9.784/99), *Revista Eletrônica de Direito do Estado*, n. 2, 2005, disponível em: www.direitodoestado.com.br.

58 Nesse sentido, por decisão proferida em 2021, o STF declarou a inconstitucionalidade do art. 40, parágrafo único, da Lei n. 9.279/1996 (Lei de Patentes), mas, em respeito à segurança jurídica e tendo em conta que a norma vigorou por 25 anos, modulou os efeitos da decisão, conferindo-lhe efeitos a partir da publicação da ata de julgamento: "mantendo, assim, a validade das patentes já concedidas e ainda vigentes em decorrência do aludido preceito", ressalvadas da modulação "(i) as ações judiciais propostas até o dia 7 de abril de 2021, inclusive (data da concessão parcial da medida cautelar no presente processo) e (ii) as patentes que tenham sido concedidas com extensão de prazo relacionadas a produtos e processos farmacêuticos e a equipamentos e/ou materiais de uso em saúde". Ficaram vencidos os Ministros Luís Roberto Barroso e Luiz Fux, que modulavam os efeitos do julgado em maior extensão, por entenderem que a questão de segurança jurídica estava presente inclusive quanto a produtos e processos farmacêuticos (STF, ADI 5.529, Rel. Min. Dias Toffoli, j. 12.5.2021). De todo modo, a modulação de efeitos, por razão de segurança jurídica, é uma prática bastante antiga e consolidada na jurisprudência do Tribunal. Veja-se, por exemplo, caso em que estudante de direito obteve liminar para se transferir da Universidade Federal de Pelotas para a UFRS, em Porto Alegre, por haver sido aprovado em concurso para a empresa pública ECT. A sentença de 1º grau, favorável, veio a ser reformada quando ele já estava prestes a se formar. O STF deu efeito suspensivo ao RE e ele pôde concluir o curso (*DJU*, 4 jun. 2003, QO na Pet. 2.900/RS, Rel. Min. Gilmar Mendes); também assim o caso de servidores da Infraero, contratados sem concurso público, ao tempo em que havia dúvida se tal exigência se aplicava ou não aos servidores de empresas públicas e sociedades de economia mista. O STF considerou que o tempo decorrido estabilizara essa situação que, em nome da segurança jurídica, não deveria mais ser desfeita (*DJU*, 5 nov. 2004, MS 22.357/DF, Rel. Min. Gilmar Mendes).

59 STJ, *Revista dos Tribunais*, 755:569, 1998, HC 6.802/RJ, Rel. Min. Vicente Leal. O acórdão considerou atentar contra o princípio do Promotor Natural e a garantia do devido processo legal o oferecimento de denúncia por outro membro do Ministério Público, após anterior pedido de arquivamento do inquérito policial, sem que se tenha adotado o procedimento previsto no art. 28 do CPP, impondo-se, em consequência, a anulação da peça de acusação.

60 STF, *DJU*, 14 ago. 1997, AI 199.620-55. Tratando-se da anulação de ato administrativo cuja formalização haja repercutido no campo de interesses individuais, não prescinde ela da observância do contraditório, ou seja, da instauração de processo administrativo que permita a audiência daqueles que terão modificada situação já alcançada. O ato administrativo tem presunção de legitimidade, que não pode ser afastada unilateralmente, porque é comum à Administração e ao particular.

61 TJRS, *Revista dos Tribunais*, 785:692, 2001, HC 70.001.561.562, Rel. Des. Silvestre Jasson Ayres Torres: "Há constrangimento ilegal, no uso de algemas, quando as condições do réu não oferecem situação de efetiva periculosidade, estando escoltado, existindo policiais fazendo o serviço de revista nas demais pessoas que ingressam no local de julgamento, não se constatando qualquer animosidade por parte do público, inclusive havendo possibilidade de ser requisitado reforço policial".

62 STF, *DJU*, 6 abr. 2001, Extr. 633-China, Rel. Min. Celso de Mello: "O Supremo Tribunal Federal não deve deferir o pedido de extradição, se o ordenamento jurídico do Estado requerente não se revelar capaz de assegurar, aos réus, em juízo criminal, a garantia plena de um julgamento imparcial, justo, regular e independente. A incapacidade de o Estado requerente assegurar ao extraditando o direito ao *fair trial* atua como causa impeditiva do deferimento do pedido de extradição".

63 STF, *DJU*, 19 dez. 2001, AgRg no AI 327.728/SP, Rel. Min. Nelson Jobim: "Constitucional. Processual. Julgamento de embargos declaratórios com efeitos modificativos sem a manifestação da parte embargada. Ofensa ao princípio do contraditório. Precedente (RE 250936)". No mesmo sentido: STJ, *DJU*, 7 maio 2001, REsp 296.836/RJ, Rel. Min. Sálvio de Figueiredo Teixeira.

ração de vantagens à remuneração de servidor[64] ou o cancelamento de registro profissional[65] sem a prévia oitiva dos interessados.

Princípios setoriais ou especiais são aqueles que presidem um específico conjunto de normas afetas a determinado tema, capítulo ou título da Constituição. Eles se irradiam limitadamente, mas no seu âmbito de atuação são supremos. Há princípios setoriais tributários, como o da anterioridade da lei que institua ou aumente tributo[66]; da Administração Pública, como os da moralidade e impessoalidade[67]; da ordem econômica, como o da livre concorrência[68]; da ordem social, como o da autonomia universitária[69]; em matéria penal, como o princípio da insignificância[70], em meio a muitos outros.

Por fim, merece nota especial, ainda uma vez, o princípio da *razoabilidade* (v. *supra*), que tem sido fundamento de decidir em um conjunto abrangente de situações, por parte de juízes e tribunais, inclusive e especialmente o Supremo Tribunal Federal. Com base nele tem-se feito o controle de legitimidade das desequiparações entre pessoas, de sanções penais[71], de vantagens concedidas a servidores públicos[72], de exigências desmesuradas formuladas pelo Poder Público[73] ou de privilégios concedidos à Fazenda

---

64   STF, *DJE*, 11 maio 2015, MS 27.422 AgR, Rel. Min. Celso de Mello: "o Supremo Tribunal Federal, em casos assemelhados ao que ora se analisa, tem concedido a ordem mandamental, por entender acolhível a pretendida observância, pela Corte de Contas, da cláusula constitucional do *due process of law*".

65   STF, *DJE*, 30 abr. 2020, RE 808.424, Rel. Min. Marco Aurélio: "É inconstitucional o artigo 64 da Lei n. 5.194/1966, considerada a previsão de cancelamento automático, ante a inadimplência da anuidade por dois anos consecutivos, do registro em conselho profissional, sem prévia manifestação do profissional ou da pessoa jurídica, por violar o devido processo legal".

66   O STF considerou que esse princípio, inscrito no art. 150, III, *b*, da Constituição, é garantia individual do contribuinte e, como tal, cláusula pétrea. Com esse fundamento, declarou inconstitucional dispositivo da EC n. 3, de 17.3.1993, que ao instituir o IPMF pretendeu exonerá-lo da observância ao princípio da anterioridade (STF, *DJU*, 18 mar. 1994, ADIn 939/DF, Rel. Min. Sydney Sanches).

67   Com base nesses e em outros princípios, o STF declarou constitucional a Resolução n. 7/2005, do Conselho Nacional de Justiça, que vedou a prática do nepotismo no âmbito do Poder Judiciário (STF, *DJU*, 1º nov. 2006, MC na ADC 12/DF, Rel. Min. Carlos Britto).

68   Assim dispõe a Súmula 646 do STF: "Ofende o princípio da livre concorrência lei municipal que impede a instalação de estabelecimentos comerciais do mesmo ramo em determinada área".

69   STF, *DJU*, 18 maio 2001, ADInMC 1.599/UF, Rel. Min. Maurício Corrêa: "O princípio da autonomia das universidades (CF, art. 207) não é irrestrito, mesmo porque não se cuida de soberania ou de independência, de forma que as universidades devem ser submetidas a diversas outras normas gerais previstas na Constituição, como as que regem o orçamento (art. 165, § 5º, I), a despesa com pessoal (art. 169), a submissão dos seus servidores ao regime jurídico único (art. 39), bem como às que tratam do controle e da fiscalização".

70   STF, *DJE*, 2 fev. 2016, HC 123.734, Rel. Min. Luís Roberto Barroso: "1. A aplicação do princípio da insignificância envolve um juízo amplo ("conglobante"), que vai além da simples aferição do resultado material da conduta, abrangendo também a reincidência ou contumácia do agente, elementos que, embora não determinantes, devem ser considerados. 2. Por maioria, foram também acolhidas as seguintes teses: (i) a reincidência não impede, por si só, que o juiz da causa reconheça a insignificância penal da conduta, à luz dos elementos do caso concreto; e (ii) na hipótese de o juiz da causa considerar penal ou socialmente indesejável a aplicação do princípio da insignificância por furto, em situações em que tal enquadramento seja cogitável, eventual sanção privativa de liberdade deverá ser fixada, como regra geral, em regime inicial aberto, paralisando-se a incidência do art. 33, § 2º, *c*, do CP no caso concreto, com base no princípio da proporcionalidade". No caso específico, contudo, a ordem foi negada, contra o entendimento original do relator, em razão das particularidades do caso. Na mesma linha e reconhecendo a atipicidade da conduta, STF, *DJe*, 25 nov. 2019, HC 127.573, Rel. Min. Gilmar Mendes.

71   STF, *DJE*, 1º fev. 2016, HC 123.108, Rel. Min. Luís Roberto Barroso: "[N]a hipótese de o juiz da causa considerar penal ou socialmente indesejável a aplicação do princípio da insignificância por furto, em situações em que tal enquadramento seja cogitável, eventual sanção privativa de liberdade deverá ser fixada, como regra geral, em regime inicial aberto, paralisando-se a incidência do art. 33, § 2º, *c*, do CP no caso concreto, com base no princípio da proporcionalidade".

72   STF, *DJU*, 26 maio 1995, ADIn 1.158/AM, Rel. Min. Celso de Mello. A norma legal que concede ao servidor vantagem pecuniária cuja razão de ser se revela absolutamente destituída de causa (gratificação de férias) ofende o princípio da razoabilidade.

73   STF, *DJE*, 4 nov. 2020, RE 1.249.715 AgR, Rel. Min. Gilmar Mendes. Viola a livre-iniciativa norma que obriga comerciantes a diferenciarem a cor do copo a ser utilizado para refrigerantes com açúcar zero, dado que o objetivo pode ser alcançado por meio de medidas menos restritivas. Na mesma linha: STF, *DJU*, 1º out. 1993, ADIn 855/PR, Rel. Min. Sepúlveda Pertence. Viola o princípio da razoabilidade e da proporcionalidade lei estadual que determina a pesagem de botijões de gás à vista do consumidor.

Pública[74]. O princípio, referido na jurisprudência como da proporcionalidade ou razoabilidade (v. *supra*), é por vezes utilizado como um parâmetro de justiça – e, nesses casos, assume uma dimensão material –, porém, mais comumente, desempenha papel instrumental na interpretação de outras normas. Confira--se a demonstração do argumento.

O princípio da razoabilidade faz parte do processo intelectual lógico de aplicação de outras normas, ou seja, de outros princípios e regras. Por exemplo: ao aplicar uma regra que sanciona determinada conduta com uma penalidade administrativa, o intérprete deverá agir com proporcionalidade, levando em conta a natureza e a gravidade da falta. O que se estará aplicando é a norma sancionadora, sendo o princípio da razoabilidade um instrumento de medida. O mesmo se passa quando ele é auxiliar do processo de ponderação. Ao admitir o estabelecimento de uma idade máxima ou de uma estatura mínima para alguém prestar concurso para determinado cargo público[75], o que o Judiciário faz é interpretar o princípio da isonomia, de acordo com a razoabilidade: se o meio for adequado, necessário e proporcional para realizar um fim legítimo, deve ser considerado válido. Nesses casos, como se percebe intuitivamente, a razoabilidade é o meio de aferição do cumprimento ou não de outras normas[76].

Uma observação final. Alguns dos exemplos acima envolveram a não aplicação de determinadas normas infraconstitucionais porque importariam em contrariedade a um princípio ou a um fim constitucional. Essa situação – aquela em que uma lei não é em si inconstitucional, mas em determinada incidência produz resultado inconstitucional – começa a despertar interesse da doutrina[77]. O fato de uma norma ser constitucional em tese não exclui a possibilidade de ser inconstitucional *in concreto*, à vista da situação submetida a exame. Portanto, uma das consequências legítimas da aplicação de um princípio constitucional poderá ser a não aplicação da regra que o contravenha[78].

Veja-se um exemplo do que se vem de afirmar, colhido em precedente do Supremo Tribunal Federal. Em ação direta de inconstitucionalidade, pleiteava-se a declaração de inconstitucionalidade da Medida Provisória n. 173/90, por afronta ao princípio do acesso à justiça e/ou da inafastabilidade do controle judicial. É que ela vedava a concessão de liminar em mandados de segurança e em ações ordinárias e cautelares decorrentes de um conjunto de dez outras medidas provisórias, bem como proibia a execução das sentenças proferidas em tais ações antes de seu trânsito em julgado. O tribunal julgou improcedente o pedido. Vale dizer: considerou constitucional em tese a vedação. Nada obstante, o acórdão fez a ressalva de que tal pronunciamento não impedia o juiz do caso concreto de conceder a liminar, se em relação à situação que lhe competisse julgar não fosse razoável a aplicação da norma proibitiva[79]. O raciocínio

---

74 STF, *DJU*, 12 jun. 1998, ADInMC 1.753/DF, Rel. Min. Sepúlveda Pertence: "A igualdade das partes é imanente ao *procedural due process of law*; quando uma das partes é o Estado, a jurisprudência tem transigido com alguns favores legais que, além da vetustez, têm sido reputados não arbitrários por visarem a compensar dificuldades da defesa em juízo das entidades públicas; se, ao contrário, desafiam a medida da razoabilidade ou da proporcionalidade, caracterizam privilégios inconstitucionais: parece ser esse o caso das inovações discutidas, de favorecimento unilateral aparentemente não explicável por diferenças reais entre as partes e que, somadas a outras vantagens processuais da Fazenda Pública, agravam a consequência perversa de retardar sem limites a satisfação do direito do particular já reconhecido em juízo".

75 STF, *DJU*, 15 dez. 2000, RE 140.889/MS, Rel. Min. Marco Aurélio: "Razoabilidade da exigência de altura mínima para ingresso na carreira de delegado de polícia, dada a natureza do cargo a ser exercido. Violação ao princípio da isonomia. Inexistência. Recurso extraordinário não conhecido". *Mas:* STF, *DJ*, 7 maio 1999, p. 12, RE 150.455/MS, Rel. Min. Marco Aurélio: "Caso a caso, há de perquirir-se a sintonia da exigência, no que implica fator de tratamento diferenciado com a função a ser exercida. No âmbito da polícia, ao contrário do que ocorre com o agente em si, não se tem como constitucional a exigência de altura mínima, considerados homens e mulheres, de um metro e sessenta para a habilitação ao cargo de escrivão, cuja natureza é estritamente escrituária, muito embora de nível elevado".

76 No mesmo sentido, v. Humberto Ávila, *Teoria dos princípios*: da definição à aplicação dos princípios jurídicos, 2003, p. 71: "[N]o caso em que o Supremo Tribunal Federal declarou inconstitucional uma lei estadual que determinava a pesagem de botijões de gás à vista do consumidor, o princípio da livre-iniciativa foi considerado violado, por ter sido restringido de modo desnecessário e desproporcional. Rigorosamente, não é a *proporcionalidade* que foi violada, mas o princípio da livre-iniciativa, na sua inter-relação horizontal com o princípio da defesa do consumidor, que deixou de ser aplicado adequadamente".

77 Note-se que a hipótese, aqui, não será propriamente de ponderação, diante da hierarquia superior do princípio constitucional sobre a norma infraconstitucional. Nesse caso, o princípio paralisa a regra. Diferente será a hipótese de aparente contraposição entre um princípio constitucional e uma regra igualmente constitucional. Nesse caso, dever--se-á considerar que a regra excepciona o princípio.

78 Luís Roberto Barroso, *Interpretação e aplicação da Constituição, post scriptum*, 2004. Para uma importante reflexão sobre o tema, v. Ana Paula Oliveira Ávila, Razoabilidade, proteção do direito fundamental à saúde e antecipação de tutela contra a Fazenda Pública, *Ajuris*, 86:361, 2003.

79 STF, *DJU*, 29 jun. 1990, ADInMC 223/DF, Rel. p/o acórdão Min. Sepúlveda Pertence: "Generalidade, diversidade e imprecisão de limites do âmbito de vedação de liminar da MP 173, que, se lhe podem vir, a final, a comprometer a validade, dificultam demarcar, em tese, no juízo de delibação sobre o pedido de sua suspensão cautelar, até onde

subjacente é o de que uma norma pode ser constitucional em tese e inconstitucional em concreto, à vista das circunstâncias de fato sobre as quais deverá incidir.

IV A COLISÃO DE NORMAS CONSTITUCIONAIS[80]

A identificação e o equacionamento das colisões de normas constitucionais são relativamente recentes no Direito contemporâneo. A complexidade e o pluralismo das sociedades modernas levaram ao abrigo da Constituição valores, interesses e direitos variados, que eventualmente entram em choque. Os critérios tradicionais de solução dos conflitos entre normas infraconstitucionais não são próprios para esse tipo de situação (v. *supra*), uma vez que tais antinomias não se colocam quer no plano da validade, quer no da vigência das proposições normativas. O entrechoque de normas constitucionais é de três tipos:

a) colisão entre princípios constitucionais;

b) colisão entre direitos fundamentais;

c) colisão entre direitos fundamentais e outros valores e interesses constitucionais.

A *colisão entre princípios constitucionais* decorre, como assinalado acima, do pluralismo, da diversidade de valores e de interesses que se abrigam no documento dialético e compromissório que é a Constituição. Como estudado, não existe hierarquia em abstrato entre tais princípios, devendo a precedência relativa de um sobre o outro ser determinada à luz do caso concreto[81]. Os exemplos se multiplicam. Em razão de sua soberania, os Estados estrangeiros desfrutam de imunidade de jurisdição nacional[82], mas por um princípio de justiça podem ser demandados no Brasil em determinadas situações[83]. O desenvolvimento nacional guarda tensão constante com a preservação do meio ambiente. A livre-iniciativa pode ser contraposta pelos princípios que legitimam a repressão ao abuso do poder econômico. A recorrência de colisões dessa natureza apenas revela que os valores tutelados pela Constituição não são absolutos e devem coexistir.

---

são razoáveis as proibições nela impostas, enquanto contenção ao abuso do poder cautelar, e onde se inicia, inversamente, o abuso das limitações e a consequente afronta à plenitude da jurisdição e ao Poder Judiciário. Indeferimento da suspensão liminar da MP 173, que não prejudica, segundo o relator do acórdão, o exame judicial em cada caso concreto da constitucionalidade, incluída a razoabilidade, da aplicação da norma proibitiva da liminar. Considerações, em diversos votos, dos riscos da suspensão cautelar da medida impugnada".

80 Robert Alexy, *Teoría de los derechos fundamentales*, 1997, e *Colisão e ponderação como problema fundamental da dogmática dos direitos fundamentais*, mimeografado, 1998; Daniel Sarmento, *A ponderação de interesses na Constituição Federal*, 2000; José Carlos Vieira de Andrade, *Os direitos fundamentais na Constituição portuguesa de 1976*, 2001; Wilson Antônio Steinmetz, *Colisão de direitos fundamentais e princípio da proporcionalidade*, 2001; Jorge Reis Novais, *As restrições aos direitos fundamentais não expressamente autorizadas pela Constituição*, 2003; Ana Paula de Barcellos, *Ponderação, racionalidade e atividade jurisdicional*, 2005; Jane Reis Gonçalves Pereira, *Interpretação constitucional e direitos fundamentais*, 2006; Luís Virgílio Afonso da Silva, *O conteúdo essencial dos direitos fundamentais e a eficácia das normas constitucionais*, mimeografado, 2005. Sobre a temática específica da colisão entre a liberdade de expressão em sentido amplo e outros direitos fundamentais, sobretudo os direitos à honra, à intimidade, à vida privada e à imagem, v. Edilsom Pereira de Faria, *Colisão de direitos fundamentais:* a honra, a intimidade, a vida privada e a imagem *versus* a liberdade de expressão e de informação, 2000; Luís Gustavo Grandinetti Castanho de Carvalho, *Direito de informação e liberdade de* expressão, 1999; Mônica Neves Aguiar da Silva Castro, *Honra, imagem, vida privada e intimidade, em colisão com outros direitos*, 2002; Porfirio Barroso e María del Mar López Tavalera, *La libertad de expresión y sus limitaciones constitucionales*, 1998; Antonio Fayos Gardó, *Derecho a la intimidad y medios de comunicación*, 2000; Miguel Ángel Alegre Martínez, *El derecho a la propia imagen*, 1997; Sidney Cesar Silva Guerra, *A liberdade de imprensa e o direito à imagem*, 1999; Pedro Frederico Caldas, *Vida privada, liberdade de imprensa e dano moral*, 1997; e Luís Alberto David Araújo, *A proteção constitucional da própria imagem:* pessoa física, pessoa jurídica e produto, 1996.

81 V. Robert Alexy, *Teoría de los derechos fundamentales*, 1997, p. 89: "Cuando dos principios entran en colisión, uno de los dos principios tiene que ceder ante el otro. Lo que sucede es que, bajo ciertas circunstancias, uno de los principios precede al otro. Bajo otras circunstancias, la cuestión de la precedencia puede ser solucionada de manera inversa. Esto es lo que se quiere decir cuando se afirma que en los casos concretos los principios tienen diferente peso y que prima el principio con mayor peso" (texto ligeiramente editado).

82 Sobre o tema da imunidade de jurisdição do Estado estrangeiro, v. Jacob Dolinger, A imunidade jurisdicional dos Estados, *Anais da Faculdade de Direito da UERJ, 1*:190, 2004; e Luís Roberto Barroso e Carmen Tiburcio, Imunidade de jurisdição: o Estado Federal e os Estados-membros, in Luís Roberto Barroso e Carmen Tiburcio (org.), *Direito internacional contemporâneo:* estudos em homenagem ao Professor Jacob Dolinger, 2006, p. 145 e s.

83 STF, *Revista Trimestral de Jurisprudência, 133*:159, AC 9.696/SP, Rel. Min. Sydney Sanches: "Estado estrangeiro. Imunidade judiciária. Causa trabalhista. Não há imunidade judiciária para o Estado estrangeiro, em causa de natureza trabalhista"; STJ, *DJU*, 20 jun. 2006, RO 33/RJ, Rel. Min. Nancy Andrighi: "A imunidade de jurisdição de Estado estrangeiro não alcança litígios de ordem trabalhista decorrentes de relação laboral prestada em território nacional e tendo por reclamante cidadão brasileiro aqui domiciliado".

216

A *colisão entre direitos fundamentais* não deixa de ser, de certa forma, uma particularização dos conflitos descritos acima. É que, em rigor, a estrutura normativa e o modo de aplicação dos direitos fundamentais se equiparam aos princípios. Assim, direitos que convivem em harmonia no seu relato abstrato podem produzir antinomias no seu exercício concreto. A matéria tem precedentes emblemáticos na jurisprudência do Tribunal Constitucional Federal alemão[84] e vem sendo crescentemente objeto de debate doutrinário e judicial no Brasil. Vejam-se alguns exemplos desse tipo de colisão:

Exemplo 1: Liberdade de religião *versus* direito de privacidade (na modalidade direito ao repouso domiciliar). *O caso da Rua Inhangá.*

Todos os domingos, às 7 horas da manhã, um pregador religioso ligava sua aparelhagem de som em uma pequena praça de Copacabana, um bairro residencial populoso e simpático do Rio de Janeiro. Em altos brados, anunciava os caminhos a serem percorridos para ingressar no reino dos céus, lendo passagens bíblicas e cantando hinos. Moradores das redondezas procuraram proibir tal manifestação.

Exemplo 2: Direito à honra *versus* direito à intimidade. *O caso da cantora mexicana Glória Trevi.*

A cantora mexicana Glória Trevi teve sua extradição requerida pelo governo de seu país e foi presa na Polícia Federal em Brasília. Tendo engravidado na prisão, acusou de estupro os policiais em serviço. Às vésperas do nascimento, os policiais requereram que fosse feito exame de DNA na criança, visando a excluir a paternidade e, consequentemente, desmoralizar a acusação de estupro. Invocando jurisprudência do próprio STF, a cantora recusou-se a fornecer material para exame, em nome do direito à intimidade.

Exemplo 3: Liberdade de expressão *versus* direito à própria honra e imagem:

a) Uma jovem faz *topless* na Praia Mole, em Florianópolis, Santa Catarina. Jornal de grande circulação publica uma foto do episódio. Tem ela direito a indenização por uso indevido de sua imagem?

b) A Princesa Caroline de Mônaco ingressa em juízo, na Alemanha, visando a proibir os órgãos de imprensa de publicar fotos suas, mesmo que em público, quando estivesse em atividades de sua vida privada;

c) Doca Street foi protagonista de um crime passional que marcou época no Rio de Janeiro. Quando uma grande emissora de televisão decidiu realizar um programa romanceando o episódio, após o réu haver cumprido a pena e já estar ressocializado, procurou ele impedir a exibição.

No ano de 2008, o Supremo Tribunal Federal julgou a controvertida questão das pesquisas com células-tronco embrionárias. O Procurador-Geral da República ajuizou ação direta de inconstitucionalidade contra artigo de lei que, nos seus diferentes dispositivos, autorizava e disciplinava as pesquisas científicas com embriões humanos resultantes dos procedimentos de fertilização *in vitro*, desde que inviáveis ou congelados há mais de três anos. O fundamento da ação era a violação ao direito à vida e à dignidade da pessoa humana. Em votação apertada, a Corte afirmou a validade da lei[85].

Por fim, a *colisão entre direitos fundamentais e outros valores constitucionais*, voltados para a proteção do interesse público ou do interesse coletivo. Este será o caso, por exemplo, de uma demarcação de terras indígenas que, por sua extensão, possa colocar em risco a perspectiva de desenvolvimento econômico de um Estado da Federação. Ambiente bastante típico dessa modalidade de colisão é o da preservação de direitos individuais à liberdade, ao devido processo legal e à presunção de inocência diante da apuração e punição de crimes e infrações em geral, inseridas no domínio mais amplo da segurança pública. Vejam-se alguns exemplos colhidos na jurisprudência do Supremo Tribunal Federal:

---

84 Citam-se aqui três casos bem conhecidos. No *caso do crucifixo* (*BVerfGE, 93:1*, 1995), o Tribunal proibiu a colocação de cruzes ou crucifixos nas salas de aula das escolas públicas. No *caso Lebach*, o Tribunal impediu a exibição de um documentário televisivo sobre um episódio criminoso, sob o fundamento de que já não atendia a interesses atuais de informação e colocava em risco a ressocialização do condenado, em vias de ser libertado (*BVerfGE, 93:266*, 1973). E, por fim, no *caso Mephisto*, o Tribunal proibiu a distribuição de livro que narrava a história de um ator que abrira mão de suas convicções políticas para associar-se ao nazismo (*BVerfGE, 30:173*, 1971). As três decisões podem ser encontradas em Jürgen Schwabe (org.), *Cincuenta años de jurisprudencia del Tribunal Constitucional Federal alemán*, 2003, p. 118 e s., p. 148 e s. e p. 174 e s., respectivamente.

85 V. *Inf. STF*, n. 508, p. 1, ADin 3.510/DF, Rel. Min. Carlos Britto. A posição do relator, julgando a ação totalmente improcedente, prevaleceu por seis votos a cinco. Dos cinco votos vencidos, dois deles tinham, como traço central, a proibição de destruição do embrião (Ministros Menezes Direito e Ricardo Lewandowski). Os outros três, sem se oporem à pesquisa que comprometesse o embrião, entendiam dever ficar explicitada na decisão a existência obrigatória de um órgão central de controle dessas pesquisas (Ministros Cezar Peluso, Eros Grau e Gilmar Mendes).

a) *Caso Ellwanger.* A liberdade de expressão não protege a incitação ao racismo. Caracteriza esse crime a publicação de livros de caráter antissemita, depreciativos ao povo judeu e que procuram negar a ocorrência do holocausto. A imprescritibilidade do crime de racismo, prevista na Constituição, justifica-se como alerta para as novas gerações[86].

b) *Crime hediondo e progressão de regime.* A progressão de regime no cumprimento da pena, nas espécies fechado, semiaberto e aberto, tem como maior razão a ressocialização do preso. Conflita com o princípio constitucional da individualização da pena (CF, art. 5º, XLVI) a norma legal que impõe o cumprimento da pena em regime integralmente fechado no caso de crimes hediondos[87].

c) *Delação anônima.* Comunicação de fatos que teriam sido praticados no âmbito da Administração Pública. A vedação constitucional do anonimato em confronto com o dever do Estado de apurar condutas funcionais desviantes. Legitimidade da instauração de procedimento investigatório pelo Tribunal de Contas da União[88].

d) *Foro privilegiado.* O foro privilegiado deve ser aplicado apenas no caso de ilícitos relacionados ao exercício do cargo. A experiência tem demonstrado que a aplicação ampla do foro, sem observar tal critério, impede a responsabilização de agentes públicos, comprometendo o princípio da igualdade e o princípio republicano[89].

e) *Vacinação compulsória.* É legítima a imposição de vacinação compulsória, por meio de medidas indiretas, como restrição de atividades e de frequência a determinados lugares, dada a relevância da vacinação ampla para a proteção da saúde da comunidade como um todo. Não é possível, contudo, a sua realização forçada, em respeito ao princípio da dignidade humana[90].

Características comuns de todas as modalidades de colisões expostas e exemplificadas acima são (i) a insuficiência dos critérios tradicionais de solução de conflitos para resolvê-los, (ii) a inadequação do método subsuntivo para formulação da norma concreta que irá decidir a controvérsia e (iii) a necessidade de ponderação para encontrar o resultado constitucionalmente adequado. A ponderação será objeto do tópico seguinte. Cabe apenas o registro de que, apesar de disseminada como técnica indispensável para solução dos conflitos normativos, não é ela objeto de unanimidade absoluta na doutrina. Há correntes que negam, total ou parcialmente, a realidade dos conflitos normativos, como o denominado conceptualismo; e há os que reconhecem a existência de conflitos, mas têm a pretensão de oferecer outras alternativas para seu equacionamento, como é o caso da hierarquização dos elementos normativos em conflito[91].

Antes de encerrar este tópico, um último registro importante. Foram assentadas até aqui algumas premissas essenciais, dentre as quais: direitos fundamentais não são absolutos e, como consequência, seu exercício está sujeito a limites; e, por serem geralmente estruturados como princípios, os direitos fundamentais, em múltiplas situações, são aplicados mediante ponderação. Os limites dos direitos fundamentais, quando não constem diretamente da Constituição, são demarcados em abstrato pelo legislador ou em concreto pelo juiz constitucional. Daí existir a necessidade de protegê-los contra a abusividade de leis restritivas[92], bem como

---

86 STF, *DJU*, 19 mar. 2003, HC 82.424/RS, Rel. p/ o acórdão Min. Maurício Corrêa.

87 STF, *DJU*, 9 fev. 2007, HC 90.049/RS, Rel. Min. Marco Aurélio.

88 STF, *DJU*, 4 jun. 2004, MS 24.369/DF, Rel. Min. Celso de Mello.

89 STF, *DJE*, 11 dez. 2018, AP 937 QO, Rel. Min. Luís Roberto Barroso.

90 STF, *DJE*, 8 abr. 2021, ARE 1.267.879, Rel. Min. Luís Roberto Barroso; *DJE*, 7 abr. 2021, ADI 6.586, Rel. Min. Ricardo Lewandowski.

91 Para uma análise desses mecanismos alternativos à ponderação, v. Ana Paula de Barcellos, *Ponderação, racionalidade e atividade jurisdicional*, 2005, p. 57 e s.

92 Direitos fundamentais podem ser restringidos, em primeiro lugar, pela própria Constituição, seja em nome de outros direitos fundamentais (a liberdade de expressão não inclui o direito de caluniar alguém – cf. art. 5º, IV e X) seja para promover valores e interesses coletivos (a liberdade de ir e vir pode ser limitada no estado de sítio – art. 139, I). Podem ser restringidos, também, pela lei, tanto em hipóteses nas quais a Constituição expressamente preveja a limitação (a inviolabilidade das comunicações telefônicas pode ser excepcionada por lei para fins de investigação criminal ou instrução processual penal – art. 5º, XII –, e a liberdade de trabalho pode estar sujeita a qualificações impostas por lei) quanto com base nos limites imanentes.

de fornecer parâmetros ao intérprete judicial[93]. O tema da restrição aos direitos fundamentais é um dos mais ricos e complexos da moderna dogmática constitucional[94].

V A TÉCNICA DA PONDERAÇÃO[95]

Por muito tempo, a subsunção foi o raciocínio padrão na aplicação do Direito. Como se sabe, ela se desenvolve por via de um raciocínio silogístico, no qual a premissa maior – a norma – incide sobre a premissa menor – os fatos –, produzindo um resultado, fruto da aplicação da norma ao caso concreto. Como já assinalado, esse tipo de raciocínio jurídico continua a ser fundamental para a dinâmica do Direito. Mas não é suficiente para lidar com as situações que envolvam colisões de princípios ou de direitos fundamentais.

De fato, nessas hipóteses, mais de uma norma postula aplicação sobre os mesmos fatos. Vale dizer: há várias premissas maiores e apenas uma premissa menor. Como intuitivo, a subsunção, na sua lógica unidirecional (premissa maior, premissa menor, conclusão), somente poderia trabalhar com uma das normas, o que importaria na eleição de uma única premissa maior, descartando-se as demais. Tal fórmula, todavia, não seria constitucionalmente adequada, em razão do princípio da unidade da Constituição, que nega a existência de hierarquia jurídica entre normas constitucionais.

Como consequência, a interpretação constitucional viu-se na contingência de desenvolver técnicas capazes de produzir uma solução dotada de racionalidade e de controlabilidade diante de normas que entrem em rota de colisão. O raciocínio a ser desenvolvido nessas situações haverá de ter uma estrutura diversa, que seja capaz de operar multidirecionalmente, em busca da regra concreta que vai reger a espécie. Os múltiplos elementos em jogo serão considerados na medida de sua importância e pertinência para o caso concreto. A subsunção é um quadro geométrico, com três cores distintas e nítidas. A ponderação é uma pintura moderna, com inúmeras cores sobrepostas, algumas se destacando mais do que outras, mas formando uma unidade estética. Ah, sim: a ponderação malfeita pode ser tão ruim quanto algumas peças de arte moderna.

O relato acima expressa, de maneira figurativa, o que se convencionou denominar *ponderação*. Em suma, consiste ela em uma técnica de decisão jurídica, aplicável a casos difíceis, em relação aos quais a subsunção se mostrou insuficiente. A insuficiência se deve ao fato de existirem normas de mesma

---

93 Como regra geral, colisões de direitos fundamentais devem ser resolvidas em concreto, e não em abstrato. A lei pode procurar oferecer parâmetros para a ponderação, mas dificilmente será válida se ela própria realizar, de modo absoluto, a ponderação, hierarquizando de maneira permanente os direitos em jogo e privando o juiz de proceder ao sopesamento à luz dos elementos do caso concreto. Por essa razão, o art. 20 do Código Civil, ao cercear drasticamente a liberdade de expressão em favor do direito de imagem, não resiste, em sua literalidade, ao teste de constitucionalidade, exigindo um difícil esforço de interpretação conforme a Constituição. V. Luís Roberto Barroso, Liberdade de expressão *versus* direitos da personalidade. Colisão de direitos fundamentais e critérios de ponderação, in *Temas de direito constitucional*, 2005, t. III, p. 79 e s. Foi nesse sentido, aliás, a decisão do STF no julgamento da ADI 4.815, *DJU*, 29 jan. 2016, Rel. Min. Cármen Lúcia.

94 V. infra, Parte III, Cap. V, dedicado à teoria geral dos direitos fundamentais. Sobre o tema, vejam-se, na doutrina estrangeira, em meio a muitos estudos, Robert Alexy, *Teoría de los derechos fundamentales*, 1998, p. 267 e s.; e Martin Borowski, *La estructura de los derechos fundamentales*, 2003, p. 65 e s. E, na doutrina nacional, Jane Reis Gonçalves Pereira, *Interpretação constitucional e direitos fundamentais*, 2006, p. 131 e s.; Luís Virgílio Afonso da Silva, *O conteúdo essencial dos direitos fundamentais e a eficácia das normas constitucionais*, mimeografado, 2005, p. 163 e s.; e Ana Paula de Barcellos, *Ponderação, racionalidade e atividade jurisdicional*, 2005, p. 142 e s.

95 Este tópico foi escrito com a colaboração de Ana Paula de Barcellos. Sobre o tema, vejam-se: Ronald Dworkin, *Taking rights seriously*, 1997; Robert Alexy, *Teoría de los derechos fundamentales*, 1997, e os seguintes textos mimeografados: *Colisão e ponderação como problema fundamental da dogmática dos direitos fundamentais*, 1998, e *Constitutional rights, balancing, and rationality*, 2002 (textos gentilmente cedidos por Margarida Lacombe Camargo); Karl Larenz, *Metodologia da ciência do Direito*, 1997; Daniel Sarmento, *A ponderação de interesses na Constituição Federal*, 2000; Ricardo Lobo Torres, Da ponderação de interesses ao princípio da ponderação, in Urbano Zilles (coord.), *Miguel Reale*: estudos em homenagem a seus 90 anos, 2000, p. 643 e s.; José Maria Rodríguez de Santiago, *La ponderación de bienes e intereses en el derecho administrativo*, 2000; Aaron Barak, Foreword: a judge on judging: the role of a Supreme Court in a Democracy, *Harvard Law Review*, 116:01, 2002; Clèmerson Merlin Clève, Liberdade de expressão, de informação e propaganda comercial, in Daniel Sarmento e Flávio Galdino (orgs.), *Direitos fundamentais*: estudos em homenagem ao professor Ricardo Lobo Torres, 2006; Marcos Maselli Gouvêa, *O controle judicial das omissões administrativas*, 2003; Humberto Ávila, *Teoria dos princípios*: da definição à aplicação dos princípios jurídicos, 2003; Ana Paula de Barcellos, *Ponderação, racionalidade e atividade jurisdicional*, 2005, p. 91 e s.; Luís Roberto Barroso e Ana Paula de Barcellos, O começo da história. A nova interpretação constitucional e o papel dos princípios no direito brasileiro, in *Temas de direito constitucional*, 2005, t. III, p. 3 e s.

hierarquia indicando soluções diferenciadas. Nos últimos tempos, a jurisprudência, inclusive do Supremo Tribunal Federal, incorporou essa técnica à rotina de seus pronunciamentos[96]. De forma simplificada, é possível descrever a ponderação como um processo em três etapas, descritas a seguir.

Na *primeira* etapa, cabe ao intérprete detectar no sistema as normas relevantes para a solução do caso, identificando eventuais conflitos entre elas. Como se viu, a existência dessa espécie de conflito – insuperável pela subsunção – é o ambiente próprio de trabalho da ponderação. Relembre-se que norma não se confunde com dispositivo: por vezes uma norma será o resultado da conjugação de mais de um dispositivo. Por seu turno, um dispositivo isoladamente considerado pode não conter uma norma ou, ao revés, abrigar mais de uma[97]. Ainda neste estágio, os diversos fundamentos normativos – isto é, as diversas premissas maiores pertinentes – são agrupados em função da solução que estejam sugerindo. Ou seja: aqueles que indicam a mesma solução devem formar um conjunto de argumentos. O propósito desse agrupamento é facilitar o trabalho posterior de comparação entre os elementos normativos em jogo.

Na *segunda* etapa, cabe examinar os fatos, as circunstâncias concretas do caso e sua interação com os elementos normativos. Relembre-se, na linha do que foi exposto anteriormente, a importância assumida pelos fatos e pelas consequências práticas da incidência da norma na moderna interpretação constitucional. Embora os princípios e regras tenham uma existência autônoma, em tese, no mundo abstrato dos enunciados normativos, é no momento em que entram em contato com as situações concretas que seu conteúdo se preencherá de real sentido. Assim, o exame dos fatos e os reflexos sobre eles das normas identificadas na primeira fase poderão apontar com maior clareza o papel de cada uma delas e a extensão de sua influência.

Até aqui, na verdade, nada foi solucionado, nem sequer há maior novidade. Identificação das normas aplicáveis e compreensão dos fatos relevantes fazem parte de todo e qualquer processo interpretativo, sejam os casos fáceis, sejam difíceis. É na *terceira* etapa que a ponderação irá singularizar-se, em oposição à subsunção. Relembre-se, como já assentado, que os princípios, por sua estrutura e natureza, e observados determinados limites, podem ser aplicados com maior ou menor intensidade, à vista de circunstâncias jurídicas ou fáticas, sem que isso afete sua validade[98]. Pois bem: nessa fase dedicada à decisão, os diferentes grupos de normas e a repercussão dos fatos do caso concreto estarão sendo examinados de forma conjunta, de modo a apurar os pesos que devem ser atribuídos aos diversos elementos em disputa e, portanto, o grupo de normas que deve preponderar no caso. Em seguida, será preciso ainda decidir quão intensamente esse grupo de normas – e a solução por ele indicada – deve prevalecer em detrimento dos demais, isto é: sendo possível graduar a intensidade da solução escolhida, cabe ainda decidir qual deve ser o grau apropriado em que a solução deve ser aplicada. Todo esse processo intelectual tem como fio condutor o princípio da *proporcionalidade* ou *razoabilidade* (v. *supra*).

Da exposição apresentada extrai-se que a ponderação ingressou no universo da interpretação constitucional como uma necessidade, antes que como uma opção filosófica ou ideológica[99]. É certo, no entanto, que cada uma das três etapas descritas acima – identificação das normas pertinentes, seleção dos fatos relevantes e atribuição geral de pesos, com a produção de uma conclusão – envolve avaliações de caráter subjetivo, que poderão variar em função das circunstâncias pessoais do intérprete e de outras

---

96   De fato, o emprego da ponderação tornou-se corriqueiro na argumentação do Supremo Tribunal Federal, com referências frequentes a essa técnica, à razoabilidade-proporcionalidade e ao conteúdo essencial dos direitos fundamentais. Confira-se, *e.g.*: *DJU*, 19 mar. 2004, HC 82.424/RS, voto do Ministro Celso de Mello: "Entendo que a superação dos antagonismos existentes entre princípios constitucionais há de resultar da utilização, pelo Supremo Tribunal Federal, de critérios que lhe permitam ponderar e avaliar, 'hic e nunc', em função de determinado contexto e sob uma perspectiva axiológica concreta, qual deva ser o direito a preponderar no caso, considerada a situação de conflito ocorrente, desde que, no entanto, a utilização do método da ponderação de bens e interesses não importe em esvaziamento do conteúdo essencial dos direitos fundamentais, tal como adverte o magistério da doutrina".

97   Sobre o tema, v. Humberto Ávila, *Teoria dos princípios:* da definição à aplicação dos princípios jurídicos, 2003, p. 13.

98   Essa estrutura em geral não se repete com as regras, de modo que a ponderação de regras será um fenômeno muito mais complexo e excepcional.

99   Há, na verdade, quem critique essa necessidade e a própria conveniência de aplicar-se a ponderação a temas constitucionais que, por seu caráter fundamental, não deveriam estar sujeitos a avaliações tão subjetivas como as que ocorrem em um processo de ponderação: v. T. Alexander Aleinikoff, Constitutional law in the age of balancing, *Yale Law Journal*, 96:943, 1987.

tantas influências[100]. É interessante observar que alguns grandes temas da atualidade constitucional no Brasil têm seu equacionamento posto em termos de ponderação de valores, podendo-se destacar:

a) o debate acerca da relativização da coisa julgada, em que se contrapõem o princípio da segurança jurídica e outros valores socialmente relevantes, como a justiça, a proteção dos direitos da personalidade e outros[101];

b) o debate acerca da denominada "eficácia horizontal dos direitos fundamentais", envolvendo a aplicação das normas constitucionais às relações privadas, em que se contrapõem a autonomia da vontade e a efetivação dos direitos fundamentais[102];

c) o debate acerca do papel da imprensa, da liberdade de expressão e do direito à informação em contraste com o direito à honra, à imagem e à vida privada[103].

Algumas observações finais sobre o tema. A metáfora da ponderação, associada ao próprio símbolo da justiça, não é imune a críticas, sujeita-se ao mau uso e não é remédio para todas as situações. Embora tenha merecido ênfase recente, por força da teoria dos princípios, trata-se de uma ideia que vem de longe[104]. Há quem a situe como um componente do princípio mais abrangente da proporcionalidade[105] e outros que já a vislumbram como um princípio próprio, autônomo: o princípio da ponderação[106]. É bem de ver, no entanto, que a ponderação, embora preveja a atribuição de pesos diversos aos fatores relevantes de determinada situação, não fornece referências materiais ou axiológicas para a valoração a ser feita. No seu limite máximo, presta-se ao papel de oferecer um rótulo para voluntarismos e soluções *ad hoc*, tanto as bem-inspiradas como as nem tanto[107].

Para evitar ou minimizar o risco identificado acima, a doutrina tem se empenhado em desenvolver alguns elementos de segurança, alguns vetores interpretativos. De fato, para que as decisões produzidas mediante ponderação tenham legitimidade e racionalidade, deve o intérprete:

a) reconduzi-las sempre ao sistema jurídico, a uma norma constitucional ou legal que lhe sirva de fundamento: a legitimidade das decisões judiciais decorre sempre de sua vinculação a uma decisão majoritária, seja do constituinte seja do legislador;

b) utilizar-se de um parâmetro que possa ser generalizado aos casos equiparáveis, que tenha pretensão de universalidade: decisões judiciais não devem ser casuísticas nem voluntaristas;

---

100 Para o exame de algumas situações concretas de ponderação na nossa perspectiva, v. Luís Roberto Barroso, *Temas de direito constitucional*, 2002, t. I: Liberdade de expressão, direito à informação e banimento da publicidade de cigarro, p. 243 e s. (sobre liberdade de expressão e informação *versus* políticas públicas de proteção à saúde); Liberdade de expressão, censura e controle da programação de televisão na Constituição de 1988, p. 341 e s. (sobre liberdade de de expressão *versus* proteção aos valores éticos e sociais da pessoa e da família). E em *Temas de direito constitucional*, 2003, t. II: A ordem constitucional e os limites à atuação estatal no controle de preços, p. 47 e s. (sobre livre-iniciativa e livre concorrência *versus* proteção do consumidor); e Banco Central e Receita Federal. Comunicação ao Ministério Público para fins penais. Obrigatoriedade da conclusão prévia do processo administrativo, p. 539 e s. (sobre proteção da honra, imagem e privacidade *versus* repressão de ilícitos).

101 V. Cândido Rangel Dinamarco, Relativizar a coisa julgada material, in Carlos Valder do Nascimento (coord.), *Coisa julgada inconstitucional*, 2002, p. 33 e s.

102 V. Ingo Wolfgang Sarlet, Direitos fundamentais e direito privado: algumas considerações em torno da vinculação dos particulares aos direitos fundamentais, in Ingo Wolfgang Sarlet (org.), *A Constituição concretizada*: construindo pontes entre o público e o privado, 2000, p. 107 e s.; e Daniel Sarmento, *Direitos fundamentais e relações privadas*, 2010.

103 STF, *DJE*, 29 jan. 2016, ADI 4.815, Rel. Min. Cármen Lúcia.

104 Roscoe Pound, *Interpretations of legal history*, 1923, é citado como grande impulsionador da moderna técnica de ponderação, no âmbito da "jurisprudência sociológica". V. Murphy, Fleming e Harris II, *American constitutional interpretation*, 1986, p. 309.

105 Robert Alexy, *Constitutional rights, balancing, and rationality*, 2002, mimeografado, p. 6.

106 Ricardo Lobo Torres, Da ponderação de interesses ao princípio da ponderação, in Urbano Zilles (coord.), *Miguel Reale*: estudos em homenagem a seus 90 anos, 2000, p. 643 e s.

107 Antônio Henrique Corrêa da Silva, em monografia de final de curso na Pós-graduação em Direito Público da UERJ, significativamente denominada *Colisão de princípios e ponderação de interesses*: solução ruim para problema inexistente, 2002, faz densa crítica à ideia de ponderação em si e, considerando artificiais as distinções entre regra e princípio, concluiu: "a) a distinção entre regra e princípio é inócua do ponto de vista funcional, uma vez que o princípio não pode operar por si só, mas apenas através de uma regra que dele se extraia; b) a 'colisão de princípios' é, na verdade, um conflito de regras extraídas de princípios, que podem ou não ser solucionáveis pelos critérios tradicionais de superação de antinomias".

c) produzir, na intensidade possível, a concordância prática dos enunciados em disputa, preservando o núcleo essencial dos direitos[108 e 109].

A ponderação, como estabelecido acima, socorre-se do princípio da razoabilidade-proporcionalidade para promover a máxima concordância prática entre os direitos em conflito. Idealmente, o intérprete deverá fazer *concessões recíprocas* entre os valores e interesses em disputa, preservando o máximo possível de cada um deles. Situações haverá, no entanto, em que será impossível a compatibilização. Nesses casos, o intérprete precisará fazer *escolhas*, determinando, *in concreto*, o princípio ou direito que irá prevalecer.

Tomem-se dois dos exemplos citados no tópico anterior. No *caso da Rua Inhangá*, em que um pregador religioso iniciava sua atividade às 7 horas da manhã de domingo, há uma solução relativamente simples capaz de harmonizar, mediante concessões recíprocas, a liberdade religiosa e o direito ao repouso: a fixação do horário das 10 horas da manhã para o início da pregação[110]. Porém, no *caso Glória Trevi*, o Supremo Tribunal Federal fez uma escolha: optando pelo direito à honra sobre o direito de privacidade, determinou a realização do exame de DNA na placenta que envolvia o bebê, levado a efeito logo em seguida ao parto[111]. Naturalmente, nas hipóteses em que a solução produzida não decorre de uma lógica subsuntiva, o ônus argumentativo se potencializa, devendo o intérprete demonstrar, analiticamente, a construção do seu raciocínio. Daí a necessidade de se resgatar a argumentação jurídica.

VI A ARGUMENTAÇÃO JURÍDICA[112]

1 Algumas anotações teóricas

A argumentação faz parte do mundo jurídico, que é feito de linguagem, racionalidade e convencimento. Todos os participantes do processo apresentam argumentos e a fundamentação é requisito essencial

---

108 V. Ana Paula de Barcellos, *Ponderação, racionalidade e atividade jurisdicional*, 2005, p. 125 e s. A autora procura delinear, ainda, dois parâmetros gerais para a ponderação, expostos analiticamente no desenvolvimento de sua tese e assim resumidos na conclusão do trabalho: "Ao longo do processo ponderativo o intérprete pode lançar mão de dois parâmetros gerais: (i) os enunciados com estrutura de regra (dentre os quais os núcleos dos princípios que possam ser descritos dessa forma) têm preferência sobre aqueles com estrutura de princípios; e (ii) as normas que promovem diretamente os direitos fundamentais dos indivíduos e a dignidade humana têm preferência sobre aqueles que apenas indiretamente contribuem para esse resultado".

109 O conceito de conteúdo essencial dos direitos fundamentais é objeto de diversas teorias. Tem conquistado adesões a ideia de uma íntima relação entre os conceitos de conteúdo essencial e proporcionalidade, para concluir que *as restrições a direitos fundamentais que passem no teste da proporcionalidade não afetam o conteúdo essencial dos direitos restringidos*. V. Luís Virgílio Afonso da Silva, *O conteúdo essencial dos direitos fundamentais e a eficácia das normas constitucionais*, mimeografado, 2005, p. 259-260 e 272, onde resumiu tal raciocínio no seguinte silogismo: "Restrições que atingem o conteúdo essencial são inconstitucionais; restrições que passem pelo teste da proporcionalidade são constitucionais; restrições que passem pelo teste da proporcionalidade não atingem o conteúdo essencial" (texto ligeiramente editado).

110 Esse caso não gerou uma demanda judicial, tendo sido solucionado por composição amigável entre os moradores da rua e o pregador religioso.

111 STF, *DJU*, 27 jun. 2003, Rcl 2.040/DF, Rel. Min. Néri da Silveira: "Reclamação. Reclamante submetida ao processo de Extradição n. 783, à disposição do STF. 2. Coleta de material biológico da placenta, com propósito de se fazer exame de DNA, para averiguação de paternidade do nascituro, embora a oposição da extraditanda. 3. Invocação dos incisos X e XLIX do art. 5º, da CF/88. [...] 9. Mérito do pedido do Ministério Público Federal julgado, desde logo, e deferido, em parte, para autorizar a realização do exame de DNA do filho da reclamante, com a utilização da placenta recolhida, sendo, entretanto, indeferida a súplica de entrega à Polícia Federal do 'prontuário médico' da reclamante".

112 Sobre o tema, v. Chaïm Perelman e Lucie Olbrechts-Tyteca, *Tratado da argumentação:* a nova retórica, 1996 (1ª edição do original *Traité de l'argumentation:* la nouvelle rhétorique, 1958); Stephen E. Toulmin, *The uses of argument*, 1958; Neil MacCormick, *Legal reasoning and legal theory*, 1978; Robert Alexy, *Teoría de la argumentación jurídica*, 2001 (1ª edição do original *Theorie der juristischen Argumentation*, 1978); Manuel Atienza, *As razões do Direito, Teorias da argumentação jurídica*, 2002; Antônio Carlos Cavalcanti Maia, Notas sobre direito, argumentação e democracia, in Margarida Maria Lacombe Camargo (org.), *1988-1998: uma década de Constituição*, 1999; Manuel Atienza, Argumentación jurídica, in Ernesto Garzón Valdés e Francisco J. Laporta, *El Derecho y la justicia*, 2000; Vicente de Paulo Barreto (coord.), *Dicionário de filosofia do Direito*, 2006, verbetes: "Argumentação" (Antônio Carlos Cavalcanti Maia), "Argumentação jurídica" (Antônio Carlos Cavalcanti Maia e Thomas da Rosa de Bustamante) e "Razão prática e razão teórica" (Frederico Bonaldo e Renato Rezende Beneduzi); e Fabio P. Shecaira e Noel Struchiner, *Teoria da argumentação jurídica*, 2016.

da decisão judicial[113]. No entanto, como já assinalado, a interpretação jurídica lida com casos fáceis e com casos difíceis. Os casos fáceis podem ser decididos com base na lógica formal, dedutiva, aplicando-se a norma pertinente aos fatos, mediante subsunção. Nos casos difíceis, porém, a solução precisa ser construída tendo em conta elementos que não estão integralmente contidos nos enunciados normativos aplicáveis. Valorações morais e políticas precisarão integrar o itinerário lógico da produção da decisão. Este é o ambiente típico da argumentação jurídica[114].

Argumentação é a atividade de fornecer razões para a defesa de um ponto de vista, o exercício de justificação de determinada tese ou conclusão. Trata-se de um processo racional e discursivo de demonstração da correção e da justiça da solução proposta, que tem como elementos fundamentais: (i) a linguagem, (ii) as premissas que funcionam como ponto de partida e (iii) regras norteadoras da passagem das premissas à conclusão[115]. A necessidade da argumentação se potencializa com a substituição da lógica formal ou dedutiva pela razão prática[116], e tem por finalidade propiciar o controle da racionalidade das decisões judiciais.

A *argumentação jurídica* desenvolveu-se, especialmente, no quarto final do século passado[117]. Liga-se ela à ideia de que a solução dos problemas que envolvem a aplicação do Direito nem sempre poderá ser deduzida do relato da norma, mas terá de ser construída indutivamente, tendo em conta fatos, valores e escolhas. As diferentes teorias da argumentação jurídica têm por objetivo estruturar o raciocínio jurídico, de modo a que ele seja lógico e transparente, aumentando a racionalidade do processo de aplicação do Direito e permitindo um maior controle da justificação das decisões judiciais[118].

O crescimento da importância da argumentação jurídica na hermenêutica e na filosofia do Direito tem motivações associadas à filosofia política e à filosofia moral. No plano político, o debate se reconduz à onipresente questão da legitimidade democrática da atividade judicial: na medida em que se reconhece que o juiz participa criativamente da construção da norma, o fundamento de sua atuação já não pode repousar exclusivamente no princípio da separação de Poderes. A argumentação, a demonstração racional

---

113 CF/1988, art. 93, IX, e CPC/2015, art. 489, II. Para uma profunda reflexão sobre o dever de fundamentação no âmbito do processo legislativo, v. Ana Paula de Barcellos, *Direitos fundamentais e direito à justificativa*: devido procedimento na elaboração normativa, 2016.

114 Típico, mas não exclusivo. De fato, embora a lógica formal dedutiva não possa dar conta de todos os problemas da interpretação e aplicação do Direito, ainda assim ela desempenha um papel importante e, frequentemente, estará presente na argumentação jurídica. Por essa razão, ao se referir aos autores pioneiros da teoria da argumentação, anotou Manuel Atienza: "En lo que se equivocaron es en llevar demasiado lejos su crítica y en sostener que la lógica formal deductiva no tiene practicamente nada que decir sobre la argumentación jurídica" (Argumentación jurídica, in Ernesto Garzón Valdés e Francisco J. Laporta, *El Derecho y la justicia*, 2000, p. 233).

115 V. Antonio Carlos Cavalcanti Maia, verbete "Argumentação", in Vicente de Paulo Barreto (coord.), *Dicionário de filosofia do Direito*, 2006, p. 60.

116 A razão teórica busca a verdade, o conhecimento, e tem por conduta típica a contemplação. A razão prática busca a produção do bom e do justo, e realiza-se pela ação. Através de um uso teórico da razão, o sujeito do conhecimento examina a realidade e busca descrevê-la com objetividade. No campo da teoria do Direito, esse uso da razão caracteriza aquelas concepções que se dispõem a dizer o que o Direito é, sem julgá-lo. É o caso, em especial, da teoria pura do direito, de Kelsen. Um uso prático da razão, por seu turno, é voltado para o estabelecimento de padrões de comportamento, caracterizados como justos. É através de um uso prático da razão que são construídos princípios de justiça a partir dos quais é possível julgar os preceitos de um ordenamento jurídico concreto. A razão prática é o direcionamento da vontade à consecução daqueles valores éticos. Sobre o tema, vejam-se: Frederico Bonaldo e Renato Rezende Beneduzi, verbete "Razão prática e razão teórica", in Vicente de Paulo Barreto (coord.), *Dicionário de filosofia do Direito*, 2006, p. 690-695; Cláudio Pereira de Souza Neto, A teoria constitucional e seus lugares específicos: notas sobre o aporte reconstrutivo, *Revista de Direito do Estado*, 1:89, 2006; e Manuel Atienza, *As razões do Direito*: teorias da argumentação jurídica, 2002, p. 200: "A exigência mais fundamental da racionalidade prática é que, a favor de uma ação, deve-se apresentar algum tipo de razão, seja avaliativa (valorativa) ou finalista".

117 Uma primeira fase, no período que se seguiu ao término da Segunda Guerra, congregou autores distintos e distantes, reunidos na rejeição à lógica formal, à lógica dedutiva, com destaque para a *Tópica*, de Viehweg (1953), a *Lógica do razoável*, de Recaséns Siches, a *Nova retórica*, de Perelman (1958), e a *Lógica não formal*, de Toulmin (1958). Todavia, assinala Manuel Atienza, Argumentación jurídica, in Ernesto Garzón Valdés e Francisco J. Laporta, *El Derecho y la justicia*, 2000, p. 234, "o mérito de elaborar verdadeiras teorias da argumentação jurídica corresponde a diversos autores de décadas posteriores, como Aarnio (1987), Alexy (1978), MacCormick (1978), Peczenik (1984) e Wróblewsky (1974)".

118 Antonio Carlos Cavalcanti Maia e Thomas da Rosa de Bustamante, no verbete "Argumentação Jurídica", in Vicente de Paulo Barreto (coord.), *Dicionário de filosofia do Direito*, 2006, p. 66, registram o que identificam como uma *definição comum* às diferentes propostas: "Teorias da argumentação jurídica são teorias sobre o emprego dos argumentos e o valor de cada um deles nos discursos de justificação de uma decisão jurídica, visando a um incremento de racionalidade na fundamentação e aplicação prática do Direito, na máxima medida possível".

do itinerário lógico percorrido, o esforço de convencimento do *auditório*[119] passam a ser fonte de legitimação e controlabilidade da decisão. No plano moral, já não se aceita, sem objeção profunda, que qualquer decisão emanada da autoridade competente seja legítima. Cada vez mais se exige sua justificação racional e moral, vale dizer, sua justiça intrínseca[120].

A argumentação jurídica é um caso especial da teoria da argumentação. Como tal, deve obedecer às regras do discurso racional: as conclusões devem decorrer logicamente das premissas, não se admite o uso da força ou da coação psicológica, deve-se observar o princípio da não contradição, o debate deve estar aberto a todos, dentre outras[121]. Paralelamente, outras regras específicas do discurso jurídico deverão estar presentes, como a preferência para os elementos normativos do sistema, o respeito às possibilidades semânticas dos textos legais, a deferência para com as deliberações majoritárias válidas e a observância dos precedentes, para citar alguns exemplos.

2 Alguns aspectos práticos

Após um primeiro momento de perplexidade, os iniciantes no estudo do Direito passam a encarar com naturalidade um fenômeno que causa estranheza a uma pessoa leiga: a existência de decisões em sentidos opostos acerca de uma mesma matéria, posições doutrinárias divergentes e até votos conflitantes em um mesmo julgado[122]. Isto é: considerados os mesmos fatos e os mesmos elementos normativos, pessoas diferentes poderão chegar a conclusões diversas. A principal questão formulada pela chamada *teoria da argumentação* pode ser facilmente visualizada nesse ambiente: se há diversas possibilidades interpretativas acerca de uma mesma hipótese, qual delas é a correta? Ou, ainda que se possa falar de *uma* decisão correta[123], qual (ou quais) delas é(são) capaz(es) de apresentar uma fundamentação racional consistente? Como verificar se determinado argumento é melhor do que outro?

Existem incontáveis propostas de critérios para orientar a argumentação jurídica. Não é o caso de investigá-los aqui. A matéria, por suas implicações e complexidades, transformou-se em um domínio autônomo e altamente especializado. Por ilustração, são estudados brevemente três parâmetros que se consideram pertinentes e recomendáveis: a) a necessidade de fundamentação normativa; b) a necessidade de respeito à integridade do sistema; c) o peso (relativo) a ser dado às consequências concretas da decisão.

Em *primeiro lugar*, a argumentação jurídica deve ser capaz de apresentar *fundamentos normativos* (implícitos que sejam) que lhe deem sustentação. O intérprete deve respeito às normas jurídicas – *i.e.*,

---

119 A ideia de auditório está em Perelman e Tyteca, significando "o conjunto que o orador quer influenciar com sua argumentação". Existe o auditório *particular*, que é o público que compartilha de determinado conjunto de valores e pré-compreensões, como, por exemplo, a comunidade jurídica; e o auditório *universal*, que se caracteriza pela pluralidade de pontos de vista, só podendo ser convencido por argumentos tendentes à universalização. V. Chaïm Perelman e Lucie Olbrechts-Tyteca, *Tratado da argumentação:* a nova retórica, 1996, p. 22-39.

120 Manuel Atienza, Argumentación jurídica, in Ernesto Garzón Valdés e Francisco J. Laporta, *El Derecho y la justicia*, 2000, p. 231-232: "En el contexto de las sociedades contemporáneas, existe cada vez más la idea de que las decisiones de los órganos públicos no se justifican simplemente por haber sido adoptadas por órganos que directa o indirectamente reflejan las opiniones de las mayorías. Es también necesario que las decisiones estén racionalmente justificadas, es decir, que en favor de las mismas se aporten argumentos que hagan que la decisión pueda ser discutida y controlada".

121 Sobre a tese de que o discurso jurídico é um caso especial do discurso prático geral, bem como sobre uma sistematização das regras e formas do discurso prático em geral, v. Robert Alexy, *Teoria da argumentação jurídica*, 2001, p. 186 e s. e 212.

122 O HC 73.662/MG (STF, *DJU*, 20 set. 1996, Rel. Min. Marco Aurélio) é um exemplo interessante e emblemático do que se afirma. A discussão envolvia a interpretação dos arts. 213 e 224, alínea *a*, do Código Penal, e, em particular, da presunção de violência nos casos de relação sexual com menor de 14 anos, para o fim de se considerar caracterizada a ocorrência do crime de estupro. O voto do Relator defendeu que a presunção deveria ser compreendida como relativa, sendo afastada tanto pelas circunstâncias do caso concreto (a menor levava vida promíscua, aparentava maior idade e consentiu com a relação sexual) como por força da norma constitucional que prevê deva ser conferida especial proteção à família (art. 226). Isso porque, segundo o Ministro Relator, cinco anos já se haviam passado do evento e, nesse ínterim, o paciente no *habeas corpus*, condenado por estupro, havia casado e constituído família. Os votos vencidos, por outro lado, e afora outros argumentos, defendiam a presunção absoluta de violência no caso com fundamento no art. 227, § 4º, da Constituição, pelo qual "a lei punirá severamente o abuso, a violência e a exploração sexual da criança e do adolescente".

123 Com efeito, praticamente todas as teorias que se têm desenvolvido sobre os parâmetros que a argumentação deve observar para ser considerada válida reconhecem que, muitas vezes, não haverá *uma* resposta certa, mas um conjunto de soluções plausíveis e razoáveis. V. Manuel Atienza, *As razões do Direito:* teorias da argumentação jurídica, 2002, p. 40 e s.

às deliberações majoritárias positivadas em um texto normativo –, à dogmática jurídica – *i.e.*, aos conceitos e categorias compartilhados pela doutrina e pela jurisprudência, que, mesmo não sendo unívocos, têm sentidos mínimos – e deve abster-se de voluntarismos. Não basta, portanto, o senso comum e o sentido pessoal de justiça: é necessário que juízes e tribunais apresentem elementos da ordem jurídica que embasem tal ou qual decisão. Em suma: a argumentação jurídica deve preservar exatamente o seu caráter *jurídico* – não se trata de uma argumentação que possa ser estritamente lógica, moral ou política.

Em *segundo lugar*, a argumentação jurídica deve preservar a *integridade* do sistema[124]. Isso significa que o intérprete deve ter compromisso com a unidade, com a continuidade e com a coerência da ordem jurídica. Suas decisões, portanto, não devem ser casuísticas ou idiossincráticas, mas *universalizáveis* a todos os casos em que estejam presentes as mesmas circunstâncias, bem como inspiradas pela razão pública[125]. Além disso, o intérprete deve procurar observar os *precedentes* e impedir variações não fundamentadas de entendimento. De fato, o respeito à jurisprudência é uma forma de promover segurança jurídica e de resguardar a isonomia[126]. O juiz não pode ignorar a história, as sinalizações pretéritas e as expectativas legítimas dos jurisdicionados. Na boa imagem de Ronald Dworkin, a prática judicial é como um "romance em cadeia", escrito em vários capítulos, em épocas diferentes[127]. É possível exercer a própria criatividade, mas sem romper com a integridade do Direito. Guinadas no enredo serão sempre possíveis – para fazer frente a novas realidades ou mesmo para corrigir um juízo anterior que se reputa equivocado –, mas deverão ser cuidadosamente justificadas e poderão ter seus efeitos limitados ou adiados para evitar injustiças flagrantes.

Em *terceiro lugar*, o intérprete constitucional não pode perder-se no mundo jurídico, desconectando-se da realidade e das consequências práticas de sua atuação. Sua atividade envolverá um equilíbrio entre a prescrição normativa (deontologia), os valores em jogo (filosofia moral) e os efeitos sobre a realidade (consequencialismo)[128]. Por certo, juízes e tribunais não podem lançar mão de uma argumentação inspirada exclusivamente pelas consequências práticas de suas decisões. Pelo contrário, devem ser fiéis, acima de tudo, aos valores e princípios constitucionais que lhes cabe concretizar. Nada obstante isso, o juiz constitucional não pode ser indiferente à repercussão de sua atuação sobre o mundo real, sobre a vida das instituições, do Estado e das pessoas.

Até porque tais consequências não serão indiferentes aos valores normativos vigentes. Um exemplo ajudará a elucidar o ponto: sendo possível prever, com razoável segurança, que determinada decisão irá

---

124 A ideia de *law as integrity* é um dos conceitos-chave do pensamento de Ronald Dworkin, tendo sido desenvolvido no capítulo VII de sua obra *Law's empire*, 1986 (em português, *O império do Direito*, 1999, p. 271 e s.). Em outra obra, intitulada *Freedom's law*, 1996, Dworkin volta ao tema, ao afirmar que a *leitura moral da Constituição*, por ele preconizada, é limitada pela exigência de *integridade* constitucional, afirmando: "Judges may not read their own convictions into the Constitution. They may not read the abstract moral clauses as expressing any particular moral judgment, no matter how much that judgment appeals to them, unless they find it consistent in principle with the structural design of the Constitution as a whole, and also with the dominant lines of past constitutional interpretation by other judges". (Tradução livre: Os juízes não devem ler suas próprias convicções na Constituição. Não devem ler cláusulas morais abstratas como se expressassem algum juízo moral particular, não importa quão adequado esse juízo lhes pareça, a menos que o considerem consistente em princípio com o desenho estrutural da Constituição como um todo e também com as linhas dominantes da interpretação constitucional assentadas pelos juízes que os antecederam.)

125 Naturalmente, a ideia de integridade não se confunde com a de uniformidade nem importa em vedação ao eventual temperamento da lei à vista do caso concreto.

126 V. Luís Roberto Barroso, Mudança da jurisprudência do Supremo Tribunal Federal em matéria tributária. Segurança jurídica e modulação dos efeitos temporais das decisões judiciais, *Revista de Direito do Estado*, 2:261, 2006, p. 269: "A observância dos precedentes liga-se a valores essenciais em um Estado de direito democrático, como a racionalidade e a legitimidade das decisões judiciais, a segurança jurídica e a isonomia. Essa circunstância deve ser levada em conta no processo de ponderação a ser empreendido para determinação da retroatividade ou não de determinada decisão judicial".

127 V. Ronald Dworkin, *O império do Direito*, 1999, p. 275 e s.

128 A ideia de consequencialismo aqui adotada não coincide com a perspectiva de Maquiavel – "os fins justificam os meios" – nem com a tradição utilitarista de Bentham e Mill nem tampouco com o pragmatismo da análise econômica do Direito. Mais próxima da concepção aqui exposta é a doutrina de Neil MacCormick, assim sintetizada por Manuel Atienza, *As razões do Direito*, 2002, p. 196: "[A] concepção consequencialista de MacCormick pode ser compatível com a ideia de que, para justificar as decisões judiciais, utilizam-se dois tipos de razões substantivas: as razões finalistas (uma decisão se justifica por promover um determinado estado de coisas, considerado desejável) e as razões de correção (uma decisão se justifica por ser considerada correta ou boa em si mesma, sem levar em conta nenhum outro objetivo posterior). De certo modo, a orientação de acordo com fins e a orientação segundo um critério de correção são duas faces da mesma moeda, pois os fins a levar em conta são, em última instância, os *fins corretos* de acordo com o ramo do Direito de que se trate".

produzir danos à igualdade entre homens e mulheres, parece evidente que essa circunstância não poderá ser ignorada por juízes e tribunais[129]. A avaliação das consequências prováveis pode consubstanciar-se em um imperativo de boa aplicação do Direito considerado em seu conjunto, e não em uma indagação inteiramente metajurídica[130]. Coisa diversa, e ilegítima, seria a produção de um verdadeiro juízo de conveniência e oportunidade políticas – típico dos agentes públicos eleitos – ocultado sob a forma de decisão judicial[131].

Aqui vale fazer uma nota. Os três parâmetros de argumentação expostos acima estão relacionados com *um* dos problemas suscitados pela teoria da argumentação, talvez o principal deles: a verificação da correção ou validade de uma argumentação que, consideradas certas premissas fáticas e a incidência de determinadas normas, conclui que uma consequência jurídica deve ser aplicada ao caso concreto. Isto é: cuida-se aqui do momento final da aplicação do Direito, quando os fatos já foram identificados e as normas pertinentes selecionadas. Isso não significa, porém, que esses dois momentos anteriores – seleção de fatos e de enunciados normativos – sejam autoevidentes. Ao contrário.

Desse modo, fica apenas o registro de que, além da questão posta acima, outros dois problemas que têm ocupado os estudiosos da argumentação jurídica envolvem exatamente a seleção das normas e dos fatos que serão considerados em determinada situação. Com efeito, não é incomum, diante de um caso,

---

129 Nesse sentido, o STF assegurou o direito das mulheres ao financiamento público proporcional ao percentual de candidaturas femininas, dado que a lei garantia cotas de candidatura, mas não lhes assegurava o correspondente financiamento. Nesse sentido, conferiu interpretação conforme à constituição à norma eleitoral para: "(a) equiparar o patamar legal mínimo de candidaturas femininas (hoje o do art. 10, § 3º, da Lei n. 9.504/1997, isto é, ao menos 30% de cidadãs), ao mínimo de recursos do Fundo Partidário a lhes serem destinados, que deve ser interpretado como também de 30% do montante do fundo alocado a cada partido, para eleições majoritárias e proporcionais, e (b) fixar que, havendo percentual mais elevado de candidaturas femininas, o mínimo de recursos globais do partido destinados a campanhas lhes seja alocado na mesma proporção". Em outro precedente, declarou que a Emenda Constitucional n. 20/98 deveria receber interpretação conforme para excluir de sua incidência a licença à gestante, justamente para evitar uma provável consequência prática negativa para a igualdade da mulher no mercado de trabalho. Confira-se: STF, *DJU*, 16 maio 2003, ADIn 1.946/DF, Rel. Min. Sydney Sanches: "Na verdade, se se entender que a Previdência Social, doravante, responderá apenas por R$1.200,00 (hum mil e duzentos reais) por mês, durante a licença da gestante, e que o empregador responderá, sozinho, pelo restante, ficará sobremaneira facilitada e estimulada a opção deste pelo trabalhador masculino, ao invés da mulher trabalhadora. Estará, então, propiciada a discriminação que a Constituição buscou combater, quando proibiu diferença de salários, de exercício de funções e de critérios de admissão, por motivo de sexo (art. 7º, inc. XXX, da C.F./88), proibição que, em substância, é um desdobramento do princípio da igualdade de direitos, entre homens e mulheres, previsto no inciso I do art. 5º da Constituição Federal. Estará, ainda, conclamado o empregador a oferecer à mulher trabalhadora, quaisquer que sejam suas aptidões, salário nunca superior a R$1.200,00, para não ter de responder pela diferença. Não é crível que o constituinte derivado, de 1998, tenha chegado a esse ponto, na chamada Reforma da Previdência Social, desatento a tais consequências. Ao menos não é de se presumir que o tenha feito, sem o dizer expressamente, assumindo a grave responsabilidade. [...] 5. Reiteradas as considerações feitas nos votos, então proferidos, e nessa manifestação do Ministério Público federal, a Ação Direta de Inconstitucionalidade é julgada procedente, em parte, para se dar, ao art. 14 da Emenda Constitucional n. 20, de 15.12.1998, interpretação conforme à Constituição, excluindo-se sua aplicação ao salário da licença gestante, a que se refere o art. 7º, inciso XVIII, da Constituição Federal".

130 Pelo contrário, a consideração das consequências prováveis legitima-se justamente por ser reconduzida a argumentos normativos, por se orientar à promoção dos fins tutelados pela ordem jurídica. Como não se trata de ruptura com o Direito posto, o espaço para avaliações consequencialistas tende a crescer nos chamados casos difíceis, quando o ordenamento não fornece solução unívoca para o problema sob exame. Diante de opções possíveis e razoáveis de solução, parece natural que a preferência recaia sobre aquela que, num juízo probabilístico, melhor atenda aos fins constitucionalmente protegidos ou, quando menos, deixe de constituir ameaça aos mesmos. Em linha semelhante, v. Neil MacCormick, *Argumentação jurídica e teoria do Direito*, 2006, p. 192-193: "Considerando-se que a concepção que se tem das leis é racional e deliberada, parece de fato essencial que a justificação de qualquer decisão numa área não comandada por uma norma expressa que envolva obrigação, ou quando uma norma semelhante for ambígua ou incompleta, prossiga pela verificação das decisões propostas à luz de suas consequências". Para uma interessante discussão sobre o uso de argumentos consequencialistas e sua compatibilização com uma *leitura moral* da Constituição, com referência a julgados do STF, v. Cláudio Pereira de Souza Neto, Verticalização, cláusula de barreira e pluralismo político: uma crítica consequencialista à decisão do STF na ADIN 3685, *Interesse Público*, 37:69, 2006.

131 Imagine-se que determinado juiz, tendo preferência pessoal por um modelo intervencionista de Estado, declare a existência de um regime de monopólio ou privilégio estatal sobre determinada atividade, embora os elementos normativos envolvidos apontem a prevalência do regime da livre-iniciativa. Ou então que declare inconstitucional uma eventual nova lei de locações que confira proteção reforçada contra o despejo, apenas por considerar que a dinâmica do mercado seria mais eficiente para assegurar uma melhor oferta de imóveis a médio prazo. Esse tipo de avaliação não compete aos juízes, e sim aos agentes eleitos, respeitadas as balizas constitucionais. Ainda nessa temática, v. Diego Werneck Arguelles, *Deuses pragmáticos, mortais formalistas*: a justificação consequencialista de decisões judiciais, mimeografado, dissertação de mestrado apresentada em 2006 ao Programa de Pós-Graduação da Universidade do Estado do Rio de Janeiro.

que alguns fatos sejam considerados relevantes e outros, ignorados. Que critérios levam o intérprete a dar relevância jurídica a alguns eventos e preterir outros[132]? Também a seleção da norma ou normas aplicáveis, isto é, o estabelecimento da premissa normativa, nem sempre é um evento simples. A pergunta aqui, que muitas vezes não terá uma resposta unívoca, pode ser formulada nos seguintes termos: que normas são pertinentes ou aplicáveis ao caso[133]?

Em suma, o controle da racionalidade, correção e justiça do discurso jurídico suscita questões diversas e complexas, que envolvem a compreensão do Direito, a seleção dos fatos e o exame das diversas soluções possíveis. Desnecessário dizer que se vive um tempo de perda na objetividade e na previsibilidade da interpretação em geral, com redução da segurança jurídica (ou da antiga percepção de segurança jurídica, que talvez fosse superestimada). Atente-se, porém, que as diferentes categorias da *nova interpretação*, estudadas nesse capítulo, não são a causa da insegurança. Justamente ao contrário, procuram elas lidar racionalmente com as incertezas e angústias da pós-modernidade – marcada pelo pluralismo de concepções e pela velocidade das transformações – e de uma sociedade de massas, de riscos e de medos.

No ambiente da colisão, da ponderação e da argumentação, frequentemente não será possível falar em resposta correta para os problemas jurídicos postos, mas sim em soluções argumentativamente racionais e plausíveis. A legitimação da decisão virá de sua capacidade de convencimento, da demonstração lógica de que ela é a que mais adequadamente realiza a vontade constitucional *in concreto*. Não é incomum a ocorrência de idas e vindas durante a tramitação processual, com reconsiderações e reformas dos pronunciamentos judiciais. Para confirmar esta assertiva, tomem-se os exemplos utilizados anteriormente neste capítulo (v. *supra*) para ilustrar a colisão dos direitos fundamentais à liberdade de expressão e de informação com os direitos da personalidade à privacidade, à honra e à imagem.

No primeiro caso, uma jovem fizera *topless* em uma praia de Santa Catarina. Tendo sido sua foto divulgada em um jornal de grande circulação local, postulou ela indenização por danos morais. O juiz de primeiro grau julgou improcedente o pedido, sob o fundamento de que a imagem fora exposta voluntariamente em lugar público. Em apelação, uma das Câmaras do Tribunal de Justiça reformou a decisão, entendendo que o uso da imagem de qualquer pessoa não pode jamais prescindir de autorização. Em embargos infringentes, contudo, o Tribunal reformou o acórdão anterior, baseado no argumento de que a própria autora da ação expusera sua intimidade numa praia lotada e em pleno feriado. Esta última decisão foi confirmada pelo Superior Tribunal de Justiça[134].

O segundo caso passou-se na Alemanha. A princesa Caroline de Mônaco ingressou em juízo solicitando uma ordem para impedir que determinada revista de variedades expusesse fotos suas e de sua família em atividades relativas à sua vida privada. A demanda percorreu diferentes instâncias e chegou ao Tribunal Constitucional Federal. A decisão da corte constitucional foi no sentido de interditar a divulgação de fotos dos filhos menores da autora, bem como dela própria quando se encontrasse em lugares não públicos (*secluded places*). Todavia, entendeu o Tribunal que uma pessoa pública, em locais públicos, não podia ter

---

132 Um exemplo dessa espécie de problema pode ser observado na decisão do Supremo Tribunal Federal que considerou legítima a aplicação de aumento da alíquota do imposto de renda, publicado ao longo de determinado ano, ao fato gerador que se consolidou em 31 de dezembro daquele mesmo ano. Na hipótese, era possível considerar ao menos duas circunstâncias aparentemente relevantes: (i) o fato gerador já estava em curso quando do incremento da alíquota; e (ii) o fato gerador se consolida no dia 31 de dezembro. O intérprete que tomasse em consideração apenas o primeiro fato poderia concluir pela inconstitucionalidade do aumento, tendo em conta o princípio constitucional da anterioridade tributária. Por outro lado, aquele que apenas considerasse relevante o segundo, como fez o STF, entenderia constitucional a incidência do aumento desde logo. Confira-se: "Tratava-se, nesse precedente, como nos da súmula, de Lei editada no final do ano-base, que atingiu a renda apurada durante todo o ano, já que o fato gerador somente se completa e se caracteriza, ao final do respectivo período, ou seja, a 31 de dezembro" (STF, *DJU*, 8 maio 1998, RE 194.612/SC, Rel. Min. Sydney Sanches).

133 Nos casos, *e.g.*, em que o conteúdo de matérias jornalísticas se pode opor à honra e à privacidade, há autores que procuram solucionar o problema afirmando que a liberdade de expressão assegurada constitucionalmente é aplicável apenas às pessoas naturais, individualmente consideradas, e não às empresas que exploram meios de comunicação. Estas gozariam apenas da liberdade de empresa e de iniciativa, direitos também assegurados pela Constituição, mas que poderiam ser restringidos com muito maior facilidade que a liberdade de expressão, prevista, afinal, como uma cláusula pétrea. Esta é a posição do professor Fábio Konder Comparato, expressa em obra coletiva em homenagem a Paulo Bonavides (A democratização dos meios de comunicação de massa, in Eros Roberto Grau e Willis Santiago Guerra Filho (coord.), *Direito constitucional:* estudos em homenagem a Paulo Bonavides, 2001). Ora, o fato de a liberdade de expressão ser ou não um elemento normativo relevante no caso é fundamental para sua solução.

134 STJ, *DJU*, 13 set. 2004, REsp 595.600/SC, Rel. Min. César Rocha: "Não se pode cometer o delírio de, em nome do direito de privacidade, estabelecer-se uma redoma protetora em torno de uma pessoa para torná-la imune de qualquer veiculação atinente a sua imagem. Se a demandante expõe sua imagem em cenário público, não é ilícita ou indevida sua reprodução pela imprensa, uma vez que a proteção à privacidade encontra limite na própria exposição realizada".

a pretensão legítima de impedir a divulgação da sua imagem[135]. Levada a matéria à Corte Europeia de Direitos Humanos, decidiu ela, por unanimidade, que a decisão alemã estava em desconformidade com a Convenção Europeia para Proteção dos Direitos Humanos e Liberdades Fundamentais, por violar o direito à vida privada da autora em nome da divulgação de matéria desprovida de interesse público[136].

O terceiro e último caso envolveu o protagonista de um crime passional ocorrido em Búzios, no Estado do Rio de Janeiro, na segunda metade da década de 70 do século passado. O autor do crime fora absolvido em um primeiro julgamento, tendo prevalecido a tese de "legítima defesa da honra". Em um segundo julgamento, foi condenado pelo Tribunal do Júri e cumpriu pena. Quando uma emissora de televisão decidiu encenar o episódio, anos depois, insurgiu-se o ex-condenado, sob o fundamento de violação de sua honra, imagem e privacidade, afirmando que havia se submetido às penas da lei e que já estava ressocializado. O juiz de primeiro grau concedeu-lhe liminar para impedir a exibição do programa. O Tribunal de Justiça revogou a liminar. No julgamento do pedido de reparação de danos, após a exibição do programa, entendeu, por dois votos a um, ser indevida qualquer indenização[137].

Tome-se este último exemplo para, em desfecho do tópico, fazer um exercício singelo de ponderação e argumentação. As normas em colisão são, de um lado, os arts. 5º, IV, IX e XIV, e 220 da Constituição, que tutelam a liberdade de expressão e de informação; e, de outro, o art. 5º, X, que resguarda a inviolabilidade da privacidade, da honra e da imagem das pessoas. Os fatos relevantes parecem ser: natureza descritiva do programa a ser exibido, sem juízos de valor sobre o crime ou seu autor; relato baseado em registros históricos confiáveis, inclusive de natureza pública; evento criminoso ocorrido no passado; autor condenado e pena cumprida, extinta há diversos anos; autor já ressocializado, tendo inclusive esposa e filhos. As soluções possíveis, à primeira vista, eram: impedir ou autorizar a exibição.

Não se trata de um caso fácil, por envolver um conflito de direitos fundamentais, sem que o ordenamento forneça, em tese, a solução constitucionalmente adequada. O juiz, portanto, terá de realizar a ponderação entre os valores em conflito, fazendo concessões recíprocas e/ou escolhas. E, reconheça-se, pessoas esclarecidas e de boa-fé poderão produzir soluções diferentes para o problema. Veja-se, a seguir, a demonstração argumentativa de uma delas, começando por identificar alguns dos elementos a serem ponderados no conflito entre liberdade de expressão/informação e direitos da personalidade, dentre os quais se incluem os seguintes[138]:

a) a veracidade do fato[139];

b) a licitude do meio empregado na obtenção da informação[140];

---

135 A decisão foi proferida em 1999 (1 BvR 653/96).

136 A decisão da CEDH, sediada em Estrasburgo, foi proferida em 24.6.2004. Não se está aqui de acordo com os seus fundamentos, que foram sintetizados no julgado da seguinte forma: "76. Nesses termos, a Corte entende que o elemento decisivo na ponderação entre a proteção dos direitos à privacidade e à liberdade de expressão reside na contribuição das fotos e matérias publicadas para uma discussão de interesse coletivo. Neste caso, ficou claramente demonstrado que elas não trazem tal contribuição, uma vez que a autora não exerce nenhuma função pública, e que as fotos e matérias estão exclusivamente relacionadas a detalhes de sua vida pessoal. 77. Além disso, a Corte entende que o público em geral não tem interesse legítimo em saber que lugares a autora frequenta e de que maneira ela se comporta em sua vida particular, ainda que a autora esteja em algum lugar que não seja propriamente recluso, e ainda que seja ela uma figura pública. Mesmo que tal interesse exista, assim como existe o interesse econômico da revista em publicar as fotos e as matérias, no presente caso, o entendimento da Corte é de que esses interesses devem ceder ao direito da autora de proteger sua vida privada. [...] 79. Levando-se em conta os elementos acima descritos, e apesar da margem de apreciação conferida ao Estado nessa região, a Corte considera que os tribunais alemães não lograram justa ponderação nessa situação. 80. Houve uma brecha no artigo 8º da convenção". Nossa posição na matéria é no sentido de que se presume o interesse público na divulgação de qualquer fato verdadeiro, ocorrido no espaço público e, ainda mais quando envolva pessoas públicas. Com efeito, o interesse público, no caso, reside na própria liberdade de expressão e informação, essenciais ao funcionamento do regime democrático, a despeito do conteúdo veiculado (que pode ou não se revestir de interesse público autônomo).

137 TJRJ, *DORJ*, 3 abr. 2006, AC 2005.001.54774, Rel. Des. Milton Fernandes de Souza: "Nesse contexto, o relato de acontecimento relacionado a crime doloso contra a vida, fato verídico e público, não constitui abuso ou lhe retira o caráter puramente informativo, e descaracteriza afronta a honra e imagem de pessoa que se obriga a conviver com seu passado".

138 Essa questão é explorada com maior detalhe e com remissão a farta bibliografia em Luís Roberto Barroso, Liberdade de expressão *versus* direitos da personalidade. Colisão de direitos fundamentais e critérios de ponderação, in *Temas de direito constitucional*, 2005, t. III, p. 113 e s. (Parâmetros constitucionais para a ponderação na hipótese de colisão).

139 Os veículos de comunicação têm o dever de apurar, com boa-fé e dentro de critérios de razoabilidade, a correção do fato ao qual darão publicidade. É bem de ver, no entanto, que não se trata de uma verdade objetiva, mas subjetiva, subordinada a um juízo de plausibilidade.

140 Se a notícia tiver sido obtida mediante interceptação telefônica clandestina, invasão de domicílio ou violação de segredo de justiça, sua divulgação não será legítima.

c) a personalidade pública ou privada da pessoa objeto da notícia[141];

d) o local do fato[142];

e) a natureza do fato[143];

f) a existência de interesse público na divulgação do fato[144].

Da aplicação de tais elementos ao caso concreto, o juiz/tribunal pode estruturar sua decisão de considerar legítima a exibição do programa com base nos seguintes fundamentos: a) o fato é verdadeiro, conforme reconhecido por decisão transitada em julgado; b) o conhecimento do fato foi obtido por meio lícito, inclusive constando os dados de registros e arquivos públicos; c) o autor da ação era uma pessoa de vida privada, mas que participou de um evento de repercussão pública e grande visibilidade; d) por sua natureza, crime não é fato da vida privada; e) o interesse público na divulgação de um fato verdadeiro se presume e, *in casu*, a sociedade brasileira tem o interesse legítimo de saber que no país, em outros tempos, já se aceitou a tese de que um homem podia matar uma mulher em defesa da sua honra.

A solução exposta acima, que se afigura a melhor a nosso ver, não é, todavia, a única logicamente possível. O domínio da colisão dos direitos fundamentais, da ponderação e da construção argumentativa da norma concreta não é feito de verdades plenas ou de certezas absolutas. Ele é influenciado não apenas pela maior ou menor complexidade das normas e dos fatos envolvidos, como também pela pré-compreensão do intérprete e pelos valores morais e políticos da sociedade. O que se pode dizer é que a argumentação desenvolvida é dotada de lógica e racionalidade suficientes para disputar a adesão do auditório, isto é, da comunidade jurídica e da sociedade em geral. Esse é o mínimo e o máximo que se pode pretender na busca da solução constitucionalmente adequada para os casos difíceis.

---

141 Em nome da transparência democrática, pessoas que ocupam cargo público têm o seu direito de privacidade tutelado em intensidade mais branda. Da mesma forma, pessoas notórias, como artistas, atletas, modelos e pessoas do mundo do entretenimento, pela exposição pública de sua atividade, estão sujeitas a critério menos rígido do que pessoas de vida estritamente privada. Evidentemente, menor proteção não significa supressão do direito.

142 Os fatos ocorridos em local reservado têm proteção mais ampla do que os acontecidos em locais públicos. Eventos ocorridos no interior do domicílio de uma pessoa, como regra, não são passíveis de divulgação contra a vontade dos envolvidos. Será diferente, em princípio, se ocorrerem na rua, em praça pública ou em lugar de acesso ao público, como um restaurante ou o saguão de um hotel.

143 Há fatos que são notícia, independentemente dos personagens envolvidos. Acontecimentos da natureza (tremor de terra, enchente), acidentes (automobilístico, incêndio, desabamento), assim como crimes em geral, são passíveis de divulgação por seu evidente interesse jornalístico, ainda quando exponham a intimidade, a honra ou a imagem de pessoas neles envolvidas.

144 O interesse público na divulgação de qualquer fato verdadeiro se presume, como regra geral. A sociedade moderna gravita em torno da notícia, da informação, do conhecimento e de ideias. Sua livre circulação, portanto, é da essência do sistema democrático e do modelo de sociedade aberta e pluralista que se pretende preservar e ampliar. Caberá ao interessado na não divulgação demonstrar que, em determinada hipótese, existe um interesse privado excepcional que sobrepuja o interesse público residente na própria liberdade de expressão e de informação.

| CAPÍTULO V | A CONSTITUCIONALIZAÇÃO DO DIREITO |

Sumário: I – Generalidades. II – Origem e evolução do fenômeno. III – A constitucionalização do Direito no Brasil. 1. O direito infraconstitucional na Constituição. 2. A constitucionalização do direito infraconstitucional. 3. A constitucionalização do Direito e seus mecanismos de atuação prática. IV – Alguns aspectos da constitucionalização do Direito. 1. Direito civil. 2. Direito administrativo. 3. Direito penal. V – Constitucionalização e judicialização das relações sociais. VI – Controlando os riscos da constitucionalização excessiva.

I GENERALIDADES

A locução *constitucionalização do Direito* é de uso relativamente recente na terminologia jurídica e, além disso, comporta múltiplos sentidos. Por ela se poderia pretender caracterizar, por exemplo, qualquer ordenamento jurídico no qual vigorasse uma Constituição dotada de supremacia. Como este é um traço comum de grande número de sistemas jurídicos contemporâneos, faltaria especificidade à expressão. Não é, portanto, nesse sentido que está aqui empregada. Poderia ela servir para identificar, ademais, o fato de a Constituição formal incorporar em seu texto inúmeros temas afetos aos ramos infraconstitucionais do Direito[1]. Embora esta seja uma situação dotada de características próprias, não é dela, tampouco, que se estará cuidando[2].

A ideia de constitucionalização do Direito aqui explorada está associada a um efeito expansivo das normas constitucionais, cujo conteúdo material e axiológico se irradia, com força normativa, por todo o sistema jurídico[3]. Os valores, os fins públicos e os comportamentos contemplados nos princípios e regras da Constituição passam a condicionar a validade e o sentido de todas as normas do direito infraconstitucional. Como intuitivo, a constitucionalização repercute sobre a atuação dos três Poderes, inclusive e notadamente nas suas relações com os particulares. Porém, mais original ainda: repercute, também, nas relações entre particulares. Veja-se como esse processo, combinado com outras noções tradicionais, interfere com as esferas acima referidas.

Relativamente ao *Legislativo*, a constitucionalização (i) limita sua discricionariedade ou liberdade de conformação na elaboração das leis em geral e (ii) impõe-lhe determinados deveres de atuação para realização de direitos e programas constitucionais. No tocante à *Administração Pública*, além de igualmente (i) limitar-lhe a discricionariedade e (ii) impor-lhe deveres de atuação, ainda (iii) fornece fundamento de validade para a prática de atos de aplicação direta e imediata da Constituição, independentemente

---

1 Trata-se de fenômeno iniciado, de certa forma, com a Constituição portuguesa de 1976, continuado pela Constituição espanhola de 1978 e levado ao extremo pela Constituição brasileira de 1988. Sobre o tema, v. Pierre Bon, Table ronde: le cas de Espagne, in Michel Verpeaux (org.), *Code Civil et Constitution(s)*, 2005, p. 95: "Como se sabe, a Constituição espanhola de 1978 é um perfeito exemplo do traço característico do constitucionalismo contemporâneo, no qual a Constituição não se limita mais, como no passado, a dispor sobre os princípios fundamentais do Estado, a elaborar um catálogo de direitos fundamentais, a definir as competências das instituições públicas mais importantes e a prever o modo de sua revisão. Ela vem reger praticamente todos os aspectos da vida jurídica, dando lugar ao sentimento de que não há fronteiras à extensão do seu domínio: tudo (ou quase) pode ser objeto de normas constitucionais; já não há um conteúdo material (e quase imutável) das Constituições" (tradução livre, texto ligeiramente editado).

2 Não se pode negar, contudo, que a presença na Constituição de normas cujo conteúdo pertence a outros ramos do Direito (civil, administrativo, penal) influencie a interpretação do direito infraconstitucional correspondente. Votar-se-á ao ponto mais à frente.

3 Alguns autores têm utilizado os termos *impregnar* e *impregnação*, que em português, no entanto, podem assumir uma conotação depreciativa. V. Louis Favoreu – notável divulgador do direito constitucional na França, falecido em 2004 –, La constitutionnalization du Droit, in Bertrand Mathieu e Michel Verpeaux, in *La constitutionnalisation des branches du Droit*, 1998, p. 191: "Quer-se designar aqui, principalmente, a constitucionalização dos direitos e liberdades, que conduz a uma impregnação dos diferentes ramos do direito, ao mesmo tempo que levam à sua transformação". E, também, Ricardo Guastini, La "constitucionalización" del ordenamiento jurídico: el caso italiano, in Miguel Carbonnel, *Neoconstitucionalismo(s)*, 2003, p. 49: "Por 'constitucionalización del ordenamiento jurídico' propongo entender un proceso de transformación de un ordenamiento al término del qual el ordenamiento en cuestión resulta totalmente 'impregnado' por las normas constitucionales. Un ordenamiento jurídico constitucionalizado se caracteriza por una Constitución extremadamente invasora, entrometida (*pervasiva, invadente*), capaz de condicionar tanto la legislación como la jurisprudencia y el estilo doctrinal, la acción de los actores políticos, así como las relaciones sociales".

da interposição do legislador ordinário. Quanto ao *Poder Judiciário*, (i) serve de parâmetro para o controle de constitucionalidade por ele desempenhado (incidental e por ação direta), bem como (ii) condiciona a interpretação de todas as normas do sistema. Por fim, para os *particulares*, estabelece limitações à sua autonomia da vontade, em domínios como a liberdade de contratar ou o uso da propriedade privada, subordinando-a a valores constitucionais e ao respeito a direitos fundamentais.

II ORIGEM E EVOLUÇÃO DO FENÔMENO

O estudo que se vem empreendendo até aqui relata a evolução do direito constitucional na Europa e no Brasil ao longo das últimas décadas. Esse processo, que passa pelos marcos históricos, filosóficos e teóricos acima expostos, conduz ao momento atual, cujo traço distintivo é a constitucionalização do Direito. A aproximação entre constitucionalismo e democracia, a força normativa da Constituição e a difusão da jurisdição constitucional foram ritos de passagem para o modelo atual[4]. O leitor atento já se terá dado conta, no entanto, de que a sequência histórica percorrida e as referências doutrinárias destacadas não são válidas para três experiências constitucionais marcantes: as do Reino Unido, dos Estados Unidos e da França. O caso francês será analisado um pouco mais à frente. Um breve comentário é pertinente sobre os outros dois.

No tocante ao Reino Unido, os conceitos não se aplicam. Embora tenha sido o Estado precursor do modelo liberal, com limitação do poder absoluto e afirmação do *rule of law*, falta-lhe uma Constituição escrita e rígida, que é um dos pressupostos, como o nome sugere, da constitucionalização do Direito. Poder-se-ia argumentar, é certo, que há entre os britânicos uma Constituição histórica e que ela é, inclusive, mais rígida que boa parte das Cartas escritas do mundo. Ou reconhecer o fato de que o Parlamento inglês adotou, em 1998, o *Human Rights Act*, incorporando ao Direito interno a Convenção Europeia de Direitos Humanos[5]. Mas, mesmo que se concedesse a esses argumentos, não seria possível superar outro: a inexistência do controle de constitucionalidade e, mais propriamente, de uma jurisdição constitucional no sistema inglês[6]. No modelo britânico, vigora a supremacia do Parlamento, e não da Constituição.

Já quanto aos Estados Unidos, a situação é exatamente oposta. Berço do constitucionalismo escrito e do controle de constitucionalidade, a Constituição americana – a mesma desde 1787 – teve, desde a primeira hora, o caráter de documento jurídico, passível de aplicação direta e imediata pelo Judiciário. De fato, a normatividade ampla e a judicialização das questões constitucionais têm base doutrinária em *O Federalista* e precedente jurisprudencial firmado desde 1803, quando do julgamento do caso *Marbury v. Madison* pela Suprema Corte. Por essa razão, a interpretação de todo o direito posto à luz da Constituição é característica histórica da experiência americana, e não singularidade contemporânea[7]. O

---

4 Alguns autores procuraram elaborar um catálogo de condições para a constitucionalização do Direito. É o caso de Ricardo Guastini, La "constitucionalización" del ordenamiento jurídico: el caso italiano, in Miguel Carbonnel, *Neoconstitucionalismo(s)*, 2003, p. 50 e s., que inclui entre elas: (i) uma Constituição rígida; (ii) a garantia jurisdicional da Constituição; (iii) a força vinculante da Constituição; (iv) a "sobreinterpretação" da Constituição (sua interpretação extensiva, com o reconhecimento de normas implícitas); (v) a aplicação direta das normas constitucionais; (vi) a interpretação das leis conforme a Constituição; (vii) a influência da Constituição sobre as relações políticas.

5 A nova lei somente entrou em vigor em 2000. Com britânico exagero, tal evento foi saudado como "a remarkable new age of constitutionalism in the UK" (Bogdanor, Devolution: the constitutional aspects, in *Constitutional reform in the United Kingdom*: practices and principles, 1998) e como "a turning point in the UK's legal history" (Lester, The impact of the Human Rights Act on public law, in *Constitutional reform in the United Kingdom*: practices and principles, 1998). Ambas as citações foram colhidas em Stephen Gardbaum, The new commonwealth model of constitutionalism, *American Journal of Comparative Law*, 49:707, 2001, p. 709 e 732. O comentário sobre o exagero é meu.

6 A propósito, e em desenvolvimento de certo modo surpreendente, deve ser registrada a aprovação do Constitutional Reform Act, de 2005, que previu a criação de uma Suprema Corte (disponível em: www.opsi.gov.uk/acts/ acts2005/20050004.htm, acesso em: 8.8.2005). Assinale-se a curiosidade de, não existindo uma Constituição escrita, ter sido aprovado, não obstante, um ato que a reforma. A Suprema Corte do Reino Unido começou a funcionar efetivamente em 2009. Ao reconhecer a incompatibilidade de uma lei interna com a Convenção Europeia de Direitos Humanos, a Corte emite uma "declaração de incompatibilidade" que serve como base para o Parlamento britânico revogar a lei.

7 Veja-se, a esse propósito, exemplificativamente, a jurisprudência que se produziu em matéria de direito processual penal, pela submissão do *common law* dos Estados aos princípios constitucionais. Em *Mapp v. Ohio*, 367 U.S. 643, 1961, considerou-se ilegítima a busca e apreensão feita sem mandado, como exigido pela 4ª Emenda. Em *Gideon v. Wainright*, 372 U.S. 335, 1963, entendeu-se que a 6ª Emenda assegurava a todos os acusados em processo criminal o direito a um advogado. Em *Miranda v. Arizona*, 384 U.S. 436, 1966, impôs-se à autoridade policial, na abordagem

grande debate doutrinário nos Estados Unidos é acerca da legitimidade e dos limites da atuação do Judiciário na aplicação de valores substantivos e no reconhecimento de direitos fundamentais que não se encontrem expressos na Constituição (v. *infra*).

Vistos os modelos excepcionais, volte-se ao ponto. Há razoável consenso de que o marco inicial do processo de constitucionalização do Direito foi estabelecido na Alemanha. Ali, sob o regime da Lei Fundamental de 1949 e consagrando desenvolvimentos doutrinários que já vinham de mais longe, o Tribunal Constitucional Federal assentou que os direitos fundamentais, além de sua dimensão subjetiva de proteção de situações individuais, desempenham uma outra função: a de instituir uma ordem objetiva de valores[8]. O sistema jurídico deve proteger determinados direitos e valores, não apenas pelo eventual proveito que possam trazer a uma ou a algumas pessoas, mas pelo interesse geral da sociedade na sua satisfação. Tais normas constitucionais condicionam a interpretação de todos os ramos do Direito, público ou privado, e vinculam os Poderes estatais. O primeiro grande precedente na matéria foi o caso *Lüth*[9], julgado em 15 de janeiro de 1958[10].

A partir daí, baseando-se no catálogo de direitos fundamentais da Constituição alemã, o Tribunal Constitucional promoveu uma verdadeira "revolução de ideias"[11], especialmente no direito civil. De fato, ao longo dos anos subsequentes, a Corte invalidou dispositivos do BGB, impôs a interpretação de suas normas de acordo com a Constituição e determinou a elaboração de novas leis. Assim, por exemplo,

---

de um suspeito, que comunique a ele que a) tem o direito de permanecer calado; b) tudo que disser poderá e será usado contra ele; c) tem direito a consultar-se com um advogado antes de depor e que este poderá estar presente ao interrogatório; d) caso não tenha condições financeiras para ter um advogado, um poderá ser-lhe designado. V. Kermit L. Hall, *The Oxford guide to United States Supreme Court decisions*, 1999; Paul C. Bartholomew e Joseph F. Menez, *Summaries of leading cases on the Constitution*, 1980; Duane Lockard e Walter F. Murphy, *Basic cases in constitutional law*, 1992. Para uma análise objetiva e informativa sobre este e outros aspectos, em língua portuguesa, v. José Alfredo de Oliveira Baracho Júnior, Interpretação dos direitos fundamentais na Suprema Corte dos EUA e no Supremo Tribunal Federal, in José Adércio Leite Sampaio (org.), *Jurisdição constitucional e direitos fundamentais*, 2003.

8   Sobre a questão da dimensão objetiva dos direitos fundamentais na literatura em língua portuguesa, v. José Carlos Vieira de Andrade, *Os direitos fundamentais na Constituição portuguesa de 1976*, 2001, p. 149: "A ideia de eficácia irradiante das normas constitucionais desenvolveu-se [...] sempre no sentido do alargamento das dimensões objetivas dos direitos fundamentais, isto é, da sua eficácia enquanto fins ou valores comunitários"; Gilmar Ferreira Mendes, *Direitos fundamentais e controle de constitucionalidade*, 1998, p. 214: "É fácil ver que a ideia de um dever genérico de proteção fundado nos direitos fundamentais relativiza sobremaneira a separação entre a ordem constitucional e a ordem legal, permitindo que se reconheça uma irradiação dos efeitos desses direitos (*Austrahlungswirkung*) sobre toda a ordem jurídica (von MÜNCH, Ingo. *Grundgesetz-Kommentar, Kommentar zu Vorbemerkung Art I-19*, N. 22)"; e, também, Daniel Sarmento, *Direitos fundamentais e relações privadas*, 2004, p. 371: "Os direitos fundamentais apresentam uma dimensão objetiva, que se liga à compreensão de que consagram os valores mais importantes de uma comunidade política. Esta dimensão objetiva potencializa a irradiação dos direitos fundamentais para todos os campos do Direito, e permite que eles influenciem uma miríade de relações jurídicas que não sofreriam sua incidência, se nós os visualizássemos apenas como direitos públicos subjetivos".

9   Os fatos subjacentes eram os seguintes. Erich Lüth, Presidente do Clube de Imprensa de Hamburgo, incitava ao boicote de um filme dirigido por Veit Harlan, cineasta que havia sido ligado ao regime nazista no passado. A produtora e a distribuidora do filme obtiveram, na jurisdição ordinária, decisão determinando a cessação de tal conduta, por considerá-la uma violação ao § 826 do Código Civil (BGB) ("Quem, de forma atentatória aos bons costumes, infligir dano a outrem, está obrigado a reparar os danos causados"). O Tribunal Constitucional Federal reformou a decisão, em nome do direito fundamental à liberdade de expressão, que deveria pautar a interpretação do Código Civil.

10   *BverfGE*, 7, 198. Tradução livre e editada da versão da decisão publicada em Jürgen Schwabe, *Cincuenta años de jurisprudencia del Tribunal Constitucional Federal alemán*, 2003, p. 132-137: "Os direitos fundamentais são antes de tudo direitos de defesa do cidadão contra o Estado; sem embargo, nas disposições de direitos fundamentais da Lei Fundamental se incorpora também uma ordem objetiva de valores, que como decisão constitucional fundamental é válida para todas as esferas do direito. [...] Esse sistema de valores – que encontra seu ponto central no seio da comunidade social, no livre desenvolvimento da personalidade e na dignidade da pessoa humana... – oferece direção e impulso para o legislativo, a administração e o judiciário, projetando-se, também, sobre o direito civil. Nenhuma disposição de direito civil pode estar em contradição com ele, devendo todas ser interpretadas de acordo com seu espírito. [...] A expressão de uma opinião, que contém um chamado para um boicote, não viola necessariamente os bons costumes, no sentido do § 826 do Código Civil. Pode estar justificada constitucionalmente pela liberdade de opinião, ponderadas todas as circunstâncias do caso". Esta decisão é comentada por inúmeros autores nacionais, dentre os quais: Gilmar Ferreira Mendes, *Direitos fundamentais e controle de constitucionalidade*, 1998, p. 220-222, em que descreve brevemente outros dois casos: "Blinkfüer" e "Wallraff"; Daniel Sarmento, *Direitos fundamentais e relações privadas*, 2004, p. 141 e s.; Jane Reis Gonçalves Pereira, *Direitos fundamentais e interpretação constitucional*: uma contribuição ao estudo das restrições aos direitos fundamentais na perspectiva da teoria dos princípios, 2006, p. 416 e s.; e Wilson Steinmetz, *A vinculação dos particulares a direitos fundamentais*, 2004, p. 105 e s.

11   Sabine Corneloup, Table ronde: le cas de l'Alemagne, in Michel Verpeaux, *Code Civil et Constitution(s)*, 2005, p. 85.

para atender ao princípio da igualdade entre homens e mulheres, foram introduzidas mudanças legislativas em matéria de regime matrimonial, direitos dos ex-cônjuges após o divórcio, poder familiar, nome de família e direito internacional privado. De igual sorte, o princípio da igualdade entre os filhos legítimos e naturais provocou reformas no direito de filiação[12]. De parte isso, foram proferidos julgamentos interessantes em temas como uniões homoafetivas[13] e direito dos contratos[14].

Na Itália, a Constituição entrou em vigor em 1º de janeiro de 1948. O processo de constitucionalização do Direito, todavia, iniciou-se apenas na década de 60, consumando-se nos anos 70. Relembre-se que a Corte Constitucional italiana somente veio a instalar-se em 1956. Antes disso, o controle de constitucionalidade foi exercido, por força da disposição constitucional transitória VII, pela jurisdição ordinária, que não lhe deu vitalidade. Pelo contrário, remonta a esse período a formulação, pela Corte de Cassação, da distinção entre normas *preceptivas*, de caráter vinculante e aplicáveis pelos tribunais, e normas de *princípio* ou *programáticas*, dirigidas apenas ao legislador e não aplicáveis diretamente pelo Judiciário. Assim, pelos nove primeiros anos de vigência, a Constituição e os direitos fundamentais nela previstos não repercutiram sobre a aplicação do direito ordinário[15].

Somente com a instalação da Corte Constitucional – e, aliás, desde a sua primeira decisão – as normas constitucionais de direitos fundamentais passaram a ser diretamente aplicáveis, sem intermediação do legislador. A Corte desenvolveu um conjunto de técnicas de decisão[16], tendo enfrentado, durante os primeiros anos de sua atuação, a arraigada resistência das instâncias ordinárias e, especialmente, da Corte de Cassação, dando lugar a uma disputa referida, em certa época, como "guerra das cortes"[17]. A exemplo do ocorrido na Alemanha, a influência da constitucionalização do Direito e da própria Corte Constitucional se manifestou em decisões de inconstitucionalidade, em convocações à atuação do legislador e na reinterpretação das normas infraconstitucionais em vigor.

De 1956 a 2003, a Corte Constitucional proferiu 349 decisões em questões constitucionais envolvendo o Código Civil, das quais 54 declararam a inconstitucionalidade de dispositivos seus, em decisões da seguinte

---

12 Sabine Corneloup, Table ronde: le cas de l'Alemagne, in Michel Verpeaux, *Code Civil et Constitution(s)*, 2005, p. 87-88, com identificação de cada uma das leis. A jurisprudência referida na sequência do parágrafo foi localizada a partir de referências contidas nesse texto.

13 Em um primeiro momento, em nome do princípio da igualdade, uma lei de 16 de fevereiro de 2001 disciplinou as uniões homossexuais, pondo fim à discriminação existente. Em um segundo momento, essa lei foi objeto de arguição de inconstitucionalidade, sob o fundamento de que afrontaria o art. 6º, I, da Lei Fundamental, pelo qual "o casamento e a família são colocados sob proteção particular do Estado", ao legitimar um outro tipo de instituição de direito de família, paralelo ao casamento heterossexual. A Corte não acolheu o argumento, assentando que a nova lei nem impedia o casamento tradicional nem conferia à união homossexual qualquer privilégio em relação à união convencional (1 BvF 1/01, de 17.7.2002, com votos dissidentes dos juízes Papier e Hass, disponível em: www.bverfg. de, acesso em: 4.8.2005).

14 Um contrato de fiança prestada pela filha, em favor do pai, tendo por objeto quantia muitas vezes superior à sua capacidade financeira foi considerado nulo por ser contrário à moral (*BverfGE* t. 89, p. 214, apud Sabine Corneloup, Table ronde: le cas de l'Alemagne, in Michel Verpeaux, *Code Civil et Constitution(s)*, 2005, p. 90); um pacto nupcial no qual a mulher, grávida, renunciou a alimentos em nome próprio e em nome da criança foi considerado nulo, por não poder prevalecer a liberdade contratual quando há dominação de uma parte sobre a outra (1 BvR 12/92, de 6.2.2001, unânime, disponível no sítio www.bverfg.de, acesso em: 4.8.2005); um pacto sucessório que impunha ao filho mais velho do imperador Guilherme II o dever de se casar com uma mulher que preenchesse determinadas condições ali impostas foi considerado nulo por violar a liberdade de casamento (1 BvR 2248/01, de 22.3.2004, unânime, disponível em: www.bverfg.de, acesso em: 4.8.2005).

15 Sobre o tema, v. Vezio Crisafulli, *La Costituzione e le sue disposizione di principio*, 1952; José Afonso da Silva, *Aplicabilidade das normas constitucionais*, 1968; Ricardo Guastini, La "constitucionalización" del ordenamiento jurídico: el caso italiano, in Miguel Carbonnel, *Neoconstitucionalismo(s)*, 2003; e Therry Di Manno, Code Civil e Constitution en Italie, in Michel Verpeaux (org.), *Code Civil et Constitution(s)*, 2005.

16 Além das decisões declaratórias de inconstitucionalidade, a Corte utiliza diferentes técnicas, que incluem: 1) *decisões interpretativas*, que correspondem à interpretação conforme a Constituição, podendo ser (a) com recusa da arguição de inconstitucionalidade, mas afirmação da interpretação compatível ou (b) com *aceitação* da arguição de inconstitucionalidade, com declaração de inconstitucionalidade da interpretação que vinha sendo praticada pela jurisdição ordinária, em ambos os casos permanecendo em vigor a disposição atacada; 2) *decisões manipuladoras*, nas quais se dá a aceitação da arguição de inconstitucionalidade e, além da declaração de invalidade do dispositivo, a Corte vai além, proferindo (a) *sentença aditiva*, estendendo a norma à situação nela não contemplada, quando a omissão importar em violação ao princípio da igualdade; e (b) *sentença substitutiva*, pela qual a Corte não apenas declara a inconstitucionalidade de determinada norma, como também introduz no sistema, mediante declaração própria, uma norma nova. Sobre o tema, v. Ricardo Guastini, La "constitucionalización" del ordenamiento jurídico: el caso italiano, in Miguel Carbonnel, *Neoconstitucionalismo(s)*, 2003, p. 63-7.

17 Thierry Di Manno, Table ronde: le cas de l'Italie, in Michel Verpeaux, *Code Civil et Constitution(s)*, 2005, p. 107.

natureza: 8 de invalidação, 12 interpretativas e 34 aditivas[18] (sobre as características de cada uma delas, v. nota ao parágrafo anterior). Foram proferidos julgados em temas que incluíram adultério[19], uso do nome do marido[20] e direitos sucessórios de filhos ilegítimos[21], em meio a outros. No plano legislativo, sob influência da Corte Constitucional, foram aprovadas, ao longo dos anos, modificações profundas no direito do trabalho e no direito de família, inclusive em relação ao divórcio e ao regime da adoção. Estas alterações, levadas a efeito por leis especiais, provocaram a denominada "descodificação" do direito civil[22].

Na França, o processo de constitucionalização do Direito teve início muito mais tarde e ainda vive uma fase de afirmação. A Constituição de 1958, como se sabe, não previu o controle de constitucionalidade, quer no modelo europeu, quer no americano, tendo optado por uma fórmula diferenciada: a do controle prévio, exercido pelo Conselho Constitucional em relação a algumas leis, antes de entrarem em vigor[23]. De modo que não há no sistema francês, a rigor técnico, uma verdadeira jurisdição constitucional. Não obstante, alguns avanços significativos e constantes vêm ocorrendo, a começar pela decisão de 16 de julho de 1971[24]. A ela seguiu-se a Reforma de 29 de outubro de 1974, ampliando a legitimidade para suscitar a atuação do Conselho Constitucional[25]. Aos poucos, começam a ser incorporados ao debate constitucional francês temas como a *impregnação* da ordem jurídica pela Constituição, o

---

18 Thierry Di Manno, Table ronde: le cas de l'Italie, in Michel Verpeaux, *Code Civil et Constitution(s)*, 2005, p. 103.

19 Sentença 127/68, j. 16.12.1968, Rel. Bonifácio, disponível em: www.cortecostituzionale.it, acesso em: 4.8.2005. A Corte invalidou o artigo do Código Civil (art. 151, 2) que tratava de maneira diferente o adultério do marido e o da mulher. O da mulher sempre seria causa para separação, ao passo que o do homem somente em caso de "injúria grave à mulher".

20 Sentença 128/70, j. 24.6.1970, Rel. Mortati, disponível em: www.cortecostituzionale.it, acesso em: 4.8.2005. A Corte proferiu sentença aditiva para permitir à mulher retirar o nome do marido após a separação (ocorrida por culpa do marido), o que não era previsto pelo art. 156 do Código Civil.

21 Sentença 55/79, j. 15.6.1979, Rel. Amadei, disponível em: www.cortecostituzionale.it, acesso em: 4.8.2005. A Corte declarou a inconstitucionalidade do art. 565 do Código Civil, na parte em que excluía do benefício da sucessão legítima os filhos naturais reconhecidos.

22 Natalino Irti, *L'etá della decodificazione*, 1989. V., tb., Pietro Perlingieri, *Perfis do direito civil*, 1997, p. 5.

23 Na sua concepção original, o Conselho Constitucional destinava-se, sobretudo, a preservar as competências de um Executivo forte contra as invasões do Parlamento. Suas funções principais eram três: a) o controle dos regimentos de cada uma das câmaras (Assembleia Nacional e Senado), para impedir que se investissem de poderes que a Constituição não lhes atribui, como ocorrido na III e na IV Repúblicas; b) o papel de "justiça eleitoral", relativamente às eleições presidenciais, parlamentares e aos referendos; c) a delimitação do domínio da lei, velando pela adequada repartição entre as competências legislativas e regulamentares. Esta última função se exercia em três situações: a do art. 41, relacionada à invasão pela lei parlamentar de competência própria do governo; a do art. 61, alínea 2, que permitia ao primeiro-ministro provocar o controle acerca da inconstitucionalidade de uma lei, após sua aprovação, mas antes de sua promulgação; e a do art. 37, alínea 2, relativamente à modificabilidade, por via de decreto, de leis que possuíssem caráter regulamentar. Com a reforma constitucional de 1974, o controle de constitucionalidade das leis passou a ser a atividade principal do Conselho, aproximando-o de uma corte constitucional. V. Louis Favoreu, *La place du Conseil Constitutionnel dans la Constitution de 1958*, disponível em: www.conseil-constitutionnel.fr, acesso em: 26.7.2005; François Luchaire, *Le Conseil Constitutionnel*, 1997, 3 v.; John Bell, *French constitutional law*, 1992.

24 Objetivamente, a decisão 71-44 DC, de 16.7.1971 (disponível em: www.conseil-constitutionnel.fr/ decision/1971/7144dc.htm, acesso em: 26.7.2005), considerou que a exigência de autorização prévia, administrativa ou judicial, para a constituição de uma associação violava a liberdade de associação. Sua importância, todavia, foi o reconhecimento de que os direitos fundamentais previstos na Declaração de Direitos do Homem e do Cidadão, de 1789, e no preâmbulo da Constituição de 1946, incorporavam-se à Constituição de 1958, por força de referência constante do preâmbulo desta, figurando, portanto, como parâmetro para o controle de constitucionalidade das leis. Essa decisão reforçou o prestígio do Conselho Constitucional, que passou a desempenhar o papel de protetor dos direitos e liberdades fundamentais. Além disso, consagrou o "valor positivo e constitucional" do preâmbulo da Constituição e firmou a ideia de "bloco de constitucionalidade". Essa expressão significa que a Constituição não se limita às normas que integram ou se extraem do seu texto, mas inclui outros diplomas normativos, que no caso eram a Declaração de Direitos do Homem e do Cidadão, de 1789, e o Preâmbulo da Constituição de 1946, bem como os princípios fundamentais das leis da República, aos quais o referido preâmbulo fazia referência. Sobre a importância dessa decisão, v. Léo Hamon, *Contrôle de constitutionnalité et protection des droits individuels*, 1974, p. 83-90; G. Haimbowgh, Was it France's Marbury v. Madison?, *Ohio State Law Journal* 35:910, 1974; J. E. Beardsley, The Constitutional Council and constitutional liberties en France, *American Journal of Comparative Law*, 1972, p. 431-452. Para um comentário detalhado da decisão, v. L. Favoreu e L. Philip, *Les grandes décisions du Conseil Constitutionnel*, 2003. Especificamente sobre bloco de constitucionalidade, v. Michel de Villiers, *Dictionare du droit constitutionnel*, 2001; e Olivier Duhamel e Yves Mény, *Dictionnaire constitutionnel*, 1992.

25 A partir daí, o direito de provocar a atuação do Conselho Constitucional, que antes era atribuído apenas ao Presidente da República, ao Primeiro-Ministro, ao Presidente da Assembleia Nacional e ao Presidente do Senado estendeu-se, também, a sessenta Deputados ou a sessenta Senadores. O controle de constitucionalidade tornou-se importante instrumento de atuação da oposição parlamentar. Entre 1959 e 1974, foram proferidas apenas 9 (nove) decisões acerca de leis ordinárias (por iniciativa do Primeiro-Ministro e do Presidente do Senado) e 20 (vinte) acerca de leis orgânicas (pronunciamento obrigatório). De 1974 até 1998 houve 328 provocações (*saisine*) ao Conselho

reconhecimento de força normativa às normas constitucionais e o uso da técnica da interpretação conforme a Constituição[26]. Tal processo de constitucionalização do Direito, cabe advertir, enfrenta a vigorosa resistência da doutrina mais tradicional, que nele vê ameaças diversas, bem como a usurpação dos poderes do Conselho de Estado e da Corte de Cassação[27].

III   A CONSTITUCIONALIZAÇÃO DO DIREITO NO BRASIL

1   O direito infraconstitucional na Constituição

A Carta de 1988, como já consignado, tem a virtude suprema de simbolizar a travessia democrática brasileira e de ter contribuído decisivamente para a consolidação do mais longo período de estabilidade política da história do país. Não é pouco. Mas não se trata da Constituição da nossa maturidade institucional. É a Constituição das nossas circunstâncias. Por vício e por virtude, seu texto final expressa uma heterogênea mistura de interesses legítimos de trabalhadores, classes econômicas e categorias funcionais, cumulados com paternalismos, reservas de mercado e privilégios. A euforia constituinte – saudável e inevitável após tantos anos de exclusão da sociedade civil – levou a uma Carta que, mais do que analítica, é prolixa e corporativa[28].

Quanto ao ponto aqui relevante, é bem de ver que todos os principais ramos do direito infraconstitucional tiveram aspectos seus, de maior ou menor relevância, tratados na Constituição. A catalogação dessas previsões vai dos princípios gerais às regras miúdas, levando o leitor do espanto ao fastio. Assim se passa com o direito administrativo[29], civil[30], penal[31], do trabalho[32], processual civil e penal[33], financeiro

---

Constitucional. Os dados constam de Louis Favoreu, *La place du Conseil Constitutionnel dans la Constitution de 1958*, disponível em: www.conseil-constitutionnel.fr, acesso em: 26.7.2005.

26   V. Louis Favoreu, La constitutionnalisation du Droit, in Bertrand Mathieu e Michel Verpeaux, *La constitutionnalisation des branches du Droit*, 1998, p. 190-192.

27   Veja-se a discussão do tema em Guillaume Drago, Bastien François e Nicolas Molfessis (org.), *La légitimité de la jurisprudence du Conseil Constitutionnel*, 1999. Na conclusão do livro, que documenta o Colóquio de Rennes, de setembro de 1996, François Terré, ao apresentar o que corresponderia à conclusão do evento, formulou crítica áspera à ascensão da influência do Conselho Constitucional: "O perpétuo encantamento que suscita o Estado de Direito, a submissão do Estado aos juízes, sob a influência conjugada do kelsenismo, da má consciência da Alemanha Federal e do americanismo planetário são cansativos. Impõem-se alguns contrapesos. Considerando que o Conselho Constitucional é uma jurisdição, e tendo em vista que a regra do duplo grau de jurisdição e o direito de recorrer tornaram-se palavras do evangelho, é natural e urgente facilitar o recurso ao referendo, a fim de permitir mais facilmente ao povo soberano, se for o caso, pôr um fim aos erros do Conselho Constitucional" (no original: *"Les perpétuelles incantations que suscitent l'État de droit, la soumission de l'État à des juges, sous l'influence conjugée du kelsénisme, de la mauvaise conscience de l'Allemagne Fédérale et de l'americanisme planétaire sont lassantes. Des contrepoids s'imposent. Puisque le Conseil Constitutionnel est une juridiction, puisque la règle du double degré de juridiction et le droit d'appel sont devenus paroles d'evangile, il est naturel et urgent de faciliter le recours au referendum afin de permettre plus facilement au peuple souverain de mettre, le cas échéant, un terme aux errances du Conseil constitutionnel"*) (p. 409).

28   Sobre o tema, v. Luís Roberto Barroso, Doze anos da Constituição brasileira de 1988, in *Temas de direito constitucional*, 2002, t. I.

29   No âmbito do direito administrativo há, no capítulo sobre direitos individuais e coletivos, normas sobre desapropriação e requisição de bens particulares. Há, também, um imenso capítulo sobre a Administração Pública, que cuida de temas como concurso público, licitação, regime jurídico dos servidores, aposentadoria, responsabilidade civil do Estado etc., além de outras normas ao longo do texto.

30   Em tema de direito civil, no capítulo sobre direitos individuais e coletivos, existem normas sobre propriedade e sua função social, propriedade industrial e intelectual, direito de sucessões e defesa do consumidor. Ao longo do texto são encontradas normas diversas sobre a caracterização da função social da propriedade, sobre direito de família, aí incluídos temas como filiação, adoção, união estável e divórcio, sobre proteção da criança e do adolescente, dentre outros.

31   Quanto ao direito penal, a Constituição consagra, no capítulo sobre direitos individuais e coletivos, normas sobre princípio da legalidade penal, não retroação das normas penais, criminalização do racismo, crimes inafiançáveis. No final da Carta (art. 228), há uma norma sobre a inimputabilidade dos menores de 18 anos.

32   Em matéria trabalhista a Constituição prevê um capítulo inteiro, no título dedicado aos direitos e garantias fundamentais, para os temas mais diversos, aí incluídos salário mínimo, jornada de trabalho, direito de repouso, direito de férias, aviso prévio, licenças (paternidade e às gestantes), prazo prescricional para o ajuizamento de reclamações trabalhistas, bem como greve e relações sindicais.

33   Relativamente ao direito processual, a Constituição enuncia, no capítulo sobre direitos individuais e coletivos, regras comuns ao processo penal e civil, como devido processo legal, publicidade e motivação dos atos processuais,

e orçamentário[34], tributário[35], internacional[36] e mais além. Há, igualmente, um título dedicado à ordem econômica, no qual se incluem normas sobre política urbana, agrícola e sistema financeiro. E outro dedicado à ordem social, dividido em numerosos capítulos e seções, que vão da saúde até os índios.

Embora o fenômeno da constitucionalização do Direito, como aqui analisado, não se confunda com a presença de normas de direito infraconstitucional na Constituição, há um natural espaço de superposição entre os dois temas. Com efeito, à medida que princípios e regras específicos de uma disciplina ascendem à Constituição, sua interação com as demais normas daquele subsistema muda de qualidade e passa a ter um caráter subordinante. Trata-se da constitucionalização das fontes do Direito naquela matéria. Tal circunstância, nem sempre desejável[37], interfere com os limites de atuação do legislador ordinário e com a leitura constitucional a ser empreendida pelo Judiciário em relação ao tema que foi constitucionalizado.

2   A constitucionalização do direito infraconstitucional

Nos Estados de democratização mais tardia, como Portugal, Espanha e, sobretudo, o Brasil, a constitucionalização do Direito é um processo mais recente, embora muito intenso. Verificou-se, entre nós, o mesmo movimento translativo ocorrido inicialmente na Alemanha e em seguida na Itália: a passagem da Constituição para o centro do sistema jurídico. A partir de 1988, e na medida em que foi se consolidando na vida institucional brasileira, a Constituição passou a desfrutar já não apenas da supremacia formal que sempre teve, mas também de uma supremacia material, axiológica, potencializada pela abertura do sistema jurídico e pela normatividade de seus princípios. Com grande ímpeto, exibindo força normativa sem precedente, a Constituição ingressou na paisagem jurídica do país e no discurso dos operadores jurídicos.

Do centro do sistema jurídico foi deslocado o velho Código Civil. Veja-se que o direito civil desempenhou no Brasil – como alhures – o papel de um direito geral, que precedeu muitas áreas de especialização, e que conferia certa unidade dogmática ao ordenamento. A própria teoria geral do Direito era estudada dentro do direito civil, e só mais recentemente adquiriu autonomia didática. No caso brasileiro, deve-se registrar, o Código Civil já vinha perdendo influência no âmbito do próprio direito privado. É que, ao longo do tempo, à medida que o Código envelhecia, inúmeras leis específicas foram editadas, passando a formar microssistemas autônomos em relação a ele, em temas como alimentos, filiação, divórcio, locação, consumidor, criança e adolescente, sociedades empresariais. A exemplo do que se passou na Itália, também entre nós deu-se a "descodificação" do direito civil[38], fenômeno que não foi

---

assistência judiciária, ações constitucionais, duração razoável dos processos. Especificamente no tocante ao direito processual penal, há normas sobre juiz natural, presunção de inocência, individualização da pena, prisão, direitos dos presos etc.

34   Também para o direito financeiro e orçamentário foi criada uma longa seção dedicada à fiscalização contábil, financeira e orçamentária e sobre a atuação dos tribunais de contas, além de normas voltadas para as finanças públicas e orçamento, em título específico sobre tributação e orçamento.

35   Ao direito tributário a Constituição dedica um capítulo longo e detalhado, com a definição das competências impositivas de cada ente estatal, da repartição de receitas tributárias e o estabelecimento das limitações ao poder de tributar. Trata-se de um dos mais longos capítulos do texto, que, nada obstante, tem se mostrado incapaz de conter a voracidade tributária e fiscal do Estado brasileiro.

36   A propósito do direito internacional público, o título dedicado aos princípios fundamentais contém um longo elenco de princípios a serem observados pelo Brasil nas suas relações internacionais. Ao longo do texto há inúmeras normas sobre tratados internacionais, com referências a seu conteúdo – tratados de direitos humanos, tratado sobre jurisdição penal internacional – e ao mecanismo para sua aprovação pelo Congresso. No plano do direito internacional privado, há regras sobre homologação de sentença estrangeira e efeitos de decisões estrangeiras no Brasil, bem como sucessão de bens de estrangeiro aqui situados.

37   Tanto a doutrina como a jurisprudência, no plano do direito penal, têm condenado, por exemplo, a constitucionalização da figura dos "crimes hediondos" (art. 5º, XLIII). V., por todos, João José Leal, *Crimes hediondos*: a Lei 8.072 como expressão do direito penal da severidade, 2003.

38   Sobre o caso italiano, v. Pietro Perlingieri, *Perfis do direito civil*, 1997, p. 6: "O Código Civil certamente perdeu a centralidade de outrora. O papel unificador do sistema, tanto nos seus aspectos mais tradicionalmente civilísticos quanto naqueles de relevância publicista, é desempenhado de maneira cada vez mais incisiva pelo Texto Constitucional". Sobre o caso brasileiro, vejam-se, dentre outros: Maria Celina B. M. Tepedino, A caminho de um direito civil constitucional, *Revista de Direito Civil*, 65:21, 1993; e Gustavo Tepedino, O Código Civil, os chamados microssistemas e a Constituição: premissas para uma reforma legislativa, in Gustavo Tepedino (org.), *Problemas de direito civil-constitucional*, 2001.

afetado substancialmente pela promulgação de um novo Código Civil em 2002, com vigência a partir de 2003[39].

Como parte do movimento de constitucionalização do direito infraconstitucional, merece destaque o advento do novo Código de Processo Civil (Lei n. 13.105/2015), que entrou em vigor em março de 2016. Logo em seu art. 1º, o Código prevê que "o processo civil será ordenado, disciplinado e interpretado conforme os valores e as normas fundamentais estabelecidos na Constituição da República Federativa do Brasil, observando-se as disposições deste Código". Concretizando esta proclamação inicial, nele foram positivados os ideais de celeridade, boa-fé, efetividade e justiça das decisões (arts. 4º, 5º e 6º), bem como os princípios da dignidade da pessoa humana, proporcionalidade, razoabilidade, legalidade, publicidade e eficiência (art. 8º). Também foram reforçadas as garantias constitucionais da isonomia processual (art. 7º), do contraditório (arts. 9º e 10) e da fundamentação das decisões judiciais (arts. 11 e 489), entre várias outras disposições influenciadas pelo texto da Constituição.

Nesse ambiente, a Constituição passa a ser não apenas um sistema em si – com a sua ordem, unidade e harmonia – mas também um modo de olhar e interpretar todos os demais ramos do Direito. Esse fenômeno, identificado por alguns autores como *filtragem constitucional*, consiste em que toda a ordem jurídica deve ser lida e apreendida sob a lente da Constituição, de modo a realizar os valores nela consagrados. Como antes já assinalado, a constitucionalização do direito infraconstitucional não tem como sua principal marca a inclusão na Lei Maior de normas próprias de outros domínios, mas, sobretudo, a reinterpretação de seus institutos sob uma ótica constitucional[40].

À luz de tais premissas, toda interpretação jurídica é também interpretação constitucional. Qualquer operação de realização do Direito envolve a aplicação direta ou indireta da Lei Maior. Aplica-se a Constituição:

a) *Diretamente*, quando uma pretensão se fundar em uma norma do próprio texto constitucional. Por exemplo: o pedido de reconhecimento de uma imunidade tributária (CF, art. 150, VI) ou o pedido de nulidade de uma prova obtida por meio ilícito (CF, art. 5º, LVI).

b) *Indiretamente*, quando uma pretensão se fundar em uma norma infraconstitucional, por duas razões:

(i) antes de aplicar a norma, o intérprete deverá verificar se ela é compatível com a Constituição, porque, se não for, não deverá fazê-la incidir; esta operação está sempre presente no raciocínio do operador do Direito, ainda que não seja por ele explicitada;

(ii) ao aplicar a norma, o intérprete deverá orientar seu sentido e alcance à realização dos fins constitucionais.

Em suma: a Constituição figura hoje no centro do sistema jurídico, de onde irradia sua força normativa, dotada de supremacia formal e material. Funciona, assim, não apenas como parâmetro de validade para a ordem infraconstitucional, mas também como vetor de interpretação de todas as normas do sistema.

3 A constitucionalização do Direito e seus mecanismos de atuação prática

A constitucionalização do Direito, como já antecipado, repercute sobre os diferentes Poderes estatais. Ao legislador e ao administrador, impõe deveres negativos e positivos de atuação, para que observem os limites e promovam os fins ditados pela Constituição. A constitucionalização, no entanto, é obra precípua da jurisdição constitucional, que no Brasil pode ser exercida, difusamente, por todos os juízes e tribunais, e concentradamente pelo Supremo Tribunal Federal. Essa realização concreta da supremacia formal e axiológica da Constituição envolve diferentes técnicas e possibilidades interpretativas, que incluem:

---

39 O Código Civil de 2003, foi duramente criticado por setores importantes da doutrina civilista. Gustavo Tepedino referiu-se a ele como "retrógrado e demagógico", acrescentando: "Do Presidente da República, espera-se o veto; do Judiciário, que tempere o desastre" (*Revista Trimestral de Direito Civil*, n. 7, 2001, Editorial). Luiz Edson Fachin e Carlos Eduardo Pianovski Ruzyk consideraram inconstitucional o projeto de Código Civil, em parecer publicado sob o título "Um projeto de Código Civil na contramão da Constituição", *Revista Trimestral de Direito Civil*, 4:243, 2000, por não traduzir a supremacia da dignidade humana sobre os aspectos patrimoniais e por violar o princípio da vedação do retrocesso. Em sentido contrário, v. Judith Martins-Costa, *O direito privado como um "sistema em construção"*, disponível em: www.jus.com.br, acesso em: 4.8.2005; e Miguel Reale, *Visão geral do novo Código Civil*, disponível em: www.jus.com.br, acesso em: 4.8.2005, e *O novo Código Civil e seus críticos*, disponível em: www.jus.com.br, acesso em: 4.8.2005.

40 J. J. Gomes Canotilho e Vital Moreira, *Fundamentos da Constituição*, 1991, p. 45: "A principal manifestação da preeminência normativa da Constituição consiste em que toda a ordem jurídica deve ser *lida à luz dela* e passada pelo seu crivo". V., também, Paulo Ricardo Schier, *Filtragem constitucional*, 1999.

a) o reconhecimento da revogação das normas infraconstitucionais anteriores à Constituição (ou à emenda constitucional), quando com ela incompatíveis;

b) a declaração de inconstitucionalidade de normas infraconstitucionais posteriores à Constituição, quando com ela incompatíveis;

c) a declaração da inconstitucionalidade por omissão, com a consequente convocação à atuação do legislador[41];

d) a interpretação conforme a Constituição, que pode significar:

    (i) a leitura da norma infraconstitucional da forma que melhor realize o sentido e o alcance dos valores e fins constitucionais a ela subjacentes;

    (ii) a declaração de inconstitucionalidade parcial sem redução do texto, que consiste na exclusão de determinada interpretação possível da norma – geralmente a mais óbvia – e a afirmação de uma interpretação alternativa, compatível com a Constituição[42].

Aprofunde-se um pouco mais o argumento, especialmente em relação à interpretação conforme a Constituição. O controle de constitucionalidade é uma modalidade de interpretação e aplicação da Constituição. Independentemente de outras especulações, há consenso de que cabe ao Judiciário pronunciar a invalidade dos enunciados normativos incompatíveis com o texto constitucional, paralisando-lhes a eficácia. De outra parte, na linha do conhecimento convencional, a ele não caberia inovar na ordem jurídica, criando comando até então inexistente. Em outras palavras: o Judiciário estaria autorizado a invalidar um ato do Legislativo, mas não a substituí-lo por um ato de vontade própria[43].

Pois bem. As modernas técnicas de interpretação constitucional – como é o caso da interpretação conforme a Constituição – continuam vinculadas a esse pressuposto, ao qual agregam um elemento inexorável. A interpretação jurídica dificilmente é unívoca, seja porque um mesmo enunciado, ao incidir sobre diferentes circunstâncias de fato, pode produzir normas diversas[44], seja porque, mesmo em tese, um enunciado pode admitir várias interpretações, em razão da polissemia de seus termos. A interpretação conforme a Constituição, portanto, pode envolver (i) uma singela determinação de sentido da norma, (ii) sua não incidência a determinada situação de fato ou (iii) a exclusão, por inconstitucional, de uma das normas que podem ser extraídas do texto. Em qualquer dos casos, não há declaração de inconstitucionalidade do enunciado normativo, que permanece no ordenamento. Por esse mecanismo se reconciliam o princípio da supremacia da Constituição e o princípio da presunção de constitucionalidade, uma vez que o Judiciário preserva a ordem constitucional prestando máxima

---

41 Isso quando não prefira o Supremo Tribunal produzir uma decisão integrativa, a exemplo da sentença aditiva do direito italiano. Essa atuação envolve a sempre controvertida questão da atuação como legislador positivo (v. *infra*).

42 Relativamente a esta segunda possibilidade, v. Luís Roberto Barroso, *Interpretação e aplicação da Constituição*, 2004, p. 189: "É possível e conveniente decompor didaticamente o processo de interpretação conforme a Constituição nos elementos seguintes: 1) Trata-se da escolha de uma interpretação da norma legal que a mantenha em harmonia com a Constituição, em meio a outra ou a outras possibilidades interpretativas que o preceito admita. 2) Tal interpretação busca encontrar um sentido possível para a norma, que não é o que mais evidentemente resulta da leitura de seu texto. 3) Além da eleição de uma linha de interpretação, procede-se à exclusão expressa de outra ou outras interpretações possíveis, que conduziriam a resultado contrastante com a Constituição. 4) Por via de consequência, a interpretação conforme a Constituição não é mero preceito hermenêutico, mas, também, um mecanismo de controle pelo qual se declara ilegítima uma determinada leitura da norma legal".

43 Nesse sentido, v. STF, *DJU*, 15 abr. 1988, Rep. 1.417/DF, Rel. Min. Moreira Alves: "Ao declarar a inconstitucionalidade de uma lei em tese, o STF – em sua função de Corte Constitucional – atua como legislador negativo, mas não tem o poder de agir como legislador positivo, para criar norma jurídica diversa da instituída pelo Poder Legislativo". Passa-se ao largo, nesta instância, da discussão mais minuciosa do tema, que abriga inúmeras complexidades, inclusive e notadamente em razão do reconhecimento de que juízes e tribunais, em múltiplas situações, desempenham uma atividade de coparticipação na criação da norma.

44 Como já foi referido *supra*, a doutrina mais moderna tem traçado uma distinção entre enunciado normativo e norma, baseada na premissa de que não há interpretação em abstrato. *Enunciado normativo* é o texto, o relato contido no dispositivo constitucional ou legal. *Norma*, por sua vez, é o produto da aplicação do enunciado a determinada situação, isto é, a concretização do enunciado. De um mesmo enunciado é possível extrair diversas normas. Por exemplo: do enunciado do art. 5º, LXIII, da Constituição – o *preso* tem direito de permanecer calado – extraem-se normas diversas, inclusive as que asseguram o direito à não autoincriminação ao *interrogado* em geral (STF, *DJU*, 14 dez. 2001, HC 80.949/RJ, Rel. Min. Sepúlveda Pertence) e até ao *depoente em CPI* (STF, *DJU*, 16 fev. 2001, HC 79.812/SP, Rel. Min. Celso de Mello). Sobre o tema, v. Karl Larenz, *Metodologia da ciência do Direito*, 1969, p. 270 e s.; Friedrich Müller, Métodos de trabalho do direito constitucional, *Revista da Faculdade de Direito da UFRGS*, edição especial comemorativa dos 50 anos da Lei Fundamental da República Federal da Alemanha, 1999, p. 45 e s.; Riccardo Guastini, *Distinguendo*: studi di teoria e metateoria del Diritto, 1996, p. 82-83; e Humberto Ávila, *Teoria dos princípios*: da definição à aplicação dos princípios jurídicos, 2003, p. 13.

deferência às manifestações dos demais Poderes. Naturalmente, o limite de tal interpretação está nas possibilidades semânticas do texto normativo[45].

Vale notar, ainda, que a jurisprudência do Supremo Tribunal Federal vem incorporando novas técnicas de decisão que também podem implicar alteração do conteúdo de normas infraconstitucionais à luz da Constituição. Trata-se de técnicas que guardam alguma semelhança com a interpretação conforme, mas que são compreendidas pela doutrina como categorias autônomas[46]. Nesse sentido, há as decisões construtivas (referidas por alguns autores como manipulativas, terminologia empregada na Itália) aditivas, por meio das quais se procura adequar à Constituição um diploma normativo que se considera inconstitucional por omissão parcial, ampliando-se o seu âmbito de incidência[47]. Há, ainda, as decisões construtivas substitutivas, que implicam a declaração de inconstitucionalidade parcial de uma norma, e sua substituição por comando diverso, tal como definido pelo tribunal[48].

IV ALGUNS ASPECTOS DA CONSTITUCIONALIZAÇÃO DO DIREITO

1 Direito civil[49]

As relações entre o direito constitucional e o direito civil atravessaram, nos últimos dois séculos, três fases distintas, que vão da indiferença à convivência intensa. O marco inicial dessa trajetória é a Revolução Francesa, que deu a cada um deles o seu objeto de trabalho: ao direito constitucional, uma Constituição escrita, promulgada em 1791; ao direito civil, o Código Civil napoleônico, de 1804. Apesar da contemporaneidade dos dois documentos, direito constitucional e direito civil não se integravam nem se comunicavam entre si. Veja-se cada uma das etapas desse processo de aproximação lenta e progressiva:

1ª) fase: *mundos apartados*

No início do constitucionalismo moderno, na Europa, a Constituição era vista como uma Carta *Política*, que servia de referência para as relações entre o Estado e o cidadão, ao passo que o Código Civil era o documento *jurídico* que regia as relações entre particulares, frequentemente mencionado como a "Constituição do direito privado". Nessa etapa histórica, o papel da Constituição era limitado, funcionando como uma convocação à atuação dos Poderes Públicos, e sua concretização dependia, como regra

---

45 Na jurisprudência do Tribunal Constitucional Federal alemão: "Ao juiz não é permitido mediante 'interpretação conforme a Constituição' dar um significado diferente a uma lei cujo teor e sentido resulta evidente" (1 BvL 149/52-33, 11 jun. 1958); na do Supremo Tribunal Federal brasileiro: "se a única interpretação possível para compatibilizar a norma com a Constituição contrariar o sentido inequívoco que o Poder Legislativo lhe pretendeu dar, não se pode aplicar o princípio da interpretação conforme a Constituição, que implicaria, em verdade, criação de norma jurídica, o que é privativo do legislador positivo" (STF, *DJU*, 15 abr. 1988, Rep 1.417-7/DF, Rel. Min. Moreira Alves).

46 Luís Roberto Barroso, *O controle de constitucionalidade no direito brasileiro*, 2019, p. 104-110; Luís Roberto Barroso e Patrícia Perrone Campos Mello, O papel criativo dos tribunais: técnicas de decisão em controle de constitucionalidade, *Revista da Ajuris*, 46-146:295, 2019.

47 Pode-se compreender a decisão que autorizou a interrupção da gestação de fetos anencefálicos como um exemplo desse tipo de técnica, uma vez que ela adicionou uma excludente de ilicitude àquelas previstas no Código Penal para o crime de aborto. STF, *DJE*, 30 abr. 2013, ADPF 54, Rel. Min. Marco Aurélio.

48 Esse é o caso da decisão do STF, que, em caso de violência doméstica contra a mulher, substituiu a ação pública condicionada à representação, prevista na Lei n. 9.099/95, pela ação pública incondicionada. STF, *DJE*, 1º ago. 2014, ADI 4.424, Rel. Min. Marco Aurélio.

49 Pietro Perlingieri, *Perfis de direito civil*, 1997; Maria Celina Bodin de Moraes, A caminho de um direito civil constitucional, *Revista de Direito Civil*, 65:23, 1993; A constitucionalização do direito civil, *Revista de Direito Comparado Luso-brasileiro*, 17:76, 1999; *Danos à pessoa humana*: uma leitura civil-constitucional dos danos morais, 2003; Conceito de dignidade humana: substrato axiológico e conteúdo normativo, in Ingo Wolfgang Sarlet, *Constituição, direitos fundamentais e direito privado*, 2003; Gustavo Tepedino, *Temas de direito civil*, 2004; *Problemas de direito civil constitucional* (coord.), 2000; O direito civil e a legalidade constitucional, *Revista Del Rey Jurídica*, 13:23, 2004; Luiz Edson Fachin, *Repensando fundamentos do direito civil brasileiro contemporâneo* (coord.), 1998; *Teoria crítica do direito civil*, 2000; Heloísa Helena Barboza, Perspectivas do direito civil brasileiro para o próximo século, *Revista da Faculdade de Direito*, UERJ, 1998-1999; Teresa Negreiros, *Fundamentos para uma interpretação constitucional do princípio da boa-fé*, 1998; *Teoria do contrato*: novos paradigmas, 2002; Judith Martins-Costa (org.), *A reconstrução do direito privado*, 2002; Paulo Luiz Neto Lobo, Constitucionalização do direito civil, *Revista de Direito Comparado Luso-brasileiro*, 17:56, 1999; Renan Lotufo, *Direito civil constitucional*, cad. 3, 2002; Michel Verpeaux (org.), *Code Civil et Constitution(s)*, 2005; Normas constitucionais e direito civil na construção unitária do ordenamento, in Cláudio Pereira de Souza Neto e Daniel Sarmento, *A constitucionalização do Direito*: fundamentos teóricos e aplicações específicas, 2007, p. 309 e s.

geral, da intermediação do legislador. Destituída de força normativa própria, não desfrutava de aplicabilidade direta e imediata. Já o direito civil era herdeiro da tradição milenar do direito romano. O Código napoleônico realizava adequadamente o ideal burguês de proteção da propriedade e da liberdade de contratar, dando segurança jurídica aos protagonistas do novo regime liberal: o contratante e o proprietário. Esse modelo inicial de incomunicabilidade foi sendo progressivamente superado.

2ª) fase: *publicização do direito privado*

O Código napoleônico e os modelos que ele inspirou – inclusive o brasileiro – baseavam-se na liberdade individual, na igualdade formal entre as pessoas e na garantia absoluta do direito de propriedade. Ao longo do século XX, com o advento do Estado social e a percepção crítica da desigualdade material entre os indivíduos, o direito civil começa a superar o individualismo exacerbado, deixando de ser o reino soberano da *autonomia da vontade*. Em nome da solidariedade social e da função social de instituições como a propriedade e o contrato, o Estado começa a interferir nas relações entre particulares, mediante a introdução de *normas de ordem pública*. Tais normas se destinam, sobretudo, à proteção do lado mais fraco da relação jurídica, como o consumidor, o locatário, o empregado. É a fase do *dirigismo contratual*, que consolida a publicização do direito privado[50].

3ª) fase: *constitucionalização do direito civil*

"Ontem os Códigos; hoje as Constituições. A revanche da Grécia contra Roma"[51]. A fase atual é marcada pela passagem da Constituição para o centro do sistema jurídico, de onde passa a atuar como o filtro axiológico pelo qual se deve ler o direito civil. É nesse ambiente que se dá a virada axiológica do direito civil, tanto pela vinda de normas de direito civil para a Constituição como, sobretudo, pela ida da Constituição para a interpretação do direito civil, impondo um novo conjunto de valores e princípios, que incluem: (i) a função social da propriedade e do contrato; (ii) a proteção do consumidor, com o reconhecimento de sua vulnerabilidade; (iii) a igualdade entre os cônjuges; (iv) a igualdade entre os filhos; (v) a boa-fé objetiva; (vi) o efetivo equilíbrio contratual. O direito de família, especialmente, passa por uma revolução, com destaque para a *afetividade* em prejuízo de concepções puramente formais ou patrimoniais. Passa-se a reconhecer uma pluralidade de formas de constituição da família: (i) casamento; (ii) união estável; (iii) famílias monoparentais; (iv) união homoafetiva[52].

Como se vê, há regras específicas na Constituição que afetam institutos clássicos, assim como princípios que se difundem por todo o ordenamento, a exemplo da isonomia, da solidariedade social e da dignidade humana. Não é o caso de se percorrerem as múltiplas situações de impacto dos valores constitucionais sobre o direito civil, especificamente, e sobre o direito privado em geral[53]. Mas há dois desenvolvimentos que merecem destaque, pela dimensão das transformações que acarretam.

---

50 V. Orlando Gomes, *Introdução ao direito civil*, 1999, p. 26: "A característica do Direito Privado é a predominância das normas dispositivas, de maneira que a grande maioria delas, principalmente no terreno das obrigações, só incide se a convenção das partes não dispuser de modo diverso. No entanto, sempre existiram dentro do Direito Civil certas regras que, mesmo se destinando a reger relações privadas, não entram na esfera de livre disponibilidade dos sujeitos das relações jurídicas civis. São as normas cogentes, cujo conteúdo é considerado de ordem pública. Com a evolução do moderno Estado Social de Direito nota-se um grande incremento desse tipo de normas, por meio das quais se realiza a intervenção estatal no domínio econômico, praticando o dirigismo contratual, tal como se dá, por exemplo, com a legislação bancária, com o inquilinato, com o estatuto da terra, com os loteamentos e incorporações etc.". V. tb. Caio Mário da Silva Pereira, *Instituições de direito civil*, 2004, v. I, p. 18.

51 A primeira parte da frase ("Ontem os Códigos; hoje as Constituições") foi pronunciada por Paulo Bonavides, ao receber a medalha Teixeira de Freitas, no Instituto dos Advogados Brasileiros, em 1998. O complemento foi feito por Eros Roberto Grau, ao receber a mesma medalha, em 2003, em discurso publicado em avulso pelo IAB: "Ontem, os códigos; hoje, as Constituições. A revanche da Grécia sobre Roma, tal como se deu, em outro plano, na evolução do direito de propriedade, antes justificado pela origem, agora legitimado pelos fins: a propriedade que não cumpre sua função social não merece proteção jurídica qualquer".

52 V. Luís Roberto Barroso, Diferentes, mas iguais: as uniões homoafetivas no direito constitucional brasileiro, *Revista de Direito do Estado*, 5:167, 2007; Luiz Edson Fachin, Aspectos jurídicos da união de pessoas do mesmo sexo, *Revista dos Tribunais*, 732:47, 1996; Ana Carla Harmatiuk Matos, *União entre pessoas do mesmo sexo*: aspectos jurídicos e sociais, 2004; Márcia Arán e Marilena V. Corrêa, Sexualidade e política na cultura contemporânea: o reconhecimento social e jurídico do casal homossexual, *Physis* 14(2):329, 2004; Charles Taylor, A política do reconhecimento, in *Argumentos filosóficos*, 2000; José Reinaldo de Lima Lopes, O direito ao reconhecimento de *gays* e lésbicas, in Celio Golin, Fernando Altair Pocahy e Roger Raupp Rios (org.), *A Justiça e os direitos de gays e lésbicas*, 2003; Luiz Edson Fachin, *Direito de família*: elementos críticos à luz do novo Código Civil brasileiro, 2003; Gustavo Tepedino, Novas formas de entidades familiares: efeitos do casamento e da família não fundada no casamento, in Gustavo Tepedino, *Temas de direito civil*, 2004.

53 Para este fim, v. Gustavo Tepedino (org.), *Problemas de direito civil constitucional*, 2000, obra coletiva na qual se discute a constitucionalização do direito civil em domínios diversos, incluindo o direito das obrigações, as relações de consumo, o direito de propriedade e o direito de família. Sobre o tema específico da boa-fé objetiva, vejam-se Judith Martins-Costa, *A boa-fé no direito privado*, 1999; e Teresa Negreiros, *Fundamentos para uma interpretação constitucional do princípio da boa-fé*, 1998.

241

O primeiro deles diz respeito ao *princípio da dignidade da pessoa humana* na nova dogmática jurídica. Ao término da Segunda Guerra Mundial, tem início a *reconstrução* dos direitos humanos[54], que se irradiam a partir da dignidade da pessoa humana[55], referência que passou a constar dos documentos internacionais e das Constituições democráticas[56], tendo figurado na Carta brasileira de 1988 como um dos *fundamentos* da República (art. 1º, III). A dignidade humana impõe limites e atuações positivas ao Estado, no atendimento das necessidades vitais básicas[57], expressando-se em diferentes dimensões[58]. No tema específico aqui versado, o princípio promove uma *despatrimonialização*[59] e uma *repersonalização*[60] do direito civil, com ênfase em valores existenciais e do espírito, bem como no reconhecimento e desenvolvimento dos direitos da personalidade, tanto em sua dimensão física como psíquica.

O segundo desenvolvimento doutrinário que comporta uma nota especial é a *aplicabilidade dos direitos fundamentais às relações privadas*[61]. O debate remonta à decisão do caso *Lüth* (v. *supra*), que superou a rigidez da dualidade público/privado ao admitir a aplicação da Constituição às relações particulares, inicialmente regidas pelo Código Civil. O tema envolve complexidades, e não será aprofundado aqui.

---

54 Este é o título do celebrado trabalho de Celso Lafer, *A reconstrução dos direitos humanos*, 1988. Sobre o tema, v. tb. Antônio Augusto Cançado Trindade, *A proteção internacional dos direitos humanos*: fundamentos jurídicos e instrumentos básicos, 1991; e Fábio Konder Comparato, *A afirmação histórica dos direitos humanos*, 2016 (a 1ª edição é de 1999).

55 O conteúdo jurídico da dignidade humana se relaciona com a realização dos direitos fundamentais ou humanos, nas suas três dimensões: individuais, políticos e sociais. Sobre o tema, vejam-se Ana Paula de Barcellos, *A eficácia jurídica dos princípios*: o princípio da dignidade da pessoa humana, 2002; Ingo Sarlet, *Dignidade da pessoa humana e direitos fundamentais*, 2004; José Afonso da Silva, Dignidade da pessoa humana como valor supremo da democracia, *Revista de Direito Administrativo*, 212:89, 1998; Carmen Lúcia Antunes Rocha, O princípio da dignidade da pessoa humana e a exclusão social, *Revista Interesse Público* 4:2, 1999; Luís Roberto Barroso, *A dignidade da pessoa humana no direito constitucional contemporâneo*: a construção de um conceito jurídico à luz da jurisprudência mundial, 2012; e Daniel Sarmento, *Dignidade da pessoa humana*: conteúdo, trajetórias e metodologia, 2016. Em excerto representativo do entendimento dominante, escreveu José Carlos Vieira de Andrade, *Os direitos fundamentais na Constituição Portuguesa*, 1998, p. 102: "[O] princípio da dignidade da pessoa humana está na base de todos os direitos constitucionalmente consagrados, quer dos direitos e liberdades tradicionais, quer dos direitos de participação política, quer dos direitos dos trabalhadores e direitos a prestações sociais".

56 Como, *e.g.*, na Declaração Universal dos Direitos Humanos, de 1948, na Constituição italiana de 1947, na Constituição alemã de 1949, na Constituição portuguesa de 1976 e na Constituição espanhola de 1978.

57 Sobre o tema, v. Ana Paula de Barcellos, *A eficácia jurídica dos princípios constitucionais*: o princípio da dignidade da pessoa humana, 2002, p. 305: "O conteúdo básico, o núcleo essencial do princípio da dignidade da pessoa humana, é composto pelo mínimo existencial, que consiste em um conjunto de prestações materiais mínimas sem as quais se poderá afirmar que o indivíduo se encontra em situação de indignidade. [...] Uma proposta de concretização do mínimo existencial, tendo em conta a ordem constitucional brasileira, deverá incluir os direitos à educação fundamental, à saúde básica, à assistência no caso de necessidade e ao acesso à justiça".

58 Em denso estudo, Maria Celina Bodin de Moraes (Conceito de dignidade humana: substrato axiológico e conteúdo normativo, in Ingo Wolfgang Sarlet (org.), *Constituição, direitos fundamentais e direito privado*, 2003) decompõe o conteúdo jurídico da dignidade humana em quatro princípios: igualdade, integridade física e moral (psicofísica), liberdade e solidariedade.

59 O termo foi colhido em Pietro Perlingieri, *Perfis do direito civil*, 1997, p. 33. Aparentemente, o primeiro a utilizá-lo foi Carmine Donisi, Verso la "depatrimonializzazione" del diritto privato, in *Rassegna di diritto civile*, n. 80, 1980 (conforme pesquisa noticiada em Daniel Sarmento, *Direitos fundamentais e relações privadas*, 2004, p. 115).

60 Luiz Edson Fachin e Carlos Eduardo Pianovski Ruzyk, Um projeto de Código Civil na contramão da Constituição, *Revista Trimestral de Direito Civil*, 4:243, 2000: "(A) aferição da constitucionalidade de um diploma legal, diante da *repersonalização* imposta a partir de 1988, deve levar em consideração a prevalência da proteção da dignidade humana em relação às relações jurídicas patrimoniais". A respeito da *repersonalização* do direito civil, v. também Adriano de Cupis, *Diritti della personalità*, 1982.

61 Sobre este tema, v. duas teses de doutorado desenvolvidas no âmbito do Programa de Pós-graduação em Direito Público da UERJ, ambas aprovadas com distinção e louvor e publicadas em edição comercial: Daniel Sarmento, *Direitos fundamentais e relações privadas*, 2004; e Jane Reis Gonçalves Pereira, *Direitos fundamentais e interpretação constitucional*, 2005. Aliás, trabalhos de excelente qualidade têm sido produzidos sobre a matéria, dentre os quais Wilson Steinmetz, *A vinculação dos particulares a direitos fundamentais*, 2004; Ingo Wolfgang Sarlet (org.), *Constituição, direitos fundamentais e direito privado*, 2003; Rodrigo Kaufmann, *Dimensões e perspectivas da eficácia horizontal dos direitos fundamentais*, 2003 (dissertação de mestrado apresentada à Universidade de Brasília); Luís Virgílio Afonso da Silva, *A constitucionalização do direito*: os direitos fundamentais nas relações entre particulares, 2005; André Rufino do Vale, *Eficácia dos direitos fundamentais nas relações privadas*, 2004; e Thiago Luís Santos Sombra, *A eficácia dos direitos fundamentais nas relações jurídico-privadas*, 2004.

As múltiplas situações suscetíveis de ocorrer no mundo real não comportam solução unívoca[62]. Nada obstante, com exceção da jurisprudência norte-americana (e, mesmo assim, com atenuações), há razoável consenso de que as normas constitucionais se aplicam, em alguma medida, às relações entre particulares. A divergência nessa matéria reside, precisamente, na determinação do modo e da intensidade dessa incidência. Doutrina e jurisprudência dividem-se em duas correntes principais:

a) a da eficácia indireta e mediata dos direitos fundamentais, mediante atuação do legislador infraconstitucional e atribuição de sentido às cláusulas abertas;

b) a da eficácia direta e imediata dos direitos fundamentais, mediante um critério de ponderação entre os princípios constitucionais da livre-iniciativa e da autonomia da vontade, de um lado, e o direito fundamental em jogo, do outro lado.

O ponto de vista da aplicabilidade direta e imediata afigura-se mais adequado para a realidade brasileira e tem prevalecido na doutrina e na jurisprudência[63]. Na ponderação a ser empreendida, como na ponderação em geral, deverão ser levados em conta os elementos do caso concreto. Para essa específica ponderação entre autonomia da vontade *versus* outro direito fundamental, merecem relevo os seguintes fatores: a) a igualdade ou desigualdade material entre as partes (*e.g.*, se uma multinacional renuncia contratualmente a um direito, tal situação é diversa daquela em que um trabalhador humilde faça o mesmo); b) a manifesta injustiça ou falta de razoabilidade do critério adotado (*e.g.*, escola que não admite filhos de pais divorciados); c) preferência para valores existenciais sobre os patrimoniais; d) risco para a dignidade da pessoa humana (*e.g.*, ninguém pode sujeitar-se a sanções corporais)[64].

O processo de constitucionalização do direito civil, no Brasil, avançou de maneira progressiva, tendo sido amplamente absorvido pela jurisprudência e pela doutrina, inclusive civilista. Aliás, coube a esta, em grande medida, o próprio fomento da aproximação inevitável[65]. Ainda se levantam, aqui e ali, objeções de naturezas diversas, mas o fato é que as resistências, fundadas em uma visão mais tradicionalista do direito civil, dissiparam-se em sua maior parte. Já não há quem negue abertamente o impacto da Constituição sobre o direito privado[66]. A sinergia com o direito constitucional potencializa e eleva os dois ramos do Direito, em nada diminuindo a tradição secular da doutrina civilista[67].

---

62 Vejam-se, exemplificativamente, algumas delas: a) pode um clube de futebol impedir o ingresso em seu estádio de jornalistas de um determinado veículo de comunicação que tenha feito críticas ao time (liberdade de trabalho e de imprensa)?; b) pode uma escola judaica impedir o ingresso de crianças não judias (discriminação em razão da religião)?; c) pode o empregador prever no contrato de trabalho da empregada a demissão por justa causa em caso de gravidez (proteção da mulher e da procriação)?; d) pode o locador recusar-se a firmar o contrato de locação porque o pretendente locatário é muçulmano (de novo, liberdade de religião)?; e) pode um jornalista ser demitido por ter emitido opinião contrária à do dono do jornal (liberdade de opinião)?

63 Confiram-se duas decisões do STF sobre o tema. No RE 161243/DF, *DJ* 17 dez. 1999, Rel. Min. Sidney Sanches, considerou-se inconstitucional a política trabalhista de uma companhia aérea que previa direitos diferentes para os empregados nacionais e estrangeiros, por ofensa ao princípio constitucional da igualdade. No RE 158215/RS, *DJ* 7 jun. 1996, Rel. Min. Marco Aurélio, assegurou-se que o princípio do devido processo legal também se aplica às associações privadas, cujos membros não podem ser expulsos sem a observância de um processo justo.

64 Para um aprofundamento do tema, v. Daniel Sarmento, *Direitos fundamentais e relações privadas*, 2004; e Jane Reis Gonçalves Pereira, *Direitos fundamentais e interpretação constitucional*, 2005.

65 No caso da Universidade do Estado do Rio de Janeiro, esta é uma das principais linhas do Programa de Pós-graduação em Direito Civil, onde foram pioneiros doutrinadores como Gustavo Tepedino, Maria Celina Bodin de Moraes e Heloísa Helena Barbosa. Na Universidade Federal do Paraná, destacam-se os trabalhos do Professor Luiz Edson Fachin. Na Universidade Federal do Rio Grande do Sul, da Professora Judith Martins-Costa. Na PUC de São Paulo, do Professor Renan Lotufo. Na Universidade Federal de Alagoas, do Professor Paulo Netto Lôbo.

66 Gustavo Tepedino, O direito civil e a legalidade constitucional, *Revista Del Rey Jurídica*, 13:23, 2004: "Ao contrário do cenário dos anos 80, não há hoje civilista que negue abertamente a eficácia normativa da Constituição e sua serventia para, ao menos de modo indireto, auxiliar na interpretação construtiva da norma infraconstitucional". Em seguida, em preciosa síntese, identifica o autor as quatro objeções mais frequentes à aplicação da Constituição às relações de direito civil: a) não cabe ao constituinte, mas ao legislador, que constitui uma instância mais próxima da realidade dos negócios, a regulação da autonomia privada; b) a baixa densidade normativa dos princípios constitucionais propiciaria excessiva discricionariedade aos magistrados; c) a estabilidade milenar do direito civil restaria abalada pela instabilidade do jogo político-constitucional; d) o controle axiológico das relações de direito civil, para além dos limites claros do lícito e do ilícito, significaria desmesurada ingerência na vida privada.

67 Para exemplos de casos recentes em que se postulou uma releitura do direito civil à luz da Constituição, v., ilustrativamente: STF, j. 10 maio 2017, RE 878.694, Rel. Min. Luís Roberto Barroso, no qual se concluiu pela inconstitucionalidade da imposição de regimes sucessórios diferenciados entre, de um lado, os cônjuges, em união formalizada por meio do casamento, e, de outro, os companheiros em união estável. O fundamento da decisão foi a igualdade entre famílias; STF, *DJE*, 1º fev. 2016, ADI 4.815, Rel. Min. Cármen Lúcia, em que a Corte declarou inexigível autorização dos biografados ou de seus familiares para a divulgação de obras biográficas, com base no direito à liber-

2 Direito administrativo[68]

O direito constitucional e o direito administrativo têm origem e objetivos comuns: o advento do liberalismo e a necessidade de limitação do poder do Estado. Nada obstante, percorreram ambos trajetórias bem diversas, sob influência do paradigma francês. De fato, o direito constitucional passou o século XIX e a primeira metade do século XX associado às categorias da política, destituído de força normativa e aplicabilidade direta e imediata (v. *supra*). O direito administrativo, por sua vez, desenvolveu-se como ramo jurídico autônomo e arrebatou a disciplina da Administração Pública. Na França, onde esse domínio do Direito recebeu grande impulso, a existência de uma jurisdição administrativa dissociada da atuação judicial e o prestígio do Conselho de Estado deram ao direito administrativo uma posição destacada no âmbito do direito público[69], associando-o à continuidade e à estabilidade das instituições[70]. Somente após a Segunda Guerra Mundial, com o movimento de constitucionalização, essa situação de preeminência iria modificar-se.

Não se vai reconstituir o histórico da relação entre o direito constitucional e o direito administrativo, que é feito pelos administrativistas em geral[71] e desviaria o foco da análise que aqui se quer empreender. Na quadra presente, três conjuntos de circunstâncias devem ser considerados no âmbito da constitucionalização do direito administrativo: a) a existência de uma vasta quantidade de normas constitucionais voltadas para a disciplina da Administração Pública; b) a sequência de transformações sofridas pelo Estado brasileiro nos últimos anos; c) a influência dos princípios constitucionais sobre as categorias desse ramo do Direito. Todas elas se somam para a configuração do modelo atual, no qual diversos paradigmas estão sendo repensados ou superados.

---

dade de expressão e de informação; STF, ADI 4.275, Rel. Min. Marco Aurélio, e RE 670.422, Rel. Min. Dias Toffoli, ambos julgados em 1º mar. 2018, nos quais se decidiu favoravelmente ao direito dos transexuais à alteração de seu registro civil, quanto a prenome e sexo, à luz do princípio constitucional da dignidade da pessoa humana e dos direitos à intimidade, à privacidade e ao livre desenvolvimento da personalidade.

68 Sobre as transformações do direito administrativa na quadra atual, v. Diogo de Figueiredo Moreira Neto, *Sociedade, Estado e administração pública*, 1996; *Mutações do direito administrativo*, 2000; e *Direito regulatório*, 2003; Caio Tácito, O retorno do pêndulo: serviço público e empresa privada. O exemplo brasileiro, *Revista de Direito Administrativo, 202*:1, 1995; Eros Roberto Grau, *A ordem econômica na Constituição de 1988*, 1990; Odete Medauar, *Direito administrativo moderno*, 1998; Maria Sylvia Zanella Di Pietro, *Parcerias na administração pública*: concessão, permissão, franquia, terceirização e outras formas, 1999; Carlos Ari Sundfeld, *Direito administrativo ordenador*, 2003; Patrícia Batista, *Transformações do direito administrativo*, 2003; Marcos Juruena, *Desestatização, privatização, concessões e terceirizações*, 2000; Paulo Modesto, A reforma da previdência e a definição de limites de remuneração e subsídio dos agentes públicos no Brasil, in *Direito público*: estudos em homenagem ao professor Adilson Abreu Dallari, 2004; Humberto Ávila, Repensando o "princípio da supremacia do interesse público sobre o particular", in *O direito público em tempos de crise*: estudos em homenagem a Ruy Rubem Ruschel, 1999; Alexandre Aragão, *Agências reguladoras*, 2002; Gustavo Binenbojm, *Uma teoria do direito administrativo*, 2006. V. tb. Luís Roberto Barroso, Modalidades de intervenção do Estado na ordem econômica. Regime jurídico das sociedades de economia mista, in *Temas de direito constitucional*, 2002, t. I; A ordem econômica constitucional e os limites à atuação estatal no controle de preços, in *Temas de direito constitucional*, 2003, t. II; Regime constitucional do serviço postal. Legitimidade da atuação da iniciativa privada, in *Temas de direito constitucional*, 2003, t. II; Agências reguladoras. Constituição, transformações do Estado e legitimidade democrática, in *Temas de direito constitucional*, 2003, t. II. Para a formação da doutrina administrativista no Brasil, preste-se homenagem devida e merecida a Miguel Seabra Fagundes, *O controle dos atos administrativos pelo Poder Judiciário*, 1ª edição de 1957, e Hely Lopes Meirelles, *Curso de direito administrativo brasileiro*, 1ª edição de 1964. Caio Tácito, além de escritos e inúmeros pareceres, dirigiu desde 1993, e até o seu falecimento em 2005, a *Revista de Direito Administrativo*, a mais antiga e prestigiosa publicação na matéria. Celso Antônio Bandeira de Mello, *Elementos de direito administrativo*, 1ª edição de 1980, e, depois, *Curso de direito administrativo*, teve influência decisiva no desenvolvimento de um direito administrativo na perspectiva da cidadania, e não da Administração.

69 Sobre o tema, v. Patrícia Batista, *Transformações do direito administrativo*, 2003, p. 36-37.

70 A propósito, v. o célebre artigo de Georges Vedel, Discontinuité du droit constitutionnel et continuité du droit administratif, in *Mélanges Waline*, 1974. Sobre o tema, v. também Louis Favoreu, La constitutionnalisation du Droit, in Bertrand Mathieu e Michel Verpeaux, *La constitutionnalisation des branches du Droit*, 1998, p. 182.

71 V., por todos, Hely Lopes Meirelles, *Direito administrativo brasileiro*, 1993, p. 31. Para uma visão severamente crítica da origem e evolução do direito administrativo, v. Gustavo Binenbojm, Da supremacia do interesse público ao dever de proporcionalidade: um novo paradigma para o direito administrativo, *Revista de Direito Administrativo, 239*:1, 2005.

A presença de dispositivos sobre a Administração Pública nas Constituições modernas tem início com as Cartas italiana e alemã, em precedentes que foram ampliados pelos Textos português e espanhol. A Constituição brasileira de 1988 discorre amplamente sobre a Administração Pública (v. *supra*), com censurável grau de detalhamento e contendo um verdadeiro estatuto dos servidores públicos. Nada obstante, contém algumas virtudes, como a dissociação da função administrativa da atividade de governo[72] e a enunciação expressa de princípios setoriais do direito administrativo, que na redação original eram os da legalidade, impessoalidade, moralidade e publicidade. A Emenda Constitucional n. 19, de 4 de junho de 1998, acrescentou ao elenco o princípio da eficiência[73]. A propósito, a tensão entre a eficiência, de um lado, e a legitimidade democrática, de outro, é uma das marcas da Administração Pública na atualidade[74].

De parte isso, deve-se assinalar que o perfil constitucional do Estado brasileiro, nos domínios administrativo e econômico, foi alterado por um conjunto amplo de reformas econômicas, levadas a efeito por emendas e por legislação infraconstitucional, e que podem ser agrupadas em três categorias: a extinção de determinadas restrições ao capital estrangeiro, a flexibilização de monopólios estatais e a desestatização. Tais transformações modificaram as bases sobre as quais se dava a atuação do Poder Público, tanto no que diz respeito à prestação de serviços públicos como à exploração de atividades econômicas. A diminuição expressiva da atuação empreendedora do Estado transferiu sua responsabilidade principal para o campo da regulação e fiscalização dos serviços delegados à iniciativa privada e das atividades econômicas que exigem regime especial. Foi nesse contexto que surgiram as agências reguladoras, via institucional pela qual se consumou a mutação do papel do Estado em relação à ordem econômica[75].

Por fim, mais decisivo que tudo para a constitucionalização do direito administrativo, foi a incidência no seu domínio dos princípios constitucionais – não apenas os específicos, mas sobretudo os de caráter geral, que se irradiam por todo o sistema jurídico[76]. Também aqui, a partir da centralidade da dignidade humana e da preservação dos direitos fundamentais, alterou-se a qualidade das relações entre Administração e administrado, com a superação ou reformulação de paradigmas tradicionais[77]. Dentre eles é possível destacar:

---

72 V. Patrícia Batista, *Transformações do direito administrativo*, 2003, p. 74.

73 A Lei n. 9.784, de 29.1.1999, que regula o processo administrativo no plano federal, enuncia como princípios da Administração Pública, dentre outros, os da legalidade, finalidade, motivação, razoabilidade, proporcionalidade, moralidade, ampla defesa, contraditório, segurança jurídica, interesse público e eficiência.

74 V. Luís Roberto Barroso, Agências reguladoras. Constituição, transformações do Estado e legitimidade democrática, in *Temas de direito constitucional*, 2003, t. II, "O Estado moderno, o direito constitucional e o direito administrativo passaram nas últimas décadas por transformações profundas, que superaram ideias tradicionais, introduziram conceitos novos e suscitaram perplexidades ainda não inteiramente equacionadas. Nesse contexto, surgem questões que desafiam a criatividade dos autores, dos legisladores e dos tribunais, dentre as quais se incluem, em meio a diversas outras: a) a definição do regime jurídico e das interações entre duas situações simétricas: o desempenho de atividades econômicas privadas pelos entes públicos e, especialmente, a realização por pessoas privadas de atividades que deixaram de ser estatais, mas continuaram públicas ou de relevante interesse público; b) o difícil equilíbrio entre diferentes demandas por parte da sociedade, envolvendo valores que se contrapõem ou, no mínimo, guardam entre si uma relação de tensão, como: (i) eficiência administrativa, (ii) participação dos administrados e (iii) controle da Administração Pública e suas agências pelos outros órgãos de Poder e pela sociedade; [...]".

75 As agências reguladoras, como categoria abstrata, não receberam disciplina constitucional. O texto da Constituição, todavia, faz menção a duas delas: a de telecomunicações (art. 21, XI) e a de petróleo (art. 177, § 2º, III).

76 Nessa linha, o Supremo Tribunal Federal deferiu liminar para suspender a eficácia da lei que autorizou o uso da fosfoetanolamina sintética (conhecida como "pílula do câncer"), a despeito da ausência de registro sanitário perante a agência reguladora competente e da falta de testes clínicos que comprovassem a sua segurança e eficácia. Concluiu-se pela plausibilidade da alegação de violação ao direito à saúde e à reserva de administração, que decorre do princípio da separação de Poderes (STF, *DJE*, 1º ago. 2017, ADI 5.501, Rel. Min. Marco Aurélio). Do mesmo modo, a Corte determinou, em caso de greve de servidores públicos, o corte de ponto dos dias parados, com base em considerações sobre o tratamento dado à greve na iniciativa privada (em que se autoriza o corte de ponto), o princípio constitucional da isonomia e, ainda, o princípio da continuidade do serviço público (STF, *DJE*, 19 out. 2017, RE 693.456, Rel. Min. Dias Toffoli). Por fim, o STF declarou inconstitucional a nomeação de membros do Ministério Público para o cargo de Ministro de Estado, à luz do princípio da separação dos poderes e da autonomia assegurada ao MP pela Constituição (STF, *DJE*, 1º ago. 2016, ADPF 388, Rel. Min. Gilmar Mendes).

77 Sobre este tema específico, v. Gustavo Binenbojm, *Uma teoria do direito administrativo*: direitos fundamentais, democracia e constitucionalização, 2006, e a tese de doutoramento de Arícia Corrêa Fernandes, *Por uma releitura do princípio da legalidade administrativa e da reserva de administração*, 2003, apresentado ao Programa de Pós-graduação em Direito Público da Universidade do Estado do Rio de Janeiro, sob minha orientação. V. tb. Patrícia Ferreira Batista, *Transformações do direito administrativo*, 2003; e Gustavo Binenbojm, Da supremacia do interesse público ao dever de proporcionalidade: um novo paradigma para o direito administrativo, *Revista de Direito Administrativo*, 239:1, 2005.

a) a redefinição da ideia de supremacia do interesse público sobre o interesse privado

Em relação a esse tema, comentado em mais detalhe *supra*, deve-se fazer, em primeiro lugar, a distinção necessária entre interesse público (i) *primário*, isto é, o interesse da sociedade, sintetizado em valores como justiça, segurança e bem-estar social, e (ii) *secundário*, que é o interesse da pessoa jurídica de direito público (União, Estados e Municípios), identificando-se com o interesse da Fazenda Pública, isto é, do erário[78]. Pois bem: o interesse público secundário jamais desfrutará de uma supremacia *a priori* e abstrata em face do interesse particular. Se ambos entrarem em rota de colisão, caberá ao intérprete proceder à ponderação desses interesses, à vista dos elementos normativos e fáticos relevantes para o caso concreto[79].

b) a vinculação do administrador à Constituição e não apenas à lei ordinária

Supera-se, aqui, a ideia restrita de vinculação positiva do administrador à lei, na leitura convencional do princípio da legalidade, pela qual sua atuação estava pautada por aquilo que o legislador determinasse ou autorizasse. O administrador pode e deve atuar tendo por fundamento direto a Constituição e independentemente, em muitos casos, de qualquer manifestação do legislador ordinário. O princípio da legalidade transmuda-se, assim, em princípio da constitucionalidade ou, talvez mais propriamente, em princípio da juridicidade, compreendendo sua subordinação à Constituição e à lei, nessa ordem.

c) a possibilidade de controle judicial do mérito do ato administrativo

O conhecimento convencional em matéria de controle jurisdicional do ato administrativo limitava a cognição dos juízes e tribunais aos aspectos da legalidade do ato (competência, forma e finalidade), e não do seu mérito (motivo e objeto), aí incluídas a conveniência e oportunidade de sua prática. Não se passa mais assim. Não apenas os princípios constitucionais gerais já mencionados, mas também os específicos, como moralidade, eficiência e, sobretudo, a razoabilidade-proporcionalidade, permitem o controle da discricionariedade administrativa (observando-se, naturalmente, a contenção e a prudência, para que não se substitua a discricionariedade do administrador pela do juiz)[80].

Um último comentário se impõe nesse passo. Há autores que se referem à mudança de alguns paradigmas tradicionais do direito administrativo como caracterizadores de uma *privatização do direito público*, que passa a estar submetido, por exemplo, a algumas categorias do direito das obrigações. Seria, de certa forma, a mão inversa da *publicização do direito privado*. Na verdade, é a aplicação de princípios constitucionais que leva determinados institutos de direito público para o direito privado e, simetricamente, traz institutos de direito privado para o direito público. O fenômeno em questão, portanto, não é nem de publicização de um, nem de privatização de outro, mas de constitucionalização de ambos. Daí resulta uma diluição do rigor da dualidade direito público/direito privado, produzindo áreas de confluência e fazendo com que a distinção passe a ser antes quantitativa do que qualitativa[81].

---

[78] Essa classificação, de origem italiana, é pouco disseminada na doutrina e na jurisprudência brasileiras. V. Renato Alessi, *Sistema Istituzionale del diritto administrativo italiano*, 1960, p. 197, apud Celso Antônio Bandeira de Mello, *Curso de direito administrativo*, 2003, p. 57. Depois de Celso Antônio, outros autores utilizaram essa distinção. V. Diogo de Figueiredo Moreira Neto, *Curso de direito administrativo*, 1997, p. 429 e s.

[79] Para um aprofundamento dessa discussão, v. meu prefácio ao livro de Daniel Sarmento (org.), *Interesses públicos versus interesses privados*: desconstruindo o princípio de supremacia do interesse público, 2005. V. tb., naturalmente, o próprio livro, do qual constam textos de grande valia sobre o tema, escritos por Humberto Ávila, Paulo Ricardo Schier, Gustavo Binenbojm, Daniel Sarmento e Alexandre Aragão. O texto de Humberto Ávila foi pioneiro na discussão da matéria. Sob outro enfoque, merece referência o trabalho de Fábio Medina Osório, Existe uma supremacia do interesse público sobre o privado no direito brasileiro?, *Revista de Direito Administrativo, 220*:107, 2000.

[80] Sobre princípios constitucionais da Administração Pública, v. Carmen Lúcia Antunes Rocha, *Princípios constitucionais da Administração Pública*, 1994; Romeu Bacellar, *Princípios constitucionais do processo administrativo disciplinar*, 1998; Juarez Freitas, *O controle dos atos administrativos e os princípios fundamentais*, 1999; Ruy Samuel Espíndola, Princípios constitucionais e atividade jurídico-administrativa: anotações em torno de questões contemporâneas, *Interesse Público, 21*:57, 2003.

[81] Não é possível aprofundar o tema, que é rico e intrincado, sem um desvio que seria inevitavelmente longo e descabido nas circunstâncias. Vejam-se, sobre a questão: Pietro Perlingieri, *Perfis de direito civil*, 1997, p. 17; Maria Celina Bodin de Moraes, A caminho de um direito civil constitucional, *Revista de Direito Civil, 65*:23, 1993, p. 25; e Gustavo Tepedino, Premissas metodológicas para a constitucionalização do direito civil, in *Temas de direito civil*, 2004, p. 19: "Daí a inevitável alteração dos confins entre o direito público e o direito privado, de tal sorte que a distinção deixa de ser qualitativa e passa a ser quantitativa, nem sempre se podendo definir qual exatamente é o território do direito público e qual o território do direito privado. Em outras palavras, pode-se provavelmente determinar os campos do direito público ou do direito privado pela prevalência do interesse público ou do interesse privado, não já pela inexistência de intervenção pública nas atividades de direito privado ou pela exclusão da participação do cidadão nas esferas da administração pública. A alteração tem enorme significado hermenêutico, e é preciso que venha a ser absorvida pelos operadores".

3 Direito penal[82]

A repercussão do direito constitucional sobre a disciplina legal dos crimes e das penas é ampla, direta e imediata, embora não tenha sido explorada de maneira abrangente e sistemática pela doutrina especializada. A Constituição tem impacto sobre a validade e a interpretação das normas de direito penal, bem como sobre a produção legislativa na matéria. Em primeiro lugar, pela previsão de um amplo catálogo de garantias, inserido no art. 5º. Além disso, o texto constitucional impõe ao legislador o dever de criminalizar determinadas condutas[83], assim como impede a criminalização de outras[84]. Adicione-se a circunstância de que algumas tipificações previamente existentes são questionáveis à luz dos novos valores constitucionais ou da transformação dos costumes[85]. Da mesma forma, discute-se a possibilidade de se excepcionarem determinadas incidências concretas da norma penal – a despeito da caracterização dos elementos típicos – na medida em que provoquem resultado incompatível com a ordem constitucional[86].

A constitucionalização do direito penal suscita um conjunto instigante e controvertido de ideias, a serem submetidas ao debate doutrinário e à consideração da jurisprudência. Boa parte do pensamento jurídico descrê das potencialidades das penas privativas de liberdade, que somente deveriam ser empregadas em hipóteses extremas, quando não houvesse meios alternativos eficazes para a proteção dos interesses constitucionalmente relevantes[87]. Os bens jurídicos constitucionais obedecem a uma ordenação hierárquica, de modo que a gravidade da punição deve ser graduada em função dessa lógica[88]. A

---

82 Lenio Luiz Streck e Luciano Feldens, *Crime e Constituição*, 2003; Luciano Feldens, *A Constituição penal*: a dupla face da proporcionalidade no controle de normas penais, 2005; Carlos Bernal Pulido, O princípio da proporcionalidade da legislação penal, in Cláudio Pereira de Souza Neto e Daniel Sarmento (coord.), *A constitucionalização do Direito*, 2006, p. 805 e s.; Ingo Wolfgang Sarlet, Constituição, proporcionalidade e direitos fundamentais: o direito penal entre proibição de excesso e de insuficiência, *Revista de Estudos Criminais, 12*:86, 2003. O presente tópico beneficia-se, também, da discussão de ideias contidas em dois trabalhos de final de curso apresentados na disciplina *Interpretação Constitucional*, do Programa de Pós-graduação em Direito Público da Universidade do Estado do Rio de Janeiro – UERJ: Valéria Caldi de Magalhães, *Constitucionalização do Direito e controle de constitucionalidade das leis penais*: algumas considerações, mimeografado, 2005; e Ana Paula Vieira de Carvalho, *Neoconstitucionalismo e injusto penal*, mimeografado, 2007.

83 Como, por exemplo, nos casos de racismo, tortura, ação de grupos armados contra a ordem constitucional, crimes ambientais e violência contra a criança, dentre outras referências expressas. V. arts. 5º, XLI, XLII, XLIII, XLIV, 7º, X, 225, § 3º, e 227, § 4º.

84 Por exemplo: "Art. 53. Os Deputados e Senadores são invioláveis, civil e penalmente, por quaisquer de suas opiniões, palavras e votos"; "Art. 5º. [...] XVI – todos podem reunir-se pacificamente, sem armas, em locais abertos ao público, independentemente de autorização [...]; XVII – é plena a liberdade de associação para fins lícitos, vedada a de caráter paramilitar".

85 Esse parece ser o caso da decisão do Supremo Tribunal Federal que afastou a prisão preventiva de médicos e de outros funcionários de clínica de aborto, ao fundamento de que a criminalização da interrupção voluntária da gestação efetivada no primeiro trimestre seria inconstitucional, por violar direitos fundamentais da mulher, como os direitos sexuais e reprodutivos, a autonomia, a integridade física e psíquica, a igualdade, bem como o princípio da proporcionalidade. Embora a questão não tivesse sido objeto de alteração normativa, entendeu-se que uma compreensão mais contemporânea de tais direitos ensejava a não configuração do crime nos primeiros três meses de gestação (STF, *DJE*, 17 mar. 2017, HC 124.306, rel. p/ o acórdão Min. Luís Roberto Barroso). O caso é comentado mais adiante neste capítulo. Na mesma linha, sustentou-se a descriminalização do porte de maconha para uso pessoal com base no direito à privacidade, na autonomia individual, no princípio da proporcionalidade e no fracasso da política de criminalização das drogas (RE 635.659, ainda em julgamento, votos dos ministros Luís Roberto Barroso e Edson Fachin).

86 Confiram-se dois exemplos dessa situação, ambos associados ao denominado *princípio da insignificância jurídica*. Com base nele, o STF trancou a ação penal promovida contra ex-Prefeita Municipal, pela contratação de boa-fé, mas sem concurso público, de um único gari. O fundamento utilizado foi *insignificância jurídica do ato apontado como delituoso, gerando falta de justa causa para a ação penal* (STF, *DJU*, 11 set. 1998, HC 77.003-4, Rel. Min. Marco Aurélio). Em outro caso, o STF entendeu que, "na hipótese de o juiz da causa considerar penal ou socialmente indesejável a aplicação do princípio da insignificância por furto, em situações em que tal enquadramento seja cogitável, eventual sanção privativa de liberdade deverá ser fixada, como regra geral, em regime inicial aberto, paralisando-se a incidência do art. 33, § 2º, *c*, do CP no caso concreto, com base no princípio da proporcionalidade" (HCs 123.108, 123.533 e 123.734, *DJU*, 29 jan. 2016, Rel. Min. Luís Roberto Barroso). Sobre o tema da interpretação conforme a equidade, de modo a evitar a incidência iníqua de determinada regra, v. Ana Paula de Barcellos, *Ponderação, racionalidade e atividade jurisdicional*, 2005, p. 221 e s.

87 V. Valéria Caldi de Magalhães, *Constitucionalização do Direito e controle de constitucionalidade das leis penais:* algumas considerações, mimeografado, 2005: "Ao mesmo tempo em que o funda e autoriza, a Constituição reduz e limita o direito penal, na medida em que só autoriza a criminalização de condutas que atinjam de modo sensível um bem jurídico essencial para a vida em comunidade. Este é o papel do direito penal: atuar como *ultima ratio*, quando seja absolutamente necessário e não haja outros mecanismos de controle social aptos a impedir ou punir aquelas lesões".

88 Lenio Luiz Streck e Luciano Feldens, *Crime e Constituição*, 2003, p. 44-45: "No campo do Direito Penal, em face dos objetivos do Estado Democrático de Direito estabelecidos expressamente na Constituição (erradicação da pobreza,

disciplina jurídica dada a determinada infração ou a pena aplicável não deve *ir além* nem tampouco *ficar aquém* do necessário à proteção dos valores constitucionais em questão. No primeiro caso, haverá inconstitucionalidade por falta de razoabilidade ou proporcionalidade[89]; no segundo, por omissão em atuar na forma reclamada pela Constituição[90].

Feitas essas anotações iniciais, procura-se a seguir sistematizar algumas das ideias principais que se colhem na confluência entre a Constituição e o direito penal. De início, o registro imprescindível de que o direito penal, a exemplo dos demais ramos do Direito, sujeita-se aos princípios e regras da Constituição. Disso resulta, como já assinalado, a centralidade dos direitos fundamentais, tanto na sua versão subjetiva como na objetiva (v. *supra*). Com essa observação, examinam-se as premissas de trabalho na matéria: (i) reserva legal e liberdade de conformação do legislador; (ii) garantismo; e (iii) dever de proteção. Ao final, na produção da síntese necessária, destaca-se o papel do princípio da razoabilidade-proporcionalidade.

No direito brasileiro, a tipificação de condutas penais e a fixação de penas aplicáveis são matérias reservadas à lei[91] e, mais que isso, são privativas de lei formal[92]. Doutrina e jurisprudência reconhecem ampla liberdade de conformação ao legislador na definição dos crimes e das sanções[93], de acordo com as demandas sociais e com as circunstâncias políticas e econômicas de cada época. Respeitadas as proibições e as imposições de atuação, a matéria é largamente relegada à deliberação das maiorias parlamentares. Nada obstante, o respeito aos direitos fundamentais impõe à atividade legislativa limites máximos e limites mínimos de tutela. A Constituição funciona como fonte de legitimação e de limitação do legislador[94].

---

redução das desigualdades sociais e regionais, direito à saúde, proteção do meio ambiente, proteção integral à criança e ao adolescente, etc.), os delitos que devem ser penalizados com (maior) rigor são exatamente aqueles que, de uma maneira ou outra, obstaculizam/dificultam/impedem a concretização dos objetivos do Estado Social e Democrático. Entendemos ser possível, assim, afirmar que os crimes de sonegação de tributos, lavagem de dinheiro e corrupção (para citar apenas alguns) merecem do legislador um tratamento mais severo que os crimes que dizem respeito às relações meramente interindividuais (desde que cometidos sem violência ou grave ameaça)".

89   É o caso da disciplina penal dada pela Lei n. 9.677/98 (Lei dos Remédios) à adulteração de cosméticos. O delito é equiparado à adulteração de medicamentos, infração sujeita a penas mínimas superiores à do crime de homicídio para a falsificação, corrupção, adulteração ou alteração de produto destinado a fins terapêuticos ou medicinais (CP, art. 273 e § 1º-A). A propósito, a Corte Especial do Superior Tribunal de Justiça recusou aplicação à norma, por considerá-la desproporcional. Sobre o tema, v. Miguel Reale Júnior, A inconstitucionalidade da Lei dos Remédios, *Revista dos Tribunais*, 763:415, 1999. Outro exemplo é o da Lei n. 9.437/97, com em seu art. 10 pune com penas idênticas o porte de arma de fogo e o porte de arma de brinquedo. Sobre a proporcionalidade no âmbito do direito penal, v. Ingo Sarlet, Constituição e proporcionalidade: o direito penal e os direitos fundamentais entre proibição de excesso e de insuficiência, *Revista de Estudos Criminais*, 12:86, 2003.

90   Valéria Caldi de Magalhães, *Constitucionalização do Direito e controle de constitucionalidade das leis penais:* algumas considerações, mimeografado, 2005, p. 15, considera de "duvidosa constitucionalidade" a previsão legal de extinção da punibilidade de crimes contra a ordem tributária, em razão do pagamento do tributo antes e, até mesmo, após o recebimento da denúncia. A matéria é disciplinada pelo art. 34 da Lei n. 9.249/95 e pelo art. 9º da Lei n. 10.684/2003.

91   CF/88, art. 5º: "XXXIX – não há crime sem lei anterior que o defina, nem pena sem prévia cominação legal".

92   Não se admite a criação de tipo penal ou o estabelecimento de pena por meio de medida provisória, nem menos ainda por ato normativo secundário, como regulamento ou portaria. Nesse sentido, v. STF, *DJU*, 9 abr. 1999, p. 2, HC 834/MT, Rel. Min. Sepúlveda Pertence: "Crime de responsabilidade: definição: reserva de lei. Entenda-se que a definição de crimes de responsabilidade, imputáveis embora a autoridades estaduais, é matéria de Direito Penal, da competência privativa da União – como tem prevalecido no Tribunal – ou, ao contrário, que sendo matéria de responsabilidade política de mandatários locais, sobre ela possa legislar o Estado-membro – como sustentam autores de tomo – o certo é que estão todos acordes em tratar-se de questão submetida à reserva de lei formal, não podendo ser versada em decreto legislativo da Assembleia Legislativa".

93   No direito brasileiro, essa atribuição só pode ser exercida pelo legislador federal, tendo em vista ser privativa da União a competência para legislar sobre direito penal (CF/88, art. 22, I).

94   A esse propósito, v. Ana Paula Vieira de Carvalho, *Neoconstitucionalismo e injusto penal*, mimeografado, 2007. A autora destaca a superação do conceito meramente formal de crime e o desenvolvimento de um conceito material para o injusto penal, fundado na lesividade social da conduta perpetrada. "A concretização desta ideia de nocividade ou lesividade foi possível através do conceito de bem jurídico, que encarnaria assim o objeto de proteção a ser conferida pelo legislador, sem o qual a atuação deste último seria arbitrária ou ilegítima. Materialmente antijurídicas seriam apenas, portanto, as condutas lesivas de bens jurídicos penalmente protegidos". Mais à frente, arrematando as ideias, sintetizou a matéria: "[É] possível concluir que: a) a preocupação em limitar materialmente o poder legislativo em sede penal é anterior ao desenvolvimento do constitucionalismo; b) desta preocupação nasceu a ideia de antijuridicidade material, tendo como conteúdo o bem jurídico; c) com a ascensão do (neo)constitucionalismo, o conceito de bem jurídico passou a ser conformado pelos valores constitucionais tal qual positivados na Carta Constitucional; d) desta forma a discricionariedade legislativa fica limitada não apenas pela ideia de lesividade social como atributo de todo injusto penal, mas também pela necessidade de adequação da conformação do bem jurídico protegido aos valores trazidos na Constituição".

A segunda premissa diz respeito à postura *garantista*[95], em relação ao acusado, que é consectário natural do Estado democrático de direito. Reserva legal, não retroatividade da lei penal, individualização da pena, devido processo legal são garantias constitucionais dos réus em geral. É inegável que a tipificação e punição de um crime interferem, inexoravelmente, com os direitos fundamentais, notadamente com o direito à liberdade. Por vezes, interferirá também com o direito de propriedade, em caso de multa ou perda de bens. Porém, como já se assentou, nenhum direito fundamental é absoluto, e existe sempre a possibilidade de tais direitos colidirem entre si ou com outros bens e valores constitucionais. Há uma tensão permanente entre a pretensão punitiva do Estado e os direitos individuais dos acusados. Para serem medidas válidas, a criminalização de condutas, a imposição de penas e o regime de sua execução deverão realizar os desígnios da Constituição, precisam ser justificados, e não poderão ter natureza arbitrária, caprichosa ou desmesurada. Vale dizer: deverão observar o princípio da razoabilidade-proporcionalidade, inclusive e especialmente na dimensão da vedação do excesso[96].

Por fim, a terceira premissa é a de que o direito penal atua como expressão do dever de proteção do Estado aos bens jurídicos constitucionalmente relevantes, como a vida, a dignidade, a integridade das pessoas e a propriedade. A tipificação de delitos e a atribuição de penas também são mecanismos de proteção a direitos fundamentais. Sob essa perspectiva, o Estado pode violar a Constituição por não resguardar adequadamente determinados bens, valores ou direitos, conferindo a eles proteção deficiente, seja pela não tipificação de determinada conduta, seja pela pouca severidade da pena prevista. Nesse caso, a violação do princípio da razoabilidade-proporcionalidade ocorrerá na modalidade da vedação da insuficiência. Um exemplo de direito comparado, na matéria, foi o caso conhecido como *Aborto I*, julgado pelo Tribunal Constitucional Federal alemão[97]. Na jurisprudência do Supremo Tribunal Federal, o argumento foi invocado na decisão que admitiu o início da execução da condenação penal, após o julgamento em segundo grau[98].

Em suma: o legislador, com fundamento e nos limites da Constituição, tem liberdade de conformação para definir crimes e penas. Ao fazê-lo, deverá respeitar os direitos fundamentais dos acusados, tanto no plano material como no processual. Por outro lado, tem o legislador deveres de proteção para com a sociedade, cabendo-lhe resguardar valores, bens e direitos fundamentais de seus integrantes. Nesse universo, o princípio da razoabilidade-proporcionalidade, além de critério de aferição da validade das restrições a direitos fundamentais, funciona também na dupla dimensão de proibição do excesso e de insuficiência.

Uma hipótese específica de constitucionalização do direito penal suscitou candente debate na sociedade e no Supremo Tribunal Federal: a da legitimidade ou não da interrupção da gestação nas hipóteses de feto anencefálico. Na ação constitucional ajuizada pediu-se a interpretação conforme a Constituição dos

---

95 Sobre garantismo, v. Luigi Ferrajoli, *Derecho y razón*: teoría del garantismo penal, 2000, em cuja Introdução escreveu: "[E]l 'garantismo' no tiene nada que ver con el mero legalismo, formalismo o procesalismo. Antes bien, consiste en la tutela de los derechos fundamentales: los cuales – de la vida a la libertad personal, de las libertades civiles y políticas a las expectativas sociales de subsistencia, de los derechos individuales a los colectivos – representan los valores, los bienes y los intereses, materiales y prepolíticos, que fundan y justifican la existencia de aquellos 'artificios' – como los llamó Hobbes – que son el derecho y el estado, cuyo disfrute por parte de todos constituye la base substancial de la democracia". V. tb. Alexandre Morais da Rosa, *O que é garantismo jurídico?*, 2003.

96 Por exemplo: o STF considerou inconstitucional o dispositivo legal que impedia a progressão de regime no caso de crimes hediondos. V. *DJU*, 9 fev. 2007, HC 90.049/RS, Rel. Min. Marco Aurélio. Alterado o dispositivo para prever que o *regime inicial* nos crimes hediondos deveria *sempre* ser o fechado, tornou o STF a declarar a sua inconstitucionalidade, afastando a imposição automática do regime inicial fechado e exigindo motivação específica para tal fim (HC 111.840, Rel. Min. Dias Toffoli).

97 Uma controvertida decisão conhecida como *Caso Aborto I* (BVerfGE I, 1975), julgado em 1975, a Corte declarou inconstitucional lei que descriminalizava o aborto, sob o argumento de que a medida produzia uma situação de descumprimento do dever estatal de recriminar a antijuridicidade da prática. O Tribunal chegou a registrar que a resposta estatal até poderia vir por outra forma que não a tipificação de delito, mas que, naquele caso, a medida substitutiva seria insuficiente, produzindo a inconstitucionalidade da lei impugnada. A decisão instaurou acesa polêmica, havendo dois votos divergentes que consideravam a declaração de inconstitucionalidade uma invasão à liberdade de conformação do legislador. Posteriormente, em 1993, o Tribunal Constitucional voltou a analisar a questão, no *Caso Aborto II* (BVerfGE 203, 1993), mantendo sua posição de que o Poder Público estava obrigado a reprimir a conduta, mas declarando a constitucionalidade de lei que efetuava a descriminalização. Ambas as decisões encontram-se relatadas e comentadas em Donald P. Kommers, *The constitutional jurisprudence of the Federal Republic of Germany*, 1997, p. 336-356.

98 V. HC 126.292, Rel. Min. Teori Zavascki; e ADC 43 e 44, *DJU*, 07 mar. 2018 Rel. p/ o acórdão Min. Luiz Edson Fachin. Em seu voto nestas últimas duas ações, averbou o Ministro Luís Roberto Barroso: "A interpretação que interdita a prisão quando já há condenação em segundo grau confere proteção deficiente a bens jurídicos tutelados pelo direito penal muito caros à ordem constitucional de 1988, como a vida, a segurança e a integridade física e moral das pessoas (CF/1988, arts. 5º, *caput* e LXXVIII e 144). O enorme distanciamento no tempo entre fato, condenação e efetivo cumprimento da pena (que em muitos casos conduz à prescrição) impede que o direito penal seja sério, eficaz e capaz de prevenir os crimes e dar satisfação à sociedade".

dispositivos do Código Penal que tipificam o crime de aborto, para declarar sua não incidência naquela situação de inviabilidade fetal. A grande questão teórica em discussão era saber se, ao declarar a não incidência do Código Penal a determinada situação, porque isso provocaria um resultado inconstitucional, estaria o STF interpretando a Constituição – que é o seu papel – ou criando uma nova hipótese de não punibilidade do aborto, em invasão da competência do legislador[99]. No final de 2016, decisão da Primeira Turma do STF considerou inconstitucional a criminalização do aborto até o primeiro trimestre de gestação, na linha do entendimento praticado na maior parte dos países democráticos e desenvolvidos do mundo[100].

Sob o prisma do dever de proteção suficiente, o STF analisou a omissão inconstitucional relacionada à criminalização das práticas de homofobia (que engloba comportamentos discriminatórios, ofensivos ou agressivos em relação a pessoas de orientação sexual homossexual). O Tribunal julgou procedente ação direta de inconstitucionalidade por omissão para reconhecer o estado de mora inconstitucional do Congresso Nacional na edição de lei de implementação da prestação legislativa destinada a cumprir o mandado de incriminação a que se referem os incisos XLI e XLII do art. 5º da Constituição[101], para efeito de proteção penal aos integrantes do grupo LGBT. Indo além, o STF decidiu sanar provisoriamente a omissão, determinando que, até a edição de lei específica, a homofobia e a transfobia fossem enquadradas nos tipos penais definidos na Lei n. 7.716/89 (que tipifica o racismo). Resolveu a Corte ser possível considerar-se que as práticas homotransfóbicas qualificam-se como espécies do gênero racismo, na dimensão de racismo social consagrada pelo Supremo Tribunal Federal no julgamento plenário do HC 82.424/RS (caso Ellwanger)[102].

Não é propósito deste estudo, voltado para uma análise panorâmica, percorrer caso a caso o impacto da Constituição sobre os diferentes segmentos do Direito. A constitucionalização, como já observado, manifesta-se de maneira difusa pelos diferentes domínios, ainda que em graus variados. As ideias gerais apresentadas são válidas, portanto, para todos os ramos, aí incluídos o direito processual penal e civil[103], o direito do trabalho[104], o direito comercial, o direito ambiental[105] e assim por diante.

---

99 STF, ADPF 54, Rel. Min. Marco Aurélio. Em julgamento realizado em 12 de abril de 2012, o Tribunal considerou inconstitucional a interpretação que enquadrava a interrupção da gestação neste caso na tipificação do crime de aborto.

100 HC 124.306, *DJU* 17 mar. 2017, Re. p/ o acórdão Min. Luís Roberto Barroso. Da ementa do acórdão constou: "[É] preciso conferir interpretação conforme a Constituição aos próprios arts. 124 a 126 do Código Penal – que tipificam o crime de aborto – para excluir do seu âmbito de incidência a interrupção voluntária da gestação efetivada no primeiro trimestre. A criminalização, nessa hipótese, viola diversos direitos fundamentais da mulher, bem como o princípio da proporcionalidade. [...] A criminalização é incompatível com os seguintes direitos fundamentais: *os direitos sexuais e reprodutivos da mulher*, que não pode ser obrigada pelo Estado a manter uma gestação indesejada; a *autonomia* da mulher, que deve conservar o direito de fazer suas escolhas existenciais; a *integridade física e psíquica* da gestante, que é quem sofre, no seu corpo e no seu psiquismo, os efeitos da gravidez; e a *igualdade* da mulher, já que homens não engravidam e, portanto, a equiparação plena de gênero depende de se respeitar a vontade da mulher nessa matéria".

101 CF 88: "Art. 5º [...] XLI – a lei punirá qualquer discriminação atentatória dos direitos e liberdades fundamentais; XLII – a prática do racismo constitui crime inafiançável e imprescritível, sujeito à pena de reclusão, nos termos da lei".

102 ADO 26, Rel. Min. Celso de Mello, j. jun. 2019.

103 V. STF, *DJE*, 3 jun. 2020, Rel. Min. Marco Aurélio, em que se concluiu pela incompatibilidade de depósito prévio como condição de admissibilidade de recurso extraordinário; STF, *DJE*, 24 nov. 2014, RE 590.809, Rel. Min. Marco Aurélio, em que se decidiu, com base no princípio da segurança jurídica, pelo descabimento de ação rescisória contra acórdão compatível com a jurisprudência dominante no Supremo Tribunal Federal, à época em que foi proferido, ainda que tal jurisprudência tivesse sido posteriormente alterada. V., ainda, STF, *DJE*, 27 abr. 2016, RE 955.227-RG, Rel. Min. Luís Roberto Barroso. Nesse caso, se conferiu repercussão geral ao recurso que debate os efeitos produzidos pelas decisões do STF sobre a coisa julgada, no caso de relações tributárias de trato continuado, quando tais decisões declararem a (in) constitucionalidade da norma que instituiu o tributo. O caso está ainda pendente de apreciação e possivelmente será analisado à luz dos princípios da segurança jurídica e da igualdade entre os contribuintes.

104 V. STF, *DJE*, 26 jun. 2020, RE 828.040, Rel. Min. Alexandre de Moraes, em que se afirmou a constitucionalidade da responsabilização objetiva do empregador por danos decorrentes de acidentes de trabalho, nos casos especificados em lei ou quando a atividade apresentar exposição habitual a risco especial; STF, *DJE*, 29 maio 2015, RE 590.415, Rel. Min. Luís Roberto Barroso, em que se afirmou a validade de plano de demissão incentivada pactuado por meio de acordo coletivo, que previa cláusula de quitação ampla, geral e irrestrita, sem a especificação de cada verba. Na hipótese, a Corte afastou a incidência do art. 477, § 2º, da CLT (que restringia a eficácia liberatória da quitação às parcelas discriminadas no termo de quitação) com base no art. 7º, XXVI, CF/1988, que assegura o reconhecimento das convenções e acordos coletivos de trabalho. V., igualmente, STF, ADPF 324, Rel. Min. Luís Roberto Barroso, j. 30 ago. 2018, em que se decidiu pela constitucionalidade da terceirização, inclusive da atividade-fim, à luz do princípio da livre-iniciativa.

105 V. STF, *DJE*, 27 abr. 2017, ADI 4.983, Rel. Min. Marco Aurélio. Nesse caso, o STF declarou a inconstitucionalidade de lei que regulou a vaquejada, por entender que a prática submetia os animais a tratamento cruel, ensejando violação ao art. 225, VII, CF/1988, que impõe ao Poder Público a preservação da fauna e da flora. Todavia, a questão

V CONSTITUCIONALIZAÇÃO E JUDICIALIZAÇÃO DAS RELAÇÕES SOCIAIS

A constitucionalização, na linha do argumento aqui desenvolvido, expressa a irradiação dos valores constitucionais pelo sistema jurídico. Essa difusão da Lei Maior pelo ordenamento se dá por via da jurisdição constitucional, que abrange a aplicação direta da Constituição a determinadas questões; a declaração de inconstitucionalidade de normas com ela incompatíveis; e a interpretação conforme a Constituição, para atribuição de sentido às normas jurídicas em geral. No caso brasileiro, deve-se enfatizar, a jurisdição constitucional é exercida amplamente: do juiz estadual ao Supremo Tribunal Federal, todos interpretam a Constituição, podendo, inclusive, recusar aplicação à lei ou outro ato normativo que considerem inconstitucional[106].

Ao lado desse exercício amplo de jurisdição constitucional, há um outro fenômeno que merece ser destacado. Sob a Constituição de 1988, aumentou de maneira significativa a demanda por justiça na sociedade brasileira. Em primeiro lugar, pela redescoberta da cidadania e pela conscientização das pessoas em relação aos próprios direitos. Em seguida, pela circunstância de haver o texto constitucional criado novos direitos, introduzido novas ações e ampliado a legitimação ativa para tutela de interesses, mediante representação ou substituição processual. Nesse ambiente, juízes e tribunais passaram a desempenhar um papel simbólico importante no imaginário coletivo. Isso conduz a um último desenvolvimento de natureza política, que é considerado no parágrafo abaixo.

Uma das instigantes novidades do Brasil dos últimos anos foi a virtuosa ascensão institucional do Poder Judiciário. Recuperadas as liberdades democráticas e as garantias da magistratura, juízes e tribunais deixaram de ser um departamento técnico especializado e passaram a desempenhar um papel político, dividindo espaço com o Legislativo e o Executivo. Tal circunstância acarretou uma modificação substantiva na relação da sociedade com as instituições judiciais, impondo reformas estruturais e suscitando questões complexas acerca da extensão de seus poderes.

Pois bem: em razão desse conjunto de fatores – constitucionalização, aumento da demanda por justiça e ascensão institucional do Judiciário –, verificou-se no Brasil uma expressiva *judicialização* de questões políticas e sociais, que passaram a ter nos tribunais a sua instância decisória final[107]. Vejam-se abaixo, ilustrativamente, alguns dos temas e casos que foram objeto de pronunciamento do Supremo Tribunal Federal ou de outros tribunais, nos últimos tempos:

(i) Políticas públicas: constitucionalidade de aspectos centrais da Reforma da Previdência (contribuição dos inativos) e da Reforma do Judiciário (criação do Conselho Nacional de Justiça), instituição de cotas para negros em universidades e concursos públicos e construção de presídios e melhorias no sistema prisional;

(ii) Relações entre Poderes: determinação dos limites legítimos de atuação das Comissões Parlamentares de Inquérito (como quebra de sigilos e decretação de prisão), do papel do Ministério Público na investigação criminal e definição dos papéis da Câmara dos Deputados e do Senado Federal no processo de *impeachment* de Presidente da República;

(iii) Direitos fundamentais: legitimidade da interrupção da gestação em certas hipóteses de inviabilidade fetal e das pesquisas científicas com células-tronco embrionárias;

---

foi, posteriormente, regulada pela Emenda Constitucional n. 96/2017, e é objeto de nova ação direta de inconstitucionalidade. Por outro lado, o Tribunal concluiu pela constitucionalidade da norma estadual que regulava o sacrifício de animais em ritual religioso, com base na liberdade de religião e no direito à cultura (STF, *DJE*, 19 nov. 2019, RE 494.601, Red. p/ acórdão Min. Edson Fachin). V., ainda, STF, *DJE*, 17 ago. 2017, SL 933 ED, red. p/ o acórdão Min. Marco Aurélio, em que a Corte restabeleceu decisão que suspendera atividades de mineração que colocavam em risco a saúde de comunidades indígenas e o meio ambiente, com base no princípio da precaução e no dever do Poder Público de assegurar a preservação ambiental sem qualquer alteração de seu texto.

106 A Constituição de 1988 manteve o sistema eclético, híbrido ou misto, combinando o controle *por via incidental e difuso* (sistema americano), que vinha desde o início da República, com o controle *por via principal e concentrado*, implantado com a EC n. 16/65 (sistema continental europeu). V. Luís Roberto Barroso, *O controle de constitucionalidade no direito brasileiro*, 2016.

107 V. o trabalho-pesquisa elaborado por Luiz Werneck Vianna, Maria Alice de Carvalho, Manuel Cunha Melo e Marcelo Baumann Burgos, *A judicialização da política e das relações sociais no Brasil*, 1999. E também, para duas visões diversas, Luiz Werneck Vianna (org.), *A democracia e os três Poderes no Brasil*, 2002, e Rogério Bastos Arantes, *Ministério Público e política no Brasil*, 2002. Para uma análise crítica desses dois trabalhos, v. Débora Alves Maciel e Andrei Koerner, Sentidos da judicialização da política: duas análises, *Lua Nova*, 57:113, 2002.

(iv) Questões do dia a dia das pessoas: legalidade da cobrança de assinaturas telefônicas, majoração do valor das passagens de transporte coletivo ou a fixação do valor máximo de reajuste de mensalidade de planos de saúde.

Os métodos de atuação e de argumentação dos órgãos judiciais são, como se sabe, *jurídicos*, mas a natureza de sua função é inegavelmente *política*, aspecto que é reforçado pela exemplificação acima. Sem embargo de desempenhar um poder político, o Judiciário tem características diversas das dos outros Poderes. É que seus membros não são investidos por critérios eletivos nem por processos majoritários. E é bom que seja assim. A maior parte dos países do mundo reserva uma parcela de poder para que seja desempenhado por agentes públicos selecionados com base no mérito e no conhecimento específico. Idealmente preservado das paixões políticas, ao juiz cabe decidir com imparcialidade, baseado na Constituição e nas leis. Mas o poder de juízes e tribunais, como todo poder em um Estado democrático, é representativo. Vale dizer: é exercido em nome do povo e deve contas à sociedade.

Nesse ponto se coloca uma questão que só mais recentemente vem despertando o interesse da doutrina no Brasil, que é a da legitimidade democrática da função judicial, suas possibilidades e limites. Algumas expressões concretas dessa atuação, como o controle de constitucionalidade – *i.e.*, a possibilidade de invalidação de leis e atos normativos emanados do Legislativo –, já têm sido objeto de debate mais profundo nos últimos anos[108]. Outro domínio polêmico, relacionado ao controle de políticas públicas – *i.e.*, o exame da adequação e suficiência de determinadas ações administrativas e o suprimento de omissões – vem ganhando atenção crescente[109]. São amplos os espaços de interseção e fricção entre o Judiciário e os outros dois Poderes, potencializando a necessidade de se demarcar o âmbito de atuação legítima de cada um[110]. Como intuitivo, não existem fronteiras fixas e rígidas, havendo uma dinâmica própria e pendular nessas interações.

Em sentido amplo, a jurisdição constitucional envolve a interpretação e aplicação da Constituição, tendo como uma de suas principais expressões o controle de constitucionalidade das leis e atos normativos. No Brasil, essa possibilidade vem desde a primeira Constituição republicana (controle incidental e difuso), tendo sido ampliada após a Emenda Constitucional n. 16/65 (controle principal e concentrado). A existência de fundamento normativo expresso, aliada a outras circunstâncias, adiou o debate no país acerca da legitimidade do desempenho pela corte constitucional de um papel normalmente referido como *contramajoritário*[111]: órgãos e agentes públicos não eleitos têm o poder de afastar ou conformar leis elaboradas por representantes escolhidos pela vontade popular.

Ao longo dos últimos dois séculos, impuseram-se doutrinariamente duas grandes linhas de justificação desse papel das supremas cortes/tribunais constitucionais. A primeira, mais tradicional, assenta raízes na soberania popular e na separação de Poderes: a Constituição, expressão maior da vontade do povo, deve prevalecer sobre as leis, manifestações das maiorias parlamentares. Cabe assim ao Judiciário, no desempenho de sua função de aplicar o Direito, afirmar tal supremacia, negando validade à lei

---

108 No direito comparado, no qual o tema é discutido de longa data, v., exemplificativamente: Hamilton, Madison e Jay, *The federalist papers*, 1981 (a publicação original ocorreu entre 1787 e 1788), especialmente *O Federalista n. 78*; John Marshall, voto em *Marbury v. Madison* [5 U.S. (1 Cranch)], 1803; Hans Kelsen, *Quién debe ser el defensor de la Constitución*, 1931; Carl Schmitt, *La defensa de la Constitución*, 1931; John Hart Ely, *Democracy and distrust*, 1980; Alexander Bickel, *The least dangerous branch*, 1986; Ronald Dworkin, *A matter of principle*, 1985; John Rawls, *A theory of justice*, 1999; Jürgen Habermas, *Direito e democracia*: entre facticidade e validade, 1989; Bruce Ackerman, *We the people:* foundations, 1993; Carlos Santiago Nino, *La Constitución de la democracia deliberativa*, 1997. Na literatura nacional mais recente, vejam-se: Bianca Stamato Fernandes, *Jurisdição constitucional*, 2005; Gustavo Binenbojm, *A nova jurisdição constitucional brasileira*, 2004; Cláudio de Souza Pereira Neto, *Jurisdição constitucional, democracia e racionalidade prática*, 2002; José Adércio Leite Sampaio, *A Constituição reinventada pela jurisdição constitucional*, 2002.

109 V. Ana Paula de Barcellos, Neoconstitucionalismo, direitos fundamentais e controle das políticas públicas, *Revista de Direito Administrativo n. 240*, 2005, e, da mesma autora, Constitucionalização das políticas públicas em matéria de direitos fundamentais: o controle político-social e o controle jurídico no espaço democrático, *Revista de Direito do Estado*, 3:17, 2006. V. tb. Marcos Maselli Pinheiro Gouvêa, *O controle judicial das omissões administrativas*, 2003. Abordagens iniciais da questão podem ser encontradas em Luís Roberto Barroso, *O direito constitucional e a efetividade de suas normas*, 2003; e Ingo Wolfgang Sarlet, *A eficácia dos direitos fundamentais*, 2004.

110 Vejam-se dois exemplos ilustrativos de questões decididas pelo Plenário do Supremo Tribunal Federal: (i) as maiorias parlamentares não podem frustrar o direito das minorias de verem instaladas comissões parlamentares de inquérito (*DJU*, 4 ago. 2006, MS 24.831, Rel. Min. Celso de Mello); e (ii) mudanças das regras eleitorais sobre coligações partidárias não podem ser aplicadas às eleições que se realizarão em menos de um ano (*DJU*, 10 ago. 2006, ADIn 3.685, Rel. Min. Ellen Gracie). Para um comentário acerca destas e de outras decisões, v. Nelson Nascimento Diz, Retrospectiva 2006: Supremo Tribunal Federal, *Revista de Direito do Estado*, 5:87, 2006.

111 A expressão "dificuldade contramajoritária" (*the counter-majoritarian difficulty*) foi cunhada por Alexander Bickel, *The least dangerous branch*, 1986, p. 16, cuja 1ª edição é de 1962.

inconstitucional. A segunda, que lida com a realidade mais complexa da interpretação jurídica contemporânea – que superou a compreensão formalista e mecanicista do fenômeno jurídico, reconhecendo o papel decisivo do intérprete na atribuição de sentido às normas jurídicas[112] –, procura legitimar o desempenho do controle de constitucionalidade em outro fundamento: a preservação das condições essenciais de funcionamento do Estado democrático. Ao juiz constitucional cabe assegurar determinados valores substantivos e a observância dos procedimentos adequados de participação e deliberação[113].

Por sua vez, a questão do controle das políticas públicas envolve, igualmente, a demarcação do limite adequado entre matéria constitucional e matéria a ser submetida ao processo político majoritário. Por um lado, a Constituição protege os direitos fundamentais e determina a adoção de políticas públicas aptas a realizá-los. Por outro, atribuiu as decisões sobre o investimento de recursos e as opções políticas a serem perseguidas a cada tempo aos Poderes Legislativo e Executivo. Para assegurar a supremacia da Constituição, mas não a hegemonia judicial, a doutrina começa a voltar sua atenção para o desenvolvimento de parâmetros objetivos de controle de políticas públicas[114].

O papel do Judiciário, em geral, e do Supremo Tribunal Federal, em particular, na interpretação e na efetivação da Constituição, é o combustível de um debate permanente na teoria/filosofia[115] constitucional contemporânea, pelo mundo afora. Como as nuvens, o tema tem percorrido trajetórias variáveis, em função de ventos circunstanciais, e tem assumido formas as mais diversas: ativismo *versus* contenção judicial; interpretativismo *versus* não interpretativismo; constitucionalismo popular *versus* supremacia judicial. A terminologia acima deixa trair a origem do debate: a discussão existente sobre a matéria nos Estados Unidos, desde os primórdios do constitucionalismo naquele país. A seguir uma palavra sobre a experiência americana.

A atuação proativa da Suprema Corte, no início da experiência constitucional americana, foi uma bandeira do pensamento conservador. Não há surpresa nisso: ali se encontrou apoio para a política da segregação racial[116] e para a invalidação das leis sociais em geral[117], culminando no confronto entre o

---

112 Relembre-se que no atual estágio da dogmática jurídica reconhece-se que, em múltiplas situações, o juiz não é apenas "a boca que pronuncia as palavras da lei", na expressão de Montesquieu. Hipóteses há em que o intérprete é coparticipante do processo de criação do Direito, integrando o conteúdo da norma com valorações próprias e escolhas fundamentadas, notadamente quando se trate da aplicação de cláusulas gerais e princípios. Sobre o tema, v. Luís Roberto Barroso e Ana Paula de Barcellos, O começo da história. A nova interpretação constitucional e o papel dos princípios no direito brasileiro, *Revista Forense*, 371:175, 2004.

113 Sobre o tema, vejam-se Cláudio Pereira de Souza Neto, *Jurisdição, democracia e racionalidade prática*, 2002; José Adércio Leite Sampaio, *A Constituição reinventada pela jurisdição constitucional*, 2002; Bianca Stamato, *Jurisdição constitucional*, 2005.

114 V., especialmente, Ana Paula de Barcellos, Neoconstitucionalismo, direitos fundamentais e controle das políticas públicas, *Revista de Direito Administrativo, n. 240*, 2005. Em duas passagens, sintetiza a autora, de maneira feliz, os dois polos da questão: "Em um Estado democrático, não se pode pretender que a Constituição invada o espaço da política em uma versão de substancialismo radical e elitista, em que as decisões políticas são transferidas, do povo e de seus representantes, para os reis filósofos da atualidade: os juristas e operadores do direito em geral". Porém de outra parte: "Se a Constituição contém normas nas quais estabeleceu fins públicos prioritários, e se tais disposições são normas *jurídicas*, dotadas de *superioridade* hierárquica e de *centralidade* no sistema, não haveria sentido em concluir que a atividade de definição das políticas públicas – que irá ou não realizar esses fins – deve estar totalmente infensa ao controle jurídico. Em suma: não se trata da absorção do político pelo jurídico, mas apenas da limitação do primeiro pelo segundo" (grifos no original).

115 Os conceitos de teoria e de filosofia constitucional não se confundem, mas vêm se aproximando, como notou Cláudio Pereira de Souza Neto, A teoria constitucional e seus lugares específicos: notas sobre o aporte reconstrutivo, in *Direito constitucional contemporâneo:* estudos em homenagem ao professor Paulo Bonavides, 2005, p. 87 e s.: "Tradicionalmente, a teoria da constituição se destinava à identificação, análise e descrição do que 'é' uma constituição. Hoje, contudo, abrange também o campo das indagações que versam sobre o que a constituição 'deve ser', *i. e.*, incorpora dimensões racional-normativas, as quais se situam na seara do que se vem denominando 'filosofia constitucional'".

116 Em *Dred Scott v. Sandford* [60 U.S. (10 How.) 393], julgado em 1857, a Suprema Corte considerou serem inconstitucionais tanto as leis estaduais como as federais que pretendessem conferir cidadania aos negros, que eram vistos como seres inferiores e não tinham proteção constitucional. Na mais condenada decisão do constitucionalismo americano, a Suprema Corte alinhou-se com a defesa da escravidão. Muitos anos se passaram até que o Tribunal recuperasse sua autoridade moral e política. V. Nowack, Rotunda e Young, *Constitutional law*, 2000, p. 687.

117 A partir do final do século XIX, a Suprema Corte fez-se intérprete do pensamento liberal, fundado na ideia do *laissez-faire*, pelo qual o desenvolvimento é mais bem fomentado com a menor interferência possível do Poder Público. A decisão que melhor simbolizou esse período foi proferida em 1905 no caso *Lochner v. New York* (198 U.S. 45), na qual, em nome da liberdade de contrato, considerou-se inconstitucional uma lei de Nova York que limitava a jornada de trabalho dos padeiros. Sob o mesmo fundamento, a Suprema Corte invalidou inúmeras outras leis. Esse período ficou conhecido como era *Lochner*.

Presidente Roosevelt e a Corte[118]. A situação se inverteu completamente a partir da década de 50, quando a Suprema Corte, sob a presidência de Earl Warren (e logo ao início do período presidido por Burger), produziu jurisprudência progressista em matéria de direitos fundamentais[119], incluindo afrodescendentes, presos e mulheres, bem como questões relativas a privacidade e aborto[120].

Pelos anos seguintes, o debate central na teoria constitucional norte-americana contrapôs, de um lado, liberais (ou progressistas), favoráveis ao *judicial review* e a algum grau de ativismo judicial, e, de outro, conservadores, favoráveis à autocontenção judicial e a teorias como o originalismo e o interpretativismo[121]. De algum tempo para cá, em razão do amplo predomínio republicano e conservador, com reflexos na jurisprudência da Suprema Corte, alguns juristas liberais vêm questionando o que denominam "supremacia judicial" e defendendo um ainda impreciso constitucionalismo popular, com a "retirada da Constituição dos tribunais"[122]. Apesar do ativismo judicial conservador dos últimos anos, o *judicial review* e o constitucionalismo democrático, por fundadas razões, ainda são as doutrinas dominantes do pensamento progressista[123].

---

118 Eleito em 1932, após a crise de 1929, Franklin Roosevelt deflagrou o *New Deal*, programa econômico e social caracterizado pela intervenção do Estado no domínio econômico e pela edição de ampla legislação social. Com base na doutrina desenvolvida na era *Lochner*, a Suprema Corte passou a declarar inconstitucionais tais leis, gerando um confronto com o Executivo. Roosevelt chegou a enviar um projeto de lei ao Congresso ampliando a composição da Corte – *Court-packing plan* –, que não foi aprovado. A Suprema Corte, no entanto, veio a mudar sua orientação e abdicou do exame do mérito das normas de cunho econômico e social, tendo por marco a decisão proferida em *West Coast vs. Parrish* (300 U.S. 379), datada de 1937.

119 Veja-se o registro dessa mudança em Larry D. Kramer, Popular constitutionalism, *California Law Review*, 92:959, 2004, p. 964-965: "(A Corte de Warren), pela primeira vez na história dos Estados Unidos, deu razão para que os progressistas encarassem o judiciário como um aliado em vez de um inimigo. Isto nunca foi problema para os conservadores. Desde a época dos Federalistas, os conservadores sempre sustentaram a ideia de uma ampla autoridade judicial, incluindo a supremacia do judiciário. E eles continuaram a fazê-lo após o juiz Warren assumir o cargo. Para os conservadores, o problema da Corte de Warren era simplesmente que suas decisões eram equivocadas. [...] Depois do ataque de Robert Bork, em 1968, na revista *Fortune*, vários conservadores começaram a investir contra a Corte usando a tradicional retórica liberal contramajoritária".

120 Earl Warren presidiu a Suprema Corte de 1953 a 1969; Warren Burger, de 1969 a 1986. Algumas decisões emblemáticas desses períodos foram: Brown *vs.* Board of Education (1954), que considerou inconstitucional a política de segregação racial nas escolas públicas; Griswold *vs.* Connecticut (1965), que invalidou lei estadual que incriminava o uso de pílula anticoncepcional, reconhecendo um direito implícito à privacidade; e Roe *vs.* Wade (1973), que considerou inconstitucional lei estadual que criminalizava o aborto, mesmo que antes do terceiro mês de gestação. No domínio do processo penal, foram proferidas as decisões marcantes já mencionadas (v. *supra*), em casos como Gideon *vs.* Wainwright (1963) e Miranda *vs.* Arizona (1966).

121 A crítica de viés conservador, estimulada por longo período de governos republicanos, veio embalada por uma corrente doutrinária denominada *originalismo*, defensora da ideia pouco consistente de que a interpretação constitucional deveria ater-se à intenção original dos criadores da Constituição. Sobre o tema, v. Robert Bork, *The tempting of America*, 1990; Antonin Scalia, Originalism: The Lesser Evil, *Cincinnati Law Review*, 1989; e William Rehnquist, The notion of a living Constitution, *Texas Law Review*, 54:693, 1976. Em sentido oposto, v. Morton J. Horwitz, Foreword, The Constitution of change: legal fundamentality without fundamentalism, *Harvard Law Review*, 107:30, 1993, e Laurence Tribe, *American constitutional law*, 2000, p. 302 e s. Para uma análise ampla dessa temática em língua portuguesa, v. Bianca Stamato, *Jurisdição constitucional*, 2005.

122 Vejam-se alguns textos escritos nos últimos anos. Em favor do "popular constitutionalism", v.: Larry D. Kramer, *The people themselves:* popular constitutionalism and judicial review, 2004; Mark Tushnet, *Taking the Constitution away from the courts*, 1999; Jeremy Waldron, *The dignity of legislation*, 1999; Richard D. Parker, *"Here the people rule":* a popular constitutionalist manifest, 1994. Em defesa do "judicial review", v. Cristopher L. Eisgruber's, *Constitutional self--government*, 2001; Erwin Chemerinsky, In defense of judicial review: a reply to professor Kramer, *California Law Review*, 92:1013, 2004; Frederick Schauer, Judicial supremacy and the modest Constitution, *California Law Review*, 92:1045, 2004. Também em linha crítica ao que denomina "legislative constitutionalism", v. Owen Fiss, Between supremacy and exclusivity, in Richard W. Bauman e Tsvi Kahana, *The least examined branch:* the role of legislatures in the constitutional state, 2006, onde escreveu: "Ao longo da história, a Suprema Corte tem sido identificada como o árbitro final do sentido da Constituição. [...] Essa premissa está sendo agora questionada por um movimento existente no meio acadêmico, conhecido como constitucionalismo legislativo, que reivindica um novo e importante papel para o Congresso no processo de interpretação constitucional. Este movimento, lamento dizer, é fruto de uma má-compreensão do papel do Judiciário durante a era dos direitos civis e da frustração que se desenvolveu em relação aos tribunais a partir de então".

123 V. Ronald Dworkin, *Is democracy possible here?*: principles for a new political debate, 2006, p. 131, explorando a distinção entre democracia *majoritária* e democracia como uma parceria entre iguais, e defendendo esta última: "[D]emocracia significa que o povo governa a si mesmo, cada indivíduo sendo um parceiro integral em um empreendimento político coletivo, no qual as decisões da maioria somente são democráticas quando algumas condições são preenchidas, de modo a proteger o *status* e os interesses de cada cidadão como um parceiro integral no empreendi-

O debate, na sua essência, é universal e gravita em torno das tensões e superposições entre constitucionalismo e democracia. É bem de ver, no entanto, que a ideia de democracia não se resume ao princípio majoritário, ao governo da maioria. Há outros princípios a serem preservados e há direitos da minoria a serem respeitados. Cidadão é diferente de eleitor; governo do povo não é governo do eleitorado[124]. No geral, o processo político majoritário se move por interesses, ao passo que a lógica democrática se inspira em valores. E, muitas vezes, só restará o Judiciário para preservá-los[125]. O *deficit* democrático do Judiciário, decorrente da dificuldade contramajoritária, não é necessariamente maior que o do Legislativo, cuja composição pode estar afetada por disfunções diversas, dentre as quais o uso da máquina administrativa nas campanhas, o abuso do poder econômico, a manipulação dos meios de comunicação[126].

O papel do Judiciário e, especialmente, das cortes constitucionais e supremos tribunais deve ser resguardar o processo democrático e promover os valores constitucionais, superando o *deficit* de legitimidade dos demais Poderes, quando seja o caso; sem, contudo, desqualificar sua própria atuação, exercendo preferências políticas de modo voluntarista em lugar de realizar os princípios constitucionais. Além disso, em países de tradição democrática menos enraizada, cabe ao tribunal constitucional funcionar como garantidor da estabilidade institucional, arbitrando conflitos entre Poderes ou entre estes e a sociedade civil. Estes os seus grandes papéis: resguardar os valores fundamentais e os procedimentos democráticos, assim como assegurar a estabilidade institucional[127].

---

mento". V. tb. Robert Post e Reva Siegel, *Roe rage:* democratic constitutionalism and backlash, mimeografado, 2007, texto gentilmente cedido pelo primeiro autor: "A confiança dos juristas progressistas na jurisdição constitucional chegou ao auge durante o período da Corte Warren e imediatamente após. Os tribunais eram celebrados como 'forum de princípios', locais privilegiados de difusão da razão humana. Mas a atitude dos progressistas em relação à jurisdição constitucional começou recentemente a fragmentar-se e a divergir. Alguns juristas progressistas, seguindo o chamado do 'constitucionalismo popular', têm defendido que a Constituição deve ser retirada dos tribunais e restituída ao povo. Outros têm enfatizado a necessidade urgente de cautela judicial e de minimalismo. [...] Em nosso modo de ver, o pêndulo avançou longe demais, da confiança excessiva nos tribunais a um desespero excessivo. [...] O constitucionalismo democrático (aqui defendido) afirma tanto o papel das instituições representativas de governo e da mobilização da cidadania no cumprimento da Constituição quanto, ao mesmo tempo, afirma também o papel dos tribunais e da argumentação jurídica na interpretação da Constituição. Diferentemente do constitucionalismo popular, o constitucionalismo democrático não procura retirar a Constituição dos tribunais. O constitucionalismo democrático reconhece o papel essencial do judiciário na implementação dos direitos constitucionais no Estado americano. De outro lado, recusando um foco essencialmente jurisdicional (*a juricentric focus on courts*), o constitucionalismo democrático valoriza o papel essencial que o engajamento popular desempenha ao direcionar e legitimar as instituições e as práticas do controle judicial".

124 Christopher L. Eisgruber, Constitutional self-government and judicial review: a reply to five critics, *University of San Francisco Law Review,* 37:115, 2002, p. 119-131: "Os constitucionalistas... ainda não deram a devida atenção à possibilidade de uma distinção conceitual entre 'os eleitores' e 'o povo'. [...] 'Governo de eleitores' e 'governo dos legisladores' são interpretações igualmente não satisfatórias de 'governo do povo'. Tanto governantes quanto eleitores são estimulados a tomar decisões políticas com base em seus interesses pessoais. No caso dos governantes, o estímulo é simples: os governantes têm que se preocupar em manter-se no cargo. [...] (Em relação aos eleitores), destacarei duas consequências que decorrem desse estímulo. Em primeiro lugar, é legítimo e talvez até desejável que os eleitores votem com base em seu interesse pessoal (os eleitores podem, por exemplo, deliberadamente escolher o candidato que mais diminuirá sua carga tributária). Depois, os eleitores não têm nenhum estímulo institucional para serem moralmente responsáveis por suas decisões: ao contrário dos juízes, eles agem em grandes grupos e não precisam fundamentar suas decisões. [...] Defendo o controle de constitucionalidade por se tratar de um meio razoável e favorável à democracia (apesar de também imperfeito) de corrigir as imperfeições dos eleitores e dos governantes".

125 A jurisdição constitucional legitimou-se, historicamente, pelo inestimável serviço prestado às duas ideias centrais que se fundiram para criar o moderno Estado democrático de direito: constitucionalismo (*i.e.,* poder limitado e respeito aos direitos fundamentais) e democracia (soberania popular e governo da maioria). O papel da corte constitucional é assegurar que todos esses elementos convivam em harmonia, cabendo-lhe, ademais, a atribuição delicada de estancar a vontade da maioria quando atropele o procedimento democrático ou vulnere direitos fundamentais da minoria. Um bom exemplo do que se vem de afirmar foi a decisão do STF reconhecendo o direito público subjetivo, assegurado às minorias legislativas, de ver instaurada Comissão Parlamentar de Inquérito (CPI dos Bingos). Diante da inércia dos líderes partidários em indicar representantes de suas agremiações, a Corte concedeu mandado de segurança para que o próprio Presidente do Senado designasse os nomes faltantes. V. STF, *DJU,* 4 ago. 2006, p. 26, 24.831/DF, Rel. Min. Celso de Mello.

126 V. Vital Moreira, O futuro da Constituição, in Eros Roberto Grau e Willis Santiago Guerra Filho, *Estudos em homenagem a Paulo Bonavides,* 2001, p. 323: "Na fórmula constitucional primordial, 'todo poder reside no povo'. Mas a verdade é que, na reformulação de Sternberger, 'nem todo o poder vem do povo'. Há o poder econômico, o poder midiático, o poder das corporações sectoriais. E por vezes estes poderes sobrepõem-se ao poder do povo".

127 Na experiência brasileira, penso ter se concretizado, em ampla medida, a expectativa manifestada por mim em artigo escrito ao final da primeira década da Constituição brasileira de 1988. V. Luís Roberto Barroso, Dez anos da

No Brasil, só mais recentemente se começam a produzir estudos acerca do ponto de equilíbrio entre supremacia da Constituição, interpretação constitucional pelo Judiciário e processo político majoritário. O texto prolixo da Constituição, a disfuncionalidade do Judiciário e a crise de legitimidade que envolve o Executivo e o Legislativo tornam a tarefa complexa. Em capítulo próprio, aprofunda-se a complexa discussão envolvendo as relações entre Direito e política.

VI CONTROLANDO OS RISCOS DA CONSTITUCIONALIZAÇÃO EXCESSIVA[128]

A constitucionalização do Direito, na acepção explorada ao longo do capítulo, identifica o efeito expansivo das normas constitucionais, cujas regras e princípios se irradiam por todo o sistema jurídico. Dela resulta a aplicabilidade direta e imediata da Constituição a diversas situações, a inconstitucionalidade das normas incompatíveis com a Lei Fundamental e, sobretudo, a interpretação das normas infraconstitucionais conforme a Constituição, circunstância que lhes irá conformar o sentido e alcance. Na linha aqui esposada, trata-se de fenômeno tendencialmente positivo, compatível com o Estado democrático e com maior potencial de realização dos direitos fundamentais. Nada obstante, a constitucionalização não é produzida segundo uma fórmula matemática, mas sim no ambiente complexo das relações institucionais – ou, por vezes, semi-institucionais – que se estabelecem entre um conjunto abrangente de atores, subordinados a lógicas de atuação que são, em muitos casos, inteiramente diversas. Nesse contexto, não deve passar despercebido o fato de que a constitucionalização exacerbada, sobretudo pela via interpretativa do ativismo judicial, pode trazer consequências negativas, duas das quais foram destacadas e podem ser assim sintetizadas:

a) *de natureza política:* o esvaziamento do poder das maiorias, pelo engessamento da legislação ordinária;

b) *de natureza metodológica:* o decisionismo judicial, potencializado pela textura aberta e vaga das normas constitucionais.

Um sentido da locução *constitucionalização do Direito* identifica a *vinda* para a Constituição de normas dos diversos ramos do direito infraconstitucional, que nela viram consignados institutos, princípios e regras a eles atinentes. Outro sentido possível, que foi o explorado no presente capítulo, traduz a *ida* da Constituição, com seus valores e fins, aos diferentes ramos do direito infraconstitucional. Mas constitucionalizar uma matéria significa retirá-la da política cotidiana, do debate legislativo. Isso dificulta o governo da maioria, que não pode manifestar-se através do processo legislativo ordinário – que exige maioria simples ou, no máximo, absoluta –, precisando alcançar, com frequência, o quórum qualificado das emendas constitucionais. Como a Constituição brasileira já padece do excesso de constitucionalização, na primeira acepção, não se deve alargar além do limite razoável a constitucionalização por via interpretativa, sob pena de se embaraçar, pelo excesso de rigidez, o governo da maioria, componente importante do Estado democrático.

De outra parte, é indispensável que juízes e tribunais adotem certo rigor dogmático e assumam o ônus argumentativo da aplicação de regras que contenham conceitos jurídicos indeterminados ou princípios de conteúdo fluido. O uso abusivo da *discricionariedade judicial* na solução de casos difíceis pode ser extremamente problemático para a tutela de valores como segurança e justiça, além de poder comprometer a legitimidade democrática da função judicial. Princípios como dignidade da pessoa humana, razoabilidade e solidariedade não são cheques em branco para o exercício de escolhas pessoais e idiossincráticas. Os parâmetros da atuação judicial, mesmo quando colhidos fora do sistema estritamente normativo, devem corresponder ao sentimento social e estar sujeitos a um controle intersubjetivo de racionalidade e legitimidade.

Em meio a múltiplos esforços para coibir as duas disfunções referidas acima, destacam-se dois parâmetros preferenciais a serem seguidos pelos intérpretes em geral:

Constituição brasileira de 1988, *Revista de Direito Administrativo*, 214/1, 1998: "Minha proposição é simples: o fortalecimento de uma corte constitucional, que tenha autoridade institucional e saiba utilizá-la na solução de conflitos entre os Poderes ou entre estes e a sociedade (com sensibilidade política, o que pode significar, conforme o caso, prudência ou ousadia), é a salvação da Constituição e o antídoto contra golpes de Estado".

128 Sobre o tema, v. Daniel Sarmento, Ubiquidade constitucional: os dois lados da moeda, *Revista de Direito do Estado*, 2:83, 2006, cujas ideias e preocupações inspiraram e motivaram o presente tópico.

a) *preferência pela lei:* onde tiver havido manifestação inequívoca e válida do legislador, deve ela prevalecer, abstendo-se o juiz ou o tribunal de produzir solução diversa que lhe pareça mais conveniente;

b) *preferência pela regra:* onde o constituinte ou o legislador tiver atuado, mediante a edição de uma regra válida, descritiva da conduta a ser seguida, deve ela prevalecer sobre os princípios de igual hierarquia, que por acaso pudessem postular incidência na matéria.

A Constituição não pode pretender ocupar todo o espaço jurídico em um Estado democrático de direito. Respeitadas as regras constitucionais e dentro das possibilidades de sentido dos princípios constitucionais, o Legislativo está livre para fazer as escolhas que lhe pareçam melhores e mais consistentes com os anseios da população que o elegeu. O reconhecimento de que juízes e tribunais podem atuar criativamente em determinadas situações não lhes dá autorização para se sobreporem ao legislador, a menos que este tenha incorrido em inconstitucionalidade. Vale dizer: havendo lei válida a respeito, é ela que deve prevalecer[129]. A *preferência da lei* concretiza os princípios da separação de Poderes[130], da segurança jurídica[131] e da isonomia[132].

Regras têm preferência sobre princípios[133], desde que tenham igual hierarquia e não tenha sido possível solucionar a colisão entre eles pelos mecanismos tradicionais de interpretação. Duas observações dogmáticas: princípios têm uma área nuclear que se aplica como regra; regras, como padrão geral, não devem ser ponderadas[134]. Quando o constituinte ou o legislador atuam por meio de uma regra, que expressa um mandado definitivo e não uma ordem de otimização, fazem uma escolha que deve ser respeitada pelo intérprete. A não realização dos efeitos de uma regra significa, de ordinário, sua violação. Ao prover acerca de um tema por meio de regra, o constituinte-legislador ou excepcionou deliberadamente um princípio ou optou por prestigiar a segurança jurídica em detrimento da flexibilidade, minimizando a intervenção do intérprete judicial.

---

129   Veja-se um bom exemplo. A Lei de Biossegurança (Lei n. 11.105, de 24.3.2005), em seu art. 5º, admitiu e disciplinou as pesquisas com células-tronco embrionárias. Em meio a diversas restrições e exigências, condicionou a realização das pesquisas, em cada caso, à autorização dos genitores. Significa dizer que, em matéria em relação à qual vigora um desacordo moral razoável, assegurou a autonomia da vontade de cada casal, para decidir conforme sua consciência. O Procurador-Geral da República ajuizou ação direta de inconstitucionalidade contra o dispositivo. O pedido não merece acolhimento. O Poder Legislativo, por votação expressiva, tomou posição na matéria. O tema não se situa dentro dos consensos mínimos protegidos pela Constituição, devendo prevalecer a deliberação realizada no âmbito do processo político majoritário. A matéria é tratada na ADIn 3.510, Rel. Min. Carlos Ayres Britto.

130   A função de criar normas jurídicas, instituindo direitos e obrigações, foi atribuída pela Constituição, predominante e preferencialmente, ao Poder Legislativo. Ainda que, presentes determinados pressupostos, possam os outros Poderes exercer competências normativas ou criadoras do Direito em concreto, devem eles ceder à deliberação legislativa válida. Nesse passo, a avaliação da validade não pode tornar-se uma forma velada de o magistrado substituir as escolhas políticas do legislador pelas suas próprias. Não cabe ao Judiciário declarar a invalidade de norma que lhe pareça *a melhor* ou *a mais conveniente*. A declaração de inconstitucionalidade deve ser sempre a última opção, preservando-se o ato que seja passível de compatibilização com a ordem constitucional, ainda quando pareça, ao juiz, equivocado do ponto de vista político. Isso é o que decorre do princípio da presunção de constitucionalidade dos atos do Poder Público, escorado na separação dos Poderes. O tema foi tratado *supra*.

131   A lei, com seu comando geral, abstrato e obrigatório, assegura previsibilidade às condutas e estabilidade às relações jurídicas. A segurança jurídica ficaria afetada se determinada matéria, em lugar de ser regida por norma única, ficasse sujeita às decisões particulares do Poder Judiciário.

132   O caráter geral e abstrato da lei assegura que todos que se encontrem na situação descrita pela norma recebam a mesma disciplina. Se o Judiciário pudesse criar, de maneira ilimitada, via processos judiciais, obrigações específicas com fundamento em princípios constitucionais vagos, haveria uma multiplicidade de regimes jurídicos para pessoas que se encontram em igualdade de condições.

133   V. o desenvolvimento analítico desse parâmetro em Ana Paula de Barcellos, *Ponderação, racionalidade e atividade jurisdicional*, 2005, p. 165 e s.

134   Em sentido diverso, v. Humberto Ávila, *Teoria dos princípios*: da definição à aplicação dos princípios jurídicos, 2003, p. 45-46. Nosso ponto de vista coincide com a formulação proposta por Ana Paula de Barcellos, *Ponderação, racionalidade e atividade jurisdicional*, 2005, p. 220 e s., para quem a colisão de regras envolverá sempre uma situação de ruptura do sistema. Ainda assim, propõe ela a utilização de três parâmetros para lidar com essa situação e com o problema das regras injustas, que não deverão ser aplicadas ao caso específico: (i) a interpretação conforme a equidade das regras; (ii) a caracterização da imprevisão legislativa; e (iii) a inconstitucionalidade da norma produzida pela incidência da regra na hipótese concreta.

PARTE **III**

A CONSTITUIÇÃO DE 1988,
JURISDIÇÃO CONSTITUCIONAL
E PAPÉIS DAS SUPREMAS CORTES

| CAPÍTULO I | A CONSTITUIÇÃO BRASILEIRA DE 1988: HISTÓRICO, DESEMPENHO DAS INSTITUIÇÕES E TRANSFORMAÇÕES NO DIREITO E NA REALIDADE |

Sumário: Introdução. Da vinda da família real à Constituição de 1988. I. Revivendo o passado: antecedentes históricos da Constituição. 1. Do golpe de 64 ao Ato Institucional n. 5/68. 2. Dos anos de chumbo à abertura política. 3. Do ocaso do regime militar à convocação da Assembleia Constituinte. II. Sonhando com o futuro: as mudanças trazidas pela Constituição. 1. "Carta cidadã" e "Constituição chapa-branca". 2. A separação de Poderes. 2.1. Poder Executivo. 2.2. Poder Legislativo. 2.3. Poder Judiciário. 3. As transformações da teoria constitucional. 3.1. A doutrina brasileira da efetividade. 3.2. Neoconstitucionalismo ou direito constitucional contemporâneo. 3.3. A constitucionalização do Direito. III. Enfrentando a realidade: o desempenho da Constituição. 1. Os diferentes governos. 2. As principais emendas à Constituição. 3. Os momentos críticos. 3.1. Dois *impeachments*. 3.2. Mensalão e Operação Lava Jato. 3.3. Populismo autoritário. Conclusão. Tocando em frente. I. Uma agenda para o Brasil. II. Encerramento.

INTRODUÇÃO DA VINDA DA FAMÍLIA REAL À CONSTITUIÇÃO DE 1988

Começamos tarde. Somente em 1808 – trezentos anos após o descobrimento –, com a chegada da família real, teve início verdadeiramente o Brasil. Até então, os portos eram fechados ao comércio com qualquer país, salvo Portugal. A fabricação de produtos era proibida na colônia, assim como a abertura de estradas. Inexistia qualquer instituição de ensino médio ou superior: a educação resumia-se ao nível básico, ministrada por religiosos. Mais de 98% da população era analfabeta. Não havia dinheiro e as trocas eram feitas por escambo. O regime escravocrata subjugava um em cada três brasileiros e ainda duraria mais oitenta anos, como uma chaga moral e uma bomba-relógio social. Pior que tudo: éramos colônia de uma metrópole que atravessava vertiginosa decadência, onde a ciência e a medicina eram tolhidas por injunções religiosas e a economia permaneceu extrativista e mercantilista quando já ia avançada a Revolução Industrial. Portugal foi o último país da Europa a abolir a inquisição, o tráfico de escravos e o absolutismo. Um Império conservador e autoritário, avesso às ideias libertárias que vicejavam na América e na Europa[1e2].

Começamos mal. Em 12 de novembro de 1823, D. Pedro I dissolveu a Assembléia Geral Constituinte e Legislativa que havia sido convocada para elaborar a primeira Constituição do Brasil[3]. Já na abertura dos trabalhos constituintes, o Imperador procurara estabelecer sua supremacia, na célebre "Fala" de 3 de maio de 1823[4]. Nela manifestou sua expectativa de que se elaborasse uma Constituição que fosse digna dele e merecesse sua imperial aceitação. Não mereceu[5]. O Projeto relatado por Antônio Carlos de

---

1 Sobre o tema, v. Oliveira Lima, *Dom João VI no Brasil*, 1945; Pedro Calmon, *História do Brasil*, v. IV, 1959; Boris Fausto, *História do Brasil*, 2003; Patrick Wilcken, *Império à deriva*, 2005; Francisco Iglesias, *Trajetória política do Brasil 1500-1964*, 2006; Laurentino Gomes, *1808*, 2007; Jorge Pedreira e Fernando Dores Costa, *D. João VI: um príncipe entre dois continentes*, 2008.

2 A crítica severa não nega, por evidente, o passado de glórias de Portugal e o extraordinário Império marítimo que construiu. Não desmerece, tampouco, o grande progresso trazido ao Brasil com a vinda da família real. Nem muito menos interfere com os laços de afeto e de afinidade que ligam os brasileiros aos portugueses.

3 Curiosamente, a convocação da constituinte se dera em 3 de junho de 1822, antes mesmo da Independência, e fazia menção à união "com a grande família portuguesa". A Independência veio em 7 de setembro, a aclamação de D. Pedro como imperador em 12 de outubro e a coroação em 1º de dezembro de 1822.

4 "Como imperador constitucional, e mui principalmente como defensor perpétuo deste império, disse ao povo no dia 1º de dezembro do ano próximo passado, em que fui coroado e sagrado, que com a minha espada defenderia a pátria, a nação e a Constituição, *se fosse digna do Brasil e de mim*. [...] [E]spero, que a Constituição que façais, *mereça a minha imperial aceitação...*" (grifos acrescentados). V. "A fala de D. Pedro I na sessão de abertura da constituinte". In: Paulo Bonavides e Paes de Andrade, *História constitucional do Brasil*, 1991, p. 25.

5 Marcello Cerqueira, *A Constituição na história:* origem e reforma, 2006, p. 387.

261

Andrada, de corte moderadamente liberal, limitava os poderes do rei, restringindo seu direito de veto, vedando-lhe a dissolução da Câmara e subordinando as Forças Armadas ao Parlamento. A constituinte foi dissolvida pelo Imperador em momento de refluxo do movimento liberal na Europa e de restauração da monarquia absoluta em Portugal. Embora no decreto se previsse a convocação de uma nova constituinte, isso não aconteceu. A primeira Constituição brasileira – a Carta Imperial de 1824 – viria a ser elaborada pelo Conselho de Estado[6], tendo sido outorgada em 25 de março de 1824[7].

Percorremos um longo caminho. Pouco mais de duzentos anos separam a vinda da família real para o Brasil e a comemoração do vigésimo-quinto aniversário da Constituição de 1988. Nesse intervalo, a colônia exótica e semiabandonada tornou-se uma das dez maiores economias do mundo. O Império de viés autoritário, fundado em uma Carta outorgada, converteu-se em um Estado constitucional democrático e estável, com alternância de poder e absorção institucional das crises políticas. Do regime escravocrata, restou-nos a diversidade racial e cultural, capaz de enfrentar – não sem percalços, é certo – o preconceito e a discriminação persistentes. Não foi uma história de poucos acidentes. Da Independência até hoje, tivemos oito Cartas constitucionais: 1824, 1891, 1934, 1937, 1946, 1967, 1969 e 1988, em um melancólico estigma de instabilidade e de falta de continuidade das instituições. A Constituição de 1988 representa o ponto culminante dessa trajetória, catalisando o esforço de inúmeras gerações de brasileiros contra o autoritarismo, a exclusão social e o patrimonialismo[8], estigmas da formação nacional[9]. Nem tudo foram flores, mas há muitas razões para celebrá-la.

I REVIVENDO O PASSADO: ANTECEDENTES HISTÓRICOS DA CONSTITUIÇÃO

1 Do golpe de 64 ao Ato Institucional n. 5/68

Na madrugada de 31 de março para 1º de abril de 1964, um golpe de Estado destituiu João Goulart da presidência da República, cargo que veio a ser ocupado, dias depois, pelo Chefe do Estado-Maior do Exército, Marechal Castelo Branco[10]. Não se tratou de um *Movimento* ou de uma *Revolução*, mas de um *Golpe*, que é o nome que se dá em ciência política e em teoria constitucional para as situações em que o chefe de governo é afastado por um procedimento que não é o previsto na Constituição. As palavras precisam ser preservadas em seus sentidos mínimos. Fatos objetivos não podem se desvirtuar em narrativas fictícias. A partir da terminologia correta e da realidade incontroversa, cada um pode desenvolver a interpretação e opinião que corresponder à sua visão de mundo, no pluralismo que caracteriza as sociedades abertas e democráticas.

É certo, também, que o golpe contou com o apoio de inúmeros setores da sociedade, não majoritários, mas expressivos, como boa parte das classes empresariais, dos produtores rurais, da classe média e da Igreja, assim como dos militares e da Imprensa, além dos Estados Unidos. Cada um desses atores com seus temores próprios: a República Sindicalista, as Reformas de Base, a Reforma Agrária, as Ligas

---

6 O Conselho de Estado era composto por dez membros, nomeados pelo Imperador para elaborar a Constituição.

7 V. Waldemar Ferreira, *História do direito constitucional brasileiro*, 1954; Afonso Arinos de Mello Franco, *Curso de direito constitucional brasileiro*, v. II, 1960; Marcelo Caetano, *Direito constitucional*, v. 1, 1987; Manoel Maurício de Albuquerque, *Pequena história da formação social brasileira*, 1981; Aurelino Leal, *História constitucional do Brasil*, 1915, edição fac-similar; e Paulo Bonavides e Paes de Andrade. *História constitucional do Brasil*, 1991.

8 V. Ricardo Lobo Torres, *A idéia de liberdade no Estado patrimonial e no Estado fiscal*, 1991.

9 Para uma densa análise da formação nacional, das origens portuguesas até a era Vargas, v. Raymundo Faoro, *Os donos do poder*, 2001 (1. ed. 1957). Embora sob perspectivas diferentes, são igualmente considerados marcos para a compreensão do Brasil: Gilberto Freyre, *Casa grande e senzala* (1. ed. 1933); Sérgio Buarque de Holanda, *Raízes do Brasil* (1. ed. 1936); e Caio Prado Júnior, *Formação do Brasil contemporâneo* (1. ed. 1942). Sobre a importância dessas três últimas obras, v. Antonio Candido, "O significado de raízes do Brasil". In: Silviano Santiago (coord.), *Intérpretes do Brasil*, 2002. Para uma anotação sobre a obra de Raymundo Faoro e de Sergio Buarque de Holanda, que considera representantes de correntes opostas, v. Fernando Henrique Cardoso, *A arte da política:* a história que vivi, 2006, p. 55-6, onde também averbou: "Ancorado na tradição ibérica, o patrimonialismo transposto para as terras americanas confunde família e ordem pública, interesse privado e Estado".

10 Humberto de Alencar Castelo Branco tomou posse em 15.04.1964. Foi "eleito" pelo Congresso Nacional com maioria expressiva, inclusive com o voto do ex-Presidente Juscelino Kubitschek. Tal apoio não impediu que JK viesse a ser cassado em 8 de junho de 1964. Juscelino era o candidato favorito nas eleições que não se realizaram, em 1965.

Camponesas, o comunismo, a desordem, a quebra da hierarquia nas Forças Armadas, a justiça social etc. No geral, os apoiadores acreditavam que o regime de exceção só duraria até o final do mandato de João Goulart e que as eleições de 1965 se realizariam normalmente. Para justificar o golpe e procurar demonstrar sua legitimidade, os novos donos do poder – os comandantes do Exército, da Marinha e da Aeronáutica – editaram o Ato Institucional de 9 de abril de 1964[11]. Foi o primeiro de uma longa série de 17 atos de exceção.

A ditadura começou a se desenhar com a prorrogação do mandato de Castelo Branco. Embora a medida tenha sido aprovada por emenda constitucional, tratava-se de um Congresso cujos integrantes estavam ameaçados de cassação. Com a prorrogação, foi cancelada a eleição presidencial de 3.10.1965, remarcada para novembro do ano seguinte. A presidência de Castelo Branco, que deveria terminar em 31.01.1966, foi estendida em mais de um ano, até 15.03.1967. Alguns Estados realizaram eleições para Governador, que ocorreram em 3.10.1965. Nesses pleitos, candidatos vistos com antipatia pelo regime militar saíram vitoriosos, inclusive na Guanabara e em Minas Gerais.[12] Tais derrotas motivaram o "endurecimento" do processo político, com a edição do Ato Institucional de n. 2, de 27.10.1965.

O AI-2 pavimentaria de forma indelével a estrada para a ditadura militar, com a imposição de mudanças institucionais e concentração de poderes no General-Presidente. No seu elenco de providências, veio a extinção dos partidos políticos existentes, com a criação de um bipartidarismo artificial: a Aliança Renovadora Nacional (Arena), de sustentação do governo militar, e o Movimento Democrático Brasileiro (MDB), que constituía uma oposição consentida e ameaçada, diante da possibilidade de cassação de mandatos, com suspensão dos direitos políticos. E não foi só: o mesmo Ato tornou indireta a eleição para Presidente da República, previu a possibilidade de decretação do recesso do Congresso Nacional, aumentou de 11 para 16 o número de Ministros do Supremo Tribunal Federal e renovou a possibilidade de cassação, suspensão de direitos políticos, demissão arbitrária de servidores e aposentadoria compulsória. Na sequência histórica, o AI n. 3, de 5.02.1966, tornou indiretas as eleições para Governadores e aboliu a eleição para Prefeitos de capitais, que passaram a ser indicados pelo chefe do Executivo estadual. Só por negação absoluta seria possível deixar de ver a ditadura que se implantou.

A expectativa de volta à normalidade democrática foi progressivamente se dissipando. Nas Forças Armadas, a "linha dura", liderada pelo Ministro da Guerra[13], Arthur da Costa e Silva, prevaleceu sobre a corrente moderada, representada por Castelo Branco. Castelo ainda tentou oferecer alguma contenção ao processo, elaborando um projeto de Constituição enviado ao Congresso Nacional, transformado em Assembleia Constituinte pelo Ato Institucional n. 4, de 7.12.1966. O projeto foi aprovado, em regime de urgência e sob prazos peremptórios. Como previsível, a nova Carta não foi capaz de mudar o rumo da degeneração institucional. Na sociedade civil, o desencanto com o avanço autoritário fomentou um crescente sentimento contestatório por parte de entidades de classe, da Imprensa e de agremiações estudantis, tendo levado ao surgimento de grupos urbanos e rurais de resistência armada ao regime ditatorial.

A nova Constituição entrou em vigor no dia 24.01.1967, data da posse do Marechal Costa e Silva na presidência, eleito indiretamente por um Congresso Nacional sem autonomia. Até que veio o fatídico ano de 1968, que mobilizou corações e mentes de jovens de todo o mundo, em manifestações por causas diversas, de reformas universitárias à guerra do Vietnã. No Brasil, somaram-se os protestos estudantis, por falta de vagas nas universidades e contra a ditadura – com a emblemática passeata dos cem mil –, um inflamado discurso do Deputado Márcio Moreira Alves contra os militares e ações armadas de organizações de esquerda (assaltos a bancos, roubo de armas e, posteriormente, sequestros de embaixadores). Tudo desaguou na edição, por Costa e Silva, do Ato Institucional n. 5, de 13.12.1968.

A partir daí, a ditadura tornou-se escancarada[14], com a atribuição ao Presidente da República do poder de decretar o recesso do Congresso Nacional, podendo legislar sobre todas as matérias; decretar a

---

11 Assim dispunha o preâmbulo do ato que veio a ser conhecido, posteriormente, como Ato Institucional n. 1, em razão da sucessão de outros Atos Institucionais: "A revolução vitoriosa se investe no exercício do Poder Constituinte. Este se manifesta pela eleição popular ou pela revolução. Esta é a forma mais expressiva e mais radical do Poder Constituinte. Assim, a revolução vitoriosa, como Poder Constituinte, se legitima por si mesma. Ela destitui o governo anterior e tem a capacidade de constituir o novo governo. Nela se contém a força normativa, inerente ao Poder Constituinte. Ela edita normas jurídicas sem que nisto seja limitada pela normatividade anterior à sua vitória. Os Chefes da revolução vitoriosa, graças à ação das Forças Armadas e ao apoio inequívoco da Nação, representam o Povo e em seu nome exercem o Poder Constituinte, de que o Povo é o único titular".

12 No Rio de Janeiro venceu Francisco Negrão de Lima e em Minas Gerais Israel Pinheiro.

13 Em 1967 o nome mudaria para Ministério do Exército.

14 Esse é o título do volume II da coleção de cinco volumes escritos por Elio Gaspari: *A ditadura envergonhada, A ditadura escancarada, A ditadura derrotada, A ditadura encurralada e a ditadura acabada*. As obras foram publicadas a partir de 2002 e constituem um notável e documentado relato do Regime Militar, que durou de 1964 a 1985.

intervenção em estados e municípios; suspender direitos políticos e cassar mandatos eletivos; decretar estado de sítio; confiscar bens; demitir ou aposentar qualquer servidor público. Suspendeu-se, também, a garantia do *habeas corpus* para diversos crimes e excluiu-se da apreciação pelo Poder Judiciário todos os atos baseados no AI-5. Logo à frente, em 16.01.1969, foram aposentados compulsoriamente três Ministros do STF[15]. Os veículos de imprensa passaram a estar sob censura, todas as músicas precisavam ser submetidas a prévia aprovação governamental e episódios de tortura a adversários políticos se multiplicavam. Mas não foi só.

2 Dos anos de chumbo à abertura política

O Presidente Costa e Silva sofreu uma trombose cerebral e foi afastado da presidência pelo Ato Institucional n. 12, de 31.08.1969, vindo a falecer em 17.12.1969. Seu sucessor constitucional era o Vice-Presidente Pedro Aleixo, que era civil. E aí veio o inevitável: o golpe dentro do golpe. Os comandantes militares assumiram o poder, impediram a posse de Pedro Aleixo e outorgaram a Emenda Constitucional n. 1, de 17.10.1969. Na verdade, em lugar de publicarem, como de praxe, apenas as alterações, publicou-se a íntegra do texto constitucional. A razão era simples: sob a roupagem formal de emenda, impunha-se uma nova Constituição, materializando o projeto autoritário que se consolidara. O Ato Institucional n. 5, seus Atos Complementares e toda a legislação repressiva que havia sido editada permaneceram em vigor.

Nuvens cinzentas anunciavam a chegada dos "Anos de Chumbo", como ficou conhecido o governo do Presidente Emílio Garrastazu Médici. Após intensa disputa interna nas Forças Armadas, Médici foi "eleito" indiretamente por um Congresso subjugado, que foi reaberto para homologar o seu nome. Governou sob o signo de expressiva prosperidade, conhecido como "milagre econômico". Foi, também, o período de mobilização armada contra o regime militar ditatorial por grupos de esquerda, organizados em movimentos guerrilheiros[16]. Houve sequestros de avião e de embaixadores, como os dos Estados Unidos, da Alemanha e da Suíça, para obter, como resgate, a troca por prisioneiros. A repressão por parte do governo foi brutal, incluindo homicídios, desaparecimentos forçados, presos políticos e centenas de torturados, em quartéis e prisões clandestinas[17]. Muitos brasileiros partiram para o exílio.

Em 31.01.1974, terminou o mandato de Médici, que foi substituído na presidência pelo General Ernesto Geisel, também eleito indiretamente. Concorreu com ele, em atitude simbólica de resistência democrática, o Presidente do MDB, Ulysses Guimarães. Geisel deu início a um processo de abertura política "lenta, gradual e segura", que alternou medidas liberalizantes e repressão violenta[18]. O governo sofreu o impacto do primeiro choque do petróleo – redução drástica da oferta pelos países produtores, com elevação exponencial dos preços – e não pôde manter os índices de crescimento do período anterior. As eleições de 1974 assistiram a uma expressiva expansão da oposição. A reação autoritária, porém, veio com o "Pacote de Abril".

Após a decretação do recesso do Congresso, em 13.04.1977, Geisel editou as Emendas Constitucionais n. 7 e 8. A segunda veiculava uma Reforma do Judiciário de pouco relevo, mas a primeira modificava as regras eleitorais para favorecer o governo, ampliava o mandato do próximo Presidente para seis anos, com eleição indireta, e criava a estigmatizada figura do senador "biônico", eleito indiretamente pelas Assembleias Legislativas. Tudo para prorrogar a duração do regime militar. Em 12.10.1977, Geisel exonerou o comandante do Exército, General Sylvio Frota, que articulava candidatura própria à presidência da República, procurando aglutinar os radicais da "linha dura". Exonerou, igualmente, o comandante do II Exército, após a morte do jornalista Vladimir Herzog e do operário Manuel Fiel Filho, ambos sob tortura.

---

15 Foram eles os Ministros Hermes Lima, Evandro Lins e Silva e Victor Nunes Leal. Logo em seguida, em 18 jan. 1969, o Presidente do STF, Gonçalves de Oliveira, renunciou à presidência em sinal de protesto. Sobre o episódio, v. Felipe Recondo, *Tanques e togas*. São Paulo: Cia das Letras, 2018.

16 Entre eles, a Vanguarda Popular Revolucionária (VPR), a Ação Libertadora Nacional (ALN) e a Vanguarda Popular Revolucionária Palmares (VAR Palmares).

17 V. Relatório Final da Comissão Nacional da Verdade. http://cnv.memoriasreveladas.gov.br/index.php/outros-destaques/574-conheca-e-acesse-o-relatorio-final-da-cnv.

18 V. Vitor Sorano, Amanda Polato, Vanessa Fajardo, Carol Prado e Luiza Tenente, 89 morreram ou desapareceram após reunião relatada pela CIA em que Geisel autoriza mortes. *G1*, 11 jun. 2018. https://g1.globo.com/politica/noticia/mais-de-80-morreram-ou-desapareceram-na-ditadura-apos-geisel-autorizar-a-execucao-de-subversivos-perigosos-veja-lista.ghtml.

3 Do ocaso do regime militar à convocação da Assembleia Constituinte

Não são claras as razões que levaram Geisel a escolher como sucessor o General João Baptista de Oliveira Figueiredo, militar de pouco traquejo político e autor de declarações desastradas, como "prefiro cheiro de cavalo a cheiro de povo". Eleito indiretamente em 15.10.1978, Figueiredo sofria contestações dentro das próprias Forças Armadas[19]. Seu período foi marcado, no plano internacional, pelo segundo choque do petróleo (1979) e, no plano doméstico, por baixo crescimento econômico e elevada inflação. Foi também na gestão de Figueiredo que a linha dura militar e a extrema-direita protagonizaram atentados terroristas diversos, que incluíram o incêndio de bancas de jornais que vendiam publicações de esquerda, o envio de cartas-bomba, como a que foi endereçada à Ordem dos Advogados do Brasil, matando a Sra. Lyda Monteiro, e o estarrecedor episódio do Atentado do Riocentro, em que militares planejaram a colocação de bombas em um show de música popular, no dia 30.04.1981.

Figueiredo não pôde, não soube ou não quis punir os autores do ato terrorista do Riocentro e ali se deu a morte moral do regime militar. O General Golbery do Couto Silva, grande articulador da abertura política desde o governo Geisel, pediu exoneração da chefia do Casa Civil em protesto. Apesar de tudo, Figueiredo deu continuidade ao lento processo de redemocratização, extinguindo os Atos Institucionais (Emenda Constitucional n. 11, 13.10.1978) e sancionando a anistia política (Lei n. 6.683, de 28.08.1979), o que permitiu a volta ao Brasil de perseguidos políticos e exilados, como Miguel Arraes e Leonel Brizola. Pouco à frente foi extinto o bipartidarismo (Lei n. 6.767, de 20.12.1979), com o surgimento de inúmeros novos partidos, inclusive os de esquerda, que estiveram banidos por longo período. Em 1984, aproximando-se o final do governo, uma ampla campanha popular tomou as ruas, num movimento conhecido como "Diretas Já", que pleiteava a volta de eleições diretas para Presidente da República. Na votação da emenda constitucional no Congresso Nacional, não se obteve o *quorum* para sua aprovação.

Todavia, Figueredo chegou ao final do seu mandato enfraquecido e sem condições de liderar o processo de sucessão entre os integrantes da base governamental, agrupados no partido que substituíra a Arena, o Partido Democrático Social (PDS). Após intensa disputa interna, o indicado do partido foi Paulo Maluf, ex-Governador de São Paulo. A oposição, por sua vez, organizou-se em torno de uma de suas lideranças mais moderadas, Tancredo Neves, que formou aliança com dissidentes do partido governamental, à frente José Sarney. Lançados candidatos a Presidente e Vice-Presidente, sagraram-se vitoriosos na eleição indireta realizada em 15.01.1985, pondo um ponto final no regime militar. Tragicamente, Tancredo Neves adoeceu e não pôde tomar posse, vindo a falecer em 21.04.1985. Assumiu a presidência da República José Sarney, que governou o Brasil de 15.03.1985 a 15.03.1990.

II SONHANDO COM O FUTURO: AS MUDANÇAS TRAZIDAS PELA CONSTITUIÇÃO

1 "Carta cidadã" e "Constituição chapa-branca"

Cumprindo compromisso assumido por Tancredo Neves, o Presidente José Sarney encaminhou ao Congresso Nacional proposta de convocação de Assembleia Nacional Constituinte (ANC), em 28.06.1985. Na mesma ocasião, foi instalada a Comissão Provisória de Estudos Constitucionais, conhecida como Comissão Arinos, com o propósito de elaborar um anteprojeto de Constituição. O bom trabalho realizado pela Comissão foi desprezado pelo Executivo – em grande parte pela proposta parlamentarista do projeto – e pelos constituintes, que não queriam ter o seu trabalho pautado por documento externo a eles. Esse fato, aliado a circunstâncias do processo de eleição do Presidente da ANC, fizeram com que os trabalhos se desenvolvessem sem um texto-base[20]. Formaram-se, assim, oito comissões temáticas, cada uma subdividida em três subcomissões, num total de 24. A consolidação e sistematização do trabalho foi tarefa árdua, cujo produto foi um texto longo, detalhista e por vezes prolixo, com 250 artigos no corpo principal

---

19 V. Hugo de Abreu, *O outro lado do poder*. Nova Fronteira: Rio de Janeiro, 1979.

20 Ulysses Guimarães, principal candidato à presidência da Assembleia Constituinte, tinha a ideia de constituir uma comissão preliminar para elaborar um anteprojeto. Porém, o Deputado Fernando Lyra, também se lançou candidato, denunciando que a fórmula de Ulysses, baseada na experiência de 1946, criaria constituintes de primeira e de segunda categoria. Ulysses foi obrigado a recuar da ideia e não houve anteprojeto. V. Nelson de Azevedo Jobim, "A constituinte vista por dentro – Vicissitudes, superação e efetividade de uma história real". In: José Adércio Leite Sampaio (coord.), *Quinze anos de Constituição*. Belo Horizonte: Del Rey, 2004, p. 11.

e 70 no ato das disposições constitucionais transitórias. A Emenda Constitucional n. 26, de 27.11.1985, formalizou a convocação da Constituinte, cujos integrantes foram eleitos em 15.11.1986 e se reuniram a partir de 1º.02.1987, somando-se aos Senadores que já se encontravam no Congresso.

Promulgada em 5.10.1988, a nova Carta foi apelidada pelo Presidente da Assembleia Constituinte, Ulysses Guimarães, de "Constituição cidadã". De fato, ela abre o seu Preâmbulo anunciando a ambição de criar uma sociedade "fraterna, pluralista e sem preconceitos", tendo como um dos seus princípios fundamentais enunciados no art. 1º, III, "a dignidade da pessoa humana". Ademais, em mudança simbolicamente importante, o título dedicado aos *Direitos e Garantias Fundamentais* foi inserido no início do texto, quando as Constituições anteriores começavam pela *Organização dos Poderes*. Nos diferentes capítulos cuidando dos direitos fundamentais estão enunciados os *direitos individuais* – cujas matrizes são a vida, a liberdade, a igualdade, a segurança e a propriedade (CF, art. 5º) –, os *direitos sociais* – educação, saúde, alimentação, trabalho, moradia, transporte, lazer, segurança, previdência social, proteção à maternidade e à infância e assistência aos desamparados (CF, art. 6º) – e os *direitos políticos*, consistentes no direito de participar da vida pública, notadamente votando e sendo votado (CF, arts. 14 a 16).

Alguns críticos, porém, referem-se ao texto constitucional como "Constituição Chapa Branca", pelo número expressivo de dispositivos que cuidam de categorias profissionais, especialmente no âmbito do serviço público[21]. Em muitos casos, instituindo prerrogativas e privilégios. De fato, estão contemplados na Constituição a magistratura, o Ministério Público, a Advocacia-Geral da União, as Procuradorias dos Estados e do Distrito Federal, as Forças Armadas, os Tribunais de Contas, a Polícia Federal, as Polícias Estaduais, civis e militares, e os Cartórios, em meio a outras. Ademais, na sua versão original, a Constituição mantinha inúmeros monopólios estatais, em áreas como telecomunicações, energia elétrica, petróleo e gás canalizado, bem como várias restrições à participação do capital estrangeiro em setores da economia. Somente ao longo dos anos 90 do século passado reformas diversas flexibilizaram monopólios, aboliram certas restrições ao investimento externo e abriram caminho para a desestatização de alguns setores da economia.

A Carta de 1988 foi elaborada com grande participação dos movimentos sociais e de setores organizados da sociedade, todos em busca de acolhimento constitucional. A consequência foi uma Constituição extremamente abrangente e detalhista, que incorporou ao seu texto inúmeras matérias que em outras partes do mundo são relegadas para o âmbito das escolhas políticas e da legislação ordinária. A Constituição brasileira não trata apenas das questões tipicamente constitucionais, como a definição dos direitos fundamentais, a organização do Estado e a repartição de competências entre os Poderes, tendo ido além para abrigar no seu texto: o sistema tributário, o sistema previdenciário, o sistema de saúde, o sistema de educação, a organização econômica e financeira, a proteção do meio-ambiente, a proteção das comunidades indígenas, a proteção da criança, do adolescente, do jovem e do idoso, a proteção do patrimônio histórico, a promoção da cultura, da ciência e da tecnologia, em meio a outros temas. Inserir uma matéria na Constituição é, em ampla medida, retirá-la da política e trazê-la para o Direito. Aí a razão da judicialização ampla da vida brasileira.

2 A separação de Poderes

2.1 Poder Executivo

O Plenário da Assembleia Constituinte rejeitou o modelo parlamentarista (na verdade, semipresidencialista[22]), que fora proposto pela Comissão de Sistematização, mantendo o sistema presidencialista. Em contrapartida, previu a realização de um plebiscito (ADCT, art. 2º), que veio a se concretizar em 21.04.1982, para que os eleitores escolhessem entre os dois modelos. Prevaleceu o presidencialismo, por larga margem. Uma das dificuldades do presidencialismo é a ausência de um mecanismo institucional e não traumático de destituição de Presidentes que perderam a sustentação política. Paraguai, Peru, Equador e Brasil são exemplos de países que, em tempos recentes, viveram as agruras, instabilidades e ressentimentos de processos de *impeachment*[23]. Sob a Constituição de 1988, como é sabido, os Presidentes

---

21 V. Carlos Ari Sundfeld, O fenômeno constitucional e suas três forças. *Revista de Direito do Estado 21*:305, 2006.

22 Embora separando as figuras do chefe de governo da do chefe de Estado, a proposta mantinha a eleição direta para Presidente da República e atribuía competências limitadas, mas importantes ao Presidente da República.

23 Nos últimos 30 anos, houve pelo menos uma dezena de casos de *impeachment* na América Latina, concentrados nos países mencionados no texto. V. Brendan O'Boyle, Presidents no longer. *American Quarterly*, s.d. https://www.americasquarterly.org/fullwidthpage/impeached-assassinated-and-overthrown-a-graphic-history-of-latin-american-presidencies-cut-short/. Na Argentina, desde a redemocratização, em 1983, já houve mais de 80 pedidos de *impea-*

Fernando Collor e Dilma Rousseff foram afastados por essa via. Enfim, com o modelo presidencial, re-incidimos na fórmula que tem sido uma usina de crises políticas na América Latina, não raras vezes desaguando em regimes autoritários, de Perón a Chávez, de Getúlio a Ortega.

Característica do modelo brasileiro é o denominado *presidencialismo de coalizão*[24], produto da combinação do sistema presidencial com o federalismo e, sobretudo, com o multipartidarismo, em um quadro de fragmentação partidária. O rótulo identifica o tipo de articulação e de concessões que o Presidente precisa fazer para a construção de bases de apoio político no Legislativo. Tal arranjo é indispensável para a governabilidade, permitindo a formação de maiorias necessárias à aprovação de legislação e de emendas constitucionais e mesmo para evitar processos de *impeachment*. A fórmula não é necessariamente negativa e, inclusive, já viabilizou boas políticas públicas, como o Plano Real e o Bolsa-Família. Coalizões, portanto, podem ser formadas por métodos legítimos, baseadas em valores e programas comuns[25]. O presidencialismo de coalizão, no entanto, tem descambado, muitas vezes, para um modelo fisiológico, envolvendo distribuição de cargos públicos, loteamento de empresas estatais e liberação discricionária de verbas orçamentárias. Os critérios nem sempre são republicanos e transparentes, com casos de grande condescendência com o desvio de dinheiros públicos, perpetuando um padrão de apropriação privada do Estado[26].

Outro traço marcante do presidencialismo brasileiro é o papel do chefe do Executivo no processo legislativo, que vai bem além da competência para sanção e veto, que é padrão nas democracias presidencialistas. Uma novidade particularmente importante instituída pela Constituição de 1988 foi a competência do Presidente da República para editar medidas provisórias[27], atos normativos primários, com força imediata de lei, e que são submetidos ao Congresso Nacional *a posteriori*. Abusos na sua utilização e omissões na sua apreciação, levando a sucessivas reedições sem deliberação do Poder Legislativo, levaram à promulgação da Emenda Constitucional n. 32, de 11.09.2001. A partir daí, medidas provisórias passaram a vigorar pelo prazo de 60 dias (antes eram 30), mas admitida uma única reedição. Caso não venha a ser aprovada pelo Congresso e convertida em lei, deixa de viger. Também se impôs a vedação de medidas provisórias em diversas matérias (CF, art. 62 e §§).

Além disso, o Poder Executivo no Brasil, em contraste com a matriz estadunidense do presidencialismo, dispõe de iniciativa privativa para deflagrar o processo legislativo em diversas matérias, como criação de cargos, aumento de remuneração e regime jurídico de servidores públicos (CF, art. 61, § 1º). Por fim, algumas mudanças impactantes, relativas ao Poder Executivo, serão analisadas adiante, como a redução do mandato presidencial, a possibilidade de reeleição dos chefes do Executivo e a criação do Ministério da Defesa.

2.2 Poder Legislativo

O Poder Legislativo foi o mais abalado durante o regime militar, com fechamento do Congresso, cassações e imposição de um bipartidarismo forçado, com a extinção dos partidos existentes. Nos 35 anos de vigência da Constituição de 1988, nada parecido se passou, a despeito de crises relevantes que resultaram na perda de mandatos por corrupção ou quebra de decoro. O Congresso Nacional também teve grande protagonismo nos dois processos de *impeachment* pós-redemocratização: o do Presidente Collor, cuja acusação foi recebida pela Câmara em 29.09.1992, e que veio a ter a perda de mandato decretada pelo Senado em 30.12.1992, apesar de haver renunciado ao cargo na véspera; e o da Presidente Dilma Rousseff, com acusação recebida pela Câmara em 2.12.2015 e afastamento definitivo por julgamento do Senado em 31.08.2016. No caso da Presidente Dilma, a despeito de terem sido cumpridos os ritos procedimentais constitucionais, houve uma percepção ampla de diferentes setores da sociedade de

---

chment apresentados perante o Congresso. V. Gregory Ross, Impeachment fever. *Wilson Center*, 22 jan. 2021. https://www.wilsoncenter.org/blog-post/impeachment-fever.

24 A expressão foi utilizada pela primeira vez por Sérgio Abranches, em artigo intitulado "Presidencialismo de coalizão: o dilema institucional brasileiro", publicado em 1988, isto é, antes da experiência prática da nova Constituição. O tema foi retomado por ele no excelente livro *Presidencialismo de coalizão*: raízes e evolução do modelo político brasileiro. São Paulo: Companhia das Letras, 2018. O presente parágrafo se beneficia de suas reflexões.

25 Sérgio Abranches, *Presidencialismo de coalizão*, 2018, p. 9 e 13.

26 Nas palavras de Sérgio Abranches, *Presidencialismo de coalizão*, 2018, p. 371: "Nosso sistema político-econômico encontrou no presidencialismo de coalizão os instrumentos para reprodução do domínio oligárquico. [...] Seja nos governos do PSDB, seja nos governos do PT, a maior fatia de renda pública foi transferida para os mais ricos".

27 Para uma discussão original e valiosa sobre as medidas provisórias e o seu papel, v. Pedro Abramovay, *Separação de Poderes e medidas provisórias*. Rio de Janeiro: Elsevier, 2012.

que seu afastamento equivaleu a um voto de desconfiança – instituto típico do sistema parlamentar – e não exatamente a crime de responsabilidade, ante a menor gravidade das alegadas violações de normas orçamentárias. No fundo, como costuma ocorrer em procedimentos dessa natureza, a perda do cargo se deu por falta de sustentação política no Congresso.

Um dos destaques na atuação do Legislativo, ao longo do período, foi a instalação de diferentes Comissões Parlamentares de Inquérito (CPIs) – por cada uma das Casas Legislativas ou mistas (CPMIs) – para apuração de episódios relevantes da vida política nacional. Diversas delas tiveram grande destaque e consequências significativas. A *CPI do PC Farias* (1992) apurou episódios graves de corrupção no governo Collor e levou ao *impeachment*/renúncia do Presidente. A *CPI do Orçamento* (1993) revelou um imenso esquema de corrupção, conhecido como o dos "Anões do Orçamento", pelo recebimento de propinas e envio de recursos a empresas fantasmas ou de propriedade de parentes. A *CPI do Judiciário* (1999) expôs esquema de superfaturamento envolvendo a construção do Tribunal Regional do Trabalho, em São Paulo, e resultou na cassação de um Senador. A *CPI dos Correios* (2005) exibiu esquema de corrupção na empresa estatal e foi a ponta do novelo que desaguou no escândalo do *Mensalão*. A *CPI da Petrobras* (2015), que se originou da denominada *Operação Lava Jato*, apurou denúncias de desvios de recursos da empresa por partidos políticos, mediante a indicação de diretores que participavam do esquema. Em 2021, a *CPI da Covid*, cuja instauração foi determinada pelo STF, investigou omissões e irregularidades na atuação do governo durante a pandemia.

O Congresso Nacional desempenha, igualmente, papel de destaque na elaboração do orçamento público. Esse é um espaço frequentemente negligenciado no debate público brasileiro, tratado como um campo inacessível aos cidadãos. Não obstante isso, é no orçamento que se fazem as principais escolhas políticas na vida do país. Note-se que a Constituição foi obsessiva ao tratar do orçamento, prevendo um plano plurianual, uma lei de diretrizes orçamentárias e a lei orçamentária anual (CF, art. 165). Alguns dos episódios mais graves de corrupção e patrimonialismo da vida brasileira estiveram associados ao orçamento, do escândalo PC Farias ao orçamento secreto, passando pelo episódio dos "Anões do Orçamento". No modelo atual, o Congresso participa do orçamento, não apenas na aprovação global, como também na apresentação de emendas de comissão, de bancada, individuais e de relator. As emendas de relator, originariamente destinadas a corrigir erros e omissões de ordem técnica ou legal, foram desvirtuadas no que se veio a apelidar de *orçamento secreto*: excesso de discricionariedade pessoal do relator e não identificação do parlamentar patrocinador da emenda. A prática foi julgada inconstitucional pelo STF[28], por violação à separação de Poderes e ao princípio da transparência, mas subsistiu, ao menos em parte, por acordos políticos com o Executivo.

2.3 Poder Judiciário

Há quem afirme que o século XIX foi o século do Legislativo, o século XX, do Executivo e que o século XXI é do Judiciário[29]. É possível que haja exagero nessa avaliação. São ainda os poderes políticos que definem os rumos da sociedade. É fato, porém, que, desde o final da 2ª Guerra Mundial, assistiu-se a uma vertiginosa ascensão institucional do Poder Judiciário. Juízes e tribunais deixaram de constituir um departamento técnico-especializado do Estado para se transformarem em verdadeiro poder político, que disputa espaço com os outros dois. São muitas as causas para esse processo histórico, entre as quais: a percepção de que um Judiciário forte e independente é importante para preservar a democracia e os direitos fundamentais; a insuficiência da representação política majoritária para atender todas as demandas da sociedade; e a circunstância de que, em relação a várias matérias, sobretudo aquelas em que há desacordo moral razoável – interrupção de gestação, uniões homoafetivas, restrições de direitos –, o Poder Legislativo não consegue formar maiorias ou superar bloqueios. Esse quadro é global. No Brasil, seguindo essa tendência, a Constituição de 1988 positivou novos direitos (*e.g.*, consumidor[30]), novas ações (*e.g.*, ação civil pública[31]) e instituiu modelos simplificados de julgamento (juizados especiais[32]), ampliando o acesso à justiça.

---

28 STF, ADIs n. 850, 851, 854 e 1.014, Rel. Min. Rosa Weber, j. 19.12.2022.

29 O século XXI marca a era dos direitos e do Poder Judiciário, afirma Lewandowski. *Conselho Nacional de Justiça*, 14 ago. 2014. https://www.cnj.jus.br/o-seculo-xxi-marca-a-era-dos-direitos-e-do-poder-judiciario-afirma-ricardo-lewandowski/.

30 O Código de Defesa do Consumidor (Lei n. 8.078) é de 11.09.1970. A defesa do consumidor foi incluída no art. 5º, XXXII da Constituição Federal.

31 A Lei da Ação Civil Pública (Lei n. 7.347) é de 24.07.1985 e sua constitucionalização se deu pelo art. 129, III.

32 CF, art. 98, I. Lei n. 9.099, de 26.09.1995, no âmbito da Justiça Estadual, e Lei n. 10.259, de 12.07.2001, no âmbito da Justiça Federal.

Além disso, o Judiciário, entre nós, sofreu o impacto de alguns processos históricos e arranjos institucionais que ampliaram sua atuação. Entre eles, a passagem da Constituição para o centro do sistema jurídico, a constitucionalização do Direito (v. infra) e uma Constituição abrangente. Matérias que em outras partes do mundo pertencem à política e à legislação ordinária, no Brasil, tornam-se jurídicas e judicializáveis. Ademais, pelo sistema de controle de constitucionalidade aqui adotado, tem-se a seguinte realidade: (i) todos os juízes e tribunais do país aplicam e interpretam a Constituição (controle incidental e difuso); e (ii) é possível ajuizar ações constitucionais diretamente perante o Supremo Tribunal Federal (controle principal e concentrado). A soma desses fatores – ascensão institucional do Judiciário, novos direitos e ações, juridicização dos temas mais variados e acesso amplo à jurisdição, inclusive constitucional – trouxe duas consequências muito visíveis no Brasil: a judicialização da vida e um certo protagonismo do Supremo Tribunal Federal.

A judicialização tem sido quantitativa e qualitativa. A *judicialização quantitativa* se manifesta na existência de cerca de 80 milhões de ações em curso no país, um dos maiores índices de litigiosidade do planeta, em demandas que vão de direitos do consumidor a questões previdenciárias, passando por todos os ramos do direito. Considerando que a população adulta do Brasil é de cerca de 159 milhões[33], se a estatística fosse uma ciência simples seria possível afirmar que um em cada dois adultos está em juízo. Por evidente, não é bem assim, porque a Justiça tem muitos clientes preferenciais, entre os quais, no setor público, o INSS e, no privado, as instituições financeiras. O lado positivo da realidade aqui descrita é que ela revela um grau elevado de confiança na atuação do Judiciário. A faceta negativa é que não há estrutura que possa atender, com a celeridade desejável, esse volume de demanda. O país precisa passar por um processo de desjudicialização, que inclui os meios alternativos de resolução de disputas (mediação, conciliação e arbitragem), mas não se limita a eles. O advogado do futuro será mais um negociador de bons acordos do que um formulador de ações judiciais.

A *judicialização qualitativa* é a que tem levado ao Poder Judiciário algumas das grandes questões nacionais, políticas, econômicas, sociais e éticas. Temas como instalação de CPIs, planos econômicos, vacinação da população, interrupção de gestação, pesquisas com células-tronco embrionárias, uniões homoafetivas e preservação da Amazônia, para citar apenas alguns exemplos, têm tido seu último capítulo perante juízes e tribunais. Na prática, esse fenômeno tem dado grande protagonismo ao Supremo Tribunal Federal, que acaba sendo a instância final – e, por vezes, a primeira e única – de tais discussões. As causas para isso incluem: (i) Constituição abrangente e detalhista; (ii) existência de múltiplas ações diretas discutindo a constitucionalidade das leis[34]; e (iii) ampla legitimação ativa para propor tais ações[35]. A elas se somam uma competência criminal ampla para julgar parlamentares e autoridades do Executivo – o que sempre atrai cobertura midiática – e o fato de os julgamentos serem transmitidos pela TV Justiça. Não há dia, no Brasil, em que não haja alguma notícia acerca de decisão judicial na primeira página dos jornais e *sites* de notícias. Esse excesso de visibilidade, fruto do arranjo institucional brasileiro, é por vezes impropriamente confundido com *ativismo judicial*, o que não é o caso[36].

3 As transformações da teoria constitucional

A Constituição de 1988, sob a influência de movimentos históricos, políticos e doutrinários – domésticos e internacionais –, abriu caminho para transformações profundas no modo como se pensa e se pratica

---

33 Ana Luíza Albuquerque, 95% da população acima de 18 anos se diz heterossexual, estima IBGE pela primeira vez. *Folha de São Paulo*, 25.5.2022.

34 Existem, no direito constitucional brasileiro, a seguintes ações diretas: (i) ação direta de inconstitucionalidade (CF, art. 102, I, a); (ii) ação direta de inconstitucionalidade por omissão (CF, art. 103, § 2º); (iii) ação declaratória de constitucionalidade (CF, art. 102, I, a); (iv) arguição de descumprimento de preceito fundamental (CF, art. 102, § 1º). A elas se soma a ação direta interventiva, para fins de intervenção federal nos Estados, que nunca foi utilizada no regime da Constituição de 1988.

35 O art. 103 da Constituição contém o elenco de agentes, órgãos e entidades com direito de propositura, que inclui o Presidente da República, as mesas da Câmara, do Senado e de todas as Assembleias Legislativas, os Governadores de Estado, o Procurador-Geral da República, o Conselho Federal da OAB, todos os partidos políticos com representação no Congresso Nacional, todas as entidades de classe de âmbito nacional e confederações sindicais.

36 Ativismo judicial, em sentido pejorativo, significa o exercício impróprio da jurisdição, imiscuindo-se em áreas dos outros Poderes. Em sentido mais técnico, identifica a aplicação de algum princípio ou analogia para reger situação não expressamente contemplada pelo legislador ou pelo constituinte, importando, em alguma medida, em criação judicial de direito. São raros os exemplos na jurisprudência do STF, o mais notório sendo a equiparação das uniões homoafetivas às uniões estáveis convencionais. À falta de norma específica e sendo necessário regular a matéria, o Tribunal produziu uma solução baseada nos princípios da igualdade, da dignidade humana e da segurança jurídica.

o direito constitucional no Brasil. Tais concepções inovadoras podem ser sistematizadas, de maneira sumária, em três grandes blocos: a conquista de *status* normativo e de efetividade pela Constituição; o surgimento de um novo constitucionalismo, sobre bases filosóficas e teóricas diversas; e a constitucionalização do Direito, vale dizer, a irradiação dos valores e princípios constitucionais por todo o sistema jurídico.

3.1 A doutrina brasileira da efetividade

Uma das disfunções históricas mais graves do constitucionalismo brasileiro, desde a Carta de 1824, sempre foi a "insinceridade normativa", isto é, a previsão no texto constitucional de promessas que de antemão se sabia não seriam cumpridas[37]. Na verdade, seguindo a tradição que vigorou na Europa até o segundo pós-guerra, a Constituição não era vista como uma norma invocável perante os tribunais. As proposições nela contidas funcionavam como mera convocação à atuação do Legislativo e do Executivo. Ao Judiciário não se reconhecia qualquer papel relevante na realização do conteúdo da Constituição. Somente quando tais conteúdos eram desenvolvidos por atos do parlamento ou administrativos é que se tornavam exigíveis judicialmente[38]. Ao longo da década de 80 do século passado, sob o rótulo de *doutrina brasileira da efetividade*[39], articulou-se um movimento cuja essência foi tornar as normas constitucionais aplicáveis direta e imediatamente, na extensão máxima de sua densidade normativa[40]. Como consequência, sempre que violado um mandamento constitucional, a ordem jurídica deve prover mecanismos adequados de tutela – por meio da *ação* e da *jurisdição* –, disciplinando os remédios jurídicos próprios e a atuação efetiva de juízes e tribunais. O Poder Judiciário, como consequência, passa a ter atuação decisiva na realização da Constituição. Essa tornou-se uma das marcas do constitucionalismo pós-88 no Brasil.

3.2 Neoconstitucionalismo ou direito constitucional contemporâneo[41]

Outro processo histórico transformador, referido inicialmente como *neoconstitucionalismo*, pode ser descrito em três marcos fundamentais. O marco *histórico* foi a reconstitucionalização da Europa, após a 2ª Guerra Mundial, com a aprovação de constituições mais analíticas, com capítulos mais minuciosos dedicados aos direitos fundamentais e a introdução do controle de constitucionalidade das leis. O marco *filosófico* foi o surgimento de uma cultura pós-positivista, que, sem desprezar a importância da lei, promoveu uma reaproximação entre o Direito e a Ética, subordinando a interpretação jurídica aos valores, a uma pretensão de correção moral[42] e, em última análise, à ideia de justiça, tal como extraída do texto constitucional. Por fim, esse processo de mudança da compreensão do direito constitucional teve como marco *teórico* três grandes fatores: (i) o reconhecimento de normatividade à Constituição; (ii) a expansão da jurisdição constitucional, com o surgimento de tribunais constitucionais ou de supremas cortes em quase todas as democracias; e (iii) o surgimento de uma nova interpretação constitucional, menos formalista, com princípios e categorias próprias, que incluíram a normatividade dos princípios, o reconhecimento das colisões de

---

37 Dois exemplos emblemáticos: a Carta de 1824 estabelecia que a "a lei será igual para todos", dispositivo que conviveu, sem que se assinalassem perplexidade ou constrangimento, com os privilégios da nobreza, o voto censitário e o regime escravocrata. Outro: a Carta de 1969, outorgada pelo Ministro da Marinha de Guerra, do Exército e da Aeronáutica Militar, assegurava um amplo elenco de liberdades públicas inexistentes e prometia aos trabalhadores um pitoresco rol de direitos sociais não desfrutáveis, que incluíam "colônias de férias e clínicas de repouso". Buscava-se na Constituição, não o caminho, mas o desvio; não a verdade, mas o disfarce.

38 Acerca desse paradigma anterior e sua superação no modelo europeu, v. Konrad Hesse, La fuerza normativa de la Constitución. In: *Escritos de derecho constitucional*, 1983. Marid: Centro de Estudios Constitucionales, 1983. Trata-se da tradução para o espanhol de um ensaio seminal, de 1958. V. tb., Eduardo García de Enterría, *La Constitución como norma y el Tribunal Constitucional*. Madrid: Civitas, 2006.

39 A expressão "doutrina brasileira da efetividade" foi empregada por Cláudio Pereira de Souza Neto, Fundamentação e normatividade dos direitos fundamentais: uma reconstrução teórica à luz do princípio democrático. In: Luís Roberto Barroso (org.), *A nova interpretação constitucional: ponderação, direitos fundamentais e relações privadas*. Rio de Janeiro: Renovar, 2003.

40 Sobre o tema, v. Luís Roberto Barroso, *O direito constitucional e a efetividade de suas normas*. Rio de Janeiro: Renovar, 1990 (a primeira versão do texto é de 1987). Importantes textos precursores do movimento foram J.H. Meirelles Teixeira, *Curso de direito constitucional*. Rio de Janeiro, Forense Universitária, 1991. Texto revisto e atualizado por Maria Garcia (compilação de aulas ministradas no final dos anos 50); José Afonso da Silva, *Aplicabilidade das normas constitucionais*. São Paulo: RT, 1968; Celso Antonio Bandeira de Mello, Eficácia das normas constitucionais sobre justiça social, *RDP*, 57:233, 1981.

41 V. Luís Roberto Barroso, Neoconstitucionalismo e constitucionalização do direito: o triunfo tardio do direito constitucional no Brasil. *Revista de Direito Administrativo 240*:1, 2005.

42 Robert Alexy, *La institucionalización de la justicia*. Granada: Comares, 2005, p. 58.

270

normas constitucionais, a técnica da ponderação e a reabilitação da argumentação jurídica[43]. Hoje já não mais se justifica o uso do prefixo *neo*, pois este se tornou o direito constitucional contemporâneo, praticado no Brasil e em diferentes partes do mundo, e representa, de certa forma, a prevalência do modelo norte americano, que vigorava desde a decisão de Marbury v. Madison, de 1803[44].

3.3 A constitucionalização do Direito

"Ontem os Códigos; hoje as Constituições. A revanche da Grécia contra Roma"[45]. O fenômeno da constitucionalização do Direito tem como ponto de partida a passagem da Constituição para o centro do sistema jurídico, de onde foi deslocado o Código Civil[46]. No Brasil, a partir de 1988 e, especialmente, nos últimos anos, a Constituição passou a desfrutar, além da supremacia formal que sempre teve, também de uma supremacia material, axiológica, potencializada pela abertura do sistema jurídico e pela normatividade dos princípios. Compreendida como uma ordem objetiva de valores, transformou-se no filtro através do qual se deve ler todo o ordenamento jurídico[47]. Nesse ambiente, a Constituição passa a ser não apenas um sistema em si – com a sua ordem, unidade e harmonia –, mas também um modo de olhar e interpretar todos os demais ramos do Direito. A constitucionalização identifica um efeito expansivo das normas constitucionais, que se irradiam por todo o sistema jurídico. Os valores, os fins públicos e os comportamentos contemplados nos princípios e nas regras da Lei Maior passam a condicionar a validade e o sentido de todas as normas do direito infraconstitucional. Muitos dos institutos do direito civil, do direito administrativo, do direito penal e do direito processual, em meio a todos os outros, passam a ser ressignificados e reinterpretados.

III ENFRENTANDO A REALIDADE: O DESEMPENHO DA CONSTITUIÇÃO

1 Os diferentes governos

1.1 Os governos Sarney, Collor e Itamar Franco

O governo do Presidente José Sarney estendeu-se até 15.03.1990, pouco mais de um ano sob a vigência da Constituição de 1988, que reduziu o mandato presidencial de seis para cinco anos. Ao

---

43 Sobre a interpretação constitucional contemporânea, v. Luís Roberto Barroso, *Curso de direito constitucional contemporâneo*, 2022, especialmente o capítulo "Novos paradigmas e categorias da interpretação constitucional".

44 Luís Roberto Barroso, A americanização do direito constitucional e seus paradoxos: teoria e jurisprudência constitucional no mundo contemporâneo. *Interesse Público 59*, 2010.

45 A primeira parte da frase ("Ontem os Códigos; hoje as Constituições") foi pronunciada por Paulo Bonavides, ao receber a medalha Teixeira de Freitas, no Instituto dos Advogados Brasileiros, em 1998. O complemento foi feito por Eros Roberto Grau, ao receber a mesma medalha, em 2003, em discurso publicado em avulso pelo IAB: "Ontem, os códigos; hoje, as Constituições. A revanche da Grécia sobre Roma, tal como se deu, em outro plano, na evolução do direito de propriedade, antes justificado pela origem, agora legitimado pelos fins: a propriedade que não cumpre sua função social não merece proteção jurídica qualquer".

46 V. Pietro Perlingieri, *Perfis do direito civil*. Rio de Janeiro: Renovar, 1997, p. 6: "O Código Civil certamente perdeu a centralidade de outrora. O papel unificador do sistema, tanto nos seus aspectos mais tradicionais civilísticos quanto naqueles de relevância publicista, é desempenhado de maneira cada vez mais incisiva pelo Texto Constitucional". Vejam-se, também, Maria Celina B. M. Tepedino, A caminho de um direito civil constitucional, *RDC 65*:21, 1993 e Gustavo Tepedino, O Código Civil, os chamados microssistemas e a Constituição: premissas para uma reforma legislativa. In: Gustavo Tepedino (org.), *Problemas de direito civil-constitucional*. Rio de Janeiro: Renovar, 2001.

47 Na Alemanha, a ideia da Constituição como ordem objetiva de valores, que condiciona a leitura e interpretação de todos os ramos do Direito, foi fixada no julgamento do célebre caso *Lüth*, julgado em 1958, pelo Tribunal Constitucional Federal alemão, que assentou: "Los derechos fundamentales son ante todo derechos de defensa del ciudadano en contra del Estado; sin embargo, en las disposiciones de derechos fundamentales de la Ley Fundamental se incorpora también un orden de valores objetivo, que como decisión constitucional fundamental es válida para todas las esferas del derecho" (Jürgen Schwabe, *Cincuenta años de jurisprudência del Tribunal Constitucional Federal alemán*, 2003, Sentencia 7, 198). No caso concreto, o tribunal considerou que a conduta de um cidadão convocando ao boicote de determinado filme, dirigido por cineasta do passado ligado ao nazismo, não violava os bons costumes, por estar protegida pela liberdade de expressão.

primeiro governo civil desde o movimento militar de 1964 pode-se creditar o início bem-sucedido da transição democrática, embora o Presidente tenha conservado uma visão crítica da Carta constitucional. Na Economia, porém, viveu-se um quadro de hiperinflação que persistiu a despeito de seguidos planos econômicos[48] e mudanças de moeda[49]. O saldo final do período incluiu um aumento médio anual do PIB de 4,54%, um incremento global de 12,51% da renda *per capita*[50] e uma inflação recorde, que em março de 1990 chegou a 84,5%[51].

Fernando Collor de Mello venceu a primeira eleição direta no período pós-ditadura militar, na campanha presidencial à sucessão de José Sarney, tendo tomado posse em 15.03.1990. A disputa envolveu, em primeiro turno, vinte e cinco candidatos e, em segundo turno, Collor derrotou Luiz Inácio Lula da Silva. Com um discurso fundado no combate à inflação, na moralidade administrativa e na liberalização econômica, sua campanha contou com o apoio dos grandes grupos empresariais e de setores liberais e conservadores. Logo ao início do governo foi lançado um controvertido plano econômico que envolveu a retenção de ativos depositados em instituições financeiras e o congelamento de preços (Plano Collor)[52]. Os resultados não vieram. O período foi marcado por esforços de abertura da economia brasileira ao mercado internacional, pela privatização de empresas estatais e por uma inusual exposição midiática do Presidente. Uma desavença provinciana entre o tesoureiro da campanha presidencial, PC Farias, e o irmão do Presidente, Pedro Collor, terminaria por trazer à tona um universo de manipulação privada do poder e de benefícios indevidos ao chefe do Executivo. Uma Comissão Parlamentar de Inquérito colheu depoimentos altamente incriminadores e o Presidente veio a perder definitivamente o mandato nos últimos dias de dezembro de 1992, por renúncia e por deliberação do Senado Federal, quase simultaneamente. No período, o PIB brasileiro sofreu uma contração de 1,3%[53].

O Vice-Presidente Itamar Franco, que assumira interinamente a presidência após a decisão da Câmara dos Deputados que importou no afastamento de Fernando Collor, foi efetivado no cargo no apagar das luzes de 1992. Poucos meses depois, em 21 de abril de 1993, realizou-se o plebiscito sobre a forma e o sistema de governo, previsto no art. 2º do Ato das Disposições Constitucionais Transitórias. Por 66% contra 10,2%, venceu a República sobre a Monarquia; e, por 55,4% a 24,6%, prevaleceu o presidencialismo sobre o parlamentarismo. Itamar recebeu o governo em meio a grave crise econômica, tendo a inflação atingido 1.100% em 1992 e chegado a 2.484% no ano seguinte[54]. Após diversas trocas de Ministros da Fazenda, o Presidente convidou para o cargo o então Ministro das Relações Exteriores, Fernando Henrique Cardoso. Em fevereiro de 1994, foi lançado o Plano Real, primeiro plano de estabilização econômica, entre os muito deflagrados desde 1986, que produziu resultados de longo prazo, permitindo que a inflação fosse finalmente controlada. Embalado pelo sucesso do Real, Fernando Henrique, lançado pelo PSDB (Partido da Social Democracia Brasileira), saiu vitorioso nas eleições presidenciais de 3 de outubro de 1994, derrotando o candidato do PT, Luiz Inácio Lula da Silva. Com FHC, finalmente chegou ao poder a geração que fora perseguida pelo regime militar.

---

48   A inflação, desde o início da década de 80 até meados da década de 90, assombrou o país com índices mensais de mais de dois dígitos, desorganizando a economia, impedindo o planejamento de médio e longo prazos e corroendo os salários. O Plano Cruzado, deflagrado em 28 de fevereiro de 1986, trouxe resultados iniciais e ajudou o PMDB a eleger 22 dos 23 Governadores nas eleições de 1986, bem como 46 dos 72 Senadores e 260 dos 487 deputados. (Cabe relembrar que esses parlamentares, eleitos em 1986, exerceriam o papel de constituintes). No entanto, pouco após as eleições de 15 de novembro, voltou-se à situação de descontrole inflacionário. Ainda no governo Sarney, foram lançados os Planos Cruzado II (novembro de 1986), Bresser (1987) e Verão (1989). Na passagem do governo a Fernando Collor, a inflação disparou, e ultrapassou os 80% ao mês.

49   No período, tivemos cruzeiro (1970-1986), cruzado (1986-1989), cruzado novo (18989-1990). Com o Plano Collor, houve a volta ao cruzeiro (1990-1993).

50   The World Bank, *GDP Growth (annual %) – Brazil*. https://data.worldbank.org/indicator/NY.GDP.MKTP.KD.ZG?locations=BR, consultado em 15 jul. 2023.

51   FGV/CPDOC, *Atlas histórico do Brasil*. https://atlas.fgv.br/marcos/governo-jose-sarney-1985-1990/mapas/inflacao--do-governo-sarney-mes-mes. Consultado em 15 jul. 2023.

52   No seu governo, ainda sobreviriam os Planos Collor II e Marcílio.

53   Marcelo Osakabe, PIB de governo Bolsonaro só vence os governos Dilma e Collor. *Valor Investe*, 3.03.2023. https://valorinveste.globo.com/mercados/brasil-e-politica/noticia/2023/03/03/pib-de-governo-bolsonaro-so-vence-os-governos-dilma-e-collor.ghtml#. Consultado em 15 jul. 2023.

54   De acordo com o DIEESE – Departamento Intersindical de Estatísticas e Estudos Socioeconômicos. V. http://www.dieese.org.br/notatecnica/notatec36SalarioseBaixaInflacao.pdf). Fernando Henrique Cardoso, que assumiria a área econômica quase sete meses depois, em 19 de maio de 1993, afirmou em seu *A arte da política*, 2006, p. 141: "Fui o quarto ministro da Fazenda em sete meses [...]. A inflação poderia ultrapassar, se anualizada nos momentos de pico, os 3.000% ao ano".

1.2   O governo Fernando Henrique Cardoso

Fernando Henrique Cardoso foi eleito por maioria absoluta para dois mandatos, entre 1º.01.1995 e 31.12.2002. Seus dois períodos de governo foram marcados pelo esforço bem-sucedido de consolidação da estabilidade econômica – ao custo de juros elevadíssimos e de períodos de recessão –, de combate ao déficit público e por reforma econômicas e administrativas que mudaram a face do Estado. Adiante comento essas transformações, bem como a polêmica emenda constitucional que permitiu a reeleição. Merecem registro a promulgação da Lei de Responsabilidade Fiscal, bem como o saneamento e a venda dos bancos públicos estaduais, com renegociação da dívida dos Estados e seu enquadramento no programa de ajuste fiscal. O governo também conseguiu aprovar, no Congresso Nacional, uma necessária Reforma da Previdência e uma Reforma Administrativa de alto custo político e poucos resultados práticos. O PIB no período cresceu a uma média anual de 2,42%[55]. Apesar da avaliação histórica merecidamente positiva, Fernando Henrique Cardoso não conseguiu fazer o seu sucessor. O candidato do PSDB, José Serra, foi derrotado pelo candidato do PT, Luiz Inácio Lula da Silva. Em sua quarta tentativa, Lula chegou finalmente ao poder.

1.3   O governo Luiz Inácio Lula da Silva

Lula governou, igualmente, por dois mandatos, entre 1º de janeiro e 31 de dezembro de 2010. Surpreendendo adversários e desagradando aliados, o governo perseguiu a estabilidade econômica e o controle da inflação, apesar de ter recebido, ao longo do tempo, críticas quanto a um crescente relaxamento fiscal. No plano social, o *Bolsa Família* mereceu destaque mundial como um bem-sucedido programa de transferência condicionada de renda para famílias muito pobres. O governo conseguiu aprovar, também, mais uma importante Reforma Previdenciária, assim como a Reforma do Judiciário, que criou o Conselho Nacional de Justiça e introduziu importantes institutos de racionalização da prestação jurisdicional[56]. Houve, do mesmo modo, êxitos significativos em termos de diminuição da pobreza, aumento do salário-mínimo, extinção prática da dívida externa e conquista da confiança de investidores estrangeiros[57]. A repercussão da crise global de 2008 foi pequena no Brasil. Um balanço do período registra, no plano social, a redução expressiva do número de pobres, que teria caído de 50 milhões para 29,9 milhões[58]. No plano econômico, ao longo dos oito anos do mandato presidencial, o PIB teve o significativo crescimento médio anual de 4%. No plano político, o governo e o PT arcaram com o ônus grave de não terem procurado mudar o modo fisiológico e nebuloso de se fazer política no país. Nada obstante, o Presidente Lula deixou o cargo com 83% de aprovação popular[59] e conseguiu eleger com razoável folga a sucessora.

1.4   O governo Dilma Rousseff

A Presidente Dilma Rousseff tomou posse em 1º.1.2011 e desfrutou de elevada aprovação popular nos dois primeiros anos de governo. Os sintomas de desgaste começaram a aparecer em maio e junho de 2013, em manifestações populares que levaram centenas de milhares de pessoas às ruas de diferentes cidades. Os protestos não tinham uma agenda clara e homogênea e revelavam uma insatisfação difusa em relação aos governantes em geral – no plano federal, estadual e municipal. Ainda assim, a Presidente conseguiu se reeleger em segundo turno nas eleições presidenciais de 2014. Logo após, porém, a deterioração das finanças públicas e das perspectivas de crescimento econômico abalou sua sustentabilidade política. O PIB deixou de crescer – em realidade, sofreu uma contração de 0,4% –, o país perdeu o grau de investimento e o desemprego aumentou. Nesse cenário, embora a Presidente não tivesse sofrido

---

55   The World Bank, *GDP Growth (annual %) – Brazil.* https://data.worldbank.org/indicator/NY.GDP.MKTP.KD. ZG?locations=BR, consultado em 15 jul. 2023.

56   A Emenda Constitucional n. 45, de 8.12.2004, introduziu a súmula vinculante e a repercussão geral.

57   No início de maio de 2008, a agência de classificação de risco Standard & Poors elevou a avaliação do país para "grau de investimento" (*investment grade*), fato celebrado pelo governo, pela comunidade financeira e pela imprensa (v. Revista *Veja*, 7 maio 2008).

58   As estatísticas, como não é incomum acontecer, são um tanto desencontradas. Segundo o economista Marcelo Néri, da FGV, no período Lula a pobreza caiu 50,6%, enquanto com FHC caiu 31,9% (http://economia.estadao. com.br/noticias/geral,fgv-pobreza-caiu-50-6-com-lula-e-31-9-com-fhc,65287e).

59   Lula encerra mandato com aprovação de 83%, afirma IBOPE. *Veja*, 19 dez. 2010. https://veja.abril.com.br/politica/lula-encerra-mandato-com-aprovacao-de-83-afirma-ibope.

qualquer acusação de natureza penal e fosse percebida pela maioria da sociedade como uma pessoa íntegra, foi arrastada pela crise econômica, política e ética que se irradiou pelo país. Seu pedido de *impeachment* foi aberto em razão de circunstâncias pessoais do então Presidente da Câmara dos Deputados, e seguiu seu curso diante da falta de sustentação política no Congresso, resultando no seu afastamento definitivo em 31.08.2016.

1.5   O governo Michel Temer

O Presidente Michel Temer tomou posse, provisoriamente, em 12.05.2016, data em que o Senado Federal instaurou o processo de *impeachment* contra a Presidente Dilma Rousseff, após autorização da Câmara dos Deputados. Em 31 de agosto seguinte, depois do julgamento final do Senado afastando a Presidente, tomou posse no cargo de forma definitiva. No plano econômico, o novo governo herdou um quadro de recessão, inflação e juros altos, que enfrentou com relativo sucesso[60]. Com apoio do Congresso, foi aprovada importante e controvertida medida de política fiscal, que foi a emenda constitucional estabelecendo o teto de gastos públicos[61]. Também foi aprovada uma Reforma Trabalhista, inclusive com a regulamentação da terceirização. As mudanças foram saudadas como modernização das relações de trabalho, por alguns, e como sua precarização, por outros. Igualmente importante foi a reforma do ensino médio e a subsequente aprovação da Base Nacional Comum Curricular. Já a Reforma da Previdência foi abatida em meio à crise resultante de acusações de corrupção no governo. O Presidente sofreu duas denúncias criminais quando ainda no cargo: uma por corrupção passiva e outra por organização criminosa e obstrução de justiça. Em ambos os casos, a Câmara dos Deputados recusou autorização para a instauração de ação penal. Contudo boa parte da energia política do governo foi consumida nesses processos. Apesar de medidas apoiadas pelo mercado e da melhoria dos indicadores econômicos, a aprovação pessoal do Presidente e do seu governo bateu recordes negativos[62].

1.6   O governo Jair Bolsonaro

Em 28 de outubro de 2018, Jair Bolsonaro foi eleito Presidente da República pelo Partido Social Liberal (PSL), em segundo turno, com 57.797.487 votos (55,13%). Derrotou Fernando Haddad, candidato do Partido dos Trabalhadores (PT), na oitava eleição presidencial após a promulgação da Constituição de 1988. Uma confluência de razões levou Bolsonaro ao poder. A primeira e mais óbvia foi a recessão econômica que se abateu sobre o país nos anos anteriores às eleições. Em segundo lugar, o descenso social de segmentos que haviam ascendido à condição de "nova classe média", ingressando no mercado de consumo, e que em parte voltaram aos patamares anteriores de pobreza. Em terceiro lugar, a eclosão de escândalos de corrupção, tendo por centro de gravidade a Petrobras – mas não apenas –, e que foi revelado pela Operação Lava Jato. O imaginário social brasileiro costuma vislumbrar a corrupção como mãe de todos os males. Formou-se assim, nesse ambiente, uma onda de descontentamento e frustração, capitalizada pelo candidato vencedor. A essas causas, somaram-se dois outros fatores: a condenação criminal de Lula, vigente à época, tornava-o inelegível pela Lei da Ficha Limpa, que ele próprio havia sancionado; e a ascensão global da extrema direita, capturando, em diferentes partes do mundo, o pensamento conservador.

Jair Bolsonaro se elegeu com uma agenda conservadora nos costumes, liberal na economia e forte discurso anticorrupção. A atuação contra a corrupção foi a primeira a fenecer, com tentativas de blindar pessoas próximas e a aliança política com diversos réus. A diminuição do tamanho do Estado também não aconteceu, tendo ocorrido um único caso de privatização relevante (Eletrobras) e um pico assistencialista, com o *Auxílio Brasil*, que substituiu o Bolsa-Família. Merece registro a aprovação, pelo Congresso Nacional, de uma importante Reforma da Previdência. O governo conviveu com a gravidade da pandemia da Covid-19, gerida de maneira desastrosa, e com a guerra da Ucrânia. Tais contingências comprometeram os resultados econômicos, produzindo um aumento médio anual do PIB de 1,5%[63].

---

60   De fato, houve expressiva queda na inflação e na taxa de juros, embora tenha havido aumento no número de desempregados. Guilherme Mazui, Filipe Matoso e Alexandro Martello, Aos 2 anos, governo Temer festeja economia, mas enfrenta impopularidade, denúncias e crise política. *G1*, 12 mai. 2018.

61   Emenda Constitucional n. 95, de 15.12.2016.

62   Igor Gadelha e Renan Truffi, Pesquisa mostra Temer com a pior aprovação da série histórica. *O Estado de São Paulo*, 19 set. 2017.

63   Ivan Martinez Vargas, PIB sob Bolsonaro cresceu em média 1,5% ao ano, menos que Lula e Temer e só maior que o de Dilma. *O Globo*, 2.03.2023. https://oglobo.globo.com/economia/noticia/2023/03/pib-sob-bolsonaro-cresceu-em-media-15percent-ao-ano-menos-que-lula-e-temer-e-so-maior-que-o-de-dilma.ghtml#. Acesso em: 15 jul. 2023.

A dramática colisão do Presidente e parte dos seus apoiadores com as instituições democráticas será analisada adiante.

1.7 O início do terceiro mandato de Luiz Inácio Lula da Silva

Por fim, em 30 de outubro de 2022, Luiz Inácio Lula da Silva elegeu-se para seu terceiro mandato como Presidente da República, derrotando Jair Bolsonaro com diferença de menos de dois pontos percentuais. Na eleição mais acirrada desde a redemocratização, Lula recebeu 60.345.999 votos (50,9% dos votos válidos), contra 58.206.354 votos recebidos por Bolsonaro (49,1% dos votos válidos). Apesar de ter votação nominal maior em comparação com 2018, Jair Bolsonaro foi o primeiro candidato presidencial a perder uma disputa para reeleição. Já Luiz Inácio Lula da Silva registrou novo recorde de votos no país, em um pleito marcado pela polarização e ampla circulação de desinformação por meio das plataformas digitais e aplicativos de mensagens. É cedo para qualquer avaliação mais consistente, embora, claramente, o ambiente de risco institucional tenha se desanuviado. Nos primeiros seis meses de mandato, a aposta do governo foi numa importante agenda econômico-social, que incluiu a proposta de novo arcabouço fiscal, a reforma tributária e a retomada de programas sociais. Um ponto a observar é que as relações com o Congresso Nacional se tornaram mais complexas do que nos dois mandatos anteriores do atual Presidente.

2 As principais emendas à Constituição

Até o recesso de julho de 2023, a Constituição brasileira já havia recebido 129 emendas, além das seis emendas de revisão promulgadas em 1994. O texto constitucional, por seu caráter abrangente e analítico, faz com que pequenas alterações na vida política exijam uma mudança na Constituição. Não seria exagero afirmar que a política ordinária, no Brasil, faz-se muitas vezes por via de emendas constitucionais. No fundo, o constituinte parece ter feito um *trade off*, uma espécie de compensação: diante da quantidade grande de matérias constitucionalizadas, instituiu um processo de reforma da Constituição relativamente simples. De fato, reduziu o *quorum* de 2/3 para 3/5 e, ao contrário de outros países, basta votação em dois turnos, que podem ser bem próximos um do outro, sem a dilação temporal prevista em outras Constituições. Abaixo, uma breve seleção, bastante discricionária, de algumas dessas principais emendas.

2.1 Mudanças na Constituição econômica

A Assembleia Nacional Constituinte foi convocada em 1986 e desenvolveu seus trabalhos ao longo de 1987 e boa parte de 1988. Era um mundo que vivia a polarização entre o socialismo, com suas economias planificadas, e o capitalismo, com o livre-mercado. A Guerra Fria ainda pairava no ar. Refletindo essa dualidade, a Constituição brasileira se dividia entre os valores sociais do trabalho e da livre-iniciativa, com algumas ênfases estatizantes e nacionalistas. De fato, reservava-se grau elevado de protagonismo para o Estado, em áreas que se situavam entre a prestação de serviços públicos e o desempenho de atividades econômicas, bem como criava reservas de mercado, com restrições ao investimento estrangeiro. Todavia, sem que ninguém tivesse pressentido com nitidez, o mundo sofreu imensa reviravolta: em novembro de 1989, cai o muro de Berlim e o modelo socialista entra em colapso, consumido pela pobreza, pela insatisfação popular e pelo autoritarismo. Pouco mais à frente, em dezembro de 1991, dissolve-se a União Soviética. A Constituição brasileira reservava espaço amplo para o estatismo e o protecionismo num mundo em que prevaleceu a economia de mercado e a globalização. No curso dos anos 1990, foi preciso reescrever parte da ordem econômica constitucional, por meio de emendas constitucionais e legislação ordinária.

De fato, foram aprovadas emendas e legislação: (i) suprimindo restrições ao capital estrangeiro, em áreas como mineração e navegação de cabotagem, bem como abolindo o conceito de empresa brasileira de capital nacional[64]; (ii) flexibilizando os monopólios estatais, em domínios como gás canalizado,

---

64 A Emenda Constitucional n. 6, de 15.08.1995, suprimiu o art. 171 da Constituição, que trazia o conceito de "empresa brasileira de capital nacional", à qual poderiam ser outorgados proteção, benefícios especiais e preferências. A mesma emenda eliminou a exigência de controle por capital nacional para empresas da área de mineração. Já a Emenda Constitucional n. 7, também de 15.08.1995, modificou o art. 178, extinguindo restrições protecionistas na navegação de cabotagem.

telecomunicações e petróleo[65]; e (iii) implantando um amplo programa de desestatização[66]. Nesse processo, foram privatizadas inúmeras empresas controladas pelo governo federal, tanto as que exploravam atividades econômicas – *e.g.*, siderurgia e mineração – como as prestadoras de serviços públicos, em áreas como telefonia e energia elétrica. Outros serviços públicos relevantes, como a construção, recuperação e manutenção de rodovias foram dados em concessão à iniciativa privada[67]. A diminuição da atuação direta do Estado no domínio econômico foi acompanhada pelo surgimento e pela multiplicação de agências reguladoras[68].

2.2 Possibilidade de reeleição dos chefes do Executivo

A possibilidade de reeleição dos chefes do Executivo para um mandato imediatamente seguinte jamais fez parte da tradição brasileira, salvo no período ditatorial de Vargas, que esteve no poder por 15 anos em seu primeiro governo. As Constituições de 1891, 1934 e 1988, na sua versão original, eram expressas na proibição. As Cartas de 1937, 1946 e 1967 não faziam menção ao tema. Sob a Carta de 88, foi aprovada a Emenda Constitucional n. 16, de 4.06.1997, que deu nova redação ao art. 14, § 5º, prevendo a reeleição "para um único período subsequente". A inovação se deu sob a crítica de muitos – o próprio Presidente Fernando Henrique fez *mea culpa* anos depois[69] – e sob acusações de compra de votos de parlamentares[70]. Há um grande debate na comunidade acadêmica e no meio político acerca da conveniência de tal possibilidade. Os que a criticam sustentam que desde o primeiro dia o Presidente empossado começa a governar em função da reeleição, muitas vezes sacrificando o interesse público de longo prazo por essa contingência eleitoral. De outro lado, há os que afirmam que, sem reeleição, o Presidente ficaria enfraquecido a partir da metade do seu mandato, quando todo o sistema passa a gravitar em torno da perspectiva de poder futuro.

Nos países parlamentaristas a questão não se coloca com a mesma intensidade, pelas funções predominantemente protocolares do Presidente e pela aceitação pacífica da permanência prolongada de Primeiros-Ministros, desde que conservem a sustentação política. Já em sistemas presidencialistas, há exemplos de países que permitem uma reeleição, como Estados Unidos, Argentina e Chile. À luz da experiência brasileira e tendo em vista os riscos de abuso do poder político para a continuidade no poder, tem ganhado aceitação a tese favorável à vedação da reeleição, com previsão de um mandato de cinco anos.

2.3 A criação do Ministério da Defesa

A ideia de criação de um Ministério da Defesa vem de longe e foi debatida na Assembleia Constituinte, não tendo prosperado em razão da forte resistência das Forças Armadas[71]. O tema foi reavivado, no entanto, no governo do Presidente Fernando Henrique, quando foi aprovada a Lei Complementar

---

65 A Emenda Constitucional n. 5, de 15.08.1995, permitiu que os Estados-membros concedessem a empresas privadas a exploração dos serviços locais de distribuição de *gás canalizado*, que antes só podiam ser delegados a empresa sob controle estatal. A Emenda Constitucional n. 8, de 15.08.1995, suprimiu a exigência de que serviços de *telecomunicações* só poderiam ser explorados por empresa sob controle acionário estatal, permitindo a privatização das empresas de telefonia. E a Emenda Constitucional n. 9, de 9.11.1995, permitiu a contratação de empresas privadas para as atividades relativas à lavra, às pesquisas e a outras etapas do ciclo econômico do *petróleo*.

66 A Lei n. 8.031, de 12.04.90, ainda do governo Collor, instituiu o Programa Nacional de Desestatização, sendo depois substituída pela Lei 9.491, de 9.09.97. Os anos 90 foram assinalados por fecunda produção legislativa em temas econômicos, que incluiu diferentes setores, como energia (Lei 9.427, de 26.12.96), telecomunicações (Lei n. 9.472, de 16.07.97) e petróleo (Lei n. 9.478, de 6.08.97), com a criação das respectivas agências reguladoras; modernização dos portos (Lei n. 8.630, de 25.02.93) e defesa da concorrência (Lei n. 8.884, de 11.06.94).

67 Sobre concessões e permissões, vejam-se as Leis n. 8.987, de 13.02.95 e 9.074, de 7.07.95.

68 V. Luís Roberto Barroso, Agências reguladoras. Constituição, transformações do Estado e legitimidade democrática. In: *Temas de direito constitucional*, v. II. Rio de Janeiro: Renovar, 2003, p. 283.

69 Fernando Henrique faz *mea culpa* e afirma que emenda que permitiu reeleição foi um erro. *Folha de São Paulo*, 6 set. 2020. https://www1.folha.uol.com.br/poder/2020/09/fhc-faz-mea-culpa-e-afirma-que-reeleicao-foi-um-erro.shtml. Acesso em 16 jul. 2023.

70 Entenda como foi a compra de votos a favor da emenda da reeleição em 1997, *Poder 360*, 8 set. 2020. https://www.poder360.com.br/brasil/entenda-como-foi-a-compra-de-votos-a-favor-da-emenda-da-reeleicao-em-1997/.

71 Pedro Paulo Rezende, Militares são contrários ao Ministério da Defesa. *O Globo*, 24 mai. 1987. https://www2.senado.leg.br/bdsf/bitstream/handle/id/131449/maio87%20-%200140.pdf?sequence=1&isAllowed=y. Acesso em 16 jul. 2023.

n. 97, de 9.06.1999. A conclusão do processo, todavia, exigia alteração na Constituição, para extinguir os ministérios militares (Marinha, Exército, Aeronáutica e Estado-Maior das Forças Armadas) e entronizar o Ministro de Estado da Defesa nos diversos dispositivos pertinentes, o que foi feito pela Emenda Constitucional n. 23, de 2.09.1999. Do ponto de vista administrativo, a inovação se justificava por proporcionar uma coordenação integrada da defesa nacional, com unidade de planejamento e racionalização das atividades. Do ponto de vista político, sua principal motivação foi passar a mensagem simbólica – muito importante à luz da história brasileira – de submissão do poder militar ao poder civil, como é da essência da democracia. Desde a criação do Ministério da Defesa até 2018[72], todos os ministros nomeados eram efetivamente civis[73]. Nos governos Temer e Bolsonaro, foram nomeados militares. Em janeiro de 2023, o Presidente Lula nomeou o ex-Presidente do Tribunal de Contas da União, José Múcio, com a missão relevante de pacificar o ambiente e liderar o processo de despolitização das Forças Armadas.

2.4 Reformas da Previdência

O sistema previdenciário brasileiro é amplamente regulado pela Constituição. Para os fins aqui visados, é possível dividi-lo em Regime Geral, aplicável aos trabalhadores da iniciativa privada e gerido pelo INSS, e em Regime Próprio, aplicável aos servidores públicos e gerido por cada ente estatal (União, Estados, Distrito Federal e Municípios)[74]. No *Regime Geral*, o sistema sempre foi contributivo, desde o início de vigência da Constituição, mas não no Regime Próprio. Em ambos, o regime original era de repartição simples, pago com verbas do orçamento público, e não de capitalização, em que cada segurado constitui a sua própria poupança ao longo do tempo. O Regime Geral sempre conteve um teto de benefícios, ao passo que no Regime Próprio os proventos da inatividade eram integrais – vale dizer, no mesmo valor da remuneração em atividade – assegurando-se aos inativos a paridade, isto é, os mesmos reajustes e aumentos dos que estavam em atividade.

Ao longo dos anos, todavia, o sistema foi sendo sucessivamente reformado, por emendas constitucionais e legislação integradora, para adaptá-lo às novas realidades fiscais, demográficas e de expectativa de vida. Isso porque, além da demanda por serviços do Estado (e do fim da inflação, que antes mascarava as contas públicas), as pessoas passaram a viver mais[75] e as famílias a terem menos filhos[76]. A seguir, uma breve resenha das principais reformas, feitas nos governos Fernando Henrique, Lula e Bolsonaro:

a) *Emenda Constitucional n. 3*, de 17.03.1993: tornou o Regime Próprio contributivo, isto é, o sistema passou a ser custeado não apenas com recursos provenientes da União, como também por contribuição dos servidores;

b) *Emenda Constitucional n. 20*, de 15.12.1998: constitucionalizou a previdência complementar (privada e facultativa), estabeleceu idade mínima para passagem voluntária para a inatividade no setor público e previu uma combinação de tempo de serviço e tempo de contribuição para a aposentadoria, tanto no Regime Próprio quanto no Regime Geral[77];

---

72 Luciana Amaral, Pela primeira vez desde criação em 1999, Ministério da Defesa será comandado por militar. *UOL*, 26 fev. 2018. https://noticias.uol.com.br/politica/ultimas-noticias/2018/02/26/pela-primeira-vez-desde-criacao--em-1999-ministerio-da-defesa-sera-comandado-por-um-militar.htm.

73 Foram nomeados políticos (*e.g.*, Raul Jungmann), diplomatas (*e.g.*, Celso Amorim) e juristas (*e.g.*, Nelson Jobim).

74 Também existe um sistema de aposentadoria complementar, de natureza privada e facultativa, e um regime jurídico específico para os militares.

75 De acordo com o IBGE, a expectativa de vida no Brasil, hoje, é de 77 anos. Em 1980, ela era de 65,7. https://noticias.uol.com.br/cotidiano/ultimas-noticias/2022/11/25/ibge-expectativa-de-vida.htm e https://www.google.com/search?q=expectativa+de+vida+no+Brasil+em+1980&oq=expectativa+de+vida+no+Brasil+em+1980&aqs=chrome..69i57j0i22i30l3j0i390i650l2.18725j1j4&sourceid=chrome&ie=UTF-8.

76 Em 1950, uma mulher tinha em média 6,2 filhos. Em 2019, ano da última Reforma da Previdência, tinha 1,7. V. Pedro Malan, Introdução: Uma perspectiva geral, in Edmar Bacha *et al.* (org.), *130 anos:* em busca da República. Rio de Janeiro: Intrínseca, 2019.

77 A regra geral, *no setor público*, ficou assim: a) sessenta anos de idade e trinta e cinco de contribuição, se homem, e cinquenta e cinco anos de idade e trinta de contribuição, se mulher; b) sessenta e cinco anos de idade, se homem, e sessenta anos de idade, se mulher, com proventos proporcionais ao tempo de contribuição. *No setor privado:* trinta e cinco anos de contribuição, se homem, e trinta anos de contribuição, se mulher; II - sessenta e cinco anos de idade, se homem, e sessenta anos de idade, se mulher.

c) *Emenda Constitucional n. 43*, de 19.12.2003: extinguiu a integralidade e a paridade no Regime Próprio (com regras de transição) e instituiu contribuição previdenciária para os servidores inativos. A aposentadoria dos servidores deixou de ser calculada pela última remuneração e passou a considerar a média das contribuições;

d) *Emenda Constitucional n. 88*, de 7.05.2015: conhecida como "PEC da Bengala", elevou a idade para aposentadoria no serviço público para 75 anos;

e) *Emenda Constitucional n. 103*, de 12.11.2019: elevou para 62 anos a idade mínima para aposentadoria de mulheres, instituiu novos critérios de cálculo da pensão por morte, a progressividade das alíquotas e a segregação de massas, com dois fundos distintos: *financeiro*, sob a regra de repartição simples; e *previdenciário*, sob o regime de capitalização.

2.5 Outras reformas

A Reforma Trabalhista, ou antes, as modificações na legislação trabalhista não se deram pela via da emenda constitucional, apesar de sua importância e seu impacto. Muitas questões decorrentes das relações de trabalho trazem grande preocupação, entre as quais: o desemprego, a informalidade e o excesso de litigiosidade. Não é singelo o ponto de equilíbrio entre a proteção necessária do trabalhador e o excesso de proteção que desestimula, muitas vezes, a contratação e a formalização do emprego. O domínio é polêmico. No governo do Presidente Michel Temer, foram editadas leis validando a terceirização, inclusive nas atividades fim[78] e eliminando a contribuição sindical obrigatória[79]. Ambas as iniciativas foram chanceladas pelo Supremo Tribunal Federal.

Merece registro, igualmente, a Emenda Constitucional n. 35, de 20.12.2001, que deixou de exigir autorização prévia da Casa legislativa para a instauração de ação penal contra parlamentares. A partir de então, centenas de ações penais e inquéritos tramitaram no STF contra membros do Congresso Nacional.

Por fim, vale mencionar alguns novos direitos individuais acrescentados à Constituição, no longo elenco do capítulo dos direitos individuais e coletivos (art. 5º): "a duração razoável do processo" (inciso LXXVIII) e, como fruto da Revolução Tecnológica, da internet e da era digital, "a proteção dos dados pessoais". Mais recentemente, ainda sem previsão expressa, vai se desenhando um novo direito, que é o "direito à inclusão digital".

3 Os momentos críticos

3.1 Dois *impeachments*

Já se fez o registro do impacto produzido pelos dois *impeachments* presidenciais ocorridos na vigência da Constituição de 1988. O de Fernando Collor trouxe o trauma da destituição do primeiro Presidente eleito pelo voto popular após a redemocratização do país. Já o *impeachment* da Presidente Dilma Rousseff foi ainda mais problemático. Apesar da falta de sustentação política no Congresso e da baixa aprovação em pesquisas de opinião pública, a verdade é que os fatos a ela imputados, segundo a avaliação de muitos, não tinham a gravidade necessária a justificar a medida extrema. O Supremo Tribunal Federal chegou a anular o procedimento, determinando que fosse seguido o rito do *impeachment* do Presidente Collor. O processo foi reiniciado. O mérito da decisão do Congresso, todavia, é universalmente considerado questão política, insuscetível, como regra, à apreciação do Poder Judiciário. O episódio revelou a insuficiência do modelo presidencialista para lidar com situações em que o governante, embora eleito democraticamente, perdeu o apoio no curso do mandato. A exigência de crime de responsabilidade, quando a questão é essencialmente política, leva a distorções graves. Essa é uma das razões da minha simpatia pela fórmula semipresidencialista, em que o Presidente é eleito, conserva competências importantes como chefe de Estado, mas não cuida do varejo da política, que fica a cargo do Primeiro-Ministro, que é o chefe de governo. Em caso de perda do apoio da maioria, o Primeiro-Ministro pode ser substituído por deliberação parlamentar, sem que isso importe em abalo institucional.

---

78 Lei n. 13.429, de 31.03.2017.

79 CLT, arts. 579 e 582, na redação dada pela Lei n. 13.467, de 13.07.2017.

3.2 Mensalão e Operação Lava Jato

O escândalo que ficou conhecido como *Mensalão* veio à tona em 2005, durante o primeiro mandato do Presidente Lula. Ele consistiu num esquema de pagamento de valores a parlamentares de diferentes partidos para votarem favoravelmente aos projetos do governo na Câmara dos Deputados. O episódio teve ampla divulgação na imprensa, foi objeto de uma Comissão Parlamentar Mista de Inquérito e resultou na perda do mandato dos Deputados Roberto Jefferson, principal delator, e José Dirceu, acusado de mentor do esquema. O episódio teve por consequência denúncia criminal apresentada contra quarenta acusados, resultando na Ação Penal n. 470, que tramitou perante o STF e teve seu julgamento concluído em finais de 2013. Pela primeira vez na história, crimes de colarinho branco praticados por políticos e empresários levaram à condenação e à prisão efetiva dos seus autores, por delitos como corrupção ativa, corrupção passiva, peculato, lavagem de dinheiro e gestão temerária de instituição financeira. Embora tenha causado abalo momentâneo no governo, o escândalo não impediu a reeleição do Presidente.

Iniciada em 2014 e encerrada em 2021, a *Operação Lava Jato* ocupou, por anos, o imaginário social brasileiro e é objeto de avaliações contraditórias e ambíguas. Nas reviravoltas da vida, ela foi do endeusamento à demonização. Como não é incomum acontecer na vida, um pouco de mediania pode ajudar a compreender o que se passou, nas suas facetas positivas e negativas. A verdade é que será necessário algum distanciamento histórico para uma avaliação liberta das paixões e circunstâncias que a envolvem. No lado positivo, a Operação ajudou a revelar a existência de um quadro de corrupção estrutural, sistêmica e institucionalizada que marca a história do Brasil de longa data. Não foi fenômeno de um governo ou de um partido, mas um processo cumulativo que vem de longe e um dia transbordou. A partir de esquemas de corrupção na Petrobras, veio à tona o loteamento da estatal por partidos políticos e um espantoso universo de superfaturamentos, propinas e outros comportamentos desviantes. Parte da elite política e econômica foi efetivamente punida, com seus malfeitos devidamente comprovados.

Por outro lado, os métodos empregados na condução dos processos e a proximidade das relações entre procuradores e magistrados foram crescentemente colocadas em xeque, incialmente por advogados e depois também pela imprensa. Alguns erros visíveis da operação envolveram o ex e atual Presidente Lula da Silva, como o vazamento de uma conversa telefônica com a então Presidente Dilma Rousseff, uma condução coercitiva desnecessária, um célebre *power point* que condenava o denunciado logo no início do processo e a divulgação em momento eleitoral da colaboração premiada do ex-Ministro Antônio Palocci. O fato de o juiz protagonista da Operação ter aceitado o cargo de Ministro no governo que se iniciava – após haver sido responsável pela condenação que afastou o adversário do páreo – deu plausibilidade ao discurso de motivação política na condução de, pelo menos, alguns dos processos. A Operação Lava Jato vem sendo fortemente contestada, tanto pelos que não perdoam os seus erros quanto pelos que não se conformam com os seus acertos. Muitos dos condenados em casos graves e evidentes de corrupção ativa, passiva e lavagem de dinheiro tiveram seus processos anulados.

Independentemente da visão que cada um possa ter sobre a Operação Lava Jato em si, a triste verdade é que a corrupção continua entranhada na vida brasileira, assombrando diversas gerações. O Índice de Percepção da Corrupção no Brasil é pior do que a média global, regional e dos Brics, sem falar nos países do G-20. O Brasil amarga o 94º lugar entre 180 países[80].

3.3 Populismo autoritário

A democracia constitucional foi a ideologia vitoriosa do século XX. Porém, nos últimos tempos, algo parece não estar indo bem, num quadro descrito como de *recessão democrática*. A expressão se refere a processos históricos ocorridos em países como Hungria, Polônia, Turquia, Rússia, Filipinas, Venezuela e Nicarágua, entre outros. O que se viu, em diferentes partes do mundo, foi a ascensão de um populismo autoritário[81], com vieses extremistas, que utiliza como estratégias: (i) a comunicação direta com seus apoiadores, mais recentemente por via das redes sociais; (ii) o consequente *by-pass* das instituições intermediárias, como Legislativo, Imprensa e sociedade civil; e (iii) ataques às instituições de controle do poder, notadamente às supremas cortes, com a intenção de enfraquecê-las ou capturá-las. Tudo

---

80 Gustavo Zanfer, Brasil mantém nota abaixo da média e aparece estagnado em ranking da corrupção. *CNN Brasil*, 31 jan. 2023. https://www.cnnbrasil.com.br/nacional/brasil-mantem-nota-ruim-e-aparece-estagnado-em-ranking--mundial-da-corrupcao/. Acesso em: 18 jul. 2023.

81 V. Luís Roberto Barroso, Populismo, autoritarismo e resistência democrática: as cortes constitucionais no jogo do poder. *Direito e Práxis*, ahead of print, 2022. E, também, do mesmo autor, Populism, authoritarianism and institutional resistance: constitutional courts in the game of power. *Texas International Law Journal* 57:259, 2022.

acompanhado do uso intenso das plataformas digitais e aplicativos de mensagens, com a disseminação de desinformação, discursos de ódio, teorias conspiratórias e destruição de reputações. Embora o populismo autoritário e extremista possa ser de direita ou de esquerda, nos últimos tempos tem prevalecido o avanço da extrema direita, com um ideário muitas vezes racista, misógino, homofóbico e antiambientalista, além de uma preocupante mistura de religião com política.

O Brasil não escapou dessa onda, tendo vivido, entre 2018 e 2022, uma série de situações que levaram as agências internacionais a detectarem um declínio da democracia no país[82]. Ataques à Imprensa e às instituições, inclusive e notadamente, o Supremo Tribunal Federal e o Tribunal Superior Eleitoral foram constantes. Também se procurou desacreditar o sistema de votação eletrônica – que eliminou as fraudes eleitorais no país – com acusações não comprovadas e falsas. A tais componentes se somaram um desfile de tanques de guerra na Praça dos Três Poderes, no dia da votação da volta do voto impresso; requerimento de *impeachment* de Ministros do STF; ameaça de descumprimento de decisões judiciais; a não concessão da vitória ao candidato vencedor, após as eleições, com recusa da passagem da faixa presidencial, importante tradição democrática brasileira; e acampamentos na frente de quartéis com clamores de intervenção das Forças Armadas para anular a eleição. Por fim, vieram os ataques físicos à sede dos três Poderes, no fatídico 8 de janeiro de 2023 – "Dia da infâmia", nas palavras da Ministra Rosa Weber, então Presidente do STF[83] –, por milhares de manifestantes apoiadores do Presidente derrotado, num ensaio de golpe de Estado que veio a ser repudiado pela quase totalidade da sociedade brasileira.

Conclusão   Tocando em frente

I   Uma agenda para o Brasil

A Constituição brasileira chega aos 35 anos com importantes conquistas a celebrar, que incluem: (i) o mais longo período de *estabilidade institucional* da história republicana; (ii) a conquista de *estabilidade monetária*, após anos de descontrole inflacionário; e (iii) algum grau de *inclusão social*, embora afetado, nos últimos anos, por recessão e baixo crescimento. Por outro lado, seguimos com problemas não resolvidos no sistema político, nos índices de percepção da corrupção e nos níveis de violência na sociedade, que afeta, sobretudo, pobres, negros, mulheres e a comunidade LGBTQI+. Olhando para frente, num mundo e num país polarizados, é possível extrair da própria Constituição uma agenda de consensos que deverá incluir:

1. **Combate à pobreza e à desigualdade.** Em dados de 2021, 8,4% da população brasileira vive em estado de extrema pobreza (menos de R$ 5,60 por dia). E 29% estão abaixo da linha da pobreza (R$ 16,20)[84]. O Brasil é um dos maiores produtores de alimentos do mundo, mas tem cerca de 30,7% da população em estado de insegurança alimentar moderada ou grave, em dados de 2022[85]. Ademais, somos um dos países mais desiguais do planeta, no qual os 10% mais ricos ganham quase 60% da renda nacional total e a metade mais pobre possui menos de 1% da riqueza[86]. Combater a pobreza e a desigualdade há de ser a principal prioridade do país;

2. **Retomada do crescimento.** A economia brasileira teve um desempenho exuberante durante o século XX. Medida pelo PIB, ela cresceu, entre 1900 e 1980, a uma média anual superior a

---

82   IDEA, Global State of Democracy Initiative: Brazil. https://idea.int/democracytracker/country/brazil. Acesso em: 18 jul. 2023: "Brazil is a mid-performing democracy that has experienced significant declines over the past five years in Clean Elections, Civil Liberties, Gender Equality and Personal Integrity and Security".

83   8 de Janeiro: saiba o que aconteceu no STF nesses seis meses seguintes ao ataques golpistas. *STF*, 8 jul. 2023. V. https://portal.stf.jus.br/noticias/verNoticiaDetalhe.asp?idConteudo=510262&ori=1.

84   Brasil teve recorde da população abaixo da linha de pobreza em 2021, diz IBGE. *UOL*, 2 dez. 2022. https://economia.uol.com.br/noticias/estadao-conteudo/2022/12/02/brasil-teve-recorde-da-populacao-abaixo-da-linha-de-pobreza-em-2021-diz-ibge.htm#:~:text=Em%202021%2C%20havia%20um%20ápice,nesta%20sexta%2Dfeira%2C%202.

85   Inflação de alimentos e insegurança alimentar no Brasil. *World Bank*, 19 jun. 2023. https://www.worldbank.org/pt/country/brazil/publication/brazil-food-insecurity-and-food-inflation. Acesso em 26 jul. 2023.

86   Daniela Fernandes, 4 dados mostram por que Brasil é um dos países mais desiguais do mundo, segundo relatório. *BBC*, 7 dez. 2021. https://www.bbc.com/portuguese/brasil-59557761. Acesso em 22 jul. 2023.

5,5%[87]. Porém, entre 2002 e 2022, o PIB brasileiro cresceu apenas 2,2%[88]. E na última década foi ainda pior. A média de crescimento de cada governo recente foi: FHC, 2,4%; Lula, 4,1%; Dilma, 0,4%; Michel Temer, 1,6%; Jair Bolsonaro, 1,5%[89]. A dura verdade é que sem crescimento econômico contínuo e sustentável não há como enfrentar a pobreza e distribuir riquezas;

3. **Prioridade máxima para a educação básica.** A pobreza e a baixa produtividade do trabalhador estão associadas diretamente aos níveis e à qualidade da educação. Os grandes problemas da educação básica no Brasil já estão bem diagnosticados[90] e incluem: (i) a não alfabetização da criança na idade certa; (ii) a evasão escolar no ensino médio; e (iii) o déficit de aprendizado, que se traduz na conclusão das etapas da educação básica (fundamental e médio) sem que o jovem tenha aprendido o mínimo necessário. Maior atratividade das carreiras do magistério, ensino em tempo integral, despolitização da indicação de diretores e ensino desde a primeira idade estão entre as soluções consensuais para os problemas;

4. **Saneamento básico.** O saneamento básico é a principal política pública de saúde preventiva, além de ser vital para impedir o comprometimento do solo, dos mananciais (fontes de água para abastecimento), rios e praias. Ele consiste em ações de abastecimento de água, coleta e tratamento de esgoto, bem como manejo das águas pluviais e dos resíduos sólidos. Nossos indicadores nessa área são muito ruins. Cerca de metade dos domicílios brasileiros não tem acesso a uma rede de coleta de esgoto. Além disso, mais de 50% dos Municípios brasileiros não têm qualquer sistema de tratamento de esgoto instalado, despejando-o diretamente no meio ambiente[91]. No tocante aos resíduos sólidos, mais de 50% dos Municípios os destinam a vazadouros a céu aberto, conhecidos como lixões[92]. Como o Estado não tem recursos para os investimentos necessários, é indispensável a participação da iniciativa privada para a superação desse quadro.

5. **Investimento em ciência e tecnologia.** A Revolução Tecnológica transformou o mundo em que vivemos. Algumas das principais fontes de riqueza deixaram de ser os bens físicos e passaram a ser o conhecimento, a inovação, os dados, a propriedade intelectual. Vivemos a era das novas tecnologias – Inteligência Artificial, robótica avançada, computação nas nuvens, *streaming*, *blockchain* –, que trouxeram novos paradigmas para as relações econômicas, de produção e de trabalho. Um mundo de novos modelos de negócio, da Amazon, do Google e da Netflix, entre incontáveis outros. Se não investirmos pesado em ciência, tecnologia, pesquisa e inovação, vamos ficar para trás na história, eternos exportadores de *commodities*.

6. **Habitação popular.** A questão do direito à moradia – direito social fundamental – remete ao déficit habitacional e à inadequação de domicílios no Brasil. O *deficit habitacional* identifica a necessidade de construção de novas moradias e tem em conta pessoas que vivem em condições precárias, com excessivo número de famílias convivendo em um mesmo ambiente e sem condições de pagar aluguel. A *inadequação de domicílios* significa, principalmente, a carência de infraestrutura urbana, compreendendo itens como energia elétrica, água, esgotamento sanitário e banheiro. E há também o problema da regularização fundiária e das áreas de risco. Em números redondos de 2019, o Brasil tem um déficit habitacional de aproximadamente 6 milhões

---

87   Gabriela Soares, Brasil tem a pior década para a economia em 120 anos. *Poder 360*, 3 mar. 2021. https://www.poder360.com.br/economia/brasil-tem-pior-decada-para-a-economia-em-120-anos/.

88   Agência O Globo, Bolsonaro, Lula, Temer ou Dilma: qual Presidente conseguiu o maior crescimento do PIB? *Exame*, 2 mar. 2023. https://exame.com/economia/bolsonaro-lula-temer-ou-dilma-qual-presidente-conseguiu-maior--crescimento-do-pib/#.

89   Idem.

90   Luís Roberto Barroso, A educação básica no Brasil: do atraso prolongado à conquista do futuro. *Revista Direitos Fundamentais e Justiça* 41:117, 2019.

91   Técnicos do MDR estimam que quase metade da população abrangida pelo sistema não tem acesso a redes de esgoto. Isso significa que, de um total de 208,7 milhões de brasileiros, 94,1 milhões não dispõem do serviço. Outro desafio é que apenas a metade do esgoto coletado (50,8%) é tratada. https://agenciabrasil.ebc.com.br/geral/noticia/2021-12/quase-50-dos-brasileiros-nao-tem-acesso-redes-de-esgoto-diz-mdr. Matéria de 17.12.2021.

92   Resíduos sólidos urbanos no Brasil: desafios tecnológicos, políticos e econômicos. *IPEA*, 9 Jul. 2020. https://www.ipea.gov.br/cts/pt/central-de-conteudo/artigos/artigos/217-residuos-solidos-urbanos-no-brasil-desafios-tecnologicos--politicos-e-economicos.

de unidades, concentrado, sobretudo, na faixa de renda de até três salários-mínimos.[93] É necessário, assim, a adoção constante e consistente de políticas públicas voltadas para a construção de novas unidades habitacionais e para a oferta de infraestrutura, urbanização de favelas, cuidados ambientais, saneamento básico e transporte público.

7. **A questão ambiental.** O Brasil tem todas as condições para se tornar a grande liderança ambiental global e, assim, contribuir para enfrentar um dos problemas mais críticos de nosso tempo, que é a mudança climática e o consequente aquecimento global. Temos uma matriz energética predominantemente limpa, que é a hidráulica, e grande potencial de energias renováveis, que são a solar, eólica e biomassa, com destaque para as potencialidades da cana-de-açúcar. A Amazônia, por sua vez, contém a maior biodiversidade do planeta, desempenha papel decisivo no ciclo da água e é grande armazenadora de carbono. Precisamos tratá-la como o ativo relevante que é, desenvolvendo uma bioeconomia da floresta que dê sustentabilidade aos seus 25 milhões de habitantes e respeite as comunidades originárias[94].

Ah, sim! Há um capítulo implícito em toda a agenda proposta acima: integridade e civilidade são pressupostos de tudo o mais e devem vir antes da ideologia e das escolhas políticas.

II ENCERRAMENTO

> *"Na vida, nunca cessamos de procurar.*
> *E o final de toda procura*
> *Nos leva ao ponto de onde partimos*
> *Para conhecê-lo pela primeira vez".*
> T.S. Elliot[95]

Como o Brasil pós-eleição de 2022 bem demonstra, o mundo dá voltas e a vida é, por vezes, uma viagem redonda, na qual se volta ao ponto de partida. O aniversário de 35 anos da Constituição encontra o país polarizado, com inúmeros bolsões de intolerância. Cada um com suas razões e seus inconformismos. Nos diferentes tons do espectro político, há um consenso: o de um país aquém do seu destino. Essa a razão de um certo mal-estar civilizatório entre nós, a frustração de não sermos tudo o que podemos ser. Para seguir adiante e derrotar o atraso, será preciso que a sociedade – independentemente das convicções políticas de cada um – possa ter uma compreensão correta do passado e um projeto comum a concretizar. Divergências e visões diferentes de mundo não precisam significar desconfiança ou inimizade. Onde existe boa-fé e boa-vontade, quase tudo é possível.

Essa foi a inspiração desse texto: reconstituir a história recente e encontrar alguns consensos, aptos a preparar o caminho para um futuro que se atrasou, mas ainda está no horizonte. A existência das pessoas e das nações é feita de muitos recomeços. De oportunidades que se renovam.

---

93 Segundo a Fundação João Pinheiro, instituição de pesquisa do estado de Minas Gerais, em 2019, o déficit habitacional no Brasil era de aproximadamente 5,8 milhões de domicílios, considerando a falta total e a inadequação das condições de moradia. A pesquisa, não contabiliza, ainda, o impacto da pandemia. https://habitatbrasil.org.br/deficit-habitacional-brasil/#:~:text=A%20última%20pesquisa%20da%20Fundação,no%20número%20de%20pessoas%20despejadas.

94 Luís Roberto Barroso e Patrícia Perrone Campos Mello, Como salvar a Amazônia: por que a floresta de pé vale mais do que derrubada. *Revista de Direito da Cidade 12*:331, 2020. Dos mesmos autores, v. In defense of the Amazon. *Harvard International Law Journal 62*, 2021.

95 Tradução livre.

| CAPÍTULO II | JURISDIÇÃO CONSTITUCIONAL: A TÊNUE FRONTEIRA ENTRE O DIREITO E A POLÍTICA |

Sumário: I – Introdução. II – A ascensão institucional do Judiciário. 1. A jurisdição constitucional. 2. A judicialização da política e das relações sociais. 3. O ativismo judicial. 4. Críticas à expansão da intervenção judicial na vida brasileira. 4.1. Crítica político-ideológica. 4.2. Crítica quanto à capacidade institucional. 4.3. Crítica quanto à limitação do debate. 5. Importância e limites da jurisdição constitucional nas democracias contemporâneas. III – Direito e política: a concepção tradicional. 1. Notas sobre a distinção entre Direito e política. 2. Constituição e poderes constituídos. 3. A pretensão de autonomia do Judiciário e do Direito em relação à política. 3.1. Independência do Judiciário. 3.2. Vinculação ao Direito posto e à dogmática jurídica. 3.3. Limites da separação entre Direito e política. IV – Direito e política: o modelo real. 1. Os laços inevitáveis: a lei e sua interpretação como atos de vontade. 2. A interpretação jurídica e suas complexidades: o encontro não marcado entre o Direito e a política. 2.1. A linguagem aberta dos textos jurídicos. 2.2. Os desacordos morais razoáveis. 2.3. As colisões de normas constitucionais. 2.4. A interpretação constitucional e seus métodos. 3. O juiz e suas circunstâncias: influências políticas em um julgamento. 3.1. Valores e ideologia do juiz. 3.2. Interação com outros atores políticos e institucionais. 3.2.1. Preservação ou expansão do poder da Corte. 3.2.2. Relações com outros Poderes, órgãos e entidades estatais. 3.3. Perspectiva de cumprimento efetivo da decisão. 3.4. Circunstâncias internas dos órgãos colegiados. 3.5. A opinião pública. 4. A autonomia relativa do Direito em relação à política e a fatores extrajudiciais. V – O Supremo Tribunal Federal: contramajoritário e representativo.

I INTRODUÇÃO

Este capítulo está dividido em três partes principais. Na primeira, narra-se a ascensão institucional do Judiciário nos últimos anos, no Brasil e no mundo. São apresentados, assim, os fenômenos da jurisdição constitucional, da judicialização e do ativismo judicial, bem como as críticas à expansão do Judiciário na vida brasileira. O tópico se encerra com a demonstração da importância e dos limites da jurisdição constitucional nas democracias contemporâneas. A segunda parte é dedicada à concepção tradicional das relações entre Direito e política, fundada na separação plena entre os dois domínios. A Constituição faz a interface entre o universo político e o jurídico, instituindo o Estado de direito, os poderes constituídos e fazendo a distinção entre legislar, administrar e julgar. A atuação de juízes e tribunais é preservada do contágio político por meio da independência do Judiciário em relação aos demais Poderes e por sua vinculação ao Direito, que constitui um mundo autônomo, tanto do ponto de vista normativo quanto doutrinário. Essa visão, inspirada pelo formalismo jurídico, apresenta inúmeras insuficiências teóricas e enfrenta boa quantidade de objeções, em uma era marcada pela complexidade da interpretação jurídica e por forte interação do Judiciário com outros atores políticos relevantes.

A terceira parte introduz uma questão relativamente nova no debate jurídico brasileiro: o modelo *real* das relações entre Direito e política. Uma análise sobre o que de fato ocorre no exercício da prestação jurisdicional e na interpretação das normas jurídicas, e não um discurso convencional sobre como elas deveriam ser. Trata-se de uma especulação acerca dos elementos e circunstâncias que motivam e influenciam um juiz, para além da boa aplicação do Direito. Com isso, procura-se superar a persistente negação com que os juristas tradicionalmente lidam com o tema, proclamando uma independência que não é desse mundo. Na construção do argumento, examinam-se algumas hipóteses que produzem os chamados *casos difíceis*, que exigem a atuação criativa de juízes e tribunais; e faz-se, igualmente, uma reflexão acerca dos diferentes métodos de interpretação e sua utilização em função do resultado a que se quer chegar. Por fim, são identificados diversos fatores extrajurídicos relevantes, capazes de repercutir em maior ou menor medida sobre um julgamento, como os valores pessoais do juiz, as relações do Judiciário com outros atores políticos e a opinião pública, dentre outros.

Entre o ceticismo do realismo jurídico e da teoria crítica, que equiparam o Direito ao voluntarismo e à política, e a visão idealizada do formalismo jurídico, com sua crença na existência de um muro divisório entre ambos, o presente estudo demonstrará o que já se afigurava intuitivo: no mundo real, não vigora nem a equiparação nem a separação plena. Na concretização das normas jurídicas, sobretudo as normas constitucionais, Direito e política convivem e se influenciam reciprocamente, numa interação que tem complexidades, sutilezas e variações[1]. Em múltiplas hipóteses, não poderá o intérprete se fundar em elementos de pura razão e objetividade, como é a ambição do Direito. Nem por isso, recairá na discricionariedade e na subjetividade, presentes nas decisões políticas. Entre os dois extremos, existe um espaço em que a vontade é exercida dentro de parâmetros de razoabilidade e de legitimidade, que podem ser controlados pela comunidade jurídica e pela sociedade. Vale dizer: o que se *quer* é balizado pelo que se *pode* e pelo que se *deve* fazer.

II A ascensão institucional do Judiciário[2]

1 A jurisdição constitucional

O Estado constitucional de direito se consolida, na Europa continental, a partir do final da II Guerra Mundial. Até então, vigorava um modelo identificado, por vezes, como Estado legislativo de direito[3]. Nele, a Constituição era compreendida, essencialmente, como um documento político, cujas normas não eram aplicáveis diretamente, ficando na dependência de desenvolvimento pelo legislador ou pelo administrador. Tampouco existia o controle de constitucionalidade das leis pelo Judiciário – ou, onde existia, era tímido e pouco relevante. Nesse ambiente, vigorava a centralidade da lei e a supremacia do parlamento. No Estado constitucional de direito, a Constituição passa a valer como norma jurídica. A partir daí, ela não apenas disciplina o modo de produção das leis e atos normativos, como estabelece determinados limites para o seu conteúdo, além de impor deveres de atuação ao Estado. Nesse novo modelo, vigora a centralidade da Constituição e a supremacia judicial, como tal entendida a primazia de um tribunal constitucional ou suprema corte na interpretação final e vinculante das normas constitucionais.

A expressão *jurisdição constitucional* designa a interpretação e aplicação da Constituição por órgãos judiciais. No caso brasileiro, essa competência é exercida por todos os juízes e tribunais, situando-se o Supremo Tribunal Federal no topo do sistema. A jurisdição constitucional compreende duas atuações particulares. A primeira, de aplicação direta da Constituição às situações nela contempladas. Por exemplo, o reconhecimento de que determinada competência é do Estado, não da União; ou do direito do contribuinte a uma imunidade tributária; ou do direito à liberdade de expressão, sem censura ou licença prévia. A segunda atuação envolve a aplicação indireta da Constituição, que se dá quando o intérprete a utiliza como parâmetro para aferir a validade de uma norma infraconstitucional (controle de constitucionalidade) ou para atribuir a ela o melhor sentido, em meio a diferentes possibilidades (interpretação conforme a Constituição). Em suma: a jurisdição constitucional compreende o poder exercido por juízes e tribunais na aplicação direta da Constituição, no desempenho do controle de constitucionalidade das leis e dos atos do Poder Público em geral e na interpretação do ordenamento infraconstitucional conforme a Constituição.

---

1 O termo "política" é utilizado neste trabalho em acepção ampla, que transcende a conotação partidária ou de luta pelo poder. Na acepção aqui empregada, "política" abrange qualquer influência extrajurídica capaz de afetar o resultado de um julgamento.

2 A Parte I deste trabalho, especialmente os Capítulos II e III, beneficia-se da pesquisa e de algumas passagens de texto anterior de minha autoria, "Judicialização, ativismo judicial e legitimidade democrática", publicado na *Revista de Direito do Estado 13*:71, 2009.

3 V. Luigi Ferrajoli, Pasado y futuro del Estado de derecho. In: Miguel Carbonell (org.), *Neoconstitucionalismo(s)*, 2003, p. 14-17; e Gustavo Zagrebelsky, *El derecho dúctil*: ley, derechos, justicia, 2005, p. 21-41.

284

2 A judicialização da política e das relações sociais[4]

Judicialização significa que questões relevantes do ponto de vista político, social ou moral estão sendo decididas, em caráter final, pelo Poder Judiciário. Trata-se, como intuitivo, de uma transferência de poder para as instituições judiciais, em detrimento das instâncias políticas tradicionais, que são o Legislativo e o Executivo. Essa expansão da jurisdição e do discurso jurídico constitui uma mudança drástica no modo de se pensar e de se praticar o Direito no mundo romano-germânico[5]. Fruto da conjugação de circunstâncias diversas[6], o fenômeno é mundial, alcançando até mesmo países que tradicionalmente seguiram o modelo inglês – a chamada democracia ao estilo de Westminster –, com soberania parlamentar e ausência de controle de constitucionalidade[7]. Exemplos numerosos e inequívocos de judicialização ilustram a fluidez da fronteira entre política e justiça no mundo contemporâneo, documentando que nem sempre é nítida a linha que divide a criação e a interpretação do Direito. Os precedentes podem ser encontrados em países diversos e distantes entre si, como Canadá[8], Estados Unidos[9], Israel[10], Turquia[11], Hungria[12] e Coreia[13], dentre muitos outros. No início de 2010, uma decisão do Conselho Constitucional francês e outra da Suprema Corte americana produziram controvérsia e a reação política dos dois Presidentes[14]. Na América Latina[15], o caso da Colômbia é um dos mais significativos[16].

---

4 Sobre o tema, v. o trabalho pioneiro de Luiz Werneck Vianna, Maria Alice Resende de Carvalho, Manuel Palacios Cunha Melo e Marcelo Baumann Burgos, *A judicialização da política e das relações sociais no Brasil*, 1999. V. tb., Giselle Cittadino, Judicialização da política, constitucionalismo democrático e separação de Poderes. In: Luiz Werneck Vianna (org.), *A democracia e os três Poderes no Brasil*, 2002. Vejam-se, ainda: Luiz Werneck Vianna, Marcelo Baumann Burgos e Paula Martins Salles, Dezessete anos de judicialização da política, *Tempo Social 19*:39, 2007; Ernani Carvalho, Judicialização da política no Brasil: controle de constitucionalidade e racionalidade política, *Análise Social 44*:315, 2009, e Em busca da judicialização da política no Brasil: apontamentos para uma nova abordagem, *Revista de Sociologia Política 23*:115, 2004; Rogério Bastos Arantes, Judiciário: entre a justiça e a política. Disponível em: http://academico. direito-rio.fgv.br/ccmw/images/9/9d/Arantes.pdf, e Constitutionalism, the expansion of justice and the judicialization of politics in Brazil. In: Rachel Sieder, Line Schjolden e Alan Angell, *The judicialization of politics in Latin America*, 2005, p. 231-62; Martonio Mont'Alverne Barreto Lima, Judicialização da política e comissões parlamentares de inquérito – um problema da teoria constitucional da democracia, *Revista Jurídica da FIC 7*:9, 2006; Luciano da Ros, Tribunais como árbitros ou como instrumentos de oposição: uma tipologia a partir dos estudos recentes sobre judicialização da política com aplicação ao caso brasileiro contemporâneo, *Direito, Estado e Sociedade 31*:86, 2007; e Thais Florencio de Aguiar, A judicialização da política ou o rearranjo da democracia liberal, *Ponto e Vírgula 2*:142, 2007.

5 V. Alec Stone Sweet, *Governing with judges: constitutional politics in Europe*, 2000, p. 35-36 e 130. A visão prevalecente nas democracias parlamentares tradicionais de ser necessário evitar um "governo de juízes", reservando ao Judiciário apenas uma atuação como legislador negativo, já não corresponde à prática política atual. Tal compreensão da separação de Poderes encontra-se em "crise profunda" na Europa continental.

6 Para uma análise das condições para o surgimento e a consolidação da judicialização, v. C. Neal Tate e Torbjörn Vallinder (eds.), *The global expansion of judicial power*, 1995, p. 117.

7 V. Ran Hirschl, The new constitutionalism and the judicialization of pure politics worldwide, *Fordham Law Review 75*:721, 2006-2007, p. 721. A referência envolve países como Canadá, Israel, Nova Zelândia e o próprio Reino Unido.

8 Decisão da Suprema Corte sobre a constitucionalidade de os Estados Unidos fazerem com mísseis em solo canadense. Esse exemplo e os seguintes vêm descritos em maior detalhe em Ran Hirschl, The judicialization of politics. In: Whittington, Kelemen e Caldeira (eds.), *The Oxford handbook of law and politics*, 2008, p. 124-5.

9 Decisão da Suprema Corte, que definiu a eleição de 2000, em *Bush v. Gore*.

10 Decisão da Suprema Corte sobre a compatibilidade, com a Constituição e com os atos internacionais, da construção de um muro na fronteira com o território palestino.

11 Decisões da Suprema Corte destinadas a preservar o Estado laico contra o avanço do fundamentalismo islâmico.

12 Decisão da Corte Constitucional sobre a validade de plano econômico de grande repercussão sobre a sociedade.

13 Decisão da Corte Constitucional restituindo o mandato de Presidente destituído por *impeachment*.

14 Na França, foi anulado o imposto do carbono, que incidiria sobre o consumo e a emissão de gases poluentes, com forte reação do governo. V. *Le Monde*, 12 jan. 2010, disponível em: http://www.lemonde.fr/politique/ article/2010/01/12/m-devedjian-je-souhaite-que-le-conseil-constitutionnel-soit-a-l-abri-des-soup-cons_1290457_823448.html. Nos Estados Unidos, a decisão em *Citizens United v. Federal Election Commission*, invalidando os limites à participação financeira das empresas em campanhas eleitorais, foi duramente criticada pelo Presidente Barack Obama. V. *New York Times*, 24 jan. 2010, p. A-20.

15 Sobre o fenômeno na América Latina, v. Rachel Sieder, Line Schjolden e Alan Angell, *The judicialization of politics in Latin America*, 2005.

16 De acordo com Rodrigo Uprimny Yepes, Judicialization of politics in Colombia, *International Journal on Human Rights 6*:49, 2007, p. 50, algumas das mais importantes hipóteses de judicialização da política na Colômbia envolveram: a) luta contra a corrupção e para mudança das práticas políticas; b) contenção do abuso das autoridades governamentais, especialmente em relação à declaração do estado de emergência ou estado de exceção; c) proteção das minorias,

Há causas de naturezas diversas para o fenômeno. A primeira delas é o reconhecimento da importância de um Judiciário forte e independente, como elemento essencial para as democracias modernas. Como consequência, operou-se uma vertiginosa ascensão institucional de juízes e tribunais, assim na Europa como em países da América Latina, particularmente no Brasil. A segunda causa envolve certa desilusão com a política majoritária, em razão da crise de representatividade e de funcionalidade dos parlamentos em geral. Há uma terceira: atores políticos, muitas vezes, preferem que o Judiciário seja a instância decisória de certas questões polêmicas, em relação às quais exista desacordo moral razoável na sociedade. Com isso, evitam o próprio desgaste na deliberação de temas divisivos, como uniões homoafetivas, interrupção de gestação ou demarcação de terras indígenas[17]. No Brasil, o fenômeno assumiu proporção ainda maior, em razão da constitucionalização abrangente e analítica – constitucionalizar é, em última análise, retirar um tema do debate político e trazê-lo para o universo das pretensões judicializáveis – e do sistema de controle de constitucionalidade vigente entre nós, em que é amplo o acesso ao Supremo Tribunal Federal por via de ações diretas.

Como consequência, quase todas as questões de relevância política, social ou moral foram discutidas ou já estão postas em sede judicial, especialmente perante o Supremo Tribunal Federal. A enunciação que se segue, meramente exemplificativa, serve como boa ilustração dos temas judicializados: (i) instituição de contribuição dos inativos na Reforma da Previdência (ADI 3.105/DF); (ii) criação do Conselho Nacional de Justiça na Reforma do Judiciário (ADI 3.367); (iii) pesquisas com células-tronco embrionárias (ADI 3.510/DF); (iv) liberdade de expressão e racismo (HC 82.424/RS – caso Ellwanger); (v) interrupção da gestação de fetos anencefálicos (ADPF 54/DF); (vi) restrição ao uso de algemas (HC 91.952/SP e Súmula Vinculante 11); (vii) demarcação da reserva indígena Raposa Serra do Sol (Pet 3.388/RR); (viii) legitimidade de ações afirmativas e quotas sociais e raciais (ADI 3.330 e ADC 41/DF); (ix) vedação ao nepotismo (ADC 12/DF e Súmula 13); (x) não recepção da Lei de Imprensa (ADPF 130/DF); (xi) vedação ao financiamento privado das campanhas eleitorais (ADI 4.650)[18]; e (xii) ensino religioso em escolas públicas (ADI 4.439)[19]. A lista poderia prosseguir indefinidamente, com a identificação de casos de grande visibilidade e repercussão, como a extradição do militante italiano Cesare Battisti (Ext 1.085/Itália e MS 27.875/DF), a questão da importação de pneus usados (ADPF 101/DF), da proibição do uso do amianto (ADI 3937/SP) e a judicialização de prestações de saúde, notadamente o fornecimento de medicamentos e de tratamentos fora das listas e dos protocolos do Sistema Único de Saúde (SUS)[20]. Há, ainda, a ampla atuação do STF durante a pandemia de Covid-19, em que coube ao Tribunal tomar uma série de medidas preventivas e assecuratórias de direitos[21].

---

assim como a autonomia individual; d) proteção das populações estigmatizadas ou aqueles em situação de fraqueza política; e e) interferência com políticas econômicas em virtude da proteção judicial de direitos sociais.

17 V. Rodrigo Uprimny Yepes, Judicialization of politics in Colombia, *International Journal on Human Rights* 6:49, mimeografado, 2007, p. 57. V. também José Ribas Vieira, Margarida Maria Lacombe Camargo e Alexandre Garrido Silva, O Supremo Tribunal Federal como arquiteto institucional: a judicialização da política e o ativismo judicial. In: *Anais do I Forum de Grupos de Pesquisa em direito Constitucional e Teoria dos direitos*, 2009, p. 44: "Em casos politicamente custosos, os poderes Legislativo e Executivo podem, de um modo estratégico, por meio de uma inércia deliberada, abrir um espaço para a atuação ativista dos tribunais. Temas profundamente controvertidos, sem perspectiva de consenso na sociedade, tais como a abertura dos arquivos da ditadura militar, uniões homoafetivas, aborto, entre outros, têm os seus custos políticos estrategicamente repassados para os tribunais, cujos integrantes não precisam passar pelo crivo do voto popular após suas decisões".

18 Na ADI 4.650, o STF declarou a inconstitucionalidade do financiamento privado das campanhas eleitorais, por ter verificado que, como estava estruturado, tal financiamento reforçava a influência do poder econômico sobre o resultado das eleições e distorcia o sistema representativo (STF, *DJ*, 24 fev. 2016, ADI 4.650, Rel. Min. Luiz Fux).

19 Na ADI 4.439, o STF declarou a constitucionalidade do ensino religioso de natureza confessional em escolas públicas. Na ação, o Procurador Geral da República requereu a fixação de interpretação no sentido de que o ensino religioso nas escolas públicas deveria ser de natureza não confessional, por imposição do princípio da laicidade (STF, *DJ*, 2 out. 2017, ADI 4.439, Rel. Min. Luís Roberto Barroso, Rel. p/ acórdão o Min. Alexandre de Moraes).

20 As questões envolvendo o fornecimento de medicamentos de alto custo, ou não registrados na ANVISA, são objeto dos REs 566.471 e 657.718, respectivamente, ambos relatados pelo Min. Marco Aurélio. Em maio de 2019, o STF deu parcial provimento ao RE 657.718 para determinar que o Estado não pode ser obrigado a fornecer medicamentos experimentais, e que a ausência de registro na ANVISA impede, como regra geral, o fornecimento de medicamento por decisão judicial, embora tenham sido estabelecidas algumas exceções (ver mais sobre o caso, *supra*).

21 Durante a crise sanitária, o STF: validou a vacinação obrigatória, imposta por meio de medidas indiretas, mas impediu a vacinação forçada, em respeito à integridade física dos cidadãos (STF, *DJE*, 8 abr. 2021, ARE 1.267.879, Rel. Min. Luís Roberto Barroso; *DJE*, 7 abr. 2021, ADIs 6.586 e 6.587, Rel. Min. Ricardo Lewandowski); diante da recalcitrância da União na adoção de medidas de combate à crise sanitária, reconheceu a competência legislativa concorrente e a competência administrativa comum de todos os entes da federação – União, Estados e Municípios – para a adoção de tais medidas (STF, *DJE*, 13 nov. 2020, ADI 6.341 MC-Ref, Red. p/ acórdão Min. Edson Fachin; *DJE*, 17 nov. 2020, ADI 6.343 MC-Ref, red. p/ acórdão Min. Alexandre de Moraes; *DJE*, 29 out. 2020, ADPF 672 MC-Ref, Rel. Min. Alexandre de Moraes; *DJE*, 12 abr. 2021, ADI 6.625 MC-Ref, Rel. Min. Ricardo Lewandowski); protegeu o direito à privacidade,

Uma observação final relevante dentro deste tópico. No Brasil, como assinalado, a judicialização decorre, sobretudo, de dois fatores: o modelo de constitucionalização abrangente e analítica adotado; e o sistema de controle de constitucionalidade vigente entre nós, que combina a matriz americana – em que todo juiz e tribunal pode pronunciar a invalidade de uma norma no caso concreto – e a matriz europeia, que admite ações diretas ajuizáveis perante a corte constitucional. Nesse segundo caso, a validade constitucional de leis e atos normativos é discutida em tese, perante o Supremo Tribunal Federal, fora de uma situação concreta de litígio. Essa fórmula foi maximizada no sistema brasileiro pela admissão de uma variedade de ações diretas e pela previsão constitucional de amplo direito de propositura. Nesse contexto, a judicialização constitui um *fato* inelutável, uma circunstância decorrente do desenho institucional vigente, e não uma opção política do Judiciário. Juízes e tribunais, uma vez provocados pela via processual adequada, não têm a alternativa de se pronunciarem ou não sobre a questão. Todavia, o modo como venham a exercer essa competência é que vai determinar a existência ou não de ativismo judicial.

3 O ativismo judicial[22]

Ativismo judicial é uma expressão cunhada nos Estados Unidos[23] e que foi empregada, sobretudo, como rótulo para qualificar a atuação da Suprema Corte durante os anos em que foi presidida por Earl Warren, entre 1954 e 1969[24]. Ao longo desse período, ocorreu uma revolução profunda e silenciosa em relação a inúmeras práticas políticas nos Estados Unidos, conduzida por uma jurisprudência progressista em matéria de direitos fundamentais[25]. Todas essas transformações foram efetivadas sem qualquer ato do Congresso ou decreto presidencial[26]. A partir daí, por força de uma intensa reação conservadora, a expressão ativismo judicial assumiu, nos Estados Unidos, uma conotação negativa, depreciativa,

---

impedindo o compartilhamento de dados pessoais dos usuários de operadoras de telefonia com o IBGE, alegadamente para a produção de estatística durante a pandemia (STF, *DJE*, 12 nov. 2020, ADIs 6.387, 6.388, 6.389, 6.390 e 6.393 MC-Ref, Rel. Min. Rosa Weber); determinou medidas de atendimento à saúde e de isolamento de invasores em favor dos povos indígenas (STF, *DJE*, 7 out. 2020, ADPF 709 MC-Ref, Rel. Min. Luís Roberto Barroso); assegurou o acesso dos cidadãos a informações, suspendendo medida provisória que pretendeu limitá-lo (STF, *DJE*, 14 ago. 2020, ADIs 6.347, 6.351 e 6.353 MC-Ref, Rel. Min. Alexandre de Moraes); impediu a veiculação da campanha publicitária "O Brasil Não Pode Parar", que conclamava a população a retomar as suas atividades e, portanto, a sair às ruas durante a pandemia, quando havia um esforço de contenção da circulação de pessoas para a prevenção ao contágio.

22 Para uma relevante reflexão sobre a expansão do Poder Judiciário – e, particularmente, do Supremo Tribunal Federal – nos últimos anos, v. Carlos Alexandre de Azevedo Campos, *Dimensões do ativismo judicial do STF*, 2014. V. tb. Diego Werneck Arguelhes, Poder não é querer: preferências restritivas e redesenho institucional no Supremo Tribunal Federal pós-democratização. *Universitas Jus 25:25*, 2014.

23 A locução "ativismo judicial" foi utilizada, pela primeira vez, em artigo de um historiador sobre a Suprema Corte americana no período do *New Deal*, publicado em revista de circulação ampla. V. Arthur M. Schlesinger, Jr., The Supreme Court: 1947, *Fortune*, jan. 1947, p. 208, *apud* Keenan D. Kmiec, The origin and current meanings of "judicial activism", *California Law Review 92*:1441, 2004, p. 1446. A descrição feita por Schlesinger da divisão existente na Suprema Corte, à época, é digna de transcrição, por sua atualidade no debate contemporâneo: "Esse conflito pode ser descrito de diferentes maneiras. O grupo de Black e de Douglas acredita que a Suprema Corte pode desempenhar um papel afirmativo na promoção do bem-estar social; o grupo de Frankfurter e Jackson defende uma postura de autocontenção judicial. Um grupo está mais preocupado com a utilização do poder judicial em favor de sua própria concepção do bem social; o outro, com a expansão da esfera de atuação do Legislativo, mesmo que isso signifique a defesa de pontos de vista que eles pessoalmente condenam. Um grupo vê a Corte como instrumento para a obtenção de resultados socialmente desejáveis; o segundo, como um instrumento para permitir que os outros Poderes realizem a vontade popular, seja ela melhor ou pior. Em suma, Black-Douglas e seus seguidores parecem estar mais voltados para a solução de casos particulares de acordo com suas próprias concepções sociais; Frankfurter-Jackson e seus seguidores, com a preservação do Judiciário na sua posição relevante, mas limitada, dentro do sistema americano".

24 Sobre o tema, em língua portuguesa, v. Luís Roberto Barroso, A americanização do direito constitucional e seus paradoxos. In: *Temas de direito constitucional*, t. IV, p. 144 e s. (O legado de Warren: ativismo judicial e proteção dos direitos fundamentais). Para uma interessante biografia de Warren, bem como um denso relato do período, v. Jim Newton, *Justice for all*: Earl Warren and the Nation he made, 2006.

25 Alguns exemplos representativos: considerou-se ilegítima a segregação racial nas escolas (*Brown v. Board of Education*, 1954); foram assegurados aos acusados em processo criminal o direito de defesa por advogado (*Gideon v. Wainwright*, 1963) e o direito à não autoincriminação (*Miranda v. Arizona*, 1966); e de privacidade, sendo vedado ao Poder Público a invasão do quarto de um casal para reprimir o uso de contraceptivos (*Griswold v. Connecticut*, 1965). Houve decisões marcantes, igualmente, no tocante à liberdade de imprensa (*New York Times v. Sullivan*, 1964) e a direitos políticos (*Baker v. Carr*, 1962). Em 1973, já sob a presidência de Warren Burger, a Suprema Corte reconheceu direitos de igualdade às mulheres (*Richardson v. Frontiero*, 1973), assim como em favor dos seus direitos reprodutivos, vedando a criminalização do aborto até o terceiro mês de gestação (*Roe v. Wade*).

26 Jim Newton, *Justice for all*: Earl Warren and the Nation he made, 2006, p. 405.

equiparada ao exercício impróprio do poder judicial[27]. Todavia, depurada dessa crítica ideológica – até porque pode ser progressista ou conservadora[28] –, a ideia de ativismo judicial está associada a uma participação mais ampla e intensa do Judiciário na concretização dos valores e fins constitucionais, com maior interferência no espaço de atuação dos outros dois Poderes. Em muitas situações, nem sequer há confronto, mas mera ocupação de espaços vazios.

No Brasil, há diversos precedentes de postura ativista do STF, manifestada por diferentes linhas de decisão. Dentre elas se incluem: a) a aplicação direta da Constituição a situações não expressamente contempladas em seu texto e independentemente de manifestação do legislador ordinário, como se passou em casos como o da imposição de fidelidade partidária e o da vedação do nepotismo; b) a declaração de inconstitucionalidade de atos normativos emanados do legislador, com base em critérios menos rígidos que os de patente e ostensiva violação da Constituição, de que são exemplos as decisões referentes à verticalização das coligações partidárias, e à cláusula de barreira; c) a imposição de condutas ou de abstenções ao Poder Público, tanto em caso de inércia do legislador – como no precedente sobre greve no serviço público, sobre criação de município e sobre a criminalização da homofobia – como no de políticas públicas insuficientes, de que têm sido exemplo as decisões sobre direito à saúde. Todas essas hipóteses distanciam juízes e tribunais de sua função típica de aplicação do Direito vigente e os aproximam de uma função que mais se assemelha à de criação do próprio Direito.

A judicialização, como demonstrado acima, é um fato, uma circunstância do desenho institucional brasileiro. Já o ativismo é uma atitude, a escolha de um modo específico e proativo de interpretar a Constituição, expandindo o seu sentido e alcance. Normalmente, ele se instala – e este é o caso do Brasil – em situações de retração do Poder Legislativo, de um certo descolamento entre a classe política e a sociedade civil, impedindo que determinadas demandas sociais sejam atendidas de maneira efetiva. O oposto do ativismo é a *autocontenção judicial*, conduta pela qual o Judiciário procura reduzir sua interferência nas ações dos outros Poderes[29]. A principal diferença metodológica entre as duas posições está em que, em princípio, o ativismo judicial legitimamente exercido procura extrair o máximo das potencialidades do texto constitucional, inclusive e especialmente construindo regras específicas de conduta a partir de enunciados vagos (princípios, conceitos jurídicos indeterminados). Por sua vez, a autocontenção se caracteriza justamente por abrir mais espaço à atuação dos Poderes políticos, tendo por nota fundamental a forte deferência em relação às ações e omissões desses últimos.

4 Críticas à expansão da intervenção judicial na vida brasileira

Diversas objeções têm sido opostas, ao longo do tempo, à expansão do Poder Judiciário nos Estados constitucionais contemporâneos. Identificam-se aqui três delas. Tais críticas não infirmam a importância

---

27 V. Randy E. Barnett, Constitututional clichês, *Capital University Law Review* 36:493, 2007, p. 495: "Normalmente, no entanto, 'ativismo judicial' é empregado para criticar uma prática judicial que deve ser evitada pelos juízes e que merece a oposição do público". Keenan D. Kmiec, The origin and current meanings of "judicial activism", *California Law Review* 92:1441, 2004, p. 1463 e s. afirma que não se trata de um conceito monolítico e aponta cinco sentidos em que o termo tem sido empregado no debate americano, no geral com uma conotação negativa: a) declaração de inconstitucionalidade de atos de outros Poderes que não sejam claramente inconstitucionais; b) ignorar precedentes aplicáveis; c) legislação pelo Judiciário; d) distanciamento das metodologias de interpretação normalmente aplicadas e aceitas; e e) julgamentos em função dos resultados.

28 Como assinalado no texto, a expressão *ativismo judicial* foi amplamente utilizada para estigmatizar a jurisprudência progressista da Corte Warren. É bem de ver, no entanto, que o ativismo judicial precedeu a criação do termo e, nas suas origens, era essencialmente conservador. De fato, foi na atuação proativa da Suprema Corte que os setores mais reacionários encontraram amparo para a segregação racial (*Dred Scott v. Sandford*, 1857) e para a invalidação das leis sociais em geral (Era *Lochner*, 1905-1937), culminando no confronto entre o Presidente Roosevelt e a Corte, com a mudança da orientação jurisprudencial contrária ao intervencionismo estatal (*West Coast v. Parrish*, 1937). A situação se inverteu no período que foi de meados da década de 50 a meados da década de 70 do século passado. Todavia, depois da guinada conservadora da Suprema Corte, notadamente no período da presidência de William Rehnquist (1986-2005), coube aos progressistas a crítica severa ao ativismo judicial que passou a desempenhar. V. Frank B. Cross e Stefanie A. Lindquistt, The scientific study of judicial activism, *Minnesota Law Review* 91:1752, 2006-2007, p. 1753 e 1757-8; Cass Sunstein, Tilting the scales rightward, *New York Times*, 26 abr. 2001 ("um notável período de ativismo judicial direitista"), e Erwin Chemerinsky, Perspective on Justice: and federal law got narrower, narrower, *Los Angeles Times*, 18 maio 2000 ("ativismo judicial agressivo e conservador").

29 Por essa linha, juízes e tribunais (i) evitam aplicar diretamente a Constituição a situações que não estejam no seu âmbito de incidência expressa, aguardando o pronunciamento do legislador ordinário; (ii) utilizam critérios rígidos e conservadores para a declaração de inconstitucionalidade de leis e atos normativos; e (iii) abstêm-se de interferir na definição das políticas públicas.

do papel desempenhado por juízes e tribunais nas democracias modernas, mas merecem consideração séria. O modo de investidura dos juízes e membros de tribunais, sua formação específica e o tipo de discurso que utilizam são aspectos que exigem reflexão. Ninguém deseja o Judiciário como instância hegemônica e a interpretação constitucional não pode se transformar em usurpação da função legislativa. Aqui, como em quase tudo mais, impõem-se as virtudes da prudência e da moderação[30].

4.1 Crítica político-ideológica

Juízes e membros dos tribunais não são agentes públicos eleitos. Sua investidura não tem o batismo da vontade popular. Nada obstante isso, quando invalida atos do Legislativo ou do Executivo ou impõe--lhes deveres de atuação, o Judiciário desempenha um papel que é inequivocamente político. Essa possibilidade de as instâncias judiciais sobreporem suas decisões às dos agentes políticos eleitos gera aquilo que em teoria constitucional foi denominado *dificuldade contramajoritária*[31]. A jurisdição constitucional e a atuação expansiva do Judiciário têm recebido, historicamente, críticas de natureza política, que questionam sua legitimidade democrática e sua suposta maior eficiência na proteção dos direitos fundamentais[32]. Ao lado dessas, há, igualmente, críticas de cunho ideológico, que veem no Judiciário uma instância tradicionalmente conservadora das distribuições de poder e de riqueza na sociedade. Nessa perspectiva, a judicialização funcionaria como uma reação das elites tradicionais contra a democratização, um antídoto contra a participação popular e a política majoritária[33].

4.2 Crítica quanto à capacidade institucional

Cabe aos três Poderes interpretar a Constituição e pautar sua atuação com base nela. Mas, em caso de divergência, a palavra final é do Judiciário. Essa primazia não significa, porém, que toda e qualquer matéria deva ser decidida em um tribunal. Para evitar que o Judiciário se transforme em uma indesejável instância hegemônica[34], a doutrina constitucional tem explorado duas ideias destinadas a limitar a ingerência judicial: a de capacidade institucional e a de efeitos sistêmicos[35]. *Capacidade institucional* envolve a determinação de qual Poder está mais habilitado a produzir a melhor decisão em determinada matéria. Temas envolvendo aspectos técnicos ou científicos de grande complexidade podem não ter no juiz de direito

---

30   V. Aristóteles, *Ética a Nicômaco*, 2007, p. 70 e 77: "Em primeiro lugar, temos que observar que as qualidades morais são de tal modo constituídas que são destruídas pelo excesso e pela deficiência. [...] [O] excesso e a deficiência são uma marca do vício e a observância da mediania uma marca da virtude...".

31   Alexander Bickel, *The least dangerous branch*, 1986, p. 16-23: "A questão mais profunda é que o controle de constitucionalidade (*judicial review*) é uma força contramajoritária em nosso sistema. [...] [Q]uando a Suprema Corte declara inconstitucional um ato legislativo ou um ato de um membro eleito do Executivo, ela se opõe à vontade de representantes do povo, o povo que está aqui e agora; ela exerce um controle, não em nome da maioria dominante, mas contra ela. [...] O controle de constitucionalidade, no entanto, é o poder de aplicar e interpretar a Constituição, em matérias de grande relevância, contra a vontade da maioria legislativa, que, por sua vez, é impotente para se opor à decisão judicial".

32   Um dos principais representantes dessa corrente é Jeremy Waldron, autor de *Law and disagreement*, 1999, e The core of the case against judicial review, *Yale Law Journal 115*:1346, 2006. Sua tese central é a de que nas sociedades democráticas nas quais o Legislativo não seja "disfuncional", as divergências acerca dos direitos devem ser resolvidas no âmbito do processo legislativo e não do processo judicial.

33   V. Ran Hirschl, *Towards juristocracy:* the origins and consequences of the new constitutionalism, 2004. Após analisar as experiências de Canadá, Nova Zelândia, Israel e África do Sul, o autor conclui que o aumento do poder judicial por via da constitucionalização é, no geral, "um pacto estratégico entre três partes: as elites políticas hegemônicas (e crescentemente ameaçadas) que pretendem proteger suas preferências políticas contra as vicissitudes da política democrática; as elites econômicas que comungam da crença no livre mercado e da antipatia em relação ao governo; e cortes supremas que buscar fortalecer seu poder simbólico e sua posição institucional" (p. 214). Nos Estados Unidos, em linha análoga, uma corrente de pensamento referida como "constitucionalismo popular" também critica a ideia de supremacia judicial. V., dentre muitos, Mark Tushnet, *Taking the constitution away from the courts*, 1999, p. 177, em que escreveu: "Os liberais (progressistas) de hoje parecem ter um profundo medo do processo eleitoral. Cultivam um entusiasmo no controle judicial que não se justifica, diante das experiências recentes. Tudo porque têm medo do que o povo pode fazer".

34   A expressão é do Ministro Celso de Mello. V. STF, *DJ*, 12 maio 2000, MS 23.452/RJ, Rel. Min. Celso de Mello.

35   V. Cass Sunstein e Adrian Vermeulle, Interpretation and institutions, *Public Law and Legal Theory Working Paper n. 28*, 2002: "Ao chamarmos atenção para as capacidades institucionais e para os efeitos sistêmicos, estamos sugerindo a necessidade de um tipo de virada institucional no estudo das questões de interpretação jurídicas" (p. 2). Sobre o tema, v. tb. Adrian Vermeule, Foreword: system effects and the constitution, *Harvard Law Review 123*:4, 2009.

o árbitro mais qualificado, por falta de informação ou de conhecimento específico[36]. Também o risco de *efeitos sistêmicos* imprevisíveis e indesejáveis podem recomendar uma posição de cautela e de deferência por parte do Judiciário. O juiz, por vocação e treinamento, normalmente estará preparado para realizar a justiça do caso concreto, a microjustiça[37], sem condições, muitas vezes, de avaliar o impacto de suas decisões sobre um segmento econômico ou sobre a prestação de um serviço público[38].

4.3 Crítica quanto à limitação do debate

O mundo do Direito tem categorias, discurso e métodos próprios de argumentação. O domínio desse instrumental exige conhecimento técnico e treinamento específico, não acessíveis à generalidade das pessoas. A primeira consequência drástica da judicialização é a elitização do debate e a exclusão dos que não dominam a linguagem nem têm acesso aos *locus* de discussão jurídica[39]. Institutos como audiências públicas, *amicus curiae* e direito de propositura de ações diretas por entidades da sociedade civil atenuam, mas não eliminam esse problema. Surge, assim, o perigo de se produzir uma apatia nas forças sociais, que passariam a ficar à espera de juízes providenciais[40]. Na outra face da moeda, a transferência do debate público para o Judiciário traz uma dose excessiva de politização dos tribunais, dando lugar a paixões em um ambiente que deve ser presidido pela razão[41]. No movimento seguinte, processos passam a tramitar nas manchetes de jornais – e não na imprensa oficial – e juízes trocam a racionalidade plácida da argumentação jurídica por embates próprios da discussão parlamentar, movida por visões políticas contrapostas e concorrentes[42].

5 Importância e limites da jurisdição constitucional nas democracias contemporâneas

A jurisdição constitucional pode não ser um componente indispensável do constitucionalismo democrático, mas tem servido bem à causa, de maneira geral[43]. Ela é um espaço de legitimação discursiva ou

---

36 Por exemplo: em questões como demarcação de terras indígenas ou transposição de rios, em que tenha havido estudos técnicos e científicos adequados, a questão da capacidade institucional deve ser sopesada de maneira criteriosa.

37 Ana Paula de Barcellos, Constitucionalização das políticas públicas em matéria de direitos fundamentais: o controle político-social e o controle jurídico no espaço democrático, *Revista de Direito do Estado 3*:17, 2006, p. 34. Também sobre o tema, v. Daniel Sarmento, Interpretação constitucional, pré-compreensão e capacidades institucionais do intérprete. In: Cláudio Pereira de Souza Neto, Daniel Sarmento e Gustavo Binenbojm (coords.), *Vinte anos da Constituição Federal de 1988*, 2008, p. 317: "[U]ma teoria hermenêutica construída a partir de uma imagem romântica do juiz pode produzir resultados desastrosos quando manejada por magistrados de carne e osso que não correspondam àquela idealização...".

38 Exemplo emblemático nessa matéria tem sido o setor de saúde. Ao lado de intervenções necessárias e meritórias, tem havido uma profusão de decisões extravagantes ou emocionais em matéria de medicamentos e terapias, que põem em risco a própria continuidade das políticas públicas de saúde, desorganizando a atividade administrativa e comprometendo a alocação dos escassos recursos públicos. Sobre o tema, v. Luís Roberto Barroso, Da falta de efetividade à constitucionalização excessiva: direito à saúde, fornecimento gratuito de medicamentos e parâmetros para a atuação judicial. In: *Temas de direito constitucional*, tomo IV, 2009.

39 V. Jeremy Waldron, The core case against judicial review, *The Yale Law Journal 115*:1346, p. 133: "A judicialização tende a mudar o foco da discussão pública, que passa de um ambiente onde as razões podem ser postas de maneira aberta e abrangente para um outro altamente técnico e formal, tendo por objeto textos e ideias acerca de interpretação" (tradução livre e ligeiramente editada).

40 Rodrigo Uprimny Yepes, Judicialization of politics in Colombia, *International Journal on Human Rights 6*:49, 2007, p. 63: "O uso de argumentos jurídicos para resolver problemas sociais complexos pode dar a impressão de que a solução para muitos problemas políticos não exige engajamento democrático, mas em vez disso juízes e agentes públicos providenciais".

41 Exemplo emblemático de debate apaixonado foi o que envolveu o processo de extradição do ex-militante da esquerda italiana Cesare Battisti. Na ocasião, assinalou o Ministro Eros Grau: "Parece que não há condições no tribunal de um ouvir o outro, dada a paixão que tem presidido o julgamento deste caso". Sobre o ponto, v. Felipe Recondo e Mariângela Galluci, Caso Battisti expõe crise no STF. *Estado de São Paulo*, 22.11.2009.

42 Em 22 abr. 2009, diferentes visões sobre a relação Judiciário, mídia e sociedade levaram a uma ríspida discussão entre os Ministros Gilmar Mendes e Joaquim Barbosa. V. http://oglobo.globo.com/pais/noblat/posts/2009/04/22/na-integra-bate-boca-entre-joaquim-barbosa-mendes-179585.asp.

43 V. Dieter Grimm, Jurisdição constitucional e democracia, *Revista de Direito do Estado 4*:3, 2006, p. 9: "A jurisdição constitucional não é nem incompatível nem indispensável à democracia. [...] [Há] suficientes provas históricas de que um

argumentativa das decisões políticas, que coexiste com a legitimação majoritária, servindo-lhe de "contraponto e complemento"[44]. Isso se torna especialmente verdadeiro em países de redemocratização mais recente, como o Brasil, onde o amadurecimento institucional ainda se encontra em curso, enfrentando uma tradição de hegemonia do Executivo e uma persistente fragilidade do sistema representativo[45]. As constituições contemporâneas, como já se assinalou, desempenham dois grandes papéis: (i) o de condensar os valores políticos nucleares da sociedade, os consensos mínimos quanto a suas instituições e quanto aos direitos fundamentais nela consagrados; e (ii) o de disciplinar o processo político democrático, propiciando o governo da maioria, a participação da minoria e a alternância no poder. Pois este é o grande papel de um tribunal constitucional, do Supremo Tribunal Federal, no caso brasileiro: proteger e promover os direitos fundamentais, bem como resguardar as regras do jogo democrático. Eventual atuação contramajoritária do Judiciário em defesa dos elementos essenciais da Constituição dar-se-á a favor e não contra a democracia[46].

Nas demais situações – isto é, quando não estejam em jogo os direitos fundamentais ou os procedimentos democráticos –, juízes e tribunais devem acatar as escolhas legítimas feitas pelo legislador, assim como ser deferentes com o exercício razoável de discricionariedade pelo administrador, abstendo-se de sobrepor-lhes sua própria valoração política[47]. Isso deve ser feito não só por razões ligadas à legitimidade democrática, como também em atenção às capacidades institucionais dos órgãos judiciários e sua impossibilidade de prever e administrar os efeitos sistêmicos das decisões proferidas em casos individuais. Os membros do Judiciário não devem presumir demais de si próprios – como ninguém deve, aliás, nessa vida –, supondo-se *experts* em todas as matérias. Por fim, o fato de a última palavra acerca da interpretação da Constituição ser do Judiciário não o transforma no único – nem no principal – foro de debate e de reconhecimento da vontade constitucional a cada tempo. A jurisdição constitucional não deve suprimir nem oprimir a voz das ruas, o movimento social, os canais de expressão da sociedade. Nunca é demais lembrar que o poder emana do *povo*, não dos juízes.

III   DIREITO E POLÍTICA: A CONCEPÇÃO TRADICIONAL

1   Notas sobre a distinção entre Direito e política

A separação entre Direito e política tem sido considerada como essencial no Estado constitucional democrático. Na política, vigoram a soberania popular e o princípio majoritário. O domínio da vontade.

---

estado democrático pode dispensar o controle de constitucionalidade. [...] Ninguém duvidaria do caráter democrático de Estados como o Reino Unido e a Holanda, que não adotam o controle de constitucionalidade". Sobre o tema, inclusive com uma reflexão acerca da posição de Dieter Grimm aplicada ao Brasil, v. Thiago Magalhães Pires, Crônicas do subdesenvolvimento: jurisdição constitucional e democracia no Brasil, *Revista de direito do Estado 12*:181, 2009, p. 194 e s.

44   Eduardo Bastos de Mendonça, A *constitucionalização da política*: entre o inevitável e o excessivo, p. 10. Artigo inédito, gentilmente cedido pelo autor. Para uma defesa do ponto de vista de que as cortes constitucionais devem servir como "instâncias de fortalecimento da representação política", v. Thamy Pogrebinschi, Entre judicialização e representação. O papel político do Supremo Tribunal Federal e o experimentalismo democrático brasileiro, mimeografado, 2009.

45   Um dos principais críticos da *judicial review*, isto é, à possibilidade de cortes de justiça declararem a inconstitucionalidade de atos normativos, Jeremy Waldron, no entanto, reconhece que ela pode ser necessária para enfrentar patologias específicas, em um ambiente em que certas características políticas e institucionais das democracias liberais não estejam totalmente presentes. V. Jeremy Waldron, The core case against judicial review, *The Yale Law Journal 115*:1346, p. 1359 e s.

46   Para uma crítica da visão do Judiciário como instância de proteção das minorias e de defesa das regras democráticas, v. Luciano da Ros, Tribunais como árbitros ou como instrumentos de oposição: uma tipologia a partir dos estudos recentes sobre judicialização da política com aplicação ao caso brasileiro contemporâneo, *Direito, Estado e Sociedade 31*:86, 2007, p. 100-1, em que averbou: "Pode-se afirmar que tribunais são instituições que operam rigorosamente dentro dos limites que a dinâmica das outras forças políticas e institucionais lhes impõem, raramente decidindo fora do círculo de preferências dos atores políticos. A ideia de que tribunais salvaguardam a democracia e a Constituição contra tudo e contra todos, como muitas vezes se veicula nos círculos acadêmicos, pode ser considerada ingênua".

47   Na jurisprudência norte-americana, o caso *Chevron* é o grande precedente da teoria da *deferência administrativa* em relação à *interpretação razoável* dada pela Administração. De fato, em *Chevron USA Inc. vs. National Resources Defense Council Inc.* (467 U.S. 837, 1984) ficou estabelecido que, havendo ambiguidade ou delegação legislativa para a agência, o Judiciário somente deve intervir se a Administração (no caso, uma agência reguladora) tiver atuado *contra legem* ou de maneira irrazoável.

No Direito, vigora o primado da lei (*the rule of law*) e do respeito aos direitos fundamentais. O domínio da razão. A crença mitológica nessa distinção tem resistido ao tempo e às evidências. Ainda hoje, já avançado o século XXI, mantém-se a divisão tradicional entre o espaço da política e o espaço do Direito[48]. No plano de sua *criação*, não há como o Direito ser separado da política, na medida em que é produto do processo constituinte ou do processo legislativo, isto é, da vontade das maiorias. O Direito é, na verdade, um dos principais produtos da política, o troféu pelo qual muitas batalhas são disputadas[49]. Em um Estado de direito, a Constituição e as leis, a um só tempo, legitimam e limitam o poder político.

Já no plano da *aplicação* do Direito, sua separação da política é tida como possível e desejável. Tal pretensão se realiza, sobretudo, por mecanismos destinados a evitar a ingerência do poder político sobre a atuação judicial. Isso inclui limitações ao próprio legislador, que não pode editar leis retroativas, destinadas a atingir situações concretas[50]. Essa separação é potencializada por uma visão tradicional e formalista do fenômeno jurídico. Nela se cultivam crenças como a da neutralidade científica, da completude do Direito e a da interpretação judicial como um processo puramente mecânico de concretização das normas jurídicas, em valorações estritamente técnicas[51]. Tal perspectiva esteve sob fogo cerrado ao longo de boa parte do século passado, tendo sido criticada por tratar questões políticas como se fossem linguísticas e por ocultar escolhas entre diferentes possibilidades interpretativas por trás do discurso da única solução possível[52]. Mais recentemente, autores diversos têm procurado resgatar o formalismo jurídico, em uma versão requalificada, cuja ênfase é a valorização das regras e a contenção da discricionariedade judicial[53].

2 Constituição e poderes constituídos

A Constituição é o primeiro e principal elemento na interface entre política e Direito. Cabe a ela transformar o poder constituinte originário – energia política em estado quase puro, emanada da soberania popular – em poder constituído, que são as instituições do Estado, sujeitas à legalidade jurídica, à *rule of law*. É a Constituição que institui os Poderes do Estado, distribuindo-lhes competências diversas[54]. Dois deles recebem atribuições essencialmente políticas: o Legislativo e o Executivo. Ao Legislativo toca, precipuamente, a criação do direito positivo[55]. Já o Executivo, no sistema presidencialista brasileiro,

---

48 V. Larry Kramer, *The people themselves*: popular constitutionalism and judicial review, 2004, p. 7.

49 V. Keith E. Whittington, R. Daniel Kelemen e Gregory A. Caldeira (eds.), *The Oxford handbook of law and politics*, 2008, p. 3.

50 Dieter Grimm, *Constituição e política*, 2006, p. 13.

51 O termo *formalismo* é empregado aqui para identificar posições que exerceram grande influência em todo o mundo, como a da Escola da Exegese, na França, a Jurisprudência dos Conceitos, na Alemanha, e o Formalismo Jurídico, nos Estados Unidos, cuja marca essencial era a da concepção mecanicista do direito, com ênfase na lógica formal e grande desconfiança em relação à interpretação judicial.

52 Para Brian Z. Tamahana, *Beyond the formalist-realist divide*: the role of politics in judging, 2010, a existência do formalismo jurídico, com as características que lhe são atribuídas, não corresponde à realidade histórica. Segundo ele, ao menos nos Estados Unidos, essa foi uma invenção de alguns realistas jurídicos, que se apresentaram para combater uma concepção que jamais existiu, ao menos não com tais características: autonomia e completude do direito, soluções únicas e interpretação mecânica. A tese refoge ao conhecimento convencional e certamente suscitará polêmica.

53 V. Frederick Schauer, Formalism: legal, constitutional, judicial. In: Keith E. Whittington, R. Daniel Kelemen e Gregory A. Caldeira (eds.), *The Oxford handbook of law and politics*, 2008, p. 428-36; e Noel Struchiner, Posturas interpretativas e modelagem institucional: a dignidade (contingente) do formalismo jurídico. In: Daniel Sarmento (coord.), *Filosofia e teoria constitucional contemporânea*, 2009, p. 463-82. Sobre as ambiguidades do termo *formalismo*, v. Martin Stone, verbete "formalismo". In: Jules Coleman e Scott Shapiro (eds), *The Oxford handbook of jurisprudence and philosophy of law*, 2002, p. 166-205.

54 O poder constituinte, titularizado pelo povo, elabora a Constituição. A Constituição tem por propósito submeter a política ao direito, impondo a ela regras procedimentais e determinados valores substantivos. Isso não significa, todavia, quer a judicialização plena quer a supressão da política, mas a mera existência de limites, de uma "moldura", como referido por Dieter Grimm, que acrescentou: "[U]ma política totalmente judicializada estaria no fundo despida de seu caráter político e por fim reduzida à administração" (*Constituição e política*, 2006, p. 10).

55 Note-se que no âmbito da atuação política do Legislativo inclui-se, com destaque, a fiscalização do governo e da administração pública. Importante ressaltar, igualmente, que nos países presidencialistas – e no Brasil, especialmente –, o chefe do Executivo tem participação destacada no processo legislativo, seja pela iniciativa seja pelo poder de sanção ou veto. Sobre o tema, v. Clèmerson Merlin Clève, *A atividade legislativa do Poder Executivo*, 2000, p. 99-118.

concentra as funções de chefe de Estado e de chefe de governo, conduzindo com razoável proeminência a política interna e externa. Legislativo e Executivo são o espaço por excelência do processo político majoritário, feito de campanhas eleitorais, debate público e escolhas discricionárias. Um universo no qual o título principal de acesso é o voto: o que elege, reelege ou deixa de fora.

Já ao Poder Judiciário são reservadas atribuições tidas como fundamentalmente técnicas. Ao contrário do chefe do Executivo e dos parlamentares, seus membros não são eleitos. Como regra geral, juízes ingressam na carreira no primeiro grau de jurisdição, mediante concurso público. O acesso aos tribunais de segundo grau se dá por via de promoção, conduzida pelo órgão de cúpula do próprio tribunal[56]. No tocante aos tribunais superiores, a investidura de seus membros sofre maior influência política, mas, ainda assim, está sujeita a parâmetros constitucionais[57]. A atribuição típica do Poder Judiciário consiste na aplicação do Direito a situações em que tenha surgido uma disputa, um litígio entre partes. Ao decidir a controvérsia – esse o entendimento tradicional –, o juiz faz prevalecer, no caso concreto, a solução abstratamente prevista na lei. Desempenharia, assim, uma função técnica de conhecimento, de mera declaração de um resultado já previsto, e não uma atividade criativa, suscetível de influência política[58]. Mesmo nos casos de controle de constitucionalidade em tese – isto é, de discussão acerca da validade abstrata de uma lei –, o Judiciário estaria fazendo prevalecer a vontade superior da Constituição sobre a decisão política majoritária do Legislativo.

3 A pretensão de autonomia do Judiciário e do Direito em relação à política

A maior parte dos Estados democráticos do mundo reserva uma parcela de poder político para ser exercido pelo Judiciário, isto é, por agentes públicos que não são eleitos. Quando os órgãos judiciais resolvem disputas entre particulares, determinando, por exemplo, o pagamento de uma indenização por quem causou um acidente, decretando um divórcio ou o despejo de um imóvel, não há muita polêmica sobre a legitimidade do poder que exerce. A Constituição confere a ele a competência para solucionar os litígios em geral e é disso que se trata. A questão ganha em complexidade, todavia, quando o Judiciário atua em disputas que envolvem a validade de atos estatais ou nas quais o Estado – isto é, outros órgãos de Poder – seja parte. É o que ocorre quando declara inconstitucional a cobrança de um tributo, suspende a execução de uma obra pública por questões ambientais ou determina a um hospital público que realize tratamento experimental em paciente que solicitou tal providência em juízo. Nesses casos, juízes e tribunais sobrepõem sua vontade à de agentes públicos de outros Poderes, eleitos ou nomeados para o fim específico de fazer leis, construir estradas ou definir as políticas de saúde.

Para blindar a atuação judicial da influência imprópria da política, a cultura jurídica tradicional sempre se utilizou de dois grandes instrumentos: a independência do Judiciário em relação aos órgãos propriamente políticos de governo; e a vinculação ao Direito, pela qual juízes e tribunais têm sua atuação determinada pela Constituição e pelas leis. Órgãos judiciais, ensina o conhecimento convencional, não exercem vontade própria, mas concretizam a vontade política majoritária manifestada pelo constituinte ou pelo legislador. A atividade de interpretar e aplicar normas jurídicas é regida por um conjunto de princípios, regras, convenções, conceitos e práticas que dão especificidade à ciência do direito ou dogmática jurídica. Este, portanto, o discurso padrão: juízes são independentes da política e limitam-se a aplicar o direito vigente, de acordo com critérios aceitos pela comunidade jurídica.

3.1 Independência do Judiciário

A independência do Judiciário é um dos dogmas das democracias contemporâneas. Em todos os países que emergiram de regimes autoritários, um dos tópicos essenciais do receituário para a reconstrução do Estado de direito é a organização de um Judiciário que esteja protegido de pressões políticas

---

56 Salvo no tocante ao chamado quinto constitucional, em que há participação do chefe do Executivo na designação de advogados e membros do Ministério Público para o tribunal (CF, art. 94).

57 Nos tribunais superiores – Superior Tribunal de Justiça, Tribunal Superior Eleitoral, Tribunal Superior do Trabalho e Superior Tribunal Militar –, a indicação de seus ministros é feita pelo Presidente da República, com aprovação do Senado Federal (exceto no caso do TSE). Ainda assim, existem balizamentos constitucionais, que incluem, conforme o caso, exigências de notório saber jurídico e reputação ilibada, idade e origem funcional. V. CF, arts. 101, 104, 119, 111-A e 123.

58 Sobre a interpretação jurídica como mera função técnica de conhecimento, v. Michel Troper, verbete "Interprétation". In: Denis Alland e Stéphane Rials, *Dictionnaire de la culture juridique*, 2003, p. 843.

e que possa interpretar e aplicar a lei com isenção, baseado em técnicas e princípios aceitos pela comunidade jurídica. Independência e imparcialidade como condições para um *governo de leis*, e não de homens. De leis, e não de *juízes*, fique bem entendido[59]. Para assegurar que assim seja, a Constituição brasileira, por exemplo, confere à magistratura garantias institucionais – que incluem autonomia administrativa e financeira – e funcionais, como a vitaliciedade, inamovibilidade e irredutibilidade de remuneração[60]. Naturalmente, para resguardar a harmonia com outros Poderes, o Judiciário está sujeito a *checks and balances* e, desde a Emenda Constitucional n. 45, de 2004, ao controle administrativo, financeiro e disciplinar do Conselho Nacional de Justiça. Em uma democracia, todo poder é representativo, o que significa que deve ser transparente e prestar contas à sociedade. Nenhum poder pode estar fora do controle social, sob pena de se tornar um fim em si mesmo, prestando-se ao abuso e a distorções diversas[61].

3.2 Vinculação ao Direito posto e à dogmática jurídica

O mundo do Direito tem suas fronteiras demarcadas pela Constituição e seus caminhos determinados pelas leis. Além disso, tem valores, categorias e procedimentos próprios, que pautam e limitam a atuação dos agentes jurídicos, sejam juízes, advogados ou membros do Ministério Público. Pois bem: juízes não inventam o Direito do nada. Seu papel é aplicar normas que foram positivadas pelo constituinte ou pelo legislador. Ainda quando desempenhem uma função criativa do Direito para o caso concreto, deverão fazê-lo à luz dos valores compartilhados pela comunidade a cada tempo. Seu trabalho, portanto, não inclui escolhas livres, arbitrárias ou caprichosas. Seus limites são a vontade majoritária e os valores compartilhados. Na imagem recorrente, juízes de direito são como árbitros desportivos: cabe-lhes valorar fatos, assinalar faltas, validar gols ou pontos, marcar o tempo regulamentar, enfim, assegurar que todos cumpram as regras e que o jogo seja justo. Mas não lhes cabe formular as regras[62]. A metáfora já teve mais prestígio, mas é possível aceitar, para não antecipar a discussão do próximo tópico, que ela seja válida para qualificar a rotina da atividade judicial, embora não as grandes questões constitucionais.

Não está em questão, portanto, que as escolhas políticas devem ser feitas, como regra geral, pelos órgãos eleitos, isto é, pelo Congresso e pelo Presidente. Os tribunais desempenham um papel importante na vida democrática, mas não o papel principal. Dois autores contemporâneos utilizaram expressões que se tornaram emblemáticas para demarcar o papel das cortes constitucionais. Ronald Dworkin referiu-se a "fórum de princípios". Em uma sociedade democrática, algumas questões decisivas devem ser tratadas como questões de princípios – morais ou políticos – e não como uma questão de poder político, de vontade majoritária. São elas as que envolvem direitos fundamentais das pessoas, e não escolhas gerais sobre como promover o bem-estar social[63]. Já John Rawls explorou a ideia de "razão pública". Em uma democracia pluralista, a razão pública consiste na justificação das decisões políticas sobre questões

---

59 Registre-se a aguda observação de Dieter Grimm, ex-juiz da Corte Constitucional alemã: "A garantia constitucional de independência judicial protege os juízes da política, mas não protege o sistema constitucional e a sociedade de juízes que, por razões distintas da pressão política direta, estão dispostos a desobedecer ou distorcer a lei (Dieter Grimm, Constitutions, constitutional courts and constitutional interpretation at the interface of law and politics. In: Bogdan Iancu (ed.), *The law/politics distinction in contemporary public law adjudication*, 2009, p. 26).

60 V. Constituição Federal, arts. 95 e 99. Sobre o tema, v. Luís Roberto Barroso, Constitucionalidade e legitimidade da criação do Conselho Nacional de Justiça, *Interesse Público 30*:13, 2005.

61 Em texto escrito anteriormente à criação do Conselho Nacional de Justiça, e tendo como pano de fundo disputas politizadas ligadas à privatização e aos planos econômicos, escreveu Carlos Santiso, Economic reform and judicial governance in Brazil: balancing independence with accountability. In: Siri Gloppen, Roberto Gargarella e Elin Skaar, *Democratization and the judiciary*, 2004, p. 172 e 177: "Excessiva independência tende a gerar incentivos perversos e insular o Judiciário do contexto político e econômico mais amplo, convertendo-o em uma instituição autárquica, incapaz de responder às demandas sociais. [...] Independência sem responsabilidade política (*accountability*) pode ser parte do problema e não da solução".

62 Em uma das audiências que antecederam sua confirmação como Presidente da Suprema Corte americana, em setembro de 2005, John G. Roberts Jr. voltou a empregar essa metáfora frequente: "Juízes são como árbitros desportivos (*umpires*). Eles não fazem as regras; eles as aplicam. O papel de um árbitro, assim como o de um juiz, é muito importante. Eles asseguram que todos joguem de acordo com as regras. Mas é um papel limitado". A passagem está reproduzida em Week in review, *New York Times*, 12 jul. 2009. V. a íntegra do depoimento em http://www.gpoaccess.gov/congress/senate/judiciary/sh109-158/55-56.pdf.

63 V. Ronald Dworkin, *A matter of principle*, 1985, p. 69-71. "A fiscalização judicial assegura que as questões mais fundamentais de moralidade política serão apresentadas e debatidas como questões de princípio, e não apenas de poder político. Essa é uma transformação que não poderá jamais ser integralmente bem-sucedida apenas no âmbito do Legislativo". Por exemplo: a igualdade racial, a igualdade de gênero, a orientação sexual, os direitos reprodutivos, o direito do acusado ao devido processo legal, dentre outras, são questões de princípio, e não de política.

constitucionais essenciais e sobre questões de justiça básica, como os direitos fundamentais. Ela expressa os argumentos que pessoas com formação política e moral diversa podem acatar, o que exclui, portanto, o emprego de doutrinas abrangentes, como as de caráter religioso ou ideológico[64]. Em suma: questões de princípio devem ser decididas, em última instância, por cortes constitucionais, com base em argumentos de razão pública.

3.3 Limites da separação entre Direito e política

Direito é, certamente, diferente da política. Mas não é possível ignorar que a linha divisória entre ambos, que existe inquestionavelmente, nem sempre é nítida, e certamente não é fixa[65]. Do ponto de vista da teoria jurídica, tem escassa adesão, nos dias que correm, a crença de que as normas jurídicas tragam sempre em si um sentido único, objetivo, válido para todas as situações sobre as quais incidem. E que, assim, caberia ao intérprete uma atividade de mera revelação do conteúdo preexistente na norma, sem desempenhar qualquer papel criativo na sua concretização. Há praticamente consenso, na doutrina contemporânea, de que a interpretação e aplicação do Direito envolvem elementos cognitivos e volitivos. Do ponto de vista funcional, é bem de ver que esse papel de intérprete final e definitivo, em caso de controvérsia, é desempenhado por juízes e tribunais. De modo que o Poder Judiciário e, notadamente, o Supremo Tribunal Federal, desfruta de uma posição de primazia na determinação do sentido e do alcance da Constituição e das leis, pois cabe-lhe dar a palavra final, que vinculará os demais Poderes. Essa *supremacia judicial* quanto à determinação do que é o Direito envolve, por evidente, o exercício de um poder político, com todas as suas implicações para a legitimidade democrática. É bem de ver, todavia, que tal supremacia é apenas relativa, sujeita a temperamentos diversos[66].

IV Direito e política: o modelo real

1 Os laços inevitáveis: a lei e sua interpretação como atos de vontade

No mundo romano-germânico, é comum fazer-se referência ao Direito como uma ciência. A afirmação pode ser aceita, ainda que com reserva, se o termo ciência for tomado no sentido de um conjunto organizado de conhecimentos, que guarda uma lógica interna e tem princípios, conceitos e categorias específicos, unificados em uma terminologia própria. Mas é intuitiva a distinção a ser feita em relação às ciências da natureza. Essas últimas são domínios que lidam com fenômenos que se ordenam independentemente da vontade humana, seja o legislador, o público em geral ou o intérprete. São ciências que se destinam a explicar o que lá já está. Sem pretender subestimar complexidades epistemológicas, são domínios em que o anseio científico por objetividade e comprovação imparcial se realiza mais intensamente. Já o Direito se insere no campo das ciências sociais e tem, sobretudo, uma pretensão prescritiva: ele procura moldar a vida de acordo com suas normas. E normas jurídicas não são reveladas,

---

64 John Rawls, *Political liberalism*, 1996, p. 212 e s., especialmente p. 231-40. Nas suas próprias palavras: "(A razão pública) se aplica também, e de forma especial, ao Judiciário e, acima de tudo, à suprema corte, onde haja uma democracia constitucional com controle de constitucionalidade. Isso porque os Ministros têm que explicar e justificar suas decisões, baseadas na sua compreensão da Constituição e das leis e precedentes relevantes. Como os atos do Legislativo e do Executivo não precisam ser justificados dessa forma, o papel especial da Corte a torna um caso exemplar de razão pública". Para uma crítica da visão de Rawls, v. Jeremy Waldron, Public reason and "justification" in the courtroom, *Journal of Law, Philosophy and Culture* 1:108, 2007.

65 V. Eduardo Mendonça, A inserção da jurisdição constitucional na democracia: algum lugar entre o direito e a política, *Revista de direito do Estado* 13:211, 2009, p. 212.

66 Sobre o conceito de legitimidade e sua evolução, v. Diogo de Figueiredo Moreira Neto, 2008, *Quatro paradigmas do direito administrativo pós-moderno*, p. 33-47. Para uma visão atenuada da supremacia judicial, v. Rodrigo Brandão, *Supremacia judicial versus diálogos constitucionais*, 2017. Tem-se reconhecido, mais recentemente, que a última palavra sobre o significado da Constituição é proferida pelo Supremo Tribunal Federal "a cada rodada" de debates sobre determinada questão. Isso porque o Legislativo e o Executivo podem reeditar normas com conteúdo idêntico àquelas declaradas inconstitucionais, bem como buscar superar decisões judiciais por meio de emendas constitucionais (desde que respeitado o núcleo essencial de cláusulas pétreas). Por essa razão, o significado final da Constituição seria, em alguma medida, o produto da interação entre o Judiciário e os demais Poderes, em alguns casos, em mais de uma "rodada" de debate sobre o significado de determinado preceito, quando eventualmente os demais poderes viessem a insistir de entendimento divergente.

mas, sim, criadas por decisões e escolhas políticas, tendo em vista determinadas circunstâncias e visando determinados fins. E, por terem caráter prospectivo, precisarão ser interpretadas no futuro, tendo em conta fatos e casos concretos.

Como consequência, tanto a criação quanto a aplicação do Direito dependem da atuação de um sujeito, seja o legislador ou o intérprete. A legislação, como ato de vontade humana, expressará os interesses dominantes – ou, se se preferir, o interesse público, tal como compreendido pela maioria, em um dado momento e lugar. E a jurisdição, que é a interpretação final do Direito aplicável, expressará, em maior ou menor intensidade, a compreensão particular do juiz ou do tribunal acerca do sentido das normas. Diante de tais premissas, é possível extrair uma conclusão parcial bastante óbvia, ainda que frequentemente encoberta: o mantra repetido pela comunidade jurídica mais tradicional de que o Direito é diverso da política exige um complemento. É distinto, sim, e por certo; mas não é isolado dela. Suas órbitas se cruzam e, nos momentos mais dramáticos, chocam-se, produzindo vítimas de um ou dos dois lados: a justiça e a segurança jurídica, que movem o Direito; ou a soberania popular e a legitimidade democrática, que devem conduzir a política. A seguir, exploram-se diferentes aspectos dessa relação. Alguns deles são ligados à teoria do direito e da interpretação, e outros às circunstâncias dos juízes e órgãos julgadores.

2 A interpretação jurídica e suas complexidades: o encontro não marcado entre o Direito e a política

2.1 A linguagem aberta dos textos jurídicos

A linguagem jurídica, como a linguagem em geral, utiliza-se de signos que precisam ser interpretados. Tais signos, muitas vezes, possuem determinados sentidos consensuais ou de baixo grau de controvérsia. Embora nem sempre as coisas sejam simples como parecem, há pouca dúvida do que signifique município, orçamento ou previdência complementar. Mas a Constituição se utiliza, igualmente, de inúmeras cláusulas abertas, que incluem conceitos jurídicos indeterminados e princípios. Calamidade pública, relevância e urgência ou crime político são conceitos que transmitem uma ideia inicial de sentido, mas que precisam ser integrados à luz dos elementos do caso concreto. E, em relação a eles, embora possam existir certezas positivas e negativas sobre o que significam ou deixam de significar, é indiscutível que há uma ampla área de penumbra que se presta a valorações que não poderão refugir a algum grau de subjetividade. O fenômeno se repete com maior intensidade quando se trate de princípios constitucionais, com sua intensa carga axiológica, como dignidade da pessoa humana, moralidade administrativa ou solidariedade social. Também aqui será impossível falar em sentidos claros e unívocos. Na interpretação de normas cuja linguagem é aberta e elástica, o Direito perde muito da sua objetividade e abre espaço para valorações do intérprete. O fato de existir consenso de que ao atribuir sentido a conceitos indeterminados e a princípios não deve o juiz se utilizar dos seus próprios valores morais e políticos não elimina riscos e complexidades, funcionando como uma bússola de papel.

2.2 Os desacordos morais razoáveis

Além dos problemas de ambiguidade da linguagem, que envolvem a determinação semântica de sentido da norma, existem, também, em uma sociedade pluralista e diversificada, o que se tem denominado de desacordo moral razoável[67]. Pessoas bem-intencionadas e esclarecidas, em relação a múltiplas matérias, pensam de maneira radicalmente contrária, sem conciliação possível. Cláusulas constitucionais como direito à vida, dignidade da pessoa humana ou igualdade dão margem a construções hermenêuticas distintas, por vezes contrapostas, de acordo com a pré-compreensão do intérprete. Esse fenômeno se revela em questões que são controvertidas em todo o mundo, inclusive no Brasil, como, por exemplo, interrupção de gestação, pesquisas com células-tronco embrionárias, eutanásia/ortotanásia, uniões homoafetivas, ensino religioso em escolas públicas, em meio a inúmeras outras. Nessas matérias, como regra geral, o papel do Direito e do Estado deve ser assegurar que cada pessoa possa viver sua autonomia da vontade e suas crenças. Ainda assim, inúmeras complexidades surgem, motivadas por visões filosóficas e religiosas diversas.

---

67 Sobre o tema, na literatura mais recente, v. Christopher McMahon, *Reasonable disagreement: a theory of political morality*, 2009; e Folke Tersman, *Moral disagreement*, 2006.

2.3 As colisões de normas constitucionais

Constituições são documentos dialéticos e compromissórios, que consagram valores e interesses diversos, que eventualmente entram em rota de colisão. Essas colisões podem se dar, em primeiro lugar, entre princípios ou interesses constitucionalmente protegidos. É o caso, por exemplo, da tensão entre desenvolvimento nacional e proteção do meio ambiente ou entre livre-iniciativa e repressão ao abuso do poder econômico. Também é possível a colisão entre direitos fundamentais, como a liberdade de expressão e o direito de privacidade, ou entre a liberdade de reunião e o direito de ir e vir (no caso, imagine-se, de uma passeata que bloqueie integralmente uma via de trânsito essencial). Por fim, é possível cogitar de colisão de direitos fundamentais com certos princípios ou interesses constitucionalmente protegidos, como o caso da liberdade individual, de um lado, e a segurança pública e a persecução penal, de outro. Em todos esses exemplos, à vista do princípio da unidade da Constituição, o intérprete não pode escolher arbitrariamente um dos lados, já que não há hierarquia entre normas constitucionais. De modo que ele precisará demonstrar, argumentativamente, à luz dos elementos do caso concreto, mediante ponderação e uso da proporcionalidade, que determinada solução realiza mais adequadamente a vontade da Constituição, naquela situação específica.

Todas essas hipóteses referidas acima – ambiguidade da linguagem, desacordo moral e colisões de normas – recaem em uma categoria geral que tem sido referida como casos difíceis (*hard cases*)[68]. Nos casos fáceis, a identificação do efeito jurídico decorrente da incidência da norma sobre os fatos relevantes envolve uma operação simples, de mera subsunção. O proprietário de um imóvel urbano deve pagar imposto predial. A Constituição não permite ao Chefe do Executivo um terceiro mandato. Já os casos difíceis envolvem situações para as quais não existe uma solução acabada no ordenamento jurídico. Ela precisa ser construída argumentativamente, por não resultar do mero enquadramento do fato à norma. Pode um artista, em nome do direito de privacidade, impedir a divulgação de sua biografia, escrita por um pesquisador? Pode o autor de uma ação de investigação de paternidade exigir que o indigitado pai se submeta coativamente a exame de DNA? Em ambos os casos, que envolvem questões constitucionais – privacidade, liberdade de expressão, direitos da personalidade, liberdade individual –, a solução para a disputa não é encontrável pré-pronta no sistema jurídico: ela precisa ser desenvolvida justificadamente pelo intérprete.

2.4 A interpretação constitucional e seus métodos

Em todas as hipóteses referidas, envolvendo casos difíceis, o sentido da norma precisará ser fixado pelo juiz. Como se registrou, são situações em que a solução não estará pronta em uma prateleira jurídica e, portanto, exigirá uma atuação criativa do intérprete, que deverá argumentativamente justificar seu itinerário lógico e suas escolhas. Se a solução não está integralmente na norma, o juiz terá de recorrer a elementos externos ao direito posto, em busca do justo, do bem, do legítimo. Ou seja, sua atuação terá de se valer da filosofia moral e da filosofia política. Mesmo admitida esta premissa – a de que o juiz, ao menos em certos casos, precisa recorrer a elementos extrajurídicos –, ainda assim se vai verificar que diferentes juízes adotam diferentes métodos de interpretação. Há juízes que pretendem extrair da Constituição suas melhores potencialidades, realizando na maior extensão possível os princípios e direitos fundamentais. Há outros que entendem mais adequado não ler na Constituição o que nela não está de modo claro ou expresso, prestando maior deferência ao legislador ordinário[69]. Uma pesquisa empírica revelará, sem surpresa, que os mesmos juízes nem sempre adotam os mesmos métodos de interpretação[70]. Seu método ou filosofia

---

68 Sobre o tema, v. Ronald Dworkin, *Taking rights seriously*, 1997, p. 81 e s.; e Aharon Barak, *The judge in a democracy*, 2006, p. xiii e s.

69 Cass Sunstein, *Radicals in robes*, 2005, identifica quatro abordagens no debate constitucional: perfeccionismo, majoritarianismo, minimialismo e fundamentalismo. O perfeccionismo, adotado por muitos juristas progressistas, quer fazer da Constituição "o melhor que ela possa ser". O majoritarianismo pretende diminuir o papel da Suprema Corte e favorecer o processo político democrático, cujo centro de gravidade estaria no Legislativo. O minimalismo é cético acerca de teorias interpretativas e acredita em decisões menos abrangentes, focadas no caso concreto e não em proposições amplas. O fundamentalismo procura interpretar a Constituição dando-lhe o sentido que tinha quando foi ratificada. Para uma dura crítica ao minimalismo defendido por Sunstein, v. Ronald Dworkin, Looking for Cass Sunstein, *The New York Review of Books 56*, 30 abr. 2009 (também disponível em: http://www.nybooks.com/articles/22636).

70 Sobre o ponto, v. Alexandre Garrido da Silva, Minimalismo, democracia e *expertise*: o Supremo Tribunal Federal diante de questões políticas e científicas complexas, *Revista de direito do Estado 12*:107, p. 139: "É importante destacar que não há um magistrado que em sua prática jurisdicional seja sempre minimalista ou perfeccionista. Nos casos da fidelidade partidária, da cláusula de barreira e da inelegibilidade, por exemplo, o Min. Eros Grau assumiu um posicionamento nitidamente minimalista e formalista, ao passo que no caso do amianto aproximou-se, conforme foi visto, do modelo perfeccionista".

judicial é mera racionalização da decisão que tomou por outras razões[71]. E aí surge uma nova variável: o resultado baseado não no princípio, mas no fim, no resultado[72].

Nesse ponto, impossível não registrar a tentação de se abrir espaço para o debate acerca de uma das principais correntes filosóficas do Direito contemporâneo: o *pragmatismo jurídico*, com seu elemento constitutivo essencial, que é o consequencialismo. Para essa concepção, as consequências e resultados práticos das decisões judiciais, assim em relação ao caso concreto como ao sistema como um todo, devem ser o fator decisivo na atuação dos juízes e tribunais[73]. O pragmatismo jurídico afasta-se do debate filosófico em geral, seja moral ou político – inclusive o que mobilizou jusnaturalistas e positivistas em torno da resposta à pergunta "o que é o direito?" –, e se alinha a um empreendimento teórico distinto, cuja indagação central é: "como os juízes devem decidir?"[74]. Não é o caso, aqui, de se objetar que uma coisa não exclui a outra. A realidade incontornável, na circunstância presente, é que o desvio que conduz ao debate sobre o pragmatismo jurídico não poderá ser feito no âmbito desse trabalho. E isso não apenas por afastá-lo do seu eixo central, como também pela complexidade da tarefa de qualificar o que seja pragmatismo jurídico e de sistematizar as diferentes correntes que reivindicam o rótulo.

3   O juiz e suas circunstâncias: influências políticas em um julgamento[75]

No modelo idealizado, o Direito é imune às influências da política, por força de diferentes institutos e mecanismos. Basicamente, eles consistiriam: na independência do Judiciário e na vinculação do juiz ao sistema jurídico. A independência se manifesta, como assinalado, em garantias institucionais – como a autonomia administrativa e financeira – e garantias funcionais dos juízes, como a vitaliciedade, a inamovibilidade e a irredutibilidade de subsídios. Como regra geral, a investidura e a ascensão na carreira da magistratura se dão por critérios técnicos ou por valorações *interna corporis*. Nos casos em que há participação política na nomeação de magistrados para tribunais, ela se esgota após a posse, pois a permanência vitalícia do magistrado no cargo já não dependerá de qualquer novo juízo político. A autonomia e especificidade do universo jurídico, por sua vez, consistem em um conjunto de doutrinas, categorias e princípios próprios, manejados por juristas em geral – aí incluídos juízes, advogados, membros do Ministério Público e demais participantes do processo jurídico e judicial – que não se confundem com os da política. Trata-se de um discurso e de um código de relação diferenciados. Julgar é distinto de legislar e de administrar. Juízes não criam o Direito nem definem as ações administrativas. Seu papel é aplicar a Constituição e as leis, valendo-se de um conjunto de institutos consolidados de longa data, sendo que a jurisprudência desempenha, crescentemente, um papel limitador dessa atuação, pela vinculação aos precedentes. Direito e política, nessa visão, constituem mundos apartados.

Há um modelo oposto a esse, que se poderia denominar modelo cético, que descrê da autonomia do Direito em relação à política e aos fenômenos sociais em geral. Esse é o ponto de vista professado por

---

71   Para essa visão cética, v. Richard A. Posner, *How judges think*, 2008, p. 13, em que registrou que as filosofias judiciais "são ou racionalizações para decisões tomadas por outros fundamentos ou armas retóricas".

72   V., ainda uma vez, Alexandre Garrido da Silva, Minimalismo, democracia e *expertise*: o Supremo Tribunal Federal diante de questões políticas e científicas complexas, *Revista de Direito do Estado 12*:107, p. 139: "Frequentemente, os juízes tendem a fazer um uso estratégico dos modelos anteriormente descritos tendo em vista fins previamente escolhidos, ou seja, optam pragmaticamente pelo modelo mais adequado para a resolução do problema enfrentado no caso concreto". Sobre o consequencialismo – isto é, o processo decisório fundado no resultado –, v. Diego Werneck Arguelles, *Deuses pragmáticos, mortais formalistas*: a justificação consequencialista das decisões judiciais, dissertação de mestrado apresentada ao Programa de Pós-Graduação em direito Público da Universidade do Estado do Rio de Janeiro – UERJ, mimeografado, 2006.

73   Sobre o pragmatismo filosófico, v. Richard Rorty, *Consequences of pragmatism*, 1982. Sobre o pragmatismo jurídico, no debate norte-americano, vejam-se, dentre muitos: Richard Posner, *Law, pragmatism and democracy*, 2003; e Jules Coleman, *The practice of principle: in defence of a pragmatic approach to legal theory*, 2001. Em língua portuguesa, v. Diego Werneck Arguelles e Fernando Leal, Pragmatismo como [meta] teoria normativa da decisão judicial: caracterização, estratégia e implicações. In: Daniel Sarmento (coord.), *Filosofia e teoria constitucional contemporânea*, 2009; Thamy Pogrebinschi, *Pragmatismo*: teoria social e política, 2005; e Cláudio Pereira de Souza Neto, A interpretação constitucional contemporânea entre o construtivismo e o pragmatismo. In: Maia, Melo, Cittadino e Pogrebinschi (orgs.), *Perspectivas atuais da filosofia do direito*, 2005.

74   Sobre esse ponto específico, v. Diego Werneck Arguelhes e Fernando Leal, Pragmatismo como [meta] teoria normativa da decisão judicial: caracterização, estratégia e implicações. In: Daniel Sarmento (coord.), *Filosofia e teoria constitucional contemporânea*, 2009, p. 175 e 187.

75   As ideias que se seguem beneficiaram-se, intensamente, das formulações contidas em Barry Friedman, The politics of judicial review, *Texas Law Review 84*:257, 2005. Em língua portuguesa, v. o excelente estudo de Patrícia Perrone Campos Mello, *Nos bastidores do STF*, 2015.

movimentos teóricos de expressão, como o realismo jurídico, a teoria crítica e boa parte das ciências sociais contemporâneas. Todos eles procuram descrever o mundo jurídico e as decisões judiciais como são, e não como deveriam ser. Afirmam, assim, que a crença na objetividade do Direito e a existência de soluções prontas no ordenamento jurídico não passam de mitos. Não é verdade que o Direito seja um sistema de regras e de princípios harmônicos, do qual um juiz imparcial e apolítico colhe as soluções adequadas para os problemas, livre de influências externas. Essa é uma fantasia do formalismo jurídico. Decisões judiciais refletem as preferências pessoais dos juízes, proclama o realismo jurídico; são essencialmente políticas, verbera a teoria crítica; são influenciadas por inúmeros fatores extrajurídicos, registram os cientistas sociais. Todo *caso difícil* pode ter mais de uma solução razoável construída pelo intérprete, e a solução que ele produzirá será, em última análise, aquela que melhor atenda a suas preferências pessoais, sua ideologia ou outros fatores externos, como os de natureza institucional. Ele sempre agirá assim, tenha ou não consciência do que está fazendo.

O modelo real, como não é difícil de intuir, terá uma dose razoável de cada uma das visões extremas descritas acima. O Direito pode e deve ter uma vigorosa pretensão de autonomia em relação à política. Isso é essencial para a subsistência do conceito de Estado de direito e para a confiança da sociedade nas instituições judiciais. A realidade, contudo, revela que essa autonomia será sempre relativa. Existem razões institucionais, funcionais e humanas para que seja assim. Decisões judiciais, com frequência, refletirão fatores extrajurídicos. Dentre eles incluem-se os valores pessoais e ideológicos do juiz, assim como outros elementos de natureza política e institucional. Por longo tempo, a teoria do Direito procurou negar esse fato, a despeito das muitas evidências. Pois bem: a energia despendida na construção de um muro de separação entre o Direito e a política deve voltar-se agora para outra empreitada[76]. Cuida-se de entender melhor os mecanismos dessa relação intensa e inevitável, com o propósito relevante de preservar, no que é essencial, a especificidade e, sobretudo, a integridade do Direito[77]. Pois é justamente este o objetivo deste tópico: analisar alguns desses elementos metajurídicos que influenciam ou podem influenciar as decisões judiciais. Confira-se a sistematização a seguir.

3.1 Valores e ideologia do juiz

Como assinalado, o realismo jurídico, um dos mais importantes movimentos teóricos do Direito no século XX, contribuiu decisivamente para a superação do formalismo jurídico e da crença de que a atividade judicial seria mecânica, acrítica e unívoca. Enfatizando que o Direito tem ambiguidades e contradições, o realismo sustentava que a lei não é o único – e, em muitos casos, sequer o mais importante – fator a influenciar uma decisão judicial. Em uma multiplicidade de hipóteses, é o juiz que faz a escolha do resultado, à luz de suas intuições, personalidade, preferências e preconceitos[78]. Em linha análoga, mas dando proeminência absoluta ao elemento político, a teoria crítica[79], no mundo romano-germânico, e os *critical legal studies*, nos Estados Unidos, sustentaram que decisões judiciais não passam de escolhas políticas, encobertas por um discurso que procura exibir neutralidade[80]. Tanto o realismo quanto a teoria crítica refluíram drasticamente nas últimas décadas, mas deixaram uma marca indelével no pensamento jurídico contemporâneo[81]. Mais recentemente, um conjunto de estudos empíricos,

---

76 V. Barry Friedman, The politics of judicial review, *Texas Law Review 84*:257, 2005, p. 267 e p. 269, em que averbou: "Se, como os juristas vêm crescentemente reconhecendo, direito e política não podem ser mantidos separados, ainda precisamos de uma teoria que possa integrá-los, sem abrir mão dos compromissos com o Estado de direito que esta sociedade tanto preza".

77 Sobre a ideia de direito como integridade, v. Ronald Dworkin, *O império do direito*, 1999, p. 271-331.

78 Sobre o tema, v. William W. Fisher III et al. (eds.), *American Legal realism*, 1993, 164-5; Oliver Wendel Holmes, Jr., The path of the law, *Harvard Law Review 10*:457, 1897; Karl Llewellyn, Some realism about realism – responding to Dean Pound, *Harvard Law Review 44*: 1222, 1931; e Jerome Frank, What courts do in fact, *Illinois Law Review 26*:645, 1932. Para uma análise da incorporação de ideias do realismo jurídico americano no Brasil, sua "assimilação antropofágica", v. Paulo Macedo Garcia Neto, *A influência do realismo jurídico americano no direito constitucional brasileiro*, mimeografado, dissertação de mestrado apresentada na Universidade de São Paulo, sob orientação do Professor José Reinaldo Lima Lopes.

79 V. Michel Miaille, *Introdução crítica ao direito*, 1989; Carlos Maria Cárcova, *Teorías jurídicas alternativas:* escritos sobre derecho y política, 1993; e Luiz Fernando Coelho, *Teoria crítica do direito*, 1991.

80 V. Duncan Kennedy, Legal education and the reproduction of hierarchy, *Journal of Legal Education 32*:591, 1982; Roberto Mangabeira Unger, *The critical legal studies movement*, 1986; e Mark Tushnet, Critical legal studies: a political history, *Yale Law Journal 100*:1515, 1991.

81 V. Jeremy Waldron, Public reason and 'justification' in the courtroom, *Journal of Law, Philosophy and Culture 1*:107, 2007, p. 127: "A maioria dos juristas contemporâneos não aceita a visão crítica do realismo jurídico".

oriundos, sobretudo, da ciência política, recolocaram no centro do debate jurídico o tema dos valores, preferências e ideologia do juiz na determinação do resultado de casos judiciais[82].

Há, de fato, quem sustente ser mais fácil saber um voto ou uma decisão pelo nome do juiz do que pela tese jurídica aplicável[83]. Essa visão cética acarreta duas consequências negativas: deslegitima a função judicial e libera os juízes para fazerem o que quiserem[84]. Há uma razão subjetiva e outra objetiva que se pode opor a esse ponto de vista. A primeira: é possível assumir, como regra geral, que juízes verdadeiramente vocacionados têm como motivação primária e principal a interpretação adequada do Direito vigente, com a valoração imparcial dos elementos fáticos e jurídicos relevantes[85]. Não se deve minimizar esse sentido de dever que move as pessoas de bem em uma sociedade civilizada. Em segundo lugar, o Direito – a Constituição, as leis, a jurisprudência, os elementos e métodos de interpretação – sempre desempenhará uma função limitadora. O discurso normativo e a dogmática jurídica são autônomos em relação às preferências pessoais do julgador. Por exemplo: o desejo de punir determinada conduta não é capaz de superar a ocorrência de prescrição[86]. O ímpeto de conhecer e julgar uma causa não muda a regra sobre legitimação ativa ou sobre prejudicialidade[87]. De modo que o sentimento pessoal de cumprir o próprio dever e a força vinculante do Direito são elementos decisivos na atuação judicial. Mas há que se reconhecer que não são únicos.

Com efeito, a observação atenta, a prática política e pesquisas empíricas confirmam o que sempre foi possível intuir: os valores pessoais e a ideologia dos juízes influenciam, em certos casos de maneira decisiva, o resultado dos julgamentos. Por exemplo: na apreciação da constitucionalidade das pesquisas com células-tronco embrionárias, a posição contrária à lei que as autorizava foi liderada por Ministro ligado historicamente ao pensamento e à militância católica[88], sendo certo que a Igreja se opõe às investigações científicas dessa natureza[89]. Nos Estados Unidos, fez parte da estratégia conservadora, iniciada com a posse de Ronald Reagan, em 1981, nomear para a Suprema Corte Ministros que pudessem reverter decisões judiciais consideradas progressistas, em temas como ações afirmativas, aborto e direitos dos acusados em processos criminais[90]. Inúmeras pesquisas, no Brasil[91] e nos Estados Unidos[92], confirmam que as preferências políticas dos juízes constituem uma das variáveis mais relevantes para as decisões

---

82 V. Cass Sunstein, David Schkade, Lisa M. Ellman e Andres Sawicki, *Are judges political? An empirical analysis of the Federal Judiciary*, 2006; e Thomas J. Miles e Cass Sunstein, The new legal realism. *Public Law and Legal Theory Working Paper n. 191*, dezembro de 2007. Disponível em: http://ssrn.com/abstract_id=1070283, acesso em: 16 ago. 2009.

83 Robert H. Bork, *Coercing virtue:* the worldwide rule of judges, 2003, p. 9.

84 Michael Dorf, *No litmus test:* Law versus politics in the twentieth century, 2006, p. xix.

85 Barry Friedman, The politics of judicial review. *Texas Law Review 84*:257, 2005, p. 270.

86 Assim decidiu o Supremo Tribunal Federal, por maioria, ao julgar extinta a punibilidade do crime de quadrilha ou bando na ação penal 470 (caso do "mensalão"), por entender que a pena concretamente aplicada tinha sido artificialmente agravada apenas para evitar a prescrição. Ao reavaliar o caso em embargos infringentes, a Corte reconheceu a prescrição (AP 470 EI, *DJU*, 20 ago. 2014, Rel. p/ o acórdão Min. Luís Roberto Barroso).

87 Foi o que ocorreu, por exemplo, em ação direta de inconstitucionalidade em que se questionava lei que, supostamente, impediria o reconhecimento das uniões estáveis homoafetivas como entidade familiar. O Ministro Relator, claramente contrariado, viu-se na contingência de extinguir a ação, pois a superveniência do novo Código Civil revogou a lei impugnada (STF, *DJ*, 9 fev. 2006, ADI 3300 MC/DF, Rel. Min. Celso de Mello, decisão monocrática). O mesmo se passou em *habeas corpus* no qual se discutia a legitimidade da interrupção da gestação na hipótese de feto anencefálico. O Relator chegou a divulgar o seu voto favorável ao direito de escolha da mulher, mas a ocorrência do parto, seguido do óbito, anteriormente ao julgamento, impediu a sua realização (STF, *DJ*, 25 jun. 2004, HC 84.025-6/ RJ, Rel. Min. Joaquim Barbosa).

88 A referência é ao saudoso Ministro Carlos Alberto Menezes Direito, falecido em setembro de 2009.

89 Na ADIn n. 3.510, na qual se questionou a constitucionalidade do dispositivo legal que autorizava as pesquisas, a Conferência Nacional dos Bispos do Brasil, representada pelo Professor Ives Gandra da Silva Martins, foi admitida como *amicus curiae* e pediu a procedência da ação.

90 Robert Post. Roe rage: democratic constitutionalism and backlash, *Harvard Civil Rights-Civil Liberties Law Review 42*:373, 2007, p. 9: "É bem documentado que o Departamento de Justiça, durante o Governo Reagan, de maneira pré-ordenada e bem-sucedida utilizou as nomeações de juízes para alterar as práticas então predominantes em termos de interpretação constitucional".

91 Alexandre Garrido da Silva, Minimalismo, democracia e *expertise*: o Supremo Tribunal Federal diante de questões políticas e científicas complexas, *Revista de Direito do Estado 12*:107, 2008.

92 Theodore W. Ruger, Pauline T. Kim, Andrew D. Martin e Kevin M. Quinn, The Supreme Court Forecasting Project: legal and political science approaches to predicting Supreme Courte decisionmaking, *Columbia Law Review 104*:1150, 2004.

judiciais, notadamente nos casos difíceis. É de se registrar que o processo psicológico que conduz a uma decisão pode ser consciente ou inconsciente[93].

Note-se que no Brasil, ao contrário dos Estados Unidos, o carimbo político é menos relevante ou, no mínimo, menos visível, na medida em que a maior parte dos cargos no Judiciário são preenchidos mediante concurso público e promoções internas[94]. Mas não é este o caso das nomeações para o Supremo Tribunal Federal, em que os parâmetros constitucionais são vagos – reputação ilibada e notável saber jurídico – e a escolha pessoal do Presidente é o fator mais importante, sem embargo da aprovação pelo Senado Federal. Na literatura norte-americana, tem sido destacada a importância do gênero e da raça na determinação de certos padrões decisórios do juiz. No caso brasileiro, em tribunais superiores, em geral, e no STF, em particular, a origem profissional do Ministro imprime características perceptíveis na sua atuação judicial: Ministros que vêm da Magistratura, do Ministério Público, da advocacia privada, da advocacia pública ou da academia tendem a refletir, no exercício da jurisdição, a influência de experiências pretéritas[95]. Note-se, todavia, em desfecho do tópico, que eventuais preferências políticas do juiz são contidas não apenas por sua subordinação aos sentidos mínimos das normas constitucionais e legais, como também por fatores extrajudiciais, dentre os quais se podem destacar: a interação com outros atores políticos e institucionais, a perspectiva de cumprimento efetivo da decisão, as circunstâncias internas dos órgãos colegiados e a opinião pública.

3.2 Interação com outros atores políticos e institucionais

Como se vem enfatizando até aqui, decisões judiciais são influenciadas por fatores múltiplos. Tribunais não são guardiães de um direito que não sofre o influxo da realidade, das maiorias políticas e dos múltiplos atores de uma sociedade plural. Órgãos, entidades e pessoas que se mobilizam, atuam e reagem. Dentre eles é possível mencionar, exemplificativamente, os Poderes Legislativo e Executivo, o Ministério Público, os Estados da Federação e entidades da sociedade civil. Todos eles se manifestam, nos autos ou fora deles, procurando fazer valer seus direitos, interesses e preferências. Atuam por meios formais e informais. E o Supremo Tribunal Federal, como a generalidade das cortes constitucionais, não vive fora do contexto político-institucional sobre o qual sua atuação repercute. Diante disso, o papel e as motivações da Corte sofrem a influência de fatores como, por exemplo: a preservação e, por vezes, a expansão de seu próprio poder; a interação com outros Poderes, instituições ou entes estatais; e as consequências práticas de seus julgados, inclusive, e notadamente, a perspectiva de seu efetivo cumprimento.

3.2.1 Preservação ou expansão do poder da Corte

O primeiro impulso natural do poder é a autoconservação. É intuitivo, assim, que um tribunal, em suas relações com os outros atores políticos, institucionais ou sociais, procure demarcar e preservar seu espaço de atuação e sua autoridade, quer pelo acolhimento de reclamações[96], quer pela reafirmação de sua jurisprudência. Alguns exemplos comprovam o argumento. Após haver cancelado a Súmula 394, excluindo do *foro privilegiado* os agentes públicos que deixassem o exercício da função[97], o STF invalidou

---

93 Ao produzir uma decisão, o juiz atua dentro de um universo cognitivo próprio, que inclui sua formação moral e intelectual, suas experiências passadas, sua visão de mundo e suas crenças. Tais fatores podem levá-lo, inconscientemente, a desejar um resultado e procurar realizá-lo. Tal fenômeno é diverso do que se manifesta na vontade consciente e deliberada de produzir determinado resultado, ainda que não seja o que se considera juridicamente melhor, com o propósito de agradar a quem quer que seja ou para a satisfação de sentimento pessoal. Nessa segunda hipótese, como intuitivo, a conduta não será legítima. Sobre o ponto, v. Brian Z. Tamanaha, *Beyond the formalist-realist divide*: the role of politics in judging, 2010, p. 187-8.

94 Nos EUA, os juízes federais são indicados pelo Presidente da República e aprovados pelo Senado. No plano estadual, muitos são eleitos e outros são nomeados.

95 Um exemplo, colhido na composição do STF quando da elaboração deste tópico: Ministros que têm sua origem funcional no Ministério Público – como os Ministros Joaquim Barbosa e Ellen Gracie – têm uma visão mais rígida em matéria penal do que os que vêm da advocacia privada ou da academia, como Carlos Ayres Britto e Eros Grau.

96 A reclamação é o remédio jurídico previsto na Constituição e regulamentado pelo Código de Processo Civil de 2015, pela Lei n. 11.417/2006 e pelo Regimento Interno do Supremo Tribunal Federal, cujo objeto é a preservação da competência da Corte, a garantia da autoridade de suas decisões e a observância do entendimento consolidado em súmula vinculante (CF/88, arts. 102, I, *l*, e 103-A, § 3º).

97 Súmula n. 394: "Cometido o crime durante o exercício funcional, prevalece a competência especial por prerrogativa de função, ainda que o inquérito ou a ação penal sejam iniciados após a cessação daquele exercício". O cancelamento se deu em decisão proferida em 1999. V. STF, *DJ*, 9 nov. 2001, QO no Inq 687/DF, Rel. Min. Sydney Sanches.

lei editada pelo Congresso Nacional que restabelecia a orientação anterior. O acórdão considerou haver usurpação de sua função de intérprete final da Constituição[98]. Em outro caso, o STF considerou inconstitucional dispositivo legal que impedia a progressão de regime em caso de crime hediondo[99]. Decisão do juiz de direito de Rio Branco, no Acre, deixou de aplicar a nova orientação, sob o argumento de que a declaração de inconstitucionalidade fora incidental e não produzia efeitos vinculantes. A Corte reagiu, e não apenas desautorizou o pronunciamento específico do magistrado estadual, como deu início a uma discussão de mais largo alcance sobre a atribuição de efeitos vinculantes e *erga omnes* à sua decisão de inconstitucionalidade, mesmo que no controle incidental, retirando do Senado a atribuição de suspender a lei considerada inválida[100]. Um terceiro e último exemplo: após haver concedido *habeas corpus* a um banqueiro, preso temporariamente ao final de uma polêmica operação policial, o STF considerou afronta à Corte a decretação, horas depois, de nova prisão, dessa vez de natureza preventiva, ordenada pelo mesmo juiz, e concedeu um segundo *habeas corpus*[101].

O segundo impulso natural do poder é a expansão[102]. No caso brasileiro, esse movimento de ampliação do Poder Judiciário, particularmente do Supremo Tribunal Federal, tem sido contemporâneo da retração do Legislativo, que passa por uma crise de funcionalidade e de representatividade. Nesse vácuo de poder, fruto da dificuldade de o Congresso Nacional formar maiorias consistentes e legislar, a Corte Suprema tem produzido decisões que podem ser reputadas ativistas, tal como identificado o fenômeno em tópico anterior[103]. Exemplos emblemáticos e sempre lembrados são os dos julgamentos da fidelidade partidária – em que o STF criou, por interpretação do princípio democrático, uma nova hipótese de perda de mandato parlamentar[104] – e do nepotismo, em que a Corte, com base na interpretação dos princípios constitucionais da moralidade e da impessoalidade, estabeleceu a vedação do nepotismo nos três Poderes[105]. Ações como as que tratam da legitimidade da interrupção da gestação em caso de feto anencefálico[106] e da extensão do regime da união estável às uniões homoafetivas[107] também envolvem uma atuação quase normativa do Supremo Tribunal Federal. Tudo sem mencionar a mudança jurisprudencial em tema de mandado de injunção[108], de ação direta de inconstitucionalidade por omissão[109] e o

---

98   STF, *DJ*, 19 dez. 2006, ADIn 2.797, Rel. Min. Sepúlveda Pertence.

99   STF, *DJ*, 1º set. 2006, HC 82.959, Rel. Min. Marco Aurélio. Decisão constante do sítio do STF: <http://www.stf.jus.br/portal/diarioJustica/verDiarioProcesso.asp?numDj=169&data PublicacaoDj=01/09/2006&numProcesso=82959&siglaClasse=HC&codRecurso=0&tipo Julgamento =M&codCapitulo=5&numMateria=27&codMateria=1>.

100   STF, Rcl n. 4.335, Rel. Min. Gilmar Mendes. O Tribunal ficou dividido quanto ao ponto. Votaram favoravelmente ao caráter vinculante da decisão do STF, mesmo que em controle incidental de constitucionalidade, os Ministros Gilmar Mendes e Eros Grau. Divergiram, no particular, os Ministros Sepúlveda Pertence, Joaquim Barbosa e Ricardo Lewandowski. A discussão, todavia, ficou prejudicada, conforme entendimento majoritário firmado em julgamento de 20 mar. 2014, em razão do advento da Súmula Vinculante 26, que tornou vinculantes os efeitos da declaração de inconstitucionalidade do art. 2º da Lei n. 8.072/90.

101   Med. Caut. no HC 95.009-4 – São Paulo, Rel. Min. Eros Grau. A decisão concessiva de ambos os *habeas corpus* foram do Presidente do Tribunal, Ministro Gilmar Mendes, em razão do recesso de julho.

102   V. Tom Ginsburg, *Judicial review in new democracies: constitutional courts in Asian cases*, 2003. Em resenha sobre diferentes livros versando o tema da judicialização, Shannon Roesler, em Permutations of judicial Power: the new constitutionalism and the expansion of judicial authority, *Law and Social Inquiry 32*:557, assim descreveu a posição de Ginsburg: "Os juízes são atores estratégicos que buscam aumentar seu poder em vez de interpretar e aplicar normas de acordo com a intenção ou os interesses originais dos agentes eleitos que as elaboraram. [...] Uma das premissas dessa abordagem é que os juízes vão buscar aumentar o poder de um tribunal, mesmo que divirjam entre si quanto ao direito substantivo" (tradução livre, texto ligeiramente editado).

103   Nesse sentido, v. também Fórum de Grupos de Pesquisa em Direito Constitucional e Teoria do Direito, *Anais do I Fórum de Grupos de Pesquisa em Direito Constitucional e Teoria do Direito*. Rio de Janeiro: Faculdade Nacional de Direito, 2009, p. 54: "A hipótese assumida na investigação reconhece, por parte dos integrantes do Supremo Tribunal Federal, sim, um 'ativismo', mas de caráter jurisdicional. Isto é, um procedimento, construído a partir das mais relevantes decisões, objetivando, precipuamente, não a concretização de direitos, mas o alargamento de sua competência institucional". Pesquisa "A judicialização da política e o ativismo judicial no Brasil", conduzida por Alexandre Garrido da Silva et al.

104   STF *DJ*, 17 out. 2008, MS n. 26602/DF, Rel. Min. Eros Grau; *DJ*, 19 dez. 2008, MS n. 26603/DF, Rel. Min. Celso de Mello; e *DJ*, 3 out. 2008, MS n. 26604/DF, Rel. Min. Cármen Lúcia.

105   STF, *DJ*, 18 dez. 2009, ADC 12, Rel. Min. Carlos Britto; e *DJ*, 24 out. 2009. RE 579.951/RN, Rel. Min. Ricardo Lewandowski.

106   STF, ADPF n. 54, Rel. Min. Marco Aurélio.

107   STF, *DJE* 14 out. 2011, ADPF n. 132, Rel. Min. Carlos Britto.

108   STF, *DJ*, 6 nov. 2007, MI n. 670, Rel. Min. Maurício Corrêa; *DJ*, 31 out. 2008, MI n. 708, Rel. Min. Gilmar Mendes; *DJ*, 31 out. 2008, MI n. 712, Rel. Min. Eros Grau.

109   STF, *DJE*, 6 out. 2020, ADO 26, Rel. Min. Celso de Mello.

progressivo questionamento que se vem fazendo, no âmbito da própria Corte, acerca da jurisprudência tradicional de que o STF somente possa funcionar como legislador negativo[110].

Em 2009, o STF solucionou uma disputa constitucional – e de espaço político – entre a Ordem dos Advogados do Brasil (OAB) e o Superior Tribunal de Justiça (STJ), em favor da expansão do poder desse último. De fato, acórdão da 2ª Turma do STF, por diferença de um voto, legitimou decisão do STJ de devolver lista sêxtupla enviada pela OAB, sem motivação objetiva, sob o fundamento de que nenhum dos nomes obteve quórum para figurar na lista tríplice a ser encaminhada ao Presidente da República[111]. A decisão, de certa forma, está em desacordo com precedente do próprio STF[112] e esvazia a competência do órgão de representação dos advogados, cuja lista, doravante, estará sujeita a ingerência do STJ. A matéria não chegou ao Plenário do STF, onde o resultado, possivelmente, teria sido diverso.

3.2.2 Relações com outros Poderes, órgãos e entidades estatais

As manifestações processuais e extraprocessuais de outros Poderes, órgãos e entidades estatais são elementos relevantes do contexto institucional em que produzidas as decisões judiciais, especialmente do Supremo Tribunal Federal. Em tema de ações diretas de inconstitucionalidade, as ações movidas pelo Procurador-Geral da República têm o maior índice de acolhimento dentre todos os legitimados[113]. O parecer da Procuradoria-Geral da República – isto é, seu pronunciamento nos casos em que não é parte – é visto como expressão do interesse público primário que deve ser preservado na questão. A despeito da ausência de pesquisas empíricas, é possível intuir que um percentual muito significativo das decisões do STF acompanha a manifestação do Ministério Público Federal[114]. Já a atuação da Advocacia-Geral da União expressará o interesse ou o ponto de vista do Poder Executivo, especialmente do Presidente da República. Em questões que envolvem a Fazenda Pública, estudos empíricos certamente demonstrariam uma atuação favorável ao erário, revelada emblematicamente em questões de vulto, como as relativas ao FGTS, à Cofins ou ao IPI alíquota zero, por exemplo[115]. Em todas elas, a Corte alterou ou a sua própria jurisprudência ou a do Superior Tribunal de Justiça, dando ganho de causa à União[116]. A cultura política dominante ainda considera aceitável que Ministros de Estado visitem pessoalmente os Ministros do Supremo Tribunal Federal, por vezes após iniciados os julgamentos, para pedirem decisões favoráveis ao ponto de vista em que têm interesse[117].

---

110 V. voto do Min. Gilmar Mendes em STF, ADIn n. 3.510, Rel. Min. Carlos Britto: "Portanto, é possível antever que o Supremo Tribunal Federal acabe por se livrar do vetusto dogma do legislador negativo e se alie à mais progressiva linha jurisprudencial das decisões interpretativas com eficácia aditiva, já adotadas pelas principais Cortes Constitucionais europeias. A assunção de uma atuação criativa pelo Tribunal poderá ser determinante para a solução de antigos problemas relacionados à inconstitucionalidade por omissão, que muitas vezes causa entraves para a efetivação de direitos e garantias fundamentais assegurados pelo texto constitucional".

111 Decisão do STJ: *DJ*, 22 out. 2008, MS n. 13532-DF, Rel. Min. Paulo Gallotti. Decisão do STF: *DJ*, 4 dez. 2009, RMS 27920-DF, Rel. Min. Eros Grau.

112 STF, *DJ*, 19 dez. 2006, MS 25624/DF, Rel. Min. Sepúlveda Pertence.

113 V. Luiz Werneck Vianna, Marcelo Baumann Burgos e Paula Martins Salles, Dezessete anos de judicialização da política, *Tempo Social 19*:38, p. 43, 48 e 79, de onde se colheram os dados a seguir. Entre 1988 e 2005, foram ajuizadas 1.713 Adins. Destas, 810 foram ajuizadas pelo PGR (22,2% do total). De acordo com a pesquisa, o PGR "teve nada menos que 68,5% das liminares de Adins julgadas deferidas ou parcialmente deferidas". No mesmo sentido, Ernani Carvalho, Judicialização da política no Brasil: controle de constitucionalidade e racionalidade política, *Análise Social 44*:315, p. 327.

114 Recente pesquisa empreendida pelo autor revelou que em cem pedidos de extradição, apenas três resultaram em decisões que não acompanharam a manifestação do Ministério Público.

115 V., a propósito, Fábio Martins de Andrade, O argumento pragmático ou consequencialista de cunho econômico e a modulação temporal dos efeitos das decisões do Supremo Tribunal Federal em matéria tributária, mimeografado, 2010. Tese de doutorado submetida ao Programa de Pós-Graduação em Direito Público da Universidade do Estado do Rio de Janeiro – UERJ.

116 No caso do FGTS, deixou de considerar o tema do direito adquirido como infraconstitucional. No da Cofins, mudou a orientação sumulada pelo STJ, mesmo depois de haver recusado conhecimento a diversos recursos extraordinários na matéria, e sequer modulou os efeitos, como seria próprio em razão da alteração da jurisprudência. No IPI alíquota zero, considerou que uma decisão do Plenário por 9 a 1, decisão de uma das turmas e mais de 5 dezenas de decisões monocráticas, não firmavam jurisprudência. Em seguida, mudou a orientação, igualmente sem modular efeitos.

117 V. Blog do Noblat, 6 ago. 2009: "O Ministro das Comunicações, Helio Costa, empenhou-se na defesa dos interesses econômicos da ECT. Na terça-feira, após classificar de desastre a eventual abertura do mercado de cartas comerciais à iniciativa privada, ele foi ao STF para conversar a portas fechadas com Ayres Brito e Gilmar Mendes, Presidente da Corte". Disponível em: <http://oglobo.globo.com/pais/noblat/posts/2009/08/06/decisao-do-stf-mantem-monopolio-dos-correios-211690.asp>.

Também o Congresso Nacional apresenta defesa em processos nos quais seja parte[118] e, especialmente, em ações diretas contra leis federais. Sendo a ação direta de inconstitucionalidade contra lei estadual, também participam do processo a Assembleia Legislativa e o Governador do Estado. Note-se que o peso político do Estado pode fazer diferença em relação à deferência para com a legislação estadual. Por exemplo: após inúmeras decisões considerando inconstitucionais leis estaduais que proibiam o uso do amianto, o STF deixou de conceder medida cautelar para suspender lei do Estado de São Paulo que dispunha no mesmo sentido, revisitando tema que se encontrava já pacificado na Corte[119].

3.3 Perspectiva de cumprimento efetivo da decisão

Tribunais, como os titulares de poder em geral, não gostam de correr o risco de que suas decisões não sejam efetivamente cumpridas. E, portanto, esta é uma avaliação ordinariamente feita por órgãos judiciais, ainda que não seja explicitada. Tribunais não têm tropas nem a chave do cofre[120]. Em muitas situações, precisarão do Executivo, do Congresso ou mesmo da aceitação social para que suas deliberações sejam cumpridas. Há exemplos, em diferentes partes do mundo, de decisões que não se tornaram efetivas. Na Itália, aliás, o primeiro Presidente do Tribunal Constitucional renunciou precisamente por essa razão[121]. Na Alemanha, a decisão no célebre caso do crucifixo foi generalizadamente desrespeitada[122]. Nos Estados Unidos, a dessegregação imposta por *Brown v. Board of Education*, em decisão de 1954, levou mais de uma década para começar a ser efetivamente cumprida[123]. A decisão no caso *Chada* foi ignorada pelo Congresso[124]. No Brasil, há precedentes em que o STF fixou prazo para a atuação do legislador, sem que tivesse sido obedecido[125]. Em tema de intervenção federal, a despeito do manifesto descumprimento por Estados da Federação do dever constitucional de pagar precatórios, a Corte igualmente optou por linha jurisprudencial que não desmoralizasse suas decisões, diante das dificuldades financeiras dos entes estatais[126]. Outro exemplo emblemático, nesse domínio, foi a decisão proferida em 1955, quando da

---

118   Em duas decisões proferidas em 2016, o STF entendeu que (i) nos casos de prisão em flagrante de parlamentar federal, os autos do processo devem ser encaminhados para a casa legislativa respectiva resolver a questão (STF, *DJ*, 13 maio 2016, AC 4039, Rel. Min. Teori Zavascki) e (ii) réus em ação penal perante o STF não podem substituir o Presidente da República (STF, j. 7 dez. 2016, ADPF 402, Rel. Min. Marco Aurélio).

119   STF, *Inf. STF n. 477 e 509*, ADI n. 3937 MC/SP, Rel. Min. Marco Aurélio. O relator votou na linha do entendimento tradicional, expresso em decisões como as das ADIs ns. 2.656/SP e 2.396/MS. Mas o Min. Eros Grau deu início à dissidência, suscitando a inconstitucionalidade da própria lei federal que cuida da matéria.

120   Shannon Roesler, Permutations of judicial Power: the new constitutionalism and the expansion of judicial authority, *Law and Social Inquiry 32*:557: "[...] [T]ribunais não possuem as garantias convencionais do poder, vale dizer, dinheiro e poder militar". Por isso mesmo, Alexander Hamilton se referiu ao Judiciário como "the least dangerous branch" (o poder menos perigoso), no Federalista n. 78. V. Barry Friedman, The politics of judicial review, *Texas Law Review 84*:257, 2005, p. 260.

121   Criada pela Constituição de 1948, a instalação efetiva da Corte Constitucional somente se deu oito anos depois, em 1956. Pouco tempo após, seu Presidente, Enrico de Nicola, renunciou ao cargo, indignado com a recalcitrância do governo democrata-cristão em dar cumprimento às decisões do tribunal. V. Revista *Time*, 1º out. 1956, "Italy: effective resignation". Disponível em: <http://www.time.com/time/magazine/article/0,9171,862380,00.html>. Acesso em: 23 jan. 2010. V. tb. Georg Vanberg, *The politics of constitutional review in Germany*. Cambridge: Cambridge University Press, 2005, p. 7.

122   A decisão declarou inconstitucional uma lei da Baviera que previa a exibição de crucifixos nas salas de aula das escolas públicas de ensino fundamental. V. BVerfGE 93, I. Sob protestos e manifestações que mobilizaram milhares de pessoas, os crucifixos terminaram não sendo efetivamente retirados. V. Georg Vanberg, *The politics of constitutional review in Germany*, 2005, p. 2-4.

123   V. Robert J. Cottrol, Raymond T. Diamond e Leland B. Ware, *Brown v. Board of Education*: case, culture, and the constitution, 2003, p. 183.

124   *INS v. Chadda*, 462 U.S. 919, 1983. Nessa decisão, a Suprema Corte considerou inconstitucional o chamado *legislative veto*, procedimento pelo qual uma das Casas do Congresso poderia suspender decisões de agências reguladoras que estivessem atuando por delegação legislativa. A Corte entendeu que a providência somente poderia ser tomada mediante lei, que inclui a manifestação das duas Casas e a possibilidade de veto pelo Presidente. Não obstante isso, inúmeras leis foram aprovadas, prevendo o veto legislativo por apenas uma das Casas do Congresso. V. Georg Vanberg, *The politics of constitutional review in Germany*. Cambridge: Cambridge University Press, 2005, p. 5 e s.

125   V. STF, *DJ*, 3 ago. 2007, ADin 2.240, Rel. Min. Eros Grau. No julgamento do Mandado de Injunção n. 725, o STF determinara que o Congresso Nacional, no prazo de 18 meses, editasse a lei complementar federal referida no § 4º do art. 18 da Constituição, o que não aconteceu.

126   O STF adotou a orientação de que somente autorizaria a intervenção federal o descumprimento doloso do dever de pagar precatórios. A omissão na inclusão das verbas correspondentes em orçamento e a falta de recursos são, assim, elementos suficientes para afastar a intervenção. Nesse sentido, v., por todos, STF, *DJ*, 25 abr. 2008, IF 5050 AgR/SP, Relª Minª Ellen Gracie.

tentativa do Vice-Presidente Café Filho de retornar à presidência[127]. Mais recentemente, o STF recuou após ter determinado o afastamento cautelar de um senador. Diante de forte reação política do Senado, a Corte voltou atrás em seus entendimentos anteriores[128] e decidiu submeter a questão à aprovação prévia daquela casa legislativa[129].

3.4 Circunstâncias internas dos órgãos colegiados

Inúmeros fatores extrajurídicos influenciam as decisões de um órgão colegiado[130]. No caso do Supremo Tribunal Federal, em particular, a primeira característica distintiva relevante é que o tribunal delibera em sessão pública. Na maior parte dos países, sem embargo da existência de uma audiência pública, de um *hearing*, com a intervenção dos advogados, o processo de discussão e decisão é interno, em conferência reservada, na qual participam apenas os ministros ou juízes. A deliberação pública é uma singularidade brasileira. A transmissão ao vivo dos julgamentos, por uma televisão oficial, constitui traço distintivo ainda mais original, talvez sem outro precedente pelo mundo afora[131]. Em parte, como consequência desse modelo de votação pública, o sistema brasileiro segue um padrão agregativo e não propriamente deliberativo. Vale dizer: a decisão é produto da soma de votos individuais e não da construção argumentativa de pronunciamentos consensuais ou intermediários[132]. Isso não significa que não possam ocorrer mudanças de opinião durante os debates. Mas o modelo não é concebido como uma troca de impressões previamente à definição de uma posição final.

Nada obstante isso, um colegiado nunca será a mera soma de vontades individuais, mesmo em um sistema como o brasileiro. Não é incomum um Ministro se curvar à posição da maioria, ao ver seu ponto de vista derrotado. Por vezes, os julgadores poderão procurar, mediante concessões em relação à própria convicção, produzir um resultado de consenso[133]. Alinhamentos internos, em função da liderança

---

127   Vice-Presidente no segundo governo de Getúlio Vargas, Café Filho assumiu a presidência após o suicídio de Vargas, em 1954. Dela afastou-se, por motivo de saúde, tendo sido substituído por Carlos Luz. Após a eleição de Juscelino, em 1955, o Marechal Henrique Lott liderou um "contragolpe preventivo" para assegurar a posse do Presidente eleito, destituindo Carlos Luz. Quando Café Filho, já recuperado, tenta voltar à presidência por via de ação impetrada no STF, a Corte adia o julgamento até o fim do Estado de sítio, o que somente se daria por ocasião da posse de Juscelino, quando o mandado de segurança já estaria prejudicado. Interessante registro histórico é o do voto vencido do Ministro Nelson Hungria, que lavrou: "Contra uma insurreição pelas armas, coroada de êxito, somente valerá uma contrainsurreição com maior força. E esta, positivamente, não pode ser feita pelo Supremo Tribunal, posto que este não iria cometer a ingenuidade de, numa inócua declaração de princípios, expedir mandado para cessar a insurreição. [...] O impedimento do impetrante para assumir a Presidência da República, antes de ser declaração do Congresso, é imposição das forças insurreicionais do Exército, contra a qual não há remédio na farmacologia jurídica. Não conheço do pedido de segurança". V. Luís Roberto Barroso, *O direito constitucional e a efetividade de suas normas*, 2009, p. 29-30.

128   Em duas ocasiões o STF havia determinado o afastamento cautelar de parlamentar sem submeter a decisão à casa legislativa respectiva. Na Ação Cautelar n. 4.070, o Plenário do Tribunal, por unanimidade, determinou a suspensão do exercício do mandato do então Presidente da Câmara dos Deputados e não encaminhou a decisão àquela casa legislativa (STF, *DJ*, 21 out. 2016, AC 4.070, Rel. Min. Teori Zavascki). Na Ação Cautelar n. 4.327, o Min. Edson Fachin, em decisão monocrática, determinou o afastamento cautelar de um senador, sem encaminhar a decisão ao Senado, não tendo existido qualquer tipo de questionamento (STF, j. 17 maio 2017, AC 4.327, Rel. Min. Edson Fachin).

129   Na ADI n. 5.526, o STF fixou interpretação conforme a Constituição ao art. 319 do Código de Processo Penal, no sentido de que, quando a aplicação da medida cautelar interferir no exercício regular do mandato parlamentar, caberá à casa legislativa decidir sobre a questão (STF, *DJ*, 18 out. 2017, ADI 5.526, Rel. Min. Edson Fachin).

130   Sobre o tema, v. José Carlos Barbosa Moreira, Notas sobre alguns fatores extrajurídicos no julgamento colegiado". *Caderno de Doutrina e Jurisprudência da Ematra XV*, v. 1, n. 3, 2005, p. 79 e s.

131   A despeito de críticas e de um ou outro inconveniente que se pode apontar, a transmissão ao vivo deu visibilidade, transparência e legitimidade democrática à jurisdição constitucional exercida pelo Supremo Tribunal Federal no Brasil.

132   Na Suprema Corte americana, coube a John Marshall a transformação do modelo agregativo ou *seriatim* para o modelo de discussão prévia, com vistas à produção de consenso. V. William E. Nelson, The province of the Judiciary, *John Marshall Law Review 37*:325, 2004, p. 345. V. tb. Barry Friedman, The politics of judicial review, *Texas Law Review 84*:257, 2005, p. 284: "No modelo agregativo, as decisões colegiadas simplesmente cumulam as visões dos membros do tribunal. No modelo deliberativo, os julgadores devem interagir de modo a que cada um considere os pontos de vista do outro, produzindo-se, dessa forma, melhores decisões".

133   Com efeito, pesquisa realizada nos EUA concluiu que juízes federais atuando em colegiados de três membros são afetados pela forma como votam os colegas: se um juiz nomeado por Presidente republicano atua com dois nomeados por Presidente democrata, seus votos mostram padrões liberais, enquanto um juiz nomeado por um democrata vota em linha mais conservadora quando atua com dois nomeados por Presidente republicano. Em qualquer

305

intelectual ou pessoal de um Ministro, podem afetar posições. Por vezes, até mesmo um desentendimento pessoal poderá produzir impacto sobre a votação. Ainda quando possa ocorrer em qualquer tribunal do mundo, seria menos aceitável, eticamente, a troca de apoios em casos diversos: um Ministro acompanhando o outro em determinada votação, em troca de reciprocidade – em típica apropriação da linguagem político-partidária[134]. Também podem influenciar decisivamente o resultado de um julgamento o relator sorteado, a ordem de votação efetivamente seguida ou mesmo um pedido de vista. Por igual, o método de seleção de casos a serem conhecidos e a elaboração da própria pauta de julgamentos envolve escolhas políticas acerca da agenda da corte a cada tempo[135].

3.5 A opinião pública

O poder de juízes e tribunais, como todo poder político em um Estado democrático, é representativo. Vale dizer: é exercido em nome do povo e deve contas à sociedade. Embora tal assertiva seja razoavelmente óbvia, do ponto de vista da teoria democrática, a verdade é que a percepção concreta desse fenômeno é relativamente recente. O distanciamento em relação ao cidadão comum, à opinião pública e aos meios de comunicação fazia parte da autocompreensão do Judiciário e era tido como virtude[136]. O quadro, hoje, é totalmente diverso[137]. De fato, a legitimidade democrática do Judiciário, sobretudo quando interpreta a Constituição, está associada à sua capacidade de corresponder ao sentimento social. Cortes constitucionais, como os tribunais em geral, não podem prescindir do respeito, da adesão e da aceitação da sociedade. A autoridade para fazer valer a Constituição, como qualquer autoridade que não repouse na força, depende da confiança dos cidadãos. Se os tribunais interpretarem a Constituição em termos que divirjam significativamente do sentimento social, a sociedade encontrará mecanismos de transmitir suas objeções e, no limite, resistirá ao cumprimento da decisão[138].

A relação entre órgãos judiciais e a opinião pública envolve complexidades e sutilezas. De um lado, a atuação dos tribunais, em geral – e no controle de constitucionalidade das leis, em particular –, é reconhecida, de longa data, como um mecanismo relevante de contenção das paixões passageiras da vontade popular. De outra parte, a ingerência do Judiciário, em linha oposta à das maiorias políticas, enfrenta, desde sempre, questionamentos quanto à sua legitimidade democrática. Nesse ambiente, é possível estabelecer uma correlação entre Judiciário e opinião pública e afirmar que, quando haja desencontro de posições, a tendência é no sentido de o Judiciário se alinhar ao sentimento social[139]. Três exemplos de decisões do Supremo Tribunal Federal, no Brasil, que representaram revisão de entendimentos anteriores que não correspondiam às demandas sociais: a limitação das hipóteses de foro por

---

dos casos, os padrões tornam-se mais moderados se há, no órgão, juízes nomeados por Presidentes de partidos diversos. O resultado da pesquisa é relatado por Richard H. Thaler e Cass R. Sunstein, *Nudge*: improving decisions about health, wealth, and happiness, 2009, p. 55.

134 Sobre comportamentos estratégicos no âmbito de órgãos colegiados, v. Evan H. Caminker, Sincere and strategic: voting norms on multimbember courts, *Michigan Law Review 97*:2297, 1999; Robert Post, The Supreme Court opinion as institutional practice: dissent, legal scholarship and decisiomaking in the Taft Court, *Minnesota Law Review 85*:1267, 2001; e v. Barry Friedman, The politics of judicial review, *Texas Law Review 84*:257, 2005, p. 287.

135 A repercussão geral, introduzida pela Emenda Constitucional n. 45, de 2004, e regulamentada pela Lei n. 11.418, de 19.12.2006, produziu, inicialmente, significativa redução do volume de processos julgados pelo STF. O número, todavia, ainda é muito superior ao máximo possível tolerável. E, sobretudo a partir de 2012, a quantidade de processos distribuídos ao STF voltou a aumentar, segundo dados disponíveis na página eletrônica do próprio Tribunal. A pauta das sessões plenárias é elaborada pelo Presidente da Corte, que seleciona, com razoável grau de discrição, as prioridades. A própria ordem de inserção de um processo na pauta pode ter repercussão sobre o resultado do julgamento. José Carlos Barbosa Moreira, Notas sobre alguns fatores extrajurídicos no julgamento colegiado, *Caderno de Doutrina e Jurisprudência da Ematra XV*, v. 1, n. 3, 2005, p. 82.

136 Sobre este ponto, v. Luís Roberto Barroso, A segurança jurídica na era da velocidade e do pragmatismo. In: *Temas de direito constitucional*, tomo I, 2002, p. 69 e s.

137 Sobre o modo como os juízes veem a si mesmos e a sua função, v. pesquisa realizada em 2005: *Magistrados brasileiros:* caracterização e opiniões, patrocinada pela Associação dos Magistrados Brasileiros, sob a coordenação de Maria Tereza Sadek. Disponível em: <http://www.amb.com.br/portal/docs/pesquisa/PesquisaAMB2005.pdf>. Sobre a mudança de perfil da magistratura, pela incorporação das mulheres e de magistrados cuja origem está em família mais humilde, v. entrevista dada pela pesquisadora à revista eletrônica *Consultor Jurídico*, 8 fev. 2009. Além disso, em 2013, o CNJ promoveu o Censo Nacional do Poder Judiciário, cujos resultados estão disponíveis no endereço http://www.cnj.jus.br/pesquisas-judiciarias/censo-do-poder-judiciario, acesso em: 15 out. 2016.

138 Robert Post e Reva Siegel, Roe rage: democratic constitutionalism and backlash, *Harvard Civil Rights-Civil Liberties Law Review 42*:373, 2007, p. 373.

139 Barry Friedman, The politics of judicial review, *Texas Law Review 84*:257, 2005, p. 321-2.

306

prerrogativa de função (cancelamento da Súmula n. 394); a proibição do nepotismo, conduta que por longo tempo foi social e juridicamente aceita; e a imposição de fidelidade partidária, penalizando o "troca-troca" de partidos após as eleições[140]. Nos Estados Unidos, a Suprema Corte, na década de 1930, após se opor tenazmente às políticas sociais do *New Deal*, terminou por se alinhar com as iniciativas de Roosevelt, que tinham amplo apoio popular. Mais recentemente, passou-se o mesmo em relação à descriminalização das relações homossexuais[141].

Todavia, existe nesse domínio uma fina sutileza. Embora deva ser transparente e prestar contas à sociedade, o Judiciário não pode ser escravo da opinião pública. Muitas vezes, a decisão correta e justa não é a mais popular. Nessas horas, juízes e tribunais não devem hesitar em desempenhar um papel contramajoritário. O populismo judicial é tão pernicioso à democracia como o populismo em geral. Em suma: no constitucionalismo democrático, o exercício do poder envolve a interação entre as cortes judiciais e o sentimento social, manifestado por via da opinião pública ou das instâncias representativas. A participação e o engajamento popular influenciam e legitimam as decisões judiciais, e é bom que seja assim[142]. Dentro de limites, naturalmente. O mérito de uma decisão judicial não deve ser aferido em pesquisa de opinião pública. Mas isso não diminui a importância de o Judiciário, no conjunto de sua atuação, ser compreendido, respeitado e acatado pela população. A opinião pública é *um* fator extrajurídico relevante no processo de tomada de decisões por juízes e tribunais[143]. Mas não é o único e, mais que isso, nem sempre é singela a tarefa de captá-la com fidelidade[144].

4 A autonomia relativa do Direito em relação à política e a fatores extrajudiciais

Na literatura jurídica norte-americana, os autores costumam identificar modelos diversos de comportamento judicial, dentre os quais se destacam o legalista, o ideológico e o estratégico[145]. O modelo

---

140 Exemplo inverso, em que o STF não seguiu a opinião pública dominante, envolveu a questão da elegibilidade de candidatos que tivessem "ficha-suja", isto é, tivessem sofrido condenações judiciais, ainda que não transitadas em julgado. A Corte entendeu que só a lei complementar, prevista no § 9º do art. 14 da Constituição, poderia instituir outros casos de inelegibilidade. *Inf. STF n. 514*, ADPF 144, Rel. Min. Celso de Mello. Uma vez advinda a lei complementar – a partir de projeto de iniciativa popular –, que ficou conhecida como "Lei da Ficha Limpa" (LC n. 135/2010), o STF validou-a (ADI 4.578 e ADCs 29 e 30, *DJU*, 28 jun. 2012, Rel. Min. Luiz Fux).

141 Em *Bowers v. Hardwick*, julgado em 1986, a Suprema Corte considerou constitucional lei estadual que criminalizava a sodomia. Em 2003, ao julgar *Lawrence v. Texas*, considerou inconstitucional tal criminalização. A Ministra Sandra O'Connor, que votou com a maioria nos dois casos – isto é, mudou de opinião de um caso para o outro –, observou em seu livro *The majesty of the law*: reflections of a Supreme Court Justice, 2003, p. 166: "Mudanças reais, quando chegam, derivam principalmente de mudanças de atitude na população em geral. É rara a vitória jurídica – no tribunal ou no legislativo – que não seja a consequência de um novo consenso social. Tribunais, em particular, são notadamente instituições reativas". Por fim, em *Obergefell v. Hodges* (2015), a Suprema Corte dos EUA assegurou o casamento entre pessoas do mesmo sexo.

142 V., a propósito, uma vez mais, o depoimento de Sandra O'Connor, Public trust as a dimension of equal justice: some suggestions to increase public trust, *The Supreme Court Review* 36:10, 1999, p. 13: "Nós não possuímos forças armadas para dar cumprimento a nossas decisões, nós dependemos da confiança do público na correção das nossas decisões. Por essa razão, devemos estar atentos à opinião e à atitude públicas em relação ao nosso sistema de justiça, e é por isso que precisamos tentar manter e construir esta confiança".

143 Na sustentação oral, no julgamento da ADI n. 3.510-DF, este foi um dos pontos destacados: o fato de que as entidades da sociedade civil, maciçamente, e a opinião pública, em percentuais bastante elevados, apoiavam a legitimidade das pesquisas com células-tronco embrionárias. Vídeo disponível em: <http://www.lrbarroso.com.br/pt/videos/celula_tronco_1.html>.

144 A sintonia com a opinião pública envolve diversas nuances. Por vezes, grupos de pressão bem situados são capazes de induzir ou falsear a real vontade popular. De parte isso, a opinião pública, manipulada ou não, sofre variações, por vezes abruptas, em curto espaço de tempo. Será preciso, assim, distinguir – com as dificuldades previsíveis, entre clamor público, paixões do momento e opinião sedimentada. Ted Roosevelt, antigo Presidente norte-americano, referiu-se à distinção entre "vontade popular permanente" e "opinião pública do momento". Sobre esse último ponto, v. Barry Friedman, *The will of the people*: how public opinion has influenced the Supreme Court and shaped the meaning of the Constitution, 2009, p. 382.

145 V. Jeffrey A. Segal e Harold J. Spaeth, *The Supreme Court and the attitudinal model revisited*, 2002; Lee Epstein e Jack Knight, *The choices justices make*, 1998; Richard Posner, How judges think?, 2008, p. 19-56, identifica "nove teorias de comportamento judicial": ideological, estratégica, organizacional, econômica, psicológica, sociológica, pragmática, fenomenológica e legalista. V. também. Cass Sunstein, David Schkade, Lisa M. Ellman e Andres Sawicki, *Are judges political? An empirical analysis of the Federal Judiciary*, 2006. Na literatura nacional, v. Patricia Perrone Campos Mello, *Nos bastidores do STF*, 2015.

legalista corresponde à concepção mais tradicional, próxima ao formalismo jurídico, crente na objetividade do Direito e na neutralidade do intérprete. O modelo ideológico coloca ênfase nas preferências políticas pessoais do juiz como fator determinante das decisões judiciais. O modelo estratégico, por sua vez, leva em conta pretensões de juízes e tribunais de conservação e expansão de seu poder, conjugada com a preocupação de ver suas decisões cumpridas e, no limite, assegurar a própria sobrevivência. O presente trabalho desenvolveu-se sobre a crença de que nenhum dos três modelos prevalece em sua pureza: a vida real é feita da combinação dos três. Sem embargo das influências políticas e das opções estratégicas, o Direito conservará sempre uma autonomia parcial[146].

Ainda quando não possa oferecer todas as soluções pré-prontas em seus enunciados normativos, conceitos e precedentes, o Direito limita as possibilidades legítimas de solução. De fato, deverão elas caber nas alternativas de sentido e de propósitos dos textos, assim como harmonizar-se com o sistema jurídico como um todo. De parte isso, os argumentos utilizáveis em um processo judicial na construção de qualquer decisão precisam ser assimiláveis pelo Direito, não somente por serem de razão pública, mas por seguirem a lógica jurídica, e não a de qualquer outro domínio[147]. Ademais, a racionalidade e a razoabilidade de qualquer decisão estarão sujeitas, no mínimo, à revisão por um segundo grau de jurisdição, assim como ao controle social, que hoje é feito em sítios jurídicos na *internet*, em fóruns de debates e, crescentemente, na imprensa geral. Vale dizer: a atuação judicial é limitada pelas possibilidades de solução oferecidas pelo ordenamento, pelo tipo de argumentação jurídica utilizável e pelo controle de razoabilidade e de racionalidade que restringem as influências extrajudiciais de natureza ideológica ou estratégica. Mas não as inibem inteiramente. Reconhecer isso não diminui o Direito, mas antes permite que ele se relacione com a política de maneira transparente, e não escamoteada.

V O SUPREMO TRIBUNAL FEDERAL: CONTRAMAJORITÁRIO E REPRESENTATIVO[148]

Como já assinalado, o constitucionalismo democrático foi a ideologia vitoriosa do século XX em boa parte do mundo, derrotando diversos projetos alternativos e autoritários que com ele concorreram. Tal arranjo institucional é produto da fusão de duas ideias que tiveram trajetórias históricas diversas, mas que se conjugaram para produzir o modelo ideal contemporâneo. *Democracia* significa soberania popular, governo do povo, vontade da maioria. *Constitucionalismo*, por sua vez, traduz a ideia de poder limitado e respeito aos direitos fundamentais, abrigados, como regra geral, em uma Constituição escrita. Na concepção tradicional, a soberania popular é encarnada pelos agentes públicos eleitos, vale dizer: o Presidente da República e os membros do Poder Legislativo. Por outro lado, a proteção da Constituição – isto é, do Estado de direito e dos direitos fundamentais – é atribuída ao Poder Judiciário, em cuja cúpula, no Brasil, se encontra o Supremo Tribunal Federal – STF.

Daí a dualidade, igualmente tradicional, que estabelecia uma distinção rígida entre Política e Direito, cuja relação vem sendo analisada nesse tópico. Nessa ótica, tribunais eram independentes e preservados da política por mecanismos diversos (autonomia financeira e garantias da magistratura, dentre outros). Por outro lado, não interfeririam em questões políticas. Para bem e para mal, esse tempo ficou para trás. Ao longo dos últimos anos, verificou-se uma crescente da *judicialização* da vida, rótulo que identifica o

---

146 Este é, também, o ponto de vista de Michael Dorf, em *No litmus test:* Law versus politics in the twentieth century, 2006, p. xix. O autor defende uma posição intermediária entre os extremos representados pelo realismo e pelo formalismo. Em suas palavras: "Os realistas prestam um serviço importante ao corrigirem a visão exageradamente mecânica que os formalistas têm do direito. Mas vão longe demais ao sugerirem que não há nada de especificamente *jurídico* na metodologia de decisão empregada pelos tribunais e outros atores jurídicos".

147 A lógica jurídica, como intuitivo, é diferente da econômica, da histórica ou da psicanalítica. Por exemplo: um juiz não poderá se recusar a aplicar uma regra que exacerbe a proteção do inquilino em um contrato de aluguel, sob o fundamento de que a teoria econômica já provou que o protecionismo produz efeito negativo sobre os interesses dos inquilinos em geral, por diminuir a oferta de imóveis e aumentar o preço da locação. Cabe-lhe aplicar a norma mesmo que discorde da lógica econômica subjacente a ela.

148 As ideias expostas neste tópico foram apresentadas, originariamente, em Luís Roberto Barroso e Eduardo Mendonça, *STF entre seus papéis contramajoritário e representativo*, 2013. Disponível em: <http://www.conjur.com.br/2013--jan-03/retrospectiva-2012-stf-entre-papeis-contramajoritario-representativo>. Para maior aprofundamento, v. Eduardo Mendonça, *A democracia das massas e a democracia das pessoas:* uma reflexão sobre a dificuldade contramajoritária. Mimeografado, 2014 (tese de doutorado aprovada na Universidade do Estado do Rio de Janeiro – UERJ).

308

fato de que inúmeras questões de grande repercussão moral, econômica e social passaram a ter sua instância final decisória no Poder Judiciário e, com frequência, no Supremo Tribunal Federal. Em tom crítico, na academia ou no Parlamento, muitos atores reeditaram o comentário de Carl Schmitt, contrário à ideia de criação de tribunais constitucionais, que falava dos riscos de judicialização da política e de politização da justiça. Ao contrário de Hans Kelsen, que os defendia. Não é o caso de reeditar esse debate, já feito em outros trabalhos doutrinários do autor[149].

O que cabe destacar aqui é que a Corte desempenha, claramente, dois papéis distintos e aparentemente contrapostos. O primeiro é apelidado, na teoria constitucional, de *contramajoritário*: em nome da Constituição, da proteção das regras do jogo democrático e dos direitos fundamentais, cabe a ela a atribuição de declarar a inconstitucionalidade de leis (*i.e.*, de decisões majoritárias tomadas pelo Congresso) e de atos do Poder Executivo (cujo chefe foi eleito pela maioria absoluta dos cidadãos). Vale dizer: agentes públicos não eleitos, como juízes e Ministros do STF, podem sobrepor a sua razão à das tradicionais representantes da política majoritária. Daí o termo contramajoritário. O segundo papel, menos debatido na teoria constitucional[150], pode ser referido como *representativo*. Trata-se, como o nome sugere, do atendimento, pelo Tribunal, de demandas sociais e de anseios políticos que não foram satisfeitos a tempo e a hora pelo Congresso Nacional.

Um valioso *insight* nessa matéria é fornecido pelo autor alemão Robert Alexy, ao defender o ponto de vista de que a Corte Constitucional se legitima como representante argumentativo da sociedade[151]. A legitimidade política não decorre apenas da representação por via eleitoral, que autoriza os parlamentares a tomarem decisões em nome do povo. Ao lado dos conceitos de eleições e do princípio majoritário, a ideia de democracia deliberativa não só comporta como exige um outro componente: uma representação argumentativa ou discursiva. O constitucionalismo democrático se funda na institucionalização da razão e da correção moral. Isso significa que uma decisão da corte suprema, para ser inquestionavelmente legítima, deverá ser capaz de demonstrar: (i) a racionalidade e a justiça do seu argumento, bem como (ii) que ela corresponde a uma demanda social objetivamente demonstrável.

Pois bem: circunstâncias diversas têm colocado ênfase no papel representativo do Supremo Tribunal Federal. Apesar de se tratar de uma questão pouco teorizada, o fato é que um olhar reconstrutivo sobre a jurisprudência e a própria postura da Corte permite concluir que ela tem desenvolvido, de forma crescente, uma nítida percepção de si mesma como representante da soberania popular. Mais precisamente, como representante de decisões soberanas materializadas na Constituição Federal e difundidas por meio de um sentimento constitucional que, venturosamente, se irradiou pela sociedade como um todo. Tal realidade é perceptível na frequência com que as normas da Constituição são invocadas nos mais diversos ambientes. Do debate parlamentar às ações de consumo. Das passeatas *gays* às respostas da comunidade religiosa, ambas expressamente baseadas na mesma liberdade de expressão.

Não raramente, a jurisdição constitucional é deflagrada pelos próprios agentes políticos, embora estejam entre os principais críticos da judicialização: seja pela minoria parlamentar que considera ter sido privada do devido processo legislativo, seja pelo Governador de Estado a quem não parece legítimo poder ser convocado para depor em CPI. Todos esperam que o STF faça valer o direito constitucional, que não deve ficar à disposição dos detentores momentâneos do poder. E com isso permitem que o Supremo Tribunal Federal processe esse conjunto de questões políticas na linguagem da Constituição e dos direitos fundamentais. Como há vencedores e vencidos nessas contendas, não é possível agradar a todos nem muito menos aspirar à unanimidade. Quem ganha, geralmente elogia a interpretação adequada da Constituição. Quem perde, lastima a invasão do espaço da política pela jurisdição. Tem sido assim desde sempre, em toda parte, dos Estados Unidos à África do Sul.

A permeabilidade do Judiciário à sociedade não é em si negativa. Pelo contrário. Não é ruim que os juízes, antes de decidirem, olhem pela janela de seus gabinetes e levem em conta a realidade e o sentimento social. Em grande medida, é essa a principal utilidade das audiências públicas que têm sido

---

149 V. Luís Roberto Barroso, *O controle de constitucionalidade no direito brasileiro:* exposição sistemática da doutrina e análise crítica da jurisprudência, 2011, p. 74-5.

150 V., no entanto, Corinna Barret Lain, Upside-down judicial review, *The Georgetown Law Journal 101*:113, 2012; Thamy Pogrebinschi, *Judicialização ou representação*: política, direito e democracia no Brasil, 2011; e Luís Roberto Barroso, O constitucionalismo democrático no Brasil: crônica de um sucesso imprevisto. In: Luís Roberto Barroso, *O novo direito constitucional brasileiro*, 2012, p. 41.

151 V. Robert Alexy, Balancing, constitutional review, and representation, *International Journal of Constitutional Law 3*:572, 2005, p. 578 e s.

conduzidas, com maior frequência, pelo STF[152]. Os magistrados, assim como as pessoas em geral, não são seres desenraizados, imunes ao processo social de formação das opiniões individuais. O que não se poderia aceitar é a conversão do Judiciário em mais um canal da política majoritária, subserviente à opinião pública ou pautado pelas pressões da mídia. Ausente essa relação de subordinação, o alinhamento eventual com a vontade popular dominante é uma circunstância feliz e, em última instância, aumenta o capital político de que a Corte dispõe para poder se impor, de forma contramajoritária, nos momentos em que isso seja necessário.

Este ponto é de extrema relevância: todo poder político, em um ambiente democrático, é exercido em nome do povo e deve contas à sociedade. A autoridade para fazer valer a Constituição, como qualquer autoridade que não repouse na força, depende da confiança dos cidadãos. Mas há sutilezas aqui. Muitas vezes, a decisão correta e justa não é a mais popular. E o populismo judicial é tão ruim quanto qualquer outro. É assim, alternando momentos de ativismo e de autocontenção, que a jurisdição constitucional tem se consolidado em todas as democracias maduras como instrumento de mediação das forças políticas e de proteção dos direitos fundamentais.

Por ocasião de minha sabatina perante o Senado Federal, realizada em 5 de junho de 2013, expus o meu ponto de vista na matéria. No mundo ideal, política é política, Direito é Direito. São domínios diferentes. No mundo real, todavia, as fronteiras nem sempre são demarcadas de maneira nítida. E, assim, surgem tensões inevitáveis. Quando isso ocorre, é preciso critérios para equacionar a questão. Penso ser próprio aqui distinguir duas situações: a) quando tenha havido uma atuação do Legislativo ou do Executivo em relação ao tema; e b) quando *não* tenha havido tal atuação.

A primeira situação, portanto, se dá quando o Legislativo tenha efetivamente deliberado acerca de determinada matéria. Por exemplo: (i) a edição de uma lei permitindo e disciplinando as pesquisas com células-tronco embrionárias; ou (ii) a edição de lei disciplinando a ação afirmativa em favor de negros. Nesses dois casos, embora exista controvérsia política, o Judiciário deve ser deferente para com as escolhas feitas pelo Legislativo. Não cabe ao Judiciário sobrepor a sua própria valoração política à dos órgãos cujos membros têm o batismo da representação popular.

Situação diversa é a que ocorre quando o Legislativo não atuou, porque não pôde, não quis ou não conseguiu formar maioria. Aí haverá uma lacuna no ordenamento. Mas os problemas ocorrerão e o

---

152 Até a metade do ano de 2021, dezenove audiências já haviam sido convocadas, envolvendo os seguintes temas: pesquisas com células-tronco embrionárias (ADI 3.510, Rel. Min. Carlos Britto, 20 abr. 2007); importação de pneus usados (ADPF 101, Rel. Min. Cármen Lúcia, 27 jun. 2008); interrupção da gestação de fetos anencefálicos (ADPF 54, Rel. Min. Marco Aurélio, 26 ago.-16 set. 2008; judicialização do direito à saúde (SL 47 et al., Rel. Min. Gilmar Mendes, 27 abr.-7 maio 2009); políticas de ação afirmativa de acesso ao ensino superior (ADPF 186 e RE 597.285, Rel. Min. Ricardo Lewandowski); Lei seca – proibição de venda de bebidas alcoólicas nas proximidades de rodovias (ADI 4.103, Rel. Min. Luiz Fux, 7-14 maio 2012); proibição de uso de amianto (ADI 3.937, Rel. Min. Marco Aurélio, 24-31 ago. 2012); campo eletromagnético de linhas de transmissão de energia (RE 627.189, Min. Dias Toffoli, 6-8 mar. 2013); novo marco regulatório para a TV por assinatura (ADI 4.679, Rel. Min. Luiz Fux, 18-25 fev. 2013); queimadas em canaviais (RE 586.224, Rel. Min. Luiz Fux, 22 abr. 2013); regime prisional (RE 641.320, Min. Gilmar Mendes, 27-28 maio 2013); financiamento de campanhas eleitorais (ADI 4.650, Rel. Min. Luiz Fux, 17-24 jun. 2013); biografias não autorizadas (ADI 4.815, Rel. Min. Cármen Lúcia, 21-22 nov. 2013); programa "Mais médicos" (ADI 5.037 e 5.035, Rel. Min. Marco Aurélio, 26 nov. 2013); alterações no marco regulatório da gestão coletiva de direitos autorais no Brasil (ADIs 5.062 e 5.065, Rel. Min. Luiz Fux, 17 mar. 2014); internação hospitalar com diferença de classe no SUS (RE 581.488, Rel. Min. Dias Toffoli, 26 maio 2014); ensino religioso em escolas públicas (ADI 4.439, Rel. Min. Luís Roberto Barroso, 15 abr. 2015); uso de depósitos judiciais (ADI 5.072, Rel. Min. Gilmar Mendes, 21 set. 2015); novo Código Florestal (ADIs 4.901, 4.902, 4.903 e 4.937, Rel. Min. Luiz Fux, 18 abr. 2016); audiência simultânea sobre os arts. 10, § 2º, e 12, III e IV, da Lei n. 12.965/2014 – Marco Civil da Internet (ADI 5.527, Rel. Min. Rosa Weber); a suspensão do aplicativo WhatsApp por decisões judiciais no Brasil (ADPF 403, Rel. Min. Luiz Edson Fachin, 2-5 jun. 2017); a aplicabilidade do direito ao esquecimento na esfera civil (RE 1010606, Rel. Min. Dias Toffoli, 12 jun. 2017); e armazenamento de perfis genéticos de condenados por crimes violentos ou hediondos (RE 973837, Rel. Min. Gilmar Mendes, 25 maio 2017). transferência de controle acionário de empresas públicas, sociedades de economia mista e de suas subsidiárias ou controladas (ADI 5.624, Rel. Min. Ricardo Lewandowski, 28 set. 2018); política de preços mínimos do transporte rodoviário de cargas sobre a concorrência (ADI 5.956, Rel. Min. Luiz Fux, 27 ago. 2018); interrupção voluntária da gestação até a 12a semana (ADPF 442, Rel. Min. Rosa Weber, 3-6 ago. 2018); e conflitos federativos sobre questões fiscais dos Estados e da União (ACO 3.233, Rel. Min. Luiz Fux, 25 jun. 2019); liberdades públicas de expressão artística, cultural, de comunicação e direito à informação (ADPF 614, Rel. Min. Cármen Lúcia, 4-5 nov. 2019); candidatura avulsa (RE 1.238.853; Rel. Min. Luís Roberto Barroso, 9 dez. 2019); controle de dados de usuários por provedores de internet no exterior (ADC 51, Rel. Min. Gilmar Mendes, 10 fev. 2020); funcionamento do Fundo Nacional sobre Mudança do Clima (Fundo Clima) e políticas públicas em matéria ambiental (ADPF 708, Rel. Min. Luís Roberto Barroso, 21-22 set. 2020); funcionamento do Fundo Amazônia e a implementação de políticas públicas em matéria ambiental (ADO 59, Rel. Min. Rosa Weber, 23-26 out. 2020); redução da letalidade policial (ADPF 635, Rel. Min. Edson Fachin, 16-19 abr. 2021); e monitoramento prisional (HC 165.704, Rel. Min. Gilmar Mendes, 14 jun. 2021).

Judiciário terá de resolvê-los. Por exemplo: a) o Congresso não havia ainda regulado a greve no serviço público. A despeito disso, as greves ocorriam, surgiam disputas e o STF viu-se na contingência de estabelecer as regras que deveriam ser aplicadas até que o Congresso viesse dispor a respeito. Ou b) o caso das relações homoafetivas. Elas existem. São um fato da vida, independentemente do que cada um pense sobre o ponto. Não há lei a respeito. Pois bem: o Estado tem que tomar uma posição sobre a existência ou não do direito desses casais a serem reconhecidos como uma entidade familiar, pela importância moral desse reconhecimento e por uma série de questões práticas (herança, pensão alimentícia, divisão do patrimônio comum). Quando o Congresso Nacional não fornece uma resposta, é natural que os afetados traduzam o seu pleito perante o Judiciário, buscando a afirmação jurídica daquilo que a política se negou a discutir.

É claro que uma corte constitucional poderia também, em linha de princípio, rever uma escolha que o legislador tenha feito, mas isso envolve naturalmente um ônus argumentativo muito mais elevado. Por tudo isso, o papel do Judiciário, quando não tenha havido deliberação política, é mais abrangente do que quando ela tenha ocorrido. Se há lei, o STF só deve invalidá-la se a afronta à Constituição for inequívoca. Se não há lei, o Judiciário não pode deixar de decidir a questão alegando omissão normativa. Nesse caso, seu poder se expande. Portanto, no fundo, quem tem o poder sobre o maior ou menor grau de judicialização é o Congresso: quando ele atua, ela diminui; e vice-versa.

| CAPÍTULO III | OS PAPÉIS DAS SUPREMAS CORTES E TRIBUNAIS CONSTITUCIONAIS NAS DEMOCRACIAS CONTEMPORÂNEAS |

Sumário: I – O estado da arte do direito constitucional contemporâneo. II – Papéis desempenhados pelas supremas cortes e tribunais constitucionais. 1. O papel contramajoritário. 2. O papel representativo. 3. O papel iluminista.

I O ESTADO DA ARTE DO DIREITO CONSTITUCIONAL CONTEMPORÂNEO

O mundo do direito constitucional vive um momento de efervescência, que inclui intensa interlocução entre acadêmicos e juízes de diferentes países, o uso eventual de doutrina e precedentes estrangeiros por tribunais, o florescimento de cortes constitucionais e internacionais, assim como a universalização do discurso dos direitos fundamentais, para citar alguns aspectos do fenômeno. Fala-se em um constitucionalismo global[1]. A expressão não se refere, ao menos na quadra atual, à instauração de uma ordem jurídica mundial única, com instituições supranacionais para fazê-la cumprir. Esta não é uma possibilidade real à vista. Vive-se, porém, um momento de migração de ideias constitucionais[2], de cosmopolitanismo[3], de um discurso transnacional[4]. Há um patrimônio comum compartilhado pelos países democráticos que se expressa em uma gramática e em uma semântica que os aproximam em valores e propósitos[5]. O pacote básico do constitucionalismo contemporâneo contém muitas ideias, conceitos e instituições que tiveram sua origem na prática dos Estados Unidos[6]. Ao circularem pelo mundo, no entanto, foram adquirindo novas cores e sabores, incorporando sotaques e agregando valores[7]. O presente capítulo analisa alguns processos típicos da atualidade do direito constitucional, sob

---

1 A propósito, *Global Constitutionalism* é o título de um seminário anual realizado pela *Yale Law School* desde 1996, reunindo juízes de cortes constitucionais de diferentes partes do mundo. Trata-se de um dos mais importantes encontros do gênero, com a leitura prévia de um conjunto de materiais por todos os participantes, em preparação para uma discussão marcada "por uma rara combinação de seriedade intelectual, franqueza, verve e o sentimento de um propósito comum" (*"by a rare combination of intellectual seriousness, candor, verve, and a sense of common purpose"*). V. https://www.law.yale.edu/centers-workshops/gruber-program-global-justice-and-womens-rights/global-constitutionalism-seminar. Acesso em: 11 set. 2019.

2 Sujit Choudhry, Migration as a New Metaphor in Comparative Constitutional Law. In: Sujit Choudhry. (ed.), *The Migration of Constitutional Ideas*. New York: Cambridge University Press, 2005, p. 1-35. Sobre o tema, em língua portuguesa, v. Alonso Freire, O Supremo Tribunal Federal e a migração de ideias constitucionais: considerações sobre a análise comparativa na interpretação dos direitos fundamentais. In: Clèmerson Merlin Clève e Alexandre Freire (orgs.), *Direitos Fundamentais e Jurisdição Constitucional*. São Paulo: Revista dos Tribunais, 2014, p. 99-125.

3 Vlad Perju, Cosmopolitanism in constitutional law. *Cardozo Law Review* 35:710, 2013.

4 Luís Roberto Barroso, "Here, there, and everywhere": human dignity in contemporary law and in the transnational discourse. *Boston College International & Comparative Law Review* 35:331 (2012).

5 Um estudo quantitativo feito com as constituições promulgadas ao longo das últimas seis décadas confirma a existência de várias tendências constitucionais globais. Uma delas é a presença de um conjunto nuclear de direitos constitucionais que são comuns à grande maioria das constituições nacionais, referidos como "direitos constitucionais genéricos" (*"generic constitutional rights"*). Dentre eles se destacam as liberdades de religião e de expressão, o direito de propriedade e as garantias de igualdade. V. David S. Law e Mila Versteeg, The Evolution and Ideology of Global Constitucionalism. *California Law Review* 99:1163 (2011).

6 Apesar das diferenças importantes no que diz respeito às competências alargadas conferidas aos Presidentes e quanto ao desenho do Federalismo em cada país, a maioria das constituições na América Latina repetiu traços constitucionais essenciais do modelo americano até o final do século XIX. Essa similaridade, no entanto, diminui ao longo do século XX, especialmente após a Segunda Guerra Mundial. V. Zachary Elkins, Tom Ginsburg e James Melton, *The Endurance of National Constitutions*. Cambridge: Cambridge University Press, 2009, 25-26.

7 Atualmente, sugere-se que a circulação mundial de ideias constitucionais surgidas originariamente nas principais democracias constitucionais teria feito emergir um "direito constitucional genérico", que pode ser definido como um conjunto de princípios, práticas, instituições e desafios comuns a todas as jurisdições, principalmente em temas envolvendo direitos civis e liberdades fundamentais. V. David S. Law, Generic Constitutional Law. *Minnesota Law Review* 89:652 (2005).

uma perspectiva que não é local ou particular, mas que procura incorporar o conjunto de concepções que fizeram do constitucionalismo um projeto global[8].

Duas das primeiras Constituições escritas do mundo – a americana, de 1787, e a francesa, de 1791[9] – deram origem a dois modelos de constitucionalismo bastante diferentes. No modelo francês, que se irradiou pela Europa continental, a Constituição tinha uma dimensão essencialmente política, não comportando aplicação direta e imediata pelo Poder Judiciário[10]. O grande princípio era o da *supremacia do Parlamento*, sendo que as leis não eram passíveis de controle de constitucionalidade. Já o constitucionalismo americano, ao menos desde *Marbury v. Madison*[11], julgado em 1803, caracterizou-se pelo reconhecimento de uma dimensão jurídica à Constituição, com a possibilidade de sua aplicação direta e imediata por todos os órgãos do Poder Judiciário[12]. O grande princípio aqui, desde o começo, foi o da supremacia da Constituição, em que juízes e tribunais, e especialmente a Suprema Corte, podiam exercer o controle de constitucionalidade e, consequentemente, deixar de aplicar as normas que considerassem incompatíveis com a Constituição. Antes de meados do século passado, supremas cortes ou cortes constitucionais com poderes para aplicar diretamente a Constituição e invalidar leis com ela incompatíveis eram uma raridade[13].

Após a Segunda Guerra Mundial, o modelo americano prevaleceu na maior parte do mundo democrático[14]. Embora a fórmula dos tribunais constitucionais, adotada na Europa, tenha estrutura e procedimentos diferentes do americano, o conceito subjacente é o mesmo: a Constituição é dotada de supremacia e os atos dos outros Poderes que sejam incompatíveis com ela podem ser invalidados por um tribunal. Como se sabe, sob inspiração de Hans Kelsen, a Constituição da Áustria, de 1920, previu um órgão específico, fora da estrutura ordinária do Poder Judiciário, para desempenhar o controle de constitucionalidade. Porém, foi com a implantação do Tribunal Constitucional Federal alemão, em 1951, que este formato de prestação de jurisdição constitucional se difundiu pelo mundo. Hoje em dia, mais

---

8 Em livro com muitos *insights* relevantes sobre a importância da abertura intelectual para o mundo, Stephen Breyer identificou "an ever-growing need for American courts to develop an understanding of, and working relationships with, foreign courts and legal institutions". E, na conclusão da obra, assinalou: "This book shows how and why the Supreme Court must increasingly consider the world beyond our national frontiers. In its growing interdependence, this world of laws offers new opportunities for the exchange of ideas, together with a host of new challenges that bear upon our job of interpreting statutes and treaties and even our Constitution". V. Stephen Breyer, *The court and the world:* American law and the new global realities". New York: Alfred A. Knopf, 2015, p. 7 e 281.

9 Embora pouco conhecida, a segunda Constituição escrita do mundo moderno foi editada pela Commonwealth Polônia – Lituânia, em 3 de maio de 1791, com breve duração de 19 meses. Assim, a Constituição francesa de 1791 foi, na verdade, a terceira Constituição escrita.

10 Os revolucionários franceses de 1789 viam o Judiciário com suspeição, reputando-o contrário às reformas sociais e ligado ao Antigo Regime. Por isso mesmo, desde a primeira hora, foi proibido o controle de constitucionalidade (*judicial review*) de leis e atos administrativos, inicialmente por lei de agosto de 1790 e, na sequência, por disposição expressa da Constituição de 1791: "Courts cannot interfere with the exercise of legislative powers, supend the application of laws, nor can they infringe on administrative functions, or take cognizance of administrative acts of any kind" (Tit. III, Cap. V, art. 3º). Sobre o ponto, v. Alec Stone Sweet, Why Europe rejected American judicial review. *Michigan Law Review 101:*2744, 2003, p. 2744-2746.

11 5 U.S. 137 (1803).

12 O *judicial review*, na verdade, remonta à experiência colonial, com as cartas coloniais e constituições estaduais. Embora a Constituição de 1787 não seja explícita a respeito, a prática foi "assumida" por seus autores (*Founding Fathers*) e justificada em uma longa passagem do Federalista no 78, escrito por Alexander Hamilton. V. Saikrishna B. Prakash e John C. Yoo, The origins of judicial review. *The University of Chicago Law Review 70:*887 (2003), p. 915, 933 e 982. Para uma minuciosa revisão das origens históricas do *judicial review*, v. Mary Bilder, The corporate origins of judicial review. *The Yale Law Journal 116:*502, 2006-2007, p. 504: "[...] O controle judicial de constitucionalidade surgiu de uma tradicional prática inglesa em que o regulamento de uma empresa submetia-se a um controle de compatibilidade com as leis da Inglaterra. Esse direito empresarial inglês subsequentemente se tornou uma constituição transatlântica obrigando o direito colonial a um padrão similar de conformação com as leis da Inglaterra. Depois da revolução, essa prática de uma legislação limitada transformou-se inexoravelmente em uma prática constitucional, quando a 'Constituição' substituiu as 'Leis da Inglaterra'" (No original: "[...] [J]udicial review arose from a longstanding English corporate practice under which a corporation's ordinances were reviewed for repugnancy to the laws of England. This English corporation law subsequently became a transatlantic constitution binding American colonial law by a similar standard of not being repugnant to the laws of England. After the Revolution, this practice of bounded legislation slid inexorably into a constitutional practice, as 'the Constitution' replaced 'the laws of England'").

13 V. Dieter Grimm, *Constitutionalism: past, presente, and future*. Oxford: Oxford University Press, 2016, p. 199.

14 V. Luís Roberto Barroso, The americanization of constitutional law and its paradoxes: constitutional theory and constitutional jurisdiction in the contemporary world. *ILSA – Journal of International & Comparative Law 16:*579, 2009-2010.

314

de 80% dos países atribuem a cortes supremas ou a tribunais constitucionais o poder de invalidar legislação incompatível com a Constituição[15]. Também no seu conteúdo, muitas Constituições contemporâneas se aproximam, na essência, do padrão concebido na Filadélfia, em 1787. De fato, este é o estado da arte do direito constitucional na maior parte dos países democráticos: Constituições escritas que são dotadas de supremacia estabelecem a separação de Poderes, definem direitos fundamentais e preveem o controle de constitucionalidade, a cargo de uma Suprema Corte ou de um Tribunal Constitucional. Esta relativa homogeneidade não encobre, é certo, a perda de influência da Constituição americana[16], as distinções ideológicas entre constituições contemporâneas[17], nem tampouco as discrepâncias na interpretação de dispositivos idênticos por tribunais diferentes[18].

II OS PAPÉIS DESEMPENHADOS PELAS SUPREMAS CORTES E TRIBUNAIS CONSTITUCIONAIS

A missão institucional das supremas cortes e tribunais constitucionais é fazer valer a Constituição diante de ameaças oferecidas pelos outros Poderes ou mesmo por particulares. Na rotina da vida, a situação mais corriqueira se dá quando determinada lei, isto é, um ato do Poder Legislativo, é questionado em face do texto constitucional. Na grande maioria dos casos, ao exercer o controle de constitucionalidade, as cortes constitucionais mantêm a legislação impugnada, julgando improcedente o pedido. Isto se deve à primazia que a Constituição deu ao Legislativo para a tomada de decisões políticas e à deferência que os tribunais devem aos atos dos outros ramos do governo, em nome do princípio da separação de Poderes. Como consequência, uma quantidade relativamente pequena de leis é declarada inconstitucional.

É oportuna aqui a observação de que nos Estados Unidos a *judicial review* é um conceito que, como regra geral, se restringe à possibilidade de uma corte de justiça, e particularmente a Suprema Corte, declarar uma lei inconstitucional. Em outros países, sobretudo os de Constituições mais analíticas, como Alemanha, Itália, Espanha, Portugal e Brasil, a *jurisdição constitucional*, termo mais comumente utilizado, abriga um conceito mais abrangente, que inclui outros comportamentos dos tribunais, diferentes da pura invalidação de atos legislativos. Estas outras atuações alternativas dos tribunais podem incluir: (i) a aplicação direta da Constituição a determinadas situações, com atribuição de sentido a determinada cláusula constitucional;[19] (ii) a interpretação conforme a Constituição, técnica que importa na exclusão de determinado sentido possível de uma norma, porque incompatível com a Constituição, e na afirmação de uma interpretação alternativa, esta sim em harmonia com o texto constitucional;[20] e (iii) a criação

---

15 Tom Ginsburg e Mila Versteeg, Why do countries adopt constitutional review?. *The Journal of Law, Economics & Organization* 30:587, 2013, p. 587.

16 V. David. S. Law e Mila Versteeg. The declining influence of the United States constitution. *New York University Law Review* 87:762, 2012.

17 De acordo com David S. Law e Mila Versteeg, The evolution and ideology of global constitucionalism. *California Law Review* 99:1163, 2011, do ponto de vista ideológico, as constituições na atualidade se dividem em dois grupos bastante distintos. O primeiro é formado por constituições que podem ser ditas como libertárias, no sentido de que elas representam uma tradição de liberdade negativa, exigindo, em sua maior parte, uma abstenção do Estado. O segundo é constituído por constituições que, ao contrário, exigem a intervenção do Estado na realização de direitos, especialmente os de cunho social. Embora haja essa polarização, as constituições que se enquadram em cada um desses dois grupos estão cada vez mais convergentes em seu conteúdo. Nas palavras dos autores, à p. 1164: "Nós mostramos que as Constituições do mundo estão crescentemente se dividindo em dois grupos distintos – um de caráter libertário e outro estatista. Dentro de cada grupo, as constituições esão ficando cada vez mais parecidas, mas os grupos entre si estão cada vez mais distintos um do outro. A dinâmica da evolução constitucional, em outras palavras, envolve a combinação entre convergência ideológica e polarização ideológica".

18 Como sabido, a interpretação jurídica sofre influência decisiva da história, da religião, da cultura e do sistema jurídico de cada país, o que dificulta uma concordância universal sobre valores constitucionais e direitos fundamentais. Sobre o tema, v. Alan Richter, Dennis Davis e Cheryl Saunders (eds.), *An inquiry into the existence of global values through the lens of comparative constitutional law*. Oxford: Hart Publishing, 2015, p. 470: "Não obstante o crescimento exponencial das constituições nacionais que buscam, ao menos na sua textualidade, promover formas similares de direitos humanos, este estudo demonstrou que não há aplicação consistente de nenhum dos direitos que transcendem as fronteiras naturais".

19 Por exemplo: a liberdade de expressão protege a divulgação de fatos verdadeiros, não podendo ser afastada pela invocação do chamado direito ao esquecimento.

20 Por exemplo: é legítima a reserva de vaga de um percentual de cargos públicos para negros, desde que sejam aprovados em concurso público, preenchendo os requisitos mínimos estabelecidos.

temporária de normas para sanar hipóteses conhecidas como de *inconstitucionalidade por omissão*, que ocorrem quando determinada norma constitucional depende de regulamentação por lei, mas o Legislativo se queda inerte, deixando de editá-la.[21]

São três os papéis desempenhados pelas supremas cortes e tribunais constitucionais quando acolhem o pedido e interferem com atos praticados pelo Poder Legislativo. O primeiro deles é o papel *contramajoritário*, que constitui um dos temas mais estudados pela teoria constitucional dos diferentes países. Em segundo lugar, cortes constitucionais desempenham, por vezes, um papel *representativo*, atuação que é largamente ignorada pela doutrina em geral, que não parece ter se dado conta da sua existência. Por fim, e em terceiro lugar, supremas cortes e tribunais constitucionais podem exercer, em certos contextos limitados e específicos, um papel *iluminista*. Nos Estados Unidos, como a jurisdição constitucional é sempre vista em termos de *judicial review* (controle de constitucionalidade das leis), o acolhimento do pedido envolverá, como regra, a invalidação da norma e, consequentemente, de acordo com a terminologia usual, uma atuação contramajoritária. Como se verá um pouco mais à frente, este papel contramajoritário poderá – ou não – vir cumulado com uma dimensão representativa ou iluminista.

1   O papel contramajoritário

Supremas cortes e tribunais constitucionais, na maior parte dos países democráticos, detêm o poder de controlar a constitucionalidade dos atos do Poder Legislativo (e do Executivo também), podendo invalidar normas aprovadas pelo Congresso ou Parlamento. Esta possibilidade, que já havia sido aventada nos *Federalist Papers* por Alexander Hamilton,[22] teve como primeiro marco jurisprudencial a decisão da Suprema Corte americana em Marbury v. Madison, julgado em 1803.[23] Isso significa que os juízes das cortes superiores, que jamais receberam um voto popular, podem sobrepor a sua interpretação da Constituição à que foi feita por agentes políticos investidos de mandato representativo e legitimidade democrática. A essa circunstância, que gera uma aparente incongruência no âmbito de um Estado democrático, a teoria constitucional deu o apelido de "dificuldade contramajoritária".[24]

A despeito de resistências teóricas pontuais[25], esse papel contramajoritário do controle judicial de constitucionalidade tornou-se quase universalmente aceito. A legitimidade democrática da jurisdição constitucional tem sido assentada com base em dois fundamentos principais: a) a proteção dos direitos fundamentais, que correspondem ao mínimo ético e à reserva de justiça de uma comunidade política[26], insuscetíveis de serem atropelados por deliberação política majoritária; e b) a proteção das regras do jogo democrático e dos canais de participação política de todos[27]. A maior parte dos países do mundo confere ao Judiciário e, mais particularmente à sua suprema corte ou corte constitucional, o *status* de sentinela contra o risco da tirania das maiorias[28]. Evita-se, assim, que possam deturpar o processo democrático ou oprimir as minorias. Há razoável consenso, nos dias atuais, de que o conceito de democracia transcende a ideia de governo da maioria, exigindo a incorporação de outros valores fundamentais. A imagem

---

21   Por exemplo: até que o Congresso aprove lei disciplinando a greve de servidores públicos, como prevê a Constituição, será ela regida pela lei que disciplina a greve no setor privado.

22   V. Federalist no 78: "Uma constituição é, de fato, uma lei fundamental, e assim deve ser vista pelos juízes. É deles, portanto, a competência para determinar o seu significado, assim como o significado de qualquer ato emanado do Poder Legislativo. Se acontecer de haver uma incompatibilidade irreconciliável entre eles, aquela que tem validade e obrigatoriedade superior deve, é claro, ser preferida; ou, em outras palavras, a Constituição deve ser preferida à lei, a intenção do povo à intenção de seus agentes" (No original: "A constitution is, in fact, and must be regarded by the judges as, a fundamental law. It, therefore, belongs to them to ascertain its meaning, as well as the meaning of any particular act proceeding from the legislative body. If there should happen to be an irreconcilable variance between the two, that which has the superior obligation and validity ought, of course, to be preferred; or, in other words, the Constitution ought to be preferred to the statute, the intention of the people to the intention of their agents").

23   5 U.S. 137 (1803).

24   A expressão se tornou clássica a partir da obra de Alexander Bickel, *The least dangerous branch:* the Supreme Court at the bar of politics, 1986, p. 16 e s. A primeira edição do livro é de 1962.

25   *E.g.*, Jeremy Waldron, The core of the case against judicial review. *The Yale Law Journal* 115:1346, 2006; Mark Tushnet, *Taking the Constitution away from the courts*, 2000; e Larry Kramer, *The people themselves:* popular constitutionalism and judicial review, 2004.

26   A equiparação entre direitos humanos e reserva mínima de justiça é feita por Robert Alexy em diversos de seus trabalhos. V., *e.g.*, *La institucionalización de la justicia*, 2005, p. 76.

27   Para esta visão processualista do papel da jurisdição constitucional, v. John Hart Ely, *Democracy and distrust*, 1980.

28   A expressão foi utilizada por John Stuart Mill, *On Liberty*, 1874, p. 13: "A tirania da maioria é agora geralmente incluída entre os males contra os quais a sociedade precisa ser protegida [...]".

frequentemente utilizada para justificar a legitimidade da jurisdição constitucional é extraída do Canto XIV da Odisseia, de Homero: para evitar a tentação do canto das sereias, que levava as embarcações a se chocarem contra os recifes, Ulysses mandou colocar cera nos ouvidos dos marinheiros que remavam e fez-se amarrar ao mastro da embarcação[29]. Sempre me fascinou o fato de que ele evitou o risco sem se privar do prazer.

Um desses valores fundamentais é o direito de cada indivíduo a igual respeito e consideração[30], isto é, a ser tratado com a mesma dignidade dos demais – o que inclui ter os seus interesses e opiniões levados em conta. A democracia, portanto, para além da dimensão procedimental de ser o governo da maioria, possui igualmente uma dimensão substantiva, que inclui igualdade, liberdade e justiça. É isso que a transforma, verdadeiramente, em um projeto coletivo de autogoverno, em que ninguém é deliberadamente deixado para trás. Mais do que o direito de participação igualitária, democracia significa que os vencidos no processo político, assim como os segmentos minoritários em geral, não estão desamparados e entregues à própria sorte. Justamente ao contrário, conservam a sua condição de membros igualmente dignos da comunidade política[31]. Em quase todo o mundo, o guardião dessas promessas[32] é a suprema corte ou o tribunal constitucional, por sua capacidade de ser um fórum de princípios[33] – isto é, de valores constitucionais, e não de política – e de razão pública – ou seja, de argumentos que possam ser aceitos por todos os envolvidos no debate[34]. Seus membros não dependem do processo eleitoral e suas decisões têm de fornecer argumentos normativos e racionais que a suportem.

Este papel contramajoritário é normalmente exercido pelas supremas cortes com razoável parcimônia. De fato, nas situações em que não estejam em jogo direitos fundamentais e os pressupostos da democracia, a Corte deve ser deferente para com a liberdade de conformação do legislador e a razoável discricionariedade do administrador. Nos Estados Unidos, por exemplo, segundo dados de 2012, em pouco mais de 220 anos houve apenas 167 decisões declaratórias da inconstitucionalidade de atos do Congresso[35]. É interessante observar que, embora o período da Corte Warren (1953-1969) seja considerado um dos mais ativistas da história americana, diversos autores apontam para o fato de que sob a presidência de William Rehnquist (1986-2005) houve intenso ativismo de índole conservadora, tendo como protagonistas os Justices Antonin Scalia, indicado por Ronald Reagan, e Clarence Thomas, indicado por George W. Bush[36]. Seja como for, o ponto que se quer aqui destacar é que tanto nos Estados Unidos, como em outros países, a invalidação de atos emanados do Legislativo é a exceção, e não a regra.

---

29 V., *e.g.*, John Elster, *Ulysses and the sirens*, 1979.

30 Ronald Dworkin, *Taking rights seriously*, 1997, p. 181. A primeira edição é de 1977.

31 V. Eduardo Mendonça, *A democracia das massas e a democracia das pessoas:* uma reflexão sobre a dificuldade contramajoritária, tese de doutorado, UERJ, mimeografada, 2014, p. 84.

32 A expressão consta do título do livro de Antoine Garapon, *O juiz e a democracia:* o guardião das promessas, 1999.

33 V. Ronald Dworkin, *A matter of principle*, 1985, p. 69-71. "O controle de constitucionalidade judicial assegura que as questões mais fundamentais de moralidade política serão apresentadas e debatidas como questões de princípio, e não apenas de poder político. Essa é uma transformação que não poderá jamais ser integralmente bem-sucedida apenas no âmbito do Legislativo".

34 John Rawls, *Political liberalism*, 1996, p. 212 e s., especialmente p. 231-40. Nas suas próprias palavras: "[A razão pública] se aplica também, e de forma especial, ao Judiciário e, acima de tudo, à suprema corte, onde haja uma democracia constitucional com controle de constitucionalidade. Isso porque os Ministros têm que explicar e justificar suas decisões, baseadas na sua compreensão da Constituição e das leis e precedentes relevantes. Como os atos do Legislativo e do Executivo não precisam ser justificados dessa forma, o papel especial da Corte a torna um caso exemplar de razão pública". Para uma crítica da visão de Rawls, v. Jeremy Waldron, Public reason and "justification" in the courtroom, *Journal of Law, Philosophy and Culture 1*:108, 2007.

35 V. Kenneth Jost, *The Supreme Court from A to Z*, 2012, p. xx. Um número bem maior de leis estaduais e locais foi invalidado, superior a 1200, segundo o mesmo autor. Na Alemanha, apenas cerca de 5% das leis federais foram invalidadas. C. Neal Tate e Torbjörn Vallinder (eds.), *The global expansion of judicial power*, 1995, p. 308.

36 Nesse sentido, apontando o fato de que juízes conservadores também atuam proativamente, a despeito da retórica de autocontenção, v. Frank B. Cross and Stephanie A. Lindquist, The scientific study of judicial activism. *Minnesota Law Review 91*:1752, 2007, p. 1755: "Para alguns Ministros que professam a autocontenção, as evidências sugerem que em alguns casos sua jurisprudência coerentemente espelha a sua retórica (como o *Justice* Rehnquist). No entanto, para outros (*Justices* Scalia e Thomas), as evidências não confirmam suas posições retóricas acerca do ativismo judicial; estes Ministros não costumam demonstrar uma abordagem de autocontenção. Em verdade, nos anos mais recentes (1994-2004), o que se tem verificado é que o comportamento dos juízes mais conservadores reflete uma orientação relativamente ativista, ainda que em grau menor do que os liberais da Corte Warren". V. tb. Paul Gewirtz e Chad Golder, So who are the activists? *New York Times*, op-ed, 6 jul. 2005.

2 O papel representativo

A democracia contemporânea é feita de votos, direitos e razões, o que dá a ela três dimensões: representativa, constitucional e deliberativa. A *democracia representativa* tem como elemento essencial o *voto popular* e como protagonistas institucionais o Congresso e o Presidente, eleitos por sufrágio universal. A *democracia constitucional* tem como componente nuclear o respeito aos direitos fundamentais, que devem ser garantidos inclusive contra a vontade eventual das maiorias políticas. O árbitro final das tensões entre vontade da maioria e direitos fundamentais e, portanto, protagonista institucional desta dimensão da democracia, é a Suprema Corte. Por fim, a *democracia deliberativa*[37] tem como seu componente essencial o oferecimento de razões, a discussão de ideias, a troca de argumentos. A democracia já não se limita ao momento do voto periódico, mas é feita de um debate público contínuo que deve acompanhar as decisões políticas relevantes. O protagonista da democracia deliberativa é a sociedade civil, em suas diferentes instâncias, que incluem o movimento social, imprensa, universidades, sindicatos, associações e cidadãos comuns. Embora o oferecimento de razões também possa ser associado aos Poderes Legislativo[38] e Executivo, o fato é que eles são, essencialmente, o locus da vontade, da decisão política. No universo do oferecimento de razões, merecem destaque os órgãos do Poder Judiciário: a motivação e a argumentação constituem matéria-prima da sua atuação e fatores de legitimação das decisões judiciais. Por isso, não deve causar estranheza que a Suprema Corte, por exceção e nunca como regra geral, funcione como intérprete do sentimento social. Em suma: o voto, embora imprescindível, não é a fonte exclusiva da democracia e, em certos casos, pode não ser suficiente para concretizá-la.

À luz do que se vem de afirmar, é fora de dúvida que o modelo tradicional de separação de Poderes, concebido no século XIX e que sobreviveu ao século XX, já não dá conta de justificar, em toda a extensão, a estrutura e funcionamento do constitucionalismo contemporâneo. Para utilizar um lugar comum, parodiando Antonio Gramsci, vivemos um momento em que o velho já morreu e novo ainda não nasceu[39]. A doutrina da dificuldade contramajoritária, estudada anteriormente, assenta-se na premissa de que as decisões dos órgãos eletivos, como o Congresso Nacional, seriam sempre expressão da vontade majoritária. E que, ao revés, as decisões proferidas por uma corte suprema, cujos membros não são eleitos, jamais seriam. Qualquer estudo empírico desacreditaria as duas proposições.

Por numerosas razões, o Legislativo nem sempre expressa o sentimento da maioria[40]. De fato, há muitas décadas, em todo o mundo democrático, é recorrente o discurso acerca da crise dos parlamentos e das dificuldades da representação política. Da Escandinávia às Américas, um misto de ceticismo, indiferença e insatisfação assinala a relação da sociedade civil com a classe política. Nos países em que o voto não é obrigatório, os índices de abstenção revelam o desinteresse geral. Em países de voto obrigatório, um percentual muito baixo de eleitores é capaz de se recordar em quem votou nas últimas eleições parlamentares. Há problemas associados (i) a falhas do sistema eleitoral e partidário, (ii) às minorias partidárias que funcionam como *veto players*[41], obstruindo o processamento da vontade da própria maioria parlamentar e (iii) à captura eventual por interesses especiais. A doutrina, que antes se

---

37 A ideia de democracia deliberativa tem como precursores autores como John Rawls, com sua ênfase na razão, e Jürgen Habermas, com sua ênfase na comunicação humana. Sobre democracia deliberativa, v., entre muitos, em língua inglesa, Amy Gutmann e Dennis Thompson, *Why deliberative democracy?*, 2004; em português, Cláudio Pereira de Souza Neto, *Teoria constitucional e democracia deliberativa*, 2006.

38 V. Ana Paula de Barcellos, *Direitos fundamentais e direito à justificativa:* devido procedimento na elaboração normativa, 2016.

39 Antonio Gramsci, *Cadernos do Cárcere*, 1926-1937. Disponível, na versão em espanhol, em http://pt.scribd.com/doc/63460598/Gramsci-Antonio-Cuadernos-de-La-Carcel-Tomo-1-OCR: "A crise consiste precisamente no fato de que o velho está morrendo e o novo não pode nascer. Nesse interregno, uma grande variedade de sintomas mórbidos aparece". V. tb., entrevista do sociólogo Zygmunt Bauman, disponível em: http://www.ihu.unisinos.br/noticias/24025--%60%60o-velho-mundo-esta-morrendo-mas-o-novo-ainda-nao-nasceu%60%60-entrevista-com-zigmunt-bauman.

40 Sobre o tema, v. Corinna Barret Lain, Upside-down judicial review, *The Georgetown Law Review 101*:113, 2012-2103. V. tb. Michael J. Klarman, The majoritarian judicial review: the entrenchment problem, *The Georgetown Law Journal 85*:49, 1996-1997.

41 *Veto players* são atores individuais ou coletivos com capacidade de parar o jogo ou impedir o avanço de uma agenda. Para um estudo aprofundado do tema, v. George Tsebelis, *Veto players:* how political institutions work. Princeton, NJ: Princeton Univesity Press, 2002. Em língua portuguesa, v. Pedro Abramovay, *Separação de Poderes e medidas provisórias*, 2012, p. 44 e s.

interessava pelo tema da dificuldade contramajoritária dos tribunais constitucionais, começa a voltar atenção para o déficit democrático da representação política[42].

Esta crise de legitimidade, representatividade e funcionalidade dos parlamentos gerou, como primeira consequência, em diferentes partes do mundo, um fortalecimento do Poder Executivo[43]. Nos últimos anos, porém, em muitos países, tem-se verificado uma expansão do Poder Judiciário e, notadamente, das supremas cortes. Nos Estados Unidos, este processo teve mais visibilidade durante o período da Corte Warren, mas a verdade é que nunca refluiu inteiramente. Apenas houve uma mudança de equilíbrio entre liberais e conservadores. O ponto aqui enfatizado é que, em certos contextos, por paradoxal que pareça, cortes acabem sendo mais representativas dos anseios e demandas sociais do que as instâncias políticas tradicionais. Algumas razões contribuem para isso. A primeira delas é o modo como juízes são indicados. Em diversos países, a seleção se dá por concurso público, com ênfase, portanto, na qualificação técnica, sem influência política. Porém, mesmo nos Estados Unidos, onde a escolha tem uma clara dimensão política, há um mínimo de qualificação profissional que funciona como pressuposto das indicações.

Uma outra razão é a vitaliciedade, que faz com que juízes não estejam sujeitos às circunstâncias de curto prazo da política eleitoral. Ademais, juízes não atuam por iniciativa própria: dependem de provocação das partes e não podem decidir além do que foi pedido. E finalmente, mas não menos importante, decisões judiciais precisam ser motivadas. Isso significa que para serem válidas, jamais poderão ser um ato de pura vontade discricionária: a ordem jurídica impõe ao juiz de qualquer grau o dever de apresentar razões, isto é, os fundamentos e argumentos do seu raciocínio e convencimento. Convém aprofundar um pouco mais este último ponto. Em uma visão tradicional e puramente majoritária da democracia, ela se resumiria a uma *legitimação eleitoral* do poder. Por esse critério, o fascismo na Itália ou o nazismo na Alemanha poderiam ser vistos como democráticos, ao menos no momento em que se instalaram no poder e pelo período em que tiveram apoio da maioria da população. Mas a legitimidade não se mede apenas no momento da investidura, mas também pelos meios empregados no exercício do poder e os fins a que ele visa.

Cabe aqui retomar a ideia de democracia deliberativa, que se funda, precisamente, em uma legitimação discursiva: as decisões políticas devem ser produzidas após debate público livre, amplo e aberto, ao fim do qual se forneçam as razões das opções feitas. Por isso se ter afirmado, anteriormente, que a democracia contemporânea inclui votos e argumentos[44]. Um insight importante nesse domínio é fornecido pelo jusfilósofo alemão Robert Alexy, que se refere à corte constitucional como representante argumentativo da sociedade. Segundo ele, a única maneira de reconciliar a jurisdição constitucional com a democracia é concebê-la, também, como uma representação popular. Pessoas racionais são capazes de aceitar argumentos sólidos e corretos. O constitucionalismo democrático possui uma legitimação discursiva, que é um projeto de institucionalização da razão e da correção[45].

Cabe fazer duas observações adicionais. A primeira delas é de caráter terminológico. Se se admite a tese de que os órgãos representativos podem não refletir a vontade majoritária, decisão judicial que infirme um ato do Congresso pode não ser contramajoritária. O que ela será, invariavelmente, é contralegislativa, ou contracongressual ou contraparlamentar. A segunda observação é que o fato de não estarem sujeitas a certas vicissitudes que acometem os dois ramos políticos dos Poderes não é, naturalmente, garantia de que as supremas cortes inclinar-se-ão em favor das posições majoritárias da sociedade.

---

42 V., *e.g.*, Mark A. Graber, The countermajoritarian difficulty: from courts to Congress to constitutional order, *Annual Review of Law and Social Science* 4:361-62 (2008). Em meu texto *Neoconstitucionalismo e constitucionalização do Direito*: o triunfo tardio do direito constitucional no Brasil, *Revista de Direito Administrativo* 240:1, 2005, p. 41, escrevi: "Cidadão é diferente de eleitor; governo do povo não é governo do eleitorado. No geral, o processo político majoritário se move por interesses, ao passo que a lógica democrática se inspira em valores. E, muitas vezes, só restará o Judiciário para preservá-los. O *deficit* democrático do Judiciário, decorrente da dificuldade contramajoritária, não é necessariamente maior que o do Legislativo, cuja composição pode estar afetada por disfunções diversas, dentre as quais o uso da máquina administrativa, o abuso do poder econômico, a manipulação dos meios de comunicação".

43 Esta concentração de poderes no Executivo se deu até mesmo em democracias tradicionais e consolidadas, do que é exemplo a Constituição da 5a República francesa, que retirou poderes da Assembleia Nacional e transferiu para um Presidente eleito. V. C. Neal Tate e Torbjörn Vallinder (eds.), *The global expansion of judicial power*, 1995, p. 519.

44 Para o aprofundamento dessa discussão acerca de legitimação eleitoral e discursiva, v. Eduardo Mendonça, *A democracia das massas e a democracia das pessoas*: uma reflexão sobre a dificuldade contramajoritária, mimeografado, 2014, p. 64-86.

45 V. Robert Alexy, Balancing, constitutional review, and representa-tion, *International Journal of Constitutional Law* 3:572, 2005, p. 578 e s.

A verdade, no entanto, é que uma observação atenta da realidade revela que é isso mesmo o que acontece. Nos Estados Unidos, décadas de estudos empíricos demonstram o ponto[46].

A esse propósito, é bem de ver que algumas decisões emblemáticas da Suprema Corte americana tiveram uma dimensão claramente representativa a legitimá-las. Uma delas foi *Griswold v. Connecticut*,[47] proferida em 1965, que considerou inconstitucional lei do Estado de Connecticut que proibia o uso de contraceptivos mesmo por casais casados. Ao reconhecer um direito de privacidade que não vinha expresso na Constituição, mas podia ser extraído das "penumbras" e "emanações" de outros *direitos constitucionais*, a Corte parece ter tido uma atuação que expressava o sentimento majoritário da época. Assim, embora a terminologia tradicional rotule esta decisão como contramajoritária – na medida em que invalidou uma lei estadual (o Connecticut Comstock Act de 1879) –, ela era, seguramente, *contralegislativa*, mas provavelmente não contramajoritária. Embora não haja dados totalmente seguros nem pesquisas de opinião do período, é possível intuir que a lei não expressava o sentimento majoritário em meados da década de 60[48] – cenário da revolução sexual e do movimento feminista –, de modo que a decisão foi, na verdade, *representativa*.

Outro exemplo de atuação representativa da Suprema Corte americana foi a decisão em *Lawrence v. Texas*,[49] de 2003, invalidando lei do Estado do Texas que criminalizava relações íntimas entre homossexuais. Ao reverter julgado anterior, no caso *Bowers v. Hardwick*,[50] o acórdão lavrado pelo *Justice* Anthony Kennedy assentou que os recorrentes tinham direito ao respeito à sua vida privada e que, sob a cláusula do devido processo legal substantivo da 14a Emenda, tinham protegida a sua liberdade de manter relações sexuais consentidas. Embora grupos religiosos tenham expressado veemente opinião contrária,[51] parece fora de questão que a maioria da população americana – e mesmo, provavelmente, do próprio Estado do Texas – não considerava legítimo tratar relações homossexuais como crime. De modo que também aqui, embora rotulada de contramajoritária, a decisão do Tribunal foi mesmo é contralegislativa. Mas certamente representativa de uma maioria que, já nos anos 2000, se tornara tolerante em relação à orientação sexual das pessoas.

No Brasil, coube à jurisdição constitucional uma série de decisões apoiadas pela maioria da população que não tiveram acolhida na política majoritária. Esse foi o caso da decisão do Supremo Tribunal Federal que reconheceu a constitucionalidade da proibição de contratar cônjuge, companheiro ou parentes para o exercício de funções de confiança e de cargos públicos na estrutura do Poder Judiciário (nepotismo)[52], proibição que foi, posteriormente, estendida pela jurisprudência do Tribunal para os Poderes Executivo e Legislativo[53]. Na mesma linha, a Corte declarou a inconstitucionalidade do financiamento privado das campanhas eleitorais, por ter verificado que, como estava estruturado, tal financiamento reforçava a influência do poder econômico sobre o resultado das eleições e distorcia o sistema representativo[54]. Em outro caso importante, afirmou possibilidade de prisão, após a confirmação da condenação pelo tribunal

---

46 Corinna Barret Lain, Upside-down judicial review, *The Georgetown Law Review 101*:113, 2012-2103, p. 158. V. tb. Robert A. Dahl, Decision-making in a democracy: the Supreme Court as a national policy-maker, Journal of Public Law 6: 279, 1957, p. 285; e Jeffrey Rosen, The most democratic branch: how the courts serve America, 2006, p. xii: "Longe de proteger as minorias contra a tirania das maiorias ou contrabalançar a vontade do povo, os tribunais, ao longo da maior parte da história americana, têm se inclinado por refletir a visão constitucional das maiorias". V. tb. Robert McCloskey, *The American Supreme Court*, 1994, p. 209: "We might come closer to the truth if we said that the judges have often agreed with the main current of public sentiment because they were themselves part of that current, and not because they feared to disagree with it."

47 381 U.S. 479 (1965)

48 V. Jill Lepore, To have and to hold: reproduction, marriage, and the Constitution. *The New Yorker Magazine*, 25 maio 2015: "Banir contraceptivos numa época em que a esmagadora maioria dos americanos os utilizava era, evidentemente, ridículo". (*"Banning contraception at a time when the overwhelming majority of Americans used it was, of course, ridiculous"*). A decisão em *Griswold* veio a ser estendida em Eisenstadt v. Baird, julgado em 1972, aos casais não casados.

49 539 U.S. 558 (2003).

50 478 U.S. 186 (1986).

51 V. Carpenter Dale, Flagrant conduct: the story of Lawrence v. Texas: how a bedroom arrest decriminalized gay Americans, 2012, p. 268.

52 STF, Pleno, ADC 12, rel. Min. Ayres Britto, DJe, 18.12.2009.

53 STF, Súmula Vinculante no 13: "A nomeação de cônjuge, companheiro ou parente em linha reta, colateral ou por afinidade, até o terceiro grau, inclusive, da autoridade nomeante ou de servidor da mesma pessoa jurídica investido em cargo de direção, chefia ou assessoramento, para o exercício de cargo em comissão ou de confiança ou, ainda, de função gratificada na administração pública direta e indireta em qualquer dos Poderes da União, dos Estados, do Distrito Federal e dos Municípios, compreendido o ajuste mediante designações recíprocas, viola a Constituição Federal.

54 STF, Pleno, ADI 4.650, rel. Min. Luiz Fux, Pleno, *DJe*, 24 fev. 2016.

de segunda instância, mesmo quando ainda cabíveis recursos especial e extraordinário[55]. Os três julgados contaram com amplo apoio popular e representam mudanças que poderiam ter sido promovidas no âmbito da política majoritária, mas não foram[56]. Ao contrário, no último caso, a despeito do respaldo social da decisão, o STF recuou do entendimento, sob forte pressão de alguns setores da política[57].

A função representativa das cortes pode ser constatada também em outras ordens constitucionais. A título de ilustração, a Corte Constitucional da Colômbia reconheceu o direito à água como direito fundamental de todos os cidadãos colombianos. Atribuiu ao Estado o dever de assegurar seu fornecimento em quantidade e qualidade adequadas. Além disso, determinou que os cidadãos hipossuficientes fazem jus ao volume mínimo de 50 litros de água ao dia, ainda que não possam custeá-lo[58]. No Quênia[59], recente decisão da Suprema Corte declarou a inconstitucionalidade de artigo do Código Penal que criminalizava a difamação, com pena de até dois anos de prisão[60]. A decisão foi tida como um relevante avanço na proteção da liberdade de expressão dos quenianos, já que a disposição penal era frequentemente utilizada por políticos e autoridades públicas para silenciar críticas e denúncias de corrupção veiculadas por jornalistas ou mesmo por cidadãos comuns. No Canadá, a Suprema Corte reconheceu, em 1988, o direito fundamental ao aborto, invalidando dispositivo do Código Penal que criminalizava o procedimento[61]. Seu caráter representativo é evidenciado por pesquisas de opinião que apontavam que, já em 1982 (i.e., 6 anos antes da decisão), mais de 75% da população canadense entendia que o aborto era uma questão de escolha pessoal da mulher[62].

3 O papel iluminista

Além do papel representativo, descrito no tópico anterior, supremas cortes desempenham, ocasionalmente, um papel iluminista. Trata-se de uma competência perigosa, a ser exercida com grande

---

55 STF, Pleno, HC 126.292, Rel. Min. Teori Zavascki, *DJe*, 7.2.2017; ADCs 43 e 44 MC, Rel. Min. Marco Aurélio, *DJe*, 7.3.2018.

56 A confirmação da vedação ao nepotismo foi considerada uma "vitória da sociedade" pelo então Presidente nacional da Ordem dos Advogados do Brasil. Disponível em: <http://www.ambito-juridico.com.br/site/?n_link=visualiza_noticia&id_caderno=&id_noticia=2322>, acesso em: 31 mar. 2017. Manifestações semelhantes foram veiculadas no portal do Supremo Tribunal Federal. Disponível em: <http://www.stf.jus.br/portal/cms/verNoticiaDetalhe.asp?idConteudo=115820>, acesso em: 31 mar. 2017. No que respeita ao financiamento privado de campanha, pesquisa de opinião demonstrou que 74% da população era contra tal modalidade de financiamento e que 79% estavam convictos de que ele estimulava a corrupção. SOUZA, André. Datafolha: três em cada quatro brasileiros são contra o financiamento de campanha por empresas privadas. O Globo, Rio de Janeiro, 06 jul. 2015. Disponível em: http://oglobo.globo.com/brasil/datafolha-tres-em-cada-quatro-brasileiros-sao-contra-financiamento-de-campanha--por-empresas-privadas-16672767. Acesso em: 05 ago. 2015. Por fim, a decisão que reconheceu a possibilidade de prisão antes do trânsito em julgado da sentença penal condenatória rendeu acusações ao STF de que o tribunal estaria se curvando à opinião pública. VASCONCELLOS, LUCHETE e GRILLO. Para advogados, STF curvou-se à opinião pública ao antecipar cumprimento de pena. Conjur, 17 fev. 2016. Disponível em: http://www.conjur.com.br/2016--fev-17/advogados-stf-curvou-opiniao-publica-antecipar-pena. Acesso em: 21 mar. 2017.

57 STF, Pleno, ADCs 43 e 44, Rel. Min. Marco Aurélio, *DJe*, 12.11.2020.

58 O direito fundamental à água é objeto de diversas decisões proferidas pela Corte Constitucional da Colômbia, tais como T-578/1992, T-140/1994, T-207/1995. A sentença T-740/2011 produz uma consolidação da matéria, relacionando tal direito aos direitos à dignidade, à vida e à saúde. No caso, a entidade prestadora do serviço de fornecimento de água potável havia suspendido o serviço em virtude do não pagamento das tarifas devidas por uma usuária. A Corte entendeu ilegítima a suspensão, por se tratar de usuária hipossuficiente, e determinou à entidade: (i) o restabelecimento do fornecimento; e (ii) a revisão das cobranças, com base na capacidade econômica da beneficiária, a fim de possibilitar o adimplemento das prestações. Em caso de impossibilidade de pagamento, a Corte estabeleceu, ainda, como mencionado acima, (iii) a obrigação da entidade de fornecer, ao menos, 50 litros de água ao dia, por pessoa, ou de disponibilizar uma fonte pública de água que assegure a mesma quantidade do recurso.

59 A Constituição do Quênia, promulgada em 2010, tem sido considerada como responsável por notáveis progressos no que diz respeito à efetivação de direitos fundamentais e combate à corrupção. O país também contou com a boa sorte de ter um Chief Justice transformador. Ndung'u Wainaina "Only Judiciary Can Save This Country." The Nairobi Law Monthly, February 4, 2015. Available at http://nairobilawmonthly.com/index.php/2015/02/04/only--judiciary-can-save-this-country/.

60 Corte Superior do Kenya, *Jacqueline Okuta & another v Attorney General & 2 others* [2017] eKLR, Disponível em: <http://kenyalaw.org/caselaw/cases/view/130781/>.

61 Suprema Corte do Canadá, *Morgentaler, Smoling and Scott v. The Queen*, [1988] 1 S.C.R. 30. Disponível em: <https://scc-csc.lexum.com/scc-csc/scc-csc/en/item/1053/index.do>.

62 Disponível em: <http://www.nytimes.com/1982/12/13/world/canadian-doctor-campaigns-for-national-abortion--clinics.html>.

parcimônia, pelo risco democrático que ela representa e para que cortes constitucionais não se transformem em instâncias hegemônicas. Ao longo da história, alguns avanços imprescindíveis tiveram de ser feitos, em nome da razão, contra o senso comum, as leis vigentes e a vontade majoritária da sociedade[63]. A abolição da escravidão ou a proteção de mulheres, negros, homossexuais, transgêneros e minorias religiosas, por exemplo, nem sempre pôde ser feita adequadamente pelos mecanismos tradicionais de canalização de reinvindicações sociais. A seguir, breve justificativa do emprego do termo iluminista no contexto aqui retratado.

Iluminismo designa um abrangente movimento filosófico que revolucionou o mundo das ideias ao longo do século XVIII[64]. As *Lumières*, na França, o *Enlightment*, na Inglaterra, o *Illuminismo* na Itália ou *Aufklärung*, na Alemanha, foi o ponto culminante de um ciclo histórico iniciado com o Renascimento, no século XIV, e que teve como marcos a Reforma Protestante, a formação dos Estados nacionais, a chegada dos europeus à América e a Revolução Científica. A *razão* passa para o centro do sistema de pensamento, dissociando-se da fé e dos dogmas da teologia cristã. Nesse ambiente, cresce o ideal de conhecimento e de liberdade, com a difusão de valores como a limitação do poder, a tolerância religiosa, a existência de direitos naturais inalienáveis e o emprego do método científico, entre outros. Estava aberto o caminho para as revoluções liberais, que viriam logo adiante, e para a democracia, que viria bem mais à frente, já na virada do século XX. Historicamente, portanto, o Iluminismo é uma ideia associada à razão humanista, a direitos inalienáveis da condição humana, à tolerância, ao conhecimento científico, à separação entre Estado e religião e ao avanço da história rumo à emancipação intelectual, social e moral das pessoas.

É nesse sentido que o termo é empregado neste tópico: o de uma razão humanista que conduz o processo civilizatório e empurra a história na direção do progresso social e da liberação de mulheres e homens. Para espancar qualquer maledicência quanto a uma visão autoritária ou aristocrática da vida, Iluminismo, no presente contexto, não guarda qualquer semelhança com uma postura análoga ao *despotismo esclarecido*[65] ou aos reis filósofos de Platão.[66] A analogia mais próxima, eventualmente, seria com uma tradição *filosófica* que vem de Tomás de Aquino, Hegel e Kant de que a história é um fluxo contínuo na direção do bem e do aprimoramento da condição humana[67]. A razão iluminista aqui propagada é a do pluralismo e da tolerância, a que se impõe apenas para derrotar as superstições e os preconceitos, de modo a assegurar a dignidade humana e a vida boa para todos. As intervenções

---

63   Contra a ideia de que Cortes possam atuar como instrumento da razão, v. Steven D. Smith, Judicial activism and "reason". In Luís Pereira Coutinho, Massimo La Torre e Steven D. Smith (eds.), *Judicial activism:* an interdisciplinary approach to the American and European Experiences, 2015, p. 30: "E assim o discurso jurídico, uma vez destacado das convenções usuais de ler textos e precedentes de acordo com seus significados natural ou de senso comum, desenvolve a pretensão de ser a realização da 'razão', mas acaba, ao revés, degenerando-se em um discurso que produz sua mesquinha degeneração" (No original: "And thus judicial discourse, once it is detached from the mundane conventions of reading texts and precedents in accordance with their natural or commonsensical meanings, loftily aspires to be the realization of "reason" but instead ends up degenerating into a discourse of mean-spirited denigration"). O texto manifesta grande inconformismo contra a decisão da Suprema Corte em *United States v. Windsor* (133 S. Ct. 1675, 2013), que considerou inconstitucional a seção do *Defense of Marriage Act (DOMA)* que limitava o casamento à união entre homem e mulher.

64   Além da *Encyclopédie*, com seus 35 e volumes, coordenada por Diderot e D'Alambert e publicada entre 1751 a 1772, foram autores e obras marcantes do Iluminismo: Montesquieu, *O espírito das leis* (1748), Jean-Jacques Rousseau, *Discurso sobre a desigualdade* (1754) e *O contrato social* (1762); Voltaire, *Dicionario filosófico* (1764); Immanuel Kant, *O que é Iluminismo* (1784); John Locke, *Dois tratados de governo*, (1689); David Hume, *Tratado sobre a natureza humana* (1739); Adam Smith, *A riqueza das nações* (1776) e Cesare Beccaria, *Dos delitos e das penas* (1764), em meio a outros.

65   A expressão se refere aos monarcas absolutos que, na segunda metade do século XVIII, procuraram incorporar ao seu governo algumas ideias advindas do Iluminismo, distinguido-se, assim, do modelo tradicional. A ideia de contrato social começa a superar a de direito divino dos reis, mas o poder remanesceria com o monarca, que teria maior capacidade de determinar e de realizar o melhor interesse dos seus súditos. Exemplos frequentemente citados são os de Frederico, o Grande, que governou a Prússia de 1740 a 1786; Catarina II, imperatriz da Rússia de 1762 a 1796; e José II, de Habsburgo, imperador do Sacro Império Romano-Germânico. Também se inclui nesta lista o Marquês de Pombal, primeiro-ministro de Portugal de 1750 a 1777. V. o verbete *Enlightened despotism*, in ENCYCLOPEDIA OF THE ENLIGHTENMENT (Alan Charles Kors ed., Oxford University Press, 2005).

66   V. Platão, *A República*, 2015 (a edição original é de cerca de 380 a.C), Livro VI. Na sociedade ideal e justa, cujo delineamento procurou traçar nesta obra, Platão defendeu a ideia de que o governo deveria ser conduzido por reis-filósofos, escolhidos com base na virtude e no conhecimento. No comentário de Fredeick Copleston, *A history of Philosophy*, v. I, 1993, p. 230: "O princípio democrático de governo é, de acordo com Platão, absurdo: o governante deve governar em virtude do conhecimento, e este conhecimento há de ser o conhecimento da verdade".

67   Sobre o ponto, v. o notável artigo de Paulo Barrozo, The great alliance: history, reason, and will in modern law, *Law and Contemporary Problems* 78:235, 2015, p. 257-258.

humanitárias que o papel iluminista dos tribunais permite não é para impor valores, mas para assegurar que cada pessoa possa viver os seus, possa professar as suas convicções, tendo por limite o respeito às convicções dos demais.

Retomando os exemplos esboçados acima. Houve tempos, no processo de evolução social, em que (i) a escravidão era natural; (ii) mulheres eram propriedade dos maridos; (iii) negros não eram cidadãos; (iv) judeus eram hereges; (v) deficientes eram sacrificados; e (vi) homossexuais eram mortos[68]. Mas a história da humanidade é a história da superação dos preconceitos, do obscurantismo, das superstições, das visões primitivas que excluem o outro, o estrangeiro, o diferente. Ao longo dos séculos, ao lado da vontade do monarca, da vontade da nação ou da vontade das maiorias, desenvolveu-se uma razão humanista que foi abrindo caminhos, iluminando a escuridão, empurrando a história. Desde a antiguidade, com Atenas, Roma e Jerusalém, o Direito "sempre foi encontrado na interseção entre história, razão e vontade".[69]

Com a limitação do poder e a democratização do Estado e da sociedade, procurou-se abrigar a vontade majoritária e a razão iluminista dentro de um mesmo documento, que é a Constituição. O poder dominante, como regra geral, emana da vontade majoritária e das instituições através das quais ela se manifesta, que são o Legislativo e o Executivo. Vez por outra, no entanto, é preciso acender luzes na escuridão, submeter a vontade à razão. Nesses momentos raros, mas decisivos, as cortes constitucionais podem precisar ser os agentes da história. Não é uma missão fácil nem de sucesso garantido, como demonstram alguns exemplos da própria experiência americana.

Brown v. Board of Education[70], julgado pela Suprema Corte dos Estados Unidos em 1954, é o exemplo paradigmático de decisão iluminista, pelo enfrentamento aberto do racismo então dominante no Congresso e na sociedade[71]. Em decisão unânime articulada pelo novo *Chief Justice*, Earl Warren, nomeado por Eisenhower, a Corte considerou que "havia uma intrínseca desigualdade na imposição de escolas separadas para negros e brancos" (*"separate educational facilities are inherently unequal"*), em violação à 14a Emenda à Constituição americana, que impõe a igualdade perante a lei. A decisão enfatizou a importância da educação nas sociedades modernas e afirmou que a segregação trazia para as crianças negras "um sentimento de inferioridade quanto ao seu status na comunidade". E, baseando-se em estudos de ciências sociais, concluiu que a segregação trazia significativas desvantagens psicológicas e sociais para as crianças negras[72]. O caráter iluminista do julgado se manifestou na superação do senso comum majoritário – que

---

68   Durante a Inquisição, homossexuais foram condenados à morte na fogueira. V. o verbete *Death by burning*, in Wikipedia, https://en.wikipedia.org/wiki/Death_by_burning: "Na Espanha, os primeiros registros de execuções pelo crime de sodomia são dos séculos 13 e 14, e é importante observar que o modo preferido de execução era a morte na fogueira".

69   V. Paulo Barrozo, The great alliance: history, reason, and will in modern law, *Law and Contemporary Problems* 78:235, 2015, p. 270.

70   347 U.S. 483 (1954). O julgamento de *Brown* foi, na verdade, a reunião de cinco casos diversos, originários de diferentes estados: Brown propriamente dito, *Briggs v. Elliott* (ajuizado na Carolina do Sul), *Davis v. County School Board of Prince Edward County* (ajuizado na Virginia), *Gebhart v. Belton* (ajuizado em Delaware), and *Bolling v. Sharpe* (ajuizado em Washington D.C.).

71   A decisão envolveu a declaração de inconstitucionalidade de diversas leis e, nesse sentido, ela tem uma dimensão contramajoritária ou, mais propriamente, contralegislativa. Ademais, há autores que consideram que em meados da década de 50, já fosse majoritária na sociedade americana a posição contrária à segregação racial nas escolas. V. Corinna Barret Lain, Upside-down Judicial Review. *The Georgetown Law Journal 101*:113, 2012, p. 121-22, com remissão a Michael J. Klarman, Cass R. Sunstein e Jack Balkin. Isso faria com que Brown fosse uma decisão *representativa*, na categorização proposta neste trabalho. O argumento é questionável, sendo certo que, à época, leis de 17 estados previam a segregação racial, enquanto 16 a proibiam. Além disso, em primeiro grau de jurisdição, os autores das cinco ações foram derrotados. Em apelação, o Tribunal de Delaware assegurou o direito de 11 crianças frequentarem escolas juntamente com brancos. E o de Kansas reconheceu que a segregação produzia consequências negativas para as crianças negras. V. Jesse Greespan, *10 Things You Should Know About Brown v. Board of Education*, May 16, 2014, in HISTORY.COM, disponível em: http://www.history.com/news/10-things-you-should-know-about-brown-v-board-of-education. Seja como for, mesmo que a posição fosse de fato majoritária, ela não tinha como superar o bloqueio dos Senadores do sul a qualquer legislação federal nesse sentido. Gordon Silverstein, *Law's Allure:* how law shapes, constrains, saves, and kills politics, 2009, p. 270-1.

72   Na nota de rodapé n. 11, a decisão cita os seguintes estudos: K.B. Clark, Effect of Prejudice and Discrimination on Personality Development (Mid-century White House Conference on Children and Youth, 1950); Witmer and Kotinsky, Personality in the Making (1952), c. VI; Deutscher and Chein, The Psychological Effects of Enforced Segregation A Survey of Social Science Opinion, 26 J.Psychol. 259 (1948); Chein, What are the Psychological Effects of Segregation Under Conditions of Equal Facilities?, 3 Int.J.Opinion and Attitude Res. 229 (1949); Brameld, Educational Costs, in Discrimination and National Welfare (MacIver, ed., 1949), 44-48; Frazier, The Negro in the United States (1949), 674-681. And see generally Myrdal, An American Dilemma (1944).

escondia o preconceito por trás da doutrina do "separados, mas iguais"[73] – e na consequente mudança de paradigma em matéria racial, tendo funcionado como um catalisador do moderno movimento pelos direitos civis[74]. As reações do status quo vieram de formas diversas: resistência ao cumprimento da decisão[75], crítica política – a Corte teria agido como "uma terceira câmara legislativa"[76] – e crítica doutrinária: Brown não teria observado "princípios neutros" de interpretação constitucional[77].

Outras importantes decisões da Suprema Corte americana podem ser consideradas iluministas na acepção aqui utilizada. *Loving v. Virginia*[78], julgado em 1967, considerou inconstitucional lei que interditava os casamentos entre pessoas brancas e negras. A decisão, também unânime, reverteu o precedente firmado em *Pace v. Alabama*[79], de 1883. Desde os tempos coloniais, diversos estados possuíam leis antimiscigenação. Em 1967, quando da decisão em *Loving*, todos os 16 estados do sul tinham leis com esse conteúdo[80]. É possível, embora não absolutamente certo, que a maioria da população americana fosse contrária a tais leis, o que transformaria a decisão em representativa, no âmbito nacional, embora iluminista em relação aos estados do sul, por impor, heteronomamente, uma concepção de igualdade diversa da que haviam praticado até então. Cabe lembrar, uma vez mais, que o termo iluminista está sendo empregado para identificar decisão que não corresponde à vontade do Congresso nem ao sentimento majoritário da sociedade, mas ainda assim é vista como correta, justa e legítima. Alguém poderá perguntar: e quem certifica o caráter iluminista da decisão? Por vezes, os próprios contemporâneos vivem um processo de tomada de consciência após a sua prolação, captando o espírito do tempo (Zeitgeist). Quando isso não ocorre, cabe à história documentar se foi iluminismo ou, ao contrário, um descompasso histórico.

Duas últimas decisões aqui apontadas como iluministas apresentam as complexidades dos temas associados a convicções religiosas. Em relação a elas, a palavra iluminismo chega mais perto das suas origens históricas. Em *Roe v. Wade*[81], julgado em 1973, a Suprema Corte, por 7 votos a 2, afirmou o direito de uma mulher praticar aborto no primeiro trimestre de gravidez, com total autonomia, fundada no direito de privacidade. Posteriormente, em *Planned Parenthood v. Casey*[82] (1992), o critério do primeiro trimestre foi substituído pelo da viabilidade fetal, mantendo-se, todavia, a essência do que foi decidido em Roe. A decisão é celebrada por muitos, em todo o mundo, como a afirmação de uma série de direitos fundamentais da mulher, incluindo sua autonomia, seus direitos sexuais e reprodutivos e a igualdade de gênero. Não obstante isso, a sociedade americana, em grande parte por impulso religioso, continua agudamente dividida

---

73   Plessy v. Ferguson, 163 US 537 (1896).

74   V. Brown v. Board of Education, *Leadership Conference on Civil and Human Rights*: "The *Brown* case served as a catalyst for the modern civil rights movement, inspiring education reform everywhere and forming the legal means of challenging segregation in all areas of society". Disponível em: <http://www.civilrights.org/education/brown/?, acesso em: 17 jan. 2017.

75   A decisão não explicitou o modo como seria executada para por fim à segregação racial nas escolas públicas. No ano seguinte, em um julgamento conhecido como Brown II (Brown v. Board of Education 349 U.S. 294 (1955), a Suprema Corte delegou às cortes distritais a missão de dar cumprimento à decisão da Suprema Corte, cunhando a expressão que se tornaria célebre (e problemática): "com toda a velocidade recomendável" ("*with all deliberate speed*)". *Deliberate* também pode ser traduzido para o português como cautelosa.

76   Learned Hand, The Bill of Rights (Atheneum 1977), 1958, p. 55. V. tb. Michael Klarman, *The Supreme Court , 2012 Term - Comment: Windsor and Brown: Marriage Equality and Racial Equality*, 127 Harv. L. Rev. 127, 143 (2013).

77   Herbert Wechsler, Toward Neutral Principles of Constitutional Law. *Harvard Law Review 73*:1, 1959, p. 34: "Dada uma situação em que o Estado precisa escolher entre negar a integração àqueles indivíduos que a desejam ou impô-la àqueles que querem evitá-la, é possível sustentar, com base em princípios neutros, que a Constituição exige que a reinvindicação dos que querem a integração deve prevalecer?".

78   388 U.S. 1 (1967).

79   106 U.S. 583 (1883).

80   O acórdão de *Loving v. Virginia* consignou, em sua nota de rodapé n. 5: "After the initiation of this litigation, Maryland repealed its prohibitions against interracial marriage, Md.Laws 1967, c. 6, leaving Virginia and 15 other States with statutes outlawing interracial marriage: Alabama, Ala.Const., Art. 4, § 102, Ala.Code, Tit. 14, § 360 (1958); Arkansas, Ark.Stat.Ann. § 55-104 (1947); Delaware, Del.Code Ann., Tit. 13, § 101 (1953); Florida, Fla.Const., Art. 16, § 24, Fla.Stat. § 741.11 (1965); Georgia, Ga.Code Ann. § 53-106 (1961); Kentucky, Ky.Rev.Stat.Ann. § 402.020 (Supp. 1966); Louisiana, La.Rev.Stat. § 14:79 (1950); Mississippi, Miss.Const., Art. 14, § 263, Miss.Code Ann. § 459 (1956); Missouri, Mo.Rev.Stat. § 451.020 (Supp. 1966); North Carolina, N.C.Const., Art. XIV, § 8, N.C.Gen.Stat. § 14-181 (1953); Oklahoma, Okla.Stat., Tit. 43, § 12 (Supp. 1965); South Carolina, S.C.Const., Art. 3, § 33, S.C.Code Ann. § 20-7 (1962); Tennessee, Tenn.Const., Art. 11, § 14, Tenn.Code Ann. § 36-402 (1955); Texas, Tex.Pen.Code, Art. 492 (1952); West Virginia, W.Va.Code Ann. § 4697 (1961)".

81   410 U.S. 113 (1973).

82   505 U.S. 833 (1992).

entre os grupos pró-escolha e pró-vida[83]. Há autores que afirmam que a decisão da Suprema Corte teria interrompido o debate e a tendência que se delineava a favor do reconhecimento do direito ao aborto, provocando a reação social (*backlash*) dos segmentos derrotados[84]. Talvez. Mas aplica-se aqui a frase inspirada de Martin Luther King Jr., de que "é sempre a hora certa de fazer a coisa certa"[85].

Em *Obergefell v. Hodges*, decidido em 2015, a Suprema Corte julgou que o casamento é um direito fundamental que não pode ser negado a casais do mesmo sexo e que os estados devem reconhecer como legítimos os casamentos entre pessoas do mesmo sexo celebrados em outros estados. Por 5 votos a 4, a maioria dos Ministros entendeu tratar-se de um direito garantido pelas cláusulas do devido processo legal e da igualdade inscritas na 14ª Emenda à Constituição. A decisão foi o ponto culminante de uma longa história de superação do preconceito e da discriminação contra homossexuais, que atravessou os tempos. Na própria Suprema Corte houve marcos anteriores, aqui já citados, como *Bowers v. Hardwick*[86], que considerou legítima a criminalização de relações íntimas entre pessoas do mesmo sexo, e *Lawrence v. Texas*[87], que superou este entendimento, afirmando o direito de casais homossexuais à liberdade e à privacidade, com base na cláusula do devido processo legal da 14ª Emenda à Constituição. Em seu voto em nome da maioria, o *Justice* Anthony Kennedy exaltou a "transcendente importância do casamento" e sua "centralidade para a condição humana". Merece registro a crítica severa e exaltada do falecido *Justice* Antonin Scalia, acusando a maioria de fazer uma "revisão constitucional", criar liberdades que a Constituição e suas emendas não mencionam e "roubar do povo [...] a liberdade de se autogovernar". *Obergefell* representa um contundente embate entre iluminismo e originalismo. De acordo com algumas pesquisas, uma apertada maioria da população apoiava o casamento entre pessoas do mesmo sexo[88], significando que a decisão da Suprema Corte, em verdade, poderia ser considerada representativa, ainda que contralegislativa.

A verdade, porém, é que mesmo decisões iluministas, capazes de superar bloqueios institucionais e empurrar a história, precisam ser seguidas de um esforço de persuasão, de convencimento racional. Os derrotados nos processos judiciais que envolvam questões políticas não devem ter os seus sentimentos e preocupações ignorados ou desprezados. Portanto, os vencedores, sem arrogância, devem continuar a expor com boa-fé, racionalidade e transparência suas motivações. Devem procurar ganhar, politicamente, o que obtiveram em juízo[89]. Já houve avanços iluministas conduzidos pelos tribunais que não

---

83   De acordo com pesquisas realizadas pelo Gallup, de 1995 a 2008, a maioria dos americanos se manifestou em favor do direito de escolha. De 2009 a 2014, ocorreu uma inversão, com a prevalência dos que opinaram em favor da posição pró-vida. V. Lydia Saad, "More Americans 'Pro-Life' Than 'Pro-Choice' For First Time". In: http://www.gallup.com/poll/118399/More-Americans-Pro-Life-Than-Pro-Choice-First-Time.aspx. Em 2015, ainda segundo o Gallup, o número dos que defendem a posição em favor do direito de escolha voltou a prevalecer. V. Lydia Saad, "Americans Choose 'Pro-Choice' For First Time in Seven Years'". In: http://www.gallup.com/poll/183434/americans--choose-pro-choice-first-time-seven-years.aspx.

84   Cass R. Sunstein, Three Civil Rights Fallacies. *California Law Review* 79:751, 1991, p. 766: "Em 1973, no entanto, os legisladores estaduais estavam se movimentando firmemente para expandir o acesso legal ao aborto, e é provável que uma garantia ampla de acesso fosse se materializar mesmo sem Roe. [...] A decisão pode bem ter criado a Maioria Moral, ajudado a derrotar a emenda dos direitos iguais, e minado o movimento das mulheres estimulando a oposição e desmobilizando potenciais apoiadores" (No original: "By 1973, however, state legislatures were moving firmly to expand legal access to abortion, and it is likely that a broad guarantee of access would have been available even without Roe. [...] [T]he decision may well have created the Moral Majority, helped defeat the equal rights amendment, and undermined the women's movement by spurring opposition and demobilizing potential adherents"). Sobre o tema, v. tb. Robert Post e Reva Siegel, Roe rage: democratic constitutionalism and backlash. *Harvard Civil Rights-Civil Liberties Law Review* 42:373, 2007.

85   Martin Luther King Jr., *The Future of Integration*. Palestra apresentada em Oberlin, 22 out. 1964. No original: "*The time is always right to do what's right*".

86   478 U.S. 186 (1986).

87   539 U.S. 558 (2003).

88   V. Justin McCarthy, U.S. Support for Gay Marriage Stable After High Court Ruling. In: http://www.gallup.com/poll/184217/support-gay-marriage-stable-high-court-ruling.aspx, 17 jul. 2015. A pesquisa realizada pelo Gallup, em que se baseia a matéria, aponta um percentual de apoio de 58%. Pesquisa da Associated Press exibiu índices mais apertados: 42% a favor e 40% contra. Curiosamente, quando perguntados, na mesma pesquisa, se apoiavam ou não a decisão da Suprema Corte, 39% disseram-se a favor e 41% contra. V. David Crary e Emily Swanson, AP Poll: Sharp Divisions After High Court Backs Gay Marriage. In: http://www.lgbtqnation.com/2015/07/ap-poll-sharp-divisions--after-high-court-backs-gay-marriage/, 19 jul. 2015.

89   Gordon Silverstein, *Law's Allure:* how law shapes, constrains, saves, and kills politics, 2009, p. 268: "O uso mais efetivo para as decisões judiciais é quando elas funionam como um ariete, quebrando barreiras políticas e institucionais. Mas a omissão em dar continuidade ao debate sobre o tema, utilizando a arte política da persuasão, coloca esses ganhos em risco se – e quase inevitavelmente, quando – o Judiciário mudar, novos juízes assumirem e novas correntes de interpretação ou novas preferências judiciais emergirem".

325

prevaleceram, derrotados por convicções arraigadas no sentimento social. Foi o que se passou, por exemplo, em relação à pena de morte. Em *Furman v. Georgia*[90], julgado em 1972, a Suprema Corte considerou inconstitucional a pena de morte, tal como aplicada em 39 Estados da Federação[91]. O fundamento principal era o descritério nas decisões dos júris e o impacto desproporcional sobre as minorias. Em 1976, no entanto, a maioria dos Estados havia aprovado novas leis sobre pena de morte, contornando o julgado da Suprema Corte. Em *Gregg v. Georgia*[92], a Suprema Corte terminou por reconhecer a validade da nova versão da legislação penal daquele Estado.

O constitucionalismo é produto de um conjunto de fatores históricos que incluem o contratualismo, o iluminismo e o liberalismo. Supremas Cortes de Estados democráticos devem atuar com fidelidade aos valores subjacentes a esses movimentos políticos e filosóficos que conformaram a condição humana na modernidade, assim como suas instituições. Porém, a realização da justiça, como qualquer empreendimento sob o céu, está sujeita a falhas humanas e a acidentes. Por vezes, em lugar de conter a violência, ser instrumento da razão e assegurar direitos fundamentais, tribunais podem eventualmente fracassar no cumprimento de seus propósitos. Na história americana, pelo menos duas decisões são fortes candidatas a símbolo das trevas, e não das luzes. A primeira foi *Dred Scott v. Sandford*[93], de 1857, em que a Suprema Corte afirmou que negros não eram cidadãos americanos e, consequentemente, não tinham legitimidade para estar em juízo postulando a própria liberdade. A decisão é considerada, historicamente, o pior momento da Suprema Corte[94]. Também merece figurar do lado escuro do constitucionalismo americano a decisão em *Korematsu v. United States*[95], julgado em 1944, quando a Suprema Corte validou o ato do Executivo que confinava pessoas de origem japonesa, inclusive cidadãos americanos, em campos de internação (e encarceramento). A decisão, que afetou 120.000 pessoas[96], é generalizadamente criticada[97], tendo sido referida como "uma mancha na jurisprudência americana"[98].

No Brasil, o Supremo Tribunal Federal proferiu diversas decisões que podem ser consideradas iluministas no sentido exposto acima. A Corte, por exemplo, reconheceu as uniões entre pessoas do mesmo sexo como entidade familiar e estendeu-lhes o regime jurídico aplicável às uniões estáveis heteroafetivas, com base no direito à não discriminação em razão do sexo e na proteção constitucional conferida à família[99]. Em 2016, julgou inconstitucional norma que regulava a vaquejada, antiga manifestação cultural do nordeste do país em que uma dupla de vaqueiros, montada a cavalos, busca derrubar o touro em uma área demarcada. Apesar da popularidade da prática, o Tribunal entendeu que ela ensejava tratamento cruel de animais vedado pela Constituição Federal[100]. Mais recentemente, a Corte declarou a inconstitucionalidade do crime de aborto até o terceiro mês de gestação, com base nos direitos sexuais

---

90   408 U.S. 238 (1972).

91   Para um estudo da questão, v. Corinna Barret Lain, Upside-down judicial review, (January 12, 2012). Disponível no sítio Social Science Research Network – SSRN: http://ssrn.com/abstract=1984060 or http://dx.doi.org/10.2139/ssrn.1984060, p. 12 e s.

92   428 U.S. 153 (1976).

93   60 U.S. 393 (1857).

94   Robert A. Burt, What was wrong with *Dred Scott*, what's right about *Brown. Washington and Lee Law Review 42*:1, 1985, p. 1 e 13: "Nenhuma decisão da Suprema Corte foi tão consistentemente execrada quanto Dred Scott v. Sanford. Outras decisões foram atacadas até virulentamente por críticos contemporâneos e posteriores; [...] Mas de todas as decisões repudiadas, Dred Scott carrega o estigma mais profundo. [...] Dred Scott pode ter provado a falta de confiabilidade da Suprema Corte como um guia sábio, como um ábitro moral, para uma nação com problemas" (No original: "No Supreme Court decision has been more consistently reviled than *Dred Scott v. Sandford*. Other decisions have been attacked, even virulently, by both contemporary and later critics; [...] But of all the repudiated decisions, *Dred Scott* carries the deepest stigma. [...] *Dred Scott* may have proven the Supreme Court's unreliability as a wise guide, as a moral arbiter, for a troubled nation").

95   323 U.S. 214 (1944).

96   Evan Bernick, "Answering the Supreme Court's Critics: The Court Should Do More, Not Less to Enforce the Constitution". *The Huffington Post*, 23 out. 2015. Disponível em: http://www.huffingtonpost.com/evan-bernick/answering-the-supreme-cou_b_8371148.html. Acesso em: 18 jan. 2016.

97   Noah Feldman. "Why Korematsu Is Not a Precedent". *The New York Times*, 18 nov. 2016. Disponível em: https://www.nytimes.com/2016/11/21/opinion/why-korematsu-is-not-a-precedent.html?_r=0. Acesso em: 18 jan. 2016.

98   V. Carl Takei, "The incarceration of Japanese Americans in World War II Does Not Provide a Legal Cover for Muslim Registry. *Los Angeles Times*, 27 nov. 2016. Disponível em: http://www.latimes.com/opinion/op-ed/la-oe-takei-constitutionality-of-japanese-internment-20161127-story.html. Acesso em: 18 jan. 2016.

99   STF, Pleno, ADI 4.277, Rel. Min. Ayres Britto, *DJe*, 14.10.2011.

100   STF, Pleno, ADI 4.983, Rel. Min. Marco Aurélio, j. 16.12.2016. Lamentavelmente, uma Emenda Constitucional foi aprovada posteriormente à decisão, com vistas a superá-la, procurando legitimar a prática considerada cruel pelo

e reprodutivos das mulheres, em seu direito à autonomia, à integridade física e psíquica e à igualdade[101]. No que tange a tais casos, evidências indicam que o Tribunal decidiu em desacordo com a visão dominante na população e no Legislativo, marcadamente conservador[102].

O papel iluminista também se manifesta em diversos casos paradigmáticos decididos por cortes estrangeiras. No famoso caso Lüth[103], o Tribunal Constitucional Federal alemão reconheceu a possibilidade de reinterpretar normas infraconstitucionais de direito privado, à luz dos valores expressos pelos direitos fundamentais[104]. A decisão foi considerada o marco inicial do processo de constitucionalização do direito, e possibilitou, na Alemanha, uma verdadeira revolução no direito civil[105]. Contudo, sua relevância era possivelmente difícil de acessar, à época, pela população em geral[106]. Em 1995, em sua primeira grande decisão, e ainda sob a Constituição interina que regeu a transição no país, a recém-criada Suprema Corte da África do Sul aboliu a pena de morte, pondo fim a uma prática de décadas de execução de criminosos condenados por crimes graves, em sua grande maioria negros.[107] Diferentemente do que se possa imaginar, a decisão foi contrária a boa parte da população, havendo, ainda hoje, partidos e grupos organizados formados por brancos e negros em favor do retorno da pena capital. Em 2014, em um caso que se tornou bastante famoso devido ao seu ineditismo, a Suprema Corte da Índia reconheceu aos transgêneros o direito à autoidentificação de seu sexo como masculino, feminino ou "terceiro gênero". [108] Também ordenou que o governo tome medidas para promover a conscientização da população e promova políticas que facilitem o acesso de transgêneros a empregos e instituições de ensino.

Antes de concluir, é pertinente uma última reflexão. Foi dito que cortes constitucionais podem desempenhar três papéis: contramajoritário, representativo e iluminista. Isso não significa que suas decisões sejam sempre acertadas e revestidas de uma legitimação a priori. Se o Tribunal for contramajoritário quando deveria ter sido deferente, sua linha de conduta não será defensável. Se ele se arvorar em ser representativo quando não haja omissão do Congresso em atender determinada demanda social, sua ingerência será imprópria. Ou se ele pretender desempenhar um papel iluminista fora das situações excepcionais em que deva, por exceção, se imbuir da função de agente da história, não haverá como absolver seu comportamento. Além disso, cada um dos papéis pode padecer do vício da desmedida ou do excesso: o papel contramajoritário pode degenerar em excesso de intervenção no espaço da política,

---

STF. V. Emenda Constitucional n. 96, promulgada em 6 jun. 2017. Contra a referida emenda foi proposta nova ADI, pendente de julgamento pelo STF (ADI 5.728, Rel. Min. Dias Toffoli).

101   STF, Primeira Turma, HC 124.306, Rel. Min. Marco Aurélio, Rel. p/ acórdão Min. Luís Roberto Barroso, j. 29.11.2016.

102   Quanto às uniões homoafetivas, pesquisa do Ibope indicou que 55% da população eram contra seu reconhecimento (Ibope: 55% da população é contra união civil *gay*. *Revista Época*, 28 jul. 2011, disponível em: <http://revistaepoca.globo.com/Revista/Epoca/0,,EMI252815-15228,00.html>; A decisão a respeito da vaquejada foi objeto de emenda constitucional com o propósito de assegurar a continuidade da prática. A emenda foi aprovada no Senado e seguiu para apreciação da Câmara dos Deputados (disponível em: <https://www25.senado.leg.br/web/atividade/materias/-/materia/127262, acesso em: 27 mar. 2017). Por fim, a declaração de inconstitucionalidade da criminalização do aborto no primeiro trimestre de votação motivou protestos de parlamentares e provocou a constituição de comissão na Câmara dos Deputados para buscar reverter a decisão do STF (ROSSI, Marina. Câmara faz ofensiva para rever decisão do Supremo sobre aborto: na mesma noite em que o STF determina que aborto até o terceiro mês não é crime, deputados instalam comissão para rever a decisão. *El País*. Brasil, 2 dez. 2016; disponível em: <http://brasil.elpais.com/brasil/2016/11/30/politica/1480517402_133088.html>, acesso em: 27 mar. 2017). Acesso em: 27 mar. 2017).

103   BVerfGE 7, 198, Lüth-Urteil, j. 15.1.1958.

104   QUINT, Peter E. Free Speech and Private Law in German Constitutional Theory. Maryland Law Review, v. 48, n. 2, 1989, p. 247-290.

105   Barroso, Luís Roberto. Neoconstitucionalismo e constitucionalização do direito: o triunfo tardio do Direito Constitucional no Brasil. *Jus Navigandi*, nov. 2005. Disponível em: <https://jus.com.br/artigos/7547/neoconstitucionalismo-e-constitucionalizacao-do-direito/2>. Acesso em: 31 mar. 2017.

106   No caso, Lüth, Presidente do Clube de Imprensa de Hamburgo, defendeu, com base no direito constitucional à liberdade de expressão, a legitimidade da convocação de um boicote a um filme dirigido por um cineasta nazista. O cineasta e seus parceiros comerciais, por sua vez, alegavam que o Código Civil Alemão vedava a medida. Na oportunidade em que o caso foi decidido pelo Tribunal Constitucional Federal, o filme já havia sido veiculado e fora um sucesso de bilheteria, de modo que, neste aspecto prático, a decisão tinha baixa repercussão pública. V. COLLINGS, Justin. *Democracy's Guardians: A History of the German Federal Constitutional Court 1951-2001*. Nova Iorque: Oxford University Press, 2015, p. 57-62; NOACK, Frank. *Veit Harlan: The Life and Work of a Nazi Filmmaker*. Lexington: The University Press of Kentucky, 2016.

107   *S v Makwanyane and Another* (CCT3/94) [1995].

108   *National Legal Services Authority v. Union of India*, 2014.

327

dando lugar a uma indesejável ditadura do Judiciário; o papel representativo pode desandar em populismo judicial, que é tão ruim quanto qualquer outro; e a função iluminista tem como antípoda o desempenho eventual de um papel obscurantista, em que a suprema corte ou tribunal constitucional, em lugar de empurrar, atrasa a história.

Felizmente, sociedades democráticas e abertas, com liberdade de expressão, debate público e consciência crítica, costumam ter mecanismos eficientes para evitar esses males. Para que não haja dúvida: sem armas nem a chave do cofre, legitimado apenas por sua autoridade moral, se embaralhar seus papéis ou se os exercer atrabiliariamente, qualquer Tribunal caminhará para o seu ocaso político. Quem quiser se debruçar sobre um case de prestígio mal exercido, de capital político malbaratado, basta olhar o que se passou com as Forças Armadas no Brasil de 1964 a 1985. E quantos anos no sereno e com comportamento exemplar têm sido necessários para a recuperação da própria imagem.

Em síntese: as democracias contemporâneas são feitas de votos, direitos e razões. Juízes e tribunais, como regra, não dependem de votos, mas vivem da proteção de direitos e do oferecimento de razões. Nesse ambiente, Supremas Cortes e Cortes Constitucionais desempenham três grandes papéis: contramajoritário, quando invalidam atos dos Poderes eleitos; representativo, quando atendem demandas sociais não satisfeitas pelas instâncias políticas; e iluminista, quando promovem avanços civilizatórios independentemente das maiorias políticas circunstanciais. Esta última competência, como intuitivo, deve ser exercida em momentos excepcionais e com grande cautela, pelo risco autoritário que envolve. Mas a proteção de negros, mulheres, homossexuais e minorias em geral não pode mesmo depender de votação majoritária ou pesquisa de opinião.

Por fim, mesmo nos países em que uma Corte dá a última palavra sobre a interpretação da Constituição e a constitucionalidade das leis, tal fato não a transforma no único – nem no principal – foro de debate e de reconhecimento da vontade constitucional a cada tempo. A jurisdição constitucional deve funcionar como uma etapa da interlocução mais ampla com o legislador e com a esfera pública, sem suprimir ou oprimir a voz das ruas, o movimento social e os canais de expressão da sociedade. Nunca é demais lembrar que o poder emana do povo, não dos juízes.

PARTE **IV**

PRINCÍPIOS CONSTITUCIONAIS E DIREITOS FUNDAMENTAIS

PARTE IV
DA RELAÇÃO JURÍDICA DE DIREITO INTERNACIONAL

CAPÍTULO I	PRINCÍPIOS ESTRUTURANTES DO ESTADO BRASILEIRO

Sumário: I. Os princípios estruturantes. II. Estado democrático de direito. 1. Generalidades. 2. Estado de direito. 3. Democracia. 4. A democracia constitucional como ideologia vitoriosa do século XX. 5. A democracia constitucional brasileira. 5.1. Liberalismo político e democracia. 5.2. Três dimensões da democracia. 5.2.1. Democracia representativa. 5.2.2. Democracia constitucional. 5.2.3. Democracia deliberativa. 6. Democracia, princípio majoritário e jurisdição constitucional. 7. Democracia em crise. 7.1. A recessão democrática. 7.2. Três fenômenos distintos. 7.3. Algumas causas do populismo extremista e autoritário. 8. O futuro da democracia. 8.1. Três inimigos da democracia. 8.1.2. Apropriação privada do Estado por elites extrativistas. 8.1.3. Pobreza extrema e desigualdades injustas. 8.1.4. Sentimento de pertencimento. III. República. 1. Generalidades. 2. República como forma de governo. 3. República como conceito substantivo. 4. A República brasileira. 4.1. Breve notícia histórica. 4.2. A República na Constituição de 1988. IV. Federação. 1. Generalidades. 2. Antecedentes históricos: da Antiguidade à Constituição dos Estados Unidos. 3. A experiência constitucional brasileira com o federalismo. 4. Características do modelo federalista. 5. Soberania e valores constitucionais. 6. A jurisprudência do Supremo Tribunal Federal em matéria de Federação.

I. OS PRINCÍPIOS ESTRUTURANTES

A Constituição brasileira de 1988 abre o seu texto declarando no art. 1º: "A República Federativa do Brasil, formada pela união indissolúvel dos Estados e Municípios e do Distrito Federal, constitui-se em Estado Democrático de Direito". E acrescenta, em cinco incisos que se seguem, alguns "fundamentos" que decorrem dessa proclamação inicial: soberania, cidadania, dignidade da pessoa humana, valores sociais do trabalho e da livre-iniciativa e, por fim, o pluralismo político. Na transcrição acima estão lançados os pilares sobre os quais se assenta o Estado brasileiro: Democracia, República e Federação. Esses são os seus princípios estruturantes.

Em outras partes deste livro já se explorou a noção de princípios e sua diferenciação em relação às regras. Assinalou-se, então, que quanto ao seu conteúdo o vocábulo princípio expressa *decisões políticas fundamentais* (como as referidas acima), *valores* (dignidade humana, segurança jurídica, razoabilidade) ou *fins públicos* (desenvolvimento nacional, erradicação da pobreza, busca do pleno emprego). Também já se dissecou, em páginas anteriores, o conceito de normas de organização, que ao lado das normas definidoras de direitos e programáticas, compõem a trilogia das espécies normativas da Constituição. Normas de organização não têm a estrutura binária das normas de conduta, que preveem um fato e a ele atribuem uma consequência jurídica. Ao contrário, são normas de estrutura ou de competência, que possuem um efeito constitutivo imediato das situações que enunciam.

Pois bem: os princípios estruturantes são aqueles que contêm as decisões políticas fundamentais acerca do regime de governo (Estado democrático de direito), da forma de governo (república) e da forma de Estado (federação). Tais decisões se materializam em normas de organização, destinadas à ordenação dos poderes estatais, de suas relações entre si e, também, com a sociedade. A seguir, uma análise mais detida desses princípios fundamentais de organização do Estado brasileiro.

II. ESTADO DEMOCRÁTICO DE DIREITO[1]

1 Generalidades

O Estado democrático de direito, consagrado no art. 1º da Constituição brasileira, é a síntese histórica de dois conceitos que se fundiram, mas não se confundem, quer nas suas origens quer no seu conteúdo: constitucionalismo e democracia. A ideia de constitucionalismo remonta às revoluções liberais dos séculos XVII e XVIII e significa, essencialmente, Estado de direito, poder limitado e respeito aos direitos fundamentais. Sua consolidação nos países da Europa e nos Estados Unidos se deu ao longo do século XIX. No Brasil, a Constituição de 1824 possuía alguns traços liberais, mas, na sua essência, trazia a marca da origem absolutista imprimida por D. Pedro I, ainda que atenuada, substancialmente, ao longo do segundo reinado.

Democracia, por sua vez, desde suas origens gregas, significa participação popular no exercício do poder, soberania do povo, governo da maioria. O ideal democrático apenas se consolida quando já avançado o século XX, com a consagração do sufrágio universal. Somente então viram-se inteiramente superadas as restrições à participação de todos no processo eleitoral, como as de renda, religião, raça e gênero. As mulheres só adquiriram o direito de votar, no Reino Unido, em 1918, nos Estados Unidos, em 1920 e, no Brasil, com o Código Eleitoral de 1932[2]. Subsistiram as restrições de idade, que sempre foram consideradas razoáveis, e as referentes aos analfabetos, que só foram admitidos a votar, entre nós, com a Emenda Constitucional n. 25, de 1985[3]. Ainda no século XX, o constitucionalismo democrático enfrentou as agruras da escalada autoritária e antiliberal dos anos 20 e 30 – no Brasil, inclusive –, que só veio a ser superada após o final da 2ª Guerra Mundial.

No arranjo constitucional contemporâneo, a maior parte das democracias do mundo reserva uma parcela de poder político para um órgão que não é eleito, mas que extrai sua legitimidade da competência técnica e da imparcialidade. Trata-se do Poder Judiciário, em cujo topo, no caso brasileiro, está o Supremo Tribunal Federal. Supremas Cortes têm o papel de arbitrar as tensões que muitas vezes existem entre constitucionalismo e democracia – *i.e.*, entre direitos fundamentais e soberania popular. Cabe a essas cortes e tribunais protegerem as regras do jogo democrático e os direitos de todos contra eventuais abusos de poder por parte da maioria. Em muitas partes do mundo, elas têm sido um importante antídoto contra o autoritarismo[4].

Em suma: o *Estado democrático de direito* é um regime político fundado na soberania popular, com eleições livres e governo da maioria, bem como em poder limitado, Estado de direito e respeito aos direitos fundamentais de todos, aí incluído o mínimo existencial. Sem terem as suas necessidades vitais satisfeitas, as pessoas não têm condições de ser verdadeiramente livres e iguais. Há também um elemento emocional, humanístico, na democracia, que é o sentimento de pertencimento, de participação efetiva em um projeto coletivo de autogoverno, em que todos e cada um merecem consideração e respeito. Quem se sente excluído não tem razão para apoiá-la e é presa fácil de tentações populistas e autoritárias.

2 Estado de direito

O constitucionalismo, expressão do Estado de direito centrado na Constituição, nasce associado ao pensamento liberal. O liberalismo foi a filosofia política que derrotou o Estado absolutista e permitiu a ascensão histórica da burguesia. No domínio das ideias, John Locke (1632-1704) e Adam Smith (1723-1790) são

---

1 Amartya Sen. Democracy as a universal value, *Journal of Democracy 10*:3, 1999; Boaventura de Souza Santos, *Democratizar a democracia: os caminhos da democracia participativa*; Carlos Nelson Coutinho. *Democracia: um conceito em disputa*. In: http://www.socialismo.org.br, acesso em 23 dez. 2008; Cláudio Pereira de Souza Neto, *Teoria constitucional e democracia deliberativa*: um estudo sobre o papel do direito na garantia das condições para a cooperação na deliberação democrática, 2006, e *Democracia em crise no Brasil*, 2020; Fábio Konder Comparato, *Sobre a legitimidade das Constituições*. In: Paulo Bonavides, Francisco Gérson Marques de Lima e Fayga Silveira Bedê, *Constituição e democracia*: Estudos em homenagem ao Prof. J. J. Gomes Canotilho, 2006; J. J. Gomes Canotilho, *Direito constitucional e teoria da Constituição*, 2000; John Rawls, *Justiça como eqüidade*, 2003; Jürgen Habermas, *Direito e democracia*: entre facticidade e validade, 2 vs., 1997; Norberto Bobbio, *Liberalismo e democracia*, 1988; Paulo Bonavides: *Do Estado liberal ao Estado social*, 2007; Robert Dahl, *On democracy*, 1998; Ronald Dworkin, *Is democracy possible here*: principles for a new political debate, 2006; Vânia Siciliano Aieta, *Democracia*. In: Vicente de Paulo Barreto (coord.), *Dicionário de filosofia do Direito*, 2006.

2 O país pioneiro foi a Nova Zelândia, onde as mulheres desfrutam do direito de votar desde 1893.

3 Pela Constituição de 1988, é facultativo o voto para os analfabetos que, no entanto, não podem ser candidatos (art. 14, § 1º, II, *a* e § 4º).

4 Samuel Issacharoff, *Fragile democracies*: contested power in the era of Constitutional Courts, 2015.

considerados seus grandes precursores teóricos, no plano político e econômico, respectivamente. As três grandes revoluções liberais – inglesa, americana e francesa – abriram o caminho para o novo modelo de Estado, cujas estruturas fundamentais têm resistido ao tempo. O Estado liberal é aquele limitado nos seus poderes políticos e nas suas funções no campo econômico e social[5]. O liberalismo *político* expressa a primeira limitação, que se institucionaliza nos mecanismos do Estado de direito. É dele, sobretudo, que se cuida aqui. A segunda se consubstancia no liberalismo *econômico*, com sua doutrina de valorização da livre-iniciativa, da propriedade privada e da economia de mercado. O liberalismo econômico puro enfrentou a concorrência do socialismo e, em alguma medida, do Estado social, que se estabeleceu em alguns países europeus.

Para realizar o seu propósito de limitar o poder, o Estado de direito foi construído sobre dois grandes pilares: a separação de Poderes e o respeito aos direitos individuais. Separação de Poderes significa a repartição das competências políticas estatais por órgãos distintos e autônomos, que se controlam reciprocamente. Desse arranjo institucional extrai-se um dos postulados centrais do modelo liberal: o princípio da legalidade, a supremacia da lei, *the rule of law*. Na tradição romano-germânica, isso significa que, como regra geral, o Direito será criado por ato do Parlamento, com sanção do Executivo e interpretação final, em caso de controvérsia, a cargo do Judiciário. Os direitos individuais, por sua vez, herdeiros dos direitos naturais, traduziam, nas suas origens, as demandas e aspirações da nova classe, da burguesia que chegava ao poder: proteção dos indivíduos em face do Estado, fim dos privilégios de origem feudal ou estamental e liberdade, inclusive e notadamente, religiosa e política. Liberdade e igualdade, na perspectiva liberal, são valores com conteúdos bem definidos. Ao longo do tempo, novos direitos se somaram aos direitos individuais, como os direitos políticos (universalizados) e os direitos sociais, constituindo um gênero identificado como direitos fundamentais.

Em síntese: Estado de direito identifica um Estado de legalidade, no qual se observam a Constituição e as leis. Característica fundamental desse modelo é a submissão de todos às regras do jogo, governantes e governados, isto é, agentes públicos e cidadãos. Não se admite, assim, quer o arbítrio quer o privilégio. Exige-se, ademais, transparência do Poder Público, devendo as leis ser claras e o seu descumprimento gerar a devida responsabilização. As leis devem ser aplicadas de forma igualitária, com acesso à justiça para todos. Embora a expressão Estado de direito possa denotar qualquer tipo de legalidade – mesmo que autoritária ou discriminatória –, a cultura constitucional contemporânea, de matriz pós-positivista, agrega a essa noção os valores éticos da legitimidade e da justiça. Para que se constitua em Estado de direito *democrático*, o poder e as normas que o institucionalizam devem emanar de fontes e agentes que representem a vontade popular. E, além disso, devem visar à promoção do bem comum e à concretização dos direitos fundamentais.

3 Democracia

A ideia de democracia – do grego *demos* (povo) e *kratos* (governo) – inicia sua longa e acidentada trajetória na Grécia antiga, mais precisamente em Atenas, por volta do ano 500 a.C. Ali se plantou a semente do poder político fundado na participação popular. Mais ou menos na mesma época, sob a denominação de república – *res* (coisa) *publicus* (pública) –, desenvolveu-se em Roma sistema análogo, cuja duração foi um pouco mais prolongada. Com a queda da República Romana, já próximo ao início da Era Cristã, o ideal de participação popular no poder se perdeu na noite dos tempos. Só viria a reaparecer séculos depois, em plena Idade Média, em cidades como Veneza e Florença, por volta de 1.100. Não foram experiências duradouras. Bem à frente, com a Revolução Inglesa, de 1688, a ideia de limitação do poder voltaria ao curso central da história. No entanto, a democracia, tendo por núcleo central noções como participação, autogoverno e soberania popular, somente se consolidaria como ideal político e como prática generalizada, como já assinalado, ao longo do século XX[6].

A vitória do ideal democrático, aceito como um valor universal, tem sido celebrada como o principal fenômeno político do século que se encerrou[7]. Ao longo de décadas sucessivas, a democracia enfrentou

---

5 V. Norberto Bobbio, *Liberalismo e democracia*, 1988, p. 7 e 17.

6 Robert Dahl, *On democracy*, 1988, p. 1-16. O autor observa que embora seja objeto de discussão há vinte e cinco séculos, a democracia, tal como a conhecemos hoje, é um fenômeno do século XX, com destaque para o reconhecimento do direito de voto a todos os adultos.

7 A expressão "democracia como valor universal" foi utilizada originariamente por Enrico Berlinguer, Secretário--geral do Partido Comunista Italiano e um dos líderes do chamado eurocomunismo, movimento que pretendia associar o comunismo às formas da democracia representativa. Posteriormente, a locução deu título a um célebre artigo de Carlos Nelson Coutinho, publicado na década de 70, ocasião em que se procurava combater, simultaneamente, o regime militar e o dogmatismo marxista-leninista. Por fim, a utilização deu título a um conhecido texto de Amartya Sen, já referido.

com êxito diversas propostas alternativas, que incluíram o nazismo, o fascismo e as ditaduras civis e militares, na Europa e na América Latina[8]. Também o socialismo e o comunismo foram vencidos[9]. Durante todo o período, multiplicaram-se os debates acerca de ser a democracia desejável[10], possível[11], compatível com estruturas sociais injustas[12] e se alguns países estariam preparados para ela[13]. Ainda hoje subsistem significativas e persistentes exceções ao processo de democratização, como a China, os países submetidos ao fundamentalismo islâmico e a maioria das nações da África. É inegável, todavia, a ascensão da democracia mundo afora e sua aceitação ampla como forma mais avançada de governo, fato que deslocou o foco da discussão de ideias na matéria[14]. A questão central já não é demonstrar sua valia ou superioridade, mas definir um conteúdo mínimo para ela. Sem um denominador comum de elementos essenciais, a democracia corre o risco de se transformar em um mero *slogan*, uma embalagem para qualquer produto.

A democracia é uma forma de governo em que o poder é fundado na participação e no consentimento do povo (Estado democrático) e uma forma de organização social baseada na cooperação de pessoas livres e iguais (sociedade democrática)[15]. Do advento do Estado liberal até a consagração do Estado democrático, as noções de participação e consentimento do povo – *i.e.*, de soberania popular – experimentaram notável expansão. Progressivamente, o direito de voto – inicialmente reservado a parcela mínima dos que tinham propriedade e renda[16] – foi sendo estendido a todas as pessoas, somente chegando às mulheres após o primeiro quarto do século XX[17]. Os conceitos de liberdade e de igualdade, por seu turno, em um ambiente democrático, assumem um alcance que transcende ao do liberalismo. Liberdade não se resume à autonomia privada, mas envolve também a autonomia pública, o direito de participação esclarecida no debate e na deliberação pública (v. *supra*). E a igualdade passa a ter uma dimensão material, ligada à redistribuição de riquezas e ao reconhecimento da diversidade (v. *supra*), de modo a

---

8 Robert Dahl, *On democracy*, 1998, p. 1.

9 A despeito do discurso ideológico fundado no igualitarismo democrático, o socialismo científico perverteu-se em práticas totalitárias e elitistas. Sobre o tema, assinalei em outro trabalho: "Generosa e sedutora para o espírito humano, a ideia socialista não venceu o teste da realidade. Ao menos não nessa quadra da história da humanidade. A verdadeira *revolução* não veio e a energia que a inspirava dissipou-se em autoritarismo, burocracia e pobreza" (v. Luís Roberto Barroso, A americanização do direito constitucional e seus paradoxos. In: *Temas de direito constitucional*, t. IV, 2009).

10 Esse foi o debate presente, sobretudo, durante o primeiro Pós-guerra. V. Boaventura Souza Santos, *Democratizar a democracia*, 2002, p. 39.

11 Até meados do século XX, era grande a desconfiança, inclusive por parte dos liberais, acerca da viabilidade de uma democracia de massas, com sufrágio universal. Norberto Bobbio, *Liberalismo e democracia*, 1988, p. 37; e Carlos Nelson Coutinho. *Democracia: um conceito em disputa*. In: http://www.socialismo.org.br, acesso em 23 dez. 2008, p. 1.

12 Esse foi o debate que se seguiu à 2ª Guerra Mundial e permeou a Guerra Fria, o confronto ideológico entre capitalismo e socialismo durante a segunda metade do século XX.

13 Este foi um dos fundamentos de legitimação dos regimes autoritários no terceiro mundo em geral, inclusive no Brasil.

14 Aceitação geral não significa unanimidade, como é próprio de um mundo marcado pelo pluralismo. Boaventura Souza Santos fala em "perda da demodiversidade", que identifica como a coexistência pacífica ou conflituosa de diferentes modelos e práticas democráticas. Criticando a posição de Amartya Sen da democracia como valor univesal, averbou o professor português: "Se, como cremos, a democracia tem um valor intrínseco e não uma mera utilidade instrumental, esse valor não pode sem mais assumir-se como universal. Está inscrito em uma constelação cultural específica, a da modernidade ocidental, e essa constelação, por coexistir com outras em um mundo que agora se reconhece como multicultural, não pode, sem mais, reivindicar a universalidade de seus valores" (Boaventura Souza Santos, *Democratizar a democracia*, 2002, p. 73).

15 A ideia de sociedade democrática como um sistema equitativo de cooperação social entre cidadãos livres e iguais está recorrentemente presente na obra de John Rawls. V., *e.g.*, *Justiça como eqüidade*: uma reformulação, 2003, p. 55.

16 Expoentes da tradição liberal eram opositores ferrenhos do sufrágio universal. Nesse sentido, v. Gaetano Mosca, *História das doutrinas políticas*, 1975, p. 306-17; Benjamin Constant, Da liberdade dos antigos comparada à dos modernos. In: *Filosofia política*, 1985, p. 9-25; e Immanuel Kant, *Doutrina do direito*, 1993, p. 144.

17 Na monarquia constitucional inglesa, primeiro regime liberal do mundo, só tinham o direito de votar na eleição para o parlamento os varões que dispunham de propriedades ou pagavam um valor mínimo de impostos. Carlos Nelson Coutinho registra que o sufrágio universal foi uma conquista da classe trabalhadora, que teve como marco o movimento cartista, surgido na Inglaterra da primeira metade do século XIX, e que reivindicava jornada máxima de trabalho e sufrágio universal. Na própria Inglaterra, o direito de voto somente se generalizou, inclusive para as mulheres, em 1918. V. Carlos Nelson Coutinho. *Democracia: um conceito em disputa*. In: http://www.socialismo.org.br, acesso em 23 dez. 2008, p. 6. No Brasil, o voto feminino teve início após a Revolução de 1930, com o Código Eleitoral de 1932.

assegurar a cada participante condições existenciais mínimas e não discriminatórias, sem as quais não há liberdade real nem dignidade.

Aqui se assumiu, desde o início, que a democracia é uma conquista da humanidade, um avanço do processo civilizatório. Qual a justificação para essa crença? Que fundamentos a filosofia política e a filosofia moral têm para afirmar que este é um modelo mais legítimo, melhor, mais justo?[18] Existem alguns argumentos sólidos em favor dessa visão. Em primeiro lugar, a democracia tem um valor intrínseco, que decorre dos seus elementos essenciais: soberania popular, liberdade e igualdade. De fato, pessoas livres e iguais devem ter o direito de se autogovernarem, submetendo-se tão somente aos atos de autoridade ditados pela vontade coletiva, de cuja formação cada indivíduo participa. De parte isso, a democracia tem também valor instrumental, por funcionar como o melhor meio para realizar determinados fins. Vejam-se dois deles. Ao assegurar participação política livre e debate público amplo, ela permite que sejam determinados os interesses e necessidades essenciais da coletividade, bem como propicia o controle da ação pública destinada a realizá-los. Em segundo lugar, a existência de um ambiente de livre circulação de ideias, opiniões e manifestações de vontade aumenta a oferta de soluções a serem consideradas e de caminhos a percorrer, enriquecendo as possibilidades de escolha e de acertos[19].

4   A democracia constitucional como ideologia vitoriosa do século XX

Como já registrado outras vezes, o constitucionalismo democrático, também referido como democracia liberal, prevaleceu historicamente sobre os projetos alternativos que com ele concorreram ao longo do século XX. Foram eles o fascismo, irradiado a partir da Itália de Mussolini; o nazismo, sob a liderança de Hitler na Alemanha; o comunismo, após a Revolução Russa de 1917; os regimes militares, que dominaram a América Latina, a Ásia, a África e mesmo alguns países europeus; e o fundamentalismo religioso, que teve como marco a revolução dos aiatolás no Irã, em 1979. O modelo vencedor consagrou a centralidade e a supremacia da Constituição – e não do partido, das Forças Armadas ou do Alcorão. Alguns autores chegaram mesmo a falar no *fim da história*, celebrando a democracia liberal como o ponto culminante da evolução institucional da humanidade[20].

De fato, foram diversas as ondas de democratização[21]. Uma delas se deu ao final da Segunda Guerra Mundial, num ciclo que incluiu a Alemanha, a Itália, o Japão e mesmo o Brasil, que, no entanto, voltou a cair no autoritarismo nos anos 60. A segunda onda veio nos anos 70, atingindo países como Portugal, Espanha e Grécia. Uma terceira onda se formou nos anos 80, em países da América Latina, como Brasil, Chile, Argentina, Uruguai. E, logo à frente, com a queda do muro de Berlim, os anos 90 assistiram à democratização e reconstitucionalização dos países da Europa Central e Oriental, incluindo Hungria, Polônia, Tchecoslováquia. Também nos anos 90, com o fim do *Apartheid*, veio a democratização da África do Sul. Na virada para o século XXI, mais de uma centena de países (119) haviam adotado esse modelo[22].

---

18   No mundo jurídico contemporâneo, assinalado pelo pós-positivismo, em que o Direito se aproxima da Ética, nenhuma categoria histórica se legitima pelo simples fato de constar de uma norma (legitimação positivista) ou pelo argumento de autoridade (os grandes pensadores e políticos defendem um determinado ponto de vista). É imperativo justificar uma decisão ou uma escolha do ponto de vista político e moral, demonstrando ser ela legítima e justa.

19   Sobre este tema, v. Amartya Sen, Democracy as a universal value, *Journal of Democracy 10*:3, 1999: "Há uma pluralidade de virtudes aqui, incluindo, primeiro, a importância intrínseca da participação política e da liberdade na vida humana; segundo, a importância instrumental dos incentivos políticos em manter os governos responsáveis e *responsabilizáveis* ("responsible and accountable"); e, terceiro, o papel construtivo da democracia na formação dos valores e na compreensão das necessidades, direitos e obrigações" (tradução livre).

20   Francis Fukuyama, The end of history. *The National Interest*, Verão de 1989; e Francis Fukuyama, *The End of History and the Last Man*, Nova York: Free Press, 1992.

21   V. Samuel P. Huntington, The third wave: democratization in the late twentieth century. *Journal of Democracy 2*:12, 1991. Huntington foi o primeiro a utilizar a ideia de "ondas de democratização": a primeira onda teria ocorrido na primeira metade do século XIX, quando os países crescentemente foram adotando a ideia de sufrágio universal; a segunda se deu após o fim da Segunda Guerra Mundial; e a terceira a partir dos anos 70. O texto é anterior ao florescimento de democracias após o fim do modelo comunista.

22   Em 1900, nenhum país do mundo tinha seus governantes eleitos por sufrágio universal. Em dezembro de 1999, 119 países poderiam ser identificados como democráticos. V. Freedom House, End of century survey finds dramatic gains for democracy. 7 dec. 1999. https://freedomhouse.org/article/end-century-survey-finds-dramatic-gains-democracy. V. tb., Luís Roberto Barroso, *Constitucionalismo democrático:* a ideologia vitoriosa do século XX. Ribeirão Preto: Migalhas, 2019.

5 A democracia constitucional brasileira

5.1 Liberalismo político e democracia

O Estado democrático de direito ou democracia constitucional, no Brasil como em outras partes do mundo, combina elementos da matriz liberal e da matriz democrática do pensamento político. Do liberalismo vêm categorias como Estado de direito, separação de Poderes, direitos individuais, livre-iniciativa, pluralismo político. Da democracia vêm a soberania popular, a cidadania, a dignidade da pessoa humana, o reconhecimento do valor social do trabalho[23]. É certo, no entanto, em um mundo que fez opção contra o autoritarismo e pelo sufrágio universal, que as diferenças de origem entre liberalismo e democracia tornaram-se histórica e politicamente pouco relevantes[24]. Até porque é consenso, no constitucionalismo contemporâneo, que os direitos fundamentais são, a um só tempo, expressão do Estado de direito e condições para a democracia[25]. Já a contraposição entre democracia liberal e democracia social conserva ainda significado, sendo possível afirmar que a formatação constitucional do Brasil o coloca na segunda categoria, ao menos no plano normativo[26]. A exemplo de outras constituições do século XX, a brasileira combina escolhas substantivas – como as do art. 3º, que enuncia objetivos fundamentais do Estado – e fórmulas procedimentais, como as que cuidam de aspectos do processo eleitoral, legislativo, administrativo e até judicial[27].

5.2 Três dimensões da democracia

A democracia contemporânea é feita de votos, direitos e razões. Isso dá a ela três dimensões diversas: a) a *democracia representativa*, que tem como elemento central o voto e como protagonistas o Congresso Nacional e o Presidente da República, que são agentes públicos eleitos pela vontade popular; b) a *democracia constitucional*, que tem como elemento central os direitos fundamentais e como protagonista o Poder Judiciário, em cuja cúpula está o Supremo Tribunal Federal; e c) a *democracia deliberativa*, que tem como elemento central o debate público, o oferecimento de razões, de justificações para as decisões políticas.

Como se deduz, o voto é imprescindível, mas insuficiente para a democracia. Ela depende, também, que se assegurem os direitos fundamentais de todos, inclusive os perdedores no processo político e as minorias. E, além disso, sua legitimidade depende da transparência e das justificações que decorrem da submissão das decisões políticas importantes ao debate público com a sociedade civil em geral, que inclui movimento social, imprensa, universidades, sindicatos, associações, cidadãos comuns, entre outros atores. A seguir, breve comentário sobre cada uma dessas dimensões da democracia.

5.2.1 Democracia representativa

A *democracia representativa* funda-se no postulado máximo da soberania popular, inscrito no primeiro artigo da Constituição brasileira: *todo o poder emana do povo*[28]. O voto, como assinalado, é o seu elemento central. A propósito, entre nós, a eleição direta para Presidente da República foi o símbolo maior da redemocratização, tendo levado multidões às ruas nos estertores do regime militar. Para cristalizar sua importância, a Constituição

---

23 A democracia constitucional tem por traços distintivos a *origem* do poder – soberania popular –, o *modo* de seu exercício – limitado pela separação de Poderes e pelos direitos fundamentais, com investidura por via de eleições periódicas – e a *finalidade* do poder – realização do bem comum, mediante preservação de valores essenciais e promoção de objetivos fundamentais indicados na Constituição.

24 V. Norberto Bobbio, *Liberalismo e democracia*, 1988, p. 73.

25 Os direitos fundamentais têm uma *função democrática*, como registrou, dentre muitos outros, J. J. Gomes Canotilho: "Tal como são elementos constitutivos do Estado de direito, os direitos fundamentais são um elemento básico para a realização do princípio democrático".

26 A democracia liberal, sob influência ideológica do liberalismo econômico, valoriza a liberdade de iniciativa e o Estado de funções limitadas, não intervencionista. A democracia social, incorporando ideias do movimento socialista, tem sua ênfase na redistribuição de riquezas, na inclusão social e na oferta de serviços públicos, com expressiva atuação estatal via tributação, regulação e atuação direta. A Constituição brasileira tem um longo elenco de direitos sociais, um título dedicado à ordem social, um ambicioso programa público de saúde e forte presença do Estado na prestação de serviços públicos.

27 Para o debate acerca da contraposição entre substancialismo e procedimentalismo, v. Parte I, cap. III, VIII, deste livro. Para uma análise mais aprofundada do tema, na literatura nacional, v., entre muitos, Cláudio Pereira de Souza Neto, *Teoria constitucional e democracia deliberativa*, 2006, p. 97 e s.; e Fábio Corrêa de Souza Oliveira, *Morte e vida da Constituição dirigente*, 2010, p. 85 e s.

28 CF, art. 1º, par. ún.: "Todo o poder emana do povo, que o exerce por meio de representantes eleitos ou diretamente, nos termos desta Constituição".

de 1988 tratou como cláusula pétrea "o voto direto, secreto, universal e periódico"[29]. Igualmente eleitos pelo voto, para exercerem a representação popular, são os integrantes do Congresso Nacional. Da mesma forma são escolhidos os chefes do Executivo estadual e municipal, bem como as respectivas casas legislativas. A democracia representativa se operacionaliza por meio do sistema político adotado em cada país.

O sistema político brasileiro compreende (i) o *sistema de governo*: adotamos o sistema presidencialista (e não o parlamentarista); (ii) o *sistema eleitoral*: adotamos a fórmula majoritária nas eleições para Presidente, Governador, Prefeito e Senador, assim como a fórmula proporcional para a Câmara dos Deputados, Assembleia Legislativa e Câmara Municipal; e (iii) o *sistema partidário*: adotamos um modelo de pulverização partidária, com disciplina flexível para a formação e funcionamento dos partidos políticos, beneficiários de generosos mecanismos de financiamento. Na quadra atual, em todo o mundo, as instituições representativas, sobretudo as de natureza legislativa, enfrentam problemas e algum grau de desprestígio[30]. Adiante se retornará ao tema.

Merece menção a previsão constitucional de institutos de democracia direta, mediante participação popular, como plebiscito, referendo e iniciativa legislativa popular[31]. Foram raros os casos de sua adoção, sob a Constituição de 1988. Dois deles merecem destaque: (i) o referendo realizado em 2005 acerca de dispositivo de lei que proibia a comercialização de armas no Brasil, tendo a maioria da população (lamentavelmente) votado pela sua rejeição; e (ii) a iniciativa popular que resultou na "Lei da Ficha Limpa", que restringiu a elegibilidade de candidatos condenados por crimes ou atos de improbidade[32]. Consultas populares diretas são importantes, mas alguns precedentes históricos revelam riscos de abusos e tentações populistas[33].

5.2.2 Democracia constitucional

As expressões Estado democrático de direito e constitucionalismo democrático são frequentemente utilizadas como sinônimas. Nesse tópico, a locução *democracia constitucional* está empregada para designar um específico atributo do modelo: a preservação dos direitos fundamentais (e, também, das regras do jogo democrático, que não deixam de ser um direito fundamental) por uma suprema corte ou corte constitucional. Como já observado, a existência de uma jurisdição constitucional não é imprescindível para a caracterização da democracia, como demonstram alguns países onde inexiste controle de constitucionalidade, a exemplo de Nova Zelândia e Holanda. Porém, a maior parte das democracias contemporâneas opta pela fórmula da supremacia da Constituição, tal como interpretada por uma suprema corte ou corte constitucional. Esse modelo se expandiu, sobretudo, após a 2ª Guerra Mundial, pela crença de que ele serve melhor à causa dos direitos fundamentais e da democracia.

Existem visões puramente procedimentais e visões substantivas da democracia (v. Parte I, cap. III, VIII). A visão procedimental coloca ênfase na soberania popular e no governo da maioria: observados os processos decisórios adequados, qualquer decisão majoritária é válida. O grande problema dessa forma de pensar é a inexistência de garantia de que as maiorias vão ser justas ou razoáveis. Elas podem ignorar ou oprimir os interesses da minoria, dos sub-representados, dos que não têm voz. Mesmo assim, para uma posição puramente majoritária, o regime seria democrático, ainda que injusto. Por outro lado, uma visão substantiva vislumbra como uma das facetas da democracia a realização de determinados princípios de justiça[34]. A democracia, assim,

---

29 CF, art. 60, § 4º: "Não será objeto de deliberação a proposta de emenda tendente a abolir: [...] II. o voto direto, secreto, universal e periódico".

30 V. Boaventura Souza Santos, *Democratizar a democracia*, 2002, p. 42. O autor português faz menção à crise da democracia e ao que denominou de *dupla patologia*: "[A] patologia da participação, sobretudo em vista do aumento dramático do abstencionismo; e a patologia da representação, o fato de os cidadãos se considerarem cada vez menos representados por aqueles que elegeram". Sobre a crise de representatividade e de funcionalidade do Poder Legislativo no Brasil, v. Luís Roberto Barroso, A Reforma Política: uma proposta de sistema de governo, eleitoral e partidário para o Brasil. In: *Revista de Direito do Estado* 3:287, 2006.

31 CF, art. 14: "A soberania popular será exercida pelo sufrágio universal e pelo voto direto e secreto, com valor igual para todos, e, nos termos da lei, mediante: I – plebiscito; II – referendo; III – iniciativa popular". Dispositivo regulamentado pela Lei n. 9.709, de 18.11.1998.

32 A proposta de Lei da Ficha Limpa, que se converteu na Lei Complementar n. 135, de 4.6.2010, chegou ao Congresso Nacional com mais de 1,5 milhão de assinaturas.

33 Napoleão e Hitler, para citar dois exemplos, chegaram ao poder absoluto por via de plebiscitos e da manipulação direta das massas. Mais recentemente, esta foi a via utilizada por Hugo Chávez, na Venezuela, para alterar as regras eleitorais e admitir sua reeleição sem limites.

34 V. John Rawls, *Uma teoria de justiça*, 2008, p. 65 e s.

é compreendida como uma parceria de todos em um projeto de autogoverno, onde cada participante é digno de igual consideração e respeito. O princípio majoritário é importante em um Estado democrático, mas ele deve reverenciar ideias básicas de moralidade política, como justiça, igualdade e liberdade. Há situações em que a deliberação majoritária não apresenta, em si e por si, qualquer valor superior a outros critérios[35].

Em uma concepção tradicional e puramente majoritária da democracia, ela se resumiria a uma *legitimação eleitoral* do poder. Por esse critério, o fascismo na Itália ou o nazismo na Alemanha poderiam ser vistos como democráticos, ao menos no momento em que se instalaram no poder e pelo período em que tiveram apoio da maioria da população. Aliás, por esse último critério, até mesmo o período Médici, no Brasil, passaria no teste. Não é uma boa tese. Além do momento da investidura, o poder se legitima, também, por suas ações e pelos fins visados[36].

Pelas razões expostas acima é que a Constituição deve desempenhar dois grandes papéis. O primeiro deles é o de estabelecer as regras do jogo democrático, assegurando participação política ampla, governo da maioria e alternância do poder. Mas, como assinalado, a democracia não se resume ao princípio majoritário. Se em uma sala houver quatro pessoas sem relógio e duas com, as que não têm relógios não podem deliberar que os relógios serão tomados de seus donos e sorteados entre todos, pelo simples fato de que a maioria assim o deseja. Aí está o segundo grande papel de uma Constituição: proteger valores e direitos fundamentais, mesmo que contra a vontade circunstancial de quem tem mais votos. Pois bem: para velar pelas regras do jogo democrático – impedindo, por exemplo, que a maioria procure modificá-las para se perpetuar no poder –, assim como para proteger e promover os direitos fundamentais é que existe a jurisdição constitucional, exercida por tribunais constitucionais e cortes supremas. No caso brasileiro, essa função é desempenhada pelo Supremo Tribunal Federal, cujo papel é funcionar como um fórum de princípios[37] – não de política – e de razão pública[38] – não de doutrinas abrangentes, sejam ideologias políticas ou concepções religiosas.

É possível que em nenhum outro país do mundo uma suprema corte desfrute da centralidade e do protagonismo do Supremo Tribunal Federal do Brasil. Quase todas as grandes e complexas questões nacionais, políticas, sociais ou éticas terminam desaguando na Corte. As razões para essa judicialização ampla já foram expostas (v. Parte III, cap. III). Especificamente nesse domínio de proteção de direitos fundamentais e da democracia, os exemplos da atuação do STF se multiplicam, em áreas variadas do Direito, como por exemplo:

Direito civil: proibição da prisão por dívida no caso de depositário infiel, reconhecendo a eficácia e prevalência do Pacto de San José da Costa Rica em relação ao direito interno[39];

Direito penal: declaração da inconstitucionalidade da proibição de progressão de regime, em caso de crimes hediondos e equiparáveis[40] e a inconstitucionalidade da fixação *ex lege* do regime inicial fechado[41];

---

35 Ronald Dworkin, *Is democracy possible here?*, 2006, p. 131 e s., reapresenta a *majoritarian view* e a *partnership view* da democracia, tal como descritas nesse parágrafo. Para demonstrar que o princípio majoritário só é justo quando presentes algumas condições prévias, Dworkin oferece dois exemplos. Suponha um bote salva-vidas em alto-mar, que irá naufragar a menos que uma pessoa seja atirada no oceano. Nesse caso, a decisão por voto da maioria seria uma má ideia, porque afinidades, amizades, inimizades e parentesco, que não deveriam fazer diferença, podem ser o elemento decisivo. Um sorteio seria mais razoável. Outras matérias sequer devem ser decididas pela maioria ou por qualquer outro critério, que não a vontade dos envolvidos. Por exemplo: não é próprio que a coletividade decida, em lugar dos interessados, se é legítimo ou não o relacionamento homoafetivo entre pessoas maiores e capazes.

36 V. Diogo de Figueiredo Moreira Neto, *Teoria do poder*, Parte I, 1992, p. 228-231, em que discorre sobre a legitimidade *originária, corrente* e *finalística* do poder político.

37 Ronald Dworkin, The forum of principle. In: *A matter of principle*, 1985.

38 John Rawls, *O liberalismo político*, 2000, p. 261.

39 STF, RE 466343, j. 3 dez. 2008, Rel. Min. Cezar Peluso. V. tb. Súmula Vinculante n. 25: "É ilícita a prisão do depositário infiel, qualquer que seja a modalidade de depósito".

40 STF, HC 82959, j. 23 fev. 2006, Rel. Min. Marco Aurélio.

V. tb. Súmula Vinculante n. 26: "Para efeito de progressão de regime no cumprimento de pena por crime hediondo, ou equiparado, o juízo da execução observará a inconstitucionalidade do art. 2º da Lei n. 8.072, de 25 de julho de 1990, sem prejuízo de avaliar se o condenado preenche, ou não, os requisitos objetivos e subjetivos do benefício, podendo determinar, para tal fim, de modo fundamentado, a realização de exame criminológico".

Tese de Repercussão Geral n. 972: "É inconstitucional a fixação *ex lege*, com base no artigo 2º, parágrafo 1º, da Lei 8.072/1990, do regime inicial fechado, devendo o julgador, quando da condenação, ater-se aos parâmetros previstos no artigo 33 do Código Penal".

41 STF, ARE 1.052.700 RG, j. 2 nov. 2017, Rel. Min. Edson Fachin.

Direito administrativo: vedação do nepotismo nos três Poderes[42];

Direito à saúde: determinação de fornecimento gratuito de medicamentos necessários ao tratamento da AIDS em pacientes sem recursos financeiros[43];

Direito à educação: direito à educação infantil, aí incluídos o atendimento em creche e o acesso à pré-escola. Dever do Poder Público de dar efetividade a esse direito[44];

Direitos políticos: proibição de livre mudança de partido após a eleição para cargo proporcional, sob pena de perda do mandato, por violação ao princípio democrático[45] e a inaplicabilidade dessa regra nas eleições para cargos majoritários, em observância à soberania popular[46];

Direitos dos trabalhadores públicos: regulamentação, por via de mandado de injunção, do direito de greve dos servidores e trabalhadores do serviço público[47];

Direito das pessoas com deficiência: direito de passe livre no sistema de transporte coletivo interestadual a pessoas com deficiência, comprovadamente carentes[48]; direito à inserção de pessoas com deficiência no ensino regular das instituições privadas de ensino, e promoção das medidas de adaptação necessárias, sem repasse de qualquer ônus financeiro a mensalidades, anuidades e matrículas[49]; obrigatoriedade de locadoras automotivas oferecerem a pessoas com deficiência um veículo adaptado a cada conjunto de vinte veículos de sua frota[50];

Proteção das minorias:

    (i)   *Judeus*: a liberdade de expressão não inclui manifestações de racismo, aí incluído o antissemitismo[51];

    (ii)   *Negros:* validação de ações afirmativas em favor de negros, pardos e índios[52]; validação de políticas públicas de incentivo a apresentação de candidaturas de pessoas negras aos cargos eletivos nas disputas eleitorais[53];

    (iii)   *Grupos LGBTI+:* equiparação das relações homoafetivas às uniões estáveis convencionais e direito ao casamento civil[54], equiparação dos efeitos sucessórios do casamento e da

---

42 STF, RE 579.951, j. 20 ago. 2008, Rel. Min. Ricardo Lewandowski; STF, ADC 12, j. 20 ago. 2008, Rel. Min. Ayres Britto.

V. tb. Súmula Vinculante n. 13: "A nomeação de cônjuge, companheiro ou parente em linha reta, colateral ou por afinidade, até o terceiro grau, inclusive, da autoridade nomeante ou de servidor da mesma pessoa jurídica investido em cargo de direção, chefia ou assessoramento, para o exercício de cargo em comissão ou de confiança ou, ainda, de função gratificada na administração pública direta e indireta em qualquer dos poderes da União, dos Estados, do Distrito Federal e dos Municípios, compreendido o ajuste mediante designações recíprocas, viola a Constituição Federal".

Tese de Repercussão Geral n. 66: "A vedação ao nepotismo não exige a edição de lei formal para coibir a prática, dado que essa proibição decorre diretamente dos princípios contidos no art. 37, *caput*, da Constituição Federal".

43 STF, RE 271.286 AgR, j. 12 set. 2000, 2ª Turma, Rel. Min. Celso de Mello.

44 STF, RE 410.715 AgR, 22 nov. 2005, 2ª Turma, Rel. Min. Celso de Mello; ARE 639.331 AgR, j. 23 ago. 2011, 2ª Turma, Rel. Min. Celso de Mello.

45 STF, MS 26.602, j. 4 out. 2007, Rel. Min. Eros Grau; STF, MS 26.603, j. 4 out. 2007, Rel. Min. Celso de Mello; STF, MS 26.604, j. 4 out. 2007, Rel. Min. Cármen Lúcia.

STF, ADI 3.999, j. 12 nov. 2008, Rel. Min. Joaquim Barbosa.

46 STF, ADI 5.081, j. 27 maio 2015, Rel. Min. Roberto Barroso.

47 STF, MI 708, j. 25 out. 2007, Rel. Min. Gilmar Mendes.

48 STF, ADI 2.649, j. 8 maio 2008, Rel. Min. Cármen Lúcia.

49 STF, ADI 5.357 MC-Ref, j. 9 jun. 2016, Rel. Min. Edson Fachin.

50 STF, ADI 5.452, j. 22 set. 2020, Rel. Min. Cármen Lúcia.

51 STF, HC 82.424, j. 17 set. 2003, Rel. Min. Moreira Alves, Red. p/ ac. Min. Maurício Corrêa.

52 STF, ADPF 186, j. 26 abr. 2012, Rel. Min. Ricardo Lewandowski; STF, RE 597.285, j. 9 mai. 2012, Rel. Min. Ricardo Lewandowski.

STF, ADC 41, j. 8 jun. 2017, Rel. Min. Roberto Barroso.

53 STF, ADPF 738 MC-Ref, j. 29 out. 2020, Rel. Min. Ricardo Lewandowski.

54 STF, ADI 4.277 e ADPF 132, j. 5 maio 2011, Rel. Min. Ayres Britto.

união estável, inclusive a homoafetiva[55], direito à alteração do nome social[56], criminalização da homofobia[57] e a possibilidade da doação de sangue por pessoas homossexuais[58];

(iv) *Comunidades indígenas:* demarcação da reserva indígena Raposa Serra do Sol em área contínua[59], proteção especial durante a pandemia da Covid-19[60];

(v) *Comunidades quilombolas:* garantia da adequada proteção às terras quilombolas[61] e do procedimento para sua demarcação[62]; proteção especial de seus direitos fundamentais durante a pandemia da Covid-19[63];

Liberdade de pesquisa científica: declaração da constitucionalidade das pesquisas com células-tronco embrionárias[64];

Liberdade de expressão: inconstitucionalidade da exigência de autorização prévia da pessoa retratada ou de seus familiares para a divulgação de obras biográficas[65], inconstitucionalidade de dispositivos da Lei das Eleições que vedavam às emissoras de rádio e televisão veicular sátiras a candidatos durante o processo eleitoral[66];

Direito das mulheres: direito à antecipação terapêutica do parto em caso de feto anencefálico[67]; constitucionalidade da Lei Maria da Penha, que reprime a violência doméstica contra a mulher[68]; destinação do percentual mínimo de 30% do Fundo Partidário para candidaturas femininas[69], estendida, também, ao Fundo Eleitoral, por decisão do TSE[70].

5.2.3 Democracia deliberativa[71]

Ao longo do tempo, algumas vicissitudes e circunstâncias do processo democrático contribuíram para uma visão cética e elitista do modelo, limitadora da ideia de soberania popular[72]. Autores que expressam esse enfoque destacam que a complexidade das questões enfrentadas pelas sociedades contemporâneas e o desinteresse da massa dos cidadãos reduziram a democracia a um processo de escolha

---

55　STF, RE 646.721, j. 10 maio 2017, Rel. Min. Marco Aurélio, Rel. p/ ac. Min. Roberto Barroso.

56　STF, ADI 4.275, j. 1º mar. 2018, Rel. Min. Marco Aurélio, Rel. p/ ac. Min. Edson Fachin; STF, RE 670.422, j. 18 ago. 2018, Rel. Min. Dias Toffoli.

57　STF, ADO 26, j. 13 jun. 2019, Rel. Min. Celso de Mello.

58　STF, ADI 5.543, j. 11 maio 2020, Rel. Min. Edson Fachin.

59　STF, Pet 3.388, j. 19 mar. 2009, Rel. Min. Ayres Britto.

60　STF, ADPF 709 MC-Ref, j. 5 ago. 2020, Rel. Min. Roberto Barroso.

61　STF, ADI 4.269, j. 18 out. 2017, Rel. Min. Edson Fachin.

62　STF, ADI 3.239, j. 8 fev. 2018, Rel. Min. Cezar Peluso, Rel. p/ ac. Min. Rosa Weber.

63　ADPF 742 MC, j. 24 fev. 2021, Rel. Min. Marco Aurélio, Rel. p/ ac. Min. Edson Fachin.

64　STF, ADI 3.510, j. 29 maio 2008, Rel. Min. Ayres Britto.

65　STF, ADI 4.815, j. 10 jun. 2015, Rel. Min. Cármen Lúcia.

66　STF, ADI 4.451, j. 21 jun. 2018, Rel. Min. Alexandre de Moraes.

67　STF, ADPF 54, j. 12 abr. 2012, Rel. Min. Marco Aurélio.

68　STF, ADC 19, j. 9 fev. 2012, Rel. Min. Marco Aurélio.

69　STF, ADI 5.617, j. 15 mar. 2008, Rel. Min. Edson Fachin.

70　TSE, Consulta 0600252-18.2018.6.00.0000, j. 22 mai. 208, Rel. Min. Rosa Weber.

71　Sobre o tema, v. Jürgen Habermas: *Direito e democracia:* entre facticidade e validade, 2003, e Political communication in media society – Does democracy still enjoy an epistemic dimension? The impact of normative theory on empirical research. In: http://www.icahdq.org/Speech_by_Habermas.pdf; John Rawls, *A theory of justice*, 1999, *Liberalismo político*, 1996 e *Justiça como equidade*, 2003; Amy Gutman e Dennis Thompson, *Why deliberative democracy*, 2004; John Dryzek, *Deliberative democracy and beyond:* liberals, critics, contestation, 2000; Cláudio Pereira de Souza Neto, *Teoria constitucional e democracia deliberative*, 2006. V. tb. Geraldo Tadeu Monteiro, Democracia deliberativa, in Vicente de Paulo Barreto, *Dicionário de filosofia do direito*, 2006.

72　Na verdade, a participação popular no processo decisório passou a ser cada vez mais remota e indireta. Na crítica dura de Fábio Konder Comparato: "A bem dizer, estamos hoje, em quase todos os países, diante de uma representação, não política, mas teatral: os eleitos pelo povo não agem como representantes deste, mas simplesmente *representam um papel dramático perante o povo*, prudentemente colocado na plateia e sem condições de intervir no palco" (V. Sobre a legitimidade das Constituições. In: Paulo Bonavides, Francisco Gérson Marques de Lima e Fayga Silveira Bedê, *Constituição e democracia*: Estudos em homenagem ao Prof. J. J. Gomes Canotilho, 2006, p. 87).

das lideranças políticas, às quais se delega o poder de tomar decisões[73]. Contrapondo-se a esse estado de coisas, difundiu-se pelo mundo a ideia de *democracia deliberativa*. Suas origens, ao menos em parte, podem ser reconduzidas à teoria crítica e às pretensões emancipatórias que a alimentavam, mas já agora sem desprezo às instituições da democracia liberal. Entre seus formuladores situam-se pensadores contemporâneos importantes, como Jürgen Habermas e John Rawls. A exploração conceitual do tema[74], assim como a defesa e a crítica de categorias como teoria da ação comunicativa, cooriginariedade entre direitos fundamentais e soberania popular, deliberação por cidadãos livres e iguais, justificação das decisões e busca de consensos racionais têm seu *locus* mais adequado na filosofia política[75].

Nada obstante isso, dentro de uma perspectiva jurídica que não abstrai de questões como legitimidade e justificação das decisões políticas, cabe destacar a contribuição da teoria da democracia deliberativa para a democracia constitucional contemporânea. Assim é que se incorporou ao conhecimento convencional que o processo democrático não se limita às eleições e à atuação das estruturas oficiais, mas deve ser exercido em um ambiente de permanente deliberação pública. Como tal, deve-se entender o debate acessível a todos, dentro de uma esfera pública (não estatal) que permita a participação ampla dos interessados em geral. Tal processo deliberativo tem o condão de pautar, racionalizar e legitimar as decisões tomadas pelas instâncias formais de poder. Instrumentos típicos dessa nova configuração da democracia incluem os meios de comunicação tradicionais, meios de comunicação alternativos (blogs, rádios comunitárias), a rede mundial de computadores e, mais recentemente, as mídias sociais. Mecanismo institucional que desempenha papel relevante nessa abertura dos órgãos de poder para a sociedade são as audiências públicas, presentes nos processos decisórios do Congresso Nacional, das agências reguladoras e até do Supremo Tribunal Federal[76].

6 Democracia, princípio majoritário e jurisdição constitucional

Em todo o mundo se trava o debate acerca da legitimidade democrática dessa atuação dos tribunais, notadamente quando invalida atos dos outros dois Poderes. É que os membros do Poder Judiciário não são eleitos. A possibilidade de um órgão não eletivo como o Supremo Tribunal Federal sobrepor-se a uma decisão do Presidente da República – sufragado por dezenas de milhões de votos – ou do Congresso Nacional – cujos integrantes foram escolhidos pela vontade popular – é identificada na teoria constitucional como *dificuldade contramajoritária*[77]. A legitimidade dessa atuação recai, precisamente, na concepção de democracia constitucional explorada aqui, que é fruto da confluência entre o constitucionalismo – Estado de direito, direitos fundamentais – e a democracia – soberania popular, governo da maioria. Se

---

73 Joseph A. Schumpeter, *Capitalism, socialism and democracy*, 2008, p. 261.

74 Vejam-se, todavia, duas tentativas de conceituação. Em sua tese de doutorado intitulada *Possibilidades e limites da democracia deliberativa: a experiência do Orçamento Participativo de Porto Alegre*, publicada parcialmente em *Cadernos de Pesquisa – PPGSP – UFSC*, 2002, Lígia Helena Hahn Lüchmann averbou: "[A] democracia deliberativa constitui-se como um modelo ou ideal de justificação do exercício do poder político pautado no debate público entre cidadãos livres e em condições iguais de participação. Diferente da democracia representativa, caracterizada por conferir a legitimidade do processo decisório ao resultado eleitoral, a democracia deliberativa advoga que a legitimidade das decisões políticas advém de processos de discussão que, orientados pelos princípios da inclusão, do pluralismo, da igualdade participativa, da autonomia e do bem-comum, conferem um reordenamento na lógica de poder tradicional". Em seu *Why deliberative democracy*, 2004, Amy Gutman e Dennis Thompson assinalaram: "[P]odemos definir a democracia deliberativa como uma forma de governo através da qual cidadãos livres e iguais (e respectivos representantes) justificam decisões através de um processo em que trocam razões que sejam mutuamente aceitáveis e geralmente acessíveis, com o objetivo de chegar a conclusões que sejam vinculativas no presente para todos os cidadãos, mas que estejam abertas a reavaliação futura" (Tradução e adaptação de Vítor João Oliveira, colhida em http://aartedepensar.com/leit_deliberativa.html).

75 Para uma exposição didática e uma visão crítica da democracia deliberativa, v. Chantal Mouffe, *Deliberative democracy or agnostic pluralism*, Institute for Advanced Studies, Vienna (Political Series 72). O texto expõe as duas principais visões da democracia deliberativa – a substancialista, de Rawls, e a procedimentalista, de Habermas. Segundo a autora, ambos os filósofos deixam de fora o papel crucial desempenhado pelas paixões e conclui que qualquer teoria democrática terá de reconhecer "a impossibilidade de erradicar o antagonismo e de se alcançar um consenso racional inteiramente inclusivo". Para uma defesa da democracia deliberativa, v. Cláudio Pereira de Souza Neto, *Teoria constitucional e democracia deliberativa*: um estudo sobre o papel do direito na garantia das condições para a cooperação na deliberação democrática, 2006.

76 As audiências públicas no STF foram previstas, inicialmente, nas Leis n. 9.868/99 e 9.882/99, que disciplinam processo e julgamento das ações diretas de inconstitucionalidade, ações declaratórias de constitucionalidade e arguições de descumprimento de preceito fundamental. A matéria é tratada no RISTF, nos arts. 13, XVII, e 21, XVII.

77 Alexander Bickel, *The least dangerous branch*, 1986, p. 16 e s.

341

os direitos fundamentais são uma condição de possibilidade para a democracia, a intervenção do Judiciário nesse caso se dá em nome e a favor do princípio democrático.

Portanto, a jurisdição constitucional bem exercida é antes uma garantia para a democracia do que um risco. Impõe-se, todavia, uma observação final. A importância da Constituição – e do Judiciário como seu intérprete maior – não pode suprimir, por evidente, a política, o governo da maioria, nem o papel do Legislativo. A Constituição não pode ser ubíqua[78] nem a política reduzida a uma atividade meramente administrativa[79]. Observados os valores e fins constitucionais, cabe à *lei*, votada pelo parlamento e sancionada pelo Presidente, fazer as escolhas entre as diferentes visões alternativas que caracterizam as sociedades pluralistas. Por essa razão, o STF deve ser deferente para com as deliberações do Congresso. Com exceção do que seja essencial para preservar a democracia e os direitos fundamentais, em relação a tudo mais os protagonistas da vida política devem ser os que têm votos. Juízes e tribunais não podem presumir demais de si próprios – como ninguém deve, aliás, nessa vida – impondo suas escolhas, suas preferências, sua vontade. Só atuam, legitimamente, quando sejam capazes de fundamentar racionalmente suas decisões, com base na Constituição.

A propósito, é comum na jurisprudência do Supremo Tribunal Federal a referência ao princípio do Estado democrático de direito, seja como fundamento central da decisão, seja como *obiter dictum*. Levantamento de pronunciamentos da Corte aponta a remissão ao princípio no tratamento de temas variados, como por exemplo: imposição de fidelidade partidária[80], suspensão da Lei de Imprensa do regime militar[81], garantia de acesso à justiça[82], princípio do juiz natural[83], dever de fundamentação das decisões judiciais[84] e das decisões de comissões parlamentares de inquérito[85], liberdade de expressão[86], vedação de manifestações racistas antissemitas[87], princípio da isonomia[88], segurança jurídica[89], garantias do processo penal em temas como reserva legal[90] e prisão preventiva[91], liberdade de associação[92], separação de Poderes[93], direito das minorias instituírem comissões parlamentares de inquérito independentemente da vontade da maioria[94], em meio a muitos outros.

7 A democracia em crise

7.1 A recessão democrática

Apesar da consagração histórica do ideal democrático na virada do século, narrada acima, nos últimos tempos alguma coisa parece não estar indo bem. Há uma onda populista, autoritária e com tons de extremismo atingindo muitas partes do mundo, levando muitos autores a se referirem a uma *recessão*

---

78 Daniel Sarmento, Ubiquidade constituconal: os dois lados da moeda, *Revista de Direito do Estado 2*:83, 2006. Embora ela se irradie por todo o sistema, e deva sempre estar presente em alguma medida, ela não deve ser invocada para asfixiar a atuação do legislador.

79 Nesse sentido, v. Dieter Grimm, *Constituição e política*, 2006, p. 10: "[A] Constituição não elimina a política, apenas lhe coloca uma moldura. Em contrapartida, uma política totalmente juridicizada estaria no fundo despida de seu caráter político e por fim reduzida à administração".

80 STF, *DJU* 19 dez. 2008, MS 26.603/DF, Rel. Min. Celso de Mello.

81 STF, *DJU* 7 nov. 2008, ADPF 130-MC, Rel. Min. Carlos Britto.

82 STF, *DJU* 17 out. 2008, Rcl-AgR 6.534/MA, Rel. Min. Celso de Mello.

83 STF, *DJU* 17 mai. 1996, AI-AgR 177.313/MG, Rel. Min. Celso de Mello.

84 STF, *DJU* 19 fev. 2008, RE 540.995/RJ, Rel. Min. Menezes Direito.

85 STF, *DJU* 12 mai. 2000, MS 23.452/RJ, Rel. Celso de Mello.

86 STF, *DJU* 23 fev. 2007, ADI 3.741/DF, Rel. Min. Ricardo Lewandowski.

87 STF, *DJU* 19 mar. 2004, HC 82.424/RS, Rel. Min. Moreira Alves, Rel. p/ Acórdão Min. Maurício Corrêa.

88 STF, *DJU* 28 mar. 2008, AI-AgR 360.461/MG, Rel. Min. Celso de Mello.

89 STF, *DJU* 1º dez. 2000, AI-AgR 249.470/BA, Rel. Min. Marco Aurélio.

90 STF, *DJU* 4 abr. 2008, Inq. 1.145/PB, Rel. Min. Maurício Corrêa.

91 STF, *DJU* 16 mai. 2008, HC 91.386/BA, Rel. Min. Gilmar Mendes.

92 STF, *DJU* 24 jun. 2005, RMS 24.069/DF, Rel. Min. Marco Aurélio.

93 STF, *DJU* 1º dez. 2006, ADI-MC 775/RS, Rel. Min. Celso de Mello.

94 STF, *DJU* 4 ago. 2006, MS 24.831/DF, Rel. Min. Celso de Mello.

democrática[95] ou a um *retrocesso democrático*[96]. Os exemplos foram se acumulando ao longo dos anos: Hungria, Polônia, Turquia, Rússia, Geórgia, Ucrânia, Filipinas, Venezuela e Nicarágua, entre outros. Em todos esses casos, a erosão da democracia não se deu por golpe de Estado, sob as armas de algum general e seus comandados. Nos exemplos acima, o processo de subversão democrática se deu pelas mãos de Presidentes e Primeiros-Ministros devidamente eleitos pelo voto popular[97].

Em seguida, paulatinamente, vêm as medidas que pavimentam o caminho para o autoritarismo: concentração de poderes no Executivo, perseguição a líderes de oposição, mudanças nas regras eleitorais, cerceamento da liberdade de expressão, novas constituições ou emendas constitucionais com abuso de poder pelas maiorias, enfraquecimento das cortes supremas com juízes submissos, entre outras. O grande problema com a construção dessas *democracias iliberais*[98] é que cada tijolo, individualmente, é colocado sem violação direta à ordem constitucional vigente. O conjunto final, porém, resulta em supressão de liberdades e de eleições verdadeiramente livres e competitivas. Este processo tem sido caracterizado como *legalismo autocrático*[99].

7.2 Três fenômenos distintos

Há três fenômenos distintos em curso em diferentes partes do mundo: a) o populismo; b) o conservadorismo extremista; e c) o autoritarismo. Eles não se confundem entre si, mas quando se manifestam simultaneamente – o que tem sido frequente – trazem graves problemas para a democracia. O *populismo* tem lugar quando líderes carismáticos manipulam as necessidades e os medos da população, apresentando-se como diferentes "de tudo o que está aí" e prometendo soluções simples e erradas, que frequentemente cobram um preço alto no futuro. Suas estratégias mais comuns são: a) uso das mídias sociais, estabelecendo uma comunicação direta com o povo; b) *by-pass* e desvalorização das instituições de mediação da vontade popular, como o Legislativo, a imprensa e as entidades da sociedade civil; e c) ataque às supremas cortes, que têm o papel de, em nome da Constituição, limitar e controlar o poder.

O *conservadorismo extremista* – que não se confunde com o conservadorismo como legítima opção ideológica[100] – se manifesta pela intolerância e agressividade, procurando negar ou retirar direitos dos que pensam diferente, além de contrariar consensos científicos em matérias diversas, do aquecimento global à vacinação. O extremismo tem se valido de campanhas de ódio, desinformação, meias verdades e teorias conspiratórias, que visam enfraquecer os pilares da democracia representativa[101]. Manifestação emblemática dessa disfunção foi a invasão do Capitólio, nos Estados Unidos, após a derrota de Donald Trump nas eleições presidenciais.

O *autoritarismo* é um fenômeno que sempre assombrou diferentes regiões do mundo – América Latina, Ásia, África e mesmo partes da Europa –, sendo permanente tentação daqueles que chegam ao poder. Em democracias recentes e pouco consolidadas, as novas gerações já não têm na memória o registro dos desmandos das ditaduras, com seu cortejo de intolerância, violência e perseguições. Por isso mesmo, são presas mais fáceis dos discursos autoritários. Porém, mesmo nas democracias mais antigas, o desprestígio do modelo parece contaminar a população mais jovem[102]. O autoritarismo contemporâneo se vale, com frequência, das redes sociais, num mundo em que a circulação da informação já não tem o filtro do jornalismo profissional[103]. Cria-se um ambiente no qual as pessoas já não divergem apenas quanto às suas opiniões, mas também quanto aos próprios fatos. *Pós-verdade* e *fatos*

---

95   Larry Diamond, Facing up to the democratic recession. *Journal of Democracy* 26:141, 2015.

96   Aziz Huq e Tom Ginsburg, How to lose a constitutional democracy. *UCLA Law Review* 65:78, 2018, p. 91 e s.

97   Steven Levitsky e Daniel Ziblatt, *How democracies die*. N. York: Crown, 2018, p. 3.

98   Aparentemente, o termo foi utilizado pela primeira vez por Fareed Zakaria, The rise of illiberal democracies. *Foreign Affairs* 76:22, 1997. Na prática política contemporânea, foi encampado pelo líder autoritário húngaro Viktor Orbán.

99   Kim Lane Scheppele, Autocratic legalism. *The University of Chicago Law Review* 85:545, 2018.

100   Em meados de 2021, quando este texto está sendo escrito, partidos conservadores democráticos encontram-se no poder em países como Alemanha e Reino Unido.

101   Sobre o apelo emocional das teorias conspiratórias e sobre a degeneração do conservadorismo em extremismo, v. Anne Applebaum, *Twilight of democracy*. N. York, Doubleday, 2020, p. 45 e s.

102   Yascha Mounk, *The people vs. democracy*, 2018, Edição Kindle, p. 99-102, com dados estatísticos sobre Estados Unidos e Europa. Pesquisa do Latinobarómetro revela que o apoio à democracia na América Latina caiu para 48% em 2018. O apoio máximo foi de 63%, em 1997. V. http://www.latinobarometro.org/lat.jsp.

103   Sobre o emprego político da internet, v. Cláudio Pereira de Souza Neto, *Democracia em crise no Brasil*, 2020, p. 32-36.

alternativos são palavras que ingressaram no vocabulário contemporâneo. Uma das manifestações do autoritarismo é a tentativa de desacreditar o processo eleitoral para, em caso de derrota, poder alegar fraude e deslegitimar o vencedor.

7.3 Algumas causas do populismo extremista e autoritário

Há um conjunto de fatores que conduziram ao avanço do populismo conservador em países diversos, incluindo os Estados Unidos, a Grã-Bretanha (Brexit) e o Brasil. É possível sistematizar esses diferentes fatores em três categorias: políticas, econômico-sociais e culturais-identitárias[104].

As causas *políticas* estão na crise de representatividade das democracias contemporâneas, em que o processo eleitoral não consegue dar voz e relevância à cidadania. "Não nos representam", é o bordão da hora[105]. Em parte, porque a classe política se tornou um mundo estanque, descolado da sociedade civil, e em parte pelo sentimento de que o poder econômico-financeiro globalizado é que verdadeiramente dá as cartas. Daí a ascensão dos que fazem o discurso anti-*establishment*, antiglobalização e "contra tudo isso que está aí".

As causas *econômico-sociais* estão no grande contingente de trabalhadores e profissionais que perderam seus empregos ou viram reduzidas as suas perspectivas de ascensão social, tornando-se pouco relevantes no mundo da globalização, da nova economia do conhecimento e da automação, que enfraquecem as indústrias e atividades mais tradicionais. Sem mencionar as políticas de austeridade pregadas por organizações internacionais e países com liderança econômica mundial, que reduzem as redes de proteção social. A recente tensão entre a Grécia e a União Europeia ilustram bem essa última situação.

Por fim, as causas *culturais identitárias*: há um contingente de pessoas que não professam o credo cosmopolita, igualitário e multicultural que impulsiona a agenda progressista de direitos humanos, igualdade racial, políticas feministas, casamento *gay*, defesa de populações nativas, proteção ambiental e descriminalização de drogas, entre outras modernidades. Essas pessoas, que se sentem desfavorecidas ou excluídas no mundo do "politicamente correto", apegam-se a valores tradicionais que lhes dão segurança e o sonho da recuperação de uma hegemonia perdida[106]. No fundo, o pensamento progressista não foi capaz de convencer parte do Planeta de que a maior parte dessas conquistas não pertencem a um campo ideológico, mas correspondem à causa da humanidade.

Em interessante *insight*, Yascha Mounk observa que a democracia liberal padece de duas disfunções: (i) as democracias iliberais ou democracias sem direitos; e (ii) o liberalismo sem democracia ou direitos sem democracias. Ao analisar as *democracias iliberais*, em que líderes populistas eleitos vão paulatinamente suprimindo direitos, identifica três fatores. O primeiro seria a *estagnação social*: ao contrário das décadas que se seguiram ao pós-guerra, em que pessoas dobraram sucessivamente sua renda, nas últimas décadas elas estão estacionadas. O segundo seria a *perda da hegemonia racial:* nos últimos tempos, as sociedades se tornaram mais diversas e multiculturais, com a ascensão de afrodescendentes e imigrantes em diferentes países, gerando ressentimento nas elites tradicionais; e, em terceiro lugar, a *perda do filtro da mídia na comunicação social, pelo advento das redes sociais:* a internet deu voz a milhões de pessoas que antes não tinham acesso ao espaço público, abrindo caminho para a desinformação autoritária e teorias conspiratórias[107].

Por outro lado, identifica ele, também, o que denominou de *liberalismo sem democracia*. Trata-se de fenômeno associado à maior complexidade da vida moderna, com perda do protagonismo do Legislativo como fórum de representação popular. De fato, nas últimas décadas, assistiu-se à ascensão de órgãos não eletivos na tomada de decisões que influenciam drasticamente a vida das pessoas, como, por exemplo, as agências reguladoras, o banco central, as cortes constitucionais e órgãos e agências internacionais, que concretizam tratados e convenções internacionais[108].

---

104 Sobre o tema, v. Luís Roberto Barroso, Revolução tecnológica, crise da democracia e mudança climática: limites do Direito num mundo em transformação. *Revista Estudos Institucionais* 5:1262, 2019.

105 V. Manuel Castells, *Ruptura*: a crise da democracia liberal, 2018, digital, loc. 103.

106 Ronald F. Inglehart e Pippa Norris, Trump, Brexit, and the rise of populism: economic have-nots and cultural backlash. *Working Paper Series* 16-026, Harvard University, John F. Kennedy School of Government, 2016, p. 30.

107 Yascha Mounk, *The people vs. democracy*. Cambridge: Harvard University Press, 2018, Edição Kindle, Partes I e II.

108 Yascha Mounk, *The people vs. democracy*. Cambridge: Harvard University Press, 2018, Edição Kindle, Partes I e II.

8 O futuro da democracia

8.1 Três inimigos da democracia

Como já registrado, pesquisas em diferentes partes do mundo revelam a perda de prestígio dos governos fundados na soberania popular. A democracia já viveu momentos mais efusivos. Especialmente na nova geração, que não viveu as agruras das ditaduras, a tolerância com alternativas autoritárias é preocupante. O futuro da democracia exige o enfrentamento de alguns inimigos poderosos, que a minam por dentro. Identifico a seguir três deles.

8.1.2 Apropriação do Estado por elites extrativistas

Uma das principais causas da queda do prestígio do regime democrático no mundo contemporâneo é a apropriação do Estado por elites econômicas, políticas e burocráticas extrativistas[109], que colocam o Estado a serviços dos seus interesses, num pacto oligárquico e plutocrático. No Brasil, essa apropriação privada do Estado se manifesta em loteamento de cargos públicos e do controle de empresas estatais, em desonerações inexplicáveis à luz do interesse público, em financiamentos públicos injustificáveis e em um sistema tributário que, proporcionalmente, cobra mais dos pobres do que dos ricos. Isso quando não degenera em coisas piores, como o recebimento de vantagens indevidas em contratos públicos, a cobrança de pedágios em empréstimos públicos, investimentos ruinosos feitos por fundos de pensão de empresas estatais em troca de propinas, superfaturamento de obras públicas em geral, com repasse para os agentes públicos que a viabilizaram e achaques a pessoas e empresas em comissões parlamentares de inquérito[110].

8.1.3 Pobreza extrema e desigualdades injustas

Apesar de melhoras relevantes, os números da *pobreza extrema* no mundo ainda são dramáticos. Cerca de 800 milhões de pessoas vivem com renda de menos de 2 dólares por dia, que é o critério adotado pelo Banco Mundial. No Brasil, de acordo com o IBGE, 6,5% da população vive em pobreza extrema, somando cerca de 13,5 milhões de pessoas que vivem com renda mensal de 145 reais. É uma quantidade maior do que a população de países como Bolívia, Bélgica, Grécia e Portugal. Desde 2014, 4,5 milhões de pessoas caíram abaixo da linha da pobreza extrema. Desse total, 72,7% são pretos ou pardos. A miséria atinge, principalmente, os Estados do Norte e do Nordeste. O Maranhão tem a maior proporção de pobres[111]. Para aumentar a gravidade desses números, deve-se observar que eles foram obtidos antes da crise humanitária da pandemia da Covid-19.

A *desigualdade* é uma categoria mais complexa. Trata-se de um conceito relacional, que identifica disparidade na distribuição de bem-estar, riqueza e poder em uma sociedade. Ela se manifesta em muitas dimensões, que incluem desigualdades de renda, de gênero, racial, regional e entre países. Fez-se referência a desigualdades injustas, porque há desigualdades inevitáveis, que fazem parte da vida. Se uma escritora vende milhões de livros ou um atleta extraordinário assina um contrato milionário, eles se tornam desiguais. Mas a desigualdade que se quer combater não é a que privilegia o talento e o esforço, mas sim a que nega igual oportunidades às pessoas, gerando incluídos e excluídos. A desigualdade no mundo é espantosa: o 1% mais rico detém 44% da riqueza global. Os 10% mais ricos detêm 82%[112]. No Brasil, o 1% mais rico concentra 1/3 da renda[113].

8.1.4 Sentimento de pertencimento

Como se disse ao início, a democracia envolve a ideia de pertencimento, de participação de todos em um projeto de autogoverno coletivo. O voto, o respeito aos direitos fundamentais e o debate público permanente são da sua essência. Todavia, tanto a apropriação privada do Estado quanto a pobreza extrema/

---

109   Sobre o tema, v. Daron Acemoglu e James A. Robinson, *Why nations fail*: the origins of power, prosperity and poverty. Londres: Profile Books, 2013.

110   Para uma descrição do cenário espantoso da corrupção no Brasil, v. Malu Gaspar, *A organização*. Rio de Janeiro: Companhia das Letras, 2020.

111   Agência IBGE, Extrema pobreza atinge 13,5 milhões de pessoas e chega ao maior nível em 7 anos. *Agência IBGE Notícias*, 6 nov. 2019. V. tb. Carla Jiménez, Extrema pobreza sobe e Brasil já soma 13,5 milhões de miseráveis. *El país*, 6 nov. 2019.

112   Credit Suisse, The Global Wealth Report 2019.

113   Desigualdade entre ricos e pobres é a mais alta já registrada no Brasil. *DW*, 16.10.2019.

desigualdade produzem exclusão social e o desencontro entre os cidadãos e a política. Esse desamparo torna parte do eleitorado presa fácil dos discursos anti-*establishment* e do populismo autoritário. A tudo se soma uma certa percepção de que as grandes decisões que repercutem sobre todos terminam sendo tomadas, nesse mundo globalizado, nos grandes centros de poder econômico, político e militar. Países em desenvolvimento e não centrais antes suportam do que participam do processo decisório em geral.

Em diversos países, inclusive o Brasil, a esse conjunto de problemas soma-se, também, uma corrupção estrutural, sistêmica e institucionalizada. Não há como nos tornarmos verdadeiramente desenvolvidos com os padrões de ética pública e ética privada que se praticam aqui. Tivemos avanços e recuos nessa área, porque a história não é linear. Na verdade, a cultura de apropriação privada do Estado, que deságua na corrupção, é trabalho para mais de uma geração. A notícia boa é que já começou.

É cedo para concluir que a democracia esteja verdadeiramente decadente. Num mundo em transformação acelerada, é inevitável que ela passe por sobressaltos e adaptações. Os dois pilares das democracias liberais, tal como assentados pela Declaração dos Direitos do Homem e do Cidadão, de 1789[114], já não são mais o que foram: (i) a separação de Poderes convive com a ascensão institucional das cortes constitucionais e do Poder Judiciário em geral; e (ii) os direitos fundamentais se expandiram para abrigar sufrágio universal, privacidade, igualdade de gênero e racial, liberdade de orientação sexual e, em muitas partes do mundo, direitos sociais. Há, ainda, nos dias atuais, o fator China: um modelo alternativo autoritário, tisnado pela corrupção, mas de vertiginoso sucesso econômico e social. Enfim, um tempo de complexidades e perplexidades. Mas cabe aqui relembrar passagem célebre de Alex de Tocqueville, referindo-se à Revolução Francesa, mas com reflexão atemporal e universalizável: só se derruba um regime se ele já estiver corroído por dentro[115].

Embora preocupante, é possível que o refluxo temporário do vigor democrático seja apenas o movimento pendular da vida e da história. E, também, não se deve descartar tratar-se de um momento de certa amargura do pensamento progressista devido à prevalência, na quadra atual, em muitas partes do mundo, de ideias conservadoras, pouco simpáticas às bandeiras ambientais, de gênero, cosmopolitas, multiculturais, feministas, pró-*gays* e populações indígenas. Mas assim é a democracia, mesmo: às vezes se ganha, às vezes se perde. O que não se pode admitir é a mudança paulatina e sub-reptícia das instituições e das regras do jogo, comprometendo a possibilidade de alternância no poder, que é imprescindível para a oxigenação e sobrevivência das democracias.

III REPÚBLICA[116]

1 Generalidades

O termo *República* é o primeiro substantivo inscrito na Constituição brasileira, abrindo seu art. 1º, dedicado aos princípios fundamentais. Nele se abrigam muitos séculos de história política da humanidade

---

114 DDHC: "Art. 16. A sociedade em que não esteja assegurada a garantia dos direitos nem estabelecida a separação dos poderes não tem Constituição".

115 Jon Elster (ed), Tocqueville: the Ancien Régime and the French Revolution. Trad. Arthur Goldhammer. N. York: Cambridge University Press, 2011, p. 170-85.

116 Aristóteles, *A política*, 2006; Cícero, *Da República*, s.d.; Maquiavel, *O príncipe*, 1976; Ana Paula de Barcellos. O princípio republicano, a Constituição brasileira de 1988 e as formas de governo, *Revista Forense 356*:8-9, 2001; Antonio Cavalcanti Maia e Tarcísio Menezes, Republicanismo contemporâneo, constituição e política. In: Daniel Sarmento (coord.), *Filosofia e teoria constitucional contemporânea*, 2009; Cass R. Sunstein, Beyond the republican revival. *Yale Law Journal 97*:1539, 1987-1988; Cícero Araújo, República e democracia, *Lua Nova*, n. 51, 2000; Daniel Barcelos Vargas, *O renascimento republicano no constitucionalismo contemporâneo e os limites da comunidade*, mimeografado, 2005; Enrique Ricardo Lewandowski, Reflexões em torno do princípio republicano. In: Antonio Carlos Rodrigues do Amaral, Roberto Rosas e Carlos Mário da Silva Velloso (coords.), *Princípios constitucionais fundamentais:* estudos em homenagem ao Professor Ives Gandra da Silva Martins, 2005; Frank Michelman, Law's republic, *Yale Law Journal 97*:1493, 1987-1988; Geraldo Ataliba, *República e Constituição*, 1998; J. J. Gomes Canotilho e Vital Moreira, *Fundamentos da Constituição*, 1991; Jorge Miranda, *Formas e sistemas de governo*, 2007; Newton Bignotto, Republicanismo. In: Vicente de Paulo Barreto (coord.), *Dicionário de filosofia do direito*, 2006, p. 716-19; Norberto Bobbio, Nicola Matteucci e Gianfranco Pasquino. *Dicionário de política*, 2000, verbete: *República*; José Luiz Quadros de Magalhães, Artigo 1º. In: Paulo Bonavides, Jorge Miranda e Walber de Moura Agra. *Comentários à Constituição Federal de 1988*. Rio de Janeiro, 2009; José Afonso da Silva, *Curso de direito constitucional positivo*, 2008; Paulo Bonavides, *Ciência política*, 1978; Paulo Levorin, *A república dos antigos e a república dos modernos*, 2001, p. 14-5; Richard Fallon Jr., What is republicanism, and is it worth reviving?, *Harvard Law Review 102*:1695, 1988-1989.

e uma multiplicidade de sentidos, que sofreram mutações e agregaram conteúdos ao longo do tempo. Embora a expressão *res publica* seja de matriz latina, o ideal republicano antecede a *civitas* romana, tendo suas origens nas cidades-Estado gregas, particularmente Atenas. Não por acaso, democracia e república são ideais que se entrelaçam e se superpõem em diferentes ambientes e cenários. Como se poderá observar do breve relato feito a seguir, o conceito de república trazia em si, de início, um caráter material ou substantivo, representando o ideal de governo justo e de cidadania virtuosa. Com a modernidade, a política é dissociada do discurso moral e o conceito de república passa a ser predominantemente formal, contraposto à monarquia absolutista. Nos últimos anos tem-se verificado um movimento no sentido de rematerializar o conceito, de novo associando-o a valores e virtudes do governo e dos cidadãos.

Aristóteles foi o principal precursor das ideias que viriam a integrar o significado clássico de república, como governo justo – isto é, movido pelo interesse público e visando o bem comum –, virtudes cívicas dos cidadãos – ênfase na participação política e superação de uma visão egoística da vida – e a importância da comunidade política, composta de pessoas livres e iguais[117]. Coube a ele, a propósito, a mais célebre classificação das formas de governo, utilizando como critério distintivo dois fatores: o número de governantes e a justiça com que atuavam[118]. Identificou, assim, como formas justas de governo, por visarem a felicidade geral e não o interesse particular do príncipe, a monarquia (governo de um só), a aristocracia (governo de poucos, dos melhores) e a *república* (governo de muitos, da multidão). Essas três formas justas de governo podem degenerar em tirania (governo despótico, no interesse do príncipe), oligarquia (governo dos ricos, não dos melhores) e democracia (tirania da multidão indigente, que não se submete à lei)[119]. O termo república, todavia, entrou para a história tendo por referência a experiência de Roma, entre o século V a.C. e o início da Era Cristã. Foi celebrada em obra clássica de Cícero, escrita, por ironia, às vésperas do fim do governo republicano, com a ascensão do Império Romano[120].

Com Maquiavel, séculos à frente, às vésperas do surgimento do Estado moderno – nacional, unificado e soberano –, o termo república passa a ser utilizado para designar a *forma* de governo[121]. O tema foi retomado por Montesquieu, em elaboração mais sofisticada, na qual dividiu as espécies de governo em república, monarquia e despotismo, combinando, assim, aspectos formais e substanciais[122]. Em Kant, a república não se opõe à monarquia, mas ao governo despótico, identificando-se, em última análise, com o Estado de direito[123]. No final do século XX desenvolveu-se, a partir da doutrina norte-americana,

---

117   Em Aristóteles (384-322 a.C), a liberdade e a igualdade não se estendiam a todos os membros da sociedade. Suas ideias consideravam natural e legítima a escravidão ("para os escravos, melhor servirem que serem entregues a si mesmos"), a superioridade masculina ("o macho está acima da fêmea") e a exclusão dos trabalhadores e pobres em geral do exercício da cidadania ("a cidadania não pode prostituir-se pelos trabalhadores manuais, nem por outras pessoas a quem a prática da virtude é desconhecida"). A igualdade política pressupunha a homogeneidade dos cidadãos. Sendo o senhor e o escravo naturalmente desiguais, assim como o homem e a mulher, não se haveria de falar em igualdade política entre eles. V. Aristóteles, *A política*, 2006, p. 13, 33 e 99. Dono de uma inteligência luminosa e um dos maiores pensadores de todos os tempos, Aristóteles era um homem de sua época. Não é possível julgá-lo tendo por parâmetro ideias que só vieram a se afirmar séculos depois de sua morte.

118   Anteriormente a ele, Platão, em *A república*, apresentara uma classificação quatripartida, dividindo as formas de governo em timocracia (governo de homens honrados), oligarquia, democracia e tirania. No entanto, foi a classificação de Aristóteles que perdurou no tempo e influenciou os autores que posteriormente se dedicaram ao tema. V. Platão, *A república*, Livro VIII; e, tb., Jorge Miranda, *Formas e sistemas de governo*, 2007.

119   Muitos autores procuram evitar utilizar o termo democracia, nesse contexto, pela desvalia a ele atribuída. Optam, assim, pelo vocábulo *demagogia*. Como observado em nota anterior, Aristóteles tinha a visão do seu tempo acerca do trabalho e da pobreza. Daí a sua visão crítica quanto a serem os pobres e os trabalhadores os protagonistas do governo, por ele referidos como a "multidão indigente". Na sua visão, as virtudes e o tempo necessários à política eram incompatíveis com os que se dedicavam à rotina do trabalho ordinário. Note-se que a ideia de inclusão de todos, como visto no tópico dedicado à democracia, só se disseminou ao longo do século XX, mais de 2.300 anos após Aristóteles.

120   V. Marco Túlio Cícero, *Da República*, s.d. Cícero viveu entre 106 e 43 a.C. O livro aqui referido teria sido publicado em 51 a.C.

121   Maquiavel, *O príncipe*, 1976. Escrito em 1513, o livro abre seu primeiro capítulo com a seguinte frase: "Todos os Estados, todos os governos que tiveram e têm autoridade sobre os homens, foram e são repúblicas ou principados".

122   Montesquieu, *O Espírito das leis*, 1987, p. 83 (publicado, pela primeira vez, em 1748): "[O] Governo Republicano é aquele onde o Povo no seu todo, ou somente uma parte do Povo, tem o poder soberano; o Monárquico, aquele onde só um governa, mas por leis fixas e estabelecidas; ao passo que, no Despotismo, um só, sem lei e sem regra, arrasta tudo segundo a sua vontade e os seus caprichos".

123   Nesse ponto particular, Kant (1724-1804) sofreu a influência do iluminismo francês, notadamente de Montesquieu. V. Roger Scruton, *Kant: a very short introduction*, 2001, p. 120-21; Norberto Bobbio, *Direito e Estado no pensamento de Emanuel Kant*, 1997, p. 31 e s.; e Ana Paula de Barcellos. O princípio republicano, a Constituição brasileira de 1988 e as formas de governo, *Revista Forense* 97:356, 2001.

um renascimento do republicanismo, com ênfase na cidadania virtuosa e na participação política. Em suma: na sua longa viagem de dois milênios e meio, a noção de república chega à primeira metade do século XXI apresentando uma dimensão *formal*, que toma como parâmetro a sede do poder, e uma dimensão *material*, que expressa o modo como ele é exercido.

2 República como forma de governo

A expressão *forma de governo* designa o modo de investidura e permanência no poder, bem como aspectos de seu exercício e das relações entre governantes e governados. Desde o advento do Estado moderno, a expressão passou a referir-se à dualidade república e monarquia. Registre-se que, por ocasião de tal formulação, a monarquia tinha caráter absolutista, significando o mando pessoal e soberano do rei ou do príncipe. Nesse contexto, república representava o governo de muitos, por oposição ao governo de um só. Ao longo do tempo, a monarquia foi deixando de ser absolutista, tornando-se, progressivamente, parlamentar e constitucional, embora a soberania, na Europa continental, tenha residido no monarca – e não no povo – até quando já avançado o século XIX. A partir daí, no entanto, a maior parte das monarquias da Europa ocidental incorporou os valores republicanos, passando o rei a desempenhar um papel simbólico, representante da tradição e não do poder efetivo. Com isso, o contraste originário entre república e monarquia fica esmaecido.

Nada obstante, tal classificação dicotômica foi acolhida pela Teoria Geral do Estado[124] e conserva, ainda, alguma valia didática. A distinção entre essas formas se baseia, fundamentalmente, na contraposição de três características principais, relacionadas à investidura, permanência e responsabilidade no exercício do poder. A *Monarquia* tem por traços essenciais: (i) a hereditariedade, em razão da qual a investidura no poder se dá devido ao pertencimento a determinada família[125], de acordo com uma linha sucessória predefinida[126]; (ii) a vitaliciedade, inexistindo limitação temporal para a permanência do monarca no poder, que o exercerá até sua morte ou enquanto quiser[127]; e (iii) irresponsabilidade política do monarca, de modo que suas ações e decisões não são passíveis de controle, revisão ou punição. Já a *República* (democrática) tem como elementos típicos: (i) a eletividade, pela qual a investidura dos governantes no poder se dá por escolha popular, direta ou indiretamente[128]; (ii) a temporariedade, por força da qual a permanência do governante no poder se dá por prazo determinado, normalmente com

---

124 Confira-se, a propósito, o marco teórico representado pela obra de Georg Jellinek, *Teoria General del Estado*, 1981, p. 507 e s. A primeira edição é de 1900.

125 Houve e ainda há exceções a essa regra. O Imperador Romano-Germânico era escolhido por um Colégio Eleitoral composto por nobres eleitores. Da mesma forma, o papa – que exerce poder temporal sobre o território do Vaticano – é eleito por um conclave composto pelos cardeais da Igreja Católica. Hoje essa eleição se faz nos termos da constituição apostólica *Universi Dominici Gregis*, editada pelo Papa João Paulo II. Outro exemplo atual é a Malásia: o rei – chamado de *Yang di-Pertuan Agong* – é o Chefe Supremo da Federação, sendo eleito por uma Conferência de Governantes (*Conference of Rulers*) composta pelos sultões, rajás e *Yang di-Pertuan Besar* dos Estados-membros da federação (Constituição Federal da Malásia, art. 32).

126 Assim se passava, por exemplo, no Império do Brasil. A Constituição de 1824 expressamente apontava seu governo como "Monarchico Hereditario, Constitucional, e Representativo" (art. 3º) e estabelecia como dinastia imperante "a do Senhor Dom Pedro I actual Imperador, e Defensor Perpetuo do Brazil" (art. 4º). Mais adiante complementava: "Sua Descendencia legitima succederá no Throno, Segundo a ordem regular do primogenitura, e representação, preferindo sempre a linha anterior ás posteriores; na mesma linha, o gráo mais proximo ao mais remoto; no mesmo gráo, o sexo masculino ao feminino; no mesmo sexo, a pessoa mais velha á mais moça" (art. 117). "Extinctas as linhas dos descendentes legitimos do Senhor D. Pedro I, ainda em vida do ultimo descendente, e durante o seu Imperio, escolherá a Assembléa Geral a nova Dynastia" (art. 118).

127 Com exceção do *Yang di-Pertuan Agong* da Malásia, que além de eleito, exerce suas funções por um período de 5 anos (Constituição Federal da Malásia, art. 32).

128 Aqui se observa uma conexão entre a república e a soberania popular. V. Ana Paula de Barcellos, O princípio republicano, a Constituição brasileira de 1988 e as formas de governo, *Revista Forense* 356:11-2, 2001. No Brasil, o Presidente da República é eleito por voto direto, nos termos do art. 14, *caput*, da Constituição: "A soberania popular será exercida pelo sufrágio universal e pelo voto direto e secreto, com valor igual para todos, e, nos termos da lei, mediante [...]". Já nos Estados Unidos, o Presidente é escolhido por um Colégio Eleitoral, consoante o art. II, Seção I, da Constituição Americana: "O Poder Executivo será investido em um Presidente dos Estados Unidos da América. Ele exercerá um mandato de quatro anos e, junto com o Vice-Presidente, escolhido para o mesmo período, será eleito da seguinte forma: Cada Estado nomeará, conforme determinação do seu Legislativo, um número de eleitores, iguais ao número total de Senadores e Representantes aos quais o Estado tem direito no Congresso: mas nenhum Senador ou Representante, ou qualquer pessoa que exerça função de confiança ou remunerada em nome dos Estados Unidos será nomeado um eleitor" (tradução livre).

limitação à reeleição; e (iii) responsabilidade política, devendo os governantes prestar contas de suas ações e ficando sujeitos a controles políticos e judiciais de ordens diversas.

Como se depreende de tudo que já tem sido dito, essa distinção clássica perdeu muito de sua relevância científica. Em primeiro lugar, por não dar conta das múltiplas formas que as monarquias e repúblicas assumem atualmente. Há monarquias eletivas, como o Vaticano, e outras com investidura periódica, como a Malásia. Da mesma forma, há ditaduras que se aproximam mais das monarquias que das repúblicas, em razão do caráter personalista do poder. A segunda razão já foi igualmente assinalada: a afirmação das monarquias constitucionais, fundadas na soberania popular e no Estado de direito. Em países diversos, como o Reino Unido, a Holanda ou a Suécia, a tradição monárquica convive com a despersonalização do poder e o sentimento da "coisa pública". Nesse ambiente, o conceito de república se substantiva outra vez, retornando, de certa forma, às suas origens greco-romanas. Subjacente a ele, volta a estar a noção de governo justo, o que envolve participação, consentimento[129] e virtudes republicanas.

3 República como conceito substantivo

Na Antiguidade clássica, coube a Aristóteles[130], na Grécia, e a Cícero[131], em Roma, o pioneirismo doutrinário na construção da ideia de república. O conceito desenvolveu-se com uma dimensão substantiva, com conteúdos materiais e axiológicos próprios, que expressavam a noção de governo justo e de cidadania virtuosa. Tendo como eixo central o interesse público e o bem comum, república se consubstanciava em limitação do poder, observância das leis por governantes e governados, importância da vida comunitária, cidadãos livres e iguais e participação política. Com o colapso da república, em Roma, o termo perde seu significado teórico e sua relevância prática, só vindo a reaparecer na Itália renascentista, a partir do século XIV, com o desenvolvimento do humanismo cívico. Nesse período, serviu de fundamento à autonomia de cidades italianas – como Florença e Veneza – frente ao Império e à Igreja, inclusive contestando o caráter transcendente do poder temporal[132]. Agregou-se, assim, à ideia republicana, a natureza secular das instituições do Estado[133], superando a visão teocrática ou sagrada do poder[134].

Com as revoluções liberais, o conceito de república incorpora o princípio da separação de Poderes. Sem desmerecer a relevância da revolução inglesa e da afirmação da independência do parlamento, coube aos Estados Unidos da América a precedência na formatação de um governo material e formalmente republicano. De fato, a Constituição de 1787 instituiu um modelo fundado na separação de Poderes, na autonomia das comunidades políticas locais (Federação) e no reconhecimento de direitos políticos e individuais aos cidadãos[135]. Ademais, a opção por um sistema de governo presidencialista e eletivo conduziu, inevitavelmente, à forma republicana, em um arranjo institucional pioneiro no Estado moderno. No plano teórico, a nova fórmula foi defendida, de modo consistente, nos célebres escritos de Hamilton, Madison e Jay, conhecidos no Brasil como *O Federalista*[136]. Na França, Rousseau foi o teórico de um republicanismo radical e democrático, que não incorporava a representação política, mas apenas a participação popular direta[137]. No plano político, a Revolução Francesa foi cenário de Constituições sucessivas e fugazes, que levaram o país à monarquia constitucional (1791), seguida da Proclamação da República (1792), a um período ditatorial (1799) e de volta à monarquia absoluta, com Napoleão

---

129 Paulo Bonavides identifica, como as duas modalidades básicas, os governos pelo *consentimento* e pela *coação* (Ciência política, 1978, p. 231).

130 Aristóteles, *A política*, 2006, p. 105-6 e 113-17.

131 Marco Túlio Cícero, *Da república*, s.d., p. 40: "É, pois, a República coisa do povo, considerando tal, não todos os homens de qualquer modo congregados, mas a reunião que tem seu fundamento no consentimento jurídico e na utilidade comum".

132 Newton Bignotto, Republicanismo. In: Vicente de Paulo Barreto (coord.), *Dicionário de filosofia do direito*, 2006, p. 717.

133 A Idade Média foi cenário de uma disputa recorrente entre a Igreja e o Imperador, entre o poder espiritual e o poder temporal (político). Houve períodos em que o Papa dominava a política e outros em que o Imperador se impunha sobre o Papado. Essa disputa só teve fim com o surgimento do Estado moderno e a consolidação da separação entre o poder político e o poder espiritual, entre o Estado e a Igreja. V. Dalmo de Abreu Dallari, *Elementos de teoria geral do Estado*, 1981, p. 58-59; e Fernando Whitaker da Cunha, *Democracia e cultura*: a teoria do Estado e os pressupostos da ação política, 1973, p. 389-301.

134 J. J. Gomes Canotilho e Vital Moreira, *Fundamentos da Constituição*, 1991, p. 88-9.

135 Que não incluíam, deixe-se claro, nem os negros nem as mulheres.

136 V. Roy P. Fairfield (editor), *The Federalist Papers*, 1981.

137 Newton Bignotto, Republicanismo. In: Vicente de Paulo Barreto (coord.), *Dicionário de filosofia do direito*, 2006, p. 718.

Bonaparte (1804). A França ainda experimentaria um longo ciclo de instabilidades e de mudanças constitucionais, até chegar, sob a Constituição de 1958, à *Quinta* República, que vigora nos dias de hoje.

Consolidado o modelo liberal, o ideário republicano se diluiu, em ampla medida, no Estado constitucional de direito. Todavia, já próximo do final do século XX, com o colapso dos projetos socialistas e o enfraquecimento do Estado social, ensaiou-se um renascimento do *republicanismo*, como contraponto ao avanço do pensamento (neo)liberal. Foi, de certa forma, um refúgio teórico dos que tinham compromisso com a transformação social e a redução das desigualdades, em um período de refluxo dos movimentos de esquerda. Colocou-se ênfase, assim, na ideia de liberdade como *não dominação*[138], que admite uma interferência mais significativa do Estado na esfera privada[139]. No centro das preocupações republicanas, sobretudo como *revivida* nos Estados Unidos, estavam as ideias de cidadania virtuosa – voltada para o bem comum e não para o interesse particular –, o autogoverno e a participação política, com menor destaque para os direitos fundamentais de cunho individual[140]. No Brasil, os termos república e republicano têm sido associados à luta contra a corrupção e contra a captura do Poder Público por interesses privados.

Do que foi exposto neste tópico e no anterior, é possível apresentar a síntese que se segue. *República* identifica, do ponto de vista formal, o Estado em que os governantes são escolhidos mediante eleição, exercem o poder por prazo determinado e estão sujeitos a responsabilização política, civil e penal. Nesse sentido, contrapõe-se ao conceito de monarquia. Sob o aspecto material, designa o Estado secular, que tem por objetivo a realização do bem comum, a satisfação do interesse público, dentro de um modelo institucional de limitação do poder e supremacia da lei, no qual os cidadãos são livres e iguais, com amplo direito de participação na vida pública. Nessa acepção, expressa o governo justo, que não se vale de mecanismos autoritários nem permite o locupletamento privado dos governantes.

4 A República brasileira

4.1 Breve notícia histórica[141]

O Brasil nasceu monárquico e com forte ranço absolutista. A Constituição Imperial, outorgada em 1824, conferia a D. Pedro I e a seus descendentes poderes quase ilimitados para conduzir a política nacional. Em 1831, o Imperador abdica do trono e retorna a Portugal, para disputar a Coroa portuguesa com o irmão, deixando como sucessor seu filho primogênito, D. Pedro II, segundo e último Imperador do Brasil. Da regência, em razão de sua menoridade[142], ao Baile da Ilha Fiscal, última grande festa do Império, passaram-se mais de seis décadas. Superadas as rebeliões iniciais, sobretudo durante a transição regencial, foi um período de razoável paz social e de estabilidade institucional[143], assinalado por uma experiência parlamentarista de relativo sucesso[144]. A abolição da escravidão, em 1888, foi um dos atos finais de um poder enfraquecido perante as

---

138 Para um debate mais amplo acerca da ideia de liberdade política, com distinções relevantes entre liberdade dos antigos e dos modernos, bem como entre liberdade negativa e positiva, v. Benjamin Constant, *A liberdade dos antigos comparada com a dos modernos*, 1ª ed. 1819; e Isaiah Berlin, *Quatro ensaios sobre a liberdade*, 1981.

139 Antonio Cavalcanti Maia e Tarcísio Menezes, Republicanismo contemporâneo, constituição e política. In: Daniel Sarmento (coord.), *Filosofia e teoria constitucional contemporânea*, 2009, p. 53.

140 V., em meio a muitos, Mark Tushnet, *Red, white and blue*: a critical analysis of constitutional law, 1988; Frank Michelman, Law's republic, *Yale Law Journal 97*:1493, 1987-1988; Richard H. Fallon, Jr., What is republicanism, and is it worth reviving?, *Harvard Law Review 102*:1695, 1988-1989; e Cass R. Sunstein, Beyond the republican revival, *Yale Law Journal 97*:1695, 1987-1988.

141 Alzira Alves de Abreu, Israel Belloch, Fernado Lattman-Weltman e Sérgio Tadeu de Niemeyer Lamarão, *Dicionário histórico-biográfico brasileiro*, 2001, 4 vs.; Boris Fausto, *História do Brasil*, 2008; Djacir Menezes (org.), *O Brasil no pensamento brasileiro*, 1998; Emília Viotti da Costa, *Da monarquia à república*: momentos decisivos, 2007; Hélio Silva e Maria Cecília Ribas Carneiro, *História da república brasileira*, 20 vs., 1975; Lincoln de Abreu Penna, *República brasileira*, 1999; Manoel Maurício de Albuquerque, *Pequena história da formação social brasileira*, 1981; Raymundo Faoro, *Os donos do poder*, 2 vs., 1979; Victor Nunes Leal, *Coronelismo, enxada e voto*, 1978.

142 D. Pedro II tinha cinco anos quando da partida de seu pai para Portugal.

143 Sobre o período regencial, entre 1831 e 1840, o Ato Adicional de 1834, as diferentes rebeliões ocorridas – Revolução Farroupilha (1835-1845), a Cabanagem (1835-1840), a Balaiada (1838-1841) e a Sabinada (1837-1838) – e a antecipação da maioridade do Imperador, que assume o poder e jura a Constituição em 1841, v. Manoel Maurício de Albuquerque, *Pequena história da formação social brasileira*, 1981, p. 354-377. V. tb. Boris Fausto, *História do Brasil*, 2008, 161-171.

144 Sobre o período parlamentar, v. Raymundo Faoro, *Os donos do poder*, 1979, v. I, p. 354-364.

elites, que progressivamente perdera o apoio dos fazendeiros, da Igreja e das Forças Armadas[145], já fortemente influenciadas, estas últimas, pelo pensamento positivista[146]. Ainda assim, a Proclamação da República, pelo Marechal Deodoro, em 15 de novembro de 1889, não correspondia a um anseio popular generalizado, tendo sido percebida mais como um golpe militar do que como uma revolução[147].

A república se inicia sem povo, com vocação autoritária e, desde cedo, sob o estigma que a acompanharia duradouramente: o das sucessivas quebras da legalidade constitucional e do golpismo[148]. Seu primeiro ciclo, conhecido como *República Velha*, foi uma grande encenação de liberdades inexistentes, marcado pelas fraudes eleitorais e pela hegemonia das oligarquias de São Paulo e Minas, que se revezavam no poder. A Revolução de 1930 assinalou o fim dessa fase, trazendo ambições de modernidade política e econômica, e dando início à transição de um país rural e agrário para outro urbano e industrial. Foi um acidentado período da história brasileira – e mundial[149] –, que assistiu ao movimento constitucionalista de 1932, à Constituição de 1934 e à Intentona Comunista de 1935, encerrando-se com o golpe do Estado Novo, em 1937. Ao final da 2ª Guerra Mundial, em 1945, Getúlio Vargas foi destituído, encerrando sua primeira passagem pelo poder, que durou quinze anos.

O país se reinstitucionalizou na Constituição de 1946, dando início a um período democrático instável, permanentemente assombrado pelo golpismo. Eurico Dutra foi o primeiro Presidente desse novo ciclo, sucedido por Getúlio Vargas, restituído ao poder, por voto popular, nas eleições de 1950. Vargas se suicidaria em 25 de agosto de 1954, abortando o golpe militar em curso para afastá-lo do poder. Após uma crise política e um contragolpe preventivo[150], Juscelino Kubitschek toma posse na presidência da República, para um período de desenvolvimento e modernização do país[151]. Seu sucessor, Jânio Quadros, que assumiu o cargo em janeiro de 1961, renunciou sete meses depois, deflagrando nova crise, de grandes proporções, que não foi aplacada com a posse do Vice-Presidente João Goulart e a implantação artificial do parlamentarismo. Sob os vendavais da guerra fria e dos radicalismos de esquerda e de direita, do populismo e do autoritarismo, o governo foi deposto pelas Forças Armadas, em 1º de abril de 1964. Teve início o regime militar, que atravessaria fases diversas e duraria até 1985[152].

---

145 V. Emília Viotti da Costa, *Da monarquia à república*: momentos decisivos, 2007, p. 449: "É opinião corrente que a Proclamação da República resultou das crises que abalaram o fim do Segundo Reinado: a Questão Religiosa, a Questão Militar e a Abolição".

146 Embora de origem francesa, baseado, sobretudo, nos estudos de Auguste Comte, o positivismo, por curiosidade histórica e geográfica, veio a ter especial expressão no Brasil. Tratava-se de uma doutrina que encarnava o ideal de racionalidade científica e de valorização dos métodos empíricos sobre as categorias metafísicas da religião e, notadamente, do catolicismo. Seu grande divulgador, às vésperas da queda do Império, foi o militar e professor do Colégio Militar Benjamin Constant Botelho de Magalhães. O republicanismo brasileiro – o Manifesto Republicano é de 1870 – dividiu-se em duas alas: a liberal-democrática, de influência americana, e a autoritária, dominada pelos positivistas. Sobre o ponto, v. Rafael Augusto Sêga, "Ordem e Progresso". In: http://www2.uol.com.br/historiaviva/reportagens/ordem_e_progresso_imprimir.html, acesso em 9 mai. 2010. O dístico da bandeira brasileira decorre do lema positivista enunciado por Auguste Comte: "Amor como princípio e ordem como base; o progresso como meta". Sobre as circunstâncias da apresentação da proposta ao Marechal Deodoro da Fonseca e da preocupação em não se imitar a bandeira dos Estados Unidos, v. Raimundo Teixeira Mendes, Benjamin e a Proclamação da República. In: Djacir Menezes (org.), *O Brasil no pensamento brasileiro*, 1998, 1998, p. 697-706.

147 V. M. Seabra Fagundes, *A legitimidade do poder político na experiência brasileira*. Publicação da Ordem dos Advogados do Brasil – Seção de Pernambuco, 1982, p. 16: "Nada documenta que a ideia republicana fosse uma aspiração generalizada na opinião pública, embora houvesse grupos diversos, e intelectualmente de grande expressão, que por ela batalhassem. E o episódio, em si, da Proclamação, revestiu todos os aspectos de um mero pronunciamento militar, de um golpe armado. O povo o recebeu atônito e perplexo". V., tb., José Murilo de Carvalho, *Os bestializados*: o Rio de Janeiro e a República que não foi, 1987, p. 140, ambos com remissão a Aristides Lobo.

148 Logo na primeira hora, Deodoro decretou a dissolução das Câmaras Legislativas e, pouco à frente, renunciou. De acordo com a Constituição, o Vice-Presidente, Floriano Peixoto, deveria convocar novas eleições, mas não o fez, permanecendo ilegitimamente no poder pelo restante do mandato.

149 A década de 1920 e, sobretudo, a de 1930, na Europa, assistiram a escalada do fascismo na Itália, do nazismo na Alemanha, a guerra civil espanhola, com a chegada de Franco ao poder, e a era salazarista, em Portugal. Em 1939, teve início a Segunda Guerra Mundial.

150 Com a morte de Vargas, assumiu o cargo o Vice-Presidente, Café Filho. Realizadas eleições presidenciais em 3 de outubro de 1955, foi vitorioso Juscelino Kubitschek. Pouco após, Café Filho precisou afastar-se da presidência, por motivo de saúde, tendo sido substituído pelo Presidente da Câmara dos Deputados, Carlos Luz. Diante da ameaça de golpe contra a posse de Juscelino, o Marechal Henrique Lott liderou um movimento que levou à deposição de Carlos Luz, para assegurar a posse do Presidente eleito.

151 Sobre esse período, v. Claudio Bojunga, *JK*: o artista do impossível, 2001.

152 Sobre o período militar, v. o amplo e minucioso painel desenhado nos cinco volumes escritos por Elio Gaspari: *A ditadura envergonhada*, 2002; *A ditadura escancarada*, 2002; *A ditadura derrotada*, 2003; *A ditadura encurralada*, 2004; e *A ditadura acabada*, 2016.

Na fase inicial do regime de 1964, alimentou-se a esperança de uma retomada democrática, logo desfeita com o cancelamento das eleições presidenciais de 1965 e a prorrogação do mandato do primeiro General-Presidente, Castelo Branco[153]. A segunda fase teve por marco a elaboração de uma nova Constituição, posta em vigor em janeiro de 1967[154], e a posse de Costa e Silva na presidência da República, que representou a chegada da linha dura ao poder[155]. No final de 1968[156], em meio ao recrudescimento da resistência democrática por parte da sociedade civil e ao início da reação armada contra o regime, foi editado o Ato Institucional n. 5, tornando a ditadura *escancarada*[157]. A partir daí, o país viveu uma escalada de violência patrocinada pelo Estado, com a prisão arbitrária, tortura e morte de adversários políticos. Foram os *anos de chumbo*, que tiveram como cenário o governo do terceiro General-Presidente, Emílio Garrastazu Medici, entre 1969 e 1973. A posse do general Ernesto Geisel, em 1974, deu início ao longo período de quase uma década, referido como abertura "lenta, gradual e segura", que teve seu último capítulo sob a presidência do último General-Presidente, João Baptista de Oliveira Figueiredo[158].

No governo Figueiredo, sem embargo de alguns momentos difíceis para o processo institucional[159], consolidaram-se avanços, como o fim dos atos institucionais e a aprovação da lei de anistia. Em 1984, a proposta de emenda constitucional que restabeleceria eleições diretas para Presidente da República não alcançou o quórum necessário. No entanto, as multidões que acorreram às ruas em favor de sua aprovação simbolizavam a rejeição ao regime militar e deflagravam o poder constituinte originário, pronto para se materializar em uma nova ordem institucional. No processo de eleição presidencial, em 1985, a base de sustentação do regime rachou, o que permitiu a vitória da chapa de oposição, encabeçada por Tancredo Neves, tendo por Vice-Presidente José Sarney, que liderou uma dissidência no partido de sustentação aos governos militares. Com a morte de Tancredo antes da posse, José Sarney assumiu a presidência da República. Logo no primeiro ano de seu governo, conforme compromisso de campanha, foi convocada a Assembleia Nacional Constituinte, que elaboraria uma nova Constituição para o país.

4.2 A república na Constituição de 1988

A formação social e política brasileira, na longa história iniciada em 1500, sofreu o impacto de distorções graves e sucessivas, que atravessaram os séculos e retardaram o florescimento do ideal republicano. A colonização predatória, o absolutismo persistente na metrópole e a postura paternalista do Estado português contribuíram para um modelo de sociedade marcado por disfunções atávicas, que incluem o patrimonialismo[160], o oficialismo[161] e o autoritarismo. Delas resultam a crônica apropriação privada do espaço público, a dependência política e econômica em relação ao Estado, bem como golpes

---

153 Embora tenha iniciado o ciclo conhecido como "governo dos generais", Humberto de Alencar Castelo Branco tinha, em verdade, o título de marechal.

154 V. Oscar Dias Corrêa, *A Constituição de 1967*: contribuição crítica, 1969; e Osny Duarte Pereira, *A Constituição do Brasil de 1967*, 1967.

155 Para uma crônica praticamente diária do período entre 1964 e 1967, v. Carlos Castello Branco, *Os militares no poder*, 1977.

156 V., sobre este ano fatídico, Zuenir Ventura, *1968*: o ano que não terminou, 1988.

157 *Ditadura escancarada*, 2002, é o título do segundo volume da série "Ilusões armadas", de Elio Gaspari.

158 V., a propósito, o importante depoimento de Geisel em Maria Celina D'Araújo e Celso Castro (orgs.), *Ernesto Geisel*, 1997.

159 Dois episódios merecem destaque. O primeiro deles foi o envio de uma carta-bomba para a presidência da Ordem dos Advogados do Brasil, em 1980, que resultou na morte de uma funcionária. Jamais se apurou a culpabilidade, mas todas as suspeitas recaíram sobre integrantes e aliados do governo militar. O segundo foi a colocação de bombas no local de realização de um espetáculo de música popular brasileira, em 1981. Por fatalidade, um dos artefatos explodiu no carro dos terroristas, que eram um oficial e um sargento, subordinados ao comando do I Exército.

160 Patrimonialismo consiste na apropriação da coisa pública como se fosse uma possessão privada, passível de uso em benefício próprio ou dos amigos, ou ainda em detrimento dos inimigos. O agente público que se vale da sua posição ou do patrimônio estatal para obter vantagens, praticar ou cobrar favores e prejudicar terceiros, de forma personalista, viola o princípio republicano. Sobre o tema, v. Raymundo Faoro, *Os donos do poder*, 1979. V., tb., Sergio Buarque de Holanda, *Raízes do Brasil*, 1936; Caio Prado Júnior, *Formação do Brasil contemporâneo*, 1942. E, ainda, Keith Rosenn, *O jeito na cultura jurídica brasileira*, 1998; e Luís Roberto Barroso, *O direito constitucional e a efetividade de suas normas*, 2009, p. 11.

161 V. Luis Roberto Barroso, Agências reguladoras. Constituição, transformações do Estado e legitimidade democrática. In: *Temas de direito constitucional*, t. II, 2009, p. 231: "A sociedade brasileira, historicamente, sempre gravitou em torno do *oficialismo*. As bênçãos do poder estatal sempre foram — ressalvadas as exceções que confirmam a regra – a razão do êxito ou do fracasso de qualquer projeto político, social ou empresarial que se pretendesse implantar. Este é um traço marcante do caráter nacional, com raízes na colônia, e que atravessou o Império, exacerbou-se na República Velha e ainda foi além".

de Estado e experiências ditatoriais. Vêm daí fenômenos como a corrupção, o fisiologismo e a violência institucional. O constitucionalismo, no Brasil, tem significado o árduo enfrentamento desses males, em avanços contínuos, porém lentos. Por isso mesmo, chegamos ao terceiro milênio atrasados e com pressa[162]. A Constituição de 1988, com todas as suas circunstâncias, foi o ponto culminante do esforço de muitas gerações para instituir uma República democrática. A seguir, breve análise de como o princípio republicano permeou o texto constitucional em vigor.

Eletividade, periodicidade dos mandatos e responsabilidade dos governantes. Esses são os elementos característicos da república como forma de governo. Os cargos políticos são providos mediante eleição direta, o que inclui o chefe do Executivo e os membros das casas legislativas[163]. Para impedir a perenização de pessoas ou famílias no poder, admite-se apenas uma reeleição para Presidente, Governador ou Prefeito[164] e existem regras de inelegibilidade que alcançam cônjuges e parentes[165]. Há precedente do Supremo Tribunal Federal interditando a prorrogação de mandatos[166]. Todos os agentes públicos estão subordinados à lei[167] e seus atos são passíveis de controle pelo Poder Judiciário[168]. Algumas autoridades estão sujeitas a responsabilização *política*, mediante processo de *impeachment*[169]. Todas as autoridades podem sofrer responsabilização *administrativa*[170], *civil*[171] e

---

162 V. Luís Roberto Barroso, Fundamentos teóricos e filosóficos do novo direito constitucional brasileiro. In: *Temas de direito constitucional*, t. II, 2009, p. 7: "O discurso acerca do Estado atravessou, ao longo do século XX, três fases distintas: a pré-modernidade (ou Estado liberal), a modernidade (ou Estado social) e a pós-modernidade (ou Estado neo-liberal). A constatação inevitável, desconcertante, é que o Brasil chega à pós-modernidade sem ter conseguido ser liberal nem moderno. Herdeiros de uma tradição autoritária e populista, elitizada e excludente, seletiva entre amigos e inimigos – e não entre certo e errado, justo ou injusto –, mansa com os ricos e dura com os pobres, chegamos ao terceiro milênio atrasados e com pressa".

163 Sobre eleições presidenciais, v. CF/88, art. 77. Sobre eleições para a Câmara dos Deputados e para o Senado Federal, respectivamente, v. arts. 45 e 46.

164 CF/88, art. 14, § 5º: "O Presidente da República, os Governadores de Estado e do Distrito Federal, os Prefeitos e quem os houver sucedido, ou substituído no curso dos mandatos poderão ser reeleitos para um único período subsequente". Este dispositivo foi introduzido pela EC n. 16, de 4.6.1997, que teve sua constitucionalidade questionada. A medida cautelar foi negada (STF, *DJ* 14 nov. 2003, ADI 1.805 MC/DF, Rel. Min. Néri da Silveira) e, no mérito, o pedido foi julgado improcedente, com a seguinte passagem em sua ementa: "A possibilidade de reeleição no nosso sistema político-eleitoral não viola o *postulado republicano* (art. 1º da CF), ao revés, é por ele condicionada, pois somente é permitida para o exercício de um único mandato subsequente, garantidas a periodicidade da representação política e a igualdade de acesso dos cidadãos aos cargos públicos" (grifo no original) (ADI 1.805 MC/DF, Rel. Min. Rosa Weber, j. 23 nov. 2020).

165 Sobre inelegibilidades, inclusive do cônjuge e dos parentes do chefe do Executivo, v. CF/88, art. 14, § 7º. Sobre o propósito desse dispositivo, v. STF, *DJU* 9 set. 2005, RE 446.999/PE, Relª. Minª. Ellen Gracie: "A regra estabelecida no art. 14, § 7º, da CF, iluminada pelos mais basilares princípios republicanos, visa obstar o monopólio do poder político por grupos hegemônicos ligados por laços familiares"; STF, *DJU* 22 ago 2008, RE 543.117 AgR/AM, Rel. Min. Eros Grau: "O artigo 14, § 7º, da Constituição do Brasil, deve ser interpretado de maneira a dar eficácia e efetividade aos postulados republicanos e democráticos da Constituição, evitando-se a perpetuidade ou alongada presença de familiares no poder".

166 Sob a Constituição de 1946, em pelo menos duas oportunidades, o STF declarou a inconstitucionalidade de disposições que prorrogavam o mandato de Governadores, Vice-Governadores e Prefeitos (v. STF, *DJ* 12 dez. 1957, Rp 322/GO, Rel. Min. Candido Motta: "A prorrogação de mandato fere a forma republicana e o princípio democrático da temporariedade das funções"; STF, *DJ* 4 nov. 1965, Rp 650/MG, Rel. Min. Ribeiro da Costa: "Prorrogação de mandato do Governador e Vice-Governador de Minas Gerais por lei constitucional votada pela Assembleia Legislativa do Estado. Contraria a Constituição da República o ato legislativo, porque atenta contra o princípio da forma republicana representativa e o princípio democrático da temporariedade das funções eletivas").

167 A legalidade administrativa é um dos princípios que regem a Administração Pública (v. CF/88, art. 37, *caput*).

168 STF, *DJU*, 14 set. 2001, HC 80.511/MG, Rel. Min. Celso de Mello: "A responsabilidade dos governantes tipifica-se como uma das pedras angulares essenciais à configuração mesma da ideia republicana [...]. A consagração do princípio da responsabilidade do Chefe do Poder Executivo, além de refletir uma conquista básica do regime democrático, constitui consequência necessária da forma republicana de governo adotada pela Constituição Federal. O princípio republicano exprime, a partir da ideia central que lhe é subjacente, o dogma de que todos os agentes públicos – os Governadores de Estado e do Distrito Federal, em particular – são igualmente responsáveis perante a lei".

169 É o caso do Presidente da República e do Vice-Presidente, bem como dos Ministros de Estado e dos Comandantes Militares, nos casos de crimes conexos com os crimes de responsabilidade (CF/88, art. 52, I. E, também, dos Ministros do STF, dos membros do CNJ e do CNMP, o Procurador-Geral da República e o Advogado-Geral da União (CF/88, art. 52, II).

170 Como, por exemplo, no caso de improbidade. V. CF/88, art. 37, § 4º, e Lei n. 8.429, de 2.6.1992, que dispõe sobre as sanções aplicáveis aos agentes públicos nos casos de enriquecimento ilícito no exercício de mandato, cargo, emprego ou função pública.

171 Na hipótese de causarem dano ao erário, mediante dolo ou culpa. A Constituição prevê a responsabilidade objetiva das pessoas jurídicas de direito público e a responsabilidade subjetiva dos agentes públicos, perante a Administração (art. 37, § 6º).

penal[172]. São inelegíveis pelo prazo de oito anos os que tenham sofrido condenação por órgão colegiado em razão da prática de crimes considerados graves pela legislação específica[173]. A responsabilidade dos governantes não é incompatível com a existência de certas garantias e imunidades[174], sem embargo de uma tendência restritiva na jurisprudência dos últimos anos[175].

Bem comum e interesse público. Estes são valores que integram o significado clássico de república, de governo justo, desde suas origens gregas. A ordem jurídica, em um Estado democrático de direito, como o que pretendeu instituir a Constituição de 1988, tem por fins essenciais promover justiça, segurança e bem-estar social[176]. A realização desses propósitos pode ser identificada como sendo o interesse público, o bem comum, conceitos que se superpõem nesse contexto[177]. Os agentes públicos não devem atuar para satisfazer interesses ou sentimentos próprios, não devem visar ao seu bem privado ou ao de terceiros. Por isso mesmo, a Constituição lhes impõe o dever de se pautarem por princípios como os da impessoalidade e da moralidade[178]. Qualquer atuação administrativa que se afaste de seu fim legal será passível de invalidação por desvio de finalidade. De parte isso, o interesse público não se confunde com os interesses do Estado como pessoa jurídica de direito público[179]. O verdadeiro interesse público consiste na realização dos valores e fins constitucionais, aí incluídos os direitos fundamentais das pessoas[180].

Liberdade, igualdade e participação dos cidadãos. Os cidadãos devem ser "livres e iguais", na expressão utilizada por Aristóteles nos primórdios do surgimento da ideia de república. Note-se que a liberdade, em sentido republicano, é a liberdade dos antigos, significando autonomia pública, participação política, e não propriamente a liberdade como autonomia privada, centrada nos direitos individuais, como no liberalismo (v. *supra*). Na Constituição brasileira, ela se expressa no direito de votar, de ser votado, de participar do debate público e de integrar organizações sociais[181]. Já a igualdade significa ausência de privilégios de nascimento e de quaisquer discriminações que não se assentem sobre fundamento razoável e fim legítimo[182]. Embora igualdade não signifique igualitarismo, ela não é incompatível com políticas

---

172 O Código Penal prevê, por exemplo, dos arts. 312 a 327, crimes que podem ser praticados por funcionário público contra a administração, como peculato, corrupção passiva e prevaricação.

173 V. Lei Complementar n. 64, de 18.5.1990, art. 1º, I, *e*.

174 Os parlamentares, por exemplo, desfrutam de imunidade material quanto a suas opiniões, palavras e votos, bem como de imunidade processual, que limita as hipóteses de prisão e permite a suspensão, pela casa legislativa, de ação penal eventualmente instaurada. V. CF/88, art. 53, *caput*, §§ 2º e 3º.

175 Nessa linha, o STF cancelou a Súmula n. 394, abolindo o foro por prerrogativa de função para os agentes públicos que já tivessem cessado o exercício funcional que servia de fundamento para o "foro privilegiado". V. STF, *DJU*, 9 nov. 2001, QO no Inq. 687/DF, Rel. Min. Sydney Sanches. Restabelecido o foro por prerrogativa de função pela Lei n. 10.628/2002, o STF veio a declará-la inconstitucional. V. STF, *DJU*, 19 dez. 2006, ADI 2.797, Rel. Min. Sepúlveda Pertence. Em 2018, o STF restringiu mais ainda o foro privilegiado, para limitá-lo aos atos cometidos no exercício do cargo e em razão do cargo. AP 937 QO/RJ, Rel. Min. Luís Roberto Barroso, j. 3 mai. 2018.

176 V. Marcelo Caetano, *Direito constitucional*, 1977, p. 181-86.

177 Para o debate contemporâneo acerca do interesse público e a controvérsia sobre a subsistência do princípio da supremacia do interesse público, v. Daniel Sarmento, *Interesses públicos versus interesses privados*: desconstruindo o princípio da supremacia do interesse público, 2005; e Marçal Justen Filho, *Curso de direito administrativo*, 2014, p. 150 e s.

178 O art. 37 da Constituição prescreve que a administração pública "obedecerá aos princípios da legalidade, impessoalidade, moralidade, publicidade e eficiência". Foi com base nos princípios da impessoalidade e da moralidade que o STF editou a Súmula Vinculante 13, que veda o nepotismo nos três Poderes da República: "A nomeação de cônjuge, companheiro ou parente em linha reta, colateral ou por afinidade, até o terceiro grau, inclusive, da autoridade nomeante ou de servidor da mesma pessoa jurídica investido em cargo de direção, chefia ou assessoramento, para o exercício de cargo em comissão ou de confiança ou, ainda, de função gratificada na Administração Pública direta e indireta em qualquer dos poderes da União, dos Estados, do Distrito Federal e dos Municípios, compreendido o ajuste mediante designações recíprocas, viola a Constituição Federal".

179 Para a distinção entre interesse público primário, compreendido como o da sociedade como um todo, e o interesse público secundário, que é o da pessoa jurídica de direito público, v. *infra*, Parte I, cap. II, V, com remissões a Renato Alessi, *Sistema istituzionale del diritto amministrativo italiano*, 1960, p. 197; Celso Antônio Bandeira de Mello, *Curso de direito administrativo*, 2003, p. 57, e Diogo de Figueiredo Moreira Neto, *Curso de direito administrativo*, 2014, p. 613.

180 V. Luís Roberto Barroso, O Estado contemporâneo, os direitos fundamentais e a redefinição da supremacia do interesse público. In: *Temas de direito constitucional*, t. IV, p. 587-88.

181 A Constituição brasileira institui o voto como direito e dever (art. 14 e § 1º, que trata o voto como obrigatório para os maiores de dezoito anos), prevê institutos de participação direta, como o plebiscito, o referendo e a iniciativa popular (art. 14, I, II e III), bem como assegura a liberdade de manifestação do pensamento (art. 5º, IV) e de associação (art. 5º, XVIII). Preenchidos os requisitos constitucionais e legais, todos os brasileiros são elegíveis (art. 14, § 3º).

182 A Constituição prevê a igualdade de todos (art. 5º, *caput*) e estabelece como um dos objetivos da República "promover o bem de todos, sem preconceitos de origem, raça, sexo, cor, idade e quaisquer outras formas de discrimi-

redistributivistas ou com ações afirmativas para superar injustiças históricas[183]. Nas últimas décadas, igualdade passou a incluir, também, a ideia de reconhecimento, de respeito à identidade de cada um e à diferença[184]. Esse processo histórico incluiu a equiparação de direitos entre homens e mulheres[185], e se estendeu para a aceitação das uniões homoafetivas[186] e das práticas culturais razoáveis dos diversos grupos sociais[187].

Estado de direito. O tema já foi estudado em tópico anterior e cabe aqui, apenas, breve resumo do seu conteúdo essencial. Estado de direito significa limitação do poder e governo de leis, às quais estão submetidos governantes e governados. Na Constituição brasileira, o poder é limitado por mecanismos de separação e de controle recíproco dos Poderes[188], bem como pela existência de um elenco de direitos individuais que protegem as pessoas em face do Estado. De igual modo, o *rule of the law* se manifesta na supremacia da Constituição e das leis, assegurada por mecanismos de controle de constitucionalidade e de acesso ao Judiciário em geral. Em síntese: freios e contrapesos, legalidade e jurisdição são os conceitos essenciais ao Estado de direito. Na atual conjuntura brasileira, o princípio da legalidade, em sua aplicação ao Poder Público, vive uma crise de identidade e de conteúdo, acossado por dois flancos: a constitucionalização e a regulação. De um lado, a leitura do Direito à luz da Constituição e a normatividade dos princípios têm legitimado a atuação estatal mesmo sem a intermediação do legislador[189]. De outra parte, as agências reguladoras têm exercido ampla competência normativa e discricionariedade técnica, reduzindo o espaço da lei formal[190]. O Judiciário, por sua vez, vive um momento de expansão política e institucional[191].

Publicidade, transparência e prestação de contas. O poder político se exerce, em uma república democrática, por delegação da sociedade. Os bens públicos, por sua vez, pertencem à coletividade. Como consequência natural, o governo – *locus* das decisões políticas – e a administração pública, que se incumbe da gestão da coisa pública, estão sujeitos a deveres de publicidade, transparência e prestação de contas[192]. A publicidade, princípio constitucional e requisito de eficácia dos atos estatais em geral, é elemento essencial da transparência[193]. Os cidadãos, os órgãos de defesa da sociedade e o Poder Legislativo têm o direito/dever/poder de acesso a dados, fatos e informações que permitam a participação crítica no debate

---

nação". A igualdade se manifesta, também, no acesso de todos a cargos públicos, mediante concurso (art. 37, I e II) e na possibilidade de contratação com a administração pública, mediante licitação (art. 37, XXI).

183 A Constituição legitima tais medidas ao eleger como objetivos fundamentais da República construir uma sociedade "justa e solidária" e erradicar a "pobreza e a marginalização".

184 Sobre o tema, v. Nancy Fraser, Redistribuição, reconhecimento e participação: por uma concepção integrada de justiça. In: Daniel Sarmento, Daniela Ikawa e Flávia Piovesan, *Igualdade, diferença e direitos humanos*, 2008, p. 167.

185 CF/88, art. 5º, I: "homens e mulheres são iguais em direitos e obrigações, nos termos desta Constituição".

186 V. Luís Roberto Barroso, Diferentes, mas iguais: o reconhecimento jurídico das relações homoafetivas no Brasil. In: *Temas de direito constitucional*, t. IV, 2009, p. 175; Roger Raupp Rios, *Direito da antidiscriminação*, 2008; e Paulo Roberto Iotti Vecchiatti, *Manual da homoafetividade*: da possibilidade jurídica do casamento civil, da união estável e da adoção por casais homoafetivos, 2008.

187 A Constituição brasileira assegura, por exemplo, aos índios direitos à sua "organização social, costumes, línguas, crenças e tradições". Sobre multiculturalismo, v. Mill Kymlicka, Multiculturalismo liberal e direitos humanos. In: Daniel Sarmento, Daniela Ikawa e Flávia Piovesan, *Igualdade, diferença e direitos humanos*, 2008, p. 217.

188 Este controle recíproco, que também pode ser reconduzido aos escritos de Montesquieu, celebrizou-se, no entanto, pela expressão inglesa *checks and balances*, traduzida para o português como sistema de freios e contrapesos.

189 Sobre a *constitucionalização do Direito*, v. *supra*, Parte II, capítulo V. Sobre a substituição da ideia de vinculação à lei (legalidade) pela vinculação ao Direito (juridicidade), com destaque para a aplicabilidade direta e imediata da Constituição, independentemente da *interpositio legislatoris*, v. Paulo Otero, *Legalidade e administração pública*: o sentido da vinculação administrativa à juridicidade, 2003, p. 1 (nota 1) e 734-5. V., tb., Gustavo Binenbojm, *Uma teoria do direito administrativo*: direitos fundamentais, democracia e constitucionalização, 2008, p. 37.

190 Sobre regulação e agências reguladoras, v. Diogo de Figueiredo Moreira Neto, *Direito regulatório*, 2002; e Alexandre dos Santos Aragão, *Agências reguladoras*, 2005.

191 V. Luís Roberto Barroso, Constituição, democracia e supremacia judicial: direito e política no Brasil contemporâneo, *Revista de Direito do Estado* 21:83, 2011. E, tb: http://www.migalhas.com.br/depeso/16, MI101381,81042-Constituicao++democracia+e+supremacia+judicial+Direito+e+politica+no.

192 STF, *DJ* 9 dez. 2003, MS 24.725 MC/DF, Rel. Min. Celso de Mello: "Os postulados constitucionais da publicidade, da moralidade e da responsabilidade – indissociáveis da diretriz que consagra a prática republicana do poder – não permitem que temas, como os da destinação, da utilização e da comprovação dos gastos pertinentes a recursos públicos, sejam postos sob inconcebível regime de sigilo".

193 A publicidade figura, no *caput* do art. 37 da Constituição, como um dos princípios da administração pública.

público, bem como o controle social, judicial e político da administração e dos agentes públicos[194]. Importante assinalar que a publicidade exigida pela Constituição é a que atende ao interesse público, sendo vedada a que se destine à promoção pessoal[195]. Além dessa obrigação geral de prestação de contas, em sentido amplo, existe, também, o dever de prestação de contas em sentido estrito, perante os tribunais de contas e as casas legislativas[196]. A Constituição prevê algumas exceções legítimas à publicidade dos atos do Poder Público, para proteção de valores como a segurança do Estado ou a intimidade das pessoas[197].

Em síntese: a República brasileira, tal como reinstituída pela Constituição de 1988, se assenta sobre a eletividade, periodicidade e responsabilidade dos governantes, o que a distingue formalmente dos Estados monárquicos tradicionais. Do ponto de vista material, ela procura ordenar o Estado e a sociedade tendo por valores substantivos (i) o bem comum e o interesse público, (ii) a liberdade, igualdade e participação dos cidadãos, (iii) o Estado de direito e (iv) os deveres de publicidade, transparência e prestação de contas por parte dos agentes públicos. É pertinente observar que república e democracia são conceitos que não se confundem, mas que envolvem inevitáveis superposições, em aspectos ligados à contenção do poder, à participação política dos cidadãos e à igualdade de todos.

IV Federação[198]

1 Generalidades

O Brasil é uma República *federativa*, na dicção expressa do art. 1º da Constituição. A Federação é, ao lado da República e da Democracia, um dos três pilares do Estado brasileiro. O princípio federativo está presente na organização política nacional desde a Proclamação da República, tendo figurado na sua certidão de nascimento: o Decreto n. 1, de 15.11.1889[199]. A partir daí, foi incluído como cláusula pétrea em todas as Constituições brasileiras[200]. Conceitualmente, Estado federal ou federação identifica o modo como o poder político é repartido espacial ou territorialmente. A premissa central dessa forma de Estado é a descentralização política[201], com a divisão do poder em diferentes centros de competência, autônomos, mas coordenados entre si.

---

194 Na Constituição, o direito de qualquer cidadão receber informações dos órgãos públicos está contemplado no art. 5º, XXXIII. A Lei n. 12.527, de 18.11.2011, regulamenta o acesso à informação previsto neste dispositivo. A defesa dos interesses sociais e do patrimônio público é função institucional do Ministério Público, nos termos dos arts. 127 e 129, III. A competência do Congresso Nacional de fiscalizar e controlar os atos do Poder Executivo encontra-se prevista no art. 49, X.

195 É o que dispõe, expressamente, o art. 37, § 1º, da Constituição.

196 A Constituição prevê que a fiscalização contábil, financeira, orçamentária, operacional e patrimonial nos três níveis de poder é exercida pela casa legislativa respectiva, com auxílio dos tribunais de contas (arts. 70, 71 e 75).

197 Será o caso das informações "cujo sigilo seja imprescindível à segurança da sociedade e do Estado" (art. 5º, XXXIII) e, no caso dos atos processuais, "quando a defesa da intimidade ou do interesse social o exigirem" (art. 5º, LX).

198 Alexander Hamilton, James Madison e John Jay, *The federalist papers*, 2004 (1787-1788); Luís Roberto Barroso, *Direito constitucional brasileiro*: o problema da federação, 1982; Raul Machado Horta, *Estudos de direito constitucional*, 1995; Hans Kelsen, *Teoria geral do direito e do Estado*, 2005; Augusto Zimmermann, *Teoria geral do federalismo democrático*, 2005; Ronald L. Watts, *Comparing federal systems*, 1999; Reinhold Zippelius, *Teoria geral do Estado*, 1997; Karl Loewenstein, *Teoría de la Constitución*, 1986; Daniel J. Elazar, *Exploring federalism*, 2006; Dalmo de Abreu Dallari, *Elementos de teoria geral do Estado*, 2003; Thiago Magalhães Pires, *Curso de direito constitucional estadual e distrital*, 2020; Michael Burgess, *Comparative federalism:* theory and practice, 2006; Erwin Chemerinsky, *Enhancing government: federalism for the 21st century*, 2008; Sergio Ferrari Filho, *Constituição estadual e federação*, 2003; Cristiano Franco Martins, *Princípio federativo e mudança constitucional*, 2003; Thiago Pires Magalhães, *As competências legislativas na Constituição de 1988*, 2015.

199 O ato formal de Proclamação da República – o Decreto n. 1, de 15 de novembro de 1889 – assim dispôs: "Art. 1º Fica proclamada provisoriamente e decretada como a forma de governo da Nação brasileira – a República Federativa.

200 Na Constituição de 1988, v. art. 60, § 4º: "Não será objeto de deliberação a proposta de emenda tendente a abolir: I – a forma federativa de Estado;" [...].

201 O conceito que a ela se contrapõe é o de Estado *unitário*, que identifica a fórmula pela qual o poder político tem uma única fonte, um único centro de irradiação. Modernamente, Estados de tradição unitária, como, por exemplo, Itália e Espanha, evoluíram para um modelo de descentralização regional. Tal descentralização, todavia, é essencialmente administrativa, e não política.

Na fórmula tradicional, tal repartição se dá em dois níveis: federal, exercido pela União; e estadual, desempenhado pelos Estados-membros e pelo Distrito Federal. No Brasil, após a Constituição de 1988, também os Municípios passaram a ser identificados como entes federativos autônomos[202]. Numa fotografia: a União Federal é o *ente central* e atua sobre todo o território nacional, decidindo questões de interesse comum aos brasileiros em geral. Os demais entes parciais – Estados, Distrito Federal e Municípios – são chamados de *entes federados* e desempenham suas tarefas no âmbito dos respectivos territórios, em matérias de interesse regional ou local.

A origem do modelo está na Constituição americana de 1787, que criou um Estado único e independente pela aglutinação das treze colônias que se emanciparam do Reino Unido. A partir daí, ao longo do tempo, a ideia ganhou o mundo: hoje, cerca de um terço da população do planeta vive em federações[203]. Sua versatilidade permitiu que fosse incorporada por Estados os mais diversos, como a Rússia, a Alemanha, a Malásia, o Canadá, a Índia, o México e a Argentina. No Brasil, o Estado federal surgiu antes mesmo da primeira Carta republicana e, em meio a avanços e retrocessos, acabou se incorporando à tradição constitucional brasileira.

Uma observação histórica relevante no contraste entre a experiência americana e brasileira na matéria. Nos Estados Unidos, Estados independentes se uniram, criando uma entidade única, soberana, num movimento centrípeto. Essa é a justificação para a expressiva autonomia desfrutada pelos Estados na Federação americana. No Brasil, diferentemente, o Império constituía um Estado unitário, de rígida centralização. Com a República é que veio a federação, com a atribuição de autonomia às antigas províncias, convertidas em Estados-membros. O movimento, portanto, foi do centro para a periferia. Por força dessa origem distinta, os Estados, no Brasil, jamais desfrutaram da mesma autonomia que nos Estados Unidos. Ao longo da experiência brasileira houve períodos de federalismo chamado *dual* – como na República Velha –, *cooperativo* – como pretende a Constituição de 1988 – ou puramente *nominal*, como nos períodos do Estado Novo (1937-1945) e do regime militar (1964-1985).

A seguir, breve relato da trajetória histórica do federalismo.

2 Antecedentes históricos: da Antiguidade à Constituição dos Estados Unidos[204]

A Federação é uma forma de compartilhamento do poder político: sobre um mesmo território, diversos centros de poder exercem autoridade legítima. Ao longo da História, diversos arranjos procuraram produzir esse resultado. Nessa linha, podem ser identificados antecedentes do Estado federal desde as ligas formadas entre as cidades-Estado gregas[205]. Relação semelhante se estabeleceu, também, entre Roma e muitas das províncias anexadas ao Império. O próprio termo *federação* tem sua origem na palavra latina *fœdus*, que significa *pacto, aliança*[206]. Na Idade Média, também não era incomum que as *cidades livres*[207] se organizassem em ligas para proteção mútua ou facilitação do comércio[208]. É dessa época um

---

202 Constituição de 1988, art. 18. "A organização político-administrativa da República Federativa do Brasil compreende a União, os Estados, o Distrito Federal e os Municípios, todos autônomos, nos termos desta Constituição".

203 Considerando apenas as populações de Índia, Estados Unidos, Brasil, Paquistão, Rússia, México, Alemanha, Argentina e Canadá.

204 Os tópicos 2, 3 e 5 foram escritos com pesquisa e colaboração de Thiago Magalhães Pires.

205 V. Paul Petit, *História antiga*, 1971, p. 114, 126-8.

206 Sobre o tema, v. José Carlos Moreira Alves, *Direito romano*, 1997, p. 20; Teodoro Mommsen, *Compendio del derecho público romano*, 1942, p. 82 e s., e 95 e s.; Adolf Berger, *Encyclopedic dictionary of Roman law*, 1953, p. 389; William Ramsay, *A manual on Roman antiquities*, 1863, p. 91 e 190; Luís Roberto Barroso, *Direito constitucional brasileiro*: o problema da federação, 1982, p. 7.

207 Em razão de muitos fatores, notadamente o enfraquecimento da economia feudal e o renascimento do comércio, diversas cidades importantes libertaram-se dos vínculos de vassalagem e obtiveram cartas de privilégios que faziam delas verdadeiras cidades-Estado. V. Stephen Hause e William Maltby, *Western civilization:* a History of European society, 2005, p. 185 e s.; Steven Rowan, Urban communities: the rulers and the ruled. In: Thomas A. Brady Jr., Heiko A. Oberman e James D. Tracy (Ed.), *Handbook of European History 1400-1600:* Late Middle Ages, Renaissace and Reformation, v. 1. Structures and assertions, 1994, p. 198 e s.

208 Exemplos disso foram a Liga Hanseática, estabelecida na costa do Mar Báltico, as Províncias Unidas dos Países Baixos e a Confederação Helvética, que hoje corresponde à Suíça. V. Enrique Ricardo Lewandowski, *Pressupostos materiais e formais da intervenção federal no Brasil*, 1994, p. 13; Daniel J. Elazar, *Federalism: an overview*, 1995, p. 21; Jan Erk, *Explaining federalism:* state, society and congruence in Austria, Belgium, Canada, Germany and Switzerland, 2008, p. 73 e s.

antecedente marcante do modelo federativo: o Sacro Império Romano-Germânico, formado por subunidades governadas quase livremente por seus senhores, que se sujeitavam apenas à constituição local e às leis do Império[209]. Apesar disso, e sem menosprezo à inventividade ou à relevância desses arranjos políticos, o Estado federal – como hoje o conhecemos – só veio a nascer com a Constituição dos Estados Unidos da América, em 1787.

De fato, em 1781, ao se libertarem do domínio inglês, as treze colônias da América do Norte tornaram-se Estados soberanos. Para garantir sua recém-conquistada independência e o bem-estar comum, elas se reuniram em uma confederação. Contudo, tratava-se de uma união precária, que não tinha condições de enfrentar os problemas e as exigências postas pela nova condição das ex-colônias. Foi convocada, então, uma convenção, a fim de rever o tratado pelo qual os Estados se haviam associado, que eram os *Artigos da Confederação*. Porém, a Convenção de Filadélfia foi bem mais longe e elaborou uma Constituição – a primeira Constituição escrita moderna –, que foi aprovada em 1787 e depois ratificada pelos Estados no ano seguinte.

Muitas das decisões políticas materializadas na Constituição americana foram soluções pragmáticas para os problemas enfrentados pela nova nação que surgia. Entre essas soluções estavam a República – já que não seria instaurada uma monarquia –, o Presidencialismo – já que não haveria um monarca – e, também, a Federação, já que se impunha, não apenas a separação horizontal de Poderes, entre Executivo, Legislativo e Judiciário, mas também uma repartição vertical de competências, resguardando poderes próprios para os Estados. Criou-se, assim, um poder central unificado, incumbido de exercer a soberania em nome de todos e dotado de competências gerais importantes, mas limitadas. Simultaneamente, reservou-se um conjunto amplo de competências para os Estados – na verdade, todas as que não tivessem sido expressamente atribuídas à União –, que as exerceria com plena autonomia, isto é, sem interferências indevidas por parte do governo central.

No curso da história dos Estados Unidos, o equilíbrio entre o poder central e o poder estadual variou dinamicamente, à luz de diferentes conjunturas políticas. Houve tanto mudanças formais, pela via de emendas à Constituição, como informais, por meio de mutações constitucionais. No primeiro caso, destacam-se as *Emendas da Reconstrução*[210], que conferiam ao Poder Legislativo central a competência para regulamentá-las, isto é, mediante edição de leis federais. Por outro lado, muitas alterações tiveram origem na jurisprudência da Suprema Corte, que oscilou entre a centralização e a descentralização[211], valendo-se de leituras diversas da 10ª Emenda[212] e da *commerce clause*[213].

3 A experiência constitucional brasileira com o federalismo

Além de monárquico, o Brasil nasceu unitário. O Império era dividido em províncias, que não tinham qualquer autonomia: seu governo cabia a um Presidente, nomeado pelo Imperador[214], e a um Conselho Geral, cujas resoluções[215] deveriam ser encaminhadas para aprovação pela Assembleia Geral[216]. Isso se alterou durante a Regência, com o Ato Adicional de 1834 (Lei n. 60, de 12 de agosto), que

---

209   As leis do Império poderiam versar sobre qualquer matéria, mas deveriam ser aprovadas pelo Imperador e, ao menos, dois dos três conselhos que compunham a Dieta (*Reichstag*). Sobre o tema, v. Andreas Osiander, Sovereignty, international relations, and the Westphalian myth, *International Organization 55(2)*:271 e s., 2001.

210   São a 13ª, 14ª e 15ª Emendas à Constituição dos EUA, aprovadas após o fim da Guerra de Secessão. Sobre as mudanças informais da Constituição americana, v. a trilogia clássica de Bruce Ackerman, *We the people:* Foundations (1991), Transformations (1991) e The civil rights revolution (2014).

211   Sobre o tema, v. Bernard Schwartz, *O federalismo norte-americano atual*, 1984; e Erwin Chemerinsky, *Enhancing government: federalism for the 21st century*, 2008.

212   10ª Emenda à Constituição dos EUA: "Os poderes não delegados aos Estados Unidos pela Constituição, nem vedados por esta aos Estados, são reservados respectivamente eles, ou ao povo" (texto original: *"The powers not delegated to the United States by the Constitution, nor prohibited by it to the States, are reserved to the States respectively, or to the people"*).

213   Constituição dos EUA, art. I, § 8: "O Congresso terá Competência [...] Para regular o Comércio com Nações estrangeiras e entre os diversos Estados, e com as Tribos Indígenas" (texto original: *"The Congress shall have Power [...] To regulate Commerce with foreign Nations, and among the several States, and with the Indian Tribes"*).

214   Constituição de 1824, art. 165: "Haverá em cada Província um Presidente, nomeado pelo Imperador, que o poderá remover, quando entender, que assim convem ao bom serviço do Estado".

215   Constituição de 1824, art. 81: "Estes Conselhos terão por principal objecto propôr, discutir, e deliberar sobre os negócios mais interessantes das suas Províncias; formando projectos peculiares, e accommodados ás suas localidades, e urgencias".

216   Constituição de 1824, arts. 84 a 88.

transformou os Conselhos em Assembleias Provinciais e ampliou suas competências[217]. Porém, em 1840, o alcance desses avanços foi reduzido pela chamada Lei Interpretativa do Ato Adicional (Lei n. 105, de 12 de maio)[218].

A insatisfação das oligarquias locais com o centralismo imperial foi um dos fatores que levaram à Proclamação da República, em 1889[219]. Nessa linha, o federalismo foi adotado provisoriamente já no Decreto n. 1, de 15 de novembro de 1889, baixado pelo Governo Provisório, como já destacado. Essa opção foi confirmada pela Carta de 1891[220], que modelou uma federação bastante descentralizada, à imagem dos EUA[221]. Esse modelo, no entanto, foi deturpado, na prática, pelo reconhecido abuso no manejo das intervenções federais[222]. Maior centralização veio, ainda, com a Reforma Constitucional de 1926, que ampliou as hipóteses de intervenção federal e diminuiu a autonomia dos Estados[223].

A tendência à centralização se manteve ao longo do século. Aponta-se, por exemplo, que a Carta de 1934 buscou combater o "ultrafederalismo", fortalecendo a União[224]. Contribui para isso, também, o papel mais interventivo assumido pelo Estado (União) nos campos social e econômico[225]. Apesar de mantida formalmente, a federação desapareceu, na prática, sob a Constituição de 1937, durante o Estado Novo[226]. Esse quadro só mudou com a Constituição de 1946, que restabeleceu o pacto federativo e fortaleceu a autonomia financeira dos entes periféricos[227]. A ideia era restaurar o sistema de 1891, incorporando as inovações positivas de 1934[228]. A centralização foi retomada após o Golpe Militar de 1964: com as Constituições de 1967 e 1969, as rendas e as competências foram concentradas na União[229]. De parte isso, ainda havia os atos institucionais, de conteúdo marcadamente autoritário e centralizador. Aqui se destaca o Ato Institucional n. 5, de 13 de dezembro de 1968, que autorizou ao Presidente da República a prática de atos como a decretação do recesso dos Legislativos locais, a cassação de mandatos eletivos estaduais e municipais, e a deflagração da intervenção federal independentemente da observância dos limites constitucionais pertinentes[230].

---

217 O texto do Ato Adicional apenas menciona o envio à Assembleia Geral no caso de derrubada de veto do Presidente da Província quando este tivesse sido motivado por entender que o projeto ofendia os direitos de outra província ou os tratados internacionais (art. 16).

218 Luís Roberto Barroso, *O direito constitucional e a efetividade de suas normas*, 2003, p. 10.

219 Como lembra Enrique Ricardo Lewandowski, *Pressupostos materiais e formais da intervenção federal no Brasil*, 1994, p. 22, "[o]s ideais federalistas, perto do final do século XIX, encontravam-se intimamente entrelaçados com as aspirações republicanas, como resultado de uma oposição à monarquia centralizadora e autocrática então vigente". Sobre a perigosa relação entre o federalismo e as oligarquias, v. Dalmo de Abreu Dallari, *O Estado federal*, 1986, p. 72 e s.

220 Constituição de 1891, art. 1º: "A Nação brasileira adota como forma de Governo, sob o regime representativo, a República Federativa, proclamada a 15 de novembro de 1889, e constitui-se, por união perpétua e indissolúvel das suas antigas Províncias, em Estados Unidos do Brasil".

221 V. Raul Machado Horta, Estado federal e tendências do federalismo contemporâneo. In: *Estudos de direito constitucional*, 1995, p. 436.

222 Algumas dessas intervenções prescindiram até do respectivo decreto, sendo simplesmente *manu militari*. V. Aliomar Baleeiro, *Constituições brasileiras*, v. II – 1891, 2001, p. 59-60.

223 Luís Roberto Barroso, *O direito constitucional e a efetividade de suas normas*, 2003, p. 18.

224 Ronaldo Poletti, *Constituições brasileiras*, v. III – 1934, 2001, p. 26.

225 Raul Machado Horta, Poder constituinte. In: *Estudos de direito constitucional*, 1995, p. 59.

226 É de interesse, aqui, o Decreto-lei n. 1.202/39, editado pelo Presidente Vargas e que dispunha "sobre a administração dos Estados e dos Municípios" até que fossem outorgadas as Constituições estaduais. Segundo o diploma, essa outorga só poderia ocorrer após o plebiscito previsto no art. 187 da Carta Federal – e que jamais ocorreu. Na prática, isso implicou a continuidade da intervenção. Vale observar que, nos termos da Carta de 1937, os mandatos dos Governadores então em exercício deveriam ser confirmados pelo Presidente da República. Caso contrário, seria nomeado um Interventor.

227 Raul Machado Horta, Poder constituinte. In: *Estudos de direito constitucional*, 1995, p. 62.

228 Aliomar Baleeiro e Barbosa Lima Sobrinho, *Constituições brasileiras*, v. V – 1946, 2001, p. 14.

229 Raul Machado Horta, Estado federal e tendências do federalismo contemporâneo. In: *Estudos de direito constitucional*, 1995, p. 521-2; Luís Roberto Barroso, *O direito constitucional e a efetividade de suas normas*, 2003, p. 36; Luiz Navarro de Brito, O federalismo na Constituição de 1967. In: Themístocles Brandão Cavalcanti, Luiz Navarro de Brito e Aliomar Baleeiro, *Constituições brasileiras*, v. VI – 1967, 2001, p. 47-51.

230 V. Ato Institucional n. 5/68, arts. 2º, 3º e 4º: "Art. 2º O Presidente da República poderá decretar o recesso do Congresso Nacional, das Assembleias Legislativas e das Câmaras de Vereadores, por Ato Complementar, em estado de sítio ou fora dele, só voltando os mesmos a funcionar quando convocados pelo Presidente da República. [...] Art. 3º O Presidente da República, no interesse nacional, poderá decretar a intervenção nos Estados e Municípios, sem as limitações previstas na Constituição. Parágrafo único. Os interventores nos Estados e Municípios serão nomeados pelo

Rompendo com esse passado, a Constituição de 1988 procurou reconstruir e modernizar o federalismo brasileiro[231]. Apesar disso, a Carta ainda se manteve consideravelmente centralista, atribuindo à União a parcela mais relevante das competências legislativas e contemplando-a mais generosamente com receitas tributárias. Tudo isso, associado a práticas distorcidas e a uma jurisprudência ainda muito centralizadora por parte do STF, faz com que o federalismo brasileiro ainda não esteja satisfatoriamente estruturado[232].

4 Características do modelo federalista

Federalismo significa unidade na diversidade[233]. No caso brasileiro, formações culturais e étnicas tão distintas quanto, por exemplo, a Bahia e o Rio Grande do Sul, convivem sob um mesmo sistema constitucional, conservando, no entanto, sua identidade própria. Levando em conta a experiência nacional, é possível apontar as três grandes características do Estado federal: (i) autonomia dos entes federados, (ii) participação dos Estados-membros na formação da vontade federal ou nacional e (iii) repartição constitucional de competências.

Autonomia significa liberdade de atuação dentro de um círculo pré-traçado pela Constituição. Tradicionalmente, reconhecem-se na autonomia três elementos: auto-organização, autogoverno e autoadministração. A *auto-organização* manifesta-se no fato de que cada Estado possui sua própria Constituição, que define a estrutura e o funcionamentos dos órgãos estaduais de poder[234]. Os Municípios, por sua vez, se organizam mediante Lei Orgânica[235]. O *autogoverno* identifica a circunstância de que o chefe do Executivo e os membros do Legislativo são eleitos pela população do Estado ou do Município[236]. Os cargos do Judiciário estadual são providos nos termos da Constituição do Estado, observados os princípios constitucionais[237] e a Lei Orgânica da Magistratura, que é uma lei nacional[238]. Municípios não têm Poder Judiciário. Por fim, a *autoadministração* denota que cada ente estatal dará execução às leis e aos serviços públicos de sua competência por órgãos e autoridades próprios ou, quando seja o caso, mediante delegação de competência, retendo a condição de poder concedente.

A *participação dos Estados-membros na formação da vontade federal* se dá não apenas pelo fato de que há representantes de sua população na Câmara dos Deputados – em número mínimo e máximo –, como, sobretudo, pela existência de um Senado Federal, onde a representação dos Estados é paritária: cada um

---

Presidente da República e exercerão todas as funções e atribuições que caibam, respectivamente, aos Governadores ou Prefeitos, e gozarão das prerrogativas, vencimentos e vantagens fixados em lei. Art. 4º No interesse de preservar a Revolução, o Presidente da República, ouvido o Conselho de Segurança Nacional, e sem as limitações previstas na Constituição, poderá suspender os direitos políticos de quaisquer cidadãos pelo prazo de 10 anos e cassar mandatos eletivos federais, estaduais e municipais. Parágrafo único. Aos membros dos Legislativos federal, estaduais e municipais, que tiverem seus mandatos cassados, não serão dados substitutos, determinando-se o quórum parlamentar em função dos lugares efetivamente preenchidos".

231 Raul Machado Horta, Estado federal e tendências do federalismo contemporâneo. In: *Estudos de direito constitucional*, 1995, p. 522-6.

232 V. Luís Roberto Barroso, Vinte anos da Constituição brasileira de 1988: o Estado a que chegamos, *Revista de Direito do Estado 10*:45-6, 2008.

233 STF, *DJ* 7 mai. 1993, ADI 216 MC/PB, Rel. p/ acórdão Min. Celso de Mello: "O Estado Federal exprime, no plano da organização jurídica, a síntese que decorre de dois movimentos que se antagonizam: a tendência à unidade ou à centralização, que se rege pelo princípio unitário, e a tendência à pluralidade, ou à descentralização, que se funda no princípio federativo".

234 CF, art. 5º: "Os Estados organizam-se e regem-se pelas Constituições e leis que adotarem, observados os princípios desta Constituição". Em severa crítica ao que denomina de "desimportância" da Constituição estadual, Sergio Ferrari, em *Constituição estadual e federação*, 2003, p. 264-265, procura demonstrar que da Constituição Federal "já se extrai um modelo de Estado-membro totalmente constituído e quase integralmente organizado", razão pela qual "a supressão das constituições estaduais não modificaria o perfil da federação brasileira e da organização dos Estados--membros".

235 CF, art. 29: "O Município reger-se-á por lei orgânica, [...] atendidos os preceitos estabelecidos nesta Constituição, na Constituição do respectivo Estado e os seguintes preceitos [...]".

236 Sobre o poder constituinte decorrente dos Estados-membros da Federação, v. Thiago Magalhães Pires, *Curso de direito constitucional estadual e distrital*, 2020, p. 9 e s.

237 CF, art. 125: "Os Estados organizarão sua Justiça, observados os princípios estabelecidos nesta Constituição".

238 CF, art. 93: "Lei complementar, de iniciativa do Supremo Tribunal Federal, disporá sobre o Estatuto da Magistratura, observados os seguintes princípios: [...]".

tem três Senadores[239]. Já a *repartição de competências* entre os diferentes níveis de poder estatal é feita pela Constituição Federal. Evidentemente, há um mínimo de atribuições que devem ser conferidas a cada ente para que a autonomia desfrutada seja real. Não apenas de competências político-administrativas[240], mas também de competências legislativas[241] e tributárias[242]. A Constituição adota diferentes critérios de distribuição de competências, que poderão ser privativas ou comuns. No exercício das competências que lhes são próprias, nenhum ente é inferior ao outro, sendo todos igualmente autônomos. É certo que a União tem um grande número de competências e que, em certos casos, suas ações prevalecerão sobre a dos outros entes. Mas isso se dá apenas nos casos em que a Constituição assim determina. Uma lei federal, por exemplo, como regra, não poderá validamente definir a remuneração de servidores estaduais ou dar o nome de uma rua no Município de Vassouras. Vale dizer: cada ente federativo dispõe de um espaço próprio de atuação, livre da ingerência dos demais e demarcado pela própria Constituição, que é a fonte e limite de todas as competências[243].

5 Soberania e valores constitucionais

O Estado federal é, do ponto de vista externo, uma unidade. Embora suas subdivisões internas sejam autônomas, ele se apresenta na ordem internacional como um único Estado, dotado de soberania. A soberania, portanto, é una e indivisível, ao passo que a autonomia pode ser compartilhada por inúmeros entes. A soberania corresponde ao poder do Estado como um todo, o poder federal, exercido pela União, por força de determinação constitucional[244]. Como regra geral, os Estados-membros de uma federação não mantêm relações internacionais[245]. No caso brasileiro, há regra expressa prevendo que os laços federativos são indissolúveis[246]. Cabe, por fim, uma menção aos valores ligados à filosofia política que se encontram subjacentes à ideia de Estado federal e que devem ser levados em conta quando da resolução de questões federativas. São eles:

a) *Limitação do poder*: ao definir e limitar o exercício do poder político, o federalismo evita a formação de estruturas hegemônicas e a concentração do poder, ao mesmo tempo em que permite que os entes se fiscalizem uns aos outros, evitando e corrigindo eventuais excessos e abusos[247].

---

239   CF, art. 46 e § 1º: O Senado Federal compõe-se de representantes dos Estados e do Distrito Federal, eleitos segundo o princípio majoritário. § 1º – Cada Estado e o Distrito Federal elegerão três Senadores, com mandato de oito anos. [...]".

240   Competências político-administrativas da União (CF, art. 21); competências político-administrativas comuns entre União, Estados, Distrito Federal e Municípios (CF, art. 23).

241   Competências legislativas privativas da União (CF, art. 22); competências legislativas concorrentes entre União, Estados e Distrito Federal (CF, art. 24); aos Municípios compete legislar "sobre os assuntos de interesse local" e "suplementar a legislação federal e a estadual, no que couber" (art. 30, I e II).

242   Competência para instituir impostos: União (CF, art. 153), Estados e Distrito Federal (art. 155), Municípios (art. 156).

243   Nesse sentido, v. Anna Cândida da Cunha Ferraz, *Poder constituinte do Estado-membro*, 1979, p. 53; Luís Roberto Barroso, *Direito constitucional brasileiro*: o problema da federação, 1982, p. 25; Ronald. L. Watts, Federalism, federal political systems, and federations, *Annual Review of Political Science 1*:124, 1998.

244   Em formulação clássica, Kelsen afirmou a ideia de que o Estado federal se caracteriza pela coexistência de três ordens jurídicas: as ordens *locais*, constituídas pelos Estados-membros; a ordem *central*, correspondente à União; e uma ordem *total* (ou *global*), produto da soma das duas. V. Hans Kelsen, *Teoria geral do direito e do Estado*, 2005, p. 452. Tais ordens são referidas como sendo federada, federal e nacional.

245   V. Luís Roberto Barroso, Vinculação de Estado-membro pelo direito internacional. Reflexões acerca do cumprimento de recomendações oriundas da Comissão Internacional de Direitos Humanos da OEA. In: Carmen Tiburcio e Luís Roberto Barroso, *Direito Constitucional Internacional*, 2013, p. 129: "A doutrina brasileira, unanimemente, entende que os Estados-membros não têm personalidade jurídica de direito internacional. No direito brasileiro, somente à República Federativa do Brasil, representada pela União, é reconhecida essa capacidade".

246   CF, art. 1º: "A República Federativa do Brasil, formada pela união indissolúvel dos Estados e Municípios e do Distrito Federal, [...]".

247   Augusto Zimmermann, *Teoria geral do federalismo democrático*, 2005, p. 83; Reinhold Zippelius, *Teoria geral do Estado*, 1997, p. 508. O ponto foi destacado expressamente nos chamados ''escritos federalistas", nos Estados Unidos, segundo os quais a federação implicaria em uma dupla garantia aos direitos das pessoas: "Os diferentes governos se controlarão uns aos outros, ao mesmo tempo em que cada um será controlado por si mesmo" (James Madison, The federalist n. 51. In: Alexander Hamilton, James Madison e John Jay, *The federalist papers*, 2004 (1787-1788), p. 373). Não por acaso, as federações tendem a ser esvaziadas pelos regimes autoritários, como ocorreu com Vargas, Perón e Hitler (Karl Loewenstein, *Teoría de la Constitución*, 1986, p. 384). Michael Burgess, *Comparative federalism*: theory and practice, 2006, p. 98, afirma que, fora de uma democracia constitucional, a federação, quando existir, será apenas semântica.

b) *Pluralismo*: está associado ao reconhecimento e à tolerância da diferença[248]. Na Federação, isso fica evidente na conciliação entre *unidade* e *diversidade*: em vez de se desintegrar diante do dissenso, o Estado federal abraça a divergência de ideias como um elemento constitutivo e potencialmente positivo, permitindo que várias soluções para um mesmo problema sejam testadas e implementadas em partes diferentes do território nacional[249]. Reconhecer a autonomia das entidades periféricas é admitir que a população de cada uma delas viva segundo seus próprios valores (diversidade), salvo quanto àquelas matérias que, por serem de interesse geral, exijam uma deliberação conjunta de todo o povo (unidade).

c) *Democracia*[250]: a federação serve ao ideal democrático por (i) multiplicar os fóruns de debate, favorecendo a participação das diversas forças sociais na deliberação política[251]; (ii) tornar o debate político mais permeável às coletividades interessadas, repartindo os assuntos relevantes entre elas, conforme digam respeito ao povo de um Município, de um Estado ou a todo o Brasil; e (iii) aproximar a discussão das populações afetadas – especialmente em âmbito local –, facilitando a fiscalização do governo e a responsabilização dos agentes públicos[252].

d) Eficiência: o federalismo busca construir um governo eficiente[253]. É mais eficiente deixar certas matérias – como a defesa nacional – para o ente central, enquanto outras são melhor resolvidas em âmbito local – como a definição das ações e políticas de saúde pública para cada lugar[254]. Daí a conexão entre o federalismo e a eficiência, compreendida como a melhor realização possível do interesse público com os menores custos para a sociedade[255].

e) Cooperação: como partes de um mesmo Estado, os entes federativos dependem sempre uns dos outros[256] e, por isso, devem cooperar, tratando-se como parceiros[257]. A manutenção do pacto federativo pressupõe que seus componentes ajam com respeito, consideração e boa-fé recíprocos. Trata-se do *dever de lealdade federativa*, cogente para as entidades políticas[258], tal como já observado pelo Tribunal Constitucional Federal alemão[259] e pelo STF[260].

---

248 A identidade local, assim, é preservada e não se dispersa no todo. Por isso se sustenta que, nesse campo, é um erro tratar unidade e diversidade como opostos: a unidade deve ser contraposta à desunião e a diversidade, à homogeneidade. Daniel J. Elazar, *Exploring federalism*, 2006, p. 64.

249 Erwin Chemerinsky, *Enhancing government: federalism for the 21st century*, 2008, p. 122.

250 Isso não quer dizer que toda federação seja democrática, mas apenas que o federalismo multiplica os canais de diálogo entre o Estado e a sociedade, aproximando essas duas esferas.

251 Karl Loewenstein, *Teoría de la Constitución*, 1986, p. 424; e J. J. Gomes Canotilho, *Direito constitucional e teoria da Constituição*, 1998, p. 1255.

252 Augusto Zimmermann, *Teoria geral do federalismo democrático*, 2005, p. 158-61. Nada obstante, como aponta Erwin Chemerinsky, *Enhancing government: federalism for the 21st century*, 2008, p. 122, às vezes o controle será mais fácil em âmbito nacional. As eleições nacionais, por exemplo, recebem mais atenção da mídia que as locais. Da mesma forma, a população muitas vezes está mais familiarizada com as autoridades federais do que com as locais ou estaduais.

253 Daniel J. Elazar, *Exploring federalism*, 2006, p. 91; Erwin Chemerinsky, *Enhancing government: federalism for the 21st century*, 2008, p. 117.

254 Erwin Chemerinsky, *Enhancing government: federalism for the 21st century*, 2008, p. 119-20.

255 Diogo de Figueiredo Moreira Neto, *Curso de direito administrativo*, 2005, p. 107.

256 Reinhold Zippelius, *Teoria geral do Estado*, 1997, p. 514-5.

257 Ronald L. Watts, *Comparing federal systems*, 1999, p. 57.

258 Sobre o tema, v. Konrad Hesse, *Elementos de direito constitucional da República Federal da Alemanha*, 1998, p. 212 e s.; Cristiano Franco Martins, Princípio federativo, *Revista de Direito da Associação dos Procuradores do Novo Estado do Rio de Janeiro XIX*, p. 22, 2008).

259 Confira-se o registro do próprio Tribunal Constitucional Federal: "No Estado federal alemão, toda a relação constitucional entre o Estado como um todo e seus membros, bem como a relação constitucional entre seus membros [entre si], é regida pelo princípio constitucional não escrito do dever recíproco da União e dos Estados-membros, de comportamento leal ao princípio federativo [...]." (1. Rundfunkentscheidung (1ª Decisão da Radiodifusão), BVerGE 12, 205. In: Jürgen Schwabe, *Cinquenta anos de jurisprudência do Tribunal Constitucional Federal alemão*, 2005, p. 823-4).

260 STF, *DJ* 25 set. 2009, Pet 3.388/RR, Rel. Min. Carlos Ayres Britto (trecho do voto do Min. Gilmar Mendes): "O princípio da lealdade à Federação atua como um dos mecanismos de correção, de alívio das tensões inerentes ao Estado Federal, junto aos que já se encontram expressamente previstos na própria Constituição. Sua presença silenciosa, não escrita, obriga cada parte a considerar o interesse das demais e o do conjunto. Transcende o mero respeito formal das regras constitucionais sobre a federação, porque fomenta uma relação construtiva, amistosa e de colaboração. Torna-se, assim, o espírito informador das relações entre os entes da federação, dando lugar e uma ética institucional objetiva, de caráter jurídico, e não apenas político e moral".

6 A jurisprudência do Supremo Tribunal Federal em matéria de Federação

A cultura constitucional brasileira no tocante à Federação tem sido historicamente centralizadora, como visto. Em primeiro lugar, em razão da origem unitária do Estado brasileiro. Em segundo lugar, pelos descaminhos da República Velha, com a política dos governadores, a política do Café com Leite e as intervenções federais desvirtuando o modelo federativo. A isso se somam as duas ditaduras do período republicano, a do Estado Novo e a do Regime Militar. Ditaduras, como intuitivo, são centralizadoras do poder. A Constituição de 1988 acenou com maior equilíbrio. Ainda assim, as competências político-administrativas, legislativas e tributárias ficaram substancialmente concentradas na União Federal.

Compete ao Supremo Tribunal Federal julgar as causas e os conflitos entre a União, de um lado, e os Estados e o Distrito Federal, de outro, assim como as disputas que se estabeleçam entre Estados (CF, art. 102, I, f)[261]. É inevitável reconhecer que, mesmo sob a Constituição de 1988, a jurisprudência do STF resolve boa parte dos conflitos federativos em favor do poder central. Uma importante justificativa para essa tendência é o domínio da política estadual, muitas vezes, por oligarquias e por corporações públicas locais, frequentemente legislando em causa própria, onerando desmedidamente o Estado e a sociedade. Há, assim, em muitas situações, uma tensão entre o princípio federativo – isto é, a autonomia dos Estados – e o princípio republicano, que prioriza o interesse público e a boa administração. A face negativa desse contexto é inibir a criatividade do Estado e o experimentalismo democrático, permitindo que soluções alternativas às adotadas pela União sejam testadas[262].

Exemplo dessa jurisprudência mais centralizadora tem sido as decisões que invocam um denominado *modelo federal* ou *princípio da simetria* para restringir poderes tanto do constituinte[263] quanto do legislador estaduais[264], assim em matéria de processo legislativo como de conteúdo da legislação. Impõe-se, assim, no âmbito dos Estados-membros, o mesmo tratamento jurídico dado pela Constituição Federal. O Tribunal também interpreta com rigor, por vezes de forma quase extensiva, as competências legislativas privativas da União (CF, art. 22), invalidando legislação estadual e municipal que as tangencie. Os exemplos são vários, envolvendo matérias de direito civil[265], trabalhista[266],

---

261 Constituição Federal, art. 102: "Compete ao Supremo Tribunal Federal, precipuamente, a guarda da Constituição, cabendo-lhe: I – processar e julgar, originariamente: [...] f) as causas e os conflitos entre a União e os Estados, a União e o Distrito Federal, ou entre uns e outros, inclusive as respectivas entidades da administração indireta".

262 Sobre a ideia de experimentalismo democrático, v. Roberto Mangabeira Unger, A constituição do experimentalismo democrático. *Revista de Direito Administrativo 257*:57, 2011, p. 68: "Se queremos estimular partes da federação ou até mesmo setores da sociedade e da economia a construir contramodelos em que a sociedade possa vislumbrar outra imagem de seu futuro, precisamos permitir que a divergência em um lugar possa ser radical sem que todas as localidades ou todos os setores tenham de gozar sempre do mesmo grau de liberdade para divergir das soluções centrais".

263 *E.g.*, STF, ADI 6.512, Rel. Min. Edson Fachin, *DJ* 9 fev. 2021 (não pode a Constituição do Estado instituir novos casos de foro privilegiado, não contemplados na Constituição Federal); ADI 5.373, Rel. Min. Celso de Mello, *DJe* 16 set. 2020 (não pode a Constituição do Estado exigir autorização prévia da Assembleia Legislativa para o Governador ou o Vice-Governador se ausentarem do país "em qualquer tempo", quando a Constituição Federal somente prevê tal autorização, para o Presidente e o Vice-Presidente, se a ausência exceder a 15 dias (CF, art. 49, III). Aplicação do princípio da simetria).

264 *E.g.*, STF, ADI 2.300, Rel. Min. Teori Zavascki, *DJe* 16 set. 2014: "1. Segundo jurisprudência assentada no Supremo Tribunal Federal, as regras de atribuição de iniciativa no processo legislativo previstas na Constituição Federal formam cláusulas elementares do arranjo de distribuição de poder no contexto da Federação, razão pela qual devem ser necessariamente reproduzidas no ordenamento constitucional dos Estados-membros. 2. Ao provocar alteração no regime jurídico dos servidores civis do Estado do Rio Grande do Sul e impor limitações ao exercício da autotutela nas relações estatutárias estabelecida entre a Administração e seus servidores, a Lei Complementar Estadual n. 11.370/99, de iniciativa parlamentar, padece de vício formal e material de incompatibilidade com a Constituição Federal".

265 Foram enquadradas na categoria de normas sobre direito civil legislação que cuidava da cobrança de estacionamentos (ADI 4.862, Rel. Min. Gilmar Mendes, *DJe* 6 fev. 2017), dispensa do pagamento de juros por títulos vencidos durante greve (ADI 3.605, Rel. Min. Alexandre de Moraes, *DJe* 12 set. 2017) e mensalidade escolar, entre outras.

266 STF, ADI 5.344, Rel. Min. Edson Fachin, *DJe* 29 nov. 2018 (lei estadual não pode fixar piso salarial para fisioterapeutas e terapeutas ocupacionais).

produção e consumo[267], telecomunicações[268], diretrizes e bases da educação[269] e planos de saúde[270], entre outras.

É de se destacar, no entanto, que no curso da pandemia da Covid-19, que abalou o mundo a partir do início de 2020, o Supremo Tribunal Federal tomou uma série de decisões prestigiando a autonomia dos Estados e dos Municípios. Assim ocorreu com relação às medidas sanitárias em geral, quando reconheceu a competência comum e concorrente dos três níveis de poder, em matéria político-administrativa e legislativa, por se tratar da proteção e defesa da saúde (CF, arts. 23, II, e 24, XII)[271]; à aquisição e importação de vacinas pelos Estados-membros[272]; à flexibilização temporária da Lei de Responsabilidade Fiscal[273]; e às restrições a atividades religiosas presenciais determinadas por autoridade estadual[274].

---

267 STF, ADI 750, Rel. Min. Gilmar Mendes, *DJe* 8 mar. 2018 (lei estadual não pode estabelecer, sem justificativa plausível, regras específicas sobre embalagens de produtos que são comercializados o Estado).

268 STF, ADI 3.959, Rel. Min. Roberto Barroso, *DJe* 10 maio 2016 (lei estadual não pode criar obrigações para empresas prestadoras do serviço de telecomunicações, tema de competência privativa da União).

269 STF, ADI 5.341, Rel. Min. Edson Fachin, *DJe* 9 dez. 2019 (lei estadual não pode afastar regras para a revalidação de diplomas obtidos em instituições superiores do Mercosul).

270 STF, ADI 4.701, Rel. Min. Roberto Barroso, *DJe* 22 ago. 2014. "Os arts. 22, VII, e 21, VIII, da Constituição Federal atribuem à União competência para legislar sobre seguros e fiscalizar as operações relacionadas a essa matéria. Tais previsões alcançam os planos de saúde, tendo em vista a sua íntima afinidade com a lógica dos contratos de seguro, notadamente por conta do componente atuarial".

271 STF, ADI 6.341 MC, Red. p/ ac. Min. Edson Fachin, j. 15 abr. 2020; ADPF 672-MC, Rel. Min. Alexandre de Moraes, j. 13 out. 2020. Aos Municípios cabe suplementar a legislação federal e a estadual no que couber, desde que haja interesse local (art. 30, II, da CF). E, ademais, a Constituição e a lei prescrevem a descentralização político-administrativa do Sistema de Saúde (art. 198 da CF, e art. 7º da Lei n. 8.080/1990), inclusive no que diz respeito às atividades de vigilância sanitária e epidemiológica (art. 6º, I, da Lei n. 8.080/1990).

272 STF, ACO 3.451 MC, Rel. Min. Ricardo Lewandowski, j. 24 fev. 2021.

273 STF, ADI 6.442, Rel. Min. Alexandre de Moraes, j. 15 mar. 2021.

274 STF, ADPF 811, Rel. Min. Gilmar Mendes, j. 8 abr. 2021.

| CAPÍTULO II | TEORIA GERAL DOS DIREITOS FUNDAMENTAIS |

Sumário: I – Generalidades. II – Origem, evolução e conceito. 1. Os direitos humanos. 2. A dignidade humana. 3. Os direitos fundamentais. III – Classificação dos direitos fundamentais. 1. Direitos individuais, políticos, sociais e difusos. 1.1. Direitos individuais. 1.2. Direitos políticos. 1.3. Direitos sociais. 1.4. Direitos difusos. 2. Outras classificações. IV – Regime jurídico diferenciado dos direitos fundamentais. 1. Oponibilidade dos direitos fundamentais às maiorias políticas. 2. Aplicabilidade direta e imediata dos direitos fundamentais. 3. Abertura do catálogo de direitos fundamentais previstos na Constituição. V – Estrutura, conteúdo e limites imanentes dos direitos fundamentais. 1. Direitos fundamentais como regras e princípios. 2. Aspectos intrínsecos e limites imanentes. VI – Restrições a direitos fundamentais. 1. A existência de limites externos. 2. As teorias interna e externa. VII – Limites às restrições a direitos fundamentais. 1. A ponderação. 2. Razoabilidade e proporcionalidade. 3. Núcleo essencial do direito. VIII – Dimensão subjetiva, objetiva e privada dos direitos fundamentais. 1. A dimensão subjetiva dos direitos fundamentais. 2. A dimensão objetiva dos direitos fundamentais. 3. A eficácia privada dos direitos fundamentais.

I GENERALIDADES[1]

Alguns anos atrás, participei de um debate na Universidade de Brasília (UnB) com o juiz da Suprema Corte dos Estados Unidos, Antonin Scalia, falecido em 2016[2]. Estava em questão uma decisão proferida pelo seu tribunal, no caso *Lawrence v. Texas*[3], que considerou inconstitucional a criminalização das relações íntimas entre homossexuais. Scalia era crítico severo da decisão. Eu a defendia. No debate, disse a ele que viola a dignidade humana impedir que duas pessoas maiores e capazes coloquem seu afeto e sua sexualidade onde mora o seu desejo. Ele respondeu que a Constituição americana não abriga o princípio da dignidade humana, nem muito menos assegura o direito de manter relações homossexuais. Logo, se o direito não estava na Constituição, ele dependia do legislador. Insisti um pouco mais: o Estado não tem o direito de impedir que as pessoas façam livremente suas escolhas existenciais básicas. Ele não concedeu e afirmou: claro que pode; são as maiorias, representadas no parlamento, que decidem o que pode e o que não pode. O debate foi bom, mas ninguém convenceu ninguém.

A contraposição de ideias acima reflete diferentes concepções do que seja a democracia e expõe algumas das questões essenciais relativas aos direitos fundamentais, dentre elas:

---

1 Robert Alexy, *Teoria dos direitos fundamentais*, 2008; Jane Reis Gonçalves Pereira, *Interpretação constitucional e direitos fundamentais*, 2018; J.J. Gomes Canotilho, *Direito constitucional e teoria da Constituição*, 2003; Jorge Reis Novais, *Direitos fundamentais e justiça constitucional em Estado de direito democrático*, 2012; Ingo Wolfgang Sarlet, *A eficácia dos direitos fundamentais*, 2015; Kai Möller, *The global model of constitutional rights*, 2012; Martin Scheinin, Helle Krunke e Marina Aksenova, *Judges as guardians of constitutionalism and human rights*, 2016; Ingo Wolfgang Sarlet, Luiz Guilherme Marinoni e Daniel Mitidiero, *Curso de direito constitucional*, 2015; Gilmar Ferreira Mendes e Paulo Gustavo Gonet Branco, *Curso de direito constitucional*, 2013; Konrad Hesse, *Temas fundamentais do direito constitucional*, 2013; Martin Borowski, *La estrutura de los derechos fundamentales*, 2003; Luís Roberto Barroso, *A dignidade da pessoa humana no direito constitucional contemporâneo*, 2012; Carlos Bernal Pulido, *O caráter fundamental dos direitos fundamentais. Revista de Direito do Estado 19-20/17*, 2010; Claudio Pereira de Souza Neto e Daniel Sarmento, *Direito constitucional:* teoria, história e métodos de trabalho, 2014; Bernardo Gonçalves Fernandes, *Curso de direito constitucional*, 2017; Ana Paula de Barcellos, *Curso de direito constitucional*, 2018; George Marmelstein, *Curso de direitos fundamentais*, 2009; Alexandre de Moraes, *Direitos humanos fundamentais*, 2016. Para uma discussão do tema em perspectiva essencialmente filosófica, v. James Griffin, *On human rights*, 2008; Roger Crisp (ed.), *Griffin on human rights*, 2014; Carl Wellman, The moral dimensions of human rights, 2011; Michael Freeman, *Human rights:* an interdisciplinary approach, 2011; Anderson Santos da Silva, Eduardo Aidê Bueno de Camargo e João Mendes Rodrigues, *Direito internacional dos direitos humanos*, 2018.

2 O evento ocorreu em 14 maio 2009, organizado pela *Harvard Brazil Association* e pela UnB. V. Filipe Coutinho, "Juiz expressa a vontade de juiz, e não do povo". *Consultor Jurídico*, 14 maio 2009. Disponível em: https://www.conjur.com.br/2009-mai-14/ministro-corte-eua-juizes-nao-podem-decisoes-morais. Acesso em: 20 jan. 2018.

3 539 U.S. 558 (2003).

a) o que é um direito fundamental?

b) direito fundamental só existe se estiver previsto na Constituição?

c) quais os limites dos poderes do legislador no que diz respeito ao reconhecimento de direitos fundamentais e à sua restrição?

Esses são alguns dos temas do presente capítulo.

II ORIGEM, EVOLUÇÃO E CONCEITO

1 Os direitos humanos

O estudo dos direitos fundamentais deve começar pela noção de direitos humanos. Tal como compreendida nos dias de hoje, a ideia de direitos humanos era estranha ao pensamento convencional até o final da Idade Média. Há registro de que sequer existia uma palavra que identificasse a ideia de *direito*, no sentido de direito individual[4]. Documentos historicamente relevantes do período medieval – como a Magna Carta inglesa, de 1215 – consubstanciavam a *outorga* de concessões reais, como ato unilateral do monarca, e não propriamente o reconhecimento de direitos[5]. O conceito contemporâneo de direitos humanos começa a se delinear no alvorecer da Idade Moderna, ao final do século XV e início do século XVI – com o Renascimento, o surgimento do Estado moderno, as grandes descobertas, a Reforma Protestante, a Revolução Científica – e teve seu impulso decisivo com o Iluminismo, quando já avançado o século XVIII[6].

Subjacente à ideia de direitos humanos estava a de jusnaturalismo, que teve em Thomas Hobbes[7] um de seus precursores, e a de direitos naturais, identificados por John Locke como "a vida, a liberdade e a propriedade"[8]. Das páginas dos filósofos políticos, a noção de direitos naturais saltou para a Declaração de Independência dos Estados Unidos (1776), onde foram referidos como *direitos inalienáveis*[9], e para a Declaração dos Direitos do Homem e do Cidadão (1789), marco da Revolução Francesa, que faz menção a *direitos naturais, inalienáveis e sagrados do homem*[10]. Os direitos humanos iniciam, portanto, sua "carreira triunfal"[11] ao final do século XVIII e, a partir daí, começaram a ingressar nas Constituições de diversos países europeus. Mesmo assim, os séculos seguintes – XIX e XX – testemunharam os horrores das violações de direitos humanos em larga escala, sendo exemplos emblemáticos: africanos escravizados, trabalhadores explorados até à morte por exaustão, o holocausto judeu e milhões de mortos sob Stalin. Para não mencionar as percepções que só aflorariam mais adiante, relativamente aos direitos de mulheres, negros, homossexuais, índios e deficientes.

2 A dignidade humana

O significado atual dos direitos humanos foi sedimentado após a 2a Guerra Mundial, tendo como pano de fundo as experiências traumáticas do nazismo e do fascismo. Na reconstrução de um mundo

---

4 V. Alasdair Macintyre, *After virtue*: a study in moral theory, 1984, p. 67. E tb. Michael Freeman, *Human rights*: an interdisciplinary approach, 2011, p. 15-17.

5 Norberto Bobbio, *A era dos direitos*, 2004, p. 46-47.

6 Na construção histórica dos direitos humanos, merecem registro muitos nomes, dentre os quais Pico della Mirandola (1463-1494), Francisco de Vitoria (1483-1546), Hugo Grotius (1583-1645), Samuel Pufendorf (1632-1694), John Locke (1632-1704) e Immanuel Kant (1724-1804).

7 Thomas Hobbes, Leviathan, pt 1, ch 14, 1985, p. 64.

8 John Locke, *Second treatise of government*, 1980, p. 46 e 66.

9 Declaração de Independência dos Estados Unidos: "[...] Consideramos estas verdades como evidentes por si mesmas, que todos os homens são criados iguais, dotados pelo Criador de certos direitos inalienáveis, que entre estes estão a vida, a liberdade e a procura da felicidade [...]".

10 Declaração dos Direitos do Homem e do Cidadão: "Os representantes do povo francês, reunidos em Assembléia Nacional, tendo em vista que a ignorância, o esquecimento ou o desprezo dos direitos do homem são as únicas causas dos males públicos e da corrupção dos Governos, resolveram declarar solenemente os direitos naturais, inalienáveis e sagrados do homem [...]".

11 Konrad Hesse, *Temas fundamentais do direito constitucional*, 2013, p. 26.

moralmente devastado pelo totalitarismo e pelo genocídio, um novo conceito, cujas raízes se encontravam na religião e na filosofia, ingressa com grande impacto no discurso político e jurídico dos vencedores do conflito: *a dignidade humana*[12]. Em pouco tempo, a ideia de dignidade humana se tornou o centro axiológico dos sistemas jurídicos e fonte de irradiação dos direitos humanos. Logo após a guerra, o conceito foi incorporado a importantes documentos internacionais, como a Carta das Nações Unidas (1945) e a Declaração Universal de Direitos Humanos (1948), bem como a numerosos tratados e pactos. A expressão dignidade humana passou a constar do corpo ou do preâmbulo de boa parte das Constituições promulgadas a partir do final dos anos 40 do século passado, a começar pela da Alemanha, de 1949[13]. Ao longo dos anos, foram sendo criadas, igualmente, cortes internacionais voltadas à proteção dos direitos humanos, como a Corte Europeia de Direitos Humanos, a Corte Interamericana de Direitos Humanos e o Tribunal Africano dos Direitos do Homem e dos Povos.

A dignidade humana tem seu berço secular na filosofia moral, constituindo um valor fundamental que veio a ser convertido em princípio jurídico. Considera-se que esteja subjacente a todas as ordens democráticas em geral, mesmo quando não expressamente prevista na constituição, funcionando tanto como justificativa moral quanto como fundamento normativo dos direitos humanos. A dignidade humana identifica (i) o valor intrínseco de toda pessoa, significando que ninguém na vida é um meio para a realização de metas coletivas ou projetos pessoais dos outros[14]; (ii) a *autonomia* individual – cada pessoa deve ter autodeterminação para fazer suas escolhas existenciais e viver o seu ideal de vida boa, assegurado um mínimo existencial que a poupe da privação de bens vitais[15]; e (iii) a limitação legítima da autonomia por valores, costumes e direitos das outras pessoas e por imposição normativa válida (*valor comunitário*)[16]. A dignidade humana e os direitos humanos são duas faces de uma mesma moeda: uma voltada para a filosofia moral e a outra para o Direito. Direitos humanos são valores morais sob a forma de direitos ou, como sugere Habermas, "uma fusão do conteúdo moral com o poder de coerção do Direito"[17].

3 Os direitos fundamentais

Aqui é o momento oportuno para uma nota terminológica. *Direitos humanos* são uma combinação de conquistas históricas, valores morais e razão pública que, fundados na dignidade da pessoa humana, visam à proteção e ao desenvolvimento das pessoas, em esferas que incluem a vida, as liberdades, a igualdade e a justiça. E – por que não? – também a busca da felicidade. São direitos dotados de fundamentalidade material e que têm uma dimensão jusnaturalista[18], não dependendo, para sua validade, de institucionalização, positivação ou mesmo efetividade social[19]. Eles são, portanto, pré e supraestatais, e funcionam como medida de legitimidade do próprio ordenamento jurídico do Estado[20]. Não são concedidos, mas reconhecidos. Sua entrada na cena política se deu com as declarações de direitos do

---

12 V. Luís Roberto Barroso, *A dignidade da pessoa humana no direito constitucional contemporâneo*, 2012. V. tb. Ana Paula de Barcellos, *A eficácia jurídica dos princípios*: o princípio da dignidade da pessoa humana, 2008; Ingo Sarlet, *Dignidade da pessoa humana e direitos fundamentais na Constituição de 1988*, 2015; e Daniel Sarmento, *Dignidade da pessoa humana*: conteúdo, trajetórias, metodologia, 2016.

13 Além da Alemanha, também Itália, Japão, Portugal, Espanha, África do Sul, Brasil, Israel, Hungria e Suécia, entre muitos outros. Em alguns países, referências à dignidade humana são feitas em preâmbulos de constituições, como ocorre com Irlanda, Índia e Canadá.

14 No plano jurídico, do valor intrínseco da pessoa humana decorrem direitos fundamentais, como o direito à vida, a igualdade de todos perante a lei e na lei e o direito à integridade física e psíquica. No plano filosófico, é dele que se extrai o princípio antiutilitarista da pessoa humana como fim e não como meio. V. Immanuel Kant, *Groundwork of the Metaphysics of Morals*, 1998, p. 38.

15 A autonomia privada abriga direitos fundamentais que se materializam em liberdades básicas, como a liberdade de expressão, de religião e de associação; a autonomia pública envolve os direitos de participação política. O exercício da autonomia pressupõe o atendimento ao mínimo existencial das pessoas.

16 Luís Roberto Barroso, *A dignidade da pessoa humana no direito constitucional contemporâneo*, 2012, p. 72-98.

17 Jürgen Habermas, The Concept of Human Dignity and the Realistic Utopia of Human Rights, *Metaphilosophy*, N. 41, 2010, p. 479.

18 O que não significa, é bem de ver, que sejam eternos. Direitos humanos são construções históricas e, consequentemente, variam no seu catálogo e no seu conteúdo ao longo do tempo. Mas correspondem, todavia, aos valores morais racionalmente apreendidos a cada tempo. Sobre a dimensão histórica e relativa dos direitos humanos, v. Norberto Bobbio, *A era dos direitos*, 1992, p. 26 e s.

19 Martin Borowski, *La estrutura de los derechos fundamentals*, 2003, p. 30.

20 Martin Borowski, *La estrutura de los derechos fundamentals*, 2003, p. 31.

final do século XVIII, já referidas. Em meados do século XX, foram expressamente contemplados na Carta das Nações Unidas (1945), que veio "reafirmar" o seu caráter de direitos morais preexistentes[21], e na Declaração Universal de Direitos Humanos (1948), que "proclama" sua pretensão de universalidade[22]. A estes seguiram-se diversos outros documentos internacionais[23].

Os *direitos fundamentais*, por sua vez, são os direitos humanos incorporados ao ordenamento jurídico doméstico. Significam a positivação, pelo Estado, dos direitos morais das pessoas. Isto se dá por previsão expressa ou implícita no texto constitucional, ou no chamado bloco de constitucionalidade[24]. Boa parte das Constituições do mundo tem um capítulo destinado à enunciação dos direitos fundamentais. Algumas o fazem de modo relativamente lacônico, como a Constituição americana. Outras de forma bem analítica, talvez prolixa, como a Constituição brasileira. Essas diferenças revelam duas situações recorrentes na teoria e na jurisprudência constitucionais: a) a não inclusão no catálogo constitucional de direitos que vêm a ser reconhecidos como direitos fundamentais; e b) a inclusão no catálogo constitucional de direitos que não são dotados de fundamentalidade material. Há exemplos do primeiro[25] e do segundo caso[26] na experiência constitucional brasileira. Isto leva ao reconhecimento de que podem existir direitos apenas formalmente fundamentais – simplesmente por estarem previstos no texto constitucional – e direitos materialmente fundamentais, em razão do conteúdo que apresentam[27]. Direitos fundamentais previstos na Constituição, tenham natureza material ou apenas formal, podem ser referidos, também, como *direitos constitucionais*.

A ambiguidade retratada acima pode dificultar o reconhecimento de determinada posição jurídica como sendo de direito fundamental. Isto pode ser problemático, porque direitos dessa natureza têm um regime próprio, como se verá nos próximos tópicos. Um critério de identificação é proposto por Carlos Bernal Pulido[28], como exposto a seguir. Direitos fundamentais têm propriedades formais e materiais. As *propriedades formais* estão associadas às fontes das quais emanam, que podem ser a inserção no capítulo dos direitos fundamentais, no texto constitucional em geral, no bloco de constitucionalidade ou o reconhecimento do caráter fundamental por parte da jurisprudência constitucional. As *propriedades materiais* dizem respeito à proteção dos indivíduos em face do poder do Estado, a participação nos procedimentos democráticos, a igualdade jurídica e a satisfação de certas necessidades básicas. Por certo, caberá à jurisdição constitucional densificar esses conteúdos, transformando proposições abstratas em posições jurídicas concretas a serem protegidas. Pois bem: para ser reconhecido como um direito fundamental, um direito subjetivo deverá possuir pelo menos uma propriedade formal e uma propriedade material[29]. Pode não ser um critério absoluto ou definitivo, mas trata-se de uma boa linha de orientação.

Direitos fundamentais são direitos subjetivos. Isso significa que são posições jurídicas protegidas pelo Direito, e que podem ser sindicáveis judicialmente. Cabe relembrar aqui os atributos típicos de um direito subjetivo: (i) a ele corresponde um dever jurídico de alguém para com o seu titular; (ii)

---

21 O texto pressupõe que se trata de direitos morais preexistentes ao falar em reafirmá-los. Neste sentido, v. Carl Wellman, *The moral dimensions of human rights*, 2011, p. 4.

22 O Preâmbulo da DUDH fala em "respeito universal e efetivo dos direitos do Homem" como "ideal comum a atingir por todos os povos e todas as nações".

23 Vejam-se, por exemplo, a Convenção Europeia de Direitos Humanos (1950), o Pacto Internacional dos Direitos Civis (1966), o Pacto Internacional dos Direitos Econômicos, Sociais e Culturais (1966), a Convenção Americana sobre Direitos Humanos (1969), a Carta Africana dos Direitos Humanos e dos Povos e a Carta dos Direitos Fundamentais da União Europeia (2000), para citar os mais importantes.

24 A noção de *bloco de constitucionalidade* vem do direito francês, onde a Constituição de 1958 incorporou ao texto constitucional, por remissão feita no preâmbulo, outros documentos, como a "Declaração de 1789, conformada e completada pelo preâmbulo da Constituição de 1946, assim como pelos direitos e deveres definidos na Carta do Meio Ambiente de 2004". No Brasil, a Constituição de 1988, no art. 5º, § 3º, prevê o modo como tratados internacionais de direitos humanos são incorporados ao direito brasileiro.

25 O STF decidiu que o direito à anterioridade da lei tributária em relação ao exercício em que cobrado tributo novo, embora não conste do Título dedicado aos "Direitos e Garantias Fundamentais" na Constituição, tem caráter de direito fundamental. STF, ADI 939, Rel. Min. Sydney Sanches, DJ 18.03.94.

26 O art. 7º, XXVII, da Constituição, localizado, topograficamente, no Título que cuida dos "Direitos e Garantias Fundamentais", que assegura aos trabalhadores "proteção em face da automação", intuitivamente não constitui um direito fundamental nem há qualquer precedente do STF neste sentido.

27 Sobre o tema, v. J.J. Gomes Canotilho, *Direito constitucional e teoria da Constituição*, 2003, p. 406-7.

28 Carlos Bernal Pulido, *O caráter fundamental dos direitos fundamentais. Revista de Direito do Estado 19-20*/17, 2010, p. 17-35.

29 Carlos Bernal Pulido, *O caráter fundamental dos direitos fundamentais. Revista de Direito do Estado, 19-20*/17, 2010, p. 34.

este dever jurídico pode ser descumprido, importando na violação do direito; e (iii) diante da violação, nasce para o titular uma pretensão, que pode ser exercida mediante a propositura de uma ação judicial. Vale dizer: direitos fundamentais são vinculantes e podem ser tutelados pelo Poder Judiciário. Porém, a interpretação e aplicação de direitos subjetivos com caráter de direitos fundamentais podem envolver complexidades e sutilezas. Normas de direito fundamental ora se apresentam com estrutura de regra, ora de princípios. Muito frequentemente, terão a natureza de princípios, o que significa que podem sofrer restrições, podem ter de ceder parcial ou inteiramente diante de certas situações fáticas ou jurídicas e estarão sujeitas à ponderação com outros direitos fundamentais ou interesses coletivos. São questões que serão aqui tratadas.

III CLASSIFICAÇÃO DOS DIREITOS FUNDAMENTAIS

1 Direitos individuais, políticos, sociais e difusos

A história da humanidade é a história da afirmação do indivíduo em face do poder, em suas múltiplas manifestações: político, social e econômico. Um enredo que narra o esforço milenar de superação do arbítrio, do preconceito e da exploração. A construção dos direitos fundamentais se dá pela agregação de conquistas civilizatórias paulatinas, que vão se sedimentando em direitos de natureza e conteúdo diversos. Surgem, assim, sucessivamente, os direitos individuais, os direitos políticos e os direitos sociais. Mais recentemente, passaram a ser reconhecidos, igualmente, direitos identificados como coletivos ou difusos.

1.1 Direitos individuais

Os direitos fundamentais nascem, historicamente, como *direitos individuais*, voltados para a proteção do indivíduo em face do Estado. No plano filosófico, sua origem mais próxima está no Iluminismo, estuário final das ideias libertárias que se iniciam com o humanismo racionalista do Renascimento e sofrem a influência de eventos marcantes como a Reforma Protestante, a Revolução Científica e a Paz de Westfalia (pondo fim às guerras religiosas na Europa). No plano político, sua consagração se dá com a Declaração de Independência dos Estados Unidos (1776) e com a Declaração dos Direitos do Homem e do Cidadão (1789), na França. O reconhecimento dos direitos individuais significou a superação tanto do modelo feudal, com seus privilégios estamentais e corporativos, quanto do modelo absolutista monárquico de concentração de poder. Em seus antecedentes históricos, merece registro a Declaração de Direitos inglesa, de 1689, que impôs limites aos poderes do rei e promoveu a afirmação política do parlamento. No alvorecer do liberalismo, o indivíduo deixa de ser súdito e passa a cidadão, com direitos oponíveis ao poder[30]. O surgimento do Estado liberal, tendo os direitos individuais e a separação de Poderes como seu substrato essencial, marcou a ascensão política e econômica da burguesia.

Na experiência constitucional brasileira, os direitos individuais vêm enunciados desde a primeira Constituição, a Carta Imperial de 1824, outorgada por D. Pedro I. Voltaram a figurar na primeira Constituição republicana, a de 1891, bem como na Constituição de 1934 e até mesmo na Carta ditatorial de 1937, que institucionalizou o Estado Novo. Com a redemocratização, ingressaram com destaque na Constituição de 1946 e não foram excluídos sequer das Constituição do regime militar, de 1967 e 1969. Boa parte do período republicano brasileiro foi marcado pela encenação de liberdades inexistentes, com substancial falta de efetividade dos direitos individuais. A Constituição de 1988 procurou enfrentar tanto o passado ditatorial quanto a tradição de falta de efetividade dos direitos individuais. Em movimento simbólico, trouxe o Título "Dos direitos e garantias fundamentais" para o início da Constituição, logo após o Título I, intitulado "Dos princípios fundamentais". E, em outros dispositivos, procurou instituir meios para garantir a sua concretização. O elenco dos direitos individuais está concentrado – embora não seja totalmente exaustivo – nos 78 incisos do art. 5º da Constituição, que incluem:

(i) o direito à igualdade (inc. I e art. 3º, IV);

(ii) o direito geral de liberdade (inc. II);

(iii) a liberdade de expressão, em suas diferentes manifestações (incs. IV e IX);

(iv) a liberdade religiosa (incs. VI e VIII);

---

30 Raul Machado Horta, Os direitos individuais na Constituição. *Revista da Faculdade de Direito 18:9*, 1977, p. 11.

(v)   o direito de privacidade (inc. X);

(vi)   os direitos de reunião e associação (incs. XVI e XVII);

(vii)   o direito de propriedade, inclusive a intelectual (incs. XXII e XXVIII e XXIX);

(viii) o direito de ir ao Judiciário (inc. XXV);

(ix)   o direito de não ser preso arbitrariamente (LXI);

(x)   o devido processo legal (LIV).

1.2   Direitos políticos

Os *direitos políticos* desenvolveram-se, cumulativa e expansivamente, ao longo dos séculos, em uma trajetória paulatina que vai do despotismo aos Estados liberais. No mundo contemporâneo, a democracia representativa tem um de seus pilares na soberania popular, o que significa governo do povo, vontade da maioria. Nesse tipo de arranjo institucional, cidadãos assumem o papel de eleitores e se manifestam pela via do voto. Direitos políticos expressam o direito dos cidadãos de participar do governo, elegendo seus representantes (direito de votar ou capacidade eleitoral ativa) ou candidatando-se a cargos representativos (direito de ser votado ou capacidade eleitoral passiva). Historicamente, o direito de participação política sofreu restrições de naturezas diversas, mesmo nos Estados que foram berços das revoluções liberais. Tais restrições foram de caráter religioso[31], econômico[32], racial[33], de gênero[34] e educacional[35]. Na verdade, a democracia e o sufrágio universal, com a extensão a todos os cidadãos do direito de votar e ser votado, são fenômenos que somente se consolidam no século XX, mesmo nos países mais desenvolvidos econômica e politicamente. Nos dias atuais, são aceitas como restrições razoáveis aos direitos políticos as que dizem respeito à idade mínima, à nacionalidade e a condenações criminais graves.

No Brasil, a Constituição de 1824 instituiu o voto indireto[36], censitário[37] e vedou candidatos que não "professarem a religião do Estado"[38]. A primeira reforma eleitoral do país veio com a chamada "Lei Saraiva" (Decreto n. 3.029, de 9.1.1881), que instituiu eleições diretas para senadores e deputados, proibiu o voto dos analfabetos e manteve exigências censitárias para os candidatos. Nas eleições de 1881, havia 150 mil cidadãos alistados como eleitores, numa população de 12 milhões de habitantes[39]. Com a República, foram extintos os requisitos de renda para o exercício dos direitos políticos, mas mantida a exclusão dos analfabetos. O índice de alfabetização da população brasileira, na virada do século XIX para o século XX, era de cerca de 15%, sendo que a participação no processo eleitoral era inferior a 6%[40]. Além da ausência de verdadeira participação popular, a República Velha, que durou até a Revolução de 30, foi marcada por fraudes eleitorais generalizadas e institucionalizadas[41]. O voto feminino no Brasil veio com o Código Eleitoral de 1932, embora as eleições como um todo tenham sido suprimidas

---

31   No Reino Unido, por exemplo, católicos, judeus e seguidores de outras denominações eram destituídos de direitos políticos.

32   Na maior parte dos países exigiam-se requisitos de propriedade e renda para o exercício do sufrágio.

33   Negros não podiam participar politicamente em diversos estados americanos ou na África do Sul, onde vigorava o *apartheid.*

34   Mulheres só adquiriram direitos políticos plenos quando já avançado o século XX.

35   Analfabetos eram excluídos do processo eleitoral.

36   Constituição de 1824: "Art. 90. As nomeações dos Deputados, e Senadores para a Assembléa Geral, e dos Membros dos Conselhos Geraes das Provincias, serão feitas por Eleições indirectas, elegendo a massa dos Cidadãos activos em Assembléas Parochiaes os Eleitores de Provincia, e estes os Representantes da Nação, e Provincia".

37   Para votar nas eleições para as Assembleias Paroquiais era preciso ter renda líquida anual de cem mil réis e nas eleições de deputados e senadores, de duzentos mil réis "em bens de raiz, indústria, comércio, ou empregos". Para ser deputado, a exigência era de quatrocentos mil réis.

38   Constituição de 1824, Art. 95, III: "Todos os que podem ser Eleitores, abeis para serem nomeados Deputados. Exceptuam-se: ... III. Os que não professarem a Religião do Estado".

39   V. Raymundo Faoro, *Os donos do poder,* 2001, p. 431.

40   Joseph Love, A República brasileira: federalismo e regionalismo (1889-1937). In: Carlos Guilherme Mota (org.), *Viagem incompleta. A experiência brasileira,* São Paulo: SENAC, 2000. V. tb., Luciene dal Ri, Os direitos políticos no Brasil Imperial, *Direitos Fundamentais e Justiça 18*:129, 146, 2012.

41   Sobre o tema, v. Victor Nunes Leal, *Coronelismo, enxada e voto,* 1948 (data da 1a edição). Disponível em: https://edisciplinas.usp.br/pluginfile.php/360813/mod_resource/content/1/LEAL%2C%20Victor%20Nunes.%20Coronelismo%20Enxada%20e%20Voto.pdf. Acesso em: 4 jul. 2018. V. tb. Luís Roberto Barroso, *O direito constitucional e a efetividade de suas normas,* 2009, p. 14 e s.

logo à frente, com o golpe do Estado Novo, em 1937. Quanto aos analfabetos, somente com a Emenda Constitucional n. 25, de 15.5.1985, foram admitidos a votar, excluída a possibilidade de candidatura a cargos eletivos.

A Constituição de 1988 abriu um capítulo específico para os direitos políticos, no Título dedicado aos direitos e garantias fundamentais (capítulo III, arts. 14 a 16), além de tratar de temas conexos em outras partes do texto. Nela estão previstos:

(i)   mecanismos de participação popular direta, como plebiscito, referendo e iniciativa popular (art. 14, I a III);

(ii)   voto obrigatório para os maiores de 18 anos (art. 14, § 1º, I);

(iii)   voto facultativo para os analfabetos, os maiores de 70 anos e os que tenham entre 16 e 18 anos (art. 14, § 1º, II);

(iv)   exigência de nacionalidade brasileira para ser eleitor ou candidato (art. 14, §§ 2º e 3º, I);

(v)   requisitos de elegibilidade, como idade mínima e desincompatibilizações (art. 14, § 3º, III, e §§ 6º e 7º);

(vi)   sistema proporcional nas eleições para a Câmara dos Deputados (art. 45) e majoritário para o Senado Federal (art. 46);

(vii)   o "voto direto, secreto, universal e periódico" como limitação material ao poder de emenda à Constituição, i.e., cláusula pétrea (art. 60, § 4º, II).

O exercício de direitos políticos e a democracia representativa, no Brasil, são afetados por um sistema político que apresenta disfunções graves. Em primeiro lugar, ele é extremamente caro, afastando novos atores e fomentando mecanismos subterrâneos de financiamento. Em segundo lugar, ele tem baixa representatividade democrática, sobretudo na eleição para a Câmara dos Deputados, em que o sistema eleitoral proporcional em lista aberta não permite que o eleitor saiba exatamente quem ele elegeu. E, por fim, o sistema dificulta extremamente a governabilidade, pela pulverização e multiplicação de partidos de baixíssima densidade programática. Esse quadro produz um modelo desvirtuado de presidencialismo de coalizão, que impõe níveis endêmicos de corrupção, descolamento entre a classe política e a sociedade civil e práticas fisiológicas no preenchimento de cargos, o que agrega o despreparo e a mediocridade ao contexto geral.

1.3   Direitos sociais

Os direitos econômicos, sociais e culturais, identificados abreviadamente como *direitos sociais*, não se reconduzem, diretamente, às revoluções liberais e suas declarações de direitos. Seu reconhecimento é mais recente, remontando à Constituição mexicana, de 1917, e à Constituição alemã de Weimar, de 1919. A consagração dos direitos sociais marca a superação de uma perspectiva estritamente liberal do Estado. As sociedades ocidentais, quer pelo avanço da consciência social, quer pelo ímpeto de conter o apelo das ideias socialistas, passaram a incorporar à sua agenda política e institucional compromissos com a melhoria das condições de vida das pessoas, sobretudo as menos favorecidas. Diante disso, aumenta o nível de intervenção do Estado na economia, que assume compromissos de oferta de serviços, bens e utilidades diversos, que podem incluir desde acesso à água, alimentação e abrigo até prestações envolvendo educação, saúde e previdência social, em meio a muitas outras. Direitos sociais estão ligados à superação das falhas e deficiências do mercado, à proteção contra a pobreza e à promoção de justiça social. Seu objeto é assegurar aos indivíduos vida digna e acesso às oportunidades em geral. Idealmente, são direitos que devem ser satisfeitos, não por prestações individuais, mas por serviços públicos de qualidade disponíveis para todos. O reconhecimento e a exigibilidade dos chamados direitos sociais constituem uma das questões mais tormentosas do direito constitucional contemporâneo.

Em muitos países, as Constituições sequer fazem menção a direitos sociais. É o caso, por exemplo, dos Estados Unidos, onde sempre prevaleceu a ideia de que os direitos fundamentais têm natureza negativa – *i.e.*, impõem abstenções por parte do Estado – e não dão lugar à exigência de prestações positivas[42]. Na Alemanha, a Constituição tampouco consagra expressamente os direitos sociais, contemplando, basicamente, os direitos negativos. Não obstante isso, o Tribunal Constitucional Federal

---

42   Franklin Roosevelt, na década de 40 do século passado, chegou a apresentar uma agenda de direitos sociais à alimentação, vestuário, moradia, saúde e educação – direitos de segunda geração – mas ela não empolgou a sociedade. V. discurso de 6 jan. 1944. Disponível em: http://americanrhetoric.com/speeches/PDFFiles/FDR%20-%20Four%20 Freedoms.pdf. Acesso em: 5 jul. 2018.

desenvolveu um conceito que correu mundo e tornou-se importante, inclusive no Brasil, que é o de *mínimo existencial*. Seja como decorrência da dignidade humana, seja como pressuposto para o exercício de direitos liberais (como a liberdade), os indivíduos precisam ter preenchidas as suas necessidades mínimas de sobrevivência. O mínimo existencial compõe um conjunto de direitos sociais que são materialmente fundamentais e, consequentemente, devem ser exigíveis do Estado. Por outro lado, em países como Colômbia, África do Sul e Brasil, os textos constitucionais incorporaram expressamente os direitos sociais. Por isso, nesses países, as possibilidades e limites de sua concretização constituem temas centrais da jurisprudência constitucional e do debate público.

A Constituição brasileira de 1988 contém um capítulo dedicado aos direitos sociais. Nos arts. 7º a 11, ela cuida dos direitos dos trabalhadores, incluindo suas associações profissionais e sindicais. No art. 6º, o texto constitucional identifica um número de direitos sociais em espécie, nos quais se incluem educação, saúde, alimentação, lazer, segurança, previdência social, proteção à maternidade e à infância e assistência aos desamparados. Ao contrário do que se passa em outras partes do mundo, a possibilidade de juízes e tribunais condenarem o Poder Público à entrega de prestações positivas tem sido amplamente admitida na prática judiciária brasileira, tendo gerado apoios, críticas e esforços para a definição de parâmetros[43]. A questão é particularmente preocupante no tocante à judicialização da saúde[44], tema em relação ao qual o próprio Supremo Tribunal Federal foi chamado a se manifestar[45].

Apesar da importância de questões como reserva do possível, liberdade de conformação do legislador e discricionariedade técnica da Administração Pública, a verdade é que a dissociação dos direitos fundamentais em categorias diversas – individuais, políticos e sociais – tem sido crescentemente questionada. Em primeiro lugar, porque sua interdependência e relativa indivisibilidade tem se tornado crescentemente enfatizada, sendo difícil conceber, por exemplo, o exercício pleno do direito de voto, da liberdade de expressão ou mesmo de profissão sem acesso à educação e a outros elementos essenciais para a vida digna[46]. De parte isso, também vai sendo progressivamente superada a crença de que somente os direitos sociais envolvem custos e ações positivas por parte do Estado[47] . Na verdade, não é bem assim. No que diz respeito aos direitos políticos, a realização de eleições periódicas e a manutenção da Justiça Eleitoral, por exemplo, custam alguns bilhões anuais ao país. Da mesma forma, a proteção dos direitos individuais também demanda relevante quantidade de recursos, com a manutenção de estruturas complexas como o Poder Judiciário, a Polícia ou o Corpo de Bombeiros. Vale dizer: tudo custa dinheiro e, portanto, no fundo, tudo consiste em escolhas políticas ou ideológicas.

1.4   Direitos difusos

Cabe uma última palavra acerca dos *direitos difusos*. Nas últimas décadas, verificou-se o desenvolvimento de uma nova categoria de situações subjetivas que passou a merecer proteção judicial: a dos interesses coletivos ou difusos. A princípio, evitou-se o emprego do termo *direitos* para identificar tais bens jurídicos, por refugirem eles ao esquema clássico dos direitos subjetivos, quer quanto à sua

---

43   V. Claudio Pereira de Souza Neto, A justiciabilidade dos direitos sociais. In Claudio Pereira de Souza Neto e Daniel Sarmento, *Direitos sociais:* fundamentos, judicialização e direitos sociais em espécie, 2008, p. 515 e s.

44   Luís Roberto Barroso, Da falta de efetividade à judicialização excessiva: direito à saúde, fornecimento gratuito de medicamentos e parâmetros para a atuação judicial. Disponível em: https://www.conjur.com.br/dl/estudobarroso. pdf. Acesso em: 5 jul. 2018.

45   STF, RE 566.471, Rel. Min. Marco Aurélio (fornecimento de medicamentos de alto custo); RE 657.718, Rel. Min. Marco Aurélio (fornecimento de medicamentos não registrados na ANVISA). No último, o STF proferiu julgamento em 22 de maio de 2019, determinando que o Estado não pode ser obrigado a fornecer medicamentos experimentais, e que a ausência de registro na ANVISA impede, como regra geral, o fornecimento de medicamento por decisão judicial.

46   Katharine G. Young, *Constituting economic and social rights*, 2012, p. 62-63. A esse propósito, a Declaração e Programa de Ação de Viena, resultante da Conferência Mundial sobre Direitos Humanos, de 1993, proclamou: "5. Todos os direitos humanos são universais, indivisíveis interdependentes e inter-relacionados. A comunidade internacional deve tratar os direitos humanos de forma global, justa e equitativa, em pé de igualdade e com a mesma ênfase. Embora particularidades nacionais e regionais devam ser levadas em consideração, assim como diversos contextos históricos, culturais e religiosos, é dever dos Estados promover e proteger todos os direitos humanos e liberdades fundamentais, sejam quais forem seus sistemas políticos, econômicos e culturais".

47   V. Stephen Holmes e Cass R. Sunstein, *The cost of rights*, 2000; Flávio Galdino, *Introdução à teoria dos custos dos direitos:* direitos não nascem em árvores, 2005.

titularidade quer quanto à sua fruição[48]. É que os direitos difusos – e esta foi a expressão que prevaleceu no Brasil – apresentam singularidades, assim do ponto de vista subjetivo como objetivo. De fato, caracterizam-se eles por pertencerem a uma série indeterminada de sujeitos e pela indivisibilidade do seu objeto, de forma tal que a satisfação de um dos seus titulares implica a satisfação de todos, do mesmo passo que a lesão de um só constitui lesão da inteira coletividade[49]. Tecnicamente, há uma distinção entre direitos difusos e coletivos: embora ambos sejam transindividuais e indivisíveis, os direitos coletivos pertencem a uma pluralidade determinada ou determinável de sujeitos, por estarem ligados entre si ou com a parte contrária por uma relação jurídica base[50] – como os acionistas de uma sociedade por ações, afetados por uma decisão ilegal da diretoria ou pessoas com deficiência que estudam em uma mesma instituição e postulam um acesso próprio para cadeirantes. Dentre as situações previstas na Constituição brasileira, podem ser enquadradas como direitos difusos a preservação do meio ambiente (art. 225), a proteção do consumidor (art. 5º, XXXII) e a proteção do patrimônio histórico, artístico e cultural (arts. 30, IX, e 216).

2 Outras classificações

A classificação anterior, em direitos individuais, políticos, sociais e difusos, leva em conta, sobretudo, o interesse ou bem jurídico protegido. Uma categorização análoga, que põe ênfase na *historicidade* dos direitos humanos e fundamentais, é a que os divide em três *gerações*[51], procurando fazer uma reconstrução histórica dos valores, demandas e lutas de cada época. Assim, os direitos de *primeira geração* correspondem ao Estado liberal, ligados à autonomia privada (direitos e liberdades individuais) e à autonomia pública (direitos de participação política). Consistem, portanto, nos direitos à vida, à liberdade, à igualdade formal, bem como os direitos de votar e ser votado[52]. A *segunda geração* se identifica com os direitos que se consolidaram com o Estado social, como consequência da industrialização, da luta contra a desigualdade e da reação ao avanço do socialismo. São direitos que envolvem as chamadas liberdades sociais – direitos de sindicalização e de greve –, os direitos trabalhistas, como salário mínimo, férias, repouso remunerado, bem como as prestações afetas a educação, saúde, previdência e assistência sociais. A primeira geração, portanto, é a dos direitos fundados na *liberdade* e, a segunda, os que buscam a igualdade material. A *terceira geração*, ainda inspirada no lema da Revolução Francesa, é a da *fraternidade* (ou solidariedade), compreendendo direitos que não são fruídos individualmente, mas por toda a sociedade, como a proteção do meio ambiente, o patrimônio histórico, o direito à paz, ao desenvolvimento e à autodeterminação dos povos. Como intuitivo, essas gerações de direito são cumulativas, e não excludentes uma da outra. Por essa razão, alguns autores utilizam o termo *dimensões* dos direitos, em lugar de gerações.

No tocante à *providência exigível*, os direitos fundamentais têm sido classificados em direitos de defesa, direitos a prestações e direitos de participação. Os *direitos de defesa* traçam a esfera de proteção dos indivíduos, demarcando um espaço que, como regra geral, deve ser imune à ingerência do Estado. A liberdade religiosa, de expressão e de profissão, por exemplo, integra este âmbito dos direitos fundamentais. Os *direitos a prestações*, por outro lado, não se realizam mediante abstenções, mas sim por via de obrigações positivas por parte do Poder Público. Essas prestações podem ser de duas naturezas: jurídicas ou materiais. Prestações jurídicas consistem na edição de leis ou outras normas necessárias ao desfrute efetivo de direitos previstos constitucionalmente. Típica ilustração dessa hipótese é o direito de greve de servidores públicos, que a Constituição brasileira subordinou à disciplina por lei específica (art. 37, VII). As

---

48   A acepção tradicional de direito subjetivo pressupunha a individualização do titular. V., por todos, M. Seabra Fagundes, *O controle dos atos administrativos pelo Poder Judiciário*, 1979, p. 169-70. V. tb., Luís Roberto Barroso, *O direito constitucional e a efetividade de suas normas*, 2009, p. 99-101.

49   José Carlos Barbosa Moreira, Direito processual civil, *in Temas fundamentais do direito brasileiro nos anos 80*, 1986, p. 87-88.

50   Código do Consumidor (Lei n. 9.078, de 11.9.1990), art. 81, par. ún., II.

51   A referência a gerações foi feita por Karel Vasak, em aula inaugural proferida em 1979, em curso do Instituto Internacional de Direitos Humanos, em Estrasburgo, na França, cidade sede da Corte Europeia de Direitos Humanos. Esta classificação já recebeu duras críticas. V., *e.g.*, Steven L.B. Jensen, Putting to rest the three generations theory of human rights, *in Open Global Rights*, 15 nov. 2017. Disponível em: https://www.openglobalrights.org/putting-to-rest-the-three-generations-theory-of-human-rights/. Acesso em: 7 jul.2018. O emérito Professor Paulo Bonavides, *Curso de direito constitucional*, 2007, p. 570-572, sustenta a existência de direitos fundamentais de quarta geração que seriam, segundo ele, "o direito à democracia, o direito à informação e o direito ao pluralismo".

52   Tais direitos se materializam no Pacto Internacional de Direitos Civis e Políticos, aprovados pela ONU em 24 jan. 1966 e ratificado pelo Brasil em 24 jan. 1992.

prestações positivas materiais podem ser, por sua vez, de duas naturezas: (i) entrega de bens, utilidades e serviços, como educação, saúde e previdência; e (ii) exercício adequado dos *chamados deveres de proteção*, consistentes em atuações legislativas ou materiais destinadas à proteção dos direitos das pessoas e da sociedade, no que diz respeito à vida, integridade física e propriedade, entre outros. Os *direitos de participação* correspondem aos direitos políticos básicos de votar, ser votado e de participar livremente do debate público em geral.

Por fim, há várias classificações relativamente à *posição jurídica dos sujeitos de direitos fundamentais*. Normas jurídicas ou enunciados normativos prescrevem um *dever ser*. Por isso, diz-se que têm uma natureza deontológica, porque preveem um dever, uma proibição ou uma permissão. O mesmo vale para as normas de direitos fundamentais. Com base nessas premissas, autores diversos utilizam critérios e nomenclaturas variados para rotular as situações individuais de direitos fundamentais. Jeremy Bentham se referia a direitos a serviços (*rights to services*), liberdades (*liberties*) e poderes (*powers*)[53]. Georg Jellinek desenvolveu a influente teoria dos status, dividindo as relações entre o indivíduo e o Estado em quatro situações ou *status*: passivo, negativo, positivo e ativo[54]. Wesley N. Hohfeld identificou *oito relações jurídicas estritamente fundamentais*: direito (*right*), dever (*duty*), não direito (*no-right*), privilégio (*privilege*), poder (*power*), sujeição (*liability*), incapacidade (*disability*) e imunidade (*immunity*)[55]. Robert Alexy fala em direitos a algo, liberdades e competências[56]. Dá-se, aqui, apenas notícia da existência dessas diferentes abordagens, não sendo o caso, para os fins do presente estudo, de detalhar cada uma delas. Resumo abaixo meu ponto de vista sobre o tema.

Afirmou-se anteriormente, neste capítulo, que direitos fundamentais são direitos subjetivos. A ideia de direitos subjetivos lato sensu – no sentido de serem posições jurídicas desfrutáveis pelo titular e exigíveis do Estado ou mesmo do particular, quando seja o caso – pode, todavia, ser decomposta em categorias ainda mais específicas. A meu ver, são elas: (i) *direitos subjetivos propriamente ditos*, aos quais corresponde uma prestação positiva ou negativa por parte de outrem[57]; (ii) *liberdades*, significando comportamentos que independem de qualquer prestação por parte de terceiros[58]; e (iii) *poderes*, que envolvem a sujeição de outrem à vontade do titular[59].

IV REGIME JURÍDICO DIFERENCIADO DOS DIREITOS FUNDAMENTAIS

Três traços distintivos singulares dos direitos fundamentais merecem destaque no presente tópico: (i) sua oponibilidade às maiorias políticas; (ii) sua aplicabilidade direta e imediata; e (iii) a abertura do catálogo de direitos fundamentais previstos na Constituição.

1 Oponibilidade dos direitos fundamentais às maiorias políticas

Direitos fundamentais não dependem de outorga pelo legislador. Seja por suas origens no direito natural, seja pela positivação expressa na Constituição, trata-se de direitos que independem do processo político majoritário. Embora eles possam ser logicamente restringidos, como se verá adiante, sua existência e eficácia prescindem de intermediação legislativa. Mais que isso, são eles insuscetíveis de supressão,

---

53 Jeremy Bentham, *Of laws in general*, 1970, p. 57-58, 82 e s., 98, 119 e 173 e s. V. tb. Robert Alexy, Teoria dos direitos fundamentais, 2008, p. 193.

54 Georg Jellinek desenvolveu sua doutrina dos quatro status na obra *System der subjektiven öffentlichen Rechte*, 1892, disponível em: https://ia601404.us.archive.org/8/items/systemdersubjek00jellgoog/systemdersubjek00jellgoog.pdf, acesso em: 29 jul. 2018. Em língua portuguesa, v. Ricardo Lobo Torres, A cidadania multidimensional na era dos direitos, in Ricardo Lobo Torres (org.), *Teoria dos direitos fundamentais*, 1999, p. 261-297.

55 Wesley Newcomb Hohfeld, *Fundamental legal conceptions as applied in legal reasoning* and other legal essays, New Haven: Yale University Press, 1923, p. 23 e s. e 65 e s.

56 Robert Alexy, *Teoria dos direitos fundamentais*, 2008, p. 193-253.

57 Direitos como o de não ser preso arbitrariamente, não sofrer censura prévia ou ser indenizado em caso de desapropriação. Tais direitos correspondem a deveres e proibições. Já as liberdades e poderes, vistos a seguir, correspondem às permissões.

58 O direito geral de liberdade assegura a possibilidade de fazer tudo o que não seja interditado por lei, inclusive torcer pelo Flamengo, usar gravata borboleta ou fazer retiro espiritual no Tibet.

59 Poderes correspondem a situações referidas no direito civil como direitos potestativos, que incluem a possibilidade de demitir empregados, não renovar a locação após o término do contrato ou votar pela derrubada de um veto presidencial no Congresso.

no sistema constitucional brasileiro, até mesmo por vontade do poder constituinte reformador. De fato, o art. 60, § 4º, da Constituição veda expressamente emenda constitucional "tendente a abolir os direitos e garantias individuais". Doutrina e jurisprudência têm interpretado ampliativamente esta cláusula para incluir, no seu alcance, todos os direitos materialmente fundamentais (v. supra). Para utilizar a expressão de Ronald Dworkin, que ganhou notoriedade, direitos fundamentais são "trunfos" contra a maioria. Trunfo, aqui, é utilizado como analogia a uma carta de baralho que prevalece sobre as demais. Embora o direito possa ter de ser ponderado com outros bens jurídicos constitucionais – direitos contrapostos, princípios constitucionais ou fins constitucionais –, ele pode – e, frequentemente, deve – prevalecer sobre o processo deliberativo majoritário[60].

Um bom exemplo: no Brasil, como em outras partes do mundo, o legislador não havia editado norma expressa disciplinando o relacionamento entre pessoas do mesmo sexo. A omissão do legislador, todavia, não impediu o Supremo Tribunal Federal de equiparar as uniões homoafetivas às uniões estáveis heterossexuais previstas na Constituição, com base em princípios constitucionais como igualdade, liberdade individual e dignidade. Vale dizer: uma vez reconhecida uma dada posição jurídica como um direito fundamental – no caso, um direito que sequer se encontrava expresso na Constituição –, sua concretização não fica subordinada ao alvedrio do Poder Legislativo.

Como intuitivo, a eventual oponibilidade de um direito fundamental à vontade da maioria pode gerar tensões no âmbito do constitucionalismo democrático. Tensões entre constitucionalismo e democracia. A possibilidade ou não de reconciliação entre esses dois conceitos é um dos temas mais explorados da teoria constitucional. É dominante a ideia de que os direitos fundamentais integram o próprio conceito de democracia, na medida em que são pressupostos para a participação dos cidadãos, como pessoas livres e iguais, no projeto de autogoverno coletivo que é o regime democrático[61]. A democracia contemporânea é mais do que apenas o governo da maioria: ela é feita de votos, *direitos* e *razões*. Isso dá a ela três dimensões: (i) a primeira dimensão é a da *democracia representativa*, que é feita dos votos de todos os cidadãos, que elegem seus governantes e seus representantes. Os protagonistas da democracia representativa são, no plano federal, o *Congresso Nacional* e o *Presidente da República*; (ii) a segunda dimensão é a *democracia constitucional*. Isso significa que o poder é limitado e as pessoas são titulares de *direitos fundamentais*. O protagonista dessa dimensão da democracia é o Poder Judiciário e, em última instância, o *Supremo Tribunal Federal*, guardião final das regras do jogo democrático e dos direitos fundamentais; (iii) por fim, a democracia é, em sua terceira dimensão, *democracia deliberativa*. Ela não se esgota no momento eleitoral, mas se prolonga no debate público permanente, na troca de argumentos, no oferecimento de *razões* para definição dos rumos a seguir. O protagonista dessa dimensão da democracia é a *sociedade* considerada como um todo, o que inclui cidadãos, universidades, imprensa, organizações sindicais, associações de classe etc.

2 Aplicabilidade direta e imediata dos direitos fundamentais

De longa data se encontra superada a concepção da Constituição como um documento político, que conteria uma convocação à atuação dos Poderes Públicos. Por essa visão antiga, que deita raízes no constitucionalismo francês e prevaleceu no Brasil até muito recentemente, a concretização de um direito fundamental dependeria ou da intermediação do legislador ou de uma atuação discricionária da Administração. Desse modo, mesmo que incorporados à Constituição, não seriam mais do que princípios morais, sem valor jurídico[62]. Pessoalmente, dediquei grande energia acadêmica à superação desse modo

---

60 V. Ronald Dworkin, *Taking rights seriously*, 1997, p. xi: "Individual rights are political trumps held by the individuals. Individuals have rights when, for some reason, a collective goal is not a sufficient justification for denying them what they wish, as individuals, to have or to do, or not a sufficient justification for imposing some loss or injury upon them" ("Direitos individuais são trunfos políticos para os indivíduos. Indivíduos têm direitos quando, por alguma razão, uma meta coletiva não é uma justificativa suficiente para negar-lhes o que desejam ter ou fazer, ou não é uma justificativa suficiente para impor-lhes alguma perda ou dano"). Em língua portuguesa, v. Jorge Reis Novais, *Direitos fundamentais:* trunfos contra a maioria, 2006, p. 17 e s.

61 Sobre o tema, v., entre muitos, Carlos Santiago Nino, *Ética y derechos humanos*: un ensayo de fundamentación, 1984, p. 127; Ronald Dworkin, Freedom's law, 1996, p. 15 e s; Jürgen Habermas, A inclusão do outro, 2007, p. 293 e s.

62 V. André Hauriou, *Derecho constitucional e instituciones políticas*, 1971, p. 220-221; Georges Burdeau, *Droit constitutionnel et instituitions politiques*, 1974, p. 73; Carré de Malberg, *Contribution a la théorie generale de l'État*, II, 1922, p. 581.

de pensar e praticar o direito constitucional[63]. Nos dias atuais, já não se nega o caráter jurídico e, pois, a exigibilidade e *acionabilidade* dos direitos fundamentais, na sua múltipla tipologia. Constituições de diferentes países passaram a prever, expressamente, começando pela Lei Fundamental de Bonn, que os direitos fundamentais vinculam os três Poderes e constituem "lei diretamente aplicável" (art. 1º, 3). A mesma linha foi seguida por Portugal (art. 18) e Espanha (art. 33), entre outros. No Brasil, a Constituição de 1988 provê expressamente, no art. 5º, § 1º: "As normas definidoras dos direitos e garantias fundamentais têm aplicação imediata".

A Constituição brasileira não faz qualquer distinção quanto à natureza do direito – se individual, político, social ou difuso. Nisso, ela difere de outras, como a alemã – que sequer prevê direitos sociais –, a portuguesa e a espanhola, que expressamente instituem tratamento diverso para os direitos de índole liberal e os sociais. É fora de dúvida, porém, que a concretização dos direitos sociais pode ser bastante mais complexa do que a dos direitos individuais e políticos. De fato, por dependerem, em geral, de prestações positivas, sua implementação sujeita-se, com maior intensidade, a escolhas políticas e à alocação de recursos. E, consequentemente, aos limites do possível. Nada disso infirma a ideia de aplicabilidade direta e imediata dos direitos sociais, quando decorram de normas constitucionais com suficiente densidade jurídica, como, por exemplo, a que prevê existir direito subjetivo ao acesso à educação básica e obrigatória (art. 208 e § 1º). Outros direitos sociais, porém, desfrutam de menor detalhamento constitucional, o que pode ser ilustrado pelo direito à moradia ou o direito ao lazer (ambos previstos no art. 6º), hipóteses em que resta reduzido o espaço para pretensões individuais de prestações positivas. Questão tormentosa tem sido a efetivação do direito à saúde. Apesar de a dicção da norma constitucional soar mais como uma convocação à atuação do legislador e da Administração[64], juízes e tribunais admitiram uma ampla judicialização da matéria, com demandas que envolvem pedidos de medicamentos, tratamentos, internações e exames. Os limites legítimos de atuação do Judiciário na efetivação do direito à saúde envolvem complexidades éticas e jurídicas de difícil equacionamento e solução[65].

3 A abertura do catálogo de direitos fundamentais previstos na Constituição

Sob a inspiração da Emenda IX à Constituição dos Estados Unidos da América – que prevê que a enumeração de alguns direitos não afasta outros que o povo possa ter –, o art. 5º, § 2º da Constituição brasileira de 1988 assim previu: "Os direitos e garantias expressos nesta Constituição não excluem outros decorrentes do regime e dos princípios por ela adotados, ou dos tratados internacionais em que a República Federativa do Brasil seja parte".

Do dispositivo se extrai que os direitos fundamentais podem ser: (i) expressos na Constituição; (ii) implícitos na Constituição; e (iii) decorrentes de tratados internacionais de que o Brasil seja parte. Penso que se possa acrescentar à lista constante do dispositivo uma outra hipótese: a dos direitos fundamentais criados – ou, melhor dizendo, reconhecidos – por interpretação evolutiva da Constituição. A seguir, um breve comentário sobre cada uma dessas possibilidades.

Os direitos fundamentais expressos na Constituição concentram-se no Título II, dedicado, precisamente, aos Direitos e Garantias Fundamentais. Ali se encontram capítulos sobre direitos individuais, sociais e políticos (estes com tópicos específicos para nacionalidade e partidos políticos). Sobretudo no art. 7º, onde estão enunciados os direitos dos trabalhadores, existem previsões de direitos que são formalmente fundamentais – porque inscritos na Constituição –, mas que, claramente, não são dotados de fundamentalidade material, por não serem essenciais nem estarem conectados com qualquer aspecto

---

63 V. Luís Roberto Barroso, A efetividade das normas constitucionais: por que não uma Constituição para valer?, *Anais do XIII Congresso Nacional de Procuradores do Estado*. Teses. Brasília, 1987, p. 354 e s.; A efetividade das normas constitucionais revisitada, *Revista de Direito Administrativo* 197:30, 1994; e *O direito constitucional e a efetividade de suas normas* (a 1a edição é de 1990).

64 CF. 1988: "Art. 196. A saúde é direito de todos e dever do Estado, garantido mediante políticas sociais e econômicas que visem à redução do risco de doença e de outros agravos e ao acesso universal e igualitário às ações e serviços para sua promoção, proteção e recuperação".

65 A esse propósito, v. meu voto no RE 566.471, em cuja ementa afirmei: "2. Já no caso de demanda judicial por *medicamento não incorporado pelo SUS*, inclusive quando de alto custo, o Estado não pode ser, como regra geral, obrigado a fornecê-lo. Não há sistema de saúde que possa resistir a um modelo em que todos os remédios, independentemente de seu custo e impacto financeiro, devam ser oferecidos pelo Estado a todas as pessoas. É preciso, tanto quanto possível, reduzir e racionalizar a judicialização da saúde, bem como prestigiar as decisões dos órgãos técnicos, conferindo caráter excepcional à dispensação de medicamentos não incluídos na política pública". O julgamento ainda não foi concluído, tendo sido suspenso por pedido de vista.

da dignidade humana. Como, por exemplo, a "proteção em face da automação" (inciso XXVII) ou a previsão do prazo prescricional para ajuizamento de reclamação trabalhista (inciso XXIX). Por outro lado, é importante registrar que existem direitos materialmente fundamentais que estão fora do Título específico, encontrando-se dispersos ao longo do texto. Nessa linha, a jurisprudência do Supremo Tribunal Federal já reconheceu o caráter de direito fundamental às limitações constitucionais ao poder de tributar – mais especificamente, ao princípio da anterioridade da lei tributária (art. 150, III) –, decidindo que nem por emenda constitucional se poderia excepcionar essa garantia do contribuinte[66]. Também a doutrina aponta diversos direitos fundamentais em outras partes do texto constitucional, como, por exemplo, a publicidade e fundamentação das decisões judiciais (art. 93, IX), a liberdade de ensino e pesquisa (art. 206), a proteção do meio ambiente (art. 225), a igualdade de direitos e obrigações entre cônjuges (art. 226, § 5º) e a igualdade entre os filhos (art. 227, § 6º)[67].

Direitos fundamentais *implícitos* alcançam situações abrigadas no espírito da Constituição e que podem ser razoavelmente deduzidas dos seus múltiplos princípios ou regras. Por exemplo: do direito fundamental à segurança jurídica (art. 5º) é possível extrair a proteção da confiança. Do mandamento constitucional que prevê a individualização da pena (art. 5º, XLVI), o Supremo Tribunal Federal elaborou o direito à progressão de regime no cumprimento da pena, derrubando, por inconstitucionais, leis que a proibiam[68]. Das normas que preveem as diferentes entidades familiares – casamento, união estável, família monoparental (art. 226, §§ 1º a 4º) –, o STF deduziu a vedação de hierarquizá-las, i.e., dar mais direitos em um caso do que em outro. Por essa razão, declarou inconstitucional a regra do Código Civil que desequiparava cônjuges no casamento de companheiros em união estável, para fins sucessórios[69]. E há autores que falam em *direito à boa administração*[70] e, numa escala mais lúdica, até mesmo em *direito à felicidade*[71]. A seu turno, o chamado direito ao esquecimento, que decorreria do direito à privacidade e que chegou a ser reconhecido pelo Superior Tribunal de Justiça[72], foi rejeitado pelo Supremo Tribunal Federal, por se ter concluído que conflitaria com o direito à liberdade de expressão e de informação[73].

O art. 5º, § 2º, menciona, ainda, direitos *decorrentes de tratados internacionais de que o Brasil seja parte*. Assim, atos normativos multilaterais, como o Pacto sobre Direitos Civis e Políticos e o Pacto sobre Direitos Econômicos, Sociais e Culturais, ambos aprovados pela Organização das Nações Unidas, em 1966, assim como a Convenção Americana sobre Direitos Humanos, aprovada pela Organização dos Estados Americanos, em 1969, devidamente internalizados e ratificados, têm força normativa entre nós. Não desfruta do mesmo *status* a Declaração Universal dos Direitos Humanos, também da ONU, aprovada em 1948, por não possuir natureza de tratado internacional, mas de resolução, não tendo caráter vinculante juridicamente. Trata-se de documento de grande relevância, que deve servir de orientação à atuação dos Estados e à definição de suas políticas públicas, mas que tem um papel essencialmente programático, funcionando como *soft law*[74]. De acordo com a jurisprudência corrente do Supremo Tribunal Federal, os tratados em geral têm o mesmo grau hierárquico das leis ordinárias, prevalecendo a regra de que a norma posterior revoga a anterior[75]. Porém, no tocante aos tratados de direitos humanos, o

---

66 STF, ADI 939, rel. Min. Sydney Sanches, *Diário de Justiça*, 18 mar. 1994.

67 V. Ingo Wolfgang Sarlet, Luiz Guilherme Marinoni e Daniel Mitidiero, *Curso de direito constitucional*, 2015, p. 330-31.

68 STF, HC 82.959, Rel. Min. Marco Aurélio, j. 23 fev. 2006.

69 STF, RE 878.694, Rel. Min. Luís Roberto Barroso, j. 10 maio 2017.

70 V. Juarez Freitas, *Discricionariedade administrativa e o direito fundamental à boa administração pública*, 2009.

71 Saul Tourinho Leal, *Direito à felicidade*, 2017.

72 STJ, REsp 1.334.097, Rel. Min. Luís Felipe Salomão, *DJe*, 10 set. 2013.

73 STF, RE 1.010.606, Rel. Min. Dias Toffoli, *DJe*, 20 maio 2021: "É incompatível com a Constituição a ideia de um direito ao esquecimento, assim entendido como o poder de obstar, em razão da passagem do tempo, a divulgação de fatos ou dados verídicos e licitamente obtidos e publicados em meios de comunicação social analógicos ou digitais. Eventuais excessos ou abusos no exercício da liberdade de expressão e de informação devem ser analisados caso a caso, a partir dos parâmetros constitucionais – especialmente os relativos à proteção da honra, da imagem, da privacidade e da personalidade em geral – e das expressas e específicas previsões legais nos âmbitos penal e cível".

74 Há quem defenda que a Declaração – ou, ao menos, parte dela – deve ser considerada como integrante do direito internacional consuetudinário, tendo a força jurídica dos costumes, que são tidos como fonte do direito internacional. Nessa linha, v. André Ramos de Carvalho, *Teoria geral dos direitos humanos na ordem internacional*, 2016, p. 66.

75 STF, ADI 1.480, Rel. Min. Celso de Mello, j. 25 set. 1996: "Os tratados ou convenções internacionais, uma vez regularmente incorporados ao direito interno, situam-se, no sistema jurídico brasileiro, nos mesmos planos de validade, de eficácia e de autoridade em que se posicionam as leis ordinárias [...]".

377

entendimento é de que possuem uma posição *supralegal*, situando-se acima da legislação ordinária, mas sem *status* constitucional[76]. Para que se equiparem a uma norma constitucional, o art. 5º, § 3º, previu a aprovação por rito análogo ao das emendas à Constituição:

"Os tratados e convenções internacionais sobre direitos humanos que forem aprovados, em cada Casa do Congresso Nacional, em dois turnos, por três quintos dos votos dos respectivos membros, serão equivalentes às emendas constitucionais"[77].

Por fim, há direitos fundamentais que não estão nem expressos nem propriamente implícitos na Constituição, mas que são reconhecidos por um processo de interpretação evolutiva e passam a figurar no catálogo constitucional de direitos. O avanço civilizatório e a evolução dos costumes acarretam situações novas que não foram antecipadas pelo constituinte, gerando posições jurídicas revestidas de essencialidade tal que não podem ficar subordinadas ao legislador ordinário. Nos Estados Unidos, por exemplo, a emancipação feminina, a conquista de maior liberdade sexual e a produção industrial de pílulas anticoncepcionais tornaram obsoletas leis que restringiam e criminalizavam o uso de métodos contraceptivos. Para superar essa visão retrógrada, a Suprema Corte reconheceu um *direito de privacidade*, que não está expresso na Constituição nem sequer passou pela mente dos *framers* reunidos na Filadélfia[78]. No Brasil, também por força de interpretação evolutiva, foram reconhecidos direitos relativos às uniões homoafetivas, ao casamento de pessoas do mesmo sexo e à interrupção da gestação, sendo que nenhum deles se encontra expresso na Constituição ou passaram pela cogitação dos constituintes. Ou, se passaram, a percepção era no sentido da inexistência de tais direitos. Nada obstante, a evolução dos tempos veio a consagrá-los.

V Estrutura, conteúdo e limites imanentes dos direitos fundamentais

1 Direitos fundamentais como regras e princípios

Direitos fundamentais podem ser expressos, normativamente, sob a estrutura de princípios ou de regras. Pela teoria dos princípios[79], que serve de marco teórico para as ideias aqui desenvolvidas, uma mesma disposição constitucional pode ser lida, conforme o caso e as circunstâncias, como uma regra ou um princípio[80]. Nada obstante, como a regra geral é que não existam direitos ilimitados ou absolutos, o tratamento dogmático e jurisprudencial mais comum é que direitos fundamentais sejam tratados como princípios. Essa premissa é relevante para a demarcação de seu conteúdo, limites e possibilidades de restrições. Relembrando o que já foi dito em capítulo anterior, princípios são mandados de otimização a serem aplicados pelo intérprete na maior extensão possível, mas que podem ceder diante de razões jurídicas ou fáticas que lhe sejam contrárias. Trata-se, portanto, de um comando *prima facie*, e não de um comando definitivo. Ainda uma observação introdutória: a doutrina brasileira – e a de inúmeros países da tradição romano-germânica – é amplamente influenciada pelas categorias desenvolvidas nessa matéria por autores alemães e pela jurisprudência do Tribunal Constitucional Federal alemão. As anotações que se seguem levam em conta essas ideias, sem, todavia, importar complexidades e sutilezas desnecessárias ao equacionamento do tema sob a Constituição brasileira, com seu texto e especificidades.

---

76 STF, RE 466.343, Rel. Min. Cezar Peluso, *DJe*, 5 jun. 2009. Do voto do Ministro Gilmar Mendes colhe-se a seguinte passagem: "Desde a adesão do Brasil, sem qualquer reserva, ao Pacto Internacional dos Direitos Civis e Políticos (art. 11) e à Convenção Americana sobre Direitos Humanos – Pacto de San José da Costa Rica (art. 7º, 7), ambos no ano de 1992, não há mais base legal para prisão civil do depositário infiel, pois o caráter especial desses diplomas internacionais sobre direitos humanos lhes reserva lugar específico no ordenamento jurídico, estando abaixo da Constituição, porém acima da legislação interna".

77 O dispositivo foi introduzido pela Emenda Constitucional n. 45, de 30 dez. 2004. Dois tratados já foram aprovados seguindo este rito: (i) a Convenção Internacional sobre os Direitos das Pessoas com Deficiência e seu Protocolo Facultativo, assiando em 30 mar. 2007; e (ii) o Tratado de Marraqueche para Facilitar o Acesso a Obras Publicadas às Pessoas Cegas, com Deficiência Visual ou com outras Dificuldades para Ter Acesso ao Texto Impresso, celebrado em 28 jun. 2013.

78 V. *Griswold v. Connecticut*, 381 U.S. 479, 1965.

79 V. Robert Alexy, *Teoria dos direitos fundamentais*, 2008.

80 Para exame mais detalhado da distinção e suas implicações, v. *supra*, Parte I, capítulo VII.

2 Aspectos intrínsecos e limites imanentes

O conteúdo ou âmbito de proteção de um direito fundamental identifica o bem jurídico protegido pela norma, o objeto da tutela constitucional – como a vida, a liberdade, a igualdade, a privacidade, a propriedade, o voto, a educação básica, entre outros. Os contornos dos direitos fundamentais são traçados pela Constituição e sua precisa definição nas situações concretas da vida exige que se examinem as possibilidades semânticas do enunciado normativo, a realidade fática subjacente e a necessária harmonização sistêmica com o conjunto da Constituição. Como intuitivo, a vagueza e polissemia de tais direitos, aliados ao caráter plural e dialético da Constituição, agregam dificuldades variadas na fixação do âmbito de proteção de cada um. Para demarcar o conteúdo e alcance de um direito fundamental, o intérprete precisará levar em conta *aspectos intrínsecos* ao direito em questão – *i.e.*, sua própria conformação, nos termos da Constituição – e *aspectos externos* a ele, relacionados com a multiplicidade de outros direitos e interesses que existem no mundo jurídico, também com proteção constitucional.

Alguns autores se referem aos elementos intrínsecos ou à conformação jurídico-constitucional do direito pela expressão *limites imanentes*[81]. Trata-se dos contornos máximos do direito, à vista do objeto que visa a tutelar e de sua convivência – ainda em abstrato, *i.e.*, sem uma colisão específica e concreta – com os demais direitos e valores constitucionalmente protegidos. Por exemplo: a liberdade de expressão não inclui a possibilidade de dar uma bofetada em quem apresentou o argumento contrário. Não se trata, aqui, de uma colisão de direitos, mas simplesmente do fato de que no contorno constitucional do direito não se inclui a possibilidade daquela conduta. Ou, no exemplo clássico, liberdade de expressão tampouco assegura a possibilidade de falsamente gritar "Fogo!" em um cinema lotado[82]. A livre-iniciativa não serve de fundamento para a impressão de papel-moeda sem autorização. A liberdade sexual não permite manter relações com menores. Tais limites imanentes consistem, na verdade, na conformação do conteúdo do direito a fronteiras ditadas pelo sentido das palavras, a convivência com outros interesses constitucionalmente protegidos, a finalidade das normas e um senso geral de razoabilidade. Uma vez estabelecidos os contornos do direito, já se terá o conteúdo a ser protegido e implementado. Porém, esse direito, que tem a pretensão de prevalecer integralmente, sujeita-se, ainda, a eventuais limites externos.

VI RESTRIÇÕES A DIREITOS FUNDAMENTAIS

1 A existência de limites externos

Limites externos a direitos fundamentais podem ser estabelecidos pela própria Constituição, bem como, também, por via legislativa, judicial ou administrativa. Em primeiro lugar, portanto, as restrições podem estar no texto constitucional, que enuncia um direito e já prevê uma cláusula de redução ou exceção. Vejam-se três exemplos: (i) ao disciplinar o direito de reunião, exige-se que seja pacífica, sem armas e não frustre outra reunião anteriormente convocada para o mesmo local (art. 5º, XVI); (ii) ao consagrar a livre manifestação do pensamento, veda-se o anonimato (art. 5º, IV); e (iii) ao assegurar liberdade de associação, fica proibida a de caráter militar. Além disso, as restrições a direitos fundamentais, *sempre com fundamento constitucional*, podem ser impostas, também, por ato legislativo, por decisão judicial ou em sede administrativa. Confira-se.

As restrições a direitos fundamentais, quando não estejam expressas na Constituição, hão de estar nela implícitas e estão sujeitas à reserva legal. Esta é uma consequência natural e necessária do direito geral de liberdade, que deflui da fórmula do art. 5º, II, do texto constitucional, pelo qual somente por lei se podem impor restrições a direitos[83]. Por vezes, a Constituição faz menção, genericamente, a que a lei regulará determinado direito. Diz-se, então, tratar-se de reserva legal simples. Exemplos: (i) o privilégio da propriedade intelectual por inventos patenteados é temporário, sendo o prazo fixado por lei (art. 5º, XXIX); (ii) os crimes hediondos, que importam em regime penal mais drástico para o condenado, são definidos por lei (art. 5º, XLIII); (iii) a liberdade de locomoção em tempos de paz é livre, na forma

---

81 V. Juan Carlos Gavara de Cara, *Derechos fundamentales y desarrollo legislativo:* la garantia del contenido essencial de los derechos fundamentais em la Ley Fundamental de Bonn. Madri: Centro de Estudios Constitucionales, 1994, p. 273-4. No Brasil, v. Jane Reis Gonçalves Pereira, *Interpretação constitucional e direitos fundamentais*, 2018, p. 178.

82 O exemplo é citado por Oliver Wendel Holmes Jr, no julgamento de *Schenck v. United States*, 249 U.S. 47, 1919.

83 CF 1988: "Art. 5º II – ninguém será obrigado a fazer ou deixar de fazer alguma coisa senão em virtude de lei".

da lei (art. 5º, XV). Já as hipóteses de *reserva legal qualificada* abrangem as situações em que a restrição tem o seu escopo, objeto ou finalidade definidos na própria Constituição. Alguns exemplos: (i) assegura-se a liberdade de profissão, "atendidas as qualificações profissionais que a lei estabelecer" (art. 5º, XIII); (ii) resguarda-se o sigilo das comunicações, salvo "nas hipóteses e na forma que a lei estabelecer para fins de investigação criminal ou instrução processual penal" (art. 5º, XII); (iii) o direito de propriedade é excepcionado pela possibilidade de desapropriação, cabendo à lei regular o procedimento para fins de pagamento da indenização prévia e em dinheiro (art. 5º, XXIV).

Há situações em que a Constituição exige prévio pronunciamento judicial para a interferência estatal com um direito fundamental, como nos casos de quebra de sigilo de dados e telefônicos (art. 5º, XII) ou de dissolução de associações (art. 5º, XIX). A intervenção judicial mais típica se dá, no entanto, mediante *ponderação*[84], nos cenários em que existam colisões de direitos ou entre direitos e princípios ou interesses coletivos de lastro constitucional. Por fim, a Administração Pública também pode, em certos contextos, restringir direitos fundamentais, desde que tenha um fundamento constitucional e o faça na forma da lei. Observe-se que, na atualidade, a ideia de legalidade administrativa – que exige prévia existência de lei para respaldar qualquer atuação da Administração – foi substituída pela de juridicidade[85], que legitima a atuação do Poder Público com fundamento na Constituição ou mesmo no bloco de constitucionalidade, ainda que ausente a lei. Um mecanismo típico de interferência da Administração Pública com direitos fundamentais é o exercício do poder de polícia, pelo qual interesses individuais são conformados aos interesses da coletividade[86].

2 As teorias interna e externa

De acordo com as ideias expostas até aqui, a determinação do sentido e do alcance de um direito fundamental – *i.e.*, seu conteúdo ou âmbito de incidência – é feita em duas etapas: (i) a primeira, interna ao próprio direito, visa demarcar o seu contorno constitucional, a esfera de proteção que oferece, sujeita a limites imanentes; (ii) a segunda consiste em verificar a existência de limites externos a esse direito, representados pela necessidade de conciliá-lo com outros direitos e interesses constitucionais[87]. A primeira etapa corresponde à esfera de proteção *prima facie* do direito. A segunda, à sua esfera de proteção definitiva.

Na linha da distinção feita pela doutrina constitucional alemã, e largamente difundida, as posições aqui defendidas correspondem à denominada teoria externa de restrição aos direitos fundamentais, em contraposição à teoria interna. Pela *teoria interna*, direitos fundamentais são insuscetíveis de restrições externas, mesmo que por lei, fora dos casos expressamente previstos na Constituição. Assim sendo, a demarcação do conteúdo definitivo de um direito é extraída inteiramente do texto constitucional e dos contornos que ele oferece. Como consequência, a teoria interna não admite limitações implícitas reconhecidas por lei, nem tampouco a ponderação. A *teoria externa*, ao revés, sustenta que a Constituição configura contornos razoáveis máximos do direito fundamental, que tem a pretensão *prima facie* de prevalecer em toda a sua extensão. Todavia, por não ser absoluto, poderá entrar em rota de colisão com outros direitos ou bens jurídicos igualmente tutelados pela Constituição. Para a harmonização necessária entre eles, admitem-se intervenções legislativas e ponderação judicial, sempre observada a máxima da proporcionalidade.

VII LIMITES ÀS RESTRIÇÕES A DIREITOS FUNDAMENTAIS

Direitos fundamentais, como visto, encontram limites externos, representados por outros direitos fundamentais e por interesses coletivos protegidos constitucionalmente, inscritos na Constituição sob a forma de princípios ou de fins públicos. Para protegê-los e conciliá-los, admite-se a atuação do legislador

---

84 V. *supra*, Parte II, cap. IV, V.

85 Paulo Otero, *Legalidade e Administração Pública:* o sentido da vinculação administrativa à juridicidade, 2003, p. 15-20. V. tb. Gustavo Binenbojm, *Uma teoria do direito administrativo*, 2014, p. 34-38.

86 Para uma profunda análise contemporânea do tema do poder de polícia, v. Gustavo Binenbojm, *Poder de polícia, ordenação regulação:* transformações político-jurídicas, econômicas e institucionais do direito administrativo ordenador, 2016.

87 Robert Alexy, *Teoría de los derechos fundamentales*, 1997, p. 57; Martin Borowski, *La estructura de los derechos fundamentales*, 2003, p. 67; e Jane Reis Gonçalves Pereira, *Interpretação constitucional e direitos fundamentais*, 2018, p. 186.

– mediante leis que restringem o exercício de direitos[88] – e do Judiciário, ao ponderar colisões em casos concretos. Tanto a legislação quanto a ponderação estão sujeitas aos princípios ou máximas da proporcionalidade e da razoabilidade. Algumas Constituições preveem, como limite à restrição de direitos – *i.e.*, como "limite dos limites", como se refere a doutrina alemã[89] – a preservação do *núcleo essencial do direito* em questão. Não há previsão expressa na Constituição brasileira nesse sentido[90], mas parece implícito no sistema constitucional que se um direito for restringido na sua essência, ele terá deixado de ser protegido. A questão envolve complexidades e sutilezas. Antes de se enfrentar o tema específico do núcleo essencial, convém reavivar, sumariamente, dois conceitos instrumentais básicos a ele associados: a ponderação e a proporcionalidade.

1 A ponderação

A ponderação é a técnica que o Direito concebeu para lidar com as tensões e colisões de direitos fundamentais entre si ou entre eles e outros bens jurídicos relevantes, protegidos constitucionalmente. Trata-se, não de um critério material para a solução de problemas, mas de um itinerário lógico de raciocínio, destinado a dar racionalidade e transparência à construção argumentativa feita pelo intérprete. A ponderação consiste em atribuir pesos diferentes aos elementos jurídicos e factuais em questão, de modo a definir qual direito, bem jurídico ou princípio terá precedência na situação concreta em exame. Consequentemente, ela não tem nem a pretensão nem a capacidade de eliminar a subjetividade do intérprete. O que ela faz é explicitar o percurso lógico decisório. Há diferentes modos de se desenvolver o raciocínio ponderativo. Um deles, alinhavado por mim e por Ana Paula de Barcellos, consiste em um processo desenvolvido pelo intérprete em três fases: (i) na primeira, ele identifica as normas que postulam incidência sobre o caso concreto; (ii) na segunda, ele identifica os fatos relevantes; e (iii) na terceira, testa as soluções possíveis, atribuindo pesos aos diversos elementos em disputa, na busca da solução constitucionalmente mais adequada. Para tanto, ele deverá fazer concessões recíprocas, com vistas a harmonizar os interesses em jogo, com o menor sacrifício possível dos princípios envolvidos. Em muitas situações, porém, será inevitável que ele realize escolhas fundamentadas, decidindo qual interesse prevalecerá integralmente, com sacrifício do outro[91].

A ponderação teve seu desenvolvimento inicial e aprofundamento na jurisprudência do Tribunal Constitucional Federal alemão, sendo um dos principais estudiosos do assunto o jusfilósofo Robert Alexy, cuja elaboração a respeito teve influência mundial e é aqui sintetizada de modo sumário. A ponderação consiste na otimização de princípios concorrentes. A estrutura da ponderação obedece a duas leis: a lei da colisão e a lei da ponderação[92]. A lei da colisão é a regra que estabelece que, à luz das circunstâncias concretas verificadas, determinado princípio tem precedência em face de outro[93]. Já a lei da ponderação prescreve o seguinte: "Quanto maior é o grau de não realização ou restrição de um princípio, maior deve ser a importância da realização do outro"[94]. Diante disso, a ponderação, balanceamento ou sopesamento pode ser desdobrada em três estágios: (i) o primeiro consiste na determinação do grau de não satisfação ou de afetação de um primeiro princípio; (ii) o segundo consiste em estabelecer a importância da satisfação do princípio concorrente; e (iii) finalmente, o terceiro estágio se destina a aferir se a importância

---

88 Como observado anteriormente, também o administrador pode, em certos contextos, aplicar limitações a direitos, mas somente com fundamento direto na Constituição e/ou nos termos da lei, sem maior autonomia.

89 A expressão, ao que se noticia, foi utilizada pela primeira vez por Karl August Betterman, em conferência proferida em 1964. V. Jane Reis Gonçalves Pereira, *Interpretação constitucional e direitos fundamentais*, 2018, p. 340.

90 Como é o caso da Lei Fundamental alemã (art. 19, 2) e das Constituições de Portugal (art. 18, 3) e da Espanha (art. 53.1) e Suíça (art. 36,4).

91 Luís Roberto Barroso e Ana Paula de Barcellos, O começo da história: a nova interpretação constitucional e o papel dos princípios no direito brasileiro. *Revista de Direito Administrativo* 232:141, 2003, p. 152 e s. Disponível em: http://bibliotecadigital.fgv.br/ojs/index.php/rda/article/viewFile/45690/45068. Acesso em: 17 jul. 2018. E, tb., Ana Paula de Barcellos, *Ponderação, racionalidade e atividade jurisdicional*, 2005.

92 Robert Alexy, Principais elementos de uma teoria da dupla natureza do direito. Trad. Fernando Leal. *Revista de Direito Administrativo* 210:9, 2010, p. 26. Disponível em: http://bibliotecadigital.fgv.br/ojs/index.php/rda/article/view/8041/6835. Acesso em: 17 jul. 2018.

93 Robert Alexy, *Teoria dos direitos fundamentais*, 2008, p. 99. Trad. Virgílio Afonso da Silva, onde se colhe a seguinte formulação: "As condições sob as quais um princípio tem precedência em face de outro constituem o suporte fático de uma regra que expressa a consequência jurídica do princípio que tem precedência".

94 Robert Alexy, Principais elementos de uma teoria da dupla natureza do direito. Trad. Fernando Leal. *Revista de Direito Administrativo* 210:9, 2010, p. 26.

381

na satisfação do segundo princípio justifica o sacrifício feito em relação ao primeiro[95]. Embora a ponderação seja técnica adotada por boa parte das cortes constitucionais do mundo, ela sofre críticas variadas, dentre as quais a de atribuir excesso de subjetividade ao intérprete e de insuficiência na justificação da correção da decisão[96].

A verdade, porém, para bem e para mal, é que o Direito não tem como se livrar, inteiramente, de algum grau de subjetividade e da dificuldade/impossibilidade de se estabelecer, em casos difíceis, a existência de uma única resposta correta[97]. Em última análise, portanto, cuida-se mesmo é de se permitir a transparência e o controle intersubjetivo da discricionariedade judicial, quando inevitável. Até o momento, não parece ter sido concebido um mecanismo alternativo mais eficaz para esse propósito do que a ponderação. Era pior o tempo em que se procurava escamotear, sob o manto diáfano de uma interpretação puramente semântica, escolhas filosóficas ou mesmo ideológicas que claramente extrapolavam os signos linguísticos.

2   Razoabilidade e proporcionalidade

Embora tenham origens históricas diversas, a razoabilidade e a proporcionalidade abrigam valores que se aproximam ou se identificam, razão pela qual, com frequência, os termos eram utilizados de maneira intercambiável. Assim foi o meu entendimento desde lá detrás, quando os conceitos estavam sendo introduzidos no Brasil[98]. Todavia, razoabilidade e proporcionalidade percorreram trajetórias doutrinárias e jurisprudenciais distintas. A razoabilidade passou a expressar um conceito material de justiça, de não arbítrio ou capricho, de racionalidade e justificação dos atos do Poder Público. Sua invocação se dá de forma mais difusa, sem maior detalhamento quanto ao conteúdo e elementos. Não é razoável, por exemplo: pagar gratificação de férias a servidor inativo[99]; exigir a pesagem do botijão de gás no ato da venda ao consumidor[100]; cobrar contribuição previdenciária de servidor sobre verba que não integrará sua aposentadoria[101]. Há um desencontro entre meio e fim, entre causa e efeito, entre intenção e resultado[102].

A proporcionalidade, por sua vez, evoluiu, sobretudo, como um mecanismo instrumental para aferir a legitimidade das restrições a direitos fundamentais. Referida como princípio[103] , máxima[104] ou postulado[105], ela se tornou um mecanismo de controle dividido em três etapas, nas quais se vai verificar: (i) a *adequação* de uma medida para produzir determinado resultado (idoneidade do meio para realizar o fim visado); (ii) a *necessidade* da providência, sendo vedado o excesso (se houver meio menos gravoso para atingir o mesmo fim é ilegítimo o emprego do meio mais gravoso); e (iii) a *proporcionalidade em sentido estrito*, pela qual se afere se o fim justifica o meio, vale dizer, se o que se ganha é mais valioso do

---

95   Robert Alexy, Balancing, constitutional review, and representation. *International Journal of Constitutional Law* 3:572, 2005, p. 574.

96   Robert Alexy, Balancing, constitutional review, and representation. *International Journal of Constitutional Law* 3:572, 2005, p. 573-574.

97   Para uma reflexão sobre esse tema da única resposta correta, v. Luís Roberto Barroso, A razão sem voto: o Supremo Tribunal Federal e o governo da maioria. *Revista Brasileira de Políticas Públicas* 5:24, 2015, p. 32 e s.

98   Luís Roberto Barroso, *Interpretação e aplicação da Constituição*, 2009, p. 230 (a 1a edição é de 1991). Na mesma linha era a jurisprudência do Supremo Tribunal, como se vê, e.g., em STF, ADI 855 – MC, Rel. Min. Sepúlveda Pertence, DJ 1 out. 1993.

99   STF, ADI 1.158-MC, Rel. Min. Celso de Mello, *DJ* 26 maio 1995.

100   STF, ADI 855 – MC, Rel. Min. Sepúlveda Pertence, *DJ* 1 out. 1993.

101   STF, RE 593.068, Rel. Min. Luís Roberto Barroso, *DJe* 22 mar. 2019.

102   Para diferentes visões sobre o tema, v. Virgílio Afonso da Silva, O proporcional e o razoável. *Revista dos Tribunais* 798:23, 2002; e Humberto Ávila, *Teoria dos princípios*, 2003, p. 94 e s.

103   No Brasil, como em outras partes do mundo, utiliza-se o termo princípio para designar a proporcionalidade. Com isso se destaca a proeminência do conceito, como comando dirigido ao intérprete. Eu mesmo me refiro a ela como um princípio *instrumental* de interpretação constitucional. A proporcionalidade, no entanto, não corresponde ao conceito de princípio de Robert Alexy, como sendo um "mandado de otimização". Aliás, o próprio Alexy se refere à proporcionalidade como regra. Nada obstante, em razão da tradição do emprego da expressão princípio da proporcionalidade, já enraizado na doutrina e na jurisprudência, será mantido o seu uso.

104   Robert Alexy utiliza o termo *Grundsatz*, traduzido como *máxima*. Em "nota do tradutor" à sua excelente tradução para o português da *Teoria dos princípios*, Virgílio Afonso da Silva explica o uso desse vocábulo, em contraste com outros empregados por Alexy, como *Prinzip* e *Satz* (p. 10-11).

105   V. Humberto Ávila, *Teoria dos princípios*, 2003, p. 104.

que aquilo que se sacrifica. Alguns autores denominam essa terceira etapa de *razoabilidade*, porque esta é a parte verdadeiramente substantiva e valorativa da justiça da ponderação. Como se vê, a linguagem será sempre produto de uma convenção.

Uma observação complementar: quando atua como mecanismo de controle das restrições a direitos fundamentais, uma das manifestações do princípio da proporcionalidade consiste na *vedação do excesso*, como visto acima. Porém, ao lado dos deveres de abstenção e de autocontenção, o Estado também tem deveres de atuação para a defesa e promoção dos direitos fundamentais. Nesses casos, o princípio da proporcionalidade se manifesta sob a forma de *vedação da proteção deficiente*, exigindo do Estado comportamentos mínimos obrigatórios. Em outras palavras: os direitos fundamentais impõem (i) obstáculos à atuação do Estado – hipótese em que a proporcionalidade funciona como régua para medir a constitucionalidade das medidas restritivas ao seu âmbito de proteção; e (ii) deveres de atuação do Estado – situação em que a proporcionalidade opera como medida de fiscalização da omissão ou da atuação deficiente ou insuficiente. Também nesta segunda hipótese se aplica o teste tríplice da adequação, necessidade e proporcionalidade em sentido estrito, para aferir o impacto da medida que se quer exigir. O princípio da proporcionalidade, portanto, apresenta-se com "dupla face", vedando tanto o excesso quanto a insuficiência[106].

3   Núcleo essencial do direito

O conceito de núcleo essencial é bastante intuitivo: ele corresponde à parcela mínima do direito fundamental que não pode ser suprimida, sob pena de se ter de reconhecer que o direito foi violado. Apesar de soar relativamente óbvia, a ideia de núcleo essencial constitui um rótulo vistoso para produto de difícil elaboração e utilidade limitada. As diversas construções doutrinárias que buscam equacionar as complexidades e os impasses associados ao tema podem ser agrupadas nas seguintes teorias: (i) objetiva e subjetiva[107]; e (ii) absoluta e relativa.[108] Não é o caso de se aprofundarem especulações abstratas, quando não metafísicas, sobre a questão. As breves reflexões que se seguem estão concentradas na atuação concreta de legisladores e órgãos judiciais na aplicação dos direitos fundamentais.

As teorias que se agrupam sob a denominação de absolutas entendem ser possível definir, *a priori* e *in abstracto*, qual é a esfera mínima de preservação em relação a cada direito. E, assim, caracterizar o desrespeito a ele em caso de qualquer ação estatal que ultrapasse os limites demarcados. Apesar de larga adesão[109], esse ponto de vista enfrenta dificuldades teóricas e práticas. É que existem diferentes situações na vida em que o direito é drasticamente afetado na sua essência e, ainda assim, a conduta estatal – ou mesmo privada, em certos casos – é considerada legítima. O direito à vida, por exemplo, sucumbe inteiramente diante da pena de morte, admitida pela Constituição em caso de guerra declarada (art. 5º, XLVII, *a*). A liberdade de ir e vir é eliminada na sua essência ante a condenação criminal definitiva à pena de reclusão (art. 5º, XLVI, *a*). O direito de propriedade se esvai diante da desapropriação (art. 5º, XXIV). Portanto, mesmo no plano normativo – embora sempre com lastro constitucional – um direito pode ser inteiramente suprimido. Por isso, parece inevitável aderir à teoria *relativa*, como se demonstrará pouco mais à frente.

No plano objetivo, é correto afirmar que a lei não pode restringir um direito fundamental afetando o seu núcleo essencial, ainda que a pretexto de traçar seus contornos ou regulamentá-lo. Existe um âmbito de proteção do direito que é imune à ação legislativa[110]. Assim, ao fazer uma ponderação entre direitos ou princípios, para fins de edição de legislação, o legislador não pode, ao normatizar em tese uma matéria, preferir de maneira permanente um direito ou princípio ao outro. Exemplo ilustrativo da ilegitimidade de tal conduta foi o julgado do Supremo Tribunal Federal que entendeu inconstitucional

---

106   V. Ingo Wolfgang Sarlet, Luiz Guilherme Marinoni e Daniel Mitidiero, Curso de direito constitucional, 2015, p. 386.

107   Pela *teoria objetiva*, o que se protege é o sentido mínimo do texto constitucional, que não pode vir a ser esvaziado pelo legislador. Pela teoria subjetiva, é o direito enquanto pretensão individual que não pode ser restringido além de determinado ponto.

108   Pela *teoria absoluta*, é possível pré-traçar, em tese, uma esfera mínima intangível para o direito. Para a teoria relativa, o núcleo mínimo é o que resta – ou não – após o processo de ponderação.

109   V. Virgílio Afonso da Silva, *Direitos fundamentais*: conteúdo essencial, restrições e eficácia, 2009, p. 196, onde afirma que um balanço na doutrina alemã é francamente favorável à teoria absoluta.

110   Jane Reis Gonçalves Pereira, *Interpretação constitucional e direitos fundamentais*, 2018, p. 404 e 410.

a exigência de autorização prévia para a publicação de biografia de qualquer pessoa[111]. O Código Civil, com o propósito de resguardar os direitos à intimidade, à privacidade, à honra e à imagem, suprimiu a liberdade de expressão e o direito de informação. Ao votar na matéria, assim me pronunciei:

> "A consequência de tais disposições do Código Civil é a subordinação da liberdade de expressão aos direitos da personalidade. Vale dizer: os arts. 20 e 21 produziram uma hierarquização fixa entre direitos constitucionais. Isto viola o princípio da unidade e produz um resultado inconstitucional, que é o de um direito invariavelmente prevalecer sobre o outro".

Porém, no plano subjetivo não será assim. Nos casos de ponderação judicial para resolução de conflitos de interesses, há múltiplas situações em que não é possível a concordância prática entre dois direitos, mediante concessões recíprocas. O intérprete, assim, terá que fazer uma escolha sobre qual prevalecerá. Quando se assegura a divulgação de uma obra biográfica com fatos desabonadores sobre alguém, o direito de imagem foi sacrificado[112]. Quando se faz exame de DNA na placenta da mãe, para excluir a paternidade de alguém que havia sido acusado de estupro, o direito de privacidade foi suprimido[113]. Como conciliar, então, o conceito de núcleo essencial com tais possibilidades de supressão integral do direito em situações concretas?

À vista das premissas delineadas acima, afigura-se inevitável reconhecer que o núcleo essencial de um direito fundamental pode ser esboçado em abstrato, mas só pode ser definido concretamente. Em última análise, portanto, a opção pela teoria relativa significa que a garantia do núcleo essencial termina sendo a exigência de justificação adequada para a restrição[114]. E como se faz tal justificação? Pela ponderação, guiada pelo princípio da proporcionalidade. Não por outra razão, o núcleo essencial do direito fundamental tem sido definido como o produto da ponderação[115]. Em conclusão: o núcleo essencial do direito é um conceito útil, mas de autonomia apenas relativa, porque, frequentemente, será secundário à proporcionalidade. Ele deve ser levado em conta pelo intérprete, que tem o dever de procurar preservar a essência mínima do direito. Mas é inevitável admitir que, em certos casos, ao final do processo de ponderação, pouco ou nada restará dele.

VIII DIMENSÃO SUBJETIVA, OBJETIVA E PRIVADA DOS DIREITOS FUNDAMENTAIS

Como se afirmou anteriormente, a dogmática dos direitos fundamentais no mundo romano-germânico sofre influência decisiva da doutrina alemã. Uma das explicações para o volume de material produzido e o refinamento dos conceitos ali desenvolvidos reside no esforço de superação do trauma representado pelo nazismo e o colapso para os direitos humanos que aquela experiência representou. Daí a dignidade humana e os direitos fundamentais terem se tornado temas centrais na produção acadêmica e jurisprudencial germânicas. Tal fato, aliado a uma tradição jurídica e filosófica sofisticada que vem de longe, impulsionou a ampla circulação mundial de muitas dessas ideias. Dentre elas, as três que serão exploradas nesse tópico: os direitos fundamentais, para além de sua dimensão subjetiva, possuem, também, uma dimensão objetiva. Além disso, incidem não apenas nas relações entre o indivíduo e o Estado, mas também nas relações entre particulares. Os contornos originais dessas ideias foram delineados no julgamento de uma queixa constitucional (*Verfassungsbeschwerde*) que se tornou célebre, conhecida como caso *Lüth*, cuja importância justifica a transcrição mais longa que se faz a seguir. Na decisão, proferida em 1958, assentou-se:

---

111 STF, ADI 4.815, rel. Min. Cármen Lúcia, j. 10 jun. 2015: "A liberdade é constitucionalmente garantida, não se podendo anular por outra norma constitucional, menos ainda por norma de hierarquia inferior (lei civil), ainda que sob o argumento de se estar a resguardar e proteger outro direito constitucionalmente assegurado, qual seja, o da inviolabilidade do direito à intimidade, à privacidade e a imagem".

112 Esta passou a ser a regra a partir do julgamento da ADI 4.815, referida na nota anterior.

113 STF, Rcl. 2.040/DF, Rel. Min. Néri da Silveira, *DJ* 27 jun. 2003.

114 Martin Borowski, *La estructura de los derechos fundamentales*, 2003, p. 98-99; Jane Reis Gonçalves Pereira, *Interpretação constitucional e direitos fundamentais*, 2018, p. 407 e 415.

115 V., por todos, Virgílio Afonso da Silva, *Direitos fundamentais:* conteúdo essencial, restrições e eficácia, 2009, p. 207: "O raciocínio pode ser resumido no seguinte silogismo: – restrições que atingem o conteúdo essencial são inconstitucionais; – restrições que passem pelo teste da proporcionalidade são constitucionais; – (logo), restrições que passem pelo teste da proporcionalidade não atingem o conteúdo essencial".

"A finalidade principal dos direitos fundamentais é salvaguardar as liberdades individuais contra interferências das autoridades públicas. Eles são direitos de defesa do indivíduo contra o Estado. Essa é uma decorrência do desenvolvimento histórico do conceito de direitos fundamentais e do desenvolvimento histórico que levou à inclusão dos direitos fundamentais nas constituições dos vários países [...].

É igualmente verdadeiro, no entanto, que a Lei Fundamental não é um documento neutro em valores. Sua seção sobre direitos fundamentais estabelece uma ordem objetiva de valores, e essa ordem reforça significativamente o poder efetivo dos direitos fundamentais. Esse sistema de valores, cujo centro está na dignidade da personalidade humana desenvolvendo-se livremente dentro de uma comunidade social, deve ser vista como uma decisão constitucional fundamental que afeta todas as esferas do direito, seja público ou privado. Ele funciona como a medida que vai avaliar todas as ações nas áreas da legislação, da administração pública e da jurisdição. Assim, fica claro que os direitos fundamentais também influenciam a interpretação do direito privado. Qualquer norma de direito privado deverá ser compatível com esse sistema de valores e deverá ser interpretada de acordo com o seu espírito.

O conteúdo jurídico dos direitos fundamentais como normas objetivas informa o conteúdo do direito privado por meio das normas legais diretamente aplicáveis a essa área do direito. Novas leis devem se conformar a esse sistema de valores incorporado nos direitos fundamentais. E o conteúdo das leis existentes também deve estar em harmonia com esse sistema de valores. Esse sistema infunde um conteúdo constitucional específico no direito privado, que a partir de então determinará a sua interpretação. [...] (Nas disputas entre particulares), os [t]ribunais interpretam e aplicam o direito privado, mas essa interpretação deve ser conforme a constituição[116]".

Cumpre decompor esta decisão nos seus três tópicos essenciais.

1   A dimensão subjetiva dos direitos fundamentais

Direitos fundamentais são direitos humanos constitucionalizados. Eles têm um titular, um objeto e um destinatário. São direitos subjetivos em sentido lato, conferindo ao indivíduo (i) *direitos subjetivos em sentido estrito* – possibilidade de exigir uma conduta de outrem; (ii) *liberdades* – possibilidade de exercer, sem interferência externa, uma faculdade; e (iii) *poderes* – possibilidade de submeter a vontade de outrem à própria vontade. Direitos fundamentais são sindicáveis judicialmente, vale dizer: se alguém for injustamente embaraçado no seu desfrute, poderá valer-se, perante órgão do Poder Judiciário, do direito de ação, exigindo a conduta a que faz jus. É certo que o nível de efetividade de um direito fundamental poderá variar em função da natureza da prestação exigível. Como visto, os direitos de primeira geração – individuais e políticos – são de concretização mais singela, ao passo que os direitos de segunda geração – direitos sociais – enfrentam maior complexidade operacional. O conhecimento convencional milita na crença de que os primeiros se realizam mediante meras abstenções, ao passo que os outros dependem de prestações positivas. Embora não seja fora de propósito essa distinção, o fato é que, em alguma medida, a concretização de todo e qualquer direito envolve custos, o que faz com que sempre estejam embutidas escolhas político-ideológicas na satisfação dos direitos fundamentais.

O que é importante destacar, para os fins aqui visados, é que, em sua dimensão subjetiva, direitos fundamentais protegem posições jurídicas individuais, desfrutáveis ou exigíveis por um titular determinado, para proveito próprio.

2   A dimensão objetiva dos direitos fundamentais

A ideia de dimensão objetiva procura enfatizar o impacto dos direitos fundamentais sobre o ordenamento jurídico como um todo e sua respectiva interpretação. Direitos fundamentais, como visto, são direitos morais, que incorporam valores ao sistema normativo. Eles promovem, assim, uma aproximação do Direito com a filosofia moral (Ética), sem que isso, signifique, naturalmente, a perda da identidade e especificidade de cada um. A relação saudável entre Direito e valores não pode significar a transformação da moral em Direito. Mas, no limite das possibilidades semânticas das normas, significa que os

---

116   *BverfGE* 7, 198, 1958. Tradução livre da versão em inglês da decisão, colhida em Donald P. Kommers, The constituitonal jurisprudence of the Federal Republic of Germany. Durham, NC: Duke University Press, 2012, p. 443-444.

valores devem influenciar a atribuição de sentidos e os resultados da interpretação jurídica. Uma exploração doutrinária dessas ideias, no contexto anglo-saxão, está na *leitura moral da Constituição*, preconizada pelo jusfilósofo Ronald Dworkin[117]. Ao estabelecer que a Constituição contém uma ordem objetiva de valores que deve repercutir sobre a compreensão de todo o sistema normativo – inclusive e sobretudo o direito infraconstitucional –, bem como pautar a atuação da Administração Pública e a hermenêutica judicial, o Tribunal Constitucional Federal alemão produziu algumas consequências práticas bastante relevantes. A seguir, de maneira esquemática, destacam-se três:

(i) *Força irradiante dos direitos fundamentais.* Os direitos fundamentais – e, em verdade, a Constituição como um todo – constituem não apenas um sistema em si próprios, mas, também, a lente pela qual se deve ler todo o ordenamento jurídico. Por vezes referida como filtragem constitucional ou constitucionalização do direito, a força irradiante projeta os mandamentos constitucionais sobre o sentido e alcance de toda a legislação ordinária, dando origem a expressões como constitucionalização do direito civil, do direito administrativo, do direito penal etc. (v. *supra*, Parte II, cap. V).

(ii) *Deveres de proteção.* Foi visto que o papel do Estado na concretização dos direitos fundamentais importa em certos deveres de abstenção, que o impedem de interferir negativamente no seu âmbito de proteção, salvo as restrições legítimas. A ideia de dimensão objetiva, por sua vez, impõe determinados deveres de atuação, para proteção e promoção dos direitos fundamentais. Nessa categoria se inserem deveres de legislar – seja para integrar normas constitucionais incompletas, seja para proteger bens jurídicos relevantes[118] – e deveres de entregar prestações positivas, inclusive e sobretudo as referentes ao mínimo existencial.

(iii) *Função organizatória e procedimental.* Trata-se aqui, de certa forma, de um desdobramento dos deveres de proteção tratados no item anterior. Há direitos fundamentais cuja concretização depende da existência instrumental de instituições específicas e de procedimentos indispensáveis para o seu funcionamento. Por exemplo: o direito de votar e ser votado exige a existência de instituições que organizem as eleições – i.e., cuidem do alistamento dos eleitores, dos registros das candidaturas, do fornecimento de urnas, fiscalização da votação, apuração dos votos, etc. –, o que no caso brasileiro é feito pela Justiça Eleitoral. Outro exemplo expressivo: a Constituição prevê a assistência jurídica gratuita aos necessitados (art. 5º, LXXIV)[119]. A concretização desse direito requer a existência de órgãos da defensoria pública ou mecanismos alternativos a ela, sob pena de o direito não sair do papel.

3 A eficácia privada dos direitos fundamentais[120]

Tem-se, por fim, a questão da eficácia privada dos direitos fundamentais, *i.e.*, sua aplicabilidade (ou não) às relações entre particulares. Historicamente, os direitos fundamentais foram concebidos como proteções contra o abuso do poder por parte do Estado. Como consequência, era o Poder Público o único destinatário de deveres em face do indivíduo titular do direito. Todavia, o avanço da consciência social e as sucessivas transformações do direito contemporâneo aguçaram a percepção de que a opressão ou o abuso podem ocorrer, também, nas relações privadas, seja no mercado, na empresa, nos contratos, nos vínculos de trabalho, na família, nas associações profissionais ou em outros espaços. Surgem, assim, questões relevantes e complexas, envolvendo indagações como as seguintes: *se e em que medida* os direitos

---

117 Ronald Dworkin, *Freedom's law:* the moral reading of the American Constitution, 1996, p. 1-39.

118 Precedente emblemático e controvertido dos deveres de proteção nessa acepção foi a decisão do Tribunal Constitucional Federal alemão no caso conhecido como Aborto I, em que a Corte considerou que a descriminalização do aborto feita pelo legislador importava em proteção deficiente do direito à vida. *BverfGE I*, 39, 1975. Posteriormente, em decisão conhecida como *Aborto II*, tal visão foi superada. Embora enfatizando a questão do direito à vida, o Tribunal entendeu que a criminalização não era a única forma de protegê-la adequadamente. *BverfGE* 88, 203, 1993.

119 Constituição, art. 5º: "LXXIV – o Estado prestará assistência jurídica integral e gratuita aos que comprovarem insuficiência de recursos".

120 Sobre o tema, em língua portuguesa, v. o trabalho referência de Daniel Sarmento, *Direitos fundamentais e relações privadas*, 2004. E o texto pioneiro de Ingo Wolfgang Sarlet, Direitos fundamentais e direito privado: algumas considerações em torno da vinculação dos particulares aos direitos fundamentais, in Ingo Sarlet (org.), *A Constituição concretizada*. Porto Alegre: Livraria do Advogado, 2000, p. 107. Para um estudo abrangente do tema, em língua espanhola, v. Juan Maria Bilbao Ubillos, *La eficacia de los derechos fundamentales frente a particulares*, 1997.

fundamentais devem incidir nas relações privadas. E, em caso afirmativo, qual o papel reservado ao legislador e aos tribunais nessa aplicação. No centro da controvérsia, encontra-se o princípio maior que rege as relações entre particulares, que é a *autonomia da vontade*.

Três grandes correntes se formaram em relação ao tema: (i) a que nega aplicabilidade aos direitos fundamentais nas relações de que o Estado não seja parte; (ii) a que admite a aplicação indireta ou mediata dos direitos fundamentais nas relações privadas; e (iii) a que admite a aplicação direta e imediata dos direitos fundamentais nas relações privadas.

A primeira está alinhada ao pensamento liberal mais tradicional, que recusa a aplicação dos direitos fundamentais no plano horizontal – *i.e.*, entre cidadãos privados, somente a admitindo em relações verticais, que contrapõem o indivíduo ao Estado. Este é o entendimento dominante na jurisprudência norte-americana, que exige a presença de um ato estatal (*act of state*) para que se possa invocar um direito individual. É certo que, ao longo do tempo, essa orientação se flexibilizou em alguma medida, para alcançar situações em que se considerou que atores privados desempenhavam papéis equiparáveis aos de agentes públicos[121] . Assim, por exemplo, em *Marsch v. Alabama*[122], a Suprema Corte decidiu que uma empresa que mantinha uma "cidade privada" (*a private owned town*), com residências e estabelecimentos comerciais, não podia impedir que adeptos da religião Testemunhas de Jeová pregassem dentro da propriedade. Em outro caso julgado pela Suprema Corte, *Shelley v. Kraemer*[123], considerou-se inconstitucional que o Judiciário desse execução específica a uma convenção privada que impedia, em uma determinada área, a venda de imóveis para minorias raciais. Como se vê, mesmo nos Estados Unidos a regra da eficácia apenas vertical dos direitos fundamentais não é absoluta, a despeito das críticas duras a esta última decisão[124].

A segunda linha de entendimento é no sentido de que os direitos fundamentais se aplicam, sim, às relações privadas, mas de maneira indireta ou mediata, por intermédio da ação do legislador, especialmente pela previsão, na legislação ordinária privada, de cláusulas gerais ou conceitos jurídicos indeterminados, como bons costumes ou boa-fé. A interpretação de tais normas abertas seria a porta de entrada dos direitos fundamentais nas relações privadas. O próprio caso Lüth foi exemplo típico dessa concepção. Relembrando brevemente o contexto: Erich Lüth conduzia uma campanha pelo boicote a filme dirigido pelo cineasta Veit Harlan, a quem imputava ter sido colaborador do regime nazista. O art. 826 do Código Civil alemão previa o seguinte: "Quem causar danos intencionais a outrem, e de maneira ofensiva aos bons costumes, fica obrigado a compensar o dano". Ao julgar queixa constitucional apresentada por Lüth, o Tribunal Constitucional Federal assentou que a cláusula dos "bons costumes" devia ser interpretada conforme a Constituição, levando em conta a ordem de valores e os direitos fundamentais nela previstos. No caso concreto, estava em jogo a liberdade de expressão, que deveria prevalecer. Por tais fundamentos, o Tribunal reverteu a decisão da instância inferior.

A terceira linha de entendimento – que é a que aqui se esposa – é no sentido de que, sem sombra de dúvida, as cláusulas gerais, assim como todo o direito infraconstitucional, devem ser interpretadas de acordo com a Constituição. E, portanto, os direitos fundamentais se aplicam, induvidosamente, de forma indireta, como parâmetro hermenêutico para a atuação de juízes e tribunais. Sem embargo, também se admite, quando necessário, a aplicação *direta e imediata* dos direitos fundamentais, sobretudo em situações abusivas que envolvam partes em posições de clara desigualdade ou bens essenciais, que não devem ser sacrificados[125]. Um exemplo de livro seria um contrato de trabalho que previsse a demissão do empregado se vier a se casar ou da empregada se vier a engravidar. Tampouco seria válida uma cláusula em contrato de aluguel residencial que autorizasse, por exemplo, a sublocação do imóvel, salvo para muçulmanos ou pessoas de origem indiana.

Os exemplos acima são algo caricatos, a demonstrar que a aplicação direta dos direitos fundamentais às relações privadas, sem intermediação legislativa, exige a inequívoca caracterização de abusos. Ninguém deseja constitucionalizar ou publicizar todas as relações da vida. Alguém que seja pai de quatro filhos, tendo encontrado livro de interesse de um deles, pode levá-lo de presente, não sendo obrigado a levar

---

121 Para um comentário geral acerca da jurisprudência nos Estados Unidos, v. Daniel Sarmento, *Direitos fundamentais e relações privadas*, 2004, p. 227-238.

122 326 U.S. 501 (1946).

123 334 U.S. 1 (1948).

124 V. Mark Tushnet, The issue of state action/horizontal effect in comparative constitutional law. *International Journal of Constitutional Law 1*:70, 2003, p. 81, onde reporta a crítica contrária à recusa do Judiciário de dar execução específica a uma convenção privada, por considerá-la inconstitucional.

125 Para o desenvolvimento desses dois parâmetros, v. Daniel Sarmento, *Direitos fundamentais e relações privadas*, 2004, p. 303-309.

uma lembrança para cada um, em nome do princípio da isonomia. Aliás, se esse princípio se aplicasse radicalmente às relações privadas, seriam criadas situações absurdas, como por exemplo: as moças bonitas ou os rapazes bonitos, quando quisessem namorar, teriam que realizar uma licitação, pois este é o procedimento que a Constituição prevê quando a demanda é maior do que a oferta. Embora isso pudesse aumentar as chances de alguns de nós, ninguém pode achar que isso faça sentido. Em suma: os casos excepcionais de aplicação direta envolvem uma delicada e criteriosa ponderação entre o princípio constitucional da autonomia da vontade, de um lado, e o direito fundamental supostamente violado, do outro.

Na jurisprudência do Supremo Tribunal Federal, há precedente de aplicação indireta – mediante interpretação conforme – e de aplicação direta dos direitos fundamentais. Um caso de aplicação indireta já foi referido anteriormente neste capítulo. O Código Civil que entrou em vigor em 2003 revogou legislação editada após a Constituição de 1988 e passou a dar tratamento diferenciado, para fins de sucessão hereditária, aos cônjuges casados e aos companheiros em união estável. O Tribunal entendeu que essa desequiparação hierarquizava as espécies de família legítima previstas na Constituição, violando o princípio da igualdade. Por essa razão, invalidou a norma que era específica para a união estável e determinou a aplicação, também a elas, das mesmas regras sucessórias que o Código Civil instituiu no âmbito do casamento[126]. A aplicação foi indireta porque importou na declaração de inconstitucionalidade de dispositivo da legislação ordinária, sanando-se a omissão que daí resultaria pela extensão de dispositivo que regia hipótese diversa. Em outras situações, porém, o Tribunal determinou a aplicação direta de direitos fundamentais a relações privadas (i) para invalidar a exclusão de associado de uma cooperativa sem devido processo legal[127], (ii) para invalidar a exclusão de sócio de uma associação profissional sem direito à ampla defesa e ao contraditório[128] e (iii) para aplicar o princípio da isonomia salarial a empregados de empresa aérea, que desequiparava entre nacionais e estrangeiros que exerciam a mesma função[129].

---

126 STF, RE 878.694, Rel. Min. Luís Roberto Barroso, j. 10 maio 2017.

127 STF, RE 158.215, Rel. Min. Marco Aurélio, *DJ* 7 jun. 1996.

128 STF, RE 201.819, Rel. Mina. Ellen Gracie, rel. p/ acórdão Min. Gilmar Mendes, j. 11 out. 2005, 2a T., *DJ* 27 out. 2006: "As violações a direitos fundamentais não ocorrem somente no âmbito das relações entre o cidadão e o Estado, mas igualmente nas relações travadas entre pessoas físicas e jurídicas de direito privado. Assim, os direitos fundamentais assegurados na Constituição vinculam diretamente não apenas os poderes públicos, estando direcionados também à proteção dos particulares em face dos poderes privados. [...] A exclusão de sócio do quadro social da UBC, sem qualquer garantia de ampla defesa, do contraditório, ou do devido processo constitucional, onera consideravelmente o recorrido, o qual fica impossibilitado de perceber os direitos autorais relativos à execução de suas obras".

129 STF, 161.243, Rel. Min. Carlos Mário Velloso, *DJ* 19 dez. 1997.

| CAPÍTULO III | MATRIZES DOS DIREITOS FUNDAMENTAIS |

Sumário: I. Direito à vida. 1. Generalidades. 2. O direito à vida no ordenamento jurídico brasileiro. 3. Pena de morte. 4. Interrupção da gestação. 5. Pesquisas com células-tronco embrionárias. 6. A morte com intervenção: eutanásia, suicídio assistido e ortotanásia. II. Liberdade, legalidade e autonomia da vontade. 1. Liberdade. 1.1. O conceito de liberdade. 1.2. Três grandes movimentos históricos. 1.3. Direito geral de liberdade. 2. Legalidade. 2.1. A lei como tradição e como positivação. 2.2. Dimensão privada e pública da legalidade. 2.3. Preferência da lei e reserva de lei. 2.4. Delegação legislativa, poder regulamentar e juridicidade. 2.5. O papel da jurisprudência no direito brasileiro contemporâneo. 3. Autonomia da vontade. III. Igualdade. 1. Generalidades. 2. Três dimensões da igualdade. 3. Igualdade formal. 4. Igualdade material. 5. Igualdade como reconhecimento. IV. Segurança. 1. Generalidades. 2. Segurança individual. 3. Segurança jurídica. 4. Segurança pública. 5. Segurança social. 6. Segurança nacional. 7. Segurança humana. V. Direito de propriedade. 1. Generalidades. 2. A propriedade na Constituição brasileira. 3. Alguns tópicos específicos do direito de propriedade. 3.1. Direito de herança. 3.2. Direitos autorais. 3.3. Propriedade intelectual. 3.4. Bens públicos. 4. Interferências estatais no direito de propriedade. 4.1. Limitações ao direito de propriedade. 4.2. Desapropriação. 5. Direitos originários de índios e quilombolas.

I DIREITO À VIDA[1]

1 Generalidades

O início e o fim da existência humana são fatos envoltos em mistério e especulações, que vão da biologia à metafísica. Na literatura nacional, é clássica a passagem de Guimarães Rosa, pela voz do personagem Riobaldo: *"Viver é muito perigoso*: sempre acaba em morte"[2]. A finitude da vida e a vulnerabilidade do corpo e da mente são signos da nossa humanidade, o destino comum que iguala a todos. A ciência e a medicina expandiram os limites da existência humana. A expectativa de vida, que, em meados do século XVIII, na Europa e nas Américas, era de 35 anos, hoje é superior a 70[3]. Porém, o humano

---

1 José Afonso da Silva, *Comentário contextual à Constituição.* 8. ed. São Paulo: Malheiros, 2012, p. 66-75; J. J. Gomes Canotilho, Gilmar Ferreira Mendes, Ingo Wolfgang Sarlet e Lenio Luiz Streck (Coord.), *Comentários à Constituição do Brasil.* 2. ed. São Paulo: SaraivaJur, 2018, p. 213-215; Paulo Bonavides, Jorge Miranda e Walber de Moura Agra (Coord.), *Comentários à Constituição Federal de 1988.* Rio de Janeiro: Forense, 2009, p. 68-75; Letícia de Campos Velho Martel, Dilemas constitucionais sobre o início e o final da vida: um panorama do estado da arte no direito brasileiro. In: Clèmerson Merlin Clève e Alexandre Freire, *Direitos fundamentais e jurisdição constitucional.* São Paulo: RT, 2014. p. 647-686; Jorge Miranda, Sobre a eutanásia, *Revista do Ministério Público do Rio de Janeiro* 70:247, out./dez. 2018; André Ramos Tavares, *Curso de direito constitucional.* 18. ed. São Paulo: Saraiva, 2020, p. 437-447; Gilmar Mendes e Paulo Gustavo Gonet Branco, *Curso de direito constitucional.* 15. ed. rev. e atual. São Paulo: Saraiva, 2020. p. 259-267; Alexandre de Moraes, *Direito constitucional.* 36. ed. São Paulo: Atlas, 2018, p. 35-36; Ingo Wolfgang Sarlet, Luiz Guilherme Marinoni e Daniel Mitidiero, *Curso de direito constitucional.* 9. ed. São Paulo: Saraiva, 2020, p. 415-437; Luís Roberto Barroso e Letícia de Campos Velho Martel, A morte como ela é: dignidade e autonomia individual no final da vida, *Revista da Faculdade de Direito de Uberlândia* 38:235, 2010; Ana Paula de Barcellos, *Curso de direito constitucional.* 3. ed. Rio de Janeiro: Forense, 2020, p. 209-210.

2 Universidade de Passo Fundo, 60 frases de "Grande sertão: veredas". V. https://www.upf.br/biblioteca/noticia/60--frases-de-grande-sertao-veredas-em-comemoracao-aos-seus-60-anos-de-publicacao. Acesso em 19 jul. 2021. Em pesquisa própria, não encontrei o complemento "sempre acaba em morte". V. Guimarães Rosa, *Grande sertões: veredas.* Rio de Janeiro: Nova Fronteira, 2006. A primeira edição é de 1956.

3 Steven Pinker, *Enlightenment now:* the case for reason, science, humanism and progress. N. York: Penguin, 2018, p. 53-55.

está para a morte. A mortalidade não tem cura[4]. Pelo menos não ainda[5]. É nessa confluência entre a vida e a morte, entre o conhecimento e o desconhecido, que se desenrola o presente tópico. A vida é um fenômeno que pode ser tratado em múltiplos planos, que incluem o físico, o psíquico, o moral, o espiritual e o legal. Todos eles se interpenetram, gerando complexidades e multiplicidade de visões. Não é singelo o esforço para segregar uma dimensão puramente jurídica da vida e dos direitos que dela emanam. Mas esse deve ser o nosso esforço aqui.

Aparentemente, as primeiras referências ao direito à vida se deram em documentos produzidos nos Estados Unidos, como a Declaração de Direitos da Virgínia e a Declaração de Independência, ambas de 1776, e a 5ª Emenda à Constituição, que foi aprovada com a Declaração de Direitos, em 1791. Já no século XX, o tema entrou na Declaração Universal dos Direitos Humanos da ONU, aprovada em 1948: "Art. 3º Todo indivíduo tem direito à vida, à liberdade e à segurança pessoal". E, a partir daí, em sucessivos pactos e convenções de direitos humanos[6]. Por igual, inúmeras constituições contemporâneas consagraram expressamente esse direito[7]. No Brasil, a tutela da vida foi incluída na Constituição de 1946 e repetida nas Constituições de 1967 e 1969. Na Constituição de 1988, o direito à vida aparece no *caput* do art. 5º, como primeiro entre os direitos fundamentais estruturantes:

> "Art. 5º Todos são iguais perante a lei, sem distinção de qualquer natureza, garantindo-se aos brasileiros e aos estrangeiros residentes no País a inviolabilidade do *direito à vida*, à liberdade, à igualdade, à segurança e à propriedade, nos termos seguintes:".

2   O direito à vida no ordenamento jurídico brasileiro

Como intuitivo, o direito à vida é um pressuposto lógico para o desfrute de todos os demais direitos. Além do art. 5º, a Constituição faz menção ao direito à vida em outros dispositivos, como os que cuidam, especificamente, de criança, adolescente e jovem (art. 227)[8] e das pessoas idosas (art. 230)[9]. Já o art. 170, ao enunciar os princípios da ordem econômica, faz menção a uma "existência digna"[10]. Embora a dignidade, do ponto de vista normativo, seja um atributo essencial da vida humana, trata-se de um conceito que não se confunde com o direito à vida e que, por isso mesmo, é abordado separadamente. A propósito, como visto no capítulo próprio, a dignidade humana deve ser compreendida como um princípio, e não propriamente como um direito fundamental em si. Aliás, o direito à vida guarda conexão estreita com outros direitos, como o direito à saúde, ao mínimo existencial e mesmo ao meio-ambiente saudável. Embora não se confunda com qualquer deles, tal circunstância revela a transversalidade do direito à vida, que faz com que ele perpasse diversos domínios[11].

O direito à vida não é absoluto, como nenhum direito o é[12]. Tampouco deve ser considerado como hierarquicamente superior, na medida em que, pelo princípio da unidade da Constituição, não há

---

4   Luís Roberto Barroso e Letícia de Campos Velho Martel, A morte como ela é: dignidade e autonomia individual no final da vida, *Revista da Faculdade de Direito de Uberlândia 38*:235, 2010, p. 235.

5   Segundo o historiador Yuval Noah Harari, *Homo Deus*: a brief story of tomorrow, 2017, p. 21, um dos próximos prováveis objetivos da humanidade é a imortalidade.

6   *E.g.* Pacto Internacional sobre Direitos Civis e Políticos (1966), art. 6º; Convenção Americana de Direitos Humanos (1969), art. 4º; Carta Africana dos Direitos Humanos e dos Povos (1981), art. 4º; e Convenção Europeia dos Direitos do Homem (1950), art. 2º.

7   *E.g.* Lei Fundamental da República Federal da Alemanha de 1949, art. 2º; Constituição Espanhola de 1978, art. 15; Carta de Direitos e Liberdades do Canadá (Ato Constitucional de 1982), art. 7º; Constituição da Colômbia, art. 11; Constituição do Chile, art. 19; Constituição do Uruguai, art. 7º.

8   CF, Art. 227. "É dever da família, da sociedade e do Estado assegurar à criança, ao adolescente e ao jovem, com absoluta prioridade, o direito à vida, à saúde, à alimentação, à educação, ao lazer, à profissionalização, à cultura, à dignidade, ao respeito, à liberdade e à convivência familiar e comunitária, além de colocá-los a salvo de toda forma de negligência, discriminação, exploração, violência, crueldade e opressão".

9   CF, Art. 230. "A família, a sociedade e o Estado têm o dever de amparar as pessoas idosas, assegurando sua participação na comunidade, defendendo sua dignidade e bem-estar e garantindo-lhes o direito à vida".

10   CF, Art. 170. "A ordem econômica, fundada na valorização do trabalho humano e na livre-iniciativa, tem por fim assegurar a todos existência digna, conforme os ditames da justiça social, observados os seguintes princípios:".

11   Ingo Wolfgang Sarlet, Luiz Guilherme Marinoni e Daniel Mitidiero, *Curso de direito constitucional*, 2020, p. 422.

12   Nesse sentido, v. STF, *DJ* 12 mai. 2000, MS 23.452/RJ, Rel. Min. Celso de Mello: "Os direitos e garantias individuais não têm caráter absoluto. Não há, no sistema constitucional brasileiro, direitos ou garantias que se revistam de caráter absoluto".

hierarquia entre direitos. Nada obstante, por sua valia intrínseca e por ser precondição para o exercício dos demais direitos fundamentais[13], é razoável sustentar que ele tem peso abstrato maior, desfrutando de uma posição preferencial dentro do sistema constitucional[14]. Diferentemente de outros direitos, que são disponíveis – como a propriedade ou a imagem –, o direito à vida é, *prima facie* (em linha de princípio), indisponível. Não são legítimos os pactos de morte, nem estará o agente exonerado de responsabilidade penal sob o fundamento de que tenha havido renúncia do direito à vida pela vítima[15]. Ainda assim, há situações em que o valor objetivo da vida humana deve ser conciliado com o conjunto de liberdades básicas que decorre da dignidade humana e da autonomia da vontade de cada um. Por exemplo: o Estado não pode proibir alguém de prestar ajuda humanitária em uma região de guerra, ou de praticar esportes radicais, ainda que o risco seja elevado ao extremo. Essas são escolhas existenciais legítimas. Uma hipótese que divide opiniões em todo o mundo diz respeito à recusa de transfusão de sangue por Testemunhas de Jeová, situação em que o direito à vida precisa ser ponderado com a liberdade religiosa[16].

O direito à vida é objeto, direta ou indiretamente, de um conjunto de dispositivos da legislação infraconstitucional. De acordo com o Código Civil, o nascimento com vida marca o início da condição humana efetiva, com a aquisição de personalidade jurídica e a aptidão para ter direitos e deveres. Mas resguardam-se, desde a concepção, os direitos do nascituro[17]. O Código Civil também cuida do término da vida, disciplinando amplamente o direito das sucessões, a partir do art. 1.784. Já o Código Penal tutela o direito à vida com a relevância que merece esse bem jurídico, reservando para o caso de sua violação as penas mais rigorosas de todo o diploma. A pena por homicídio simples vai de 6 a 20 anos (art. 121) e pelo homicídio qualificado, de 12 a 30 anos (art. 121, § 2º), mesma punição que vale para o feminicídio, que consiste no assassinato de uma mulher em razão de sua condição do sexo feminino (art. 121, VI). Também são punidos criminalmente o induzimento, a instigação ou o auxílio ao suicídio (art. 122), o infanticídio (art. 123) e o aborto (arts. 124 a 128). A esse último tema se voltará mais à frente. Os crimes dolosos contra a vida são levados a julgamento pelo Tribunal do Júri, consoante prevê a Constituição (art. 5º, XXXVIII) e o Código de Processo Penal (art. 74, § 1º).

Merece registro o instituto da *legítima defesa*, que é uma excludente de ilicitude, isto é, uma previsão excepcional de não responsabilização penal do agente que tenha praticado um crime, mesmo que de homicídio. De acordo com o Código Penal, tal situação se configura quando alguém se utiliza moderadamente dos meios necessários para repelir injusta agressão, atual ou iminente. A legítima defesa deve ser proporcional à ameaça e não se confunde com fazer justiça pelas próprias mãos. O excesso, culposo ou doloso, será punido. Também excluem a ilicitude da conduta, mesmo quando acarrete o evento morte, o estado de necessidade e o estrito cumprimento do dever legal[18].

A legislação brasileira, a exemplo do direito internacional, tipifica e pune, também, o crime de *genocídio*, como tal entendido a intenção de destruir, no todo ou em parte, grupo nacional, étnico, racial

---

13 Sem desconsiderar, no entanto, que em certos contextos será possível falar da dignidade do feto ou de uma pessoa já morta.

14 Letícia de Campos Velho Martel, *Direitos fundamentais indisponíveis – os limites e os padrões de consentimento para a autolimitação do direito fundamental à vida*, mimeografado, 2010, p. 309.

15 Como seria o caso, para utilizar um precedente real ocorrido nos Estados Unidos, de uma mulher que consentiu, por escrito, em ser morta durante uma relação sexual. V. Letícia de Campos Velho Martel, *Direitos fundamentais indisponíveis – os limites e os padrões de consentimento para a autolimitação do direito fundamental à vida*, mimeografado, 2010, p. 325.

16 Sobre o tema, v. Luís Roberto Barroso, Legitimidade da recusa de transfusão de sangue por Testemunhas de Jeová. *Revista Trimestral de Direito Civil 11*:49, 2010, que assim conclui: "É legítima a recusa de tratamento que envolva a transfusão de sangue, por parte das testemunhas de Jeová. Tal decisão funda-se no exercício de liberdade religiosa, direito fundamental emanado da dignidade da pessoa humana, que assegura a todos o direito de fazer suas escolhas existenciais. Prevalece, assim, nesse caso, a dignidade como expressão da autonomia privada, não sendo permitido ao Estado impor procedimento médico recusado pelo paciente. Em nome do direito à saúde ou do direito à vida, o Poder Público não pode destituir o indivíduo de uma liberdade básica, por ele compreendida como expressão de sua dignidade".

17 Código Civil: "Art. 1º Toda pessoa é capaz de direitos e deveres na ordem civil. Art. 2º A personalidade civil da pessoa começa do nascimento com vida; mas a lei põe a salvo, desde a concepção, os direitos do nascituro".

18 Código Penal: "Art. 23. Não há crime quando o agente pratica o fato: I – em estado de necessidade; II – em legítima defesa; III – em estrito cumprimento de dever legal ou no exercício regular de direito. Parágrafo único – O agente, em qualquer das hipóteses deste artigo, responderá pelo excesso doloso ou culposo". Art. 25. Entende-se em legítima defesa quem, usando moderadamente dos meios necessários, repele injusta agressão, atual ou iminente, a direito seu ou de outrem".

ou religioso[19]. O Código Penal prevê, inclusive, que ficam sujeitos à lei brasileira, mesmo que cometidos no estrangeiro, o crime de genocídio, quando o agente for brasileiro ou domiciliado no Brasil. No plano internacional, o crime é tratado em convenção específica[20] e, também, pelo Estatuto de Roma, que criou o Tribunal Penal Internacional[21]. O maior genocídio documentado da história foi o assassinato de seis milhões de judeus pelo regime nazista. Para julgar as lideranças alemãs por crimes contra a humanidade, crimes de guerra e crimes contra a paz, os países aliados instituíram um Tribunal Penal Militar, que conduziu os julgamentos de Nurenberg. Dos 24 acusados, houve 12 condenações à morte, três à prisão perpétua, duas a 20 anos de prisão, uma a 15 anos, outra a 10 anos e duas absolvições[22].

O direito à vida protege os indivíduos tanto em face de particulares quanto do Estado. Dos particulares, como regra, exige-se apenas a obrigação negativa de não atentar contra a vida de outrem. Já o Estado, por sua vez, tem deveres negativos (de abstenção) e deveres positivos (de atuação). Sempre lembrando que, com base na máxima da proporcionalidade, a atuação imprópria do Estado pode ocorrer tanto por comportamento excessivo ou abusivo quanto pela proteção deficiente dos bens jurídicos que a ele cabe preservar. Por problemas atávicos e estruturais, mas também por falha nos deveres de proteção, o Brasil tem um número de mortes violentas superior ao dos países em guerra[23], com índices excessivamente baixos de solução dos homicídios[24]. Outro capítulo trágico diz respeito à letalidade policial, com um número assustador de pessoas mortas pela atuação dos agentes de segurança[25]. Outra face grave dessa relação entre segurança pública e direito à vida é o número igualmente relevante de policiais assassinados[26]. Na jurisprudência do Supremo Tribunal Federal já se reconheceu, em sede de repercussão geral, a responsabilidade civil do Estado pela morte de detento, por falha no cumprimento do dever de proteção[27].

A seguir, a discussão particularizada de alguns temas sensíveis relativos ao direito à vida.

3   Pena de morte

O primeiro Código Criminal brasileiro, de 1830, trazia a previsão de pena de morte, a ser executada na forca[28]. Ela era aplicada ao crime de insurreição e, também, a delitos comuns, como homicídio e roubo seguido de morte[29]. A pena de morte foi empregada para refrear rebeliões negras e manter a escravização, do que são exemplos a repressão à insurreição das Carrancas (1833), em Minas Gerais, e o Levante dos Malês (1835), na Bahia, que resultou na execução de dezenas de rebeldes. A Lei n. 4, de

---

19   Lei n. 2.889, de 1º-10-1956.

20   Convenção para a Prevenção e Repressão do Crime de Genocídio, de 11.12.1952, internalizada no direito brasileiro pelo Decreto n. 30.822, de 6.5.1952.

21   O Estatuto de Roma do Tribunal Penal Internacional foi internalizado no Brasil pelo Decreto n. 4.388, de 25.9.2002. O TPI tem competência para julgar os crimes de maior gravidade com alcance internacional, como genocídio, crimes contra a humanidade e crimes de guerra.

22   V. Nuremberg Trials. *History.com*, 7 jun. 2019. https://www.history.com/topics/world-war-ii/nuremberg-trials; e Wikipedia, verbete *Julgamentos de Nurenbergue*. Acesso em 13 jul. 2021. Na Biblioteca da Faculdade de Direito da Universidade de Harvard há um repositório digitalizado com vasta documentação sobre os julgamentos de Nuremberg. V. Nuremberg Trials Project, https://nuremberg.law.harvard.edu. Acesso em: 14 jul. 2021.

23   G1, Brasil tem aumento de 5% nos assassinatos em 2020, somando 43.892 mortes violentas. V. https://g1.globo.com/monitor-da-violencia/noticia/2021/02/12/brasil-tem-aumento-de-5percent-nos-assassinatos-em-2020-ano-marcado-pela-pandemia-do-novo-coronavirus-alta-e-puxada-pela-regiao-nordeste.ghtml. Acesso em: 9 jul. 2021.

24   G1, Levantamento inédito: sete em cada dez homicídios no Brasil ficam sem solução. V. https://g1.globo.com/fantastico/noticia/2020/09/27/levantamento-inedito-sete-em-cada-dez-homicidios-no-brasil-ficam-sem-solucao.ghtml. Acesso em: 9 jul.2021.

25   Em meados de 2021, pendia de julgamento a ADPF n. 635, Rel. Min. Edson Fachin, tendo por objeto omissão estrutural do Poder Público na adoção de medidas para a redução da letalidade policial.

26   Ao menos 5.660 pessoas foram mortas por policiais em 2020. E 198 policiais foram assassinados, em serviço ou de folga. G1, Número de policiais mortos cresce em 2020. V. https://g1.globo.com/monitor-da-violencia/noticia/2021/04/22/numero-de-policiais-mortos-cresce-em-2020-o-de-pessoas-mortas-em-confrontos-tem-ligeira-queda-no-brasil.ghtml.

27   RE 841.526, *DJe* 29 jul. 2016, Rel. Min. Luiz Fux, tema 592: "Em caso de inobservância do seu dever específico de proteção previsto no artigo 5º, inciso XLIX, da Constituição Federal, o Estado é responsável pela morte do detento".

28   Código Criminal do Império do Brazil, Lei de 16 de dezembro de 1830: "Art. 38. A pena de morte será dada na forca".

29   Código Criminal do Império do Brazil, Lei de 16 de dezembro de 1830, arts. 113 e 114 (insurreição), 192 (homicídio) e 271 (roubo seguido de morte).

10.6.1835, fixava a pena de morte aos escravizados que cometessem ofensa física ou se insurgissem contra seus senhores. A última execução de um cativo no Brasil, no entanto, se deu em 1876[30]. A partir desse ano, o imperador D. Pedro II passou a comutar todas as sentenças de morte[31]. A pena capital só veio a ser formalmente extinta, no Código Penal, após a República, pelo Decreto n. 774, de 20.9.1890.

Abolida na Constituição de 1891, salvo quanto à legislação militar em tempo de guerra (art. 72, § 21), a pena de morte foi reintroduzida pela Constituição de 1937 para crimes de natureza política e para o crime de homicídio por motivo fútil ou com extremos de perversidade (art. 122, § 13). A Constituição de 1946 voltou a banir a pena de morte, retomando a exceção da legislação militar em tempo de guerra com país estrangeiro (art. 141, § 31), fórmula mantida na Constituição de 1967 (art. 150, § 11). Após o Ato Institucional n. 14, de 5.09.1969, e na subsequente Constituição de 1969[32], foi restabelecida a pena de morte para os casos de "guerra externa, psicológica adversa, ou revolucionária ou subversiva". Na prática, não houve caso real de aplicação formal da pena de morte, embora tenham ocorrido algumas centenas de eliminações sumárias de adversários do regime militar. A Constituição de 1988, por sua vez, prevê expressamente que não haverá pena de morte, "salvo em caso de declaração de guerra"[33].

A vedação à pena de morte é considerada cláusula pétrea, não podendo a pena capital ser instituída sequer por reforma da Constituição. Em mandado de segurança impetrado contra a tramitação de proposta de emenda constitucional que instituía a pena de morte em caso de "roubo, sequestro e estupro seguidos de morte", a ação ficou prejudicada pelo arquivamento da proposta no âmbito do Congresso Nacional[34]. De fato, o próprio relator na Comissão de Constituição e Justiça da Câmara dos Deputados considerou que a inovação era de "inconstitucionalidade induvidosa e insuperável"[35]. Todavia, caso a matéria tivesse seguido adiante, essa seria uma das hipóteses excepcionais em que o STF admite intervenção no processo legislativo: para impedir a tramitação de proposta que possa ser considerada "tendente a abolir" os valores, princípios e mandamentos dotados de proteção de não modificabilidade, como são "os direitos e garantias individuais" (art. 60, § 4º, IV). Em matéria de extradição, a jurisprudência do STF exige que o Estado estrangeiro requerente assuma, formalmente, o compromisso de comutar a pena de morte em pena privativa de liberdade, ressalvados os casos em que a própria Constituição brasileira a admite[36].

No mundo em geral, somente cerca de 20 países admitem a pena de morte. Os países que mais a praticam, segundo dados da Anistia Internacional, são China (mais de mil execuções em 2019), o Irã (pelo menos 251 execuções), Iraque (pelo menos 100) e Egito (pelo menos 32). Nos Estados Unidos, o governo federal retomou a prática pela primeira vez em 17 anos, executando 10 pessoas em 2020[37]. Cerca de metade dos estados americanos, todavia, não a admitem ou emitiram moratórias sobre seu

---

30   Ricardo Westin, Há 140 anos, a última pena de morte no Brasil. *Senado Notícias*, 14 abr. 2016.

31   Flávia Ribeiro, D. Pedro II garantiu que não fosse mais aplicada: a pena de morte durou 300 anos no Brasil. *Aventuras na História*, 23 set. 2019.

32   Embora editada sob a forma de Emenda Constitucional n. 1, de 17 out. 1969, à Constituição de 1967, outorgada pelos Ministros da Marinha de Guerra, Exército e Aeronáutica Militar, do ponto de vista material tratou-se de uma nova Constituição, tal a extensão das modificações introduzidas.

33   O vigente Código Penal Militar brasileiro (Decreto-lei n. 1.001, de 21.10.1969) prevê que a pena de morte é executada por fuzilamento (art. 56), incidindo sobre crimes militares em tempos de guerra como traição, favor ao inimigo, tentativa contra a soberania do Brasil, informação ou auxílio ao inimigo e outros.

34   STF, MS n. 21.311-DF, Rel. Min. Néri da Silveira, j. 13 mai. 1999.

35   STF, MS n. 21.311-DF, Rel. Min. Néri da Silveira, j. 13 mai. 1999, onde se transcreve o relatório da CCJ.

36   STF, Ext. 1.426, *DJe* 17 ago. 2020, Rel. Min. Gilmar Mendes. "Extradição formulada pelo Governo da República Popular da China. Crime de absorção ilegal de fundos públicos. Inviabilidade da extradição nos casos de imposição de pena de prisão perpétua ou de morte, tendo em vista as normas da Constituição da República e dos Tratados Internacionais assinados pelo Brasil. Artigo 3, 1., "i", do Tratado de Extradição firmado entre o Brasil e a China. Precedentes do STF e das Cortes internacionais. Aplicação da pena de morte em caso semelhante. Ausência de garantias quanto à comutação da pena e fiscalização dos compromissos assumidos por parte do Estado chinês. Indeferimento do pedido". (Texto ligeiramente editado.)

37   Amnistía internacional, ONU: La oposición a la pena de muerte continúa creciendo. 16 dez. 2020. V. https://www.amnesty.org/es/latest/news/2020/12/un-opposition-to-the-death-penalty-continues-to-grow/. Acesso em 10 jan. 2021; e Anistia internacional, Egito: aumento nas execuções revela extensão da crise de direitos humanos, 15 dez. 2020. V. https://www.amnistia.pt/egito-aumento-nas-execucoes-revela-extensao-da-crise-de-direitos-humanos/. Acesso em 10 jan. 2021.

uso[38]. Inúmeros documentos internacionais procuram banir a pena de morte[39]. A Convenção Americana de Direitos Humanos não veda a pena de morte, mas impõe restrições específicas e inadmite o seu restabelecimento em Estados que a hajam banido[40].

4 Interrupção de gestação

Uma das questões mais divisivas nas sociedades contemporâneas diz respeito ao tratamento jurídico do aborto, isto é, da interrupção voluntária da gestação por uma mulher. Trata-se, essencialmente, de definir se ele deve ser tratado como crime ou não. O tema mexe com convicções religiosas e filosóficas profundas e, não por acaso, costuma produzir posições extremas e apaixonadas. Desde os anos 70 do século passado, essa é uma questão recorrentemente levada aos Tribunais Constitucionais e às Cortes Supremas.

Nos Estados Unidos, a decisão em *Roe v. Wade*, de 1973, assegurou o direito de interromper a gestação durante o primeiro trimestre, invocando a autonomia da mulher e razões de saúde pública. Considerou inconstitucionais, portanto, leis estaduais que criminalizavam o aborto nos três primeiros meses, quando o feto ainda não era viável sem o corpo da mãe. Na Alemanha, as coisas se passaram com sinal trocado: em decisão de 1975, a Corte considerou que a lei votada pelo Parlamento permitindo o aborto violava o dever do Estado de proteção da vida. Consequentemente, considerou inconstitucional a descriminalização.

Nos anos 1990, as duas Cortes reviram em maior ou menor medida suas posições, aproximando-as. Na Alemanha, em julgamento realizado em 1993, a Corte Constitucional reafirmou sua posição em favor da proteção da vida, mas entendeu que a criminalização não era necessária. E, assim, aceitou a sua substituição por aconselhamento profissional visando a dissuadir a mulher da interrupção da gestação na hipótese. Porém, assegurou à mulher a decisão final. Nos Estados Unidos, por sua vez, ao julgar o caso *Planned Parenthood v. Casey*, em 1992, a Suprema Corte introduziu um novo conceito, o de "ônus indevido" (*undue burden*), como teste para aferir a legitimidade de leis estaduais restritivas do aborto. Considerou legitima, assim, a exigência de que, anteriormente à interrupção da gestação, a mulher se submetesse a aconselhamento no sentido de manter a gestação. Mas considerou ilegítima a previsão de que o parceiro da mulher fosse previamente notificado.

Ao longo dos anos, praticamente todos os países democráticos desenvolvidos descriminalizaram a interrupção da gestação no primeiro trimestre ou nas primeiras 12 semanas. Entre eles Austrália, Canadá, Estados Unidos, Alemanha, Dinamarca, França, Noruega, Reino Unido, Suíça e praticamente todos os

---

38 Death Penalty Information Center. State by State. V. https://deathpenaltyinfo.org/state-and-federal-info/state--by-state. Acesso em 11 jul. 2021.

39 Os seguintes documentos internacionais banem o uso da pena de morte, exceto durante os períodos de guerra: o Segundo Protocolo Adicional ao Pacto Internacional sobre os Direitos Civis e Políticos (PIDCP); o Protocolo n. 6 à Convenção Europeia dos Direitos Humanos (CEDH); o Protocolo à Convenção Americana sobre Direitos Humanos referente à Abolição da Pena de Morte. Já o Protocolo n. 13 à Convenção Europeia sobre Direitos Humanos proíbe o uso da pena de morte em qualquer circunstância, mesmo durante guerra.

40 Convenção Americana de Direitos Humanos

Artigo 4. Direito à vida.

1. Toda pessoa tem o direito de que se respeite sua vida. Esse direito deve ser protegido pela lei e, em geral, desde o momento da concepção. Ninguém pode ser privado da vida arbitrariamente.

2. Nos países que não houverem abolido a pena de morte, esta só poderá ser imposta pelos delitos mais graves, em cumprimento de sentença final de tribunal competente e em conformidade com lei que estabeleça tal pena, promulgada antes de haver o delito sido cometido. Tampouco se estenderá sua aplicação a delitos aos quais não se aplique atualmente.

3. Não se pode restabelecer a pena de morte nos Estados que a hajam abolido.

4. Em nenhum caso pode a pena de morte ser aplicada por delitos políticos, nem por delitos comuns conexos com delitos políticos.

5. Não se deve impor a pena de morte a pessoa que, no momento da perpetração do delito, for menor de dezoito anos, ou maior de setenta, nem aplicá-la a mulher em estado de gravidez.

6. Toda pessoa condenada à morte tem direito a solicitar anistia, indulto ou comutação da pena, os quais podem ser concedidos em todos os casos. Não se pode executar a pena de morte enquanto o pedido estiver pendente de decisão ante a autoridade competente.

demais países da Europa, inclusive os mais católicos, como Itália, Espanha e Portugal. Malta e a Santa Sé são exceções. Na China é igualmente permitido.

Por duas vezes o Supremo Tribunal Federal enfrentou o tema. Em 2012, o Tribunal decidiu ser legítimo uma mulher interromper a gestação após detectar, em exame próprio, que o feto era anencéfalo. Essa é uma anomalia incompatível com a vida extrauterina porque, em razão de uma deficiência no fechamento do tubo neural, o cérebro não se forma. O diagnóstico é feito no terceiro mês e a mulher teria de passar cerca de 6 meses grávida de um filho que não terá. A maioria entendeu pela não incidência do tipo penal do aborto nessa hipótese[41]. O outro caso envolveu um *habeas corpus* requerido em favor de médico e de enfermeira pela prática de aborto consentido em uma gestante. Por três votos a dois, a 1ª Turma do Tribunal decidiu pela inconstitucionalidade da criminalização do aborto até a 12ª semana de gestação. Da ementa do acórdão constou:

> "4. A criminalização é incompatível com os seguintes direitos fundamentais: *os direitos sexuais e reprodutivos da mulher*, que não pode ser obrigada pelo Estado a manter uma gestação indesejada; a *autonomia* da mulher, que deve conservar o direito de fazer suas escolhas existenciais; a *integridade física e psíquica* da gestante, que é quem sofre, no seu corpo e no seu psiquismo, os efeitos da gravidez; e a *igualdade* da mulher, já que homens não engravidam e, portanto, a equiparação plena de gênero depende de se respeitar a vontade da mulher nessa matéria.
>
> 5. A tudo isto se acrescenta o impacto da criminalização sobre as mulheres pobres. É que o tratamento como crime, dado pela lei penal brasileira, impede que estas mulheres, que não têm acesso a médicos e clínicas privadas, recorram ao sistema público de saúde para se submeterem aos procedimentos cabíveis. Como consequência, multiplicam-se os casos de automutilação, lesões graves e óbitos.
>
> 6. A tipificação penal viola, também, o princípio da proporcionalidade por motivos que se cumulam: (i) ela constitui medida de duvidosa adequação para proteger o bem jurídico que pretende tutelar (vida do nascituro), por não produzir impacto relevante sobre o número de abortos praticados no país, apenas impedindo que sejam feitos de modo seguro; (ii) é possível que o Estado evite a ocorrência de abortos por meios mais eficazes e menos lesivos do que a criminalização, tais como educação sexual, distribuição de contraceptivos e amparo à mulher que deseja ter o filho, mas se encontra em condições adversas; (iii) a medida é desproporcional em sentido estrito, por gerar custos sociais (problemas de saúde pública e mortes) superiores aos seus benefícios.
>
> 7. Anote-se, por derradeiro, que praticamente nenhum país democrático e desenvolvido do mundo trata a interrupção da gestação durante o primeiro trimestre como crime, aí incluídos Estados Unidos, Alemanha, Reino Unido, Canadá, França, Itália, Espanha, Portugal, Holanda e Austrália"[42].

O tema é delicado. A primeira premissa a ser estabelecida é que o aborto é uma prática que se deve procurar evitar, pelas complexidades físicas, psíquicas e morais que envolve. Por isso mesmo é papel do Estado e da sociedade atuar nesse sentido, mediante oferta de educação sexual, distribuição de meios contraceptivos e amparo à mulher que deseje ter o filho e se encontre em circunstâncias adversas. A segunda premissa importante é que a criminalização não diminui o número de abortos, como reconhecido pela Organização Mundial da Saúde. Apenas impede que ele seja feito de modo seguro. E, em terceiro lugar, como destacado na decisão, a criminalização produz impacto grave e desproporcional sobre as mulheres pobres, que não podem recorrer ao sistema público de saúde para receber a orientação adequada. A tudo se acresce o fato de que quando o Estado manda a polícia, o promotor ou o juiz obrigar uma mulher a permanecer grávida do filho que ela não quer ter – não quer porque, geralmente, não pode – viola uma série de direitos constitucionais, entre os quais a liberdade individual, a igualdade e os direitos sexuais e reprodutivos.

A questão eticamente mais complexa diz respeito à situação moral e jurídica do feto. A legislação brasileira – e, também, a Convenção Americana de Direitos Humanos – protege os direitos do nascituro. Além disso, para muitos, existe vida desde a concepção. Para outros, um pequeno aglomerado de células em fase de multiplicação, sem sistema nervoso ou vestígio de consciência, não deve ser equiparado à

---

41 ADPF n. 54, Rel. Min. Marco Aurélio, j. 12 abr. 2012. "O Tribunal, por maioria e nos termos do voto do Relator, julgou procedente a ação para declarar a inconstitucionalidade da interpretação segundo a qual a interrupção da gravidez de feto anencéfalo é conduta tipificada nos arts. 124, 126 e 128, incisos I e II, todos do Código Penal".

42 STF, HC n. 124.306, Red. p/ ac. Min. Luís Roberto Barroso, j. 9 ago. 2016.

vida. Não há solução correta para esse problema: ela sempre dependerá das convicções religiosas e filosóficas de cada um. Mas que existe uma vida potencial é inegável. E essa vida deve estar protegida quanto à intervenção de terceiros em geral. A pergunta intrincada aqui é: essa regra vale para a mãe, que terá que suportar todas as consequências físicas e psicológicas de uma gravidez, mais a responsabilidade pela criação da criança? Se afastarmos as respeitáveis convicções religiosas de cada um – que são legítimas, mas não podem prevalecer no espaço público –, a resposta é negativa. Um dos pilares da ética moderna, concretado desde o Iluminismo, é o imperativo categórico de Kant, que em uma de suas formulações assenta: toda pessoa é um fim em si mesma, e não um meio para a realização de projetos alheios ou da sociedade.

Se adotarmos essa premissa ética, a resposta é relativamente simples: se o feto não tem como se desenvolver por conta própria – e enquanto assim for –, se ele depende inteiramente do corpo da mãe, há de ser dela a decisão final. Do contrário, a mãe terá deixado de ser um fim em si mesma e passado a ser um meio para a realização de projeto alheio. Tal constatação não retira a possibilidade de se discutir o mérito da decisão da mulher. Mas, inequivocamente, estabelece que a decisão é dela. A tradição judaico-cristã condena o aborto. Deve-se ter profundo respeito pelo sentimento religioso das pessoas. E, portanto, é plenamente legítimo ter posição contrária ao aborto, não o praticar e pregar contra a sua prática. Mas será que a regra de ouro, subjacente a ambas as tradições – tratar o próximo como desejaria ser tratado – é mais bem cumprida atirando ao cárcere a mulher que passe por esse drama? Pessoalmente, não creio. Portanto, sem abrir mão de qualquer convicção, é perfeitamente possível ser simultaneamente contra o aborto e contra a criminalização.

Em suma: numa sociedade aberta e democrática, alicerçada sobre a ideia de liberdade individual, não é incomum que ocorram desacordos morais razoáveis. Vale dizer: pessoas esclarecidas e bem-intencionadas têm posições diametralmente opostas. Nesses casos, o papel do Estado não é o de escolher um lado e excluir o outro, mas assegurar que cada um possa viver a sua própria convicção.

Em meados de 2021, pendia de julgamento a ADPF n. 442, da relatoria da Ministra Rosa Weber, na qual se discute o tema da não recepção, pela Constituição de 1988, dos dispositivos do Código Penal, datado de 1940, que criminalizam o aborto a qualquer tempo, sem a exceção das primeiras doze semanas. Em junho de 2021, o Parlamento Europeu aprovou uma resolução no sentido de que o acesso ao aborto seguro é um direito humano, como reação às restrições aos direitos das mulheres impostas em países como Polônia e Malta[43].

5 Pesquisas com células-tronco embrionárias

Outro tema situado na fronteira entre o direito, a ética e a medicina envolveu a discussão acerca das pesquisas com células-tronco embrionárias. O objeto central da controvérsia era um dispositivo da Lei de Biossegurança que dispunha, especificamente, sobre a utilização, para fins de pesquisa e terapia, de células-tronco obtidas de embriões humanos, produzidos mediante fertilização *in vitro*, e que não foram transferidos para o útero materno[44]. A fertilização *in vitro* é um método de reprodução assistida, destinado em geral a superar a infertilidade conjugal. No procedimento, colhem-se o sêmen do homem e óvulos da mulher e se produz a fecundação em laboratório. Diversos embriões são produzidos. Alguns são implantados no útero materno e os demais são congelados. É um procedimento complexo e, havendo insucesso nos embriões implantados, eles são substituídos pelos que estavam congelados. Porém, em algum momento, a gestação se consuma, o casal tem o(s) filho(s) desejado(s) e os embriões congelados ficam sem utilidade ou destino, condenados a um descarte futuro. São esses embriões que a lei autorizou fossem destinados à pesquisa, se os doadores do material genético consentissem.

As chamadas células-tronco embrionárias, presentes em embriões recém-fecundados, podem se diferenciar e se transformar em qualquer um dos 216 tecidos que compõem o corpo humano. Por essa razão, pesquisas nessa área são uma importante fronteira da medicina regenerativa. Entre as patologias cuja cura pode resultar das pesquisas com células embrionárias podem ser citadas, por exemplo, *as atrofias espinhais progressivas, as distrofias musculares, a esclerose lateral amiotrófica, a esclerose*

---

43 Maïa de la Baume, European Parliament declares abortion access a human right. *Politico*, 24 jun. 2021.

44 Lei n. 11.105, de 24.3.2005: "Art. 5º É permitida, para fins de pesquisa e terapia, a utilização de células-tronco embrionárias obtidas de embriões humanos produzidos por fertilização *in vitro* e não utilizados no respectivo procedimento, atendidas as seguintes condições: I – sejam embriões inviáveis; ou II – sejam embriões congelados há 3 (três) anos ou mais, na data da publicação desta Lei, ou que, já congelados na data da publicação desta Lei, depois de completarem 3 (três) anos, contados a partir da data de congelamento. § 1º Em qualquer caso, é necessário o consentimento dos genitores. [...]".

múltipla, as neuropatias e as doenças de neurônio motor, a diabetes, o mal de Parkinson, paraplegia e tetraplegia, entre outras. Todas elas constituem doenças graves, que causam grande sofrimento a seus portadores. As pesquisas, todavia, implicam a destruição do embrião.

O Procurador-Geral da República ajuizou ação direta de inconstitucionalidade contra os dispositivos legais que permitiam tais pesquisas. A tese central era a de que "a vida humana acontece na, e a partir da, fecundação". Fundado em tal premissa, entendeu estarem sendo violados dois preceitos da Constituição da República: o art. 5º, *caput*, que consagra o direito à vida; e o art. 1º, III, que enuncia como um dos fundamentos do Estado brasileiro o princípio da dignidade da pessoa humana. Os argumentos desenvolvidos na peça inicial podiam ser resumidos em uma proposição: o embrião é um ser humano cuja vida e dignidade seriam violadas pela realização das pesquisas que as disposições legais impugnadas autorizavam. Não são pontos irrelevantes.

Em votação bastante dividida, prevaleceu o voto do relator, Ministro Carlos Ayres Britto, pela constitucionalidade da lei. O Tribunal, por maioria, entendeu que a destruição de embriões nesta hipótese – embriões que seriam, de todo modo, descartados em algum momento – não violava o direito à vida nem tampouco o princípio da dignidade da pessoa humana. A vida, afirmou-se, "pressupõe uma pessoa nativiva". Ademais, a legislação brasileira considera que a vida finda com a morte encefálica (Lei n. 9.434/97), sendo que o embrião congelado é destituído de vida cerebral. Acrescentou-se, ainda, que a autorização legislativa se justificava em nome da proteção à saúde e da liberdade de pesquisa científica[45].

6 A morte com intervenção: eutanásia, suicídio assistido e ortotanásia[46]

Deve um indivíduo ter o poder de definir o momento da sua morte, quando se encontre em estágio terminal da vida, em situação de grande sofrimento ou em estado vegetativo persistente? A resposta a essa pergunta envolve um universo de questões religiosas, morais e jurídicas: saber se existe um direito à morte, no tempo certo, por juízo próprio de cada um. A ideia de dignidade humana, que acompanha a pessoa ao longo de toda a sua vida, também pode ser determinante na hora da sua morte? Assim como há um direito à vida digna, existiria um direito à *morte digna*? Essas são questões que têm desafiado a Ética e o Direito pelos séculos afora. Antes, temiam-se as doenças e a morte. Hoje, temem-se, também, o prolongamento da vida em agonia, a morte adiada, atrasada, mais sofrida. O fenômeno da *medicalização da vida* pode transformar a morte em processo irrazoavelmente longo e penoso. Por essa razão, é importante a reflexão acerca dos temas aqui tratados: minimizar a dor e evitar estender o sofrimento das pessoas, onde já não haja esperança.

A melhor compreensão e tratamento dessa matéria exigem a definição de alguns conceitos relevantes. *Eutanásia* é a ação intencional de apressar ou provocar a morte de pessoa que se encontre em situação considerada incurável e irreversível, consoante os padrões médicos vigentes, e que padeça de intensos sofrimentos físicos e psíquicos. *Suicídio assistido* designa a retirada da própria vida com auxílio ou assistência de terceiro, quando presentes as mesmas circunstâncias identificadas com relação à eutanásia: situação incurável e irreversível, bem como intenso sofrimento. Há alguns outros conceitos que merecem ser dominados nessa temática. *Distanásia* significa retardar ao máximo a morte, empregando meios médicos extraordinários, num prolongamento artificial da vida onde não haja chance de uma recuperação da saúde. Em sentido oposto tem-se a *ortotanásia*, que é a morte em seu tempo certo, sem emprego de métodos extraordinários ou desproporcionais. Ela vem acompanhada, normalmente, de *cuidado paliativo*, para aplacar o sofrimento físico e psíquico do enfermo.

O Código Penal brasileiro, que é de 1940, não extrai consequências jurídicas significativas das categorias acima. O suicídio assistido, apesar de suas peculiaridades e o caráter de benevolência, recai no tipo penal geral referente ao tema[47]. Não deveria ser assim. É preciso deflagrar no Brasil o debate necessário que valorize a autonomia do paciente na terminalidade da vida, sem desconsiderar os riscos de

---

45 STF, ADI 3.510, Rel. Min. Carlos Ayres Britto, j. 29 mar. 2008.

46 As ideias e conceitos expressos nesse tópico encontram-se em Luís Roberto Barroso e Letícia de Campos Velho Martel, A morte como ela é: dignidade e autonomia no final da vida. *Revista da Faculdade de Direito de Uberlândia* 38:235, 2010.

47 Código Penal. Induzimento, instigação ou auxílio a suicídio. "Art. 122. induzir ou instigar alguém a suicidar-se ou prestar-lhe auxílio para que o faça: Pena – reclusão, de dois a seis anos, se o suicídio se consuma; ou reclusão, de um a três anos, se da tentativa de suicídio resulta lesão corporal de natureza grave".

397

abusos e distorções que podem ocorrer, recaindo sobre pessoas idosas e doentes[48]. A eutanásia é tratada como homicídio e a própria ortotanásia – conduta legítima e, em muitos casos, desejável – acaba ficando em uma zona cinzenta, que poderia ser enquadrada como omissão de socorro[49]. Para evitar que a ausência de um tratamento legislativo específico para a ortotanásia induzisse os médicos a praticarem a distanásia, o Conselho Federal de Medicina terminou por editar uma resolução na matéria, permitindo a limitação do tratamento e a suspensão de procedimentos na fase terminal de enfermidades graves e incuráveis[50]. A resolução esteve suspensa por decisão judicial por algum tempo, mas foi restabelecida[51].

Diversos países do mundo, sobretudo na Europa, admitem e regulamentam a morte com intervenção, tanto a eutanásia (Bélgica, Holanda, Espanha, Colômbia) quanto o suicídio assistido (Suíça, Nova Zelândia, Itália, Alemanha), sempre com a imposição de critérios rigorosos e controlados. Em Portugal, o Decreto n. 109/XIV, de 12.2.2021, regula condições especiais em que a antecipação da morte medicamente assistida não é punível[52]. Todavia, o Tribunal Constitucional português pronunciou a inconstitucionalidade da norma, por considerar excessivamente aberto o conceito de "lesão definitiva de gravidade extrema", entendendo ser exigível maior densidade normativa[53].

II LIBERDADE, LEGALIDADE E AUTONOMIA DA VONTADE

1 Liberdade

1.1 O conceito de liberdade

Liberdade significa autodeterminação para fazer as próprias escolhas existenciais sem interferências externas indevidas, bem como a possibilidade real de realizar essas escolhas. Essa definição tem uma dimensão negativa – ausência de obstáculos – e uma dimensão positiva, representada pela presença de requisitos para a efetiva concretização da vontade de cada um. São faces inseparáveis de uma mesma moeda, referidas, por vezes, como liberdades negativa e positiva[54]. Para que não seja puramente formal,

---

48 Em trabalho acadêmico intitulado *A dignidade da pessoa humana no direito constitucional contemporâneo:* a construção de um conceito jurídico à luz da jurisprudência mundial. Belo Horizonte: Fórum, 2019, p. 109-110, sustentei: "Minha inequívoca convicção é que a comunidade e o Estado não devem ter o direito de impor suas concepções moralistas e paternalistas sobre alguém que é vítima de um sofrimento desesperançado e está próximo do fim da sua vida. Todavia, eles têm a autoridade e o dever de estabelecer algumas salvaguardas com o objetivo de garantir que a autonomia de cada paciente seja adequadamente exercida. De fato, existe um risco real de que a legalização do suicídio assistido possa colocar pressão sobre os mais velhos e sobre aqueles acometidos de doenças terminais, que os levem a optar pela morte com a finalidade reduzir o ônus sobre os seus familiares. Em tais cenários, embora a opção por morrer seja uma decorrência da autonomia, na verdade ela se torna o produto de uma coerção sobre indivíduos vulneráveis e marginalizados, o que reduz o valor das suas vidas e da sua dignidade".

49 Código Penal, art. 135: "Deixar de prestar assistência, quando possível fazê-lo sem risco pessoal, à criança abandonada ou extraviada, ou à pessoa inválida ou ferida, ao desamparo ou em grave e iminente perigo; ou não pedir, nesses casos, o socorro da autoridade pública: Pena – detenção, 1 (um) a 6 (seis) meses, ou multa".

50 Resolução CFM n. 1.805/2006, de 9.11.2006, cuja ementa dispõe: "Na fase terminal de enfermidades graves e incuráveis é permitido ao médico limitar ou suspender procedimentos e tratamentos que prolonguem a vida do doente, garantindo-lhe os cuidados necessários para aliviar os sintomas que levam ao sofrimento, na perspectiva de uma assistência integral, respeitada a vontade do paciente ou de seu representante legal".

51 Justiça valida teor da Resolução n. 1.805/2006. *Portal do Conselho Federal de Medicina*, dez. 2010. V. https://portal. cfm.org.br/images/stories/JornalMedicina/2010/jornal%20cfm_191%205.pdf. Acesso em 13 jul. 2021.

52 Decreto n. 109/XIV: "Artigo 2º Antecipação da morte medicamente assistida não punível. 1 – Para efeitos da presente lei, considera-se antecipação da morte medicamente assistida não punível a que ocorre por decisão da própria pessoa, maior, cuja vontade seja atual e reiterada, séria, livre e esclarecida, em situação de sofrimento intolerável, com lesão definitiva de gravidade extrema de acordo com o consenso científico ou doença incurável e fatal, quando praticada ou ajudada por profissionais de saúde".

53 Tribunal Constitucional, Acórdão 123/2021, 12 abr. 2021.

54 V. sobre o tema o clássico ensaio de Isaiah Berlin, Two concepts of liberty (1958), in *Four essays on liberty*. Oxford: Oxford University Press, 1969.

mas substantiva, a liberdade exige o desfrute de certas *capacidades*[55], que incluem a existência de condições institucionais, sociais e pessoais de ser e de fazer. Ou seja: oportunidades reais que permitam as pessoas *florescerem*[56]. Também é possível identificar na ideia de liberdade uma dimensão pública – o direito de participar da vida política, votando e se manifestando – e uma dimensão privada, que traduz a autonomia das decisões individuais. Liberdade dos antigos e dos modernos, como referido em texto clássico[57].

1.2 Três grandes movimentos históricos

O constitucionalismo democrático é produto de três grandes movimentos históricos, filosóficos e políticos. Todos eles tiveram a liberdade no seu centro de gravidade. O primeiro foi o *contratualismo*, um acordo tácito ou imaginário pelo qual a condição humana passa do estado de natureza para o estado social, político e jurídico. Isto é, para os primórdios do Estado de direito. Apesar de suas múltiplas concepções, desenvolvidas por autores como Hobbes[58], Locke[59], Rousseau[60] e, mais recentemente, Rawls[61], a essência do contrato social é um pacto para conservação da liberdade, ao lado da vida e da propriedade. Com a sua celebração, limitam-se alguns direitos, notadamente a liberdade individual, para preservá-los e potencializá-los. De fato, a liberdade absoluta de todos criaria um ambiente de conflito permanente, acarretando, em última análise, risco para a liberdade de cada um. O contrato social, assim, significa a cessão de parte da liberdade em troca da garantia do seu desfrute efetivo, com segurança física e patrimonial.

O segundo movimento foi o *Iluminismo*, que liberta o conhecimento dos grilhões da religião, separando o Estado da Igreja e a ciência da fé. Abre-se um tempo de liberdade científica e filosófica, bem como de avanços tecnológicos. Razão, ciência, humanismo e crença no progresso social[62] preparam o caminho para uma nova era na história da humanidade, que incluiu a Revolução Científica[63], a Revolução Francesa e a Revolução Industrial. O terceiro movimento, na sequência histórica, foi o *Liberalismo*, que tem antecedentes na Revolução Inglesa e na emancipação das treze colônias britânicas na América do Norte, mas cujo marco de repercussão mundial foi a Revolução Francesa. Como desdobramento dos eventos simbolizados pela queda da Bastilha, em Paris, em 1789, a burguesia derrota o *Antigo Regime*, que era fundado no absolutismo real, bem como no poder aristocrático e eclesiástico. A partir daí, progressivamente, o poder do Estado passa a ser limitado pela separação de Poderes, pela igualdade formal de todos e, sobretudo, pelas liberdades individuais. Alguns documentos históricos marcaram a ascensão do liberalismo, entre os quais a Declaração de Direitos inglesa (*Bill of Rights*), de 1689[64], a Declaração

---

55 O conceito de capacidades (*capabilities*) foi desenvolvido originalmente por Amartya Sen e explorado por autores diversos, tendo influenciado o importante Índice de Desenvolvimento Humano (IDH), critério utilizado para medir o bem-estar das pessoas nos diferentes países do mundo. V. Amartya Sen, *Development as Freedom*. Oxford: Oxford University Press, 1999; e Martha Nussbaum, *Creating capabilities: The human development approach*. Cambridge, MA: Harvard University Press, 2011.

56 Na filosofia de aristoteliana, o florescimento ou *eudaimonia* é a realização da vida boa. V. Aristóteles, *Ética a Nicômaco*.

57 Benjamin Constant, *A Liberdade dos antigos comparada à dos modernos*. Trad. Leandro Cardoso Marques da Silva. São Paulo: Edipro, 2019.

58 Thomas Hobbes, *Leviatã*. Trad. Rosina D'Angina. São Paulo: Martin Claret, 2015.

59 John Locke. *Dois tratados sobre o governo*. Trad. Julio Fischer. São Paulo: Martins Fontes, 1998.

60 Jean-Jacques Rousseau, *Do contrato social*. Trad. Eduardo Brandão. São Paulo: Penguim-Companhia das Letras, 2011. Edição Kindle.

61 John Rawls, *Uma teoria de justiça*. São Paulo: Martins Fontes, 2016.

62 Steven Pinker, *O novo Iluminismo*: em defesa da razão, da ciência e do humanismo. Trad. Laura Teixeira Motta e Pedro Maia Soares. São Paulo: Companhia das Letras, 2018.

63 A Revolução Científica, seguida da separação entre Igreja e Estado, foi um dos fatores decisivos para a liderança que o mundo ocidental passou a desfrutar sobre o mundo oriental a partir do século XVI. V. Niall Ferguson, *Civilization: the West and the rest*. Londres: Penguin Randon House, 2012.

64 Declaração Inglesa de Direitos (1689): "Considerando que o falecido Rei Jaime II, com a ajuda de diversos maus conselheiros juízes e ministros empregados por ele, empenhou-se em destruir e extirpar a religião protestante, e as leis e liberdades deste reino", assim começa a declaração, para em seguida listar os malfeitos imputados ao rei deposto. Em seguida, consta da declaração: "E, portanto, os ditos lordes espirituais e temporais, e os comuns, respeitando suas respectivas cartas e eleições, estando agora reunidos como plenos e livres representantes desta nação, considerando mui seriamente os melhores meios de atingir os fins acima ditos, declaram, em primeiro lugar (como seus antepassados fizeram comumente em caso semelhante), para reivindicar e garantir seus antigos direitos e liberdades".

de Independência dos Estados Unidos, de 1776[65], e a Declaração de Direitos do Homem e do Cidadão, de 1789, na França[66].

1.3 Direito geral de liberdade

A Constituição brasileira, no *caput* do art. 5º, estabelece um *direito geral de liberdade*. Trata-se de uma cláusula abrangente, que antecede a especificação, em diferentes incisos do artigo, de um conjunto amplo de liberdades básicas, que incluem as liberdades de *locomoção* ("XV- é livre a locomoção no território nacional..."), *de expressão* ("IV- é livre a manifestação do pensamento"; "IX- é livre a expressão da atividade intelectual, artística, científica e de comunicação; "XIV- é assegurado a todos o acesso à informação"), *de consciência, crença e culto* ("VI- é inviolável a liberdade de consciência e de crença, sendo assegurado o livre exercício dos cultos religiosos..."), *de reunião* ("XVI- todos podem reunir-se pacificamente, sem armas, em locais abertos ao público, independentemente de autorização..."), *de associação* ("XVII- é plena a liberdade de associação para fins lícitos, vedada a de caráter paramilitar") e *de trabalho* ("XIII- é livre o exercício de qualquer trabalho, ofício ou profissão, atendidas as qualificações profissionais que a lei estabelecer"), em meio a outras.

Nem todas as Constituições consagram expressamente um direito geral de liberdade[67] e alguns autores relevantes sequer são favoráveis à ideia[68]. Mas, no Brasil, essa discussão jamais se colocou de forma significativa, inclusive pela presença de disposição expressa nesse sentido em todos os textos constitucionais desde o Império. E parece importante que seja assim. A enumeração exaustiva é insuficiente, sobretudo diante da evolução dos tempos e surgimento de novas ideias e realidades, que se materializam em novos direitos. A admissão de um direito geral de liberdade permite que, por via de interpretação constitucional, se reconheçam direitos não positivados na Constituição. Nessa linha, por exemplo, as decisões do Supremo Tribunal Federal em temas como as uniões de pessoas do mesmo sexo[69] e o direito à interrupção de gestação, em hipóteses não previstas expressamente em lei[70], fundaram-se, ao menos em parte, no direito geral de liberdade. Cabe relembrar, nesse ponto, que a Constituição prevê um catálogo aberto de direitos fundamentais (art. 5º, § 2º)[71], permeável ao direito internacional e à interpretação evolutiva (v. *supra*).

Em países como a Alemanha, o direito geral de liberdade é associado ao direito ao livre desenvolvimento da personalidade[72]. A ideia de liberdade relaciona-se diretamente com a de legalidade, como se demonstra a seguir.

Em seguida vêm as regras sobre legalidade tributária, eleições livres para o parlamento, liberdade de expressão no parlamento e sua reunião periódica, em meio a outras.

65 Declaração de Independência dos Estados Unidos (1776): "Consideramos estas verdades como evidentes por si mesmas, que todos os homens são criados iguais, dotados pelo Criador de certos direitos inalienáveis, que entre estes estão a vida, a liberdade e a procura da felicidade".

66 Declaração dos Direitos do Homem e do Cidadão (1789): "Art. 4º A liberdade consiste em poder fazer tudo que não prejudique o próximo. Assim, o exercício dos direitos naturais de cada homem não tem por limites senão aqueles que asseguram aos outros membros da sociedade o gozo dos mesmos direitos. Estes limites apenas podem ser determinados pela lei".

67 Como é o caso, por exemplo, da Constituição de Portugal. V. J. J. Gomes Canotilho e Vital Moreira, *Constituição da República Portuguesa Anotada*, v. I. Coimbra: Coimbra Ed., 2007, p. 478.

68 V. Ronald Dworkin, *Levando os direitos a sério*. São Paulo: Martins Fontes, 2007, p. 411: " [N]a verdade, parece-me absurdo supor que homens e mulheres tenham qualquer direito geral à liberdade, pelo menos do modo como a liberdade tem sido tradicionalmente concebida por seus defensores". Para uma densa discussão sobre direito geral de liberdade *versus* liberdades básicas, v. Letícia Martel de Campos Velho, *Direitos fundamentais indisponíveis:* os limites e os padrões do consentimento para a autolimitação do direito fundamental à vida. Mimeografado. Tese de doutorado – Universidade do Estado do Rio de Janeiro, 2010. Disponível em https://doczz.com.br/doc/173932/direitos-fundamentais-indispon%C3%ADveis---let%C3%ADcia-martel. Acesso em 31 jan. 2021.

69 ADPF 132 e ADI 4.277, rel. Min. Carlos Ayres Britto, j. 5 mai. 2011.

70 ADPF 54, rel. Min. Marco Aurélio, j. 12 abr. 2012. O Supremo Tribunal Federal considerou legítima a interrupção da gestação de fetos anencefálicos e, consequentemente, julgou inconstitucional sua criminalização. Em outra decisão, esta da 1ª Turma do STF, considerou-se igualmente inconstitucional a criminalização da interrupção da gestação até o 3º mês de gestação. HC 124.306, rel. Min. Luís Roberto Barroso, j. 29 nov. 2016.

71 Sobre o ponto, v. tb. Ingo Wolfgang Sarlet, Direito geral de liberdade, in J. J. Gomes Canotilho, Gilmar Ferreira Mendes, Ingo Wolfgang Sarlet e Lenio Luiz Streck, *Comentários à Constituição do Brasil*, SaraivaJur: São Paulo, 2018.

72 Sobre o tema, em defesa do direito geral de liberdade, v. Robert Alexy, *Teoria dos direitos fundamentais*. Trad. Virgílio Afonso da Silva. São Paulo: Malheiros, 2008, p. 341 e s.

2 Legalidade

2.1 A lei como tradição e como positivação

Antes do início do processo civilizatório, quando o *homo sapiens* ainda vivia no estado de natureza, o padrão natural do exercício do poder e da solução de conflitos era *a lei do mais forte*. Foi longa e acidentada a trajetória histórica que, paulatinamente, levou à formação das instituições sob as quais vivemos hoje, que incluem o Estado, a separação de Poderes, a administração pública, as leis e os tribunais. Para os fins do presente tópico, merece destaque o surgimento e a evolução da categoria histórica representada pela lei.

Ao longo de quase toda a história da humanidade, o Direito era a expressão da tradição e dos costumes, transmitidos de geração para geração por via oral. Com o tempo, começou a surgir a lei escrita, cujo papel, no entanto, era meramente compilar e documentar as práticas vigentes, sem nada inovar. Foi assim com os principais documentos que assinalam os primórdios do Direito, como o Código de Hamurabi (Babilônia, século XVIII AEC), a Lei das Doze Tábuas (República Romana, século V AEC) e o Código de Justiniano (Império Bizantino, século V). Da mesma forma se passou com as primeiras legislações que vigoraram no Brasil colônia: as Ordenações Alfonsinas (1446), Manuelinas (1521) e Filipinas (1603). À época, o jusnaturalismo era a única filosofia do Direito, que via o direito natural como manifestação de uma justiça imanente, inicialmente de origem divina e, posteriormente, de origem racional[73].

A *positivação* do Direito, isto é, sua criação por ato de vontade de uma autoridade – e não como revelação divina ou racional – foi uma revolução no pensamento jurídico. Em meio à onda cientificista que dominou o mundo ao longo do século XIX, procurou-se dar ao Direito a mesma objetividade que se vislumbrava nas ciências da natureza. A intenção era trazer certeza e segurança às relações jurídicas, num mundo pós-Revolução Industrial, que assistia o avanço do capitalismo e dos grandes negócios. Surge, então, a *lei*, tal como a concebemos hoje: uma decisão política emanada do poder competente, que não precisa reproduzir a tradição, mas, justamente ao contrário, pode inovar inteiramente no ordenamento jurídico. É o soberano quem faz o Direito. Com o passar do tempo, o que foi mudando foi o titular do poder soberano: primeiro o monarca, depois o parlamento aristocrático e, finalmente, os representantes do povo. Pelo menos, assim é a lenda.

Momento importante dessa transição foi a aprovação, pela Assembleia Nacional da França, da Declaração dos Direitos do Homem e do Cidadão, em 1789, cujo art. 6º previa: "A lei é a expressão da vontade geral. Todos os cidadãos têm o direito de concorrer pessoalmente ou através de mandatários, para a sua formação". O Preâmbulo da Declaração, porém, a apresenta como uma enunciação dos "direitos naturais, inalienáveis e sagrados do homem". Ou seja: o jusnaturalismo ainda era a filosofia dominante. O marco simbólico decisivo da positivação do Direito veio um pouco mais à frente, em 1804, quando Napoleão Bonaparte fez aprovar o Código Civil Francês, que veio a ser conhecido como Código Napoleão. Destinado a romper com as estruturas do Antigo Regime, o Código veio, não para reproduzir a tradição, mas para revolucioná-la.

A mesma Declaração consagrou, no seu art. 16, a exigência da separação de Poderes, como dogma do Estado liberal. Na prática, como se sabe, o primeiro precedente bem-sucedido de plena repartição de Poderes veio com a experiência constitucional americana, fundada na Constituição de 1787, ratificada no ano seguinte. E, não obstante o seu desgaste doutrinário e político ao longo das últimas décadas, ainda prevalece no mundo jurídico a convicção de que o Estado realiza os seus fins por meio de três funções em que se reparte a sua atividade: legislação, administração e jurisdição. A função legislativa liga-se ao fenômeno da formação do Direito: legislar consiste em editar o direito positivo. É a própria Constituição que disciplina o modo de produção das leis e identifica as suas diferentes espécies que, no caso brasileiro, vêm enumeradas no art. 59 do texto constitucional[74].

O Estado de direito, desde suas origens históricas, evolve associado ao princípio da legalidade, ao primado da lei. Na travessia do absolutismo para o modelo liberal, consagrou-se a fórmula clássica do *governo de leis e não de homens*, a caracterizar o sentido impessoal e representativo do poder político. *Lei* não é qualquer ato de vontade emanado dos agentes públicos estatais, mas, ao revés, identifica uma

---

73 Sobre a evolução e transformação do Direito e da lei, v. Fábio Ulhoa Coelho, *Biografia não autorizada do Direito*. Mimeografado, 2021.

74 Constituição Federal: "Art. 59. O processo legislativo compreende a elaboração de: I – emendas à Constituição; II – leis complementares; III – leis ordinárias; IV – leis delegadas; V – medidas provisórias; VI – decretos legislativos; VII – resoluções.

peculiar espécie normativa, dotada de força obrigatória, caráter geral e abstrato, normalmente produzida no órgão de representação popular, isto é, o Legislativo. Nos países em que o Direito se filia à tradição romano-germânica, como é o caso do Brasil, é dominante a ideia de que somente a lei está apta a inovar, originariamente, na ordem jurídica.

2.2 Dimensão privada e pública da legalidade

O princípio da legalidade flui por vertentes distintas em sua aplicação ao Poder Público e aos particulares. Para os indivíduos e pessoas privadas, ele constitui uma garantia do direito de liberdade, materializada na proposição tradicional do direito brasileiro, gravada no inciso II do art. 5º da Constituição da República: "Ninguém será obrigado a fazer ou deixar de fazer alguma coisa senão em virtude de lei". Reverencia-se, assim, a autonomia da vontade individual, que somente deverá ceder ante os limites impostos pela lei. De tal formulação se extrai a consequência de que tudo aquilo que não está proibido por lei é juridicamente permitido. Essa conclusão deve ser interpretada *cum grano salis*, para reconhecer que a lei, muitas vezes, é apenas fundamento remoto de muitas regras de conduta. De fato, estamos todos sujeitos, em alguma medida, a atos normativos inferiores à lei, desde portarias administrativas até convenções de condomínio. O que se impõe é que a competência para edição de tais atos tenha previsão legal e não estejam eles em contrariedade com a Constituição e as leis.

Para o Poder Público, todavia, o princípio da legalidade, referido sem maior explicitação no art. 37 da Constituição, assume feição diversa. Ao contrário dos particulares, que se movem por vontade própria, aos agentes públicos só cabe atuar pelo modo e para os fins delineados na Constituição, nas leis e nos atos que lhes dão execução. Na fórmula que se tornou lugar comum: os particulares podem fazer tudo o que a lei não veda; o administrador público só pode fazer o que a lei – aí incluída a lei maior, que é a Constituição – autoriza ou determina. A esse propósito, como se verá a seguir, a ideia de legalidade se transformou no conceito mais amplo de *juridicidade*. Para escapar de um formalismo excessivamente cerceador, a teoria dos poderes implícitos confere legitimidade à atuação do agente público que, com probidade, pratique atos que visem à realização de objetivos constitucionais, ainda que sem previsão expressa em lei.

2.3 Preferência da lei e reserva da lei

Repassada a relevante distinção entre as variantes pública e privada do princípio da legalidade, cumpre agora explorar em maior detalhe o seu conteúdo. O princípio da legalidade manifesta-se em dois subprincípios: (i) *preferência* ou *preeminência da lei* e (ii) *reserva da lei*. Embora remontando à mesma raiz, eles desempenham papel diverso[75]. *Preferência da lei* significa que todo e qualquer ato infralegal será inválido se estiver em contraste com alguma lei. O princípio tem, nesta acepção, um sentido hierárquico: a lei prevalece sobre as categorias normativas inferiores, como o regulamento, a portaria e a resolução. Vale dizer: tratando-se de matéria que não seja reservada exclusivamente à lei, poderão ser editados atos normativos inferiores. Mas se a lei preexistir ou sobrevier, prevalecerá. *Reserva de lei*, por outro lado, significa que determinadas matérias somente podem ser tratadas mediante lei, sendo vedado o uso de qualquer outra espécie normativa. É uma questão de competência. De parte as referências expressas constantes da Constituição – *e.g.*, reserva de lei penal (art. 5º, XXXIX), reserva de lei tributária (art. 150, 1) –, é geralmente aceito que todo e qualquer ato que interfira com o direito de liberdade ou de propriedade das pessoas carece de lei prévia que o autorize. Vale dizer: somente a lei pode criar deveres e obrigações.

O princípio da reserva legal comporta, ainda, especificações que permitem identificar duas grandes categorias, que abrangem a reserva de lei: (i) material ou formal e (ii) absoluta ou relativa. Haverá reserva de lei formal quando determinada matéria só possa ser tratada por ato emanado do Poder Legislativo, mediante adoção do procedimento ditado pela própria Constituição, que, normalmente, incluirá iniciativa, discussão e votação, sanção-veto, promulgação e publicação[76]. A Constituição contempla, de outra parte, atos normativos que, embora não emanados diretamente do Legislativo, têm força de lei. Dizem-se, assim, atos materialmente legislativos, gênero onde se situam, *e.g.*, espécies normativas como as medidas provisórias e as leis delegadas. Onde se admite a regulação por tais atos, a reserva de lei será

---

75 As ideias que se seguem, fundadas na doutrina que se produziu na Alemanha e na Itália acerca do tema, encontram-se sinteticamente expostas em notável conferência do Professor Alberto Xavier, Legalidade e tributação, *Revista de Direito Público* 47-48/329.

76 Por exemplo: o art. 62, § 1º, da Constituição veda a edição de medida provisória relativamente a diversos temas, entre os quais direito penal, processual penal e civil, em meio a outros.

meramente material. Por outro lado, a reserva de lei será absoluta quando se exija do legislador que esgote o tratamento da matéria no relato da norma, sem deixar espaço remanescente para a atuação discricionária dos agentes públicos que vão aplicá-la. Será relativa a reserva legal quando se admitir a atuação subjetiva integradora do aplicador da norma ao dar-lhe concreção.

Em temas de direito tributário e de direito penal, o princípio se traduz em reserva absoluta de lei formal. Vale dizer: o princípio da legalidade se converte em princípio da tipicidade. Em outras incidências, tem-se admitido reserva meramente relativa de lei, sendo indistintamente válidas as leis formais e materiais.

2.4 Delegação legislativa, poder regulamentar e juridicidade

A despeito de sua importância vital no Estado de direito, a lei formal, como ato emanado do Poder Legislativo, vive um processo de relativo esvaziamento. As razões incluem a concentração de competências normativas no Executivo, a expansão do Poder Judiciário (com uma certa judicialização da vida), bem como a ascensão da Constituição, irradiando seus efeitos por todo o ordenamento jurídico. Nesse ambiente, torna-se importante o exame das categorias referidas no título desse tópico.

A locução *delegação legislativa* identifica a transferência da função normativa primária, constitucionalmente deferida ao Poder Legislativo, a outros órgãos, notadamente os do Poder Executivo[77]. Há casos em que isso decorre diretamente da Constituição, como as medidas provisórias e as leis delegadas, sendo estas últimas bastante incomuns. Em regimes constitucionais anteriores, como na Constituição de 1969, havia vedação expressa à delegação[78]. Nada obstante isso, subsistiram inúmeros casos de delegação de competências normativas primárias a entidades e órgãos como o Instituto Brasileiro do Café – IBC[79], o Banco Central, o Conselho Monetário Nacional[80] e o Conselho Nacional de Telecomunicações[81], entre outros. A Constituição de 1988, embora não contenha vedação expressa – mas, implicitamente, ela é decorrência da concepção tradicional de separação de Poderes –, pretendeu consertar o passado e determinou a revogação de todos os dispositivos legais que delegassem a órgãos do Executivo competências normativas do Congresso Nacional[82]. A realidade, no entanto, se impôs sobre a teoria e o entendimento radical da indelegabilidade foi atenuado ao longo do tempo pela jurisprudência. Passou-se a admitir a delegação, em múltiplas hipóteses, desde que a lei delegadora fixasse *standards* adequados, isto é, parâmetros objetivos para a atuação do administrador[83]. Tal flexibilização foi potencializada pelo advento das agências reguladoras e o reconhecimento de sua função normativa[84].

A delegação legislativa enseja a prática de ato normativo primário, de ato com força de lei. Já o exercício do *poder regulamentar* resulta em atos normativos secundários de cunho administrativo[85]. Classicamente, no direito brasileiro, o regulamento é ato emanado do chefe do Executivo, destinado a explicitar ou detalhar o modo de execução da lei. Trata-se de ato inferior à lei e a ela subordinado,

---

77 Carlos Roberto de Siqueira Castro, *O Congresso e as delegações legislativas*. Rio de Janeiro: Forense, 1986.

78 Constituição Federal de 1969, art. 6º, parágrafo único: "Salvo as exceções previstas nesta Constituição, é vedado a qualquer dos Poderes delegar atribuições; quem for investido na função de um deles não poderá exercer a do outro".

79 Lei n. 1.779, de 1º.6.1952.

80 Lei n. 4.595, de 31.12.1964.

81 Decreto n. 50.666, 30.5.1961.

82 Constituição Federal de 1988, ADCT, art. 25: "Art. 25. Ficam revogados, a partir de cento e oitenta dias da promulgação da Constituição, sujeito este prazo a prorrogação por lei, todos os dispositivos legais que atribuam ou deleguem a órgão do Poder Executivo competência assinalada pela Constituição ao Congresso Nacional, especialmente no que tange a: I – ação normativa; II – alocação ou transferência de recursos de qualquer espécie.

83 STF, ADIs 4.923, 4.679, 4.747, 4.756, rel. Min. Luiz Fux, j. 8 nov. 2017: "A moderna concepção do princípio da legalidade chancela a atribuição de poderes normativos ao Poder Executivo, desde que pautada por princípios inteligíveis capazes de permitir o controle legislativo e judicial sobre os atos da Administração". V. tb. ADI 2.304, rel. Min. Dias Toffoli, j. 12 abr. 2018: "Em matéria de delegação legislativa, a jurisprudência da Corte tem acompanhado um movimento de maior flexibilização do Princípio da Legalidade, desde que o legislador estabeleça um desenho mínimo que evite o arbítrio".

84 STF, ADI 4.874, rel. Min. Rosa Weber, j. 1º fev. 2018: "A função normativa das agências reguladoras não se confunde com a função regulamentadora da Administração (arts. 84, VI, 103-B, § 4º, e 237 da CF. [...] "Qualifica-se a competência normativa da Anvisa pela edição, no exercício da regulação setorial sanitária, de atos: (i) gerais e abstratos, (ii) de caráter técnico, (iii) necessários à implementação da política nacional de vigilância sanitária e (iv) subordinados à observância dos parâmetros fixados na ordem constitucional e na legislação setorial".

85 Carlos Mário da Silva Velloso, Delegação legislativa. A legislação por associações. *Revista de Direito Público 90*:179, 185.

conhecido como *regulamento de execução*. Como ato geral e abstrato, não pode a lei prever todos os aspectos de sua aplicação concreta, tanto por motivos técnicos quanto práticos. Embora o regulamento propriamente dito seja competência privativa do chefe do Executivo, o poder regulamentar – isto é, o poder de editar atos normativos secundários para dar execução às leis – pode ser desempenhado por outros agentes públicos, mediante resoluções, portarias, instruções etc. Dois exemplos: (i) ao prever os requisitos de segurança para o licenciamento de uma obra, a lei delega à autoridade administrativa a competência para estabelecer as exigências específicas; (ii) a lei prevê a vacinação obrigatória para crianças e adolescentes, mas transfere ao Ministério da Saúde a decisão sobre os casos em que isso ocorrerá.

Os regulamentos de execução são balizados pela lei e, se a extrapolarem ou contrariarem, serão inválidos. É antiga a discussão no direito brasileiro acerca da existência de outro tipo de regulamento, denominado *regulamento autônomo*, ou seja, não diretamente fundado em lei. Após longa dissenção doutrinária[86], formou-se consenso de que, ao menos após a promulgação da Emenda Constitucional n. 32/2001, eles foram reconhecidos. De fato, a nova redação do art. 84, VI, permite ao Presidente da República dispor, mediante decreto, sobre organização e funcionamento da administração federal e extinção de funções ou cargos públicos, quando vagos[87]. Pessoalmente, sempre defendi a possibilidade de expedição de regulamentos autônomos, fundados diretamente na Constituição, para prover situações não contempladas em lei, desde que não invadissem esfera reservada à lei. Não podem, assim, por exemplo, instituir tributos[88], majorar vencimentos ou atribuir outras vantagens a servidores[89], tipificar infração[90], criar obrigações, como a exigência de exame psicotécnico[91] ou impor multas[92].

De algum tempo para cá, a compreensão e aceitação do regulamento autônomo se expandiram. A ascensão e centralidade da Constituição, e o reconhecimento de sua aplicabilidade direta e imediata, ampliaram o espaço da *legalidade administrativa*, atenuando o dogma da imprescindibilidade da lei para mediar a relação entre a Constituição e a administração pública. A administração passa a estar vinculada, não especificamente à lei, mas à *juridicidade*[93], significando todo um bloco de legalidade, que inclui a Constituição, tratados internacionais e mesmo princípios não escritos, como eram até pouco tempo a razoabilidade e a proporcionalidade[94]. Esse entendimento foi consagrado, emblematicamente, quando o Supremo Tribunal Federal validou a proibição de nepotismo no Poder Judiciário, que havia sido instituída por resolução do Conselho Nacional de Justiça[95]. Ao afastar o argumento de que somente a lei poderia instituir esse tipo de restrição de direito, o Tribunal assentou que tal proibição poderia ser extraída diretamente dos princípios da moralidade administrativa e da impessoalidade, inscritos na Constituição Federal, sendo válida a resolução que a explicitava[96].

Cabe, por fim, uma referência à *jurisprudência*, que nos últimos tempos, no Brasil, foi sendo transformada em fonte formal do Direito, equiparando-se, para certos fins, à própria lei.

---

86 V. Luís Roberto Barroso, Apontamentos sobre o princípio da legalidade, in *Temas de Direito Constitucional*, v. I, p. 178-181.

87 Constituição Federal (com redação dada pela EC n. 31/2001), art. 84, VI: "Compete privativamente ao Presidente da República: VI. Dispor, mediante decreto, sobre: a) organização e funcionamento da administração federal, quando não implicar aumento de despesa nem criação ou extinção de órgão público; b) extinção de funções ou cargos públicos, quando vago".

88 STF, RE 648.245, rel. Min. Gilmar Mendes, j. 1º ago. 2013 (RG, Tema 211): "É inconstitucional a majoração do IPTU sem edição de lei em sentido formal, vedada a atualização, por ato do Executivo, em percentual superior aos índices oficiais".

89 STF, ADI 2.075 MC, rel. Min. Celso de Mello, j. 7 fev. 2001; e ADI 554, rel. Min. Eros Grau, j. 15 fev. 2006.

90 STF, ADI 2.988, red. p/ac. Min. Ricardo Lewandowski, j. 14 abr. 2019.

91 Súmula Vinculante 44, publ. 17 abr. 2008: "Só por lei se pode sujeitar a exame psicotécnico a habilitação de candidato a cargo público".

92 Sobre esta visão do regulamento autônomo, v. Hely Lopes Meirelles, *Direito administrativo brasileiro*, 1983, p. 137.

93 V. Paulo Otero, *Legalidade administrativa e administração pública*. Coimbra: Almedian, 2003, p. 15: "[A] vinculação administrativa à lei transformou-se numa verdadeira vinculação ao Direito, registando-se aqui o abandono de uma concepção positivista legalista configurativa da legalidade administraiva".

94 Gustavo Binenbojm, *Uma teoria do direito administrativo*. Rio de Janeiro: Renovar, 2008, p. 141.

95 CNJ, Resolução n. 7, de 18.10.2005. A Resolução proibiu a investidura em cargo em comissão ou função gratificada em juízes ou tribunais de cônjuge, companheiro ou parente em linha reta, colateral ou por afinidade, até o terceiro grau, inclusive, dos respectivos membros ou juízes vinculados.

96 STF, ADC 12, rel. Min. Carlos Ayres Britto, j. 20.8.2008. V. tb. RE 579.951, rel. Min. Ricardo Lewandowski, j. 20 ago. 2008: "A vedação ao nepotismo não exige lei formal que proíba a prática, dada que a proibição decorre diretamente dos princípios da Administração Pública (art. 37, *caput*, CF 1988)". Para uma narrativa do *making of* deste caso, v. Luís Roberto Barroso, *O novo direito constitucional brasileiro*. Belo Horizonte: Forum, 2013, p. 369 e s.

2.5 O papel da jurisprudência no direito brasileiro contemporâneo

O tratamento conferido à jurisprudência pelo direito ocidental varia de acordo com dois grandes sistemas de direito: o sistema romano-germânico e o *common law*. O sistema romano germânico, que predominou na Europa continental, tem a lei como principal fonte do direito. A norma jurídica constitui um comando geral e abstrato, que se propõe a abranger, em sua moldura, uma variedade de casos futuros. A sua aplicação firma-se em um raciocínio dedutivo, que parte do comando geral para regular a situação particular. Nesse sistema, as decisões judiciais, geralmente, não produzem efeitos vinculantes para o julgamento de casos futuros[97] e, por isso, afirma-se que, como regra, desempenham um papel secundário como fonte do direito. Podem influenciar a sua compreensão, podem inspirar iniciativas legislativas, mas não geram direito novo, funcionando como fontes mediatas de novas normas.

No *common law*, típico dos países de colonização anglo-saxã, tem-se a situação inversa. As decisões judiciais são a principal fonte do direito e produzem efeitos vinculantes e gerais (*binding precedents*). A norma de direito corresponde ao comando extraído de uma decisão concreta, que será aplicado, por indução, para solucionar conflitos idênticos no futuro. Ela é determinada a partir do problema e deve ser compreendida à luz dos seus fatos relevantes. É mais fragmentada, ligada às particularidades da demanda e à justiça do caso concreto, e menos voltada a produzir soluções abrangentes e sistemáticas. Tradicionalmente, o uso da lei como fonte do direito no *common law* sempre foi menos usual do que no direito romano-germânico.

Esses sistemas não evoluem, contudo, de forma estanque. Ao contrário, há relativo consenso de que se encontram em processo de aproximação. Nos países do *common law*, tem se assistido a uma progressiva ampliação da produção legislativa. Já nos países de direito romano-germânico, constata-se uma tendência irrefreável para se conferir efeitos vinculantes e gerais às decisões judiciais, sobretudo às produzidas por tribunais superiores. No Brasil, a atribuição dessa força de lei aos precedentes se consumou com o Código de Processo Civil de 2015, cujo art. 927 prevê a obrigatoriedade da observância, pelas demais instâncias: (i) das súmulas vinculantes; (ii) das decisões proferidas pelo STF em sede de controle concentrado da constitucionalidade; (iii) dos acórdãos proferidos em julgamento com repercussão geral ou em recurso extraordinário ou especial repetitivo; (iv) dos julgados dos tribunais proferidos em incidente de resolução de demanda repetitiva; (v) em incidente de assunção de competência; (vi) os enunciados da súmula simples da jurisprudência do STF e do STJ; e (vii) as orientações firmadas pelo plenário ou pelos órgãos especiais das cortes de segundo grau[98].

Em suma, no direito brasileiro contemporâneo, a jurisprudência, com seus precedentes vinculantes, também pode, em muitos casos, integrar a ideia de legalidade.

3 Autonomia da vontade

A ideia de autonomia assume significados diversos e é prudente discriminá-los aqui. No plano *filosófico*, a autonomia é o fundamento do livre-arbítrio dos indivíduos, que permite a cada um buscar, à sua maneira, o ideal de viver bem e de ter uma vida boa. Uma pessoa autônoma é dotada de autodeterminação, da capacidade de definir as regras que vão reger a sua vida, segundo seus próprios valores, interesses e desejos. No sistema moral kantiano, a autonomia é a vontade que não sofre influências heterônomas (de fontes externas ao indivíduo) e corresponde à ideia de liberdade[99].

---

97   Todas as decisões judiciais produzem efeitos vinculantes. Quando tais efeitos obrigam apenas às partes do caso concreto, afirma-se que os efeitos são vinculantes e *inter partes*; quando a orientação firmada em um julgado tem de ser observada nos demais casos futuros e idênticos, afirma-se que produzem efeitos vinculantes e gerais (*erga omnes*). Entretanto, o jargão jurídico vem utilizando a expressão efeito ou precedente vinculante para referir-se a esta segunda categoria de precedentes, cujos efeitos obrigatórios ultrapassam o caso concreto e equivalem aos efeitos dos *binding precedents* do *common law*. Trata-se de uso menos técnico, porém consolidado na comunidade jurídica. Por essa razão, a menção a efeitos ou a precedentes vinculantes neste trabalho designará sempre aqueles entendimentos que firmam orientações gerais obrigatórias para o futuro. V., neste sentido: Luís Roberto Barroso, *O controle de constitucionalidade no Direito brasileiro*. 7. ed. Rio de Janeiro: Saraiva, 2015, p. 160-161 e 235-248.

98   Vale assinalar, contudo, que mesmo antes do CPC de 2015, a jurisprudência do Supremo Tribunal Federal já conferia efeitos vinculantes e gerais ao dispositivo das decisões proferidas em sede de controle concentrado e abstrato da constitucionalidade. Posteriormente, tais efeitos foram explicitados por meio das Emendas Constitucionais n. 3, de 17.3.1993, e 45, de 30.11.2004. V. Luís Roberto Barroso, *O controle da constitucionalidade no Direito brasileiro*, 2016.

99   Immanuel Kant, *Groundwork of the Metaphysics of Morals*, 1998, p. 52 ("O que, então, pode ser a liberdade da vontade que não a autonomia?").

Robert Post, *Constitutional Domains: Democracy, Community, Management*, 1995, p. 1.

No plano *jurídico*, a autonomia assume significados múltiplos. Em uma primeira acepção, ela corresponde ao núcleo essencial da liberdade. Como já exposto, existe no direito brasileiro um direito geral de liberdade, que corresponde à possibilidade de fazer tudo o que a lei não proíba. A liberdade, portanto, pode ser legitimamente limitada por forças externas, como um ato do Poder Legislativo. Mas a autonomia, como expressão da dignidade humana, corresponde à parte da liberdade que não pode ser suprimida por interferências estatais ou sociais[100]. Está-se aqui no campo das escolhas existenciais básicas de uma pessoa, que vão da sua religião às suas concepções políticas, passando por seu trabalho e por decisões personalíssimas, como casar-se ou ter filhos.

Uma segunda acepção da autonomia, no plano jurídico-constitucional, divide-a em pública e privada. A *autonomia pública* está ligada à "liberdade dos antigos", já referida[101], uma liberdade *republicana*, associada com a cidadania e com a participação na vida pública. Os gregos antigos viam a cidadania como uma obrigação moral e dedicavam uma parte substancial do seu tempo e da sua energia aos assuntos públicos[102]. A democracia, idealmente, é uma parceria de todos, uma forma de autogoverno coletivo. Por essa razão, ela exige uma via de mão dupla entre a vontade individual e a vontade coletiva, que vai se materializar nas decisões políticas estatais. Um trinômio participação, consentimento e obediência. Isso significa que todo indivíduo tem o direito de votar[103], ser votado e participar do debate público. É precisamente essa possibilidade que o torna um cidadão, e não um súdito.

Já a *autonomia privada* corresponde à "liberdade dos modernos", identificada com as liberdades individuais, já analisadas anteriormente. Liberdade de religião, expressão, associação e reunião, assim como os direitos sexuais e reprodutivos, por exemplo, são importantes manifestações de autonomia privada. Acórdãos do Supremo Tribunal Federal fazem expressa referência a essa espécie de autonomia, em decisões que versaram, ilustrativamente, sobre uniões homoafetivas[104], pesquisas com células-tronco embrionárias e reprodução assistida[105] e doação de sangue por pessoas homossexuais[106]. A propósito da dualidade autonomia pública e privada, é clássica na filosofia constitucional a posição defendida por Jürgen Habermas acerca da cooriginariedade entre ambas, como duas faces incindíveis da mesma moeda. Sustenta, assim, que as liberdades individuais e a soberania popular são igualmente essenciais à legitimação do direito moderno[107].

Por fim, também é corrente a utilização da expressão autonomia da vontade – igualmente referida como autonomia privada e autonomia individual – como um princípio fundamental do direito civil, em particular, e do direito privado, em geral. Nesse sentido, a autonomia traduz a ideia de liberdade aplicada às relações entre particulares. A autonomia privada, nessa acepção, tem seu campo tradicional de aplicação no direito das obrigações e nos direitos reais, âmbitos nos quais se concentram as relações patrimoniais dos indivíduos[108]. Ela se manifesta, sobretudo, na liberdade de contratar, no dever de cumprir os contratos e na formação da vontade, para verificar a ausência de vício do consentimento[109].

---

100 Luís Roberto Barroso, *A dignidade da pessoa humana no direito constitucional contemporâneo:* a construção de um conceito jurídico à luz da jurisprudência mundial. Belo Horizonte: Fórum, 2012, p. 81-87.

101 Benjamin Constant, *A Liberdade dos antigos comparada à dos modernos*. Trad. Leandro Cardoso Marques da Silva. São Paulo: Edipro, 2019.

102 Benjamin Constant, *The Liberty of Ancients Compared with that of Moderns*, 1816 ("Os escravos cuidavam da maior parte do trabalho. Sem a população escrava de Atenas, os 20.000 atenienses jamais poderiam gastar todo o seu dia em discussões na praça pública").

103 O único requisito universalmente aceito para o exercício do direito de voto, nas democracias, é o de idade. No Brasil, o voto pode ser exercido a partir dos 16 anos, sendo o voto obrigatório entre os 18 e os 70 anos. Constituição Federal, art. 14, § 1º, I e II.

104 ADPF 132 e ADI 4.277, rel. Min. Carlos Ayres Britto, j. 5 mai. 2011 ("O concreto uso da sexualidade faz parte da autonomia da vontade das pessoas naturais").

105 STF, ADI 3.510, rel. Min. Carlos Ayres Britto, j. 29 mai. 2008 ("A opção do casal por um processo *in vitro* de fecundação artificial "decorre da autonomia da vontade individual").

106 STF, ADI 5.543, rel. Min. Edson Fachin, j. 11 mai. 2020 ("A restrição à doação de sangue por homossexuais afronta sua autonomia privada").

107 Jürgen Habermas, *Direito e democracia:* entre facticidade e validade. Trad. Flávio Beno Siebeneichler. Rio de Janeiro: Tempo Brasileiro, 1997, v. I, p. 113-168.

108 V. Francisco dos Santos Amaral Neto, Autonomia privada como princípio fundamental da ordem jurídica. *Revista de Informação Legislativa* 102:207, 1989, p. 212-214 e 223.

109 V. Cláudia Lima Marques, *Contratos no Código de Defesa do Consumidor*. São Paulo: Revista dos Tribunais, 1999, p. 44-48.

Essa aplicação da autonomia às relações privadas era, na verdade, o sentido original do termo, quando aplicado ao Direito, em um tempo em que liberdades públicas e soberania popular ainda eram ideias em busca de afirmação. Na sequência histórica da Revolução Francesa (1789-1815) e do Código Napoleão (1804), o liberalismo, o individualismo e o voluntarismo impulsionaram a concepção de que a vontade individual – ou a conjugação de vontades individuais – constituía a principal fonte do Direito, materializada, sobretudo, nos contratos particulares. Na dicção expressa do art. 1.134 do Código Civil francês: *"As convenções legalmente formadas tomam o lugar da lei para aqueles que as tenham feito"*.

A partir da segunda metade do século XIX e ao longo do século XX, inclusive após as duas grandes guerras, o mundo passou por transformações sociais e econômicas profundas. Preocupações com o abuso do poder econômico entre particulares e com a justiça social foram paulatinamente mudando a face do Direito, no qual até então reinavam, soberanos, o proprietário e o contratante. A crescente intervenção do Estado no domínio econômico deu lugar, no âmbito do direito privado, ao *dirigismo contratual*, expressando maior controle do legislador sobre a liberdade das partes[110]. O dirigismo contratual inicia sua trajetória nas relações de trabalho, contendo a assimetria de poder entre as partes, visando a proteger o polo mais fraco dos negócios jurídicos contratuais[111]. No Brasil, o Conselho Nacional do Trabalho foi criado em 1923, a Justiça do Trabalho foi instalada em 1941 e a Consolidação das Leis do Trabalho data de 1943.

A mesma lógica de resguardar o lado mais frágil das relações contratuais se estendeu às locações imobiliárias, com a proteção do direito de moradia, nas locações residenciais, e o fundo de comércio, nas locações comerciais. Com a progressiva urbanização da sociedade brasileira e a escassez de oferta de imóveis nas cidades, os riscos de abusos se multiplicavam[112]. O legislador brasileiro também limitou a autonomia privada em nome da proteção da economia popular, com a Lei da Usura, que impedia a estipulação de juros extorsivos nos contratos[113]. Bem mais à frente, a aprovação do Código do Consumidor foi considerada um marco nas relações privadas no Brasil, com a proteção da saúde e da segurança de quem adquire ou utiliza bens e serviços. O Código disciplina, entre outros temas, a responsabilidade por fato ou vício do produto ou serviço, bem como proíbe a publicidade enganosa ou abusiva. Em suma, a autonomia da vontade, ao longo do tempo, foi sendo atenuada por legislação destinada a reduzir os desequilíbrios nas contratações privadas. O individualismo pleno sendo mitigado por preocupações sociais e pela solidariedade.

Um conceito que vem se tornando progressivamente mais importante, igualmente associado à autonomia da vontade, é o de *autodeterminação informativa* ou *informacional*, originário do direito alemão[114]. Trata-se da proteção da privacidade individual e dos dados pessoais, que se tornaram extremamente vulneráveis na era da Revolução Digital e da internet. Entidades públicas e, sobretudo, empresas privadas detêm uma ampla gama de informações acerca da população em geral, que incluem dados pessoais (nome, estado civil, filiação, endereço, ocupação, CPF etc), como, também, gosto, preferências e padrões de consumo, extraídos da navegação de cada um pela internet. Como intuitivo, o uso indevido desses dados é altamente invasivo da autonomia privada. Por essa razão, em diferentes partes do mundo[115] vem sendo aprovada legislação disciplinando o tratamento de dados pessoais. No Brasil, foi promulgada a Lei Geral de Proteção de Dados (Lei n. 13.709, de 14.8.2018), que, como regra geral, exige prévio consentimento do titular para utilização de seus dados pessoais[116].

---

110 V. Gustavo Tepedino, Carlos Nelson Konder e Paula Greco Bandeira, *Fundamentos do direito civil*, v. 3. Rio de Janeiro: Forense, 2020, p. 13-18.

111 Consta que a primeira lei trabalhista no mundo surgiu na Inglaterra, em 1802, com previsão que estarreceria a sociedade contemporânea: a previsão de jornada máxima de 12 horas para o trabalho infantil, com proibição de jornada noturna. V. Early factory legislation, *UK Parliament*. Disponível em https://www.parliament.uk/about/living--heritage/transformingsociety/livinglearning/19thcentury/overview/earlyfactorylegislation/. Acesso em 21 mar. 2021.

112 A primeira norma específica sobre locações residenciais foi o Decreto n. 4.403, de 22.11.1921 e sobre locações comerciais o Decreto n. 24.150, de 20.4.1934.

113 O Decreto n. 22.626, de 7.4.1933, vedou taxas de juros superior ao dobro da taxa legal.

114 Caso da Lei do Censo. BVerfGE 65, 1, 1983.

115 No âmbito da União Europeia, foi editada a General Data Protection Regulation, que entrou em vigor em 25.5.2018. Na Califórnia, nos Estados Unidos, foi editado o Consumer Privacy Act, vigente a partir de 1º.1.2020.

116 V., sobre o tema, STF, ADI 6.387 MC-Ref, j. 7 maio 2020, Rel. Min. Rosa Weber, por meio da qual se suspendeu a Medida Provisória n. 954/2020, que determinava o compartilhamento de dados dos usuários de serviços de telefonia com o Instituto Brasileiro de Geografia e Estatística – IBGE, em proteção a tais direitos; e STF, ADI 6.529 MC, j. 13 ago. 2020, Rel. Min. Cármen Lúcia, em que se concedeu parcialmente a cautelar, para conferir interpretação conforme ao parágrafo único do art. 4º da Lei n. 9.883/99, de modo a estabelecer condições para o fornecimento de dados pelos órgãos componentes do Sistema Brasileiro de Inteligência à Agência Brasileira de Inteligência, com o propósito de acomodar eventual interesse público no compartilhamento com os direitos fundamentais em questão.

Um último comentário relevante. O desenvolvimento da Inteligência Artificial vai ser um dos fatores determinantes da nossa época, possivelmente dividindo-a em antes e depois. Muitas decisões que hoje são tomadas por pessoas humanas serão progressivamente transferidas para máquinas com aprendizado desenvolvido e muito maior capacidade de armazenagem, processamento e recuperação de informações. Do Direito à medicina, o futuro será assim, goste-se ou não. Essa possibilidade coloca em xeque alguns dos pilares da democracia liberal, que se funda na liberdade individual e na autonomia da vontade. De fato, a partir do momento em que as grandes decisões para a vida de cada um (ou para a sociedade como um todo) forem mais eficientemente tomadas por uma vontade externa, heterônoma, o livre-arbítrio, um dos pilares do liberalismo, estará comprometido, como adverte Yuval Noah Harari[117].

III IGUALDADE

1 Generalidades

O Brasil é um país adorável. Faz sol na maior parte do ano, a trilha musical é ótima e as pessoas, no geral, são amistosas e têm alegria de viver. Muitos dizem que a vida aqui é uma festa. E de fato ela pode ser. O problema é que se você for pobre, mulher, negro ou *gay*, é muito provável que não tenha sido convidado. Por trás do mito do "brasileiro cordial e da democracia racial, esconde-se uma história de injustiça e discriminação. A desigualdade extrema é marca profunda da formação social do Brasil. Somos herdeiros de uma sociedade escravocrata – fomos o último país do continente americano a abolir a escravização –, acostumada a distinguir entre senhores e servos, brancos e negros, ricos e pobres. Fomos criados em uma cultura em que a origem social está acima do mérito e da virtude, e na qual, na percepção dos cidadãos e dos agentes estatais, parece existir superiores e inferiores.

Por largo tempo, a elite brasileira, tal como a classe dominante latino-americana em geral, tinha planos de fazer um país só para si e para os seus. A exclusão social era uma ideologia professada ora abertamente, ora de modo sub-reptício. E mesmo quando não se manifestasse em declarações expressas, poderia ser detectada nas políticas públicas que invariavelmente beneficiavam os que se encontravam no topo da pirâmide. Desde a redemocratização, esse quadro vem mudando. Paulatinamente foi se desenvolvendo a consciência social de que não é possível fazer um país digno desse nome se não for para toda a gente. Como intuitivo, o despertar de uma nova consciência não muda a realidade no curto prazo, nem conquista todos os corações e mentes de uma vez. Trata-se de um processo que precisa de valores, persistência e paciência. E de gente disposta a empurrar a história. Nesse sentido, a normatividade da Constituição encontra, ainda, resistências em uma realidade que se consolidou com uma lógica excludente e em instituições estruturadas à sua luz, e avança, em alguns temas a passos mais largos, em outros, a passos mais lentos[118].

A igualdade entre todos é elemento essencial da democracia. Por isso mesmo, a Constituição de 1988 foi quase obsessiva no tratamento do tema. *O desejo é a falta*. São inúmeros os dispositivos voltados à sua promoção, como objetivo fundamental da República (art. 3º, I, III e IV), como direito individual (art. 5º, I, XLI, XLII), como proteção aos trabalhadores (art. 7º, XXX, XXXI, XXXII e XXXIV), como fundamento da ordem econômica (art. 170, VII), como limitação ao poder de tributar (art. 150, II), no âmbito do direito de família, impedindo a desequiparação de mulher e filhos (arts. 226, § 5º, e 227, § 6º) e mesmo entre Estados-membros da Federação (art. 4º, V). A seguir, uma análise do sentido e alcance do princípio da igualdade, na teoria e na prática jurisprudencial.

---

117 Yuval Noah Harari, *21 Lessons for the 21st century*. N. York: Spieger & Grau, 2018, p. 55-56.

118 Para uma perspectiva desde a hermenêutica negra, v. Adilson José Moreira, Direitos fundamentais como estratégias anti-hegemônicas: um estudo sobre a multidimensionalidade de opressões, Revista *Quaestio Juris* 9:3, em que o autor reconhece o avanço nas decisões do STF sobre uniões homoafetivas e cotas raciais; e Thula Pires. 130 anos de Lei Áurea e 30 anos da Constituição de 1988: constitucionalismo e decolonialidade em perspectiva diaspórica, In: Luciano Góes (org.), *130 anos de (des)ilusão*: a farsa abolicionista em perspectiva desde olhares marginalizados, 2018, onde a autora demonstra a persistência da desigualdade no sistema carcerário; para abordagem semelhante, a partir de um autor indígena, v. Luiz Henrique Heloy Amado, O despertar do Povo Terena para os seus direitos: movimento indígena e confronto político em Mato Grosso do Sul, *MovimentAção* 4:6, 2017.

2 Três dimensões da igualdade

Como visto, a igualdade é um direito fundamental e, também, um valor que permeia objetivamente diferentes domínios da ordem jurídica. Da dignidade humana resulta que todas as pessoas são fins em si mesmas[119], possuem o mesmo valor e merecem, por essa razão, igual respeito e consideração[120]. A igualdade veda a hierarquização dos indivíduos e as desequiparações infundadas, mas impõe a neutralização das injustiças históricas, econômicas e sociais, bem como o respeito à diferença. Em torno de sua maior ou menor centralidade nos arranjos institucionais, bem como no papel do Estado na sua promoção, dividiram-se as principais ideologias e correntes políticas dos últimos dois séculos.

No mundo contemporâneo, a igualdade se expressa substancialmente em três dimensões: a *igualdade formal*, que funciona como proteção contra a existência de privilégios e tratamentos discriminatórios; a *igualdade material*, que corresponde às demandas por redistribuição de poder, riqueza e bem-estar social; e a *igualdade como reconhecimento*, significando o respeito devido às minorias, sua identidade e suas diferenças, sejam raciais, religiosas, sexuais ou quaisquer outras.

A Constituição brasileira de 1988 contempla essas três dimensões da igualdade. A igualdade formal vem prevista no art. 5º, *caput*: "*todos são iguais perante a lei, sem distinção de qualquer natureza*". Já a igualdade como redistribuição decorre de objetivos da República, como "*construir uma sociedade livre, justa e solidária*" (art. 3º, I) e "*erradicar a pobreza e a marginalização e reduzir as desigualdades sociais e regionais*" (art. 3º, III). Por fim, a igualdade como reconhecimento tem seu lastro em outros dos objetivos fundamentais do país: "*promover o bem de todos, sem preconceitos de origem, raça, sexo, cor, idade e quaisquer outras formas de discriminação*" (art. 3º, IV). É pertinente enfatizar que esses três planos não são independentes um do outro. A igualdade efetiva requer igualdade perante a lei, redistribuição e reconhecimento.

3 Igualdade formal

A igualdade formal é a do Estado liberal, cuja origem foi a reação aos privilégios da nobreza e do clero. Na sua formulação contemporânea, ela se projeta em dois âmbitos diversos. Em primeiro lugar, na proposição tradicional da *igualdade perante a lei*, comando dirigido ao aplicador da lei – judicial e administrativo –, que deverá aplicar as normas em vigor de maneira impessoal e uniforme a todos aqueles que se encontrem sob sua incidência. Em segundo lugar, no domínio da *igualdade na lei*, comando dirigido ao legislador, que não deve instituir discriminações ou tratamentos diferenciados baseados em fundamento que não seja razoável ou que não vise a um fim legítimo.

Essa é uma página virada em quase todos os países desenvolvidos, mas ainda existem problemas não resolvidos entre nós. É certo que a maior parte das dificuldades nessa área têm mais a ver com comportamentos sociais do que com prescrições normativas. O Brasil é um país no qual relações pessoais, conexões políticas ou hierarquizações informais ainda permitem, aqui e ali, contornar a lei, pela "pessoalização", pelo "jeitinho" ou pelo "sabe com quem está falando"[121]. Paralelamente a isso, as estatísticas registram que os casos de violência policial injustificada têm nos mais pobres a clientela natural. Sem mencionar que certos direitos que prevalecem no "asfalto" nem sempre valem no "morro", como a inviolabilidade do domicílio e a presunção de inocência.

O princípio da igualdade está presente nas constituições brasileiras desde a Constituição Imperial de 1824. Sob sua vigência, porém, o país conviveu, sem que se assinalassem perplexidade ou constrangimento, com o voto censitário, os privilégios aristocráticos e o regime escravocrata. Já a Constituição de 1891, a segunda constituição do país, editada após a Proclamação da República, aboliu a necessidade de comprovação de renda para votar. No entanto, como o sufrágio não era estendido aos analfabetos, que correspondiam à esmagadora maioria da população, na prática, o voto permanecia censitário. Em diferentes fases da história republicana brasileira, a igualdade de todos perante a lei conviveu perfeitamente com a exclusão dos pobres, dos negros e das mulheres da vida social. Cabe lembrar, ainda, que até a Constituição de 1988, juízes e militares eram imunes ao pagamento de imposto de renda[122]. E sob a Constituição atual, o foro privilegiado, embora reduzido por meio de interpretação estrita do Supremo Tribunal Federal, ainda subsiste amplamente.

---

119 Uma das formulações do imperativo categórico kantiano tem a seguinte dicção: *toda pessoa, todo ser racional existe como um fim em si mesmo, e não como meio para o uso arbitrário pela vontade alheia*. V. Immanuel Kant, *Fundamentação da metafísica dos costumes*. Trad. Leopoldo Holzbach. São Paulo: Martin Claret, 2004, p. 71 e 68.

120 Ronald Dworkin, *Taking rights seriously*. 1997, p. 181. A primeira edição é de 1977.

121 Roberto Damatta, *O que faz o Brasil, Brasil*. Rocco: Rio de Janeiro, 1986, p. 12 e 63.

122 Sobre o tema, v. Ricardo Lobo Torres, *Os direitos humanos e a tributação*: imunidades e isonomia, 1999, p. 376-380.

Existe, também, a possibilidade de uma norma formalmente igualitária e, portanto, supostamente neutra, produzir efeitos práticos prejudiciais a determinados grupos. O Supremo Tribunal Federal considerou ser este o caso em duas hipóteses envolvendo o salário-maternidade: ao isentá-lo de contribuição previdenciária[123] e ao excluí-lo do teto máximo de pagamento de benefícios pelo INSS[124]. Em ambos os casos, o Tribunal entendeu que haveria um impacto negativo sobre o mercado de trabalho de mulheres, por importar na oneração dos seus empregadores, que poderiam optar pela contratação de empregados do sexo masculino, que os eximiria tanto da despesa tributária quanto da necessidade de complementação da remuneração da pessoa empregada.

A jurisprudência do Supremo Tribunal Federal tem outras decisões importantes em matéria de igualdade formal, que incluem: garantir às servidoras públicas que adotem um filho (mãe adotante) o mesmo período de licença-maternidade da mãe gestante[125]; assegurar regime sucessório idêntico para o casamento e a união estável[126]; restrição do foro privilegiado apenas aos crimes praticados por agentes públicos *no* cargo e *em razão* do cargo[127]; vedar a existência de classes diversas no Sistema Único de Saúde, não permitindo a obtenção de acomodações melhores mediante pagamento[128]. A igualdade formal é um ponto obrigatório de passagem na construção de uma sociedade democrática e justa. Porém, notadamente em países com níveis importantes de desigualdade socioeconômica e exclusão social, como é o caso do Brasil, ela é necessária, mas insuficiente. A linguagem universal da lei formal nem sempre é sensível aos desequilíbrios verificáveis na realidade material.

4 Igualdade material

Foi precisamente o contraste entre pobres e ricos que conduziu, ao longo do século XX, a uma percepção crítica da dimensão puramente formal da igualdade. Surge, assim, historicamente, o conceito de igualdade material, ligado a demandas por redistribuição de riqueza e poder e, em última análise, por justiça social. Nesse novo ambiente, o Estado liberal incorpora um amplo sentido social: não basta proscrever os privilégios, é preciso atuar ativamente contra a desigualdade econômica e pela superação da miséria. Mais do que a igualdade perante a lei, procura-se assegurar algum grau de igualdade perante a vida. Antídotos contra as situações de desequilíbrio e de exploração incluem a proteção jurídica do polo mais fraco de certas relações econômicas, a criação de redes de proteção social e mecanismos de redistribuição de riquezas. Uma das linhas de ação necessárias à promoção de justiça material é a satisfação de direitos sociais fundamentais, mediante a entrega de prestações positivas adequadas, em matérias como educação, saúde, saneamento, trabalho, moradia, assistência social. Também desempenham função relevante os programas de transferência de renda e criação de empregos.

Como já mencionado ao início, a pobreza extrema e as desigualdades injustas são traços indeléveis da formação social brasileira. O coeficiente GINI, um índice que mede a distribuição de renda nos países, dá ao Brasil a posição desconfortável de um dos mais desiguais do mundo[129]. Passando do mundo das estatísticas para o mundo real, não é difícil identificar, em múltiplas situações, algumas consequências dramáticas dessa desigualdade. Um exemplo emblemático é o do sistema de justiça criminal, que é manso com os ricos e duro com os pobres. Entre nós, é muito mais fácil enviar para a prisão um jovem de 18 anos portando 100 gramas de maconha do que um empresário ou político que tenha cometido uma fraude milionária. O sistema é perversamente "de classe", concebido contra os pobres e para a proteção dos ricos. O problema não está apenas no ordenamento jurídico, mas também em uma atitude cultural

---

123 RE 576.967, Rel. Min. Luís Roberto Barroso, j. 5 ago. 2020.

124 ADI 1.946, Rel. Min. Sydney Sanches, j. 3 abr. 2003.

125 STF, RE 778.889, Rel. Min. Luís Roberto Barroso, j. 10 mar. 2016.

126 STF, RE 878.694, Rel. Min. Luís Roberto Barroso, j. 10 mai. 2017.

127 STF, AP 937-QO, Rel. Min. Luís Roberto Barroso, j. 3 mai. 2018.

128 STF, RE 581.488-RG, Rel. Min. Dias Toffoli, j. 3 dez. 2015.

129 Em 2019, o Brasil ocupava a 79ª posição no *ranking* do coeficiente de Gini. V. Cássia Almeida, Brasil é o nono país mais desigual do mundo, diz IBGE. *O Globo*, 12 nov. 2020.

da sociedade e dos tribunais[130]. A desigualdade extrema torna invisíveis os muito pobres e dá imunidade aos privilegiados[131].

É preciso reconhecer, no entanto, que tem havido progressos. Desde a redemocratização, vivemos anos de expressiva inclusão social e de elevação do Índice de Desenvolvimento Humano. É certo que tais indicadores sofreram o impacto da recessão que se iniciou em final de 2014 e da pandemia de 2020. No âmbito do Poder Judiciário, particularmente do Supremo Tribunal Federal, algumas decisões importantes foram tomadas. Em matéria de *educação*, por exemplo, podem-se destacar (i) a determinação do investimento mínimo exigido pela Constituição (que é 25% da receita de impostos, no caso de Estados e Municípios), sem inclusão do pagamento de proventos de inativos[132], (ii) a obrigatoriedade de matrícula de crianças em creches públicas próximas à residência ou ao local de trabalho dos pais[133] e (iii) o oferecimento de transporte da residência até a escola[134]. A educação básica, prevista como direito fundamental na Constituição, é um dos caminhos mais certos para busca da igualdade material entre as pessoas.

Em questões envolvendo o direito à saúde, as decisões judiciais são mais numerosas ainda. Há julgados determinando: (i) o fornecimento de medicamentos para portadores de AIDS/HIV[135]; (ii) o fornecimento de medicamentos de alto custo a pessoas que demonstrem sua necessidade e a impossibilidade de adquiri-los com recursos próprios[136]; (iii) a realização de tratamentos médicos complexos, mesmo quando não oferecidos na rede de hospitais públicos; (iv) a contratação de médicos e técnicos para hospitais públicos; e (v) o aumento da oferta de vagas e UTI em hospitais públicos. A judicialização da saúde e seus limites tornou-se um dos temas mais tormentosos da jurisdição constitucional brasileira, por envolver escolhas trágicas e soluções que não são juridicamente singelas nem moralmente baratas. Este fenômeno da judicialização da tutela dos direitos sociais tem complexidades e ambiguidades, sofrendo a crítica de que nem sempre os atendidos são os que estão na parte mais pobre da pirâmide social brasileira[137].

A persistência do abismo social e da enorme concentração de renda (os 5% mais ricos respondem por cerca de 40% da renda total)[138] faz com que o tema da igualdade material e da redistribuição de riquezas ocupe lugar relevantíssimo na agenda política do país.

5 Igualdade como reconhecimento

O discurso da igualdade material, historicamente centrado na questão da redistribuição de riquezas e de poder na sociedade, recentemente passou a ser acompanhado por uma nova concepção, relacionada à ideia de igualdade como reconhecimento. O discurso de base marxista acerca da igualdade se demonstrou insensível às minorias[139]. A busca pela homogeneidade não era capaz de perceber o reconhecimento

---

130 A desigualdade material não é produto apenas da pobreza, mas igualmente de discriminações étnicas, raciais, de gênero e, portanto, identitárias, com repercussões econômicas, como assinalado adiante, na categoria desigualdade como reconhecimento. V., sobre o tema, Adilson José Moreira, Direitos fundamentais como estratégias anti-hegemônicas: um estudo sobre a multidimensionalidade de opressões, *Revista Quaestio Juris 9*:3, em que o autor reconhece o avanço nas decisões do STF sobre uniões homoafetivas e cotas raciais; Thula Pires, 130 anos de Lei Áurea e 30 anos da Constituição de 1988: constitucionalismo e decolonialidade em perspectiva diaspórica, In: Luciano Góes (org.), *130 anos de (des)ilusão*: a farsa abolicionista em perspectiva desde olhares marginalizados, 2018, onde a autora demonstra a persistência da desigualdade no sistema carcerário; Luiz Henrique Eloy Amado, O despertar do Povo Terena para os seus direitos: movimento indígena e confronto político em Mato Grosso do Sul, *MovimentAção 4*:6, 2017.

131 Na pertinente análise de Oscar Vilhena Vieira: "[A] exclusão social e econômica, decorrente de níveis extremos e duradouros de desigualdade, destrói a imparcialidade da lei, causando a *invisibilidade* dos extremamente pobres, a *demonização* daqueles que desafiam o sistema e a *imunidade* dos privilegiados, aos olhos dos indivíduos e das instituições" (A desigualdade e a subversão do Estado de Direito. *Sur. Revista Internacional de Direitos Humanos* (Impresso), v. 6, p. 29-52, 2007).

132 STF, ACO 2.799 – AgR, rel. Min. Carmen Lúcia, j. 3 abr. 2020.

133 STF, ARE 639.337, rel. Min. Celso de Mello, j. 23 ago. 2011.

134 STF, ARE 896.076-AgR, rel. Min. Luiz Fux, j. 14 out. 2016.

135 STF, RE 271.286, rel. Min. Celso de Mello, j. 12 set. 2000.

136 STF, RE 1.116.216 – AgR, rel. Min. Luiz Edison Fachin, j. 8 jun. 2020.

137 Sobre o ponto, v. Ana Paula de Barcellos, Sanitation rights, public law litigation, and inequality: a case study from Brazil, *Health and Human Rights Journal 16*:35, 2014, p. 42.

138 Cf. IBGE, Censo 2010.

139 Na observação de Daniel Sarmento, A igualdade étnico-racial no direito constitucional brasileiro: discriminação "de facto", teoria do impacto desproporcional e ação afirmativa. In: Marcelo Novelino (org.), *Leituras complementares de direito constitucional*: direitos humanos e direitos fundamentais, 2007, p. 194: "A ênfase predominante na dimensão econômica da igualdade, tributária do pensamento marxista, acabava relegando a um plano secundário as demandas por reconhecimento de certos grupos portadores de uma identidade própria".

das diferenças étnicas ou culturais de diversos grupos e a necessidade de afirmação da sua identidade. A injustiça a ser combatida nesse caso tem natureza *cultural* ou *simbólica*[140]. Determinados grupos são marginalizados em razão da sua identidade, suas origens, religião, aparência física ou opção sexual, como os negros, judeus, povos indígenas, ciganos, deficientes, mulheres, homossexuais e transgêneros.

A questão, portanto, não é propriamente econômica – embora possa ter implicações dessa natureza. Nas palavras de Nancy Fraser, uma das principais teóricas da perspectiva do reconhecimento, o objetivo é constituir um mundo aberto à diferença, onde a assimilação aos padrões culturais dominantes ou majoritários não seja o preço a ser pago pelo mútuo respeito[141]. Portanto, diversamente do que se passa em relação às demandas por redistribuição, a luta pelo reconhecimento não pretende dar a todos o mesmo *status* por meio da eliminação dos fatores de distinção, mas pela superação dos estereótipos e pela valorização da diferença. Nas palavras felizes de Boaventura Souza Santos: *"As pessoas têm o direito de ser iguais quando a diferença as inferioriza, e o direito a ser diferentes quando a igualdade as descaracteriza"*[142].

A igualdade plena requer, assim, tanto redistribuição, quanto reconhecimento. Nenhum desses eixos isoladamente é suficiente. A adoção de uma concepção bidimensional de justiça, que acomode ambas as demandas, é mais eficaz porque tais eixos de injustiça se interpenetram[143]. É preciso atentar, também, para situações de *interseccionalidade*: a combinação de mais de uma vulnerabilidade à vista do padrão cultural-valorativo vigente, como, por exemplo, a condição de mulher negra e homossexual. Apesar do peso da discriminação, do preconceito e da injustiça, há avanços a celebrar. A seguir, procede--se ao exame objetivo de três áreas em que a igualdade como reconhecimento ainda apresenta desafios relevantes: negros, mulheres e homossexuais/transgêneros.

A luta pela igualdade entre homens e mulheres em uma tradição patriarcal. A afirmação da condição feminina, com autonomia e igualdade, em sociedades patriarcais como a brasileira, tem sido uma luta histórica e complexa. É relativamente recente o processo de conscientização e reação a uma visão estereotipada do seu papel social, que combinava submissão, maternidade e prendas do lar. Em termos de igualdade formal, a Constituição de 1988 foi revolucionária na garantia dos direitos das mulheres[144]. Tais conquistas não devem ser subestimadas. Porém, no plano da *igualdade material*, existe ainda uma agenda inconclusa, que engloba três grandes eixos: a participação da mulher no *mercado de trabalho*[145], o exercício de *direitos sexuais e reprodutivos*[146], bem como o *combate à violência doméstica*[147]. Sem mencionar comportamentos abusivos que vão da linguagem desrespeitosa ao assédio.

Há decisões importantes do Supremo Tribunal Federal na proteção dos direitos das mulheres. Algumas já foram citadas, como a equiparação entre a companheira em união estável e a mulher casada, para fins de sucessão hereditária, a inconstitucionalidade da cobrança de contribuição previdenciária sobre o salário-maternidade e a atribuição à mãe adotante do mesmo período de licença da mãe biológica.

---

140   Nancy Fraser, *Redistribution, Recognition and Participation*: Toward an Integrated Conception of Justice. *World Culture Report 2000, Cultural Diversity, Conflict and Pluralism.* UNESCO Publishing, 2000, p. 48-57.

141   Nancy Fraser. Social Justice in the Age of Identity Politics: Redistribution, Recognition, and Participation. *The Tanner Lectures on Human Values*, 1996, p. 3. No original: "Aqui o objetivo, na sua forma mais plausível, é um mundo amigável com a diferença, no qual a assimilação às normas majoritárias ou dominantes não seja mais o preço a pagar pelo igual respeito" (*"Here the goal, in its most plausible form, is a difference-friendly world, where assimilation to majority or dominant cultural norms is no longer the price of equal respect"*).

142   Boaventura de Souza Santos, *As tensões da modernidade*. Texto apresentado no Fórum Social Mundial, Porto Alegre, 2001.

143   Nancy Fraser. *Redistribution, Recognition and Participation*: Toward an Integrated Conception of Justice, cit.

144   A Constituição brasileira de 1988 prevê a igualdade de homens e mulheres em direitos e obrigações, inclusive os referentes à sociedade conjugal (arts. 5º, I, e 226, § 5º), proíbe a diferença de salários, de exercício de funções e de critério de admissão por motivo de sexo (art. 7º, XXX), reconhece a união estável entre o homem e a mulher como entidade familiar (art. 226, § 3º), estabelece o planejamento familiar como livre decisão do casal (art. 226, § 7º) e institui o dever do Estado de criar mecanismos para coibir a violência no âmbito das relações familiares (art. 226, § 8º).

145   De acordo com pesquisa do IBGE, de forma geral e sem recortes por níveis, as trabalhadoras brasileiras recebem, em média, 20,5% menos que os homens. V. Jacqueline Carmo, Mulheres no mercado de trabalho: panorama de uma década. *Catho*, 4 mar. 2020. Disponível em https://www.catho.com.br/carreira-sucesso/carreira/o-mercado-de-trabalho/mulheres-no-mercado-de-trabalho-panorama-da-decada/. Acesso em 6 jan. 2021.

146   A pauta de reivindicações nessa matéria inclui demandas relativas ao planejamento familiar, à saúde materna e neonatal e à descriminalização da interrupção da gestação na sua fase inicial.

147   A Lei Maria da Penha (Lei n. 11.340/2006 instituiu regras diferenciadas para tratar da violência doméstica contra mulheres. Ela foi aprovada após a responsabilização internacional do Brasil perante a Comissão Interamericana de Direitos Humanos. Caso 12.051, Informe de Fondo n. 54/01, Maria da Penha Maia Fernandes (Brasil) (2001).

Além desses julgados, podem-se acrescentar outros, como (i) o que considerou compatível com a Constituição a Lei Maria da Penha, que instituiu regras diferenciadas para punir a violência doméstica contra a mulher[148] e (ii) o que estabeleceu que os recursos públicos destinados às campanhas eleitorais devem ser direcionados às candidaturas de mulheres na proporção do número de candidatas, observado o mínimo de 30%[149].

A questão racial e as ações afirmativas. Os primeiros negros africanos escravizados começaram a chegar ao Brasil em 1535, no início da colonização. O Brasil foi o país do hemisfério ocidental que mais recebeu cativos, em número próximo a 5 milhões. Em razão da resistência dos senhores de engenho e dos barões do café, aliados da monarquia, o tráfico negreiro só foi interrompido em 1850 e a abolição só veio em 1888. Fomos o último país do continente americano a acabar com a escravização de pessoas. Cerca de 700 mil escravizados ganharam liberdade, mas não foram integrados à sociedade brasileira. Condenada à exclusão social, à marginalização e à subalternidade, a população afrodescendente atravessou as muitas décadas da República sem acesso adequado à educação, à habitação digna, à renda suficiente, aos empregos mais qualificados. Todas as estatísticas confirmam essa trágica trajetória.

Do ponto de vista jurídico, o tópico mais relevante em relação à questão racial diz respeito à legitimidade das ações afirmativas. Ações afirmativas são políticas públicas – isto é, programas governamentais – que procuram dar vantagem competitiva a grupos sociais que foram injustamente privados do acesso às oportunidades. Ou, vistas pelo ângulo dos que foram excluídos, o que elas fazem é procurar neutralizar, ao menos em parte, as vantagens competitivas de que desfrutaram os integrantes dos grupos sociais hegemônicos. Cotas raciais são uma espécie de ação afirmativa. Trata-se de uma medida emergencial e paliativa para facilitar a ascensão de pessoas que sofreram condições adversas. A melhor ação afirmativa de todas é ensino público de qualidade desde a primeira infância. Porém, enquanto isso não seja concretizado em plenitude, são necessárias medidas de proteção e resgate.

Existem relevantes razões que justificam e mesmo tornam imperativas as ações afirmativas. Destaco três delas:

a) a primeira delas é a reparação histórica pelo estigma moral, social e econômico que foi a escravidão no Brasil. A esse fato se soma o abandono a que foram relegados os ex-escravos após a abolição, sem acesso à educação, a empregos qualificados ou a terras públicas, perpetuando-se a condição de subalternidade;

b) a segunda é o reconhecimento de que existe entranhado na sociedade brasileira um racismo estrutural, que integra sua organização econômica e política[150]. Todos somos responsáveis, ainda que atuando de forma não intencional, pela mera fruição ou aceitação dos privilégios e vantagens que decorrem de um sistema profundamente desigual[151]; e

c) a terceira razão é a importância do acesso de pessoas negras a posições de liderança e destaque. Esse fato tem uma dimensão simbólica e motivacional sobre todos os integrantes do grupo social, oferecendo-lhes um modelo e inspiração. Isso aumenta a autoestima do grupo e dá força para oferecer resistência ao preconceito alheio. Por fim, se metade da população é negra, há um componente de justiça, representatividade e respeito ao pluralismo.

Tudo isso sem mencionar que o racismo estrutural e a exclusão social terminam por desperdiçar o talento e o potencial de metade da população brasileira. Uma vez devidamente integrado, esse enorme contingente de pessoas poderia se juntar, com maior capacidade, ao esforço coletivo de construção nacional[152].

---

148   ADC 19, rel. Min. Marco Aurélio, j. 9 fev. 2012.

149   STF, ADI 5.617, rel. Min. Luiz Edison Fachin, j. 15 mar. 2018. Esta ação se referia ao Fundo Partidário. O Tribunal Superior Eleitoral estendeu a mesma regra às verbas do Fundo Eleitoral. TSE, Consulta n. 0600252-18.2018.6.00.0000, rel. Min. Rosa Weber, j. 22 mai. 2018.

150   Silvio Luiz de Almeida, *Racismo estrutural*. São Paulo: Sueli Carneiro; Pólen, 2019. Posição 125 de 2930.

151   Djamila Ribeiro, *Pequeno manual antirracista*. São Paulo: Companhia das Letras, 2019, p. 107-108.

152   Para uma perspectiva desde a hermenêutica negra, v. Adilson José Moreira, Direitos fundamentais como estratégias anti-hegemônicas: um estudo sobre a multidimensionalidade de opressões, *Revista Quaestio Juris 9*:3, em que o autor reconhece o avanço nas decisões do STF sobre uniões homoafetivas e cotas raciais; Thula Pires, 130 anos de Lei Áurea e 30 anos da Constituição de 1988: constitucionalismo e decolonialidade em perspectiva diaspórica, In: Luciano Góes (org.), *130 anos de (des)ilusão*: a farsa abolicionista em perspectiva desde olhares marginalizados, 2018, onde a autora demonstra a persistência da desigualdade no sistema carcerário.

O Supremo Tribunal Federal já declarou constitucional a política de cotas em universidades públicas, tanto as socioeconômicas quanto as puramente raciais, assim como a combinação de ambas[153]. Também o programa de bolsas em universidades privadas (Prouni), utilizando critérios de cotas sociais e raciais, bem como dando vantagens fiscais às entidades que aderissem, foi considerado válido à luz da Constituição[154]. E, no final do ano de 2020, o Tribunal Superior Eleitoral determinou que os recursos do Fundo Eleitoral e do Fundo Partidário destinados ao financiamento de campanhas, bem como o tempo de rádio e de TV, deveriam ser distribuídos na mesma proporção do número de candidatos negros lançados pelo partido[155].

A questão étnica e os direitos culturais dos povos indígenas. Vale uma nota, ainda, sobre a questão étnica e ao igualmente persistente racismo estrutural, no que se relaciona ao reconhecimento dos direitos dos povos indígenas à identidade cultural, à terra, à saúde e à vida. No ponto, o Supremo Tribunal Federal assegurou o direito de tais povos às demarcações contínuas, inclusive não estando sobre a terra quando da promulgação da Constituição de 1988, desde que demonstrassem a tradicionalidade da ocupação e sua remoção forçada[156]. Determinou a adoção de providências específicas, com vistas à proteção da vida e da saúde das comunidades indígenas, em face da pandemia por Covid-19, dada a sua situação de acentuada vulnerabilidade epidemiológica[157]. Voltou, ainda, a debater as normas aplicáveis à demarcação das terras indígenas, no que se refere à exigência da condição do marco temporal, para seu reconhecimento[158].

Direitos da comunidade LGBTQIA+. A sigla é longa e crescente, sendo o acrônimo para Lésbicas, *Gays*, Bissexuais, Transexuais, *Queer*/Questionando, Intersexo, Assexuais e mais. Nas últimas décadas, superando séculos de discriminação e preconceito, milhões de pessoas em todo o mundo deixaram de ocultar a sua orientação sexual e, corajosamente, saíram do armário. Desafiando valores convencionais e tradições, parceiros do mesmo sexo assumiram publicamente suas relações homoafetivas, reescrevendo a história da sexualidade e da liberdade individual. O termo *homoafetivo* foi um achado, por ser bastante mais expressivo do que homossexual, na medida em que uma parceria afetiva é feita de muito mais do que sexo. O mundo, que já assistira a liberação das mulheres e as ações afirmativas para negros, celebrava a vitória de uma nova causa, a do amor *gay*. Tabus arcaicos começavam a ser derrotados pelo espírito do tempo.

A progressiva aceitação social dessa nova realidade passou a exigir respostas da legislação. Mas simplesmente não havia regras jurídicas contemplando as uniões de pessoas do mesmo sexo. Tal lacuna dava lugar a muitas incertezas para os parceiros de tais relações, que não tinham clareza quanto aos seus direitos e obrigações. Algumas dúvidas que surgiam: a) os parceiros homoafetivos tinham direito de herdar um do outro ou, por ocasião da morte, os seus bens revertiam integralmente para a família do falecido? b) em caso de separação, como deveria ser partilhado o patrimônio adquirido durante a convivência comum? c) no caso de um casal *gay*, era possível incluir o parceiro como dependente no plano de saúde e na aposentadoria complementar da empresa?

Para responder a essas e muitas outras questões, era necessária uma legislação que disciplinasse o tema. Porém, como sucedeu em outras partes do mundo, o Poder Legislativo não conseguiu produzir consensos ou maioria consistente na matéria. E, consequentemente, não se aprovou lei alguma. Restou, assim, o Poder Judiciário como única alternativa para equacionar situações que se repetiam. A primeira decisão emblemática do Supremo Tribunal Federal foi a equiparação das uniões entre parceiros do mesmo

---

153 STF, ADPF 186, Rel. Min. Ricardo Lewandowski, j. 26 abr. 2012.

154 STF, ADI 3.330, Rel. Min. Ayres Britto, j. 3 mai. 2012.

155 TSE, Rel. Min. Luís Roberto Barroso, j. 25 ago. 2020.

156 STF, Pet 3.388, Rel. Min. Ayres Britto, j. 19 mar. 2009. Posteriormente, no julgamento da Pet 3.388 ED, j. 23 out. 2013, Rel. Min. Luís Roberto Barroso, esclareceu-se que a decisão é desprovida de efeitos vinculantes, razão pela qual as condicionantes previstas no Caso Raposa Serra do Sol não se estendem, de forma automática, a outras demarcações.

157 STF, ADPF 709 MC-Ref Rel. Min. Luís Roberto Barroso, j. 5 ago. 2020.

158 STF, RE 1.017.365, Rel. Min. Edson Fachin, julgamento iniciado em 6.9.2021. O debate acerca do marco temporal relaciona-se a jurisprudência desenvolvida, a partir do Caso Raposa Serra do Sol (Pet 3.388, Rel. Min. Ayres Britto), com base na qual haveria necessidade de demonstração de esbulho renitente, caso a comunidade não estivesse na posse da terra quando da promulgação da Constituição de 1988, como condição para o reconhecimento de seu direito. O esbulho renitente, a seu turno, demandaria demonstração de remoção pela força, persistência de vínculo tradicional e impossibilidade material de retorno, por meio da propositura de ação possessória ou comprovação de conflito fundiário atual. Esse é o debate que retorna ao STF em tal recurso.

sexo às uniões estáveis tradicionais, isto é, heterossexuais[159]. Um dos principais fundamentos da decisão foi, precisamente, o princípio da igualdade, ao lado da liberdade individual e da dignidade humana. O passo seguinte veio por resolução do Conselho Nacional de Justiça, que regulamentou o casamento direto entre pessoas *gays*[160]. Na sequência histórica, foi admitida a adoção por casais homoafetivos[161] e autorizou-se a pessoa transgênero a alterar o prenome e o gênero constante do registro civil, independentemente da cirurgia de redesignação sexual[162]. Igualmente importante foi a decisão que criminalizou a homofobia e a transfobia, fazendo incidir a lei que pune o racismo[163].

Vale o registro final de que o Supremo Tribunal Federal tem outras decisões importantes referentes à proteção de minorias e grupos vulneráveis. No tocante à inclusão de *pessoas com deficiência*, o Tribunal suspendeu decreto que instituía nova política de educação para esse grupo, pretendendo restabelecer as escolas especiais, destinadas exclusivamente a pessoas com deficiência. Pela aplicação do modelo de educação inclusiva, crianças com e sem deficiência devem conviver nos mesmos ambientes escolares[164]. Também se assegurou o direito ao culto de religiões de matriz africanas, que incluem a possibilidade de sacrifício de animais[165].

IV SEGURANÇA

1 Generalidades

O conhecimento convencional, de longa data, situa a segurança como um dos fundamentos do Estado e do Direito, ao lado da justiça e do bem-estar social. As teorias democráticas acerca da origem e justificação do Estado, de base contratualista, assentam-se sobre uma cláusula comutativa: recebe-se em segurança aquilo que se concede em liberdade. Consagrada no art. 2º da Declaração dos Direitos do Homem e do Cidadão, de 1789, como um *direito natural e imprescritível*, a segurança encontra-se positivada como um direito individual na Constituição brasileira de 1988, ao lado dos direitos à vida, à liberdade, à igualdade e à propriedade, na dicção expressa do *caput* do art. 5º.

Segurança é um conceito múltiplo, que se projeta sobre diferentes dimensões da vida humana, da sociedade e do Estado. Ela constitui, muito possivelmente, a primeira grande aspiração de todo indivíduo, tão logo ele adquira consciência da própria existência. Vida, liberdade, integridade física, saúde, trabalho, contratos, patrimônio e outros incontáveis domínios da atividade humana têm na segurança um elemento essencial, sem o qual se regrediria ao estado de natureza. A esse propósito, e como já assinalado, Thomas Hobbes e John Locke situam no desejo por segurança o ímpeto primário para a celebração do contrato social. Outro autor inglês, William Blackstone, em obra clássica, reduziu a três grandes categorias os direitos a serem protegidos: a segurança, em primeiro lugar, ao lado da liberdade e da propriedade privada[166].

As Constituições de diferentes países incluem a segurança, em sentido amplo, como um direito fundamental, como ocorre em Portugal[167], Canadá[168], Espanha[169], Itália[170], Índia[171], Chile[172], Uruguai[173]

---

159 ADI 4.277 e ADPF 132, Relator Min. Carlos Ayres, j. 5 mai. 2011.

160 Resolução n. 175/2013, do Conselho Nacional de Justiça.

161 STJ, REsp n. 889.852, rel. Min. Luís Felipe Salomão, j. 27 abr. 2010.

162 ADI 4.275, Rel. Min. Marco Aurélio, redator p/ acórdão Min. Edson Fachin e RE 670.422, Rel. Min. Dias Toffoli, j. 1º mar. 2018.

163 ADO 26, Rel. Min. Celso de Mello, j. 13.6.2019; MI 4.733, Rel. Min. Edson Fachin, j. 13.6.2019.

164 ADI 5.357 MC-Ref, Rel. Min. Edson Fachin, j. 9.6.2016; ADI 6.590 MC-Ref., Rel. Min. Dias Toffoli, j. 18 dez. 2020.

165 ADO 26, Rel. Min. Celso de Mello, j. 13.6.2019; MI 4.733, Rel. Min. Edson Fachin, j. 13 jun. 2019.

166 William Blackstone, *Commentaries on the laws of England*, 1765, p. 125. Ebook Project Gutenberg.

167 Constituição da República Portuguesa (1976), art. 27.

168 Carta Canadense de Direitos e Liberdades (1982), art. 7º.

169 Constituição Espanhola, arts. 9.3 e 17.1.

170 Constituição da República Italiana (1947), arts. 16, 17 e 41.

171 Constituição da Índia (1950), art. 51.

172 Constituição Política da República do Chile (1980), arts. 1º, 19, 7º.

173 Constituição do Uruguai (1967), art. 7.

e África do Sul[174], entre muitos outros. Da mesma forma, inúmeros documentos internacionais de direitos humanos referem-se expressamente à segurança, frequentemente ao lado da liberdade. São exemplos a Declaração Universal de Direitos Humanos (1948)[175], o Pacto sobre Direitos Civis e Políticos (1966)[176], a Convenção Europeia de Direitos Humanos (1950)[177], a Carta de Direitos Fundamentais da União Europeia (2000)[178] e a Carta Africana dos Direitos Humanos e dos Povos (1981)[179]. Merecem destaque, aqui, os Objetivos de Desenvolvimento Sustentável das Nações Unidas, podendo-se afirmar que a ideia de segurança permeia todos os 17 objetivos, que no seu conjunto visam a "acabar com a pobreza, proteger o meio ambiente e o clima e garantir que as pessoas, em todos os lugares, possam desfrutar da paz e da prosperidade"[180]. Desde 1994, relatórios e documentos da ONU passaram a utilizar, também, o conceito de segurança humana, para identificar o direito de as pessoas viverem em liberdade e dignidade, livres da pobreza e do desespero[181].

Na experiência brasileira, todas as Constituições fizeram referência expressa à segurança em suas diferentes implicações. A Constituição Imperial de 1824[182], bem como as Constituições Republicanas de 1891[183], 1934[184] e até a Carta ditatorial de 1937[185] consignaram o direito à *segurança individual*, o mesmo se dando com a Constituição de 1946[186]. Já nas duas Constituições do regime militar – 1967[187] e 1969[188] –, fez-se menção apenas à *segurança*, sem a qualificação de individual. A Constituição de 1988 utiliza o termo em diversas passagens e com diferentes conteúdos: segurança como valor (Preâmbulo), segurança como direito individual (art. 5º), segurança da sociedade e do Estado (art. 5º, XXXIII), segurança como direito social (art. 6º), segurança pública (art. 144) e segurança nacional (art. 173).

À luz das considerações feitas até aqui, tendo em conta o direito constitucional brasileiro e o direito internacional, é possível tratar a segurança em diferentes dimensões: individual, jurídica, social, pública, nacional e humana. É o que se passa a fazer.

---

174 Constituição da República da África do Sul (1996), art. 12.

175 Declaração Universal dos Direitos Humanos, 1948: "Artigo 3º: Todo indivíduo tem direito à vida, à liberdade e à segurança pessoal".

176 Pacto internacional sobre Direitos Civis e Políticos, 1966: "Artigo 9.1: Toda pessoa tem direito à liberdade e à *segurança pessoais*. Ninguém poderá ser preso ou encarcerado arbitrariamente. Ninguém poderá ser privado de liberdade, salvo pelos motivos previstos em lei e em conformidade com os procedimentos nela estabelecidos".

177 Convenção Europeia dos Direitos do Homem, 1950, art. 5º.

178 Carta dos Direitos Fundamentais da União Europeia, 2000, art. 34.

179 Carta Africana dos Direitos Humanos e dos Povos, 1981, art. 6.

180 Organização das Nações Unidas – Brasil, *Objetivos do Desenvolvimento Sustentável*. https://brasil.un.org/pt-br/sdgs.

181 United Nations Development Programme (UNDP), Human Development Report, 1994, p. iii. Disponível em: http://hdr.undp.org/sites/default/files/reports/255/hdr_1994_en_complete_nostats.pdf>. Acesso em: 7 jun. 2021; e UN: Final Document of the 2005 World Summit, General Assembly, Sixtieth session, A/RES/60/1, October 24, 2005, Disponível em: <https://www.un.org/en/development/desa/population/migration/generalassembly/docs/globalcompact/A_RES_60_1.pdf>. Acesso em 1º mar. 2021.

182 Constituição Política do Império do Brasil, 1824: "Art. 179: "A inviolabilidade dos Direitos Civis e Políticos dos cidadãos brasileiros, que tem por base a liberdade, a *segurança individual*, e a propriedade, é garantida pela Constituição do Império [...]".

183 Constituição da República dos Estados Unidos do Brasil, 1891: "Art. 72: A Constituição assegura a brasileiros e a estrangeiros residentes no País a inviolabilidade dos direitos concernentes à liberdade, à *segurança individual* e à propriedade [...]".

184 Constituição da República dos Estados Unidos do Brasil, 1934: "Art. 113. A Constituição assegura a brasileiros e a estrangeiros residentes no País a inviolabilidade dos direitos concernentes à liberdade, à subsistência, à *segurança individual* e à propriedade [...]".

185 Constituição dos Estados Unidos do Brasil, 1937: "Art 122. A Constituição assegura aos brasileiros e estrangeiros residentes no País o direito à liberdade, à segurança individual e à propriedade, nos termos seguintes: [...]".

186 Constituição dos Estados Unidos do Brasil, 1946: "Art 141 – A Constituição assegura aos brasileiros e aos estrangeiros residentes no País a inviolabilidade dos direitos concernentes à vida, à liberdade, a segurança individual e à propriedade, nos termos seguintes: [...]".

187 Constituição da República Federativa do Brasil, 1967: "Art 150 – A Constituição assegura aos brasileiros e aos estrangeiros residentes no País a inviolabilidade dos direitos concernentes à vida, à liberdade, à segurança e à propriedade, nos termos seguintes: [...]".

188 Constituição da República Federativa do Brasil (EC 1969): "Art. 153. A Constituição assegura aos brasileiros e aos estrangeiros residentes no País a inviolabilidade dos direitos concernentes à vida, à liberdade, à segurança e à propriedade, nos têrmos seguintes: [...]".

416

2 Segurança individual

A segurança *individual* ou *pessoal* compreende a proteção de direitos de natureza diversa, que incluem a vida, a integridade física e psíquica, o patrimônio, o direito de ir e vir, de não ser preso arbitrariamente, a privacidade e outros. No geral, cuida-se de uma proteção em face do Estado, do qual se exigem ações e, sobretudo, abstenções. A defesa quanto à violência privada será tratada em outro item, dedicado à segurança pública. No sentido aqui versado, segurança significa a preservação do indivíduo contra interferências arbitrárias na sua vida e na sua esfera de direitos. São diversos os dispositivos constitucionais voltados à segurança individual, como se verifica da compilação a seguir, em que ela se conjuga com outros direitos fundamentais:

A. *Vida*

   (i)   o direito à vida é protegido como direito fundamental (art. 5º, *caput*);

   (ii) vedação à pena de morte, salvo em caso de guerra (art. 5º, XLVII, *a*).

B. *Integridade física e psíquica*

   (i)   vedação à tortura e ao tratamento desumano ou degradante (art. 5º, III);

   (ii) dever de respeito à integridade física e moral dos presos (art. 5º, XLIX).

C. *Privacidade*

   (i)   proteção à intimidade, à vida privada, à honra e à imagem (art. 5º, X);

   (ii) inviolabilidade do domicílio (art. 5º, XI);

   (iii) inviolabilidade da correspondência e sigilo das comunicações (art. 5º, XII).

D. *Liberdade*

   (i)   inexistência de crime sem lei anterior e cominação de pena (art. 5º, XXXIX);

   (ii) irretroatividade da lei penal (art. 5º, XL);

   (iii) nenhuma pena passará da pessoa do condenado (art. 5º, XLV);

   (iv) vedação a penas de caráter perpétuo, de trabalhos forçados, de banimento e cruéis (art. 5º, XLVIII).

E. *Devido processo legal*

   (i)   vedação da privação da liberdade ou de bens sem devido processo legal (art. 5º, LIV);

   (ii) direito ao contraditório e à ampla defesa (art. 5º, LV);

   (iii) presunção de inocência (art. 5º, LVII);

   (iv) limitações à decretação de prisão (art. 5º, LXI).

3 Segurança jurídica

A segurança jurídica constitui um elemento importante para a paz social e para a paz de espírito, propiciando: (i) a *previsibilidade* dos comportamentos humanos, pela clareza dos enunciados normativos e por sua anterioridade em relação aos fatos sobre os quais irão incidir; (ii) a *estabilidade* das relações jurídicas, que depende da constância mínima do Direito e de sua não retroatividade às situações já incorporadas ao patrimônio jurídico das pessoas; e (iii) a *garantia* do cumprimento das normas, o que pressupõe órgãos dotados de especialização funcional e independência para fazê-las valer, com efetividade e justiça. Todo esse arcabouço é indispensável para a proteção da confiança dos administrados e jurisdicionados em geral. A segurança jurídica, nessa linha de exposição, envolve três planos diversos: institucional, objetivo e subjetivo.

No plano *institucional*, a segurança exige a existência de instituições estatais dotadas de poder e de garantias, aptas a fazer funcionar o Estado de direito, impondo a supremacia da lei e sujeitando-se a ela. A estabilidade mínima das normas jurídicas começa pela própria Constituição, que tem vocação de permanência e é dotada de rigidez, o que dificulta sua alteração (v. *supra*). Ademais, os integrantes dos Poderes, que têm o dever de fazer cumprir a Constituição e as leis, são protegidos por garantias: *juízes* têm vitaliciedade, inamovibilidade e irredutibilidade de sua remuneração[189]; *parlamentares* possuem

---

189 Constituição Federal: "Art. 95. Os juízes gozam das seguintes garantias: I – vitaliciedade [...]; II – Inamovibilidade [...]; III – Irredutibilidade de subsídio".

417

imunidade material, que os protege por suas opiniões, palavras e votos[190]; e o *chefe do Executivo* só pode ser destituído pelo procedimento complexo do *impeachment*, em caso de crime de responsabilidade[191].

No plano *objetivo*, a segurança jurídica envolve a clareza e inteligibilidade dos enunciados normativos, para que não haja dúvida quanto às condutas exigidas[192]; a anterioridade das normas em relação aos fatos que pretendem reger; e sua não retroatividade, com respeito às situações já constituídas. Exemplos da exigência de anterioridade podem ser encontrados: (i) na prévia existência de lei penal definindo o crime que se pretende punir[193]; (ii) na vedação de cobrança de tributo por fato gerador anterior à lei que o institua ou aumente[194]; e (iii) na inaplicabilidade de lei que altere o processo eleitoral a eleição que se realize em até um ano do início de sua vigência[195]. A exigência de não retroatividade e de respeito às situações constituídas manifesta-se na proteção expressa ao direito adquirido, ao ato jurídico perfeito e à coisa julgada[196]. Nos últimos tempos, notadamente após a vigência do Código de Processo Civil de 2005, tem-se verificado uma especial valorização dos precedentes como fonte formal do Direito e propiciadores de maior segurança jurídica[197].

No plano *subjetivo*, a segurança jurídica tutela a proteção da confiança das pessoas, isto é, as expectativas legítimas e a preservação de determinados efeitos de atos praticados no passado, ainda que venham a ser reputados inválidos. No tocante à proteção das expectativas legítimas, entende-se que: (i) embora não haja direito adquirido a determinado regime jurídico – o que permite, por exemplo, que se suprimam, para o futuro, direitos de servidores públicos ou se mudem as regras de aposentadoria –, a proteção da confiança impõe que se preveja um processo de transição razoável[198]; (ii) a mudança de entendimento pela Administração Pública ou mesmo pelo Judiciário, em relação a determinada matéria, impõe, como regra, que a nova orientação só se aplique dali em diante, prospectivamente[199]; e (iii) o Poder Público

---

190 Constituição Federal: "Art. 53. Os Deputados e Senadores são invioláveis, civil e penalmente, por quaisquer de suas opiniões, palavras e votos".

191 Constituição Federal: Art. 86. Admitida a acusação contra o Presidente da República, por dois terços da Câmara dos Deputados, será ele submetido a julgamento perante o Supremo Tribunal Federal, nas infrações penais comuns, ou perante o Senado Federal, nos crimes de responsabilidade.

192 O art. 59 da Constituição Federal prevê que "[l]ei complementar disporá sobre a elaboração, redação, alteração e consolidação das leis". Isso foi feito pela Lei Complementar n. 95, de 26.2.1998, que dispõe, em seu art. 11, que "[a]s disposições normativas serão redigidas com clareza, precisão e ordem lógica". V. Humberto Ávila, *Segurança jurídica: entre permanência, mudança e realização no direito tributário*, 2012, p. 321-322.

193 Constituição Federal, art. 5º: "XXIX – não há crime sem lei anterior que o defina; nem pena sem prévia cominação legal".

194 Constituição Federal: "Art. 150. Sem prejuízo de outras garantias asseguradas ao contribuinte, é vedado à União, aos Estados, ao Distrito Federal e aos Municípios: [...] III – cobrar tributos: a) em relação a fatos geradores ocorridos antes do início da vigência da lei que os houver instituído ou aumentado".

195 Constituição Federal: "Art. 16. A lei que alterar o processo eleitoral entrará em vigor na data de sua publicação, não se aplicando à eleição que ocorra até 1 (um) ano da data de sua vigência".

196 Constituição Federal, art. 5º: "a lei não prejudicará o direito adquirido, o ato jurídico perfeito e a coisa julgada". Sobre o tema, v. Parte I, cap. VI, 6.4.1; e tb. Luís Roberto Barroso, Em algum lugar do passado: segurança jurídica, direito intertemporal e o novo Código Civil. In: *Temas de direito constitucional*, t. III, 2005, p. 131 e s.

197 *E.g.*, Código de Processo Civil, art. 489: "§ 1º Não se considera fundamentada qualquer decisão judicial, seja ela interlocutória, sentença ou acórdão, que: VI – deixar de seguir enunciado de súmula, jurisprudência ou precedente invocado pela parte, sem demonstrar a existência de distinção no caso em julgamento ou a superação do entendimento". Sobre o tema, v. Patrícia Perrone Campos Mello e Luís Roberto Barroso, Trabalhando com uma nova lógica: a ascensão dos precedentes no direito brasileiro, *Revista da AGU*, 15:9, 2016. V. *supra*, Parte I, cap. II, 2.3.

198 Por exemplo, as diferentes Reformas da Previdência (Emendas Constitucionais n. 20/1998, 41/2003 e 103/2019) previram, para aqueles que já se encontravam no sistema, regras de transição mais branda do que as que estavam sendo introduzidas. No mesmo sentido, a Lei de Introdução às Normas do Direito Brasileiro, com a redação dada pela Lei n. 13.655/2018, exige um regime de transição na hipótese de mudança de entendimento da Administração, dos órgãos de controle ou do Judiciário. V. Decreto-lei n. 4.657/1942, art. 23. "A decisão administrativa, controladora ou judicial que estabelecer interpretação ou orientação nova sobre norma de conteúdo indeterminado, impondo novo dever ou novo condicionamento de direito, deverá prever regime de transição quando indispensável para que o novo dever ou condicionamento de direito seja cumprido de modo proporcional, equânime e eficiente e sem prejuízo aos interesses gerais".

199 O Código de Processo Civil refere expressamente a possibilidade (*rectius:* a recomendação) de que se deem efeitos prospectivos em caso de mudança de orientação jurisprudencial. V. CPC, art. 927: "§ 3º Na hipótese de alteração de jurisprudência dominante do Supremo Tribunal Federal e dos tribunais superiores ou daquela oriunda de julgamento de casos repetitivos, pode haver modulação dos efeitos da alteração no interesse social e no da segurança jurídica". Na mesma linha, a Lei de Introdução às Normas do Direito Brasileiro – LINDB, com a redação dada pela Lei n. 13.655/2018, assim dispôs: art. 24. "A revisão, nas esferas administrativa, controladora ou judicial, quanto à validade de ato, contrato, ajuste, processo ou norma administrativa cuja produção já se houver completado levará em conta as orientações gerais da época, sendo vedado que, com base em mudança posterior de orientação geral, se declarem inválidas situações plenamente constituídas".

tem o dever de coerência, lealdade e boa-fé para com os administrados, circunstâncias que impedem a atuação caprichosa, discriminatória ou arbitrária[200].

Ainda no plano subjetivo, a segurança jurídica impõe, em muitos casos, a *preservação dos efeitos de atos que venham a ser declarados inválidos*. A esse propósito, e em primeiro lugar, quando da invalidação de determinado ato, impõem-se o contraditório e a ampla defesa[201], assim como a ponderação acerca das circunstâncias do caso concreto[202], conforme jurisprudência consolidada do Supremo Tribunal Federal. Ademais, embora a Administração Pública possa invalidar seus próprios atos (declarando-os nulos ou anulando-os)[203], deve fazê-lo no prazo de até 5 (cinco) anos, sob pena de decadência[204], excetuados os casos de má-fé[205] e de afronta direta à Constituição[206]. Por fim, em hipóteses de declaração de inconstitucionalidade de determinado ato normativo, legislação expressa admite que não se dê efeitos retroativos à decisão – isto é, tolera-se a produção de efeitos pela lei inconstitucional –, por motivo de segurança jurídica ou excepcional interesse social[207].

4 Segurança pública

A segurança pública identifica o conjunto de instituições, políticas públicas e ações materiais voltadas à proteção da vida, da integridade física, do patrimônio e de outros direitos fundamentais das pessoas contra condutas ilegais ou criminosas. Ela tem uma dimensão *preventiva*, cujo foco é evitar a ocorrência de atos ilícitos e de crimes, e uma dimensão *repressiva*, destinada à investigação e punição dos comportamentos criminosos. A América Latina é a região mais violenta do planeta. Tendo apenas 8% da população mundial, ela concentra 38% dos homicídios globais. Sete países apresentam as taxas mais

---

200 Por exemplo: diversas empresas requereram e tiveram deferida a prorrogação de prazo de seus contratos, tendo a Administração Pública reconhecido que haviam sido afetados por um evento da conjuntura internacional. Subitamente, em relação a uma empresa que se encontrava em idêntica situação, indeferiu o pedido, sob o fundamento de que a competência seria discricionária. A discricionariedade não permite a discriminação ou a arbitrariedade. V. Luís Roberto Barroso, Discricionariedade administrativa, realização adequada dos fins legais e observância dos princípios constitucionais. In: *Temas de direito constitucional*, t. II, 2002, p. 299 e s.

201 STF, Súmula vinculante 3: "Nos processos perante o Tribunal de Contas da União asseguram-se o contraditório e a ampla defesa quando da decisão puder resultar anulação ou revogação de ato administrativo que beneficie o interessado, excetuada a apreciação da legalidade do ato de concessão inicial de aposentadoria, reforma e pensão".

202 STF, Súmula vinculante 1: Ofende a garantia constitucional do ato jurídico perfeito a decisão que, sem ponderar as circunstâncias do caso concreto, desconsidera a validez e a eficácia de acordo constante de termo de adesão instituído pela Lei Complementar n. 110/2001.

203 Nesse sentido, v. as Súmulas 346 ("A Administração pública pode declarar a nulidade dos seus próprios atos") e 473 ("A Administração pode anular seus próprios atos, quando eivados de vícios que os tornam ilegais, porque deles não se originam direitos; ou revogá-los, por motivo de conveniência ou oportunidade, respeitados os direitos adquiridos, e ressalvada, em todos os casos, a apreciação judicial". V. tb. a Lei n. 9.874/99, art. 53: "A Administração deve anular seus próprios atos, quando eivados de vício de legalidade, e pode revogá-los por motivo de conveniência ou oportunidade, respeitados os direitos adquiridos".

204 Em 2020, o STF mudou entendimento que vigorava de longa data para assentar que os Tribunais de Contas têm o prazo decadencial de cinco anos para apreciar a legalidade dos atos de concessão inicial de aposentadoria, reforma ou pensão, a contar da chegada do processo à respectiva Corte de Contas. Cf. RE 636.553, Rel. Min. Gilmar Mendes, j. 19.2.2020.

205 Lei n. 9.874/99, art. 54: "O direito da Administração de anular os atos administrativos de que decorram efeitos favoráveis para os destinatários decai em cinco anos, contados da data em que foram praticados, salvo comprovada má-fé".

206 O prazo decadencial do art. 54 da Lei n. 9.784/99 não se aplica quando o ato a ser anulado afronta diretamente a Constituição Federal. V. STF, MS 28.860, Rel. Min. Luiz Fux, j. 2.4.2014.

207 Lei n. 9.868, de 10.11.1999, que disciplina a ação direta de inconstitucionalidade, art. 27: "Ao declarar a inconstitucionalidade de lei ou ato normativo, e tendo em vista razões de segurança jurídica ou de excepcional interesse social, poderá o Supremo Tribunal Federal, por maioria de dois terços de seus membros, restringir os efeitos daquela declaração ou decidir que ela só tenha eficácia a partir de seu trânsito em julgado ou de outro momento que venha a ser fixado"; e Lei n. 9.882, de 3.12.1999, que disciplina a arguição de descumprimento de preceito fundamental, art. 11: "Ao declarar a inconstitucionalidade de lei ou ato normativo, no processo de arguição de descumprimento de preceito fundamental, e tendo em vista razões de segurança jurídica ou de excepcional interesse social, poderá o Supremo Tribunal Federal, por maioria de dois terços de seus membros, restringir os efeitos daquela declaração ou decidir que ela só tenha eficácia a partir de seu trânsito em julgado ou de outro momento que venha a ser fixado.

elevadas de criminalidade: Brasil, Colômbia, El Salvador, Guatemala, Honduras, México e Venezuela[208]. Como intuitivo, esse é um problema grave, que precisa estar na agenda nacional.

Embora frequentemente associada apenas à atividade policial, uma política de segurança pública vai bem além, envolvendo a atuação dos três Poderes, nos diferentes níveis de governo – federal, estadual e municipal –, em diferentes áreas de atuação. A segurança pública não deve ser concebida em termos bélicos, como uma guerra contra inimigos internos[209], mas, sim, como um conjunto de serviços públicos integrados. Naturalmente, o aparato policial tem um papel imprescindível em toda sociedade civilizada, inclusive por deter, no âmbito doméstico, o monopólio do uso da força. Mas uma das vicissitudes que o tema enfrenta, no Brasil, é a crença de que a questão se resume à atuação das forças de segurança.

A segurança pública tem uma conexão umbilical com o sistema de justiça criminal. O sistema punitivo ou de persecução penal, entre nós, desenrola-se em quatro etapas. A primeira tem início na *Polícia*, onde a investigação criminal é conduzida por meio do *inquérito policial*. A segunda etapa transcorre no *Ministério Público*, que, reputando suficientes os elementos colhidos pela autoridade policial, apresenta a *denúncia*. A terceira fase é processada perante o *Poder Judiciário*: cabe ao juiz receber a denúncia – ocasião em que se instaura a *ação penal* contra o réu – e supervisionar a produção da prova. Ao final da instrução, ele proferirá uma *sentença* que, transitada em julgado, será executada. Então, tem início a quarta e última etapa, que é o cumprimento da pena no âmbito do *sistema de execução penal*. Se se tratar de decisão condenatória a pena privativa de liberdade, a execução penal se dará dentro do sistema penitenciário.

A Constituição de 1988 restabeleceu as prerrogativas do Judiciário e fortaleceu significativamente o Ministério Público. Independência judicial e autonomia do Ministério Público, portanto, não são problemas no Brasil contemporâneo. Deixando para outra ocasião o debate sobre nosso sistema processual arcaico e ineficiente, os problemas do sistema têm se concentrado na porta de entrada – a Polícia – e na porta de saída – o Sistema de Execução Penal. A Polícia, sobretudo nos Estados, é frequentemente mal remunerada, mal treinada e mal equipada. Sem condições de atuação baseada em técnica e inteligência, não é incomum que seja violenta[210]. Já no tocante ao sistema penitenciário, faltam metáforas para qualificar as condições das prisões em geral: masmorras medievais, casas de horrores e depósitos de gente são algumas tentativas de verter em palavras imagens chocantes[211]. O Supremo Tribunal Federal, inclusive, reconheceu o "estado de coisas inconstitucional" do sistema penitenciário[212].

Pesquisas revelam que a segurança pública está no topo das preocupações dos brasileiros[213]. Não sem razão. O Brasil é o campeão mundial de homicídios, em números absolutos[214]. Os índices de crimes contra o patrimônio – roubo e furto[215] – também são dramáticos, assim como os casos de estupro[216] e

---

208 Ilona Szabó e Melina Risso, *Segurança pública para virar o jogo*, 2018, p. 21.

209 Cláudio Pereira de Souza Neto, A segurança pública na Constituição Federal de 1988: conceituação constitucionalmente adequada, competências federativas e órgãos de execução das políticas. In: *Constitucionalismo democrático e governo das razões*, 2011, p. 275-280.

210 Em atenção ao problema e aos relatos de extrema violência policial em favelas no Rio de Janeiro, em especial contra a população negra, o STF restringiu operações policiais durante a pandemia de Covid-19. V. STF, ADPF 635, Rel. Min. Edson Fachin, j. 18 ago. 2020, em que se reconhece a "omissão estrutural do poder público na adoção de medidas para a redução da letalidade policial".

211 Nesse tema, o STF entende que "é lícito ao Poder Judiciário impor à Administração Pública obrigação de fazer, consistente na promoção de medidas ou na execução de obras emergenciais em estabelecimentos prisionais". V. RE 592.581, Rel. Min. Ricardo Lewandowski, j. 13.8.2015.

212 STF, ADPF n. 347 – MC, Rel. Min. Marco Aurélio, j. 9.9.2015: "Presente quadro de violação massiva e persistente de direitos fundamentais, decorrente de falhas estruturais e falência de políticas públicas e cuja modificação depende de medidas abrangentes de natureza normativa, administrativa e orçamentária, deve o sistema penitenciário nacional ser caraterizado como 'estado de coisas inconstitucional'".

213 Diana Cheng, Crime, saúde e desemprego são as maiores preocupações dos brasileiros, revela pesquisa. *Money Times*, 27 jul. 2019. Nos últimos tempos, vem aumentando drasticamente a preocupação com segurança digital. Portal Saúde Business, Brasil é o país com maior crescimento em preocupações com segurança no mundo. *Saúde Business*, 25 jul. 2020.

214 Monitor da violência, Brasil tem aumento de 5% nos assassinatos em 2020, *G1*, 12 fev. 2021. Em 2017, pior ano da série, foram 59.128 mortes violentas. Nos anos seguintes a curva foi descendente, chegando a 41.730 em 2019, tendo voltado a subir para cerca de 44 mil em 2020. Os números divulgados pelo Atlas da Violência 2021, do *IPEA*, são semelhantes.

215 Não há dados seguros consolidados nacionalmente. De acordo com a Secretaria de Segurança do Estado de São Paulo, somente naquele estado foram registrados boletins de ocorrência de 392.311 furtos, 218.839 roubos e 97.615 casos de furto ou roubo de veículos. Disponível em http://www.ssp.sp.gov.br/Estatistica/Pesquisa.aspx. Acesso em 5 set. 2021.

216 Em 2019, ano anterior à pandemia da Covid-19, foram 66.123 boletins de ocorrência. Luiza Souto, País tem um estupro a cada 8 minutos, diz Anuário de Segurança Pública. *Universa*, 18 out. 2020.

de violência doméstica[217]. Nos últimos tempos, vem aumentando exponencialmente a quantidade de crimes praticados pela internet, que vão do furto de dados à criptografia de sistemas inteiros, com cobrança de resgate (*ransomware*)[218]. Os crimes que mais levam ao encarceramento no Brasil são relacionados ao tráfico de drogas. É ínfima a punição efetiva dos crimes de colarinho branco, como corrupção ativa e passiva, peculato, fraude em licitação, lavagem de dinheiro e sonegação de tributos. Outro problema complexo e grave é a letalidade policial: a polícia brasileira é, no mundo, uma das que mais mata e, também, uma das que registra o maior número de mortes de policiais[219].

A Constituição de 1988 foi a primeira a abrir um capítulo específico para a segurança pública, dentro do seu Título V, dedicado à Defesa do Estado e das Instituições Democráticas. A despeito dessa localização topográfica, a segurança pública também desempenha um papel importante na proteção de direitos fundamentais, embora a atuação policial, por vezes, também possa entrar em rota de colisão com tais direitos. O capítulo se concentra no art. 144, com vários incisos e parágrafos. Já no *caput* se prevê que a segurança pública é "dever do Estado", assim como "direito e responsabilidade de todos". Ali se prevê, igualmente, que sua finalidade é a preservação (i) da ordem pública e (ii) da incolumidade das pessoas e do patrimônio. A Lei n. 13.675, de 11.6.2018, criou o Sistema Único de Segurança Pública – SUSP, com o fim de promover a atuação "conjunta, coordenada, sistêmica e integrada" dos órgãos de segurança pública da União, dos Estados, do Distrito Federal e dos Municípios.

O art. 144 da Constituição apresenta a lista dos órgãos responsáveis pela segurança pública, no âmbito federal (Polícia Federal, Polícia Rodoviária Federal e Polícia Ferroviária Federal) e estadual (Polícia Civil, Polícia Militar e Corpo de Bombeiros Militares)[220]. As competências de cada uma delas vêm descritas nos parágrafos do art. 144 e podem ser assim resumidas:

a) *Polícia Federal*: destina-se, principalmente, a (i) apurar infrações que envolvam bens, serviços e interesses da União, (ii) prevenir e reprimir o tráfico de drogas, o contrabando e o descaminho, (iii) exercer as funções de polícia marítima, aeroportuária e de fronteiras e (iv) exercer as funções de polícia judiciária da União[221-222];

---

217 De acordo com as pesquisas do Instituto Datafolha e do FBSP, 27,4% das mulheres reportaram ter sofrido algum tipo de violência ou agressão em 2019. Fórum Brasileiro de Segurança Pública, *Visível e invisível: a vitimização de mulheres no Brasil*, 2020. O mesmo documento traz o comentário de José Miguel Vivanco, Diretor para Divisão das Américas da Organização Human Righs Watch: "Lamentavelmente, podemos dizer que no Brasil há uma epidemia de violência doméstica, que não é suficientemente abordada, protegida, atendida pela parte do Estado".

218 A Lei n. 14.155, de 27.5.2021, tipificou, de forma mais grave, os crimes de violação de dispositivo informático, furto e estelionato cometidos de forma eletrônica ou pela internet.

219 Flávia Albuquerque, Letalidade policial bate recorde e mortes de negros chega a 78% do total, mostra relatório. *Brasil de Fato*, 15 jul. 2021: "Os dados mostram, ainda, que em 2020 foram mortas em intervenções policiais 6.416 pessoas [...]. Dentre elas, 78,9% eram negras, 76,2% tinham entre 12 e 29 anos e 98,4% eram homens. Já os policiais assassinados chegaram a 194, dos quais 72% morreram no horário de folga". Sobre o tema, tramita no STF a ADPF 635, sob a relatoria do Ministro Edson Fachin, em que se pretende, entre outras providências, a elaboração de um plano de redução da letalidade policial para o Estado do Rio de Janeiro. Tal medida já foi determinada, inclusive, pela Corte Interamericana de Direitos Humanos, no caso Favela Nova Brasília vs. Brasil, j. 16 fev. 2017. Cf. o parágrafo 17 do item IX (pontos resolutivos) da sentença: "O Estado deverá adotar as medidas necessárias para que o Estado do Rio de Janeiro estabeleça metas e políticas de redução da letalidade e da violência policial, nos termos dos parágrafos 321 e 322 da presente Sentença".

220 Dada a sua relevância para a garantia da segurança interna, da ordem pública e da paz social, o STF não admite que as categorias previstas no art. 144 da CF exerçam o direito de greve. Cf. ARE 654.432, Rel. Min. Edson Fachin, Red. do acórdão Min. Alexandre de Moraes, j. 5.4.2017. Além disso, a Corte entende que o rol do art. 144 da CF é taxativo e de observância obrigatória pelos Estados-membros, não sendo possível que atribuam o exercício de atividades de segurança pública a órgãos diversos dos ali indicados. V. ADI 3.996, Rel. Min. Luiz Fux, j. 15.4.2020.

221 A função de polícia judiciária consiste em cumprir diligências determinadas pelo Poder Judiciário, como mandados de prisão, busca e apreensão, condução coercitiva etc.

222 Constituição Federal, art. 144: "§ 1º A polícia federal, instituída por lei como órgão permanente, organizado e mantido pela União e estruturado em carreira, destina-se a: I – apurar infrações penais contra a ordem política e social ou em detrimento de bens, serviços e interesses da União ou de suas entidades autárquicas e empresas públicas, assim como outras infrações cuja prática tenha repercussão interestadual ou internacional e exija repressão uniforme, segundo se dispuser em lei; II – prevenir e reprimir o tráfico ilícito de entorpecentes e drogas afins, o contrabando e o descaminho, sem prejuízo da ação fazendária e de outros órgãos públicos nas respectivas áreas de competência; III – exercer as funções de polícia marítima, aeroportuária e de fronteiras; IV – exercer, com exclusividade, as funções de polícia judiciária da União".

b) *Polícia Rodoviária Federal*: destina-se ao patrulhamento ostensivo das ferrovias federais[223], podendo participar de operações conjuntas com outros órgãos do Sistema Único de Segurança Pública – SUSP, dando apoio a investigações e execução de mandados judiciais[224];

c) *Polícia Ferroviária Federal*: seria destinada ao patrulhamento ostensivo das ferrovias federais[225]. A carreira, no entanto, não chegou a ser criada, tendo sido arquivado no Senado Federal o Projeto de Lei n. 150/2003, que visava a esse fim. Atualmente, a maior parte das ferrovias brasileiras foi transferida à iniciativa privada, não mais se justificando uma polícia específica para essa finalidade;

d) *Polícia Civil*: dirigida por um delegado de polícia, a ela incumbem as funções de polícia judiciária e a apuração de infrações penais, exceto as militares. É sobre ela que recai o ônus da maior parte das investigações no país[226];

e) *Polícia Militar* e *Corpo de Bombeiros*: às polícias militares cabem a polícia ostensiva e a preservação da ordem pública, ao passo que aos bombeiros militares incumbem as atividades de defesa civil. Ambas são forças auxiliares e reserva do Exército, mas, tal como a polícia civil, subordinam-se aos Governadores dos Estados e do Distrito Federal[227].

A Polícia Civil e a Polícia Militar, como já observado, são organizadas no âmbito dos Estados e do Distrito Federal. Embora exista um esforço de coordenação nacional, por intermédio do SUSP, é sobre elas que recaem as principais responsabilidades pela dimensão policial da segurança pública, cabendo a ambas investigar e prevenir a maior parte dos crimes previstos na legislação penal. A Emenda Constitucional n. 104, de 4.12.2019, criou a Polícia Penal, no âmbito federal, estadual e distrital, acrescentando um inciso VI ao art. 144. Nela foram incorporados, pela via da transformação de cargos, os atuais agentes penitenciários[228].

Embora não figurem no elenco do art. 144, que especifica os órgãos responsáveis pela segurança pública, também as *Forças Armadas* podem participar de ações dessa natureza. Nada obstante sua missão principal ser a defesa externa do País, a Constituição também aponta, como um dos seus papéis, a garantia dos poderes constituídos e, "por iniciativa de qualquer deles, da lei e da ordem". A matéria vem regida pela Lei Complementar n. 97, de 9.6.1999, que dispõe sobre as Forças Armadas, e pelo Decreto n. 3.897, de 24.8.2001, que fixa as diretrizes para sua atuação na garantia da lei e da ordem. Duas são as hipóteses de atuação legítima das Forças Armadas no domínio da segurança pública[229].

A primeira delas se dá por solicitação do Governador do Estado, em situações nas quais os órgãos listados no art. 144 da Constituição se mostrarem incapazes de desempenhar sua missão constitucional[230].

---

223 Constituição Federal, art. 144: "§ 2º A polícia rodoviária federal, órgão permanente, organizado e mantido pela União e estruturado em carreira, destina-se, na forma da lei, ao patrulhamento ostensivo das rodovias federais".

224 A Portaria n. 739, de 3.10.2019, autoriza a Polícia Rodoviária Federal a atuar em operações de natureza ostensiva, investigativa, de inteligência ou mistas para fins de investigação de infrações penais ou de execução de mandados judiciais, em conjunto com outros órgãos responsáveis pela segurança pública. Sua constitucionalidade foi afirmada pelo STF no julgamento da ADI 6.296 MC-Ref, Rel. Min. Marco Aurélio, j. 18.8.2020.

225 Constituição Federal, art. 144: "§ 3º A polícia ferroviária federal, órgão permanente, organizado e mantido pela União e estruturado em carreira, destina-se, na forma da lei, ao patrulhamento ostensivo das ferrovias federais".

226 Constituição Federal, art. 144: "§ 4º Às polícias civis, dirigidas por delegados de polícia de carreira, incumbem, ressalvada a competência da União, as funções de polícia judiciária e a apuração de infrações penais, exceto as militares.

227 Constituição Federal, art. 144: "§ 5º Às polícias militares cabem a polícia ostensiva e a preservação da ordem pública; aos corpos de bombeiros militares, além das atribuições definidas em lei, incumbe a execução de atividades de defesa civil. § 6º As polícias militares e os corpos de bombeiros militares, forças auxiliares e reserva do Exército subordinam-se, juntamente com as polícias civis e as polícias penais estaduais e distrital, aos Governadores dos Estados, do Distrito Federal e dos Territórios".

228 Constituição Federal, art. 144: "VI – polícias penais federal, estaduais e distrital. § 5º-A. Às polícias penais, vinculadas ao órgão administrador do sistema penal da unidade federativa a que pertencem, cabe a segurança dos estabelecimentos penais".

229 Sobre o tema, v. Luís Roberto Barroso, Forças Armadas e ações de segurança pública: possibilidades e limites à luz da Constituição. *Revista de Direito do Estado* 7:43, 2007, p. 59 e s.; e Cláudio Pereira de Souza Neto, A segurança pública na Constituição Federal de 1988: conceituação constitucionalmente adequada, competências federativas e órgãos de execução das políticas. In: *Constitucionalismo democrático e governo das razões*, 2011, p. 302 e s.

230 Lei Complementar n. 97, de 9.6.1999: "Art. 15. O emprego das Forças Armadas na defesa da Pátria e na garantia dos poderes constitucionais, da lei e da ordem, e na participação em operações de paz, é de responsabilidade do Presidente da República, que determinará ao Ministro de Estado da Defesa a ativação de órgãos operacionais, observada a seguinte forma de subordinação: [...] 2º A atuação das Forças Armadas, na garantia da lei e da ordem, por

Note-se que, nesse caso, é o Estado-membro que requer ao Presidente da República a ação militar, não sendo uma determinação unilateral da União, como ocorre na intervenção federal, no estado de defesa e no estado de sítio. Aliás, exemplo de intervenção federal se deu no Estado do Rio de Janeiro, em 2018, embora restrita à área de segurança pública[231]. A segunda hipótese se dá em ações de segurança nas quais haja predominância do interesse nacional, como ocorre, por exemplo, em grandes eventos internacionais ou em pleitos eleitorais. Embora, naturalmente, seja desejável a articulação com autoridades estaduais, essa modalidade de atuação não depende nem de solicitação do Governador nem de intervenção federal[232]. Ilustra essa situação o ocorrido em eventos como a Conferência das Nações Unidas sobre o Meio Ambiente e Desenvolvimento (ECO 92), a Cúpula de Chefes de Estado do Mercosul, em 2007, ou as Olimpíadas de 2016. O desempenho de missões de garantia da lei e da ordem, pelas Forças Armadas, vale reiterar, deve ser episódico e excepcional.

A *Guarda Municipal* tampouco consta do elenco de órgãos encarregados da segurança pública do art. 144[233], mas mereceu um dispositivo próprio em um dos seus parágrafos: instituídas pelos Municípios, elas se destinam à proteção de seus bens, serviços e instalações[234]. Trata-se de forças uniformizadas, de natureza civil, com atuação de caráter preventivo. Não cabem à Guarda Municipal atividades de investigação ou de polícia judiciária[235]. Os Municípios, aliás, também desempenham papel relevante na segurança pública, por meio de medidas como a ordenação urbana e limitações administrativas. A delimitação de horário de funcionamento de bares e de locais de venda de bebidas, por exemplo, comprovadamente, previne a prática de delitos[236].

Por fim, há a *Força Nacional de Segurança Pública*, instituída pelo Decreto n. 5.289, de 29.11.2004, e depois abrigada na Lei n. 11.473, de 10.5.2007. Ela não constitui um órgão próprio, mas, sim, um "programa de cooperação federativa" ao qual poderão aderir, "voluntariamente", os Estados interessados[237].

---

iniciativa de quaisquer dos poderes constitucionais, ocorrerá de acordo com as diretrizes baixadas em ato do Presidente da República, após esgotados os instrumentos destinados à preservação da ordem pública e da incolumidade das pessoas e do patrimônio, relacionados no art. 144 da Constituição Federal. § 3º Consideram-se esgotados os instrumentos relacionados no art. 144 da Constituição Federal quando, em determinado momento, forem eles formalmente reconhecidos pelo respectivo Chefe do Poder Executivo Federal ou Estadual como indisponíveis, inexistentes ou insuficientes ao desempenho regular de sua missão constitucional".

231   Com base nos arts. 84, X, e 34, III, da Constituição Federal, o Presidente da República expediu o Decreto n. 9.288, de 16.2.2018, decretando a intervenção federal no Rio de Janeiro com o objetivo de pôr termo ao grave comprometimento da ordem pública.

232   Decreto n. 3.897, de 24.8.2001: "Art. 5º O emprego das Forças Armadas na garantia da lei e da ordem, que deverá ser episódico, em área previamente definida e ter a menor duração possível, abrange, ademais da hipótese objeto dos arts. 3º e 4º, outras em que se presuma ser possível a perturbação da ordem, tais como as relativas a eventos oficiais ou públicos, particularmente os que contem com a participação de Chefe de Estado, ou de Governo, estrangeiro, e à realização de pleitos eleitorais, nesse caso quando solicitado. Parágrafo único. Nas situações de que trata este artigo, as Forças Armadas atuarão em articulação com as autoridades locais, adotando-se, inclusive, o procedimento previsto no art. 4º".

233   O STF, porém, tem afirmado que as Guardas Municipais executam atividade de segurança pública. V. RE 846.854, Rel. Min. Luiz Fux, Red. do acórdão Min. Alexandre de Moraes, j. 1º.8.2017; e ADI 5.538, Rel. Min. Alexandre de Moraes, j. 1º.3.2021. Nesse sentido, a Lei n. 13.675/2018 colocou as Guardas Municipais como integrantes operacionais do Sistema Único de Segurança Pública – SUSP (art. 9º, § 2º, VII).

234   Constituição Federal, art. 144: "§ 8º Os Municípios poderão constituir guardas municipais destinadas à proteção de seus bens, serviços e instalações, conforme dispuser a lei".

235   A despeito disso, os guardas municipais podem ter porte de arma de fogo. O STF reputou inconstitucional, por ofensa à razoabilidade à isonomia, o art. 6º, III e IV, do Estatuto do Desarmamento (Lei n. 10.826/2003), que só permitia o porte de arma de fogo a integrantes de Guardas Municipais das capitais dos Estados e dos Municípios com mais de 500.000 (quinhentos mil) habitantes e a integrantes das Guardas Municipais de Municípios com mais de 50.000 (cinquenta mil) e menos de 500.000 (quinhentos mil) habitantes, quando em serviço. Cf. ADI 5.538, Rel. Min. Alexandre de Moraes, j. 1º.3.2021.

236   Cláudio Pereira de Souza Neto, A segurança pública na Constituição Federal de 1988: conceituação constitucionalmente adequada, competências federativas e órgãos de execução das políticas. In *Constitucionalismo democrático e governo das razões*, 2011, p. 315.

237   Decreto n. 5.289, de 29.11.2004: "Art. 1º. Este Decreto disciplina as regras gerais de organização e funcionamento da administração pública federal, para desenvolvimento do programa de cooperação federativa denominado Força Nacional de Segurança Pública, ao qual poderão voluntariamente aderir os Estados interessados, por meio de atos formais específicos".

Ela é composta por quadros dos órgãos de segurança do Estado e do Distrito Federal – policiais e bombeiros militares, policiais civis, peritos –, selecionados e treinados pela União, ficando cedidos ao Governo Federal por até dois anos. A Força Nacional de Segurança Pública fica sediada em Brasília, onde se encontra o Batalhão Escola de Pronto-Emprego (Bepe). Sua atuação depende de solicitação expressa dos Governadores respectivos dirigida ao Ministro da Justiça e da Segurança Pública[238]. Ela tem participado de dezenas de operações em situações diversas, como tráfico de drogas, violência urbana, vandalismo e crimes ambientais, em Estados como Espírito Santo, Pernambuco, Pará, Goiás, Paraná, Rio de Janeiro, Ceará, Distrito Federal e Amazonas.

A violência e a criminalidade no Brasil têm muitos fatores de risco[239]. No plano social, pobreza, baixa escolaridade, lares desfeitos, urbanização desordenada e convivência em ambientes dominados pelo crime são alguns deles. No plano econômico, baixo desenvolvimento, desemprego e salários insuficientes para uma sobrevivência digna têm peso importante. No plano institucional, um sistema repressivo que é frequentemente duro com os pobres e manso com os ricos, mas que só consegue punir um percentual muito baixo de homicídios. A impunidade se manifesta de forma particularmente intensa em relação à criminalidade do colarinho branco, os crimes das pessoas abastadas, como corrupção ativa e passiva, peculato, fraude em licitações, lavagem de dinheiro e outros. Tolerância, compadrio e sentimento de classe perpetuam a naturalização das coisas erradas. Em matéria de apropriação do Estado por elites extrativistas e de corrupção, estabilizamos num patamar muito ruim. A tudo isso se somam políticas equivocadas em matéria de drogas[240] e armas[241], bem como o poder crescente das facções criminosas e das milícias.

5 Segurança social

A segurança social diz respeito à proteção das pessoas contra a exploração econômica, a pobreza, a desigualdade e o infortúnio, bem como o acesso à educação e à cultura. Sua trajetória histórica se inicia com a Lei do Seguro Social, em 1883, na Alemanha de Bismarck[242], avança para a proteção de direitos de natureza trabalhista, até se estender às ideias contemporâneas de assistência social e de direitos sociais materialmente fundamentais (mínimo existencial). Marcos históricos e normativos importantes para a construção da ideia de segurança social foram a Constituição do México, de 1917, e a Constituição da Alemanha de Weimar, de 1919. Ao longo do século XX, o Estado liberal afastou-se, progressivamente, da visão absenteísta do *laissez-faire* para se converter, crescentemente, em Estado social. É certo que esse modelo foi amplamente questionado ao final do século XX, por visões qualificadas como neoliberais, que prevaleceram em países como o Reino Unido, sob Margareth Thatcher (Primeira-Ministra entre 1979-1990), e Estados Unidos, sob Ronald Reagan (Presidente entre 1981-1989). Nada obstante isso, estruturas de seguridade social e redes de proteção aos necessitados subsistiram em grande número de países.

A Declaração Universal dos Direitos Humanos (1948), das Nações Unidas, faz menção expressa à segurança social[243]. Mais que isso, ela delineia os elementos do que, desejavelmente, deve constituir o mínimo existencial de todo indivíduo, ao prever:

---

238 Nesse sentido, o STF decidiu que o "art. 4º do Decreto n. 5.289/2004, ao autorizar o emprego da Força Nacional de Segurança, em território de Estado-membro, sem a anuência de seu Governador, por mero ato do Ministro de Estado, viola a natureza cooperativa do programa e seu suporte constitucional, conflitando com os art. 34 e 241 da Constituição Federal". V. ACO 3.427 MC-Ref, Rel. Min. Edson Fachin, j. em 24.9.2020.

239 Sobre o tema, v. Ilona Szabó e Melina Risso, *Segurança pública para virar o jogo*, 2018, p. 22 e s.

240 Sobre o tema, v. Luís Roberto Barroso, *Sem data venia*: um olhar sobre o Brasil e o mundo, 2020, p. 162 e s.

241 De fato, foram editados múltiplos decretos ampliado o acesso de civis a armas e munições desde o início de 2019. A matéria é objeto de diversas ações diretas em curso no Supremo Tribunal Federal, entre elas: ADIs 6.675, 6.676, 6.677, 6.680 e 6.695, Rel. Min. Rosa Weber, 12 abr. 2021 (decisão monocrática), com deferimento parcial de cautelar para suspender parte dos decretos; e ADI 6.119, Rel. Min. Edson Fachin, com voto do relator igualmente pela concessão de cautelar.

242 Fábio Zambitte Ibrahim, *Curso de direito previdenciário*, 2010, p. 1. A Lei do Seguro Social previu, de início o seguro-doença, evoluindo para abrigar também o seguro contra acidentes de trabalho (1884) e o seguro de invalidez e velhice (1889).

243 Declaração Universal dos Direitos Humanos: "Artigo 22°: Toda a pessoa, como membro da sociedade, tem direito à *segurança social*; e pode legitimamente exigir a satisfação dos direitos econômicos, sociais e culturais indispensáveis, graças ao esforço nacional e à cooperação internacional, de harmonia com a organização e os recursos de cada país".

"Artigo 25.1. Toda a pessoa tem direito a um nível de vida suficiente para lhe assegurar e à sua família a saúde e o bem-estar, principalmente quanto à alimentação, ao vestuário, ao alojamento, à assistência médica e ainda quanto aos serviços sociais necessários, e tem direito à segurança no desemprego, na doença, na invalidez, na viuvez, na velhice ou noutros casos de perda de meios de subsistência por circunstâncias independentes da sua vontade".

O Pacto Internacional sobre Direitos Econômicos, Sociais e Culturais – que não é uma simples declaração, mas um tratado internacional do qual o Brasil é signatário[244] – faz referência a uma quantidade relevante de direitos sociais que incluem trabalho, previdência social, proteção à maternidade, à criança e ao adolescente, alimentação, saúde, educação e cultura.

A Constituição brasileira foi pródiga ao abrigar os direitos aptos a prover segurança social, ainda quando sua concretização seja complexa e incompleta. A Carta traz artigo específico enunciando os direitos sociais[245], tem dispositivos diversos cuidando dos direitos trabalhistas[246] e um título próprio dedicado à Ordem Social (Título VIII), no qual incluiu temas variados, como seguridade social, educação, cultura, desporto, ciência, tecnologia, meio ambiente, família, criança, adolescente, idoso e outros[247]. Especialmente importante para o tópico aqui versado é a seguridade social, em cujo âmbito, além da saúde, se incluem a previdência social e a assistência social.

No domínio da previdência social está a cobertura de eventos de incapacidade temporária ou permanente para o trabalho, idade avançada, proteção à maternidade e à gestante, bem como ao trabalhador em situação de desemprego involuntário e a pensão por morte[248]. Já a assistência social visa a atender aos necessitados em geral, às crianças, adolescentes e idosos carentes, assim como aos deficientes que não possam prover a própria manutenção[249]. Existem, igualmente, programas instituídos por legislação ordinária, como o Bolsa-Família[250] e a renda básica de cidadania[251].

6 Segurança nacional

A doutrina de segurança nacional, embora tenha sua origem associada à política francesa durante a guerra da Argélia, desenvolveu-se sobretudo nas escolas militares dos Estados Unidos da América, no período posterior à segunda guerra mundial. No Brasil, sua importação e adaptação se deveram especialmente à Escola Superior de Guerra, criada em 1949, e que foi o centro de difusão das ideias que deram suporte ao sistema de poder que se implantou no país após a ditadura militar de 1964.

A doutrina foi concebida sob o espectro da guerra – da guerra fria, da guerra revolucionária e da terceira guerra mundial, tida por longo tempo como uma inevitabilidade histórica. Em nome da segurança nacional, disseminou-se nos países periféricos do bloco ocidental um truculento sentimento anticomunista, fundamento da repressão, da censura e da perseguição política. Quase todos os países da América Latina sofreram o impacto antidemocrático da ideologia da segurança nacional, com o colapso das instituições constitucionais e a ascensão de regimes militares.

A Constituição de 1967, no texto original e, após, com a redação que lhe foi dada pela Emenda Constitucional n. 1, de 17 de outubro de 1969, outorgada pelos Ministros da Marinha de Guerra, do Exército e da Aeronáutica Militar, dispunha sobre o tema, prevendo no art. 86: "Toda pessoa, natural ou jurídica, é responsável pela segurança nacional, nos limites definidos em lei". O Conselho de Segurança Nacional era o órgão de mais alto nível na assessoria direta ao Presidente da República para formulação e execução

---

244 O Pacto Internacional sobre Direitos Econômicos, Sociais e Culturais foi internalizado no direito brasileiro pelo Decreto n. 591, de 6.7.1992.

245 Constituição Federal: "Art. 6º São direitos sociais a educação, a saúde, a alimentação, o trabalho, a moradia, o transporte, o lazer, a segurança, a previdência social, a proteção à maternidade e à infância, a assistência aos desamparados, na forma desta Constituição".

246 Constituição Federal, arts. 7º a 11.

247 Constituição Federal, arts. 193 a 232.

248 Constituição Federal, art. 201.

249 Constituição Federal, art. art. 203.

250 Lei n. 10.836, de 9.1.2004.

251 Lei n. 10.835, de 8.1.2004. O STF reconheceu a existência de omissão do Poder Executivo Federal em estipular o valor da renda básica de cidadania, determinando "ao Presidente da República que implemente, no exercício fiscal seguinte ao da conclusão do julgamento do mérito (2022), a fixação do valor disposto no art. 2º da Lei n. 10.835/2004 para o estrato da população brasileira em situação de vulnerabilidade socioeconômica". V. MI 7.300, Rel. Min. Marco Aurélio, Red. do acórdão Min. Gilmar Mendes, j. 27.4.2021.

da política de segurança nacional (art. 87), tendo um vasto elenco de competências listadas no art. 89, que incluía "estabelecer os objetivos nacionais permanentes e as bases para a política nacional".

Bem antes do desenvolvimento de uma específica doutrina, a locução *segurança nacional* já era parte integrante do direito constitucional brasileiro. A Constituição de 1934, por exemplo, a ela dedicava o seu título VI, voltado, todavia, predominantemente, para questões afetas à segurança externa e às Forças Armadas. Foi sob a égide dessa Carta que surgiu a Lei n. 38, de 4 de abril de 1935, editada após a denominada *Intentona Comunista*, e que deu início à tipificação, em lei especial, dos crimes contra a segurança nacional, seguida de outros textos legislativos.

Após o colapso da ordem constitucional, em 1964, foi editado o Decreto-lei n. 314, de 13.3.1967, primeira lei de segurança nacional do novo regime, editada com base no Ato Institucional n. 2. Veio em substituição à Lei n. 1.802, de 1953, que definia os crimes contra a ordem política e social. O Decreto-lei n. 314/1967, por sua vez, foi substituído pelo Decreto n. 898, de 21.9.1969, texto que procurava definir figuras estranhas, como *guerra psicológica adversa*, fazia menção a conceitos enigmáticos, como *pressões antagônicas*, criminalizava a greve nos serviços públicos e nas atividades essenciais, bem como a *propaganda subversiva*, entre outras singularidades.

Sobrevieram a Lei n. 6.620, de 17.12.1978, aprovada por decurso de prazo no final do governo do General Ernesto Geisel, e, finalmente, a Lei n. 7.170, de 14.12.1983, que consoante ementa oficial, "define os crimes contra a segurança nacional, a ordem política e social, estabelece seu processo e julgamento e dá outras providências". A Constituição de 1988 foi a superação histórica do regime que tinha como um de seus fundamentos a ideologia da segurança nacional, e toda carga autoritária que dela decorria. Por tal razão, a própria locução segurança nacional ficou praticamente fora de seu texto, salvo uma intempestiva menção no art. 173, onde se cuida das hipóteses excepcionais de exploração da atividade econômica pelo Estado. No Título V, incorporando o ideário vitorioso, a Carta emprega a terminologia compatível com a nova ordem: "Da Defesa do Estado e das Instituições Democráticas".

Produto de uma outra época, a Lei de Segurança Nacional, tanto na sua filosofia como nos princípios e conceitos que utiliza, não se harmonizava com o Estado democrático de direito introduzido pela Constituição de 1988[252]. Embora promulgada no período menos agudo do regime militar – após o fim dos atos institucionais e da lei da anistia –, ainda foi contemporânea da intolerância política e do conflito ideológico mundial. De fato, em 1984, quando da votação da emenda constitucional destinada à introdução das eleições diretas, a capital federal esteve sob medidas de emergência e o movimento que apoiava a modificação foi, em diversas ocasiões, intimidado e reprimido. O muro de Berlim, marco simbólico da guerra fria, somente veio a ser derrubado mais adiante, em final de 1989, quando já em vigor a nova Carta.

Com grande atraso, a última Lei de Segurança Nacional foi revogada pela Lei n. 14.197, de 1º.9.2021, que acrescentou um Título XII ao Código Penal, relativo aos Crimes contra o Estado de Direito. Uma importante mudança simbólica. Em suma: a ideia de segurança nacional, em si, traduz valores relevantes, como a defesa da soberania e o respeito às instituições democráticas. No Brasil, porém, ela ficou maculada pela carga autoritária que carrega e por evocar tempos ditatoriais.

7 Segurança humana

As últimas décadas assistiram à construção do conceito de *segurança humana*, utilizado em diferentes documentos das Nações Unidas. O conteúdo e alcance da expressão representam ampliação e aprofundamento de ideias como dignidade humana, direitos fundamentais e mínimo existencial (*basic needs*), sedimentados, sobretudo, depois da segunda guerra mundial. Mais recentemente, com o fim da guerra fria e, particularmente, após o Relatório sobre Desenvolvimento Humano, de 1994 (*1994 Human Development Report*), do Programa de Desenvolvimento Humano da ONU, procurou-se dissociar a segurança humana da segurança do Estado. O novo conceito reflete a influência do pensamento de Amartya Sen, para quem o desenvolvimento humano, mais do que a mensuração do PIB ou da renda *per capita*, é um processo de expansão das liberdades reais[253].

Segurança humana, assim, constitui um conceito holístico e multidimensional, centrado no indivíduo, abrangendo sete domínios: (i) pessoal (integridade física); (ii) econômico (renda básica); (iii) alimentar

---

252 Diversos dispositivos da Lei n. 7.170/1983 – Lei de Segurança Nacional editada durante o regime militar – foram impugnados em arguições de descumprimento de preceito fundamental perante o STF, que ainda não foram julgadas (v. ADPFs 797, 799, 815, 816 e 821, Rel. Min. Gilmar Mendes).

253 Amartya Sen, *Desenvolvimento como Liberdade*, 1999, p. 17. E tb. Amartya Sen, *Why human security*. Presentation at the "International Symposium on Human Security", Tokyo, 28 jul. 2000. Disponível em https://www.ucipfg.com/Repositorio/MCSH/MCSH-05/BLOQUE-ACADEMICO/Unidad-01/complementarias/3.pdf. Acesso em 8 set. 2021.

(nutrição mínima); (iv) saúde (proteção contra doenças); (v) comunitário (proteção da diferença e dos valores identitários); (vi) liberdades políticas (direitos, liberdades e participação); e (vii) ambiental (proteção contra a degradação ambiental)[254]. Documentos internacionais posteriores procuraram densificar e sintetizar a ideia de segurança humana em três liberdades essenciais e complementares: a de não ter medo, a de não passar privações materiais e a de viver com dignidade[255]. Em 2012, resolução da ONU assentou que o entendimento comum em relação ao conceito de segurança humana engloba o seguinte:

> "a) O direito que as pessoas possuem de viver em liberdade e com dignidade, livres da pobreza e do desespero. Todas as pessoas, em particular aquelas em situação de vulnerabilidade, têm o direito de viver livres do medo e da miséria, de dispor de iguais oportunidades para desfrutar de todos os seus direitos e de desenvolver plenamente o seu potencial humano. [...]
>
> c) A segurança humana reconhece a inter-relação entre a paz, o desenvolvimento e os direitos humanos. Leva igualmente em conta os direitos civis, políticos, econômicos, sociais e culturais" [256].

Mais recentemente, questões ambientais passaram a ser reconhecidas como importantes para a segurança humana[257]. Aliás, não deixa de ser curioso esse atraso, pois morre mais gente de desastres da natureza do que por guerras e violência política[258]. Há uma longa lista de preocupações e desafios nesse campo, que incluem poluição do ar, das águas, desmatamento, desertificação, perda de biodiversidade, extinção de espécies e – preocupação central nos dias de hoje – a mudança climática[259]. São problemas globais, que transcendem fronteiras e jurisdições locais. Todos esses fatores têm a capacidade de afetar as necessidades humanas básicas, trazendo insegurança alimentar, escassez de água e migrações, sem mencionar o abalo e a destruição de culturas e identidades[260]. Deve-se ter em conta, ademais, que a distribuição de riscos e de ônus ambientais não é equitativa: há diferenças entre países, regiões e, sobretudo, entre pessoas e o modo como são afetadas[261]. Não é surpresa constatar que o impacto maior é sofrido pelos segmentos mais pobres da humanidade, que vivem em lugares mais vulneráveis, têm menos acesso a serviços públicos e dispõem de menos recursos financeiros para superarem perigos diversos. Essa circunstância se agrava diante do fato de que a população mundial irá aumentar em 2.3 bilhões até 2050, com o maior crescimento em regiões mais pobres[262].

V DIREITO DE PROPRIEDADE[263]

1 Generalidades

O direito de propriedade tradicionalmente designa os poderes de *usar, gozar* e *dispor* de bens, assim como o de reivindicá-los de quem os detenha indevidamente. Em diferentes partes do mundo, no Brasil inclusive, esse direito passou a estar subordinado à observância da função social da propriedade. O direito de

---

254 United Nations Development Program, *Human Development Report*. Oxford: Oxford University Press, 1994, p. 3 e 24-33.

255 Relatório do Secretário Geral (*Report of the Secretary General*), *In larger freedom: towards development, security and human rights for all*. Nações Unidas, Assembleia Geral, 2005 (*United Nations. General Assembly*, 2005).

256 Resolução n. 66/290, de 25.10.2012. https://www.unocha.org/sites/dms/HSU/Publications%20and%20Products/GA%20Resolutions%20and%20Debate%20Summaries/GA%20Resolutions.pdf. Tradução livre.

257 Jon Barnett, Richard A. Matthew e Karen L. O'Brien, *Global environmental change and human security*. Cambridge, MA: MIT Press, 2010, p. 15.

258 Lorraine Elliot, Human security/environmental security. *Contemporary Politics 21*:11, 2015, p. 19.

259 Sobre o tema, v. ADPF 708, Rel. Min. Luís Roberto Barroso, em que se questionaram ações e omissões da União que comprometiam o adequado funcionamento do Fundo Nacional sobre Mudança do Clima (Fundo Clima).

260 Karen O'Brien e Jon Barnett, Global environmental change and human security. *Annual Review of Environment and Resources 38*:373, p. 377.

261 Jon Barnett, Richard A. Matthew e Karen L. O'Brien, *Global environmental change and human security*. Cambridge, MA: MIT Press, 2010, p. 19.

262 Keith Martin, The environmental and human security nexus: an extraordinary opportunity for change. *Ecohealth 11*:439, 2014, p. 439-40.

263 Tópico escrito com a colaboração de Carina Lellis Nicoll Simões Leite e Thiago Magalhães Pires.

propriedade, assim, pode ser decomposto em três elementos[264]: (i) um núcleo econômico, que são as faculdades de usar, gozar e dispor; (ii) um núcleo jurídico, que são as ações de tutela de domínio de que dispõe o titular para a proteção da propriedade; e (iii) um aspecto funcional, que é a exigência de atender à sua função social. Com relação ao objeto, o direito pode ser exercido sobre: (i) bens móveis; (ii) bens imóveis; e (iii) sobre a propriedade intelectual, que abrange, dentre outros, os direitos do autor e a propriedade industrial.

A propriedade é objeto de longa evolução histórica, e a sua origem remota se confunde com o próprio surgimento do Estado[265]. A ideia de *contrato social* – um acordo tácito pelo qual a humanidade teria passado do estado de natureza para o estado social, político e jurídico – tem a proteção da propriedade como um de seus elementos fundamentais. De mútuo acordo, os homens decidem limitar reciprocamente as suas liberdades para que a sua propriedade não seja espoliada pelos seus pares[266]. Thomas Hobbes, no clássico *Leviatã*, assinala que "onde não há Estado, não há propriedade"[267]. John Locke afirma que os homens abandonaram o estado de natureza e estabeleceram uma fonte de poder "para regular e conservar a propriedade"[268]. Para Jean-Jacques Rousseau o que o homem ganha com o contrato social "é a liberdade civil e a propriedade de tudo o que possui"[269].

Na sua formulação de inspiração liberal, o direito de propriedade assumia caráter absoluto e até mesmo sagrado. A Declaração dos Direitos do Homem e do Cidadão, de 1789, produto da Revolução Francesa, incluía a propriedade como um dos "direitos naturais e imprescritíveis do homem" (art. 2º) e a tratava como "um direito inviolável e sagrado" (art. 17). Na mesma linha, o Código Civil Napoleônico definia a propriedade como o direito de usar e dispor da coisa "da maneira mais absoluta"[270]. No movimento histórico do liberalismo, marcado pela limitação do poder do Estado e pela garantia das liberdades individuais, a propriedade demarcava uma esfera intocável de proteção do indivíduo.

Durante muito tempo, a compreensão da propriedade como um direito absoluto dominou o pensamento jurídico. Nada obstante, a progressiva concentração da riqueza em um pequeno grupo de proprietários de bens e meios de produção fez com que ela passasse a ser vista por alguns como fonte de muitos males da sociedade[271]. O quadro se agravou a partir da Revolução Industrial. Ante um quadro de privações e sem os meios mais elementares de subsistência, milhões de pessoas eram forçadas a vender sua força de trabalho em condições degradantes, ampliando e agravando o abismo social entre ricos e pobres. A denúncia da exploração opressiva do trabalho pelos donos do capital foi objeto do influente *Manifesto Comunista*, de autoria de Karl Marx e Friedrich Engels, fundadores do socialismo científico[272].

O impacto da expansão das ideias socialistas e a própria Revolução Russa, de 1917, levaram a uma revisão das práticas capitalistas, bem como ao desenvolvimento de preocupações com justiça social e proteção dos trabalhadores e segmentos desfavorecidos. O liberalismo econômico modelo *laissez-faire*[273] passa a ter no socialismo um concorrente agressivo. Como consequência, o Estado liberal assume feição mais social, com maior intervencionismo e a adoção de políticas redistributivistas e programas sociais. Nesse cenário, o caráter absoluto da propriedade já não podia prevalecer, tendo passado por um processo profundo

---

264   Gustavo Tepedino, *Contornos Constitucionais da Propriedade privada*. In: Temas de Direito Civil, 2008, p. 323.

265   V. Friedrich Engels, *A origem da família, da propriedade privada e do Estado*, 1981. A 1ª edição é de 1884.

266   Da Antiguidade até período bastante recente, as sociedades eram patriarcais e, como regra geral, somente os homens atuavam no espaço público.

267   Thomas Hobbes, *Leviatã*: Matéria, Forma e Poder de um Estado Eclesiástico e Civil (Portuguese Edition). Lebooks Editora. Edição Kindle, 2019, p. 119.

268   John Locke, *Dois tratados sobre o governo*, 1998, p. 148.

269   Jean-Jacques Rousseau, *Do contrato social*. Trad. Eduardo Brandão. São Paulo: Penguin-Companhia das Letras, 2011. Edição Kindle.

270   Código Civil francês de 1804, art. 544: "A propriedade é o direito de gozar e dispor das coisas da maneira mais absoluta, desde que não se faça uso proibido pelas leis e regulamentos" (*"La propriété est le droit de jouir et de disposer des choses de la manière la plus absolue, pourvu qu'on n'en fasse pas un usage prohibé par les lois ou par les réglements"*).

271   Era o que já afirmava Rousseau, no século, XVIII, em seu *Discurso sobre a origem e os fundamentos da desigualdade entre os homens*, 1991 (1ª ed. 1754).

272   Karl Marx e Friedrich Engels, *O Manifesto Comunista*, 2006 (1ª ed. 1848), p. 19-20 e 33-4: "Estes trabalhadores, que precisam vender a si próprios aos poucos, são uma mercadoria como qualquer outro artigo de comércio [...]. Mas o trabalho assalariado resulta em alguma propriedade para o trabalhador? De forma alguma. [...] Queremos apenas abolir o caráter miserável desta apropriação, sob a qual o trabalhador vive, meramente, para aumentar o capital e permite-lhe viver somente o quanto o interesse da classe governante requer."

273   *Laissez-faire* é uma expressão francesa que identifica uma política de não intervenção do Estado no domínio econômico. A frase completa, de autoria controvertida, é "laissez faire, laissez aller, laissez passer, le monde va de lui-même", que significa literalmente "deixa fazer, deixa ir, deixa passar, o mundo vai por si mesmo".

de relativização. Surge a ideia de *função social da propriedade*, em que o interesse privado do proprietário precisa ser ponderado com o interesse público, coibindo aspectos de sua utilização e destinação[274].

A primeira constituição a fazer referência à ideia de função social da propriedade foi a Constituição Mexicana de 1917 (art. 27), mas a repercussão internacional na matéria veio com a Constituição de Weimar, cujo art. 153 estabelecia, ao final, que *"o uso da propriedade deve satisfazer ao bem comum"*. Diversas constituições trataram da função social da propriedade, como a da Itália de 1948 (art. 42), da Espanha de 1978 (art. 33), do Uruguai de 1967 (art. 32), do Paraguai de 1992 (art. 109) e da Colômbia de 1991 (art. 58). Já no final do século XX, a Corte Constitucional da Colômbia decidiu que os poderes do proprietário não podem ser exercidos arbitrariamente, declarando a inconstitucionalidade parcial do art. 669 do Código Civil colombiano[275].

É bem de ver que eventuais intervenções estatais no direito de propriedade têm que se destinar a atender outros bens jurídicos e valores constitucionais, além de se pautarem pela razoabilidade e pela proporcionalidade. Ou seja: precisam ter um fundamento razoável e visar a um fim legítimo. Cabe relembrar que o direito de propriedade é, em si, um direito fundamental, protegido por diferentes documentos internacionais, como a Declaração de Direitos Humanos[276] e a Convenção Americana sobre Direitos Humanos[277]. Descartado, naturalmente, o uso abusivo, a titularidade de bens – inclusive e notadamente os de consumo pessoal (*e.g.*, moradia, alimentos, veículos de transporte e de lazer) – constitui um pressuposto para o exercício da autonomia de cada pessoa[278], seja na esfera privada, seja no espaço público[279]. Além disso, em uma economia de mercado, o uso da propriedade por seu titular também tem o potencial de atender à sua função social, por exemplo, ao gerar empregos, movimentando serviços, comércio, indústria e produzindo riquezas a serem tributadas. Em suma: a função social é um conceito importante, mas não legitima intervenções arbitrárias na propriedade privada.

2   A propriedade na Constituição brasileira

No Brasil, o direito de propriedade foi previsto desde a sua primeira Constituição, de 1824[280], mas a referência à sua função social somente foi introduzida pela Constituição de 1934[281]. Desde então, todas as constituições brasileiras positivaram a função social da propriedade. Mas foi a Constituição de 1988 que detalhou a ideia, especificando o seu conteúdo mínimo, particularmente no que diz respeito à propriedade imobiliária, pois previu critérios objetivos para a função social da propriedade rural (art. 186) e para a propriedade urbana (art. 182).

---

274   Sobre o tema, v. Gustavo Tepedino. *Contornos Constitucionais da Propriedade privada*. *In* Temas de Direito Civil 4. ed., rev. e atual. Rio de Janeiro: Renovar, 2008, p. 343.

275   Sentencia C-595/99, Corte Constitucional Colombiana, 18.8.1999. O art. 669 do Código Civil dispunha que "El dominio (que se llama también propiedad) es el derecho real en una cosa corporal, para gozar y disponer de ella arbitrariamente, no siendo contra ley o contra derecho ajeno" e a Corte determinou a retirada do advérbio *arbitrariamente* do dispositivo.

276   Declaração Universal dos Direitos Humanos, ONU, 1948: "Art. 17. 1. Toda pessoa, individual ou coletiva, tem direito à propriedade. 2. Ninguém pode ser arbitrariamente privado da sua propriedade".

277   Convenção Americana sobre Direitos Humanos (Pacto de San José da Costa Rica), OEA, 1969: "Art. 21. Direito à propriedade privada. 1. Toda pessoa tem direito ao uso e gozo dos seus bens. A lei pode subordinar esse uso e gozo ao interesse social. 2. Nenhuma pessoa pode ser privada de seus bens, salvo mediante o pagamento de indenização justa, por motivo de utilidade pública ou de interesse social e nos casos e na forma estabelecidos pela lei. 3. Tanto a usura como qualquer outra forma de exploração do homem pelo homem devem ser reprimidas pela lei".

278   Sobre a defesa da propriedade como meio de garantir a autonomia individual, v. Theo R. G. van Banning, *The human right to property*, 2001, p. 184. V., ainda, Eros Roberto Grau, *A ordem econômica na Constituição de 1988*, 2000, p. 256.

279   Segundo o Tribunal Constitucional Federal alemão, o objetivo da garantia da propriedade "é primeiramente, no contexto geral da Constituição, garantir ao titular do direito fundamental um espaço de liberdade no âmbito do direito patrimonial por meio da atribuição e salvaguarda dos direitos de domínio, de fruição e de disposição, possibilitando, destarte, o desenvolvimento e a administração autônoma da vida; nesse mister, ela é intimamente relacionada com a garantia da liberdade individual" (BVerfGE 31, 229, transcrito em Jürgen Schwabe, *Cinqüenta anos de jurisprudência do Tribunal Constitucional Federal alemão*, 2005, p. 739-40).

280   Constituição de 1824, art. 179: "A inviolabilidade dos Direitos Civis, e Politicos dos Cidadãos Brazileiros, que tem por base a liberdade, a segurança individual, e a propriedade, é garantida pela Constituição do Imperio, pela maneira seguinte". Constituição de 1891, art. 72: "A Constituição assegura a brasileiros e a estrangeiros residentes no paiz a inviolabilidade dos direitos concernentes à liberdade, à segurança individual e à propriedade, nos termos seguintes".

281   Constituição de 1934, art. 113: "XVII – É garantido o direito de propriedade, que não poderá ser exercido contra o interesse social ou coletivo, na forma que a lei determinar.".

A Constituição em vigor trata da propriedade tanto como um direito fundamental (art. 5º), quanto como um princípio da ordem econômica (art. 170). O *caput* do art. 5º estabelece um direito geral de propriedade, e seus incisos traçam os contornos e limites do seu exercício[282]. Eles especificam a *garantia* ("XXII – é garantido o direito de propriedade"), o *atendimento à função social* ("XXIII – a propriedade atenderá a sua função social"), o *procedimento de desapropriação* ("XXIV – a lei estabelecerá o procedimento para desapropriação por necessidade ou utilidade pública, ou por interesse social, mediante justa e prévia indenização em dinheiro..."), a *requisição administrativa* ("XXV – no caso de iminente perigo público, a autoridade competente poderá usar de propriedade particular, assegurada ao proprietário indenização ulterior, se houver dano;"), a *impenhorabilidade da pequena propriedade rural* ("XXVI – a pequena propriedade rural, assim definida em lei, desde que trabalhada pela família, não será objeto de penhora para pagamento de débitos decorrentes de sua atividade produtiva, dispondo a lei sobre os meios de financiar o seu desenvolvimento"), o *direito do autor* ("XXVII – aos autores pertence o direito exclusivo de utilização, publicação ou reprodução de suas obras..." e "XXVIII – são assegurados, nos termos da lei: a) a proteção às participações individuais em obras coletivas e à reprodução da imagem e voz humanas [...] b) o direito de fiscalização do aproveitamento econômico das obras ..."), a *propriedade industrial* ("XXIX – a lei assegurará aos autores de inventos industriais privilégio temporário para sua utilização ...") e o *direito de herança* (XXX – é garantido o direito de herança).

O art. 170, CF, por sua vez, estabelece como princípios da ordem econômica a *propriedade privada* (inciso II) e a *função social da propriedade* (inciso III). Na sequência, no capítulo destinado à Política Agrícola e Fundiária e à Reforma Agrária, o art. 184 trata da desapropriação para fins de reforma agrária e o art. 186 concretiza a ideia de função social da propriedade rural, estabelecendo requisitos para que ela seja cumprida[283]. A única hipótese de confisco é prevista no art. 243, de acordo com o qual as propriedades onde forem localizadas culturas ilegais de plantas psicotrópicas ou a exploração de trabalho escravo serão expropriadas sem qualquer indenização ao proprietário. Além disso, o dispositivo estabelece que os valores apreendidos em decorrência dessas atividades serão confiscados.

A Constituição de 1988 também possui previsões específicas a respeito de terras indígenas e quilombolas. O art. 231 assegura aos índios os direitos originários sobre as terras que tradicionalmente ocupam e prevê que "são nulos e extintos, não produzindo efeitos jurídicos, os atos que tenham por objeto a ocupação, o domínio e a posse" (§ 6º) sobre elas. O art. 68 do ADCT, por sua vez, reconhece a propriedade definitiva das terras ocupadas pelos remanescentes das comunidades dos quilombos no momento da entrada em vigor da nova ordem constitucional.

A jurisprudência do Supremo Tribunal Federal, ao longo do tempo, contribuiu para concretizar tais previsões constitucionais. A tutela da propriedade privada já se traduziu, por exemplo, *(i)* na invalidação de índices de atualização monetária utilizados para a correção do valor de precatórios (ADI 4.357 e 4.425)[284], de débitos trabalhistas (ADC 58, ADC 59, ADI 5.867 e ADI 6.021)[285] e para a atualização de condenações

---

282 Os elementos constitutivos do direito de propriedade são disciplinados pelo Código Civil: "Art. 1.228. O proprietário tem a faculdade de usar, gozar e dispor da coisa, e o direito de reavê-la do poder de quem quer que injustamente a possua ou detenha. § 1º O direito de propriedade deve ser exercido em consonância com as suas finalidades econômicas e sociais e de modo que sejam preservados, de conformidade com o estabelecido em lei especial, a flora, a fauna, as belezas naturais, o equilíbrio ecológico e o patrimônio histórico e artístico, bem como evitada a poluição do ar e das águas".

283 Constituição Federal, art. 186. "A função social é cumprida quando a propriedade rural atende [...] aos seguintes requisitos: I – aproveitamento racional e adequado; II – utilização adequada dos recursos naturais disponíveis e preservação do meio ambiente; III – observância das disposições que regulam as relações de trabalho; IV – exploração que favoreça o bem-estar dos proprietários e dos trabalhadores".

284 ADIs 4.357 e 4.425, Redator para acórdão Min. Luiz Fux, j. em 14.3.2013. O STF declarou a inconstitucionalidade do art. 100, § 12, da Constituição (com a redação dada pela Emenda Constitucional n. 62/2009) e o art. 1º-F da Lei n. 9.494/1997. Tais dispositivos previam, para fins de atualização monetária, remuneração do capital e compensação da mora das condenações judiciais contra a Fazenda Pública, "a incidência, uma única vez, dos índices de remuneração básica e juros aplicados à caderneta de poupança". Na ocasião, o tribunal entendeu que "O direito fundamental de propriedade (CF, art. 5º, XXII) resta violado nas hipóteses em que a atualização monetária dos débitos fazendários inscritos em precatórios perfaz-se segundo o índice oficial de remuneração da caderneta de poupança, na medida em que este referencial é manifestamente incapaz de preservar o valor real do crédito de que é titular o cidadão".

285 ADC 58, ADC 59, ADI 5.867 e ADI 6.021, Rel. Min. Gilmar Mendes, j. 18.12.2020 (acórdão pendente de julgamento). O STF declarou a inconstitucionalidade da aplicação da Taxa Referencial (TR) para a correção monetária de débitos trabalhistas e de depósitos recursais no âmbito da Justiça do Trabalho. Por maioria de votos, os ministros decidiram que, até que o Poder Legislativo delibere sobre a questão, devem ser aplicados o Índice Nacional de Preço

da Fazenda Pública (RE 870.947)[286], por entender que restringiam desproporcionalmente o direito de propriedade. Foi esse, igualmente, o fundamento da vedação da utilização de depósitos judiciais para o pagamento de precatórios (ADI 5.072), por constituir uso indevido de bem alheio[287]. A função social da propriedade, no entanto, não foi considerada suficiente para permitir a progressividade das alíquotas de IPTU, tendo sido exigida modificação constitucional para tanto (Súmula 668)[288]. Porém, ao contrário, tem sido utilizada para validar limitações administrativas ao direito de construção do proprietário[289].

3 Alguns tópicos específicos do direito de propriedade

3.1 Direito de herança

A Constituição brasileira garante o direito de herança[290], que é a transferência da propriedade dos bens da pessoa falecida a membros de sua família, na forma definida pela legislação ordinária. Em face do dispositivo constitucional, o legislador não pode suprimir o direito de herança, que, no entanto, está sujeito à tributação *causa mortis*[291]. O Código Civil prevê a ordem de vocação hereditária, que inclui os descendentes, ascendentes e cônjuges, considerados herdeiros necessários, bem como os colaterais[292]. Toda pessoa tem direito a elaborar testamento dispondo acerca do destino dos seus bens após sua morte, mas os herdeiros necessários têm direito a 50% da herança, referidos como *legítima*[293]. O Supremo Tribunal Federal, em duas decisões importantes em matéria sucessória, estabeleceu que: (i) é vedado o tratamento diferenciado entre cônjuges e companheiros em união estável, para fins sucessórios[294]; e (ii) essa regra se aplica,

---

ao Consumidor Amplo Especial (IPCA-E), na fase pré-judicial, e, a partir da citação, a taxa Selic, índices de correção monetária vigentes para as condenações cíveis em geral.

286   RE 870.947, Rel. Min. Luiz Fux, j. 20.9.2017, p. 20.11.2017. Tema 810 da Repercussão Geral, parte final da tese: "2) O art. 1º-F da Lei n. 9.494/97, com a redação dada pela Lei n. 11.960/09, na parte em que disciplina a atualização monetária das condenações impostas à Fazenda Pública segundo a remuneração oficial da caderneta de poupança, revela-se inconstitucional ao impor restrição desproporcional ao direito de propriedade (CRFB, art. 5º, XXII), uma vez que não se qualifica como medida adequada a capturar a variação de preços da economia, sendo inidônea a promover os fins a que se destina.".

287   ADI 5.072, Rel. Min. Gilmar Mendes, j. 22.6.2020, p. 17.8.2020. O STF declarou a inconstitucionalidade de lei do Estado do Rio de Janeiro (Lei Complementar n. 147/2013) que *dispõe sobre a utilização de parcela de depósitos judiciais para pagamento de requisições judiciais de pagamento*. Dentre outros argumentos, o tribunal reconheceu a violação ao direito de propriedade.

288   Súmula 668, STF: "É inconstitucional a lei municipal que tenha estabelecido, antes da Emenda Constitucional 29/2000, alíquotas progressivas para o IPTU, salvo se destinada a assegurar o cumprimento da função social da propriedade urbana". RE 153.771, Rel. Min. Carlos Velloso, Red. p/ o acórdão: Min. Moreira Alves, j. 20.11.1996, Plenário, p. 05.09.1997. No mesmo sentido: RE 192.737, Rel. Min. Moreira Alves, Plenário, j. 05.06.1997, p. 05.09.1997 e AI 456.513, Rel. Min. Sepúlveda Pertence, 1ª Turma, j. 28.10.2003, p. 14.11.2003.

289   RE 140.436, Rel. Min. Carlos Velloso, j. 25.5.1999, 2ª Turma, *DJ* de 6.8.1999. Na hipótese, o STF decidiu que "se a restrição ao direito de construir advinda da limitação administrativa causa aniquilamento da propriedade privada, resulta, em favor do proprietário, o direito à indenização. Todavia, o direito de edificar é relativo, dado que condicionado à função social da propriedade. Se as restrições decorrentes da limitação administrativa preexistiam à aquisição do terreno, assim já do conhecimento dos adquirentes, não podem estes, com base em tais restrições, pedir indenização ao poder público".

290   Constituição Federal, art. 5º: "XXX – é garantido o direito de herança".

291   Constituição Federal, art.155: "Compete aos Estados e ao Distrito Federal instituir impostos sobre: I – transmissão causa mortis e doação, de quaisquer bens ou direitos". As alíquotas máximas do ITCD são fixadas pelo Senado Federal (art. 155, IV) e, pela Resolução n. 9, de 1992, encontram-se em 8%.

292   Código Civil, art. 1.829.

293   Código Civil, art. 1.846.

294   RE 878.694, rel. Min. Luís Roberto Barroso, j. 10.5.2017, no qual se fixou a seguinte tese de repercussão geral: ""No sistema constitucional vigente, é inconstitucional a distinção de regimes sucessórios entre cônjuges e companheiros, devendo ser aplicado, em ambos os casos, o regime estabelecido no art. 1.829 do CC/2002".

igualmente, às uniões estáveis homoafetivas[295]. A Constituição, nessa matéria, também institui uma regra de direito internacional privado, prevendo a aplicação da lei brasileira, em benefício de cônjuge ou filhos brasileiros, quando a lei pessoal do *de cujus* não lhes for mais favorável[296].

3.2 Direitos autorais

Os direitos autorais, assegurados no art. 5º, XXVII, da Constituição[297] e em diplomas de direitos humanos[298], protegem os interesses morais e materiais da produção intelectual dos indivíduos. São criações do espírito, como as obras literárias, artísticas e científicas e incluem, entre outras, artigos, romances, esculturas, filmes, fotografias, projetos de arquitetura, além das participações individuais em obras coletivas[299]. Os direitos autorais contemplam tanto a *autoria* e a *preservação* da obra (direitos morais) – *i.e.*, o reconhecimento do seu autor como tal e a proteção do objeto contra adulteração –, quanto sua *exploração* econômica (direitos patrimoniais). Nos termos da Constituição, esses direitos patrimoniais de autor podem ser transmitidos aos herdeiros, mas desfrutam apenas de proteção temporária. A Constituição assegura a exclusividade na exploração das obras protegidas como forma de estimular a criatividade humana. Porém, após o prazo legal, a obra cai em "domínio público", em razão do interesse social na sua divulgação[300]. A partir daí, pode ser livremente reproduzida.

3.3 Propriedade intelectual

A Constituição reconhece o valor do invento industrial como uma manifestação da liberdade criativa humana, na mesma linha da proteção dos direitos autorais[301]. Como todos os direitos de propriedade, também o privilégio patentário está associado a uma *função social*, desdobrada pelo próprio dispositivo constitucional em dois aspectos interligados: o *desenvolvimento tecnológico e econômico* do País e o *interesse social*. O desenvolvimento é estimulado pela proteção patentária porque a exclusividade que ela garante incentiva a invenção e a divulgação dos inventos[302]. Por sua vez, o interesse social milita em favor da publicização dos inventos e sua incorporação ao estado da técnica[303], além de se identificar com o término do monopólio patentário – já que, com o fim do prazo de exploração exclusiva, estabelece-se a livre concorrência nessa área[304].

---

295 RE 646.721, red. p/ ac. Min. Luís Roberto Barroso, j. 10.5.2017.

296 Constituição Federal, art. 5º: "XXXI – a sucessão de bens de estrangeiros situados no País será regulada pela lei brasileira em benefício do cônjuge ou dos filhos brasileiros, sempre que não lhes seja mais favorável a lei pessoal do 'de cujus'". A expressão latina *de cujus* refere-se à pessoa falecida, de cuja sucessão se está tratando: *de cujus sucessione agitur*.

297 CF/88, art. 5º, XXVII: "aos autores pertence o direito exclusivo de utilização, publicação ou reprodução de suas obras, transmissível aos herdeiros pelo tempo que a lei fixar".

298 Pacto Internacional sobre Direitos Econômicos, Sociais e Culturais, art. 15, n. 1: "Os Estados Partes do presente Pacto reconhecem a cada indivíduo o direito de: [...] c) Beneficiar-se da proteção dos interesses morais e materiais decorrentes de toda a produção científica, literária ou artística de que seja autor."

299 CF/88, art. 5º, XXVIII: "são assegurados, nos termos da lei: a) a proteção às participações individuais em obras coletivas e à reprodução da imagem e voz humanas, inclusive nas atividades desportivas".

300 Lei n. 9.610, de 19.2.1998 (Lei dos Direitos Autorais), Art. 41: "Os direitos patrimoniais do autor perduram por setenta anos contados de 1º de janeiro do ano subsequente ao de seu falecimento, obedecida a ordem sucessória da lei civil".

301 CF/88, art. 5º, XXIX: "a lei assegurará aos autores de inventos industriais privilégio temporário para sua utilização, bem como proteção às criações industriais, à propriedade das marcas, aos nomes de empresas e a outros signos distintivos, tendo em vista o interesse social e o desenvolvimento tecnológico e econômico do País".

302 Celso Ribeiro Bastos, *Comentários à Constituição Federal de 1988*, v. 2, 1989, p. 145: "Um dos fatores mais importantes para o crescimento econômico da nação é o desenvolvimento tecnológico. Com efeito, é a constante criação e descoberta que permitem não só a produção de artefatos com utilidades absolutamente insuspeitadas no passado, como também a produção de artigos já conhecidos, por métodos menos custosos e menos laboriosos. Tudo isto colabora para o aumento do nível de vida do povo e consequentemente do estágio de desenvolvimento econômico da nação. [...] Nada disto poderia ser feito se não fosse assegurado ao detentor do invento um privilégio de exploração econômica, com exclusividade, durante certo lapso de tempo".

303 Pacto Internacional sobre Direitos Econômicos, Sociais e Culturais, art. 15, n. 1: "Os Estados Partes do presente Pacto reconhecem a cada indivíduo o direito de: [...] b) Desfrutar o processo científico e suas aplicações".

304 V. João da Gama Cerqueira, *Tratado de propriedade industrial*, v. I, 1982, p. 464: "A lei positiva considera o direito do inventor como uma propriedade temporária e resolúvel, garantida pela concessão da patente, que assegura ao inventor o direito de explorar a invenção, de modo exclusivo, durante certo prazo, considerado suficiente para lhe permitir que retire de sua criação os proveitos materiais que possa proporcionar. Findo esse prazo, a invenção cai no

Observadas essas diretrizes, cabe ao legislador definir os contornos e a disciplina da matéria. Dentre muitos outros aspectos, deve a lei definir, *e.g.*, os requisitos necessários para a concessão da patente e qual o sentido, a extensão e o prazo do privilégio. Como se vê, a lei dispõe de um amplo espaço de conformação na matéria. A Lei n. 9.279/96, que disciplina os direitos e obrigações relativos à propriedade industrial, assegura o privilégio patentário de invenções pelo prazo de 20 anos (art. 40). Porém, o Supremo Tribunal Federal, por maioria, invalidou o parágrafo único desse dispositivo, que assegurava, em caso de demora prolongada do Instituto Nacional de Propriedade Industrial (INPI), um prazo mínimo de vigência de 10 anos após a concessão[305].

Ao lado da propriedade industrial, a Constituição protege, ainda, a *propriedade das marcas e a exclusividade do uso dos nomes empresariais*. O objetivo da Carta é tutelar os signos distintivos que permitem aos agentes econômicos identificarem a si mesmos e aos bens e serviços que oferecem. Só assim podem ser conhecidos pelo mercado – incluindo consumidores e concorrentes – e desenvolver suas atividades a contento[306].

3.4 Bens públicos

À semelhança dos particulares, também o Poder Público pode ser titular de propriedades. Nessa linha, a Constituição enumera bens da União (art. 20) e dos Estados (art. 26), além de autorizar explicitamente a apropriação estatal de bens de produção (art. 173). Naturalmente, esses dispositivos não fornecem uma descrição definitiva e completa do patrimônio estatal, que é composto, ainda, por uma série de outros bens (inclusive créditos em face de terceiros), e muda com o tempo, à medida que o Poder Público adquire e aliena direitos e coisas. Diferentemente das pessoas privadas, o Estado pode adquirir a propriedade sobre um bem de forma unilateral e compulsória, pela via da desapropriação (*v. infra*).

Em uma medida específica de proteção ao patrimônio estatal, a Constituição veda, em dois dispositivos, a usucapião de bens públicos (CF/88, arts. 183, § 3º, e 191, parágrafo único). Em matéria de uso, a Carta exige que a destinação das terras públicas e devolutas seja compatível com a política agrícola e com o plano nacional de reforma agrária (CF/88, art. 188, *caput*). Quanto ao poder de disposição, a Carta condiciona à prévia aprovação do Congresso Nacional as alienações ou concessões, a qualquer título, de terras públicas com área superior a dois mil e quinhentos hectares, ressalvadas apenas aquelas realizadas para fins de reforma agrária (CF/88, arts. 49, XVII, e 188, §§ 1º e 2º).

4 Interferências estatais no direito de propriedade

O direito de propriedade não tem caráter absoluto. Disso não resulta, naturalmente, a livre intervenção do Estado na propriedade privada. Tal como se passa com os direitos fundamentais em geral, sua restrição somente será válida se observados os parâmetros constitucionais. Exige-se, *e.g.*, que a medida promova ou proteja outro direito fundamental ou alguma finalidade pública relevante, bem como que respeite o princípio da razoabilidade-proporcionalidade. O sistema constitucional prevê ou admite uma série de limitações à propriedade, com diferentes graus de interferência sobre o patrimônio dos particulares.

4.1 Limitações ao direito de propriedade

Como visto, a própria Constituição condiciona o direito de propriedade ao respeito à sua função social (CF/88, art. 5º, XXIII)[307]. Isso significa que a utilidade e o valor da propriedade privada não se esgotam no benefício individual que ela possa gerar para seu titular. Consequentemente, torna-se viável uma disciplina no sentido de fazê-la atender ao interesse público e às posições jurídicas legítimas de terceiros. É o que ocorre, *e.g.*, com o *direito de vizinhança*, que impõe limites às edificações a fim de

---

domínio público, podendo, desde então, ser livremente usada e explorada. Assim se conciliam, de modo justo e eqüitativo, os direitos do inventor sobre a sua obra e os interesses da coletividade relativos à utilização das invenções". No mesmo sentido, v. Douglas Gabriel Domingues, A propriedade industrial na Constituição Federal de 1988, *Revista Forense 304*:76, 1988; e John H. Jackson, William J. Davey, Alan O. Sykes, Jr., *Legal Problems of International Economic Relations*, 2002, p. 922.

305 ADI 5529, Rel. Min. Dias Toffoli, j. 6.5.2021. Vencidos os Ministros Luís Roberto Barroso e Luiz Fux.

306 Pontes de Miranda, *Comentários à Constituição de 1967:* com a Emenda n. 1, de 1969, t. V, 1971, p. 574 e s.

307 CF/88, art. 5º, XXIII: "a propriedade atenderá a sua função social".

preservar a privacidade dos ocupantes de imóveis próximos[308] ou a saúde pública, dentre outros direitos e interesses relevantes[309]. Inserem-se aqui também as *limitações administrativas ao direito de propriedade*, impostas, *e.g.*, com fins urbanísticos ou ambientais, para a preservação do patrimônio histórico e cultural, e para a prestação de serviços públicos.

Algumas restrições são expressamente previstas pela Constituição, que impõe limites à propriedade de empresas jornalísticas e de radiodifusão[310], cria hipóteses especiais de usucapião em âmbito urbano[311] e rural[312], e torna *extra commercium* os órgãos, tecidos e substâncias humanas, inclusive o sangue e seus derivados[313]. Outras limitações são explicitamente autorizadas pela Carta, mas devem ser desenvolvidas por lei. Assim, *e.g.*, no interesse da defesa nacional, a Carta subordina a ocupação e o uso da chamada *faixa de fronteira* ao que dispuser a lei[314]. O mesmo ocorre com a aquisição e o arrendamento de propriedades rurais por estrangeiros, subordinada a requisitos legais e, eventualmente, até a autorização específica do Congresso Nacional[315].

Interessam, em particular, duas restrições autorizadas pela Constituição: o tombamento e as requisições. O *tombamento* é indicado como uma medida de proteção ao patrimônio cultural (CF/88, art. 216, § 1º)[316], embora nada impeça seu uso para a preservação de outros tipos de bens (como paisagens naturais)[317]. As normas gerais[318] na matéria são encontradas no Decreto-lei n. 25/1937, que impõe restrições ao direito de propriedade, a fim de compatibilizar as prerrogativas do proprietário com o interesse público na conservação do bem[319]. Inserindo-se entre as competências comuns aos entes federativos, o tombamento pode ser promovido, em princípio, por qualquer um deles[320].

---

308 Nesse sentido, v., *e.g.*, Código Civil, art. 1.301: "É defeso abrir janelas, ou fazer eirado, terraço ou varanda, a menos de metro e meio do terreno vizinho".

309 Código Civil, art. 1.277: "O proprietário ou o possuidor de um prédio tem o direito de fazer cessar as interferências prejudiciais à segurança, ao sossego e à saúde dos que o habitam, provocadas pela utilização de propriedade vizinha."

310 CF/88, art. 222: "A propriedade de empresa jornalística e de radiodifusão sonora e de sons e imagens é privativa de brasileiros natos ou naturalizados há mais de dez anos, ou de pessoas jurídicas constituídas sob as leis brasileiras e que tenham sede no País. (Redação dada pela Emenda Constitucional n. 36, de 2002) § 1º Em qualquer caso, pelo menos setenta por cento do capital total e do capital votante das empresas jornalísticas e de radiodifusão sonora e de sons e imagens deverá pertencer, direta ou indiretamente, a brasileiros natos ou naturalizados há mais de dez anos, que exercerão obrigatoriamente a gestão das atividades e estabelecerão o conteúdo da programação. (Redação dada pela Emenda Constitucional n. 36, de 2002) [...]".

311 CF/88, art. 183: "Aquele que possuir como sua área urbana de até duzentos e cinquenta metros quadrados, por cinco anos, ininterruptamente e sem oposição, utilizando-a para sua moradia ou de sua família, adquirir-lhe-á o domínio, desde que não seja proprietário de outro imóvel urbano ou rural. § 1º O título de domínio e a concessão de uso serão conferidos ao homem ou à mulher, ou a ambos, independentemente do estado civil. § 2º Esse direito não será reconhecido ao mesmo possuidor mais de uma vez. § 3º Os imóveis públicos não serão adquiridos por usucapião".

312 CF/88, art. 191: "Aquele que, não sendo proprietário de imóvel rural ou urbano, possua como seu, por cinco anos ininterruptos, sem oposição, área de terra, em zona rural, não superior a cinquenta hectares, tornando-a produtiva por seu trabalho ou de sua família, tendo nela sua moradia, adquirir-lhe-á a propriedade".

313 CF/88, art. 199, § 4º: "A lei disporá sobre as condições e os requisitos que facilitem a remoção de órgãos, tecidos e substâncias humanas para fins de transplante, pesquisa e tratamento, bem como a coleta, processamento e transfusão de sangue e seus derivados, sendo vedado todo tipo de comercialização."

314 CF/88, art. 20, § 2º: "A faixa de até cento e cinquenta quilômetros de largura, ao longo das fronteiras terrestres, designada como faixa de fronteira, é considerada fundamental para defesa do território nacional, e sua ocupação e utilização serão reguladas em lei."

315 CF/88, art. 190: "Art. 190. A lei regulará e limitará a aquisição ou o arrendamento de propriedade rural por pessoa física ou jurídica estrangeira e estabelecerá os casos que dependerão de autorização do Congresso Nacional".

316 CF/88, art. 216, § 1º: "O Poder Público, com a colaboração da comunidade, promoverá e protegerá o patrimônio cultural brasileiro, por meio de inventários, registros, vigilância, tombamento e desapropriação, e de outras formas de acautelamento e preservação." A própria Constituição determina o tombamento de "todos os documentos e os sítios detentores de reminiscências históricas dos antigos quilombos" (CF/88, art. 216, § 5º).

317 Mencionando "bens de valor cultural, histórico, arqueológico, artístico, turístico ou paisagístico", v. Diogo de Figueiredo Moreira Neto, *Curso de direito administrativo*, 2006, p. 379.

318 O tema se insere entre as competências legislativas concorrentes às entidades políticas (CF/88, art. 24, VII). Por isso, a legislação federal deve se limitar "a estabelecer normas gerais" (CF/88, art. 24, § 1º), cabendo aos Estados e ao Distrito Federal (CF/88, art. 24, § 2º), assim como aos Municípios (CF/88, art. 30, II e IX), complementá-las.

319 Maria Sylvia Zanella Di Pietro, *Direito administrativo*, 2014, p. 146-7; Diogo de Figueiredo Moreira Neto, *Curso de direito administrativo*, 2006, p. 379.

320 CF/88, arts. 23 e 30: "Art. 23. É competência comum da União, dos Estados, do Distrito Federal e dos Municípios: [...] III – proteger os documentos, as obras e outros bens de valor histórico, artístico e cultural, os monumentos,

Já as *requisições* são previstas pelo art. 5º, XXV, da Carta, que autoriza o uso de bens privados pelas autoridades competentes, em caso de iminente perigo público[321]. A matéria deve ser disciplinada por lei federal, nos termos do art. 22, III, da Carta[322], embora a medida em si possa ser decretada por órgãos de qualquer entidade federativa[323]. Como se cogita aqui de um risco *iminente*, não faria sentido exigir – como ocorre na desapropriação – uma indenização prévia à ocupação; primeiro se lida com o perigo público para, só então, discutir a existência de eventuais prejuízos e, assim, a pertinência de uma indenização[324]. Tampouco se exige que a medida seja precedida de autorização judicial; trata-se de ato autoexecutável da autoridade administrativa competente[325].

Em todos esses casos, o que há são intervenções específicas e circunscritas, que reduzem, mas não eliminam as prerrogativas dos proprietários. Nada obstante, caso o que parecia ser uma restrição se mostre, em verdade, como um verdadeiro *sacrifício do direito* – como ocorre quando é perdido todo ou quase todo o valor econômico do bem para seu titular –, a situação passa a constituir uma verdadeira desapropriação, impondo-se o pagamento de indenização ao proprietário[326]. Isso resulta não apenas da proteção ao conteúdo essencial do direito de propriedade, mas também dos princípios da moralidade, que veda o locupletamento sem causa da Administração[327], e da isonomia, que exige a igual repartição dos encargos e ônus entre os cidadãos (*igualdade perante os encargos públicos*)[328].

4.2 Desapropriação

A *desapropriação* é uma modalidade de transferência compulsória da propriedade de um particular (ou, excepcionalmente, de um ente estatal) para o Poder Público. O art. 5º da Constituição estabelece os parâmetros do tratamento da matéria, delineando os motivos que a justificam – necessidade ou utilidade pública e interesse social – e o requisito que resguarda o direito de propriedade como direito

---

as paisagens naturais notáveis e os sítios arqueológicos; [...] Art. 30. Compete aos Municípios: [...] IX – promover a proteção do patrimônio histórico-cultural local, observada a legislação e a ação fiscalizadora federal e estadual."

321   Lei n. 8.080/1990, art. 5º, XXV: "no caso de iminente perigo público, a autoridade competente poderá usar de propriedade particular, assegurada ao proprietário indenização ulterior, se houver dano".

322   O tema é regido pelo Decreto-lei n. 4.812/1942 e por outros diplomas, como a Lei Delegada n. 4/1962 e o Decreto-lei n. 2/1966. A Lei n. 8.080/1990, que disciplina o Sistema Único de Saúde – SUS, também prevê a requisição, *e.g.*, como instrumento apto a ser utilizado na contenção de epidemias: "Art. 15. A União, os Estados, o Distrito Federal e os Municípios exercerão, em seu âmbito administrativo, as seguintes atribuições: [...] XIII – para atendimento de necessidades coletivas, urgentes e transitórias, decorrentes de situações de perigo iminente, de calamidade pública ou de irrupção de epidemias, a autoridade competente da esfera administrativa correspondente poderá requisitar bens e serviços, tanto de pessoas naturais como de jurídicas, sendo-lhes assegurada justa indenização".

323   José dos Santos Carvalho Filho, *Manual de direito administrativo*, 2014, p. 804-5.

324   Sem prejuízo disso, também se admite o uso de bens privados pelo Poder Público fora de situações de perigo. Trata-se da chamada *ocupação temporária*, que se verifica quando o atendimento a algum *interesse público – e.g.*, para a execução de obras e a prestação de serviços públicos – imponha o uso *temporário* de um bem privado. V. José dos Santos Carvalho Filho, *Manual de direito administrativo*, 2014, p. 807. O autor exemplifica com o uso de terrenos contíguos a estradas para a alocação de máquinas de asfalto, bem como com a ocupação de escolas, clubes e outros estabelecimentos por ocasião das eleições.

325   Gilmar Ferreira Mendes, O direito de propriedade na Constituição de 1988. In: Gilmar Ferreira Mendes e Paulo Gustavo Gonet Branco, *Curso de direito constitucional*, 2013, p. 347.

326   STF, *DJ* 6 ago. 1999, RE 140.436/SP, Rel. Min. Carlos Velloso: "Se a restrição ao direito de construir advinda da limitação administrativa causa aniquilamento da propriedade privada, resulta, em favor do proprietário, o direito à indenização. Todavia, o direito de edificar é relativo, dado que condicionado à função social da propriedade. Se as restrições decorrentes da limitação administrativa preexistiam à aquisição do terreno, assim já do conhecimento dos adquirentes, não podem estes, com base em tais restrições, pedir indenização ao Poder Público." V. também STF, *DJ* 22 fev. 2011, AI 526.272 AgR/SP, Relª. Minª. Ellen Gracie.

327   Edilson Pereira Nobre Júnior, Princípios reitores da desapropriação, *Revista de Direito Administrativo* 341:131-2, 1998: "Também não se pode prescindir, no trato da temática aqui posta, do standard da moralidade. [...]Se é certo que a desapropriação imponha-se pelo bem geral, não menos escorreito que o agente estatal, no manejo de tal competência, proscreva o enriquecimento sem causa, vedação secular que o direito hauriu da moral".

328   J. J. Gomes Canotilho, *Direito constitucional e teoria da Constituição*, 1998, p. 393: "Uma outra manifestação do princípio da igualdade é a que os autores designam por *igualdade perante os encargos públicos* (égalité devant les charges publiques, *Lastengleichheit*). O seu sentido tendencial é o seguinte: (1) os encargos públicos (impostos, restrições ao direito de propriedade) devem ser repartidos de forma igual pelos cidadãos; (2) no caso de existir um sacrifício especial de um indivíduo ou grupo de indivíduos justificado por razões de interesse público, deverá reconhecer-se uma indemnização ou compensação aos indivíduos particularmente sacrificados".

fundamental: a justa e prévia indenização em dinheiro[329]. A jurisprudência do Supremo Tribunal Federal assentou que o caráter prévio da indenização não é incompatível com o pagamento sob o regime de precatórios[330-331], o que, todavia, só deve prevalecer se o ente estatal estiver em dia com o pagamento dos mesmos. A regulamentação da matéria cabe privativamente à União, que editou legislação específica[332].

Qualquer bem, móvel ou imóvel, corpóreo ou incorpóreo, pode ser objeto de desapropriação. Embora não seja comum, até bens públicos podem ser desapropriados, competência que é privativa da União em relação a bens dos Estados e Municípios[333]. As expressões necessidade pública, utilidade pública e interesse social constituem conceitos jurídicos indeterminados, mas, naturalmente, têm sentidos mínimos, com áreas de certeza positiva e negativa. Por evidente, não se admite a desapropriação para atender interesses puramente privados ou caprichos arbitrários do administrador público. Nesses casos, o ato expropriatório será passível de invalidação pelo Poder Judiciário, por desvio de finalidade.

Além da previsão genérica do art. 5º, XXIV, a Constituição possui outros dispositivos específicos relacionados ao tema. Os §§ 3º e 4º do art. 182, permitem a desapropriação de imóveis urbanos, inclusive com o pagamento de indenização em títulos da dívida pública – e não em dinheiro – em caso de área não edificada, subutilizada ou não utilizada. No âmbito rural, uma hipótese particular de desapropriação é aquela decretada para fins de *reforma agrária*, nos casos em que o imóvel não esteja cumprindo sua função social[334]. O art. 186 da Constituição estabelece os critérios para cumprimento da função social[335].

5   Direitos originários de indígenas e quilombolas

Como direito fundamental, a propriedade não pode ser livremente extinta ou transferida pelo Poder Público, sem algum tipo de indenização ao seu titular. Uma medida como essa ofenderia não penas o direito de propriedade, mas também a proteção constitucional aos direitos adquiridos, prevista no art. 5º, XXXVI, da Constituição. Nada obstante, nenhuma dessas vedações se aplica ao poder constituinte originário que, segundo a concepção tradicional, não é limitado pelo direito posto. Em outras palavras: é possível que, na promulgação de uma Constituição, sejam afirmados "direitos originários" sobre certos bens, que prevaleçam sobre quaisquer títulos de terceiros.

A Carta de 1988 contém uma disposição nessa linha, que diz respeito às *terras indígenas* (art. 231): a Constituição declarou a existência de um *direito originário* dos índios às áreas que tradicionalmente ocupavam, que prevalece sobre qualquer outro que possa ter sido constituído sobre aquelas terras (CF/88,

---

329   Constituição Federal, art. 5º, XXIV: "a lei estabelecerá o procedimento para desapropriação por necessidade ou utilidade pública, ou por interesse social, mediante justa e prévia indenização em dinheiro, ressalvados os casos previstos nesta Constituição;

330   *Precatório* é o instituto que rege os pagamentos a serem efetuados pela Fazenda Pública, permitindo a previsão orçamentária dos gastos públicos, bem como o respeito à fila dos beneficiários, para se evitar favorecimento. V. Constituição Federal, art. 100: "Os pagamentos devidos pelas Fazendas Públicas Federal, Estaduais, Distrital e Municipais, em virtude de sentença judiciária, far-se-ão exclusivamente na ordem cronológica de apresentação dos precatórios e à conta dos créditos respectivos, proibida a designação de casos ou de pessoas nas dotações orçamentárias e nos créditos adicionais abertos para este fim".

331   RE 598.678- AgR/MG, , *DJe* 18 dez. 2009, Rel. Min. Eros Grau; e SS 5295, Min. Dias Toffoli, j. 5.12.2019.

332   V. Decreto-lei n. 3.365/1941, Leis n. 4.132/1962 e 8.629/1993 e Lei Complementar n. 76/1993.

333   Decreto-lei n. 3.365/1941, art. 1º, § 2º: "Os bens do domínio dos Estados, Municípios, Distrito Federal e Territórios poderão ser desapropriados pela União, e os dos Municípios pelos Estados, mas, em qualquer caso, ao ato deverá preceder autorização legislativa."

334   Constituição Federal, art. 284: "Compete à União desapropriar por interesse social, para fins de reforma agrária, o imóvel rural que não esteja cumprindo sua função social, mediante prévia e justa indenização em títulos da dívida agrária, com cláusula de preservação do valor real, resgatáveis no prazo de até vinte anos, a partir do segundo ano de sua emissão, e cuja utilização será definida em lei".

335   Constituição Federal, art. 286: "A função social é cumprida quando a propriedade rural atende, simultaneamente, segundo critérios e graus de exigência estabelecidos em lei, aos seguintes requisitos: I – aproveitamento racional e adequado; II – utilização adequada dos recursos naturais disponíveis e preservação do meio ambiente; III – observância das disposições que regulam as relações de trabalho; IV – exploração que favoreça o bem-estar dos proprietários e dos trabalhadores".

art. 231, § 6º)[336]. Embora integrem o domínio da União (CF/88, art. 20, XI), as terras indígenas são indisponíveis e inalienáveis (CF/88, art. 231, § 4º) e estão afetadas a um uso especial: destinam-se à posse permanente dos índios (CF/88, art. 231, § 2º), que não podem ser removidos delas, salvo em situações excepcionais, garantindo-se seu retorno tão logo possível (CF/88, art. 231, § 5º).

Embora semelhante, a situação dos índios não se confunde com a dos *remanescentes de comunidades quilombolas* (ADCT/88, art. 68)[337]. São "remanescentes das comunidades de quilombos" os descendentes dos escravos fugidos e demais integrantes desses grupos de resistência que subsistiram nas terras em que se localizavam esses antigos refúgios, como uma comunidade[338]. Tal como o art. 231 da Constituição, que versa sobre as terras indígenas, o art. 68 do ADCT se insere no âmbito de uma política constitucional geral de proteção e preservação da cultura de grupos étnico-raciais, em especial daqueles historicamente vitimados por discriminação e opressão institucionais[339]. A proteção orienta-se no sentido de garantir a esses grupos o máximo de liberdade e autogoverno possível, de acordo com sua capacidade de compreensão e seu grau de integração na sociedade como um todo. Como se sabe, a base de tais comunidades era essencialmente *rural*, de modo que as origens, a unidade e a continuidade desses povos estão essencialmente relacionadas ao território onde se organizavam[340].

---

336 STF, *DJ* 25 set. 2009, Pet 3.388/RR, Rel. Min. Carlos Britto: "Os direitos dos índios sobre as terras que tradicionalmente ocupam foram constitucionalmente 'reconhecidos', e não simplesmente outorgados, com o que o ato de demarcação se orna de natureza declaratória, e não propriamente constitutiva. Ato declaratório de uma situação jurídica ativa preexistente. Essa a razão de a Carta Magna havê-los chamado de 'originários', a traduzir um direito mais antigo do que qualquer outro, de maneira a preponderar sobre pretensos direitos adquiridos, mesmo os materializados em escrituras públicas ou títulos de legitimação de posse em favor de não-índios. Atos, estes, que a própria Constituição declarou como 'nulos e extintos' (§ 6º do art. 231 da CF)".

337 ADCT/88, art. 68: "Aos remanescentes das comunidades dos quilombos que estejam ocupando suas terras é reconhecida a propriedade definitiva, devendo o Estado emitir-lhes os títulos respectivos."

338 Nessa linha, v. Cláudio Teixeira da Silva, O usucapião singular disciplinado no art. 68 do Ato das Disposições Constitucionais Transitórias, *Revista de Direito Privado* 11:79, 2002, p. 80.

339 CF/88, arts. 215 e 216: "Art. 215. O Estado garantirá a todos o pleno exercício dos direitos culturais e acesso às fontes da cultura nacional, e apoiará e incentivará a valorização e a difusão das manifestações culturais. § 1º O Estado protegerá as manifestações das culturas populares, indígenas e afro-brasileiras, e das de outros grupos participantes do processo civilizatório nacional. [...] Art. 216. [...] § 5º Ficam tombados todos os documentos e os sítios detentores de reminiscências históricas dos antigos quilombos."

340 A propósito, v. Daniel Sarmento, A garantia do direito à posse dos remanescentes de quilombos antes da desapropriação, *Revista de Direito do Estado* 7:345, 2007, p. 349: "Para comunidades tradicionais, a terra possui um significado completamente diferente da que ele apresenta para a cultura ocidental hegemônica. Não se trata apenas da moradia, que pode ser trocada pelo indivíduo sem maiores traumas, mas sim do elo que mantém a união do grupo, e que permite a sua continuidade no tempo através de sucessivas gerações, possibilitando a preservação da cultura, dos valores e do modo peculiar de vida da comunidade étnica."

CAPÍTULO IV	ALGUNS DIREITOS E GARANTIAS FUNDAMENTAIS EM ESPÉCIE

Sumário:I. Liberdade de expressão. 1. Generalidades. 1.2. A liberdade de expressão no Brasil: o passado condena. 2. Liberdade de expressão na Constituição de 1988 3. Liberdade de expressão na jurisprudência do Supremo Tribunal Federal. 3.1. Liberdade de imprensa. 3.2. Discursos de ódio. 3.3. Liberdade de expressão artística e intelectual. 3.4. Direito ao esquecimento. 3.5. Manifestação do pensamento. 3.6. Ataque às instituições democráticas. 4. Notas sobre o direito comparado: liberdade de expressão nos EUA e na Alemanha. 5. Revolução digital, internet e mídias sociais. II. Liberdade religiosa. 1. Generalidades. 1.1. O sentimento religioso. 1.2. Breve notícia histórica. 1.3. A persistência do fenômeno religioso. 2. A liberdade religiosa na Constituição de 1988. 3. Liberdade religiosa na jurisprudência do Supremo Tribunal Federal. 3.1. Vedação temporária de cultos e missas presenciais durante a pandemia da Covid-19 (ADPF 811). 3.2. Inconstitucionalidade da exigência de bíblias em escolas e bibliotecas públicas (ADI n. 5.258 e Ag. Reg. em RE n. 1.014.615). 3.3. Ensino religioso confessional em escolas públicas (ADI n. 4439). 3.4. Sacrifício de animais em cultos religiosos (RE n. 494.601). 3.5. *Homeschooling* (ensino domiciliar) (RE n. 888.815). 3.6. Realização de etapa de concurso público em data ou horário alternativo, por motivo religioso (RE 611.874). 3.7. Acomodação da jornada de trabalho de professora da rede pública, em razão de crença religiosa (ARE 1.099.099). 3.8. Vedação a pregação religiosa no interior de transporte público (Ag.Reg. 1.315.221). 3.9. Ilegitimidade da recusa dos pais de ministrarem vacinação obrigatória aos filhos por motivos de convicção filosófica. 3.10. Inconstitucionalidade da normal legal que veda o proselitismo, inclusive de natureza religiosa, em rádios comunitárias (ADI 2.566). III. Liberdade de reunião. 1. Generalidades. 2. O direito de reunião na Constituição de 1988. 3. O direito de reunião na jurisprudência do Supremo Tribunal Federal. IV. Ações Constitucionais 1. *Habeas corpus.* 2. Mandado de segurança. 2.1. Mandado de segurança individual. 2.2. Mandado de segurança coletivo. 3. Mandado de injunção. 3.1. Mandado de injunção individual. 3.2. Mandado de injunção coletivo. 4. *Habeas data.* 5. Ação popular. 6. Ação civil pública.

I   LIBERDADE DE EXPRESSÃO[1]

– Dispositivos relevantes:

"Art. 5º Todos são iguais perante a lei, sem distinção de qualquer natureza, garantindo-se aos brasileiros e aos estrangeiros residentes no País a inviolabilidade do direito à vida, à liberdade, à igualdade, à segurança e à propriedade, nos termos seguintes:

IV – é livre a manifestação do pensamento, sendo vedado o anonimato;

V – é assegurado o direito de resposta, proporcional ao agravo, além da indenização por dano material, moral ou à imagem;

---

[1] Este tópico se beneficia, especialmente, da minha interlocução com Aline Osório e Luna van Brussel Barroso e de seus livros: Aline Osório, *Direito eleitoral e liberdade de expressão.* Belo Horizonte: Fórum, 2017; e Luna van Brussel Barroso, *Liberdade de expressão e democracia na era digital.* Belo Horizonte: Fórum, 2022. V. tb., em meio a vasta literatura, Luis Gustavo Grandinetti Castanho de Carvalho, *Direito de informação e liberdade de expressão.* Rio de Janeiro: Renovar, 1999; Owen M. Fiss, *A ironia da liberdade de expressão:* Estado, regulação e diversidade na esfera pública. São Paulo: FGV, 2022; Robert Post, *Constitutional Domains: Democracy, Community, Management.* Cambridge, Mass.: Harvard University Press, 1995.

IX – é livre a expressão da atividade intelectual, artística, científica e de comunicação, independentemente de censura ou licença;

X – são invioláveis a intimidade, a vida privada, a honra e a imagem das pessoas, assegurado o direito a indenização pelo dano material ou moral decorrente de sua violação;

XIV – é assegurado a todos o acesso à informação e resguardado o sigilo da fonte, quando necessário ao exercício profissional".

"Art. 220. A manifestação do pensamento, a criação, a expressão e a informação, sob qualquer forma, processo ou veículo não sofrerão qualquer restrição, observado o disposto nesta Constituição.

§ 1º Nenhuma lei conterá dispositivo que possa constituir embaraço à plena liberdade de informação jornalística em qualquer veículo de comunicação social, observado o disposto no art. 5º, IV, V, X, XIII e XIV.

§ 2º É vedada toda e qualquer censura de natureza política, ideológica e artística.

§ 6º A publicação de veículo impresso de comunicação independe de licença de autoridade".

1 Generalidades

"En este mundo traidor
nada es verdad ni mentira
todo es según el color
del cristal con que se mira".
Ramon de Campoamor

1.1 A comunicação humana

Há cerca de 70 mil anos, com a Revolução Cognitiva, desenvolveu-se um dos traços essenciais que singularizam a condição humana: a comunicação, a linguagem, a capacidade de transmitir informação, conhecimento e ideias. Ao longo dos séculos, a comunicação social percorreu uma longa trajetória, que se iniciou com inscrições e desenhos em cavernas, sinais de fumaça e tambores, e que teve como marco transformador a invenção da escrita, entre 3.500 e 3.000 a. C. Até então, obras emblemáticas da história da humanidade, como a Bíblia Hebraica, a Ilíada grega, o Mahabarata indiano e as primeiras escrituras budistas passaram de geração para geração como narrativas orais[2].

Com o avanço da ciência, a comunicação humana beneficiou-se de inventos cada vez mais sofisticados, como a imprensa, o telefone, o rádio, a televisão aberta e a TV a cabo, até chegar aos computadores conectados em rede mundial. Vivemos a era da convergência de mídias – rádio, TV, jornais, *sites* de notícias – concentrados em uma mesma plataforma, acessível por computador, celular ou *tablet* –, do *streaming* e das redes sociais. Tudo é novo apenas temporariamente. Desde o início dos tempos, a liberdade de expressão sempre foi o tormento dos donos do poder: do poder político, do poder econômico e do poder religioso. Uma conquista obtida lenta e paulatinamente no curso da história.

1.2 A liberdade de expressão no Brasil: o passado condena

A censura no Brasil vem de longe. O primeiro documento a sofrê-la foi a carta de Pero Vaz de Caminha, considerada a certidão de nascimento do que viria a ser um dia o Brasil. Nela, Caminha, escrivão da frota de Cabral, descrevia para o rei D. Manuel as índias nativas, com "suas vergonhas tão nuas". A carta ficou esquecida por mais de dois séculos na Torre do Tombo, em Lisboa, até vir a ser divulgada pelo padre Manuel Aires do Casal. O padre, no entanto, cortou-lhe alguns trechos, que considerou "indecorosos"[3]. Após a vinda da família real portuguesa para o Rio de Janeiro, em 1808, foi criada a Imprensa Régia, à qual incumbia publicar a documentação oficial, obras e livros. Cabia a uma Junta Diretora examinar previamente tudo o que seria publicado, sendo vedada a impressão de "papeis e livros cujo conteúdo contrariasse o governo, a religião e os bons costumes"[4].

---

2 Yuval Noah Harari, *Sapiens*. N. York: HarperCollins, 2015, p. 122.

3 Eduardo Bueno, *Brasil:* uma história. São Paulo: Ática, 2003, p. 33.

4 Lilia M. Schwarcz e Helosa M. Starling, *Brasil:* uma biografia. São Paulo: Companhia das Letras, 2015, p. 183.

Dando um salto no tempo, já no Estado Novo, de Getúlio Vargas, foi criado o Departamento de Imprensa e Propaganda, em dezembro de 1939. Entre seus objetivos estava "fazer a censura do teatro, do cinema, das funções recreativas e esportivas, da radiodifusão, da literatura social e política e da imprensa". Alguns anos antes, mas já sob a ditadura de Vargas, teria ocorrido um episódio que entrou para o folclore da luta pela liberdade de expressão no Brasil. O jornalista e humorista Apparício Torelly, o Barão de Itararé, fundador do *Jornal do Povo*, foi sequestrado na sede de sua publicação e espancado em razão de uma série de matérias que vinha publicando. De volta à redação, de onde fora arrancado à força, teria afixado na porta a tabuleta: "Entre sem bater".

O período mais recente de censura generalizada se deu sob a ditadura militar, entre 1964 e 1985, especialmente durante a vigência do Ato Institucional n. 5 (1968-1978). O cerceamento à liberdade de expressão recaiu sobre múltiplos domínios da vida intelectual e cultural brasileira:

a) na *imprensa escrita*, (i) os jornais eram submetidos a censura prévia e, diante do corte dos censores, que se instalavam dentro das redações, viam-se na contingência de deixar espaços em branco ou de publicar poesias e receitas de bolo; (ii) apreendiam-se jornais e revistas por motivos políticos (como *Opinião* e *Pasquim*) ou de "moralidade" (*Ele & Ela*); e (iii) boicotava-se a publicidade dos jornais que não se curvavam ao governo, para asfixiá-los economicamente (*Correio da Manhã*);

b) na *música*, as letras das canções tinham que ser previamente submetidas à Divisão de Censura e Diversões Públicas. Havia artistas malditos, que não podiam gravar ou aparecer na TV, e outros que só conseguiam aprovar suas músicas mediante pseudônimo. Vivia-se um país nas entrelinhas e nas sutilezas. A música *Apesar de você*, de Chico Buarque, chegou a ser liberada, até que alguém se deu conta de que podia haver um protesto embutido em seus versos;

c) no *cinema*, filmes eram proibidos, exibidos com cortes ou projetados com tarjas que perseguiam seios e órgãos genitais, como ocorreu com o drama *Laranja Mecânica*;

d) nas *artes*, a peça *Roda Viva*, também de Chico Buarque, teve o teatro invadido e os atores agredidos por um grupo paramilitar, sendo logo em seguida proibida sua encenação em todo o território nacional. O *Ballet Bolshoi* foi impedido de se apresentar no Teatro Municipal, no Rio de Janeiro, sob a abstrusa invocação de que constituiria propaganda comunista;

e) na *televisão*, festivais da canção foram vítimas de intervenção governamental, todos os programas, salvo os ao vivo, eram previamente submetidos a exame por censores e a telenovela *Roque Santeiro*, na sua primeira versão, foi integralmente vetada para exibição.

O jornalista e escritor Zuenir Ventura fez um levantamento de que, durante os dez anos de vigência do AI-5, cerca de 500 filmes, 450 peças, 200 livros e mais de 500 letras de música sofreram veto[5]. O ápice do obscurantismo foi a proibição da divulgação de um surto de meningite ocorrido no país. Impediu-se a reação adequada à epidemia, em nome da proteção da imagem do Brasil Grande.

Desde a Independência, todas as Constituições brasileiras, a começar pela de 1824, asseguraram a liberdade de expressão. Desafortunadamente, sempre houve larga distância entre intenção e gesto, num dramático desencontro entre o discurso oficial e o comportamento dos governos. Em nome da segurança nacional, da moral, dos bons costumes, da família e de outros pretextos, sempre foram cerceadas a imprensa, as artes e a literatura. No Brasil, como em todo o mundo, a censura sempre oscila entre o arbítrio, o capricho, o preconceito e o ridículo. Assim é porque sempre foi.

2 Liberdade de expressão na Constituição de 1988

É comum dizer-se que uma nova Constituição é uma reação ao passado e um compromisso para o futuro. Como visto no tópico anterior, uma das marcas do regime militar foi o longo período de censura à liberdade de expressão em suas diferentes modalidades, aí incluídas a liberdade de imprensa e de criação artística. Não por outra razão, o texto constitucional de 1988 foi verdadeiramente obsessivo ao tratar da matéria, o que fez em uma pluralidade de dispositivos, transcritos acima. Em lugar de assegurar a liberdade de expressão genericamente, vedando a censura e outras intervenções estatais, a Constituição consagrou diversas normas específicas ao tema.

De fato, extrai-se do art. 5º da Constituição, dedicado aos direitos e deveres individuais e coletivos, o seguinte regime jurídico: (i) a livre manifestação do pensamento, sendo vedado o anonimato (inciso IV); (ii) a livre expressão da atividade intelectual, artística, científica e de comunicação, independentemente de censura ou licença (inciso IX); e (iii) o direito de acesso à informação (inciso XIV). Para conter

---

5 Zuenir Ventura, *1968: o ano que não terminou*, Rio de Janeiro: Nova Fronteira, 1988, p. 285-86; e André Bernardo, Quais obras foram censuradas na ditadura? *Superinteressante*, 14 fev. 2020.

abusos, prevê, também, (iv) o direito de resposta, proporcional ao agravo, e a indenização em caso de dano (inciso V), bem como a (v) inviolabilidade da privacidade, da honra e da imagem, igualmente indenizáveis em caso de violação (inciso X). Mais à frente, no capítulo dedicado à comunicação social, o art. 220 proíbe qualquer restrição à manifestação do pensamento, criação, expressão e informação, sob qualquer forma, processo ou veículo. Nessa linha, estabelece que nenhuma lei poderá constituir embaraço à liberdade jornalística (§ 1º), veda qualquer censura de natureza política, ideológica ou artística (§ 2º) e dispensa qualquer tipo de licença da autoridade para a publicação de veículo impresso (§ 6º). O tratamento da matéria, como se vê, foi exaustivo.

Desse conjunto normativo se extraem algumas constatações relevantes. Uma delas é que a Constituição atribui à liberdade de expressão uma dupla dimensão: i) a *individual*, que identifica o direito de toda pessoa se manifestar livremente, sem interferências indevidas, como corolário da sua dignidade humana e de sua autonomia individual; e (ii) a *coletiva*, que traduz o direito do conjunto da sociedade de ter acesso à informação e às manifestações de terceiros[6]. Também merece destaque o fato de que, sob o rótulo genérico de liberdade de expressão, a Constituição abriga termos e conteúdos diversos, que incluem:

a) a *liberdade de expressão propriamente dita*, que corresponde ao direito de qualquer pessoa manifestar o seu pensamento, isto é, suas ideias, opiniões e juízos de valor sobre pessoas e fatos;

b) o *direito à informação*, que identifica (i) o direito individual de ter acesso aos fatos[7], (ii) o direito individual de comunicar fatos e (iii) o direito difuso da sociedade de ser informada dos acontecimentos; e

c) a *liberdade de imprensa*, que significa o direito dos meios de comunicação de informarem e opinarem sobre os fatos da vida do país.

A liberdade de expressão, em todos os seus conteúdos, merece proteção especial na Constituição da maior parte dos países democráticos, por motivos de elevada relevância social, moral e política, especialmente por ser ela essencial para[8]:

a) *a busca da verdade possível*, numa sociedade aberta e plural, que comporta múltiplas visões, mas que não deve desprezar a boa-fé objetiva;

b) *a dignidade humana e a autonomia individual*, como expressão da personalidade de cada pessoa e de sua relação com o mundo à sua volta; e

c) *a democracia*, por permitir a livre circulação de informações, ideias e opiniões.

A liberdade de expressão é muitas vezes referida como uma *liberdade preferencial*, doutrina desenvolvida na jurisprudência da Suprema Corte dos Estados Unidos[9] e muitas vezes invocada por tribunais de outros países, inclusive o Brasil[10]. A justificativa para esse ponto de vista repousa no fato de ser a

---

6 V. Luna van Brussel Barroso, *Liberdade de expressão e democracia na era digital*, 2020, p. 73-74.

7 A esse propósito, v. CF, art. 5º: "XXXIII – todos têm direito a receber dos órgãos públicos informações de seu interesse particular, ou de interesse coletivo ou geral, que serão prestadas no prazo da lei, sob pena de responsabilidade, ressalvadas aquelas cujo sigilo seja imprescindível à segurança da sociedade e do Estado"; e "XXXIV – são a todos assegurados, independentemente do pagamento de taxas: b) a obtenção de certidões em repartições públicas, para defesa de direitos e esclarecimento de situações de interesse pessoal".

8 Essa sistematização vem do direito norte-americano, mas é reconhecida amplamente em outras jurisdições. V. Aline Osório, *Direito eleitoral e liberdade de expressão*. Belo Horizonte: Fórum, 2017, p. 54; Frederick Schauer, *Free Speech: a Philosophical Enquiry*. Cambridge: Cambridge University Press, 1982. p. 15-72; e Luna van Brussel Barroso, *Liberdade de expressão e democracia na era digital*, 2022, p. 46 e s.

9 Essa foi uma tese desenvolvida na jurisprudência constitucional da Suprema Corte dos Estados Unidos e que prevaleceu ao longo do século XX. O *status* preferencial da liberdade de expressão no direito norte-americano teve seu surgimento ligado à famosa nota de rodapé n. 4 do voto proferido pelo Justice Stone, no caso United States v. Carolene Products Co. (1938), e foi posteriormente desenvolvido e articulado em uma série de casos, como *Jones v. Opelika* (1942), *Murdock v. Pennsylvania* (1943) e *Thomas v. Collins* (1945). Atualmente, há dúvida se ela ainda desfruta do apoio da maioria do Tribunal. V. Richard L. Pacelle Jr., Preferred position doctrine. *The First Amendment Encyclopedia*. Disponível em https://www.mtsu.edu/first-amendment/article/1008/preferred-position-doctrine. Acesso em: 10 jul. 2022.

10 V. Luís Roberto Barroso, Colisão entre liberdade de expressão e direitos da personalidade. Critérios de ponderação. Interpretação constitucionalmente adequada do Código Civil e da Lei de Imprensa. *Revista Latino-Americana de Estudos Constitucionais* 5/297, 2005. Na mesma linha, Edilsom Pereira de Farias, *Colisão de direitos – a honra, a intimidade, a vida privada e a imagem* versus *a liberdade de expressão e informação*, 2000, p. 167; e Porfirio Barroso e María del Mar López Talavera, *La libertad de expresión y sus limitaciones constitucionales*. Madrid: Fragua, 1998, p. 48. Em sentido diverso, v. Ingo Wolfgang Sarlet e Ilton Robl Filho, Estado Democrático de Direito e os limites da liberdade de expressão na Constituição Federal de 1988, com destaque para o problema da sua colisão com outros direitos fundamentais, em especial, com os direitos de personalidade. *Constituição, Economia e Desenvolvimento: Revista da Academia Brasileira de Direito Constitucional* 8/112, 2016, p. 121-122: "Muito embora se afirme que no Brasil a teoria

liberdade de expressão pressuposto para o exercício de outros direitos fundamentais, inclusive e sobretudo os de natureza política, como o direito de votar e de participar de maneira informada e esclarecida do debate público[11]. Além de ser indispensável para o registro da história e da cultura de um povo. A ideia de um direito preferencial, como pessoalmente já defendi em sede doutrinária e jurisprudencial, não significa uma hierarquização em relação a outros direitos – como parece ter sido a posição de *Justices* americanos como Oliver Wendel Holmes e Benjamin Cardozo[12] –, mas uma espécie de primazia *prima facie*, vale dizer: o ônus argumentativo para sua superação normalmente recairá sobre a parte que defende o direito contraposto. Esse tratamento preferencial é reforçado pelo histórico de censura que marcou a experiência política brasileira.

Cabe apenas reiterar que o fato de ser uma liberdade preferencial não significa que a liberdade de expressão seja um direito absoluto ou sem limites. Do texto constitucional se extraem restrições que protegem outros direitos ou valores fundamentais, prevendo-se, assim, a vedação do anonimato (art. 5º, IV), o direito de resposta e o direito de indenização por dano material, moral ou à imagem (art. 5º, V), a proteção à privacidade e à honra (art. 5º, X), restrições à propaganda comercial de tabaco, bebidas alcoólicas, agrotóxicos e terapias (art. 220, § 4º) e a proteção da criança, do adolescente e do jovem (art. 21, XVI e art. 227). Nada obstante, pelas razões expostas até aqui, a Constituição brasileira trata como excepcional a possibilidade de proibição prévia da divulgação de conteúdos, a ser determinada por decisão judicial, nas situações raras em que não seja possível a composição posterior do dano. Como regra geral, as consequências em casos de abuso devem incluir a retificação, a retratação, o direito de resposta, a responsabilização civil, com pagamento de indenização e, eventualmente, nos casos mais graves, a responsabilização penal, como nos crimes contra a honra[13] ou contra o Estado democrático de direito[14].

3 Liberdade de expressão na jurisprudência do Supremo Tribunal Federal

O Supremo Tribunal Federal tem um conjunto amplo de decisões em matéria de liberdade de expressão, sendo que a maior parte de suas intervenções foi no sentido de assegurá-la e de ampliá-la. A seguir uma seleção dos principais julgados do Tribunal em temas de liberdade de imprensa, discursos de ódio, liberdade de expressão artística e intelectual, direito ao esquecimento, manifestação do pensamento e ataques às instituições democráticas:

3.1 Liberdade de imprensa

a) *Não recepção da Lei de Imprensa do Regime Militar* (ADPF n. 130)[15]. Em julgamento emblemático de 2009, a Lei n. 5.250, de 1967, foi considerada não recepcionada pela Constituição de 1988, por "incompatibilidade material insuperável". A referida lei, que regulava "a manifestação do pensamento e de informação", fora editada durante o período de acirramento ditatorial que antecedeu a edição do Ato Institucional n. 5, em 1968. Embora o acórdão relatado pelo Ministro Carlos Ayres não tenha utilizado a expressão "liberdade preferencial", tal posição especial da liberdade de imprensa resulta claramente do seu teor[16]. É importante observar, nessa linha, que a decisão nesta ADPF n. 130 tem servido de base para dezenas de decisões do STF, profe-

---

da posição preferencial é adotada, a qual se encontra consagrada pelo STF quando do julgamento da ADPF n. 130, essa teoria, em geral, é aplicada de forma tímida, não sendo, de outra parte, reconhecida majoritariamente na Alemanha e em geral na Europa, onde a liberdade de expressão não assume uma prévia posição preferencial na arquitetura dos direitos fundamentais".

11 V. Luís Roberto Barroso, voto na ADI 4.815. E tb.: Aline Osório, *Direito eleitoral e liberdade de expressão*, 2017, p. 65, com referências a: (i) Corte IDH. Caso Claude Reyes et al. v. Chile. Fondo, Reparaciones y Costas. Sentença de 19 de setembro de 2006. Serie C n. 151; (ii) Comitê de Direitos Humanos da ONU. Observação geral n. 34, art. 19. CCPR/C/GC.34. 12 de setembro de 2011; (iii) CIDH. Informe n. 130/99. Caso n. 11.740. Víctor Manuel Oropeza. México. 19 de novembro de 1999.

12 Palko v. Connecticut, 302 U.S. 319 (1937).

13 Os crimes contra a honra (calúnia, difamação e injúria) estão tipificados nos arts. 138, 139 e 140 do Código Penal, respectivamente.

14 A Lei n. 14.197, de 1.09.2021, revogou a antiga Lei de Segurança Nacional (Lei n. 7.170, de 14.12.1983) e acrescentou à Parte Especial do Código Penal o Título XII, relativo aos Crimes contra o Estado de Direito Democrático.

15 STF, ADPF 130, Rel. Min. Ayres Britto, j. 30.04.2009.

16 Na ementa do acórdão lê-se textualmente: "[O]u seja, antes de tudo prevalecem as relações de imprensa como superiores bens jurídicos e natural forma de controle social sobre o poder do Estado...".

ridas em reclamações, suspendendo sentenças e acórdãos que indevidamente interferiram com a liberdade de expressão[17].

b) *Não recepção da exigência de diploma de jornalista* (RE 511.961)[18]. O Tribunal considerou incompatível com a Constituição de 1988 a exigência de diploma de curso superior para o exercício da profissão de jornalista, bem como da criação de conselho profissional para fiscalização da profissão. Ambas as previsões, contidas no Decreto-Lei n. 972/1969 – tanto quanto ao diploma, quanto à criação de um órgão de fiscalização – impõem restrição indevida ao exercício da liberdade jornalística, em contrariedade ao art. 220, § 1º, da Constituição. De acordo com o acórdão, "[o] exercício do poder de polícia do Estado é vedado nesse campo em que imperam as liberdades de expressão e de informação".

c) *Liberdade de crítica contundente* (AI n. 690.841)[19]. A crítica dura a pessoas públicas, mesmo que grosseira ou injusta, não deve, como regra, sofrer limitações. No caso, imputava-se "desmandos financeiros" a um servidor da Petrobras. A decisão da Segunda Turma, relatada pelo Min. Celso de Mello, deixou assentado que a crítica "mordaz, irônica ou até impiedosa" a figura pública, investida ou não de autoridade governamental, qualifica-se como "excludente anímica" apta a afastar o dolo de ofender[20].

3.2 Discursos de ódio[21]

a) *Antissemitismo* (HC 82.424)[22]. Conhecido como *Caso Ellwanger*, este julgamento consistiu em um importante precedente contra os discursos de ódio. Por maioria, o Tribunal entendeu que "escrever, editar, divulgar e comerciar livros fazendo apologia de ideias preconceituosas e discriminatórias contra a comunidade judaica constitui crime de racismo sujeito às cláusulas de inafiançabilidade e imprescritibilidade" previstas na Constituição (art. 5º, XLII). Negando a existência de raças, em sentido científico, o acórdão reconheceu o racismo, no entanto, como um comportamento político-social destinado a inferiorizar e desqualificar determinados povos. E, como consequência, punível na forma da Lei n. 7.716/1989, que define os crimes resultantes de preconceito ou de cor. Em suma: não é protegida pela liberdade de expressão a edição de obras antissemitas, que reproduzem crenças nazistas sobre os judeus e negam fatos históricos incontroversos como o holocausto.

b) *Homofobia* (ADO n. 26)[23]. Foi simbolicamente marcante a decisão que criminalizou a homofobia e a transfobia, em voto histórico do Ministro Celso de Mello. Na avaliação dessa decisão, é importante considerar que o Brasil é considerado o país em que se registra o maior número de assassinatos de transexuais no mundo[24]. O Tribunal reconheceu a mora do Congresso Nacional em cumprir o mandado de criminalização contido no art. 5º, XLI, da Constituição, que determina que "a lei punirá qualquer discriminação atentatória dos direitos e liberdades fundamentais". O que, naturalmente, inclui atos de violência física e psicológica praticados em razão da orientação sexual ou da identidade de gênero da vítima. Como consequência, a decisão determinou o en-

---

17 E.g. STF, Recl.18638 (medida cautelar), Rel. Luís Roberto Barroso, j. 17.09.2014: "Direito Constitucional. Reclamação. Liberdade de expressão. Retirada de matéria jornalística de sítio eletrônico por decisão judicial. 1. No julgamento da ADPF 130, o STF proibiu a censura de publicações jornalísticas e tornou excepcional qualquer tipo de intervenção estatal na divulgação de notícias e de opiniões. 2. A liberdade de expressão desfruta de uma posição preferencial no Estado democrático brasileiro, por ser uma pré-condição para o exercício esclarecido dos demais direitos e liberdades. 3. O uso abusivo da liberdade de expressão deve ser reparado, preferencialmente, por meio de retificação, direito de resposta ou indenização. Ao determinar a retirada de postagem de rede social, a decisão reclamada violou essa orientação. 4. Reclamação cujo pedido se julga procedente".

18 STF, RE 511.961, Rel. Min. Gilmar Mendes, *DJe* 12 nov. 2009.

19 STF, AI 690.841, Rel. Min. Celso de Mello, j. 21.06.2011.

20 Um mau momento do Tribunal, nessa temática, foi a censura imposta à revista eletrônica *Crusoé*, em 2019. A decisão, todavia, foi revogada dias depois, quando esclarecida situação de fato que induzira o relator em erro.

21 Sobre esse tema, v. Daniel Sarmento, A liberdade de expressão e o problema do *"hate speech"*, in *Livres e iguais*. Rio de Janeiro: Lumen Juris, p. 207-262.

22 STF, HC n. 82.424, red. p/ ac. Min. Maurício Corrêa, DJ 19 mair. 2004. Votaram vencidos os Ministros Carlos Ayres Britto e Marco Aurélio.

23 STF, ADO n. 26, Rel. Min. Celso de Mello, *DJe* 5 out. 2020.

24 De acordo com a Transgender Europe, organização de direitos humanos que sistematiza dados disponíveis a respeito do assassinato de transexuais mundo afora. Disponível em: https://transrespect.org/en/tmm-update-trans-day-of-remembrance-2018/. Acesso em 11.07.2022).

444

quadramento das práticas de homofobia e transfobia no conceito de racismo, para fins de responsabilização penal, até que o Poder Legislativo edite legislação específica. No fundo, retomou-se a lógica do julgamento do caso Ellwanger, em que se tratou como racismo a tentativa de inferiorização e estigmatização de grupos sociais historicamente vulneráveis.

c) *Racismo e injúria racial* (HC 154.248)[25]. Neste julgamento, o STF fez a equiparação da injúria racial ao crime de racismo, para fins de imprescritibilidade. Uma senhora, à época já septuagenária, ofendeu a frentista de um posto de gasolina, chamando-a de "negrinha nojenta, ignorante e atrevida". Tal conduta foi enquadrada como crime de injúria, qualificada pelo preconceito, tipificada no art. 140, § 3º, do Código Penal[26]. Este crime, denominado injúria racial, é tratado em dispositivo distinto do que criminaliza o racismo, tipificado na Lei n. 7.719/89. A ofensora foi condenada à pena de um ano de reclusão e 10 dias-multa. Porém, em razão da idade e do que dispõe o Código Penal no art. 115, que prevê que são reduzidos à metade os prazos de prescrição para os maiores de 70 anos, a impetrante do *habeas corpus* pediu a extinção de sua punibilidade. Ao equiparar o crime de injúria racial ao de racismo, o STF considerou-o imprescritível, à luz do que dispõe o art. 5º, XLII, da Constituição[27].

3.3 Liberdade de expressão artística e intelectual

a) *Biografias* (ADI 4.815)[28]. O STF declarou inconstitucionais dois dispositivos do Código Civil que exigiam prévia autorização da pessoa ou da família para a publicação de sua biografia. Sob a vigência desses artigos, foi proibida a circulação de livros que traziam as biografias de Mané Garrincha, Roberto Carlos, Guimarães Rosa, Leila Diniz e Lampião, entre outros. Como intuitivo, a exigência de concordância prévia teria como consequência a produção apenas de biografias *chapa branca*. O Tribunal considerou inválida a ponderação *a priori* feita pelo Código Civil, hierarquizando direitos fundamentais e colocando os direitos à privacidade e à imagem acima da liberdade de expressão e do direito de informação do público. No acórdão, da lavra da Ministra Cármen Lúcia, ficou assentado: "Autorização prévia para biografia constitui censura prévia particular. O recolhimento de obras é censura judicial, a substituir a administrativa".

b) *Humor nas eleições* (ADI 4.451)[29]. Neste julgamento, o Tribunal declarou inconstitucionais os dispositivos da Lei das Eleições que impediam a veiculação, por emissoras de rádio e televisão, de programas de humor que envolvessem candidatos, partidos e coligações no período de três meses anteriores ao pleito. A decisão reconheceu que tal interdição constituía clara hipótese de censura prévia. E acrescentou: "Embora não se ignorem certos riscos que a comunicação de massa impõe ao processo eleitoral – como o fenômeno das *fake news* –, revela-se constitucionalmente inidôneo e realisticamente falso assumir que o debate eleitoral, ao perder em liberdade e pluralidade de opiniões, ganharia em lisura ou legitimidade".

c) *Especial de Natal do Porta dos Fundos* (Rcl. n. 38.782)[30]. O grupo humorístico Porta dos Fundos encenou um especial de Natal, na Netflix, intitulado "A Primeira Tentação de Cristo", que retratava, em meio a outras irreverências, um Jesus Cristo *gay*. O programa gerou forte reação de grupos conservadores e cristãos e veio a ser suspenso por decisão de um desembargador do Tribunal de Justiça do Estado do Rio de Janeiro. O argumento central era o da "ofensa a valores cristãos". Em decisão liminar proferida em reclamação, que veio a ser confirmada pela Segunda Turma, o então Presidente do STF, Ministro Dias Toffoli, suspendeu a decisão da Justiça Estadual. Na decisão final de mérito, o acórdão assentou que "a proibição de divulgação de determinado conteúdo deve-se dar apenas em casos excepcionalíssimos, como na hipótese de configurar ocorrência de prática ilícita, de incitação à violência ou à discriminação, bem como de propagação de discurso de ódio".

---

25 STF, HC 154.248, Rel. Min. Luiz Edson Fachin, j. 28.10.2021.

26 Código Penal: "Art. 140 – Injuriar alguém, ofendendo-lhe a dignidade ou o decoro: Pena – detenção, de um a seis meses, ou multa. § 3º Se a injúria consiste na utilização de elementos referentes a raça, cor, etnia, religião, origem ou a condição de pessoa idosa ou portadora de deficiência: Pena – reclusão de um a três anos e multa.

27 CF, art. 5º: "XLII – a prática do racismo constitui crime inafiançável e imprescritível, sujeito à pena de reclusão, nos termos da lei".

28 STF, ADI 4815, Rel. Min. Cármen Lúcia, j. em 10.06.2015.

29 STF, ADI n. 4.451, Rel. Min. Alexandre de Moraes, *j.* 21.06.2018.

30 STF, Rcl. n. 38.782, Rel. Min. Gilmar Mendes, *DJe* 23.02.2021.

d) *Beijo gay* (SL 1.248[31] e Rcl. n. 36.742[32]). Neste caso, fiscais da Prefeitura do Rio de Janeiro apreenderam revistas na Bienal do Livro que continham um beijo *gay* na capa, sob o fundamento da necessidade de proteção das crianças e adolescentes. O Ministro Dias Toffoli deferiu o pedido de suspensão da decisão da presidência do Tribunal de Justiça do Rio de Janeiro que havia declarado a legalidade da apreensão. No mesmo dia, o Ministro Gilmar Mendes deferiu outra liminar, em reclamação, na qual afirmou que "ao determinar de forma sumária o recolhimento de obras que tratem do tema do homotransexualismo de maneira desavisada para público jovem e infantil, a ordem da Administração Municipal consubstanciou-se em verdadeiro ato de censura prévia, com o nítido objetivo de promover a patrulha do conteúdo de publicação artística".

e) *O caso Gerald Thomas* (HC 83.996)[33]. Um julgado curioso envolveu o diretor teatral Gerald Thomas. Em reação às vaias do público ao final da apresentação de sua montagem da peça Tristão e Isolda, o referido diretor subiu ao palco, simulou um ato de masturbação e exibiu as nádegas para uma plateia atônita. Foi denunciado criminalmente pela prática de ato obsceno. O STF, no entanto, extinguiu a ação penal, por considerar que a atitude, inadequada e deseducada como fosse, constituía exercício de liberdade de expressão, tendo em vista tratar-se de uma peça de temática madura, assistida por um público adulto.

3.4 Direito ao esquecimento

O tema do direito ao esquecimento perpassa o tema da liberdade de expressão em diferentes manifestações, inclusive a liberdade de imprensa e a liberdade artística e intelectual. O *direito ao esquecimento* consistiria na pretensão de uma pessoa de não ser mencionada em meios de comunicação social ou nos buscadores de notícias na internet por fatos pretéritos desagradáveis ou desabonadores. Um precedente importante na matéria foi o *caso Doca Street*, julgado pelo Tribunal de Justiça do Rio de Janeiro. O autor de um rumoroso crime passional ocorrido na cidade de Búzios tentou, sem êxito, impedir a transmissão de programa de televisão retratando o episódio, sob o fundamento de que já havia cumprido pena e estava ressocializado. Um precedente internacional que correu o mundo foi a decisão do Tribunal de Justiça da União Europeia que determinou a retirada do *site* de pesquisas da Google da referência ao fato de que um indivíduo, muitos anos atrás, tivera sua casa vendida em leilão por débito com a Seguridade Social. O fundamento da decisão foi a ausência de qualquer interesse público na informação[34].

O caso Aída Curi (RE 1.010.606[35]). O tema do direito ao esquecimento chegou ao Supremo Tribunal Federal em recurso extraordinário de uma decisão do Superior Tribunal de Justiça no caso Aída Curi. Os irmãos de uma mulher vítima de homicídio postularam e obtiveram indenização por uso da imagem de sua irmã em um programa televisivo que retratava o episódio. O STF reverteu a decisão da origem, por entender que o denominado direito ao esquecimento afrontava a liberdade de expressão. Na tese firmada ao final do julgamento ficou assentado: "É incompatível com a Constituição a ideia de um direito ao esquecimento, assim entendido como o poder de obstar, em razão da passagem do tempo, a divulgação de fatos ou dados verídicos e licitamente obtidos e publicados em meios de comunicação social analógicos ou digitais".

3.5 Manifestação do pensamento

Marcha da maconha (ADPF n. 187[36] e ADI n. 4.274[37]). Em ambas estas ações se discutia a legitimidade de eventos em que se postulavam a descriminalização da maconha. Nos dois julgamentos, o Tribunal, por unanimidade, reconheceu o direito constitucional de se realizarem assembleias, reuniões, marchas, passeatas ou encontros em espaços públicos com o objetivo de criticar os modelos normativos em vigor e procurar angariar apoio para mudanças legislativas. Na ementa da ADI n. 4.724, o Ministro Carlos Ayres Britto consignou: "Nenhuma lei, seja ela civil ou penal, pode blindar-se contra a discussão do seu próprio conteúdo. Nem mesmo a Constituição está a salvo da ampla, livre e aberta discussão dos seus defeitos e das suas virtudes...".

---

31 STF, SL n. 1.248, Rel. Min. Dias Toffoli, *DJe* 10.09.2019.

32 STF, Rcl. 36.742, Rel. Min. Gilmar Mendes, *DJe* 11.09.2019.

33 STF, HC 83.996, Red p/ Acórdão: Min. Gilmar Mendes, julgada em 17.08.2004.

34 Google Spain e Google Inc. v. Agencia Española de Protección de Dados (AEPD) e Mario Costeja González, julgado em 13.05.2014. Disponível em português em https://curia.europa.eu/juris/document/document.jsf?docid=152065&doclang=PT.

35 STF, RE 1.010.606, Rel. Min. Dias Toffoli, j. 11.02.2021.

36 STF, ADPF 187, Rel. Min. Celso de Mello, j. 15.06.2011.

37 STF, ADI 4.274, Rel. Min. Carlos Ayres Britto, j. 23.11.2011.

3.6 Ataque às instituições democráticas

Em junho de 2020, o Supremo Tribunal Federal considerou legítima a continuidade de um inquérito que apurava ataques e ameaças ao Tribunal e seus Ministros, bem como a outras instituições constitucionais[38]. O inquérito resultou de iniciativa do próprio Presidente do Tribunal, o que suscitou críticas e questionamentos. Posteriormente, dois outros inquéritos foram instaurados, já então por iniciativa do Procurador-Geral da República, para apurar organizações criminosas e autores de *fake news* que ameaçavam pessoas e instituições. Tratava-se, na verdade, de comportamento massivo de grupos radicais, orquestrados e financiados com o propósito de desestabilização da democracia e viabilização de uma ruptura institucional. O Tribunal assentou que manifestações que visam a abalar a independência do Poder Judiciário, pela via da ameaça aos membros do Supremo Tribunal Federal e a seus familiares, atentam contra os Poderes instituídos, contra o Estado de direito e contra a democracia.

Encerrando este tópico, é sempre bom lembrar, nos debates envolvendo liberdade de expressão, a advertência sábia de Rosa de Luxemburgo: *"A liberdade é sempre a liberdade para quem pensa diferente"*.

4 Notas sobre o direito comparado: liberdade de expressão nos EUA e na Alemanha

Nos Estados Unidos, a Primeira Emenda à Constituição proíbe a edição de leis que restrinjam a liberdade de expressão e de imprensa. Vêm de lá expressões que se integraram à semântica do tema, como "livre mercado de ideias", em analogia ao livre mercado das economias liberais. Ou, também, a afirmação de que o debate público deve ser "sem inibição, robusto e completamente aberto". E, ainda, as preocupações com o "efeito silenciador", que é a consequência de as pessoas terem temor de se manifestarem, pelo risco de sofrerem sanções. A despeito de ser louvada pelos autores e pelos tribunais como um símbolo da cultura e da democracia, a liberdade de expressão nos Estados Unidos não teve uma trajetória linear.

De fato, no primeiro quarto do século, sobretudo em razão da Guerra Fria e do anticomunismo, diversas decisões limitaram drasticamente a liberdade de expressão política. Assim, sob a tese jurídica de que determinadas manifestações ofereciam "perigo claro e real" (*clear and actual danger*), a Suprema Corte manteve condenações criminais contra militantes socialistas que faziam campanha contra o alistamento militar[39], imigrantes russos que protestavam contra a intervenção americana na Revolução Bolchevique[40], militantes[41] e líderes sindicais que defendiam a substituição do modelo capitalista pelo socialista[42]. Somente em 1969 essa linha de casos foi superada com a nova tese de que a liberdade de manifestação somente deve ser punida se incitar a prática de atos ilícitos e se houver probabilidade de que eles efetivamente ocorram[43]. Não deve passar despercebido o fato de que a reversão de entendimento se deu em favor de um líder da Ku Klux Klan, que dirigia ataques ao Presidente, ao Congresso e à Suprema Corte por "protegerem negros e judeus".

Ao longo do século XX, porém, a liberdade de expressão foi sendo progressivamente expandida, com vedação expressa à censura prévia, salvo ameaça para a segurança nacional[44]. Em 1971, a Suprema Corte assegurou o direito de os jornais *New York Times* e *Washington Post* publicarem os chamados "Documentos do Pentágono" (*The Pentagon Papers*), relatórios sigilosos acerca da participação americana na Guerra do Vietnã, vazado por um de seus autores[45]. Num dos casos mais emblemáticos em matéria de liberdade de imprensa – *New York Times v. Sullivan*[46] –, a Suprema Corte estabeleceu critérios bastante rígidos para que um agente público criticado pudesse propor ação contra o jornal: a necessidade de "malícia real" (*actual malice*), compreendida como o conhecimento da falsidade do fato ou negligência grave na sua apuração.

Fizeram história, também, decisões como as que proibiram a criminalização da queima da bandeira como forma de protesto[47] e a controvertida decisão que considerou que a lei que impedia gastos eleitorais

---

38 ADPF 572, Rel. Min. Edson Fachin, j. 18.06.2020.

39 Schenck v. United States, 249 U.S. 47, julgado em 1919.

40 Abrams v. United States, 250 U.S. 616, julgado em 1919.

41 Gilow v. New York, 268 U.S. 652, julgado em 1925.

42 Whitney v. California, 274 U.S. 357, julgado em 1927.

43 Brandenburg v. Ohio, 395 U.S. 444, julgado em 1969.

44 Near v. Minnesota, 403 U.S. 713, julgado em 1971.

45 New York Times v. United States, 403 U.S. 713, julgado em 1971.

46 New York Times v. Sullivan, 376 U.S. 254, julgado em 1964.

47 Texas v. Johnson, 491 U.S. 397, julgado em 1989 e United States v. Eichman, 496 U.S. 310, julgado em 1990.

447

por empresas e sindicatos era inconstitucional[48]. Sob crítica severa de muitos, a Corte considerou que derramar dinheiro em eleições é exercício de liberdade de expressão. No geral, não merecem proteção da Primeira Emenda, de acordo com a Suprema Corte, obscenidade, falsidade deliberada, crimes contra a honra, incitação ao crime e palavras que incitem o ódio e a violência (*fighting words*).

Diferentemente da Constituição americana, que é bem lacônica a respeito, a Constituição alemã, no seu art. 5º, detalha um conjunto de direitos associados à livre manifestação do pensamento: liberdade de expressão, direito à informação, liberdade de imprensa, liberdade de telecomunicação, liberdade de pesquisa, liberdade acadêmica e de educação. Alguns aspectos da experiência histórica alemã, especialmente o trauma do nazismo, levaram a restrições específicas à liberdade de expressão, como a criminalização da negação do holocausto e a proibição de símbolos nazistas. Também as manifestações de ódio (*hate speech*), como racismo e antissemitismo, são interditadas e punidos por lei.

Na Alemanha, a liberdade de expressão não tem o caráter preferencial *a priori* frequentemente reconhecido nos Estados Unidos. Além de uma maior ênfase na separação entre o que seja opinião e o que seja fato – informação errada ou falsa não é objeto de proteção[49] –, a Corte Constitucional realiza um balanceamento frequente entre a liberdade de expressão, de um lado, e, de outro, a dignidade e os direitos da personalidade. Com frequente prevalecimento do direito à honra sobre o direito de criação artística e mesmo sobre o direito de informação. Um precedente emblemático é conhecido como *caso Mephisto*, em que os herdeiros de um ator conseguiram proibir a divulgação de um livro de ficção cujo personagem principal era inspirado na vida do falecido ator e associava o seu sucesso à adesão ao nazismo[50]. Em outro julgamento, conhecido como *caso dos soldados Lebach*[51], a Corte Constitucional impediu, a pedido de um dos envolvidos em um crime, a divulgação de documentário que exibiria a sua imagem. Essa decisão terminou sendo superada, em decisão conhecida como caso *Lebach II*[52].

5 Revolução digital, internet e mídias sociais[53]

O mundo vive sob a Terceira Revolução Industrial – a Revolução Tecnológica ou Digital –, iniciada nas décadas finais do século XX e que se caracteriza pela massificação dos computadores pessoais, pelos telefones inteligentes e, muito notadamente, pela Internet, conectando bilhões de pessoas em todo o planeta. A internet revolucionou o mundo da comunicação social e interpessoal, expandindo de maneira exponencial o acesso à informação, ao conhecimento e à esfera pública. Nos dias de hoje, qualquer pessoa pode expressar suas ideias, opiniões e divulgar fatos em escala global. Uma longa trajetória que vai de Gutenberg a Zuckerberg[54].

Anteriormente à internet, a difusão de notícias e de opiniões dependia, em grande medida, da imprensa profissional. Cabia a ela apurar fatos, divulgar notícias e filtrar opiniões pelos critérios da ética jornalista. Havia, assim, um controle editorial mínimo de qualidade e de veracidade do que se publicava. Não que não houvesse problemas: o número de veículos de comunicação é limitado e nem sempre plural, as empresas jornalísticas têm seus próprios interesses e, além disso, nem todos distinguiam, com o cuidado que se impõe, fato de opinião. Ainda assim, havia um grau mais apurado de controle sobre aquilo que se tornava público. A internet, com o surgimento de sites, blogs pessoais e, sobretudo, das mídias sociais possibilitou a ampla divulgação e circulação de ideias, opiniões e informações sem qualquer filtro. A consequência negativa, porém, foi que também permitiu a difusão da ignorância, da mentira e a prática de crimes de natureza diversa.

Uma das mais significativas implicações da Revolução Digital foi o surgimento das mídias sociais e dos aplicativos de mensagem. O *Facebook* tem mais de 3 bilhões de contas. O *YouTube* mais de 2,5 bilhões. No Brasil, de acordo com pesquisa do Congresso Nacional, 79% da população tem o *WhatsApp* como principal fonte de informação. A televisão vem em um distante segundo lugar, com 50%. Veículos

---

48   Citizens United v. Federal Election Commission, 558 U.S. 310, julgado em 2010.

49   Corte Constitucional Alemã, BVerfGE 61, 1 1, julgado em 1982.

50   Corte Constitucional Alemã, BVerfGE 30, 173, julgado em 1971.

51   Corte Constitucional Alemã, BVerfGE 35, 202, julgado em 1973.

52   Corte Constitucional Alemã, BVerfGE 1, 349, julgado em 1999.

53   Muitas das ideias e informações desse tópico foram extraídas de Luna van Brussel Barroso, *Liberdade de expressão e democracia na era digital*, 2022.

54   A frase "From Gutenberg to Zuckerberg" foi utilizada por Newton Minow no Prefácio ao livro de Martha Minow, *Saving the news*. Oxford: Oxford University Press, 2021. E também dá título ao livro de John Naughton, *What you really need to know about the internet*. Londres: Quercus Publishing, 2012.

impressos, que vivem uma crise no seu modelo de negócios, são utilizados por apenas 8%. O peso crescente das plataformas tecnológicas em todo o globo e os muitos riscos que podem advir do seu uso abusivo têm levado um grande número de democracias a debaterem a melhor forma de regulação para elas. No Brasil, já há projeto de lei aprovado no Senado Federal e em debate na Câmara dos Deputados.

É interessante observar que, no início da internet, cultivou-se a crença de que ela deveria ser um espaço "aberto, livre e não regulado', mas essa percepção já se desfez inteiramente. Existe consenso hoje da necessidade de regulação em planos diferentes: a) *econômico*, para impedir a dominação de mercados, proteger direitos autorais e estabelecer tributação justa; b) *privacidade*, para impedir o uso indevido das informações acumuladas pelas plataformas tecnológicas acerca das pessoas que ali navegam; e c) *controle de comportamentos e de conteúdos*, de modo a encontrar o ponto adequado de equilíbrio entre a liberdade de expressão e a repressão a condutas ilegais. Esse último ponto é o que interessa para fins da presente reflexão.

Importante fazer o registro, desde logo, de que a liberdade de expressão é uma importante conquista civilizatória e sua preservação é essencial por muitas razões, como já exposto antes. A regulação de conteúdo, portanto, não pode abalar a liberdade de expressão. Justamente ao contrário, ela deve ter por alvo a sua proteção. Toda censura é suspeita. Mas, como observou Luna van Brussel Barroso, é preciso ter em conta que, na era digital, os mesmos fundamentos que tradicionalmente justificaram a proteção reforçada da liberdade de expressão – busca da verdade possível, dignidade humana e democracia – podem justificar sua regulação[55].

A regulação das mídias sociais deve procurar coibir: a) os *comportamentos inautênticos*, que envolvem o uso de sistemas automatizados – robôs ou *bots* –, perfis falsos ou pessoas contratadas – *trolls* – para forjar engajamento e/ou afogar manifestações de terceiros; b) os *conteúdos ilícitos*, que incluem terrorismo, abuso sexual infantil, incitação ao crime e à violência, discursos de ódio ou discriminatórios, ataques antidemocráticos, compartilhamento não consentido de imagens íntimas (*revenge porn*) etc.; e c) a *desinformação*, que consiste na criação ou difusão deliberada de notícias falsas, geralmente com o propósito de obtenção de proveito próprio – político, econômico, pessoal –, causando dano a outras pessoas.

Três observações importantes: a) diferentemente do que se passava antes, quando era limitada a quantidade de veículos de comunicação divulgando informações, hoje em dia a disputa é pela atenção do público, à vista da abundância de informações divulgadas com o auxílio das redes sociais; b) infelizmente, segundo estudos, conteúdos falsos, difamatórios e sensacionalistas, que despertam raiva ou manifestam ódio, produzem muito mais engajamento do que publicações factuais, moderadas e racionais; e c) esse fato dá incentivos errados às plataformas, cujos sistemas de recomendação sofrem a tentação de impulsionar conteúdos extremistas, que atraem mais visualizações e, consequentemente, aumentam a arrecadação publicitária.

Dentro de uma moldura legal básica estabelecida pelo Estado, o ideal é a autorregulação pelas próprias plataformas, minimizando a ingerência do Poder Público. A chamada *moderação de conteúdo* pelas plataformas é um direito e uma necessidade, para que definam o tipo de ambiente que desejam criar, banindo, por exemplo, violência, pornografia, linguagem chula etc. A moderação pode envolver remoção, etiquetagem (ex. uma advertência sobre o caráter duvidoso de um *post*), amplificação ou redução do seu alcance e desmonetização. Porém, após as democracias haverem superado a censura estatal à liberdade de expressão, não se deseja que ela seja substituída pela censura privada.

Por essa razão, quando estiverem moderando conteúdo com base nos seus próprios princípios, as plataformas devem ter deveres de: a) *transparência*: clareza nos termos de uso, critérios objetivos de remoção de conteúdos, bem como de sua amplificação ou redução de alcance e, também, informações sobre a publicidade política veiculada em suas redes; b) *devido processo*: decisões de remoção devem ser fundamentadas (ainda que objetivamente), devem ser notificadas ao usuário que a postou e devem permitir algum tipo de recurso; e c) *isonomia*: embora possa haver um tratamento eventualmente distinto entre pessoas públicas e privadas, não devem existir discriminações aos usuários com base em fatores ilegítimos de diferenciação, como sexo, orientação sexual, raça ou religião.

Tais cautelas são importantes para evitar a substituição de um tipo de censura por outro. As plataformas tecnológicas – entre as quais WhatsApp, Facebook, Twitter e Instagram – se transformaram em ágoras eletrônicas, constituindo uma gigantesca esfera pública para comunicação e debate. Já se assentou que, como regra geral, o Estado não deve interferir na comunicação social, evitando a censura prévia. O que dizer, porém, em relação à censura privada, que ocorre quando as próprias mídias sociais removem conteúdo? De fato, há algum tempo, o Facebook desativou páginas de contas ligadas a um movimento político.

---

55 Luna van Brussel Barroso, *Liberdade de expressão e democracia na era digital*. Belo Horizonte: Fórum, 2022, p. 109.

Em 2020, o Twitter e o Facebook, por decisão própria, sem ordem judicial, removeram postagens do Presidente brasileiro, ambas relacionadas à Covid-19, por comentários que contrariavam os consensos científicos. Parece fora de dúvida que as redes sociais possam fazer prevalecer os seus Termos de Uso, evitando se tornarem vias de trânsito para conteúdo perigosamente anticientífico, ilegal ou moralmente indesejável. Como, por exemplo, pornografia infantil, racismo, incitação à violência, terrorismo ou *revenge porn*. Mas para que tal conduta seja legítima, não constituindo uma violação privada à liberdade de expressão, é imprescindível que seus critérios sejam públicos e claros, sem margem à arbitrariedade e à seletividade.

Uma última observação: a despeito dos esforços das autoridades públicas e das plataformas, a preservação da Internet como uma esfera pública saudável e robusta depende, acima de tudo, da própria sociedade, suas atitudes e demandas. Como consequência, é preciso investir em educação midiática e conscientização da população como capítulo decisivo para a criação de um ambiente virtual livre, porém positivo e construtivo. Crimes sempre existirão no mundo. O que o processo civilizatório faz é torná-lo residual, pelo cumprimento espontâneo das leis pelos cidadãos. No tocante à desinformação e à utilização da mentira deliberada como estratégia política, a expectativa é que ocorra com esses fenômenos algo semelhante ao que se passou com a pornografia no final dos anos 1970: apesar do temor de que ela viesse a ganhar o *mainstream*, o fato é que ela ficou confinada a um espaço específico e limitado, consumida apenas por quem opte por fazê-lo, sem ter ocupado o espaço público de maneira dominante.

É possível assentar, em conclusão deste tópico: 1. A rede mundial de computadores proporcionou o acesso ao conhecimento, à informação e ao espaço público a bilhões de pessoas, mudando o curso da história; 2. É imperativa a necessidade de enfrentar os comportamentos coordenados inautênticos e os conteúdos ilícitos por meio de regulação adequada. É essencial, no entanto, atuar com proporcionalidade e procedimentos adequados, para que a liberdade de expressão, a diversidade e o pluralismo não sejam comprometidos. 3. Educação midiática e conscientização da sociedade e das pessoas de boa-fé – que, felizmente, constituem a maioria – são medidas imprescindíveis para propiciar o uso positivo e construtivo das novas tecnologias.

II LIBERDADE RELIGIOSA

– Dispositivos relevantes:

"Art. 5º Todos são iguais perante a lei, sem distinção de qualquer natureza, garantindo-se aos brasileiros e aos estrangeiros residentes no País a inviolabilidade do direito à vida, à liberdade, à igualdade, à segurança e à propriedade, nos termos seguintes:

VI – é inviolável a liberdade de consciência e de crença, sendo assegurado o livre exercício dos cultos religiosos e garantida, na forma da lei, a proteção aos locais de culto e a suas liturgias"; [...][56]

"*Art. 19. É vedado à União, aos Estados, ao Distrito Federal e aos Municípios:*

I – estabelecer cultos religiosos ou igrejas, subvencioná-los, embaraçar-lhes o funcionamento ou manter com eles ou seus representantes relações de dependência ou aliança, ressalvada, na forma da lei, a colaboração de interesse público" [...].

"*Art. 210. [...]*

§ 1º O ensino religioso, de matrícula facultativa, constituirá disciplina dos horários normais das escolas públicas de ensino fundamental".

1 Generalidades

"Secularismo, longe de implicar antagonismo em relação à religião ou às pessoas de fé, implica verdadeiramente em um profundo respeito e tolerância em relação a todas as religiões. Implica em mútua tolerância e respeito por todas as crenças e também pelos que não acreditam".

Dalai Lama

---

[56] Os incisos VII e VIII também guardam relação com o fenômeno religioso, mas não têm especial relevância para o tema aqui versado. Confira-se: "VII – é assegurada, nos termos da lei, a prestação de assistência religiosa nas entidades civis e militares de internação coletiva"; e "VIII – ninguém será privado de direitos por motivo de crença religiosa ou de convicção filosófica ou política, salvo se as invocar para eximir-se de obrigação legal a todos imposta e recusar-se a cumprir prestação alternativa, fixada em lei" [...].

1.1 O sentimento religioso

O sentimento religioso acompanha a evolução da condição humana e das civilizações desde o início dos tempos. Para bem e para mal. Em sua trajetória milenar, a religião ocupou diversos lugares no universo social, que vão da centralidade absoluta ao secularismo, que procura retirá-la do espaço público e confiná-la à vida privada. No plano político, ela esteve ligada à legitimação do poder, à dominação social e ao surgimento das primeiras leis, como manifestações pretensamente divinas. E, também, a guerras, perseguições e fundamentalismos diversos, da Inquisição ao Jihadismo.

No plano existencial, a religião se liga a sentimentos humanos, como medo e esperança, e ao cultivo de valores morais e espirituais, que remetem ao bem, à solidariedade e à compaixão. A religiosidade, aqui, envolve a relação com o sobrenatural e o transcendente, com a concepção de que a vida não se limita a uma dimensão material ou física. Ao longo dos séculos, a humanidade busca nas manifestações religiosas – ensinamentos das escrituras, exemplos de vidas emblemáticas e o reconhecimento de lugares sagrados, entre outras – as respostas para questões existenciais básicas, como o sentido da vida e a inevitabilidade da morte.

1.2 Breve notícia histórica

A religião está presente na vida das pessoas e das comunidades políticas desde o início dos tempos. A condição humana nela tem buscado, ao longo dos séculos, respostas para questões existenciais básicas, relacionadas ao sentido da vida, ao mundo à volta e à posteridade. Desde as teocracias que assinalaram as primeiras civilizações, passando pela adoção do cristianismo pelo Império Romano, até chegar ao direito divino dos reis, que legitimava o poder no Estado absolutista, religião e política caminharam juntas na história da humanidade. Em nome da religião, foram lutadas guerras diversas, pelos séculos afora, que incluíram as cruzadas contra o islamismo e os embates entre católicos e protestantes. Sem mencionar a Inquisição. Com a Paz de Westfalia, em 1648, consolida-se o processo de separação entre o poder espiritual e o poder temporal – isto é, do Papado e dos Estados soberanos –, abrindo-se o caminho para uma fase de maior tolerância religiosa.

Ainda assim, foi a fuga à perseguição religiosa que levou inúmeros súditos ingleses a instalar colônias na costa leste da América do Norte, no curso do século XVII. A conquista da liberdade religiosa somente se consumou com as revoluções liberais do século XVIII e a superação da máxima *cuius regio, eius religio* – o súdito segue a religião do rei – que vigorava largamente na Europa absolutista. John Locke (1632-1704), um dos principais precursores e teóricos do liberalismo, defendeu a liberdade religiosa como um componente essencial da liberdade individual[57]. Suas ideias influenciaram a Declaração de Independência dos Estados Unidos, de 1776[58], sendo que a primeira emenda à Constituição americana de 1787 previu a separação entre religião e Estado e assegurou seu livre exercício[59]. A partir daí, progressivamente, a liberdade de religião – o direito de professar uma crença e seguir os seus ritos, sem restrições outras que não as ditadas pela ordem pública e pelos direitos de terceiros – foi sendo incorporada a documentos constitucionais, declarações de direitos e diplomas internacionais, como a Declaração dos Direitos do Homem e do Cidadão (1789)[60], a Declaração Universal dos Direitos do Homem (1948)[61], o Pacto Internacional sobre Direitos

---

57 V., *e.g.*, John Locke, *Carta sobre a tolerância*, 1985, p. 84: "A preocupação com a alma de cada homem e com as coisas do Céu, que não pertence à comunidade nem pode ser submetida a ela, deve ser deixada inteiramente a cada um. [...] seja falsa ou verdadeira, [a religião] não traz prejuízos aos interesses mundanos [...] [dos] súditos conterrâneos [dos magistrados], que são a única coisa que está sob os cuidados da comunidade".

58 Declaração de Independência dos EUA: "Consideramos as seguintes verdades como auto evidentes, a saber: que todos os homens são criaturas iguais, dotadas pelo seu Criador de certos direitos inalienáveis, entre os quais a vida, a liberdade e a busca da felicidade".

59 1ª Emenda à Constituição dos EUA, primeira parte: "O Congresso não editará qualquer lei relacionada ao estabelecimento de uma religião, ou proibindo o seu livre exercício [...]". As dez primeiras emendas à Constituição americana, aprovadas em 1789, são conhecidas como *Bill of Rights*.

60 Declaração de Direitos do Homem e do Cidadão, art. 10: "Ninguém deve ser inquietado pelas suas opiniões, mesmo religiosas, desde que as suas manifestações não prejudiquem a ordem pública estabelecida pela lei".

61 Declaração Universal dos Direitos Humanos, art. 18: "Toda pessoa tem direito à liberdade de pensamento, consciência e religião; este direito inclui a liberdade de mudar de religião ou crença e a liberdade de manifestar essa religião ou crença, pelo ensino, pela prática, pelo culto e pela observância, isolada ou coletivamente, em público ou em particular".

Civis e Políticos (1966)[62], a Convenção Americana de Direitos Humanos (1969)[63], a Convenção Europeia de Direitos Humanos (1953)[64] e a Declaração das Nações Unidas sobre a Eliminação de Todas as Formas de Intolerância e de Discriminação Baseadas em Religião ou Crença (1981)[65].

No Brasil, a proteção da liberdade religiosa começou tímida na Carta Imperial de 1824[66], que consagrava o catolicismo romano como religião oficial[67] e adotava o regime do *padroado*, conferindo à autoridade secular – no caso, o Imperador – poder sobre a administração da Igreja Católica no país[68]. Esse quadro mudou, após o advento da República, com o Decreto n. 119-A/1890, editado pelo Governo Provisório do Marechal Deodoro da Fonseca, que extinguiu o padroado, proibiu a fixação de religiões oficiais e a discriminação por fundamentos religiosos, além de garantir a liberdade religiosa e a personalidade jurídica das igrejas[69]. A partir desse marco, a separação entre Estado e religião seria mantida e

---

62 Pacto Internacional sobre Direitos Civis e Políticos, art. 18: "1. Toda pessoa terá direito à liberdade de pensamento, de consciência e de religião. Esse direito implicará a liberdade de ter ou adotar uma religião ou crença de sua escolha e a liberdade de professar sua religião ou crença, individual ou coletivamente, tanto pública como privadamente, por meio do culto, da celebração de ritos, de práticas e do ensino. 2. Ninguém poderá ser submetido a medidas coercitivas que possam restringir sua liberdade de ter ou de adotar uma religião ou crença de sua escolha. 3. A liberdade de manifestar a própria religião ou crença estará sujeita apenas às limitações previstas em lei e que se façam necessárias para proteger a segurança, a ordem, a saúde ou a moral públicas ou os direitos e as liberdades das demais pessoas. 4. Os Estados-partes no presente Pacto comprometem-se a respeitar a liberdade dos pais – e, quando for o caso, dos tutores legais – de assegurar aos filhos a educação religiosa e moral que esteja de acordo com suas próprias convicções"

63 Convenção Americana de Direitos Humanos, art. 12: "Liberdade de Consciência e de Religião. 1. Toda pessoa tem direito à liberdade de consciência e de religião. Esse direito implica a liberdade de conservar sua religião ou suas crenças, ou de mudar de religião ou de crenças, bem como a liberdade de professar e divulgar sua religião ou suas crenças, individual ou coletivamente, tanto em público como em privado. 2. Ninguém pode ser objeto de medidas restritivas que possam limitar sua liberdade de conservar sua religião ou suas crenças, ou de mudar de religião ou de crenças. 3. A liberdade de manifestar a própria religião ou as próprias crenças está sujeita unicamente às limitações prescritas pela lei e que sejam necessárias para proteger a segurança, a ordem, a saúde ou a moral públicas ou os direitos ou liberdades das demais pessoas. 4. Os pais, e quando for o caso os tutores, têm direito a que seus filhos ou pupilos recebam a educação religiosa e moral que esteja acorde com suas próprias convicções"

64 Convenção Europeia de Direitos Humanos, art. 9º: "1. Qualquer pessoa tem direito à liberdade de pensamento, de consciência e de religião; este direito implica a liberdade de mudar de religião ou de crença, assim como a liberdade de manifestar a sua religião ou a sua crença, individual ou coletivamente, em público e em privado, por meio do culto, do ensino, de práticas e da celebração de ritos. 2. A liberdade de manifestar a sua religião ou convicções, individual ou coletivamente, não pode ser objeto de outras restrições senão as que, previstas na lei, constituírem disposições necessárias, numa sociedade democrática, à segurança pública, à proteção da ordem, da saúde e moral públicas, ou à proteção dos direitos e liberdades de outrem".

65 Declaração das Nações Unidas sobre a Eliminação de Todas as Formas de Intolerância e de Discriminação Baseadas em Religião ou Crença, art. 4º: "Todos os Estados devem tomar medidas efetivas para prevenir e eliminar a discriminação fundada em religião ou em crença no que se refere ao reconhecimento, ao exercício e à fruição de direitos humanos e liberdades fundamentais em todos os campos da vida civil, econômica, política, social e cultural. 2. Todos os Estados devem realizar todos os esforços para editar ou revogar legislação quando necessário para proibir qualquer discriminação desse tipo, e para tomar todas as medidas apropriadas para combater a intolerância baseada em religião ou em outras crenças nesta matéria".

66 Constituição de 1824, arts. 5º e 179, V: "Art. 5º. A Religião Catholica Apostolica Romana continuará a ser a Religião do Imperio. Todas as outras Religiões serão permitidas com seu culto domestico, ou particular em casas para isso destinadas, sem fórma alguma exterior do Templo. [...] Art. 179. A inviolabilidade dos Direitos Civis, e Politicos dos Cidadãos Brazileiros, que tem por base a liberdade, a segurança individual, e a propriedade, é garantida pela Constituição do Imperio, pela maneira seguinte: [...] V – Ninguem póde ser perseguido por motivo de Religião, uma vez que respeite a do Estado, e não offenda a Moral Publica".

67 A relação entre Estado e religião, no Brasil, sob a Constituição do Império, foi confessional, como anota Jane Reis Gonçalves Pereira, A aplicação de regras religiosas de acordo com a lei do Estado: um panorama do caso brasileiro. *Revista da AGU 41/9*, disponível em: "O texto constitucional imposto estabelecia a manutenção da religião católica como oficial (art. 5º), previa que o monarca seria coroado "por Graça de Deus" e deveria jurar manter a religião do Estado (art. 103), atribuía direitos políticos apenas aos católicos (art. 95) e consagrava o regime do padroado, segundo o qual os sacerdotes eram indicados e pagos pelo Estado, assumindo condição semelhante à dos funcionários públicos (art. 102, II)."

68 Sobre o padroado, v. Maurilio Cesar de Lima, *Breve história da Igreja no Brasil*, 2004, p. 23. Cabia ao Imperador, por exemplo, nomear os bispos (art. 102, I) e "conceder, ou negar o Beneplacito aos Decretos dos Concilios, e Letras Apostolicas, e quaesquer outras Constituições Ecclesiasticas que se não oppozerem á Constituição; e precedendo approvação da Assembléa, se contiverem disposição geral" (art. 102, XIV).

69 Nada obstante, autorizou que se continuasse a custear os então serventuários do culto católico. Confira-se o texto do decreto: "Art. 1º E' prohibido á autoridade federal, assim como á dos Estados federados, expedir leis, regulamentos, ou actos administrativos, estabelecendo alguma religião, ou vedando-a, e crear differenças entre os habi-

desenvolvida pelas Constituições republicanas[70]. A Carta de 1988 aprofundou o tratamento do tema em diversas disposições, como se verá adiante.

1.3 A persistência do fenômeno religioso

Por muito tempo, o conhecimento convencional militou na crença de que o Estado moderno, a Revolução Científica e o Iluminismo empurrariam o sentimento religioso para a margem da história, superado pelo racionalismo e pelos avanços tecnológicos. E tudo sugeria que seria assim. De fato, com o advento do Estado moderno, notadamente a partir da Revolução Protestante, a religião perdeu sua centralidade no domínio público, que foi ocupado pelo poder estatal soberano[71]. A Revolução Científica, por sua vez, com as transformações que operou nos fundamentos da física, da astronomia e da biologia, quebrou dogmas religiosos que haviam atravessado os séculos.

A transição entre a visão tradicional pautada pela religião e o novo paradigma, todavia, não se deu sem paradoxos e contradições: como observou um historiador, Isaac Newton, um dos símbolos deste período, dedicava "muito mais tempo ao estudo da Bíblia do que às leis da física"[72]. Por fim, na sequência histórica de um século de longas guerras religiosas, o Iluminismo surgiu como um vigoroso movimento intelectual fundado no primado da razão, na liberdade, na tolerância e na separação entre Igreja e Estado. Thomas Woolston, no início do século XVIII, chegou a decretar que a morte do cristianismo ocorreria até 1900, previsão considerada excessivamente conservadora por Voltaire, que prenunciara um fim mais próximo[73]. Fechando o ciclo, já avançado o século XIX, Karl Marx proclamou que a evolução da História levaria ao ocaso da religião[74].

Não é difícil perceber que as diferentes previsões e profecias acerca da desaparição do sentimento religioso não se realizaram.

É certo que a modernidade trouxe, efetivamente, a secularização, a laicidade do Estado e a separação entre ciência e fé, com o deslocamento da religião, predominantemente, para o espaço da vida privada. A verdade, porém, é que mesmo depois de Copérnico, Galileu e Keller, com a teoria heliocêntrica do cosmos, de Darwin, com a origem das espécies e a seleção natural, e da revolução na física moderna,

---

tantes do paiz, ou nos serviços sustentados á custa do orçamento, por motivo de crenças, ou opiniões philosophicas ou religiosas. Art. 2º A todas as confissões religiosas pertence por igual a faculdade de exercerem o seu culto, regerem--se segundo a sua fé e não serem contrariadas nos actos particulares ou publicos, que interessem o exercicio deste decreto. Art. 3º A liberdade aqui instituida abrange não só os individuos nos actos individuaes, sinão tabem as igrejas, associações e institutos em que se acharem agremiados; cabendo a todos o pleno direito de se constituirem e viverem collectivamente, segundo o seu credo e a sua disciplina, sem intervenção do poder publico. Art. 4º Fica extincto o padroado com todas as suas instituições, recursos e prerogativas. Art. 5º A todas as igrejas e confissões religiosas se reconhece a personalidade juridica, para adquirirem bens e os administrarem, sob os limites postos pelas leis concernentes á propriedade de mão-morta, mantendo-se a cada uma o dominio de seus haveres actuaes, bem como dos seus edificios de culto. Art. 6º O Governo Federal continúa a prover á congrua, sustentação dos actuaes serventuarios do culto catholico e subvencionará por anno as cadeiras dos seminarios; ficando livre a cada Estado o arbitrio de manter os futuros ministros desse ou de outro culto, sem contravenção do disposto nos artigos antecedentes".

70 A Carta de 1981 garantiu o exercício público e livre dos cultos religiosos (art. 72, 3º); a Constituição de 1934 manteve a proibição ao Poder Público de estabelecer, subvencionar e embaraçar cultos, ou estabelecer alianças ou dependências com denominações religiosas, mas ressalvou a "colaboração recíproca em prol do interesse coletivo" (art. 17, II e III); a Lei Fundamental de 1937 autorizou o ensino religioso nas escolas primárias, secundárias e normais, desde que não fosse "objeto de obrigação dos mestres ou professores, nem de frequência compulsória por parte dos alunos" (art. 133); a Constituição de 1946 previu a assistência religiosa, "sem constrangimento dos favorecidos", nas Forças Armadas e nos estabelecimentos de internação coletiva (art. 141, § 9º), impediu a perda de direitos pelos que alegassem escusa de consciência para não atender a obrigação imposta em caráter geral, desde que prestassem serviço alternativo (art. 141, § 8º), e ainda concedeu efeitos civis ao casamento religioso (art. 163, §§ 1º e 2º). As Cartas de 1967 e 1969 não inovaram substancialmente na matéria.

71 V. Thiago Magalhães Pires, *Entre a cruz e a espada*: o espaço da religião em um Estado democrático de direito. Mimeografado. Tese de doutorado, Universidade do Estado do Rio de Janeiro – UERJ, 2016. Como observa o autor, o conceito de soberania consolidou-se sobre os escombros das guerras religiosas na Europa, cabendo-lhe papel decisivo na secularização do Estado e seu distanciamento do discurso religioso. E complementa: "O principal símbolo desta passagem foi a paz de Vestfália, que garantiu a coexistência de diferentes confissões cristãs no Sacro Império Romano Germânico".

72 Yuval Noah Harari, *Homo Deus:* a brief history of tomorrow, 2017, p. 98: *"Though Newton himself was a deeply religious Christian who devoted far more time to studying the Bible than the laws of physics, the Scientific Revolution that he helped launch pushed God to the sidelines".*

73 V. Fernando Catroga, *Entre deuses e césares:* secularização, laicidade e religião civil, 2006, p. 35. E, tb., Thiago Magalhães Pires, *Entre a cruz e a espada:* o espaço da religião em um Estado democrático de direito, cit., p. 64-65.

74 Karl Marx, *Crítica da filosofia do direito de Hegel*, 2006 (1ª ed. 1843), p. 145-146.

trazida pela teoria da relatividade, pela mecânica quântica e pela confirmação do bóson de Higgs – "a partícula de Deus" –, o sentimento de religiosidade não arrefeceu. O fato inelutável é que a ascensão das ciências e o avanço tecnológico não deram conta das demandas espirituais da condição humana.

Apesar do humanismo, do agnosticismo e do ateísmo terem representantes intelectuais de grande expressão, quase 84% da população mundial professam alguma religião[75]. No Brasil, de acordo com levantamento do IBGE em 2010, apenas 8% dos entrevistados se declararam sem religião[76]. Nas palavras de Yuval Noah Harari, "mais de um século após Nietzsche tê-lo pronunciado morto, Deus fez um retorno triunfal"[77].

Acrescento ainda uma reflexão. Secularismo, como consta da advertência feita na epígrafe deste tópico, não implica em desapreço à religião ou à religiosidade. Tampouco significa que as religiões não possam vocalizar suas crenças ou participar do diálogo amplo e aberto que caracteriza a democracia contemporânea[78]. É possível que uma sociedade seja moderna, plural e secular e, ainda assim, a religião desempenhar um papel importante. Exemplos emblemáticos nesse sentido são os Estados Unidos e o Japão. O secularismo se manifesta na convivência respeitosa entre cosmovisões distintas, sendo que no espaço público deve prevalecer a razão pública[79], vale dizer, valores laicos que possam ser compartilhados por todos e por cada um, independentemente de suas convicções pessoais privadas.

À vista do que vem de ser exposto até aqui, é possível destacar duas constatações importantes. A primeira: a modernidade e todas as transformações culturais e científicas dos últimos 500 anos não levaram ao ocaso das religiões, ao desparecimento do sentimento religioso, nem tampouco eliminaram a necessidade humana por algum grau de espiritualidade. Embora a religião tenha sido removida do centro dos sistemas sociais, a decisão do indivíduo em relação a ela – seja para aderir a uma, seja para rejeitar todas – ainda constitui uma das escolhas existenciais mais importantes da sua vida. A segunda constatação é que, a despeito da proeminência das religiões tradicionais, o mundo contemporâneo caracteriza-se pelo pluralismo e pela diversidade nessa matéria. Estima-se existirem mais de 4 mil religiões distintas, distribuídas pelas duas centenas de países do planeta[80].

Diante desta realidade, o Estado deve desempenhar dois papeis decisivos na sua relação com a religião. Em primeiro lugar, cabe-lhe assegurar a *liberdade religiosa*, promovendo um ambiente de respeito e segurança para que as pessoas possam viver suas crenças livres de constrangimento ou preconceito. Em segundo lugar, é dever do Estado conservar-se *laico*, adotando uma posição de neutralidade no tocante às diferentes religiões, sem privilegiar ou desfavorecer qualquer uma delas. Ainda assim, nem sempre é fácil determinar o ponto exato de equilíbrio entre liberdade religiosa e laicidade estatal. Isso é o que se constatará do exame de três julgamentos polêmicos do Supremo Tribunal Federal referidos mais adiante: (i) a admissão de ensino religioso confessional em escolas públicas, isto é, vinculado a alguma crença religiosa específica; (ii) a inadmissão do ensino domiciliar de crianças (*homeschooling*), opção adotada por algumas famílias religiosas mais ortodoxas; e (iii) a admissão de sacrifícios de animais em práticas religiosas de cultos africanos.

2 A liberdade religiosa na Constituição de 1988

A Constituição, como observado acima, contém dois grandes vetores nessa matéria: o art. 5º, VI, assegura o direito à liberdade religiosa[81] e o art. 19, I, consagra o princípio da laicidade estatal. A *liberdade religiosa*

---

75 *The Global Religious Landscape*. Disponível em http://www.pewforum.org/2012/12/18/global-religious-landscape--exec/, visitado em 27 ago 2017. Nada obstante isso, os 16% que não professam qualquer religião correspondem a 1,1 bilhão de pessoas. Isso faz deles o terceiro mais volumoso grupo no que diz respeito a opções religiosas, atrás apenas dos cristãos e dos muçulmanos, e de tamanho equivalente ao dos católicos.

76 Censo Demográfico 2010: Características gerais da população, religião e pessoas com deficiência. Disponível em: http://biblioteca.ibge.gov.br/visualizacao/periodicos/94/cd_2010_religiao_ deficiencia.pdf.

77 Yuval Noah Harari, *Homo Deus:* a brief history of tomorrow, cit., p. 279.

78 Jürgen Habermas. *Notes on Post-Secular Society.* New Perspectives Quartely, Vol. 25, Issue 4, Fall 2008, p. 21.

79 John Rawsl. O liberalismo político. Trad. Dinah de Abreu Azevedo. Brasília: Editora Ática, 2000, p. 261.

80 List of religions and spiritual traditions. *Wikipedia*. Acessível em https://en.wikipedia.org/wiki/List_of_religions_and_spiritual_traditions. Acesso em: 27 ago. 2017.

81 Também guardam relação com a liberdade religiosa os seguintes dispositivos da Constituição: Art. 143: "§ 1º Às Forças Armadas compete, na forma da lei, atribuir serviço alternativo aos que, em tempo de paz, após alistados, alegarem imperativo de consciência, entendendo-se como tal o decorrente de crença religiosa e de convicção filosófica ou política, para se eximirem de atividades de caráter essencialmente militar"; e "Art. 150. Sem prejuízo de outras garantias asseguradas ao contribuinte, é vedado à União, aos Estados, ao Distrito Federal e aos Municípios: VI – instituir impostos sobre: b) templos de qualquer culto".

constitui direito fundamental, situando-se no plano da autonomia individual e das escolhas existenciais básicas de uma pessoa, integrando o núcleo essencial da dignidade humana. Ele expressa o direito de professar uma crença, frequentar cultos, difundir sua doutrina e procurar conquistar adeptos. O papel do Estado, nesse domínio, é proporcionar um ambiente de liberdade, segurança e respeito mútuo entre os fiéis das diferentes concepções religiosas e não religiosas, prevenindo discriminações e assegurando o pluralismo religioso.

A *laicidade* do Estado, por sua vez, significa, em primeiro lugar, a separação formal entre Estado e Igreja. Um Estado laico não tem, obviamente, uma religião oficial nem tampouco pode se identificar com qualquer doutrina religiosa. Essa autonomia entre ambos deve se manifestar nos planos institucional, pessoal e simbólico. Na *dimensão institucional* a laicidade veda qualquer arranjo político que conduza à fusão entre Estado e religião. Já na *dimensão pessoal*, impede-se que representantes de religião sejam admitidos enquanto tais como agentes públicos[82]. Por fim, na *dimensão simbólica*, a separação formal impede que os símbolos adotados pelo Estado constituam símbolos de identificação de religiões[83]. Laicidade significa, também, a neutralidade em matéria religiosa, que veda o estabelecimento, pelo Estado, de preferências ou discriminações entre as confissões religiosas, bem como de interferências da religião no exercício de funções estatais. A proteção conferida pela neutralidade alcança, igualmente, posições ou cosmovisões não religiosas, a exemplo do agnosticismo, do ateísmo e do humanismo, que merecem o mesmo respeito e proteção que qualquer credo[84]. A laicidade como neutralidade impede que o Estado (i) favoreça, promova ou subvencione religiões ou posições não religiosas; (ii) obstaculize, discrimine ou embarace religiões ou posições não religiosas; e (iii) tenha a sua atuação orientada ou condicionada por religiões ou posições não religiosas.

3 Liberdade religiosa na jurisprudência do Supremo Tribunal Federal

Nos últimos anos, o Supremo Tribunal Federal vem proferindo uma profusão de decisões envolvendo temas afetos à liberdade religiosa e à laicidade do Estado. A seguir, uma seleção de alguns dos principais casos julgados pelo Tribunal:

3.1 Vedação temporária de cultos e missas presenciais durante a pandemia da Covid-19 (ADPF 811)[85].

Alguns Estados e Municípios – no caso específico, o Estado de São Paulo – instituíram vedação temporária de realização presencial de cultos, missas e atividades religiosas, como medida de saúde pública durante a pandemia da Covid-19. A presente ação impugnava o decreto estadual que impôs as restrições. Quanto à constitucionalidade formal, o Tribunal reiterou o seu entendimento de que todos os entes federados tinham competência para atuar legislativa e administrativamente no enfrentamento da pandemia (ADPF n. 6.341). Quanto à constitucionalidade material, considerou a restrição proporcional – isto é, adequada necessária e proporcional em sentido estrito –, por proteger a vida e a saúde pública sem afetar o núcleo essencial da liberdade religiosa, de vez que apenas a manifestação externa do culto foi circunstancialmente interditada.

3.2 Inconstitucionalidade da exigência de bíblias em escolas e bibliotecas públicas (ADI n. 5.258[86] e Ag. Reg. em RE n. 1.014.615[87])

O STF considera inconstitucionais leis estaduais que exigem que escolas e bibliotecas públicas tenham, obrigatoriamente, exemplares da Bíblia Sagrada. Esse entendimento já havia sido firmado no

---

82 Por óbvio, isso não significa que representantes religiosos não possam prestar concursos e assumir cargos públicos, nem que agentes públicos não possam professar suas crenças, desde que fora do exercício do cargo.

83 V: Daniel Sarmento, O crucifixo nos tribunais e a laicidade do Estado. In: Valerio Mazzuoli, Aldir Guedes Soriano (org.). *Direito à liberdade religiosa*: desafios e perspectivas para o séc. XXI, p. 211.

84 Martha Nussbaum, *Liberty of conscience:* in defense of America's tradition of religious equality, 2008, p. 226-227.

85 STF, ADPF n. 811, rel. Min. Gilmar Mendes, j. 8.04.2021. Dias antes, em 3 abr. 2021, o Ministro Nunes Marques havia concedido medida liminar monocrática suspendendo decretos estaduais e municipais que proibiam reuniões religiosas presenciais, sob o fundamento de que violariam a liberdade de consciência e de crença. Vencida sua posição em Plenário, no julgamento da ADPF n. 811, revogou sua decisão.

86 STF, ADI n. 5.258, rel. Min. Cármen Lúcia, j. 13.04.2021.

87 STF, Ag. Reg. em RE n. 1.014.615, rel. Min. Celso de Mello, *DJe* 21.03.2017.

processo subjetivo referido acima, da relatoria do Ministro Celso de Mello, e veio a ser reiterado ação direta de inconstitucionalidade. Por unanimidade, os Ministros acompanharam a decisão da Ministra Cármen Lúcia no sentido de que tal previsão viola a liberdade religiosa, a laicidade do Estado e a isonomia entre os cidadãos, por favorecer apenas os adeptos das religiões inspiradas na Bíblia Sagrada.

3.3 Ensino religioso confessional em escolas públicas (ADI n. 4439)[88].

Em decisão apertada, por 6 votos a 5, o STF considerou constitucional acordo internacional e legislação doméstica que previam o ensino religioso confessional (isto é, ligado a determinado Igreja) nas escolas públicas. Uma das normas impugnadas faziam expressa menção à religião católica. A maioria entendeu, ainda assim, que não havia violação ao princípio da laicidade do Estado. A posição vencida, com 5 votos, defendia que o ensino religioso deveria consistir na exposição, neutra e objetiva, das doutrinas, práticas, história e dimensões sociais das diferentes religiões (incluindo posições não religiosas), a ser ministrado por professores regulares da rede pública de ensino, e não por pessoas vinculadas às confissões religiosas[89].

3.4 Sacrifício de animais em cultos religiosos (RE n. 494.601[90]).

Em julgamento de recurso extraordinário com repercussão geral, o STF firmou a tese de que "[é] constitucional a lei de proteção animal que, a fim de resguardar a liberdade religiosa, permite o sacrifício ritual de animais em cultos de religiões de matriz africana". O Tribunal entendeu que o fato de a lei referir--se apenas às religiões de matriz africana decorre da circunstância de ser em relação a elas que os preconceitos e as interdições se manifestavam. Ademais, durante a instrução do processo, ficou demonstrado que os sacrifícios rituais se davam sem maus-tratos ou tortura dos animais, na medida em que, segundo a crença, "somente quando a vida animal é extinta sem sofrimento, estabelece-se a comunicação entre os mundos sagrado e temporal".

3.5 *Homeschooling* (ensino domiciliar) (RE n. 888.815)[91].

O STF, por maioria, entendeu ser possível o ensino básico domiciliar, desde que regulamentado por lei, à época inexistente. Vale dizer: na falta de lei, não deve ser permitido. Previu-se, também, que eventual futura lei deveria impor a obrigatoriedade do estudo entre 4 e 17 anos, bem como supervisão, avaliação e fiscalização pelo Poder Público. O Tribunal votou dividido: houve votos pela inconstitucionalidade absoluta do ensino domiciliar[92] e voto pela sua liberação, independente de lei, devendo as obrigações referidas acima – obrigatoriedade, supervisão etc. – ser impostas pela própria decisão do Tribunal[93].

3.6 Realização de etapa de concurso público em data ou horário alternativo, por motivo religioso (RE 611.874)[94].

Recurso extraordinário com repercussão geral envolvendo a seguinte hipótese: membro da Igreja Adventista do Sétimo Dia postulou o direito de realizar prova de capacidade física de concurso público em horário diverso do programado: para poder guardar o sábado, obteve o direito de prestar o exame num domingo[95]. A discussão, portanto, envolvia a invocação da liberdade de religião, de um lado, e, de outro, o bom funcionamento da Administração Pública e a isonomia de todos os candidatos. O Tribunal, por maioria[96], assegurou-lhe o direito no caso específico, fixando a seguinte tese: "Nos termos

---

88 STF, ADI n. 4439, red. p/ ac. Min. Alexandre de Moraes, j. 27.09.2017.

89 STF, ADI n. 4439, voto do Ministro Luís Roberto Barroso.

90 STF, RE n. 494.601, red. p/ ac. Min. Luiz Edson Fachin, j. 28.03.2019.

91 STF, RE 888.815, Red. p/ ac. Ministro Alexandre de Moraes, j. 12.09.2018.

92 V. voto do Ministro Luiz Fux.

93 Foi nesse sentido meu voto, em respeito à liberdade religiosa de famílias que preferem educar seus filhos de uma maneira ortodoxa, como ocorre em algumas tradições judaicas e evangélicas.

94 STF, RE 611.874, Red p/ ac. Min. Luiz Edson Fachin, j. 26.11.2020.

95 No meu voto, destaquei o fato de se tratar de uma prova de aptidão física, e não de uma prova escrita em que os candidatos precisam fazer a prova simultaneamente.

96 Votaram vencidos os Ministros Dias Toffoli, Gilmar Mendes, Marco Aurélio e Nunes Marques.

do art. 5º, VIII, da CF, é possível a realização de etapas de concurso público em datas e horários distintos dos previstos em edital por candidato que invoca a escusa de consciência por motivo de crença religiosa, desde que presente a razoabilidade da alteração, a preservação da igualdade entre todos os candidatos e que não acarrete ônus desproporcional à Administração pública, que deverá decidir de maneira fundamentada".

3.7 Acomodação da jornada de trabalho de professora da rede pública, em razão de crença religiosa (ARE 1.099.099[97]).

Caso análogo, julgado na mesma data, dizia respeito a uma professora em estágio probatório, que igualmente professava a religião Adventista do Sétimo Dia. Ela solicitou que na distribuição de sua jornada de trabalho de 24 horas semanais não fossem incluídas aulas nas sextas-feiras, após as 18 horas, para que pudesse guardar o *Shabat*. Também aqui o Tribunal, também por maioria, entendeu possível a acomodação da liberdade religiosa da servidora com as demandas do serviço público. No julgado, foi fixada a seguinte tese: "Nos termos do art. 5º, VIII, da CRFB, é possível a Administração Pública, inclusive em estágio probatório, estabelecer critérios alternativos para o regular exercício dos deveres funcionais inerentes aos cargos públicos, em face de servidores que invocam escusa de consciência por motivos de crença religiosa, desde que presente a razoabilidade da alteração, não se caracterize o desvirtuamento no exercício de suas funções e não acarrete ônus desproporcional à Administração Pública, que deverá decidir de maneira fundamentada".

3.8 Vedação a pregação religiosa no interior de transporte público (Ag. Reg. 1.315.221).

O STF confirmou decisão do Tribunal de origem no sentido de proibir a pregação religiosa nos vagões de trem de empresa concessionária de serviço ferroviário. A liberdade de culto deve levar em consideração, também, os direitos fundamentais dos não praticantes da religião, dos ateus, bem como o local onde é exercida. Não é protegido pela liberdade religiosa o uso imoderado de microfones, instrumentos musicais e som alto dentro de vagões de trem.

3.9 Ilegitimidade da recusa dos pais de ministrarem vacinação obrigatória aos filhos por motivos de convicção filosófica.

A liberdade de consciência e de crença inclui, com destaque, a liberdade religiosa, mas também outras convicções. Neste caso, pais veganos se recusavam a vacinar os filhos. O Tribunal entendeu que a liberdade de consciência é protegida constitucionalmente (art. 5º, VI e VIII) e se expressa no direito que toda pessoa tem de fazer suas escolhas existenciais e viver o seu próprio ideal de vida boa. Mas que no caso, diante da pandemia da Covid-19, era preciso ponderá-la com a defesa da vida e da saúde e todos, bem como com a proteção prioritária da criança e do adolescente. Concluiu, assim, ser legítimo impor o caráter compulsório de vacinas que tenham registro em órgão de vigilância sanitária e em relação à qual exista consenso médico-científico.

3.10 Inconstitucionalidade da normal legal que veda o proselitismo, inclusive de natureza religiosa, em rádios comunitárias (ADI 2.566)[98].

O STF, por maioria, considerou inconstitucional dispositivo legal que proibia o proselitismo de qualquer natureza, inclusive religioso, na programação das emissoras de radiodifusão comunitária. Entendeu-se que tal previsão violava a liberdade de expressão e a liberdade religiosa.

Além desses casos já decididos definitivamente pelo Supremo Tribunal Federal, outros estavam pendentes de julgamento, com repercussão geral já reconhecida, no segundo semestre de 2022. Entre eles: (i) se, em nome da liberdade religiosa, é possível o uso de hábito religioso em fotografia de documento de habilitação e identificação civil, afastando norma administrativa que veda a utilização de item de vestuário/

---

97   STF, RE n. 1.099.099, Rel. Min. Luiz Edson Fachin, j. 26.11.2020.

98   STF, ADI n. 2.566, Red. p/ ac. Min. Luiz Edson Fachin, j. 16.05.2018.

acessório que cubra parte do rosto ou da cabeça na foto[99]; (ii) se a presença de símbolos religiosos em prédios públicos afronta a laicidade do Estado[100]; (iii) se um adepto da religião Testemunhas de Jeová tem direito ao custeio de procedimento cirúrgico indisponível na rede pública, em razão de sua convicção religiosa proibir transfusão de sangue[101]; e (iv) se é legítimo a um adepto da religião Testemunha de Jeová, previamente a uma cirurgia cardíaca, deixar consignado sua recusa à transfusão de sangue[102].

III LIBERDADE DE REUNIÃO

Dispositivo relevante:

"Art. 5º Todos são iguais perante a lei, sem distinção de qualquer natureza, garantindo-se aos brasileiros e aos estrangeiros residentes no País a inviolabilidade do direito à vida, à liberdade, à igualdade, à segurança e à propriedade, nos termos seguintes:

XVI – todos podem reunir-se pacificamente, sem armas, em locais abertos ao público, independentemente de autorização, desde que não frustrem outra reunião anteriormente convocada para o mesmo local, sendo apenas exigido prévio aviso à autoridade competente".

1 Generalidades[103]

As Constituições de diferentes países incluem a liberdade de reunião como um direito fundamental, como ocorre nos Estados Unidos[104], em Portugal[105], na Itália[106] e na Espanha[107]. Da mesma forma, inúmeros documentos internacionais de direitos humanos referem-se expressamente à liberdade de reunião. São exemplos a Declaração Universal de Direitos Humanos (1948)[108], a Convenção Americana de Direitos Humanos (1969)[109], a Convenção Europeia de Direitos Humanos (1950)[110], a Carta dos Direitos Fundamentais da União Europeia (2000)[111] e a Carta Africana dos Direitos Humanos e dos Povos (1981)[112].

A primeira Constituição brasileira a garantir expressamente a liberdade de reunião foi a de 1891[113]. O texto constitucional assegurava a todos o direito de se reunirem sem armas, reservando a intervenção policial aos casos de necessidade de manutenção da ordem pública. A Constituição de 1934 acresceu a essa previsão a possibilidade de o Poder Público designar o local da reunião, desde que isso não a impedisse ou a frustrasse[114]. Sob a ditadura do Estado Novo, a Carta de 1937 trouxe significativa restrição a

---

99   STF, ARE n. 859.376, Rel. Min. Luís Roberto Barroso.

100   STF, ARE n. 1.249.095, Rel. Min. Ricardo Lewandowski.

101   STF, RE n. 979.742, Rel. Min. Luís Roberto Barroso.

102   STF, RE n. 1.212.272, Rel. Min. Gilmar Mendes.

103   Tópico escrito com a colaboração de Juliana Florentino.

104   O texto original da Constituição de 1787 não previa a liberdade de reunião, mas passou a fazê-lo com a edição da Primeira Emenda, em 1791.

105   Constituição da República Portuguesa (1976), art. 45º.

106   Constituição da República Italiana (1947), art. 17.

107   Constituição Espanhola (1978), art. 21.

108   Declaração Universal de Direitos Humanos (1948), art. 20.

109   Convenção Americana de Direitos Humanos (1969), art. 15.

110   Convenção Europeia de Direitos Humanos, art. 11.

111   Carta dos Direitos Fundamentais da União Europeia (2000), art. 12.

112   Carta Africana dos Direitos Humanos e dos Povos (1981), art. 11.

113   CF/1891, art. 72, § 8º. A todos é lícito associarem-se e reunirem-se livremente e sem armas; não podendo intervir a polícia senão para manter a ordem pública. Sob a vigência da CF/1891, o então Senador Rui Barbosa e outras personalidades da arena política à época impetraram *habeas corpus* no STF visando a obter ordem preventiva para que pudessem realizar comícios para propaganda da candidatura do impetrante à Presidência da República. A ordem foi concedida, com fundamento, entre outros, no direito de reunião e na liberdade de expressão. Cf. STF, HC 4.781, Rel. Min. Edmundo Lins, j. em 05.04.1919.

114   CF/1934, art. 113, item 11. A todos é lícito se reunirem sem armas, não podendo intervir a autoridade senão para assegurar ou restabelecer a ordem pública. Com este fim, poderá designar o local onde a reunião se deva realizar, contanto que isso não o impossibilite ou frustre.

esse direito fundamental, permitindo que as reuniões a céu aberto fossem "submetidas à formalidade de declaração" e "interditadas em caso de perigo imediato para a segurança"[115]. Todavia, superado esse período, a Constituição de 1946 reproduziria, nesse ponto, o texto constitucional de 1934[116]. Durante a sua vigência, foi editada a Lei n. 1.207, de 25 de outubro de 1950, que dispôs sobre o direito de reunião. Em 1967, sob a ditadura militar, o constituinte previu a possibilidade de a lei determinar os casos em que seria necessária a comunicação prévia à autoridade competente[117], redação que foi mantida pela Constituição de 1969[118].

A liberdade de reunião se aproxima de outros direitos fundamentais, como a liberdade de expressão e a de associação. Não raro, o direito de reunião é um *instrumento para o exercício da liberdade de expressão*[119]. A manifestação de uma ideia, de uma opinião ou de um pensamento de forma coletiva tem o potencial de alcançar um público de ouvintes maior, podendo, inclusive, amplificar a voz de minorias políticas. É especialmente nesse aspecto que a liberdade de reunião revela a sua importância para o enriquecimento do debate democrático[120]. Há, todavia, distinções entre esses direitos. A liberdade de reunião é um direito individual de expressão coletiva[121]. Não obstante seja de titularidade de cada indivíduo de forma autônoma, manifesta-se por sua atuação conjunta e minimamente coordenada. A liberdade de expressão, de maneira diversa, prescinde de uma ação coletiva. Além disso, embora seja usual, a liberdade de reunião não exige que se exprima uma ideia em face de (ou em direção a) terceiros, o que se afigura como elemento essencial à liberdade de expressão[122].

A liberdade de reunião também possui pontos de contato com a *liberdade de associação*: ambas pressupõem um agrupamento de pessoas voltadas a uma finalidade comum. No entanto, os integrantes de uma reunião não mantêm entre si um vínculo estável como os membros de uma associação. A reunião é um encontro transitório por natureza, sem vocação de permanência ou de continuidade, ao passo que a associação envolve, inclusive, a constituição de uma entidade coletiva[123].

---

115 CF/1937, art. 122, item 10. Todos têm direito de reunir-se pacificamente e sem armas. As reuniões a céu aberto podem ser submetidas à formalidade de declaração, podendo ser interditadas em caso de perigo imediato para a segurança pública.

116 CF/1946, art. 141, § 11. Todos podem reunir-se, sem armas, não intervindo a polícia senão para assegurar a ordem pública. Com esse intuito, poderá a policia designar o local para a reunião, contanto que, assim procedendo, não a frustre ou impossibilite.

117 CF/1967, art. 150, § 27. Todos podem reunir-se sem armas, não intervindo a autoridade senão para manter a ordem. A lei poderá determinar os casos em que será necessária a comunicação prévia à autoridade, bem como a designação, por esta, do local da reunião.

118 CF/1969, art. 153, § 27. Todos podem reunir-se sem armas, não intervindo a autoridade senão para manter a ordem. A lei poderá determinar os casos em que será necessária a comunicação prévia à autoridade, bem como a designação, por esta, do local da reunião. Sob a vigência da CF/1969, o STF examinou recurso extraordinário em que se discutia se os integrantes do Comitê de Defesa da Ilha de São Luís poderiam se reunir na Praça Deodoro para manifestar-se publicamente em favor da preservação ecológica da região, a despeito de aquele local não constar de portaria que designava os lugares apropriados para a realização de comícios ou concentrações de qualquer natureza. A Corte, apesar de ter negado seguimento ao recurso, chegou a pronunciar-se sobre o mérito, entendendo que, embora a autoridade tivesse competência para fixar os locais de reunião ou comícios, não havia invocado motivos de ordem pública, segurança do Estado ou caráter subversivo da reunião para indeferir o pedido dos manifestantes. Cf. STF, RE 97.278, Rel. Min. Cordeiro Guerra, j. em 10.12.1982.

119 Recentemente, o STF reputou constitucional a proibição legal a showmícios ou eventos assemelhados, permitindo, porém, a realização de apresentações artísticas ou shows musicais em eventos de arrecadação de recursos para campanhas eleitorais. Os votos vencedores se fundaram, notadamente, no risco de abuso do poder econômico, na necessidade de resguardar a paridade de armas entre candidatos e na ausência de ofensa à liberdade de expressão. Porém, sem dúvida, o tema também envolvia a liberdade de reunião. Cf. STF, ADI 5.970, Rel. Min. Dias Toffoli, j. em 07.10.2021.

120 A liberdade de reunião é caracterizada por alguns como *direito-condição* ou *direito-meio*. Nesse sentido, v. José Afonso da Silva, *Curso de direito constitucional positivo*, 2020, p. 267; e STF, ADPF 187, Rel. Min. Celso de Mello, j. em 15.06.2011: "O Supremo Tribunal Federal, em ambos os casos, deixou claramente consignado que o direito de reunião, enquanto direito-meio, atua em sua condição de instrumento viabilizador do exercício da liberdade de expressão, qualificando-se, por isso mesmo, sob tal perspectiva, como elemento apto a propiciar a ativa participação da sociedade civil, mediante exposição de ideias, opiniões, propostas, críticas e reivindicações, no processo de tomada de decisões em curso nas instâncias de Governo".

121 José Afonso da Silva, *Curso de direito constitucional positivo*, 2016, p. 261.

122 Luiz Fux, O direito de reunião na Constituição Federal de 1988, In: *A Constituição de 1988 na visão dos ministros do Supremo Tribunal Federal*, 2013, p. 177-178.

123 Ingo Wolfgang Sarlet e Jaime Weingartner Neto, Democracia desmascarada? Liberdade de reunião e manifestação: uma resposta constitucional contra-hegemônica, In: Clèmerson Merlin Clève e Alexandre Freire (coords.), *Direitos fundamentais e jurisdição constitucional*, 2014, p. 482.

2 O direito de reunião na Constituição de 1988

Com a promulgação da Constituição de 1988 e o restabelecimento da ordem democrática, o direito de reunião recebeu proteção mais ampla, sobretudo em virtude de sua conexão com a liberdade de expressão, que havia sido fortemente cerceada pelo governo militar. Nesse sentido, a Carta de 1988 retirou a menção à possibilidade de a autoridade designar o local da reunião e, diferentemente de constituições anteriores, não fez alusão explícita à possibilidade de interdição da reunião em caso de perigo para a segurança ou para a ordem pública. O silêncio do constituinte, a despeito de não significar uma vedação absoluta a que tal intervenção seja realizada, representa uma mudança clara de perspectiva. Ao deixar de usar conceitos jurídicos indeterminados que permitem expressamente a restrição ao direito fundamental, impõe maior ônus argumentativo para que a limitação ao seu exercício se dê de forma válida.

O art. 5º, XVI, da Constituição de 1988 prevê expressamente a liberdade de reunião, nos seguintes termos: "todos podem reunir-se pacificamente, sem armas, em locais abertos ao público, independentemente de autorização, desde que não frustrem outra reunião anteriormente convocada para o mesmo local, sendo apenas exigido prévio aviso à autoridade competente". Para a exata compreensão da norma, é preciso, antes de tudo, saber o que se define como reunião para os fins constitucionais. Na sequência, é necessário abordar os limites ao direito de reunião já explicitados pelo próprio constituinte, bem como eventuais restrições que possam ser impostas em decorrência da colisão dessa liberdade com outros direitos e valores constitucionais.

A reunião, protegida como direito fundamental, não é qualquer aglomeração de pessoas. Devem estar presentes os seguintes *elementos*: (i) pluralidade de indivíduos; (ii) um mínimo de coordenação ou uma liderança; (iii) o caráter transitório; e (iv) um fim comum, que envolva a manifestação de uma ideia, pensamento ou opinião[124]. Embora não se exija um elevado grau de planejamento e organização prévios, é preciso que os participantes atuem de forma minimamente coordenada ou que estejam sob a direção de uma mesma liderança. Por esse motivo, estão fora do âmbito de proteção constitucional os encontros meramente *ocasionais* ou *fortuitos*, tais como aqueles de indivíduos que param para ver as consequências de um acidente de trânsito ou unem-se para socorrer alguém que esteja em situação de perigo[125]. É possível, porém, que, mesmo sem um acerto ou convocação prévia, um conjunto de pessoas passe a compor uma reunião nos moldes constitucionais, desde que o agrupamento adquira certa organização e os participantes optem por agir coletivamente em prol de uma mesma finalidade[126]. Um exemplo é o de cidadãos que, mesmo sem se comunicarem antecipadamente, saiam às ruas para protestar logo após uma notícia de aumento do preço das passagens de ônibus. De outra parte, não se encontram sob a proteção constitucional encontros que, embora previamente acertados, tenham objetivos meramente *recreativos* ou *festivos*, como os de pessoas que assistem a uma partida de futebol ou a um espetáculo teatral. Isso porque a reunião, para contar com o respaldo constitucional, pressupõe uma manifestação de pensamento, opinião ou ideia, ainda que não dirigida a terceiros[127].

No tocante aos *limites à liberdade de reunião*, o art. 5º, XVI, da Constituição de 1988 refere-se, de modo expresso, a *três*: a reunião (i) deve ser pacífica, sem armas; (ii) ocorrer em locais abertos ao público; e (iii) não frustrar outra convocada anteriormente para o mesmo lugar. Em caso de decretação de estado de defesa, o direito de reunião pode sofrer outras restrições[128]. E, na hipótese de estado de sítio, tal liberdade pode até mesmo ser suspensa[129].

A Constituição impõe que as reuniões sejam *pacíficas* e *sem armas*. Reuniões violentas ou que incitem a violência não estão protegidas pelo texto constitucional. Tampouco aquelas feitas por pessoas que

---

124 Manoel Gonçalves Ferreira Filho, *Comentários à Constituição Brasileira* (Emenda Constitucional n. 1, de 17-10-1969, com as alterações introduzidas pelas Emendas Constitucionais até a de n. 24, de 1º.12.1983), 1984, p. 620.

125 Pontes de Miranda, *Comentários à Constituição da República dos E.U. do Brasil*, t. II, 1934, p. 157.

126 Dimitri Dimoulis, Artigo 5º, inciso XVI, In: Paulo Bonavides, Jorge Miranda e Walber de Moura Agra (coords.), *Comentários à Constituição Federal de 1988*, 2009, p. 129-130.

127 Dimitri Dimoulis, Artigo 5º, inciso XVI, In: Paulo Bonavides, Jorge Miranda e Walber de Moura Agra (coords.), *Comentários à Constituição Federal de 1988*, 2009, p. 130.

128 CF/1988, art. 136. § 1º O decreto que instituir o estado de defesa determinará o tempo de sua duração, especificará as áreas a serem abrangidas e indicará, nos termos e limites da lei, as medidas coercitivas a vigorarem, dentre as seguintes: I – restrições aos direitos de: a) reunião, ainda que exercida no seio das associações;

129 CF/1988, art. 139. Na vigência do estado de sítio decretado com fundamento no art. 137, I, só poderão ser tomadas contra as pessoas as seguintes medidas: [...] IV – suspensão da liberdade de reunião;

portem armas de fogo ou armas brancas[130]. No entanto, atos de vandalismo e depredação patrimonial isolados, que não contem com a participação dos manifestantes ou que tenham a adesão de alguns poucos, não devem impedir a continuidade da reunião ou manifestação, mas apenas serem reprimidos e controlados por agentes de segurança pública. Cabe ao Estado assegurar que todos os cidadãos possam exercer o seu direito com liberdade e segurança[131]. A dissolução da reunião ou manifestação, como solução para todo e qualquer ato de desordem ou perturbação social, pode configurar medida *desproporcional*, que não proteja de forma suficiente o direito de quem se porte de forma pacífica. É necessário, portanto, distinguir atos de agressão de pequena magnitude e esparsos de uma situação de violência generalizada, que comprometa a integridade física dos participantes[132].

Além de pacífica e sem armas, a reunião deve ser realizada em *locais abertos ao público*. Como tais, são considerados os ambientes de livre acesso, isto é, aqueles em que não haja controle de entrada e de saída. Não há dúvida de que ruas e praças[133] se enquadram no conceito, mas algumas dúvidas podem surgir aqui. Discute-se se escolas públicas, universidades públicas, hospitais públicos, prédios de tribunais, *shoppings centers* e aeroportos podem ser categorizados como locais abertos ao público. Em todos esses espaços, sejam eles bens públicos ou propriedade privada, admite-se que o Estado ou o proprietário privado coloque barreiras ao acesso das pessoas, como, por exemplo, cancelas, portas, exigência de prévia identificação etc. Não só por questões de segurança, mas também para garantir que o espaço sirva à finalidade para a qual foi criado. Se a colocação dessas restrições à entrada de pessoas é legítima, tais lugares não estão abrangidos pela proteção constitucional ao direito de reunião[134]. Mesmo em ruas e praças, pode haver alguma limitação ao direito de reunião. O Poder Público pode impedir, por exemplo, que uma manifestação ruidosa ocorra em frente a um hospital ou a uma casa de repouso, a fim de resguardar o direito à saúde e ao descanso dos enfermos e dos idosos.

Note-se que, ao assegurar o direito de reunião apenas em locais abertos ao público, o constituinte não vedou as reuniões feitas em casa, na sede de um partido político ou de qualquer outra entidade. É que, nessas hipóteses de locais fechados, a proteção constitucional não está no direito de reunião previsto no art. 5º, XVI, da CF, mas no direito à inviolabilidade de domicílio ou na liberdade de associação[135]. Tanto é assim que reuniões em locais fechados não se submetem à exigência de prévio aviso às autoridades competentes.

Finalmente, a Constituição estabelece de modo expresso que a reunião *independe de autorização*, mas *não pode frustrar outra já convocada para o mesmo local*. A dispensa de autorização é um reforço importante ao direito fundamental e, por conseguinte, à ordem democrática, por deixá-lo imune, ao menos nessa etapa prévia, ao arbítrio estatal ou de quem quer que seja[136]. O objetivo é que não haja controle *ex ante* acerca do local ou do conteúdo das ideias a serem expostas na reunião ou manifestação. Há, todavia, o dever de dar prévio aviso às autoridades competentes, a fim de que possam (i) assegurar que não haja outra reunião ocorrendo no mesmo local, dia e horário; (ii) fazer adaptações no trânsito da região, de modo a manter a ordem urbana e, assim, conciliar o exercício do direito de reunião com a liberdade de locomoção; e (iii) mover o aparato de segurança pública para o entorno, de forma a garantir que a manifestação, protesto ou passeata transcorra de forma pacífica, sem riscos à incolumidade física dos manifestantes ou de terceiros.

---

130 Outros objetos que não sejam propriamente armas de fogo ou brancas, mas que possam causar lesões à incolumidade física das pessoas (*e.g.*, barras de ferro e de aço), também estão proibidos, salvo se forem essenciais ao exercício do direito de reunião (como bastões utilizados para suportar bandeiras e faixas com mensagens e palavras de ordem). Ainda assim, o seu uso não pode ser desvirtuado para fins ilícitos. Cf. Fernando Whitaker da Cunha, Manoel de Oliveira Franco Sobrinho, Celso Albuquerque Mello, Alcino Pinto Falcão e Arnaldo Süssekind, *Comentários à Constituição*, 1º vol., 1990, p. 214.

131 António Francisco de Sousa, Liberdade de reunião e de manifestação no Estado de Direito, *Direitos Fundamentais & Justiça n. 21*:27-38, out./dez. 2012, p. 30 e 32.

132 Virgílio Afonso da Silva, *Direito constitucional brasileiro*, 2021, p. 182.

133 Na ADI 1.969 (Rel. Min. Ricardo Lewandowski, j. em 29.06.2007), o STF reputou inconstitucional um decreto do Governo do Distrito Federal que, em nome do "bom funcionamento dos órgãos públicos", impedia a realização de qualquer manifestação pública na Praça dos Três Poderes, na Esplanada dos Ministérios e na Praça do Buriti, em Brasília.

134 Virgílio Afonso da Silva, *Direito constitucional brasileiro*, 2021, p. 183-184.

135 José Afonso da Silva, *Curso de direito constitucional positivo*, 2020, p. 268.

136 Luiz Fux, O direito de reunião na Constituição Federal de 1988, In: *A Constituição de 1988 na visão dos ministros do Supremo Tribunal Federal*, 2013, p. 184.

A despeito da ausência de previsão constitucional expressa, há quem defenda a necessidade de que a reunião tenha *fins lícitos*[137]. Nessa linha, a reunião que promovesse propaganda de guerra, subversão da ordem política ou social, discursos de ódio ou preconceitos de cor, raça ou de qualquer natureza não teria respaldo constitucional[138]. A afirmação exige cautela. O controle da licitude da finalidade de uma reunião pode implicar cerceamento indevido ao direito fundamental. O direito de reunião tem conexão íntima com a liberdade de expressão, de modo que, ao impedir que se veiculem determinadas ideias, o Estado pode incorrer em censura prévia. O intrincado debate se confunde, em grande medida, com a discussão acerca dos limites à própria liberdade de expressão[139], tratados em tópico próprio (v. *supra*).

Outro tema importante diz respeito a restrições ao direito de reunião de pessoas que estejam submetidas a *relações de sujeição especial*[140], como os ocupantes de cargos públicos. Sob a vigência da CF/1946, o STF reconheceu a legalidade de ato de comandante militar que havia declarado extinta a Casa do Sargento da Bahia, uma pessoa jurídica de direito privado constituída por militares das Forças Armadas. A decisão se fundamentou no fato de que (i) as liberdades de expressão e de reunião sofrem restrições sérias em relação às classes armadas e (ii) a entidade era utilizada para reuniões em que se praticavam infrações às leis militares[141]. Mais recentemente, a Corte Interamericana de Direitos Humanos teve que se debruçar sobre a questão, no caso *López Lone y otros vs. Honduras*, julgado em 5 de outubro de 2015. Os fatos envolviam quatro juízes que haviam sofrido processos disciplinares por terem agido contrariamente ao golpe de Estado ocorrido em Honduras, em junho de 2009, que levou à destituição do então Presidente José Manuel Zelaya. Dois dos magistrados haviam comparecido a manifestações públicas em defesa do retorno à institucionalidade democrática. A Corte afirmou que (i) o art. 15 da Convenção Americana garante o direito de reunião a todas as pessoas, independentemente de qualquer outra consideração; (ii) como nenhum direito é absoluto, pode sofrer restrições compatíveis com a convenção, como ocorre com os juízes, que precisam manter-se distantes da política em prol de sua independência e imparcialidade; (iii) todavia, em situações de grave instabilidade institucional, tais restrições não são aplicáveis à atuação de magistrados que se reúnam e se manifestem em defesa da ordem democrática[142].

3 O direito de reunião na jurisprudência do Supremo Tribunal Federal

Há vários precedentes do Supremo Tribunal Federal lidando com o tema da liberdade de reunião em diferentes cenários. Em voto proferido no Plenário do Tribunal, o Ministro Alexandre de Moraes apresentou a seguinte definição:

---

137 Há, de fato, previsão legal nesse sentido. O art. 1º da Lei n. 1.207/1950 estabelece que "[s]ob nenhum pretexto poderá qualquer agente do Poder Executivo intervir em reunião pacífica e sem armas, convocada para casa particular ou recinto fechado de associação, salvo no caso do § 15 do artigo 141 da Constituição Federal, ou **quando a convocação se fizer para prática de ato proibido por lei**" (grifos acrescentados).

138 José Celso de Mello Filho, O direito constitucional de reunião, *Revista de Jurisprudência do Tribunal de Justiça do Estado de São Paulo n. 54*:19-23, set./out. 1978, p. 21; Pontes de Miranda, *Comentários à Constituição da República dos E.U. do Brasil*, t. II, 1934, p. 159.

139 Na ADPF 187 (Rel. Min. Celso de Mello, j. em 15.06.2011), no célebre caso conhecido como "Marcha da Maconha", o STF considerou que a mera proposta de descriminalização de determinado ilícito penal não se confundiria com ato de incitação à prática do crime, nem com o de apologia do fato criminoso. A defesa, em espaços públicos, da legalização das drogas ou de proposta abolicionista de outro tipo penal não significaria ilícito criminal, mas, ao contrário, representaria o exercício legítimo do direito à livre manifestação do pensamento, propiciada pelo exercício do direito de reunião.

140 V. STF, RE 685,493, Rel. Min. Marco Aurélio, j. em 22.05.2020: "Ao se tratar genericamente dos agentes públicos, normalmente se reconhece que estão sujeitos a um regime de menor liberdade que os indivíduos comuns. Explica-se a compressão dos direitos fundamentais dos servidores públicos, quando no exercício da função, pela teoria da sujeição especial. A relação entre eles e a Administração, funcionalizada quanto ao interesse público materializado no cargo, exige que alguns direitos fundamentais tenham a extensão reduzida. O exemplo clássico é o dos militares, que se submetem a graves punições em caso de inobservância da hierarquia e da disciplina próprias da carreira".

141 STF, RE 26.350, Rel. Min. Mário Guimarães, j. em 05.05.1955.

142 Corte Interamericana de Direitos Humanos, Caso *López Lone y otros vs. Honduras*, Sentença de 5 de outubro de 2015. Disponível em: https://www.corteidh.or.cr/docs/casos/articulos/seriec_302_esp.pdf. Acesso em: 08.07.2022.

"O direito de reunião é uma manifestação coletiva da liberdade de expressão, exercitada por meio de uma associação transitória de pessoas e tendo por finalidade o intercâmbio de ideias, a defesa de interesses, a publicidade de problemas e de determinadas reivindicações"[143].

A seguir, alguns casos já decididos pela Corte:

1. *Marcha da maconha* (ADPF n. 187[144] e ADI n. 4.274)[145]. Esses julgados já foram referidos quando do estudo da liberdade de expressão, em razão da clara superposição com o direito de reunião. O Tribunal entendeu que reuniões, marchas ou passeatas postulando a descriminalização do consumo de determinado produto constituíam condutas legítimas, garantidas pela Constituição. Em decisão emblemática, assentou o Ministro Celso de Mello:

> "'Marcha da Maconha' – Manifestação legítima, por cidadãos da República, de duas liberdades individuais revestidas de caráter fundamental: o direito de reunião (liberdade-meio) e o direito à livre expressão do pensamento (liberdade-fim) – A liberdade de reunião como pré--condição necessária à ativa participação dos cidadãos no processo político e no de tomada de decisões no âmbito do aparelho de Estado – Consequente legitimidade, sob perspectiva estritamente constitucional, de assembleias, reuniões, marchas, passeatas ou encontros coletivos realizados em espaços públicos (ou privados) com o objetivo de obter apoio para oferecimento de projetos de lei, de iniciativa popular, de criticar modelos normativos em vigor, de exercer o direito de petição e de promover atos de proselitismo em favor das posições sustentadas pelos manifestantes e participantes da reunião – Estrutura constitucional do direito fundamental de reunião pacífica e oponibilidade de seu exercício ao Poder Público e aos seus agentes".

2. *Efeitos da ausência de prévio aviso à autoridade competente* (RE n. 806.339[146]). O caso concreto envolvia uma manifestação realizada sem aviso prévio e que importava na interdição de rodovia federal. A decisão de origem considerou ilegal a realização do protesto sem autorização prévia do Poder Público e condenou as entidades organizadoras ao pagamento de multa. O STF votou de maneira dividida em relação ao caso concreto, mas a posição da maioria quanto à questão jurídica pode ser assim sintetizada: a eventual ausência de prévia comunicação à autoridade competente não transforma a manifestação em ato ilícito; o Poder Público, no entanto, pode legitimamente impedir o bloqueio integral de via pública para assegurar o direito de locomoção de todos[147].

   Em seu voto, no qual acompanhou a maioria, a Ministra Rosa Weber fez um levantamento de casos da Corte Europeia de Direitos Humanos, bem como das Cortes Constitucionais da Colômbia e da África do Sul, que julgaram casos análogos no mesmo sentido do Supremo Tribunal Federal[148]. E relembrou, também, um precedente antigo, já centenário, em que o STF concedeu *habeas corpus* preventivo requerido em favor da campanha civilista de Ruy Barbosa, diante do uso da força pela Polícia do Estado da Bahia para dispersar comício de apoio ao candidato[149].

3. *Inconstitucionalidade de decreto estadual que de maneira ampla proíbe manifestações na área onde situada a sede da administração político-administrativa do Estado* (ADI n. 5.852)[150]. O ato normativo do Governador do Estado, na prática, impedia o exercício do direito de reunião na área em que se concentram as autoridades estaduais. O Tribunal, por maioria, votou pela inconstitucionalidade integral do referido decreto, invocando a centralidade do direito de reunião no quadro

---

143   STF, RE n. 806.339, red. p/ac. Min. Luiz Edson Fachin, j. 15.12.2020. Voto do Ministro Alexandre de Moraes, p. 21.

144   STF, ADPF 187, Rel. Min. Celso de Mello, j. 15.06.2011.

145   STF, ADI 4.274, Rel. Min. Carlos Ayres Britto, j. 23.11.2011.

146   STF, RE n. 806.339, red. p/ac. Min. Luiz Edson Fachin, j. 15.12.2020.

147   Como ocorre, por vezes, a tese jurídica aprovada não expressa integralmente o que foi efetivamente decidido, tendo sido fixada com o seguinte teor: "A exigência constitucional de aviso prévio relativamente ao direito de reunião é satisfeita com a veiculação de informação que permita ao poder público zelar para que seu exercício se dê de forma pacífica ou para que não frustre outra reunião no mesmo local".

148   V. voto da Ministra Rosa Weber no RE n. 806.339, p. 45 e s.

149   HC n. 4.781, Rel. Min. Edmundo Lins, j. 5.04.2019.

150   STF, ADI n. 5.852, red. p/ ac. Min. Luiz Fux, j. 24.08.2020.

jurídico-constitucional brasileiro, a violação à reserva legal na instituição de restrição a direito fundamental e a ausência de proporcionalidade nas medidas adotadas.

Caso bastante semelhante já havia sido decidido, de longa data, relativamente a decreto do Governador do Distrito Federal que proibia manifestações na Praça dos Três Poderes (ADI n. 1.969)[151]. Entendeu-se, então, que a medida inviabilizava a liberdade de reunião em local emblemático "aberto ao público", configurando, na expressão do Ministro Sepúlveda Pertence, "rombuda inconstitucionalidade". Em conclusão, a restrição foi considerada inadequada, desnecessária e desproporcional.

Há um caso de interesse, no qual se reconheceu repercussão geral ao recurso extraordinário, mas que não teve o mérito ainda apreciado pelo Supremo. Trata-se de ação em que discute a proibição do uso de máscaras em manifestações, instituída por lei do Estado do Rio de Janeiro[152]. A controvérsia surgiu após os protestos de junho de 2013, ocorridos em todo o país, que tiveram a ação de grupos violentos, denominados de *black blocks*. Argumenta-se, de um lado, que o uso da máscara impede a identificação de pessoas que cometem atos ilícitos, dificultando, assim, a responsabilização civil e criminal. Além disso, aduz-se que a Constituição, ao assegurar a liberdade de expressão, veda o anonimato. De outra parte, afirma-se que a proibição à ocultação do rosto afronta a liberdade de reunião e de expressão. Primeiro, porque, muitas vezes, os protestos têm por objetivo criticar e questionar pessoas que estão no poder e que poderiam fazer algum tipo de retaliação. O anonimato, propiciado pela máscara, protege o cidadão contra esse tipo de reação injusta. Segundo, porque, caso o manifestante esteja praticando algum ato ilícito, a autoridade policial poderá abordá-lo e exigir que se identifique. A questão é delicada e o relator aguarda um momento menos conturbado para levar o tema a plenário.

IV Ações Constitucionais[153]

A Constituição brasileira prevê que qualquer lesão a um direito possa ser levada ao Poder Judiciário para que decida a respeito, provendo os meios de proteção ou reparação, quando seja o caso[154]. Essa possibilidade de pleitear a tutela judicial é conhecida como *direito de ação*. As ações em geral, seus requisitos processuais e procedimentos, própria Constituição institui algumas ações, referidas como ações constitucionais, para a tutela de algumas situações que especifica. Embora constitucionalizadas, tais ações são regulamentadas por legislação ordinária. A seguir, traça-se o breve perfil dessas ações.

1 *Habeas corpus*[155]

O *habeas corpus* é a ação destinada, precipuamente, à tutela da liberdade de locomoção. Ele protege o direito de ir, vir e permanecer de qualquer pessoa, quando afetado por ilegalidade ou abuso de poder. O *habeas corpus* pode ser preventivo ou repressivo, conforme se esteja diante de ameaça ou de violação efetiva do direito. O tema é tratado em detalhe no próximo capítulo, dedicado ao poder punitivo do Estado (v. infra, cap. V, item 8).

2 Mandado de segurança

O mandado de segurança tem natureza de ação constitucional civil e está previsto no art. 5º, LXIX e LXX, da Constituição, bem como regulamentado pela Lei n. 12.016/2009. Tem por objeto a defesa de direito líquido e certo, não amparado por *habeas corpus* ou *habeas data*, ameaçado ou lesado por ato ilegal de autoridade. Apresenta-se nas modalidades preventiva e repressiva, conforme voltado contra ameaça de lesão ou contra lesão já efetivada. Pode, ainda, ter caráter individual ou coletivo, conforme esclarecido adiante. O art. 5º, inc. LXIX, CF, fonte constitucional do *writ*, estabelece:

---

151 STF ADI n. 1969, Rel. Min. Ricardo Lewandowski, j. 28.06.2007.

152 STF, ARE 905.149, Rel. Min. Luís Roberto Barroso.

153 Tópico escrito com a colaboração de Patrícia Perrone Campos Mello.

154 CF, art. 5º: "XXXV – a lei não excluirá da apreciação do Poder Judiciário lesão ou ameaça a direito".

155 CF, art. 5º: "LXVIII – conceder-se-á *"habeas-corpus"* sempre que alguém sofrer ou se achar ameaçado de sofrer violência ou coação em sua liberdade de locomoção, por ilegalidade ou abuso de poder".

"LXIX – conceder-se-á mandado de segurança para proteger direito líquido e certo, não amparado por *"habeas corpus"* ou *"habeas data"*, quando o responsável pela ilegalidade ou abuso de poder for autoridade pública ou agente de pessoa jurídica no exercício de atribuições do Poder Público."

2.1 Mandado de segurança individual

Objeto. O mandado de segurança individual tem por objeto ameaça ou ato de autoridade violador de direito individual líquido e certo. Direito líquido e certo é aquele passível de comprovação de plano, por meio de prova documental. A prova pré-constituída é condição especial de procedibilidade da ação. Caso o ato coator já tenha sido praticado, a hipótese será de mandado de segurança repressivo, voltado à sua cassação. Se o ato ainda não foi praticado, mas houver como demonstrar documentalmente que o será, a situação será de mandado de segurança preventivo, cujo propósito é evitar que a lesão se consume. Os dispositivos citados a seguir integram a Lei n. 12.016/2009.

Legitimação. As partes do mandado de segurança são denominadas impetrante e impetrado. A legitimidade ativa para impetrar o mandado de segurança individual é do titular do direito líquido e certo, ameaçado ou violado. Detêm legitimidade passiva: (i) a autoridade pública que pratica ou ordena a execução do ato violador do direito líquido e certo; assim como (ii) as pessoas naturais ou jurídicas privadas, no exercício de atribuições do poder público, exclusivamente no que disser respeito a tais atribuições (art. 1º, § 1º; art. 6º, § 3º), portanto, excluídos atos de gestão de natureza tipicamente privada (art. 1º, §1º)[156].

Em caso de questionamento sobre a legitimidade da autoridade indicada como impetrada, há, ainda, entendimento no sentido de que é possível prosseguir com a ação, desde que: (i) ela integre a mesma pessoa jurídica de direito público ou privado prestadora de serviço público, compondo linha hierárquica de comando da autoridade que deveria constar do polo passivo; (ii) defenda o mérito do ato em sua manifestação; e (iii) sua presença não implique alteração do juízo competente para conhecer do *writ*[157]. A tal entendimento tem-se denominado teoria da encampação[158]. A lógica que permeia a sua aplicação é a ausência de real prejuízo à defesa do ente público.

Procedimento. A inicial da ação deve ser acompanhada de todos os documentos necessários a fazer prova da ameaça ou lesão ao direito do impetrante, sob pena de indeferimento *in limine*. Caso os documentos se encontrem em poder de autoridade que se recuse a fornecê-los, o juiz determinará, preliminarmente, a sua exibição, no prazo de 10 dias (art. 6º, § 1º). Não é cabível mandado de segurança quando houver necessidade de dilação probatória, quando pendentes recurso judicial ou administrativo com efeito suspensivo ou quando voltado à impugnação de decisão judicial transitada em julgado (art. 5º e incisos). Tampouco se admite mandado de segurança voltado a atacar ato normativo dotado de generalidade e abstração, por se entender que a hipótese se aproximaria de um sucedâneo de ação direta de inconstitucionalidade[159].

Em se tratando de mandado de segurança repressivo, a ação deve ser ajuizada no prazo de 120 dias, contados da ciência do ato impugnado pelo impetrante, sem o que se operará a decadência do direito

---

156 V. STJ, *DJe*, 09 maio 2011, AgRg no MS 15997/DF, Rel. Min. Hamilton Carvalhido; *DJe*, 07 abr. 2011, AgRg no MS 15774/DF, Rel. Min. Luiz Fux.

157 É que em tais casos as autoridades coatoras são geralmente representadas em juízo pelo mesmo órgão (procuradorias municipais, estaduais e federais), que obtêm as informações necessárias à defesa do ato junto à respectiva secretaria ou ministério. Por essa razão, não há, em princípio, prejuízo à defesa. Caso, todavia, a autoridade indicada na inicial compareça apenas para arguir a sua ilegitimidade passiva, sem defender o ato no mérito, o comportamento sugere que efetivamente não é competente e/ou que a continuidade da ação pode implicar prejuízo ao contraditório, à ampla defesa e ao devido processo legal. Nessa hipótese, o mandado de segurança possivelmente será extinto, sem julgamento do mérito, por ilegitimidade passiva *ad causam*. V. STJ, *DJe*, 27 set. 2013, AgRg no RMS 39688/PB, Rel. Min, Mauro Campbell; *DJe*, 20 out. 2014, RMS 45495/SP, Rel. Min. Raul Araújo; *DJe*, 31 mar. 2015, AgRg no AREsp 188414/BA, Rel. Min. Napoleão Maia.

158 O entendimento vem sendo afirmado sob a denominação de "teoria da encampação". V. STJ, *DJe*, 25 maio 2009, EDcl no MS 13101/DF, Rel. Min. Eliana Calmon; *DJe*, 28 set. 2009, RMS 29378/RJ, Rel. Min. Felix Fischer; *DJe*, 20 nov. 2013, AgRG no AREsp 392528/MA, Rel. Min. Humberto Martins; *DJe*, 08 set. 2015, MS 15114/DF, Rel. Min. Nefi Cordeiro; *DJe*, 07 ago. 2017, RMS 42070/TO, Rel. Min. Napoleão Maia.

159 V. Súmula 266 do STF: "Não cabe mandado de segurança contra lei em tese". STJ, *DJe*, 21 jun. 2011, REsp 1064434/SP, Rel. Min. Mauro Campbell; *DJe*, 28 ago. 2012, AgRg no RMS 36971/MS, Rel. Min. Humberto Martins; DJe, 12 abr. 2016, AgRg no REsp 1107800/RJ, Rel. Min. Sérgio Kukina; *DJe*, 05 maio 2017, REsp 1594374/GO, Rel. Min. Herman Benjamin.

de propositura (art. 23)[160]. No caso do mandado de segurança preventivo, o prazo não se aplica porque o ato ainda não foi praticado. Ao despachar a inicial, o juiz notificará a autoridade coatora para a prestação de informações no prazo de 10 dias e dará ciência do feito ao órgão de representação judicial da pessoa jurídica de direito público a que pertence a autoridade, para que defenda o ato (art. 7). Poderá, ainda, deferir medida liminar, desde que demonstrada a plausibilidade jurídica do direito alegado e o perigo na demora.

Quanto à liminar, além do recurso cabível, há previsão de que, a requerimento da pessoa jurídica de direito público ou do Ministério Público, e para evitar grave lesão à ordem, à saúde, à segurança e à economia públicas, o Presidente do tribunal competente para apreciar o recurso poderá suspender a execução da liminar, cabendo agravo regimental da decisão (art. 15).

Decisão. A decisão que concede a segurança tem caráter *mandamental* e sujeita-se ao duplo grau obrigatório de jurisdição (art. 14, §1º). Da sentença que concede ou denega o mandado de segurança cabe apelação. Detêm direito de recorrer a autoridade coatora e a pessoa jurídica de direito público que ela integra (art. 14). Caso implique o pagamento de vencimentos e vantagens a servidor público, só serão passíveis de execução os valores vencidos após a impetração, dado que o mandado de segurança não faz as vezes de ação de cobrança (art. 14, §4º)[161].

A decisão que denega o mandado de segurança sem enfrentar o mérito ou que deixa de julgá-lo procedente por falta de provas não faz coisa julgada material. Em tais casos, será possível impetrar outro *writ*, desde que dentro do prazo de 120 dias, ou ajuizar ação ordinária para voltar à discussão e produzir eventuais provas necessárias. Por essa razão, afirma-se que o mandado de segurança dá ensejo à coisa julgada *secundum eventum litis* – dependente das condições do processo.

Competência. A competência para processar e julgar a ação de mandado de segurança é fixada com base na autoridade coatora. A título ilustrativo, compete ao Supremo Tribunal Federal julgar originariamente mandados de segurança contra atos do Presidente da República, das Mesas da Câmara dos Deputados e do Senado Federal, do Tribunal de Contas da União, do Procurador-Geral da República e da própria Corte[162]. Cabe ao STF, ainda, apreciar os recursos contra decisões denegatórias de mandados de segurança proferidas pelos Tribunais Superiores[163]. Compete ao STJ, por sua vez, apreciar originariamente atos de Ministro de Estado, dos Comandantes da Marinha, do Exército e da Aeronáutica, e do próprio STJ[164], além julgar os recursos contra denegatórias da ação em segunda instância[165]. Os Tribunais Regionais Federais processam e julgam mandados de segurança contra atos do próprio Tribunal e de juiz federal[166]. Cabe à Justiça federal processar e julgar mandados de segurança contra atos de autoridades federais. A Justiça estadual julgará os *writs* contra atos de autoridades estaduais.

2.2 Mandado de segurança coletivo

Objeto. O mandado de segurança coletivo presta-se à defesa de direitos individuais homogêneos ou coletivos. Assim como ocorre no mandado de segurança individual, exige-se que o direito seja líquido e certo e, portanto, que possa ser comprovado de plano, por meio de prova documental. Além disso, o *writ* pode ter caráter preventivo ou repressivo, conforme busque evitar a lesão ou sustá-la.

Consideram-se direitos individuais homogêneos os direitos individualizáveis e *divisíveis*, que decorrem de uma *origem comum.* Já os direitos coletivos caracterizam-se por serem direitos *transindividuais*, de natureza *indivisível*, titularizado por grupo, categoria ou classe de pessoas ligadas entre si ou com a parte contrária por uma *relação jurídica base*[167]. A título ilustrativo, trabalhadores de uma mesma empresa têm

---

160 Súmula 632 do STF: "É constitucional lei que fixa o prazo de decadência para a impetração do mandado de segurança". A decadência do direito de propositura do *writ* não impede, contudo, que a mesma questão venha a ser debatida por meio de ação ordinária.

161 V. STF, *DJ*, 03 abr. 1963, RMS 10629, Rel. Min. Ari Franco; *DJ*, 27 jun. 1963, RMS 6747, Rel. Min. Victor Nunes; *DJe*, 22 nov. 2011, MS 27565, Rel. Min. Gilmar Mendes; *DJe*, 22 fev. 2012, ED no MS 26740, Rel. Min. Ayres Britto.

162 CF, art. 102, I, *d.*

163 CF, art. 102, II, (a).

164 CF, art. 105, I, (b).

165 CF, art. 105, II, (b).

166 CF, art. 108, I, (c).

167 Lei 8078/1990, art. 81: "A defesa dos interesses e direitos dos consumidores e das vítimas poderá ser exercida em juízo individualmente, ou a título coletivo. Parágrafo único. A defesa coletiva será exercida quando se tratar de:

o direito coletivo ao trabalho em um meio ambiente saudável, livre de poluição e agentes tóxicos. A empresa, à qual estão ligados por uma relação jurídica base de trabalho, tem o dever de assegurar tal direito. Caso não o faça e haja danos à saúde dos trabalhadores, além da violação ao direito coletivo ao meio ambiente de trabalho adequado, eles terão, ainda, direito individual homogêneo à indenização, decorrente do acidente ambiental comum. A indenização será quantificável conforme o dano sofrido. A empresa, a seu turno, poderá ser responsabilizada pela violação de ambas as espécies de direito – individuais e coletivos.

Legitimação. O mandado de segurança coletivo pode ser impetrado por partido político com representação no Congresso Nacional, na defesa dos interesses de seus integrantes, desde que correlacionados com a sua finalidade partidária[168]. Também são legitimados ativos a organização sindical, assim como a entidade de classe ou associação legalmente constituída há pelo menos 1 ano, tanto no interesse da totalidade como de parte de seus associados (art. 21)[169]. A legitimidade da associação, no caso, é extraordinária, hipótese em que o impetrante atua, em nome próprio, defendendo os interesses de seus afiliados, portanto, independentemente de autorização especial dos associados[170].

Quanto à legitimidade passiva, aplica-se a mesma regra do mandado de segurança individual. Detêm legitimidade passiva: (i) a autoridade pública que pratica ou ordena a execução do ato violador do direito líquido e certo; assim como (ii) as pessoas naturais ou jurídicas privadas, no exercício de atribuições do Poder Público, no que disser respeito às atribuições delegadas (art. 1º, § 1º; art. 6º, § 3º)[171]. Incide, igualmente, a teoria da encampação[172]: em caso de dúvida sobre a legitimidade passiva, é possível prosseguir com a ação, desde que: (i) a autoridade integre a mesma pessoa jurídica de direito público ou privado prestadora de serviço público; (ii) defenda o mérito do ato em sua manifestação; e (iii) sua presença não implique alteração do juízo competente para conhecer do *writ*[173]. A lógica que permeia a sua aplicação é a ausência de real prejuízo à defesa do ente público.

Decisão. Assim como no mandado de segurança individual, cabe apelação da sentença que conceder ou denegar o mandado de segurança. Dispõem de legitimidade recursal tanto a autoridade coatora quanto a pessoa jurídica de direito público que ela integra (art. 14). A decisão que concede a segurança

---

I – interesses ou direitos difusos, assim entendidos, para efeitos deste código, os transindividuais, de natureza indivisível, de que sejam titulares pessoas indeterminadas e ligadas por circunstâncias de fato; II – interesses ou direitos coletivos, assim entendidos, para efeitos deste código, os transindividuais, de natureza indivisível de que seja titular grupo, categoria ou classe de pessoas ligadas entre si ou com a parte contrária por uma relação jurídica base; III – interesses ou direitos individuais homogêneos, assim entendidos os decorrentes de origem comum.

168 Esse é o entendimento que prevalece no Supremo Tribunal Federal. STF, *DJU*, 18 fev. 2005, RE 196.184, Rel. Min. Ellen Gracie. Há, contudo, alguma discussão na doutrina sobre a relevância de conferir legitimação mais ampla aos partidos políticos, sobretudo em sua qualidade de representantes de minorias e de vocalizadores das ideias da oposição. Nessa linha, há quem defenda a possibilidade de impetração de mandado segurança sempre que o ato coator interferir sobre plataformas e programas defendidos pelo partido. V. Teori Zavascki, *Processo coletivo*, 6. ed., 2014, p. 193-194.

169 Súmula 630 do STF: "A entidade de classe tem legitimação para o mandado de segurança ainda quando a pretensão veiculada interesse apenas a uma parte da respectiva categoria".

170 Súmula 629 do STF: "A impetração de mandado de segurança coletivo por entidade de classe, em favor dos associados independe da autorização destes". Trata-se de situação distinta da representação prevista no art. 5º, XXI, da Constituição, para a qual se exige autorização específica ou, ainda, previsão estatutária, acrescida de deliberação em assembleia geral, bem como lista dos beneficiários instruindo a inicial da ação. Esse será o procedimento para a atuação de associações em outras ações, mas não no mandado de segurança coletivo.

171 A ressalva se justifica porque atos comerciais de empresas públicas e de sociedades de economia mista, que digam respeito a suas atividades-fim não são atacáveis por tal meio. V. STJ, *DJe*, 09 maio 2011, AgRg no MS 15997/DF, Rel. Min. Hamilton Carvalhido; *DJe*, 07 abr. 2011, AgRg no MS 15774/DF, Rel. Min. Luiz Fux.

172 O entendimento vem sendo afirmado sob a denominação de "teoria da encampação". V. STJ, *DJe*, 25 maio 2009, EDcl no MS 13101/DF, Rel. Min. Eliana Calmon; *DJe*, 28 set. 2009, RMS 29378/RJ, Rel. Min. Felix Fischer; *DJe*, 20 nov. 2013, AgRG no AREsp 392528/MA, Rel. Min. Humberto Martins; *DJe*, 08 set. 2015, MS 15114/DF, Rel. Min. Nefi Cordeiro; *DJe*, 07 ago. 2017, RMS 42070/TO, Rel. Min. Napoleão Maia.

173 É que em tais casos as autoridades coatoras são geralmente representadas em juízo pelo mesmo órgão (procuradorias municipais, estaduais e federais), que obtêm as informações necessárias à defesa do ato junto à respectiva secretaria ou ministério. Por essa razão, não há, em princípio, prejuízo à defesa. Caso, todavia, a autoridade indicada na inicial compareça apenas para arguir a sua ilegitimidade passiva, sem defender o ato no mérito, o comportamento sugere que efetivamente não é competente e/ou que a continuidade da ação pode implicar prejuízo ao contraditório, à ampla defesa e ao devido processo legal. Nessa hipótese, o mandado de segurança possivelmente será extinto, sem julgamento do mérito, por ilegitimidade passiva *ad causam*. V. STJ, *DJe*, 27 set. 2013, AgRg no RMS 39688/PB, Rel. Min, Mauro Campbell; *DJe*, 20 out. 2014, RMS 45495/SP, Rel. Min. Raul Araújo; *DJe*, 31 mar. 2015, AgRg no AREsp 188414/BA, Rel. Min. Napoleão Maia.

sujeita-se ao duplo grau obrigatório de jurisdição. A decisão que não enfrentar o mérito do mandado de segurança ou que o denegar por falta de provas não faz coisa julgada material, dando ensejo à propositura de novo *writ*, no prazo de 120 dias, ou ao ajuizamento de ação ordinária para debater o mérito.

A decisão proferida em mandado de segurança coletivo tem por diferencial o fato de que aproveitará a todos os afiliados da entidade legitimada. Havendo a propositura simultânea de mandado de segurança individual e coletivo, a decisão proferida no último só aproveitará ao autor individual, caso ele desista da sua ação, no prazo de 30 dias contados da ciência do mandado de segurança coletivo (art. 22, §1º).

Procedimento e Competência. No que se refere a regras de procedimento e competência, aplicam-se ao mandado de segurança coletivo as mesmas normas aplicáveis ao mandado de segurança individual (item 3.1, *supra*).

3 Mandado de injunção

O mandado de injunção tem natureza de ação constitucional civil e está previsto no art. 5º, LXXI, da Constituição, bem como disciplinado pela Lei n. 13.300/2016. Tem por objeto a omissão de norma regulamentadora que inviabilize o exercício de direitos e liberdades constitucionais e das prerrogativas inerentes à nacionalidade, soberania e cidadania, podendo se apresentar na modalidade individual ou coletiva, tal como ocorre com o mandado de segurança. Confira-se o teor do respectivo dispositivo constitucional:

> "Art.5º...
>
> LXXI — conceder-se-á mandado de injunção sempre que a falta de norma regulamentadora torne inviável o exercício dos direitos e liberdades constitucionais e das prerrogativas inerentes à nacionalidade, à soberania e à cidadania".

Evolução. O mandado de injunção passou por três momentos distintos na jurisprudência do Supremo Tribunal Federal[174]. *Inicialmente*, esteve limitado pelo Tribunal a decisões que reconheciam a mora da autoridade regulamentadora, bem como que a instavam a agir. Entendeu-se, à época, que a Corte, no âmbito do controle de constitucionalidade, deveria limitar-se à atuação como legislador negativo, não podendo suprir a lacuna ou editar a norma faltante, em respeito ao princípio da separação dos poderes. Com isso, o instituto foi relegado à inefetividade por longos anos, já que a mera declaração da mora não resolvia o problema da falta de regulamentação[175].

Em um *segundo momento*, já passados alguns anos de vigência da Constituição, a jurisprudência do STF evoluiu para reconhecer, quando possível, a autoaplicabilidade da norma (ainda pendente de regulamentação), concretizando-se o direito constitucional com efeitos entre as partes do caso concreto[176]. Por fim, em um *terceiro momento*, a Corte passou a suprir a lacuna por meio de analogia, produzindo a norma faltante, com efeitos vinculantes e gerais (*erga omnes*), até que a norma viesse a ser editada pela

---

174 Para um estudo pormenorizado de tal evolução, v. Luís Roberto Barroso, *O Controle de Constitucionalidade no Direito Brasileiro*, 2019.

175 Sobre o tema, v. Luís Roberto Barroso, Mandado de injunção: o que foi sem nunca ter sido. Uma proposta de reformulação, in Carlos Alberto Menezes Direito (org.), *Estudos em homenagem ao Prof. Caio Tácito*, 1997, p. 429; *DJU*, 14 fev. 1992, p. 1164, MI 323-8-DF, rel. Min. Moreira Alves: "Em face da natureza mandamental do mandado de injunção [...], ele se dirige às autoridades ou órgãos públicos que se pretendem omissos quanto à regulamentação que viabilize o exercício dos direitos e liberdades constitucionais [...], não se configurando, assim, hipótese de cabimento de litisconsórcio passivo entre essas autoridades e órgãos públicos que deverão, se for o caso, elaborar a regulamentação necessária, e particulares, que em favor do impetrante do mandado de injunção, vierem a ser obrigados ao cumprimento da norma regulamentadora, quando vier esta, em decorrência de sua elaboração, a entrar em vigor". Nessa mesma linha já havia o STF decidido, no MI 300-9-DF (*DJU*, 18 abr. 1991, p. 4512), que o mandado de injunção destinado a ver implementado o art. 192, § 3º, da Constituição, referente aos 12% de juros reais, deveria ser impetrado em face do Congresso Nacional e não em face da instituição financeira que praticava os juros abusivos. Em sede doutrinária, aparentemente de acordo, v. Clèmerson Merlin Clève, *A fiscalização abstrata de constitucionalidade no direito brasileiro*, 2000, p. 374.

176 STF, *DJU*, 21 set. 1990, QO no MI 107-3-DF, rel. Min. Moreira Alves; STF, *RDA*, *185*:204, 1991, MI 283-5-DF, rel. Min. Sepúlveda Pertence; STF, *DJU*, 26 jun. 1992, p. 10103, MI 284-3, rel. para acórdão o Min. Celso de Mello (todos, sobre o direito de perseguidos políticos à reparação econômica, com base no era. 8º, §3º, ADCT); STF, *DJU*, 27 mar. 1992, p. 3800, MI 232-1-RJ, rel. Min. Moreira Alves (sobre o direito de entidades beneficentes à isenção de contribuição para a seguridade social, com base no art. 195, §7º, CF).

autoridade competente[177]. Não há dúvida de que o último entendimento é o que confere maior efetividade ao mandado de injunção, consagrando-o como um instrumento de tutela de direitos com eficácia ampla.

A despeito da longa trajetória por meio da qual o instituto foi adquirindo progressiva efetividade, a Lei n. 13.300/2016, que o regulamentou tardiamente, voltou a determinar que o objeto da injunção seria o estabelecimento de prazo razoável para que a autoridade omissa editasse a norma faltante (art. 8º, I). Apenas depois de exaurido o prazo, segundo a norma, poderia o Supremo Tribunal Federal suprir a lacuna (art. 8º, II)[178]. De todo modo, a lei dispensou o estabelecimento de prazo, quando comprovado que o impetrado deixou de atendê-lo em mandado de injunção anterior para a edição da norma, o que, na prática, autoriza a supressão da lacuna diretamente pelo Tribunal na maior parte dos casos (art. 8º, par. único). Os dispositivos citados no corpo do texto a seguir referem-se à aludida Lei n. 13.300/2016.

3.1 Mandado de injunção individual

Objeto. O objeto do mandado de injunção individual é a falta, total ou parcial, de norma regulamentadora que torne inviável o exercício dos direitos e liberdades individuais ou de prerrogativas individuais inerentes à nacionalidade, à soberania e à cidadania (art. 2º, *caput*). Considera-se parcial a regulamentação que se mostrar insuficiente para o pleno exercício do direito (art. 2º, par. único). A norma cuja ausência autoriza a impetração pode ser tanto a norma primária (lei ou equivalente a ela, que crie direitos e obrigações), quanto a norma secundária (que apenas os regulamenta), bastando que sua omissão enseje a frustração da fruição do direito, liberdade ou prerrogativa constitucional[179].

Legitimação. As partes do mandado de injunção individual são denominadas impetrante e impetrado. A legitimidade ativa para impetrar o mandado de injunção individual é do titular do direito cujo exercício encontra-se impossibilitado por ausência de regulamentação[180]. A legitimidade passiva, de acordo com a jurisprudência do STF e com a lei (art. 3º), recai sobre a autoridade ou órgão omisso. Entretanto, a matéria merece maior reflexão. Isso porque, como se passou a reconhecer a possibilidade de superação da mora e de provimento do direito por meio do MI, é de todo recomendável que a parte pública ou privada devedora da prestação também integre o polo passivo, exercendo seu direito ao contraditório, à ampla defesa e ao devido processo legal, já que será alcançada pelos efeitos da decisão[181].

Como se nota, a divergência quanto à legitimação passiva para o mandado de injunção tem relação com o tipo de prestação que pode ser obtido por meio da ação. Embora a jurisprudência do STF e a lei tenham evoluído, quanto ao seu objeto, para o provimento do direito cujo exercício foi obstado por falta de regulamentação, o entendimento acerca da legitimação passiva parece ainda adequar-se à sistemática adotada quando a ação era limitada ao reconhecimento da mora da autoridade regulamentadora. A questão merece ser revista, em respeito aos direitos de defesa previstos constitucionalmente (art. 5º, LIV e LV, CF), de modo a que haja uma compatibilidade entre a prestação que pode ser postulada por meio da ação (direitos perante terceiros) e a legitimação passiva (integrando-se tais terceiros à lide).

---

177 STF, *DJU*, 06 nov. 2007, MIs 670, 708 e 712, rels. Mins. Maurício Corrêa, Gilmar Mendes e Eros Grau, respectivamente (sobre o direito de greve dos servidores públicos, nos termos do art. 37, VII, CF); *DJU*, 26 set. 2008, MI 758-DF, rel. Min. Marco Aurélio (sobre o direito à aposentadoria especial dos servidores públicos, com base no art. 40, §4º, CF). A lacuna normativa em tais casos foi superada por meio de recurso à analogia com outras normas. Entendeu-se, ainda, no caso do direito de greve, que a decisão se aplicaria a todos os servidores públicos, não se limitando às categorias representadas pelas entidades impetrantes. Passou-se, inclusive, a admitir reclamação por quem não foi parte na ação, no caso de descumprimento do direito de greve de servidores. V. STF, *DJe*, 31 ago. 2015, Rcl 6.200 AgR, rel. Min. Gilmar Mendes; *DJe*, 10 ago. 2015, Rcl 18.203 AgR, rel. Min. Luiz Fux; *DJe*, 25 set. 2009, Rcl 6568, rel. Min. Eros Grau.

178 Lei n. 13.300/2016, art. 8º: "Reconhecido o estado de mora legislativa, será deferida a injunção para: I – determinar prazo razoável para que o impetrado promova a edição da norma regulamentadora; II – estabelecer as condições em que se dará o exercício dos direitos, das liberdades ou das prerrogativas reclamados ou, se for o caso, as condições em que poderá o interessado promover ação própria visando a exercê-los, caso não seja suprida a mora legislativa no prazo determinado. Parágrafo único. Será dispensada a determinação a que se refere o inciso I do *caput* quando comprovado que o impetrado deixou de atender, em mandado de injunção anterior, ao prazo estabelecido para a edição da norma".

179 Para uma abordagem detalhada do debate acerca da legitimidade passiva em mandado de injunção, v. Luís Roberto Barroso, *O Controle de Constitucionalidade no Direito Brasileiro*, 2019.

180 STF, *DJU*, 14 fev. 1992, p. 1164, MI 323-8-DF, rel. Min. Moreira Alves.

181 Para um estudo pormenorizado de tal evolução, v. Luís Roberto Barroso, *O Controle de Constitucionalidade no Direito Brasileiro*, 2019.

Procedimento. Ironicamente, o mandado de injunção – instrumento voltado a superar a omissão regulamentadora de normas constitucionais – somente foi regulamentado com vinte e oito anos de vigência da Constituição de 1988, por meio da Lei 13.300/2016. Adotou-se, de modo geral, o rito do mandado de segurança[182]. A norma previu que, além do órgão ou autoridade omissa, a inicial deve indicar a pessoa jurídica que ela integra ou à qual está vinculada (art. 4º), para que, querendo, ingresse no feito (art. 5º, II). Caso os documentos necessários à prova do alegado se encontrem em poder de autoridade ou de terceiro que se recuse a fornecê-los, o juiz determinará, preliminarmente, a sua exibição, no prazo de 10 dias (art. 4º, § 1º).

No passado, o Tribunal entendeu incabível o pedido de medida cautelar[183], questão sobre a qual a lei manteve-se silente. Entretanto, em linha de coerência com o alcance preconizado para o instituto, presentes os pressupostos, parece possível a formulação da regra faltante para o caso concreto *in limine litis*, ou ainda outra providência de caráter provisório, por aplicação analógica do disposto acerca do mandado de segurança[184]. Além disso, a impetração torna-se prejudicada, caso seja editada a norma regulamentadora durante sua tramitação (art. 11, par. único). Por fim, a decisão que denega o mandado de injunção por insuficiência de provas não impede a renovação da impetração com base em outros elementos probatórios (art. 9º, §3º).

Decisão. Como já observado, a natureza da prestação entregue por meio da decisão proferida em mandado de injunção é variável. Caso apenas reconheça a mora e inste a autoridade competente agir, entende-se que detêm caráter mandamental[185]. Caso supra a norma faltante, terá caráter constitutivo quanto ao preenchimento da lacuna, podendo gerar o reconhecimento de direitos com alcance declaratório, constitutivo ou condenatório[186].

Após a edição Lei n. 13.300/2016, voltou a produzir eficácia subjetiva limitada às partes. Entretanto, o tribunal poderá conceder eficácia *ultra partes* ou *erga omnes* à decisão, se entender que a providência é essencial para a concretização da norma constitucional (art. 9º, §1º). Os efeitos da sentença poderão, ainda, ser estendidos a casos análogos, por decisão monocrática do relator. Eventual norma regulamentadora edita posteriormente à decisão produzirá efeitos prospectivos apenas (*ex nunc*), salvo se mais benéfica ao impetrante (art. 11).

Competência. A competência para processar e julgar a ação de mandado de injunção é fixada com base na autoridade coatora. A título ilustrativo, compete ao Supremo Tribunal Federal julgar originariamente mandados de injunção quando a elaboração da norma regulamentadora for atribuição do Presidente da República, do Congresso Nacional, da Câmara dos Deputados, do Senado Federal, das Mesas de uma dessas Casas Legislativas, do Tribunal de Contas da União, de um dos Tribunais Superiores, ou do próprio Supremo Tribunal Federal (art. 102, I, q, CF). Compete igualmente ao STF apreciar, em

---

182 A Lei n. 8.038/90, que institui normas procedimentais para os processos que especifica, perante o STJ e o STF, previu no parágrafo único de seu art. 24: "No mandado de injunção e no *habeas data*, serão observadas, no que couber, as normas do mandado de segurança, enquanto não editada legislação específica". Na mesma linha, o art. 14 da Lei n. 13.300/2016 previu a aplicação subsidiária das normas que regem o mandado de segurança ao rito do mandado de injunção.

183 STF, *RDA*, *203*:248, 1996, MC no MI 520-6-SP, rel. Min. Celso de Mello: "[T]endo presente a jurisprudência do Supremo Tribunal Federal, firmada no sentido de que a finalidade a ser alcançada pela via da injunção *resume-se* à declaração, pelo Poder Judiciário, da ocorrência de omissão inconstitucional, a ser comunicada ao órgão legislativo inadimplente, para que promova a integração normativa do dispositivo constitucional nele objetivado, não há como deferir, em sede cautelar, um provimento cujo alcance *nitidamente ultrapassa* os limites da decisão a ser afinal proferida".

184 Nesse sentido, Roque Antonio Carrazza, Ação direta de inconstitucionalidade por omissão e mandado de injunção, *RT-CDCCP*, *3*:130, 1993; J. M. Othon Sidou, *"Habeas data", mandado de injunção, "habeas corpus", mandado de segurança, ação popular. As garantias ativas dos direitos coletivos segundo a nova Constituição*, 1992, p. 416. Também admitindo o provimento liminar em mandado de injunção, com boa fundamentação, J. J. Calmon de Passos, *Mandado de segurança coletivo, mandado de injunção, "habeas data". Constituição e processo*, 1989, p. 121.

185 Assim, por exemplo, Hely Lopes Meirelles, *Mandado de segurança, ação popular, ação civil pública, mandado de injunção, "habeas data"*, 1989, p. 144.

186 Como bem salientou José Carlos Barbosa Moreira, Mandado de injunção, *RP*, *56*:110, 1989, p. 115: "Penso que por meio dele se pode pleitear e, eventualmente, conseguir que o Poder Judiciário, pelo seu órgão competente, primeiro formule a regra, que complemente, que supra aquela lacuna do ordenamento; e, em seguida, sem solução de continuidade, esse mesmo órgão aplique a norma ao caso concreto do impetrante, isto é, profira uma decisão capaz de tutelar, em concreto, aquele direito, aquela liberdade constitucional ou aquela prerrogativa inerente à cidadania, à nacionalidade ou à soberania, mediante, p. ex., uma ordem de fazer ou não fazer, conforme o caso, dirigida à pessoa física ou jurídica, de direito privado ou de direito público, que estivesse resistindo ao exercício do direito, da liberdade, da prerrogativa, diante da falta de norma regulamentadora".

recurso ordinário, o mandado de injunção decidido em única instância por Tribunal Superior, se denegatória a decisão (art. 102, II, CF). Cabe ao Superior Tribunal de Justiça processar e julgar originariamente o mandado de injunção, quando a elaboração da norma regulamentadora for atribuição de órgão, entidade ou autoridade federal, da administração direta ou indireta, excetuados os casos de competência do Supremo Tribunal Federal e dos órgãos da Justiça Militar, da Justiça Eleitoral, da Justiça do Trabalho e da Justiça Federal (art. 105, I, h, CF). Além disso, observados os parâmetros do texto constitucional, podem as Constituições dos Estados instituir mandado de injunção no plano estadual, como aliás fizeram à unanimidade[187].

3.2 Mandado de injunção coletivo

Objeto. O mandado de injunção coletivo presta-se à defesa de direitos, liberdades e prerrogativas pertencentes, indistintamente, a uma coletividade indeterminada de pessoas ou determinada por grupo, classe ou categoria (art. 12, par. único), cuja fruição seja obstada pela falta de regulamentação. Assim como o mandado de injunção individual, a ausência da norma que autoriza a impetração pode ser tanto parcial quanto total (art. 2º). O *writ* pode versar, ainda, sobre norma primária (lei ou equivalente, que cria direitos) ou sobre norma secundária (que apenas os regulamenta)[188].

Legitimação. O mandado de injunção coletivo pode ser impetrado por diversas entidades, a saber: (i) o Ministério Público, em caso especialmente relevante, para a defesa da ordem jurídica, do regime democrático ou dos interesses sociais ou individuais indisponíveis (art. 11, I); (ii) partido político com representação no Congresso Nacional, na defesa dos interesses de seus integrantes ou relacionados com a sua finalidade partidária (art. 11, II); (iii) organização sindical, entidade de classe ou associação legalmente constituída há pelo menos 1 ano, tanto no interesse da totalidade como de parte de seus associados (art. 12, III); e, ainda, (iv) a Defensoria Pública, quando a tutela requerida for especialmente relevante para a promoção dos direitos humanos e a defesa dos direitos individuais e coletivos dos necessitados (art. 12, IV).

Decisão. No mandado de injunção coletivo, a sentença faz coisa julgada limitadamente às pessoas integrantes da coletividade, do grupo, da classe ou da categoria substituídos pelo impetrante (art. 13, *caput*). Entretanto, pode-se conceder eficácia *ultra partes* ou *erga omnes* à decisão, caso se entenda que a providência é essencial ao pleno atendimento do objeto da ação (art. 9º, §1º). Os efeitos da decisão poderão, ainda, ser estendidos a casos análogos, por decisão monocrática do relator. Eventual norma regulamentadora posterior à decisão produzirá efeitos prospectivos (*ex nunc*), salvo se mais benéfica (art. 11).

Procedimento e Competência. No que se refere a regras de procedimento e competência, aplicam-se ao mandado de injunção coletivo as mesmas normas aplicáveis ao mandado de injunção individual descritas acima. Vale esclarecer, contudo, que o mandado de injunção coletivo não induz litispendência em relação aos individuais, mas que os efeitos da coisa julgada não beneficiarão o impetrante que não requerer a desistência da demanda individual no prazo de 30 (trinta) dias a contar da ciência comprovada da impetração coletiva (art. 13, par. único).

4 Habeas data

O *habeas data* é ação constitucional de natureza civil prevista no art. 5º, LXXII, da Constituição e regulamentada pela Lei n. 9.507/1997. Tem por objetivo assegurar ao impetrante acesso e retificação de informações a seu próprio respeito, constantes em registro ou banco de dados de entidades governamentais ou de caráter público. Nesse sentido, a Constituição estabelece:

> "LXXII – conceder-se-á *"habeas data"*:
>
> a) para assegurar o conhecimento de informações relativas à pessoa do impetrante, constantes de registros ou bancos de dados de entidades governamentais ou de caráter público;
>
> b) para a retificação de dados, quando não se prefira fazê-lo por processo sigiloso, judicial ou administrativo".

---

187 Para o levantamento e transcrição dos dispositivos das Constituições de todos os Estados, v. Carlos Augusto Alcântara Machado, *Mandado de injunção*, 1999, p. 83 e s.

188 Para uma abordagem detalhada do debate acerca da legitimidade passiva em mandado de injunção e dos distintos entendimentos que se formaram sobre o tema, v. Luís Roberto Barroso, *O Controle de Constitucionalidade no Direito Brasileiro*, 2019.

Objeto. Como observado, a ação volta-se a garantir ao impetrante o acesso, a retificação ou, ainda, a anotação de explicação relacionada a informações sobre *a pessoa do próprio impetrante*, constantes de *registros governamentais ou públicos* (Lei n. 9.507/1997, art. 7º, I, II e III). Portanto, não cabe *habeas data* para que o impetrante obtenha informações sobre terceiros. Além disso, considera-se registro, para fins de cabimento da ação, aquele constituído por entidades governamentais, bem como os que contiverem informações que não sejam de uso privativo do órgão ou entidade produtora ou depositária das informações ou que possam ser transmitidas a terceiros (art. 1º, par. único)[189].

Ressalvam-se, contudo, em caráter excepcionalíssimo, eventuais informações de caráter sigiloso, em observância a imperativos de segurança ou a outro interesse público relevante. Todavia, a prova acerca da necessidade do sigilo compete à entidade que a alega, sendo improváveis as situações em que o conhecimento ou a retificação de tais informações pelo próprio titular podem gerar tal tipo de risco.

Legitimação. As partes do *habeas data* são denominadas impetrante e impetrado. A legitimidade ativa para impetrar o *habeas data* é personalíssima e atribuída exclusivamente à pessoa que busca o acesso, a retificação ou a anotação de informações *a seu próprio respeito*. Excepcionalmente, já se reconheceu a legitimidade ativa aos herdeiros para postularem os mesmos direitos, em nome do falecido[190]. Por outro lado, detêm legitimidade passiva as entidades, instituições e pessoas físicas ou jurídicas, de direito público ou privado, que disponham das informações ou que possam corrigi-las.

Procedimento. As ações de *habeas data* têm prioridade sobre todos os atos judiciais, exceto sobre o *habeas corpus* e o mandado de segurança. O cabimento do *habeas data* pressupõe uma fase extrajudicial e prévia em que o interessado requer o acesso, a retificação ou a anotação de esclarecimento e tem a providência rejeitada, de forma expressa ou tácita. Haverá rejeição tácita em caso de ausência de resposta ao pedido de acesso, no prazo de 10 dias; ou ao requerimento de retificação ou anotação, no prazo de 15 dias (art. 8º, par. único).

É que o cabimento da ação pressupõe a existência de uma pretensão resistida ainda que tacitamente por aquele que detém as informações[191]. Nesse sentido, a inicial da ação deve ser acompanhada de prova da recusa de acesso, retificação ou anotação, ou, ainda, do decurso dos prazos antes referidos. A entidade impetrada terá o prazo de 10 dias para prestar as informações que julgar necessárias (art. 9º). Findo o prazo e ouvido o representante do Ministério Público, os autos serão conclusos ao juiz para decisão (art. 11). São gratuitos o procedimento administrativo para acesso a informações e retificação de dados e para anotação de justificação, bem como a ação de *habeas data* (art. 21).

Decisão. A decisão que julgar procedente o pedido marcará data e horário para que o coator entregue ao impetrante as informações demandadas ou, ainda, para que apresente em juízo a prova da retificação ou da anotação feita nos respectivos assentamentos (art. 13). A sentença que concede o *habeas data* sujeita-se ao recurso de apelação com efeito meramente devolutivo (art. 15, *caput* e par. único).

Competência. A competência para processar e julgar a ação de *habeas data* é fixada com base na autoridade coatora (art. 20). Compete ao Supremo Tribunal Federal processar e julgar originariamente o *writ* contra atos do Presidente da República, das Mesas da Câmara dos Deputados e do Senado Federal, do Tribunal de Contas da União, do Procurador-Geral da República, dos Conselhos Nacionais de Justiça, do Ministério Público e do próprio Supremo Tribunal[192]. Cabem ao Superior Tribunal de Justiça os *habeas data* ajuizados contra atos de Ministro de Estado, Comandantes da Marinha, Exército ou Aeronáutica, e do próprio STJ[193]. Aos Tribunais Regionais Federais competem as ações contra atos de juízes federais[194]. Aos últimos cabem os *habeas data* contra atos de autoridades federais, ressalvada a competência dos tribunais[195]. A competência dos Tribunais estaduais é prevista nas respectivas Constituições estaduais e leis de organização judiciária[196].

---

189   STF, *DJe*, 18 jun. 2015, RE 673.707, Rel. Min. Luiz Fux. De acordo com entendimento cristalizado pelo STF, o *habeas data* é o remédio adequado para obtenção, pelo próprio contribuinte, dos dados relativos ao pagamento de tributos, em face dos sistemas informatizados de apoio à arrecadação dos órgãos da administração fazendária. V. STF, *DJe*, 30 set. 2015, RE 637707, Rel. Min. Luiz Fux.

190   V. STJ, *DJ*, 02 maio 1989, HD 01, Rel. Min. Milton Pereira.

191   V. STJ, *DJ*, 04 set. 1989, HD 02, Rel. Min. Pedro Acioli; *DJ*, 04 dez. 1989, HD 09, Rel. Min. Miguel Ferrante.

192   CF, art. 102, I, *d*.

193   CF, art. 105, I, *b*.

194   CF, art. 108, I, *c*.

195   CF, art. 109, VII.

196   CF, art. 125, § 1º.

5 Ação popular

A ação popular tem previsão no art. 5º, LXXIII, da Constituição e é regulamentada pela Lei n. 4.717/1965. A Constituição prevê a seu respeito:

> "LXXIII – qualquer cidadão é parte legítima para propor ação popular que vise a anular ato lesivo ao patrimônio público ou de entidade de que o Estado participe, à moralidade administrativa, ao meio ambiente e ao patrimônio histórico e cultural, ficando o autor, salvo comprovada má-fé, isento de custas judiciais e do ônus da sucumbência".

Objeto. Como explicitado no dispositivo acima, a ação popular tem por objeto a declaração de nulidade, a anulação e a responsabilização por atos comissivos ou omissivos lesivos ao patrimônio público, à moralidade administrativa, ao meio ambiente e ao patrimônio histórico e cultural. Considera-se como tal, para fins de ação popular, o patrimônio da Administração Pública direta e indireta, incluídas aquelas de direito privados, bem como serviços sociais e entidades que recebam recursos públicos ou sejam subvencionadas pelo Estado (art. 1º)[197]. Os dispositivos citados são da Lei n. 4.717/1965.

Legitimação. Todo e qualquer cidadão brasileiro tem legitimidade ativa para propor a ação popular, comprovando-se tal condição por meio da apresentação de título de eleitor (art. 1º, §3º). Trata-se de legitimidade extraordinária, em que o autor figura como substituto processual, defendendo interesse da sociedade como um todo. De fato, a ação foi pensada como instrumento da participação democrática do cidadão na gestão da coisa pública. Não detêm legitimidade para ajuizar ação popular as pessoas jurídicas, os estrangeiros ou os brasileiros com direitos políticos suspensos ou perdidos[198].

A legitimidade passiva compete às autoridades responsáveis pela ação ou omissão geradora da lesão aos cofres públicos, à pessoa jurídica de direito público ou privado que integra, bem como aos beneficiários diretos do ato. Entretanto, a pessoa jurídica de direito público ou privado lesionada terá a faculdade de: (i) contestar o pedido, (ii) optar por abster-se de contestá-lo, se houver dúvida sobre a legitimidade do ato, ou, ainda, migrar para o polo ativo da ação, de modo a figurar como autora, ao lado do cidadão, caso reconheça a ilegalidade da conduta. É que, no último caso, ela própria terá sido vítima do ato de autoridade com o qual não está de acordo (art. 6º, §3º).

Procedimento. Ao despachar a inicial, o juiz poderá requisitar os documentos necessários ao esclarecimento do fato que se encontrem em poder da administração pública, determinará a intimação do Ministério Público e apreciará eventual pedido de cautelar (art. 7º, I). É cabível a concessão de liminar, para suspender o ato impugnado, desde que presentes os requisitos da verossimilhança do direito alegado e de perigo na demora (art. 5º, §4º). O Ministério Público acompanhará a ação e lhe dará seguimento em caso de desistência por parte do autor (art. 9º).

Quando forem muitos e de difícil identificação os beneficiários do ato, o autor poderá requerer sua citação por edital (art. 7º, II). Caso a identidade de eventuais beneficiários do ato se torne conhecida no curso da ação e antes de proferida a sentença de primeira instância, deverão eles ser citados para contestar a ação (art. 7º, IV). O prazo para contestar a ação popular é de 20 dias, prorrogáveis por mais 20 dias, a requerimento do interessado, em caso de complexidade da prova a ser produzida (art. 7º, IV).

Decisão. A sentença de procedência do pedido desconstituirá o ato ilegítimo e condenará os responsáveis à eventual restituição de bens e ao pagamento de perdas e danos (art. 14). Em caso de carência ou improcedência da ação, a decisão estará sujeita ao duplo grau de jurisdição. A decisão de procedência, a seu turno, será objeto de apelação, com efeito suspensivo (art. 19). Forma-se coisa julgada com efeitos *erga omnes* sobre o mérito da causa, exceto no caso improcedência por falta de provas (art. 18). Nesse caso, qualquer cidadão poderá ajuizar nova ação com melhor instrução. Trata-se, portanto, de coisa julgada *secundum eventum litis.*

Competência. A competência para processar e julgar a ação popular se distribui conforme a legislação processual ordinária. Não há jurisdição originária dos tribunais superiores[199].

---

197 Não cabe ação popular para a discussão sobre matéria constitucional em caráter principal, pois a situação que configuraria usurpação da competência do STF para julgar ações do controle concentrado em face da Constituição federal. Entretanto, a questão constitucional pode ser objeto de discussão na ação popular, em caráter incidental, como prejudicial de mérito. V. STJ, *DJe*, 07 out. 2020, REsp. 1870470/RJ, Rel. Min. Sérgio Kukina.

198 V. STF, *DJe*, 24 fev. 2016, ADI 4650, Rel. Min. Luiz Fux; *DJU*, 31 ago. 2005, ACO 224, Rel. Min. Gilmar Mendes.

199 Nesse sentido, não compete ao STF processar e julgar originariamente ações populares (STF, *DJ*, 15 dez. 2015, AgR na Pet 5856, Rel. Min. Celso de Mello). Entretanto, o Tribunal pode vir a reconhecer a sua competência originária para a causa se constatados interesses conflitantes entre entes federativos distintos (CF, art. 102, I, f). Esse é o caso da ação popular por meio da qual o Supremo apreciou o caso Raposa Serra do Sol, na qual se discutiu o regime jurí-

6 Ação civil pública

A ação civil pública tem previsão no art. 129, III, da Constituição e é regulamentada pela Lei n. 7.347/1985. O dispositivo constitucional não trata da ação de forma ampla, apenas reconhece a sua propositura como função institucional do Ministério Público, mas é considerado sua sede constitucional. Confira-se:

> "III – promover o inquérito civil e a ação civil pública, para a proteção do patrimônio público e social, do meio ambiente e de outros interesses difusos e coletivos".

Objeto. A ação civil pública tem por objeto a defesa de direitos difusos, coletivos e individuais homogêneos, assim como a responsabilização por eventuais danos que lhes sejam gerados[200]. Como se nota pelo dispositivo transcrito acima, a norma constitucional prevê, expressamente, o cabimento de ação civil pública para a proteção de direitos coletivos e difusos. De fato, há controvérsia sobre o cabimento da ação para a discussão de direitos individuais homogêneos[201]. Possivelmente em virtude disso, a MP 2180/2001, ainda em vigor, alterou a Lei 7.347/1985, para vedar o cabimento de ação civil pública para "veicular pretensões que envolvam tributos, contribuições previdenciárias, Fundo de Garantia do Tempo de Serviço – FGTS ou outros fundos de natureza institucional cujos beneficiários possam ser individualmente determinados". Assim, a *contrario senso*, o dispositivo indica ser possível a propositura da ação para a tutela de direitos individuais homogêneos não alcançados pela vedação[202].

Na mesma linha, há jurisprudência do Supremo Tribunal Federal reconhecendo o cabimento da ação para a defesa de direitos individuais homogêneos, *desde que socialmente relevantes*, tais como o dever do Poder Público de fornecer de medicamentos contra determinada enfermidade, a inconstitucionalidade de edital de concurso que limita desproporcionalmente o universo de candidatos e normas incidentes sobre contratos do Sistema Financeiro de Habitação[203].

A Lei n. 7.347/1985 prevê, ainda, expressamente, em rol que é não exaustivo, o cabimento da ação em defesa do direito ao meio-ambiente saudável, a bens e direitos de valor artístico, estético, histórico, turístico e paisagístico, direitos do consumidor, para a proteção contra violações à ordem econômica, à ordem urbanística, ao patrimônio público e social, à honra e à dignidade de grupos raciais, étnicos ou religiosos, bem como a qualquer outro direito difuso ou coletivo (art. 1º)[204]. Os dispositivos citados são da Lei n. 7.347/1985.

Legitimação. Detêm legitimidade para propor a ação civil pública: o Ministério Público, a Defensoria Pública, a União, os Estados, o Distrito Federal e os Municípios, autarquia, empresa pública, fundação ou sociedade de economia mista, bem como associação constituída há pelo menos 1 (um) ano, que inclua, entre suas finalidades institucionais, a proteção dos bens objeto da ação (art. 5º)[205].

---

dico de demarcação de terras indígenas. Tais terras são bem de propriedade da União (CF, art. 231) e sua extensão e alcance eram objeto de questionamento pelo Estado de Roraima no caso (STF, *DJ*, 03 out. 2018, ACO 936 ED, rel. Min. Roberto Barroso).

200   CDC, art. 81, par. único: "A defesa coletiva será exercida quando se tratar de: I – interesses ou direitos difusos, assim entendidos, para efeitos deste código, os transindividuais, de natureza indivisível, de que sejam titulares pessoas indeterminadas e ligadas por circunstâncias de fato; II – interesses ou direitos coletivos, assim entendidos, para efeitos deste código, os transindividuais, de natureza indivisível de que seja titular grupo, categoria ou classe de pessoas ligadas entre si ou com a parte contrária por uma relação jurídica base; III – interesses ou direitos individuais homogêneos, assim entendidos os decorrentes de origem comum.

201   José dos Santos Carvalho Filho, *Manual de Direito Administrativo*, 28. ed., 2015m p. 1107 e 1109.

202   Na mesma linha, o art. 21 da Lei 7.347/1985, incluído pela Lei 8.078/1990, que dispõe: "Aplicam-se à defesa dos direitos e interesses difusos, coletivos e *individuais*, no que for cabível, os dispositivos do Título III da lei que instituiu o Código de Defesa do Consumidor". O Título III contém a definição de direitos difusos, coletivos e individuais homogêneos em seu art. 81.

203   STF, *DJe*, 12 fev. 2020, RE 605.533, Rel. Min. Marco Aurélio (sobre fornecimento de medicamentos); *DJe*, 07 fev. 2013, RE 216.443, Red. p/ acórdão Min. Marco Aurélio (sobre cláusulas de edital de concurso desproporcionalmente restritivas); *DJe*, 17 set. 2021, AI 637.853 AgR (sobre contratos vinculados ao Sistema Financeiro de Habitação).

204   Não cabe ação civil pública para a discussão sobre matéria constitucional como pedido principal, pois a situação configuraria usurpação da competência do STF para julgar ações do controle concentrado em face da Constituição federal. Entretanto, a questão constitucional pode ser objeto de discussão na ação civil pública *em caráter incidental*, como prejudicial de mérito.

205   A legitimidade ativa da Defensoria Pública foi objeto de considerável controvérsia no passado. Alegou-se que, em razão dos limites da competência outorgada constitucionalmente à instituição, ela não poderia propor ações que beneficiassem outros grupos pessoas que não aquelas economicamente hipossuficientes. O STF pacificou a questão,

474

A legitimidade passiva não foi regulamentada de forma expressa pela Lei n. 7.347/1985. Dada a semelhança entre a ação civil pública e a ação popular, reconhecem-se como partes legítimas para ocupar o polo passivo da ação civil pública, por analogia, as autoridades responsáveis pelo ato comissivo ou omissivo, a pessoa jurídica de direito público ou privado que elas integram, bem como aos beneficiários diretos do ato. Admite-se, igualmente, que a pessoa jurídica de direito público lesionada decida entre: (i) contestar o feito, se entender que o ato é legal; (ii) abster-se de contestar, quando houver dúvidas sobre a legitimidade do ato; ou (iii) migrar para o polo ativo da ação, se concluir pela invalidade.

Procedimento. A lei prevê a possibilidade de instauração, pelo Ministério Público, de inquérito civil público prévio à propositura da ação, cujo propósito é investigar e eventualmente produzir as provas de eventual ilicitude ou dano, podendo o *Parquet* requisitar documentos, ouvir pessoas e determinar a produção de perícia (art. 8º, §1º). Nessa linha, o *Parquet* e/ou outros legitimados poderão celebrar com os interessados termo de ajustamento de conduta, com eficácia de título executivo extrajudicial (art. 5º, §6º).

Proposta a ação, o juiz poderá deferir liminar, desde que presentes os requisitos de verossimilhança do direito e perigo na demora, cabendo pedido de suspensão da execução da liminar ao Presidente do Tribunal competente para apreciar o recurso (art. 12, §1º). Se o Ministério Público não for parte na ação, atuará obrigatoriamente como fiscal da lei. Em caso de desistência ou abandono do processo por parte do autor, dará seguimento ao feito (art. 5º, §3º).

Decisão. A sentença poderá produzir efeitos constitutivos, desconstitutivos, condenatórios e invalidatórios[206]. Não haverá condenação em custas ou honorários advocatícios, salvo se comprovada a má-fé do autor (art. 18). A decisão fará coisa julgada material, com efeitos "erga omnes", no caso de procedência ou de improcedência por ser infundada a ação. Todavia, quando o pedido for julgado improcedente por falta de provas, qualquer legitimado poderá ajuizar nova ação, desde que se valha de novas provas (art. 16). Trata-se, portanto, de coisa julgada *secundum eventum litis*.

Competência. A competência para processar e julgar a ação civil pública é do foro do local do dano (art. 2º) e se distribui conforme a legislação processual ordinária. Não há, como regra, competência originária dos tribunais superiores.

---

reconhecendo a legitimidade da Defensoria, sempre que sua atuação tiver o potencial de favorecer aos economicamente carentes, ainda que não somente a eles, sendo desnecessária a prova em concreto do benefício. STF, *DJe*, 06 ago. 2015, ADI 3943, Rel. Min. Cármen Lúcia.

206 Embora a Lei n. 7.347/1985 preveja apenas o cabimento de decisão condenatória em dinheiro e/ou de obrigação de fazer ou não fazer, o Código de Defesa do Consumidor e a Lei Orgânica Nacional do Ministério Público previram hipóteses de invalidação de atos. V. art. 51, §4º, CDC e art. 25, IV, b da Lei n. 8.625/1993, com destaque para aqueles lesivos ao patrimônio público ou à moralidade administrativa. No mesmo sentido: STF, *DJe*, 29 jul. 2020, RE 409356, Rel. Min. Luiz Fux.

| CAPÍTULO V | O PODER PUNITIVO DO ESTADO: DIREITOS E GARANTIAS PENAIS E PROCESSUAIS |

Sumário: I. Generalidades. 1. O direito penal deve ser moderado, sério e igualitário. 2. Entre o abuso e a proteção deficiente. 3. Não se muda o mundo com direito penal. 4. "Pune-se muito e mal". 5. A corrupção como problema crônico. II. Direitos e garantias penais na Constituição de 1988 e na jurisprudência do Supremo Tribunal Federal. 1. Legalidade penal. 2. Irretroatividade da lei penal. 3. Pessoalidade da pena. 4. Individualização da pena. 5. Prisão e direitos dos presos. 5.1. Modalidades de prisão anteriormente ao julgamento. 5.2. Prisão após o julgamento. 5.3. Audiência de custódia e juiz de garantias. 6. Direito à não autoincriminação. 7. Presunção de inocência. 8. Liberdade de locomoção e *habeas corpus*. 9. Algumas vedações expressas. 10. Alguns direitos expressos. 11. Mandados de criminalização. III. Algumas normas processuais. 1. Princípio do juiz natural. 2. Devido processo legal, contraditório e ampla defesa. 3. Publicidade dos julgamentos. 4. Competência do Tribunal do Júri. IV. Algumas observações finais acerca do sistema punitivo brasileiro.

I GENERALIDADES[1]

1 O direito penal deve ser moderado, sério e igualitário

O direito penal existe para a proteção de valores sociais e de bens jurídicos relevantes. Entre eles se incluem a vida, a integridade física, a liberdade sexual, a propriedade privada, o patrimônio público e inúmeros outros. Cabe-lhe, também, assegurar os direitos fundamentais do acusado, que incluem, entre muitos, a presunção de inocência, o direito de não ser preso arbitrariamente e o devido processo legal. A lei penal define condutas que são vedadas e estabelece sanções para a violação das regras que institui.

Essas sanções ou penas variam em gravidade e podem ser privativas de liberdade, multas, interdição de direitos e prestação de serviços comunitários, entre outras. Sem ingressar em debates mais sofisticados e sutis, é possível registrar que a doutrina reconhece algumas finalidades próprias que são atribuídas às sanções penais, a saber: (i) retribuição; (ii) prevenção específica; (iii) prevenção geral; (iv) ressocialização e (v) restauração. Não é o caso de aprofundar cada uma delas. Faz-se apenas o registro de que boa parte da doutrina – acompanhada pelo autor dessas linhas – considera que o papel mais importante e desejável da pena criminal é funcionar como mecanismo de prevenção geral: as pessoas não cometerem crimes pela probabilidade de virem a sofrer consequências negativas pelos seus atos.

O direito penal precisa ser moderado, sério e igualitário. *Moderado* significa que se deve evitar a expansão desmedida do seu alcance, seja pelo excesso de tipificações, seja pela exacerbação desproporcional de penas. *Sério* significa que sua aplicação deve ser efetiva, de modo a desempenhar o papel dissuasório da criminalidade, que é da sua essência. *Igualitário* significa que a aplicação da lei não deve distinguir entre pobres e ricos, poderosos e comuns. Pode parecer óbvio, mas este último atributo é o mais difícil de implementar no Brasil, onde fatores de classe, compadrio e outras disfunções fazem com que muitos se sintam acima da lei, enquanto outros tantos não conseguem sequer a proteção das leis. Temos um sistema que é duro com os pobres e manso com os ricos. Embora essa distorção seja particularmente grave entre nós, o problema talvez seja mundial.

2 Entre o abuso e a proteção deficiente

Nenhum ramo do Direito mexe com as paixões humanas como o direito penal. É inevitável que seja assim. A liberdade é um dos valores e bens jurídicos mais valiosos na existência de qualquer pessoa.

---

1 Capítulo escrito com a colaboração de Andre Araujo.

O poder de restringi-la, por isso mesmo, deve ser cercado de todas as cautelas. Poucas áreas na atuação estatal são mais passíveis de abuso do que o poder de punir. Aliás, em grande medida, a história da humanidade tem sido a imposição de limites ao poder punitivo do Estado. Por outro lado, a proteção deficiente de valores e bens jurídicos relevantes, bem como a impunidade, atrasam o processo civilizatório dos povos. O equilíbrio entre os direitos fundamentais dos acusados e os interesses legítimos da sociedade é delicado e complexo, sobretudo nos países em desenvolvimento.

O sistema punitivo ou de persecução penal no Brasil desenrola-se em quatro etapas. A primeira tem início na *Polícia*, onde a investigação criminal é conduzida por meio do *inquérito policial*. A segunda etapa transcorre no *Ministério Público*, que reputando suficientes os elementos colhidos pela autoridade policial, apresenta a *denúncia*. A terceira fase é processada perante o *Poder Judiciário:* o juiz recebe a denúncia, ocasião em que se instaura a *ação penal* contra o réu, e supervisiona a produção da prova. Ao final da instrução, ele proferirá uma *sentença* que, transitada em julgado, será executada. Então, tem início a quarta e última etapa, que é o cumprimento da pena no âmbito do *sistema de execução penal*. Se se tratar de decisão condenatória a pena privativa de liberdade, a execução penal se dará dentro do sistema penitenciário.

A Constituição de 1988 restabeleceu as prerrogativas do Judiciário e fortaleceu significativamente o Ministério Público. Independência judicial e autonomia do Ministério Público, portanto, não são problemas no Brasil contemporâneo. Deixando para outra ocasião o debate sobre nosso sistema processual arcaico e ineficiente, os problemas do sistema têm se concentrado na porta de entrada – a Polícia – e na porta de saída – o Sistema de Execução Penal. A Polícia, sobretudo nos Estados, é frequentemente mal remunerada, mal treinada e mal equipada. Sem condições de atuação baseada em técnica e inteligência, não é incomum que seja violenta. O número de homicídios no país é um dos mais altos do mundo e o índice de elucidação é bastante baixo.

Também o advogado desempenha função essencial à Justiça, na dicção expressa da Constituição[2]. Cabe a ele representar o acusado (ou a parte demandada, nos casos não criminais), realizando sua defesa técnica e assegurando o contraditório. O advogado é parcial por dever de ofício: se aceitar a causa, tem a obrigação, nos limites da lei e da ética profissional, de atuar com plenitude no patrocínio do interesse para o qual foi constituído. Ele não tem autorização para mentir, embora caiba-lhe apresentar a versão dos fatos dada por seu cliente. O papel do advogado é o de sustentar, entre teses jurídicas e argumentos alternativos, aqueles que aproveitam à parte que lhe cabe defender. Do lado oposto, outro advogado – ou, no processo penal, o órgão do Ministério Público – apresentará o ponto de vista contraposto. A Justiça é a síntese dialética resultante do exame das provas e da consideração dos argumentos e das teses jurídicas em disputa.

Juízes, por sua vez, como evidente, não podem ter lado. Ao contrário, entre teses de fato e de direito contrapostas, cabe a eles encontrar a verdade possível. Na intepretação do direito penal, cabe ao juiz buscar o delicado equilíbrio referido acima, sopesando os direitos fundamentais do acusado com o interesse da sociedade na eventual aplicação da punição. O juiz é, também, guardião dos direitos fundamentais da próxima vítima: manter alguém preso, muitas vezes, significa evitar um novo homicídio, um novo roubo, um novo estupro, um novo desvio de dinheiro. Servir à justiça significa, no geral da vida, desagradar algum dos advogados (seja o de defesa, seja o de acusação). Às vezes, ambos. Juiz criminal jamais vai ganhar prêmio de popularidade.

A esse propósito, aliás, é próprio prestar desde logo um esclarecimento: a interpretação constitucional, nas sociedades complexas contemporâneas, envolve muitas vezes algum grau de criatividade para atender a demandas que sequer foram imaginadas pelo constituinte ou pelo legislador. Essa lógica, todavia, não vale para a aplicação da lei penal: aqui subsistem, intactos, princípios como a reserva legal e a interpretação estrita. Não se criam tipos nem penas por interpretação judicial. No campo penal não há qualquer espaço para ativismo judicial. Muito menos para atender ao clamor público ou ouvir a voz das ruas. Nem tampouco para opções ideológicas. Para citar um exemplo recente: se um fazendeiro matou um índio que invadiu a sua propriedade, o que cabe saber é se de fato houve a invasão indevida e se a reação foi proporcional. Não interessa se a convicção do juiz é pró-índio ou se ele é um ruralista empedernido.

3 Não se muda o mundo com direito penal

Não se muda o Brasil nem o mundo com direito penal, processos e prisões. A construção de um país fundado em justiça, liberdades individuais e igualdade exige:

---

2 Constituição Federal: "Art. 133. O advogado é indispensável à administração da justiça, sendo inviolável por seus atos e manifestações no exercício da profissão, nos limites da lei".

478

a) *educação de qualidade* desde a pré-escola, para permitir que as pessoas tenham igualdade de oportunidades e possam fazer escolhas esclarecidas na vida;

b) *distribuição adequada de riquezas*, poder e bem-estar, para que as pessoas possam ser verdadeiramente livres e iguais, e se sentirem integrantes de uma comunidade política que as trata com respeito e consideração; e

c) *debate público democrático e de qualidade*, no qual a livre circulação de ideias e de opiniões permita a busca das melhores soluções para as necessidades e angústias da coletividade.

Dentro dessa perspectiva, o sistema punitivo está longe de figurar no topo da lista dos instrumentos mais importantes para realizar o ideário constitucional de igualdade, pluralismo e tolerância. Talvez por isso mesmo ele tenha sido largamente negligenciado no Brasil desde a redemocratização. A verdade, porém, é que no atual estágio da condição humana o bem nem sempre consegue se impor por si próprio. A ética, o ideal de vida boa precisa de um impulso externo também. Entre nós, no entanto, um direito penal seletivo e absolutamente ineficiente em relação à criminalidade de colarinho branco criou um país de ricos delinquentes. O país da fraude em licitações, da corrupção ativa, da corrupção passiva, do peculato, da lavagem de dinheiro sujo.

O sistema punitivo deixou de cumprir o seu papel principal, como mencionado anteriormente, que é o de funcionar como meio de *prevenção geral*: a total ausência do temor de punição potencializou os comportamentos criminosos. As pessoas na vida tomam decisões baseadas em incentivos e riscos. Se há incentivos para a conduta ilícita – como o ganho fácil e farto – e não há grandes riscos de punição, a sociedade experimenta índices elevados de criminalidade. Em passagem que se tornou clássica, Cesare Beccaria assentou que é a certeza da punição, mais do que a intensidade da pena, o grande fator de prevenção da criminalidade. Não é necessário o excesso de tipificações nem tampouco a exacerbação desmedida da pena. O sistema punitivo pode e deve ser moderado. Mas tem que ser sério.

Ninguém deseja um Estado policial, uma sociedade punitiva, um direito penal onipresente. É preciso assegurar o direito de defesa e o devido processo legal. Mas, de outra parte, impõe-se desfazer a crença de que devido processo legal é o que não acaba nunca; e de que *garantismo* significa que ninguém nunca seja punido, não importa o que tenha feito. O país precisa de um Estado de justiça. Uma sociedade justa não pode conviver com a empresa que ganha a licitação porque deu propina para o administrador que conduzia o certame. Ou com o político que exige vantagem indevida do empresário como condição para não interferir negativamente na sua atividade econômica. Ou com o banqueiro que ganha no mercado financeiro porque tem *inside information*. Ou com o fiscal que achaca o contribuinte, ameaçando-o com injusta autuação. Ou com o fundo de pensão de empresa estatal que torra o dinheiro dos seus segurados em projetos inviáveis, porque o dirigente recebeu uma vantagem. Este não é um país justo. Este é um país triste e desonesto.

4 "Pune-se muito e mal"

Um dos lugares comuns quando se analisa o sistema penal brasileiro é a afirmação de que se pune muito e se pune mal. E, ainda assim, a proposição é verdadeira e fácil de demonstrar. A sociedade brasileira tem duas grandes aflições nessa matéria: violência e corrupção. E, não obstante isso, mais da metade das pessoas que estão presas no sistema penitenciário – e já nos aproximamos do número de um milhão de internos – lá não estão por qualquer dessas duas razões. De acordo com os dados recorrentes do Depen, estas são as estatísticas de pessoas presas por crimes violentos: 25% por roubo; 10% por homicídio; 5% por crimes sexuais; 3% por latrocínio (roubo seguido de morte); e 1% por violência doméstica. A soma desses percentuais dá 44%. E isso num país em que há cerca de 50 mil mortes homicídios por ano. Por outro lado, 28% dos internos do sistema penitenciário lá estão por delitos associados a drogas. É o maior percentual de todos.

A política de drogas do Brasil precisa ser revisitada e repensada em um debate amplo e sem preconceitos. Tal discussão deve levar em conta algumas premissas fáticas, a saber: (i) droga é algo ruim e o papel do Estado é desincentivar o seu uso, tratar os dependentes e combater o tráfico; (ii) a guerra às drogas fracassou e, quase cinquenta anos depois, nem o consumo nem o tráfico foram abalados; e (iii) a política de criminalização assegura aos traficantes o monopólio de um negócio extremamente rentável. A finalidade de uma política de drogas deve ser: (i) quebrar o poder do tráfico, sobretudo aquele que exerce sobre as comunidades pobres, onde funciona como poder político e econômico; (ii) acabar com o hiperencarceramento inútil de jovens primários e de bons antecedentes, que têm as vidas destruídas, saem da prisão muito mais perigosos do que entraram e são prontamente substituídos pelo tráfico. Uma discussão aberta das experiências de descriminalização que têm sido implementadas mundo afora precisa urgentemente entrar na agenda brasileira.

Retomando a narrativa. Como visto, nem metade dos presos do sistema estão encarcerados por crimes violentos. Porém, no tocante à outra aflição da sociedade, o percentual é ainda mais chocante: não aparece na estatística o número de pessoas presas por corrupção e crimes do colarinho branco em geral. Vale dizer: é menos de 1%. Pelos dados do sistema penitenciário, não há corrupção significativa no Brasil. Tragicamente, a estatística não corresponde à realidade. Cabe relembrar que no Índice de Percepção da Corrupção (IPC), da Transparência Internacional, ocupamos um desonroso lugar, próximo da 100ª posição. Esse dado e a ocorrência de dezenas de milhares de homicídios por ano no país não são dissociados. A corrupção abre espaço para os medíocres, para as políticas públicas equivocadas e para a impunidade.

5 A corrupção como problema crônico

É impossível não identificar as dificuldades em superar a corrupção sistêmica como um dos pontos baixos desses últimos trinta anos de democracia no Brasil. O fenômeno vem em processo acumulativo desde muito longe e se disseminou, nos últimos tempos, em níveis espantosos e endêmicos. Não foram falhas pontuais, individuais. Foi um fenômeno generalizado, sistêmico e plural, que envolveu empresas estatais, empresas privadas, agentes públicos, agentes privados, partidos políticos, membros do Executivo e do Legislativo. Havia esquemas profissionais de arrecadação e distribuição de dinheiros desviados mediante superfaturamento e outros esquemas. Tornou-se o modo natural de se fazerem negócios e de se fazer política no país. A corrupção é fruto de um pacto oligárquico celebrado entre boa parte da classe política, do empresariado e da burocracia estatal para saque do Estado brasileiro.

Como seria de se esperar, o enfrentamento à corrupção tem encontrado resistências diversas, ostensivas e dissimuladas. Houve alguns avanços, que chegaram a atingir, num primeiro momento, pessoas que sempre se imaginaram imunes e impunes. A reação foi brutal e uma enorme *Operação Abafa* foi deflagrada em várias frentes[3]. Em primeiro lugar, parte do pensamento progressista no Brasil vislumbra a corrupção como uma nota de pé de página na história, acreditando que os fins justificam os meios. Por outro lado, parte da elite brasileira milita no tropicalismo equívoco de que corrupção ruim é a dos adversários, e não a dos que frequentem as mesmas mesas de pôquer, *vernissages* e salões que ela. Por fim, vêm os corruptos propriamente ditos, que se dividem em duas categorias bem visíveis: (i) a dos que não querem ser punidos pelos malfeitos cometidos ao longo de muitos anos; e (ii) um lote pior, que é o dos que não querem ficar honestos nem daqui para frente. Gente que tem aliados em toda parte: nos altos escalões, nos Poderes da República, na imprensa e até onde menos seria de se esperar. Não sem surpresa, ela vai apenas mudando de lugar: Mensalão, Petrolão, Orçamento... A esperança está no fortalecimento de um sentimento republicano e igualitário, capaz de vencer essa triste realidade.

A corrupção tem custos elevados para o país, financeiros, sociais e morais. No tocante aos custos financeiros, apesar das dificuldades de levantamento de dados – subornos e propinas geralmente não vêm a público –, noticiou-se que apenas na Petrobras e empresas estatais investigadas na Operação Lava-jato os pagamentos de propina chegaram a 20 bilhões de reais. Levantamento feito pela Federação das Indústrias de São Paulo (Fiesp) projeta que até 2,3% do PIB são perdidos a cada ano com práticas corruptas, o que chegaria a 100 bilhões de reais por ano. Os custos sociais também são elevadíssimos. Como intuitivo, a corrupção é regressiva, concentradora de renda, pois só circula nas altas esferas e ali se encontram os seus grandes beneficiários. Porém, e muito mais grave, ela compromete a qualidade dos serviços públicos, em áreas de grande relevância como saúde, educação, segurança pública, estradas, transporte urbano etc. Nos anos de 2015 e 2016, ecoando escândalos de corrupção, o PIB brasileiro caiu 7,2%[4].

O pior custo, todavia, é provavelmente o custo moral, com a criação de uma cultura de desonestidade e esperteza, que contamina as pessoas ou espalha letargia. Por longo tempo, o modo de fazer política e de fazer negócios no país passou a funcionar mais ou menos assim: (i) o agente político relevante indica o dirigente do órgão ou da empresa estatal, com metas de desvio de dinheiro; (ii) o dirigente indicado frauda a licitação para contratar empresa que seja parte no esquema; (iii) a empresa contratada superfatura o contrato para gerar o excedente do dinheiro que vai ser destinado ao agente político que fez a indicação, ao partido e aos correligionários. Note-se bem: este não foi um esquema isolado! Este foi o

---

3 Deixo de fora dessa análise o caso específico do ex-Presidente Lula, em relação ao qual alguns erros da Operação Lava Jato e algum grau de contaminação política levaram o STF, por maioria, a reconhecer a incompetência do juízo em que condenado, assim como a suspeição do juiz.

4 Alessandra Saraiva e Robson Salle, PIB do Brasil cai 7,2%, pior recessão desde 1948. *Valor Econômico*, 7 mar. 2017.

modelo padrão. A ele se somam a cobrança de propinas em empréstimos públicos, a venda de dispositivos em medidas provisórias, leis ou decretos; os achaques em comissões parlamentares de inquérito, para citar alguns exemplos mais visíveis. Nesse ambiente, faz pouca diferença saber se o dinheiro vai para a campanha, para o bolso ou um pouco para cada um. Porque o problema maior não é para onde o dinheiro vai, e sim de onde ele vem: de uma cultura de desonestidade que foi naturalizada e passou a ser a regra geral.

Não é possível estudar o sistema punitivo entre nós sem levar em conta esses elementos: a violência espantosa na sociedade brasileira contemporânea, a fragilidade do direito penal em coibir a corrupção e, ademais, os excessos, a leniência e a desigualdade que o caracterizam.

II Direitos e garantias penais na Constituição de 1988 e na jurisprudência do Supremo Tribunal Federal

1 Legalidade penal

"Art. 5º Todos são iguais perante a lei, sem distinção de qualquer natureza, garantindo-se aos brasileiros e aos estrangeiros residentes no País a inviolabilidade do direito à vida, à liberdade, à igualdade, à segurança e à propriedade, nos termos seguintes:

XXXIX – não há crime sem lei anterior que o defina, nem pena sem prévia cominação legal".

A legalidade penal ou princípio da reserva legal em matéria penal é importante conquista civilizatória e vem expressa em diferentes documentos internacionais de direitos humanos, pelo menos desde a Declaração de Direitos do Homem e do Cidadão, editada pela Assembleia Nacional da França, em 1789[5]. Na Declaração Universal dos Direitos Humanos, aprovada pela Assembleia Geral da ONU, em 1948, a garantia vem prevista expressamente no art. 11, 2:

"Art. 11. 2. Ninguém poderá ser culpado por qualquer ação ou omissão que, no momento, não constituíam delito perante o direito nacional ou internacional. Também não será imposta pena mais forte de que aquela que, no momento da prática, era aplicável ao ato delituoso".

Como visto anteriormente (Parte IV, cap. III, II, 2) o princípio da legalidade manifesta-se em dois subprincípios: (i) *preferência* ou *preeminência da lei* e (ii) *reserva da lei*. *Preferência da lei* significa que se um ato infralegal estiver em conflito com uma lei, é ela que prevalece. *Reserva de lei ou reserva legal*, por sua vez, significa que determinadas matérias só podem ser tratadas por lei, sendo inválida a utilização de outra espécie normativa inferior. O subprincípio da reserva legal comporta, ainda, especificações que permitem identificar duas grandes categorias: (i) reserva de lei material ou formal; e (ii) reserva absoluta ou relativa de lei.

No primeiro caso, haverá reserva de lei formal quando se exigir a observância do processo legislativo próprio das leis ordinárias disciplinado na Constituição; ao passo que a reserva de lei apenas em sentido material admite o tratamento, por exemplo, por medida provisória. Quanto ao segundo caso, a reserva de lei será absoluta quando se exija do legislador que esgote o tratamento da matéria no relato da norma, sem deixar espaço remanescente para a atuação discricionária dos agentes públicos que vão aplicá-la. Será relativa a reserva legal quando se admitir a atuação subjetiva integradora do aplicador da norma ao dar-lhe concreção. Pois bem: em matéria penal, o princípio se traduz em *reserva absoluta de lei formal*. Vale dizer: o princípio da legalidade se converte em princípio da tipicidade.

A despeito da clareza da dicção constitucional, a jurisprudência do Supremo Tribunal Federal já se deparou com situações dúbias na matéria. Abaixo, dois julgados em que o tema se colocou:

a) *Previsão de crime em convenção internacional não dispensa a exigência de lei tipificadora* (HC n. 96.007). Um casal de pastores foi denunciado por lavagem de dinheiro e ocultação de bens. Tal crime pressupõe a prática de uma infração penal antecedente, tendo sido apontada como tal a de "organização criminosa". O crime de organização criminosa é previsto na Convenção das Nações

---

5 DDHC: "Art. 8º. A Lei apenas deve estabelecer penas estrita e evidentemente necessárias, e ninguém pode ser punido senão em virtude de uma lei estabelecida e promulgada antes do delito e legalmente aplicada".

Unidas contra o Crime Organizado Transnacional (Convenção de Palermo), firmada pelo Brasil e devidamente internalizada, mediante aprovação do Congresso Nacional e promulgação por ato presidencial[6]. Nada obstante, a Primeira Turma do STF, por unanimidade, decidiu não ser suficiente a existência do tratado, afirmando que somente lei produzida pelo Congresso Nacional poderia qualificar-se como fonte formal válida para a tipificação de condutas ou conceituação de crimes[7]. Posteriormente, a Lei n. 12.850/2013 veio definir o delito de organização criminosa.

b) *Enquadramento do crime de homofobia na lei de racismo* (ADO n. 26). Como registrado anteriormente, ao julgar esta ação o Tribunal reconheceu a mora do Congresso Nacional em cumprir o mandado de criminalização contido no art. 5º, XLI, da Constituição, que determina que "a lei punirá qualquer discriminação atentatória dos direitos e liberdades fundamentais". O que, naturalmente, inclui atos de violência física e psicológica praticados em razão da orientação sexual ou da identidade de gênero da vítima. Diante da omissão do Poder Legislativo, a decisão do STF determinou o enquadramento das práticas de homofobia e transfobia no conceito de racismo, para fins de responsabilização penal, até que o Poder Legislativo edite legislação específica[8]. No fundo, retomou-se a lógica do julgamento do caso Ellwanger, em que se tratou como racismo a tentativa de inferiorização e estigmatização de grupos sociais historicamente vulneráveis. No entanto, votos divergentes entenderam que, na prática, o STF estaria prevenindo um tipo penal novo, por criação judicial, sem prévia lei tipificadora[9].

O rigor na exigência de lei formal para o tratamento de matéria penal pode ser relativizado apenas em hipóteses excepcionalíssimas. Como é o caso da definição, por meio de Portaria do Ministério da Saúde, das substâncias entorpecentes que dão ensejo aos crimes descritos na Lei n. 11.343/2006[10]. Ou ainda, nas raras situações em que se utiliza de medida provisória para veiculação de norma penal que se afigure favorável ao acusado[11].

2 Irretroatividade da lei penal

"Art. 5º Todos são iguais perante a lei, sem distinção de qualquer natureza, garantindo-se aos brasileiros e aos estrangeiros residentes no País a inviolabilidade do direito à vida, à liberdade, à igualdade, à segurança e à propriedade, nos termos seguintes:

XL – a lei penal não retroagirá, salvo para beneficiar o réu".

A regra geral, em Direito, é que as leis se apliquem prospectivamente, isto é, da data da sua publicação para frente. No normal da vida, a retroatividade é vedada, notadamente quando afete direito adquirido, ato jurídico perfeito e a coisa julgada[12]. E, obviamente, tal regra também vale para as normas penais que criem tipificações novas ou agravem as penas existentes. A exceção à não retroatividade é a que vem contemplada no preceito aqui em exame: se a lei nova beneficiar o réu, ela deverá retroagir.

A vedação à retroatividade *in pejus* e sua previsão quando favorável ao réu vem de longe, tendo figurado na Declaração de Direitos de Virgínia, nos Estados Unidos, de 1776[13], assim como consta

---

6 Convenções e tratados internacionais são negociados e assinados pelo Poder Executivo. Na sequência, são submetidos à aprovação do Congresso Nacional, ratificados pelo Poder Executivo e entram em vigor por decreto presidencial que os promulgam. No caso, a chamada Convenção de Palermo foi aprovada pelo Decreto Legislativo n. 231, de 29.05.2003, e promulgada pelo Decreto n. 5.015, 12.03.2004.

7 HC 96.007, Rel. Min. Marco Aurélio, j. 12.06.2012.

8 STF, ADO n. 26, Rel. Min. Celso de Mello, *DJe* 5 out. 2020.

9 Nesse sentido foi a posição dos Ministros Marco Aurélio, Dias Toffoli e Ricardo Lewandowski, que assinalou em seu voto: "A extensão do tipo penal para abarcar situações não especificamente tipificadas pela norma penal incriminadora parece-me atentar contra o princípio da reserva legal, que constitui uma fundamental garantia dos cidadãos, que promove a segurança jurídica de todos".

10 Art. 66 da Lei n. 11.343/2006.

11 RE 254.818, Rel. Min. Sepúlveda Pertence, j. 19.12.2002.

12 Constituição Federal, art. 5º: "XXXVI – a lei não prejudicará o direito adquirido, o ato jurídico perfeito e a coisa julgada".

13 Declaração de Virgínia: "Art. 9º. Todas as leis que têm efeito retroativo, feitas para punir delitos anteriores a sua existência, são opressivas, e é necessário, evitar decretá-las".

atualmente, do art. 9º da Convenção Americana sobre Direitos Humanos (Pacto de San Jose da Costa Rica), que foi internalizada e é direito vigente no Brasil:

> "Art. 9º. Todas as leis que têm efeito retroativo, feitas para punir delitos anteriores a sua existência, são opressivas, e é necessário, evitar decretá-las"[14].

Portanto, a lei penal superveniente que se mostrar mais benéfica ao acusado deverá incidir sobre fatos pretéritos. Na grande maioria dos casos, não há muita dificuldade em aplicar essa vertente do princípio da irretroatividade da lei penal mais gravosa, bastando que o julgador faça incidir a lei penal mais benigna. Foi o que ocorreu, por exemplo, com o crime de adultério, originalmente previsto no art. 240 do Código Penal, e que veio a sofrer o fenômeno da *abolitio criminis*, ou descriminalização, com a edição da Lei n. 11.106/2005. A consequência prática, nessas situações, é a extinção da punibilidade, na forma do art. 107, inciso III, do Código Penal, cessando, de imediato, os efeitos penais da sentença condenatória[15].

A questão, no entanto, pode ganhar complexidades e ambiguidades em algumas situações, como as que foram enfrentadas pela jurisprudência do Supremo Tribunal Federal, conforme narrado abaixo:

a) *Aplica-se a lei mais benéfica mesmo na fase de execução penal* (RE n. 534.384). Reformando decisão de Tribunal de Justiça estadual, o STF assentou que o trânsito em julgado da sentença penal condenatória não impede a aplicação, mesmo em fase de execução, da lei ou de entendimento judicial mais benéficos sobre o regime de cumprimento da pena[16]. A matéria, inclusive, é objeto da Súmula n. 611, do seguinte teor: "Transitada em julgado a sentença condenatória, compete ao juízo das execuções a aplicação da lei mais benigna".

b) *É preciso escolher o conjunto normativo de uma das leis, não sendo possível a combinação dos dispositivos mais favoráveis da lei anterior e da lei posterior* (HC n. 68.416). Se a lei anterior for mais favorável, confere-se a ela *ultratividade*, permitindo que mesmo revogada produza seus efeitos em relação aos fatos ocorridos antes da lei nova. A questão se torna mais nebulosa quando lei penal superveniente seja em parte mais favorável e em parte prejudicial ao réu. A possibilidade de mescla de dispositivos favoráveis ao réu da lei anterior e da lei nova tem dividido a doutrina. No Tribunal, no entanto, apesar de divergências, tem prevalecido o entendimento de que não é possível a combinação, cabendo ao intérprete verificar qual o conjunto normativo mais benéfico, o anterior ou o novo:

> "Os princípios da ultra e da retroatividade da *lex mitior* não autorizam a combinação de duas normas que se conflitam no tempo para se extrair uma terceira que mais beneficie o réu"[17].

c) *Se a lei nova trouxer dispositivo acerca de tema que não foi tratado pela lei anterior, a combinação é possível* (RE n. 596.152). A despeito do precedente referido acima, caso interessante surgiu com a nova Lei de Drogas (Lei n. 11.343/2006) que substituiu a anterior (Lei n. 6.368/76). Embora a lei nova tenha agravado as penas do tráfico, ela introduziu uma minorante da pena, aplicável ao pequeno traficante, previsão que não constava da lei anterior. Neste caso, cinco ministros entenderam que não se trataria, na hipótese, de mescla de leis, mas de aplicação de uma previsão inédita. Outros cinco ministros consideraram que se tratava de combinação de leis diversas, rejeitada pela jurisprudência do Tribunal. Como houve empate de 5 a 5 – havia uma vaga no STF pendente de ser preenchida –, proclamou-se o resultado a favor do réu[18]. Seja como for, a orientação atual prevalecente tem proibido o fenômeno da chamada "mescla de leis".

---

14 Ao aplicar este artigo, a Corte Interamericanda de Direitos Humanos condenou o Paraguai por não aplicar, a um réu condenado por crime de difamação, a legislação superveniente mais favorável. Corte Interamericana de Direitos Humanos. Caso Ricardo Canese Vs. Paraguai. Sentença de 31 de agosto de 2004. Disponível em: https://www.corteidh.or.cr/docs/casos/articulos/seriec_111_por.pdf.

15 Código Penal: **Extinção da punibilidade.** "Art. 107 – Extingue-se a punibilidade: III – pela retroatividade de lei que não mais considera o fato como criminoso".

16 STF, RE n. 534.384, Rel. Min. Cezar Peluso, j. 21.10.2008: "Equivocou-se o Tribunal *a quo* ao afirmar que o regime de cumprimento da pena não pode alterado após o trânsito em julgado da sentença condenatória sob pena de violação à coisa julgada, pois a sentença penal transita em julgado com a cláusula *rebus sic stantibus*".

17 STF, HC n. 68.416/DF, Rel. Min. Paulo Brossard, j. 8.09.92.

18 RE 596.152, Redator para o acórdão Min. Ayres Britto, j. 13.10.2011.

d) *Leis de conteúdo misto – penal e processual penal – também podem ensejar retroatividade benigna. Mas não é possível a cisão de preceitos, para aplicação de apenas um deles.* Em se tratando de norma puramente processual, incide o princípio do *tempus regit actum*, ou seja, a lei processual penal aplica-se desde logo, sem prejuízo da validade dos atos praticados sob a vigência da lei anterior (art. 2º do CPP). Todavia, nos casos de leis veiculadoras de normas penais e processuais penais, simultaneamente, a questão torna-se um pouco mais tormentosa. Em caso envolvendo alteração do art. 366 do CPP, que trata, a um só tempo, de matéria processual (suspensão do processo) – mais favorável ao réu – e matéria penal (suspensão da prescrição) – menos favorável ao réu –, o STF decidiu que a cisão entre os preceitos seria impossível e que a norma penal deveria prevalecer. Assim sendo, cassou a decisão que suspendera o processo e o curso da prescrição, determinando a continuidade do julgamento da ação penal[19].

3 Pessoalidade da pena

"Art. 5º Todos são iguais perante a lei, sem distinção de qualquer natureza, garantindo-se aos brasileiros e aos estrangeiros residentes no País a inviolabilidade do direito à vida, à liberdade, à igualdade, à segurança e à propriedade, nos termos seguintes:

XLV – nenhuma pena passará da pessoa do condenado, podendo a obrigação de reparar o dano e a decretação do perdimento de bens ser, nos termos da lei, estendidas aos sucessores e contra eles executadas, até o limite do valor do patrimônio transferido".

O princípio da pessoalidade da pena, da intransmissibilidade da sanção ou da intranscendência consta do ordenamento jurídico brasileiro desde a Constituição do Império[20], havendo sido reproduzido nos documentos constitucionais subsequentes – salvo a Carta ditatorial de 1937 – até chegar à atual formulação do inciso XLV do art. 5º da CF/88. Nele se materializa a superação de uma longa fase da história da humanidade em que a aplicação da pena se estendia aos familiares do condenado. Como não poderia deixar de ser, a regra é reproduzida no Código Penal em vigor[21]. Exemplo emblemático entre nós é o das Ordenações Manuelinas (1521), o mais antigo Código Penal aplicado no Brasil, que previa a pena de morte na fogueira, confisco de bens e a infâmia sobre os filhos e descendentes do condenado por homossexualismo[22]. Também a sentença condenatória de Tiradentes, de 1872, declarou seus filhos e netos infames, com confisco de sua herança[23].

A pessoalização da pena significa, em primeiro lugar, portanto, que não é possível estender a punição a pessoa distinta da que foi condenada e que não tenha envolvimento com os fatos delituosos[24]. A ressalva constante do dispositivo constitucional diz respeito aos efeitos patrimoniais da condenação, que subsistem mesmo após eventual óbito do sentenciado, repercutindo sobre os direitos sucessórios de seus herdeiros. Em segundo lugar, para que as finalidades da sanção penal (preventivas e retributivas) atinjam os seus reais objetivos, é preciso que o infrator suporte, pessoalmente, as consequências de suas ações.

---

19 HC 75.284, Rel. Min. Moreira Alves, j. 21.05.2004.

20 Constituição Política do Império do Brasil, de 1824, art. 179: "XX. Nenhuma pena passará da pessoa do delinquente. Portanto não haverá em caso algum confiscação de bens, nem a infamia do Réo se transmittirá aos parentes em qualquer gráo, que seja".

21 Código Penal: "Art. 13. O resultado, de que depende a existência do crime, somente é imputável a quem lhe deu causa".

22 http://www1.ci.uc.pt/ihti/proj/manuelinas/l5p47.htm.

23 Conforme se observa no trecho da sentença proferida em 19 de abril de 1872: "Pelo abominável intento de conduzir os povos da capitania de Minas a uma rebelião, os juízes deste tribunal condenam ao réu Joaquim José da Silva Xavier, por alcunha o Tiradentes, alferes que foi da tropa paga da capitania de Minas, a que com baraço e pregão, seja conduzido pelas ruas públicas ao lugar da forca e nela morra morte natural para sempre, e que depois de morto lhe seja cortada a cabeça e levada a Vila Rica, onde em o lugar mais publico dela, será pregada, em um poste alto até que o tempo a consuma; e o seu corpo será dividido em quatro quartos e pregado em postes, pelo caminho de Minas, no sítio da Varginha e das Cebolas, onde o réu teve suas infames práticas, e os mais, nos sítios de maiores povoações, até que o tempo também os consuma; Declaram o réu infame, e seus filhos e netos, tendo os seus bens aplicados para o Fisco e Câmara Real, e a casa em que vivia em Vila Rica, será arrasada e salgada, para que nunca mais no chão se edifique, e no mesmo chão se erguerá um padrão, pelo qual se conserve a memória desse abominável réu" (Tribunal de Alçada do Rio de Janeiro (Autos do crime, 1795, p. 59-75, Biblioteca Nacional).

24 Código Penal: "Art. 29 – Quem, de qualquer modo, concorre para o crime incide nas penas a este cominadas, na medida de sua culpabilidade".

Assim sendo, não é possível a um terceiro assumir o ônus da condenação em substituição ao apenado, seja no caso de prisão ou de penas alternativas. No caso de pena de multa, porém, nada impede que alguém empreste ou faça doação do valor devido. Isso, todavia, não muda a relação entre o condenado e o Estado, do qual ele é o devedor.

Há um precedente interessante do Supremo Tribunal Federal na matéria:

– *Não é legítima a condenação que permita o cumprimento da pena alternativa por terceiros* (HC 68.309) [25]. Decisão da Justiça estadual condenou o acusado por crime de lesões corporais culposas, substituindo a pena pela prestação de serviços à comunidade, "consistente em doar seis litros de sangue, *por si ou por outrem*". A Primeira Turma do STF invalidou a condenação, determinando que nova decisão fosse proferida, assentando:

> "Vulnera o princípio da incontagiabilidade da pena a decisão judicial que permite ao condenado fazer-se substituir, por terceiro absolutamente estranho ao ilícito penal, na prestação de serviços à comunidade".

Uma última observação: a condenação criminal, sobretudo à pena de prisão, com frequência repercutirá, ainda que indiretamente, sobre terceiros, geralmente familiares do réu. De fato, além de privações afetivas, haverá repercussões sobre a renda da família. Por essa razão, a legislação prevê o pagamento de um auxílio--reclusão aos dependentes do segurado de baixa renda recolhido à prisão em regime fechado[26].

4 Individualização da pena

> "Art. 5º Todos são iguais perante a lei, sem distinção de qualquer natureza, garantindo-se aos brasileiros e aos estrangeiros residentes no País a inviolabilidade do direito à vida, à liberdade, à igualdade, à segurança e à propriedade, nos termos seguintes:
>
> *XLVI – a lei regulará a individualização da pena e adotará, entre outras, as seguintes: a) privação ou restrição da liberdade; b) perda de bens; c) multa; d) prestação social alternativa; e) suspensão ou interdição de direitos.*
>
> *XLVIII – a pena será cumprida em estabelecimentos distintos, de acordo com a natureza do delito, a idade e o sexo do apenado".*

O princípio da individualização da pena ingressou no direito constitucional brasileiro com a Carta de 1946[27], tendo sido mantido nas Constituições subsequentes. A individualização da pena passou a ser uma garantia fundamental do sentenciado, assegurando-lhe o direito de uma sanção customizada, livre de qualquer tipo de padronização. Anteriormente, entendia-se que o juiz teria discricionariedade plena para livre fixação da pena, dentro, naturalmente, do mínimo e do máximo legalmente previsto. Pelo princípio da individualização, o órgão judicial deverá observar determinados parâmetros objetivos e subjetivos, referidos como *circunstâncias judiciais*, como se verá a seguir. Em suma: cada pessoa tem o direito de ser tratada como única, recebendo do Estado a pena justa, adequada e proporcional.

A garantia da individualização da pena é estruturada em três fases:

(i) *Legislativa*, em que o legislador, após estabelecer as condutas típicas, define, em abstrato, a intensidade da sanção aplicável ao delito, – tempo mínimo e máximo da pena e/ou da multa –, levando em conta o bem jurídico violado;

(ii) *Judicial*, que envolve a aplicação particularizada da pena ao caso concreto, com a fixação objetiva do prazo de duração, se for de prisão, e de multa, se aplicável; e

(iii) *Executória*, em que a pena é efetivamente aplicada. A atividade aqui é predominantemente administrativa, embora sob supervisão judicial, e se desenrola no sistema penitenciário, se a sanção for privativa de liberdade. Essa é a parte mais problemática de todo o sistema punitivo.

---

25 HC 68.309, Rel. Min. Celso de Mello, j. 27.11.1990.

26 Lei da Previdência Social (Lei n. 8.213/1991): "Art. 80. O auxílio-reclusão, cumprida a carência prevista no inciso IV do *caput* do art. 25 desta Lei, será devido, nas condições da pensão por morte, aos dependentes do segurado de baixa renda recolhido à prisão em regime fechado que não receber remuneração da empresa nem estiver em gozo de auxílio--doença, de pensão por morte, de salário-maternidade, de aposentadoria ou de abono de permanência em serviço.

27 Constituição de 1946, art. 141: "'§ 29. A lei penal regulará a individualização da pena e só retroagirá quando beneficiar o réu".

Na fase judicial, o juiz procederá à individualização da pena, levando em conta as denominadas *circunstâncias judiciais*, previstas no art. 59 do Código Penal[28]. Tais circunstâncias são tanto de natureza subjetiva – culpabilidade, antecedentes, conduta social e personalidade do agente – quanto objetiva – motivo, circunstâncias e consequências do crime. Não por acaso, utiliza-se uma expressão própria das ciências da área da saúde ("dosimetria") para transmitir a ideia de que cada condenado merece a dose certa e adequada do remédio capaz de corrigir o desequilíbrio verificado no organismo social[29]. Para tanto, o art. 68 do Código Penal determina a adoção do sistema trifásico, a saber: (i) na primeira fase, o juiz fixa a pena-base, a partir das circunstâncias do art. 59; (ii) na segunda fase, ele verificará a existência de atenuantes e agravantes; e (iii) na terceira fase, cabe-lhe apurar a existência de causas de diminuição e de aumento de pena.

A sentença determinará, também, o regime de cumprimento da pena, que será aplicada na fase executória. De acordo com o art. 33 do Código Penal[30], a pena de reclusão pode ser cumprida em regime fechado, semiaberto ou aberto e a de detenção em regime semiaberto ou aberto. Para cada um desses regimes, a legislação definiu estabelecimentos penais próprios, ante a exigência constitucional de que seja cumprida em estabelecimentos distintos, de acordo com a natureza do delito, a idade e o sexo do apenado (art. 5º, XLVIII).

Nesse e em outros temas afins, há importantes linhas jurisprudenciais do Supremo Tribunal Federal, como se aponta a seguir:

a) *É inconstitucional o dispositivo da Lei de Crimes Hediondos que veda a progressão de regime, em crimes dessa natureza, impondo que o cumprimento da pena seja integralmente em regime fechado* (HC n. 82.959)[31]. Reformando seu entendimento anterior, assentou o Tribunal:

> "Conflita com a garantia da individualização da pena – artigo 5º, inciso XLVI, da Constituição Federal – a imposição, mediante norma, do cumprimento da pena em regime integralmente fechado. Nova inteligência do princípio da individualização da pena, em evolução jurisprudencial, assentada a inconstitucionalidade do artigo 2º, § 1º, da Lei n. 8.072/90"[32].

b) *Viola o princípio da individualização da pena o cumprimento de pena em regime fechado, por inexistir vaga em estabelecimento adequado ao regime fixado na condenação* (HC e RE n. 641.320)[33]. Em essência, o Tribunal decidiu que a falta de estabelecimento penal adequado não autoriza a manutenção do condenado em regime prisional mais gravoso. Fixou-se, no julgamento, a seguinte tese de repercussão geral:

> "**a)** a falta de estabelecimento penal adequado não autoriza a manutenção do condenado em regime prisional mais gravoso; **b)** os juízes da execução penal poderão avaliar os estabelecimentos destinados aos regimes semiaberto e aberto, para qualificação como adequados a tais regimes. São aceitáveis estabelecimentos que não se qualifiquem como "colônia agrícola, industrial" (regime semiaberto) ou "casa de albergado ou estabelecimento adequado" (regime aberto; art. 33, § 1º, alíneas *b* e *c*); **c)** havendo déficit de vagas, deverá determinar-se: (i) a saída antecipada de sentenciado no regime com falta de vagas; (ii) a liberdade eletronicamente monitorada ao sentenciado que sai antecipadamente ou é posto em prisão domiciliar por falta de vagas; (iii) o cumprimento de penas restritivas de direito e/ou estudo ao sentenciado que progride ao regime aberto. Até que sejam estruturadas as medidas alternativas propostas, poderá ser deferida prisão domiciliar ao sentenciado".

c) *Direito dos transexuais e travestis de escolha se preferem cumprir pena em presídio masculino ou feminino* (ADPF n. 527)[34]. Após importante diálogo com diferentes órgãos do Poder Executivo, o rela-

---

28 Código Penal: "Art. 33 – A pena de reclusão deve ser cumprida em regime fechado, semiaberto ou aberto. A de detenção, em regime semi-aberto, ou aberto, salvo necessidade de transferência a regime fechado".

29 AP 1.015, Rel. Min. Ricardo Lewandowski, j. 11.11.2020.

30 Código Penal: "Art. 33. A pena de reclusão deve ser cumprida em regime fechado, semiaberto ou aberto. A de detenção, em regime semi-aberto, ou aberto, salvo necessidade de transferência a regime fechado".

31 STF, HC n. 82.959, Rel. Min. Marco Aurélio, j. 23.02.2006.

32 Na sequência, o STF aprovou, em 16.12.2009, a Súmula Vinculante n. 16, de seguinte teor: "Para efeito de progressão de regime no cumprimento de pena por crime hediondo, ou equiparado, o juízo da execução observará a inconstitucionalidade do art. 2º da Lei n. 8.072, de 25 de julho de 1990, sem prejuízo de avaliar se o condenado preenche, ou não, os requisitos objetivos e subjetivos do benefício, podendo determinar, para tal fim, de modo fundamentado, a realização de exame criminológico".

33 STF, RE n. 641.320, Rel. Min. Gilmar Mendes, j. 11.05.2016.

34 ADPF 527-MC, Rel. Min. Luís Roberto Barroso, decisão monocrática proferida em 18.03.2021.

tor decidiu que, considerando a vulnerabilidade das pessoas transexuais com identidade de gênero feminina, deveria ser assegurado a elas o direito de opção para o cumprimento da pena: (i) em estabelecimento prisional feminino; ou (ii) em estabelecimento prisional masculino, porém em área reservada, que garanta a sua segurança. Na individualização da sanção em sua fase executiva, considerou-se necessário acomodar, de um lado, questões de identidade de gênero e, de outro, relações de afeto e/ou estratégias de sobrevivência eventualmente estabelecidas, que minimizam o sofrimento de um grupo profundamente vulnerável e estigmatizado.

d) *É possível levar em conta a condenação criminal transitada em julgado há mais de 5 (cinco) anos para fins de valorar a existência de maus antecedentes* (RE n. 593.818)[35]. O Tribunal deixou claro que maus antecedentes não se confundem com reincidência. Os maus antecedentes são considerados na primeira fase da dosimetria, para fins de fixação da pena base. A reincidência é levada em conta, preferencialmente, na segunda fase, quando se consideram as circunstâncias agravantes do crime. O Código Penal veda que se leve em conta a reincidência, como agravantes, após decorridos 5 (cinco) anos do cumprimento da pena. Essa regra, no entanto, não se aplica à aferição de maus antecedentes. Como consequência, a maioria do Tribunal entendeu que não se pode retirar do julgador a possibilidade de aferir, no caso concreto, informações sobre a vida pregressa do agente, em observância aos princípios da individualização da pena e da isonomia. Fixou-se, assim, a seguinte tese: "Não se aplica ao reconhecimento dos maus antecedentes o prazo quinquenal de prescrição da reincidência, previsto no art. 64, I, do Código Penal".

5 Prisão e direito dos presos

"Art. 5º Todos são iguais perante a lei, sem distinção de qualquer natureza, garantindo-se aos brasileiros e aos estrangeiros residentes no País a inviolabilidade do direito à vida, à liberdade, à igualdade, à segurança e à propriedade, nos termos seguintes:

LXI. "ninguém será preso senão em flagrante delito ou por ordem escrita e fundamentada de autoridade judiciária competente, salvo nos casos de transgressão militar ou crime propriamente militar, definidos em lei".

LXII – a prisão de qualquer pessoa e o local onde se encontre serão comunicados imediatamente ao juiz competente e à família do preso ou à pessoa por ele indicada;

LXIII – o preso será informado de seus direitos, entre os quais o de permanecer calado, sendo-lhe assegurada a assistência da família e de advogado;

LXIV – o preso tem direito à identificação dos responsáveis por sua prisão ou por seu interrogatório policial;

LXV – a prisão ilegal será imediatamente relaxada pela autoridade judiciária;

LXVI – ninguém será levado à prisão ou nela mantido, quando a lei admitir a liberdade provisória, com ou sem fiança".

O sistema punitivo brasileiro prevê três espécies de pena: privativa de liberdade, restritiva de direito e multa. A prisão é a consequência mais drástica da violação da lei penal. Ela significa a privação da liberdade de locomoção de uma pessoa, geralmente com seu recolhimento ao cárcere. Curiosamente, a restrição à liberdade de ir e vir significou um notável avanço civilizatório, já que surgiu em substituição às penas de morte e corporais, muitas vezes com requintes de crueldade. A despeito da existência de respeitáveis posições abolicionistas da segregação prisional, assim como de defesa de outras alternativas para a proteção dos bens jurídicos mais relevantes para a sociedade, a prisão ainda hoje é compreendida como um "mal necessário"[36].

A prisão de qualquer pessoa, notadamente quando anterior ao julgamento, é exceção dentro do sistema punitivo brasileiro. Por isso mesmo, ninguém deverá ser mantido preso quando a lei admitir liberdade provisória, com ou sem fiança (art. 5º, LXVI). A regra geral é a de qua a prisão dependerá de *ordem judicial,* ou seja, somente um juiz competente pode decretá-la. As exceções são a prisão em flagrante (que pode ser feita por "qualquer do povo"[37]) e as decorrentes de delitos de natureza militar (art. 5º, LXI). O ordenamento jurídico brasileiro admite as seguintes espécies de prisão: i) prisão extrapenal (prisão civil, prisão

---

35   RE 593.818, Rel. Min. Luís Roberto Barroso, j. 18.08.2020.

36   Alberto Silva Franco, *Temas de direito penal:* breves anotações sobre a Lei n. 7.209/84. São Paulo: Saraiva, 1986.

37   Código de Processo Penal: "Art. 301. Qualquer do povo poderá e as autoridades policiais e seus agentes deverão prender quem quer que seja encontrado em flagrante delito".

administrativa, prisão militar); ii) prisão penal (decorrente de sentença penal condenatória definitiva); iii) prisão cautelar, provisória ou processual, que é a prisão decretada antes do trânsito em julgado de sentença penal condenatória[38]. São modalidades de prisão provisória: a prisão em flagrante, a prisão preventiva e a prisão temporária. Como se vê, no âmbito penal, a prisão pode se dar antes ou após o julgamento. Após o julgamento final, ela será definitiva, sujeita apenas à revisão criminal.

5.1   Modalidades de prisão anteriormente ao julgamento[39]

A *prisão em flagrante* é aquela que se dá em contexto de extrema proximidade temporal e visual do fato criminoso[40]. Ela só é possível em situações em que praticamente não haja dúvida acerca da materialidade e da autoria do crime, ou seja, de que ele de fato ocorreu e quem o praticou. O art. 302 do Código de Processo Penal descreve as hipóteses de flagrante[41]. A prisão em flagrante deverá ser comunicada imediatamente ao juiz competente (art. 5º, LXIII), assegurado ao preso o direito à identificação dos responsáveis pela prisão ou por seu interrogatório policial (art. 5º, LXIV). O flagrante deixou de ser um título autônomo de prisão, tendo a legislação passado a exigir, para sua manutenção, a presença dos requisitos para a prisão preventiva[42]. No caso de parlamentares, a prisão em flagrante somente pode ocorrer por crime inafiançável, com remessa dos autos dentro de 24 horas para a Casa legislativa respectiva, que deliberará sobre a manutenção da prisão, nos termos do art. 53, § 2º da Constituição[43].

A *prisão temporária* é modalidade de prisão cautelar, disciplinada pela Lei n. 7.960, de 21.12.1989. O juiz pode decretá-la por 5 dias, prorrogáveis por igual período, quando imprescindível para as investigações do inquérito policial. A prisão temporária somente é possível quando houver fundadas razões de autoria ou participação em crimes graves, como homicídio, sequestro, roubo, extorsão, estupro, tráfico de drogas e quadrilha ou bando, entre outros previstos na lei (art. 3º). O Supremo Tribunal Federal considerou constitucional a lei, desde que cumulativamente presentes os requisitos – imprescindibilidade para a investigação e indícios de cometimento de um dos crimes previstos –, mas vedou, expressamente, sua decretação com a finalidade exclusiva de interrogar o indiciado[44].

A *prisão preventiva* é igualmente prevista na legislação processual penal, como garantia da ordem pública, da ordem econômica, por conveniência da instrução criminal ou para assegurar a aplicação da lei penal, quando houver prova da existência do crime e indício suficiente de autoria e de perigo gerado pelo estado de liberdade do imputado (CPP, art. 312). Ela se destina, entre outras finalidades, a afastar do convívio social indivíduos que representem uma ameaça para os demais, bem como evitar a destruição de provas ou a fuga do suspeito. O Código de Processo Penal prevê situações em que a prisão preventiva poderá ser substituída por prisão domiciliar (art. 318)[45]. O Supremo Tribunal Federal já decidiu que:

a)   *Não é suficiente para a prisão preventiva a alegação da gravidade abstrata do crime*, devendo-se apontar o enquadramento concreto nas categorias do art. 321, isto é, por qual risco efetivo deve o

---

38   Renato Brasileiro de Lima, *Manual de Processo Penal*, 2020, p. 963.

39   Sobre o tema, v. Rogério Schietti Cruz, *Prisão cautelar:* dramas, princípios e alternativas. Salvador: Jus Podium, 2022.

40   Eugênio Paccelli de Oliveira e Douglas Fishcer, *Comentários ao Código de Processo Penal e sua Jurisprudência.* São Paulo: Atlas, 2010, p. 574.

41   Código Penal: "Art. 302. Considera-se em flagrante delito quem: I - está cometendo a infração penal; II - acaba de cometê-la; III - é perseguido, logo após, pela autoridade, pelo ofendido ou por qualquer pessoa, em situação que faça presumir ser autor da infração; IV - é encontrado, logo depois, com instrumentos, armas, objetos ou papéis que façam presumir ser ele autor da infração".

42   Lei n. 12.403/2011: "Art. 310. Ao receber o auto de prisão em flagrante, o juiz deverá fundamentadamente: I – relaxar a prisão ilegal; ou II – converter a prisão em flagrante em preventiva, quando presentes os requisitos constantes do art. 312 deste Código, e se revelarem inadequadas ou insuficientes as medidas cautelares diversas da prisão; ou III- conceder liberdade provisória, com ou sem fiança".

43   Constituição Federal, art. 53: "§ 2º Desde a expedição do diploma, os membros do Congresso Nacional não poderão ser presos, salvo em flagrante de crime inafiançável. Nesse caso, os autos serão remetidos dentro de vinte e quatro horas à Casa respectiva, para que, pelo voto da maioria de seus membros, resolva sobre a prisão".

44   STF, ADI n. 4.109, Red. p/ ac. Min. Luiz Edson Fachin, j. 14 fev. 2022.

45   Código de Processo Penal: "Art. 318. Poderá o juiz substituir a prisão preventiva pela domiciliar quando o agente for: I – maior de 80 (oitenta) anos; II – extremamente debilitado por motivo de doença grave; III – imprescindível aos cuidados especiais de pessoa menor de 6 (seis) anos de idade ou com deficiência; IV – gestante; V – mulher com filho de até 12 (doze) anos de idade incompletos; VI – homem, caso seja o único responsável pelos cuidados do filho de até 12 (doze) anos de idade incompletos. Parágrafo único. Para a substituição, o juiz exigirá prova idônea dos requisitos estabelecidos neste artigo".

acusado ser privado de sua liberdade antes do julgamento[46]. Naturalmente, nos casos de crime praticado com violência ou ameaça grave – homicídio, roubo, estupro –, o ônus argumentativo da demonstração da periculosidade é bem mais simples[47];

b) *A prisão preventiva é medida de natureza cautelar e não de antecipação da punição do réu*[48]. Por essa razão, ela somente se justifica em situações nas quais exista risco de reiteração delitiva, interferência com a instrução probatória ou risco de evasão;

c) *A inobservância da previsão do parágrafo único do art. 316 do CPP não implica automática revogação da prisão preventiva*. O referido dispositivo prevê que a decisão pela prisão preventiva deverá ser revisada a cada 90 dias, sob pena de tornar a prisão ilegal. Em decisão proferida em Suspensão de Liminar, ratificada em Plenário, firmou-se a seguinte tese: "A inobservância do prazo nonagesimal do art. 316 do Código de Processo Penal não implica automática revogação da prisão preventiva, devendo o juízo competente ser instado a reavaliar a legalidade e a atualidade de seus fundamentos"[49].

A legislação prevê, também, a prisão preventiva para fins de extradição (Lei n. 13.445/2017, art. 84), sendo que a jurisprudência do STF considera, como regra geral, que o recolhimento à prisão é pressuposto indispensável ao processamento do pedido de extradição[50], entendimento que tem sido atenuado[51]. Em matéria de prisão civil, admite-se que ela recaia sobre o responsável pelo inadimplemento voluntário e inescusável de obrigação alimentícia (inciso LXVII do art. 5º da CF/88 e art. 528 do CPC). Porém, em virada jurisprudencial, o STF passou a considerar ilegítima a prisão civil do depositário infiel, qualquer que seja a modalidade do depósito. Assim fez por dar *status* supralegal à Convenção Americana de Direitos Humanos (Pacto de São José da Costa Rica), que proíbe a prisão por dívida, salvo no caso do devedor de alimentos[52]. Com relação aos casos de transgressão militar ou crime propriamente militar, contidos na parte final do inciso LXI do art. 5º da Constituição, não se exige a configuração do flagrante delito ou a expedição de uma ordem escrita e fundamentada da autoridade judiciária competente para que se realize a prisão. Tanto que, no tocante às punições disciplinares militares, o § 2º do art. 142 da CF/88 não admite o ajuizamento de *habeas corpus*, regra cujo sentido foi atenuado pela jurisprudência do Supremo Tribunal Federal[53].

5.2 Prisão após o julgamento

Concluída a instrução probatória, o juiz proferirá sentença, que poderá ser absolutória (CPP, art. 386) ou condenatória (CPP, art. 387), observadas as especificidades próprias quando se tratar de julgamento por tribunal do júri (CPP, art. 492). Transitada em julgado a decisão condenatória, tem início a sua execução (CPP, art. 668 e Lei de Execução Penal). Findo o processo, o conteúdo do julgado somente poderá ser alterado nas hipóteses estreitas de cabimento de revisão criminal[54]. Questão que gerou acalorado debate na sociedade, na doutrina e na jurisprudência, com oscilação do entendimento do próprio Supremo Tribunal Federal, diz respeito à possibilidade de dar início à execução da sentença condenatória após o julgamento

---

46 STF, HC n. 87.343, 2ª T., Rel. Min. Cezar Peluso, j. 24.04.2007; e HC n. 156.371, 1ª T., Rel. Min. Marco Aurélio, j. 26.03.2019.

47 STF, HC n. 133.812, 1ª T., Rel. Min. Luís Roberto Barroso, j. 12.06.2018: "Nas hipóteses envolvendo crimes praticados com especial violência ou grave ameaça a pessoa, o ônus argumentativo em relação à periculosidade concreta do agente é menor".

48 STF, HC n. 93.883, 2ª T., Rel. Min. Celso de Mello, j. 26.08.2008.

49 STF, SL n. 1.395, Rel. Min. Luiz Fux, j. 15.10.2020.

50 STF, EXT n. 1.121-AgR, Rel. Min. Celso de Mello, j. 04.09.2008.

51 EXT 1.254-QO, Rel. Ayres Britto, j. 06.09.2011. Inclusive, a Lei n. 13.445/2017 passou a permitir a prisão domiciliar ou mesmo a liberdade enquanto tramita o processo.

52 RE 466.343, Rel. Min. Cezar Peluso, j. 03.12.2008; e Súmula Vinculante n. 25 do STF: "É ilícita a prisão civil de depositário infiel, qualquer que seja a modalidade do depósito".

53 RHC 88.543, Rel. Min. Ricardo Lewandowski, j. 03.04.2007. Na oportunidade, a Primeira Turma do STF deixou consignado que, não se tratando de crime militar definido em lei, aspectos relacionados à "legalidade da imposição de punição constritiva de liberdade" podem ser discutidos por meio de HC.

54 Código de Processo Penal: "Art. 621. A revisão dos processos findos será admitida: I - quando a sentença condenatória for contrária ao texto expresso da lei penal ou à evidência dos autos; II - quando a sentença condenatória se fundar em depoimentos, exames ou documentos comprovadamente falsos; III - quando, após a sentença, se descobrirem novas provas de inocência do condenado ou de circunstância que determine ou autorize diminuição especial da pena.

em segundo grau, mesmo na pendência de recurso especial ou extraordinário. A questão será retomada pouco mais à frente, no exame da cláusula de presunção de inocência.

5.3 Audiência de custódia e juiz de garantias

A *audiência de custódia* configura um ato de natureza processual penal por meio do qual o preso é conduzido à presença da autoridade judiciária para que se verifiquem as circunstâncias da prisão. Possui duas finalidades principais: avaliar a real necessidade da privação da liberdade, com a possibilidade de sua substituição por medida cautelar diversa da prisão (CPP, art. 319[55]); e assegurar a integridade física e psíquica da pessoa submetida ao rigor do Estado, verificando se o preso sofreu algum tipo de violência. Trata-se de medida com previsão no Pacto Internacional sobre Direitos Civis e Políticos (art. 9.3) e na Convenção Americana sobre Direitos Humanos (art. 7.5), e que cumpre, ainda, as recomendações contidas na Convenção Contra a Tortura e Outros Tratamentos ou Penas Cruéis, Desumanos ou Degradantes. Sua realização encontra-se prevista no art. 310 do Código de Processo Penal[56].

A introdução da figura do *juiz de garantias*, pela Lei n. 13.964/2019, visou a reforçar o sistema acusatório no direito processual penal brasileiro. Como se sabe, são três os principais sistemas adotados para a resposta punitiva do Estado: o acusatório, o inquisitivo e o misto. O sistema *acusatório* caracteriza-se por uma clara distinção entre a função de promover a imputação penal e a de julgar, devendo a atividade de produção da prova ser exercida integralmente pelas partes. Nesse modelo, o julgador atua como terceiro imparcial e inerte, que confere tratamento igualitário às partes e profere, ao final do procedimento, a decisão da causa, a partir do seu livre convencimento motivado.

No sistema *inquisitivo*, em outros tempos adotados pela Igreja Católica, o juiz atua como parte: dirige o processo, acusa e julga. O procedimento costumava ser escrito e secreto, sem garantia de contraditório. No Brasil vigoraria um sistema *misto:* predominantemente inquisitivo na fase pré-processual (investigação e inquérito policial) e preponderantemente acusatório na fase processual. A introdução da figura do juiz de garantias reforça o caráter acusatório do sistema: caberia a ele o controle da legalidade da investigação criminal e dos direitos do acusado, sem iniciativa na instrução probatória. Sua atuação cessaria com o recebimento da denúncia ou queixa. A partir daí, atuaria outro juiz, o da instrução e julgamento. Até meados de 2022, a inovação se encontrava suspensa por decisão da presidência do STF[57].

6 Direito à não autoincriminação

"Art. 5º Todos são iguais perante a lei, sem distinção de qualquer natureza, garantindo-se aos brasileiros e aos estrangeiros residentes no País a inviolabilidade do direito à vida, à liberdade, à igualdade, à segurança e à propriedade, nos termos seguintes:

*LXIII – o preso será informado de seus direitos, **entre os quais o de permanecer calado**, sendo-lhe assegurada a assistência da família e de advogado".*

---

[55] "Art. 319. São medidas cautelares diversas da prisão: I – comparecimento periódico em juízo, no prazo e nas condições fixadas pelo juiz, para informar e justificar atividades; II – proibição de acesso ou frequência a determinados lugares quando, por circunstâncias relacionadas ao fato, deva o indiciado ou acusado permanecer distante desses locais para evitar o risco de novas infrações; III – proibição de manter contato com pessoa determinada quando, por circunstâncias relacionadas ao fato, deva o indiciado ou acusado dela permanecer distante; IV – proibição de ausentar-se da Comarca quando a permanência seja conveniente ou necessária para a investigação ou instrução; V – recolhimento domiciliar no período noturno e nos dias de folga quando o investigado ou acusado tenha residência e trabalho fixos; VI – suspensão do exercício de função pública ou de atividade de natureza econômica ou financeira quando houver justo receio de sua utilização para a prática de infrações penais; VII – internação provisória do acusado nas hipóteses de crimes praticados com violência ou grave ameaça, quando os peritos concluírem ser inimputável ou semi-imputável (art. 26 do Código Penal) e houver risco de reiteração; VIII – fiança, nas infrações que a admitem, para assegurar o comparecimento a atos do processo, evitar a obstrução do seu andamento ou em caso de resistência injustificada à ordem judicial; IX – monitoração eletrônica..."

[56] CPP, com a reação dada pela Lei n. 13.964, de 2019: "Art. 310. Após receber o auto de prisão em flagrante, no prazo máximo de até 24 (vinte e quatro) horas após a realização da prisão, o juiz deverá promover audiência de custódia com a presença do acusado, seu advogado constituído ou membro da Defensoria Pública e o membro do Ministério Público, e, nessa audiência, o juiz deverá, fundamentadamente: I – relaxar a prisão ilegal; ou II – converter a prisão em flagrante em preventiva, quando presentes os requisitos constantes do art. 312 deste Código, e se revelarem inadequadas ou insuficientes as medidas cautelares diversas da prisão; ou III – conceder liberdade provisória, com ou sem fiança.

[57] ADIs 6.298, 6.299, 6.300 e 6.305, Rel. Min. Luiz Fux, liminar concedida em 22.01.2020.

A ideia geral de um direito à não autoincriminação é antiga, remontando ao direito talmúdico[58] ou ao *ius commune* medieval[59]. Sua origem moderna, porém, é tradicionalmente identificada no constitucionalismo inglês do século XVII, como reação a práticas inquisitoriais. De lá, a ideia de um direito natural à não autoincriminação aportou nas treze colônias norte-americanas, figurando, inicialmente, na Declaração de Direitos da Virgínia, de 12 de junho de 1776, que previa que ninguém poderia "ser forçado a produzir prova contra si próprio". O tema ingressou na Constituição dos Estados Unidos em 1789 (o texto originário da Carta é de 1787), quando da aprovação da Declaração de Direitos (*Bill of Rights*). Ali, a Quinta Emenda previu expressamente que "ninguém [...] será compelido, em qualquer processo criminal, a ser testemunha contra si mesmo"[60].

Há abundante e detalhada jurisprudência da Suprema Corte americana sobre o tema. O precedente mais conhecido é *Miranda v. Arizona*, julgado em 1966[61]. Nesse julgamento se decidiu que declarações feitas ou assinadas por acusados perante autoridade policial só poderiam ser usadas posteriormente em processo se determinadas salvaguardas fossem tomadas. Dentre as cautelas que se impunham, estava a necessidade de informar à pessoa o seu direito de permanecer calada e de adverti-la de que tudo o que dissesse poderia ser utilizado contra ela[62]. Nada obstante a narrativa acima, veja-se que o princípio geral da não autoincriminação não é uma particularidade da cultura anglo-americana, sendo reconhecido por vários outros sistemas jurídicos, como os da Alemanha[63], Itália[64], Espanha[65], Argentina[66] e Colômbia[67].

---

58   Aaron Kirschenbaum, *Self-Incrimination in Jewish Law*, 1970; Merker Rosenberg e Yale L. Rosenberg, In the Beginning: the Talmudic Rule against Self-Incrimination, 63 *New York University Law Review* 955 (1988); Suzanne Darrow-Kleinhaus, The Talmudic Rule against Self-incrimination and the American Exclusionary Rule: a societal prohibition versus an affirmative individual right, 21 *New York Law School Journal of International and Comparative Law* 205 (2001-2002); Samuel J. Levine, An introduction to self-incrimination in jewish law, with application to American legal system, 28 *Loyola of Los Angeles International and Comparative Law Review* 257 (2006).

59   R. H. Helmholz, Origins of the Privilege against Self-incrimination: the role of the european ius commune, 65 *New York University Law Review* 962, 965 (1990). O Autor faz, por exemplo, referência ao uso da fórmula *nemo tenetur prodere seipsum* (ninguém é obrigado a se trair) na Glosa Ordinária às Decretais do Papa Gregório IX, em especial, à glosa *ad* X 2.20.37 (*Cum causam*). Na doutrina nacional, v. Rogério Lauria Tucci, *Direitos e garantias individuais no processo penal brasileiro*, 1993, p. 392, onde afirma que as "raízes [do princípio], entretanto, remontam a vários séculos passados, com mais amplo desenvolvimento no *ius commune* e no processo penal canônico".

60   John Fabian Witt, Making the Fifth: the constitutionalization of american self-incrimination doctrine, 1791-1903, 77 *Texas Law Review* 825 (1999). Veja-se também Mark Berger, American perspectives on self-incrimination and the compelled production of evidence, 6 *International Journal of Evidence and Proof* 218 (2002); Scott A. Trainor, A comparative analysis of a corporation's right against self-incrimination, 18 *Fordham International Law Journal* 219 (1995).

61   384 U.S. 436 (1966). Note-se que o acórdão diz respeito a quatro casos julgados em conjunto: além de Miranda v. Arizona, Vignera v. New York, Westover v. United States e California v. Stewart.

62   Confira-se a ementa do acórdão: "Na ausência de outras medidas efetivas, os seguintes procedimentos de proteção à Quinta Emenda devem ser observados: a pessoa em custódia deve, antes de seu interrogatório, ser claramente informada de que tem o direito de permanecer em silêncio, e de que tudo o que disser será usada contra si no tribunal; ela deve ser claramente informada de que tem direito de se consultar com um advogado e de tê-lo presente durante o interrogatório, e de que, se for muito pobre, um advogado será nomeado para representá-la", 384 U.S. 436 (1966).

63   Sobre o ponto, confira-se trecho de decisão do Tribunal Federal alemão (BGH, *BGHSt* 42, 139 = *NJW* 1996, 2940, caso GSSt 1/96, j. 13.05.1996): "De acordo com o núcleo do princípio, que também está formulado no art. 14, 3º, alínea *g* do Pacto Internacional de Direitos Civis e Políticos, ninguém deve, em um processo penal, ser compelido a, por meio de seu testemunho, se autoincriminar e, com isso, contribuir para sua condenação".

64   Em linha similar, a Corte constitucional italiana, sentença n. 291, de 26.06.2002: "o princípio *nemo tenetur se detegere* é um corolário essencial do direito de defesa".

65   Veja-se ainda a posição do Tribunal constitucional espanhol, *j.* 13.03.2006, Sentencia 68/2006, Recurso de amparo 5786-2001, *BOE* n. 92 (Suplemento), de 18.04.2006, p. 4: "En particular, hemos afirmado que los derechos a no declarar contra sí mismo y a no confesarse culpable "son garantías o derechos instrumentales del genérico derecho de defensa, al que prestan cobertura en su manifestación pasiva, esto es, la que se ejerce precisamente con la inactividad del sujeto sobre el que recae o puede recaer una imputación, quien, en consecuencia, puede optar por defenderse en el proceso en la forma que estime más conveniente para sus intereses, sin que en ningún caso pueda ser forzado o inducido, bajo constricción o compulsión alguna, a declarar contra sí mismo o a confesarse culpable".

66   Entendimento similar é registrado pela Corte Suprema de Justiça da Nação, na Argentina, *j.* 27.10.2006, Caso C. 2016. XLI (inteiro teor disponível em http://www.csjn.gov.ar): "contraviene a la protección constitucional contra la autoincriminación la creación, por parte de las autoridades que conducen el proceso, de una situación tal que si se elige no confesar, se sufrirán consecuencias negativas directamente relacionadas con el proceso".

67   De acordo com a Corte constitucional colombiana, caso C-621 de 1998: "Con base en la garantía constitucional sobre no autoincriminación, el silencio voluntario del individuo llamado a indagatoria se constituye en una forma de defensa y por tanto en un verdadero derecho de carácter fundamental que hace parte del debido proceso".

O direito à não autoincriminação se funda, em primeiro lugar, no direito natural de todo indivíduo de preservar a própria liberdade e sua autonomia privada. E, em segundo lugar, numa visão do devido processo legal iluminada pelo princípio da dignidade humana, que impede a funcionalização do indivíduo para que produza prova contra si, no interesse do Estado[68]. Esse direito de não atuar contra o próprio interesse – identificado pelo brocardo latino *nemo tenetur se detegere* ("ninguém é obrigado a se descobrir") – tem um alcance bem mais abrangente do que a literalidade do art. 5º, LXIII sugere, ao se referir tão somente ao direito do *"preso ... de permanecer calado"*. Na linha da jurisprudência pacífica do Supremo Tribunal Federal, o direito se estende a todas as pessoas, presas ou não, que sejam acusadas ou investigadas[69], inclusive por Comissões Parlamentares de Inquérito[70], alcançando, em certos casos, até mesmo as testemunhas[71].

O direito ou princípio da não autoincriminação abriga, na verdade, três posições jurídicas distintas: (i) o direito ao silêncio; (ii) a liberdade de não colaborar; e (iii) a liberdade de se precaver.

O *direito ao silêncio* foi, historicamente, a primeira posição jurídica que se visou proteger a partir da noção de garantia dos acusados contra a autoincriminação. Daí porque, tradicionalmente, é a única conduta a contar com proteção expressa em diversos sistemas e em tratados internacionais de proteção dos direitos humanos[72]. Antes da Constituição de 1988 e da previsão expressa do direito de permanecer calado, o direito ao silêncio era referido apenas no Código de Processo Penal. E, mesmo assim, de forma um tanto inócua, já que, na redação original do seu art. 186, o silêncio poderia ser interpretado em prejuízo da defesa[73]. Esse dispositivo foi declarado incidentalmente inconstitucional[74] e, posteriormente, substituído[75]. Atualmente, pela jurisprudência do Supremo Tribunal Federal, a ausência de advertência acerca do direito ao silêncio torna nula a audiência[76] e ilícita a prova[77].

---

68   Sobre o ponto, confira-se o registro de Guilherme de Souza Nucci, *Manual de processo penal e execução penal*, 2008, p. 90: "O Estado é a parte mais forte na persecução penal, possuindo agentes e instrumentos aptos a buscar e descobrir provas contra o autor da infração penal, prescindindo, pois de sua colaboração. Seria admissão de falência de seu aparato e fraqueza de suas autoridades se dependesse do suspeito para colher elementos suficientes a sustentar a ação penal". V., também, Joel Tovil, A proteção contra a autoacusação compulsória aplicada à persecução penal, *Revista Magister de Direito Penal e Processual Penal, 22*:111, fev-mar/2008.

69   V. STF, *DJ* 28.08.92, HC 68.929, Rel. Min. Celso de Mello: "Qualquer indivíduo que figure como objeto de procedimentos investigatórios policiais ou que ostente, em juízo penal, a condição jurídica de imputado, tem, dentre as várias prerrogativas que lhe são constitucionalmente asseguradas, o direito de permanecer calado". Na doutrina, veja-se Antônio Magalhães Gomes Filho, *Direito à Prova no Processo Penal*, 1997, p. 133; Antonio Scarance Fernandes, Processo penal constitucional, 1999, p. 262; Rogério Lauria Tucci, *Direitos e garantias individuais no processo penal brasileiro*, 2004, p. 367; Adauto Suannes, *Os fundamentos éticos do devido processo penal*, 2004, p. 333.

70   STF, *DJ* 16.02.2000, HC 79.812, Rel. Min. Celso de Mello: "O privilégio contra a autoincriminação – que é plenamente invocável perante as Comissões Parlamentares de Inquérito – traduz direito público subjetivo assegurado a qualquer pessoa, que, na condição de testemunha, de indiciado ou de réu, deva prestar depoimento perante órgãos do Poder Legislativo, do Poder Executivo ou do Poder Judiciário".

71   Nesse sentido: STF, *RTJ* 163/626, HC 73.035, Rel. Min. Carlos Velloso: "Não configura o crime de falso testemunho quando a pessoa, depondo como testemunha, ainda que compromissada deixa de revelar fatos que possam incriminá-la".

72   Promulgado pelo Decreto n. 592/92, o Pacto Internacional sobre Direitos Civis e Políticos previu, no art. 14(3) (g), o direito de toda pessoa "não ser obrigada a depor contra si mesma, nem a confessar-se culpada". Também a Convenção Americana de Direitos Humanos, promulgada pelo Decreto n. 678/92, previu em seu art. 8º (2)(g) o direito de toda pessoa "não ser obrigada a depor contra si mesma, nem a declarar-se culpada".

73   Esta a redação original do art. 186 do Código de Processo Penal, antes da Lei n. 10.792/03: "Antes de iniciar o interrogatório, o juiz observará ao réu que, embora não esteja obrigado a responder às perguntas que lhe forem formuladas, o seu silêncio poderá ser interpretado em prejuízo da própria defesa".

74   STF, *RTJ* 180:1001, HC 80.949, Rel. Min. Sepúlveda Pertence; STF, *DJ* 20.03.1998, RE 199.570, Rel. Min. Marco Aurélio.

75   Essa a nova redação do art. 186 do Código de Processo Penal: "Depois de devidamente qualificado e cientificado do inteiro teor da acusação, o acusado será informado pelo juiz, antes de iniciar o interrogatório, do seu direito de permanecer calado e de não responder perguntas que lhe forem formuladas. Parágrafo único. O silêncio, que não importará em confissão, não poderá ser interpretado em prejuízo da defesa".

76   STF, *DJ* 19.12.2002, HC 82.463, Rel. Min. Ellen Gracie: "Não tendo sido o acusado informado do seu direito ao silêncio pelo Juízo (Art. 5º, inciso LXIII), a audiência realizada, que se restringiu à sua oitiva, é nula".

77   STF, *RTJ* 180:1001, HC 80.949, Rel. Min. Sepúlveda Pertence: "[A] falta da advertência – e da sua documentação formal – faz ilícita a prova que, contra si mesmo, forneça o indiciado ou acusado no interrogatório formal e, com mais razão, em 'conversa informal' gravada, clandestinamente ou não".

A *liberdade de não colaborar* significa que o acusado ou investigado não tem o dever de cooperar com a apuração dos fatos que possam favorecer a acusação e, consequentemente, prejudicá-lo. Como decorrência natural desse direito, ele não pode sofrer sanção pela conduta de não cooperação. A jurisprudência do Supremo Tribunal Federal tem reconhecido uma série de comportamentos que não devem ser considerados ilícitos quando praticados pelo acusado. Assim é que, *e.g.*, o réu pode licitamente se recusar a participar de reconstituição do crime do qual é acusado[78] ou a fornecer padrão vocal[79] ou padrão gráfico de próprio punho para perícia que possa lhe prejudicar[80], sem com isso incorrer em qualquer crime (tal como, *e.g.*, desobediência – CP, art. 330) ou sofrer prejuízos para sua defesa.

Por fim, a *liberdade de ser precaver* impõe o reconhecimento de que ninguém tem o dever de facilitar sua própria incriminação, o que pode mesmo autorizar algumas condutas comissivas, isto é, a prática de atos que dificultem sua responsabilização. O Estado, no exercício da pretensão punitiva, pode, naturalmente, procurar evitar a prática de certos comportamentos defensivos, até mesmo com um arsenal pesado que inclui prisão cautelar, busca e apreensão e condução coercitiva (em casos, por exemplo, de risco de evasão ou destruição de provas). Mas não pode apenar, autonomamente, condutas como a fuga, a ocultação ou destruição de bens como armas, cartas, documentos e arquivos eletrônicos, bem como a limpeza do local do crime. Além disso, reprovável como seja o recurso à mentira, tampouco ela é condenada como delito autônomo, na linha de relevantes entendimentos doutrinários[81] e da jurisprudência do próprio Supremo Tribunal Federal, que já reconheceu, em mais de uma decisão, o direito de o acusado faltar com a verdade[82]. Ao revés, já não estarão protegidas condutas como a ocultação de cadáver ou a intimidação de testemunhas, porque afetam a esfera de direitos de terceiros[83].

7 Presunção de inocência

"Art. 5º Todos são iguais perante a lei, sem distinção de qualquer natureza, garantindo-se aos brasileiros e aos estrangeiros residentes no País a inviolabilidade do direito à vida, à liberdade, à igualdade, à segurança e à propriedade, nos termos seguintes:

LVII – ninguém será considerado culpado até o trânsito em julgado de sentença penal condenatória".

O sentido e alcance dessa cláusula constitucional gerou oscilação jurisprudencial e acalorados debates doutrinários e sociais. A questão delicada que se delineou foi o momento a partir do qual é possível dar

---

78 STF, *DJ* 4.09.1992, HC 69.026, Rel. Min. Celso de Mello: "O suposto autor do ilícito penal não pode ser compelido, sob pena de caracterização de injusto constrangimento, a participar da reprodução simulada do fato delituoso".

79 STF, *DJ* 12.12.2003, HC 83.096, Rel. Min. Ellen Gracie: "O privilégio contra a autoincriminação, garantia constitucional, permite ao paciente o exercício do direito de silêncio, não estando, por essa razão, obrigado a fornecer os padrões vocais necessários a subsidiar prova pericial que entende lhe ser desfavorável".

80 STF, *DJ* 8.09.1998, HC 77.135, Rel. Min. Ilmar Galvão: "[É] fora de dúvida que o dispositivo do inciso IV do art. 174 do Código de Processo Penal há de ser interpretado no sentido de não poder ser o indiciado compelido a fornecer padrões gráficos do próprio punho, para os exames periciais, cabendo apenas ser intimado para fazê-lo a seu alvedrio".

81 V., *e.g.*, Hélio Tornaghi, *Curso de processo penal*, vol. 1, 1990, p. 363: "E mais: o réu pode até mentir. Não se trata de um direito de mentir, nem há que falar em direito (subjetivo), neste caso. O que há é que a mentira do réu não constitui crime, não é ilícita. Mas, convém explicar: o réu é livre de mentir para se defender, não para acusar. [...] Por tudo isso o réu não presta compromisso, como testemunha e o perito. *Nemo tenetur se detegere*, "ninguém está obrigado a se descobrir", é o princípio ético, liberal, que informa a lei brasileira".

82 V. exemplificativamente: STF, *DJ* 16.02.2000, HC 79.812, Rel. Min. Celso de Mello: "E esse direito ao silêncio inclui, até mesmo por implicitude, a prerrogativa processual de o depoente negar, ainda que falsamente, perante a autoridade policial, judiciária ou legislativa, a prática de qualquer infração penal"; STF, *DJ* 2.04.1993, HC 68.742, Rel. Min. STF, *DJ* 29.08.1997, HC 75.257, Rel. Min Moreira Alves: "Ora, tendo o indiciado o direito de permanecer calado e até mesmo o de mentir para não autoincriminar-se com as declarações prestadas, não tinha ele o dever de dizer a verdade, não se enquadrando, pois, sua conduta no tipo previsto no artigo 299 do Código Penal".

83 Nesse sentido, Guilherme de Souza Nucci, *Código penal comentado*, 2008, p. 1152: "Cremos fazer parte do direito de autodefesa do réu a inovação de certas coisas (como a modificação das características da arma utilizada para o homicídio, por exemplo, para não ser apreendida), de determinados lugares (a arrumação da casa, lavando-se manchas de sangue, após o cometimento do delito) ou de pessoa (buscar alterar a própria feição para não ser reconhecido). O crime [*de fraude processual*] destina-se, portanto, àquele que não é réu, diretamente envolvido no processo, mas busca alterar o estado de coisa, lugar ou pessoa para levar a erro o magistrado ou o perito. Entretanto, há limite para a utilização da autodefesa, quando a inovação de lugar implica, por exemplo, no cometimento de delito mais grave, como a ocultação de cadáver. Este último tem objeto jurídico diverso, que é o respeito à memória do morto, a merecer sepultamento digno, além de possuir pena mais grave [...]".

execução à decisão judicial condenatória. Tanto a legislação quanto o entendimento do Supremo Tribunal Federal variaram ao longo do tempo.

Por largo período após o início de vigência do Código de Processo Penal, previu-se o recolhimento do réu à prisão após o julgamento em 1º grau[84]. Mais à frente, com base no art. 597 do CPP, passou-se a entender, diante do efeito suspensivo reconhecido à apelação da sentença condenatória, que a execução da decisão somente poderia se dar após o julgamento desse recurso. Vale dizer: antes do julgamento em 2º grau, não era possível a execução da sentença condenatória. Esse entendimento prevaleceu mesmo após o advento da Constituição de 1988. A jurisprudência do Supremo Tribunal Federal admitia, pacificamente, que a condenação em 2º grau ensejava a execução do julgado, inclusive com a prisão do réu[85].

Essa linha jurisprudencial prevaleceu até 2009, quando do julgamento do HC 84.078. Naquela oportunidade, ao interpretar o inciso LVII do art. 5º da Constituição, o STF passou a vedar a execução da pena antes do trânsito em julgado da condenação, invocando o princípio da presunção de inocência. Da ementa do acórdão se extraem as seguintes passagens:

> "*Habeas corpus*. Inconstitucionalidade da chamada 'execução antecipada da pena'. Artigo 5º, LVII, da Constituição do Brasil. Dignidade da pessoa humana. Artigo 1º, III, da Constituição do Brasil.
>
> [...] A Lei de Execução Penal condicionou a execução da pena privativa de liberdade ao trânsito em julgado da sentença condenatória. A Constituição do Brasil de 1988 definiu, em seu art. 5º, inciso VII, que 'ninguém será considerado culpado até o trânsito em julgado de sentença penal condenatória'.
>
> [...] A prisão antes do trânsito em julgado da condenação somente pode ser decretada a título cautelar"[86].

Nova virada jurisprudencial sobreveio no julgamento do HC n. 126.292, em 2016. Nele, o Plenário do Supremo Tribunal Federal, por 7 votos a 4, sufragou a tese de que a execução provisória de acórdão penal condenatório proferido em grau de apelação, ainda que sujeito a recurso especial ou extraordinário, não compromete o princípio constitucional da presunção de inocência[87]. Em meu voto, na linha do entendimento da maioria, observei:

> "A prisão, neste caso, justifica-se pela conjugação de três fundamentos jurídicos:
>
> (i) a Constituição brasileira não condiciona a prisão – mas sim a culpabilidade – ao trânsito em julgado da sentença penal condenatória. O pressuposto para a privação de liberdade é a ordem escrita e fundamentada da autoridade judiciária competente, e não sua irrecorribilidade. Leitura sistemática dos incisos LVII e LXI do art. 5º da Carta de 1988;
>
> (ii) a presunção de inocência é princípio (e não regra) e, como tal, pode ser aplicada com maior ou menor intensidade, quando ponderada com outros princípios ou bens jurídicos constitucionais colidentes. No caso específico da condenação em segundo grau de jurisdição, na medida em que já houve demonstração segura da responsabilidade penal do réu e finalizou-se a apreciação de fatos e provas, o princípio da presunção de inocência adquire menor peso ao ser ponderado com o interesse constitucional na efetividade da lei penal (CF/1988, arts. 5º, *caput* e LXXVIII e 144);
>
> (iii) com o acórdão penal condenatório proferido em grau de apelação esgotam-se as instâncias ordinárias e a execução da pena passa a constituir, em regra, exigência de ordem pública, necessária para assegurar a credibilidade do Poder Judiciário e do sistema penal. A mesma lógica se aplica ao julgamento por órgão colegiado, nos casos de foro por prerrogativa".

Essa linha de entendimento foi ratificada no julgamento das medidas cautelares nas Ações Declaratórias de Constitucionalidade ns. 43 e 44[88], bem como no julgamento, em regime de repercussão

---

84 Código de Processo Penal, redação original do art. 594: "O réu não poderá apelar sem recolher-se à prisão". Este dispositivo veio a ser revogado pela Lei n. 11.719, de 20.06.2008.

85 V. *e.g.*, STF, HC n. 68.726, Rel. Min. Néri da Silveira, j. 26.06.1991.

86 STF, HC n. 84.078, Rel. Min. Eros Grau, j. 5.02.2009.

87 STF, HC n. 126.292, Rel. Min. Teori Zavascki, j. 17.02.2016.

88 STF, ADCs ns. 43 e 44 – MC, Rel. Min. Marco Aurélio, j. 5.10.2016.

geral, do ARE n. 964.246[89]. Todavia, no julgamento do mérito das duas ADCs aqui mencionadas, o STF tornou a alterar a sua jurisprudência na matéria, voltando a afirmar que a execução da pena, após a condenação em 2º grau, mas antes do trânsito em julgado, violava a presunção de inocência. Assim, ao declarar a constitucionalidade do art. 283 do CPP[90], interpretou-o no sentido de que ele vedaria a execução na pendência dos recursos especial e extraordinário[91]. Essa é a posição atual do Supremo Tribunal Federal.

Em suma, duas correntes se alternaram no Tribunal a propósito desse tema. Uma primeira corrente entende que a presunção de inocência, como todo direito, não é absoluta, precisando ser interpretada em harmonia com outros direitos e valores constitucionais. Deve ser entendida, assim, como um princípio, comportando ponderação com outros bens jurídicos constitucionais, notadamente a efetividade mínima do sistema punitivo. A possibilidade de execução da pena após a condenação em segundo grau é o padrão adotado pela quase totalidade dos países democráticos. A corrente oposta considera a presunção de inocência uma regra rígida, a ser aplicada segundo a lógica do "tudo ou nada", mesmo que a consequência seja um sistema penal ineficiente e constrangedoramente seletivo, recaindo, sobretudo, sobre os que não têm meios de procrastinar indefinidamente a conclusão dos processos[92].

A prolongada duração dos processos criminais traz consequências negativas graves para o sistema de justiça. A primeira delas é a ocorrência frequente de prescrição, sobretudo em crimes de colarinho branco. Em segundo lugar, a procrastinação indefinida leva a uma distorção: a elevada incidência de prisões antes do trânsito em julgado. Relatório produzido pela Comissão Interamericana de Direitos Humanos, em 2017, revelou problema crônico enfrentado pelos Estados-membros da Organização dos Estados Americanos (OEA): a média de pessoas presas antes do julgamento final é superior a 36%, podendo chegar, em alguns países, a 60% do total da população carcerária[93]. Esse quadro evidencia, naturalmente, a disfuncionalidade do sistema.

8 Liberdade de locomoção e *habeas corpus*

> "Art. 5º Todos são iguais perante a lei, sem distinção de qualquer natureza, garantindo-se aos brasileiros e aos estrangeiros residentes no País a inviolabilidade do direito à vida, à liberdade, à igualdade, à segurança e à propriedade, nos termos seguintes:
>
> *XV – é livre a locomoção no território nacional em tempo de paz, podendo qualquer pessoa, nos termos da lei, nele entrar, permanecer ou dele sair com seus bens"*.

A Constituição assegura a livre locomoção no território nacional, em tempo de paz, podendo qualquer pessoa, nos termos da lei, nele entrar, permanecer ou dele sair com seus bens (inciso XV do art. 5º). Trata-se de um direito fundamental inerente à própria natureza humana, que desde o início dos tempos era composta por nômades caçadores e coletadores que se movimentavam livremente em busca de alimentos e abrigo. Nos dias atuais, trata-se de uma das liberdades mais essenciais, ao lado de outras liberdades, como a de expressão e religião. Liberdade de locomoção identifica o direito de ir, vir e ficar. Para assegurar seu pleno exercício, quando violado ou ameaçado, o ordenamento jurídico coloca à disposição de brasileiros e de estrangeiros a ação de *habeas corpus*. As origens desse instrumento de salvaguarda da liberdade remontam à Inglaterra, com o *Habeas Corpus Act*, de 1679[94].

· No Brasil, o *habeas corpus* constou inicialmente do Código Criminal, de 1830, mas foi expressamente disciplinado pelo art. 340 do Código de Processo Criminal de 1832. Na Constituição Republicana de 1891, como a redação não limitava a sua utilização à tutela da liberdade de locomoção, deu ensejo à denominada "Doutrina Brasileira do *Habeas Corpus*". Tratou-se de uma linha expansiva na compreensão do instituto que permitiu que o Supremo Tribunal Federal, no julgamento do HC 3.536, Rel. Min. Oliveira Ribeiro, em sessão de 05.06.1914, concedesse ordem de *habeas corpus* em favor do então Senador Ruy Barbosa. O pedido, todavia, não envolvia sua liberdade de locomoção, mas o direito de publicar os

---

89   STF, ARE n. 964.246, Rel. Min. Teori Zavascki, j. 10.11.2016.

90   Este o teor do dispositivo: "Art. 283. Ninguém poderá ser preso senão em flagrante delito ou por ordem escrita e fundamentada da autoridade judiciária competente, em decorrência de sentença condenatória transitada em julgado ou, no curso da investigação ou do processo, em virtude de prisão temporária ou prisão preventiva".

91   STF, ADCs ns. 43 e 44, Rel. Min. Marco Aurélio, 7.11.2019.

92   Voto do Ministro Luís Roberto Barroso no julgamento do mérito das ADCs 43 e 44, Rel. Min. Marco Aurélio.

93   https://www.oas.org/pt/cidh/prensa/notas/2017/136.asp

94   Na literatura brasileira, v. Pontes de Miranda, *História e Prática do Habeas Corpus*, 2007 (a 1ª edição é de 1951).

seus discursos, proferidos no Senado, pela imprensa, onde, como e quando lhe conviesse. Nas Constituições republicanas que se seguiram, o *habeas corpus* ficou restrito à tutela da liberdade de locomoção, sendo certo que, com a edição do Ato Institucional n. 5, de 13.12.1968, a referida garantia constitucional ficou suspensa com relação aos crimes políticos contra a segurança nacional, a ordem econômica e social e a economia popular[95].

A ação constitucional do *habeas corpus*, na Constituição Federal de 1988, tem por finalidade evitar ou fazer cessar violência ou ameaça de violência à liberdade de locomoção, em decorrência de ilegalidade ou abuso de poder (inciso LXVIII). O *habeas corpus* tanto pode ser liberatório ou repressivo (quando o constrangimento ilegal já foi efetivado), quanto preventivo, visando evitar que a violência ou coação efetivamente ocorram. Pode ser impetrado por qualquer pessoa, independentemente de habilitação legal ou representação por advogado, contra ato de particular ou de autoridade pública responsável pela ilegalidade ou pelo abuso de poder.

Embora normalmente utilizado para tutelar a liberdade de pessoas acusadas de infrações penais, a jurisprudência admite o manejo do *habeas corpus* mesmo em situações que não envolvam, direta e imediatamente, a prática de delitos. Nessa linha, o Supremo Tribunal Federal tem concedido *habeas corpus* para permitir que o *paciente* (esse o nome que se dá ao beneficiário do pedido), convocado para prestar depoimento perante Comissão Parlamentar de Inquérito, exerça plenamente o direito ao silêncio, ou de não autoincriminação (inciso LXIII), deixando de responder a perguntas que, de alguma forma, lhe possam incriminar[96]. Em outro caso relevante, tendo em vista a comprovação de risco concreto à liberdade de locomoção de diversos diplomatas venezuelanos, desacreditados pelo Estado brasileiro, foi concedida liminar para assegurar a permanência dos referidos estrangeiros em solo brasileiro, ao menos enquanto vigorasse a situação de emergência sanitária reconhecida pela Organização Mundial de Saúde e pelo Congresso Nacional[97].

9 Algumas vedações expressas

A Constituição de 1988 consagra um conjunto de vedações expressas ao desempenho do poder punitivo pelo Estado. Entre elas, as que são destacadas abaixo:

a) *penas cruéis*. A Constituição interdita, de forma explícita, as penas de morte (salvo em caso de guerra), de caráter perpétuo, de trabalhos forçados, de banimento e cruéis (art. 5º, XLVII)[98]. Além disso, ela assegura aos presos o respeito à sua integridade física e moral (art. 5º, XLIX)[99]. Nada obstante, o Brasil já foi condenado pela Corte Interamericana de Direitos Humanos por descumprimento dessas regras, devido às condições do sistema prisional, em razão de superlotação, morte de presos e precárias condições sanitárias[100]. O Supremo Tribunal Federal, por sua vez, já reconheceu o estado de coisas inconstitucional no sistema penitenciário brasileiro[101];

b) *extradição*. A extradição é um instrumento de cooperação internacional entre os países (art. 4º, IX)[102], pelo qual se concede ou se solicita a entrega de pessoa sobre a qual recaia condenação criminal definitiva ou acusação a ser apurada em instrução de processo penal. A matéria é regida por lei ordinária[103], mas a Constituição impõe algumas restrições, a saber: (i) é vedada a extradição de brasileiro nato (art. 5º, LI)[104]; (ii) brasileiro naturalizado somente poderá ser

---

95   Art. 10 do Ato Institucional n. 5 de 13.12.1968.

96   HC 79.812, Rel. Min. Celso de Mello, j. 08.11.2000.

97   HC 184.828, Rel. Min. Luís Roberto Barroso, decisão de 16.05.2020.

98   CF, art. 5º: "XLVII – não haverá penas: a) de morte, salvo em caso de guerra declarada, nos termos do art. 84, XIX; b) de caráter perpétuo; c) de trabalhos forçados; d) de banimento; e) cruéis".

99   CF, art. 5º: "XLIX – é assegurado aos presos o respeito à integridade física e moral".

100   Corte Interamericana de Direitos Humanos. Medidas Provisórias a respeito do Brasil. Assunto do Instituto Penal Plácido de Sá Carvalho. Resolução de 22.11.2018. Disponível em: <https://www.corteidh.or.cr/docs/medidas/placido_se_03_por.pdf>.

101   ADPF n. 347 – MC, Rel. Min. Marco Aurélio, j. 9.09.2015.

102   CF, "Art. 4º A República Federativa do Brasil rege-se nas suas relações internacionais pelos seguintes princípios: [...] IX – cooperação entre os povos para o progresso da humanidade".

103   Lei n. 13.445, de 24.05.2017 ("Lei de Imigração"), art. 81 e s.

104   CF, art. 5º: "LI – nenhum brasileiro será extraditado, salvo o naturalizado, em caso de crime comum, praticado antes da naturalização, ou de comprovado envolvimento em tráfico ilícito de entorpecentes e drogas afins, na forma da lei".

entregue a Estado estrangeiro em caso de crime comum praticado antes da naturalização, ou de comprovado envolvimento em tráfico ilícito de entorpecentes e drogas (art. 5º, LI); e (iii) estrangeiro não poderá ser extraditado pela acusação de crime político ou de opinião (art. 5º, LII)[105]. Ademais, ao conceder a extradição, o Supremo Tribunal Federal exige do Estado requerente o compromisso expresso de não aplicar pena de morte nem de prisão perpétua, respeitando o limite máximo da legislação brasileira que é de 30 anos[106].

10 Alguns direitos expressos

A Constituição assegura expressamente alguns direitos no âmbito do sistema punitivo, entre os quais:

a) *estabelecimentos prisionais distintos.* As pessoas condenadas deverão cumprir pena em estabelecimentos distintos, de acordo com a natureza do delito, a idade e o sexo do apenado (art. 5º, XLVIII)[107]. Relativamente à natureza do delito existem, como já visto, regimes diversos de cumprimento da pena (fechado, semiaberto e aberto), em função da intensidade da pena, sendo vedada a internação em estabelecimento que represente regime diverso daquele a que o condenado faz jus[108]. Quanto à idade, a legislação prevê expressamente que menores de 18 anos são penalmente inimputáveis, mas em caso de ato infracional estão sujeitos a medidas socioeducativas, que podem incluir internação em estabelecimento educacional destinado a esse fim[109]. No tocante ao sexo do condenado, existem presídios masculinos e femininos. Situação específica é a que envolve pessoas transgênero, às quais a jurisprudência do STF assegurou o direito de escolha quanto a presídio masculino ou feminino[110];

b) *presidiárias.* A Constituição assegura às presidiárias condições para que possam permanecer com seus filhos durante o período de amamentação (art. 5º, L)[111]. Trata-se, em realidade, de um direito que é, na verdade, em favor do melhor interesse da criança, como decorre do art. 227 do texto constitucional. Reconhecendo as condições degradantes dos presídios em geral, o Supremo, em *habeas corpus* coletivo, tomou decisão drástica: determinou a substituição da prisão preventiva pela prisão domiciliar de mulheres presas, gestantes, puérperas (que tiveram filhos recentemente) ou mães de crianças deficientes, salvo os crimes praticados com violência ou grave ameaça[112];

c) *identificação criminal.* A Constituição assegura que o civilmente identificado não será submetido à identificação criminal, salvo nas hipóteses previstas em lei[113] (art. 5º, LVIII)[114]. A identificação criminal consiste, basicamente, no procedimento de colheita de dados físicos (impressão digital ou fotografia, por exemplo), para preciso reconhecimento do acusado. O dispositivo tem

---

105   CF, art. 5º: "LII – não será concedida extradição de estrangeiro por crime político ou de opinião".

106   Ext 855/República do Chile, Rel. Min. Celso de Mello, j. 26.08.2004.

107   Cf, art. 5º: "XLVIII – a pena será cumprida em estabelecimentos distintos, de acordo com a natureza do delito, a idade e o sexo do apenado".

108   STF, Súmula Vinculante n. 56: "A falta de estabelecimento penal adequado não autoriza a manutenção do condenado em regime prisional mais gravoso, devendo-se observar, nessa hipótese, os parâmetros fixados no RE 641.320/RS". Parte da ementa do acórdão no RE n. 641.320/RS: "Havendo déficit de vagas, deverão ser determinados: (i) a saída antecipada de sentenciado no regime com falta de vagas; (ii) a liberdade eletronicamente monitorada ao sentenciado que sai antecipadamente ou é posto em prisão domiciliar por falta de vagas; (iii) o cumprimento de penas restritivas de direito e/ou estudo ao sentenciado que progride ao regime aberto. Até que sejam estruturadas as medidas alternativas propostas, poderá ser deferida a prisão domiciliar ao sentenciado".

109   V. Lei n. 8.069, 13.07.1990 (Estatuto da Criança e do Adolescente), art. 112.

110   STF, ADPF n. 527, Rel. Min. Luís Roberto Barroso. Decisão monocrática de 18.03.2021.

111   CF, art. 5º: "L – às presidiárias serão asseguradas condições para que possam permanecer com seus filhos durante o período de amamentação".

112   HC 143.641, Rel. Min. Ricardo Lewandowski, j. 20.02.2018.

113   Lei n. 12.037, de 1º.10.2009.

114   CF, art. 5º: "LVIII – o civilmente identificado não será submetido a identificação criminal, salvo nas hipóteses previstas em lei".

por finalidade evitar desnecessário constrangimento do indivíduo ou sua exposição pública, notadamente na famosa "situação de tocar piano"[115];

d) *indenização por erro judiciário*. A Constituição Federal estabeleceu, ainda, o direito à responsabilização civil do Estado em caso de erro judiciário (inciso LXXV)[116]. O art. 630 do CPP prevê que o Tribunal, a requerimento do interessado, pode reconhecer o direito à indenização pelos prejuízos advindos de um erro imputável à Justiça. O Supremo Tribunal Federal já reconheceu a responsabilidade civil objetiva do Estado, numa hipótese em que, em sede de revisão criminal, o Tribunal de segundo grau havia constatado a ocorrência de erro judiciário, absolvendo o réu acusado do crime de peculato culposo. Na oportunidade, embora assentando a regra geral da irresponsabilidade civil do Estado por atos de jurisdição, deixou consignado que a hipótese de condenação por erro judiciário configuraria garantia individual, afastando completamente a necessidade de aferição de dolo ou culpa do magistrado sentenciante[117].

11 Mandados de criminalização

"Art. 5º Todos são iguais perante a lei, sem distinção de qualquer natureza, garantindo-se aos brasileiros e aos estrangeiros residentes no País a inviolabilidade do direito à vida, à liberdade, à igualdade, à segurança e à propriedade, nos termos seguintes:

XLI – a lei punirá qualquer discriminação atentatória dos direitos e liberdades fundamentais;

XLII – a prática do racismo constitui crime inafiançável e imprescritível, sujeito à pena de reclusão, nos termos da lei;

XLIII – a lei considerará crimes inafiançáveis e insuscetíveis de graça ou anistia a prática da tortura, o tráfico ilícito de entorpecentes e drogas afins, o terrorismo e os definidos como crimes hediondos, por eles respondendo os mandantes, os executores e os que, podendo evitá-los, se omitirem;

XLIV – constitui crime inafiançável e imprescritível a ação de grupos armados, civis ou militares, contra a ordem constitucional e o Estado Democrático".

Na linha do que prescrevem a Convenção Interamericana de Direitos Humanos e a Convenção Europeia de Direitos Humanos, não basta a proteção de direitos humanos a partir de obrigações de natureza negativa (ou de abstenção estatal). O Estado há também de cumprir obrigações de natureza positiva para a efetiva e concreta proteção de direitos humanos. Isso implica não apenas em atuações de natureza administrativa, mas, igualmente, a edição de legislação específica. É nesse contexto das obrigações positivas que se insere a ideia dos *mandados de criminalização*, isto é, no dever jurídico de criar tipos penais para a punição de condutas violadoras de direitos humanos de especial gravidade[118]. A seguir, as principais hipótese previstas na Constituição:

a) *discriminação atentatória de direitos e liberdades fundamentais*. O inciso XLI do art. 5º da Constituição prevê que a lei punirá qualquer discriminação atentatória dos direitos e liberdades fundamentais. Com base nesse dispositivo, o Supremo Tribunal Federal declarou a omissão inconstitucional do Poder Legislativo em criminalizar a discriminação em razão da orientação sexual das pessoas – isto é, condutas homofóbicas ou transfóbicas – determinando a aplicação, nesses casos, da lei que criminaliza o racismo[119]. Em outro julgamento relevante, o STF assentou a natureza pública, incondicionada, da ação penal pela prática de lesões corporais contra a mulher, em casos de violência doméstica e familiar. Decisão fundada no mandado de criminalização que se extrai do § 8º do art. 226 da CF/88[120];

---

115 Guilherme de Souza Nucci, *Código de Processo Penal Comentado*, 2019, p. 82. STF, RHC 66.180, Rel. Min. Francisco Resek, j. 16.12.1998.

116 CF, art. 5º: "LXXV – o Estado indenizará o condenado por erro judiciário, assim como o que ficar preso além do tempo fixado na sentença".

117 RE 505.393, Rel. Min. Sepúlveda Pertence, j. 26.06.2007. Essa linha de entendimento está alinhada, com o artigo 10 da Convenção Americana de Direitos Humanos, segundo o qual "[t]oda pessoa tem direito de ser indenizada conforme a lei, no caso de haver sido condenada em sentença passada em julgado, por erro judiciário".

118 Douglas Fischer e Frederico Valdez Pereira, *As obrigações processuais penais positivas*, 2018, p. 60.

119 STF, ADO 26, Rel. Min. Celso de Mello, j. 13.06.2019. A lei que criminaliza o racismo é a Lei n. 7.716, de 08.01.1989, que define os crimes resultantes de preconceito de raça ou de cor.

120 CF: Art. 226. A família, base da sociedade, tem especial proteção do Estado. § 8º O Estado assegurará a assistência à família na pessoa de cada um dos que a integram, criando mecanismos para coibir a violência no âmbito de

b) *racismo*. O repúdio ao racismo configura princípio da República Federativa do Brasil (art. 4º, VII)[121] e o considera crime inafiançável e imprescritível, sujeito à pena de reclusão (art. 5º, XLIII). O legislador atendeu a determinação constitucional editando a Lei n. 7.716, de 8.01.1989, que definiu os crimes resultantes de preconceito de raça ou de cor. O Supremo Tribunal Federal vem adotando uma visão expansiva do conceito de racismo. Partindo do pressuposto de que, em rigor científico, não existem raças, o Tribunal aplica a ideia de racismo às condutas discriminatórias voltadas para grupos vulneráveis. Fez isso em relação às pessoas de origem judaica, no *caso Ellwanger* (v. *supra*) e no caso mencionado acima, envolvendo violência física ou psicológica contra *gays* e transgêneros;

c) *tortura, tráfico de drogas e terrorismo e crimes hediondos*.

Quanto à *tortura*, procurando reagir contra o passado do regime militar, a Constituição foi peremptória: "Ninguém será submetido a tortura nem a tratamento desumano ou degradante" (art. 5º, III). Pouco mais à frente no texto, a Constituição remeteu à lei a tarefa de considerar a prática da tortura crime inafiançável e insuscetível de graça ou anistia, sendo equiparado a crime hediondo (inciso XLIII do art. 5º)[122]. A Lei n. 9.455/97 define o crime de tortura, em sintonia com diversos documentos internacionais importantes[123]. O país ainda enfrenta muitas situações de tortura e degradação no seu sistema punitivo, tanto em investigações policiais quanto nas prisões, como revelado na ação que levou ao reconhecimento do estado de coisas inconstitucional no sistema penitenciário[124].

Com relação às drogas ilícitas, a Constituição conferiu regramento particularmente severo. Para além de considerá-lo inafiançável e insuscetível de graça ou anistia, deixou consignado que o brasileiro naturalizado, com comprovado envolvimento com o tráfico de entorpecentes, poderá ser extraditado (art. 5º, LI). Além disso, todo e qualquer bem de valor econômico apreendido em decorrência do tráfico ilícito de entorpecentes será confiscado e reverterá a fundo especial com destinação específica, na forma da lei, nos termos do parágrafo único do art. 243 da Constituição[125]. Tudo isso sem contar que a Polícia Federal foi expressamente incumbida pela Constituição Federal de prevenir e reprimir o tráfico ilícito de entorpecentes e drogas afins, entre outros delitos (art. 144, § 1º, II)[126]. No plano infraconstitucional, o tema é regido pela Lei n. 11.343, de 23.08.2006, conhecida como Lei de Drogas. A política de drogas adotada no Brasil é responsável por elevado índice de encarceramento de jovens, correspondendo a algo em torno de 30% dos internos do sistema prisional. No mundo inteiro há um debate sobre a melhor forma de lidar com o problema das drogas, sendo que diversos países estão realizando a experiência da descriminalização em diferentes graus, como Uruguai, Portugal, Espanha e muitos estados nos Estados Unidos.

O repúdio ao *terrorismo* é princípio regente da República Federativa do Brasil em suas relações internacionais (CF, art. 4º, VIII)[127]. As condutas caracterizadoras de atividade terrorista atraem tratamento de elevado rigor, sendo considerado crime inafiançável e insuscetível de graça ou

---

suas relações". Sobre o ponto, v. ADI 4.424, Rel. Min. Marco Aurélio, j. 09.02.2012.

121 CF: "Art. 4º A República Federativa do Brasil rege-se nas suas relações internacionais pelos seguintes princípios: [...] VIII – repúdio ao terrorismo e ao racismo".

122 CF, art. 5º: "XLIII – a lei considerará crimes inafiançáveis e insuscetíveis de graça ou anistia a prática da tortura , o tráfico ilícito de entorpecentes e drogas afins, o terrorismo e os definidos como crimes hediondos, por eles respondendo os mandantes, os executores e os que, podendo evitá-los, se omitirem".

123 Como a Convenção de Cartagena, promulgada pelo Decreto n. 98.386, de 9.11.1989; a Convenção das Nações Unidas Contra a Tortura e Outros Tratamentos ou Penas Cruéis, Desumanas e Degradantes, promulgada pelo Decreto n. 40, de 15.02.1991; e da Convenção Americana sobre Direitos Humanos, promulgada pelo Decreto n. 678, de 06.11.1992.

124 ADPF 347-MC, Rel. Min. Marco Aurélio, j. j. 9.09.2015.

125 CF, art. 243: "Parágrafo único. Todo e qualquer bem de valor econômico apreendido em decorrência do tráfico ilícito de entorpecentes e drogas afins e da exploração de trabalho escravo será confiscado e reverterá a fundo especial com destinação específica, na forma da lei".

126 CF, art. 144: "§ 1º A polícia federal, instituída por lei como órgão permanente, organizado e mantido pela União e estruturada em carreira, destina-se a: [...] II – prevenir e reprimir o tráfico ilícito de entorpecentes e drogas afins, o contrabando e o descaminho, sem prejuízo da ação fazendária e de outros órgãos públicos nas respectivas áreas de competência".

127 CF: "Art. 4º A República Federativa do Brasil rege-se nas suas relações internacionais pelos seguintes princípios: VIII – repúdio ao terrorismo e ao racismo".

499

anistia (CF, art. 5º, XLIII)[128]. Além disso, a jurisprudência do STF é no sentido de que os atos delituosos de natureza terrorista não se subsumem na noção de crime político, o que impediria a extradição[129]. No plano infraconstitucional, a Lei n. 13.260/2016 disciplinou a reação estatal ao terrorismo, tratando de disposições investigatórias e processuais e reformulando o conceito de organização terrorista. A propósito, o art. 5º da Lei n. 13.260/2016 pune expressamente os chamados "atos preparatórios de terrorismo com o propósito inequívoco de consumar tal delito". O que significa dizer que a relevância do bem jurídico tutelado excepciona a regra geral do Código Penal brasileiro, que considera tentado o delito apenas quando, "iniciada a execução", não se consuma por circunstâncias alheias à vontade do agente (inciso II do art. 14). Sendo assim, em se tratando de atos preparatórios de terrorismo, a lei penal deve incidir antes mesmo de iniciada a execução do delito;

d) *ação de grupos armados contra a democracia.*

Por fim, a Constituição determina a tipificação penal severa da ação de grupos armados, civis ou militares, contra a ordem constitucional e o Estado democrático, caracterizando tal conduta, desde logo, como inafiançável e imprescritível (art. 5º, XLIV)[130]. Após as eleições de 2022, pela primeira vez desde a redemocratização, com a Constituição de 1988, assistiu-se a um conjunto de manifestações antidemocráticas, com bloqueio de rodovias, ameaças de desrespeito ao resultado eleitoral e apelos patéticos nas portas dos quartéis para que os militares empreendessem um golpe militar. O Supremo Tribunal Federal, a esse propósito, condenou criminalmente parlamentar que dirigiu ameaças e ofensas a seus ministros, bem como pregou abertamente a animosidade entre civis e militares e a ruptura institucional[131]. Em decisão surpreendente, o Presidente da República concedeu indulto ao condenado, em clara violação à separação de Poderes e em atitude de leniência em relação ao golpismo.

III ALGUMAS NORMAS PROCESSUAIS

1 Princípio do juiz natural

"Art. 5º Todos são iguais perante a lei, sem distinção de qualquer natureza, garantindo-se aos brasileiros e aos estrangeiros residentes no País a inviolabilidade do direito à vida, à liberdade, à igualdade, à segurança e à propriedade, nos termos seguintes:

XXXVII – não haverá juízo ou tribunal de exceção;

LIII – ninguém será processado nem sentenciado senão pela autoridade competente".

Juiz natural é aquele constituído antes do fato criminoso, de acordo com as normas estabelecidas na Constituição e nas leis. O propósito dessa garantia constitucional é assegurar que o acusado seja julgado por um juiz imparcial e independente. Por isso mesmo, não se admite juízo ou tribunal de exceção (inciso XXXVII), criado após a ocorrência do fato criminoso para julgamentos específicos. Em duas ocasiões, pelo menos, o Supremo Tribunal Federal mudou o seu entendimento acerca do juiz competente para o julgamento de autoridades com foro por prerrogativa de função, também denominado foro privilegiado. Na primeira delas, ao revogar a súmula que mantinha a competência do STF para conduzir inquéritos e julgar ações penais relativamente a autoridades públicas que já houvessem deixado o cargo[132]. Na segunda, ao restringir drasticamente os casos de foro privilegiado aos fatos praticados pelo

---

128 CF, art. 5º: "XLIII – a lei considerará crimes inafiançáveis e insuscetíveis de graça ou anistia a prática da tortura , o tráfico ilícito de entorpecentes e drogas afins, o terrorismo e os definidos como crimes hediondos, por eles respondendo os mandantes, os executores e os que, podendo evitá-los, se omitirem".

129 EXT 855, Rel. Min. Celso de Mello, j. 26.08.2004.

130 CF, art. 5º: "XLIV – constitui crime inafiançável e imprescritível a ação de grupos armados, civis ou militares, contra a ordem constitucional e o Estado Democrático".

131 AP n. 1.044, Rel. Min. Alexandre de Moraes, j. 20.04.2022.

132 Este o teor da Súmula n. 394, já cancelada: "Cometido o crime durante o exercício funcional, prevalece a competência especial por prerrogativa de função, ainda que o inquérito ou a ação penal sejam iniciados após a cessação daquele exercício". V. Inq. 687 SP, Rel. Min. Sydney Sanches, j. 25.08.1999.

parlamentar ou outra autoridade "no exercício do cargo e em razão do cargo"[133]. A jurisprudência do STF tem reconhecido, igualmente, o princípio do "promotor natural", como forma de garantia de imparcialidade da atuação ministerial tanto em favor da sociedade quanto em prol do acusado, que não pode ser submetido a um acusador de exceção[134].

2 Devido processo legal, contraditório e ampla defesa

> "Art. 5º Todos são iguais perante a lei, sem distinção de qualquer natureza, garantindo-se aos brasileiros e aos estrangeiros residentes no País a inviolabilidade do direito à vida, à liberdade, à igualdade, à segurança e à propriedade, nos termos seguintes:
>
> *LIV – ninguém será privado da liberdade ou de seus bens sem o devido processo legal;*
>
> *LV – aos litigantes, em processo judicial ou administrativo, e aos acusados em geral são assegurados o contraditório e ampla defesa, com os meios e recursos a ela inerentes".*

O devido processo legal, princípio de origem anglo-saxã que remonta à Magna Carta, de 1215, assumiu, ao longo do tempo, uma dimensão procedimental e outra substantiva. Em sua dimensão procedimental, ele significa a exigência de observância dos ritos próprios na apreciação judicial ou administrativa dos casos, respeitando-se todas as etapas previstas na legislação. Em sentido substantivo, o devido processo legal se identifica com o princípio da razoabilidade, pelo qual se exige que os atos legislativos e administrativos não sejam arbitrários ou caprichosos, mas que estejam sempre informados pela ideia de justiça. De acordo com decisão do STF, ele funciona como instrumento de limitação do poder do Estado, sob o prisma da necessidade, razoabilidade e justificação das restrições à liberdade individual[135].

O contraditório e a ampla defesa são especificações do princípio do devido processo legal. Eles expressam o direito de ser ouvido, de produzir provas e de ter seus argumentos apreciados motivadamente. No processo penal, esse conjunto de direitos é frequentemente referido sob o rótulo geral de *garantismo*. Garantismo significa o direito de ser notificado da imputação, apresentar defesa, produzir provas, ser julgado por um juiz imparcial e, como regra geral, ter direito apelo menos um recurso que permita a rediscussão das matérias de fato e de direito. No Brasil, por vezes, vigora a crença equivocada de que garantismo significa o processo que não anda e que não termina, o que, evidentemente, não é o caso. O sistema punitivo precisa ser procedimentalmente correto e substantivamente justo, mas ele é imprescindível nas sociedades civilizadas.

3 Publicidade dos julgamentos

> "Art. 5º Todos são iguais perante a lei, sem distinção de qualquer natureza, garantindo-se aos brasileiros e aos estrangeiros residentes no País a inviolabilidade do direito à vida, à liberdade, à igualdade, à segurança e à propriedade, nos termos seguintes:
>
> *LX – a lei só poderá restringir a publicidade dos atos processuais quando a defesa da intimidade ou o interesse social o exigirem".*

Antes relegada ao plano meramente infraconstitucional, a publicidade dos atos processuais foi elevada à categoria de garantia constitucional pela Constituição de 1988[136]. É considerada um importante componente do devido processo legal, admitindo temperamento apenas "quando a defesa da intimidade ou o interesse social o exigirem"[137].

---

133 AP 937-QO, Rel. Min. Luís Roberto Barroso, j. 03.05.2018. Essas as teses firmadas no julgamento: **"O foro por prerrogativa de função aplica-se apenas aos crimes cometidos durante o exercício do cargo e relacionados às funções desempenhadas; e (II) Após o final da instrução processual, com a publicação do despacho de intimação para apresentação de alegações finais, a competência para processar e julgar ações penais não será mais afetada em razão de o agente público vir a ocupar outro cargo ou deixar o cargo que ocupava, qualquer que seja o motivo".**

134 ADI 2854, Redator para o acórdão o Min. Alexandre de Moraes, j. 13.10.2020.

135 RE 1.055.941, Rel. Min. Dias Toffoli, j. 04.12.2019.

136 Rogério Lauria Tucci, *Direitos e garantias individuais no processo penal brasileiro,* 2004, p. 216.

137 RE 575.144-RG, Rel. Min. Ricardo Lewandowski, j. 11.12.2008.

Em reforço, o art. 93, inciso IX, da Constituição enuncia expressamente que todos os julgamentos dos órgãos do Poder Judiciário serão públicos, e fundamentadas todas as decisões, sob pena de nulidade, podendo a lei limitar a presença, em determinados atos, às próprias partes e a seus advogados, ou somente a estes, em casos nos quais a preservação do direito à intimidade do interessado no sigilo não prejudique o interesse público à informação. De modo que o princípio da publicidade se estende às sessões de julgamento e audiências judiciais. O que significa dizer que carece de constitucionalidade disposição normativa que determine abstratamente segredo de justiça em todos os processos em curso perante determinada Vara Criminal[138].

O Supremo Tribunal Federal tem decidido, nessa linha, que a Constituição Federal "não pode privilegiar o mistério", consagrando a publicidade dos atos e das atividades estatais como expressivo valor constitucional[139]. Garantia que deve ser observada inclusive no âmbito das atividades investigatórias desenvolvidas pelas comissões parlamentares de inquérito (art. 58, § 3º, CF/88), que igualmente não comportam sigilo, menos ainda o mistério em suas deliberações[140]. Daí a edição da Súmula Vinculante n. 14/STF, segundo a qual "É direito do defensor, no interesse do representado, ter acesso amplo aos elementos de prova que, já documentados em procedimento investigatório realizado por órgão com competência de polícia judiciária, digam respeito ao exercício do direito de defesa". Verbete que, em última análise, prestigia a advertência do Juiz da Suprema Corte Americana, de 1916 a 1939, Louis Brandeis, no sentido de que "a luz do sol é o melhor desinfetante e a luz elétrica é o mais eficiente policial"[141].

4 Competência do Tribunal do Júri

"Art. 5º Todos são iguais perante a lei, sem distinção de qualquer natureza, garantindo-se aos brasileiros e aos estrangeiros residentes no País a inviolabilidade do direito à vida, à liberdade, à igualdade, à segurança e à propriedade, nos termos seguintes:

XXXVIII – é reconhecida a instituição do júri, com a organização que lhe der a lei, assegurados:

a) a plenitude de defesa;

b) o sigilo das votações;

c) a soberania dos veredictos;

d) a competência para o julgamento dos crimes dolosos contra a vida".

Também o Tribunal do Júri tem suas origens no direito anglo-saxão, fundado na ideia de que os julgamentos devem ser realizados por pessoas comuns do povo. A Magna Carta inglesa, de 1215, já enunciava: "Ninguém poderá ser detido, preso ou despojado de seus bens, costumes e liberdades, senão em virtude de julgamento de seus pares, segundo as leis do país" [142]. No Brasil, o Tribunal do Júri foi inserido no ordenamento jurídico em 1822, por decreto de D. Pedro, então Príncipe Regente, havendo sido reproduzido em vários textos subsequentes, com algumas variações. A Constituição Federal de 1988 reconheceu a instituição do Júri, com a organização que lhe der a lei, assegurados: (i) a plenitude de defesa; (ii) o sigilo das votações; (iii) a soberania dos veredictos; (iv) a competência para o julgamento dos crimes dolosos contra a vida[143]. O bem jurídico a ser especialmente protegido pelos feitos da competência do Tribunal popular é a vida. Bem essencial para a existência humana capaz de permitir o alcance de todos os demais direitos, merecedor, portanto, da proteção jurídica mais reforçada possível[144].

Diante da soberania dos veredictos do Júri, o Supremo Tribunal Federal tem admitido a execução imediata da pena aplicada, independentemente do respectivo trânsito em julgado. A matéria, no entanto,

---

138 ADI 4414, Rel. Min. Luiz Fux, j. 31.05.2012.

139 HC 96.982-MC, Rel. Min. Celso de Mello, j. 26.11.2008.

140 MS 24.832-MC, Rel. Min. Cezar Peluso, j. 18.03.2004.

141 INQ 4.130-QO, Rel. Min. Dias Toffoli, j. 23.09.2015.

142 Guilherme de Souza Nucci, *Tribunal do Júri*, 2015, p. 41 e 42.

143 CPP – "Art. 74. A competência pela natureza da infração será regulada pelas leis de organização judiciária, salvo a competência privativa do Tribunal do Júri. § 1º Compete ao Tribunal do Júri o julgamento dos crimes previstos nos arts. 121, §§ 1º e 2º, 122, parágrafo único, 123, 124, 125, 126 e 127 do Código Penal, consumados ou tentados..."

144 André Guilherme Tavares de Freitas, *Tutela Penal dos Direitos Humanos*, 2015, p. 139.

ainda não se encontrava inteiramente pacificada em final de 2022[145]. Por outro lado, em sede legislativa, a Lei n. 13.964/2019 passou a admitir expressamente a execução provisória de decisão condenatória do Tribunal do Júri, desde que a pena seja igual ou superior a 15 anos de reclusão. Nesse caso, eventual recurso de apelação interposto pela defesa não terá sequer efeito suspensivo[146]. Embora louvado por seu suposto caráter democrático, o Tribunal do Júri tem se revelado extremamente disfuncional e o índice de apuração efetiva e de condenações por homicídio no Brasil se dá em percentuais bastante baixos. Ademais, os poucos casos julgados são frequentemente questionados por seguidas alegações de nulidades processuais e problemas de quesitação.

IV ALGUMAS OBSERVAÇÕES FINAIS ACERCA DO SISTEMA PUNITIVO BRASILEIRO

Algumas das ideias expostas neste capítulo podem ser sintetizadas nas proposições abaixo:

1. O direito penal, nas circunstâncias históricas do Brasil, deve ser moderado, sério e igualitário. Seu principal papel é o de prevenção geral, devendo contribuir para que as pessoas não pratiquem delitos pelo fundado temor de que sofrerão uma consequência negativa.

2. O direito penal é a área de atuação estatal mais sujeita a abusos. Por outro lado, o país tem uma tradição de proteção deficiente e de leniência em relação a certos tipos de criminalidade. Para dizer de forma clara: o sistema punitivo brasileiro é duríssimo com os pobres e manso com os ricos.

3. A necessária equalização do direito penal não significa estender ao andar de cima as mesmas violações de direitos fundamentais praticadas no andar de baixo. Pelo contrário, deve consistir em assegurar, em qualquer caso, devido processo legal e garantias da defesa. Porém, é preciso superar a crença difundida de que devido processo legal é o que não termina nunca e que garantismo é a certeza de impunidade em qualquer circunstância.

4. As duas grandes aflições da sociedade brasileira, relativamente ao sistema punitivo, são violência e corrupção. No entanto, menos da metade dos internos no sistema penitenciário estão presos por crimes violentos. E nem 1% estão presos por corrupção e outros crimes de colarinho branco. Em suma: o sistema não atende adequadamente as demandas da sociedade.

5. Em matéria penal não existe espaço para criatividade ou ativismo judicial. Nesse domínio, reinam soberanas a reserva legal e a interpretação estrita. Muito menos há espaço para se dar atenção à voz das ruas ou ao clamor público. Direitos fundamentais, inclusive os dos acusados em processo criminal, são trunfos contra as maiorias.

---

145 De fato, encontrava-se pendente de julgamento o RE n. 1.235.340-RG, Rel. Min. Luís Roberto Barroso, no qual a matéria está sendo discutida.

146 CPP, art. 492.

PARTE **V**

SEPARAÇÃO DE PODERES
E PODERES DA REPÚBLICA

CAPÍTULO I | A SEPARAÇÃO DE PODERES

Sumário: 1. Introdução. 2. Antecedentes históricos e filosóficos. 3. As contribuições de John Locke. 4. Montesquieu e a divisão tripartite de poderes. 5. A Constituição norte-americana de 1787 e o sistema de freios e contrapesos (checks and balances). 6. A Constituição brasileira de 1824 e o Poder Moderador. 7. O princípio da separação de poderes no direito constitucional contemporâneo.

I INTRODUÇÃO[1]

O princípio da separação de poderes é um dos elementos que caracterizam o constitucionalismo liberal do século XVIII. A Declaração dos Direitos do Homem e do Cidadão, de 1789, praticamente equiparou esses dois fenômenos ao estatuir que "toda sociedade na qual a garantia dos direitos não está assegurada, nem a separação dos poderes determinada, não tem Constituição"[2]. A partir do fim da Segunda Guerra mundial, a separação de poderes passou a estar positivada como princípio fundamental nas Constituições de quase todo o mundo, estando sempre aliada à ideia de democracia e à garantia dos direitos individuais. No Brasil, não foi diferente. Desde a Constituição de 1891, a fórmula foi incorporada ao Direito brasileiro. A Constituição de 1988 não só apontou expressamente a existência de três poderes independentes e harmônicos – o Legislativo, o Executivo e o Judiciário –, como incluiu a separação entre eles no rol de cláusulas pétreas[3].

Não obstante tenha assumido a sua configuração mais difundida apenas a partir do século XVIII, com a célebre obra de Montesquieu[4], o princípio apresenta alguns antecedentes históricos relevantes. A visão moderna de que existem três funções estatais autônomas – legislativa, executiva e judiciária – é resultado de um longo processo evolutivo, que se desenvolveu sobretudo no mundo ocidental. A separação de poderes, como teoria bem definida, surge na Inglaterra, no século XVII, como um *ideal antiabsolutista*, atrelado à noção de Estado de Direito (*rule of law*)[5]. Alguns aportes teóricos prévios, todavia, forneceram as bases para essa construção.

II ANTECEDENTES HISTÓRICOS E FILOSÓFICOS

Na Antiguidade clássica, Aristóteles já havia vislumbrado a existência de três funções distintas na *polis* grega: uma função *deliberativa*, uma função *administrativa* e uma função *judiciária*[6]. A *primeira* consistiria na função de *deliberação sobre os assuntos públicos*, que era soberana quanto à declaração de guerra e de paz, à formação e dissolução de alianças, à elaboração das leis, às sentenças de morte, de exílio e de confisco de propriedade e à prestação de contas dos funcionários. A *segunda* função seria a de *organização dos cargos públicos*, que envolveria decidir a sua natureza, quantidade, competências e titulares, além do modo como estes seriam escolhidos (sorteio ou voto) e por quanto tempo os exerceriam. A terceira, a função *judiciária*, seria exercida por várias espécies de tribunais, que julgariam (i) as contas dos gestores públicos, (ii) ofensas contra quaisquer interesses públicos ou contra a constituição (aqui compreendida

---

1   Capítulo escrito em coautoria com Juliana Florentino.

2   Leia-se o original: "*Article 16. Toute societé dans laquelle la garantie des droit n'est pas assurée, ni la séparation des pouvoirs determinée, n'a point de constitution*".

3   Constituição de 1988, art. 2º. "São Poderes da União, independentes e harmônicos entre si, o Legislativo, o Executivo e o Judiciário". Art. 60. "A Constituição poderá ser emendada mediante proposta: [...] § 4º – Não será objeto de deliberação a proposta de emenda tendente a abolir: [...] III – a separação dos Poderes;".

4   Montesquieu, *O espírito das leis*, trad. Cristina Murachco, 2000.

5   M. J. C. Vile, *Constitutionalism and the separation of powers*, 1998, p. 23-24.

6   Aristóteles, *A Política*, Livro IV, Capítulo XI, trad. Mário da Gama Kury, 1985, p. 1298a e ss.

como forma de governo[7], (iii) litígios envolvendo contratos entre particulares, (iv) homicídios, (v) conflitos entre estrangeiros ou entre estes e cidadãos, entre outras atribuições[8].

Ao descrever essas funções, o objetivo de Aristóteles era investigar como cada uma delas poderia ser desempenhada nas diferentes *formas de governo* (ou, como ele próprio denominava, nas diferentes "constituições") por ele identificadas. Conforme o grau de concentração do poder, as formas de governo poderiam ser classificadas como monarquia, aristocracia e democracia constitucional. Se, entretanto, esse poder não fosse exercido em prol do bem comum, elas se degenerariam em tirania, oligarquia e olocracia (ou demagogia), respectivamente[9].

A partir disso, e de uma crítica aos trabalhos de Platão, Aristóteles desenvolveu a ideia de *constituição mista* ou de *governo misto*, que depois viria a ser endossada, com variações, por Locke, Bolingbroke, Montesquieu e pelos federalistas, sendo citada, por muitos, como a origem remota da doutrina da separação de poderes. A *constituição mista* é uma mescla ou síntese das formas de governo puras, isto é, o governo em que os variados grupos sociais detêm o poder político e exercem a soberania. Aristóteles defendia esse ideal com o objetivo de fazer com que os múltiplos interesses de uma comunidade fossem levados em consideração no exercício das funções estatais, e que todos os cidadãos tivessem participação direta nas atribuições do governo[10]. Ainda não havia, naquele momento, uma recomendação para que as diferentes funções estatais fossem exercidas por órgãos ou pessoas distintas[11].

Em Aristóteles, a noção de constituição mista se conecta com a doutrina da separação de poderes de duas formas: em primeiro lugar, ao estabelecer uma forma de equilíbrio ou balanceamento no exercício do poder político, com a incorporação das diversas classes sociais na estrutura governamental[12]; e, em segundo lugar, ao propugnar um governo com poderes limitados, seja com o povo exercendo controle sobre o monarca, seja com alguma outra combinação de poderes capaz de impedir a dominação por uma única pessoa ou grupo[13].

Posteriormente, a ideia foi revisitada por Políbio, no contexto da república romana. O *governo misto*, assim como em Aristóteles, reuniria de forma equilibrada elementos da *monarquia*, da *aristocracia* e da *democracia*, com certas funções mais concentradas e outras mais dispersas entre os membros da sociedade. Porém, em lugar de todas as classes terem acesso ao exercício de todas essas funções, cada um dos grupos sociais se ocuparia dos papéis designados a cada um daqueles elementos: os cônsules exerceriam as funções relacionadas ao elemento *monárquico*; o senado, as ligadas ao elemento *aristocrático*; e o povo (assembleias populares e tribunos da plebe), as pertinentes ao elemento *democrático*[14]. Disso adviria um efeito reciprocamente limitador entre as classes sociais, propiciando a moderação do poder político[15]. A teoria de Políbio lançou as bases para a transformação da ideia de governo misto na de *freios e contrapesos* (*ckecks and balances*), em que os órgãos governamentais não representariam mais uma classe social própria, mas exerceriam um controle recíproco entre si[16].

---

7 Aristóteles, *A Política*, Livro IV, Capítulo XIII, trad. Mário da Gama Kury, 1985, p. 1300b: "Uma constituição, com efeito, é o ordenamento das funções de governo, e estas se distribuem de conformidade com o poder dos participantes nos direitos políticos ou de conformidade com algum princípio de igualdade partilhado por eles (quero dizer, por exemplo, entre os pobres, ou entre os ricos, ou algum princípio comum a ambas estas partes). Logo, há forçosamente tantas formas de constituição quantos modos de ordenamento segundo a hierarquia e as diferenças entre as partes da cidade".

8 Para Aristóteles, por exemplo, se os juízes fossem escolhidos entre todos os cidadãos e tivessem jurisdição sobre todas as causas, o modelo poderia ser caracterizado como democrático; se os juízes fossem escolhidos em uma determinada classe e tivessem jurisdição sobre todas as causas, o modelo poderia ser considerado oligárquico; e se os juízes fossem escolhidos em parte entre todos os cidadãos e em parte em uma determinada classe, o modelo poderia ser enquadrado como aristocrático (cf. *A Política*, Livro IV, Capítulo XIII, trad. Mário da Gama Kury, 1985, p. 1301a).

9 Aristóteles, *A Política*, Livro III, Capítulo V, trad. Mário da Gama Kury, 1985, p. 1279b.

10 Nuno Piçarra, *A separação dos poderes como doutrina e princípio constitucional*: um contributo para o estudo das suas origens e evolução, 1989, p. 31-34.

11 Manuel Gonçalves Ferreira Filho, A separação de poderes: a doutrina e sua concretização constitucional, *Cadernos Jurídicos n º 40*:67-81, São Paulo, abr.-jun. 2015, p. 68.

12 Karl Loewenstein, *Teoría de la Constitución*, trad. Alfredo Gallego Anabitarte, 1979, p. 43.

13 M. J. C. Vile, *Constitutionalism and the separation of powers*, 1998, p. 38.

14 Antônio Carlos Pojo do Rego, Equilíbrio e contradição: a constituição mista na obra de Políbio, *Revista de Informação Legislativa no 81*:95-126, jul./set. 1981, p. 106 e ss.

15 Nuno Piçarra, *A separação dos poderes como doutrina e princípio constitucional*: um contributo para o estudo das suas origens e evolução, 1989, p. 39.

16 M. J. C. Vile, *Constitutionalism and the separation of powers*, 1998, p. 40.

Durante a Idade Média, no século XIII, o ideal aristotélico de constituição mista foi reproduzido por São Tomás de Aquino para sustentar a visão de que o poder real deveria estar sujeito a limites impostos pelos feudos e pelo povo. No entanto, as referências medievais à teoria do governo misto não ganharam muita visibilidade. Ela seria retomada somente ao final do século XV, na Inglaterra, com o desenvolvimento das instituições representativas e a assimilação da ideia de que a melhor forma de governo consistia num formato em que o rei, os lordes e os comuns partilhassem o exercício do poder político. No século XVII, a teoria política do governo misto se tornou dominante no território inglês[17].

O rei era membro do Parlamento, sendo este dotado de supremacia, e a função legislativa era atribuída a uma assembleia de caráter misto, composta pelo próprio rei, pela Câmara dos Lordes e pela Câmara dos Comuns. Até esse momento, a tarefa de legislar não possuía o sentido atual de criação de Direito novo; era uma atividade meramente declaratória. Ainda predominava a visão, de origem medieval, de que a lei era a mera tradução de um direito divino refletido nos costumes da comunidade, competindo ao rei apenas os clarificar, e não os modificar. Além disso, nesse contexto, a lei não derivava diretamente de textos elaborados pelo Parlamento, mas, sim, dos precedentes estabelecidos pelos tribunais do *Common Law*. Nessa linha, a função legislativa era vista como parte de uma única *função de governo*, a *judicial* (em que também se inseria o que hoje se denomina de função *executiva*), uma vez que todas as ações estatais eram, em maior ou menor medida, atos de aplicação e interpretação do Direito[18].

Foi apenas com a mudança dessa concepção e a afirmação da lei como um ato constitutivo, de criação de direitos e deveres, que se tornou possível falar em uma função legislativa autônoma em relação à jurisdicional. Para isso, foi essencial o desenvolvimento do conceito de *soberania*, a partir do século XVI com Jean Bodin, que, como poder supremo e perpétuo sobre todos e não limitado pelo Direito, conferira ao monarca a autoridade para impor novas leis aos seus súditos[19]. Quase dois séculos mais tarde, Rousseau transferiria a titularidade da soberania do rei para o povo, dando origem à ideia de *soberania popular*[20], que tornaria ainda mais evidente a existência de uma função legislativa independente, desta vez delimitadora da própria atuação do governante.

A primeira versão da *doutrina da separação de poderes* surge num contexto de acirramento das tensões entre o rei e o Parlamento britânico, que levou à eclosão da Guerra Civil Inglesa, em 1642. Pouco antes, em 1628, em reação a atos praticados pelo rei Carlos I que violavam o espírito da Magna Charta, o Parlamento inglês aprovou o *Petition of Rights*, proibindo a tributação sem o seu consentimento, a realização de prisões sem justa causa, o aquartelamento de soldados em casas de súditos e a utilização de leis marciais em tempos de paz. Diante disso, em 1629, Carlos I dissolveu o Parlamento, só voltando a convocá-lo em 1640, ante a necessidade de levantar recursos para financiar a Guerra dos Bispos. Após um breve período de duração do chamado Parlamento Curto – menos de um mês –, instaurou-se o Parlamento Longo, que se estendeu até 1653 e ofereceu grande resistência ao governo de Carlos I, impedindo a dissolução do Parlamento sem o consentimento deste e tornando obrigatória a convocação de ao menos uma sessão parlamentar a cada três anos. O Parlamento Longo foi o responsável, inclusive, pelo *impeachment* (acusação por crime de responsabilidade) e a posterior execução de conselheiros do rei[21].

Nesse quadro, como forma de confinar a atuação do Parlamento inglês à função legislativa, despindo-lhe de qualquer competência de natureza jurisdicional, é que se passou a defender uma separação entre as funções estatais. As circunstâncias históricas fortaleceram a noção de que a concentração de atribuições em um só órgão permitia o arbítrio e a tirania, representando um risco à liberdade e a segurança dos indivíduos. As leis não poderiam ser feitas por quem tivesse o poder de aplicá-las.

De modo geral, portanto, a doutrina da separação de poderes teve início com uma configuração *bipartida*, com apenas duas funções de governo, uma *legislativa* e outra *judicial*, não estando clara, nesse

---

17 M. J. C. Vile, *Constitutionalism and the separation of powers*, 1998, p. 41.

18 Nuno Piçarra, *A separação dos poderes como doutrina e princípio constitucional*: um contributo para o estudo das suas origens e evolução, 1989, p. 45.

19 Jean Bodin, *Six books of the Commonwealth*, trad. M. J. Tooley, 1967, p. 28: "On the other hand it is the distinguishing mark of the sovereign that he cannot in any way be subject to the commands of another, for it is he who makes law for the subject, abrogates law already made, and amends obsolete law. No one who is subject either to the law or to some other person can do this. That is why it is laid down in the civil law that the prince is above the law, for the word law in Latin implies the command of him who is invested with sovereign power".

20 Dalmo de Abreu Dallari, *Elementos de Teoria Geral do Estado*, 2011, p. 33 e ss.

21 Leopold von Ranke, *A history of England: principally in the seventeenth century*, v. II, 1875, p. 216 e ss. Disponível em: https://www.gutenberg.org/cache/epub/70730/pg70730-images.html.

momento, a distinção entre essa última e as atividades que hoje se enquadram como administrativas ou executivas, de natureza não jurisdicional[22].

Discute-se se a autoria da doutrina da separação de poderes deve ser atribuída a John Locke ou a Montesquieu. Vejamos, então, as contribuições de cada um deles.

III As contribuições de John Locke

Em sua obra *Dois Tratados sobre o Governo*, publicada em 1689, Locke descreve um estado de natureza em que todos os indivíduos são livres e iguais e, como tais, não podem causar danos uns aos outros, exceto para se defenderem, buscarem reparações de prejuízos e punirem infrações à lei natural. Esta confere a todos os homens um direito de autopreservação, assim como impõe o dever de respeitarem os direitos uns dos outros. O estado de natureza, todavia, é extremamente inseguro, porque, na ausência de uma autoridade superior, cada indivíduo tem o poder de determinar e executar as leis, assim como de julgar, sendo guiado por seus próprios interesses, paixões e até mesmo por vingança. São os perigos e inconveniências do estado de natureza que levam ao estabelecimento da sociedade civil[23].

Segundo Locke, na sociedade civil, os poderes de determinar e executar as leis, assim como o de julgar, são transferidos ao Estado, que deverá atuar de forma imparcial e em benefício de todos. No entanto, nessa passagem, as funções legislativa e executiva (aqui incluída a judicial) devem ser divididas entre diferentes agentes e instituições públicas. E isso por três razões. Em primeiro lugar, por não ser possível confiar na consciência, virtude ou sabedoria do governante, já que ele é tão irracional quanto qualquer outro indivíduo e pode abusar do poder político que lhe foi concedido[24]. Está presente, aqui, a rejeição às monarquias absolutistas. Em segundo lugar, por uma razão pragmática: enquanto a elaboração da lei não exige mais que um curto espaço de tempo, a garantia do seu cumprimento deve ser permanente, sendo necessário, portanto, que haja um poder em constante exercício para velar pela execução das leis em vigor. Em terceiro, por uma questão de eficiência: um corpo com grande quantidade de membros, como o legislativo, não pode atuar com a rapidez necessária à função executiva, que deve ser exercida por um órgão restrito ou singular[25].

Além dos poderes executivo e legislativo, Locke se refere à existência do chamado *poder federativo*, que abrange a competência de declarar a paz e a guerra, celebrar tratados e alianças e conduzir todas as espécies de negócios com pessoas e comunidades estrangeiras. Tal poder se diferencia do executivo, uma vez que este se circunscreve à aplicação da lei no âmbito interno. Ademais, segundo Locke, o poder federativo é mais difícil de regular, de forma prévia, por leis positivas do que o executivo, devendo ser reservada a ele uma margem de discricionariedade. Isso porque, ao contrário da política doméstica, o cenário internacional pode ser hostil, requerendo uma atuação imediata do Estado como um ente unitário. A despeito de serem distintos, os poderes executivo e federativo dificilmente poderiam ser separados e colocados nas mãos de pessoas diversas, porque a sujeição a diferentes comandos poderia levar à desordem ou à ruína da sociedade[26].

Por fim, Locke ainda menciona o chamado *poder de prerrogativa*, que também seria titularizado por quem exerce o poder executivo. O poder de prerrogativa consistiria na faculdade de agir discricionariamente em prol do bem comum, na ausência de prescrição legal ou até mesmo contrariamente a ela. O teórico parte do pressuposto de que é impossível ao legislador antecipar todas as situações para poder regulá-las. Além disso, por vezes, ainda que haja previsão legal, a aplicação rígida e estrita da lei pode ser injusta e causar danos. Nesse último caso, o governante deve ter a prerrogativa de mitigar a severidade da norma jurídica[27].

---

22 M. J. C. Vile, *Constitutionalism and the separation of powers*, 1998, p. 32-33.

23 David Jenkins, The Lockean Constitution: separation of powers and the limits of prerogative, *McGill Law Journal no 56*:543-589, 2011, p. 546 e ss.

24 John Locke, *Two treatises of government*, v. V, 1823, p. 167-168: "And because it may be too great temptation to human frailty, apt to grasp at power, for the same persons who have the power of making laws to have also in their hands the power to execute them, whereby they may exempt themselves from obedience to the laws they make, and suit the law, both in its making and execution, to their own private advantage, and thereby come to have a distinct interest from the rest of the community, contrary to the end of society and government". V. tb. David Jenkins, The Lockean Constitution: separation of powers and the limits of prerogative, *McGill Law Journal*, 56:543-589, 2011, p. 550.

25 M. J. C. Vile, *Constitutionalism and the separation of powers*, 1998, p. 67.

26 John Locke, *Two treatises of government*, v. V, 1823, p. 169.

27 John Locke, *Two treatises of government*, v. V, 1823, p. 175-176.

Não obstante ser possível encontrar, em Locke, a identificação de distintas funções de governo e uma proposta de separação entre executivo e legislativo – com vistas, sobretudo, a limitar o poder estatal e garantir a liberdade individual –, há objeções à afirmação de que ele teria sido o fundador da doutrina da separação de poderes. A primeira delas se deve ao fato de o filósofo inglês ter defendido enfaticamente a *supremacia legislativa*. A completa subordinação de um órgão de governo a outro seria incompatível com o princípio da separação de poderes. Há, porém, quem pontue que a ideia de supremacia do legislativo, em Locke, não significava um poder absoluto e ilimitado, subordinante dos demais, mas apenas a noção de que a função legislativa era prévia à executiva, condicionando o seu exercício. Esse seria o real sentido de subordinação. A segunda objeção é a de que Locke, apesar de ter afirmado a necessidade de juízes independentes, não concebeu um *poder judiciário autônomo* dos demais poderes. A função judicial era parte integrante da executiva[28].

IV MONTESQUIEU E A DIVISÃO TRIPARTITE DE PODERES

Charles Louis de Secondat, o Barão de Montesquieu, na célebre obra *O espírito das leis*, publicada em 1748, desenvolve uma teoria da separação de poderes que seria difundida mundialmente, como um elemento essencial do constitucionalismo moderno. Assim como Locke, Montesquieu parte de uma visão pessimista da natureza humana: a de que o homem, apesar de ser um animal racional, apresenta uma tendência para o mal, podendo ser levado, por seus desejos, a abusar do poder. Mas isso pode ser evitado pela forma de constituição do governo e pelas leis. Retomando a ideia de *constituição mista* e adaptando-a à sua teoria, o filósofo francês entende que a consideração das variadas paixões e interesses das diferentes classes sociais assegura que nenhum homem ou grupo de homens exercerá o poder de modo arbitrário[29].

Montesquieu identifica, em cada Estado, três tipos de poder: o de *fazer as leis*, o de *executar as resoluções públicas* e o de *julgar os crimes* ou *as querelas entre os particulares*. E, a partir disso, afirma, de forma categórica, que "tudo estaria perdido se o mesmo homem, ou o mesmo corpo dos principais, ou dos nobres, ou do povo exercesse os três poderes"[30]. Na sua visão, não haveria liberdade se os poderes legislativo, executivo e o de julgar estivessem reunidos na mesma pessoa[31].

Um dos aspectos mais relevantes da teoria de Montesquieu diz respeito à delimitação do *poder de julgar*. O filósofo francês foi um dos primeiros a traçar uma distinção muito clara entre esse poder e o que hoje se denomina de função executiva. Ele rejeita a possibilidade de ministros do rei exercerem o papel de juízes, pois, enquanto aquele cargo exige certa paixão na condução dos negócios, as Cortes devem ter *sang-froid* (sangue frio) e agir com certa indiferença. O poder judicial deve ser desempenhado de forma independente, por pessoas oriundas do povo e por períodos fixos de curta duração. Além disso, não se deve permitir que os juízes atuem de forma discricionária, uma vez que isso sujeitaria os indivíduos às opiniões particulares dos julgadores e tornaria as leis incertas, fazendo com que as pessoas vivessem em sociedade sem saber exatamente a natureza de suas obrigações. Os juízes devem ser, assim, apenas *la bouche qui prononce les paroles de la loi* (a boca que pronuncia as palavras da lei)"[32].

Outra ênfase importante dada por Montesquieu foi à impossibilidade de o poder legislativo ser compartilhado entre o rei, os lordes e os comuns, como ocorria na Inglaterra do século XVII. A noção de *King-in-Parliament* (o monarca como membro do Parlamento) foi rejeitada pelo escritor francês, que, apesar de reconhecer ao governante um poder de veto sobre a legislação, ressaltou a necessidade de o executivo ser um ramo separado do legislativo. Desse modo, o poder executivo não estaria autorizado a debater as questões submetidas ao Parlamento, nem a deliberar sobre elas, mas apenas a exercer a sua faculdade de vetá-las[33].

---

28 M. J. C. Vile, *Constitutionalism and the separation of powers*, 1998, p. 65 e 69.

29 M. J. C. Vile, *Constitutionalism and the separation of powers*, 1998, p. 103.

30 Montesquieu, *O espírito das leis*, trad. Cristina Murachco, 2000, Livro XI, Cap. VI, p. 168.

31 Montesquieu, *O espírito das leis*, trad. Cristina Murachco, 2000, Livro XI, Cap. VI, p. 168.

32 Montesquieu, *O espírito das leis*, trad. Cristina Murachco, 2000, Livro XI, Cap. VI, p. 170: "Mas, se os Tribunais não devem ser fixos, os julgamentos devem sê-lo a tal ponto que nunca sejam mais do que um texto preciso da lei. Se fossem uma opinião particular do juiz, viveríamos em sociedade sem saber precisamente os compromissos que ali assumimos".

33 Montesquieu, *O espírito das leis*, trad. Cristina Murachco, 2000, Livro XI, Cap. VI, p. 175: "[...] os juízes são apenas, como já dissemos, a boca que pronuncia as palavras da lei; são seres inanimados que não podem moderar nem sua força, nem seu rigor. [...] O poder executivo, como já dissemos, deve participar da legislação com sua faculdade de

É de se notar, finalmente, que Montesquieu não adota uma *teoria pura* da separação de poderes, prevendo, de forma diversa, a existência de mecanismos de controle entre o executivo e o legislativo – embora exclua dessa fiscalização recíproca o judiciário. A *doutrina pura da separação de poderes* pode ser sintetizada da seguinte forma: para o estabelecimento e manutenção da liberdade de todos, o governo deve estar dividido em três ramos ou departamentos, o legislativo, o executivo e o judiciário, aos quais correspondem, respectivamente, as funções legislativa, executiva e judiciária. Cada ramo ou departamento deve ficar circunscrito ao exercício de sua própria função, não podendo invadir ou usurpar a dos outros ramos. Além disso, as pessoas que compõem esses três departamentos de governo não devem se sobrepor, isto é, nenhum indivíduo deve ser membro de mais de um ramo ao mesmo tempo[34]. Montesquieu, embora defenda a separação entre os poderes, admite que o executivo e o legislativo tenham, reciprocamente, a faculdade de se limitarem, a fim de evitar que qualquer deles se torne despótico. Nessa linha, ele afirma, por exemplo, que o executivo deve regulamentar a época e duração das sessões do Parlamento e que este, por sua vez, deve ter a prerrogativa de examinar de que maneira as leis que criou foram executadas[35].

V A Constituição norte-americana de 1787 e o sistema de freios e contrapesos (*CHECKS AND BALANCES*)

As ideias de Montesquieu relativas à possibilidade de os poderes se limitarem reciprocamente viriam a inspirar James Madison na defesa do *sistema de freios e contrapesos* (*checks and balances*) adotado logo após, nos Estados Unidos, pela Constituição de 1787 – característica que pode ser tida como a contribuição genuína norte-americana para a teoria constitucional moderna[36]. Para Madison, não bastava demarcar as esferas de competência de cada poder para evitar que algum deles se tornasse tirânico. Era necessário dar a cada um os instrumentos constitucionais necessários para resistir à invasão perpetrada pelos demais[37]. Nasce, assim, o chamado *sistema de freios e contrapesos* (*checks and balances*), definido, nas palavras de Thomas Jefferson, como aquele "em que os poderes estão de tal forma repartidos e equilibrados entre os diferentes órgãos que nenhum pode ultrapassar os limites estabelecidos pela Constituição sem ser eficazmente detido e contido pelos outros"[38].

A Carta norte-americana não possui uma cláusula geral de separação entre os poderes, mas prevê que o poder legislativo será exercido pelo Congresso, o poder executivo será desempenhado pelo Presidente da República e o poder judicial, por uma Suprema Corte e pelos tribunais inferiores estabelecidos pelo Congresso. Em paralelo, foram instituídos mecanismos de controle recíproco de que cada um deles pode se valer para impedir a usurpação de suas funções pelo outro. O Presidente da República, por exemplo, possui poder de veto sobre a legislação aprovada pelo Congresso, mas este pode derrubar tal veto por dois terços dos membros de ambas as casas legislativas[39]. Além disso, o Congresso detém o poder de afastar o Presidente, o Vice-Presidente e outros agentes públicos por meio do *impeachment*[40]. A celebração de tratados e a nomeação de algumas autoridades, pelo Presidente da República, depende de

---

impedir, sem o que ele seria logo despojado de suas prerrogativas. Mas se o poder legislativo participar da execução do poder executivo estará igualmente perdido. Se o monarca participasse da legislação com poder de decidir, não haveria mais liberdade. Mas, como é necessário, no entanto, que participe da legislação para se defender, é preciso que tome parte nela com a faculdade de impedir".

34 M. J. C. Vile, *Constitutionalism and the separation of powers*, 1998, p. 14.

35 Montesquieu, *O espírito das leis*, trad. Cristina Murachco, 2000, Livro XI, Cap. VI, p. 173-174.

36 M. J. C. Vile, *Constitutionalism and the separation of powers*, 1998, p. 176.

37 James Madison, Federalist no 51, *The Federalist Papers*, 1788: "But the great security against a gradual concentration of the several powers in the same department, consists in giving to those who administer each department the necessary constitutional means and personal motives to resist encroachments of the others".

38 Thomas Jefferson, *Notes on the State of Virginia*, ed. William Peden, 1954, v. 1, cap. 10, doc. 9: "An *elective despotism* was not the government we fought for; but one which should not only be founded on free principles, but in which the powers of government should be so divided and balanced among several bodies of magistracy, as that no one could transcend their legal limits, without being effectually checked and restrained by the others. For this reason that convention, which passed the ordinance of government, laid its foundation on this basis, that the legislative, executive and judiciary department should be separate and distinct, so that no person should exercise the powers of more than one of them at the same time". Disponível em: https://press-pubs.uchicago.edu/founders/documents/v1ch10s9.html.

39 Constituição dos Estados Unidos da América, art. I, § 7, cl. 3.

40 Constituição dos Estados Unidos da América, art. II, § 4.

aprovação do Senado[41]. Os juízes têm independência em relação aos poderes políticos, não podendo ser removidos de seus cargos, nem ter os seus ganhos reduzidos[42].

Posteriormente à promulgação da Constituição norte-americana, a Suprema Corte, no caso *Marbury v. Madison* (1803)[43], assentou as bases do *judicial review*, reconhecendo a competência dos juízes para declarar, no caso concreto, a nulidade de leis incompatíveis com a Constituição. Essa construção juris-prudencial foi, sem dúvida, um reforço relevante aos mecanismos de freios e contrapesos expressamente previstos na Constituição. Alexander Hamilton, nos *Federalist Papers*, já havia defendido o controle judicial dos atos legislativos como forma de preservar os direitos individuais. Juízes independentes, com garantia de vitaliciedade, seriam capazes de impedir que o legislador exorbitasse dos poderes conferidos pelo constituinte. O judiciário, por ser o poder menos perigoso – ao contrário do executivo, não empunha a espada; e, diferentemente do legislativo, não comanda o erário –, não ofereceria riscos à liberdade dos cidadãos[44].

Diversos exemplos de mecanismos de freios e contrapesos podem ser encontrados na Constituição brasileira de 1988: o poder de veto do Presidente da República a projetos de lei aprovados pelo Congresso Nacional (art. 66, § 1°); o controle de constitucionalidade das leis e atos normativos pelo Poder Judiciário (arts. 97 e 102, I, *a*); e a competência do Senado para julgar o Presidente da República na hipótese de crime de responsabilidade (art. 52, I).

VI A Constituição brasileira de 1824 e o Poder Moderador

A Constituição brasileira do Império, de 1824, estabelecia, em seu art. 10, que "[o]s Poderes Politicos reconhecidos pela Constituição do Imperio do Brazil são quatro: o Poder Legislativo, o Poder Moderador, o Poder Executivo, e o Poder Judicial". À divisão tripartite de poderes, formulada por Montesquieu, acrescentava um quarto poder, denominado de *Poder Moderador*. De acordo com o art. 98 da Carta Imperial, tal Poder era a chave de toda a organização política. O seu titular exclusivo era o Imperador, como "Chefe Supremo da Nação", e a sua finalidade era velar pela "manutenção da Independencia, equilibrio e harmonia dos demais Poderes Politicos".

O Imperador não respondia por seus próprios atos; era uma pessoa sagrada e inviolável (Constituição de 1824, art. 99). O Poder Moderador lhe permitia exercer as seguintes competências: (i) nomear os senadores; (ii) convocar a Assembleia-Geral extraordinariamente nos intervalos das sessões, quando assim o pedisse o bem do Império; (iii) sancionar os decretos e resoluções da Assembleia-Geral, para que tivessem força de lei; (iv) aprovar e suspender interinamente as resoluções dos Conselhos Provinciais; (v) prorrogar ou adiar a Assembleia-Geral, além de dissolver a Câmara dos Deputados, nos casos em que o exigisse a salvação do Estado, convocando imediatamente outra para substituí-la; (vi) nomear e demitir livremente os ministros de Estado; (vii) suspender os magistrados nos casos de queixas contra si próprio; (viii) perdoar e moderar as penas impostas e os réus condenados por sentença; (ix) conceder anistia em caso de urgência e que assim aconselhem a humanidade e o bem do Estado (Constituição de 1824, art. 101).

Afirma-se, historicamente, que a Constituição de 1824 teria se inspirado na teoria do *poder real* de Benjamin Constant. Para o publicista suíço, os Poderes Executivo, Legislativo e Judiciário deveriam cooperar uns com os outros, mas, por vezes, poderiam se misturar ou se chocar entre si. Quando isso ocorresse, seria necessária uma *força externa* a todos eles – e, portanto, *neutra* – que atuasse de forma preventiva e reparadora, mas sem ser hostil, com o objetivo de evitar que um dos Poderes destruísse o outro e de permitir que se apoiassem, dialogassem e atuassem de forma harmônica. Entre as competências atribuídas ao monarca, em razão do *poder real*, encontravam-se as de (i) conceder graça, para reparar os erros da justiça humana e os seus rigores; (ii) promover a investidura de cidadãos na magistratura; (iii) criar órgãos legislativos e assegurar à sociedade o gozo da ordem pública e da segurança; (iv) dissolver as assembleias representativas para preservar a nação dos desvios de seus mandatários, convocando novas eleições; e (v) nomear os ministros[45].

---

41 Constituição dos Estados Unidos da América, art. II, § 2, cl. 2.

42 Constituição dos Estados Unidos da América, art. III, § 1.

43 5 US 137 (1803).

44 Alexander Hamilton, Federalist no 78, *The Federalist Papers*, 1788.

45 Benjamin Constant, *Curso de Política Constitucional*, trad. D. Marcial Antonio Lopez, t. I, 1821, p. 72-73: *"Los tres poderes políticos, tales como los hemos conocido hasta de presente, a saber, el ejecutivo, el legislativo y judicial son tres resortes que deben cooperar cada uno por su parte al movimiento general: pero cuando estos, sacados fuera de su lugar, se mezclan entre sí, se*

A simples comparação entre o rol de competências previsto no art. 101 da Constituição brasileira de 1824 e a lista acima, elaborada por Benjamin Constant, permite concluir que, de fato, o *poder real* descrito na obra do escritor suíço forneceu as bases para a instituição do Poder Moderador. No entanto, havia diferenças relevantes entre, de um lado, a teoria de Benjamin Constant e, de outro, a previsão constitucional e a prática brasileiras, que possibilitaram que o exercício do Poder Moderador se convertesse em instrumento de *autoritarismo* e *centralização do poder político*. No Brasil, o Imperador não era titular apenas do Poder Moderador, mas também do próprio Poder Executivo. Não constituía, assim, uma figura neutra e externa aos três Poderes tradicionais, que funcionasse como um árbitro imparcial, mas de pessoa diretamente interessada na resolução de eventuais conflitos surgidos entre eles. Disso resultou uma intensa e ativa interferência do monarca nas atribuições dos demais ramos[46].

Na realidade brasileira atual, é relevante pontuar que a Constituição de 1988 não prevê um Poder Moderador, tampouco o coloca nas mãos das Forças Armadas. Em 2020, um cidadão impetrou mandado de injunção no Supremo Tribunal Federal, tendo por objeto o art. 142 da Constituição de 1988, no qual requereu que fossem explicitadas as normas para a "convocação das Forças Armadas, por qualquer um dos poderes", em caso de risco à democracia. A ação emergia em um contexto de especulação, por autoridades e personalidades públicas, sobre um pretenso Poder Moderador atribuído pelo dispositivo às Forças Armadas, para atuar em caso de conflito entre os Poderes. No entanto, a menos que se pretenda postular uma interpretação retrospectiva da Constituição de 1988 à luz da Constituição do Império, retroceder mais de 200 anos na história nacional e rejeitar a transição democrática, não há que se falar em poder moderador das Forças Armadas. Para constatá-lo, basta recorrer a qualquer dos elementos de interpretação.

Nesse sentido, do ponto de vista literal, não há qualquer menção no art. 142 da Constituição ou em qualquer outro dispositivo constitucional a um "Poder Moderador" ou a seu exercício pelas Forças Armadas. Quanto ao elemento histórico, não há nada nos anais da Constituinte que permita uma interpretação no sentido de que se atribuiu às Forças Armadas tal papel. Muito pelo contrário, o que a Constituição de 1988 buscou, conforme todos os relatos de que se tem notícia, foi justamente a transição para a supremacia do poder civil e da Constituição. Na perspectiva sistemática, a Carta estabeleceu múltiplos mecanismos de freios e contrapesos, que permitem o controle recíproco entre os Poderes Executivo, Legislativo e Judiciário, de modo a que as decisões tomadas no espaço público sejam resultado do equilíbrio alcançado por meio de tal interação. E, levando em conta o elemento teleológico, finalístico, a Constituição é inequívoca ao estabelecer a destinação das Forças Armadas: defender a Pátria e garantir os "poderes constitucionais". Todos eles. Não é seu papel afirmar um em detrimento dos demais.

Assim decidiu o Supremo Tribunal Federal, negando seguimento ao mandado de injunção[47].

VII O PRINCÍPIO DA SEPARAÇÃO DE PODERES NO DIREITO CONSTITUCIONAL CONTEMPORÂNEO

A doutrina da separação de poderes sofreu muitas críticas ao longo do tempo. Segundo Carré de Malberg, a proposta de existência de uma pluralidade de poderes distintos seria incompatível com a unidade do Estado. Além disso, uma completa independência entre os órgãos de governo seria impraticável e a plena igualdade entre tais órgãos seria juridicamente impossível, porque algum deles haveria de ser o preponderante. Para Léon Duguit, a separação de poderes não se coadunaria com a indivisibilidade da soberania. Woodrow Wilson acusou a doutrina de ser mecanicista e, nessa medida, incompatível

---

chocan ó embarazan, es necesario buscar una fuerza que los ponga en su lugar. Esta fuerza no puede existir en'ninguno de los tres resortes, porque serviría para destruir a los demás j y así, debe estar fuera, y ser neutra en cierta manera, a fin de que su acción se aplique en todas las partes donde sea necesaria, y para que preserve y repare sin ser hostil. La monarquía constitucional tiene esta gran ventaja, porque crea el poder neutro en la persona de un rey rodeado de las tradiciones de una memoria respetable y de un poder de opinión, que sirve de base al político. El interés verdadero de este rey no es en alguna manera el que el uno de los poderes destruya al otro, sino el que todos se apoyen, se comuniquen entre sí, y obren de concierto. El poder legislativo reside en las asambleas representativas con la sanción del rey, el ejecutivo en los ministros, y el judicial en los tribunales. El primero hace las leyes, el segundo provee a su ejecución general, el tercero las aplica a los casos particulares. El rey está en medio de estos tres poderes como autoridad neutra é intermediaria, sin algún ínteres bien entendido en quitar el equilibrio, teniéndolo por el contrario muy particular en mantenerle".

46 José Afonso da Silva, *O Poder Executivo no Brasil*, 2021, p. 33-34.

47 STF, MI 7.311, Rel. Min. Luís Roberto Barroso, j. em 10 jun. 2020.

com o governo, que seria um organismo vivo[48]. No Brasil, Paulo Bonavides fez críticas duras ao apego ao "dogma" da separação de poderes, propugnando que ele fosse abandonado no "museu da Teoria do Estado"[49]. Mais recentemente, também se destacaram algumas tentativas de formular uma doutrina mais abrangente de separação de poderes, nas quais estariam presentes mais de três funções estatais[50].

Nos últimos anos, tem sido amplamente defendida a necessidade de *releitura* da doutrina da separação de poderes, que a compatibilize com a realidade atual. Diferentemente do contexto em que formulada, hoje ela não mais precisa ser erigida como barreira de proteção contra monarcas absolutistas. Além disso, o Estado contemporâneo não mais se limita a uma postura absenteísta, de não interferência nos direitos de liberdade ou de primeira dimensão, de caráter predominantemente negativo. Exige-se dos poderes públicos, de outra forma, um sem-número de prestações positivas, voltadas a dar plena efetividade aos direitos fundamentais. A passagem do Estado Liberal para o Estado Social teve como uma de suas consequências o agigantamento do Poder Executivo, que fez surgir a necessidade de ampliar os seus instrumentos de atuação, sobretudo os de caráter normativo, para que fosse possível dar respostas rápidas e eficientes às múltiplas necessidades sociais.

No Estado Liberal, era possível encontrar duas funções estatais bem definidas – a de elaborar a lei (função legislativa) e a de aplicá-la de ofício (função executiva) ou mediante provocação (função judicial) –, que eram agrupadas em três poderes harmônicos e independentes; no Estado democrático de Direito, por outro lado, passa a existir uma multiplicidade de funções, que refletem a pulverização sociopolítica do poder. Embora o poder estatal continue sendo uno e indivisível, o seu exercício sofre um desdobramento diversificado, que se expressa de muitos modos para a execução de variadas atribuições. Assim, "passam a coexistir inúmeras modalidades de funções políticas possíveis, numa lista em aberto, que resiste a todos os esforços de categorização que as esgotem"[51]. Essa é uma das maiores razões para a insuficiência do modelo clássico de separação tripartite de poderes, que não conseguiu absorver esse novo arranjo funcional. Segundo Alexandre Aragão, "não existe 'uma separação de poderes', mas muitas, variáveis segundo cada direito positivo e momento histórico diante do qual nos colocamos"[52].

O desmembramento do exercício do poder pode ser verificado dentro da própria estrutura do Poder Executivo, que deixa de ser unitário para assumir a configuração de uma "Administração policêntrica". O surgimento das agências reguladoras, por exemplo, rompeu com o desenho piramidal da Administração Pública, no qual havia a recondução direta de todas as ações administrativas ao governo"[53]. Esse fenômeno, todavia, não se restringe ao Poder Executivo. Estende-se à organização estatal como um todo, a partir do momento em que se assiste à criação de novos órgãos com funções não enquadráveis em nenhuma das três clássicas.

Nesse contexto, é possível citar órgãos de matriz constitucional que desempenham, de forma independente, atividades interligadas a todos os poderes, como os Tribunais de Contas[54] e o Ministério Público. Esses órgãos, ao contrário dos poderes políticos, são imunes às mudanças eleitorais, podendo atuar justamente na tutela de direitos e interesses que o processo político majoritário não é capaz, por si só, de assegurar. O exercício imparcial das funções e a imunidade em relação aos partidos políticos são possíveis devido a um conjunto de características que lhes é inerente: (i) o caráter não eletivo de seleção

---

48   John A. Fairlie, The separation of powers, *Michigan Law Review no 4*:393-436, fev. 1923, p. 420 e ss.

49   Paulo Bonavides, *Do Estado Liberal ao Estado Social*, 1996, p. 63.

50   John A. Fairlie, The separation of powers, *Michigan Law Review, 4*:393-436, fev. 1923, p. 429 e ss.

51   Diogo de Figueiredo Moreira Neto, Os Tribunais de Contas e a sociedade, *Revista do Tribunal de Contas do Município do Rio de Janeiro, 25*, dez. 2003, p. 64.

52   Alexandre Santos de Aragão, As agências reguladoras independentes e a separação de poderes: uma contribuição da teoria dos ordenamentos setoriais, *Revista Diálogo Jurídico, 13*, abr./mai. 2002, p. 23.

53   Gustavo Binenbojm, *Uma teoria do direito administrativo*, 2008, p. 243-245.

54   Javier García Roca, citando especificamente os Tribunais de Contas, destaca que uma das principais características da divisão contemporânea das funções estatais reside no surgimento de *"nuevos órganos auxiliares de los poderes supremos, muchos de ellos de relevancia constitucional y no meramente creados por las leyes, dotados de independencia orgánica en el ejercicio de sus funciones, pero que a la vez realizan actividades auxiliares de otras principales"* (Separación de poderes y disposiciones del ejecutivo con rango de ley, *Cadernos de Direito Constitucional e Ciência Política n. 27*, abr./jun. 1999, p. 15). Para Marçal Justen Filho, a autonomia concedida ao Tribunal de Contas poderia fazer com que se lhe reconhecesse a qualidade de "poder", tal como se faz com o Executivo, o Legislativo e o Judiciário. Sob esse raciocínio, conclui que "a não-qualificação formal do Tribunal de Contas como um 'Poder' específico derivou apenas da tradição, voltada a manter fidelidade a um esquema setecentista de tripartição de Poderes do Estado" (Marçal Justen Filho, *Curso de direito administrativo*, 2008, p. 898-899).

dos seus membros; (ii) a natureza preponderantemente técnica das suas atribuições; e (iii) a sua independência, isto é, a ausência de subordinação aos poderes políticos eletivos do Estado[55].

Mas, então, qual seria o conteúdo do princípio da separação de poderes nos dias de hoje? Como já destacado (Parte I, cap. VI, item 6.3), o conteúdo nuclear e histórico do princípio que ainda remanesce pode ser descrito nos seguintes termos: as funções estatais devem ser divididas e atribuídas a órgãos diversos e devem existir mecanismos de controle recíproco entre eles, de modo a proteger os indivíduos contra o abuso potencial de um poder absoluto. Na democracia constitucional, não existe poder hegemônico.

Há, por certo, diversas formas de realizar essas duas concepções básicas, como demonstra a experiência histórica dos diferentes países. Na experiência brasileira, a doutrina mais autorizada extrai dessas ideias centrais dois corolários[56]: a especialização funcional e a necessidade de independência orgânica de cada um dos Poderes em face dos demais. A especialização funcional inclui a titularidade, por cada Poder, de determinadas competências privativas. A independência orgânica demanda, na conformação da experiência presidencialista brasileira atual, três requisitos: (i) uma mesma pessoa não poderá ser membro de mais de um Poder ao mesmo tempo; (ii) um Poder não pode destituir os integrantes de outro por força de decisão exclusivamente política; e (iii) a cada Poder são atribuídas, além de suas funções típicas ou privativas, outras funções (chamadas normalmente de atípicas), como reforço de sua independência frente aos demais Poderes.

No Brasil, o Poder Executivo, por exemplo, exerce atipicamente a função de elaborar normas jurídicas, que pode ser enquadrada numa acepção mais ampla do termo "legislar"[57]. E o faz por variados instrumentos jurídicos: (i) editando medidas provisórias, em casos de relevância e urgência (CF, art. 62); (ii) promulgando leis delegadas (CF, art. 68); e (iii) aprovando regulamentos executivos e autônomos (CF, art. 84, IV e VI). O Legislativo desempenha, de forma atípica, a função de julgar agentes públicos, nas hipóteses de crime de responsabilidade (CF, arts. 52, I e II, e 86). O Judiciário (e, também, o Legislativo), a seu turno, exerce atipicamente a função de administrar, ao promover concursos públicos para provimento de seus cargos (CF, art. 37, II) e realizar licitações para a aquisição de bens e a contratação de serviços (CF, art. 37, XXI).

O exercício de funções atípicas revela a perda de relevância da especialização funcional como elemento nuclear do princípio da separação de poderes. Algum grau de especialização funcional dos Poderes deve ser preservado, para que haja uma eficiente divisão do trabalho e se evite a concentração do poder estatal. Porém, mais importante do que saber o órgão competente para desempenhar cada função é investigar a *forma* como ela é exercida e dispor de instrumentos de *controle* e de *coordenação* desse exercício, de modo a não se cometerem desvios e a se alcançarem as finalidades delineadas na Constituição. A enumeração taxativa, rígida e estática das atividades designadas a cada poder não permitiria uma adaptação institucional rápida para o atendimento de demandas inéditas inerentes ao dinamismo da sociedade contemporânea. Nessa ordem de ideias, mais do que um mero mecanismo de distribuição de funções entre órgãos estatais, o princípio da separação de poderes passa a ser um instrumento de cooperação, harmonia e moderação entre os diferentes atores e instituições públicas[58], com vistas à preservação da democracia e à consecução do bem comum.

---

55 Alexandre Santos de Aragão, O controle da constitucionalidade pelo Supremo Tribunal Federal à luz da Teoria dos Poderes Neutrais, In: SARMENTO, Daniel (org.), *O controle de constitucionalidade e a Lei n. 9.868/99*, 2001, p. 24.

56 José Afonso da Silva, *Curso de direito constitucional positivo*, 2001, p. 113.

57 Sobre a função normativa desempenhada pelo Poder Executivo, cf. Clèmerson Merlin Clève, *Atividade legislativa do Poder Executivo no Estado contemporâneo e na Constituição de 1988*, 1993.

58 Nuno Piçarra, *A separação dos poderes como doutrina e princípio constitucional*: um contributo para o estudo das suas origens e evolução, 1989, p. 26.

516

| CAPÍTULO II | PODER LEGISLATIVO |

Sumário: I. Generalidades. II. Estrutura do Poder Legislativo Federal. 1. Congresso Nacional. 1.1. Competências exclusivas e não exclusivas do Congresso Nacional. 1.2. Competências normativas com e sem participação do Poder Executivo. 1.3. Competências fiscalizatórias e de controle. 2. Câmara dos Deputados. 3. Senado Federal. III. Regime Jurídico dos Deputados e Senadores. 1. Prerrogativas. 2. Vedações. 3. Perda do Mandato. IV. Reuniões. V. Comissões. 1. As Comissões Parlamentares de Inquérito (CPI). VI. Processo Legislativo Federal. 1. Procedimento Legislativo Comum Ordinário. 1.1. Iniciativa. 1.2. Discussão e Votação. 1.3. Sanção e Veto. 1.4. Promulgação e Publicação. 2. Espécies Legislativas. 2.1. Emendas à Constituição. 2.2. Leis Complementares e Ordinárias. 2.3. Leis Delegadas. 2.4. Medidas Provisórias. 2.5. Decretos Legislativos e Resoluções. VII. Fiscalização Contábil, Financeira e Orçamentária: O Tribunal de Contas da União.

I GENERALIDADES[1]

O Poder Legislativo desempenha papel central em uma democracia representativa, pois é por meio de suas casas que o povo faz ouvir a sua voz na condução dos destinos da nação. Ao legislar sobre os mais diversos temas, aprovar o orçamento, fiscalizar o Poder Executivo e representar os anseios da sociedade, o Parlamento confere legitimidade às decisões estatais, permite a participação popular no processo político e funciona como contrapeso a eventuais abusos dos governantes.

Não à toa é o primeiro Poder da República a ser disciplinado pela Constituição de 1988, assim como o fora em todas as demais constituições brasileiras[2]. O Legislativo é também tratado com destaque, antes do Executivo e do Judiciário, nas constituições dos Estados Unidos[3], Alemanha[4], África do Sul[5], Colômbia[6] e Peru[7]. Até mesmo arquitetonicamente, quem visita a Capital do Brasil percebe que o poder escolhido para figurar no centro da Praça dos Três Poderes é o Poder Legislativo, ladeado pelo Palácio do Alvorada, sede do Poder Executivo, e pelo Supremo Tribunal Federal, órgão de cúpula do Poder Judiciário.

Embora tenha recebido grande destaque nos textos constitucionais brasileiros e na construção de Brasília, o Poder Legislativo é o menos estudado nos cursos de Direito. Em geral, o Executivo é bem tratado pelo direito administrativo e o Judiciário, por todas as demais disciplinas, notadamente pelo direito constitucional. Mas o desinteresse pelo exame do funcionamento do Parlamento e pelo processo de elaboração das leis não constitui fenômeno tipicamente brasileiro. Aliás, e não por acaso, uma das obras de referência, na literatura comparada, acerca do Poder Legislativo refere-se a ele como "o poder menos estudado"[8].

Cabe à presente e às futuras gerações mudar esse quadro, por diversas razões. No presidencialismo brasileiro, o Poder Legislativo assume contornos próprios e se reveste de importância ainda maior[9], porque, diferentemente do que ocorre no parlamentarismo, o Presidente da República não precisa do

---

1 Capítulo escrito em coautoria com Teresa Melo.

2 Constituição de 1924, art. 13 e ss. (inclusive antes do Poder Moderador); Constituição de 1891, art. 16 e ss.; Constituição de 1934, art. 22 e ss.; Constituição de 1937, art. 38 e ss.; Constituição de 1946, art. 37 e ss.; Constituição de 1967, art. 27 e ss.; Constituição de 1969, art. 27 e ss.

3 Constituição dos Estados Unidos da América de 1787, art. 1º, Seções 1 a 10.

4 Lei Fundamental da República Federal da Alemanha de 1949, arts. 38 a 48.

5 Constituição da República da África do Sul de 1996, arts. 42 a 76.

6 Constituição da República da Colômbia de 1991, arts. 132 a 187.

7 Constituição da República do Peru de 1993, arts. 92 a 124.

8 Richard W. Bauman e Tsvi Kahana, *The least examined branch: the role of legislatures in the constitutional state,* 2006.

9 V. Luís Roberto Barroso, *A Reforma Política: uma proposta de sistema de governo, eleitoral e partidário para o Brasil.* Disponível em: https://www.migalhas.com.br/quentes/281033/ministro-barroso-defendeu-em-2006-o-semipresidencialismo-no-pais. Acesso em: out. 2023.

apoio constante da maioria congressual para se manter no cargo. Uma vez eleito, governa por quatro anos, independentemente de ter ou não maioria ou sustentação no Parlamento. Eis aí um dado fundamental para se compreender o sistema político do nosso país: ainda que eleito pelo voto popular, o chefe do Executivo federal precisa tecer alianças e compor uma base de apoio no Congresso Nacional, sob pena de enfrentar sérios entraves à aprovação de seu programa de governo, como estudado no capítulo sobre Poder Executivo[10].

Na ordem federal, o Poder Legislativo se organiza de forma bicameral, em duas casas: a Câmara dos Deputados e o Senado Federal, que juntos formam o Congresso Nacional. A Constituição de 1988 lista competências próprias para o Congresso Nacional, bem como para cada uma de suas Casas, separadamente. As atribuições, composição e dinâmica interna do Congresso Nacional, da Câmara dos Deputados e do Senado Federal serão objeto de exame em itens seguintes. Por ora, cabe relembrar que pelo princípio da separação de poderes, as principais funções desempenhadas pelo Parlamento são a de legislar, criando direitos e obrigações na ordem jurídica, e a de fiscalizar. Legislar e fiscalizar, portanto, são as funções típicas ou principais do poder legislativo – que, além delas, exerce outras funções de forma secundária ou atípica. Cabe ao Legislativo, em última análise, a função de concretizar direitos fundamentais, sendo a arena principal para a discussão de direitos. Ao legislador impõe-se o dever de transformar em realidade muitas das promessas contidas no texto constitucional. Essa missão ganha especial relevo num país de contrastes sociais tão profundos como o Brasil. Também toca ao Legislativo funcionar como um *locus* do debate público das questões de interesse nacional.

II ESTRUTURA DO PODER LEGISLATIVO FEDERAL

1 Congresso Nacional

O Brasil é organizado sob a forma de estado federal, integrado pela União, Estados, Distrito Federal e Municípios (CF, arts. 1º e 18). Cada ente federado tem o seu próprio Poder Legislativo, mas apenas o Congresso Nacional tem o formato bicameral[11]. A isso corresponde dizer que o órgão responsável pelo exercício das competências legislativas da União **é integrado por** duas casas: a Câmara dos Deputados e o Senado Federal (CF, art. 44), cada qual com composição, competências e regimentos próprios.

O Congresso Nacional reúne-se na Capital Federal de 2 de fevereiro a 17 de julho, e de 1º de agosto a 22 de dezembro, período anual que corresponde ao conceito de sessão legislativa (CF, art. 57). A legislatura, por sua vez, corresponde ao período de quatro anos (CF, art. 44, parágrafo único) para o qual são eleitos os deputados federais, estaduais e vereadores[12]. A regra, no Congresso Nacional, é a realização de reuniões em datas compreendidas no período da sessão legislativa, por isso chamada de sessão legislativa *ordinária* (ou comum).

As reuniões extraordinárias do Congresso Nacional, ao contrário, podem ocorrer durante o recesso parlamentar (18 a 31 de julho e 23 de dezembro a 1º de fevereiro)[13], apenas nas hipóteses previstas no art. 57, §§ 6º a 8º, da CF, cabendo sua convocação (i) ao Presidente do Senado Federal, em caso de decretação de estado de defesa ou intervenção federal, de pedido de autorização para a decretação de estado de sítio e para o compromisso de posse do Presidente ou Vice-Presidente da República; ou (ii) a pedido do Presidente da República, de um terço dos membros do Senado Federal ou da maioria dos

---

10 V. ABRANCHES, Sérgio. *Presidencialismo de coalização: raízes e evolução do modelo político brasileiro*. São Paulo: Companhia das Letras, 2018. O presidencialismo de coalizão, como ficou conhecido o modelo brasileiro, exige ampla capacidade de negociação do governo com o Legislativo. A negociação entre Executivo e Legislativo, em si mesmo considerada, faz parte da política. A questão é a degeneração desse sistema, que passa a exigir a distribuição de ministérios e cargos pelo Executivo aos partidos aliados, em troca de apoio político.

11 Ao contrário do Legislativo federal, nos Estados, no Distrito Federal e nos Municípios, o Poder Legislativo é organizado de forma unicameral. Vale dizer, nos estados é exercido por meio das assembleias legislativas, no Distrito Federal pela Câmara Legislativa e, nos municípios, pelas câmaras de vereadores.

12 O conceito de legislatura é importante, por exemplo, para definir o prazo máximo de funcionamento de uma Comissão Parlamentar de Inquérito (CPI) – que embora possa ser prorrogada, não pode ultrapassar o fim da legislatura. V. STF, Plenário, HC 71261/RJ, Rel. Min. Sepúlveda Pertence, j. 11. mai. 1994.

13 Durante o recesso parlamentar, as prerrogativas do Congresso Nacional e de suas Casas Legislativas cabe a uma comissão representativa composta por deputados e senadores, que exerce atribuições de caráter urgente.

membros da Câmara dos Deputados, em caso de urgência ou interesse público relevante. Em nenhuma hipótese de convocação extraordinária haverá pagamento de parcela indenizatória (CF, art. 57, § 7º).

O Congresso Nacional é dirigido por uma Mesa Diretora, composta pelos Presidentes da Câmara e do Senado e por quatro Vice-Presidentes destas casas, eleitos a cada dois anos. O Presidente do Senado é também o Presidente do Congresso Nacional, com importante papel diretivo dos trabalhos, competindo-lhe, entre outras atribuições, convocar e presidir as sessões conjuntas, dar posse ao Presidente e Vice-Presidente da República e declarar a vacância dos respectivos cargos. Os demais cargos da Mesa do Congresso Nacional serão exercidos, alternadamente, pelos ocupantes de cargos equivalentes na Câmara dos Deputados e no Senado Federal (art. 57, § 5º, CF)[14].

As deliberações do Congresso Nacional, salvo disposição constitucional em contrário, são tomadas por maioria de votos (quórum de votação), desde que presente a maioria absoluta de seus membros (quórum de instalação). A regra estabelecida pela Constituição de 1988 é a de que, presente a maioria absoluta dos membros de cada casa legislativa (número mínimo que autoriza o início da sessão da casa legislativa), a votação das proposições legislativas, *em regra*, se dá por maioria simples (metade dos membros *presentes*). Em um exemplo hipotético, portanto, se determinada casa legislativa tem 100 membros e 51 deles registram presença, o *quórum de instalação* da sessão foi observado (já que o quórum alcançado equivale ao primeiro número inteiro acima da metade) e, para aprovação de uma matéria que requer quórum maioria simples, bastaria o voto favorável de 26 deles.

Algumas proposições legislativas, porém, demandam aprovação por quórum diferente da maioria simples (ou relativa), como ocorre com a votação de leis complementares, que exigem quórum de maioria absoluta – e com as emendas à constituição, que exigem quórum de votação de três quintos[15]. Dessa forma, as leis complementares serão consideradas aprovadas apenas se a *maioria absoluta* votar favoravelmente ao texto (CF, art. 69), sendo o quórum de instalação e o quórum de votação exatamente o mesmo nos casos de lei complementar. Considerando que a Câmara dos Deputados, por exemplo, tem 513 membros, o quórum de aprovação de maioria absoluta corresponde ao voto favorável de mais da metade dos membros do colegiado, ou seja, de ao menos 247 deputados.

As competências do Congresso Nacional serão tratadas a seguir, tendo sido didaticamente divididas em três grupos: (i) competências exclusivas e não exclusivas do Congresso Nacional; (ii) competências normativas do Congresso Nacional com ou sem a participação do Poder Executivo e, por fim, (iii) competências fiscalizatórias do Congresso Nacional.

1.1 Competências exclusivas e não exclusivas do Congresso Nacional

As competências exclusivas são assim denominadas porque estão reservadas somente ao Congresso Nacional, são de sua titularidade precípua, não podendo ser compartilhadas ou delegadas a outros Poderes (CF, art. 49)[16].

Já as competências não exclusivas, como o próprio nome sugere, permitem a partilha da atuação do Congresso Nacional com o Executivo, com o Judiciário, ou com ambos. Nessa categoria incluem-se aquelas previstas no art. 48 da Constituição, de iniciativa das leis, que serão examinadas no estudo do processo legislativo; a declaração de guerra e a celebração da paz (CF, art. 84, XIX e XX); o julgamento das contas do chefe do Executivo, após parecer prévio do Tribunal de Contas (CF, art. 49, IX e 71); a

---

14 O Presidente do Senado Federal será sempre o Presidente da Mesa do Congresso Nacional, o 1º Vice-Presidente da Câmara dos Deputados será o 1º Vice-Presidente do Congresso Nacional, o 2º Vice-Presidente do Senado será o 2º Vice-Presidente do Congresso Nacional, e assim consecutivamente, até serem completados todos os cargos da Mesa.

15 CF, art. 60, § 2º.

16 Entre as competências exclusivas do Congresso Nacional, destacam-se: "Art. 49. É da competência exclusiva do Congresso Nacional: I – resolver definitivamente sobre tratados, acordos ou atos internacionais que acarretem encargos ou compromissos gravosos ao patrimônio nacional (por meio dessa prerrogativa, o Legislativo exerce um controle sobre a atuação do Executivo no plano internacional); II – autorizar o Presidente da República a declarar guerra, a celebrar a paz e a permitir que forças estrangeiras transitem pelo território nacional ou nele permaneçam temporariamente (trata-se de competência que opera como freio à concentração excessiva de poderes nas mãos do chefe do Executivo em matéria de defesa e de relações exteriores); III – aprovar o estado de defesa e a intervenção federal, autorizar o estado de sítio e suspender qualquer uma dessas medidas; [...] VII – autorizar referendo e convocar plebiscito; [...] X – fiscalizar e controlar, diretamente, ou por qualquer de suas Casas, os atos do Poder Executivo, incluídos os da administração indireta; XI – proceder à tomada de contas do Presidente da República, quando não apresentadas ao Congresso Nacional dentro de sessenta dias após a abertura da sessão legislativa; XII – elaborar seu regimento interno".

criação, transformação e extinção de cargos, empregos e funções públicas (CF, art. 48, X); a fixação do efetivo das Forças Armadas (CF, art. 48, III); entre outras.

Em suma, o texto constitucional estabelece competências privativas e não privativas do Congresso Nacional. Essa divisão tem como principal objetivo equilibrar os Poderes, evitando concentrações excessivas, como já estudado no tópico referente ao princípio da separação de poderes.

1.2 Competências normativas com e sem participação do Poder Executivo

Já se sabe que a Constituição Federal de 1988 estabelece uma divisão de competências legislativas entre União, Estados, Distrito Federal e Municípios. Em paralelo, considerando-se apenas as competências legislativas da União, a Constituição também prevê uma divisão de tarefas entre Legislativo e Executivo. A diferenciação é importante pois encontra fundamento no sistema de controle recíproco entre os poderes da República.

A participação do Presidente da República nas competências normativas do Poder Legislativo ocorre durante o processo de elaboração das leis, por meio de sanção ou veto a dispositivos de projetos aprovados pelas duas casas do Congresso Nacional. Por isso, as competências normativas do Congresso Nacional *com a participação do Executivo* são aquelas listadas nos artigos 22 e 24 da Constituição de 1988, no último caso nas hipóteses de edição de lei de caráter geral. Se é verdade que cabe ao Congresso Nacional elaborar as leis de competência da União, também é certo que, para os projetos de lei passarem a ser leis propriamente ditas, demandam a participação do Presidente da República na fase de sanção ou veto. Nesse sentido, a elaboração das leis ordinárias, complementares, e de conversão de medidas provisórias, corresponde a um *ato complexo*, a exigir a manifestação de vontade de dois poderes da República – o Legislativo e o Executivo.

Por outro lado, a Constituição Federal de 1988 também confere ao Congresso Nacional competências normativas que prescindem da participação do Poder Executivo, ou seja, em que não há a fase de sanção ou veto. São hipóteses de competências normativas específicas do Congresso Nacional, ou de cada uma de suas Casas. Tomando-se o conjunto de atos normativos indicados no art. 59 da Constituição, *não demandam a participação do Executivo via sanção ou veto* o processo de edição de: emendas à Constituição, decretos legislativos e resoluções[17]. Isso porque as emendas à Constituição correspondem a exercício do poder constituinte derivado, e não à função legislativa propriamente dita; os decretos legislativos configuram atos de competência exclusiva do Congresso Nacional (CF, art. 49, como por exemplo o de sustar atos do Executivo que exorbitem de seu poder regulamentar ou delegado); e, por fim, as resoluções veiculam decisões da competência privativa da Câmara dos Deputados (CF, art. 51), ou do Senado Federal (CF, art. 52), como a edição de seus próprios Regimentos Internos[18].

Essas competências asseguram maior autonomia ao Poder Legislativo para o exercício de funções de fiscalização e controle sobre os atos do Executivo, para a organização de procedimentos internos, bem como para a regulamentação de questões fundamentais para o país, como o controle do endividamento público.

1.3 Competências fiscalizatórias e de controle

Como já observado, ao Legislativo cabem as funções típicas de legislar *e de fiscalizar,* embora, em geral, apenas a de legislar seja imediatamente lembrada quando se estuda esse Poder. Todavia, ao passo que a tarefa de editar leis seja mais e mais compartilhada com o Executivo – seja pela adoção de medidas provisórias, exercício de iniciativa reservada, atribuição de urgência constitucional a projetos ou por meio de sanção e veto –, as competências fiscalizatórias do Legislativo vêm recebendo cada vez mais ênfase do Congresso Nacional e suas casas, ocupando a agenda e o dia a dia parlamentares.

Trata-se de um conjunto amplo de atribuições, a saber: (i) fiscalização e controle externo da Administração Pública e de suas contas (CF, arts. 49, X, 70 e 71); (ii) convocação de ministros ou titulares de órgãos subordinados à Presidência da República para prestação de informações (CF, art. 50); (iii) sustação de atos do Executivo que exorbitem do poder regulamentar ou dos limites da delegação legislativa (CF, art. 49, V); (iv) instalação de comissões parlamentares de inquérito para investigação de fato determinado

---

17   As leis delegadas, embora não observem a fase de sanção e veto, demandam a participação do Executivo – já que é o Executivo o poder competente para solicitar a elaboração da lei ao Congresso Nacional.

18   Resolução da Câmara dos Deputados n. 17/1989 (aprova o Regimento Interno da Câmara dos Deputados) e Resolução do Senado Federal n. 93/1970 (dá nova redação ao Regimento Interno do Senado Federal).

e por prazo certo (CF, art. 58, § 3º); (v) participação em decisões políticas importantes do Executivo, como declaração de guerra, intervenção federal, estado de defesa e estado de sítio (CF, art. 49, II e IV); (vi) convocação de plebiscitos e autorização de referendos (CF, art. 49, XV); (vii) aprovação ou autorização de concessões de rádio e TV, iniciativas nucleares, concessão ou alienação de grandes áreas públicas (CF, art. 49, XII, XIV, XVI e XVII).

Em se tratando especificamente do controle e fiscalização pelas casas legislativas, o Senado Federal desempenha papel essencial ao sabatinar e aprovar nomes indicados pelo Presidente da República para alguns cargos listados na Constituição. Os Ministros do Supremo Tribunal Federal, por exemplo, não se submetem previamente a concurso público, mas devem ter o seu nome aprovado pelo Senado, após passarem por uma sabatina pública (CF, arts. 52, III, *a*, e 101, parágrafo único). O mesmo ocorre com os Ministros do Superior Tribunal de Justiça (CF, arts. 52, III, *a*, e 104, parágrafo único), do Tribunal Superior do Trabalho (CF, arts. 52, III, *a*, e 111-A), e do Superior Tribunal Militar (CF, arts. 52, III, *a*, e 123).

Esse procedimento também é observado para a escolha do Procurador-Geral da República (CF, arts. 52, III, *e*, e 128, § 1º), de um terço dos Ministros do Tribunal de Contas da União, dos membros do Conselho Nacional de Justiça (CF, art. 103-B, § 2º) e do Conselho Nacional do Ministério Público (CF, art. 130-A), diretores do Banco Central e chefes de missões diplomáticas permanentes (CF, art. 52, III, *d* e IV). Além disso, cabe ao Senado julgar altas autoridades, incluindo o Presidente da República, em casos de crimes de responsabilidade. Em relação à Câmara dos Deputados, deve-se ressaltar sua competência para autorizar o início do processo de *impeachment* contra o Presidente da República, Vice-Presidente e Ministros de Estado, bem como a instauração de processo criminal, por crime comum, contra o Presidente da República (a ser julgado, nesse caso, pelo Supremo Tribunal Federal).

De todo esse conjunto de competências fiscalizatórias do Congresso Nacional, três são especialmente importantes: (i) a fiscalização e o controle externo da Administração Pública, exercido com o auxílio do Tribunal de Contas da União (CF, art. 71, I e II), o que inclui o julgamento das contas do Chefe do Poder Executivo federal após parecer prévio do Tribunal de Contas da União (CF, arts. 49, IX, e 71, I); (ii) o controle dos atos do Poder Executivo (CF art. 49, V), prerrogativa que confere ao Legislativo a capacidade de impedir excessos por parte do Presidente da República, Ministros de Estado e demais autoridades competentes para edição de atos normativos federais, reafirmando a importância do equilíbrio de poderes no sistema democrático brasileiro; e (iii) o processamento e o julgamento de denúncia contra o Presidente da República por crime de responsabilidade, respectivamente de competência da Câmara dos Deputados e do Senado Federal (CF, arts. 51, I e 52, I).

Nessa última hipótese, apresentada a denúncia, por qualquer cidadão, contra o Presidente da República por crime de responsabilidade, compete à Câmara dos Deputados autorizar a instauração de processo pelo voto de 2/3 dos seus membros (CF, art. 51, I). A Câmara exerce, assim, um juízo eminentemente político sobre os fatos narrados, que constitui condição para o prosseguimento da denúncia. Ao Senado compete, privativamente, "processar e julgar" o Presidente (CF, art. 52, I), locução que abrange a realização de um juízo inicial de instauração ou não do processo, isto é, de recebimento ou não da denúncia autorizada pela Câmara, além do julgamento propriamente dito – que inclui as penalidades de afastamento do cargo com inabilitação para o exercício de função pública por 8 (oito) anos.

As competências de fiscalização e controle, conferidas ao Congresso Nacional de modo geral, e à Câmara dos Deputados e ao Senado Federal em particular, objetivam promover maior transparência e *accountability* no exercício do poder público e concretizar o princípio da separação dos poderes e o controle recíproco. Por envolver a forma como o Legislativo interage e limita os demais poderes e, em algumas hipóteses, também outros entes políticos, podem ser reconduzidas tanto à cláusula pétrea da separação de poderes como à da federação. Não por outro motivo, o Supremo Tribunal Federal entende que as competências fiscalizatórias do Poder Legislativo não podem ser ampliadas por normas infraconstitucionais, correspondendo, ainda, a normas de reprodução obrigatória por estados, Distrito Federal e municípios[19].

2   Câmara dos Deputados

A Câmara dos Deputados é a casa legislativa de representação do povo, integrada por representantes eleitos diretamente. O número de deputados na Câmara é definido em 513, conforme disposto na Lei Complementar n. 78/1993[20]. Essa quantidade é distribuída de maneira proporcional à população de

---

19   STF, ADI 3046, Rel. Min. Sepúlveda Pertence, j. em 15 abr. 2004.

20   Em razão de já terem sido realizados diversos censos populacionais desde então, o Supremo Tribunal Federal reconheceu a omissão do Legislativo Federal quanto à edição da lei complementar prevista no art. 45, § 1º, segunda

cada Estado, com um mínimo de 8 (oito) e um máximo de 70 (setenta) deputados[21]. A fórmula busca assegurar representação plural adequada, mas, por outro lado, proporciona menor representação para áreas mais populosas, em razão do teto de 70 deputados[22].

A Mesa da Câmara dos Deputados é o órgão diretivo da casa, responsável pela condução dos trabalhos parlamentares e pela administração interna[23]. É composta por sete membros titulares, eleitos por votação secreta: o Presidente da Câmara dos Deputados (que preside a Mesa), o primeiro e o segundo Vice-Presidentes, e o primeiro, o segundo, o terceiro e o quarto secretários (estes com os respectivos suplentes), todos eleitos para mandato de dois anos, vedada a recondução para o mesmo cargo na eleição imediatamente subsequente (CF, art. 57, § 4º)[24]. O Presidente da Casa é eleito em primeiro turno se alcançar a maioria absoluta dos votos, do contrário os dois candidatos mais votados disputarão um segundo escrutínio, em que será eleito o que alcançar maioria simples. Os demais membros da Mesa são eleitos por maioria de votos, presente a maioria absoluta dos membros, também em votação secreta. À exceção da eleição para Presidente da Câmara, cuja candidatura é aberta a todos os interessados e partidos, os demais cargos da Mesa são distribuídos de acordo com a regra da proporcionalidade partidária (CF, art. 58, § 1º)[25].

Os deputados federais são eleitos pelo sistema proporcional para um mandato de 4 (quatro) anos. Esse período é considerado adequado para que os representantes eleitos cumpram sua missão constitucional, ao mesmo tempo em que garante a alternância do poder e a responsividade às mudanças sociais e econômicas. Já o sistema proporcional, idealmente, permite que os partidos políticos obtenham cadeiras proporcionalmente ao apoio eleitoral que recebem nas urnas. Uma das principais vantagens desse sistema é a garantia da representação de minorias e a diversidade de opiniões no processo legislativo. Isso

---

parte, da CF, fixando prazo até 30 de junho de 2025 para que seja sanada a omissão. Em persistindo a mora legislativa, caberá ao Tribunal Superior Eleitoral, até 1º de outubro de 2025, determinar o número de deputados federais de cada Estado e do Distrito Federal para a legislatura que se iniciará em 2027, bem como o consequente número de deputados estaduais e distritais (CF, arts. 27, caput, e 32, §3º), observado o piso e o teto constitucional por circunscrição e o número total de parlamentares previsto na LC n. 78/1993, valendo-se, para tanto, dos dados demográficos coletados pelo IBGE no Censo 2022 e da metodologia utilizada por ocasião da edição da Resolução-TSE 23.389/2013. STF, ADO 38, Rel. Min. Luiz Fux, j. em 28.08.2023.

21 De acordo com a LC n. 78/1993, eis o número total de deputados federais eleitos por cada estado da federação e pelo DF: Acre: 8; Alagoas: 9; Amapá: 8; Amazonas: 11; Bahia: 39; Ceará: 22; Distrito Federal: 8; Espírito Santo: 10; Goiás: 17; Maranhão: 18; Mato Grosso: 8; Mato Grosso do Sul: 8; Minas Gerais: 53; Pará: 17; Paraíba: 12; Paraná: 30; Pernambuco: 25; Piauí: 10; Rio de Janeiro: 46; Rio Grande do Norte: 8; Rio Grande do Sul: Rondônia: 8; Roraima: 8; Santa Catarina: 16; São Paulo: 70; Sergipe: 8 e Tocantins: 8. Além disso, caso venham novamente a existir, os territórios federais têm direito a 4 deputados, garantindo-se representação mesmo em áreas menos densamente povoadas.

22 Não só o teto gera distorções, como também o piso. O problema é de sub-representação de alguns Estados e super-representação de outros. Estados pouco populosos, como Roraima, Acre e Amapá, ficam super-representados na Câmara dos Deputados. Eles levam, cada um, 8 deputados. Como possuem uma população pequena, um deputado representa, aproximadamente, 70 mil habitantes em Roraima e 100 mil habitantes no Acre e no Amapá. Já em São Paulo, que possui 70 deputados federais, um deputado representa 650 mil habitantes. Essa distorção acaba por atribuir "pesos" diferentes para os votos dos habitantes dos Estados, pois em alguns Estados o voto do eleitor acaba "valendo mais", violando, de certa forma, a igualdade que deve prevalecer num regime democrático (*one man, one vote*). Em Roraima, para um candidato se eleger deputado federal, precisa de menos votos que um candidato por São Paulo. Em 2022, por exemplo, o deputado federal eleito menos votado em SP recebeu quase 72 mil votos (Tiririca). Em Roraima, o mais votado teve quase 20 mil votos (Jhonatan de Jesus) e o menos votado (Pastor Diniz), pouco mais de 8 mil votos.

23 As atribuições da Mesa e de cada um de seus cargos encontram-se definidas no Regimento Interno da Câmara dos Deputados. As principais funções da Mesa incluem: (i) a presidência e convocação das sessões, (ii) a manutenção da ordem e a administração interna (gestão de recursos humanos, orçamentários e logísticos para o funcionamento da Casa); (iii) a representação institucional, além das (iv) decisões sobre questões de ordem e procedimentais relacionadas às atividades legislativas, em interpretação e aplicação do Regimento Interno.

24 O Supremo Tribunal Federal entende que a vedação do art. 57, § 4º, da CF, não se aplica a quem estava exercendo "mandato-tampão" de Presidente da Câmara dos Deputados ou do Senado Federal, vale dizer, a deputados e senadores que estivessem ocupando a cadeira de Presidente pelo tempo restante do mandato de dois anos, em razão de morte, renúncia ou cassação do Presidente eleito originalmente (STF, MS 34602, MS 34603, MS 34574 e MS 34599, Rel. Min. Celso de Mello, j. em 1º.02.2017). Em precedente específico, também determinou não ser possível a recondução dos Presidentes das casas legislativas para o mesmo cargo na eleição imediatamente subsequente, dentro da mesma legislatura, sendo permitida em caso de nova legislatura (STF, ADI 6524, Rel. Min. Gilmar Mendes, j. em 15.12.2020).

25 O chamado "princípio" da proporcionalidade partidária, que na verdade tem natureza jurídica de regra, encontra-se previsto no art. 58, § 1º, da CF: "*Art. 58, § 1º Na constituição das Mesas e de cada Comissão, é assegurada, tanto quanto possível, a representação proporcional dos partidos ou dos blocos parlamentares que participam da respectiva Casa*". A aferição da proporcionalidade de cada partido na composição total da Casa é aferida no primeiro dia da legislatura, usando-se como base o número de deputados eleitos por cada bancada ou bloco parlamentar na eleição para a Câmara dos Deputados, desconsideradas quaisquer mudanças de filiação posteriores.

assegura que grupos com diferentes perspectivas políticas, culturais e sociais, estejam representados no Parlamento, promovendo um debate plural e inclusivo.

No entanto, o sistema eleitoral proporcional em lista aberta tem desvantagens graves. Entre elas: torna as campanhas excessivamente caras – o candidato pode ser votado em todo o Estado e, consequentemente, em tese ao menos, deve buscar votos em todos os municípios –, tem baixa representatividade – o eleitor vota no nome que deseja, mas o voto vai para o partido e os mais votados obtêm a vaga[26] – e o modelo induz à fragmentação e multiplicidade partidária. Por essa razão, de longa data venho defendendo a implantação do sistema distrital misto na eleição para a Câmara dos Deputados[27].

De acordo com a Constituição Federal de 1988, as principais competências privativas da Câmara dos Deputados são: (i) autorizar, por dois terços de seus membros, a instauração de processo contra o Presidente e o Vice-Presidente da República e os Ministros de Estado (CF, art. 51, I); (ii) proceder à tomada de contas do Presidente da República, quando não apresentadas ao Congresso Nacional dentro de 60 (sessenta) dias após a abertura da sessão legislativa (CF, art. 51, II); (iii) elaborar seu regimento interno (CF, art. 51, III); (iii) julgar anualmente as contas prestadas pelo Presidente da República e apreciar os relatórios sobre a execução dos planos de governo (art. 51, IX); (iv) fiscalizar e controlar, diretamente, ou por qualquer de suas comissões, os atos do Poder Executivo, incluídos os da administração indireta (art. 51, X); entre outros previstos no art. 51 da CF, abrangendo poderes relacionados ao processo legislativo, ao controle do Poder Executivo e à composição de órgãos estatais.

3   Senado Federal

O Senado Federal é a casa legislativa de representação paritária dos Estados e do Distrito Federal, a significar que é por meio do Senado que Estados e DF participam da formação da vontade geral. Cada Estado e o Distrito Federal são representados pelo número fixo de três senadores. Essa igualdade na representação, independentemente do tamanho populacional de cada unidade federativa, reforça o princípio federativo, garantindo que Estados menos populosos tenham influência equitativa no processo legislativo nacional.

Os senadores têm um mandato de 8 (oito) anos, o que difere do mandato dos deputados federais, que é de 4 (quatro) anos. Diferentemente do sistema proporcional pelo qual são eleitos os deputados federais, o sistema eleitoral do Senado Federal é o majoritário, sem segundo turno, mas com uma particularidade: renovação de 1/3 e 2/3 das cadeiras a cada eleição, alternadamente. Na prática, isso se traduz em uma eleição em que 1/3 dos senadores é escolhido e, quatro anos depois, em uma nova eleição para escolha dos 2/3 restantes. Assim, se na última eleição o eleitor escolheu apenas um senador para o seu estado, na próxima eleição deverá votar em dois nomes.

Esse modelo contribui para a estabilidade institucional, uma vez que as políticas públicas e as decisões do Senado não sofrem mudanças abruptas devido a trocas integrais de todos os membros da casa. Também proporciona a experiência e o conhecimento acumulados pelos senadores que permanecem em seus cargos, enquanto permite a entrada regular de novas ideias e perspectivas por meio dos senadores eleitos em pleitos mais recentes.

O Senado Federal é dirigido por um órgão colegiado chamado Mesa do Senado Federal. A Mesa do Senado é composta por sete membros titulares: o Presidente do Senado Federal (que preside a Mesa),

---

26   Sucede que apenas cerca de 5% dos candidatos são eleitos com votação próprio. Todos os demais dependem da transferência interna de votos dados aos outros candidatos. Nesse quadro, o eleitor não sabe quem o representa e o candidato não sabe exatamente por quem foi colocado lá. Um não tem de quem cobrar e o outro não tem a quem prestar contas.

27   Adotado em países como Alemanha e Japão, o sistema distrital misto combina aspectos dos dois grandes modelos eleitorais puros existentes: o majoritário e o proporcional. Para o componente majoritário do sistema, a circunscrição (o Estado, por exemplo) é dividida em distritos eleitorais, em cujo âmbito cada partido lançará um candidato, sendo eleito um único parlamentar por cada distrito. Para a dimensão proporcional do modelo, cada partido apresenta uma lista fechada de candidatos. O eleitor, assim, terá direito a dois votos: o primeiro no candidato de sua preferência no âmbito do distrito; e o segundo, no partido político de sua preferência. Desse modo, na composição da Câmara dos Deputados, metade dos candidatos terão sido eleitos pelo voto distrital e a outra metade pelo voto proporcional, de acordo com a votação de cada partido. A eleição distrital aproxima o candidato do eleitor, permite o controle mais eficiente de sua atuação parlamentar e barateia o custo da eleição. A eventual "municipalização" do pleito decorrente desse mecanismo é compensada pelo voto ideológico ou programático, que é dado no partido, no voto proporcional. V. Luís Roberto Barroso, *A Reforma Política: uma proposta de sistema de governo, eleitoral e partidário para o Brasil.* Disponível em: https://www.migalhas.com.br/quentes/281033/ministro-barroso-defendeu-em-2006-o--semipresidencialismo-no-pais. Acesso em: out. 2023.

o primeiro e o segundo Vice-Presidentes, e o primeiro, o segundo, o terceiro e o quarto secretários (e seus respectivos suplentes). Eleitos para mandato de dois anos – no início da primeira e da terceira sessões legislativas –, esses senadores são escolhidos por escrutínio secreto e por maioria simples de votos, estando presente a maioria da composição da casa. De acordo com o art. 57, § 4º, da CF, é vedada a recondução para o mesmo cargo da Mesa na eleição imediatamente subsequente[28].

As principais competências privativas do Senado Federal são, entre outras previstas no art. 52, CF: (i) processar e julgar o Presidente e o Vice-Presidente da República nos crimes de responsabilidade, bem como os Ministros de Estado e os Comandantes da Marinha, do Exército e da Aeronáutica nos crimes da mesma natureza conexos com aqueles (CF, art. 52, I); (ii) processar e julgar os Ministros do Supremo Tribunal Federal, os membros do Conselho Nacional de Justiça e do Conselho Nacional do Ministério Público, o Procurador-Geral da República e o Advogado-Geral da União nos crimes de responsabilidade (CF, art. 52, II e III); (iii) aprovar previamente, por voto secreto, após arguição pública, a escolha de Ministros do Supremo Tribunal Federal, dos Tribunais Superiores, do Tribunal de Contas da União, do Procurador-Geral da República, do Presidente e diretores do Banco Central e titulares de outros cargos que a lei determinar (CF, art. 52, III); e (iv) controlar e estabelecer limites para o endividamento público, inclusive dos Estados, do Distrito Federal, dos Territórios e dos Municípios (CF, art. 52, V a IX).

Outra importante competência do Senado Federal, cuja permanência no sistema brasileiro de controle de constitucionalidade é objeto de debate na literatura constitucional e no Supremo Tribunal Federal, diz respeito à suspensão da execução, no todo ou em parte, de lei declarada inconstitucional por decisão definitiva do Supremo Tribunal Federal (CF, art. 52, X). A matéria veio a ser equacionada, no entanto, em decisões do Tribunal nos últimos anos[29].

III REGIME JURÍDICO DOS DEPUTADOS E SENADORES

O estudo do regime jurídico dos deputados e senadores envolve normas constitucionais de três ordens: (i) prerrogativas dos congressistas (imunidades parlamentares e foro por prerrogativa de função); (ii) suas vedações; e as (iii) hipóteses de perda do mandato. Nessa ordem, passa-se ao estudo dos arts. 53 a 56 da Constituição de 1988.

1 Prerrogativas

As prerrogativas constitucionais dos membros das duas casas do Congresso Nacional são conferidas para a proteção do cargo que ocupam na Câmara dos Deputados e no Senado Federal, bem como das funções de Estado que desempenham (de legislar e de fiscalizar) – e não em razão da pessoa do parlamentar ou de forma geral e ilimitada. Protegem o livre exercício do mandato parlamentar de deputado ou de senador. Por não pertencerem à esfera de direitos de cada deputado ou senador, não podem ser renunciadas pelos ocupantes de cadeiras do Congresso Nacional[30]. De forma geral, são prerrogativas dos deputados e senadores: (i) a imunidade material; (ii) a imunidade formal e (iii) o foro por prerrogativa de função.

---

28 O Supremo Tribunal Federal entende que a vedação do art. 57, § 4º, da CF, não se aplica a quem estava exercendo "mandato tampão" de Presidente da Câmara dos Deputados ou do Senado Federal, vale dizer, a deputados e senadores que estivessem ocupando a cadeira de Presidente pelo tempo restante do mandato de dois anos, em razão de morte, renúncia ou cassação do Presidente eleito originalmente (STF, MS 34602, MS 34603, MS 34574 e MS 34599, Rel. Min. Celso de Mello, j. em 1º.02.2017). Em precedente específico, também determinou não ser possível a recondução dos Presidentes das casas legislativas para o mesmo cargo na eleição imediatamente subsequente, dentro da mesma legislatura, sendo permitida em caso de nova legislatura (STF, ADI 6524, Rel. Min. Gilmar Mendes, j. em 15.12.2020).

29 No julgamento da Reclamação n. 4.335/AC, o Relator Ministro Gilmar Mendes defendeu que a finalidade do art. 52, X, CF passara a ser, por um processo de mutação constitucional, segundo o Ministro Gilmar Mendes, s a de tornar pública a decisão do tribunal, levando-a ao conhecimento de todos os cidadãos. Esse entendimento não prevaleceu, embora o caso concreto tenha sido resolvido com a procedência da reclamação, em razão da superveniência da Súmula Vinculante n. 26, que assegurou a possibilidade de progressão de regime pelo acusado, mesmo em caso de crime hediondo.

O tema, todavia, sofreu o impacto do surgimento da repercussão geral e da consequente *objetivização* do controle incidental de inconstitucionalidade. Em razão dos efeitos vinculantes e *erga omnes* da decisão no caso de recurso extraordinário com repercussão geral, o papel do Senado passou a ser, mesmo, tão-somente, o de dar publicidade à decisão.

30 STF, Inq. 510, Rel. Min. Celso de Mello, j. em 1º.02.1991.

Imunidade material ou substantiva (inviolabilidade). O art. 53, *caput*, da CF, prevê que os deputados e senadores não podem ser responsabilizados em âmbito civil ou penal pelas opiniões, palavras e votos proferidos durante o exercício da função parlamentar (legislação, fiscalização e debate). Dessa forma, o regime de inviolabilidade reforça a liberdade de expressão dos congressistas, ao excluir suas manifestações da incidência de crimes de opinião (injúria, calúnia ou difamação) ou do pagamento de indenizações em processos civis. Para tanto, é imprescindível que as opiniões, palavras e votos tenham sido proferidos no exercício do cargo ou em razão dele[31]. Não precisam, necessariamente, ter sido praticados dentro das instalações do Congresso Nacional[32], mas devem ser reconduzidos às suas atividades de membro do Poder Legislativo.

Imunidade formal ou processual. A proteção garantida aos deputados e senadores pela imunidade formal diz respeito a regras específicas sobre a prisão, bem como ao processo criminal contra eles instaurado. Nesse sentido, os membros do Congresso Nacional: (i) desde a expedição de seus diplomas, não podem ser presos, definitiva ou cautelarmente, salvo em flagrante de crime inafiançável. Nessa última hipótese, a prisão fica sujeita a confirmação, pela respectiva casa, no prazo de 24 (vinte e quatro) horas, em deliberação por maioria absoluta e votação aberta (CF, art. 53, § 2º); e, (iii) se recebida a denúncia contra deputado ou senador, por crime ocorrido *após a sua diplomação*, o Supremo Tribunal Federal deverá dar ciência à casa respectiva, que por quórum de maioria absoluta e no período compreendido entre o recebimento da denúncia e a decisão final de mérito do STF, tem a prerrogativa de sustar o andamento da ação penal, ficando também suspenso o cálculo da prescrição (CF, art. 53, §§ 3º e 5º, CF). O Supremo Tribunal Federal também decidiu, em interpretação por analogia do art. 53, § 2º, CF, que as medidas cautelares diferentes da prisão, capazes de afetar o exercício do mandato parlamentar, podem ser aplicadas pelo Poder Judiciário, mas também estão sujeitas à confirmação da respectiva Casa[33].

Foro por prerrogativa de função. O chamado foro por prerrogativa de função não se confunde com a imunidade formal, referindo-se ao estabelecimento do Supremo Tribunal Federal como órgão competente para processar e julgar, de forma originária, as ações penais contra deputados e senadores, por crimes ocorridos após a diplomação (CF, art. 53, §1º). Houve uma verdadeira evolução jurisprudencial em matéria de foro por prerrogativa de função (às vezes referido como "foro privilegiado"), sendo certo que: (i) não alcança os ex-ocupantes de mandato de deputado ou senador, uma vez que a Súmula 394/STF foi expressamente cancelada[34]; (ii) além disso, somente se refere a crimes praticados após a investidura no cargo e que guardem relação com o seu exercício[35].

Outras prerrogativas parlamentares. Além das imunidades material e formal, e do foro por prerrogativa de função, deputados e senadores têm direito ao sigilo da fonte, desde que a informação tenha sido recebida em razão do cargo (CF, art. 53, § 6º), e suas imunidades ficam preservadas durante a vigência de estado de sítio, só podendo ser suspensas por voto de 2/3 dos membros da Casa respectiva, desde que os atos tenham sido praticados fora do recinto do Congresso Nacional e sejam incompatíveis com a execução da medida (CF, art. 53, § 8º).

2   Vedações

O exercício do mandato parlamentar não confere apenas prerrogativas aos deputados e senadores, mas também exige a observância de vedações, listadas no art. 54 da CF[36]. A lógica subjacente às vedações previstas pela Constituição de 1988 é garantir a independência dos membros do Poder Legislativo para

---

31   STF, RE 210.917, Rel. Min. Sepúlveda Pertence, j. em 12.08.1998.

32   STF, Inq. 1710, Rel. Min. Sydney Sanches, j. em 27.02.2002.

33   STF, ADI 5526, Red. p/ acórdão Min. Alexandre de Moares, j. em 11.10.2017.

34   Súmula 394/STF (cancelada): "Cometido o crime durante o exercício funcional, prevalece a competência especial por prerrogativa de função, ainda que o inquérito ou a ação penal sejam iniciados após a cessação daquele exercício".

35   STF, AP 937-QO, Rel. Min. Luís Roberto Barroso, j. em 03.05.2018. Há alguma flexibilização desse entendimento pelo STF, a saber: (i) quando há fraude à jurisdição, com renúncia ao cargo após a intimação para apresentação de alegações finais (AP 937-QO, Rel. Min. Luís Roberto Barroso, j. em 03.05.2018); e (ii) quando ocorre reeleição ou eleição nova para outro cargo parlamentar, hipótese conhecida como "mandatos cruzados" (Pet 9189, Red. p/ acórdão Min. Edson Fachin, j. em 14.05.2021).

36   CF, art. 54: "Os Deputados e Senadores não poderão: I – desde a expedição do diploma: a) firmar ou manter contrato com pessoa jurídica de direito público, autarquia, empresa pública, sociedade de economia mista ou empresa concessionária de serviço público, salvo quando o contrato obedecer a cláusulas uniformes; b) aceitar ou exercer cargo, função ou emprego remunerado, inclusive os de que sejam demissíveis "ad nutum", nas entidades constantes da alínea anterior; II – desde a posse: a) ser proprietários, controladores ou diretores de empresa que goze de favor decorrente de contrato com pessoa jurídica de direito público, ou nela exercer função remunerada; b) ocupar cargo ou função de que sejam demissíveis "ad nutum", nas entidades referidas no inciso I, "a"; c) patrocinar causa em que

fiscalizar os atos da Administração Pública direta ou indireta, de qualquer dos Poderes da União. Pelo texto da Constituição de 1988, por exemplo, não podem exercer cargo, emprego ou função, nem manter contrato – direta ou indiretamente – com entidade da Administração Pública (CF, art. 54, I e II). Além disso, ainda que militares e em tempo de guerra, só podem ser incorporados às Forças Armadas mediante prévia licença da respectiva Casa (CF, art. 53, § 7º).

Todavia, a diplomação em uma das cadeiras da Câmara dos Deputados ou do Senado Federal não impede o exercício dos cargos de Ministro de Estado, Governador de Território, Secretário de Estado ou de Prefeitura de capital, ou de chefe de missão diplomática temporária (CF, art. 56, I, CF).

3   Perda do Mandato

São causas de perda do mandato parlamentar, estabelecidas pela Constituição de 1988 (CF, art. 55): (i) infração a qualquer das vedações listadas no art. 54 da CF; (ii) desrespeito ao decoro parlamentar; (iii) ausência injustificada a mais de 1/3 das sessões ordinárias da Casa a que pertencer, em cada sessão legislativa; (iv) suspensão ou perda dos direitos políticos (CF, art. 15, IV); (v) decisão da Justiça Eleitoral, aí incluídas as hipóteses de perda de mandatos por infidelidade partidária, desde que a eleição se dê pelo sistema proporcional[37]; ou (vi) por condenação criminal em sentença judicial transitada em julgado.

Nos casos de (i) desrespeito a vedações, (ii) falta de decoro parlamentar ou (iii) condenação criminal transitada em julgado, a perda do mandato será *decidida* pela Câmara dos Deputados ou pelo Senado Federal, por maioria absoluta, mediante provocação da respectiva Mesa ou de partido político representado no Congresso Nacional, assegurada ampla defesa (CF, art. 55, § 2º)[38]. Já nas hipóteses de (iv) ausência injustificada, (v) perda ou suspensão de direitos políticos e (vi) decretação pela Justiça Eleitoral, a perda será *declarada* pela Mesa da Casa respectiva, de ofício ou mediante provocação de qualquer de seus membros, ou de partido político representado no Congresso Nacional, assegurada a ampla defesa.

IV   Reuniões

O artigo 57 da Constituição de 1988 estabelece as principais regras sobre as reuniões do Congresso Nacional, que por se tratar de órgão bicameral, ocorrem sob a forma de *sessões conjuntas* das duas casas legislativas. Considerando tal premissa, (i) as sessões conjuntas ocorrem por convocação do Presidente do Senado, na qualidade de Presidente do Congresso Nacional (CF, art. 57, § 5º); (ii) as principais hipóteses de convocação de sessão conjunta estão arroladas no art. 57, § 3º, da CF; (iii) porém, o próprio dispositivo constitucional admite outros casos de instalação de sessões da Câmara dos Deputados e do Senado Federal de forma conjunta.

A principal hipótese de sessão conjunta do Congresso Nacional, sem dúvida, diz respeito àquela convocada para apreciação de vetos do Executivo a projetos de lei aprovados pelo Congresso Nacional. Mas, além da sessão conjunta de apreciação de vetos, o art. 57, § 3º, da CF, prevê que as duas Casas do Congresso Nacional devem se reunir conjuntamente para (i) inaugurar a sessão legislativa; (ii) elaborar o regimento comum e regular a criação de serviços comuns às duas Casas; e (iii) receber o compromisso do Presidente e do Vice-Presidente da República.

De toda forma, não é taxativo o rol de hipóteses previstas no art. 57, § 3º, da Constituição, nas quais as Casas devem se reunir conjuntamente. O próprio dispositivo admite "outros casos previstos nesta

---

seja interessada qualquer das entidades a que se refere o inciso I, "a"; d) ser titulares de mais de um cargo ou mandato público eletivo".

37   STF, MS 26.604, Relª. Minª. Cármen Lúcia, j. em 04.10.2007. Fidelidade partidária corresponde ao dever de obediência, pelo candidato eleito por determinado partido, ao programa, diretrizes e deveres definidos pela agremiação partidária que o elegeu (art. 22-A da Lei n. 9.096/1995). Porém, há hipóteses consideradas por lei como justificadoras da desfiliação partidária, que afastam a aplicação da penalidade de perda do mandato parlamentar: I – mudança substancial ou desvio reiterado do programa partidário; II – grave discriminação política pessoal; e III – mudança de partido efetuada durante o período de trinta dias que antecede o prazo de filiação exigido em lei para concorrer à eleição, majoritária ou proporcional, ao término do mandato vigente (art. 22-A, parágrafo único, da Lei n. 9.096/1995).

38   Essa regra é especial em relação àquela prevista no art. 15, III, CF (*"É vedada a cassação de direitos políticos, cuja perda ou suspensão só se dará nos casos de: [...] III – condenação criminal transitada em julgado, enquanto durarem seus efeitos"*), cabendo ao Legislativo dar a última palavra sobre a perda de mandato de seus membros, por condenação transitada em julgado (a não ser que a pena tenha sido fixada em regime inicialmente fechado e com duração superior ao tempo remanescente do mandato. V. MS n. 32.326, j. 2.09.2013, entendimento que vem sendo adotado pela Primeira Turma do STF).

Constituição", de que são exemplos as sessões conjuntas para: (i) a promulgação de Emenda Constitucional (CF, art. 60, § 3º); (ii) a delegação e a respectiva apreciação de projeto de lei delegada (CF, art. 68, § 2º); (iii) o procedimento de revisão constitucional (ADCT, art. 3º); (iv) a posse do Presidente da República (CF, art. 78); (v) a eleição dos membros do Conselho de Comunicação Social (CF, art. 224) *etc.*

V COMISSÕES

As comissões estão no centro do Poder Legislativo e do processo legislativo, incumbindo-lhes examinar proposições e emitir pareceres especializados, realizar audiências públicas, convocar Ministros e altas autoridades do Poder Executivo, receber reclamações contra atos e omissões de autoridades e órgãos públicos, analisar programas de obras e de governo, entre outras funções (CF, art. 58, § 2º). As vagas de cada comissão da Câmara ou do Senado são distribuídas de acordo com a regra constitucional da proporcionalidade partidária (CF, art. 58, § 1º), ou seja, levando-se em consideração o número total de cadeiras conquistadas por cada partido no início de cada legislatura. Esse sistema busca assegurar que a composição dos órgãos fracionários do Poder Legislativo, inclusive de suas Mesas Diretoras, reflita a vontade popular expressa nas urnas, garantindo a representatividade dos diferentes segmentos da sociedade, inclusive das minorias.

As comissões no âmbito do Legislativo podem ser permanentes ou temporárias; de mérito ou de admissibilidade[39]. As permanentes possuem caráter técnico-legislativo ou técnico-fiscalizatório, existindo pelo período da legislatura (CF, art. 44, parágrafo único). Já as temporárias possuem finalidade específica, extinguindo-se quando alcançado o fim a que se destinavam ou expirado seu prazo de duração. As comissões permanentes mais importantes são as de Constituição e Justiça, da Câmara dos Deputados[40] e do Senado Federal[41], e as comissões de finanças e tributação.

Além das permanentes, a Câmara e o Senado podem criar comissões temporárias, que se extinguem quando atingido o fim a que se destinavam ou expirado seu prazo. São exemplos de comissões temporárias: (i) comissões especiais; (ii) comissões parlamentares de inquérito; (iii) comissões externas; e (iv) comissões representativas no Congresso Nacional. As temporárias mais estudadas, sem dúvida, são as Comissões Parlamentares de Inquérito – CPIs.

De acordo com o regimento interno da Câmara dos Deputados, as comissões especiais são comissões temporárias constituídas para examinar e dar parecer sobre: (i) propostas de emenda à Constituição; (ii) projetos de código; (iii) proposições que versem sobre matéria referente ao campo temático de mérito de mais de quatro comissões permanentes; e (iv) denúncias oferecidas contra o Presidente e o Vice-Presidente da República e ministros de Estado por crime de responsabilidade.

As comissões externas examinam, *in loco*, matéria de relevante interesse público, como a ocorrência de grandes desastres nacionais. As comissões representativas, por sua vez, do Congresso Nacional funcionam nos períodos de recesso, com atribuições definidas no Regimento Comum. Já as comissões parlamentares de inquérito investigam fato determinado por prazo certo, com poderes próprios das autoridades judiciais (CF, art. 58, § 3º), sendo objeto de estudo no item seguinte.

---

39 As comissões são de mérito, salvo duas que podem analisar mérito e/ou admissibilidade, a saber: Comissão de Finanças e Tributação (análise de adequação financeira e orçamentária) e de Constituição e Justiça (análise de constitucionalidade).

40 Na legislatura iniciada em 2023, a Câmara dos Deputados conta com trinta comissões permanentes: (i) Administração e Serviço Público, (ii) Agricultura, Pecuária, Abastecimento e Desenvolvimento Rural, (iii) Ciência, Tecnologia e Inovação, (iv) Amazônia e dos Povos Originários e Tradicionais, (v) Comunicação, (vi) Constituição e Justiça e de Cidadania, (vii) Cultura, (viii) Defesa do Consumidor, (ix) Defesa dos Direitos da Mulher, (x) Defesa dos Direitos da Pessoa Idosa, (xi) Defesa dos Direitos das Pessoas com Deficiência, (xii) Desenvolvimento Econômico, (xiii) Desenvolvimento Urbano, (xiv) Direitos Humanos, Minorias e Igualdade Racial, (xv) Educação, (xvi) Esporte, (xvii) Finanças e Tributação, (xviii) Fiscalização Financeira e Controle, (xix) Indústria, Comércio e Serviços, (xx) Integração Nacional e Desenvolvimento Regional, (xxi) Legislação Participativa, (xxii) Meio Ambiente e Desenvolvimento Sustentável, (xxiii) Minas e Energia, (xxiv) Previdência, Assistência Social, Infância, Adolescência e Família, (xxv) Relações Exteriores e de Defesa Nacional, (xxvi) Saúde, (xxvii) Segurança Pública e Combate ao Crime Organizado, (xxviii) Trabalho, (xxix) Turismo, (xxx) Viação e Transportes.

41 Já no Senado Federal são onze as comissões permanentes: (i) Assuntos Econômicos; (ii) Assuntos Sociais; (iii) Constituição, Justiça e Cidadania; (iv) Educação, Cultura e Esporte; (v) Meio Ambiente, Defesa do Consumidor e Fiscalização e Controle; (vi) Direitos Humanos e Legislação Participativa; (vii) Relações Exteriores e Defesa Nacional; (viii) Serviços de Infraestrutura; (ix) Desenvolvimento Regional e Turismo; (x) Agricultura e Reforma Agrária; e (xi) Ciência, Tecnologia, Inovação, Comunicação e Informática.

Em síntese, as comissões parlamentares constituem importante engrenagem no funcionamento parlamentar, conferindo-lhe maior racionalidade, técnica e transparência. No estudo do processo legislativo, ficará claro que as comissões temáticas permanentes podem discutir e votar projetos de lei que dispensem, na forma do regimento interno, a competência do Plenário das casas (CF, art. 58, § 2º, I). Essa é a principal forma de aprovação de proposições legislativas no processo legislativo brasileiro.

1 Comissões Parlamentares de Inquérito (CPI)

As comissões parlamentares de inquérito são instrumento cada vez mais importante de exercício da função fiscalizadora do Legislativo. Suas competências são amplas, mas não podem exceder os poderes da Casa Legislativa que integram. A instauração de uma CPI sujeita-se a requisitos de forma (requerimento de um terço dos membros da respectiva Casa), de tempo (há de ser por prazo certo) e de substância (apuração de fato determinado). Uma vez criada, é regida pelo Regimento Interno da respectiva Casa Legislativa (RICD, arts. 35 a 41; RISF, arts. 145 a 156). Nela se observam os princípios do devido processo legal, do contraditório e da ampla defesa (CF, art. 5º, LIV e LV).

Requisitos constitucionais. De acordo com o art. 58, § 3º, da Constituição Federal, as CPIs serão criadas pela Câmara dos Deputados e pelo Senado Federal, em conjunto ou separadamente, desde que presentes os seguintes requisitos constitucionais: (i) requerimento subscrito por, no mínimo, 1/3 dos membros da Casa Legislativa; (ii) prazo certo de funcionamento, sendo possível haver prorrogações, desde que observado o prazo final da legislatura[42]; (iii) fato determinado a ser apurado, pertinente a questão inserta no âmbito de competência da respectiva casa[43]. Isso significa que o fato objeto de apuração deve ser juridicamente relevante, isto é, suscetível de acarretar responsabilização política, civil ou penal dos envolvidos.

Trata-se, de acordo com entendimento do Supremo Tribunal Federal, de exercício de poder investigatório conferido às minorias parlamentares, de forma que atingido o número de 1/3 de assinaturas no requerimento de instalação da CPI, e presentes os demais requisitos constitucionais, o Presidente da Casa não pode obstar a instalação da CPI[44]. Se os líderes partidários não indicarem os membros da comissão, caberá ao Presidente da Casa fazê-lo[45], observada a proporcionalidade partidária (CF, art. 58, § 1º). Em síntese, observados todos os requisitos do art. 58, § 3º, CF, não há falar em discricionariedade dos Presidentes das casas legislativas.

Poderes de investigação próprios das autoridades judiciais. O texto constitucional conferiu às CPIs poderes de investigação próprios das autoridades judiciais. A fórmula atribui às comissões parlamentares de inquérito competências instrutórias amplas, que incluem a possibilidade de (i) determinar diligências, (ii) convocar testemunhas (que têm o dever de dizer a verdade, sob pena de crime de falso testemunho), (iii) ouvir indiciados (quando estes não optem pelo silêncio), (iv) requisitar documentos públicos, (v) determinar a exibição de documentos privados, (vi) convocar ministros de Estado e outras autoridades públicas, (vii)

---

42 Embora possa ser prorrogado, o prazo máximo de funcionamento de uma Comissão Parlamentar de Inquérito (CPI) não pode ultrapassar o fim da legislatura. V. STF, Plenário, HC 71261/RJ, Rel. Min. Sepúlveda Pertence, j. 11. mai. 1994.

43 Os poderes exercitáveis pelas CPIs são amplos, mas não irrestritos. Tendo por referência os objetivos para os quais podem ser criadas – produção legislativa e fiscalização dos demais Poderes , sofrem limitações de duas ordens: de competência e de conteúdo. No que se refere à competência, é fora de dúvida que as CPIs devem comportar-se no quadro de atribuições do Legislativo. A competência do Congresso, da Assembleia Legislativa e da Câmara Municipal é o limite do poder investigatório da comissão federal, estadual ou municipal. Além do mais, a atuação da comissão há de restringir-se à esfera de estrito interesse público, embora no direito brasileiro, ao contrário dos sistemas italiano e espanhol, tal exigência seja implícita e não expressa. Nada obstante, seria inadmissível que se instalasse uma CPI para apurar fatos da vida privada de determinada pessoa, seja ela física ou jurídica. Sobre o tema, v. BARROSO, Luís Roberto. *Comissões Parlamentares de Inquérito e suas Competências: política, direito e devido processo legal.* Revista Eletrônica sobre a Reforma do Estado (RERE), Salvador, Instituto Brasileiro de Direito Público, n.. 12, dezembro/janeiro/fevereiro, 2008. Disponível em www.direitodoestado.com.br/rere/asp. Acesso em out. 2023.

44 STF, MS 26.441, Rel. Min. Celso de Mello, j. em 25.04.2007: "A norma inscrita no art. 58, § 3º, da Constituição da República destina-se a ensejar a participação ativa das minorias parlamentares no processo de investigação legislativa, sem que, para tanto, mostre-se necessária a concordância das agremiações que compõem a maioria parlamentar. [...] A maioria legislativa não pode frustrar o exercício, pelos grupos minoritários que atuam no Congresso Nacional, do direito público subjetivo que lhes é assegurado pelo art. 58, § 3º, da Constituição e que lhes confere a prerrogativa de ver efetivamente instaurada a investigação parlamentar, por período certo, sobre fato determinado. [...] A ofensa ao direito das minorias parlamentares constitui, em essência, um desrespeito ao direito do próprio povo, que também é representado pelos grupos minoritários que atuam nas Casas do Congresso Nacional".

45 STF, MS 24.845, Rel. Min. Celso de Mello, j. em 22.06.2005.

528

realizar inspeções pessoais, transportando-se aos locais necessários. São poderes importantes das CPIs, desde que as decisões sejam tomadas por meio de seu colegiado e com base em decisão motivada: (i) decretar a quebra de sigilos fiscal, bancário e telefônico (mantendo o sigilo das informações coletadas); e (ii) determinar busca e apreensão em áreas *não protegidas* pela inviolabilidade de domicílio.

É bem de ver, no entanto, que poderes de investigação não se confundem com competências jurisdicionais em sentido material. Não cabe às comissões parlamentares de inquérito dizer o direito em qualquer hipótese, praticar atos materiais coercitivos ou determinar providências acauteladoras. Isto significa que elas não produzem decisões de conhecimento sejam condenatórias, constitutivas ou declaratórias nem de execução. Tampouco estão investidas do poder cautelar genérico próprio dos juízes e tribunais, com base no qual se podem tomar medidas, inclusive constritivas de direitos, destinadas a assegurar a eficácia da decisão que se venha a proferir.

Em resumo, comissão parlamentar de inquérito não tem poderes para a prática de atos materialmente jurisdicionais, inclusive os de natureza cautelar. Não pode, portanto, (i) decretar prisão (salvo em flagrante), (ii) impor o bloqueio ou a indisponibilidade dos bens de qualquer pessoa; (iii) proibir alguém de ausentar-se do país; (iv) determinar interceptação telefônica; (v) ou busca e apreensão em domicílio. Julgando necessárias tais providências, deverá formular requerimento ao Poder Judiciário, instruindo-o com os elementos adequados, pois tais matérias estão sujeitas à "reserva de jurisdição".

Ao final dos trabalhos, a CPI elaborará um relatório sobre os fatos apurados, que pode concluir pela apresentação de projeto legislativo próprio sobre a matéria, pela apresentação de indiciamento de envolvidos ao Ministério Público, ou pelo arquivamento da investigação.

VI Processo Legislativo Federal

O processo legislativo federal, alicerçado nos princípios democrático e da separação de poderes, corresponde ao conjunto de atos a serem percorridos para a edição válida de uma lei (em sentido amplo). Como observado na introdução ao capítulo, considerando que as leis concretizam as promessas realizadas pela Constituição de 1988, o produto do processo legislativo é a principal forma de garantir direitos. O Judiciário em geral, e o Supremo Tribunal Federal em particular, atuam principalmente diante de omissão do Legislativo ou do Executivo, mas não se pode perder de vista que as políticas públicas, desenhadas e votadas pelos poderes majoritários, são o principal meio para prover as necessidades básicas das pessoas. Em geral pensamos o inverso: se a Constituição confere direitos, e se ao STF cabe a guarda da Constituição, *logo*, direitos são concretizados principalmente pelo Judiciário. Esse "*salto institucional*" precisa ser recalculado, e situar o Legislativo como arena de direitos passa pelo estudo do processo legislativo.

Compreende-se por *processo legislativo* o conjunto sequenciado de atos praticados pelas casas legislativas para a produção válida das leis e demais proposições legislativas listadas no art. 59 da Constituição Federal. Dessa forma, inclui-se no estudo do processo legislativo a elaboração, análise e votação de vários tipos diferentes de proposições legislativas: leis ordinárias, leis complementares, medidas provisórias, emendas à Constituição, decretos legislativos e resoluções. Se o processo legislativo é esse conjunto sequenciado de atos para a produção válida de uma proposição legislativa, o caminho específico a ser percorrido em cada caso diz respeito ao procedimento, rito ou forma de tramitação. Em geral, cada espécie normativa segue um caminho, um rito, um procedimento, uma forma de tramitação diferente.

Antes de examinar o procedimento legislativo comum ordinário, três observações são importantes: (i) existem procedimentos legislativos comuns e especiais, costumando-se estudar apenas o *procedimento legislativo comum ordinário*. São procedimentos legislativos comuns, além do ordinário: o procedimento comum sumário (o de urgência constitucional) e o procedimento comum abreviado (tramitação do projeto de lei apenas nas comissões, sem ir ao Plenário). Entre os procedimentos especiais estão: o de edição de leis complementares, de conversão de MPs em lei, de emendas à Constituição, de elaboração de leis orçamentárias, de decretos legislativos e resoluções, de leis delegadas *etc*. Neste capítulo, portanto, será abordado apenas o procedimento comum ordinário – ainda que com algumas observações sobre as principais diferenças para alguns outros procedimentos.

Em segundo lugar, (ii) o procedimento legislativo comum ordinário, ao contrário do que se possa intuir, não é o mais utilizado no processo de elaboração das leis pelo Congresso Nacional. Com efeito, mais de 80% dos projetos de lei discutidos e votados pelas Casas Legislativas não chegam a ser discutidos em Plenário[46], tramitando em caráter conclusivo apenas nas comissões temáticas (procedimento comum

---

46 A informação pode ser encontrada em vídeo institucional produzido pela própria Câmara dos Deputados, disponível em https://www.camara.leg.br/entenda-o-processo-legislativo/. Acesso em out. 2023.

529

abreviado). Isso quer dizer que, uma vez aprovados nas comissões da casa iniciadora, o projeto de lei segue para discussão e votação nas comissões da casa revisora e, se também aprovado, diretamente para sanção ou veto do Presidente da República. Por que, então, estudamos o procedimento legislativo comum ordinário? Porque é o mais completo, o que compreende o maior número de fases, sendo utilizado como parâmetro de comparação para o estudo de todos os demais procedimentos legislativos.

Por fim, (iii) a Constituição de 1988 prevê as regras mais gerais em relação ao processo e ao procedimento legislativos, devendo o estudo ser complementado pelas regras específicas veiculadas no Regimento Interno da Câmara dos Deputados (RICD), no Regimento Interno do Senado Federal (RISF) e no Regimento Comum do Congresso Nacional (RCCN). A Constituição Federal estabelece, por exemplo, o rito bicameral para a aprovação de propostas de emenda constitucional e de proposições legislativas em geral, a iniciativa legislativa de diversos órgãos e agentes políticos, o quórum de votação de proposições legislativas, os casos que exigem sanção ou veto pelo Presidente da República, as competências legislativas que podem ser exercidas pelas comissões parlamentares, os períodos de funcionamento do Congresso Nacional etc. Já os regimentos internos disciplinam os mecanismos de votação, prazos, forma de apresentação de emendas em proposições, trabalhos das comissões, regras sobre discussão, destaques, além de vários outros. Por fim, a Lei Complementar n. 95/1998 dispõe sobre a elaboração, redação, alteração e consolidação das leis e dos demais atos normativos, sendo importante fonte de estudo sobre a matéria.

Feitas essas observações relevantes, passa-se ao estudo do procedimento comum ordinário.

1 Procedimento Legislativo Comum Ordinário

De acordo com João Trindade Cavalcante Filho, o procedimento comum ordinário abrange três fases: a (i) *fase preliminar*; a (ii) *fase constitutiva*, em que o projeto de lei se transforma em lei propriamente dita; e a (iii) *fase complementar*. A classificação em fases estabelece com maior precisão os momentos importantes do procedimento comum ordinário. O primeiro momento, chamado de *fase preliminar*, diz respeito apenas à iniciativa do projeto de lei (ou da proposição). O segundo momento é o mais importante porque corresponde àquele em que haverá, de fato, a transformação do projeto de lei em lei propriamente dita, daí o nome de *fase constitutiva*. Abrange, dessa forma, tanto a deliberação parlamentar (etapa de discussão e votação), quanto a deliberação executiva (etapa da sanção e veto). É no momento da sanção que a lei passa a existir, sendo as demais etapas apenas de natureza complementar. Daí, portanto, a última fase, chamada de *complementar*, que envolve a promulgação e a publicação da lei[47].

Como regra geral, o procedimento legislativo tem início na Câmara dos Deputados, por ser a casa de representação do povo, funcionando como *casa iniciadora* das proposições legislativas (CF, arts. 61, § 2º; 62, § 8º; e 64). A isso equivale dizer que o Senado Federal exerce, também em regra, a função de *casa revisora* – salvo se a iniciativa da matéria de competência da União for exercida por Senador ou por Comissão do Senado – hipótese em que a tramitação terá início no Senado. A existência de duas casas no Legislativo federal, como já estudado, decorre da opção constitucional pelo bicameralismo, desenho que prestigia o sistema de freios e contrapesos em matéria de processo e procedimento legislativos em âmbito federal[48].

1.1 Iniciativa

A iniciativa legislativa constitui o momento inaugural do processo de criação das leis, que pode ser deflagrado por diversos legitimados. A iniciativa é instrumento político muito importante, pois possibilita a inclusão das pautas dos eleitores na agenda do Congresso Nacional. Há três tipos de iniciativa de leis no processo legislativo brasileiro: a (i) *iniciativa geral*, que é a regra; os casos de (ii) *iniciativa privativa ou reservada*; e aqueles de (iii) *iniciativa popular*. A pluralidade de fontes de iniciativa reflete o compromisso democrático constitucional, permitindo que tanto os representantes eleitos quanto os cidadãos exerçam a prerrogativa de propor leis.

Iniciativa geral. De acordo com a Constituição Federal, a *iniciativa geral ou concorrente* das leis complementares e ordinárias cabe a qualquer membro ou comissão da Câmara dos Deputados, do Senado

---

47 CAVALCANTE FILHO, João Trindade. *Processo legislativo constitucional.* Salvador: JusPodivm, 2023. Trata-se do livro mais atualizado e completo sobre o processo legislativo constitucional. Outra obra de referência sobre o tema foi escrita por: ESTEVES, Luiz Fernando Gomes. *Processo legislativo no Brasil.* Belo Horizonte: Letramento, 2018.

48 Como não há norma expressa na Constituição de 1988, o Congresso Nacional entende que as propostas de emenda à Constituição – PECs podem ter início em qualquer Casa Legislativa, sendo da Câmara dos Deputados na hipótese de apresentação por 1/3 de seus membros e, da mesma forma, do Senado Federal se a iniciativa partir de 1/3 dos Senadores (CF, art. 60, I).

Federal ou do Congresso Nacional, ao Presidente da República, ao Supremo Tribunal Federal, aos Tribunais Superiores, ao Procurador-Geral da República e aos cidadãos (CF, art. 61, *caput*). Por isso, a regra é a iniciativa geral das leis, sendo reservada ou privativa apenas em casos específicos listados de forma exaustiva pela Constituição.

Iniciativa privativa ou reservada. A *iniciativa privativa* ou *reservada* de lei é a que confere somente a alguns titulares específicos o poder de dar início a proposições legislativas sobre determinada matéria, com a exclusão de qualquer outra autoridade ou órgão que não detenha legitimidade constitucional para tanto. Decorre da exclusividade determinada pela própria Constituição Federal e, também, do princípio da separação de poderes (CF, art. 2º), sendo, portanto, norma de processo legislativo de reprodução obrigatória pelas ordens jurídicas parciais (CF, art. 25). O Supremo Tribunal Federal (CF, art. 93), os Tribunais Superiores e os Tribunais de Justiça (CF, art. 96, II e art. 125, § 1º), os Tribunais de Contas (CF, art. 73 c/c art. 96, II), o Ministério Público (CF, art. 128, § 5º), o Presidente da República (CF, art. 61, § 1º), a Câmara dos Deputados e o Senado Federal (CF, art. 51, IV e art. 52, XIII), entre outros, têm iniciativa privativa para a elaboração de leis sobre questões de organização interna e de seu particular interesse. Por se tratar de exceção ao poder geral de iniciativa, as hipóteses devem ser interpretadas restritivamente.

Para melhor compreensão do tema, o Presidente da República tem, ao mesmo tempo, (i) o poder de apresentar projetos de lei para deliberação e votação pelo Poder Legislativo sobre qualquer matéria que não esteja reservada à iniciativa de outro órgão ou Poder (tem, portanto, *iniciativa geral*, CF, art. 61), bem como (ii) *iniciativa privativa ou reservada*, em temas que dependem de sua exclusiva manifestação de vontade. São de iniciativa privativa do Presidente da República, entre outros, os projetos de lei que versem sobre (CF, arts. 61, § 1º, 40, § 14, e 165): (i) fixação ou modificação dos efetivos das Forças Armadas; (ii) criação de cargos, funções ou empregos na administração direta e autárquica ou aumento de sua remuneração; e (iii) criação e extinção de Ministérios e órgãos da administração pública, observado o disposto no art. 84, VI. Ao contrário do que se poderia pensar, não há iniciativa legislativa privativa do Presidente da República em matéria tributária[49].

A violação da iniciativa privativa enseja o veto jurídico do chefe do Executivo ou a declaração de inconstitucionalidade pelo Poder Judiciário, por vício de inconstitucionalidade formal. Além disso, a jurisprudência do Supremo Tribunal Federal é pacífica no sentido de que as normas instituídas na Constituição Federal que conferem iniciativa reservada de lei devem ser necessariamente observadas pelos Estados-membros, independentemente da espécie normativa envolvida[50]. Por fim, dois outros entendimentos importantes do Supremo Tribunal Federal sobre iniciativa privativa ou reservada: (i) a sanção a projeto de lei com vício de iniciativa não convalida a inconstitucionalidade, sendo o vício insanável[51]; e (ii) o poder constituinte reformador pode aprovar emenda à Constituição sobre tema de iniciativa reservada ao Presidente da República, uma vez que a iniciativa reservada diz respeito apenas a leis complementares e ordinárias.

Iniciativa popular. Por fim, existem casos de projetos de lei de *iniciativa popular*. A iniciativa popular pode ser exercida pela apresentação à Câmara dos Deputados de projeto de lei subscrito por, no mínimo, um por cento do eleitorado nacional, distribuído pelo menos por cinco Estados, com não menos de três décimos por cento dos eleitores de cada um deles (CF, art. 61, § 2º). Podem dizer respeito a qualquer tema de competência legislativa da União (CF, arts. 22 e 24), que não tenha sido reservado pela Constituição Federal à iniciativa privativa de outros agentes do processo legislativo. A Constituição de 1988 também prevê que lei disporá sobre iniciativa popular no âmbito dos Estados (CF, art. 27, §4º) e que a iniciativa popular em âmbito municipal deve contar com manifestação de ao menos cinco por cento do eleitorado (CF, art. 29, XIII).

1.2 Discussão e Votação

Após o protocolo do projeto de lei ou de outra proposição legislativa prevista no art. 59 da CF – apresentado por iniciativa geral, reservada ou popular –, as matérias são encaminhadas para discussão

---

49 Além da iniciativa de leis, o chefe do Executivo federal também poderá solicitar urgência para apreciação de projetos de lei de sua iniciativa (CF, art. 64, § 1º – procedimento comum sumário) e dar início ao procedimento de elaboração de emendas à Constituição (CF, art. 60, II).

50 Nesse sentido: ADI 5087, Rel. Min. Teori Zavascki, j. em 19.12.2019; ADI 3295, Rel. Min. Cezar Peluso, j. em 30.06.2011; ADI 4154, Rel. Min. Ricardo Lewandowski, j. em 26.05.2010.

51 A Súmula 5/STF, editada em 1963 ("*A sanção do projeto supre a falta de iniciativa do Poder Executivo*"), encontra-se superada pela jurisprudência pós-Constituição de 1988.

e votação na casa iniciadora. A discussão e votação em regra começa na Câmara dos Deputados, porque é o órgão de representação popular (CF, arts. 61, § 2º; 62, § 8º; e 64). Dessa forma, é o despacho inicial do Presidente da Câmara que irá determinar o rito de tramitação do projeto – se comum ordinário (sujeito à discussão e aprovação pelo Plenário da Casa), se comum abreviado (sujeito a "tramitação conclusiva nas comissões"), ou outro rito constitucional e regimentalmente previsto.

Discussão. A discussão consiste no debate acerca do projeto de lei, o que pode ocorrer no âmbito das comissões ou em Plenário, a depender do rito. É durante a discussão que os parlamentares tecem considerações sobre o texto e apresentam emendas. A maioria dos projetos de lei são discutidos e votados apenas no âmbito das comissões temáticas, órgãos fracionários especializados em matérias previstas nos regimentos internos[52]. É também o despacho inicial do Presidente da casa que irá determinar por quantas e quais comissões de mérito o projeto deverá tramitar, e em qual ordem[53].

Por força de autorização constitucional, as comissões podem discutir e votar projetos de lei que dispensem a competência do Plenário das Casas, salvo se houver provimento de recurso apresentado por 1/10 dos membros da Casa, conhecido como procedimento comum abreviado (CF, art. 58, § 2º, I). Se as comissões aprovarem pareceres de mérito divergentes entre si, o projeto necessariamente irá a discussão e votação pelo Plenário. Caso a proposição já seja de competência do Plenário pelos regimentos internos, deve aguardar sua inclusão na ordem do dia pelo Presidente da Casa, momento em que será debatida e votada pelos parlamentares.

Emendas. As emendas são proposições acessórias ao texto principal, apresentadas pelos parlamentares durante a discussão do projeto de lei. Podem ser de várias espécies, de acordo com o seu objetivo principal: (i) supressivas, as que propõem a supressão de partes da proposição principal; (ii) aglutinativas, as resultantes da fusão de outras emendas, ou do texto de uma emenda com o da proposição principal; (iii) substitutivas, as que propõem novo texto no lugar de uma parte da proposição principal; (iv) modificativas, as que promovem alterações em aspectos da proposição principal sem atingir sua essência; (v) aditivas, as que acrescentam disposições novas à proposição principal; ou, por fim, (vi) de redação, as destinadas a sanar vício de linguagem, incorreção de técnica legislativa ou lapso manifesto[54].

Como regra geral, as emendas são cabíveis desde que observada a pertinência temática, para evitar o que o STF chama de "contrabando legislativo" e que no dia a dia parlamentar se conhece por "jabuti" – ou seja, a utilização do poder parlamentar de emenda para apresentar questões sem nenhuma relação com o texto discutido, pegando-se carona na votação[55]. Uma regra importante: as emendas parlamentares aos projetos de lei de *iniciativa privativa* do Presidente da República, dos Tribunais, do Ministério Público, da Câmara e do Senado não podem gerar aumento de despesa (CF, art. 63, I e II). Em se tratando de leis orçamentárias, pode haver aumento, desde que: (a) sejam indicados os recursos necessários, mediante anulação de despesa, e (b) haja compatibilidade com plano plurianual e lei de diretrizes orçamentárias (CF, arts. 63 e 166, §§ 3º e 4º).

Votação. Encerrada a discussão, passa-se à votação do projeto, devendo-se, em qualquer caso, observar o quórum de maioria absoluta para início da votação (quórum de instalação). Já o quórum de aprovação vai depender do tipo de proposição legislativa a ser votada: (i) se lei ordinária, o quórum é de maioria simples ou relativa (metade dos presentes – CF, art. 47); (ii) se lei complementar ou análise de veto presidencial, o quórum é de maioria absoluta (primeiro número inteiro superior à metade dos membros da casa – CF, arts. 66, § 4º e 69); (iii) se emenda à constituição, o quórum é de 3/5 dos membros de cada casa, com votação em dois turnos em cada uma delas (CF, art. 60, § 2º).

As votações podem ser (i) ostensivas ou abertas, quando são públicos os votos dados por cada parlamentar; ou (ii) secretas, quando não há identificação de como o autor do voto se manifestou. A publicidade dos atos do Poder Legislativo é a regra, e decorre de forma imediata (i) do princípio democrático (CF, art. 1º, *caput*), (ii) do sistema representativo (CF, art. 1º, parágrafo único), (iii) do regime republicano (CF, art. 1º, *caput*), e (iv) do princípio da publicidade (CF, art 37, *caput*). Por isso, as votações devem majoritariamente se dar por voto ostensivo/aberto, de modo a permitir maior transparência e controle dos representantes eleitos pelos titulares da soberania (*accountability*). Estabelecida a regra, as votações

---

52 Salvo se houver recurso de um décimo dos membros da Casa, pautado e aprovado pelo Plenário, hipótese em que o Plenário deverá votar o projeto (CF, art. 58, 2º, I).

53 As comissões de Constituição e Justiça (CCJ) e de Finanças e Tributação (CFT) são ouvidas, respectivamente, sobre constitucionalidade (em todas as hipóteses) e adequação financeira (se houver). Nesses casos, os pareceres dessas comissões são considerados *terminativos*, porque, se desfavoráveis, podem pôr fim à tramitação da proposição, se não contestados por recurso específico.

54 RICD, art. 118.

55 STF, ADI 5127, Red. p/ acórdão Min. Edson Fachin, j. em 15.10.2015.

abertas podem ser simbólicas ou nominais. No processo simbólico, o Presidente orienta os Deputados favoráveis a permanecerem como se encontram, cabendo aos contrários, então, manifestar-se – o que se faz geralmente levantando-se uma das mãos. No processo nominal, feito por meio do painel eletrônico, os Deputados votam acionando botões próprios para registrar "sim", "não" ou "abstenção"[56].

Nas votações secretas, os votos também são registrados por meio do sistema eletrônico. Mas o painel, nesse caso, revela apenas os nomes dos votantes e o resultado dos votos. Pela Constituição de 1988 não há votação secreta no processo legislativo, mas apenas em casos excepcionais não relacionados à elaboração das leis. As votações serão secretas apenas nas hipóteses de: sabatina de autoridades, aprovação de nomes indicados para a chefia de missões diplomáticas permanentes, e exoneração do Procurador--Geral da República antes do término de seu mandato (CF, art. 52, III, IV e XI). Em tempo: a perda de mandato parlamentar (CF, art. 55, § 2º), o afastamento da imunidade formal (CF, art. 53, § 3º), e a análise de vetos (CF, art. 66, § 4º), não mais se submetem a votações secretas.

Revisão. Na hipótese de aprovação do texto pela casa iniciadora, o projeto seguirá para apreciação pela casa revisora, haja vista o bicameralismo que rege o Poder Legislativo Federal. Se a casa revisora o aprovar sem emendas, ou apenas com emendas de redação, seguirá para sanção ou veto do Presidente da República (CF, art. 65, *caput*). Se a casa revisora o aprovar com emendas de mérito, deverá retornar à casa iniciadora para manifestação, exclusivamente, sobre a admissão ou rejeição das emendas (CF, art. 65, parágrafo único). Quanto ao ponto, prevalece o decidido pela casa iniciadora, razão que justifica a escolha das Casas por iniciar ou não a discussão de determinada matéria de competência da União (conhecido como "princípio" da prevalência da casa iniciadora). E mais uma vez, por relevante: meras emendas de redação dispensam o retorno do texto à casa iniciadora[57], podendo seguir para deliberação executiva (sanção e veto), ou para promulgação e publicação (se à hipótese não se aplicar a fase de sanção e veto).

Irrepetibilidade. Irrepetibilidade diz respeito à impossibilidade de reapresentação de determinada proposição legislativa no curso da mesma sessão legislativa. Em relação a projetos de lei ordinária ou complementar, eles **só poderão** ser reapresentados, na mesma sessão legislativa, *se propostos pela maioria absoluta de qualquer das Casas* (CF, art. 67) – o que, por isso, não parece ser possível em temas de iniciativa reservada[58]. Ou seja, para projetos de lei de iniciativa geral, a irrepetibilidade é relativa – uma vez que pode ser afastada pela maioria absoluta dos membros de qualquer das Casas. Ao contrário, para emendas à constituição (CF, art. 60, § 5º) e medidas provisórias (CF, art. 62, § 10), a irrepetibilidade é absoluta dentro da mesma sessão legislativa, uma vez que não pode ser afastada sequer por proposta da maioria absoluta. Por força de regra constitucional, emendas à Constituição e medidas provisórias não podem ser reapresentadas dentro da mesma sessão legislativa.

1.3   Sanção e Veto

Uma vez aprovado por ambas as Casas do Congresso Nacional, o projeto de lei é encaminhado ao Presidente da República para sanção (ou veto)[59]. O Presidente pode sancionar integralmente o projeto, transformando-o em lei, ou vetar parcial ou integralmente, conforme sua análise. O veto presidencial, como mecanismo de freios e contrapesos, é essencial para evitar possíveis excessos do Poder Legislativo, assegurando que as leis sejam constitucionais e estejam em consonância com o interesse público.

Sanção. A sanção é o ato de anuência do Presidente da República com o projeto de lei aprovado pelo Congresso Nacional. A partir dela, o projeto de lei se converte em lei, que é, então, promulgada. A sanção é a certidão de nascimento da lei, podendo ser *expressa* ou *tácita* (CF, art. 66, §3º). É expressa se o chefe do Executivo federal apõe a sua assinatura ao projeto. É tácita se silencia durante o prazo de 15 (quinze)

---

56   RICD, art. 186. A votação nominal só ocorre em situações específicas, a saber: a) nos casos em que se exige quórum qualificado de deliberação, como, por exemplo, na votação de propostas de emenda à Constituição ou de leis complementares; b) quando há pedido de verificação de votação; c) quando se mostrar necessário desde logo, a juízo do Presidente, ou por deliberação do Plenário, a requerimento de qualquer deputado; d) nos demais casos expressamente previstos pelo Regimento.

57   ADI 2238, Rel. Min. Alexandre de Moraes, j. em 24.06.2020.

58   Propostas de emenda à constituição rejeitadas ou tidas por prejudicadas não podem ser objeto de representação na mesma sessão legislativa, em nenhuma hipótese, por vedação constitucional (CF, art. 60, § 5º).

59   Não existe etapa de sanção e veto: nos casos de competência exclusiva do Congresso Nacional (CF, art. 49), de competência privativa da Câmara (CF, art. 51), de competência privativa do Senado (CF, art. 52), nas propostas de emenda à constituição, nas leis delegadas e, por fim, se o projeto de lei de conversão de medidas provisórias for aprovado sem emendas, mantendo-se o texto integral remetido ao Congresso Nacional pelo Chefe do Poder Executivo.

dias, sem dar a sua sanção de forma expressa (CF, art. 66, § 3º). O decurso do prazo de 15 (quinze) dias, portanto, importa sanção (e não veto). No caso de sanção expressa, a aposição de assinatura ao projeto de lei consubstancia, a um só tempo, dois atos distintos: a sanção e a promulgação.

Veto. Por outro lado, se não concordar com o projeto de lei, o Presidente da República pode vetá-lo, total ou parcialmente. O veto presidencial é uma ferramenta crucial para manter a integridade e a constitucionalidade das leis. Serve como salvaguarda contra disposições que possam violar direitos fundamentais, exceder os limites do poder estatal ou ser economicamente inviáveis. De acordo com o Supremo Tribunal Federal, "o poder de veto previsto no art. 66, § 1º, da Constituição, não pode ser exercido após o decurso do prazo constitucional de 15 (quinze) dias"[60]. Além disso, também entende a Corte que "não se admite 'novo veto' em lei já promulgada e publicada", ou seja, uma vez manifestada a aquiescência do Poder Executivo com projeto de lei, pela aposição de sanção, evidencia-se a ocorrência de preclusão entre as etapas do processo legislativo, sendo incabível eventual retratação.[61]

Tipos de veto. Pelo texto constitucional, o veto pode se dar por duas razões: por inconstitucionalidade (*veto jurídico*) ou por contrariedade ao interesse público (*veto político*). Deverá ser realizado no prazo de 15 (quinze) dias, contados da data de recebimento do projeto, comunicando-se os motivos do veto ao Presidente do Senado Federal, na qualidade de Presidente do Congresso Nacional, em até 48 (quarenta e oito) horas. O veto só ocorre de *forma expressa e motivada*, de forma que o decurso do prazo de 15 (quinze) dias sem aposição de veto, ou veto sem indicação de fundamento ou razões, importam sanção tácita. Pode ser *total*, atingindo todo o projeto de lei, ou *parcial*, incidindo apenas sobre parte dele (CF, art. 66, § 1º), desde que recaia sobre o texto integral de artigo, parágrafo, inciso ou alínea (CF, art. 66, § 2º).

Derrubada do veto. O Congresso Nacional, todavia, pode derrubar o veto aposto pelo Presidente da República, pelo voto da maioria absoluta dos seus membros, em sessão conjunta de suas Casas (art. 66, §4º, CF). De acordo com a Constituição, esgotado o prazo de 30 (trinta) dias para deliberação do veto sem manifestação do Congresso Nacional, deve ser colocado na ordem do dia da sessão imediatamente subsequente, sobrestadas as demais proposições (CF, art. 66, §6º, CF).

1.4 Promulgação e Publicação

Após a aprovação parlamentar do projeto de lei, e sua sanção pelo Presidente da República, a lei propriamente dita já existe e as etapas posteriores integram, por isso, a fase complementar do procedimento legislativo. A fase complementar compreende a promulgação e a publicação da lei, e se destina a integrar sua eficácia e obrigatoriedade.

Promulgação. A promulgação consiste no ato formal que declara a regularidade da conclusão do processo legislativo, ou que faz saber que existe uma nova lei no ordenamento jurídico. Como já observado, no caso de sanção expressa, a aposição da assinatura do Chefe do Poder Executivo ao projeto de lei consubstancia, a um só tempo, sanção e promulgação. Se não há sanção expressa, ou seja, nas hipóteses de sanção tácita ou de derrubada do veto, se o Presidente da República não providenciar a promulgação do texto em até 48 (quarenta e oito) horas, o Presidente do Senado deverá fazê-lo no mesmo prazo (CF, art. 66, §7º) – e se este não o fizer, a obrigação de promulgação caberá ao Vice-Presidente do Senado. Importante lembrar, mais uma vez, que emendas à constituição têm seu texto promulgado pelas Mesas da Câmara dos Deputados e do Senado Federal (CF, art. 60, § 3º), não havendo participação do Presidente da República.

Publicação. A publicação, a seu turno, consiste no ato de levar ao conhecimento de todos a promulgação da lei, garantindo que todos os cidadãos tenham conhecimento de seu conteúdo antes que suas disposições possam ser aplicadas. Pode-se afirmar que há uma regra implícita de que a publicação cabe à mesma autoridade ou órgão responsável pela promulgação.

Se a lei entra em vigor no momento de sua publicação, é com a publicação que se torna também obrigatória. Se a lei determina outro momento para a produção de efeitos jurídicos válidos, o lapso temporal compreendido entre a publicação e sua entrada em vigor corresponde ao conceito de *vacatio legis*. De acordo com o art. 1º da Lei de Introdução às Normas do Direito Brasileiro – LINDB, se não houver disposição legal em contrário, as leis entram em vigor no prazo de 45 (quarenta e cinco) dias após a sua publicação.

---

60 STF, Plenário, ADPF 893/DF, Red. p/ acórdão Min. Luís Roberto Barroso, j. em 20.6.2022.

61 STF, Plenário, ADPF 714/DF, ADPF 715/DF e ADPF 718/DF, Rel. Min. Gilmar Mendes, j. em 13.2.2021.

2 Espécies Legislativas

2.1 Emendas à Constituição

As emendas à Constituição são as espécies legislativas responsáveis pela alteração da Constituição Federal, seja para incluir, substituir, modificar ou retirar algum artigo ou disposição do texto de 1988. Como já estudado no Capítulo VI, as emendas à Constituição são fruto do poder constituinte derivado ou reformador e a capacidade de alteração do texto constitucional está diretamente relacionada à manutenção da estabilidade e da resiliência da Constituição Federal. As emendas à Constituição permitem que a Constituição seja modificada para refletir mudanças na sociedade brasileira, ao mesmo tempo em que preservam os princípios e os valores fundamentais contra maiorias eventuais (CF, art. 60, § 4º). Esse equilíbrio entre a estabilidade e a adaptação é essencial para garantir que a Constituição continue a ser um documento vivo, capaz de responder às necessidades e demandas do povo ao longo do tempo[62].

Apenas para breve revisão, o procedimento para a aprovação de emendas constitucionais é rigoroso e qualificado, em atenção à rigidez e supremacia das normas constitucionais, encontrando-se previsto no art. 60 da CF. As emendas podem ser propostas pelo Presidente da República, por um terço dos membros da Câmara dos Deputados ou do Senado Federal, ou por mais da metade das assembleias legislativas das unidades da federação (CF, art. 60, I, II e III). Após a aprovação por três quintos dos membros de cada Casa do Congresso Nacional, em dois turnos de votação (CF, art. 60, § 2º), a emenda é promulgada pelas Mesas da Câmara dos Deputados e do Senado Federal (CF, art. 60, § 3º).

Como já estudado, há limites impostos pelo texto constitucional ao processo de discussão e votação de emendas à constituição – seja de natureza formal, material (CF, art. 60, § 4º) e circunstancial (CF, art. 60, § 1º) –, bem como limites implícitos ao poder de reforma da Constituição[63]. Relembrando apenas os limites materiais, as cláusulas pétreas indicam decisões políticas fundamentais tomadas pelo constituinte originário, cujo núcleo não pode ser atingido pelo constituinte derivado ou reformador: a forma federativa de Estado; o voto direto, secreto, universal e periódico; a separação dos Poderes e os direitos e garantias individuais (CF, art. 60, § 4º).

Vale lembrar, também, que os tratados e convenções internacionais sobre direitos humanos que forem aprovados, em cada Casa do Congresso Nacional, em dois turnos, por três quintos dos votos dos respectivos membros, serão equivalentes às emendas constitucionais (CF, art. 5º, § 3º). Até o momento, encontram-se integrados ao texto da Constituição de 1988, com *status* de emenda à constituição, os seguintes atos internacionais: (i) Convenção sobre os Direitos das Pessoas com Deficiência[64]; (ii) Tratado de Marraqueche para Facilitar o Acesso a Obras Publicadas às Pessoas Cegas, com Deficiência Visual ou com outras Dificuldades para Ter Acesso ao Texto Impresso[65]; e a (iii) Convenção Interamericana contra o Racismo, a Discriminação Racial e Formas Correlatas de Intolerância.[66]

Por fim, a matéria constante de emenda rejeitada ou havida por prejudicada não pode ser objeto de nova proposta na mesma sessão legislativa (CF, art. 60, § 5º – irrepetibilidade absoluta).

2.2 Leis Complementares e Ordinárias

As leis complementares são atos normativos primários, editados pelo Congresso Nacional, nas hipóteses e temas expressamente previstos pela Constituição de 1988. Embora sejam normas infraconstitucionais, objetivam complementar o texto constitucional,[67] como, por exemplo, nos casos de direito financeiro (CF, art. 163, I), direito tributário (CF, art. 146), inelegibilidades (CF, art. 14, § 9º), regiões metropolitanas estaduais (art. 25, § 3º), entre outros. A justificativa para a edição de lei complementar

---

[62] V. ACKERMAN, Bruce. *The living constitution*. In: Harvard Law Review, vol. 120, n. 7, 2007. Disponível em https://harvardlawreview.org/print/vol-120/the-living-constitution/. Acesso em nov. 2023.

[63] Como o próprio texto do art. 60, § 4º, da CF.

[64] Decreto Legislativo n. 186, de 9.7.2008 e Decreto n. 6.949, de 25.8.2009.

[65] Decreto Legislativo n. 261, de 25.11.2015 e Decreto n. 9.522, de 8.10.2018.

[66] Decreto Legislativo n. 1, de 18.2.2021 e Decreto n. 10.932, de 10.1.2022.

[67] De acordo com João Trindade Cavalcante Filho, "pode-se até dizer que, assim como os decretos regulamentares especificam, em nível infralegal, as leis, da mesma forma as leis complementares complementam, em nível legal, as normas da Constituição." CAVALCANTE FILHO, João Trindade. *Processo legislativo constitucional*. Salvador: Juspodium, 2023, p. 227.

está em um juízo realizado pelo legislador constituinte de que determinadas matérias devem estar sujeitas a uma maior estabilidade normativa, daí a exigência de maioria absoluta para sua aprovação (CF, art. 69). Por outro lado, a maioria qualificada é exceção ao princípio democrático, de forma que só a Constituição pode listar as matérias objeto de lei complementar.

As leis ordinárias, por sua vez, são as espécies legislativas mais comuns de inovação no ordenamento jurídico, ou seja, a forma padrão ou "ordinária" de criação de direitos e/ou de obrigações no direito brasileiro. Dessa forma, se a Constituição de 1988 exigir "lei", "lei específica", ou regulamentação de determinada matéria "na forma da lei", sem qualquer outra qualificação, a hipótese é de edição de lei ordinária. Abrangem a disciplina de temas não especificamente reservados às leis complementares ou à Constituição. São aprovadas por maioria simples no Congresso Nacional e têm um escopo mais amplo e residual, tratando de questões do cotidiano legislativo, como normas de trânsito, políticas públicas, regulamentação de profissões, entre outras.

A distinção entre leis complementares e leis ordinárias, portanto, refere-se a dois aspectos: (i) o campo material (aspecto material) e (ii) o quórum exigido para sua aprovação (aspecto formal). Enquanto as leis complementares tratam de assuntos específicos taxativamente previstos pela Constituição (campo mais restrito) e requerem maioria absoluta para sua aprovação (maioria dos membros da casa – CF, art. 69), as leis ordinárias podem ser editadas em todos os demais casos não reservados à lei complementar (campo mais amplo), e são aprovadas por maioria simples (maioria dos presentes – CF, art. 47)[68].

Ao contrário do que possa parecer, não existe hierarquia entre lei complementar e lei ordinária, mas sim uma divisão estabelecida pela própria Constituição Federal, tendo o Supremo Tribunal Federal pacificado esse entendimento[69]. É a Constituição que indica, ao mesmo tempo, as hipóteses que demandam a edição de lei complementar e as matérias que podem ser aprovadas por lei ordinária, nela se encontrando o fundamento de validade de ambas as espécies normativas. Por fim, a matéria constante de projeto de lei (complementar ou ordinária) rejeitado somente poderá constituir objeto de novo projeto, na mesma sessão legislativa, *mediante proposta da maioria absoluta dos membros de qualquer das Casas do Congresso Nacional* (CF, art. 67, tratando a hipótese de irrepetibilidade relativa).

2.3 Leis Delegadas

As leis delegadas são atos normativos editados pelo Presidente da República, após autorização do Congresso Nacional[70]. Como regra geral, o princípio da separação de poderes atribui a edição de leis de competência da União ao Congresso Nacional, de forma que a elaboração de leis delegadas pelo Presidente da República é uma exceção. Por isso, ainda que o Congresso Nacional delegue ao Chefe do Poder Executivo Federal a possibilidade de legislar sobre determinada matéria, tal autorização não tem caráter geral e irrestrito. A delegação, porque excepcional, é temporária e específica[71]. Além disso, há matérias que não podem ser objeto de delegação (CF, art. 68, § 1º).

Procedimento. Tem início com a solicitação da iniciativa pelo Chefe do Poder Executivo (iniciativa solicitadora) ao Congresso Nacional, por meio de mensagem. Caso esteja de acordo, o Congresso Nacional aprova uma resolução para autorizar a elaboração da lei delegada. A resolução especificará o conteúdo e os termos da delegação da competência legislativa (CF, art. 68, § 2º), podendo prever a submissão do texto ao Congresso Nacional, que o aprovará ou não em votação única, não sendo admitidas emendas (CF, art. 68, § 3º). O Congresso Nacional não está obrigado a concordar com o pedido de delegação,

---

68 Tomando-se como exemplo uma sessão da Câmara dos Deputados, que conta com 513 membros, se 255 registraram presença, uma lei complementar será considerada aprovada se atingir o quórum de 247 votos (primeiro número inteiro superior à metade de 513), enquanto uma lei ordinária o de 128 (metade dos presentes).

69 V. por todos, STF, RE 419.629, Rel. Min. Sepúlveda Pertence, j. em 23.05.2006 e RE 377.457, Red. p/ acórdão Min. Teori Zavascki, j. em 17.09.2008.

70 Foi editada uma única vez após a promulgação da Constituição de 1988 e, antes disso, no ano de 1962 (Lei Delegada n. 13, de 27 de agosto de 1992, que institui gratificações de atividade para os servidores civis do Poder Executivo, revê vantagens e dá outras providências). Com a possibilidade de adoção de medidas provisórias pelo Presidente da República, a atividade legislativa do Executivo por meio de lei delegada se tornou praticamente um exemplo acadêmico.

71 BRANCO, Paulo Gustavo Gonet; MENDES, Gilmar Ferreira e COELHO, Inocêncio Mártires, *Curso de direito constitucional*. São Paulo: Saraiva, 2009, p. 834: "A delegação, não sendo transferência definitiva de competência, há de ser transitória; por isso, quando a Constituição se refere à fixação dos termos do exercício da legislação, a expressão deve ser lida no seu significado técnico, a denotar os marcos temporais dentro dos quais o Presidente pode editar a lei".

sendo certo que sua decisão tem caráter discricionário. De toda forma, caso o Executivo exorbite dos limites da delegação legislativa, o Congresso Nacional poderá também sustar o ato (CF, art. 49, V).

Vedações (limitações) materiais. Algumas matérias, porém, não podem ser objeto de delegação legislativa por expressa vedação constitucional (CF, art. 68, §1º): (i) matérias reservadas à lei complementar; (ii) atos de competência privativa do Congresso Nacional, da Câmara dos Deputados ou do Senado Federal (CF, arts. 49, 51 e 52); bem como (iii) a legislação sobre: Poder Judiciário e Ministério Público; nacionalidade, cidadania, direitos individuais, políticos e eleitorais; planos plurianuais, diretrizes orçamentárias e orçamento.

2.4 Medidas Provisórias

As medidas provisórias são espécies legislativas de competência exclusiva do Presidente da República, que podem ser editadas nos casos de relevância e urgência, encontrando fundamento de validade no art. 62 da CF. Correspondem, ao mesmo tempo, a (i) um ato normativo com força de lei, editado pelo Chefe do Poder Executivo Federal sem necessidade de autorização prévia do Congresso Nacional; bem como a (ii) um projeto de lei de conversão do seu texto em lei ordinária (PLV), remetido pelo Presidente da República ao Congresso Nacional para discussão e votação, que pode receber emendas como qualquer outro – desde que observada a relação de pertinência temática entre o texto da medida provisória e as emendas apresentadas pelos parlamentares[72]. Daí a fórmula constitucional de que "o Presidente da República poderá adotar medidas provisórias com *força de lei*, devendo *submetê-las de imediato ao Congresso Nacional*". Por se tratar de atividade legislativa exercida por órgão extraparlamentar, é exemplo de função (legislativa) atípica do Poder Executivo.

Vedações (limitações) materiais. De acordo com o art. 62, § 1º, da CF, não será admitida a adoção de medidas provisórias sobre: (i) matéria reservada a lei complementar; (ii) nacionalidade, cidadania, direitos políticos, partidos políticos, direito eleitoral; (iii) direito penal, processual penal e processual civil; (iv) organização do Poder Judiciário, Ministério Público, e regime de seus membros; (v) planos plurianuais, diretrizes orçamentárias, orçamento, créditos adicionais e suplementares, ressalvado o previsto no art. 167, §3º, CF[73]; (vi) já disciplinada em projeto de lei aprovado pelo Congresso e pendente de sanção ou veto pelo Presidente da República; (vii) já disciplinada em outra medida provisória rejeitada ou que tenha perdido eficácia na mesma sessão legislativa; (viii) que vise detenção ou sequestro de bens, poupança popular ou ativo financeiro. Nessas hipóteses, a exemplo do rol de matérias insuscetíveis de delegação do Congresso Nacional ao Executivo (CF, art. 68, § 1º, CF), vige a reserva de lei formal.

Prazo de vigência. No regime anterior à Emenda Constitucional n. 32/2001, as medidas provisórias tinham prazo de vigência de 30 (trinta) dias. Se não fossem aprovadas pelo Legislativo nesse prazo, perdiam sua eficácia desde a origem. Na prática, consolidou-se o costume inconstitucional de reedições ilimitadas dos textos das medidas provisórias, por tempo indefinido. Para resolver o problema, foi aprovada a Emenda Constitucional n. 32/2001, que entre outras disposições aumentou o prazo de vigência das medidas provisórias para 60 (sessenta) dias, porém estabelecendo a possibilidade de uma única prorrogação por igual período (trata-se de prorrogação automática, não de reedição). Assim, no regime atual, as medidas provisórias perdem sua eficácia se não convertidas em lei após o prazo máximo de 120 (cento e vinte) desde a sua edição, sendo possível a suspensão do prazo durante o recesso parlamentar (CF, art. 62, §§ 3º, 4º e 7º).

Requisitos constitucionais de relevância e urgência. De acordo com o art. 62 da CF, o Presidente da República só está autorizado a adotar medidas provisórias nos casos urgentes e relevantes, pressupostos que devem ser observados de forma cumulativa. A edição de medidas provisórias gera debates sobre o deslocamento indevido da função legislativa do Legislativo para o Executivo, com potencial desestabilização do processo legislativo. Críticos argumentam que o excesso de MPs pode comprometer a independência do Parlamento e, como consequência, afrontar os princípios democrático e da separação de poderes. Nesse sentido, ainda que de forma excepcional, o Supremo Tribunal Federal realiza um controle

---

[72] STF, ADI 5127, Red. p/ acórdão Min. Edson Fachin, j. em 15.10.2005. Caso não haja apresentação de emendas, o texto final será idêntico àquele remetido ao Congresso Nacional pelo Presidente da República, razão pela qual, nessa hipótese, o PLV não se submeterá à fase de sanção ou veto. O texto será promulgado pelo Senado Federal, haja vista que a votação necessariamente se inicia pela Câmara dos Deputados, por força do art. 62, § 8º, CF.

[73] Cabe adoção de medida provisória para abertura de créditos extraordinários, desde que demonstrada sua imprevisibilidade e urgência, como em caso de guerra, comoção interna e calamidade pública. Nesses casos, o STF admite o controle jurisdicional de créditos extraordinários, por reconhecer maior densidade normativa aos requisitos constitucionais de sua edição (quando comparados aos requisitos de "relevância e urgência"). V. STF, ADI 4048, Rel. Min. Gilmar Mendes, j. em 14.05.2008.

judicial dos requisitos de relevância e urgência das medidas provisórias, em regra considerados sujeitos apenas à avaliação política[74].

Procedimento. O processo legislativo de conversão das medidas provisórias em lei tem sua votação iniciada na Câmara dos Deputados (CF, art. 62, § 8º), após juízo prévio sobre o atendimento de seus pressupostos constitucionais (CF, art. 62, § 5º). Há ao menos duas regras relativas ao procedimento legislativo das medidas provisórias que diferem do procedimento comum ordinário. Em primeiro lugar, a EC n. 32/2001 atribuiu um rito de urgência ao processo de conversão das MPs em lei, vale dizer, se não apreciadas em até 45 (quarenta e cinco) dias contados de sua publicação, o PLV entra automaticamente em regime de urgência, com o trancamento da pauta para as demais matérias que poderiam ser objeto de medida provisória (CF, art. 62, § 6º)[75]. Em segundo lugar, o art. 62, § 9º, da CF determinou a instalação de uma comissão mista de deputados e senadores para emitir parecer sobre as medidas provisórias, antes de serem apreciadas, separadamente, por cada Casa do Congresso Nacional. Sobre o tema, o STF determinou que o parecer das comissões mistas não pode ser substituído por parecer de relator designado diretamente em Plenário[76]-[77].

Rejeição e não apreciação no prazo constitucional (rejeição tácita). Caso o Congresso Nacional rejeite a medida provisória e deixe de editar decreto legislativo, no prazo de 60 (sessenta) dias, para disciplinar as relações jurídicas constituídas durante sua vigência, tais relações continuarão sendo regidas pela MP rejeitada (CF, art. 61, §11).

Devolução de medidas provisórias pelo Congresso Nacional. Já houve ao menos quatro casos em que o Presidente do Senado Federal, na qualidade de Presidente do Congresso, editou mensagem ao Presidente da República comunicando a rejeição sumária de textos de medidas provisórias[78]. Os atos declaratórios de devolução foram editados com fundamento no art. 48, XI do Regimento Interno do Senado Federal, que atribui ao seu Presidente a prerrogativa de impugnar proposições contrárias à Constituição[79]. A definição dos efeitos jurídicos da devolução unilateral de sumária de medidas provisórias encontrava-se pendente de julgamento pelo Supremo Tribunal Federal no final do ano de 2023[80].

Irrepetibilidade absoluta. É vedada a reedição, na mesma sessão legislativa, de medida provisória que tenha sido rejeitada ou que tenha perdido a eficácia por decurso de prazo (CF, art. 62, § 10).

---

74 STF, ADI 4717, Rel.ª Min.ª Cármen Lúcia, j. em 05.04.2018.

75 STF, MS 27931, Rel. Min. Celso de Mello, j. em 29.06.2017, precedente em que foi fixado o entendimento de que o regime de urgência, "que impõe o sobrestamento das deliberações legislativas das Casas do Congresso Nacional, refere-se, tão somente, àquelas matérias que se mostram passíveis de regramento por medida provisória, excluídos, em consequência, do bloqueio imposto pelo mencionado § 6º do art. 62 da Lei Fundamental, as propostas de emenda à Constituição e os projetos de lei complementar, de decreto legislativo, de resolução e, até mesmo, tratando-se de projetos de lei ordinária, aqueles que veiculem temas pré-excluídos do âmbito de incidência das medidas provisórias (CF, art. 62, § 1º, I, II e IV)".

76 STF, ADI 4029, Rel. Min. Luiz Fux, j. em 08.03.2012.

77 O art. 2º da EC n. 32/2001 estabeleceu que: "As medidas provisórias editadas em data anterior à da publicação desta emenda continuam em vigor até que medida provisória ulterior as revogue explicitamente ou até deliberação definitiva do Congresso Nacional".

78 De acordo com Teresa Melo (*Devolução de medidas provisórias pelo Congresso Nacional: desafios do mais recente instrumento de controle recíproco entre os Poderes*. Portal JOTA, disponível em https://www.jota.info/opiniao-e-analise/artigos/devolucao-de-medidas-provisorias-pelo-congresso-nacional-15092021, acesso em nov. 2023), no governo Lula o Presidente Garibaldi Alves devolveu ao Executivo a medida provisória que renovava automaticamente certificados de entidades filantrópicas (MP n. 446/2008). O Presidente do Congresso Nacional no governo Dilma, senador Renan Calheiros, devolveu ao Planalto a medida provisória que reduzia a desoneração da folha de pagamento (MP n. 669/2015). No governo Jair Bolsonaro houve devolução de ao menos duas medidas provisórias: a MP n. 979/2020, que permitia a nomeação de reitores de universidades públicas e institutos federais sem consulta prévia ou lista tríplice; e a MP n. 1.068/2021, que entre outras medidas alterava o texto do Marco Civil da Internet (Lei n. 12.965/2014). O tema não foi definido pelo Supremo Tribunal Federal, que declarou a perda superveniente de objeto das ações diretas de inconstitucionalidade que impugnavam o texto da MP n. 1.068/2021.

79 RISF, art. 48, XI: "Ao Presidente compete: [...] XI – impugnar as proposições que lhe pareçam contrárias à Constituição, às leis, ou a este Regimento, ressalvado ao autor recurso para o Plenário, que decidirá após audiência da Comissão de Constituição, Justiça e Cidadania".

80 A grande jurídica corresponde a saber se a rejeição sumária de medida provisória por ato unilateral do Presidente do Senado Federal implica ou não paralisação imediata de produção de efeitos jurídicos válidos. Os recursos contra a declaração de perda de objeto estão pendentes de análise nas ADIs 6.991, 6.992, 6.993, 6.994, 6.995, 6.996 e 6.998, respectivamente propostas pelos partidos PSB, Solidariedade, PSDB, PT, NOVO, PDT e pelo Conselho Federal da OAB, todas de relatoria da Minª Rosa Weber, aguardando designação de novo(a) relator(a).

2.5 Decretos Legislativos e Resoluções

Decretos legislativos são as espécies legislativas que disciplinam as matérias de competência privativa ou exclusiva do Congresso Nacional (CF, art. 49) e, na mesma linha, as resoluções correspondem aos atos normativos editados nos casos de competência privativa da Câmara dos Deputados (CF, art. 51) ou do Senado Federal (CF, art. 52). Os decretos legislativos e as resoluções do art. 59 da CF têm natureza de ato normativo primário e, por isso, hierarquia legal[81]. Justamente por constituírem hipóteses de competências exclusivas do Congresso Nacional ou de suas Casas, decretos legislativos e resoluções não se submetem à fase de sanção ou veto pelo Presidente da República (CF, art. 48, *caput*)[82].

A principal diferença entre decretos legislativos e resoluções está na competência para sua edição e no campo de produção de efeitos jurídicos. Enquanto os decretos legislativos são de competência do Congresso Nacional e, em regra, tenham efeitos externos; as resoluções são atos normativos de competência das Casas Legislativas e, também de forma geral, disciplinam assuntos internos das casas legislativas, organização de seus procedimentos e atividades (com produção de efeitos internos).

VII Fiscalização Contábil, Financeira e Orçamentária: O Tribunal de Contas da União

Como já observado no estudo das competências fiscalizatórias do Congresso Nacional, cabe ao Legislativo um conjunto amplo de atribuições, entre elas a fiscalização e controle *externo* da Administração Pública e de suas contas, exercido com o auxílio do Tribunal de Contas da União – TCU (CF, arts. 49, X, 70 e 71). O controle externo corresponde àquele exercido fora do sistema de controle existente no âmbito de cada Poder (CF, art. 74). Dessa forma, o Legislativo exerce tanto o controle interno que lhe é inerente, como o controle externo referente à fiscalização contábil, financeira, orçamentária, operacional e patrimonial das entidades da administração direta e indireta, inclusive dos demais Poderes – e o auxílio do TCU existe apenas e tão somente nas hipóteses de controle externo (CF, art. 71). Entretanto, embora o art. 71 da Constituição utilize a expressão *"com o auxílio do Tribunal de Contas da União"*, não existe hierarquia entre o TCU e o Congresso Nacional, sendo certo que à Corte de Contas foram conferidas competências diretamente pela Constituição de 1988 – e não pelo Legislativo.

Em acréscimo, embora denominado de "tribunal", o TCU não exerce competências jurisdicionais nem integra a estrutura do Poder Judiciário (CF, art. 92). Sua atuação assegura que as finanças públicas sejam geridas de maneira responsável, prevenindo o desperdício, a corrupção e o mau uso dos recursos, ao tempo em que instrumentaliza a prestação de contas dos gestores públicos perante a sociedade. O TCU fiscaliza não apenas o que se gasta, mas também o que se deixa de arrecadar, como subvenções e renúncias de receitas (CF, art. 70, *caput*). Como providências pode, por exemplo, determinar a aplicação de multa, a sustação de execução de ato, a inabilitação para o exercício de cargo em comissão ou função de confiança.

Ainda que algumas atribuições do TCU de fato envolvam o auxílio técnico ao Legislativo – como na hipótese de emissão de parecer prévio sobre contas do Presidente da República, a serem julgadas pelo Congresso Nacional –, diversas outras competências constitucionais correspondem a funções autônomas. Por exemplo: (i) julgar diretamente as contas dos demais gestores públicos que operam recursos federais **(à exceção do Presidente da República) e** (iii) apreciar, para fins de registro, a legalidade dos atos de admissão de pessoal e de concessão de aposentadoria, reforma ou pensões.

Composição. O TCU é composto de nove ministros, todos nomeados pelo Presidente da República, desde que observada a origem da indicação. Isso porque, de acordo com as regras de escolha definidas no art. 73 da CF, algumas vagas são de escolha do Executivo e outras do Legislativo, vale dizer, dos 9 (nove) Ministros do Tribunal de Contas da União, (i) três são escolhidos pelo Presidente da República após aprovação pelo Senado Federal, sendo dois deles necessariamente entre auditores e membros do

---

81 Com exceção, por exemplo, dos decretos legislativos que aprovam tratados internacionais sobre direitos humanos, que podem ter o *status* de emenda à constituição (se aprovados sob o rito do art. 5º, § 3º, CF), ou de normas supralegais.

82 Embora essa seja a regra geral, existem decretos legislativos e resoluções de iniciativa do Presidente da República (respectivamente, CF art. 49, I, c/c art. 84, VIII; e art. 155, § 2º, IV)

Ministério Público junto ao TCU (CF, art. 73, § 2º, I)[83]; e (ii) seis são escolhidos pelo Congresso Nacional, sem necessidade de sabatina pelo Senado (CF, art. 73, § 2º, II).

Garantias. Aos Ministros do TCU são conferidos os mesmos deveres e garantias dos Ministros do Superior Tribunal de Justiça (CF, art. 73, § 3º), para que possam exercer de forma livre sua missão constitucional. Dessa forma, os ministros do TCU possuem (i) vitaliciedade no cargo; (ii) inamovibilidade e (iii) irredutibilidade de subsídio.

Critérios de controle. São três os critérios constitucionais que o TCU deve observar nas hipóteses sujeitas à sua fiscalização (CF, art. 70, *caput*): (i) legalidade, (ii) economicidade e (iii) legitimidade. De acordo com Ana Paula de Barcellos, o critério da legalidade envolve o cumprimento das normas vigentes por aqueles que gerem recursos públicos; o da economicidade trata do aspecto financeiro do princípio da eficiência, pois ainda que um ato aparentemente seja "legal", poderá estar viciado caso preveja valores muito superiores àqueles praticados pelo mercado. Por fim, embora seja difícil conceituar o critério de legitimidade, deve ser "deferente às opções dos órgãos competentes, e justificar-se de forma consistente à luz da finalidade da legislação e do controle de opções claramente abusivas"[84]. Em todos os casos, porém, nos processos perante o Tribunal de Contas da União, "asseguram-se o contraditório e a ampla defesa quando da decisão puder resultar anulação ou revogação de ato administrativo que beneficie o interessado, excetuada a apreciação da legalidade do ato de concessão inicial de aposentadoria, reforma e pensão" (Súmula Vinculante n. 3/STF).

Observações importantes. Em primeiro lugar, o Supremo Tribunal Federal já decidiu que o TCU pode decretar indisponibilidade de bens, mas não têm competência para determinar quebra de sigilo bancário. De toda sorte, quando se tratar de operações relacionadas a recursos de origem pública, o sigilo bancário não é oponível ao TCU[85]. Além disso, o poder cautelar lhe permite adotar medidas preventivas, para evitar danos imediatos aos cofres públicos ou à ordem administrativa.

Em segundo lugar, discute-se a possibilidade de o TCU exercer o controle de constitucionalidade de leis e atos normativos, a teor da Súmula 347/STF[86], editada em 1961. Embora o Supremo Tribunal Federal não tenha tido a oportunidade de revisitar o tema, em razão da perda superveniente do interesse de agir no MS 25.888/DF, o Ministro Relator Gilmar Mendes havia afastado a declaração de inconstitucionalidade realizada pelo TCU no caso em julgamento, por entender que (i) não havia inconstitucionalidade manifesta; (ii) não existia jurisprudência do Supremo Tribunal Federal no sentido de reconhecer a inconstitucionalidade da lei estadual em questão; e (iii) a doutrina apontava na direção oposta àquela que fora adotada pelo Tribunal de Contas da União[87].

O TCU não está autorizado, por certo, a realizar controle abstrato de constitucionalidade, matéria sujeita à reserva de jurisdição. Contudo, caso imprescindível para a realização do controle externo, poderá afastar (*incidenter tantum*) normas cuja aplicação no caso expressaria um resultado inconstitucional (seja por violação patente a dispositivo da Constituição ou por contrariedade à jurisprudência do Supremo Tribunal Federal sobre a matéria)" [88].

---

83   O Ministério Público junto ao Tribunal de Contas (CF, art. 130) não integra a estrutura do Ministério Público da União (CF, art. 128), mas a do próprio Tribunal de Contas.

84   BARCELLOS, Ana Paula de. *Curso de direito constitucional*. Rio de Janeiro: Forense, 2018, p. 312.

85   STF, MS 33340, Rel. Min. Luiz Fux, j. em 26.05.2015.

86   Súmula 347/STF: "O Tribunal de Contas, no exercício de suas atribuições, pode apreciar a constitucionalidade das leis e atos do poder público".

87   STF, MS 33340, Rel. Min. Luiz Fux, j. em 26.05.2015.

88   STF, MS 33340, Rel. Min. Luiz Fux, j. em 26.05.2015 e, mais recentemente, MS 25888, Rel. Min. Gilmar Mendes, j. em 22.08.2023.

CAPÍTULO III | PODER EXECUTIVO

Sumário: I. Generalidades. II. Presidente da República: eleição, posse, reeleição, mandato, substituição e sucessão. III. Atribuições do Presidente da República. 1. Atribuições atinentes à direção da administração federal; 2. Atribuições normativas; 3. Atribuições ligadas ao plano internacional; 4. Atribuições para a preservação da ordem pública, da paz social, do pacto federativo e da integridade nacional; 5. Atribuição de nomeação de autoridades de outros Poderes e órgãos autônomos; 6. Atribuições perante o Poder Legislativo; 7. Outras atribuições. IV. Responsabilidade do Presidente da República. 1. Processo de *impeachment* do Presidente da República por crime de responsabilidade; .2. Processo contra o Presidente da República por crime comum. V. Ministros de Estado. VI. Conselho da República e Conselho de Defesa Nacional.

I GENERALIDADES[1]

No sistema clássico de divisão tripartite de poderes, cabe ao Poder Executivo exercer, de forma típica, a função de *administrar*, definida tradicionalmente como *aplicar a lei de ofício*[2]. Por meio da função administrativa, o Executivo concretiza a vontade expressa na lei, isto é, determina as situações jurídicas individuais, concorre para a sua formação e pratica atos materiais a partir da habilitação legislativa[3], submetendo-se a uma série de controles, entre eles o judicial. Tal papel distingue-se das funções *legislativa* e *jurisdicional*. A *legislativa* é a função que o Estado exerce ao editar normas gerais e abstratas, que inovam na ordem jurídica, extraindo seu fundamento de validade direta e imediatamente da Constituição. A *jurisdicional*, a seu turno, é a função estatal pela qual se resolvem controvérsias em caráter definitivo (com força de coisa julgada)[4].

A visão contemporânea, todavia, nega que o Poder Executivo possua o papel exclusivo de aplicação mecânica e automática da lei, principalmente pela incapacidade desta de dispor em pormenor sobre tudo o que seja necessário para sua aplicação. Quando não se trate de ramos do Direito em que se exija uma previsão legal robusta ou exaustiva, como o direito penal e o direito tributário, o baixo grau de densidade normativa – isto é, de detalhamento do conteúdo da norma – confere às autoridades administrativas um relevante espaço decisório, isto é, uma ampla margem de discricionariedade. Esta, ainda que não esteja imune a controle, revela que o administrador exerce, em alguma medida, atividade *criativa* e *volitiva* na interpretação das normas legais[5].

Além da atribuição típica de administrar, o Poder Executivo desempenha funções atípicas. É o caso, por exemplo, da elaboração de normas jurídicas, que pode ser enquadrada numa acepção mais ampla do termo "legislar"[6]. E o faz por variados instrumentos jurídicos: (i) editando medidas provisórias, em casos de relevância e urgência (CF, art. 62); (ii) promulgando leis delegadas (CF, art. 68); e (iii) aprovando regulamentos executivos e autônomos (CF, art. 84, IV e VI).

De acordo com o art. 76 da Constituição de 1988, o Poder Executivo, no Brasil, é exercido pelo Presidente da República, auxiliado pelos Ministros de Estado. A norma constitucional estabelece o sistema

---

1 Capítulo escrito em coautoria com Juliana Florentino.

2 Miguel Seabra Fagundes, *O controle dos atos administrativos pelo Poder Judiciário*, 2010, p. 3. A doutrina contemporânea, no entanto, afirma que a função de administrar não se resume à "aplicação da lei de ofício", como atividade mecânica e formalista. Significa, de outro modo, servir aos fins gerais que são próprios da Administração Pública, dentro dos limites da lei.

3 Miguel Seabra Fagundes, *O controle dos atos administrativos pelo Poder Judiciário*, 2010, p. 7-8.

4 Celso Antônio Bandeira de Mello, *Curso de direito administrativo*, 2015, p. 35-36.

5 Alexandre Santos de Aragão, Princípio da legalidade e poder regulamentar no Estado contemporâneo, *Boletim de Direito Administrativo* n. 5, v. 18, mai. 2002, p. 378 e ss.

6 Sobre a função normativa desempenhada pelo Poder Executivo, cf. Clèmerson Merlin Clève, *Atividade legislativa do Poder Executivo no Estado contemporâneo e na Constituição de 1988*, 1993.

de governo[7] adotado no país: o *presidencialismo*. Existem dois modelos dominantes no mundo: o parlamentarismo e o presidencialismo. Mais recentemente, consolidou-se em alguns países uma fórmula híbrida, que combina elementos dos dois sistemas clássicos: o semipresidencialismo.

O *parlamentarismo* tem como característica fundamental a divisão do Poder Executivo entre um chefe de Estado e um chefe de Governo. Este último é normalmente denominado Primeiro-Ministro, sendo escolhido pelo Parlamento[8]. O Primeiro-Ministro depende, para a estabilidade de seu governo, da manutenção do apoio parlamentar. Essa dualidade no Executivo e a responsabilização do chefe de Governo perante o Poder Legislativo são traços fundamentais do sistema parlamentarista. A estrutura do poder segue a repartição tripartite, mas a separação entre os Poderes Executivo e Legislativo não é rígida. O chefe de Estado, por sua vez, exerce funções predominantemente protocolares, de representação simbólica do Estado. Não é por outra razão que, em pleno século XXI, o posto continua a ser exercido por Monarcas em diversos países caracterizados por elevados índices de desenvolvimento econômico e social, como Reino Unido, Dinamarca e Holanda, em meio a outros.

Ao longo da história, o Brasil teve duas experiências parlamentaristas. A primeira delas ocorreu durante o Segundo Reinado. Entre a abdicação de D. Pedro I, em 1831, e a antecipação da maioridade de D. Pedro II, em 1840, o país foi governado por quatro regências. Foi ao final da terceira, a Regência Una de Feijó, em 1837, que o sistema parlamentarista começou a tomar forma. Para isso, não se aprovou nenhuma lei, nem emenda à Constituição de 1824. Esta permanecia conferindo amplas competências ao Imperador, que, como titular do Poder Moderador, possuía, inclusive, a prerrogativa de escolher livremente os seus ministros. Ainda assim, o parlamentarismo se instalaria como decorrência prática do contexto político e institucional. Acredita-se que a juventude e inexperiência do Imperador tenham conduzido o governo para o regime parlamentar, nos moldes britânicos[9]. Em 20 de julho de 1847, D. Pedro II editou o Decreto n. 523, criando a figura do Presidente do Conselho de Ministros. Instituiu-se, assim, um *governo de gabinete*, em que o Presidente do Conselho de Ministros exerceria, ao menos em tese, a chefia de Governo do Poder Executivo. Nos primeiros gabinetes do Segundo Reinado, o Imperador deixava aos ministros os principais assuntos. Todavia, a partir de 1853, com a instalação do Gabinete Paraná, D. Pedro II passou a acompanhar de perto a atuação do Ministério[10].

Em 1868, em meio a atritos gerados pela Guerra do Paraguai, o Imperador demonstrou a sua força nomeando como Presidente do Conselho um conservador, o Visconde de Itaboraí, em oposição à ampla maioria liberal presente na Câmara dos Deputados, que acabou sendo dissolvida pelo Monarca logo em seguida. Esse episódio revela que o parlamentarismo, no Brasil, era um tanto quanto *sui generis* (apelidado, por isso, de *parlamentarismo às avessas*): a escolha dos ministros de Estado dependia mais da vontade e confiança do Imperador do que de acordos políticos costurados com o partido detentor da maioria na Assembleia Geral[11]. A lógica parlamentarista de que "o Monarca reina, mas não governa" não prevalecia

---

7 O sistema de governo identifica os mecanismos de distribuição horizontal do poder político e, consequentemente, o modo como se articulam os Poderes do Estado, notadamente o Executivo e o Legislativo. V. Luís Roberto Barroso, A reforma política: uma proposta de sistema de governo, eleitoral e partidário para o Brasil, *Revista de Direito do Estado* no 3:287-360, jul./set. 2006, p. 292.

8 A origem do parlamentarismo remonta à Inglaterra do século XVIII. Os fatos que se sucederam no século anterior criaram o ambiente propício à formação do referido regime. Como destaca Manoel Gonçalves Ferreira Filho, O parlamentarismo, 1993, p. 5-6: "A partir de 1714, todavia, cada vez menos monarcas ingleses governaram. Com a morte da rainha Ana, a regra de exclusão dos príncipes católicos do direito à sucessão levou o trono à casa real de Hanover, com o advento de Jorge I. Este e Jorge II pouco se interessavam pela política britânica (britânica e não mais inglesa, pois desde 1707 a Escócia estava reunida à Inglaterra). Nem sequer dominavam a língua. Por isso a incumbência de presidir o Conselho de Ministros, e, portanto, a de efetivamente supervisionar a gestão dos negócios públicos, foi pelo rei deferida a um ministro, o Primeiro-Ministro, que os representava nesse Conselho, a ele levando sua opinião e as decisões que deveriam ser formalizadas. Na ausência do rei, por sua vez, o Conselho de Ministros passou a se reunir numa saleta, num Gabinete, daí o uso desse termo para designar o próprio Conselho. Com isso veio a fixar-se a idéia de que o Executivo – usa-se o termo – é de estrutura dualista, cabendo ao monarca a chefia do Estado (essencialmente a sua simbolização e representação) e ao Primeiro-Ministro a chefia do governo (a supervisão diuturna dos negócios públicos)". Sobre o tema, v. tb. Marcelo Caetano, Direito constitucional, v. 1, 1977, p. 67 e ss.

9 Waldemar Martins Ferreira, A federação e o presidencialismo no sistema constitucional brasileiro, *Revista da Faculdade de Direito, Universidade de São Paulo*, 46:61-142, 1950, p. 101.

10 Carlos Bastide Horbach, O parlamentarismo no Império do Brasil (II) – Representação e democracia, *Revista de Informação Legislativa* no 174:213-231, abr./jun. 2007, p. 224.

11 Waldemar Martins Ferreira, A federação e o presidencialismo no sistema constitucional brasileiro, *Revista da Faculdade de Direito da Universidade de São Paulo*, 46:61-142, 1950, p. 105-106.

aqui[12]. Somente em 1883, o Imperador viria a informar a Lafayete de Andrada e Silva, por carta, que havia transferido o poder de nomear e demitir ministros ao Presidente do Conselho[13].

A segunda experiência parlamentarista, no Brasil, ocorreu no contexto da crise institucional instaurada com a renúncia do Presidente Jânio Quadros, em agosto de 1961. O Vice-Presidente da República, João Goulart, enfrentava a resistência dos militares, em razão de ter sido Ministro do Trabalho de Getúlio Vargas e por posições rotuladas como "esquerdistas". Como saída para o impasse, o Congresso aprovou uma emenda à Constituição de 1946, denominada de Ato Adicional n. 4, instituindo o sistema parlamentarista no país, em 2 de setembro de 1961[14]. No cargo de Primeiro-Ministro, foi colocado o então deputado federal Tancredo Neves. O objetivo era claro: reduzir os poderes do Presidente da República recém-empossado e, desse modo, evitar um golpe militar. O novo modelo, todavia, teve vida curta. A própria emenda previa a realização de um plebiscito em que se decidiria pela manutenção do sistema parlamentar ou pela volta ao sistema presidencial. A consulta popular ocorreria em 1965, ao final do mandato de João Goulart. No entanto, enfrentando problemas de governabilidade, o então Conselho de Ministros propôs ao Congresso a antecipação do plebiscito, o que veio a ser aprovado. Em 6 de janeiro de 1963, 82% da população votaram pelo retorno do presidencialismo[15].

Mais tarde, em 1986, a Comissão Provisória de Estudos Constitucionais, mais conhecida como Comissão Afonso Arinos, criada com a finalidade de elaborar um anteprojeto de Constituição, concluiu os seus trabalhos e apresentou um texto que adotava o sistema parlamentarista. Todavia, na Assembleia Constituinte de 1987/1988, a despeito da grande influência exercida por defensores do parlamentarismo, a proposta foi rejeitada, decidindo-se pela manutenção do regime presidencialista e pelo mandato de cinco anos para Presidente da República. Os parlamentaristas, porém, ainda conseguiram incluir no art. 2º do Ato das Disposições Constitucionais Transitórias (ADCT) a previsão de realização de um plebiscito, em 7 de setembro de 1993, para que o povo deliberasse sobre a forma de governo (república ou monarquia constitucional) e o sistema de governo (parlamentarismo ou presidencialismo). Por força da Emenda Constitucional n. 2, de 1992, a consulta popular ocorreu em 21 de abril de 1993, tendo o presidencialismo recebido mais de 69% dos votos válidos[16].

No *presidencialismo*, os poderes da chefia de Estado e de Governo se concentram no Presidente da República[17]. O Presidente governa auxiliado por seus Ministros, que são, em regra, demissíveis *ad nutum*. O Presidente não é politicamente responsável perante o Parlamento. O programa de governo pode ser completamente divergente das concepções compartilhadas pela maioria parlamentar. O presidencialismo possibilita, por exemplo, a coexistência entre um Presidente socialista e um Parlamento de maioria liberal. Uma vez eleito, o Presidente deverá cumprir um mandato. Enquanto durar o mandato, o Presidente não poderá ser substituído – salvo procedimentos excepcionais, como o impeachment e o *recall* –, mesmo que seu governo deixe de contar com o apoio da maioria dos parlamentares e, até mesmo, da maioria do povo. Na maioria dos países que adotam esse sistema, a eleição para Presidente da República se faz de forma direta.

No *semipresidencialismo*[18], o Presidente da República é o chefe de Estado, eleito pelo voto direto do povo, e o Primeiro-Ministro o chefe de Governo, nomeado pelo Presidente e chancelado pela maioria

---

12 Carlos Bastide Horbach, O parlamentarismo no Império do Brasil (II) – Representação e democracia, *Revista de Informação Legislativa no 174*:213-231, abr./jun. 2007, p. 228-230.

13 Paulo Bonavides, O parlamentarismo no Brasil, *Revista da Academia Brasileira de Letras Jurídicas no 7*:7-11, jul./ dez. 1993, p. 8-9. Segundo o autor, o parlamentarismo do Império foi qualificado como fraco, instável e caricato: "Fraco por haver o legislativo sido dissolvido 11 vezes, durante os 42 anos de seu funcionamento. Instável, pela queda de 35 gabinetes, dos quais oito por moção de censura ou desconfiança. E caricato em virtude da interferência abusiva e devastadora do arbítrio imperial na derrubada e formação de gabinetes, fazendo de conservadores e liberais fantasmas nutridos nas benesses do poder, ao sabor dos caprichos do rei".

14 Humberto Theodoro Júnior, O parlamentarismo no Brasil, *Revista da Faculdade de Direito da Universidade Federal de Minas Gerais, 30*:187-210, jul. 1985, p. 199-200.

15 Câmara dos Deputados, Câmara é História, *Rádio Câmara*, 14.01.2007. Disponível em: https://www.camara.leg. br/radio/programas/279426-janio-quadros-renuncia-comeca-o-parlamentarismo/.

16 Senado Notícias, *Na Constituinte, tentativa de adoção do parlamentarismo fracassou*, 25.09.2008. Disponível em: https://www12.senado.leg.br/noticias/materias/2008/09/25/na-constituinte-tentativa-de-adocao-do-parlamentarismo- -fracassou.

17 O presidencialismo foi concebido pelos constituintes norte-americanos de 1787. Foi essa a forma que encontraram para estruturar a separação de poderes na ausência de um monarca.

18 Sobre o tema, v. João Victor Colares Prasser, *Semipresidencialismo no Brasil:* experiências constitucionais comparadas e conformação. Dissertação de mestrado apresentado ao Programa de Pós-Graduação em Direito da Universidade do Estado do Rio de Janeiro. Rio de Janeiro: mimeografado, 2022.

do Parlamento. Assim como no parlamentarismo, no semipresidencialismo também tem lugar a dualidade no Executivo, que se divide entre as chefias de Estado e de Governo. Contudo, enquanto no parlamentarismo a chefia de Estado tem funções meramente formais (como as de representação internacional, assinatura de tratados, geralmente a pedido do Primeiro-Ministro), no semipresidencialismo lhe são atribuídas algumas importantes funções políticas. Dentre essas se destacam, de modo geral, as seguintes: nomear o Primeiro-Ministro, dissolver o Parlamento, propor projetos de lei, conduzir a política externa, exercer poderes especiais em momentos de crise, submeter leis à Corte Constitucional, exercer o comando das Forças Armadas, nomear alguns funcionários de alto escalão e convocar referendos[19]. São exemplos de países que adotam o semipresidencialismo a Colômbia, a Finlândia, a França, a Polônia, Portugal e a Romênia. A nota distintiva entre eles situa-se na maior ou menos atuação do Presidente na vida política[20].

Em proposta de reforma política formulada em 2006, defendi a adoção, pelo Brasil, do semipresidencialismo, inspirado nos modelos português e francês. Por se tratar de um sistema híbrido, é apto a reunir as qualidades dos sistemas puros, sem incidir em algumas de suas vicissitudes. A principal vantagem que o semipresidencialismo herda do parlamentarismo repousa nos mecanismos céleres para a substituição do governo, em caso de perda de sustentação política (assim no Parlamento como na sociedade), sem que com isso se provoquem crises institucionais de maior gravidade. O Primeiro-Ministro pode ser substituído sem que tenha de se submeter aos complexos e demorados mecanismos do *impeachment* e do *recall*. Por outro lado, se quem está em desacordo com a vontade popular não é o Primeiro--Ministro (ou não é apenas ele), mas o próprio Parlamento, cabe ao Presidente dissolvê-lo e convocar novas eleições. Do presidencialismo, o sistema semipresidencialista mantém, especialmente, a eleição do Presidente da República e parte de suas competências. A eleição direta garante especial legitimidade ao mandatário, dando sentido político consistente a sua atuação institucional[21].

II PRESIDENTE DA REPÚBLICA: ELEIÇÃO, POSSE, REELEIÇÃO, MANDATO, SUBSTITUIÇÃO E SUCESSÃO

A Constituição de 1988 disciplina, em linhas gerais, a eleição, a posse, a reeleição, o mandato e a substituição e a sucessão do Presidente da República (e de seu Vice, quando for o caso) em hipótese de impedimento ou vacância. Para se candidatar ao cargo de Presidente e de Vice-Presidente da República, é necessário atender aos requisitos estipulados nos arts. 12, § 3º, I, e 14, § 3º, I a VI, da Constituição. São eles: (i) ser brasileiro nato; (ii) estar em pleno exercício dos direitos políticos; (iii) ter se registrado como eleitor; (iv) ter domicílio eleitoral no Brasil; (v) estar filiado a um partido político; e (vi) ter idade mínima de 35 anos.

A eleição para ambos os cargos ocorre de forma simultânea, isto é, na mesma data e no mesmo pleito. Além disso, a eleição do Presidente da República importará a do Vice-Presidente com ele registrado (CF, art. 77, § 1º). Não se admite, sob a ordem constitucional vigente, a escolha de candidatos a Presidente e a Vice-Presidente que componham chapas distintas. Porém, nem sempre foi assim. A redação original do art. 81 da Constituição de 1946 autorizava que fossem eleitos candidatos a Presidente e a Vice-Presidente da República de chapas diferentes e, inclusive, antagônicas. Votava-se, separadamente, em um e em outro. Essa configuração permitiu, por exemplo, que saíssem vencedores, no pleito de 1960, o Presidente Jânio Quadros e o Vice-Presidente João Goulart. Jânio era o candidato da União Democrática Nacional – UDN e possuía Milton Campos como candidato a Vice. Jango era o candidato a Vice do Marechal Teixeira Lott, do Partido Social Democrático – PSD. Como visto, a renúncia de Jânio Quadros, apenas sete meses depois da posse, instaurou uma grave crise institucional, que foi contornada com a adoção do parlamentarismo.

Adota-se, para a chefia do Executivo federal, o *sistema eleitoral majoritário*, em que, de modo geral, é considerado vencedor o candidato que obtém o maior número de votos, sendo desconsiderados os

---

19 Rafael Mart'nez Martinez, *Semi-presidentialism: a comparative study*, 1999, p. 13.

20 Contudo, segundo Rafael Mart'nez Martinez, *Semi-presidentialism: a comparative study*, 1999, p. 11, já, independentemente dessas variações, cinco condições necessárias ao semipresidencialismo: "*1. Direct election of the President of the Republic through universal suffrage; 2. The existence of a dual executive power; 3. The granting of ample constitutional powers to the President of the Republic; 4. The President appoints the prime minister and chairs cabinet meetings; 5. The government is accountable to the Parliament*".

21 Luís Roberto Barroso, A reforma política: uma proposta de sistema de governo, eleitoral e partidário para o Brasil, *Revista de Direito do Estado no 3*:287-360, jul./set. 2006, p. 298 e ss.

votos dados às demais candidaturas, que não são computados para a composição do governo. Mas não basta, no sistema brasileiro, perfazer a maioria simples, isto é, ter mais votos que os demais concorrentes. Exige-se que o candidato obtenha a *maioria absoluta dos votos válidos*, considerando-se como válidos todos aqueles que não tenham sido registrados como em branco ou nulo (CF, art. 77, § 2º).

Para concluir a eleição, podem ser necessários dois turnos de votação. O primeiro turno é realizado no primeiro domingo de outubro do ano anterior ao do término do mandato presidencial vigente (CF, art. 77, *caput*). Se, nessa ocasião, qualquer dos candidatos obtiver a maioria absoluta dos votos válidos, a eleição já estará definida. Se, no entanto, nenhum dos candidatos atingir tal votação, será necessário realizar um segundo turno, no último domingo de outubro do mesmo ano. Nesse segundo momento, concorrerão os dois candidatos mais votados (CF, art. 77, § 3º). Se houver, em segundo lugar, dois ou mais candidatos com a mesma quantidade de votos – hipótese pouco provável –, o critério de desempate será a idade, tendo direito de participar do segundo turno o mais idoso (CF, art. 77, § 5º). E se, antes do segundo turno, qualquer dos dois candidatos mais votados no primeiro morrer, desistir de concorrer ou apresentar algum impedimento legal, convocar-se-á, dentre os remanescentes, o de maior votação (CF, art. 77, § 4º), sendo considerado eleito aquele que obtiver a maioria dos votos válidos (CF, art. 77, § 3º, parte final). Busca-se, assim, evitar qualquer tipo de combinação ou conluio entre os dois mais votados para que um desista e o outro seja automaticamente o vencedor[22]. Note-se que os dois turnos de votação não impedem a vitória de candidato que não obteve a maioria dos votos de *todos os eleitores*, uma vez que os votos em branco e nulos, juntamente com as abstenções, podem superar o número de votos válidos.

O Presidente e o Vice-Presidente da República eleitos devem assumir o cargo em até 10 (dez) dias contados da data fixada para a posse. Na ausência de ambos, salvo motivo de força maior, a Presidência será declarada vaga. Entende-se como *força maior* qualquer evento natural ou humano, imprevisível e inevitável, alheio à vontade do eleito, que o impeça de comparecer ao ato de posse no dia estipulado[23]. A posse será realizada em sessão do Congresso Nacional, na qual os escolhidos deverão prestar o compromisso de manter, defender e cumprir a Constituição, observar as leis, promover o bem geral do povo brasileiro, sustentar a união, a integridade e a independência do Brasil (CF, art. 78).

O mandato do Presidente da República é de 4 (quatro) anos e terá início em 5 de janeiro do ano seguinte ao de sua eleição (CF, art. 82)[24]. A redação original do dispositivo constitucional estabelecia um mandato de 5 (cinco) anos, mas vedava a reeleição para o período subsequente[25]. A Emenda Constitucional de Revisão n. 5, de 7 de junho de 1994, reduziu o mandato para 4 (quatro) anos. Com a Emenda Constitucional n. 16, de 4 de junho de 1997, o tempo de mandato foi mantido, mas se passou a prever que o chefe do Poder Executivo, nas esferas federal, estadual e municipal, poderá se reeleger para um único período subsequente, assim como aqueles que o tiverem sucedido ou substituído (CF, art. 14, § 5º). Antes da referida emenda, o Vice-Presidente, o Vice-Governador e o Vice-Prefeito já poderiam se reeleger, desde que não tivessem sucedido ou substituído o titular nos seis meses anteriores ao pleito eleitoral. Concorrer à *reeleição*, nos termos da Constituição, consiste na possibilidade de o titular de um cargo eletivo candidatar-se novamente à mesma posição, para desempenhá-la por mais um mandato consecutivo. Não há necessidade de desincompatibilização, isto é, o Presidente da República pode continuar no exercício do cargo para se candidatar à reeleição. A renúncia até seis meses antes do pleito só se faz necessária para concorrer a outros cargos (CF, art. 14, § 6º). Também não se impedem novas eleições para períodos descontínuos. Significa dizer que, havendo ao menos um mandato de intervalo entre cada eleição, é possível ocupar o mesmo cargo outras vezes[26].

Não obstante tenha instituído a possibilidade de reeleição do chefe do Executivo, a Emenda Constitucional n. 16/1997 não alterou o art. 14, § 7º, da Constituição, cuja literalidade continua a vedar a

---

22   José Afonso da Silva, *O Poder Executivo no Brasil*, 2021, p. 55.

23   José Afonso da Silva, *O Poder Executivo no Brasil*, 2021, p. 72.

24   Até a Emenda Constitucional n. 111, de 2021, o mandato do Presidente da República se iniciava em primeiro de janeiro do ano seguinte ao de sua eleição.

25   A temporariedade dos mandatos foi prevista, pela Constituição republicana de 1891, como princípio constitucional sensível (art. 6º, II, *e*). O mandato do Presidente da República foi fixado em 4 (quatro) anos, vedada a reeleição (CF/1891, art. 43). A Constituição de 1934 manteve esse tempo de mandato, autorizando a reeleição quatro anos depois de cessada a função (art. 52). A Constituição de 1937 estabeleceu o mandato de 6 (seis) anos para a Presidente da República (art. 79). A Constituição de 1946, em sua redação original, fixava um mandato de 5 (cinco) anos (CF/1946, art. 82). Com a Emenda Constitucional n. 9, de 1964, o período foi reduzido para 4 (quatro) anos, tendo se mantido assim nas Cartas de 1967 e 1969 (art. 77, § 3º).

26   Exemplo disso se deu em 2022, com a eleição do Presidente da República Luiz Inácio Lula da Silva, que já havia exercido os mandatos de 2003 a 2006 e de 2007 a 2010.

eleição, no território nacional, do seu cônjuge e parentes consanguíneos ou afins, até o segundo grau ou por adoção (*inelegibilidade reflexa*). A inelegibilidade de parentes daqueles que exercem cargos eletivos esteve presente nos textos constitucionais desde 1891, como um sinal de ruptura com o regime monárquico (CF/1891, art. 47, § 4º)[27]. A regra visa a "obstar o monopólio do poder político por grupos hegemônicos ligados por laços familiares"[28] e a impedir a "manipulação da máquina pública em prol da perpetuação de um grupo delimitado no poder"[29], o que seria incompatível com o princípio republicano, cujo núcleo essencial abrange a temporariedade dos mandatos. O Supremo Tribunal Federal, no entanto, reconheceu que a Emenda Constitucional n. 16/1997 teve impacto sobre a interpretação do art. 14, § 7º, da Constituição, devendo-se admitir que o cônjuge ou parente do chefe do Executivo seja elegível à sua sucessão quando o titular, causador da inelegibilidade, puder, ele mesmo, candidatar-se à reeleição, desde que se afaste do cargo até seis meses antes do pleito. Entendimento diverso consagraria "o paradoxo de impor-se ao cônjuge ou parente do causante da inelegibilidade o que a este não se negou"[30]. A Corte tem entendido, assim, que não é admissível a assunção de um *terceiro mandato consecutivo*, na chefia do Executivo, pelo mesmo grupo familiar[31]-[32].

Além disso, a Súmula Vinculante 18 estabelece que "a dissolução da sociedade ou do vínculo conjugal, no curso do mandato, não afasta a inelegibilidade prevista no § 7º do artigo 14 da Constituição Federal". O objetivo do enunciado foi "inibir que a dissolução fraudulenta ou simulada da sociedade conjugal seja utilizada como mecanismo de burla à norma da inelegibilidade reflexa"[33]. Sendo essa a finalidade, o STF entende que a súmula vinculante não se aplica à hipótese de extinção do vínculo conjugal pela morte de um dos cônjuges.

Nos casos de *impedimento*, o Presidente da República será substituído pelo Vice-Presidente e, nas hipóteses de *vacância* (ou *vaga*), será por ele sucedido (CF, art. 79). Tanto o impedimento como a vacância impossibilitam ao titular do cargo o cumprimento de seus deveres e responsabilidades. Todavia, enquanto o impedimento é uma situação ocasional e temporária, a vacância é definitiva[34]. O primeiro ocorre, por exemplo, nos casos de doença, licença (*e.g.*, para tratamento de saúde e para se ausentar do país por mais de 15 dias[35]), férias (embora sejam incomuns na vida de um Presidente da República) e suspensão do exercício das funções (*e.g.*, art. 86, § 1º, CF). A vacância, por sua vez, se verifica nas hipóteses de morte, renúncia, cassação por crime de responsabilidade (CF, arts. 85 e 86), não assunção do cargo em até dez dias da data fixada para a posse (CF, art. 78, parágrafo único) e ausência do país por mais de quinze dias sem licença do Congresso Nacional (CF, art. 83).

Se o Vice-Presidente da República também estiver impedido, ou se o cargo estiver vago, serão sucessivamente chamados ao exercício da Presidência o Presidente da Câmara dos Deputados, o do Senado Federal e o do Supremo Tribunal Federal (CF, art. 80). No entanto, enquanto o Vice-Presidente da República torna-se o *sucessor* do Presidente da República nos casos de vacância desse último cargo, os Presidentes das casas legislativas e do STF são apenas *substitutos eventuais* do chefe do Executivo, de modo que, em nenhuma hipótese, passam a ocupar de forma definitiva a sua posição. Vagando os cargos de Presidente e Vice-Presidente da República, serão convocadas novas eleições (CF, art. 81), que poderão ser diretas ou indiretas, a depender do momento em que se verificar a última vacância. Se esta se der

---

27 No mesmo sentido, v. art. 52, § 6º, *a*, da CF/1934; art. 140, I, da CF/1946; art. 147, I, da CF/1967; art. 151, parágrafo único, *d*, da CF/1969.

28 STF, RE 446.999, Relª. Minª. Ellen Gracie, j. 28 jun. 2005.

29 STF, AC 2.891, Rel. Min. Luiz Fux, j. 6 jun. 2011.

30 STF, RE 344.882, Rel. Min. Sepúlveda Pertence, j. 7 abr. 2003.

31 STF, RE 1.128.439-AgR, Rel. Min. Celso de Mello, j. 23 out. 2018.

32 Sobre o tema, o Tribunal Superior Eleitoral editou a Súmula n. 6, segundo a qual "são inelegíveis para o cargo de chefe do Executivo o cônjuge e os parentes, indicados no § 7º do art. 14 da Constituição Federal, do titular do mandato, salvo se este, reelegível, tenha falecido, renunciado ou se afastado definitivamente do cargo até seis meses antes do pleito".

33 STF, RE 758.461, Rel. Min. Teori Zavascki, j. 22 maio 2014.

34 Pontes de Miranda, *Comentários à Constituição de 1967*, t. III, 1967, p. 293: "Impedimento (ocasional), temporário, é a causa de não poder continuar no exercício, ou de assumi-lo, o que é titular de algum cago, sem que se dê perda (morte, exoneração, ou demissão) do cargo. Vaga é a perda, considerada em suas consequências negativas. O cargo fica sem titular, ou tem titular provisório".

35 De acordo com o art. 83 da Constituição, "o Presidente e o Vice-Presidente da República não poderão, sem licença do Congresso Nacional, ausentar-se do País por período superior a quinze dias, sob pena de perda do cargo". V. tb. art. 49, III, da CF. Embora somente se exija a licença para viagens internacionais com duração superior a 15 dias, o STF entende que também há impedimento em viagens mais curtas, devendo o Vice-Presidente substituir o Presidente da República no exercício do cargo. Cf. ADI 3.647, Rel. Min. Joaquim Barbosa, j. 17 set. 2007.

nos *dois primeiros anos* do mandato, a eleição será *direta* (*i.e.*, pelo voto popular) e ocorrerá *noventa dias* depois de aberta a última vaga. Se, por outro lado, a vacância se der nos *dois últimos anos* do período presidencial, a eleição será *indireta*, pelo Congresso Nacional, e ocorrerá *trinta dias* após a última vaga (CF, art. 81, § 1º)[36]. Em qualquer dos casos, os eleitos completarão o período dos seus antecessores (CF, art. 81, § 2º). Ou seja, ter-se-á um "mandato-tampão", e não o início de um novo mandato presidencial de quatro anos. Essa regra visa a manter a coincidência de mandatos federais e estaduais[37].

A Constituição de 1988 não rege, todavia, a hipótese em que a vaga do cargo de Presidente da República ocorra antes mesmo da posse. Não afirma textualmente que o Vice-Presidente será o seu sucessor. No entanto, essa foi a solução dada por ocasião do fim da ditadura militar de 1964 e da rede-mocratização do país. Diante da impossibilidade de o então Presidente eleito, Tancredo Neves, tomar posse no cargo, em razão de sua delicada condição de saúde, assumiu interinamente o Vice-Presidente eleito, José Sarney, em 14 de março de 1985. Com a morte de Tancredo em 21 de abril daquele ano, Sarney sucedeu-lhe na Presidência.

Na história do Brasil, oito Vice-Presidentes da República assumiram, em caráter definitivo, o mais alto posto do país: Floriano Peixoto, em 1891, ante a renúncia de Deodoro da Fonseca; Nilo Peçanha, em 1909, em razão da morte de Afonso Pena; Delfim Moreira, em 1918, após o falecimento de Rodrigues Alves; Café Filho, em 1954, depois da morte de Getúlio Vargas; João Goulart, em 1961, dada a renúncia de Jânio Quadros; José Sarney, em 1985, em razão do falecimento de Tancredo Neves; Itamar Franco, em 1992, após o *impeachment* de Fernando Collor; e Michel Temer, em 2016, diante do *impeachment* de Dilma Rousseff.

Além de substituir o Presidente da República em caso de impedimento e suceder-lhe na hipótese de vacância, cabe ao Vice-Presidente auxiliá-lo, sempre que convocado por ele para missões especiais. Nisso se enquadraria, por exemplo, o auxílio em estudos especiais sobre (i) a organização da Adminis-tração, (ii) as relações com Estados estrangeiros, (iii) a celebração de tratados, convenções e atos inter-nacionais ou interestatais, (iv) declaração de guerra ou celebração de paz, (v) decretação de estado de sítio e de intervenção federal, (vi) proposta de orçamento, entre outros temas[38]. Ao Vice competirá, ainda, exercer outras atribuições que lhe forem conferidas por lei complementar (CF, art. 79) e participar, como membro, do Conselho da República (CF, art. 89, I) e do Conselho de Defesa Nacional (CF, art. 91, I). Em Constituições anteriores, o Vice-Presidente da República desempenhava também a função de Presidente do Senado Federal (CF/1946, art. 61)[39] ou de Presidente do Congresso Nacional (CF/1967, art. 79, § 2º)[40]. Nas Constituições de 1934 e 1937, não foi prevista a figura do Vice-Presidente da República.

III   Atribuições do Presidente da República

No sistema presidencialista, o chefe do Poder Executivo acumula as funções de chefe de Estado e de chefe de Governo. Como chefe de Estado, o Presidente da República atua em nome da República Federativa do Brasil (pessoa jurídica de direito público externo), exercendo a representação diplomática do país no âmbito das relações internacionais. Como chefe de governo, o Presidente da República atua em nome da União (pessoa jurídica de direito público interno), conduzindo as políticas e ações gover-namentais e desempenhando a direção superior da administração federal.

---

36   Na ADI 5.525, Rel. Min. Luís Roberto Barroso, j. 8 mar. 2018, o STF declarou a inconstitucionalidade do art. 224, § 4º, do Código Eleitoral, na redação dada pela Lei n. 13.165/2015, na parte em que incide sobre a eleição para Presidente, Vice-Presidente e Senador da República, em caso de vacância, por estar em contraste com os arts. 81, § 1º, e 56, § 2º, do texto constitucional, respectivamente.

37   José Afonso da Silva, *O Poder Executivo no Brasil*, 2021, p. 77.

38   José Afonso da Silva, *O Poder Executivo no Brasil*, 2021, p. 79.

39   Segundo Alcino Pinto Falcão e José de Aguiar Dias, ainda quando Presidente do Senado Federal, o Vice-Presi-dente não gozava de imunidade parlamentar. V. *Constituição Anotada*, v. I, 1956, p. 197: "O Vice-Presidente não é órgão, como o Presidente (ver n. 1 supra); está na situação de simples suplente. BENJAMIM FRANKLIN, lhe acha adequado o tratamento de 'Sua Alteza, o Supérfluo'. Não goza, também, de qualquer imunidade parlamentar, pois exerce as funções de Presidente do Senado Federal (art. 61), mas não é senador".

40   Pontes de Miranda, todavia, destacou que o Vice-Presidente da República ocuparia essa posição em sessões não legislativas, em que se tratasse, por exemplo, de funções externas, de contatos interestatais, da fiscalização de atos que não fossem do Presidente da República ou de Ministros de Estado, em caso de conexão, ou da concessão de títulos, honrarias e homenagens. Cf. Pontes de Miranda, *Comentários à Constituição de 1967*, t. III, 1967, p. 298.

As competências privativas do Presidente da República estão previstas no art. 84 da Constituição. Elas podem ser agrupadas da seguinte maneira: 1) atribuições atinentes à direção da administração federal; 2) atribuições normativas; 3) atribuições ligadas ao plano internacional; 4) atribuições para a preservação da ordem pública, da paz social, do pacto federativo e da integridade nacional; 5) atribuição de nomeação de autoridades de outros Poderes e órgãos autônomos; 6) atribuições perante o Poder Legislativo; e 7) outras atribuições. A separação tem fins meramente didáticos, pois algumas funções certamente poderiam ser alocadas em mais de um grupo.

1 Atribuições atinentes à direção da administração federal

Neste grupo de atribuições, incumbe ao Presidente da República: (i) nomear e exonerar Ministros de Estado, inclusive o Advogado-Geral da União (CF, art. 84, I e XVI); (ii) exercer, com o auxílio dos Ministros de Estado, a direção superior da administração federal (CF, art. 84, II); e (iii) prover e extinguir os cargos públicos federais, na forma da lei (CF, art. 84, XXV).

A prerrogativa de livre nomeação e exoneração de Ministros de Estado, entre os quais se encontra, no Brasil, o Advogado-Geral da União, é própria dos sistemas presidencialistas. Ao contrário do que ocorre no parlamentarismo, o Presidente da República, no presidencialismo, não depende da confiança ou chancela do Congresso para a escolha daqueles que o auxiliarão diretamente. Não obstante isso, é comum na prática institucional brasileira que o chefe do Executivo, ao formar o seu ministério, distribua as pastas com base não em critérios exclusivamente técnicos ou de confiança pessoal, mas também de ordem política, para contemplar as variadas agremiações partidárias que estejam dispostas a apoiá-lo. Busca-se, desse modo, compor uma coalizão e assegurar o alinhamento entre o governo e a maioria parlamentar. Num quadro de grande pulverização partidária e de vasto pluralismo político, social e cultural, a governabilidade depende da formação de alianças, que podem incluir um número significativo de parceiros e intensa diversidade ideológica, tornando mais complexa a sua manutenção e exigindo ampla capacidade de negociação. A esse modelo singular brasileiro de relacionamento entre os Poderes Executivo e Legislativo se convencionou chamar de *presidencialismo de coalizão*[41].

O Presidente da República exerce a direção superior da administração federal com o auxílio dos Ministros de Estado. O chefe do Executivo está no mais alto nível hierárquico dos órgãos e entidades da Administração Pública em âmbito federal. É ele quem fornece as diretrizes gerais de atuação de todo o corpo administrativo e toma as decisões mais relevantes, de modo a implementar o programa de governo escolhido pelo povo nas urnas. Não é necessário, contudo, que ele possua o controle direto de toda a estrutura administrativa. Em um país de dimensão continental, caracterizado pelo inchaço da máquina pública ao longo dos anos, seria inviável concentrar em uma única pessoa o exercício ou a supervisão direta de todas as tarefas. Aliado a isso, a pluralidade e a complexidade das matérias exigem um elevado grau de especialização técnica, tornando indispensável não só o auxílio dos Ministros de Estado, mas também a distribuição de competências entre órgãos públicos (*desconcentração*) e pessoas jurídicas distintas (*descentralização*), que sejam capazes de executar as decisões tomadas pela cúpula governamental[42].

No exercício da direção superior da administração pública, o Presidente da República se vale, principalmente, dos poderes *hierárquico* e *disciplinar*. Como ocupante da posição hierárquica mais elevada da Administração Pública federal, o chefe do Executivo tem autoridade contínua e permanente sobre a atividade dos seus subordinados, o que envolve (i) o *poder de comando*, para expedir instruções gerais ou dar ordens específicas; (ii) o *poder de delegar* e *avocar competências*, bem como de *dirimir conflitos de atribuições* entre agentes, órgãos e entidades; (iii) o *poder de fiscalização*, pelo qual supervisiona a atuação dos demais agentes públicos; (iv) o *poder de revisão*, que lhe permite desfazer ou modificar o conteúdo de atos praticados por seus subalternos, nos termos da lei; e, finalmente, (v) o *poder de punir*, aplicando sanções previstas em lei em razão do cometimento de infrações[43].

Existem, todavia, órgãos e entidades públicas que, embora componham formalmente a estrutura da Administração Pública federal, possuem *autonomia reforçada* em relação a ingerências da chefia do Executivo. É o caso, por exemplo, das universidades públicas (CF, art. 207)[44], das agências reguladoras,

---

41   Sérgio Henrique Hudson de Abranches, Presidencialismo de coalizão: o dilema institucional brasileiro, *Revista de Ciências Sociais* n. *31*:5-34, 1988, p. 22. V. tb. Argelina Cheibub Figueiredo e Fernando Limongi, *Executivo e Legislativo na nova ordem constitucional*, 1999, p. 19 e ss.

42   Celso Antônio Bandeira de Mello, *Curso de direito administrativo*, 2015, p. 153-154.

43   Celso Antônio Bandeira de Mello, *Curso de direito administrativo*, 2015, p. 154-155.

44   Admite-se, todavia, que o Presidente da República escolha o dirigente máximo da instituição, a partir de lista tríplice, sem estar vinculado à nomeação do mais votado. V. STF, ADPF 759-MC-Ref, Rel. Min. Edson Fachin, Red. p/

do Banco Central do Brasil[45] e, até mesmo, da Polícia Federal e da Receita Federal. À exceção das universidades, cuja autonomia guarda relação íntima com a liberdade de cátedra (e não propriamente com funções de controle do aparato estatal), os demais atores funcionam como *árbitros neutros*[46], que não podem ser apropriados pelas maiorias políticas de ocasião, por serem essenciais à preservação da própria democracia.

Relacionada à direção superior da administração pública, encontra-se a competência do Presidente da República para prover e extinguir os cargos públicos federais, na forma da lei (CF, art. 84, XXV). O *provimento* é o ato pelo qual se designa alguém para ser o titular de um cargo público. Pode ser *originário* (*autônomo*) ou *derivado*. É originário ou autônomo quando ocorre independentemente de prévia relação ou vínculo do ocupante com a Administração Pública. A única forma de provimento originário é a *nomeação*. Ela pode se dar em cargo de provimento *efetivo, vitalício* ou *em comissão*. No primeiro caso, sempre dependerá de prévia aprovação em concurso público (CF, art. 37, II); no segundo, poderá ou não pressupor o preenchimento desse requisito[47]; e, no terceiro, sempre prescindirá dele (CF, art. 37, II, parte final). O provimento será derivado quando estiver relacionado a um vínculo anterior do servidor com a Administração Pública. São exemplos a promoção (assunção de cargo mais elevado na mesma carreira), a readaptação (realocação do servidor em cargo mais adequado a superveniente limitação de sua capacidade física ou mental), a reversão (o retorno do servidor aposentado à atividade, por terem desaparecido as causas da aposentadoria), o aproveitamento (o reingresso do servidor estável que se encontrava em disponibilidade), a reintegração (o retorno do servidor ilegalmente desligado de seu cargo) e a recondução (o reingresso de servidor estável ao cargo que antes ocupava, por ter sido inabilitado no estágio probatório relativo a outro cargo)[48]. Os atos de provimento podem ser objeto de delegação, pelo Presidente da República, a Ministros de Estado, ao Procurador-Geral da República e ao Advogado-Geral da União (CF, art. 84, parágrafo único). A extinção de cargos públicos, quando estejam vagos, poderá ser feita por decreto (CF, art. 84, VI, *b*), mas, não sendo esse o caso, deverá ser feita na forma da lei (CF, art. 84, XXV).

2 Atribuições normativas

Dentre as competências privativas do Presidente da República listadas no art. 84 da Constituição, também se encontram as de natureza *normativa*. São elas: (i) iniciar o processo legislativo, na forma e nos casos previstos nesta Constituição (CF, art. 84, III); (ii) sancionar, promulgar e fazer publicar as leis, bem como expedir decretos e regulamentos para sua fiel execução (CF, art. 84, IV); (iii) vetar projetos de lei, total ou parcialmente (CF, art. 84, V); (iv) dispor, mediante decreto, sobre: a) organização e funcionamento da administração federal, quando não implicar aumento de despesa nem criação ou extinção de órgãos públicos; b) extinção de funções ou cargos públicos, quando vagos (CF, art. 84, VI); (v) enviar ao Congresso Nacional o plano plurianual, o projeto de lei de diretrizes orçamentárias e as propostas de orçamento previstos nesta Constituição (CF, art. 84, XXIII); e (vi) editar medidas provisórias com força de lei, nos termos do art. 62 (CF, art. 84, XXVI).

Iniciativa legislativa (CF, art. 84, III). O Presidente da República tem o poder de apresentar projetos de lei para deliberação e votação pelo Poder Legislativo sobre qualquer matéria que não esteja reservada à iniciativa de outro órgão ou Poder. Além disso, há assuntos que dependem da manifestação de vontade do chefe do Executivo federal para que o processo legislativo seja deflagrado (*iniciativa privativa* ou *reservada*). A *iniciativa privativa* ou *reservada* de lei é a que confere somente a titulares específicos a proposição legislativa sobre determinada matéria, com a exclusão de qualquer outra autoridade ou órgão que não detenha legitimidade constitucional para tal ação. Decorre ela da cláusula de exclusividade inscrita na

---

acórdão Min. Alexandre de Moraes, j. 8 fev. 2021: "A escolha de seu dirigente máximo pelo Chefe do Poder Executivo, a partir de lista tríplice, com atribuições eminentemente executivas, não prejudica ou perturba o exercício da autonomia universitária, não significando ato de fiscalização ou interferência na escolha ou execução de políticas próprias da instituição, escolhidas por decisão colegiada e participativa de seus integrantes. [...] 3. Sendo a escolha determinada a partir de lista tríplice, não se justifica a imposição de escolha no nome mais votado, sob pena de total inutilidade da votação e de restrição absoluta à discricionariedade mitigada concedida ao Chefe do Poder Executivo".

45 STF, ADI 6.696, Rel. Min. Ricardo Lewandowski, Red. p/ acórdão Min. Luís Roberto Barroso, j. 26 ago. 2021.

46 Steven Levitsky & Daniel Ziblatt, *How democracies die*, 2018, p. 78.

47 A nomeação para os cargos de Promotor de Justiça ou de Juiz de Direito dependem de prévia aprovação em concurso público. No entanto, para que um advogado ou membro do Ministério Público se torne Desembargador, esse requisito será dispensado nas hipóteses do art. 94 da Constituição (*quinto constitucional*). De forma análoga, a nomeação para Ministro de Tribunal Superior não pressupõe aprovação em concurso público.

48 Celso Antônio Bandeira de Mello, *Curso de direito administrativo*, 2015, p. 316 e ss.

própria Constituição Federal e, também, diretamente do princípio da separação de poderes (art. 2º, CF), sendo, portanto, norma de processo legislativo de reprodução obrigatória pelas ordens jurídicas parciais (CF, art. 25). A jurisprudência do Supremo Tribunal Federal é pacífica no sentido de que as normas instituídas na Constituição Federal que conferem iniciativa reservada de lei devem ser necessariamente observadas pelos Estados-membros, independentemente da espécie normativa envolvida[49].

São de iniciativa privativa do Presidente da República projetos de lei que versem sobre (CF, arts. 61, § 1º, 40, § 14, e 165): (i) fixação ou modificação dos efetivos das Forças Armadas; (ii) criação de cargos, funções ou empregos na administração direta e autárquica ou aumento de sua remuneração; (iii) organização administrativa e judiciária, matéria tributária e orçamentária, serviços públicos e pessoal da administração dos Territórios; (iv) servidores públicos da União e Territórios, seu regime jurídico, provimento de cargos, estabilidade e aposentadoria; (v) organização do Ministério Público e da Defensoria Pública da União, bem como normas gerais para a organização do Ministério Público e da Defensoria Pública dos Estados, do Distrito Federal e dos Territórios[50]; (vi) criação e extinção de Ministérios e órgãos da administração pública, observado o disposto no art. 84, VI; (vii) militares das Forças Armadas, seu regime jurídico, provimento de cargos, promoções, estabilidade, remuneração, reforma e transferência para a reserva; (viii) instituição do regime de previdência complementar para servidores públicos ocupantes de cargo efetivo; e (ix) o plano plurianual, o projeto de lei de diretrizes orçamentárias e as propostas de orçamento. Ao contrário do que se poderia pensar, não há iniciativa legislativa privativa do Presidente da República em matéria tributária.

As emendas parlamentares aos projetos de lei de iniciativa privativa do Presidente da República não podem gerar aumento de despesa, salvo se recaírem sobre projetos de lei orçamentária (CF, arts. 63 e 166, §§ 3º e 4º). O chefe do Executivo federal poderá solicitar urgência para apreciação de projetos de sua iniciativa (CF, art. 64, § 1º). E, além da iniciativa de leis, o chefe do Executivo federal também pode propor emendas à Constituição (CF, art. 60, II).

Sanção ou veto a projetos de lei, promulgação e publicação de leis (CF, art. 84, IV, parte inicial, e V). A *sanção* é o ato de anuência do Presidente da República com o projeto de lei aprovado pelo Congresso Nacional. A partir dela, o projeto de lei se converte em lei, que é, então, promulgada. A sanção pode ser *expressa* ou *tácita*. É expressa quando o chefe do Executivo federal apõe a sua assinatura ao projeto. É tácita quando silencia durante o prazo de 15 (quinze) dias, sem dar a sua sanção de forma expressa (CF, art. 66, § 3º). Com a sanção, a lei pode ser promulgada e publicada. A promulgação é mera comunicação, aos destinatários da lei, de que ela foi editada. No caso de sanção expressa, a aposição de assinatura ao projeto de lei consubstancia, a um só tempo, dois atos distintos: a sanção e a promulgação. A publicação, a seu turno, consiste no ato de levar ao conhecimento de todos a promulgação da lei, sem o qual esta não é eficaz. Por outro lado, se não concordar com o projeto de lei, o Presidente da República pode vetá--lo. O veto pode se dar por duas razões: por inconstitucionalidade (*veto jurídico*) ou por contrariedade ao interesse público (*veto político*). Deverá ser realizado no prazo de 15 (quinze) dias, contados da data de recebimento do projeto, comunicando-se os motivos do ato ao Presidente do Senado Federal em 48 (quarenta e oito) horas. Pode ser *total*, atingindo todo o projeto de lei, ou *parcial*, incidindo apenas sobre parte dele (CF, art. 66, § 1º). O Congresso Nacional, todavia, pode derrubar o veto, pelo voto da maioria absoluta dos seus membros (CF, art. 66, § 4º).

Poder regulamentar (CF, art. 84, IV, parte final, e VI). Tradicionalmente, a doutrina afirmava que o poder regulamentar do chefe do Poder Executivo deveria sempre retirar o seu fundamento de validade de uma lei. Ao Estado-administrador não seria permitido expedir regulamentos sem a prévia existência de uma norma legal, mas apenas a edição de *atos normativos secundários*, que, não obstante pudessem apresentar um conteúdo genérico e abstrato, precisariam estar fundados em regra primária, provinda do Parlamento e resultante da observância do processo legislativo estabelecido na Constituição. O chefe do Poder Executivo, no exercício de competência regulamentar, só estaria autorizado a minudenciar o conteúdo da lei, sem, no entanto, criar direitos e obrigações novas, sob pena de invadir o espaço reservado ao legislador[51]. Enquanto a lei estaria autorizada a inovar em caráter inicial na ordem jurídica, o

---

49 Nesse sentido: ADI 5.087-MC, Rel. Min. Teori Zavascki; ADI 3.295, Rel. Min. Cezar Peluso; ADI 4.154, Rel. Min. Ricardo Lewandowski.

50 Quanto ao Ministério Público da União, o art. 128, § 5º, da CF faculta ao chefe da instituição a iniciativa de leis complementares que estabelecerão a organização, as atribuições e o estatuto de cada Ministério Público. Assim, embora o art. 61, § 1º, II, *d*, afirme se tratar de hipótese de iniciativa privativa do Presidente da República, trata-se, em realidade, de iniciativa concorrente entre este e o chefe do Ministério Público da União (ADI 4.142, Rel. Min. Luís Roberto Barroso, j. 20 dez. 2019).

51 Pontes de Miranda, *Comentários à Constituição de 1967 com a Emenda n. 1 de 1969*, t. III, 1970, p. 314: "Onde se estabelecem, alteram ou extinguem direitos, não há regulamento – há abuso do poder regulamentar, invasão de

regulamento não poderia modificá-la, pois "o regulamento, *além de inferior, subordinado*, é ato *dependente de lei*"[52].

Essa visão, contudo, parte de uma concepção do princípio da legalidade administrativa que tem sido objeto de releitura pela doutrina contemporânea do direito administrativo: a concepção de legalidade como *vinculação positiva à lei*, que impõe que a Administração Pública reporte toda a sua atuação às normas editadas pelo Poder Legislativo, por somente estar autorizada a agir mediante disposição legal prévia e expressa. Nessa linha, a lei não constitui uma simples barreira de contenção do atuar administrativo, mas um verdadeiro pressuposto da prática de qualquer ato pelo Poder Executivo[53]. Com base nisso, afirma-se que o Direito brasileiro comporta tão somente os chamados *regulamentos executivos* (ou de execução), aqueles que operam apenas *secundum* e *intra legem*, e nunca *contra, ultra, extra* ou *praeter legem*[54]. Não admite, assim, a figura dos *regulamentos autônomos*, os quais consistem em atos administrativos de caráter normativo que independem da existência prévia de uma lei, encontrando suporte diretamente na Constituição, sendo, portanto, aptos a criar direitos e obrigações *sponte propria*[55].

A doutrina contemporânea do direito administrativo, no entanto, tem formulado críticas à ideia de que o regulamento executivo em nada inova na ordem jurídica, limitando-se a repetir – de forma detalhada – o já contido em lei[56]. Com efeito, dizer que essa espécie de regulamento não pode acrescer *ius novum* ao conteúdo da norma legal seria o mesmo que reconhecer a sua inocuidade ou inutilidade. Por esse motivo, seria forçoso admitir que, em alguma medida, o regulamento executivo também introduz algo novo no mundo jurídico, sobretudo em função do emprego de conceitos jurídicos indeterminados e cláusulas gerais pelo texto legal, que deixam ampla margem de interpretação ao Poder Executivo.

Além disso, de acordo com esses autores, a noção de legalidade administrativa como vinculação positiva à lei passou a ser insuficiente para pautar todas as atividades administrativas no mundo contemporâneo, que estaria vivenciando uma *crise da lei formal*[57]. A *divinização da lei*[58] começou a entrar em colapso na segunda metade do século XX, em virtude de uma série de fatores, entre os quais: (i) a evolução do constitucionalismo, com o reconhecimento da Constituição como norma jurídica, capaz de irradiar os seus princípios e valores por todo o ordenamento jurídico[59]; (ii) a percepção histórica de que a lei pode legitimar injustiças e servir de fundamento a atrocidades[60]; (iii) a passagem radical do modelo

---

competência legislativa. O regulamento não é mais do que auxiliar das leis, auxiliar que sói pretender, não raro, o lugar delas, mas sem que possa, com tal desenvoltura, justificar-se e lograr que o elevem à categoria de lei".

52 Celso Antônio Bandeira de Mello, *Curso de direito administrativo*, 2008, p. 341. V. tb. Oswaldo Aranha Bandeira de Mello, *Princípios gerais do direito administrativo*, v. I, 2007, p. 373. Para este último autor, a distinção principal entre a lei e o regulamento "está em que a lei inova originariamente na ordem jurídica, enquanto o regulamento não a altera [...]. É fonte primária do Direito, ao passo que o regulamento é fonte secundária".

53 Maria Sylvia Zanella Di Pietro, *Discricionariedade administrativa na Constituição de 1988*, 1991, p. 28.

54 Celso Antônio Bandeira de Mello, Regulamento e princípio da legalidade, *Revista de Direito Público* n. 96, out./dez. 1990, p. 45.

55 Negando a possibilidade de edição de regulamento autônomo, v. Celso Antônio Bandeira de Mello, *Curso de direito administrativo*, 2008, p. 336-337; Marçal Justen Filho, *Curso de direito administrativo*, 2008, p. 114-9; José dos Santos Carvalho Filho, *Manual de Direito Administrativo*, 2008, p. 53-54; e José Afonso da Silva, *Curso de direito constitucional positivo*, 2006, p. 426; José Roberto Vieira, O princípio da legalidade da Administração, *Revista de Direito Público* n. 97, jan./mar. 1991, p. 147; Geraldo Ataliba, Liberdade e poder regulamentar, *Revista de Informação Legislativa* n. 66, 1980, p. 45 e ss.

56 Cf. Gustavo Binenbojm, *Uma teoria do direito administrativo*, 2008, p. 156-9; Alexandre Santos de Aragão, Princípio da legalidade e poder regulamentar no Estado contemporâneo, *Boletim de Direito Administrativo* n. 5, v. 18, mai. 2002, p. 378 e ss.

57 A expressão *crise da lei formal* deve ser empregada com cautela, pois, conforme se verá adiante, a lei não fora abandonada como fundamento da atividade administrativa. Ao contrário, continua a desempenhar um relevante papel nesse âmbito, que fora apenas redimensionado pelo reconhecimento de outras fontes do atuar da Administração Pública.

58 A expressão é de Paulo Otero, *Legalidade e Administração Pública: o sentido da vinculação administrativa à juridicidade*, 2003, p. 153.

59 Luís Roberto Barroso, Fundamentos teóricos e filosóficos do novo direito constitucional brasileiro, *Revista da EMERJ n. 15*:11-47, 2001, p. 46: "O constitucionalismo foi o projeto político vitorioso ao final do milênio. A proposta do minimalismo constitucional, que procura destituir a Lei Maior de sua dimensão política e axiológica, para reservar-lhe um papel puramente procedimental, não é compatível com as conquistas do nosso processo civilizatório".

60 Hannah Arendt, *As origens do totalitarismo*, 1989, p. 513: "[...] o totalitarismo nos coloca diante de uma espécie totalmente diferente de governo. É verdade que desafia todas as leis positivas, mesmo ao ponto de desafiar aquelas que ele próprio estabeleceu (como no caso da Constituição Soviética de 1936, para citar apenas o exemplo mais notório) ou que não se deu ao trabalho de abolir (como no caso da Constituição de Weimar, que o governo nazista

de Estado mínimo para o Estado-providência[61]; e (iv) a falta de representatividade das maiorias parlamentares perante a população, aliada ao progressivo fortalecimento do Poder Executivo[62].

Nesse contexto, o princípio da legalidade administrativa assume uma nova feição, que tem sido denominada de *princípio da juridicidade administrativa*. Essa nova formulação procura visualizar para além da lei formal, mas sem abandoná-la, outros diplomas normativos como fundamento de validade para a atuação do Poder Público[63]. Sob essa ótica, a Administração Pública passa a pautar os seus atos pelas regras e princípios inscritos em todo o ordenamento jurídico[64]. Ganha destaque, nesse ponto, a Constituição, cujas normas, além de servirem de fundamento direto para a atividade administrativa, funcionam como um filtro através do qual devem ser interpretados todos os demais atos normativos. Esse último fenômeno é identificado como *constitucionalização do direito administrativo*[65], tendo contribuído significativamente para que os atos administrativos não mais estivessem adstritos a um viés jurídico único – a lei –, mas ao ordenamento jurídico como um todo sistêmico, como uma unidade. O princípio da juridicidade administrativa serve, portanto, como fundamento para o exercício da atividade administrativa *praeter legem* – para além da previsão legal – ou mesmo na ausência de autorização do legislador, legitimando a expedição de *regulamentos autônomos*, sobretudo quando a omissão legislativa inviabilizar o cumprimento pela Administração Pública dos seus deveres e atribuições constitucionais, desde que a matéria em questão não tenha sido colocada constitucionalmente sob reserva legal[66].

A Emenda Constitucional n. 32/2001 realizou algumas alterações no texto constitucional que parecem comprovar essa afirmação. Em primeiro lugar, essa emenda retirou do art. 84, VI, da Constituição, a expressão "na forma da lei". Com isso, o referido dispositivo e sua alínea *a* passaram a prever que compete privativamente ao Presidente da República expedir decretos e regulamentos dispondo sobre "a organização e o funcionamento da administração federal, quando não implicar aumento de despesa nem criação ou extinção de órgãos públicos". Em segundo lugar, foram alterados os incisos X e XI do art. 48 da Constituição, submetendo-se a competência do Congresso Nacional para tratar de criação, transformação e extinção de cargos, empregos e funções públicas à observância do art. 84, VI, *b*, e retirando-se da sua esfera o poder de dispor sobre a estruturação e as atribuições dos Ministérios e órgãos da Administração Pública. Em terceiro lugar, a emenda modificou a alínea *e* do inciso II do § 1º do art. 61 da Constituição, a qual passou a prever que a iniciativa privativa do Presidente da República para dispor sobre a criação e extinção de órgãos da Administração Pública também deve observar o que estabelece o art. 84, VI, do texto constitucional. Por fim, foi alterado o art. 88 da Constituição, suprimindo-se do domínio da lei a disciplina da estruturação e das atribuições dos Ministérios e reservando-se a ela apenas a competência para tratar da criação e da extinção destes e dos demais órgãos da Administração Pública.

Essas modificações demonstram que, em se tratando de organização e funcionamento da Administração Pública e em não havendo aumento de despesa nem criação ou extinção de órgãos, poderá o

---

nunca revogou). Mas não opera sem a orientação de uma lei, nem é arbitrário, pois afirma obedecer rigorosa e inequivocamente àquelas leis da Natureza ou da História que sempre acreditamos serem a origem de todas as leis. A afirmação monstruosa e, no entanto, aparentemente irrespondível de que, longe de ser 'ilegal', recorre à fonte de autoridade da qual as leis positivas recebem a sua legitimidade final [...]".

61 Paulo Otero, *Legalidade e Administração Pública: o sentido da vinculação administrativa à juridicidade*, 2003, p. 156: "Se para um Estado mínimo, tanto mais garantístico da liberdade quanto menor fosse a sua intervenção, o exercício da função legislativa se mostrava suficiente para tutelar as poucas matérias carecidas de disciplina jurídica, mostrando-se a verdade racionalmente revelada nos comandos gerais e abstractos da lei a expressão da perfeição do acto, o aumento das tarefas a cargo do Estado modificou radicalmente o cenário".

62 Clèmerson Merlin Clève, *A atividade legislativa do Poder Executivo*, 2000, p. 50: "A lei não consistirá mais na expressão da vontade geral. Não é possível encontrar uma vontade geral descoberta pelo debate parlamentar orientado pela razão. A lei substancia, talvez, apenas expressão de uma 'vontade política'. A vontade política do grupo majoritário no seio do Parlamento. Aparece aqui o primeiro atentado contra a concepção sacralizadora da lei".

63 O princípio da juridicidade ganhou patamar constitucional, em primeiro lugar, na Alemanha, com a Lei Fundamental de Bonn de 1949, que previu, no art. 20, § 3º, a vinculação da Administração (e dos Tribunais) "à lei e ao Direito". E, depois, na Espanha, onde o art. 103, 1, da Constituição de 1978 estabeleceu que a Administração Pública atua "com submissão plena à lei e ao Direito".

64 Germana de Oliveira Moraes, *Controle jurisdicional da Administração Pública*, 2004, p. 30: "A noção de legalidade reduz-se ao seu sentido estrito de conformidade dos atos com as leis, ou seja, com as regras – normas em sentido estrito. A noção de juridicidade, além de abranger a conformidade dos atos com as regras jurídicas, exige que sua produção (a desses atos) observe – não contrarie – os princípios gerais de Direito previstos explícita ou implicitamente na Constituição".

65 V. Parte II, cap. V, IV, 2.

66 Gustavo Binenbojm, *Uma teoria do direito administrativo*, 2008, p. 168.

chefe do Poder Executivo expedir regulamentos com fundamento direto e imediato na Constituição, sem que seja necessária a existência de uma norma legal prévia. Ele poderá também, por decreto, extinguir funções e cargos públicos, quando vagos. Em outras palavras, o texto constitucional, ao menos nessas hipóteses específicas (CF, art. 84, VI, *a* e *b*), admite expressamente a edição de *regulamentos autônomos*. Vale ressaltar, ainda, que tal atribuição pode ser delegada aos Ministros de Estado, ao Procurador-Geral da República ou ao Advogado-Geral da União, nos termos do parágrafo único do art. 84.

Edição de medidas provisórias (CF, art. 84, XXVI). Compete, também, ao Presidente da República a edição de medidas provisórias nos casos de relevância e urgência, que terão força de lei e deverão ser imediatamente submetidas à análise do Congresso Nacional (CF, art. 62). O procedimento de adoção de medidas provisórias e sua conversão em lei serão examinados no capítulo que tratará do Poder Legislativo (tópico [x], *infra*).

3   Atribuições ligadas ao plano internacional

O art. 84 da Constituição prevê, ainda, atribuições do Presidente da República no âmbito das relações internacionais. São elas: (i) manter relações com Estados estrangeiros e acreditar seus representantes diplomáticos (CF, art. 84, VII); (ii) celebrar tratados, convenções e atos internacionais, sujeitos a referendo do Congresso Nacional (CF, art. 84, VIII); (iii) declarar guerra, no caso de agressão estrangeira, autorizado pelo Congresso Nacional ou referendado por ele, quando ocorrida no intervalo das sessões legislativas, e, nas mesmas condições, decretar, total ou parcialmente, a mobilização nacional (CF, art. 84, XIX); (iv) celebrar a paz, autorizado ou com o referendo do Congresso Nacional (CF, art. 84, XX); e (v) permitir, nos casos previstos em lei complementar, que forças estrangeiras transitem pelo território nacional ou nele permaneçam temporariamente (CF, art. 84, XXII).

Em consonância com essas regras, o art. 21, I, II e IV, da Constituição estabelece que compete à União (i) manter relações com Estados estrangeiros e participar de organizações internacionais; (ii) declarar a guerra e celebrar a paz; e (iii) permitir, nos casos previstos em lei complementar, que forças estrangeiras transitem pelo território nacional ou nele permaneçam temporariamente. Ou seja: na federação brasileira, as relações exteriores são conduzidas por meio do ente central, e não por entes regionais e locais. Estados, Distrito Federal e Municípios não podem representar o país perante nações estrangeiras e organismos internacionais, pois não são possuem soberania, mas apenas autonomia. É por meio da União, pessoa jurídica de direito público interno, que a República Federativa do Brasil (ou o Estado brasileiro – este, sim, soberano) atua no plano externo. Além disso, é o Presidente da República, na condição de chefe de Estado, que possui competência para praticar atos relacionados à política exterior.

O art. 4º da Constituição estabelece os princípios regentes da República Federativa do Brasil nas suas relações internacionais: (i) independência nacional; (ii) prevalência dos direitos humanos; (iii) autodeterminação dos povos; (iv) não-intervenção; (v) igualdade entre os Estados; (vi) defesa da paz; (vii) solução pacífica dos conflitos; (viii) repúdio ao terrorismo e ao racismo; (ix) cooperação entre os povos para o progresso da humanidade; e (x) concessão de asilo político. Além disso, o parágrafo único do dispositivo constitucional impõe que o Estado brasileiro busque a integração econômica, política, social e cultural dos povos da América Latina, visando à formação de uma comunidade latino-americana de nações. Portanto, existem diretrizes materiais de condução da política externa brasileira pelo chefe do Poder Executivo.

4   Atribuições para a preservação da ordem pública, da paz social, do pacto federativo e da integridade nacional

O art. 84 da Constituição também estabelece atribuições para a preservação da ordem pública, da paz social, do pacto federativo e da integridade nacional. São elas: (i) decretar o estado de defesa e o estado de sítio (CF, art. 84, IX); (ii) decretar e executar a intervenção federal (CF, art. 84, X); (iii) exercer o comando supremo das Forças Armadas, nomear os Comandantes da Marinha, do Exército e da Aeronáutica, promover seus oficiais-generais e nomeá-los para os cargos que lhes são privativos (CF, art. 84, XIII); (iv) nomear membros do Conselho da República, nos termos do art. 89, VII (CF, art. 84, XVII); (v) convocar e presidir o Conselho da República e o Conselho de Defesa Nacional (CF, art. 84, XVIII); e (vi) propor ao Congresso Nacional a decretação do estado de calamidade pública de âmbito nacional previsto nos arts. 167-B, 167-C, 167-D, 167-E, 167-F e 167-G desta Constituição (CF, art. 84, XXVIII).

Decretação de estado de defesa e de estado de sítio (CF, art. 84, IX). O estado de defesa e o estado de sítio estão disciplinados pelos arts. 136 a 139 da Constituição. Ambos são deflagrados por meio de decreto do

Presidente da República, que deve ser motivado. O *estado de defesa* pode ser decretado depois de ouvidos o Conselho da República e o Conselho de Defesa Nacional, com o objetivo de preservar ou restabelecer, em locais restritos e determinados, a ordem pública ou a paz social ameaçadas por grave e iminente instabilidade institucional ou atingidas por calamidades de grandes proporções na natureza. Durante a sua vigência (não superior a 30 dias, prorrogáveis uma vez por igual período), podem ser impostas restrições ao direito de reunião e aos sigilos da correspondência e das comunicações telegráficas e telefônicas. Também pode haver a ocupação e o uso temporário de bens e serviços públicos, na hipótese de calamidade pública, respondendo a União pelos danos e custos decorrentes. Cabe ao Congresso Nacional aprovar o estado de defesa (CF, art. 49, IV).

A decretação de *estado de sítio* também pressupõe a oitiva do Conselho da República e do Conselho de Defesa Nacional. Porém, por sua maior gravosidade, depende de prévia autorização do Congresso Nacional, e não simples aprovação ulterior (CF, art. 49, IV). Poderá ser decretado nos casos de (i) comoção grave de repercussão nacional ou ocorrência de fatos que comprovem a ineficácia da medida tomada durante o estado de defesa; e (ii) declaração de estado de guerra ou resposta a agressão armada estrangeira. Durante a sua vigência (na primeira hipótese, não superior a trinta dias, prorrogáveis por igual período; na segunda, enquanto perdurar a guerra ou a agressão estrangeira), poderão ser tomadas as seguintes medidas: (i) obrigação de permanência em localidade determinada; (ii) detenção em edifício não destinado a acusados ou condenados por crimes comuns; (iii) restrições relativas à inviolabilidade da correspondência, ao sigilo das comunicações, à prestação de informações e à liberdade de imprensa, radiodifusão e televisão, na forma da lei; (iv) suspensão da liberdade de reunião; (v) busca e apreensão em domicílio; (vi) intervenção nas empresas de serviços públicos; e (vii) requisição de bens.

Decretação e execução de intervenção federal (CF, art. 84, X). Como instrumento de garantia da federação, a Constituição prevê o instituto da *intervenção*, ou seja, a possibilidade de que um ente possua alguma ingerência sobre outro em situações excepcionais. A regra, numa federação, diante da autonomia de cada ente, é a da não intervenção, a da não ingerência. Porém, quando a própria união indissolúvel é ameaçada pela atuação de algum dos entes federados, admite-se que ele sofra alguma interferência para correção desse desvio. A intervenção apresenta três características principais: é *excepcional*, *limitada* e só pode ocorrer em *hipóteses taxativas*. É excepcional, porque é uma restrição à autonomia do ente federativo, que só pode ser imposta em último caso, quando for absolutamente necessária para resguardar a higidez da federação. É limitada, porque é preciso definir previamente o seu objeto, o local e a sua duração. E só pode ocorrer em hipóteses taxativamente previstas na própria Constituição[67]. Pode haver intervenção da União nos Estados-membros e no Distrito Federal, assim como intervenção dos Estados-membros nos Municípios (e até mesmo da União nos municípios, no caso de territórios federais). As hipóteses de intervenção da União nos Estados e no Distrito Federal, definidas de forma abrangente, são situações críticas que põem em risco a segurança do Estado, o pacto federativo, as finanças estaduais e a estabilidade da ordem constitucional (CF, art. 34)[68].

Comando supremo das Forças Armadas (CF, art. 84, XIII). O Presidente da República é o Comandante em Chefe das Forças Armadas[69]. Constituídas, no Brasil, pelo Exército, Marinha e Aeronáutica, são instituições nacionais permanentes e regulares, organizadas com base na hierarquia e na disciplina, que se destinam à defesa da Pátria, à garantia dos poderes constitucionais e, por iniciativa de qualquer destes, da lei e da ordem (CF, art. 142). O seu caráter *permanente* impede que sejam dissolvidas pelas maiorias políticas, inclusive pelo poder constituinte derivado. Por outro lado, a qualificação como *regulares* parece exigir a constante provisão de aparato material, financeiro e humano suficiente para o exercício de suas atribuições constitucionais[70]. Possuem, como missões precípuas, repelir agressões ou invasões estrangeiras e garantir o funcionamento dos poderes constitucionais, defendendo, portanto, as instituições democráticas. Apenas subsidiariamente, em complemento às forças de segurança pública (aí incluídas a Polícia Federal e as Polícias Civil e Militar dos Estados e do Distrito Federal – CF, art. 144), é que lhes cabe a defesa da lei e da ordem. É dizer: na garantia da lei e da ordem, as Forças Armadas só podem atuar após esgotados os instrumentos destinados à preservação da ordem pública e da incolumidade das

---

67 Ingo Wolfgang Sarlet, Luiz Guilherme Marinoni e Daniel Mitidiero, *Curso de direito constitucional*, 2019, p. 1315 [livro eletrônico].

68 José Afonso da Silva, *Curso de direito constitucional*, 2014, p. 489-490.

69 Assim também prevê a Constituição norte-americana de 1787, no art. II, Seção 2: "The President shall be commander in chief of the Army and Navy of the United States, and of the militia of the several states, when called into the actual service of the United States;". (Em tradução livre: "O Presidente será o comandante-em-chefe do Exército e da Marinha dos Estados Unidos, e também da milícia dos diversos estados, quando convocadas ao serviço ativo dos Estados Unidos".)

70 José Afonso da Silva, *O Poder Executivo no Brasil*, 2021, p. 300-301.

pessoas e do patrimônio, relacionados no art. 144 da Constituição (Lei Complementar n. 97/1999, art. 15, § 2º). Nesse caso, faz-se necessária a solicitação de um dos chefes de Poder: Presidente do Congresso Nacional, Presidente da República ou Presidente do Supremo Tribunal Federal. Tal solicitação, quando advinda do Legislativo ou do Judiciário, será submetida ao chefe do Executivo federal.

Nomeação de membros do Conselho da República, convocação e presidência do Conselho da República e do Conselho de Defesa Nacional (CF, art. 84, XVII e XVIII). Cabe ao Presidente da República nomear membros do Conselho da República e convocar e presidir as sessões desse órgão e do Conselho de Defesa Nacional. O Conselho da República e o Conselho de Defesa Nacional são órgãos consultivos do Presidente da República, previstos nos arts. 89 a 91 da Constituição.

Proposição de decretação de estado de calamidade pública de âmbito nacional (CF, art. 84, XXVIII). Compete privativamente ao Presidente da República propor ao Congresso Nacional a decretação do estado de calamidade pública de âmbito nacional previsto nos arts. 167-B, 167-C, 167-D, 167-E, 167-F e 167-G da Constituição. A decretação propriamente dita é atribuição do Congresso Nacional (CF, art. 49, XVIII). Tanto o art. 84, XXVIII, como o art. 49, XVIII, foram incluídos pela Emenda Constitucional n. 109, de 15 de março de 2021, promulgada no contexto da pandemia do novo Coronavírus (Covid-19), que havia sido declarada como tal pela Organização Mundial da Saúde em março do ano anterior. Tal emenda criou um *regime extraordinário fiscal, financeiro e de contratações* para situações de calamidade pública, pelo qual se flexibilizam regras de contratação de gastos e de endividamento, de modo a tornar mais ágil o atendimento a necessidades emergenciais, exigindo-se, ao mesmo tempo, a implementação de medidas de ajuste fiscal[71].

5 Atribuição de nomeação de autoridades de outros Poderes e órgãos autônomos

O art. 84 da Constituição também prevê a competência privativa do Presidente da República para nomear autoridades de outros Poderes e de órgãos autônomos, nos seguintes termos: (i) nomear, após aprovação pelo Senado Federal, os Ministros do Supremo Tribunal Federal e dos Tribunais Superiores, os Governadores de Territórios, o Procurador-Geral da República, o Presidente e os Diretores do banco central e outros servidores, quando determinado em lei (CF, art. 84, XIV); (ii) nomear, observado o disposto no art. 73, os Ministros do Tribunal de Contas da União (CF, art. 84, XV); e (iii) nomear os magistrados, nos casos previstos nesta Constituição (CF, art. 84, XVI).

Quando o poder de nomeação se refere a membros de outros Poderes, ele se constitui como importante instrumento de controle recíproco (freios e contrapesos). Os Ministros do Supremo Tribunal Federal, por exemplo, não se submetem previamente a concurso público, mas devem ter o seu nome aprovado pelo Senado Federal, após passarem por uma sabatina pública (CF, arts. 52, III, *a*, e 101, parágrafo único), e serem nomeados pelo Presidente da República. O mesmo ocorre com os Ministros do Superior Tribunal de Justiça (CF, arts. 52, III, *a*, e 104, parágrafo único), do Tribunal Superior do Trabalho (CF, arts. 52, III, *a*, e 111-A) e do Superior Tribunal Militar (CF, arts. 52, III, *a*, e 123). Esse procedimento também é observado para a escolha do Procurador-Geral da República (CF, arts. 52, III, *e*, e 128, § 1º) e de um terço dos Ministros do Tribunal de Contas da União, sendo, neste último caso, dois alternadamente entre auditores e membros do Ministério Público junto ao Tribunal, indicados em lista tríplice pela Corte de Contas, segundo os critérios de antiguidade e merecimento (arts. 52, III, *b*, e 73, § 2º, I).

6 Atribuições perante o Poder Legislativo

O art. 84 da Constituição estabelece, ainda, competências específicas do chefe do Executivo perante o Poder Legislativo: (i) remeter mensagem e plano de governo ao Congresso Nacional por ocasião da abertura da sessão legislativa, expondo a situação do País e solicitando as providências que julgar necessárias (CF, art. 84, XI); e (ii) prestar, anualmente, ao Congresso Nacional, dentro de sessenta dias após a abertura da sessão legislativa, as contas referentes ao exercício anterior (CF, art. 84, XXIV).

Em ambas as hipóteses, o Executivo fornece informações ao Legislativo para que este possa exercer controle sobre a sua atividade, em favor da população. A remessa de mensagem e do plano de governo ao Congresso, na abertura de cada sessão legislativa, permite ao Presidente da República transmitir a

---

71 Marcos Mendes, *Emenda Constitucional 109 (PEC Emergencial): a fragilidade e a incerteza fiscal permanecem*, Insper, mar. 2021, p. 12 e ss. Disponível em: insper.edu.br/wp-content/uploads/2021/03/PEC-Emergencial_Marcos-Mende_mar2021.pdf.

sua visão sobre a realidade brasileira atual, bem como explicitar de que maneira lidou com os principais problemas e questões nacionais ao longo do ano anterior e quais serão as políticas públicas, projetos e ações mais relevantes de seu governo no ano em curso. A prestação de contas anual, a seu turno, é manifestação do princípio republicano, que exige a clara separação entre os domínios público e a privado, assegurando-se a impessoalidade, a transparência e o controle na gestão da *res publica*[72]. O agente político é um mandatário do povo e é em seu nome e em seu benefício que ele administra os recursos públicos. A prestação de contas, nesse cenário, é essencial para se verificar se tais verbas estão sendo empregadas de acordo com as regras legais e constitucionais aplicáveis. O Congresso Nacional julgará as contas do chefe do Poder Executivo federal após a apreciação do Tribunal de Contas da União (CF, arts. 49, IX, e 71, I).

7   Outras atribuições

Há, por fim, atribuições do Presidente da República que não se enquadram nas categorias anteriores: (i) conceder indulto e comutar penas, com audiência, se necessário, dos órgãos instituídos em lei (CF, art. 84, XII); (ii) conferir condecorações e distinções honoríficas (CF, art. 84, XXI); e (iii) exercer outras atribuições previstas nesta Constituição (CF, art. 84, XXVII).

Concessão de indulto e comutação de penas CF, art. 84, XII). O indulto consiste essencialmente no perdão da pena. Suas origens remontam às primeiras organizações jurídicas e à ideia de que cabe ao líder de uma sociedade – o imperador, príncipe, sacerdote ou, em tempos modernos, o Presidente da República – cuidar de seu povo. Desde o Código de Hamurabi se desenvolve a noção de potestade da autoridade e, associada a ela, a prerrogativa do líder de proteger seus súditos[73]. Na história da Igreja Católica, registro de indulgência se encontra na passagem em que Pôncio Pilatos, respaldado pela multidão, perdoa Barrabás, mas ao mesmo tempo condena Jesus Cristo. Até mesmo no período da Inquisição canônico--medieval, em que os tipos mais cruéis de tortura eram admitidos, réus já sentenciados podiam gozar de indulto, que os dispensava total ou parcialmente de sua pena[74]. No percurso histórico mais remoto, portanto, o indulto representava um ato de bondade e clemência do soberano, a quem era conferida a prerrogativa de perdoar penas como forma de aliviar os excessos do direito penal e demonstrar cuidado com seu povo. Trata-se de uma das formas mais antigas de se obter a liberdade.

Sob diferentes justificativas, o poder do chefe de Estado de abdicar do poder punitivo estatal sobreviveu aos séculos e até hoje se encontra previsto na maior parte das constituições das democracias desenvolvidas do mundo. Mas não de forma ilimitada. Não com efeitos gerais. Também não mais baseado no poder absoluto do monarca, nem em inspiração divina. A *ratio* continua a ser a de uma atitude de clemência, mas a ser utilizada em casos específicos e individuais, dentro da moldura constitucional da separação dos Poderes. Especialmente quando se tem em conta que, no Estado de Direito, as penas previstas são razoáveis e somente podem ser impostas mediante observância do devido processo legal.

Em países como Alemanha, Estados Unidos, Inglaterra, Portugal, Espanha, Itália e França, o chefe de Estado somente detém competência para conceder o perdão em caráter individual[75]. O indulto coletivo é reservado à deliberação dos parlamentos, o que garante maior controle da legitimidade democrática na extinção da punibilidade com efeitos genéricos. É interessante observar que alguns desses países passaram por reformas constitucionais justamente para transferir ao Parlamento, com exclusividade, a competência para a concessão de indultos coletivos. Na Itália, a alteração ocorreu com a edição da *Legge Constituzionale* 6, de 1992. Na França, a mudança veio em 2007, sob a justificativa de que "a

---

72   Daniel Sarmento, O princípio republicano nos 30 anos da Constituição de 88: por uma República inclusiva, *Revista da EMERJ* n. *20*:296-318, set./dez. 2018, p. 310-311.

73   L.W. King, *The Code of Hamurabi*, Yale Law School: The Avalon Project. Disponível em: http://avalon.law.yale.edu/ancient/hamframe.asp.

74   João Bernardino Gonzaga, *A inquisição em seu mundo*, 1993, p. 12.

75   De acordo com o art. 60 da Constituição alemã (*Grundgesetz*), o Presidente Federal exerce o direito de indulto individual em nome da Federação e pode delegar esses poderes a outras autoridades. Nos Estados Unidos, o indulto para crimes federais é concedido ao Presidente de acordo com o Artigo II, Seção 2 da Constituição dos Estados Unidos. Tanto na Inglaterra quanto na Espanha, os soberanos possuem a prerrogativa de conceder o indulto individual, sempre com a recomendação do governo, conforme previsto, respectivamente, na Prerrogativa Real da Misericórdia e no art. 62 da Constituição espanhola. Já em Portugal, a graça, sempre individual, é uma faculdade do Presidente da República, conforme o art. 134 da Constituição. Na Itália, a competência presidencial está prevista no art. 87 da Constituição e, na França, no art. 17 da Constituição.

tradição de conceder tais graças não pode significar um mecanismo de regulamentação da política carcerária"[76-77].

Outro movimento que se identifica no cenário internacional diz respeito à restrição dos atos de concessão de perdão, a fim de evitar a impunidade em casos de corrupção. Em outubro de 2017, a Transparência Internacional divulgou estudo a respeito do tema – *Judicial Clemency and Corruption*[78] –, que analisa os riscos associados à corrupção e as medidas adotadas por países para mitigá-los. De acordo com o estudo, "a impunidade para a corrupção diminui o custo de atos futuros de corrupção" e, para evitá-los, países têm adotado medidas voltadas, por exemplo, a aumentar a transparência dos atos de concessão de perdão, ou impedir que o perdão abranja crimes associados à corrupção.

No Brasil, a indulgência soberana, em sentido amplo, designa a renúncia do Estado ao direito de punir, que pode se manifestar de três formas: *anistia, graça* ou *indulto*. A *anistia* consiste em ato legislativo, de competência do Congresso Nacional, que exclui, com efeitos retroativos, a punibilidade de fatos criminosos, extinguindo todos os efeitos da condenação. A *graça* e o *indulto*, por sua vez, são atos de natureza administrativa de competência do Presidente da República, que podem tanto perdoar quanto comutar penas. A diferença entre eles é que a graça possui *caráter individual* e o indulto, *caráter geral*. Em ambos, o perdão atinge a execução da pena, mas mantém intactos os demais efeitos da condenação, para fins de antecedentes, reincidência ou de reparação civil. Além disso, o indulto pode ser total, caso em que equivale ao perdão da pena, ou parcial, também chamado de comutação, hipótese em que a pena é diminuída ou substituída por outra mais branda.

O indulto foi previsto em todas as constituições do país, desde o Império[79]. Na Constituição de 1988, o art. 84, XII, prevê a competência do Presidente da República para "conceder indulto e comutar penas, com audiência, se necessário, dos órgãos instituídos em lei". Na legislação infraconstitucional, o art. 107, II, do Código Penal prevê o indulto como causa de extinção da punibilidade[80]. Desde 1988, em todos os anos foram expedidos decretos de concessão do benefício. Como a sua publicação costuma ocorrer em data próxima ao Natal, convencionou-se a referência ao *indulto natalino*.

Ao longo de trinta e cinco anos, a análise dos decretos de indulto natalino revela uma tendência de abrandamento nos requisitos para a concessão do perdão presidencial. Esse progressivo alargamento do indulto foi tradicionalmente associado à necessidade de enfrentamento do problema do *hiperencarceramento* no País. O indulto tem sido considerado, no Brasil, não apenas um ato de clemência do chefe do Poder Executivo, mas também um instrumento da política criminal brasileira[81]. Na ADI 5.874, o Supremo Tribunal Federal decidiu, por maioria, que "o Poder Judiciário [pode] analisar somente a constitucionalidade da concessão da *clemencia principis*, e não o mérito, que deve ser entendido como juízo de conveniência e oportunidade do Presidente da República, que poderá, entre as hipóteses legais e moralmente admissíveis, escolher aquela que entender como a melhor para o interesse público no âmbito da Justiça Criminal"[82]. Vale ressaltar, por fim, que tal atribuição pode ser delegada aos Ministros de Estado, ao Procurador-Geral da República ou ao Advogado-Geral da União, nos termos do parágrafo único do art. 84.

Concessão de condecorações e distinções honoríficas (CF, art. 84, XXI). Cabe, ainda, ao Presidente da República conferir condecorações e distinções honoríficas, que consistem em atos de caráter protocolar ou cerimonial. Por óbvio, essa competência privativa do chefe do Executivo federal só se refere às medalhas, prêmios, atos de honraria, de homenagem e de reconhecimento concedidos em nome do Estado brasileiro

---

76   Relatório elaborado pelo Comitê de reflexão e proposição sobre a modernização e reequilíbrio das instituições da 5ª República. (*Rapport du Comité de réflexion et de proposition sur la modernisation et le rééquilibrage des institutions de la Ve République*. JORF n. 252 du 30 octobre 2007, p. 17699, texte n. 1).

77   Na França, os decretos de indulto coletivo costumavam ser editados todo dia 14 de julho, por ocasião da celebração da queda da Bastilha, e chegavam a beneficiar entre 3.000 e 4.000 presos. Senado Francês. *Les Documents de Travail du Sénat*. Série Législation Comparée. L'amnistie et la Grâce, p. 6. Disponível em: https://www.senat.fr/lc/lc177/lc177.pdf https://www.senat.fr/lc/lc177/lc177.pdf.

78   Estudo disponível em https://knowledgehub.transparency.org/helpdesk/judicial-clemency-andcorruption https://knowledgehub.transparency.org/helpdesk/judicial-clemency-and-corruption. A despeito de o título fazer referência ao perdão judicial, o estudo também analisa o benefício concedido pelo Poder Executivo.

79   Constituição de 1824, art. 101, VIII e IX; Constituição de 1891, art. 48, §6º; Constituição de 1934, art. 56, §3º; Constituição de 1937, art. 74, 'n', na redação dada pela Lei Constitucional n. 9/1945; Constituição de 1946, art. 87, XIX; Constituição de 1967, art. 83, XX; Constituição de 1969, art. 81, XXII.

80   "Art. 107. Extingue-se a punibilidade: [...] II – pela anistia, graça ou indulto".

81   No julgamento da ADI 2.795-MC, em 8 mai. 2003, o Rel. Min. Maurício Corrêa definiu o indulto como "instrumento de política criminal colocado à disposição do Estado para a reinserção e ressocialização dos condenados que a ele façam jus, segundo a conveniência e oportunidade das autoridades competentes".

82   STF, ADI 5.874, Rel. Min. Luís Roberto Barroso, Red. p/ acórdão Min. Alexandre de Moraes, j. 9 maio 2019.

ou da União. Nada impede que outras instituições, públicas e privadas, criem os seus próprios, escolhendo os seus destinatários.

Outras atribuições previstas na Constituição (CF, art. 84, XXVII). A Constituição traz, por fim, uma cláusula residual, que evidencia que o rol de competências enumeradas no art. 84 não é exaustivo. É possível que outros preceitos constitucionais também confiram poderes-deveres ao chefe do Poder Executivo federal, ainda que não privativos. Como exemplo, é possível citar a iniciativa para propor emenda constitucional (CF, art. 60, II) e a competência para elaborar leis delegadas (CF, art. 68).

IV RESPONSABILIDADE DO PRESIDENTE DA REPÚBLICA

O Presidente da República pode perder o cargo em razão do cometimento de um crime de responsabilidade ou de um crime comum. Os *crimes de responsabilidade* constituem infrações de natureza político--administrativa, estando enumerados no art. 85 da Constituição e disciplinados na Lei n. 1.079/1950. A definição dos crimes de responsabilidade e o estabelecimento das respectivas normas de processo e julgamento são de competência legislativa privativa da União (CF, art. 22, I, e Súmula Vinculante 46). Os *crimes comuns*, a seu turno, são os tipificados na legislação penal, seja no Código Penal, seja em leis especiais, e podem ser cometidos por qualquer pessoa, não estando atrelados à condição de Presidente da República[83].

1 Processo de *impeachment* do Presidente da República por crime de responsabilidade

Como visto, diferentemente do que ocorre com o chefe de Governo nos sistemas parlamentaristas, o Presidente da República, no presidencialismo, não é politicamente responsável perante o Parlamento. O programa de governo pode ser completamente divergente das concepções compartilhadas pela maioria parlamentar. Uma vez eleito, o Presidente deverá cumprir um mandato. Enquanto durar o mandato, ele não poderá ser substituído – salvo procedimentos excepcionais, como o *impeachment* e o *recall* –, mesmo que seu governo deixe de contar com o apoio da maioria dos parlamentares e, até mesmo, da maioria do povo. No Brasil, não há previsão constitucional de *recall* do mandato do Presidente da República, mas há a possibilidade de ele sofrer *impeachment* pelo cometimento de qualquer dos *crimes de responsabilidade* enumerados no art. 85 da Constituição. Em uma democracia, o governante é responsável pelos seus atos e decisões, e o *impeachment* é um instrumento eficaz de apuração de responsabilidade[84].

Os crimes de responsabilidade são infrações de natureza *político-administrativa* que acarretam, de forma geral, a perda do cargo e a inabilitação para o exercício da função pública pelo prazo de oito anos (CF, art. 52, parágrafo único). Caracterizam-se como tais os atos do chefe do Executivo federal que atentem contra (i) a Constituição Federal; (ii) a existência da União; (iii) o livre exercício dos Poderes Legislativo e Judiciário, do Ministério Público e dos Poderes constitucionais das unidades da federação; (iv) o exercício dos direitos políticos, individuais e sociais; (v) a segurança interna do País; (vi) a probidade na administração; (vii) a lei orçamentária; e (vii) o cumprimento das leis e das decisões judiciais. Esses crimes estão definidos em lei especial (Lei n. 1.079, de 10 de abril de 1950), que estabelece também as normas de processo e julgamento. Por se tratar de legislação anterior à Constituição de 1988, há que se ter o cuidado de examinar se as suas regras foram ou não recepcionadas.

Apresentada a denúncia, por qualquer cidadão, contra o Presidente da República por crime de responsabilidade, compete à Câmara dos Deputados autorizar a instauração de processo pelo voto de 2/3 dos seus membros (art. 51, I, da CF/1988). A Câmara exerce, assim, um juízo eminentemente político sobre os fatos narrados, que constitui condição para o prosseguimento da denúncia. Ao Senado compete, privativamente, "processar e julgar" o Presidente (art. 52, I), locução que abrange a realização de um juízo inicial de instauração ou não do processo, isto é, de recebimento ou não da denúncia autorizada pela Câmara.

A literalidade da Constituição poderia sugerir que o Senado está vinculado à deliberação da Câmara quanto à instauração do processo, uma vez que o *caput* do art. 86 da CF/1988 dispõe que "admitida a acusação contra o Presidente da República, por dois terços da Câmara dos Deputados, será ele submetido

---

83 José Afonso da Silva, *O Poder Executivo no Brasil*, 2021, p. 101.

84 Paulo Brossard, *O impeachment*, 1992, p. 7.

558

a julgamento [...] perante o Senado Federal, nos crimes de responsabilidade". A forma imperativa da expressão "será ele submetido a julgamento" retiraria do Senado a possibilidade de rejeitar a autorização expedida pela Câmara dos Deputados. Embora essa seja uma leitura possível, o Supremo Tribunal Federal decidiu, na ADPF 378, sob minha relatoria, não ser a mais correta.

A Lei n. 1.079/1950 foi editada na vigência da Constituição de 1946, que guarda diferenças notáveis em comparação com a CF/1988. Na CF/1946, cabia à Câmara dos Deputados "a declaração [...] da procedência ou improcedência da acusação" (art. 59, I). Da declaração já decorria a suspensão do Presidente do exercício de suas funções (art. 88), competindo ao Senado apenas "julgar" o Presidente (art. 62, I)3. Normas semelhantes constavam das Constituições de 1967 e 1969. A expressão "processar e julgar" era empregada somente para a atuação do Senado quanto aos Ministros do STF e ao Procurador-Geral da República. Já na CF/1988, cabe à Câmara dos Deputados apenas "autorizar, por dois terços de seus membros, a instauração de processo contra o Presidente" (art. 51, I), cujo afastamento, porém, só se dá "após a instauração do processo pelo Senado Federal" (art. 86, § 1º, II), órgão ao qual compete "processar e julgar" o Presidente da República (art. 52, I).

Assim, ao contrário do que ocorria no regime das Constituições de 1946, 1967 e 1969, na CF/1988 a Câmara não declara a procedência ou improcedência da acusação, mas tão somente autoriza a instauração de processo pelo Senado[85]. A deliberação da Câmara obedece ao quórum qualificado de 2/3 e não implica o afastamento automático do Presidente da República, que apenas ocorre se o Senado instaurar o processo. Assim, no regime atual, a Câmara não funciona como um "tribunal de pronúncia", mas apenas implementa ou não uma condição de procedibilidade para que a acusação prossiga no Senado. Ela somente atua no âmbito *pré-processual*, não valendo a sua autorização como um recebimento da denúncia, em sentido técnico. A admissão da acusação a que se seguirá o julgamento pressupõe um juízo de viabilidade da denúncia pelo único órgão competente para processá-la e julgá-la: o Senado.

Em reforço a isso, o art. 44 da Constituição dispõe que "[o] Poder Legislativo é exercido pelo Congresso Nacional, que se compõe da Câmara dos Deputados e do Senado Federal". Trata-se do bicameralismo que caracteriza a tradição político-institucional brasileira. Não há relação de subordinação entre as casas: cada qual possui composição, regimento interno e atribuições próprias. Na sua função legislativa típica, uma casa revisa o trabalho da outra. Não se concebe que um órgão constitucional tenha papel meramente homologatório do trabalho de outro.

No julgamento do MS 21.564, impetrado pelo então Presidente da República, Fernando Collor, a Corte reconheceu a mudança de papeis entre as duas casas legislativas promovida pela CF/1988, exatamente como descrito acima. Ressaltou que caberia à Câmara apenas admitir a acusação, e ao Senado receber a denúncia, realizar a instrução probatória e promover o julgamento final sobre o pedido de impedimento. Esse entendimento foi reafirmado por ocasião do julgamento da ADPF 378, sob a minha relatoria, em que foram discutidas regras para admissão, processamento e julgamento do *impeachment* da ex-Presidente Dilma Rousseff, ocorrido em 2016.

Em razão da mudança no papel da Câmara dos Deputados e do Senado Federal no processo de *impeachment*, não foram recepcionadas pela Constituição de 1988 as previsões da Lei n. 1.079/1950 que partiam do pressuposto de que àquela caberia pronunciar-se sobre o mérito da acusação. Não há mais duas deliberações pelo Plenário da Câmara, uma quanto à admissibilidade da denúncia e outra quanto à sua procedência ou não, com dilação probatória entre elas. O Plenário da Câmara deve deliberar uma única vez, por maioria qualificada de seus integrantes, sem necessitar, porém, desincumbir-se de grande ônus probatório. Afinal, compete a esta casa legislativa apenas autorizar ou não a instauração do processo (condição de procedibilidade).

Nesse sentido, "as normas inscritas nos artigos 21 e 22, da Lei n. 1.079/1950, parecem-me mais adequadas ao processo de julgamento da denúncia e não ao procedimento de sua admissibilidade, que tem, no seu cerne, conteúdo político intenso, dada a própria natureza política do 'impeachment'"[86].

---

85 O debate sobre a alteração da sistemática referente ao processo de impeachment ocorreu no âmbito da Assembleia Nacional Constituinte, em 1987. Com a apresentação de emendas de Plenário e populares ao Projeto de Constituição da Comissão de Sistematização, originou-se o texto que ficou conhecido como "Substitutivo 1 do Relator" ("fase N"), cuja dicção era muito semelhante à das Cartas anteriores. Entre as emendas feitas a esse substitutivo ("fase O"), estavam as emendas ES 34674-1 e ES 34675-0, apresentadas pelo Deputado Constituinte Adolfo Oliveira em 05.09.1987. Ambas as emendas foram acolhidas, passaram a integrar o "Substitutivo 2 do relator" ("fase P") e permaneceram até o final do processo constituinte. Assim, foram aprovadas no texto final (atuais arts. 51, I, e 52, I) as ideias de que, de um lado, cabia à Câmara "autorizar" o processo e julgamento (e não mais "declarar a procedência da acusação contra o Presidente da República"), e que, de outro, cabe ao Senado "processar e julgar", e não mais apenas "julgar".

86 STF, MS 21.564, Rel. p/ acórdão Min. Carlos Velloso.

Não podem ser tidos por recepcionados pela Constituição de 1988 preceitos legais que atribuem à Câmara dos Deputados funções excedentes do papel de "autorizar [...] a instauração de processo contra o Presidente" (art. 51, I). Assim, os arts. 20 e 21 da Lei n. 1.079/1950 só podem ser considerados recepcionados pela Constituição de 1988 se interpretados no sentido de que as "diligências" referidas no art. 20 não se destinam a provar a (im)procedência da acusação, mas apenas a esclarecer a denúncia. Não foi recepcionado pela CF/1988 o art. 22, *caput*, 2ª parte (que se inicia com a expressão "No caso contrário..."), e §§ 1º, 2º, 3º e 4º, da Lei n. 1.079/1950, por incompatibilidade com os arts. 51, I, e 52, I, da Constituição de 1988. Em razão do vácuo normativo gerado pela não recepção da 2ª parte do *caput* do art. 22 da Lei n. 1.079/1950, deve-se aplicar o art. 218, § 4º, do RI/CD, que confere ao denunciado o prazo de dez sessões para manifestação na Câmara dos Deputados.

No Senado Federal, o processo e o julgamento serão presididos pelo Presidente do Supremo Tribunal Federal (CF, art. 52, parágrafo único). Haverá uma etapa inicial de instauração ou não do processo, bem como uma etapa de pronúncia ou não do denunciado. Essas são etapas essenciais ao exercício, pleno e pautado pelo devido processo legal, da competência do Senado de "processar e julgar" o Presidente da República. Diante da ausência de regras específicas acerca das etapas iniciais do rito no Senado, devem-se seguir as regras da Lei n. 1.079/1950 relativas a denúncias de *impeachment* contra Ministros do STF ou contra o PGR (também processados e julgados exclusivamente pelo Senado). A aplicação analógica da Lei de Crimes de Responsabilidade é a posição que melhor se compatibiliza com a reserva de lei para estabelecer "normas de processo e julgamento", prevista no art. 85, parágrafo único, da CF/1988.

Assim sendo, após o encaminhamento da decisão de autorização do processo de *impeachment* pela Câmara dos Deputados, (i) o Senado formará uma comissão especial (Lei n. 1.079/1950, art. 44), (ii) a comissão especial emitirá parecer em que concluirá pela instauração ou não do processo (Lei n. 1.079/1950, art. 45), e (iii) o Plenário da casa votará e aprovará ou rejeitará, por maioria simples, o parecer da Comissão Especial (Lei n. 1.079/1950, art. 47). Se aprová-lo, o Presidente da República será afastado do cargo (CF, art. 86, § 1º, II)[87]. Caso, entretanto, o julgamento não seja concluído no prazo de 180 (cento e oitenta) dias, cessará o afastamento, sem prejuízo do regular prosseguimento do processo (CF, art. 86, § 2º).

O quórum de deliberação para a instauração do processo no Senado é de *maioria simples*, e não de 2/3. Isso porque, em primeiro lugar, a regra é que, no silêncio da Constituição, presume-se que as deliberações serão tomadas por maioria simples, sem exigência de quórum qualificado. O art. 86, § 1º, II, que trata da instauração do processo de *impeachment* pelo Senado, com o consequente afastamento do Presidente da República, não prevê o quórum de 2/3. Em segundo lugar, se fosse exigido o quórum de 2/3 já nessa fase inicial de instauração do processo, seria possível que apenas 1/3 dos Senadores inviabilizasse a abertura de um processo autorizado por maioria qualificada da Câmara dos Deputados (2/3). Em outras palavras, haveria uma distribuição desproporcional de poderes entre as casas legislativas.

No processo de *impeachment* do Presidente da República, todas as votações e deliberações devem ser abertas. O Brasil é um País no qual o imaginário social supõe que por trás de cada porta fechada são conduzidas tenebrosas transações e – acrescento – que cada votação secreta está a encobrir barganhas e acordos pouco republicanos. A publicidade dos atos do Poder Legislativo decorre de forma imediata (i) do princípio democrático (CF, art. 1º, *caput*), (ii) do sistema representativo (CF, art. 1º, parágrafo único), (iii) do regime republicano (CF, art. 1º, *caput*), e (iv) do princípio da publicidade (CF, art 37, *caput*). A regra geral que se extrai desses princípios é a de que as votações no âmbito das Casas Legislativas devem se dar por meio de voto ostensivo, de modo a permitir maior transparência e controle dos representantes eleitos pelos titulares da soberania (*accountability*).

Ao disciplinar o processamento do *impeachment*, a Constituição de 1988 não estabeleceu nenhuma hipótese de votação secreta. O sigilo do escrutínio é incompatível com a natureza e a gravidade do processo por crime de responsabilidade. O processo de *impeachment* tem natureza político-administrativa, constituindo ferramenta de preservação da legitimidade da representação popular. Contudo, a responsabilização do Presidente nesse caso não se dá por uma decisão dos eleitores, mas dos parlamentares eleitos. Em outras palavras, o Presidente pode ser afastado e perder o mandato conquistado nas urnas por decisão não daqueles que o elegeram, mas dos congressistas. Em processo de tamanha magnitude institucional, é preciso garantir o maior grau de transparência e publicidade possível. A exigência de votação ostensiva torna-se ainda mais evidente ao se ter em conta que a mera aceitação da denúncia

---

87 Na ADPF 402-MC-Ref, Rel. Min. Celso de Mello, j. 7 dez. 2016, o STF decidiu que "os substitutos eventuais do Presidente da República – o Presidente da Câmara dos Deputados, o Presidente do Senado Federal e o Presidente do STF (CF, art. 80) – ficarão unicamente impossibilitados de exercer, em caráter interino, a chefia do Poder Executivo da União, caso ostentem a posição de réus criminais, condição que assumem somente após o recebimento judicial da denúncia ou queixa-crime (CF, art. 86, § 1º, I)".

contra o ocupante do mais elevado cargo da Nação já instaura no país um clima de instabilidade política, econômica e social.

A condenação no Senado Federal dependerá do voto de 2/3 de seus membros e acarretará, de forma geral, a perda do cargo e a inabilitação para o exercício da função pública pelo prazo de oito anos (CF, art. 52, parágrafo único). No entanto, no *impeachment* da ex-Presidente Dilma Rousseff, o Senado Federal promoveu, de modo inédito, uma cisão entre as penas, condenando-a apenas à perda do cargo. No caso Collor, o STF decidiu que a renúncia ao cargo de Presidente da República, quando já iniciado o processo de *impeachment*, não o paralisa e não impede a conclusão do julgamento, com a aplicação da pena de inabilitação, por oito anos, para o exercício de função pública[88].

Por fim, havendo lacuna legal, é possível a aplicação subsidiária dos Regimentos Internos das casas legislativas ao processo de *impeachment*. A Constituição de 1988 não criou reserva de lei especial para as normas de processo e julgamento do *impeachment*. O art. 89, parágrafo único, da Carta de 1988 não exige que todos os aspectos do procedimento estejam dispostos em lei formal, sendo possível conferir um espaço de atuação próprio para os Regimentos das casas legislativas no que diz respeito ao seu funcionamento interno e seus órgãos. Corroborando esse entendimento, no processo de impedimento do Presidente Collor, a Câmara dos Deputados aplicou diversas normas regimentais para orientar o andamento dos trabalhos dentro da Comissão Especial referida pelo art. 19 da Lei n. 1.079/1950, como foi o caso das atribuições do Presidente da comissão para dirigir as reuniões (art. 41), da possibilidade de pedido de vista regimental por membros da comissão, pelo prazo de duas sessões (art. 41, XI c/c art. 57, XVI) e da permissão aos integrantes da Comissão de apresentação de questões de ordem ao Presidente (art. 57, XXI).

De acordo com o Supremo Tribunal Federal, o processo de *impeachment* pode ser objeto de *controle judicial*, devendo a Corte Suprema assegurar a realização plena do procedimento nos estritos termos da lei e da Constituição. O STF não pode adentrar o mérito da deliberação do Senado, sendo imune à intervenção judicial o juízo exclusivamente político. Porém, deve atuar para garantir o devido processo legal, as garantias e direitos do acusado, sobretudo ao contraditório e à ampla defesa[89].

2 Processo contra o Presidente da República por crime comum

O Presidente da República, em razão do alto cargo que ocupa, possui um regime constitucional diferenciado quando pratica infrações comuns. Em primeiro lugar, ele possui *prerrogativa de foro* no Supremo Tribunal Federal (CF, art. 86, *caput*), que se restringe, no entanto, aos crimes cometidos durante o exercício do cargo e relacionados às funções desempenhadas. O foro por prerrogativa de função, ou foro privilegiado, na interpretação antes adotada pelo Supremo Tribunal Federal, alcançava todos os crimes de que eram acusados os agentes públicos previstos no art. 102, I, *b* e *c*, da Constituição, inclusive os praticados antes da investidura no cargo e os que não guardavam qualquer relação com o seu exercício. Impôs-se, todavia, a alteração dessa linha de entendimento, para restringir o foro privilegiado aos crimes praticados no cargo e em razão do cargo. A prática anterior não realizava adequadamente princípios constitucionais estruturantes, como o princípio da igualdade e o princípio republicano, por impedir, em grande número de casos, a responsabilização de agentes públicos por crimes de naturezas diversas. Além disso, a falta de efetividade mínima do sistema penal, nesses casos, frustrava valores constitucionais importantes, como a probidade e a moralidade administrativa[90].

Além do foro por prerrogativa de função, o chefe do Executivo federal goza de duas espécies de imunidade: (i) a *imunidade à prisão*, no curso do mandato, antes de proferida sentença condenatória (CF, art. 86, § 3º); e (ii) a *imunidade à persecução penal*, na vigência do mandato, em relação a atos estranhos ao exercício de suas funções (CF, art. 86, § 4º)[91]. Ambas as imunidades alcançam tanto as infrações penais comuns praticadas antes da investidura no cargo de chefe do Executivo da União, quanto as

---

88   STF, MS 21.689, Rel. Min. Carlos Velloso, j. 16 dez. 1993.

89   STF, MS 20.941, Rel. Min. Aldir Passarinho, j. 9 fev. 1990: "[...] embora a autorização previa para a sua instauração e a decisão final sejam medidas de natureza predominantemente politica – cujo mérito e insusceptivel de controle judicial – a esse cabe submeter a regularidade do processo de "impeachment", sempre que, no desenvolvimento dele, se alegue violação ou ameaça ao direito das partes".

90   AP 937-QO, Rel. Min. Luís Roberto Barroso, j. 11 dez. 2018. O STF cancelou a Súmula n. 394, que estabelecia que "cometido o crime durante o exercício funcional, prevalece a competência especial por prerrogativa de função, ainda que o inquérito ou a ação penal sejam iniciados após a cessação daquele exercício".

91   O STF tem o entendimento pacífico de que tais imunidades, por configurarem exceção ao princípio republicano, não podem ser estendidas a Governador de Estado pelas Constituições estaduais. Cf. ADI 978, Red. p/ acórdão

561

cometidas depois desse ato. Mas, em relação a essas últimas, a imunidade à persecução penal só incide se a conduta não tiver pertinência com o ofício presidencial[92]. Além disso, essa espécie de imunidade não significa que o Presidente da República seja "irresponsável por crimes não funcionais praticados no curso do mandato, mas apenas que, por tais crimes, não poderá ser responsabilizado, enquanto não cesse a investidura na presidência"[93]. Nesse caso, a prescrição penal se mantém suspensa até o término do mandato. Tal imunidade não impede, entretanto, que seja instaurado inquérito para apurar eventuais crimes, conectados ou não com o exercício da função presidencial, desde que por ordem e sob a supervisão do Supremo Tribunal Federal[94].

Em se tratando de crime de ação penal pública (*e.g.*, peculato, prevaricação, corrupção), será necessário o oferecimento de denúncia pelo Procurador-Geral da República. Por outro lado, caso se cuide de crime de ação penal privada (*e.g.*, injúria, difamação, calúnia), o ofendido deverá apresentar queixa ao Supremo Tribunal Federal. Recebida a denúncia ou a queixa, o Presidente da Corte deverá solicitar a autorização da Câmara dos Deputados para a instauração do processo criminal. Nessa casa legislativa, será observado o rito previsto em seu Regimento Interno (RICD, art. 217). O Presidente da Câmara, após receber a solicitação do Presidente do STF, notificará o acusado e encaminhará o expediente à Comissão de Constituição e Justiça e Cidadania, na qual o chefe do Executivo federal terá o prazo de dez sessões para, querendo, manifestar-se. Na sequência, a Comissão proferirá parecer, concluindo pelo deferimento ou indeferimento do pedido de autorização. Tal parecer será submetido a votação no Plenário da casa. Se a admissão da acusação receber ao menos 2/3 dos votos dos deputados, estará autorizada a deflagração do processo criminal (CF, arts. 51, I, e 86, *caput*; RICD, art. 217, § 1º). A decisão será, então, comunicada ao Presidente do STF.

No Supremo, o processo e julgamento do Presidente da República observarão o rito estabelecido pela Lei n. 8.038/1990, que trata dos processos de competência originária dos Tribunais Superiores – entre os quais se encontram as ações penais originárias –, e as disposições do seu Regimento Interno (RISTF, arts. 230 a 246). Após a distribuição dos autos, por critério aleatório, a um Ministro Relator, este notificará o acusado para oferecer resposta no prazo de quinze dias (Lei n. 8.038/1990, art. 4º; RISTF, art. 233). Na sequência, o Plenário da Corte deliberará se recebe ou rejeita a denúncia ou a queixa (Lei n. 8.038/1990, art. 6º; RISTF, art. 234). Em sendo recebida, o Presidente da República será afastado de suas funções pelo prazo de 180 (cento e oitenta) dias (CF, art. 86, § 1º, I). Se, entretanto, o julgamento não for concluído nesse período, cessará o afastamento, sem prejuízo do regular prosseguimento do processo (CF, art. 86, § 2º). Os arts. 7º a 12 da Lei n. 8.038/1990 e os arts. 235 a 245 do RISTF disciplinam a realização do interrogatório, o prazo para defesa prévia, a instrução probatória (que seguirá o procedimento comum do Código de Processo Penal), a apresentação de alegações finais e o julgamento propriamente dito, em que poderá ser condenado ou absolvido das acusações. Em caso de condenação, sobrevindo o trânsito em julgado da sentença penal, terá os seus direitos políticos suspensos (CF, art. 15, III) e, consequentemente, perderá o cargo.

V   Ministros de Estado

Como visto, compete ao Presidente da República nomear e exonerar livremente os Ministros de Estado e exercer, com o seu auxílio, a direção superior da administração pública federal (CF, art. 84, I e II). Embora tal nomeação não dependa da aprovação do Congresso, por não se tratar de sistema parlamentarista, a prática institucional brasileira tem sido a de distribuição dos ministérios entre os partidos políticos dispostos a apoiar o governo, de modo a se formar uma grande coalizão que assegure a maioria parlamentar e, como consequência, propicie governabilidade. A esse modelo brasileiro singular se tem chamado de *presidencialismo de coalizão*[95]. Embora a prática seja amplamente aceita e, em alguma medida, necessária, critica-se o excessivo loteamento de cargos em comissão entre as agremiações sem a

---

Min. Celso de Mello, j. 19 out. 1995; ADI 1.634-MC, Rel. Min. Néri da Silveira, j. 17 set. 1997; ADI 1.021, Rel. Min. Celso de Mello, j. 19 out. 1995.

92   STF, Inq 672-QO, Rel. Min. Celso de Mello, j. 16 set. 1992.

93   STF, HC 83.154, Rel. Min. Sepúlveda Pertence, j. 11 set. 2003.

94   STF, Inq 672-QO, Rel. Min. Celso de Mello, j. 16 set. 1992.

95   Sérgio Henrique Hudson de Abranches, Presidencialismo de coalizão: o dilema institucional brasileiro, *Revista de Ciências Sociais* n. *31*:5-34, 1988, p. 22. V. tb. Argelina Cheibub Figueiredo e Fernando Limongi, *Executivo e Legislativo na nova ordem constitucional*, 1999, p. 19 e ss.

observância razoável de critérios técnicos, em prejuízo da eficiência e da boa administração da coisa pública.

Os Ministros de Estado serão escolhidos dentre brasileiros maiores de vinte e um anos de idade que estejam no exercício dos seus direitos políticos (CF, art. 87, *caput*). A Constituição não faz distinção entre brasileiros natos ou naturalizados, de modo que, como regra, ambos podem ser alçados ao cargo. O Ministro de Estado da Defesa, todavia, por disposição constitucional expressa, deve ser brasileiro nato (CF, art. 12, § 3º, VII). Não há vedação – em verdade, trata-se de prática bastante comum – a que membros do Poder Legislativo federal (deputados federais e senadores) assumam o cargo de Ministro de Estado. Para isso, não precisam renunciar ao mandato (CF, art. 56, I), mas apenas se licenciar, tendo a faculdade de optar pela remuneração do cargo de parlamentar (CF, art. 56, § 3º). Mesmo licenciados, não perdem os laços que os unem, organicamente, ao Parlamento e, por conseguinte, continuam a gozar do foro por prerrogativa de função em matéria penal (para crimes cometidos no cargo e em razão dele). Cumpre-lhes, também, observar as vedações e incompatibilidades presentes no Estatuto dos Congressistas (CF, arts. 54 e 55)[96]. No entanto, não mantêm as imunidades parlamentares[97].

As atribuições dos Ministros de Estado estão descritas, de forma não exaustiva, no art. 87, parágrafo único, da Constituição. São elas: (i) exercer a orientação, coordenação e supervisão dos órgãos e entidades da administração federal na área de sua competência e referendar os atos e decretos assinados pelo Presidente da República; (ii) expedir instruções para a execução das leis, decretos e regulamentos; (iii) apresentar ao Presidente da República relatório anual de sua gestão no Ministério; e (iv) praticar os atos pertinentes às atribuições que lhe forem outorgadas ou delegadas pelo Presidente da República.

Ao lado dessas competências, há outras dispersas pelo texto constitucional, que, por vezes, referem-se a Ministérios específicos. Confiram-se, a título de ilustração, as seguintes: (i) comparecer ao Senado Federal, à Câmara dos Deputados ou a qualquer de suas comissões para expor assunto de relevância de seu Ministério (CF, art. 50, § 1º); (ii) participar de reunião do Conselho da República, por convocação do Presidente da República, quando constar da pauta questão relacionada com o respectivo Ministério (CF, art. 90, § 1º); (iii) no caso do Ministro da Justiça, integrar o Conselho da República (CF, art. 89, VI) e o Conselho de Defesa Nacional (CF, art. 91, IV); (iv) no caso dos Ministros da Defesa, das Relações Exteriores e do Planejamento, integrar o Conselho de Defesa Nacional (CF, art, 91, V a VII); e (v) no caso do Ministro da Fazenda, exercer o controle e a fiscalização do comércio exterior (CF, art. 237).

Por fim, o art. 88 da Constituição estabelece que a lei disporá sobre a criação e extinção de Ministérios e órgãos da administração pública. A previsão deve ser lida conjuntamente com os arts. 48, X, 61, § 1º, II, *e*, e 84, VI. A lei deverá ser aprovada pelo Congresso Nacional, sendo a iniciativa legislativa privativa do chefe do Executivo federal. Por outro lado, caso se trate de mera reorganização administrativa, sem aumento de despesa e sem criação ou extinção de órgãos, o Presidente da República poderá dispor da matéria por decreto.

VI CONSELHO DA REPÚBLICA E CONSELHO DE DEFESA NACIONAL

O Conselho da República e o Conselho de Defesa Nacional são órgãos *consultivos* do Presidente da República, previstos nos arts. 89 a 91 da Constituição, que desempenham um papel de *mero aconselhamento*, sem, portanto, que suas manifestações possuam natureza deliberativa e, muito menos, força vinculante.

Ao Conselho da República, compete pronunciar-se sobre (i) intervenção federal, estado de defesa e estado de sítio, bem como sobre (ii) questões relevantes para a estabilidade das instituições democráticas. São membros desse Conselho: o Vice-Presidente da República, o Presidente da Câmara dos Deputados, o Presidente do Senado Federal, os líderes da maioria e da minoria de ambas as casas legislativas, o Ministro da Justiça e seis cidadãos brasileiros natos, com mais de trinta e cinco anos de idade, sendo dois nomeados pelo Presidente da República, dois eleitos pelo Senado e dois eleitos pela Câmara, todos com mandato de três anos, vedada a recondução. A organização e funcionamento do Conselho da República estão disciplinados pela Lei n. 8.041/1990.

---

96 STF, MS 25.579-MC, Rel. Min. Sepúlveda Pertence, Red. p/ acórdão Min. Joaquim Barbosa, j. 19 out. 2005.

97 STF, Inq 104, Rel. Min. Djaci Falcão, j. 26 ago. 1981: "O deputado que exerce a função de ministro de Estado não perde o mandato, porém não pode invocar a prerrogativa da imunidade, material ou processual, pelo cometimento de crime no exercício da nova função". Foi cancelada a Súmula 4 do STF, que dispunha que "não perde a imunidade parlamentar o congressista nomeado Ministro de Estado".

Por suas atribuições específicas e pelo período de estabilidade institucional vivenciado no Brasil desde a redemocratização, o Conselho da República não tem exercido papel relevante na prática. Desde a promulgação da Constituição de 1988 até 2018, jamais havia sido convocado. Em fevereiro de 2018, após a decretação de intervenção federal na segurança pública do Estado do Rio de Janeiro, o então Presidente Michel Temer reuniu-se com os membros do Conselho da República e da Defesa Nacional (com exceção dos seis cidadãos brasileiros natos, que não haviam sido nomeados até a realização da reunião), que aprovaram a medida[98]. O ato foi reputado constitucional, em juízo cautelar, pelo Supremo Tribunal Federal, em razão de a Constituição aparentemente não impor "que tal pronunciamento se faça, necessariamente, em momento que anteceda a formal decretação da intervenção federal" e de o Presidente da República ter nomeado, ainda que posteriormente, dois cidadãos brasileiros natos que haviam participado da reunião por ele convocada. O Ministro Relator observou que "eventual omissão da Câmara dos Deputados e/ou do Senado Federal na escolha dos cidadãos que deverão compor o Conselho da República não pode inibir o exercício, pelo Presidente da República, da competência constitucional que lhe atribui o poder de decretar a medida extraordinária da intervenção federal"[99]. Em dezembro de 2018, o então Presidente Michel Temer voltou a se reunir com os Conselhos, desta vez de forma prévia à decretação da intervenção federal no Estado de Roraima[100].

O Conselho de Defesa Nacional, a seu turno, exerce as seguintes atribuições: (i) opina nas hipóteses de declaração de guerra e de celebração da paz; (ii) opina sobre a decretação do estado de defesa, do estado de sítio e da intervenção federal; (iii) propõe critérios e condições de utilização de áreas indispensáveis à segurança do território nacional e opina sobre seu efetivo uso, especialmente na faixa de fronteira e nas relacionadas com a preservação e a exploração dos recursos naturais de qualquer tipo; e (iv) estuda, propõe e acompanha o desenvolvimento de iniciativas necessárias para garantir a independência nacional e a defesa do Estado democrático. São membros desse Conselho: o Vice-Presidente da República, o Presidente da Câmara dos Deputados, o Presidente do Senado Federal, o Ministro da Justiça, o Ministro da Defesa, o Ministro das Relações Exteriores, o Ministro do Planejamento e os Comandantes da Marinha, do Exército e da Aeronáutica. A organização e funcionamento do Conselho de Defesa Nacional estão disciplinados pela Lei n. 8.183/1991.

---

98 Agência Brasil, *Conselhos aprovam intervenção federal na segurança do Rio de Janeiro*, 19 fev. 2018. Disponível em: https://agenciabrasil.ebc.com.br/politica/noticia/2018-02/conselhos-aprovam-intervencao-federal-na-seguranca-do--rio-de-janeiro.

99 STF, MS 35.537, Rel. Min. Celso de Mello, j. 19 fev. 2018.

100 Agência Brasil, *Conselhos aprovam intervenção em Roraima e decreto sai na segunda*, 8 dez. 2018. Disponível em: https://agenciabrasil.ebc.com.br/politica/noticia/2018-12/conselhos-aprovam-intervencao-em-roraima-e-decreto-sai--segunda.

| CAPÍTULO IV | PODER JUDICIÁRIO |

Sumário: I. Introdução. II. O exercício da jurisdição. 1. Características da jurisdição. 2. Princípios constitucionais aplicáveis ao exercício da jurisdição. 2.1. Princípio da inafastabilidade do controle judicial. 2.2. Princípio da imparcialidade. 2.3. Princípio do devido processo legal. 2.4. Princípio do contraditório e da ampla defesa. 2.5. Vedação ao uso de provas ilícitas. 2.6. Princípio da publicidade. 2.7. Princípio da motivação das decisões judiciais. 2.8. Princípio da razoável duração do processo. III. Normas de organização e funcionamento do Poder Judiciário. 1. Princípios de organização e funcionamento do Poder Judiciário. 1.1. Princípio da autonomia da jurisdição: autonomia financeira, administrativa e funcional). 1.2. Princípios da legalidade, impessoalidade, moralidade, publicidade e eficiência. 2. Garantias institucionais da magistratura. 3. Regime jurídico aplicável aos magistrados. IV. Precatórios. V. Estrutura, composição e competências dos órgãos judiciais. 1. Supremo Tribunal Federal. 1.1. Composição. 1.2. Competência. 2. Superior Tribunal de Justiça. 2.1. Composição. 2.2. Competência. 3. Justiça Federal. 3.1. Composição. 3.2. Competência. 4. Justiça do Trabalho. 4.1. Composição. 4.2. Competência. 5. Justiça Eleitoral. 5.1. Composição. 5.2. Competência. 6. Justiça Militar. 6.1. Composição. 6.2. Competência. 7. Justiça Estadual. 7.1. Composição. 7.2. Competência. 8. Conselho Nacional de Justiça. 8.1. Composição. 8.2 Competência.

I INTRODUÇÃO[1]

O fortalecimento do Poder Judiciário durante a vigência da Constituição de 1988 é produto de múltiplas causas, entre elas: a estabilização democrática, um desenho institucional que fortaleceu a independência dos Poderes, a aprovação de uma constituição analítica e abrangente, a mudança de paradigmas hermenêuticos no trato de direito – de que são exemplos a teoria da efetividade, o pós--positivismo e o neoconstitucionalismo – bem como o amadurecimento da cidadania. Em virtude de tais fatores e de uma ampla judicialização da vida, o Poder Judiciário se tornou um ator central no espaço jurídico e político brasileiro, desempenhando um papel relevante para a proteção da democracia, do Estado de Direito, bem como para a implementação de direitos fundamentais.

No cumprimento da sua missão, o Judiciário desempenha funções típicas e atípicas. A sua função típica é a função jurisdicional. Ela envolve a solução de conflitos de interesse, no âmbito de um processo judicial, observado o devido processo legal e tendo por base decisões fundamentadas com base em nromas preexistentes. Veja-se que o Poder Judiciário não é o único detentor da jurisdição. A Administração Pública decide conflitos de interesse, por meio do contencioso administrativo e tributário; o Senado Federal julga processos de *impeachment*; e ambas as Casas Legislativas decidem casos de perda de mandato dos seus parlamentares. Há, ainda, os meios alternativos de solução de controvérsias, tais como a conciliação, a mediação e a arbitragem, que permitem a solução de um conflito por autocomposição ou por terceiros que não são juízes[2]. Além da função jurisdicional típica, o Judiciário também desempenha as funções atípicas de autoadministração e de normatização interna de seus órgãos e servidores.

---

1 Capítulo escrito em coautoria com Patrícia Perrone Campos Mello.

2 A conciliação e a mediação são métodos autocompositivos de resolução de conflitos disciplinados nos nos arts. 165 a 175 e na Lei da Mediação (Lei n. 13.140/2015). Por meio deles, um conciliador ou um mediador auxilia as partes na construção de uma solução. A arbitragem é um método heterocompositivo de resolução de conflitos, previsto e disciplinado principalmente pelo art. 3º, § 1º do CPC/15 e pela Lei da Arbitragem (Lei n. 9.307/96). Por meio dela, um ou mais terceiros, chamados árbitros, decidem o conflito. Os árbitros atuam como juízes privados e suas decisões têm eficácia de sentença judicial, não podendo ser objeto de recurso, exceto nos casos previstos em lei. A opção pela arbitragem é geralmente motivada pela celeridade e confidencialidade do processo, bem como pela especialização dos árbitros.

565

II O EXERCÍCIO DA JURISDIÇÃO

1 Características da jurisdição

A função jurisdicional em sentido estrito, exercida pelo Poder Judiciário como função típica e principal, é dotada de cinco características essenciais: (i) a existência de uma lide, (ii) a inércia da jurisdição, (iii) a definitividade da decisão, (iv) o monopólio do uso da força na execução das decisões e (v) a unicidade do Judiciário como poder.

Lide. O exercício da jurisdição pressupõe a existência de uma lide; um conflito de interesses qualificado por uma pretensão resistida; a presença de ao menos duas partes que divergem quanto à forma de solucionar uma controvérsia juridicamente relevante[3] e, por isso, provocam o Poder Judiciário, com o propósito de obter uma decisão que ponha fim à discussão.

Inércia da jurisdição. Diferentemente do que ocorre com o processo administrativo, que pode ser instaurado de ofício, o processo judicial só se inicia a partir da iniciativa da parte interessada e desde que haja provocação expressa. A iniciativa da parte é condição para a deflagração do processo judicial e garante a imparcialidade judicial, evitando que o Judiciário tome partido precipitadamente, e se relaciona, ainda, à ideia de redução da litigiosidade, permitindo que os indivíduos procurem outros meios de resolução de conflitos antes de ingressar com uma ação. Entretanto, há algumas situações em que o juiz pode atuar de ofício, as quais devem estar previstas em lei e se justificam com base na proteção de um bem jurídico extremamente relevante. Exemplo disso é a possibilidade de concessão de *habeas corpus* de ofício pelo magistrado, diante do conhecimento do cerceamento ilegal da liberdade de locomoção[4].

Definitividade das decisões. Diferentemente do que o ocorre com a jurisdição administrativa ou com relação às decisões jurisdicionais proferidas pelas Casas Legislativas (no âmbito de processos de *impeachment* ou disciplinares)[5], as decisões judiciais de mérito tornam-se imutáveis em definitivo, não podendo mais ser modificadas, em virtude do fenômeno da coisa julgada (CF, art. 5º, XXXVI). Tal definitividade proporciona segurança jurídica às partes envolvidas e permite a execução final do que ficou decidido[6].

Monopólio do uso da força. A quarta característica da jurisdição em sentido estrito é o monopólio do uso da força para implementar o cumprimento das decisões que ponham fim a conflitos em caso de resistência da parte sucumbente. Nessa linha, o Judiciário é competente não apenas para assegurar o cumprimento das suas decisões, mas igualmente daquelas proferidas em âmbito arbitral.

Unicidade da jurisdição. Por fim, o Poder Judiciário é um só e as decisões de seus órgãos têm validade em todo o território nacional (CF, art. 5º, XXXV). Embora haja uma divisão de competências entre os órgãos jurisdicionais, em âmbito federal e estadual, e também quanto à justiça comum e especial, essa divisão ocorre por questões operacionais apenas.

2 Princípios constitucionais aplicáveis ao exercício da jurisdição

Os princípios constitucionais que regem o exercício da jurisdição dizem respeito a diretrizes gerais que conformam a prestação da tutela jurisdicional pelo Poder Judiciário. Nesta acepção, portanto, a palavra princípio tem significado diverso daquele já debatido em outras seções deste livro, em que o conceito se opõe ao de regra e designa normas com características de maior generalidade e

---

3 Francesco Carnelutti, *Instituições do Processo Civil*, 2000, p. 77-94; Enrico Tullio Liebman, *Estudos sobre o processo civil brasileiro*, 1997, p. 113-122.

4 O princípio do impulso oficial, por sua vez, estabelece que uma vez iniciado o processo, cabe ao juízo conduzi-lo e tomar as medidas necessárias para que se desenvolva de forma adequada e célere até a decisão final (CPC/2015, art. 2º). Nessa linha, a combinação entre inércia da jurisdição e impulso oficial estabelece um equilíbrio entre a iniciativa das partes para provocar a atuação do Poder Judiciário e o papel ativo do juiz na condução do processo.

5 A jurisdição exercida no âmbito da Administração Pública e das Casas Legislativas sujeita-se a controle judicial, em virtude do princípio constitucional da inafastabilidade da tutela jurisdicional (CF, art. 5º, XXXV). Por essa razão, elas podem ser alteradas pelo Judiciário, ainda que se possa falar sobre o exercício limitado de tal controle no que respeita a esferas de discricionariedade política.

6 A doutrina diferencia a coisa julgada da coisa soberanamente julgada, valendo-se da última para aludir a decisões que, além de terem transitado em julgado, estabilizaram-se, ainda, em virtude do prazo decadencial para a propositura de ação rescisória. Sobre a ação rescisória e a flexibilização da coisa julgada inconstitucional, v. Luís Roberto Barroso. *O Controle da Constitucionalidade no Direito Brasileiro*. 8.ed., 219, p. 301-304.

566

indeterminação. Trata-se, ainda, de normas intimamente relacionadas à própria ideia de um Estado de Direito, que asseguram a submissão de todos a uma ordem jurídica preexistente, em igualdade de condições, a ser implementada por um poder independente e imparcial, protegendo-se a cidadania contra arbitrariedades.

2.1 Princípio da inafastabilidade do controle judicial

O princípio da inafastabilidade da jurisdição prevê o direito de acesso ao Judiciário, a fim de submeter-lhe toda e qualquer lesão ou ameaça de lesão a direito. Abrange não apenas o direito à tutela jurisdicional em sentido amplo, mas a um processo acessível, célere, eficiente e justo – portanto, à tutela jurisdicional efetiva (CF, art. 5º, XXXV). Impõe ao Judiciário o dever de eliminar eventuais obstáculos que impeçam os cidadãos, especialmente os economicamente desfavorecidos, de acessar a justiça, bem como inspira a incorporação de meios alternativos de resolução de conflitos, que permitam conferir maior racionalidade ao funcionamento judicial. Trata-se de garantia essencial, na medida em que de nada vale proteger um conjunto amplo de direitos se não houver mecanismo apto a fazê-los valer na prática, em caso de descumprimento.

2.2 Princípio da imparcialidade

O princípio da imparcialidade presta-se a assegurar a justiça e a equidade das decisões judiciais e é densificado por meio dos princípios do juiz natural e da proibição de tribunais de exceção, entre outras normas sobre o tema. O princípio do juiz natural determina que a competência para julgar cada caso deve ser estabelecida por regras gerais e abstratas, anteriores aos fatos em exame (CF, art. 5º, LIII). Em coerência com ele, a vedação a tribunais de exceção proíbe a criação casuística de órgãos jurisdicionais, após os fatos que se busca punir e/ou especificamente para julgar determinados casos (CF, art. 5º, XXXVII). Em ambas as situações, o que se pretende é evitar o direcionamento do juiz e possibilitar um julgamento isento de influências indevidas, condição de legitimidade e de credibilidade da atuação do Poder Judiciário[7].

2.3 Princípio do devido processo legal

O princípio do devido processo legal estabelece que ninguém será privado de sua liberdade ou de seus bens sem ser submetido a um processo justo e imparcial, que siga as normas previstas no ordenamento e ofereça a todos os envolvidos oportunidade de influenciar na decisão (CF, art. 5º, LIV). Trata-se de norma densificada por diversos outros princípios, tais como o princípio do juiz natural e da vedação a tribunais de exceção, abordados acima; bem como os princípios do contraditório, da ampla defesa e da vedação ao uso de provas obtidas por meios ilícitos, tratados adiante. A garantia engloba o que a doutrina denomina devido processo legal formal ou procedimental, pertinente ao desenrolar legítimo do processo; bem como o devido processo legal substantivo, relacionado à ideia de razoabilidade e à justiça material, que devem nortear a interpretação das normas e que podem ensejar a declaração da sua inconstitucionalidade[8].

---

[7]   Sobre o tema, vide: STF, Primeira Turma, HC 110.925, Rel. Min. Dias Toffoli, j. 10 abr 2012, em que se decidiu que a convocação de juízes de primeiro grau de jurisdição para substituir desembargadores não fere o princípio do juiz natural; STF, Segunda Turma, HC 86.604, Rel. Min. Gilmar Mendes, j. 28 jun 2011, em que se concluiu que a designação de novo magistrado para proceder à instrução e julgamento, em virtude de vacância, não fere o princípio do juiz natural; STF, Pleno, AO 2497 AgR, Rel. Min. Ricardo Lewandowski, j. 23 nov 2021. Nesse último caso, entendeu-se que a distribuição a um único desembargador, em razão do impedimento ou suspeição dos demais, fere o princípio do juiz natural e a vedação ao tribunal de exceção.

[8]   Sobre o tema, v. STF, Pleno, ADI 5507, Rel. Min. Dias Toffoli, j. 5 set 2022, assinalando, sobre o devido processo legal processual, que a regra geral de reunião dos processos pode ser afastada quando o devido processo legal formal – bom andamento da marcha processual, o contraditório, a ampla defesa, celeridade – recomendem a separação do feito; STF, Pleno, ADI 2667, Rel. Min. Celso de Mello, j. 5 out 2020, observando sobre o devido processo legal substantivo: "As normas legais devem observar, no processo de sua formulação, critérios de razoabilidade que guardem estrita consonância com os padrões fundados no princípio da proporcionalidade, pois todos os atos emanados do Poder Público devem ajustar-se à cláusula que consagra, em sua dimensão material, o princípio do 'substantive due process of law'".

2.4 Princípio do contraditório e da ampla defesa

O princípio do contraditório e da ampla defesa garante que todas as partes do processo tenham igual oportunidade de apresentar a sua versão dos fatos, de refutar alegações e provas trazidas pela parte contrária, bem como de ter seus argumentos efetivamente considerados pelo juízo. Tem o propósito de garantir que o acusado se defenda de forma plena, com a produção de todas as provas admitidas em direito, e é aplicável tanto em processos judiciais quanto em processos administrativos (CF, art. 5º, LV) [9-10].

A garantia abrange uma acepção relativa do direito ao duplo grau de jurisdição, segundo o qual as decisões judiciais devem poder ser revisadas por uma instância hierarquicamente superior. A sua observância, no âmbito doméstico, decorre da adesão do Brasil ao Pacto de San José da Costa Rica, que tem status supralegal (Artigo 8.2, "h") [11-12], com a ressalva de que a garantia não ostenta caráter absoluto [13]. Nesse sentido, não há direito ao duplo grau de jurisdição nos julgamentos de autoridades com prerrogativa de foro perante o STF, por falta de previsão constitucional de tal recurso, bem como porque a prerrogativa é instituída no interesse da defesa e de modo a favorecê-la [14].

2.5 Vedação ao uso de provas ilícitas

A proibição de utilização de provas obtidas por meios ilícitos implica a rejeição de provas ilegais, tais como aquelas produzidas mediante tortura ou maus-tratos, por meio do desrespeito ao direito à inviolabilidade do domicílio ou ao sigilo de comunicações (CF, arts. 5º, III, XI e XII). As evidências decorrentes de tais provas são eivadas de nulidade absoluta e, portanto, desprovidas de qualquer eficácia. Tal nulidade alcança não apenas as informações diretamente obtidas de forma ilícita, mas outros documentos e provas a que ela eventualmente conduza com base na teoria dos frutos da árvore envenenada

---

9 STF, Segunda Turma, MS 116607, Rel. Min. Ricardo Lewandowski, j. 25 mar 2014: "Viola os princípios da ampla defesa e do contraditório o julgamento de apelação que, a partir de elementos não constantes da denúncia e sem oitiva do réu, dá nova definição jurídica ao fato"; STF, Súmula 523: No processo penal, a falta da defesa constitui nulidade absoluta, mas a sua deficiência só o anulará se houver prova de prejuízo para o réu".

10 STF, Pleno, MS 24268, Red. p/ ac. Min Gilmar Mendes, j. 5 fev 2004: "Cancelamento de pensão especial pelo Tribunal de Contas da União. Ausência de comprovação da adoção por instrumento jurídico adequado. Pensão concedida há vinte anos. 3. Direito de defesa ampliado com a Constituição de 1988. Âmbito de proteção que contempla todos os processos, judiciais ou administrativos, e não se resume a um simples direito de manifestação no processo. [...]. O exercício pleno do contraditório não se limita à garantia de alegação oportuna e eficaz a respeito de fatos, mas implica a possibilidade de ser ouvido também em matéria jurídica".

11 Convenção Americana de Direitos Humanos (Pacto de São José da Costa Rica). Decreto n. 678, de 06.11.1992, Artigo 8.2, "h": "Toda pessoa acusada de delito tem direito a que se presuma sua inocência enquanto não se comprove legalmente sua culpa. Durante o processo, toda pessoa tem direito, em plena igualdade, às seguintes garantias mínimas: [...]; h) direito de recorrer da sentença para juiz ou tribunal superior".

12 O Pacto de São José da Costa Rica constitui tratado ratificado e internalizado pelo Brasil, integrando, portanto, o ordenamento jurídico doméstico (CF, art. 5º, §2º) com status supralegal. Posiciona-se, portanto, abaixo da Constituição de 1988, mas acima das demais normas, paralisando a eficácia daquelas que lhe são contrárias. Nesse sentido: STF, RE 466.343, Rel. Min. Cezar Peluso, j. 3 dez 2008.

13 STF, Segunda Turma, AI 601832 AgR, Rel. Min. Joaquim Barbosa, j. 17 mar 2009; STF, AP 937 QO, Rel. Min. Luís Roberto Barroso, j. 3 mai 2018.

14 As autoridades com prerrogativa de foro perante o STF são julgadas originariamente pelo próprio Tribunal, que funciona como primeira e única instância decisória. A prerrogativa é estabelecida no interesse do bom exercício dos mais altos cargos da República, de modo a que seus ocupantes não se sintam constrangidos ou ameaçados, dado que serão julgados pelo órgão judicial de máxima hierarquia do país. Há uma tendência do STF a conferir interpretação cada vez mais restritiva à previsão, dado que ela vem sendo associada a processos que se estendem desproporcionalmente no tempo e que acabam gerando a impunidade dos infratores. Tem-se reconhecido, ademais, que a Corte não está adequadamente aparelhada para atuar como juízo criminal de primeiro grau, dada a complexidade da produção e apreciação das provas, suas múltiplas e diversas competências e a institucionalidade do STF, voltada sobretudo para o julgamento de matéria de direito. Todos esses fatores confirmam a compreensão de que, quando a prerrogativa de foro é assegurada, ela milita em favor do réu e da sua defesa, e não em seu prejuízo. V. STF, Pleno, AP 937 QO, Rel. Min. Luís Roberto Barroso, j. 3 mai 2018.

(*fruits of the poisonous tree*)[15]. A nulidade pode ser invocada a qualquer tempo e não se sujeita à preclusão[16]. Admite-se, contudo, a utilização das provas ilícitas como meio de defesa[17].

2.6 Princípio da publicidade

O princípio da publicidade estabelece que os atos processuais devem ser públicos, de modo a garantir o acesso da sociedade às informações e decisões do Poder Judiciário (CF, art. 93, IX). Trata-se de princípio que possibilita o acompanhamento das atividades da justiça pelas partes, terceiros interessados, bem como pela sociedade civil como um todo, proporcionando transparência e controle social sobre a atuação do Judiciário e sujeitando-o ao escrutínio público (*accountability*). Vale observar, contudo, que a publicidade dos atos processuais não é absoluta e pode sofrer restrições, em situações excepcionais, quando a defesa da intimidade ou o interesse social o exigirem (CF, art. 5º, LX)[18].

2.7 Princípio da motivação das decisões judiciais

O princípio da motivação da jurisdição estabelece que as decisões judiciais devem ser fundamentadas, devendo o magistrado apresentar as razões e justificativas que embasam sua decisão, sob pena de nulidade (CF, art. 93, IX). Conecta-se à necessidade de demonstrar que as decisões judiciais não são fruto de arbitrariedade ou voluntarismo do juiz, mas o resultado de um processo racional e fundamentado de reconstrução do direito, fator essencial para a legitimidade e credibilidade da justiça, favorecendo a transparência e o controle pelo público em geral (*accountability*).

A motivação é, ainda, fundamental para que a parte exerça seu direito ao contraditório, à ampla defesa e ao devido processo legal. Com base nela, o litigante pode verificar se todos os argumentos apresentados ao juízo foram considerados e compreender os motivos que levaram à solução do caso[19]. É essencial, ainda, para que possa recorrer do julgado, buscando sua reforma com base na apresentação de contra-argumentos para as razões que lhe serviram de base. É imprescindível, por fim, para que se extraia do julgado uma *ratio decidendi*, que oriente o julgamento de outros casos semelhantes, de modo a assegurar a coerência a integridade judicial no tratamento da questão[20].

2.8 Princípio da razoável duração do processo

O princípio da razoável duração do processo determina que os processos, tanto em âmbito judicial quanto administrativo, sejam conduzidos dentro de um prazo adequado (CF, art. 5º, LXXVIII). Tem como objetivo evitar atrasos excessivos na resolução de litígios, de modo a garantir um acesso efetivo à justiça. Como é sabido, o acesso tardio à justiça e a sua demora podem gerar a inefetividade e o perecimento do direito. Para assegurar tal princípio, é necessário considerar a complexidade e a natureza do caso e a capacidade do sistema judicial de punir comportamentos protelatórios. É preciso que se considere também

---

15 Segundo a "teoria dos frutos da árvore envenenada" (*fruits od the poisonous tree*), a ilicitude da prova principal, obtida por meio ilícito, contamina todos as demais provas que dela derivem.

16 STF, HC 69.912, Rel. Min. Sepúlveda Pertence, j. 30 jun 1993; STF, HC 72.588, Rel. Min. Maurício Corrêa, j. 12 jun 1996.

17 Daniel Sarmento, *A ponderação de interesses na Constituição Federal*, 2002, p. 180; Gabriel Silveira de Queirós Campos, *Provas ilícitas e ponderação de interesses no processo penal*, 2015, p. 223.

18 Nesse sentido, nos casos em que se discutem interesses de menores, questões criminais ou de família, ou, ainda, em intervenções judiciais que não devem ser previamente conhecidas para que sejam efetivas (*i.e*, busca e apreensão de documentos), os processos podem se submeter a sigilo. Nesse sentido: STF, Pleno, ADI 5371, Rel. Min. Luís Roberto Barroso, j. 2 mar 2022.

19 Sobre o tema, vide: STF, Primeira Turma, HC 182.773 AgR, Rel. Min. Rosa Weber, j. 15 dez 2020 (fundamentação *per relationem* não viola o princípio da motivação); STF, Tema 339 de Repercussão Geral, Tese: "O art. 93, IX, da Constituição Federal exige que o acórdão ou decisão sejam fundamentados, ainda que sucintamente, sem determinar, contudo, o exame pormenorizado de cada uma das alegações ou provas."

20 A alusão à integridade refere-se à concepção de Ronald Dworkin de que o processo judicial deve funcionar como um "romance em cadeia", em que cada decisão constitua um novo capítulo coerente com o capítulo anterior, avançando de modo harmônico na construção da história. V. Ronald Dworkin, *O Império do Direito*, 2007, p. 271. Sobre a formação de precedentes e o conceito de *ratio decidendi*, v. Luís Roberto Barroso e Patrícia Perrone Campos Mello, *Trabalhando com uma nova lógica: a ascensão dos precedentes no direito brasileiro*, 2016; Luís Roberto Barroso. O Controle da Constitucionalidade no Direito Brasileiro. 8. ed, 2019, p. 123-130.

a inserção de incentivos institucionais adequados para desincentivar a litigância excessiva, aventureira ou protelatória, tal como a efetiva adesão aos precedentes vinculantes e a cobrança de custas, ônus sucumbenciais e honorários que desincentivem tais comportamentos, sem, por outro lado, impossibilitar o acesso dos mais carentes ao sistema[21].

III NORMAS GERAIS SOBRE A ORGANIZAÇÃO E O FUNCIONAMENTO DO PODER JUDICIÁRIO

1 Princípios de organização e funcionamento do Poder Judiciário

1.1 Princípio da autonomia da jurisdição: autonomia financeira, administrativa e funcional

O *princípio autonomia da jurisdição* desdobra-se em três elementos fundamentais: autonomia administrativa, autonomia financeira e autonomia funcional (CF, art. 96, 98 e 99). A *autonomia administrativa* do Poder Judiciário relaciona-se ao poder de gerenciar seu próprio funcionamento interno. Isso inclui a eleição de seus órgãos diretivos, a organização de suas secretarias e serviços auxiliares, a concessão de licenças e férias aos seus membros e servidores, o provimento dos cargos necessários à administração da Justiça e a criação de novas varas judiciárias. Tem o objetivo de garantir uma operação eficiente e livre da interferência de outros Poderes.

A *autonomia financeira* diz respeito ao gerenciamento dos recursos financeiros necessários ao seu funcionamento. Nesse sentido, cabe ao Judiciário elaborar suas propostas orçamentárias, observados os limites fixados na lei de diretrizes orçamentárias conjuntamente com demais Poderes (CF, art. 99, §1º, e 165, II). Tais propostas são elaboradas pelos Presidentes do Supremo Tribunal Federal e dos Tribunais Superiores, no âmbito da União, e pelos Presidentes dos Tribunais de Justiça, no âmbito dos Estados, Distrito Federal e Territórios (CF, art. 99, §§ 1º e 2º). O Judiciário faz jus, ainda, ao repasse mensal dos duodécimos que lhe são devidos e que não podem ser indevidamente retidos pelo Executivo (CF, art. 168). Além disso, as custas e emolumentos judiciais são destinados ao custeio dos serviços afetos às atividades específicas da Justiça com exclusividade (CF, art. 98, §2º). A autonomia financeira tem o objetivo de assegurar o custeio do Judiciário, de modo a preservá-lo de ingerências políticas[22].

Por fim, a *autonomia funcional* diz respeito às garantias institucionais da magistratura e ao regime jurídico que lhe é aplicável, voltados a assegurar que os seus membros possam julgar os casos que lhes são submetidos com independência e imparcialidade. O tema é aprofundado adiante.

1.2 Princípios da legalidade, impessoalidade, moralidade, publicidade e eficiência

Além da função jurisdicional, que é a sua função típica, o Poder Judiciário desempenha uma série de funções administrativas atípicas, que incluem, como já mencionado, o provimento dos cargos necessários à administração da Justiça, o pagamento de subsídios e verbas remuneratórias ou a concessão de férias para seus membros e servidores. No exercício das funções administrativas, sujeita-se aos princípios que regem a Administração Pública: os princípios da legalidade, impessoalidade, moralidade, publicidade

---

21 Nesse sentido, o benefício de gratuidade de justiça, se não conferido de forma adequada, pode criar uma estrutura de incentivos à litigância. Quando o risco e o custo de processar é baixo, o particular tende a ajuizar a ação sempre que disso puder lhe advir benefício, independentemente do custo social que esse comportamento implica. Nesse sentido, vide: STF, Pleno, ADI 5766, Rel. Min. Luís Roberto Barroso, Red. p/ o acórdão Min. Alexandre de Moraes, j. 20 out 2021.

22 A Constituição prevê, ainda, que, caso as autoridades competentes não encaminhem as respectivas propostas orçamentárias dentro do prazo estabelecido na lei de diretrizes orçamentárias, o Poder Executivo considerará, para fins de consolidação da proposta orçamentária anual, os valores aprovados na lei orçamentária vigente, ajustados de acordo com os limites estipulados na forma do § 1º deste artigo. Por outro lado, caso as propostas orçamentárias sejam encaminhadas em desacordo com os limites estipulados na forma do § 1º, o Poder Executivo procederá aos ajustes necessários (CF, art. 99, §§ 3º e 4º).

e eficiência (CF, art. 37). Com base em tais normas, exige-se, respectivamente, que o Judiciário, no desempenho das suas funções administrativas, observe o direito posto; confira tratamento idêntico a todos que se encontrem em situação semelhante; atenda as normas éticas que pautam a atuação do Poder Público; aja com transparência, conferindo visibilidade e controlabilidade a seus atos; bem como que preze por uma alocação adequada de seus recursos.

Em reforço a tal previsão, a Emenda Constitucional n. 45/2004 atribuiu ao Conselho Nacional de Justiça (CNJ) a função de zelar pela observância de tais princípios no âmbito do Poder Judiciário, atribuindo-lhe a fiscalização da atuação administrativa, financeira e disciplinar do Judiciário, a última em caráter concorrente ao poder das corregedorias dos respectivos tribunais[23].

2 Garantias institucionais da magistratura

As garantias institucionais da magistratura podem ser divididas em garantias de independência e de imparcialidade, voltando-se a assegurar, respectivamente, julgamentos protegidos contra constrangimentos políticos, bem como isentos de influências ilegítimas. Nessa linha, são *garantias de independência* da magistratura: (i) a *vitaliciedade*: com base na qual, após 2 anos de exercício, os magistrado somente são demissíveis por decisão judicial transitada em julgado; (ii) a *inamovibilidade*: garantindo-se a permanência no cargo, salvo por decisão do colegiado do Tribunal, com base em interesse público, na forma da legislação; (iii) a *irredutibilidade* de subsídios, de modo a evitar que a remuneração possa constituir um fator de pressão sobre a atuação do juiz (CF, art. 95)[24].

As *garantias de imparcialidade*, por sua vez, correspondem à *vedação* aos magistrados de: (i) *realização de algumas atividades*, como atuação político-partidária ou exercício de outro cargo, salvo na função de magistério, de modo a evitar influências indevidas sobre seu convencimento; (ii) *recebimento* de custas ou participação em processo, ou auxílios e contribuições, ressalvadas hipóteses previstas em lei; (iii) *exercício da advocacia* perante o juízo ou tribunal do qual se afastou antes de decorridos três anos (CF, art. 95, par. único)[25].

3 Regime jurídico aplicável aos magistrados

A Constituição de 1988 estabelece um regime jurídico próprio para a magistratura, determinando que lei complementar, de iniciativa do Supremo Tribunal Federal, disporá sobre o seu estatuto. Sobre o ponto, o Supremo Tribunal Federal já decidiu que, até que sobrevenha tal norma, encontra-se recepcionada e em vigor a Lei Complementar n. 35, de 14.03.1979, que estabeleceu a lei orgânica da magistratura nacional. Parte do regime jurídico especial aplicável aos magistrados também pode ser compreendido como um fator de reforço da independência e imparcialidade da atuação de seus membros.

Nessa linha, a Constituição prevê que o ingresso na carreira, por meio do cargo de juiz substituto, se dá mediante *concurso público* de provas e títulos, a fim de possibilitar a seleção de candidatos com boa capacidade técnica e afastar critérios políticos de investidura (CF, art. 93, I). Estabelece que as *promoções* de magistrados e seu acesso aos tribunais de segunda instância devem se dar alternadamente, *por antiguidade e merecimento*, observados os requisitos legais (CF, art. 93, II e III).

Os magistrados são remunerados por *subsídio* em parcela única. O subsídio dos Ministros dos Tribunais Superiores deve corresponder a 95% do subsídio mensal fixado para os Ministros do Supremo Tribunal Federal. Os subsídios dos demais magistrados são fixados em lei e escalonados, em nível federal e estadual, conforme as respectivas categorias da estrutura judiciária nacional, não podendo a diferença entre uma e outra categoria ser superior a 10% ou inferior a 5%, nem exceder a 95% do subsídio mensal

---

23 Sobre a constitucionalidade do CNJ e o caráter concorrente de seu poder discplinar, v. STF, Pleno, ADI 3367, Rel. Min. Cezar Peluso, j. 13 abr 2005; STF, Pleno, ADI 4638, Rel. Min. Marco Aurélio, j. 9 fev 2012.

24 A irredutibilidade de subsídios diz respeito ao valor nominal da contraprestação pelo serviço, não alcançando eventual perda do poder de compra em virtude da inflação. Tal irredutibilidade, entretanto, não é oponível ao teto previsto no art. 37, XI, c/c 39, §4º, CF. STF, Pleno, ADI 3854, Rel. Min. Gilmar Mendes, j. 7 dez 2020.

25 Embora a Constituição fale em vedação de qualquer cargo ou função, "salvo uma de magistério", o STF entende que a melhor interpretação do dispositivo é aquela que verifica, à luz da situação concreta, a compatibilidade da carga de horas dedicadas ao magistério com aquela necessária ao exercício da magistratura. Nesse sentido, um único cargo de professor pode gerar uma carga excessiva, se envolver longos períodos em sala de aula, ao passo que o desempenho de mais de um cargo de docente não necessariamente será inconciliável com a função jurisdicional, a depender do tipo de demanda que ensejem. V. STF, Pleno, ADI 3126, Rel. Min. Rosa Weber, j. 12 fev 2005.

dos Ministros dos Tribunais Superiores, obedecido, em qualquer caso, o teto remuneratório disposto nos arts. 37, XI, e 39, § 4º (CF, art. 93, V, com redação dada pela Emenda Constitucional n. 18/1998)[26].

A passagem dos magistrados à *inatividade* ocorre por meio de aposentadoria compulsória por idade, por invalidez ou voluntária (CF, art. 40); ou, ainda, por disponibilidade e aposentadoria compulsória, como sanção, a última, desde que completados os requisitos para aposentadoria com proventos proporcionais ao tempo de contribuição (LC n. 35/1979, art, 42, IV e V). A remoção ou disponibilidade de magistrado, por interesse público, depende, ainda, de decisão tomada por voto de maioria absoluta do tribunal ou do Conselho Nacional de Justiça, garantida a ampla defesa (CF, art. 93, VIII, com redação dada pela EC n. 103/2019).

Por outro lado, no que se refere aos tribunais de segundo grau, a Constituição estabelece um regime de composição plural e diversificada, que contempla o ingresso, por meio do *quinto constitucional*, de membros do Ministério Público e de advogados, indicados em lista sêxtupla, pelos respectivos órgãos de representação. Os tribunais, com base em tais listas sêxtuplas, formam listas tríplices, cabendo a escolha final ao Presidente da República ou ao Governador do Estado, conforme o caso de se tratar de desembargador federal ou estadual (CF, art. 94)[27].

IV PRECATÓRIOS

Insere-se, ainda, no âmbito dos princípios e normas de organização e funcionamento do Poder Judiciário a temática dos precatórios. De acordo com a Constituição de 1988, os pagamentos devidos pelas Fazendas Públicas federal, estadual, distrital e municipal, em virtude de sentença judicial definitiva, devem ser efetuados exclusivamente na ordem cronológica de apresentação dos precatórios (requisições de pagamento feitas ao Poder Público) e à conta dos respectivos créditos (CF, art. 100, *caput*). Vale ressalvar, contudo, que não se exige precatório para o pagamento de obrigações de pequeno valor, definidas como tal nas leis dos respectivos entes (CF, art. 100, §3º)[28]. Também não se exige precatório para a execução provisória de obrigação de fazer por parte da Fazenda Pública[29]. Além disso, precatórios decorrentes de débitos de natureza alimentícia e cujos titulares sejam idosos, portadores de doença grave ou deficientes, são pagos com preferência sobre os demais, formando uma ordem de pagamento diferenciada (CF, art. 100, §§1º e 2º)[30].

A sistemática dos precatórios tem o propósito de definir um regime ordenado e objetivo para o pagamento dos múltiplos débitos judiciais da Fazenda Pública. Ela tem em conta, de um lado, a necessidade de honrar tais pagamentos de forma impessoal e, de outro lado, a finitude dos recursos públicos, os limites orçamentários, as distintas capacidades econômicas e o alto grau de endividamento dos entes federativos. Nesse sentido, a Constituição previu a obrigatoriedade de inclusão no orçamento da verba necessária ao pagamento dos precatórios apresentados até 2 de abril, determinando o pagamento até o

---

26 O escalonamento entre as diferentes categorias está previsto na Lei n. 9.655/1998. O STF, a seu turno, considerou inconstitucional o tratamento remuneratório diferenciado entre magistrados federais e estaduais, tendo em vista o caráter uno da magistratura nacional. V. STF, ADI 3854, Rel. Min. Gilmar Mendes, j. 7 dez 2020.

27 Sobre o assunto, v. STF, Pleno, Rcl 5413, Rel. Min. Menezes Direito, j. 10 abr 2008 (possibilidade de devolução da lista sêxtupla pelos tribunais, por recusa fundamentada quanto a algum membro, de modo a não reduzir seu universo de escolha); STF, Pleno, MS 25.624, Rel. Min. Sepúlveda Pertence, j. 6 set 2006 (impossibilidade de substituição de nome da lista sêxtupla pelo próprio tribunal, devendo o nome do candidato partir originalmente do respectivo órgão de representação).

28 De acordo com o art. 100, § 4º, com redação dada pela EC n. 62/2009, os distintos entes da federação poderão fixar, por leis próprias, valores distintos como obrigações de pequeno valor, segundo as diferentes capacidades econômicas, "sendo o mínimo igual ao valor do maior benefício do regime geral de previdência social". Por outro lado, o art. 100, §8º, veda o fracionamento do valor da execução, para o fim de enquadrar a importância como obrigação de pequeno valor.

29 STF, Pleno, RE 573.872, Rel. Min. Edson Fachin, 24 maio 2017.

30 Nesse sentido, nos termos do art. 100: "§ 1º Os débitos de natureza alimentícia compreendem aqueles decorrentes de salários, vencimentos, proventos, pensões e suas complementações, benefícios previdenciários e indenizações por morte ou por invalidez, fundadas em responsabilidade civil, em virtude de sentença judicial transitada em julgado, e serão pagos com preferência sobre todos os demais débitos, exceto sobre aqueles referidos no § 2º deste artigo.§ 2º Os débitos de natureza alimentícia cujos titulares, originários ou por sucessão hereditária, tenham 60 (sessenta) anos de idade, ou sejam portadores de doença grave, ou pessoas com deficiência, assim definidos na forma da lei, serão pagos com preferência sobre todos os demais débitos, até o valor equivalente ao triplo fixado em lei para os fins do disposto no § 3º deste artigo, admitido o fracionamento para essa finalidade, sendo que o restante será pago na ordem cronológica de apresentação do precatório" (redações dadas pela EC n. 62/2009).

final do exercício seguinte, oportunidade em que os valores deverão ser atualizados monetariamente, sem acréscimo de juros de mora (CF, art. 100, §5º, e Súmula Vinculante n. 17)[31]. As dotações orçamentárias e os créditos são consignados diretamente ao Poder Judiciário, cabendo ao Presidente do Tribunal determinar o pagamento e autorizar o sequestro de valores, em caso de preterição do direito de precedência do credor ou de não alocação orçamentária do valor necessário à satisfação do seu débito (CF, art. 100, §6º); e podendo sujeitar-se tal Presidente a processo-crime de responsabilidade, pelo retardamento ou frustração da liquidação regular de precatórios (CF, art. 100, §7º).

Em razão da persistente mora no pagamento de tais valores e do progressivo endividamento público, o dispositivo constitucional foi objeto de sucessivas e tormentosas emendas constitucionais ao longo do tempo, que buscaram estipular índices de correção monetária, prazos, parcelamentos e reduções de valores em favor do Poder Público, tornando o pertinente regime jurídico uma colcha de retalhos que não favorece em absoluto a sua compreensão, a segurança jurídica ou o efetivo recebimento por parte dos seus credores[32]. Parte de tais normas, teve a sua inconstitucionalidade declarada perante o Supremo Tribunal Federal[33]. Outra parte procurou estabelecer novos regimes de pagamento, compatíveis com o entendimento manifestado pelo STF sobre o tema. A verdade, contudo, é que tais emendas incidem em sucessivas prorrogações de prazos de quitação e tentativas de assegurar novas fontes de recursos, revelando uma situação de insolvência preocupante e de difícil solução[34].

V ESTRUTURA, COMPOSIÇÃO E COMPETÊNCIAS DOS ÓRGÃOS JUDICIAIS

São órgãos do Poder Judiciário aqueles indicados no art. 92 da Constituição de 1988, dividindo-se em três grandes grupos: (i) *órgãos de superposição nacional*, compostos pelo Supremo Tribunal Federal e pelo Superior Tribunal de Justiça; (ii) *órgãos integrantes da Justiça da União*, que exercem jurisdição comum ou jurisdição especial; (iii) *órgãos integrantes da Justiça Estadual*, que igualmente exercem jurisdição comum ou especial. Nota-se, sim, que a estrutura federativa do Estado brasileiro produz reflexos na organização do Poder Judiciário, salvo quanto aos municípios, que, a despeito de constituírem entes da federação, não dispõem de órgãos judiciais próprios. Além de tais órgãos, integra o Poder Judiciário o Conselho

---

31 O não cabimento de juros de mora no período decorre da compreensão de que tal prazo para pagamento foi concedido pela Constituição (art. 100, §5º), de modo que, durante seu transcurso, não se configura a mora do Poder Público. Há, contudo, pedido de revisão da referida súmula pelo Conselho Federal da OAB. Vale observar, ainda, que o STF já decidiu pela incidência de juros de mora no período compreendido entre a data da realização dos cálculos e a da requisição do pagamento, que constitui lapso temporal diverso daquele objeto do art. 100, §5º, CF. V. STF, RE 579.431, Rel. Min Marco Aurélio, j. 19 abr. 2017.

32 ECs ns. 20/1998, 30/2000, 37/2002, 62/2009, 94/2016, 99/2017, 113/2021 e 114/2021.

33 Nessa linha, o STF declarou a inconstitucionalidade: da correção monetária e da incidência de juros moratórios pelo índice de remuneração da caderneta de poupança (que não preserva o valor real, tampouco corresponde ao índice incidente sobre obrigações tributárias); bem como (ii) a previsão de compensação entre de débito e crédito exclusivamente em favor da Fazenda Pública, estipulada pela EC n. 62/2019. A Corte concluiu pela ocorrência de violação ao princípio da efetividade da jurisdição, à coisa julgada material, à separação dos poderes, à isonomia entre o Poder Público e o particular, o direito de propriedade e, portanto, a própria cláusula do Estado Democrático de Direito. V. STF, Pleno, ADIs 4425 e 4357, Rel, Min. Fux, j. 14.03.2013. Posteriormente, a Corte modulou os efetios temporais da decisão, mantendo temporariamente o regime especial, por razões de segurança jurídica. V. STF, Pleno, ADI 4425 QO, Rel. Min. Fux, j. 25 mar. 2015.

34 A título ilustrativo, a Emenda Constitucional n. 94/2016 introduziu novo regime especial de pagamento de precatórios, para quitação até 31.12.2020, de valores referentes a entes subnacionais em mora até 25.03.2015, gerando para tais entes a obrigação de depósito mensal de 1/12 (um doze avos) do valor da sua receita corrente líquida, em conta do Tribunal de Justiça local, de modo a assegurar seu adimplemento. Autorizou, ainda, a compensação, pelos credores da Fazenda, de débitos de natureza tributária referentes ao mesmo período; e ampliou os recursos a serem utilizados no pagamento de precatórios, permitindo o uso, pelo ente público, de percentuais de depósitos judiciais ou administrativos para honrá-los. A Emenda Constitucional n. 99/2017 prorrogou o prazo para quitação de tais precatórios para 31.12.2024 e voltou a ampliar percentuais de depósitos judiciais a serem utilizados para seu pagamento. A Emenda Constitucional n. 109/2021 prorrogou mais uma vez o referido prazo para quitação para 31.12.2029. Por fim, as Emendas Constitucionais ns. 113 e 114/2021 estabeceram mais um regime especial de pagamento diferente dos anteriores.

Nacional de Justiça, criado pela Emenda Constitucional n. 45/2004, com poderes administrativos, financeiros e disciplinares sobre os demais, ressalvado o Supremo Tribunal Federal[35].

No que se relaciona aos órgãos de superposição nacional, destacam-se entre as competências do STF aquelas para julgar: (i) em caráter originário, as ações que integram o controle concentrado da constitucionalidade; bem como as ações penais em que figuram as mais altas autoridades da República; e (ii) mediante recurso extraordinário, apelos que versem sobre matéria constitucional (v. *infra*). Quanto às competências do STJ, merecem destaque aquelas para decidir: (i) em caráter originário, ações penais envolvendo as mais altas autoridades dos Estados, assim como (ii) mediante recurso especial, causas em que se debata a interpretação da normas infraconstitucionais federais (v. *infra*).

A Justiça da União se divide em: (i) Justiça federal comum, com as competências *ratione personae* (predominantes) e *ratione materiae* especificadas adiante, composta por dois níveis de órgãos judiciais: os juízos de primeiro grau (juiz federal e juizado especial) e os Tribunais Regionais Federais (CF, arts. 106 a 110); e (ii) Justiças especializadas, compostas por Justiça do Trabalho (CF, arts. 111 a 116), Justiça Eleitoral (CF, arts. 118 a 121) e Justiça Militar (CF, arts. 122 a 124). As duas primeiras são integradas por três níveis de órgãos judiciais: juízos de primeiro grau, tribunais regionais e tribunais superiores, com competência para tratar de matéria trabalhista e eleitoral respectivamente. A Justiça Militar federal é composta por duas instâncias: órgãos de primeiro grau e Superior Tribunal Militar.

A Justiça Estadual comum, dotada de competência residual com relação às demais Justiças (CF, 25, §2º), se compõe por duas instâncias: órgãos judiciais de primeiro grau (juiz de direito, juizado especial ou Tribunal do Júri) e Tribunal de Justiça. A Constituição prevê, ainda, a possibilidade de criação da Justiça Militar estadual, composta por órgãos judiciais de primeiro grau (juízes de direito e Conselhos de Justiça) e por um tribunal de segundo grau, que pode ser o próprio Tribunal de Justiça ou o Tribunal de Justiça Militar, nos Estados em que o efetivo for superior a vinte mil integrantes (CF, art. 125, §3º).

1   Supremo Tribunal Federal

O Supremo Tribunal Federal é o órgão mais antigo do país, tendo sido criado em 1828 e instalado em 1829, com a denominação de "Supremo Tribunal de Justiça". O nome atual foi adotado, pela primeira vez, pela Constituição Provisória de 1890[36]. Ao longo do tempo, o Tribunal sofreu diversas alterações de composição e competência, atravessou distintos regimes de governo, autoritários e democráticos, teve ministros perseguidos e cassados, vivendo atualmente seu mais longo período de estabilidade[37]. Com a transição democrática e a promulgação da Constituição de 1988, suas competências foram substancialmente ampliadas, sobretudo no que se refere ao controle de constitucionalidade, e a Corte adquiriu uma relevância sem precedentes na história do país. Não é exagero afirmar que as questões mais importantes para o Brasil passam pelo Supremo.

1.1   Composição.

O STF se compõe de onze Ministros, escolhidos dentre cidadãos com mais de trinta e cinco e menos de setenta anos de idade, de notável saber jurídico e reputação ilibada, nomeados pelo Presidente da República, depois de sabatinados e aprovados pela maioria absoluta do Senado Federal (CF, art. 102).

1.2   Competência.

A competência jurisdicional exercida pelo STF se divide em três grandes conjuntos de casos: (i) *competência originária*, constituída por ações que nascem no Tribunal e nas quais atua como primeira e

---

35   Nos termos da Constituição de 1988: "Art. 92. São órgãos do Poder Judiciário: I – o Supremo Tribunal Federal; I-A o Conselho Nacional de Justiça; (Incluído pela Emenda Constitucional n. 45, de 2004) II – o Superior Tribunal de Justiça; II-A – o Tribunal Superior do Trabalho; (Incluído pela Emenda Constitucional n. 92, de 2016); III – os Tribunais Regionais Federais e Juízes Federais; IV – os Tribunais e Juízes do Trabalho; V – os Tribunais e Juízes Eleitorais; VI – os Tribunais e Juízes Militares; VII – os Tribunais e Juízes dos Estados e do Distrito Federal e Territórios".

36   Constituição Provisória publicada com o Decreto n.º 510, de 22 de junho de 1890; Decreto n.º 848, de 11 de outubro de 1890. Tal denominação foi alterada para "Corte Suprema, pela Constituição de 1934, e restabelecida pela Constituição de 1937.

37   É preciso reconhecer, contudo, que tal estabilidade sofreu alguns abalos entre os anos de 2019 e 2022, tendo em vista a assunção da Presidência da República por autoridade que adotou uma atitude conflitiva para com a Corte e o processo democrático em geral.

última instância, relacionadas direta ou indiretamente à solução de litígios constitucionais; (ii) *competência recursal ordinária*, por meio da qual atua como instância revisora, de matéria de fato e de direito, quanto a decisões sobre crime político ou denegatórias dos Tribunais Superiores em algumas ações específicas; e (iii) *competência recursal extraordinária*, em que desempenha o controle difuso da constitucionalidade como último grau de jurisdição, tratando exclusivamente de matéria de direito.

Nessa linha, o STF julga, *originariamente*: (a) no âmbito do controle concentrado da constitucionalidade, a ação direta de inconstitucionalidade de lei ou ato normativo federal ou estadual, a ação declaratória de constitucionalidade, a ação direta de inconstitucionalidade por omissão, a arguição de descumprimento de preceito fundamental e a ação direta interventiva; (b) nas infrações penais comuns, o Presidente da República, o Vice-Presidente, os membros do Congresso Nacional, seus próprios Ministros e o Procurador-Geral da República, competência que tem rendido múltiplas discussões e questionamentos sobre o papel do Tribunal em tais causas e sobre a sua efetividade na efetiva punição de altas autoridades[38]; (c) nas infrações penais comuns e nos crimes de responsabilidade, os Ministros de Estado e os Comandantes da Marinha, do Exército e da Aeronáutica, ressalvado o disposto no art. 52, I, os membros dos Tribunais Superiores, os do Tribunal de Contas da União e os chefes de missão diplomática de caráter permanente; (d) o *habeas corpus*, sendo paciente qualquer das pessoas antes referidas; (e) o mandado de segurança e o *habeas data* contra atos do Presidente da República, das Mesas da Câmara dos Deputados e do Senado Federal, do Tribunal de Contas da União, do Procurador-Geral da República e do próprio Supremo Tribunal Federal; (f) o litígio entre Estado estrangeiro ou organismo internacional e a União, o Estado, o Distrito Federal ou o Território; (g) as causas e os conflitos entre a União e os Estados, a União e o Distrito Federal, ou entre uns e outros, inclusive as respectivas entidades da administração indireta; (h) a extradição solicitada por Estado estrangeiro; (i) o *habeas corpus*, quando o coator for Tribunal Superior ou quando o coator ou o paciente for autoridade ou funcionário cujos atos estejam sujeitos diretamente à jurisdição do Supremo Tribunal Federal, ou se trate de crime sujeito à mesma jurisdição em uma única instância; (j) a revisão criminal e a ação rescisória de seus julgados; (l) a reclamação para a preservação de sua competência e garantia da autoridade de suas decisões; (m) a execução de sentença nas causas de sua competência originária, facultada a delegação de atribuições para a prática de atos processuais; (n) a ação em que todos os membros da magistratura sejam direta ou indiretamente interessados, desde que se trate de interesse exclusivo da magistratura[39], e aquela em que mais da metade dos membros do tribunal de origem estejam impedidos ou sejam direta ou indiretamente interessados; (o) os conflitos de competência entre o Superior Tribunal de Justiça e quaisquer tribunais, entre Tribunais Superiores, ou entre estes e qualquer outro tribunal; (p) o pedido de medida cautelar das ações diretas de inconstitucionalidade; (q) o mandado de injunção, quando a elaboração da norma regulamentadora for atribuição do Presidente da República, do Congresso Nacional, da Câmara dos Deputados, do Senado Federal, das Mesas de uma dessas Casas Legislativas, do Tribunal de Contas da União, de um dos Tribunais Superiores, ou do próprio Supremo Tribunal Federal; (r) as ações contra o Conselho Nacional de Justiça e contra o Conselho Nacional do Ministério Público (CF, art. 102, I).

Julga, mediante *recurso extraordinário*, em sede de controle difuso da constitucionalidade, as causas decididas em única ou última instância[40], em que se debate matéria constitucional, em especial quando a decisão recorrida: (a) contraria dispositivo da Constituição; (b) declara a inconstitucionalidade de tratado ou lei federal; (c) julga válida lei ou ato de governo local contestado em face desta Constituição;

---

38 Nesse sentido: STF, Pleno, AP 937 QO, Rel. Min. Luís Roberto Barroso, j. 03.05.2018: "1. O foro por prerrogativa de função, ou foro privilegiado, na interpretação até aqui adotada pelo Supremo Tribunal Federal, alcança todos os crimes de que são acusados os agentes públicos previstos no art. 102, I, b e c da Constituição, inclusive os praticados antes da investidura no cargo e os que não guardam qualquer relação com o seu exercício. 2. Impõe-se, todavia, a alteração desta linha de entendimento, para restringir o foro privilegiado aos crimes praticados no cargo e em razão do cargo. É que a prática atual não realiza adequadamente princípios constitucionais estruturantes, como igualdade e república, por impedir, em grande número de casos, a responsabilização de agentes públicos por crimes de naturezas diversas. Além disso, a falta de efetividade mínima do sistema penal, nesses casos, frustra valores constitucionais importantes, como a probidade e a moralidade administrativa. 3. Para assegurar que a prerrogativa de foro sirva ao seu papel constitucional de garantir o livre exercício das funções – e não ao fim ilegítimo de assegurar impunidade – é indispensável que haja relação de causalidade entre o crime imputado e o exercício do cargo. A experiência e as estatísticas revelam a manifesta disfuncionalidade do sistema, causando indignação à sociedade e trazendo desprestígio para o Supremo".

39 STF, Pleno, Inq 2116-QO, Rel. Min. Marco Aurélio, j. 6 abr 2006; STF, AO 1840 AgR, Segunda Turma, Rel. Min. Ricardo Lewandowski, j. 11 fev 2014; STF, Primeira Turma, ARE 744436 AgR, Rel. Min. Rosa Weber, j. 30 set 2014.

40 Diferentemente do que ocorre no caso do recurso especial, o recurso extraordinário não está limitado ao exame de decisões dos Tribunais e, por isso, presta-se à impugnação de qualquer decisão judicial definitiva não sujeita a outro recurso, tais como aquela proferida por Conselho Recursal, no âmbito dos Juizados Especiais.

ou (d) julga válida lei local contestada em face de lei federal. A opção pela competência do STF, no último caso, decorre do fato de que a decisão depende, como regra, da definição do ente federativo competente para legislar sobre o tema, questão indiscutivelmente constitucional (CF, art. 103, III)[41].

O STF julga, por fim, em *recurso ordinário*: (a) o *habeas corpus*, o mandado de segurança, o *habeas data* e o mandado de injunção decididos em única instância pelos Tribunais Superiores, *apenas* se denegatória a decisão; bem como (b) o crime político (CF, art.102, I).

A combinação da competência originária do STF, em matéria de controle concentrado da constitucionalidade, exercido por meio das ações diretas, e da sua competência recursal extraordinária, no âmbito do controle difuso, é responsável por um sistema misto ou híbrido de controle da compatibilidade de normas e atos do Poder Público com a Constituição de 1988[42]. No que se refere às ações diretas, a Carta ampliou consideravelmente o elenco de legitimados para propô-las, anteriormente, restritos ao Procurador-Geral da República (CF, art. 103)[43]. Além disso, o universo de tais ações também foi expandido durante vigência da Constituição, por emenda constitucional e leis ordinárias editadas sobre o assunto[44]. Tais ações têm por principal propósito a preservação da higidez do ordenamento constitucional, de modo a suprimir normas inválidas do ordenamento e a assegurar a aplicação das válidas. Não se destinam à proteção de situações subjetivas. Por essa razão, produzem decisões com efeitos gerais contra todos e vinculantes para os demais órgãos do Poder Judiciário e da Administração Pública (CF, art. 102, §2º). Em virtude de tais efeitos, evitam o ajuizamento de múltiplas causas sobre uma mesma questão e têm importante potencial de redução de litígios e de pacificação social. A inobservância das decisões proferidas em controle concentrado autoriza a propositura de reclamação diretamente ao Supremo Tribunal Federal, a fim de que casse a decisão reclamada.

O recurso extraordinário tem por objeto o debate de matéria exclusivamente de direito. Exige-se que a questão constitucional tenha sido previamente examinada pela decisão recorrida (prequestionamento)[45] e veda-se a rediscussão de matéria de fato[46]. Trata-se de recurso que sofreu

---

41 A título ilustrativo, a discussão se põe, nas hipóteses do art. 24 da Constituição, que atribui à União editar normas gerais, ficando os Estados e o Distrito Federal incumbidos de instituir disciplinas específicas. Há, contudo, considerável dificuldade em definir o que sejam normas gerais. Veja-se: STF, Pleno, ADI 861, Rel. Min. Rosa Weber, j. 06.03.2020: "No modelo federativo brasileiro, estabelecida pela União a arquitetura normativa da Política Nacional de Desenvolvimento Sustentável da Pesca (hoje consubstanciada na Lei n. 11.959/2009), aos Estados compete, além da supressão de eventuais lacunas, a previsão de normas destinadas a complementar a norma geral e a atender suas peculiaridades locais, respeitados os critérios (i) da preponderância do interesse local, (ii) do exaurimento dos efeitos dentro dos respectivos limites territoriais – até mesmo para prevenir conflitos entre legislações estaduais potencialmente díspares – e (iii) da vedação da proteção insuficiente. [...]. Ao orientarem o controle do esforço de pesca em consideração ao poder de pesca, o desempenho das embarcações e o volume da fauna acompanhante desperdiçada, estipularem limites de aproveitamento da fauna acompanhante à pesca industrial de arrasto de camarões e veicularem normas destinadas à mitigação do impacto ambiental da atividade, os arts. 1º, § 2º, e 2º, §§ 1º e 2º, da Lei n. 64/1993 mantêm-se dentro dos limites da competência legislativa concorrente do Estado (art. 24, VI, da CF)". No mesmo sentido, STF, Pleno, ARE 649379, Red. p/ acórdão Min. Alexandre de Moraes, j. 18.01.2021. Reconhecendo a violação de norma geral pelo Estado: STF, Pleno, ADI 5977, Rel. Min. Ricardo Lewandowski, j. 13.08.2020,

42 Trata-se de um sistema de controle híbrido ou misto justamente por combinar características do controle difuso norte-americano, praticado por todos os juízes e em qualquer grau de jurisdição, com o sistema concentrado em uma corte, característico do modelo europeu continental. Sobre o tema, Para um aprofundamento no tema do controle de constitucionalidade das normas, v. Luís Roberto Barroso. *O Controle da Constitucionalidade no Direito Brasileiro*, 9 ed, 2022, p. 84-87.

43 De acordo com o art. 103 da Constituição: "Podem propor a ação direta de inconstitucionalidade e a ação declaratória de constitucionalidade: I – o Presidente da República; II – a Mesa do Senado Federal; III – a Mesa da Câmara dos Deputados; IV – a Mesa de Assembleia Legislativa ou da Câmara Legislativa do Distrito Federal; V – o Governador de Estado ou do Distrito Federal; VI – o Procurador-Geral da República; VII – o Conselho Federal da Ordem dos Advogados do Brasil; VIII – partido político com representação no Congresso Nacional; IX – confederação sindical ou entidade de classe de âmbito nacional".

44 A Constituição de 1988, previa, em sua redação original, a ação direta de inconstitucionalidade por ação e por omissão, assim como a ação direta interventiva. A Emenda Constitucional n. 3/1993 introduziu a ação declaratória da constitucionalidade. A Lei n. 9.868/1999 regulamentou o processo e o julgamento de tais ações. Por fim, a Lei n. 9.8882/1999 regulamentou previsão genérica constante do art. 102, §1º, da Constituição, instituindo a arguição de descumprimento de preceito fundamental como uma nova ação direta, com caráter subsidiário com relação às demais já existentes.

45 STF, Súmula 282: "É inadmissível o recurso extraordinário, quando não ventilada, na decisão recorrida, a questão federal suscitada."

46 STF, Súmula 279: "Para simples reexame de prova não cabe recurso extraordinário."

importantes transformações durante a vigência da Constituição de 1988[47]. Quando da promulgação da Carta, tinha caráter essencialmente subjetivo, produzindo decisões com efeitos apenas entre as partes do caso concreto. Justamente por essa razão, a Constituição autorizava o Senado Federal a suspender a execução de lei declarada inconstitucional por decisão definitiva do STF (CF, art. 52, X). Com a Emenda n. 45/2004, passou-se, contudo, a exigir a existência de "repercussão geral" como condição de admissibilidade[48]. De acordo com o CPC/2015, haverá repercussão geral quando estiverem em pauta questões de *relevância econômica, social, política ou jurídica* que *transcendam os interesses das partes* envolvidas no processo (art. 1.035, §1º). Presume-se a existência de repercussão geral quando a decisão recorrida contrariar súmula ou jurisprudência dominante do Tribunal ou, ainda, quando reconhecer a inconstitucionalidade de tratado ou lei federal (CPC/2015, art. 1.035, § 3º, I e III).

Com a introdução da repercussão geral, passou-se a prever, ainda, que a tese firmada pelo STF, no âmbito do julgamento do recurso extraordinário, será de observância obrigatória para todos os demais órgãos do Poder Judiciário em casos semelhantes. Assim, a tese firmada em repercussão geral passou a produzir efeitos obrigatórios para além do processo em que foi proferida. Nesse sentido, o seu descumprimento por órgãos judiciais enseja a propositura de reclamação, observado, nesta situação específica, a necessidade de exaurimento das instâncias judiciais ordinárias para seu cabimento (diferentemente do que ocorre quando do descumprimento de decisão proferida no controle concentrado, em que não se exige o exaurimento de instâncias) (CPC/2015, art. 988, §§ 4º e 5º). Ainda que os efeitos da tese firmada em repercussão geral sejam mais restritos do que os produzidos pelas decisões proferidas nas ações diretas, é indiscutível o processo de objetivação por que vem passando o recurso extraordinário. O recurso passa a ter sua admissibilidade condicionada ao relevo que tem para a comunidade como um todo, e não para as partes. Tal processo de objetivação liga-se a um esforço do legislador para conferir maior racionalidade ao sistema e reduzir o universo de casos que chegam ao Supremo Tribunal Federal.

Pelas mesmas razões, previu-se um sistema especial de julgamento de recursos extraordinários repetitivos que veiculem idêntica controvérsia sobre matéria constitucional. Nesse caso, o tribunal *a quo* seleciona recursos representativos da controvérsia e os remete ao STF, retendo os demais recursos em segundo grau. Caso o STF entenda pela ausência de repercussão geral, todos os recursos transitam em julgado. Presente a repercussão geral, aguarda-se a decisão de mérito do recurso extraordinário, a qual, uma vez proferida, será replicada pelos tribunais e órgãos judiciais inferiores (CPC/2015, arts. 1036 a 1041).

Por fim, a Emenda Constitucional n. 45/2004 criou as súmulas vinculantes, verbetes produzidos pelo Supremo Tribunal Federal, por maioria de dois terços, a partir de reiteradas decisões do Tribunal sobre matéria constitucional, com efeitos gerais e vinculantes para todos, inclusive para o Judiciário e para a Administração Pública, conferindo à Corte, portanto, uma espécie de normativo, ainda que restrito às situações em que há jurisprudência consolidada no Tribunal sobre o tema (CF, art. 103-A)[49]. As súmulas e seus limites objetivos devem ser interpretadas à luz dos demais elementos dos casos que lhe deram origem e que serviram de base ao verbete. O seu descumprimento enseja a propositura de reclamação, devendo haver o prévio esgotamento das instâncias administrativas, quando se voltarem contra decisões desta natureza (art. 7º, §1º, da Lei 11.417/2007).

2 Superior Tribunal de Justiça

2.1 Composição

O Superior Tribunal de Justiça foi criado pela Constituição de 1988, assumindo parte da competência detida pelo Supremo Tribunal Federal na vigência da Constituição anterior. Compõe-se de, no mínimo, trinta e três Ministros, nomeados pelo Presidente da República, dentre brasileiros com mais de trinta e

---

47 O recurso extraordinário, da tradição republicana brasileira, permitia levar ao Supremo Tribunal Federal matéria constitucional ou infraconstitucional federal. Com a Constituição de 1988, foi cindido em dois recursos distintos: o que conservou o nome de recurso extraordinário, sobre matéria estritamente constitucional; e o que passou a se denominar recurso especial, cuja competência para julgamento foi entregue ao Superior Tribunal de Justiça, que tem por objeto a interpretação de norma infraconstitucional federal.

48 A repercussão geral foi regulamentada originalmente pela Lei n. 11.418/2006, posteriormente substituída pela Lei n. 13.105/2015, que aprovou o Código de Processo Civil de 2015 (CPC/2015, art. 543-A, *caput* e § 2º).

49 A edição, revisão e o cancelamento de súmulas vinculantes pelo Supremo Tribunal Federal foram disciplinados pela n. Lei 11.417/2006.

cinco e menos de setenta anos de idade, de notável saber jurídico e reputação ilibada, depois de aprovada a escolha pela maioria absoluta do Senado Federal, sendo: (i) um terço dentre juízes dos Tribunais Regionais Federais; (ii) um terço dentre desembargadores dos Tribunais de Justiça, indicados em lista tríplice elaborada pelos próprio Tribunal; e (iii) um terço, em partes iguais, dentre advogados e membros do Ministério Público Federal, Estadual, do Distrito Federal e Territórios, alternadamente, indicados por meio de lista sêxtupla, por seus respectivos órgãos de representação, reduzida a lista tríplice, no âmbito do STJ, e encaminhada à escolha do Presidente. O quantitativo de Ministros do STJ pode ser elevado por meio de lei.

2.2 Competência

A competência jurisdicional exercida pelo STJ também se divide em três grandes conjuntos: (i) *competência originária*, constituída por ações que nascem no Tribunal e nas quais atua como primeira instância; (ii) *competência recursal ordinária*, por meio da qual atua como instância revisora de fato e de direito, em decisões proferidas em algumas ações específicas; e (iii) *competência recursal especial*, em que atua como última instância em matéria de direito infraconstitucional federal exclusivamente.

Nessa linha, compete ao Superior Tribunal de Justiça processar e julgar, *originariamente*: (a) nos crimes comuns, os Governadores dos Estados e do Distrito Federal[50], e, nestes e nos de responsabilidade, os desembargadores dos Tribunais de Justiça dos Estados e do Distrito Federal, os membros dos Tribunais de Contas dos Estados e do Distrito Federal, os dos Tribunais Regionais Federais, dos Tribunais Regionais Eleitorais e do Trabalho, os membros dos Conselhos ou Tribunais de Contas dos Municípios e os do Ministério Público da União que oficiem perante tribunais; (b) os mandados de segurança e os *habeas data* contra ato de Ministro de Estado, dos Comandantes da Marinha, do Exército e da Aeronáutica ou do próprio Tribunal; (c) os *habeas corpus*, quando o coator ou paciente for qualquer das pessoas mencionadas na alínea "a", ou quando o coator for tribunal sujeito à sua jurisdição, Ministro de Estado ou Comandante da Marinha, do Exército ou da Aeronáutica, ressalvada a competência da Justiça Eleitoral; (d) os conflitos de competência entre quaisquer tribunais, ressalvado o disposto no art. 102, I, "o", bem como entre tribunal e juízes a ele não vinculados e entre juízes vinculados a tribunais diversos; (e) as revisões criminais e as ações rescisórias de seus julgados; (f) a reclamação para a preservação de sua competência e garantia da autoridade de suas decisões[51]; (g) os conflitos de atribuições entre autoridades administrativas e judiciárias da União, ou entre autoridades judiciárias de um Estado e administrativas de outro ou do Distrito Federal, ou entre as deste e da União; (h) o mandado de injunção, quando a elaboração da norma regulamentadora for atribuição de órgão, entidade ou autoridade federal, da administração direta ou indireta, excetuados os casos de competência do Supremo Tribunal Federal e dos órgãos da Justiça Militar, da Justiça Eleitoral, da Justiça do Trabalho e da Justiça Federal; (i) a homologação de sentenças estrangeiras e a concessão de exequatur às cartas rogatórias (CF, art. 105, I).

O STJ julga em *recurso ordinário*: (a) os *habeas corpus* decididos em única ou última instância pelos Tribunais Regionais Federais ou pelos tribunais dos Estados, do Distrito Federal e Territórios, quando a decisão for denegatória; (b) os mandados de segurança decididos em única instância pelos Tribunais Regionais Federais ou pelos tribunais dos Estados, do Distrito Federal e Territórios, quando denegatória a decisão; (c) as causas em que forem partes Estado estrangeiro ou organismo internacional, de um lado, e, do outro, Município ou pessoa residente ou domiciliada no País (CF, art. 105, II). No âmbito do recurso ordinário, aprecia matéria de fato e de direito.

Julga, ainda, em *recurso especial*, as causas decididas, em única ou última instância, pelos Tribunais Regionais Federais ou pelos tribunais dos Estados, do Distrito Federal e Territórios[52], quando a decisão recorrida: (a) contrariar tratado ou lei federal, ou negar-lhes vigência; (b) julgar válido ato de governo local contestado em face de lei federal; (c) der a lei federal interpretação divergente da que lhe haja

---

50 Sobre o tema, o STF já decidiu pela inconstitucionalidade de norma da Constituição estadual que condicione tal processo e julgamento à autorização da Assembleia Legislativa dos Estados, na medida em que o art. 51, I, da Constituição estipulou tal condição apenas em favor do Presidente da República, devendo-se conferir-lhe interpretação restritiva, em homenagem aos princípios republicano e da igualdade, bem como à cláusula de separação de poderes.

51 Vale ressaltar que o STJ vem entendendo não ser cabível reclamação no caso de recursos especiais repetitivos, nem mesmo quando exauridas as instâncias ordinárias. Nesse sentido: STJ, Corte Especial, Rcl 36476, Rel. Min. Nancy Andrighi, j. 06 mar 2020.

52 Não cabe recurso especial contra decisões de Turmas Recursais, justamente porque tais Turmas não são tribunais. Entretanto, há precedente do STF afirmando o cabimento da reclamação para dirimir a divergência entre as decisões proferidas no âmbito de Juizados Especiais estaduais e a jurisprudência do STJ. Nesse sentido: STF, Pleno, RE 571.572 QO ED, Rel. Min. Ellen Gracie, 28 jun 2009.

atribuído outro tribunal (CF, art. 105, III). Tal competência pertencia, antes da Constituição de 1988, ao STF e, em virtude do volume de recursos que representada, ensejou a criação do STJ. Em seu âmbito, o Tribunal aprecia matéria exclusivamente pertinente a direito. Exige-se que a decisão recorrida tenha apreciado a questão objeto do recurso (prequestionamento)[53] e veda-se o revolvimento de matéria de fato[54].

À semelhança do que ocorre com o recurso extraordinário, o CPC/2015 previu um sistema especial de julgamento de recursos especiais repetitivos, que veiculem idêntica questão de direito. Nesse caso, o tribunal *a quo* seleciona recursos representativos da controvérsia e os remete ao STJ, retendo os demais recursos em segundo grau. Uma vez decidido o mérito do recurso pelo STJ, a decisão será replicada pelos tribunais e órgãos judiciais inferiores (CPC/2015, arts. 1036 a 1041).

Por fim, a Emenda Constitucional n. 125/2022 previu novo requisito de admissibilidade do recurso especial, consistente na "relevância das questões de direito federal infraconstitucional discutidas no caso", autorizando a inadmissão do recurso por maioria de dois terços do Tribunal, caso ausente. Trata-se de dispositivo semelhante àquele pertinente à repercussão geral do recurso extraordinário, que visa a permitir que o STJ selecione as questões mais relevantes a serem apreciadas e reduza o volume de casos que chega a julgar. Há presunção de relevância do recurso especial: (i) nas ações penais; (ii) nas ações de improbidade administrativa; (iii) nas ações cujo valor da causa ultrapasse 500 (quinhentos) salários mínimos; (iv) nas ações que possam gerar inelegibilidade; (v) nas hipóteses em que o acórdão recorrido contrariar jurisprudência dominante do Superior Tribunal de Justiça; ou (vi) em outras hipóteses previstas em lei (CF, art. 105, §§ 2º e 3º).

3 Justiça Federal

3.1 Composição

A Justiça Federal comum está organizada em duas instâncias. Em primeiro grau, é composta pelos Juízes Federais, que atuam no âmbito de varas ou de juizados especiais federais (CF, art. 107 c/c art. 98). Em segundo grau, é integrada pelos Tribunais Regionais Federais.

Os Tribunais Regionais Federais, a seu turno, compõem-se de, no mínimo, sete juízes, recrutados, quando possível, na respectiva região e nomeados pelo Presidente da República dentre brasileiros com mais de trinta e menos de setenta anos de idade, sendo: (i) um quinto dentre advogados com mais de dez anos de efetiva atividade profissional e membros do Ministério Público Federal com mais de dez anos de carreira; e (ii) os demais, mediante promoção de juízes federais com mais de cinco anos de exercício, por antiguidade e merecimento, alternadamente. A seleção, por meio do quinto constitucional, se operacionaliza mediante listas sêxtuplas de candidatos, produzidas pelos respectivos órgãos de representação, reduzidas a listas tríplices no âmbito do Tribunal, com seleção final pelo Presidente da República (CF, art. 107)[55]. Cada Estado, assim como o Distrito Federal, constitui uma seção judiciária que tem por sede a respectiva capital (CF, art. 110).

3.2 Competência

A competência da Justiça Federal é definida predominantemente, mas não exclusivamente, pelo critério *ratione personae*, competindo-lhe julgar: (i) as causas em que a União, entidade autárquica ou empresa pública federal forem interessadas na condição de autoras, rés, assistentes ou oponentes, exceto as de falência, as de acidentes do trabalho e as sujeitas à Justiça Eleitoral e à Justiça do Trabalho, ressalvadas no próprio texto constitucional (CF, art. 109, I); (ii) causas que envolvam direitos humanos de grupos especialmente vulneráveis, tais como aquelas referentes a direitos específicos dos povos indígenas

---

53 STJ, Súmula n. 211: "Inadmissível recurso especial quanto à questão que, a despeito da oposição de embargos declaratórios, não foi apreciada pelo Tribunal *a quo*".

54 Súmula n. 7 do STJ: "A pretensão de simples reexame de prova não enseja recurso especial".

55 O art. 27 do ADCT previu a criação de cinco TRFs. A Emenda Constitucional n. 73/2013, a seu turno, criou outros TRFs, tendo sido, todavia, suspensa por decisão cautelar proferida nos autos da ADI 5.017, Rel. Min. Luiz Fux, j. 18.07.2013. Mais tarde, a Lei 14.226, de 20.10.2021, criou o TRF da 6ª Região, instalado em 19.08.2022, com competência sobre o Estado de Minas Gerais.

(CF, art. 109, XI)[56], à apreciação de grave violação de direitos humanos, quando presentes indícios de omissão por parte das autoridades estaduais (CF, art. 109, §5º)[57] e aquelas pertinentes a crimes de pornografia infantil, quando praticados por meio da internet[58]; (iii) causas fundadas nas relações internacionais (CF, art. 109, II, III, V, V-A e X); (iv) aquelas pertinentes à nacionalidade e ingresso ou permanência de estrangeiros (CF, art. 109, X); e (v) outras causas de interesse especial da federação (CF, art. 109, IV, VI, VII, IX e XI)[59].

Vale anotar, ainda, que lei pode autorizar que as causas de competência da Justiça Federal, em que forem parte instituição de previdência social e segurado, sejam processadas e julgadas na justiça estadual quando a comarca do domicílio do segurado não for sede de vara federal (CF, art. 109, §3º).

Por fim, os Tribunais Regionais Federais detêm: (i) *competência recursal* para julgar as causas decididas pelos juízes federais e pelos juízes estaduais no exercício da competência federal da área de sua jurisdição, assim como (ii) *competência originária* para processar e julgar autoridades federais (ressalvada a competência da Justiça Eleitoral), revisões criminais, ações rescisórias, mandados de segurança e *habeas data* contra ato do próprio Tribunal ou de juiz federal, *habeas corpus*, quando a autoridade coatora for juiz federal e conflitos de competência entre juízes federais vinculados ao Tribunal (CF, art. 108)[60].

4   Justiça do Trabalho

A Justiça do Trabalho foi criada pela Constituição de 1934 (art. 122) e instalada por Getúlio Vargas, em 01.05.1941, como órgão do Poder Executivo, vinculado ao Ministério do Trabalho, passando a integrar o Poder Judiciário, após a Constituição de 1946 (art. 94, V).

---

56   V. STF, Pleno, RE 419.528, Red. p/ ac. Min. Cezar Peluso, j. 3 ago 2006; STF, Pleno, RE 351.487, Rel. Min. Cézar Peluso, j. 03 ago 2006.

57   Nesse sentido, o STJ já decidiu que o deslocamento se sujeita ao princípio da proporcionalidade, bem como à "demonstração concreta de risco de descumprimento de obrigações decorrentes de tratados internacionais firmados pelo Brasil, resultante da inércia, negligência, falta de vontade política ou de condições reais do Estado-membro, por suas instituições, em proceder à devida persecução penal" (STJ, Terceira Seção, IDC 1, Rel. Min. Arnaldo Esteves Lima, j. 08.06.2005, decisão proferida no rumoroso caso de assassinato da missionária norte-americana Dorothy Stang).

58   STF, Pleno, RE 628.624, Rel. Min. Marco Aurélio, Red. p/ ac. Min. Edson Fachin, j. 28.10.2015.

59   CF, art. 109: "Art. 109. Aos juízes federais compete processar e julgar: I – as causas em que a União, entidade autárquica ou empresa pública federal forem interessadas na condição de autoras, rés, assistentes ou oponentes, exceto as de falência, as de acidentes de trabalho e as sujeitas à Justiça Eleitoral e à Justiça do Trabalho; II – as causas entre Estado estrangeiro ou organismo internacional e Município ou pessoa domiciliada ou residente no País; III – as causas fundadas em tratado ou contrato da União com Estado estrangeiro ou organismo internacional; IV – os crimes políticos e as infrações penais praticadas em detrimento de bens, serviços ou interesse da União ou de suas entidades autárquicas ou empresas públicas, excluídas as contravenções e ressalvada a competência da Justiça Militar e da Justiça Eleitoral; V – os crimes previstos em tratado ou convenção internacional, quando, iniciada a execução no País, o resultado tenha ou devesse ter ocorrido no estrangeiro, ou reciprocamente; V-A as causas relativas a direitos humanos a que se refere o § 5º deste artigo; VI – os crimes contra a organização do trabalho e, nos casos determinados por lei, contra o sistema financeiro e a ordem econômico-financeira; VII – os *habeas corpus*, em matéria criminal de sua competência ou quando o constrangimento provier de autoridade cujos atos não estejam diretamente sujeitos a outra jurisdição; VIII – os mandados de segurança e os *habeas data* contra ato de autoridade federal, excetuados os casos de competência dos tribunais federais; IX – os crimes cometidos a bordo de navios ou aeronaves, ressalvada a competência da Justiça Militar; X – os crimes de ingresso ou permanência irregular de estrangeiro, a execução de carta rogatória, após o 'exequatur', e de sentença estrangeira, após a homologação, as causas referentes à nacionalidade, inclusive a respectiva opção, e à naturalização; XI – a disputa sobre direitos indígenas". [...]. § 3º Lei poderá autorizar que as causas de competência da Justiça Federal em que forem parte instituição de previdência social e segurado possam ser processadas e julgadas na justiça estadual quando a comarca do domicílio do segurado não for sede de vara federal. [...]. § 5º Nas hipóteses de grave violação de direitos humanos, o Procurador-Geral da República, com a finalidade de assegurar o cumprimento de obrigações decorrentes de tratados internacionais de direitos humanos dos quais o Brasil seja parte, poderá suscitar, perante o Superior Tribunal de Justiça, em qualquer fase do inquérito ou processo, incidente de deslocamento de competência para a Justiça Federal".

60   CF, art. 108: "Compete aos Tribunais Regionais Federais: I – processar e julgar, originariamente: a) os juízes federais da área de sua jurisdição, incluídos os da Justiça Militar e da Justiça do Trabalho, nos crimes comuns e de responsabilidade, e os membros do Ministério Público da União, ressalvada a competência da Justiça Eleitoral; b) as revisões criminais e as ações rescisórias de julgados seus ou dos juízes federais da região; c) os mandados de segurança e os *habeas data* contra ato do próprio Tribunal ou de juiz federal; d) os habeas corpus, quando a autoridade coatora for juiz federal; e) os conflitos de competência entre juízes federais vinculados ao Tribunal; II – julgar, em grau de recurso, as causas decididas pelos juízes federais e pelos juízes estaduais no exercício da competência federal da área de sua jurisdição".

4.1 Composição

A Justiça do Trabalho é composta de três níveis de jurisdição: (i) o Tribunal Superior do Trabalho; (ii) os Tribunais Regionais do Trabalho; (iii) os Juízes do Trabalho (CF,art. 110)[61].

O Tribunal Superior do Trabalho compõe-se de vinte e sete Ministros, escolhidos dentre brasileiros com mais de trinta e cinco e menos de setenta anos de idade, de notável saber jurídico e reputação ilibada, nomeados pelo Presidente da República após aprovação pela maioria absoluta do Senado Federal, sendo: (i) um quinto dentre advogados com mais de dez anos de efetiva atividade profissional e membros do Ministério Público do Trabalho com mais de dez anos de efetivo exercício, observado o procedimento do quinto constitucional (v. *supra*); (ii) os demais dentre juízes dos Tribunais Regionais do Trabalho, oriundos da magistratura da carreira, indicados pelo próprio Tribunal Superior (CF, art. 111-A).

Os Tribunais Regionais do Trabalho compõem-se de, no mínimo, sete juízes, recrutados, quando possível, na respectiva região e nomeados pelo Presidente da República dentre brasileiros com mais de trinta e menos de setenta anos de idade, sendo: (i) um quinto dentre advogados com mais de dez anos de efetiva atividade profissional e membros do Ministério Público do Trabalho com mais de dez anos de efetivo exercício, selecionados na forma do quinto constitucional; (ii) os demais, mediante promoção de juízes do trabalho por antiguidade e merecimento, alternadamente (CF, art. 115).

4.2 Competência

Compete à Justiça do Trabalho processar e julgar as seguintes ações: (i) aquelas oriundas da relação de trabalho[62], incluídas as ações de indenização por dano patrimonial e moral dela decorrentes[63]; (ii) que envolvam exercício do direito de greve; (iii) que envolvam discussão sobre representação sindical; (vii) relativas às penalidades administrativas impostas aos empregadores pelos órgãos de fiscalização das relações de trabalho; (viii) a execução, de ofício, das contribuições sociais (CF, art. 114). A Emenda Constitucional n. 45/2004, a seu turno, reduziu o poder normativo da Justiça do Trabalho, condicionando o ajuizamento de dissídio coletivo à existência de mútuo acordo entre as partes. De todo modo, autorizou o Ministério Público do Trabalho a ajuizar tal dissídio em caso de greve em serviço essencial, dadas as suas repercussões sociais (CF, art. 114, §§3º e 4º)[64].

As competências do Tribunal Superior do Trabalho não estão previstas na Constituição, mas em lei, que atribui ao TST o julgamento do recurso de revista contra as decisões proferidas pelos Tribunais Regionais do Trabalho (CF, art. 111-A, §1º c/c CLT, art. 896). As decisões do TST são irrecorríveis, ressalvado o cabimento: (i) de recurso extraordinário, para o STF, quando versarem sobre questão constitucional; ou (ii) de recurso ordinário contra decisões denegatórias de mandado de segurança, *habeas corpus* e *habeas data*.

5 Justiça Eleitoral

5.1 Composição

A Justiça Eleitoral se compõe pelos seguintes órgãos: (i) Tribunal Superior Eleitoral; (ii) Tribunais Regionais Eleitorais; (iii) Juízes Eleitorais; e (iv) Juntas Eleitorais (CF, art. 118). Tal ramo guarda a

---

61 Orginalmente, o primeiro grau da Justiça do Trabalho era composto por juízes de direito togados e representantes classistas dos empregadores e trabalhadores, reunidos no âmbito de Juntas de Conciliação e Julgamento. As Juntas, assim como os representantes classistas, foram extintos pela Emenda Constitucional n. 24/1999.

62 Tal competência não alcança relações de vínculo estatutário entre os entes públicos e seus servidores. Nesse sentido: STF, Pleno, ADI 3395, Rel. Min. Alexandre de Moraes, j. 16.04.2020; STF, Pleno, RE 1089282, Rel. Min Gilmar Mendes, j. 07.12.2020.

63 Súmula Vinculante n. 22 do STF: "A Justiça do Trabalho é competente para processar e julgar as ações de indenização por danos morais e patrimoniais decorrentes de acidente de trabalho propostas por empregado contra empregador, inclusive aquelas que ainda não possuíam sentença de mérito em primeiro grau quando da promulgação da Emenda Constitucional n. 45/04".

64 As alterações promovidas pela Emenda Constitucional 45/2004 à competência da Justiça do Trabalho e a seu poder normativo foram reconhecidas como constitucionais pelo Supremo Tribunal Federal. V. STF, Pleno, ADIs ns. 3.392, 3.423, 3.431, 3.432, 3.520, Rel. Min. Gilmar Mendes, j. 29.05.2020.

particularidade de se tratar da única Justiça sem um corpo próprio de magistrados, em que seus integrantes são provenientes de outros tribunais e da advocacia, cumprindo mandatos de dois anos, prorrogáveis uma única vez por igual período (CF, art. 121, §2º).

O Tribunal Superior Eleitoral é integrado por, no mínimo, sete membros, sendo: (a) três juízes escolhidos dentre os Ministros do Supremo Tribunal Federal; (b) dois juízes dentre os Ministros do Superior Tribunal de Justiça; e (c) dois juízes selecionados pelo Presidente da República, dentre seis advogados de notável saber jurídico e idoneidade moral, indicados pelo Supremo Tribunal Federal (CF, art. 119).

Cada capital estadual ou distrital tem um Tribunal Regional Eleitoral, que se compõe de: (a) dois juízes eleitos dentre os desembargadores do Tribunal de Justiça; (b) dois juízes escolhidos pelo Tribunal de Justiça dentre juízes de direito; (c) um juiz do Tribunal Regional Federal com sede na Capital do Estado ou no Distrito Federal, ou, não havendo, de juiz federal, escolhido pelo Tribunal Regional Federal respectivo; (d) dois juízes escolhidos pelo Presidente da República dentre seis advogados de notável saber jurídico e idoneidade moral, indicados pelo Tribunal de Justiça (CF, art. 120).

5.2 Competência

A Constituição de 1988 remete à lei complementar dispor sobre a competência da Justiça Eleitoral (CF, art. 121). Tal Justiça é um ramo bastante particular do Poder Judiciário: além das funções jurisdicionais típicas de seus órgãos, exerce funções administrativas e normativas para além daquelas necessárias à sua auto-organização e administração. Nesse sentido, o Código Eleitoral (Lei 4.735/1965) atribui à Justiça Eleitoral: (i) *funções jurisdicionais*, relacionadas aos conflitos de interesses pertinentes ao regular funcionamento das eleições; (ii) *funções administrativas* de organização e controle das eleições, tais como o registro de eleitores e candidaturas (art. 89), a prestação de contas e a apuração dos resultados das eleições (art. 158); (iii) *funções normativas*, de expedição resoluções de regulamentação do próprio Código Eleitoral, exercidas pelo TSE (art. 23, IX). Além disso, também compete ao TSE responder a consultas, orientando os principais atores envolvidos nas eleições acerca de sua compreensão sobre as normas eleitorais (art. 23, XII).

As competências do Tribunal Superior Eleitoral e do Tribunal Regional Eleitoral são definidas pela Constituição de 1988 em termos negativos. São irrecorríveis as decisões do TSE, salvo, por meio de recurso extraordinário, aquelas pertinentes a matéria constitucional e, por recurso ordinário, as denegatórias de *habeas corpus* ou mandado de segurança (CF, art. 121, §3º). Só cabem recursos das decisões dos TREs, proferidas contra disposição expressa da Constituição ou de lei; se ocorrer divergência na interpretação de lei entre dois ou mais tribunais eleitorais; se versarem sobre inelegibilidade ou expedição de diplomas nas eleições federais ou estaduais; se anularem diplomas ou decretarem a perda de mandatos eletivos federais ou estaduais; ou se denegarem *habeas corpus*, mandado de segurança, *habeas data* ou mandado de injunção (CF, art. 121, §4º). De resto, as competências de ambos os tribunais são delimitadas nos arts. 22 a 23-A e arts. 29 a 30 do Código Eleitoral, respectivamente.

6 Justiça Militar

6.1 Composição

A Justiça Militar federal é composta pelo Superior Tribunal Militar e pelos Tribunais e Juízes Militares instituídos por lei (CF, art. 122), guardando a peculiaridade de ser integrada também por integrantes das Forças Armadas. A Constituição de 1988 autoriza, ainda, a criação da Justiça Militar estadual, por meio de lei, devendo ela constituir-se, em primeiro grau, pelos juízes de direito e pelos Conselhos de Justiça; e, em segundo grau, pelo próprio Tribunal de Justiça, ou por Tribunal de Justiça Militar, nos Estados em que o efetivo militar seja superior a vinte mil integrantes (CF, art. 125, §§ 3ºe 4º).

O Superior Tribunal Militar se compõe de quinze Ministros vitalícios, nomeados pelo Presidente da República, depois de aprovada a indicação pelo Senado Federal, sendo três oficiais-generais da Marinha, quatro oficiais-generais do Exército, três oficiais-generais da Aeronáutica, todos da ativa e do posto mais elevado da carreira, e cinco civis. Os Ministros civis são escolhidos pelo Presidente da República dentre brasileiros com mais de trinta e cinco e menos de setenta anos de idade, sendo: (i) três dentre advogados de notório saber jurídico e conduta ilibada, com mais de dez anos de efetiva atividade profissional; (ii) dois, por escolha paritária, dentre juízes auditores e membros do Ministério Público da Justiça Militar (CF, art. 123).

582

6.2 Competência

Compete à Justiça Militar processar e julgar os crimes militares definidos em lei. Considera-se crime militar o ato configurador de violação de dever militar ou de lesão a bem jurídico militar, devendo-se conferir-lhe interpretação estrita, dada a natureza especial da infração. Tais crimes estão definidos no Código Penal Militar, que é anterior à Constituição de 1988, razão pela qual algumas de suas normas suscitam debates acerca de sua recepção, em especial quando implica o julgamento de civis em tempo de paz. Nesse sentido, o STF já reconheceu que a competência da Justiça Militar se fixa com base no tipo de delito, e não na pessoa de quem o pratica, de modo que se o ilícito militar for praticado por civil, o julgamento caberá à Justiça Militar[65]. Compete, ainda, à Justiça Militar estadual processar e julgar os militares dos Estados nos crimes militares e ações judiciais contra atos disciplinares (CF, art. 125, §4º)[66].

A Emenda Constitucional n. 45/2004 excluiu da competência da Justiça Militar estadual os crimes dolosos contra a vida, atribuídos ao Tribunal do Juri. A Lei n. 13.491/2017, a seu turno, previu a competência da Justiça Militar da União nos casos de crimes dolosos contra a vida praticados por militares das Forças Armadas contra civis, observados os seguintes contextos: (i) cumprimento de atribuições que lhes forem estabelecidas pelo Presidente da República ou pelo Ministro de Estado da Defesa; (ii) ação que envolva a segurança de instituição militar ou de missão militar, mesmo que não beligerante; (iii) atividade de natureza militar, de operação de paz, de garantia da lei e da ordem ou de atribuição subsidiária[67].

7 Justiça Estadual

7.1 Composição

A Justiça Estadual se compõe por duas instâncias: em primeiro grau, juízes de direito, Tribunal do Júri e juizados especiais (CF, art. 98, §1º e Lei n. 9.099/1995); em segundo grau, o Tribunal de Justiça. A Justiça Estadual comum organiza-se na forma da Constituição Estadual e da lei de organização judiciária de iniciativa do Tribunal de Justiça (CF, art. 125, §1º). Há, ainda, a possibilidade de criação da Justiça Militar estadual, composta, em primeiro grau, por juízes de direito e pelos Conselhos de Justiça e, em segundo grau. Pelo Tribunal de Justiça ou por um Tribunal de Justiça Militar, nos estados com efetivo superior a vinte mil militares (CF, art. 125, §3º).

7.2 Competência

A competência da Justiça Estadual comum é residual. Inserem-se em seu âmbito as competências não atribuídas aos demais ramos do Judiciário (CF, art. 25, §1º)[68]. A competência dos tribunais estaduais

---

65 Nesse sentido: "A competência penal da Justiça Militar da União não se limita, apenas, aos integrantes das Forças Armadas, nem se define, por isso mesmo, 'ratione personae'. É aferível, objetivamente, a partir da subsunção do comportamento do agente – de qualquer agente, mesmo o civil, ainda que em tempo de paz – ao preceito primário incriminador consubstanciado nos tipos penais definidos em lei (o Código Penal Militar). O foro especial da Justiça Militar da União não existe para os crimes dos militares, mas, sim, para os delitos militares, 'tout court'. E o crime militar, comissível por agente militar ou, até mesmo, por civil, só existe quando o autor procede e atua nas circunstâncias taxativamente referidas pelo art. 9º do Código Penal Militar, que prevê a possibilidade jurídica de configuração de delito castrense eventualmente praticado por civil, mesmo em tempo de paz". Decidiu-se, contudo, pela incompetência da Justiça Militar no caso específico, por se tratar de mera falsificação de documento, crime militar impróprio. V. STF, Segunda Turma, HC 110.237, Rel. Min. Celso de Mello, j. 04.03.2013; Súmula Vinculantes n. 36 do STF: "Compete à Justiça Federal comum processar e julgar civil denunciado pelos crimes de falsificação e de uso de documento falso, quando se tratar de falsificação da Caderneta de Inscrição e Registro (CIR) ou de Carteira de Habilitação de Amador (CHA), ainda que expedidas pela Marinha do Brasil".

66 O STF esclareceu, contudo, que tal competência jurisdicional não afasta a competência disciplinar das autoridades administrativas, inclusive para determinar a reforma de praça. Nesse sentido: "A previsão constitucional dessa específica competência para os Tribunais não afastou as tradicionais competências administrativas no âmbito da própria corporação, inclusive a possibilidade de sanção de perda da graduação, aplicada após procedimento administrativo, garantindo-se o contraditório e a ampla defesa" (STF, Pleno, RE 601146, Red. p/ acórdão, Min. Alexandre de Moraes, j. 08.06.2020).

67 Tal constitucionalidade teve a sua constitucionalidade questionada perante o Supremo Tribunal Federal nos autos do RHC 142.608, Rel. Min. Edson Fachin, havendo cinco votos pela constitucionalidade da norma e cinco por sua inconstitucionalidade (em 16.06.2023). O julgamento foi interrompido por pedido de vista Ministro Alexandre de Moraes, que desempatará a decisão.

68 CF, art. 25, §1º: "São reservadas aos Estados as competências que não lhes sejam vedadas por esta Constituição".

deve ser definida nas Constituições dos Estados e nas leis de organização judiciária de iniciativa dos Tribunais de Justiça (CF, art. 125, §1º). A Constituição de 1988 autorizou a criação, no âmbito dos Tribunais de Justiça, de sistema de controle concentrado da constitucionalidade, semelhante àquele desempenhado pelo STF, em face da Constituição Estadual, por meio de ação direta que denominou representação de inconstitucionalidade (CF, art. 125, §2º). Compete, ainda, às Turmas Recursais o julgamento dos recursos provenientes de juizados especiais (CF, art. 98, I).

Compete à Justiça Militar estadual processar e julgar os militares dos Estados, nos crimes militares definidos em lei, assim como as ações judiciais contra atos disciplinares militares, ressalvada a competência do júri quando a vítima for civil, cabendo ao tribunal competente decidir sobre a perda do posto e da patente dos oficiais e da graduação das praças[69]. Compete aos juízes de direito do juízo militar processar e julgar, singularmente, os crimes militares cometidos contra civis e as ações judiciais contra atos disciplinares militares, cabendo ao Conselho de Justiça, sob a presidência de juiz de direito, processar e julgar os demais crimes militares (CF, art. 125, §§ 4º e 5º).

8   Conselho Nacional de Justiça

8.1   Composição

O Conselho Nacional de Justiça compõe-se de 15 (quinze) membros com mandato de dois anos, admitida uma recondução, sendo: (i) o Presidente do Supremo Tribunal Federal, que será o Presidente do órgão; (ii) um Ministro do Superior Tribunal de Justiça, indicado pelo respectivo tribunal, que exercerá a função de Corregedor-Geral; (iii) um Ministro do Tribunal Superior do Trabalho, indicado pelo respectivo tribunal; (iv) um desembargador de Tribunal de Justiça, indicado pelo Supremo Tribunal Federal; (v) um juiz estadual, indicado pelo Supremo Tribunal Federal; (vi) um juiz de Tribunal Regional Federal, indicado pelo Superior Tribunal de Justiça; (vii) um juiz federal, indicado pelo Superior Tribunal de Justiça; (viii) um juiz de Tribunal Regional do Trabalho, indicado pelo Tribunal Superior do Trabalho; (ix) um juiz do trabalho, indicado pelo Tribunal Superior do Trabalho; (x) um membro do Ministério Público da União, indicado pelo Procurador-Geral da República; (xi) XI um membro do Ministério Público estadual, escolhido pelo Procurador-Geral da República dentre os nomes indicados pelo órgão competente de cada instituição estadual; (xii) dois advogados, indicados pelo Conselho Federal da Ordem dos Advogados do Brasil; (xiii) dois cidadãos, de notável saber jurídico e reputação ilibada, indicados um pela Câmara dos Deputados e outro pelo Senado Federal (CF, art. 103-B, caput). Ressalvado o Presidente do CNJ, os demais membros são nomeados pelo Presidente da República, após aprovação do Senado Federal (CF, art. 103-B, §2º). Oficiam, ainda, junto ao CNJ, o Procurador-Geral da República e o Presidente do Conselho Federal da Ordem dos Advogados do Brasil (CF, art. 103-B, §6º).

8.2   Competência

O CNJ foi criado pela Emenda Constitucional n. 45/2004, com o objetivo de controlar o funcionamento do Poder Judiciário e conferir-lhe maior eficiência. A Constituição atribuiu ao CNJ, dentre outras competências, o controle administrativo, financeiro e disciplinar do Poder Judiciário, a expedição de atos regulamentares no âmbito de tal atribuição, bem como a produção de relatórios semestral e anual sobre o funcionamento dos órgãos judiciais, assim como políticas públicas para seu aprimoramento (CF, art. 125, §4º)[70].

---

69   O STF esclareceu, contudo, que tal competência jurisdicional não afasta a competência disciplinar das autoridades administrativas, inclusive para determinar a reforma de praça. Nesse sentido: "A previsão constitucional dessa específica competência para os Tribunais não afastou as tradicionais competências administrativas no âmbito da própria corporação, inclusive a possibilidade de sanção de perda da graduação, aplicada após procedimento administrativo, garantindo-se o contraditório e a ampla defesa" (STF, Pleno, RE 601146, Red. p/ acórdão, Min. Alexandre de Moares, j. de 08.06.2020).

70   CF, art. 103-B, § 4º: Compete ao Conselho o controle da atuação administrativa e financeira do Poder Judiciário e do cumprimento dos deveres funcionais dos juízes, cabendo-lhe, além de outras atribuições que lhe forem conferidas pelo Estatuto da Magistratura: I – zelar pela autonomia do Poder Judiciário e pelo cumprimento do Estatuto da Magistratura, podendo expedir atos regulamentares, no âmbito de sua competência, ou recomendar providências; II – zelar pela observância do art. 37 e apreciar, de ofício ou mediante provocação, a legalidade dos atos administrativos praticados por membros ou órgãos do Poder Judiciário, podendo desconstituí-los, revê-los ou fixar prazo para que se adotem as providências necessárias ao exato cumprimento da lei, sem prejuízo da competência do

584

Inicialmente, houve considerável resistência à criação do CNJ. Entendia-se que o controle do Judiciário por um órgão externo violaria o princípio da separação dos poderes e tolheria a independência do Judiciário. O STF rejeitou, contudo, o argumento, ao fundamento de que o CNJ constitui órgão de controle interno e de que, embora tenha composição plural, a maioria de seus integrantes é de magistrados[71]. Além disso, os atos do CNJ se sujeitam à revisão do próprio STF, que não se submete à atuação do CNJ[72].

A competência disciplinar mostrou ser a competência mais polêmica do Conselho, tendo sido objeto de ação direta de inconstitucionalidade, em que se pretendia interpretação conforme a Constituição para conferir-lhe caráter subsidiário (não concorrente à dos Tribunais), de modo a justificar-se a atuação do CNJ somente quando demonstrada uma inércia injustificada. Entretanto, o STF afirmou a competência concorrente do Conselho, em convergência com a preocupação que pautou a sua criação de aprimorar o funcionamento do Judiciário – que demanda medidas disciplinares isentas, por órgão com distanciamento adequado[73]. Funciona, ainda, no âmbito do CNJ, o Departamento de Monitoramento e Fiscalização do Sistema Carcerário e do Sistema de Execução de Medidas Socioeducativas, que tem por omissão institucional acompanhar o desempenho dos sistemas carcerários do País, em parceria com os demais tribunais estaduais e com a Corregedoria Nacional do Ministério Público[74].

Tribunal de Contas da União; III – receber e conhecer das reclamações contra membros ou órgãos do Poder Judiciário, inclusive contra seus serviços auxiliares, serventias e órgãos prestadores de serviços notariais e de registro que atuem por delegação do poder público ou oficializados, sem prejuízo da competência disciplinar e correcional dos tribunais, podendo avocar processos disciplinares em curso, determinar a remoção ou a disponibilidade e aplicar outras sanções administrativas, assegurada ampla defesa; IV – representar ao Ministério Público, no caso de crime contra a administração pública ou de abuso de autoridade; V – rever, de ofício ou mediante provocação, os processos disciplinares de juízes e membros de tribunais julgados há menos de um ano; VI – elaborar semestralmente relatório estatístico sobre processos e sentenças prolatadas, por unidade da Federação, nos diferentes órgãos do Poder Judiciário; VII – elaborar relatório anual, propondo as providências que julgar necessárias, sobre a situação do Poder Judiciário no País e as atividades do Conselho, o qual deve integrar mensagem do Presidente do Supremo Tribunal Federal a ser remetida ao Congresso Nacional, por ocasião da abertura da sessão legislativa".

71 STF, Pleno, ADI 3367, Rel. Min. Cézar Peluso, j. 13.04.2005: "Conselho Nacional de Justiça. Instituição e disciplina. Natureza meramente administrativa. Órgão interno de controle administrativo, financeiro e disciplinar da magistratura. Constitucionalidade reconhecida. Separação e independência dos Poderes. História, significado e alcance concreto do princípio. Ofensa a cláusula constitucional imutável (cláusula pétrea). Inexistência. Subsistência do núcleo político do princípio, mediante preservação da função jurisdicional, típica do Judiciário, e das condições materiais do seu exercício imparcial e independente. Precedentes e súmula 649. Inaplicabilidade ao caso. Interpretação dos arts. 2º e 60, § 4º, III, da CF. Ação julgada improcedente. [...]. O Conselho Nacional de Justiça não tem nenhuma competência sobre o Supremo Tribunal Federal e seus ministros, sendo esse o órgão máximo do Poder Judiciário nacional, a que aquele está sujeito".

72 STF, Pleno, ADI 4412, Rel. Min. Gilmar Mendes, j. 18.11.2020.

73 STF, Pleno, ADI 4638 MC-Ref, Rel. Min. Marco Aurélio, j. 30.02.2012.

74 O Departamento de Monitoramento e Fiscalização do Sistema Carcerário e do Sistema de Execução de Medidas Socioeducativas foi criado pela Lei n. 12.106/2009.

PARTE **VI**

ORDEM ECONÔMICA

CAPÍTULO **I** | A ORDEM ECONÔMICA NA CONSTITUIÇÃO BRASILEIRA

Sumário: I. Generalidades. 1. Geração e distribuição de riquezas. 2. Breves antecedentes históricos: do Absolutismo à Constituição de Weimar. 3. A ordem econômica no constitucionalismo brasileiro. II. Fundamentos, objetivos, princípios e regras da atividade econômica do Estado na Constituição de 1988. 1. Fundamentos: valorização do trabalho e livre-iniciativa. 2. Fins da ordem econômica. 3. Princípios da ordem econômica III. Algumas disfunções da formação social brasileira. IV. A tradição intervencionista do Estado na economia. V. Modalidades de intervenção do Estado no domínio econômico. 1. Prestação de serviços públicos. 2. Exploração da atividade econômica. VI. Alguns setores de tratamento específico. 1. Mineração. 2. Petróleo. VII. Política urbana e agrária. 1. Política urbana. 2. Política agrícola, fundiária e de reforma agrária.

I GENERALIDADES[1]

1 Geração e distribuição de riquezas

Economia é a área do conhecimento e da prática humanas que cuida da alocação de recursos limitados entre fins alternativos. Impossível exagerar sua importância ao longo de toda a história da humanidade, desde os primórdios da civilização, com coletadores e caçadores, até a sofisticação dos mercados internacionais dos dias de hoje. É no âmbito da Economia que se fazem as escolhas de prioridades na satisfação das necessidades e desejos dos indivíduos, dos empresários, das sociedades e dos governos. A qualidade das escolhas – e, em última análise, a qualidade dos gastos – é muito relevante por envolver o que se denomina *custo de oportunidade*, conceito que identifica o quanto se perde por se haver feito uma opção em lugar de outra.

Economistas dividem seu campo de estudos em dois grandes ramos: microeconomia e a macroeconomia. A microeconomia tem por foco o comportamento dos indivíduos, dos consumidores e das empresas em geral. Sua ênfase se encontra nas condutas privadas de maximização da utilidade (atitude dos consumidores) e dos lucros (atitude das empresas). Já a macroeconomia se volta para a análise da economia como um todo, nos seus grandes números: produto interno bruto, inflação, produtividade, taxas de desemprego e nível de desenvolvimento social, entre outras variáveis.

No setor privado, nas sociedades capitalistas, cabe aos indivíduos e às empresas fazerem livremente as suas escolhas, num ambiente regido pela *lei da oferta e da procura*. No setor público, as escolhas são pautadas pela Constituição e pela legislação, com destaque para as *leis orçamentárias*[2], que definem os programas, as receitas e as despesas de cada ente. Além das escolhas de alocação, a Economia no âmbito

---

1 Adam Smith, *An Inquiry into the Nature and Causes of the Wealth of Nations*, 2000; Daron Acemoglu e James A. Robinson, *Why Nations Fail: The Origins of Power, Prosperity, and Poverty*, 2012; John Maynard Keynes, *The General Theory of Employment, Interest, and Money*, 2018; Richard Posner, *The Economics of Justice*, 1981; Ronald Coase, *The Firm, The Market and The Law*, 1990; Cass R. Sunstein, Christine Jolls e Richard Thaler, *A Behavioral Approach to Law and Economics*, 50 Stanford Law Review 1471, 1998; Robert Cooter e Thomas Ulen, *Law and Economics*, 2011; Henry Butler e Jonathan Klick, *History of Law and Economics*, 2018; Diogo Figueiredo Neto, *Ordem econômica e desenvolvimento na Constituição de 1988*, 1989; Eros Grau, *A Ordem Econômica na Constituição de 1988*, 2022; Gilberto Bercovici, *Constituição Econômica e Desenvolvimento*, 2005; J. J. Gomes Canotilho e Vital Moreira, *Fundamentos da Constituição*, 1991; Gustavo Tepedino, *Contornos Constitucionais da Propriedade Privada*. In: Temas de Direito Civil, 2008; André Ramos Tavares, *Direito Constitucional Econômico*, 2003; Maria Sylvia Zanella Di Pietro, *Direito Administrativo*, 2022; José Afonso da Silva, *Curso de Direito Constitucional Positivo*, 2024; Marcos Juruena Villela Souto, *Constituição Econômica*, 1993.

2 O art. 165 da Constituição Federal define que o orçamento público é balizado por três marcos legislativos: o Plano Plurianual (PPA); a Lei de Diretrizes Orçamentárias (LDO); e a Lei Orçamentária Anual (LOA). O PPA é um instrumento de planejamento orçamentário que determina parâmetros, objetivos e a alocação de recursos públicos para os quatro anos seguintes. Baseando-se no PPA, a LDO estabelece as diretrizes e metas para a elaboração da LOA do ano seguinte, explicando as prioridades da Administração e regras para o equilíbrio entre gastos e receita. Por fim, a LOA dispõe sobre as receitas e despesas estimadas para o ano, indicando quanto dinheiro público será gasto e para onde esses recursos serão destinados. Em consonância com o art. 165, cumpre ao Poder Executivo elaborar propostas para o PPA, a LDO e a LOA e encaminhá-las ao Legislativo, o qual é responsável por transformá-las em lei. Este arranjo orçamentário vale para a União e também para estados, municípios e Distrito Federal.

público envolve decisões sobre política monetária (oferta de moeda, taxas de juros, crédito), política fiscal (gastos governamentais, arrecadação) e política de câmbio (controle do fluxo de moeda estrangeira), entre muitas outras.

Três fatores essenciais da vida contemporânea estão associados à ordem econômica: (i) a *geração* de riquezas, (ii) sua justa *distribuição* pela sociedade e (iii) a *promoção* do bem-estar de todos. Não por acaso, a Constituição brasileira dedica títulos específicos a cada um desses temas: a Ordem Econômica, a Tributação e Orçamento e a Ordem Social, aí incluídos os direitos trabalhistas e os direitos prestacionais, como saúde, educação e assistência social.

O presente capítulo investiga, particularmente, a Ordem Econômica, tratando do papel do Estado nesse domínio, os fundamentos, objetivos, princípios e regras que pautam sua atuação, em geral e em setores específicos. Antes, porém, faz-se uma brevíssima retrospectiva histórica do papel do Estado e de suas instituições no domínio econômico.

2 Breves antecedentes históricos: do Absolutismo à Constituição de Weimar

Não são poucos os registros históricos sobre a ingerência do Estado na Economia, desde os primórdios da formação dos Estados nacionais absolutistas. Com frequência, intervenções pouco edificantes. Carlos V, que governou a França entre 1364 e 1380, criou a *gabelle*, imposto sobre o sal que isentava a nobreza e vigorou até a Revolução Francesa[3]. Henrique VIII, rei da Inglaterra entre 1509 e 1547, instaurou a política de diminuir secretamente o quilate de ouro usado na fabricação de moeda nacional – e apropriar o material restante à fortuna da Coroa[4]. Já Felipe II, monarca espanhol entre 1556 e 1598, foi um mal pagador notório: não honrou a exorbitante dívida pública espanhola quatro vezes durante seu reinado[5]. Nos três casos, o resultado socioeconômico foi trágico e as consequências se projetaram para além dos respectivos reinados[6]. Quando a governança responsável não é uma garantia institucional, o arbítrio do administrador desvirtua a coleta de impostos, a política monetária e o planejamento fiscal.

Adam Smith, considerado um dos clássicos do pensamento econômico, foi precursor no estudo da relação entre o Estado e a economia, tendo se celebrizado como o grande expoente do liberalismo econômico, defensor da economia de mercado, da livre-concorrência e da propriedade individual[7]. Para ele, caberia ao Estado, tão-somente, atuar nos espaços que o mercado não alcança, restringindo-se a três funções: a defesa nacional contra ameaças estrangeiras; a proteção dos cidadãos (e seus direitos) contra a violência e a injustiça; e a conservação dos bens públicos, assim como realização de obras públicas, atividades que não seriam sustentáveis sem investimento estatal[8]. Outros autores a ele se seguiram, traçando os contornos do pensamento liberal clássico[9]. Com muitos temperamentos, recortes específicos e reconhecimento de importantes papeis sociais para o Estado, não seria errado dizer que muitas de suas ideias ainda se encontram na base teórica do Estado liberal contemporâneo.

---

3 Tommaso Giommoni, Gabriel Loumeau, *Taxation with a Grain of Salt: The Long-Term Effect of Fiscal Policy on Local Development*. In: CESifo Working Paper No. 9997, p. 2022.

4 Catherine Downey. *The great debasement of Henry VIII and Edward VI*. In: Student Economic Review, v. 1, n. 1, p. 15-25, 1997.

5 Hans-Joachim Voth e Mauricio Drelichman. *Lending to the Borrower from Hell: Debt and Default in the Age of Philip II, 1556-1598*. In: CEPR Discussion Papers, n. 7276, 2009.

6 Escolhas institucionais posteriores ocasionaram destinos econômicos bem diferentes para esses países. A partir da Revolução Gloriosa do século XVII, a Inglaterra desenvolveu o parlamentarismo democrático, com contrapesos institucionais e um Estado limitado. No começo do século XVIII, já era a nação mais próspera do mundo. Já a Espanha, por sua vez, preservou o absolutismo até o começo do século XIX, centralizando a economia na Coroa e endossando a taxação exagerada. Até recentemente, foi um dos países menos desenvolvidos da Europa, tendo experimentado acentuado progresso após a adesão à União Europeia. v. Daron Acemoglu, Simon Johnson e James A. Robinson, *Institutions as a Fundamental Cause of Long-Run Growth*. In: Handbook of Economic Growth, Volume 1A, 2005, pp. 453-455.

7 Uma de suas ideias mais famosas é a da "mão invisível do mercado". Segundo ele, o mercado, pautado pelos interesses individuais de cada sujeito, possibilita melhoras a toda a comunidade. Em coerência, o pensador escocês acreditava que o papel do Estado deveria ser limitado. Adam Smith, *A riqueza das nações: investigação sobre sua natureza e suas causas*, Tradução de Daniel Moreira Miranda, 2021 [1776], pp. 622-624.

8 Adam Smith, *A riqueza das nações: investigação sobre sua natureza e suas causas*, Tradução de Daniel Moreira Miranda, 2021 [1776], pp. 937-939.

9 V. John Stuart Mill, *Sobre a Liberdade*, 2016 [1859]; David Ricardo, *Princípios de Economia Política e Tributação*, 2018 [1817].

É fato, porém, que as diferentes crises do capitalismo e o surgimento e aprofundamento de uma consciência social remodelaram, progressivamente, a atuação do Estado no domínio econômico, para evitar abusos, desemprego e promover justiça social[10]. E, também, como instrumento de proteção das próprias economias do mercado contra o avanço do pensamento socialista, impulsionado pela Revolução Russa, de 1917, e o ímpeto universalizante de suas ideias[11]. O Estado liberal, assim, assume um maior papel social e intervencionista[12]. É bem de ver, no entanto, que a atuação estatal no domínio econômico não seguia parâmetros constitucionais, estando à mercê da Administração. A constitucionalização da Ordem Econômica só vai se materializar às vésperas da segunda década do século XX.

Nessa perspectiva, a Constituição do México, de 1917, a Constituição da Federação Russa, de 1918, e a Constituição de Weimar, de 1919, são destaques históricos por motivos diferentes. O primeiro documento é lembrado pelo pioneirismo quanto à incorporação de direitos trabalhistas e econômicos como direitos sociais[13]. O segundo, por estabelecer o planejamento completo da economia em bases constitucionais, orientado pelo Estado de forma plena e autoritária – estreando o modelo de economia planificada[14]. Finalmente, a Constituição de Weimar é paradigmática por ser a primeira constituição a possuir uma seção inteiramente dedicada à definição da ordem econômica, seus princípios, seus fins e suas diretrizes[15]. Intitulado "A Vida Econômica" (*Das Wirtschaftsleben*), o excerto traz determinações que se perpetuaram no constitucionalismo: primazia da liberdade contratual[16], dispositivos sobre política agrária[17], critérios para a desapropriação de bens[18] e até mesmo a proteção dos direitos autorais[19].

3   A ordem econômica no constitucionalismo brasileiro

A Constituição Imperial de 1824, monárquica e instituidora de um Estado unitário, não abriu espaço para a Ordem Econômica. Uma ou outra cláusula remetia a temas com significado econômico, como direito

---

10   O capitalismo *laissez-faire* enfrentou crises severas no final do século XIX e no começo do século XX. Situações como a Longa Depressão, recessão que afetou os Estados Unidos e a Europa a partir de 1873, e a famosa Grande Depressão, de 1929, alteraram a relação entre o Estado e a economia. De tal forma, a primeira metade do século XX testemunhou o crescimento do investimento estatal em setores estratégicos, como a indústria de base e a infraestrutura. O *New Deal*, programa econômico implementado por Franklin Delano Roosevelt para aquecer a economia após 1929, é um exemplo clássico dessa nova perspectiva.

11   A competição entre modelos econômicos que caracterizava a Guerra Fria trouxe incentivos políticos à expansão da assistência social, da oferta de serviços públicos e das políticas públicas nas economias capitalistas. Nesse sentido, v. Herbert Obinger e Carina Schmitt, *Guns and Butter? Regime Competition and the Welfare State during the Cold War*, In: Handbook of Economic Growth, World Politics, vol. 63, no. 2, 2011, pp. 246–70.

12   A expansão do estatismo a partir da primeira metade do século XX denota, em grande medida, a adesão de países aos modelos econômicos de John Maynard Keynes. O keynesianismo defende a interferência estatal na economia para suavizar turbulências econômicas, resguardar o comércio nacional e promover a circulação de riqueza. Para mais, v. John Maynard Keynes, *The General Theory of Employment, Interest, and Money*, 2018.

13   A Constituição Mexicana de 1917 é extensiva quanto às proteções econômicas, sociais e culturais. Entre muitos outros, pode-se mencionar os artigos 25 (desenvolvimento econômico através do Estado), 27 (função social da propriedade) e 28 (banimento de práticas anticoncorrenciais) como avanços notórios na seara da organização econômica. Para uma análise mais detalhada acerca dos avanços trazidos pela Constituição Mexicana, v. André Rufino do Vale, *Constitucionalismo social completa 100 anos neste dia 5 de fevereiro*, 2017. Disponível em: https://www.conjur.com.br/2017-fev-04/observatorio-constitucional-constitucionalismo-social-completa-100-anos-neste-fevereiro/.

14   O modelo financeiro soviético baseava-se na chamada economia planificada. Uma economia planificada consiste em arranjo no qual o Poder Público é absolutamente protagonista. O governo controla toda a produção, distribuição e preços dos bens e serviços. As decisões econômicas, como o que e quanto produzir, são feitas por planos centralizados, sem o mercado livre.

15   A Constituição do Império Alemão de 1919, amplamente conhecida como a Constituição de Weimar, dedicava o capítulo II, seção V, à análise das prioridades econômicas. Além do pioneirismo quanto às particularidades econômicas, a Carta de Weimar promoveu evoluções interessantes em diferentes temas, como as garantias individuais e o sistema de governo. Para uma análise completa de seus legados, v. Gilberto Bercovici, *Cem Anos da Constituição de Weimar*, 2019.

16   Constituição do Império Alemão de 1919, art. 152:"

17   Constituição do Império Alemão de 1919, art. 155.

18   Constituição do Império Alemão de 1919, art. 153.

19   Constituição do Império Alemão de 1919, art. 158.

à propriedade[20], garantia da dívida pública[21] e apresentação anual do balanço do tesouro nacional[22]. Mas não havia diretrizes ou rumos econômicos apontados. Similarmente, a Constituição de 1891 também não se estendeu sobre a ordem econômica ou dedicou um segmento próprio para questões financeiras. Apesar das novidades, como o republicanismo ou o federalismo, não houve avanços notórios na governança financeira. Na verdade, a estratificação socioeconômica brasileira pouco mudou entre o Império e a República – o café seguiu pagando as contas; as oligarquias regionais seguiram ocupando o Estado[23].

Esse cenário se altera substancialmente após o fim da República Velha, com a Revolução de 1930 e a ascensão de Getúlio Vargas ao poder. Tem-se ali um marco da transformação do país rural e agrário em um país que se tornaria crescentemente urbano e em processo de industrialização, fortemente impulsionada pelo Estado. Nesse ambiente, a Constituição de 1934 abriu seu Título IV – "Da Ordem Econômica e Social" –, cuidando de algumas questões que hoje soam anacrônicas, como usura[24], o combate a endemias[25] e até educação eugênica[26]. A partir daí, o tema esteve previsto em todas as Constituições que se sucederam – 1937, 1946, 1967-69 e 1988 –, embora variassem a ênfase e as preocupações, que iam da nacionalização de indústrias consideradas básicas ou essenciais (1937)[27] até a segurança nacional (1967)[28], obsessão do regime militar. Já a Constituição de 1988, na sua versão original, reservava papel demasiadamente amplo para o Estado e impunha restrições excessivas ao investimento estrangeiro, em previsões que vieram a ser superadas por emendas, ao longo dos anos, como se verá adiante.

A seguir, a exposição mais analítica do tratamento dado à Ordem Econômica pela Constituição de 1988

II FUNDAMENTOS, OBJETIVOS, PRINCÍPIOS E REGRAS DA ATIVIDADE ECONÔMICA DO ESTADO NA CONSTITUIÇÃO DE 1988

1 Fundamentos: valorização do trabalho e livre-iniciativa

A *livre-iniciativa* e o *valor do trabalho humano* são dois dos princípios fundamentais do Estado brasileiro e os fundamentos da ordem econômica. Essa é a dicção expressa dos arts. 1º, IV, e 170, *caput*, da Constituição, *in verbis*:

---

20 Constituição Política do Império do Brasil, art. 179: "A inviolabilidade dos Direitos Civis, e Políticos dos Cidadãos Brasileiros, que tem por base a liberdade, a segurança individual, e a propriedade, é garantida pela Constituição do Império, pela seguinte maneira. (...) XXII: É garantido o Direito de Propriedade em toda a sua plenitude. Se o bem público legalmente verificado exigir o uso, e emprego da Propriedade do Cidadão, será ele previamente indenizado do valor dela. A Lei marcará os casos, em que terá lugar esta única exceção, e dará as regras para se determinar a indenização".

21 Constituição Política do Império do Brasil, art. 179: "(...) XXIII: Também fica garantida a Dívida Pública".

22 Constituição Política do Império do Brasil, art. 172: "O Ministro de Estado da Fazenda, havendo recebido dos outros Ministros os orçamentos relativos às despesas das suas repartições, apresentará na Câmara dos Deputados anualmente, logo que esta estiver reunida, um balanço geral da receita e despesa do Tesouro Nacional do ano antecedente, e igualmente o orçamento geral de todas as despesas publicas do ano futuro, e da importância de todas as contribuições, e rendas públicas".

23 Para uma fluida narrativa da transição da Monarquia à República, v. Laurentino Gomes, *1889*, 2013;

24 Constituição da República dos Estados Unidos do Brasil de 1934, art. 117: "Parágrafo único - É proibida a usura, que será punida na forma da lei".

25 Constituição da República dos Estados Unidos do Brasil de 1934, art. 140: "A União organizará o serviço nacional de combate às grandes endemias do país, cabendo-lhe o custeio, a direção técnica e administrativa nas zonas onde a execução do mesmo exceder as possibilidades dos governos locais".

26 Constituição da República dos Estados Unidos do Brasil de 1934, art. 138, 'b': "Incumbe à União, aos Estados e aos Municípios, nos termos das leis respectivas: (...) b) estimular a educação eugênica."

27 Constituição Brasileira de 1937, art. 144: "A lei regulará a nacionalização progressiva das minas, jazidas minerais e quedas d'água ou outras fontes de energia assim como das indústrias consideradas básicas ou essenciais à defesa econômica ou militar da nação".

28 Constituição do Brasil de 1967, art. 157, parágrafo oitavo: "A ordem econômica tem por fim realizar a justiça social, com base nos seguintes princípios: [...] § 8º - São facultados a intervenção no domínio econômico e o monopólio de determinada indústria ou atividade, mediante lei da União, quando indispensável por motivos de segurança nacional [...]". Cumpre ressaltar que se repete a mesma determinação no art. 163 da Emenda Constitucional n. 1 de 1969.

"Art. 1º. A República Federativa do Brasil (...) tem como fundamentos:

...

IV – os valores sociais do trabalho e da livre-iniciativa;"

"Art. 170. A ordem econômica, fundada na valorização do trabalho humano e na livre-iniciativa (...)".

Tais princípios correspondem a decisões políticas fundamentais do constituinte originário[29] e, por essa razão, subordinam toda a ação no âmbito do Estado, bem como a interpretação das normas constitucionais e infraconstitucionais. A ordem econômica, em particular, e cada um de seus agentes – os da iniciativa privada e o próprio Estado – estão vinculados a esses dois bens: a valorização do trabalho (e, *a fortiori*, de quem trabalha) e a livre-iniciativa de todos – que, afinal, também abriga a ideia de trabalho –, espécie do gênero liberdade humana.

A Constituição de 1988 cuidou de concretizar *o princípio da valorização do trabalho* em regras concentradas em seu art. 7º, onde se pode encontrar um rol de direitos assegurados aos trabalhadores, que incluem salário mínimo, repouso remunerado, jornada máxima, segurança no trabalho, férias e fundo de garantia do tempo de serviço, entre outros. O elenco que ali figura não exclui outros direitos que visem à melhoria de sua condição social, nos termos expressos do *caput* do mesmo artigo[30]. O constituinte prestigiou, nessa mesma linha, o trabalho dos autores e inventores, através das garantias do direito autoral (art. 5º, XXVII) e da proteção patentária (art. 5º, XXIX), e daqueles profissionais que participam de espetáculos públicos ou de obras coletivas (art. 5º, XXVIII). O fundamento da proteção ao trabalhador e da valorização do trabalho encontra-se na própria dignidade da pessoa humana (art. 1º, III).

A *livre-iniciativa* é uma expressão da ideia geral de liberdade, e faz parceria com outros princípios constitucionais relevantes, como o da legalidade e o da autonomia da vontade. Nesse sentido, ela transcende uma dimensão puramente econômica, significando que a regra geral, em todos os domínios, é que as pessoas sejam livres para suas escolhas existenciais, profissionais, filantrópicas, de lazer etc. O Estado não pode determinar onde um indivíduo vai morar, qual profissão vai seguir, o que vai fazer com o seu dinheiro ou a quem vai ajudar ou deixar de ajudar.

Além de ser um princípio fundamental do Estado brasileiro, a livre-iniciativa é também um princípio geral da ordem econômica. Isso significa uma clara opção por um regime de economia de mercado – que gravita em torno da lei da oferta e da procura – e não de uma economia planificada, em que os agentes econômicos são obrigados a seguir as diretrizes estatais. Ao contrário, o art. 174 da Constituição especifica que o planejamento econômico é "determinante para o setor público e indicativo para o setor privado". É possível extrair, da própria Constituição, os elementos essenciais do conteúdo desse princípio:

A. Propriedade privada (CF, art. 5º, XXII[31]: traço típico do regime capitalista e de economia de mercado é a apropriação privada dos bens e meios de produção. É certo que o Estado pode interferir com esse direito, por exemplo, mediante tributação, desapropriação ou exercício do poder de política. Tais ingerências estatais, todavia, sofrem limites estabelecidos pela própria Constituição, que disciplina o poder de tributar (CF, art. 150 a 152), de desapropriar (CF, art. 5º, XXIV) e veda o confisco (CF, art. 150, IV).

B. Liberdade de empresa (CF, art. 170, parágrafo único) **e** *de trabalho* (CF, art. 5º, XIII): é assegurado a todos o livre exercício de qualquer atividade econômica, salvo nos casos previstos em lei (*e.g.*, banco, refinaria). É livre o exercício de qualquer trabalho, ofício ou profissão, atendidas as qualificações profissionais que a lei estabelecer (por exemplo, Exame de Ordem[32], mas não exigência de curso superior para jornalista[33]).

C. Livre concorrência (art. 170, IV): livre concorrência significa liberdade de fixação dos preços e do lucro, como regra geral[34]. Dentro de uma cultura cronicamente inflacionária, essa questão do controle de preços é um capítulo especial. O outro é a correção monetária e seu irmão mais cruel, que é a indexação. O controle de preços e a indexação são duas tentações permanentes, que levam direto para o inferno. Desnecessário lembrar que um percentual expressivo de litígios existentes no Brasil envolveu

---

29 Sobre o conceito de *decisões políticas fundamentais*, v. Carl Schmitt, *Teoría de la Constitución*, 1970.

30 CF, art. 7º, *caput*: "São direitos dos trabalhadores urbanos e rurais, além de outros que visem à melhoria de sua condição social:".

31 CF, art. 5º, XXII: "É garantido o direito de propriedade".

32 STF, RE 603.583, Rel. Min. Marco Aurélio, j. em 26.10.2011.

33 STF, RE 511.961, Rel. Min. Gilmar Mendes, j. em 17.06.2009.

34 A regra geral é a não intervenção do Estado nos preços e na lucratividade das empresas. Em certas situações, no entanto, isso pode ocorrer. No caso específico do setor sucroalcooleiro, o STF assim decidiu: "É imprescindível para o reconhecimento da responsabilidade civil do Estado em decorrência da fixação de preços no setor sucroalcooleiro a comprovação de efetivo prejuízo econômico, mediante perícia técnica em cada caso concreto". STF, RE 884.325, Rel. Min. Edson Fachin, j. em 18.08.2020.

as consequências dos diversos planos econômicos pelos quais passou o país, como os Planos Cruzado, Bresser, Verão, Collor, etc[35].

D. Liberdade de contratar (art. 5º, II): no setor público, a contratação de pessoas exige concurso; a contratação de obras, serviços ou bens exige licitação. Não assim no setor privado, no qual prevalece, como regra, a autonomia da vontade do contratante na decisão de contratar.

Em importante decisão acerca da terceirização, o Supremo Tribunal fixou o seguinte entendimento:

> "É legítima a terceirização das atividades-fim de uma empresa. Como já foi decidido pelo Supremo Tribunal Federal, a Constituição não impõe uma única forma de estruturar a produção. Ao contrário, o princípio constitucional da livre-iniciativa garante aos agentes econômicos liberdade para eleger suas estratégias empresariais dentro do marco vigente (CF/1988, art. 170). A proteção constitucional ao trabalho não impõe que toda e qualquer prestação remunerada de serviços configure relação de emprego (CF/1988, art. 7º)"[36].

Em outra importante decisão, o Supremo Tribunal Federal declarou a inconstitucionalidade de lei municipal que proibia o transporte individual por via de aplicativo, como Uber, 99, Cabify e outros, assentando:

> "As normas que proíbam ou restrinjam de forma desproporcional o transporte privado individual de passageiros são inconstitucionais porque: (i) não há regra nem princípio constitucional que prescreva a exclusividade do modelo de táxi no mercado de transporte individual de passageiros; (ii) é contrário ao regime de livre-iniciativa e de livre concorrência a criação de reservas de mercado em favor de atores econômicos já estabelecidos, com o propósito de afastar o impacto gerado pela inovação no setor; (iii) a possibilidade de intervenção do Estado na ordem econômica para preservar o mercado concorrencial e proteger o consumidor não pode contrariar ou esvaziar a livre-iniciativa, a ponto de afetar seus elementos essenciais. Em um regime constitucional fundado na livre-iniciativa, o legislador ordinário não tem ampla discricionariedade para suprimir espaços relevantes da iniciativa privada"[37].

É certo que a livre-iniciativa sofre temperamentos diversos, contidos na própria Constituição, a começar pela possibilidade de atuação suplementar do Estado (CF, art. 173, *caput*). Além disso, a liberdade de empresa é limitada pela função social da empresa[38], a liberdade de preço é moderada pela restrição ao abuso do poder econômico e pela proteção dos direitos do consumidor (CF, art. 173, § 4º e art. 170, V), a liberdade de contratar deve observar os direitos do trabalhador (CF, art. 7º) e o direito de propriedade deve se conformar à sua função social (CF, art. 170, III). A seguir, alguns precedentes do Supremo Tribunal Federal que envolvem a fronteira entre a livre-iniciativa e outros bens jurídicos constitucionais:

a) É constitucional a lei que confere passe livre às pessoas com deficiência nos meios de transporte público, medida que está em consonância com a Convenção sobre os Direitos das pessoas com deficiência. STF, ADI 2.649, rel. min. Cármen Lúcia, j. 8.05.2008. É igualmente válida a previsão do Estatuto do Idoso (Lei n. 10.741, de 1º-10-2003, art. 39) que prevê gratuidade dos transportes públicos urbanos e semiurbanos aos que têm mais de 65 anos, previsão que dá concretude ao art. 230 da Constituição[39];

---

35 Em 2018, o Supremo Tribunal Federal homologou acordo para quitação das perdas monetárias causadas a bancos e poupadores pelas medidas anti-inflacionárias tomadas pelos planos econômicos Bresser, Verão e Collor II. Vide ADPF 165, Rel. Min. Ricardo Lewandowski, j. em 01.03.2018.

36 STF, ADI 3.961, Rel. Min. Luís Roberto Barroso, j. em 15.04.2020. Em outro julgado, ficou estabelecido: "Na terceirização, compete à contratante: i) verificar a idoneidade e a capacidade econômica da terceirizada; e ii) responder subsidiariamente pelo descumprimento das normas trabalhistas, bem como por obrigações previdenciárias, na forma do art. 31 da Lei 8.212/1993". STF, ADPF 324, Rel. Min. Luís Roberto Barroso, j. 30.08.2018.

37 STF, RE 1.054.110, Rel. Min. Luís Roberto Barroso, j. em 09.05.2019. A decisão acrescentou ainda: "A admissão de uma modalidade de transporte individual submetida a uma menor intensidade de regulação, mas complementar ao serviço de táxi afirma-se como uma estratégia constitucionalmente adequada para acomodação da atividade inovadora no setor. Trata-se, afinal, de uma opção que: (i) privilegia a livre-iniciativa e a livre concorrência; (ii) incentiva a inovação; (iii) tem impacto positivo sobre a mobilidade urbana e o meio ambiente; (iv) protege o consumidor; e (v) é apta a corrigir as ineficiências de um setor submetido historicamente a um monopólio 'de fato'".

38 Embora não haja, na Constituição, referência expressa à função social da empresa, essa é uma decorrência natural da função social da propriedade em geral.

39 STF, ADI 3.768, rel. Min. Cármen Lúcia, j. 19.09.2007.

594

b) Em caso de abuso do poder econômico, com aumento arbitrário de lucros, pode o Estado regular a política de preços de bens e serviços[40]. Porém, a fixação de preços em valores abaixo da realidade é empecilho ao exercício da atividade econômica, em desrespeito à livre-iniciativa[41];

c) Se a restrição ao direito de construir advinda da limitação administrativa causa aniquilamento da propriedade privada, resulta, em favor do proprietário, o direito à indenização. Todavia, o direito de edificar é relativo, dado que condicionado à função social da propriedade. Se as restrições decorrentes da limitação administrativa preexistiam à aquisição do terreno, assim já do conhecimento dos adquirentes, não podem estes, com base em tais restrições, pedir indenização ao poder público. STF, RE 140.436, rel. min. Carlos Velloso, j. 25.05.1999:

d) Fundado no princípio da precaução e nos direitos fundamentais à saúde e ao meio ambiente ecologicamente equilibrado, o Supremo Tribunal Federal proibiu a importação de pneus usados[42].

e) O Supremo Tribunal Federal tem reiteradamente entendido que é inconstitucional restrição imposta pelo Estado ao livre exercício de atividade econômica ou profissional, quando forem utilizadas como meio de cobrança indireta de tributos[43]. Tais restrições, entendidas como ilegítimas sanções políticas, incluem a proibição de funcionamento ou criação de dificuldades graves, como embaraços à emissão de notas fiscais[44].

2 Fins da ordem econômica

A ordem econômica tem por fim assegurar a todos existência digna, conforme os ditames da justiça social (CF, art. 170, *caput*) – temas já tratados em capítulos anteriores –[45], bem como o desenvolvimento nacional (CF, art. 3°, II). Desenvolvimento é um processo de aprimoramento das condições da sociedade, compreendendo diferentes elementos e circunstâncias. Por longo tempo, o desenvolvimento foi pensado em duas grandes dimensões: (i) a dimensão *econômica*, associada à *geração de riquezas*, tendo como indicadores o Produto Interno Bruto (PIB), a renda per capita, o nível de endividamento do país e o saldo da balança comercial, dentre outros; e (ii) a dimensão *social*, ligada à distribuição de riquezas e à qualidade geral de vida da população em termos de habitação adequada, acesso à educação e à saúde básicas – incluindo alimentação e saneamento –, níveis de mortalidade infantil, expectativa de vida e serviços públicos adequados. Aqui, em lugar do PIB, usa-se como índice o Índice de Desenvolvimento Humano (IDH)[46].

Nas últimas décadas, um outro conceito foi introduzido e hoje congrega o consenso mundial: o de que o desenvolvimento econômico e social deve ser *sustentável*. Trata-se de uma ideia que percorreu um longo caminho, desde que referida pela primeira vez como "eco-desenvolvimento" na Conferência das Nações Unidas sobre Meio Ambiente e Direitos Humanos, realizada em Estocolmo, em 1972. Posteriormente, um célebre documento, intitulado "Nosso Futuro Comum", elaborado pela chamada Comissão Brundtland, definiu *desenvolvimento sustentável* como "aquele que atende às necessidades do presente, sem comprometer a possibilidade de as gerações futuras atenderem a suas próprias necessidades". Há quem aponte insuficiências nessa formulação, mas no geral este é o sentido ainda generalizadamente atribuído à expressão.

A ideia de desenvolvimento sustentável expressa, no direito constitucional brasileiro, o ponto de equilíbrio entre valores como desenvolvimento econômico e social, erradicação da pobreza e proteção do meio ambiente. A satisfação das necessidades da geração presente não deve exaurir os recursos necessários às gerações futuras nem comprometer o meio-ambiente em que terão de viver. Em suma: o desenvolvimento tem por fim promover a dignidade humana na sua expressão igualitária, libertária e

---

40 STF, ADI 319 QO, rel. min. Moreira Alves, j. 3.03.1993.

41 STF, RE 422.941, rel. min. Carlos Velloso, j. 5.12.2005.

42 STF, ADPF 101, rel. min. Cármen Lúcia, j. 24.06.2009.

43 STF, ARE 914.045 RG, rel. min. Edson Fachin, j. 15.10.2015. Tema de Repercussão Geral 856.

44 STF, RE 565.048, rel. min. Marco Aurélio, j. 2905. 2014. Tema de Repercussão Geral 31.

45 A dignidade humana foi tratada na Parte IV, Capítulo II, tópico II, enquanto a justiça social aparece nos direitos sociais listados pelo subsequente tópico III.

46 O Índice de Desenvolvimento Humano (IDH) avalia os indicadores de um país em temas como alfabetização, riqueza, educação, expectativa de vida e natalidade para parametrizar o nível de desenvolvimento de uma nação em uma escala que vai de 0 a 1.

compatível com a justiça intergeracional[47]. Com a intensificação do processo de mudança climática, preocupações que, anteriormente, se dirigiam às gerações futuras, passaram a se voltar para o aqui e agora. Tal fato é bem demonstrado pelos eventos climáticos extremos ocorridos no mundo. No Brasil, em tempos recentes, houve uma das mais duradouras e dramáticas secas na Amazônia, queimadas fora de controle no Pantanal e inundações trágicas no Rio Grande do Sul.

3 Princípios da Ordem Econômica

Os princípios que devem reger a ordem econômica vêm listados no art. 170 da Constituição, que tem a seguinte dicção:

> *"Art. 170. A ordem econômica, fundada na valorização do trabalho humano e na livre-iniciativa, tem por fim assegurar a todos existência digna, conforme os ditames da justiça social, observados os seguintes princípios:*
>
> *I – soberania nacional;*
>
> *II – propriedade privada;*
>
> *III – função social da propriedade;*
>
> *IV – livre concorrência;*
>
> *V – defesa do consumidor;*
>
> *VI – defesa do meio ambiente;*
>
> *VII – redução das desigualdades regionais e sociais;*
>
> *VIII – busca do pleno emprego;*
>
> *IX – tratamento favorecido para as empresas de pequeno porte constituídas sob as leis brasileiras e que tenham sua sede e administração no País."*

Faz-se, a seguir, breve anotação sobre alguns deles:

Soberania nacional. Trata-se, aqui, da ramificação econômica de um dos fundamentos do Estado brasileiro (CF, art. 1º, I). Soberania significa autodeterminação e igualdade com os demais Estados, no plano internacional, e superioridade jurídica, no plano interno, no sentido de prevalência da vontade estatal sobre o interesse particular, sempre que manifestada na conformidade da Constituição e das leis[48]. Por exemplo: se potências estrangeiras decretarem boicote comercial a algum país específico e o Brasil não quiser aderir, não estará obrigado a fazê-lo, pois inexiste subordinação entre Estados soberanos. Porém, se o Estado brasileiro decretar um embargo comercial a determinado país, as empresas brasileiras terão que se sujeitar, abstendo-se de transacionar com o país sancionado.

Propriedade privada e função social da propriedade. Como visto, a propriedade privada está no núcleo essencial da livre-iniciativa, além de ser um direito individual constitucionalmente assegurado (CF, art. 5º, XXI). Bens e meios de produção podem ser de titularidade de indivíduos e de pessoas jurídicas de direito privado, impondo-se a todos, inclusive ao Poder Público, o respeito à propriedade alheia. O Estado, por sua vez, somente pode intervir no direito de propriedade, ou restringi-lo, nas hipóteses autorizadas pela Constituição[49]. Já a função social da propriedade é um conceito relativamente difuso, mas abriga ideias centrais como o aproveitamento racional, a utilização adequada dos recursos naturais, a

---

47 Na formulação feliz de Amartya Sen, vencedor do prêmio Nobel de 1998, o desenvolvimento é um processo integrado de expansão das liberdades substantivas das pessoas. V. Amartya Sen, *Development as Freedom*, 1999, p. 8.

48 Sobre a releitura do denominado princípio da supremacia do interesse público, v. Luís Roberto Barroso. Prefácio: *O Estado contemporâneo, os direitos fundamentais e a redefinição da supremacia do interesse público*. In: Daniel Sarmento, Interesses públicos versus interesses privados: desconstruindo o princípio de supremacia do interesse público, 2007.

49 A Constituição enunciou quatro formas de intervenção estatal na propriedade privada, a saber: a) a instituição e cobrança de tributos, obedecidas as limitações constitucionais ao poder de tributar (art. 148 e ss., especialmente o art.150), dentre as quais figura a proibição de utilizar tributo com efeito de confisco; b) privação de bens por meio de devido processo legal, assegurada a ampla defesa e o contraditório aos litigantes (art. 5º, LIV e LV); c) o perdimento de bens (art. 5º, XLVI, b) e a expropriação, sem indenização, dos bens envolvidos no cultivo de plantas psicotrópicas e no tráfico de entorpecentes (art. 243), como modalidade de pena criminal; e d) a desapropriação, garantida, como regra, prévia e justa indenização, e a requisição ou ocupação temporárias, assegurada igualmente a indenização se houver dano (arts. 5º, XXIV, 182, § 4º, III, 184 e 5º, XXV).

preservação do meio ambiente, o bem-estar da comunidade[50]. A frustração de tal mandamento constitucional dá ensejo a sanções previstas na própria Carta[51].

Livre concorrência e defesa do consumidor. O princípio da livre concorrência, corolário direto da liberdade de iniciativa, expressa a opção pela economia de mercado. Nele se contém a crença de que a competição entre os agentes econômicos, de um lado, e a liberdade de escolha dos consumidores, de outro, produzirão os melhores resultados sociais: qualidade dos bens e serviços e preço justo. Daí decorre que o Poder Público não pode pretender substituir a regulação natural do mercado por sua ação cogente, salvo situações de exceção, quando haja falhas de mercado ou necessidade de proteger algum outro valor constitucional[52]. A experiência demonstrou, todavia, que o sistema de autorregulação do mercado nem sempre é eficaz em relação a um conjunto de outros aspectos dos produtos e serviços, como qualidade e segurança, veracidade das informações ao consumidor, vedação de cláusulas abusivas, atendimento pós-consumo etc. Daí a necessidade de uma regulamentação específica de proteção ao consumidor, que veio inscrita inclusive como um direito individual constitucionalizado[53].

Defesa do meio ambiente. Por fim, a preservação do meio ambiente condiciona o exercício das atividades econômicas em geral. O constituinte de 1988 não apenas incluiu sua defesa entre os princípios da ordem econômica (CF, art. 170, VI), como também dedicou todo um capítulo (Capítulo VI do Título VIII) à sua disciplina, elevando-o à categoria de direito de todos. Confira-se o teor do *caput* do art. 225 da Carta, *in verbis*:

> *"Art. 225. Todos têm direito ao meio-ambiente ecologicamente equilibrado, bem de uso comum do povo e essencial à sadia qualidade de vida, impondo-se ao Poder Público e à coletividade o dever de defendê-lo e preservá-lo, para as presentes e futuras gerações."*

A esse propósito, temas como a mudança climática e o aquecimento global passaram a ser questões definidoras do nosso tempo, e tem sido crescente a intervenção do Poder Judiciário na matéria[54].

Tratamento favorecido para empresas nacionais de pequeno porte. As micro e pequenas empresas constituem a parcela quantitativamente mais expressiva do capitalismo nacional, sendo responsável por mais de 50% dos empregos no país[55]. Atenta a esses aspectos, a Constituição procurou torná-las mais competitivas com as grandes corporações, inclusive prevendo a simplificação, redução ou eliminação de suas obrigações administrativa, tributárias, previdenciárias e creditícias (CF, art. 179). A concretização desse princípio é levada a efeito por diversas previsões em legislação ordinária[56].

Redução das desigualdades regionais e sociais. A desigualdade é uma das marcas mais dramáticas do Brasil, décimo-quarto país mais desigual do mundo, onde 63% da riqueza está concentrada nas mãos de 1% da população[57]. Tais discrepâncias se manifestam, também, nas diferenças socioeconômicas entre as regiões do país. Quase 40% dos domicílios familiares no Norte e no Nordeste enfrentam algum grau de insegurança alimentar[58]; apenas 46% dos domicílios no Norte do país têm esgoto sanitário - no

---

50 Miguel Reale Jr., *Casos de direito constitucional,* 1992, p. 14: "A propriedade exerce uma função social, se realiza um fim economicamente útil, produtivo e em benefício do proprietário e de terceiros, mormente os que com o trabalho intervêm no processo de utilização de meios econômicos.".

51 *E.g.,* CF, arts. 182, § 4° e 184.

52 V., por exemplo, o que dispõe a Súmula Vinculante 49: "Ofende o princípio da livre concorrência lei municipal que impede a instalação de estabelecimentos comerciais do mesmo ramo em determinada área".

53 CF, art. 5°, XXXII: "o Estado promoverá, na forma da lei, a defesa do consumidor;".

54 Para uma análise específica sobre o papel do Judiciário nas matérias ambientais, v. Luís Roberto Barroso, *Capítulo VII: A questão ambiental, as mudanças climáticas e os tribunais.* In: Luís Roberto Barroso, Inteligência Artificial, Plataformas Digitais e Democracia, 2024.

55 De acordo com o Serviço Brasileiro de Apoio às Micro e Pequenas Empresas, 52% dos empregos formais e 27% do PIB se devem às empresas de menor porte. V. Sebrae, Micro e pequenas empresas geram 27% do PIB do Brasil. https://sebrae.com.br/sites/PortalSebrae/ufs/mt/noticias/micro-e-pequenas-empresas-geram-27-do-pib-do-brasil,ad 0fc70646467410VgnVCM2000003c74010aRCRD.

56 Lei Complementar n. 123, de 14.12.2006; Código Civil, art. 970.

57 *CNN Brasil,* Desigualdade: 63% da riqueza do Brasil está nas mãos de 1% da população, diz relatório da Oxfam. 14 de janeiro de 2024. Disponível em: https://www.cnnbrasil.com.br/internacional/desigualdade-63-da-riqueza-do-brasil-esta-nas-maos-de-1-da-populacao-diz-relatorio-da-oxfam/#:~:text=Dados%20do%20relat%C3%B3rio%20da%20Oxfam,2%25%20do%20patrim%C3%B4nio%20do%20pa%C3%ADs.

58 *CBN Globo,* Quase 40% dos domicílios no Norte e Nordeste vivem alguma forma de insegurança alimentar, 25 de abril de 2024. Disponível em: https://cbn.globo.com/brasil/noticia/2024/04/25/quase-40percent-dos-domicilios-no-norte-e-nordeste-vivem-alguma-forma-de-inseguranca-alimentar.ghtml

Sudeste, o índice é de 90%[59]. Por isso mesmo, a Constituição legitima políticas de redistribuição de renda e incentivos fiscais para empreendimentos instalados nas regiões menos favorecidas.

Busca do pleno emprego. O acesso ao trabalho é essencial para a dignidade humana e para o desenvolvimento nacional. Embora, naturalmente, o nível de emprego dependa, em grande medida, de circunstâncias de mercado, que não comportam intervenções administrativas ou legislativas arbitrárias, há medidas de fomento, capacitação e proteção social que o Estado pode adotar. Os vetores que devem reger as relações de trabalho, ao lado do respeito aos direitos fundamentais dos trabalhadores, são a empregabilidade, a formalização do emprego e a criação de um ambiente de negócios que ofereça segurança jurídica e atraia investimentos.

III ALGUMAS DISFUNÇÕES DA FORMAÇÃO SOCIAL BRASILEIRA

Três disfunções atávicas marcam a trajetória do Estado brasileiro: o patrimonialismo, o oficialismo e a cultura da desigualdade. O *patrimonialismo* remete à nossa tradição ibérica, ao modo como se estabeleciam as relações políticas, econômicas e sociais entre o Imperador e a sociedade portuguesa, em geral, e com os colonizadores do Brasil, em particular. Não havia separação entre a Fazenda do rei e a Fazenda do reino, entre bens particulares e bens do Estado. Os deveres públicos e as obrigações privadas se sobrepunham. O rei tinha participação direta e pessoal nos tributos e nos frutos obtidos na colônia. Vem desde aí a difícil separação entre esfera pública e privada, que é a marca da formação nacional[60]. É um traço tão forte que a Constituição brasileira precisou de um dispositivo expresso para vedar que os agentes públicos utilizassem dinheiro público para promoção pessoal[61]. A aceitação resignada do inaceitável se manifesta na máxima *"rouba, mas faz"*.

A segunda disfunção que vem de longe é o *oficialismo*. Esta é a característica que faz depender do Estado – isto é, da sua bênção, apoio e financiamento – todos os projetos pessoais, sociais ou empresariais. Todo mundo atrás de emprego público, crédito barato, desonerações ou subsídios. Da telefonia às fantasias de Carnaval, tudo depende do dinheiro do BNDES, da Caixa Econômica, dos Fundos de Pensão, dos cofres estaduais ou municipais. Dos favores do Presidente, do Governador ou do Prefeito. Cria-se uma cultura de paternalismo e compadrio, a república da parentada e dos amigos. O Estado se torna mais importante do que a sociedade. Um dos subprodutos dessa compulsão se expressa na máxima do favorecimento e da perseguição: *"Aos amigos tudo; aos inimigos, a lei"*.

A *cultura da desigualdade* é o nosso terceiro mal crônico. A igualdade no mundo contemporâneo se expressa em três dimensões: a igualdade *formal*, que impede a desequiparação arbitrária das pessoas; a igualdade *material*, que procura assegurar as mesmas oportunidades a todos; e a igualdade como *reconhecimento*, que busca respeitar as diferenças de gênero e proteger as minorias, sejam elas raciais, de orientação sexual ou religiosas. Temos problemas nas três dimensões. Como não há uma cultura de que todos são iguais e deve haver direitos para todos, cria-se um universo paralelo de privilégios: imunidades tributárias, foro privilegiado, juros subsidiados, auxílio moradia, carro oficial, prisão especial. A caricatura da cultura da desigualdade ainda se ouve, aqui e ali: *"Sabe com quem está falando?"*.

Há uma última característica, digamos assim, da formação nacional que não tem cunho institucional, mas que também é digna de nota e carece de superação. Refiro-me à crença de que os recursos financeiros do Estado saem de lugar nenhum e que, portanto, o Estado pode tudo, devendo ser o provedor paternalista de todas as necessidades. Em síntese: as relações da cidadania brasileira com o Estado têm a marca de disfunções graves e atávicas. Fazer de conta que esses problemas não existem não é a melhor forma de se livrar deles. Já há na sociedade a percepção crítica desse fenômeno e o ânimo para superá-lo, embora esses processos sejam lentos. Mas andar na direção certa é mais importante do que a velocidade.

---

59 *Agência IBGE Notícias*, Censo 2022: rede de esgoto alcança 62,5% da população, mas desigualdades regionais e por cor e raça persistem, 23 de fevereiro de 2024. Disponível em: https://agenciadenoticias.ibge.gov.br/agencia--noticias/2012-agencia-de-noticias/noticias/39237-censo-2022-rede-de-esgoto-alcanca-62-5-da-populacao-mas-de-sigualdades-regionais-e-por-cor-e-raca-persistem

60 Sobre o tema, v. Raymundo Faoro, *Os donos do poder:* formação do patronato político brasileiro. 4ed. São Paulo: Editora Globo, 2008. A 1ª edição é de 1958. E, tb., Luís Roberto Barroso, Os donos do poder: a perturbadora atualidade de Raymundo Faoro. In *Inteligência artificial, plataformas digitais e democracia:* direito e tecnologia no mundo atual. Belo Horizonte: Fórum, 2024.

61 CF, art. 37: "§ 1º - A publicidade dos atos, programas, obras, serviços e campanhas dos órgãos públicos deverá ter caráter educativo, informativo ou de orientação social, dela não podendo constar nomes, símbolos ou imagens que caracterizem promoção pessoal de autoridades ou servidores públicos".

IV A tradição intervencionista do Estado na economia

Nos países de industrialização tardia, onde a iniciativa privada era frágil, somente o Estado detinha o capital ou, seu substituto desastrado, a máquina de imprimir dinheiro. Nesse cenário, a atuação econômica e empresarial do Estado tornou-se inevitável como instrumento do desenvolvimento e como alternativa à concessão de setores estratégicos à exploração da iniciativa privada estrangeira. Foi assim entre nós, a partir da década de 40, com a criação de empresas estatais como a Companhia Siderúrgica Nacional, a Fábrica Nacional de Motores, a Companhia Vale do Rio Doce e a Companhia Hidrelétrica do São Francisco. Na década de 50, foram criados o Banco Nacional do Desenvolvimento Econômico – BNDE (depois BNDES) e a Petróleo Brasileiro S.A. – Petrobrás.

Curiosa e paradoxalmente, o avanço e o agigantamento do Estado Econômico brasileiro se deram durante o regime militar iniciado em abril de 1964. Ao longo da década de 60 e, sobretudo, da década de 70, foram criadas mais de 300 empresas estatais: Eletrobrás, Nuclebrás, Siderbrás etc. Foi a era das empresas "brás". Em setembro de 1981, recenseamento oficial arrolava a existência, apenas no plano federal, de 530 pessoas jurídicas públicas, de teor econômico, inclusive autarquias, fundações e entidades paraestatais[62].

A Constituição de 1988, embora tenha sido uma reação veemente ao modelo político do regime militar, não confrontou – antes aprofundou – o modelo de atuação direta do Estado no domínio econômico, pelo controle de numerosas empresas. Além disso, foi mantido o modelo protecionista que impunha diversas restrições à participação de empresas e capitais estrangeiros na economia nacional. A verdade é que um ano após a promulgação da Constituição, em 5 de outubro de 1988, o mundo passou por uma enorme reviravolta política e ideológica, representada pela simbologia radical da queda do Muro de Berlim. O descrédito do Estado como protagonista do processo socioeconômico e a globalização retiraram o suporte ideológico de boa parte das disposições da Constituição brasileira.

Como consequência, a década de 90, no Brasil, foi o cenário de um conjunto amplo de transformações econômicas que mudaram o perfil do Estado brasileiro. De fato, por meio de emendas constitucionais e legislação ordinária, produziram-se três ordens de mudança de grande relevância, a saber: a) a *extinção de parte das restrições ao capital estrangeiro* (recursos minerais, navegação de cabotagem, retirada da Constituição da empresa brasileira de capital nacional, propriedade de empresas jornalísticas)[63]; b) a *flexibilização dos monopólios estatais* (gás canalizado nos Estados, petróleo e telecomunicações)[64]; c) *privatização* ou *desestatização*[65].

A constatação de que o Estado não tem recursos suficientes para todos os investimentos necessários e que, além disso, é geralmente um mau administrador, conduziu ao processo de transferência para o setor privado da execução de ampla gama de serviços públicos. Mas o fato de determinados serviços públicos serem prestados por empresas privadas concessionárias não modifica a sua natureza pública[66]:

---

62 Caio Tácito, *O retorno do pêndulo: serviço público e empresa privada. O exemplo brasileiro*, RDA 202/1, p. 3.

63 A Emenda Constitucional n. 6, de 15.08.95, suprimiu o art. 171 da Constituição, que trazia a conceituação de empresa brasileira de capital nacional e admitia a outorga a elas de proteção, benefícios especiais e preferências. A mesma emenda modificou a redação do art. 176, *caput*, para permitir que a pesquisa e lavra de recursos minerais e o aproveitamento dos potenciais de energia elétrica sejam concedidos ou autorizados a empresas constituídas sob as leis brasileiras, dispensada a exigência do controle do capital nacional. Na mesma linha, a Emenda Constitucional n. 7, de 15.08.95, modificou o art. 178, não mais exigindo que a navegação de cabotagem e interior seja privativa de embarcações nacionais e a nacionalidade brasileira dos armadores, proprietários e comandantes e, pelo menos, de dois terços dos tripulantes. Mais recentemente ainda, foi promulgada a Emenda Constitucional n. 36, de 28.05.2002, que permitiu a participação de estrangeiros em até trinta por cento do capital das empresas jornalísticas e de radiodifusão.

64 A Emenda Constitucional n. 5, de 15.08.95, alterou a redação do § 2º do art. 25, abrindo a possibilidade de os Estados-membros concederem às empresas privadas a exploração dos serviços públicos locais de distribuição de gás canalizado, que, anteriormente, só podiam ser delegados a empresa sob controle acionário estatal. O mesmo se passou com relação aos serviços de telecomunicações e de radiodifusão sonora e de sons e imagens. É que a Emenda Constitucional n. 8, de 15.08.95, modificou o texto dos incisos XI e XII, que só admitiam a concessão a empresa estatal. E, na área do petróleo, a Emenda Constitucional n. 9, de 09.11.95, rompeu, igualmente, com o monopólio estatal, facultando à União Federal a contratação com empresas privadas de atividades relativas à pesquisa e lavra de jazidas de petróleo, gás natural e outros hidrocarbonetos fluidos, a refinação do petróleo nacional ou estrangeiro, a importação, exportação e transporte dos produtos e derivados básicos de petróleo (outrora vedados pela CF, art. 177 e § 1º, e pela Lei n. 2.004/51).

65 A denominada *privatização* operou-se sem alteração do texto constitucional, com a edição da Lei 8.031, de 12.04.1990, que instituiu o Programa Nacional de Privatização, depois substituída pela Lei 9.491, de 9.09.1997.

66 Precisa, nesse passo, a observação de Gustavo Binenbojm, *As agências reguladoras e o estatuto jurídico de seus dirigentes – Controvérsias constitucionais e procedimentos possíveis*, in Livro de teses do XXV Congresso Nacional dos Procuradores do Estado, p. 219: "A *desestatização* de serviços públicos e atividades econômicas de relevante interesse coletivo não importa, todavia, a sua *despublicização*. Ao contrário, a transferência ou devolução da execução destas tarefas à iniciativa privada exige antes a *republicização* dos mecanismos de controle do Estado sobre elas". No mesmo sentido, Diogo de Figueiredo Moreira Neto, *Agência Nacional de Vigilância Sanitária: natureza jurídica, competência normativa, limites de atuação*, RDA 215/71, p. 72.

o Estado conserva responsabilidades e deveres em relação à sua prestação adequada. Daí a privatização haver trazido drástica transformação no papel do Estado: em lugar de protagonista na execução dos serviços, suas funções passam a ser as de planejamento, regulação e fiscalização. É nesse contexto histórico que surgem, como personagens fundamentais, as *agências reguladoras*[67].

V MODALIDADES DE INTERVENÇÃO DO ESTADO NO DOMÍNIO ECONÔMICO

Tendo em conta o sistema constitucional, já integrado pelas reformas descritas inicialmente, é possível sistematizar, por diferentes critérios, as formas de intervenção do Estado no domínio econômico[68]. Para os fins deste estudo, assenta-se que o Estado intervém na ordem econômica por três conjuntos de mecanismo: pela disciplina, pelo fomento e pela atuação direta.

O Poder Público interfere na atividade econômica, em primeiro lugar, traçando-lhe a *disciplina*, e o faz mediante a edição de leis, de regulamentos e pelo exercício do poder de polícia. De fato, o Estado exerce competências normativas primárias e edita normas decisivas para o desempenho da atividade econômica, algumas com matriz constitucional, como, por exemplo, o Código de Defesa do Consumidor (art. 5°, XXXII), a lei de remessa de lucros (art. 172), a lei de repressão ao abuso do poder econômico (art. 173, § 4°), entre outras. Exerce, ademais, competências normativas de cunho administrativo, editando decretos regulamentares, resoluções, deliberações, portarias, algumas em domínios relevantíssimos como a política de crédito e a de câmbio. Por fim, desempenha, também, o poder de polícia, restringindo direitos e condicionando o exercício de atividades em favor do interesse coletivo (*e.g.*, polícia ambiental, sanitária, fiscalização trabalhista).

O Estado também interfere no domínio econômico por via do *fomento*, isto é, apoiando a iniciativa privada e estimulando determinados comportamentos. Assim, por exemplo, através de incentivos fiscais, o Poder Público promove a instalação de indústrias ou outros ramos de atividade em determinada região. Do mesmo modo, a elevação ou redução da alíquota de impostos – notadamente os que têm regime excepcional no tocante aos princípios da legalidade e anterioridade (CF, arts. 150, § 1° e 153, § 1°), como IPI, imposto sobre a importação, IOF[69] – é decisiva na expansão ou retração de determinado segmento da economia. Igualmente relevante, no fomento da atividade econômica, é a oferta de financiamento público a determinadas empresas ou setores do mercado, mediante, por exemplo, linha de crédito junto ao BNDES.

Por fim, o Estado interfere, ainda, na ordem econômica[70], mediante *atuação direta*. Aqui, todavia, é necessário distinguir duas hipóteses: (a) a prestação de serviços públicos; e (b) a exploração de atividades econômicas.

---

67 Em finais de 2024, existiam as seguintes agências reguladoras federais: a Agência Nacional de Telecomunicações – ANATEL (Lei n. 9.472, de 16.07.1997); a Agência Nacional de Energia Elétrica – ANEEL (Lei 9.427, de 26.12.1997); a Agência Nacional do Petróleo, Gás Natural e Combustíveis – ANP (Lei 9.478, de 6.08.1997); a Agência Nacional de Vigilância Sanitária – ANVISA (Lei n. 9.782, de 26.01.1990); a Agência Nacional de Saúde Suplementar – ANS (Lei n. 9.961, de 28.01.2000); a Agência Nacional de Águas e Saneamento Básico – ANA (Lei n. 9.984, de 17.07.2000); a Agência Nacional de Transportes Terrestres – ANTT, e a Agência Nacional de Transportes Aquaviários – ANTAQ, ambas criadas pela Lei n. 10.233, de 5.06.2001; a Agência Nacional do Cinema – ANCINE (Medida Provisória 2.228-1, de 06.09.2001); a Agência Nacional de Aviação Civil – ANAC, (Lei 11.183, de 27.09.2005); e a recentíssima a Agência Nacional de Mineração – ANM (Lei n. 13.575, de 26.12.2017) . A Comissão de Valores Mobiliários, que para muitos já era uma agência reguladora, recebeu da Lei n. 10.411, de 6.02.2002 maior grau de autonomia, incluindo mandatos estáveis para seus dirigentes.

68 Há autores que se referem à intervenção (a) regulatória, (b) concorrencial, (c) monopolista e (d) sancionatória. V. Diogo de Figueiredo Moreira Neto, *Curso de direito administrativo*, 1996, p. 365; Outros classificam-nas em (a) poder de polícia, (b) incentivos à iniciativa privada e (c) atuação empresarial Celso Antônio Bandeira de Mello, *Curso de direito administrativo*, 1996, p. 434-5.

69 A Reforma Tributária introduzida pela Emenda Constitucional n. 132, de dezembro de 2023, promove transformações significativas no sistema tributário. Mirando a simplificação do modelo vigente, a Reforma extingue o Programa de Integração Social (PIS), a Contribuição para o Financiamento da Seguridade Social (Cofins) – que serão substituídos pela Contribuição sobre Bens e Serviços (CBS), a ser arrecadada pela União –, a Circulação de Mercadorias e Serviços (ICMS) e o Imposto sobre Serviços (ISS) – que serão substituídos pelo Imposto sobre Bens e Serviços (IBS). No entanto, cumpre registrar que as inovações ocorrerão paulatinamente e os tributos extintos ainda perdurarão por algum tempo: PIS/Cofins serão extintos em 2027, quando a CBS será elevada à alíquota de referência; ICMS e ISS serão extintos gradualmente entre 2029 e 2032.

70 Para uma análise ampla da atuação do Estado na ordem econômica, v. José Vicente Santos de Mendonça, *Direito Constitucional Econômico - A Intervenção do Estado na Economia à Luz da Razão Pública e do Pragmatismo*, 2014.

1 Prestação de serviços públicos

"Art. 175. Incumbe ao Poder Público, na forma da lei, diretamente ou sob regime de concessão ou permissão, sempre através de licitação, a prestação de serviços públicos".

Faz-se aqui uma breve nota doutrinária inicial. Dois modelos de prestação de serviço públicos disputaram a primazia ao longo do século XX, mesmo nos países capitalistas, conforme breve descrição abaixo:

a) o modelo francês identifica a prestação dos serviços públicos com a soberania estatal. Nesse modelo, o serviço público é cometido ao Estado, sem participação direta da iniciativa privada, em um regime não concorrencial. Com o tempo, o Estado, sem perder a titularidade, passou a poder delegar, em certos casos, a prestação do serviço a empresas privadas; e

b) o modelo americano de *public utilities* gira em torno da prestação privada dos serviços, em regime concorrencial. O Estado, no entanto, participa como regulador. O que dá o toque público ao serviço é a sua regulação muito mais extensa e profunda, e não a titularidade do Estado.

Não é segredo que, à medida em que se aproximava o final do século XX, o modelo americano foi se tornando crescentemente dominante. No Brasil, inclusive, a delegação à iniciativa privada e a introdução do regime concorrencial passou a ser a tônica. Para os fins aqui relevantes, os serviços públicos podem ser classificados em três grandes categorias:

a) *inerentes*: ligados à soberania estatal, ao exercício do poder de império: prestação jurisdicional, diplomacia, defesa externa (Forças Armadas).

b) *por opção político-normativa:* atividades de natureza econômica que, por decisão do constituinte, são subtraídos da iniciativa privada e atribuídas ao Estado: telecomunicações, energia elétrica, radiodifusão. Estes serviços são os normalmente delegados à iniciativa privada. V. arts. 21, XI, XII, 25, § 2º e 30, V).

c) *serviços públicos franqueados aos particulares:* referem-se a setores em que o Estado e a sociedade têm interesse na maior oferta possível: educação, saúde, previdência.

Voltando ao texto constitucional transcrito acima, verifica-se que os serviços públicos podem ser prestados *diretamente*, pelos órgãos despersonalizados integrantes da Administração, ou *indiretamente*, por entidades com personalidade jurídica própria. Na prestação indireta abrem-se duas possibilidades: pode o Estado constituir pessoas jurídicas públicas (autarquias e fundações públicas – as chamadas "fundações autárquicas") ou privadas (sociedades de economia mista e empresas públicas) e, mediante lei (CF, art. 37, XIX), *outorgar* a tais entes a prestação do serviço público, seja de educação, água, eletricidade ou qualquer outro. Ou pode, por outro lado, *delegar* à iniciativa privada, mediante contrato ou outro ato negocial, a prestação do serviço. Serve-se aí o Estado de figuras jurídicas como a concessão e a permissão. Mais recentemente, têm sido concebidas diferentes formas de delegação, identificadas genericamente como *terceirização*, que incluem espécies negociais como a franquia e o contrato de gestão, entre outros[71].

2 Exploração da atividade econômica

A *exploração da atividade econômica*, por sua vez, não se confunde com a prestação de serviços públicos, quer por seu caráter de subsidiariedade, quer pela existência de regras próprias e diferenciadas. De fato, sendo o princípio maior o da livre-iniciativa, somente em hipóteses restritas e constitucionalmente previstas poderá o Estado atuar diretamente, como empresário, no domínio econômico. Tais exceções se resumem aos casos de:

a) imperativo da segurança nacional (CF, art. 173, *caput*);

b) relevante interesse coletivo (CF, art. 173, *caput*);

c) monopólio outorgado à União (*v. g.*, CF, art. 177).

A exploração da atividade econômica pelo Estado poderá se dar em dois regimes: (a) monopolizado e (b) concorrencial. No caso da exploração de atividade econômica em regime concorrencial, o Estado atuará sob a forma de sociedade de economia mista ou de empresa pública. Nesse regime não se impede o desempenho da mesma atividade pelo particular e se exigem condições de competitividade equivalentes, vedado o favorecimento à empresa estatal. Nessa linha, a Constituição prevê:

---

[71] A respeito do tema, consulte-se Maria Sylvia Zanella Di Pietro, *Parcerias na Administração Pública, concessão, permissão, franquia, terceirização e outras formas*, 1999.

a) art. 173, II: sujeição ao mesmo regime das empresas privadas, inclusive em matéria de direito civil, comercial, trabalhista e tributário;

b) art. 173, § 2º: vedação de privilégios fiscais não extensíveis ao setor privado.

VI Alguns setores de tratamento específico

1 Mineração

Mineração é uma atividade econômica e industrial que envolve a pesquisa, exploração, extração e beneficiamento de minerais. Os minerais são recursos naturais inorgânicos que se encontram na crosta terrestre, em estado sólido, líquido ou gasoso[72]. A atividade de extração mineral está presente na história brasileira desde o período colonial, tendo sido uma das principais responsáveis pela ocupação territorial do país. A interiorização do Brasil, nas expedições conhecidas como Entradas e Bandeiras, teve como um de seus impulsos principais a busca por metais valiosos (ouro, prata, cobre) e pedras preciosas (diamantes, esmeraldas). Nos dias de hoje, os minerais possuem as mais variadas utilidades e fazem parte da vida das pessoas. Os minerais metálicos são utilizados na fabricação de aviões, automóveis, latas, computadores, televisões, celulares, tablets etc. São também indispensáveis na construção civil, com insumos como areia, brita e cascalho[73].

Os minérios de ferro e a siderurgia (produção de aço) são dois grandes destaques da economia mineral brasileira, setor cuja cadeia produtiva representa cerca de 4% do PIB nacional[74]. A variedade de minérios no país é grande, mas os mais explorados são alumínio (bauxita), cobre, estanho, ferro, manganês, nióbio, níquel e ouro[75]. As principais reservas de minério estão localizadas nas regiões Sudeste (Minas Gerais e São Paulo), Norte (Pará, Rondônia e Amazonas) e Centro-Oeste (Goiás, Mato Grosso e Mato Grosso do Sul)[76]. A mineração ilegal, especialmente na Amazônia, inclusive e particularmente em terras indígenas, é uma das graves violações à Constituição e à legislação do país.

O regime jurídico da pesquisa e da lavra dos recursos minerais, bem como do aproveitamento dos potenciais de energia hidráulica, está disciplinado no art. 176 da Constituição e no Decreto-lei n. 227, de 28 de fevereiro de 1967, também conhecido como Código de Mineração. Três regras básicas ditadas constitucionalmente são as seguintes:

a) constituem propriedade distinta da do solo e pertencem à União;

b) poderão ser exploradas privadamente mediante autorização ou concessão[77]; e

c) ao proprietário do solo é assegurada participação nos resultados da lavra.

No art. 177 da Constituição, estabelece-se que a pesquisa, a lavra, o enriquecimento, o reprocessamento, a industrialização e o comércio de minérios e minerais nucleares e seus derivados são monopólio da União, com exceção dos radioisótopos, cuja produção, comercialização e utilização podem ser objeto de permissão à iniciativa privada.

---

72 Definição gerada por Inteligência Artificial.

73 Para um relato acerca da importância histórica da mineração, v. *Portal da Mineração*. https://portaldamineracao. com.br/sobre-a-mineracao/historia/. Acesso em 16 nov. 2024.

74 Ipea. *Ipea e MME lançam estudo sobre a extensão da cadeia produtiva da mineração no PIB brasileiro*. https://www.ipea. gov.br/portal/categorias/45-todas-as-noticias/noticias/14835-ipea-e-mme-lancam-estudo-sobre-a-extensao-da-cadeia- -produtiva-da-mineracao-no-pib-brasileiro. Acesso em 21 nov. 2024.

75 Geoinova. *Principais minérios do Brasil: conheça e saiba mais sobre o mercado*, 31 jan. 2022. https://geoinova.com.br/ principais-minerios-do-brasi/. Acesso em 16 nov. 2024.

76 Agência Nacional de Mineração, *Anuário Mineral Brasileiro: Principais Substâncias Metálicas 2023*. https://www.gov. br/anm/pt-br/assuntos/economia-mineral/publicacoes/anuario-mineral/anuario-mineral-brasileiro/amb_2023.pdf. Acesso em 21 nov. 2024.

77 De acordo com a redação trazida pela Emenda Constitucional n. 6/1995, a exploração deverá se dar por brasileiros ou por empresa constituída sob as leis brasileiras e que tenha sua sede e administração no país (CF, art. 176, § 1º). O aproveitamento do potencial de energia renovável de capacidade reduzida não depende de autorização (CF, art. 176, § 4º).

2 Petróleo

Aprovada durante a volta de Getúlio Vargas à presidência da República, a Lei n. 2.004, de 3.10.1953, criou a Petróleo Brasileiro S/A – Petrobras e instituiu o monopólio estatal do petróleo e dos gases raros, incidindo sobre a pesquisa, a lavra, o refino e o transporte. Com a edição da Constituição de 1967, o monopólio foi constitucionalizado, previsão que se manteve na Emenda Constitucional n. 1, de 1969. A Constituição de 1988 estendeu o regime de monopólio, que além da pesquisa e da lavra, passou a incluir, também, a refinação, o transporte e a importação.

A redação original do art. 177, da Constituição de 1988, previa um monopólio absoluto, sendo vedada qualquer contratação das atividades monopolizadas com empresas privadas. (A única exceção ficou por conta do art. 45 do ADCT, ao excluir as refinarias em atuação no país do monopólio)[78]. Isso afastou, inclusive, a possibilidade de a União vir a estabelecer novos contratos de risco[79] para a pesquisa do petróleo, mantendo-se somente os que estavam em vigor[80]. O modelo socializava de maneira radical o risco, impedindo o ingresso de capitais privados que poderiam acelerar a descoberta de jazidas e a elevação da produção nacional. Como visto, a Emenda Constitucional n. 9, de 1995, flexibilizou o monopólio, permitindo um salto exponencial na produção.

A principal alteração trazida pela EC n. 9/95 foi em relação ao art. 177, § 1º, que passou a permitir que a União contratasse com empresas estatais ou privadas as diferentes etapas do ciclo do petróleo (pesquisa, lavra, refino, importação, exportação e transporte). O monopólio da União foi conservado. O que a emenda fez, verdadeiramente, foi quebrar a reserva de mercado da Petrobras, tornando possível a atuação de outras empresas. Na linha do que fizera a EC n. 8/95, na área de telecomunicações, a EC 9 previu a criação de uma agência reguladora. As agências reguladoras viriam, em medida relevante, modificar a paisagem do direito administrativo brasileiro. Normalmente elas são criadas para regular e fiscalizar a prestação de serviços públicos. Na hipótese de petróleo, todavia, por exceção, a regulação recai sobre uma atividade econômica tidas como estratégica. O novo tratamento constitucional previu, expressamente, sua regulamentação por lei, o que veio a ocorrer com a Lei n. 9.478/97, a Lei do Petróleo, que lançou as bases do marco regulatório no setor.

O sistema constitucional em relação ao petróleo, portanto, prevê o monopólio da União, a possibilidade de contratação de empresas estatais ou privadas para realizar as atividades compreendidas no monopólio, a edição de uma lei específica, a criação de uma agência reguladora e participações governamentais (art. 20, § 1º)[81]. A legislação em vigor desde 1954, sucessivamente, reconhece este direito de participações governamentais, apelidados de *royalties*, aos Estados e Municípios afetados pela produção. vale dizer: no caso da exploração em terra, aqueles em cujo território esta se dê; no caso de exploração na plataforma continental, os Estados e Municípios confrontantes ou que tenham instalações de embarque e desembarque. A Constituição fala textualmente em participação no resultado ou compensação financeira pela exploração, o que naturalmente só pode significar que se refere aos Estados afetados pela produção. O critério linear de distribuição por todos os Estados e Municípios, via fundos de participação, foi considerada inconstitucional[82].

A exploração nas áreas identificadas como do *pré-sal*, são regidas por leis específicas, com destaque para a Lei n. 12.351/2010, que exige que a Petrobras seja participante obrigatória e operadora com 30% de qualquer bloco contratado sob o regime de partilha.

---

78 V. CF/88, ADCT, art. 45: "Ficam excluídas do monopólio estabelecido pelo art. 177, II, da Constituição as refinarias em funcionamento no País amparadas pelo art. 43 e nas condições do art. 45 da Lei n. 2.004, de 3 de outubro de 1953.

79 Em razão das crises do petróleo de 1973 e 1979, adotou-se a fórmula dos *contratos de risco*, firmado entre as Petrobras e empresas estrangeiras, que tinham o direito de prospectar e explorar petróleo, no caso de sucesso na busca.

80 ADCT, art. 45, parágrafo único: "Ficam ressalvados da vedação do art. 177, § 1º, os contratos de risco feitos com a Petróleo Brasileiro S.A. (Petrobrás), para pesquisa de petróleo, que estejam em vigor na data da promulgação da Constituição".

81 "Art. 20, § 1º. É assegurado, nos termos da lei, aos Estados, ao Distrito Federal e aos Municípios, bem como a órgãos da administração direta da União, **participação no resultado da exploração de petróleo ou gás natural**, de recursos hídricos para fins de geração de energia elétrica e de outros recursos minerais no respectivo território, plataforma continental, mar territorial ou zona econômica exclusiva, **ou compensação financeira por essa exploração**".

82 A Lei n. 12.734/2012, que instituía novas regras de distribuição dos royalties devidos pela exploração do petróleo em desfavor dos Estados e Municípios confrontantes, no caso de exploração marítima, foi suspensa liminarmente pelo Supremo Tribunal Federal e até o final de 2024 encontrava-se pendente de julgamento no Centro de Soluções Alternativas de Litígios do STF. Para mais detalhes, vide ADIs 4916, 4917, 4918, 4920, 5038 e 5621, Rel. Min. Cármen Lúcia.

VII PolÍtica urbana e agrÁria[83]

1 Política urbana

Até o início do século XX, o país era predominantemente rural e agrário, com a economia fortemente dependente da exportação de produtos como açúcar, borracha e, sobretudo, café. O processo de urbanização teve início, ainda de forma lenta, nas primeiras décadas do século XX, acelerando-se a partir dos anos 30, quando começa a denominada "era Vargas". A política de substituição de importações levada a efeito fomentou a industrialização do país, impulsionando o processo de migração dos trabalhadores rurais para as cidades, com especial concentração em São Paulo e Rio de Janeiro.

O processo de industrialização e de urbanização prosseguiu acelerado no governo de Juscelino Kubitschek e, também, sob o regime militar instaurado após 1964, com grandes obras de infraestrutura. Na década de 1980, mais de 50% da população encontrava-se vivendo em áreas urbanas, num ritmo progressivo que hoje chega a 85%. O setor de serviços se tornou dominante na economia, secundado pela indústria e, depois, pelo agronegócio. A mecanização do campo e a concentração das propriedades rurais estimularam o êxodo para as cidades. Nos últimos anos, o país viveu um processo indesejável de desindustrialização, sendo o agronegócio e a mineração grandes responsáveis pela balança comercial brasileira, por seu peso nas exportações.

O processo de urbanização, todavia, se deu de forma pouco organizada, com déficit de planejamento e preparação adequada dos equipamentos das cidades. Com o tempo, acumularam-se problemas estruturais e sociais, fruto do crescimento desordenado. A baixa renda e o déficit na oferta de habitações acessíveis levou à favelização e à ocupação predatória das periferias, com impactos ambientais relevantes. A pobreza, a desigualdade e carências diversas, inclusive de segurança pública, conduziram a níveis elevados de criminalidade. A esses problemas somam-se a incompletude do saneamento básico e a insatisfatoriedade do transporte urbano. Criam-se "cidades partidas"[84], com serviços públicos satisfatórios em áreas nobres e extremamente deficientes nas regiões mais pobres. Ocupações irregulares e de risco e gestão inadequada de resíduos sólidos acrescentam novos ingredientes a um quadro complexo e difícil de administrar.

A Constituição de 1988 procura enfrentar muitas dessas mazelas. Especificamente no capítulo dedicado à Política Urbana, onde determina a elaboração de uma política de desenvolvimento urbano, a ser executada pelos municípios, com dois objetivos principais: ordenar as funções sociais da cidade e garantir o bem-estar dos seus habitantes[85]. Com esse propósito, prevê:

a) a obrigatoriedade da aprovação de um plano diretor para todas as cidades com mais de 20 mil habitantes[86];

b) a função social da propriedade urbana[87];

c) a desapropriação de imóveis urbanos, mediante prévia e justa indenização[88];

d) exigência de aproveitamento adequado do solo urbano[89]; e

e) usucapião urbano[90].

2 Política agrícola, fundiária e de reforma agrária

A ocupação do território nacional, desde o início do Brasil colônia, gerou uma estrutura fundiária concentradora da propriedade e da renda, com ampla exclusão social e a formação de grandes latifúndios. As causas foram muitas. A herança colonial remete, inicialmente, ao sistema de *sesmarias*, pelo qual a Coroa portuguesa distribuía grandes extensões de terras para os nobres portugueses e pessoas de confiança do rei. Assim se estabeleceu a base primordial dos latifúndios. A distribuição em nada contemplava

---

83 A pesquisa para este tópico incluiu a utilização das ferramentas ChatGPT e Claude.

84 *Cidade partida* é o título do livro de Zuenir Ventura, que relata os contrastes entre a vida na favela (Vigário Geral) e o asfalto, o poder do crime e seu enfrentamento. Prêmio Jabuti de 1995.

85 CF, art. 182, *caput*.

86 CF, art. 182, § 1º.

87 CF, art. 182, § 2º.

88 CF, art. 182, § 3º.

89 CF, art. 182, § 4º.

90 CF, art. 183. O § 3º deste artigo especifica que os imóveis públicos não serão adquiridos por usucapião.

os direitos de quem trabalhasse e produzisse na terra. Vale dizer: desde a primeira hora ficaram excluídos os trabalhadores, os pobres, os indígenas e, naturalmente, os negros escravizados.

A própria abolição da escravidão, em 1888, não foi acompanhada de preocupações com inclusão social, educação, renda e distribuição de terras, mantendo o quadro de marginalização e subalternidade dos afrodescendentes. Antes disso, a Lei de Terras, de 1850, estabeleceu que as terras só podiam ser adquiridas – as que ainda não tinham dono – mediante compra, o que beneficiou os grandes proprietários e consolidou o poder das oligarquias rurais. Além disso, a economia colonial era baseada na monocultura de exportação – açúcar, café, algodão –, que demandava grandes extensões de terra e desincentivava a formação de pequenas propriedades diversificadas. Ao contrário de outros países, nunca se realizou uma reforma agrária ampla e eficaz que retificasse as disfunções e injustiças do passado.

Os resultados desse modelo foram drásticos, com consequências que incluíram a alta concentração de terras em mãos de poucos proprietários, êxodo rural e inchaço das cidades, relações sociais de forte exploração e conflitos no campo[91]. A demora na implementação de uma reforma agrária efetiva tornou-a progressivamente mais difícil, na medida em que o agronegócio se expandiu com mecanização e inovações tecnológicas, inacessíveis aos pequenos proprietários. A agricultura familiar, embora defendida e incentivada, enfrenta dificuldades de financiamento e de viabilidade econômica. O crédito rural, no geral, privilegia os grandes produtores.

A Constituição de 1988 chegou tarde a essa problemática, com situações de injustiça já consolidadas e dificuldades para remediá-las. Ainda assim, procurou contemplar algumas medidas, que incluem normas sobre:

a) desapropriação por interesse social, para fins de reforma agrária[92];

b) função social da propriedade rural[93];

c) política agrícola com participação dos diferentes setores de produção[94];

d) destinação de terras públicas e devolutas[95];

e) distribuição de imóveis rurais pela reforma agrária[96];

f) aquisição de propriedade rural por estrangeiros[97];

g) aquisição de propriedade por usucapião[98].

---

91 Na literatura contemporânea, merece registro o livro de Itamar Vieria Júnior, *Torto arado*, 2019, romance que retrata a situação de pobreza e injustiça no campo.

92 CF, art. 184 e §§.

93 CF, art. 186.

94 CF, art. 187.

95 CF, art. 188.

96 CF, art. 189.

97 CF, art. 190.

98 CF, art. 191. O parágrafo único deste artigo explicita que os imóveis púbicos não serão adquiridos por usucapião.

CONCLUSÃO

I SÍNTESE SUMÁRIA DE ALGUMAS IDEIAS

PARTE I   TEORIA DA CONSTITUIÇÃO: OS CONCEITOS FUNDAMENTAIS E A EVOLUÇÃO DAS IDEIAS

1   CONSTITUCIONALISMO

Constitucionalismo significa Estado de direito, poder limitado, respeito aos direitos fundamentais. Sua trajetória longa e acidentada tem como marco inicial simbólico a experiência de Atenas, nos séculos V e VI a.C., seguida pela República de Roma. Com a formação do Império Romano, às vésperas do início da Era Cristã, o constitucionalismo desapareceu do mundo ocidental por mais de mil anos. Ao final da Idade Média surge o Estado moderno, de feição absolutista, fundado na ideia de soberania do monarca, investido por direito divino. As revoluções liberais do século XVII e XVIII abriram caminho para o Estado liberal e para o surgimento do constitucionalismo moderno, com destaque para as experiências inglesa, americana e francesa. No século XX, ressurgindo da tragédia do nazismo e da guerra, a Alemanha desenvolveu um modelo constitucional de sucesso.

2   DIREITO CONSTITUCIONAL

Ao contrário do direito civil, que dá continuidade a uma tradição milenar iniciada com o direito romano, o direito constitucional é de formação mais recente, contando com pouco mais de dois séculos de elaboração teórica. Trata-se de ramo do direito público, e não do direito privado, distinção que ainda conserva utilidade, apesar dos múltiplos temperamentos. De fato, no regime jurídico de direito privado predominam princípios como livre-iniciativa e autonomia da vontade, ao passo que no regime de direito público são conceitos essenciais a soberania estatal e o princípio da legalidade. Ao longo do século passado, verificou-se significativa expansão do público sobre o privado, com maior intervencionismo do Estado, dirigismo contratual e publicização do Direito. Esse processo passou a ser objeto de profundo questionamento ideológico na virada do século XX para o XXI. Uma crônica disfunção institucional brasileira é a má divisão entre espaço público e espaço privado.

3   CONSTITUIÇÃO

A Constituição é a norma fundamental e superior, que cria ou refunda o Estado, organizando o exercício do poder político, definindo direitos fundamentais e indicando valores e fins públicos relevantes. As concepções sociológica e estritamente jurídica convergiram para formar a ideia de *Constituição normativa*, que procura conformar a realidade fática e, ao mesmo tempo, é influenciada por ela, em síntese dialética. Nas democracias contemporâneas, as Constituições desempenham duas funções principais: a) a de veicular os consensos mínimos e essenciais da sociedade, que se expressam nos valores, instituições e direitos fundamentais; e b) assegurar o funcionamento adequado dos mecanismos democráticos, com a participação livre e igualitária dos cidadãos, o governo da maioria e a alternância do poder.

4   PODER CONSTITUINTE

O poder constituinte é o poder de elaborar e impor a vigência de uma Constituição. Trata-se de um fato essencialmente político, não subordinado à ordem jurídica preexistente, mas limitado pelos valores civilizatórios, pela ideia de Direito que traz em si e pela realidade fática. Historicamente, o poder constituinte colheu sua justificação em fatores diversos – a força bruta, o direito divino, o poder dos monarcas, a nação –, até que a teoria democrática viesse a situá-lo na soberania popular. Alguns cenários políticos nos quais, ao longo do tempo, se manifestou o poder constituinte foram a revolução, a criação de um novo Estado, a derrota na guerra e a transição política pacífica. O poder constituinte, como é corrente, está fora e acima do poder constituído, que é por ele instituído e limitado. Um fundamento de legitimação para essa superioridade tem sido buscado na ideia de *autovinculação*, pela qual o próprio povo restringe seu poder, resguardando o processo democrático do autoritarismo eventual das maiorias políticas. Outro fundamento está no conceito de *momentos constitucionais*: a vontade constituinte é manifestada em situações cívicas especiais de ampla mobilização popular e, por isso, deve prevalecer sobre a política ordinária.

5 MUTAÇÃO CONSTITUCIONAL

A modificação da Constituição pode-se dar por via formal e por via informal. A via formal se manifesta por meio da reforma constitucional. Já a mutação constitucional consiste em um processo informal de alteração do significado de determinada norma da Constituição, sem que tenha havido qualquer modificação de seu texto. Obra de um assim chamado *poder constituinte difuso*, a mutação constitucional se realiza por meio da interpretação – isto é, pela mudança do sentido da norma, em contraste com entendimento preexistente – ou por intermédio dos costumes e práticas socialmente aceitos. Funcionam como limite, na matéria, as possibilidades semânticas do relato da norma e a preservação dos princípios fundamentais que dão identidade à Constituição.

6 PODER DE REFORMA DA CONSTITUIÇÃO

O poder de reforma constitucional, frequentemente referido como poder constituinte derivado, expressa a competência, normalmente atribuída ao parlamento, de modificar o texto da Constituição em vigor. Trata-se de um poder de direito, regido pela própria Constituição e sujeito a limitações que, no Brasil, sob o regime constitucional de 1988, têm natureza circunstancial, formal e material. Como consequência desse caráter juridicamente vinculado, as emendas constitucionais sujeitam-se ao controle de constitucionalidade, existindo diversos precedentes do Supremo Tribunal Federal sobre o ponto. A instituição de um procedimento específico e mais complexo para modificar a Constituição, com quórum qualificado, dá a ela sua característica de rigidez. Já os limites materiais ao poder de reforma têm por finalidade retirar do poder de disposição das maiorias parlamentares elementos tidos como pressupostos ou condições indispensáveis ao funcionamento do Estado constitucional democrático.

7 NORMAS CONSTITUCIONAIS

Uma das grandes mudanças de paradigma ocorridas ao longo do século XX foi a atribuição às normas constitucionais do *status* de norma jurídica, dotadas de imperatividade e garantia. Nada obstante, as normas constitucionais revestem-se de características particulares, que incluem a superioridade hierárquica, a natureza da linguagem, o conteúdo específico e a dimensão política. Do ponto de vista material, é possível classificar as normas constitucionais em (a) normas de organização, (b) normas definidoras de direitos e (c) normas programáticas. A moderna dogmática jurídica tem procurado estabelecer uma distinção entre enunciado normativo e norma, considerando o primeiro o mero relato abstrato, o texto por interpretar, enquanto a norma propriamente dita seria o produto da interpretação, a regra concreta formulada a partir da interação entre texto e realidade.

PARTE II O NOVO DIREITO CONSTITUCIONAL BRASILEIRO: MUDANÇAS DE PARADIGMAS E A CONSTRUÇÃO DO MODELO CONTEMPORÂNEO

1 ANTECEDENTES HISTÓRICOS E FILOSÓFICOS DO NOVO DIREITO CONSTITUCIONAL

A teoria jurídica *tradicional*, que dominou boa parte do século XX, cultivou o formalismo, o fetiche da lei e a crença na neutralidade do Direito. No outro extremo, a teoria *crítica* do Direito, de inspiração marxista, enfatizava o caráter ideológico da ordem jurídica e seu papel legitimador da dominação de classe, ocultada por um discurso falsamente imparcial. A despeito de não haver construído um modelo jurídico alternativo, a teoria crítica teve influência decisiva no surgimento de uma cultura jurídica menos dogmática, mais interdisciplinar e sem os mesmos compromissos com o *status quo*. Ao longo da segunda metade do século XX, desenvolveu-se na filosofia do Direito uma terceira via entre as concepções positivista e jusnaturalista. Trata-se do *pós-positivismo*, designação provisória dada a um conjunto difuso de ideias que têm como elementos caracterizadores, em meio a outros, a reaproximação entre o Direito e a ética, a normatividade dos princípios, a centralidade dos direitos fundamentais e a reabilitação da argumentação jurídica.

2 TRANSFORMAÇÕES DO DIREITO CONSTITUCIONAL CONTEMPORÂNEO

O Estado constitucional de direito sucedeu ao Estado legislativo de direito, após a Segunda Guerra Mundial. Sua característica essencial é a centralidade da Constituição, que, além de reger o processo de produção das leis, impõe limites ao seu conteúdo e institui deveres de atuação para o Estado. A construção do modelo contemporâneo tem como marco *histórico* inicial, na Europa, a reconstitucionalização da Alemanha e da Itália, ao final da década de 40 e, no Brasil, a redemocratização que se operou sob a Constituição de 1988. O marco *filosófico* do novo direito constitucional foi o desenvolvimento de uma cultura jurídica pós-positivista, principialista, em cujo âmbito se destacam princípios como a dignidade da pessoa humana e a razoabilidade. Por fim, três mudanças de paradigma assinalam o marco *teórico* contemporâneo: a força normativa da Constituição, a expansão da jurisdição constitucional e o desenvolvimento de novos horizontes na interpretação constitucional.

3 INTERPRETAÇÃO CONSTITUCIONAL

A interpretação constitucional é uma modalidade de interpretação jurídica e consiste na atividade de revelar ou atribuir sentido a textos ou outros elementos normativos lastreados na Constituição. Trata--se de um processo que se desenvolve em planos de análise distintos, embora conectados. O plano jurídico ou dogmático compreende as categorias operacionais do Direito e da interpretação jurídica. O plano teórico ou metodológico envolve a construção racional da decisão, o itinerário lógico percorrido entre a apresentação do problema e a formulação da solução. O plano da justificação política abrange questões como a separação de Poderes, os limites funcionais de cada um e a legitimidade democrática das decisões judiciais. A interpretação constitucional inclui atividades de construção e concretização e incide tanto sobre os casos *fáceis*, solucionáveis pelos critérios tradicionais, como sobre os casos *difíceis*, cujo equacionamento precisa colher elementos na filosofia moral e na filosofia política.

4 NOVOS PARADIGMAS E CATEGORIAS DA INTERPRETAÇÃO CONSTITUCIONAL

O método tradicional de interpretação jurídica – o subsuntivo, fundado na aplicação de regras – continua válido para a solução de boa quantidade de problemas, mas não é suficiente para o equacionamento de inúmeras situações envolvidas na interpretação constitucional. No Direito contemporâneo, mudou o papel do sistema normativo, do problema a ser resolvido e do intérprete. Para acudir às novas demandas, decorrentes da maior complexidade da vida moderna, foram identificadas, desenvolvidas ou aprofundadas categorias específicas, voltadas sobretudo para a interpretação constitucional, que incluem: os conceitos jurídicos indeterminados, a normatividade dos princípios, a colisão de direitos fundamentais, a ponderação e a argumentação. Nesse ambiente, nem sempre será possível falar em resposta correta para os problemas jurídicos, mas sim em soluções argumentativamente racionais e plausíveis. A legitimidade da decisão virá de sua capacidade de convencer e conquistar adesão, mediante demonstração lógica de ser a que mais adequadamente realiza a vontade constitucional *in concreto*.

5 CONSTITUCIONALIZAÇÃO DO DIREITO

A ideia de constitucionalização do Direito está associada a um efeito expansivo das normas constitucionais, cujo conteúdo material e axiológico se irradia, com força normativa, por todo o sistema jurídico. A Constituição passa a ser não apenas um sistema em si – com sua ordem, unidade e harmonia –, mas também um modo de olhar e interpretar os demais ramos do Direito. A constitucionalização do Direito se realiza, sobretudo, pela interpretação conforme a Constituição, nas suas múltiplas expressões. No âmbito do direito civil, a constitucionalização teve como uma de suas consequências a elevação dos valores existenciais, em detrimento dos elementos puramente patrimoniais. No domínio do direito administrativo, trouxe a superação ou reformulação de paradigmas tradicionais, relacionados (a) à ideia de supremacia do interesse público sobre o interesse privado, (b) à substituição da noção de legalidade pela de juridicidade e (c) à possibilidade de controle do mérito do ato administrativo.

PARTE III   A CONSTITUIÇÃO DE 1988 E ASPECTOS RELEVANTES DO DIREITO
CONSTITUCIONAL CONTEMPORÂNEO

1   A CONSTITUIÇÃO BRASILEIRA DE 1988: AVANÇOS, REVESES E SUCESSO INSTITUCIONAL

A Constituição brasileira de 1988 firmou uma história de sucesso, resistência e enfrentamento. É certo que algumas circunstâncias do seu processo de elaboração conduziram a um texto prolixo, casuístico e corporativista. Nada obstante, aproximando-se do seu trigésimo aniversário, o saldo é extremamente positivo. É possível, por exemplo, celebrar a transição bem-sucedida para a democracia, a conquista de estabilidade institucional e o desenvolvimento de uma cultura de respeito aos direitos fundamentais. Ainda é imprescindível uma reforma política profunda e a elevação do patamar ético geral do país. A verdade, no entanto, é que, tendo nos atrasado na história, conseguimos muitos avanços em espaço de tempo relativamente curto: o Brasil é hoje uma das dez maiores economias do mundo, conseguiu retirar um número expressivo de pessoas da miséria e ganhou relevância internacional.

2   UM BALANÇO DA CONSTITUIÇÃO AOS 30 ANOS DE VIGÊNCIA

A Constituição de 1988, ao completar trinta anos, apresenta conquistas relevantes do período democrático, dentre as quais se podem destacar: estabilidade institucional, estabilidade monetária e inclusão social. Também merece destaque os avanços em relação aos direitos fundamentais. Dentre os pontos baixos do período, é possível apontar o sistema político, que é caro, tem baixa representatividade e dificulta a governabilidade, e um quadro de corrupção estrutural e sistêmica que só agora passou a ser enfrentado. O país precisa empurrar para a margem da história as elites extrativistas que o controlam e construir instituições econômicas e políticas inclusivas, baseadas em três pilares: democracia, livre-iniciativa e justiça social.

3   JURISDIÇÃO CONSTITUCIONAL: A TÊNUE FRONTEIRA ENTRE O DIREITO E A POLÍTICA

Um dos traços mais marcantes do Estado constitucional contemporâneo é a ascensão institucional do Poder Judiciário. Tal fenômeno se manifesta na amplitude da jurisdição constitucional, na judicialização de questões sociais, morais e políticas, bem como em algum grau de ativismo judicial. Nada obstante isso, deve-se cuidar para que juízes e tribunais não se transformem em uma instância hegemônica, comprometendo a legitimidade democrática de sua atuação, exorbitando de suas capacidades institucionais e limitando impropriamente o debate público. Quando não estejam em jogo os direitos fundamentais ou a preservação dos procedimentos democráticos, juízes e tribunais devem acatar as escolhas legítimas feitas pelo legislador, assim como ser deferentes com o exercício razoável de discricionariedade pelo administrador. Ademais, a jurisdição constitucional não deve suprimir nem oprimir a voz das ruas, o movimento social e os canais de expressão da sociedade. Embora o Direito deva ter uma vigorosa pretensão de autonomia em relação à política, é inevitável reconhecer que essa autonomia será sempre relativa. O constitucionalismo democrático move-se entre dois polos: a razão pública, da qual a jurisdição constitucional deve ser intérprete, e a vontade política, exercida pelos que têm o batismo da representação popular.

4   OS PAPÉIS DAS SUPREMAS CORTES E TRIBUNAIS CONSTITUCIONAIS NAS DEMOCRACIAS CONTEMPORÂNEAS

As democracias contemporâneas são feitas de votos, direitos e razões. Juízes e tribunais, como regra, não dependem de votos, mas vivem da proteção de direitos e do oferecimento de razões. Nesse ambiente, Supremas Cortes e Cortes Constitucionais desempenham três grandes papéis: contramajoritário, quando invalidam atos dos Poderes eleitos; representativo, quando atendem demandas sociais não satisfeitas pelas instâncias políticas; e iluminista, quando promovem avanços civilizatórios independentemente das maiorias políticas circunstanciais. Esta última competência, como intuitivo, deve ser exercida em momentos excepcionais e com grande cautela, pelo risco autoritário que envolve. Mesmo nos países em que uma Corte dá a última palavra sobre a interpretação da Constituição e a constitucionalidade das leis, tal fato não a transforma no único – nem no principal – foro de debate e de reconhecimento da vontade constitucional a cada tempo. A jurisdição constitucional deve funcionar como uma etapa da interlocução mais ampla com o legislador e com a esfera pública, sem suprimir ou oprimir a voz das ruas, o movimento social e os canais de expressão da sociedade. Nunca é demais lembrar que o poder emana do povo, não dos juízes.

PARTE IV   PRINCÍPIOS CONSTITUCIONAIS E DIREITOS FUNDAMENTAIS

1   PRINCÍPIOS ESTRUTURANTES DO ESTADO BRASILEIRO

Os princípios estruturantes do Estado brasileiro são: Democracia, República e Federação. A *democracia constitucional* significa soberania popular, governo da maioria, Estado de direito e respeito aos direitos fundamentais. *República*, como forma de governo, contrapõe-se à monarquia e identifica um modelo de eletividade, temporariedade e responsabilidade política dos governantes; do ponto de vista substantivo, identifica a busca do bem comum, a prevalência do interesse público e a integridade das instituições e dos agentes públicos em geral. Nessa acepção, constitui, muitas vezes, mais uma aspiração do que uma realidade. *Federação* é a forma de Estado que se caracteriza pela repartição constitucional de competências político-administrativas em diferentes níveis de poder, desfrutando os entes que a integram de autonomia e direito de participação, direta ou indireta, na formação da vontade nacional. No Brasil, a Federação é constituída por União, Estados e Municípios.

2   TEORIA GERAL DOS DIREITOS FUNDAMENTAIS

Direitos fundamentais são direitos humanos incorporados ao ordenamento jurídico doméstico. Constituem eles uma combinação de conquistas históricas, valores morais e razão pública, que visam à proteção e ao desenvolvimento das pessoas em esferas diversas, que incluem a vida, as liberdades, a igualdade e a justiça. Direitos fundamentais têm aplicabilidade direta e imediata, e são oponíveis às maiorias políticas, mas podem ser legitimamente restringidos, observados determinados limites, dentre os quais o da proporcionalidade. Uma das características do direito contemporâneo é a incidência dos direitos fundamentais também nas relações privadas, em ponderação com o princípio da autonomia da vontade.

3   MATRIZES DOS DIREITOS FUNDAMENTAIS

No direito constitucional brasileiro, as matrizes dos direitos fundamentais são o direito à vida, à liberdade, à igualdade, à segurança e à propriedade. O *direito à vida*, pressuposto de tudo o mais, envolve questões complexas como pena de morte, interrupção da gestação e suicídio assistido. A *liberdade* tem uma dimensão negativa e outra positiva, situando-se no seu âmbito de discussão, entre outros temas, a legalidade e a autonomia da vontade. A *igualdade*, no mundo contemporâneo, abriga a igualdade formal, a igualdade material e a igualdade como reconhecimento, tópicos que apresentam importantes interseções entre si. A *segurança*, que está na origem do próprio contrato social, tem diferentes implicações, que incluem a segurança individual, jurídica, social, pública, nacional e humana. A *propriedade* pode recair sobre bens materiais e intelectuais, consiste na faculdade de usar, gozar e dispor, e está sujeita a uma função social.

4   ALGUNS DIREITOS E GARANTIAS FUNDAMENTAIS

Entre os direitos e garantias fundamentais destacam-se a liberdade de expressão, a liberdade religiosa e a liberdade de reunião. Em conjunto, elas constituem as liberdades básicas titularizadas por todos os indivíduos, protegendo a manifestação da sua personalidade, das suas crenças e a possibilidade de se juntarem para a defesa dos próprios interesses. Para a proteção dos direitos fundamentais, no plano jurídico, existem o direito genérico de ação e ações constitucionais específicas, como o *habeas corpus*, o mandado de segurança (individual e coletivo), o mandado de injunção, o *habeas data*, a ação popular e a ação civil pública.

5   O PODER PUNITIVO DO ESTADO: DIREITOS E GARANTIAS PENAIS E PROCESSUAIS

O direito penal deve ser moderado, sério e igualitário. Entre nós, ele tem oscilado entre o abuso do poder punitivo e a impunidade, manso com os ricos e duro com os pobres. Pune-se muito e mal, sendo que a corrupção continua a ser um problema crônico. Entre os direitos e garantias penais destacam-se a reserva legal, a irretroatividade da lei penal, a pessoalidade e a individualização da pena, bem como uma série de direitos das pessoas presas, o direito à não autoincriminação e a presunção de inocência, em meio a outros. A Constituição também prevê uma série de mandados de criminalização, determinando ao legislador que tipifique penalmente condutas que considerou graves, como o racismo e a ação de grupos armados contra a democracia.

II   ENCERRAMENTO

"A utopia está lá no horizonte. Me aproximo dois passos, ela se afasta dois passos. Caminho dez passos e o horizonte corre dez passos. Por mais que eu caminhe, jamais alcançarei. Para que serve a utopia? Serve para isso: para que eu não deixe de caminhar."
Eduardo Galeano

O constitucionalismo democrático foi a ideologia vitoriosa do século XX. Nele se condensam algumas das grandes promessas da modernidade: poder limitado, dignidade da pessoa humana, direitos fundamentais, justiça material, solidariedade, tolerância e – quem sabe? – até felicidade. O ideal constitucional e a doutrina democrática forneceram a energia e a inspiração que ajudaram a reconstruir países devastados pelo nazismo e pelo fascismo, a superar projetos socialistas autoritários e a derrotar as ditaduras civis na Europa e militares na América Latina e na África. No Brasil, o florescimento de um sentimento constitucional proporcionou-nos o mais longo período de estabilidade institucional desde a Independência, vencendo um passado de golpismo e de quebras da legalidade.

O mundo ocidental vive uma era *pós-tudo*: pós-Marx, pós-Freud, pós-Kelsen. Já não existem ideologias abrangentes e redentoras à disposição. A revolução não veio. Não vivemos em um mundo sem países, sem miséria, sem violência. A desigualdade abissal, no plano doméstico e no plano internacional, segue sendo um estigma para o processo civilizatório e para a condição humana. Não foi possível criar – ainda – um tempo de fraternidade e de delicadeza. Nesse ambiente, o constitucionalismo democrático é a utopia que nos restou. Uma fé racional que ajuda a acreditar no bem e na justiça, mesmo quando não estejam ao alcance dos olhos.

BIBLIOGRAFIA

ABBAGNANO, Nicola. *Dicionário de filosofia*. São Paulo: Martins Fontes, 1998.

ABRAMOVAY, Pedro. *Separação de poderes e medidas provisórias*. Rio de Janeiro: Elsevier, 2012.

ABRANCHES, Sérgio. *Presidencialismo de coalizão*: raízes e evolução do modelo político brasileiro. São Paulo: Companhia das Letras 2018.

_____. Presidencialismo de coalizão: o dilema institucional brasileiro. *Revista de Ciências Sociais*, (31)5-34, 1988.

ABREU, Alzira Alves de; BELOCH, Israel; LATTMAN-WELTMAN, Fernando; LAMARÃO, Sérgio Tadeu de Niemeyer (coords.). *O dicionário histórico-biográfico brasileiro*. São Paulo: FGV, 2001. v. III.

ABREU, Hugo de. *O outro lado do poder*. Rio de Janeiro: Nova Fronteira, 1979.

ACEMOGLU, Daron; ROBINSON, James A. *Why nations fail:* the origins of power, prosperity and poverty. London: Profile Books, 2013.

_____. ROBINSON, James A; JOHNSON, Simon. Institutions as a Fundamental Cause of Long-Run Growth. In: *Handbook of Economic Growth*, Volume 1A, 2005.

ACKERMAN, Bruce. *We the people*: foundations. Cambridge-Massachusetts: Belknap press of Harvard University Press, 1995. v. 1.

_____. *We the people:* foundations. Cambridge: Harvard University Press, 1991.

_____. *We the people*: the civil rights revolution. Cambridge: Harvard University Press, 2014.

_____. *We the people*: transformations. Cambridge-Massachusetts: Belknap press of Harvard University Press, 1998. v. 2.

_____. *We the people:* transformations. Cambridge: The Belknap Press of Harvard University Press, 1991.

_____. Beyond Carolene Products. *Harvard Law Review*, v. 98, 1985.

_____. The rise of world constitutionalism. *Yale Law School Occasional Papers*, New Haven: Yale Law School, Second Series, n. 3, 1997.

_____. The living Constitution. *Harvard Law Review*, v. 120, 2007. Disponível em: https://harvardlawreview.org/print/vol-120/the-living-constitution/. Acesso em: 10 nov. 2023.

AFONSO, José Roberto Rodrigues. *Memória da Assembleia Constituinte de 1987/88*: as finanças públicas. Disponível em: <www.bndes.gov.br/conhecimento/revista/rev1102.pdf>.

AGESTA, Luis Sánchez. *Curso de derecho constitucional comparado*. 5. ed. Madrid: Universidad de Madrid, 1974.

AIETA, Vânia Siciliano. Democracia. In: BARRETTO, Vicente de Paulo (coord.). *Dicionário de filosofia do Direito*. São Leopoldo: Editora Unisinos, 2006.

AKSENOVA, Marina; KRUNKE, Helle & SCHEININ, Martin (ed.). *Judges as guardians of constitutionalism and human rights*. Cheltenham: Edward Elgar Publishing, 2016.

ALBERT, Richard. Constitutional Amendment and Dismemberment. *The Yale Journal of International Law*, n. 43, 2018.

ALBUQUERQUE, Manoel Maurício de. *Pequena história da formação social brasileira*. Rio de Janeiro: Graal, 1981.

ALEINIKOFF, T. Alexander. Constitucional law in the age of balancing. *Yale Law Journal*, v. 96, 1987.

ALESSI, Renato. *Sistema istituzionale del diritto amministrativo italiano*. 3. ed. Milano: A. Giuffrè, 1960.

ALEXANDER, Larry (editor). *Constitutionalism. Philosophical foundations*. Cambridge: Cambridge University Press, 1998.

ALEXY, Robert. *La institucionalización de la justicia*. Granada: Comares, 2005.

_____. On the structure of legal principles. *Ratio Juris*, n. 3, 2000.

_____. *Teoría de la argumentación jurídica*. Madrid: Centro de Estudios Constitucionales, 1997.

_____. *Teoría de los derechos fundamentales*. Madrid: Centro de Estudios Constitucionales, 1997.

_____. Balancing, constitutional review, and representation. *International Journal of Constitutional Law*, v. 3, 2005.

_____. Principais elementos de uma teoria da dupla natureza do direito. Tradução de Fernando Leal. *Revista de Direito Administrativo*, v. 253, 2010.

_____. *Teoria dos direitos fundamentais*. Tradução de Virgílio Afonso da Silva. São Paulo: Malheiros, 2008.

ALMEIDA, Silvio Luiz. *Racismo estrutural*. Coleção Feminismos Plurais. São Paulo: Pólen, 2019.

ALVES, Cleber Francisco. *O princípio constitucional da dignidade da pessoa humana*: o enfoque da doutrina social da Igreja. Rio de Janeiro-São Paulo: Renovar, 2001.

AMARAL, Francisco. *Direito civil*: introdução. Rio de Janeiro-São Paulo: Renovar, 2000.

AMARAL, Gustavo. *Direito, escassez e escolha*: em busca de critérios jurídicos para lidar com a escassez de recursos e as decisões trágicas. Rio de Janeiro-São Paulo: Renovar, 2001.

AMARAL NETO, Francisco dos Santos. Autonomia privada como princípio fundamental da ordem jurídica. *Revista de Informação Legislativa*, n. 102, 1989.

ANDRADE, André Gustavo Corrêa de (org.). *A constitucionalização do Direito*: a Constituição como *locus* da hermenêutica jurídica. Rio de Janeiro: Lumen Juris, 2003.

ANDRADE, Fábio Martins de. *O argumento pragmático ou consequencialista de cunho econômico e a modulação temporal dos efeitos das decisões do Supremo Tribunal Federal em matéria tributária*. Mimeografado, 2010. Tese de doutorado submetida ao Programa de Pós-Graduação em Direito Público da Universidade do Estado do Rio de Janeiro – UERJ.

ANDRADE, José Carlos Vieira de. Legitimidade da justiça constitucional e princípio da maioria. *Legitimidade e legitimação da justiça constitucional*: colóquio no 10º aniversário do Tribunal Constitucional. Coimbra: Coimbra Ed., 1995.

_____. *Os direitos fundamentais na Constituição portuguesa de 1976*. 2. ed. Coimbra: Almedina, 2001.

ANTUNES, Marcus Vinicius Martins. Engels e o Direito. Centro de Estudos Marxistas (org.). *Fios de Ariadne*: ensaios de interpretação marxista. Porto Alegre: Universidade de Passo Fundo (RS), 1999.

_____. *Mudança constitucional*: o Brasil pós-1988. Porto Alegre: Livr. do Advogado Ed., 2003.

ARAGÃO, Alexandre Santos de. *Agências reguladoras e a evolução do direito administrativo econômico*. Rio de Janeiro: Forense, 2002.

_____. *Direito dos serviços públicos*. Rio de Janeiro: Forense, 2007.

_____. O poder normativo das agências reguladoras independentes e o Estado democrático de direito. *Revista de Informação Legislativa*, n. 148, 2000.

_____. *Agências reguladoras e a evolução do direito administrativo econômico*. Rio de Janeiro: Forense, 2005.

_____. As agências reguladoras independentes e a separação de poderes: uma contribuição da teoria dos ordenamentos setoriais. *Revista Diálogo Jurídico*, n. 13, abr./maio 2002.

_____. Princípio da legalidade e poder regulamentar no Estado contemporâneo. *Boletim de Direito Administrativo*, n. 5, v. 18, mai. 2002.

ARÁN, Márcia; CORRÊA, Marilena V. Sexualidade e política na cultura contemporânea: o reconhecimento social e jurídico do casal homossexual. *Physis*, n. 14(2), 2004.

ARANTES, Rogério Bastos. *Ministério Público e política no Brasil*. São Paulo: EDUC/Fapesp, 2002.

ARAÚJO, Cícero. República e democracia. *Lua Nova*, n. 51, 2000.

ARAÚJO, Luís Alberto David. *A proteção constitucional da própria imagem*: pessoa física, pessoa jurídica e produto. Belo Horizonte: Del Rey, 1996.

ARENDT, Hannah. *O que é política?* Tradução de Reinaldo Guarany. Rio de Janeiro: Bertrand Brasil, 1998.

_____. *On revolution*. New York: Viking Press, 1987.

_____. *The human condition*. Chicago: The University of Chicago Press, 1989.

ARGUELHES, Diego Werneck. *Deuses pragmáticos, mortais formalistas*: a justificação consequencialista de decisões judiciais. Mimeografado. Rio de Janeiro, 2006.

_____. Poder não é querer: preferências restritivas e redesenho institucional no Supremo Tribunal Federal pós-democratização. *Universitas Jus*, v. 25, 2014.

_____; LEAL, Fernando. Pragmatismo como [meta] teoria normativa da decisão judicial: caracterização, estratégia e implicações. In: SARMENTO, Daniel (coord.), *Filosofia e teoria constitucional contemporânea*. Rio de Janeiro: Lumen Juris, 2009.

ARISTÓTELES. *A Constituição de Atenas*. Disponível em: <https://www.consciencia.org/aristoteles_constituicao_de_atenas.shtml>.

_____. *Constitution of Athens and related texts*. New York: Hafner Publishing Company, 1950.

_____. *Política*. Disponível em: <http://classics.mit.edu/Aristotle/politics.html>.

_____. *Ética a Nicômaco*. São Paulo: Nova Cultural, 1996.

_____. *A política*. São Paulo: Martins Fontes, 2006.

ARQUIDIOCESE DE SÃO PAULO. Brasil: nunca mais. Projeto A, São Paulo, 1985.

ARRUDA JR., Edmundo Lima de. *Direito, marxismo e liberalismo*. Florianópolis: Cesusc, 2001.

_____. *Introdução à sociologia jurídica alternativa*. São Paulo: Acadêmica, 1993.

ASCENSÃO, José de Oliveira. *O Direito*: introdução e teoria geral. Coimbra: Almedina, 1993.

ATALIBA, Geraldo. *República e Constituição*. São Paulo: Revista dos Tribunais, 1985.

_____. *República e Constituição*. 2. ed. São Paulo: Malheiros, 1998.

ATIENZA, Manuel. *El sentido del derecho*. Barcelona: Ariel, 2001.

_____. *As razões do direito*: teorias da argumentação jurídica. São Paulo: Landy, 2002.

AUBY, Jean-Bernard; FREEDLAND, Mark (org.). *La distinction du droit public et du droit privé*: regards français et britanique – the public law/private law divide: une entente assez cordiale? Paris: Panthéon-Assas, 2004.

AUBY, Jean-François; BÉLANGER, Michel; BERGERÈS, Maurice-Christian; BON, Pierre. *La Constitution et les valeurs*: mélanges en l'honneur de Dmitri Georges Lavroff. Paris: Dalloz/Sirey, 2005.

ÁVILA, Ana Paula de Oliveira. Razoabilidade, proteção do direito fundamental à saúde e antecipação de tutela contra a Fazenda Pública, *Ajuris*, v. 86, 2003.

ÁVILA, Humberto Bergmann. Neoconstitucionalismo: entre a ciência do direito e o direito da ciência. In: SOUZA NETO, Cláudio Pereira de; SARMENTO, Daniel; BINENBOJM, Gustavo (coords.). *Vinte anos da Constituição de 1988*: o estado a que chegamos. Rio de Janeiro: Lumen Juris, 2009.

_____. Repensando o "princípio da supremacia do interesse público sobre o particular". In: SARLET, Ingo Wolfgang (org.). *O direito público em tempos de crise*: estudos em homenagem a Ruy Rubem Ruschel. Porto Alegre: Livr. do Advogado Ed., 1999; e *Revista Trimestral de Direito Público*, n. 24, 1998.

_____. *Teoria dos princípios:* da definição à aplicação dos princípios jurídicos. 2. ed. São Paulo: Malheiros, 2003.

_____. *Segurança jurídica:* entre permanência, mudança e realização no direito tributário. 2. ed. São Paulo: Malheiros, 2012.

AZEVEDO, Plauto Faraco de. *Crítica à dogmática e hermenêutica jurídica.* Porto Alegre: Sergio Antonio Fabris Editor, 1989.

BACELLAR, Romeu. *Princípios constitucionais do processo administrativo disciplinar.* São Paulo: Max Limonad, 1998.

BACHOF, Otto. *Normas constitucionais inconstitucionais?* Almedina, 2008.

BALEEIRO, Aliomar. *Constituições brasileiras:* 1891. Brasília: Senado Federal, 2001. v. 2.

_____; BRITO, Luiz Navarro de; CAVALCANTI, Themístocles Brandão. *Constituições brasileiras:* 1967. Brasília: Senado Federal, 2001. v. 6.

_____; LIMA SOBRINHO, Barbosa. *Constituições brasileiras:* 1946. Brasília: Senado Federal, 2001. v. 5.

BAUME, Maïa de la. European Parliament declares abortion access a human right. *Político,* 24 jun. 2021. Disponível em: <https://www.politico.eu/article/meps-adopt-divisive-text-on-abortion/>.

BANDEIRA DE MELLO, Celso Antônio. *Curso de direito administrativo.* 16. ed. São Paulo: Malheiros, 2003.

_____. Eficácia das normas constitucionais sobre justiça social. *Revista de Direito Público,* n. 57-58, 1981.

_____. *Elementos de direito administrativo.* São Paulo: Revista dos Tribunais,1986.

_____. Regulamento e princípio da legalidade, *Revista de Direito Público,* n. 96, out./dez. 1990.

BANDEIRA DE MELLO, Oswaldo Aranha. *A teoria das constituições rígidas.* 2. ed. São Paulo: Bushatsky, 1980.

BAPTISTA, Patrícia. Os limites constitucionais à tutela administrativa. In: BARROSO, Luís Roberto (org.). *A reconstrução democrática do direito público no Brasil.* Rio de Janeiro-São Paulo: Renovar, 2007.

_____. *Segurança jurídica e proteção da confiança legítima no direito administrativo.* Tese de doutorado apresentada e aprovada na Universidade de São Paulo (USP). Mimeografado, 2006.

_____. *Transformações do direito administrativo.* Rio de Janeiro-São Paulo: Renovar, 2003.

BARACHO, José Alfredo de Oliveira. *Teoria geral da cidadania:* a plenitude da cidadania e as garantias constitucionais e processuais. São Paulo: Saraiva, 1995.

_____. *Processo constitucional.* Rio de Janeiro: Forense, 1984.

_____. Vida humana e ciência: complexidade do estatuto epistemológico da bioética e do biodireito. Normas internacionais da bioética. *Cuestiones Constitucionales,* v. 10, 2004.

BARACHO JÚNIOR, José Alfredo de Oliveira. Interpretação dos direitos fundamentais na Suprema Corte dos EUA e no Supremo Tribunal Federal. In: SAMPAIO, José Adércio Leite. *Jurisdição constitucional e direitos fundamentais.* Belo Horizonte: Del Rey, 2003.

_____. Hermenêutica constitucional. *Revista de Direito Público,* n. 59-60, 1981.

_____. *Processo e Constituição:* o devido processo legal. Belo Horizonte: Ed. UFMG, [s.d.].

_____. Teoria geral da revisão constitucional. *Revista da Faculdade de Direito da Universidade Federal de Minas Gerais,* n. 34, 1994.

BARAK, Aharon. Constitutional interpretation. In: MÉLIN-SOUCRAMANIEN, Ferdinand (org.). *L'interprétation constitutionnelle.* Paris: Dalloz/Sirey, 2005.

_____. *Purposive interpretation in law.* Princeton: Princeton University Press, 2005.

_____. *The judge in a democracy*. Princeton: Princeton University Press, 2006.

BARBOSA, Ruy. *Comentários à Constituição Federal brasileira*. Coligidos e ordenados por Homero Pires. São Paulo: Saraiva, 1933. v. 2.

BARBOZA, Heloísa Helena. Perspectivas do direito civil brasileiro para o próximo século. *Revista da Faculdade de Direito*, UERJ, 1998-1999.

BARCELLOS, Ana Paula de. *A eficácia jurídica dos princípios constitucionais:* o princípio da dignidade da pessoa humana. Rio de Janeiro-São Paulo: Renovar, 2002.

_____. *A eficácia jurídica dos princípios*: o princípio da dignidade da pessoa humana. 2. ed. Rio de Janeiro: Renovar, 2008.

_____. *Ponderação, racionalidade e atividade jurisdicional*. Rio de Janeiro-São Paulo: Renovar, 2005.

_____. *Direitos fundamentais e direito à justificativa*: devido procedimento na elaboração normativa. Belo Horizonte: Fórum, 2016.

_____. *Curso de direito constitucional*. Rio de Janeiro: Forense, 2009.

_____. As relações da filosofia do Direito com a experiência jurídica. Uma visão dos séculos XVIII, XIX e XX. Algumas questões atuais. *Revista Forense*, v. 351, 2000.

_____. Neoconstitucionalismo, direitos fundamentais e controle das políticas públicas. *Revista de Direito Administrativo*, n. 240, 2005.

_____. *Curso de direito constitucional*. 3. ed. Rio de Janeiro: Forense, 2020.

_____. *Curso de direito constitucional*. Rio de Janeiro: Forense, 2018.

_____. O princípio republicano, a Constituição brasileira de 1988 e as formas de governo. *Revista Forense*, v. 356, 2001.

_____. Sanitation rights, public law litigation, and inequality: a case study from Brazil. *Health and Human Rights Journal 16*, 2014.

BARENDT, Eric. *An introduction to constitutional law*. Oxford: Oxford University Press, 1998.

BARROS, Suzana de Toledo. *O princípio da proporcionalidade e o controle de constitucionalidade das leis restritivas de direitos fundamentais*. Brasília: Brasília Jurídica, 1996.

BARROSO, Luís Roberto. A americanização do direito constitucional e seus paradoxos. In: *Temas de direito constitucional*. Rio de Janeiro: Renovar, 2009. t. 4.

_____. A americanização do direito constitucional e seus paradoxos: teoria e jurisprudência constitucional no mundo contemporâneo. *Interesse Público*, n. 59, 2010.

_____. *A dignidade da pessoa humana no direito constitucional contemporâneo*: a construção de um conceito jurídico à luz da jurisprudência mundial. Belo Horizonte: Fórum, 2012.

_____. *A dignidade da pessoa humana no direito constitucional contemporâneo:* a construção de um conceito jurídico à luz da jurisprudência mundial. Belo Horizonte: Fórum, 2019.

_____. A educação básica no Brasil: do atraso prolongado à conquista do futuro. *Revista Direitos Fundamentais e Justiça*, 41:117, 2019.

_____. A efetividade das normas constitucionais: por que não uma Constituição para valer?. In: *Anais do Congresso Nacional de Procuradores de Estado*, 1986.

_____. A efetividade das normas constitucionais revisitada. *Revista de Direito Administrativo*, v. 197, 1994.

_____. *A Reforma Política*: uma proposta de sistema de governo, eleitoral e partidário para o Brasil. Disponível em: https://www.migalhas.com.br/quentes/281033/ministro-barroso-defendeu-em-2006-o-semipresidencialismo-no-pais. Acesso em: out. 2023.

_____. Agências reguladoras. Constituição, transformações do Estado e legitimidade democrática. In: BINENBOJM, Gustavo. *Agências reguladoras e democracia*. Rio de Janeiro: Lumen Juris, 2006.

_____. Agências reguladoras. Constituição, transformações do Estado e legitimidade democrática. In: *Temas de direito constitucional*. 2. ed. Rio de Janeiro: Renovar, 2009. t. 2.

_____. Apontamentos sobre o princípio da legalidade. In: *Temas de direito constitucional*. Rio de Janeiro: Renovar, 2006. t. 1.

_____. A razão sem voto: o Supremo Tribunal Federal e o governo da maioria. *Revista Brasileira de Políticas Públicas*, v. 5, 2015.

_____. *A reconstrução democrática do direito público no Brasil*. Rio de Janeiro-São Paulo: Renovar, 2007.

_____. A reforma política: uma proposta de sistema de governo, eleitoral e partidário para o Brasil. *Revista de Direito do Estado*, n. 3, p. 287-360, jul./set. 2006.

_____. *A vida, o direito e algumas ideias para o Brasil*. São Paulo: Migalhas, 2016.

_____. Colisão entre liberdade de expressão e direitos da personalidade. Critérios de ponderação. Interpretação constitucionalmente adequada do Código Civil e da Lei de Imprensa. *Revista Latino-Americana de Estudos Constitucionais*, n. 5, p. 297-339, jan./jun., 2005.

_____. Colisão de direitos fundamentais. Liberdade de expressão e direitos da personalidade. *Revista Trimestral de Direito Civil*, v. 16, 2003.

_____. Constitucionalidade e legitimidade da criação do Conselho Nacional de Justiça. *Interesse Público*, n. 30, 2005.

_____. *Constitucionalismo democrático*: a ideologia vitoriosa do século XX. Ribeirão Preto: Migalhas, 2019.

_____. *Constituição da República Federativa do Brasil anotada*. 5. ed. São Paulo: Saraiva, 2006.

_____. Constituição, democracia e supremacia judicial: direito e política no Brasil contemporâneo. *Revista de Direito do Estado*, n. 21, 2011.

_____. *Curso de direito constitucional contemporâneo*: os conceitos fundamentais e a construção do novo modelo. 9. ed. São Paulo: Saraiva, 2020.

_____. Da falta de efetividade à judicialização excessiva: direito à saúde, fornecimento gratuito de medicamentos e parâmetros para a atuação judicial. In: *Temas de Direito Constitucional*. Rio de Janeiro, Renovar, 2009. t. 4.

_____. Dez Anos da Constituição de 1988 (foi bom para você também?). *Revista Forense*, n. 346, 1999.

_____. Diferentes, mas iguais: as uniões homoafetivas no direito constitucional brasileiro. *Revista de Direito do Estado*, n. 5, 2007.

_____. Diferentes, mas iguais: o reconhecimento jurídico das relações homoafetivas no Brasil. In: *Temas de direito constitucional*. Rio de Janeiro: Renovar, 2009. t. 4.

_____. *Direito constitucional brasileiro:* o problema da federação. Rio de Janeiro: Forense, 1982.

_____. Discricionariedade administrativa, realização adequada dos fins legais e observância dos princípios constitucionais. In: *Temas de direito constitucional*. Rio de Janeiro: Renovar, 2002. t. 2.

_____. Em algum lugar do passado: segurança jurídica, direito intertemporal e o novo Código Civil. In: *Temas de direito constitucional*. Rio de Janeiro: Renovar, 2005. t. 3.

_____. Forças Armadas e ações de segurança pública: possibilidades e limites à luz da Constituição. *Revista de Direito do Estado*, n. 7, 2007.

_____. Fundamentos teóricos e filosóficos do novo direito constitucional brasileiro: pós--modernidade, teoria crítica e pós-positivismo. *Revista Forense*, v. 358, 2001.

_____. Fundamentos teóricos e filosóficos do novo direito constitucional brasileiro. In: *Temas de direito constitucional*. 2. ed. Rio de Janeiro: Renovar, 2009. t. 2.

_____. Here, there, and everywhere: human dignity in contemporary law and in the transnational discourse. *Boston College International and Comparative Law Review*, v. 35, 2012.

_____. *Inteligência Artificial, Plataformas Digitais e Democracia*. Belo Horizonte: Forum, 2024.

_____. *Interpretação e aplicação da Constituição*. 6. ed. ampl. e atual. São Paulo: Saraiva, 2004; 6. ed. 3. tir. São Paulo: Saraiva, 2006; 7. ed. São Paulo: Saraiva, 2009.

_____. Legitimidade da recusa de transfusão de sangue por Testemunhas de Jeová. *Revista Trimestral de Direito Civil*, v. 11, 2010.

_____. Mandado de injunção: o que foi sem nunca ter sido. Uma proposta de reformulação. In: DIREITO, Carlos Alberto Menezes (org.). *Estudos em homenagem ao Prof. Caio Tácito*. Rio de Janeiro: Renovar, 1997.

_____. Neoconstitucionalismo e constitucionalização do Direito. *Revista de Direito Administrativo*, v. 240, 2005.

_____. *O controle de constitucionalidade no Direito brasileiro*. 7. ed. Rio de Janeiro: Saraiva, 2015.

_____. *O controle de constitucionalidade no Direito brasileiro*. São Paulo: Saraiva, 2004, 2006, 2016.

_____. *O direito constitucional e a efetividade de suas normas*. 7. ed. Rio de Janeiro-São Paulo: Renovar, 2003; 8. ed. Rio de Janeiro-São Paulo: Renovar, 2006.

_____. *O direito constitucional e a efetividade de suas normas*. 9. ed. rev. e atual. Rio de Janeiro: Renovar, 2009.

_____. O Estado contemporâneo, os direitos fundamentais e a redefinição da supremacia do interesse público. In: *Temas de direito constitucional*. Rio de Janeiro: Renovar, 2009. t. 4.

_____. *O novo direito constitucional brasileiro*. Belo Horizonte: Fórum, 2012.

_____. *O novo direito constitucional brasileiro*. Belo Horizonte: Fórum, 2013.

_____. *Populismo, autoritarismo e resistência democrática*: as cortes constitucionais no jogo do poder. Direito e Práxis, ahead of print, 2022.

_____. Populism, authoritarianism, and institutional resistance: constitutional courts in the game of power. *Texas International Law Journal*, 57:259, 2022.

_____. Princípios constitucionais brasileiros ou de como o papel aceita tudo. *Revista Trimestral de Direito Público*, n. 1, 1993.

_____. Revolução tecnológica, crise da democracia e mudança climática: limites do Direito num mundo em transformação. *Revista Estudos Institucionais*, v. 5, 2019.

_____. *Sem data venia:* um olhar sobre o Brasil e o mundo. Rio de Janeiro: História Real, 2020.

_____. *Temas de direito constitucional*. 3. ed. Rio de Janeiro-São Paulo: Renovar, 2006. t. 1.

_____. *Temas de direito constitucional*. Rio de Janeiro-São Paulo: Renovar, 2003. t. 2.

_____. *Temas de direito constitucional*. Rio de Janeiro-São Paulo: Renovar, 2005. t. 3.

_____. The americanization of constitutional law and its paradoxes: constitutional theory and constitutional jurisdiction in the contemporary world. *ILSA Journal of International and Comparative Law*, v. 16, 2010.

_____. Uma proposta de reforma política para o Brasil. *Revista de Direito do Estado*, n. 3, 2006.

_____. Vinculação de Estado-membro pelo direito internacional. Reflexões acerca do cumprimento de recomendações oriundas da Comissão Internacional de Direitos Humanos da OEA.

In: TIBURCIO, Carmen; BARROSO, Luís Roberto. *Direito constitucional internacional*. Rio de Janeiro: Renovar, 2013.

_____. Vinte anos da Constituição brasileira de 1988: o Estado a que chegamos, *Revista de Direito do Estado*, v. 10, 2008.

_____ (org.). *A nova interpretação constitucional*: ponderação, direitos fundamentais e relações privadas. 2. ed. Rio de Janeiro-São Paulo: Renovar, 2006.

_____; BARCELLOS, Ana Paula de. O começo da história. A nova interpretação constitucional e o papel dos princípios no Direito brasileiro. *Revista Forense*, v. 371, 2004.

_____; MARTEL, Letícia de Campos Velho. A morte como ela é: dignidade e autonomia individual no final da vida. *Revista da Faculdade de Direito de Uberlândia*, v. 38, 2010.

_____; MELLO, Patrícia Perrone Campos. Democracias iliberais e direitos humanos: o papel dos tribunais internacionais, no prelo, 2021.

_____; MELLO, Patrícia Perrone Campos. In defense of the Amazon Forest: the role of law and courts. *Harvard International Law Journal*, v. 62, 2021.

_____; MELLO, Patrícia Perrone Campos. Como salvar a Amazônia: por que a floresta de pé vale mais do que derrubada. *Revista de Direito da Cidade*, v. 12, 2020.

_____; MELLO, Patrícia Perrone Campos. O papel criativo dos tribunais: técnicas de decisão em controle de constitucionalidade. *Revista da Ajuris*, v. 46, 2019.

_____; TIBURCIO, Carmen. Imunidade de Jurisdição: o Estado Federal e os Estados-membros. In: BARROSO, Luís Roberto; TIBURCIO, Carmen (org.). *O direito internacional contemporâneo*: estudos em homenagem ao Professor Jacob Dolinger. Rio de Janeiro-São Paulo: Renovar, 2006.

BARROSO, Luna van Brussel. *Liberdade de expressão e democracia na era digital*. Belo Horizonte: Fórum, 2022.

BARROSO, Porfirio; TALAVERA, María del Mar López. *La libertad de expresión y sus limitaciones constitucionales*. Madrid: Fragua, 1998.

BARTHOLOMEW, Paul C.; MENEZ, Joseph F. *Summaries of leading cases on the Constitution*. Savage (MD): Littlefield, Adams, 1983.

BASTOS, Celso Ribeiro. *Comentários à Constituição Federal de 1988*. São Paulo: Saraiva, 1989. v. 2.

_____. *Curso de direito constitucional*. São Paulo: Celso Bastos, Editor, 2002.

_____; BRITTO, Carlos Ayres de. *Interpretação e aplicabilidade das normas constitucionais*. São Paulo: Saraiva, 1982.

_____; MARTINS, Ives Gandra. *Comentários à Constituição do Brasil*. São Paulo: Saraiva, 1988. v. 2.

BATTIS; GUSY. *Einführung in das Staatsrecht*. Heidelberg: C. F. Müller, 1991.

BAYÓN, Juan Carlos. Derechos, democracia y Constitución. In: LAPORTA, Francisco J. (editor). *Constitución:* problemas filosóficos. Madrid: Centro de Estudios Constitucionales, 2003.

BEARDSLEY, J. E. The Constitutional Council and constitutional liberties in France. *American Journal of Comparative Law*, v. 20, 1972.

BEATTY, David. The forms and limits of constitutional interpretation. *American Journal of Comparative Law*, v. 49, 2001.

BELL, John. *French constitutional law*. Oxford-New York: Clarendon Press/Oxford University Press, 1992.

BELLAMY, Richard (editor). *Constitutionalism, democracy and sovereignty:* american and european perspectives. Ashgate: Avebury Press, 1996.

BENDA, Ernesto et al. *Manual de derecho constitucional*. Tradução de Antonio López Pina. Madrid: Marcial Pons, 1996.

BENTHAM, Jeremy. *Of laws in general*. London: Athlone Press, 1970.

BERCOVICI, Gilberto. A Constituição dirigente e a crise da teoria da Constituição. In: SOUZA NETO, Cláudio Pereira de et al. *Teoria da Constituição*: estudos sobre o lugar da política no direito constitucional. Rio de Janeiro: Lumen Juris, 2003.

_____. A problemática da constituição dirigente: algumas considerações sobre o caso brasileiro. *Revista de Informação Legislativa do Senado Federal*, n. 142, 1999.

_____. *Constituição e estado de exceção permanente*: atualidade de Weimar. Rio de Janeiro: Azougue, 2004.

_____. *Constituição Econômica e Desenvolvimento*. São Paulo: Malheiros, 2005.

_____ (coord.). *Cem Anos da Constituição de Weimar*. São Paulo: Quartier Latin, 2019.

BERGER, Adolf. *Encyclopedic dictionary of Roman Law*. Philadelphia: American Philosophical Society, 1953.

BERGER, Mark. American perspectives on self-incrimination and the compelled production of evidence. *International Journal of Evidence and Proof*, vol. 6, n. 4, p. 218-242, 2002.

BERLIN, Isaiah. *Quatro ensaios sobre a liberdade*. Brasília: Editora UnB, 1981.

_____. Two concepts of liberty (1958). In: *Four essays on liberty*. Oxford: Oxford University Press, 1969.

BERNAL PULIDO, Carlos. O caráter fundamental dos direitos fundamentais. *Revista de Direito do Estado*, n. 19 e 20, 2010.

BERNARDO, André. Quais obras foram censuradas na ditadura? *Superinteressante*, 14 fev. 2020.

BICKEL, Alexander. *The least dangerous branch*. 2. ed. Indianapolis: Bobbs-Merrill Co., 1986.

BIERRENBACH, Flávio. *Quem tem medo da constituinte*. Rio de Janeiro: Paz e Terra, 1986.

BIGNOTTO, Newton. Republicanismo. Democracia. In: BARRETTO, Vicente de Paulo (coord.). *Dicionário de filosofia do Direito*. São Leopoldo: Editora Unisinos, 2006.

BILBAO UBILLOS, Juan Maria. *La eficacia de los derechos fundamentales frente a particulares*. Madrid: Centro de Estudios Constitucionales, 1997.

BINENBOJM, Gustavo. *A nova jurisdição constitucional brasileira*: legitimidade democrática e instrumentos de realização. Rio de Janeiro-São Paulo: Renovar, 2001; 2. ed. Rio de Janeiro-São Paulo: Renovar, 2004.

_____. As agências reguladoras e o estatuto jurídico de seus dirigentes – Controvérsias constitucionais e procedimentos possíveis. In: *Livro de Teses do XXV Congresso Nacional dos Procuradores de Estado*, 1999.

_____. Da supremacia do interesse público ao dever de proporcionalidade: um novo paradigma para o direito administrativo. *Revista de Direito Administrativo*, n. 239, 2005.

_____. *Uma teoria de direito administrativo*. Rio de Janeiro-São Paulo: Renovar, 2006; 3. ed. Rio de Janeiro – São Paulo: Renovar, 2014.

_____. *Liberdade igual*: o que é e por que importa. Rio de Janeiro: Intrínseca, 2020.

_____. *Uma teoria do direito administrativo*: direitos fundamentais, democracia e constitucionalização. Rio de Janeiro-São Paulo: Renovar, 2008.

BLACK JR., Charles. *The people and the court*. New York: Macmillan, 1960.

BLACKSTONE, William. *Commentaries on the laws of England*, 1765. Ebook Project Gutenberg.

_____. *Commentaries on the laws of England*. Oxford: Clarendon Press, 1765. Ebook Gutenberg Project.

BOBBIO, Norberto. *A era dos direitos*. São Paulo: Campus, 1992. Rio de Janeiro: Elsevier, 2004.

_____. *Estado, governo, sociedade:* por uma teoria geral da política. Tradução de Marco Aurélio Nogueira. Rio de Janeiro: Paz e Terra, 1987.

_____. *Giusnaturalismo e positivismo giuridico.* Milano: Edizioni di Comunità, 1965.

_____. *Locke e o direito natural.* Brasília: Ed. da UnB, 1998.

_____. *O positivismo jurídico.* São Paulo: Ícone, 1995.

_____. *Teoria da norma jurídica.* São Paulo: Edipro, 2003.

_____. *Teoria do ordenamento jurídico.* Brasília: Ed. da UnB,1990.

_____. *Direito e Estado no pensamento de Emanuel Kant.* Tradução de Alfredo Fait. Brasília: Editora UnB, 1997.

_____. *Liberalismo e democracia.* São Paulo: Brasiliense, 1988.

_____; MATTEUCCI, Nicola; PASQUINO, Gianfranco. *Dicionário de política.* São Paulo: Imprensa Oficial, 1999. v. 1.

_____; MATTEUCCI, Nicola; PASQUINO, Gianfranco. *Dicionário de política.* 5. ed. Brasília: Editora UnB, 2000.

BOBBIT, Philip. *Constitutional interpretation.* Oxford: Oxford University Press, 1991.

BÖCKENFÖRDE, Ernst-Wolfgang. Los métodos de la interpretación constitucional – inventario y crítica. In: *Escritos sobre derechos fundamentales.* Tradução de Juan Luis Pagés e Ignacio Menéndez. Baden-Baden: Nomos Verlagsgesellschaft, 1993.

BOGDANOR, Vermon. Devolution: the constitutional aspects. In: *Constitutional reform in the United Kingdom:* practices and principles. Oxford: Hart Publishing, 1998.

BOJUNGA, Claudio. *JK:* o artista do impossível. Rio de Janeiro: Objetiva, 2001.

BONAVIDES, Paulo. *Ciência política.* 4. ed. Rio de Janeiro: Forense, 1978.

_____. *Do Estado liberal ao Estado social.* 8. ed. São Paulo: Malheiros, 2007.

_____. *Curso de direito constitucional.* 6. ed. São Paulo: Malheiros, 1996.

_____. *Curso de direito constitucional.* 20. ed. São Paulo: Malheiros, 2007.

_____. *Curso de direito constitucional.* 13. ed. São Paulo: Malheiros, 2003.

_____. *A Constituição aberta.* 3. ed. São Paulo: Malheiros, 2004.

_____. *Do país constitucional ao país neocolonial.* São Paulo: Malheiros, 1999.

_____. *História constitucional do Brasil.* Brasília: Imprenta, 1991.

_____. O parlamentarismo no Brasil, *Revista da Academia Brasileira de Letras Jurídicas,* n. 7:7-11, jul./dez. 1993.

_____; PAES de ANDRADE, Antônio. *História constitucional do Brasil.* Brasília: Paz e Terra, 1991.

_____; DE LIMA, Francisco Gérson Marques; BEDÊ, Fayga Silveira. *Constituição e democracia*: Estudos em homenagem ao Prof. J. J. Gomes Canotilho. São Paulo: Malheiros, 2006.

_____; MIRANDA, Jorge; AGRA, Walber de Moura. *Comentários à Constituição Federal de 1988.* Rio de Janeiro: Forense, 2009.

BONNARD, André. *Greek civilization from the Antigone to Socrates.* London: George Allen & Unwin, 1959.

BONNECASE, Julien. *La pensée juridique française, de 1804 à l'heure presente.* Bordeaux: Dalmas, 1933.

BON, Pierre. Table ronde: le cas de Espagne. In: VERPEAUX, Michel (org.). *Code Civil et Constitution(s).* Paris: Economica, 2005.

BORK, Robert. *Coercing virtue:* the worldwide rule of judges. Washington (DC): American Enterprise Institute Press, 2003.

_____. Neutral principles and some first amendment problems. *Indiana Law Journal*, v. 47, 1971.

_____. O que pretendiam os fundadores – interpretação da Constituição. *Revista de Direito Público*, n. 93, 1990.

_____. *The tempting of America:* the political seduction of the law. New York: Touchstone/Simon & Schuster, 1990.

BOROWSKI, Martin. *La estructura de los derechos fundamentales*. Bogotá: Universidad Externado de Colombia, 2003.

BOTSFORD, George Willis. *The development of the Athenian Constitution*. New York: Johnson Reprint Corp., 1965.

BRANDÃO, Rodrigo. *Supremacia judicial versus diálogos constitucionais*. Rio de Janeiro: Lumen Juris, 2017.

BREST, Paul et al. *Processes of constitutional decision making:* cases and materials. 5. ed. New York: Aspen Publishers, 2006.

BREYER, Stephen. *Active liberty:* interpreting our democratic Constitution. New York: Vintage Books, 2005.

BRITTO, Carlos Ayres. *Teoria da Constituição*. Rio de Janeiro: Forense, 2003.

_____; PONTES FILHO, Walmir. Direito adquirido contra emenda constitucional. *Revista de Direito Administrativo*, n. 202, 1995.

BROWN, Rebecca I. Accountability, liberty, and the Constitution. *Columbia Law Review*, v. 98, 1998.

BRUGGER, Winfried. Legal interpretation, schools of jurisprudence, and anthropology: some remarks from a German point view. *The American Journal of Comparative Law*, v. 42, 1994.

BUENO, Eduardo. *Brasil*: uma história. São Paulo: Ática, 2003.

BUENO, José Antônio Pimenta. *Direito público brasileiro e análise da Constituição do Império*. Rio de Janeiro: Ministério da Justiça, 1958.

BULOS, Uadi Lammêgo. *Mutação constitucional*. São Paulo: Saraiva, 1997.

_____. Decênio da Constituição de 1988. *Revista de Processo*, n. 98, 2000.

BURDEAU, Georges. *Manuel de droit constitutionnel et institutions politiques*. 16. ed. Paris: LGDJ, 1974; 20. ed. Paris: LGDJ, 1984.

_____. *Traité de science politique:* le statut du pouvoir dans l'État. 2. ed. Paris: LGDJ, 1969. t. 4.

_____; HAMON, Francis; TROPER, Michel. *Manuel de droit constitutionnel*. 23. ed. Paris: LGDJ, 1993.

BURGESS, Michael. *Comparative federalism:* theory and practice. London: Routledge, 2006.

BÚRIGO, Vandré Augusto. Sistema eleitoral brasileiro – a técnica de representação proporcional vigente e as propostas de alteração: breves apontamentos. *Revista de Informação Legislativa*, v. 39, 2002.

BUSTAMANTE, Thomas da Rosa. Pós-positivismo: o argumento da injustiça além da fórmula de Radbruch. *Revista de Direito do Estado*, n. 4, 2006.

BUTLER, Henry; KLICK, Jonathan. *History of Law and Economics*. Cheltenham: Edward Elgar, 2018.

CADART, Jacques. *Institutions politiques et droit constitutionnel*. Paris: LGDJ, 1990. v. 1.

CAENEGEM, R. C. van. *An historical introduction to western constitutional law*. Cambridge-New York: Cambridge University Press, 1995.

CAETANO, Marcelo. *Direito constitucional*. Rio de Janeiro: Forense, 1977. v. 1.

CALLEJÓN, Francisco Balaguer (coord.). *Derecho constitucional*. 2. ed. Madrid: Tecnos, 2004. v. 1.

CALMON, Pedro. História do Brasil. Brasília: Imprensa Nacional, 1959, v. IV.

CALSAMIGLIA, Albert. Postpositivismo. *Doxa*, n. 21, 1998.

CAMARGO, Margarida Maria Lacombe. *Hermenêutica e argumentação*: uma contribuição ao estudo do Direito. Rio de Janeiro-São Paulo: Renovar, 2003.

CAMARGO, Eduardo Aidê Bueno; RODRIGUES, João Mendes & SILVA, Anderson Santos. *Direito internacional dos direitos humanos*. Salvador: JusPodivm, 2018.

CAMINKER, Evan H. Sincere and strategic: voting norms on multimbember courts. *Michigan Law Review*, v. 97, 1999.

CAMPOS, Carlos Alexandre de Azevedo. *Dimensões do ativismo judicial do STF*. Rio de Janeiro: Forense, 2014.

CAMPOS, Gabriel Silveira de Queirós, *Provas ilícitas e ponderação de interesses no processo penal*. São Paulo: JusPodivm, 2015.

CANARIS, Claus-Wilhelm. *Pensamento sistemático e conceito de sistema na ciência do Direito*. 2. ed. Lisboa: Fundação Calouste Gulbenkian, 1996.

CANDIDO, Antonio. O significado de raízes do Brasil. In: SANTIAGO, Silviano (coord.). *Intérpretes do Brasil*. São Paulo: Saraiva, 2002.

CANOTILHO, J. J. Gomes. *Constituição dirigente e vinculação do legislador*. Coimbra: Coimbra Ed., 1994.

_____. *Direito constitucional e teoria da Constituição*. 7. ed. Coimbra: Almedina, 2003.

_____. *Direito constitucional e teoria da Constituição*. Coimbra: Almedina, 1998.

_____. Rever ou romper com a Constituição dirigente? Defesa de um constitucionalismo moralmente reflexivo. *Revista dos Tribunais – Cadernos de Direito Constitucional e Ciência Política*, v. 15, 1996.

_____. *Direito constitucional e teoria da Constituição*. 4. ed. Coimbra: Almedina, 2000.

_____; MOREIRA, Vital. *Fundamentos da Constituição*. Coimbra: Coimbra Ed., 1991.

_____; MENDES, Gilmar Ferreira; SARLET, Ingo Wolfgang; STRECK, Lenio Luiz (coord.). *Comentários à Constituição do Brasil*. 2. ed. São Paulo: SaraivaJur, 2018.

_____; MOREIRA, Vital. *Constituição da República Portuguesa Anotada*. Coimbra: Coimbra Ed., 2007. v. 1.

CARBONELL, Miguel. *Teoría del neoconstitucionalismo:* ensayos escogidos. Madrid: Trotta, 2007.

_____ (org.). *Neoconstitucionalismo*. Madrid: Trotta, 2003.

CÁRCOVA, Carlos María. *A opacidade do Direito*. Tradução de Edilson Alkimim Cunha. São Paulo: LTr, 1998.

_____. *Teorías jurídicas alternativas*: escritos sobre derecho y política. Buenos Aires: Centro Editor de América Latina, 1993.

CARDOSO, Fernando Henrique. *A arte da política*: a história que vivi. Rio de Janeiro: Civilização Brasileira, 2006.

_____. *Diários da presidência*, v. 1 (1995-1996). São Paulo: Companhia das Letras, 2015.

_____. *Diários da presidência*, v. 2 (1997-1998). São Paulo: Companhia das Letras, 2016.

CARRAZZA, Roque Antonio. Ação direta de inconstitucionalidade por omissão e mandado de injunção. *Cadernos de direito constitucional e ciência política*, v. 1, n. 3, p. 120-135, abr./jun. 1993.

CARNELUTTI, Francesco. *Instituições do Processo Civil*. São Paulo: Editora Servanda, 2000.

CARRÉ DE MALBERG, R. *Contribution à la théorie générale de l'État*. Paris: Sirey, 1962.

CARVALHO, Ernani. Judicialização da política no Brasil: controle de constitucionalidade e racionalidade política. *Análise Social*, n. 191, 2009.

CARVALHO, Ilona Szabó de; ABRAMOVAY, Pedro. O custo da violência. *O Globo*, 14 mar. 2008.

624

CARVALHO, José Murilo de. *Os bestializados:* o Rio de Janeiro e a República que não foi. São Paulo: Companhia das Letras, 1987.

CARVALHO, Luis Gustavo Grandinetti Castanho de. *Direito de informação e liberdade de expressão.* Rio de Janeiro: Renovar, 1999.

CARVALHO FILHO, José dos Santos. *Manual de direito administrativo.* 27. ed. São Paulo: Atlas, 2014.

_____. *Manual de direito administrativo.* 28. ed. São Paulo: Atlas, 2015.

CARVALHO RAMOS, André de. *Teoria geral dos direitos humanos na ordem internacional.* 6. ed. São Paulo: Saraiva, 2016.

CASTELLO BRANCO, Carlos. *Os militares no poder.* Rio de Janeiro: Nova Fronteira, 1977.

CASTELLS, Manuel. *Ruptura:* a crise da democracia liberal. Rio de Janeiro: Zahar, 2018.

CASTRO, Carlos Roberto de Siqueira. *O devido processo legal e a razoabilidade das leis na nova Constituição do Brasil.* Rio de Janeiro: Forense,1989.

_____. *O Congresso e as delegações legislativas.* Rio de Janeiro: Forense, 1986.

CATROGA, Fernando. *Entre deuses e césares*: secularização, laicidade e religião civil. Coimbra: Almedina, 2006.

CAVA, Ralph Della. A Igreja e a abertura, 1974-1985. In: STEPAN, Alfred (org.). *Democratizando o Brasil.* Rio de Janeiro: Paz e Terra, 1985.

CAVALCANTE FILHO, João Trindade. *Processo legislativo constitucional.* Salvador: JusPodivm, 2023.

CEASER, James W. *Presidential selection*: theory and development. Princeton: Princeton University Press, 1980.

CERQUEIRA, João da Gama. *Tratado de propriedade industrial.* 2. ed. São Paulo: Revista dos Tribunais, 1982. v. 1.

CERQUEIRA, Marcello. *A Constituição na história*: origem e reforma. Rio de Janeiro: Revan, 2006.

CHANTEBOUT, Bernard. *Droit constitutionnel et science politique.* Paris: Armand Colin, 1991.

CHAUÍ, Marilena. *Convite à filosofia.* São Paulo: Ática, 1999.

_____. Público, privado e despotismo. In: NOVAES, Adauto (org.). *Ética.* São Paulo: Companhia das Letras, 1992.

CHEMERINSKY, Erwin. *Constitutional law*: principles and policies. New York: Aspen Law & Business, 1997.

_____. In defense of judicial review: a reply to professor Kramer. *California Law Review*, v. 92, 2004.

_____. *Enhancing government: federalism for the 21st century.* Stanford: Stanford Law Books, 2008.

CHRISTIE, George C.; MARTIN, Patrick H. *Jurisprudence*: text and reading on the philosophy of law. 2. ed. St. Paul: West Publishing Co., 1999.

CIANCIARDO, Juan. Máxima de razonabilidad y respecto de los derechos fundamentales. *Persona y Derecho*, n. 41, 1999.

CÍCERO. *Da república.* Rio de Janeiro: Ediouro, [s.d.].

CITADINO, Gisele. *Pluralismo, direito e justiça distributiva*: elementos da filosofia constitucional contemporânea. Rio de Janeiro: Lumen Juris, 1999.

CLÈVE, Clèmerson Merlin. *A fiscalização abstrata de constitucionalidade no direito brasileiro.* 2. ed. São Paulo: Revista dos Tribunais, 2000.

_____. *A atividade legislativa do Poder Executivo.* 2. ed. São Paulo: Revista dos Tribunais, 2000.

_____. A teoria constitucional e o direito alternativo (para uma dogmática constitucional emancipatória). In: *Direito alternativo*: Seminário nacional sobre o uso alternativo do Direito. Rio de Janeiro: ADV, 1993.

_____. Liberdade de expressão, de informação e propaganda comercial. In: SARMENTO, Daniel; GALDINO, Flavio (org.). *Direitos fundamentais*: estudos em homenagem ao professor Ricardo Lobo Torres. Rio de Janeiro: Renovar, 2006.

_____. O problema da legitimação do Poder Judiciário e das decisões judiciais no Estado democrático de direito. In: *Anais do Seminário Democracia e Justiça*, Porto Alegre, 1999.

COASE, Ronald. *The Firm, the Market, and the Law*. Chicago: University of Chicago Press, 1990.

COELHO, Fábio Ulhôa. *Biografia não autorizada do Direito*. São Paulo: WMF Martins Fontes, 2021.

COELHO, Inocêncio Mártires. *Interpretação constitucional*. 2. ed. Porto Alegre: Sergio Antonio Fabris Editor, 2003.

_____. Poder normativo das cortes constitucionais: o caso brasileiro. *Revista Brasileira de Políticas Públicas*, v. 5, 2015.

COELHO, Luiz Fernando. *Teoria crítica do Direito*. 2. ed. Porto Alegre: Sergio Antonio Fabris Editor, 1991.

COLEMAN, Jules. *The practice of principle*:in defence of a pragmatic approach to legal theory. Oxford--New York: Oxford University Press, 2001.

COLLOR, Pedro. *Passando a limpo. A trajetória de um farsante*: memórias. Rio de Janeiro: Record, 1993.

COMPARATO, Fábio Konder. *Ética*: Direito, moral e religião no mundo moderno. São Paulo: Companhia das Letras, 2006.

_____. *A afirmação histórica dos direitos humanos*. São Paulo: Saraiva, 2016.

_____. E agora, Brasil?. *Folha de S.Paulo*, 3 mar. 2008.

_____. Sobre a legitimidade das Constituições. In: BONAVIDES, Paulo; DE LIMA, Francisco Gérson Marques; BEDÊ, Fayga Silveira. *Constituição e democracia*: Estudos em homenagem ao Prof. J. J. Gomes Canotilho. São Paulo: Malheiros, 2006.

CONSTANT, Benjamin. *A Liberdade dos antigos comparada à dos modernos*. Tradução de Leandro Cardoso Marques da Silva. São Paulo: Edipro, 2019. A primeira edição é de 1819.

_____. Da liberdade dos antigos comparada à dos modernos. Tradução de Loura Silveira. In: MORAES, João Quartim. *Filosofia política*. Porto Alegre: L&PM, 1985.

_____. *The Liberty of Ancients Compared with that of Moderns*, 1819. Disponível em: <https://www.earlymoderntexts.com/assets/pdfs/constant1819.pdf>.

CONTIADES, Xenophon. Methodological principles of constitutional revision based on overlapping consensus. *Anuario Iberoamericano de Justicia Constitucional*, n. 8, 2004.

COOLEY, Thomas M. *A treatise on the constitutional limitations*. Boston: Little, Brown and Co., 1903.

_____. *Princípios gerais de direito constitucional dos Estados Unidos da América do Norte*. 2. ed. São Paulo: Revista dos Tribunais, 1982.

COOTER, Robert; ULEN, Thomas. *Law and Economics*. 6. ed. New York: Pearson, 2011.

COQUILLETTE, Daniel R. *The anglo-american legal heritage*. Durham (North Carolina): Carolina Academic Press, [s.d.].

CORNELOUP, Sabine. Table ronde: le cas de l'Alemagne. In: VERPEAUX, Michel. *Code Civil e Constitution(s)*. Paris: Economica, 2005.

CORRÊA, Oscar. *A Constituição de 1967*: contribuição crítica. Rio de Janeiro: Forense, 1969.

_____. Os 15 anos da Constituição de 1988 (breves anotações). *Revista da EMERJ*, v. 6, 2003.

_____. *Crítica da ideologia jurídica*. Porto Alegre: Sergio Antonio Fabris Editor, 1995.

_____. El neoliberalismo en el imaginario jurídico. In: *Direito e neoliberalismo*: elementos para uma leitura interdisciplinar. Curitiba: EDIBEJ, 1996.

CORWIN, Edward S. *The Constitution and what it means today*. 14. ed. Princeton: Princeton University Press,1978.

COSTA, Emília Viotti da. *Da monarquia à república:* momentos decisivos. 8. ed. São Paulo, Editora UNESP, 2007.

COTTROL, Robert J.; DIAMOND, Raymond T.; WARE, Leland B. *Brown v. Board of Education*: case, culture and the constitution. Lawrence, KS: University Press of Kansas, 2003.

COUTINHO, Carlos Nelson. Democracia: um conceito em disputa. In: *Intervenções*: o marxismo na batalha das ideias. São Paulo: Cortez, 2006.

COUTINHO, Jacinto de Miranda. Jurisdição, psicanálise e o mundo neoliberal. In: *Direito e neoliberalismo*: elementos para uma leitura interdisciplinar. Curitiba: EDIBEJ, 1996.

_____ (coord.). *Canotilho e a Constituição dirigente*. Rio de Janeiro-São Paulo: Renovar, 2002.

CRISP, Roger (ed.). *Griffin on human rights*. New York: Oxford University Press, 2014.

CRISAFULLI, Vezio. *La Costituzione e le sue disposizioni di principio*. Milano: Giuffrè, 1952.

CRUZ, Rogério Schietti. *Prisão cautelar*: dramas, princípios e alternativas. Salvador: JusPodivm, 2022.

CUNHA, Fernando Whitaker da. *Democracia e cultura*: a teoria do Estado e os pressupostos da ação política. 2. ed. Rio de Janeiro: Forense, 1973.

_____; FRANCO SOBRINHO, Manoel de Oliveira; MELLO, Celso Albuquerque; FALCÃO, Alcino Pinto; SÜSSEKIND, Arnaldo. *Comentários à Constituição*. 1º volume. Rio de Janeiro: Freitas Bastos, 1990.

CYRINO, André Rodrigues. *Revolução na Inglaterra? Direitos humanos, corte constitucional e declaração de incompatibilidade das leis. Novel espécie de "judicial review"?*. Mimeografado, 2006.

DAHL, Robert A. *How democratic is the American Constitution*. New Haven-London: Yale University Press, 2001.

DAHL, Robert. *On democracy*. New Haven and London: Yale University Press, 1998.

DALLARI, Dalmo de Abreu. *Elementos de teoria geral do Estado*. 24. ed. São Paulo: Saraiva, 2003.

_____. *Elementos de teoria geral do Estado*. 8. ed. São Paulo: Saraiva, 1981.

_____. *Elementos de teoria geral do Estado*. 20. ed. São Paulo: Saraiva, 1998.

_____. *O Estado federal*. São Paulo: Ática, 1986.

DALRI Luciene. Os direitos políticos no Brasil Imperial. *Direitos Fundamentais e Justiça*, v. 6, 2012.

DAMATTA, Roberto. *O que faz o Brasil, Brasil*. Rio de Janeiro: Rocco, 1986.

DANTAS, David Diniz. *Interpretação constitucional no pós-positivismo*. São Paulo: Madras, 2005.

DANTAS, San Tiago. Igualdade perante a lei e "due process of law" (contribuição ao estudo da limitação constitucional do Poder Legislativo). *Revista Forense*, v. 116, 1948.

D'ARAÚJO, Maria Celina; CASTRO, Celso (org.). *Ernesto Geisel*. Rio de Janeiro: Editora da Fundação Getúlio Vargas, 1997.

DARROW-KLEINHAUS, Suzanne. The Talmudic Rule against Self-incrimination and the American Exclusionary Rule: a societal prohibition versus an affirmative individual right. *New York Law School Journal of International and Comparative Law*, vol. 21, n. 2, p. 205-227, 2002.

DAU-LIN, Hsü. *Mutación de la Constitución*. Tradução de Pablo Lucas Verdù e Christian Förster. Oñati: Instituto Vasco de Administración Pública, 1998.

DAVID, René. *Os grandes sistemas do direito contemporâneo*. Lisboa: Meridiano, 1978.

DEBBASCH, Charles; PONTIER, Jean-Marie; BOURDON, Jacques; RICCI, Jean-Claude. *Droit constitutionnel et institutions politiques*. Paris: Economica, 1990.

DE CUPIS, Adriano. *I Diritti della personalità*. 2. ed. Milano: Giuffrè, 1982.

DERBLI, Felipe. O princípio da proibição de retrocesso social na Constituição de 1988. Rio de Janeiro: Renovar, 2007.

DIAMOND, Larry. Facing up to the democratic recession. *Journal of Democracy*, v. 26, 2015.

DÍAZ, Elías. *Ética contra política*: los intelectuales y el poder. Madrid: Centro de Estudios Constitucionales, 1990.

DICEY, Albert. *Introduction to the study of the law of the Constitution*. 9. ed. London: Macmillan and Co., 1950.

DI MANNO, Thierry. Code Civil e Constitution en Italie. In: VERPEAUX, Michel (org.). *Code Civil et Constitution(s)*. Paris: Economica, 2005.

DIMOULIS, Dimitri. Uma visão crítica do neoconstitucionalismo. In: SALOMÃO, George Leite; SALOMÃO, Glauco Leite (coords.), *Constituição e efetividade constitucional*. Salvador: JusPodivm, 2008.

_____. Artigo 5º, inciso XVI, In: BONAVIDES, Paulo, MIRANDA, Jorge; AGRA, Walber de Moura (coords.). *Comentários à Constituição Federal de 1988*. Rio de Janeiro: Forense, 2009.

DINAMARCO, Cândido Rangel. Relativizar a coisa julgada material. In: NASCIMENTO, Carlos Valder do (coord.). *Coisa julgada inconstitucional*, 2002.

DINIZ, Antonio Carlos; MAIA, Antônio Carlos Cavalcanti. Pós-positivismo. In: BARRETO, Vicente (org.). *Dicionário de filosofia do Direito*. Rio de Janeiro-São Leopoldo: Renovar/Unisinos, 2006.

DINIZ, Maria Helena. *Compêndio de introdução à ciência do Direito*. São Paulo: Saraiva, 1993.

_____. *Curso de direito civil brasileiro*. São Paulo: Saraiva, 1999. v. 1.

_____. *Dicionário jurídico*. São Paulo: Saraiva, 1998. v. 2.

_____. *Norma constitucional e seus efeitos*. São Paulo: Saraiva, 1989.

DI PIETRO, Maria Sylvia Zanella. *Parcerias na administração pública*: concessão, permissão, franquia, terceirização e outras formas. São Paulo: Atlas, 1999.

_____. *Direito administrativo*. 27. ed. São Paulo: Atlas, 2014.

DOMINGUES, Douglas Gabriel. A propriedade industrial na Constituição Federal de 1988, *Revista Forense*, n. 304, 1988.

DOLINGER, Jacob. Evolution of principles for resolving conflicts in the field of contracts and torts. In: *Recueil des Cours*, v. 283. The Hague-Boston-London: Martinus Nijhoff Publishers, 2000.

_____. *Direito internacional privado*:parte geral. 8. ed. Rio de Janeiro-São Paulo: Renovar, 2005.

_____. A imunidade jurisdicional dos Estados. *Anais da Faculdade de Direito da UERJ*, 1:190, 2004.

DONISI, Carmine. Verso la "depatrimonializzazione" del diritto privato. *Rassegna di Diritto Civile*, n. 80, 1980.

DORF, Michael. *No litmus test*: Law v. politics in the twentieth century. Lanham: Rowman & Littlefield Publishers, 2006.

DORSEN, Norman et al. *Comparative constitutionalism*: cases and materials. St. Paul: West Publishing Co., 2003.

DOWNEY, Catherine. The great debasement of Henry VIII and Edward VI. *Student Economic Review*, v. 1, n. 1, 1997.

DRAGO, Guillaume; FRANÇOIS, Bastien; MOLFESSIS, Nicolas (org.). *La légitimité de la jurisprudence du Conseil Constitutionnel*. Paris: Economica, 1999.

DRELICHMAN, Mauricio; VOTH, Hans-Joachim. Lending to the Borrower from Hell: Debt and Default in the Age of Philip II, 1556-1598. *CEPR Discussion Papers*, n. 7276, 2009.

DRYZEK, John. *Deliberative democracy and beyond:* liberals, critics, contestation. New York: Oxford University Press, 2000.

DUARTE, Fernanda; VIEIRA, José Ribas. *A teoria da mudança constitucional*: sua trajetória nos Estados Unidos e no Brasil. Rio de Janeiro-São Paulo: Renovar, 2005.

DUGUIT, Léon. *Traité de droit constitutionnel.* Paris: Ancienne Librairie Fontemoing & Cie, Éditeurs, 1927.

DUHAMEL, Olivier; MÉNY, Yves. *Dictionnaire constitutionnel.* 14. ed. Paris: PUF, 1992.

DUVERGER, Maurice. *Les régimes semi-présidentiels.* Paris: PUF, 1986.

_____. *Os grandes sistemas políticos.* Coimbra: Almedina, 1985.

DWORKIN, Ronald. *A matter of principle.* Cambridge: Harvard University Press, 1985.

_____. *Taking rights seriously.* Cambridge: Harvard University Press,1997.

_____. *O império do Direito.* Tradução de Jefferson L. Camargo. São Paulo: Martins Fontes, 1999.

_____. *Freedom's law*: the moral reading of the American Constitution. Cambridge: Harvard University Press, 1996.

_____. *Justice in robes.* Cambridge-Massachusetts: Belknap press of Harvard University Press, 2006.

_____ (editor). *The philosophy of law.* Oxford: Oxford University Press, 1977.

_____. *Is democracy possible here?*: principles for a new political debate. Princeton-Oxford: Princeton University Press, 2006.

_____. Looking for Cass Sunstein. *The New York Review of Books*, v. 56, 2009.

_____. *Levando os direitos a sério.* São Paulo: Martins Fontes, 2007.

EISGRUBER, Christopher L. Constitutional self-government and judicial review: a reply to five critics. *University of San Francisco Law Review*, v. 37, 2002.

ELAZAR, Daniel J. *Exploring federalism.* Tuscaloosa: The University of Alabama Press, 2006.

_____. *Federalism: an overview.* Pretoria: HSRC Printers, 1995.

ELLIOT, Lorraine. Human security/environmental security. *Contemporary Politics 21*:11, 2015.

ELSTER, Jon (editor). *Tocqueville*: The Ancien Régime and the French Revolution. Tradução de Arthur Goldhammer. New York: Cambridge University Press, 2011.

_____. Forces and mechanisms in the Constitution-making process. *Duke Law Journal*, v. 45, 1995.

_____. *Ulysses and the sirens.* New York-Cambridge: Cambridge University Press, 1979.

_____. *Ulysses unbound*: studies in rationality, precommitment, and constraints. New York--Cambridge: Cambridge University Press, 2000.

ELY, John Hart. *Democracy and distrust*: a theory of judicial review. Cambridge: Harvard University Press, 1980.

EMANUEL, Steven L. *Constitutional law.* 24. ed. New York: Aspen Publishers, 2006.

ENGELS, Friedrich. *A origem da família, da propriedade privada e do Estado*, 1981. A primeira edição é de 1884.

ENGISCH, Karl. *Introdução ao pensamento jurídico.* Lisboa: Fundação Calouste Gulbenkian, 1996.

EPSTEIN, Lee; KNIGHT, Jack. *The choices justices make.* Washington, D.C.: CQ Press, 1998.

ERK, Jan. *Explaining federalism:* State, society and congruence in Austria, Belgium, Canada, Germany and Switzerland. London: Routledge, 2008.

ESPÍNDOLA, Ruy Samuel. *Conceito de princípios constitucionais*: elementos teóricos para uma formulação dogmática constitucionalmente adequada. 1. ed. 2. tir. São Paulo: Revista dos Tribunais, 1999.

_____. Princípios constitucionais e atividade jurídico-administrativa: anotações em torno de questões contemporâneas. *Interesse Público*, n. 21, 2003.

ESPÍNOLA, Eduardo; ESPÍNOLA FILHO, Eduardo. *A Lei de Introdução ao Código Civil brasileiro*. Rio de Janeiro-São Paulo: Renovar, 1999. 3 v.

FACHIN, Luiz Edson. *Estatuto jurídico do patrimônio mínimo*. Rio de Janeiro-São Paulo: Renovar, 2001.

_____. Aspectos jurídicos da união de pessoas do mesmo sexo. *Revista dos Tribunais*, v. 732, 1996.

_____. *Elementos críticos de direito de família*. Rio de Janeiro-São Paulo: Renovar, 2003.

_____. *Teoria crítica do direito civil*. Rio de Janeiro-São Paulo: Renovar, 2000.

_____ (coord.). *Repensando fundamentos do direito civil brasileiro contemporâneo*. Rio de Janeiro--São Paulo: Renovar, 1998.

_____; RUZYK, Carlos Eduardo Pianovski. Um projeto de Código Civil na contramão da Constituição. *Revista Trimestral de Direito Civil*, n. 4, 2004.

FAGUNDES, Miguel Seabra. *O controle dos atos administrativos pelo Poder Judiciário*. 5. ed. Rio de Janeiro: Forense, 1979.

_____. *O controle dos atos administrativos pelo Poder Judiciário*. 7. ed. Atual. por Gustavo Binenbojm. Rio de Janeiro: Forense, 2005.

_____. *A legitimidade do poder político na experiência brasileira*. Recife: Ordem dos Advogados do Brasil – Seção de Pernambuco, 1982.

FAIRFIELD, Roy P. (ed.). *The Federalist Papers:* a collection of essays written in support of the Constitution of the United States – from the original text of Alexander Hamilton, James Madison, John Jay. Baltimore: Johns Hopkins University Press, 1981.

FAIRLIE, John A. The separation of powers. *Michigan Law Review*, 4:393-436, fev. 1923.

FALLON JR., Richard H. How to choose a constitutional theory. *California Law Review*, v. 85, 1999.

_____. What is republicanism, and is it worth reviving? *Harvard Law Review 102*:1695, 1988-1989.

FAORO, Raymundo. *Assembleia constituinte*: a legitimidade recuperada. São Paulo: Brasiliense, 1981.

_____. *Os donos do poder*. Rio de Janeiro: Globo, 2000; 3. ed. Rio de Janeiro: Globo, 2001.

FARALLI, Carla. *Filosofia contemporânea do direito*: temas e desafios. São Paulo: Martins Fontes, 2006.

FARBER, Daniel A. The originalism debate: a guide for the perplexed. *Ohio State Law Journal*, v. 49, 1989.

FARIA, Edilson Pereira de. *Colisão de direitos fundamentais*: a honra, a intimidade e a vida privada *versus* a liberdade de expressão e informação. Porto Alegre: Sergio Antonio Fabris Editor, 2000.

FARIAS, Cristiano Chaves de. *Direito civil*: teoria geral. Rio de Janeiro: Lumen Juris, 2005.

FARIAS, Déborah Barros Leal. Reflexos da teoria neoliberal e do Consenso de Washington na Constituição brasileira de 1988. *Revista de Direito Constitucional e Internacional*, n. 59, 2007.

FARIAS, Edilsom Pereira de. *Colisão de direitos*: a honra, a intimidade, a vida privada e a imagem versus a liberdade de expressão e informação. Porto Alegre: S.A. Fabris, 2000.

FASSÒ, Guido. Jusnaturalismo. In:BOBBIO, Norberto; MATTEUCCI, Nicola; PASQUINO, Gianfranco. *Dicionário de política*. São Paulo: Imprensa Oficial, 1998.

FAUSTO, Boris. *História do Brasil*. São Paulo: EDUSP, 2003.

_____. *História do Brasil*. 3. ed. São Paulo: EDUSP, 2008.

FAVOREU, Louis. La constitutionnalisation du droit. In: MATHIEU, Bertrand; VERPEAUX, Michel. *La constitutionnalisation des branches du droit*. Paris: Economica, 1998.

_____. *La place du Conseil Constitutionnel dans la Constitution de 1958*. Disponível em: <http://www.conseil-constitutionnel.fr>.

FAVOREU, L. V.; PHILIP, L. *Les grands décisions du Conseil Constitutionnel*. Paris: Sirey, 2003.

FELDENS, Luciano. *A Constituição penal*: a dupla face da proporcionalidade no controle de normas penais. Porto Alegre: Livr. do Advogado Ed., 2005.

FERGUSON, Niall. *Civilization:* The West and The Rest. Londres: Penguin Randon House, 2012.

FERNANDES, Antonio Scarance. *Processo penal constitucional*. São Paulo: Revista dos Tribunais, 1999.

FERNANDES, Arícia Corrêa. *Por uma releitura do princípio da legalidade administrativa e da reserva de administração*. Mimeografado, 2003.

FERNANDES, Bernardo Gonçalves. *Curso de direito constitucional*. 9. ed. Salvador: JusPodivm, 2017.

FERRAJOLI, Luigi. *Derecho y razón*. 4. ed. Madrid: Trotta, 2000.

_____. Pasado y futuro del Estado de derecho. In: CARBONELL, Miguel (org.). *Neoconstitucionalismo*. Madrid: Trotta, 2003.

FERRARA, Francesco. *Interpretação e aplicação das leis*. Coimbra: Arménio Amado Ed., 1987.

FERRARI, Sergio. *Constituição estadual e federação*. Rio de Janeiro: Lumen Juris, 2003.

FERRAZ, Anna Cândida da Cunha. *Poder constituinte do Estado-membro*. São Paulo: Revista dos Tribunais, 1979.

_____. *Processos informais de mudança da Constituição*. São Paulo: Max Limonad, 1986.

FERRAZ JÚNIOR, Tercio Sampaio. *Função social da dogmática jurídica*. São Paulo: Max Limonad, 1998.

_____. *Introdução ao estudo do Direito*: técnica, decisão, dominação. 3. ed. São Paulo: Atlas, 2001.

FERREIRA, Aurélio Buarque de Holanda. *Novo Aurélio século XXI*: o dicionário da língua portuguesa. 3. ed. Rio de Janeiro: Nova Fronteira, 1999.

FERREIRA, Waldemar. *História do direito constitucional brasileiro*. São Paulo: Max Limonad, 1954.

FERREIRA FILHO, Manoel Gonçalves. A separação de poderes: a doutrina e sua concretização constitucional. *Cadernos Jurídicos*, n. 40:67-81, São Paulo, abr.-jun. 2015.

_____. *Comentários à Constituição Brasileira* (Emenda Constitucional n. 1, de 17-10-1969, com as alterações introduzidas pelas Emendas Constitucionais até a de n. 24, de 1º-12-1983). São Paulo: Saraiva, 1984.

_____. *Curso de direito constitucional*. 31. ed. São Paulo: Saraiva, 2005.

_____. *O anteprojeto dos notáveis*. São Paulo: Saraiva, 1987.

_____. *O parlamentarismo*. São Paulo: Saraiva, 1993.

_____. *O poder constituinte*. São Paulo: Bushatsky, 1985.

_____. Significação e alcance das "cláusulas pétreas". *Revista de Direito Administrativo*, n. 202, 1995.

FERREIRA, Waldemar Martins, A federação e o presidencialismo no sistema constitucional brasileiro, *Revista da Faculdade de Direito, Universidade de São Paulo*, n. 46:61-142, 1950.

FISCHER, Douglas; PEREIRA, Frederico Valdez. *As obrigações processuais penais positivas*: segundo as Cortes Europeia e Interamericana de Direitos Humanos. Porto Alegre: Livraria do Advogado, 2018.

FISHER, William W.; HOWRTTZ, Morton J.; REED, Thomas (eds.). *American legal realism*. New York: Oxford University Press, 1993.

FISS, Owen. The death of the law?. *Cornell Law Review*, 72:1, 1986.

_____. Between supremacy and exclusivity. In: BAUMAN, Richard W.; KAHANA, Tsvi. *The least examined branch*: the role of legislatures in the constitutional state. Cambridge-New York: Cambridge University Press, 2006.

_____. *A ironia da liberdade de expressão*: Estado, regulação e diversidade na esfera pública. São Paulo: FGV, 2022.

FITZGERALD, Peter. Constitutional crisis over the proposed Supreme Court for the United Kingdom. Disponível em: <http://www.law.stetson.edu/fitz/fitzstuff/UK%20Supreme%20Court.pdf>.

FRANCO, Afonso Arinos de Melo. *Curso de direito constitucional brasileiro*. 2. ed. Rio de Janeiro: Forense, 1968. v. 1.

FRANCO, Alberto Silva. *Temas de direito penal*: breves anotações sobre a Lei n. 7.209/84. São Paulo: Saraiva, 1986.

FRANK, Jerome. *Law and the modern mind*. New York: Brentano's, 1930.

_____. What courts do in fact. *Illinois Law Review*, n. 26, 1932.

FRANKLIN, Daniel P.; BAUN, Michael J. (editores). *Political culture and constitutionalism*: a comparative approach. New York: M. E. Sharpe, 1995.

FRASER, Nancy. Redistribuição, reconhecimento e participação: por uma concepção integrada de justiça. In: SARMENTO, Daniel; IKAWA, Daniela; PIOVESAN, Flávia. *Igualdade, diferença e direitos humanos*. Rio de Janeiro: Lúmen Júris, 2008.

_____. Redistribution, Recognition and Participation: Toward an Integrated Conception of Justice. *World Culture Report 2000, Cultural Diversity, Conflict and Pluralism*. UNESCO Publishing, 2000.

_____. Social Justice in the Age of Identity Politics: Redistribution, Recognition, and Participation. *The Tanner Lectures on Human Values*, Stanford University, 1996.

FREEMAN, Michael. *Human rights:* an interdisciplinary approach. Cambridge, UK: Polity Press, 2011.

FREITAS, André Guilherme Tavares de. *Tutela Penal dos Direitos Humanos*. Curitiba: Juruá, 2015.

FREITAS, Juarez. *A interpretação sistemática do Direito*. 3. ed. São Paulo: Malheiros, 2002.

_____. *O controle dos atos administrativos e os princípios fundamentais*. 2. ed. São Paulo: Malheiros, 1999.

_____. *Discricionariedade administrativa e o direito fundamental à boa administração pública*. 2. ed. São Paulo: Malheiros, 2009.

FREYRE, Gilberto. *Casa grande e senzala*. São Paulo: Global, 1933.

FRIEDMAN, Barry. *The will of the people*: how public opinion has influenced the Supreme Court and shaped the meaning of the Constitution. New York: Farrar, Straus and Giroux, 2009.

_____. The politics of judicial review. *Texas Law Review*, v. 84, 2005.

FUKUYAMA, Francis. *The End of History and the Last Man*. New York: Free Press, 1992.

_____. The end of history. *The National Interest*, n. 16, 1989.

FURET, François; OZOUF, Mona. *Dicionário crítico da Revolução Francesa*. Tradução de Henrique de Araújo Mesquita. Rio de Janeiro: Nova Fronteira, 1989.

_____; Ozouf, Mona. *Dictionnaire critique de la Révolution Française*. Paris: Flammarion, 1988.

FUX, Luiz. O direito de reunião na Constituição Federal de 1988, In: BRASIL. Supremo Tribunal Federal (STF). *A Constituição de 1988 na visão dos ministros do Supremo Tribunal Federal*. Edição comemorativa. Brasília: Secretaria de documentação, 2013.

_____; NERY JR., Nelson; WAMBIER, Teresa Arruda Alvim. *Processo e Constituição*:estudos em homenagem a José Carlos Barbosa Moreira. São Paulo: Revista dos Tribunais, 2006.

GABEIRA, Fernando. *O que é isso companheiro?* São Paulo: Companhia das Letras, 1979.

GADAMER, Hans-Georg. *Verdade e método*. Petrópolis: Vozes, 2004.

GAENSLY, Marina. *O princípio da coerência*: reflexões de teoria geral do direito contemporâneo. Mimeografado, 2005.

GALDINO, Flávio Galdino, *Introdução à teoria dos custos dos direitos*: direitos não nascem em árvores. Rio de Janeiro: Lumen Juris, 2005.

GARCÍA DE ENTERRÍA, Eduardo. *La Constitución como norma y el Tribunal Constitucional*. 4. ed. Madrid: Civitas, 2006.

_____. *La Constitución española de 1978 como pacto social y como norma jurídica*. Madrid: Instituto Nacional de Administración Pública, 2003; e *Revista de Direito do Estado*, n. 1, 2006.

GARCIA NETO, Paulo Macedo. *A influência do realismo jurídico americano no direito constitucional brasileiro*. Mimeografado. s.d.

GARDBAUM, Stephen. The new commonwealth model of constitutionalism. *American Journal of Comparative Law*, v. 49, 2001.

GARNER, Bryan A. (editor). *Black's Law Dictionary*. St. Paul: West Group, 1979.

GARRATY, John A.; GAY, Peter (editores). *The Columbia history of the world*. New York: Harper & Row, Publishers, 1988.

GASPAR, Malu. *A organização*. Rio de Janeiro: Companhia das Letras, 2020.

GASPARI, Elio. *A ditadura acabada*. Rio de Janeiro: Intrínseca, 2016.

_____. *A ditadura derrotada*. São Paulo: Companhia das Letras, 2003.

_____. *A ditadura encurralada*. São Paulo: Companhia das Letras, 2004.

_____. *A ditadura escancarada*. São Paulo: Companhia das Letras, 2002.

_____. *A ditadura envergonhada*. São Paulo: Companhia das Letras, 2002.

GAUDEMENT, Y. et al. *Les grands avis du Conseil d'État*. Paris: Dalloz, 1997.

GAVARA DE CARA, Juan Carlos. *Derechos fundamentales y desarrollo legislativo*: la garantía del contenido esencial de los derechos fundamentales em la Ley Fundamental de Bonn. Madrid: Centro de Estudios Constitucionales, 1994.

GICQUEL, Jean; HAURIOU, André. *Droit constitutionnel et institutions politiques*. 8. ed. Paris: Montchrestien, 1985.

GINSBURG, Tom. *Judicial review in new democracies*: constitutional courts in Asian cases. New York: Cambridge University Press, 2003.

GIOMMONI, Tommaso; LOUMENAU; Gabriel. Taxation with a Grain of Salt: The Long-Term Effect of Fiscal Policy on Local Development. *CESifo Working Paper*, n. 9997, 2022.

GIORGIANNI, Michele. O direito privado e os seus atuais confins. Tradução de Maria Cristina de Cicco. *RT*, v. 747, 1998.

GNEIST, Rudolph. *The history of the English Constitution*. Tradução de Philip A. Ashworth. Littleton: Fred B. Rothman & Co., 1980.

GODOY, Arnaldo Sampaio de Moraes. *Introdução ao realismo jurídico norte-americano*. Brasília: Edição do autor, 2013.

GOMES, Joaquim B. Barbosa. O poder de polícia e o princípio da dignidade da pessoa humana na jurisprudência francesa. *Advocacia Dinâmica – Seleções Jurídicas*, n. 12, 1996.

GOMES, Laurentino. *1808*. São Paulo: Planeta, 2007.

_____. *1889*. Rio de Janeiro: Globo Livros, 2013.

GOMES, Orlando. *Introdução ao direito civil*. Rio de Janeiro: Forense, 2000.

GOMES FILHO, Antônio Magalhães. *Direito à Prova no Processo Penal*. São Paulo: Editora Revista dos Tribunais, 1997.

GORDILLO, Agustín. The draft EU Constitution and the world order. *European Public Law Series*, v. 63, 2003.

GORDON, Scott. *Controlling the State*: constitutionalism from ancient Athens to today. Cambridge: Harvard University Press, 1999.

GORJÃO-HENRIQUES, Miguel. *Constituição europeia*. Coimbra: Coimbra Ed., 2004.

GOUVÊA, Marcos Antonio Maselli de Pinheiro. *O controle judicial das omissões administrativas*. Rio de Janeiro: Forense, 2003.

GRAU, Eros Roberto. *A constituinte e a Constituição que teremos*. São Paulo: Revista dos Tribunais, 1985.

_____. *A ordem econômica na Constituição de 1988: interpretação e crítica*. São Paulo: Revista dos Tribunais, 1996.

_____. *A ordem econômica na Constituição de 1988: interpretação e crítica*. 20. ed. Salvador: JusPodivm, 2022.

_____. *Direito, conceitos e normas jurídicas*. São Paulo: Revista dos Tribunais, 1988.

_____. *Ensaio e discurso sobre a interpretação/aplicação do Direito*. São Paulo: Malheiros, 2002.

_____. *O Direito posto e o Direito pressuposto*. 5. ed. São Paulo: Malheiros, 2003.

_____. Interpretação. In: BARRETO, Vicente (org.). *Dicionário de filosofia do Direito*. Rio de Janeiro-São Leopoldo: Renovar/Unisinos, 2006.

_____. Resenha de um "Prefácio" (Canotilho, Constituição dirigente e vinculação do legislador, 2. ed.). In: GRAU, Eros Roberto; CUNHA, Sérgio Sérvulo da. *Estudos de direito constitucional em homenagem a José Afonso da Silva*. São Paulo: Malheiros, 2003.

GREENHOUSE, Linda. *The U.S. Supreme Court*.Oxford: Oxford University Press, 2012.

GRIFFIN, James. *On human rights*. New York: Oxford University Press, 2008.

GRIFFIN, Stephen. Constitutional theory transformed. *Yale Law Journal*, v. 108, 1999.

GRIMM, Dieter. A função protetiva do Estado. In: SOUZA NETO, Cláudio Pereira de; SARMENTO, Daniel (coord.). *A constitucionalização do Direito*: fundamentos teóricos e aplicações específicas. Rio de Janeiro: Lumen Juris, 2007.

_____. *Constituição e política*. Tradução de Geraldo de Carvalho. Belo Horizonte: Del Rey, 2006.

_____. Jurisdição constitucional e democracia. *Revista de Direito do Estado*, v. 4, 2006.

_____. Constitutions, constitutional courts and constitutional interpretation at the interface of law and politics. In: IANCU, Bogdan (editor). *The law/politics distinction in contemporary public law adjudication*. Utrecht: Boom Eleven International, 2009.

GRINOVER, Ada Pellegrini. *As garantias constitucionais do direito de ação*. São Paulo: Revista dos Tribunais, 1973.

GROSS, Aeyal M. Globalization, human rights, and american public law – a comment on Robert Post. *Theoretical Inquiries in Law*, v. 2, 2001.

GUASTINI, Riccardo. *Das fontes às normas*. Tradução de Edson Bini. São Paulo: Quartier Latin, 2005.

_____. *Distinguendo*: studi di teoria e metateoria del diritto. Torino: Giappichelli,1996.

_____. La "constitucionalización" del ordenamiento jurídico. In: CARBONELL, Miguel (org.). *Neoconstitucionalismo(s)*. Madrid: Trotta, 2003.

GUERRA FILHO, Willis Santiago. Derechos fundamentales, proceso y principio da proporcionalidad. *Ciência Tomista*, n. 404, t. 124, 1997.

_____. *Dos direitos humanos aos direitos fundamentais*. Porto Alegre: Livr. do Advogado Ed., 1997.

_____. *Processo constitucional e direitos fundamentais*. São Paulo: Celso Bastos, Editor, 1999.

GUNTHER, Gerald. *Constitutional law*. Mineola (NY): The Foundation Press, Inc., 1989.

GUSMÃO, Paulo Dourado de. *Introdução ao estudo do Direito*. 15. ed. Rio de Janeiro: Forense, 1995.

GUTMAN, Amy; THOMPSON, Dennis. *Why deliberative democracy*. Princeton: Princeton University Press, 2004.

HÄBERLE, Peter. El recurso de amparo en el sistema germano-federal de jurisdicción constitucional. In: BELAUNDE, Domingo García; SEGADO, Francisco Fernández (coords.). *La jurisdicción constitucional en iberoamérica*. Madrid: Dykinson, 1997.

_____. *Hermenêutica constitucional. A sociedade aberta dos intérpretes da Constituição*: contribuição para a interpretação pluralista e "procedimental" da Constituição. Tradução de Gilmar Ferreira Mendes. Porto Alegre: Sergio Antonio FabrisEditor, 1997.

_____. *L'État constitutionnel*. Tradução de Marielle Roffi. Aix-en-Provence-Paris: Presses Universitaires d'Aix-Marseille/Economica, 2004.

HABERMAS, Jürgen. *Direito e democracia*: entre facticidade e validade. Tradução de Flávio Siebeneichler. 2. ed. Rio de Janeiro: Tempo Brasileiro, 2003.

_____. The public sphere. In: GOODIN, Robert E.; PETTIT, Philip (editores). *Contemporary political philosophy*. [s.l.]: Blackwell Publishing, 2006.

_____. *A inclusão do outro*: estudos de teoria política. Tradução de Paulo Astor Soethe. 3. ed. São Paulo: Loyola 2007.

_____. The Concept of Human Dignity and the Realistic Utopia of Human Rights. *Metaphilosophy*, v. 41, 2010.

_____. *Direito e democracia*: entre facticidade e validade. Tradução de Flávio Beno Siebeneichler. Rio de Janeiro: Tempo Brasileiro, 1997. 2 v.

_____. *Direito e democracia*: entre facticidade e validade. Tradução de Flávio Beno Siebeneichler. 2. ed. Rio de Janeiro: Tempo Brasileiro, 2003. 2 v.

_____. Political Communication in Media Society: Does Democracy Still Enjoy an Epistemic Dimension? The Impact of Normative Theory on Empirical Research. *Communication Theory*, v. 16, n. 4, 2006.

_____. Notes on Post-Secular Society. *New Perspectives Quarterly*, vol. 25, issue 4, p. 17-29, Fall 2008.

HAIMBOWGH, G. Was it France's Marbury v. Madison?. *Ohio State Law Journal*, v. 35, 1974.

HALL, Kermit L. (editor). *The Oxford companion to American law*. Oxford-New York: Oxford University Press, 2002.

_____ (editor). *The Oxford guide to United States Supreme Court decisions*. Oxford-New York: Oxford University Press, 1999.

HALLAM, Henry. *The constitutional history of England*. New York: Garland Pub, 1978.

HAMILTON, Alexander; MADISON, James; JAY, John (seleção e edição por Roy P. Fairfield). *The federalist papers*. 2. ed. Baltimore-London: The Johns Hopkins University Press, 1981.

_____; MADISON, James; JAY, John. *The federalist papers*. New York: Simon and Schuster, 2004.

HAMON, Leo. *Contrôle de constitutionnalité et protection des droits individuels*. Paris: Dalloz, 1974.

HARARI Yuval Noah. *21 Lessons for the 21st century*. New York: Spieger & Grau, 2018.

_____. *Homo Deus*: a brief story of tomorrow. London: Vintage, 2017.

_____. *Sapiens*. New York: HarperCollins, 2015.

HART, H. L. A. *The concept of law*. Oxford-New York: Oxford University Press, 1988.

HAURIOU, André. *Derecho constitucional e instituciones políticas.* Tradução de José Antonio González Casanova. Barcelona: Ariel, 1971.

HAUSE, Stephen; MALTBY, William. Western civilization: a History of European Society. *Thompson Wadsworth,* 2005.

HAYEK, Friedrich A. *The constitution of liberty.* Chicago: Chicago University Press, 1960.

HAYMAN, Robert; LEVIT, Nancy. *Jurisprudence:*contemporary readings, problems, and narratives. St. Paul: West Publishing Co., 1994.

HEIDEGGER, Martin. *Ser e tempo.* Petrópolis: Vozes, 1995.

HELLER, Herman. *Teoría del Estado.* México: Fondo de Cultura Económica, 1987.

HELMHOLZ, Richard H. Origins of the Privilege against Self-incrimination: the role of the european ius commune. *New York University Law Review,* vol. 65, n. 4, p. 962-1566, 1990.

HENKIN, Louis. Elements of constitutionalism. *Occasional Paper Series (Columbia University Center for the Study of Human Rights),* 1994.

HESPANHA, Antônio Manuel. *Cultura jurídica europeia*: síntese de um milênio. Florianópolis: Fundação Boiteux, 2005.

_____. *Panorama histórico da cultura jurídica europeia.* Sintra: Europa-América, 1977.

HESSE, Konrad. *A força normativa da Constituição.* Tradução de Gilmar F. Mendes. Porto Alegre: Sergio Antonio Fabris Editor, 1991.

_____. *Elementos de direito constitucional da República Federal da Alemanha.* Tradução de Luís Afonso Heck. Porto Alegre: Sergio Antonio Fabris Editor, 1998.

_____. *La fuerza normativa de la Constitución.* In: HESSE, Konrad. *Escritos de derecho constitucional.* Tradução de Pedro Cruz Villalón. Madrid: Centro de Estudios Constitucionales, 1983.

_____. *Temas fundamentais do direito constitucional.* Tradução de Carlos dos Santos Almeida, Gilmar Ferreira Mendes e Inocêncio Martins Coelho. São Paulo: Saraiva, 2013.

_____. *La interpretación constitucional.* In: HESSE, Konrad. *Escritos de derecho constitucional.* Tradução de Pedro Cruz Villalón. Madrid: Centro de Estudios Constitucionales, 1983.

_____. *Límites de la mutación constitucional.* In: HESSE, Konrad. *Escritos de derecho constitucional.* Tradução de Pedro Cruz Villalón. Madrid: Centro de Estudios Constitucionales, 1983.

HOBBES, Thomas. *Leviathan.* Londres: Penguin Books, 1985.

_____. *Leviathan.* São Paulo: Nova Cultural, 1999.

_____. *Leviatã*: Matéria, Forma e Poder de um Estado Eclesiástico e Civil. Lebooks Editora, 2019. Edição Kindle.

_____. *Leviatã.* Tradução de Rosina D'Angina. São Paulo: Martin Claret, 2015.

HOHFELD, Wesley Newcomb. *Fundamental legal conceptions as applied in legal reasoning and other legal essays.* New Haven: Yale University Press, 1923.

HOLANDA, Sérgio Buarque de. *Raízes do Brasil.* São Paulo: Companhia das Letras, 1936.

HOLDSWORTH, Sir William S. *Essays in law and history.* Oxford: Clarendon Press, 1995.

HOLMES, Oliver Wendell. The path of the law. In: HOLMES, Oliver Wendell. *Collected legal papers.* New York: Harcourt, Brace & Howe, 1920.

HOLMES, Stephen Holmes & SUNSTEIN, Cass R. *The cost of rights.* New York: W. M. Norton, 2000.

HOLMES, Stephen. *Passions and constraint*: on the theory of liberal democracy, 1995.

HOLT, J. C. *Magna Carta.* 2. ed. Cambridge: Cambridge University Press, 1992.

HONDERICH, Ted (editor). *The Oxford Companion to Philosophy.* Oxford: Oxford University Press, 1995.

HORBACH, Carlos Bastide. O parlamentarismo no Império do Brasil (II) – Representação e democracia, *Revista de Informação Legislativa*, n. 174:213-231, abr./jun. 2007.

HORTA, Raul Machado. Constituição e direito adquirido. *Revista de Informação Legislativa*, n. 112, 1991.

_____. *Direito constitucional*. 3. ed. Belo Horizonte: Del Rey, 2002.

_____. Permanência e mudança na Constituição. In: HORTA, Raul Machado. *Direito constitucional*. 3. ed. Belo Horizonte: Del Rey, 2002.

_____. Os direitos individuais na Constituição. *Revista da Faculdade de Direito da Universidade Federal de Minas Gerais*, v. 25, 1977.

_____. Estado federal e tendências do federalismo contemporâneo. In: *Estudos de direito constitucional*. Belo Horizonte: Del Rey, 1995.

_____. *Estudos de direito constitucional*. Belo Horizonte: Del Rey, 1995.

_____. Poder constituinte. In: *Estudos de direito constitucional*. Belo Horizonte: Del Rey, 1995.

HORWITZ, Morton J. Foreword: The Constitution of change: legal fundamentality without fundamentalism. *Harvard Law Review*, v. 107, 1993.

HOUAISS, Antônio; VILLAR, Mauro de Salles; FRANCO, Francisco Manoel de Mello. *Dicionário Houaiss da língua portuguesa*. Rio de Janeiro: Objetiva, 2001.

HUNTINGTON, Samuel P. The Third Wave: Democratization in the Late Twentieth Century. *Journal of Democracy* 2:12, 1991.

HUQ Aziz; GINSBURG, Tom. How to lose a constitutional democracy. *UCLA Law Review* 65:78, 2018.

IBRAHIM, Fábio Zambitte. *Curso de direito previdenciário*. 15. ed. Rio de Janeiro: Impetus, 2010.

IGLESIAS, Francisco. *Trajetória política do Brasil 1500-1964*. São Paulo: Companhia das Letras, 2006.

IRTI, N. *L'età della decodificazione*. Milano: Giuffrè, 1989.

ISSACHAROFF, Samuel. *Fragile democracies*: contested power in the era of Constitutional Courts. Cambridge: Cambridge University Press, 2015.

_____; KARLAN, Pamela S.; PILDES, Richard H. *When elections go bad*:the law of democracy and the presidential election of 2000. Mineola (NY): Foundation Press, 2001.

JACKSON, Vicki C.; TUSHNET, Mark. *Comparative constitutional law*. New York: Foundation Press, 1999.

JACKSON, John H.; DAVEY, William J.; SYKES JR., Alan O. *Legal Problems of International Economic Relations*. St. Paul: West Group, 2002.

JAEGER, Werner. *Paideia*:a formação do homem grego. São Paulo: Martins Fontes, 1995.

JANSEN, Roberta. Supremo Tribunal Federal Tropical. *Caderno História do Jornal O Globo*, 17 maio 2008.

JELLINEK, Georg. *Reforma y mutación de la Constitución*. Madrid: Centro de Estudios Constitucionales, 1991.

_____. *Teoría general del Estado*. Buenos Aires: Albatros, 1981.

_____. *System der subjektiven öffentlichen Rechte*. Disponível em: <https://ia601404.us.archive.org/8/items/systemdersubjek00jellgoog/systemdersubjek00jellgoog.pdf>. Acesso em: 8 nov. 2018.

JENKINS, David. The Lockean Constitution: separation of powers and the limits of prerogative. *McGill Law Journal*, n. 56:543-589, 2011.

JENNINGS, Ivor. *Governo de gabinete*. Tradução de Leda Boechat Rodrigues. Brasília: Senado Federal, 1979.

JENSEN, Steven L.B. *Putting to rest the three generations theory of human rights*. Disponível em: <https://www.openglobalrights.org/putting-to-rest-the-three-generations-theory-of-human-rights/>. Acesso em: 8 nov. 2018.

JOBIM, Nelson de Azevedo. A constituinte vista por dentro – Vicissitudes, superação e efetividade de uma história real. In: SAMPAIO, José Adércio Leite (coord.). *Quinze anos de Constituição*. Belo Horizonte: Del Rey, 2004.

JOHNSON, Paul. *A história do cristianismo*. Rio de Janeiro: Imago, 2001.

JURUENA, Marcos. *Desestatização, privatização, concessões e terceirizações*. 3. ed. Rio de Janeiro: Lumen Juris, 2000.

_____. Constituição Econômica. *Cadernos de direito tributário*, n. 4, 1992.

JUSTEN FILHO, Marçal. *Curso de direito administrativo*. 10. ed. São Paulo: Revista dos Tribunais, 2014.

KANT, Immanuel. *Doutrina do direito*. Tradução de Edson Bini. São Paulo: Ícone, 1993.

_____. *Fundamentação da metafísica dos costumes*. Tradução de Paulo Quintela. Lisboa: Edições 70, 2004.

_____. *Groundwork of the Metaphysics of Morals*. Cambridge: Cambridge University Press, 1998.

KANTOROWICZ, Hermann. *Der Kampf um die Rechtswissenschaft*. Baden-Baden: Nomos, 1906.

KAUFMANN, A. *Introdução à filosofia do Direito e à teoria do Direito contemporâneas*. Tradução de Marcos Keel e Manuel Seca de Oliveira. Lisboa: Fundação Calouste Gulbenkian, 2002.

KAUFMANN, Rodrigo. *Dimensões e perspectivas da eficácia horizontal dos direitos fundamentais*. Mimeografado, 2003.

KAY, Richard S. The state action doctrine, the public-private distinction, and the independence of constitutional law. *Constitutional commentary*, v. 10, 1993.

KEHL, Maria Rita. *A mínima diferença*. Rio de Janeiro: Imago, 1996.

KELLY, J. M. *A short history of Western legal culture*. Oxford: Oxford University Press, 1992.

KELSEN, Hans. *A justiça e o direito natural*. Tradução de João Baptista Machado. Coimbra: Arménio Amado Ed., 1963.

_____. *Quién debe ser el defensor de la Constitución*. Madrid: Tecnos, 1931.

_____. *Teoría general del Estado*. Tradução de L. Legaz y Lacambra. México: Ed. Nacional, 1965.

_____. *Teoria geral das normas*. Tradução de José Florentino Duarte. Porto Alegre: Sergio Antonio Fabris Editor, 1986.

_____. *Teoria geral do Direito e do Estado*. Tradução de Luís Carlos Borges. São Paulo: Martins Fontes, 2000.

_____. *Teoria pura do Direito*. Tradução de João Baptista Machado. 4. ed. Coimbra: Arménio Amado Ed., 1979.

_____. *Teoria geral do direito e do Estado*. Tradução de Luís Carlos Borges. São Paulo: Martins Fontes, 2005.

KENNEDY, Duncan. Legal education and the reproduction of hierarchy. *Journal of Legal Education*, n. 32, 1982.

KEYNES, John Maynard. *The General Theory of Employment, Interest, and Money*. New York: Harper Business, 1965.

KIRSCHENBAUM, Aaron. *Self-Incrimination in Jewish Law*. New York: The Burning Bush Press, 1970.

KING, L.W. *The Code of Hamurabi, Yale Law School*: The Avalon Project. Disponível em: http://avalon.law.yale.edu/ancient/hamframe.asp. Acesso em: 10 nov. 2023.

638

KISSINGER, Henry. *Diplomacia*. Rio de Janeiro: Francisco Alves, 1999.

KOMMERS, Donald P. *The constitutional jurisprudence of the Federal Republic of Germany*. Durham: Duke University Press, 1997; 3. ed. Durham: Duke University Press, 2012.

KOSHIBA, Luiz; PEREIRA, Denise Frayse. *História do Brasil*. 6. ed. São Paulo: Atual, 1993.

KRAMER, Larry D. Popular constitutionalism. *California Law Review*, n. 92, 2004.

_____. *The people themselves*: popular constitutionalism and judicial review. Oxford-New York: Oxford University Press, 2004.

KRELL, Andreas J. *Direitos sociais e controle judicial no Brasil e na Alemanha*: os (des)caminhos de um direito constitucional "comparado". Porto Alegre: Sergio Antonio Fabris Editor, 2002.

_____. A recepção das teorias alemãs sobre "conceitos jurídicos indeterminados" e o controle da discricionariedade no Brasil. *Revista do Instituto de Hermenêutica Jurídica*, n. 2, 2004.

KYMLICKA, Will. *Filosofia política contemporânea*. São Paulo: Martins Fontes, 2006.

_____. Multiculturalismo liberal e direitos humanos. In: SARMENTO, Daniel; IKAWA, Daniela; PIOVESAN, Flávia. *Igualdade, diferença e direitos humanos*. Rio de Janeiro: Lúmen Júris, 2008.

LAFER, Celso. *A reconstrução dos direitos humanos*: um diálogo com o pensamento de Hannah Arendt. São Paulo: Companhia das Letras, 1988.

LAIN, Corinna Barret. Upside-down Judicial Review, *The Georgetown Law Journal*, n. 101, 2012.

LANDAU, David. Abusive constitutionalism.*UC Davis Law Review*, n. 47, 2013.

LARENZ, Karl. *Metodologia da ciência do Direito*. Lisboa: Fundação Calouste Gulbenkian,1969.

LAVILLA, Landelino. Constitucionalidad y legalidad. Jurisdicción constitucional y poder legislativo. In: PINA, Antonio López (org.). *División de poderes y interpretación*: hacia una teoría de la praxis constitucional. Madrid: Tecnos, 1997.

LEAL, Aurelino. *História constitucional do Brasil*. Rio de Janeiro: Imprensa Nacional, 1915.

LEAL, João José. *Crimes hediondos*: a Lei 8.072 como expressão do direito penal da severidade. Curitiba: Juruá, 2003.

LEAL, Rogério Gesta. A quem compete o dever de saúde no Direito brasileiro? Esgotamento de um modelo institucional. *Revista de Direito do Estado*, v. 8, 2007.

LEAL, Saul Tourinho. *Direito à felicidade*. São Paulo: Almedina, 2017.

LEAL, Victor Nunes. *Coronelismo, enxada e voto*: o Município e o Regime Representativo no Brasil. 4. ed. São Paulo: Alfa-Ômega, 1978.

LESTER, Lord. The impact of the Human Rights Act on public law. In: BEATSON, Jack; FORSYTH, Christopher; HARE, Ivan (editores). *Constitutional reform in the United Kingdom*: practices and principles. Oxford: Hart Publishing, 1998.

LEVINE, Samuel J. An introduction to self-incrimination in jewish law, with application to American legal system. *Loyola of Los Angeles International and Comparative Law Review*, vol. 28, n. 2, p. 257-277, 2006.

LEVINSON, Harold L. The public law/private law distinction in the courts. *George Washington Law Review*, v. 57, 1989.

LEVITSKY, Steven; ZIBLATT, Daniel. *Como as democracias morrem*. Zahar: Rio de Janeiro, 2018.

_____; WAY, Lucan A. The rise of competitive authoritarianism: elections without democracy. *Journal of Democracy*, v. 13, 2002.

_____; ZIBLATT, Daniel. *How democracies die*. New York: Crown, 2018.

LEWICKI, Bruno. Panorama da boa-fé objetiva.In: TEPEDINO, Gustavo (coord.). *Problemas de direito civil-constitucional*. Rio de Janeiro-São Paulo: Renovar, 2000.

LEVORIN, Paulo. *A república dos antigos e a república dos modernos*. Tese de doutorado em Ciência Política apresentada e aprovada na Universidade de São Paulo (USP), 2001.

LEWANDOWSKI, Enrique Ricardo. *Pressupostos materiais e formais da intervenção federal no Brasil*. São Paulo: Revista dos Tribunais, 1994.

_____. Reflexões em torno do princípio republicano. In: AMARAL, Antônio Carlos Rodrigues do; ROSAS, Roberto; VELLOSO, Carlos Mário da Silva (coord.). *Princípios constitucionais fundamentais:* estudos em homenagem ao Professor Ives Gandra da Silva Martins. São Paulo: Lex, 2005.

LIMA, Maurilio Cesar de. *Breve história da Igreja no Brasil*. São Paulo: Edições Loyola, 2004.

LIMA, Renato Brasileiro de. *Manual de Processo Penal*: volume único. Salvador: JusPodivm, 2020.

LIMA, Hermes. *Introdução à ciência do Direito*. 32. ed. Rio de Janeiro: Freitas Bastos, 2000.

LIMA, Viviane Nunes Araújo. *A saga do zangão*:uma visão sobre o direito natural. Rio de Janeiro--São Paulo: Renovar, 2000.

LIMBACH, Jutta. Función y significado del recurso constitucional en Alemania. *Cuestiones Constitucionales*, n. 3, 2000.

LLEWELLYN, Karl. *The bramble bush*:our law and its study. New York: Oceana, 1951.

_____. Some realism about realism – responding to Dean Pound. *Harvard Law Review*, n. 44, 1931.

LOBO, Paulo Luiz Neto. Constitucionalização do direito civil. *Revista de Direito Comparado Luso--Brasileiro*, n. 17, 1999.

LOCKARD, Duane; MURPHY, Walter. *Basic cases in constitutional law*. 3. ed. Washington (DC): Congressional Quarterly Inc., 1992.

LOCKE, John. *Ensaio acerca do entendimento humano*. São Paulo: Nova Cultural, 1990.

_____. *Second treatise of government*. Indianapolis-Cambridge: Hacket Publishing Co., 1980.

_____. *Dois tratados sobre o governo*. Tradução de Julio Fischer. São Paulo: Martins Fontes, 1998.

_____. *Carta sobre a tolerância*, 1985.

LOEWENSTEIN, Karl. *Teoría de la Constitución*. Barcelona: Ariel, 1986.

LONG, Marceau et al. *Les grands arrêts de la jurisprudence administrative*. Paris: Dalloz/Sirey, 1996.

LOPES, José Reinaldo de Lima. O direito ao reconhecimento de *gays* e lésbicas. In: GOLIN, Célio; POCAHY, Fernando Altair; RIOS, Roger Raupp (org.). *A Justiça e os direitos de gays e lésbicas*. Porto Alegre: Sulina, 2003.

_____. *O Direito na história*. São Paulo: Max Limonad, 2000.

LOPES, Maurício Antonio Ribeiro. *Poder constituinte reformador*. São Paulo: Revista dos Tribunais, 1993.

LOSANO, Mario G. *Os grandes sistemas jurídicos*. São Paulo: Martins Fontes, 2007.

LOTUFO, Renan (coord.). *Direito civil constitucional*. São Paulo: Malheiros, 2002. cad. 3.

LOVE, Joseph. A República brasileira: federalismo e regionalismo (1889-1937). In: Carlos Guilherme Mota (org.). *Viagem incompleta. A experiência brasileira*. São Paulo: SENAC, 2000.

LOVELAND, Ian (editor). *Constitutional law*. Hampshire: Ashgate Publishing, 2000.

LÖWY, Michael. *Ideologias e ciência social*: elementos para uma análise marxista. São Paulo: Cortez, 1996.

LUCHAIRE, François. *Le Conseil Constitutionnel*. 2. ed. Paris: Economica, 1997.

LÜCHMANN, Lígia Helena Hahn. Possibilidades e limites da democracia deliberativa: a experiência do orçamento participativo de Porto Alegre. *Cadernos de Pesquisa – PPGSP – UFSC*, 2002.

MACHADO, Carlos Augusto Alcântara. *Mandado de Injunção*: um instrumento de efetividade da Constituição. São Paulo: Atlas, 1999.

MACIEL, Débora Alves; KOERNER, Andrei. Sentidos da judicialização da política: duas análises. *Lua Nova*, n. 57, 2002.

MACINTYRE, Alasdair. *After virtue*. Indiana: Notre Dame University Press, 1981; 2. ed. Notre Dame: University of Notre Dame Press, 1984.

MADISON, James. The federalist n. 51. In: HAMILTON, Alexander; MADISON, James; JAY, John. *The federalist papers*. New York: Simon and Schuster, 2004.

MAGALHÃES, Valéria Caldi de. *Constitucionalização do Direito e controle de constitucionalidade das leis penais*: algumas considerações. Mimeografado, 2005.

MAGALHÃES, José Luiz Quadros de. Artigo 1°. In: BONAVIDES, Paulo; MIRANDA, Jorge; AGRA, Walber de Moura. *Comentários à Constituição Federal de 1988*. Rio de Janeiro: Forense, 2009.

MAIA, Antonio Cavalcanti. Nos vinte anos da Carta cidadã: do pós-positivismo ao neoconstitucionalismo. In: SOUZA NETO, Cláudio Pereira de; SARMENTO, Daniel; BINENBOJM, Gustavo (coords.), *Vinte anos da Constituição de 1988*: o estado a que chegamos. Rio de Janeiro: Lumen Juris, 2009.

_____; MENEZES, Tarcísio. Republicanismo contemporâneo, constituição e política. In: SARMENTO, Daniel (coord.). *Filosofia e teoria constitucional contemporânea*. Rio de Janeiro: Lúmen Juris, 2009.

MALAN, Pedro. Introdução: uma perspectiva geral. In: BACHA, Edmar et al. (org.). *130 anos*: em busca da República. Rio de Janeiro: Intrínseca, 2019.

MAQUIAVEL. *O príncipe*. Rio de Janeiro: Zahar, 1976.

MARÍ, Enrique et al. *Materiales para una teoría crítica del Derecho*. Buenos Aires: Abeledo-Perrot, 1991.

MARINONI, Luiz Guilherme. *A antecipação da tutela na reforma do processo civil*. São Paulo: Malheiros,1995.

MALBERG, Raymond Carré de. *Contribution a la théorie generale de l'État*. Paris: Sirey, 1922.

MARMELSTEIN, George. *Curso de direitos fundamentais*. 2. ed. São Paulo: Atlas, 2009.

MARQUES, Cláudia Lima. *Contratos no Código de Defesa do Consumidor*. São Paulo: Revista dos Tribunais, 1999.

MARQUES NETO, Agostinho Ramalho. Subsídios para pensar a possibilidade de articular Direito e psicanálise. In: *Direito e neoliberalismo*: elementos para uma leitura interdisciplinar. Curitiba: EDIBEJ, 1996.

MARTEL, Letícia de Campos Velho. *Devido processo legal substantivo*: razão abstrata, função e características de aplicabilidade. Rio de Janeiro: Lumen Juris, 2005.

_____. Dilemas constitucionais sobre o início e o final da vida: um panorama do estado da arte no direito brasileiro. In: CLÈVE, Clèmerson Merlin; FREIRE, Alexandre. *Direitos fundamentais e jurisdição constitucional*. São Paulo: Revista dos Tribunais, 2014.

_____. *Direitos fundamentais indisponíveis:* os limites e os padrões do consentimento para a autolimitação do direito fundamental à vida. Mimeografado. Tese de doutorado – Universidade do Estado do Rio de Janeiro, 2010.

MARTINEZ, Rafael Martínez. *Semi-presidentialism: a comparative study*. Disponível em: <http://www.essex.ac.uk/ECPR/events/jointsessions/paperarchive/mannheim/w13/martinez.pdf>.

MARTIN, Keith. The environmental and human security nexus: an extraordinary opportunity for change. *Ecohealth 11*:439, 2014.

MARTINS, Cristiano Franco. *Princípio federativo e mudança constitucional*. Rio de Janeiro: Lúmen Juris, 2003.

_____. Princípio federativo. *Revista de Direito da Associação dos Procuradores do Novo Estado do Rio de Janeiro XIX*, 2008.

MARTINS, Argemiro Cardoso Moreira. O direito romano e seu ressurgimento no final da Idade Média. In: WOLKMER, Antonio Carlos (org.). *Fundamentos de história do direito*. Belo Horizonte: Del Rey, 1996.

MARTINS, Leonardo. Introdução à jurisprudência do Tribunal Constitucional Federal alemão. In: SCHWABE, Jürgen. *Cincuenta años de jurisprudencia del Tribunal Constitucional Federal alemán*. Uruguai: Fundação Konrad Adenauer Stiftung, 2005.

MARTINS-COSTA, Judith. *A boa-fé no direito privado*. São Paulo: Revista dos Tribunais, 1999.

_____. *O direito privado como um "sistema em construção"*. Disponível em: <http://www.jus.com. br>.

_____ (org.). *A reconstrução do direito privado*. São Paulo: Revista dos Tribunais, 2002.

MARX, Karl. *Crítica da filosofia do direito de Hegel*. São Paulo: Boitempo, 2006 (1ª ed. 1843).

_____; ENGELS, Friedrich. *Obras escolhidas*. Rio de Janeiro: Ed. Vitória, 1961.

_____. *O Manifesto Comunista*. Rio de Janeiro: Zahar, 2006. A primeira edição é de 1848.

MASSEY, Calvin. *American constitutional law*: powers and liberties. 2. ed. New York: Aspen Publishers, 2005.

MATOS, Ana Carla Harmatiuk. *União entre pessoas do mesmo sexo*: aspectos jurídicos e sociais. Belo Horizonte: Del Rey, 2004.

MAXIMILIANO, Carlos. *Hermenêutica e aplicação do Direito*. 9. ed. Rio de Janeiro: Forense, 1981.

MCILWAIN, Charles Howard. *Constitutionalism, ancient and modern*. Ithaca: Cornell University Press, 1947.

MCMAHON, Christopher. *Reasonable disagreement*: a theory of political morality. New York: Cambridge University Press, 2009.

MEDAUAR, Odete. *Direito administrativo moderno*. 2. ed. São Paulo: Revista dos Tribunais, 1998.

MEDINA, Marcelo Borges de Mattos. *Constituição e realidade:* a influência das transformações sociais na jurisdição constitucional. Mimeografado, 2004.

MEDINA, Paulo Roberto de Gouvêa. *Direito processual constitucional*. Rio de Janeiro: Forense, 2003.

MEESE III, Edwin. The law of the Constitution. *Tulane Law Review*, n. 61, 1987.

_____. Towards a jurisprudence of original intent. *Harvard Journal of Law & Public Policy*, v. 11, 1988.

MEIRELLES, Hely Lopes. *Direito administrativo brasileiro*. 18. ed. São Paulo: Revista dos Tribunais, 1993.

_____. *Direito administrativo brasileiro*. 9. ed. São Paulo: Revista dos Tribunais, 1983.

_____. *Mandado de Segurança, Ação Popular, Ação Civil Pública, Mandado de Injunção, Habeas Data*. 17. ed., São Paulo: Ed. RT, 1989.

MELLO, Heloísa Carpena Vieira de. A boa-fé como parâmetro da abusividade no direito contratual. In: TEPEDINO, Gustavo (coord.). *Problemas de direito civil-constitucional*. Rio de Janeiro-São Paulo: Renovar, 2000.

MELLO, Patrícia Perrone Campos. *Nos bastidores do STF*. São Paulo: GEN, 2015.

_____; BARROSO, Luís Roberto. Trabalhando com uma nova lógica: a ascensão dos precedentes no direito brasileiro, *Revista da AGU*, n. 15, 2016.

MELLO FILHO, José Celso de. O direito constitucional de reunião. *Revista de Jurisprudência do Tribunal de Justiça do Estado de São Paulo*, v. 12, n. 54, p. 19-23, set./out. 1978.

MENDES, Gilmar Ferreira. A proporcionalidade na jurisprudência do Supremo Tribunal Federal. In: MENDES, Gilmar Ferreira. *Direitos fundamentais e controle de constitucionalidade*. São Paulo: Celso Bastos, Editor, 1998.

_____. *Controle de constitucionalidade*: aspectos jurídicos e políticos. São Paulo: Saraiva, 1990.

_____. *Jurisdição constitucional*. São Paulo: Saraiva,1999.

_____. Limites da revisão: cláusulas pétreas ou garantias de eternidade. Possibilidade jurídica de sua superação. *Ajuris*, n. 60, 1994.

_____. Plebiscito – EC 2/92. *Revista Trimestral de Direito Público*, n. 7, 1994.

_____; COELHO, Inocêncio Mártires; BRANCO, Paulo Gustavo Gonet. *Hermenêutica constitucional e direitos fundamentais*. Brasília: Brasília Jurídica, 2000.

_____; COELHO, Inocêncio Mártires; BRANCO, Paulo Gustavo Gonet. *Curso de direito constitucional*. São Paulo: Saraiva/IDP, 2007; 8. ed. São Paulo: Saraiva, 2013.

_____; BRANCO, Paulo Gustavo Gonet. *Curso de direito constitucional*. 8. ed. São Paulo: Saraiva, 2013.

_____; BRANCO, Paulo Gustavo Gonet. *Curso de direito constitucional*. 15. ed. rev. e atual. São Paulo: Saraiva, 2020.

_____; BRANCO, Paulo Gustavo Gonet; MENDES, Gilmar Ferreira e COELHO, Inocêncio Mártires, *Curso de direito constitucional*. São Paulo: Saraiva, 2009.

MENDES, Raimundo Teixeira. Benjamin e a Proclamação da República. In: MENDONÇA, Eduardo. A inserção da jurisdição constitucional na democracia: algum lugar entre o direito e a política. *Revista de Direito do Estado*, n. 13, 2009.

_____. Alguns pressupostos para um Orçamento Público conforme a Constituição. In: BARROSO, Luís Roberto. *A reconstrução democrática do direito público no Brasil*. Rio de Janeiro: Renovar, 2007.

_____. *A constitucionalização das finanças públicas no Brasil*: devido processo orçamentário e democracia. Rio de Janeiro: Renovar, 2008.

_____. *A democracia das massas e a democracia das pessoas:* uma reflexão sobre a dificuldade contramajoritária, 2014. Mimeografado (tese de doutorado aprovada na Universidade do Estado do Rio de Janeiro – UERJ).

MENDONÇA, José Vicente Santos de. Vedação do retrocesso: o que é e como perder o medo. *Revista da Associação dos Procuradores do Novo Estado do Rio de Janeiro*, v. XII, 2000.

_____. *Direito Constitucional Econômico - A Intervenção do Estado na Economia à Luz da Razão Pública e do Pragmatismo*. 2. ed. Belo Horizonte: Forum, 2018.

MENDONÇA, Paulo Roberto Soares. *A tópica e o Supremo Tribunal Federal*. [s.l.]: [s.n.], 2003.

MENEZES, Djacir (org.). *O Brasil no pensamento brasileiro*. Brasília: Senado Federal, 1998.

MERQUIOR, José Guilherme. O repensamento da Revolução. In: FURET, François; OZOUF, Mona. *Dicionário crítico da Revolução Francesa*. Rio de Janeiro: Nova Fronteira, 1989.

MERRYMAN, John Henry. *The civil law tradition*. 2. ed. Stanford: Stanford University Press, 1985.

MIAILLE, Michel. *Introdução crítica ao Direito*. Lisboa: Estampa, 1989.

_____. Reflexão crítica sobre o conhecimento jurídico. Possibilidades e limites. In: PLASTINO, Carlos Alberto. *Crítica do Direito e do Estado*. Rio de Janeiro: Ed. Gral, 1984.

MICHELMAN, Frank. Law's republic. *Yale Law Journal*, n. 70, 1987-1988.

MILL, John Stuart. *Sobre a Liberdade*. Tradução de Denise Bottmann. São Paulo: L&PM, 2016.

MINOW, Martha. *Saving the news*. Oxford: Oxford University Press, 2021.

MIRANDA, Jorge. *A Constituição de 1976*: formação, estrutura e princípios fundamentais. Lisboa: Petrony, 1978.

_____. *Manual de direito constitucional*. 3. ed. Coimbra: Coimbra Ed., 2001.

_____. *Manual de direito constitucional*. Coimbra: Coimbra Ed., 1993. t. 4.

_____. *Manual de direito constitucional*. Coimbra: Coimbra Ed., 2001. t. 2.

_____. *Teoria do Estado e da Constituição*. Rio de Janeiro: Forense, 2002.

_____. *Formas e sistemas de governo*. Rio de Janeiro: Forense, 2007.

_____. Sobre a eutanásia, *Revista do Ministério Público do Rio de Janeiro*, n. 70, 2018.

MIRANDA, Pontes de. *Comentários à Constituição de 1967*: com a Emenda n. 1, de 1969. São Paulo: Revista dos Tribunais, 1971. t. 5.

_____. *Comentários à Constituição da República dos E.U. do Brasil*. Rio de Janeiro: Editora Guanabara, 1934. t. II.

MODESTO, Paulo. A reforma administrativa e o direito adquirido ao regime da função pública. *Revista Trimestral de Direito Público*, n. 16, 1996.

_____. A reforma da previdência e a definição de limites de remuneração e subsídio dos agentes públicos no Brasil. In: WAGNER JR., Luiz Guilherme da Costa (org.). *Direito público*: estudos em homenagem ao professor Adilson Abreu Dallari. Belo Horizonte: Del Rey, 2004.

MÖLLER, Kai. *The global model of constitutional rights*. Oxford: Oxford University Press, 2012.

MOMMSEN, Teodoro. *Compendio del derecho público romano*. Buenos Aires: Impulso, 1942.

MONTESQUIEU. *O espírito das leis*. São Paulo: Saraiva, 1987.

_____. *O espírito das leis*. trad. Cristina Murachco, 2000.

MORAES, Alexandre de. *Direito constitucional*. 14. ed. São Paulo: Atlas, 2003.

_____. *Direito constitucional*. 36. ed. São Paulo: Atlas, 2018.

_____. *Direitos humanos fundamentais*. 11. ed. São Paulo: Atlas, 2016.

MORAES, Maria Celina Bodin de. A caminho de um direito civil constitucional. *Revista de Direito Civil*, n. 65, 1993.

_____. A constitucionalização do direito civil. *Revista de Direito Comparado Luso-Brasileiro*, n. 17, 1999.

_____. *Constituição e direito civil:* tendências. In: *Anais da XVII Conferência Nacional da Ordem dos Advogados do Brasil*. Rio de Janeiro, 1999.

_____. *Danos à pessoa humana*: uma leitura civil-constitucional dos danos morais. Rio de Janeiro-São Paulo: Renovar, 2003.

_____. O conceito de dignidade humana: substrato axiológico e conteúdo normativo. In: SARLET, Ingo Wolfgang. *Constituição, direitos fundamentais e direito privado*. Porto Alegre: Livr. do Advogado Ed., 2003.

_____; TEPEDINO, Gustavo. A caminho de um direito civil constitucional, *RDC* 65:21, 1993.

MOREIRA, Eduardo Ribeiro. *Neoconstitucionalismo* – A invasão da Constituição. São Paulo: Saraiva, 2008.

MOREIRA, José Carlos Barbosa. Notas sobre alguns fatores extrajurídicos no julgamento colegiado. *Caderno de Doutrina e Jurisprudência da Ematra XV*, v. 1, n. 3, 2005.

_____. Direito processual civil. In: *Temas fundamentais do direito brasileiro nos anos 80*. Rio de Janeiro: UERJ, 1986.

_____. Mandado de injunção. *Revista de Processo*, v. 14, n. 56, p. 110-121, out./dez., 1989.

MOREIRA, Vital. *Constituição e revisão constitucional*. Lisboa: Ed. Caminho, 1980.

_____. O futuro da Constituição. In: GRAU, Eros Roberto; GUERRA FILHO, Willis Santiago. *Direito constitucional*: Estudos em homenagem a Paulo Bonavides. São Paulo: Malheiros, 2001.

MOREIRA ALVES, José Carlos. *Direito romano*. Rio de Janeiro: Forense, 1987.

_____. *Direito romano*. 10. ed. Rio de Janeiro: Forense, 1997.

MOREIRA NETO, Diogo de Figueiredo. *Curso de direito administrativo*. Rio de Janeiro: Forense, 1997.

_____. *Direito regulatório*. Rio de Janeiro-São Paulo: Renovar, 2003.

_____. *Mutações do direito administrativo*. Rio de Janeiro-São Paulo: Renovar, 2000.

_____. *Sociedade, Estado e administração pública*. Rio de Janeiro: Topbooks, 1996.

_____. *Quatro paradigmas do direito administrativo pós-moderno*. Belo Horizonte: Fórum, 2008.

_____. *A revisão constitucional brasileira*. Rio de Janeiro: Lumen Juris, 1993.

_____. *Agência Nacional de Vigilância Sanitária: natureza jurídica, competência normativa, limites de atuação*. Revista de Direito Administrativo, n. 215, 1999.

_____. *Curso de direito administrativo*. 16. ed. Rio de Janeiro: Forense, 2014.

_____. *Curso de direito administrativo*. 14. ed. Rio de Janeiro: Forense, 2006.

_____. *Direito regulatório*. Rio de Janeiro: Renovar, 2003.

_____. *Ordem econômica e desenvolvimento na Constituição de 1988*. Rio de Janeiro: Apec, 1989.

_____. *Teoria do poder*. São Paulo: Revista dos Tribunais, 1992. v. 1.

_____. Os Tribunais de Contas e a sociedade. *Revista do Tribunal de Contas do Município do Rio de Janeiro*, n. 25, dez. 2003.

MORTATI, Constantino. *Istituzioni di diritto pubblico*. Padova: CEDAM, 1969. v. 1.

MOSCA, Gaetano; BOUTHOUL, Gaston. *História das doutrinas políticas*. Tradução de Marco Aurélio de Moura Matos. 4. ed. Rio de Janeiro: Zahar, 1975.

MOUFFE, Chantal. Deliberative democracy or agnostic pluralism. *Political Science Series*, n. 72, Institute for Advanced Studies, Vienna. Disponível em: <https://www.ihs.ac.at/publications/pol/pw_72.pdf>.

MOUNK, Yascha, *The people vs. democracy*. Cambridge: Harvard University Press, 2018, Edição Kindle.

MÜLLER, Friedrich. *Direito, linguagem, violência*: elementos de uma teoria constitucional. Porto Alegre: Sergio Antonio Fabris Editor, 1995.

_____. *Fragmento sobre o poder constituinte do povo*. Tradução de Peter Naumann. São Paulo: Revista dos Tribunais, 2004.

_____. Métodos de trabalho do direito constitucional. *Revista da Faculdade de Direito da UFRGS*, edição especial comemorativa dos 50 anos da Lei Fundamental da República Federal da Alemanha, 1999.

NAUGHTON, John. *What you really need to know about the internet*. Londres: Quercus Publishing, 2012.

NEGREIROS, Teresa. *Fundamentos para uma interpretação constitucional do princípio da boa-fé*. Rio de Janeiro-São Paulo: Renovar, 2002.

_____. *Teoria do contrato*: novos paradigmas. Rio de Janeiro-São Paulo: Renovar, 2002.

NEGRI, Antonio. *O poder constituinte*: ensaio sobre as alternativas da modernidade. Tradução de Adriano Pilatti. Rio de Janeiro: DP&A Ed., 2002.

NELSON, William E. The province of the Judiciary. *John Marshall Law Review*, n. 37, 2004.

NEVES, Antonio Castanheira. *O actual problema metodológico da interpretação jurídica*. Coimbra: Coimbra Ed., 2003.

NEVES, Marcelo. A interpretação jurídica no Estado democrático de direito. In: GRAU, Eros Roberto; GUERRA FILHO, Willis Santiago (orgs.). *Direito constitucional*: estudos em homenagem ao Professor Paulo Bonavides. São Paulo: Malheiros, 2001.

_____. *Entre Hidra e Hércules* – Princípios e regras constitucionais como diferença paradoxal do sistema jurídico. Tese aprovada em Concurso para Professor Titular da UNB. Mimeografado, 2010.

NICOLAU, Jairo. As distorções na representação dos Estados na Câmara dos Deputados. *DADOS*, 1997, v. 40, n. 3.

NINO, Carlos Santiago. Ética e direitos humanos. Buenos Aires: Piadós, 1984.

NOBRE JÚNIOR, Edilson Pereira. Princípios reitores da desapropriação. *Revista de Direito Administrativo*, v. 341, 1998.

NOVAIS, Jorge Reis. *Direitos fundamentais e justiça constitucional em Estado de direito democrático*. Coimbra: Coimbra Editora, 2012.

_____. *Direitos fundamentais:* trunfos contra a maioria. Coimbra: Coimbra Editora, 2012.

NOVELLI, Flavio Bauer. A relatividade do conceito de Constituição e a Constituição de 1967. *Revista de Direito Administrativo*, n. 88, 1967.

_____. Norma constitucional inconstitucional. A propósito do art. 2º da EC n. 3/93. *Revista Forense*, v. 330, 1995.

NOWAK, John E.; ROTUNDA, Ronald D. *Constitutional law*. 6. ed. St. Paul (MN): West Publishing Co., 2000.

NOZICK, Robert. *Anarquia, Estado e utopia*. Rio de Janeiro: Zahar, 1991.

NUCCI, Guilherme de Souza. *Código penal comentado*. São Paulo: Revista dos Tribunais, 2008.

_____. *Código de Processo Penal Comentado*. Rio de Janeiro: Forense, 2019.

_____. *Manual de processo penal e execução penal*. São Paulo: Revista dos Tribunais, 2008.

_____. *Tribunal do Júri*. Rio de Janeiro: Forense, 2015.

NUSSBAUM, Martha. *Political emotions:* why love matters for justice. Cambridge: Belknap Press (Harvard University Press), 2013.

_____. *Creating capabilities:* The human development approach. Cambridge, MA: Harvard University Press, 2011.

_____. *Liberty of conscience*: in defense of America's tradition of religious equality. New York: Basic Books, 2008.

O'BRIEN, Karen; BARNETT, Jon. Global environmental change and human security. *Annual Review of Environment and Resources* 38:373, 2013.

_____; MATTHEW, Richard A.; BARNETT, Jon. *Global environmental change and human security*. Cambridge, MA: MIT Press, 2010.

OBINGER, Herbert; SCHMITT, Carina. Guns and Butter? Regime Competition and the Welfare State during the Cold War. *Handbook of Economic Growth*, vol. 63, n. 2, 2011.

O'CONNOR, Sandra. *The majesty of the law*: reflections of a Supreme Court Justice. New York: Random House, 2003.

_____. Public trust as a dimension of equal justice: some suggestions to increase public trust. *The Supreme Court Review*, v. 36, 1999.

OLIVEIRA, Eugênio Paccelli de; FISCHER, Douglas. *Comentários ao Código de Processo Penal e sua Jurisprudência*. São Paulo: Atlas, 2010.

OLIVEIRA, Fábio César. Direito de proteção à saúde: efetividade e limites à intervenção do Poder Judiciário. *RT, 865:*54, 2007.

OLIVEIRA, Fábio Corrêa Souza de. *Por uma teoria dos princípios*: o princípio constitucional da razoabilidade. Rio de Janeiro: Lumen Juris, 2003.

_____. *Morte e vida da Constituição dirigente*: compreensão geral e brasileira. Tese de doutorado apresentada e aprovada na UERJ. Mimeografado, 2006.

_____. *Morte e vida da Constituição dirigente*. Rio de Janeiro: Lumen Juris, 2010.

OSIANDER, Andreas. Sovereignty, international relations, and the Westphalian myth, *International Organization 55(2):*271, 2001.

OSÓRIO, Aline. *Direito eleitoral e liberdade de expressão*. Belo Horizonte: Fórum, 2017.

OSÓRIO, Fábio Medina. Existe uma supremacia do interesse público sobre o privado no direito brasileiro? *Revista de Direito Administrativo*, n. 220, 2000.

OTERO, Paulo. *Legalidade e administração pública*: o sentido da vinculação administrativa à juridicidade. Coimbra: Almedina, 2003.

OTTO Y PARDO, Ignacio de. *Derecho constitucional*: sistema de fuentes. Barcelona: Ariel, 1999.

PACELLE JR., Richard L. Preferred position doctrine. *The First Amendment Encyclopedia*. Disponível em: <https://www.mtsu.edu/first-amendment/article/1008/preferred-position-doctrine>. Acesso em: 10 jul. 2022.

PACTEC, Pierre. *Institutions politiques*: droit constitutionnel. 13. ed. Paris: Masson, 1994.

PAINE, Thomas. *The rights of man*. Boston: Adamant Media Corporation, 1969.

PANGLE, Thomas L. The philosophic understanding of human nature informing the Constitution. In: BLOOM, Allan (editor). *Confronting the Constitution*. Washington: American Enterprise Institute, 1990.

PARDINI, Jean-Jacques. *Le juge constitutionnel et le "fait" en Italie et en France*. Paris: Economica, 2001.

PARKER, Richard D. *"Here the people rule"*: a popular constitutionalist manifest. Cambridge: Harvard University Press, 1994.

PASCAL, Blaise. *Pensamentos*. São Paulo: Nova Cultural, 1999.

PEDREIRA, Jorge; COSTA, Fernando Dores. *D. João VI*: um príncipe entre dois continentes. São Paulo: Companhia das Letras, 2008.

PEIXINHO, Manoel Messias; GUERRA, Isabella Franco; NASCIMENTO FILHO, Firly (orgs.). *Os princípios da Constituição de 1988*. 2. ed. Rio de Janeiro: Lumen Juris, 2006.

PENNA, Lincoln de Abreu. *República brasileira*. Rio de Janeiro: Nova Fronteira, 1999.

PENNOCK, J. Roland; CHAPMAN, John W. (editores). *Constitutionalism*. New York: New York University Press, 1979.

PEREIRA, Caio Mário da Silva. Direito constitucional intertemporal. *Revista Forense*, v. 304, 1988.

_____. *Instituições de direito civil*. 20. ed. Rio de Janeiro: Forense, 2004. v. 1.

PEREIRA, Jane Reis Gonçalves. A aplicação de regras religiosas de acordo com a lei do Estado: um panorama do caso brasileiro. *Revista da AGU*, vol. 41, p. 9-42, 2014. Disponível em: https://papers.ssrn.com/sol3/papers.cfm?abstract_id=2958938. Acesso em: 12 dez. 2022.

_____. *Interpretação constitucional e direitos fundamentais*. Rio de Janeiro-São Paulo: Renovar, 2006; 2. ed. São Paulo: Saraiva Educação, 2018.

PEREIRA, Osny Duarte. *A Constituição do Brasil de 1967*. Rio de Janeiro: Civilização Brasileira, 1967.

PEREIRA, Régis Fichtner. *A responsabilidade civil pré-contratual*: teoria geral e responsabilidade pela ruptura das negociações contratuais. Rio de Janeiro-São Paulo: Renovar, 2001.

PERELMAN, Chaïm; OLBRECHTS-TYTECA, Lucie. *Tratado da argumentação*: a nova retórica. São Paulo: Martins Fontes, 2000.

PERLINGIERI, Pietro. *Perfis de direito civil*. 3. ed. Rio de Janeiro-São Paulo: Renovar, 1999.

PETIT, Paul. *História antiga*. Rio de Janeiro: Record, 1971.

_____. *História antiga*. São Paulo: Difusão Europeia do Livro, 1971.

PIÇARRA, Nuno. *A separação dos Poderes como doutrina e princípio constitucional*: um contributo para o estudo das suas origens e evolução. Coimbra: Coimbra Ed., 1989.

PINKER, Steven. *Enlightenment now:* the case for reason, science, humanism and progress. New York: Penguin, 2018.

_____. *O novo Iluminismo*: em defesa da razão, da ciência e do humanismo. Tradução de Laura Teixeira Motta e Pedro Maia Soares. São Paulo: Companhia das Letras, 2018.

PIOVESAN, Flávia. *Direitos humanos e o direito constitucional internacional*. São Paulo: Max Limonad, 2000.

_____. *Temas de direitos humanos*. São Paulo: Max Limonad, 1998.

PIRES, Francisco Lucas. Legitimidade da justiça constitucional e princípio da maioria. *Legitimidade e legitimação da justiça constitucional*: colóquio no 10º aniversário do Tribunal Constitucional. Coimbra: Coimbra Ed., 1995.

PIRES, Thiago Magalhães. *As competências legislativas na Constituição de 1988*. Belo Horizonte: Fórum, 2015.

_____. *Curso de direito constitucional estadual e distrital*. Rio de Janeiro: Lúmen Juris, 2020.

_____. *Entre a cruz e a espada*: o espaço da religião em um Estado democrático de direito. Mimeografado. Tese de doutorado, Universidade do Estado do Rio de Janeiro – UERJ, 2016.

PLATÃO. *A república*. Tradução de Pietro Nassetti. São Paulo: Martin Claret, 2000.

POGREBINSCHI, Thamy. *Pragmatismo:* teoria social e política. Rio de Janeiro: Relume Dumará, 2005.

_____. *Judicialização ou representação*? Política, direito e democracia no Brasil. Rio de Janeiro: Campus/Elsevier, 2011.

POLE, J. R. (editor). *The federalist*. Indianapolis: Hackett Publishing, 2005.

POLETTI, Ronaldo. *Controle da constitucionalidade das leis*. Rio de Janeiro: Forense, 2001.

_____. *Constituições brasileiras*: 1934. Brasília: Senado Federal, 2001. v. 3.

PONTES DE MIRANDA. *Comentários à Constituição de 1967, com a Emenda n. 1, de 1969*. 3. ed. São Paulo: Revista dos Tribunais, 1987. t. 3.

_____. *História e Prática do Habeas Corpus*: direito constitucional e processual comparado. Campinas: Bookseller, 2007.

PORCHAT, Reynaldo. *Da retroactividade das leis civis*. São Paulo: Duprat, 1909.

PORTELA, Fernando. *Guerra de guerrilha no Brasil*: a saga do Araguaia. São Paulo: Garibaldi, 1979.

POSNER, Richard A. Pragmatic adjudication. *Cardozo Law Review*, n. 18, 1996.

_____. *How judges think*. Cambridge: Harvard University Press, 2008.

_____. *Law, pragmatism and democracy*. Cambridge: Harvard University Press, 2003.

_____. *The Economics of Justice*. Cambridge: Harvard University Press, 1983.

POST, Rober; SIEGEL, Reva. *Roe rage:* democratic constitutionalism and backlash. Mimeografado, 2007.

_____; SIEGEL, Reva. Originalism as a political practice: the righ's living Constitution. *Fordham L. Rev.*, v. 545.

_____; SIEGEL, Reva. The Supreme Court opinion as institutional practice: dissent, legal scholarship and decisionmaking in the Taft Court. *Minnesota Law Review*, n. 85, 2001.

_____. *Constitutional Domains: Democracy, Community, Management*. Cambridge: Harvard University Press, 1995.

PRADO JÚNIOR, Caio. *Formação do Brasil contemporâneo*. São Paulo: Brasiliense, 1942.

PULIDO, Carlos Bernal. O princípio da proporcionalidade da legislação penal. In: SOUZA NETO, Cláudio Pereira de; SARMENTO, Daniel (coords.). *A constitucionalização do Direito*:fundamentos teóricos e aplicações específicas. Rio de Janeiro: Lumen Juris, 2007.

QUADRA, Tomás de la et al. In: PINA, Antonio López (org.). *División de poderes e interpretación*: hacia una teoría de la praxis constitucional. Madrid: Tecnos, 1997.

QUARESMA, Regina; OLIVEIRA, Maria Lúcia de Paula. *Direito constitucional brasileiro*: perspectivas e controvérsias contemporâneas. Rio de Janeiro: Forense, 2006.

RADBRUCH, Gustav. *Filosofia do Direito*. Tradução de Cabral de Moncada. Coimbra: Arménio Amado Ed., 1997.

RAMOS, Saulo. *Código da vida*. São Paulo: Planeta, 2007.

RAMSAY, William. *A manual on Roman antiquities*. London: Griffin Bohn and Company, 1863.

RAWLS, John. A ideia de razão pública revista. In: RAWLS, John. *O Direito dos povos*. Tradução de Luís Carlos Borges. São Paulo: Martins Fontes, 2001.

_____. *A theory of justice*. Cambridge: Harvard University Press, 1999.

_____. *Liberalismo político*. Barcelona: Crítica, 1996.

_____. *Political liberalism*. New York: Columbia University Press, 1996.

_____. *O liberalismo político*. Tradução de Dinah de Abreu Azevedo. São Paulo: Ática, 2000.

_____. *Justiça como equidade*: uma reformulação. Tradução de Claudia Berliner. São Paulo: Martins Fontes, 2003.

_____. *Uma teoria da justiça*. 3. ed. São Paulo: Martins Fontes, 2008.

_____. *Uma teoria da justiça*. 4. ed. São Paulo: Martins Fontes, 2016.

REALE, Miguel. *Lições preliminares de Direito*. 27. ed. 3. tir. São Paulo: Saraiva, 2003.

_____. *O direito como experiência*: introdução à epistemologia jurídica. São Paulo: Saraiva, 1992.

_____. *O novo Código Civil e seus críticos*. Disponível em: <http://www.jus.com.br>.

_____. *Visão geral do novo Código Civil*. Disponível em: <http://www.jus.com.br>.

REALE JÚNIOR, Miguel. A inconstitucionalidade da Lei dos Remédios. *Revista dos Tribunais*, v. 763, 1999.

_____. *Casos de direito constitucional*. São Paulo: Revista dos Tribunais, 1992.

RECONDO, Felipe. *Tanques e togas*. São Paulo: Companhia das Letras, 2018.

REGO, Antônio Carlos Pojo do. Equilíbrio e contradição: a constituição mista na obra de Políbio. *Revista de Informação Legislativa*, n. 81:95-126, jul./set. 1981.

REHNQUIST, William. The notion of a living Constitution. *Texas Law Review*, v. 54, 1976.

REIS, José Carlos Vasconcellos dos. *As normas constitucionais programáticas e o controle do Estado*. Rio de Janeiro-São Paulo: Renovar, 2003.

RENAULT, Sergio Rabello Tamm; BOTTINI, Pierpaolo (org.). *Reforma do Judiciário*. São Paulo: Saraiva, 2005.

RIBEIRO, Darcy. *Sobre o óbvio*: ensaios insólitos. Porto Alegre: L&PM, 1979.

RIBEIRO, Djamila. *Pequeno manual antirracista*. São Paulo: Companhia das Letras, 2019.

RICARDO, David. *Princípios de Economia Política e Tributação*. São Paulo: LeBooks, 2018.

RICKMAN, John (editor). *A general selection from the works of Sigmund Freud*. New York: Anchor Books, 1989.

RIOS, Roger Raupp. *Direito da antidiscriminação*. Porto Alegre: Livraria do Advogado, 2008.

ROCHA, Cármen Lúcia Antunes. Constituição e mudança constitucional: limites ao exercício do poder de reforma constitucional. *Revista de Informação Legislativa*, n. 120, 1993.

_____. O princípio da dignidade da pessoa humana e a exclusão social. *Interesse Público*, n. 4, 1999.

_____. *Princípios constitucionais da administração pública*. Belo Horizonte: Del Rey, 1994.

_____. *O direito à vida digna*. Belo Horizonte: Fórum, 2004.

ROCHA, Leonel Severo da. Da teoria do Direito à teoria da sociedade. In: ROCHA, Leonel Severo da (org.). *Teoria do Direito e do Estado*. Porto Alegre: Sergio Antonio Fabris Editor, 1994.

ROESLER, Claudia Rosane. *Theodor Viehweg e a ciência do direito*: tópica, discurso, racionalidade, Belo Horizonte: Arraes Editores, 2013.

ROESLER, Shannon. Permutations of judicial power: the new constitutionalism and the expansion of judicial authority. *Law and Social Inquiry*, n. 32, 2007.

ROOSEVELT, Franklin Delano. *The Four Freedoms*. Discurso de 06 jan. 1944. Disponível em: <http://americanrhetoric.com/speeches/PDFFiles/FDR%20-%20Four%20Freedoms.pdf>. Acesso em: 8 nov. 2018.

RORTY, Richard. *Consequences of pragmatism*. Minneapolis: University of Minnesota Press, 1982.

ROSA, Alexandre Morais da. *O que é garantismo jurídico?* Florianópolis: Habitus, 2003.

ROSA, Guimarães. *Grande sertão: veredas*. Rio de Janeiro: Nova Fronteira, 2006. A primeira edição é de 1956.

ROSANVALLON, Pierre. *La légitimité démocratique:* impartialité, réflexivité, proximité. Paris: Éditions du Seuil, 2008.

ROSENBERG, Merker; ROSENBERG, Yale L. In the Beginning: the Talmudic Rule against Self--Incrimination, *New York University Law Review*, vol. 63, n. 5, p. 955-1050, 1988.

ROSENFELD, Michel. *A identidade do sujeito constitucional*. Tradução de Menelick de Carvalho Netto. Belo Horizonte: Mandamentos, 2003.

_____. The problem of "identity" in constitutional-making and constitutional reform. Disponível em: <http://papers.ssrn.com/sol3/papers.cfm?abstract_id=870437>.

_____. *O jeito na cultura jurídica brasileira*. Rio de Janeiro-São Paulo: Renovar, 1998.

ROSENN, Keith S. Brazil's legal culture: the jeito revisited. *Florida International Law Journal*, v. 1, 1984.

ROSSITER, Clinton (editor). *The Federalist Papers*. New York: Signet Classics, 1961.

ROTHENBURG, Walter Claudius. *Princípios constitucionais*. Porto Alegre: Sergio Antonio Fabris Editor, 1999.

ROUBIER, Paul. *Le droit transitoire (conflits des lois dans le temps)*. 2. ed. Paris: Dalloz/Sirey, 1960.

ROUSSEAU, Jean-Jacques. *O contrato social*. Edições de Ouro, [s.d.].

_____. *Discurso sobre a origem e os fundamentos da desigualdade entre os homens*. São Paulo: Nova Cultural, 1991. A primeira edição é de 1754.

_____. *Do contrato social*. Tradução de Eduardo Brandão. São Paulo: Penguim-Companhia das Letras, 2011. Edição Kindle.

ROWAN, Steven. Urban communities: the rulers and the ruled. In: BRADY JR., Thomas A.; OBERMAN, Heiko A.; TRACY, James D. (ed.). *Handbook of European History 1400-1600*: Late Middle Ages, Renaissace and Reformation. Leiden: E. J. Brill, 1994-1995.

ROWE JR., Thomas D. et al. *Constitutional theory*: arguments and perspectives. 2. ed. New York: Lexis Law Publishing, 2000.

RUFFIA, Paulo Biscaretti di. *Derecho constitucional*. 3. ed. Tradução de Pablo Lucas Verdú. Madrid: Tecnos, 1987.

RUGER, Theodore W. et al. The Supreme Court Forecasting Project: legal and political science approaches to predicting Supreme Court decisionmaking. *Columbia Law Review,* n. 104, 2004.

RUSSEL, Bertrand. *História do pensamento ocidental*. Rio de Janeiro: Ediouro, 2001.

RUSSOMANO, Rosah. *Curso de direito constitucional*. 4. ed. Rio de Janeiro: Freitas Bastos, 1984.

_____. Facetas da "Comissão Arinos" – e eu. *Revista de Informação Legislativa*, n. 95, 1987.

SABINE, George. *História das teorias políticas*. Rio de Janeiro: Fundo de Cultura, 1964.

SALDANHA, Nelson. Escola da exegese. In: BARRETO, Vicente (org.). *Dicionário de filosofia do Direito*. Rio de Janeiro-São Leopoldo: Renovar/Unisinos, 2006.

_____. *Filosofia do Direito*. Rio de Janeiro-São Paulo: Renovar, 1998.

_____. *O jardim e a praça*: ensaio sobre o lado privado e o lado público da vida social e histórica. Porto Alegre: Sergio Antonio Fabris Editor, 1986.

_____. *O poder constituinte*. São Paulo: Revista dos Tribunais, 1986.

SAMPAIO, José Adércio Leite. *A Constituição reinventada pela jurisdição constitucional*. Belo Horizonte: Del Rey, 2002.

_____. *Quinze anos de Constituição*. Belo Horizonte: Del Rey, 2004.

_____. *Direitos fundamentais*. Belo Horizonte: Del Rey, 2004.

_____. *Teoria da Constituição e dos direitos fundamentais*. Belo Horizonte: Del Rey, 2013.

SAMPAIO, Nelson de Souza. *O poder de reforma constitucional*. 3. ed. Belo Horizonte: Nova Alvorada, 1995.

SAMUELS, David. Determinantes do voto partidário nos sistemas eleitorais centrados no candidato: evidências sobre o Brasil. *Dados,* v. 40, n. 3, 1997.

SANCHIS, Luis Prieto. *Sobre principios y normas*: problemas del razonamiento jurídico. Madrid: Centro de Estudios Constitucionales, 1992.

SANDEL, Michael. *Liberalism and the limits of justice*. Cambridge: Cambridge University Press, 2006.

SANTIAGO NINO, Carlos. *La Constitución de la democracia deliberativa*. Barcelona: Gedisa, 1997.

_____. *The constitution of deliberative democracy*. New Haven: Yale University Press, 1996.

_____. *Ética y derechos humanos*: un ensayo de fundamentación. Buenos Aires: Paidós, 1984.

SANTISO, Carlos. Economic reform and judicial governance in Brazil: balancing independence with accountability. In: GLOPPEN, Siri; GARGARELLA, Roberto; SKAAR, Elin. *Democratization and the judiciary*. London: Frank Cass, 2004.

SANTOS, Boaventura de Souza. *As tensões da modernidade*. Texto apresentado no Fórum Social Mundial, Porto Alegre, 2001.

_____. *Democratizar a democracia*: os caminhos da democracia participativa. Rio de Janeiro: Civilização brasileira, 2002.

_____. *Para um novo senso comum*: a ciência, o Direito e a política na transição paradigmática. São Paulo: Cortez, 2000.

SANTOS, Fabiano. Instituições eleitorais e desempenho do presidencialismo no Brasil. *Dados,* v. 42, n. 1, 1999.

SARAIVA, Alessandra; SALLE, Robson. PIB do Brasil cai 7,2%, pior recessão desde 1948. *Valor Econômico,* 7 mar. 2017.

SARLET, Ingo Wolfgang. *A eficácia dos direitos fundamentais*. Porto Alegre: Livr. do Advogado Ed., 2004; 12. ed. Porto Alegre: Livraria do Advogado, 2015.

_____. Algumas notas sobre o poder de reforma da Constituição e os seus limites materiais no Brasil. In: TÔRRES, Heleno Taveira. *Direito e poder*. São Paulo: Manole, 2005.

_____. *Constituição, direitos fundamentais e direito privado*. Porto Alegre: Livr. do Advogado Ed., 2003.

_____. Constituição e proporcionalidade: o direito penal e os direitos fundamentais entre proibição de excesso e de insuficiência. *Revista de Estudos Criminais*, n. 12, 2003.

_____. *Curso de direito constitucional*, 2019, p. 1315 [livro eletrônico], São Paulo: Saraiva 2019.

_____. *Dignidade da pessoa humana e direitos fundamentais na Constituição brasileira de 1988*. Porto Alegre: Livr. do Advogado Ed., 2006; 10. ed. Porto Alegre: Livraria do Advogado, 2015.

_____. *Direitos fundamentais e direito privado*: algumas considerações em torno da vinculação dos particulares aos direitos fundamentais. In SARLET, Ingo Wolfgang (org.). A Constituição concretizada. Porto Alegre: Livraria do Advogado, 2000.

_____; MARINONI, Luiz Guilherme; MITIDIERO, Daniel. *Curso de direito constitucional*. 4. ed. São Paulo: Saraiva, 2015.

_____; MARINONI, Luiz Guilherme; MITIDIERO, Daniel. *Curso de direito constitucional*. 9. ed. São Paulo: Saraiva, 2020.

_____; ROBL FILHO, Ilton. Estado Democrático de Direito e os limites da liberdade de expressão na Constituição Federal de 1988, com destaque para o problema da sua colisão com outros direitos fundamentais, em especial, com os direitos de personalidade. Constituição, *Economia E Desenvolvimento: Revista Eletrônica Da Academia Brasileira De Direito Constitucional*, vol. 8, p. 112-142, 2016.

_____; WEINGARTNER NETO, Jaime. Democracia desmascarada? Liberdade de reunião e manifestação: uma resposta constitucional contra-hegemônica, In: CLÈVE, Clèmerson Merlin; FREIRE, Alexandre (coords.), *Direitos fundamentais e jurisdição constitucional*. São Paulo: RT, 2014.

_____. Direito geral de liberdade. In: CANOTILHO, J. J. Gomes; MENDES, Gilmar Ferreira; SARLET, Ingo Wolfgang; STRECK, Lenio Luiz (coord.). *Comentários à Constituição do Brasil*. 2. ed. São Paulo: SaraivaJur, 2018.

SARMENTO, Daniel (org.). *Interesses públicos "versus" interesses privados*: desconstruindo o princípio de supremacia do interesse público. Rio de Janeiro: Lumen Juris, 2005.

_____ (org.). *Filosofia e teoria constitucional contemporânea*. Rio de Janeiro: Lumen Juris, 2009.

SARMENTO, Daniel. *Dignidade da pessoa humana*: conteúdo, trajetórias e metodologia. Belo Horizonte: Fórum, 2016.

_____. *A ponderação de interesses na Constituição Federal*. Rio de Janeiro: Lumen Juris, 2000.

_____. Direito adquirido, emenda constitucional, democracia e a reforma da previdência. In: TAVARES, Marcelo Leonardo. *A reforma da previdência social*. Rio de Janeiro: Lumen Juris, 2004.

_____. *Direitos fundamentais e relações privadas*. Rio de Janeiro: Lumen Juris, 2004.

_____. Ubiquidade constitucional: os dois lados da moeda. *Revista de Direito do Estado*, n. 2, 2006.

_____. A garantia do direito à posse dos remanescentes de quilombos antes da desapropriação. *Revista de Direito do Estado*, n. 7, 2007.

_____. A igualdade étnico-racial no direito constitucional brasileiro: discriminação "de facto", teoria do impacto desproporcional e ação afirmativa. In: NOVELINO, Marcelo (org.). *Leituras complementares de Direito constitucional*: direitos humanos e direitos fundamentais. Salvador: Editora JusPodivm, 2007.

_____. A liberdade de expressão e o problema do "hate speech". In: SARMENTO, Daniel. *Livres e iguais*: estudos de Direito Constitucional. Rio de Janeiro: Lumen Juris, 2006.

_____. *A ponderação de interesses na Constituição Federal*. Rio de Janeiro: Lumen Juris, 2002.

_____. O crucifixo nos tribunais e a laicidade do Estado. In: MAZZUOLI, Valério de Oliveira; SORIANO, Aldir Guedes (org.). *Direito à liberdade religiosa*: desafios e perspectivas para o séc. XXI. Belo Horizonte: Fórum, 2009.

_____. O princípio republicano nos 30 anos da Constituição de 88: por uma República inclusiva. *Revista da EMERJ* n. 20:296-318, set./dez. 2018.

SAVIGNY, Friedrich Carl von. *Sistema del diritto romano attuale*. Torino: UTET, 1886. v. 1.

SCAFF, Fernando Facury (org.). *Constitucionalizando direitos*: 15 anos da Constituição brasileira de 1988. Rio de Janeiro: Renovar, 2003.

SCALIA, Antonin. *A matter of interpretation*: Federal Courts and the law. Princeton: Princeton University Press, 1997.

SCHAUER, Frederick. Judicial supremacy and the modest Constitution. *California Law Review*, n. 92, 2004.

_____. Formalism: legal, constitutional, judicial. In: WHITTINGTON, Keith E.; KELEMEN, R. Daniel; CALDEIRA, Gregory A. (editores). *The Oxford handbook of law and politics*. Oxford-New York: Oxford University Press, 2008.

_____. *Free Speech*: a Philosophical Enquiry. Cambridge: Cambridge University Press, 1982.

_____; WISE, Virginia J. *The distinctiveness of constitutional interpretation*. Mimeografado. 2006.

SCHEPELLE, Kim. Autocratic legalism. *The University of Chicago Law Review*, n. 85, 2018.

SCHEPPELE, Kim Lane. Autocratic legalism. *The University of Chicago Law Review* 85:545, 2018.

SCHIER, Paulo Ricardo. *Filtragem constitucional*. Porto Alegre: Sergio Antonio Fabris Editor, 1999.

SCHIERA, Pierangelo. Sociedade por categoria. In: BOBBIO, Norberto; MATTEUCCI Nicola; PASQUINO, Gianfranco. *Dicionário de política*. São Paulo: Imprensa Oficial, 1986.

SCHMITT, Carl. *La defensa de la Constitución*. Barcelona: Labor, 1931.

_____. *Teoría de la Constitución*. Madrid: Alianza, 2001.

SCHOLLER, Heinrich. O princípio da proporcionalidade no direito constitucional e administrativo da Alemanha. Tradução de Ingo Wolfgang Sarlet. *Interesse Público*, n. 2, 1999.

SCHREIBER, Anderson. *A proibição de comportamento contraditório:* tutela da confiança e *venire contra factum proprium*. Rio de Janeiro-São Paulo: Renovar, 2005.

SCHULZ, Fritz. *History of roman legal science*. Oxford: Clarendon Press, 1953.

SCHUMPETER, Joseph A. *Capitalism, socialism and democracy*. New York: Harper Perennial, 2008. A primeira edição é de 1942.

SCHWABE, Jürgen (org.). *Cincuenta años de jurisprudencia del Tribunal Constitucional Federal alemán*. Bogotá: Ediciones Jurídicas Gustavo Ibáñez, 2005.

SCHWARCZ, Lilia M.; STARLING, Heloisa M. *Brasil*: uma biografia. São Paulo: Companhia das Letras, 2015.

SCHWARTZ, Bernard. *Direito constitucional americano*. Rio de Janeiro: Forense,1966.

_____. *O federalismo norte-americano atual*. Rio de Janeiro: Forense Universitária, 1984.

SCOTT, Gordon. *Controlling the State*: constitutionalism from ancient Athens to today. Cambridge: Harvard University Press, 1999.

SCRUTON, Roger. *Kant*: a very short introduction. Oxford: Oxford University Press, 2001.

SEABRA FAGUNDES, M. *O controle dos atos administrativos pelo Poder Judiciário*. 5. ed. Rio de Janeiro: Forense, 1979.

SEALEY, Raphael. *The Athenian republic*: democracy or the rule of law? University Park and London, Pennsylvania State University Press, 1987.

SEGADO, Francisco Fernández. *El sistema constitucional español*. Madrid: Dykinson, 1992.

_____. La teoría jurídica de los derechos fundamentales en la Constitución española de 1978 y en su interpretación por el Tribunal Constitucional. *Revista de Informação Legislativa do Senado Federal*, n. 121, 1994.

SEGAL, Jeffrey A.; SPAETH, Harold J. *The Supreme Court and the attitudinal model revisited*. Cambridge: Cambridge University Press, 2002.

SEN, Amartya. Democracy as a universal value. *Journal of Democracy*, *10*:3, 1999.

_____. *Desenvolvimento como Liberdade*. Tradução de Laura Teixeira Motta. São Paulo: Companhia das Letras, 1999.

_____. *Development as Freedom*. Oxford: Oxford University Press, 1999.

_____. *Why human security*. International Symposium on Human Security, Tokyo, 28 jul. 2000. Disponível em <https://www.ucipfg.com/Repositorio/MCSH/MCSH-05/BLOQUE-ACADEMICO/Unidad-01/complementarias/3.pdf>. Acesso em 8 set. 2021.

SGARBI, Adrian. Norma. In: BARRETO, Vicente (org.). *Dicionário de filosofia do Direito*. Rio de Janeiro-São Leopoldo: Renovar/Unisinos, 2006.

SHECAIRA, Fabio P.; STRUCHINER, Noel. *Teoria da argumentação jurídica*. Rio de Janeiro: PUC-Rio, 2016.

SIDOU, J. M. Othon. Habeas corpus, *mandado de segurança, mandado de injunção,* habeas data, *ação popular*: as garantias ativas dos direitos coletivos. 4. ed. Rio de Janeiro: Forense, 1992.

SIEYÈS, Emmanuel Joseph. *A constituinte burguesa*: que é o terceiro Estado? Rio de Janeiro: Liber Juris, 1986.

SILVA, Alexandre Garrido da. Minimalismo, democracia e *expertise*: o Supremo Tribunal Federal diante de questões políticas e científicas complexas. *Revista de Direito do Estado*, n. 12, 2008.

SILVA, Almiro do Couto e. Princípios da legalidade da administração pública e da segurança jurídica no Estado de Direito contemporâneo. *Revista de Direito Público*, n. 84, 1987.

_____. O princípio da segurança jurídica (proteção à confiança) no direito público brasileiro e o direito da Administração Pública de anular seus próprios atos: o prazo decadencial do art. 54 da Lei do Processo Administrativo da União (Lei n. 9.784/99), *Revista Eletrônica de Direito do Estado*, n. 2, 2005, disponível em: <www.direitodoestado.com.br>.

SILVA, Anabelle Macedo. *Concretizando a Constituição*. Rio de Janeiro: Lumen Juris, 2005.

SILVA, Cláudio Teixeira da. O usucapião singular disciplinado no art. 68 do Ato das Disposições Constitucionais Transitórias, *Revista de Direito Privado*, n. 11, 2002.

SILVA, Débora Cagy da. *O poder constituinte originário e sua limitação pelos direitos humanos*. Mimeografado, 2003.

SILVA, Hélio; CARNEIRO, Maria Cecília Ribas. *História da república brasileira*. São Paulo: Editora Três, 1975. 20 v.

SILVA, José Afonso da. *Aplicabilidade das normas constitucionais*. 3. ed. São Paulo: Malheiros, 1998.

_____. *Curso de direito constitucional positivo*. 13. ed. São Paulo: Malheiros, 1997.

_____. Dignidade da pessoa humana como valor supremo da democracia. *Revista de Direito Administrativo*, n. 212, 1998.

_____. *Poder constituinte e poder popular*: estudos sobre a Constituição. São Paulo: Malheiros, 2000.

_____. Mutações constitucionais. In: SILVA, José Afonso da. *Poder constituinte e poder popular*: estudos sobre a Constituição. São Paulo: Malheiros, 2000.

_____. *Comentário contextual à Constituição*. 8. ed. São Paulo: Malheiros, 2012.

_____. *Curso de direito constitucional positivo*. 30. ed. São Paulo: Malheiros, 2008.

_____. *Curso de direito constitucional positivo*. 39. ed. São Paulo: Malheiros, 2016.

_____. *Curso de direito constitucional positivo*. 43. ed. São Paulo: Malheiros, 2020.

SILVA, Luís Virgílio Afonso da. *A constitucionalização do direito*: os direitos fundamentais nas relações entre particulares. Mimeografado, 2004.

_____. *Conteúdo essencial dos direitos fundamentais e a eficácia das normas constitucionais*. Mimeografado, 2005.

_____. *Direito constitucional brasileiro*. São Paulo: Edusp, 2021.

_____. *Direitos fundamentais*: conteúdo essencial, restrições e eficácia. 2. ed. São Paulo: Malheiros, 2010.

_____. O proporcional e o razoável. *Revista dos Tribunais*, v. 798, 2002.

_____. *Sistemas eleitorais*. São Paulo: Malheiros, 1999.

_____. Ulisses, as sereias e o poder constituinte derivado. *Revista de Direito Administrativo*, n. 226, 2001.

_____. *Direito constitucional brasileiro*. São Paulo: Edusp, 2021.

SIRKIS, Alfredo. *Os carbonários*. São Paulo: Global, 1980.

SKIDMORE, Thomas. A lenta via brasileira para a redemocratização: 1974-1985. In: STEPAN, Alfred (org.). *Democratizando o Brasil*. Rio de Janeiro: Paz e Terra, 1985.

SMITH, Adam. *A riqueza das nações: investigação sobre sua natureza e suas causas*. Tradução de Daniel Moreira Miranda. São Paulo: Edipro, 2021.

SMITH, Edward Conrad (editor). *The Constitution of the United States with case summaries*. New York: Barnes & Noble Books, 1979.

SMITH, J. C.; WEISSTUB, David N. *The western idea of law*. London: Butterworth, 1983.

SOARES, Guido Fernando Silva. *Common law*: introdução ao Direito dos EUA. São Paulo: Revista dos Tribunais, 1999.

SOMBRA, Thiago Luís Santos. *A eficácia dos direitos fundamentais nas relações jurídico-privadas*: a identificação do contrato como ponto de encontro dos direitos fundamentais. Porto Alegre: Sergio Antonio Fabris Editor, 2004.

SOUSA, António Francisco de. Liberdade de reunião e de manifestação no Estado de Direito. *Direitos Fundamentais & Justiça*, vol. 21, p. 27-38, out./dez, 2012.

SOUZA NETO, Cláudio Pereira de. Fundamentação e normatividade dos direitos fundamentais: uma reconstrução teórica à luz do princípio democrático. In: BARROSO, Luís Roberto (org.). *A nova interpretação constitucional*: ponderação, direitos fundamentais e relações privadas. Rio de Janeiro-São Paulo: Renovar, 2003.

_____. A teoria constitucional e seus lugares específicos: notas sobre o aporte reconstrutivo. In: ROCHA, Fernando Luiz Ximenes; MORAES, Filomeno (coord.). *Direito constitucional contemporâneo*: estudos em homenagem ao professor Paulo Bonavides. Belo Horizonte: Del Rey, 2005.

_____. *Jurisdição constitucional, democracia e racionalidade prática*. Rio de Janeiro-São Paulo: Renovar, 2002.

_____. *Teoria constitucional e democracia deliberativa*: um estudo sobre o papel do Direito na garantia das condições para a cooperação na deliberação democrática. Rio de Janeiro-São Paulo: Renovar, 2006.

_____. A interpretação constitucional contemporânea entre o construtivismo e o pragmatismo. In: MAIA et al. (orgs.). *Perspectivas atuais da filosofia do direito*. Rio de Janeiro: Lumen Juris, 2005.

_____. A segurança pública na Constituição Federal de 1988. *Revista de Direito do Estado*, n. 8, 2007.

_____. A justiciabilidade dos direitos sociais. In: SOUZA NETO, Cláudio Pereira de; SARMENTO, Daniel (org.). *Direitos sociais*: fundamentos, judicialização e direitos sociais em espécie. Rio de Janeiro: Lumen Juris, 2008.

_____. A segurança pública na Constituição Federal de 1988: conceituação constitucionalmente adequada, competências federativas e órgãos de execução das políticas. In: *Constitucionalismo democrático e governo das razões*. Rio de Janeiro: Lúmen Juris, 2011.

_____. *Democracia em crise no Brasil*. Rio de Janeiro: EDUERJ, 2020.

SOUZA NETO; SARMENTO, Daniel. *Direito constitucional*: teoria, história e métodos de trabalho. Belo Horizonte: Fórum, 2014.

STAMATO, Bianca. *Jurisdição constitucional*. Rio de Janeiro: Lumen Juris, 2005.

STEINMETZ, Wilson Antônio. *A vinculação dos particulares a direitos fundamentais*. São Paulo: Malheiros, 2004.

STEPAN, Alfred (org.). *Democratizando o Brasil*. Rio de Janeiro: Paz e Terra, 1985.

STERN, Klaus. *Das Staatsrecht der Bundesrepublik Deutschland*. München: C. H. Beck Verlag, 2000.

_____. *Derecho del Estado de la República Federal alemana*. Porto Alegre: Sergio Antonio Fabris Editor, 1987.

STONE, Geoffrey R. et al. *Constitutional law*. 3. ed. Boston: Little, Brown and Company, 1996.

STONE, Martin. Verbete "formalismo". In: COLEMAN, Jules; SHAPIRO, Scott (editores). *The Oxford handbook of jurisprudence and philosophy of law*. Oxford-New York: Oxford University Press, 2002.

STORY, Joseph. *Commentaries on the Constitution of the United States*. Boston: Little, Brown and Company, 1833.

STRAUSS, David A. Common law constitutional interpretation. *University of Chicago Law Review*, v. 63, 1996.

STRECK, Lenio Luiz. *Hermenêutica jurídica e(m) crise*: uma exploração hermenêutica da construção do Direito. Porto Alegre: Livr. do Advogado Ed., 1999.

_____. *Jurisdição constitucional e hermenêutica*. Porto Alegre: Livr. do Advogado Ed., 2002.

_____; FELDENS, Luciano. *Crime e Constituição*: a legitimidade da função investigatória do Ministério Público. Rio de Janeiro: Forense, 2003.

STRUCHINER, Noel. Algumas "proposições fulcrais" acerca do Direito: o debate jusnaturalismo vs. juspositivismo. In: CAVALCANTI, Antônio et al. (org.). *Perspectivas atuais da filosofia do Direito*. Rio de Janeiro: Lumen Juris, 2005.

_____. Posturas interpretativas e modelagem institucional: a dignidade (contingente) do formalismo jurídico. In: SARMENTO, Daniel (coord.). *Filosofia e teoria constitucional contemporânea*, Rio de Janeiro: Lumen Juris, 2009.

STUBBS, William. *The constitutional history of England*. Chicago: University of Chicago Press, 1979.

SUANNES, Adauto. *Os fundamentos éticos do devido processo penal*. São Paulo: Revista dos Tribunais, 2004.

SUNDFELD, Carlos Ari. *Direito administrativo ordenador*. São Paulo: Malheiros, 2003.

_____. O fenômeno constitucional e suas três forças. *Revista de Direito do Estado*, 21:305, 2006.

SUNSTEIN, Cass R. *One case at a time*: judicial minimalism on the Supreme Court. Cambridge: Harvard University Press, 1999.

_____. *The second Bill of Rights*: FDR's unfinished revolution and why we need it more than ever. New York: Basic Books, 2004.

_____. *Radicals in robes*. Cambridge: Basic Books, 2005.

_____. Beyond the republican revival. *Yale Law Journal* 97:1539, 1988.

_____; VERMEULE, Adrain. *Interpretation and institutions*. Disponível em: <http://www.law.uchicago.edu/academics/publiclaw/index.html>.

_____ et al. *Are judges political?* An empirical analysis of the Federal Judiciary. Washington, DC: Brookings Institution Press, 2006.

_____ et al. A Behavioral Approach to Law and Economics. *Stanford Law Review*, v. 50, 1998

SUR, Emmanuel. Le pouvoir constituant n'existe pas! Réflexions sur les voies de la souveraineté du peuple. In: *Mélanges en l'honneur de Dmitri Georges Lavroff*: la Constitution et les valeurs. Paris: Dalloz, 2005.

SZABÓ, Ilona; RISSO, Melina. *Segurança pública para virar o jogo*. Rio de Janeiro: Zahar, 2018.

TÁCITO, Caio. O princípio da razoabilidade das leis. In: TÁCITO, Caio. *Temas de direito público*. Rio de Janeiro-São Paulo: Renovar, 1997. v. 1.

_____. O retorno do pêndulo: serviço público e empresa privada. O exemplo brasileiro. *Revista de Direito Administrativo*, n. 202, 1995.

TAMAHANA, Brian Z. *Beyond the formalist-realist divide*: the role of politics in judging. Princeton-New Jersey: Princeton University Press, 2010.

TAVARES, André Ramos. *Curso de direito constitucional*. São Paulo: Saraiva, 2006.

_____. *Curso de direito constitucional*. 18. ed. São Paulo: Saraiva, 2020.

_____. *Direito constitucional econômico*. São Paulo: Método, 2003.

TAVARES, Marcelo Leonardo (org.). *A reforma da previdência social*: temas polêmicos e aspectos controvertidos. Rio de Janeiro: Lumen Juris, 2004.

TAYLOR, Charles. A política do reconhecimento. In: TAYLOR, Charles. *Argumentos filosóficos*. Tradução de Adail Ubirajara Sobral. São Paulo: Loyola, 2000.

_____. Democracia incluyente: la dinámica de la exclusión democrática. *Metapolítica*, n. 18, 2001.

_____. *Sources of the self*. Cambridge: Harvard University Press, 1992.

TEIXEIRA, João Horácio Meirelles. *Curso de direito constitucional*. Rio de Janeiro: Forense Universitária, 1991.

TENÓRIO, Oscar. *Lei de Introdução ao Código Civil brasileiro*. Rio de Janeiro: Borsoi, 1955.

TEPEDINO, Gustavo. *Temas de direito civil*. 3. ed. Rio de Janeiro-São Paulo: Renovar, 2004.

_____. *Temas de direito civil*. Rio de Janeiro-São Paulo: Renovar, 1999.

_____. Normas constitucionais e direito civil na construção unitária do ordenamento. In: SOUZA NETO, Cláudio Pereira de; SARMENTO, Daniel (coords.). *A constitucionalização do Direito*: fundamentos teóricos e aplicações específicas. Rio de Janeiro: Lumen Juris, 2007.

_____. O Código Civil, os chamados microssistemas e a Constituição: premissas para uma reforma legislativa. In: TEPEDINO, Gustavo (coord.). *Problemas de direito civil-constitucional*. Rio de Janeiro-São Paulo: Renovar, 2001.

_____. O direito civil e a legalidade constitucional. *Revista Del Rey Jurídica*, n. 13, 2004.

_____. O novo Código Civil: duro golpe na recente experiência constitucional brasileira (Editorial). *Revista Trimestral de Direito Civil*, n. 7, 2001.

_____. *Contornos Constitucionais da Propriedade privada*. In: Temas de Direito Civil. 4. ed. Rio de Janeiro: Renovar, 2008.

_____; KONDER, Carlos Nelson; BANDEIRA, Paula Greco. *Fundamentos do direito civil*. Rio de Janeiro: Forense, 2020. v. 3.

TERRA, Ricardo. *Kant e o direito*. Rio de Janeiro: Zahar, 2005.

TERSMAN, Folke. *Moral disagreement*. New York: Cambridge University Press, 2006.

THALER, Richard H.; SUNSTEIN, Cass R. *Nudge. Improving decisions about health, wealth, and happiness*. New Heaven: Yale University Press, 2009.

TORGAL, Lino. Limites da revisão constitucional. Uma perspectiva luso-brasileira. *Themis – Revista da Faculdade de Direito da Universidade Nacional de Lisboa*, n. 3, 2001.

TORNAGHI, Hélio. *Curso de processo penal*. São Paulo: Saraiva, 1990.

TÔRRES, Heleno Taveira (org.). *Direito e poder*: nas instituições e nos valores do público e do privado contemporâneos. Barueri (SP): Manole, 2005.

TORRES, Ricardo Lobo (org.). *Teoria dos direitos fundamentais*. Rio de Janeiro-São Paulo: Renovar, 1999.

TORRES, Ricardo Lobo. A cidadania multidimensional na era dos direitos. In: TORRES, Ricardo Lobo (org.). *Teoria dos direitos fundamentais*. Rio de Janeiro: Renovar, 1999.

_____. *A ideia de liberdade no Estado patrimonial e no Estado fiscal*. Rio de Janeiro-São Paulo: Renovar, 1991.

_____. A jusfundamentalidade dos direitos sociais. *Revista de Direito da Associação dos Procuradores do novo Estado do Rio de Janeiro*, n. 12, 2003.

_____. A metamorfose dos direitos sociais em mínimo existencial. In: SARLET, Ingo Wolfgang (org.). *Direitos fundamentais sociais*: estudos de direito constitucional, internacional e comparado. Rio de Janeiro-São Paulo: Renovar, 2003.

_____. O espaço público e os intérpretes da Constituição. *Revista da Procuradoria-Geral do Estado do Rio de Janeiro*, n. 50, 1997.

_____. *Tratado de direito constitucional financeiro e tributário*: valores e princípios constitucionais tributários. Rio de Janeiro-São Paulo: Renovar, 2005.

_____. *Os direitos humanos e a tributação:* imunidades e isonomia. Rio de Janeiro: Renovar, 1999.

TOVIL, Joel. A proteção contra a autoacusação compulsória aplicada à persecução penal. *Revista Magister de Direito Penal e Processual Penal*, v. 4, n. 22, p. 86–114, fev-mar, 2008.

TRAINOR, Scott A. A comparative analysis of a corporation's right against self-incrimination. *Fordham International Law Journal*, vol. 18, n. 5, p. 2139-2186, 1995.

TRIBE, Laurence H. *American constitutional law*. 3. ed. New York: Foundation Press, 2000.

TRINDADE, Antônio Augusto Cançado. *A proteção internacional dos direitos humanos*: fundamentos jurídicos e instrumentos básicos. São Paulo: Saraiva, 1991.

_____. *Tratado de direito internacional dos direitos humanos*. Porto Alegre: Sergio Antonio Fabris Editor, 1997. v. 2.

TROPER, Michel. L'interprétation constitutionnelle. In: MELIN-SOUCRA-MANIEN, Ferdinand (org.). *L'interprétation constitutionnelle*. Paris: Dalloz, 2005.

_____. Verbete "Interprétation". In: ALLAND, Denis; RIALS, Stéphane. *Dictionnaire de la culture juridique*. Paris: Presses Universitaires de France, 2003.

TUCCI, Rogério Lauria. *Direitos e garantias individuais no processo penal brasileiro*. São Paulo: Saraiva, 1993.

_____. *Direitos e garantias individuais no processo penal brasileiro*. São Paulo: Revista dos Tribunais, 2004.

TUMÁNOV, Vladimir. *O pensamento jurídico burguês contemporâneo*. Lisboa: Ed. Caminho, 1984.

TUSHNET, Mark. Critical legal studies: a political history. *Yale Law Journal*, v. 100, n. 5, 1991.

_____. *Taking the Constitution away from the courts*. Princeton: Princeton University Press, 1999.

_____. The issue of state action/horizontal effect in comparative constitutional law. *International Journal of Constitutional Law*, v. 1, 2003.

_____. *Red, White, and Blue*: A Critical Analysis of Constitutional Law. Cambridge: Harvard University Press, 1988.

UNGER, Roberto Mangabeira. *The critical legal studies movement*. Cambridge: Harvard University Press, 1986.

_____. A constituição do experimentalismo democrático. *Revista de Direito Administrativo*, v. 257, 2011.

USERA, Raúl Canosa. *Interpretación constitucional y fórmula política*. Madrid: Centro de Estudios Constitucionales, 1988.

VALDÉS, Ernesto Garzón; LAPORTA, Francisco J. *El derecho y la justicia*. Madrid: Trotta, 2000.

VALE, André Rufino do. *Eficácia dos direitos fundamentais nas relações privadas*. Porto Alegre: Sergio Antonio Fabris Editor, 2004.

_____. Constitucionalismo social completa 100 anos neste dia 5 de fevereiro. Disponível em: <https://www.conjur.com.br/2017-fev-04/observatorio-constitucional-constitucionalismo-social--completa-100-anos-neste-fevereiro/>. Acesso em: 30 nov. 2024.

VAN BANNING, Theo R. G. *The human right to property*. Oxford-New York: Intersentia, 2001.

VANBERG, Georg. *The politics of constitutional review in Germany*. Cambridge: Cambridge University Press, 2005.

VANOSSI, Jorge Reinaldo. *Teoría constitucional*. Buenos Aires: Depalma, 1975.

VARGAS, Daniel Barcelos. *O renascimento republicano no constitucionalismo contemporâneo e os limites da comunidade*. Mimeografado, 2005.

VASCONCELOS, Arnaldo. *Teoria da norma jurídica*. Rio de Janeiro: Forense, 1978.

VAUX, Roland de. *Ancient Israel*. New York: McGraw-Hill, 1961.

VECCHIATTI, Paulo Roberto Iotti. *Manual da homoafetividade*: da possibilidade jurídica do casamento civil, da união estável e da adoção por casais homoafetivos. São Paulo: Método, 2008.

VECCHIO, Giorgio Del. *Filosofía del Derecho*. Barcelona: Bosch, 1991.

VEDEL, Georges. Discontinuité du droit constitutionnel et continuité du droit administratif. In: *Mélanges Waline*. Paris: LGDJ, 1974.

_____. *Manuel élémentaire de droit constitutionnel*. Paris: Sirey, 1949.

VEGA, Pedro de. *La reforma constitucional y la problemática del poder constituyente*. Madrid: Tecnos, 1999.

VELLOSO, Carlos Mário da Silva. Delegação legislativa. A legislação por associações. *Revista de Direito Público*, n. 90, 1989.

_____. *Temas de direito público*. Belo Horizonte: Del Rey, 1997.

VELOSO, Zeno. *Controle jurisdicional de constitucionalidade*. Belém: Cejup, 2003.

VENTURA, Zuenir. *1968*: o ano que não terminou. Rio de Janeiro: Nova Fronteira, 1988.

_____. *Cidade Partida*. São Paulo: Companhia das Letras, 1994.

VERDÚ, Pablo Lucas. *Curso de derecho constitucional*. 2. ed. Madrid: Tecnos, 1989. v. 1.

_____. *O sentimento constitucional*. Madrid: Reus, 2004.

VERPEAUX, Michel (org.). *Code Civil et Constitution(s)*. Paris: Economica, 2005.

VIANNA, Luiz Werneck (org.). *A democracia e os três Poderes no Brasil*. Belo Horizonte: Ed. UFMG, 2002.

VIANNA, Luiz Werneck; BURGOS, Marcelo Baumann; SALLES, Paula Martins. Dezessete anos de judicialização da política. *Tempo Social*, v. 19, n. 2, 2007.

VIANNA, Luiz Werneck et al. *A judicialização da política e das relações sociais no Brasil*. Rio de Janeiro: Ed. Revan, 1999.

VIEHWEG, Theodor. *Tópica e jurisprudência*. Brasília: Imprensa Nacional, 1979.

_____. *Tópica y filosofía del Derecho*. Barcelona: Gedisa, 1991.

VIEIRA, José Ribas (org.). *A Constituição europeia*. Rio de Janeiro-São Paulo: Renovar, 2004.

VIEIRA, Oscar Vilhena. A desigualdade e a subversão do Estado de Direito. *Sur, Revista Internacional de Direitos Humanos*, v. 6, 2007.

_____. A moralidade da Constituição e os limites da empreitada interpretativa, ou entre Beethoven e Bernstein. In: SILVA, Virgílio Afonso da (org.). *Interpretação constitucional*. São Paulo: Malheiros, 2005.

_____. *A Constituição e sua reserva de justiça*: um ensaio sobre os limites materiais ao poder de reforma. São Paulo: Malheiros, 1999.

VIEIRA DE CARVALHO, Ana Paula. *Neoconstitucionalismo e injusto penal*, mimeografado, 2007.

VIEIRA JUNIOR, Itamar. *Torto Arado*. São Paulo: Todavia, 2019.

VIGO, Rodolfo L. *Interpretación jurídica*. Buenos Aires: Rubinzal Culzoni, 1999.

_____. *Los principios jurídicos*: perspectiva jurisprudencial. Buenos Aires: Depalma, 2000.

VILLIERS, Michel de. *Dictionaire du droit constitutionnel*. 3. ed. Paris: Dalloz/Sirey, 2001.

VOGEL; MAIHOFER; BENDA. *Handbuch des Verfassungsrechts der Bundesrepublik Deutschland*. 2. ed. Berlim: Gruyter, 1994.

WALDRON, Jeremy. Precommitment and disagreement. In: ALEXANDER, Larry (editor). *Constitutionalism*: philosophical foundations. Cambridge: Cambridge University Press, 1998.

_____. *The dignity of legislation*. Cambridge: Cambridge University Press, 1999.

_____. Public reason and "justification" in the courtroom. *Journal of Law, Philosophy and Culture*, n. 1, v. 1, 2007.

WALZER, Michael. *As esferas da justiça*: em defesa do pluralismo e da igualdade. Lisboa: Presença, 1999.

_____. *Spheres of justice*. Basic Books, 1983.

WAMBIER, Tereza Arruda Alvim et al. *Reforma do Judiciário*. São Paulo: Revista dos Tribunais, 2004.

_____. Uma reflexão sobre as "cláusulas gerais" do Código Civil de 2002 – a função social do contrato. *Revista dos Tribunais*, v. 831, 2005.

WARAT, Luis Alberto. *Introdução geral ao Direito*. Porto Alegre: Sergio Antonio Fabris Editor, 1994-5. 2 v.

_____. O outro lado da dogmática jurídica. In: ROCHA, Leonel Severo da (org.). *Teoria do Direito e do Estado*. Porto Alegre: Sergio Antonio Fabris Editor, 1994.

WATTS, Ronald L. *Comparing federal systems*. Montreal: McGill-Queen's University Press, 1999.

_____. Federalism, federal political systems, and federations. *Annual Review of Political Science* 1:124, 1998.

WEBER, Max. *Economy and society*. Berkeley-Los Angeles-London: University of California Press, 1978. 2 v.

WECHSLER, Herbert. Towards neutral principles of constitutional law. *Harvard Law Review*, v. 73, 1959.

WELLMAN, Carl. *The moral dimensions of human rights*. New York: Oxford University Press, 2011.

WHITTINGTON, Keith E.; KELEMEN, R. Daniel; CALDEIRA, Gregory A. (editores). *The Oxford handbook of law and politics*. Oxford-New York: Oxford University Press, 2008.

WILCKEN, Patrick. *Império à deriva*. Rio de Janeiro: Objetiva, 2005.

WITT, John Fabian. Making the Fifth: the constitutionalization of american self-incrimination doctrine. *Texas Law Review*, vol. 77, n. 4, p. 1791-1903, 1999.

WOLCHER, Louis E. A philosophical investigation into methods of constitutional interpretation in the United States and the United Kingdom. *Virginia Journal of Social Policy & the law*, v. 13, 2006.

WOLFF, Julius H. *Roman law*: an historical introduction. Norman: University of Oklahoma Press, 1951.

WOLKMER, Antonio Carlos. *Introdução ao pensamento crítico*. São Paulo: Saraiva, 1995.

WOOD, Gordon. *The creation of the American Republic*. Chapel Hill: University of North Carolina Press, 1972.

WOOLF, Lord. The rule of law and a change in the Constitution. Disponível em: <http://www.law.cam.ac.uk/docs/view.php?doc=1415>.

XAVIER, Alberto. Legalidade e tributação. *Revista de Direito Público*, n. 47-48, 1978.

YOUNG, Katharine G. *Constituting economic and social rights*. Oxford: Oxford University Press, 2012.

ZADONADE, Adriana. Mutação constitucional. *Revista de Direito Constitucional e Internacional*, n. 35, 2001.

ZAGREBELSKY, Gustavo. *El derecho dúctil*: ley, derechos, justicia. Madrid: Trotta, 2005.

ZAKARIA, Fareed. The rise of illiberal democracies. *Foreign Affairs*, n. 76, 1997.

ZAVASCKI, Teori Albino. *Eficácia das sentenças na jurisdição constitucional*. São Paulo: Revista dos Tribunais, 2001.

_____. *Processo coletivo*: tutela de direitos coletivos e tutela coletiva de direitos. 6. ed. São Paulo: Revista dos Tribunais, 2014.

ZIMMERMANN, Augusto. *Teoria geral do federalismo democrático*. 2. ed. Rio de Janeiro: Lúmen Juris, 2005.

ZIPPELIUS, Reinholds. *Kleine deutsche Verfassunsgeschichte – von frühen Mittelalter bis zur Gegenwart*. Munique: C. H. Beck, 1994.

_____. *Teoria geral do Estado*. Tradução de Karin Praefke-Aires Coutinho. 3. ed. Lisboa: Fundação Calouste Gulbenkian, 1997.